Medienwissenschaft

HSK 15.1

Handbücher zur Sprach- und Kommunikationswissenschaft

Handbooks of Linguistics
and Communication Science

Manuels de linguistique et
des sciences de communication

Mitbegründet von
Gerold Ungeheuer

Herausgegeben von / Edited by / Edités par
Armin Burkhardt
Hugo Steger
Herbert Ernst Wiegand

Band 15.1

Walter de Gruyter · Berlin · New York
1999

Medienwissenschaft

Ein Handbuch zur Entwicklung der Medien
und Kommunikationsformen

Herausgegeben von
Joachim-Felix Leonhard · Hans-Werner Ludwig
Dietrich Schwarze · Erich Straßner

1. Teilband

Walter de Gruyter · Berlin · New York
1999

∞ Gedruckt auf säurefreiem Papier, das die
US-ANSI-Norm über Haltbarkeit erfüllt.

Die Deutsche Bibliothek – CIP-Einheitsaufnahme

> Medienwissenschaft : ein Handbuch zur Entwicklung der Medien und
> Kommunikationsformen / hrsg. von Joachim-Felix Leonhard .... –
> Berlin ; New York : de Gruyter
>   (Handbücher zur Sprach- und Kommunikationswissenschaft ; Bd. 15)
>   Teilbd. 1. – (1999)
>   ISBN 3-11-013961-8

© Copyright 1999 by Walter de Gruyter GmbH & Co. KG, D-10785 Berlin.
Dieses Werk einschließlich aller seiner Teile ist urheberrechtlich geschützt. Jede Verwertung außerhalb der engen Grenzen des Urheberrechtsgesetzes ist ohne Zustimmung des Verlages unzulässig und strafbar. Das gilt insbesondere für Vervielfältigungen, Übersetzungen, Mikroverfilmungen und die Einspeicherung und Verarbeitung in elektronischen Systemen.
Printed in Germany
Satz und Druck: Arthur Collignon GmbH, Berlin
Buchbinderische Verarbeitung: Lüderitz & Bauer-GmbH, Berlin
Einbandgestaltung und Schutzumschlag: Rudolf Hübler, Berlin

Inhalt

1. Teilband / Volume 1

Vorwort	XXI
Verzeichnis der Abbildungen, Karten und Tabellen	XXIII
Verzeichnis der Siglen für wissenschaftliche Zeitschriften, Reihen und Sammelwerke	XXVI
Abkürzungen aus dem Bereich Technik und Organisation	XXXI

I. Medienwissenschaft I: Grundlagen

1.	Ulrich Saxer, Der Forschungsgegenstand der Medienwissenschaft	1
2.	Frank Hartmann, Die Grundlagen der wissenschaftlichen Erforschung der Medien	15
3.	Manfred Muckenhaupt, Die Grundlagen der kommunikationsanalytischen Medienwissenschaft	28
4.	entfällt	
5.	Siegfried Weischenberg, Die Grundlagen der Kommunikatorforschung in der Medienwissenschaft	58
6.	Anna M. Theis-Berglmair, Die Grundlagen der Organisationsforschung in der Medienwissenschaft	70
7.	Michael Charlton/Michael Barth, Grundlagen der empirischen Rezeptionsforschung in der Medienwissenschaft	82
8.	Walter Klingler/Gunnar Roters, Die Grundlagen der Wirkungsforschung in der Medienwissenschaft	111
9.	Helmut Mangold/Peter Regel-Brietzmann, Die Schnittstelle Mensch-Maschine in der Medienwissenschaft	118

II. Medienwissenschaft II: Medientheorie

10.	Wolfgang Adam, Theorien des Flugblatts und der Flugschrift	132
11.	Hans Bohrmann, Theorien der Zeitung und Zeitschrift	143
12.	Johannes Kamps, Theorien des Plakats	148
13.	Tilo R. Knops, Theorien des Films	161
14.	Friederike Herrmann, Theorien des Hörfunks	175
15.	Manfred Schneider, Theorien des Fernsehens	189
16.	Jürgen Heinrich, Theorien der Medienverflechtung	200

III. Medienwissenschaft III: Medienanalyse

17. entfällt
18. Hans-Jürgen Bucher, Sprachwissenschaftliche Methoden der Medienanalyse 213
19. Bernhard Zimmermann, Literaturwissenschaftliche Methoden der Medienanalyse 231
20. Klaus Merten, Sozialwissenschaftliche Methoden der Medienanalyse 244
21. Hans-Dieter Kübler, Qualitative versus quantitative Methoden in der Medienanalyse 256

IV. Nachbar- und Hilfswissenschaften

22. Hans-Dieter Bahr, Medien-Nachbarwissenschaften I: Philosophie   273
23. Winfried Nöth, Medien-Nachbarwissenschaften II: Semiotik ...   281
24. Hans-Jürgen Bucher, Medien-Nachbarwissenschaften III: Linguistik 287
25. Klaus Kanzog, Medien-Nachbarwissenschaften IV: Literaturwissenschaft 310
26. Hans-Dieter Kübler, Medien-Nachbarwissenschaften V: Sozialwissenschaften 318
27. Thomas Hoeren, Medien-Nachbarwissenschaften VI: Jurisprudenz   337
28. Franz Xaver Bea, Medien-Nachbarwissenschaften VII: Ökonomie   347
29. Hans-Dieter Kübler, Medien-Nachbarwissenschaften VIII: Pädagogik und Didaktik 355
30. Gundolf Winter, Medien-Nachbarwissenschaften IX: Kunstwissenschaft/Kunstgeschichte 366
31. Hans Norbert Janowski, Medien-Nachbarwissenschaften X: Theologie 374
32. Klaus Haefner, Medien-Nachbarwissenschaften XI: Informatik .   385

V. Technische Grundlagen der Medien I: Printmedien

33. Eva Hanebutt-Benz, Technik des Buches 390
34. Ernst-Peter Biesalski, Buchbinderei 421

VI. Geschichte der Printmedien und ihrer Erforschung I: Buch und Broschüre I: Technik

35. Otto Mazal, Schreib- und Illustrationstechniken bis zum Beginn des Buchdrucks 439
36. entfällt
37. Severin Corsten, Die Technikgeschichte der Inkunabeln (Wiegendrucke) 444
38. Gerhard Brinkhus, Die Technikgeschichte des Buches und der Broschüre vom 16. bis zum 20. Jahrhundert 450

VII.	Geschichte der Printmedien und ihrer Erforschung II: Buch und Broschüre II: Geschichte des Verlags-, Vertriebs- und Bibliothekswesens	
39.	Eduard Schönstedt, Geschichte des Buchverlags	458
40.	Stephan Füssel, Geschichte des Buchhandels	468
41.	Joachim-Felix Leonhard, Geschichte der Bibliotheken	473
42.	Ernst Fischer, Geschichte der Zensur	500
VIII.	Geschichte der Printmedien und ihrer Erforschung III: Buch und Broschüre III: Kommunikative und ästhetische Analysen	
43.	Erich Kleinschmidt, Kommunikative und ästhetische Leistungen der Sprache in Büchern und Broschüren in ihrer geschichtlichen Entwicklung	514
44.	Peter Rau, Kommunikative und ästhetische Funktionen des antiken Buches	526
45.	Volker Honemann, Funktionen des Buches in Mittelalter und früher Neuzeit	539
46.	Bettina Kümmerling-Meibauer, Kommunikative und ästhetische Funktionen historischer Kinder- und Jugendbücher	560
IX.	Geschichte der Printmedien und ihrer Erforschung IV: Buch und Broschüre IV: Forschungsgeschichte	
47.	Stephan Füssel, Buch-Forschung	569
48.	Ute Schneider, Forschungsgeschichte des Buch- und Broschürenautors	574
49.	Ute Schneider, Forschungsgeschichte des Lesers	583
X.	Geschichte der Printmedien und ihrer Erforschung V: Buch und Broschüre V: Geschichtliche Längs- und Querschnitte in Auswahl	
50.	Werner H. Kelber, The Bible in the book tradition	592
51.	Justus Cobet, Herodot (ca. 485–425 v. Chr.), Historien und die antike Geschichtsschreibung	600
52.	Johannes Brachtendorf, Augustinus, 'Confessiones' (354–430) und die großen Autobiographen	614
53.	Benedikt Konrad Vollmann, Von Isidor von Sevilla, 'Etymologiae' (636 gest.) zu Albertus Magnus (1193–1280). Die großen mittelalterlichen Enzyklopädien	625
54.	Joerg O. Fichte, The shaping of European historiography: Beda, 'Historia Ecclesiastica Gentis Anglorum' (c. 731) and Geoffrey of Monmouth, 'Historia Regum Britanniae' (c. 1136)	636

55.	Jakob Hans Josef Schneider, Die Summa Theologiae des Thomas von Aquin (1225–74) und das christliche Weltbild des Mittelalters...	649
56.	Folker Reichert, Marco Polo, 'Divisament dou monde' und die Reisebücher...	665
57.	Hans-Werner Ludwig, Thomas Morus, 'Utopia' und die Utopien...	680
58.	Lothar Fietz, Baldassare Castigliones 'Il Cortegiano' (1528) und das Menschenbild der Renaissance............................	695
59.	Margarete Lindemann, Robert Estienne, Dictionarium (1531), und die Entwicklung der Lexikographie.......................	710
60.	Peter Herde, Niccolò Machiavelli, 'Il Principe' (1532) und die Staatskunstlehren...	725
61.	Andreas Kühne/Stefan Kirschner, Nicolaus Copernikus, 'De Revolutionibus Orbium Coelestium' (1543) und das Neue Weltbild...	734
62.	Bernhard Kelle, Abraham Ortelius, Theatrum Orbis Terrarum (1570) und die Entwicklung der Atlanten.......................	746
63.	Ernst Fischer, Bestseller in Geschichte und Gegenwart.......	764
64.	Bernd Dolle-Weinkauff, Entstehungsgeschichte des Comic.....	776

XI.	Geschichte der Printmedien und ihrer Erforschung VI: Flugblatt und Flugschrift I: Herstellung, Vertrieb und Forschungsgeschichte	
65.	Eva-Maria Bangerter-Schmid, Herstellung und Verteilung von Flugblättern und Flugschriften in ihrer geschichtlichen Entwicklung...	785
66.	Wolfgang Harms, Forschungsgeschichte der Flugblätter und Flugschriften...	790

XII.	Geschichte der Printmedien und ihrer Erforschung VII: Flugblatt und Flugschrift II: Kommunikative und ästhetische Analysen sowie geschichtliche Längs- und Querschnitte in Auswahl	
67.	Erich Straßner, Kommunikative Aufgaben und Leistungen des Flugblatts und der Flugschrift................................	794
68.	Johannes Schwitalla, Präsentationsformen, Texttypen und kommunikative Leistungen der Sprache in Flugblättern und Flugschriften...	802
69.	Michael Schilling, Geschichte der Flugblätter und Flugschriften bis um 1700...	817
70.	Sigrun Haude, Geschichte von Flugblatt und Flugschrift als Werbeträger...	820

Inhalt　　　IX

XIII.	Geschichte der Printmedien und ihrer Erforschung VIII: Zeitung und Zeitschrift I: Technik	
71.	Roger Münch, Technische Herstellung von Zeitungen und Zeitschriften bis ins 20. Jahrhundert	825

XIV.	Geschichte der Printmedien und ihrer Erforschung IX: Zeitung und Zeitschrift II: Geschichte des Verlags- und Distributionswesens	
72.	Volker Schulze, Geschichte der Zeitungs- und Zeitschriftenverlage	831

XV.	Geschichte der Printmedien und ihrer Erforschung X: Zeitung und Zeitschrift III: Kommunikative und ästhetische Analyse	
73.	Erich Straßner, Kommunikative Aufgaben und Leistungen der Zeitung	837
74.	Erich Straßner, Kommunikative Aufgaben und Leistungen der Zeitschrift	852
75.	Ulrich Püschel, Präsentationsformen, Texttypen und kommunikative Leistungen der Sprache in Zeitungen und Zeitschriften	864

XVI.	Geschichte der Printmedien und ihrer Erforschung XI: Zeitung und Zeitschrift IV: Forschungsgeschichte	
76.	Hartwig Gebhardt, Forschungsgeschichte der Zeitung	881
77.	Hans Bohrmann, Forschungsgeschichte der Zeitschrift	892

XVII.	Geschichte der Printmedien und ihrer Erforschung XII: Zeitung und Zeitschrift V: Geschichtliche Längs- und Querschnitte in Auswahl	
78.	Kurt Koszyk, Allgemeine Geschichte der Zeitung	896
79.	Erich Straßner, Historische Entwicklungstendenzen der Zeitungsberichterstattung..................................	913
80.	Gerhardt Petrat, Geschichte des Intelligenzblattes	923
81.	Hans-Wolfgang Wolter, Geschichte des General-Anzeigers.....	931
82.	Heinz-Dietrich Fischer, Geschichte der Parteizeitung	939
83.	Jörg Hennig, Geschichte der Boulevardzeitung	955
84.	entfällt	
85.	Hasso Reschenberg, Geschichte der Fachzeitschriften	965

XVIII.	Geschichte der Printmedien und ihrer Erforschung XIII: Das Plakat I: Herstellung, Vertrieb und Forschungsgeschichte	
86.	Johannes Kamps, Herstellung und Verteilung des Plakats in seiner geschichtlichen Entwicklung	974
87.	Johannes Kamps, Forschungsgeschichte des Plakats	979
XIX.	Geschichte der Printmedien und ihrer Erforschung XIV: Das Plakat II: Kommunikative und ästhetische Analysen sowie geschichtliche Längs- und Querschnitte in Auswahl	
88.	Dieter Fuder, Kommunikative und ästhetische Funktionen des Plakats in ihrer geschichtlichen Entwicklung	985
89.	Dieter Fuder, Kommunikative und ästhetische Leistungen der Sprache im Plakat in ihrer geschichtlichen Entwicklung	1001
90.	Bernhard Denscher, Geschichte des Plakats	1011
91.	Robert Müller, Geschichte des Werbeplakats	1016

Farbtafeln   nach 1025

2. Teilband

XX.	Technische Grundlagen der Medien II: Film	
92.	Wolfgang Mühl-Benninghaus, Vom Stummfilm zum Tonfilm	
93.	Bodo Weber, Die Film-Formate	
94.	Peter Kübler, Der Trickfilm	
XXI.	Geschichte des Films und seiner Erforschung I: Technik	
95.	Ludwig Vogl-Bienek, „Projektionskunst". Paradigma der Massenmedien des 19. Jahrhunderts	
XXII.	Geschichte des Films und seiner Erforschung II: Produktion und Distribution	
96.	Helmut Merschmann, Die Filmproduktion in ihrer geschichtlichen Entwicklung	
97.	Carsten Fedderke, Der Filmverleih in seiner geschichtlichen Entwicklung	
98.	Thorsten Lorenz, Das Kino in seiner geschichtlichen Entwicklung	

XXIII.	Geschichte des Films und seiner Erforschung III: Kommunikative und ästhetische Analysen
99.	Erich Straßner, Kommunikative und ästhetische Leistungen der Sprache in der Geschichte des Films
100.	Wolfgang Mühl-Benninghaus, Kommunikative und ästhetische Funktionen des deutschen Stummfilms
101.	Jürgen Felix, Kommunikative und ästhetische Funktionen des Spielfilms
102.	Wolfgang Mühl-Benninghaus, Kommunikative und ästhetische Funktionen des deutschen Dokumentarfilms
103.	Hans-Christian Schmidt, Die kommunikativen und ästhetischen Funktionen der Filmmusik

XXIV.	Geschichte des Films und seiner Erforschung IV: Forschungsgeschichte
104.	Douglas Gomery, The Research History of Film as an Industry
105.	Michael Töteberg, Forschungsgeschichte des Kinos

XXV.	Geschichte des Films und seiner Erforschung V: Filmgeschichtliche Fallstudien
106.	Hans-Werner Ludwig, D. W. Griffith
107.	Frank Kessler, Die Ufa in der Weimarer Republik (1918–1933)
108.	Janina Urussowa, Der russische Film. Lev Kuleshov, Vsevolod Pudovkin, Sergei Eisenstein
109.	Olaf Schumacher/Hans J. Wulff, Warner, Fox, Tobis-Klangfilm und die Anfänge des Tonfilms (zwanziger Jahre)
110.	Hans-Peter Rodenberg, Der klassische Hollywoodfilm der dreißiger und vierziger Jahre
111.	Gianni Rondolino, Der italienische Neorealismus (Rosselini, De Sica, De Santis, Visconti, Fellini, Antonioni)
112.	Klaus Peter Walter, Das 'cinéma des auteurs' und die Nouvelle Vague
113.	Harry Blunk, Der DDR-Film

XXVI.	Technische Grundlagen der Medien III: Hörfunk
114.	Dietrich Schwarze, Die akustischen Grundlagen der Tontechnik
115.	Wolfgang Rein, Grundlagen der Hörfunk-Studiotechnik
116.	Peter Lentz, Grundlagen der Hörfunk-Übertragungstechnik

XXVII.	Technische Grundlagen der Medien IV: Die Übertragung
117.	Dirk Didascalou/Werner Wiesbeck, Die drahtlose Informationsübertragung
118.	Joachim Speidel, Die drahtgebundene Informationsübertragung

119. Frank Müller-Römer, Distributions- und Kontributionssysteme für Hörfunk und Fernsehen
120. Henning Wilkens, Zusatzdienste in Rundfunk und Fernsehen
121. Siegfried Dinsel, Empfangstechniken für Hörfunk und Fernsehen

XXVIII. Geschichte des Hörfunks und seiner Erforschung I: Technik

122. Hans Schubert, Von der Edisonwalze zur CD
123. Gerhard Steinke, Produktionsmethoden im Wandel der technischen Entwicklung
124. Ansgar Diller, Vom Kristalldetektor zum Superhet
125. Dieter Stahl, Kunstkopf-Stereophonie

XXIX. Geschichte des Hörfunks und seiner Erforschung II: Übertragungstechnik

126. Heinrich Brunswig, Die internationale Sendetechnik vor 1945
127. Peter Senger, Das Sendernetz der Deutschen Welle. Realisierung einer weltweiten Hörfunkversorgung
128. Ansgar Diller, Groß-Veranstaltungen der Rundfunk-Übertragung: Olympische Spiele in Berlin 1936

XXX. Geschichte des Hörfunks und seiner Erforschung III: Organisation, Programm und Forschungsgeschichte

129. Horst O. Halefeldt, Die Organisationsstruktur des Hörfunks in ihrer Entwicklung
130. Renate Schumacher/Horst O. Halefeldt, Die Programmstruktur des Hörfunks in ihrer Entwicklung
131. Renate Schumacher, Zur Geschichte der Hörfunkforschung

XXXI. Geschichte des Hörfunks und seiner Erforschung IV: Kommunikative und ästhetische Analysen

132. Felix Kribus, Kommunikative und ästhetische Funktion des Hörfunk-Features in seiner Entwicklung bis 1945
133. Wolfram Wessels, Kommunikative und ästhetische Funktionen des hörfunkdramatischen Bereichs in ihrer Entwicklung bis 1945
134. Ansgar Diller, Kommunikative Funktion der Hörfunkpropagandasendungen im Zweiten Weltkrieg

XXXII. Geschichte des Hörfunks und seiner Erforschung V: Geschichtliche Längs- und Querschnitte in Auswahl

135. Peter Ziegler, Geschichte der politischen Berichterstattung im Hörfunk
136. Hans-Jürgen Krug, Geschichte des Hörspiels

137.	Horst O. Halefeldt, Die Arbeiter-Radio-Bewegung in Deutschland	
138.	Manfred Jenke, Die Geschichte des Musikprogramms	

XXXIII.	Technische Grundlagen der Medien V: Elektronische Informationsverarbeitung
139.	Werner Rupprecht, Digitalisierung als Grundlage der elektronischen Informationstechnik

XXXIV.	Geschichte des Fernsehens
140.	Dietrich Schwarzkopf, Geschichte des Fernsehens
141.	Friedrich-Wilhelm von Sell, Entwicklung und Bedeutung des Organisationsrechts für die elektronischen Medien in Deutschland

XXXV.	Mediengegenwart I: Buch und Broschüre I: Technik und Bibliothekswesen
142.	Renate Stefan, Technik der modernen Buch- und Broschürenherstellung
143.	Elmar Mittler, Bibliotheken – gegenwärtige Situation und Tendenzen der Entwicklung

XXXVI.	Mediengegenwart II: Buch und Broschüre II: Kommunikative und ästhetische Analysen
144.	Bettina Kümmerling-Meibauer, Kommunikative und ästhetische Funktionen des modernen Kinder- und Jugendbuchs
145.	Rosemarie Gläser, Kommunikative und ästhetische Funktionen des Sachbuchs der Gegenwart
146.	Günther Hadding, Ästhetische und kommunikative Funktionen des modernen Lexikons
147.	Hans-Otto Hügel, Kommunikative und ästhetische Funktion des Romanhefts
148.	Dietrich Grünewald, Kommunikative und ästhetische Funktion der Comicschriften
149.	Horst Dieter Schlosser, Kommunikative und ästhetische Leistungen der Sprache im modernen Buch
150.	Valeria D. Stel'mach, Verbraucherverhalten und Leserreaktion (am Beispiel der Lesersituation im postsowjetischen Rußland)

XXXVII.	Mediengegenwart III: Buch und Broschüre III: Zukünftige Entwicklungen
151.	Günther Pflug, Zukunftsperspektiven des Buches

XXXVIII. Mediengegenwart IV: Zeitung und Zeitschrift I: Technik, Verlags- und Vertriebswesen

152. Boris Fuchs, Technik der modernen Zeitungs- und Zeitschriftenproduktion
153. Boris Fuchs, Moderne Zeitungsdruckereien
154. Volker Schulze, Der Zeitungs- und Zeitschriftenverlag

XXXIX. Mediengegenwart V: Zeitung und Zeitschrift II: Kommunikative und ästhetische Analysen

155. Volker Schulze, Agenturen und Pressestellen als Informationsquellen der Zeitung
156. Christoph H. Roland, Kommunikative Funktion von Pressestellen
157. Peter Zschunke, Kommunikative Funktionen der Agenturarbeit
158. Roger Fowler, The language of newspapers: communicative and aesthetic aspects
159. Hans Ramge/Britt-Marie Schuster, Kommunikative Funktionen des Zeitungskommentars
160. Michael Geisler, Berichterstattung in der Zeitung: Kommunikative und ästhetische Fragen
161. Thomas Schröder, Kommunikative Funktionen des Zeitungsinterviews
162. Gernot Stegert, Kommunikative Funktionen der Zeitungsrezension
163. Bernhard Sowinski, Kommunikative und ästhetische Funktionen der Werbebeiträge in Zeitungen und Zeitschriften (Anzeigen)
164. Erich Straßner, Zeitschriftenspezifische Präsentationsformen und Texttypen
165. Hans-Dieter Kübler, Kommunikative und ästhetische Dispositionen im Konsum- und Rezeptionsverhalten von Zeitungs- und Zeitschriftenlesern

XL. Mediengegenwart VI: Zeitung und Zeitschrift III: Zukünftige Entwicklungen

166. Thomas Breyer, Auswirkungen der Digitaltechnik auf die technische Weiterentwicklung von Zeitungen und Zeitschriften
167. Andreas Kübler, Zukunftsperspektiven von Zeitungen und Zeitschriften

XLI. Mediengegenwart VII: Plakat II: Kommunikative und ästhetische Analysen

168. Michael Schirner, Kommunikative und ästhetische Funktionen des Werbeplakats

169.		Gerd Müller, Kommunikative und ästhetische Funktionen des Wahlplakats
170.		Erich Straßner, Kommunikative und ästhetische Leistungen von Bild und Sprache im Plakat

3. Teilband

XLII.		**Mediengegenwart VIII: Der Film I: Technik, Produktion, Vertrieb**
171.		Carsten Gülker, Der Filmverleih
172.		Klaus Peter Dencker, Filmförderung in der Bundesrepublik Deutschland
XLIII.		**Mediengegenwart IX: Der Film II: Kommunikative und ästhetische Analysen**
173.		Jürgen Felix, Kommunikative und ästhetische Funktionen des modernen Spielfilms
174.		Rüdiger Steinmetz, Kommunikative und ästhetische Charakteristika des gegenwärtigen Dokumentarfilms
175.		Hermann Kalkofen, Kommunikative und ästhetische Funktionen des aktuellen Wissenschaftsfilms
176.		Ursula von Keitz, Kommunikative und ästhetische Funktionen des Werbefilms
177.		Thomas Herbst, Film translation: dubbing
178.		Reinhold Rauh, Kommunikative und ästhetische Leistungen der Sprache im Film
XLIV.		**Mediengegenwart X: Der Hörfunk I: Technik**
179.		Bertram Bittel/Ingo Fiedler, Konzept und Realisierung der Analog-Digitalen Senderegien beim Südwestfunk
180.		Gerhard Steinke, Produktions- und Speichertechnologien im Hörfunk
181.		Henning Wilkens, Zusatz-Dienst: ARI, Radiodatensystem etc.
XLV.		**Mediengegenwart XI: Der Hörfunk II: Übertragungstechnik**
182.		Joachim Kniestedt, LW-, MW- und KW-Rundfunkverbreitung
183.		Theodor Prosch, Die Netze des Planes Genf 1984 für UKW am Beispiel Baden-Württemberg (Bundesrepublik Deutschland)
184.		Thomas Lauterbach, Das Digitale Radio DAB

XLVI. Mediengegenwart XII: Der Hörfunk III: Organisations-, Programm- und Konsumentenstrukturen

185. Hans J. Kleinsteuber/Barbara Thomaß, Gegenwärtige Organisationsstrukturen des Hörfunks
186. Horst O. Halefeldt, Gegenwärtige Programmstrukturen des Hörfunks
187. Walter Klingler, Die Hörfunkkonsumenten

XLVII. Mediengegenwart XIII: Der Hörfunk IV: Kommunikative und ästhetische Analysen

188. Matthias Holtmann, Der Hörfunk in Abhängigkeit von Zulieferern
189. Jürg Häusermann, Kommunikative und ästhetische Funktionen des Hörfunkprogramms
190. Gerlinde Mautner, Kommunikative Funktionen der Hörfunknachrichten
191. Jürg Häusermann/Carmen Zahn, Kommunikative Funktionen des Hörfunkmagazins
192. Felix Kribus, Kommunikative und ästhetische Funktion des Hörfunkfeatures in seiner Entwicklung ab 1945
193. Peter Kottlorz, Kommunikative und ästhetische Funktion religiöser Hörfunksendungen
194. Wolfgang Seifert, Kommunikative und ästhetische Funktionen der Musiksendungen im Hörfunk
195. Kurt Sauerborn, Wissenschaft im Hörfunk: Aufgabe, Inhalt, Form, Präsentation
196. Herbert Kapfer, Kommunikative und ästhetische Funktionen des Hörspiels
197. Hans-Rüdiger Fluck, Hörfunkspezifische Präsentationsformen und Texttypen
198. Josef Eckhardt, Kommunikative und psychologische Dispositionen beim Radiohören

XLVIII. Mediengegenwart XIV: Der Hörfunk V: Zukünftige Entwicklungen

199. Gerhard Steinke, Technische Weiterentwicklung des Hörfunks
200. Peter Marchal, Zukünftige Programmentwicklungen des Hörfunks

XLIX. Mediengegenwart XV: Fernsehen I: Technik

201. Heide Riedel, Von der Nipkowscheibe zur Braunschen Kathodenstrahlröhre
202. Heide Riedel, Der Weg zum Ikonoskop und Ikonoskopabtaster
203. Heide Riedel, Die Entwicklung des Zwischenfilmverfahrens

204.	Heide Riedel, Der Fernseheinheitsempfänger E1 (1939)	
205.	Heide Riedel, Der Weg zur Gebernorm	
206.	Wilhelm Sommerhäuser, Von der Composit- zur Componententechnik	
207.	Manfred Strobach, Produktionstechnik und -methoden	
208.	Heinz Tschäppät, Technik der Elektronischen Berichterstattung	
209.	Reinhard Kalhöfer, Sendeabwicklung beim Fernsehen	

L. Mediengegenwart XVI: Fernsehen II: Übertragungstechnik

210.	Sven Boetcher/Eckhard Matzel, Entwicklung der Farbfernsehsysteme (PAL, Secam, NTSC, PAL plus)
211.	Douglas Gomery, History of U.S. Cable TV Networks (CATV)
212.	Wolfgang Weinlein, Die Fernsehversorgung und das Frequenzspektrum
213.	Douglas Gomery, The Multimedia Project – Orlando/Florida
214.	Pierre Meyrat, Die Satellitentechnik im Fernsehen
215.	Ulrich Reimers, Die HDTV-Diskussion
216.	Ulrich Reimers, Das Digitale Fernsehen (DVB)

LI. Mediengegenwart XVII: Fernsehen III: Organisations-, Programm- und Konsumentenstrukturen

217.	Dietrich Schwarzkopf, Organisationsstrukturen des Fernsehens
218.	Miriam Meckel, Programmstrukturen des Fernsehens
219.	Walter Klingler, Die Fernsehkonsumenten

LII. Mediengegenwart XVIII: Fernsehen IV: Kommunikative und ästhetische Analysen

220.	Andreas Schorlemer, Die Abhängigkeit des Fernsehens von den Programm-Zulieferern
221.	Bernhard Zimmermann, Kommunikative und ästhetische Funktionen des Fernsehens in ihrer Entwicklung
222.	Peter Ludes/Georg Schütte/Joachim Friedrich Staab, Entwicklung, Funktion, Präsentationsformen und Texttypen der Fernsehnachrichten
223.	Heinrich Löffler, Talkshows: Entwicklung, Funktion, Präsentationsformen und Texttypen
224.	Gerd Hallenberger, Entwicklung, Funktion, Präsentationsformen und Texttypen der Game Shows
225.	Gabriele Kreutzner, Entwicklung, Funktion, Präsentationsformen und Texttypen der Soap-Operas
226.	Knut Hickethier, Entwicklung, Funktion, Präsentationsformen und Texttypen der Fernsehspiele
227.	Peter Kottlorz, Entwicklung, Funktion, Präsentationsformen und Texttypen religiöser Sendungen im deutschen Fernsehen

228. Ludwig Graf/Hans Elwanger, Entwicklung, Funktion, Präsentationsformen und Texttypen der Telekolleg- oder Akademie-Sendungen
229. Richard Brunnengräber, Entwicklung, Funktion, Präsentationsformen und Texttypen der Wissenschaftssendungen
230. Josef Hackforth, Entwicklung, Funktion, Präsentationsformen und Texttypen der Sportsendungen
231. Jan Uwe Rogge, Entwicklung, Funktion, Präsentationsformen und Texttypen der Kindersendungen
232. Hans Friedrich Foltin, Fernsehen als Unterhaltung
233. Siegfried J. Schmidt, Entwicklung, Funktionen und Präsentationsformen der Werbesendungen aus der Sicht der Wissenschaft
234. Karl-Heinz Hofsümmer/Dieter K. Müller, Entwicklung, Funktionen und Präsentationsformen der Werbesendungen aus der Sicht der Praxis
235. Michael Altrogge, Entwicklung, Funktion, Präsentationsformen und Texttypen der Videoclips
236. Werner Holly, Fernsehspezifik von Präsentationsformen und Texttypen
237. Colin Berry, Viewing patterns and viewer habits: Communicative and aesthetic analyses

LIII. Mediengegenwart XIX: Fernsehen V: Zukünftige Entwicklung und Forschungsgeschichte

238. Christoph Dosch, Technische Weiterentwicklung des Fernsehens
239. Gerd Hallenberger, Zukünftige Programmentwicklung des Fernsehens
240. Lothar Mikos, Forschungsgeschichte des Fernsehens
241. Jens-Helge Hergesell, Interaktives Fernsehen

LIV. Neue Dienste

242. Dietmar Kaletta, Online-Dienste: Technik
243. Georg Sandberger, Online-Dienste: Urheberrecht
244. Georg Sandberger, Online-Dienste: Haftung
245. Ralph Schmidt, Neue Online-Dienste und Internet
246. Wolfgang von Keitz, Online-Dienste: Nutzung
247. Martin Gläser, Online-Dienste: Ökonomie
248. Friedrich W. Hesse/Stephan Schwan, Internet-Based Teleteaching
249. Birgit Godehardt/Carsten Klinge/Ute Schwetje, Aktuelle Bedeutung der Telearbeit für Unternehmen – Empirische Befunde aus dem Mittelstand
250. Electronic Publishing
251. Satellitengestütztes Navigationssystem mit Mobilfunkunterstützung

LV.		Mediengesellschaft I: Medienmarkt
252.		Helmut Volpers, Der internationale Buchmarkt
253.		Horst Röper, Der internationale Zeitungs- und Zeitschriftenmarkt
254.		Hannemor Keidel, Der internationale Film- und Videomarkt
255.		Peter Zombik/Carl Mahlmann, Der internationale Markt für Musik-Produktionen
256.		George Wedell/Olivia Henley, International media markets: Television-Production
257.		Horst Röper, Die internationale Medienverflechtung
258.		Klaus Schrape, Der Multimedia-Markt
LVI.		Mediengesellschaft II: Medienpolitik
259.		Gerd G. Kopper, Medienpolitik in Deutschland
260.		Dirk M. Barton, Medienpolitik in Europa
261.		Gerald J. Baldasty, Media-Politics in USA
LVII.		Mediengesellschaft III: Medienrecht und Medienethik
262.		Udo Branahl, Medienrecht in Deutschland
263.		Herbert Bethge, Medienrecht in Europa
264.		Wolfgang Hoffmann-Riem, Medienrecht in USA
265.		Alois Huter, Medienethik
LVIII.		Mediengesellschaft IV: Medienpädagogik und Mediendidaktik
266.		Dieter Baacke (†), Medienpädagogik
267.		Gerhard Tulodziecki, Mediendidaktik
LIX.		Forschungsschwerpunkte und Forschungseinrichtungen
268.		Hans Bohrmann, Medienforschungsschwerpunkte und -einrichtungen: Deutschland
269.		Marie Luise Kiefer, Medienforschungsschwerpunkte und -einrichtungen: Europa
270.		Douglas Gomery, Media Research Programmes and Institutions in the United States
271.		Nobuya Otomo, Medienforschungsschwerpunkte und -einrichtungen: Japan
272.		Joachim-Felix Leonhard, Medienarchive
LX.		Register

Vorwort

Aufgabe dieses Handbuches ist es, das aktuelle Wissen über die Medien in großer Breite, in Aktualität wie in historischer Sicht zusammenzustellen. Es hat aber auch das Ziel, die erhebliche Heterogenität des Gegenstands sichtbar zu machen. Verwiesen sei auf den ersten Artikel 'Der Forschungsgegenstand der Medienwissenschaft' von Ulrich Saxer.

Das Handbuch untergliedert sich in drei Teilbände. Der erste Teilband hat die allgemeinen medienwissenschaftlichen und speziell die medientheoretischen und medienanalytischen Grundlagen zum Gegenstand. Er bietet die technischen Basisdaten für die Printmedien. Bei der Geschichte der Medien und ihrer Erforschung werden die Medien 'Buch' und 'Broschüre', 'Flugblatt', 'Flugschrift', 'Zeitung', 'Zeitschrift' und 'Plakat' behandelt.

Im zweiten Teilband wird die Darstellung der Medien- und Medienforschungsgeschichte fortgesetzt mit den Medien 'Film', 'Hörfunk' und 'Fernsehen', wobei für die elektronischen Medien noch die Grundlagen der elektronischen Datenverarbeitung und der Übertragung angeboten werden. Bei der Darstellung der Mediengegenwart führt der Weg wieder von 'Buch' und 'Broschüre' über 'Flugblatt', 'Flugschrift', 'Zeitung', 'Zeitschrift' hin zum 'Plakat'.

Der dritte Teilband schließt die Gegenwartsdarstellung ab mit Film, Hörfunk und Fernsehen. Es folgt ein zusammengehöriger Block über die Mediengesellschaft mit der Untergliederung Medienmarkt, Medienpolitik, Medienrecht und -ethik, Medienpädagogik und Mediendidaktik. Die Kapitel 'Forschungseinrichtungen und Forschungsschwerpunkte' runden den Band ab. Jeder Artikel enthält eine Auswahlbibliographie zur jeweiligen Thematik. Alle drei Bände werden durch Register (Organisation, Namen, Sachen) erschlossen.

Ein solches Handbuch anzulegen, die Autoren der einzelnen Artikel zusammenzubringen und die Zeitfolge bei der großen Zahl von Autoren einzuhalten ist mit nicht wenig Aufwand verbunden. Wir danken daher allen Autoren auch für ihre Geduld, da nicht wenige von ihnen ihre Manuskripte termingerecht und früh einreichten und dann lange warten mußten, bis auch die letzten ihre Artikel fertiggestellt hatten. Dank gilt den Mitarbeitern der Herausgeber, vor allem Frau Dorle Schlauch (Tübingen) und dem Verlagsteam.

Ein letzter Dank und ein Wort des Gedenkens gilt Wolfgang Krank (Baden-Baden), der als Mitherausgeber für den Bereich Technik zuständig war, mit großem Engagement die Bandkonzeption mit entwarf und durch seinen Tod den Produktionsbeginn leider nicht mehr miterleben konnte.

Tübingen, Stuttgart und Frankfurt a. M.   Die Herausgeber
im Herbst 1999

Verzeichnis der Abbildungen, Karten und Tabellen

1. Teilband

Michael Charlton/Michael Barth, Grundlagen der empirischen Rezeptionsforschung in der Medienwissenschaft

Abb. 7.1:	Struktur des menschlichen Gedächtnisses	86
Abb. 7.2:	Übersicht über Struktur und Elemente eines kognitiven Rezeptionsmodells	90

Klaus Merten, Sozialwissenschaftliche Methoden der Medienanalyse

Abb. 20.1:	Inhaltsanalytische Inferenz	244
Abb. 20.2:	Ziele und Mittel der Inhaltsanalyse	245
Abb. 20.3:	Codierbuch für Themenanalyse (Ausschnitt)	247
Abb. 20.4:	Anweisung zur Analyse eines Zeitungsartikels	248
Abb. 20.5:	Anwendung der Inhaltsanalyse	250
Abb. 20.6:	Korrelation von Inhalts- und Wirkungsvariablen bei der Darstellung von Gewalt	252
Abb. 20.7:	Inhaltsanalyse als basales Erhebungsinstrument	253

Franz Xaver Bea, Medien-Nachbarwissenschaften VII: Ökonomie

Abb. 28.1:	Zahl der Radioprogramme 1984–1995	349
Abb. 28.2:	Zuschauermarktanteile ausgewählter Fernsehsender 1985–1995	349
Abb. 28.3:	Organisationsstruktur von RTL	350
Abb. 28.4:	Werbeträger von ARD und ZDF	351
Abb. 28.5:	Werbemarktanteile ausgewählter TV-Sender 1985–1994	351
Abb. 28.6:	Die Entstehung des Multimedia-Marktes	352
Abb. 28.7:	Produktion und Erwerbstätigkeit im Medien- und Kommunikationssektor 1980 bis 1992	353
Abb. 28.8:	Gesamtwirtschaftliche Bedeutung des Mediensektors 1982–1992	353
Abb. 28.9:	Auflagenanteile der 5 auflagenstärksten Verlagshäuser des Tageszeitungsmarktes von 1987–1995	354
Abb. 28.10:	Zuschauermarktanteile ausgewählter Fernsehsender 1985–1995	354

Eva Hanebutt-Benz, Technik des Buches

Abb. 33.1:	Papierherstellung in Japan	390
Abb. 33.2:	Herstellung von Papier	391
Abb. 33.3:	Endlos-Papiermaschine von Louis-Nicolas Robert	395
Abb. 33.4:	Chinesischer Setzkasten. Holzschnitt von 1313	398
Abb. 33.5:	Seite aus dem Blockbuch „Apokalypse", vor 1463	400
Abb. 33.6:	Setzkasten	402
Abb. 33.7:	Stanhope-Presse	406
Abb. 33.8:	Columbia-Presse	407
Abb. 33.9:	Linotype	410
Abb. 33.10:	Stangenpresse von A. Senefelder für den lithographischen Druck	419

Ernst-Peter Biesalski, Buchbinderei

Abb. 34.1:	Auf erhabene Bünde von Hand geheftete Lagen	424
Abb. 34.2:	Bestandteile eines Bucheinbandes	426
Abb. 34.3:	Schematische Darstellung der Schwertfalzung (Stahl)	432
Abb. 34.4:	Schematische Darstellung der Stauchfalzung (Stahl)	432

Abb. 34.5:	Maschinelles Zusammentragen von Einzelbogen	433
Abb. 34.6:	Maschinell fadengeheftete Lagen	433
Abb. 34.7:	Schematische Darstellung einer Buchfertigungsstraße	435

Justus Cobet, Herodot (ca. 485–425 v. Chr.), Historien und die antike Geschichtsschreibung

Abb. 51.1:	Schema der Oikumene nach Angaben Herodots	604
Abb. 51.2:	Schema der Herodots Werk eingeschriebenen Chronologie	nach 604
Abb. 51.3.	Gliederung von Herodots Geschichtswerk	606

Margarete Lindemann, Robert Estienne, Dictionarium (1531) und die Entwicklung der Lexikographie

Abb. 59.1:	Von Robert Estienne entwickelte Sprachwörterbuchtypen und ihre Abhängigkeiten untereinander	713
Abb. 59.2:	Beibehaltung der lateinischen bzw. französischen Makrostruktur der Estienne-Wörterbücher	716
Abb. 59.3:	Erweiterung von Makro- und Mikrostruktur der Estienne-Wörterbücher und spätere Umwandlungen	718
Abb. 59.4:	Die ersten französisch-deutschen und französisch-spanischen Wörterbücher in ihren Haupt- und Nebenquellen, die ihrerseits auf die Estienne-Wörterbücher zurückgehen	719

Bernhard Kelle, Abraham Ortelius, Theatrum Orbis Terrarum (1570) und die Entwicklung der Atlanten

Abb. 62.1:	Portrait von Abraham Ortelius	751
Abb. 62.2:	Titelkupfer (aus A. Ortelius, Theatrum Orbis Terrarum, Antwerpen 1573)	753
Abb. 62.3:	'Punktieren' der Meeresflächen; Befestigungen von Calais	754
Abb. 62.4:	'Schattierungen' der Berge	755
Abb. 62.5:	Stadtdarstellung: Köln	756
Abb. 62.6:	Stadtdarstellung: Antwerpen	756
Abb. 62.7:	Flußübergänge, Neckarbrücken	757
Abb. 62.8:	Beispiel für eine Kartenlegende	758
Abb. 62.9:	Beispiel für einen Maßstabsbalken	758
Abb. 62.10:	Kartusche für den Kartentitel	758
Abb. 62.11:	Künstlerische Elemente: Neptun auf Meeresungeheuer	758
Abb. 61.12:	Künstlerische Elemente: Seeschlacht	758
Abb. 62.13:	Weltkarte 'Typus Orbis Terrarum'	759
Abb. 62.14:	Darstellung Spaniens 'Regni Hispaniae ...'	760
Abb. 62.15:	Darstellung Spaniens	761
Abb. 62.16:	Darstellung Spaniens	762

Roger Münch, Technische Herstellung von Zeitungen und Zeitschriften bis ins 20. Jahrhundert

Abb. 71.1:	Halber Bogen aus vier Oktavbogen	826
Abb. 71.2:	Halber Bogen aus acht Oktavbogen	826

Dieter Fuder, Kommunikative und ästhetische Funktionen des Plakats in ihrer geschichtlichen Entwicklung

Abb. 88.2:	Henri de Toulouse-Lautrec, Aristide Bruant, 1893	987
Abb. 88.6:	Louis Schmidt, Allgemeine Elektrizitäts-Gesellschaft, 1888	989
Abb. 88.7:	Thomas Theodor Heine (1867–1948), Simplicissimus, 1896/97	990
Abb. 88.8:	Lucian Bernhard, Stiller, 1908	990
Abb. 88.10:	Hans Rudi Erdt, Internationale Ausstellung für Reise- und Fremdenverkehr, 1911	991
Abb. 88.12:	John Heartfield (1891–1968), Adolf der Übermensch: Schluckt Gold und redet Blech, 1932	993

Verzeichnis der Abbildungen, Karten und Tabellen   XXV

Abb. 88.13: El Lissitzky (1890–1941), USSR-Russische Ausstellung, 1929 995
Abb. 88.16: Niklaus Stoecklin, Valvo, 1931 996
Abb. 88.18: Joost Schmidt, Ausstellung Staatliches Bauhaus, 1923 997
Abb. 88.19: Jan Tschichold (1902–1974), Die Frau ohne Namen, 1927 998
Abb. 88.20: Lazzlo Moholy-Nagy (1845–1946), Pneumatik, 1926 999

Dieter Fuder, Kommunikative und ästhetische Leistungen der Sprache im Plakat in ihrer geschichtlichen Entwicklung
Abb. 89.2:   Aubrey Beardsley, Avenue Theatre, 1894 1002
Abb. 89.3:   Hans Rudi Erdt, Opel, 1911 1003
Abb. 89.4:   Peter Behrens, Allgemeine Elektricitaets Gesellschaft, vor 1910 1004
Abb. 89.7:   Heinz Fuchs, Arbeiter Hunger Tod naht, 1919 1006
Abb. 89.8:   Hans Poelzig (?), Der Golem, 1920 1006
Abb. 89.9:   Walter Schnackenberg, Anarchie ist Helfer der Reaktion, 1918 1007
Abb. 89.10: L. Gutterer, Madige Schinken, 1932 1008
Abb. 89.11: Anonym Hitler, 1932 1008
Abb. 89.12: Anonym, Plakat zur Volksabstimmung am 19. August 1934, 1934 1009
Abb. 89.13: Lucian Bernhard, Zeichne Kriegsanleihen, 1917/18 1010

Robert Müller, Geschichte des Werbeplakats
Abb. 91.1:   Plakatartiges Ladenschild eines in Ägypten tätigen Traumdeuters 1016
Abb. 91.2:   Pompejanisches Vermietungsplakat 1016
Abb. 91.3:   Zeichen eines Gastwirts von Pompeji 1017
Abb. 91.4:   Aeskulapnatter 1017
Abb. 91.5:   Aus dem Fachbuch 'Neuss, der Fernhandel und die Hanse' 1019
Abb. 91.6:   Schild-Weiser von 1804 1020
Abb. 91.7:   Anzeigen des ersten Wiener Plakatierungsunternehmens in einem Kalender des Jahres 1900 1021
Abb. 91.8:   vor die nächstbeste Plakattafel geführt 1022
Abb. 91.9:   Die Titelseite der deutsprachigen, in der damaligen Tschechoslowakei erscheinenden Fachzeitschrift 'Die Propaganda' 1023
Abb. 91.10: Schon vor dreihundert Jahren waren offenbar für Anschlag und anschlagen mehrere Fachbezeichnungen üblich 1024
Abb. 91.11: Beleg aus der großen Zeit von Pompeji: Präsentation der Erzeugnisse aus Metall 1024

Verzeichnis der Siglen für wissenschaftliche Zeitschriften, Reihen und Sammelwerke

AB	Archiv für Begriffsgeschichte
Ä & K	Ästhetik und Kommunikation
AEÜ	Archiv für Elektronik und Übertragungstechnik
AGB	Archiv für Geschichte des Buchwesens
AJS	American Journal of Sociology
(Dt.) Ak. Wiss. B./DDR. IdSL/ZI Baust.	= (Deutsche) Akademie der Wissenschaften zu Berlin bzw. der DDR. Veröffentlichungen des Instituts für deutsche Sprache und Literatur bzw. des Zentralinstituts für Sprachwissenschaft. Bausteine zur (Sprach)geschichte des Neuhochdeutschen
Ann Rev Psych	Annual Review of Pyscholgoy
APr	Archiv für Presserecht
Archiv	Archiv für das Studium der neueren Sprachen und Literaturen
AS	Acta Sociologica
ASG	Archiv für Sozialgeschichte
ASR	American Sociological Review
Aufriß	Deutsche Philologie im Aufriß. Hrsg. v. Wolfgang Stammler, 3 Bde., Berlin 1952—57
BbdB	Börsenblatt für den deutschen Buchhandel
BDW	Bild der Wissenschaft
BES	Beiträge zur Erforschung der deutschen Sprache
BGR	Beiträge zur Geschichte des Rundfunks
BGS	Beiträge zur Geschichte der Sprachwissenschaft
BRP	Beiträge zur Romanischen Philologie
C	Cinema
CC	Cahiers du cinéma
Ch	Cahiers d'histoire mondiale
CJ	Cinema Journal
CL	Comparative Literature
CP	Cognitive Psychology
CQ	Critical Quarterly
CR	Communication Research
CS	Communication and Society
CSMC	Critical Studies of Mass Communication
CY	Communication Yearbook
DAI	Dissertation Abstracts International
DaP	Data Processing
DaS	Discourse and Society
DASDJb.	Deutsche Akademie für Sprache und Dichtung. Jahrbuch
DB	Das deutsche Buch
DD	Development Dialogue
DG	Dialog der Gesellschaft
DLE	Das literarische Echo
DNS	Die neueren Sprachen
DP	Discourse Processes
DS	Deutsche Sprache. Zeitschrift für Theorie, Analyse und Dokumentation
DU	Der Deutschunterricht. Beiträge zu seiner Praxis und wissenschaftlichen Grundlegung

DVjs	Deutsche Vierteljahrsschrift für Literaturwissenschaft und Geistesgeschichte
EA	Études Anglaises
EBU-Review	European Broadcasting Union, Technical Review and Monographs
EC	Essays in Criticism
ECl	Études Classiques
EF	Études Françaises
EJC	European Journal of Communication
ES	English Studies
ETZ	Elektrotechnische Zeitschrift
Euph.	Euphorion. Zeitschrift für Literaturgeschichte
FB	Fernsehen und Bildung
FL	Folia Linguistica
FM	Le Français Moderne
FMK	Funkkolleg Medien und Kommunikation. Studienbrief
FS	Frühmittelalterliche Studien
GFBRD	Geschichte des Fernsehens in der Bundesrepublik Deutschland, hrsg. v. Helmut Kreuzer/Christian Thomsen, 5 Bde., München 1993–94
GJ	Gutenberg Jahrbuch
GKJ	Gesellschaftliche Kommunikation und Information. Hrsg. v. Jörg Aufermann/Hans Bohrmann/Rolf Sülzer, 2 Bde., Frankfurt a. M. 1973
GL	Germanistische Linguistik. Berichte aus dem Forschungsinstitut für deutsche Sprache, Deutscher Sprachatlas
GpF	Grundlagen des populären Films. Hrsg. v. Bernhard Roloff/Georg Seesslen, 10 Bde., Reinbek b. Hamburg 1979–1981
GRM	Germanisch-Romanische Monatsschrift
GW	Gesamtkatalog der Wiegendrucke. Hrsg. v. d. Kommission für den Gesamtkatalog der Wiegendrucke. Leipzig 1925 ff.
HA	A Handbook of Archaeology. Hrsg. v. Homer L. Thomas. 4 Bde., Jonsered 1993–1996
HbPsych	Handbuch der Psychologie. Hrsg. v. David Katz. Basel 1951
HCR	Human Communication Research
HdA	Handbook of Discourse Analysis. Hrsg. v. Teun van Dijk, 4 Bde., London 1985
HdF	Handbuch der Fachpresse. Hrsg. v. Otto B. Roegele/Hans Großmann. Frankfurt a. M. 1977
HdP	Handbuch der Publizistik. Hrsg. v. Emil Dovifat, 3 Bde., Berlin 1968–69
HdZ	Handbuch der Zeitungswissenschaft, Hrsg. v. Walther Heide, 2 Bde., Leipzig 1940–43
HeS	Handbuch der empirischen Sozialforschung. Hrsg. v. René König, 14 Bde., Stuttgart 1962–79
HJC	Harward Journal of Communication
HSFRT	Historical Journal of Film, Radio and Television
IASL	Internationales Archiv für Sozialgeschichte der deutschen Literatur
IHHF	Internationales Handbuch für Hörfunk und Fernsehen. Hrsg. v. Hans-Bredow-Institut für Hörfunk und Fernsehen. Baden-Baden/Hamburg [23]1996
IJSL	International Journal of the Sociology of Language
IZK	Internationale Zeitschrift für Kommunikationsforschung
JaP	Journal of applied Psychology
JB	Journal of Broadcasting
JBEM	Journal of Broadcasting and the Electronic Media
JC	Journal of Communication
JCE	Journal of Contemporary Ethnographie
JEGP	Journal of English and Germanic Philology
JELH	Journal of English Literary History
JET	Journal of Educational Television
JIG	Jahrbuch für Internationale Germanistik
JLSP	Journal of Language and Social Psychology

JMK	Jahrbuch zur Medienstatistik und Kommunikationspolitik
JML	Journal of Memory and Language
JMLit	Journal of Modern Literature
JPC	Journal of Popular Culture
JPol	The Journal of Politics
JPR	Journal of Psycholinguistic Research
JQ	Journalism Quarterly
JVL	Journal of Verbal Learning and Verbal Behaviour
KuP	Kommunikation und Politik
KZSS	Kölner Zeitschrift für Soziologie und Sozialpsychologie
LB	Linguistische Berichte. Forschung, Information, Diskussion
LE	Literatur und Erfahrung
LGL	Lexikon der germanistischen Linguistik. Hrsg. v. Hans P. Althaus/Helmut Henne/Herbert E. Wiegand. Tübingen ²1990
LiLi	Zeitschrift für Literaturwissenschaft und Linguistik
LM	Lexikon des Mittelalters. Hrsg. v. Robert-Henri Bautier. Bd I ff. München/Zürich 1980 ff.
LS	Language in Society
LTK	Lexikon für Theologie und Kirche, begr. v. Michael Buchberger, hrsg. v. Walter Kasper, 6 Bde., Freiburg i. B. ³1993–1997
Maf	Massenkommunikationsforschung, Hrsg. v. Dieter Prokop, 3 Bde., Frankfurt a. M. 1972–77
MBK	Mittelalterliche Bibliothekskataloge Deutschlands und der Schweiz. Hrsg. v. Bernhard Bischoff. 4 Bde., München 1918–1979
MBKÖ	Mittelalterliche Bibliothekskataloge Österreichs. Hrsg. v. d. Österreichischen Akademie der Wissenschaften. 5 Bde., Wien/Köln/Graz 1915–1971
MCR	Mass Communication Review
MCRY	Mass Communication Review Yearbook
MCS	Media, Culture and Society
MD	Medien Dialog
Mf	Medienforschung, Hrsg. v. Dieter Prokop, 3 Bde., Frankfurt a. M. 1985–96
MFS	Modern Fiction Studies
MJ	Medien Journal
ML	Modern Languages. Journal of the Modern Language
MLN	Modern Language Notes
MLQ	Modern Language Quarterly
MLR	Modern Language Review
ModSpr	Moderna språk
MP	Media Perspektiven
mp	medien praktisch
MPh	Modern Philology
MSRG	Mitteilungen. Studienkreis Rundfunk und Geschichte
MTJ	Media Trend Journal
Mu	Muttersprache. Zeitschrift zur Pflege und Erforschung der deutschen Sprache
NBL	Neue Beiträge zur Literatur
NDB	Neue Deutsche Biographie
NDL	Neue deutsche Literatur. Monatsschrift für deutschsprachige Literatur und Kritik
NGC	New German Critique
NRF	Nouvelle Revue Française
NS	Die neueren Sprachen. Zeitschrift für Forschung, Unterricht und Kontaktstudium auf dem Fachgebiet der modernen Fremdsprache
NTF	Nachrichtentechnische Fachberichte
NTZ	Nachrichtentechnische Zeitschrift
OBST	Osnabrücker Beiträge zur Sprachtheorie
ÖM	Die öffentliche Meinung

PB	Psychological Bulletin
PBB H bzw. T	Beiträge zur Geschichte der deutschen Sprache und Literatur H (= Halle) und T (= Tübingen)
PCS	Progress in Communication Science
PMLA	Publications of the Modern Language Association
Polit.Mein	Die politische Meinung
PolitVj	Politische Vierteljahresschrift
POQ	The Public Opinion Quarterly
PQ	Philological Quarterly
PR	Psychological Revue
PZ	Zur Politik und Zeitgeschichte
QJS	The Quarterly Journal of Speech
REL	Review of English Literature
RES	Review of English Studies
RF	Romanische Forschungen
Rqh	Revue de questions historiques
RiD	Rundfunk in Deutschland, Hrsg. v. Hans Bausch, 5 Bde., München 1980
RJ	Romanistisches Jahrbuch
RLSI	Research on Language and Social Interaction
RRQ	Reading Research Quarterly
RTM	Rundfunktechnische Mitteilungen
RuF	Rundfunk und Fernsehen
RuH	Rufer und Hörer
ShJ	Shakespeare Jahrbuch
ShQ	Shakespeare Quarterly
ShS	Shakespeare Survey
SLG	Studia Linguistica Germanica
SM	Schweizer Monatshefte
SMPTE-Journal	Society of Motion Pictures and Television Engineers-Journal
SPh	Studies in Philology
SPIEL	Siegener Periodicum zur Internationalen Empirischen Literaturwissenschaft
SS	Studien zur Sozialwissenschaft
STZ	Sprache im technischen Zeitalter
SUF	Sinn und Form
SuL	Sprache und Literatur in Wissenschaft und Unterricht
TAP	Transactions of the Antennas and Propagation society
TBC	Transactions of Broadcasting society
TCL	Twentieth Century Literature
TCS	Theory, Culture and Society
TEMC	Transactions of Elektromagnetic compatibility society
TLS	The Times Literary Supplement
TMTT	Transactions of Microwave Theory and Techniques society
TP	Theorie und Praxis
TuK	Text und Kritik
TuP	Theorie und Praxis des sozialistischen Journalismus
VL	Die deutsche Literatur des Mittelalters. Verfasserlexikon. Hrsg. v. Wolfgang Stammler/Karl Langosch. Bd. 1–10; Berlin–New York ²1981–1999
VP	Victorian Poetry
VS	Victorian Studies
WW	Wirkendes Wort. Deutsche Sprache in Forschung und Lehre
WWP	Wesen und Wirkungen der Publizistik
ZAA	Zeitschrift für Anglistik und Amerikanistik
ZaP	Zeitschrift für angewandte Psychologie
ZdA	Zeitschrift für deutsches Altertum und deutsche Literatur
ZdB	Zeitschrift für Deutschkunde
ZdG	Zeitschrift für deutsche Geistesgeschichte
ZdS	Zeitschrift für deutsche Sprache

ZEPP	Zeitschrift für Entwicklungspsychologie und Pädagogische Psychologie
ZfdPh	Zeitschrift für deutsche Philologie
ZfG	Zeitschrift für Germanistik
ZfS	Zeitschrift für Semiotik
ZFSL	Zeitschrift für Französische Sprache und Literatur
ZFO	Zeitschrift Führung + Organisation
ZGL	Zeitschrift für Germanistische Linguistik
ZPR	Zeitschrift für Public Relations
ZPSK	Zeitschrift für Phonetik, Sprachwissenschaft und Kommunikationsforschung
ZRP	Zeitschrift für Romanische Philologie
ZS	Zeitschrift für Soziologie
ZZ	Zeitung und Zeit

Abkürzungen aus dem Bereich Technik und Organisation

ABC	Annular Beam Control
ABV	Asia-Pacific Broadcasting Union
ACATS	Advisory Committee on Advanced Television Service
ADA	Auto Directional Antenna
ADR	ASTRA Digital Radio
ADTV	Advanced Definition TV
AES	Audio Engineering Society
ALERT	Advice and Problem Location for European Road Traffic
APL	Average Picture Level
ARD	Arbeitsgemeinschaft der öffentlich-rechtlichen Rundfunkanstalten Deutschlands
ARI	Autofahrer-Rundfunk-Informationen
ASCII	American Standard Code für Information Interchange
ASIC	Application Specific Integrated Circuit
ASK	Amplitude Shift Keying
ASPEC	Adaptive Spectral Perceptual Entropy Coding
ATM	Asynchronous Transmission Mode
ATRAC	Adaptive Transform Acoustic Coding
ATTC	Advanced Television Test Center
BB	Basisband
BCN	Broadcast Communication Network
BER	Bit Error Rate
BK	Breitbandkommunikation
BSS	Broadcast Satellite Services
C/N	Carrier to Noise
CAE	Computer Aided Engineering
CATV	Cable Authority TV
CCD	Charge Coupled Device
CCIR	Comité Consultarif International de Radiodiffusion
CCETT	Centre Commun d'Etudes de Télédiffusion et Télécommunications
CD	Compact Disc
CD-i	Compact Disc – interactiv
CD-ROM	Compact Disc – Read only Memory (650 Megabyte)
CENELEC	Comité Européen de Normalisation Electrotecnique
CIRC	Cross Interleave Reed Solomon Code
COFDM	Coded OFDM
COM	Circle Optimized Modulation
CPU	Central Processor Unit
CRC	Cyclic Redundant Check
CW	Continuous Wave
D-VHS	Digital-Video Home System
DAB	Digital Audio Broadcasting
DAT	Digital Audio Tape
DATV	Digitally Assisted TV
DAVOS	Digitales Audio-Video-Optisches System
DB	Data Broadcasting
DBS	Direct Broadcasting Satellite
DCC	Digital Compact Cassette
DCT	Discrete Cosinus Transformation

DCT	Digital Component Technology
DFS	Deutscher Fernmeldesatellit (Kopernikus)
DIB	Digital Integrated Broadcasting
DMX	Digital Music Express
DQPSK	Differential Quadrature PSK
DRAM	Dynamic Random Access Memory
DSC	Digital seriell component
DSP	Digital Signal Processing
DSR	Digital Satellite Radio
DTV	Digital TV
DVB	Digital Video Broadcasting
DVB-C	Digital Video Broadcasting-Cable
DVB-MS	Digital Video Broadcast-Multipoint System
DVB-S	Digital Video Broadcast-Satellite
DVB-T	Digital Video Broadcast-Terrestrial
DVC	Digital Video Cassette
DVD	Digital Video Disc (4,7 Gigabyte)
D-VHS	Digital-Video Home System
DZ	Datenzeile
E(I)RP	Equivalent (Isotropic) Radiated Power
EBU	European Broadcasting Union (entspricht UER)
ECC	Error Correction Code
ECS	European Communication Satellite
EDTV	Enhanced Definition TV
EEPROM	Electrical Erasable Programmable ROM
ENG	Electronic News Gathering
ESA	European Space Agenca
ESC	Energy Saving Collector
ESRO	European Space Research Organisation
ETS	European Telecom Standard
ETSI	European Telecom Standardization Institute
EUREKA	European Research Commission Agency
EUTELSAT	European Telecommunication Satellite Organization
EWS	Emergenca Warning System
FBAS	Farb-, Bild-, Austast- und Synchronsignal
FCC	Federal Communications Commission, USA
FFT	Fast Fourier Transformation
FIFO	First-In/First-Out
FSS	Fixed Satellite Services
FTTC	Fiber to the Curb
FTTH	Fiber to the Home
FuBk	Fernsehausschuß der Funkbetriebskommission
GFK	Glasfaserverstärkter Kunststoff
GGA	Großgemeinschaftsantennenanlage
GOPS	Giga Operations per Second
GPS	Global Positioning System
GSM	Groupe Spécial Mobiles, Paris
HDI	High Definition Interlaced
HDTV	High Definition TV
IBC	International Broadcasting Convention
IDTV	Improved Definition TV
IFFT	Inverse FFT
IFRB	International Frequency Regulative Board
INTELSAT	International Telecommunication Satellite Organization
IRD	Integrated Receiver Decoder
IRT	Institut für Rundfunktechnik (München)
ISDN	Integrated Services Digital Network

ISO WG	International Standardization Organization Working Group
ITU	International Telecommunication Union
JESSI	Joint Electron Silicon Semiconductor Integration
JPEG	Joint Photographic Experts Group
JTC	Joint Technical Committee (ETSI-EBU)
KU	Frequenzband für Satelliten – Links 10,7–12,75 GHz
LCA	Logic Cell Array
LCD	Liquid Crystal Display
LDTV	Limited Definition TV
LNC	Low Noise Converter
LSB	Least Significant Bit
LSI	Large Scale Integration
LWL	Lichtwellenleiter
MAC	Multiplex Analog Component
MACP	Motion Adapted Color Plus
MAZ	Magnetische Aufzeichnungsanlage
Mbps	Megabytes per second
MD	Mini Disc
MJD	Modified Julian Day
MMDS	Multichannel Microwave Distribution-System
MOD	Magneto Optical Disc
MPEG	Motion Pictures Expert Group
MSC	Multiadaptive Spectral Audio Coding
MSPS	Mega Symbols per Second
MUSE	Multiple Subnyquist-Sampling and Encoding
MUSICAM	Masking pattern-adapted Universal Subband Integrated Coding and Multiplexing
MVDS	Multipoint Video Distribution System
NICAM	Near Instantaneous Companding
NMR	Noise to Mask Ratio
NTSC	National Television System Committee
OFDM	Orthogonal Frequency Division and Multiplexing
Offline	Daten, die auf einem Datenträger, z. B. einer Disc, gespeichert sind
Online	zeitkritische drahtlose oder drahtgebundene Datenübertragung
OTS	Orbital Test Satellite
PAD	Programme Associated Data
PAL	Phase Alternation Line
PASC	Precision Adaptive Subband Coding
PCM	Pulse Code Modulation
PCN	Personal Communication Network
PDC	Programme Delivery Control
Pixel	Picture Element (Colour Picel = R.G.B oder Y.U.V)
POM	Power Optimized Modulation
PRZ	Prüfzeile
PSK	Phase Shift Keying
QAM	Quadrature Amplitude Modulation
QMF	Quadrature Mirror Filter
RBDS	Radio Broadcast Data Service (USA)
RDS	Radio-Daten-System
RMS	Root Mean Square
RP	Radio Paging
SAW	Surface Acoustic Waveform
SCA	Subsidiary Channel Authorization
SCPC	Single Channel Per Carrier
SDE	Satelliten-Direkt-Empfang
SDTV	Standard Definition TV
SECAM	Séquentiel Couleurs à Mémoire

SES	Société Européenne des Satellites, Luxemburg
SFN	Single Frequency Network
SIS	Sound-in-Sync
SMATV	Satellite Master Antenna Television
SMD	Surface Mounted Device
SMPTE	Societe of Motionpictures and Television Engeneers
SNG	Satellite News Gathering
SRG	Schweizerische Rundspruchgesellschaft
S-VHS	Super Video Home System
TCM	Trellis Codierte Modulation
TMC	Traffic Message Channel
TWTA	Travelling Wave Tube Amplifier
UEP	Unequal Error Protection
UER	Union Européenne de Radiodiffusion (entspricht EBU)
UHF	Frequenzbereiche für den Rundfunk
	Band IV (470–606 MHz) Fernsehen
	Band V (606–790/862 MHz) Fernsehen
UIT	International Telecommunication Union
UTC	Universal Time Coordinated
VGA	Video Graphics Adapter
VHF	Frequenzbereiche für den Rundfunk
	Band I (47–68 MHz) Fernsehen
	Band II (87,5–108 MHz) Radio
	Band III (174–230 MHz) Fernsehen + DAB
VHS	Video Home System
VKF	Verkehrsfunk
VPS	Video-Programm-System
VPV	Videotext programmierter Videorecorder
VSB	Vestigial Sideband (Modulation)
Vtxt	Videotext
WARC	World Administrative Radio Conference
www	world-wide-web
ZSB-AM	Zweiseitenband-Amplitudenmodulation

I. Medienwissenschaft I: Grundlagen

1. Der Forschungsgegenstand der Medienwissenschaft

1. Konstituierung des Forschungsgegenstandes
2. Dimensionierung des Forschungsgegenstandes
3. Qualifizierung der Gegenstandsbehandlung
4. Literatur

1. Konstituierung des Forschungsgegenstandes

1.1. Konstituenten der Medienwissenschaft

1.1.1. Wissenschaften als problemlösende Systeme

„Alles Leben ist Problemlösen" (Popper 1994, 1 ff.). Damit Wissenschaften, in diesem Fall die mit Medien befaßten, diese Leistung optimal erbringen können, sind sie als abgrenzbare Handlungs- und Sozialsysteme konstituiert, und zwar so, daß ihr Produkt *wissenschaftliches Wissen* von andern Wissenssorten unterschieden werden kann. Das primäre Problem jeder Wissenschaft ist mithin die Sicherung einer dauernden entsprechenden Produktivität. Diese kann sich auf rein kognitive Fragen beziehen oder auch auf praktische Anwendungen des jeweiligen Wissens.

Sämtliche Strukturen von Wissenschaftssystemen, die Handlungsorientierungen wie die sozialen Beziehungen der Mitglieder der jeweiligen scientific community, lassen sich von dieser gesellschaftlich angesonnenen Leistung her verstehen, wenn auch Wissenschaftssoziologie und -psychologie natürlich zusätzliche und mitunter dysfunktionale Mechanismen in der Wissenschaft beobachten. Als zweckrealisierende Systeme rechnen Wissenschaften jedenfalls den *Organisationen* zu und unterliegen auch den Regelhaftigkeiten und der Problemanfälligkeit dieses Typs von Sozialsystem, im Falle der Medienwissenschaft namentlich der Gefährdung von Qualitätskontrollen bei der Realisierung besonders anspruchsvoller Systemzwecke, hier der umfassenden wissenschaftlichen Erhellung des überaus komplexen Gegenstandes Medien.

Hauptstrukturen von Wissenschaftssystemen sind bekanntlich Forschung und Lehre, die letztere primär zur Qualifizierung des Nachwuchses, und im Dienste der besagten Qualitätskontrolle des vom System produzierten und diffundierten wissenschaftlichen Wissens fungieren in erster Linie Normen, die die wissenschaftlichen Standards garantieren, und Vorkehrungen, vor allem die jeweilige wissenschaftliche Öffentlichkeit, die die Lernfähigkeit des wissenschaftlichen Systems erhalten. Über die Normen ist man sich in der Wissenschaft nur bedingt einig, und bei den Standards fällt auf, daß diese nicht immer vor disziplinärer Vergeßlichkeit, etwa gegen das wiederholte chaotische Reagieren auf neue Medien, bewahren (Saxer 1993, 184).

Auch die Grenzziehung der Medienwissenschaft wie jeder Wissenschaft, ihre Definition ihres Gegenstandes, ebenso ihre Paradigmen, ihre Begrifflichkeit und Methodologie müssen alle auf ihre Tauglichkeit hin gewürdigt werden, das Problemlösungspotential von Wissenschaft in Gestalt der Produktion von wissenschaftlichem Wissen zu sichern.

1.1.2. Zur Produktion von wissenschaftlichem Wissen

Über die Anforderungen an dieses Wissen befindet normativ in erster Instanz die *Wissenschaftstheorie*, während Wissenschaftssoziologie und -psychologie als weitere Subdisziplinen der Wissenschaft das empirische Funktionieren von Wissenschaft analysieren. Soziologische und psychologische Konstellationen können dazu führen, daß die allgemein erwarteten Qualitäten wissenschaftlicher Erkenntnis, nämlich Zuverlässigkeit und Gültigkeit, ein hoher Wahrheitsgrad also, unter dem Einfluß anderer Interessen beeinträchtigt werden. Bereits auch die Wissenschaftstheorie formuliert indes keineswegs einen konsistenten Kriterienset für Wissenschaftlichkeit, sondern postuliert, am bekanntesten in Gestalt analytischer bzw. hermeneutischer Ausrichtung, unterschiedliche und nur zum Teil komplementäre Strategien zur Produktion von wissenschaftlichem Wissen. Von ihrem Gegenstand her, der in hermeneutischem Vorgriff schon von der Struktur dieses Handbuchs modelliert wird, kann sich jedenfalls die Medienwissenschaft nicht durch eine einheitliche, sondern bloß durch eine pluralistische, günstigenfalls eine integrierende Wissenschaftstheorie fundieren lassen.

Neben dem Wahrheitsgrad wissenschaftlicher Erkenntnis gilt deren sozialtechnologische Brauchbarkeit vielfach auch als Qualitätsmerkmal. Soweit Wissenschaft nicht nur allgemein verläßliches, sondern auch *nützliches Wissen* verbreitet, steigen ihre Institutionalisierungschancen, freilich auch die Gefahren ihrer Vereinnahmung durch außerwissenschaftliche Kräfte. Medienwissenschaft, da sie es mit einem Objekt zu tun hat, das immer umfassender die moderne Gesellschaft interpretiert (Westerbarkey 1995, 154 f.) – Stichwort: Mediengesellschaft –, wird denn auch immer wieder von Ideologisierungsschüben überwältigt: politischen, ästhetischen, technologischen (Saxer 1995, 35; 42). Für ihre stabile Institutionalisierung ist daher die Entwicklung und Durchsetzung eines Normensystems unabdingbar, kraft dessen ihre ganze scientific community die Wahrung der im System Wissenschaft generell anerkannten Standards wissenschaftlichen Wissens auch in ihr garantiert.

1.1.3. Die Transdisziplinarität der Medienwissenschaft

Dies stößt allerdings angesichts der unablässigen Vermehrung der Medientypen und der gewaltigen Expansion der Mediensysteme bei umstrittenem Problemlösungspotential auf große Hindernisse. Medien ihrerseits sind in modernen Gesellschaften ja ebenso problemlösende wie -schaffende Systeme (Saxer 1991, 45 ff.) und überdies soziale Totalphänomene, deren Wirken in alle erdenklichen Schichten des gesellschaftlichen Seins reicht. Wissenschaftliche Modelle, die sie einigermaßen strukturgerecht, isomorph, abbilden sollen, müssen daher, gemäß dem systemtheoretischen „law of requisite variety" (Ashby 1968, 129 ff.) von sehr hoher *Eigenkomplexität* sein. Der von der Anlage dieses Handbuchs als Gegenstand von Medienwissenschaft bezeichnete überaus weite Objektbereich befindet sich damit im Widerspruch zur überkommenen Strategie des Systems Wissenschaft, effizient Wissen zu produzieren, nämlich der Ausdifferenzierung immer weiterer Teil- oder Subdisziplinen.

Als besondere Konstituente der bzw. einer Medienwissenschaft, neben den für wissenschaftliche Disziplinen üblichen, erweist sich also erwartungsgemäß der *Objektbereich*, den sie anvisiert, genau genommen dessen Überkomplexität. Natürlich bestehen in dieser Hinsicht Parallelen z. B. zur Soziologie und Psychologie, wenn diese als Wissenschaften von der Gesellschaft bzw. dem menschlichen Seelenleben begriffen werden. Dies waren sie wohl in ihrer Frühphase, haben aber seit langem ihren Zugriff auf diese Gegenstände subdisziplinär differenziert, ganz im Gegensatz zur Medienwissenschaft, die dieses Handbuch umreißt und die eine Vielzahl bereits existierender Disziplinen überdachen soll. Da Disziplinen bewährte Systeme zur Produktion von gegenstandsspezifischem wissenschaftlichem Wissen darstellen, muß das Anliegen einer – allgemeinen – Medienwissenschaft besonders begründet werden, und zwar eben aus dem Gegenstand heraus. Dieser, die Medien, so die These dieses Artikels und die Basisannahme dieses Handbuchs, bildet einen erkenntnis-, wie sozialrelevanten Großzusammenhang von Phänomenen, dessen adäquate wissenschaftliche Erfassung durch eine intensiv subdisziplinierte Behandlung beeinträchtigt wird, dessen ganzheitliche wissenschaftliche Bearbeitung aber andererseits schwierigste Probleme der Produktion von wirklich reliabler und valider wissenschaftlicher Erkenntnis (Friedrichs 1985, 100 ff.) aufwirft.

Transdisziplinarität ist mithin die Systemstruktur der Medienwissenschaft, die aus der Eigenart ihres Objektbereichs resultiert, und sehr viel hängt denn auch davon ab, wie sie die dadurch verursachten Probleme, nämlich Überkomplexität des Gegenstandes und ihrer selbst als des diesen bearbeitenden Wissenschaftssystems meistert. Möglicherweise bleibt es bei der bloßen Addition von Gegenständen und damit dem weiteren Nebeneinander von Teildisziplinen und folglich einer bloß virtuellen Medienwissenschaft. Dem soll gerade dieses Handbuch entgegenwirken. Oder aber es werden im Zuge der Reduktion dieser Überkomplexität so viele Dimensionen ausgegrenzt, daß die Ganzheitlichkeit der Gegenstanderfassung auf ein bloßes Postulat schrumpft. Dem widerspricht wiederum die Anlage dieses Handbuches. Der sachgerechten Begrenzung des Wissenschaftssystems Medienwissenschaft und der optimalen Konzeptualisierung ihres Gegenstandes kommt unter diesen Umständen hohe strategische Bedeutung zu.

1.2. Wissenschaftswissenschaftliche Gegenstandsfundierung der Medienwissenschaft

1.2.1. Zur Bestimmung wissenschaftlicher Gegenstände

Der kontroverse Zustand der Wissenschaftstheorie hat allerdings zur Folge, daß man sich auch über die Eigenart wissenschaftlicher Gegenstände nicht einig ist, dementsprechend auch nicht über das optimale Verfahren, solche zu bestimmen und nicht einmal über die Relevanz solcher Festlegungen (Noelle-Neumann 1971, 8; Rühl 1985, 234 ff.). Dabei resultiert aus der Systemhaftigkeit von Wissenschaft insgesamt und ihrer Disziplinen unmißverständlich die funktionale *Notwendigkeit*, wissenschaftliche Gegenstandsbereiche zu definieren, und zwar um der Produktivität des Gesamtsystems und seiner Subsysteme willen, zur Sicherung der Qualität des wissenschaftlichen Wissens und zur Etablierung von Identität der jeweiligen scientific community. Auch Wissenschaft muß ja wie jedes andere Sozialsystem vier elementare Probleme meistern, nämlich: Integration, Umweltadaptation, Zielrealisierung und Bewahrung struktureller Identität (Parsons 1972, 12 ff.).

Was aber sind wissenschaftliche Gegenstände, deren Definition hier zur Diskussion steht? Sie, wie *Gegenstände* überhaupt, sind „das dem Menschen als dem (erkennenden) Subjekt 'Gegenüberstehende'", ('Entgegenstehende') auf das „unterscheidend Bezug genommen werden kann" (Redaktion 1987, 155). Durch die Definition von Gegenständen, materiellen wie nichtmateriellen, erschließt sich der Mensch recht eigentlich die Welt. Die Definition wissenschaftlicher Gegenstände oder Gegenstandsbereiche entspringt also außer systematischer auch kognitiver Notwendigkeit.

Der Versuch, die Einheit einer Wissenschaft unter *Umgehung der Gegenstandsproblematik* lediglich auf einer gemeinsamen Sicht von Problemen und Problemlösungen (Paradigmen) zu fundieren (Rühl 1985, 241 ff.), setzt demgegenüber bereits auf einer Metaebene an und löst das Problem der Grenzen eines wissenschaftlichen Systems und seiner unerläßlichen Grenzkontrolle für die Qualifizierung grenzüberschreitenden Wissens, die Diskriminierung von Ideologien z. B., nicht. Die Reduktion von Wissenschaft auf autopoietische Selbstreproduktion (Luhmann 1992, 282) wiederum vernachlässigt die Adaptationsproblematik. Es wird daher hier, wohl in Übereinstimmung mit der Gesamtanlage dieses Handbuchs, ein objektivistisches und kein radikal konstruktivistisches Wissenschaftsverständnis vertreten.

Der weiteren Klärung der Gegenstandsfrage mag dabei der Rekurs auf die alte scholastische Unterscheidung zwischen *wissenschaftlichem Material- und Formobjekt* (Wagner 1965, 33 ff.) dienen. 'Materialobjekt' bezeichnet die Gegenstände der Alltagswelt in alltagsweltlicher Sicht, also im Falle der Medienwissenschaft die Zeitung, die Zeitschrift, das Fernsehen etc., 'Formalobjekt' hingegen ist dasjenige, was Wissenschaften am Materialobjekt, vielfach dem gleichen, unter je spezifischen Perspektiven, bestimmten charakteristischen Fragestellungen und Theorien also, ausgrenzen. Jede Disziplin reduziert mit andern Worten die ursprüngliche Komplexität irgendeines Materialobjekts in einer andern Weise, im Hinblick auf einen andern Analysezusammenhang, formalisiert ihn disziplinspezifisch. Wissenschaft, außer Wissenschaftswissenschaft, visiert regelmäßig außerwissenschaftliche Realität an und wandelt diese in wissenschaftliches Wissen um.

Je besser Formal- und Materialobjekt *auf einander abgestimmt* sind, dies die erste Forderung an die Bestimmung wissenschaftlicher Gegenstände, umso produktiver arbeitet die Wissenschaft. An beidem kann es nämlich mangeln: an der Wissenschaftsfähigkeit des Materialobjekts und an der Realitätsgerechtheit der wissenschaftlichen Formalisierung. Auftraggeber, etwa im Bereich der Medien-Begleitforschung, erwarten nicht selten wissenschaftliche Auskünfte, ja Handlungsanweisungen, die solch heterogene und überkomplexe Phänomene betreffen, daß wissenschaftliche Antworten gar nicht möglich sind (Glotz 1991, 22 ff.). Umgekehrt verlieren um der besseren Meßbarkeit willen enggefaßte Konzepte von Medienwirkungen zunehmend an Erkenntnispotential angesichts der diffusen Rezipientenerfahrung von Massenkommunikation als einem Umweltfaktor unter andern (Saxer 1987, 104 f.).

Alltagsweltliche Gegenstände müssen, zweitens, um sich als disziplinäre Gegenstandsbereiche zu eignen, solcherart *zusammenhängen*, daß wissenschaftlich überhaupt Beziehungen in ihnen erklärend oder verstehend aufgewiesen werden können. Die Qualität der Konzeptualisierung des Formalobjekts einer Wissenschaft bemißt sich dabei nicht zuletzt danach, wieweit sie über die alltagsweltliche Perzeption von Zusammenhängen im Gegenstandsbereich hinaus solche innerhalb, aber auch jenseits desselben wahrnimmt, Einzelmedienforschung z. B. in Richtung intermedialer Theorienbildung (Faulstich 1994, 20 ff.) erweitert.

Dabei gilt es wiederum, drittens, wissenschaftliche Gegenstände so zu *begrenzen*, daß erklärungsträchtige Beziehungen nicht gekappt werden und doch von den Ressourcen des jeweiligen Wissenschaftssystems her ausreichende wissenschaftliche Qualität garantiert ist.

Insgesamt sollte als strategische Maxime bei der Bestimmung wissenschaftlicher Gegenstände stets das sogenannte *spieltheoretische Obligat* wegleitend sein (Leinfellner 1967, 16/17). Dieses fordert, Wissenschaft sei gegen die oft sehr komplexen Problemzusammenhänge, die sie bearbeitet, als ingenuöses Spiel anzulegen, bei dem stets die optimale Variante, also auch bei der Gegenstandsdefinition, zu suchen ist.

1.2.2. Zur Bestimmung des medienwissenschaftlichen Gegenstandes

Aus der Analyse der Konstituenten der Medienwissenschaft und der Probleme der Bestimmung wissenschaftlicher Objektbereiche lassen sich für die Konzeptualisierung des Gegenstandes von Medienwissenschaft folgende Schlüsse ziehen:

− Das System Medienwissenschaft bedarf in vermehrtem Maß *integrierender Strukturen*, ist doch die Medienforschung durch Desintegriertheit, zögerliche Entwicklung übergreifender Paradigmen und, daraus resultierend, Institutionalisierungsschwäche gekennzeichnet (Hickethier 1988, 51 ff.). Für ihre Fundierung ist es daher unerläßlich, daß sie sich auf eine integrierende Wissenschaftstheorie stützt (Straßner 1986, 143 ff.), denn sie bezieht transdisziplinär kultur- (geistes-) und sozialwissenschaftliche Disziplinen, aber auch Technik-, Wirtschafts- und Rechtswissenschaft ein, soweit Medien deren Gegenstand bilden. Methodologisch impliziert dies die konsequente Verbindung quantitativer und qualitativer Forschungstechniken (Reimann 1989, 41), die Anerkennung der Notwendigkeit von Methodenpluralismus, allerdings unter Festlegung gewisser Minimalstandards.

− *Strukturelle Identität* gewinnt die Medienwissenschaft auf keinen Fall, wenn sie sich einfach additiv zusätzliche Materialobjekte, namentlich Medien, einverleibt. Die 'Summenformel der publizistischen Medien' (Glotz 1990, 250) verbürgte denn auch z. B. ebensowenig einen publizistikwissenschaftlichen Gegenstand wie die publizistikwissenschaftliche Fachtradition Garant gegen disziplinäre Vergeßlichkeit war (Saxer 1995, 40 ff.). Isolierte Einzelmedientheorien (Faulstich 1991, 18 ff.) und schroffe Diskontinuitäten der medienwissenschaftlichen Theorienbildung, z. B. der Rezeptionsforschung (Saxer 1987, 72 ff.), verraten alle große Unterschiede im Problembewußtsein der Mitglieder der scientific community und allem voran den Mangel eines gemeinsamen Gegenstandsverständnisses. Ein solches kann denn auch für dieses Handbuch bloß postuliert werden und läßt sich auf jeden Fall nicht durch eine klassifizierende, sondern nur durch eine akzentuierende Begriffsbildung erreichen, die zumindest einen erkennbaren gemeinsamen Kern im Gegenstandsverständnis hervorhebt, diesen aber nicht, zu Lasten einzelner Beiträgerdisziplinen, abschließend definiert.

− Immer im Sinne des spieltheoretischen Obligats wird hier somit einer *vieldimensionalen akzentuierenden Definition* des medienwissenschaftlichen Forschungsgegenstands das Wort geredet, die dieses Wissenschaftssystem dazu befähigt, die Expansion ihres Materialobjekts nachzuvollziehen und in einem kontrollierten Informationsaustausch qualifizierte Anregungen von außen aufzunehmen, aber auch gegen außen, etwa an Pädagogen und Medienpraktiker, abzugeben.

1.3. Konzeptualisierung von „Medium" für die Medienwissenschaft

1.3.1. Vor- und einzelwissenschaftliche Medienkonzepte

'Medium' ist ein gängiges Wort in der Alltagsrede wie im wissenschaftlichen Sprachgebrauch, allerdings *ein vieldeutiges oder sehr unterschiedlich definiertes*. Im ersteren steht es vage für 'Mittel' oder 'Vermittelndes' und wird parapsychologisch sogar als Transporteur von Botschaften aus irgendeinem Jenseits begriffen. Eine Explikation des alltagsweltlichen Begriffs bringt denn auch meist einen vornehmlich instrumentellen Bezug zu Kommunikation, Zeichentransfer, zutage, während in der Wissenschaft dessen häufige metaphorische Verwendung, z. B. Literatur oder gar das Rad als 'Medium', auffällt

1. Der Forschungsgegenstand der Medienwissenschaft

(Faulstich 1994, 19). Selbst was sich bis anhin als 'Medienwissenschaft' verstand bzw. künftig eine sein will, ringt immer noch um ein einigermaßen gemeinsames Verständnis dieses ihres Basiskonzepts und bedauert eben die damit verbundene Institutionalisierungsschwäche als Wissenschaft (Kübler 1988, 31 ff.). Dies veranlaßt umgekehrt die Publizistikwissenschaft, die von jener als ihre Haupt-Mitträgerin betrachtet wird, letztlich zur Kapitulation vor den „in alle Bedeutungsrichtungen davonflutenden Mediensemantiken" (Rühl 1993, 79) und zur Ablehnung einer intensiveren Kooperation mit einem unter diesem schillernden Begriffstitel operierenden Verbund von Wissenschaften.

Dies ist freilich wissenschaftspolitisch bedauerlich und auch nicht zwingend. Schon die weitere Explikation des *alltagsweltlichen Medienbegriffs* verdeutlicht ja immerhin, daß damit gewöhnlich Kombinationen von (Kommunikations-)Kanälen und bestimmten Zeichensystemen gemeint sind. Und die öffentliche Diskussion, mit ihrer Betonung kultureller, sozialer, politischer und wirtschaftlicher Implikationen von Medienkommunikation läßt auch keinen Zweifel daran aufkommen, wie sehr Medialität eine wohl diffuse, aber allgemein erfahrene lebensweltlich sehr relevante Größe geworden ist, die gerade darum integraler wissenschaftlicher Bearbeitung ruft.

Daß diese noch sehr weitgehend disziplinär und erst in Ansätzen transdisziplinär geleistet wird, spiegelt wiederum die Anlage dieses Handbuchs. Integrative Momente sind aber keineswegs zu übersehen. Kultur- und sozialwissenschaftliche Ansätze sind nämlich in diesem Bereich in manchem so offenkundig komplementär, daß unter der hier postulierten integrierenden Wissenschaftstheorie und einer gleichfalls integrierenden und operationalisierbaren Bestimmung des Gegenstands 'Medium' und seiner Implikationen ('Medialität') entsprechende *disziplinäre Forschungsanstrengungen* koordiniert und auch in Kooperation übergeführt werden können. Insbesondere Publizistikwissenschaftler und heute als Medienwissenschaftler forschende Germanisten, Linguisten etc. könnten von ihren Paradigmen aus, mittels derer die ersteren primär soziale Prozesse, die letzteren vor allem Strukturen der Medienkultur analysieren, einander konsequent zuarbeiten. Eine Medienwissenschaft, wie sie dieses Handbuch anvisiert, kann sich freilich damit nicht begnügen, sondern bezieht Wirtschafts- und Rechtswissenschaft, Technologie und Planungs- bzw. Steuerungswissenschaften und weitere mit ein, soweit sie Medien und Medialität im Sinne des bzw. eines medienwissenschaftlichen Gegenstandsverständnisses erhellen.

1.3.2. Ein medienwissenschaftliches Konzept von Medium

Gefragt ist medienwissenschaftlich somit ein Konzept von Medium, das dieser scientific community Identität verleiht, dem expansiven Gegenstand gerecht wird und die medienbezogenen Beiträge unterschiedlicher Disziplinen integriert. Diese Identität wird natürlich nicht primär durch einen gemeinsamen Begriffstitel gestiftet, sondern dadurch, daß ein – im großen – gemeinsamer Fragehorizont sich etabliert und ein gemeinsamer Fundus von übergreifenden Antworten hinsichtlich der Beschaffenheit des Gegenstandes, von Paradigmen also, geöffnet wird. Durch Begriffsexplikation (Konegen/Sondergeld 1985, 48) und Beobachtung der multidisziplinären diesbezüglichen Forschungspraxis lassen sich die Hauptdimensionen des Gegenstands der Medienwissenschaft ermitteln und damit ein einigermaßen kohärentes Forschungsfeld abstecken.

Konstitutiv sind in diesem Sinne für den Gegenstandsbereich Medien folgende *Charakteristika*:

(1) Medien sind *Kommunikationskanäle*, die bestimmte Zeichensysteme transportieren. Die Basis dessen, was die zu einer Medienwissenschaft vereinigten Disziplinen untersuchen, bildet das, in Mediengesellschaften stark technisch instrumentalisierte Vermögen, Bedeutungsträger in einer bestimmten Bereitstellungsqualität (Platte 1965, 11 ff.) zu übermitteln. Die Bereitstellungsqualität umfaßt im wesentlichen neben dem mediumspezifischen Zeichensystem die jeweiligen Inhalte, die Technik des Bereitstellungsvorgangs, von der Periodizität der Produktion bis zu ihren Formaten, die Bereitstellungsräume und -kosten.

(2) Medien sind *Organisationen*, also zweckgerichtete und zweckerfüllende Sozialsysteme. Damit die Transportqualitäten von Medien zum Tragen kommen, bedarf es ihrer Organisation. Medientechnik, -produkt (Kommunikate) und Organisation stehen in einem systemischen Zusammenhang.

(3) Medienkommunikation ist das Resultat von Herstellungs-, Bereitstellungs- und Emp-

fangsvorgängen, Medien sind dementsprechend grundsätzlich *komplexe Systeme*. Weil die Elemente von Kommunikationsprozessen, d. h. Kommunikationsurheber, -mittel, -gehalte und -adressaten, gleichfalls systemisch verknüpft sind, differenzieren Medien Subsysteme aus. Der Komplexitätsgrad von Medien hängt namentlich von der Eigenart ihrer Produkte, aber überhaupt vom Insgesamt ihrer Funktionsbedingungen ab.

(4) Medienkommunikation wirkt sich in unbegrenzt vielfältiger Weise *funktional, aber auch dysfunktional* im gesellschaftlichen Mikro-, Meso- und Makrobereich aus. Als elementarste Leistung von Medienkommunikation läßt sich die Vergegenwärtigung von Abwesendem verstehen, denn dies geschieht beim Austausch von Zeichen. Ausdruck, Darstellung und Appell bilden die primären Leistungsmodalitäten von Kommunikation (Graumann 1972, 1197 ff.) und die Überwindung räumlicher, zeitlicher und sozialer Distanzen, aber auch Grenzziehung ihr funktionales Zentrum, werden doch durch Kommunikation zugleich Beziehungen zwischen Personen und zwischen gesellschaftlichen Systemen definiert. Von den Individuen bis zur Weltgesellschaft reicht der Funktionsradius von Mediensystemen, wobei diese in der Moderne mehr und mehr das kommunikationstechnische Maximum annähern, daß jedermann jederzeit mit jedermann über alles kommunizieren kann. Medienpolitische Regelungen sollen verbürgen, daß damit auch ein soziales Optimum realisiert wird.

(5) Medien sind ihres umfassenden Funktionspotentials wegen *institutionalisiert*. Der elementare individuelle und kollektive Bedarf nach Medienkommunikation hat zur Folge, daß Medien als Erbringer entsprechender unentbehrlicher Leistungen ins gesellschaftliche Regelungssystem eingefügt sind. Je nachdem, d. h. gemäß der kommunikativen Problemkonstellation von und in Gesellschaften und den dortigen politischen und wirtschaftlichen Verhältnissen, erfolgt diese Regelung stärker über Marktmechanismen oder entsprechend der politischen Machtverteilung. Die Funktionalität von Medien variiert mithin je nach Gesellschaftstyp und ist in diesem Sinne auch geschichtlich bestimmt.

Aus den Elementen dieser Begriffsexplikation läßt sich schließlich die folgende *Nominaldefinition* für Medium bzw. Medien ableiten: Medien sind komplexe institutionalisierte Systeme um organisierte Kommunikationskanäle von spezifischem Leistungsvermögen. Diese Umschreibung des Gegenstandes signalisiert zugleich die Hauptforschungsrichtungen, die sich für seine Bearbeitung medienwissenschaftlich in erster Linie aufdrängen.

2. Dimensionierung des Forschungsgegenstandes

2.1. Systemhaftigkeit

Ausgangspunkt einer solchen Dimensionierung muß die Feststellung sein, daß der Systemcharakter von Medien und Medialität als deren gesellschaftliche Konsequenz es um der Validität der wissenschaftlichen Erkenntnis willen nicht gestattet, *einzelne* Dimensionen derselben zu vernachlässigen. Medienwissenschaft ist maßgeblich darum ein wissenschaftspolitisches Erfordernis, in dessen Dienst dieses Handbuch steht, weil die bisherige, vorwiegend einzeldisziplinäre Arbeit in diesem Bereich auf Kosten der Erhellung übergreifender Zusammenhänge in diesem geht und damit auch zu Lasten effizienter sozialtechnologischer Anwendungen, lange Zeit z. B. im Aktionsfeld Leseförderung (Hurrelmann 1993, 95 ff.). Die in Punkt 1. dargelegte Notwendigkeit, Hyperkomplexität des Gegenstandes durch ausreichende Eigenkomplexität des entsprechenden Wissenschaftssystems kognitiv zu reduzieren, beinhaltet auch eine ausgeglichene Bearbeitung der verschiedenen gegenstandskonstituierenden Dimensionen.

Systeme sind Organisationen von Elementen, die gegen die Umwelt abgegrenzt werden können. Soziale Systeme im besonderen sind als Handlungssysteme um bestimmte Sinngehalte konstituiert. Für *Kommunikationssysteme* und damit für dasjenige, was Medien initiieren, charakteristisch ist, daß die Stärke des Zusammenhangs zwischen ihren Elementen extrem variabel, zumal bei den Großsystemen der Massenkommunikation grundsätzlich nur lose und ihre Systemhaftigkeit deshalb mitunter so wenig augenfällig ist, daß sie auch wissenschaftlich zeitweise nicht wahrgenommen wurde. Namentlich dank der Erkenntnis von Feedback und Reflexivität, dem Umstand, daß Kommunikation regelmäßig auf sich selbst verweist, als konstitutiven Elementen auch von Massenkommunikation wurden simplizistische Vorstellungen von derselben als 'Einbahnstraße', als einseitiges Wirkungsgeschehen überwunden

(Schenk 1987, 45 ff.). Trotzdem bleibt als zentrale medienwissenschaftliche Forschungsaufgabe in dieser Dimension die weitere Erhellung der hohen Störungsanfälligkeit von Kommunikationssystemen (Schmidt 1990, 50 ff.), der dafür verantwortlichen Faktoren und der Möglichkeiten zu deren sozialtechnologischer Entschärfung.

Gleiches trifft für die Entwicklung des Verständnisses des *Verhältnisses von Medienorganisation und ihrer gesellschaftlichen Umwelt* zu. Die Unzulänglichkeit der immer wieder bemühten Spiegel/Präger/(Mirror/moulder)-Metapher (Rosengren 1972, 72), die ein kausalistisches Entweder-Oder suggeriert, ist längst durchschaut und hat Leitkonzepten wie 'Interdependenz', ('Interaktion'), 'Interpenetration', neuerdings allerdings auch 'Autopoiesis' (Marcinkowski 1993) Platz gemacht. So wie aber das gesellschaftliche Totalphänomen Medienkommunikation nicht durch ökonomische Determinismen befriedigend erklärt werden kann, so genügt auch die einseitige Würdigung der Mechanismen ihrer Selbstreproduktion nicht zu ihrem ausreichenden Verständnis. *Systemanalyse*, systemtheoretisch richtig praktiziert, beinhaltet nun einmal, daß sie dem Funktionsprinzip von Systemen gerecht wird, und dieses lautet: Veränderungen eines Systemelements affizieren stets den Zustand des Gesamtsystems. Darum ist die wissenschaftliche Fixierung auf ein bestimmtes Element des Gegenstandes, hier z. B. auf das politische oder das ökonomische System, die Medienorganisation, das Medienprodukt oder das Medienpublikum, sachinadäquat und systemanalytisch mangelhaft.

Aus der Systemhaftigkeit von Medien und Medienrealität und den Anforderungen einer sachgerechten Systemanalyse folgt denn auch unmißverständlich, daß die bisherige Arbeitsteilung zwischen den als 'Medienwissenschaft' und 'Publizistik- bzw. Kommunikationswissenschaft' firmierenden Wissenschaftssystemen keineswegs optimal, sondern geradezu kontraproduktiv ist, zumal soweit dadurch schon die beidseitige Kenntnisnahme der je andern gegenstandsbezogenen Erkenntnisse behindert wird (Bohn/Müller/Ruppert 1988, 20 ff., Schanze/Ludes 1997) und die *Chancen verstärkter Integration der beiden Wissenschaftssysteme* nicht wahrgenommen werden (Faulstich 1994, 10 f.). Vom Forschungsprojekt her, wie es hier konzeptualisiert wird, rechtfertigt sich namentlich die Vernachlässigung der von der letzteren entwickelten stärker sozialwissenschaftlichen Ansätze durch die Medienwissenschaft ebensowenig wie diejenige der medienwissenschaftlichen Analysen zu kulturellen Aspekten als nicht minder zentralen des Gegenstandes durch die Pubilizistik-/Kommunikationswissenschaft.

2.2. Intermedialität

Die Systemhaftigkeit des Forschungsgegenstandes der Medienwissenschaft impliziert zwingend, daß diese intermedial verfährt. Dies wird in ihren Kreisen auch mehr und mehr eingestanden (Faulstich 1991, 15 ff.), freilich, wie der Überhang an *medienwissenschaftlichen Einzelmedientheorien* verrät – nach wie vor eher proklamiert denn praktiziert. Parallelen zeigen sich indes auch im Gefolge gleichermaßen unzureichender Gegenstandskonzeptualisierung in der Publizistikwissenschaft, die zeitweise überaus einseitig ihr Forschungsinteresse dem Fernsehen zuwandte und darob das gerade zu dieser Zeit auch mächtig sich entfaltende Medium Zeitschrift in bemühenden Maß übersah. Dabei weisen schon die Analogien und auch zyklischen Ähnlichkeiten in der Entwicklung von Einzelmedientheorien, in der publizistikwissenschaftlichen Film- und Fernsehforschung, in der medienwissenschaftlichen Film- und Hörfunkanalyse (Faulstich 1994, 21) auf dahinter wirkende gemeinsame Regelhaftigkeiten, eben solche des Mediensystems insgesamt.

Schon die Analyse der *Phasen bzw. Elemente von Medienkommunikation* erweist die Unerläßlichkeit der ständigen Berücksichtigung intermedialer Zusammenhänge als Konsequenz der Systemhaftigkeit von Medien und Medialität. Die Systeme, die Medienorganisationen mit Stoff, geformten Kommunikaten, aber auch mit Personal beliefern, Nachrichten-, Künsteragenturen oder solche der Öffentlichkeitsarbeit, operieren, einzeln oder im Verbund, mehr und mehr intermedial; Kommunikatoren wechseln zwischen den Medien oder arbeiten für mehrere Medien zugleich; die Verwertungskaskade literarischer Einfälle, vom Hardcover über das Taschenbuch, den Film bis zur CD-Rom wird im Erfolgsfall immer unausweichlicher, von den Rezipienten stellt sich bei ihrem Nutzungsverhalten jede und jeder den je eigenen Medienmix zusammen, und nur Unterprivilegierte begnügen sich mit bloß einem Medium; und zu den wichtigsten Künsten der Werbeplaner gehört die optimale Verteilung ihrer

Budgets auf verschiedene Medien als unterschiedlich potente Werbeträger.

Für ihr ungenügendes Verständnis des konstitutiven Gegenstandsmerkmals Intermedialität haben denn auch Medienwissenschaft und -praxis immer wieder Lehrgeld bezahlt, und zwar in Gestalt und als Resultat falscher Vorstellungen von Konkurrenz zwischen den Medien, wo in Wahrheit weitgehend von *funktionaler Komplementarität* auszugehen ist, da z. B. die Marktgüter Fernsehkrimi und bibliophile Klassikerausgabe viel zu verschieden sind, als daß gleiche Märkte gegeben wären. Trotzdem wurde in regelmäßigen Abständen der Untergang des Buches als Folge der Etablierung der Television vorausgesagt. Und verdienstvolle große Forschungsprojekte wie die deutsche Langzeitstudie 'Massenkommunikation' wurden sogar aufgrund solcher inadäquater Wettbewerbsmodelle unternommen (Berg 1992, 5), die dann in deren Verlauf allerdings falsifiziert wurden. Medienpädagogik wiederum, als sozialtechnologisches Anwendungssystem medienwissenschaftlicher Erkenntnisse, mußte erst lernen, daß die Förderung von Medienkompetenz sich nicht allein oder in erster Linie auf das Fernsehen beziehen muß, sondern integral auf alle Medien (Tulodziecki/Schöpf 1992, 115 ff.). Lesen bildet ja erwiesenermaßen die Grundlage aller kompetenten Mediennutzung und so ein guter Leseunterricht immer noch die wichtigste medienpädagogische Basis (Saxer/Bonfadelli/Hättenschwiler 1980, 220).

2.3. Technizität

Die Einsicht, daß Medien Systeme bilden, Medienkommunikation systemisch realisiert wird, bewahrt zum vornherein davor, deren technische Dimension analytisch zu *verabsolutieren*, wie es im Verlaufe der Mediengeschichte und ihrer wissenschaftlichen Beobachtung immer wieder geschehen ist. „The medium is the message" (McLuhan 1964, 7 ff.) reicht als Charakterisierung von Medien und Medialität ebensowenig aus wie eine ausschließlich zeichentheoretische Deutung derselben oder die Annahme, alles medientechnologisch Machbare werde auch allsogleich von der Medienwirtschaft verwirklicht und vom Publikum akzeptiert, auf realen Medienwandel zutrifft. Dieses reduktionistische Medienverständnis verursacht nicht nur medienwirtschaftliche Fehlinvestitionen, wie sich wieder im Zusammenhang mit Multimedia abzeichnen, sondern es hat auch chaotische medienwissenschaftliche Theorienbildung zur Folge, indem, wie angedeutet, die Entwicklung neuer massenmedial einsetzbarer Kommunikationstechnologien regelmäßig auch Wissenschaftler zu euphorischen oder dämonisierenden Überreaktionen verführt. Pilotprojekte und die sie begleitende Forschung lassen sich da als Versuch verstehen, die chaotische Phase beim Markteintritt neuer Medien zu dämpfen (Ronneberger 1985, 49 f.).

Diese Ansätze zu einer rationaleren Meisterung von Medienwandel ermöglichen zugleich ein *vertieftes Verständnis von Medientechnik*. Insbesondere wird dank ihnen die soziale Verschränktheit von Technik, d. h. der institutionellen Herstellung von Artefakten mit instrumenteller Funktionalität, transparent. Medienpolitik wie Medienindustrie haben denn auch von der Begleitforschung viel gelernt. Die jeweilige Technik eines Mediums wird mit Vorteil als ein Element seiner ganzen Bereitstellungsqualität verstanden und auch die journalistischen Genres wie Nachricht oder Glosse als technische Lösungen für situationsspezifische Kommunikationsaufgaben.

Eine systematischere Analyse und Erhellung der *Technikentwicklung* wiederum vermöchte die Medienwissenschaft noch mehr von der Konzentration auf Einzelmedientheorien zu bewahren. Die hilflose Redeweise von 'Neuen Medien' angesichts der Entwicklung zusätzlicher Informationsverarbeitungs- und verteiltechniken verrät ja, wie ungenügend noch immer das Verständnis für diese Prozesse ist (Meier/Bonfadelli 1987, 169 ff.). Die Veränderung von technischen Merkmalen wie der Kanalkapazität oder der Transportgeschwindigkeit und die Umkombinierung von Merkmalen stellen nämlich die charakteristischen Transformationsmechanismen von Medientechnizität dar; durch Systemintegration und -kumulation erfolgt die Strukturbildung moderner Kommunikationstechnologie.

2.4. Organisiertheit

Mit der Komplexität der Technik von Medien wächst nicht automatisch ihr Organisationsaufwand, d. h. der Investitionsbedarf in Systeme, die durch die Koordinierung von Tätigkeiten, vornehmlich durch Arbeits-, Funktionsteilung und Hierarchie, kollektives Handeln zur Erreichung des Organisationszwecks rationalisieren. Es lassen sich vielmehr gegenläufige Tendenzen feststellen: Zwar impliziert die aufwendige Fernsehtechnik einen höheren Organisationsgrad als die Radiotechnik; zugleich werden aber unablässig personalsparende Medientechnologien entwickelt und damit Organisationsstrukturen abgebaut. Dies hat indes nicht allein ökonomische Gründe, sondern hängt maßgeblich mit der besonders *schwierigen Organisierbarkeit* von Medienproduktion zusammen.

Die Aufgaben von Medien sind ja derart vielfältig und variabel, daß generalisierende Strukturen der Fallbehandlung, wie Organisation sie regelmäßig impliziert, sich nur bedingt entwickeln lassen und Medienorganisationen daher Zweckzusammenschlüsse von begrenzter Rationalität sind. Adäquater ist freilich die Feststellung, Medienorganisationen seien durch hohe *Eigenrationalität* gekennzeichnet (McQuail 1994, 183 ff.), die sich unter anderem in ihrer prekären Plan- und Steuerbarkeit durch medienpolitische Regelungen und im besonders ausgeprägten Neben- und Gegeneinander von formalen und informellen Organisationsmechanismen in ihnen kundtut.

Dies alles gründet in erster Linie in der *Eigenart des Produkts von Medienorganisationen*. Diese Dienstleistungsorganisationen stellen ja mit kommunikationstechnischen Mitteln massenhaft Unikate her bzw. bereit. Die Effizienz der Arbeitsorganisation, die als kulturwirtschaftliche Massenproduktion und Kreativitätsförderlichkeit vereinigen muß, wird ja zu einem Grundproblem. Personell wird dieses gewöhnlich so gelöst, daß den Trägern kreativer Rollen regelmäßig ein größerer Freiheitsspielraum zugestanden wird als den exekutiv-technischen Chargen. Die Produktion selber ist derart angelegt, daß Sendungen, Artikel, Serien etc. soweit möglich standardisiert und zugleich variiert werden. Der sehr rasche Verschleiß erfolgreicher Produktionsmuster bringt ja die Medienorganisation ständig unter einen gewaltigen Innovationsdruck, während andererseits die Abhängigkeit von gleichen Zulieferern, den Nachrichtenagenturen z. B., immer wieder identische Produktstrukturen über den ganzen Mediensektor hinweg zur Folge hat. Letztlich meistern so die Medienorganisationen dieses ganz elementare kulturwirtschaftliche Unikat-/Standardisierungsproblem durch zwei komplementäre Produktionsprinzipien, nämlich dasjenige der minimalen erforderlichen Veränderung und dasjenige der identischen Bausteine.

Nicht minder schwerwiegend ist das Problem der *Sicherung von Organisationsstabilität*, bei Wahrung ausreichender Flexibilität, im Gefolge der essentiellen Instabilität von Kommunikationssystemen, zumal von massenmedialen mit ihrem grundsätzlich unbeschränkten Rezipientenanschluß, aber eben auch -austritt. Die Medienorganisationen unternehmen denn auch vielerlei Anstrengungen, ihre Abnahmesysteme zu stabilisieren, von der Organisation von Buchgemeinschaften bis zur Etablierung von Feedback durch Markt- bzw. Publikumsforschung. Auch von der Zulieferseite her ist, namentlich im Gefolge der Professionalisierung von Öffentlichkeitsarbeit, der Organisationsgrad höher geworden. All dies wird aber nach wie vor von vielen Medienschaffenden als zunehmende Bürokratisierung abgelehnt. Die Schaffung dezentraler Strukturen ist denn auch im Mediensektor ebenso eine Entwicklungslinie wie die Konzentration zu Großkonzernen in diesem, und gleichfalls immer wieder ruft die Notwendigkeit der Organisationsverstärkung der Gegentendenz, nämlich der Lancierung möglichst organisationsarmer Alternativmedien.

Für die Medienwissenschaft eröffnet jedenfalls die Dimension Organisiertheit ihres Gegenstandes ein überaus vielfältiges, erklärungsträchtiges und noch viel zu wenig beackertes *Forschungsfeld*.

2.5. Funktionalität

Dafür ist über das Problemlösungs- und -schaffungspotential von Medienkommunikation, ihre Funktionalität also, nicht zuletzt aus kommerzieller Motivation überaus *viel, wenn auch einseitig geforscht* (McQuail 1994, 77 ff.) worden. Medieneigene Publikums- und Nutzungsforschung und universitäre Medienwirkungsforschung, neuerdings auch staatlich kommissionierte Kontrollforschung (Jarren 1993, 113 ff.) sind hier die wichtigsten Systeme, die allerdings Konsequenzen des Medienwirkens auf dem gesellschaftlichen Makrolevel kaum anvisieren. Hauptfolge dieser Vernachlässigung ist, daß Charakterisierungen moderner Gesellschaften als 'Informations-', 'Kommunikations'- oder 'Mediengesellschaft' erst spärlich von exakter Empirie gestützt und substantiiert werden. Generell gebricht es denn auch nach wie vor wie an Medientypologien, die von der scientific community allgemein anerkannt werden, ebenso an generell akzeptierten Medien-Funktionstypologien. Als Hinweis auf ungenügende Strukturbildung des Systems Medienwissenschaft muß dieser Mangel an Typologien, die den Gegenstandsbereich ordnen, besonders bedauert und als Aufforderung zu vermehrter diesbezüglicher Arbeit verstanden werden.

Wiederum hängen indes die Forschungsdefizite in der Dimension Medienfunktionalität mit der schwierigen Begrenzbarkeit des Gegenstandes zusammen. Eklatant ist ja auch die Diskontinuität von Befunden der Medienwirkungsforschung: Von Konzeptionen von Medienallmacht über solche von Medienohnmacht bis zur Anerkennung einer relativen Medienmacht spannt sich der Fächer der zeitweilig dominierenden Auffassungen im Fach (Burkart 1995, 177 ff.). Bedingt sind diese Widersprüche, wie überhaupt auch der bescheidene Integrationsgrad dieses Forschungsfeldes, in erster Linie durch den Umstand, daß bereits Medienfunktionalität einen *überkomplexen und überaus umfassenden Teilgegenstand* bildet, der unter verschiedensten Perspektiven angegangen werden kann. Die vordringlichste medienwissenschaftliche Aufgabe in diesem Bereich ist denn auch weniger die empirische Ausleuchtung weiterer Leistungsbereiche von Medienkommunikation, denn die theoretisch befriedigendere Systematisierung und Typisierung der weitherum zerstreuten Erkenntnisse zur Medienfunktionalität. Eine solche Arbeitsausrichtung folgt auch aus der Transdisziplinarität der Medienwissenschaft zwingend.

Systematisch zu entwickeln wäre zu allererst ein theoretisch wie empirisch gleichermaßen abgestütztes *Konzept von Medienfunktionalität*. Diese Arbeit kann auf einer reichen internationalen Literatur aufbauen, die wissenschaftstheoretische Fragen thematisiert, theoretische Ansätze, etwa den besonders erfolgreich praktizierten sogenannten Nutzenansatz (McQuail 1994, 318 ff.) entwickelt und überprüft und dabei überzogene Leistungserwartungen bezüglich Medienkommunikation vielfach falsifiziert hat. Zweckmäßig erscheint es, zwischen 'Medienleistung' als demjenigen, was Medien jeweils von ihrem Organisationszweck realisieren, und 'Funktionalität' als dem gesamten Problemlösungs- und -schaffungspotential von Medienkommunikation zu unterscheiden, wobei Eu- und Dysfunktionalität jeweils entsprechend der Systemverträglichkeit von Medienkommunikation gegeben sind.

Medienleistung in diesem Sinn, geht man davon aus, Medien hätten Kommunikationsangebote her- bzw. bereitzustellen, die eine gewisse Akzeptanz finden, ist mithin doppelt definiert, nämlich durch das Medienprodukt und eben dessen Akzeptanz. Das erstere wird durch die allgemeine Bereitstellungsqualität und das konkrete inhaltlich-formale Angebot bestimmt, und dessen Akzeptanz durch das jeweilige Geltungsbild des Mediums, sein Image, und die konkrete Mediennutzung. Bereitstellungsqualität und Image sind dabei so etwas wie Basisleistungen, die durch das jeweilige spezifische Angebot und dessen Nutzung/Wirkung konkretisiert werden, die aber ihrerseits – Stichwort: Reflexivität von Kommunikation – auf die ersteren zurückwirken. Die erwähnten organisatorischen Stabilisierungsstrategien sollen dabei Bindung an die Medien schaffen.

Solche Medienleistungen sind geeignet, den *allerverschiedensten kommunikativen Problemen von Individuen, Kollektiven und Systemen* zu begegnen (Saxer 1991, 45 ff.), können diese aber auch, z. B. in Gestalt von Desinformation oder Brutalisierung, verschärfen. Dabei reicht diese Funktionalität von der Raumintegration und Zeitstrukturierung über die Nivellierung oder Vergrößerung von Statusunterschieden, etwa durch gleich oder ungleich qualifiziertes Lernen von Medien, bis zu Hilfe bei der Bewältigung von Krisensituationen. Und ebenso ist das Funktionieren moderner Politik-, Kultur- und Wirtschaftssysteme ohne Medienkommunikation nicht mehr denkbar. Darum sind entwickelte Gesellschaften zugleich Mediengesellschaften, und die Medienwissenschaft ist aufgerufen, Medienfunktionalität und -dysfunktionalität viel systematischer als bis anhin zu erhellen.

2.6. Institutionalisiertheit

Durch die Institutionalisierung von Medien streben Gesellschaften deren *Funktionalitätsoptimierung* an. Weil in der Moderne praktisch jedermann auf Medienkommunikation angewiesen ist und diese auch in hohem Maße an die Organisation oder gegebenenfalls auch an die Destabilisierung der Gesamtgesellschaft beiträgt, regelt diese jeweils ihr Mediensystem, ihren Funktionserwartungen entsprechend, in charakteristischer Weise (Saxer 1990, 11 ff.).

Die entscheidenden Unterschiede zwischen verschiedenen Typen von Medieninstitutionalisierung werden dabei durch die Art und die Intensität der *Kontrollen* begründet, denen diese unterstehen. Auch wenn das demokratische Prinzip der Medienfreiheit gilt, vollzieht sich ja Medienkommunikation doch unter dem Einfluß bestimmter Normen, und die medienpolitische Kardinalfrage ist, von welcher Art und wie verbindlich diese sein sollen. In allen Phasen von Kommunikationsprozessen wird nämlich nicht nur das Problem von deren Gefährdung, sondern, komplementär dazu, auch dasjenige ihrer schwierigen Steuerbarkeit akut. Die Medienwissenschaft ist denn auch aufgerufen, wie die Diskussion über Medienfunktionalität auch diejenige über Medienregelung und -ordnungen zu versachlichen.

Den Kontrollmodalitäten entsprechend lassen sich über die Zeiten und durch die Räume *vier Grundtypen von Medieninstitutionalisierung* erkennen: zwei undemokratische, nämlich autoritäre und totalitäre Systeme, und die zwei demokratischen liberale und demokratisch kontrollierte Regelung. Die letztere, verkörpert namentlich durch den öffentlich-rechtlichen Rundfunk, konzipiert diesen als öffentlichen Dienst und richtet auf ihn, in Gestalt des Programmauftrags, entsprechende juristisch festgelegte Erwartungen. Im Nebeneinander von liberaler, also Marktregulierung, und demokratisch kontrollierter Institutionalisierung, wie es zumal in Europa häufig ist, können sich allerdings Konkurrenzkonstellationen ausbilden, die demokratisch kontrollierte Medien zur Zielverschiebung in Richtung vermehrter Wirtschaftlichkeit veranlassen. Institutionalisierung und Desinstitutionalisierung müssen denn auch beide als gegenläufige Prozesse wissenschaftlich ständig beobachtet werden, und vor allem Mediengeschichte sollte, zur Hebung ihres theoretischen Gehalts, konsequenter auch als eine von Medieninstitutionalisiertheit geschrieben werden.

Diese würde sich vor allem als eine Geschichte prekärer *Regulierungsmittel* von Medienkommunikation lesen. Einerseits ist diejenige der rechtlichen Normierung von Medien in Demokratien eine Demonstration der beschränkten Tauglichkeit von Recht als Mittel von Medienregelung. Recht generalisiert, schreibt Beziehungen fest und seine zwingende Durchsetzung wird kontrolliert; starke Verrechtlichung ist demzufolge dem flexiblen Funktionieren von Mediensystemen, auf das moderne Gesellschaften angewiesen sind, abträglich. Entsprechend wird von solch „imperativer Steuerung" (Hoffmann-Riehm 1990, 17) in diesen mehr und mehr Abstand genommen und die Sicherung akzeptabler Standards primär der organisatorischen Selbstregulierung der Medien und der journalistischen Berufskultur überbunden. Hierbei kommt es natürlich immer wieder zu Friktionen.

Zu ergründen, wieweit *normative Kräfte* im Mediensystem am Werk sind, welche und mit welchem Erfolg, stellt denn auch ein weiteres, der Bearbeitung bedürftiges Forschungsfeld der Medienwissenschaft dar. Der Sachverhalt der Institutionalisiertheit wirkt sich ja z. B. auch noch in den journalistischen Genres aus: In der DDR regulativ auf bestimmte Wirkungsintentionen vornehmlich propagandistischer Natur festgelegt, stellen die journalistischen Ausdrucksformen oder Textgattungen auch in demokratischer Medienkommunikation zwar historisch wandelbare, aber zeitweilig relativ allgemein praktizierte, gewissermaßen institutionalisierte formale Lösungsmuster für publizistische Vermittlungs- und Gestaltungsaufgaben dar.

2.7. Medienwandel

Als weitere Dimension des medienwissenschaftlichen Gegenstandes ist damit Medienwandel angesprochen worden. Diesbezüglich müssen *sehr große Forschungsdefizite* eingestanden werden, wobei gerade auch der bescheidene Beitrag der Publizistikwissenschaft an die systematische Erhellung der Veränderungen von Mediensystemen befremdet. Dafür kann natürlich wiederum die Komplexheit der hier zu untersuchenden Prozesse entschuldigend ins Feld geführt werden. Was allerdings hier negativ auch zum Tragen kommt, ist einmal mehr das Fehlen einer überzeugenden Konzeptualisierung von Medium, um die es ja in diesem Artikel geht. Ferner wirkt sich hier die erkenntnistechnisch motivierte Orientierungsdominanz der Mainstream-Forschung an relativ stabilen Systemen erkenntnishindernd aus.

Als *Hauptmängel der wissenschaftlichen Erforschung* von Medienwandel sind im Gefolge dieser Konstellation auf der einen Seite Theoriearmut und auf der andern ungenügende Modellkomplexität zu konstatieren. Mediengeschichte wird ja erst zögerlich unter Bezugnahme auf medienwissenschaftliche Theorien geschrieben (Lerg 1992, 204 ff.); deren Erklärungspotential für Medienwandel, z. B. dasjenige der Innovationstheorie, bleibt somit weitgehend ungenützt, aber auch ungetestet. Mediengeschichte präsentiert sich dementsprechend nach wie vor als kaum organisiertes Forschungsfeld. Umgekehrt muß festgehalten werden, daß die – obsoleten – Einzelmedientheorien immer noch Entsprechungen in monokausalen bzw. eindimensionalen Erklärungsversuchen von Medientransformationen haben.

Postuliert wird daher hier, in Konsequenz von 1.3.2., es sei Medienwandel entlang *allen Dimensionen des Forschungsgegenstandes* Medien zu beobachten. Und dabei wird sofort klar, daß Wandel dieser komplexen Systeme disparitär, d. h. gemäß unterschiedlichem Rhythmus in den verschiedenen Dimensionen verlaufen kann. So verändert sich in neuerer Zeit die Medientechnik gewöhnlich rascher als die Medieninstitutionalisierung. Zudem wird auf diese Weise deutlich, daß Medientransformationen strukturelle Ursprünge haben, zugleich aber historische Ereignisse sind, sich also gemäß Medien-Eigenrationalität, aber in spezifischen, unwiederholbaren Situationen vollziehen. Generell läßt sich dabei konstatieren, daß die überkommene Vorstellung von primär kommunikationstechnisch definierten Mediengenerationen, die einander folgen, wegen der immer umfassenderen Grenzaufhebungen (Mast 1986, 139 ff.) zwischen etablierten Mediengattungen im informationsgesellschaftlichen Kontext an Wirklichkeitsgehalt einbüßt. Schwieriger wird es daher, Medienwandel zu prognostizieren und gar zielgerecht zu steuern. Nach adäquaten wissenschaftlichen Theorien von Medienwandel besteht so fürwahr ein besonders großer Bedarf.

2.8. Mediengesellschaft

„Mediengesellschaft" als letzte Forschungsdimension einer Medienwissenschaft, wie sie hier umrissen wird, bezeichnet deren umfassendsten Fragehorizont. Medien interessieren ja nicht bloß per se, sondern vor allem auch ihrer gesellschaftlichen Auswirkungen wegen, und so ist diese Ausweitung des medienwissenschaftlichen Gesichtsfeldes in erster Linie von der Medienfunktionalität her begründet. Der *Begriff der 'Mediengesellschaft'* spezifiziert dabei denjenigen von 'Kommunikationsgesellschaft' und erweitert denjenigen von 'Informationsgesellschaft' auf weitere Kommunikationsprozesse, aber eben auf die von Medien initiierten. Damit wird schon konzeptuell das viel zu umfassende und komplexe Erkenntnisobjekt Kommunikationsgesellschaft etwas redimensioniert, so wie ja auch vom Begriff und von der Sache her die Medienwissenschaft nicht den uneinlösbar weiten Erkenntnisanspruch von 'Kommunikationswissenschaft' erhebt. Publizistikwissenschaft wiederum konzentriert sich primär auf öffentliche Kommunikation und bei dieser vorwiegend auch auf Medienkommunikation. Die verschiedenen fachlichen Zuständigkeiten und Zusammengehörigkeiten lassen sich auf diese Weise etwas präzisieren.

Mediengesellschaft als weiteste Dimension des Formalobjekts von Medienwissenschaft ist konsequenterweise entlang Medien-Hauptstrukturen und Gesellschaftsmodellen zu konzipieren. Es geht ja um die Erkenntnis der *sozietalen Verflechtungen der Mediensysteme* auf welt- und nationalgesellschaftlicher Ebene und ihrer Subsysteme wie Politik, Wirtschaft und Kultur. Der bisherige Hauptforschungsgegenstand, der unter der Fachbezeichnung 'Medienwissenschaft' bearbeitet worden ist, nämlich Medienkultur, ist in diesem Sinne auszuweiten, entsprechend der unter Punkt 1. entwickelten transdisziplinären Konzeption von Medienwissenschaft.

3. Qualifizierung der Gegenstandsbehandlung

Eine solche Konstituierung und Dimensionierung des Gegenstandes von Medienwissenschaft bedarf natürlich der entsprechenden *Sicherungen*, daß dieser auch mit der nötigen wissenschaftlichen Qualität behandelt, unter diesem Fachtitel wirklich wissenschaftliches Wissen über ihn zutage gefördert wird. Die strukturellen Voraussetzungen einer qualifizierten Gegenstandsbehandlung können im Rahmen der Thematik dieses Beitrags freilich bloß noch angetippt werden; immerhin sind sie in mancher Hinsicht schon im Vorherigen umrissen worden.

So kann nur noch einmal betont werden, daß die verfügbaren personellen und wirtschaftlichen Ressourcen eines Wissenschaftssystems, sein Materialobjekt und die Art und Weise, wie es sein Formalobjekt definiert, die mögliche wissenschaftliche Qualität seiner Gegenstandsbehandlung determinieren. *Entgrenzungen* des Gegenstandes, wie z. B. die Publizistikwissenschaft sie unter dem Eindruck der Expansion ihres Materialobjekts ohne ausreichende zusätzliche Ressourcen mehrfach vorgenommen hat (Saxer 1995, 34 ff.), beeinträchtigen unweigerlich die wissenschaftliche Qualität der Gegenstandsbehandlung: Diese wird in solchen Fällen einseitig, inkonsistent, methodologisch unzulänglich. Unter diesen Umständen funktioniert die wissenschaftliche Qualitätskontrolle nur lückenhaft, und es mangelt an Koordination in der stark einzelkämpferisch operierenden scientific community. Erst auf einer qualitativ gesicherten Grundlage kommt überhaupt eine Amplifizierung des jeweiligen Formalobjekts, medienwissenschaftlich namentlich in Richtung der Dimension Mediengesellschaft, in Frage. Das Wachstum von Wissenschaftssystemen muß mit andern Worten ein qualifiziertes sein, d. h. mit einer Erweiterung der Gegenstandsdefinition muß Hand in Hand eine Verstärkung des Qualitätskontrollsystems gehen.

Diese Qualitätskontrolle bedarf zu ihrer Etablierung in erster Linie einer *funktionierenden Fachöffentlichkeit*. Eine solche ist in einem transdisziplinären Wissenschaftssystem wie der Medienwissenschaft besonders schwer zu realisieren, aber für die qualifizierte Gegenstandsbehandlung unabdingbar. Vor der scientific community und durch diese gemeinsam muß ja die theoretische und methodologische Fundierung der Medienwissenschaft geleistet, entwickelt und ständig überprüft und an dieser wiederum müssen stets die Beiträge zu einzelnen, mehreren oder allen Gegenstandsdimensionen kritisch gemessen werden. Das letzte, was Transdisziplinarität implizieren darf, ist nämlich „anything goes."

Damit aber die Medienwissenschaft auch innovativ sich entfaltet, bedarf sie der Optimierung ihrer Außenkontakte — des Komplements ihrer sach- und ressourcengerechten Selbstbegrenzung. Daß nur noch geforscht oder als wissenschaftliches Wissen anerkannt wird, was rigoristischen methodologischen Binnenstandards entspricht, kann für dieses transdisziplinäre und daher wissenschaftstheoretisch-methodologisch pluralistische und damit locker integrativ fundierte Wissenschaftssystem keine optimale Lösung darstellen. Diese ist vielmehr in einer *kontrollierten Durchlässigkeit der Systemgrenzen* für Impulse aus andern Wissenschaften und der Medienpraxis und die Diffusion medienwissenschaftlicher Anregungen in diese zu sehen. Solch kontrollierte Offenheit sichert der Medienwissenschaft am besten innovative Qualität ihrer Theoriebildung und durch die Einarbeitung und Verbreitung auch nützlichen Wissens gesellschaftliche Akzeptanz und damit die notwendigen Ressourcen.

4. Literatur

Ashby, Ross W., Variety, constraint, and the law of requisite variety. In: Modern systems research for the behavioral scientist. Hrsg. v. Walter Buckley. Chicago 1968, 129–136.

Berg, Klaus, Vorwort. In: Massenkommunikation IV. Eine Langzeitstudie zur Mediennutzung und Medienbewertung 1964–1990. Hrsg. v. Klaus Berg/Marie-Luise Kiefer. Baden-Baden 1992, 5–7.

Berger, Charles R./Steven H. Chaffee (Hrsg.), Handbook of communication science. Newbury Park (etc.) 1987.

Bohn, Rainer/Eggo Müller/Rainer Ruppert (Hrsg.), Ansichten einer künftigen Medienwissenschaft. Berlin 1988.

Burkart, Roland, Kommunikationswissenschaft. Grundlagen und Problemfelder. Wien/Köln/Weimar 1995.

Faulstich, Werner, Medientheorien. Einführung und Überblick. Göttingen 1991.

– (Hrsg.), Medium. In: Grundwissen Medien. München 1994, 17–100.

– (Hrsg.), Grundwissen Medien. München 1994.

Friedrichs, Jürgen, Methoden empirischer Sozialforschung. Reinbek bei Hamburg, 1985.

Glotz, Peter, Das Spannungsfeld Wissenschaft–Politik–Medien. In: Umbruch in der Medienlandschaft. Hrsg. v. Dieter Ross/Jürgen Wilke. München 1991, 22–29.

–, Von der Zeitungs- über die Publizistik- zur Kommunikationswissenschaft. In: Publizistik 35, 1990/3, 249–256.

Graumann, Carl Friedrich, Interaktion und Kommunikation. In: Sozialpsychologie. Hrsg. v. Carl Friedrich Graumann. Göttingen 1972. Bd. 7.2, 1109–1262.

Hickethier, Knut, Das „Medium", die „Medien" und die Medienwissenschaft. In: Ansichten einer künftigen Medienwissenschaft. Hrsg. v. Rainer Bohn/Eggo Müller/Rainer Ruppert. Berlin 1988, 51–74.

Hoffmann-Riehm, Wolfgang, Erosionen des Rundfunkrechts. Tendenzen der Rundfunkrechtsentwicklung in Westeuropa. München 1990.

Hurrelmann, Bettina, Lesekultur als Baustein der Medienerziehung. In: Medien als Bildungsaufgabe in Ost und West. Hrsg. v. Bertelsmann Stiftung. Gütersloh 1993, 95–111.

Jarren, Otfried, Forschungsförderung und Forschungssteuerung durch die Landesmedienanstalten. In: Landesmedienanstalten – Steuerung der Rundfunkentwicklung? Hrsg. v. Otfried Jarren/Frank Marcinkowski/Heribert Schatz. Münster/Hamburg 1993, 113–173.

Konegen, Norbert/Klaus Sondergeld, Wissenschaftstheorie für Sozialwissenschaftler. Opladen 1985.

Kübler, Hans-Dieter, Auf dem Weg zur wissenschaftlichen Identität und methodologischen Kompetenz. Herausforderung und Desiderate der Medienwissenschaft. In: Ansichten einer künftigen Medienwissenschaft. Hrsg. v. Rainer Bohn/Eggo Müller/Rainer Ruppert. Berlin 1988, 29–50.

Leinfellner, Werner, Einführung in die Erkenntnis- und Wissenschaftstheorie. Mannheim 1967.

Lerg, Winfried B., Theorie der Kommunikationsgeschichte. In: Kommunikationstheorien. Ein Textbuch zur Einführung. Hrsg. v. Roland Burkart/Walter Hömberg. Wien 1992, 204–229.

Luhmann, Niklas, Die Wissenschaft der Gesellschaft. Frankfurt a. M. 1992.

Marcinkowski, Frank, Publizistik als autopoietisches System. Politik und Massenmedien. Eine systemtheoretische Analyse. Opladen 1993.

Mast, Claudia, Was leisten die Medien? Funktionaler Strukturwandel in den Kommunikationssystemen. Osnabrück 1986.

McLuhan, Marshall, Understanding media. The extensions of Man. London 1964.

McQuail, Denis, Mass communication theory. An introduction. London/Thousand Oaks/New Delhi. ³1994.

Meier, Werner/Heinz Bonfadelli, „Neue Medien" als Problem der Publizistikwissenschaft. RuF 35, 1987/2, 169–184.

Noelle-Neumann, Elisabeth, Einleitung. In: Publizistik. Hrsg. v. Elisabeth Noelle-Neumann/Winfried Schulz. Frankfurt a. M. 1971, 7–12.

Parsons, Talcott, Das System moderner Gesellschaften. München 1972.

Platte, Hans K., Soziologie der Massenkommunikationsmittel. München/Basel 1965.

Popper, Karl R., Alles Leben ist Problemlösen. München/Zürich 1994.

Redaktion für Philosophie des bibliographischen Instituts, Meyers Kleines Lexikon Philosophie. Mannheim/Wien/Zürich 1987.

Reimann, Horst, Die Anfänge der Kommunikationsforschung. Entstehungsbedingungen und gemeinsame europäisch-amerikanische Entwicklungslinien im Spannungsfeld von Soziologie und Zeitungswissenschaft. In: KZSS 30, 1989, 28–45.

Ronneberger, Franz, Probleme der Begleitforschung in den Kabelpilotprojekten. In: Fortschritte der Medienwirkungsforschung? Hrsg. v. Walter A. Mahle. Berlin 1985, 45–50.

Rosengren, Karl E., Ten points about moulders and mirrors. In: Forschung und Massenmedien. Hrsg. v. Deutsche UNESCO-Kommission. München-Pullach/Berlin 1972, 72.

Rühl, Manfred, Kommunikation und Öffentlichkeit. Schlüsselbegriffe zur kommunikationswissenschaftlichen Rekonstruktion der Publizistik. In: Theorien öffentlicher Kommunikation. Hrsg. v. Günter Bentele/Manfred Rühl. München 1993, 77–102.

–, Kommunikationswissenschaft zwischen Wunsch und Machbarkeit. Einige Betrachtungen zu ihrer Identität heute. In: Publizistik 30, 1985/2–3, 229–246.

Saxer, Ulrich, Medienwirkungsforschung und Erfahrung. In: Kommunikation und Erfahrung. Hrsg. v. Manfred Rühl. Nürnberg 1987, 67–114.

–, Der gesellschaftliche Ort der Massenkommunikation. In: Mediensysteme. Struktur und Organisation der Massenmedien in den deutschsprachigen Demokratien. Hrsg. v. Hannes Haas. Wien ²1990, 8–20.

–, Medien als problemlösende Systeme. Die Dynamik der Rezeptionsmotivation aus funktional-struktureller Sicht. In: SPIEL 10, 1991/1, 45–79.

–, Basistheorien und Theorienbasis in der Kommunikationswissenschaft: Theorienchaos und Chaostheorie. In: Theorien öffentlicher Kommunikation. Hrsg. v. Günter Bentele/Manfred Rühl. München 1993, 175–187.

–, Von wissenschaftlichen Gegenständen und Disziplinen und den Kardinalsünden der Zeitungs-, Publizistik-, Medien-, Kommunikationswissenschaft. In: Publizistik. Hrsg. v. Beate Schneider/Kurt Reumann/Peter Schiwy. Konstanz 1995, 34–50.

Saxer, Ulrich/Heinz Bonfadelli/Walter Hättenschwiler, Die Massenmedien im Leben der Kinder und Jugendlichen. Eine Studie zur Mediensozialisation im Spannungsfeld von Familie, Schule und Kameraden. Zug 1980.

Schanze, Helmut/Peter Ludes (Hrsg.): Qualitative Perspektiven des Medienwandels. Positionen der Medienwissenschaft im Kontext „Neuer Medien". Opladen 1997.

Schenk, Michael, Medienwirkungsforschung. Tübingen 1987.

Schmidt, Siegfried J., Wir verstehen uns doch? Von der Unwahrscheinlichkeit gelingender Kommunikation. In: Medien und Kommunikation. Konstruktion von Wirklichkeiten. Funkkolleg Studienbrief 1. Weinheim/Basel 1990, 50–78.

Straßner, Erich, Sondervotum zu „Zusammenfassende Stellungnahme der Kommission". In: Medienwirkungsforschung in der Bundesrepublik Deutschland. Hrsg. v. der Deutschen Forschungsgemeinschaft (DFG). Tl. 1. Weinheim 1986, 143–145.

Tulodziecki, Gerhard/Katrin Schöpf, Zur Situation der schulischen Medienpädagogik in Deutschland: Konzepte, Materialien, Praxis und Probleme. In: Medienkompetenz als Herausforderung an Schule und Bildung. Hrsg. v. Bertelsmann Stiftung. Gütersloh 1992, 104–176.

Wagner, Hans, Ansätze zur Zeitungswissenschaft. Faktoren und Theorien. In: Publizistik 10, 1965/1, 33–54.

Westerbarkey, Joachim, Journalismus und Öffentlichkeit. Aspekte publizistischer Interdependenz und Interpenetration. In: Publizistik 40, 1995/2, 152–162.

Ulrich Saxer, Lugano/Zürich (Schweiz)

2. Die Grundlagen der wissenschaftlichen Erforschung der Medien

1. Allgemeines
2. Begriff der Wissenschaft
3. Zur Entfaltung der wissenschaftlichen Forschungsmethoden
4. Medien als interdisziplinäres Forschungsthema
5. Medientheorie und neue Medienwirklichkeit
6. Literatur

1. Allgemeines

Ein Rekonstruktion der wissenschaftlichen Grundlagen zur Erforschung der Medien wird nicht umhin können, neben einer Verständigung über den unserer Kultur zugrundeliegenden Wissenschaftsbegriff und die wissenschaftliche Bezugnahme auf Medien bzw. die Medienwirklichkeit sich zunächst auch der philosophischen Rahmenvorstellungen zu vergewissern, innerhalb derer die wissenschaftliche Methodik zur Entfaltung kommt. Die 'Medien' bilden schließlich kein homogenes, unwandelbares Objekt wissenschaftlicher Forschung, und ebensowenig kann diese auf eine einheitliche Methode einer Erforschung von Medienphänomenen zurückgreifen. Anstelle einer Suggestion von disziplinärer Geschlossenheit soll der folgende Überblick daher die grundsätzliche Offenheit des Konzeptes einer Medien- und Kommunikationsforschung in Theorie und Praxis transportieren, um in einer teilweise historischen Auslotung der Grundlagen die Wurzeln für eine medientheoretisch entwicklungsfähige Zukunftsperspektive offenzulegen.

Als Forschungsgegenstand sind Medien für verschiedenste Disziplinen interessant; das generelle Verständnis ihrer vermeintlichen Mittlerrolle zwischen Mensch und Welt und das damit verbundene diffuse Interesse an Kommunikationsprozessen allgemein ruft seinerseits eine Reihe von Fragen auf, die als solche vielleicht schon interessanter sind als die Vielfalt der Antworten, die von bestimmten Schulen mit ihren spezialisierten Terminologien bislang bereitgestellt werden. In den wenigsten Fällen erlaubt etwa eine ironische Brechung in der theoretischen Darlegung, der Verwechslung von 'eingeübter Terminologie' mit 'wissenschaftlicher Grundlage' nicht zu erliegen. Die Folge ist dann ein Szientismus, wie er in den Disziplinen manchmal als Glaube an die Kraft der Wissenschaftlichkeit per se vorherrscht, dabei zwar ein Forschungsgebiet nach spezifischen Kategorien darstellbar macht, an realer Erklärungskraft darüber hinaus jedoch meist weniger zu bieten hat.

Gerade im Zeitalter einer umfassenden Transformation der Kommunikationskultur und des damit verbundenen Wandels im kulturellen Konzept von Medien bietet sich deshalb an, hier keine falschen Sicherheiten aufzubauen und zunächst dem Begriff von Wissenschaft sowie von Methode kritisch nachzugehen, bevor mit dem Bewußtsein von deren historischer Kontingenz die Hinwendung auf einige Grundlagen der Medienwissenschaft als interdisziplinärem Unternehmen in Relation zu verschiedenen Ebenen der wissenschaftlichen Artikulation anläßlich der zunehmend transdisziplinären Fragestellungen einer Medientheorie unter den Bedingungen der 'Informationsgesellschaft' thematisiert wird.

2. Begriff der Wissenschaft

In einem ebenso grundsätzlichen wie allgemeinen Sinne geht es jeder Wissenschaft um Erkenntnis, im Unterschied zur metaphysischen Spekulation auf der einen, zu praktisch erzielten Alltagseinsichten auf der anderen Seite des Spektrums möglicher Aussagen. Erkenntnis definiert sich allgemein und in Abgrenzung etwa zur Sphäre des Glaubens bzw. des Meinens als Übergang vom Zustand des Nichtwissens zu einem Zustand des Wissens (Kutschera 1981, 9); im Ursprung der Entwicklung der europäischen Wissenschaften, in der griechischen Philosophie, wurde übrigens mit dem Konzept der *epistéme* noch kein Gegensatz zwischen 'Erkenntnistheorie' und 'allgemeiner Wissenschaft' gemacht. Im Gegensatz dazu trennt das Wissenschaftskonzept der Moderne Erkenntnisse, die methodisch in der Forschungspraxis erzielt werden, von der epistemologischen Reflexion über die Bedingungen der Möglichkeit von Erkenntnis überhaupt.

Am philosophischen Erkenntnisproblem, was wir und wie wir von der Welt, in der wir leben, wissen können, ist im gegebenen Zusammenhang vor allem der Aspekt relevant, ob das diesbezügliche Wissen auch entsprechend mitteilbar ist. Die Kommunikationstheorie ist von vornherein auf dieser Ebene der Metabeziehungen (Bateson 1985, 287 f.) angesiedelt, auf der – schon ab der bloßen Wahrnehmung – ständige Interpretations- und Decodierungsprozesse wirksam sind. Disziplinen wie Verhaltenspsychologie oder Informationstheorie markieren Bereiche auf einer breiten Skala von Phänomenen, die kommunikativen Charakters sind. Sprachphilosophische Reflexionen spielen hier ebenso eine Rolle wie die Untersuchungen kognitiver Prozesse. Im theoriegeschichtlichen Rahmen wird die Frage nach dem Zustandekommen von Erkenntnis von jener nach dem Funktionieren der damit zusammenhängenden Kommunikationsprozesse abgelöst. Die Logik der wissenschaftlichen Forschung wird dabei zunehmend an die methodische Form der intersubjektiven Nachvollziehbarkeit gebunden. Es ist jene allgemeine Form der Mitteilbarkeit oder der Kommunizierbarkeit von Erkenntnis, an die die Frage ihrer theoretischen Relevanz gebunden scheint. Interessant ist, daß bereits in den platonischen Dialogen eine Unterscheidung zwischen persuasiver Rhetorik und wahrheitsverpflichteter Kommunikation gemacht wird: erstere erzeugt Formen des Glaubens, letztere begründet Wissen.

Damit, in der Unterscheidung von subjektivem Glauben und intersubjektiv nachvollziehbarem Wissen, ist das wissenschaftstheoretische Grundproblem der *Objektivität* von Erkenntnis gewissermaßen schon thematisiert. Nun steht aber dieses methodische Prinzip der Intersubjektivität in Konkurrenz zu anderen wissenschaftlichen Prinzipien, wie dem der korrespondenztheoretischen Übereinstimmung zwischen unseren Annahmen über die Welt und deren tatsächlicher Form. Aber selbst in den elementaren Disziplinen der Naturwissenschaft stellt sich dieses Repräsentationsproblem nicht mehr ganz so einfach dar. Die Welt ist uns offensichtlich nicht direkt gegeben, und damit wird in der Folge relativ, was zunächst objektiv wirklich scheint: gerade mit der Entwicklung der modernen wissenschaftlichen Instrumente hat sich gezeigt, daß das, was wir über einen Gegenstand 'wissen', nicht identisch sein muß mit dem, wie dieser 'wirklich' ist. Die nicht unproblematische Grundannahme der Wissenschaft als einem möglichst getreuen 'Spiegel der Natur' (Rorty 1979) durchzieht als Gegenüberstellung von Materie und Geist, von direkten Daten (empirische Sinneseindrücke) und Interpretationen (durch den Verstand vermittelte Formen) das gesamte abendländische Wissenssystem (Kondylis 1981, 9 f.). Dieser Dualismus schlägt sich auch in den Grundannahmen, in den Methoden und in der Auswahl der Objekte von Wissenschaft nieder.

Die wissenschaftlichen Entdeckungen der Neuzeit entstammen nicht allein der Beobachtung, sondern auch der Entwicklung von Theorien, die der unmittelbaren Beobachtung keineswegs immer entsprochen haben. Dem sich nicht mehr durch Glauben und Tradition in einen kosmischen Zusammenhang eingebunden fühlenden neuzeitlichen Menschen stellt sich die objektive Welt anders dar als seine subjektive Wirklichkeit. An der Schwelle zur kulturellen Moderne steht die Konstruktion des erkennenden Subjekts selbst, das sich der Übereinstimmung seiner Aussagen im intersubjektiven Kontext erst versichern muß. Dieses Subjekt entdeckt dabei nicht nur die geschichtliche Präformiertheit seines sinnlichen Wahrnehmungsapparates, sondern auch die Relativität der Gültigkeit seiner Aussagen, die nicht nur wahr oder falsch sein können, sondern eben für den Gebrauch in einem bestimmten Kontext taugen oder auch nicht. Es verpflichtet sich auf die Regel, daß für die wissenschaftliche Gültigkeit seiner Aussagen diese zwar nicht der Erfahrung entstammen müssen, die Grenzen möglicher Erfahrung aber auch wieder nicht überschreiten dürfen. Erst die prinzipielle empirische Überprüfbarkeit gestattet daher eine wiederum nur vorläufige Annahme hypothetischer Aussagen.

Mit der Aufklärung stellt sich das Grundproblem der Erkenntnistheorie neu, indem (bei Immanuel Kant) die Frage, was wir überhaupt rational wissen können, als Vernunftkritik, d. h. als Grenzbestimmung innerhalb ästhetischer Kategorien der Sinneswahrnehmung (Raum und Zeit) sowie logischer Kategorien der Urteilsbildung (die transzendentale Subjektivität) und damit eine für alle Menschen gleiche Grundbefindlichkeit definiert. Neuere Wissenschaftstheorie hat festgehalten, daß über solche Kategorien hinaus die wissenschaftliche *Erkenntnis* stets auch von *Interessen* geleitet ist, so daß über rationale Orientierungen hinaus vielfältige gesellschaftliche Faktoren jeweils mit in das hineinspielen, was sich in einer wissenschaftlichen Aussage letztlich niederschlägt. Dieses Interesse muß nicht mit jenem identisch sein, das die Forschung eventuell selbst explizit artikuliert. Die wirklichen Motive der Wissenschaft können jenen, die sie betreiben, ebenso verborgen bleiben wie die disziplinären *Paradigmen*, denen bestimmte Wissenschaftszweige solange unbemerkt folgen, bis ein Wechsel etwa in Form einer methodologischen Revolution sie sichtbar machen. In diesem Sinn ist zu bedenken, daß auch soziale Einflüsse und kulturelle Traditionen, mithin die jeweilige Einstellung der am Wissenschaftsprozeß beteiligten Forscher dessen Ergebnisse beeinflussen (Feyerabend 1980, 98 f.). Wissenschaft kann dann nicht länger als Suche nach einer objektiven und unumstößlichen Wahrheit mit Hilfe einer universell verbindlichen Methodologie verstanden werden. Wissenschaftliche Forschung dient ebenso dem praktischen Problemlösen, der Planung und der Evaluation; neben ihre rationale Erkenntnisfunktion ist innerhalb einer sich ausdifferenzierenden Moderne die gesellschaftliche Funktion der Kritik getreten und neben ihre Aufgabe des Analysierens der neue Horizont der nicht mehr selbstverständlichen Verständigungsleistungen.

Insgesamt fällt dabei der Anspruch auf absolute Erkenntnis bzw. unbedingte, objektive Wahrheit (d. h. auf eine Theorie als Gegenstandsrepräsentation) tendenziell zugunsten passender Beschreibungen und entsprechender kontextabhängiger Plausibilitäten (Rorty 1994, 47 ff.). Auch die wissenschaftliche Erforschung der Medien wird von dieser Relativierung wissenschaftlicher Begründungsmuster erfaßt, indem sie weniger eine ihrem Gegenstand entsprechende statische Theorie voraussetzt, als ihr Erkenntnisinteresse auf Medien als *Ausdruck* und nicht nur als *Produkt* einer immer komplexer werdenden gesellschaftlichen Entwicklung abstellt.

3. Zur Entfaltung der wissenschaftlichen Forschungsmethoden

Eine wissenschaftliche Aussage richtet sich darauf, bestimmte Phänomene, Tatsachen oder Sachverhalte zu erklären, zu beschreiben oder zu verstehen. Während die empirischen Methoden der Naturwissenschaft auf das Ziel der wissenschaftlichen Erklärung ihres jeweiligen Forschungsgegenstandes angelegt sind, zielen die Methoden der Geistes-, Kultur- und Sozialwissenschaften vermehrt auf das Beschreiben und das Verstehen. Wie immer die Frage nach der geeigneten Methode entschieden wird: eine wissenschaftliche Untersuchung sollte sich Rechenschaft darüber ablegen können, warum welcher Zugang zum Forschungsobjekt gewählt wurde und dabei in keinerlei Automatismen verfallen. Der Forschungsprozeß erzeugt verschiedenste Antwortformen, und ihre Differenz begründet sich nicht einfach aus dem Forschungsgegenstand heraus, sondern auch aus der Art und Weise, wie die forschungsleitende Frage jeweils umgesetzt worden ist. Methoden sind hierbei „die ausgetretenen Pfade des Denkens, die den Unerfahrenen vom Verirren im Dschungel der wuchernden Phantasien, Ideen, Theorien, Entwürfe und Konstruktionen bewahren und ihn an eine Stelle führen, wo er nach einiger Erfahrung eigene Entdeckungszüge machen darf." (Wuchterl 1977, 6) In dieser Formulierung von der Führungsrolle, die der Methode zukommen soll, steckt aber auch gleich schon die häretische Einsicht, daß der wissenschaftlich Erfahrene vielleicht doch nicht immer jenen Gang geht, auf den die Methode seiner Disziplin ihn verpflichten möchte.

Die neuzeitliche Wissenschaft entstammt dem cartesianischen Geist: Klarheit und Ordnung, Eindeutigkeit und Ernsthaftigkeit sowie ein von der ganzheitlichen Betrachtung unterschiedenes, schrittweises Vorgehen determinieren den Forschungsprozeß. Es ist diese methodische Disziplinierung, die laut Descartes nicht nur den subjektiven Verstand kultivieren hilft, sondern durch Reflexion über systematische Begründungsmöglichkeiten im Wissensprozeß eine Objektivität erzeugt, die − selbst aus dem systematischen Zweifel geboren − jeglichen Zweifel eliminieren soll. Zu dieser Programmatik gehört das Festlegen allgemein verbindlicher, 'vernünftiger' Maßeinheiten als rekonstruierbare Determinanten des Wissenschaftsdiskurses. In diesem Prozeß einer methodischen Konzentration auf das Meßbare dekontextualisiert sich wissenschaftliche Theorie zunehmend von ihren Anwendungszusammenhängen (Toulmin 1990, 65 ff.) und schafft sich neben dem Problem des Werkzeugs damit auch ein Problem der *normativen Grundlagen*: da sich die kommunikative Einheit des traditionellen Weltbildes im Zeitalter der Emanzipation des Bürgertums von traditionell verbürgten Mustern oder natürlichen Gegebenheiten auflöst, entsteht eine in ihren gesellschaftlichen Auswirkungen spürbar werdende Diskrepanz zwischen wissenschaftlicher Theorie und sozialer Praxis. Dies wurde seit dem Aufklärungszeitalter im Wissenschaftsdiskurs immer wieder mit der Frage nach der möglichen universalen Verbindlichkeit (bzw. einer Letztbegründbarkeit) für menschliches Erkennen und Handeln artikuliert.

Die klassische Bestimmung wissenschaftlicher Erkenntnis bei Kant konnte zwar deren prinzipielle Vermitteltheit verdeutlichen, klammerte jedoch das Problem der konkreten kulturellen und der sprachlichen Vermittlung in der Grundbefindlichkeit des Menschen ebenso aus wie etwa die Rolle der Printmedien in der Formierung des neuzeitlichen, selbstreflexiven Subjektes. In der Kritik an Kant formten sich deshalb die methodischen Grundlagen des neueren Wissenschaftsmodells, welches seine Voraussetzungen nicht allein im protokollierend ordnenden Geist des 'Positivismus' hat, sondern ebenso in der Entfaltung der Erkenntnis- zur Sprachkritik sowie deren Erweiterung zur Hermeneutik und zur Kulturkritik. Auch die autonom scheinenden gegenwärtigen methodischen Zugänge der Einzelwissenschaften bauen dabei auf fünf bis sechs methodische Hauptströmungen des 20. Jhs.:

- Analytische bzw. logisch-empirische Methoden, welche die Wissenschaft von ihren metaphysischen Schlacken zu befreien suchte, wobei die logische Unvollkommenheit der sprachlichen Darstellung möglichst überwunden werden sollte (Wiener Kreis);
- phänomenologische und im weiteren Sinn hermeneutische Methoden, welche angesichts eindrucksvoller naturwissenschaftlicher Fortschritte das lebensweltliche 'Sinnfundament' und die Bedeutungsproblematik wieder in den Vordergrund rükken (Edmund Husserl, Martin Heidegger, Hans-Georg Gadamer);
- kritisch-dialektische Methoden, welche die interdisziplinäre Synthese in Richtung einer sozialpsychologisch angereicherten Kulturkritik forciert hatten (die Frankfurter Schule um Max Horkheimer);
- pragmatische, semiotische und sprachpragmatische Methoden, welche an die Tatsache erinnern, daß der Mensch nicht nur ein sprechendes, sondern ein generell symbolverwendendes Lebewesen ist (Charles S. Peirce, Charles Morris, Karl-Otto Apel, Umberto Eco);
- die Ansätze einer empirischen Kognitionswissenschaft (Jean Piaget) und der generativen Transformationsgrammatik (Noam Chomsky) erweiternde Universalpragmatik (Jürgen Habermas), die auf das fundamentale Regelsystem aller Kommunikationsbeziehungen abzielt.
- Der in der linguistischen Analyse (im Anschluß an Ferdinand de Saussure) die Grundlagen einer Einheitswissenschaft propagierende Strukturalismus mit seinen markanten Spielarten im Gegenwartsdiskurs (Neostrukturalismus, Dekonstruktivismus) gehört ebenfalls in diese Aufzählung.

Ihnen allen ist gemein, daß sie das simple Modell einer angewandten wissenschaftlichen Forschung, die mit empirischen Methoden wie Inhaltsanalyse oder anderen Datenerhebungsformen operiert, zugunsten eines differenzierten Wissenschaftsverständnisses distanzieren. Keine der angeführten disziplinären Richtungen bietet sich daher zur direkten Umsetzung in die Forschungspraxis an, auch nicht als Grundlage für medienwissenschaftliche Untersuchungen.

4. Medien als interdisziplinäres Forschungsthema

Das Schema der Massenmedien ist im Zeitalter der elektronischen Datennetze, der Digitalisierung und der damit verbundenen Entwicklung von Hypermedien und multimedialen Anwendungsformen einem grundlegenden Wandel unterworfen, auf den die Theorienbildung und entsprechende wissenschaftliche Forschungskonzepte großteils erst noch reagieren müssen. Die wissenschaftliche Analyse operiert vorzugsweise aus kritischer Distanz; allerdings fällt es gerade im Bereich der neuen Medien zunehmend schwer, diese Distanz tatsächlich einzunehmen. Medien sind weniger als ein Teil der sozialen Umwelt objektivierbar, die Medienwirklichkeit ist vielmehr selbst zur sozialen Umwelt geworden, von der sich nicht einfach abstrahieren läßt. Dieses Involviertsein bedeutet, daß die Medienwissenschaften künftig wohl stark gefordert sein werden. Es läßt sich bereits feststellen, daß die wissenschaftliche Erforschung der Medien – trotz respektabler Ergebnisse einzelner disziplinärer Forschungen – mehr zu einem grundlegend *interdisziplinären* Unternehmen wird, welches *transdisziplinäre* Fragestellungen bearbeitet: man wird es unter diesen Voraussetzungen kaum verantworten können, nur eine einzige methodische Schule zu privilegieren. Die bestehende unklare Identität einer Kommunikations- und Medienforschung als Disziplin sollte gerade angesichts neuer Entwicklungen als Chance begriffen werden, im Zusammenhang von neuer Medienentwicklung, gesellschaftlicher Transformation und Globalisierungsprozessen neue reflexive Mittel bereitzustellen. Eine kurze Rückblende darauf, wie Medien überhaupt zu einem wissenschaftlichen Forschungsgegenstand geworden sind, soll zeigen, daß es dabei nicht allein um eine Anlehnung an die neuere Technikentwicklung gehen kann.

4.1. Die Entdeckung von Sprache als Medium

Medien sind erst relativ spät zu einem expliziten Forschungsobjekt der Wissenschaft gemacht worden. In einem für die moderne Wissenschaft relevanten Sinn ist dabei die Entdeckung des Mediums 'Sprache' im 19. Jh. signifikant. In Fortsetzung der sprachphilosophisch motivierten Kritik an Kants Vernunftkonzeption dechiffrierte etwa der Journalist und Sprachphilosoph Fritz Mauthner Sprache als jenes Medium, das uns ein bestimmtes Bild der Welt vermittelt, um gleichzeitig ein höchst ungenügendes Mittel für deren Erkenntnis bereitzustellen. Für die an sich problematische Frage nach der Verbindung von Sprache und Welt entwickelte die philosophische Analyse im Ausgang des 19. Jhs. eine neue wissenschaftliche Theorie der Beschreibungen, mit der nicht nur die logische Ausdrucksform selbst in den Vordergrund rückt, sondern sich auch in einem 'Kult der Systematik' (Toulmin 1972, 69 ff.) verselbständigt. Die grundlegende Frage, wie wir in der wissenschaftlichen Erkenntnis zu irgendeiner Gewißheit gelangen können, wird dabei sprachanalytisch in die folgende Form transformiert: welche unserer Aussagen über die Welt sind überhaupt empirisch sinnvoll und welche nicht?

Als wissenschaftliches Ziel gilt die logische Klärung der vorhandenen Gedanken; gegenüber einer Produktion von neuen Wahrheiten mittels systematischer Entfaltung 'synthetischer' philosophischer Sätze entsteht aus diesem Motiv die einflußreiche 'analytische' Philosophie des 20. Jhs. Das ist methodisch vor allem deshalb interessant, weil von der reflexiven Bezugnahme auf das Ausdrucks- und Darstellungsmedium der Wissenschaft nicht weniger als eine Therapie der Wissenschaften erwartet wurde: Konsequenz dieser 'wissenschaftlichen Weltauffassung' (Otto Neurath) ist die Konstruktion einer idealen Wissenschaftssprache, die den linguistisch/semiotisch determinierten Rahmen für eine umfassende Wissenschaftsreform bilden sollte. Für diese Konstruktion einer rein logisch-analytischen Semantik unter Ausschluß 'unsinniger Zeichenverbindungen' steht beispielsweise Rudolf Carnap. Ziel war eine metadisziplinär angelegte Einheitswissenschaft: über ein Minimum an Begriffen sollte die eindeutige Bezeichnung aller tatsächlichen Sachverhalte möglich werden. Diese Wissenschaftsutopie beginnt mit einer Basis von Elementarsätzen, die elementare Sinneseindrücke korrekt und unzweifelhaft beschreiben. Der Traum einer wissenschaftlichen Universalsprache als Grundlegung aller Disziplinen sollte jedoch nicht in Erfüllung gehen, und die universalistische Orientierung des Aufklärungszeitalters ließ sich auch im wissenschaftlichen Vereinheitlichungsbestreben nicht mehr einholen; einer Gesellschaft im Übergang wurde die Konstruktion von Eindeutigkeit zunehmend suspekt.

Es ist wohl kaum zufällig, daß gerade in einem Zeitalter der medialen Innovationen und der damit verbundenen Irritationen eine Konzentration auf das Ausdrucksmedium erfolgte. Noch sind die Medien nicht expliziter Gegenstand der Forschung; wohl aber dringt, unter anderem vermittelt über die intensivierten wahrnehmungspsychologischen Experimente in der zweiten Hälfte des 19. Jhs., das Bewußtsein durch, daß die Form der menschlichen Weltwahrnehmung historisch kontingent sein könnte. Technologische Innovationen im Bereich der Aufzeichnungs- und Übertragungsmedien (Grammophon, Fotografie, Film, Telegraph, Telefon und Hörfunk) verändern die Wahrnehmung von Welt und Wirklichkeit. Paradox ist nur, daß die an Einfluß gewinnenden Medien im Wissenschaftsdiskurs selbst keinen prominenten Platz einnehmen. Wohl aber könnte man die nach der Jahrhundertwende sich verstärkende Kulturkritik als eine Fortsetzung und Erweiterung der früheren Wende von der Erkenntnis- zur Sprachkritik ansehen. Die Pressekritik eines Karl Kraus wäre gewissermaßen als eine Fortsetzung der Sprachkritik Fritz Mauthners anzusehen; kulturphilosophische Skepsis geht unübersehbar mit sprachkritischen Ansätzen einher. Aber noch macht Wissenschaft die Medien selbst nicht zum expliziten Thema (von Ansätzen in der historischen bzw. literaturwissenschaftlichen Forschung einmal abgesehen). Dazu werden sie erst ab dem Zeitpunkt, da die reflexive Bewußtwerdung einer Aufsplitterung zwischen

Realität und deren medialer Repräsentation den als bedrohlich empfundenen Eigensinn der Medienwirklichkeit hervortreten läßt. Vielleicht hatte die Praxis der Kunst seit jeher eine höhere Affinität zu den Medieneffekten als die Wissenschaften; erst die neuere Technikentwicklung zeitigt jene neue, technologisch mediatisierte Kommunikation als Grundlage für die Massenkommunikation, deren Phänomene zum Objekt wissenschaftlicher Forschung mit dem Ziel ihrer Steuerungsoptimierung gemacht werden konnten. Hier muß bedacht werden, daß bereits in der frühen Kommunikations- und Medienforschung des 20. Jhs. ein technisch orientierter Ansatz mit einem sozial- und kulturwissenschaftlichen konkurriert hat.

4.2. Kritische und administrative Kommunikationsforschung

Die Anfänge einer sozialphilosophisch orientierten, interdisziplinären Medienforschung liegen etwa in den dreißiger Jahren des 20. Jhs. Es handelt sich um den spektakulären Versuch, auf neue gesellschaftliche Problemkonstellationen wissenschaftlich zu reagieren und zur Grundlage praktischer Forschungsarbeiten „die Frage nach dem Zusammenhang zwischen dem wirtschaftlichen Leben der Gesellschaft, der psychischen Entwicklung der Individuen und den Veränderungen auf den Kulturgebieten im engeren Sinn", wie „Recht, Sitte, Mode, öffentliche Meinung, Sport, Vergnügungsweisen, Lebensstil usf.", zu machen. Dazu gehörte die Entwicklung eines neuen Forschungsinstrumentariums, das sich auf die „soziologische und psychologische Durchforstung von Presse und Belletristik" (Horkheimer 1931, 44) bezog.

Die Forschungsprogrammatik der sogenannten 'Frankfurter Schule', die Max Horkheimer formuliert hat, reagierte bereits auf die Phänomene der modernen Massenkommunikation: die sozialpsychologisch integrative Rolle der Medien wurde erkannt und zu einer philosophischen Kritik der Medien als 'Kulturindustrie' zugespitzt. Nicht allein aus Gründen der Emigration blieb jedoch die praktische Forschung dieser Wissenschaftlergruppe hinter ihren theoretischen Ansprüchen zurück. Die konkrete Forschungspraxis verlangte schon damals weniger nach tiefgreifender Analyse als nach empirisch verwertbaren Ergebnissen im Sinne einer bestimmten Auftragslage. Dies tritt in einem bemerkenswerten Dokument der Kommunikations- und Medienforschung deutlich hervor: dem ersten Heft des letzten Jahrgangs der von Horkheimer auch im amerikanischen Exil noch herausgegebenen 'Zeitschrift für Sozialforschung' (1941). Dort argumentiert Paul Lazarsfeld, in der Emigration als Direktor am 'Office of Radio Research' an der Columbia University tätig, für eine Arbeitsteilung zwischen einer kritischen und einer angewandten, zumeist interessengebundenen Medienforschung, die er mit dem Adjektiv 'administrativ' versieht. Die zugestandene Schwäche dieses pragmatischen Ansatzes liegt darin, daß den Medien lediglich eine Werkzeugrolle zugestanden wird, mittels derer bestimmte Zwecke erreicht werden. Medienforschung bearbeitet dann ein Standardset von Fragen, um im Sinne des jeweiligen Auftraggebers bzw. Forschungsfinanziers dessen Zielerreichung zu optimieren. Gleichzeitig erkennt Lazarsfeld in diesem aufschlußreichen Aufsatz freilich an, daß es eine viel tiefgreifendere Funktion der Medien gibt:

„Modern media of communication have become such complex instruments that wherever they are used they do much more to people than those who administer them mean them to do, and they may have a momentum of their own which leaves the administrative agencies much less choice than they believe they have." (Lazarsfeld 1941, 9)

Für diese gesellschaftliche Funktion der Medien sah er die sozialphilosophisch inspirierte, kritische Kommunikationsforschung zuständig. In dieser Spannung, Medienforschung einerseits im Sinne der beteiligten 'administrative agencies' zu betreiben, andererseits ebenso wissenschaftlich wie kritisch den vielfältigen gesellschaftlichen Implikationen der Medien nachzugehen, steht die Medienforschung bis in die Gegenwart.

4.3. Kommunikationsmodell und technische Entwicklung

Völlig unberührt von diesen Fragen bildete sich im Amerika der vierziger Jahre eine weitere Grundlegung der Medienforschung heraus, die sich auf die technischen Aspekte des Mediums als solchem bezieht: das von Nachrichtentechnikern entworfene Übertragungsmodell der Kommunikation. Claude Shannon und Warren Weaver erarbeiteten für die amerikanische Telefongesellschaft 'Bell' eine allgemeine Effizienzsteigerung der medialen Übertragungskanäle (Telefon, Radio). Um den Kommunikationsprozeß mathematisch darstellen zu können, entwarfen sie ein einfaches Übertragungsmodell der Kommunikation, welches 'Information' selbst als eine

2. Die Grundlagen der wissenschaftlichen Erforschung der Medien

meßbare Größe einbringen sollte. Daraus entstand das einflußreichste wie auch einfachste Kommunikationsmodell, nach dem die Botschaft einer Informationsquelle, durch einen Sender (transmitter) in ein Signal umgewandelt, über einen Kanal an einen Empfänger (receiver) geht, der das Signal wieder in die Botschaft zurückverwandelt. Als Grundproblem der Kommunikation wird in diesem Modell die möglichst getreue Reproduktion der Botschaft nach erfolgter Übertragung angesehen.

Dieser den Kommunikationsprozeß vereinfachende, in sich durchaus berechtigte Technizismus hat wohl das Alltagsmodell von Medien als 'Speicher- und Übertragungsmedien' geprägt, wird heute aber (auch nicht in den Reformulierungen wie Wilbur Schramms 'Feldschema' oder Elihu Katz' und Paul Lazarsfelds 'Two Step Flow-Kommunikationsschema') von keinem ernstzunehmenden Kommunikationsforscher mehr in dieser Form akzeptiert. Es sollte bedacht werden, daß der Erfolg des Modells wohl in seiner formalen Einfachheit begründet ist, es sich aber vor allem deshalb durchsetzen konnte, weil es in das den Wissenschaftsbetrieb beherrschende Konzept des amerikanischen *Behaviorismus* paßte, der in einer Art von sozialer Physik allen Verhältnissen ein Reiz-Reaktions-Schema (Stimulus-Response) unterlegt hat. Dieses Wissenschaftskonzept verkürzt den Begriff der Kommunikation um ihren soziokulturellen Kontext und privilegiert ein linear-logisches Modell, das dem Muster von Kausaleffekten entspricht. Sein rationalistischer Blick auf die Medien abstrahiert von der Umwelt, in der Kommunikation stattfindet, und die ihrerseits mehr ist als lediglich eine Hardware-Voraussetzung ('Kommunikationskanäle') für Software-Effekte ('Bedeutungen').

Weniger bekannt als dieses Modell und seine Reformulierungen ist der Hintergrund des kybernetischen Ansatzes in der Kommunikationstheorie, wobei die mathematische Darstellung des Prinzips elektronischer Regelkreise mit der Entdeckung des Selbstorganisationsprinzips von Systemen einhergeht: Systemtheorie und Chaosforschung sind ohne den nonlinearen Ansatz (der später bei Heinz von Förster so genannten 'zirkulären Kausalität') nicht denkbar, wie er aus der seit den vierziger Jahren diskutierten Theorie der selbstorganisierenden Systeme entwickelt worden ist. In den zahlreichen Arbeitstreffen der sogenannten 'Macy-Conferences' zwischen 1942 und 1959 u. a. mit Physikern wie Norbert Wiener und John von Neumann, Sozialanthropologen wie Margret Mead oder dem Evolutionstheoretiker Gregory Bateson formte sich eine neue Sichtweise, die von den selbstregulativen Kontroll- und Kommunikationsprozessen in Lebewesen und Maschinen bis hin zur Dialektik von Erkenntnis- und Umweltstrukturen reicht. Damit wurden nicht nur die theoretischen Grundlagen für die Computerentwicklung geschaffen, sondern auch für ein alternatives Modell von Kommunikation, das vor allem über die Studien von Bateson, die eine ökosystemische Sicht von Lebensprozessen begründen, menschliche Kommunikation und ihre Entwicklung aus einer umfassenden Logik der Beziehungsmuster begreifbar macht. In der Folge wurde damit der Chimäre einer 'eindeutigen Kommunikation' jede Grundlage entzogen, und auch für den Bereich der Künstlichen Intelligenz folgte daraus, die Idee einer Idealsprache unmittelbarer Bezeichnungen ad acta zu legen.

Hier sollte noch die Entwicklung der kognitiven Psychologie seit den fünfziger Jahren Erwähnung finden: ihre Konzeption der unbewußten Informationsverarbeitung förderte einen Begriff des Unbewußten jenseits psychoanalytischer Verdrängungskonzepte, so daß die metaphorische Identifizierung von 'Geist' oder 'Bewußtsein' auch mit informationsverarbeitenden Maschinen zwar zu irreführenden Vorstellungen und überzogenen Erwartungen im Zusammenhang mit der Entwicklung einer 'Artificial Intelligence' geführt, darüber hinaus aber auch nicht-behavioristische Orientierungen gefördert hat: sie fanden ihren Niederschlag etwa in den Arbeiten Noam Chomskys zum sprachlichen Unbewußten, wobei unter dem Titel einer Transformationsgrammatik jene notwendig vorhandene, jedoch verdeckte geistige Aktivität als Basis für eine grundsätzliche, nicht auf Reiz-Reaktions-Schemata rückführbare Kreativität der menschlichen Sprache rekonstruiert werden konnte.

Als Aspekt der technischen Entwicklung in Richtung von non-linearen Systemen kann weiters die Chaosforschung als von Kommunikationsphänomenen ausgehend begriffen werden. Ähnlich der Situation von Shannon and Weaver, arbeitete Benoit Mandelbrot in den sechziger Jahren bei 'IBM' an der Optimierung von Telefonleitungsnetzwerken. Konkret ging es um die Ausschaltung von Störgeräuschen bei der elektronischen Signalverarbeitung, die den Modembetrieb beeinträchtigten. Mandelbrot entdeckte eine gewisse Selbstähnlichkeit in der chaotischen Verteilung von zufälligen Störsignalen, und dieses Muster der Selbstähnlichkeit konnte mit innovativen mathematischen Methoden der Iteration (Output-Input-Schleifen) dargestellt werden: dies unterstützte und popularisierte das Konzept der nichteuklidischen, sogenannten fraktalen Geometrie. Ihre geheimnisvoll irregulären Regelmäßigkeiten führten zu einem neuen Begriff der nonlinearen Ordnungsvorstellung, deren Komplexität ohne den Computer als Medium der wissenschaftlichen Darstellung kaum einsichtig zu machen wäre. Für einen Kommunikationsbegriff der 'Uneindeutigkeit' ist dieser non-lineare Ansatz im Zusammenhang mit den neuen Medien von hoher Relevanz, da unter Bedingungen der Vernetzung neue Formen von Rückkopplungseffekten erforschbar gemacht werden können.

Aus dieser knappen Skizze wird ersichtlich, daß Kommunikationsmodelle als Grundlage der Medienforschung relativ zur Entwicklung des jeweils geltenden Wissenschaftsmodells und seiner gesellschaftlichen Akzeptanz zu sehen sind. Kuhn (1970) bezeichnet die Vorstellung eines kumulativen Unternehmens, über welches das Datenmaterial und die Exaktheit der Kenntnisse stets ausgeweitet werden, als 'normale' Wissenschaft. Zu deren Erfolgsrezept gehört jedoch, neue Tatsachen und Theorien zugunsten der wissenschaftlichen Forschung unter einem bereits funktionierenden Paradigma möglichst auszuklammern. Die daraus abgeleitete Idee eines als wissenschaftliche Revolution dargestellten Paradigmenwechsels ist wohl eine Illusion, nicht aber die Abhängigkeit der wissenschaftlichen Ideen von den gesellschaftlichen Verhältnissen, unter denen sie auftreten können. Dementsprechend auf neue Situationen offenen Sinnes zu reagieren, wäre jedem wissenschaftlichen Formalisierungsprozeß vorzuziehen: der folgende Abschnitt soll nun zeigen, wie gerade in einer Zeit der medialen Transformation die Vorstellung von 'formaler Gültigkeit' als wissenschaftliche Grundlage der 'erforderlichen Anpassung' theoretischer Konzepte Platz machen könnte.

5. Medientheorie und neue Medienwirklichkeit

Wissenschaftliches Denken und gesellschaftliche Entwicklung funktionieren nicht immer so, daß ersteres die letztere in einer konstanten Relation erklären würde. Nicht erst unter den Bedingungen der neuen Mediensituation gerät eine Medienwissenschaft, die nach dem linearen Verknüpfungsmodell (Wissenschaft gleich Erklärung durch empirische Prüfung einer aus der Beziehung von zwei themenbezogenen Variablen konstruierten Hypothese) operiert, allzu leicht defizitär. Besonders da manche der wissenschaftlichen Grundlagen in ihrem traditionellen, ahistorischen Geltungsanspruch erschüttert wurden und da die jüngere Medienentwicklung weg von Speicherung und Übertragung hin zur Vernetzung geht, mithin neue Wissensfelder generiert und neue Fragestellungen provoziert.

5.1. Medien im Kulturprozeß

Fragen des Mediengebrauchs und der Medienwirkung beziehen sich nicht selten auf ein unreflektiertes Kulturuntergangsmodell. In Grenzen hat dies wohl seine Berechtigung, vor allem da die traditionell gezogene Unterscheidung zwischen hoher und niederer Kultur im Zeitalter der Massenmedien letztlich nicht mehr fraglos aufrechtzuerhalten ist. Dies ist wiederum mehr von politischer als von wissenschaftlicher Relevanz: an der kulturkritischen Kampfansage der Elitären gegen die egalitäre, massendemokratische Postmoderne hat Umberto Eco „Züge einer aristokratischen Unduldsamkeit" abgelesen, mit der unter der apokalyptischen Klage über den Zerfall der kulturellen Werte „das Heimweh nach einer Epoche rumort, in der die Werte der Kultur das Erbteil und der Besitz einer einzelnen Klasse waren und nicht jedermann offenstanden" (Eco 1984, 39).

Vor diesem Hintergrund, der die soziale Dimension bestimmter Kulturtechniken hervorhebt, relativiert sich auch der wissenschaftliche Zugang, dem es um die Analyse von Medienprodukten geht. Wer kulturelle Produktion oder gar 'Kunst' und 'Medien' auseinanderdividiert, verkennt die Situation einer Medienrealität, die nicht nur von einem Prozeß der gegenseitigen Durchdringung dieser Sektoren gekennzeichnet ist, sondern von ihrer weitgehenden Transformation. War die Methode der technischen Reproduktion eines Kunstwerkes verbunden mit dem Verlust seiner Aura der Einzigartigkeit, so verbindet sich mit dieser bereits in den dreißiger Jahren unter dem Eindruck von Photographie und Film von Walter Benjamin formulierten Einsicht das Bewußtsein von einem „Gebilde mit ganz neuen Funktionen", wobei die künstlerische sich als eine unter anderen erweist

(Benjamin 1977, 20). Mit dieser Relativierung angesichts neuer medialer Entwicklungen wird die historische Kontingenz des Organisationsprinzips der menschlichen Sinneswahrnehmung artikuliert, die schließlich in eine Einsicht in den Eigensinn der Medienwirklichkeit mündet.

Damit steht zu vermuten, daß sich nach dem Eintritt in das Zeitalter der elektronischen Medien allein schon durch die Praxis des interaktiven Mediengebrauchs wissenschaftlich als gesichert geltende Ergebnisse etwa aus der Rezeptionsforschung an Aussagekraft verlieren werden. Medienforschung, die sich auf singuläre Funktionen einzelner Medienaspekte in bestimmten Situationen bezieht, wird einem entsprechend weit gefaßten medientheoretischen Ansatz Raum gewähren müssen: der als selbstverständlich vorausgesetzte Rezeptionskontext, die Kultur, und soziale Effekte von Medien bilden einen neuen, breiter angelegten Reflexionshorizont für die Beschäftigung mit Medien jenseits der technischen Aspekte. Die dem angloamerikanischen Kontext entstammenden *Cultural Studies* bieten hier einen vielversprechenden Ansatz, vor allem da ihr Konzept einer radikalen Kontextualität und damit auch einer begleitenden Vergewisserung der Geltung von wissenschaftlichen Rahmenvorstellungen verpflichtet ist. Dies wird der postmodernen Situation insofern gerecht, als die Fragen einer Gegenwartskultur neu betrachtet werden, wobei die einzelnen Kulturphänomene nicht einer hierarchischen Ordnung unterworfen werden und Phänomene der populären Kultur ebenso Forschungsgegenstand sind wie mediale Einzelaspekte im gesellschaftlichen Kontext.

5.2. Medien in der theoretischen Makroperspektive

Insgesamt tendieren die Grundlagen auch eines medien- bzw. kommunikationswissenschaftlichen Diskurses immer mehr dahin, sich kulturtheoretisch und sozialwissenschaftlich zu definieren. Die Vorstellung, daß Medien die Welt lediglich auf technischem Weg abbilden oder verschiedene Inhalte dieser Welt nur von einem Ort an den anderen übertragen, folgt einem kulturellen Repräsentationsmodell, welches gerade in jüngster Zeit immer häufiger hinterfragt worden ist. Schon Einzelmedientheorien wie die Filmtheorie konnten sichtbar machen, wie stark das konstruktive Element die jeweilige Wahrnehmung beherrscht und entsprechenden Eigensinn (in diesem Fall die spezifische Filmsprache) ausbildet. Medien schaffen eine Welt der künstlichen Wahrnehmung und formen damit eine eigene Medienwirklichkeit, die den Gedanken einer einfachen Abbildung von Realität bzw. einer Übertragung von Inhalten desavouiert. Unabhängig von ihrer Form interpretieren nämlich Medien nicht nur die Realität, sie realisieren darüber hinaus diese Realität nicht immer unmittelbar innewohnende Möglichkeiten und tendieren damit ungeachtet der verwendeten Technologie immer schon zum Virtuellen. „All media are active metaphors in their power to translate experience into new forms" (McLuhan 1994, 57). Das provoziert eine tiefergreifende Reflexion auf den Begriff des Mediums als Metapher menschlicher Weltbewältigung, dessen wissenschaftliche Behandlung damit in einen umfassenden geschichtsphilosophischen Kontext gestellt ist.

Aus der Literaturwissenschaft stammt die Erkenntnis, daß orale und schriftliche Dichtung verschiedenen Mustern folgen. Das daraus resultierende medienwissenschaftliche Problem war die Frage nach der Erkennbarkeit der Form, der eine Kulturtechnik entspricht, und ihrem Verhältnis zum Inhalt, den sie transportiert; mit anderen Worten die Frage nach der Vergewisserung einer 'objektiven' Perspektive und damit des exzentrischen Standpunkts eines medienwissenschaftlichen Beobachters. Daß die Botschaft eines Mediums nicht mit seinem Inhalt zu verwechseln sei, ist die bekannte, jedoch wenig ernstgenommene These Herbert M. McLuhans. Es verhält sich damit ähnlich wie mit einem impressionistischen Gemälde, dessen Bedeutung sich weniger durch das erschließt, was abgebildet wird, als durch die Wahl des Ausschnitts und durch die Wahl der Technik, über die ein bestimmter malerischer Effekt erzeugt wird. So sind es für eine zivilisationsgeschichtlich erweiterte Medientheorie die sozialen Implikationen, welche die Bedeutung als Medieneffekt letztlich definieren, und weniger die Medieninhalte selbst. War es das typographische bzw. mechanische Zeitalter, das den Individualismus der Moderne und die Innerlichkeit als Rezeptionsform privilegierte, so zwingen die elektronischen Medien uns wiederum korporative Interdependenzen auf: Erfahrungsform, Ausdruck und mediale Form sind interdependent. Gerade mit der computermediatisierten Kommunikation erhält McLuhans These überraschende Aktualität: „In the electronic age which succeeds the typographic and mechanical era of the past five hundred years, we encounter new shapes and structures of human interdependence and of expression which are 'oral' in form even when the components of the situation may be non-verbal" (McLuhan 1962, 3). Unter dem Eindruck der gesellschaftlichen Implikationen von Einzelmedien wie Radio und Fernsehen wurde hier ein nonlineares Modell der Kommunikation vorbereitet, das auf jene technischen Innovationen des 19. Jhs. aufgebaut ist, welche im eigentlichen Sinne Anwendungsformen des fundamentalen Mediums Elektrizität darstellt. Die implosive Energie der Elektrizität transformiert die gesellschaftlichen Kommunikationsstrukturen durch instantane Kommunikationsverbindungen und damit ermöglichte Dezentralisierungstendenzen. Dadurch konnten die Simultaneitätseffekte als Grundpotential der elektronischen Massenmedien den Übertragungseffekt herkömmlicher Kommunikationsverbindungen zunehmend überlagern – so weit, daß im Bereich der computermediatisierten Kommunikation nicht mehr bloß von einem weiteren Faktor in der Medienlandschaft die Rede ist, sondern vom *Cyberspace* als der mittlerweile gebräuchlichen Bezeichnung für jenen Datenraum, der sich wie eine Parallelwelt zu etablieren scheint und nur über technische Schnittstellen (Interfaces) zugänglich ist. Neue Kommunikationstechnologien und neue Telematikanwendungen wie auch die privat immer leichter zugänglichen Computernetzwerke haben die Entwicklung einer autonomen Medienwirklichkeit verstärkt, die sich dem Standpunkt einer äußeren Betrachtung tendenziell ebenso entzieht, wie ihre Existenz die menschliche Lebenswelt nachhaltig verändert, wie besonders an einigen neuralgischen Punkten der Vergesellschaftung wie Lernen und Ausbildung, Arbeit, Freizeit und Unterhaltung sichtbar wird.

Nun besteht eine wesentliche Schwierigkeit der wissenschaftlichen Behandlung der neuen Medienwirklichkeit genau darin, daß es eine wissenschaftlich gesicherte Theorie der neuen Medien nicht gibt. McLuhan hatte an unserer Zeit des Übergangs in eine elektronische Medienzivilisation ähnliche Verwirrungen und Unsicherheiten diagnostiziert wie den elisabethanischen Generationen mit ihrem Einstieg in die sogenannte „Gutenberg-Galaxis", dem mechanischen Zeitalter der Typographie. Wohl erst unsere Nachfahren, so mutmaßte der kanadische Medientheoretiker, werden erkennen können, wie wenig wir uns jener neuen Faktoren bewußt waren, die wir selbst in den vergangenen beiden Jahrhunderten in Bewegung gesetzt haben. Die Medienwissenschaft der letzten Jahrzehnte hat jedenfalls darin weitgehend versagt, die Vernetzung der Kommunikationsstrukturen angemessen begreifbar zu machen. Das mag daran liegen, daß ihre Konzentration auf Einzelmedientheorien und auf bestimmte technische Effekte wie Übertragung, weiters auf einzelne Inhalte und bestimmte Wirkungen immer nur Erklärungsansätze für singuläre Aspekte hervorbringen konnte, ihre Bedeutung im gesellschaftlichen Kontext dabei jedoch fast systematisch ausgeblendet hat. Die Konzentration auf qualitative Momente in der begleitenden Diskussion um Programminhalte tat ein übriges: die Erkenntnis McLuhans, daß Inhalt und Effekt eines Mediums voneinander unabhängig sind, wurde in der medienwissenschaftlichen Analyse wenig beachtet.

5.3. Neue politische Voraussetzungen

Erst mit der Diskussion um die sogenannte 'Informationsgesellschaft' scheint sich dies nun zu ändern. Über die politische Programmatik zur Implementation der Telematikanwendungen (Bangemann-Report 1994) werden die Berührungspunkte von Gesellschaft und neuen Medien in ihrer Problematik unabwendbar virulent, besonders da die entsprechenden Infrastrukturinvestitionen ebenso von gesellschaftspolitischer Bedeutung sind wie die durch den technischen Fortschritt erzeugten rechtsfreien Räume eines intermediären Medienmanagements.

Auf der einen Seite haben dabei sogar schon die Politiker erkannt, daß Kommunikation keine lineare Sache ist und die neue Mediensituation nicht allein mit Übertragungskapazitäten zu tun hat – dazu wurde mit dem Ausdruck des 'Information Highways' ausgerechnet eine weitgehend lineare Metapher geprägt – und auf der anderen Seite weist die Erzeugung neuer symbolischer Verständigungsebenen in der Erweiterung ikonischer Kompetenzen etwa über die graphischen Benutzeroberflächen der Netzkommunikation in Richtung eines systemtheoretischen Kommunikationsbegriffs, der ebenfalls jenseits von Übertragungsphänomenen artikuliert wird und eher auf jene 'Anschlußselektionen' verweist, denen es um Ordnung im Sinne von Komplexitätsreduktion zu tun ist.

Dies bedeutet für eine künftige Kommunikationswissenschaft, daß sie dem Prozeßcharakter der Medienwirklichkeit eher zu entsprechen hat als den spezifischen Medieninhalten; denn diese sind – konträr zur gängigen Auffassung der Semiotik – im wahrscheinlich zunehmend geringerem Ausmaß Elemente im Prozeß einer 'Mitteilung' oder 'Abbildung', sondern bereits jenseits von Signifikationsverhältnissen (in denen Zeichen als Repräsentanten ihrer Objekte stehen) anzusiedeln. Eine entsprechende Medientheorie ginge insofern darüber hinaus, Sprache (im semiotischen Sinne, also nicht nur Verbalsprachen) primär als Zeichensystem zu begreifen; diese ist vielmehr ein Verhaltensmedium, wobei sich jenseits der Übertragungsmetapher „Kommunikation als Emergenz der wechselseitigen Koppelung von Strukturen" darstellt (Bolz 1993, 41). Diese neue Sichtweise wurde von Kybernetik und Systemtheorie vorbereitet und von McLuhan mit einer Makroperspektive versehen. Sie könnte dazu helfen, jenseits sich zunehmend dogmatisierender medienwissenschaftlicher Schulansätze eine integrative Medientheorie vorzubereiten, die sich nicht wie im nachrichtentechnischen Modell um die intersubjektive Dimension sozialer Kommunikation verkürzt.

Kommunikation wäre dabei nicht länger in Termini des Bezeichnens und Übertragens von Bedeutungen gefaßt, sondern als Selektieren und vorläufiges Stabilisieren von Kommunikationsverhältnissen im weitesten Sinne (also auch ohne die unbedingte Beteiligung bewußter Subjekte bzw. unter Berücksichtigung der Mensch-Maschine-Schnittstellen). Obwohl es bereits eine Errungenschaft des 19. Jhs. war, und dort besonders in der Entwicklung von Logik und Semiotik, einen substanziellen Begriff von Vernunft durch eine 'prozedurale Rationalität' (Habermas) zu ersetzen, sind die substanziell konnotierten Begriffe wie Wahrheit, Erkenntnis, Information etc. keineswegs verschwunden. Gerade bei einem medientheoretisch wichtigen Begriff wie dem der Information sorgt dies für Verwirrung; allzu oft wird in den entsprechenden Definitionen noch Ausgang genommen von einem mechanischen Modell der Informationsbewegung, während es in der Informationsökonomie der neuen Medien nicht mehr vorrangig um den materiellen Transport von Gütern geht. Information stellt einen zunehmend immateriellen Wert dar, dessen Mehrwert sich nicht durch einseitige Weitergabe (wie im Modell der Massenkommunikation) einstellt, sondern (wie im Vernetzungsmodell) durch die kommunikativ errichteten Beziehungen. Während auf Ebene der wissenschaftlichen Grundlagen anstelle von Subjekt-Objekt-Beziehungen sich häufiger Begriffe wie Regelkreise, Systeminterdependenzen, Relationen vorfinden, entspricht dies einer realen gesellschaftlichen Entwicklung, wobei das interaktive Potential der neuen Medien und der Netzwerke durch die erweiterten technischen Möglichkeiten positive Rückkopplungseffekte stimulieren: analog zur Transformation der Industriegesellschaft mit deren Orientierung auf genormte Massenproduktion zugunsten bedarfsorientierter Just-in-time-Produktion entwickeln sich individuelle Kommunikationsstile, wobei die herkömmlichen Prinzipien der kulturindustriellen Medienproduktion unterlaufen werden. Wenn jetzt die Massenmedien durch interaktive Medien in diesem Prozeß einem grundlegenden Wandlungsprozeß ausgesetzt sind, trifft der manchmal verwendete Ausdruck *Hypermedien* vielleicht eher den Kern der Sache als die populäre Vorstellung von Multimedia, da diese die verschiedensten medialen Nutzungsmöglichkeiten nur kombinieren oder simultan zugänglich machen, während 'Hypermedien' alle durch digitale Datenverarbeitung integrierte Medien bezeichnet, die einen prinzipiell interaktiven Gebrauch erlauben. Dieser von der technischen Ebene ausgehende Trend zur umfassenden kommunikativen Nutzung medialer Potentiale hat sich bereits in den letzten Jahren exponentiell verstärkt. Im Gegensatz zu den Propheten des Kulturuntergangs kann diese Entwicklung, nach welcher der Einzelne weniger als Adressat und vielmehr als Quelle der Wertsteigerung anzusehen sein wird, trotz (oder gerade wegen) der involvierten Maschinerie als Tendenz zur Wahrung eines Grundmerkmals menschlicher Kommunikation im ursprünglichen Sinne einer Erzeugung von *Communitas* gesehen werden. Die an Medien gerichtete Erwartungshaltung, nach der eine defizitäre gemeinschaftliche Bindung der modernen westlichen Gesellschaft durch Medieninhalte zu ersetzen wäre, bezieht sich in der näheren Zukunft allerdings (analog zur Vermessenheit jeder technikorientierten Utopie) weniger auf eine durch wirtschaftliche Deregulierungsmaßnahmen expandierende Infrastruktur, als auf die soziale Organisation einer noch weitgehend unbekannten Größe, die sich auch nach machtpolitischen Voraussetzungen auf die Grundstrukturen von Kommunikation bezieht.

5.4. Offene Perspektiven

Eine zunehmend reflexive Wissenschaftsentwicklung bietet der Kommunikationswissenschaft eine Chance, sich aus der Befangenheit einer substanzialistischen Struktur symbolischer Kommunikation (auf der Grundlage letztgültiger Objektbeziehungen oder 'Gegenstandsrepräsentationen' und daraus folgender Übertragungsmetaphern) zu befreien. Dies wäre angebracht zu einem Zeitpunkt, da mit den technologischen Grundlagen der Gesellschaft, den Globalisierungsprozessen und der kulturellen Transformation sich ein neuer Mediendiskurs abzeichnet, der über einen fortgesetzten Strukturwandel der Öffentlichkeit hinaus die Transformation jenes Prinzips 'Publizität' impliziert, durch welches der Aufklärungsphilosoph Immanuel Kant Ende des 18. Jhs. in Konsequenz der eingangs skizzierten Verkoppelung der Begriffe von Erkenntnis und Mitteilbarkeit auch den wissenschaftlichen Wahrheitsanspruch an den argumentativen Diskurs einer jeweiligen Fachöffentlichkeit gebunden hatte. Bewußtlose Datenströme, in denen 'intelligente' Software-Agenten Steuerungsfunktionen übernehmen, erzeugen nunmehr vorläufig noch unbekannte Kommunikationsphänomene, die eine Herausforderung für eine künftige Medienwissenschaft darstellen werden. Die entsprechenden Methoden dazu wird sie möglichst nahe am Forschungsgegenstand selbst zu entwickeln haben.

Die Revolutionen der wissenschaftlichen Methoden waren gewissermaßen immer auch mediale Revolutionen, nicht allein dadurch, daß verbesserte Instrumente auch zu anderen Einsichten geführt haben, sondern sie zeigen das Entstehen einer Medienrealität, die einerseits die menschliche Wahrnehmung bestimmt (mit der Photokamera ändert sich nicht nur der menschliche Blick auf die Realität, sondern auch die Auffassung von Authentizität in der medialen Berichterstattung) und andererseits an die historische Kontingenz entsprechender, durchaus auch mit wissenschaftlichem Anspruch versehener Interpretationsmuster im Zeichen einer ihre Komplexität steigernden kulturellen Evolution erinnert. Wissenschaft hat im 20. Jh. in nahezu allen Ausprägungen den essentialistischen Anspruch aufgeben müssen, tatsächlich ins Innere des Seins oder der Gegenstände vordringen zu können. Teilweise sind ihre Beobachtungen als ein Effekt der benutzten Medien durchschaut, und ihre Beschreibungen damit weniger als Wirklichkeitsannäherung verstanden worden, denn als Beschreibungen, die mit anderen Formen des Beschreibens bzw. menschlicher Ausdrucksaktivität konkurrieren.

Die große philosophische Frage jedoch, worin das unbedingte *Apriori*, die Form einer allgemeinen Grundbefindlichkeit des Menschseins besteht, relativiert sich ihrerseits auf die Frage nach den jeweiligen Kontextualisierungsleistungen von 'Kultur' oder 'Gesellschaft' und 'Sprache'. Sie verweist uns wenn nicht direkt auf Medien im spezifischen Sinne von wechselnden Kulturtechniken, so doch auf die entwicklungsgeschichtlich zunehmend ausdifferenzierte Symbolisierungsfähigkeit der menschlichen Kultur. Wissenschaft als ein Unternehmen der Suche nach Eindeutigkeit und Gewißheit ist trotz mancher überzogener Ansprüche keineswegs pauschal als gescheitert anzusehen; allein die Relevanz ihrer Antworten wird künftig weniger von den über methodische Strenge angebotenen Festschreibungen abhängen als vielmehr von jener prinzipiellen Offenheit, die wesentliche kreative Elemente der menschlichen Existenz nicht als unwissenschaftlich aus dem Prozeß der theoretischen Neugierde und der davon geprägten innovativen Lebensgestaltung ausklammert. Ebensowenig, wie (durch welche Medienentwicklung auch immer) Kommunikation jemals vollständig auf das Beschreibungsmedium 'Sprache' verzichten wird können, wird die Beschreibungsinstanz 'Wissenschaft' in ihren vielfältigen Ausprägungen jemals an Attraktivität verlieren – vorausgesetzt, daß manchmal nicht nur ihre divergierenden Antwortversuche kritisch in Frage gestellt werden, sondern auch die Ausgangsfragestellungen selbst.

6. Literatur

Bangemann-Report, Europe and the global information society. Recommendations to the European Council. Brüssel 1994.

Bateson, Gregory, Ökologie des Geistes. Anthropologische, psychologische, biologische und epistemologische Perspektiven. Frankfurt a. M. 1985.

Benjamin, Walter, Das Kunstwerk im Zeitalter seiner technischen Reproduzierbarkeit. Frankfurt a. M. 1977.

Bolz, Norbert, Am Ende der Gutenberg-Galaxis. Die neuen Kommunikationsverhältnisse. München 1993.

Carnap, Rudolf, Der logische Aufbau der Welt. Wien 1928.

Descartes, René, Philosophische Schriften in einem Band. Hamburg 1996.

Eco, Umberto, Die Suche nach der vollkommenen Sprache. München 1994.

–, Apokalyptiker und Integrierte. Zur kritischen Kritik der Massenkultur. Frankfurt a. M. 1984.

Förster, Heinz v., Sicht und Einsicht. Versuche zu einer operativen Erkenntnistheorie. Braunschweig 1985.

Gellner, Ernest, Pflug, Schwert und Buch. Grundlinien der Menschheitsgeschichte. München 1993.

Grossberg, Lawrence/Cary Nelson/Paula Treichler (Hrsg.), Cultural studies. New York, London 1992.

Habermas, Jürgen, Erkenntnis und Interesse. Frankfurt a. M. 1973.

–, Theorie des kommunikativen Handelns. 2 Bde. Frankfurt a. M. 1981.

Hartmann, Frank, Cyber philosophy. Medientheoretische Auslotungen. Wien 1996.

Heims, Steve, The cybernetics group. Cambridge/Mass. 1991.

Horkheimer, Max (Hrsg.), Die gegenwärtige Lage der Sozialphilosophie und die Aufgaben eines Instituts für Sozialforschung (1931). In: Sozialphilosophische Studien. Frankfurt a. M. 1981, 33–46.

Horkheimer, Max/Theodor W. Adorno, Dialektik der Aufklärung. Philosophische Fragmente (1944). Frankfurt a. M. 1968.

Feyerabend, Paul, Erkenntnis für freie Menschen. Frankfurt a. M. 1980.

Flichy, Patrice, Tele. Geschichte der modernen Kommunikation. Frankfurt a. M. 1994.

Kant, Immanuel, Werkausgabe in zwölf Bänden. Hrsg. v. Wilhelm Weischedel. Frankfurt a. M. 1968.

Kittler, Friedrich, Aufschreibesysteme 1800/1900. München 1985.

–, Grammophon, Film, Typewriter. Berlin 1986.

Kondylis, Panajotis, Die Aufklärung im Rahmen des neuzeitlichen Rationalismus, Stuttgart 1981.

–, Der Niedergang der bürgerlichen Denk- und Lebensform. Die liberale Moderne und die massendemokratische Postmoderne. Weinheim 1991.

Kuhn, Thomas S., The structure of scientific revolutions. Chicago 1970.

Kutschera, Franz v., Grundfragen der Erkenntnistheorie. Berlin/New York 1981.

Lazarsfeld, Paul F., Radio and the printed page. An introduction to the study of radio and its role in the communication of ideas. New York 1940.

–, Remarks on administrative and critical communications research. In: Studies in philosophy and social science IX/1, New York 1941.

Mandelbrot, Benoit, Die fraktale Geometrie der Natur. Basel 1987.

Mauthner, Fritz, Beiträge zu einer Kritik der Sprache. 3 Bde. Leipzig 1923.

McLuhan, Herbert, Understanding media. The extension of Man. New York/London 1964.

–, The Gutenberg galaxy. Toronto 1962.

Miller, Jonathan, Auf der Suche nach dem Unbewußten. In: Verborgene Geschichten der Wissenschaft. Hrsg. v. Robert B. Silvers. Berlin 1996, 11–41.

Neurath, Otto, Wissenschaftliche Weltauffassung, Sozialismus und Logischer Empirismus. Hrsg. v. Rainer Hegselmann. Frankfurt a. M. 1971.

Ong, Walter, Orality and literacy. London 1982.

Pinker, Stephan, The language instinct. The new science of language and mind. New York 1994.

Platon, Sämtliche Werke in der Übersetzung von Friedrich Schleiermacher. Hamburg 1957.

Rorty, Richard, Philosophy and the mirror of nature. Princeton 1979.

–, Hoffnung statt Erkenntnis. Eine Einführung in die pragmatische Philosophie. Wien 1994.

Shannon, Claude E./Warren Weaver, A mathematical model of communication. Urbana Ill. 1949.

Storey, John, An introductory guide to cultural theory and popular culture. Athens 1993.

Toulmin, Stephen, Cosmopolis. The hidden agenda of modernity. New York 1990.

–, Human understanding, Bd. 1: The collective use and evolution of concepts. Princeton 1972.

Wiener, Norbert, Cybernetics: or control and communication in the animal and the machine. New York 1948.

Wuchterl, Kurt, Methoden der Gegenwartsphilosophie. Bern/Stuttgart 1977.

Frank Hartmann, Wien (Österreich)

3. Die Grundlagen der kommunikationsanalytischen Medienwissenschaft

1. Einführung
2. Handlungstheoretische Auffassung von Kommunikation
3. Qualitative und quantitative Beschreibungsverfahren
4. Beschreibung medienspezifischer Kommunikationsformen
5. Der historische Wandel medienspezifischer Kommunikationsformen
6. Untersuchung medienspezifischer Kommunikationsprobleme
7. Literatur

1. Einführung

Die kommunikationsanalytische Medienwissenschaft beschäftigt sich mit der Produktion, dem Gebrauch, der Distribution und der Rezeption von Texten, Bildern und Tönen in den Print-, den audiovisuellen und in den Neuen Medien. Schwerpunkte sind:

Erstens die systematische Klärung der Kommunikationsmittel (Zeichen-, Symbol- und Kommunikationssysteme), die in den verschiedenen Medien verwendet werden (Gemeinsamkeiten und Unterschiede zwischen sprachlicher und bildlicher Kommunikation, Multiplizität der Repräsentations- und Kommunikationssysteme, Schriftlichkeit – Mündlichkeit).

Zweitens die Entwicklung qualitativer und quantitativer Beschreibungsverfahren für die Analyse von Medienkommunikationen.

Drittens die Beschreibung medienspezifischer Kommunikationsformen und ihrer Geschichte (z. B. der Nachrichtenberichterstattung und ihrer Vorläufer in der frühen Presse).

Viertens kommunikationsanalytisch fundierte Untersuchungen medienspezifischer Kommunikationsprobleme (z. B. zur Verständlichkeit der Nachrichtensprache, zur Konstruktion von Medienrealität, zur Inszenierung in der Informationsvermittlung, zu Strategien im Kulturjournalismus).

Ein Grundproblem medienwissenschaftlicher Überlegungen liegt darin, daß sich die Medien schneller ändern, als Forschungsrichtungen und Forschungsergebnisse Schritt halten können. Die über 40jährige Tagesschau ist heute auch im Internet abrufbar. Tageszeitungen und Zeitschriften werden als WEB-Dokumentationen elektronisch publiziert. Enzyklopädien integrieren, auf CD-ROM gepreßt, Texte, Bilder, Filme und Töne. Die Bedingungen der Produktion, Distribution und Rezeption ändern sich in immer kleineren Zeitabständen. Die neuen Schlagworte lauten: interaktiver Umgang mit Medienprodukten, individueller und gezielter Zugriff auf Informationen, weniger Massen-, dafür mehr Individualkommunikation im Umgang mit Medien.

Eine der wenigen Konstanten über alle Medien hinweg liegt darin, daß Autoren mit bestimmten Absichten aus verfügbaren Kommunikationsmitteln Produkte herstellen, die über Medien vermittelt (Datenträger, Kanäle, Distributionswege), von Adressaten gelesen, gehört, betrachtet und mit einem gewissen Nutzen verstanden werden sollen. Das Bindeglied zwischen Autor und Adressat ist das Produkt. In dem Produkt müssen die Absichten (Zwecke, Intentionen), Themen und Inhalte des Autors zum Ausdruck kommen, wenn sie kommuniziert werden sollen. Aus dem Produkt muß der Adressat die Absichten und Informationen des Autors entnehmen können, wenn Verständigung gelingen soll.

Im Mittelpunkt der kommunikationsanalytischen Medienwissenschaft steht deshalb eine sprach- und bildtheoretisch fundierte Analyse der Medienkommunikation, die die Funktion und das Verstehen von Medienprodukten zum Ausgangspunkt ihrer Betrachtung macht.

2. Handlungstheoretische Auffassung von Kommunikation

Die kommunikationsanalytische Medienwissenschaft zeichnet sich durch eine handlungstheoretisch begründete Auffassung von Kommunikation aus. Ihr Ausgangspunkt ist nicht eine Zeichen- oder Symboldefinition, sondern die Frage, welche Rolle Texte, Bilder und Töne als Mittel der Verständigung spielen. Der Gebrauch der unterschiedlichen Kommunikationsmittel wird aus funktionaler Perspetive als kommunikatives Handeln beschrieben (z. B. als Berichten, Beschreiben, Erzählen, Kommentieren usw.). Das kommunikative Handeln findet seinen Niederschlag in entsprechenden Beiträgen. Die Beiträge können je nach Medientyp aus Text, Bild und

Ton bestehen. Sie begegnen den Adressaten z. B. als Meldung, Bericht, Moderation, Nachrichtenfilm, Interview in den unterschiedlichen Sendungen des Programms oder der Ausgabe einer Tageszeitung.

Grundgedanke ist, daß Texte, Bilder und Töne in einem bestimmten Sinne gemeint sind und mit bestimmten Absichten in bestimmten Situationen verwendet werden. Zum Kommunikationsbegriff gehört das Meinen eines Autors, das in einem Beitrag zum Ausdruck kommt, und als Komplement das Verstehen eines Adressaten. Verstehen heißt, den Zusammenhang sehen zwischen dem Kommunikationsmittel und seinem Gebrauch in der aktuellen Situation, der gemeinten kommunikativen Handlung.

2.1. Sprachphilosophische und sprachwissenschaftliche Prämissen

Theoretisches Fundament der kommunikationsanalytischen Medienwissenschaft ist eine allgemeine Handlungstheorie, die die sprachanalytische Wende in der Philosophie des 20. Jhs. im Anschluß an Wittgensteins Sprachphilosophie (Wittgenstein 1960; Ryle 1949; Strawson 1971/1974; Austin 1962; Alston 1964; Dummett 1973; Waismann 1976) methodisch fruchtbar macht für eine hermeneutisch und kommunikativ begründete Sprach- und Medienanalyse. Der Ansatz ist in der Linguistik als 'Praktische Semantik' (Heringer 1974a, 1974b, 1977, 1978a), 'Grammatik der Kommunikation' (Strecker 1987), 'Linguistische Kommunikationsanalyse' (Fritz 1982; Fritz/Muckenhaupt 1984; Muckenhaupt 1986; Gloning 1996), 'Dialoganalyse' (Fritz/Hundsnurscher 1994), in der Medienwissenschaft als Medienanalyse auf sprach- und kommunikationsanalytischer Grundlage (Bucher 1986; Muckenhaupt 1986, 1990b; Schröder 1995; Stegert 1993, 1998) bekannt. Zusammenfassende Darstellungen und historische Einordnungen liegen für die 'Praktische Semantik' und 'Linguistische Kommunikationsanalyse' (Gloning 1994) sowie für den Anwendungsbereich 'Dialoganalyse und Medienkommunikation' (Bucher 1994) vor. Für die Gegenstandskonstitution und die Analysemethoden kommunikationsanalytischer Ansätze sind vier Überlegungen grundlegend, die hier für die Sprache als Mittel der Kommunikation formuliert werden:

(i) In einer Gebrauchstheorie der Bedeutung wird von sprachlichen Ausdrücken nicht angenommen, daß sie für Gegenstände stehen oder per se Sachverhalte abbilden, sondern daß sie von Sprechern nach bestimmten Regeln verwendet werden, um auf Gegenstände Bezug zu nehmen, Sachverhalte auszudrücken oder Zusammenhänge zu beschreiben. Der Gebrauch sprachlicher Ausdrücke wird verstanden als eine Form des sozialen Handelns. Die grundlegenden Analysegegenstände sind daher sprachliche Handlungen und das Verstehen dieser Handlungen.

(ii) Der Inhaltsbegriff wird auf die propositionalen Teile sprachlicher Handlungen eingeschränkt, d. h. auf das, was z. B. in einer Mitteilung oder Frage zum Ausdruck gebracht wird. Die Inhalte haften den Texten nicht an. Welcher Inhalt ausgedrückt wird, ist eine Frage der Bedeutung, des Gebrauchs und des Verstehens von Texten.

(iii) Der Regelbegriff besagt, daß der Zusammenhang zwischen sprachlichen Ausdrücken (Wörtern, Sätzen, Texten) und sprachlichen Handlungen nicht ein-eindeutig ist. Derselbe Ausdruck kann für verschiedene Handlungen verwendet werden, d. h. anders gemeint sein, und umgekehrt kann dieselbe sprachliche Handlung durch unterschiedliche Ausdrucksformen realisiert werden. Damit wird von vornherein die Offenheit des Zusammenhangs zwischen sprachlichen Mitteln und ihrem Gebrauch als Mittel der Verständigung betont, d. h. die Möglichkeit mehr-mehrdeutiger Relationen.

(iv) Die Frage nach den Bewertungsmaßstäben in Kommunikationen wird über eine Analyse der sozialen Verpflichtungen eingelöst (Handlungsmaximen und Festlegungen). Sie liefern Kriterien für die qualitative Diskussion im Einzelfall, aber auch für die ganzer Kommunikationsformen.

Die in der Gebrauchstheorie der Sprache formulierte Einsicht, daß das Sprechen einer Sprache eine Form des sozialen Handelns ist, wird fortgeführt in der Auffassung, daß die Herstellung und das Zeigen von Bildern Teil dieses sozialen Handelns sind (vgl. Novitz 1977; Gombrich 1984, 135–158; Muckenhaupt 1986, Kap. 4.3.). Unter dem funktionalen Aspekt rücken die kommunikativen Handlungen nicht nur in das Blickfeld der Sprach-, sondern auch der Bildbetrachtung, also z. B. das Beschreiben, Erzählen, Berichten oder Erklären mit Texten und Bildern (vgl. Heringer 1981; Scheckel 1981; Altrichter 1995).

Kommunikative Handlungen werden als kleinster gemeinsamer Nenner der unterschiedlichen Kommunikationssysteme aufgefaßt. Der Begriff 'kommunikative Handlung' ist ein Sammelbegriff. Er umfaßt sowohl das Repertoire sprachlicher als auch nichtsprachlicher Handlungsmöglichkeiten. In einem ersten Schritt kann bezogen auf Sprache und Bild zwischen vier Gruppen kommunikativer Handlungen unterschieden werden:

(i) kommunikative Handlungen, die nur auf sprachlichem Wege realisierbar sind (z. B. Gegenstände benennen, einen Sachverhalt behaupten).

(ii) kommunikative Handlungen, die nur auf bildlichem Wege realisierbar sind (z. B. Gegenstände zeigen, die nichtsprachlichen Bestandteile einer Szene authentisch wiedergeben, die Eigenschaften eines Gegenstandes (Form, Farbe, Kontur) simultan darstellen).

(iii) kommunikative Handlungen, für die es bis zu einem gewissen Grad Alternativen zwischen sprachlicher und bildlicher Realisierung gibt (z. B. eine Geschichte erzählen, einen Sachverhalt auf sprachlichem oder bildlichem Wege beschreiben oder erklären).

(iv) kommunikative Handlungen, die in einer kombinierten Präsentation von Text und Bild realisiert werden können (z. B. über ein Ereignis berichten, indem man die Ereignisfakten mitteilt und Ausschnitte des Ereignisses in Filmbildern zeigt).

Am wenigsten untersucht ist der Bereich der Töne und der Musik. Ton und Musik haben einen maßgeblichen Einfluß, z. B. auf den emotionalen Gesamteindruck bzw. die Stimmung eines Beitrages. Bei ambivalenten oder unklaren Szenen kann die Musik z. B. Hinweise geben für die Einordnung des Geschehens. Es ist aber weitgehend offen, wie Töne und Musik den Verstehens- und Wahrnehmungseindruck von Texten und Bildern prägen (vgl. Schmidt 1976).

Die handlungstheoretische Auffassung von Kommunikation betont den konventionellen Charakter im Gebrauch der unterschiedlichen Kommunikationsmittel. Grundlage der Verständigung sind Konventionen, die beim kommunikativen Handeln befolgt werden. Sie sind sozial bedingt, haben also intersubjektive Gültigkeit und unterliegen historischen Veränderungen.

Der konventionelle Charakter kommunikativer Handlungen (und ihrer entsprechenden Produkte) kann in unterschiedlichen Graduierungsstufen vorliegen und auf verschiedenen Ebenen angesiedelt sein: als konstitutive Regel, als Strategie, als Schema (z. B. für die Text- und Bildproduktion), als kommunikationsleitende Maxime.

Konstitutive Regeln definieren eine Praxis. Sie definieren z. B., was als Frage, Behauptung, Mitteilung gilt. Wer gegen konstitutive Regeln verstößt, der kann die Handlung nicht machen, die er machen wollte. Strategische Regeln operieren auf konstitutiven Regeln. Sie setzen einen kommunikativen Handlungsspielraum voraus, z. B. den Spielraum von Antwortalternativen auf eine Frage. Dieser Spielraum wird durch konstitutive Regeln bestimmt. Strategisches Handeln beinhaltet eine Bewertung von Handlungsalternativen im Hinblick auf ein bestimmtes Ziel und im Hinblick auf einen bestimmten Nutzen.

Mit dem Regelbegriff allein können nicht alle Phänomene kommunikativen Handelns beschrieben werden. Handeln und Verstehen beruht in vielen Fällen auch auf der Kenntnis von Schemata, Routinen, Standardisierungen und Präzedenzien. Gerade in Medienkommunikationen gibt es zahlreiche Situationen, in denen es historisch gewachsene Lösungen für bestimmte Arten von Aufgaben gibt. Sie erleichtern die Produktion und bestimmen die Erwartungshaltungen der Rezipienten. Dazu gehören z. B. Sendeformen im Informationsbereich, die in ähnlicher Form periodisch ausgestrahlt werden, sowie Beitragsformen, die zum festen Repertoire solcher Sendeformen gehören.

Kommunikationsgeschichtlich betrachtet, sind Präzedenzien mögliche Vorläufer von Konventionen. Eine Präzedens ist der Fall, in dem etwas zum ersten Mal eintritt. Der Begriff wurde zur Erklärung von Sprachentstehung und Sprachwandel eingeführt:

„Anfänglich wird die Bedeutung der Äußerung nicht durch Sprache und Konvention gesichert. Der Sprecher ist auf ein Ad-hoc-Verständnis angewiesen, und er muß seine Äußerung partner- und situationsbezogen gestalten. Dazu wird er natürlich jene Äußerung wählen, von der er annimmt, daß der Partner sie in seinem Sinne verstehen kann. Wenn dies mit einer Äußerung einmal gelungen ist, so ist es der beste Grund, in analoger Situation wieder eine Äußerung dieser Form zu wählen. Eine Präzedens hat sich gebildet und, insofern dies beide wissen und voneinander wissen, ist es eine soziale Gewohnheit, eine Konvention dieser beiden geworden. Außerdem muß sich natürlich die Kenntnis der beiden verbreiten, damit es nicht eine private Konvention bleibt" (Heringer 1990, 30).

Voraussetzung für die Konventionalisierung einer Präzedens ist, daß sie Nachahmer findet, also akzeptiert wird.

Ein typischer Präzedenzfall aus der Mediengeschichte ist die Einführung eines Sprechers, der den Kommentar zum Fernsehbild live spricht, in den Versuchssendungen der ersten Tagesschau (1951/52). Profifilm war damals das 35-mm-Format. Das zeit- und kostenaufwendige Verfahren der Ton-, Bild- und Sprachübertragung auf eine einzige Filmkopie wurde durch die synchrone Vorführung von Bild und Ton und durch den live gesprochenen Kommentar ersetzt. Damit wurden grundlegende Voraussetzungen für die aktuelle Filmberichterstattung geschaffen. Der Präzedenzfall, live gesprochener Kommentar aus dem Off zu aktuellen Filmbildern, wurde zum Vorbild der Nachrichtenfilme, die heute zum Standard jeder Nachrichtensendung gehören.

Kommunikationsleitende Maximen werden als höchste Regeln der Kommunikation betrachtet. Einen ersten systematischen Katalog von Maximen formuliert Grice (1967). Seine funktionale Betrachtung klärt den Wert der Maximen für die menschliche Kommunikation überhaupt. Grice geht davon aus, daß menschliche Kommunikation ein vernünftiges und kooperatives Unternehmen ist, räumt dabei allerdings andere Formen der Kommunikation ein. Ausgangspunkt ist für ihn das Kooperationsprinzip, aus dem er die Maximen der Quantität, Qualität, Relation/Beziehung und der Art und Weise ableitet. Kooperation bedeutet, daß die Kommunikationsteilnehmer von koordinierten Handlungen ausgehen müssen, wenn sie Verständigung erzielen wollen. Erst innerhalb dieses äußeren Rahmens ist z. B. kommunikative Kompetition möglich: „Kommunikation ist ein Zusammenspiel kooperativer und kompetitiver Zielsetzungen. Aber die äußere Grenze ist Kooperation, sie besteht in gemeinsamen Konventionen und gemeinsamem Wissen" (Heringer 1990, 87). In der linguistischen Kommunikationsanalyse werden Kommunikationsmaximen durch Festlegungen konkretisiert, die Sprecher mit sprachlichen Handlungen übernehmen. Wer p behauptet, legt sich darauf fest, daß p der Fall ist. Wer p fragt, legt sich darauf fest, daß er p wissen will. Festlegungen sind Teil der inneren Struktur einer kommunikativen Handlung. Sie werden abgeleitet aus den virtuellen Dialogverläufen, die einer kommunikativen Handlung vorausgehen und nachfolgen können (vgl. 4.3.2.).

2.2. Unterschiede zwischen den Kommunikationsmitteln

Der gemeinsam konventionelle Charakter der verschiedenen Kommunikationsmittel darf nicht überbetont werden. Die Unterschiede zwischen Texten, Bildern und Tönen sind nicht nur äußerlich, in der Materialisierung begründet, sondern liegen tiefer. Was dargestellt, was gesagt oder mit Tönen zum Ausdruck gebracht wird, sind verschiedene Dinge (vgl. Bühler 1934/1982, 149 ff., 188 ff.; Arnheim 1978, Kap. X; Goodman 1968/1973, Kap. I, IV; Black 1975, 1977; Gombrich 1984, 274−293; Muckenhaupt 1986, Kap. 3−4; Zettl 1998, Kap. 1−9).

Aus sprach- und kommunikationsanalytischer Perspektive gilt das besondere Interesse der Frage, wie sich unsere natürliche Sprache z. B. von den Bildern unterscheidet, worin das jeweilige Leistungsvermögen liegt, was man mit der Sprache und was man mit den anderen Kommunikationsmitteln machen kann und welche Verbindungen Texte, Bilder und Töne in den verschiedenen Medien eingehen können. Für die Analyse des kommunikativen Handlungsspielraums in den verschiedenen Medien sind vier Aspekte zentral.

(i) Was dargestellt werden kann: Die Medien unterscheiden sich in der Multiplizität der Darstellung (des Repräsentationssystems). Gesprochene, geschriebene, visuelle Information, Musik, Ton und Geräusche können in den unterschiedlichen Medien nicht in gleicher Weise wiedergegeben werden. Was im Fernsehen zeigbar ist, kann z. B. im Hörfunk nur beschrieben, erzählt oder geschildert werden. Was im Hörfunk live übertragbar ist, kann z. B. in der Presse nur aus zeitlicher Distanz vermittelt werden.

(ii) Was zum Ausdruck gebracht werden kann (kommunizierbar ist): Die verschiedenen Kommunikationssysteme (Sprache, Bild, Ton, Musik) unterscheiden sich in der Multiplizität der Ausdrucksmöglichkeiten. Die Sprache enthält z. B. die Möglichkeit, sprachliche Ausdrücke und ihren Gebrauch mit den Mitteln der Sprache zu klären. Bei Bildern sind wir dagegen weitgehend darauf angewiesen, daß ihr Verständnis auf sprachlichem Wege gesichert werden kann. (Pointiert formuliert, baut der bildliche Handlungsspielraum auf dem sprachlichen auf, nicht umgekehrt).

(iii) Wie rezipiert und interagiert werden kann: Die verschiedenen Medien (Printmedien, audiovisuelle Medien, Neue Medien) unterscheiden sich in den Rezeptionsbedingungen und in den Interaktionsmöglichkeiten, die sie eröffnen. Hörfunk, Film, Fernsehen sind in der Rezeption auf überindividuelle, kontinuierliche Wahrnehmung ausgerichtet. Die Rezeption ist an den linearen Zeitverlauf einer Hörfunk- oder Fernsehsendung gebunden, ganz anders als bei den Printmedien, deren Seiten und Artikel wir in hohem Maße diskontinuierlich und selektiv wahrnehmen können. Die individuellen Steuerungsmöglichkeiten in den elektronischen Medien beschränken sich auf seiten der Rezeption im wesentlichen auf Programmwechsel (Zappen). Das jeweilige Programm ist dagegen nicht auf gezielte Selektion abgestellt.

Neue Medien wie Hypertext- und Hypermedia-Anwendungen sind im Vergleich dazu für die individuelle, diskontinuierliche, selektive und mehrfache Rezeption konzipiert. D. h. der Adressat bestimmt in vorgegebenen Grenzen, was er sehen, hören, lesen will und in welcher Abfolge er das tun möchte (gezielter Zugriff auf Daten). Interaktion des Anwenders ist gefordert und zwar in dem Sinne, daß der Programmablauf vom Anwender gesteuert werden muß.

(iv) Wie Informationen (Daten) strukturiert werden können: Traditionelle und Neue Medien unterscheiden sich in der Art und Weise, wie Informationen (Daten) strukturiert werden können. In den traditionellen Medien können Informationen im wesentlichen nur linear (durch Texte und Bildfolgen) und simultan (in Bildern und durch statische Text-Bildkombinationen) präsentiert werden. Das klassische Textmodell sieht die lineare Abfolge von Texteinheiten vor. Die Rezeption ist auf sequentielles Lesen/Hören/Sehen abgestellt. Die linearen Strukturen werden in Hypertext- und Hypermediasystemen (vgl. Nielsen 1990; Kuhlen 1991; Hofmann/Simon 1995) durch nichtlineare erweitert. Größere Mengen an Information werden in verschiedene Fragmente aufgeteilt und durch Verweisstrukturen miteinander verbunden. Auf die Fragmente kann von ganz verschiedenen Stellen der Dokumentation aus zugegriffen werden.

Mit der Computertechnologie steht erstmals ein Repräsentationssystem mit maximaler Multiplizität zur Verfügung. D. h. alle in den herkömmlichen Medien verfügbaren Kommunikationsmittel (gesprochene, geschriebene Sprache, Standbild, laufendes Bild, Ton) können auf einer einzigen Plattform digital repräsentiert und auch dort erzeugt werden. Die lineare Struktur von Text-, Film- und Tondokumenten und die simultanen Komponenten von Bildern (z. B. Farbe, Form, Kontur, Hintergrund, Vordergrund, vgl. Arnheim 1978) können in teillineare und teilsimultane Fragmente zerlegt werden, sie können bearbeitet werden und sie können in beliebiger Weise neu aufgebaut und miteinander kombiniert werden.

Durch neue Repräsentationssysteme und die dadurch gegebenen Möglichkeiten der nichtlinearen und simultanen Datenorganisation, der Medienintegration und der Ablaufsteuerung (Interaktivität) entstehen neue Möglichkeiten kommunikativen Handelns (z. B. die multimediale Präsentation von Dokumenten, die Online-Aktualisierung von Texten, die Online-Recherche, der Online-Dialog usw.).

Der Wandel der Medienkommunikation von den traditionellen zu den Neuen Medien kann deshalb aus kommunikationsanalytischer Sicht beschrieben werden als ein Wandel des kommunikativen Handlungsspielraums, der zurückgeht auf einen Wandel der Repräsentationssysteme (der Medienintegration), der Datenorganisation, der Interaktions- und Rezeptionsmodelle. Eine zentrale Frage gilt den Interaktionsmodellen und ihren unterschiedlichen Ausbaustufen, die in den Neuen Medien entwickelt werden. Beispiele sind das interaktive Fernsehen und elektronische Publikationen auf Hypertext- und Hypermediabasis.

2.3. Grundlegende Aspekte kommunikativer Handlungen

Das kommunikative Handeln kann unter drei grundlegenden Aspekten beschrieben werden:

(i) wie sprachliche Äußerungen (Wörter, Sätze, Texte) und Bilder gemeint sind,
(ii) was in einer kommunikativen Handlung zum Ausdruck gebracht wird und
(iii) mit welchen Mitteln eine kommunikative Handlung realisiert wird.

Ein Spezialfall der funktionalen und inhaltlichen Fragen sind Festlegungen, ein Spezialfall der Frage nach den Kommunikationsmitteln ist die Produktpräsentation. Die Aspekte werden hier auf der Beitragsebene (vgl. 4.4.) für das sprachliche Handeln ausgeführt. Die sprachliche Bezugsgröße von Beiträgen sind in aller Regel Texte. Sprach- und handlungstheoretische Modelle, die sich primär auf die Äußerungsebene von Sätzen beziehen, reichen deshalb für eine Analyse von Beiträgen nicht aus. Die handlungstheoretische Beschreibung von Beiträgen setzt vielmehr eine Klärung des Textbegriffs voraus.

2.3.1. Handlung und Handlungsstruktur: Wie Texte gemeint und aufgebaut sind

Texte gehören zur Äußerungsebene sprachlichen Handelns. Sie bestehen aus einer Folge sprachlicher Äußerungen, sind also aus kommunikationsanalytischer Sicht nicht als Folgen von Satzbedeutungen, sondern als Folgen von Satzverwendungen (als Satzfolgen mit bestimmten Textfunktionen) zu beschreiben (vgl. Fritz 1982, 55). Die Ausdrücke für diese Funktionen, die keineswegs mit Sätzen zusammenzufallen brauchen, sind die eigentlichen Bausteine der Texte (vgl. Coseriu 1973, 8 f.). Größere Einheiten werden als Teiltexte (Textabschnitte) oder Paragraphen bezeichnet. Ein einfaches Beispiel sind Artikel in einer Tageszeitung, die aus Überschrift, Lead und Fließtext aufgebaut sind.

Texte können in mehrfacher Hinsicht strukturiert sein. Zentrale Strukturierungsmerkmale sind die Handlungsstruktur und die thematische Struktur (vgl. die kritische Bestandsaufnahme zur Textstrukturierungsdiskussion von Schröder 1998 und seine Lösungsvorschläge). Die Handlung, die mit einem Text vollzogen wird, kann als eine komplexe Handlung aufgefaßt werden, die sich aus Teilhandlungen zusammensetzt. In der Reportage sind solche Teilhandlungen z. B. schildernde, erzählende oder erklärende Passagen. Als kleinste Einheiten, aus denen eine komplexe Handlung sich zusammensetzen kann, werden die einfachen sprachlichen Handlungen gesehen, denen auf der Äußerungsebene in der Regel die Einheit des Satzes entspricht. Ein Beispiel ist das Zitieren eines O-Tones im szenischen Einstieg einer Reportage oder als Teil eines ereignisschildernden Abschnitts. Grundlegend für die Handlungsstruktur ist also aus dieser Sicht ein Zerlegungszusammenhang: Eine komplexe Texthandlung wird vollzogen, indem eine Folge von zusammenhängenden einfacheren Handlungen vollzogen wird, die ihrerseits in größere Handlungsbausteine eingebettet sein können.

Ein Beispiel aus der Erzählkommunikation sind sprachliche Handlungsformen, die ein Erzähler als Züge des Erzählens (als Teilhandlungen) realisieren kann und die dann als funktionale Bausteine anhand des Erzähltextes rekonstruiert werden müssen: 'den Inhalt seiner Geschichte ankündigen', 'feststellen, daß etwas Bestimmtes passiert ist/daß jemand etwas Bestimmtes getan hat', 'bekannte Orte, Personen und andere Gegenstände nennen, von denen die Rede sein wird', 'die genannten/eingeführten Gegenstände beschreiben', 'Interessen, Wünsche, Intentionen, Annahmen relevanter Personen darstellen', 'darstellen, wie etwas Bestimmtes passiert ist/wie jemand etwas Bestimmtes getan hat', 'die Zusammenhänge eines Ereignisses/einer Handlung erläutern', 'die Moral der Geschichte angeben', 'die Pointe/den Sinn der Geschichte zeigen' (Fritz 1982, 278 f.).

Komplexe Handlungen und Teilhandlungen können in verschiedenartigen funktionalen Beziehungen zueinander stehen, die in der einschlägigen handlungstheoretischen Literatur ausgeführt sind und hier nicht thematisiert werden müssen (vgl. Heringer 1974a, 1978a; Fritz 1994c, 182 ff.). Die wichtigsten Relationen sind:

(i) die Zerlegung bzw. indem-Relation,
(ii) der Sequenz- bzw. und-dann-Zusammenhang,
(iii) der Komplex- bzw. und-auch-Zusammenhang,
(iv) die Mehrfachhandlung bzw. der und-gleichzeitig-Zusammenhang,
(v) die Zusatz- bzw. Nebenhandlungen,
(vi) der Verzweigungs- bzw. oder-Zusammenhang (Handlungsalternativen),
(vii) die Spezifizierung.

2.3.2. Thema und Inhalt: Was zum Ausdruck gebracht wird

Neben der Handlungsstruktur ist die thematische Struktur ein zentraler Aspekt für die Analyse des Textaufbaus. Thema ist das, worüber in einem Beitrag gesprochen oder geschrieben wird (Gegenstandstheorie des Themas, vgl. Fritz 1982, Kap. 7). Das Thema ist nicht objektiv in einem Text enthalten, sondern ein Aspekt des Textverstehens. Oft bedarf es hermeneutischer Verfahren, um zu klären, was das Textthema ist, welche Teilthemen behandelt werden und wie sie miteinander zusammenhängen. Themen werden in der Regel in einer Folge von zusammenhängenden Textabschnitten behandelt. Das Thema ist in erster Linie eine für den Zusammenhang der Einzelhandlungen verantwortliche Kategorie. Es ist der Gegenstand, auf den sich die zugehörigen Teilhandlungen gemeinsam beziehen, indem sie Aspekte dieses Gegenstands behandeln (vgl. Schröder 1998, Kap. 3). Deshalb entsprechen auch die Relationen, die zwischen Themen bestehen können, den oben genannten Handlungsrelationen. Ein einfaches Beispiel ist: Der Rücktritt einer Regierung (als Globalthema) kann thematisiert werden, indem zuerst der Sachverhalt formuliert wird (das Rücktrittsereignis), dann die Gründe für den Rücktritt angegeben werden (thematische Erläuterung) und schließlich eine Einordnung des Ereignisses in den politischen Kontext erfolgt (Erläuterung des thematischen Hintergrunds).

Inhalte werden im Sinne von Propositionen verstanden, bestehend aus Referenz und Prädikation. Inhalt ist das, was in einer sprachlichen Äußerung zum Ausdruck gebracht wird, z. B. das, was mitgeteilt, was gemeldet, was berichtet oder was erfragt wird. Der inhaltliche Bereich, der in einer kommunikativen Handlung zum Ausdruck gebracht werden kann, ist abhängig von der Handlungsform und dem Gegenstand, der thematisiert wird. Ein einfaches Beispiel ist 'melden, was, wann und wo passiert ist', im Unterschied zu 'beschreiben, wie ein Gegenstand aussieht, welche Form oder welche Beschaffenheit er hat'. Inhalte können wie Themen funktional unterschieden werden. Ein Beispiel ist die Unterscheidung zwischen Ereignisinformationen, faktenerläuternden Informationen und Hintergrundinformationen (vgl. Muckenhaupt 1986, 271 ff.).

Zwischen Inhalten können unterschiedliche Beziehungen bestehen, z. B. die der Folgerung, der Verträglichkeit und Unverträglichkeit oder der Spezifizierung. Solche Beziehungen kommen zum Vorschein, wenn der Zusammenhang zwischen kommunikativen Handlungen und im weiteren die logische Geographie von Handlungsnetzen untersucht wird (vgl. Ryle 1954/1970; Heringer 1978b, Kap. 17−20; Fritz 1982, Kap. 5; Muckenhaupt 1986, Kap. 4.2.3.). Ein wichtiger Teilaspekt ist die Untersuchung des Festlegungsbereichs für verschiedene Typen kommunikativen Handelns.

2.3.3. Festlegungen: Welche Verpflichtungen im kommunikativen Handeln eingegangen werden

Sachverhalte können nicht nur als Inhalt einer Äußerung direkt ausgedrückt werden, sondern auch indirekt oder implizit durch Festlegungen, die Teil einer kommunikativen Handlung sind. Festlegungen können darüber hinaus Normen und Bewertungen enthalten. Ein Vorwurf beinhaltet z. B. die Behauptung eines Sachverhalts, der Gegenstand des Vorwurfs ist, die Bewertung dieses Sachverhalts nach einer Norm und die Behauptung, daß der Adressat des Vorwurfs für den Sachverhalt verantwortlich ist. Kommunikative Handlungsmuster und die entsprechenden Beitragsformen unterscheiden sich in ihrem Festlegungsbereich (vgl. Muckenhaupt 1987c, 177 ff.). Ein Beispiel bietet der Vergleich zwischen dem Zitier- und Faktizierungsfall in der Nachrichtenkommunikation. Während wir uns im Zitiermodus 'mitteilen, daß jemand mitgeteilt hat, daß etwas der Fall ist', vereinfacht gesagt, nur auf die Korrektheit der Redewiedergabe festlegen, legen wir uns im Faktizierungsmodus 'mitteilen, daß etwas der Fall ist' auf den Sachverhalt selbst fest.

Für die Entscheidung von Wahrheitsfragen bedeutet die Analyse von Festlegungen, daß schon bei verschiedenen Mitteilungsformen und Inhalten des Mitteilens unterschiedliche Verifikationskriterien und Methoden der Verifikation zu bedenken sind, ein Umstand, der Historikern wohl bekannt ist, in der allgemeinen Diskussion über Wahrheitstheorien und in der allgemeinen Diskussion über die Konstruktion von Medienrealität aber oft vorschnell übergangen wird. Verifikationskriterien für den Zitiermodus sind z. B.: Hat es das Redeereignis gegeben? Wird der Sinn und der Inhalt der zitierten Äußerung richtig wiedergegeben? Stimmen die Angaben über die Umstände des Redeereignisses? Verifikationskriterien im Faktizierungsmodus sind dagegen: Trifft der Sachverhalt zu? Stimmen die näheren Umstände, die über den Sachverhalt dargelegt werden?

Deshalb kann auch die Konkretion der Wahrheitsmaxime nicht global erfolgen. Die Methoden der Verifikation sind abhängig von den Eigenschaften kommunikativer Handlungen und den Besonderheiten der Sachverhalte, die zum Ausdruck gebracht werden. Auf die jeweils spezifischen Verifikationskriterien können wir uns als Qualitätsmaßstäbe berufen, wenn Wahrheitsfragen zur Diskussion stehen. Waismann hat diese Art der Betrachtung in 'Logik, Sprache, Philosophie' auf die Formel gebracht: „Ein Kriterium des Verstehens von Sätzen ist die Kenntnis der Methode ihrer Verifikation" (Waismann 1976, 476).

2.3.4. Sprachliche Form: Welche Mittel verwendet werden

Der Stellenwert lexikalischer, syntaktischer, rhetorischer und stilistischer Untersuchungsaspekte bemißt sich aus kommunikationsanalytischer Sicht nach dem Beitrag, den sie für kommunikative Fragestellungen leisten können. Voraussetzung dafür ist, daß sprachliche Phänomene wie Wortwahl oder Satzbau funktional bestimmt sind. Grundgedanke ist, daß lexikalische und grammatische Fragen in ihrem kommunikativen Zusammenhang behandelt werden, und umgekehrt Fragen des sprachlichen Handelns und Verstehens lexikalisch und grammatisch betrachtet werden (vgl. dazu Fritz/Muckenhaupt 1984; Heringer 1978b, 1989). Nicht die systematischen Aspekte der Sprachanalyse sind also analyseleitendes Prinzip, sondern die kommunikativen Funktionen, die durch sprachliche Mittel realisiert werden können. Beispiele für diese integrative Betrachtung kommunikativer und grammatischer Phänomene sind:

(i) Sichtweisen einführen und durchsetzen durch Bezeichnungen und Kennzeichnungen,
(ii) täterfreie Darstellung durch Passiv und unpersönliche Formulierungen,
(iii) Unbestimmtheit und Vagheit durch elliptische Formulierungen, unpräzise Begriffe, Hüllwörter und Euphemismen,
(iv) Dramatisieren durch „aufgeladene" Schlagzeilen und Attribute,
(v) Informationsverdichtung und -komprimierung durch Nominalisierung, Angabehäufung und Attributierung,
(vi) Aktualisieren durch präsentische Darstellung,
(vii) Distanz durch Redekennzeichnung, Modus, adverbiale Ausdrücke, quellenkennzeichnende Ausdrücke,
(viii) präzise Darstellung von Ereigniszusammenhängen durch explizite Kohäsions- und Referenzmittel,
(ix) Anschaulichkeit durch bildhafte Vergleiche, treffende Metaphern, szenische Zitate, O-Töne.

2.3.5. Präsentation: Wie ein Produkt vorgestellt wird

Medienkommunikation bedeutet immer auch Produktpräsentation in einem Medium. Die Beitragspräsentation ist dabei nur ein Teilaspekt der Präsentation übergeordneter Einheiten, z. B. der Zeitungsausgabe oder der Blattstruktur oder des Programm- und Sendungsformats. Ein typisches Beispiel ist das Beitragslayout, d. h. die Aufmachung eines Beitrages (vgl. Meissner 1992). Dazu gehören in den Printmedien die Festlegung der Spaltenzahl und -breite, die Auswahl, Größenbestimmung, Anordnung und Gestaltung der formalen Bausteine (z. B. Dach-, Titel-, Unterzeile) und die Plazierung auf der Seite. Funktional betrachtet, kann die Analyse der Präsentation Aufschluß geben z. B. über die Themengewichtung, über Orientierung und Übersichtlichkeit, über Wirkungsabsichten. D. h. analog zur sprachlichen Form stellt sich bei der Präsentation die Frage, welche kommunikativen Funktionen durch Spielarten der Präsentation realisierbar sind.

3. Qualitative und quantitative Beschreibungsverfahren

Traditionell werden in unterschiedlichen Disziplinen verschiedene Methoden bevorzugt. Im geisteswissenschaftlichen Bereich vorzugsweise qualitative, im sozial- und publizistikwissenschaftlichen Bereich vor allem quantitative Verfahren (vgl. Krippendorff 1980; Mayring 1983; Bucher/Fritz 1989; Früh 1991; Holly 1993; Merten/Teipen 1991; Lindlof 1995). Die scharfe Gegensätzlichkeit, mit der beide Methoden noch Anfang der achtziger Jahre diskutiert worden sind (vgl. Charlton/Neumann 1988), hat sich im Laufe der Jahre zu einer konstruktiveren Diskussion entwickelt.

Das Problem einer kommunikationsanalytischen Medienwissenschaft ist nicht die grundsätzliche Entscheidung zwischen quantitativen und qualitativen Methoden, sondern die Frage nach ihrer theoretisch-methodischen Begründung und die Frage nach der Angemessenheit der Methoden für unterschiedliche Forschungsziele.

Eine Fragestellung, die ohne den Einsatz quantitativer Methoden gar nicht lösbar ist, ist z. B. die Frage nach der Agenturabhängigkeit der Berichterstattung in Tageszeitungen. In welchem Umfang Agenturmaterial wörtlich übernommen, umformuliert oder aus verschiedenen Nachrichtenquellen zusammengestellt wird, wie das Verhältnis von Eigen- und Fremdberichterstattung ist, sind Fragen die quantitative Auswertungen erfordern. Dagegen sind Fragen, die auf die Sorgfalt im Umgang mit Nachrichtenquellen zielen (Wird z. B. korrekt zitiert? Wird ein

Thema quellengenau dargestellt? Werden Sachverhalte zu Recht oder zu Unrecht faktiziert? Werden Sichtweisen korrekt dargestellt?) ohne qualitative Analysen nicht zu beantworten.

Die bedeutungstheoretische Grundannahme, daß sprachlichen Ausdrücken keine Bedeutung anhaftet, daß nicht sprachliche Ausdrücke, sondern deren Verständnisse kodiert und ausgezählt werden, hat zur Folge, daß einzelne Ausdrücke nur mehr Indizien und keine Indikatoren im strengen Sinne der Inhaltsanalyse sein können (vgl. Bucher/Fritz 1989; Stegert 1998, Kap. 1.2.). Quantitative Befunde stellen Verständnisse von Textmengen dar und keine irgendwie objektiv gegebenen Sachverhalte. Als besonders interpretations- und kodierabhängig erweisen sich z. B. sprachliche Handlungen als funktionale Bestandteile von Beiträgen sowie Themen und Teilthemen, die Gegenstand von Beiträgen sind.

Die handlungstheoretische Grundannahme, daß von Häufigkeiten nie eindeutig auf Sinnstrukturen, von Regelmäßigkeiten nie unzweideutig auf bestimmte Regeln bzw. Konventionen geschlossen werden kann, hat zur Folge, daß ein bestimmtes Verständnis nicht automatisch aus einer bestimmten Menge verstehensrelevanter Aspekte abgeleitet werden kann. Der Einsatz quantitativer Methoden muß deshalb aus kommunikationsanalytischer Sicht in allen Schritten eng verknüpft werden mit einer qualitativen, hermeneutisch begründeten Vorgehensweise. Das gilt zuerst für die Entwicklung der Fragestellungen und für den Aufbau des Kategoriensystems. Die Analyseeinheiten müssen aus den Textkorpora heraus, also induktiv erarbeitet werden (vgl. Schröder 1996, Kap. 1.5.; Stegert 1998, Kap. 3).

Am Anfang stehen deshalb Detailanalysen exemplarisch ausgewählter Texte, aus denen die Analysekategorien und -kriterien für die jeweilige Fragestellung entwickelt werden. In einem zweiten Teilschritt dient die Analyse von Teilkorpora zur Überprüfung und, wenn nötig, zur Differenzierung und Anpassung des Kategoriensystems. In einem dritten Teilschritt werden diese Analysen dann auf das Gesamtkorpus ausgeweitet. Der Vorgang der Kodierung ist also nichts anderes als die Erfassung der Analyseergebnisse auf der Basis eines standardisierten Beschreibungssystems. Die Daten werden im vierten Teilschritt quantitativ ausgewertet. Die Ergebnisse bilden das Basismaterial für eine Deutung im Hinblick auf grundlegende Merkmale und Prinzipien. Zugleich sind sie Ausgangspunkt für die Entwicklung weitergehender Fragestellungen und für eine Vertiefung in vergleichenden Einzelanalysen.

Die Leistung quantitativer Untersuchungen besteht darin, daß sie Aussagen über Textmengen erlauben, während qualitative Analysen Aussagen über Sinn, Bedeutung, Begrifflichkeit, Aufbau, Qualität und Eigenschaften von Texten hervorbringen können. Quantitative Analysen führen zu „Informationen, die sich am einzelnen Text oft nicht erkennen lassen, sondern erst als Strukturmerkmale größerer Textmengen zutage treten" (Früh 1991, 65). Zuverlässige Generalisierungen lassen sich in aller Regel nicht aus häufig sehr individuell gestalteten Einzelbeiträgen ableiten. Außerdem ist bei zahlreichen Untersuchungsaspekten eine erhebliche Differenz zwischen typologischen Befunden und Realisierungsfrequenz festzustellen. Gerade in solchen Fällen erlaubt die quantitative Auswertung Aussagen über die Reichweite und die Relevanz von Befunden, die aufgrund von Einzeluntersuchungen nicht möglich sind.

Qualitative Analysen konzentrieren sich (entgegen landläufigen Darstellungen) nicht auf Einzeltexte, sondern basieren in der Regel auf Textreihen, die systematisch, vergleichend, exemplarisch-typologisch, kommunikationsgeschichtlich, in Konstellation zu anderen Texten (z. B. in bezug auf Handlungsrelationen und thematische Relationen), aber auch hinsichtlich ihrer Beziehungen zu Bildern und Tönen untersucht werden. Ein typisches Beispiel ist die Frage nach der Korrektheit in der Nachrichtendarstellung. Sie kann nur durch den Vergleich mit anderen Nachrichtendarstellungen und durch den Vergleich mit Nachrichtenquellen sinnvoll beantwortet werden (vgl. Muckenhaupt 1986, Kap. 5.3.3.).

Neben dem Einsatz quantitativer Methoden und ihrer Verknüpfung mit qualitativen Analyseformen gilt das Prinzip der integrativen Betrachtung. Inhalte, Textfunktionen, Intentionen und Wirkungen, aber auch die verwendeten Äußerungs- und Gestaltungsformen werden aus handlungstheoretischer Sicht als Bestandteile eines Kommunikationszusammenhangs aufgefaßt. Programmatisch zeigt sich dieses integrative Verfahren, wenn sprachliche Ausdrucksformen, Bilder, Textbausteine, Präsentationsformen funktional eingeordnet und umgekehrt kommunikative Funktionen im Hinblick auf die besonderen Eigenschaften der sprachlichen und bildlichen Mittel untersucht werden, mit denen diese Funktionen realisierbar sind.

4. Beschreibung medienspezifischer Kommunikationsformen

Die systematischen Fragen zur Klärung der Kommunikationsmittel sowie zur Multiplizität der Repräsentations- und Kommunikationssysteme werden in der kommunikationsanalytischen Medienwissenschaft fortgeführt in der problem- und anwendungsbezogenen Beschreibung medienspezifischer Kommunikationen und Kommunikationsformen.

4.1. Besonderheiten medienspezifischer Kommunikationsformen

Medienkommunikation unterscheidet sich in vielerlei Hinsicht von der Alltagskommunikation. Das kommunikative Handeln ist an technische Übertragungs- und Distributionswege gebunden. Die Produkte kommunikativen Handelns sind medienvermittelt und unterliegen spezifischen Produktions-, Distributions- und Rezeptionsbedingungen. Das kommunikative Handeln ist bezogen auf die traditionellen Medien ein Handeln in Institutionen, setzt eine spezifische Fachkompetenz voraus und ist mit institutionalisierten Rollen verknüpft. Es ist schließlich ein Handeln in spezifischen Kommunikationsformen und mit spezifischen Text- und Bildsorten, die meist keine direkte Entsprechung mehr im Alltag haben.

Das fachliche Anforderungsprofil (z. B. für Redaktion, Produktion und Technik) bedingt von vornherein eine Kluft zwischen den Voraussetzungen, die für die Herstellung von Medienprodukten notwendig sind, und den Voraussetzungen, die für den Umgang mit den Produkten und das Verstehen der Produkte auf seiten der Adressaten erforderlich sind.

Viele medienspezifischen Kommunikationsformen sind durch typische Wissenskonstellationen und Veränderungen von Wissenskonstellationen charakterisiert. Die meisten medienspezifischen Kommunikationsformen sind dadurch gekennzeichnet, daß zu Beginn eine Asymmetrie der Wissensverteilung gegeben ist. Der Wissensvorsprung eines Teilnehmers ist charakteristisch für eine bestimmte Rolle in diesen Kommunikationen, sei es für eine kurzfristige Rolle – z. B. für die des Gesprächspartners in einem Schaltgespräch – oder eine institutionell dauerhaft etablierte Rolle wie die des Journalisten.

In aller Regel sind Medienprodukte nicht allein auf das Handeln eines einzelnen Autors zurückzuführen. Kommunikatives Handeln vollzieht sich z. B. in dem komplexen und hierarchischen System einer Redaktion oder in einem Team mit arbeitsteiligen Rollen. Konstitutive Entscheidungen werden auf unterschiedlichen Ebenen von unterschiedlichen Personen gefällt. Die Redeweise von dem Handelnden in der Handlungstheorie, von dem Autor, dem Sprecher/Schreiber, dem Filmemacher ist daher idealisiert. Das Beschreibungsinteresse gilt weniger den institutionalisierten Rollen (im Unterschied zur Kommunikatorforschung) oder dem Herstellungs- und Produktionsprozeß (im Unterschied zur Produktionsprozeßanalyse), sondern den Produkten, wie sie den Rezipienten begegnen (Produktanalyse). Ob Herstellungs- und Entscheidungsprozesse rekonstruiert werden müssen, hängt vom Erkenntnisinteresse ab. Aus Rezipientensicht erübrigt sich oft eine Ausdifferenzierung der Verantwortlichkeiten, weil diese Frage für das unmittelbare Verstehen gewöhnlich nicht relevant ist.

4.2. Beschreibungsebenen und Analyseeinheiten

Die Medienprodukte können abhängig vom Medientyp auf ganz verschiedenen Ebenen beschrieben werden. Im Bereich der Fernsehkommunikation auf der Ebene des Programms (Programmanalyse), auf der Ebene der Sendungen (Sendungsanalyse), aus denen sich das Programm zusammensetzt, und auf der Ebene der Beiträge (Beitragsanalyse), die eine Sendung ausmachen. Die Komplexität der Beschreibungsaufgabe liegt vor allem darin, daß es schon bei einem Medientyp ganz unterschiedliche Programm-, Sendungs- und Beitragsformen gibt, die zudem einem immer schnelleren Wandel unterzogen werden.

Auf der Ebene der Sendungsformate finden sich neben primär monologischen Kommunikationsformen (z. B. Nachrichtensendungen) dialogische Kommunikationsformen (z. B. Gesprächssendungen). Neben Formaten, die nur aus filmischen Beiträgen bestehen (z. B. Dokumentations- und Reportagesendungen) finden sich Formate, für die die sequentielle Abfolge von Studioformen und Filmeinspielungen charakteristisch ist (z. B. die Abfolge Moderation–Filmbericht in Magazinsendungen). Schließlich finden sich neben Formaten, die ein Geschehen aus der Distanz (zeitversetzt) vermitteln, Formate, die ein Ereignis zeitgleich übertragen.

Die Komplexität der Beschreibungsaufgabe setzt sich fort, wenn andere Medientypen in Betracht gezogen werden, weil die Ebenen und Einheiten der Beschreibung medienspezifisch entwickelt werden müssen. Besonders nachdrücklich zeigt sich die Produktabhängigkeit bei der Entwicklung geeigneter Analyseeinheiten, wenn historische Medien Gegenstand der Untersuchung sind, z. B. die ersten vorfindlichen Wochenzeitungen Anfang des 17. Jhs. Das Grundmodell des Textaufbaus (Ausgabe, Korrespondenzen, Beiträge) und die strukturrelevanten Textbausteine können nur aus den vorfindbaren Elementen der Textgliederung, also rekonstruktiv entwickelt werden (vgl. Schröder 1996, Kap. 2). Dazu gehören die druckgraphischen Vorgaben, die syntaktische Struktur, die typischen sprachlichen Handlungen, die strukturrelevanten Indizien (z. B. die Korrespondenzüberschriften, Ortsangaben, Verknüpfungsformulierungen), der Mitteilungsumfang und die Stellung im Beitragszusammenhang.

Aus kommunikationsanalytischer Perspektive erweisen sich deshalb deduktive und generalisierende Versuche der Einheitenbildung als nicht besonders fruchtbar. Je nach Medientyp, Medienprodukt und Beschreibungsebene können unterschiedliche Kriterien für die Kategorisierung von Analyseeinheiten relevant werden (z. B. für die Bestimmung journalistischer Darstellungsformen, die Abgrenzung von Sendungsformaten oder die thematische Auswertung nach Sparten und Subsparten):

(i) die kommunikativen Funktionen,
(ii) die Themen, Inhalte und zugrundeliegenden Stoffe,
(iii) die strukturrelevanten Indizien,
(iv) die thematischen und funktionalen Bausteine,
(v) die funktionale und thematische Struktur,
(vi) die Perspektive,
(vii) der Erscheinungsrhythmus,
(viii) das Erscheinungsbild,
(ix) die Präsentation,
(x) die Art der Herstellung,
(xi) der Umfang.

4.3. Grundstrukturen medienspezifischer Kommunikationsformen

Ein erstes methodisches Verfahren für die Analyse medienspezifischer Kommunikationen ist die Beschreibung bzw. Rekonstruktion von Grundstrukturen von Kommunikationsformen. Grundgedanke ist, daß z. B. Nachrichtensendungen, Gesprächssendungen, Unterhaltungsserien jeweils spezifische Eigenschaften aufweisen, die in einer ersten Annäherung in der Beschreibung ihrer Grundstrukturen faßbar werden. Das Verfahren dient dazu, den Überblick über Aspekte und Zusammenhänge vorfindlicher Kommunikationen zu verbessern.

Der Begriff 'Grundstrukturen' ist ursprünglich für die Beschreibung dialogischer Kommunikationen eingeführt worden (vgl. Muckenhaupt 1978, Kap. 2) und wurde dann für monologische Kommunikationsformen erweitert (vgl. Fritz 1982, Kap. 9; Muckenhaupt 1981, 1986, Kap. 5.3.2.). Anknüpfend an das Sprachspielkonzept Wittgensteins wird nach den Regeln gefragt, die für die Verständigung im Rahmen einer Kommunikationsform konstitutiv sind. Dazu gehören die kommunikativen Handlungsformen, die für eine Kommunikationsform spezifisch sind, die möglichen Verlaufsstrukturen (die regelhaften Zusammenhänge zwischen Handlungsformen) und die kommunikativen Maximen, auf die Teilnehmer der Kommunikationsform festgelegt werden können.

4.3.1. Kommunikativer Handlungsspielraum

Der kommunikative Handlungsspielraum kann aus der Sicht des Autors und aus der Sicht des Adressaten gesehen werden. Welche Handlungsmöglichkeiten hat der Autor z. B. in einer Berichtkommunikation, und wie können Adressaten darauf reagieren? Die integrative Betrachtung der Autoren- und der Adressatenperspektive kennzeichnet die dialogische Analyse auch primär monologischer Kommunikationsformen. Wichtige Aspekte einer Grundstrukturenbeschreibung sind:

(i) Welches ist die typische Ausgangssituation und die typische Endsituation einer Kommunikation dieser Form? Welchem Zweck dienen Kommunikationen dieser Art typischerweise?
(ii) Welche kommunikativen Handlungsmuster (Textsorten) sind charakteristisch?
(iii) Gibt es eine typische Strukturierung der Kommunikationsform?
(iv) Was ist typischerweise Gegenstand, Inhalt, Thema von kommunikativen Handlungen und Kommunikationen dieser Art?
(v) Welche typischen Handlungszusammenhänge liegen vor (indem-Zusammen-

hänge, Sequenzzusammenhänge, thematische Zusammenhänge)?
(vi) Kann man für Handlungen und Kommunikationen der betreffenden Art Strategien und spezifische kommunikative Maximen formulieren?
(vii) Gibt es typische Rollenverteilungen?

Anders als in dialogischen Kommunikationen, die sich durch Rollenwechsel zwischen Sprecher/Hörer auszeichnen und normalerweise aus überschaubaren Redebeiträgen bestehen, sind die kommunikativen Einheiten in monologischen Kommunikationen in aller Regel komplex. Die Frage nach dem Handlungsspielraum des Autors kann auf der Ebene der Beiträge, aber auch auf der Ebene übergeordneter Einheiten gestellt werden, z. B. auf der Ebene von Sendungen und Sendungsformaten (vgl. 4.5.).

Ein Beispiel für die Beschreibung des Systems von Handlungsmöglichkeiten sind die Spielarten der Berichterstattung über Redeereignisse. Dazu gehört der Bericht im Redewiedergabemodus, der Bericht mit Sachverhalts- und Quellenperspektive, der faktizierende Bericht. Ein und dasselbe Ereignis vorausgesetzt, können mit diesen Mitteln ganz unterschiedliche Sichtweisen eines Ereignisses vermittelt werden:

(i) durch die Wahl der Wiedergabeart, z. B. direkt aus der Perspektive der Quelle („Ich habe dem Waldspaziergang zugestimmt", erklärte Kohl wörtlich)
(ii) oder indirekt, nur aus der Perspektive des Berichterstatters (Kohl erklärte seine Zustimmung zum Waldspaziergang),
(iii) durch die Wahl des redekennzeichnenden Verbs, mit ganz unterschiedlichen Deutungen dessen, was gemeint war (Kohl erklärte/deutete an/versicherte, daß er dem Waldspaziergang zugestimmt habe),
(iv) durch die Wahl des Modus mit unterschiedlicher Distanz zum Sachverhalt (Kohl erklärte, er hat/habe/hätte dem Waldspaziergang zugestimmt),
(v) durch die Wahl von Quellenkennzeichnungen und Modalverben (Laut dpa/ Wie soeben gemeldet wird/soll Kohl dem Waldspaziergang zugestimmt haben),
(vi) bis hin zur Faktizierung einer Quelle, bei der ihr Inhalt als Inhalt einer eigenen Feststellung ausgegeben wird (aus „Kohl erklärte, daß er dem Waldspaziergang zugestimmt habe", wird z. B. „Kohl hat dem Waldspaziergang zugestimmt").

Wenn eine Quelle faktiziert wird, ist für den Adressaten die Quelle nicht mehr erkennbar. Der Berichterstatter erhebt zugleich einen weit größeren Anspruch auf Glaubwürdigkeit als mit den auf Distanz bedachten Formen. Die grundlegende Bedeutung der quellentransparenten Formen liegt ja gerade darin, daß wir über Sachverhalte und Texte berichten können, ohne die Verpflichtungen der Quelle zu übernehmen.

Die Notwendigkeit eines systematischen Zugriffs zeigt sich nicht nur bei einer typologischen Klärung unterschiedlicher Handlungsmöglichkeiten, sondern auch bei der Beschreibung einzelner Ausdrucksformen. Beispiele sind das Modusproblem im Deutschen (z. B. die Kollision zwischen der Ersatzfunktion des Konjunktivs II in redewiedergebenden Sätzen mit seiner Distanzierungsfunktion) sowie bei der Beschreibung einzelsprachlicher Besonderheiten (z. B. Konjunktiv als Modus der Redewiedergabe im Deutschen vs. Backshifting im Englischen).

Die zweite Perspektive bei der Beschreibung des Handlungsspielraums gilt den Handlungsmöglichkeiten der Adressaten und den kommunikativen Regeln, die Kommunikationsverläufe definieren. Auch primär monologische Kommunikationsformen haben ein dialogisches Pendant. Die Beiträge von Autoren eröffnen faktische und virtuelle Reaktionsmöglichkeiten für die Adressaten, die durch kommunikative Regeln bestimmt sind.

Von besonderer Bedeutung sind die Reaktionsmöglichkeiten, in denen Adressaten kommunikative Probleme thematisieren (z. B. die Unkorrektheit in der Redewiedergabe, die fehlende Genauigkeit in der Quellenkennzeichnung, die unbegründete Faktizierung des Redeinhalts). Mit solchen Einwänden werden soziale Verpflichtungen eingeklagt, die der Autor aus der Sicht der Adressaten eingegangen ist. Der problemorientierte Typ von Dialogverlauf ist grundlegend für die Beschreibung kommunikativer Maximen. Maximen können abgeleitet werden aus den virtuellen Einwänden, die gegen kommunikative Handlungen und ihre entsprechenden Produkte vorgebracht werden können. Sie zeigen sich in den Verpflichtungen, die wir mit sprachlichen Äußerungen übernehmen und an den Möglichkeiten der Adressaten, diese Verpflichtungen einzuklagen.

4.3.2. Dialogverläufe und Festlegungen

Die Rekonstruktion der kommunikativen Regeln kann in Form einer dialogischen Analyse erfolgen. Ein Beispiel ist die Beschreibung der Grundstrukturen für die Nachrichtenberichterstattung. Die meist monologisch verstandene Form der Nachrichtenberichterstattung wird bei diesem Verfahren auf die dialogische Form des alltagssprachlichen Berichtens zurückgeführt und auf dieser Folie charakterisiert. (Für diese vergleichende und rekonstruktive Aufgabe macht das dialogische Verfahren auch bei primär monologischen Kommunikationsformen Sinn, es wird aber überstrapaziert, wenn es bei der Übertragung grundlegender Ideen auf alle möglichen Beschreibungsaufgaben ausgeweitet wird).

Typisch für die dialogische Situation ist, daß der Adressat eines Berichts Fragen an den Berichtenden stellen und Einwände gegen die Berichterstattung vorbringen kann. Der Berichtende hat seinerseits die Möglichkeit, zur Klärung der Fragen und Einwände beizutragen. Die wichtigsten Einwände, die ein Bericht prinzipiell eröffnet, thematisieren die Verständlichkeit, die Korrektheit, den Informationsgehalt oder die Relevanz der Berichterstattung. Die jeweiligen Einwände des Adressaten bestimmen ihrerseits die typischen Anschlußmöglichkeiten des Autors, allgemeiner gesagt, den Typ von Dialogverlauf.

Im Vergleich zu Berichtkommunikationen ist z. B. in Erzählkommunikationen von anderen Dialogverläufen auszugehen. Jemanden, der eine fiktionale Geschichte erzählt, auf Tatsachenbehauptungen und Nachprüfbarkeit festzulegen, wäre ein Mißverständnis seiner Intention und der Art seiner kommunikativen Handlung. Dagegen könnte man versuchen, ihn auf Prinzipien der Wahrscheinlichkeit und Widerspruchsfreiheit festzulegen, denn auch bei einer erfundenen Geschichte kann man möglicherweise verlangen, daß sie sich so zugetragen haben könnte (vgl. Fritz 1982, 291). D. h. die Gültigkeit eines kommunikativen Prinzips muß in Abhängigkeit von der kommunikativen Funktion und den Sichtweisen dieser Funktion bestimmt werden.

Verständlichkeit, Wahrheit, Informativität und Relevanz werden aus kommunikationsanalytischer Perspektive nicht als Eigenschaften verstanden, die Informationen zu Nachrichten machen, sondern als Kriterien, nach denen wir Nachrichten beurteilen können. Wer Nachrichten in Agenturmeldungen, Zeitungen oder Nachrichtensendungen verbreitet, kann wie derjenige, der in einer alltäglichen Kommunikation über einen Sachverhalt berichtet, darauf festgelegt werden, daß er wahrheitsgemäß, relevant, informativ und verständlich berichtet. Umgekehrt betrachtet, haben die Einwände der Unwahrheit, der Widersprüchlichkeit, der Unwahrscheinlichkeit, der Unvollständigkeit, der mangelnden Verständlichkeit in den Kommunikationsformen ihr besonderes Gewicht, in denen es um Wahrheitsfindung, Tatsachenfeststellung, verständliche Informations- und Wissensvermittlung geht.

4.3.3. Kommunikative Maximen

Maximen werden, wie bereits in 2.1. erwähnt, als höchste Regeln der Kommunikation betrachtet, als Verallgemeinerungen, die generell gelten, und nicht auf bestimmte Situationen beschränkt sind. Sie bestimmen den Sinn der gesamten Kommunikationsform so wie Konventionen den Sinn kommunikativer Handlungsmuster (vgl. Heringer 1990, Kap. 6). Die Rückführung kommunikativer Maximen auf die Festlegungen, die in Kommunikationen einklagbar sind, ist grundlegend für die Begründung einer „kommunikativen Moral" (vgl. Heringer 1990, Kap. 7). Betont wird zum einen der Aspekt der sozialen Verpflichtungen: Die Maximen gelten intersubjektiv. Betont wird zum anderen die Reichweite und die Gültigkeit der Maximen: Die Maximen gelten generell für alle Kommunikationen eines bestimmten Typs.

Doch die Regeln, die damit beschrieben sind, haben nicht den Status von Naturgesetzen. Sie haben zwar intersubjektive Gültigkeit, man kann aber gegen sie verstoßen und sie unterliegen der historischen Veränderung. Zudem sagen die Maximen noch nichts darüber aus, was als Befolgung der Maximen gilt. Diese Offenheit zwischen Maximen und kommunikativem Handeln ist ein Sonderfall der allgemeinen Tatsache, daß wir unterscheiden müssen zwischen den Regeln, die dem sprachlichen und übrigen Handeln zugrunde liegen, und dem Befolgen dieser Regeln in ganz verschiedenen historischen Situationen.

Erst die Explikation und Begründung der Maximen zeigt, was als Befolgung der Maximen gelten kann. Bei der Verständlichkeitsmaxime gehört dazu, daß an Texten Faktoren aufgezeigt werden, die die Verständlichkeit beeinflussen, z. B. die Satzkomplexität, das Problem des fachsprachlichen Wortschatzes, die Mehrdeutigkeit von Formulierungen, die Textkohäsion und Textkohärenz, das für ein bestimmtes Verständnis vorausgesetzte Wissen usw. Dazu gehört auch die Relativierung einzelner Faktoren, die Warnung vor Übergeneralisierungen und die Sensibilisierung für verständnisfördernde Maßnahmen.

Die dialogische Betrachtung macht deutlich, daß die Maximen im Zusammenhang stehen mit kommunikativen Problemen, die für eine Kommunikationsform spezifisch sind. Die Gültigkeit einer Maxime ist einerseits abhängig von dem Verständnis (der Sichtweise), das die Kommunikationsteilnehmer von der Art der Kommunikation haben. Die Frage der Gültigkeit und der Anwendung einer Maxime kann zum anderen selbst wieder kommunikativ ausgehandelt werden (vgl. Fritz 1982, Kap. 9).

4.4. Beitragsanalyse

Die für das Verstehen und die Analyse besonders relevante Bezugsgröße sind die Beiträge und der Kontext, in dem sie publiziert werden. Beiträge werden als thematisch und funktional definierte Einheiten verstanden. In den verschiedenen Medien haben sich im Laufe der Geschichte typische Beitragsformen und Bezeichnungen für diese Formen herausgebildet, die als Ausgangspunkt für Beschreibung dienen können (vgl. Roloff 1982; Bucher 1986; Schwitalla 1993; Lüger 1995, Kap. 4). Beispiele aus dem Informationsbereich des Fernsehens sind bei den Studioformen: Begrüßung, Sprechermeldung, Moderation, Standbild im Hintergrund (Makros), Standbild im Vordergrund, Studiointerview, Schaltgespräch, Kommentar, bei den Filmberichten: Nachrichtenfilm, Korrespondentenbericht (Ausland), Reporterbericht (Inland), Reportage, Grafikbericht (Erklärstück), bei den anderen Sendungsbestandteilen: Sendungsvorspann, -abspann, Themenübersicht, Programmhinweis, Wetterbericht, bei den Bausteinen im Filmbericht: Aufsager eines Reporters oder Korrespondenten, Filminterview, Statement, Graphik, Schrifteinblendung.

Die Beitragsanalyse kann die Rezeption (rezeptive Analyse), die Eigenschaften des Produkts (produktbezogene Analyse) und seine Herstellung (produktionsbezogene Analyse) betonen. Ausgangspunkt der Analyse und des Verstehens ist immer der Text: „Er ist das argumentative Kriterium für das Verstehen, aber wie er zu deuten ist, ist eine Frage von Wahrscheinlichkeit und Gemeinsamkeit" (vgl. Heringer 1989, Kap. 1).

4.4.1. Beitragsformen

Analog zur Unterscheidung zwischen Kommunikation und Kommunikationsform wird auf der Ebene der Beiträge unterschieden zwischen Beitrag und Beitragsform. Ein Modell zur Beitragsformenbestimmung muß aus kommunikationsanalytischer Sicht dynamisch und offen sein. Das gilt in besonderer Weise für medienspezifische Kommunikationsformen, weil dort eingeführte Beitragsformen in zunehmend kürzeren Zeitabständen modifiziert werden und neue Formen entstehen. Jüngste Beispiele aus dem Fernseh- und Printbereich sind Verkürzungs- und Visualisierungstendenzen, die aus ursprünglich textorientierten Darstellungsformen bildorientierte Darstellungsformen mit sprachlicher Kurzinformation machen (z. B. die filmische Kurzeinspielung zur Moderation aus dem Off (Einschleife) oder die Infografik mit sprachlicher Erläuterung).

Zentrale Bestimmungsmerkmale für Beitragsformen sind die kommunikative Hauptfunktion (z. B. melden, berichten, dokumentieren, erzählen, schildern, beschreiben, erklären, bewerten, auffordern) und die funktionalen Bestandteile, aus denen Beitragsformen bestehen können. Meldungen bestehen z. B. aus Mitteilungshandlungen der Form „mitteilen, daß sich ein bestimmtes Ereignis zugetragen hat, wann und wo das Ereignis stattgefunden hat, wer daran beteiligt war", und gegebenenfalls aus Mitteilungen der Form „mitteilen, warum sich das Ereignis zugetragen hat, welche Folgen sich daraus ergeben und wie das Ereignis eingeschätzt/beurteilt/kommentiert wird".

Funktionale Bestandteile einer Beitragsform können auch in anderen Beitragsformen vorkommen, faktenerläuternde Mitteilungen z. B. in Berichten, das Einordnen und Erläutern in Hintergrundberichten, das Beschreiben und Erzählen in Reportagen, das Vorstellen und Charakterisieren in Portraits, das Bewerten in Kommentaren. Das Vorliegen eines Bausteins allein ist also in aller Regel noch kein Indiz für das Vorliegen einer Beitragsform: Eine Reportage, in der nur Sachverhalte mitgeteilt werden, ist keine Reportage, sondern ein Bericht. Umgekehrt paßt nicht jeder funktionale Bestandteil in jede Form: Ein Bericht mit zu vielen Wertungen ist kein Bericht, sondern ein Kommentar.

Die Versuche, medienspezifische Beitragsformen und Textsorten überhaupt allein aufgrund der sprachlichen Form (Textsorten als Merkmalskombination sprachlicher Ausdrücke) oder allein aufgrund ihrer inhaltlichen Struktur (Texte und Textsorten als Propositionsgefüge) zu beschreiben, sind mehrfach kritisiert worden (vgl. Bucher 1986,

Kap. 3). Aus kommunikationsanalytischer Sicht können neben den kommunikativen Hauptfunktionen und den funktionalen Bausteinen alle Aspekte der Beitragsanalyse relevant werden.

Ein komplexes Beispiel ist die Reportage. Historisch betrachtet, können schon nach Zielsetzungen und Stoffen ganz unterschiedliche Reportagegenres unterschieden werden (z. B. die Polizeireportage, die Rollenreportage, die Enthüllungsreportage, die Milieureportage, die sozialkritische Reportage, vgl. Lindner 1990, Kap. 1). Die unterschiedlichen Genres weisen eine Reihe gemeinsamer Merkmale auf, die auf der Ebene des Stoffes, der kommunikativen Funktion, der inhaltlichen Ebene und der Ebene der sprachlichen und bildlichen Gestaltung angesiedelt sind: In Reportagen werden authentische Geschichten erzählt. Der Stoff hat schon eine gewisse Faszination und wird darüber hinaus nach dramaturgischen Gesichtspunkten bearbeitet. Reportagen sind Autorentexte. Sie tragen eine Handschrift und vermitteln Information aus erster Hand. Zu den Wirkungsabsichten gehört nicht nur die Informationsvermittlung, sondern auch das Emotionalisieren, Unterhalten, Aufklären. Besonderheiten zeigen sich vor allem in der Perspektive (der Augenzeuge, der Ich-Erzähler, der Akteur, der das Geschehen macht) und den funktionalen Bestandteilen (den Mitteilungsformen), die zur Anwendung kommen können (Erzählen, Schildern, Beschreiben, Berichten, Erklären). In der Sachorientierung (Faktendarstellung) gleicht die Reportage der Nachricht und dem Bericht. In der Vor-Ort-Darstellung der Ereignisse, der Einordnung des Geschehens und der Darstellung von Hintergrund gleicht sie dem Korrespondentenbericht. Im Vergleich zum Bericht ist sie die subjektivere Form der Darstellung: Persönliche Erlebnisse, Standpunkt und Perspektive können formuliert werden. Charakteristisch sind betroffene und beteiligte Personen. Die Reportage verlangt mehr Authentizität und Atmosphäre als der Bericht, der ausschließlich auf der Vermittlung vermittelter Information beruhen kann (Typische Stilmittel sind: szenische Zitate in direkter Rede, O-Töne, Geräusche, situationsgebundene Aussagen von anwesenden/beteiligten Personen). Die Gewichtung der Mitteilungsformen hängt vom Geschehen, von der Perspektive des Reporters und von den Zielen der Reportage ab.

Die gängigen Textsortenmodelle sind, praktisch betrachtet, wenig aufschlußreich (vgl. die Diskussion in Göpferich 1995, Kap. 3). Das bevorzugte deduktive Ableitungsverfahren führt allenfalls zu einer groben (oft kaum nachvollziehbaren) Herleitung bereits etablierter Textsortenbezeichnungen, trägt aber auf dieser Stufe noch nichts zur Erhellung der jeweiligen Textsorten bei.

4.4.2. Die rezeptive Perspektive

Das Hauptaugenmerk der rezeptiven Analyse liegt auf der Frage, wie Beiträge von Adressaten aufgenommen und verstanden werden, wodurch die Wahrnehmung und Informationsaufnahme beeinflußt wird und welche Chancen Adressaten haben, sich ein angemessenes Bild des thematisierten Sachverhalts zu machen. Aus rezeptiver Perspektive können drei Typen des Verstehens unterschieden werden:

(i) das Ereignisverstehen: Welches Bild des thematisierten Sachverhalts kann sich der Rezipient aufgrund des Beitrages machen? Wird z. B. eine zutreffende, korrekte, ausreichende Darstellung des Sachverhalts gegeben?

(ii) das Text- und Bildverstehen: Wie ist ein Beitrag gemeint? Welche Themen werden in dem Beitrag behandelt? Was wird in dem Beitrag gesagt/gezeigt? Auf welche Personen/Gegenstände wird Bezug genommen? Welche Annahmen muß oder kann man dem Autor unterstellen, um zu einem bestimmten Verständnis des Beitrags zu gelangen?

(iii) die Text- und Bildverständlichkeit: Welche sprachlichen und bildlichen Merkmale weist der Beitrag auf, die sein Verstehen befördern bzw. erschweren?

Das Ereignisverstehen läßt Rückschlüsse auf den Informationsgehalt eines Beitrags zu und die Folgen, die er beim Adressaten erzielt, z. B. im Hinblick auf das Ereigniswissen und das 'vermittelte Bild der Welt'. Das Text- und Bildverstehen gibt Aufschluß darüber, ob Intentionen und Inhalte des Autors vom Adressaten erkannt werden. Das Ereignisverstehen und das Text- und Bildverstehen können in Dialogsituationen (z. B. in Intensivgesprächen) mit Adressaten ermittelt werden. Das artikulierte Verständnis der Adressaten bildet dann die Folie für die Frage nach der Text- und Bildverständlichkeit. In der produktbezogenen Analyse kann gezeigt werden, auf welche sprachlichen und bildlichen Merkmale ein bestimmtes Verständnis zurückzuführen ist, wodurch alternative Verständnisse ausgelöst werden und worauf gegebenenfalls Verstehensprobleme und Mißverständnisse beruhen.

4.4.3. Produktbezogene Beitragsanalyse

Die drei Typen des Verstehens verweisen auf die wichtigsten Bezugspunkte der produktbezogenen Beitragsanalyse: die kommunikative Funktion, die Themen und Inhalte und die Form eines Beitrags. Zentrale Aufgaben der Beitragsanalyse sind:

(i) auf der funktionalen Ebene: die Zuordnung von Texten und Bildern zu Beitragsformen und die Beschreibung der Handlungsstruktur von Text- und Bildbeiträgen
(ii) auf der inhaltlichen Ebene: die Beschreibung der thematischen und inhaltlichen Struktur, des Festlegungsbereichs sowie der Perspektiven und Strategien der Themenbehandlung
(iii) auf der Ebene der Kommunikationsmittel: die Beschreibung der sprachlichen und bildlichen Eigenschaften eines Beitrages und die Beschreibung seiner Präsentation.

Die unterschiedlichen Aspekte der Beitragsanalyse können hier nicht ausgeführt werden. Beitragsanalysen erfolgen nicht als Selbstzweck, sondern problemorientiert unter bestimmten Fragestellungen, die jeweils besondere Aspekte betonen, im Nachrichtenbereich z. B. im Hinblick auf die Art der Nachrichtendarstellung, auf die Verständlichkeit, die vermittelten Sichtweisen, den Informationsgehalt, in Interviews z. B. im Hinblick auf Frage- und Antwortstrategien, in Gesprächssendungen z. B. im Hinblick auf die Rollenverteilung, die thematische und argumentative Konsistenz eines Gesprächs usw. (vgl. 6.). Sie betreffen zudem spezifische Beitrags- und Kommunikationsformen, die sich in ihrer Struktur und den verwendeten Kommunikationsmitteln unterscheiden (z. B. monologische vs. dialogische Struktur, gesprochen vs. gedruckt, mit statischen Bildern vs. mit bewegten Bildern usw.) und daher spezifische Analyseverfahren erfordern.

4.4.4. Die produktionsbezogene Perspektive

Die produktionsbezogene Beitragsanalyse untersucht die Frage, wie Beiträge erstellt werden und unter welchen Bedingungen sie zustande kommen. Zentrale Aspekte der Analyse sind: Aus welchen Ausgangsmaterialien werden Beiträge hergestellt, und wie werden die Quellen verarbeitet? Wer ist an der Herstellung eines Beitrags beteiligt und in welcher Funktion? Welche Auswirkungen hat der Produktionsprozeß auf die Beitragsgestaltung und auf die Beitragsqualität?

Die Kenntnis des Herstellungsprozesses und die Kenntnis der Kommunikationsgeschichte von Beiträgen kann für unterschiedliche Fragen relevant werden. Die Art des Herstellungsprozesses liefert z. B. Kriterien für die Unterscheidung von Beitragsformen, etwa für die Unterscheidung zwischen Nachrichtenfilmen und Reporterberichten. Nachrichtenfilme werden aus Filmen der Eurovision und Meldungen der Wortagenturen erstellt, Reporterberichte beruhen dagegen weitgehend auf selbstgedrehtem Filmmaterial und eigenem Reportertext. Die Kenntnis der Produktionsgeschichte ist aber auch grundlegend, wenn es um Qualitätsfragen geht, z. B. um die Frage, wie sorgfältig Journalisten mit ihren sprachlichen und bildlichen Quellen beim Sammeln, Sichten, Auswählen, Überprüfen, Bearbeiten, Schneiden und Texten umgehen.

Ein weiterer, zunehmend bedeutenderer Aspekt der produktionsbezogenen Beitragsanalyse betrifft den Einfluß der Kommunikationstechnologien auf die Gestaltung und Qualität von Medienprodukten. Beispiele sind der Einfluß computergesteuerter Redaktionssysteme auf Layout und Textgestaltung (vgl. Krohn 1997), der Einfluß neuer Videotechnologien auf die filmische Aufbereitung von Nachrichten, die Auswirkung mobiler Bodenstationen und zunehmender Satellitenkapazitäten auf die Beitragsformen der Nachrichtensendungen. Ohne diese Technologien wäre z. B. die Ausweitung der Live-Berichterstattung nicht denkbar (vgl. Zimmer 1993).

4.5. Beitragsübergreifende Analysen

Die nächst höhere Ebene der Analyse sind bei den audiovisuellen Medien die Sendungen und Sendeformen, bei den Printmedien die thematisch definierten Seiten einer Ausgabe, z. B. der Politik-, Wirtschafts-, Kultur- oder Sportteil einer Tageszeitung. Der Sendungs- und Formatanalyse bei den audiovisuellen Medien entspricht in groben Zügen die Ressort- bzw. Spartenanalyse in den Printmedien. Der Analyse der Programmstruktur auf der nächst höheren Ebene im audiovisuellen Bereich entspricht im Printbereich die Analyse des Blattprofils.

4.5.1. Sendungs- und Formatanalysen

Der Begriff Sendungsformat stammt aus den audiovisuellen Medien. Das Sendungsformat bezeichnet ein Schema, nach dem eine Sendung gebaut wird. Die Formatanalyse beschreibt

(i) die Sendeform,
(ii) den Erscheinungsrhythmus,
(iii) den zeitlichen Umfang,
(iv) die Aufmachung und den Aufbau der Sendung,
(v) die wiederkehrenden Sendungsbestandteile,
(vi) die charakteristischen Beitragszusammenhänge,
(vii) den thematischen und inhaltlichen Rahmen, der in einem Sendungstyp behandelt wird,
(viii) die sprachlichen und bildlichen Gestaltungsmittel, die regelmäßig zur Anwendung kommen,
(ix) die Sendungsdramaturgie,
(x) die Art der Präsentation,
(xi) die Zwecke und das Selbstverständnis einer Sendung.

Grundlage der Formatanalyse ist die Sendungsanalyse, die sich auf die einzelnen Sendungen im Kontext des Programms bezieht. Formatanalysen kennzeichnen z. B. Spielarten der Nachrichtenberichterstattung im Fernsehen oder spartenbezogen betrachtet, Spielarten der Kulturdarstellung in Zeitschriften und Tageszeitungen. Ein typisches Format der Nachrichtenberichterstattung ist das Sprecherkonzept der Tagesschau. Kennzeichnende Merkmale sind die Mischung aus Sprechermeldungen und Filmberichten, die Dominanz politischer Themen, die komprimierte Ereignisdarstellung und die Sprache des Faktenjournalismus, die sich um Neutralität und Sachlichkeit bemüht.

Die Einführung und Veränderung von Sendungsformaten ist das Kernstück der Programmentwicklung. Das Programm erhält sein Gesicht erst durch Sendungen und Sendungsformate. Formatanalysen sind deshalb grundlegend für Programmanalysen, die das Programmangebot und die Programmstruktur beschreiben.

4.5.2. Der Einfluß der Zuschauerforschung

Die Format- und Programmentwicklung wird seit der Mitte der 80er Jahre in hohem Maße durch die Ergebnisse der Zuschauerforschung beeinflußt. Seit 1984 erfolgt die kontinuierliche Messung der Zuschauerzahlen durch die GfK mit ständig verfeinerten Auswertungsmethoden und Online-Verbindungen zur GfK-Datenbank. Einschaltquote, Marktanteil, Aufgliederung der Zuschauer nach soziodemographischen Variablen (Alter, Geschlecht, Bildung, Beruf) stehen den Sendern unmittelbar zur Verfügung (vgl. Frank 1989; Darschin/Frank 1996).

Die kontinuierliche Zuschauerforschung hat sich zum zentralen Steuerungselement der Programmplanung und Programmbewertung entwickelt. Daten der quantitativen Zuschauerforschung geben Auskunft darüber, welche und wie viele Zuschauer eine Sendung und ihr Werbeumfeld im Vergleich zu Konkurrenzprogrammen sehen, ob Programmabläufe den Tagesabläufen des Publikums entsprechen und in welchen Phasen einer Sendung Zuschauerwechsel stattfinden. Qualitative Daten, die in Gruppenbefragungen und Gruppengesprächen erhoben werden, geben z. B. Auskunft darüber, wie Zuschauer Sendungen und das Programm bewerten und welche Erwartungen sie damit verbinden.

Die Sendungs- und Programmentwicklung greift heute auf Verfahren zurück, die ursprünglich aus der Marktforschung stammen. Ähnlich wie bei der Entwicklung und Vermarktung von Konsumprodukten werden folgende Leitfragen gestellt (vgl. Gerhard 1996):

(i) Was soll produziert werden? (Konzeptforschung),
(ii) Wie kann ein Konzept optimiert werden? (Pretests),
(iii) Wann soll gesendet werden? (Scheduling-Forschung),
(iv) Wie kann man auf das Programm aufmerksam machen? (Promotion-Forschung),
(v) Wie viele und welche Zuschauer hat die Sendung? (Akzeptanzforschung, GfK-Zuschauerforschung),
(vi) Wie viele Zuschauer und welches Image hat das gesamte Programm? (Akzeptanz- und Imageforschung).

Die zunehmende Bedeutung der kontinuierlichen Zuschauerforschung ist nicht zuletzt Ausdruck der Tatsache, daß das konsumentenorientierte Denken zur Leitmaxime der Sendungs- und Programmgestaltung geworden ist. Diese Entwicklung wurde vor allem durch die Einführung des dualen Rundfunksystems Mitte der 80er Jahre befördert. Ein grundlegendes Problem der konsumentenorientierten Forschungsrichtung liegt darin, daß es so gut wie keine Rückkoppelung zu den Programm- und Sendungseigenschaften gibt. Die Deutung aufschlußreicher Zuschauerdaten (z. B. von Zuschauerverlaufskurven für eine Sendung) im Hinblick auf die Sendungsdramaturgie, die Beitragsgestaltung oder die thematische und inhaltliche Struktur einer Sendung bleibt deshalb weitgehend der intuitiven Deutung des einzelnen überlassen. Aus qualitativer Sicht mag das beklagenswert sein. Tatsache ist, daß der Markt eigene Forschungsansätze evoziert, die selbst im kommerziellen Bereich angesiedelt sind und auch nur dort betrieben werden können.

5. Der historische Wandel medienspezifischer Kommunikationsformen

Mit der Unterscheidung grundlegender Ebenen und Aspekte der Medienkommunikation in den vorausgegangenen Abschnitten sind zugleich Bezugspunkte medienhistorischer Fragestellungen benannt. Nach den größeren Einheiten der Medienkommunikation wird unterschieden z. B. in Programmgeschichte, Sendungsgeschichte, Textsortengeschichte, nach den Hauptaspekten z. B. in Themengeschichte, nach den Kommunikationsmitteln z. B. in Sprachgeschichte. Schwerpunktsetzungen erweisen sich schon deshalb als notwendig, weil allein aus forschungsökonomischen Gründen nicht alle Medientypen, Ebenen und Aspekte der Medienkommunikation zugleich und in ihrem Zusammenspiel untersucht werden können.

In den letzten Jahren erhielt die mediengeschichtliche Forschung neue Anstöße. Zahlreiche Studien zur Geschichte einzelner Mediengattungen belegen dies. Aus dem Bereich 'informatorischer' Textgattungen ist vor allem auf die Untersuchung Schwitallas über 'Deutsche Flugschriften 1450–1525' hinzuweisen (Schwitalla 1983). In dieser Arbeit wird aus der Analyse eines breiten Textkorpus ein System von Texttypen abgeleitet, das im wesentlichen durch Funktionstypen und Handlungsformen definiert ist.

Aus dem Bereich der Sprach- und Textsortengeschichte sind vor allem Untersuchungen zur frühen Presse zu nennen. In dem Tübinger DFG-Projekt zur 'Entstehung und Entwicklung der Zeitungssprache' wurde seit 1987 erstmals versucht, eine Bestandsaufnahme der frühen Presse zu erarbeiten. Die Entstehung einer pressespezifischen Sprache und ihr Beitrag zur sprachgeschichtlichen Entwicklung der frühen Neuzeit werden an Zeitungen aus verschiedenen zeitlichen Querschnitten verfolgt. Im Mittelpunkt stehen syntaktische und lexikalische Aspekte, aber auch die Frage nach der inhaltlichen und textlichen Gestaltung der Zeitungen (vgl. Fritz/Straßner 1996; Schröder 1995).

Aus dem Bereich der Programm- und Sendungsgeschichte des Fernsehens sind vor allem Entwicklungsgeschichten für „unterhaltende Fernsehmagazine" (Rosenstein 1995) und für dokumentarische Genres (Ludes/Schumacher/Zimmermann 1994) hervorzuheben, außerdem Phasenabgrenzungen und Periodisierungsvorschläge für Sendeformen des Fernsehens (Kreuzer/Schanze 1991) sowie Beiträge zur Frühgeschichte des deutschen Fernsehens (Uricchio 1991).

Systematisch betrachtet, kann der historische Wandel einer Kommunikationsform alle Aspekte ihrer Grundstrukturen betreffen, insbesondere:

(i) den kommunikativen Handlungsspielraum, der in einer Kommunikationsform gegeben ist,
(ii) die Handlungsmaximen, die in einer Kommunikationsform gelten,
(iii) die sprachliche und bildliche Gestaltung und die Formen der Präsentation.

Ein Beispiel bietet die Geschichte der Fernsehnachrichten. Tendenzen des sprach- und mediengeschichtlichen Wandels können auf drei Ebenen der Nachrichtenkommunikation formuliert werden (vgl. Muckenhaupt 1994):

(i) auf der Ebene der Sendungskonzepte und der journalistischen Darstellungsformen: Welche Spielarten der Nachrichtenberichterstattung sind im Verlauf der Nachrichtengeschichte entwickelt worden?
(ii) auf der Ebene der Handlungsmaximen: Welches Nachrichtenverständnis kommt in den Sendungen zum Ausdruck?
(iii) auf der Ebene der journalistischen Beiträge (der Text- und Bildfunktionen, der Themen und Inhalte und der spezifischen Ausdrucksformen): Welche sprachlichen und welche journalistischen Entwicklungstendenzen sind mit den Nachrichtentrends verbunden oder gehen mit diesen Trends einher?

Die auffälligsten Veränderungen in den Nachrichtenformaten vollziehen sich im Erscheinungsbild, der Dramaturgie, der Visualisierung der Nachrichtenthemen, der Präsentation, im Tonfall und in der Sprache, in der Themenwahl und in den Strategien der Nachrichtendarstellung. Aber auch die Maximen der Berichterstattung sind einem historischen Wandel unterzogen. Ein Beispiel ist das Konzept der elektronischen Bildzeitung, das Mitte der 80er Jahre als Nachrichtenformat entstanden ist.

Die Maßstäbe der Nachrichtenberichterstattung haben sich in dem Boulevardformat verändert weg von einem sachorientierten hin zu einem publikumswirksamen Konzept. Die alten Attribute des Nachrichtenbegriffs („wahrheitsgemäß", „sorgfältig", „korrekt", „verständlich", „ohne persönliche politische Motivation oder redaktionelle Einfärbung") wurden durch Attribute ersetzt, die bis dahin vor allem in der Unterhaltung und in der Werbung zu Hause waren („kitzlig", „hautnah", „sinnlich", „anmachen"). Die neuen Strategien des Nachrichtenmarketings lauteten: Personifizierung, Dramatisierung und Emotionalisierung des Nachrichtenstoffs. Journalistische Kriterien wurden also Kriterien untergeordnet, die man für publikumswirksamer hielt.

Die Veränderungen in einer Kommunikationsform können den ganzen Prozeß der Konventionalisierung durchlaufen, also einen ganz unterschiedlichen Status haben: vom sporadischen Auftreten über den Präzedenzfall bis zum kommunikativen Prinzip. Die Entstehung eines neuen Mediums (Film, Fernsehen, Neue Medien auf digitaler Plattform) führt in aller Regel dazu, daß in der Anfangszeit ganze Kommunikations- und Beitragsformen aus bestehenden Medien transferiert und den neuen Bedingungen erst ganz allmählich angepaßt werden. So hat z. B. die frühe Tagesschau der 50er Jahre das filmische Konzept der Wochenschau tradiert, während sich die Tagesschau der 60er Jahre am Sprecherkonzept der Hörfunknachrichten orientierte. Das jüngste Beispiel sind elektronische Publikationen, die über das Internet verbreitet werden. Die ersten Online-Publikationen waren schlichte Übertragungen gedruckt vorliegender Texte und Bilder in elektronische Form. Erst allmählich wurden die neuen Möglichkeiten der Hypertext- und Hypermediastrukturen für die multimediale Darstellung und den interaktiven Zugang erkannt (vgl. Rada 1999).

Typische Anpassungsmuster sind der Transfer (die Kopie) und die Modifikation bewährter Schemata, die Suche nach und die Erprobung von Äquivalenzen, das Entstehen von Präzedenzfällen und ihre Verbreitung und Weiterentwicklung.

Bei der Erklärung des historischen Wandels medienspezifischer Kommunikationsformen kann nur auf die Vielzahl und die Vielfalt möglicher Faktoren (einschließlich ihrer Interdependenzen) hingewiesen werden, die in Rechnung zu stellen sind, wenn es um die Frage geht, warum sich z. B. Blattprofile, Programme, Sendungen geändert haben oder warum z. B. Informationsdienste im Internet eine zunehmende Ausbreitung erfahren. Zahlreiche Veränderungen hängen mit technischen, ordnungspolitischen und ökonomischen Entwicklungen zusammen und können deshalb nicht allein aus kommunikationsanalytischer Perspektive untersucht werden. Einordnungen und Interpretationen produktanalytischer Ergebnisse sind angewiesen auf Beschreibungs- und Erklärungsansätze, die Auskunft über die Rahmenbedingungen medienspezifischer Kommunikationsformen geben (vgl. Schatz 1996). Dazu gehören besonders Fragen:

(i) der Mediennutzung,
(ii) der Komplementarität, Substitution und Konkurrenz der Medien,
(iii) des Medienmarketings und im weiteren der Medienökonomie,
(iv) der Medientechnologie,
(v) der Medienpolitik,
(vi) des Medienrechts.

Beispiele sind etwa Beschreibungsansätze, die die Veränderung der Programmentwicklung und Programmstruktur in Hörfunk und Fernsehen als Lebenszyklen von Programmformen verstehen (vgl. Pethig/Blind 1995) und Veränderungen zurückführen auf nachfrage- und angebotsorientierte Erklärungsansätze sowie auf institutionelle Einflüsse (z. B. die Konkurrenzbedingungen des dualen Rundfunksystems) oder die wie Tracey (1994, 145) die Ausbreitung konsumentenorientierter Strategien der Programmgestaltung zurückführen auf den „Verfall der Idee von öffentlicher Kultur", der in den meisten Industriegesellschaften zu beobachten sei.

Umgekehrt zeigt sich die Notwendigkeit der produktorientierten Beschreibung immer wieder dann, wenn von gesellschaftlichen Entwicklungen auf Medienentwicklungen geschlossen wird und dann die Thesen über den Wandel der Medien auf den kommunikationsanalytischen Prüfstand gestellt werden. Ein Beispiel ist etwa die These vom „Kulturverlust durch Kulturinflationierung", die ihre Ausprägung finden soll im „Verlust der Qualität durch Anbiederung an die Masse", im

"Verlust von Sprache und Denken im Flimmern und Rauschen des elektronischen Zeitalters" (Heß 1992, 10). Die jüngste und kommunikationsanalytisch fundierteste Untersuchung über den Kulturjournalismus der Presse weist das schiere Gegenteil nach:

„Die radikale Ausweitung des Kulturbegriffs in den 70er und 80er Jahren [...] hat nur schwache Spuren in den Feuilletons der deutschen Presse hinterlassen [...]. Die Angst vor einem 'Kulturverlust durch Kulturinflationierung' durch die Ausdehnung des Kulturbegriffs auf 'Kultiviertheit' [...] ist unbegründet [...]" (Stegert 1998, 251 f.).

6. Untersuchung medienspezifischer Kommunikationsprobleme

Die Untersuchung medienspezifischer Kommunikationsprobleme knüpft an Qualitätsmaßstäbe an, die in der Reflexion über Kommunikationsmaximen gewonnen werden. Kommunikative Probleme werden diagnostiziert, weil (tatsächlich oder vermeintlich) gegen Qualitätsmaßstäbe verstoßen wird (auch wenn die Maßstäbe in der kritischen Diskussion implizit bleiben). Die Untersuchung kommunikativer Probleme beruht zum anderen auf der Klärung von Handlungsmöglichkeiten, die die systematische Basis für die kritische und diagnostische Analyse liefert. Im Idealfall beinhaltet die Untersuchung kommunikativer Probleme die folgenden Programmpunkte einer kommunikationsanalytischen Medienwissenschaft, die zugleich als methodische Schrittfolge verstanden werden können (vgl. Muckenhaupt 1990b, 224 ff.):

(i) die Reflexion über soziale Verpflichtungen, die in einer Kommunikationsform mit Text- und Bild-Beiträgen übernommen werden (Medienanalyse als Reflexion über Kommunikationsmaximen). Dazu gehört besonders die Reflexion über die Gültigkeit und Reichweite von Maximen, über konkurrierende Sichtweisen und über die Frage, was im konkreten Fall als Befolgung einer Maxime gilt.
(ii) das Aufzeigen sprachlicher und bildlicher Möglichkeiten, die in einer Kommunikationsform zur Verfügung stehen, und ihrer wichtigsten Eigenschaften (Medienanalyse als Darstellung des Systems von Handlungsmöglichkeiten).
(iii) die Diagnose kommunikativer Probleme, mit denen uns Texte und Bilder konfrontieren, und ihre medienkritische Diskussion (Medienanalyse als Medienkritik).

(iv) das Aufzeigen von Handlungsalternativen für eine reflektierte Text- und Bildgestaltung (anwendungsbezogene Medienanalyse z. B. für die journalistische Ausbildung).

In den letzten Jahren sind zahlreiche Arbeiten entstanden, die medienspezifische Kommunikationsprobleme auf der Grundlage von Handlungsmaximen untersuchen, insbesondere für die Pressekommunikation (vgl. Bucher 1986; Bucher/Straßner 1991; Stegert 1998), die Fernsehkommunikation (vgl. Straßner 1982; Muckenhaupt 1986, 1990a, 1990b; Holly/Kühn/Püschel 1989), die Sprach- und Mediengeschichte (vgl. Schröder 1995; Fritz/Straßner 1996) und die technische Kommunikation (vgl. Schäflein-Armbruster 1994). Enge Berührungspunkte gibt es mit der Sprachkritik, in der der Begriff der „kommunikativen Moral" als maximengeleitete Moral am Beispiel der politischen Kommunikation eingeführt worden ist (vgl. Heringer 1982, 1990) und mit den neueren Ansätzen zur Geschichte des öffentlich-politischen Sprachgebrauchs (vgl. Stötzel/Wengeler 1995). Thematisch betrachtet, werden vor allem folgende Problembereiche der Medienkommunikation untersucht:

(i) die Verständlichkeit in der Medienkommunikation, z. B. der Nachrichtensprache (vgl. Straßner 1982, 1995), der Text-Bild-Berichterstattung in Informations- und Nachrichtensendungen (vgl. Wember 1976; Muckenhaupt 1980, 1981; Schmitz 1989), der Sportartendarstellung in Sportsendungen des Fernsehens (vgl. Schröder 1990; Vogler 1990; Michler 1990), von Instruktionstexten (vgl. Krings 1996), der Navigation und Dialoggestaltung in Online-Dokumentationen (vgl. Shneiderman 1987; Bechter 1997). Die Verständlichkeitsforschung ist ein genuiner Bereich maximengeleiteter Untersuchungen. Die Maxime, klar und verständlich zu kommunizieren, wird dort fast naturwüchsig vorausgesetzt.
(ii) Ein zweiter thematischer Bereich behandelt die Konstruktion von Medienrealität: Welches Bild der Welt wird in den Medien gezeichnet? Wie wird dieses Bild konstruiert? Aus produktanalytischer Sicht wird z. B. untersucht, wie Gegenstände und Sachverhalte konstituiert werden, welche Sichtweisen über- oder unterbetont werden, ob Sachverhalte korrekt dargestellt werden. Aus produktionsanalytischer Sicht gilt das Interesse der Aussagenentstehung und Informationsselektion: Wie kommt das in den Medien vermittelte

Bild zustande? Aus rezeptiver Perspektive wird die Frage untersucht: Welche Folgen hat das vermittelte Bild der Welt für die Adressaten? Untersuchungen in diesem Bereich knüpfen teils explizit, teils implizit an die Wahrheitsmaxime an (vgl. Schulz 1976; Tuchman 1978; Wilke 1984; Good 1985; Muckenhaupt 1986, Kap. 5.3., 1987c, 1988, 1990b, 1990c; Früh 1994).

In der generellen Diskussion über die Konstruktion von Medienrealität ist die Maxime selbst umstritten (vgl. Bentele 1993 über „Konstruktivismus" und „Realismus"). Diese Diskussion hat zum Teil widersprüchliche und merkwürdige Züge, weil z. B. einerseits behauptet wird, die Entscheidung über Wahrheitsfragen sei prinzipiell unmöglich, und andererseits im gleichen Atemzug die eigenen Darstellungen mit Wahrheitsanspruch vorgetragen werden.

(iii) Ein dritter thematischer Bereich gilt der Medieninszenierung, z. B. in (politischen) Diskussions- und Infotainmentsendungen des Fernsehens (vgl. Holly/Kühn/Püschel 1986, 1989; Petter-Zimmer 1990; Holly/ Schwitalla 1995; Schütte 1996; Klemm 1996), im (politischen) Fernsehinterview (vgl. Bucher 1993; Holly 1993, 1994), in Talkshows (vgl. Mühlen 1985), im Reality-TV (vgl. Grimm 1995; Wegener 1994; Winterhoff-Spurk/Heidinger/Schwab 1994) und in all den Sendungen, die Bente/Fromm (1997, Kap. 1.2.) unter dem Begriff „Affekt-TV-Formate" („Affekt-Talks", „Beziehungsshows", „Spielshows", „Suchsendungen", „Konfro-Talks") zusammenfassen. Das Thema kann als Teilaspekt der Konstruktion von Medienrealität verstanden werden. Im Mittelpunkt steht allerdings die Informativitätsmaxime. Sie kommt auf der Folie eines positiv (oder neutral) verstandenen Vergleichsobjekts zum Vorschein.

Ein Beispiel ist die Analyse und Beurteilung von politischen Diskussionssendungen auf der Grundlage der sog. rationalen Diskussion (vgl. Holly/Kühn/Püschel 1986). Die Maßstäbe des rationalen Diskurses dienen als Kriterien für Inszenierungsstrategien (z. B. für die Strategien der positiven Selbstdarstellung, der Eigenwerbung und der Provokation). In analoger Weise werden z. B. Konfrontainmentstrategien im Interview auf der Folie traditioneller Rollenverteilungen im Fernsehinterview charakterisiert (vgl. Holly 1993) oder Dramatisierungs-, Übertreibungs- und Verfälschungsstrategien im Reality-TV auf der Folie der traditionellen Informationsvermittlung oder der Trivialliteratur (vgl. Grimm 1995).

Die theoretisch oft nicht reflektierte Grundlage der Medieninszenierung ist das Spiel mit den Maximen im kommunikativen Handeln selbst und in seiner Deutung (vgl. Heringer 1990, Kap. 6). Das Extrem in diesem Spiel sind „hintergangene Maximen". Heringer führt für die politische Sprachkritik am Beispiel Tschernobyl das „Szenario der sogenannten Informationspolitik" als „Gegenmodell zur kommunikativen Moral" vor (vgl. Heringer 1990, Kap. 8). Das konterkarierende Verfahren, das heimliche Maximen herausdestilliert, ist eine Methode ihrer Explikation. Da das politische Krisenmanagement in aller Regel medienvermittelt ist, stellt sich die Frage, inwieweit die vermittelnden Instanzen Sprachrohr oder Korrektiv der heimlichen Maximen sind.

(iv) Ein vierter thematischer Bereich gilt dem Kulturverlust, der in den unterschiedlichsten Ausprägungen diskutiert wird (als ästhetischer, als kommunikativer Verlust, als Werteverlust). Im Mittelpunkt steht der Verstoß gegen die Relevanzmaxime. Der Kulturverlust wird in zahllosen Schlagwörtern ausgedrückt: „Kulturverlust durch Kulturinflationierung" (Heß 1992, 10), „McDonaldisieren", „Fastfood-Journalismus" (Weischenberg 1994), „Die Bauch-Kopf-Schere" (Wember 1993), „Der Virus des Reality-TV" (Liliental 1993) usw.

Das Vergleichsobjekt ist negativ besetzt und bleibt in aller Regel implizit. Ein typisches Beispiel bietet die Boulevardisierungsdiskussion (vgl. Holly/Biere 1998). Der Begriff der Boulevardisierung wird primär metaphorisch gebraucht. Der Vergleich bezieht sich in erster Linie auf die Informationsauswahl (Stichwort: Entpolitisierung) und auf die Präsentation (Stichworte: Emotionalisierung und Inszenierung). Auffällig ist, daß der für Boulevardblätter typische lockere Umgang mit Fragen journalistischer Korrektheit weit weniger thematisiert wird (vgl. Muckenhaupt 1998). Das hängt damit zusammen, daß das Boulevardisierungsthema primär inhaltsanalytisch oder feuilletonistisch oder in rezipientenorientierten Studien abgehandelt wird (vgl. Krüger 1996a, 1996b; Pfetsch 1991, Kepplinger/Staab 1992; Naeher 1993. Hervorzuheben ist die fundierte Kritik in Merten/ Teipen 1991, Teil III, Ad Exemplum: „Das Aktuelle in RTL Plus", die sich auf ein typographisches Exemplar von Kepplinger/Staab 1992 bezieht, und die vergleichsweise diffe-

renzierte Herleitung des Boulevardisierungsbegriffs in Schütte 1996, 106 f.).
(v) Ein letzter thematischer Bereich gilt der globalen Desinformation durch einen gesamten Medientyp. Dazu gehören die grundsätzlichen Einwände z. B. gegen das Internet und gegen das Fernsehen als kommunikative Institution. Ein prominentes Beispiel ist Jerry Manders programmatische Schrift „Schafft das Fernsehen ab!" (Mander 1979). Der Appell verweist auf einen Generalverstoß gegen die grundlegenden Maximen der Verständigung und stellt als solcher den gesamten kommunikativen Sinn einer Medieninstitution in Abrede.

Die Beispiele zeigen, daß maximen- und normativgeleitete Untersuchungen fließend ineinander übergehen können und die medienkritische Diskussion selbst kritisch zu hinterfragen ist: im Hinblick auf explizite und vor allem implizite Maßstäbe der Medienkritik, im Hinblick auf Sichtweisen und Deutungsmuster und im Hinblick auf die theoretisch-methodische und empirische Begründung von Befunden. Aus dieser Perspektive betrachtet, liegt der besondere Beitrag, den eine kommunikationsanalytische Medienwissenschaft zur Untersuchung medienspezifischer Kommunikationsprobleme leisten kann, in der kommunikativen Begründung von Maximen und in dem reflexiven Postulat, daß die Frage nach der Gültigkeit und Anwendung von Maximen ein kommunikatives Problem darstellt, das selbst nur kommunikativ ausgetragen werden kann.

7. Literatur

Allmer, Henning/Manfred Muckenhaupt, Sportberichterstattung. Die neue Qualität des Mediensports. Köln 1990.

Alston, William P., Philosophy of language. Englewood Cliffs, N. J. 1964.

Altrichter, Helmut (Hrsg.), Bilder erzählen Geschichte. Freiburg i. Br. 1995.

Antos, Gerd, Grundlagen einer Theorie des Formulierens. Texterstellung in geschriebener und gesprochener Sprache. Tübingen 1982.

Arnheim, Rudolf, Kunst und Sehen. Eine Psychologie des schöpferischen Auges. Neufassung. Übers. v. Hans Hermann. Berlin/New York 1978.

—, Anschauliches Denken. Zur Einheit von Bild und Begriff. Köln 1980.

Augst, Gerhard/Hartmut Simon/Immo Wegner, Wissenschaft im Fernsehen, verständlich? Produktion und Rezeption der Wissenschaftssendung „Fortschritt der Technik — Fortschritt der Menschen?" unter dem Blickwinkel der Verständlichkeit. Frankfurt a. M. 1985.

Austin, John L., How to do things with words. Oxford 1962.

Bammé, Arno/Ernst Kotzmann/Hasso Reschenberg (Hrsg.), Publizistische Qualität. Probleme und Perspektiven ihrer Bewertung. München/Wien 1993.

Bausch, Hans, Rundfunkpolitik nach 1945. München 1980.

Bausch, Karl, Inszeniertes Argumentieren. Anmerkungen zum Argumentationsstil in Fernsehen und Alltag. In: Stilistik, Bd. 3. Hrsg. v. Barbara Sandig/Ulrich Püschel. Hildesheim/New York 1993, 175–193.

Bayer, K., Talk als Show — die inszenierte Spontaneität. Aspekte der Talk-Show vom 17. 9. 1974. Beiträge zur linguistischen Pragmatik unter Berücksichtigung der Besonderheiten der massenmedialen Situation. In: Talk-Show. Hrsg. v. Constantin v. Barloewen/Hans Brandenberg. München 1975, 138–161.

Bechter, Frank-D., Dialogsysteme in der Informationsverarbeitung. Multimodalität, semantische Repräsentation und Visualisierung als Prinzipien zur Gestaltung von Dialogoberflächen. Magisterarbeit (masch.) Tübingen 1997.

Behrens, Tobias, Die Entstehung der Massenmedien in Deutschland. Ein Vergleich von Film, Hörfunk und Fernsehen und ein Ausblick auf die Neuen Medien. Frankfurt a. M. 1986.

Bell, Allan, The language of news media. Oxford, UK/Cambridge, Mass. 1991.

Bennett, W. Lance/Murray Edelman, Towards a new political narrative. In: JC 35, 1985, 156–171.

Bente, Gary/Susanne Frey/J. Treck, Taktgeber der Informationsverarbeitung. Kulturspezifische Rhythmen in der Nachrichtensprache. In: Medienpsychologie 12, 1989, 136–160.

Bente, Gary/Bettina Fromm, Affektfernsehen. Motive, Angebotsweisen und Wirkungen. Opladen 1997.

Bentele, Günter, Wie wirklich ist die Medienwirklichkeit? Einige Anmerkungen zum Konstruktivismus und Realismus in der Kommunikationswissenschaft. In: Theorien öffentlicher Kommunikation. Problemfelder, Positionen, Perspektiven. Hrsg. v. Günter Bentele/Manfred Rühl. München 1993, 152–171.

Berelson, Bernard, Content analysis in communication research. Glencoe, Ill. 1952.

Berg, Klaus/Marie-Luise Kiefer (Hrsg.), Massenkommunikation IV. Eine Langzeitstudie zur Mediennutzung und Medienbewertung 1964–1990. Baden-Baden 1992.

Biere, Bernd Ulrich, Textverstehen–Textverständlichkeit. Heidelberg 1991.

Biere, Bernd Ulrich/Helmut Henne (Hrsg.): Sprache in den Medien nach 1945. Tübingen 1993.

Biere, Bernd Ulrich/Rudolf Hoberg (Hrsg.), Mündlichkeit und Schriftlichkeit im Fernsehen. Tübingen 1996.

Black, Max, Sprache. Eine Einführung in die Linguistik. München 1973.

–, The structure of symbols. In: Max Black, Caveats and critiques. Philosophical essays in language, logic, and art. Ithaca/London 1975, 180–215.

–, Wie stellen Bilder dar? In: Ernst H. Gombrich/Julian Hochberg/Max Black, Kunst, Wahrnehmung, Wirklichkeit. Frankfurt a. M. 1977, 115–154.

Bleicher, Joan K., Überlegungen zur Analyse der Programmgeschichte und ihrer Methodik. In: Aspekte der Fernsehanalyse. Methoden und Modelle. Hrsg. v. Knut Hickethier. Münster 1994, 137–154.

–, Das Fernsehen am Wendepunkt der medienhistorischen Entwicklung. In: LiLi 103, 1996a, 86–115.

– (Hrsg.), Fernsehprogramme in Deutschland. Konzeptionen–Diskussionen–Kritik. Ein Reader. Opladen 1996b.

Blöbaum, Bernd, Journalismus als soziales System. Geschichte, Ausdifferenzierung und Verselbständigung. Opladen 1994.

Blühm, Elger/Hartwig Gebhardt, Presse und Geschichte II. Neue Beiträge zur historischen Kommunikationsforschung. München 1987.

Bobrowsky, Manfred/Wolfgang R. Langenbucher (Hrsg.), Wege zur Kommunikationsgeschichte. München 1987.

Boehm, Gottfried, Bildbeschreibung. Über die Grenzen von Bild und Sprache. In: Betrachten–Beobachten–Beschreiben. Beschreibungen in Kultur- und Naturwissenschaften. Hrsg. v. Rüdiger Inhetveen/Rudolf Kötter. München 1996.

Bolz, Norbert, Theorie der Neuen Medien. München 1990.

Borchers, Hans/Gabriele Kreutzner/Eva-Maria Warth, Never-ending stories. American soap operas and the cultural production of meaning. Trier 1994.

Boventer, Hermann (Hrsg.), Medien und Moral. Ungeschriebene Regeln des Journalismus. Konstanz 1990.

Branahl, Udo, Medienrecht. Eine Einführung. Opladen ²1997.

Brandt, Margareta/Inger Rosengren, Zur Illokutionsstruktur von Texten. In: LiLi 86, 1992, 9–51.

Braun, Gerhard, Grundlagen der visuellen Kommunikation. München 1993.

Breitner, Andreas/Peter Zoche, Das Internet, seine Angebote und Nutzer. Ergebnisse der ersten IST-Online Internet-Umfrage. In: Medien im Wandel. Dokumentation der Baden-Badener Sommerakademie 1996. Hrsg. v. Landeszentrale für politische Bildung Baden-Württemberg u. a. Baden-Baden 1997 (CD-Rom).

Brinker, Klaus, Thematische Muster und ihre Realisierung in Talkshow-Gesprächen. In: ZGL 16, 1988, 26–45.

–, Linguistische Textanalyse. Eine Einführung in Grundbegriffe und Methoden. Berlin ³1992.

Brinker, Klaus/Sven Sager, Linguistische Gesprächsanalyse. Eine Einführung. Berlin 1989.

Brössler, Daniel, Zeitung und Multimedia. Was Leser und Journalisten erwartet – Visionen aus Amerika. München 1995.

Brosius, Hans-Bernd, Alltagsrationalität in der Nachrichtenrezeption. Ein Modell zur Wahrnehmung und Verarbeitung von Nachrichteninhalten. Opladen 1995.

Bruns, Thomas, Fernseh-Serien als Indikator medialen und sozialen Wandels. Eine Analyse der Veränderung von Werten und sozialen Strukturen im fiktionalen Programm des Fernsehens. In: Fernsehen als Objekt und Moment des sozialen Wandels. Hrsg. v. Heribert Schatz. Opladen 1996, 203–254.

Bucher, Hans-Jürgen, Pressekommunikation. Grundstrukturen einer öffentlichen Form der Kommunikation aus linguistischer Sicht. Tübingen 1986.

Bucher, Hans-Jürgen/Gerd Fritz, Sprachtheorie, Kommunikationsanalyse, Inhaltsanalyse. In: Qualitative Medienforschung. Konzepte und Erprobungen. Hrsg. v. Dieter Baacke/Hans-Dieter Kübler. Tübingen 1989, 135–160.

–, Pressekritik und Informationspolitik. In: Hans-Jürgen Bucher/Erich Straßner, Mediensprache, Medienkommunikation, Medienkritik. Tübingen 1991, 3–112.

–, Informationspolitik in der Presseberichterstattung. Kommunikationsstrategien bei der Darstellung gesellschaftlicher Konflikte. In: Medienkultur–Kulturkonflikt. Hrsg. v. Ernest W. B. Hess-Lüttich. Opladen 1992, 259–289.

–, Geladene Fragen. Zur Dialogdynamik in Fernsehinterviews mit Politikern. In: Dialoganalyse. Referat der 4. Arbeitstagung Basel 1992. Hrsg. v. Heinrich Löffler. Tübingen 1993, 97–107.

–, Dialoganalyse und Medienkommunikation. In: Handbuch der Dialoganalyse. Hrsg. v. Gerd Fritz/Franz Hundsnurscher. Tübingen 1994, 471–891.

Bucher, Hans-Jürgen/Walter Klingler/Christian Schröter (Hrsg.), Radiotrends. Formate, Konzepte und Analysen. Baden-Baden 1995.

Bucher, Hans-Jürgen/Erich Straßner, Mediensprache, Medienkommunikation, Medienkritik. Tübingen 1991.

Bühler, Karl, Sprachtheorie. Die Darstellungsfunktion der Sprache. Ungekürzter Neudruck der Ausgabe von 1934. Stuttgart/New York 1982.

Bundeszentrale für politische Bildung, Privat-kommerzieller Rundfunk in Deutschland. Entwicklungen, Forderungen, Regelungen, Folgen. Bonn 1992.

Burger, Harald, Sprache der Massenmedien. Eine Einführung. Berlin/New York 1990.

–, Das Gespräch in den Massenmedien. Berlin/New York 1991.

Charlton, Michael/Klaus Neumann, Der Methodenstreit in der Medienforschung: Quantitative oder qualitative Verfahren? In: Ansichten einer künftigen Medienwissenschaft. Hrsg. v. Rainer Bohn/Eggo Müller/Rainer Ruppert. Berlin 1988, 91–107.

Cole, Peter/Jerry L. Morgan (Hrsg.), Speech acts. Syntax and semantics. Bd. 3. New York 1975.

Coseriu, Eugenio, Die Lage in der Linguistik. Innsbruck 1973.

–, Textlinguistik. Eine Einführung. Hrsg. v. Jörn Albrecht. Tübingen/Basel 1994.

Darschin, Wolfgang/Bernward Frank, Tendenzen im Zuschauerverhalten. Fernsehgewohnheiten und Programmbewertungen 1995. In: MP 4, 1996, 174–185.

Dijk, Teun A. van, News analysis. Case studies in national and international news in the press. Hillsdale 1988a.

–, News as discourse. Hillsdale 1988b.

DM, Multimedia '95. Ergebnisse einer repräsentativen Grundlagenstudie (Expertenband). Düsseldorf 1995.

Domsich, Johannes, Visualisierung – ein kulturelles Defizit. Der Konflikt von Sprache, Schrift und Bild. Wien 1991.

Dummett, Michael, Frege. Philosophy and language. London 1973.

Elsner, Monika/Thomas Müller/Peter Spangenberg, Der lange Weg eines schnellen Mediums. Zur Frühgeschichte des deutschen Fernsehens. In: Die Anfänge des deutschen Fernsehens. Kritische Annäherungen an die Entwicklung bis 1945. Hrsg. v. William Uricchio. Tübingen 1991, 153–207.

Fischer, Hardi, Die Entwicklung der visuellen Wahrnehmung. Weinheim 1995.

Flusser, Vilém, Die Revolution der Bilder. Der Flusser-Reader zu Kommunikation, Medien und Design. Mannheim 1995.

Frank, Bernward, Fernsehforschung als Entscheidungshilfe der Programmplanung und -gestaltung. In: Massenkommunikation. Theorien, Methoden, Befunde. Hrsg. v. Max Kaase/Winfried Schulz. Opladen 1989, 270–279.

Frank, Bernward/Gerhard Maletzke/Karl H. Müller-Sachse, Kultur und Medien. Angebote–Interessen–Verhalten. Eine Studie der ARD/ZDF-Medienkommission. Baden-Baden 1991.

Frei, H. P./P. Schäuble, Hypermedia. Berlin/Heidelberg/New York 1993.

Frei-Borer, Ursula, Das Clubgespräch im Fernsehen. Eine gesprächslinguistische Untersuchung zu den Regeln des Gelingens. Bern/Berlin/Frankfurt a. M. 1991.

Fritz, Gerd, Kohärenz. Grundfragen der linguistischen Kommunikationsanalyse. Tübingen 1982.

–, Formale Dialogspieltheorien. In: Handbuch der Dialoganalyse. Hrsg. v. Gerd Fritz/Franz Hundsnurscher. Tübingen 1994a, 131–152.

–, Geschichte von Dialogformen. In: Handbuch der Dialoganalyse. Hrsg. v. Gerd Fritz/Franz Hundsnurscher. Tübingen 1994b, 545–562.

–, Grundlagen der Dialogorganisation. In: Handbuch der Dialoganalyse. Hrsg. v. Gerd Fritz/Franz Hundsnurscher. Tübingen 1994c, 177–201.

–, Philosophy of language and communication theory. In: Sprachphilosophie. Ein internationales Handbuch zeitgenössischer Forschung. 2. Halbband. Hrsg. v. Marcelo Dascal/Dietfried Gerhardus/Kuno Lorenz u. a., Berlin/New York 1996, 1685–1700.

Fritz, Gerd/Thomas Gloning, Principles of linguistic communication analysis. In: Methodologie der Dialoganalyse. Hrsg. v. Sorin Stati/Edda Weigand. Tübingen 1992, 41–56.

Fritz, Gerd/Franz Hundsnurscher (Hrsg.), Handbuch der Dialoganalyse. Tübingen 1994.

Fritz, Gerd/Manfred Muckenhaupt, Kommunikation und Grammatik. Texte–Aufgaben–Analysen. Tübingen ²1984.

Fritz, Gerd/Erich Straßner. Die Sprache der ersten deutschen Wochenzeitungen im 17. Jh. Tübingen 1996.

Früh, Werner, Inhaltsanalyse. Theorie und Praxis. München ³1991.

–, Realitätsvermittlung der Massenmedien. Die permanente Transformation der Wirklichkeit. Opladen 1994.

Gebhardt, Hartwig, Das Interesse an der Pressegeschichte. Zur Wirksamkeit selektiver Wahrnehmung in der Medienhistoriographie. In: Presse und Geschichte II. Neue Beiträge zur historischen Kommunikationsforschung. Hrsg. v. Elger Blühm/Hartwig Gebhardt. München (etc.) 1987, 11–19.

Gehrke, Gernot/Ralf Hohlfeld, Wege zur Theorie des Rundfunkwandels. Fernsehorganisationen zwischen publizistischen Zielvorstellungen und systematischem Eigensinn. Opladen 1995.

Gellner, Winand (Hrsg.), An der Schwelle zu einer neuen deutschen Rundfunkordnung. Grundlagen–Erfahrungen–Entwicklungsmöglichkeiten. Berlin 1993.

Gerhard, Heinz, Materialien zur Zuschauerforschung (Typoskript). Tübingen 1996.

Giesenfeld, Günter (Hrsg.), Endlose Geschichten. Serialität in den Medien. Ein Sammelband. Hildesheim/Zürich/New York 1994.

Gleich, Uli, Neuere Ansätze zur Erklärung von Publikumsverhalten. Befunde, Defizite und Chancen der Publikumsforschung. In: MP 11, 1996, 598–606.

Gloning, Thomas, Praktische Semantik und Linguistische Kommunikationsanalyse. In: Handbuch der Dialoganalyse. Hrsg. v. Gerd Fritz/Franz Hundsnurscher. Tübingen 1994, 113–129.

–, Bedeutung, Gebrauch und sprachliche Handlung. Ansätze und Probleme einer handlungstheoretischen Semantik aus sprachwissenschaftlicher Sicht. Tübingen 1996.

Gombrich, Ernst H., Kunst und Illusion. Eine Studie über die Psychologie von Abbild und Wirklichkeit in der Kunst. Stuttgart/Zürich 1978.

–, Bild und Auge. Neue Studien zur Psychologie der bildlichen Darstellung. Stuttgart 1984.

Good, Colin H., Presse und soziale Wirklichkeit. Ein Beitrag zur „kritischen Sprachwissenschaft". Düsseldorf 1985.

–, Zeitungssprache im geteilten Deutschland. Exemplarische Textanalysen. München 1989.

Goodman, Nelson, Languages of art: An approach to a theory of symbols. Indianapolis 1968 (Deutsch: Sprachen der Kunst. Ein Ansatz zu einer Symboltheorie. Frankfurt a. M. 1973).

Göpferich, Susanne, Textsorten in Naturwissenschaften und Technik. Pragmatische Typologie–Kontrastierung–Translation. Tübingen 1995.

Grewenig, Adi (Hrsg.), Inszenierte Kommunikation. Politik und strategische Kommunikation in den Medien. Opladen 1993.

Grice, H. Paul, Logic and conversation. William James Lecture Typoskript 1967; teilweise publiziert in: Grice, H. Paul, Logic and conversation. In: Speech acts. Syntax and semantics. Hrsg. v. Peter Cole/Jerry L. Morgan. Bd. 3, New York/San Francisco/London 1975, 41–58. (Deutsch: Logik und Konversation. In: Handlung, Kommunikation, Bedeutung. Hrsg. v. Georg Meggle. Frankfurt a. M. 1979, 243–265).

Grimm, Jürgen, Wirklichkeit als Programm? Zuwendungsattraktivität und Wirkung von Reality-TV. In: Neue Sendeformen im Fernsehen. Ästhetische, juristische und ökonomische Aspekte. Hrsg. v. Gerd Hallenberger. Siegen 1995, 79–111.

Groß, Markus, Visual computing. The integration of computer graphics, visual perception and imaging. Berlin 1994.

Harms, Wolfgang (Hrsg.), Text und Bild. Bild und Text. Stuttgart 1990.

Hartmann, Thomas, Transfer-Effekte. Der Einfluß von Fotos auf die Wirksamkeit nachfolgender Texte. Eine experimentelle Untersuchung zur kumulativen Wirkung von Pressefotos und Pressetexten. Frankfurt a. M. 1995.

Hasebrink, Uwe/Friedrich Krotz (Hrsg.), Die Zuschauer als Fernsehregisseure? Zum Verständnis individueller Nutzungs- und Rezeptionsmuster. Baden-Baden 1996.

Heinrich, Jürgen, Medienökonomie. Bd. 1: Mediensystem Zeitung, Zeitschrift, Anzeigenblatt. Opladen 1994.

Heringer, Hans J., Praktische Semantik. Stuttgart 1974a.

– (Hrsg.), Seminar: Der Regelbegriff in der Praktischen Semantik. Frankfurt a. M. 1974b.

–, Practical semantics. A study in the rules of speech and action. The Hague/Paris/New York 1978a.

–, Wort für Wort. Interpretation und Grammatik. Stuttgart 1978b.

–, Verständlichkeit. Ein genuiner Forschungsbereich der Linguistik? In: ZGL 7, 1979, 255–278.

–, Verschnittene Anschauungen. Bilder im Sprachunterricht. In: LuD 47/48, 1981, 121–138.

–, Holzfeuer im hölzernen Ofen. Aufsätze zur politischen Sprachkritik. Tübingen 1982.

–, Textverständlichkeit. Leitsätze und Leitfragen. In: LiLi 55, 1984, 57–70.

–, Lesen lehren lernen. Eine rezeptive Grammatik des Deutschen. Studienausgabe. Tübingen 1989.

–, Ich gebe Ihnen mein Ehrenwort. Politik–Sprache–Moral. München 1990.

Heringer, Hans J./Günther Öhlschläger/Bruno Strecker/Rainer Wimmer, Einführung in die Praktische Semantik. München 1977.

Heß, Dieter (Hrsg.), Kulturjournalismus. Ein Handbuch für Ausbildung und Praxis. München 1992.

Hickethier, Knut, Die Fernsehserie und das Serielle des Fernsehens. Lüneburg 1991.

–, Film- und Fernsehanalyse. Stuttgart 1993a.

– (Hrsg.), Grundlagen und Voraussetzungen der Fernsehprogrammgeschichte. München 1993b.

– (Hrsg.), Institution, Technik und Programm. Rahmenaspekte der Programmgeschichte des Fernsehens. München 1993c.

– (Hrsg.), Aspekte der Fernsehanalyse. Methoden und Modelle. München 1994.

Hoffmann-Riem, Wolfgang/Will Teichert (Hrsg.), Musik in den Medien. Baden-Baden 1986.

Hoffmann-Riem, Wolfgang/Thomas Vesting, Ende der Massenkommunikation. Zum Strukturwandel der technischen Medien. In: MP 8, 1994, 382–391.

Hofmann, Martin/Lothar Simon, Problemlösung Hypertext. Grundlagen, Entwicklung, Anwendungen. München/Wien 1995.

Hohlfeld, Ralf/Gernot Gehrke, Wege zur Analyse des Rundfunkwandels. Leistungsindikatoren und Funktionslogiken im Dualen Fernsehen. Opladen 1995.

Höhne, Hansjoachim, Nachrichtenangebot im Wandel. Der Einfluß von Konkurrenz und Elektronik auf den Nachrichtenmarkt in der Bundesrepublik Deutschland. In: Publizistik 1, 1980, 75–80.

Holly, Werner, Confrontainment. Politik als Schaukampf im Fernsehen. In: Medienlust und Mediennutz. Unterhaltung als öffentliche Kommunikation. Vorträge der Jahrestagung der deutschen Gesellschaft für Publizistik- und Kommunikationswissenschaft. Hrsg. v. Louis Bosshart. München 1994, 422–434.

–, Zur Inszenierung von Konfrontation in politischen Fernsehinterviews. In: Inszenierte Kommunikation. Politik und strategische Kommunikation in den Medien. Hrsg. v. Adi Grewenig. Opladen 1993, 164–197.

Holly, Werner/Bernd U. Biere (Hrsg.), Medien im Wandel. Opladen 1998.

Holly, Werner/Peter Kühn/Ulrich Püschel, Politische Fernsehdiskussionen. Zur medienspezifischen Inszenierung von Propaganda als Diskussion. Tübingen 1986.

– (Hrsg.), Redeshows: Fernsehdiskussionen in der Diskussion. Tübingen 1989.

Holly, Werner/Ulrich Püschel (Hrsg.), Medienrezeption als Aneignung. Methoden und Perspektiven qualitativer Medienforschung. Opladen 1993.

–, Sprache und Fernsehen. Heidelberg 1996.

Holly, Werner/Johannes Schwitalla, „Explosiv – Der heiße Stuhl". Zur Inszenierung von „Streitkultur" im kommerziellen Fernsehen. In: Kulturinszenierungen. Hrsg. v. Stefan Müller-Doohm/Klaus Neumann-Braun, Frankfurt a. M. 1995, 59–89.

Hömberg, Walter/Heinz Pürer (Hrsg.), Medien-Transformation. Zehn Jahre dualer Rundfunk in Deutschland. Konstanz 1996.

Huh, Michael, Bildschlagzeilen. Wie das Fernsehen Nachrichten erfolgreich vermarktet. Konstanz 1996.

Jarren, Otfried, Medien und politischer Prozeß. Opladen 1996.

Kaase, Max/Winfried Schulz (Hrsg.), Massenkommunikation. Opladen 1989.

Keller, Rudi, Sprachwandel. Von der unsichtbaren Hand in der Sprache. Tübingen 1990.

Kepplinger, Hans M./Joachim F. Staab, Das Aktuelle in RTL plus. Analysemethoden–Untersuchungsergebnisse–Interpretationsmuster. München 1992.

Klemm, Michael, Streiten „wie im wahren Leben"? 'Der heiße Stuhl' und 'Einspruch!' im Kontext der Personalisierung und Emotionalisierung des Fernsehprogramms. In: Mündlichkeit und Schriftlichkeit im Fernsehen. Hrsg. v. Bernd Ulrich Biere/Rudolf Hoberg. Tübingen 1996, 135–162.

Knieper, Thomas, Infographiken. Das visuelle Informationspotential der Tageszeitung. München 1995.

Korensky, Jan/Wolfdietrich Hartung (Hrsg.), Gesprochene und geschriebene Kommunikation. Voraussetzungen und gesellschaftliche Funktionen. Prag 1989.

Koszyk, Kurt, Deutsche Presse 1914–1945. Geschichte der deutschen Presse, Teil III. Berlin 1972.

Kreuzer, Helmut/Karl Prümm (Hrsg.), Fernsehsendungen und ihre Formen. Typologie, Geschichte und Kritik des Programms in der Bundesrepublik Deutschland. Stuttgart 1979.

Kreuzer, Helmut/Heidemarie Schumacher (Hrsg.), Magazine audiovisuell. Politische und Kulturmagazine im Fernsehen der Bundesrepublik Deutschland. Berlin 1988.

Kreuzer, Helmut/Helmut Schanze (Hrsg.), Fernsehen in der Bundesrepublik Deutschland. Perioden–Zäsuren–Epochen. Heidelberg 1991.

Krings, Hans P. (Hrsg.), Wissenschaftliche Grundlagen der Technischen Kommunikation. Tübingen 1996.

Krippendorff, Klaus, Content analysis. An introduction to its methodology. Beverly Hills 1980.

Krohn, Knut, Elektronische Zeitungsproduktion. Computergesteuerte Redaktionssysteme und ihre publizistischen Folgen. Tübingen 1997.

Krüger, Udo M./Thomas Zapf-Schramm, Formen, Inhalte und Funktionen des Fernsehens. Öffentlich-rechtliche und private Hauptprogramme im Vergleich. In: MP 11, 1992, 713–732.

Krüger, Udo M., Programmstrukturelle Trends bei ARD, ZDF, SAT.1 und RTL 1986 bis 1992. Kontinuität und Wandel im Programmangebot. In: MP 6, 1993, 264–266.

–, Boulevardisierung der Information im Privatfernsehen. Nicht-tagesaktuelle Informations- und Infotainment-Sendungen bei ARD, ZDF, RTL, SAT.1 und PRO SIEBEN 1995. In: MP 7, 1996a, 362–374.

–, Tendenzen in den Programmen der großen Fernsehsender 1985 bis 1995. Elf Jahre Programmanalyse im dualen Rundfunksystem. In: MP 8, 1996b, 418–440.

–, Politikberichterstattung in den Fernsehnachrichten. In: MP 5, 1997, 256–268.

Kuhlen, Rainer, Hypertext. Ein nicht-lineares Medium zwischen Buch und Wissensbank. Berlin/Heidelberg/New York 1991.

Landow, Georg P., Hypertext. The convergence of contemporary critical theory and technology. Baltimore/London 1992.

Langenbucher, Wolfgang R., Von der Presse- über die Medien- zur Kommunikationsgeschichte. In: Mediengeschichte. Forschung und Praxis. Festgabe für Marianne Lunzer-Lindhausen zum 65. Geburtstag. Hrsg. v. Wolfgang Duchkowitsch. Wien/Köln/Graz 1985, 11–24.

Lewis, David K., Conventions. A philosophical study. Cambridge, Mass. 1969. (Deutsch: Konventionen. Eine sprachphilosophische Abhandlung. Berlin/New York 1975).

Lilienthal, Volker, Gieriges Kameraauge. Der Virus des Reality-TV infiziert alle Programmsparten. In: Medium Spezial, Sonderheft „Nachrichten- und Informationsprogramme im Fernsehen". Frankfurt a. M. 1993, 17–20.

Lindlof, Thomas R., Qualitative communicative research methods. London/Neu Delhi 1995.

Lindner, Rolf, Die Entdeckung der Stadtkultur. Soziologie aus der Erfahrung der Reportage. Frankfurt 1990.

Ludes, Peter/Heidemarie Schumacher/Peter Zimmermann (Hrsg.), Informations- und Dokumentarsendungen. München 1994.

Ludes, Peter (Hrsg.), Informationskontexte für Massenmedien. Theorien und Trends. Opladen 1996.

Lüger, Heinz-Helmut, Pressesprache. Neu bearb. Tübingen ²1995.

Maletzke, Gerhard, Massenkommunikationstheorien. Tübingen 1988.

Mander, Jerry, Schafft das Fernsehen ab! Eine Streitschrift gegen das Leben aus zweiter Hand. Hamburg 1979.

Mayring, Philipp, Qualitative Inhaltsanalyse. Grundlagen und Techniken. Weinheim/Basel 1983.

McQuail, Denis, Media performance. Communication and the public interest. London 1992.

Meggle, Georg (Hrsg.), Analytische Handlungstheorie, Bd. 1: Handlungsbeschreibungen. Frankfurt a. M. 1977.

Meissner, Michael, Zeitungsgestaltung. München 1992.

Melnik, Stefan R., Eurovision news and the international flow of information. History, problems and perspectives 1960–1980. Bochum 1981.

Merten, Klaus/Petra Teipen, Empirische Kommunikationsforschung: Darstellung, Kritik, Evaluation. München 1991.

Merten, Klaus, Konvergenz der deutschen Fernsehprogramme. Eine Langzeituntersuchung von 1980–1993. Münster/Hamburg 1994.

Merten, Klaus/Siegfried Schmidt/Siegfried Weischenberg (Hrsg.), Die Wirklichkeit der Medien. Eine Einführung in die Kommunikationswissenschaft. Opladen 1994.

Michler, Annette, Komplexe Bewegungen kommentieren. Zur Qualität des Kommentars bei Kunstturnübertragungen. In: Sportberichterstattung: Die neue Qualität des Mediensports. Hrsg. v. Henning Allmer/Manfred Muckenhaupt. Sankt Augustin 1990, 48–58.

Muckenhaupt, Manfred, Lernziel „Sprachliches Handeln". Beispiele für einen kommunikativen Sprachunterricht in der Sekundarstufe I. München 1978.

–, Der Ärger mit Wörtern und Bildern. Probleme der Verständlichkeit und des Zusammenhangs von Text und Bild. In: Kodikas/Code 2, 1980, 187–209.

–, Verstehen und Verständlichkeit. Vorschläge zu einer kommunikativen Analyse der Verständlichkeit und des Zusammenhangs von Text und Bild. In: Kodikas/Code 3, 1981, 33–81.

–, Spielarten des Informierens in Nachrichtensendungen. In: Sprache im Fernsehen. Hrsg. v. Anna-Luise Heygster/Ingo Hermann. Mainz 1981, 211–245. (Wiederabgedruckt in: Zweimal Deutschland seit 1945 im Film und Fernsehen. Bd. I: Von der Kino-Wochenschau zum aktuellen Fernsehen. Hrsg. v. Karl F. Reimers/Monika Lerch-Stumpf/Rüdiger Steinmetz. München 1983, 215–251).

–, Text und Bild. Grundfragen der Beschreibung von Text-Bild-Kommunikationen aus sprachwissenschaftlicher Sicht. Tübingen 1986.

–, Die Bedeutung der Agenturberichterstattung und ihr Niederschlag in der Presse am Beispiel der Fußball-Weltmeisterschaft 1986. Projektbericht (Typoskript). Tübingen 1987a.

–, Praxis und Chancen der Text-Bild-Berichterstattung in Sportmagazinsendungen des Fernsehens. Projektbericht (Typoskript). Tübingen 1987b.

–, Sprachanalyse und Sprachlehre als Bestandteile der Journalistenausbildung. In: Zwischenbilanz der Journalistenausbildung. Hrsg. v. Jürgen Wilke. München 1987c, 167–191.

–, Schaffen die Massenmedien eine neue Wirklichkeit des Sports? Sportübertragung–Sportverständnis–Sportengagement. In: Menschen im Sport 2000. Dokumentation des Kongresses „Menschen im Sport 2000". Berlin vom 5.–7. November 1987. Hrsg. v. Karlheinz Gieseler/Ommo Grupe/Klaus Heinemann. Schorndorf 1988, 289–303.

–, Die neue Qualität des Mediensports. Auswirkungen der Medienkonkurrenz auf die Sportberichterstattung des Fernsehens. In: Sportberichterstattung: Die neue Qualität des Mediensports. Hrsg. v. Henning Allmer/Manfred Muckenhaupt. Sankt Augustin 1990a, 5–19.

–, Kommunikationsgeschichte und Medienrealität. Der Umgang mit Quellen als Prüfstein für journalistische Qualität. In: Spracherwerb und Mediengebrauch. Hrsg. v. Michael Charlton/Klaus Neumann. Tübingen 1990b, 221–249.

–, Sportrealität und Mediensport. Schaffen die Massenmedien eine neue Wirklichkeit des Sports? In: Kulturgut oder Körperkult? Sport und Sportwissenschaft im Wandel. Hrsg. v. Ommo Grupe. Tübingen 1990c, 112–130.

–, Wörtlich abgedruckt oder selbst geschrieben? Der Einfluß der Nachrichtenagenturen auf den Sportteil der Tageszeitungen. In: Sportberichterstattung: Die neue Qualität des Mediensports. Hrsg. v. Henning Allmer/Manfred Muckenhaupt. Sankt Augustin 1990d, 115–127.

–, Von der „Tagesschau" zur „Infoshow". Sprachliche und journalistische Tendenzen in der Geschichte der Fernsehnachrichten. In: Tendenzen der deutschen Gegenwartssprache. Hrsg. v. Hans

Jürgen Heringer/Gunhild Samson/Michael Kauffmann/Wolfgang Bader. Tübingen 1994, 81–120.

–, Nicht nur über Medien reden. Zur Konzeption des Aufbaustudiengangs „Medienwissenschaft–Medienpraxis" an der Neuphilologischen Fakultät der Universität Tübingen. In: Wissenschaft und Berufspraxis. Angewandtes Wissen und praxisorientierte Studiengänge in den Sprach-, Literatur-, Kultur- und Medienwissenschaften. Hrsg. v. Georg Jäger/Jörg Schönert. Paderborn 1997, 249–267.

–, Boulevardisierung in der TV-Nachrichtenberichterstattung. In: Medien im Wandel. Hrsg. v. Werner Holly/Bernd U. Biere. Opladen 1998, 113–134.

Mühlen, Ulrike, Talk als Show – Eine linguistische Untersuchung der Gesprächsführung in den Talkshows des deutschen Fernsehens. Frankfurt a. M. 1985.

Naeher, Gerhard, Mega-schrill und super-flach. Der unaufhaltsame Aufstieg des Fernsehens in Deutschland. Frankfurt a. M. 1993.

Naumann, Barbara (Hrsg.), Vom Doppelleben der Bilder. Bildmedien und ihre Texte. München 1993.

Nieland, Jörg-Uwe, Veränderte Produktionsweisen und Programmangebote im Fernsehen. In: Fernsehen als Objekt und Moment des sozialen Wandels. Hrsg. v. Heribert Schatz. Opladen 1996, 126–202.

Nielsen, Jacob, Hypertext and Hypermedia. Boston 1990.

Novitz, David, Pictures and their use in communication. A philosophical essay. The Hague 1977.

Pethig, Rüdiger/Sofia Blind, Programmformenentwicklung im Wettbewerbsprozeß: Innovations- und Imitationszyklen. In: Neue Sendeformen im Fernsehen. Ästhetische, juristische und ökonomische Aspekte. Hrsg. v. Gerd Hallenberger. Siegen 1995, 55–77.

Petter-Zimmer, Yvonne, Politische Fernsehdiskussionen und ihre Adressaten. Tübingen 1990.

Pfetsch, Barbara, Politische Folgen der Boulevardisierung des Rundfunksystems in der Bundesrepublik Deutschland. Konzepte und Analysen zum Fernsehangebot und zum Publikumsverhalten. Baden-Baden 1991.

Pfetsch, Barbara/Rüdiger Schmidt-Beck/Jürgen Hofrichter, Abkehr vom Fernsehen als Quelle politischer Information? Eine Längsschnittanalyse der Nachrichtennutzung. In: Medienwandel–Gesellschaftswandel? Hrsg. v. Otfried Jarren, Berlin 1994, 289–304.

Polenz, Peter v., Mediengeschichte und deutsche Sprachgeschichte. In: Erscheinungsformen der deutschen Sprache. Festschrift zum 60. Geburtstag von Hugo Steger. Hrsg. v. Jürgen Dittmann/Hannes Kästner/Johannes Schwitalla. Berlin 1991, 1–18.

Prinz, Matthias/Butz Peters (Hrsg.), Medienrecht im Wandel. Festschrift für Manfred Engelschall. Baden-Baden 1996.

PRO 7 (Hrsg.), Interaktives Fernsehen. Dokumentationsband. Heidelberg 1994.

Rada, Holger, Von der Druckerpresse zum Web-Server. Zeitungen und Magazine im Internet. Berlin 1999.

Reetze, Jan, Medienwelten. Schein und Wirklichkeit in Bild und Ton. Heidelberg 1993.

Reimers, Karl F./Monika Lerch-Stumpf/Rüdiger Steinmetz (Hrsg.), Zweimal Deutschland seit 1945 in Film und Fernsehen. Bd. 1: Von der Kinowochenschau zum aktuellen Fernsehen. München 1983.

Riehm, Ulrich/Knud Böhle/Ingrid Gabel-Becker/Bernd Wingert, Elektronisches Publizieren. Eine kritische Bestandsaufnahme. Berlin 1992.

Roloff, Eckart K., Journalistische Textsatzungen. München 1982.

Röper, Horst, Elektronische Berichterstattung. Formen der neuen Fernsehproduktion. Hamburg 1984.

Rosenstein, Doris (Hrsg.), Unterhaltende Fernsehmagazine. Zur Geschichte, Theorie und Kritik eines Genres. Opladen 1995.

Rötzer, Florian, Interaktion – das Ende herkömmlicher Massenmedien. In: Digitales Fernsehen. Eine neue Medienwelt. Hrsg. v. ZDF. Mainz 1994.

Ruhrmann, Georg, Rezipient und Nachricht. Struktur und Prozeß der Nachrichtenrekonstruktion. Opladen 1989.

Ruhrmann, Georg/Jörg-Uwe Nieland, „Interaktives" Fernsehen. Struktur, Rahmenbedingungen, Funktion und Folgen. Gutachten im Auftrag des deutschen Bundestages. Duisburg 1995.

Rütten, Dirk, Strukturelle Merkmale politischer Rundengespräche im Fernsehen. Dargestellt am Beispiel der „Elefantenrunde". In: Politische Semantik. Bedeutungsanalytische und sprachkritische Beiträge zur politischen Sprachverwendung. Hrsg. v. Josef Klein. Opladen 1989, 187–230.

Ruß-Mohl, Stephan, Zeitungs-Umbruch. Wie sich Amerikas Presse revolutioniert. Berlin 1992.

Ryle, Gilbert, The concept of mind. London 1949 (Deutsch: Der Begriff des Geistes. Stuttgart 1969).

–, Dilemmas. The Tarner Lectures 1953. Cambridge 1954 (Deutsch: Begriffskonflikte. Göttingen 1970).

Sandig, Barbara, Stilistik der deutschen Sprache. Berlin/New York 1986.

Saxer, Ulrich/Wolfgang Langenbucher/Angela Fritz, Kommunikationsverhalten und Medien. Lesen in der modernen Gesellschaft. Eine Studie der Bertelsmann Stiftung. Gütersloh 1989.

Schäflein-Armbruster, Robert, Dialoganalyse und Verständlichkeit. In: Handbuch der Dialoganalyse. Hrsg. v. Gerd Fritz/Franz Hundsnurscher. Tübingen 1994, 493–517.

Schatz, Heribert (Hrsg.), Fernsehen als Objekt und Moment des sozialen Wandels. Faktoren und Folgen der aktuellen Veränderungen des Fernsehens. Opladen 1996.

Scheckel, Rainer, Bildgeleitete Sprachspiele. Theorie und Praxis produktiver Bildverwendungen im Sprachunterricht der Grundschule. Tübingen 1981.

Schmidt, Hans-Christian, Musik als Einflußgröße bei der filmischen Wahrnehmung. In: Musik in den Massenmedien Rundfunk und Fernsehen. Perspektiven und Materialien. Hrsg. v. Hans-Christian Schmidt. Mainz 1976, 126–129.

Schmitz, Ulrich, Postmoderne Concierge. Die „Tagesschau". Wortwelt und Weltbild der Fernsehnachrichten. Opladen 1989.

Schröder, Thomas, Geschnittener Sport. Was der Fernsehzuschauer im Mediensport zu sehen bekommt. In: Sportberichterstattung: Die neue Qualität des Mediensports. Hrsg. v. Henning Allmer/Manfred Muckenhaupt. Sankt Augustin 1990, 20–34.

–, Die ersten Zeitungen. Textgestaltung und Nachrichtenauswahl. Tübingen 1995.

–, Textstrukturen aus integrativer Sicht. Eine kritische Bestandsaufnahme zur Textstrukturendiskussion. In: Deutsche Sprache. Heft 2/1998, 121–137.

–, Der Reiz des Neuen. Konstanten und Variablen der Pressegeschichte. Tübingen (erscheint demnächst)

Schulz, Winfried, Die Konstruktion von Realität in den Nachrichtenmedien. Analyse der aktuellen Berichterstattung. Freiburg/München 1976.

Schütte, Wilfried, Boulevardisierung von Information. Streitgespräche und Streitkultur im Fernsehen. In: Mündlichkeit und Schriftlichkeit im Fernsehen. Hrsg. v. Bernd Ulrich Biere/Rudolf Hoberg. Tübingen 1996, 101–133.

Schwitalla, Johannes, Deutsche Flugschriften 1460–1525. Textsortengeschichtliche Studien. Tübingen 1983.

–, Sprachliche Mittel der Konfliktreduzierung in Streitgesprächen. In: Konflikte in Gesprächen. Hrsg. v. Gerd Schank/Johannes Schwitalla. Tübingen 1987, 99–175.

–, Textsortenwandel in den Medien nach 1945 in der Bundesrepublik Deutschland. Ein Überblick. In: Sprache in den Medien nach 1945. Hrsg. v. Bernd Ulrich Biere/Helmut Henne. Tübingen 1993, 1–29.

Shneiderman, Ben, Designing the user interface. Strategies for effective human-computer interaction. Ontario 1987.

Steger, Hugo, Sprachgeschichte als Geschichte der Textsorten/Texttypen und ihrer kommunikativen Bezugsbereiche. In: Sprachgeschichte. Ein Handbuch zur Geschichte der deutschen Sprache und ihrer Erforschung. Hrsg. v. Werner Besch/Oskar Reichmann/Stefan Sonderegger. Berlin/New York 1984/1985, 186–204.

Stegert, Gernot, Filme rezensieren in Presse, Radio und Fernsehen. München 1993.

–, Feuilleton für Alle. Strategien im Kulturjournalismus der Presse. Tübingen 1998.

Stötzel, Georg/Martin Wengeler, Kontroverse Begriffe. Geschichte des öffentlichen Sprachgebrauchs in der Bundesrepublik Deutschland. Berlin/New York 1995.

Straßner, Erich (Hrsg.), Nachrichten. Entwicklungen–Analysen–Erfahrungen. München 1975.

–, Sprache in Massenmedien. In: Lexikon der Germanistischen Linguistik. Hrsg. v. Hans Peter Althaus/Helmut Henne/Herbert E. Wiegand. Tübingen ²1980, 328–337.

–, Fernsehnachrichten. Eine Produktions-, Produkt- und Rezeptionsanalyse. Tübingen 1982.

–, Das Zusammenspiel von Bild und Sprache im Film. In: Zeichengebrauch in Massenmedien. Zum Verhältnis von sprachlicher und nicht-sprachlicher Information im Hörfunk, Film und Fernsehen. Hrsg. v. Günter Bentele/Ernest W. B. Hess-Lüttich. Tübingen 1985, 277–289.

–, Sondervotum zur „Zusammenfassenden Stellungnahme der Kommission". In: Medienwirkungsforschung in der Bundesrepublik Deutschland. Bd. 1. Hrsg. v. Deutsche Forschungsgemeinschaft. Weinheim 1986a, 143–145.

–, Wirkung der Formen medialer Darstellung. In: Medienwirkungsforschung in der Bundesrepublik Deutschland. Bd. 1. Hrsg. v. Deutsche Forschungsgemeinschaft. Weinheim 1986b, 71–81.

–, Ideologie–Sprache–Politik. Grundfragen ihres Zusammenhanges. Tübingen 1987.

–, Von der Schreibe zur Spreche. Zur Verständlichkeit von Hörfunknachrichten. In: Radiotrends. Formate, Konzepte und Analysen. Hrsg. v. Hans-Jürgen Bucher/Walter Klingler/Christian Schröter. Baden-Baden 1995, 199–210.

Strawson, Peter F., Logico-Linguistic papers. London 1971. – (Deutsch: Logik und Linguistik. Aufsätze zur Sprachphilosophie, München 1974).

Strecker, Bruno, Strategien des kommunikativen Handelns. Zur Grundlegung einer Grammatik der Kommunikation. Düsseldorf 1987.

–, Dialoganalyse und Grammatik. In: Handbuch der Dialoganalyse. Hrsg. v. Gerd Fritz/Franz Hundsnurscher. Tübingen 1994, 281–298.

Teichert, Will, Das Beschleunigungskarussel. Der Wettbewerb um Aktualität. In: Medium Spezial, Sonderheft „Nachrichten- und Informationsprogramme im Fernsehen". Frankfurt a. M. 1993, 25–28.

Tracey, Michael, Eine parteiliche Rede zur weltweiten Krise des öffentlich-rechtlichen Rundfunks. Für das Überleben einer Idee von öffentlicher Kommunikation. In: MP 3, 1994, 145–148.

Tuchman, Gaye, Making news. A study on the construction of reality. New York/London 1978.

Tugendhat, Ernst, Vorlesungen zur Einführung in die sprachanalytische Philosophie. Frankfurt a. M. 1976.

Uricchio, William (Hrsg.), Die Anfänge des deutschen Fernsehens. Kritische Annäherungen an die Entwicklung bis 1945. Tübingen 1991.

Vogler, Klaus-Peter, Ein unansehnlicher Sport. Volleyballberichterstattung in ARD und ZDF. In: Sportberichterstattung: Die neue Qualität des Mediensports. Hrsg. v. Henning Allmer/Manfred Muckenhaupt. Sankt Augustin 1990, 35–47.

Waismann, Friedrich, Logik, Sprache, Philosophie. Stuttgart 1976.

Wegener, Claudia, Reality-TV. Fernsehen zwischen Emotion und Information. Opladen 1994.

Weidenmann, Bernd (Hrsg.), Wissenserwerb mit Bildern. Instruktionale Bilder in Printmedien, Film/Video und Computerprogrammen. Bern 1994.

Weischenberg, Siegfried, Journalistik. Theorie und Praxis aktueller Medienkommunikation. Bd. 1: Mediensysteme, Medienethik, Medieninstitutionen. Opladen 1992.

Weischenberg, Siegfried/Klaus-Dieter Altmeppen/Martin Löffelholz, Die Zukunft des Journalismus. Technologische, ökonomische und redaktionelle Trends. Opladen 1994.

Wember, Bernward, Wie informiert das Fernsehen? München 1976.

–, Die Bauch-Kopf-Schere. Oder: Was machen Menschen mit Informationen? In: Medium Spezial. Sonderheft „Nachrichten- und Informationsprogramme im Fernsehen". Frankfurt a. M. 1993, 31–36.

Wilke, Jürgen, Nachrichtenauswahl und Medienrealität in vier Jahrhunderten. Eine Modellstudie zur Verbindung von historischer und empirischer Publizistikwissenschaft. Berlin 1984.

Winch, Peter, Die Idee der Sozialwissenschaft und ihr Verhältnis zur Philosophie. Frankfurt a. M. 1974.

Winkler, Hartmut, Switching–Zapping. Darmstadt 1991.

Winterhoff-Spurk, Peter, Fernsehen. Psychologische Befunde zur Medienwirkung. Opladen 1989.

Winterhoff-Spurk, Peter/Veronika Heidinger/Frank Schwab, Reality-TV. Formate und Inhalte eines neuen Programmgenres. Saarbrücken 1994.

Wittgenstein, Ludwig, Vorlesungen und Gespräche über Ästhetik, Psychologie und Religion. Göttingen ²1971.

–, Philosophische Untersuchungen. Schriften Bd. 1. Frankfurt a. M. 1960, ²1980.

ZDF (Hrsg.), Digitales Fernsehen. Eine neue Medienwelt. Mainz 1994.

Zehrt, Wolfgang, Hörfunk-Nachrichten. Konstanz 1996.

Zettl, Herb, Sight, Sound, Motion. Applied Media Aesthetics. London/New York ³1998.

Zeutschner, Heiko, Die braune Mattscheibe. Fernsehen im Nationalsozialismus. Hamburg 1995.

Zimmer, Jochen, Ware Nachricht. Fernsehnachrichtenkanäle und Veränderungen im Nachrichtenmarkt. In: MP 6, 1993, 278–289.

–, Profile und Potentiale der Onlinenutzung. Ergebnisse erster Onlinemarktstudien in Deutschland. In: MP 9, 1996, 487–492.

Manfred Muckenhaupt, Tübingen
(Deutschland)

4. Die Grundlagen der ästhetikorientierten Medienwissenschaft

Redaktioneller Hinweis: Aus terminlich-technischen Gründen muß der an dieser Stelle vorgesehene Artikel leider entfallen.

5. Die Grundlagen der Kommunikatorforschung in der Medienwissenschaft

1. Kommunikatorforschung als Forschung zum Journalismus
2. Journalismus als soziales System
3. Das Berufsfeld aktuelle Medienkommunikation
4. Die Journalisten: Merkmale und Einstellungen
5. Professionalisierung und Sozialisation
6. Die Zukunft des Journalismus
7. Literatur

1. Kommunikatorforschung als Forschung zum Journalismus

Das Gebiet, das sich mit den Journalisten und – allgemeiner – mit den Bedingungen der Aussagenentstehung in den Institutionen der Massenkommunikation beschäftigt, wird in der Medienwissenschaft als 'Kommunikatorforschung' bezeichnet. Eine Bestandsaufnahme der Ansätze und Ergebnisse dieses Forschungszweiges ergibt ein uneinheitliches Bild.

Gewiß hat es – seit den siebziger Jahren – auch in der Bundesrepublik Deutschland vielfältige Versuche gegeben, Licht in die Prozesse der Aussagenentstehung zu bringen und insbesondere zu ermitteln, welche Faktoren die journalistischen Leistungen beeinflussen. In zahlreichen empirischen Studien, die damals durchgeführt wurden, ging es in der 'subjektiven Dimension' im einzelnen um allgemeine berufliche Bewußtseinsstrukturen von Journalisten (vgl. Zeiß 1981), um spezifischere berufliche Einstellungen gegenüber dem Publikum und um die Wahrnehmung der eigenen Berufsrolle, um Autonomie und Sozialisation in Medienbetrieben und um spezifische journalistische Rollen wie Sportredakteur (vgl. Weischenberg 1978) und Lokalredakteur (vgl. Mühlberger 1979) oder Chefredakteur (vgl. Jacobi et al. 1977). Und in der 'objektiven Dimension' ging es um Organisationsstrukturen und Arbeitsbedingungen, auch im Kontext von makromedialen Entwicklungen wie Arbeitslosigkeit von Journalisten (vgl. z. B. Rühl 1979; Dygutsch-Lorenz 1971). Später wurden dazu insbesondere Folgen der Einführung neuer Techniken für die redaktionelle Arbeit untersucht (vgl. z. B. Schütt 1981; Prott et al. 1983; Mast 1984; Hienzsch 1990). Mehrere empirische Studien gab es seit Ende der siebziger Jahre auch zur Berufssituation von Frauen im Journalismus (vgl. Freise/Draht 1977; Bekker 1980; Neverla/Kanzleiter 1984).

Inzwischen sind weitere Studien über einzelne Kommunikatorgruppen hinzugekommen. Dazu gehört z. B. eine breit angelegte schriftliche Befragung von Sportjournalisten (vgl. Görner 1995). Bis Anfang der 90er Jahre fehlte jedoch eine repräsentative Studie zum Journalismus in Deutschland – nachdem das von Max Weber 1910 angeregte Projekt einer 'Journalisten-Enquête' nicht zustandegekommen war (vgl. Kutsch 1988). Zwei aufwendige und ertragreiche Sekundäranalysen (vgl. Weiß et al. 1977; Wiesand 1977) konnten seinerzeit zwar das Forschungsfeld strukturieren; die darin aufgezeigten „Perspektiven einer theoretisch orientierten Kommunikatorforschung" (Weiß 1978, 112) sind aber kaum weiterverfolgt worden.

Trotz – oder: wegen – der defizitären Lage der Kommunikatorforschung gab es über die Rechte und Pflichten der Journalisten in Westdeutschland jahrelang eine kontroverse Diskussion. Ausgelöst wurde sie vor allem durch eine sehr weitreichende wissenschaftliche Journalismus- und Journalistenkritik, die seit der Bundestagswahl 1976 wichtige Grundlagen für die Kommunikationspolitik lieferte. Im Rahmen dieser Journalismuskritik wurden die Journalisten als „entfremdete Elite" (Rust 1986) beschrieben, die sich in ihren Einstellungen stark von der Bevölkerung unterscheide und sich für ihre Wünsche und Bedürfnisse nicht interessiere; dabei wurde unterstellt, daß die Journalisten ihre Einstellungen auch tatsächlich in Medienaussagen ummünzen können. Und schließlich wurde behauptet, daß sich die Journalisten in der Bundesrepublik in ihren Einstellungen von den Kollegen in vergleichbaren anderen Ländern abhöben (vgl. z. B. Köcher 1985).

Diese Annahmen, die im wesentlichen auf Interpretationen von Befunden zum Publikumsbild und zu den Bezugsgruppen der Journalisten sowie auf dem Vergleich demographischer Daten von Journalisten und Rezipienten beruhen (vgl. Donsbach 1982, 195 ff.), waren wissenschaftlich eher dürftig abgesichert; zum Teil beruhen sie sogar auf Spekulationen und auf eigenwilligen Interpretationen von Befunden (vgl. Weischenberg 1989). Auf die Diskussion über den Journalismus in Deutschland haben sie freilich beträchtliche Auswirkungen gehabt.

Deshalb kam den Ergebnissen der Studie „Journalismus in Deutschland" (JOURiD) der Forschungsgruppe Journalistik an der Universität Münster sowie einer weiteren repräsentativen Untersuchung, die an der Hochschule für Musik und Theater in Hannover entstanden ist (vgl. Schönbach et al. 1994), besondere Bedeutung zu. Theoretische Basis der Münsteraner Studie bildete ein neuer Ansatz der Journalismusforschung, der sich an Modellierungen einer konstruktivistischen Systemtheorie orientiert.

2. Journalismus als soziales System

Die wissenschaftliche Auseinandersetzung mit den Regeln, die im Journalismus Gültigkeit besitzen, und mit den Journalisten, die diese Regeln anwenden, hat an der Wiege einer empirischen Zeitungs- bzw. Kommunikationswissenschaft vor dem Ersten Weltkrieg gestanden (vgl. Kutsch 1988). Seither sind kaum verbundene Richtungen der Kommunikatorforschung zu unterscheiden, die sich von einem unterschiedlichen Verständnis von Journalismus leiten lassen:

(a) Journalismus als Addition von Personen
(b) Journalismus als Addition von Berufsrollen
(c) Journalismus als Ergebnis von Kommunikationsprozessen

Die normativ-ontologische Publizistikwissenschaft konzentrierte sich auf journalistische Persönlichkeiten als geistige Gestalter von Medienbotschaften (a). Soziologisch inspirierte Ansätze wie die 'Professionalisierungstheorie' beschäftigen sich mit Rollen- und Sozialisationsaspekten im Journalismus (b). Die Gatekeeperforschung schließlich stellt Selektions- und andere redaktionelle Verarbeitungsprozesse ins Zentrum der Analyse (c). Eine Systematisierung dieser verschiedenen Forschungsperspektiven wurde erstmals im Rahmen der Sekundäranalyse zum Journalismus in der Bundesrepublik vorgestellt (vgl. Weiß et al. 1977).

Bei einer empirisch-systematischen Beschäftigung mit dem Journalismus im Rahmen der Kommunikatorforschung zeigt sich eine Reihe definitorischer, aber auch wissenschaftstheoretischer Probleme. Sie resultieren zum einen aus der außerordentlichen Vielfalt des Handlungsfeldes und zum anderen aus früheren Problemen der Medien- und Kommunikationswissenschaft, den Bereich der Aussagenentstehung aus angemessener sozialwissenschaftlicher Perspektive zu erfassen.

Die Schwierigkeiten werden auch deutlich, wenn man in den Handbüchern der Publizistikwissenschaft unter 'Journalismus' oder auch 'Journalist' nachschaut. Als kleinster gemeinsamer Nenner ergibt sich aus dort angebotenen Definitionsversuchen, daß der Journalismus eine berufliche Tätigkeit bei und für Massenmedien ist, wobei in diversen Tätigkeitsbereichen aktuelle Aussagen gestaltet werden (vgl. z. B. Koszyk/Pruys 1981). Dies entspricht im wesentlichen dem lange Zeit gültigen Forschungsstand.

Ein letztlich personenzentrierter Journalismusbegriff würde aber die Funktionen des Journalismus auf die Handlungen einzelner Akteure verkürzen und den Blick auf die strukturellen Faktoren verstellen, die dem Journalismus seine Identität verleihen. Diese Faktoren sind jeweils für die Verhältnisse in einem bestimmten sozialen System zu ermitteln. Dabei geht es im einzelnen um die Beantwortung folgender Fragen:

(a) Welche Gesamtbedingungen schafft das Mediensystem?
(b) Welche spezifischen Zwänge gehen von den Medieninstitutionen aus?
(c) In welchem Leistungs- und Wirkungskontext stehen die Medienaussagen?
(d) Welche Merkmale und Einstellungen der Medienakteure besitzen bei der Aussagenentstehung eine Bedeutung?

Damit sind Normen, Strukturen, Funktionen und Rollen angesprochen, die definieren, was Journalismus ist. Dieser wird somit als 'soziales Funktionssystem' verstanden: als komplex strukturiertes und mit anderen gesellschaftlichen Systemen auf vielfältige Weise vernetztes soziales Gebilde. Wirklichkeitsentwürfe der Medien sind in diesem Verständnis nicht primär das Werk einzelner 'publizistischer Persönlichkeiten', sondern vor allem das Ergebnis von Handlungen in einem systemischen Kontext (vgl. Weischenberg 1995).

Die primären Leistungen dieses Systems lassen sich so beschreiben: Der Journalismus stellt Themen für die Medienkommunikation zur Verfügung (vgl. Rühl 1980), die Neuigkeitswert und Faktizität besitzen und an sozial verbindliche Wirklichkeitsmodelle gebunden sind. Darüber hinaus werden dem Journalismus aber normativ noch weitere Aufgaben zugeordnet, die sich aus allgemeinen gesellschaftlichen Rahmenbedingungen, historischen und rechtlichen Grundlagen sowie professionellen und ethischen Standards ergeben. Ihre Erfüllung ist wiederum abhängig von konkreten ökonomischen, organisatorischen, technischen und anderen Bedingungen, die jeweils für den Journalismus insgesamt oder auch nur für Segmente des Journalismus ausschlaggebend sind. Die Funktion einer 'Vierten Gewalt' z. B. wird in Deutschland nur von bestimmten einzelnen Medien wie etwa dem 'Spiegel' wahrgenommen.

Von einem 'sozialen System Journalismus', das durch vielfältige wechselseitig wirkende Einflußfaktoren geprägt wird, kann seit dem 19. Jh. gesprochen werden, als sich — in Abgrenzung von anderen gesellschaftlichen Systemen — spezifische Handlungs- und Kommunikationszusammenhänge zur Produktion aktueller Medienaussagen herausbildeten. Seine Identität gewann dieses soziale System unter den Bedingungen der wirtschaftlichen Effizienz, großbetrieblichen Produktionsweise und rationellen Technik. Diese materielle Basis beeinflußte sowohl die Aussagen als auch die Einstellungen der Akteure im System Journalismus. Der Untersuchung dieser steuernden und regelnden Variablen kommt im Rahmen der Kommunikatorforschung zentrale Bedeutung zu.

Themen der Kommunikatorforschung lassen sich grob der 'objektiven' und der 'subjektiven' Dimension zuordnen. Zur objektiven Dimension gehören insbesondere solche Kommunikationsprozesse bei der Aussagenentstehung, die von institutionellen und technologischen Einflüssen geprägt werden; sie sind Gegenstand der organisationsorientierten 'Redaktionsforschung'.

Zur subjektiven Dimension gehören allgemeine und berufliche Einstellungen der Journalisten, soweit sie für die Aussagenentstehung von Belang sind, aber auch Kommunikationsprozesse, welche diese Einstellungen prägen ('Sozialisation'). Ansätze und Ergebnisse der Kommunikatorforschung, die diese subjektive Dimension betreffen, stehen im Zentrum der folgenden Darstellung.

3. Das Berufsfeld aktuelle Medienkommunikation

Im medienwissenschaftlichen Sprachgebrauch trifft man anstelle von 'Journalismus/Journalist' gewöhnlich auf weiter greifende Begriffe wie 'Aussagenentstehung' oder 'Kommunikator'. 'Kommunikator', korrespondierend mit dem angelsächsischen Terminus 'communicator', hat sich eingebürgert für die — im weitesten Sinne — publizistische Institution der Aussagenentstehung. Der Vorteil dieses Begriffs liegt darin, daß eine Festlegung auf bestimmte Aspekte publizistischen Handelns vermieden wird. Erfaßt werden nicht nur Personen, die publizistisch tätig sind, also z. B. Journalisten, sowie journalistische Kollektive, Organisationen, also die Redaktionen; erfaßt wird außerdem nicht nur der Sportredakteur X oder die Sportredaktion Y, sondern auch ganz allgemein das Typische der Rolle des Sportredakteurs oder der Sportredaktion.

Parallel zum 'Kommunikator' als dem allgemeinsten Begriff haben sich aber noch zahlreiche andere Begriffe gehalten, die mehr oder weniger alle dasselbe ausdrücken sollen, wie z. B. Sender, Produzent, Urheber, Informationsquelle, Übermittler, Vermittler. Zusätzlich gibt es dazu noch die entsprechenden angelsächsischen Termini.

Versuche, das journalistische Berufsfeld hinreichend und differenziert zu beschreiben, zeigen die Schwierigkeit, einen — mit zunehmender Tendenz — vielgestaltigen Beruf auf einfache Formeln zu bringen. Darauf wird schon seit Jahren hingewiesen (vgl. Fischer 1979).

Im 1966 vom Deutschen Journalisten-Verband (DJV) herausgegebenen 'Berufsbild des Journalisten' wurde die berufliche Situation ganz weniger Berufsvertreter für den gesamten Beruf generalisiert. Aber auch das zwölf Jahre später verabschiedete 'neue Berufsbild' des DJV sowie seine Überarbeitung aus dem Jahre 1984 konnte insbesondere der Technisierung der meisten journalistischen Tätigkeiten nur unzureichend gerecht werden, die seit Jahren im Zusammenhang mit den medientechnischen und medienstrukturellen Entwicklungen erkennbar ist und zu neuen arbeitsteiligen Formen und Tätigkeitsprofilen geführt hat. Inzwischen bedeuten insbesondere die neuen Online-Angebote im 'Internet' und in kommerziellen Netzen völlig neue Herausforderungen, denen die Journalisten-Gewerkschaft nun mit dem „Berufsbild Journalistin—Journalist" gerecht werden will (vgl. journalist 1996/5, 53 ff.).

In den Medienbetrieben sind schon seit Jahren vielfältige Differenzierungen der Tätigkeitsprofile zu beobachten, die im Kontext der Einführung neuer elektronischer Arbeitsmittel entstanden. Sie zu einem journalistischen Berufsbild zusammenzufügen, erscheint schwieriger denn je. Im technischen Bereich sind inzwischen schon einige Funktionen ganz weggefallen; ein Teil der Mitarbeiter wurde dequalifiziert, ein Teil der Techniker erhielt höher qualifizierte Aufgaben. Dabei zeigte sich die Tendenz zur Amalgamierung technischer und journalistischer Funktionen. Gleichzeitig kamen neue Aufgaben bei der Planung und Gestaltung von Beiträgen auf das Redaktionspersonal zu.

Der Kommunikationssoziologe Jürgen Prott stellte wegen solcher Perspektiven schon vor Jahren pessimistische Prognosen für den journalistischen Beruf: Aufgrund von Strukturproblemen der Branche, zunehmend industriellen Arbeitsformen und zunehmender Technisierung, sei ein „Prozeß der Entprofessionalisierung und Entintellektualisierung der Berufsrolle" zu erwarten. Seine These lautete, daß der Journalist immer mehr zum „Kommunikationstechniker" werde, zu „einem Rädchen im komplexen Getriebe der Massenkommunikation". Seine Aufgabe bestünde nur noch darin, Nachrichten weiter zu transportieren (Prott 1976, 373 f.).

Die Forschungsgruppe Journalistik an der Universität Münster hat auf der Grundlage verschiedener Studien eine mehrstufige Differenzierung journalistischer Berufsrollen (nach Medien und nach horizontalen sowie vertikalen Tätigkeitsfeldern) ausgearbeitet, so daß inzwischen ein empirisch erprobtes Modell zur skalaren und funktionalen Differenzierung des journalistischen Berufsfeldes vorliegt. Besonders relevant ist dabei, neben den horizontalen und vertikalen Aufgaben- und Tätigkeitsfeldern auch den Formalisierungsgrad der jeweiligen Arbeitsfelder zu berücksichtigen. Denn auf diese Weise kann erfaßt werden, in welcher Weise die Arbeitsverläufe einer Regelhaftigkeit im Hinblick auf bestimmte Faktoren unterliegen.

So kann die Arbeit eines Nachrichtenredakteurs als hochformalisiert angesehen werden, da er bestimmte Nachrichten nach bestimmten Regeln auf bestimmte technische Weise produziert; demgegenüber ist die Arbeit eines Reporters weniger formalisiert, da er bei der Produktion kaum festen Regeln unterliegt und im allgemeinen beispielsweise weniger auf technische Bedingungen achten muß (vgl. Weischenberg/Altmeppen/Löffelholz 1994).

4. Die Journalisten: Merkmale und Einstellungen

4.1. Demographie und Berufstypologie

Die aktuelle Untersuchung der Forschungsgruppe Journalistik an der Universität Münster (vgl. Weischenberg 1995) ergab, daß in Deutschland rund 54 000 Personen als Journalisten arbeiten, davon knapp 18 000 als „Freie", die regelmäßig mehr als 50% ihres Einkommens aus dem Journalismus beziehen. Der größte Teil der Redakteure und Redakteurinnen (46,5%) arbeitet bei Tages-, Wochen- und Sonntagszeitungen. Weitere knapp 11% arbeiten bei den kostenlos verteilten Anzeigenblättern. Genau 20% der Journalisten sind im öffentlich-rechtlichen oder im privaten Rundfunk tätig, 15% sind bei Zeitschriften beschäftigt. Den Rest − knapp 8% − machen Journalisten und Journalistinnen bei Nachrichtenagenturen sowie Presse- und Mediendiensten aus.

Bei den Zeitungen beschäftigen die mehr als 80 großen Blätter mit einer Auflage von über 100 000 gegenüber den fast 300 kleineren und mittleren Betrieben den bei weitem größten Anteil an Journalisten (fast zwei Drittel). Im Rundfunk fällt der Hauptanteil des festangestellten journalistischen Personals − fast zwei Drittel − an die öffentlich-rechtlichen Anstalten. Dabei sind starke Unterschiede zu verzeichnen zwischen den großen Anstalten (z. B. WDR, NDR, ZDF) mit je 600 bis 700, den mittleren Anstalten (z. B. BR, Deutsche Welle, SWF) mit je 350 bis 450 und den kleinen Häusern (SR, RB) mit je gut 100 festangestellten Journalistinnen und Journalisten.

Die privaten Sender haben deutlich weniger feste Arbeitsplätze anzubieten (rund 2500). Selbst die beiden personalstärksten Häuser RTL und SAT.1 beschäftigen nur jeweils in etwa soviel Festangestellte wie die kleineren im ARD-Verbund.

Die Zeitschriften stellen insgesamt ein eher kleineres Arbeitsmarktsegment für Redakteure dar. Die wenigen großen Publikumszeitschriften mit einer Auflage von 500 000 oder mehr Exemplaren beschäftigen dabei nahezu die Hälfte der im Sektor der nicht tagesaktuellen Printmedien Tätigen.

Schließlich läßt sich im Bereich der Agenturen und Dienste eine klare Trennungslinie zwischen den klassischen Nachrichtenagenturen (dpa, Reuters usw.) und den kleinen Presse- und Mediendiensten erkennen. Die Nachrichtenagenturen beschäftigen mit rund 100 Journalisten jeweils soviel Personal wie eine mittlere Tageszeitung, während sich die Mediendienste von der Personalstärke in etwa einem kleinen Anzeigenblatt gleichen.

Der Frauenanteil im Journalismus (vgl. auch Neverla/Kanzleiter 1984; Neverla 1983) liegt nach den Befunden der Forschungsgruppe Journalistik zufolge im Bundesdurchschnitt inzwischen fast bei einem Drittel (insgesamt 31%, im Osten Deutschlands sogar bei 39%). Allerdings muß gerade hier nach Bereichen und nach Positionen im jeweiligen Medienbetrieb differenziert werden. Insbesondere bei den klassischen Medien Zeitung, öffentlich-rechtlicher Rundfunk und Nachrichtenagenturen mit einem Anteil von 30% oder weniger, aber auch bei den Anzeigenblättern und den Stadtmagazinen sind Frauen deutlich unterrepräsentiert, während in Zeitschriften und privaten Fernsehanstalten mit 40% schon fast gleich viel Frauen wie Männer in fester Anstellung beschäftigt sind.

Bei den Zeitschriften ist der vergleichsweise höhere Frauenanteil auf die personalstarken Publikumszeitschriften zurückzuführen; beim Privatfernsehen sind wahrscheinlich eher die geforderten Eigenschaften einer auch optisch ansprechenden Präsentation ausschlaggebend. Im Hörfunk ist dies nicht so wichtig, und in diesem Bereich sind die Frauen ebenfalls unterrepräsentiert.

Hinsichtlich der Position zeigen sich weiterhin eindeutige Unterschiede: Höherrangige Positionen wie Chefredakteur, aber auch andere Leitungsfunktionen werden in allen Medientypen überdurchschnittlich männlich dominiert. Während im privaten Hörfunk die Journalistinnen auf der obersten Leitungsebene relativ geringfügig unterrepräsentiert sind, korreliert in allen anderen Medienbereichen die Variable Geschlecht hoch mit der Position. Sind die Chefsessel bei den Stadtmagazinen, den Mediendiensten, den Zeitschriften, den Anzeigenblättern und dem privaten Fernsehen noch mit einem Fünftel bis zu 30% mit Frauen besetzt, können bei Nachrichtenagenturen und im öffentlich-rechtlichen Rundfunk Frauen noch wesentlich seltener in solche Positionen gelangen.

Der 'typische' deutsche Journalist entspricht den Befunden zufolge durchaus den häufig geäußerten Vorstellungen: Er ist männlich, verheiratet, verfügt über ein abgeschlossenes Hochschulstudium und ist 37 Jahre alt. Als festangestellter Zeitungsredakteur arbeitet er seit zehn Jahren hauptberuflich als Journalist (davon achteinhalb Jahre in fester Anstellung). Er ist in einem der sogenannten klassischen Ressorts tätig, bezieht ein monatliches Nettoeinkommen von knapp 3900 DM und ist gewerkschaftlich (im Deutschen Journalistenverband, sowie – seltener – in der IG Medien oder in der Deutschen Angestelltengewerkschaft) organisiert.

Vergleicht man diese Merkmale deutscher Journalisten mit der Beschreibung des 'typischen' US-amerikanischen Journalisten (vgl. Weaver/Wilhoit 1991), so spricht viel für die These, daß die Berufsgruppe der Journalisten in den Industriegesellschaften westlichen Typs strukturübergreifende Ähnlichkeiten aufweist, wobei die beruflichen Einstellungen freilich z. T. divergieren. So zeigen die Befragungen von nordamerikanischen, britischen und deutschen Journalisten z. B. Divergenzen bei den berufsethischen Prädispositionen (vgl. Weischenberg 1995, 466 ff.).

In Deutschland wie in vergleichbaren anderen Ländern hat sich die Zahl der Journalisten in den letzten 20 Jahren nahezu verdoppelt. Immer mehr Akademiker arbeiten in den deutschen Redaktionen; nicht anders ist die Situation in den USA und in Frankreich. Der Frauenanteil ist in allen drei Ländern auf rund ein Drittel gestiegen. Auffallend auch, daß der Journalismus in der Bundesrepublik, in den USA, in Frankreich und auch in Österreich zu einem Beruf vor allem jüngerer Personen geworden ist: das Durchschnittsalter liegt in allen diesen Ländern (z. T. deutlich) unter 40 Jahren.

4.2. Das journalistische Selbstverständnis

Die Frage, wie Journalisten ihre Aufgabe definieren, hat in der Kommunikatorforschung lange Zeit dominiert. Diesem Interesse lag die Überzeugung zugrunde, daß das Rollenselbstverständnis tatsächlich handlungsleitend für die Arbeit von Journalisten ist.

Bei den Schlußfolgerungen aus Befunden, die ausschließlich auf Selbstbeschreibungen beruhten, war man dann nicht zimperlich: Allein auf Befragungen zum Rollenselbstbild stützten sich Argumentationsketten, die von der Aussagenentstehung über die Medieninhalte bis zu den Medienwirkungen reichten und erheblichen kommunikationspolitischen Zündstoff darstellten, ohne daß eine hinreichende theoretische Stringenz und empirische Evidenz erkennbar war (vgl. Weischenberg 1989).

Als Schwachpunkt der Polemiken erwies sich aber nicht nur das deutliche Interesse, „Legitimationsprobleme des Journalismus" (Donsbach 1982) zu thematisieren, sondern auch der fehlende Beleg für eine theoretische Grundannahme der Rollenselbstverständnis-Forschung, die ja von institutionellen Kontexten und organisatorischen Imperativen zunächst völlig abstrahiert: Daß die Kommunikationsabsichten nicht nur potentiell handlungsleitend für die Arbeit von Journalistinnen und Journalisten sein können, sondern nachweisbar Handlungsrelevanz besitzen (vgl. Weischenberg/Bassewitz/Scholl 1989).

Trotz solcher Einschränkungen wird der empirischen Untersuchung des journalistischen Rollenselbstverständnisses weiterhin eine zentrale Bedeutung zugewiesen – und zwar hinsichtlich der Zahl der Studien, fachpolitischer Strategien im Zusammenhang mit der 'Professionalisierung' des Journalismus sowie fachhistorischer Entwicklungslinien der Kommunikationswissenschaft (vgl. Böckelmann 1933, 42 f.).

In der Studie 'Journalismus in Deutschland' (vgl. Weischenberg 1995, 438 ff.) ist versucht worden, die prinzipielle – und im Rahmen von Befragungen auch nicht aufhebbare – Diskrepanz zwischen Kommunikationsabsichten (Rollenaspekt) und deren Umsetzung in Medienhandlungen (Strukturaspekt) durch eine Erweiterung der Selbstbeschreibung zu reduzieren: Die befragten Journalistinnen und Journalisten sollten nicht nur angeben, ob und in welchem Ausmaß sie bestimmten Aussagen zu ihren beruflichen Zielen zustimmen oder nicht, sondern auch, ob und in welchem Ausmaß sie diese Ziele in ihrem beruflichen Alltag auch tatsächlich erreichen können.

Den Befragten wurde dazu ein sehr differenziertes Raster vorgelegt, das die verschiedenen Dimensionen des Rollenselbstverständnisses vom engagierten und kontrollierenden über den informierenden und vermittelnden bis zum unterhaltenden Journalismus abdeckte. Auf diese Weise wurde es zumindest annäherungsweise möglich, sowohl normative Intentionen als auch die – nach eigener Einschätzung – tatsächliche Umsetzung dieser Intentionen in differenzierter Form zu beschreiben.

Die Auswertung der Ergebnisse zur Beschreibung der Kommunikationsabsichten kristallisierte im wesentlichen drei Bereiche heraus, die deutlich unterschiedliche Zustimmung fanden: an der Spitze die neutrale Vermittlung, dann Zielvorstellungen, die mit der Wahrnehmung einer Orientierungsfunktion in Beziehung zu bringen sind, und schließlich – deutlich abgeschlagen – Aufgabenbeschreibungen, die in erster Linie mit Kritik und Kontrolle zu tun haben.

Die meiste Zustimmung fanden also vor allem Rollenselbstbeschreibungen, die auf typische Merkmale des westlichen Informationsjournalismus zielen. Die deutschen Journalistinnen und Journalisten verstehen sich demnach vor allem als 'neutrale Vermittler', die ihrem Publikum komplexe Sachverhalte erklären und es schnell und präzise informieren wollen. Rund drei Viertel der Befragten konnten all diesen Antwortvorgaben jeweils voll und ganz oder zumindest überwiegend zustimmen.

Neue Trends aufzeigen will gut die Hälfte aller Journalisten; noch jeweils fast zwei Fünftel wollen positive Ideale vermitteln und dem Publikum Lebenshilfe bieten. Auf der anderen Seite finden sich in dieser Gruppe Rollenselbstbeschreibungen, die auf den Journalismus als Infotainment zielen. Rund die Hälfte der Journalisten stimmen den darauf zielenden Antwortvorgaben jeweils voll und ganz oder überwiegend zu, darunter vor allem die unter 35jährigen.

Dabei überrascht zunächst, daß gleichfalls ein gewisser Konsens darüber besteht, die intellektuellen und kulturellen Interessen des Publikums anzusprechen. Möglicherweise verweist die Zustimmung zu diesem Rollenselbstbild aber darauf, daß eine Unterhaltungsorientierung nicht zwangsläufig mit einer generellen Trivialisierung der Berichterstattungsansprüche einhergehen muß.

Die dritte Gruppe, die alle Rollenselbstbeschreibungen mit der vergleichsweise geringsten Zustimmung enthält, bietet eine indirekte Bestätigung der Dominanz des Informationsjournalismus: Offenbar wollen die meisten Journalisten – anders, als ihre Kritiker behaupten (vgl. z. B. Köcher 1985) – gar nicht in erster Linie ihre eigenen Ansichten dem Publikum präsentieren. Nur rund ein Viertel der Journalisten verfolgt nämlich den Befunden zufolge solche Ziele eines 'Meinungsjournalismus'. Ähnliches gilt für die Kontrolle politischer oder ökonomischer Institutionen.

Die meiste Zustimmung finden hier Selbstbeschreibungen, die auf eine allgemeine Kontrollfunktion gerichtet sind. Jeweils gut ein Drittel der Journalisten sieht sich allgemein als Gegenpart zu politischen Instanzen, will Politik, Wirtschaft und andere gesellschaftliche Bereiche kontrollieren oder Stellungnahmen der Regierung recherchieren. Diese schon recht geringe Zustimmung, die ein 'Journalismus als vierte Gewalt' im Selbstverständnis der Journalisten findet, wird noch mehr reduziert, wenn die Kontrollfunktion konkretisiert und zugespitzt wird. So versteht sich nur gut ein Viertel der Journalistinnen und Journalisten als Gegenpart zur Wirtschaft. Lediglich knapp ein Fünftel der Befragten schließlich will die politische Tagesordnung beeinflussen – indem beispielsweise politische Themen diskutiert werden, die sich noch in der Entwicklung befinden.

Der Erfassung von Handlungsrelevanz der Kommunikationsabsichten sollte dann folgende Vorgehensweise dienen: Alle Journalisten, die einer Aussage zu den beruflichen Zielen zugestimmt hatten, wurden zusätzlich danach befragt, inwieweit und in welchem Maß es ihnen gelingt, das betreffende Ziel in der alltäglichen Arbeit auch umzusetzen. Die Antworten lassen auf einen durchweg hohen Umsetzungsgrad schließen. Nur bei drei Antwortvorgaben zum Rollenselbstverständnis – „Politik kontrollieren", „politische Tagesordnung beeinflussen" und „sich für Benachteiligte einsetzen" – zeigte ein größerer Teil (jeweils knapp die Hälfte) dieser Journalistinnen und Journalisten Zweifel an der Realisierbarkeit ihrer Ziele.

Besonders leicht zu realisieren sind dagegen offenbar Ziele wie „keine Nachrichten zu publizieren, deren Inhalt nicht faktisch bestätigt ist", „schnell zu informieren", „neutral und präzise zu informieren", „zu unterhalten" und „nur für ein breites Publikum interessante Nachrichten zu präsentieren". Die Erklärung hierfür kann sein, daß der Informations- und der Unterhaltungsjournalismus, für den die genannten Ziele stehen, auf im Mediensystem weitgehenden konsentierten Standards beruht.

Schwieriger ist die Umsetzung von Kommunikationsabsichten offenbar dann, wenn Ziele angestrebt werden, die zumeist nicht zu den primären Aufgaben des Journalismus gezählt werden. Dazu gehören z. B.: Lebenshilfe anzubieten, positive Ideale zu vermitteln und sich für Benachteiligte einzusetzen. Besonders skeptisch beurteilen die Journalistinnen und Journalisten ihren tatsächlichen Einfluß auf die Systeme Politik und Wirtschaft. Ein Rollenselbstverständnis, bei dem ein 'Journalismus als vierte Gewalt' im Vordergrund steht, hat in der Medienpraxis offenbar mit den größten Problemen zu kämpfen. Damit ist eine wichtige Schlußfolgerung für die Handlungsrelevanz des journalistischen Rollenselbstverständnisses benannt: Sie ist demnach davon abhängig, wie konsentiert Kommunikationsabsichten im Mediensystem sind. Je umstrittener (oder anspruchsvoller) das Ziel, desto weniger direkt kann auf die Umsetzbarkeit geschlossen werden.

Im Rahmen der nordamerikanischen Kommunikatorforschung zeigten die Befunde zum journalistischen Rollenselbstverständnis im Laufe von zwei durch repräsentative Studien erfaßten Jahrzehnten keine auffallenden Veränderungen (vgl. Johnstone et al. 1976; Weaver/Wilhoit 1991). 1982/83 hielt die Mehrheit der Befragten die Rolle des Interpretiers für besonders wichtig. Aber, wie schon ein Jahrzehnt zuvor, gab es hier kaum 'reine Typen'. Ungefähr die Hälfte derjenigen, die sich als 'Interpretierer' sahen, sagten, daß sie die Rolle des Informations-Verbreiters ebenfalls für sehr wichtig hielten. Aber nur ein Fünftel der 'Interpretierer' sagten, daß die Widersacher-Rolle wichtig sei für den Journalismus.

Ebenfalls für etwa die Hälfte der Journalisten war die Rolle des Verbreiters von Informationen von großer Bedeutung: 'Interpretierer' und 'Informationsverbreiter' traten häufig als kombiniertes Rollenselbstverständnis auf. Nur etwa ein Fünftel der Journalisten war aber der Gruppe der Widersacher zuzurechnen. Es zeigte sich also, daß es keineswegs einen klaren Trend zum Rollenselbstverständnis des aggressiven Widersachers im amerikanischen Journalismus gibt, wie in der Nach-Watergate-Ära immer wieder behauptet worden war. Vielmehr haben die Journalisten offenbar realisiert, daß die neuen Informationsangebote, die zu einer Segmentierung des Publikums führen, Presse und Rundfunk ihre alte Funktion nehmen, 'Massen-Medien' zu sein.

5. Professionalisierung und Sozialisation

Die beruflichen Einstellungen und Verhaltensweisen von Journalisten werden durch Prozesse beeinflußt, die in der Kommunikatorforschung 'Professionalisierung' und 'Sozialisation' genannt werden. Professionalisierung gilt berufsstrukturellen Entwicklungen insgesamt; Sozialisation bezieht sich auf den 'Verberuflichungsprozeß', der den Einzelnen und die Einzelne betrifft. Dabei werden die Normen gelernt und verinnerlicht, die in den Medieninstitutionen jeweils Gültigkeit besitzen. Durch Sozialisation werden Journalisten Mitglieder dieser Institutionen.

Das Konzept der Professionalisierung, das der Einordnung und Bewertung von Berufen vor allem unter dem Aspekt der Qualifikationsvoraussetzungen, des Prestiges und der beruflichen Bedingungen dient, stammt aus der Berufssoziologie. Es besitzt – neben dem Gatekeeper-Ansatz – auch für die empirische Kommunikatorforschung herausragende Bedeutung. Der Begriff ist freilich nicht eindeutig; mit 'Professionalisierung' werden im wesentlichen drei verschiedene Perspektiven erfaßt:

(a) die Untersuchung allgemeiner berufsstruktureller Prozesse in einer Gesellschaft;
(b) die Untersuchung spezifischer Abschnitte beruflicher Sozialisation;
(c) die Untersuchung von qualitativen Veränderungsprozessen einzelner Berufe bzw. Berufssparten ('Verberuflichung').

Diese Professionalisierung als Erfassung der 'Verberuflichung' von Berufen unterscheidet auf einer gleitenden Skala Tätigkeiten unverbindlicherer und anspruchsloserer Art von den sogenannten 'Professionen'. Als solche vollprofessionalisierten Berufe, als die 'klassischen Professionen', haben sich seit dem Ende des Mittelalters insbesondere die Juristen, die Wissenschaftler und die Mediziner etablieren können (vgl. z. B. Wilensky 1972).

Der Journalismus ist von den Merkmalen dieser Professionen gewiß ein gutes Stück entfernt. Dennoch hat sich der Ansatz für die Journalismusforschung als fruchtbar erwiesen, seit, bescheidener, nach Professionalisierungstendenzen anhand bestimmter Kriterien gefragt worden ist (vgl. Koszyk 1974). Für solche Untersuchungen gibt es in der neueren Literatur, insbesondere auch innerhalb der deutschsprachigen Kommunikatorforschung, verschiedene Beispiele (vgl. z. B. Nayman 1973; Janowitz 1975; Langenbucher 1974).

Während die Gatekeeper-Forschung als zentrales Thema Kommunikationsprozesse im Rahmen der Aussagenentstehung betrachtet (vgl. Weischenberg 1992, 304 f.), also faktisches Verhalten in den Institutionen der Massenkommunikation untersucht (insbesondere die Einflußfaktoren auf Nachrichtenselektion und Nachrichtenbearbeitung), wird über die deskriptiven Kriterien des Konstruktes 'Professionalisierung' versucht, generellere Aussagen über die Berufsrolle des Kommunikators, seine Sozialisation usw. machen zu können. Unterstellt wird dabei, daß bestimmte berufliche Handlungsdispositionen Einfluß haben auf das faktische Verhalten von Kommunikatoren. Dahinter steht die allgemeine Frage, wie eine verantwortungsvolle journalistische Arbeit sicherzustellen ist.

Für die Annahme, daß es einen Unterschied macht, welche professionelle Orientierung ein Journalist hat, gibt es eine Reihe von empirischen Belegen. So hatte schon in den fünfziger Jahren der amerikanische Soziologe Warren Breed (1973, 376) herausgefunden, daß die Existenz bestimmter beruflicher Orientierungen mit entscheidend dafür sein kann, wie resistent ein Journalist gegenüber der Politik des Verlegers bzw. Herausgebers ist.

Empirische Befunde, die einen mehr oder weniger hohen Professionalisierungsgrad von Berufskommunikatoren zutage fördern, provozieren aber auch Fragen nach negativen Aspekten der Professionalisierung von Kommunikatoren. Gerade in der deutschsprachigen Kommunikatorforschung ist angezweifelt worden, daß überhaupt wünschenswert wäre, wenn der Journalismus zu einer 'abgeschotteten' Profession würde (vgl. Weischenberg 1995, 502 ff.). Untersuchungsergebnissen zufolge haben sich nämlich die stärker professionell orientierten Journalisten in ihrem beruflichen Verhalten am weitesten von der Öffentlichkeit entfernt. Dies stünde im Widerspruch zu dem Postulat, die Bürgerinnen und Bürger stärker an der vermittelten Kommunikation partizipieren zu lassen und dazu neue Inhalte und Formen der Berichterstattung zu entwickeln. Deshalb wird das Professionalisierungskonzept – trotz seines forschungsleitenden Wertes – von verschiedenen Wissenschaftlern kritisiert (vgl. z. B. Kepplinger/Vohl 1976).

Auch wer diesen Kritikern nicht folgt, wird fragen, ob sich der Journalismus überhaupt zum Vergleich mit den als 'klassisch' bezeichneten Professionen eignet. Er ist ein von kommerzieller Marktorientierung bestimmter, außerberuflichen Einflüssen stark unterworfener Beruf. Eine Freisetzung der Journalisten von Laienkritik erscheint zudem als kommunikationspolitisch nicht wünschenswert. Und schließlich gibt es wegen ungenauer Kriterien über den tatsächlichen Professionalisierungsgrad der Journalisten durchaus unterschiedliche Einschätzungen.

Besonders notwendig ist es hier aber, die strukturellen Besonderheiten der Medientätigkeit zu berücksichtigen. Beim Journalismus handelt es sich um ein heterogenes, segmentiertes, uneinheitliches Berufsfeld. Durchaus nicht falsch ist es, wenn die 'professionelle Situation' der Journalisten, etwa im Vergleich zum Mediziner und Juristen, als 'anormal' bezeichnet wird: Durch die Finger der Journalisten geht zwar ungeheuer viel Wissen, aber mit den Adressaten der Informationen, den Klienten, haben sie direkt kaum etwas zu tun. Sie steuern nicht die Kontroll-Prozesse, sondern sind ein Teil von ihnen. Sie sind abhängig Arbeitende; nur ein 'Zeit-Status' verbindet sie mit den Elite-Personen.

Alle Journalisten lernen ihren Beruf dabei auf dieselbe Weise: am Arbeitsplatz. Dort werden sie durch 'Sozialisation' an das 'journalistische Milieu' angepaßt. Auf dabei ablaufende Mechanismen, denen sich kein Berufsangehöriger entziehen kann, hat zuerst Warren Breed (1973) aufmerksam gemacht. Breed entdeckte bei seiner Untersuchung von Zeitungsredakteuren, welch große Bedeutung das Normenlernen insbesondere für die Kontinuität redaktioneller Produktion besitzt.

Die Anpassung der Redaktionsmitglieder an die redaktionellen Regeln seinen Befunden zufolge zum einen dadurch, daß der Neuling vom Chefredakteur und anderen Kollegen, durch Redaktionskonferenzen und Hausbroschüren 'auf Linie' gebracht wird. Zum anderen dadurch, daß er mehr oder weniger unbewußt durch Lektüre der eigenen Zeitung, durch Redaktionsklatsch und durch eigene Beobachtungen die in der Redaktion geltenden Normen übernimmt.

Aber warum funktioniert dieser soziale Mechanismus? Warren Breed machte dazu eine Beobachtung, die später immer wieder bestätigt worden ist: Der Journalist bezieht seine Anerkennung nicht in erster Linie von den Lesern, Hörern oder Zuschauern, sondern von Arbeitskollegen und Vorgesetzten. Da Journalisten auf die Integration in die Redaktion angewiesen sind, besteht stets die Gefahr, daß sich auch ihre Wirklichkeitsentwürfe prinzipiell eher an den Werten ihrer Kollegen orientieren.

Diese betriebliche Sozialisation, bei der die redaktionellen Normen gelernt und verinnerlicht werden, ist im Grunde aber niemals abgeschlossen. Wie dieser Anpassungsprozeß funktioniert, haben andere Kommunikationsforscher wie Bernd Groß (1981) mit einzelnen Beispielen belegt; Groß spricht in diesem Zusammenhang vom Lernen der 'Hausordnung'.

Alle diese Beobachtungen und Befunde zeigen, in welch starker Weise die 'subjektive' mit der 'objektiven' Dimension im Journalismus verknüpft ist. Dies begrenzt den individuellen Spielraum für die Akteure. Doch sind der einzelne Journalist und die einzelne Journalistin bei ihrer Wirklichkeitskonstruktion deshalb keineswegs individueller Entscheidungen enthoben und vor berufsethisch schwierigen Situationen geschützt.

6. Die Zukunft des Journalismus

Im Rahmen einer Studie zur Zukunft des Journalismus und der Journalistenausbildung sind westdeutsche Medienexperten um Prognosen zur Entwicklung der journalistischen Funktionen, der Formen der Arbeitsorganisation in den Redaktionen und um differenzierte Einschätzungen zu den einzelnen Medien und den unterschiedlichen journalistischen Rollen gebeten worden (vgl. Weischenberg/Altmeppen/Löffelholz 1994). Generell weisen die Aussagen dieser Experten darauf hin, daß die Bedeutung der klassischen Medien als zentrale Instanzen zur Herstellung von (politischer) Öffentlichkeit im wesentlichen erhalten bleibt oder sogar zunimmt. Dies steht im Widerspruch zu Prognosen, wonach technisch verbesserte Möglichkeiten der Individualkommunikation mittel- oder langfristig die Funktion und Relevanz der Massenmedien und ihrer Journalisten einschränken werden (vgl. Weischenberg 1985). Das Fernsehen wird nach Meinung der meisten Experten sogar noch wichtiger werden; Hörfunk, Nachrichtenagenturen und Tageszeitungen können ihre Position weitgehend behaupten.

Den Prognosen zufolge wird das System Journalismus künftig vor allem drei Funktionen zu erfüllen haben: Information, Unterhaltung und Lebenshilfe/Orientierung. Die Relevanz anderer Funktionen ist grundsätzlich umstritten oder wird allenfalls für Teilsysteme akzeptiert.

Da die Informationsfunktion nach Ansicht der Experten auch in den nächsten Jahren von den Medien im wesentlichen erfüllt wird, bleiben auch bestimmte Grundstrukturen des Mediensystems erhalten: makroperspektivisch die Gesamtgliederung (Agenturen, Zeitungen, Zeitschriften, elektronische Medien), mikroperspektivisch die Binnenorganisation bestimmter Medienteilsysteme sowie die wesentlichen Tätigkeitsfelder des Nachrichtenjournalismus.

Eine wachsende Bedeutung prognostizieren die Experten für die Unterhaltungsfunktion, die in funktionalen Definitionen des Journalismus bisher kaum berücksichtigt wurde. Eingeleitet durch den Versuch privat-kommerzieller Rundfunkveranstalter, sich von den traditionellen Nachrichtensendungen öffentlich-rechtlicher Rundfunkanstalten abzugrenzen und ihre Sendungen für ein großes Publikum attraktiver zu gestalten, verschmelzen Information und Unterhaltung zunehmend zum 'Infotainment'. Gerade diese Entwicklung, die nach Ansicht einiger Experten auch auf weitere Medienteilsysteme übergreifen wird, könnte den Nachrichtenjournalismus vor neue Anforderungen stellen – mit weitreichenden Konsequenzen für das journalistische Selbstverständnis, die journalistischen Qualitätsmaßstäbe und die Standards der Berichterstattung.

Neben Unterhaltung und Information wird sich nach Auffassung der Experten eine zusätzliche Aufgabe als Funktion des Journalismus etablieren, die zwar schon seit einiger Zeit thematisiert wird, aber noch nicht hinreichend expliziert ist: das „Gebrauchsverstehen" (Rühl 1990, 50), die Lebenshilfe und Orientierung. Um dieser neuen Funktion gerecht werden zu können, müßten die Journalisten mehr als bisher Orientierungswissen bereitstellen.

Wenn sich diese Orientierungsfunktion etabliert, müßte die Perspektive im künftigen Journalismus stärker auf die Vermittlung und weniger auf die Information gerichtet werden; Information würde stärker als Gebrauchs- und Handlungswissen definiert. Diese Leistung des Systems Journalismus erfordert modifizierte Strukturen der Arbeitsorganisation und veränderte Kompetenzanforderungen, die direkten Einfluß auf die oben beschriebenen Basisqualifikationen haben. Notwendig wird (vgl. Weischenberg 1990)

(a) Sachkompetenz, die es ermöglicht, den inhaltlichen Zugang zu den Themen zu finden;
(b) Fachkompetenz, die insbesondere eine effektive Aneignung von Sachkompetenz und eine angemessene Vermittlung der Inhalte gewährleistet;
(c) Vermittlungskompetenz, die den differenzierten Publikumserwartungen und Berichterstattungsthemen gerecht wird;
(d) Soziale Orientierung, die zu einem möglichst autonomen, reflektierten journalistischen Handeln in redaktionellen Zusammenhängen führt.

Die bestehende Arbeitsteilung in den Redaktionen hat sich hingegen offenbar so weit bewährt, daß eine generelle Auflösung dieser Strukturen auch langfristig eher unwahrscheinlich ist. Deshalb kommt es nach Auffassung der Experten vor allem über eine schrittweise Aufweichung der Klassischen Ressortaufteilung zu neuen oder modifizierten Formen der Arbeitsorganisation. Dies bedeutet, daß die Ressortgrenzen durchlässiger werden müssen; die Ressortaufteilung verändert sich oder könnte sogar ganz aufgehoben werden.

Innerhalb der bestehenden Arbeitsstrukturen wird die Teamarbeit wichtiger. Außerdem hält es ein Teil der Experten für wahrscheinlich, daß Projektredaktionen eingeführt werden, die komplexe Querschnittsthemen über Ressortgrenzen hinweg durch eine Gruppe von Journalisten (unterstützt durch Fachleute) bearbeiten könnten. Angesichts solcher Voraussagen wirken die gegenwärtigen quasi-industriellen, hierarchisch-arbeitsteiligen Strukturen der Medienbetriebe zunehmend dysfunktional. Diesen Erwartungen einer ganzheitlicheren Arbeitsorganisation steht die Einschätzung fast aller Experten gegenüber, daß die journalistische Produktion insgesamt arbeitsteiliger wird.

In dem Neben- und Miteinander von arbeitsteiliger und ganzheitlicher Medienproduktion bedeutet die technisch induzierte 'neue Ganzheitlichkeit', daß die Journalisten mehr Verantwortung für das Gesamtprodukt (Zeitungsseite, Sendeblock) erhalten. Dies kann aber unerwünschte Konsequenzen haben, denn die Übernahme ganzheitlicher Produktion führt zu einer erhöhten Arbeitsbelastung und möglicherweise zu verminderten Zeitbudgets. Da die Personalstellen keinesfalls aufgestockt, eher noch verringert werden, geht sie zu Lasten der zentralen journalistischen Tätigkeiten Selektieren, Redigieren und Recherchieren. Die notwendige Folge wäre dann doch ein ausdifferenziertes Rollensystem in der Redaktion wie es zum Beispiel im nordamerikanischen Journalismus seit langem üblich ist.

Die Veränderung der Arbeitsorganisation kann zu einer allmählichen Gleichstellung von Frauen im Journalismus führen. Doch ebenso kann eine fortschreitende Segmentierung der Arbeitszusammenhänge, wie sie sich in der Entwicklung von Spartenprogrammen und im starken Bedarf nach mehr Spezialisten im Journalismus niederschlägt, auch dazu führen, daß neue Segmentierungslinien zwischen den Geschlechtern entstehen (vgl. Neverla 1983). Entwicklungen wie Projektredaktionen und eine Zunahme von archivarischen bzw. dokumentarisch-recherchierenden Tätigkeiten entsprechen möglicherweise zwar eher den Anforderungen, die Frauen an ihre berufliche Tätigkeit stellen. Werden die beruflichen Belastungen – etwa durch die zunehmende Informationsmenge und -qualität – aber höher, so ist zu erwarten, daß Frauen weiterhin Vermeidungsstrategien – vielleicht in noch stärkerem Ausmaß – anwenden, so daß der Frauenanteil vor allem in den journalistischen Kernressorts sinken würde.

Die Qualitätsanforderungen werden zwar grundsätzlich in allen Bereichen des Journalismus erheblich höher werden. Doch gibt es dabei in den einzelnen Tätigkeitsfeldern erhebliche Unterschiede. In Einzelfällen werden – gemessen an allgemeinen journalistischen Berufsstandards – geringere Anforderungen erwartet. Dies gilt insbesondere für technische Redakteure, Dokumentationsjournalisten und Moderatoren. In allen drei Fällen handelt es sich um spezialisierte Tätigkeiten mit entsprechend geschnittenen Aufgabenfeldern. Im Gegensatz zu den übrigen Tätigkeitsfeldern sind die Qualitätsanforderungen hier in der Breite nicht sehr groß, sondern weisen stark divergierende Werte auf. Moderatoren benötigen höchste Vermittlungsqualifikationen, aber kaum Sachkompetenz.

Bei technischen Redakteuren gilt dies einerseits für die technische Kompetenz und andererseits für die Soziale Orientierung; die Fähigkeit und Bereitschaft zur Teamarbeit scheint hier ein wesentlicher Faktor der Qualifikation zu werden. Dokumentationsjournalisten sind Zuträger, welche die inhaltlich-journalistische Arbeit unterstützen und daher vor allem Sachkompetenz benötigen.

Einen Sonderfall im gesamten Bild der höchsten Qualifikationsanforderungen bildet der privat-kommerzielle Rundfunk. Nur bei der Vermittlungskompetenz werden dort arbeitende Journalisten künftig gleich hohe Anforderungen wie Journalisten in anderen Medien erfüllen müssen. Sachkompetenz wird vor allem bei den Printmedien gefordert werden; Fachkompetenz ist und bleibt ein wichtiger Faktor bei den elektronischen Medien und den Agenturen.

Erwartungsgemäß bündeln sich in den Tätigkeitsfeldern von leitenden Redakteuren – mit einer Ausnahme – mehrere Qualifikationsanforderungen mit hohen Werten, die über die Palette der Kompetenzen verteilt sind. Die Ausnahme ist auch hier der privat-kommerzielle Rundfunk. Vermittlungskompetenz wird in diesem Medienteilsystem zur überragend notwendigen Qualifikation für Journalisten, die dazu noch über ein großes Maß an persönlichen Merkmalen verfügen müssen. 'Infotainment' bestimmt hier die Definition der Berufsrolle.

Leitende Journalisten erwartet insgesamt eine verstärkte Einbindung in Führung und Organisation von Medienbetrieb und Redaktion/Programmabteilung/Ressort. Zunehmend müssen Managementqualifikationen erworben und eingebracht werden. Personalführung, Einsatz und effektive Nutzung des technischen Equipments, betriebswirtschaftliche Aspekte der Redaktion als Subsystem des Medienunternehmens gehören dazu.

Die Teil- und Gesamtleitungsrollen im Journalismus werden also zunehmend in betriebswirtschaftliche Aufgabenerfüllung eingebunden – womöglich zu Lasten journalistischer Tätigkeiten. Leitende Redakteure avancieren also nicht unbedingt zu „Managern der Kommunikation" (Jacobi et al. 1977), sondern agieren eher als Steuerungsinstanzen journalistischer Produktion.

Auf der medialen Ebene gibt es einen auffälligen, keineswegs neuen, aber wohl zukunftsweisenden Trend, der die Journalisten bei privat-kommerziellen Rundfunkveranstaltern betrifft: Daß diese Journalisten in besonderem Maße technische Kompetenz benötigen, ist insbesondere bei Erhebungen zur Produktionstechnik in den Medienbetrieben deutlich geworden (vgl. Weischenberg 1995, 61 ff.). Diese Situation wird sich nach Meinung der Experten auf lange Sicht nicht ändern; die strukturellen Bedingungen der Redaktionsarbeit in privat-kommerziellen Rundfunksendern werden Bestand haben. Die typischen Merkmale der Arbeit – z. B. die Moderation im Selbstfahrerstudio, also die Gleichzeitigkeit journalistischer und technischer Tätigkeit; die symmetrische Verteilung aller Tätigkeiten von der journalistischen Produktion bis zur Werbeaquisition auf alle Mitarbeiter – unterscheiden diese Redaktionen (immer noch) von der Arbeitsorganisation im öffentlich-rechtlichen Rundfunk.

Die meisten Experten stimmten der Einschätzung zu, daß nationale (bzw. sprachräumlich gegliederte) Mediensysteme auch im nächsten Jahrzehnt allein deshalb ihre zentrale Bedeutung behalten werden, weil gesamteuropäisch ausgerichtete Medien kaum rentabel arbeiten könnten. Unter den Bedingungen einer allmählichen 'Europäisierung' der Medien werden die Journalisten aber auf jeden Fall bessere Fremdsprachenkenntnisse besitzen müssen. In diesem Prozeß, so erwarten die Experten, verändern sich die Qualifikationsanforderungen vor allem für Journalisten, die für eher international orientierte Medien (Fernsehanstalten, Nachrichtenagenturen, Fachzeitschriften) arbeiten. Tages-, Sonntags- und Wochenzeitungen sowie Publikumszeitschriften werden, so lautet die Prognose, ihre Qualitätsmaßstäbe dagegen kaum 'europäischer' ausrichten.

Bei der Beschreibung des künftigen Journalismus und seiner Qualifikationsanforderungen ist also von erheblichen medialen, redaktionellen, skalaren und funktionalen Differenzen auszugehen. Für alle Journalistinnen und Journalisten wird sich aber der Stellenwert einer guten Ausbildung und einer kontinuierlichen Fortbildung erhöhen. 'Multimedia' — die technische Verschmelzung von herkömmlichen Medien und Computern mit Hilfe digitaler Datenkompression — kann dabei sowohl Beschäftigungsmotor als auch Jobkiller sein. Wie sich diese Innovationen ('Online-Journalismus') auf den Arbeitsmarkt im einzelnen auswirken werden, ist bisher kaum abzusehen.

7. Literatur

Becker, Barbara v., Berufssituation der Journalistin. Eine Untersuchung der Arbeitsbedingungen und Handlungsorientierung von Redakteurinnen bei der Tageszeitung. München 1980.

Breed, Warren, Soziale Kontrolle in der Redaktion: Eine funktionale Analyse. In: GKJ, 356–378.

Donsbach, Wolfgang, Legitimationsprobleme des Journalismus. Gesellschaftliche Rolle der Massenmedien und berufliche Einstellung von Journalisten. Freiburg/München 1982.

Dygutsch-Lorenz, Ilse, Die Rundfunkanstalt als Organisationsproblem. Düsseldorf 1971.

Fabris, Hans H., Das Selbstbild des Kommunikators bei Tageszeitungen, Publizistik 16, 1971, 357–368.

Fischer, Heinz-Dietrich, Kommunikationsberufe — undefinierter Sammelbegriff für heterogene publizistische Tätigkeitsbereiche. In: Spektrum der Kommunikationsberufe. Hrsg. v. Heinz-Dietrich Fischer. Köln 1979, 9–53.

Freise, Heinrich/Jochen Draht, Die Rundfunkjournalistin. Berlin 1977.

Görner, Felix, Vom Außenseiter zum Aufsteiger. Ergebnisse der ersten repräsentativen Befragung von Sportjournalisten. Berlin 1995.

Groß, Bernd, Journalisten — Freunde des Hauses? Zur Problematik von Autonomie und Anpassung im Bereich der Massenmedien. Saarbrücken 1981.

Hienzsch, Ulrich, Journalismus als Restgröße. Redaktionelle Rationalisierung und publizistischer Leistungsverlust. Wiesbaden 1990.

Jacobi, Ursula/Günter Nahr, Manager der Kommunikation. Berlin 1977.

Janowitz, Morris, Professional models in journalism: the gatekeeper and the advocate. In: JQ 52, 1975, 618–626, 662.

Johnstone, John W. C./Edward J. Slawski/William W. Bowman, The news people. A sociological portrait of American journalists and their work. Urbana/Chicago/London 1976.

Kepplinger, Hans M./Inge Vohl, Professionalisierung des Journalismus? Theoretische Probleme und empirische Befunde. In: RuF 24, 1976, 309–345.

Köcher, Renate, Spürhund und Missionar. Eine vergleichende Untersuchung über Berufsethik und Aufgabenverständnis britischer und deutscher Journalisten. Diss., München 1985.

Koszyk, Kurt, Professionalisierung durch Wissenschaft. Journalistenausbildung zwischen Berufung und Beruf. In: Aus Politik und Zeitgeschichte. Beilage zur Wochenzeitung „Das Parlament" 1974/24, 27–37.

Kutsch, Arnulf, Max Webers Anregung zur empirischen Journalismusforschung. Die „Zeitungs-Enquête" und eine Redakteurs-Umfrage, Publizistik 33, 1988, 5–31.

Langenbucher, Wolfgang R., Kommunikation als Beruf. Ansätze kommunikationswissenschaftlicher Berufsforschung, Publizistik 19/20, 1974, 1975, 256–277.

Mast, Claudia, Der Redakteur am Bildschirm. Auswirkungen moderner Technologien auf Arbeit und Berufsbild der Journalisten. Konstanz 1984.

Mühlberger, Holger, Stille Teilhaber. Zur gesellschaftlichen Integration von Lokaljournalisten. In: Angepaßte Außenseiter. Was Journalisten denken und wie sie arbeiten. Hrsg. v. Hans M. Kepplinger. Freiburg/München 1979, 97–114.

Nayman, Oguz B., Professional orientations of journalists: An introduction to communicator analysis studies. In: Gazette XIX, 1973/4, 195–212.

Neverla, Irene, Arbeitsmarktsegmentation im journalistischen Beruf, Publizistik 28, 1983, 343–362.

Neverla, Irene/Gerda Kanzleiter, Journalistinnen. Frauen in einem Männerberuf. Frankfurt a. M. 1984.

Noelle-Neumann, Elisabeth, Der getarnte Elefant. Über die Wirkung des Fernsehens. In: Öffentlichkeit als Bedrohung. Beiträge zur empirischen Kommunikationsforschung. Hrsg. v. Elisabeth Noelle-Neumann. Freiburg/München 1979, 115–126.

Prott, Jürgen, Berufsbild der Journalisten im Wandel? Zeitungsredakteure unter den Bedingungen der Bildschirmarbeit. Frankfurt a. M. 1983.

–, Bewußtsein von Journalisten. Frankfurt a. M./Köln 1976.

Rühl, Manfred, Die Zeitungsredaktion als organisiertes soziales System. Fribourg ²1979.

–, Journalismus und Gesellschaft. Mainz 1980.

–, Operation „Gebrauchsverstehen". Plädoyer für eine Funktionsverlagerung im Journalismus der Gegenwartsgesellschaft. In: Professionalität und Profil, Essentials eines engagierten Journalismus. Hrsg. v. Hermann-Josef Schmitz. Stuttgart 1990, 49–68.

Rust, Holger, Entfremdete Elite? Journalisten im Kreuzfeuer der Kritik. Wien 1986.

Schönbach, Klaus et al., Oberlehrer und Missionare. Das Selbstverständnis deutscher Journalisten. In: Öffentlichkeit, öffentliche Meinung, soziale Bewegungen. Hrsg. v. Friedrich Neidhardt. Opladen 1995, 139–161.

Schütt, Bernd, Vom Tagesschriftsteller zum technischen Redakteur? Versuch einer logisch-historischen und empirischen Analyse journalistischer Tätigkeit. Frankfurt a. M. 1981.

Weaver, David H./G. Cleveland Wilhoit, The american journalist. A portrait of U. S. news people and their work. Bloomington/Ind., ²1991.

Weischenberg, Siegfried, Der enttarnte Elefant. Journalismus in der Bundesrepublik – und die Forschung, die sich ihm widmet. In: MP 1989/4, 227–239.

–, Die Außenseiter der Redaktion. Struktur, Funktion und Bedingungen des Sportjournalismus. Bochum, ¹1978.

– (Hrsg.), Journalismus & Kompetenz, Qualifizierung und Rekrutierung für Medienberufe. Opladen 1990.

–, Die Unberechenbarkeit des Gatekeepers. Zur Zukunft professioneller Informationsvermittlung im Prozeß technisch-ökonomischen Wandels. In: RuF 33, 1985, 187–201.

–, Journalistik, 3 Bde. Opladen 1992/95/98.

Weischenberg, Siegfried/Klaus-Dieter Altmeppen/Martin Löffelholz, Die Zukunft des Journalismus. Technologische, ökonomische und redaktionelle Trends. Opladen 1994.

Weischenberg, Siegfried/Susanne v. Bassewitz/Armin Scholl, Konstellationen der Aussagenentstehung. Zur Handlungs- und Wirkungsrelevanz journalistischer Kommunikationsabsichten. In: Massenkommunikation, Theorien, Methoden, Befunde. Hrsg. v. Max Kaase/W. Schulz. KZSS Sonderheft 30/1989, 280–300.

Weiß, Hans-Jürgen, 'Schlußbericht Synopse Journalismus als Beruf', München 1977 (unveröff. Man.).

–, Journalismus als Beruf. Forschungssynopse. In: Presse- und Informationsamt der Bundesregierung, Kommunikationspolitische und kommunikationswissenschaftliche Forschungsprojekte der Bundesregierung (1974–1978). Bonn 1978, 109–139.

Wiesand, Andreas J., Journalisten-Bericht. Berufssituation–Mobilität–Publizistische 'Vielfalt'. Berlin 1977.

Wilensky, Harold L., Jeder Beruf eine Profession? In: Berufssoziologie. Hrsg. v. Thomas Luckmann/Walter M. Sprondel. Köln 1972, 198–215.

Zeiß, Michael, Bewußtsein von Tageszeitungsredakteuren. Eine Studie über Bedingungen, Struktur und Folgen journalistischen Berufsverständnisses. Berlin 1981.

*Siegfried Weischenberg, Münster
(Deutschland)*

6. Die Grundlagen der Organisationsforschung in der Medienwissenschaft

1. Vorbemerkung
2. Individuum und Organisation
3. Organisatorische Subsysteme
4. Die Gesamtorganisation als Bezugsgröße
5. Literatur

1. Vorbemerkung

Seit dem Aufkommen und der massenhaften Verbreitung von Tageszeitungen ist Massenkommunikation wesentlich durch den organisierten Kontext der Aussagenproduktion gekennzeichnet. Diese Beobachtung mag mit ein Anlaß für relativ frühe Forschungspläne gewesen sein, sich näher mit den Produktionsstrukturen und -bedingungen der zunächst vorherrschenden Printmedien zu beschäftigen. Diese Vorhaben entwickeln sich indes nicht über das Planungsstadium hinaus. Die von Max Weber auf dem ersten Soziologenkongreß 1910 angeregte Zeitungsenquête (Weber 1911) wird auch dann nicht realisiert, als sich nach dem Zweiten Weltkrieg die Wissenschaft von der Massenkommunikation nach und nach an den Hochschulen etabliert. Die über Jahre hinweg dominante

Wirkungsforschung zieht nicht nur den Großteil der Forschungsaktivitäten und -gelder auf sich. Sie rückt auch die Rezipienten und damit die nichtorganisierte Seite des Mediengeschehens in den Blickpunkt der Aufmerksamkeit. So kommt es, daß trotz der Hinweise auf die industrielle Produktionsweise weder die Massenkommunikations- noch die Journalismusforschung „als Organisationsforschung auf den Weg gebracht" (Rühl 1980, 68) werden. Arbeiten, die den organisatorischen Aspekt der Massenkommunikation thematisieren oder gar empirisch erfassen, bilden eher die Ausnahme. Im deutschsprachigen Bereich sind vor allem die Studien zu nennen, die in der Tradition der von Franz Ronneberger begründeten 'Nürnberger Schule' stehen (Rühl 1969; Dygutsch-Lorenz 1971; Koller 1981). Abgesehen von diesen Publikationen fallen die Anleihen, die Kommunikationswissenschaftler bei ihren Kollegen der Organisationsforschung machen, eher bescheiden aus. Das gilt im wesentlichen auch für die US-amerikanische Massenkommunikationsforschung. Angesichts dieser Gegebenheiten verwundert es nicht, daß von der Vielfalt der Ansätze, wie sie die soziologisch, psychologisch oder betriebswirtschaftlich orientierte Organisationswissenschaft zwischenzeitlich hervorgebracht hat, keinesfalls systematisch Gebrauch gemacht wird.

Eingang in die Kommunikations- und Medienforschung haben vor allem die in den Sozialwissenschaften auch sonst recht einflußreichen Denktraditionen des Strukturfunktionalismus Parsonsscher Prägung (Parsons 1951) sowie die funktional-strukturelle Systemtheorie Luhmannscher Provenienz (Luhmann 1964a) gefunden. Von den Organisationsansätzen im engeren Sinne sind besonders die Aussagen des situativen Ansatzes (Mintzberg 1979) bzw. des Kontingenzansatzes (Lawrence/Lorsch 1967) und der verhaltenswissenschaftlichen Entscheidungstheorie (March/Simon 1967) aufgegriffen worden. Die Tatsache, daß kommunikationswissenschaftliche Arbeiten sich meist nur auf punktuelle Anleihen bei der Organisationsforschung beschränken, mag neben den oben genannten Gründen auch mit den unterschiedlichen Problemstellungen beider Disziplinen zusammenhängen. In der Kommunikationswissenschaft wird der Organisationsbegriff bevorzugt zur Unterscheidung der unterschiedlichen Anbietertypen und ihrer strukturellen und rechtlichen Basis herangezogen (Anstalts- versus Unternehmensverfassung). Umgekehrt finden Themen der (Massen-)-Kommunikationsforschung erst in jüngster Zeit einige Beachtung in der organisationswissenschaftlichen Debatte (Scherer 1995). In dem Maße, in dem neben dem kulturellen und dem politischen Aspekt der ökonomische Charakter massenmedialer Aussagenproduktion verstärkt in den Aufmerksamkeitshorizont der (empirischen) Forschung gerät, werden beide Disziplinen füreinander interessanter. So lassen sich Organisationsansätze durchaus gewinnbringend für die Analyse der jüngsten Veränderungen im Mediensektor verwenden (Theis 1992). Außerdem weisen Medienunternehmen durch ihren hohen Anteil an informationsverarbeitenden Tätigkeiten seit jeher Spezifika auf, die sie von anderen, vornehmlich materialverarbeitenden Organisationen unterscheiden (Lavine/Wackman 1988). Die in den Redaktionen realisierten Strukturprinzipien werden zunehmend auch für andere Branchen interessant, vor allem für jene, die sich herausgefordert sehen, eine Balance zwischen Routine und Kreativität zu schaffen und flexibel auf wechselnde Anforderungen zu reagieren.

Selbst wenn man nicht von einer ausgeprägten Organisationstradition in der Kommunikationswissenschaft sprechen kann, sind im Zeitablauf doch einige Arbeiten entstanden, die mehr oder weniger explizit auf organisationstheoretisches Gedankengut Bezug nehmen. Sie lassen sich verschiedenen, unterschiedlich gewichteten Analyseebenen zuordnen: Die frühen empirischen Studien thematisieren vor allem das Verhältnis von Individuum und Organisation. Die zweite, bislang bevorzugte Analyseebene, bezieht sich auf einzelne Subsysteme, speziell Redaktionen. Dagegen werden Medienorganisationen als Gesamteinheiten (die dritte Ebene) bislang nur selten untersucht. Wesentliche Unterschiede einzelner Forschungsansätze ergeben sich durch das jeweils zugrunde gelegte Organisationsverständnis sowie durch die Beschreibung der Relation zwischen Umwelt und System.

2. Individuum und Organisation

Die ersten empirischen Studien zur massenmedialen Aussagenproduktion sind weniger von theoretischen als von praktischen Überlegungen gekennzeichnet. Ausgehend von der Annahme, Massenmedien stünden einem

Überfluß an (Nachrichten-)Angeboten gegenüber, interessiert vor allem die Frage, nach welchen Kriterien die in Redaktionen tätigen Personen ihre Selektionsentscheidungen treffen. Wegweisend ist die mittlerweile klassische Studie von David Manning White über den 'Gatekeeper' in der Nachrichtenredaktion einer amerikanischen Lokalzeitung (White 1950). Die damit begründete *Gatekeeper-Tradition* berücksichtigt jedoch in erster Linie das Selektionsverhalten von Journalisten. Entsprechende Rollen in anderen Bereichen der Massenkommunikation, vor allem in der unterhaltungsorientierten Film- und Fernsehindustrie werden eher selten analysiert (Gans 1957; Hirsch 1969; Cantor 1971). Erklären die Forscher individuelle Differenzen der Entscheidungsfinder zunächst mit persönlichen Prädispositionen und Stereotypen, geben andere Studien (Gieber 1964; Gans 1974) eindeutige Hinweise auf organisationsbedingte Faktoren. In der Folge ist denn auch von den handwerklichen Normen des Journalismus die Rede, von Sozialisationsprozessen, die Reporter in ihrem Berufsweg durchlaufen und von sozialer Kontrolle, die in Redaktionen wirksam wird. Nach wie vor erfolgt sowohl der theoretische als auch der empirische Zugang zu Organisationen bzw. Redaktionen über das Individuum, den Journalisten oder den Redakteur. Besonders deutlich kommt diese Orientierung bei Argyris (1957; 1974) zum Ausdruck. In seiner Studie über eine amerikanische Großstadtzeitung zeichnet er das Individuum (Journalist) und die Organisation (Redaktion) als Gegensatzpaar. Allein schon der organisierte Kontext der Massenkommunikation führt, so die Argumentation, zu Belastungen der dort tätigen Personen, welche auf die entstehenden Schwierigkeiten ganz unterschiedlich reagierten. Die unterschiedlichen Ziele, Bedürfnisse und Interessen von Individuen und Organisationen bedürften folglich der wechselseitigen Anpassung. Autoren, die auf diesen theoretischen Ansatz zurückgreifen, betonen denn auch die potentiellen Widersprüche in Redaktionen. Ein zentrales Konfliktpotential wird beispielsweise in der generellen Subordination der Individuen in Organisationen (Hirsch 1977, 24) oder auch in den Widersprüchen zwischen den „professionellen Bedürfnissen" einerseits und den aus der „Großbetrieblichkeit" resultierenden Erfordernissen andererseits (Dygutsch-Lorenz 1973, 13 ff.) gesehen. Eine ausgeprägte Konflikthaftigkeit wird von den eher *struktur-funktionalistisch* orientierten Arbeiten hingegen negiert. So fördert Breed (1955) in seiner Kontrollanalyse subtile und offene Sanktionsmechanismen zutage, mit deren Hilfe die Anpassung an die redaktionelle Linie sichergestellt wird. Ganz in der Tradition der Parsonsschen Argumentation (Parsons 1951) sind Redaktionen als normativ integrierte Einheiten eines größeren Ganzen zu verstehen. Die Integration wird dabei wesentlich über Sozialisationsprozesse (Rollenlernen) und Mechanismen sozialer Kontrolle sichergestellt. Eine zentrale Bedeutung für die Medienberichterstattung schreibt Breed dem Richtlinienerlaß der Verleger zu, während andere organisatorische Einflußfaktoren weitgehend unberücksichtigt bleiben. Neben der Ausblendung der Umwelt und ihrer Bedeutung für das Zustandekommen der zumeist nicht-formalisierten Richtlinien ist eine zu vereinfachende Sicht von der Organisation und dem redaktionellen Geschehen kennzeichnend für diese frühe systemtheoretische Arbeit. Trotz dieser Einschränkung wird eine veränderte Zugangsweise zum Forschungsobjekt 'Redaktion' erkennbar. Ausgangspunkt sind nicht mehr das Individuum und seine Bedürfnisse, die in Einklang mit den Erfordernissen einer Organisation gebracht werden müssen; stattdessen richtet sich der Blick auf einzelne Redaktionen, die als Subsystem einer umfassenderen Einheit betrachtet werden. Das Verhältnis Individuum-Organisation wird mit dieser Umorientierung zwar nicht hinfällig, es wird jedoch entweder in einem übergreifenden organisationstheoretischen Kontext oder im Rahmen der sich ausdifferenzierenden Kommunikatorforschung analysiert.

3. Organisatorische Subsysteme

Mit der verstärkten Rezeption systemtheoretischer Ansätze vollzieht sich die Hinwendung zu einer expliziten Organisationsperspektive in der Kommunikationswissenschaft. Forschungsleitend sind im wesentlichen rationale Systemkonzeptionen, wonach Zweckgerichtetheit und Formalisierungsgrad als die zentralen strukturellen Merkmale von Organisationen gelten. Das erstgenannte Charakteristikum umschreibt die Tatsache, daß Handlungen im Hinblick auf spezifische Zwecke koordiniert werden; der Formalisierungsgrad einer Organisation läßt sich daran ablesen, bis zu welchem Grad die verhaltenssteuernden Regeln explizit formuliert und in personenunabhängigen Rollen verdichtet sind. Hier ist es vor allem Manfred Rühl, der die Aussagen der *funktional-strukturellen Systemtheorie* (Luhmann 1964a u. b) und der *verhaltenswissenschaftlichen Entscheidungstheorie* (March/Simon 1967) zuerst für die Analyse von (Zeitungs-)Redaktionen fruchtbar macht (Rühl 1969). Letztere sind demnach als organisierte soziale Systeme zu verstehen, die aus faktischen, sinnvoll aufeinander bezogenen Handlungen bestehen, welche sich von einer Umwelt deutlich abgrenzen und der gegenüber sie sich relativ invariant halten müssen. Die Formalisierung der Verhaltenserwartungen manifestiert sich u. a. in der Zustimmung zu diesen Erwartungen, der Anerkennung der Entscheidungsrechte der Redaktionsleitung, der Identifikation mit der Redaktion, der Wahrung der redaktionellen Diskretion, dem Ausschluß der Mitarbeit bei Konkurrenzmedien sowie der Informationsverarbeitung nach dem Entscheidungsprogramm (Rühl 1969, 157 ff.). All diesen Erwartungen stimmt das Mitglied bei seinem Eintritt in die Organisation bzw. Redaktion mehr oder weniger explizit zu. Die über diese allgemeine und konstante Mitgliedsrolle hinausgehenden Erwartungen sind in der sog. 'Arbeitsrolle' zusammengefaßt. Sie bezeichnet „... den Rahmen der Verhaltenserwartungen für die je besonderen Leistungen, die der einzelne Redakteur zu erbringen hat" (Rühl 1969, 165) und bietet einen vergleichsweise großen Variationsspielraum. Unter dem Einfluß der verhaltenswissenschaftlichen Entscheidungstheorie beschreibt Rühl Redaktionen als Entscheidungen produzierende Systeme. Den Einflüssen ihrer Umwelt begegnen derartige Systeme durch eine Reihe von Vereinfachungsstrategien. Die wichtigsten davon sind die Typisierung und Standardisierung von Situationen und die Entwicklung eines 'technischen Kodes' im Umgang mit diesen Situationen. Organisationen verarbeiten Ereignisse in ihrer Umwelt, indem sie Situationen typisieren und für diese Typen spezielle Handlungsprogramme entwickeln, die relativ unabhängig voneinander durchgeführt werden können. Diese Vereinfachungsstrategien erweisen sich in den meisten Fällen als ausreichend, da Organisationsmitglieder nicht optimale, sondern zufriedenstellende Entscheidungen anstreben. Von der verhaltenswissenschaftlichen Entscheidungstheorie gehen weitreichende Impulse für die kommunikationswissenschaftliche Forschung aus.

Das Entscheidungshandeln der Redaktion wird als „Sammeln, Auswählen, Vereinfachen und Verdichten von Informationen" (Rühl, 1969, 176) beschrieben, das nach organisationsspezifischen Entscheidungsprogrammen abläuft. Dabei wird sowohl den informellen, vorrechtlichen und Rechtsnormen, den journalistischen Werten ('Berufsethos') und Rollen als auch den sogenannten Nachrichtenwerten (Schulz 1989; Staab 1990) und in den letzten Jahren zunehmend dem Faktor Technik (Hienzsch 1990) Einfluß auf diese Programme attestiert. Die auf der Basis von Entscheidungsprogrammen entwickelten Routinen sind dem Zweck- oder Konditionalprogramm zuzuordnen (Rühl 1969). Letzteres ist input-orientiert und setzt nach dem Wenn-Dann-Prinzip Standards für den Umgang mit einkommendem oder selbst recherchiertem Material. Die zur Anwendung gelangenden Klassifikationsschemata variieren dabei von Ressort zu Ressort, wobei die handelnden Personen sich über die zur Anwendung gelangenden Kriterien und Schemata keineswegs bewußt sein müssen, zumal diese nicht schriftlich fixiert sind. Im Vergleich dazu sind Zweckprogramme output-orientiert. Sie sind in ihrer Ausrichtung wesentlich genereller und beziehen sich auf die beabsichtigte Wirkung redaktionellen Handelns, wie bspw. das „Transparentmachen von Strukturen" oder die „Verfügbarkeit exklusiver Stories" (Rühl 1989, 262). Auch wenn den genannten Entscheidungsprogrammen eine Orientierungsfunktion für die in Redaktionen arbeitenden Personen zugeschrieben wird, gelten diese Programme nicht als individuelles, sondern als ein *soziales*, von der jeweiligen Organisation/Redaktion hervorgebrachtes Phänomen. Intern fungiert es „als Korrektiv gegen die Emotionen, Motive, Interessen, Einstellungen und moralischen Verpflichtungen der einzelnen am Journalismus beteiligten Personen" (Marcinkowski 1993, 99), nach außen hin sichert die auf diese Weise vollzogene Selbstprogrammierung den erforderlichen Grad an journalistischer Autonomie (Rühl, 1980, 433). Zwischenzeitlich ist eine ganze Reihe weiterer Routinen erfaßt worden. Saxer u. a. (1986) unterscheiden die generellen journalistischen Routinen, die im Zusammenhang mit organisatorischen und technischen Gegebenheiten stehen, die Zugangsroutinen (Agenturen, PR-Stellen, bevorzugte Informanten), Verarbeitungsroutinen (Zuweisung von Themen zu redaktionellen Rubriken), Themenroutinen sowie Gestaltungsroutinen. Auch andere Redaktionsstudien bestätigen den von Rühl erstmals deutlich gemachten Routinecharakter journalistischen Handelns (Grimme 1991). Im Zuge der Bemühungen, Publizistik bzw. Journalismus als eigenständiges Funktionssystem der Gesellschaft zu definieren, werden die empirisch nachgewiesenen Handlungsroutinen und -programme mit der autopoietischen Reproduktionsweise dieses Systems in Verbindung gebracht (Marcinkowski 1993).

Die unter dem Einfluß der *Systemtheorie* durchgeführten Redaktionsstudien setzen einen expliziten Gegenpol zu den stark individuenzentrierten Erklärungsversuchen der Gatekeeper-Forschung. In ihrer Folge werden Rundfunk- und Presseorganisationen als hochdifferenzierte (Entscheidungs-)Systeme aufgefaßt, die aus mehreren Subsystemen bestehen. Die Kommunikations- und Medienwissenschaftler widmen sich dabei bevorzugt einzelnen Redaktionen und/oder Programmabteilungen als fokalem System. Übereinstimmend wird ihnen ein hohes Maß an Entscheidungs- und Handlungsautonomie attestiert. Die Interpretation dieses empirischen Befunds variiert nach dem jeweils zugrundegelegten Organisationsverständnis. Während manche Autoren in der relativen Autonomie ein Zeichen professioneller Bürokratie erkennen (Tuchman 1973/74; Deetz 1989) oder dies als Zugeständnis der Organisation an die in ihr tätigen 'Professionals' werten (Dygutsch-Lorenz 1973, 31 ff.), bringen andere Forscher die Strukturcharakteristika mit den Umweltgegebenheiten dieser (Sub-)Systeme in Verbindung (Hirsch 1977). Organisationstheoretischer Bezugspunkt sind in diesem Fall die Aussagen der sogenannten '*Kontingenzansätze*', welche die Erforschung der Beziehung zwischen System und Umwelt in den Mittelpunkt ihres Interesses rücken. Die Hauptaufgabe von Organisationen besteht demzufolge in der Absorption von Ungewißheit, welche entweder aus der Turbulenz und Dynamik der Umwelt, aus der steigenden Aufgabeninterdependenz oder aus der Produktionstechnologie resultiert. Die einzelnen Ansätze unterscheiden sich darin, welche der genannten Ungewißheitsquellen zum Ausgangspunkt genommen wird. Die weiteste Verbreitung haben die Arbeiten von Lawrence/Lorsch (1967) gefunden, die sich in erster Linie den extern bedingten Anforderungen an Organisationen widmen. Sie gehen von einem Korrespondenzverhältnis von Umweltgegebenheiten und strukturellen Erfordernissen aus. Auf komplexe, unsichere und schnell wechselnde Umwelten reagieren Organisationen mit der Dezentralisierung von Entscheidungsstrukturen und der Etablierung einer 'flacheren' Kommunikationsstruktur, während Stabilität und Animosität der Umwelt eher zu stärkerer Zentralisierung und einer Vertikalisierung von Kommunikationsströmen führen (vgl. 3.). So werden unter dem Einfluß der Kontingenzansätze die strukturellen Erfordernisse amerikanischer Lokalradiostationen mit der Größe der Städte in Verbindung gebracht, in denen sie positioniert sind (Hirsch 1977, 38). Der empirisch oftmals nachgewiesene demokratische Führungsstil in Redaktionen und Programmabteilungen wäre diesem Ansatz zufolge nicht ausschließlich oder gar zwingend als Ausdruck gemeinsamer Werte zu deuten (Dygutsch-Lorenz 1971, 160), sondern als funktionales Erfordernis angesichts schnell wechselnder Umweltereignisse. Gemeinsam ist den funktional-strukturellen und den Kontingenzansätzen die Konzeption von Medienorganisationen als offene Systeme. Zur Umwelt zählt all das, was zwar systemrelevant, aber nicht systemzugehörig ist. Im Falle der Redaktion wären das etwa die Anzeigen- oder Werbeabteilung, das Publikum, die Informatoren oder auch das Presserecht (Rühl 1969, 109 ff.). Zwar ist die Unterstellung umweltoffener Systeme durchaus mit der Vorstellung wechselseitiger Einflüsse zwischen System und Umwelt verbunden. Gleichwohl tendieren besonders die umweltorientierten Kontingenzansätze dazu, primär die Einflüsse der Umwelt auf das System, auf die Organisation zu thematisieren. Indem die Umwelt als eine unabhängig von der Organisation existierende Größe betrachtet wird, kommt ihr der Status einer (system-)unabhängigen Variablen zu. Auch die frühe Luhmannsche Systemtheorie, die eine untrennbare System-Umwelt-Relation postuliert, setzt ihre Argumentation bei einer analytisch vorausgesetzten Komplexität der Umwelt an, aus der sich dann Selektionsnotwendigkeiten für das jeweilige System ergeben. Von derartigen Erfordernissen gehen fast alle empirischen Studien aus, die bestrebt sind, journalistische Handlungsprogramme aus einer organisatorischen Perspektive zu analysieren und zu präzisieren.

Das gilt auch für die Arbeit von Gaye Tuchman (1973/74). Über eine teilnehmende Beobachtung in einer Zeitungsredaktion und in einer Fernsehstation möchte sie herausfinden, wie Organisationen den Umgang mit unvorhergesehenen Ereignissen bewältigen und routinisieren. Dazu nimmt sie eine prinzipielle Unterscheidung vor zwischen den Ereignissen, die unabhängig von der journalistischen Beobachtung stattfinden („events"), den Ereignissen, die als potentiell berichtenswert klassifiziert werden („events-as-news") und den von den Massenmedien schließlich präsentierten Aussagen, den eigentlichen „news". Diese werden nochmals in verschiedene Kategorien unterteilt, den „hard" versus „soft news" (zu den ersteren zählen Berichte über Mord oder Unfälle, letztere beinhalten sog. „human-touch-stories"), den „spot" versus „developing news" (plötzliche Ereignisse im Vergleich zu Entwicklungen, die sich erst anbahnen und weitere Recherche erfordern), sowie den „continuing news" (Themen, die sich über eine längere Periode hinziehen, und denen viele Ereignisse zugerechnet werden können). Jeder dieser Nachrichtentypen aktiviert andere Arbeitsroutinen, ein Zeichen dafür, daß diese Kategorien weniger durch inhaltliche als durch organisatorisch-formale und prozeßorientierte Kriterien bestimmt sind (im Vergleich etwa zu den stark inhaltlich ausgerichteten „Nachrichtenwerten"). Noch deutlicher tritt die organisatorische Komponente der Nachrichtenselektion bei Altheide (1976) zutage. In einer teilnehmenden Beobachtung der Nachrichtenredaktion zweier Fernsehsender gelingt es ihm zu zeigen, wie sich eine konkrete Berichterstattung aus dem Zusammenwirken verschiedener Positionen, dem Nachrichtenchef, dem Produktionschef, dem Redakteur vom Dienst, dem Reporter und dem Kameramann ergibt. Die Strukturierungsleistungen der einzelnen Akteure reichen dabei weit über eine Grobklassifizierung der Ereignisse hinaus und sind bis hin zu den Details der Beiträge zu erkennen. Die Ergebnisse bestätigen seine Eingangshypothese, daß man von den Nachrichten auf die Organisation schließen kann, von der sie produziert wurden: „... news report reflects the organization which produces them" (Altheide 1976, 61). Die empirische Präzisierung journalistischer Handlungsprogramme zeigt u. a., daß das System-Umwelt-Verhältnis sich nur sehr unzureichend mit dem unspezifischen Selektionsbegriff fassen läßt. Arbeitsroutinen dienen nicht allein der Auswahl aus einer gegebenen Informationsmenge, sie „verändern" auch die einkommenden Inputs. Vor dem Hintergrund dieser Erkenntnis werden für die Kommunikations- und Medienwissenschaft speziell jene Organisationsansätze interessant, die die System-Umwelt-Beziehung differenzierter erfassen und den Selektionsprozeß genauer unter die Lupe nehmen.

Für die Redaktionsforschung sind besonders diejenigen Ansätze relevant, die Organisationen als informationsverarbeitende Instanzen betrachten. So spricht bspw. Karl E. Weick (1969; 1985) nicht von 'Organisationen', sondern vom *Prozeß des Organisierens*, um damit auszudrücken, daß Organisationen erst durch die ständigen Aktivitäten der Mitglieder geschaffen werden. Dieser Prozeß beinhaltet in erster Linie „die Reduktion von Mehrdeutigkeit mittels bewußt ineinandergreifender Handlungen" (Weick 1985, 11), für die es eine durch Konsens gültig gemachte Grammatik gibt. Die Umwelt wird nicht als bekannt oder als unabhängig von der Organisation existierend unterstellt. Umwelt entsteht vielmehr durch evolutionäre Prozesse, die sowohl eine kognitive als auch eine Handlungsdimension aufweisen. Derartige Gestaltungsprozesse hat offenbar bereits Rühl (1969, 149) im Sinn, wenn er davon spricht, daß „... die Redaktion ein für sie zweckmäßiges – nicht 'richtiges' – Umweltmodell entwickelt". Im Rahmen der funktional-strukturellen Systemtheorie werden derartige Umweltmodelle jedoch primär vor dem Hintergrund der Systemdifferenzierung relevant: „Die Ressorts haben sich deshalb Ausschnitte aus der redaktionellen Umwelt und damit eine je 'eigene' Umwelt geschaffen" (ebd.). Im Kontext der Weickschen Organisationsanalyse wird dieser Konstruktionsprozeß weiter differenziert und untergliedert in „Gestaltung", „Selektion" und „Retention". Den einzelnen Phasen geht ein nicht näher spezifizierter „ökologischer Wandel" voraus, die Erfahrung von Diskontinuität, das heißt eines im Vergleich zu vorher veränderten Zustands. Im Prozeß der „Gestaltung" geraten bestimmte Aspekte einer Veränderung in den Blickwinkel, die zunächst mehrdeutig sind. „Gestaltung kommt der Tätigkeit einer Einklammerung gleich, dergestalt, daß ein Abschnitt im Erlebensstrom einer näheren Betrachtung zugänglich gemacht wird, dem Gang der Ereignisse eine Ordnung auferlegt wird, entweder in Form von Handeln und/oder Sprechen" (Theis 1994, 169). Gestaltung ist keineswegs mit Wahrnehmung gleichzusetzen. Vielmehr ist es so, daß „Leute aktiv Dinge in die Welt setzen, sie dann wahrnehmen und über ihre Wahrnehmung diskutieren" (Weick 1985, 238). Als Ergebnis dieses Prozesses liegen mehrere Rohmaterialien vor, die einer weiteren Bearbeitung bedürfen. In dem folgenden Entscheidungs- bzw. Selektionsprozeß wird eine der vielen möglichen Ereignisinterpretationen (Figur-Hintergrund-Beziehungen) ausgewählt und gespeichert (Rention). Die solcherart gestaltete Umwelt dient als Kontext künftiger Gestaltungen, wobei sich jede Organisation die Fähigkeit des Diskreditierens erhalten muß, d. h. die Fähigkeit, „jede gespeicherte Erfahrung in verschiedene Figur-Hintergrund-Muster [zu zerlegen], weil sie überschüssige Bedeutung besitzt" (Weick 1985, 323). *Umwelt* resultiert aus dem aktiven Prozeß des Organisierens, ist mithin als *Produkt* und nicht als Input zu begreifen. Kastl (1994), der das Weicksche Organisationsverständnis seiner empirischen Untersuchung von Rundfunkanstalten zugrundelegt, geht folglich nicht von der Polarität von System und Umwelt aus, sondern interpretiert die redaktionellen „Ordnungsstrukturen in Form von organisatorischen Routinen, Aufteilung von Entscheidungsprozessen, Institutionalisierung bestimmter Themen- und Informationsquellen, angebbare Arbeitsweisen, Formen, Wahrnehmungsschemata [und] Typen" (Kastl 1994, 96) als Ausdruck der handelnd hergestellten Umwelt einer Redaktion. Journalisten haben demnach nicht so sehr mit einer analytisch unterstellten Umweltkomplexität und einem daraus resultierenden Selektionszwang zu kämpfen, sondern stehen viel häufiger vor dem Problem „genügend Themen zu finden" (ebd.), um eine Zeitung/eine Sendung zu füllen. Der Kontakt der Journalisten mit der „Realität" erfolgt nicht voraussetzungslos, sondern beruht auf bestimmten „Beitragsschemata". Diese enthalten bereits eine ganze Reihe an redaktionell getroffenen und auf Erfahrung beruhenden Vorentscheidungen etwa hinsichtlich des vorgesehenen Sendeplatzes oder der Plazierung in einem Printmedium, der Dauer und des Umfangs, der Sende- bzw. Darstellungsform (Glosse, Nachricht, Magazinbeitrag, Newsshow, etc.), der relevanten Gesprächspartner und/oder der inhaltlichen 'Klammer'. Paßt das vor Ort recherchierte Material in dieses Schema, kann es als Orientierungsgröße beibehalten werden, im anderen Fall muß das Schema geändert werden. Reicht das Material beispielsweise für eine fundierte Reportage nicht aus, läßt es sich vielleicht noch für eine Glosse verwenden. Durch die Anwendung eines Beitragsschemas erfolgt das, was Weick (1985) als „Gestaltung" der Umwelt bezeichnet. Da das recherchierte Material aber meist noch unterschiedliche perspektivische Ausrichtungen zuläßt, bedarf es der weitergehenden „Selektion", aus der dann die konkrete inhaltliche Ausgestaltung des Materials resultiert. Der fertige Beitrag geht dann als „Retention" in die gespeicherte Erfahrung der Organisation ein. Er „stellt [...] eine stabilisierte und objektivierte Form von 'Umwelt' dar, auf die man sich in künftigen Interaktionen beziehen und die nun ihrerseits als Modell für weitere Beiträge fungieren kann [...]" (Kastl 1994, 175 f.). Das, was in der verhaltenswissenschaftlichen Entscheidungstheorie noch relativ allgemein als 'technischer Code' beschrieben wird, erfährt damit eine handlungs- und kognitionstheoretische Erweiterung. Auf diese Weise läßt sich auch eine Antwort auf die in der Entscheidungstheorie unbeantwortete Frage finden, was passiert, wenn Situationen nicht in die vorfindbare Typologie passen. Die sich auf Weick berufende Analyse Kastls (1994) sieht im Falle auftretender Inkonsistenzen zwischen Beitragsschema und dem zu recherchierenden Material (eine Erfahrung, die in der Weickschen Terminologie mit dem Begriff „ökologischer Wandel" beschrieben wird) eine interaktiv zustandekommende Berichtigung der jeweiligen Vorannahmen/Hypothesen vor. „Das Beitragsschema, unter Umständen sogar die ihm zugrunde liegenden Typisierungen müssen dann korrigiert werden" (Kastl 1994, 175). Der Rückgriff auf ein solcherart prozeßorientiertes Organisationsverständnis führt damit nicht nur zu einer differenzierteren Sichtweise des vorherrschenden Selektionsparadigmas. Auch die in der Redaktionsforschung immer schon stark ausgeprägte Handlungskomponente erfährt eine veränderte Bedeutung. Geht es im Rahmen individuenzentrierter Ansätze zunächst nur um die eher pragmatische Frage, nach welchen (subjektiven) Kriterien einzelne Redakteure ihre Nachrichtenauswahl betreiben, wird unter dem Einfluß der struktur-funktionalen und der funktional-strukturellen Systemtheorie dem Handlungsaspekt primär über die Konzeption von Handlungssystemen Rechnung getragen. Journalistisches Handeln ist in erster Linie Rollenhandeln mit unterschiedlich groß bemessenen Gestaltungsspielräumen. Die sich daraus ergebenden Muster sind zwar nicht unveränderlich, aber doch relativ invariant und tragen auf diese Weise zur Aufrechterhaltung und zur Abgrenzung des Systems der Redaktion bei. Neuere Organisationsansätze behandeln System und Umwelt nicht länger als gegebene Größen. Stattdessen verweisen sie auf den handelnd konstruierten Charakter sowohl des (Sub-)Systems 'Redaktion' als auch ihrer relevanten Umwelten. Folglich sind auch die *Systemgrenzen* nicht als feststehend, sondern als variabel zu begreifen, abhängig allein von der System-Umwelt-Relation. Der Erfolg von Organisationen ist eng mit ihrer Fähigkeit verknüpft, 'sinnvolle' Umwelten zu produzieren. Die Bilder vom Publikum, mit denen Medienorganisationen oder einzelne Redaktionen arbeiten, können mithin ausschlaggebend für deren Wettbewerbsposition sein. Diese Vorstellungen vom Publikum sind durch das verfügbare, statistisch aufbereitete Datenmaterial keineswegs schon vorgegeben, stattdessen sind sie ein in Wechselwirkung mit der Umwelt erzeugtes Produkt der jeweiligen Organisation oder eines ihrer Subsysteme.

4. Die Gesamtorganisation als Bezugsgröße

Stehen bis etwa Mitte der achtziger Jahre die organisationstheoretischen Arbeiten der Kommunikationswissenschaft ganz im Zeichen der Redaktionsforschung, ändert sich diese Situation mit der Etablierung des dualen Rundfunksystems und der damit einhergehenden Verschärfung des Wettbewerbs. Fortan werden Rundfunk- aber auch Presseorganisationen als Ganzes zum Gegenstand einer Forschung, an der nicht ausschließlich Kommunikationswissenschaftler, sondern zunehmend Ökonomen beteiligt sind. Neben dem theoretischen Wissenschaftsziel, nämlich der analytischen Durchdringung von Phänomenen im massenmedialen Bereich, tritt verstärkt die pragmatische Komponente, das technologische Wissenschaftsziel, konkrete Handlungsanweisungen für einen geplanten strukturellen Wandel geben zu können. Wesentliche theoretische Impulse gehen dabei von dem gerade in der Management- und der betriebswirtschaftlichen Organisationslehre stark verbreiteten *situativen Ansatz* aus, der entscheidend von den Arbeiten Mintzbergs (1979) geprägt wird. Die zentrale Annahme dieses Ansatzes besagt, daß es keine generell gültigen Organisationsprinzipien gibt; vielmehr müßten Organisationsstrukturen mit den jeweiligen situativen Gegebenheiten abgestimmt werden. Letztere schließen sowohl die Umwelt als auch technische und Machtfaktoren ein, ferner das Alter, die Größe, das Leistungsprogramm, den Standort von Organisationen und die Ausprägung des Wettbewerbs. Auf der Basis dieser Grundannahmen und nach der Durchsicht einer ganzen Reihe von empirischen Forschungsarbeiten faßt Mintzberg verschiedene Strukturtypen zusammen, die er in Abhängigkeit zu verschiedenen situativen Variablen bringt. Als solche „strukturellen Konfigurationen" unterscheidet er die „einfache Struktur", die „Maschinen-Bürokratie", die „Professionelle Bürokratie", die „Divisionalisierte Struktur" sowie die „Adhocracy" (Mintzberg 1979, 466 ff.). Sie sind durch eine unterschiedliche Konstellation von situativen Faktoren, organisatorischen Aufbau- und Ablaufstrukturen sowie den damit verbundenen Koordinationsmechanismen gekennzeichnet. Bei komplexen, aber stabilen Umweltgegebenheiten erweisen sich dezentralisierte bürokratische Strukturen als geeignet, wobei die Koordinierung primär vermittels Standardisierung von Qualifikationen erfolgt. Hat man es hingegen mit komplexen und gleichzeitig dynamischen Umwelten zu tun, werden ebenfalls dezentralisierte, aber organische Strukturen vorgezogen. Wechselseitige Abstimmung ist hier der entsprechende Koordinationsmechanismus. Einfachen Umwelten entsprechen hingegen zentralisierte Strukturen, die bei Stabilität der Umwelt bürokratisch, bei dynamischer Umwelt organisch geprägt sind. Die Koordination erfolgt im erstgenannten Fall durch die Standardisierung von Arbeitsprozessen, im letztgenannten Beispiel durch persönliche Weisung. Die Komplexität der Umwelt resultiert einmal aus der Zahl der bei einer Entscheidung zu berücksichtigenden Faktoren sowie der „Verteilung" der Faktoren in verschiedenen Umweltsegmenten" (Kieser/Kubicek 1992, 371). Die Dynamik der Umwelt umfaßt sowohl die Häufigkeit von Änderungen in den relevanten Umweltbereichen (einschließlich ihrer Intensität) als auch das Ausmaß der Unregelmäßigkeit, mit der diese Änderungen eintreten (ebd.). Die von Mintzberg beschriebenen „Idealtypen" liegen jedoch meist nicht in Reinform vor, stattdessen sind in der Realität meist sogenannte „Strukturhybride" vorzufinden. In diesen Fällen weist die ganze Organisation entweder Merkmale verschiedener Typen auf, oder einzelne abgrenzbare Organisationsbereiche lassen sich verschiedenen Idealtypen zuordnen. Oliver

Fix, der die Mintzbergsche Typologie für eine vergleichende Analyse mehrerer öffentlich-rechtlicher Rundfunkanstalten heranzieht, beschreibt diese Organisationen als Konfigurationshybride von professionalisierten Dienstleistungsunternehmen und Ad hoc-Kratie (Fix 1988, 146 f.). Bei professionalisierten Dienstleistungsunternehmen handelt es sich um einen bürokratischen Strukturtyp. Die Bewältigung der komplexen aber stabilen Umwelt erfolgt hier durch die Anwendung vorab festgelegter Kategorien, in deren Folge bestimmte Handlungsprogramme in Gang gesetzt werden. Der reibungslose Ablauf dieser Programme wird durch eine Standardisierung der Kompetenzen und Fähigkeiten der 'Professionals' gewährleistet, die eine längere Trainingsphase durchlaufen haben. Dadurch erübrigt sich in der Regel eine direkte Überwachung und Anweisung dieser Personen, die relativ unabhängig voneinander arbeiten können. Die Ad hoc-Kratie hingegen ist ein in einer komplexen und dynamischen Umwelt angesiedelter Strukturtypus, der sich durch seine Fähigkeit zur Innovation und Problemlösung auszeichnet. Um diese Fähigkeiten aufrecht zu erhalten, muß jegliche Standardisierung und Bürokratisierung vermieden werden. Dies wird über die sogenannte 'Matrixstruktur' angestrebt, bei der die anstehenden Projekte in aufgabenabhängig zusammengesetzten, bereichs- bzw. abteilungsübergreifenden Projektteams realisiert werden. Dazu müssen die einzelnen Spezialisten sich permanent untereinander abstimmen, es überwiegt die horizontale Kommunikation. Entscheidungen werden nicht nach vorgegebenen Kategorien, sondern nach situativen Gegebenheiten getroffen. Die Merkmale einer Ad hoc-Kratie sind nach Fix kennzeichnend für den Produktionsbetrieb einer Rundfunkanstalt (Technik, Infrastruktur, dispositionelle Vorbereitung), während der Programmbetrieb (Programmplanung, z. B. Redaktion) eher die Charakteristika eines professionalisierten Dienstleistungsunternehmens aufweist. Im Rahmen des situativen Ansatzes sind Konflikte weniger auf Widersprüche zwischen der Großbetrieblichkeit einer Rundfunkanstalt an sich und den Bedürfnissen der 'Professionals' zurückzuführen (Dygutsch-Lorenz 1973, 13 ff.) als auf die parallele Existenz unterschiedlicher Gestaltungsprinzipien, die in diesen Organisationen realisiert sind. Die in empirischen Untersuchungen immer wieder festgestellte relative Autonomie der Redaktionen und der in ihr tätigen Mitarbeiter, die geringe Standardisierung und Formalisierung im Programmbetrieb (Fix 1988, 126 f.) sind im Kontext der Mintzbergschen Typologie als Ausdruck einer bestimmten Strukturlogik zu werten: des Gestaltungsprinzips einer professionellen Bürokratie. Eine derartige Perspektive erleichtert nicht nur den Blick auf strukturelle Inkonsistenzen und organisatorische Dysfunktionen. Mit ihrer Hilfe lassen sich auch konkrete Gestaltungsalternativen benennen, die angesichts des intensiver werdenden Wettbewerbs im Mediensektor immer dringlicher geboten zu sein scheinen. Auf die zunehmende Dynamik ihrer Umwelt reagieren etablierte Rundfunkanstalten immer häufiger mit strukturellen Veränderungen (Seidel 1991; Durrer 1994; Pettigrew 1995). Angestrebt werden flexible Strukturen, dezentrale Einheiten und größere Entscheidungsbefugnisse im operativen Bereich mit dem Ziel der Selbstkoordination dieser Einheiten. Der oberen Leitungsebene sollen nurmehr strategische Entscheidungen obliegen. Parallel dazu wird an der Verbesserung von Erfolgskontrollen und der Einführung betriebswirtschaftlicher Controllingmaßnahmen gearbeitet (Wildberger 1994; Seidel 1992). Aus dieser organisationstheoretischen Warte hängt das Überleben und der Erfolg einer Rundfunkanstalt nicht von einem einzigen situativen Faktor, beispielsweise ihrem rechtlichen Status ab (Anstalts- versus Unternehmensverfassung), sondern davon, inwiefern sie als *Organisation* in der Lage ist, ihre Strukturen an wechselnde Gegebenheiten anzupassen und für unterschiedliche Gestaltungsprinzipien offen zu bleiben. Das gilt für öffentlich-rechtliche wie für privatwirtschaftliche Medienunternehmen gleichermaßen. Gerade weil diese Vorschläge ganz in der Tradition des situativen Ansatzes stehen, ziehen sie auch die mit ihm verbundene typische Kritik auf sich. Die Vorwürfe richten sich vor allem gegen den proklamierten, relativ mechanistischen Zusammenhang zwischen den situativen Faktoren einerseits und der internen Struktur von Organisationen andererseits, aus dem auch die bereits erwähnte Einseitigkeit der System-Umwelt-Beziehung resultiert (vgl. 2.). Zudem abstrahieren die im Rahmen dieses Ansatzes formulierten Aussagen von jeglichem geschichtlichen und gesellschaftlichen Kontext. Gerade die Rolle der in der Kommunikationswissenschaft immer wieder bemühten 'publizistischen Persönlichkeiten' oder die Bedeutung der bereits von Chester Barnard (1968) betonten Unternehmensgeschichte für die Anpassung von Organisationen auf wechselnde Gegebenheiten bleibt in diesem weit verbreiteten theoretischen Ansatz unberücksichtigt. In Erweiterung des relativ strukturdeterminierten situativen Ansatzes werden in jüngster Zeit zunehmend andere Faktoren als Bindeglied zwischen Situation und Struktur in Betracht gezogen, so etwa die Managementphilosophie oder die Strategie der obersten Entscheidungsebene (Kieser/Kubicek 1992, 416 ff.; 423 ff.).

Die gestiegene Relevanz dieser eher 'weichen' Faktoren ist auch auf die besonders in den achtziger Jahren prominenten *Organisationskulturansätze* zurückzuführen (als Überblick siehe Allaire/Firsirotu 1984; Theis 1994, 155 ff.). Im Zuge dieser Umorientierung wird nun auch der historischen Dimension des Forschungsgegenstands 'Organisation' stärker als ehedem Rechnung getragen. Ansätze, die mit dem Begriff der 'Kultur' operieren, gehen dabei keinesfalls von einem einheitlichen Kulturverständnis aus. Die instrumentell ausgerichteten Arbeiten (Peters/Waterman 1982; Deal/Kennedy 1982) betrachten Kultur als interne Variable, die vom Management bewußt und gezielt zur Schaffung organisatorischer Realität eingesetzt werden kann. Im Gegensatz zu diesem ideologieverdächtigen 'Corporate-Culture-Ansatz' gehen die an der kognitiven Anthropologie ausgerichteten Organisationskulturansätze von einem gemeinsamen Referenzrahmen aus, welcher von den Mitgliedern einer Organisation zu einem gewissen Grad geteilt wird und der dem externen Beobachter als regel- oder grammatikgeleitet erscheint. Die in Organisationen vorfindbaren Rituale und Mythen werden dabei als Ausdruck ihrer höchst 'individuellen' Kultur begriffen. Ihre Einzigartigkeit kommt durch das historische Gewachsensein der vorfindbaren Regelwerke zustande. Kultur wird damit zu einem Merkmal, durch das sich eine Organisation trotz möglicher struktureller Ähnlichkeiten von anderen unterscheiden kann. Folglich müßten sich auch kulturbedingte Differenzen in den Anpassungsstrategien von Organisationen an wechselnde (Umwelt-)Gegebenheiten zeigen. Hierzu liegen aus der Organisationswissenschaft selbst kaum empirisch fundierte Daten vor. In bezug auf kommunikationswissenschaftliche Fragestellungen läßt sich die Konzeption der Organisationskulturansätze mit Arbeiten zur Sozialisation von Organisations- bzw. Redaktionsmitgliedern verknüpfen, da es ja hierbei ebenfalls um die Vermittlung und Internalisierung von handlungs- und entscheidungsrelevanten Kriterien geht. Darüber hinaus bietet sich das Konzept einer Organisationskultur für einen Vergleich der Anpassungsstrategien von Medienunternehmen auf veränderte Umweltgegebenheiten an. Einen ersten Schritt in diese Richtung gehen Neverla/Walch (1994). Ihr spezifisches Interesse richtet sich auf die Bedeutung der *Unternehmenskultur* für die Innovationskraft von Zeitungen und Verlagen. Das von ihnen verwendete Kulturkonzept umfaßt dabei sowohl 'harte' (Personalstruktur, räumliche Gestaltung) als auch 'weiche' Faktoren (Rituale, Mythen). Das aus insgesamt sieben Fällen bestehende Sample setzt sich aus Zeitungsverlagen und Medienkonzernen zusammen, die sich alle mit ähnlichen Problemstellungen konfrontiert sehen: mit neuen Technologien, die den Produktionsprozeß verändern (elektronische Redaktionssysteme), neuen Erwartungen der Leserschaft und verschärfter Konkurrenz seitens anderer Medien, die den Zeitungen ihre angestammte Position vor allem auf dem lokalen Markt streitig machen. In der vergleichenden Untersuchung lassen sich eindeutige Bezüge zwischen dem politisch-publizistischen Entstehungszusammenhang und der Konfiguration der in den Redaktionen vorfindbaren Entscheidungsprozesse sowie den vorherrschenden Führungstypen herstellen. Die Prägung, welche die Zeitungsverlage in ihrer Gründungsphase durch die Lizenzträger und Chefredakteure erfahren haben, wirkt generationenübergreifend weiter und ist im Kern auch heute noch zu erkennen (Neverla/Walch 1994, 308). Diesbezüglich lassen sich personengebundene Traditionen nachweisen, die in einzelnen Unternehmen unterschiedlich intensiv gepflegt werden. Die vorfindbaren Mythen reichen meist bis in die Gründungszeit zurück. Die publizistischen Persönlichkeiten dieser Phase verkörpern dabei in besonders markanter Weise die unternehmenstypischen Werte und Orientierungen. „Sie sind aber auch jeweils symptomatisch für die spezifischen Umwelten, aus denen die Zeitung historisch, politisch und sozial erwachsen ist" (Neverla/Walch 1994, 339). Über Mythenbildung erfolgt nicht nur eine Stabilisierung der Werte nach innen. Die unternehmensspezifischen Werte sind gleichzeitig auch imageprägend, was sich sowohl auf die Rekrutierung von Journalisten als auch auf den Leser- und Anzeigenmarkt auswirkt. Hinsichtlich der Führungsstruktur unterscheiden Neverla/ Walch (1994, 311) nach „Personalunion" und „Troika". Im ersten Fall sind Eigentümer-, Geschäftsführer- und Chefredakteursfunktionen in einer Person vereint, bei der „Troika" erfolgt die Aufteilung der Funktionen auf drei oder mehrere Personen. Diese Konstellation ist relativ weit verbreitet, während die Führungsstruktur der Personalunion besonders charakteristisch für Gründungs- und Krisenzeiten scheint. In der Organisationsforschung sind derartige Beobachtungen besonders von Vertretern der sogenannten *Lebenszyklusmodelle* gemacht worden. So verweist etwa Kimberly (1980) auf die prägende Kraft der Anfangskonstellation und der Organisationsgründer, die sich von der Struktur über die Machtverteilung bis hin zu den propagierten Werten auswirke. Im Kontext ihres sehr weit definierten Kulturbegriffs betrachten Neverla/Walch (1994) derartige gewachsene normative Orientierungen ebenso wie die vorfindbaren Entscheidungsstrukturen als Ausdruck von Kultur. Ihr scheint besonders bei der Lösung der strukturellen Inkonsistenzen in Verlagsunternehmen eine zentrale Rolle zuzukommen. Zur Neuordnung des Verhältnisses zwischen Verlag, welcher dem Mintzbergschen Typus der 'professionellen Bürokratie' entspricht und den kaufmännischen Aspekt verkörpert, und der adhocratie-förmig organisierten Redaktion, bei der publizistische Aspekte im Vordergrund stehen, zeichnen sich zwei grundlegende Modelle ab (Neverla/Walch 1994, 322). Beim Trennungsmodell operieren Verlag und Redaktion entweder aus ökonomischen oder Abwehrgesichtspunkten getrennt, wobei die Koordination vermittels unregelmäßiger Gespräche, jährlichen Budgetvereinbarungen und Absprachen auf operativer Ebene (Anzeigenabteilung und Redaktion) erfolgt. Das Einheitsmodell sieht keine strikte Abgrenzung zwischen Verlags- und Redaktionserfordernissen vor und wird entweder aus Gründen der Ganzheitlichkeit oder der Produktoptimierung gewählt. Dort, wo das Einheitsmodell aus der Zielsetzung einer guten Marktpositionierung resultiert, fungiert die Marketingabteilung häufig als „Scharnier zwischen Verlag und Redaktion" (Neverla/ Walch 1994, 327). Entgegen den Aussagen der Kontingenztheorie und des situativen Ansatzes ist die Entscheidung für ein bestimmtes Modell nicht ausschließlich umweltgeprägt, sondern hängt sowohl von der Betriebsgeschichte, der jeweiligen Persönlichkeitskonstellation im Führungsbereich als auch von der „politischen Verortung der Organisation im gesellschaftlichen Spektrum" (ebd. 323) ab. Gerade im Hinblick auf zukünftige Ziele und Entwicklungen dürfte die in der Regel stark machtgeprägte „Firmenideologie" (Hesslinger/Wittel 1995) eine entscheidende Rolle spielen. Der Ideologiebegriff steht dabei nicht für ein „falsches Bewußtsein", sondern bezeichnet ein „... set (system) of ideas describing the organization-relevant reality, projecting a desired state of affairs, and indicating possible ways of reaching the desired state" (Czarniakwska-Joerges 1988, 7). Derartige 'ideologische' Züge zeigen sich deutlich bei den jeweils gewählten Strategien. Sie beinhalten in jüngster Zeit verstärkt die Auflösung der klassischen Ressortgrenzen zugunsten von inhaltlich definierten Teams, die je nach Nachrichtenlage vorübergehend neu gebildet oder wieder aufgelöst werden. Die Etablierung flacherer Strukturen und die schwerpunktmäßige Zuordnung von Themen sollen sich intern kommunikationsfördernd und konkurrenzreduzierend auswirken (Langer 1995). Während diese Strategien durchaus theoretische Plausibilität aufweisen, kann die Umsetzung dieser Konzepte auf der Mitarbeiterebene jedoch Probleme mit sich bringen. Die empirisch oftmals nachgewiesene geringe Formalisierung von Informations- und Entscheidungswegen bis hin zum Fehlen von Organigrammen macht, gerade in großen Organisationen/Verlagen das Erkennen von Strukturen für die Mitarbeiter schwierig. In der Konsequenz ergeben sich ganz unterschiedliche und auch geschlechtsspezifische Einschätzungen der Entscheidungsstrukturen und Kommunikationswege (Neverla/Walch 1994, 313 ff.).

5. Literatur

Allaire, Yvan/Mihaela E. Firsirotu, Theory of Organizational Culture. Organization Studies, 5, 1984, 196−226.

Altheide, David L., Creating Reality. How TV News Distorts Events. Beverly Hills/London 1976.

Argyris, Chris, Personality and Organization. New York 1957.

−, Behind the Front Page. Organizational Self-Renewal in a Metropolitan Newspaper. San Francisco/London 1974.

Breed, Warren, Social Control in the Newsroom, Social Forces, 33, 1955, 326−335.

Cantor, Muriel G., The Hollywood Television Producer. New York 1971.

Czarniawska-Joerges, Barbara, Ideological Control in Nonideological Organizations. New York 1988.

Deal, Terrence E./Allan A. Kennedy, Corporate Cultures. Reading, Mass. 1982.

Deetz, Werner, Rundfunkinformation als soziales Ergebnis. Rekonstruktion für verfassungsrechtliche Prüfungen. Bochum 1989.

Durrer, Beat, Die Strukturreform der Schweizerischen Radio- und Fernsehgesellschaft SRG, In: MP 2/1994, 57–62.

Dygutsch-Lorenz, Ilse, Die Rundfunkanstalt als Organisationsproblem. Bielefeld 1971.

–, Journalisten und Rundfunk. Bielefeld 1973.

Fix, Oliver, Organisation des Rundfunks. Wiesbaden 1988.

Gans, Herbert J., The Creatoraudience Relationship in Movie-Making. In: Mass Culture. Hrsg. v. Bernard Rosenberg/David M. White. Glencoe, Ill. 1957, 315–324.

–, Popular Culture and High Culture. New York 1974.

Gieber, Walter, News is what Newspapermen Make it. In: People Society and Mass Communication. Hrsg. v. Louis A. Dexter/David M. White. New York/London 1964.

Grimme, Eduard P., Zwischen Routine und Recherche. Eine Studie über Lokaljournalisten und ihre Informanten. Opladen 1991.

Hesslinger, Eva/Andreas Wittel, Plakatierte Kultur: Über Firmenideologien und deren Rezeptionsweise, Soziale Welt 46, 1995, 154–180.

Hienzsch, U., Journalismus als Restgröße. Redaktionelle Rationalisierung und publizistischer Leistungsverlust. Wiesbaden 1990.

Hirsch, Paul M., The Structure of the Popular Music Industry. Ann Arbor, Mi. 1969.

–, Occupational, Organizational, and Institutional Models in Mass Media Research: Toward an Integrated Framework. In: Strategies für Communication Research. Hrsg. v. Paul M. Hirsch/Peter V. Miller/F. Gerald Kline. Beverly Hills/London 1977, 13–42.

Kastl, Jörg M., Gesellschaftliche Komplexität und redaktionelle Routine. Funktion und Sozialisation freier Mitarbeiter. Opladen 1994.

Kieser, Alfred/Herbert Kubicek, Organisation. Berlin/New York ³1992.

Kimberly, John R. et al. (Hrsg.), The Organizational Life Cicle. San Francisco 1980.

Koller, Barbara, Lokalredaktion und Autonomie. Eine Untersuchung in Außenredaktionen regionaler Tageszeitungen. Nürnberg 1981.

Koller, Barbara/Ingrid Hamm/Monika Hehr-Koch, Journalistisches Handeln im lokalen Rundfunk. Düsseldorf 1988.

Langer, U., Zukunft oder Katastrophe? Wahrscheinlich beides, Die Zeit 15 vom 7. April 1995, 78.

Lavine, John M./Daniel B. Wackmann, Managing Media Organizations. Effective Leadership of the Media. White Plains; N.Y. 1988.

Lawrence, Paul R./Jay W. Lorsch, Organization and Environment. Managing Differentiation and Integration. Boston 1967.

Luhmann, Niklas, Funktionen und Folgen formaler Organisation. Berlin 1964.

–, Funktionale Methode und Systemtheorie, Soziale Welt, 15, 1964, 1–25.

March, James G./Herbert A. Simon, Organizations. New York 1967.

Marcinkowski, Frank, Publizistik als autopoietisches System. Opladen 1993.

Mintzberg, Henry, The Structuring of Organizations. Englewood Cliffs 1979.

Neverla, Irene/Ingeborg S. Walch, Entscheidungsstrukturen in Printunternehmen. In: Print unter Druck. Zeitungsverlage auf Innovationskurs. Verlagsmanagement im internationalen Vergleich. Hrsg. v. Peter A. Bruck. München 1994, 293–386.

Parsons, Talcott, The Social System. Glencoe, Ill 1951.

Peters, Thomas J./Robert H. Watermann, In Search of Excellence. New York 1982.

Pettigrew, Nick, Producer Choice – ein Erfolgsrezept? MP 6/1995, 267–276.

Rühl, Manfred, Die Zeitungsredaktion als organisiertes soziales System. Bielefeld 1969.

–, Journalismus und Gesellschaft. Bestandsaufnahme und Theorieentwurf. Mainz 1980.

–, Organisatorischer Journalismus. Tendenzen der Redaktionsforschung. In: Massenkommunikation. Theorien, Methoden, Befunde. Hrsg. v. Max Kaase/Winfried Schulz. Opladen 1989, 253–269.

Saxer, Ulrich et. al.: Massenmedien und Kernenergie. Bern u. a. 1986.

Scherer, Helmut, Unternehmen in öffentlichen Auseinandersetzungen: Strukturmerkmale öffentlicher Kommunikation als Herausforderung für die integrierte Unternehmenskommunikation. In: Integriertes Kommunikationsmanagement. Ein Handbuch für Öffentlichkeitsarbeit, Marketing, Personal- und Organisationsentwicklung. Hrsg. von Rupert Ahrens/Helmut Scherer/Ansgar Zerfaß. Frankfurt a. M. 1995, 51–82.

Schulz, Winfried, Die Konstruktion von Realität in den Nachrichtenmedien. München/Freiburg ²1989.

Seidel, Norbert Die öffentlich-rechtliche Rundfunkanstalt als Rundfunkunternehmen, MP 8/1991, 504–519.

–, Controlling in öffentlich-rechtlichen Rundfunkanstalten. Ein Beitrag zum Themenbereich

Managementsysteme in öffentlichen Unternehmen, Die Wirtschaftsprüfung 45, 1992, 33–43.

Staab, Joachim F., Nachrichtenwerttheorie. Formale Struktur und empirischer Gehalt. Freiburg/München 1990.

Theis, Anna M., Organisationskommunikation. Theoretische Grundlagen und empirische Forschungen. Opladen 1994.

–, Vom Umgang mit Komplexität – Organisatorische Konsequenzen des dualen Rundfunksystems, RuF 40, 1992, 493–506.

Tuchman, Gaye, Making News by Doing Work: Routinizing the Unexpected, AJS 79, 1973, 110 ff.

Weber, M., Zu einer Soziologie des Zeitungswesens, Schriften der Deutschen Gesellschaft für Soziologie, Serie I, Bd. I, Tübingen 1911, 37–62.

Weick, Karl E., The Social Psychology of Organizing. Redding, Mass. 1969.

–, Der Prozeß des Organisierens. Frankfurt a. M. 1985.

Weischenberg, Siegfried/Ulrich Hienzsch, Von der Tontafel zum Chip. Technische Grundlagen der Medienkommunikation. In: Funkkolleg Medien und Kommunikation. Konstruktionen von Wirklichkeit. Weinheim/Basel 1991, 87–136.

White, David M., The „Gatekeeper". A Case Study in the Selection of News. JQ, 27, 1950, 383–390.

Wildberger, Jörg, Das Instrument der Sendungserfolgskontrolle. MP 2/1994, 63–66.

*Anna M. Theis-Berglmair, Bamberg
(Deutschland)*

7. Grundlagen der empirischen Rezeptionsforschung in der Medienwissenschaft

1. Vorbemerkungen
2. Kognitive Rezeptionsforschung
3. Empirische Rezeptionsforschung in der Literaturwissenschaft
4. Cultural Studies
5. Desiderata künftiger Forschung
6. Literatur

1. Vorbemerkungen

Unter Rezeption soll die Auseinandersetzung von Lesern und Leserinnen mit Texten, von Zuschauern und Zuschauerinnen mit Filmen, das Betrachten von Bildern und das Anhören von Tonaufnahmen usw. verstanden werden. Der Rezeptionsprozeß umfaßt die Wahrnehmung, die sinnverstehende Interpretation, die Reflexion und eventuell die gemeinsame Ausdeutung im Gespräch, sowie die Aneignung des Medienstoffes für die eigene Lebensführung. Der Begriff 'Rezeption' ist in der Literaturwissenschaft und Linguistik gebräuchlich und wird in der Psychologie, der Kommunikationswissenschaft sowie der Kultursoziologie noch eher sparsam, aber mit steigender Tendenz verwendet. Die empirische Rezeptionsforschung steht in Verbindung mit zahlreichen Nachbargebieten, so mit der Lese- und Buchmarktforschung (Muth 1993), mit der (nicht-empirischen) Rezeptionsästhetik (zum aktuellen Stand: Hohendahl 1983; Iser 1989), mit dem „uses and gratifications approach" in der Massenkommunikationsforschung (Rosengren/Wenner/Palmgreen 1985).

Dem vorliegenden Beitrag liegt ein enger Empirie-Begriff zugrunde, so wie er in weiten Teilen der Kommunikationswissenschaft, in der Psychologie und Soziologie verwendet wird. Auch die Empirische Literaturwissenschaft geht von diesem sozialwissenschaftlichen Empirie-Verständnis aus. Die empirische Rezeptionsforschung zeichnet sich nach dieser Auffassung durch einen direkten Zugang zum Rezipienten aus, der sich in der Befragung oder Beobachtung erschließt, oder durch die Verwertung von Rezeptionsspuren, wie sie z. B. bei der automatischen Registrierung des Nutzungsverhaltens beim Fernsehen entstehen. Ausgeschlossen von der Literatursichtung bleiben fiktionale Beschreibungen des Leseverhaltens, obwohl diese eine ergiebige Quelle für die Untersuchung der historischen Rezeptionssituation darstellen (vgl. z. B. Goetsch 1994) und von manchen Literaturwissenschaftlern als besonders gegenstandsangemessen bewertet werden (Stockhammer 1991). Auch Untersuchungen, die sich historischer Quellen bedienen, in denen Rezeptionsprozesse aus der Beobachterperspektive dargestellt sind, wurden nicht berücksichtigt.

Eine Abgrenzung der empirischen Rezeptionsforschung von der Medienwirkungsforschung kann mit der unterschiedlichen Schwerpunktsetzung beider Disziplinen begründet werden. Auf den ersten Blick scheint sich die Forschung zur Medienwirkung vorwiegend mit dem Medium und seinem Einfluß auf das Kommunikationsgeschehen zu beschäftigen, während die Rezeptionsforschung eher adressatenorientiert vorgeht. Die Grenzen können aber dort zerfließen, wo Werk und Rezipient in einem umfassenden Ansatz betrachtet werden. Ein wesentlicher Unterschied folgt aus zentralen theoretischen Annahmen zum Verhältnis Medium-Rezipient. Handelt es sich bei der Medienbotschaft um eine Substanz, die kausal erklärbare Wirkungen hervorruft? Ist die übermittelte Information der eigentliche Gegenstand der Forschung? Oder ist die Massenkommunikation eine Form der symbolisch vermittelten Interaktion? Die Wirkungsforschung tendiert eher zur ersten Auffassung, die Rezeptionsforschung zur letztgenannten; beide Forschungsdomänen werden seit einigen Jahren von der mittleren Position stark beeinflußt (vgl. Charlton 1997). Die unterschiedlichen Gegenstandskonzeptionen schlagen sich in den jeweils bevorzugten Forschungsmethoden nieder (Verhaltenserklärung durch Kausalgesetze, Suche nach Algorithmen, die die kognitive Informationsverarbeitung modellieren können, sprachpragmatische oder handlungstheoretische Rekonstruktion der Regeln kommunikativer Praxis). Die sprach- und dialogtheoretische Auffassung vom Rezeptionsgeschehen ist in jüngerer Zeit häufig auch mit dem Begriff 'Medienkommunikation' charakterisiert worden (Holzer 1994). Handlungstheoretische Modelle des Rezeptionsvorgangs wurden z. B. im Rahmen des kommunikationswissenschaftlichen Nutzen-Ansatzes (Renckstorf 1987), der Strukturanalytischen Rezeptionsforschung (Aufenanger 1994; Charlton/Neumann-Braun 1990) und dem Modell der Alltagsrationalität von Brosius (1995) entwickelt. Unabhängig von ihren verschiedenen Grundannahmen zeigt sich in allen Bereichen der Medienwissenschaft eine zunehmende Tendenz zur Orientierung an den Aktivitäten des Empfängers (Rezipienten) der Nachricht. Die Massenkommunikationsforschung entwickelt sich zur Forschung über den Umgang spezifischer Teilpublika mit Medien (rezipientenorientierter Ansatz, Sturm 1982), die Informationstheorie wurde zur Theorie der Text- und Bildverarbeitung (Muckenhaupt 1986; Straßner 1982) erweitert, und auch in der Literaturwissenschaft tritt die empirische Rezeptionsforschung neben die textbezogene Forschung (von der Erforschung des Werksinns über die Rezeptionsästhetik zur empirischen Literaturwissenschaft; vgl. Groeben 1977). Im folgenden werden die Ansätze und Ergebnisse der Rezeptionsforschung dargestellt, wie sie im wesentlichen in der Kognitionswissenschaft, der empirischen Literaturwissenschaft und der Kultursoziologie ('cultural studies') erarbeitet worden sind. Auf vergleichbare Arbeiten in der Kommunikationswissenschaft, der Psychologie und der Sprachwissenschaft wird verwiesen.

2. Kognitive Rezeptionsforschung

2.1. Grundannahmen der kognitiven Rezeptionsforschung

Mit der Konzeption von Rezeption als aktive Bedeutungskonstruktion des einzelnen Rezipienten (vgl. Krippendorf 1990) rücken dessen konstruktive Verstehensleistungen einer ihm unter bestimmten situativen Bedingungen dargebotenen Medieninformation in das Zentrum von theoretischen Beschreibungen und empirischen Untersuchungen (vgl. Biocca 1988; Bordwell 1989; Groeben 1989; Hauptmeier/Meutsch/Viehoff 1989; Neumann/Charlton 1990; Schmidt 1994). Es geht dabei um die Beantwortung der Frage, was tun Rezipienten und Rezipientinnen tatsächlich, wenn sie Text- und Bildinformationen unterschiedlicher Genres verstehen oder zu verstehen versuchen (vgl. Groeben 1977). Kognitive Rezeptionsforschung hat in den letzten beiden Dekaden unter Bezugnahme auf Modellvorstellungen, die in Psychologie, Sprachwissenschaft, Philosophie, Ästhetik und künstlicher Intelligenzforschung entwickelt wurden, diese Herausforderung angenommen und verschiedene Versuche unternommen, integrative theoretische Rahmenkonzeptionen zur Erklärung von Aufnahme und Verstehen unterschiedlicher Medien auszuformulieren (vgl. Bryant/Rockwell 1991; Capella/Street 1989; Harris 1989; Hauptmeier/Meutsch/Viehoff 1989; Livingstone 1990). Folgerichtig bilden jene geistigen Aktivitäten und Kenntnisse, die Menschen bei der Verarbeitung von medialen Informationen verwenden, die dominanten Untersuchungsgegenstände einer kognitionswissenschaftlich ausgerichteten Rezeptionsforschung. Ihr Ausgangspunkt bildet die Annahme, daß Wahrnehmung, Denken und Problemlösen,

Sprechen und Sprachverstehen sowie Lernen und Erinnern als konstruktive und wissensbasierte Vorgänge von Informationsverarbeitung aufgefaßt werden können (vgl. Anderson 1988). Gemäß dieser Annahme konstruieren Menschen durch Vorgänge der Wahrnehmung und des Sprachverstehens sowie aufgrund ihres Vorwissens, ihrer Erwartungen und Ziele eine interne, subjektive Repräsentation von Ausschnitten der tatsächlichen oder vorgestellten Umwelt. Diese aktive Bedeutungskonstruktion der vom Subjekt wahrgenommenen Zeichen beruht auf zwei interdependenten und synchron ablaufenden Verarbeitungsmodi: die zeichenorientierte Informationsverarbeitung (visuelle und auditive Reize), die aufsteigend vom sensorischen Informationsspeicher über das Kurzzeitgedächtnis ins Langzeitgedächtnis fortschreitet ('bottom-up processing'), und die konzept- oder schemaorientierte Verarbeitung (Textverstehen), die absteigend die Informationsaufnahme und -integration ins Langzeitgedächtnis steuert ('top-down processing'; vgl. Anderson 1988). Aus der Gleichzeitigkeit dieser beiden Verarbeitungsrichtungen folgt, daß die Aufnahme und das Verstehen von Informationen sowohl aus einer konzeptgesteuerten Auswahl externer Stimuli als auch aus der Zuordnung von spezifischen, externalen Hinweisreizen zu verschiedenen, bereits vorhandenen kognitiven Konzepten oder Schemata besteht. An diesem Prozeß sind grundsätzlich drei Arten von Wissen beteiligt:

– deklaratives Wissen ('Wissen, was'; Datenstrukturen): Propositional-symbolische Kodierung von Fakten, Objekten, Situationen oder Ereignissen;
– prozedurales Wissen ('Wissen, wie'; Operationen): Verfahren zur Konstruktion, Verknüpfung und Anwendung von deklarativem Wissen;
– Kontroll- und Steuerungswissen ('Wissen, wann'; Bedingungen): Strategien zur Steuerung und Kontrolle des Zusammenwirkens von deklarativem und prozeduralem Wissen.

Gemeinsam mit den beiden Verarbeitungsrichtungen bilden diese drei Wissensarten die allgemeine Struktur von symbolverarbeitenden Informationssystemen. Auf diesem Hintergrund ergeben sich für eine kognitive Rezeptionsforschung die folgenden Fragestellungen:

– Wie sind Wissensbestände im menschlichen Gedächtnis generell repräsentiert und organisiert?
– Welche spezifischen Wissensbestände werden für die Verarbeitung unterschiedlicher Medieninformationen benutzt?
– Welche Einflüsse haben Erfahrungen und Medienkenntnisse für die Verarbeitung von Medien?
– Wie werden neue Erfahrungen in vorhandenes Welt- und Medienwissen integriert?
– Welche Einflüsse haben emotionale sowie affektive Aspekte des jeweiligen situativen Kontextes auf Aufnahme und Verstehen von Medien?

Im Mittelpunkt kognitionswissenschaftlicher Theorien stehen Modellvorstellungen über die Repräsentation und Verarbeitung von Wissen im Gedächtnis. Eine dominante Vorstellung, die insbesondere das für die Verarbeitung von Medieninformationen bedeutsame episodische Wissen repräsentiert, ist die einer schemaorientierten Gedächtnis- und Repräsentationsorganisation (vgl. Barsalou 1992). Schemata repräsentieren auf unterschiedlichen Abstraktionsstufen propositionales Wissen, Vorstellungsbilder und lineare Anordnungen von Objekten, Situationen, Ereignissen, Handlungen und Handlungskonsequenzen. Sie generieren Erwartungen über die mit einem Konzept oder Ereignis prototypisch assoziierten Merkmale, Handlungen oder Ereignisabfolgen (László 1990; Schank/Abelson 1977) und speichern hiervon abweichende Informationen als spezifische Erweiterungen oder Differenzierungen des jeweiligen Schemas ab (Kolodner 1993; Riesbeck/Schank 1989). Durch Vernetzung und Hierarchiebildung zwischen unterschiedlichen Schemata können flexible und für das Verstehen neuer Situationen anwendbare Wissensrepräsentationen hergestellt werden. Für eine prinzipielle psychologische Plausibilität einer schemaorganisierten Wissensrepräsentation sprechen zahlreiche Experimente (vgl. Bloom 1988; Mandler 1987). Deren Ergebnisse zeigen, daß Erinnerungen von Personen in starkem Ausmaß durch persönliche Schemata geprägt werden, in denen soziale Konventionen und sozial geteiltes Wissen der betreffenden Referenzgruppe in Ermangelung konkreter individueller Erfahrungen die entsprechenden Leerstellen besetzen (Dijk 1987a, 1995; Riesbeck/Schank 1989). Für eine angemessene Beschreibung von Verstehensleistungen komplexer Informationen sind allerdings schemabasierte Wissensorganisationen erforderlich, die nicht nur bereits vorhandene Schemata im Gedächtnis auffinden und aktivieren, sondern auf der Grundlage des etablierten Wissensbestandes eine permanente dynamische Veränderung und Anpassung von Schemata an neue Erfahrungen und Informationen leisten (vgl. Hauptmeier/Meutsch/Viehoff 1989; László 1986; Schank 1982). Zwei für die Textverstehens- und Rezeptionsforschung wichtige und fruchtbare theoretische Konzeptionen, die auf eine solche dynamische und anpassungsfähige Wissensorganisation zielen, sind die von van Dijk und Kintsch (1983) vorgestellten Überlegungen zu einer Theorie (mentaler) Situationsmodelle (vgl. Johnson-Laird 1983) sowie die von Schank (1982; s. a. Riesbeck/Schank 1989) skizzierte Theorie des fallbasierten Lernens. Beide Theorien gehen davon aus, daß neben den jeweils dargebotenen 'Stimuli' (vgl. Andringa 1986; Dijk 1987a, 1995; Halász 1992b; Meutsch 1987a; Zwaan 1991) der aktuelle Rezeptionskontext sowie die darin vom Rezipienten verfolgten Ziele und Interessen für den Aufbau einer mentalen Repräsentation und somit für das Verstehen von Medien ausschlaggebend sind (vgl. Beaugrande 1992; Corner 1991; Groeben 1982; Higgins/King 1981). Eine Konsequenz dieser Betrachtung ist, daß die Bedeutungen von wahrgenommenen Medien variabel und veränderbar sind; d. h. ein und derselbe Rezipient kann zu unterschiedlichen Interpretationen ein und desselben Textes gelangen (vgl. Biocca 1991; Jacoby/Hoyer 1987) je nachdem, welches mentale Modell dem Verstehensprozeß zugrunde liegt. Als Einführung in die kognitive Psychologie ist das Buch von Barsalou (1992) zu empfehlen. Aktuelle grundlegende theoretische und empirische Arbeiten über psychologische Prozesse der Informationsverarbeitung werden in den Zeitschriften 'Cognitive Science', 'Journal of Memory and Language', 'Discourse Processes' und dem 'Journal of Language and Social Psychology' veröffentlicht. Arbeiten, die die Verarbeitung literarischer und massenmedialer Informationen zum Untersuchungsgegenstand haben, werden in den Zeitschriften 'Poetics', 'Text' und 'Communication Research' publiziert. Die Zeitschrift 'Discourse & Society' veröffentlicht vorrangig Arbeiten, die sich an der von van Dijk entwickelten und in dem Beitrag ausführlich dargestellten kognitiv ausgerichteten Diskursanalyse orientieren.

2.2. Kognitionswissenschaftliche Forschungsmethoden

Mentale Modelle sind prinzipiell nicht unmittelbar empirisch beobachtbar. Um ihre Plausibilität prüfen zu können, müssen entsprechend äquivalente, beobachtbare Verhaltensdaten erhoben oder generiert werden. Hierzu stehen im Prinzip zwei komplementäre Strategien zur Verfügung. Die eine Strategie besteht darin, daß eine Menge von Verhaltensindikatoren bestimmt werden, deren Vorhandensein, etwa in sprachlichen Schilderungen der Rezipienten, auf das postulierte Situationsmodell zurückgeführt werden können (vgl. Herrmann 1993). Ein typisches Erhebungsverfahren ist hierfür die Methode des lauten Denkens (vgl. Andringa 1990; Ericsson 1988). Die andere Strategie versucht, das theoretisch konzeptualisierte und durch die Ergebnisse der ersten Strategie gestützte Situationsmodell als ein wissensbasiertes System auf einem Computer zu implementieren (vgl. Kolodner 1993). Ist dieses Programm dann in der Lage, Verhaltensdaten zu generieren, die zu denen eines individuellen Rezipienten als äquivalent betrachtet werden können, dann kann aus Aufbau und Arbeitsweise des Programms eine Erklärung des Rezeptionsverhaltens abgeleitet werden.

2.3. Typische Elemente und gemeinsame Struktur kognitiver Rezeptionsmodelle

Auf dem Hintergrund der von Teun A. van Dijk und Walter Kintsch (1983) ausgearbeiteten Theorie über kognitive Strategien des Textverstehens sind zahlreiche bereichsspezifische Modellvorstellungen über die Verarbeitung medienspezifischer Informationen erarbeitet und für empirische Untersuchungen fruchtbar gemacht worden. Hierunter zählen Arbeiten aus den unterschiedlichsten Gebieten der Rezeptionsforschung, wie beispielsweise

- dem allgemeinen Sprach- und Textverstehen (vgl. Airenti/Bara/Colombetti 1993; C. Berger 1989; Capella/Street 1989; de Beaugrande 1992; Schnotz 1988),
- dem Literaturverstehen (vgl. Andringa 1986; Halász 1986; Hauptmeier/Meutsch/Viehoff 1989; László 1986; Meutsch 1986),
- der Wahrnehmung und Organisation von Wissen über unterschiedliche Mediengattungen (Hauptmeier 1987b; Rusch 1987, 1992),
- der kognitiven Organisation und Verarbeitung von politischen Werbekampagnen im Fernsehen (vgl. Biocca 1991; Graber 1989) und Fernsehnachrichten (Conver/Feldman 1986; Fischle/Stenner-Day 1992),
- der Darstellung von ethnischen Minderheiten in Presse und Fernsehen und deren

Wirkung auf die Einstellungen der Rezipienten (vgl. Dijk 1987a, 1987b, 1995),
- der alters- und entwicklungsabhängigen Verarbeitung von Geschichten (vgl. Barth 1994; Nelson 1986) und unterschiedlichen Fernsehgattungen und -inhalte (vgl. Barth 1995; Doubleday/Droege 1993; van Evra 1990),
- der kognitiven Verarbeitung narrativer Filme (vgl. Bordwell 1989; Bordwell/Thompson 1986; Branigan 1992; Ohler 1994).

Ungeachtet der durch den jeweiligen Anwendungsbereich bedingten Spezifizierungen hinsichtlich der von den Rezipienten benötigten oder zu nutzenden Wissensbestände, gehen die meisten theoretischen Vorstellungen zu mentaler Repräsentation und kognitiver Verarbeitung medialer Informationen von dem folgenden allgemeinen Prozeßverlauf aus: Mit der Entscheidung des Rezipienten, ein bestimmtes Medium bzw. ein bestimmtes Genre zu rezipieren, spätestens jedoch mit dem Eintreffen der ersten medialen 'Inputs', hat dieser sein persönliches Wissen darüber aktiviert, was er dargeboten zu bekommen glaubt (vgl. Dijk 1987a; Larsen/Seilman 1988). Dies hat zur Folge, daß mit Aufnahmebeginn der medialen Reize der Rezipient bereits erste Vermutungen über Bedeutung und Verlauf des 'Textes' hat, wodurch gleichzeitig eine gezielte und selektive Informationsaufnahme gefördert wird. Durch die Gleichzeitigkeit von Zeichenaufnahme und der Aktivierung und Adaptation von Wissensschemata versucht der Rezipient ein kohärentes mentales Modell der medial vermittelten Ereignisse zu konstruieren, das gleichzeitig die Grundlage für sein Medienverständnis bildet (vgl. Biocca 1991; Hauptmeier/Meutsch/Viehoff 1989; Johnson-Laird 1983; Dijk/Kintsch 1983). An diesem Vorgang sind drei separate Gedächtnisspeicher beteiligt: das sensorische Gedächtnis, das Kurzzeit- (KZG) und das Langzeitgedächtnis (LZG). Ferner bedarf es eines Kontrollsystems, das fortlaufend den aufsteigenden (zeichenorientierten) und absteigenden (schemabasierten) Informationsfluß zwischen und innerhalb der drei Speicher überwacht und gegebenenfalls erforderliche Korrekturen initiiert (vgl. Abb. 1).

Das sensorische Gedächtnis besteht aus einem ikonischen und echoischen Speicher, deren Aufnahmekapazitäten begrenzt sind. Damit angesichts dieser Begrenztheit nicht zu

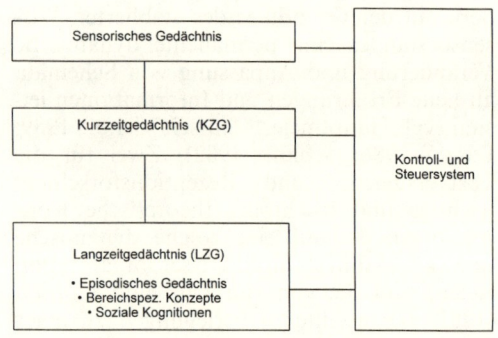

Abb. 7.1: Struktur des menschlichen Gedächtnisses

viele Informationen verloren gehen, werden die jeweiligen Zeichen zu organisierten Bündeln von Merkmalen zusammenzufassen versucht (Anderson 1988). Dabei erleichtern spezifische und konventionalisierte Reizkonfigurationen, die ganzheitliche Eigenschaften wie beispielsweise Muster und Gestaltformationen oder kulturell etablierte Bedeutungen aufweisen, den Wahrnehmungsvorgang (Kimchi 1992; Lakoff 1987; Prinz 1990). Sie fördern ferner unmittelbare Kohärenzerlebnisse und ästhetische Erfahrungen (Cupchik 1993). Die im sensorischen Gedächtnis gebildeten Merkmalsbündel werden dann im Kurzzeitgedächtnis (KZG) weiterverarbeitet. Dessen Kapazität ist ebenfalls begrenzt, sie ist jedoch abhängig von dem kulturellen Bedeutungsgehalt des dargebotenen Materials sowie der Fähigkeit des Individuums, einzelne Merkmalsbündel zu entsprechenden Sinneinheiten integrieren zu können. Diese Integration und Aufbereitung geschieht durch die Bildung von Propositionseinheiten, die Herstellung von Kohärenz zwischen diesen Einheiten und deren Integration zu Makropropositionen (Dijk/Kintsch 1983). Im KZG können etwa sieben solcher Einheiten gebildet und in einem von der Aufmerksamkeitsspanne abhängigen aktivierten Zustand gehalten werden (Miller 1956), was dem Langzeitgedächtnis (LZG) den Zugriff auf diese Einheiten ermöglicht. Das Wissen für die Bildung solcher Einheiten ist im LZG gespeichert.

Im Mittelpunkt der kognitiven Verarbeitung von Medien stehen das Langzeitgedächtnis mit dem in ihm lokalisierten episodischen Gedächtnis sowie den generellen sozial geteilten Wissensbeständen. Hierbei handelt es sich um generelle Einstellungen, Stereotype, allgemeine Erklärungsmuster und Konventionen, die von der Mehrheit der Referenzgruppe oder der Gesellschaft geteilt werden. Das episodische Gedächtnis besteht aus einer Textbasis, den Kontext- und den spezifischen Situationsmodellen sowie generalisierten, bereichsspezifischen Wissensbeständen oder Konzepten (Dijk/Kintsch 1983; Dijk 1987a). Auf der Grundlage der im KZG bereitgestellten Einheiten wird zunächst eine Textbasis generiert, die Aussagen über Akteure, Handlungen, Umstände und Themen im medialen Ursprungstext formuliert. Die Konstruktion einer Textbasis geschieht unter dem Einfluß des Kontrollsystems und wird durch Aktivierung höherrangiger Ziele, Erwartungen oder Überzeugungen des Rezipienten und den aktuellen kontextuellen Rezeptionsbedingungen gesteuert.

Simultan zum Aufbau der Textbasis wird die Rezeptionssituation repräsentiert. Diese Kontextrepräsentation rahmt die Textbasis und beeinflußt die Generierung von Situationsmodellen sowie das Abrufen und Adaptieren vorhandener Wissensbestände (Dijk 1987a, 1995). Kontextmodelle sind wie alle Modelle des episodischen Gedächtnisses auf einem Kontinuum organisiert. Hierbei bilden spezifische individuelle Erfahrungen den einen Pol und generalisierte, konventionalisierte Erfahrungen den anderen Pol. Kontextmodelle enthalten Informationen über die Teilnehmer der Rezeptionssituation, deren Rollen, Ziele und Reaktionsweisen, über Typen von Rezeptionssituationen und deren Verläufen, über Kriterien für angemessene Verhaltensweisen und spezifizieren, worauf bei bestimmten Medienformaten oder -gattungen bevorzugt zu achten ist (vgl. Beentjes/Vooijs/van der Voort 1993; Corner 1991; Hacker/Coste 1992; Wilson/Weiss 1993).

Den eigentlichen Kern des episodischen Gedächtnisses bilden Situationsmodelle. Auf der Grundlage der durch das Kontextmodell sowie der in Wahl und Aufmerksamkeitszuwendung (vgl. Anderson/Burns 1991; Geiger/Reeves 1993; Halász 1987a; Lang 1993) zu einem bestimmten Medienangebot implizit zum Ausdruck gebrachten Interessen und Ziele werden Teile des persönlichen Ereignis-, Welt- und Medienwissens aktiviert und vom Rezipienten zur Generierung eines Situationsmodells herangezogen (Halász 1992b). Situationsmodelle repräsentieren nicht den dargebotenen Text, sondern die darin verhandelten Ereignisse, wie sie vom Rezipienten auf dem Hintergrund seiner persönlichen Erfahrungen aufgenommen und verstanden werden (Dijk 1987a, 1995; Johnson-Laird 1983). Mit Hilfe solcher episodenbezogenen Situationsmodelle konstruieren Rezipienten ihre individuellen Lesarten, in dem sie ihre Erfahrungen und bisherigen Erlebnisse an den 'Text' herantragen (vgl. Halász 1992b; Seifert/Abelson/McKoon 1986). Aufgrund vorhandener empirischer Befunde erscheint die Annahme begründet, daß Situationsmodelle narrativ organisiert sind (vgl. Dijk 1987a; Fletcher/Chrysler 1990; Mandler 1987; Rumelhart 1975; Wilson/Rinck/McNamara u. a. 1993) und als mentales Korrelat zu einer narrativ geordneten Lebenswelt anzusehen sind (vgl. Matthiesen 1991). Entsprechend bestehen Situationsmodelle aus den Kategorien Zeit und/oder Lokalisation (Setting), Akteure, Handlungen, situative Umstände, Handlungsergebnisse, Teilnehmerintentionen, Evaluation und Coda, deren thematische Anordnung das narrative Schema bilden (vgl. Barth 1994; Bordwell 1985, 1989; Branigan 1992; Dijk 1987a; Dijk/Kintsch 1983; Livingstone 1992; Olson 1990; Rumelhart 1975).

Die mentale Rekonstruktion narrativ strukturierter Episoden erfolgt durch drei synchron verlaufende Verarbeitungsprozesse (vgl. Hauptmeier/Meutsch/Viehoff 1989). Erstens werden auf der Grundlage des dem Rezipienten aktuell zugänglichen deklarativen Wissens (Viehoff/Burgert 1991) und der aufgenommenen medialen Hinweisreize die einzelnen narrativen Kategorien mit entsprechenden Inhalten besetzt. Dabei erleichtern Vorstellungen und analoge Bildrepräsentationen (Kosslyn 1980) die Konstruktion von Situationsmodellen (vgl. Biocca 1991; László 1986; Johnson-Laird 1983). Dies ist besonders dann der Fall, wenn, wie beispielsweise im Erzählkino, aus konventionalisierten formalen (filmischen) Mitteln die Inhalte einzelner narrativer Kategorien vom Betrachter leicht erschlossen werden können (vgl. Ballstaed 1990; Bordwell 1985, 1989; Bordwell/Thompson 1986; Ohler 1994). Die narrativ organisierten Situationsmodelle rekonstruieren die im Text behandelten Ereignisse aus der Perspektive der persönlichen Rezipientenerfahrung. Narrative Mediengattungen, wie etwa Geschichten, in denen die Perspektiven der Akteure, ihre Handlungsziele und -gründe explizit herausgearbeitet werden, fördern die Bildung von Situationsmodellen und erleichtern die Erinnerung an die in der Geschichte behandelten Ereignisse (Andringa

1986; Bloom 1988; Johnson-Laird 1983; László 1986; Wilson/Rinck/McNamara 1993). Die jeweilige Mediengattung beeinflußt ferner den Umfang und die Differenziertheit von Situationsmodellen. In Abhängigkeit des jeweiligen Genres und dessen Offenheit generieren Rezipienten unterschiedlich reichhaltige fiktionale oder mögliche Welten in Bezug auf die im Ursprungstext beschriebenen oder erwähnten Ereignisse (Biocca 1991; Bruner 1986). Zweitens werden die textbasierte Modellbildung sowie die sich darauf beziehenden, vielfältigen Inferenzprozesse fortlaufend durch ein Abgleichen von medialen Hinweisreizen und aktuellem Status des Situationsmodells überprüft. Kommt es dabei zu Unklarheiten, Lücken oder Inkohärenzen, gilt es weitere, bis dahin nicht berücksichtigte Wissensbestände (s. u.) zu aktivieren. Hierbei können Schlußfolgerungen und Überlegungen des Rezipienten zu Intentionen der Autorinnen oder Autoren, Machart, Dramaturgie, Vermarktung etc. Eingang in sein aktuelles Situationsmodell finden. Drittens wird der gesamte (Re-)Konstruktionsprozeß vom Kontrollsystem hinsichtlich seiner Angemessenheit evaluiert. Hierbei bildet die durch die Modellbildung erreichte und von den individuellen Interessen und Zwecken, wie konventionellen Standards, abhängige Sinnkonstanz (Hörmann 1976) bezüglich Inhalt und Form das zentrale Evaluationskriterium (Hauptmeier/Meutsch/Viehoff 1989). Das Kontrollsystem steuert auch die von Hunt und Mitarbeitern herausgearbeiteten drei Varianten von Leser-Textbezügen. Aus der Wechselwirkung von Leserinteressen und Textmerkmalen kann sich ein informationsorientierter, ein ereignis- bzw. narrationsorientierter oder ein bewertungs- bzw. standpunktorientierter Umgang mit dem Text einstellen (Hunt 1988; Hunt/Vipond 1986; Vipond/Hunt 1984). Diese Rezipientenziele können wiederum vom jeweiligen Text unterstützt oder erschwert werden (vgl. Bloom 1988; László 1986; Halász 1992a).

Die Art und Weise, wie ein Situationsmodell der medial vermittelten Ereignisse konstruiert wird, welche persönlichen Erfahrungen und Erlebnisse des Rezipienten hierbei wieder ins Gedächtnis gerufen werden, welche Perspektivierung die Geschichte hat und wie sich der Rezipient diese zu eigen macht, und wie er den Entwicklungsverlauf der Ereignisse bewertet und auf seine lebensweltlichen Daseinsthematiken bezieht, bestimmen das Spektrum seiner emotionalen Reaktionen auf die Medieninhalte (Halász 1992a; Höijer 1992a; Ortony/Clore/Collins 1988).

Für die Konstruktion von Situationsmodellen medialer Informationen mittels dieser Verarbeitungsschritte sind ferner die folgenden vier generellen Wissenskonzepte erforderlich (vgl. Barth 1995; Biocca 1991; Bordwell 1989; Ohler 1994): Genre- oder Mediengattungswissen, Schemata der Interessen- und Motivattribuierung, formales Medienwissen und Wissen über medien- und gattungsspezifische Verlaufsmuster. Diese Konzepte beruhen auf generalisierten individuellen Medienerfahrungen und medienspezifischem, konventionalisiertem Bereichswissen des Nutzers (Bordwell 1989; Schmidt 1994). Aufgabe dieser Konzepte ist es, Indizierung und Verarbeitungstiefe von aktivierten Situationsmodellen zu steuern, und gleichzeitig diese mit Weltwissen und sozialen Kognitionen, wie sozial geteilten Einstellungen und Erklärungsmustern, in Beziehung zu setzen. Gemeinsam mit dem Kontroll- und Steuerungswissen sind diese vier Konzepte für die Beurteilung des Realitätsgehalts des betreffenden Textes, dessen inhaltlicher und argumentativer Kohärenz und dessen Glaubwürdigkeit zuständig. Ferner steuern sie die gezielte Suche und Aufnahme entsprechender Hinweisreize und Texteinheiten aus dem Ursprungstext, die mit den indizierten Konzepten und Modellen kompatibel sind.

Genre- oder Mediengattungswissen: Gattungswissen erwerben Menschen im Verlauf ihrer Mediensozialisation. Es ermöglicht ihnen die Strukturierung dargebotener Medien sowie die Generierung von typischen Erwartungen in Hinblick auf die vermittelten Inhalte, deren Glaubwürdigkeit, deren Realität und Fiktionalität sowie die auftretenden Charaktere und deren Handlungen (vgl. Hauptmeier 1987b; Prince 1990; Rusch 1987b, 1992; Schmidt 1987b; Schwoch/White/ Reilly 1992). Gattungswissen ist in generalisierten, episodisch organisierten Schemata repräsentiert (vgl. Biocca 1991; Rusch 1993) und durch Generalisierungs- und Differenzierungsvorgänge aus den vielfältigen Medienerfahrungen, dem generellen Weltwissen (Lászlo 1988; Viehoff 1988) und den soziokulturellen Erfahrungen (Larsen 1993) gebildet. Schemabasiertes Gattungswissen organisiert die Wahl und Verarbeitungstiefe eines Situationsmodells, das für das Verstehen einer konkreten Medieninformation aktuell zu konstruieren ist, indem es Kriterien vorgibt, die die selektive Suche und Aktivierung von

Wissensbeständen zur Besetzung der prinzipiell in Frage kommenden episodischen oder narrativen Kategorien steuern, sowie Erwartungen bezüglich gattungsspezifischen formalen Darstellungs- und Verlaufsformen weckt. Zusätzlich steuert Gattungswissen die Suche und Aufnahme besonderer Hinweisreize im Ursprungstext, die mit dem präsupponierten Genre kompatibel sind. Es rahmt das betreffende Situationsmodell und legt dadurch die Handlungsmöglichkeiten des Rezipienten im Umgang mit dem Text oder den Bildern fest (vgl. Cohen/Roeh 1992; Halász 1992b; László/Viehoff 1993).

Interessen- und Motivattribuierung (Personifikation): Hierbei handelt es sich um allgemeines Wissen über typische Handlungsmotive und -gründe von Akteuren und Charakteren in lebensweltlichen oder medialen Welten. Es dient dazu, beobachtete Handlungsresultate und -folgen auf Intentionen, Motive oder Eigenschaften der jeweiligen Akteure zu attribuieren (vgl. Barth/Charlton 1993; Biocca 1991; Bordwell 1989; Nelson 1986). Dieses Wissen führt dazu, daß die Kategorien Teilnehmer, Handlungen, Resultate und Evaluationen in Situationsmodellen hervorgehoben werden, was auch auf die 'hinter' dem Text agierenden Personen wie Redakteure, Autoren, Regisseure, Verleger etc. angewandt werden kann (vgl. Bordwell 1989; Gibbs/Kushner/Mills 1991).

Formales Medien- oder Szenenwissen: Dieses Wissen ist spezifisch für audiovisuelle Medien und umfaßt das Erkennen von Einstellungsgrößen, Schnitten, Kameraachsen, Kameraperspektiven, Zooms, Fahrten, Schwenks, Farbgebung, Toneffekte, Musik und Montage als formale Mittel, die dem Rezipienten als Hinweisreize dienen, um Filmhandlung und -erzählung zu verfolgen und entsprechende Erwartungen zu generieren (vgl. Fitch/Huston/Wright 1993; Ohler 1994; Schumm 1990, 1993; Wulf 1989). Die Verbindung von formalem Medienwissen und Handlungswissen geschieht dadurch, daß die Verwendung der formalen Mittel bestimmten Konventionen folgt, was dazu führt, daß Rezipienten Präferenzkonstellationen zwischen dem Vorkommen bestimmter formaler Mittel und Handlungsereignissen ausbilden. Beispielsweise wird bei einer Parallelmontage erwartet, daß gleichzeitig an zwei unterschiedlichen Lokalitäten gehandelt wird. Wird diese Erwartung durch die vom Rezipienten im Film aktiv gesuchten Hinweise bestätigt, dann kommt es zu einer gezielten Aktivierung der entsprechenden Situationsmodelle mit den hierzu relevanten Protagonistenkategorien (Bordwell 1989).

Medienspezifische Verlaufsmuster: Das vierte Konzept, das u. a. die Verarbeitungstiefe und Markierung von Kategorien bestimmt, erfaßt den mit bestimmten Medienformaten typischerweise assoziierten Entwicklungsverlauf. Es handelt sich hierbei um verallgemeinertes Wissen über den Verlauf von Episoden und Ereignissen. Viele (Re-)-Konstruktionen medialer Informationen lassen sich entlang dem Schema „Unerwünschter Ausgangszustand – Handlung/Ereignis – eingetretener oder erwarteter Zustand" vornehmen. Wie George Lakoff (1987) zeigt, kann dieses Schema durch metaphorische Projektion für die unterschiedlichsten Zwecke und auf unterschiedlich komplexe Situationen angewandt werden. Es bildet gleichzeitig die Instanz, die die Aktivierung und Prozeduralisierung narrativer Schemata bei der Bildung von Situationsmodellen in Gang setzt.

Diese vier allgemeinen medienspezifischen Konzepte sowie die durch sie geprägten Situationsmodelle zur mentalen Rekonstruktion der aktuellen Medieninformation stehen mit sozialen Kognitionen in einem wechselseitigen Austausch. Soziale Kognitionen legen das Spektrum an Bedeutungen, Normen, Werthaltungen, Affekten und Ideen fest, wie Rezipienten eines bestimmten Kulturkreises auf die Darstellung von Ereignissen in bestimmten Genres überhaupt reagieren können (vgl. Biocca 1991; Dijk 1990; Halász 1989; Höijer 1992b; Hsu/Price 1993).

Die verschiedenen Modelle und Konzepte sowie die zwischen ihnen stattfindenden Prozesse laufen unter der permanenten Supervision des Kontrollsystems ab. Das Kontrollsystem umfaßt u. a. Informationen zur Rezeptionssituation, den aktuellen Medienformaten und behandelten Themen. Es steuert und beobachtet die Auswahl von Situationsmodellen unter Beachtung entsprechender Zielvorgaben und initiiert gegebenenfalls entsprechende Korrekturen.

Abbildung 7.2 zeigt in einer Übersicht die bei der Verarbeitung von Medieninformationen beteiligten Elemente und deren hierarchische Anordnung. Das Resultat dieses Verarbeitungsprozesses ist eine individuelle Lesart einer medial aufbereiteten und dargebotenen Ereignisdarstellung. Der kognitive Aufwand für einen solchen Verstehensakt ist um so größer, je geringer die individuelle Medien-

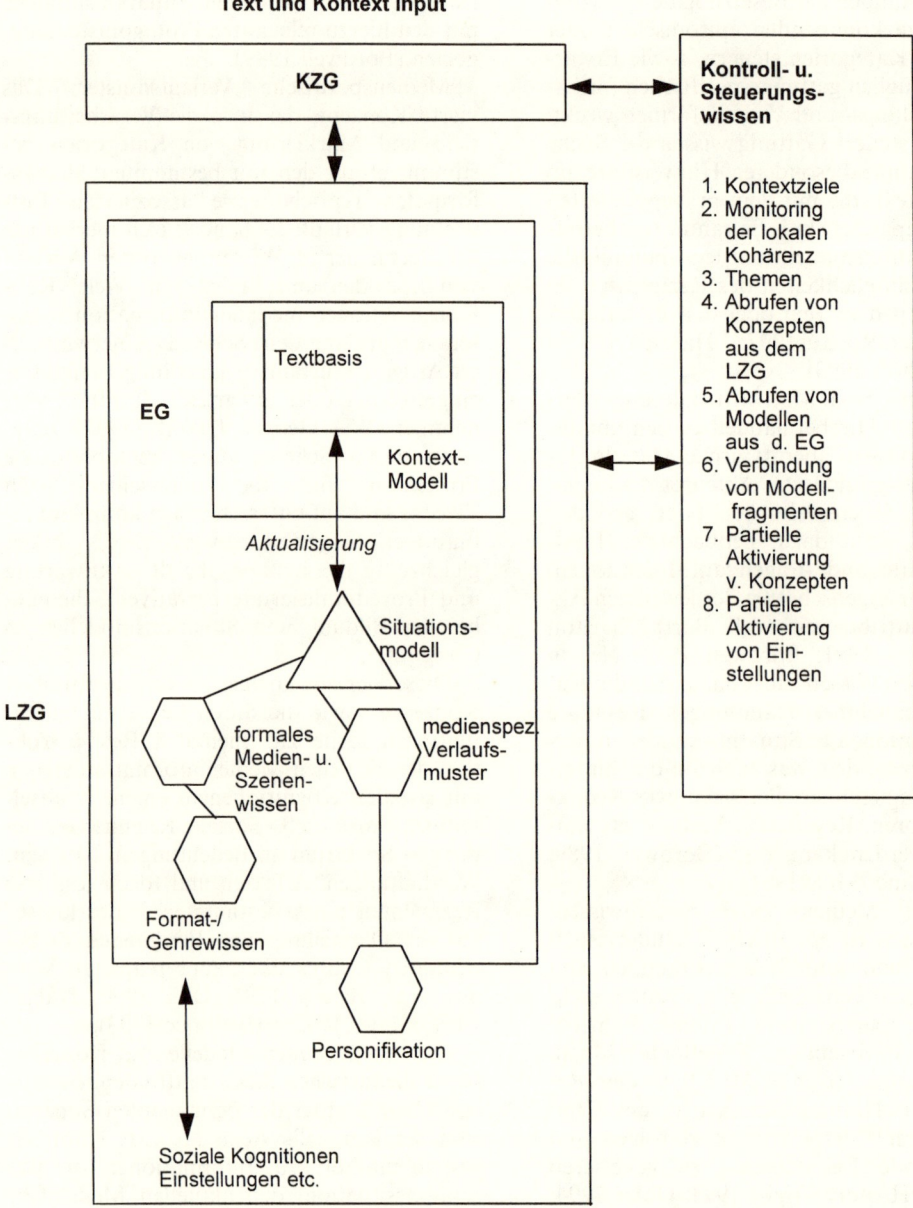

Abb. 7.2: Übersicht über Struktur und Elemente eines kognitiven Rezeptionsmodells

kompetenz und je neuartiger die Medienaufbereitung und -präsentation der Information ist (vgl. Halász 1987a). Es wird angenommen, daß für Kompetenzerwerb und Mediendiagnose das fallbasierte Lernen (Schank 1982; Riesbeck/Schank 1989) einen hohen Stellenwert einnimmt (vgl. Bordwell 1989; Dijk 1987a; Ohler 1994). Bei Aufnahme eines neuen Medienereignisses wird zunächst im episodischen Gedächtnis nach einem geeigneten Fallbeispiel gesucht, mit dem ein entsprechendes Situationsmodell konstruiert werden kann. Kann ein solches Exemplar gefunden werden, dann wird die aufgenommene Information gemäß diesem Muster verarbeitet. Ist das nicht möglich, so wird versucht, durch geeignete Änderungen und Anpassungen der vorhandenen Modellkomponenten und Konzepte eine neue modellbasierte Interpretation zu erarbeiten. Ist dieses Unternehmen erfolgreich, dann wird dieses neue Fallbeispiel im episodischen Gedächtnis abgespeichert, wobei diejenigen Merkmale, die für diese Interpretation neu aufgenommen und kombiniert wurden, mit geeigneten Indizes versehen werden, damit sie bei späteren Anlässen wieder zur Konstruktion von Situationsmodellen herangezogen werden können. Sobald mehrere Fallbeispiele Gemeinsamkeiten aufweisen, wird über sie generalisiert, wodurch Regelhaftigkeiten und Typikalität, etwa von Mediengattungen, gelernt und erkannt werden können (vgl. Kolodner 1993).

2.4. Ausblick

Wie oben erwähnt, stehen der kognitiven Rezeptionsforschung grundsätzlich zwei Strategien zur Verfügung, um die Angemessenheit ihrer Modellannahmen zu prüfen (Verhaltensindikatoren bzw. Computersimulation). Bei beiden Strategien wird derzeit jedoch der für die Konstruktion eines Situationsmodells relevante, also den aktuell von den Rezipienten hergestellte Rezeptionskontext (vgl. 2.3.) vernachlässigt. Zwar spielen individuelle Wissensbestände eine bedeutsame Rolle in der Rezeption unterschiedlicher Medien, aber gleichzeitig ist Medienrezeption ein wesentlicher Bestandteil des alltäglichen sozialen Austauschs zwischen Individuen. Diese sozialen Rahmen- wie Zwecksetzungen, die die Aufnahme und das Verstehen von Medien bestimmen, werden bisher in der kognitiven Rezeptionsforschung vernachlässigt (vgl. Barth/Charlton 1993; Viehoff/Andringa 1990).

3. Empirische Rezeptionsforschung in der Literaturwissenschaft

3.1. Gegenstand der literarischen Rezeptionsforschung

Die empirische Rezeptionsforschung in der Literaturwissenschaft beschäftigt sich mit den kognitiven und sozialen Handlungen der Leser und Leserinnen (oder allgemeiner: Rezipienten und Rezipientinnen) von Texten (oder allgemeiner: Medien), sofern die Handlungen oder Texte von literarischen Konventionen mitbestimmt sind. Die Forschungsrichtung gewann erst spät an Bedeutung. Europäische und amerikanische Forscher haben sich inzwischen in der Internationalen Gesellschaft für Empirische Literaturwissenschaft (IGEL) zusammengeschlossen und halten regelmäßig Tagungen ab. Wichtige Impulse zur Förderung dieser Forschungsrichtung setzen die Zeitschrift 'SPIEL' (Siegener Periodikum zur Empirischen Literaturwissenschaft, Frankfurt a. M., 1982 ff.) sowie in mehreren Themenheften die Zeitschrift 'Poetics' (International Review for the Theory of Literature, 1971 ff.). Neuere Auswahlbiographien und Zusammenfassungen finden sich bei Barsch/Rusch/Viehoff (1994). Wichtige Beiträge enthalten Halász (1987b), Hauptmeier/Meutsch/Viehoff (1987), Ibsch/Schram (1987), Martindale (1988). Nach Schmidt (1980) orientieren sich literarische Texte im Vergleich zu nicht-literarischen an der Ästhetischen Konvention (statt der Tatsachenbezüglichen Konvention, der deskriptive Texte folgen sollten) und an der Polyvalenz-Konvention (statt Monovalenz-Konvention). Aus der Ästhetischen Konvention leitet Schmidt ab, daß der Rezipient sich mithilfe literarischer Texte unter handlungsentlasteten Bedingungen mit Alternativen zu seiner eigenen sozialen Wirklichkeit auseinandersetzen kann. Die Polyvalenz ermöglicht es dem Leser, bei wiederholter Lektüre immer wieder zu neuen Rezeptionsresultaten zu kommen. Literatur übernimmt folglich drei Grundfunktionen (vgl. Schram 1991): Sie erlaubt das eigene Wirklichkeitsmodell zu reflektieren (kognitiv-reflexive Funktion), sie nimmt Einfluß auf die Normen und Werte des Rezipienten (moralisch-soziale Funktion) und sie gestattet dem Rezipienten das Mitvollziehen von emotionalen Erfahrungen (hedonistisch-individuelle Funktion).

Die nicht-literarische Textverstehensforschung kann demzufolge den Prozeß der literarischen Rezeption nur unzulänglich erklären. Erstens berücksichtigt die psychologische Verstehensforschung zu wenig die soziologische und sozialpsychologische Dimension der Rezeption. Nach Viehoff und Andringa (1990) basiert die Literaturrezeption zwar vermutlich auf den selben mentalen Prozeduren, die auch das Verständnis eines nicht-literarischen Textes ermöglichen, aber man muß für die Rezeptionsforschung beachten, daß Literatur in einem sozialen Kontext genutzt wird. Situative Elemente des Leseprozesses, die literarische Sozialisation des Lesers, frühere Erfahrungen im Umgang mit literarischen Texten, die aktuellen Gefühle und Bedürfnisse des Lesers, seine sozialen Erwartungen und sein Interesse, an der literarischen Kommunikation teilzunehmen, bestimmen das Textverständnis in entscheidender Weise mit. Faktisch beschränkte sich die literaturwissenschaftliche Rezeptionsforschung allerdings bislang sehr häufig auf die Untersuchung individueller, meist kognitiver Rezeptionsphänome und vernachlässigte dabei die Tatsache, daß auch die individuelle Rezeption immer im Zusammenhang mit der Aufgabe zur Weltdeutung als kollektiver Leistung zu sehen ist. Die analytisch sinnvolle Trennung zwischen den Handlungsrollen Rezeption und Verarbeitung im Literatursystem (Natori 1994) führte in der Forschungspraxis zu oft zu einer Beschränkung auf die Untersuchung von individuellen Verstehensleistungen (Ausnahmen z. B.: Andringa 1991; Davis 1994). Die kommunikative Aneignung von Medien (Holly/Püschel 1993) geriet dabei aus dem Blick.

Zweitens wird von literaturwissenschaftlicher Seite betont, daß eine kognitionspsychologische Rezeptionstheorie Gefahr läuft, die kreativen Aspekte des Lesens zu unterschätzen und den Lesevorgang als data-driven (Beaugrande 1992) oder schema-driven (Miall 1989) mißzuverstehen. Hintergrund dieser Diskussion ist die Annahme, daß sich literarische von nicht-literarischen Texten im Grad ihrer Offenheit unterscheiden (vgl. Eco 1979). Die Polyvalenz von Texten gilt zurecht als Kennzeichen für hohe Literatur und muß im theoretischen Rezeptionsmodell unbedingt berücksichtigt werden. Tatsächlich sprechen auch empirische Ergebnisse für Unterschiede in der Rezeption von deskriptiven, expositorischen und literarischen Texten. So hat Halász (1992b) einen Teil der von ihm untersuchten Lesern und Leserinnen verschiedener Textsorten gebeten, seine/ihre Gefühle während der Lektüre zu charakterisieren, andere sollten angeben, welche Erinnerungen der Text oder einige Stichworte aus verschiedenen Texten bei ihnen auslösten. Es zeigte sich u. a., daß selbst-erlebte oder literarisch-vermittelte Erfahrungen beim literarischen Text häufiger genannt wurden als bei den beiden anderen Textarten. Bestimmte textuelle Merkmale (wie etwa syntaktische Besonderheiten, Wiederholungen etc.) scheinen dem Leser nahezulegen, daß für den vorliegenden Text eine literarische Verarbeitungsstrategie angemessen ist (Hoffstaedter 1987; Peer 1986; Viehoff 1986). Andere Autoren betonen zwar ebenfalls die Besonderheiten der literarischen Rezeption, vertreten aber die Ansicht, daß Literarizität in erster Linie als Leserhandlung und nicht als Texteigenschaft betrachtet werden sollte. In einer Untersuchung von Meutsch (1987b) wird die Kontextabhängigkeit literarischer Textverstehensprozesse durch den Verzicht des Lesers auf die Erwartung erklärt, daß die Textaussagen wahr und eindeutig sein sollten. Weiterhin verfolgen Leser literarischer Texte nicht das Ziel der Informationssuche, sondern setzen sich nach eigenem Ermessen mit dem Text auseinander. Auch nach László (1993) lassen sich keine eindeutigen und objektiven Kriterien für die Literarizität eines Textes angeben. Hinweise darauf, ob es sich bei einem Text um Literatur handelt, werden gewöhnlich im sozialen Umgang mit dem Text vermittelt. Dies bestätigte Hunt (1988), der zeigen konnte, daß der soziale Kontext einen entscheidenden Einfluß auf die Art der Textbearbeitung hat.

3.2. Methoden der empirischen Rezeptionsforschung

Über ihre Gefühle und Überlegungen bei der Auseinandersetzung mit literarischen Stoffen äußern sich Rezipienten häufig spontan, z. B. in Alltagsgesprächen, in Brief- oder Romanform. Oder die Forscher veranlassen die Leser, ihre Selbstwahrnehmungen während der Rezeption im Interview oder Fragebogen zu beschreiben. Eine weitere, vielgenutzte Methode ist die Analyse von Nacherzählungen oder Vorauserzählungen (Szenarien, die von Lesern vorgeschlagen werden, wenn sie eine unterbrochene Mediengeschichte fortsetzen sollen). Allen diesen Zugängen zum interessierenden Phänomen ist gemeinsam, daß die Form der Mitteilung ihre eigene Gesetzlichkeit mit sich bringt. Neben anderen hat sich Iser (1984, 144) dezidiert gegen die Inhaltswiedergabe als Methode zur Rezeptionsforschung ausgesprochen, weil der Nacherzählende „die Strategien des Textes durch eigene Organisationspunkte" ersetzt. Darüber hinaus wird so getan, als bestünde der Text ausschließlich aus seiner Geschichte (den Propositionen) und im besten Fall noch aus der zugrundeliegenden Textgrammatik, während z. B. die Rezeption und Wirkung von stilistischen Textmerkmalen mit dem Verfahren nicht erfaßt werden können. Teilweise bestätigen die Untersuchungsergebnisse solche Befürchtungen. So ließ Halász (1986) Schüler entweder Kurzgeschichten oder Zusammenfassungen von Kurzgeschichten oder nach Erzählsträngen geordnete experimentelle Textversionen nacherzählen. Überraschenderweise differierten die Nacherzählungen zu den drei sehr unterschiedlichen Textversionen nur unerheblich im Hinblick auf ihre Reichhaltigkeit. Man kann nicht ausschließen, daß dieses Ergebnis durch die gewählte Versuchsanordnung bedingt ist, auch wenn der Autor eine andere Erklärung anbietet. Halász selbst vermutet, daß gemäß der Theorie von Kintsch/van Dijk (1978) beim Behalten im Gedächtnis semantische Reduktionsregeln am Werk sind, die die Propositionen höherer Ordnung bevorzugen, dagegen eher ausschmückende Feststellungen nur selten speichern. Entsprechend tendierten die Schüler dazu, sich die in den Originalversionen breit dargestellte psychologische Welt der Protagonisten nicht detailliert zu merken. Der Autor nimmt an, daß der Reichtum an Informationen in literarischen Werken beim Lesen zwar wahrgenommen, aber höchstens von Experten auch abgespeichert wird. Die Ergebnisse von Halász könnten Zweifel wecken, ob die häufig gewählte Methode der elizierten Nacherzählung zur Erforschung der literarischen Rezeption angemessen ist, wenn offensichtlich die Spezifik literarischen Lesens gerade nicht erfaßt werden kann. Allerdings finden sich in der Forschungsliteratur auch andere Ergebnisse. In einem älteren, aber methodisch sehr reflektierten Forschungsprojekt, haben Hömberg/Rossbacher (1979, 1981) ebenfalls mit Nacherzählungen, aber auch mit Vorauserzählungen gearbeitet. Die Autoren wählten zur Initiierung der Nacherzählung, die nach dem ersten Lektüreabschnitt einer Kurzgeschichte eingeschoben wurden, die Formulierung „Jemand fragt Sie an dieser Stelle, was Sie da so lesen ..." und stellten die Frage damit in einen (fiktiven) kommunikativen Zusammenhang. Protentive Rezeptionsprozesse wurden mit der Frage „Wie geht die Geschichte in ihrer Vorstellung weiter?" erfaßt. Der Polyvalenz (Offenheit) des Textes versuchten die Autoren durch die Frage „Was ist geschehen?" auf die Spur zu kommen. Dem Nachweis von nachträglichen Bearbeitungen einer mit dem tatsächlichen Text unverträglichen Protention diente schließlich eine weitere Nacherzählung nach Beendigung der Lektüre. Die Analyse der wiederholten Nach- und Vorauserzählungen ließ einige Eigenschaften des literarischen Leseprozesses hervortreten: Die Suche des Lesers nach Kohärenz, die nachträgliche Umdeutung einzelner Erzählabschnitte unter dem Eindruck des weiteren Geschehens, die Abhängigkeit des Verständnisses von der eigenen Lebensgeschichte, usw. Insofern kann die Nacherzählungsmethode durchaus helfen, spezifische literaturwissenschaftliche Fragen zu beantworten, wenn die Instruktion sorgfältig gewählt wird und wenn die impliziten Zwänge der Kommunikationssituation berücksichtigt werden.

Auch die Aufforderung von Versuchspersonen zur Introspektion und zur Verbalisierung der eigenen Erlebnisse oder Überlegungen vor bzw. während oder nach einer Handlung wurde teilweise als Forschungsinstrument propagiert (Huber/Mandl 1982), teilweise als Artefaktforschung angeprangert (Nisbett/Wilson 1977). Hauptstreitpunkt war dabei, inwieweit die Introspektion Auskunft über wirklich abgelaufene Denkprozesse geben kann oder nur als Form des Sprechens über sich selbst – ohne weitergehenden Gültigkeitsanspruch – angesehen werden darf. Die Problematik der in der kognitionspsychologischen Forschung wieder häufiger verwendeten Methode des simultanen 'lauten Denkens' wurde auch für den literaturwissenschaftlichen Bereich eingehend diskutiert (Ericsson 1988; Steen 1991). Viehoff/Burgert (1991) schlagen vor, einen pragmatischen Standpunkt einzunehmen: Nicht ob Selbstaussagen Denkprozesse zutreffend abbilden, ist entscheidend, sondern ob die Äußerungen zur empirischen Prüfung von Hypothesen über Modelle der fraglichen Rezeptionsprozesse herangezogen werden können. Äußerungen, die auf im Denkprozeß ohnehin sprachlich codierte Informationen zurückgehen, erfüllen meistens dieses Kriterium. Eine bislang noch nicht in größerem Umfang in der Praxis erprobte linguistische Analysemethode schlägt Andringa (1990) vor. Die Autorin ließ Leser parallel zum Lesevorgang laut über deren Leseeindrücke nachdenken und stellte ihnen zusätzliche Fragen. Die Auswertung der Textprotokolle erfolgte in zweifacher Hinsicht. Einerseits wurden die Äußerungen einer formalen Sprechakt-Analyse unterzogen, andererseits wurden die kognitiven Operationen beim Lesen kategorisiert (kognitive Strategien zur Disambiguierung, Reduktion, Re-Konstruktion und Elaboration des repräsentierten Textes).

Informelle bzw. natürliche Gespräche über Medien können während oder nach der Rezeption stattfinden und dienen der kollektiven Interpretation und Aneignung des Stoffes. Der größte Teil der vorliegenden Untersuchungen bezieht sich auf nicht-literarische Sujets, jedoch spricht nichts dagegen, diese Methode auch auf die literarische Rezeption anzuwenden. Da mit dieser Methode besonders die in der Definition angesprochene soziale Komponente der Rezeptionshandlung erfaßt werden kann, wäre eine breitere Anwendung auf literarische Rezeptionsfragen wünschenswert.

Zusammenfassend kann man feststellen, daß der empirischen Rezeptionsforschung in der Literaturwissenschaft ein breites Spektrum an Methoden zur Verfügung steht. Mit anderen Disziplinen teilt sie das Problem, daß die eigentlich interessierenden Phänomene nicht unmittelbar der Beobachtung zugänglich sind. Alle Verfahren, die in Frage stehenden Prozesse sichtbar zu machen, färben die erzielten Ergebnisse in gewissem Umfang ein, erfassen nur Indikatoren, die den Phänomenbereich zumeist nicht hinreichend abbilden und sind mehr oder weniger reaktiv, d. h. die gegenwärtige oder künftige Lesepraxis wird durch die Versuchsbedingungen beeinflußt.

3.3. Klassische Untersuchungen zur literarischen Rezeption und Forschungsparadigmen

Potter (1992) nennt drei Arbeiten, die er zu den Klassikern der literarischen Rezeptionsforschung zählt: Richards (1929) ließ Studenten 13 Gedichte von unterschiedlich bekannten Autoren interpretieren, ohne ihnen weitere Informationen zu geben, und stieß dabei auf ein allgemeines Unvermögen seiner Leser: Sie waren unfähig, Bedeutungen zu rekonstruieren, gaben vorgefertigte Antworten, hingen Vorurteilen über das an, was künstlerisch ist, usw. Holland (1975) bat Studierende, deren Persönlichkeit er mit tiefenpsychologischen Verfahren erfaßt hatte, eine Kurzgeschichte nachzuerzählen. Die enge inhaltliche Beziehung zwischen der Persönlichkeitsstruktur der Leser und Leserinnen und den von diesen Personen vorgelegten Textauffassungen festigten in Holland die Überzeugung, daß Leser in literarischen Werken nach eigenen Themen suchen und den Text entsprechend ihrer persönlichen Abwehrstruktur umdeuten. Rosenblatt (1978) forderte Studenten auf, simultan zum Lesevorgang Interpretationen von dem gerade rezipierten Gedicht abzugeben. Sie beobachtete vor- und rückwärtsgewandte Aufmerksamkeit verbunden mit Re-Interpretationen von früheren Textstellen im Lichte von späteren. Einen Überblick über weitere ältere Arbeiten der empirischen Literaturwissenschaft gibt Viehoff (1991). Groeben (1994) erklärt den Beginn der heutigen Forschungstradition in den siebziger Jahren damit, daß die Literaturwissenschaft in einer Zeit der Unzufriedenheit mit den Ergebnissen der klassisch-hermeneutischen Richtung und unter dem Druck, sich auch mit nichtliterarischen Sujets zu beschäftigen, für Einflüsse aus der Psychologie, der Linguistik und der Semiotik offen war.

Die Forschung zur literarischen Rezeption verfügt über keine einheitliche Erkenntnistheorie und auch über kein allgemein anerkanntes Modell zur Wechselbeziehung zwischen dem Text und seinen Lesern. Die gängigen Ansätze lassen sich einer radikal-konstruktivistischen Position, einer transaktionalen und einer gemäßigt konstruktivistischen Sicht zuordnen. Konstruktivität als Lesermerkmal wird von nahezu keinem Autor bestritten, Meinungsunterschiede bestehen aber hinsichtlich der Qualität der Text-Leser-Interaktion. Den Vertretern der radikal-konstruktivistischen Position – vor allem Schmidt (1987a) und Rusch (1987a) – wirft Groeben (1989) vor, dem Faktor Text in der Erklärung des literarischen Rezeptionsprozesses nur noch eine marginale Rolle zuzuschreiben. Groeben versucht dem Radikalen Konstruktivismus Selbstwidersprüchlichkeit nachzuweisen und wendet sich insbesondere gegen die hier vertretene These der informationellen Geschlossenheit des kognitiven Systems. Allerdings hat Schmidt (1991) gerade in diesem Punkt seine Vorstellungen noch einmal präzisiert und auf die Möglichkeit zur strukturellen Koppelung zwischen dem Textsystem und dem kognitiven System des Lesers hingewiesen. Groeben (1989) selbst spricht sich für das Konzept einer unidirektionalen Text-Leser-Interaktion aus. Nach seinen Vorstellungen kann derselbe Text auf verschiedene Leser, in Abhängigkeit von deren Persönlichkeitsmerkmalen, unterschiedlich wirken. Eine weitere Position, die weder mit dem unidirektionalen Wirkungsmodell von Groeben noch mit dem radikalen Konstruktivismus zu vereinbaren ist, wird unter dem Stichwort Transaktionalismus von Rosenblatt (1985) und von Halász (1993, 207 ff.) vertreten. Wissenschaftstheoretisch ist der Transaktionalismus, der auf Neu-Hegelianische Überlegungen, aber auch auf Dewey zurückgeführt wird, ebenfalls nicht unumstritten, insbesondere dann, wenn seine Vertreter von einer simultanen reziproken Determination (des Leser-Text-Verhältnisses) ausgehen. Zur Klärung der verschiedenen Positionen ist es hilfreich, zwischen der (Leser-externen) Textbasis und dem Kommunikat (als dem subjektiv konstruierten Textmodell des Lesers) zu unterscheiden. Sofern die Leser-

Kommunikat-Interaktion als zweiseitiger (top-down und bottom-up) Transaktionsprozeß beschrieben wird (wie z. B. bei Früh/ Schönbach 1982) ist gegen dieses Verarbeitungsmodell sicherlich nichts einzuwenden. Anders verhielte es sich, wenn die Textbasis selbst als abhängig vom Rezipienten konzipiert werden sollte. In neuerer Zeit finden sich in der Literatur komplexe Rezeptionsmodelle (Hauptmeier/Meutsch/Viehoff 1987) die Text- und Lesereigenschaften ebenso berücksichtigen wie situative Variablen (gemeint sind hier weniger Aspekte der sozialen Rezeptionssituation als die zum Lesen aktivierten kognitiven Prozesse).

3.4. Ergebnisse der literarischen Rezeptionsforschung

Im Mittelpunkt der gegenwärtigen Forschung stehen Fragen zur Polyvalenz bzw. Offenheit von Texten, zur Steuerung der Rezeption durch Textmerkmale oder durch den Leser, zur Identifikation des Lesers mit einzelnen Protagonisten, zur Besonderheit der literarischen Rezeption, zu Fragen der literarischen Gattungen und deren Entsprechung in der Wissensstruktur des Lesers, sowie zur Entwicklung einer literarischen Rezeptionskompetenz. Bei den zuerst genannten Thematiken liegt der Akzent auf Eigenschaften des Textes, es folgen Fragestellungen, die eher Eigenschaften des Lesers in den Mittelpunkt stellen. Aber auch hier bleibt die Annahme einer Interaktion zwischen Leser, Leseprozeß (Situation) und Text für den Forschungsansatz konstitutiv.

3.4.1. Die Frage der Offenheit von Texten und die Steuerung der Rezeption durch Textmerkmale

Mit Blick auf die Mehrdeutigkeit von literarischen Texten formulieren Hauptmeier/ Meutsch/Viehoff (1987) vier Fragen, die untersucht werden sollten: Wie sehr werden Leser durch Texteigenschaften gelenkt? Führt die linguistische Komplexität der Textstruktur zu einem Ambiguitätserlebnis beim Lesen? Welche Verfahren sind es, die beim Leser eine Polyvalenzerfahrung auflösen? Führt linguistische Komplexität zu mehr Lesegenuß? Einen Überblick über den Stand der Forschung zur Polyvalenz von Texten, zur Begriffsgeschichte und zu Problemen der Operationalisierung des Konzepts geben Groeben und Schreier (1992). Die meisten Autoren gehen wie Iser (1989) von einer begrenzten Determination der Leseerfahrung durch den literarischen Text aus:

> „[If] communication between text and reader is to be successful, clearly the readers activity must also be controlled in some way by the text. The control cannot be as specific as in a face-to-face situation; equally, it cannot be as determinate as a social code, which regulates social interaction. However the guiding devices operative in the reading process have to initiate communication and to control it." (Iser 1989, 33).

Das Ausmaß an Freiheit, das ein Text seinen Lesern zugesteht, wurde empirisch zumeist an der Übereinstimmung zwischen Inhaltsangaben verschiedener Leser bzw. an der Heterogenität der zu einem Text abgegebenen Beurteilungen gemessen. Dollerup/Hansen (1992) ließen 717 dänische Schüler der letzten Gymnasialjahrgänge eine Kurzgeschichte entweder in der Originalversion oder in einer von zwei verkürzten Versionen lesen. Die Einstellungen der Schüler gegenüber dem Text wurden mit Fragebögen erfaßt. Es zeigte sich, daß Veränderungen am Text deutlich veränderte Einstellungen nach sich zogen, und daß es große Gemeinsamkeiten im Textverständnis gab. Beide Ergebnisse sprechen gegen eine Überbewertung der Polyvalenz-Hypothese. Darüber hinaus zeigten sich aber auch gruppenspezifische Auffassungen (Geschlechtsunterschiede) und ganz individuelle Leseergebnisse, die die Polyvalenz-Hypothese wiederum stützen. De Beaugrande (1992) konnte empirisch nachweisen, daß interpersonelle Übereinstimmung in der Wahrnehmung von literarisch unerfahrenen Lesergruppen und die Offenheit/Geschlossenheit eines Textes zusammenhängen. Der Umgang mit offenen Texten, z. B. Gedichten, kann im Unterricht geübt werden. Schüler können lernen, scheinbar disparate Stellen anhand von Schlüsselpassagen unter übergreifende Themen zu subsummieren. Dies führt häufig zu größerer interpersoneller Übereinstimmung über lokale Bedeutungen, aber auch zur Schwächung der Geschlossenheit (Determinancy) von anderen Textpassagen.

Welche textuellen Merkmale steuern das Textverständnis des Lesers? Ludwig/Faulstich (1985) verwendeten fünf experimentelle Varianten einer Kurzgeschichte von Hemingway, um zu testen, welche Merkmale der Erzählsituation den Text in der Wahrnehmung seiner Leser verändern. Ein großer Teil der Textfaktoren (u. a. Person des Erzählers, Innen- bzw. Außenperspektive) beeinflußte überraschenderweise nicht die Beurteilung des Werks. Andere Untersuchungen, die sich auf andere Textmerkmale beziehen, konnten dagegen positive Beziehungen nachweisen. Fischbach (1985, 430) prüfte die These, daß Leerstellen den Leser zur Phantasietätigkeit anregen. Im wesentlichen wurde die Hypothese bestätigt. „Der Leser zieht oft Vergleiche zwischen dem Geschehen in der Geschichte und seinen eigenen Erfahrungen, und er denkt sich sogar kleine Episoden aus, für die der Text als Modell dient". Nach Untersuchungen von Dijkstra/Zwaan/Graesser u. a. (1994) existiert eine systematische Beziehung zwischen Strukturmomenten der story (z. B. Gefühle der Charaktere, Spannungsbogen, Indeterminiertheit) und den affektiven Reaktionen von Lesern und Leserinnen. Potter (1992) ging in seiner empirischen Arbeit von 2 Thesen aus: Im Alltag und im Drama identifizieren sich Personen durch ihre syntaktischen und semantischen Wahlen, und Personen offenbaren ihre Charaktereigenschaften durch linguistische Positionen, die sie in ihrer Beziehung zu anderen Personen einnehmen. 15 Leser beurteilten 72 Charaktere aus dem jeweils ersten Akt von 21 englischen Dramen nach 7 Merkmalen (u. a. Dominanz, Intellekt, negative Einstellung gegenüber der Mitwelt). Gleichzeitig wurden mit Hilfe eines Computerprogramms 11 der von diesen Charakteren im Dialog verwendeten syntaktischen Formen analysiert (Fragen, Befehle, Ausrufe, usw.). Insgesamt konnten sehr gute Übereinstimmungen zwischen Rating und Syntax nachgewiesen werden. Zusammenfassend kann aber der Forschungsstand in diesen Fragen noch nicht als zufriedenstellend bezeichnet werden. Eine ganze Reihe von Textstrategien, wie sie etwa in der rezeptionsästhetischen Forschung oder bei Eco (1987) beschrieben werden, bieten sich für weitere Untersuchungen an.

3.4.2. Die kognitive und emotionale Steuerung der Rezeption durch den Leser

Literarisches Lesen ist im Alltag zumeist eine lustbetonte und freiwillige Tätigkeit. Einen Überblick über die Lesemotivations-Forschung geben Groeben/Vorderer (1988), sowie Prenzel (1991). Längerfristige Lesemotive werden bereits in der Kindheit und Jugend geprägt (s. u.). Zum einen kann beim Lesen literarischer Texte der Alltag vergessen werden (Eskapismus), und es eröffnet sich eine neue (und weniger belastende) Erfahrungswelt. Zum anderen wurde in der Motivationspsychologie ein „Streben nach auflösbarer Unsicherheit" (Groeben/Vorderer 1988) ausgemacht, das bei der Lektüre Befriedigung finden kann. Vorderer (1994) spricht sich dafür aus, neben diesen langfristig wirksamen Motiven auch kurzfristige Prozesse der Zuwendungssteuerung (Lesevolition) zu untersuchen, die für die Persistenz einer einmal aufgenommenen Lektüre verantwortlich sein können.

Darüber hinaus ist die Steuerung der kognitiven Lesehandlungen vor, während und nach der Rezeption von der kognitiven Kompetenz des Lesers abhängig. Um einen in sich möglichst widerspruchsfreien und zusammenhängenden Textsinn zu rekonstruieren, muß der Leser auf bereits vorhandene Wissensbestände zurückgreifen und zahlreiche kognitive Operationen durchführen. Eine ausführliche Darstellung der kognitiven Rezeptionsprozesse erfolgte bereits unter 2. Eine wichtige Rolle für die Herstellung von Kohärenzerfahrungen spielen das deklarative und das prozedurale literarische Wissen des Lesers. Burgert/Kavsek/Kreuzer u. a. (1989) haben die Wissensstruktur (Konzepte und Relationen) von Studenten über die Gattungen Krimi und Märchen erfaßt. Es zeigten sich über alle Versuchspersonen hinweg gattungsspezifische Wissensunterschiede. Märchen wurden allgemein weniger differenziert beurteilt als Krimis (Faktor Textsorte). Aber auch individuelle Unterschiede im Verständnis eines Textes (Faktor Leser) können auf der Grundlage von unterschiedlichen Wissenskonzepten erklärt werden. In einer weiterführenden Untersuchung prüften Viehoff/Burgert (1991), ob Umfang und Relevanz des deklarativen Wissens über Strukturmerkmale entsprechender Textgattungen auch die Qualität der Interaktion des Lesers mit einem Text vorhersagen können. Die Hypothese ließ sich eindeutig bestätigen: Ein größeres deklaratives Wissen über Textsorten stand in einem engen Zusammenhang mit dem Einsatz von Strategien zur Herstellung eines kohärenten Bedeutungszusammenhangs (prozedurales Wissen). Dies zeigte sich gerade dann, wenn zum Beispiel der faktische Erzählaufbau vom üblichen Textschema abwich, wenn also falsche Erwartungen korrigiert werden mußten.

Halász (1987a) untersuchte die Funktion serieller und praralleler Textverarbeitung, die Rolle prä-attentiver Prozesse und das Ausmaß, in dem multiples Denken beim literarischen Lesen vorkommt. Weitere Untersuchungen zu kognitiven Aspekten der Rezeption, von Halász (1993) in einer umfangreicheren Monographie dargestellt, beziehen sich auf kognitive Strategien für die Repräsentation literarischer Texte im Langzeitgedächtnis, auf die Bedeutung der ersten Hypothesen für die weitere Wahrnehmung der Geschichte, sowie auf Prozesse der Kohärenzbildung. Den Zusammenhang zwischen kognitiven und affektiven Elementen des Leseprozesses versuchen Kneepkens/Zwaan (1994) auf der Grundlage des empirischen Forschungsstands in einem Modell zusammenzufassen. Dabei betonen sie, daß es wichtig ist, zwischen zwei Quellen für Lesergefühle zu unterscheiden, nämlich ob die Emotion durch die Geschichte selbst angeregt wurde oder aus der Stellungnahme des Lesers zur Artifizialität der rezipierten Geschichte resultiert.

Ein sozial-kognitiver Aspekt des Rezeptionshandelns ist die Perspektivenübernahme durch den Leser. Die propositionale Repräsentation von literarischen Texten können mehr Zeit als die von nicht-literarischen Texten beanspruchen, da literarische Texte auf der Makro- und Mikroebene komplexer sind. Darüber hinaus kann die linguistische Textanalyse durch eher analog verlaufende Wahrnehmungsmuster überlagert und ergänzt werden, wie räumliche oder bildliche Vorstellungen, die die Bildung von mentalen Situationsmodellen erleichtern (nach Johnson-Laird 1983). So gesehen könnten literarische Diskurse die Konstruktion von mentalen Situationsmodellen fördern, z. B. könnte eine Erzählung aus der Ich-Perspektive in besonderer Weise die persönlichen Erfahrungen des Lesers mobilisieren. Eine empirische Untersuchung dieser Hypothesen durch László (1986) erbrachte als Ergebnis, daß die Perspektivierung der Geschichte keinen Einfluß auf die Lesezeit, wohl aber Bedeutung für das Erinnern und die Visualisierung des Textes hat. Perspektivierung steht also nicht in Zusammenhang mit der Repräsentierung des Textes, aber mit der Repräsentierung der Ereignisse (Johnson-Laird 1983). In einer Untersuchung von Andringa (1986) konnte gezeigt werden, worin der spezifische Vorteil der Perspektivierung besteht: Im Vergleich zur neutralen Erzählung mit einem externen Erzählerstandpunkt können die jeweiligen Perspektiven der Akteure vom Leser besser koordiniert und von der eigenen Position leichter unterschieden werden.

Traditionell werden Gattungen als Eigenschaften von Texten verstanden, die z. B. in der Form und in der Erzählweise zum Ausdruck kommen. Im Rahmen einer konstruktivistischen Literaturwissenschaft finden sich jedoch auch Überlegungen, die Zuordnung eines Textes zu einer Gattung nicht mehr als Eigenschaften von Texten zu konzipieren, sondern sie auf ihre kommunikationsregulierende Funktion bei der gemeinsamen Wirklichkeitskonstruktion hin zu untersuchen (Hauptmeier 1987a). Gattungen sind, so betrachtet, kognitive Strukturen, die Wissen und Erfahrungen organisieren und zu Realitätsmodellen führen, welche sich im kommunikativen Handeln bewährt haben. László/Viehoff (1993, 232) streben eine Definition an, die sich an Merkmalen der Leser-Text-Interaktion orientiert. Gattungen können als „konsensermöglichende Handlungsregulative" beschrieben werden, die „Prozesse der literarischen Produktion und Rezeption sozial miteinander" verkoppeln. In einer empirischen Untersuchung prüfen die Autoren anhand von zwei Originalversionen und zwei in Richtung einer größeren Gattungstreue veränderten Textversionen, ob das spezifische Gattungswissen der Leser und Leserinnen, die kognitive Repräsentation von literarischen Texten und die Bewertung der Textbedeutung miteinander zusammenhängen. Tatsächlich unterschieden sich Leser mit und ohne Gattungswissen beim Wiedererkennen und Vergleichen von Original und Variante deutlich. Geringer war der Zusammenhang zwischen Erkennensleistung und Bewertung.

Die Kompetenz im Umgang mit literarischen Texten entwickelt sich unter dem Einfluß des Sprachunterrichts in der Schule. Die Basis hierzu wird aber in der Regel bereits sehr viel früher gelegt, z. B. wenn Mutter und Kind ein Bilderbuch lesen. Braun (1995) hat anhand eines ausführlichen Fallbeispiels gezeigt, wie ein Kind in der Mitte des zweiten Lebensjahres lernt, Büchergeschichten nachzuerzählen und vorauszuerzählen und Buchinhalte auf eigene Erfahrungen zu beziehen. Wieler (1995) verfolgte die Eltern-Kind-Interaktion beim Vorlesen während der Grundschulzeit. Hurrelmann (1980) befragte Kinder am Ende der Grundschulzeit, um etwas über die Prinzipien und Regeln zu erfahren, die die Verarbeitung von Erzähltexten in diesem Alter steuern. Die Kinder bezogen erzählte Sachverhalte grundsätzlich auf die Erfahrungswelt, aber es war ihnen bereits bewußt, daß die tatsachenbezügliche Norm zugunsten einer ästhetischen Norm vom Autor außer Kraft gesetzt werden kann. Einen Überblick zur Situation der literarischen Sozialisation in der Gegenwart gibt Rosebrock (1995). Auf Veranlassung der Bertelsmann-Stiftung sind in Deutschland zwei große Untersuchungen über die Voraussetzungen und Bedingungen des Lesens von Kindern, Jugendlichen und Erwachsenen in der Freizeit durchgeführt worden (Bonfadelli/Fritz/Köcher, 1993; Hurrelmann/Hammer/Nieß 1993; Saxer/Langenbucher/Fritz 1989), die u. a. die wichtige Rolle der Eltern für die Lesesozialisation betonen. Den internationalen Forschungsstand stellt van Peer (1991) dar.

3.4.3. Mediengeschichten und die Lebenspraxis von Lesern

Theoretische Vorstellungen zur Identifikation von Lesern mit Medienprotagonisten fassen Adler (1980) und Hebel (1979) zusammen. Ein Forschungsüberblick findet sich bei Groeben/Vorderer (1988), sowie bei Schram (1991). Kritisch setzt sich Zillmann (1994) mit dem Identifikationsbegriff auseinander und schlägt statt dessen die Begriffe empathy und counterempathy vor, um positive oder negative affektive Dispositionen von Lesern und Leserinnen gegenüber Mediencharakteren beschreiben zu können. Oatley (1994) präsentiert ein kognitionspsychologisches Modell des Identifikationsprozesses und vergleicht die Identifikation mit einem Simulationsexperiment, das der Leser in Gedanken durchführt. Während er sich die Ziele der Protagonisten probeweise zu eigen macht, versucht der Leser eine kohärente Textwelt herzustellen und arbeitet selbst situationsangemessene Lösungsstrategien für das Problem aus. Halász (1992b) berichtet über vier Untersuchungen zum Thema Identifikation und soziale Kognition des Lesers, aber warnt auch vor einer Überinterpretation des Begriffs Identifikation. Der Leser kann nicht genauso fühlen wie der Protagonist, vielmehr projiziert er eigene Erfahrungen auf diesen und macht sich teilweise dessen gefühlsmäßige Situation zu eigen (hier als Introjektion bezeichnet). „In gewisser Hinsicht ist die interpretierende Textverarbeitung immer selbstanalysierend" (Halász 1992b, 231). Der Leser trägt Erfahrungen aus seiner eigenen Vergangenheit an den Text heran. Beim Vergleich der Leserreaktionen auf eine Original-Erzählung bzw. eine gekürzte Textvariante fand Halász (1993) recht ähnliche Empathiewerte in bezug auf die beiden Hauptpersonen. Eine genauere Analyse der Organisation und Homogenität der Gefühlsäußerungen der Leser konnte jedoch zeigen, daß die Originalerzählung stärkere, aber in sich widersprüchlichere Gefühle ausgelöst hatte. Schram (1991) zieht aus seinen zahlreichen empirischen Untersuchungen den Schluß, daß vier Aspekte der Identifikation voneinander unterschieden werden müssen: erregte Gefühle (Mitleid, Sympathie, Bewunderung), erregte Wünsche, kognitive Effekte (normbildend, normbestätigend, normbrechend), Textverständnis und Bewertung.

Wenn literarische Rezeption Gelegenheit bieten soll, eigene soziale Erfahrungen zu reflektieren, dann müssen sich Spuren dieses Prozesses der Selbstvergewisserung im Rückblick auf die eigene Lebensgeschichte vom Leser benennen lassen. Der Versuch, empirisch Zugang zu diesen Reflexionen zu bekommen, gestaltet sich allerdings noch schwieriger als dies beim simultanen lauten Denken der Fall ist, da die fraglichen Interpretationsprozesse häufig Jahre oder Jahrzehnte zurückliegen. Dennoch sind die praktischen Erfahrungen mit weit zurückreichenden Befragungen recht positiv. Larsen (1993) hat im Rahmen des Projekts 'Schriftkultur im Norden' Kinder, Eltern und Großeltern zu ihrem Lieblingsbuch befragt. Auch wenn die Lektüre schon sehr lange zurücklag, war die Erinnerung an die sozialen und situativen Begleitumstände der Leseerfahrung außerordentlich lebendig. In Deutschland hat Schön (1990) mit einer vergleichbaren Methode nach der Bedeutung der literarischen Erfahrung von Kindern und Jugendlichen für deren psychosoziale Entwicklung gefragt.

4. Cultural Studies

4.1. Forschungstradition

Eine der gegenwärtig einflußreichsten Arbeitsrichtungen auf dem Gebiet der Rezeptionsforschung kommt ursprünglich aus Großbritannien. Der Ansatz ist unter dem Stichwort 'cultural studies' bekannt geworden und hat sich ebenfalls aus literaturwissenschaftlichen Fragen heraus entwickelt. Galt das Interesse ursprünglich noch der Abgrenzung der Hochkultur gegenüber den Einflüssen der Massenkultur, wie sie in den Industriestaaten zwischen den beiden Weltkriegen und danach immer mehr um sich griff, so erweiterte sich die Thematik der kulturwissenschaftlichen Fragestellungen im Großbritannien der Nachkriegszeit. Einflußreiche Autoren wie Richard Hoggart (1958) und Raymond Williams (1958) suchten in den späten fünfziger und den sechziger Jahren nach Möglichkeiten für einen konstruktiven Umgang mit den massenkulturellen Zeiterscheinungen, die sich nicht nur über die Kriterien und Standards der traditionellen Literatur und Kunst hinwegzusetzen schienen, sondern auch die angestammte britische Volkskultur zurückdrängten. Aus dieser ursprünglichen Zielsetzung heraus entwickelte sich mit der Zeit ein weitgespanntes Interesse an Fragen der Beziehung zwischen Kultur, Gesellschaft und den modernen Medien.

4.2. Veröffentlichungsorgane und Übersichtsliteratur

Von großem wissenschaftlichen Einfluß waren insbesondere die Arbeiten aus dem Centre for Contemporary Cultural Studies (CCCS) an der Universität Birmingham, dessen erster Direktor Hoggart war. Im Jahr 1969 übernahm Stuart Hall die Leitung dieses Instituts. Die ursprünglich als Arbeitspapiere des CCCS ('Working Papers in Cultural Studies') erschienenen Veröffentlichungen sind später teilweise im ehemaligen Londoner Verlag Methuen herausgekommen (das Verlagsprogramm wird jetzt überwiegend von Routledge fortgeführt). Andere Arbeiten wurden bei Sage (London) publiziert und seit einiger Zeit verlegt der Bostoner Verlag Unwin Hyman, Inc. eine Reihe mit dem Titel 'Media and Popular Culture', in der auch eine Einführung in das Arbeitsgebiet (Turner 1990) erschienen ist. Arbeiten, die den 'cultural studies' verpflichtet sind, erscheinen in den Zeitschriften 'Media, Culture, and Society' (London, seit 1979), 'Critical Studies in Mass Communication' (Annandale, seit 1984), sowie in 'Cultural Studies' (London, seit 1987; früher: 'Australian Journal of Cultural Studies'). Einen Überblick über Grundlagen und den aktuellen Forschungsstand geben Carey (1986), Fiske (1987a, 1989a, b), Krotz (1992, 1995), Lewis (1991), Mikos (1994), Morley (1992) und Real (1989). Aktuelle Beiträge zu einer kulturwissenschaftlichen Mediensoziologie finden sich in Müller-Doohm/Neumann-Braun (1995).

4.3. Gegenstand der 'cultural studies'

Die 'cultural studies' beschäftigen sich mit Medien und populärer Kultur. Unabhängig von der medialen Form werden die kulturellen Produkte häufig als Texte bezeichnet und deren Rezeption als Lesen. Im Verlauf des gesellschaftlichen Kommunikationsprozesses werden von Medien-Produzenten und -Rezipienten gemeinsam Bedeutungen konstruiert. Der Prozeß der Bedeutungsverleihung ist abhängig von institutionellen Rahmenbedingungen, von den herrschenden Ideologien und den kulturellen Ressourcen der Akteure. Auch die alltägliche Handlungspraxis der Zuschauer findet darin ihren Niederschlag. Charakteristisch für Untersuchungen in der Tradition der 'cultural studies' sind ideologiekritische Arbeiten über die Einflüsse der dominanten Kultur in den Medien (z. B. Hall/Connell/Curti 1981). Insbesondere ging es dabei um die Rolle der Medien für die Beziehung zwischen dem herrschenden politischen System und einzelnen gesellschaftlichen Gruppen. Gesellschaften werden durch Kommunikation konstituiert und zusammengehalten (Real 1989). Gesellschaftliche Macht wird nicht nur durch Institutionen, sondern auch durch die herrschenden Ideologien vermittelt. Weitere Analysen beschäftigen sich mit dem Verhältnis von alltäglicher Lebensführung und Mediengebrauch (z. B. Morley 1986) und der sozialen Stilisierung der persönlichen Umwelt und des eigenen Körpers im Zeitalter der Massenmedien (z. B. Hebdige 1979). Neuere Arbeiten erweitern die Frage nach der Rolle von Massenmedien für die Gesellschaft dahingehend, daß sie sich auch für das Vergnügen interessieren, welches bestimmte Zuschauergruppen aus der Nutzung von Massenmedien ziehen (Bennett/Woollacott 1988; Fiske 1987b; Livingstone 1991; Mikos 1994; kritisch: Robins 1994). Soziale Macht und persönliches Vergnügen sieht Fiske (1987b) als durchaus aufeinander bezogene Kräfte an. Sozial Benachteiligte ziehen einen Identitätsgewinn daraus, wenn sie sich in widerständiger Weise mit den herrschenden Kräften beschäftigen können: Texte sind populär, wenn sie sich in eine Vielzahl subkultureller Bedeutungsgebungen einbeziehen lassen. Popularität, Zuschaueraktivität und Polysemie gehören folglich zusammen.

Der geläufige Begriff der Massenkommunikation erschien den Kulturwissenschaftlern immer weniger angemessen (bereits 1958 bei Williams), nachdem sich der Blick erst einmal auf die unterschiedlichen Lesarten von ein und demselben Medieninhalt in verschiedenen Subgruppen gerichtet hatte. Die Autoren der britischen 'cultural studies' grenzten sich darüber hinaus explizit von den wissenschaftlichen Grundannahmen ab, die der empirischen, vor allem in den USA betriebenen Medienwirkungsforschung zugrunde lagen (Hall 1980). Dagegen ergaben sich deutliche Übereinstimmungen mit dem in der Sprachwissenschaft und Semiotik der siebziger und achtziger Jahre vorherrschenden Strukturalismus. In neuerer Zeit scheint sich eine Annäherung zwischen dem kommunikationswissenschaftlichen 'uses-and-gratifications-approach' und den 'cultural studies' anzubahnen (Liebes 1989). Methodisch waren viele Untersuchungen im weitesten Sinne textwissenschaftlich orientiert. In den letzten Jahren werden auch Einflüsse der ethnographischen Forschung sichtbar. Theoretisch sind die meisten Arbeiten der Vorstellung verpflichtet, daß die kulturelle Praxis (Codes und Konventionen, social ritual (Fiske/Hartley 1978)) der Gruppe, der der einzelne Leser angehört, das jeweils spezifische Textverständnis bedingt und nicht irgendwelche Persönlichkeitseigenschaften oder Bedürfnisstrukturen von individuellen Rezipienten (Fiske/Hartley 1978). Hier zeigt sich eine deutliche Akzentverlagerung gegenüber den psychologischen, kognitionswissenschaftlichen und literaturwissenschaftlichen Rezeptionsstudien.

4.4. Das kulturwissenschaftliche Verständnis von Leser und Text

Den 'cultural studies' liegt eine interaktionistische und konstruktivistische Auffassung von der Beziehung zwischen Leser und Text zugrunde. Hall (1980) geht davon aus, daß die Bedeutung medialer Botschaften sowohl durch den Medienproduzenten als auch durch den Rezipienten festgelegt wird. Die Botschaft ist offen für verschiedene Lesarten, aber da sie sich hoch konventionalisierter Codes bedient, dominieren die gewöhnlich akzeptierten Codes das Spektrum der Auffassungen. Beim Enkodieren eines Textes werden Grenzen festgelegt, innerhalb derer eine Dekodierung möglich ist. Hall unterscheidet drei Code-Systeme, derer sich der Leser bedienen kann. Preferred reading nennt Hall einen Lesevorgang, der sich ganz und gar am dominanten Code orientiert, im Rahmen des negotiated code wird ebenfalls die konventionelle Lesart akzeptiert, allerdings behält sich der Leser in Einzelfällen kontroverse Auslegungen vor, im oppositional code registriert der Leser zwar die bevorzugte Lesart, deutet aber die Botschaft in einem alternativen Bezugsrahmen weitgehend um. Fiske (1987b) greift Vorstellungen von Barthes (1975a) auf und betont, daß einzelne Textstellen mehr oder weniger sinn-offen (bzw. -geschlossen) sein können, wobei z. B. Fernsehsendungen durch Segmentierungen und flow (das ist die formale und inhaltliche Kohärenz des Programms über mehrere Sendungen hinweg, die von Sendern zur Zuschauerbindung eingesetzt wird, vgl. Williams 1974, 90/93) die Leseaktivität des Zuschauers steuern.

Bennett/Woollacott (1988) führen als weiteren Gesichtspunkt die Verknüpfung zwischen Texten untereinander sowie mit aktuell wirksamen Lesekontexten ein und bezeichnen dieses Geflecht von kopräsenten Bedingungen als reading formations. Lindlof (1988) wendet sich dem Konzept der auslegenden Gemeinschaft als einer sozial koordinierten Praxis zu, die die Voraussetzungen für die Interpretation von medial vermittelten Inhalten liefert. Das Konstrukt einer auslegenden Gemeinschaft geht davon aus, daß Bedeutungen von vermittelten kommunikativen Ereignissen in den Lebensbereichen entstehen, in denen soziales Handeln die pragmatische Anwendung von Medien-Technologien oder Medien-Inhalten erfordert. Der Autor führt den Begriff subverting meaning ein als Synthese der vom Textproduzent hergestellten presented meaning (These), zu der der Rezipient mit einer constructed meaning eine Antithese bildet. Die Synthese vervollständigt eine Dialektik der Bedeutung, die eine bestimmte Lebensform – auch Subkultur – ausdrückt.

Zentral für die kulturwissenschaftliche Leser-Text-Konzeption sind also erstens die Annahmen zur Offenheit von Texten, zweitens die Intertextualitätsthese und drittens die Vorstellungen über interpretative Gemeinschaften. Offene Texte nehmen wechselseitig aufeinander Bezug und werden kollektiv und situationsspezifisch gelesen. Texte, Leser und Kontextbedingungen sollen jeweils in ihrer Wechselwirkung auf- und miteinander verstanden werden.

4.5. Das Interesse am Zusammenhang von Alltagsleben und Alltagskultur

Von Beginn an haben sich die cultural studies Fragen des Zusammenhangs von Alltagsleben und Alltagskultur gewidmet (vgl. Hoggart 1958). Es verwundert daher nicht, daß sich die bedeutendsten Untersuchungen des CCCS und anderer britischer Forscher thematisch mit so alltagsnahen und populären Fernsehsendungen wie Nachrichtensendungen, politischen und Infotainement-Magazinen, sowie soap operas beschäftigen. Neuere

Arbeiten richten sich gezielt auf bestimmte Teilpopulationen wie z. B. Familien, Jugendliche und Frauen aus und gehen der Frage nach, welchen Lustgewinn das Publikum aus dem Umgang mit Medien zieht.

4.5.1. Politische Sendungen und deren Rezeption durch den Zuschauer

Der Analyse von Nachrichtensendungen und deren Rezeption gingen z. B. Hagen (1994) und Jensen (1991) nach. In einer Fallstudie analysierten Hall/Connell/Curti (1981) eine Diskussionsrunde am Vorabend einer Parlamentswahl zwischen Vertretern der Parteien im Rahmen des politischen Magazins 'Panorama' (BBC). Die Autoren kommen zu dem Schluß, daß in der analysierten ebenso wie in vergleichbaren anderen Sendungen nicht einzelne Parteiideologien, sondern das parlamentarische System als Ganzes veranschaulicht und damit stabilisiert wird.

„[...] television reproduces selectively not the 'unity' of any Party, but the unity of the Parliamentary political system as a whole. Panorama, above other Current Affairs programmes, routinely takes the part of the guardian of unity in this second sense. It reproduces, on the terrain of ideology, the political identification between the Parliamentary system and the Nation" (Hall/Conell/Curti 1981, 115).

Das Vorabend-Magazin 'Nationwide' war Gegenstand von zwei größeren Arbeiten am CCCS. Zunächst richtete sich das Interesse der Forscher darauf, wie es den Sendungsmachern durch Themenauswahl und Textgestaltung gelingt, den Eindruck zu erwecken, als spiegelten sie lediglich die Welt so an ihre Zuschauer zurück, wie diese sie selbst zu sehen gewohnt sind (Brunsdon/Morley 1978). Danach wandte sich Morley (1980) den Zuschauern der Sendung zu. Sein Versuch, spezifische Lesarten bei den Angehörigen einzelner, soziodemographisch beschreibbarer Gruppen zu identifizieren (Gruppeninterviews mit Schülern, Studenten unterschiedlicher Studienrichtungen, Handelskaufleuten und Managern aus dem Bankenwesen aus unterschiedlichen sozialen Schichten, Ethnien, mit unterschiedlichen politischen Einstellungen), scheiterte jedoch weitgehend. Er kam aufgrund seiner Ergebnisse zu dem Schluß, daß wohl eher der jeweilige Kommunikationszusammenhang als die soziale Lage die Rezeption beeinflußt und paßte seine Untersuchungsstrategie diesen Erkenntnissen an.

Liebes/Ribak (1991) verfolgten, wie Anhänger und Gegner einer Koexistenz im arabisch-israelischen Konflikt innerhalb ein und derselben Familie mit der Fernsehberichterstattung über dieses Thema umgingen. Während sich die einen durch die parteiliche Mediendarstellung bestätigt fühlten, mußten die anderen den Konstruktcharakter der Medienrealität hervorheben, um ihre Position zu verteidigen. Die Zuschauer interpretierten die Sendung nicht nur Standort-gebunden, sondern wiesen sich auch in der Diskussion gegenseitig auf Bezugsrahmen hin (meta-frames), innerhalb derer die Berichterstattung und ihre vermutliche Wirkung auf das Publikum wahrgenommen werden kann.

4.5.2. Der Umgang der Zuschauer mit 'soap operas'

In den sog. Seifenopern werden dem Zuschauer alltägliche Personen in ihrer Auseinandersetzung mit alltäglichen Problemen über längere Lebensabschnitte hinweg dargeboten. Die Wechselwirkung zwischen dargestelltem und selbstgelebtem Alltag ist eines der wichtigsten Forschungsgebiete im Rahmen der cultural studies geworden (z. B. Seiter/Borchers/Kreutzner u. a. 1989a).

Mit den Publikumsreaktionen auf die Vorabendserie (soap opera) „Crossroads" beschäftigte sich Hobson (1982). Die Autorin beobachtete die Zuschauer, während sie die Sendung sahen, und führte mit ihnen lange, unstrukturierte Gespräche. Sie stellte fest, daß Zuschauer zum einen ein Konzept von einem Programm ausbilden, das sich über einzelne Sendungen hinaus erstreckt, („... that the audience do not watch programs as separate or individual items, nor even as types of programs, but rather that they build up an understanding of themes over a much wider range of programs and length of time of viewing". Hobson 1982, 107); zum anderen stellen Zuschauer eine Beziehung vom Programm zur eigenen Lebenssituation her (Hobson 1982, 131/132). Medienfiguren und deren Schicksale werden Teil des Alltags, sie helfen die eigene Lebenssituation zu verstehen und damit auch besser zu bewältigen: „for there is something wrong in the lives of many people and the reassurances wich derive from fictional programmes should not be underestimated" (Hobson 1982, 149).

Buckingham (1987) verband bei seiner Studie über die Fernsehserie 'East Enders' Textanalysen zum Medienprodukt mit Produktionsanalysen und Untersuchungen zum kulturellen und kulturpolitischen Umfeld, sowie zur Rezeption der Serie durch Jugendliche. Serientexte erweisen sich als weitgehend offene Texte (i. S. von Eco 1979), die den Zuschauer zu ganz persönlichen Antworten einladen (vgl. Buckingham 1987, 35). Eine besondere Rolle spielt dabei das Aufdecken von „Geheimnissen" (s. Buckingham 1987, 61 ff.), sowohl in der Serienerzählung selbst als auch beim Gespräch über die Sendung im Freundeskreis. Der Text enthält in einem hermeneutischen Code (vgl. Barthes 1975b) verschlüsselte Rätsel und Lösungen, die der Zuschauer mit Vergnügen zu entschlüsseln versucht und die nicht zu früh aufgelöst werden dürfen. Mit an der Lösung/Verdunklung sind auch sekundäre Texte, wie Radiozeitschriften, beteiligt. Komplizenschaft und Distanz entstehen aus dem unterschiedlichen Wissen von Mediencharakteren und Zuschauern.

Sehr bekannt geworden sind weiterhin die Untersuchungen von Livingstone zur Serie 'Coronation Street' (Livingstone 1990, 1991). Aber auch außerhalb von Großbritannien nehmen Untersuchungen zu, die dem cultural studies approach verpflichtet sind. Liebes/Katz (1990) verglichen die Rezeption der 'Dallas'-Serie durch verschiedene Volksgruppen in Israel, mit der Rezeption durch Amerikaner und Japaner. 55 Gruppen von Zuschauern sahen die 'Dallas'-Serie während ihrer üblichen Ausstrahlungszeit und nahmen anschließend an einer themenzentrierten Gruppendiskussion teil. Die Autoren vermuten, daß sich die individuelle Meinung über die Sendung auch im Alltag erst im Gespräch herausbildet. Es ließen sich referentielle und kritische Rezeptionsformen unterscheiden. Untertypen des referentiellen Gebrauchs bezogen sich u. a. auf die ausgewählten Vergleichsobjekte (eigene Person, Familie, Volksgruppe). Referenzobjekte konnten Handlungsmotive, Normen oder moralische Dilemmata sein, z. B. der Preis des Erfolges, Formen von Geschäftsbeziehungen, usw. Untertypen des kritischen Rezeptionsmodus enthielten Kritik an Syntax, Semantik oder Pragmatik der Fernseherzählung. Die Ethnien unterschieden sich deutlich im Ausmaß der kritischen Rezeption. Der Erfolg von 'Dallas' bei allen Sehergruppen (außer bei japanischen Zuschauern) wird damit erklärt, daß die Serie sehr basale Bedürfnisse und grundlegende interpersonale Beziehungen thematisiert. Kritische Reaktionen implizieren nicht unbedingt Distanz; sogar die 'kälteste' Kritik, z. B. von syntax-bezogenen Äußerungen, kann die Aufnahme von ungeprüften Botschaften erleichtern (Liebes/Katz 1990, 129).

4.5.3. Gemeinsame Medienrezeption in Familien

Eine der am besten untersuchten Fragestellungen ist die, wie sich Familien beim gemeinsamen Fernsehen verhalten. Einen Überblick über die Forschungslage geben Barthelmes/Sander (1990). In einer mit über 200 Familien durchgeführten Untersuchung konnte Lull (1980) die soziale Verwendung des Fernsehens aufzeigen. Familienmitglieder nutzen das Fernsehen sowohl zur Handlungsregulation als auch zur Beziehungsgestaltung. Morley (1986) befragte Familien (als natürliche Gruppen) über das Fernsehverhalten in ihrer häuslichen Umgebung (ohne Beschränkung auf ein bestimmtes Programm). Unterschiedliche Rezeptionsgewohnheiten ließen sich deutlich auf die mit den traditionellen Geschlechtsrollen verbundene Arbeits- und Machtverteilung in der Familie zurückführen. In den Medien behandelte Themen sind häufig Gesprächsgegenstand in der Familie (Beckmann/Görtler 1989; Keppler 1994).

4.5.4. Medienrezeption in der Gruppe der Jugendlichen

Jugendliche tendieren dazu, spezielle Symbole, Moden und Kommunikationsstile zu kreieren, mit denen sie sich nicht nur von den Erwachsenen unterscheiden, sondern die auch zur Darstellung von Alterität in bezug auf andere Gleichaltrige eingesetzt werden können. Bestimmte Medien, Medieninhalte und Orte des Mediengebrauchs können hierbei identitätsstiftende Funktionen übernehmen (Hengst 1990). Lull (1987) ging der Frage nach, wie Musikerfahrungen und Songtexte von Jugendlichen in Alltagsgesprächen erwähnt werden und welche Rolle die Musik im Prozeß der kollektiven Deutung der eigenen Lebenswelt spielt. Aber auch andere Medien lassen sich als Ressourcen zur Selbstdefinition ausnutzen. Vogelgesang (1991) untersuchte das Kommunikationsverhalten und das Selbstverständnis von 'Video-Cliquen'. Eine Inhaltsanalyse von Zeitschriften, u. a. zum Beispiel zum Computermarkt, diente Eckert/Drieseberg/Willems (1990) zur empirischen Begründung einer soziologischen Theorie der Entwicklung von jugendlichen Spezialkulturen ('Computer-Freaks' u. ä.). Eine der wenigen ethnographischen Untersuchungen über die Produktion und Reproduktion von Geschlechtsrollenstereotypen von Heranwachsenden beim Fernsehen hat Milkie (1994) durchgeführt. Autobiographische Erzählungen von Jugendlichen lassen sich unter dem Gesichtspunkt ordnen, welche Medien und Medieninhalte in welcher Lebensphase als wichtig erlebt wurden (Baacke/Sander/Vollbrecht 1990).

Eine Reihe von Arbeiten, die aus dem Centre for Contemporary Studies in Birmingham hervorgegangen sind, beschäftigen sich mit jugendlichen Subkulturen und der Entwicklung eines subkulturellen Stils in der Musik, in der Kleidung und im Verhalten. Während die älteren Arbeiten vorwiegend am Zusammenhang zwischen subkultureller Ausdrucksform und Widerstand gegenüber der dominanten Kultur und ihrem Machtpotential interessiert waren (Hebdige 1979), geht es in neuerer Zeit eher um die Frage, wie es Jugendlichen gelingt, von massenkulturellen Produkten einen kreativen und selbstbestimmten Gebrauch zu machen (Hebdige 1988; Willis 1991).

4.5.5. Feministische cultural studies

Ende der achtziger Jahre kristallisierte sich eine eigene Forschungsrichtung innerhalb der cultural studies heraus, die sich zum einen mit der Teilpopulation der Frauen als Mediennutzerinnen bestimmter von Frauen präferierter Sendungen wie soap operas (Ang 1990; Seiter/Borchers/Kreutzner u. a. 1989), Publikumsdiskussionen (Livingstone 1994) oder Quiz shows (Fiske 1990), zum anderen aber auch mit frauenspezifischen Themen, wie z. B. Geburt (Treichler 1989) oder Schönheitskult (Schwichtenberg 1989) auseinandersetzte. Eine Einführung in feministische cultural studies findet sich bei Brown (1990), Creedon (1989) und Franklin/Lury/Stacey (1991).

4.6. Ausblick

Fiske faßt den Ansatz der kulturwissenschaftlichen Medienforschung am Ende der achtziger Jahre folgendermaßen zusammen:

„A textual study of televison, then, involves three foci: the formal qualities of television programs and their flow; the intertextual relations of television within itself, with other media, and with conversation; and the study of socially situated readers and the process of reading" (Fiske 1987b, 16).

Die ehemals vorherrschende Analyse des Textverständnisses von Lesergruppen geht also über in die Analyse von Lebenswelten und der Funktion von Texten für die Lebensbewältigung (Charlton/Neumann 1986); an die Stelle der Erforschung der Textpräferenz tritt die Beschäftigung mit der Textrelevanz (Fiske 1988). Die Komplexität dieses Forschungsprogramms ist zugleich seine Stärke als auch sein forschungspraktisch größtes Problem. Der Rezeptionsprozeß umfaßt nicht länger einzelne Leser in ihrer Auseinandersetzung mit einzelnen Texten, sondern kulturelle Gemeinschaften, die ihr Verständnis von sich und ihrer Welt ständig neu aus der (Re-)Interpretation von miteinander verknüpften Textwelten beziehen. Empirische Forschungsarbeiten können immer nur einen sehr kleinen Ausschnitt dieses umfassenden Rezeptionsprozesses berücksichtigen und müssen zwangsläufig die Komplexität der Realität unterschätzen.

5. Desiderata künftiger Forschung

Es ist ersichtlich geworden, wie zahlreich und verschiedenartig die Phänomene sind, welche im Rahmen der empirischen Rezeptionsforschung untersucht werden. Die Bandbreite reicht

- vom einzelnen Text (bzw. Bild, Film usw.) über Textgattungen bis hin zur Intertextualität und zum *flow* von Medienbotschaften,
- von der einzelnen Leserin eines speziellen Textes, über vergleichbar vorgebildete Leser mit definierten mentalen Modellen bis hin zu interpretativen Gemeinschaften,
- von der Besonderheit der Beschäftigung mit literarischen Texten über die vielfältigen Strategien bei der Rezeption von Alltagskultur bis hin zu den allgemeinen Mechanismen des Textverstehens,
- von der konkreten Rezeptionssituation über typische Lebens- und Kommunikationsverhältnisse in bestimmten Subkulturen bis hin zum Zusammenhang von Medienrezeption und Lebensbewältigung.

Rezeptionsforschung wird interdisziplinär betrieben: Kognitionswissenschaftliche, literaturwissenschaftliche und sozialwissenschaftliche Ansätze müssen sich gegenseitig ergänzen. Die Integration von Forschungsstrategien mit unterschiedlichen Traditionen und Methoden wird auch künftig noch große Probleme aufwerfen. Ein besonders sensibles Vorgehen wird immer dann notwendig werden, wenn von der jeweiligen Fragestellung die Nahtstelle zwischen individueller und sozialer Interpretation von Texten berührt wird. Rezipienten interagieren gleichzeitig oder zeitversetzt mit Medien und mit anderen Rezipienten. Die individuell angewendeten Strategien z. B. zur mentalen Modellbildung sind eingebettet in soziale Kontexte und in kulturell überlieferte Denkweisen und Wissensbestände. Texte werden unter dem Einfluß der eigenen Erfahrung und der Stellungnahmen der sozialen Mitwelt vom Rezipienten immer wieder reinterpretiert, je 'offener' ein Text ist, desto mehr können die Ergebnisse dieser vorläufigen Rekonstruktionen voneinander abweichen. Rezeption läßt sich folglich am besten als Teil eines lebenslangen Kommunikationsprozesses verstehen, der bereichspezifisch nach jeweils besonderen kognitiven und sozialen Regeln organisiert ist. Den Besonderheiten und Interdependenzen zwischen diesen Teilprozessen muß in der zukünftigen Rezeptionsforschung vermehrt Aufmerksamkeit entgegengebracht werden.

6. Literatur

Adler, Günter, Identifikation und Distanzierung bei der Literaturrezeption. In: Weimarer Beiträge 26, 1980, 43–72.

Airenti, Gabriella/Bruno G. Bara/Marco Colombetti, Conversation and behavior games in the pragmatics of dialogue. In: Cognitive Science 17, 1993, 197–256.

Anderson, John R., Kognitive Psychologie. Eine Einführung. Heidelberg 1988.

Anderson, Daniel R./John Burns, Paying attention to television. In: Responding to the screen: reception and reaction processes. Hrsg. v. Jennings Bryant/Dolf Zillmann. Hillsdale, NJ 1991, 3–25.

Andringa, Els, Perspektivierung und Perspektivenübernahme. In: SPIEL 5, 1986, 135–146.

–, Verbal data on literary understanding. A proposal for protocol analysis on two levels. In: Poetics 19, 1990, 231–257.

–, Talking about literature in an institutional context. An empirical approach. In: Poetics 20, 1991, 157–172.

Ang, Ien, Melodramatic identifications: television fiction and women's fantasy. In: Television and women's culture: the politics of the popular. Hrsg. v. M. E. Brown. Newbury Park 1990, 75–88.

Aufenanger, Stefan, Strukturanalytische Rezeptionsforschung – Familienwelt und Medienwelt von Kindern. In: Handbuch der Medienpädagogik. Hrsg. v. Susanne Hiegemann/Wolfgang H. Swoboda. Opladen 1994, 403–412.

Baacke, Dieter/Ekkehard Sander/Ralf Vollbrecht, Medienwelten Jugendlicher. Opladen 1990.

Ballstaedt, Steffen-Peter, Wenn Hören und Sehen vergeht: Grenzen der audiovisuellen Integration. In: Fernsehjournalismus und die Wissenschaften. Hrsg. v. Dietrich Meutsch/Bärbel Freund. Opladen 1990, 29–46.

Barsalou, Lawrence W., Cognitive psychology: an overview for cognitivist scientists. Hillsdale, NJ 1992.

Barsch/Gebhard Rusch/Reinhold Viehoff (Hrsg.), Empirische Literaturwissenschaft in der Diskussion. Frankfurt a. M. 1994.

Barth, Michael, Kindliches Erzählen und sozialkognitive Entwicklung – Erproben konstruktiven Handelns in konventionalen Situationen. In: Soziale Kognition und Sinnstruktur. Hrsg. v. Tilmann Sutter/Michael Charlton. Oldenburg 1994, 173–210.

–, Entwicklungsstufen des Kinderwerbeverständnisses – Ein schema- und wissensbasiertes Modell. In: Fernsehwerbung und Kinder, Bd. 2. Hrsg. v. Michael Charlton et al. Opladen 1995, 17–30.

Barth, Michael/Michael Charlton, Dialoge und Interaktionen als Themen sozialpsychologischer Forschung. In: SPIEL 12, 1993, 173–188.

Barthelmes, Jürgen/Ekkehard Sander, Familie und Medien. München 1990.

Barthes, Roland, The pleasure of the text. New York 1975a.

–, S/Z. London 1975b.

Beaugrande, Robert de, Readers responding to literature: coming to grips with realities. In: Reader response to literature. The empirical dimension. Hrsg. v. Elaine F. Nardocchio. Berlin 1992, 193–209.

Beckmann, Michael/Edmund Görtler, Der Einfluß der Massenmedien auf den politischen Diskurs in der Familie. In: Publizistik 34, 1989, 310–329.

Beentjes, Johannes/M. W. Vooijs/Tom H. van der Voort, Children's recall of televised and printed news as a function of text expectations. In: JET 19, 1993, 5–14.

Bennett, Tony/Janet Woollacott, Bond and beyond. The political career of a popular hero. Houndmills/London 1988.

Berger, Charles R., Goals, plans and discourse comprehension. In: Message effects in communication science. Hrsg. v. James J. Bradac. Newbury Park, CA 1989, 75–101.

Biocca, Frank, Opposing conceptions of the audience: the active and passive hemispheres of mass communication theory. In: CY 11, 1988, 51–80.

–, Viewers' mental models of political messages: toward a theory of semantic processing of television. In: Television and political advertising 1. Psychological processes. Hrsg. v. Frank Biocca. Hillsdale, NJ 1991, 27–90.

Bloom, Charles P., The roles of schemata in memory of text. In: Discourse Processes 11, 1988, 305−318.

Bonfadelli, Heinz/Angela Fritz/Renate Köcher, Leseerfahrungen und Lesekarrieren. Gütersloh 1993.

Bordwell, David, Narration in the fiction film. Madison, WI 1985.

−, Making Meaning: Inference and rhetoric in the interpretation of cinema. Cambridge 1989.

Bordwell, David/Kristin Thompson, Film art. New York 1986.

Branigan, Edward, Narrative comprehension and film. London 1992.

Braun, Barbara, Vorläufer der literarischen Sozialisation in der frühen Kindheit − Eine empirische Fallstudie. Frankfurt 1995.

Brosius, Hans-Bernd, Alltagsrationalität in der Nachrichtenrezeption: Ein Modell zur Wahrnehmung und Verarbeitung von Nachrichteninhalten. Opladen 1995.

Brown, Mary E. (Hrsg.), Television and women's culture: the politics of the popular. Newbury Park, CA 1990.

Bruner, Jerome, Actual minds, possible worlds. Cambridge, MA 1986.

Brunsdon, Charlotte/David Morley, Everyday television: Nationwide. London 1978.

Bryant, Jennings/Teven C. Rockwell, Evolving cognitive models in mass communication reception processes. In: Responding to the screen: reception and reaction processes. Hrsg. v. Jennings Bryant/Dolf Zillmann. Hillsdale, NJ 1991, 217−226.

Buckingham, David, Public Secrets: East Enders and its audience. London 1987.

Burgert, Martin/Michael Kavsek/Bernd Kreuzer/Reinhold Viehoff, Strukturen deklarativen Wissens − Untersuchungen zu „Märchen" und „Krimi". Siegen 1989.

Capella, Joseph N./Richard L. Street, Message effects: theory and research on mental models of messages. In: Message effects in communication research 17. Newbury Park, CA 1989, 24−51.

Carey, James W., Communication and culture. Essays on media and society. Boston 1986.

Charlton, Michael, Rezeptionsforschung als Aufgabe einer interdisziplinären Medienwissenschaft. In: Rezeptionsforschung. Theorien und Untersuchungen zum Umgang mit Massenmedien. Hrsg. v. Michael Charlton/Silvia Schneider. Opladen 1997, 16−39.

Charlton, Michael/Klaus Neumann(-Braun), Medienkonsum und Lebensbewältigung in der Familie. München/Weinheim 1986.

−, Medienrezeption und Identitätsbildung. Kulturpsychologische und kultursoziologische Befunde zum Gebrauch von Massenmedien im Vorschulalter. Tübingen 1990.

Cohen, A. A./I. Roeh, When fiction and news cross over the border: notes on differential readings and effects. In: Mass media effects across cultures. Hrsg. v. Felipe Korzeny/Stella Ting-Toomey/E. Schiff. Newbury Park, CA 1992, 23−34.

Conver, P. J./S. Feldman, The role of inference in the perception of political candidates. In: Political cognition. Hrsg. v. R. Lau/D. Sears. Hillsdale, NJ 1986, 127−158.

Corner, John, Meaning, genre and context: The problematics of 'public knowledge' in the new audience studies. In: Mass media and society. Hrsg. v. John Curran/Michael Gurevitch. London 1991, 267−284.

Creedon, Pamela J. (Hrsg.), Women in mass communication. Chalenging gender values. Newbury Park, CA 1989.

Cupchick, Gerald C., Components and relational processing in aesthetics. In: Poetics 22, 1993, 171−183.

Davis, Sara, Ibsens Nora gemeinsam lesen: Reden über Literatur im Unterricht. In: Empirische Literaturwissenschaft in der Diskussion. Hrsg. v. Achim Barsch/Gerhard Rusch/Reinhold Viehoff. Frankfurt a. M. 1994.

van Dijk, Theun A., Episodic models in discours processing. In: Comprehending oral and written language. Hrsg. v. Rosalind Horowitz/S. Jay Samuels. San Diego, CA 1987a, 161−196.

−, Communicating racism. London 1987b.

−, Social Psychology and discourse. In: Handbook of language and social psychology. Hrsg. v. Harald Giles/W. Peter Robinson. New York 1990, 163−183.

−, Discourse semantics and ideology. In: DaS 6, 1995, 243−289.

van Dijk, Theun A./Walter Kintsch, Strategies of discourse comprehension. New York 1983.

Dijkstra, Katinka/Rolf A. Zwaan/Arthur C. Graesser/Joseph P. Magliano, Character and reader emotions in literary texts. In: Poetics 23, 1994/1−2, 139−158.

Dollerup, Cay/Carsten Rosenberg Hansen, Reader's response in reading: an experimental study. In. Orbis Litterarum 47, 1992, 358−383.

Doubleday, Catherine N./Kristin L. Droege, Cognitive developmental influences on children's understanding of television. In: Children and television. Images in a changing sociocultural world. Hrsg. v. Gordon L. Berry/Joy K. Asamen. Newbury Park, CA 1993, 23−37.

Eckert, Roland/Thomas Drieseberg/Helmut Willems, Sinnwelt Freizeit. Jugendliche zwischen Märkten und Verbänden. Opladen 1990.

Eco, Umberto, The role of the reader. London 1979.

–, Lector in fabula. München 1987.

Ericsson, K. Anders, Current verbal reports on text comprehension: a review. In: TEXT (Special Issue) 8, 1988, 295–325.

Evra van, Judith, Television and child development. Hillsdale, NJ 1990.

Fischbach, Ute M., Reader-response: complementary stories to J. D. Salinger's stories. In: SPIEL 4, 1985, 409–433.

Fischle, M./Karen Stenner-Day, How media influence public opinion: a schematic approach. In: Australian Studies in Journalism 1, 1992, 159–170.

Fiske, John, British cultural studies and television criticism. In: Channels of discourse: television and contemporary criticism. Hrsg. v. Robert C. Allen. London 1987a, 254–290.

–, Television culture. London 1987b.

–, Meaningful moments. In: CSMC 5, 1988, 246–50.

–, Popular television and commercial culture: beyond political economy. In: Television Studies: textual analysis. Hrsg. v. G. Burns/R. J. Thompson. New York 1989a, 21–40.

–, Moments of television: neither the text nor the audience. In: Remote control: television, audiences, and cultural power. Hrsg. v. Ellen Seiter et al. New York 1989b, 56–78.

–, Women and quiz shows: consumerism, patriarchy and resisting pleasures. In: Television and women's culture: the politics of the popular. Hrsg. v. Mary Ellen Brown. Newbury Park, CA 1990, 134–143.

Fiske, John/John Hartley, Reading television. London 1978.

Fitch, M./Aletha C. Huston/J. C. Wright, From television forms to genre schemata: children's perceptions of television reality. In: Children and television: images in a changing sociocultural world. Hrsg. v. Gordon L. Berry/Joy K. Asamen. Newbury Park, CA 1993, 38–52.

Fletcher, C. R./S. T. Chrysler, Surface forms, textbases, and situation models: Recognition memory for three types of textual information. In: DP 13, 1990, 175–190.

Franklin, S./C. Lury/J. Stacey, Feminism and cultural studies: pasts, presents, futures. In: MCS 13, 1991/2, 171–192.

Früh, Werner/Klaus Schönbach, Der dynamisch-transaktionale Ansatz. In: Publizistik 27, 1982, 74–88.

Geiger, Seth/Byron Reeves, The effects of scene changes and semantic relatedness on attention to television. In: CR 20, 1993, 155–175.

Gibbs, R. W. Jr./J. M. Kushner/W. R. Mills, Authorical intentions and metaphor comprehension. In: JPR 20, 1991, 11–30.

Goetsch, Paul (Hrsg.), Lesen und Schreiben im 17. und 18. Jahrhundert. Tübingen 1994.

Graber, Doris A., An information processing approach to public opinion analysis. In: Rethinking communication, Bd. 2: Paradigm exemplars. Hrsg. v. Brenda Dervin et al. Newbury Park, CA 1989, 103–116.

Groeben, Norbert, Rezeptionsforschung als empirische Literaturwissenschaft. Frankfurt a. M. 1977.

–, Leserpsychologie: Textverständnis – Textverständlichkeit. Münster 1982.

–, Das Konzept der Text-Leser-Interaktion in der Empirischen Literaturwissenschaft. In: SPIEL 8, 1989, 255–273.

–, Der Paradigma-Anspruch der Empirischen Literaturwissenschaft. In: Empirische Literaturwissenschaft in der Diskussion. Hrsg. v. Achim Barsch/Gebhard Rusch/Reinhold Viehoff. Frankfurt a. M. 1994, 21–38.

Groeben, Norbert/Margrit Schreier, The hypothesis of the polyvalence convention: a systemic survey of the research development from a historical perspective. In: Poetics 21, 1992, 5–32.

Groeben, Norbert/Peter Vorderer, Leserpsychologie: Lesemotivation – Lektürewirkung. Münster 1988.

Hacker, Kenneth L./Tara G. Coste, A political linguistics analysis of network television news viewers' discourse. In: HJC 1992/3/4, 299–316.

Hagen, Ingunn, Expectations and consumption patterns in TV news viewing. In: MCS 16, 1994, 415–428.

Halász, László, Remembering literary works and non-literary variations. In: SPIEL 5, 1986, 23–47.

–, (Hrsg.), Literary discourse. Berlin 1987.

–, Social psychology, social cognition, and the empirical study of literature. In: Poetics 18, 1989, 29–44.

–, Emotional affect and reminding in literary processing. In: Poetics 20, 1992a, 247–272.

–, Self relevant reading in literary understanding. In: Reader response to literature. The empirical dimension. Hrsg. v. Elaine F. Nardocchio. Berlin 1992b, 229–245.

–, Dem Leser auf der Spur. Literarisches Lesen als Forschen und Entdecken. Braunschweig/Wiesbaden 1993.

Hall, Stuart, Encoding/decoding. In: Culture, media, language. Hrsg. v. Stuart Hall/Dorothy Hobson/Andrew Lowe/Paul Willis. London 1980, 128–138.

Hall, Stuart/Ian Connell/Lindia Curti, The unity of current affairs television. In: Popular television and film. Hrsg. v. Tony Bennett/Susan Boyd-Bowman/Colin Mercer/Janet Woollacott. London 1981, 88–117.

Harris, Richard J., A cognitive psychology of mass communication. Hillsdale, NJ 1989.

Hauptmeier, Helmut, Typology or classification? Some presuppositions of genre theories. In: SPIEL 6, 1987a, 207–225.

–, Scetches of theories of genre. In: Poetics 16, 1987b, 397–430.

Hauptmeier, Helmut/Dietrich Meutsch/Reinhold Viehoff, Literary understanding: from an empirical point of view. Siegen 1987.

–, Empirical research on understanding literature. In: Poetics today 10, 1989, 563–604.

Hebdige, Dick, Subculture: The meaning of style. London 1979.

–, Hiding in the light: on images and things. London 1988.

Hebel, Franz, Spielraum und Festlegung. Inovatorisches und Institutionelles in Sprache und Literatur. Königstein/Ts. 1979.

Hengst, Heinz, Szenenwechsel – Die Scripts der Medienindustrie in der Kinderkultur. In: Medienkommunikation im Alltag. Hrsg. v. Michael Charlton/Ben Bachmair. München 1990, 191–209.

Herrmann, Theo, Mentale Repräsentation – Ein erläuterungswürdiger Begriff. In. Mentale Repräsentation. Hrsg. v. Jochen Engelkamp/T. Pechmann. Bern 1993, 17–31.

Higgins, E. Tory/Gillian King, Accessibility of social constructs: Information processing consequences of individual and contextual variability. In: Personality, cognition, and social interaction. Hrsg. v. Nancy Cantor/John F. Kihlstrom Hillsdale, NJ 1981, 69–122.

Hobson, Dorothy, Crossroads: the drama of a soap opera. London 1982.

Höijer, Brigitta, Reception of television narration as socio-cognitive process: a schematheoretical outline. In: Poetics 21, 1992a, 283–304.

–, Socio-cognitive structures and television. In: MCS 14, 1992b, 583–604.

Hömberg, Walter/Karlheinz Rossbacher, Buchlektüre und Mediennutzung im alltäglichen Raum. Eine empirische Rezeptionsstudie im Bundesland Salzburg. In: Österreichisches Jahrbuch für Kommunikationswissenschaft. Salzburg 1979, 205–220.

–, Christoph Meckels „Der Zünd" und seine Leser. Fallstudie zur Empirie des Lesevorgangs: Erfahrungen und erste Ergebnisse. In: Literaturwissenschaft und empirische Methoden. Hrsg. v. Helmut Kreuzer/Reinhold Viehoff. Göttingen 1981, 285–306.

Hörmann, Hans, The concept of sense constancy. In: Lingua 39, 1976, 269–280.

Hsu, Mei-Ling/Vincent Price, Political experience and affect: effects on news processing. In: CR 20, 1993, 671–695.

Hoffstaedter, Petra, Poetic text processing and its empirical investigation. In: Poetics 16, 1987, 75–92.

Hoggart, Richard, The uses of literacy. London 1958.

Hohendahl, Peter U., Beyond reception aesthetics. In: New German Critique 28, 1983, 106–146.

Holland, Norman N., 5 readers reading. New Haven, Yale 1975.

Holly, Werner/Ulrich Püschel Hrsg., Medienrezeption als Aneignung. Opladen 1993.

Holzer, Horst, Medienkommunikation. Opladen 1994.

Huber, Günter/Heinz Mandl (Hrsg.), Verbale Daten. Weinheim 1982.

Hunt, Russell A., Pragmatic Aspects of Literary Reading. Siegen 1988.

Hunt, Russell A./Douglas Vipond, Evaluations in literary reading. In: TEXT 6, 1986, 53–71.

Hurrelmann, Bettina, Überlegungen zur Verarbeitung fiktionaler Erzähltexte durch Kinder im Grundschulalter. In: Kinderliteratur und Rezeption. Baltmannsweiler 1980, 330–350.

Hurrelmann, Bettina/Michael Hammer/Ferdinand Nieß, Leseklima in der Familie. Gütersloh 1993.

Ibsch, Elrud/Dick H. Schram (Hrsg.), Rezeptionsforschung zwischen Hermeneutik und Empirie. Amsterdam 1987.

Iser, Wolfgang, Der Akt des Lesens. München ²1984.

–, Prospecting: from reader response to literary anthropology. Baltimore/London 1989.

Jacoby, Jacob/Wayne Hoyer, Comprehension and miscomprehension of print communications: an investigation of mass media magazines. Hillsdale, NJ 1987.

Jensen, Klaus B., The interdisciplinary study of news as discourse. In: A handbook of qualitative methodologies for mass communication research. Hrsg. v. Klaus Bruhn Jensen/Nicholas W. Jankowski. London 1991, 135–148.

Johnson-Laird, Philip M., Mental models: towards a cognitive science of language, inference, and consciousness. Cambridge, MA 1983.

Keppler, Angela, Tischgespräche. Frankfurt a. M. 1994.

Kimchi, Ruth, Primacy of wholistic processing and global/local paradigm: a critical review. In: PB 112, 1992, 24–38.

Kintsch, Walter/Theun A. van Dijk, Toward a model of text comprehension and production. In: PR 1978, 363–394.

Kneepkens, E. W./Rolf A. Zwaan, Emotions and literary text comprehension. In: Poetics 23, 1994/1–2, 125–138.

Kolodner, Janet L., Case-based reasoning. San Mateo, CA 1993.

Kosslyn, Stephen M., Images and mind. Cambridge, MA 1980.

Krippendorf, Klaus, Der verschwundene Bote. Metaphern und Modelle der Kommunikation. In: FMK. Konstruktion von Wirklichkeit. Weinheim 1990, 11–50.

Krotz, Friedrich, Kommunikation als Teilhabe. Der 'cultural studies approach'. In: RuF 40, 1992, 412–431.

–, Fernsehrezeption kultursoziologisch betrachtet. Der Beitrag der cultural studies zur Konzeption und Erforschung der Mediennutzung. (Im Manuskript) 1995.

Lakoff, George, Women, fire, and dangerous things. Chicago 1987.

Lang, Alfred, The effects of related and non-related cuts on television viewers' attention, processing capacity, and memory. In: CR 20, 1993/1, 4–29.

Larsen, Steen F., Studying reading as a social activity by the memorable books method. In: SPIEL 12, 1993, 206–216.

Larsen, Steen F./Uffe Seilman, Personal remindings while reading literature. In: TEXT 8, 1988, 411–429.

László, Janos, Same story with different point of view. The role of point of view in mental representation of a literary text. In: SPIEL 5, 1986/1, 1–22.

–, Reader's historical-social knowledge and their interpretation and evaluation of a short story. In: Poetics 17, 1988, 461–481.

–, Images of social categories vs. images of literary and non-literary objects. In: Poetics 19, 1990, 277–291.

–, The text-processing approach to literary narratives. Siegen 1993.

László, Janos/Reinhold Viehoff, Literarische Gattungen als kognitive Schemata. In: SPIEL 12, 1993, 230–251.

Lewis, Justin, The ideological octopus. An exploration of television and its audiences. New York/London 1991.

Liebes, Tamar, On the convergence of theories of mass communication and literature regarding the role of the „reader." In: Progress in Communication Sciences Bd. 9. Norwood, NJ 1989, 123–143.

Liebes, Tamar/Elihu Katz, The export of meaning. Cross-cultural readings of Dallas. New York 1990.

Liebes, Tamar/Rivha Ribak, A mother's battle against TV news: A case study of political socialization. In: DaS 2, 1991, 203–222.

Lindlof, Thomas R., Media audiences and interpretive communities. In: CY 11, 1988, 81–107.

Livingstone, Sonja M., Making sense of television: the psychology of audience interpretation. Oxford 1990.

–, Audience reception: the role of the viewer in retelling romantic drama. In: Mass media and society. Hrsg. v. James Curran/Michael Gurevitch. London 1991, 285–306.

–, The resourceful reader: interpretating characters and narratives. In: CY 15, 1992, 58–90.

–, Watching talk: gender and engagement in the viewing of audience discussion programmes. In: MCS 16, 1994, 420–447.

Ludwig, Hans W./Werner Faulstich, Erzählperspektive empirischer Untersuchungen zur Rezeptionsrelevanz narrativer Strukturen. Tübingen 1985.

Lull, James, The social uses of television. In: HCR 6, 1980, 197–209.

–, Listener's communicative uses of popular music. In: Popular music and communication. Hrsg. v. James Lull. Newbury Park, CA 1987, 140–174.

Mandler, Jean M., On the psychological reality of story structure. In: DP 10, 1987, 1–29.

Martindale, Colin (Hrsg.), Psychological approaches to the study of literary narratives. Hamburg 1988.

Matthiesen, Ulf, Lebenswelt/Lebensstil. In: Sociologica Internationalis 29, 1991, 31–56.

Meutsch, Dietrich, Kognitive Prozesse beim literarischen Lesen von Texten: Zum Einfluß von Kontext, Ziel und Situation auf literarisches Textverständnis. In: SPIEL 5, 1986, 309–331.

–, Literatur verstehen. Eine empirische Studie. Brunswick 1987a.

–, Cognitive processing reading literary text: the influence of context, goal and situation. In: Empirical Studies of the Arts 15, 1987b, 117–138.

Miall, David S., Beyond the schema given: affective comprehension of literaty narratives. In. Cognition and Emotion 3, 1989, 55–78.

Mikos, Lothar, Fernsehen im Erleben der Zuschauer: Vom lustvollen Umgang mit einem populären Medium. München 1994.

Milkie, Melissa A., Social world approach to cultural studies: mass media and gender in the adolescent peer group. In: JCE 23, 1994, 354–380.

Miller, G. A., The magical number seven, plus or minus two: some limits on our capacity for processing information. In: PR 63, 1956, 81–97.

Morley, David, The „Nationwide" audience. London 1980.

–, Family television: cultural power and domestic leisure. London 1986.

–, Television, audiences and cultural studies. London/New York 1992.

Müller-Doohm, Stefan/Klaus Neumann-Braun (Hrsg.), Kulturinszenierungen. Frankfurt a. M. 1995.

Muckenhaupt, Manfred, Text und Bild. Grundlagen der Text-Bild-Beschreibung aus sprachwissenschaftlicher Sicht. Tübingen 1986.

Muth, Ludwig, Der befragte Leser. München 1993.

Natori, Motoki, Das Sozialsystem Literatur und die Handlungsrolle „Verarbeitung". Skizze des Problems und einige theoretische Überlegungen. In: Empirische Literaturwissenschaft in der Diskussion. Hrsg. v. Achim Barsch/Gebhard Rusch/Reinhold Viehoff. Frankfurt a. M. 1994, 123–137.

Nelson, Katherine (Hrsg.), Event knowledge: structure and function in development. Hillsdale, NJ 1986.

Neumann(-Braun), Klaus/Michael Charlton, Subjekt- und handlungstheoretische Rezeptionsmodelle. In: Spracherwerb und Mediengebrauch. Tübingen 1990, 29–44.

Nisbett, Richard E./Timothy D. Wilson, Telling more than we know: verbal reports on mental processes. In: PR 84, 1977, 231–254.

Oatley, Keith, A taxonomy of the emotions of literary response and a theory of identification in fictional narrative. In: Poetics 23, 1994, 53–74.

Olson, David R., Thinking about narrative. In: Images and understanding. Hrsg. v. Horace Berlow/Colin Blakemore/Miranda Weston-Smith. Cambridge, MA 1990, 26–45.

Ohler, Peter, Kognitive Filmpsychologie. Verarbeitung und mentale Repräsentation narrativer Filme. Münster 1994.

Ortony, Andrew/Gerald L. Clore/Allan Collins, The cognitive structure of emotions. New York 1988.

Peer, Willie van, Stylistics and psychology. Investigations of foregrounding. London 1986.

–, Literary socialization in the family: a state of the art. In: Poetics 20, 1991, 539–558.

Potter, Rosanne G., Reader responses to dialogue. In: Reader response to literature. The empirical dimension. Hrsg. v. Elaine F. Nardocchio. Berlin 1992, 15–33.

Prenzel, Manfred, Lese- und Rezeptionsmotivationen aus der Sicht einer Interessentheorie. In: SPIEL 10, 1991, 141–159.

Prince, Gerald, On narrative studies and narrative genres. In: Poetics today 11, 1990/2, 271–282.

Prinz, Wolfgang, Wahrnehmung. In: Allgemeine Psychologie. Hrsg. v. Hans Spada. Bern 1990, 25–114.

Real, Michael R., Super media. A cultural studies approach. Newbury Park, CA 1989.

Renckstorf, Karsten, Mediennutzung als soziales Handeln. Zur Entwicklung einer handlungstheoretischen Perspektive der empirischen (Massen-)Kommunikationsforschung. In: Massenkommunikation. Hrsg. v. Max Kaase/W. Schulz. 1987, 314–336.

Richards, I. A., Practical criticism. New York 1929.

Riesbeck, Christopher K./Roger C. Schank, Inside case-based reasoning. Hillsdale, NJ 1989.

Robins, Kevin, Forces of consumption: from the symbolic to the psychotic. In: MCS 16, 1994, 449–468.

Rosebrock, Cornelia, Literarische Sozialisation im Vorschulalter. In: Lesen im Medienzeitalter. Weinheim 1995, 9–29.

Rosenblatt, Louise M., The reader, the text and the poem: transactional theory of the literary work. London 1978.

–, The transactional theory of literary work: implications for research. In: Researching response to literature and the teaching of literature. Hrsg. v. Charles R. Cooper. Norwood, NJ 1985, 33–53.

Rosengren, Karl E./Lawrence A. Wenner/Philipp Palmgren (Hrsg.), Media gratifications research: current perspectives. Beverly Hills 1985.

Rumelhart, David, Notes on a schema for stories. In: Representation and understanding. Hrsg. v. Daniel Bobrow/A. Collins. New York 1975, 7–55.

Rusch, Gerhard, Autopoiesis, Literatur, Wissenschaft. Was die Kognitionstheorie für die Literaturwissenschaft besagt. In: Der Diskurs des Radikalen Konstruktivismus. Hrsg. v. Siegfried J. Schmidt. Frankfurt a. M. 1987, 374–401.

–, Kognition, Mediennutzung, Gattungen. In: SPIEL 6, 1987a, 227–272.

–, Cognition, media use, genres. In: Poetics 16, 1987b, 431–469.

–, Genres: Kognitive Strukturen im Handeln mit Medien. Fernsehgattungen in der Bundesrepublik Deutschland (Manuskript). In: Grundlagen und Voraussetzungen der Fernsehprogramm-Geschichte. Hrsg. v. Knut Hickethier 1992.

–, Fernsehgattungen in der Bundesrepublik Deutschland. Kognitive Strukturen im Handeln mit Medien. In: Geschichte des Fernsehens in der Bundesrepublik Deutschland, Bd. 1. Hrsg. v. Knut Hickethier. München 1993, 289–321.

Saxer, Ulrich/Wolfgang Langenbucher/Angela Fritz, Kommunikationsverhalten und Medien. Lesen in der modernen Gesellschaft. Gütersloh 1989.

Schank, Robert C./Robert P. Abelson, Scripts, plans, goals, and understanding. Hillsdale, NJ 1977.

–, Dynamic memory: a theory of reminding and learning in computers and people. Cambridge, MA 1982.

Schmidt, Siegfried J., Grundriß der empirischen Literaturwissenschaft. Bd. 1. Braunschweig 1980.

–, Der Radikale Konstruktivismus: Ein neues Paradigma im interdisziplinären Diskurs. In: Der Diskurs des Radikalen Konstruktivismus. Frankfurt a. M. 1987a, 11–89.

–, Towards a constructive theory of media genre. In: Poetics 16, 1987b, 371–395.

–, Text understanding – a self organizing cognitive process. In: Poetics 20, 1991, 273–301.

–, Kognitive Autonomie und soziale Orientierung. Konstruktivistische Bemerkungen zum Zusammenhang von Kognition, Kommunikation, Medien und Kultur. Frankfurt a. M. 1994.

Schnotz, Wolfgang, Textverstehen als Aufbau mentaler Modelle. In: Wissenspsychologie. Hrsg. v. Heinz Mandl/Hans Spada. Weinheim 1988, 299–332.

Schön, Erich, Die Entwicklung der literarischen Rezeptionskompetenz. In: SPIEL 9, 1990, 229–276.

Schram, Dick H., Norm und Normbrechung. Die Rezeption literarischer Texte als Gegenstand empirischer Forschung. Braunschweig 1991.

Schumm, Gerhard, Der Schneideraum im Kopf: Filmische Konjunktoren und Disjunktoren im Rahmen einer produktionsorientierten Wahrnehmungspsychologie. In: Film und Psychologie 1. Kognition – Rezeption. Hrsg. v. Gerhard Schumm/Hans Jürgen Wulf. Münster 1990, 179–210.

–, Die Macht der Cuts. In: Vom Doppelleben der Bilder: Bildmedien und ihre Technik. Hrsg. v. Barbara Naumann. München 1993, 249–278.

Schwichtenberg, Cathy, The „mother lode" of feminist research: congruent paradigms in the analysis of beauty culture. In: Rethinking communication, Bd. 2. Hrsg. v. Brenda Dervin et al. Newbury Park, CA 1989, 291–306.

Schwoch, J./M. White/S. Reilly, Media knowledge: reading in popular culture, pedagogy and critical citizenship. Albany 1992.

Seifert, Colleen M./Robert P. Abelson/Gaie McKoon, The role of thematic knowledge structures in reminding. In: Knowledge structures. Hrsg. v. James A. Galambos/John B. Black. Hillsdale, NJ 1986.

Seiter, Ellen/Hans Borchers/Gabriele Kreutzner/Eva-Maria Warth (Hrsg.), Remote Control: television, audiences and cultural power. London 1989.

Steen, Gerard J., The empirical study of literary reading: methods of data collection. In: Poetics 20, 1991, 559–575.

Stockhammer, Robert, Leseerzählungen. Alternativen zum hermeneutischen Verfahren. Stuttgart 1991.

Straßner, Erich, Fernsehnachrichten. Eine Produktions-, Produkt- und Rezeptionsanalyse. Tübingen 1982.

Sturm, Herta, Der rezipientenorientierte Ansatz in der Medienforschung. In. Publizistik 27, 1982, 89–97.

Treichler, Paula A., What definitions do: childbirth, cultural crisis, and the challenge to medical discourse. In: Rethinking communication, Bd. 2. Hrsg. v. Brenda Dervin et al. Newbury Park, CA 1989, 424–453.

Turner, Graeme, British cultural studies. An introduction. Boston 1990.

Viehoff, Reinhold, How to construct a literaty poem? In: Poetics 15, 1986, 287–306.

–, Literarisches Verstehen. Neuere Ansätze und Ergebnisse empirischer Forschung. In: IASL 13, 1988, 1–39.

– (Hrsg.), Alternative Traditionen. Dokumente zur Entwicklung einer empirischen Literaturwissenschaft. Braunschweig 1991.

–, Els Andringa, Literary understanding as interaction: some aspects, some hints, some problems. In: Poetics 19, 1990, 221–230.

Viehoff, Reinhold/M. Burgert, Kommunikationsbildungsprozeß 2. Strukturen und Funktionen deklarativen und prozeduralen Wissens beim Verstehen von Literatur – Untersuchungen zu „Märchen" und „Krimi". Siegen 1991.

Viepond, Douglas/Russell A. Hunt, Point-driven understanding: pragmatic and cognitive dimensions of literary reading. In: Poetics 13, 1984, 261–277.

Vogelgesang, Wolfgang, Jugendliche Video-Cliquen. Opladen 1991.

Vorderer, Peter, Lesen als Handlung. In: Empirische Literaturwissenschaft in der Diskussion. Hrsg. v. Achim Barsch/Gebhard Rusch/Reinhold Viehoff. Frankfurt a. M. 1994, 206–222.

Wieler, Petra, Vorlesegespräche mit Kindern im Vorschulalter. Beobachtungen zur Bilderbuch-Rezeption mit Vierjährigen in der Familie. In: Lesen im Medienzeitalter. Hrsg. v. Cornelia Rosebrock. Weinheim 1995, 45–64.

Williams, Raymond, Culture and society 1780–1950. New York 1958.

–, Television: technology and cultural form. London 1974.

Willis, Paul, Jugend-Stile. Zur Ästhetik der gemeinsamen Kultur. Hamburg 1991.

Wilson, Barbara J./Audrey J. Weiss, The effects of sibling coviewing on preschooler's reactions to a suspenseful movie scene. In: CR 20, 1993, 214–248.

Wilson, Stephanie G./Mike Rinck/Timothy P. McNamara, Mental models and narrative comprehension: some qualifications. In: JML 32, 1993, 141–154.

Wulff, Hans J., Die Ordnung der Bilderflut: Konstellation medialer Kommunikation als strukturbildendes Prinzip in Performance-Videos. In: RuF 37, 1989, 435–446.

Zillmann, Dolf, Mechanisms of emotional involvement with drama. In: Poetics 23, 1994, 33–52.

Zwaan, Rolf A., Some parameters of literary and news comprehension: effects of discourse-type perspective on reading rate and surface structure representation. In: Poetics 20, 1991, 139–156.

Michael Charlton, Freiburg i. Br.
Michael Barth, Frankfurt a. M.
(Deutschland)

8. Die Grundlagen der Wirkungsforschung in der Medienwissenschaft

1. Einleitende Hinweise
2. Zur Definition des Wirkungsbegriffs
3. Zur Unterscheidung von Wirkungen (Wirkungsdimensionen)
4. Grundvorstellungen vom Wirkungsprozeß
5. Modelle der Wirkungsforschung (eine Auswahl)
6. Vorläufiges Fazit und Ausblick
7. Literatur

1. Einleitende Hinweise

Die Diskussion um vermeintlich direkte und indirekte Medienwirkungen ist so alt wie die über Medien vermittelte Kommunikation selbst. Eine besonders intensive Wirkungsdebatte fand immer zyklisch verbunden mit dem jeweiligen Aufkommen von technisch neuen Massenkommunikationsmitteln (Buch, Radio, Fernsehen und Kabelfernsehen) statt.

Medienwirkungsstudien, die von einer politischen Beeinflussung des Massenpublikums ausgingen, spielten während der 70er Jahre und zu Beginn der 80er Jahre in der Forschungsdiskussion eine nicht unwesentliche Rolle. U. a. schrieben Elisabeth Noelle-Neumann und Hans-Mathias Kepplinger der Berichterstattung im Fernsehen erheblichen Einfluß bei Wiederwahl der sozialliberalen Koalition 1976 zu. In neuerer Zeit kann ein großer Teil der im Vorfeld der Einführung des Dualen Rundfunksystems entstandenen Forschungsarbeiten im weitesten Sinn dem Bereich Wirkungsforschung zugeordnet werden. Im Grundsatz sollte die Begleitforschung zu den sogenannten Kabelpilotprojekten, die bis Ende der 80er Jahre durchgeführt wurde, der Frage nachgehen, welche Auswirkungen sich mit der Vermehrung von Rundfunkprogrammen für den Einzelnen und die Gesellschaft ergeben. Eine besondere Beachtung im Rahmen der Forschungen zu Medienwirkungen fand und findet die Fragestellung, mit welchen Implikationen Gewaltdarstellungen in den Medienangeboten für den Rezipienten verbunden sind. Übersichten beziffern die zur Gewaltwirkungsthematik inzwischen erschienen Studien auf über 5000. Untersucht wurden Gewaltinhalte und -wirkungen überwiegend bei audiovisuellen Medien (Film, Video und Fernsehen).

Die Einrichtungen der Medienkontrolle (Landesmedienanstalten, Rundfunkräte) und des Jugendschutzes einerseits und die Medienanbieter andererseits sind kontinuierlich mit Fragestellungen von Medienwirkungen konfrontiert und gehören heute zu wichtigen Auftraggebern der Forschung in diesem Bereich.

Trotz der Quantität der vorliegenden Arbeiten in der Medienwirkungsforschung sind aus empirischer Perspektive erhebliche Einschränkungen in der Aussagekraft und insbesondere der Reichweite und Übertragbarkeit von Forschungsergebnissen festzuhalten. Es fehlen oftmals Anschlußuntersuchungen ebenso wie Replikationen oder Falsifikationen. Weiterhin kann die von DFG-Kommission „Medienwirkungsforschung" 1986 formulierte Einschätzung, „man wisse zu wenig über den Zusammenhang zwischen Massenkommunikation und Gesellschaft, über die Wirkungsgesetze der Medien", eine gewisse Gültigkeit beanspruchen.

2. Zur Definition des Wirkungsbegriffs

Ausgehend von der amerikanischen Wirkungsforschung formuliert als einer der ersten Wissenschaftler in deutschsprachigen Raum Gerhard Maletzke 1963 folgende Definition des Begriffs „Medienwirkungen":

„Wir verstehen unter dem Wirkungsbegriff im engeren Sinne sämtliche Prozesse, die sich in der postkommunikativen Phase als Folge der Massenkommunikation abspielen, und zum anderen in der eigenlichen kommunikativen Phase alle Verhaltensweisen, die aus der Zuwendung der Menschen zu Aussagen der Massenkommunikation resultieren."

Demnach können Wirkungen einerseits durch den Inhalt von Aussagen zustande kommen, den Leser, Zuhörer oder Zuschauer – kurz Rezipienten – aufnehmen. Anderseits können Medienwirkungen auch dadurch entstehen, daß es die Medien gibt, und daß diese genutzt werden.

Abgesehen vom tatsächlichen Inhalt von Aussagen in den Massenmedien kommt darüber hinaus der Form der Darstellung eine wesentliche Bedeutung zu. Besonders audiovisuelle Medien bieten eine Vielzahl von Möglichkeiten, bestimmte Aussagen in eine Form zu bringen (zum Beispiel Schnitt, Kameraperspektive, Tempo etc.). Daß gerade durch diese formalen Variationsmöglichkeiten der Darstellungen bestimmte Effekte beim Rezipienten erzielt werden können, wurde in der empirischen Wirkungsforschung in den 70er Jahren deutlich.

3. Zur Unterscheidung von Wirkungen (Wirkungsdimensionen)

Lange Zeit galten Änderungen in Bezug auf Einstellungen, Meinungen und Verhaltensweisen als ausschlaggebend für Medienwirkungen. Die Ausgangsfrage war: Wie lassen sich solche Einstellungs-, Meinungs- und Verhaltensänderungen durch Massenmedien hervorrufen? Auf diese Fragestellung konzentriert sich auch noch heute der Teilbereich der Wirkungsforschung, der mit Werbewirkungen befaßt ist. Leitbild ist das sogenannte Persuasionsmodell: Ein Kommunikationsinput (Botschaft, Quelle, Medium) soll die Persuasion (Überredung) des Publikums herbeiführen. Bei der Persuasionsforschung stehen kurzfristige Effekte im Vordergrund, zum Beispiel Aufmerksamkeit, Wahrnehmen, Verstehen, Akzeptieren, Handeln.

Neben Einstellungsänderungen spricht jedoch ein großer Teil der Fernsehinhalte (etwa das Genre Information) weitere Wirkungsdimensionen an. Dies sind u. a. Wirkungen auf das Wissen und das Realitätsbild. Derartige Effekte sind also kognitiver Natur und in der Regel auch langfristiger. In einer komplexen Gesellschaft ersetzen Medienerfahrungen immer häufiger Primärerfahrungen. Medienerfahrungen sind zudem fester Bestandteil gesellschaftlicher Sozialisation.

Desweiteren sind emotionale Wirkungsdimensionen des Medienkonsums zu nennen (wie beispielsweise Entspannung, Eskapismus). Musik-, Film- und Fernsehrezeption kann zur Regulation von Stimmungen (Mood-Management) beitragen. Die Erforschung emotionaler Komponenten und Implikationen der Bildschirmnutzung findet in neuerer Zeit verstärkt Beachtung. (Im Rahmen eines von Peter Vorderer (Hochschule für Musik und Theater, Hannover) und Gary Bente (Universität zu Köln) angestoßenen DFG-Projekt-Paketes wurden 1997/98 an verschiedenen psychologischen Instituten eine Reihe von Projekten zu dieser Thematik durchgeführt.)

Sowohl emotionale als auch kognitive Wirkungen hängen in vielfältiger Weise miteinander zusammen. Allein schon diese Interdependenzen erschweren die empirische Untersuchung von Wirkungen nicht unerheblich.

4. Grundvorstellungen vom Wirkungsprozeß

Grob zu unterscheiden sind im wesentlichen folgende Grundvorstellungen, mit denen der Medienwirkungsprozeß zu fassen versucht wurde und wird:

a) Kausalität,
b) Transaktion und
c) Wirklichkeitskonstruktion.

Die getroffene Einteilung folgt dabei lediglich auf einer Makroebene der Diskussion um Medienwirkungen; dies soll durch die Bezeichnung Grundvorstellung zum Ausdruck kommen. An späterer Stelle werden einzelne Modelle/Ansätze beschrieben.

a) Kausalität
Einem großen Teil aller Medienwirkungsstudien liegt das Reiz-(Stimulus)-Reaktions-(Response)-modell zu Grunde. Medien werden als ursächlich (kausal) für Wirkungen beim einzelnen Rezipienten und/oder der Gesellschaft angesehen. Damit ist die Beziehung zwischen Medien und Publikum eindeutig festgelegt. Der Zweig der Persuasionsforschung (s. o.) ist ein gutes Beispiel für diesen Kausalansatz, der im Laufe der Zeit unter Einbezug weiterer Variablen – beispielsweise Persönlichkeitsmerkmale und soziale Faktoren – erweitert wurde. Verbunden mit der Berücksichtigung solcher intervenierender Variablen im Medienwirkungsprozeß rückte die Auffassung in den Vordergrund, die besagt, daß die Wirkungen der Medien auf die Einstellungen der Rezipienten eher gering seien. Da die Wirkung stärker von Publikumsmerkmalen als von den vermittelten Medienbotschaften abhänge. Medien wären nicht in der Lage, Einstellungsänderungen zu bewirken, sondern verstärkten lediglich bereits vorhandene Einstellungen (Verstärkerthese). Mit der einsetzenden Untersuchung weiterer Wirkungsdimensionen (etwa kognitive Wirkungen wie Wissenserweiterung) wurde den Medien dann wieder – wie ganz ursprünglich – ein großes Wirkungspotential zugesprochen. Besonders das Fernsehen gilt später als potentiell sehr „mächtiges" Medium.

Der sogenannte Nutzenansatz (Uses-and-Gratification-Ansatz) stellt einen Perspektivwechsel von medienorientierten Überlegungen („Was machen die Medien mit den Menschen?" – Wirkungsansatz) zur publikumsorientierten Sichtweise (Nutzenansatz) dar. Hier lautet die Leitfrage: „Was machen die Menschen mit den Medien?"

Es wurden unter dieser Fragestellung die Determinanten für die Medienzuwendung der Rezipienten – beispielsweise Bedürfnisse, Interessen und auch die soziale Situation – untersucht.

b) Transaktion
Werner Früh und Klaus Schönbach entwickelten das dynamisch-transaktionale Modell, bei dem es sich um eine Kombination von Wirkungs- und Nutzenansatz handelt. Sinngemäß besagt dieser Ansatz: Medienaussagen sind der Anlaß bzw. die „Initialzündung", damit der Rezipient ein Thema wahrnimmt. Die Bedeutungszuweisung nimmt dann der einzelne Mediennutzer in Abhängigkeit seines Nutzens vor. Sie ist also variabel, und von ihr hängt schließlich das Wirkungspotential der Medien ab.

Ein Transaktionsvorgang ist zum Beispiel die Dekodierungsleistung von Medienaussagen; dabei gibt es eine Wechselbeziehung zwischen Aktivation und Kognition. Durch die Rezeption eines anregenden und interessanten Medieninhalts kann aus einem ursprünglich eher „passiven" Mediennutzer ein anschließend „aktiver" Rezipient werden, der den Medieninhalt intensiv interpretiert und verarbeitet.

Transaktionen können auch zwischen Rezipienten und Medien stattfinden. Hierfür sind „parasoziale" Interaktionen beziehungsweise Beziehungen zwischen Fernsehpersonen und Rezipienten ein Beispiel. Der Zuschauer baut zu den Medienpersonen eine durchaus mit realen Personen vergleichbare Beziehung auf. Der dynamisch-transaktionale Ansatz bleibt insgesamt jedoch der Tradition der Kausalität verbunden, allerdings können die Ursachen für Wirkungen sowohl auf der Seite des Medieninhalts als auch beim Rezipienten liegen.

c) Wirklichkeitskonstruktion
Neu wurde die Frage von Medienwirkungen mit Aufkommen der konstruktivistischen Überlegungen im Rahmen der Kommunikations- und Medienwissenschaft diskutiert. Der Konstruktivismus basiert auf der Vorstellung: „Menschen konstruieren ihre Wirklichkeit subjektiv und eigenverantwortlich. Es gibt demnach so viele Wirklichkeiten, wie es Menschen respektive kognitive Systeme gibt." Zentral wird in diesem Zusammenhang die Selektivität der Rezipienten. Selektivität ist eine wesentliche Voraussetzung, um überhaupt konstruieren zu können. Jeder Rezipient konstruiert zudem höchst individuell, so daß unterschiedliche (Medien-)Wirklichkeiten entstehen können.

Im Gegensatz zum Kausalansatz, der im wesentlichen den Stimulus (eine Medienbotschaft) als Ursache von Wirkungen ansieht, schließt eine konstruktivistische Sichtweise diese Argumentation weitgehend aus. Denn es ist nicht davon auszugehen, daß der gleiche Stimulus auch alle Rezipienten in gleicher Weise erreicht und dann die gleiche Wirkung erzielt. Der Einfluß von selektiven Instanzen, die die Verarbeitung des Inhalts steuern, ist mitzuberücksichtigen.

Die erste Selektion findet bereits bei der Auswahl aus dem Medienangebot statt. Bei den weiteren selektiven Instanzen wird unterschieden nach internem Kontext (Erfahrung, Vorwissen, Einstellung der Person) und externem Kontext (soziale und situative Rahmenbedingungen). Nach Klaus Merten wird demnach Wirkung letztlich an der Kombination der drei genannten Bündel von Wirkfaktoren festgemacht (trimodales Modell).

Für die forschungspraktische Arbeit bedeutet dies, daß sowohl die Inhalte (das Medienangebot) als auch die Erfahrungen bzw. Einstellungen des Rezipienten und seine situationalen wie sozialen Rahmenbedingungen betrachtet werden müssen.

5. Modelle der Wirkungsforschung (eine Auswahl)

In der Wirkungsforschung existiert eine Vielfalt von Modellen, die sich im Rahmen einer Übersicht allenfalls ausschnitthaft darstellen läßt. Zudem bestehen weitere Probleme darin, daß die Wirkungsansätze zumeist wenig aufeinander Bezug nehmen, also untereinander unverbunden sind, und die theoretische Ableitung bzw. Ausarbeitung wenig entwickelt ist.

Angelehnt an eine Strukturierung von Michael Schenk kann zum einen nach Modellen bzw. Forschungszweigen unterschieden werden, die eher auf kurzfristige Effekte der Medien auf der individuellen Ebene der Rezipienten ausgerichtet sind. Zum anderen entstanden in den 70er Jahren Ansätze, die eher längerfristige Auswirkungen der Medien untersuchen und eine Makroebene von Medienwirkungen berücksichtigen (beispielsweise Einflüsse auf die Konstruktion politischer und sozialer Realität).

In die erste Gruppe der Mikroperspektive fallen unter anderem:

- Persuasionsforschung,
- Diffusionsforschung,
- Nutzen- und Belohnungsansatz (Uses-and-Gratification-Approach) sowie
- Gewaltwirkungsansätze.

Der zweiten Gruppe lassen sich folgende Ansätze zuordnen:

- Thematisierungsansatz (Agenda-Setting-Approach),
- Kultivierungsanalyse,
- Modell der Schweigespirale,
- Wissenskluft-Hypothese (Knowlege-Gap-Hypothese) und
- Studien, die Informationsverarbeitung der Rezipienten untersuchen.

Nachfolgend werden die wesentlichen Ansätze aus dieser knappen Synopse kurz vorgestellt.

5.1. Persuasionsforschung

Das Grundprinzip der Persuasionsforschung ist bereits eingangs (vgl. Abschnitt „Zur Unterscheidung von Wirkungen") geschildert worden. Im Kern gilt es, eine Überzeugung (Persuasion) des Publikums durch Botschaften, glaubwürdige Quellen, Appelle und Ähnliches zu erzielen. Dieser Prozeß kann allerdings durch den Rezipienten selbst unterlaufen werden, indem er Aussagen, die seiner eigenen Ansicht widersprechen, nicht auswählt oder deren Rezeption unmittelbar beendet. Ein weiteres Hindernis stellt der Zusammenhang dar, daß persönlicher direkter Kommunikation eine größere Bedeutung zukommt als der anonymen Medienkommunikation. Auch spielt das Involvement (Engagement) eine wichtige Rolle. Sofern ein Thema Interesse oder Betroffenheit beim Rezipienten auslöst (hohes Involvement), wird es intensiver verarbeitet als im entgegengesetztem Fall. D. h. gleichzeitig aber, daß es dann hier vor allem auf den Inhalt und die Argumente ankommt, ob die angestrebte Überredung des Rezipienten gelingt.

5.2. Diffusionsforschung

Die Diffusionsforschung befaßt sich mit der Verbreitung von Neuigkeiten und Neuerungen, dabei stehen die Massenkommunikation und die interpersonale Kommunikation in einem komplementären Verhältnis. Erstinformationen über Innovationen liefern zumeist die Massenmedien, während die Bewertung auf der Ebene der interpersonalen Kommunikation stattfindet. Prozesse auf der interpersonalen Ebene und in sozialen Netzwerken beschleunigen oder bremsen die Übernahme (Adoption) einer Neuerung, die durch Medien verbreitet wurde.

5.3. Nutzen- und Belohnungsansatz (Uses-and-Gratification-Approach)

Der sogenannte Nutzen- und Belohnungsansatz (Uses-and-Gratification-Approach) stellt die aktive Rolle des Publikums bei der Auswahl von Medienangeboten in den Mittelpunkt der Betrachtungen. Der Nutzenansatz nimmt eindeutig die empfänger(rezipienten)-orientierte Perspektive ein. Fragerichtig ist: „Was machen die Menschen mit den Medien?"

Der (erweiterte) Nutzenansatz fragt zunächst nach dem Katalog der Bedürfnisse, die Rezipienten haben (etwa nach dem Bedürfnis der Alltagsflucht (Eskapismus) oder dem Bedürfnis nach Information, Unterhaltung etc.), und bilanziert dann, inwiefern diese Bedürfnisse durch Medienkonsum befriedigt werden. Die Bedürfnisse, die der Rezipient als Erwartungen an die Medien stellt, bezeichnet man als gesuchte Gratifikation. Entsprechend benennt man das Resultat aus der medialen Kommunikation als erhaltene Gratifikation.

Jeder Rezipient entscheidet sich infolge solcher Bilanzierungen dann für das Medium bzw. Medienangebot, daß ihm die größte Aussicht auf Befriedigung seiner Bedürfnisse verspricht.

Der Uses-and-Gratifikation-Approach ist ein Wirkungsansatz, der nicht die Wirkung eines einzelnen Medienprodukts erfaßt, sondern das Medienangebot zu den Bedürfnissen der Rezipienten in Beziehung setzt. Forschungspraktisch ergeben sich bei der empirischen Umsetzung des Nutzenansatzes Probleme, die auf unterschiedlichen Ebenen liegen. Eine der grundsätzlichen Schwierigkeiten sei in diesem Zusammenhang angemerkt: Unklar ist beispielsweise, ob theoretisch abgeleitete Motive oder tatsächlich am Medienkonsum orientierte Bedürfnisse der Rezipienten in den Untersuchungen gemessen werden.

5.4. Gewaltwirkungsansätze

Die Anzahl von Gewaltwirkungsstudien ist kaum noch überschaubar. In diesem Kontext ist es verständlich, daß ebenfalls eine ganze

Reihe von unterschiedlichen Modellen zur Erklärung der Wirkung von medialen Gewaltdarstellungen existieren. Einige der wiederholt als zentral in der Gewaltwirkungsforschung diskutierten Thesen lauten u. a.: Katharsisthese, Stimulationsthese und Habitualisierungsthese. Daneben spielen lerntheoretische Überlegungen in der Gewaltforschung eine wichtige Rolle.

Die *Katharsisthese*, die sich bis auf Aristoteles zurückführen läßt, besagt in ihrer ursprünglichen Form, daß jede Form von dargestellter Gewalt beim Rezipienten Aggressionen reduziert. Mehrere Abwandlungen dieser These schränken die Bedingungen, unter denen ein potentieller Aggressionsabbau stattfinden soll, später ein. Dennoch konnten bisher kaum befriedigende empirische Beweise für die diese positive Wirkung medialer Gewalt gefunden werden. Auch ehemalige Verfechter dieser Katharsisthese (etwa Seymour Feshbach, dessen Forschungen lange Zeit als Beleg der These galten) sind inzwischen von der Vorstellung des potentiellen Aggressionsabbaus abgerückt und betrachten eine solche Wirkung als Ausnahme.

Insgesamt gehen die weitaus meisten Modelle zur Beschreibung der Folgen des medialen Gewaltkonsums eher von negativen Implikationen aus als von positiven. Dies gilt für die *Stimulationsthese und Habitualisierungsthese* ebenso wie für *lerntheoretische Überlegungen*.

Nach der von Leonard Berkowitz geprägten *Stimulationsthese* führt mediale präsentierte Gewalt in einem zuvor durch eine Frustration bewirkten Zustand emotionaler Erregung zu aggressivem Verhalten. Gemäß der *Habitualisierungsthese* nimmt durch den ständigen Konsum von Fernsehgewalt die Sensibilität gegenüber Gewalt ab; Gewalt wird als „normales" Alltagsverhalten aufgefaßt und als geeignetes Mittel zur Konfliktlösung betrachtet.

Ansätze mit *lerntheoretischer* Ausrichtung machen zumeist darauf aufmerksam, daß violente Fernsehsendungen die Zuschauer, insbesondere Kinder, mit Handlungsmustern versorgen können, die zwar meistens latent bleiben, aber unter bestimmten situativen Bedingungen doch in entsprechendes Verhalten umgesetzt werden. Sehr bekannt geworden ist in diesem Zusammenhang Albert Bandura, der in den 60er Jahren Experimente mit Probanden im Kindergartenalter durchführte, in denen ein Film mit aggressiven Aktionen einer erwachsenen Modellperson gegenüber einer Puppe gezeigt wurde. Die Kinder imitierten in der anschließenden Spielsituation das aggressive Verhalten des Modells aus dem Film („Lernen am Modell"). Inzwischen sind die lerntheoretischen Ansätze jedoch auch weitaus elaborierter geworden.

5.5. Thematisierungsansatz (Agenda-Setting-Approach)

„Zwar haben Massenmedien wenig Einfluß auf (Veränderungen von) Richtung und Stärke von Einstellungen. Aber es kann unterstellt werden, daß die Massenmedien den Markt (der Themen) für politische Kampagnen bestimmen, der seinerseits die Stärke von Einstellungen gegenüber politischen Themen beeinflußt." So formulierten die amerikanischen Forscher McCombs und Shaw erstmals anläßlich des Präsidentenwahlkampfes 1968 den Thematisierungsansatz. Die Grundfrage dieses Ansatzes ist, ob die bevorzugte Behandlung bestimmter Themen in den Medien dazu führt, daß die Rezipienten diese Themen für wichtiger halten als andere. Der Thematisierungsansatz geht davon aus, daß die Medien Themen in ihrer Berichterstattung „besetzen" und diese thematische Besetzung mit einer bestimmten Zeitverzögerung in den Köpfen der Rezipienten ihre Entsprechung findet. Bei Agenda-Setting-Wirkungen handelt es sich um kognitive Wirkungen von längerfristiger Natur (Wirkungen bezogen auf Wissen und Wertungen der Rezipienten). Medien schreiben dem Publikum gleichsam vor, worüber es nachzudenken habe. Dabei werden u. a. folgende drei Wirkungsebenen unterschieden:

Awareness-Modell: Die Betonung von Themen in den Massenmedien macht die Rezipienten auf diese Themen aufmerksam.

Salience-Modell: Je mehr ein Thema in den Medien im Vergleich zu anderen Themen in den Medien hervorgehoben wird, so wichtiger wird es aus Sicht des Rezipienten.

Priorities-Modell: Die Rezipienten übernehmen die Rangfolge, mit der Themen in den Massenmedien nach Kriterien für Wichtigkeit behandelt werden.

Ob ein Thematisierungseffekt vorliegt, wird häufig durch zeitversetzte Korrelationen gemessen. Stimmen die Ergebnisse einer Inhaltsanalyse der Medieninhalte und die zu einem späteren Zeitpunkt per Befragung ermittelten Themen bzw. Themenstrukturen in den Köpfen der Rezipienten überein, liegt ein Thematisierungseffekt vor. Die Agenda-Setting-Forschung hat in neuerer Zeit eine erhebliche Anzahl von Studien hervorgebracht, dabei weisen die meisten Untersuchungen Thematisierungseffekte nach.

5.6. Das Modell der Schweigespirale

Das Modell der Schweigespirale der öffentlichen Meinung wurde von Elisabeth Noelle-Neumann erstmals 1974 veröffentlicht und in der Folgezeit wiederholt auch bezogen auf die empirische Forschung eingesetzt. Das Modell erfaßt eher indirekte Effekte der Medien – speziell des Fernsehens. Noelle-Neumann stellt in diesem Modell die These auf, daß Menschen – wie sie es formuliert – aufgrund ihrer „sozialen Haut" versuchen, sich aus Furcht vor „sozialer Isolation" den Mehrheitsmeinungen anzupassen (meinen, was andere meinen). Menschen hätten eine größere Bereitschaft, sich in der Öffentlichkeit zu äußern, wenn sie die Mehrheit hinter sich glauben. Umgekehrt schweigen sie eher, wenn sie sich in der Minderheitsposition sähen. Jeder verfügt nach Noelle-Neumann über ein quasi-statistisches Wahrnehmungsorgan und würde ständig versuchen, durch Umweltbeobachtungen Meinungsverteilungen oder Trends der öffentlichen Meinung abzuschätzen. Medien und die interpersonale Kommunikation stellen die Informationsquellen für diesen Prozeß dar.

Die Wirkung der Medien besteht in diesem Ansatz darin, daß sie die Orientierungsgröße (die Meinung anderer) sichtbar machen, die dann als Leitlinie für das eigene Handeln übernommen wird.

Basis dieses Ansatzes sind u. a. Versuche von Simon E. Asch in den 50er Jahren, in denen die Auswirkungen von Gruppendruck auf die Orientierungen von Einzelpersonen untersucht und nachgewiesen wurden. Das Modell der Schweigespirale ist in der Forschung besonders bezogen auf die politische Fernsehberichterstattung und die möglichen Folgen etwa für das Wählerverhalten häufig thematisiert worden.

5.7. Wissenskluft-Hypothese (Knowlege-Gap-Hypothese)

Im Kern besagt die Wissenskluft-Hypothese, daß das von Medien vermittelte Wissen von unterschiedlichen Teilen der Bevölkerung unterschiedlich genutzt bzw. in bestehende Wissensbestände eingegliedert wird. Bei einer solchen Wissenserweiterung durch Medienkonsum sind bessergebildete und/oder statushöhere Personen gegenüber denen, die über ein geringeres Bildungsniveau und/oder einen geringen Status verfügen, im Vorteil. Sie erweitern ihr Wissen mit Hilfe der Medien rascher, so daß sich in zeitlicher Perspektive Bildungsunterschiede verstärken.

1970 entdeckten die Forscher Tichendor, Donohue und Olien diesen Zusammenhang anhand von Langzeituntersuchungen und formulierten: „Wenn der Informationsfluß von den Massenmedien in einem Sozialsystem wächst, tendieren die Bevölkerungssegmente mit höherem sozialökonomischen Status und/oder höherer formaler Bildung zu einer rascheren Aneignung dieser Information als die status- und bildungsniedrigeren Segmente, so daß die Kluft zwischen diesen Segmenten zu- statt abnimmt."

Es handelt sich bei dieser Wirkung einerseits um eine kognitive Langzeitwirkung und andererseits um einen selbstverstärkenden Effekt – bekannt als „Matthäus-Effekt": Wer hat, dem soll gegeben werden, und wer da nicht hat, dem soll genommen werden. Anders gesagt: Die Klugen werden klüger – die Dummen dümmer.

5.8. Kultivationsanalyse

Die Kultivationsanalyse geht auf den Forscher George Gerbner zurück, der Ende der 60er Jahre in den USA begonnen hat, eine kontinuierliche Inhaltsanalyse des Fernsehprogramms und parallel dazu Publikumsbefragungen durchzuführen. Anhand einer Gegenüberstellung von Inhaltsanalyseergebnissen, die die Weltsicht des Fernsehangebots widerspiegeln sollen, und den Anworten der befragten Fernsehnutzer wird dabei deutlich, ob Vielseher eher als Wenigseher dazu neigen, sogenannte „Fernsehantworten" zu geben. Sinn der Kultivationsanalyse ist es, den unabhängigen Beitrag des Fernsehens an den Realitätsvorstellungen der Zuschauer zu ermitteln.

Gerbner kommt in seiner Forschung zu dem Ergebnis, daß das vom Fernsehen vermittelte Wirklichkeitsbild verzerrend wirkt, Vielsehern übernehmen stärker die Fernsehrealität als Wenigseher, die sich stärker an der tatsächlichen Wirklichkeit orientieren.

6. Vorläufiges Fazit und Ausblick

Aus dieser knappen Zusammenstellung wird bereits ersichtlich, wie unterschiedlich und vielfältig die Ansätze der Medienwirkungsforschung sich präsentieren. Bezüge unter den Modellen, die Wirkungen auf den wiederum auf den verschiedensten Ebenen beschreiben, lassen sich kaum ausmachen. Zudem blieb an dieser Stelle die in der Forschungsliteratur sehr deutlich geübte Kritik an der empirischen Umsetzung einzelner Ansätze bewußt ausgespart.

Aufgrund des zweifellos großen Stellenwerts der medialen Kommunikation in der modernen Gesellschaft wären verstärkte Anstrengungen in Bezug auf die Modellbildung und empirische Forschungspraxis im Bereich „Wirkungsforschung" für die Zukunft sehr wünschenswert. Auch der Wandel des Medienangebots (mögliche Konvergenz verschiedener Medien sowie das „neue" Medium Internet) stellt die Medienwirkungsforschung künftig vor zahlreiche neue Herausforderungen.

7. Literatur

Asch, Salomon E., Effects of Group Pressure upon the Modification and Distortion of Judgments. In: Group Dynamics. Research and Theory. Hrsg. v. Dorwin Chartwright/Alvin Zander. London 1954, 151–162.

Breunig, Christian, Projekte der Landesmedienanstalten 1988 bis 1994. In: MP 1994, 12, 574–594.

Deutsche Forschungsgemeinschaft (Hrsg.), Medienwirkungsforschung in der Bundesrepublik Deutschland. Weinheim 1986.

Drabczynski, Michael, Motivationale Ansätze in der Kommunikationswissenschaft. Theorien, Methoden, Ergebnisse. Berlin 1982.

Früh, Werner, Medienwirkungen: Das Dynamisch-Transaktionale Modell. Opladen 1991.

Gerbner, George/Larry Gross, Living with Television. The Violence Profil. In: JC 26, 1976, 173–199.

Gleich, Ulrich, Parasoziale Interaktionen und Beziehungen von Fernsehzuschauern mit Personen auf dem Bildschirm. Ein theoretischer und empirischer Beitrag zum Konzept des Aktiven Rezipienten. Landau 1997.

Kepplinger, Hans Mathias, Optische Kommentierung in der Fernsehberichterstattung über die Bundestagswahl 1976. In: Politikfeld-Analysen. Hrsg. v. Thomas Ellwein. Opladen 1980.

Kunczik, Michael, Gewaltwirkungsforschung. In: Medienwirkungsforschung. Hrsg. Michael Schenk. Tübingen 1987, 167–193.

Kunczik, Michael/Astrid Zipfel, Wirkungen von Gewaltdarstellungen. In: Fernsehforschung in Deutschland. Themen – Akteure – Methoden. Hrsg. v. Walter Klingler/Gunnar Roters/Oliver Zöllner. Baden-Baden 1998, 561–577.

Maletzke, Gerhard, Psychologie der Massenkommunikation. Theorie und Systematik. Hamburg 1963.

McCombs, Maxwell E./Donlad L. Shaw, The Agenda-Setting Function of Mass Media. In: POQ 2/1972, 176–187.

McGuire, William J., The Nature of Attitudes and Attitude Chance. In: The Handbook of Social Psychologie. Hrsg. v. Lindzey Gardner/Elliot Aronson. Bd. 3, 1969, 312 ff.

Merten, Klaus, Allmacht oder Ohnmacht der Medien? Erklärungsmuster der Medienwirkungsforschung. In: Medien und Kommunikation. Konstruktionen von Wirklichkeit. Studienbrief 9. Hrsg. v. Deutschen Institut für Fernstudien an der Universität Tübingen. Weinheim–Basel 1991.

–, Konstruktivismus als Theorie für die Kommunikationswissenschaft. In: MJ 1995, 4, 7.

Noelle-Neumann, Elisabeth, Die Schweigespirale. Öffentliche Meinung – unsere soziale Haut. München–Zürich 1980.

–, Wirkungen der Massenmedien. In: Fischer Lexikon Publizistik, Massenkommunikation. Hrsg. v. Elisabeth Noelle-Neumann/Winfried Schulz/Jürgen Wilke. Frankfurt a. M. 1989, 360 ff.

Palmgreen, Philip, Der „Uses and Gratification Approach". Theoretische Perspektiven und praktische Relevanz. In: RuF 1, 1984, 51–62.

Petty, Richard E./John T. Cacioppo, Communikation and Persuasion: Central and Peripheral Routes to Attitude Change. New York 1986.

Schenk, Michael (Hrsg.), Empirische Diffusionsforschung. In: Medienwirkungsforschung. Tübingen 1987, 280 ff.

–, Forschungsschwerpunkt Medienwirkungen. Ein Überblick. In: Fernsehforschung in Deutschland. Themen – Akteure – Ergebnisse. Hrsg. v. Walter Klingler/Gunnar Roters/Oliver Zöllner. Baden-Baden 1998, 527–541.

Schönbach, Klaus, Der „Agenda-Setting-Approach": Theoretische Perspektiven und praktische Relevanz. In: Empirische Publikumsforschung. Fragen der Medienpraxis – Antworten der Medienwissenschaft. Hrsg. v. Karsten Renckstorf/Will Teichert. Hamburg 1984, 88–97.

Signorelli, Nancy/Michael Morgan (Hrsg.), Cultivation Analysis. New Directions in Media Effects Research Newbury Park 1990.

Tichenor, Philip J./George A. Donohue/Clariece N. Olien, Mass Media Flow and Differential Growth in Knowledge. In: POQ 2/1970, 159–170.

Walter Klingler u. Gunnar Roters,
Baden-Baden (Deutschland)

9. Die Schnittstelle Mensch-Maschine in der Medienwissenschaft

1. Die Schnittstellenaufgabe als zentrales Problem der Informationstechnik
2. Die menschlichen Perzeptionsfähigkeiten
3. Die aktorischen Fähigkeiten des Menschen
4. Perzeption durch Maschinen im Hinblick auf die Mensch-Maschine-Interaktion
5. Maschinelle Ausgabesysteme
6. Die Dialogaufgabe
7. Mensch-Maschine-Kommunikation als Zielaufgabe
8. Literatur

1. Die Schnittstellenaufgabe als zentrales Problem der Informationstechnik

Schnittstellen sind in einer heterogenen und vernetzten Welt Systemkomponenten, die entscheidend sind für die erfolgreiche Arbeit des Gesamtsystems. Die Vielseitigkeit und universelle Verwendbarkeit von Systemen hängt ganz entscheidend von der Flexibilität der Schnittstellen, von der Anpassung an die spezifischen Kommunikationsbedürfnisse beider Seiten, nicht zuletzt aber auch von der sorgfältigen Normung solcher Schnittstellen ab.

Bei der Kommunikation bzw. der Interaktion zwischen Mensch und Maschine gelten diese Forderungen in ganz besonderer Weise. Voraussetzung für eine effiziente Kommunikation ist hier ganz besonders eine intuitiv verständliche Schnittstelle. Das gilt besonders für Schnittstellen, die von Laien bedient werden, wie etwa Schnittstellen im großen Bereich der Konsum-Anwendungen.

Die Kommunikation zwischen Mensch und Maschine muß sich auf die durch den Menschen vorgegebenen medialen Möglichkeiten einstellen, die zunächst ganz andere als diejenigen der Maschine sind. Menschen verfügen über ihre fünf Sinneskanäle, von denen derzeit für die Mensch-Maschine-Kommunikation im wesentlichen der akustische, der optische und der taktile Kanal genutzt werden können.

Die menschlichen Kommunikationskanäle haben sich aus der zwischenmenschlichen Kommunikation und aus der Interaktion des Menschen mit seiner Umwelt entwickelt. Sie sind deshalb ganz spezifisch an die Forderungen aus diesem Bereich angepaßt. So spielt für die zwischenmenschliche Kommunikation beispielsweise der Sprachkanal eine so entscheidende Rolle, daß das Medium Sprache weit über die reine Kommunikation hinaus gleichzeitig auch das zentrale Instrument des Denkens ist. Das Medium ist hier also nicht nur der Träger der Information, sondern auch die Information selbst und gleichzeitig eben auch noch Werkzeug zur Verarbeitung der Information.

Kommunikation sollte in der Regel bilateral möglich sein, d. h. Sende- und Empfangsrichtung bzw. Aktorik und Sensorik sollten gleichzeitig aktiv sein können. Nur dann ist eine vollwertige bilaterale Kommunikation möglich. Die praktische Anwendung hat zunächst dort Schwerpunkte gesetzt, wo die einzelnen Medien besonders leistungsfähig sind oder wo eben ihre grundsätzlichen Möglichkeiten besonders ausgeprägt sind. Die derzeit meist monodirektionale Kommunikation wird sich allerdings mit technischer Weiterentwicklung zunehmend in eine bidirektionale Kommunikation wandeln. So gibt es derzeit bereits erste Ansätze, taktile Eingabemedien wie etwa Tastaturen oder die weitverbreitete Maus mit einer mechanischen Rückwirkung auszustatten und so eine direkte taktile Ausgabe zu schaffen. Solche Erweiterungen der Möglichkeiten werden letztlich zur vollwertigen multimedialen Kommunikation führen. Es bleibt dabei allerdings nicht erspart, sorgfältig zu prüfen und zu entscheiden, welche mediale Repräsentationsform für den jeweiligen Zweck angemessen ist.

Grunderfordernisse für Schnittstellen sind Einfachheit und Selbsterklärung. Der Grad der Selbsterklärung hängt stark von den Vorkenntnissen des Benutzers ab, doch kann man stets davon ausgehen, daß Kommunikationsfehler um so seltener auftreten, je besser verständlich Schnittstellen sind bzw. je mehr sie dem üblichen Kommunikationsverhalten des Benutzers angepaßt sind (Nelson 1974; Gould 1988; Helander 1988). Der Benutzer muß immer im Zentrum des Entwurfs für eine Schnittstelle stehen. Intuitive Regeln für die Benutzung einer Schnittstelle kommen dem Benutzer entgegen. Das Lesen von langen Bedienungsanleitungen oder gar die Notwendigkeit, zur Bedienung einer Schnittstelle ein spezielles Training mitmachen zu müssen, werden oftmals nicht akzeptiert. Das führt letztlich dazu, daß viele interessante Systemeigenschaften nicht benutzt werden.

Es ist schon aus diesem Grunde wichtig, die Gestaltung und Bewertung von Schnittstellen nach festen Regeln vorzunehmen. Hier haben sich im wesentlichen vier Vorgehensweisen etabliert (Wallace 1993, 260 ff.):

- Die handwerklich-künstlerische Methode HKM.
- Die Cognitions-Methode CM.
- Die Software-ergonomische Methode SEM.
- Die Software-technologische Methode STM.

Bei der handwerklich-künstlerischen Methode HKM verläßt man sich im wesentlichen auf die Fähigkeiten eines Experten. Die Gestaltung der Schnittstelle wird als eine Art künstlerischer Tätigkeit interpretiert. Das Problem wird als so komplex angesehen, daß es kaum möglich ist, eine systematische Vorgehensweise zu definieren, die unter allen Umständen zu einem zuverlässigen Ergebnis führt. Die wesentlichen Elemente dieses Vorgehens sind der Entwurf von Prototypen und das systematische Erproben. Die ersten, heute noch erfolgreichen Computerschnittstellen der Firma Apple wurden nach diesen Prinzipien realisiert. Sie haben letztlich alle heute verfügbaren Computerschnittstellen entscheidend geprägt.

Die Cognitions-Methode CM (Landauer 1991; Card 1983; Simon 1988) basiert auf der Annahme, daß die Interaktionen, die an der Schnittstelle zwischen Mensch und Maschine geschehen, Kommunikation sind. Aus dieser Vorstellung hat sich auch der Begriff Mensch-Maschine-Kommunikation entwickelt. Da diese Methode stark auf psychologischen Ansätzen basiert, wird dort eine explizite Beschreibung der Schnittstellenaufgabe vorausgesetzt. Diese wiederum setzt auf verschiedenen Voraussetzungen auf. So können grammatikalische Modelle der nötigen Dialogstrukturen ebenso Grundlage sein wie Modelle des auszutauschenden Wissens oder Modelle der beteiligten Nutzer.

Die Software-ergonomische Methode SEM und die Software-technologische Methode STM haben viele Gemeinsamkeiten (Bass 1991; Buxton 1983). Bei beiden Ansätzen wird versucht, Methoden des Software-Designs für die Gestaltung des Interface mit einzusetzen. Der Anteil der Interface-Software an der jeweiligen Anwendungssoftware ist in den letzten Jahren kontinuierlich gewachsen und kann heute durchaus weit mehr als 50 Prozent der Software betragen. Durch diese Entwicklung hat sich in dieser Zeit eine fast unerschöpfliche Fülle von Softwarebausteinen ergeben, die von Symbolen (Icons) mit den entsprechenden Menüs und der zugehörigen Dialogspezifikation über Linker-Module bis zu einem Management-System reichen, das alle Interaktionen kontinuierlich überwacht und steuert. Diese Werkzeuge werden gemeinsam unter dem Begriff User Interface Management System UIMS zusammengefaßt. Gerade die Entwicklung von graphischen Nutzer-Interfaces (Graphic User Interfaces GUI) hat die Entwicklung dieser Methoden in den vergangenen Jahren sehr stark vorangetrieben.

Alle genannten Methoden des Schnittstellendesigns haben durchaus Vor- und Nachteile. Gerade die Philosophie, die hinter dem Entwurf einer Schnittstelle steckt, kann ganz entscheidend sein für die Auswahl der Methode. Hier spielen Begriffe wie Robustheit, Flexibilität, Anwendungsbreite und Fehlersicherheit eine wichtige Rolle. So kann beispielsweise eine intuitive Bedienung für einen nicht trainierten Benutzer im Vordergrund stehen, wenn es sich um den Entwurf der Schnittstelle für ein öffentliches Informationssystem handelt. Für eine Schnittstelle in einer technischen Anlage spielen dagegen Robustheit und Fehlersicherheit eine entscheidende Rolle. Für den Schnittstellen-Entwurf spielen darüber hinaus andere Aspekte eine zusätzliche wichtige Rolle, beispielsweise ein schneller Entwurf oder ein einfaches Testen der Software oder auch die Möglichkeit, den zukünftigen Benutzer beim Entwurf der Software mit einzubeziehen.

Während die handwerkliche Methode mit dem Vorhandensein eines Entwurfsexperten steht und fällt, dann aber durchaus zu guten Ergebnissen hinsichtlich der Flexibilität und Robustheit kommt, haben die softwarebasierten Methoden den großen Vorteil, daß ein hohes Maß an Qualitätssicherung möglich ist. Je nach Schwerpunkt sind bei diesen Methoden jedoch die Möglichkeiten der Einbeziehung des Benutzers in den Entwurf eingeschränkt. Durch den systematischen Rückgriff auf bereits erprobte Module können Robustheit, Flexibilität und Anwendungsbreite sehr gut definiert werden. Nicht zuletzt auch aus diesen Gründen haben sich in jüngster Zeit mehr und mehr diese letzteren Methoden für das Design und die Realisierung von Schnittstellen durchgesetzt.

Schnittstellendesign hat nicht nur mit der Gestaltung von Softwaremodulen zu tun, sondern in erster Linie auch mit den perzeptiven und aktorischen Möglichkeiten der beteiligten Partner. Gerade die Oberfläche der Interaktion findet ja auf der Basis von Medien statt, die sowohl dem Menschen wie auch der Maschine zugänglich sein müssen.

Für Schnittstellen hat es sich mittlerweile eingebürgert, Schichtenmodelle vorzusehen, die eine zuverlässige Beschreibung der einzelnen Verstehensebenen und damit eine sehr systematische Beschreibung von Schnittstellen erlauben. Die Mensch-Maschine-Schnittstelle läßt sich im wesentlichen in fünf Schichten beschreiben, die von der physikalischen Signalebene bis zum Schnittstellenkern reichen (Windsor 1993):

- Die physikalische Schnittstelle des Zeichens, des Bildes oder auch eines akustischen Signals wie etwa Sprache.
- Die innere Repräsentation der Zeichen oder auch anderer Signale.
- Die abstrakte Repräsentation der Schnittstelle.
- Die Integration der Anwendung in die Schnittstelle.
- Die systemnahen Kernfunktionen des Schnittstellenmanagers.

Jeder dieser Teilmodule hat ganz spezifische Aufgaben, die auch mit einer zunehmenden Integration einzelner Bausteine untereinander und mit der Anwendung verknüpft sind. Gleichzeitig werden von der Signalebene bis zur Anwendungsebene alle Phasen des Verstehens und der inhaltlichen Einbindung des jeweiligen Moduls in die Schnittstellenaufgabe durchlaufen. Die physikalische, signalnahe Schnittstelle beschreibt im Detail die Gestaltung von Bildschirmdarstellungen oder auch von akustischen Signalen. Für die Richtung Mensch-Maschine können das auch die von einer Kamera oder einem Mikrofon aufgenommenen Signale sein. Die innere Repräsentationsebene ist üblicherweise die Ebene, auf der wir Zeichen beschreiben, also beispielsweise die Buchstaben oder die Wörter eines Textes oder auch die Bilder auf einem Bildschirm. Auf der dritten Ebene kommen semantische Aspekte ins Spiel. Hier geht es also darum, was eine bestimmte Kombination oder einzelne Ein- oder Ausgabeelemente im Dialog bedeuten. In der vierten Ebene wird schließlich die Schnittstelle als Ganzes modelliert, um dann in der höchsten Stufe Zugang zu der eigentlich gewünschten Information, also beispielsweise einer Datenbank oder auch einem Handlungsalgorithmus, zu erhalten. Erst in dieser Stufe kommen die pragmatischen Aspekte der Schnittstelle zur Wirkung.

Durch ein solches Schichtenmodell, das auch in der digitalen Kommunikationstechnik in ähnlicher Weise benutzt wird, lassen sich die verschiedenen Abstraktionsebenen sorgfältig trennen und damit gut durchschauen und in die jeweilige Aufgabe einbinden. Es ist daneben nicht nur ein technisches Modell, sondern auch ein Modell für die menschliche Informationsverarbeitung, das beispielsweise durchaus Bedeutung hat für das menschliche Sprach- oder Bildverstehen.

2. Die menschlichen Perzeptionsfähigkeiten

Die menschlichen Perzeptionsfähigkeiten haben sich aus der Interaktion mit der Umwelt und den dafür nötigen Kommunikationskanälen entwickelt. Sie sind also zunächst einmal an die zwischenmenschlichen Kommunikationsweisen angepaßt. Für eine effiziente Gestaltung der Mensch-Maschine-Schnittstelle kommt es letztlich darauf an, der Maschine Fähigkeiten zu verleihen, die einerseits äquivalent sind zu den menschlichen Verstehensweisen und die andererseits – für die Maschine-Mensch-Richtung – der Maschine auch Aktionsmöglichkeiten verleihen, die menschlichen Äußerungen vergleichbar sind. Die grundlegenden menschlichen Perzeptionsweisen sind

- das akustische Signalverstehen oder vereinfacht das Hören,
- das bildliche Signalverstehen und
- das taktile Signalempfinden.

2.1. Hören – Verstehen von akustischen Ereignissen

Die menschliche akustische Wahrnehmung wird primär durch die Signalverarbeitungseigenschaften des Gehörs bestimmt. Frequenz- und Zeitauflösung sind im wesentlichen an die in realen Umgebungen vorkommenden Signale angepaßt. Dabei spielt für die zwischenmenschliche Kommunikation die Sprachperzeption die wesentliche Rolle. Diese Rolle wird sie in Zukunft mit der Erweiterung der Perzeptionsmöglichkeiten der Maschine auch in der Mensch-Maschine-Interaktion erhalten. Das primäre menschliche Hörorgan kann die in der natürlichen Umgebung vorkommenden akustischen Signale besonders gut analysieren. Solche Signale bestehen in der Regel aus einem Grundton, der mit mehr oder weniger vielen Obertönen angereichert ist und der dadurch eine gewisse Klangfarbe erhält. Unser Gehör hat spezielle Fähigkeiten, solche harmonischen Klänge zu analysieren. Basis dieser Analyse ist eine ausgefeilte Frequenzanalyse, die im primären Hörorgan und in den nachfolgenden neuronalen Verarbeitungsstufen durchgeführt wird. Damit lassen sich recht komplexe Klänge differenzieren. Unser Klangempfinden ist also nicht nur auf Tonhöhenempfindung ausgelegt – die übrigens recht schlecht funktioniert –, sondern in erster Linie auf eine differentielle Empfindung unterschiedlicher Frequenzspektren, die wir als Klang bezeichnen.

Sprache ist eine besondere Form eines solchen harmonischen Klanges (siehe auch 3.1.). Bei der Sprache spielen aber nicht einzelne isolierte Klänge ein Rolle, sondern die Folge der Laute, die wir zu Wörtern zusammensetzen. Dabei spielt wieder das differentielle Unterscheidungsvermögen eine entscheidende Rolle. Wir erkennen bei der menschlichen Worterkennung nicht einzelne Laute, sondern die Folge dieser Laute, die zum Wort kombiniert wird. Das Wort, genauer das Morphem, hat als die kleinste bedeutungstragende Einheit eine herausragende Funktion für unsere Kommunikationsprozesse. Zwar steckt letztlich die Gesamtinformation in der Phrase, die aus mehreren Wörtern gebildet wird, doch können bereits einzelne Wörter eine eigenständige semantische Funktion haben. Wie letztlich das Verstehen komplexer Zusammenhänge im Satz, insbesondere in der Einbindung in das im menschlichen Gehirn angesammelte Weltwissen geschieht, ist uns heute noch verborgen und kann nur in Modellvorstellungen angenähert werden, die heute auch als Grundlage für Systeme zum maschinellen Sprachverstehen dienen.

2.2. Sehen –
Verstehen von bildlichen Ereignissen

Neben dem Hören ist das Sehen die wichtigste menschliche Schnittstellenfähigkeit. Dabei ist die Ausprägung dieser beiden Sinneseigenschaften gleichzeitig verantwortlich für die in langer Zeit gewachsenen menschlichen Kommunikationsfähigkeiten. Akustische und optische Signale kennzeichnen alle wesentlichen Eigenschaften unserer normalen Umwelt. Unser optisches Perzeptionsorgan hat sich deshalb auf die in der normalen Umwelt auftretenden Sinneseindrücke hin entwickelt. So können wir beispielsweise extrem schnelle Vorgänge, wie sie nur in technischen Systemen vorkommen, optisch nur schwer erfassen. Dafür sind sowohl der optische wie auch der akustische Perzeptionskanal zweikanalig ausgebildet, was das zuverlässige Erfassen der Umwelt deutlich verbessert. Das Sehen von Farben und damit von Licht unterschiedlicher Frequenz ist ebenso ausgeprägt wie beim Gehör die Empfindung für verschiedene akustische Frequenzen. Natürlich sind die eigentlichen Perzeptionsorgane entsprechend den verschiedenen Medien stark unterschiedlich. Weitere Gemeinsamkeiten von akustischer und optischer Perzeption finden wir auch beim Erfassen komplexerer optischer Elemente. Unsere optische Perzeption ist darauf ausgerichtet, bildliche Grundelemente, beispielsweise Kanten, geometrische Phänotypen und die daraus zusammengesetzten Gestalten bzw. Bilder zu verstehen. In Analogie zum akustischen Verstehen von gesprochener Sprache können wir auch bei der optischen Perzeption von bildlichen Grundelementen, vergleichbar den Lauten bei der Sprache, bis zum inhaltlichen Verstehen eines kompletten Bildes, vergleichbar dem Verstehen eines gesprochenen Satzes, sprechen.

Die Gestalttheorie hat bereits vor dem Aufkommen von Mensch-Maschine-Schnittstellen diese Zusammenhänge untersucht und wesentlich zur Bildung von Modellvorstellungen über unser menschliches Signalverstehen beigetragen. Die besonderen neuronalen Verarbeitungsschritte sind bisher noch weitgehend unbekannt, doch ist es in psychooptischen Modellen bereits recht gut möglich, viele Vorgänge des menschlichen Bildverstehens zu beschreiben und durchaus angemessen zu verstehen. Einen Sonderfall des Bildverstehens stellt dabei das Verstehen des Inhalts von Dokumenten aus geschriebenem Text dar. Geschriebene Sprache ist eine Sonderform von Bildern, die aber über den rein bildlichen Inhalt hinaus eine sehr viel weitreichendere sprachliche Basis hat. Beim Verstehen von Dokumenten kommt also zur Erfassung von Layout und Graphik schließlich noch das Erkennen und Verstehen des geschriebenen Inhalts hinzu.

2.3. Taktile Sinnesmöglichkeiten

Das taktile Empfinden ist beim Menschen zwar hoch entwickelt, wird jedoch im wesentlichen für Schnittstellenaufgaben verwendet, die außerhalb der Kommunikationstechnik liegen. Wenn wir beispielsweise etwas greifen oder tun und dabei unser taktiles Empfinden uns recht präzise Auskunft über die Oberfläche und die Form eines Gegenstandes gibt, dann zählt das eher zu den Alltagsaufgaben und wir würden diesen Prozeß nicht zur Kommunikationstechnik rechnen. Trotzdem wird menschliches taktiles Empfinden ganz konkret auch für die Informationsübermittlung ausgenutzt, wenn etwa Blinde Texte lesen, die in erhabener Blindenschrift gedruckt sind, oder auch die neuerdings an Computern für Blinde vorhandenen Braille-Zeilen verwenden, die ihnen jeweils die textliche Information einer Zeile vermitteln. Die differentielle Sensibilität der Fingeroberflächen ist dabei so groß, daß es ohne Probleme möglich ist, nach einer Lernphase auch eng benachbarte Bildpunkte gut zu separieren.

3. Die aktorischen Fähigkeiten des Menschen

Die menschlichen Aktionen für die zwischenmenschliche Interaktion konzentrieren sich im wesentlichen auf die drei Aktionen Sprechen, Zeigen und Bildinteraktion. Daß es daneben noch eine Vielzahl weiterer Interaktionsmöglichkeiten gibt, soll hier nicht weiter betrachtet werden, denn sie spielen für die Mensch-Maschine-Interaktion derzeit keine nennenswerte Rolle.

3.1. Sprechen – Sprache

Sprechen ist die wichtigste menschliche Kommunikationsfähigkeit, und zwar in erster Linie für die Kommunikation mit anderen Menschen. Die menschliche Sprache ist Basis unseres Wissens und unserer Wissensverarbeitung. Jede Form der Kommunikation kann letztlich auf sprachähnliche Strukturen der Wissensverarbeitung zurückgeführt werden.

Die menschliche Spracherzeugung nutzt die natürlichen mechanischen Fähigkeiten unseres Sprachapparates aus, der im wesentlichen durch Kehlkopf, Rachenhöhle, Mund- und Nasenhöhle und die dort vorhandenen Organe gebildet wird. Stimmhafte Laute werden aus dem Anregungssignal der Stimmbänder, stimmlose Laute aus Strömungsgeräuschen der Luft durch die Modulation dieser Geräusche in den Hohlräumen des Sprechtraktes gebildet. Die geometrischen Eigenschaften dieser Hohlräume bzw. ihre jeweilige Form, die beim Sprechen kontinuierlich verändert wird, bestimmen also die spezifische Art der Laute und der aus ihnen zusammengesetzten Wörter. Die Lautinformation wird im wesentlichen durch die Form des Sprechtraktes und die damit bewirkte Frequenzzusammensetzung bestimmt. Die sog. prosodische Information, die für Betonung, die Intonation oder auch den Sprechrhythmus zuständig ist, wird im wesentlichen durch das Anregungssignal und durch lautübergreifende Aktionen bestimmt. Die Information steckt im Sprachsignal in den beiden Teilen Lautinformation und Prosodie, die auch getrennt verarbeitet und gehört werden. Der ganze Prozeß des menschlichen Sprechens setzt natürlich die vorangegangenen neuronalen Prozesse der neuronalen Sprachgenerierung voraus. Dabei werden die intendierten Inhalte nach grammatikalischen Regeln üblicherweise in wohlgeformte Sätze gegossen, die schließlich von den motorischen Organen des Sprechapparats in akustische Signale umgesetzt werden. Wie beim Sprachverstehen sind uns auch beim Sprechen die neuronalen Prozesse noch weitgehend verschlossen. Sie lassen sich nur in technischen Modellvorstellungen für die synthetische Spracherzeugung und Sprachgenerierung approximieren.

3.2. Zeigen

Zeigen ist fast immer eine ergänzende Kommunikationsform, die in der Regel mit sprachlicher Interaktion kombiniert wird. Sie wird sicher in zukünftigen Mensch-Maschine-Schnittstellen eine wachsende Rolle spielen. Heute dient Zeigen in der zwischenmenschlichen Kommunikation zu vielfältiger Informationsübermittlung. Die nötigen Zeigeorgane sind vorzugsweise unsere Arme und Hände, doch können spezielle Zeigevorgänge auch mit ganz anderen Körperorganen bewirkt werden. Dazu gehört beispielsweise auch das Kopfnicken, das entsprechend als Zustimmung oder Ablehnung interpretiert wird.

3.3. Bildlicher Informationsaustausch

Während Zeigen fast immer eine Hilfsfunktion hat, ist bildlicher Informationsaustausch oftmals eine eigenständige menschliche Kommunikationsform, die häufig verbunden wird mit schriftlicher Repräsentation von Sprache, wenn beispielsweise Dokumente ausgetauscht werden, die sowohl Texte wie Bilder enthalten. Zwar gibt es bisher keinen eindeutigen Beweis für die Richtigkeit des vielgebrauchten Satzes „Ein Bild sagt mehr als tausend Worte", doch ist zumindest der rein statistische Informationsgehalt eines Bildes etwa tausendmal höher als derjenige eines Satzes. Trotzdem ist das für die menschlichen Kommunikationsformen nur in Sonderfällen entscheidend, da es praktisch immer nur auf den wesentlichen Inhalt eines Bildes ankommt und nicht auf die vielen Details, die letztlich die Gesamtheit des Bildes ausmachen. Als aktive menschliche Kommunikationsform spielen Bilder eher eine untergeordnete Rolle. Wir übersenden Fotos oder machen Zeichnungen, um unsere Intentionen einem Kommunikationspartner zu übermitteln, doch sind die bei weitem meistverwendeten bildlichen Kommunikationsmedien Dokumente, die im wesentlichen aus geschriebener Sprache, d. h. Text, bestehen. Dabei spielt die bildliche Gestaltung des Textes nur insofern eine Rolle, als diese zum besseren Verständnis oder zur Aufmerksamkeitssteuerung beiträgt. Nur in wenigen Fällen, z. B. bei Adressen auf Briefen, hat die graphische Gestaltung einen zusätzlichen wichtigen semantischen Aspekt.

4. Perzeption durch Maschinen im Hinblick auf die Mensch-Maschine-Interaktion

Die wesentlichste Aufgabe der Gestaltung der Mensch-Maschine-Schnittstelle besteht darin, der Maschine Fähigkeiten zu geben, die ihr erlauben, die entsprechenden Signale in ihre Prozesse zu integrieren. Bei der Bedienung eines Tasters oder eines Schalters ist dies leicht eingängig. Damit werden direkt Wirkungen ausgelöst oder Verknüpfungen in Software- und/oder Hardwaresystemen bewirkt. Andere Schnittstellenformen, die auf höheren Verarbeitungsebenen angesiedelt sind, werden jedoch in Zukunft sehr viel größere Bedeutung erhalten als das maschinennahe Bedienen eines Schalters.

4.1. Automatisches Sprachverstehen

Unter dem Begriff Automatisches Sprachverstehen fassen wir die Gesamtheit aller Verstehensvorgänge zusammen, die mit dem automatischen inhaltlichen Verstehen von gesprochener Sprache wie auch von geschriebener Sprache zu tun haben. Bei der letzteren Anwendung zählt allerdings das Erkennen und Interpretieren eines Dokuments auch zum Bereich des Bildverstehens. Die eigentlichen Verstehensvorgänge gehen in beiden Fällen von einer symbolischen Beschreibung der Sprache aus. Bei gesprochener und bei geschriebener Sprache sind die Wörter bzw. ihre Folge die Basis des Verstehens.

Die Vorgehensweise beim maschinellen Sprachverstehen gliedert sich deshalb in mindestens zwei Verarbeitungsprozesse, denjenigen der subsymbolischen Signalverarbeitung und den nachfolgenden Prozeß des symbolbasierten Verstehens, der durchaus noch erweitert werden kann um einen pragmatischen Prozeß, in dem Inhalte mit dem Wissen von der Anwendung und dem „Wissen über die Welt" zusammengebracht werden.

Der subsymbolische Bereich des maschinellen Sprachverstehens reicht von der Signalanalyse bis zur Worterkennung. Dieser Prozeß wird üblicherweise als automatische Spracherkennung bezeichnet (einen Überblick gibt Rabiner 1993). Das gesprochene akustische Signal wird nach Wandlung mit einem Mikrofon und einer Digitalisierung im wesentlichen auf seine Frequenzbestandteile hin analysiert. Diese Frequenzanalyse erfolgt in sehr kurzen Zeitabständen, üblicherweise etwa 100 mal pro Sekunde. Diese 10ms-Spektren werden zu einem Spektrogramm zusammengefügt, das dann beispielsweise die Eigenschaften eines Lautes oder eines Wortes repräsentiert. Gleichzeitig werden auch noch weitere Signaleigenschaften des Sprachsignals (Hunt 1993) extrahiert, etwa die Tonhöhe oder auch die Lautstärke. Alle diese Eigenschaften werden in weiteren, teilweise recht aufwendigen Verarbeitungsstufen normiert und komprimiert. Es werden zusätzlich differentielle Parameter gebildet, die gerade bei Lautübergängen besonders wichtige Informationen enthalten. Wichtig ist bei dieser Verarbeitung, das Sprachsignal möglichst unverfälscht bzw. sogar von etwaigen zusätzlichen Geräuschen befreit zu repräsentieren. Am Ende dieser Signalvorverarbeitung stehen dann sog. Vektoren von Daten zur Verfügung, die alle wesentlichen Eigenschaften des Sprachsignals enthalten. Damit kann anschließend die eigentliche Signalerkennung realisiert werden.

Für die automatische Worterkennung hat sich heute die Technik der Hidden-Markov-Modelle bewährt (Rabiner 1989). Markov-Modelle von Wörtern beschreiben als statistische Modelle die Wahrscheinlichkeiten der Folge einzelner Laute in einem Wort, wobei jeder Laut wiederum als Folge einzelner Spektralmuster (Vektoren) modelliert werden kann. Insgesamt können solche Modelle also die statistischen Wahrscheinlichkeiten gewisser Signaleigenschaften eines Lautes, Wortes oder sogar eines ganzen Satzes beschreiben. Jede Erkennung beruht im Prinzip auf einem Vergleich von einmal gelernten Signaleigenschaften oder Mustern mit den neu zu klassifizierenden Mustern. Wir müssen also zunächst einmal eine große Menge von sog. Trainingsdaten haben, aus denen wir die statistischen Eigenschaften der zu erkennenden Signale lernen. Diese gelernten, statistischen Modelle werden auf die zu erkennenden Signale angewandt und die Klassifikation gibt dann Vertrauensmaße dafür, mit welcher Wahrscheinlichkeit ein zu erkennendes Muster früher gelernten Mustern ähnlich ist. Das geschieht mit sehr rechenaufwendigen Methoden, so daß heutige Spracherkenner immer eine sehr leistungsfähige Computerhardware benötigen. Der Rechenaufwand steigt stark mit der Zahl der zu erkennenden Wörter an. Es gibt jedoch Methoden, durch eine hierarchisch organisierte Klassifikation den Rechenaufwand stark zu reduzieren, so daß auch bei Vokabularien von weit über 10 000 Wörtern Erkennungszeiten entstehen, die eine Erkennung in Realzeit erlauben. Da ein solches Erkennungsverfahren immer nur angeben kann, welches Wort mit welcher Wahrscheinlichkeit korrekt ist, besteht das entscheidende Problem darin, in einer nachfolgenden Stufe aus einer Vielzahl von Kandidaten das richtige Wort zu finden. Das akustisch wahrscheinlichste Wort ist leider nicht immer das richtige Wort, da insbesondere bei der Erkennung von Spontansprache oftmals Wörter nicht korrekt und phonetisch sehr schlampig gesprochen werden. Diese Problematik wirkt sich insbesondere bei sprecherunabhängigen Spracherkennern aus, bei denen die statistischen Eigenschaften der zu erkennenden Wörter aus einer Vielzahl von Trainingsmustern ganz unterschiedlicher Sprecher ermittelt werden. Gerade beim Training des Erkenners spielt die Repräsentation von sprachlichen und dialektalen Besonderheiten eine sehr wichtige Rolle für eine zuverlässige Erkennung. Auch beim folgenden Verarbeitungsschritt, der für die richtige Auswahl der Wortfolge in der zu erkennenden Phrase verantwortlich ist, können statistische Modelle verwendet werden, die nun auf der Ebene von Phrasen erstellt werden und die dann die Wahrscheinlichkeit des Auftretens einzelner Wörter in einem Zusammenhang darstellen (z. B. Brown 1990). Solche Sprachmodelle helfen gleichzeitig, die Vielfalt der Möglichkeiten bei der Erkennung zu reduzieren, denn wenn man schon ungefähr weiß, welche Wörter auf ein bestimmtes Wort mit hoher Wahrscheinlichkeit folgen können, dann ist umgekehrt wiederum die Auswahl bei der Worterkennung stark reduziert. Die Worterkennung kann also dann von Erwartungen ausgehen.

An die Worterkennung schließen sich die stark linguistisch geprägten Verarbeitungsroutinen der symbolischen Verarbeitung an. Diese Verarbeitung spielt sich weitgehend auf der Ebene der Wörter ab, bezieht jedoch zusätzlich die prosodischen Parameter mit ein, die einen Hinweis darauf liefern, welche Wörter in einem Satz betont und damit wichtig sind, welche Wörter zu Phrasengrenzen gehören und damit mögliche Satzgrenzen bilden oder auch darauf, ob ein Satz vermutlich eine Frage darstellt. An dieser Stelle werden auch für das Verstehen gesprochener Sprache computerlinguistische Verfahren verwendet, die aus der Analyse von Texten stammen. Insofern kommen hier Textverstehen und Sprachverstehen zusammen. Lediglich die Zusatzinformation, die bei der Sprache aus prosodischen Parametern und bei der Textverarbeitung aus speziellen Eigenschaften eines Dokuments resultiert, gibt weitere Hinweise auf den Inhalt des sprachlichen Dokuments. Eine Besonderheit bildet bei dem Verstehen gesprochener Sprache oder geschriebener Handschrift der Umgang mit Erkennungsfehlern und alternativen Worthypothesen. Hier werden häufig heuristische Suchprozeduren eingesetzt, um zu einer optimalen Interpretation zu kommen. In einer mehrstufigen syntaktischen und semantischen Analyse werden je nach Anforderung der Inhalt, besondere sprachliche Eigenschaften der Ausdrucksweisen oder auch andere Besonderheiten ermittelt. Die Ergebnisse fließen schließlich in die Weiterverarbeitung für die Anwendung, die pragmatische Verarbeitung, ein.

4.2. Automatisches Bildverstehen

Automatisches Bildverstehen bedient sich ähnlicher Vorgehensweisen wie das automatische Sprachverstehen (Niemann 1990; Gonzales 1992; Pinz 1995). Die subsymbolische Verarbeitung geht aus von der Abtastung eines Bildes oder auch – besonders interessant für die Mensch-Maschine-Schnittstelle – der kontinuierlichen Ermittlung der Daten eines Bildes während der Entstehung, wenn etwa auf einem Display interaktiv Graphiken erstellt werden. An diese erste Stufe können sich verschiedene Bildaufbereitungsroutinen anschließen, die den Zweck haben, die meist nicht sehr perfekten Bilder zu verbessern, d. h. von Störsignalen, Fehlfarben, Unschärfen oder anderen Störeffekten zu befreien. Weitere Vorverarbeitungsstufen fassen die Bildpunkte (Pixel) zu größeren Einheiten, wie Linien (Skelettierungsverfahren) oder Bereiche mit ähnlichen Eigenschaften (Farben, Texturen), zusammen. Da ein Bild in der Regel aus einer Vielzahl unterschiedlicher Elemente besteht, wird in einer nächsten Stufe versucht, diese verschiedenen Bildelemente zu bestimmen. Bei Textdokumenten können so auf Briefen Textteile, Adressfelder, Firmenlogo etc. einzeln weiterverarbeitet werden. Bei anderen Bildern, z. B. Fotos oder Videobildern, sind die interessierenden Bildelemente zu finden und ebenfalls zu extrahieren. Die schließlich folgende Klassifikation verwendet in der Regel in beiden Fällen – Textanalyse und Bildanalyse – statistische Verfahren, die fähig sind, einen effizienten Vergleich von Trainings- und Erkennungsmuster zu realisieren. Auch hier sind, wie bei der Spracherkennung, große Mengen an Trainingsmaterial nötig. Die Erkennung der Buchstaben in einem Text (Optical Character Recognition OCR) sollte die Vielfalt der möglichen Buchstabenformen von gedruckten Typen bis zur Handblockschrift erkennen können und damit unabhängig von der Typenvielfalt arbeiten. Zusammenhängend geschriebene Handschrift (Kaltenmeier 1993) bereitet einstweilen noch große Probleme. Eine Lösung mit einigermaßen brauchbaren Erkennungsraten gibt es zunächst nur für Spezialanwendungen, z. B. handgeschriebene Adressen auf Briefen, und für die Online-Eingabe, bei der nicht nur das Bild zur Auswertung zur Verfügung steht, sondern alle Informationen zum Schreibvorgang selbst. Bei der Textauswertung ist die Erkennungsleistung für gedruckte oder maschinengeschriebene Texte deutlich höher als bei der Worterkennung von gesprochener Sprache. Eine inhaltliche Auswertung kann also weitgehend auf das beste Erkennungsergebnis zurückgreifen, zumal einzelne Erkennungsfehler bei Buchstaben oft leicht mit Hilfe von Wörterbüchern korrigiert werden können.

Automatisches Bildverstehen ist für viele autonome Systeme heute schon ein ganz entscheidender Schnittstellenkanal zur Umwelt. Für die Mensch-Maschine-Schnittstelle ist dieser Kanal bisher noch nicht weit verbreitet. Hier wird sich automatisches Bildverstehen für Anwendungen zur Gestikerkennung (Krueger 1993, Wellner 1993), aber auch für die Erkennung von Lippenbewegungen bei der sprachlichen Schnittstelle schon bald in ersten Prototypen etablieren (Stork 1996). Weitere Entwicklungen sind dort denkbar, wo Menschen einem System Bilder im Rahmen eines Dialogs vorlegen und dort vielleicht sogar Zeige- oder Zeichenoperationen vornehmen.

4.3. Erweiterte sensorische Fähigkeiten

Maschinelle Systeme werden mittelfristig zunehmend auch weitere sensorische Fähigkeiten erhalten. Taktile Eingabemöglichkeiten zählen zwar in Form der Tastenbedienung schon seit langem zu den Grundschnittstellen, doch sind durchaus auch Erweiterungen dieser taktilen Eingabemöglichkeiten denkbar, die über die heute ebenfalls weit verbreitete Touch-Panel-Technik hinausgehen. Alle diese taktilen Eingabemöglichkeiten erfordern jedoch praktisch keine neuen Techniken, die über die heute bereits bekannten hinausgehen.

Ob Systeme darüber hinaus auch einmal gänzlich andere Parameter ihres menschlichen Gegenübers analysieren, ist heute noch nicht klar. Zwar werden prototypisch durchaus Möglichkeiten untersucht, etwa den Geruch eines Menschen oder auch seine Temperaturausstrahlung zu analysieren und sie dann auch für Systeme nutzbar zu machen, doch werden solche Anwendungen erst für den direkten persönlichen Computer wichtig werden, der unsere ganz persönlichen Lebensumstände mit kontrolliert und deshalb über viele unserer Eigenschaften Bescheid wissen muß.

5. Maschinelle Ausgabesysteme

Maschinen müssen in ihren Fähigkeiten, dem Menschen Informationen zu übermitteln, an die Perzeptionsfähigkeiten des Menschen angepaßt sein. Alle maschinellen Ausgabesysteme müssen deshalb Rücksicht nehmen auf diese Fähigkeiten und sollten ihre Information sowohl inhaltsangepaßt als auch medienangepaßt ausgeben.

5.1. Akustische Ausgabesysteme

Der akustische Ausgabekanal spielt in der Mensch-Maschine-Interaktion bisher eine recht bescheidene Rolle. Seit langer Zeit werden einfache Töne oder auch Tonfolgen zur Warnung oder auch zur Funktionskontrolle ausgegeben. Die gesamte Telefonkommunikation hat solche Tonfolgen kultiviert und stößt mit der Vielfalt der Tonmuster längst an die Grenzen der menschlichen Perzeptionsfähigkeit. Gerade beim Betrieb von Nebenstellenanlagen werden viele Funktionen angeboten, deren Kontrolle ausschließlich mit unterschiedlichen Tonfolgen geschieht.

In jüngerer Zeit kommt stattdessen zunehmend Sprache für die akustische Ausgabe hinzu. Damit wird es möglich, fast beliebige Informationen in einer leicht verständlichen Form auszugeben. Zunächst wurden flexibel zusammengesetzte Sprachelemente bei der telefonischen Zeitansage schon um 1930 verwendet. Eine natürliche Gestaltung der Prosodie ist bei solchen, auch heute noch weit verbreiteten Systemen nur schwer möglich, da einzelne Textelemente unter verschiedenen Randbedingungen aneinandergefügt werden. Erst seit es mit modernen Mitteln der digitalen Signalverarbeitung möglich ist, elektronische Modellsysteme der natürlichen Spracherzeugung zu bauen, gelingt es auch, gespeicherte Textelemente mit einer natürlichen Prosodie zusammenzufügen oder gar vollsynthetische Sprachsignale aus vorgegebenen Texten zu erzeugen.

Für die Sprachsynthese werden heute zwei grundsätzlich unterschiedliche Systeme verwendet, einerseits sog. artikulatorische Systeme (Parthasarathy 1992; Stevens 1991), bei denen mit elektronischen Mitteln die Schwingungsvorgänge in einem natürlichen Mund-Rachenraum nachgebildet werden, und andererseits sog. concatenative Systeme (Moulines 1990), bei denen kleinste Einheiten natürlicher Sprache, die sog. Pitchperioden, aneinandergefügt werden. Diese letzteren Systeme ähneln damit immer noch den Systemen, bei denen Wörter oder Wortteile zusammengesetzt werden. Sie erfordern jedoch ein systematischeres Eingreifen in das Signal, um ein nahtloses Zusammensetzen zu gewährleisten. Weiterführende Literatur zur Sprachsynthese ist in (Flanagan 1973; Klatt 1987; Bailly 1992; Van Santen 1995) zu finden.

Die eigentliche Spracherzeugung spielt lediglich den letzten Part in einer Kette von Verarbeitungsschritten, an deren Anfang die Beschreibung eines sprachlich zu formulierenden Inhalts steht. Dieser Inhalt wird in einer Sprachgenerierungsstufe umgesetzt in eine syntaktisch korrekte Phrase, wobei gleichzeitig die Zusatzinformationen – Betonung und Sprachintonation – für die Generierung des Sprachsignals mitdefiniert werden. Die Vorgehensweisen bei der Sprachgenerierung können durchaus mit der Vorgensweise bei der Sprachanalyse verglichen werden. Allerdings lassen sich, wie auch für die Sprachsynthese, gewisse linguistische Grundmuster verwenden, die entsprechend den auszugebenden Inhalten erweitert werden können.

5.2. Bilddarstellung

Die Darstellung bildlicher Inhalte gehört mit zu den am besten gelösten Aufgaben der Mensch-Maschine-Schnittstelle. Hier spielen schon seit vielen Jahren nur noch technologische Fragen eine Rolle. Ganz andere Probleme entstehen bei der Bildsynthese bzw. bei der Bildgenerierung, die aber ebenfalls durch die Anforderungen aus dem Bereich von CBT- und CAD-Systemen, insbesondere aber der Computerspiele, einen enormen Aufschwung genommen haben. Gerade bei Computerspielen werden zunehmend die Realitäts- und Echtzeitanforderungen rasant nach oben getrieben. Extrem rechenaufwendige Verfahren erlauben heute bereits die realistische Darstellung von kompexen Szenen. Dabei werden derzeit die Darstellungen selbst von Hand konzipiert und explizit programmiert. In Zukunft wird man jedoch Verfahren entwickeln, die aus einer einfachen sprachlichen Bildbeschreibung ganze Szenen generieren. Die Visualisierung ist ein eigenständiges, umfangreiches Forschungsgebiet. Die Visualisierung von Phänomenen anhand abstrakter Daten steht dabei im Vordergrund (Brodlie 1992; Foley 1994; Wehrend 1990).

5.3. Taktile Ausgabesysteme

Taktile Ausgabesysteme haben zwar in den letzten Jahren langsam an Bedeutung gewonnen, besitzen jedoch immer noch lediglich marginale Bedeutung. Die sicherlich größte Bedeutung haben Braillezeilen für die Darstellung von Bildschirminhalten für Sehbehinderte und Blinde. Damit lassen sich nach einer gewissen Trainingszeit recht schnell gute Übersichten über den Inhalt des Bildschirms erhalten. Probleme bereitet nach wie vor die Darstellung von Icons, die ja in modernen Schnittstellen eine überragende Bedeutung gewonnen haben. Hier laufen die Entwicklungen für Sehende und Blinde derzeit völlig auseinander. Gerade die modernen bildlichen Darstellungen für Sehende lassen sich nur schwer in taktiler Form wiedergeben. Es hat zwar eine Vielzahl von Versuchen gegeben, ganze Bildschirminhalte auf einem dreidimensionalen flächigen Medium darzustellen, doch sind solche Versuche bisher nicht über das Prototypenstadium hinausgekommen. Ganz abgesehen von der technischen Problematik haben diese Versuche auch gezeigt, daß das Abtasten solcher Großdarstellungen mit den Fingerkuppen keineswegs trivial ist und es nur schwer gelingt, auf diese Weise einen ganzheitlichen Eindruck vom dargestellten Bild zu erhalten.

Über solche Spezialanwendungen hinaus gibt es inzwischen auch Cursor- und Maussteuerungen, die durch mechanisch taktile Rückkopplung auf gewisse Tatbestände aufmerksam machen (Keyson 1994). Das gilt beispielsweise für Spiele, etwa Flugsimulatoren, bei denen, vergleichbar zu den Rückwirkungen am Steuerknüppel im Flugzeug, gewisse Flugzustände mitgeteilt werden. Auch im Flugzeug ist der Steuerknüppel eine mechanische Mensch-Maschine-Schnittstelle, die nicht nur aktive, sondern auch passive Eigenschaften hat. Diese Eigenschaft ist so wichtig, daß in modernen Flugzeugen mit Fly-by-Wire-Systemen, bei denen die direkte Kraftübertragung fehlt, wieder an einer simulierten Rückkopplung gearbeitet wird, die den Piloten über kritische Flugzustände am schnellsten informiert. Mittelfristig bestehen sicher für taktile Ausgabesysteme weitere Entwicklungsmöglichkeiten. So lassen sich beispielsweise Tasten vorstellen, die bei der Eingabe von sehr kritischen, sicherheitsrelevanten Kommandos auch besonders schwergängig sind und dann ein bewußtes Betätigen erfordern oder die in solchen Fällen vibrieren und damit zumindest einen unbewußten Hinweis auf eine sorgfältige Betätigung geben.

6. Die Dialogaufgabe

Der Dialog, sei er nun taktil, bildlich oder auch sprachlich, ist sicher die zentrale Aufgabe der Mensch-Maschine-Schnittstelle. Im Dialog sind die Barrieren, die zwischen den doch recht unterschiedlichen Systemen Mensch und Maschine bestehen, zu überwinden. Aus der Interaktion soll letztlich die Kommunikation zwischen Mensch und Maschine werden, bei der sowohl die menschliche Seite als auch die maschinelle Seite starken Bezug zum jeweiligen Kommunikationspartner haben. Bisher hatte hier fast ausschließlich der menschliche Benutzer auf die beschränkten Fähigkeiten des Systems Rücksicht zu nehmen. Er wußte in der Regel, welche Art von Antwort auf seine Eingaben zu erwarten war, zumal er die weitgehend monotone Reaktion seines Gegenübers schon früher entweder gelernt oder vielmals erfahren hatte. Neue Ansätze versuchen nun, auch dem maschinellen System Fähigkeiten zur Anpassung an den Kommunikationspartner zu geben. Das gelingt nur dadurch, daß eine weitgehende Modellierung des menschlichen Nutzers verwirklicht wird. Einige Gesichtspunkte des gesprochenen Dialogs werden in (Shirai 1994) behandelt.

6.1. Nutzer-Modellierung in Dialogsystemen

Die Nutzer-Modellierung (Wahlster 1989, 4 ff.) erhält eine zunehmend wichtige Rolle in neueren Schnittstellen, die sich der natürlichen Sprache oder auch bildlicher Eingabemethoden wie des Zeigens oder auch der Gestik bedienen. Hier werden Dialoge so komplex, daß ohne eine weitgehende Modellierung des allgemeinen und des speziellen Verhaltens des menschlichen Nutzers nur sehr primitive Dialoge möglich sind, die nicht wesentlich über die früher gewohnten simplen Tastenbetätigungen hinausgehen und lediglich eine sprachliche Realisierung solcher Dialoge sind. Selbstverständlich wurde auch bei sehr einfachen Dialogsystemen, die auf Tastatureingabe beruhen, seit langer Zeit versucht, diese ergonomisch an die allgemeinen Fähigkeiten und das Verhalten des Menschen anzupassen. Als ein sehr triviales Beispiel sei hier die Gestaltung einer Schreibmaschinentastatur genannt, die im Laufe vieler Jahre sowohl auf die Möglichkeiten der menschlichen Hände als auch auf die statistischen Eigenschaften der Sprache hin optimiert wurde. Neue Techniken der Nutzer-Modellierung gehen allerdings sehr viel weiter und versuchen im Laufe eines Dialogs sich kontinuierlich dem Wunsch des Benutzers anzupassen. Wenn etwa im Verlauf eines sprachlichen Dialogs im Rahmen eines Verkehrsinformationssystems auf die Frage „wo finde ich die nächste Tankstelle" die Antwort kommt, „die nächste Tankstelle, die um diese Zeit noch geöffnet ist, finden Sie in ...", dann hat das System bereits die vermutlichen Bedürfnisse des Benutzers vorausgeahnt. Die möglicherweise folgende Frage des Benutzers, ob die genannte Tankstelle denn geöffnet habe, hat das System dann überflüssig gemacht.

Bereits in den siebziger Jahren wurde in großem Stil versucht, natürlichsprachliche Dialogsysteme zu konzipieren (Rich 1984). Diese Dialogsysteme beruhen auf textlicher

Interaktion und waren in der Regel für ganz spezifische Aufgaben konzipiert, beispielsweise für Verkehrsauskünfte, für den Verkauf von Hotelzimmern, als Experten für die Reparatur von technischen Geräten, als Software-Berater für Betriebssysteme für Programmier-Anfänger oder als Steuerberater. Diese Systeme waren durchweg als aktive Dialogpartner realisiert, die zwar in einem Dialog mit gemischter Initiative von Nutzer und System eingebettet waren, die aber nicht fähig waren, als weitgehend passive Seite vollständig auf die Wünsche des Dialogpartners einzugehen. Sie hatten jedoch bereits beachtliche Fähigkeiten, sich den Intentionen des Partners anzupassen. Das Ziel aller Dialogstrategien ist der kooperative Dialog, bei dem beide Seiten so weit wie irgend möglich sich auf ihren Partner einstellen. Dazu muß im Laufe eines Dialogs ein Modell des Benutzers im System verfügbar werden, das sich vergleichbar auch beim Benutzer aufbaut, je öfter er mit einem solchen System kommuniziert. Ein Benutzer-Modell ist eine Wissensquelle, die alle Aspekte enthält, die im Verlauf eines Dialogs wichtig werden. Dabei ist es sehr wichtig, das Wissen über den Benutzer strikt getrennt zu halten vom Wissen über den Dialog und die gesamte Aufgabe des Systems. Benutzer-Modelle müssen fähig sein, kontinuierlich Wissen über den Benutzer aufzubauen, aber auch wieder zu löschen und dieses aktuelle Wissen ständig allen Systemkomponenten zur Verfügung zu stellen.

Benutzer-Modelle sind letztlich nicht nur für die intelligente Gestaltung der Schnittstelle und des Dialogs wichtig, sie reichen schließlich sehr viel weiter in die eigentliche Aufgabenstellung hinein, die im Rahmen des Dialogs gelöst werden soll. Ein System, das beispielsweise die Aufgabe hat, aus Pressedaten die für einen Nutzer wichtigen Informationen kontinuierlich zusammenzustellen, benötigt dafür ein Benutzermodell und kann, abhängig von den Reaktionen des Benutzers, jeweils die richtigen Presseausschnitte auszuwählen. Im Rahmen eines Dialogs kann dieses Benutzermodell ständig den aktuellen Erfordernissen angepaßt werden. Es muß also fähig sein, diese aktuellen Erfordernisse zu erlernen.

Abhängig von der Art der Schnittstelle reicht ein solches Nutzermodell bis in die tiefsten Schichten der Kommunikation. Es sollte also bei einem Dialogsystem, das gesprochene Sprache verwendet, durchaus fähig sein, die spezielle Ausdrucksweise des Benutzers zu erlernen, u. U. sogar seine ungrammatischen Ausdrucksweisen. Eine bisher noch nicht eindeutig gelöste Aufgabe ist der Aufbau des Benutzermodells aus einem Default-Zustand des möglichen Nutzers, über den das System zunächst noch nichts weiß.

6.2. Anwendungsorientierung der Interaktion

Interaktion zwischen Mensch und Maschine kann zumindest beim heutigen Stand der Technik immer nur für eingeschränkte Anwendungsdomänen brauchbar realisiert werden. Die maschinellen Systeme sind also für eine ganz bestimmte Anwendung vorzudefinieren. Das erfordert natürlich eine entsprechende Anpassung durch den prinzipiell universell angelegten Menschen, dessen persönliche Wünsche, aber auch Kenntnisse, letztlich den Ablauf einer Interaktion bestimmen. Schon von der menschlichen Seite her gibt es gewisse prototypische Abläufe und Handlungsweisen, die ein maschinelles System möglichst rasch erkennen und erlernen sollte. Damit ergibt sich neben dem Wunsch nach Anwendungsorientierung der Interaktion recht schnell auch der Wunsch nach einer intensiven Nutzerorientierung. Beides sollte so gut wie möglich zusammenpassen.

7. Mensch-Maschine-Kommunikation als Zielaufgabe

Die Schnittstelle zwischen Mensch und Maschine wird in zukünftigen Informations- und Kommunikationssystemen die entscheidende Rolle spielen. Noch vor wenigen Jahrzehnten zählten eine Vielzahl von Knöpfen und Schaltern zu den völlig geläufigen Schnittstellen an großen Rechenmaschinen. Nur der Experte, der wußte, in welcher Reihenfolge welche Schalter zu bedienen waren, konnte überhaupt den Rechner starten und für spezifische Aufgaben vorbereiten. Die Routineschnittstelle für den Programmierer und Nutzer waren Lochkarten und Lochstreifen. Das war durchaus sinnvoll, denn fast jeder Computernutzer schrieb seinen eigenen Programmcode und kannte den Inhalt bis ins Detail.

Inzwischen ist der eigentliche Computer mehr und mehr in den Hintergrund getreten. Auch wissenschaftliche Anwender verwenden existierende Programmodule, die sie lediglich für ihre spezielle Aufgabe anpassen. Der Computer wird weitgehend aus unserem

Blickfeld verschwinden, er wird ein Element des Anwendungssystems werden, um das wir uns nicht oder nur mehr am Rande kümmern müssen. Computer werden mehr und mehr zu eingebetteten Systemen, die irgendwo in einem Anwendungssystem eine wichtige Rolle spielen. Das bedeutet letztlich, daß die eigentlichen Nutzer Computerlaien sein werden und daß schließlich die Schnittstellengestaltung dafür verantwortlich ist, daß eine zielgerichtete Interaktion möglich ist. Ein typisches Beispiel für die Schwierigkeit, auch einfache Geräte mit den klassischen Medien der Bedienung zu handhaben, stellen heute schon viele Konsumgeräte, beispielsweise Videorecorder, dar. Hier gibt es eine Vielzahl von Möglichkeiten, die sich im wesentlichen aus Preisgründen auf die klassischen, immer schon vorhandenen Schnittstellenelemente, Taster, Schalter und Funktionsanzeigen, verlassen müssen. Das Ganze wird dann noch mit möglichst international verbreiteten Icons gekennzeichnet und führt letztlich dazu, daß solche Geräte nur von Experten oder von Laien mit der Bedienungsanleitung in der Hand bedient werden können. Eine intuitive und für den Laien verständliche Bedienung ist so nicht möglich. Er möchte eine Funktion aufrufen und nicht dazu vier unterschiedliche Knöpfe in einer bestimmten Reihenfolge und vielleicht gar noch innerhalb einer bestimmten Zeit bedienen müssen. In einem solchen Fall könnten sicher sprachliche Bedienungskommandos, mit denen klar und explizit gesagt wird, was man erreichen möchte, eine wesentliche Hilfe sein.

Die Anwendungsvielfalt heutiger Computer im Bürobereich, aber auch im wissenschaftlichen Bereich, beschränkt sich noch auf einen recht kleinen Bereich von Aufgaben. Es wird beispielsweise geschätzt, daß über 90 Prozent der Personal-Computer im Büro für die Textverarbeitung verwendet werden. Hier geht es um sehr wenige und extrem eingeschränkte Anwendungen, wie Texte erstellen, speichern, modifizieren, zusammenfügen, korrigieren etc. Die heute üblichen graphischen Schnittstellen genügen zusammen mit der klassischen Texteingabe, der Tastatur und der für die Bedienung der graphischen Benutzeroberfläche nötigen Maus dafür völlig. Neuerdings kommen sprachliche Diktiersysteme auf den Markt, mit denen die Texteingabe durch Diktieren prinzipiell möglich ist. Die erreichbaren Erkennungssicherheiten schwanken je nach Sprecher und System zwischen 70 und 98 Prozent richtig erkannter Wörter. Es sind also Fehlerkorrekturen für Falscherkennungen unerläßlich. Darüber hinaus sollen natürlich alle bisher gewohnten Textverarbeitungsmethoden weiterhin eingesetzt werden können, und zwar nun ebenfalls ausschließlich unter Benutzung von sprachlichen Anweisungen. Die Akzeptanz solcher Diktiersysteme würde erheblich sinken, wenn die Benutzer weiterhin auch die klassischen Eingabemedien wie Tastatur und Maus benutzen müßten. Es geht also darum, intelligente Schnittstellen zu entwickeln, die sehr viel mehr als die bisherigen Textverarbeitungssysteme selbständig tun können, beispielsweise die zweckmäßige Anordnung von Elementen eines Dokuments. Sie sollten aber weit darüber hinaus auch Möglichkeiten bieten, semantisch basierte Textumstellungen und Korrekturen nach Diktat zu erlauben, ohne daß beispielsweise genau die Position von Textelementen angegeben werden muß, wie das mit Hilfe von Maus und Cursor heute sehr einfach möglich ist. Hier ergibt sich ein Beispiel für eine völlig neue und sehr erweiterte Aufgabe der ergonomischen Gestaltung einer Schnittstelle.

Weit über solche Beispiele hinaus werden Informationssysteme jedoch sehr viel weitreichendere Möglichkeiten anbieten. Wir können das bereits heute sehen, wenn in Simulatoren, Virtual Reality-Systemen oder auch in Trainingssystemen Computer als Partner für die komplexesten Interaktionsaufgaben auftreten. Das wird sich in Zukunft noch deutlich beschleunigen. Wir werden Informationsassistenten erhalten, die uns nicht nur in der Geschwindigkeit der Informationsverwaltung überlegen sind, sondern auch in den spezifischen Fähigkeiten der Informationsextraktion, der Informationsanalyse und der Informationssynthese. Mit solchen Informationssystemen werden in erster Linie sprachliche, aber auch graphische und bildliche Interaktionsmethoden anzuwenden sein. Hypermediasysteme, die eine intensive Integration der verschiedenen Medien und Inhalte erlauben, werden uns eine multimediale Vielfalt von Schnittstellen bringen. Hier wird dann die grundlegende Aufgabe der Informationsaustausch im Sinne einer wirklichen Kommunikation der Inhalte sein. Das ist jedoch nur möglich mit sehr leistungsfähigen Schnittstellen, die als intuitive Schnittstellen auch für Laien einfach zu verstehen sind. Eines der grundlegenden Probleme heutiger Schnittstellen muß dann weitgehend gelöst sein, die Fehlersicherheit. Für den Computerbenutzer der Gegenwart sind Software-Bugs immer noch eine Möglichkeit, mit der er rechnen muß (Thimbleby 1991, 417 ff.). Informationsschnittstellen sollten viel „narrensicherer" sein, als das gegenwärtig noch möglich ist. Nur dann werden sich neue Formen der Informationsaufbereitung und Informationsverarbeitung schließlich auch durchsetzen können und nur dann werden maschinelle Assistenzsysteme zeigen können, daß sie für den menschlichen Nutzer einen effektiven Fortschritt darstellen. Ohne leistungsfähige Schnittstellen werden auch die fortschrittlichsten Informations- und Kommunikationssysteme weitgehend nutzlos sein.

Für die Gestaltung der Mensch-Maschine-Schnittstelle sind derzeit keine grundsätzlichen Grenzen zu erkennen. Wenngleich Schnittstellen mit direkter Interaktion mit der neuronalen menschlichen Informationsverarbeitung heute noch weitgehend als Science Fiction betrachtet werden, ist doch durchaus vorstellbar, daß zunächst für eingeschränkte Anwendungsbereiche – beispielsweise für Behinderte – auch solche Möglichkeiten realisiert werden. Später scheint eine breite Anwendung nicht ausgeschlossen. Damit würde sich für die Mensch-Maschine-Schnittstelle eine völlig neue Dimension eröffnen, die schließlich auch die von manchen Zukunftsforschern beschworene neue Dimension der Informationsverarbeitung möglich machen kann.

8. Literatur

Bailly, G./C. Benoît (Hrsg.), Talking Machines: Theories, Models, and Designs. Elsevier Science 1992.

Bass, L./J. Coutaz, Developing Software for the User Interface. Addison-Wesley 1991.

Beun, R. J./R. M. C. Ahn, The Denk system: modelling pragmatic issues in interaction with machines. In: IPO Annual Progress Report 29, 1994, 87–94.

Brodlie, K. W. et al., Scientific Visualization, Techniques and Applications, Springer 1992.

Brown, P. F./V. J. D. Pietra/P. V. de Souza/J. C. Lai/L. R. Mercer, Classbased n-gram models of natural language. In: Proceedings of the IBM Natural Language ITL, France, 1990.

Buxton, W./M. R. Lamb, Towards a comprehensive user interface management system. In: Computational Graphics, 1983, (17), 3, 35–42.

Card, S. K./T. P. Moran/A. Newell, The Psychology of Human Computer Interaction, Lawrence Erlbaum Associates 1983.

Flanagan, J. L./L. R. Rabiner (Hrsg.), Speech Synthesis. Dowden 1973.

Foley, J./W. Ribarsky, Next-Generation Data Visualization Tools, Scientific Visualization, Academic Press 1994.

Gonzales, R. C./R. E. Woods, Digital Image Processing, Addison-Wesley Publishing 1992.

Gould, John D., How to design usable systems. In: Handbook of human-computer interaction. Hrsg. Martin Helander. North-Holland, 1988, 757–785.

Helander, Martin (Hrsg.), Handbook of human-computer interaction. North-Holland 1988.

Hunt, M. J., Signal processing for speech. In: The Encyclopedia of Language and Linguistics. Hrsg. v. R. E. Asher. Pergamon Press 1993.

Kaltenmeier, A./F. Class/P. Regel-Brietzmann/T. Caesar/J. Gloger/E. Mandler, Hidden Markov Models – A Unified Approach to Recognition of Spoken and Written Language. In: Mustererkennung 1993, 15. DAGM Symposium Lübeck. Hrsg. v. S. J. Pöppl/H. Handels. Berlin/Heidelberg 1993.

Keyson, D. V., Dynamic control gain and tactile feedback in the capture of cursor movements. IPO Annual Progress Report 29, 1994, 101–108.

Klatt, D. H., Review of text-to-speech conversion for English. In: Journal of the Acoustical Society of America, 82(3) (1987) 737–793.

Krueger, M., Artifical Reality II. Addison Wesley, 1993.

Landauer, T. K., Let's get real: a position paper on the role of cognitive psychology in the design of humanly useful and usable systems. In: Designing Interaction: Psychology at the Human-Computer Interface. Hrsg. v. J. M. Carroll. Cambridge University Press 1991, 60–73.

Laurel, B. (Hrsg.), The art of human-computer interface. Addison-Wesley 1990.

Moulines, E./F. Charpentier, Pitchsynchronous waveform processing techniques for text-to-speech synthesis using diphones. In: Speech Communication, 9, 1990, 453–468.

Nelson, T. H., Computer lib and dream machines. The Distributors 1974.

Niemann, H., Pattern Analysis and Understanding. Berlin/Heidelberg, 1990.

Parthasarathy, S./C. H. Coker, Automatic estimation of articulatory parameters. In: Computer Speech and Language, 6, 1992, 37–75.

Pinz, A., Bildverstehen. Berlin 1995.

Rabiner, L. R., A tutorial on hidden Markov models and selected applications in speech recognition. In: proceedings of the IEEE, 77(2) February 1989, 257–286.

Rabiner, L., B./W. Juang, Fundamentals of Speech Recognition. Prentice Hall 1993.

Rich, E., Natural language interfaces. In: Computer 17, 1984, 39–47.

Shirai, K./S. Furui, Special issue on spoken dialogue. In: Speech Communication, 1994, 15(3–4).

Simon, T., Analysing the Scope of Cognitive Models in Human Computer Interaction: A Trade-off Approach. In: People and Computers IV. Hrsg. v. D. M. Jones/R. Winder. Cambridge 1988, 79–93.

Stevens, K. N./C. A. Bickley, Constraints among parameters simplify control of Klatt formant synthesizer. In: Phonetics, 19, 1991, 161–174.

Stork, D. G./M. E. Hennecke (Hrsg.), Speechreading by Humans and Machines. Berlin 1996.

Thimbleby, Harold, User Interface Design. Addison-Wesley, Wokingham 1991.

Van Santen, J./R. Sproat/J. Olive/J. Hirschberg (Hrsg.), Progress in Speech Synthesis. Berlin/New York 1995.

Wahlster, Wolfgang/Alfred Kobsa (Hrsg.), User models in dialog systems. In: User models in dialog systems. Berlin, 1989, 4–33.

Wallace, Michael, D./Terry J. Anderson, Approaches to interface design. In: Interacting with Computers 5, 1993, Nr. 3, 259–278.

Wehrend, S./C. Lewis, A problem-oriented classification of vusualization techniques. In: Proceedings IEEE Visualisation, IEEE Computer Society Press, 1990, 139–143.

Wellner, P./W. Mackay/R. Gold, Computer-augmented environments. In: Special Issue of Communications of the ACM, 36(7), July 1993.

Windsor, Peter/Graham Storrs, Practical user interface design. In: Interacting with Computers 5, Nr. 4, 1993, 423–438.

Im folgenden sind zu einzelnen Themen noch einige anerkannte und stabile Seiten aus dem World-Wide-Web angegeben, die einen zuverlässigen Einstiegspunkt zur Vertiefung der Themen im WWW geben.

Sprache und Gehirn:
http://www.ims.uni-stuttgart.de/phonetik/joerg/sgtutorial/
Survey of the State of the Art in Human Language Technology:
http://www.cse.ogi.edu/CSLU/HLTsurvey/HLTsurvey.html
Tutorial on Visualization:
http://hyperg.uni-paderborn.de/visualisierung
comp.speech Frequently Asked Questions:
http://www.speech.sc.cmu.edu/comp.speech/
Speech synthesis links:
http://www.cstr.ed.ac.uk/~awb/synthesizers.html
Gesture Archive:
http://peipa.essex.ac.uk/gesture/

Helmut Mangold/Peter Regel-Brietzmann, Ulm (Deutschland)

II. Medienwissenschaft II: Medientheorie

10. Theorien des Flugblatts und der Flugschrift

1. Methodische Vorbemerkung
2. Definition
3. Produktion
4. Distribution
5. Rezeption
6. Themenfelder
7. Flugblatt/Flugschrift und literarisches System
8. Bildlichkeit
9. Flugblatt/Flugschrift und politisches System
10. Die Polyfunktionalität des Flugblattes
11. Überlieferung
12. Literatur

1. Methodische Vorbemerkung

Flugblatt und Flugschrift sind spezifische Formen des Einblattdruckes, die sich seit dem späten 15. Jh. herausbilden und eine dominante Rolle in der Bildpublizistik der Frühen Neuzeit spielen. Aufgrund mediengeschichtlicher Veränderungen nimmt die Bedeutung beider Druckerzeugnisse mit Ende des 17. Jhs. in gravierender Weise ab; unter besonderen, meist politisch determinierten Kommunikationsbedingungen lebt die Institution des Flugblatts weiter bis in die Gegenwart.

Zeitgenössische Theorien des Flugblatts oder der Flugschrift existieren nicht. Beim gegenwärtigen Stand der Forschung, in dem es nach dem Urteil eines Experten noch unmöglich ist, „eine seriöse Geschichte der frühneuzeitlichen Bildpublizistik" (Schilling 1990, 9) zu schreiben, verspricht die ausschließliche Konzentration auf die Terminologie einer einzigen für den Gegenstand mitrelevanten Wissenschaft (Publizistik, Kommunikationstheorie, Werbepsychologie, Textlinguistik, Semiotik, Rezeptionsästhetik, Intertextualität, Mentalitätsgeschichte) keinen nennenswerten Erkenntnisgewinn bei der Beschreibung eines historischen Phänomens, dessen ganze Dimension erst in den Grundlinien erfaßt ist. Was geboten werden kann, ist – nach einer Definition beider Druckerzeugnisse, welche die Gemeinsamkeiten und Unterschiede markiert – eine systematische Funktionsanalyse, die der Verankerung von Flugblatt und Flugschrift „im Leben" (E. Köhler 1974, 25 ff.; 1977, 7 ff.) Rechnung trägt und die vielfältigen Gebrauchs- und Verwendungsmodalitäten beider Medien berücksichtigt. Flugblatt und Flugschrift sind komplexe kulturhistorische Quellen (Adam 1990, 187 ff.), die als höchst differenziertes Bild-Text-Arrangement Teil des kollektiven Gedächtnisses einer Epoche sind und im Sinne der Terminologie von A. u. J. Assmann (Assmann 1990, 64; C. Danelzik-Brüggemann 1996, 37 ff.) sowohl als Dokumente als auch als Monumente (cf. die Flugblätter zum Jubiläum der Confessio Augustana 1630) fungieren können.

Das Flugblatt, in abgeschwächterer Form die Flugschrift, kann als Beleg für eine „historische Bildkunde" (Wohlfeil 1982, 104 ff.; Schilling 1991, 107 ff.) verstanden werden. Das richtige Lesen eines Flugblattes setzt neben der Kompetenz des Historikers, ikonologisches und literaturwissenschaftliches Wissen voraus. Die fast unbegrenzte Themenvielfalt verlangt Spezialkenntnisse im Bereich der Theologie, Philosophie, Naturwissenschaften, Volkskunde und Bibliothekswissenschaft.

Die Polyfunktionalität (Schilling 1990, 9 u. ö.) von Flugblatt und Flugschrift erfordert beim Dekodieren das interdisziplinäre Zusammenspiel unterschiedlicher Methoden. Die angemessene Koordination dieser divergierenden Verfahrensweisen ist die eigentliche Herausforderung für die Flugblatt/Flugschrift-Forschung.

2. Definition

Unter Flugblatt wird ein meist illustrierter Einblattdruck (Harms 1987, 622 f.; 1992, 306) in Folioformat verstanden. Flugblätter ohne Bildelemente konnten sich am Markt nicht behaupten (Schilling 1990, 3). Der Sprachgebrauch (engl: broadsheet, pamphlet;

10. Theorien des Flugblatts und der Flugschrift

frz.: feuille volante, tract; ital.: folio volante, volantino) war im Deutschen des 16. und 17 Jh. nicht normiert (Harms 1987, 622 f.; Tschopp 1996, 375). Eine ganze Begriffsreihe − Abriß, Aviso, Bericht, Relation, Pasquill, Zeitung, Famososchrift etc. − bezeichnet einen beliebten und weitverbreiteten Informationsträger der Bildpublizistik der Frühen Neuzeit.

Die metaphorische Bezeichnung, wie sie bei Christian Friedrich Daniel Schubart nachgewiesen ist, wurde aus dem Frz. „feuille volante" abgeleitet und setzt sich seit dem 18. Jh. immer mehr durch. Bereits vorher gibt es im Bereich der politischen Propaganda die Vorstellung vom „fliegenden Blatt" bzw. der „fliegenden Zeitung" (Trier 1522; Erfurt 1567: Schilling 1990, 3; Harms 1987, 622 f.).

Das eingeführte Hochformat des fast durchgängig einseitig bedruckten Flugblatts wird optisch klar gegliedert durch Bild- und Textanteile, die in aller Regel in einer engen inhaltlichen Korrelation stehen.

Durch die simultane Präsenz von ikonischen Zeichen und sprachlicher Mitteilung ist das Flugblatt definiert als ein zweikanaliges Kommunikationssystem im Sinne der dualen Kode-Theorie von A. Paivio (Paivio 1971, 179 ff. u. 233; Hupka 1989, 222 ff.). Die Polysemie des Bildes wird durch den erläuternden Text in eine bestimmte, vom Produzenten intendierte Richtung gelenkt: „le texte dirige le lecteur entre les signifiés de l'image, lui en fait éviter certains et en recevoir d'autres" (Barthes 1964, 44).

Grundsätzlich gilt dabei, daß ein im Medium Bild dargestellter Sachverhalt nicht identisch sein kann mit der sprachlichen Präsentation des gleichen Sujets bzw. der gleichen Aktion (Warncke 1987, 30). Zu unterschiedlich sind die konstitutiven Merkmale beider Medien. Während das Bild kraft seiner Materialität ein Abstraktum konkretisiert, abstrahiert „Sprache Konkretes und macht es damit der Mitteilung von Reflexionen konvertibel" (Warncke 1987, 30).

Allerdings stehen verbales und pikturales System in einem komplementären Verhältnis, das die Effizienz der Informationsvermittlung steigert. So wird das Verstehen eines Bildes − ein aktiver Prozeß, der vom jeweiligen Rezipienten zu leisten ist − erleichtert durch erläuternde oder auch deutende Wortpassagen. Kommunikationstheoretische und kognitionspsychologische Forschungen haben zudem erwiesen, daß in der Konnektierung von imaginalem und verbalem System die individuelle Assoziations- und Gedächtnisleistung (Gombrich spricht von „the mnemonic power of the image". Gombrich 1974, 266) gesteigert werden kann (Hupka 1989, 228). Für das Gebiet der Kultur bedeutet dies, daß durch die Verbindung von Bild- und Textelementen die Speicherkapazität des Gedächtnisses stabilisiert und ausgebaut wird (Gombrich 1974, 247, mit Hinweis auf „the 'ancient art of memory' "). Die für das Flugblatt so typische Appellstruktur bedient sich der Wort-Bild-Koppelung, wobei in diesem Bereich der visuellen Ebene eine dominante Rolle zukommt, die gegebenenfalls durch plakative Schreibweise der Titelleiste Unterstützung erfährt. In der vormodernen Periode, in welche die Blütezeit des Flugblatt zu datieren ist, bildet das „wortanaloge Verständnis der Bilder" (Warncke 1987, 28 u. ö.). Grundlage jeder Reflexion über die Wirkungsbereiche und Einflußmöglichkeiten beider Medien. Unter der Prämisse der grundsätzlichen Gleichrangigkeit und Austauschbarkeit von Schrift und Bild konnten beide Medien die gleichen Aufgaben übernehmen. Die Schlagworte von der „pictura loquens" und der „ut pictura poesis" charakterisieren prägnant dieses Bildverständnis, das bis zur Laokoon-Debatte im 18. Jh. mehr oder weniger Gültigkeit besaß.

Bei dem Prozeß der Wissensvermittlung an Personen, die über keine Lektüretechnik oder Lesekompetenz verfügen, kann dabei das Bild auch Funktionen übernehmen, die üblicherweise der Schrift zugewiesen sind. Papst Gregor I. lieferte den oft zitierten locus classicus „Nam quod legentibus scriptura, hoc idiotis praestat pictura cernentibus, quia in ipsa ignorantes vident, quod sequi debeant, in ipsa legunt, qui litteras nesciunt; unde praecipue gentibus pro lectione pictura est" (MGH, Ep. II, 1899, 270), der auch für die Produzenten von Flugblättern Orientierung und Legitimation bieten konnte.

Als Teil der illustrierten Druckgraphik partizipiert das Flugblatt an den grundlegenden Entwicklungen und Wandlungen dieses Mediums. Der im 15. und 16. Jh. gebräuchliche Holzschnitt wird in der Folgezeit abgelöst von dem immer häufiger auftretenden Kupferstich und der Radierung. Bei der Textpräsentation überwiegen − abgesehen von den meist in Prosa verfaßten Berichten zu historischen Ereignissen − Formen der gebundenen Rede (Knittel, Alexandriner im Deutschen, Hexameter, Distichien in Latein; Forster 1972, 11 ff.).

Die Flugschrift ist ein mehrseitig bedrucktes, nicht periodisch erscheinendes ungebundenes Schriftstück in Quartform (Umfang 4, 8, 12 oder 16 Druckseiten) (Brednich 1984, 1353). Gängige Bezeichnungen für das Phänomen sind im 17. Jh. die Begriffe „Relation, Newe Zeitung, Pasquill, Famososchrift" (Tschopp 1996, 375). Bildschmuck – in der Regel nur in der Form des Titelholzschnitts – ist möglich, aber nicht konstitutiv für das Medium. Aufgrund der in Relation zu dem Flugblatt wesentlich reduzierteren Gewichtung des Bildteils, kommt den Aspekten der zweikanaligen Kommunikation und des Komplementärverhältnisses zwischen visueller und verbaler Ebene nur eine untergeordnete Bedeutung zu. Das auf der Titelseite bisweilen zu beobachtende Zusammenspiel zwischen graphischer und sprachlicher Darstellung kann die Appellstruktur der Flugschrift unterstützen und die Memorierbarkeit erleichtern. Signifikant für dieses Genus ist der Text. Die im Vergleich zu dem Flugblatt ausführlicheren und dadurch häufig differenzierter argumentierenden Wortpartien sind fast ausschließlich in Prosa verfaßt. Beide Druckerzeugnisse – Flugblatt und Flugschrift – sind Dokumente frühneuzeitlicher Massenkommunikation, die sich mit der Primärintention, Nachrichten (Harms 1992, 306 f.) oder Mitteilungen zu transferieren an ein breites, im einzelnen genauer zu spezifizierendes Publikum wenden. Die Art der Vermittlung reicht dabei von der sachlichen Information bis zur tendenziösen Verzeichnung. Flugblatt und Flugschrift gemeinsam ist eine persuasive Ausstrahlung, die versucht, die öffentliche Meinung zu beeinflussen.

Abgesehen von den formalen Basisunterschieden sind die Grenzen zwischen Flugblatt und Flugschrift fließend (Brednich 1984, 1339). Beide stehen in Konkurrenz zu verwandten Printmedien, wie der Zeitung, dem Kalender, Mandaten sowie weiteren Formen der Druckgraphik (Andachtsbildern, Porträtstichen, Landkarten etc.). Thematisch gibt es so zahlreiche Überschneidungen zwischen Flugblatt und Flugschrift, daß eine Behandlung beider Genera unter gemeinsamen systematischen Gesichtspunkten sinnvoll erscheint.

3. Produktion

Die Produktion von Flugblatt und Flugschrift ist seit ihrer Entstehung aufs engste verbunden mit den frühneuzeitlichen Zentren des Buchdrucks. Augsburg, Nürnberg, Frankfurt am Main, Leipzig, Straßburg und Basel sind häufig belegte Verlagsorte. An der Herstellung eines Flugblatts sind die Angehörigen verschiedener Berufsgruppen – Verleger, Autoren, Drucker, Bildentwerfer, Zeichner, Stecher – beteiligt (Schilling 1990, 12). Nicht selten werden mehrere Funktionen bei der Fabrikation von einer Person wahrgenommen. Während bei der recht häufig zu konstatierenden Angabe des Verlagsortes mit einer formelhaften Wendung der Name des Verlegers und/oder Druckers genannt wird, bleiben die Produzenten der Texte und des Bildschmucks meist anonym. Arrivierte Stecher, Briefmaler oder Schreibmeister signieren dagegen ihre Blätter. Die Verfasser betätigen sich gerne als Kompilatoren, treten aber auch als eigenständige Autoren auf, die häufig mit Blick auf eine mögliche Zensur auf eine Namensnennung verzichten. Diese Überlegung spielt vor allem für die Verfasser von Flugblättern mit brisantem politischen Inhalt eine entscheidende Rolle. Die Zurückhaltung bei dem Bekenntnis zur Autorschaft hat manchmal auch mit dem Statusdenken der Poeten zu tun. Bisweilen erschien es nicht ratsam, seinen Namen mit dem nicht überall respektierten Medium zu verbinden (Harms 1992, 306). Unter den deutschen Poeten des Humanismus und der Renaissance erfreuten sich neben Hans Sachs, dem mit Abstand am häufigsten zitierten Autor auf Flugblättern, Sebastian Brant, Ulrich von Hutten und Johann Fischart großer Beliebtheit und einer länger währenden Zitatpräsenz. Das Gros der identifizierbaren Texte auf Flugblättern des 17. Jhs. stammt aus dem Repertoire damals zeitgenössischer Autoren. Mit Vorliebe wurden ihrer prägnanten Bildlichkeit und parodistischen Qualität wegen Einfälle von Johann Michael Moscherosch aufgenommen (Schilling 1981, 283 ff.; Schilling 1984, 303 ff.; Harms 1985, 49 ff.; Adam 1990, 203 f.). Daneben gibt es zahlreiche thematische und motivliche Verbindungen zu dem Werk von Georg Philipp Harsdörffer, Johann Rist, Friedrich von Logau, Johann Jakob Christoph von Grimmelshausen, Sigmund von Birken, Hans Aßmann von Abschatz und Georg Greflinger. Im 18. und 19. Jh. erscheinen Texte von so profilierten Autoren wie Christian Friedrich Daniel Schubart und Ernst Moritz Arndt auf Flugblättern.

Die Argumentationsdichte, die nuancierte Abstimmung zwischen Bild- und Schriftelementen, das Beherrschen komplexer Verfah-

10. Theorien des Flugblatts und der Flugschrift

ren barocker Bildlichkeit, wie die sichere Handhabung der Metaphorik, Personifikation, Allegorie und Emblematik sowie die umfangreichen lateinischen Zitate auf einem Großteil der Flugblätter, lassen den Schluß zu, daß die Kompilatoren/Autoren in Schichten zu suchen sind, die wenigstens partiell mit akademischer Ausbildung in Berührung kamen, ja sogar dem Gelehrtenstand angehörten (Harms 1986, 73 ff.). Natürlich gibt es auch Flugblätter, zu denken ist an die sensationell aufgemachten Mord-, Schauer- und Wundergeschichten, die wesentlich geringere Anforderungen an die Wissenskompetenz eines Textproduzenten stellen.

Die Dominanz des umfangreichen Textanteils bei der Flugschrift erfordert bei dem Verfasser eine Vertrautheit mit literarischen Techniken. Die klare Disposition einzelner Dokumente, der Einsatz rhetorischer Kunstgriffe, das intellektuelle Niveau reformatorischer Traktate und die Sachkenntnis bei der Darstellung militärischer oder naturkundlicher Ereignisse grenzen den Autorenkreis für dieses Medium auf die Gruppe der eruditi bzw. Schichten, die in Kontakt mit der akademischen Sphäre standen, ein.

4. Distribution

Über die Auflagenhöhe der Flugblätter und Flugschriften gibt es nur Schätzungen, die regional und zeitlich beträchtlich zu differenzieren sind. Die in der Forschung genannten Zahlen bewegen sich zwischen 300 und circa 2000 Exemplaren (Paas 1985, I, 24 f.; Brednich 1984, 1344; Schilling 1990, 25). Für die Flugblätter der Frühen Neuzeit scheint ein Mittelwert von 1500 als wahrscheinlich. Die Auflagenhöhe der Flugschriften dürfte nicht wesentlich von der des benachbarten Kleinschrifttums abweichen. Größere Sicherheit bieten hier – wie in der historischen Leserforschung – erst empirische Untersuchungen, die aber abhängig sind von aussagekräftigem Quellenmaterial, das für das 16. und 17. Jh. recht selten in gewünschtem Umfang zu fassen ist.

Der Vertrieb der Ware Flugblatt/Flugschrift erfolgte sowohl durch den Buchhandel als auch über das Kolportagewesen, wobei bei dem Flugblatt der Anteil der Hausierer und fliegenden Händler bei der Distribution überwiegt. Man kann davon ausgehen, daß Flugblatt und Flugschrift in der Frühen Neuzeit zum Verkauf angeboten und nicht – wie in späteren Epochen – kostenlos verteilt wurden. Vertrieben wurden die beiden Druckerzeugnisse, obwohl – wie bei Kleinschrifttum üblich – die Nachweise in Katalogen fehlen, bei den Leipziger und Frankfurter Messen (Schilling 1990, 26). Als Verkaufszentren fungierten städtische und ländliche Gemeinschaftsräume (Rats-, Wirts-, Spinn- und Kunkelstuben) sowie öffentliche Plätze. Der größte Umsatz wurde an Markttagen und bei außergewöhnlichen Ereignissen, wie Jahrmärkten, Kirchweihen, Stadtjubiläen und Festivitäten im Umkreis eines Hofes erzielt.

Der Preis eines Flugblatts, über dessen Höhe keine exakten Angaben vorliegen, war im Vergleich mit anderen Lebenshaltungskosten erschwinglich für Schichten, die über ein regelmäßiges Einkommen verfügten (Schilling 1990, 40 f.). Berechnungen haben es als wahrscheinlich erscheinen lassen, daß die Kosten eines Blattes dem Stundenlohn eines Handwerkers entsprachen. Aufgrund fehlender finanzieller Möglichkeiten waren soziale Randgruppen und Angehörige von Unterschichten nicht in der Lage, Flugblätter oder Flugschriften zu erwerben. Die gesellschaftlichen Außenseiter des 16. und 17. Jhs. galten weder als Zielgruppe noch als Abnehmer der Ware Flugblatt.

5. Rezeption

Neben der Kaufkraft war vor allem die Dekodierungskompetenz Voraussetzung für die Zugehörigkeit zu dem potentiellen Rezipientenkreis von Flugblatt und Flugschrift. Analphabeten bildeten nicht das intendierte Publikum für den Verleger oder Verfasser eines Flugblattes. Die Schwierigkeiten beim Entschlüsseln von Bildsequenzen sind nicht zu unterschätzen „what a picture means to the viewer is strongly dependent on his past experience and knowledge" (Gombrich 1974, 241). Auch das Lesen eines Bildes will gelernt sein. (Schenda 1987, 90). Einfach aufgebaute Simultandarstellungen und Blätter mit bekannten biblischen Themen erleichtern auch dem Leseunkundigen das Verstehen. Einen wichtigen Faktor, vor allem im ländlichen Bereich, bildet der Akt der „geselligen Rezeption". Durch das Vorlesen, das gemeinsame Betrachten und Besprechen von illustrierten Einblattdrucken wird ohne Zweifel der potentielle Kreis der Adressaten auch um die Gruppe der „illiterati" erweitert. Die von den Produzenten von Flugblättern präferierte

Zielgruppe war die in der Volkssprache lesefähige Schicht, deren Angehörige mit dem zeitgenössischen Terminus des „Gemeinen Mannes" zu charakterisieren sind (Schilling 1990, 52). Der Kommunikationsraum der Stadt bildete den wichtigsten Absatzmarkt, von dem aus die Diffusion in ländliche Regionen vorgenommen wurde. Durch Appelle an bestimmte Berufsgruppen oder exponierte Vertreter des frühneuzeitlichen Familienverbandes (v. a. Hausväter) wurde der Verkauf zu steuern versucht. Eine Reihe von Indizien – Verwendung des Latein und/oder moderner Nationalsprachen, Dedikationsformeln auf einzelnen Blättern, Operieren mit ausgefallenen Bild-Textstrukturen, Informationen zu naturwissenschaftlichen, v. a. astronomischen Phänomenen – weist auf den Gelehrtenstand oder die akademisch gebildete Mittelschicht der Städte als intendierten Adressatenkreis.

Offensichtlich gibt es eine weitgehende Übereinstimmung zwischen dem Kreis der Produzenten und Abnehmer eines Flugblattes. Grundsätzlich ist nach Harms davon auszugehen, daß das Flugblatt dank der zahlreichen Vermittlungs- und Streuungsinstanzen durchaus in der Lage war, ein heterogenes Publikum zu erreichen, das potentiell in der Frühen Neuzeit alle Bildungsschichten der Bevölkerung umfassen konnte (Harms 1992, 306).

Der umfangreiche und für einen Leseunkundigen nicht zu entschlüsselnde Textanteil der Flugschrift legt es nahe, den Rezipientenkreis dieses Mediums als ähnlich strukturiert wie die Gruppe der privaten Buchbesitzer anzusetzen (Adam 1990 b, 152 ff.). Den Kern bildete der elitäre Zirkel der Pfarrer, Lehrer an Gymnasien, Juristen, Hofbeamten und städtischen Funktionsträger, der im Einzelfall um Angehörige bestimmter Berufsgruppen, die mit der Buchkultur in Berührung kamen, ergänzt werden konnte (Apotheker, Ärzte, Handwerker).

6. Themenfelder

Flugblatt und Flugschrift sind Gelegenheitsschriften, die auf Ereignisse reagieren (Brednich 1984, 1340). Häufig werden die gleichen spektakulären Vorfälle sowohl im Flugblatt als auch in der Flugschrift vorgestellt. Die Auswahl möglicher Themenfelder der bisweilen im Verbund agierenden Medien, die als Ware vertrieben werden, wird bestimmt durch die Ausrichtung der Produzenten am Geschmack der potentiellen Käufer und der Neugierde – curiositas – sowie Kompetenz der Rezipienten. Das exzeptionelle Ereignis, das einer Behandlung in Bild und Text gewürdigt wird, muß diesen Faktoren Rechnung tragen.

Das Themenspektrum ist weit gespannt. Seit der Erfindung der Buchdruckerkunst haben Darstellungen von Wundern und Prodigien einen festen Platz in der Flugblatt-, in geringerem Maße auch in der Flugschrift-Überlieferung. Präsentationen von Mißgeburten bei Menschen und Tieren (Lebewesen mit mehreren Köpfen, Wunderfische), Nachrichten von abscheulichen Bluttaten (Werwolf-Geschichten, Kinder- und Verwandtenmorde) und deren barbarische Bestrafung (Hinrichtungs- und Folterszenen), Berichte über Naturkatastrophen (Erdbeben, Überschwemmungen und Heuschreckenplagen) sowie über perturbierende Himmels- und Wettererscheinungen (Regenwunder, Kometen) kamen der Sensationsgier eines fast alle Stände umfassenden Publikums entgegen (Brednich 1984, 1346 ff.). In aller Regel werden diese Abweichungen von der Norm als unheilverkündende Vorzeichen verstanden, deren Warnung die Menschen zur Umkehr motivieren soll. Der Übergang zu Blättern mit eschatologischem Inhalt ist fließend. Diese Gruppe von illustrierten Einblattdrucken ist ein mentalitätsgeschichtlich bedeutsames Dokument für kollektive Ängste in der Gesellschaft der Frühen Neuzeit. Das den Alltag der Menschen prägende Gefühl der Endzeiterwartung kann zum Impuls und Ordnungsprinzip für die Anlage von Flugblatt- und Flugschrift-Sammlungen werden (vgl. die berühmte Wickiana in der Zürcher Zentralbibliothek). Eine eigene Sparte bilden die Flugblätter mit katechetischem und erbaulichem Inhalt (Timmermann 1983/84, 117 ff.; Kemp 1985, 627 ff.). Das Flugblatt erscheint überdies als Vermittler praktischer Lebensregeln. Menschliche Schwächen, Torheiten (v. a. in der Kindererziehung und Eheführung) und Exzesse im alltäglichen Leben (Auswüchse der Mode, Trinksitten etc.) werden satirisch gegeißelt. Die Historie bietet ein zentrales Themenfeld. Im Wetteifer mit der Zeitung, der Chronik und anderen annalistischen Darstellungsformen werden im Flugblatt die zäsuralen Ereignisse festgehalten und mit wertenden Kommentaren an das Publikum weitergegeben. Schwerpunkte in der frühneuzeitlichen Bildpublizistik bilden dabei die Reformation mit einem geradezu explosionsartigen Anstieg der Flugblatt- und Flugschriftenproduktion, der Dreißigjährige Krieg (insbesondere die Ereignisse der Jahre 1620/21, 1630 ff. und der Friedensschluß von Münster und Osnabrück) sowie die englische Revolution 1648/49 mit der Hinrichtung Karls I. Auf eine unglaubliche Resonanz stieß die Französische Revolution (Danelzik-Brüggemann 1996, 47 ff.). Im 19. Jh. fanden vor allem die Ereignisse der bürgerlichen Revolutionen von 1830 und 1848 ihren Niederschlag in zeitgenössischen Flugblättern. Seit dem Ende des 19. Jhs. ist das Flugblatt ein häufig eingesetztes Medium im gewerkschaftlichen Kampf. In totalitären Regimen des 20. Jhs. fungiert das im Widerstand hergestellte Flugblatt oft als einziges Protestmittel in einer völlig kontrollierten politischen Öffentlichkeit.

7. Flugblatt/Flugschrift und literarisches System

Flugblatt und Flugschrift sind keine selbständigen Gattungen, sondern Medien, die aus Schrift- und Graphik-Elementen zusammengesetzt sind (Harms 1986, 261) und gerade durch diese Kombination ihre besondere Wirkung erzielen. Im Textteil partizipieren Flugblatt und Flugschrift an der bunten Palette literarischer Gattungen und Mischformen, die sich einer Klassifizierung nach den Kriterien einer erst im 18. Jh. entstandenen triadischen Gliederung weitgehend entziehen. Beide Medien haben durch die Integration von Textsorten und poetischen Kleinformen Anteil am jeweiligen literarischen System einer Epoche. Vordringliche Aufgabe einer Theorie beider Medien ist es, die Vernetzung der einzelnen, auf Flugblättern oder Flugschriften auftretenden Textgenera mit den jeweiligen poetologischen Leitvorstellungen zu beschreiben. Hierbei gelten generell für die der imitatio und aemulatio verpflichtete Poetik der Frühen Neuzeit völlig andere Gesetze als für die von Originalitätspostulaten des 18. Jhs. mitgeprägten Ausführungen späterer Zeit.

So bekommt der Gattungshistoriker der Frühen Neuzeit über die Analyse dieser spezifisch literarisch-visuellen Quelle wesentliche Einsichten in Traditionszusammenhänge und Wirkungsmechanismen der reizvollen und zum Teil immer noch zu wenig beachteten Genres mineurs. Hierzu gehört die für die barocke Lyrik so typische Erscheinung des Carmen figuratum, das einen exponierten Rang innerhalb der Casualdichtung des 17. Jhs. einnimmt. Flugblätter, die aus bestimmten Anlässen − Glückwünsche bei Eheschließungen, Gedenken bei Todesfällen, an Jahrestagen oder Festivitäten im höfischen oder städtischen Milieu − produziert werden, stehen in engster Verbindung mit den entsprechenden Gattungen der Gelegenheitsdichtung, dem Epithalamium, Epicedium, der Gratulatio und den verschiedenen Genera der panegyrischen Poesie.

Klassische Schemata und Bauformen der Gelegenheitsdichtung − Dedikationsformel, Beschreibung der occasio, Durchführung des argumentum etc. − werden penibel eingehalten und um visuelle Elemente erweitert, bzw. auch in graphische Kontexte integriert. Im Idealfall ist eine völlige Kongruenz zwischen der im Text beschriebenen „res" und der gewählten Figur zu beobachten (vgl. die Schreibmeisterblätter des Adam Fabritius, in denen ein Friedensgedicht in der adäquaten Form des Kranzes erscheint und für einen aus Bibelzitaten zusammengesetzten Text „speculum hominis" die Gestalt eines Menschen auf einem ovalen Blatt gewählt wird. Adam 1990, 201). Solch kunstvolle Kopplung von inhaltlicher Aussage mit kalligraphischen Erfindungen steigert die Wirkung eines Blattes. Neben dieser artifiziellen Verzahnung von Bildprogramm und Textgehalt, die sich auch gerne intellektuell herausfordernder Techniken, wie des Einsatzes des Chronogramms oder Palindroms bedient, gibt es vor allem im Bereich der politischen Propaganda eher biedere und derbere Ausführungen. Beliebt sind Spottgedichte auf unterlegene Gegner in Rebusform, in denen im fortlaufenden Text Wörter und Begriffe durch Bilder und Zeichen ersetzt werden. Ganz offensichtlich rechneten die Erfinder solch bizarrer Gebilde mit Adressaten, die nicht nur in der Lage waren, numerische und piktorale Verschlüsselungen zu enttarnen, sondern die auch Vergnügen bei der Dekodierung empfanden. Dieser spielerische Reiz fehlt in den Flugschriften, in denen graphische Elemente nur in äußerst beschränktem Maße zu Beginn des Druckes auftreten.

Während in der Flugschrift Formen beschreibender Prosa (z. B. Augenzeugenbericht, Chronikstil) eindeutig das Medium beherrschen, setzen die Verfasser von Flugblatttexten − bisweilen sogar virtuos − die kommunikativen und persuasiven Leistungen der einzelnen Gattungen ein. In lebendigen Dialogszenen, die vielleicht sogar zum Nachspielen stimulierten, werden komplexe Themen der Moraldidaxe erörtert. Schwankerzählungen und Konfrakturen lenken auf amüsante Weise den Leser/Betrachter in die vom Autor gewünschte Richtung. Man greift die Form des Fastnachtsspiels auf und entlarvt mit einem Feuerwerk parodistischer Einfälle Dummheiten und Schwächen der Zeitgenossen. Antiquierte Gattungen, wie das lukianische Genus des Göttergesprächs, werden aktualisiert und in sprachlich modernisierter Form dem Publikum angeboten (Sammlung Darmstadt 1987, IV, 236, 306f.). Die Möglichkeiten der einzelnen Gattungen im Bereich des delectare werden konsequent für die Verwirklichung der eigentlichen Intention genutzt.

8. Bildlichkeit

Die Verwendung der Bildlichkeit gehört zu den epochenspezifischen Merkmalen eines literarischen Systems. Die Flugblatt-Tradition – und in weit abgeschwächterem Grad auch die Flugschrift-Überlieferung – haben durch die Aufnahme und Kombination unterschiedlicher poetischer Gattungen und Mischformen enge Berührungen mit den gravierenden Veränderungen auf diesem Feld. Grundsätzlich ist zu sagen, daß sich die Bildlichkeit der Frühen Neuzeit – sei es im Bereich der Metaphorik, Allegorie oder Emblematik – weitgehend innerhalb festgelegter Topoi-Repertoirien bewegt, während die Bildpublizistik des 19. und 20. Jhs. über wesentlich größere Lizenzen der Motiv-Wahl verfügt und diese auch wahrnimmt. Die innovative Erweiterung bedeutet dabei nicht gleichzeitig den Ausschluß bewährter Bildtraditionen. Die Interpretation der Einzelblätter wird immer auf die Relation zwischen Konstanz und Mutation von Bildkomplexen zu achten haben.

Generell bietet das Flugblatt mit seiner Präferenz für die bildliche Konkretisation von abstrakten Vorgängen oder politischen Programmen ein weites Untersuchungsfeld für eine historische Metapherologie (Hooffacker 1988, 11). Eine konsequente Anwendung der von H. Blumenberg, A. Demandt, D. Peil, J. Schlobach und von J. Link und W. Wülfing entwickelten methodischen Instrumentarien läßt gerade bei der Analyse des Flugblatts Antworten erwarten auf die „Hauptfrage" der Metaphernforschung „nach Entstehung, Wandel und Verschwinden von Bildern und Bildfeldern in großen epochalen Umwälzungen des Weltbildes und der Gesellschaftstheorie" (Schlobach 1989, 135). Einzelne Bildkomplexe (z. B. Ständebaum, Gesellschafts-Garten, Montgolfière) erreichen dabei durchaus den Rang einer absoluten Metaphorik im Sinne Blumenbergs (Blumenberg 1960, 20). Bestimmte Verfahren, wie das Operieren mit emblematischen Strukturen, können für ganze Perioden Leitfunktionen übernehmen und dann später – versehen mit dem Stigma der Antiquiertheit – fast völlig verschwinden. Zu den beliebten Bildketten innerhalb der gesellschaftlichen Auseinandersetzung in der Frühen Neuzeit gehören allegorische Tierdarstellungen, mit Sinnbildern überfrachtete Triumphzüge, Höllenfahrten und Reisen ins Schlaraffenland oder Narren-Reich. Noch in den politischen Auseinandersetzungen des 18. und 19. Jhs. wird mit den eingeführten Bildern des Staatsschiffes bzw. der Mannschaft und des Steuermannes gearbeitet. Personifikationen von Ständen, Nationen oder Staaten – häufig in polemischer, wenn nicht sogar diffamierender Absicht – haben bis in die Gegenwart nichts an Attraktivität für die politische Propaganda verloren, die insbesondere zur Beeinflussung der Kombattanten bei militärischen Konflikten Flugblätter einsetzt.

9. Flugblatt/Flugschrift und politisches System

Flugblätter, die im Ersten und Zweiten Weltkrieg an der Front mit der Absicht der agitatorischen Beeinflussung feindlicher Truppen abgeworfen wurden, gehören in die Gruppe der offiziell verbreiteten Drucke. Da der moderne Staat dank der neuen technischen Möglichkeiten via Rundfunk und Fernsehen über wesentlich effizientere Kommunikationsmittel verfügt, die mühelos fast alle Bevölkerungsschichten erreichen und auch beeinflussen können, kommt den Flugblättern nur in Ausnahmesituationen (Zusammenbruch der Informationssysteme aufgrund militärischer Ereignisse oder Naturkatastrophen) eine Überbrückungsfunktion zu. Die Flugschrift spielt in diesem Kontext keine herausragende Rolle mehr.

Von ungebrochener Aktualität ist dagegen das Flugblatt als Informationsträger im politischen Widerstand. In totalitären Staaten, die die Medien völlig unter ihrer Kontrolle haben, ist das Flugblatt oft die einzige Möglichkeit, vom Regime abweichende und unabhängige Meinungen zu artikulieren. Diese Artikulation ist häufig mit dem Aufruf zur Veränderung oder Revolution verbunden.

Im modernen Bewußtsein ist das Flugblatt so eng mit Assoziationen von Protest und Widerstand konnektiert, daß man diese, in nennenswerter Weise erst im 19. und 20. Jh. zu registrierenden Funktion, ahistorisch in frühere Epochen zurückprojizierte und das Flugblatt – manchmal auch die Flugschrift – ausschließlich als Medium der Auflehnung deutete (Schilling 1990, 187 ff.). Sicher gab es in der Bildpublizistik des 17. Jhs. Kritik an sozialen Mißständen (vgl. das Unwesen der Kipper und Wipper (Bauer 1985, 679 ff.) und Proteste gegen die unerträglichen Belastungen der Landbevölkerung durch den Dreißigjährigen Krieg. Diese Blätter gingen aber in aller Regel konform mit bestehenden Zensurbestimmungen und widersprachen nach Schilling nicht den übergeordneten Interessen lokaler Obrigkeiten: „zusammenfassend läßt sich festhalten, daß entgegen landläufiger Meinung die illustrierten Flugblätter der frühen Neuzeit nur selten als Medium expliziter Auflehnung verwandt wurden." (Schilling 1990, 199).

Im 16. und 17. Jh. ist die Grenze zwischen obrigkeitlichen Mandaten und Verordnungen sowie Flugschriften und Flugblättern bisweilen fließend (Tschopp 1991, 309). Generell läßt sich sagen, daß die sozialdisziplinierende Funktion der Flugblätter in der Frühen Neuzeit überwiegt (Schilling 1985, 611 f.).

10. Die Polyfunktionalität des Flugblattes

Ein wesentlicher Grund für die Verbreitung und Beliebtheit des Flugblatts liegt in seiner Polyfunktionalität. Sowohl im Bild- als auch im Textbereich sind vielfältige Verwendungsmöglichkeiten zu beobachten. So können Texte von namhaften Autoren bereits vor der Buchpublikation auf Flugblättern veröffentlicht werden. Erstdrucke von Gedichten sind, wie der Fall Georg Greflingers beweist, keine Seltenheit (Sammlung Darmstadt 1987, IV, 267, 358 f.). Umgekehrt kann der Kompilator aus dem schier unerschöpflichen Reservoir gedruckter Schriften seine Auswahl treffen und Einfälle von Poeten, die besonders gut den Geschmack des Publikums treffen, auch für das Medium Flugblatt einsetzen.

Medienspezifisch signifikant für das Flugblatt ist die Möglichkeit des Austauschs der visuellen und verbalen Teile bzw. deren Neukombination. Es ist dabei denkbar, ein bewährtes Bildmotiv mit anderen Wortpassagen zu unterlegen, oder einen bekannten Text mit unterschiedlichen figurativen Darstellungen zu verknüpfen. Dieses Verfahren wurde besonders intensiv innerhalb der politischen Propaganda praktiziert. Während des Dreißigjährigen Krieges wurde um bestimmte wirkungsmächtige Bildfelder regelrecht gekämpft. Dazu gehören Motive, wie die Konfekt essenden Feldherrn (Wang 1976, 97 ff.), die Behandlung der Eroberungszüge in der Form des Gänsespiels, Szenen mit der Verprügelung feindlicher Soldaten oder das Herrschaftssymbol des Löwen, die sowohl von protestantischer als auch katholischer Seite für ihre Zwecke instrumentalisiert wurden.

Die Polemik bekommt eine verletzende Schärfe, wenn man bei Wechsel des Kriegsglücks eine bisher vom Gegner erfolgreich eingesetzte Bildvorstellung (vgl. das Thema des Prager Hofkochs 1621 und 1632) (Adam 1990, 187 u. 194) nun für die eigene Position in Anspruch nimmt und in einem neuen Text den Triumph auskostet. Ein ästhetisch reizvolles Wechselspiel besteht zwischen Flugblatt und bildender Kunst. Motive von Gemälden berühmter Maler, wie Tizian oder Lucas Cranach d. Ä., können als Vorlage für die figurale Gestaltung eines Flugblattes dienen (Schilling 1990, 269). Nachgewiesen ist auch die umgekehrte Relation, daß markante Szenen der Flugblattgraphik Anregung für Tafelgemälde vermittelten (Harms 1992, 306 f.). Das kostengünstige Flugblatt wird gerne als Dekorationsersatz für wesentlich teurere Gemälde oder Fresken eingesetzt. Vor allem im Bereich erbaulicher Praxis kommt dem Flugblatt als Wandschmuck oder als Einlage in Gebetbuchschränken eine hervorgehobene Bedeutung zu (Schilling 1990, 275).

11. Überlieferung

Das Flugblatt als Einblattdruck und die Flugschrift, die in minderer Papierqualität und ohne festen Einband vertrieben wurde, sind wie die übrigen Gelegenheitsschriften des 16. und 17. Jhs. nicht systematisch in Bibliotheken gesammelt worden. In überwiegender Zahl sind Flugschriften in Archivsbestände integriert oder verdanken der Initiative einzelner Sammler (Gustav Freytag in der Stadt- und Universitätsbibliothek Frankfurt/Main; Sammlung Häberlin in der Thurn- und Taxisschen-Hofbibliothek, Regensburg), daß sie nicht untergegangen sind.

Ähnlich verhält es sich mit den Flugblättern. Auch hier bilden bereits im 16. und 17. Jh. angelegte Sammlungen (vgl. die Sammlung Marcus zum Lamm in der Hessischen Landes- und Hochschulbibliothek Darmstadt, die Sammlung Johann Jakob Wick, in der Zürcher Zentralbibliothek, die Sammlung Hermann in der Bibliothèque Nationale et Universitaire in Strasbourg) den Grundstock der Überlieferung. Die Auswahl und die Ordnungsprinzipien der Sammlungen bilden selbst wieder eine erstrangige kultur- und mentalitätsgeschichtliche Quelle. Diese Bestände sind nun dank der von W. Harms und seinen Mitarbeitern (B. Bauer, C. Kemp, M. Schilling u. a.) besorgten Editionen einem größeren Forscherkreis zugänglich gemacht.

12. Literatur

Adam, Wolfgang, Das Flugblatt als kultur- und literaturgeschichtliche Quelle der Frühen Neuzeit. In: Euph. 84, 1990, 187–206.

–, Privatbibliotheken im 17. und 18. Jh. Fortschrittsbericht (1975–1988). In: IASL 15, 1990, 123–173.

Assmann, Aleida u. Jan, Das Gestern im Heute. Medien und soziales Gedächtnis. In: Funkkolleg Medien und Kommunikation, Studienbrief 5. Weinheim/Basel 1990, 41–82.

Bangerter-Schmid, Eva-Maria, Erbauliche illustrierte Flugblätter aus den Jahren 1570–1670. Frankfurt a. M./Bern/New York 1986.

Barthes, Roland, Rhétorique de l'image. In: Communications 4, 1964, 40–51.

Bauer, Barbara, Lutheranische Obrigkeitskritik in der Publizistik der Kipper- und Wipperzeit (1620–1623). In: Literatur und Volk im 17. Jh. Probleme populärer Kultur in Deutschland. Hrsg. v. Wolfgang Brückner/Peter Blickle/Dieter Breuer. II. Tl. Wiesbaden 1985, 649–681.

Berghaus, Günter, Die Aufnahme der englischen Revolution in Deutschland 1640–1669. Bd. 1. Studien zur politischen Literatur und Publizistik im 17. Jh. mit einer Bibliographie der Flugschriften. Wiesbaden 1989.

Beyer, Franz-Heinrich, Eigenart und Wirkung des reformatorisch-polemischen Flugblatts im Zusammenhang der Publizistik der Reformationszeit. Frankfurt a. M. 1994.

Blumenberg, Hans, Paradigmen zu einer Metaphorologie. In: AB 6, 1960, 7–142.

Brednich, Rolf W., Die Liedpublizistik im Flugblatt des 15. und 17. Jhs. 2 Bde. Baden-Baden 1974/75.

–, Flugblatt, Flugschrift. In: Enzyklopädie des Märchens. Berlin/New York 1984. Bd. 4, 1339–1358.

Brückner, Wolfgang, Massenbilderforschung 1968–1978. In: IASL 4, 1979, 130–178.

–, Populäre Druckgraphik Europas. Deutschland vom 15.–20. Jh. München ²1975.

Buchbender, Ortwin/Horst Schuh (Hrsg.), Heil, Beil!, Flugblattpropaganda im Zweiten Weltkrieg. Dokumentation und Analyse. Hrsg. v. Ortwin Buchbender u. Horst Schuh. Stuttgart 1974.

Coupe, William A., The German illustrated broadsheet in the seventeenth century. Historical and Iconographical Studies. 2 Bde. Baden-Baden 1966/67.

Danelzik-Brüggemann, Christoph, Ereignisse und Bilder. Bildpublizistik und politische Kultur in Deutschland zur Zeit der Französischen Revolution. Berlin 1996.

Delumeau, Jean, Angst im Abendland. 2 Bde. Reinbek 1985.

Demandt, Alexander, Metaphern für Geschichte. Sprachbilder und Gleichnisse im historisch-politischen Denken. München 1978.

Dohms, Peter, Flugschriften in Gestapo-Akten. Nachweis und Analyse der Flugschriften in den Gestapo-Akten des Hauptstaatsarchivs Düsseldorf. Siegburg 1977.

Ecker, Gisela, Einblattdrucke von den Anfängen bis 1555. Untersuchungen zu einer Publikationsform literarischer Texte. 2 Bde. Göppingen 1981.

Ewinkel, Irene, De monstris. Deutung und Funktion von Wundergeburten auf Flugblättern im Deutschland des 16. Jahrhunderts. Tübingen 1995.

Forster, Leonard, German alexandrines on Dutch broadsheets before Opitz. In: The German baroque. Literature, music, art. Hrsg. v. George Schulz-Behrend. Austin/London 1972, 11–64.

Goer, Michael, 'Gelt ist also ein kostlich Werth.' Monetäre Thematik, kommunikative Funktion und Gestaltungsmittel illustrierter Flugblätter im Dreißigjährigen Krieg. Diss. Tübingen 1981.

Gombrich, Ernst Hans, The visual image. In: Media and symbols: the forms of expression, communication, and education. Hrsg. v. David R. Olson. Chicago 1974, 241–270.

Haftmeier-Seiffert, Renate, Bauerndarstellungen auf deutschen illustrierten Flugblättern des 17. Jahrhunderts. Frankfurt a. M. u. a. 1989.

Hänisch, Ulrike D., „Confessio Augustana triumphans". Funktionen der Publizistik zum Confessio Augustana-Jubiläum 1630. Zeitung, Flugblatt, Flugschrift. Frankfurt a. M. u. a. 1993.

Harms, Wolfgang (Hrsg.), Deutsche illustrierte Flugblätter des 17. Jhs. Bd. 1–3. Die Sammlung

10. Theorien des Flugblatts und der Flugschrift

der Herzog August Bibliothek in Wolfenbüttel; 1. Tl: Ethica. Physica. Hrsg. v. Wolfgang Harms/Michael Schilling/Barbara Bauer/Cornelia Kemp. Tübingen 1985; 2. Tl: Historica. Hrsg. v. Wolfgang Harms/Michael Schilling/Andreas Wang. Tübingen 1989; 3. Tl.: Theologica. Quodlibetica. Hrsg. v. Wolfgang Harms/Michael Schilling/Albrecht Juergens/Waltraud Timmermann. Tübingen 1980.

–, Das pythagoreische Y auf illustrierten Flugblättern des 17. Jhs. In: Antike und Abendland 21, 1975, 97–110.

–, Anonyme Texte bekannter Autoren auf illustrierten Flugblättern des 17. Jhs. Zu Logau, Birken und Harsdörffer. In: WBN 12, 1985, 49–58.

–, Das illustrierte Flugblatt der frühen Neuzeit als Ort der Wirkung literarischer Gattungen. In: Deutsche Literatur des Spätmittelalters. Ergebnisse, Probleme und Perspektiven der Forschung. Hrsg. v. Wolfgang Spiewok. Greifswald 1986, 261–275.

–, Die kommentierte Erschließung des illustrierten Flugblatts der frühen Neuzeit und dessen Zusammenhang mit der weiteren Publizistik im 17. Jh. In: Presse und Geschichte II. Neue Beiträge zur historischen Kommunikationsforschung. Hrsg. v. Elger Blühm/Hartwig Gebhardt. München 1987, 83–111.

–, Feindbilder im illustrierten Flugblatt der frühen Neuzeit. In: Feindbilder. Die Darstellung des Gegners in der politischen Publizistik des Mittelalters und der Neuzeit. Hrsg. v. Franz Bosbach. Köln/Weimar/Wien 1992, 141–177.

–, Flugblatt–Flugschrift. In: Lexikon des gesamten Buchwesens. Hrsg. v. Severin Corsten/Günther Pflug u. a. Stuttgart ²1987 Bd. 2, 1989, 622 f.

–, Flugblatt. In: Literaturlexikon. Hrsg. v. Walther Killy. Bd. 13: Begriffe, Realien, Methoden. Hrsg. v. Volker Meid. München 1992, 306 f.

–, Gustav Adolf als christlicher Alexander und Judas Makkabaeus. Zu Formen des Wertens von Zeitgeschichte in Flugschriften und illustriertem Flugblatt um 1632. In: WW 35, 1985, 168–183.

–, Lateinische Texte illustrierter Flugblätter. Der Gelehrte als möglicher Adressat eines breit wirksamen Mediums der frühen Neuzeit. In: Kontroversen, alte und neue. Akten des VII. Internationalen Germanistenkongresses Göttingen 1985. Hrsg. v. Albrecht Schöne. Bd. 7: Bildungsexklusivität und volkssprachliche Literatur – Literatur vor Lessing nur für Experten? Hrsg. v. Klaus Grubmüller/Günter Hess. Tübingen 1986, 73–85.

Harms, Wolfgang/Cornelia Kemp, Die Sammlungen der Hessischen Landes- und Hochschulbibliothek in Darmstadt. Tübingen 1987 (Deutsche illustrierte Flugblätter des 16. und 17. Jhs. Bd. 4).

Harms Wolfgang/John Roger Paas/Michael Schilling/Andreas Wang (Hrsg.), Illustrierte Flugblätter des Barock. Eine Auswahl. Tübingen 1983 (Deutsche Neudrucke. Barock 30).

Harms Wolfgang/Michael Schilling (Hrsg.), Das illustrierte Flugblatt in der Kultur der Frühen Neuzeit. Frankfurt a. M. u. a. 1998.

Herding, Klaus/Rolf Reichardt, Die Bildpublizistik der Französischen Revolution. Frankfurt a. M. 1989.

Hooffacker, Gabriele, Avaratia radix omnium malorum. Barocke Bildlichkeit um Geld und Eigennutz in Flugschriften, Flugblättern und benachbarter Literatur der Kipper- und Wipperzeit (1620–1625). Frankfurt a. M. u. a. 1988.

Hupka, Werner, Wort und Bild. Die Illustrationen in Wörterbüchern und Enzyklopädien. Tübingen 1989.

Jäger, Jens, Texte aus Sebastian Brants „Narrenschiff" auf Flugblättern des 16. Jahrhunderts. In: Daphnis 22, 1993, 403–452.

Kampmann, Dirk, Das Rebusflugblatt. Studien zum Konnex von literarischer Gattung und publizistischem Medium. Köln/Weimar/Wien 1993.

Kastner, Ruth, Geistlicher Rauffhandel. Form und Funktion der illustrierten Flugblätter zum Reformationsjubiläum, 1617 in ihrem historischen und publizistischen Kontext. Frankfurt a. M./Bern 1982.

Kemp, Cornelia, Erbauung und Belehrung im geistlichen Flugblatt. In: Literatur und Volk II. Hrsg. v. Wolfgang Brückner u. a. Wiesbaden 1985, 627–647.

Kirchner, Klaus (Hrsg.), Flugblatt-Propaganda im 1. Weltkrieg. Bd. 1. Erlangen 1985.

–. Flugblatt-Propaganda im 2. Weltkrieg. 15 Bde. Erlangen 1978–1991.

Köhler, Erich, Einige Thesen zur Literatursoziologie. In: GRM. N.F 24, 1974, 257–264.

–, Gattungssystem und Gesellschaftssystem. In: Roman. Zeitschrift für Literaturgeschichte 1, 1977, 7–21.

Köhler, Hans-Joachim, Die Flugschriften. Versuch der Präzisierung eines geläufigen Begriffs. In: Festgabe Ernst Walter Zeeden. Hrsg. v. Horst Rabe/Hansgeorg Molitor/Hans-Christoph Rublack. Münster 1976, 36–61.

–, Fragestellungen und Methoden zur Interpretation frühneuzeitlicher Flugschriften. In: Flugschriften als Massenmedium der Reformationszeit. Beiträge zum Tübinger Symposion 1980. Hrsg. v. Hans-Joachim Köhler. Stuttgart 1981.

–, Bibliographie der Flugschriften des 16. Jh. 2 Bde. Tl. 1: Das frühe 16. Jh. (1501–1530). Bde. 1 u. 2: Druckbeschreibungen. Tübingen 1991/92.

–, Die Flugschriften der frühen Neuzeit. Ein Überblick. In: Die Erforschung der Buch- und Bibliotheksgeschichte in Deutschland. Hrsg. v. Werner Arnold u. a. Wiesbaden 1987, 307–345.

Lang, Elisabeth C., Das illustrierte Flugblatt des Dreißigjährigen Krieges – ein Gradmesser für die Verbreitung der Opitzschen Versreform. In: Daphnis 9, 1980, 65–87.

–, Friedrich V., Tilly und Gustav Adolf im Flugblatt des Dreißigjährigen Kriegs. Diss. Austin, Tex. 1974.

Laube, Adolf/Werner Seiffert (Hrsg.), Flugschriften der Bauernkriegszeit. Berlin 1975.

Lehmann, Hartmut, Die Kometenflugschriften des 17. Jhs. als historische Quelle. In: Literatur und Volk II. Hrsg. v. Wolfgang Brückner u. a., Wiesbaden 1985, 683–700.

Link, Jürgen/Wulf Wülfing (Hrsg.), Bewegung und Stillstand in Metaphern und Mythen. Fallstudien zum Verhältnis von elementarem Wissen und Literatur im 19. Jh. Stuttgart 1984.

Mandlmayr, Martin/ C. und Karl G. Vocelka, Die Eroberung Ofens 1686 im Spiegel der deutschsprachigen Flugschriften. In: Laurus austriaco-hungarica. Literarische Gattungen und Politik in der zweiten Hälfte des 17. Jhs. Hrsg. v. Béla Köpeczi/ Andor Tarnai. Wien/Budapest 1988, 15–45.

Nies, Fritz, Genres mineurs. Texte zur Theorie und Geschichte nichtkanonischer Literatur (vom 16. Jh. bis zur Gegenwart). In Verbindung mit Jürgen Rehbein. München 1978.

Otruba, Gustav, Wiener Flugschriften zur Sozialen Frage 1848. Arbeiterschaft, Handwerk und Handel. Wien 1978.

Paas, John Roger, The seventeenth-century verse broadsheet: A study of its character and literary historical significance. Diss. Bryn Mawr, Pen./ USA 1973.

–, The German Political Broadsheet 1600–1700. Bd. 1 ff. Wiesbaden 1985 ff.

Paivio, Allan, Imagery and Verbal Processes. New York 1971.

Peil, Dietmar, Untersuchungen zur Staats- und Herrschaftsmetaphorik in literarischen Zeugnissen von der Antike bis zur Gegenwart. München 1983.

Pfeffer, Maria, Flugschriften zum Dreißigjährigen Krieg. Aus der Häberlin-Sammlung der Thurn- und Taxisschen Hofbibliothek. Frankfurt a. M. u. a. 1993.

Reinitzer, Heimo, Aktualisierte Tradition. Über Schwierigkeiten beim Lesen von Bildern. In: Geistliche Denkformen in der Literatur des Mittelalters. Hrsg. v. Klaus Grubmüller/Ruth Schmidt-Wiegand/Klaus Speckenbach. München 1984, 354–400.

Ruckhäberle, Hans-Joachim (Hrsg.), Frühproletarische Literatur. Die Flugschriften der deutschen Handwerksgesellenvereine in Paris 1832–1839. Kronberg/Ts. 1977.

Schenda, Rudolf, Bilder vom Lesen – Lesen von Bildern. In: IASL 12, 1987, 82–106.

Schilling, Michael, Allegorie und Satire auf illustrierten Flugblättern des Barock. In: Formen und Funktionen der Allegorie. Symposion Wolfenbüttel 1978. Hrsg. v. Walter Haug u. a. Stuttgart 1979, 405–418.

–, „Der Römische Vogelherdt" und „Gustavus Adolphvs". Neue Funde zur politischen Publizistik Wilhelm Zincgrefs. In: GRM 62, 1981, 283–303.

–, Unbekannte Gedichte Moscheroschs zu Kupferstichfolgen Peter Aubrys d. J. In: Euph. 78, 1984, 303–324.

–, Das Flugblatt als Instrument gesellschaftlicher Anpassung. In: Literatur und Volk II. Hrsg. v. Wolfgang Brückner u. a. Wiesbaden 1985, 601–626.

–, Das Flugblatt der frühen Neuzeit als Medium sozialer Auflehnung. In: Germanica Wratislavensia 85, 1989, 63–73.

–, Bildpublizistik der frühen Neuzeit. Aufgaben und Leistungen des illustrierten Flugblatts in Deutschland bis um 1700. Tübingen 1990.

–, Illustrierte Flugblätter der frühen Neuzeit als historische Bildquellen. Beispiele, Chancen, Probleme. In: Historische Bildkunde. Probleme–Wege–Beispiele. Hrsg. v. Brigitte Tolkemitt/Rainer Wohlfeil. Berlin 1991, 107–119.

–, Stadt und Publizistik in der Frühen Neuzeit. In: Stadt und Literatur im deutschen Sprachraum der Frühen Neuzeit. Hrsg. v. Klaus Garber u. Mitw. von Stefan Anders u. Thomas Elsmann. 2 Bde. Tübingen 1998, Bd. 1, S. 114–141 (S. 134f. mit aktuellen bibliographischen Angaben).

Schlobach, Jochen, Zyklentheorie und Epochenmetaphorik. Studien zur bildlichen Sprache der Geschichtsreflexion in Frankreich von der Renaissance bis zur Frühaufklärung. München 1980.

–, Rez. von Peil: Staats- und Herrschaftsmetaphorik und Link-Wülfing: Bewegung und Stillstand. In: Arbitrium 7, 1989, 133–144.

Schwitalla, Johannes, Deutsche Flugschriften 1460–1525. Textsortengeschichtliche Studien. Tübingen 1983.

Talkenberger, Heike, Sintflut. Prophetie und Zeitgeschehen in Texten und Holzschnitten astrologischer Flugschriften 1488–1528. Tübingen 1990.

Timmermann, Waltraud, Die illustrierten Flugblätter des Nürnberger Predigers Johann Saubert. In: Bayerisches Jahrbuch f. Volkskunde 1983/84, 117–135.

Traitler, Hildegard, Konfession und Politik. Interkonfessionelle Flugschriftenpolemik aus Süddeutschland und Österreich (1564–1612). Frankfurt a. M. u. a. 1989.

Tschopp, Silvia S., Flugschrift. In: Literaturlexikon. Bd. 13, 307–309.

–, Heilsgeschichtliche Deutungsmuster in der Publizistik des Dreißigjährigen Krieges. Pro- und antischwedische Propaganda in Deutschland 1628 bis 1635. Frankfurt a. M. u. a. 1991.

–, Flugblatt, Flugschrift. In: Historisches Wörterbuch der Rhetorik. Hrsg. v. Gert Ueding. Bd. 3. Tübingen 1996, 375–383.

Ukena, Peter, Tagesschrifttum und Öffentlichkeit im 16. und 17. Jh. in Deutschland. In: Presse und Geschichte. Beiträge zur historischen Kommunikationsforschung. Hrsg. v. Elger Blühm. München 1977, 35–53.

Walther, Karl K., Ausgang aus der Unmündigkeit – Flugschriften des 17. Jhs. im Vorfeld der Aufklärung. In: Europäische Barockrezeption. Hrsg. v. Klaus Garber in Verb. mit Ferdinand van Ingen/ Wilhelm Kühlmann/Wolfgang Weiß. Wiesbaden 1991, 317–326.

Wang, Andreas, Information und Deutung in illustrierten Flugblättern des Dreißigjährigen Krieges. Zum Gebrauchscharakter einiger Blätter des Themas 'Sächsisch Confect' aus den Jahren 1631 und 1632. In: Euph. 70, 1976, 97–116.

Warncke, Carsten-Peter, Sprechende Bilder – sichtbare Worte. Das Bildverständnis in der frühen Neuzeit. Wiesbaden 1987.

Weber, Bruno, Wunderzeichen und Winkeldrucker 1543–1586. Einblattdrucke aus der Sammlung Wikiana in der Zentralbibliothek Zürich. Dietikon/ Zürich 1972.

Weigel, Sigrid, Flugschriftenliteratur 1848 in Berlin. Geschichte und Öffentlichkeit einer volkstümlichen Gattung. Stuttgart 1983.

Wohlfeil, Rainer/Trude Wohlfeil, Landsknechte im Bild. Überlegungen zur 'Historischen Bildkunde'. In: Bauer, Reich und Reformation. Festschrift für Günther Franz. Hrsg. v. Peter Blickle. Stuttgart 1982, 104–119.

Wolf, Dieter, Kommunikationsformen der Flugschriften des 16. und 19. Jhs. und ihre sozialgeschichtlichen Bedingungen. In: Literatur und Sprache im historischen Prozeß. Hrsg. v. Thomas Cramer. Tübingen 1983. Bd. 2, 150–170.

Wolfgang Adam, Magdeburg (Deutschland)

11. Theorien der Zeitung und Zeitschrift

1. Vorbemerkung
2. Vorgeschichte
3. Massenpresse und der Vorrang der Zeitung
4. Zeitungswissenschaft
5. Publizistik
6. Zum Stellenwert der Druckmedien in der jüngeren Medienforschung
7. Literatur

1. Vorbemerkung

Die periodischen Druckmedien sind im Laufe ihrer fast 400jährigen Geschichte von unterschiedlichen Fächern wissenschaftlich thematisiert worden. Davon, daß sie einen Teil oder gar den Kern einer selbständigen Wissenschaft darstellten, war fast 300 Jahre überhaupt keine Rede. In den letzten 100 Jahren hat es mehrere, von unterschiedlichen etablierten Wissenschaften unternommene Versuche gegeben, nacheinander oder parallel, periodische Printmedien in die wissenschaftliche Arbeit einzubeziehen oder in einer speziellen neu begründeten Disziplin zu bearbeiten. Der mühsame Klärungsprozeß scheint bis heute, nicht nur in Deutschland, sondern im gesamten europäisch-nordamerikanischen Kontext, noch nicht endgültig beendet zu sein. Deshalb kann der Versuch, unter theoretischem Aspekt eine Summe der Erkenntnisse ziehen zu wollen, nur vorläufig sein. Noch ist die Bedeutsamkeit der Fragen größer als die der Antwortmöglichkeiten. Ein einheitliches theoretisches Gebäude ist nicht entstanden, vielmehr gibt es Häuser unterschiedlichster Grundrisse in den verschiedensten Stadien der Realisierung. Die Fertigstellung dieser Gebäude ist – um im Bilde zu bleiben – nicht allein von den theoretischen Anstrengungen der Wissenschaftler abhängig, sondern heute wie in früheren Zeiten entwickeln sich Wissenschaften v. a. durch die gesellschaftliche Zuweisung von Ressourcen. Das gilt v. a. für Disziplinen, die zur Beantwortung ihrer Fragen nicht nur den Kopf und den Schreibtisch des Wissenschaftlers brauchen, sondern eines mehr oder weniger großen apparativen Aufwandes bedürfen. Aus der historischen Entwicklung läßt sich ableiten, daß der personelle und materielle Aufbau von Disziplinen nicht notwendig mit deren wissenschaftlicher Relevanz verbunden ist. Das läßt sich auch an den Disziplinen zeigen, die sich mit den periodischen Druckmedien befaßt haben und befassen.

2. Vorgeschichte

Otto Groth ist der Geschichte der Erforschung der periodischen Druckmedien unter dem Titel Zeitungswissenschaft detailliert nachgegangen. Er kann zeigen, daß es seit dem Auftreten dieser Medien Wissenschaftler gegeben hat, die sich mit deren Auswirkungen auseinandergesetzt haben. Sie haben sich als Theologen, Pädagogen, Staats- und Polizeirechtler u. a. der Zeitungen angenommen. Zur Vorgeschichte werden sie, weil sie jeweils von der Perspektive dieser Wissenschaften resp. deren praktischen Intention her in den Blick kamen, nicht aber auf ihre mögliche eigene disziplinbildende Qualitäten untersucht worden sind. Eine Ahnung davon ist in dem Torso gebliebenen Werk des späteren Hallenser Literaturhistorikers Robert Prutz erkennbar, der 'Geschichte des deutschen Journalismus' (1845), der von der deutschen Aufklärung und der Französischen Revolution in der Generation seiner Väter und Großväter her geprägt, sich der Linken zuzählte, glaubt, die aristokratisch-ästhetische Phase der Literaturwissenschaft überwunden zu haben. Er wendet sich den periodischen Printmedien zu, von denen er glaubt, daß „die *Journale* für die Gesamtheit unserer modernen Zustände" deswegen so bedeutend seien, weil sie es ermöglichen, die „Gesamtheit unserer Entwicklung [...] leichter zu begreifen und in ihrem Verständnis bei weitem fruchtbarer ist als wenn nur ein einzelnes Werk, eine abgesonderte Dichtung dargeboten wird." „Der Journalismus überhaupt, in seinen vielfachen Verzweigungen und der ergänzenden Mannigfaltigkeit seiner Organe, stellt sich als das Selbstgespräch dar, welches die Zeit über sich selber führt. Er ist die tägliche Selbstkritik, welcher die Zeit ihren eigenen Inhalt unterwirft; [...]" (Prutz 1845/1971, 6, 7).

Die Tatsache, daß Robert Prutz seine Geschichte des Journalismus als Torso liegen ließ, bedeutete nicht, daß er an dieser Einsicht in das Wesen des Journalismus später zweifelte, vielmehr machte die ungeheure Breite, die der Strom der Publizistik bereits im späten 18. Jh. angenommen hatte, die Übersicht schwierig, v. a., weil es an einigermaßen kompletten Sammlungen vollständig fehlte. Die Fortsetzung seines Werkes konnte zumal wegen der fehlenden Vorarbeiten nicht die Aufgabe eines einzelnen sein. Das Werk blieb unabgeschlossen, der theoretische Ansatz aber wird bis heute immer wieder aufgegriffen.

3. Massenpresse und der Vorrang der Zeitung

Im Vormärz breiteten sich in den deutschen Ländern demokratische Gedanken trotz regierungsamtlicher Unterdrückung aus. Sie bereiteten, wenn auch zunächst kaum erkennbar, der Massendemokratie den Boden. Parallel dazu entstanden die technischen Voraussetzungen, die die periodischen Printmedien zu einem Massenkommunikationsmittel werden ließen. Die industrielle Revolution, die die agrarischen Produktions- und Sozialverhältnisse langsam aufbrach, schuf die Kaufkraft, die für den Absatz hochauflagiger periodischer Druckmedien erforderlich waren. Die Industrialisierung bedurfte auch einer elaborierten Lesefähigkeit, die gleichfalls Voraussetzung für die massenhafte Verbreitung der periodischen Presse war. Staatsrechtslehrer und Nationalökonomen nahmen sich in breiter Front in der 2. Hälfte des 19. Jhs. auf deutschen Hochschulen dieses Themas an. Während Prutz noch von Journalen sprach, wurden nun Differenzierungen eingeführt und die Zeitschriften von den Zeitungen abgehoben. Zeitungen genossen das Hauptinteresse, denn sie erzielten die höchsten Auflagen, waren am weitesten in der sich immer stärker ausbreitenden Leserschaft vertreten, und griffen durch ihre Berichterstattung in den täglichen Alltag ein, indem sie nicht nur die Haupt- und Staatsaktionen berichteten, sondern gerade auch die Tiefen und Untiefen des Alltags ausloteten. Die große Politik hatten auch die Zeitungen vor der Industrialisierung reflektiert. Von den kleinen Ereignissen des Lokalen mußten sie sich schon wegen der örtlichen Zensur fernhalten.

Trotz des Differenzierungsprozesses, den die an der Hochschule repräsentierten Wissenschaften im 19. Jh. durchliefen, kam es aber in Deutschland etwa im Unterschied zu Nordamerika noch nicht zur fachlichen Formulierung einer speziellen Disziplin, die sich den Zeitungen zuwandte. Die Ursachen dafür sind vielfältig. Eine Rolle gespielt hat wohl der größere Abstand, den Wissenschaft und Alltag gerade in Deutschland im Vergleich zu Nordamerika fast bis zum heutigen Tage besitzen. Die Zeitungen auch, ja vielleicht vorwiegend Träger trivialer Informationen, schienen eben deswegen nicht wissenschaftswürdig zu sein. So wird bspw. in der Philosophie der Heidegger-Schule die öffentliche Meinung und mit ihr die Presse der Sphäre des Man zugeordnet, der generell Unwesentlichkeit und Unwahrheit nachgesagt wird. Auch griff die sich in den beiden Jahrzehnten vor dem Ersten Weltkrieg stufenweise konstituierende Soziologie in der Person eines ihrer Gründerväter, Max Weber, nach dem Gegenstand Zeitung. Kutsch hat gezeigt, welche Fragestellungen Weber verfolgen wollte, und wie er seine Zeitungs-Enquete geschickt mit der Gründung der wissenschaftlichen Fachgesellschaft, 'Deutsche Gesellschaft für Soziologie', zu verbinden suchte. Das tat Weber, weil er erkannte, daß eine Soziologie des Zeitungswesens zu ihrer Ausarbeitung vieler gut geschulter Köpfe bedurfte und weil er annahm, daß diese Thematik und die zu ihrer Bearbeitung zu entwickelnde Methodik durchaus einen Kern der neuen Disziplin darstellen konnte. Dazu ist es bedauerlicherweise aus eher persönlichen Gründen nicht gekommen, da Weber mit der von ihm vorbereiteten Gesellschaftsgründung später nichts mehr im Sinn hatte und die Enquete, ihres Promotors beraubt, unterblieb. Aus der Fülle heute vergessener Autoren und deren Werken, die in Deutschland in der Vorweltkriegszeit über Zeitungen publiziert worden sind, weise ich auf zwei Strömungen hin, die zeittypisch waren und sich jeweils fundamental-kritisch mit der Zeitung und deren Produzenten auseinandersetzten. In der antisemitischen Strömung im letzten Drittel des 19. Jhs. gab es eine wissenschaftlich unbeachtliche aber mit Pamphleten weit verbreitete Ansicht, die die Zeitungen als gefährliches jüdisches Agitationsmittel herabzuwürdigen suchte. Auf diese Autoren hat die nationalsozialistische Partei seit den zwanziger Jahren immer wieder gern zurückgegriffen. Eine weitere Unterströmung, die sich öffentlich artikulierte, war die katholisch fundierte Ablehnung der Zeitungen. Sie wurden als Instrumente der Versimpelung und der Sensationen gekennzeichnet, gemeint war damit die nicht in der christlichen Tradition stehende weltanschauungsneutrale Berichterstattung, die ähnliche Prozesse in der Gesellschaft widerspiegelten.

Für die theoretische Auseinandersetzung mit der Zeitung steht v. a. das Werk des Nationalökonomen Karl Bücher. Bücher, der als einer der bedeutendsten Vertreter der jüngeren historischen Schule der Nationalökonomie gilt, verband stets Analyse mit sozialpolitischen Intentionen. Als Ökonom war für ihn an der Zeitung die charakteristische Verbindung zweier Märkte von Bedeutung, des Anzeigenmarktes und des Lesermarktes. Die Verbindung hielt er für ebenso lukrativ wie anstößig, deshalb hat er erfolglos mehrfach Vorschläge gemacht, wie der Einfluß des Werbemarktes auf den redaktionellen Inhalt verhindert oder minimiert werden kann. In einer für diese Denkweise typischen Formulierung hat Bücher seine Erkenntnis über die Zeitung zusammengefaßt, indem er schreibt: „daß durch die ganze Presse hin die Zeitung jetzt den Charakter einer *Unternehmung* hat, welche *Anzeigenraum* als Ware produziert, die nur durch einen redaktionellen Teil absetzbar wird". Im Blick auf vorindustrielle Zeiten sah Bücher darin „eine fundamentale Umgestaltung des Wesens der Zeitung." (Bücher 1926, 21)

4. Zeitungswissenschaft

Karl Bücher lag es fern, eine eigene Wissenschaft begründen zu wollen, als er nach Abschluß seiner wissenschaftlichen Karriere sich als Emeritus entschloß, innerhalb der Staatswissenschaften an der Leipziger Hochschule eine Abteilung für Zeitungskunde zu errichten (1916). Er hatte aber ein Ziel vor Augen, das er durch eine breit gestreute Kampagne ankündigte und das ihn von Kollegen, die sich auch mit den Zeitungen befaßten, unterschied. Bücher wollte die Vorbildung für Journalisten verbessern. Er war selber im Journalismus tätig gewesen, wobei ihm eine solide klassische historisch-philologische Ausbildung durchaus gute Startmöglichkeiten eröffnet hatte, zumal er sich nie primär mit ästhetischen Aspekten der Philologie oder ausschließlich philosophisch-politischen Konstruktionen der Geschichte beschäftigt hatte, sondern immer die soziale Seite historischen Geschehens herauszuarbeiten imstande war. Er kannte also das Metier und er kannte die Schwächen des zeitgenössischen Journalismus, die er im mangelnden Überblick und im fehlenden analytischen Verstand und der damit einhergehenden mangelnden Kritikfähigkeit ausmachte. Diese Fähigkeiten wollte er durch seine ökonomisch-akzentuierten Analysen zur Geschichte der Presse entwickeln und schulen. Deshalb sprach er von Vorbildung, nicht von Ausbildung. Journalistische Praxis konnte man nach Büchers Auffassung nicht an der Hochschule, sondern nur in Redaktionen erlernen. Die Hochschule konnte aber Katalysator sein, der durch ein geeignetes thematisches Angebot und analytische Schulung vorbereitete. Das Studienangebot nannte er Zeitungskunde, und er betrieb es als Fachgebiet innerhalb der Staatswissenschaften.

Allerdings setzte sich dies Konzept nicht durch. Die Hochschulen, die sich dem Gegenstand Zeitung öffneten, zogen ein eigenes

Fach Zeitungswissenschaft innerhalb der philosophischen Fakultäten vor. Dabei spielten Zufälligkeiten des personellen Angebotes, aber auch die erhoffte finanzielle Unterstützung durch die Verleger- und Journalistenverbände eine Rolle. Karl Bücher war ein polemisches Talent, der der kritischen Auseinandersetzung mit seiner sozialen Umwelt große Bedeutung beimaß. Er wollte in einem seiner Konzepte den Anzeigenmarkt verstaatlichen, um der ökonomischen Schubkraft des Inseratenwesens den illegitimen Einfluß auf die öffentliche Meinung zu entziehen. Von ihm waren schmückende Festschriften und artige Festreden kaum zu erwarten. Hier lagen Differenzpunkte zwischen der Bücher'schen Zeitungskunde und der für zwei Generationen herrschenden Zeitungswissenschaft. Letztere kam nicht von der Nationalökonomie her, sondern befleißigte sich einer philologisch-historischen Methodik, die ihren praktischen Ausdruck in der Historiographie der Presse und ihren theoretischen Ausdruck in der definitorischen Abgrenzung ihres Gegenstandes fand. Im Mittelpunkt standen dabei der Bedeutungsinhalt definitorischer Merkmale, wobei es im Kern um vier Teilgebiete ging: potentielle Universalität des Inhalts, Aktualität von dessen Übermittlung, unbegrenzte Öffentlichkeit des Angebotes (Publizität) und möglichst rasche Folge (Periodizität). Dovifat faßte seinen Definitionsversuch in der einprägsamen Formel zusammen, die Zeitung übermittle „jüngstes Gegenwartsgeschehen in kürzester regelmäßiger Folge der breitesten Öffentlichkeit" (Dovifat 1967, 8). Die philologisch-historische Analyse ist literarischen Quellen angemessen. Mit ihrer Hilfe zu interpretieren und sich terminologisch der Sprache der Quellen anzupassen, gab der Zeitungswissenschaft wohl die Basis. Die Ausgestaltung der Definitionen war aber problematisch. Nicht nur, weil Zeitung und Zeitschrift als zwei Haupttypen der periodischen Druckmedien über lange Phasen der Geschichte nicht unterschieden wurden und ihre Abgrenzung in unscharfer Form erst seit dem letzten Drittel des 19. Jhs. geläufig wurde. Gravierend war in diesem Zusammenhang auch, daß die Merkmale als quasi überzeitliche Konstanten aufgefaßt wurden und sich deshalb nicht eben günstig eigneten, um die Pressegeschichte von 300 Jahren angemessen auf den Begriff zu bringen. Hinzu kam, daß dieser Zugriff statisch war, in sich keine Möglichkeit besaß, das Zusammenwirken, die Funktionsweise bestimmter Merkmalskonstellationen angemessen zu formulieren.

Diesen Nachteilen wollte Hans Traub in seiner Schrift zu den Grundbegriffen des Zeitungswesens abhelfen. Seine Untersuchung „befaßt sich mit Form und Art des Inhaltes der Zeitung, ihren Herstellern, ihren Abnehmern, also dem Produktionsbegriff Zeitungsblatt und der Wechselwirkung zwischen Hersteller und Abnehmer, also dem Beziehungsbegriff Zeitung." (Traub 1933, III) Seine auch wissenschaftliche Vorgehensweisen der Soziologie aufnehmende Berliner Habilitationsschrift ist allerdings nicht wirksam geworden, da ihm 1933 als (wie es in der damaligen Terminologie hieß) „jüdisch Versippten" eine weitere Wirkungsmöglichkeit auf der Hochschule auf Sicht verwehrt wurde und die gedruckte Habilitationsschrift nur in wenigen Stücken dem Einstampfen entging.

Nicht nur methodisch war die Gründung einer Zeitungswissenschaft in den 20er Jahren erstaunlich rückwärtsgewandt. Es ist auch gewiß charakteristisch, daß nur einige Länder aus dem mitteleuropäischen Bereich diesem Vorbild folgten: Polen, Italien u. a., denn seit dem Ende des 19. Jhs. hatte sich der Film als weiteres Massenkommunikationsmittel aufgemacht, eine weltweite Industrie zu werden. Seit den 20er Jahren begann der Hörfunk einen ähnlichen Siegeszug. Es lag auf der Hand darüber nachzudenken, ob nicht, wie es Traub im Titel seiner Greifswalder Antrittsvorlesung ausdrückte, gemeinsame Betrachtungsweisen von Presse, Rundfunk und Film gefunden werden müßten. In der nationalsozialistischen Zeit wurde aber die traditionelle Zeitungswissenschaft kräftig ausgebaut. Verbindungen zur Rundfunk- und Filmwissenschaft gab es punktuell, aber die berufsständisch orientierte nationalsozialistische Politik hielt die Trennung auch der wissenschaftlichen Betrachtung der Medien in der Öffentlichkeit durch.

Das quantitative Wachstum der Zeitungswissenschaft in der nationalsozialistischen Zeit hat deren theoretischen Aufbau nicht gefördert, zumal an der Hochschule viele politische Karrieristen als Mitläufer und Mittäter des Regimes Einzug hielten.

5. Publizistik

Als nach dem Sieg der Alliierten im Sommer 1945 erste Überlegungen angestellt wurden, die deutschen Hochschulen neu zu öffnen, stand das Fach Zeitungswissenschaft vor einem mehrfachen Dilemma. Ein großer Teil der Fachvertreter hatte sich durch enge Kooperation mit dem nationalsozialistischen Regime selbst ins Aus gestellt. Ein Rückgriff auf wissenschaftliche Konzepte der Weimarer Jahre war nicht möglich, da seinerzeit fast ausschließlich die Printmedien thematisiert wurden, deren Bedeutung für das Publikum im Bereich von Informationsvermittlung und Unterhaltung gleichermaßen durch Film/Wochenschau und den Hörfunk eingeschränkt wurden. Im Trend wurde die Lösung in der Erweiterung des wissenschaftlichen Gegenstandes gesucht, wobei entweder der Begriffsinhalt des Wortes Zeitung („Zeitung ist das Zeitgespräch der Gesellschaft") (Münchener Schule) ausgedehnt wurde, oder aber unter dem Stichwort Publizistik eine Subsumierung aller öffentlich gebrauchten Medien vorgeschlagen worden ist. Personell schrumpfte das Fach auf eine Handvoll Hochschulorte, konzeptionell griff man auf die bereits seit Jahrzehnten für die Analyse von Zeitung und Zeitschrift entwickelten Definitionen zurück. Das Interesse lag darauf, die den publizistischen Medien gemeinsamen Merkmale zu bestimmen, ihr Zusammenwirken zu beschreiben und dadurch publizistische Aktionen in ihren tatsächlichen Abläufen verstehen zu können. Dieses Verstehen war als Voraussetzung für praktische Handhabung gedacht und sollte zugleich ein Beitrag zur Vorbildung journalistischer Arbeit sein.

Das Mediensystem entwickelte sich in der Folge in seinen elektronischen Bereichen immer stärker und rascher, so daß die Druckmedien langsam aber sicher aus dem zentralen Blickfeld der nun überwiegend Publizistik genannten Disziplin entschwanden. Daß ihre theoretische Analyse kaum mehr betrieben worden ist, wurde für die Beobachter zunächst dadurch verdeckt, daß sich die meisten Examensarbeiten im Fach Publizistik nach wie vor mit Zeitungen oder Zeitschriften auseinandersetzten. Das ist aber v. a. auf die gute Zugänglichkeit von Printmedien zurückzuführen, deren Bearbeitung keine besonderen Auswertgeräte brauchten, und urheberrechtliche Probleme auch nicht zu überwinden hatten. Nach Etablierung der audiovisuellen Medien haben Zeitung und Zeitschrift ihren für die Theoriebildung der Publizistik und der Kommunikationswissenschaft ursprünglich innegehabten bevorzugten Status verloren, sie waren jetzt ein Medium unter anderen. Die Diskussion der an der Analyse der Druckmedien gewonnenen Merkmale wurde nicht überflüssig, aber sie verlor den zentralen Stellenwert zugunsten publizistischer Feldvorstellungen, mit denen die Funktion der Medien besser erfaßt werden konnte. Die Publizistik und Kommunikationswissenschaft, wie sie sich seit den 60er Jahren abzeichnet, definiert sich als Sozialwissenschaft, was in erster Linie als Gegenwartswissenschaft zu verstehen ist. Methodisch lehnte sie sich an die empirische Sozialforschung an. Die Vorstellung, daß für die Etablierung einer eigenen Wissenschaft die Bestimmung eines eigenen Gegenstandes (den keine andere Wissenschaft bearbeitet) und einer eigenen Methode (der jenem spezifischen Gegenstand angemessen ist) Voraussetzung sind, wurde mehr und mehr aufgegeben, weil sich zeigte, daß Zeitungen und Zeitschriften und die anderen Massenkommunikationsmittel Gegenstand einer ganzen Reihe von Sozial- und Geisteswissenschaften sein können, und ihre Erforschung in vielen Fällen das Bündeln verschiedener Fächer erfordert, wenn Fragestellungen und Ergebnis sachangemessen sein sollen. In dieser Hinsicht hat sich die Wissenschaft der Bundesrepublik den Verhältnissen in Nordamerika weitgehend angenähert.

6. Zum Stellenwert der Druckmedien in der jüngeren Medienforschung

Trotz der gewaltigen Ausdehnung der elektronischen Medien in der 2. Hälfte des 20. Jhs. und der absehbaren Verschmelzung der audiovisuellen Massenkommunikation mit der computerbetriebenen Individualkommunikation, haben Zeitungen und Zeitschriften nach wie vor eine erhebliche ökonomische Bedeutung und einen nicht wegzudiskutierenden Wirkungsradius. Als Gegenstand theoretischer Reflexion eignen sie sich heute eher im Rückblick. Jürgen Habermas hat seine Theorie des Wandels von der feudalen zur bürgerlichen Öffentlichkeit zentral an den Zeitungen im 18. Jh. entwickelt. Marshall McLuhan geht in seiner Medientheorie von der Kontingenz der Printmedien aus, denen er, wie der Schriftlichkeit überhaupt, angesichts der elektronischen Revolution das Ende voraussagt. Ob die Vorstellung, daß sich verschiedene Medientypen im Laufe der Geschichte ablösen, richtig ist, oder ob die bereits von Riepl aus der historischen Beobachtung abgeleitete Behauptung, neue Medien verdrängten ältere nur insoweit, als diese deren Funktionen besser auszuüben vermöchten, zutrifft, ist weniger theoretisch als durch empirische Forschung zu entscheiden.

Die empirische Erforschung der Printmedien hat in der jüngsten Zeit abgenommen, was die Prominenz der Forscher, die öffentlich zugebilligte Bedeutung der Untersuchungen und wohl auch die Anzahl angeht. Doch spiegeln sich darin eher Probleme der Forschungsfinanzierung wider. Kommunikationspolitisch und -theoretisch wird künftig dem Medienvergleich eine deutlich größere Bedeutung zukommen.

7. Literatur

Bohrmann, Hans, Die Erforschung von Zeitung und Zeitschrift in Deutschland. In: Die Erforschung der Buch- und Bibliotheksgeschichte in Deutschland. Hrsg. v. Werner Arnold/Wolfgang Zeller/Bernhard Zeller. Wiesbaden 1987, 346–358.

–, Strukturwandel der deutschen Studentenpresse. Studentenpolitik und Studentenzeitschriften 1848–1974. München 1975.

Bohrmann, Hans/Peter Schneider, Zeitschriftenforschung. Ein wissenschaftsgeschichtlicher Versuch. Berlin 1975.

Bücher, Karl, Gesammelte Aufsätze zur Zeitungskunde. Tübingen 1926.

Dovifat, Emil, Zeitungslehre, 2 Bde. Berlin 1967.

Giesecke, Michael, Der Buchdruck in der frühen Neuzeit. Eine historische Fallstudie über die Durchsetzung neuer Informations- und Kommunikationstechnologie. Frankfurt a. M. 1991.

Groth, Otto, Die Geschichte der deutschen Zeitungswissenschaft. Probleme und Methoden. München 1948.

–, Die Zeitung. Ein System der Zeitungskunde (Journalistik). 4 Bde. Mannheim/Berlin/Leipzig 1928–1930.

Habermas, Jürgen, Strukturwandel der Öffentlichkeit. Untersuchungen zu einer Kategorie der bürgerlichen Gesellschaft. Neuwied 1962.

Hagelweide, Gert, Literatur zur deutschsprachigen Presse. Eine Bibliographie, Bd. 1–13. München 1985–1999 (Bd. 14 ist in Vorbereitung).

Kirchner, Joachim, Bibliographie der Zeitschriften des deutschen Sprachgebietes bis 1900. 3 Bde. und Titelregister. Stuttgart 1969–1989.

–, Gedanken zur Definition der Zeitschrift. In: Publizistik 5, 1960, 14–20.

Koszyk, Kurt, Geschichte der deutschen Presse. Tl. II–IV. Berlin 1966–1986.

Lehmann, Ernst H., Einführung in die Zeitschriftenkunde. Leipzig 1936.

Lindemann, Margot, Deutsche Presse bis 1815. Berlin 1969.

MacLuhan, Marshall, The Gutenberg galaxy. The making of typographic man. London 1962.

Prutz, Robert E., Geschichte des deutschen Journalismus. 1. Tl. Nachdruck der 1. Aufl. von 1845. Göttingen 1971.

Riepl, Wolfgang, Beiträge zur Geschichte des Nachrichtenwesens bei den Römern. Diss., Erlangen 1911.

Straßner, Erich, Zeitschrift. Tübingen 1997.

–, Zeitung. Tübingen ²1999.

Traub, Hans, Grundbegriffe des Zeitungswesens. Kritische Einführung in die Methode der Zeitungswissenschaft. Stuttgart 1933.

–, Zeitung, Film, Rundfunk. Die Notwendigkeit ihrer einheitlichen Betrachtung. Berlin 1933.

–, Zeitungswörterbuch. Sachwörterbuch für den bibliothekarischen Umgang mit Zeitungen. Hrsg. v. Hans Bohrmann/Wilbert Ubbens. Berlin 1994.

Hans Bohrmann, Dortmund (Deutschland)

12. Theorien des Plakats

1. Einleitung: Allgemeine Anmerkungen
2. Historischer Überblick
3. Ausgewählte Theoriebereiche
4. Drei ausgewählte Gattungen
5. Schlußbemerkungen
6. Literatur

1. Einleitung: Allgemeine Anmerkungen

Das moderne Plakat ist ein auf stärkste optische Wirksamkeit ausgerichtetes grafisches Medium persuasiven Charakters, das durch seinen spezifischen Zweck (Werbung), eine bestimmte Materialbeschaffenheit (in der Regel Papier), ein gewisses Format (in Deutschland nicht kleiner als DIN A 3), eine spezielle Technik (in der Regel Druck nach Vorentwurf) und eine eigene Verbreitungsform (Aushang, Klebung an Säulen und Wänden) in seiner Identität bestimmt wird. Es unterliegt einem Arbeitsprozeß, der in der Verkettung von Entwurf, Herstellung und Veröf-

12. Theorien des Plakats

fentlichung „eine Verständigungshandlung" verkörpert, „die mit der Reaktion des Angesprochenen ihr Ziel findet" (Kämpfer 1985, 16). Seine Existenz wird von der kontinuierlichen, weithin wahrnehmbaren, auffälligen und suggestiven, im Einzelfall aber zeitlich begrenzten Anwesenheit an einem ausgewiesenen Punkt des öffentlichen Raumes gekennzeichnet. Es wirbt für kommerzielle, politische, soziale, karitative, kirchlich-religiöse, kulturelle, sportliche und andere Zwecke. Dazu bedient es sich zumeist einer komprimierten Verbindung von grafischen Chiffren, Symbolen, verkürzten Schriftpassagen (Schlagwörtern, Slogans) etc., die in ihrem Zusammenwirken eine der jeweiligen Aufgabe entsprechende Werbebotschaft formulieren.

Diese Reduktion, basierend auf der Kunst des Weglassens, ist typisch für das Plakat und seiner Aufgabe angemessen: Es dient überwiegend nicht der ausführlichen Information, sondern der knappen unmittelbaren Ansprache, der Überredung durch wiederholte, ständige Konfrontation. Um zu funktionieren, muß das Plakat seine ganze Botschaft in äußerst kurzer Zeit übermitteln.

Die spezifische Struktur des Plakats liegt in der Verbindung zweier verschiedener Bereiche, an deren Schnittpunkt es liegt: Einerseits ist es Exponent der seine Zwecke bestimmenden wirtschaftlichen, politischen, gesellschaftlichen etc. Interessen der Auftraggeber, andererseits aber auch Ausdruck einer mehr oder weniger intensiven künstlerischen Gestaltung.

Seine Verbreitungsart und seinen Zweck scheint das Wort *Plakat*, den vermuteten etymologischen Quellen zufolge, schon verbal zu implizieren: Laut 'Kluges Etymologischem Wörterbuch der deutschen Sprache' soll es aus dem neuniederländischen Wort *plakkaat*, das wiederum aus dem französischen *placcard* entlehnt worden sein soll, stammen, also von Wörtern, die alle ein „sehr großes Stück Papier, das zur Weitergabe von Information öffentlich ausgehängt wird", bezeichnen. Im Französischen hat sich allerdings *affiche* (Anschlag, von affigere = anheften) durchgesetzt und wurde z. B. im modernen Niederländischen übernommen, während im Englischen *poster* (to post = ankleben, anheften) gebräuchlich ist. Die italienischen Begriffe *cartello* (carta = Papier) oder *manifesto* (= Bekanntmachung) drücken die Materialbeschaffenheit bzw. den inhaltlichen Zweck aus.

Hatte das Plakat zeitweilig eine dominierende Stellung – hier differieren allerdings die Einschätzungen der Zeitgenossen – unter den Werbemitteln, so ist heute mehr als je zuvor Bestandteil eines umfangreichen Werbeapparates. Neben Anzeigen, Rundfunk- und Fernsehspots besitzt es eine unterstützende Funktion. „Es ruft den Passanten Werbebilder in Erinnerung zurück, die sie zuhause schon in einem anderen Zusammenhang gesehen haben" (Suckale-Redlefsen 1976, 11). Plakate werden „woanders" und [...] „deshalb auch anders aufgenommen als andere Medien" (Schirner 1988, 21). In der Regel statisch fixiert und im Vorbeigehen bzw. Vorbeifahren für einen Moment erlebt, kurz darauf bereits von etwas anderem aus dem Gesichtskreis verdrängt, sind sie Bestandteil einer ständig zunehmenden Bilderflut. Sie müssen sich „nicht nur gegen die Konkurrenz der Plakate nebenan durchsetzen, sondern gleichzeitig auch gegen die Konkurrenz der Dinge" (Schirner 1988, 22) in ihrer Umgebung. Um bestehen zu können, muß das Plakat ein „starker Blickfänger", „unmittelbar verständlich" sein und „einen besonderen Gedächtniswert" besitzen (Prakke 1963, 30). Über ihr aktuelles Dasein hinaus können Plakate auch die „bündigsten Zeugen der Geschichte" (Arnold 1985) sein, ebenso ein Spiegel, „der sowohl spiegeln, als auch verzerren kann" (Gallo 1975, 12). Dabei muß allerdings beachtet werden, daß das Plakat für den Historiker „ein mehr oder minder zufällig überkommenes Zeugnis vergangener Kommunikation" (Kämpfer 1985, 14) ist.

2. Historischer Überblick

Will man sich Rechenschaft über den Komplex *Plakattheorien* ablegen, so steht man vor äußerst defizitären Ausgangsbedingungen. Die wenigsten plakatgeschichtlichen Arbeiten behandeln Theoriebildung (z. B. Gagel 1971; Halter 1992; Henatsch 1994). Ebenso selten werden Werbetheorien mittels Plakaten exemplifiziert; dies geschieht zumeist anhand von Anzeigen – in jüngerer Zeit häufiger noch Werbespots – oder in einem übergeordneten, diffusen Bezug der 'Werbebilder'. Es gibt folglich im allgemeinen fachlichen Bewußtsein keine *Plakattheorien* in der Art und Weise wie z. B. *Filmtheorien* oder eine *Theorie des Kinos*. Gleichwohl läßt sich im Laufe der modernen Plakatgeschichte eine unterschiedlich starke Bereitschaft zu plakattheoretischen Äußerungen erkennen. Sie waren und sind häufig in eine Stellenwertdiskussion innerhalb des Werbeapparates eingebunden, dabei – trotz gewisser Konstanten – auch Widerhall des ständigen medialen Wandels. Ebenso sind sie Spiegel allgemeiner soziokultureller Strömungen, was die Komplexität eines Versuchs ihrer Bündelung zusätzlich unterstreicht.

Zur Theorie des Plakats äußerten sich bis heute u. a. Kunstwissenschaftler, Werbefachleute, Psychologen, Kommunikationswissenschaftler, Publizisten, Medientheoretiker, Historiker, Philosophen. Gleichfalls von Interesse sind Selbstzeugnisse von Plakatgrafikern wie etwa Jules Chéret (1835–1932), Leonetto Cappiello (1875–1942), Jean Carlu (1900–?), Julius Klinger (1876–1942), A. M. Cassandre (1901–1968), Jan Tschichold (1902–1974). Vieles ist allerdings lediglich als Statement bzw. Aperçu, kaum je als durchformulierte Theorie zu bewerten. Die Erforschung der weit verstreuten Materialien steckt noch in den Anfängen. Mit der Dissertation von Halter (1992) liegt immerhin ein erster Schlüssel zur französischen Diskussion zwischen 1900 und 1930 vor, während Gagel (1971) und jüngst Henatsch (1994) vor allem Einblicke in die deutsche Debatte vor 1914 ermöglichen.

Die frühesten plakattheoretischen Gedanken um 1900 kamen aus dem Kunstbereich. Schon damals ging es um Form und Funktion des Plakats, sein Werbezweck wurde aber noch ästhetischen Kategorien untergeordnet. Die deutsche Plakatdebatte bis 1930 verband sich vor allem mit Herbert Tannenbaum, Paul Mahlberg, Adolf Behne, Paul Westheim. Von werbewirtschaftlicher Seite trat u. a. Ernst Growald hinzu, dessen 'Plakatspiegel' (1904) jedoch keine ausgearbeitete Theorie, sondern eine thesenartige Manifestation darstellt. Zum wesentlichen publizistischen Organ wurde in Deutschland ab 1910 die Zeitschrift 'Das Plakat', welcher man einen umfangreichen Fundus zu allen möglichen Problemen des Plakats entnehmen kann. Weitere plakattheoretische Artikel erschienen in 'Die Reklame' und 'Seidels Reklame'. Für Frankreich sind hier u. a. 'La Publicité Moderne', 'La Publicité' oder 'Vendre' zu nennen. Kaindls 'Schriften über Reklame' aus dem Jahre 1928 geben einen Eindruck von der Fülle der bis dahin erschienenen deutschsprachigen Reklameliteratur; nur sehr wenigen Titeln wird man allerdings ernsthafte Beiträge zur Theorie des Plakats zubilligen können.

Neue psychologische Erkenntnisse in England und Amerika wirkten sich auf die kontinentaleuropäische Werbewissenschaft aus. Besonders den französischen Publikationen war das Bemühen um eine wissenschaftliche Fundierung der Reklame auf dieser Grundlage gemeinsam: Mit Arrens 'La publicité lucrative et raisonée' erschien 1909 das erste umfassende werbetheoretische Buch in Frankreich, zahlreiche folgten und behandelten das Plakat im Kontext, jedoch nur 'Les affaires et l'affiche' (1922) von Dermée und Courmont trug den Gegenstand selbst im Titel und gestand ihm Priorität zu. In Deutschland war es Seyffert (1929), der in seiner mehrfach neugefaßten Werbelehre das Plakat definierte. Die meisten deutschen Autoren beriefen sich auf ihn. Die NS-Zeit brachte vor allem – keineswegs zufällig – eine Betrachtung des politischen Plakats (Schockel 1938, 1939; Medebach 1941).

Fast gleichzeitig wurden – aus heutiger Sicht – die bislang faßbaren Fundamente schwächer. Die wesentlichen Argumentationen zu Form, Inhalt, Funktion und Dasein des Plakats waren schon zu Beginn der 1930er Jahre ausgetauscht. Späteres wiederholte und variierte die Grundgedanken, lediglich das Vokabular wandelte sich. Max Benses Studie 'Plakatwelt' (1952) öffnete den Blick auf Wechselwirkungen zwischen Lebensbereich und Plakaten. Mit sozialpsychologisch-philosophischen Sehweisen wurde das Plakat als „Werbung für das riesige Kaufhaus der großen Welt" (Haas 1953) bzw. als „Esperanto unseres Jahrhunderts" (Schön 1954) bezeichnet. Den „Plakatjargon" (Walter Jens, zit. n. Hundhausen 1961) erklärte man zum sprachlichen Widerhall des Zeitalters der abstrakten Verdichtung. Informations-, Zeichen- und Kommunikationstheorie (Moles 1970; Enel 1971, 1973) wurden auf die Werbung übertragen, ein mit der zunehmenden Historisierung des Plakats seit den späten 1950er Jahren einhergehender Prozeß. Allerdings entstand in diesem Zuge eine Fülle von Theoriegedanken, in denen das Plakat selbst kaum oder gar nicht mehr Erwähnung fand.

Eine Konstante der Plakattheorien von der Frühzeit an ist das visuelle Erleben des Rezipienten innerhalb der modernen Großstadt. Das Plakat treffe auf zerstreute, gehetzte Menschen, die „inmitten eines optischen Durcheinanders leben" (Cassandre, nach Medebach 1969, 2). Der 'homme pressé' (Carlu, nach Halter 1992, 130) in einer Massengesellschaft wurde zum Topos und lieferte die Kriterien für die Plakatdefinition über die Grenzen der Fachrichtungen hinaus. „Nicht nur das brutale Faktum des wirtschaftlichen Erfolgszwanges, sondern auch die intensive Empfindung, daß der zeitbedingt beschleunigte Lebensrhythmus zu gesteigerter Bildrhetorik anhielt, bildete den Horizont" (Halter 1992, 9) der Überlegungen. Mitunter diente diese eingeschränkte Perzeptionsfähigkeit des Passanten auf Grund sich verflüchtigender Eindrücke auch zur Infragestellung des Werbewerts von Plakaten.

3. Ausgewählte Theoriebereiche

3.1. Kunsttheorie

Die Kunsttheorie versuchte bisher überwiegend, formale, ästhetische und funktionale Gesichtspunkte des Plakats unter dem Primat der Gestaltung zu erörtern. Ihre Äußerungen sind häufig verbunden mit den jeweils aktuellen Kunstströmungen und dem von der Plakatgrafik geleisteten Anteil (z. B. Konstruktivismus, Neue Typographie). Dabei spielt auch eine Rolle, ob das Plakat in Anbetracht seiner massenhaften Reproduktion, seines Verwertungszwecks und seines 'vulgären' Auffallens überhaupt Kunst sein kann. Allerdings wurde dieser Gesichtspunkt schon früh dahingehend modifiziert, daß man in künstlerische und unkünstlerische Plakatgrafik unterschied. Woran es der Kunsttheorie des Plakats insgesamt mangelt, ist die Erstellung systematischer Gerüste, wie es z. T. seitens der Werbetheorie versucht wurde. Mit der Ikonologie besäße sie eigentlich ein Instrument, auch Bildinhalte zu definieren. Was auf praktisch-analytischer Basis gut funktioniert, scheint in theoretischer Hinsicht bislang kaum geleistet worden zu sein, so daß sich der Beitrag der Kunsttheorie zum Plakat überwiegend auf formale Problemstellungen reduziert. Allerdings existieren Kunsttheorie und Werbetheorie des Plakats nie völlig isoliert voneinander.

Für Chéret (1896, 85) hat das Plakat „auffallend als auch künstlerisch" zu sein. Plakate müßten sowohl von der Wand als auch von den umgebenden Plakaten stark abstechen. Durch die Einführung einer lebensgroßen, menschlichen Figur – am besten einer weiblichen – erhalte man „die schönste Wirkung, die man mit einem Plakat erzielen kann". Soll das Bild seinen Zweck erfüllen, so habe der Künstler dem darzustellenden Gegenstande besondere Beachtung zu schenken, ohne sich „in Details zu verlieren." Einige wesentliche, später immer wiederholt geäußerte Grundgedanken zum Plakat waren damit formuliert, bedurften jedoch der Erweiterung. Cappiello (vgl. Halter 1992, 8 ff.) besaß bereits die Erkenntnis, daß das Plakat seine Aufgabe ganz im Rahmen kommerzieller Anforderungen zu erfüllen habe. Auch er sagte, das Plakat müsse unerwartet und heftig wirken. Dazu sei ein ins Auge springender Fleck notwendig, den er als 'tache' bezeichnete, ein Begriff, der zu einem vielzitierten Schlagwort wurde. Kennzeichnend für die frühe Betrachtungsweise in Deutschland wie in Frankreich war, daß der optischen Überraschungswirkung stets Priorität zukam.

Mahlberg (1913, 200) betont vor allem den Signalcharakter des Plakats innerhalb der Metropole. Es tauge folglich nicht zum Erzählen von Geschichten, denn „davon bleibt im Autobusfenster bei der Vorüberfahrt nichts hängen." An die Stelle realistischer Bildform habe demnach „plakatistische Stilisierung" zu treten, die Mahlberg als „konsequente Abstraktion auf das Notwendige unter Verzicht auf das zum klaren Ausdruck Unwichtige" bezeichnet. Für den Grafiker Hiroshi Ohchi (1957, 10) ist – um den Bogen über die Jahrzehnte zu spannen – die Abstraktion im Plakat „eine Form der Gestaltung, die absolute Einheit zwischen Idee und Ausdrucksfähigkeit bedingt, um auch in der Vorstellungskraft des Publikums als Begriff existieren zu können". Um Aufmerksamkeit zu erregen, sei es deshalb für das Plakat notwendig, „unnötige Details aus der Gesamtform auszuscheiden." Die sich daraus ergebenden formalen Konsequenzen wurden schon früh erkannt. Carlu (Halter 1992, 136 ff.) etwa nennt als Bedingung für die gute Wahrnehmbarkeit des Plakats eine geschlossene Komposition – 'composition fermée' –, in der das Plakatsujet als 'masse centrale' anzuordnen sei. Dabei mißt er zeitweilig den geometrischen Bildelementen eine unmittelbare, den Blick fesselnde Wirkung bei, eine Ansicht, die sich auch bei Dermée und Courmont findet (vgl. Halter 1992, 137).

Auch bei der Farbe ist die Auffälligkeit maßgeblich. Für Chéret sind im Plakat bei einem Ölgemälde oder Aquarell absolut unzulässige Kontraste möglich. Die Farben habe man so zu wählen, daß sie entweder alles andere schlagen, oder so ruhig, daß sie durch Reserviertheit auffielen, schreibt Mahlberg (1913, 200). Tschichold (1928, 184) betont, auch der unbedruckte Raum des Plakats sei Teil der Komposition und somit für den Gesamteindruck wichtig.

Bezüglich der Schrift stehen sich zwei Positionen gegenüber: Die eine, die ihr eine auch gestalterisch ausgeprägte Blickfangwirkung zukommen läßt, die andere, die ihr ausschließlich sachlich-informative Qualitäten abverlangt. Chéret (1896, 85 ff.) schreibt, sie liefere „gewissermaßen den Schlüssel zum Bilde und ist sozusagen dessen Apologie pro vita sua." Sie müsse so eingerichtet werden, „daß sie das Plakat in augenfälliger Weise interpretiert, ohne doch die künstlerische Wirkung zu zerstören." Adolf Behne (1923/24, 400) äußert sich, sie erlaube „kein Ausspielen persönlicher, individueller Stimmungen und Neigungen. Oberstes Gesetz ist stets: vollkommenste Lesbarkeit. Denn jede andere Einstellung hebe den Sinn der Schrift, Mitteilung an alle zu sein, logisch auf." Cassandre bezeichnet den Schriftzug als den konkreten Ausgangspunkt für die Plakatgestaltung, geradezu als das Zentrum der Komposition. Daß ihm seitens der Werbetheorie die Aufgabe zukam, dem Publikum die magische Verkaufsformel zu übermitteln, pointiert er in der Aussage „L'affiche n'est pas un tableau. C'est avant toute chose un mot" (nach Halter 1992, 15).

Gerade das Verhältnis von Wort und Bild war u. a. die Grundlage, das Plakat gegenüber Kunstwerken wie dem Gemälde abzusetzen: Ein Gemälde, das der Worte benötige, sei kein Gemälde. Ein Plakat hingegen wolle die Worte. Ein künstlerisch geprägtes Wort, das des Bildes bedürfe, sei unkünstlerisch. Das Wort im Plakat dagegen wolle das Bild, „weil es nur geprägt wird, um mit dem Bilde eine höhere [...] Zweckeinheit zu bilden" (Knatz 1918, 286).

Die Polarisierung „Plakat als Kunst vs. Plakat als reines Werbemittel" betrifft vor allem die Idee von einer „Galerie der Straße": Schon für Sponsel (1897, 14) ist das Plakat „vielleicht der mächtigste Agent in der Erziehung des Volkes zum Kunstempfinden und zum Kunstbedürfnis." Dagegen spricht sich u. a. Westheim (1908, 119 ff.) aus. Es sei nicht die Aufgabe des Plakats, „neue Werte zu verkünden oder den Preis der menschlichen Empfindungen zu erweitern, sondern den alltäglichen Neigungen der Vielen schmeichelnd entgegenzutreten". Für Mahlberg (1913, 191 ff.) jedoch soll anstelle von Museen und Kunstgalerien die Plakatkunst die Masse zur Kunst erziehen. Für Tannenbaum hingegen (1914, 240 f.; vgl. 4.3) muß das Plakat immer „populär sein. Eine Erziehung des Volkes zum Verständnis des Plakats kann und braucht es nicht zu geben; denn ein Plakat, das eine Exegese verlangt, mag ein Kunstwerk sein, aber es ist ganz gewiß kein Plakat, wobei man sich darüber einig sein muß, daß die Möglichkeiten des Plakats – am Maßstab großer Kunst gemessen – verhältnismäßig gering sind."

Noch für Waetzold (1964) sind hingegen Plakate „die Hieroglyphen ihrer Zeit, ihre [...] Bildsprache prägt das Gesicht unserer Welt [...]. Als öffentliche Kunst konfrontiert sie den Mann auf der Straße [...] mit den Problemen der künstlerischen Form unserer Zeit." Und Schirner (1988, 19) meint – jedoch ganz im Sinne der Pop-art –, der flotte Wechsel der Plakate mache sie „zur modernsten Kunst, die es gibt."

Diese Debatte betrifft auch das Selbstverständnis der Entwerfer. Cassandre z. B. betrachtet die Verpflichtung gegenüber der Geschäftswelt als grundlegende Voraussetzung für sein Schaffen (vgl. Halter 1992, 12 ff.). Seine Definition des Plakats als „machine a annoncer" apostrophiert den Entwurf als rein technisches und kommerzielles Problem, das Plakat selbst unverhohlen als Serienprodukt. Deshalb verlange das Plakat den vollkommenen Verzicht auf die Persönlichkeit des Künstlers. Es sei nur ein Mittel der Mitteilung vom Verkäufer zum Publikum, „ähnlich [...] wie die Telegraphie" (Cassandre, zit. nach Brendel 1955, 3). Allerdings bezeichnet Kossatz (1970, 7) den Plakatsektor als einen der wenigen Bereiche der modernen Kunst, wo das alte Verhältnis zwischen Auftraggeber und Künstler weiterlebe, was seine Zuspitzung in der These Schirners (1988, 19) findet, die Entwerfer seien die „Raffaels von Heute".

3.2. Werbetheorie

Gegenüber der Kunsttheorie stellt die Werbetheorie den werbetechnischen und werbewirtschaftlichen Aspekt des Plakats eindeutig in den Vordergrund. Schon Growald (1904, 49) sagt, die Kunst müsse den Zwecken des Plakats untergeordnet sein. Dem Plakat wird – an der Realität orientiert – seine Position als Teil von Werbekampagnen, seltener als das alleinige Werbemittel für einen Zweck zugewiesen. Bei Weidenmüller z. B. (1913, 71) ist für den dauerhaften Werbeerfolg nicht das einzelne „Werbestück [...], sondern stets nur der planvolle Gebrauch vieler verschiedener Werbesachen" maßgebend. Alle Komponen-

12. Theorien des Plakats

ten des Plakats werden unter dem Gesichtspunkt der Werbewirkung und des Werbeerfolges definiert, dies mittels betriebswirtschaftlicher psychologischer und soziologischer Kriterien: Das Plakat publiziere mit der ihm eigenen Heftigkeit und Wucht einen Namen, eine Marke oder ein Produkt. Dank seiner Suggestionskraft mache es aus Betrachtern Interessenten und aus Interessenten Käufer (u. a. Rutz, nach Brendel 1955, 12). Bereits Westheim (1908, 125), eigentlich Kunsthistoriker, beschreibt die Plakatwerbung als Aufgabe, dem Publikum ein Abbild seiner drängenden Wünsche vorzuhalten. Die Reklameidee sei dabei „gewissermaßen die Schöpfung eines Kollektivgeistes". Als die publizistische Techniken zur Bedürfnisweckung nennt Prakke (1963, 31) die Begriffe der „Attraktionskoppelung", der „Vereinfachung", der „Wiederholung", des „erschütternden Kontrastes", der "Koninuitätswirkung des Symbols" und der „Aktualitätswirkung des Neuen".

Die unmittelbare Wirkung wird besonders in den allerersten Schriften betont. Für Growald (1904, 16) z. B. muß das Plakat nicht gefallen, aber auf jeden Fall auffallen. Die Sensation erhöhe die Wirksamkeit eines Plakats, sie dürfe aber nicht Selbstzweck sein, sonst mache das Plakat für die Sensation Reklame und nicht für den beworbenen Gegenstand. Ein Plakat könne jedoch nie zu sehr auffallen. Denn „je weniger ein Plakat dem allgemeinen Begriffs- und Schönheitssinn entspricht, desto größer wird seine Wirkung sein" (Growald 1904, 27). Dieser stete Bruch mit dem Gewohnten war für Kunst- und Werbetheoretiker gleichermaßen von Bedeutung.

Spätestens mit Beginn der 1920er Jahre wurden die wahrnehmungs- und wirkungstheoretischen Aspekte des Plakats überwiegend auf psychologischer und physiologischer Basis formuliert. Die dem Plakat zugestandenen bzw. abverlangten Wirkungsmechanismen versuchte Seyffert (1929, 21 ff.) in seinem Strukturmodell zu systematisieren. Es diente ihm der Analysemethodik, gleichzeitig leitete er es aus seinen seit dem Weltkrieg vorgenommenen Wirkungsforschungen ab.

Seyffert gliedert das Plakat, analog zu den von ihm für die Werbemittel als allgemeingültig erstellten Kriterien, wie folgt: Als *Werbewirker* bezeichnet er Bild, Farbe und Schrift. Die *Werbeträger* − als rein stoffliche Teile − differenziert er nochmals in das *Werbesubstrat* (das Plakat selbst als den unmittelbaren Werbeträger), dann den *Werbemittler* als den mittelbaren Werbeträger (z. B. die Plakatsäule oder die Plakatwand, aber auch mobile Träger). Der *Werbewirker* setzt sich für Seyffert aus mehreren *Werbeelementen* zusammen, bei denen er inhaltliche, sinnliche und formale unterscheidet. Beim Plakat seien die inhaltlichen Werbeelemente gedanklicher und gefühlsmäßiger Natur. Als sinnliches Werbeelement charakterisiert er die Farbe. Als formale Werbeelemente werden Größe, Form, Plazierung, Anzahl bezeichnet. Die Werbeelemente sind die letzten werbewirksamen Bestandteile des Werbewirkers. Sie verbinden sich untereinander zu festen, typischen Elementarverbindungen, den *Werbefaktoren*. Diese verkörpern im Werbewirker die Hauptträger der Werbewirkung. Die Werbefaktoren gliedert Seyffert ebenfalls in inhaltliche und formale. Die inhaltlichen Faktoren bilden in der Mehrzahl mit den ihnen entsprechenden formalen Faktoren sogenannte *Faktorenpaare*. So seien für das Plakat in erster Linie die Faktorenpaare *Bildinhalt−Bildgestaltung* und *Schriftinhalt−Schriftgestaltung* wichtig. Für den Werbeerfolg bedürfe es einer durchdachten Abstimmung dieser Komponenten.

Bei der Werbewirkung − auch des Plakats − wird von Seyffert (1929, 58 ff.) in sechs Wirkungsvorgänge unterschieden: Sinneswirkung, Aufmerksamkeitswirkung, Vorstellungswirkung, Gefühlswirkung, Gedächtniswirkung und Willenswirkung. Für Aufgabe und Wirkung des Plakats konnte sich die französische Theorie nach 1900 auf das 1898 entwickelte A. I. D. A.-Konzept berufen (vgl. Halter 1992, 66 ff.). Es teilte die Werbemitteilung in drei psychologische Wirkungsstufen auf: „attirer l'Attention, susciter l'Intérêt, provoquer le Désir, déclencher l'Achat". Das Plakat ziehe also die Aufmerksamkeit auf sich, wecke das Interesse, fordere das Verlangen heraus und bewirke somit den Kauf.

Die Reklamepsychologie wies dem Perzeptions- und dem Apperzeptionswert des Plakats große Bedeutung zu. Dermée − darauf aufbauend − differenziert nach „attention volontaire" (der willentlichen, aktiven Aufmerksamkeit) und der „attention spontanée" (der unwillkürlichen, passiven Aufmerksamkeit). Marbe (1927, 36) betont, die Betätigung der willkürlichen Aufmerksamkeit gegenüber einer Reklame werde besonders durch einen guten Apperzeptionswert gefördert, der umso besser sei, je leichter und schneller sie auffaßbar (begrifflich) sei. Mataja (1926, 42) nennt das Plakat die beste „Erinnerungsreklame".

Eine Begründung für die Forderung, das Plakat müsse mit den knappsten Ausdrucksmitteln arbeiten, sieht schon die Werbefachliteratur der 1920er Jahre in der Eigentümlichkeit des menschlichen Auges, bei flüchtigem Sehen nur eine bestimmte Fläche zu Bewußtsein zu bringen. Diese Stelle, auf die sich der Blick unwillkürlich konzentriert, ist der Blickfang. Hingewiesen wird auch auf die Bedeutung sogenannter Bewegungslinien, die den Blick des Betrachters zwangsläufig auf den Blickpunkt hinführten (vgl. Moede 1920, 200 ff.).

Von wesentlicher Bedeutung für die Plakatwirkung sind schließlich die verwendeten Farben, denen bestimmte Gefühlswerte zukämen. Ihre optische Wirkung wird aus farbtheoretischen Überlegungen abgeleitet, wonach bestimmte Farben die Netzhaut mehr reizten als andere (vgl. Kämpfer 1985, 127 f.; Halter 1992, 89). Besonders beim politischen Plakat kommt die symbolische Bedeutung von Farben zur Geltung.

Für die Wahrnehmbarkeit wichtig ist auch der rein technologische Aspekt der Klebung. Eine zu niedrige Anbringung kann die Wahrnehmbarkeit des Plakats ebenso negativ beeinflussen, wie eine zu hohe Position. Der Passant mag ein Plakat beim Vorübergehen übersehen, wohingegen es von der gegenüberliegenden Straße durchaus wahrgenommen wird, während es in einem anderen Fall zu weit entfernt ist. Ebenso kann auch die Krümmung der Säule Bedeutung besitzen, da sie besonders für ein Querformat, je nach Standort und Klebung, ungünstig sein mag. Dermée hat hier Regeln aus dem Blickverhalten des Menschen abzuleiten versucht (vgl. Halter 1992, 88).

In diesem Zusammenhang von Bedeutung ist die Formatfrage und die Aufteilung der Plakatfläche. Dieses „element spatial", wie es Cassandre (Halter 1992, 15) bezeichnet, gehört zu den „häufig übersehenen Aussagefaktoren des Plakats" (Kämpfer 1985, 122) und trägt erheblich zur Aufmerksamkeitswirkung des Plakats bei. Hier gewinnt der im Schnittpunkt der Diagonalen liegende Flächenschwerpunkt an Bedeutung. Bei Dermée (Halter 1992, 119) wird der Goldene Schnitt als Grundlage des Plakatformats genannt.

Schrift ist für die Werbetheorie vor allem eine inhaltliche Aufgabenstellung. Sie nennt einerseits den Markennamen, den Veranstaltungsort etc.; sie bildet aber auch den Slogan, also denjenigen Teil des Plakats, der die zu bewerbende Sache anpreist. Der Text kann argumentierend, informierend oder anreißend ausgeführt sein. Die Schrift muß aber immer durch ihren sprachlichen Ausdruck wirken. Wie Hundhausen (1961) sagt, ist der Stil der Sprache im Plakat „ein aphoristischer Stil, ein epigrammatischer Stil, ein Stil der reduzierten Verdichtung". Hierbei hätten die Satzmelodie, also die Führung des Klanges der Worte durch Höhen und Tiefen, der Rhythmus, d. h. der lebendige Fluß der Sprache mit Pausen und Akzenten, ebenso das Tempo und das Zeitmaß eine große Bedeutung. Sprache sei folglich „Element des Ausdrucks" und somit „[…] Grundstoff […] des Plakats."

Eine wesentliche Konstante der Werbetheorie ist die Gefühlswirkung. So betont z. B. von Gunten (nach Medebach 1969, 3), die Plakatierung sei nicht argumentierend, sondern sie suche mehr „bildhaft und gefühlsbetont durch eindringliche Symbolik das Ziel der Werbung zu erreichen." In diesem Zusammenhang müsse der Plakatgestalter oder der Auftraggeber genau über die Zielgruppe Bescheid wissen.

3.3. Sozialistische Plakattheorie

Was die Kriterien wie Wirkung etc. angeht, unterscheidet sich der gedankliche Apparat nicht von dem kapitalistischer Prägung. Ansonsten befand man sich im Zwiespalt, einerseits Konsumbedürfnisse der Bevölkerung anzuerkennen, sich dabei gleichzeitig aber gegenüber dem Kapitalismus abzusetzen. Da nach der sozialistischen Auffassung der grelle Anruf wegfällt, wird das Plakat fast ausschließlich als Kunstwerk im Dienst einer progressiven Entwicklung der Gesellschaft gesehen. In der ehemaligen DDR war es Rademacher, der die Maximen der sozialistischen Plakatwerbung am deutlichsten zusammenfaßte. Sie sei nicht Mittel des „früheren […] auf Profite ausgehenden Reklamebetriebs". Sie habe vielmehr eine aufklärende Rolle zu spielen, solle den Konsumenten wahrheitsgemäß über die Angebote informieren, belehren und ihm bei seiner zweckmäßigen Auswahl unterstützen. Sie habe der Gesundheit und einer modernen Lebensführung angepaßten Konsumgewohnheiten zu dienen, dies „ohne […] ökonomische, vom Profit bestimmte Gesichtspunkte". Vielmehr sollten die „echten Bedürfnisse der Werktätigen im Vordergrund stehen." (Rademacher 1965, 268). Das Plakat diene der „sozialistischen

Bewußtseinsbildung, und zwar auf allen Sektoren, dem politischen, wie dem wirtschaftlichen und kulturellen. Seine Aufgabe sei es, den Betrachter „für eine dem Sozialismus gemäße individuelle und kollektive Lebensweise zu gewinnen und ihn zu einer parteilichen Auseinandersetzung mit dem Imperialismus und zu dessen Verurteilung zu führen" (Rademacher 1970, 9 ff.). Als künstlerisch gestaltetes Formgebilde unterliegt das Plakat den Gesetzmäßigkeiten der Kunst, deren bestimmender Anteil aus der marxistisch-leninistischen Ästhetik abgeleitet wird: Kunst sei eine spezifische Form des gesellschaftlichen Bewußtseins, „das als die Gesamtheit der in den gesellschaftlichen Vorstellungen, Anschauungen, Theorien, Ideen und der in ihr gegebenen psychologischen Voraussetzungen zu begreifen" sei. Dadurch werde der Klassencharakter der Kunst bestimmt, der sich speziell im Plakat, vor allem im politischen dokumentiere (Rademacher 1970, 10 f.). Wie jedes Kunstwerk gewinne auch das Plakat „in der dialektischen Beziehung von Form und Inhalt seine spezifische Qualität".

3.4. Kommunikations-, informations- und zeichentheoretische Aspekte

Seit den späten 1950er Jahren genügte die Beschränkung auf rein formale und inhaltliche Problemstellungen nicht mehr. Der mediale Wandel verlangte nach neuen Definitionen. Das Plakat sollte nun hauptsächlich als optische Botschaft verstanden werden, „die zwischen Schlagwort und Sinnbild, Reklameaufschrift und Verkehrssignal existiert" (Schindler 1972, 236), also als Teil eines „univers des images" (Moles 1970, 3). In enger Verbindung mit der Plakattheorie der 1960er und 1970er Jahre stehen auf dem Saussur'schen Zeichenbegriff basierende und diesen erweiternde linguistische Kriterien. Plakate werden, als Zeichensysteme, Texte (jüngst auch als Paratexte; vgl. Beilenhoff/Heller 1995) etc. betrachtet. Mitunter erschweren unterschiedlich belegte, aus ihrem ursprünglichen Zusammenhang gerissene und spezialistisch ausdifferenzierte Begriffe den Zugang. Vor allem Barthes (1964, 40 ff.) und Eco (1972, 267 ff.) beschreiben den semiotischen Ansatz zum Verständnis von Werbebildern als Zeichensysteme. Moles (1970) und Enel (1971, 1973) haben versucht, diese Bereiche explizit für das Plakat fruchtbar zu machen.

Das Reklamebild setzt sich für die Autoren aus Zeichen zusammen, die sich auf den Ebenen der verschiedenen Botschaftsarten mitteilen: der linguistischen Nachricht („message linguistique"; sie beinhaltet die Nennung des Gegenstandes und einen sprachlichen Kommentar), der kodierten ikonischen − symbolischen − Nachricht („message iconique codé"; sie umfaßt die vom kulturellen Wissen des Betrachters abhängigen Konnotationen des Bildes, die das Image des Produktes ausmachen) und der nicht kodierten ikonischen − buchstäblichen − Nachricht („message iconique non-codé"; sie meint die begriffliche Identität von dargestelltem Objekt und Bezeichnung). Neben der sprachlichen Botschaft steht also das konnotative, symbolische Bild, dessen Verständnis einen bestimmten kulturellen Hintergrund bedingt, und das denotative Bild, das sich der Wahrnehmung unmittelbar erschließt. Gewisse Attribute des angepriesenen Gegenstands bilden die Inhalte der Werbebotschaft. Im Plakat wird also die zu bewerbende Sache (das ist das „objet réel", mitunter auch mit dem Begriff „chose" belegt) zum Zeichen („signe"), bestehend aus den Elementen „signifiant" (auf dem Plakatsektor die Zeichengestalt) und „signifié" (das ist beim Plakat die Zeichenbedeutung). Damit das Objekt die Ebene des „signifié" erreicht, also konnotiert wird, benötigt der „signifiant" einen Träger („support"), also einen Gegenstand, der dem Objekt eine vom Betrachter zuerkannte Bedeutung gibt. Dies heißt nichts anderes, als daß die Werbebotschaft des Plakats mit ihrer Appell- und Darstellungsfunktion nicht bloß durch ein für sich selbst sprechendes Objekt funktioniert, sondern mittels eines zusätzlichen Assoziationselements, das dem Objekt erst seine konnotative Bedeutung verleiht. Diese Interaktion bezeichnet Enel auch als „unité signifiante". Der „signifié", also die Ebene, in die das dargestellte Objekt mittels des „supports" übergeht, um vom Betrachter konnotiert zu werden, verbreitet nach Enel eine semantische („message semantique") und eine ästhetische Botschaft („message esthétique"). Die Übermittlung der Plakatbotschaft funktioniert somit auf drei Stufen: dem „système des objets réels" (Enel 1973, 55), dem „système du langage" (Enel 1973, 56) und dem „système de l'image". Beim Zusammenwirken von Wort und Bild hat jedoch das Bild beträchtliche Teile der Gesamtinformation des Plakats zu transportieren.

Die Ebene des „signifiant" beinhaltet auch die Variante („variant"). Diese bezeichnet die offenstehende Möglichkeit der Detailausführung und Plazierung von Zeichen (z. B. hohe oder niedrige Position der Schrift, Farbgebung, Profil- oder Dreiviertelansicht einer Figur). Sie kann wiederum die Bedeutung des jeweiligen Zeichens ändern (Kämpfer 1985, 123), deshalb auch beim Betrachter jeweils unterschiedliche Konnotationen bewirken.

Eine wesentliche Überredungsfunktion kommt der Rhetorik (das ist die Summe aller Konnotatoren) des Werbebildes zu. Die enge Interaktion sprachlicher (Schrift) und nichtsprachlicher Zeichen (Bild) ergibt visuell/verbale rhetorische Figuren, mit deren Hilfe der persuasive Prozeß vonstatten geht. Laut Eco (1985, 72) hat ihr Gebrauch ästhetische Zwecke: Der ästhetische Wert mache die Reklamemitteilung persuasiv, wenn auch nur dadurch, daß er sie erinnerbar mache. „Signifiant" und „signifié" bilden hierbei jeweils eigene rhetorische Figuren – von Eco (1985, 270) auch „Tropen" genannt – aus. Als diesbezügliche Vorgehensweisen auf der Ebene des „signifiant" führt Enel (1973, 80 ff.), Gui Bonsiepes (1966, 38 ff.) Darstellung einer visuell/verbalen Rhetorik folgend, u. a. an: den visuell/verbalen Vergleich (ein mit verbalen Zeichen begonnener Vergleich wird mit visuellen Zeichen fortgesetzt), die visuell/verbale Analogie (ein verbal angezeigter Vorgang wird mit einem analogen Vorgang illustriert), die verbale Spezifikation (ein Gegenstand wird, um begriffen zu werden, durch einen minimal kurzen Text begleitet), die visuell/verbale Kette (Wort und Bild setzen einander ergänzend fort), die visuelle Substitution (ein visuelles Zeichen wird durch ein anderes visuelles Zeichen ersetzt), die visuelle Synekdoke (die Darstellung eines Teils von beworbenen Objekten als pars pro toto).

Der plakatspezifische Kommunikationsprozeß – von Prakke (1963, 30) als „Schnell-Dialog" bezeichnet – markiert für Moles (1970, 12) die Begegnung zwischen einer „groupe créateur" (Plakatgrafiker, Werbeunternehmer) und einer „groupe consommateur" (Betrachter, Massengesellschaft), die jeweils ihr eigenes Zeichenrepertoire, Idealbild etc. besitzen. Plakate treffen somit – wie andere Medien – auf vorgeprägte Betrachter, tragen ihrerseits wiederum zum Repertoire des Betrachters bei, sind also über ihren reinen Werbeeffekt hinaus ein Beitrag zur Mythenbildung des Alltags.

Für die Informationstheorie ist das Plakat ein Kanal, der wie andere materielle Träger Informationen durch Raum bzw. Zeit übermittelt. Als informationstheoretische Spezifika des Plakats nennt Kämpfer (1985, 57) die besondere *Kodierung* (meistens eine Mischung von Schrift- und Bildelementen, häufig mehrere Farben), das massierte Auftreten in kurzen Kampagnen, daraus sich ergebende Formen der *Redundanz*, also Zeichenverwendung und Wiederholung und des *Rauschens*, das die Möglichkeiten von Unverständnis bzw. Fehlinterpretation umschreiben. Feil (1977, 17) weist darauf hin, daß die durch das Plakat mitgeteilten Nachrichten erst dann verstanden werden können, wenn die jeweiligen Kodes der Kommunikationspartner teilweise übereinstimmen, sich ihre möglicherweise unterschiedlichen Repertoires zu einem Teil decken, also ein beiden gemeinsamer Zeichenvorrat vorhanden ist. Dabei nimmt der Empfänger (Betrachter, Konsument) die vom Sender (Hersteller, Firma, Grafiker) übermittelten (kodierten) Informationen wahr und erkennt und versteht (dekodiert) sie. Darin unterscheidet sich das Plakat nicht von anderen Medien. In der Regel verläuft der Kommunikationsprozeß über Plakate indirekt, d. h. Sender und Empfänger sind räumlich und zeitlich voneinander getrennt.

4. Drei ausgewählte Gattungen

4.1. Allgemeines

Je nach Aufgabe und branchenspezifischem Zweck differenziert man in Plakatgattungen: Sie unterliegen in ihrem jeweiligen Zusammenhang eigenen Bedingungen. Ihre Klassifizierung geschieht jedoch keineswegs einheitlich, zumal auch nach übergeordneten und untergeordneten Gattungen zu trennen ist. Drei Gattungen, die als wesentliche Beiträge zur medialen Ikonographie des 20. Jhs. anzusehen sind, wurden ausgewählt: das Warenplakat, das politische Plakat und das Filmplakat.

4.2. Das Warenplakat

Die Gattung, die am engsten mit Massenherstellung, Massenverbrauch und Massenverkehr in Verbindung steht, ist das Warenplakat. Das machte sie zwangsläufig zum – relativ gesehen – bevorzugten Gegenstand der Werbetheorie. Das komplexe Wechselverhältnis von Plakat und Ware bedingt schließlich Konsequenzen für die Existenz des Plakats, die Bense (1952, 11) wie folgt ausdrückt: „Das Plakat ist kein Geschöpf des Schöpfers, sondern der Gegenstände, die Ware geworden sind, eines sich selbst zeigenden Seins. […].

12. Theorien des Plakats

Die Denotation der abgebildeten Ware sind deren wichtigste Merkmale, ihr Aussehen ihr Name; alle Eigenschaften, die mit Hilfe des – wie es Enel (1973, 56) bezeichnet – „supports" zusätzlich dem Produkt zugeschrieben werden, bilden die Konnotation der Ware. Einzelne Theoretiker wie Métivet (Halter 1992, 36) in Frankreich hatten zunächst gefordert, die Ware solle nur dann abgebildet werden, wenn sie nicht allzu prosaisch sei, und dem Plakat die Möglichkeit zur sachlichen Information abgesprochen sowie den außerhalb der Warenabbildung liegenden Überraschungseffekt betont. Arren (Halter 1992, 73) sagt 1909, lediglich der Text wirke auf die „intelligence". Später spricht er dieses Vermögen der Ware selbst zu. Zunehmend wurde nicht mehr nur die Warenbezeichnung für die Identifizierung des Artikels, sondern auch das gesamte äußere Erscheinungsbild des Gegenstandes wichtig.

Schon einige frühe Schriften artikulieren – wenn auch recht undeutlich – ein Phänomen, das spätere Stimmen mit dem Begriff der Warenästhetik belegen (z. B. Haug 1970). Growald z. B. bezieht die Auffälligkeit des Plakats auf die Qualität der Ware (1904, 27). Die „Sensation" dürfe vom Gegenstand nicht ablenken, sondern solle auf ihn hinweisen. Von einem guten Plakat müsse folglich eine suggestive Wirkung ausgehen, so daß die Ware zu einem feststehenden Begriff beim Betrachter werde. Westheim (1908, 119 ff.) charakterisiert die Funktion der Plakatwerbung unter dem Gesichtspunkt der positiven Identifikation des Käufers mit dem Image der Ware, die als Voraussetzung für den Werbeerfolg gesehen wird. Doch müßten auch nicht nur bereits vorhandene Bedürfnisse für einen Markenartikel angesprochen werden, sondern auch neue geweckt werden (Ruben 1913, 72 f.). Manche Stimmen, gerade die französischen, betonen geradezu, der Ware eigne eine gewisse Suggestivkraft, deshalb auch ihrer Reproduktion in der Plakatdarstellung und ihrer Einbindung in eine Erzählhandlung. Gérin (Halter 1992, 74 ff.) gibt zu verstehen, wo die Dinge nicht in Natura vorgeführt werden könnten, müßten sie reproduziert werden. Eine Sache vermöge demnach vor allem dann zu überzeugen, wenn sie dem Betrachter gut erkennbar vor Augen geführt werde. Das aus der Werbung sprechende Argument sei also durch die Wiedergabe der Ware gewährleistet. Eine Sache, so Gérin 1918 (vgl. Halter 1992, 74 f.), wecke sofort und unmittelbar den Gedanken an das, was mit ihr anzufangen sei. Sie bilde dadurch die Basis der Suggestion, die der Werbeillustration erst ihre volle Kraft verleihe: Jedes Reklamebild, bei dem Abstriche hinsichtlich des Gegenstandsbezuges gemacht würden, verliere an suggestivem Wert. Da die Ware an sich suggestiv wirke, eigne auch der Abbildung der Ware die nötige Suggestionskraft. In der französischen Theorie – z. B. seitens Gérin (Halter 1992, 74 ff.) – auch in „suggestion" und „raisonnement" unterschieden. Hémet postuliert, Bild und Text müßten gleichwertig die Marke vertreten (Halter 1992, 67). Ebenso (vgl. Halter 1992, 70) erklärt er, die Illustration eines Plakats könne innerhalb dreier Qualitätsstufen gesteigert werden. Sie könne zunächst einfach „evocatoire" sein, einen visuellen Anreiz darstellen, ohne daß ein Bezug zur Ware vorhanden sei, sie könne zusätzlich „demonstrative" sein, wenn das Objekt selbst wiedergegeben oder in seinem Nutzen dargestellt werde; die höchste Vollendung erreiche das Plakat jedoch dann, wenn es neben dem evokatorischen und demonstrativen auch noch suggestiven Charakter besäße, den Konsumenten also zum Kauf der Ware direkt animiere. Die Suggestionskraft der Ware könne zusätzlich gesteigert werden, wenn man sie in den Rahmen der Handlung stelle, die mit ihr zu vollziehen sei. Dermée, der die visuelle Präsentation der Ware ebenfalls zur Grundlage der Plakatgestaltung macht, betont, welches Motiv man auch wähle, es müsse Bewegung auf dem Plakat sein. Die dargestellte Aktion ermögliche es über Nutzen und Überlegenheit des Verkaufsgegenstandes aufzuklären. Auch sei die Demonstration der Ware in eine verführerische und gleichzeitig vertrauenerweckende Atmosphäre einzubetten. Kritische Stimmen in späterer Zeit wie Haug (1980, 44) werden hier das Gebrauchswertversprechen hervorheben: Nicht der reale Gebrauchswert einer Ware führe zum Kauf, sondern eben deren ästhetisierte Darbietung im Werbebild. Im Plakat habe sich die ästhetische Gestaltung der Ware mittels Verpackung oder Präsentation vollends von der Ware selbst entfernt (Haug 1980, 125). Das Warenplakat funktioniere dabei gleichsam „als weitere Abstraktionsstufe der Objektrepräsentation" (Halter 1992, 129). Seyffert (1929) und Brendel (1955, 22) teilen hier in erzählende Plakate und Sachplakate ein. Das Sachplakat betone das Werbeobjekt, der Sachinhalt stimme mit der Ware überein. Das erzählende Plakat beziehe die menschliche Figur ein, deren Präsenz vielfach als unverzichtbare Notwendigkeit betrachtet wird, um den Gegenstand in Aktion zu zeigen. Die französische Theorie (Halter 1992, 75 ff.) nennt die verschiedenen Adressaten von Erzählenden und sachlichen Darstellungsmitteln: das menschliche Element wende sich an die „sensibilité", das Objekt an die „intelligence" des Betrachters. Die Arbeit mit Bildassoziationen verankert für Brendel (1955, 28) „den übermittelten Werbeinhalt im Bewußtsein des erwarteten Konsumenten fester als die bloße Sachdarstellung der Ware."

4.3 Das politische Plakat

Das politische Plakat gehört weniger zum Bereich der eigentlichen Werbetheorie als zum publizistischen Sektor. Dabei unterliegt es allerdings ähnlichen Wirkungsgesetzen wie andere Plakate. Denn auch hier wird versucht – zumindest im übertragenen Sinne –, etwas zu verkaufen, sei es eine politische Meinung, eine Partei, eine Idee, einen Politiker. Zeitweilig wurde ihm, besonders in den frühen Schriften, eine noch stärkere Suggestivkraft zugesprochen als anderen Gattungen: Lüthy (nach Kämpfer 1985, 25 f.) z. B. schreibt, es solle und könne den Passanten „mit telepathischem Griffe fesseln, sein Gehirn durch ein kurz orientierendes Schlagwort in eine gewollte politische Richtung drängen."

In der Erfüllung ihres dezidiert politischen Auftrags ist diese Gattung „untrennbarer Bestandteil jenes modernen Phänomens, das Propaganda genannt wird" (Kämpfer 1985, 21). Für Medebach (1969, 1), dessen 1941 im Zusammenhang mit NS-Plakaten entwickelten, später aber demokratisch modifizierten Überlegungen bis in die frühen 1970er Jahre Verbreitung fanden, hat es „eine auf Gemeinschaft, Gesellschaft und Staat hinzielende geistige, meinungs- und gesinnungsbildende Werbewirkung zu erfüllen, um das Handeln der Menschen zu beeinflussen."

Von kaum einer anderen Plakatgattung wird in der Literatur mehr gestalterische Anpassung an das formale Auffassungsvermögen der breiten Masse verlangt. Die Funktion des „Massenführungsmittels", wie sie noch Medebach nannte, hat das politische Plakat z. T. jedoch eingebüßt, da in demokratischen Staaten die permanente Staatsindoktrination fortfällt, die politische Werbung sich also vorwiegend auf Wahlkampagnen beschränkt, es sei denn, es handelt sich um Kampagnen in einem übergeordneten politischen Interesse.

Als wesentliche sprachliche Elemente des politischen Plakats werden Schlagzeile und Parole genannt. Die Schlagzeile zwingt für Medebach (1969, 4) den Blick zur Kenntnisnahme einer konzentrierten Information, die Parole als konzentrierte Form der Meinungsäußerung weise die Richtung zum Handeln. Das politische Plakat arbeitet mit Forderungen und Behauptungen, mit Losungen, Norm- und Wertaussagen, es vermittelt Werte, Autoritäten, dogmatische Aussagen. Es „kann fiktive Gegenstände und Tatbestände inklusive damit verbundener Wertungen vorzeigen und nennen, so daß deren Wirklichkeit auf den ersten Blick nicht zweifelhaft erscheint" (Kämpfer 1985, 113). Sein Spektrum reicht „von sachlicher Information bis zu heimtückischer Demagogie" (Hagen 1985, 49). Wesentlich ist dabei die Emotionalisierung durch Illustration. Ein Mittel der Sprache kann Aggressivität, Angriffslust sein. Auch der Schrift kommt eine besondere Rolle zu: Die stärkere Überzeugungsaufgabe fordert für Medebach (1969, 4) eine Verwendung von mehr Hauptzeilen als bei anderen Plakaten.

Beim politischen Plakat unterscheidet man zwischen den publizistischen Methoden *Propaganda* und *Agitation*. Propaganda dient der Unterrichtung, aber auch der Falschunterrichtung (Kämpfer 1985, 24). Medebach definiert Agitation als „negativ angreifend". Sie solle „die Massen aufpeitschen, ihre Leidenschaft auf den Siedepunkt bringen. [...] Propaganda und Agitation werden als „Methoden positiver und negativer, bejahender und oppositioneller, aufbauender und zersetzender Publizistik" (Medebach, nach Kämpfer 1985, 23) bezeichnet. In seinen Überlegungen versucht der Autor eine Systematik der Anwendung des politischen Plakats zu entwerfen. Er differenziert in eine aktionstragende Wirkung des Plakats und eine aktionsstützende Funktion, womit er die Reichweite des Plakats meint. Er übernimmt Argumente aus der Werbetheorie Seyfferts, was Werbeelemente und Faktoren angeht, führt in Bezug auf die Werbefaktoren auch das „politische Symbol mit Symbolinhalt und Symbolgestalt" an (Medebach 1969, 5).

Kämpfer (1985, 23) definiert Agitation und Propaganda als Manipulation von Sprache – aber auch des Bildes – zur Beherrschung der öffentlichen Meinung. In diesem Sinne kann laut Hagen (1985, 55) das politische Plakat mittels Stereotypen auf den psychischen Bereich einwirken, indem es Aversionen und

Ängste hervorruft, bestärkt oder Solidarität erzeugt bzw. bekräftigt oder eine Identifikation ermöglicht, ein Phänomen, das der Autor als „Wirk-Appell" bezeichnet. Das Plakat kann in diesem Zusammenhang auch der systemstabilisierenden Propaganda dienen.

Reumann (nach Kämpfer 1985, 37) führt den Begriff des antithetischen Kampfbildes in die Debatte ein, das er als Bildtyp charakterisiert, auf dem „die Opposition von Gut und Böse dargestellt wird". Kämpfer (1985, 37f.) entwickelt daraus eine Art „Plus-Minus-Modell": Man könne, wenn eine positive und eine negative Gruppe im Plakat erscheine, von Pluspartei und Minuspartei sprechen. Darin liege die Voraussetzung, die positive Seite könne mit der propagierenden Gruppe identifiziert werden, also mit dem Auftraggeber oder dem Produzenten des betreffenden Plakats. Dieser Pluspartei entspräche ein Plusideal, d. h. ein durch Bild, Sprache oder Symbole ausgedrücktes zu bejahendes Phänomen. Der positiven Seite stehe eine negative Welt gegenüber, entweder in Symbol oder Personifikation oder in der Form von Situationen oder Szenen. Die auf dem Plakat zu findende Opposition gut contra böse (schlecht), bezeichnet Kämpfer mit „Plus-Partei-Ideologie" und „Minus-Partei-Ideologie". Pluspartei und Minuspartei seien in der Regel die miteinander kämpfenden politischen Gegner, die Pluspartei dabei zugleich der Produzent des betreffenden Plakats. Plusideal und Minusideal bildeten in der Aussage des Bildproduzenten die ideologische Ebene des politischen Gegensatzes von Plus- und Minuspartei. Die Auftraggeber ließen jedoch in der Regel nicht Gleiches gegeneinander antreten, sondern verstärkten – neben der implizierten Wertung – den Gegensatz noch: Statt des Minusideals erscheine die Minuspartei als Gegenspieler des Plusideals (Kämpfer 1985, 38).

4.4 Das Filmplakat

Das Filmplakat – je nach Standpunkt der übergeordneten Gattung „Kulturplakat" zugeordnet oder als Zwitterding zwischen Wirtschafts- und Kulturplakat angesehen – ist nicht das einzige Plakat, das für ein anderes Medium wirbt. Buchplakate, Fernsehplakate oder Rundfunkplakate fanden aber nie die massenhafte Verbreitung wie das Filmplakat, das in seiner Geschichte mitunter bis zu einem Drittel des gesamten Plakataufkommens einnehmen konnte. Interessant ist folglich der intermediale Bezug: Für Kraszna-Krausz (1926, 77) widersprechen sich Plakat und Film auf eklatante Art und Weise. Man habe kaum darüber nachgedacht, „daß das [...] trotz jeder Anstrengung starre Plakat einen ziemlich weiten Umweg zu der [...] beweglichen Photographie bedeutet." Trotz aller Unterschiede werden Film und Plakat in der Theorie um 1910 als wesensverwandt betrachtet. Tannenbaum (1914, 237ff.), der als erster die Beziehung zwischen beiden Medien genauer beschreibt, stellt fest, der Film sei „in seiner Konzentriertheit wie der Extrakt einer dramatischen Handlung, die [...] auf die letzte knappe Formel gebracht ist". Daraus ergebe sich eine „gewisse groteske Steigerung und Übertreibung des Vorgangs im ganzen wie der schauspielerischen Darstellung der einzelnen Menschen". Ähnliches konstatiert er für das Plakat, dessen Aufgabe es sei, „in aller Konzentriertheit mit Hilfe einer grotesken Steigerung der dargestellten Objekte ein primitives, formelhaftes, buntes Bild von der Art und der Beschaffenheit eines Dinges zu geben." Film und Plakat seien „aus dem Geist unserer Zeit heraus gewachsen, die in ihrer Hast und Arbeitsamkeit mit kräftigen Mitteln angepackt sein will, deren Menschen [...] am raschesten durch den Sehsinn erfassen und die mit Vorliebe all das annehmen, was sich knapp, formelhaft und bunt darbietet." Im Filmplakat müsse das „Tempo, die Konzentriertheit, die bis zur Groteske gesteigerte Intensität der Filmhandlung [...] zum Ausdruck kommen". Es solle etwas „von der Erregtheit, dem Abenteuerlichen und Phantastischen, das dem Kino eigentümlich ist, nachzittern, eine Aufgabe, die dem Plakat besonders gemäß sein muß" (1914, 241). Die Wesensverwandtschaft wird hauptsächlich in den teilweise ähnlichen Perzeptionsbedingungen gesehen: Das vorüberhuschende, rasch wechselnde Filmbild und das im Straßenverkehr vorbeiblitzende Plakat sind Teil und Ergebnis einer beschleunigten Wahrnehmung, derentwegen das Plakat wie auch der Film inhaltlich-formal verdichtete Konzentrate und Extrakte darstellen. Bezüglich der Kriterien wie Wirksamkeit, Auffälligkeit oder Blickfang unterscheidet sich das Filmplakat noch nicht wesentlich von den Plakaten anderer Branchen. Da der Film jedoch in seinem Marktwert ein auf eine relativ kurze Laufzeit ausgerichteter Gegenstand ist, muß das Filmplakat in noch kürzerer Zeit seine Werbewirksamkeit entfalten als ein Plakat, das einen auf den dauerhaften Gebrauch hin angelegten Markenartikel vertritt (vgl. Behne

1914/15, 4). In der schwierigen und sehr speziellen Aufgabe, etwas zweidimensional zusammenzufassen, was sich in der Dimension der Zeit entwickelt – habe es nicht so sehr durch das, was es zeigt, sondern „vielmehr durch das, was es verschweigt" (Davidson 1924), zu wirken. Jüngst meinten Beilenhoff/ Heller (1995, 46) rein phänomenologisch verbände die Geste des Klebens das Filmplakat mit dem Film, da, „anders als die elektronischen Medien, [...] ja jeder Film [...] ein mit Hilfe von Klebstoff fixiertes Stückwerk" sei. Diese Materialität definiere „demnach ein besonderes Verhältnis zwischen Filmplakat und Film, Werbeträger und beworbenem Produkt", wobei sie den Unterschied zum Film als „produktive Distanz" benennen, welche sich in seiner Eigenschaft als „Paratext" niederschlage: „Das Filmplakat ist der einzige Paratext, der wie der Film selbst Bild und trotzdem kein technisches Bild ist" (Beilenhoff/Heller 1995, 45).

5. Schlußbemerkungen

Hier konnte – schon allein auf Grund der Quellenlage – nur ein kleiner Einblick in den heterogenen und disparaten Bereich der Plakattheorien geboten werden. Deutlich wurde aber der Mangel von 'naiven' Betrachtungen der Frühzeit hin zu komplexeren Sichtweisen, wenn auch der Aussagegehalt vielfach über die Zeiten konstant blieb. Ging man zunächst allgemein von einer nötigen Auffälligkeit des Plakats aus, so wurde zunehmend die eigentliche werbliche Komponente nach merkantilen wie auch wahrnehmungsbezogenen Aspekten bis hin zur diffizilen Charakterisierung der Kommunikationsprozesse angesprochen. Die theoretischen Betrachtungen des Plakats sind jedoch insgesamt – derzeitigen Erkenntnissen zufolge – wenig konkret angesiedelt in einem Spannungsfeld zwischen künstlerischem Anspruch und ökonomischer Bestimmung, in einer Grauzone zwischen inhaltlich-formalem Problembewußtsein, sozialer Definition und Zeichenwelt. Um deutlichere Konturen gewinnen zu können, bedarf es allerdings noch detaillierterer Forschung.

6. Literatur

Arnold, Friedrich, Anschläge, 220 politische Plakate als Dokumente der deutschen Geschichte. Ebenhausen b. München 1975.

Barthes, Roland, Rhétorique de l'image. In: Communications 4, 1964, 40–50.

Behne, Adolf, Das moderne deutsche Plakat. In: Deutscher Buch- und Steindrucker 30, 1923/24, 397–400.

Beilenhoff, Wolfgang/Martin Heller, Das Filmplakat. Zürich/Berlin/New York 1995.

Bense, Max, Plakatwelt. 4 Essays. Stuttgart 1952.

Bonsiepe, Gui, Visuell/verbale Rhetorik. In: Ulm. Zeitschrift der Hochschule für Gestaltung 14, 1966, 23–40.

Brendel, Das Schweizer Plakat. Diss. (masch.), Berlin 1955.

Chéret, Jules, Über das Entwerfen von Plakaten. In: Freie Künste 6, 1896, 85–87.

Davidson, Paul, Das Plakat. In: Leitfaden für Filmreklame. Berlin 1924, o. S.

Eco, Umberto, Einführung in die Semiotik. München 1972, 1985.

Enel, Francoise, L'affiche. Fonctions, langage, rhétorique. Montreal ²1973.

Feil, Hans-Dieter, Das Werbeplakat als Unterrichtsmodell. Ravensburg 1977.

Gagel, Hanna, Studien zur Motivgeschichte des deutschen Plakats 1900–1914. Phil. Diss. Berlin 1971.

Gallo, Max, Geschichte der Plakate. Herrsching 1975.

Growald, Ernst, Der Plakatspiegel. Erfahrungssätze für Plakatkünstler u. Besteller. Berlin 1904.

Haas, Helmut de, Der Künstler und das Plakat. Werbung für das riesige Kaufhaus der modernen Welt. In: Deutsche Zeitung v. 12. 9. 1953.

Hagen, Manfred, Werbung und Angriff – Politische Plakate im Wandel von hundert Jahren. In: Politische Plakate. Hrsg. v. Hans Bohrmann. Dortmund 1984, S. 49–69.

Halter, Albert, Als die Bilder reizen lernten. Zum Umgang mit den Produkten im französischen Warenplakat 1900–1930. Diss. Zürich 1992.

Haug, Wolfgang, Warenästhetik und kapitalistische Massenkultur. Berlin 1980.

Henatsch, Martin, Die Entstehung des Plakats. Eine rezeptionsästhetische Untersuchung. Hildesheim u. a. 1994.

Hundhausen, Carl, Die Sprache als Element des Ausdrucks im Plakat. Essen 1961.

Kämpfer, Frank, Der rote Keil. Das politische Plakat. Theorie und Geschichte. Berlin 1985.

Knatz, Karlernst, Philosophie des Plakates. In: Das Plakat 10, 1919, 284–289.

Kraszna-Krausz, Andor, Wendung in der Kino-Plakat-Kunst! In: Filmtechnik 2, 1926, Nr. 4, 77–78.

Mahlberg, Paul, Vom Plakat als Erzieher des Kunstsinns. In: Deutsche Kunst und Dekoration 32, 1913, 191–203.

Marbe, Karl, Psychologie der Werbung. Stuttgart 1927.

Mataja, Viktor, Die Reklame. Eine Untersuchung über das Ankündigungswesen im Geschäftsleben. Leipzig 1926.

Medebach, Friedrich, Das Kampfplakat. Aufgabe, Wesen und Gesetzmäßigkeit des politischen Plakats, nachgewiesen an den Plakaten der Kampfjahre 1918–1933. Limburg 1941.

–, Das publizistische Plakat. In: HdP 2, 1–38.

Moede, Walther, Die Psychologie der Reklame. In: Praktische Psychologie, 1, 1920, H. 7, 200–227.

Moles, Abraham A., L'affiche dans la societé urbaine. Paris 1970.

Ohchi, Hiroshi, Konkrete Darstellung und Abstraktion im Plakat. In: International Poster Almanach 1956/57, Teufen 1957, 8–10.

Prakke, H(enricus) J., Der Schnelldialog des Plakates. Über das Plakat als Kommunikationsmedium. In: Bild und Plakat. Zwei Studien. Assen 1963, 23–36.

Rademacher, Helmut, Das deutsche Plakat von den Anfängen bis zur Gegenwart. Dresden 1965.

–, Zur Funktion von Plakat und Wandzeitung in der sozialistischen Gesellschaft. In: Plakat und Wandzeitung. Bildkünstlerische Agitation in der Schule. Berlin 1970, 9–26.

Ruben, Paul, Die Reklame, ihre Kunst und Wissenschaft, Bd. 1. Berlin 1913.

Schindler, Herbert, Monografie des Plakats. Entwicklung, Stil, Design. München 1972.

Schirner, Michael, Werbung ist Kunst. München 1988.

Schockel, Erwin, Das politische Plakat. München ²1939.

Schön, Gerhard, Die Plakatwelt – das Esperanto unseres Jahrhunderts. In: Deutsche Zeitung v. 31. 7./1. 8. 1954.

Seyffert, Rudolf: Allgemeine Werbelehre. Stuttgart 1929.

Suckale-Redlefsen, Gude, Kriterien des Plakats. In: Plakate in München 1840–1940. Hrsg. v. Volker Duvigneau/Gude Suckale-Redlefsen. München 1976, 13–19.

Tschichold, Jan, Die neue Typographie. Berlin 1928.

Waetzold, Stephan, Celestino Piatti. Plakate, Graphik. Ausstellungskatalog. Berlin 1964.

Weidenmüller, Hans, Die Durchgeistigung der geschäftlichen Werbearbeit. In: Jahrbuch des Deutschen Werkbundes. Jena 1913, 70–74.

Westheim, Paul, Plakatkunst. In: Zeitschrift für Ästhetik und Allgemeine Kunstwissenschaft, 3. 1908, 119–132.

Johannes Kamps, Frankfurt a. M.
(Deutschland)

13. Theorien des Films

1. Einleitung: Geschlossenheit oder Geschichtsbezug von Theorie
2. Frühgeschichte der Filmtheorie: Bestandsaufnahmen zum Potential des neuen Mediums
3. Klassiker der Filmtheorie: Montage oder Wirklichkeitsnähe
4. Moderne Filmtheorie: von der phänomenologischen Filmologie zur strukturalistischen Filmsemiotik
5. Poststrukturalistische Filmtheorie: Film und die Konstitution des Imaginären
6. Feministische Filmtheorie: auf der Suche nach dem weiblichen Blick
7. Kritik der Filmtheorie: Filmtheorie als Metahistory
8. Literatur

1. Einleitung: Geschlossenheit oder Geschichtsbezug von Theorie

Traditionell wird die Entwicklung der Filmtheorie als Polarität einer 'formalistischen' und einer 'realistischen' Schule beschrieben; danach werden die Arbeiten eines Béla Balász, eines Sergej M. Eisenstein und eines Rudolf Arnheim als Suche nach Formgesetzen des Films verstanden, während etwa André Bazin oder Siegfried Kracauer versucht hätten, Film als realistisches Medium schlechthin zu definieren. Heute erscheint diese Einteilung unhaltbar, denn die Rezeption beider 'Schulen' hat gezeigt: ebensowenig wie Béla Balász die historische Wirklichkeit ausgegrenzt hat Siegfried Kracauer die formale Seite nicht beachtet und Inhaltsanalysen auf Kosten der Filmästhetik betrieben. Es ist sinnvoller, die vorliegenden filmtheoretischen Ansätze daraufhin zu beleuchten, wie Theoriebildung und Geschichtsschreibung miteinander verschränkt sind. Inwieweit hat das Interesse an Geschlossenheit der theoretischen Modellbildung erforderlich gemacht, daß – wie bei Rudolf Arnheim – die Historie in den

Hintergrund tritt und nicht zur ständigen Überprüfung der Theorie dient wie im wissenschaftlichen Experiment, sondern lediglich als Materialsammlung, um vorgegebene Thesen beispielgebend zu illustrieren. Eine solche Geschlossenheit der Theoriebildung zeigt sich bei jenen 'szientistischen' Ansätzen, die sich, auf einen naturwissenschaftlich verstandenen Objektivismus verpflichtet, streng formallogisch zu begründen suchen. Im Gegensatz dazu behält bei Autoren wie Kracauer, die vielfach wegen ihrer fehlenden Systematik, Unabgeschlossenheit und inneren Widersprüchlichkeit kritisiert wurden, neben den sonstigen theoretischen Begründungen immerhin die Geschichte einen gleichberechtigten Status.

2. Frühgeschichte der Filmtheorie: Bestandsaufnahmen zum Potential des neuen Mediums

In Frankreich hatten schon vor dem ersten Weltkrieg 'seriöse' Autoren das 'Wesen' des Kinos zu erfassen versucht, zu einer Zeit, als das neue Medium gemeinhin noch als „hübsche Ablenkung" galt (Abel 1988). Die ersten Texte zum Film lassen sich als ein Kampf zwischen verschiedenen Auffassungen vom Potential des Kinos lesen: als wissenschaftlich-technologische Innovation, als Instrument zur moralischen Erziehung, als ein Mittel zur Massenunterhaltung oder als neue Kunstform. Um diese Fragen sollte in der Frühgeschichte der Filmtheorie überall ähnlich gestritten werden, sei es in Italien (Bruno Corra, F. T. Marinetti), den USA (Vachel Lindsay, Hugo Münsterberg), Rußland (Vladimir Mayakovsky), Schweden (Bo Bergman) oder Deutschland (Hermann Häfker) – systematisch waren diese Arbeiten noch nicht. So qualifizierte der Kinoreformer Häfker in Deutschland das Kinodrama, den Spielfilm ästhetisch ab, und stellte ein 'Kinetographie' genanntes Gegenkonzept vor: der durch Lichtbild, Begleitgeräusche und Begleitmusik unterstützte Naturfilm, seit den Anfängen des Films immer wieder der Beweis, daß der Film auch etwas nützliches sein könne, sollte in den Dienst eines bildenden Vortrags treten. Andere Autoren wie Herbert Tannenbaum legten Argumentationshilfen im Konkurrenzkampf zwischen Theater und Film (Tannenbaum 1912) vor.

Währenddessen waren in den USA schon um 1910 zahlreiche technische Studien und Manuale erschienen. Sie waren aber keine Arbeiten, die sich mit den Besonderheiten und Möglichkeiten des Films als neuem Medium befaßten. Eines der ersten Werke dieser Art war Vachel Lindsay's Analyse 'The Art of the Moving Picture' (Lindsay 1915). Lindsay feierte das Kino als neues demokratisches Schauvergnügen, in dem die klassischen Künste mitsamt diverser ideographischer Traditionen aufgehoben seien. Ebenfalls unvoreingenommen untersuchte der deutschstämmige Harvardprofessor Hugo Münsterberg den Film, den er erst im Jahre 1915 entdeckt hatte, aus psychologischer Sicht (Münsterberg 1916). Wie nimmt der Zuschauer räumliche Tiefe auf der Leinwand wahr? Wie entsteht die Illusion von Bewegung? Welche Rolle spielen die Gefühle des Zuschauers? Münsterberg suchte, anders als Lindsay, den Film als ganz neue Kunstform zu erforschen, unabhängig von anderen Künsten wie dem Theater, gerade so wie auch die Dichtung unabhängig von Musik oder die Skulptur von der Malerei unabhängig sei. Denn er sah die verschiedenen Künste als verschiedene Wege der Abstraktion von der Wirklichkeit an, und schrieb hier dem neuen Medium eine unbestreitbare Originalität zu. Im Kern hatte Münsterberg damit schon zentrale Argumente Arnheims vorweggenommen. Währenddessen bereiteten Emile Vuillermoz und Louis Delluc in Frankreich, wo der italienische Kritiker Riciotto Canudo zu Anfang der zehner Jahre wichtige theoretische Artikel zum Film publiziert hatte – auch er ernannte lange vor Arnheim in 'L'Usine aux Images' (Canudo 1927) den Film zur siebten Kunst und stritt jegliche Verwandtschaft mit anderen Künsten ab – die konzeptuelle Basis für die französische Avantgardefilmproduktion der zwanziger Jahre vor. Während das Kino für Vuillermoz ein expressives Medium war, das die innere Sicht eines Individuums, sei es die des Filmkünstlers, sei es die der Protagonisten, in Form einer Art von musikalischer Komposition oder eines poetischen Mosaiks ausdrückte, teilte Delluc diese Ideen, hatte aber auch eigene Begriffe entwickelt. Von ihm stammt die Vorstellung der 'Photogénie' des filmischen Bildes (vgl. Delluc 1919). Gleich, ob unbelebte Objekte, Gesichter oder Landschaften abgebildet seien, verfolgte Delluc ein Ideal, das er eher im amerikanischen und skandinavischen Film der Zeit verkörpert sah als in den Serials eines Feuillade. Wie André Bazin drei Jahrzehnte später entwickelte auch Delluc seine theoretischen Konzepte am Beispiel konkreter Filme. Der künstlerische Ausdruck und die Betonung des Innenlebens seien am besten durch einen poetischen, lyrischen Gebrauch von Bildern zu erreichen, was sich unterstützen ließe durch die Auswahl passender, geeigneter Details und einen vorsichtigen Einsatz ausgewählter Außenschauplätze. Den Einfluß des bürgerlichen Theaters attackierte er und pries stattdessen das Kino als populäre Kunstform. Weitere Vertreter anderer Kunstformen unterzogen sich theoretischen Anstrengungen, um ihr eigenes Ausdrucksspektrum zu erweitern und eigene Konzepte besser realisieren zu können. Von diesen sollten Sergej M. Eisensteins Ideen und Analysen am einflußreichsten werden.

3. Klassiker der Filmtheorie: Montage oder Wirklichkeitsnähe

Auch Eisensteins gegen Mitte bis Ende der zwanziger Jahre formulierte Überlegungen, die von den unterschiedlichsten Denkrichtungen, Künsten und Kulturtraditionen beeinflußt waren – neben den russischen Formalisten Shklovsky und Eichenbaum (vgl. Eagle 1981) gehörte Freuds Psychoanalyse, Pawlows Reflexpsychologie, das Kabuki-Theater und die Commedia dell'Arte dazu – waren keine geschlossene Theorie. Am bekanntesten wurde seine Montagekonzeption, die zuerst Anfang der zwanziger Jahre im Aufsatz 'Montage der Attraktionen' (vgl. Eisenstein 1974, Bd. 1, 217ff.) skizziert worden war, und 1929 in 'Dramaturgie der Film-Form. Der dialektische Zugang zur Film-Form' systematisiert wurde (vgl. Eisenstein 1974ff.). Im Gegenzug zu einer 'Metaphysik des Sichtbaren', wie sie Béla Balász vertrat, behauptete Eisenstein ein Primat der Montage über den Ausdruck und die Bedeutung der einzelnen Einstellungen im Interesse einer begrifflichen Klarheit im Medium der Bilder. Anschließend an das legendäre Experiment Kuleshovs, bei dem das 'Montieren' ein und derselben Einstellung des Schauspielers Mozhukin mit Einstellungen eines Tellers Suppe, eines Sarges und eines Kindes beim Testpublikum angeblich den Eindruck erzeugt hatte, der Schauspieler Mozhukin blicke mal hungrig, mal trauernd und mal freundlich lächelnd, suchte Eisenstein zu einer Syntax des Films vorzudringen. Ziel war es, das Publikum mittels dieser Kenntnisse wirksam zur 'historisch-materialistischen' Weltanschauung des Marxismus-Leninismus zu führen. Bei der Entwicklung der verschiedenen Montageformen (darunter der metrischen, der rhythmischen, der intellektuellen, der tonalen und der Oberton-Montage) war Eisenstein beeinflußt von US-amerikanischen Filmen vor allem David W. Griffiths, der um 1912 die Parallelmontage zweier Handlungsstränge mit der finalen 'last minute rescue' entwickelt hatte. Jedoch lehnte Eisenstein dessen Sujets und eine psychologisierende Erzählweise nach den Gestaltungsprinzipien des realistischen Romans des 19. Jhs. samt 'Happy End' als bürgerliche Harmonisierung von Klassenwidersprüchen ab. Entgegen solchen Theaterkonventionen wollte Eisenstein, der selbst vom Theater her kam, keine Berufsschauspieler, sondern 'Typen' einsetzen. Von heute aus besehen sind viele Überlegungen Eisensteins überholt. So ist das legendäre Kuleshov-Experiment, von dem weder Filmmaterial noch Aufzeichnungen zur Untersuchungssituation erhalten sind, mit seinen experimentellen Unklarheiten wenn nicht unglaubwürdig, so doch als nicht mit entsprechenden Ergebnissen wiederholbar und damit wissenschaftlich wertlos (vgl. Prince/Hensley 1992). Auch ist die Analogie von Film und Sprache, nach der nicht nur Eisenstein fahndete (vgl. Denkin 1977) auch nach jahrzehntelangen Debatten fruchtlos geblieben, da – wie spätestens der Semiotiker Christian Metz zeigen sollte – der Film weder Grammatik noch Syntax noch ein Vokabular besitzt. Allerdings waren Eisensteins Skepsis gegenüber einer 'Metaphysik des Sichtbaren' zunächst verständlich. Zu naiv ontologisierend sollte in einer filmtheoretischen Tradition von Balász und Bazin bis Kracauer einer Hegemonie des Visuellen das Wort geredet werden. Mindestens ebenso fragwürdig erscheinen aber die mechanistisch-reflexologischen und positivistischen Prämissen der Eisensteinschen 'Montage der Attraktionen'; nicht nur, weil im Interesse der eindeutigen Verbegrifflichung der Bilder von jeweils einheitlichen Bedeutungen der Einzelbilder ausgegangen und der attackierte Abbildrealismus so nicht vermieden, sondern letztlich reproduziert wird. Die idealistisch bevormundete Tendenz von Eisensteins 'Filmfaust', die er sich vorstellte „wie ein Traktor, der die Psyche des Zuschauers mit der geforderten Klassenzielsetzung umpflügt" (vgl. Eisenstein 1974, Bd. 1, 235), beobachtete wiederum Siegfried Kracauer sehr genau und warf ihm vor, die Symbolkraft von Bildern zu überschätzen und alles daranzusetzen, das von den Bildern selber Gemeinte willkürlich mit Bedeutungen seiner eigenen Wahl zu überlagern (Kracauer 1973, 277). Eisenstein überbetone die Betonung des Ganzen auf Kosten der Teile und Fragmente (Kracauer 1973, 299, vgl. auch Polan 1977). Ganz ähnlich hatte auch schon Eisensteins zeitgenössischer Antipode Béla Balász die sowjetischen Montage-Ideen als „Reproduktion gestellter Bilderrätsel" kritisiert, bei denen man „Ideogramme und Abhandlungen in Hieroglyphen zu sehen bekäme" (Balász 1982, II, 89). Mit seinem 1924 erschienenen Buch 'Der sichtbare Mensch' gehörte Balász zu den Pionieren systematisch ausgearbeiteter filmtheoretischer Konzeptionen, die in Deutschland zwischen 1924 und 1926 entwickelt wurden. Alle diese Theorieentwürfe wollten sowohl Bestandsaufnahme des Mediums sein als auch in der sozio-ökonomischen Krise, in der sich der deutsche Film in den zwanziger Jahren befand, zu Lösungen finden, die dem Charakter der kapitalistisch vergesellschafteten Produktionsweise der neuen Kunstform Film Rechnung trugen (vgl. Heller 1985, 201 ff.). So suchte George Otto Stindt (Stindt 1924) nach einem zentralen 'Formgesetz', dessen bewußte Anwendung eine 'Abdrosselung' des deutschen Films durch die internationale Konkurrenz verhindern sollte. Um es zu entschlüsseln, sichtete Stindt sämtliche filmdramaturgisch relevanten Parameter auf stilbildende Ausdrucksmöglichkeiten hin, die er durch eine Logik der immanenten Geschlossenheit bestimmt sah. Denn nur durch Beachtung der filmischen Stileinheit durch 'Zügelung und Zucht' konnte dem deutschen Film als Kunst seiner Meinung nach zum internationalen Durchbruch verholfen werden. Stindt, der schon den Film als eine Kunst analysierte, die zum unmittelbaren Instrument konkreter politischer und gesellschaftlicher Interessen geworden war, scheiterte aufgrund seiner völkisch-nationalen Ideologie – „Der deutsche Film den Deutschen" (Stindt 1924, 33) – am Widerspruch, einen nationalen Film zu fordern, obwohl doch, wie er wußte, auf dem internationalen Markt 'Weltbürgerlichkeit' zählte. Dagegen lag Rudolf Harms in seiner 1926 publizierten akademischen Arbeit (Harms 1970) daran, dem Künstler mit begrifflicher Klarheit zum Bewußtsein zu bringen, welche Wege ihm die Eigenart seiner Kunstmittel eröffneten, und zugleich an einer Vermittlung von Kriterien, die dem Zuschauer ein eigenes Urteil ermöglichen.

Auch Harms suchte nach einem stilbildenden Potential, nach Verfahrensweisen der filmischen Poetisierung, und beleuchtete zu diesem Zweck Fragen der Kameraperspektive, der Tiefenschärfe, der Kamerabewegung, Beleuchtung, der Virage usf. – auch dies ein Versuch, die traditionelle Vorstellung von Kunst als einer Sphäre, in der transzendentale Wahrheiten sinnlichen Ausdruck fänden, unter den veränderten Bedingungen der Moderne zu retten, und so „das Erbe des ästhetischen Idealismus mit dem Materialstand des modernen technischen Mediums Film in einer zeitgemäßen Theorie der ästhetischen Formgebung zu vermitteln" (Heller 1982, 221). Mehr als intellektuelle Utopie denn als objektive Analyse erscheint heute die erstmals 1926 publizierte Stilgeschichte des deutschen Films des Filmpraktikers Rudolf Kurtz (Kurtz 1965). Die eklektizistisch verbundenen Theoreme aus Futurismus, Expressionismus, Konstruktivismus und dem Technikkult der Neuen Sachlichkeit, die Kurtz zur „Form als Ausdruck der Form, die aus dem Ausgedrückten [...] organisch herauswächst" bringen wollte, wurden zwar bei ihm zur Lebenshaltung der Moderne schlechthin erhoben und beförderten die einflußreiche Legende einer 'Ära' des sogenannten 'expressionistischen deutschen Films'. Tatsächlich hat es – von heute besehen – eine solche 'Ära' nicht gegeben, denn nicht Hunderte, sondern nur eine Handvoll von Filmen können halbwegs sinnvoll mit dem Expressionismus in Theater, Kunst und Literatur zusammengebracht werden, nicht aber eine ganze Epoche. Die Krise des deutschen Films löste Kurtz' intellektueller Stilwille nicht. Noch andere Theoretiker widmeten sich in Deutschland dem Film, wie Otto Foulon, vielleicht ein Vordenker Walter Benjamins, der durchaus schon eine Apologie der Technik im Sinne hatte, die die landläufige Relativierung zwischen einer erlaubten 'kunstvollen', und einer 'überspannten' Technik ad absurdum führte (Foulon 1924). Statt sich im Sinne der idealistischen Ästhetik nach der 'Blauen Blume' zu sehen, erkannte Foulon, daß sich in der modernen Technik des Films ein qualitativ neues gesellschaftliches Verhältnis zur Wirklichkeit ausdrückte. Die überlegene Ausweitung dieser Perspektiven auf gesamtgesellschaftliche Zusammenhänge gelang jedoch Béla Balázs in 'Der sichtbare Mensch' (1924). An Konzepte der Lebensphilosophie Georg Simmels anknüpfend, verstand er die visuelle Kultur des Films als Antwort des Großstadtmenschen auf die entma-

13. Theorien des Films

terialisierte Abstraktheit unserer Kultur, die die Wirklichkeit durch Begriffe und Worte filtert und das Bewußtsein vom Sein der Dinge entfremdet. Wie der Eigenwert der Dinge auf den Marktpreis zusammenschnurre, so werde die Unmittelbarkeit der sinnlichen Erfahrung und Aneignung von Wirklichkeit im Film zur Antwort auf die geistige Atmosphäre der kapitalistischen Kultur. Zwar sei der Film in ihr entstanden, entspreche aber einer Sehnsucht nach konkretem, unbegrifflichem, unmittelbarem Erleben der Dinge. Hierin ein Vorläufer Kracauers, sah Balázs die wichtigen Qualitäten des Films in den Großaufnahmen und in der Kameraführung. Balazs sollte noch weitere filmtheoretische Bücher publizieren wie etwa 'Der Geist des Films' (vgl. Balázs 1982), in dem er sich der russischen Montagetheorie weitgehend anschloß, doch mit 'Der sichtbare Mensch' hatte er den schlüssigsten Entwurf der zwanziger Jahre vorgelegt. Nicht nur wurde die Produktion durchaus schon auf das widersprüchliche Spannungsverhältnis von Markt und Publikumsbedürfnissen bezogen, welche beide innerhalb eines kulturhistorisch spezifischen Rahmens von Vergesellschaftung, Industrialisierung und Standardisierung verstanden wurden; auch hatte Balázs in seinem ersten filmtheoretischen Werk keineswegs 'die Schere vergessen', wie Eisenstein ihm vorwarf. Vielmehr beschrieb auch er die für Eisenstein vorbildgebenden Parallelmontagen Griffithscher Filme, wenn auch nicht als Montage, sondern als 'raffinierte Technik der Bilderführung' (Balázs 1982, 123). Im Unterschied zu Balázs' Arbeiten szientistisch-formalistisch beschränkt ist die gestaltpsychologisch begründete Filmtheorie Rudolf Arnheims. Arnheim, der u. a. bei Wolfgang Köhler und Bruno Lewin Gestaltpsychologie studiert, zahlreiche Filmkritiken veröffentlicht hatte und von 1928 bis 1933 Redakteur der 'Weltbühne' war, verstand in 'Film und Kunst' (1932) den Film nicht von der Aufgabe der Realitätsillusion her. Im Gegenzug zu geistesgeschichtlichen Methoden suchte Arnheim die Charaktereigenschaften des Mediums objektiv zu analysieren. Im Vergleich von Filmbild und Weltbild gab es Unterschiede. Abweichungen von der Wirklichkeit zeigten sich bei der Projektion von Körpern in die Fläche, der Verringerung der räumlichen Tiefe, dem Wegfall der Farben und der Beleuchtung, der Bildbegrenzung, dem Wegfall der raum-zeitlichen Kontinuität und insgesamt dem Wegfall der nichtoptischen Sinneswelt. Von dieser naturwissenschaftlich-objektiven Grundlegung aus konnte Arnheim dann die filmischen Mittel und Gestaltungsmöglichkeiten anhand von Beispielen daraufhin untersuchen, inwieweit die Möglichkeiten der Abweichung von der Wirklichkeit künstlerisch optimal genutzt wurden. Wenn er auch die Formmittel des Films wie Schauspieler, Regie, Drehbuch oder Dekors, die sich nicht gleichermaßen wahrnehmungstheoretisch ableiten ließen, nicht mit gleicher Systematik behandelte, war das Scheitern der Arnheimschen Filmtheorie schon mit der formalistisch-szientistischen Begründung auf den gestaltpsychologischen Konzepten wie u. a. dem des 'Reizes' angelegt. Denn seine Konzeption mußte sich, da naturwissenschaftlich begründet, mit objektivistisch gewonnenen ästhetischen Qualitätskriterien bescheiden. So kam er etwa zum formalen Theorem, daß „Kunstgenuß [...] Vergnügen über das Gelingen einer bestimmt gearteten Aufgabe" sei, und blieb blind für den historischen Prozeß der Entwicklung filmischer Mittel im Spannungsprozeß von historisch sich wandelnden Produktionsverhältnissen und Publikumsbedürfnissen. Nicht auf die gesamtgesellschaftliche Situation von Marktverhältnissen, Vergesellschaftungsformen und historischen Prozessen wie noch bei Balázs oder wieder bei Kracauer – etwa der Verstädterung, der Industrialisierung, der Erfahrung neuer Verkehrsformen und anderer Erscheinungen, die spezifische Produktionsformen und Publikumsbedürfnisse prägten, sondern formalistisch statisch borniert wurde bei Arnheims Analyse der Ist-Zustand des Stummfilms zugrundegelegt. Dessen Entwicklung wurde möglich durch eine Art Pool von naturgegebenen filmischen Mitteln und Gesetzen. Entwicklung vollzog sich dadurch, daß findige Filmemacher und Produzenten seit Anbeginn der Filmgeschichte diese Gesetze nach und nach entdeckten, solange, bis der Stummfilm in seiner bekannten Form vorhanden war. Daß Arnheim so zur Ansicht gelangte, daß der schwarz-weiße Stummfilm die höchste künstlerische Entwicklungsstufe bedeutete und die weitere Entwicklung von Farb- und Tonfilm eine Entfernung von der Kunst hin zum bewußt verächtlich formulierten 'Komplettfilm' (Arnheim 1932, 317) bedeutete – eine Ansicht, die Arnheim auch Jahrzehnte später nicht aufgab –, muß bei dieser methodologischen Basis nicht verwundern, wie immer auch er die formalistische Leere durch willkürlich von außen herangetragene Beispiele aus konkreten Filmen normativ zu füllen suchte. Arnheims vom Zwang der Geschlossenheit des Kunstwerks ausgehende Urteile zu konkreten Beispielen („eine wie alberne Handlung hat Chaplin's WOMAN OF PARIS!" (Arnheim 1932, 187) bleiben willkürlich subjektiv. Es sind illustrative Belege der vorgefaßten unhistorischen Kriterien einer naturwissenschaftlich verstandenen Psychologie, nach der Hell-Dunkel-Kontraste, Vorder- und Hintergrundrelationen oder Form-Größenkonstanten als filmische 'Reize' „die Aufmerksamkeit des Zuschauers mit gesetzmäßiger Strenge" (Arnheim 1932, 108) lenken sollten. Vom experimentalpsychologisch nachvollziehbaren Unterschied von 'Weltbild' und 'Filmbild' ausgehend, schafft Arnheim seiner Filmtheorie eine naturwissenschaftliche Legitimation, staffiert sie tatsächlich aber auf der Basis gängiger Kunstauffassungen und mehr oder weniger subjektiver Urteile aus. Wie auch andere seiner Zeitgenossen wendete sich Siegfried Kracauer bewußt von abstrakten, idealistischen Gedankensystemen und deren Ästhetik der Geschlossenheit ab und ging stattdessen in der theoretischen Einleitung zu seiner 'Geschichte des deutschen Films' vor 1933 davon aus, daß Filme „Tiefenschichten der Kollektivmentalität" reflektieren, „die sich mehr oder weniger unterhalb der Bewußtseinsdimension erstrecken" (Kracauer 1979, 12). Lange als „Spiegelhypothese" umstritten, war diese These von Kracauer allerdings unter der Erfahrung des amerikanischen Exils anders formuliert als zu seiner Weimarer Zeit: während er als Filmkritiker in den zwanziger Jahren den Umgang der Produzenten mit den Publikumsbedürfnissen noch manipulativ auffaßte, ging er nun davon aus, daß es sich Hollywood aus ökonomischen Gründen nicht leisten konnte, am Publikum vorbeizuproduzieren. Der Versuch des soziologischen Theoretikers Kracauer, eine universell geltende Konzeption vom 'filmischen Medium' zu entwickeln, konnte sich den Erfahrungen des Historikers Kracauer nur unzureichend vermitteln; mal, unterm Eindruck der filmkulturellen Verhältnisse in Weimar, fiel das Modell (mit einiger historischer Berechtigung) manipulationstheoretisch aus, mal, in den USA, wurden, als letztlich entscheidend, die Wünsche des Publikums herausgestellt (auch dies nicht ohne historische Berechtigung). Jedoch ist das Kernkonzept einer Reduktion historischer Zusammenhänge auf sozialpsychologische Bewußtseinslagen überholt, da man wesentlich vorsichtiger als zu Kracauers filmsoziologischer Pionierzeit ist, wenn es darum geht, welche Klasse, Gruppe, welches Geschlecht sich in Filmen darstellte, dargestellt wurde, angesprochen werden sollte – oder wollte. Auch ist Kracauers Abkehr vom Idealismus von Tendenzen durchzogen, die kaum weniger idealistisch sind. Unterstellt werden Wirkungen, als seien sie wie das 'fabula docet' schlüssig zu bestimmen. Es fehlt eine Erörterung der widersprüchlichen Spannungsverhältnisse zwischen 'Inhalt' und 'Stil' der filmischen Bilder und Töne innerhalb eines historischen Kontextes spezifischer Zuschauerwahrnehmungen. Kracauers Modell der Zuschauerrezeption bleibt in diesem Fall, seinem eigenen Verdacht gegenüber jeglichem Idealismus zum Trotz, ganz eindimensional und normativ das der Bedeutungslenkung. Dieselben deterministischen Prämissen prägen seinen Umgang mit dem soziologischen Eskapismusbegriff. Auch hier werden unvermittelt die Intentionen des Analytikers Kracauer apodiktisch übertragen auf den Gebrauch, den Zuschauer von einem Film machen, als wäre der Geltungsanspruch von 'Information' oder 'Amusement' deckungsgleich mit der realen Rezeption. Die zweite Kernthese ist zurecht nicht weniger umstritten: wie erwähnt geht Kracauers Konzept der „Errettung der äußeren Realität" durch Fotografie und Film davon aus, der Film sei das einzige Medium, das sein Rohmaterial nicht verzehre, denn im Unterschied zur Malerei etwa, deren Rohmaterial, die Farbtuben, sich beim Malen verbrauchten, bleibe das Rohmaterial von Foto und Film – die Wirklichkeit – in der Kopie unangetastet (vgl. Kracauer 1973, 30). Hier verwechselt Kracauer die Begriffe Abbild und Kopie: während die Kopie einer Schrift als Abschrift immer noch eine Schrift ist und die Kopie einer Statue ebenfalls, ist die Bezeichnung einer Fotografie als 'Kopie der Natur' sachlich unzutreffend. Die Verwechslung erklärt sich durch das Primat des Optischen in der abendländischen Kultur, das auch ein Vorherrschen von Visualitätsmetaphorik ('Sichtweise, Perspektive' u. ä.) mit sich brachte. Kracauers Realitätsbegriff folgt aus dieser Reduktion von Wahrnehmung auf Sehen, von Wirklichkeit auf ihr Sichtbares. Auf der Grundlage unvermerkter Voreingenommenheit für die Hegemonie des Visuellen eine „Affinität der Fotografie zur sichtbaren Realität" festzustellen, ist aber nicht mehr als eine Tautologie. Im Bedürfnis nach szientifischer Absicherung liegen auch die Wurzeln für ein weiteres Mißverständnis, nämlich die Ableitung der Eigenschaften des Films nicht aus seiner institutionellen Rolle als populäres Schauvergnügen, sondern aus der Fotografie. So deutlich Kracauer als Schüler des Lebensphilosophen Simmel die Widersprüchlichkeit von Abstraktionstendenzen und Lebenszusammenhängen gesehen hat – der Versuch einer ontologisierenden Bestimmung des filmischen 'Mediums' auf der Grundlage von Eigenschaften der fotografischen Apparatur ist von einer Fetischisierung der Technik nicht frei. Daß die Erfinder des Kinematographen u. a. auf der Technik Fotografie aufbaut, heißt nicht, daß Film und Fotografie sich insgesamt als gesellschaftliche Institutionen ähneln. Eine Reduktion der Vorgeschichte auf optische Tricks und vorgeblich mit naturwissenschaftlicher Exaktheit zu erschließende 'Gesetzmäßigkeiten' verfehlt die Hauptwurzel der Filmgeschichte. Sie ist weder mit der Optik oder Technik allein noch mit militärischen Affinitäten gegeben, die zu „fotografischen Flinten" geführt haben mögen, nicht aber zum Film, dessen historische institutionelle Entwicklung ganz entgegengesetzte gesellschaftliche Bedürfnisse zur Voraussetzung hat. Sie entstanden zur Zeit der Industrialisierung, durch Vermarktung der populären Schauvergnügen zu Ende des 19. Jhs. Trotz all dieser Probleme sind Kracauers filmtheoretische und -historische Arbeiten insgesamt nicht überholt, denn die unsystematische, nicht logisch-hierarchisch geordnete Struktur seines Denkens macht es möglich, daß mit dem Umsturz wichtiger Konzepte wie der 'Reflexionshypothese' oder der 'Realitätserrettung durch die Kamera' nicht alle Theoreme und Einsichten zunichte gemacht werden. So hat Kracauer beispielsweise keineswegs durchweg 'Drehbuchkritik' betrieben, die sich lediglich den Inhalten bzw. Inhaltsangaben der Filme widmete, sondern im Gegenteil immer wieder, wenn auch nicht systematisch, filmische Mittel und Darstellungsformen auf 'Lebendigkeit' und 'wirkliches Leben' bezogen, Begriffe, die er ganz ähnlich wie Béla Balázs, der Lebensphilosophie Georg Simmels entlehnt hatte (vgl. Knops 1988).

4. Moderne Filmtheorie: von der phänomenologischen Filmologie zur strukturalistischen Filmsemiotik

In Frankreich hatte der Kritiker und Essayist André Bazin schon in den fünfziger Jahren filmtheoretische Überlegungen veröffentlicht, die wie Kracauer ebenfalls eine Kritik formalistischer Montagekonzepte bedeuteten. Weniger noch als Kracauers Theoriebildung wies Bazins Gedankengebäude logische Geschlossenheit auf; allerdings entwickelte Bazin seine Ideen nicht von wissenschaftlichen Gesetzmäßigkeiten oder sozialpsychologischen Gegebenheiten her, sondern gewann sie aus der detaillierten Analyse und Kritik einzelner Filme. Diese Schulung der ästhetischen Wahrnehmung prägte eine ganze Generation von Jungkritikern der von Bazin 1951 gegründeten 'Cahiers du Cinéma', die später als Regisseure der 'Nouvelle Vague' reüssieren sollten. Jedoch war Bazins zentrale These, nach der das 'Wesen' des Kinos in der Tiefenschärfeinszenierung liege, zu studieren in Filmen eines Orson Welles, Erich von Stroheim oder Carl Th. Dreyer, in denen die Montage in den Bildaufbau integriert wird, letztlich nicht weniger einseitig als Eisensteins „Montage der Attraktionen" (Bazin 1975). Nicht am Detail konkreter Filme ausgerichtet war Gilbert Cohen-Séats phänomenologisch vorgehende 'Filmologie'. In seinem Essay 'Film und Philosophie' gibt Cohen-Séat als ausdrückliches Ziel an, nicht den Film und das Kino selbst zu studieren. Sein „Versuch, von den beiden eine allgemeinere Vorstellung zu gewinnen", bleibt dementsprechend allgemein im Bestreben, der 'Filmologie' als neuer Forschungsdisziplin durch rein theoretisch-phänomenologische Abhandlung mehr Dignität zu verleihen, da von der „Anerkennung ihres Wertes und ihrer Rechte" die „endgültige Aufnahme in die Gesellschaften der Wissenschaften von den Fortschritten" abhänge (Gilbert Cohen-Séat 1962, 118). Deutlich vom Existenzialismus Sartres und der französischen Phänomenologie Merleau-Pontys, Marcels u. a. beinflußt waren auch die Filmtheorien Edgar Morins und Jean Mitrys. Während Morins (Morin 1958) filmsoziologisches Unternehmen darin bestand, die anthropologischen Grundlagen des neuen Mediums von konkreten Filmen eher abgehoben zu reflektieren, um die Gemeinsamkeiten und Unterschiede des Traums und der neuen kinematographischen Technik theoretisch zu erforschen, war das Werk Jean Mitrys, des ersten Universitätsprofessors für Film, immer wieder auf die Erkenntnis der Logik des Narrativen im Film ausgerichtet (Mitry 1963 ff.). Auch Mitry glaubte, wie Bazin und Kracauer, an eine Affinität des Kinos zur Realität; jedoch suchte er eine 'formalistische' und eine 'realistische' Tendenz zu vermitteln (vgl. Andrew 1976). Seine Perspektive ist konstruktivistisch: nicht die Realität selbst zeigt sich im Kino; vielmehr wird sie geformt, um humane Bedeutungen zu tragen. Mitry, dessen Arbeiten bis heute vergleichsweise wenig rezipiert wurden, erkennt im Kino die Möglichkeit, neue Bedeutungen zu erzeugen, indem der Zuschauer seine Sicht auf die Welt mit den Perspektiven anderer Menschen vergleichen kann. Eine neue Ära der Filmtheorie begann mit den wissenschaftlichen Arbeiten von Christian Metz, der zunächst ebenfalls von der französischen Phänomenologie der fünfziger Jahre beeinflußt war. Ziel seines Unternehmens, die klassische Filmtheorie und die phänomenologische Ästhetik durch eine Filmsemiotik zu ersetzen, war die wissenschaftlich exakte Beschreibung der Signifikationsprozesse des Films. Entgegen früheren Konzeptionen einer 'Filmsprache' à la Eisenstein begründete Metz in seiner 'Semiologie des Films' (Metz 1972) zunächst, warum der Film keine Sprache im Sinne der strukturalistischen Linguistik besitze. Wenn diese davon ausgehe, daß eine Sprache ein System von Zeichen sei, entstanden im Rahmen und zum Zwecke von Kommunikation, zeige sich, daß dem Film alle drei Eigenschaften fehlten: so fehle die Dichotomie von Langue (dem der Sprache zugrundeliegendem Grundsystem) und Parole (der konkret vorfindbaren, gesprochenen Sprache), dies allein deshalb, weil keine kleinsten Einheiten zu bestimmen seien, die keine Bedeutung tragen wie in der Sprache die Buchstaben des Alphabets. Auch entspreche die Einstellung als kleinste filmische Einheit nicht dem Wort, da sich selbst die Einstellung eines Revolvers schon als Satz verstehen ließe: „Hier ist ein Revolver." Es gäbe also kein Wörterbuch der Bilder, keine Liste der möglichen Einstellungen und auch keine eigentliche Grammatik, die es erlaube, Zeiten zu bilden oder auch nur Nonsense zu produzieren. Außerdem sei Film, so Metz, kein Kommunikations-, sondern nur ein One-Way-System. Dennoch bleibe die Frage bestehen, wie der Film denn dann in der Lage sei, seine Bedeutungen zu erzeugen? Metz Lösung bestand darin, diese zwischen den Einstellungen, in der Montage der Einstellungen zu suchen, und zwar auf der Ebene der Erzählstruktur. Im Folgenden entwickelte er eine Tabelle der 'Großen Syntagmen im Film' (Metz 1972, 108), um zu erklären, wie im Film etwa Kausalität, Sukzessivität, Zeitsprünge, Folgen usw. bezeichnet werde. Im Zusammenhang der Metzschen Argumentationslinie war es das Konzept des analogischen Charakters des filmischen Bildes, das, gegründet auf die Vorstellung einer mechanischen Duplikation der Realität, eine weitere Suche nach den Funktionsmechanismen der Sprache des Films ausschloß und Metz bewogen hatte, nun die Ebene der narrativen Struktur für die Produktion von Bedeutungen verantwortlich zu machen. Umberto Eco, dem die Filmsemiotik im Zusammenhang einer allgemeinen Semiotiktheorie besonders wichtig war, wandte sich strikt gegen eine solche Auffassung des Analogischen. Nicht um eine mechanische Duplikation der Wirklichkeit handle es sich beim filmischen Bild. Wie nämlich eine einfache phänomenologische Analyse eines beliebigen figürlichen Gebildes, einer Zeichnung oder eines Fotos zeige, besitze ein Bild keinerlei Eigenschaften des dargestellten Objektes. Zu finden seien auf der Ebene des ikonischen Zeichens eine Reihe von Codes, die von einfachen Codes der Wahrnehmung, des Wiedererkennens bis hin zu ikonischen oder Codes des Geschmacks reichten. Für Eco war damit die grundsätzliche Konventionalität des filmischen Bildes bewiesen, und er lehnte auch die Vorstellung ab, nach der jeder kommunikative Akt auf einer Sprache beruhe, die den Codes der Wortsprache ähnlich sei. Produktiver sei es, davon auszugehen, daß jeder kommunikative Akt auf einem Code beruhe, im Falle des Films auf einer Ebene der ersten Artikulation durch 'ikonische Figuren', die sich auf der Ebene einfacher Wahrnehmungscodes (Schatten, Kontraste) bildeten; diese ikonischen Figuren verbänden sich auf einer Ebene der zweiten Artikulation zu ikonischen Zeichen ('Auge', 'menschliche Nase', 'viereckige Fläche' auf der Grundlage kontextueller Zuordnung) und diese schließlich zu sogenannten Semata auf der Ebene der dritten Artikulation („großer blonder Mann ist hier, in hellem Anzug usw."). Im Fall des Films stellte sich Eco alle drei Ebenen synchronisch untereinander kombiniert vor. Metz machte sich die Ecosche Argumentation insofern zueigen, als er dessen Nachweis der Konventionalität des Analogischen akzeptierte und den Begriff des 'Codes' übernahm. Seine 'Große Syntagmatik' wurde dadurch nicht obsolet, verstand Metz doch nun zwar die Narration als einen Code unter anderen, aber eben den entscheidenden. Nach wie vor wurde so die kinematographische 'Sprache' mit der narrativen Segmentierung identifiziert. Abgesehen vom geringen Erkenntnisge-

13. Theorien des Films

winn der semiotischen Bemühungen führte der Szientismus dieser Entwürfe zu spezifischen Verzerrungen. So konnte Metz, der zunächst das 'Wesen des Filmischen' im 'Realitätseindruck' gesehen hatte und dann die Gesetze des Films als Erzählstruktur zu fixieren suchte, das Problem der unmerklichen Ontologisierung nicht sehen. Das gerade für die Analyse des Films wichtige Spannungsverhältnis von Innovation und Konvention, von Neuem und Altem, von Bildhaftem und Begrifflichen, schnurrte zu einem letztlich auf der Basis des 'gesunden Menschenverstands' zusammengetragenen Mittelwert von 'Erzählstrukturen' bzw. scheinbar gegebenen 'Gesetzen' zusammen, weil der Objektivismus zum Herausreißen der Signifikationspraxis lebender Menschen aus dem historischen Produktions- und Rezeptionsprozeß von Filmgeschichte, Filmästhetik und Filmerfahrung zwang (schon die Unterstellung einer One-Way-Kommunikation verrät die Ausblendung der aktiven Rezeptionspraxis lebender Individuen). Wie die im historischen Wandel befindlichen filmischen Bilder und Töne in der Lage sein konnten, nicht nur Standards, sondern immer auch hinreichend Neues, Unbekanntes, Sensationelles zu bieten – ohne das sich kein Film an der Kasse vermarkten ließe – fiel von vornherein durch das semiotische Raster. Ecos Begründung einer Semiotik auf dem Modell des Informationsaustausches war nicht nur ebenso szientistisch-statisch und besaß ebenfalls keine Vorstellung von der filmischen Signifikation als einem Prozeß; vielmehr mußte Eco auf der Suche nach den kleinsten Teilen des Filmischen, die er als ständige Verfeinerung einer Digitalisierung des Analogischen für ergiebig hielt, am Ende zugeben: er konnte keine kleinsten, diskreten Einheiten des filmischen Bildes ausmachen und definieren (wo fängt der Schatten auf dem Nasenflügel des Mannes auf dem Bild an, wo hört er auf?). Und: Ecos binäre Codes waren nicht in der Lage, ausgerechnet die Bewegung des filmischen Bildes zu erfassen. Das Scheitern der informationstheoretischen Analyse Ecos an der Bewegung des Films läßt ein altes Problem der logisch begründeten Analyse seit ihrer Einführung in der griechischen Antike wiedererkennen. Hier war es der Philosoph Zenon von Elea, der als Stammvater des Versuches der logischen Analyse von Bewegung hervortrat. An Beispielen wie dem Flug des Pfeiles zeigte er, daß der Pfeil sich zu jeder Zeit seines Fluges an einem spezifischen Punkt befinde, und leugnete dann Bewegung überhaupt. Der Ausschluß der logischen Erkennbarkeit von Bewegung (und damit von Geschichte als offenem Prozeß wie von sinnlicher Erfahrung, die nun beide als unbestimmbar erscheinen) war impliziert mit der Einführung der Logik, angefangen im 6. Jh. v. Chr. über die Eleaten (Zenon und Parmenides), die Syllogistik des Aristoteles und die Stoa des 3. Jhs., die die Erkennbarkeit der Wirklichkeit durch die mythische Offenbarung ablöste durch die Beschränkung auf innersprachliche, idealisiert hypostasierte formale Strukturen. Die Ausklammerung der widersprüchlichen Totalität der Wirklichkeit (semiotisch: des Referenten) zugunsten formaler logischer, auf Sprache (und dem mit ihr implizierten Anthropozentrismus des Subjekt-Objekt-Verhältnisses) basierender Operationen widerspruchsfreien Schließens, in dem nun die Ausmerzung der Widersprüche den Erkenntnisprozeß vorantreibt, läßt sich beschreiben als 'semiotische Aktivität'. Mit der Eingrenzung von 'Rationalität' wird die Nicht-Erkennbarkeit des von nun an 'Irrationalen' erst erzeugt. Das Problem des Verhältnisses von Materie und Geist, das das westliche Denken seine gesamte Geschichte hindurch beschäftigt, wird durch die konzeptuelle Einführung des Zeichens (semeion) gelöst. Impliziert war mit dieser klassisch-logischen Seinsreduktion die Vorstellung eines statischen Zeichens, unterschlagen der immer soziohistorisch auf der Grundlage spezifischer Erfahrungen lebender Menschen vollzogene Zeichenprozeß. Für die szientistische Semiotik auf der Suche nach Gesetzen im Inneren des Films bleibt das Bemühen deutlich, bei der Analyse filmischer Signifikationsprozesse an der Vorstellung des Informationsaustauschs und damit vom Prinzip her an einer formalistisch-statischen Theorie- und Begriffsbildung festzuhalten, und zwar samt einem damit korrespondierenden posivitistischen Empirieverständnis, das einen von neutralen Forschern objektiv analysierbaren Untersuchungsgegenstand unterstellt, ohne aber sich dem Vorwurf aussetzen zu müssen, Geschichte werde eskamotiert. Dieses Problem läßt sich nicht dadurch lösen, daß neben die formalen Analysen 'auch' historische Erklärungsansätze gestellt werden; eine solche Unternehmung wurde von Norbert Elias als Versuch bezeichnet, den historischen Prozeß in ein statisches Wachsfigurenkabinett als eine weitere leblose Figur hineinzustellen. Eine andere Pseudolösung wurde von Semiotikern im alten Streit um die Frage, ob ikonische Zeichen natürlich oder konventionell seien, vorgeschoben: beide Prädikate seien graduell aufzufassen. Während solche Pseudolösungen, die den widersprüchlichen Kern von Bild und Begriff, Analogem und Digitalem, Bewegung und Statik aus dem soziohistorischen Prozeß herauslösen und stillzustellen suchen, als Hilfshypothesen erkennbar sind, die es ermöglichen sollten, eine Änderung der szientistischen Forschungsrichtung insgesamt zu vermeiden, war es überraschenderweise Christian Metz, der Mitte der siebziger Jahre auf den Spuren des Psychoanalyse-Sektierers Jacques Lacan das „Imaginäre" entdecken sollte. Im Gegenzug zur Metzschen Semiologie entwickelte sich mittlerweile in England eine Form des 'Cine-Strukturalismus', repräsentiert vor allem durch das Werk Peter Wollens (Wollen 1973). Wollen suchte die französische Autorentheorie wissenschaftlich zu objektivieren, indem er, beeinflußt vom Ethnologen Claude Lévi-Strauss, in Filmen binäre Strukturen ausmachte. Wollens einflußreiche Theorie wurde kritisiert wegen des Pseudo-Objektivismus einer Methode, die Filme nicht von anderen Medien wie etwa Comic-Strips zu unterscheiden erlaubte, sofern sich nur ähnliche Themen und Strukturen behaupten ließen, und auch deshalb, weil das Voranschreiten der Entzifferungsarbeit offensichtlich an die Phantasie des Forschers gebunden war, die binäre Bedeutungsstrukturen zu entdecken gewährleistete. Auch bestand eine Inkonsequenz darin, daß eine Methode, die zur Entschlüsselung nicht-individueller, gesellschaftlicher Strukturen entwickelt worden war, hier die persönliche Handschrift eines 'Autors' aufzeigen sollte (vgl. Henderson 1980; Nichols 1976).

5. Poststrukturalistische Filmtheorie: Film und die Konstitution des Imaginären

Christian Metz, der bis dahin auf Wertneutralität, Objektivität und Ideologiefreiheit gepocht hatte, begriff nun – beeinflußt von der marxistischen Ideologietheorie Louis Althussers – das Kino als Maschinerie, geboren zur Blütezeit der kapitalistischen Epoche, der Profitorientierung halber die bürgerliche Ideologie als Einheitlichkeit des Individuums nicht nur in Form eines auf der Grundlage dieser Ideologie gebauten Apparates, sondern auch in der Subjektpsyche selbst installierend. Hier, auf der psychoanalytischen Ebene der Subjektkonstitution entdeckt Metz etwas, das zum Vergleich mit der Kinoleinwand einlädt. Der „Spiegel als Bildner der Ich-Funktion", die Lacansche Metapher, gibt nun das Grundmodell ab für eine psychoanalytische Theorie des Films. Wie die Zentralperspektive der Renaissancemalerei für das Auge des auftraggebenden Fürsten bewirkten hiernach die Gesetze des klassischen Hollywood-Erzählkinos die Plazierung des Zuschauers in einer Position der Omnipotenzgefühle vermittelnden Pseudodominanz über die Welt, so Metz' Erklärung für die manipulative Kraft der Illusionsmaschine der Traumfabrik. Wie im Spiegel des Kleinkinds werde hier in dieser realistischen Filmwelt der Zuschauer seinem Es dadurch entfremdet, daß sein Imaginäres sich im Blick lustvoll konstituiert durch die Identifikation mit einem 'Anderen', ein Identifikationsprozeß, der durch die Angst vor dem Erblicken des 'Anderen' und seiner 'Differenz' – lacanistisch: vor dem Phallus-Mangel der Mutter, ihrer Kastrationswunde – geprägt ist. Vor diesem Rahmen, in dem der Blick des Zuschauers vom Begehren getrieben ist, der Phallus der Mutter sein zu dürfen – bei Strafe des 'Gesetzes des Vaters', der ihm das Begehren der Mutter entzieht –, diskutiert Metz in diversen Aufsätzen die psychoanalytischen Konzepte der Identifikation, des Voyeurismus und Fetischismus in ihrer Übertragung auf die Filmtheorie (vgl. Easthope 1993).

6. Feministische Filmtheorie: auf der Suche nach dem weiblichen Blick

An Metz anschließend, untersuchte die englische Feministin Laura Mulvey den Zusammenhang von geschlechtsspezifischer Prägung des Blicks des Zuschauers und filmischer Form (vgl. Mulvey 1975). Die Plazierung des Zuschauer-Subjekts im filmischen Diskurs des 'mainstream-cinema' wurde gefaßt als eine Codierung seines erotischen Begehrens in der Sprache der herrschenden patriarchalischen Ordnung. Leitmotiv des erotischen Spektakels Film ist die Ausstellung der Frau als Sexualobjekt. Der männliche Blick wird innerhalb des Films dem männlichen, aktiven Träger der narrativen Struktur, außerhalb dem Zuschauer als männlichem eingeschrieben. Frauen sind hier dem kontrollierenden, männlichen Blick unterworfen,

13. Theorien des Films

die Scopophilie des männlichen Begehrens macht sie zum passiven Objekt. Es ist also, nach Mulvey, ein Spannungsverhältnis vorhanden, zwischen dem männlichen investigatorischen Forttreiben der narrativen Logik und dem diese Linearität der narrativen Struktur unterbrechenden Spektakel, das die Präsentation der Frau bietet. Mulvey behauptete weiter, daß sich zwei Seiten der scopophilen Triebordnung an den Filmen zweier Regisseure festmachen ließen: die investigatorische, voyeuristische Seite des männlichen Blicks sei das Lieblingsthema Hitchcocks, die auf Ersatzbefriedigung gepolte, fetischistische Seite sei, im Gegenzug dazu quer zur Handlungsstruktur entfaltet, Thema der Schaustellung Marlene Dietrichs bei Sternberg. Für die feministische Filmpraxis bedeutete die Befreiung der Kamera nun, alle patriarchalischen Strukturen zu vermeiden und mit konsumistischen Zuschauererwartungen zu brechen. Dem 'Hollywood-Erzählkino', das zu 'dekonstruieren' war, mußten nicht-erzählende Filmformen entgegengesetzt werden, die weder Möglichkeiten zur Identifikation mit männlichen Helden-Individuen als scheinbarer Machthaber über eine kohärente Weltordnung mehr boten noch Frauen zu spektakulären Objekten männlicher Voyeurismus/Fetischismus-Bedürfnisse degradierten. Von Lacans Phallozentrismus abgesehen, mit dem sich auseinanderzusetzen eine Aufgabe für feministische Metz-Adepten werden sollte, lag in der Theoriebildung des Freud-Abweichlers Lacan ein Problem in der idealistischen Abspaltung der Ebene eines Symbolischen vom Imaginären. Statt beide für die Subjektkonstitution wichtige Ebenen vor dem Hintergrund gesellschaftlicher Praxis zu verstehen, wird die psychoanalytisch thematisierte Ebene des Symbolischen, also Sprachpraxis, auf Sprachlichkeit, also auf linguistische Gesetze reduziert (vgl. Lorenzer 1977). Diese Problematik übernimmt Metz unkritisch in seine Konzeption von der Verbundenheit von Film und 'Imaginärem' und vergißt bei der zum Traum analogen Behandlung der Kinoregression, daß im Traum auf Selbst-Erlebtes regrediert wird, im Falle des Films aber regredierend Nicht-Identisches, eine soziale Dimension also, erfahren wird. Ein zweites Kernproblem ist die Ausblendung der Aktivität des Subjektes, das als passiv manipuliert verstanden wird — eine Ausblendung der Zuschauerrezeption, die sich von der früheren Metzschen Ausformung einer ideologiefreien Semiotik nicht unterschei-

det. Und schließlich fällt bei genauerem Hinsehen auf, daß sich auch die historisch orientierungsleitenden Dichotomien nicht gewandelt haben. Noch immer sind es binäre Generalisierungen: Erzählkino–Nicht-Erzählendes; Verbot der Zuschaueradressierung–Selbstreflexivität; realistisch–nichtrealistisch; Illusion–Illusionsbrechung — sämtlich Verallgemeinerungen, die historisch daraufhin zu spezifizieren wären, wann solche Standards selbst einmal als Neue ein Wagnis waren oder als Konventionen durchbrochen wurden. Auch wird nun bei Metz daraus, daß der Film nicht die Realität des Abgebildeten ist, fehlgeschlossen, er sei als Illusion insgesamt ein Nichts, statt die soziohistorische Realität der Erfahrung solcher Illusion durch lebende Subjekte zu erkunden. Die scheinbar ideologiekritische Analyse der abendländischen Spiegelmetaphorik, die Kritik des Paradigmas der 'Repräsentation', wird im Verfahren der abstrakten Negation in 'Nicht-Repräsentation' verkehrt. Und schließlich hinkt der Vergleich von Film und Spiegelstadium noch in anderer Hinsicht: die visuelle Metaphorik bringt die Vernachlässigung des filmischen Tons wie der Sprachebene des Films mit sich. Für die feministische Variante der lacanistischen Filmtheorie wurde zunächst zum Problem, daß ihre phallozentristische Ausformung keinerlei Platz für den weiblichen Blick im Kino erlaubte. Bedürfnisse von Frauen, die über den Phallusmangel hinausgehen, sind bei Lacan respektive Metz/Mulvey nicht denkbar. Sie bleiben aus patriarchalischer Perspektive in der Negation gefangen: der Gegensatz Mann/Frau wird zu männlich/nicht männlich. Wie Frauen Vergnügen an Hollywood-Filmen haben können, bleibt ebenfalls im Dunkeln, und solche avantgardistische Filmpraxis, die sich darauf konzentrierte, die angeblich männliche Schaulust aus dem Kino zu vertreiben, hatte entsprechende Folgen: dem 'weiblichen Begehren' fielen angesichts dieser formalistischen Exerzitien ebenfalls vor Langeweile die Augen zu. Das zunehmende Auf-Begehren der Frauen gegenüber der Zumutung, sich als Zuschauer theoretisch nur als Adaptierte begreifen zu müssen, und Hollywood in toto als „Inszenierung des patriarchalischen Subjekts im filmischen Diskurs", drängte auf Klärung der Frage, ob es nicht doch stets einen, wie immer auch unterdrückten, weiblichen Blick in Filmen, auf Filme gab. Auch war die Art und Weise der Präsentation von Männern unberücksichtigt geblieben. Mit der Unterstellung des patriarchalisch unterwerfenden Blicks innerhalb der Handlungsstruktur (Blick des männlichen Protagonisten wird narrativisch verifiziert) wie außerhalb von ihr (die männlich begriffene Schaulust macht die Publikumsbedürfnisse aus) wurden die Fragen nach der Organisation des Blicks, der Identifikation und dem filmischen Spektakel in der Analyse auf weibliche Darsteller beschränkt, erfaßten damit weder die Darstellung narzißtischer, gebrochener Helden, noch männliche Rollen, die als spektakuläres Rätsel der Geschichte fungieren. Sogar ganze Genres wie das Musical, in denen unzweifelhaft Männer als Spektakel der Schaulust entgegentreten, paßten nicht zur feministischen Filmtheorie à la Mulvey. Darüber hinaus veranlaßten Überlegungen zur ebenso bekannten Identifikation von Zuschauern mit Nebendarstellern, ja mit Versagern, dazu, das abstrakt-einseitige Konzept des Identifikationsprozesses im Kino zu differenzieren: weder dürften sich Männer schlicht mit Männern im Film und Frauen mit weiblichen Protagonistinnen identifizieren. Die post-strukturalistische Konzeption einer „Adaption des voyeuristischen Zuschauers durch Codierung des filmischen Blicks" scheiterte daran, daß sich Zuschauer ganz anders als der abstrakten Theorie nach verhalten können, nämlich aktiv, und mit einer größeren Reserve gegenüber der 'Verwechslung von Film und Realität' ausgestattet sein könnten, jenem Leitkonzept vom Zuschauer als 'Leerstelle', das die post-strukturalistisch-psychoanalytische Filmtheorie noch genauso bestimmte wie es vordem die szientistische Semiotik geprägt hatte (vgl. Neale 1983; Willemen 1981; Green 1984; Knops 1986). Darüber hinaus hatten feministische Filmtheoretikerinnen schon früher darauf bestanden, daß die Attraktionskraft und Ausdrucksstärke bestimmter weiblicher Stars, vornehmlich des film noir, nicht summa summarum mit dem fabula docet verrechnet werden sollte, auch wenn dies den starken Frauen nur zu oft kein Happy End beschrete, denke man an die Subversivität weiblicher Stars im „film noir" (vgl. Place 1978). Im Auftritt einer Marilyn Monroe beispielsweise zeigte sich ebenfalls eine subversive Ironisierung weiblicher Rollenklischees. Gedrängt durch vermehrt vorgetragene Einwände differenzierte Laura Mulvey ihre Thesen, und behauptete nun nicht mehr die Unterwerfung des weiblichen Objekts unter den männlichen Blick, sondern, die narrative Struktur selbst sei männlich präformiert (vgl. Mulvey 1981) – ein Rückfall in die Probleme der strukturalistischen Semiotik mit der Überabstraktion: dem binären Aufspalten von Narration und filmischem Bild, dem eine differenzierte Auseinandersetzung mit den inneren Widersprüchen nicht nur des klassischen Erzählkinos aus dem Blick gerät. In der Folge wurde von anderen Vertreterinnen feministischer Filmtheorie versucht, den Widerspruch zu klären, wie die Zuschauerin als Subjekt derselben filmischen Bewegung, die sie vermeintlich als konsumierendes Subjekt einsetzt, unterhalten werden kann (vgl. Mayne 1993). Teresa de Lauretis (vgl. Lauretis 1990) etwa plädierte dafür, filmische Identifikation nicht als starre Plazierung von Zuschauern zu sehen, sondern als geschichtlichen Prozeß mit aktiven und passiven Strebungen, in dem Weiblichkeit oder Männlichkeit niemals vollständig erreicht oder preisgegeben werden kann. Allerdings war das propagierte Modell eines 'Ödipus interruptus', eines Widerspruches des 'weiblichen Begehrens' in den Begriffen des Narrativen, selbst in Kenntnis des ansonsten wenig fruchtbaren Diskussionsverlaufes semiotischer, psychoanalytischer und feministischer Textauslegungszirkel kaum mehr nachvollziehbar. Die feministische Exegese geriet neoscholastisch, fixiert auf den selbsterzeugten Widerspruch zwischen dem ursprünglich von der Frauenbewegung erfolgreich eingesetzten Modell der Geschlechterdifferenz und dem auch in den eigenen Reihen lauter werdenden Ruf nach geschichtlicher Präzisierung. Diese blieb entgegen dem eigenen Anspruch zu häufig ausgeblendet. Die theoretische Formel einer 'Selbstreflexivität' wurde zum Schlagwort, solange es bei der bloßen Behauptung distanzierender 'Diskursbrüche' und 'weiblicher Sehweisen' blieb, während eine solche Rezeption weder empirisch nachgewiesen noch ausreichend plausibel gemacht wurde (vgl. Prince 1988; Tillner/Kaltenecker 1995). Die brisanteste Kritik am Konzept der fundamentalen Geschlechterdifferenz wurde aus der Perspektive afroamerikanischer Frauen formuliert. Danach unterschlug die abstrakte feministische Lehre elitär die Rassen- und Klassenproblematik, etwa die Tatsache, daß sich schwarze Frauen eher mit ihren Männern solidarisierten als mit weißen Mittelschichtsfrauen. Die ganz andere Ausformung patriarchalischer Verhaltensmuster und Blickregeln in der schwarzen Familie, die historisch aus dem Verhältnis von Sklave und

Herr resultierte, markierte den Machtkampf der Geschlechter im Post-Feminismus als nur einen Konflikt unter anderen.

7. Kritik der Filmtheorie: Filmtheorie als Metahistory

Von heute aus besehen hat die poststrukturalistische Phase das Bewußtsein für die Notwendigkeit geschärft, theoretische Konzepte verstärkt der Realität auszusetzen und durch empirische Evidenz zu überprüfen. Obwohl die vergangenen Jahrzehnte endlose Theorievorstöße beschert hätten, fragte etwa David Ehrenstein polemisch, sei es der kritischen Theorie nicht gelungen, sich zu einer kritischen Praxis zu entwickeln. Der Film sei im wesentlichen heute noch genauso unerforscht wie zu Beginn der analytischen Großveranstaltung (vgl. Ehrenstein 1988). Nicht nur Metz wirkte unwillkürlich wie ein Autor, der in eine riesige Einleitung zu einem Thema verstrickt sei, das er aber im Grunde nicht erhellt haben möchte. Eine freimütigere Sprache würde aber das Risiko eingehen, sich mit der Affektivität des Kinos beschäftigen zu müssen – und damit sei der Anspruch der quasi-wissenschaftlichen Objektivität nicht zu halten, die den Theoretikern so lieb und teuer sei. Sie hätten offenbar alle Hände damit zu tun, methodologische Nebelschleier herbeizuzaubern, um die ihren Arbeiten zugrundeliegenden Werturteile zu verbergen und sich ihre Arbeitslegitimation zu erhalten. Mit diesem Dilemma der Filmtheorie, gerade durch die Bemühung, sich unbedingt seriös und ernsthaft geben zu müssen, am Kern des Films als Forschungsfeld vorbeizuargumentieren, befaßten sich auch R. L. Rutsky und Justin Wyatt (vgl. Rutsky/Wyatt 1990). Die Filmtheorie scheine sich – vielleicht deshalb, weil sie noch dabei sei, sich selbst institutionell zu legitimieren – über ihren Platz in der Wissenschaft im unklaren geblieben zu sein. Dieser Unsicherheit wegen scheine die Filmtheorie zu glauben, auf ihrem Forschungsfeld unbedingt zwischen Seriösem und Unseriösem unterscheiden zu müssen. Wenn die Filmtheorie aber in ihrer Ernsthaftigkeit nicht riskieren wolle, eine unbeabsichtigte Parodie ihrer selbst zu werden, dann habe sie zu begreifen, daß die besten Modelle für das cinematographische Vergnügen nicht das ernsthafte Vergnügen des politischen Modernismus liefert, der kritischen bzw. avantgardistischen Theorie und Kunst, sondern die massenkulturellen Diskurse. Rutsky/Wyatt schlagen einen dem Forschungsfeld Film gemäßeren Diskurs des Spaßes als theoretisches Modell vor. Der filmtheoretische Diskurs habe dadurch, daß er den Spaß ausgeschlossen habe, ausgerechnet die Massenkultur ausgeschlossen, und sich damit des eigenen Forschungsfeldes beraubt. Im Rückblick auf über einhundert Jahre Kinogeschichte erscheinen tatsächlich vielleicht aus diesen Gründen die allermeisten filmtheoretischen Unternehmungen veraltet. Seien es die sogenannten 'klassischen' Filmtheorien (die Arbeiten etwa eines Sergej Eisenstein, Rudolf Arnheim oder Siegfried Kracauer), seien es die Vertreter strukturalistischer, semiotischer, post-strukturalistischer oder psychoanalytisch-feministischer filmtheoretischer Entwürfe (also von Christian Metz über Umberto Eco bis zu Laura Mulvey) – sie alle waren wichtig für die Entwicklung begrifflicher Differenzierungen und das Aufwerfen neuer Fragestellungen und Perspektiven – doch blieben die Theoriemodelle insgesamt deutlich einseitig, verzerrt, manchmal auch irrelevant und von fragwürdigem Nutzen für weitere Arbeiten. Von heute aus besehen sagen filmtheoretische Entwürfe nicht so sehr etwas über den Gegenstand Film aus, sondern mehr über das geistige und kulturelle Umfeld der Zeit, in der sie entwickelt wurden. In diese jeweiligen Sackgassen hätten die Filmtheoretiker der 'klassischen' Phase sich aber vermutlich nicht verrennen müssen, wäre nicht die Anstrengung von Begriffen und der daraus folgende Bau imposanter Theoriegebäude meist separat von der kontinuierlichen Befragung der Filmgeschichte betrieben worden. Die Erkenntnis der Notwendigkeit, daß Theorie und Geschichtsschreibung tunlichst Hand in Hand voranschreiten sollten, blieb allerdings der 'New Film History' der achtziger Jahre vorbehalten. Zwar trat in Frankreich mit Gilles Deleuze noch einmal ein 'Filmtheoretiker' auf, der im Gewande eines zu Zeiten des Post-Strukturalismus modischen Eklektizismus die Peirce'sche Zeichentheorie, die Bergsonsche Bewegungsphilosophie und diverse weitere Theorieansätze und -splitter mit subjektiven Impressionen zu einem Klassifizierungsversuch der filmischen Bilder zu verbinden suchte (Deleuze 1989); doch zeigt allein die Auswahl der Filmbeispiele, die sämtlich einem obsoleten Kanon von 'Kunstfilmen' entstammen, wie isoliert Deleuze von den gleichzeitig international bahnbrechenden filmwissenschaftlichen Debatten über die Metahistory des Films arbeitete (vgl. Allan/Almendarez u. a. 1979; Mellencamp/Rosen 1984; Armes 1981). Denn mittlerweile hatte sich vor allem in der international führenden angloamerikanischen Filmwissenschaft die Einsicht durchgesetzt, daß theoretische Überlegungen systematisch anhand historischer Details zu überprüfen und zu differenzieren sind, um zu vermeiden, daß stets nur solche Beispiele zitiert werden, die den jeweiligen Theorierahmen bestätigen; während andererseits auch die Geschichtsschreibung kein 'naturwüchsiges' Erzählen von Geschichte werden darf, sondern methodologisch qua selbstkritisch reflektierter Historiographie, also durch Theorie, abzusichern ist. Mit der Durchsetzung dieses Standards hatte sich die Filmwissenschaft endgültig neben herkömmlichen wissenschaftlichen Fächern, die ebenfalls zwei Standbeine — Experiment und Theorie — voraussetzen, etabliert. Wichtige filmtheoretisch reflektierte Untersuchungen der letzten Jahre sind daher nicht mehr auf die Erarbeitung einer allgemeinen Filmtheorie aus, sondern widmen sich historisch klar umrissenen Fragen, etwa zum filmischen Blick des Publikums im amerikanischen Stummfilm (vgl. z. B. Hansen 1991); zur Entwicklung filmischer Formen der Frühzeit des Films im Zusammenhang einer Archäologie der Massenkultur (vgl. z. B. Elsaesser 1990) oder zur Analyse des filmischen Erzählens im Zusammenhang einer konstruktivistischen Theorie der Zuschaueraktivität (vgl. Bordwell 1985).

8. Literatur

Abel, Richard (Hrsg.), French film theory and criticism, 1907–1939. Princeton, NJ 1988.

Allen Blaine/Valentin Almendarez u. a. (Hrsg.), Film Reader 4: Point of view. Metahistory of film. Evanston 1979.

Andrew, J. Dudley, The major film theories. London/Oxford 1976.

Arnheim, Rudolf, Film als Kunst. Frankfurt a. M. 1979.

Armes, Roy (Hrsg.), Problems of film history. Middlesex 1981.

Balázs, Béla, Der sichtbare Mensch. In: Schriften zum Film. Band I u. II. Hrsg. v. Helmut H. Diederichs/Wolfgang Gersch/Magda Nagy. Budapest/München 1982.

Bazin, André, Was ist das Kino? Bausteine zu einer Theorie des Films. Köln 1975.

Bordwell, David, Narration in the fiction film. London 1985.

Canudo, Ricciotto, L'Usine aux Images. Paris 1927.

Cohen-Séat, Gilbert, Film und Philosophie. Gütersloh 1962.

Delluc, Louis, Cinéma et Cie. Paris 1919.

Denkins, Harvey, Linguistic models in early soviet cinema, CJ 17, 1977, 1–13.

Eagle, Herbert, Russian formalist film theory. Michigan 1981.

Easthope, Antony (Hrsg.), Contemporary film theory. London/New York 1993.

Ehrenstein, David, Desert Fury, Mon Amour, Film Quarterly 41, No. 4, Summer 1988, 2–12.

Eisenstein, Sergej M., Schriften. Hrsg. v. Hans-Joachim Schlegel, 4 Bde., München 1974 ff.

Elsaesser, Thomas/Adam Barker (Hrsg.), Early Cinema. space–frame–narrative. London 1990.

Foulon, Otto, Die Kunst des Lichtspiels. Aachen 1924.

Green Ian, Malefunction. A contribution to the debate on masculinity in the cinema, Screen 25, Nr. 4–5, July–October 1984, 36–49.

Häfker, Hermann, Das Kino und die Gebildeten. Wege zur Hebung des Kinowesens. M. Gladbach 1915.

Hansen, Miriam, Babel & Babylon. Spectatorship in American silent film. Cambridge/London 1991.

Harms, Rudolf, Philosophie des Films. Seine ästhetischen und metaphysischen Grundlagen. Zürich 1970.

Henderson, Brian, A critique of film theory. New York 1980.

Heller, Heinz-B., Literarische Intelligenz und Film. Zu Veränderungen der ästhetischen Theorie und Praxis unter dem Eindruck des Films 1910–1930 in Deutschland. Tübingen 1985.

Knops, Tilo R., Die Aufmerksamkeit des Blicks. Vom Schwinden der Sinne in der Filmtheorie und seinem Gegenmittel. Frankfurt a. M. 1986.

–, Zwischen Weimar und Hollywood. Zum Widerstreit zwischen Erfahrung und Theorie bei Siegfried Kracauer. RuF 36, 1988, 465–483.

Kracauer, Siegfried, Von Caligari zu Hitler. Frankfurt a. M. 1979.

–, Theorie des Films. Die Errettung der äußeren Wirklichkeit. Frankfurt a. M. 1973.

Kurtz, Rudolf, Expressionismus und Film. Zürich 1965.

Lindsay, Vachel, The art of the moving picture. 1915, rev. ed. 1922, reprint New York: Liveright Publishing Corp. 1970.

Lauretis, Teresa de, Ödipus interruptus, Frauen und Film 48, März 1990, 5–29.

Lorenzer, Alfred, Lacan und/oder Marx. In: Sprachspiel und Interaktionsformen. Frankfurt a. M. 1977, 162–179.

Mayne, Judith, Cinema and spectatorship. London 1993.

Mellencamp, Patricia/Philip Rosen (Hrsg.), Cinema histories, cinema practices. Los Angeles 1984.

Metz, Christian, Semiologie des Films. München 1972.

–, Sprache und Film. München 1973.

–, Le signifiant imaginaire. Paris 1977.

Mitry, Jean, Ésthétique et psychologie du cinéma. 2 Bde. Paris 1963/65.

Morin, Edgar, Der Mensch und das Kino. Stuttgart 1958.

Münsterberg, Hugo, The film. A psychological study. The silent photoplay in 1916. New York 1916.

Mulvey, Laura, Visual pleasure and narrative cinema, Screen 16, Nr. 3, Autumn 1975, 6–18.

–, Afterthoughts on 'Visual Pleasure and Narrative Cinema', Framework 15/16/17, Summer 1981, 12–15.

Neale, Steve, Masculinity as spectacle. Reflections on men and mainstream cinema, Screen 24, Nr. 6, November–December 1983, 2–16.

Nichols, Bill, Style, grammar, and the movies. In: Movies and Methods. Berkeley/Los Angeles 1976, 607–628.

Polan, Dana, Eisenstein as theorist. In: 17, Nr. 1, 1977, 14–29.

Prince, Stephen, The pornographic image and the practice of film theory. In: CJ 27, Nr. 2, 1988, 27–39.

Prince, Stephen/Wayne E. Hensley, The Kuleshov effect: Recreating the classic experiment. In: CJ 31, Nr. 2, 1992, 59–75.

Rutsky, R. L./Justin Wyatt, Serious pleasures: Cinematic pleasure and the notion of fun. In: CJ 30, Nr. 1, 1990, 3–19.

Stindt, Georg O., Das Lichtspiel als Kunstform. Bremerhaven 1924.

Tannenbaum, Herbert, Kino und Theater. München 1912.

Tillner, Georg/Siegfried Kaltenecker, Objekt Mann. Zur Kritik der heterosexuellen Männlichkeit in der englischsprachigen Filmtheorie. In: Frauen und Film, Heft 56/57, Februar 1995, 115–132.

Willemen, Paul, Anthony Mann: Looking at the male, Framework 15/16/17, Summer 1981, 16.

Wollen, Peter, Signs and meaning in the cinema. London 1969.

Tilo R. Knops, Hamburg (Deutschland)

14. Theorien des Hörfunks

1. Die Grenzen einer Einzelmedientheorie des Hörfunks
2. Historische Phasen der Theoriebildung
3. Die Jahre 1923–1933: Hörfunktheorien der Weimarer Republik als Entdeckung neuer medialer Möglichkeiten
4. Exkurs: Die Funktionalisierung von Hörfunktheorien durch die Nationalsozialisten
5. Hörfunktheorien im Zeitalter des Fernsehens
6. Zur Situierung des Hörfunks in der Gesellschaft der Gegenwart
7. Ausblick
8. Literatur

1. Die Grenzen einer Einzelmedientheorie des Hörfunks

Die Theorie der Massenkommunikation ist relativ weit entwickelt. Darüber aber, was die abweichenden Merkmale der Kommunikation über das Medium Radio sind, geben nur vergleichsweise schwach entwickelte Konzepte Auskunft. Die meisten Texte zur Theorie des Radios sind eigentlich Beiträge zu einzelnen Aspekten, meist zu Fragen des Hörspiels oder anderen Möglichkeiten der künstlerischen Nutzung des Radios. Gemeinsam ist ihnen ihr normatives Ziel: Sie sagen, was der künstlerisch, journalistisch oder politisch aktive Mensch mit dem Radio anfangen sollte; sie postulieren Veränderungen in Produktion oder Institution, die diese Ziele unterstützen könnten (vgl. z. B. Brecht 1967; Arnheim 1979; Knilli 1970; Collin 1980). Die Texte bieten zwar Ansätze zu einer Theorie, nicht aber in sich geschlossenen Konstruktionen: „Es gab bis heute keine Radiotheorie, die diesen Namen verdiente" (Faulstich 1981, 36).

Faulstich (1981, 13) erklärt dieses Phänomen mit der Alltäglichkeit des Mediums. Seine Selbstverständlichkeit, sein unbestrittener praktischer Nutzen hätten kritische Reflexionen blockiert. Faulstichs Erklärung befriedigt freilich insofern nicht, als diese Alltäglichkeit auch für das Fernsehen gilt. Fernsehen und Film aber haben die Theoretiker weit mehr beschäftigt. So liegt die Vermutung nahe, daß zum Theoriedefizit des Hörfunks auch seine aus Sicht der Rezipienten geringe Spezifik im Vergleich mit anderen Medien beigetragen hat. Denn der Hörfunk „hat zwar vielfältige Möglichkeiten, muß sie aber mit anderen Medien teilen, die diese Möglichkeiten ebenfalls – und z. T. wirksamer – wahrnehmen können" (Roß 1982, 7). Die Eigenart des Hörfunks zwischen Print- und audio-visuellen Medien ist schwer zu fassen. Manche der zunächst dem Radio allein zugeschriebenen Eigenschaften treffen später auf das Fernsehen genauso zu. Das gilt etwa für die Möglichkeit zur *Live*-Berichterstattung, inzwischen aber auch für die Rolle als Begleitmedium. Radio war das erste ubiquitäre Medium, die frühen Theorien definieren es vor allem über die neu geschaffenen technischen Möglichkeiten. So ist die Betonung vieler Aspekte in den Radiotheorien eher historisch begründet: Aus der Faszination für das erste elektronische Medium. Viele dieser Texte erscheinen heute nicht mehr als Beschreibung der Eigenheiten des rein akustischen Mediums Radio. In gleicher Weise hat sich die Terminologie verschoben: Bis zur Einführung des Fernsehens wurde der Hörfunk allein als Rundfunk bezeichnet. Ich werde im Folgenden den umgangssprachlichen Ausdruck 'Radio' und den Fachterminus 'Hörfunk' synonym gebrauchen.

2. Historische Phasen der Theoriebildung

Die Geschichte der Hörfunktheorien ist von der Geschichte des Mediums selbst nicht zu trennen. In ihr spiegelt sich die Entwicklung von einem Radio, dem man bewußt zuhörte, zum Komplementärmedium. So hat man eine Abfolge von Theorien vor sich, die sich nach den Zeitumständen, unter denen sie entstanden, grob systematisieren lassen – weniger ist jedoch in dieser Aneinanderreihung eine Entwicklung aufzuspüren. Eine Systematik der Hörfunktheorien vorzunehmen, ist auch deshalb schwierig, weil sich die Theoretiker in den seltensten Fällen aufeinander beziehen. Einzelmedientheorien haben insbesondere dann Konjuktur, wenn ein Medium neu ist. Die Theoretiker fragen, was mit der neuen Technik anzufangen ist und ordnen sie in einen gesellschaftlichen Zusammenhang ein. Dies gilt für das Radio in besonderer Weise. Im ersten Jahrzehnt des Hörfunks, zwischen 1923 und 1933, entstanden in Deutschland Theorien, deren Einfluß bis heute nachweisbar ist. Alle zentralen Fragen einer Radiotheorie wurden bereits damals aufgeworfen: Es gab Überlegungen zu funkspezifischen Formen und Inhalten und die gesellschaftliche Bedeutung des Hörfunks wurde ebenso untersucht wie seine Kommunikationsstruktur.

Mit dem Nationalsozialismus brachen diese Entwicklungen jäh ab. Wichtige Theoretiker emigrierten aus Deutschland. Die Geschichte der Theorie des Hörfunks in Deutschland hätte sich anders entwickelt, wenn die Nationalsozialisten nicht eine freie Diskussion verhindert hätten. Die Machthaber funktionalisierten das Radio für ihre Zwecke. Mit den Anfängen des Fernsehens stellte sich die Frage nach der Existenzberechtigung des Radios neu. Es ging in dieser Phase also auch um die Rechtfertigung dieses Mediums, verstärkt seit den 1960er Jahren. Nun überwogen Theorien, die die Spezifik des Hörfunks in Abgrenzung zu Film und Fernsehen untersuchten, also implizit den ersten Schritt von einer Einzelmedientheorie zu einer supramedialen Theorie machte. Meist stand jetzt das Hörspiel im Mittelpunkt der Überlegungen. Damit begründeten die Autoren eigene, künstlerische Funktionen des Radios, die das Fernsehen nicht bieten kann. Mit dem Aufkommen des freien Radios in den siebziger Jahren rückten wieder gesellschaftliche und politische Funktionen des Hörfunks in den Vordergrund. Gleichzeitig aber war das Radio endgültig zu einem Medium geworden, das nebenbei gehört wird. Damit schwand die Bedeutung künstlerischer Formen und somit gab es nur noch selten Versuche, das Medium Radio anhand des Hörspiels zu erklären.

3. Die Jahre 1923–1933: Hörfunktheorien der Weimarer Republik als Entdeckung neuer medialer Möglichkeiten

Das neue Medium Radio zog das Interesse von Schriftstellern und Publizisten der Weimarer Republik auf sich. Sie fragten danach, wie sie das Radio für ihre literarische und publizistische Arbeit nutzen könnten, und sie untersuchten auch, welche neuen Dimensionen literarischer und politischer Kultur die Technik erschließen könnte.

3.1. Theorien zu Inhalt und Form des Hörfunks

In den Anfängen des Hörfunks adaptierten die Sender vorhandene Inhalte: Man spielte Musik, übertrug Vorträge und hielt Lesungen ab, kurz man benutzte die neue Technik, um bereits bekannte Dinge zu verbreiten. Schon nach wenigen Monaten wurden auch Schauspiel- und Opernaufführungen für den Hörfunk inszeniert. Doch in der Regel lehnten diese sich noch sehr eng an die vorgegebenen Formen an und boten so den schlechteren Ersatz des Bühnenschauspiels, der Bühnenoper. Ende des Jahres 1924 gab es erste Versuche, Handlung und Schauplatz der künstlerischen Sendungen auf das Medium Radio abzustimmen: Das Hörspiel entstand. (In Deutschland gilt als erstes Hörspiel Hans Fleschs 'Zauberei auf dem Sender', gesendet am 24.10.1924).

Versuchte man anfangs vor allem die Inhalte dem Hörfunk anzupassen, wurde bald die Frage nach hörfunkeigenen Formen dringlicher. Ein Markstein auf dem Weg zu rundfunkspezifischen Ansätzen war die Tagung 'Dichtung und Rundfunk', veranstaltet 1929 in Kassel-Wilhelmshöhe von der 'Sektion Dichtkunst' der Preußischen Akademie der Künste und der Reichsrundfunkgesellschaft. Dort zeichnete sich ab, daß sich die Debatte um funkspezifische Formen auf künstlerische, genauer literarische Darstellungen zuspitzen würde. Der Schriftsteller Alfred Döblin erklärte dort zwar nach der Musik journalistische Formen zum wichtigsten Inhalt des Hörfunks, weil dieser Nachrichten besonders aktuell übertragen könne. Allerdings beschrieb Döblin das Radio in dieser Hinsicht nur als neues Verbreitungsmittel für 'die gesprochene Tageszeitung' (Döblin 1989, 253). Nur die Literatur werde sich durch den Hörfunk auch verändern: „Man kann keine Romane im Rundfunk vorlesen, und man kann keine Dramen im Rundfunk aufführen" (Döblin 1989, 259). Vielmehr erwartete er eine Überwindung traditioneller literarischer Gattungen und eine Wiederbelebung mündlicher und schlichterer Literaturtraditionen, um breitere Schichten zu erreichen. Döblin thematisierte allerdings auch schon die besondere Rezeptionssituation des Hörfunks: Ein schlichter Rückgriff auf eine mündliche Literaturtradition sei nicht möglich, da Redner und Hörer anders als im direkten Vortrag isoliert vor Mikrophon bzw. Empfangsgerät säßen. So seien auch nur kurze und prägnante Literaturformen radiotauglich.

Ein zentraler Punkt der Auseinandersetzung mit dem Neuen Medium in der Weimarer Republik war die starke staatliche Kontrolle und verordnete Neutralität des Radios. Dadurch konnte der Hörfunk seine publizistische Aufgabe sehr viel schlechter erfüllen als die Presse (vgl. Lerg 1980, 82ff. u. 326ff.). Viele theoretische Ansätze sind aus dieser unbefriedigenden Situation erklärbar. Es waren vor allem sozial engagierte Schriftsteller, die sich praktisch und theoretisch mit dem Radio auseinandersetzten und auf künstlerische und gesellschaftliche Innovationen durch das neue Medium hofften. Sie versprachen sich eine „volkserzieherische Funktion" (Schneider 1984, 28) dadurch, daß man mit dem Hörfunk die Massen erreichen konnte. Das Radio sollte, wie es der Kommunist Friedrich Wolf formulierte, „eine Waffe gegen vergangene Plüschmuseen- und Gipsmodellepochen, eine Waffe für die Befreiung der Massen" sein (Wolf zit. nach Hörburger 1975, 442). Die Versuche, durch das Radio gesellschaftskritische Inhalte zu verbreiten, scheiterten aber in der Regel an den realen Machtverhältnissen im Rundfunk (vgl. Groth 1980, 248ff.).

3.2. Theorien zur Funktion des Hörfunks

Gehen Theorien zu Form und Inhalt medienimmanent vor, so zielen Überlegungen zur Funktion des Hörfunks auf den größeren Zusammenhang von Kommunikation und Gesellschaft.

Den massenmedialen Charakter des Hörfunks in Analogie zum Film hat der Literaturwissenschaftler Hermann Pongs aufgegriffen. Das Radio erzeuge 'Kollektiverlebnisse' (Pongs 1930) und könne dadurch ein überparteiliches Gemeinschaftsgefühl des Volkes hervorrufen. Würffel (1978) hat zu Recht darauf hingewiesen, daß Pongs sich durch diese Thesen in eine fatale Kette einreihe. Sie reicht von der Forderung nach einem unpolitischen Rundfunk, wie sie Hans Bredow erhob, zur Volksgemeinschaftsideologie der Nationalsozialisten, die sich ebenfalls als überparteilich gerierte. So wurde „Pongs These von der Erziehung zum Kollektivgeist eine der Prämissen nationalsozialistischer Rundfunkpolitik" (Würffel 1978, 48).

3.2.1. Der Rundfunk als Kommunikationsapparat (Bertolt Brecht)

Bertolt Brecht hat das Radio deutlicher als alle anderen Autoren seiner Zeit im gesellschaftlichen Zusammenhang analysiert. Seine

Thesen hatten großen Einfluß auf die weitere Entwicklung von Radiotheorien. Allerdings hat sich auch hier der Einschnitt durch den Nationalsozialismus bemerkbar gemacht: Erst im Zusammenhang mit dem Neuen Hörspiel und der Studentenbewegung der 1960er Jahre wurden Brechts Überlegungen wiederentdeckt. Sie wurden zu einem grundlegenden Text jeder kritischen Medientheorie, auch wenn sie sich nicht in Sonderheit auf das Radio bezieht (vgl. Enzensberger 1970; Negt/Kluge 1972). Bis heute wird Brechts Radiotheorie immer wieder aufgegriffen (vgl. 6.1.).

Brecht hat aber nie eine eigentliche „Radiotheorie" verfaßt, erst die Herausgeber seiner Werke faßten mehrere kurze Aufsätze unter diesem Titel zusammen (vgl. Brecht 1967, 121 ff.). Es handelt sich auch hier nicht um eine geschlossene Theorie, sondern um Thesen zu bestimmten Aspekten des Hörfunks. Drei Phasen, die aufeinander aufbauen, lassen sich unterscheiden. Zunächst kritisierte Brecht die Inhaltsleere des Programms, daran anschließend forderte er eine Demokratisierung des Radios. Am weitreichendsten waren seine Vorstellungen, die darauf abzielen, die Hörer aus der Passivität zu befreien. Diese Entwicklung ist auch biographisch zu erklären: Zwischen 1927 und dem Beginn der 30er Jahre, als seine Texte zum Hörfunk entstanden, wandte sich Brecht dem Didaktischen zu, setzte Belehrung anstelle des puren Kunstgenusses. Vor allem aber wurde er zum überzeugten Marxisten. So faszinierte ihn am Radio besonders, daß es breite Massen erreichen konnte, auch jene Schichten, die das Theater mieden.

Anfang des Jahres 1927 überwog bei Brecht die Euphorie über das neue Medium. Er hoffte, daß sich im Hörfunk jene Ziele würden verwirklichen lassen, für die das Theater zu verbraucht sei und daß er „die bisherige Verpflichtung des Theaters, sich um die Kunst zu kümmern, einfach mitübernimmt" (1976, 36). Er hielt den Hörfunk, „der sich das Bedürfnis der Massen erst schaffen und nicht einem schon abgenutzten Bedürfnis unterwerfen muß" für „eine große und fruchtbare Chance für unsere Stücke" (Brecht 1976, 35).

Doch das konkrete Programm des Radios bedachte er noch im gleichen Jahr mit einer Polemik: „Es war ein kolossaler Triumph der Technik, nunmehr einen Wiener Walzer und ein Küchenrezept endlich der ganzen Welt zugänglich machen zu können, sozusagen aus dem Hinterhalt" (Brecht 1967, 121), spottete Brecht 1927 in dem Aufsatz 'Radio – eine vorsintflutliche Erfindung?' über die in seinen Augen funktionslose Technik. Funktionslos aber erschien ihm diese Technik wegen der herrschenden Machtverhältnisse. Eine erschöpfte *Bourgeoisie* fülle das Radio mit nutz- und sinnlosen Inhalten: „Man hatte plötzlich die Möglichkeit, allen alles zu sagen, aber man hatte, wenn man es sich überlegte, nichts zu sagen" (1967, 132), pointierte er später diesen Gedanken.

Auf diese Zustandskritik folgten Ende des Jahres 1927 'Vorschläge für den Intendanten des Rundfunks' (1967, 124 ff.). Brecht forderte eine demokratische Nutzung des Hörfunks und listete sehr konkret auf, wie die aussehen könne: Damit das Radio wirklich Öffentlichkeit herstelle, müsse es den Hörern den direkten, aktuellen und unmittelbaren Zugang zu Ereignissen schaffen. Etwa, indem es Reichstagssitzungen und Prozesse direkt übertrage, statt nur darüber zu referieren:

„Die Furcht der Abgeordneten, im ganzen Reiche gehört zu werden, darf, da sie sehr berechtigt ist, nicht unterschätzt werden, aber sie müssen sie ebenso besiegen, wie die Furcht, die, wie ich glaube, verschiedene Gerichte äußern würden, ihre Entscheidung vor dem gesamten Volke treffen zu müssen. Außerdem können Sie vor dem Mikrophon an Stelle toter Referate wirkliche Interviews veranstalten, bei denen die Ausgefragten weniger Gelegenheit haben, sich sorgfältige Lügen auszudenken, wie sie dies für die Zeitungen tun können" (Brecht 1967, 125).

Direkte Interviews, Übertragungen von politischen Debatten gehören heute längst zum Repertoire des Hörfunks und belegen, wie sehr Brechts Vorschläge auch ganz pragmatisch auf eine mediengerechtere Nutzung des Radios zielten.

In den folgenden Jahren bettete Brecht seine Kritik am Radio immer stärker in den gesellschaftlichen Zusammenhang ein. Ihn beschäftigten politische Fragen, die konkreten Bedingungen des Mediums traten demgegenüber in den Hintergrund. Entschieden grenzte er sich auch in bezug auf das Radio von einem bürgerlichen Kulturbegriff ab:

„Die Frage, wie man die Kunst für das Radio, und die Frage wie man das Radio für die Kunst verwerten kann – zwei sehr verschiedene Fragen –, müssen zu irgendeinem Zeitpunkt der wirklich viel wichtigeren Frage untergeordnet werden, wie man Kunst und Radio überhaupt verwerten kann" (Brecht, 1967, 127).

14. Theorien des Hörfunks

Der Zweck, dem das Radio zur Verfügung gestellt werden sollte, ist pädagogisch: Einen Versuch, solche Vorstellungen im Radio umzusetzen machte Brecht 1929 mit dem Lehrstück 'Der Flug der Lindberghs' (den er später in 'Der Ozeanflug' umbenannte, wegen Lindberghs Verstrickungen in den Nationalsozialismus). „Dem gegenwärtigen Rundfunk soll der 'Ozeanflug' nicht zum Gebrauch dienen, sondern er soll ihn verändern" (Brecht 1967, 130) kommentierte Brecht 1930 sein Stück. Die Hörer sollten einen Part des Spiels übernehmen, um die Passivität des Zuhörens zu überwinden. Freilich konnte sich der Lindberghflug nicht „als Modell neuer radiophoner Produktionsweisen" durchsetzen (Hörburger 1975, 36). Aber Brecht war damit bei der zentralen These seiner Radiotheorie angelangt: Einer Aufhebung der Trennung in Sender und Empfänger, die er in seiner 'Rede über die Funktion des Rundfunks – Der Rundfunk als Kommunikationsapparat' (1967, 132 ff.) formulierte. (Die Rede ist auf das Jahr 1930 und nicht, wie bislang angenommen, 1932 zu datieren, Krabiel 1993, 239). Die 'Ein-Weg-Information' erklärte Brecht zum 'Kardinalfehler' des Hörfunks, Ziel sei eine zweiseitige Kommunikation.

„Der Rundfunk ist aus einem Distributionsapparat in einen Kommunikationsapparat zu verwandeln. Der Rundfunk wäre der denkbar großartigste Kommunikationsapparat des öffentlichen Lebens, ein ungeheures Kanalsystem, das heißt, er wäre es, wenn er es verstünde, nicht nur auszusenden, sondern auch zu empfangen, also den Zuhörer nicht nur hören, sondern auch sprechen zu machen und ihn nicht zu isolieren, sondern ihn in Beziehung zu setzen. Der Rundfunk müßte demnach aus dem Lieferantentum herausgehen und den Hörer als Lieferanten organisieren. [...] Der Rundfunk muß den Austausch ermöglichen" (Brecht 1967, 134 f.).

Der Austausch – das meinte auch die Kommunikation zwischen Regierenden und Regierten, den Versuch „den Mächten der Ausschaltung durch eine Organisation der Ausgeschalteten zu begegnen" (Brecht 1967, 136). Der Rundfunk müsse Rechenschaftsberichte der Regierten einfordern, er habe die Aufgabe „die Berichte der Regierenden in Antworten auf die Fragen der Regierten zu verwandeln. [...] Er allein kann die großen Gespräche der Branchen und Konsumenten über die Normung der Gebrauchsgegenstände veranstalten, die Debatten über Erhöhung der Brotpreise, die Dispute der Kommunen" (Brecht 1967, 135). Brecht selbst bezeichnete seine Vorschläge als 'utopisch' und die meisten seiner Interpreten sind ihm darin gefolgt, daß sie in der bestehenden Gesellschaftsordnung nicht durchsetzbar seien (z. B. Würffel 1978, 50). Krabiel (1993) verweist allerdings mit Recht darauf, daß Brechts Einschätzung aus der Situation der Weimarer Republik heraus zu erklären ist. Die Rundfunkordnung von 1926 legte den Hörfunk auf überparteiliche Darstellung fest und verhinderte dadurch die aktuelle Berichterstattung politischer Themen. „Die Situation war paradox: es wurden die technischen Voraussetzungen einer öffentlichen Kommunikation geschaffen, eine Kommunikation über Gegenstände des öffentlichen Interesses durfte jedoch nicht stattfinden" (Krabiel 1993, 237). Erklärbar ist die damalige Situation des Hörfunks aus der Politik der Weimarer Republik, der durchaus noch staatsautoritäre Züge anhafteten. Zwar vertrat Brecht damals die Auffassung, das Radio sei nur in der sozialistischen Gesellschaft veränderbar – doch stellte er Fragen an die Funktion des Hörfunks, die theoretisch durchaus auch innerhalb des Rechtssystems der bestehenden Republik hätten durchgesetzt werden können. So betont Krabiel zu Recht „Brechts Radiotheorie war weder unzeitgemäß noch blind-utopisch" (246). Manche von Brechts Forderungen wurden aufgegriffen, etwa in der Zusammenarbeit mit Hörergemeinden.

3.2.2. Die Emanzipation der Hörer (Walter Benjamin)

Walter Benjamins Beitrag zur Radiotheorie wurde lange unterbewertet. Erst Sabine Schiller-Lerg (1984) hat Umfang und Bedeutung von Benjamins Überlegungen zum Radio herausgearbeitet, die er Ende der 1920er, Anfang der 1930er Jahre entwickelte. Ähnlich wie Brecht kritisierte Benjamin die Trennung zwischen Sender und Publikum. Im Unterschied zu Brecht aber blieb Benjamin in seiner Kritik sehr viel enger am Medium und seinem Programm, und nahm weniger Bezug auf politische Zusammenhänge. An Brechts Forderung, das Publikum zu aktivieren, knüpfte Benjamin ausdrücklich an (1989, II.2, 683 ff.). Er kritisierte die „grundsätzliche Trennung zwischen Ausführendem und Publikum" im Radio, das Referate sende, statt „die Öffentlichkeit zu Zeugen von Interviews und Gesprächen zu machen, in denen bald der, bald jener das Wort hat." Dies schaffe eine „Konsumentenmentalität", bei der das Publikum „keine Maßstäbe für sein Urteil, keine Sprache für seine Empfindungen hat" (Benjamin 1989, II.3, 1506). Den Hörern müsse das Medium in Form und Technik wirklich begreiflich gemacht werden, damit sie aus ihrer Ohnmacht erwachen.

So war auch Benjamins Ansatz von didaktischen Überlegungen bestimmt. Er thematisierte die Hilflosigkeit im Umgang mit dem neuen Medium und der ungewohnten Rezeptionssituation: Die Kommunikatoren können zwar ein großes Publikum erreichen – aber anders als in Kino und Theater jeden nur als Einzelperson ansprechen. Durch Rückbindung der Hörer an das Programm könnten, so hoffte Benjamin, Barrieren der Kommunikation durchbrochen werden: Das Radio sollte die Fragen der Hörer in seine Programmgestaltung einbeziehen. Voraussetzung dafür freilich seien selbstbewußte Hörer, die mit ihrem Verständnis, ihrer Art zu fragen, die Inhalte des Programms bestimmen. Eine neue Form einer publikumsorientierten Popularisierung der Wissenschaft erhofft sich Benjamin durch diese Rückbindung des Hörfunks (1972, 671). Das Massenmedium Radio wende sich von Anfang an an ein breites Publikum: Das verlange nach einer grundsätzlich anderen Form von Wissenschaft. In den Epochen des Buches habe es auf der einen Seite eine elitäre Wissenschaft, auf der anderen Seite herausgefilterte Vereinfachungen für die breite Masse gegeben. Das Radio führe von vornherein zu einer anderen Darstellung, die, wie Benjamin seinerzeit glaubte, die Wissenschaft selbst verändern werde. Die Lebendigkeit der Form im Radio fordere ein „wirklich lebendiges Wissen" (Benjamin 1972, 672).

Alle diese Ansätze zu einer kritischen Auseinandersetzung mit dem Medium Radio wurden durch den Nationalsozialismus abgebrochen. 1931 hatte der Germanist Arno Schirokauer noch betont, wie wenig sich das Medium Radio zur Identifikation und Verinnerlichung eigne: Denn naturalistische Darstellungen seien im bilderlosen Medium von vornherein zum Scheitern verurteilt. Doch bestimmten nach 1945 gerade Vorstellungen von einer verinnerlichten Rezeption die Überlegungen zur künstlerischen Darstellung im Hörfunk (vgl. Würffel 1978, 51). Der Zusammenhang zwischen dem Radio und gesellschaftlichen Zuständen und Entwicklungen sollte erst wieder in den 70er Jahren dieses Jahrhunderts breiter diskutiert werden (vgl. 6.).

4. Exkurs: Die Funktionalisierung von Hörfunktheorien durch die Nationalsozialisten

Die Bedeutung des Hörfunks als wichtiges Propagandamittel der Nationalsozialisten schlug sich in Schriften nieder, die zwar als Theorien ausgegeben wurden, eigentlich aber nur normativ die Rolle des Hörfunks im nationalsozialistischen Staat bestimmten. Der Rundfunk, so beschrieb es Eckert, habe eine 'politische Natur' (1941, 228). Dieser Natur könne der Hörfunk nicht entkommen, ob es ihm bewußt sei oder nicht. „Auch ein politisch neutraler oder sogar bewußt unpolitisch sein wollender Rundfunk vertritt doch damit eine bestimmte politische Haltung, eben die des liberalistischen 'laisser faire – laisser aller' und fordert damit zur Gegenäußerung geradezu heraus" (Eckert 1941, 226). Aus dieser Perspektive kritisiert Eckert das Zwiegespräch im Rundfunk – also jene Diskussionen, nach denen Brecht verlangt hatte – als „sprechendsten Ausdruck jener liberalistischen Sowohl-als-auch-Haltung, der die Meinungsfreiheit wichtiger war als die Verbreitung klarer und allen einleuchtender Grundsätze" (1941, 121). Dadurch, daß das Zwiegespräch zwei Meinungen gegenüberstellt, verletze es die Aufgabe des Radios, ein Führungsmittel zu sein, eine eindeutige Meinung zu verbreiten. Mit dieser klaren Abgrenzung von demokratischen Prinzipien, ist auch die Rolle des Rundfunks für die Nationalsozialisten definiert: „Alle Formen des Rundfunks und alle seine Sparten sind, unabhängig von ihrem jeweiligen Inhalt, Träger der nationalsozialistischen Weltanschauung, die in ihrer Totalität auch die Kultur nicht aus ihrem Einfluß läßt" (Eckert 1941, 247). Der Rundfunk habe seine Bedeutung nicht erst mit großer Reichweite erreicht „sondern er war in seiner ganzen Natur von vornherein Führungsmittel […]. Weil seine ständige Wiederkehr und seine Aktualität ihm von vornherein eine Aufgabe in der Öffentlichkeit zuteilen" (33 f.). Der Begriff der Natur, von Eckert häufig verwendet, suggeriert Unausweichlichkeit, und verschleiert damit die tatsächliche Funktionalisierung der Technik. Ziel nationalsozialistischer Hörfunkarbeit müsse es sein, so Eckert, die Anonymität des Mediums zu überwinden. Wenn dies, wie in Deutschland durch Hitler, gelinge, sei das Radio der ideale Führer: „Durch zentrale und einheitliche Lenkung und Beeinflussung der Massen" (248). Auf diesen Zirkelschluß stützt sich das gesamte Werk Eckerts: der Rundfunk müsse zum Führungsmittel gemacht werden, weil er es seinem Wesen nach sei.

5. Hörfunktheorien im Zeitalter des Fernsehens

Mit den Anfängen des Fernsehens stellte sich die Frage nach der Existenzberechtigung des Radios neu. Einen Übergang markierte Rudolf Arnheims Buch 'Rundfunk als Hörkunst' (1933, 1979). Arnheim machte sich bereits 1933 Gedanken um die zukünftige Rolle des Fernsehens und erwartete, daß es einmal den Hörfunk ablösen werde, wie der Tonfilm den Stummfilm (1979, 12). Eine Vorstellung, die noch lange herrschte: „[...] the constraints imposed by radio's blindness are severe and were underlined by television, which with its growth in popularity during the 1950s was thought to be about to supersede radio altogether" (Crisell 1986, 7). Auch wenn sich dies nicht erfüllt hat, veränderte das Fernsehen den Blick auf das Radio. Noch bevor es zu einem Massenmedium wurde, zwang es die Theoretiker, den Hörfunk in der Abgrenzung zu definieren. So wurden Merkmale wie die Auditivität spezifiziert, andere Eigenschaften wie die Ubiquität traten in den Hintergrund oder wurden auf neue Weise bestimmt. In dem Maße, in dem die Bedeutung des Fernsehens wuchs, verlor das Radio seine Attraktivität für die Theoretiker. So ist es kein Zufall, daß fortan theoretische Ansätze vorwiegend im Zusammenhang mit dem Hörspiel entstanden, das als nie eindeutig definierte künstlerische Gattung zu heftigen Kontroversen herausforderte.

Rudolf Arnheim schrieb dem Radio noch viele Funktionen zu, die später das Fernsehen übernahm. Dennoch hat er bereits versucht, die Spezifik des Radios im Medien*vergleich* zu beurteilen. Darum sollen seine Thesen auch in diesem Abschnitt vorgestellt werden, auch wenn sie im Grunde *vor* dem Zeitalter des Fernsehens entwickelt wurden. Arnheim, der bis 1933 Redakteur der Weltbühne gewesen war und vor den Nationalsozialisten in die USA emigrierte, hat sein Werk erst 1979 in deutscher Sprache veröffentlichen können.

Für die theoretische Auseinandersetzung im Zusammenhang mit dem Hörspiel stehen beispielhaft der Literaturwissenschaftler Friedrich Knilli und der Leiter der Abteilung Hörspiel beim Norddeutschen Rundfunk Heinz Schwitzke: Ist das künstlerische Element des Hörspiels die menschliche Sprache (Schwitzke 1963) – oder der reine Ton, das Geräusch (Knilli 1961)? Ein wenig aus dem Rahmen dieser Theorien, die jeweils aus ihrem Zeitzusammenhang zu erklären sind, fällt die Studie des Literaturwissenschaftlers Werner Faulstich. Er hat 1981 eine Radiotheorie im Rückblick am Beispiel des Hörspiels 'The War of the Worlds' (Orson Welles 1938) entwickelt. Für die eher pragmatisch orientierten anglo-amerikanischen Ansätze soll hier das Buch Andrew Crisells (1986) stehen, das einen besonders systematischen Überblick zu einer Theorie des Hörfunks bietet.

5.1. Ansätze zur Spezifizierung des Hörfunks im Medienvergleich

5.1.1. Auditivität

Radiotheorien, die die kommunikativen Funktionen des Mediums im Fernsehzeitalter vergleichend untersuchen, stellen ein Merkmal in den Mittelpunkt: Das Radio mag ein Massenmedium wie andere sein, es mag anderen Medien auch dadurch gleichen, daß es publizistische und künstlerische Aussagen ermöglicht – typisch für das Radio ist allein die Präsentation seiner Botschaften in rein akustischer Form. Diese „Einsinnigkeit" (Faulstich 1981) des allein aufs Hören gerichteten Mediums beschränkt von vornherein seine Möglichkeiten. Das Ohr gilt als weniger bedeutendes Sinnesorgan als das Auge: „Beim stummen Film fiel das Manko der Taubheit kaum auf, denn Sehen allein ergibt schon ein sehr vollständiges Weltbild" (Arnheim 1979, 81).

Wenn dem Radio alle Mittel außer dem Ton benommen sind, muß es dieses Defizit durch besonders anschauliche Beschreibungen wettmachen. Arnheim (1979, 84) verlangte vom Reporter, daß er als „Blindenhund" den Zuhörern Veranstaltungen und Ereignisse durch Worte sichtbar machen solle. Allerdings forderte er dies allein für die journalistischen Formen. Denn was die künstlerischen Funktionen des Radios betrifft, gilt ihm gerade die entgegengesetzte Einschätzung: die reine Auditivität, die Ausschließlichkeit des Hörens, gerinnt zur Faszination des Mediums. Der Hörfunk isoliert erstmals das Akustische, während in Natur oder Kunst stets das Sichtbare – zumindest als Option – mit ihm verknüpft ist (Arnheim 1979). Alle anderen Momente des Radios resultieren aus dieser Eigenschaft: „[...] and it is from the sole fact of its blindness that all radio's other distinctive qualities – the nature of its language, its jokes, the way in which audiences use it – ultimately derive" (Crisell 1986, 3). In diesem Zusammenhang braucht die Ausschließlichkeit des Akustischen keine Kompensation mehr, sondern wird zur Voraussetzung spezifischer Eigenheiten: Differenz statt Defizit. Arnheim formulierte ein „Lob der Blindheit". Ein guter Radiobeitrag wirke allein durch das Hören vollständig, vergleichbar abstrakter Kunst. So habe der Hörfunk die Möglichkeiten zu stilisieren, müsse sich in seiner Kunst nicht mit Natur- und Körperhaftigkeit auseinandersetzen, die die künstlerischen Möglichkeiten von Theater und Film häufig begrenzen. „Durch den Wegfall des Sichtbaren" können „gewisse dramatische Szenen straffer und sparsamer komponiert, mehr auf das Wesentliche konzentriert und in ihrer Symbolkraft verstärkt erscheinen" (Arnheim 1933, 1979, 102). Reines Sprechen – Monologe oder Dialoge – zu inszenieren, ohne künstliches Drumherum in Bühnenbild und Bewegung, wie es zum Beispiel das Theater erfordere, ist durch das Radio möglich geworden. Der Hörfunk führt zu einer „Befreiung vom Körper" (Arnheim 1979). In diesem Vergleich schneidet das Fernsehen schlechter ab: „Mit dem Hinzukommen des Bildes verliert der Rundfunk seine Eigenart als neues Ausdrucksmittel und wird reines Verbreitungsmittel" (Arnheim 1979, 163).

5.1.2. Radiozeiten

Eine zweite Kategorie, die zur theoretischen Einordnung des Radios im Medienvergleich dient, ist die der Zeit. Gleichzeitigkeit – in zweierlei Hinsicht – und stete Präsenz charakterisieren die Erscheinungsform der Zeit im Hörfunk. Die Gleichzeitigkeit zeigt sich, wenn das Radio Geschehen und Ereignisse *live* überträgt. Senden und Hören ereignen sich gleichzeitig. An den Moment gebunden ist das Radio aber auch aus der Perspektive der Rezipienten: im Unterschied zu den Printmedien ist der Hörfunk nur im Augenblick verfügbar. Er ist „in doppeltem Sinn ein Medium des Jetzt: als Medium der Präsentation und als Medium der Präsenz" (Faulstich 1981, 36).

Diese Gegenwärtigkeit birgt Vorzüge und Nachteile: Gegenüber Printmedien und Literatur scheint das Radio zwar dadurch benachteiligt zu sein, daß die Hörer sofort decodieren müssen. Versäumen sie dies, erreicht die Botschaft sie nicht. Im Vorteil aber ist das Radio gegenüber den Printmedien dadurch, daß es den Hörern das Gefühl vermittelt, im Augenblick des Geschehens dabei zu sein. Film und Fernsehen freilich sind dem Hörfunk in dieser Hinsicht noch überlegen: Bilder erleichtern in diesen Medien die Decodierung. Indem sie beispielsweise Mimik und Gestik der Akteure zeigen, reproduzieren sie die interpersonale Kommunikationssituation in stärkerem Maße als der Hörfunk (Crisell 1986). Deshalb können die Rezipienten Fernsehbeiträge leichter erfassen. Auch die größere Überzeugungskraft des Fernsehens – im Vergleich zu Printmedien und Hörfunk – ist so erklärbar.

Eine Gefahr, die mit der Möglichkeit, *live* übertragen zu können, verbunden ist, hat Knilli (1970) benannt. Die Hörer des Radios könnten immer das Gefühl haben, *live* dabei zu sein – selbst bei aufgezeichneten Sendungen. Da die Hörer in ihrer Vorstellung unmittelbar am Vorstellungsort seien, entstehe eine „Illusion der Gleichzeitigkeit, die durch die Tonbandwiedergabe nicht verletzt wird, wie Radiopioniere befürchtet haben" (Knilli 1970, 33). Das Wissen der Hörer um „die unbegrenzte Wiederholbarkeit" werde verdrängt durch das Gefühl „persönlich und unmittelbar dabei zu sein". Eine Direktübertragung würde wenig hinzufügen. Da mit dieser Illusion der Gleichzeitigkeit auch die der Echtheit verbunden ist, sind dem Funk unbegrenzte Täuschungsmöglichkeiten in die Hand gegeben" (Knilli 1970, 33 f.). Das Hörspiel 'Die Invasion vom Mars', das in den USA eine Massenpanik auslöste, hat gezeigt, wie leicht solche Schimären entstehen können. Ähnlich wie Knilli zieht Faulstich (1981) daraus den Schluß, daß der *live*-Charakter des Hörfunks auch bei fiktiven Texten die Vorstellung einer realen Situation erzeugen könne, wenn er mit der Beschreibung eines Ereignisortes verbunden werde. Sicherlich ist diese Einschätzung realistischer als Arnheims Hoffnung: Er erwartete, daß man neue Dimensionen erreichen werde, wenn für eine verhältnismäßig lange Spanne der Geschichte Tonaufzeichnungen vorliegen: „[...] die Geschichte wird tönen, und es wird ein wenig schwieriger werden, sie zu verfälschen. Der Rundfunk montiert räumlich, zeitlich oder gedanklich voneinander Entferntestes mit verblüffender Eindringlichkeit direkt nebeneinander" (1979, 73). Daß gerade dies auch Möglichkeiten zur Fälschung der Geschichte eröffnet, hat Arnheim in den 30er Jahren vielleicht deshalb nicht erkennen können, weil die Tonaufzeichnung gerade erst für den Hörfunk praktikabel geworden war.

Für das Radio typisch ist eine weitere zeitliche Dimension: die stete Präsenz. Der Hörfunk sendet 24 Stundes des Tages, alle Tage der Woche, alle Wochen des Monats, alle Monate des Jahres usw.. Daraus ergibt sich, was Schwitzke (1963) das „permanente Programm" genannt hat. Problem des Hörfunks ist es nun, diese Zeitfolge zu gestalten:

„Immer wieder bemüht sich der Rundfunk, von der bloßen Aufreihung zum sinnhaften Zeitablauf und zum Zyklus zu kommen: Jubiläen und Gedenktage, Sendereihen und Leitideen, Gutenmorgen- und Gutenachtsendungen, Sonntagsgottesdienste und Frühandachten – das ganze Programmschema ist unter diesem Gesichtspunkt zu sehen […]. Aber ob das alles für die Hörer mehr ist als eine zufällige, äußere Ordnung, eine Reminiszens?" (Schwitzke 1963, 29 f.)

Noch pointierter spricht Faulstich (1981, 103) von der „Gesichtslosigkeit" des Radios, die sich aus dem Reihencharakter ergäbe und paradoxerweise zum spezifischen Merkmal im Vergleich mit anderen Medien geworden sei. Der weniger strukturierte Programmfluß des Radios bewirkt tatsächlich handfeste Probleme bei der Zuschauerbefragung (Hättenschwiler 1990, 18 ff.).

5.1.3. Radioräume

Eine dritte Dimension, die einer Spezifizierung des Mediums Radio dient, ist die des Raumes. Auch in dieser Kategorie lassen sich zwei Bedeutungen unterscheiden:

Es überwindet sowohl Raum- als auch Kulturgrenzen und besitzt eine hohe Flexibilität des Sendens (Arnheim 1979). Erweitert wird diese Beweglichkeit noch dadurch, daß die Räume, in denen Radiosendungen verortet werden, imaginiert werden können (z. B. wenn im Studio Meeresrauschen nachgeahmt wird). Räumlich flexibel ist das Radio aber auch für die Rezipienten: Es folgt seinem Publikum. Es kann mitgenommen und mit anderen Tätigkeiten, vom Autofahren bis zur Hausarbeit, verbunden werden. Dies ist eine wichtige Voraussetzung dafür, daß das Radio zum Begleitmedium wurde, nebenbei gehört wird. „[…] the fact that it can leave the listener free to perform other activities while he is listening […]. This use of radio as what is sometimes termed a 'secondary' medium can never be emulated by television" (Crisell 1986, 12 f.). Ähnlich resümiert Faulstich (1981, 37), daß das Radio zwar als Nebenbei-Medium an qualitativer Bedeutung verloren habe, seine alltägliche Präsenz aber nichtsdestotrotz gewachsen sei. In der räumlichen Flexibilität des Hörens und Sendens übertrifft das Radio das Fernsehen. Auch deshalb habe es die Etablierung des Fernsehens als Massenmedium überlebt. Freilich muß man fragen, wieweit das Fernsehen, insbesondere durch Musikvideos, auch als Nebenbei-Medium in Zukunft das Radio ablösen wird.

Die Vorstellungen, die Arnheim 1933 mit der Überwindung der Grenzen von Raum und Kultur verband, muten heute sehr idealistisch an: Richtig war sicher seine Analyse, das Radio könne die Menschen aus aller Welt auf eine Weise verbinden, wie kein Medium zuvor. Das erinnert an McLuhans (1968) These vom globalen Dorf. Doch naiv wirkt im Rückblick Arnheims Glaube, anders als Briefe und Telefongespräche könne der Hörfunk weder abgefangen noch unterbunden werden:

„Die Möglichkeiten, einem einzelnen Volk Tatsachen vorzuenthalten, über welche die ganze übrige Welt spricht, oder Lügen über andere Völker im Inland zu verbreiten, schwinden, denn die aufklärende Stimme schallt von draußen herein … Es wird immer schwieriger, die öffentliche Meinung eines einzelnen Volkes unter geistiger Isolierung gegen das Ausland in einem bestimmten Sinne zu steuern, was besonders bedeutungsvoll im Falle eines Krieges wird" (Arnheim 1979, 138).

Nicht lange nachdem Arnheim diese Sätze geschrieben hatte, haben die Nationalsozialisten gezeigt, daß es modernen Diktaturen durchaus möglich ist, den Rundfunkempfang weitgehend zu kontrollieren. Die These muß also differenziert werden, wenngleich auch im Nationalsozialismus in Deutschland Sender der Alliierten gehört wurden. Auch der Fall der deutschen Mauer ist ohne die grenzüberschreitenden Medien Hörfunk und Fernsehen nicht denkbar – allerdings spielte das Fernsehen hier die weit größere Rolle. Andererseits ermöglicht gerade das flexible Radio eine relativ leichte Verbreitung eines von den Machthabern unerwünschten Wissens. Gegenwärtig spielt dieser Aspekt bei theoretischen Überlegungen zum Hörfunk wieder eine Rolle (vgl. 6.1).

5.2. Theoretische Überlegungen zu radiospezifischen Formen und Inhalten

Durch die Geschichte des Radios hindurch zieht sich die Suche nach Kriterien für die Gestaltung eigener Formen des Mediums. So wurde vor allem in den Debatten um das Hörspiel die Frage nach einer spezifischen Sprache des Hörfunks aufgeworfen. Auf der einen Seite standen jene, die im Hörspiel eine weitere literarische Gattung erblickten und es damit als Wortkunstwerk definierten. Seit den Anfängen des Radios gab es jedoch auch Versuche, eine rundfunkeigene Kunst zu entwickeln, die nicht an bestehende Formen anknüpfte (vgl. 3.1.).

Aus dem neuen Medium heraus sollten spezifische Gestaltungsmöglichkeiten entwickelt werden, die auch von der Technik des Hörfunks inspiriert waren. Eine *Rundfunk-Kunst* statt einer Kunst *für* den Rundfunk. Diese Ideen fanden ihren Höhepunkt im Neuen Hörspiel der späten 60er Jahre. Doch war vieles, was als Errungenschaft des Neuen Hörspiels gefeiert wurde, schon viel früher bereits einmal formuliert worden – allerdings in Vergessenheit geraten (vgl. 3. u. Döhl 1988, 118 ff.).

Die Einsicht, daß der Hörfunk ein akustisches Medium ist, steht auch hier am Anfang der Überlegungen. Und das bedeutet: Der Schall, nicht das Wort, ist der spezifische Code des Radios. Das Geräusch, die Stimme, der Klang machen den Ton. Der monosensorale Charakter unterscheidet den Hörfunk von Film und Fernsehen, aber auch von der Literatur. Es liegt nahe, die Verwandtschaft von Radiohören und Musikhören hervorzuheben (vgl. z. B. Arnheim 1979). Der Wortklang sei noch vor dem Wortsinn Grundlage des Hörens, legte Arnheim den Regisseuren nahe. Klage werde nicht nur durch Klageworte, sondern auch durch entsprechenden Klang (moll) ausgedrückt. „Für die ... Kunst des Sprechens und der Geräusche, gelten im Grunde dieselben Begriffe, die dem Musiktheoretiker geläufig sind. Tempo, Rhythmus, Intensität, Dynamik, Harmonik, Kontrapunktik sind auch hier die Urelemente der Wirkung" (Arnheim 1979, 27). Eher komponieren als formulieren sollten die Radiomacher ihre Sendungen, forderte Arnheim.

Doch blieb Arnheims Ansatz immer noch den Vorgaben der Literatur- und Theaterwissenschaft verhaftet. Etwa, wenn er betonte, daß der Autor eines Hörspiels nicht unbedingt auch sein Produzent sein müsse. Im Unterschied zum Film reiche es bei den weniger komplexen Aufführungsbedingungen des Hörspiels, wenn der Regisseur sich an die genauen Angaben des Autors zur Inszenierung halte (Arnheim 1979, 124). Freilich war, als Arnheim seine Thesen zum Radio niederschrieb, die Technik noch weniger entwickelt und somit die Möglichkeit, sie als künstlerisches Gestaltungsprinzip einzusetzen, begrenzt. Doch auch Faulstich stellt noch das Wort in den Mittelpunkt seiner Theorie. „Wie Comics dem Wort das Bild hinzufügen, als Dominierendes, so der Hörfunk dem Wort den Schall; dies nicht nur zusätzlich als Geräusch und Musik, sondern als Wesenheit des Wortes selber, das zum gesprochenen wird" (Faulstich 1981, 40).

Die Debatte um einen Code des Radios wurde aber auch von Vorstellungen von einer Demontage konventioneller Ausdrucksmittel geprägt, wie sie zum Beispiel der Dadaismus propagiert hatte. In diesem Zusammenhang gewann die Technik des Hörfunks an Bedeutung. Ende der 60er Jahre, als die Debatte um das Neue Hörspiel begann, bot die Technik bereits sehr viel mehr Variationen: so die Möglichkeiten, Schallquellen zu mischen, elektronische Raumsimulation usw. 'Der Autor als Produzent' (Hermann Naber) wurde zu einem der wichtigen Postulate des Neuen Hörspiels. Wenn der Hörfunk nicht nur Texte reproduzieren, sondern eigene Formen produzieren sollte, fand die Kreation des Kunstwerks im Studio statt. Die technischen Mittel des Hörfunks, Geräusche, Blenden, Pausen, gehören zur Sendung und der Produzent ist auch Autor und umgekehrt, weil „das Kunstwerk Hörspiel eigentlich nur während seiner Sendung lebt" (H. W. Krautkrämer, zit. nach Cory 1982, 194). Auch die Technik formt den Radiocode.

Viele der Gedanken, die im Zusammenhang mit dem Neuen Hörspiel formuliert wurden, hatte Friedrich Knilli bereits 1961 vorausgedacht. In seinem Buch 'Das Hörspiel – Mittel und Möglichkeiten eines totalen Schallspiels' analogisierte auch er Radio und Musik. Wie im Konzert gehe es beim Radio nicht darum, Phantasien zu wecken, sondern die 'Eigenwelt der Akustik', im 'nur Hören' oder 'visuelle Vorstellungen' existieren zu lassen. Das von ihm geforderte 'totale Schallspiel' beschreibt er so: „Im bildfreien Hörspiel agieren Geräusche als autonome Lautgestalt" (Knilli 1961, 29). Knilli wandte sich gegen die 'Verwortung' des Hörspiels, gegen literarisch orientierte Auffassungen und forderte eine Rückbesinnung auf die 'Konkretheit der Schallvorgänge' (1961, 14). Seine sehr absolut formulierten Vorstellungen provozierten den Widerstand der Verfechter des reinen Worthörspiels, so widersprach insbesondere Heinz Schwitzke Knillis Thesen

(Schwitzke 1963, 233 ff.). Auch Knilli selbst distanzierte sich später von manchen seiner Thesen zum totalen Schallspiel (vgl. 5.3.2.). Aber sein Verdienst liegt darin, als erster ausdrücklich formuliert zu haben, was zu einem spezifischen Code des Radios gehört. Seine Überlegungen zielten auf eine Medientheorie, während andere Autoren nur eine neue Kunstform im Auge hatten.

5.3. Theoretische Überlegungen zu Kommunikatoren und Rezipienten

5.3.1. Vorstellungen vom Hören

Wenn die Auditivität wichtigstes Merkmal des Radios ist (vgl. 5.1.1.), kann eine Radiotheorie nicht ohne Überlegungen zum Vorgang des Hörens auskommen. In diesem Zusammenhang gilt: Unser wichtigster Sinn ist das Auge. Das Sehen prägt unsere Wahrnehmung stärker als Hören, Riechen oder Schmecken (Crisell 1986, 5). Was aber geschieht, wenn das Auge nichts zu sehen bekommt? Was passiert beim Radiohören in den Köpfen der Rezipienten? Wo Theoretiker auf diese Frage zu antworten versuchten, verfielen sie in der Regel der Spekulation. Meist fehlte eine empirische Basis. Arnheim (1979) unterstellte eine grundsätzliche Neigung der Hörer, mit dem inneren Auge Phantasiebilder zu produzieren. Sie begleiten und ergänzen das Hören, prägen es aber nicht. Bei journalistischen Formen, also der Übertragung von Ereignissen etc., hält Arnheim solche inneren Bilder auch für sinnvoll. Für fiktionale Beiträge aber, für das Hörspiel, möchte er dies nicht gelten lassen. Sein 'Lob der Blindheit', seine Vorstellung, daß gerade die Körperlosigkeit das eigentlich künstlerische Moment des Radios impliziert, provoziert ein Bilderverbot. Arnheim möchte die Hörer daran hindern, Phantasiebilder zu produzieren, weil dies das eigentliche Verständnis für den Hörfunk behindere. Das Hörspiel vollende sich im Akustischen.

Knilli (1970) kritisierte die Auffassung vom Radio als einem blinden Medium als Kurzschluß. „Denn das Hörspiel wendet sich genausowenig an Blinde wie die Pantomime an Taubstumme" (Knilli 1970, 19). Die Phantasietätigkeit sei nicht einfach eine Folge der Bilderlosigkeit des Radios. Auch im Alltag gäbe es beide Arten des Hörens, das Hören ohne Bilder und das mit optischen Vorstellungen verbundene Hören. Nur wer den Hörfunk noch nicht als eigene Form akzeptiert habe, müsse die Frage nach den Bildern thematisieren:

„Ein falsches Schema hat das Hörspiel im Finstern angesiedelt. Ein falsches Schema würde sichtbar, sollte jetzt Licht im Hörspiel werden; denn da gibt es keine Dialektik zwischen Sehenden und Blinden, im Hörspiel gibt es nur den Dialog zwischen Lauten und Leisen, Stummen und Stimmen. Wenn nichts mehr zu hören ist, hört das Hörspiel auf" (Knilli 1970, 43).

Die meisten Theoretiker jedoch sehen in der Phantasietätigkeit, der Imagination einen notwendigen Teil des Radiohörens – auch bei nicht fiktionalen Formen wie den Nachrichten.

„Radio will invoke the audiences imagination much more than film, theatre or television, since nothing that it deals with is visible. ... The imagination is not confined to matters of fiction or make believe. In the visual media, there is a general tendency towards the factual. ... but in books and radio there is an general tendency towards the fictional" (Crisell 1986, 10 ff.; vgl. auch Schwitzke 1963, 194 ff.; Faulstich 1981, 59 ff.).

Und dies hat entscheidende Folgen für die Rezeption. Obwohl das Radio zunächst eine weniger reichhaltige Kommunikation bietet, erleben die Zuhörer intensiver was gesagt wird und wie es gesagt wird. „Die Einsinnigkeit des Gesagten lebt als Gehörtes kraft der Suggestion der Phantasie, die das vermittelnd Gestaltete zum Erlebnis steigert" (Faulstich 1981, 60). Rezeption im Hörfunk ist partiell immer auch Produktion, das macht ihn im Vergleich zu Film und Fernsehen anstrengend. Die Einsinnigkeit, die nach Faulstich die Vervollständigung durch die Rezipienten verlangt, begründet auch die propagandistische Kraft des Mediums. „Der Hörfunk vermittelt Realität nur in dem Maße, in dem er illusionär sie zu erzeugen vermag" (Faulstich 1981, 61). Dadurch ergibt sich eine große Überzeugungskraft und ein „'fictional' sense of personal companionship" (Crisell 1986, 220). Diese Innerlichkeit charakterisierte Faulstich aber auch als 'Falle', „daß nur gehört wird, was an Eigenem, gehört werden will" (Faulstich 1981, 71).

5.3.2. Kritik an der Eindimensionalität des Sendens

Die passive Rolle der Rezipienten im Hörfunk war nicht nur den frühen Theoretikern wie Brecht ein Dorn im Auge (3.2.). Auch Arnheim beanstandete die Dichotomie von aktiven Kommunikatoren und passiven Rezipienten. „Rundfunk: einer spricht ohne zu hören, und alle übrigen hören ohne sprechen zu können. Ob die Griechen im klassischen

Athen für eine solche Erfindung Verwendung gehabt hätten?" (Arnheim 1979, 160) Insbesondere Knilli hat sich im Laufe seiner theoretischen Auseinandersetzung mit dem Radio zunehmend kritisch dieser Frage zugewandt. Standen anfangs Überlegungen zu einer eigenen Zeichentheorie des Hörfunks im Mittelpunkt seiner Veröffentlichungen, diskutierte er 1970 in seinem Buch 'Deutsche Lautsprecher – Versuche zu einer Semiotik des Radios' die Rollen von Sendern und Empfängern.

Bewußt knüpft Knilli an Brecht an, wenn er moniert, daß der Sendevorgang selbst im Hörspiel nicht zum Thema wird.

„Keine Livesendung und kein Improvisieren vor dem Mikrophon können an dieser Situation etwas ändern. Das könnte nur eine Sendeanlage, die, von einer kybernetischen Maschine gesteuert, ununterbrochen läuft und nach einem eingestellten Programm Spielnummern speichert, kombiniert, auswählt und ausstrahlt und gleichzeitig die in Millionen gehenden Reaktionen, Wünsche und Impulse der Empfänger mitverarbeitet" (1970, 72).

Die Radiomacher täuschten ihre Hörer, indem sie kaschierten, daß Sprech- und Hörort keine Einheit bilden und die Gleichzeitigkeit von Sprechen und Hören jedenfalls nicht notwendig sei. Sie erzeugten den Schein eines „Tratschs auf der Treppe" (1970, 15), um die Hierarchie zu verbergen, die darin liege, daß im Radio der Rollenwechsel zwischen Sprechern und Hörern nicht möglich ist. Diese mangelnde Durchlässigkeit solle eine „Ohrenzeugenideologie" (Knilli 1970, 13) vergessen machen: Im Radio werde auf die Sprechsituation verwiesen, um beim Hörer die Illusion zu erwecken, er sei unmittelbar dabei, ein Ohrenzeuge. Nicht technische Ursachen, wie Arnheim (1979, 160) unterstellte, sondern politische Gründe habe die nach Knilli unnötige Grenze zwischen Sender und Hörer. Der Hörer werde zum „Befehlsempfänger: Empfänger von Nachrichten, Empfänger von Belehrung, Empfänger von Unterhaltung. Wir haben nichts zu sagen, weil wir nicht gehört werden" (1970, 18).

Vor diesem Hintergrund hat sich Knilli von den Versuchen, eine eigene Sprache im Neuen Hörspiel umzusetzen, entschieden distanziert. Er bezeichnet sich zwar selbst als einen der Väter des Neuen Hörspiels, will aber nun von seinem Kind nichts mehr wissen. Letztlich sei auch im Neuen Hörspiel alles beim alten geblieben. Konkret zeigt er dies an Ferdinand Kriwets Hörspiel 'Oos is Oos' (1968). Knilli wirft Kriwet vor, in diesem Hörspiel Hitler, dem Krieg und dem Nationalsozialismus die Geschichtlichkeit zu nehmen und in „der Natürlichkeit und Ewigkeit der Akustik" (Knilli 1970, 83) anzusiedeln. Kriwet weiche in eine Auseinanderzung mit Sprache aus, wo es um Herrschaft und Knechtschaft gehe. Diese Kritik wendet Knilli nicht allein gegen Kriwet, er dient nur als Beispiel für die rein idealistische Sprachkritik der neuen Hörspielmacher, zu denen er auch „linkslinguistische" (83) wie Wolf Wondratschek und Peter Chotjewitz zählt. Statt eine Diskussion um die Ideologie des Radiomachens zu führen, reduzierten diese Autoren sich auf poetologische Fragen. Für Knilli steht jedoch das Medium als solches zur Debatte. Und er hält das Radio für kein demokratisches Medium, solange es das Gespräch oder gar den Rollenwechsel zwischen Sprecher und Hörer nicht zulasse. So kehrt Knilli zu Brecht zurück: Nötig seien nicht neue Künste des Sendens, „kein Schallspiel und kein Mitspiel" sondern: „Was wir brauchen, ist Mitbestimmung für Hörer, Mitbestimmung für Autoren und Redakteure. Was wir brauchen ist Demokratie, damit die Massenmedien endlich Medien der Massen werden, denn die Funkhoheit des Staates ist ein Anachronismus, sie erinnert an feudale und faschistische Ständestaaten" (Knilli 1970, 85).

Heute, nachdem die Funkhoheit des Staates auch in Deutschland durch das duale Rundfunksystem ersetzt wurde, mag man sich freilich fragen, wo der Demokratiegewinn bleibt. Doch ihre Brisanz haben alle diese Diskussionen in bezug auf den Hörfunk ohnehin ein Stück weit verloren, seit ihm das Fernsehen den Rang abgelaufen hat. Auch wenn dessen technische Flexibilität geringer ist, ist es doch in Industriegesellschaften das machtpolitisch weit interessantere Mittel.

6. Zur Situierung des Hörfunks in der Gesellschaft der Gegenwart

Theorien des Hörfunks in den 1980er und 1990er Jahren reflektieren seine gesellschaftliche Funktion. Sie gehen in der Regel wenig auf ästhetische und formale Besonderheiten des Radios im Vergleich zu anderen Medien ein.

6.1. Radio als Medium der Gegenöffentlichkeit

Theoretische Überlegungen zur politischen Bedeutung des Radios finden sich in den praktischen Anleitungen freier Radiomacher, also jener Initiativen, die seit den 1970er Jahren das Radio als Medium einer Gegenöffentlichkeit nutzen. Am entschiedensten formulierte der französische Radiomacher Collin (1980) solche Thesen: Das Radio könne, wenn es anders benutzt werde als nur als „Geräuschkulisse zum morgendlichen Waschen [...] den herrschenden Mächten ein Ärgernis sein" (22). Auch wenn Brechts Idee vom Radio als Kommunikationsmittel für die Freien Radios Pate stand, grenzten sich gerade deutsche Gruppen auch ausdrücklich von ihm ab. So schreiben die Frequenzbesetzer (1983): „Brechts vorgeschlagene Disputationsthemen 'Normung der Gebrauchsgegenstände', 'Erhöhung der Brotpreise' sind im realsozialistischen Rundfunk auf kabarettreife Weise verwirklicht" (Freundeskreis 1983, 114).

Die relativ einfache und bewegliche Technik macht das Radio für die sozialen Bewegungen zu einem idealen Mittel der Information. Collin betont die „hervorragende politische und militärische Rolle", die das Radio bei allen großen Krisen der jüngsten Geschichte gespielt habe, „sowohl für die Machthaber als auch für deren Opposition" (27). Dies gelte zum Beispiel für Chile und Portugal und vor allem für die Ereignisse in der Tschechoslowakei 1968: „Dem Radio ist es vor allem zu danken, daß der 14. Kongreß der tschechoslowakischen KP heimlich in einer Fabrik der Prager Vorstadt [...] abgehalten werden konnte. Diese Versammlung gehört wohl zu einem der beeindruckensten Erfolgen der freien Radiosender" (Collin 1980, 26). Eingesetzt als politische Mobilisierungskraft hat das Radio gegenüber der Zeitung Vorteile, da die Information besonders schnell und unmittelbar erfolgt und der Zugang einfach ist. Vor allem in Ländern mit einem relativ hohen Anteil an Analphabeten – wie Portugal –, erscheint es Collin als ein ideales Mittel der Agitation. Ähnlich weist Enzensberger dem Radio für die Entwicklungsländer einen wichtigen Informations- und Aufklärungscharakter zu (Enzensberger 1970, 173 f.).

6.2. Hörfunk als modernes Brauchtum

Eine weitere zeitgenössische Theorie des Hörfunks übernimmt ihre Begrifflichkeit aus der empirischen Kulturwissenschaft. Der Theologe Ulrich Nembach (1989) entwickelte eine These vom „Hörfunk als modernem Brauchtum". Das impliziert, daß er das Medium aus der Hörerperspektive definiert. Tatsächlich ist Nembach mit seiner Theorie sehr nahe an modernen Konzepten der Hörerforschung, die das „Radio als Forum der Alltagskultur" begreifen (Weiß, 1993). Die Theorie Nembachs ist noch nicht sehr ausgereift, eher schlagwortartig umrissen, aber der Ansatz, das Nebenbei-Medium Radio als eine Form des Brauchtums zu definieren, erscheint vielversprechend. Radiohören werde „nicht erfaßt, wenn es nur als Verhalten oder nur als Gebrauch betrachtet wird. [...] Die individuellen Wünsche, Radio zu hören, vollziehen sich in einem mehr oder weniger gleichförmigen individuell gestalteten Rahmen" (Nembach 1989, 54). Vielleicht gelingt es künftig, diesen Ansatz stärker in Bezug zu kommunikationswissenschaftlichen Modellen zu setzen, als Nembach dies getan hat.

7. Ausblick

In der Gegenwart, so glauben die Nutzer des *Internets*, habe Brechts Forderung, jeder solle Sender und Empfänger zugleich sein, eine Chance, umgesetzt zu werden: „Nicht nur, weil jeder seine eigene Homepage aufsetzen oder sich nach Belieben in 15 000 Newsgroups verbreiten kann, sondern auch die Radiofreaks sind wieder da. Mit einem Audioserver für ein paar 1000 Mark kann jeder seine Stimme im Netz auch akustisch erheben." (Buschek 1996, 38). Das Radio kann auch über das Internet seine Empfänger erreichen und die Sender richten Online-Redaktionen ein: „Das Radio wird zum TV, und das Netz wird zum Radio." (Buschek 1996, 36). Damit allerdings wäre die Zeit von Einzelmedientheorien endgültig vorbei. Sie können diese Entwicklungen nicht mehr erfassen.

8. Literatur

Arnheim, Rudolf, Rundfunk als Hörkunst. München/Wien 1933, 1979.

Benjamin, Walter, Der Autor als Produzent. In: Gesammelte Schriften, II.2. Frankfurt a. M. ²1989, 683–701.

–, Hörmodelle. In: Gesammelte Schriften IV.2. Frankfurt a. M. 1972, 627–720.

–, Reflexionen zum Rundfunk. In: Gesammelte Schriften II.3. Frankfurt a. M. ²1989, 1506–1507.

Brecht, Bertolt, Junges Drama und Rundfunk, Brecht-Jahrbuch 1976. Frankfurt a. M. 1976. 35–37.

–, Radiotheorie. In: Schriften zur Literatur und Kunst I. 1920–1932. Frankfurt a. M. 1967, 121–140.

Buschek, Oliver, Radio Days. Aufbruchstimmung, Experimentierfreude, Erwartungshaltung und Sendequalität – alles wie vor 100 Jahren? In: pl@net. das internet magazin 7, 1996, 34–38.

Collin, Claude, Hört die anderen Wellen. Radio Verte Fessenheim, Radio S.O.S. Emploi Longwy, Erfahrungen mit freien Radios in Frankreich und anderswo. Übers. v. Birgit Spielmann/Gerhard Mahlberg. Berlin 1980.

Cory, Marc E., Das Hervortreten einer akustischen Kunstform. In: Spuren des Neuen Hörspiels. Hrsg. v. Klaus Schöning. Frankfurt a. M. 1982, 191–200.

Crisell, Andrew, Understanding radio. London 1986.

Dahl, Peter, Radio. Sozialgeschichte des Rundfunks für Sender und Empfänger. Reinbek bei Hamburg 1983.

Döblin, Alfred, Literatur und Rundfunk. In: Schriften zu Ästhetik, Poetik und Literatur. Freiburg i. Br. 1989, 251–261.

Döhl, Reinhard, Das neue Hörspiel. Geschichte und Typologie des Hörspiels 5. Darmstadt 1988.

Eckert, Gerhard, Der Rundfunk als Führungsmittel. Heidelberg/Berlin/Magdeburg 1941.

–, Zur Theorie und Praxis der Hörfolge. In: RuH 5, Karlsruhe 1950, 110–112.

Enzensberger, Hans M., Baukasten zu einer Theorie der Medien. In: Kursbuch 20, 1970, 159–186.

Faulstich, Werner, Medientheorien. Einführung und Überblick. Göttingen 1991.

–, Radiotheorie. Eine Studie zum Hörspiel 'The War of the World' (1938) von Orson Welles. Tübingen 1981.

Fischer, Eugen K., Das Hörspiel: Form und Funktion. Stuttgart 1964.

–, Der Rundfunk: Wesen und Wirkung. Stuttgart 1949.

Freundeskreis Freie Radios Münster (Hrsg.), Frequenzbesetzer, Arbeitsbuch für ein anderes Radio. Reinbek bei Hamburg 1983.

Groth, Peter, Hörspiele und Hörspieltheorien in der Weimarer Republik. Berlin 1980.

Groth, Peter/Manfred Voigts, Die Entwicklung der Brechtschen Radiotheorie 1927–1932. Dargestellt unter Benutzung zweier unbekannter Aufsätze Brechts. In: Brecht-Jahrbuch 1976. Frankfurt a. M. 1976. 9–42.

Gruber, Klemens, Die zerstreute Avantgarde. Strategische Kommunikation im Italien der 70er Jahre. Wien/Köln 1989.

Hättenschwiler, Walter, Radiohören im Umbruch. Hörerforschung und ihre Ergebnisse in der Schweiz. Zürich 1990.

Hay, Gerhard, Bertold Brechts und Ernst Hardts gemeinsame Rundfunkarbeit. Mit bisher nicht publizierten Dokumenten. In: Jahrbuch der Deutschen Schillergesellschaft 12, 1968, 112–131.

– (Hrsg.), Literatur und Rundfunk 1923–1933. Hildesheim 1975.

Hörburger, Christian, Das Hörspiel der Weimarer Republik. Versuch einer kritischen Analyse. Stuttgart 1975.

Jedele, Helmut, Reproduktivität und Produktivität im Rundfunk. Diss. (masch.) Mainz 1952.

Kausch, Michael, Kulturindustrie und Populärkultur. Kritische Theorie der Massenmedien. Frankfurt a. M. 1988.

Kleinsteuber, Hans J. (Hrsg.), Radio – Das unterschätzte Medium. Erfahrungen mit nicht-kommerziellen Lokalstationen in 15 Staaten. Berlin 1991.

Knilli, Friedrich, Das Hörspiel. Mittel und Möglichkeiten eines totalen Schallspiels. Stuttgart 1961.

–, Deutsche Lautsprecher. Versuche zu einer Semiotik des Radios. Stuttgart 1970.

Krabiel, Klaus-Dieter, Brechts Vortrag „Der Rundfunk als Kommunikationsapparat" – Kontext, Anlaß, Wirkung. Zur Frage des Utopischen bei Brecht. In: WW 43, 1993, 234–248.

Lerg, Winfried B., Rundfunkpolitik in der Weimarer Republik. München 1980.

Maletzke, Gerhard, Der Rundfunk in der Erlebniswelt des heutigen Menschen. Untersuchungen zur psychologischen Wesenseigenart des Rundfunks und zur Psychologie des Rundfunkhörens. Diss. (masch.) Hamburg 1950.

Maurach, Martin, Das experimentelle Hörspiel. Eine gestalttheoretische Analyse. Leverkusen 1995.

McLuhan, Marshall, Die magischen Kanäle. „Understanding Media". Düsseldorf/Wien 1968.

Melcher, Andrea, Vom Schriftsteller zum Sprachsteller? Alfred Döblins Auseinandersetzung mit Film und Rundfunk (1909–1932), Frankfurt a. M./Bern 1996.

Negt, Oskar/Alexander Kluge, Öffentlichkeit und Erfahrung. Zur Organisationsanalyse von bürgerlicher und proletarischer Öffentlichkeit. Frankfurt a. M. 1972.

Nembach, Ulrich, Radio neu gesehen, Hörfunk als modernes Brauchtum. Ein Beitrag zu einer Theorie des Hörens und Sendens und für eine zukünftige Rundfunkhomiletik. Frankfurt a. M./Bern 1989.

Pongs, Hermann, Das Hörspiel. Stuttgart 1930.

Roß, Dieter, Vorrede. In: Symposion '81. Hans-Bredow-Institut. Die Zukunft des Hörfunkprogramms. Hamburg 1982.

Schiller-Lerg, Sabine, Walter Benjamin und der Rundfunk. München 1984.

Schirokauer, Arno, Die Theorie des Hörspiels. In: Frühe Hörspiele. Hrsg. v. Wolfgang Paulsen. Kronberg/Ts. 1976, 9–15.

Schneider, Irmela (Hrsg.), Radio-Kultur in der Weimarer Republik. Tübingen 1984.

Schöning, Klaus (Hrsg.), Hörspielmacher. Autorenporträts und Essays. Königstein/Ts. 1983.

–, Spuren des Neuen Hörspiels. Frankfurt a. M. 1982.

–, Neues Hörspiel, Analysen, Gespräche. Frankfurt a. M. 1970.

Schwitzke, Heinz, Das Hörspiel. Dramaturgie und Geschichte. Köln/Berlin 1963.

Strauss, Neil (Hrsg.), Radiotext(e). New York 1993.

Wagner, Gerhard, Walter Benjamin, Berlin 1992.

Weiß, Ralph, Das Radio als Forum der Alltagskultur. Anschauliche Praxisformen in der Radio Unterhaltung. In: RuF 41, 1993/3, 165–187.

Würffel, Stefan B., Das deutsche Hörspiel. Stuttgart 1978.

Friederike Herrmann, Tübingen (Deutschland)

15. Theorien des Fernsehens

1. Problemstellung
2. Ältere Theoriegeschichte
3. Neuere Theoriegeschichte
4. Literatur

1. Problemstellung

„Fernsehtheorien im eigentlichen Sinne sind Mangelware" konstatieren Knut Hickethier und Irmela Schneider im Vorwort ihres Sammelbandes 'Fernsehtheorien' (Hicketier/Schneider 1992). Die Feststellung von 1992 gilt noch im Jahre 1996. Inzwischen hat der Mangel nur eine längere Geschichte. Das Fehlen adäquater Theorien und die Überlagerung dieses Fehlens durch Spekulationen über den Zuschauer resultiert einerseits aus kulturellen Reaktionsweisen, die sich seit den ersten Medienrevolutionen, also seit Erfindung der Schrift, beobachten lassen. Jedes neue Kommunikationsmedium, Schrift, Buch, Druck, Zeitung, Kino, Fernsehen, Computer, wird in ein Inventar nahezu gleicher kritischer, besorgter Argumente über den Fortbestand der Kultur gefaßt (vgl. Schneider 1991 u. 1995). Weiterhin hängt der Theoriemangel mit der modernen Forderung zusammen, daß eine Fernsehtheorie „alle relevanten Aspekte" umschließen muß und auch nicht „losgelöst von gesellschaftlichen Basistheorien" gedacht werden darf (Hickethier 1992, 19). Aufgabe einer Theorie des Fernsehens ist es vielmehr, ein begriffliches Instrumentarium bereitzustellen, das die Beobachtung des Mediums und damit seine Beschreibung ermöglicht. Dies wäre im Sinne der systemtheoretischen Terminologie eine Beobachtung ersten Grades. Betrachtet man das Fernsehen selbst als ein beobachtendes Medium, so würde die Theorie mit einer Beobachtung zweiten Grades einsetzen (vgl. 3.2. und Luhmann 1996). Erst einmal sollte das Medium in den Blick gefaßt werden. Die Beobachtung auf der nächsten Stufe hätte dann den Zuschauer (als Beobachter ersten Grades, der nicht weiß, daß er Beobachter zweiten Grades ist) vorzunehmen. Der Theoretiker und nicht der Zuschauer beobachtet, wie das Fernsehen beobachtet. Was heißt das? Das Fernsehen erlaubt vorderhand kein Sehen in die Ferne, sondern das visuelle Abtasten einer Mattscheibe, auf der in Punkten oder Zeilen ein Bild bzw. Bilderfolgen geschrieben werden. Der technische Zustand der TV-Bilder, Größe, Kontrast, Farbe, Auflösungsgrad, bilden indessen wichtige Voraussetzungen für jede Art des Sehens. Die meisten Theorien des Fernsehens sind Zuschauer- bzw. Gesellschaftstheorie und überspringen die Maschine, ihren Ein- und Ausschaltmechanismus. Sie beobachten den Rezipienten bzw. spekulieren über dessen mentale Verfassung. Wenn eine Theorie des Fernsehens aber in erster Linie das beschreibt, was seine Beobachter nicht sehen können (nämlich ihre eigene Beeinflussung), dann arbeitet sie an einer Theorie des Bewußtseins, des Unbewußten oder der Macht.

Andererseits muß jede Fernsehtheorie jene Konzeptionen des Mediums in Rechnung stellen, die seit der Einrichtung des Fernsehens und seit der Bildung eines Massenpublikums formuliert worden sind. Das Wissen vom Medium Fernsehen hat ja auch Eingang gefunden in den Code des Sehens/Beobachtens. Und es bildet die Voraussetzung für alle technischen und ökonomischen Fortentwicklungen – vom Satellitenfernsehen bis hin zum Pay-TV. Erst am Ende einer solchen Bestandsaufnahme kann eine Theorie konstruiert werden, die wissenschaftlichen Anforderungen entspräche.

2. Ältere Theoriegeschichte

2.1. Erste Versuche

Die frühen Theorien des Fernsehens erörtern die künftigen Möglichkeiten oder arbeiten den Unterschied des neuen Mediums gegenüber Film bzw. Radio heraus (Eddy 1945/Eckert 1953). Die ersten Fernsehdiskurse sehen diese Möglichkeiten noch überaus positiv. 1948 erschien in den U.S.A. eine kurze Einführung 'Understanding television', die neben Erläuterungen der Aufnahme-, Übertragungs- und Wiedergabetechnik eine ganze Reihe von Anweisungen für Sprecher, Schauspieler, Politiker enthält. Gleich setzt damit ein Prozeß der Naturalisierung des Mediums ein. Dunlap mahnt alle Personen, die auf der Mattscheibe erscheinen wollen, ganz *natürlich* zu sein: kein Pathos, kein Textablesen etc. Sonst verfehlte man die Regel „be natural, be yourself, be sincere." Das neue Medium wird daneben gleich als „medium of informality and intimacy" (Dunlap [3]1949, 81) erkannt. Es operiert mit der Suggestion, ein Fenster zur Welt zu öffnen. Die Zuschauer werden auf die verschiedenen Nutzungsweisen des Mediums vorbereitet: „It's exiting, it's educational, it's a lot of fun" (Dunlap 1949, 110). Die europäische Theorie setzt mit bekannter Verspätung ein. Am Anfang stehen auch Versuche, das Medium zu naturalisieren. So meint z. B. Carl Haensel in 'Fernsehen – nah gesehen', daß der Sinneseindruck des Fernsehbildes zu einem natürlichen Miterleben führe (Haensel 1952, 210). Wie soll das geschehen? Zu Beginn der fünfziger Jahre erscheint 'Die Kunst des Fernsehens' (Eckert 1953). Der Verfasser beschwört das Fernsehen als Kunst der Zukunft und erklärt alles zu einer Frage der Dramaturgie. Sonst aber kehren jene Debattenbeiträge wieder, die auch die Anfänge des Kinos (vgl. Kaes 1978) begleiteten: Warnungen vor Manipulationen, vor Irritationen der Jugend, vor Kulturverlust, vor Verbrechen. Das Fernsehen entwickelt sich zugleich zum Paradigma der Massenkommunikationsforschung. Einen ersten Versuch, alle diese Aspekte zusammenzuführen, unternimmt Werner Rings in seinem Buch 'Die fünfte Wand: Das Fernsehen' (Rings 1962). Rings beobachtet zwei Anpassungsprozesse: eine rasche Integration in die Privatsphäre und einen Prozeß kultureller Homogenisierung, d. h. Amerikanisierung. Seine Bilanz und die theoretische Abschlußbetrachtung fallen gespalten aus. Einerseits wächst die Bedeutung des Mediums im Alltag der Nutzer; zum anderen bleiben aber alle Versuche, eine tiefdringende Wirkung von TV-Informationen nachzuweisen, vergeblich. Die Stabilität der Einstellungen, der kulturellen Gewohnheiten erweist sich als so stark, daß das Fernsehen (wie auch andere Medien) komplikationslos in den Alltag und in die Kultur eingeschleust werden. Rings vermeidet so die kulturpessimistischen Formeln der traditionellen und wiedererwachenden Medienkritik; allerdings ist seine „5. Wand" kein Medium, sondern der terminologische Knoten für gänzlich disparate Bemerkungen über Produktion, Werbung, Nutzung, Programme des Fernsehens.

2.2. Kritische Theorie

Die größte Wirkung innerhalb der sich langsam entwickelnden Theorie-Diskurse über das Fernsehen entfalteten in den sechziger und siebziger Jahren die Arbeiten von Max Horkheimer und Theodor W. Adorno. Das Kapitel über „Kulturindustrie. Aufklärung als Massenbetrug" aus der 'Dialektik der Aufklärung' brachte sogar eine ganz eigene Theoriekultur hervor. Vorausgesetzt wird dabei ein kritischer (philosophischer) Begriff von Gesellschaft, der marxistische Theorieelemente in sich verarbeitet. Neue, technisch armierte Machtmittel wie Massenmedien dienen dazu, die emanzipatorischen und revolutionären Potentiale, die der Marxismus aus dem sozialen Antagonismus hervorgehen sah, zu neutralisieren. Die massenmedial vermittelte Kultur ist nicht nur ein Produkt der Technik, sondern sie wirkt selbst technizistisch, nämlich normierend auf das Publikum: „In der Kulturindustrie ist das Individuum illusionär nicht bloß wegen der Standardisierung ihrer Produktionsweise. Es wird nur so weit geduldet, wie seine rückhaltlose Identität mit dem Allgemeinen außer Frage steht." (Horkheimer/Adorno 1969, 139). Die Fernsehkommunikation spielt in der 'Dialektik der Aufklärung' noch keine besondere Rolle. Adorno hält später jedoch alle TV-Befunde so allgemein, daß sie in seiner kritischen Gesellschaftstheorie bereits vor der Einführung des Fernsehens vorkamen und nur deduziert werden müssen. Danach stabilisieren die Massenmedien wie die gesamte

15. Theorien des Fernsehens

Kulturindustrie das monopolkapitalistische System. Die Ideologisierung des Publikums läuft über die Homogenisierung von Sprachen und Zeichen aus dem Unterhaltungssystem. Im 'Résumé über Kulturindustrie' nennt Adorno den „Gesamteffekt der Kulturindustrie" eine „Anti-Aufklärung". Sie sorgt dafür, daß die Konsumenten durch Massenmedien zu unbewußten Massen gemacht werden (Adorno 1968, 69f.). Daher erhob Adorno auch in der bereits 1953 verfaßten Abhandlung 'Fernsehen als Ideologie' die Forderung, daß die TV-Produzierenden alle „jene Anschläge und Stereotypen" ausschalten sollten, die „nach dem Urteil eines Gremiums verantwortungsvoller und unabhängiger Soziologen, Psychologen und Erzieher, in der Verdummung, psychologischen Verkrüppelung und ideologischen Umnebelung des Publikums terminieren" (Adorno 1966, 97).

Solche Gedanken nimmt dann ein jüngerer Theoretiker des Fernsehens auf. Auch Horst Holzer argumentiert in seiner 'Theorie des Fernsehens' methodisch auf marxistischer Grundlage. Er führt alle von der Kritischen Theorie bereits formulierten Einwände gegen das Medium auf Zwänge „indirekter Kapitalverwertung" zurück. Dabei erzeugt die Fernsehkommunikation die Illusion einer staatlichen, sozialen Einheit, und weiterhin tröstet sie die Konsumenten über die tatsächlich erlittenen Beeinträchtigungen des Lebens im Monopolkapitalismus hinweg. Das Fernsehen hat damit einmal eine „ideologisch-*ordnende*" und zweitens eine „ideologisch-*entschädigende*" Funktion (Holzer 1975, 141). *Ideologie* ist der kritische Hauptbegriff dieser Fernsehtheorie in den sechziger und siebziger Jahren. Versuche schließen sich an, Fernsehwirkungen auch tiefenpsychologisch zu verifizieren. Bereits Adorno hatte die Effekte der kulturindustriellen Homogenisierung des Bewußtseins in Begriffen der Psychoanalyse zu fassen versucht (Adorno 1966, 78). Seine Überlegungen versucht Gunther Salje in 'Film, Fernsehen und Psychoanalyse' weiterzuführen. Er vergleicht die Beziehung Zuschauer/Fernsehen einmal mit der Dyade Kind/Mutter und weiter mit dem Setting Patient/Psychoanalytiker, um dann feststellen zu können, daß das Fernsehen demgegenüber nur eine „pseudodialogische Struktur" aufbaue (Salje 1980, 40). Auch Erich Fromm schreibt Theorien der Frankfurter Schule fort. Fromm spricht in 'Der moderne Mensch und seine Zukunft' von der „neuroseprophylaktischen" Funktion der Medien (Fromm 1967). Auf einen dauerhaften Entzug dieser Medien würden die Mitglieder der westlichen Kulturen mit Nervenzusammenbrüchen reagieren. Die anspruchsvollste Theorie des Fernsehens im Gefolge der Kritischen Theorie stammt von Negt/Kluge. Ihr Buch 'Öffentlichkeit und Erfahrung' ist Adorno kryptisch gewidmet und behandelt Fernsehen als „Programmindustrie". Ihre Hervorbringungen sind durch professionellen Deformationen der Produzenten charakterisiert. Die zunehmende Abstraktheit der Weltdarstellung im TV kompensieren Versuche zur „Neuversinnlichung" der Welt in Familienserien, die auch keinen Realitätsbezug mehr haben. (Negt/Kluge 1972, 206f.) Den Fluchtpunkt der Kritik bildet ein normatives Konzept von Öffentlichkeit, das alle „substanziellen Lebensinteressen" zu repräsentieren hätte. In diese Richtung weist auch Dieter Prokops 'Faszination und Langeweile'. Das Fernsehen als Institution der monopolistischen Massenkultur produziert „zeichenhafte, klischeehafte" Bilder und Phantasien. Solche Bilder bieten dem Zuschauer zwar Unterhaltung und Entspannung (d. h. „Faszination"), aber sie bestehen aus standardisierten, stereotypen Formen, Bewegungen, Rhythmen (d. h. „Langeweile"). Die „Ambivalenz" der Rezipientenerfahrung resultiert für Prokop daraus, daß dem Zuschauer immer nur partiell und nie vollständig Befriedigung gewährt wird. Die Arbeit von Prokop argumentiert allerdings selbst in Allgemeinplätzen über „gute Produkte", die „bestimmte objektive Strukturen" enthalten (Prokop 1979, 7).

Alle Versuche der Kritischen Theorie, das Fernsehen in Allgemeinbegriffen zu fassen, operieren mit selbstgesetzten normativen Voraussetzungen, wie Gesellschaft, Kommunikation, natürliche Beziehungen, Wahrheit, Kunst auszusehen haben. Eine Theorie des Mediums Fernsehen wird nicht formuliert.

2.3. Apokalyptiker

In einem Beitrag zur Massenkultur hat Umberto Eco die Vertreter der Kritischen Theorie als „Apokalyptiker" bezeichnet (Eco 1984). Der Name trifft indessen präziser noch auf eine Gruppe von Theoretikern zu, die den neuen Medien global die Schuld für den Verfall der geistigen Kultur und für den Untergang der westlichen Zivilisation zuschreiben. Theoretisch gesehen, setzen und interpretieren diese Apokalyptiker die neuen Programme, Diskurse und Stile, die das Fernsehen hervorbringt, als allgemeine Kommunikationsformen. *Fernsehen* heißt damit eine negative Rückwirkung logischer und ästhetischer Programmstrukturen auf den Zuschauer. In dieser Feedback-Schleife prozessiert das TV nicht einfach Veränderung, sondern definitiven Verfall: Verfall sozialer Formen, intellektueller Vermögen, Verfall der Natur und der Welt. Einer der intellektuell herausragenden Vertreter der apokalyptischen Richtung ist Günter Anders. In 'Die Antiquiertheit des Menschen' (Anders ²1968) schließt er die Analyse der Gegenwart mit einem Kapitel über die „Apokalypse-Blindheit" ab. Als Blinde sehen die Zuschauer nicht den Untergang, den die Theorie konstruiert und prognostiziert. Das apokalyptische Zeitgefälle resultiert daraus, daß zumal das Fernsehen die Welt als „Phantom und Matrize" vorführt. Den von den neuen Medien eingeleiteten Wandel der Kultur setzt Anders in eins mit ihrem Verschwinden.

Die apokalyptische Medien-Rhetorik privilegiert zwei Pathos-Verstärker: das Kind und die Natur. Indem die Fernsehkultur bereits die kindliche Wahrnehmung zerstört, beraubt sich die moderne Gesellschaft ihrer Zukunft. Die zweite Pathos-Formel steht in der Verwaltung der sogenannten *Medien-Ökologie* (vgl. Fröhlich/Zitzlsperger/Franzmann 1988). Im Sinne dieser Medien-Ökologie rief Jerry Mander 1978 in 'Schafft das Fernsehen ab! Eine Streitschrift wider das Leben aus zweiter Hand' zur Rettung eines Lebens aus erster Hand auf. Manders Thesen kehren auch in den Büchern des gegenwärtig bekanntesten Medien-Apokalyptikers Neil Postman wieder: 'Das Verschwinden der Kindheit' und 'Wir amüsieren uns zu Tode'. Postman behauptet, daß die Medien die neuzeitliche, durch Schrift und Buchdruck errichtete Rationalität der Abstraktion, Sequenzierung und Speicherung zerstört. Die TV-Kultur überführt die Rationalität in Segmentierung, Desorientierung und Vergessen. Zwar geht Postman von technologisch veränderten Kommunikationen aus und beschreibt sie nach Parametern wie „Form, Umfang, Tempo und Kontext der Informationsübermittlung"; aber die Beobachtungen dienen nur zur Fundierung alter apokalyptischer Argumente bzw. rhetorischer Fragen: „Gibt das Fernsehen Worten wie 'Frömmigkeit', 'Patriotismus' oder 'Privatsphäre' eine neue Bedeutung?" (Postman 1985, 195).

Den apokalyptischen Diskurs tragen stets künstliche Korrelationen (Kriminalstatistik und TV, semantische Veränderungen der Sprache und TV, Jugendgewalt und TV). Differenzierter argumentiert Claus Eurich, der nach dem Nutzen (und Schaden) der neuen Medien fragt. Allerdings setzt auch Eurich zur Beantwortung seiner Frage Normen guten sozialen Lebens voraus: „Miteinander mit anderen", „Einlösung von Bedürfnissen", „Behauptung als Individuum" (Eurich 1980, 124). Das methodische Dilemma resultiert daraus, daß Eurich Normen, die aus aufklärerischen Konzepten gezogen sind, gegen Empirien der Gegenwart hält. Daß die aus dem sozialen Alltag gewonnenen Daten nicht den aufklärerischen Prospekten entsprechen, wird dem Fernsehen zugerechnet. Aus solchen Konstruktionen leitet Eurich die Forderung nach einem Kampf gegen das Kabelfernsehen ab (Eurich 1980, 136). Ein wenig anders liegt der Akzent bei Alois Huter. Huter setzt eine „verbegrifflichte, technisierte, durchrationalisierte Wirklichkeit" voraus, wodurch die Menschen auf die Bildsynthesen des Fernsehens angewiesen sind (Huter 1988, 137). Das Fernsehen ist zugleich Symptom und Kompensation einer technisch zugerichteten Welt.

Gerade weil er zugleich schöne Projekte der Vergangenheit, unsichere Daten der Gegenwart und befürchtete Katastrophen der Zukunft miteinander verrechnet, kann der apokalyptische Diskurs nicht wissenschaftlich genannt werden. Er begeht überdies den methodischen Fehler, Fernsehen als alleinige Quelle von Information und Erfahrung zu setzen, um so die Einsinnigkeit von negativen Wirkungen behaupten zu können. Weiter wird Fernsehen ausschließlich als Unterhaltungsmedium betrachtet und nicht, wie bereits zur Frühzeit des Fernsehens erkannt wurde, als Live-Medium (vgl. Bronnen 1954). Unbeachtet bleiben weiter Voraussetzungen wie die Kultur, Struktur und technische Materialität des bewegten Fernsehbildes (vgl. 3.5.), der Kontext der Kommunikation sowie die vielfältigen Feedback-Kanäle, die TV-Konsum und Programmplanung miteinander verbinden.

2.4. Theorie der Massenmedien

Die Theorien der Massenmedien entwickeln sich schon seit vielen Jahren zunehmend zu einer Theorie des Fernsehens. Allerdings zeichnet sich in neuerer Zeit durch den Aufschwung des Privatfernsehens der Trend zu einem Medienverbund von Druckpresse und TV-Unterhaltung ab. Die Theorien der Massenmedien haben lange vor dem Infarkt der

Kritischen Theorie einen Paradigmenwechsel durchlaufen. Bereits kurz nach dem Krieg ersetzten sie die Betrachtung der Rezipienten als passives Objekt durch Untersuchungen des auf Medieninformation bezogenen Handelns. Renckstorff bezeichnet dies als Übergang von medienzentrierter hin zu publikumszentrierter Forschung (Renckstorff in Kaase/Schulz 1989). Dabei setzen die meisten Kommunikationswissenschaftler, die sich mit 'Mediennutzung' befassen, die Medien immer schon voraus. Auch sie überspringen die mediale, optische, technische und ikonische Beschaffenheit der Informationen. Unter den rund 2500 Titeln, die Silbermann in seinem Handbuch zum 'Fernsehwesen' kommentiert, erörtern mehr als 300 Probleme der Wirkung (Silbermann 1986, 836–861). Die im Laufe vieler Jahre gewonnenen Zahlen, die Berg/Kiefer zusammengetragen haben (Berg/Kiefer 1978–1987), sind kaum aussagekräftig im Hinblick auf die Verarbeitung der TV-Informationen. Mit ihren inzwischen stärker auf Einzelprobleme konzentrierten Fragestellungen und Theorieansätzen kann diese Forschungsrichtung die Entwicklung des Fernsehens besser mitvollziehen und höhere Auflösungsgenauigkeit bei der Analyse erzielen. Bereits 1948 bezeichneten Lazarsfeld/Merton die Untersuchung von Wirkungen der Massenmedien auf die Gesellschaft als „ill-defined problem". Das hat die Karriere entsprechender Forschungen und Theorien nicht aufhalten können. Das alte „hypodermic needle model" (Fiske/Hartley 1978, 74), das etwa noch in Mary Winns Metapher von der Fernseh-Droge (1977) breite Wirkung erzielte, wird schon seit längerem durch hermeneutische und semiotische Analysen (z. B. Eco 1972) sowie durch handlungsorientierte Untersuchungen der Nutzungsmotive (z. B. Katz/Blumler/Gurevitch 1974) modifiziert. Beide Ansätze gestehen dem Rezipienten Motive zu, bestimmte Sendeangebote anzunehmen oder abzulehnen bzw. von ihnen jeweils individuellen Gebrauch zu machen. Der amerikanische 'Uses-and-Gratifications'-Ansatz sowie seine deutsche Fortentwicklung im 'dynamisch-transaktionalen'-Ansatz (Früh/Schönbach 1982) rücken also einen Komplex von Bedürfnissen, Wissen, Antrieben, Anregungen vor die Mediennutzung. Der Nutzer ist ein Knoten aus Motiven, die seine Entscheidung, zur Zeitung zu greifen, sein TV-Gerät anzustellen, Artikel oder Sendungen auszuwählen, ausmachen. Die Analyse der Motivsequenzen, die die Handlung *Fernsehen* hervorbringt, ist ein Fortschritt gegenüber den abstrakten statistischen Erhebungen, die von Frequenzen des Medienkonsums auf Wirkungen schlossen. Die Theorie der Massenmedien endet konsequenterweise dort, wo nicht mehr Massen als Rezipienten vorausgesetzt werden. Die Tendenz zur Analyse der individuellen Dispositionen vor, bei und nach dem TV-Konsum verstärken seit vielen Jahren Untersuchungen von Medienpsychologen. Viele dieser Arbeiten gründen allerdings auf zum Teil problematischen Voraussetzungen über das psychische Geschehen beim Fernsehen. Dies gilt zumal für einige Beiträge von Hertha Sturm und ihre Theorie von der „fehlenden Halbsekunde" (z. B. in: Groebel/Winterhoff-Spurk 1989). Häufig wird eine Medienwahrnehmung vorausgesetzt, die lebensweltlicher Erfahrung entspricht. Den Ausweg aus dem Dilemma einer Medientheorie, die auf Analogien zum Welterleben (als einer „ursprünglichen" Form der Wahrnehmung) rekurriert, bieten tatsächlich die semiotisch und strukturalistisch orientierten Konzepte der amerikanischen '*cultural studies*' (s. 3.3.).

3. Neuere Theoriegeschichte

3.1. Medientheorie

Einen Durchbruch zur Fernsehtheorie brachte das 1964 (deutsch 1968) erschienene Buch von Marshall McLuhan 'Understanding media'. McLuhan rückte das Fernsehen in eine Reihe mit Medien wie Sprache, Schrift, Kleidung, Verkehrswege, Photographie, Radio, Waffen. Diese Extension des Medienbegriffs ging einher mit einer wichtigen theoretischen Distinktion, die das Verhältnis von Medium und Nutzer an die materielle Beschaffenheit bzw. an die Signal/Rauscheigenschaften des Informationskanals selbst band. Die Unterscheidung zwischen heißen und kalten Medien, die McLuhan dort einführt (McLuhan 1968, 29 ff.), betrifft in erheblichem Maße das Fernsehen. „Detailarme" Medien nennt McLuhan kalt, weil den Empfänger weniger Daten erreichen. Vor allem jedoch enthalten oder übertragen kalte Medien Signale mit geringerer Trennschärfe. Heiße Medien sind hingegen informations- und detailreich. Sie übermitteln viele Daten in höherer Trennschärfe. Das heiße Medium bildet die äußerste Extension eines einzigen körperlichen Sinnes. McLuhan nennt überhaupt die elektronischen Medien „Erweiterungen des zentralen Nervensystems" (McLuhan 1968, 9). Druck, Radio, Photo und Film sind in diesem Sinne heiße Medien, Handschrift, Comics, Telephon, Fernsehen hingegen kalte Medien. Die Differenz heiß/kalt erlaubt auch eine Unterscheidung von Rezipientenverhalten. Kalte Medien ziehen erheblich mehr Aufmerksamkeit und größere mentale Investitionen ab als heiße Medien: „Heiße Medien verlangen […] nur in geringem Maße persönliche Beteiligung, aber kühle Medien in hohem Grade persönliche Beteiligung oder Vervollständigung durch das Publikum" (McLuhan 1968, 29). Unter diesen Parametern, die den Detailreichtum der Informationen und die Trennschärfe der Signale als mediale Qualitäten herausarbeiten, zeigen die Fernsehbilder verschiedener Länder auch unterschiedliche „Temperaturen". Die U.S.-Fernsehnorm, von der McLuhan ausging, erreichte bei 525 Zeilen und einer Frequenz von 30 Bildern pro Sek. eben 5 Mio. Bildpunkte pro Sekunde; hingegen überträgt die europäische TV-Norm (625 Zeilen und 50 Bilder) etwa 13 Mio. Bildpunkte pro Sek. Das U.S.-Fernsehen beliefert den Zuschauer also mit „kälteren" TV-Bildern als das europäische. Dank solcher Präzisierungen gewinnt die berühmte Formel vom „Medium als Botschaft" ihren Sinn. Wenn in der neueren Theorieliteratur immer häufiger von der Langeweile des Fernsehens die Rede ist (Prokop 1979/Flusser 1986, 59; Engell 1989), so beruht dieser Effekt einmal auf der Tatsache, daß das Farbbild das Medium erheblich „aufgeheizt" hat und so den Betrachter narkotisiert; weiterhin hat das Fernsehen durch die Zunahme der Programme an Informationsdichte (Langeweile ist ein Zustand informativer Sättigung) gewonnen; schließlich kann in neuerer Zeit die Menge der Live-Ereignisse mit dem Live-Bedarf der vielen Sender nicht mehr Schritt halten. Nicht nur als kaltes Medium, das auf hochgradige Beteiligung angewiesen ist, sondern auch als Übertragungstechnik optischer Realdaten in Echtzeit ist Fernsehen ein Live-Medium. Wenn das Fernsehen in neuerer Zeit immer mehr künstliche Live-Ereignisse hervorbringt, indem sich die Sportarten rasant vermehren und die Talkshows inflationieren, so hängt das mit der Zeit- und Erlebnisstruktur des Live-Mediums zusammen.

McLuhans geniale Theorien haben bislang in der TV-Literatur wenig Niederschlag gefunden. Aus neuerer Zeit läßt sich hier Klaus Simmering erwähnen, der über eine Analyse der technischen Bildformen präzise Aufschlüsse über die ästhetischen Regeln gibt, die bei einer zukünftigen Programmstruktur unter HDTV-Bedingungen berücksichtigt werden müssen. Welche Normen auch immer sich beim HDTV durchsetzen mögen, die neue Technik heizt (im Sinne McLuhans) das Medium auf. Die Verdopplung der Zeilen und die Vermehrung der Bildpunkte mindestens im Quadrat der Zeilenzahl ergibt eine erheblich höhere Bildauflösung. Weiter sichert die Angleichung des Bildformates an den Sehwinkel des „natürlichen" Sehens einen „heißeren" Effekt. Simmering spricht von HDTV als einem „neuen Medium" (Simmering 1986, 266). Da heute neue Informations- und Unterhaltungstechnologien große Investitionsvolumina voraussetzen, können sie nur global eingeführt werden. Eine weltweite Einigung über Bildnormen bildet die Voraussetzung für diesen technologischen und medialen Sprung.

Medientheoretisch fundierte, nämlich auf Eigenschaften, Entwicklungs- und Nutzungsmöglichkeiten der Hardware und auf mediale Qualitäten der Signale abgestellte Überlegungen zum TV-Bild trägt auch Siegfried Zielinski vor (Zielinski 1989). Das alte kühle TV-Medium bildet für ihn lediglich ein Zwischenspiel in der Geschichte der Audiovisionen. Zielinski erwartet statt dessen in Zukunft ein audiovisuelles Masterprodukt, das an jedem Ort einsetzbar sein wird, im Flugzeug, im Wohnzimmer, im Supermarkt und das daher ein integriertes System bilden wird. In die Integration fallen alle audiovisuellen und elektronischen Terminals durch die weltweiten ISDN-Netze. Die Digitalisierung bringt auch alle visuellen, auditiven Daten sowie alle Rechnerleistungen in die gleiche physikalische Form. Doch gerade diese Multifunktionalisierung der Terminal-Mattscheiben für die unterschiedlichsten Daten, von Videogames bis hin zu Internet-Seiten, in der die TV-Nutzung nur mitspielt, erfordert dringend eine Spezifizierung und theoretische Präzisierung des Fernsehens. Sie steht weiter aus.

3.2. Systemtheorie

Die Systemtheorie erfüllt die oben aufgestellte Forderung, eine auf Beobachtung gegründete konsistente Beschreibung des Mediums zu entwickeln, zur Zeit am weitesten. Soweit systemtheoretische Ansätze zum Fernsehen entwickelt worden sind, schließen sie an die Theorien der Massenmedien an. In systemtheoretischer Sicht haben sich Zeitun-

15. Theorien des Fernsehens

gen, Radio, Fernsehen etc. aus der Allgemeinheit sozialer Kommunikation (d. h. Gesellschaft) als spezifische Funktionssysteme ausdifferenziert. Neben der Unterscheidung verschiedener Ebenen der Beobachtung ist gemäß der systemtheoretischen Konzeption die Unterscheidung zwischen Themen und Funktionen der medialen Kommunikation erheblich. Themen spielen die Rolle der Auswahlcodes: Es kann nicht über alles gesprochen oder berichtet werden. Die Funktion der massenmedialen Kommunikation besteht darin, alle Teilnehmer an eine einzige, technisch vermittelte Gegenwart/Realität anzukoppeln. Bedingung ist weiter, daß „keine Interaktion unter Anwesenden zwischen Sender und Empfänger stattfinden kann" (Luhmann 1996, 11). Weiter unterscheidet die Systemtheorie zwischen Information und Mitteilung. Sie differenziert so das „Was" und das „Wie" der Kommunikation. Zusammen mit dem Verstehen des Adressaten (hier: des Fernsehzuschauers) bilden Information und Mitteilung das systemtheoretische Modell von Kommunikation.

Massenmedien haben also die Funktion einer privilegierten Kommunikation, weil – wie früher im Gottesdienst – tendenziell alle Teilnehmer der Kultur an sie angeschlossen sind und auf ihre Beobachtungen und Interpretationen (Mitteilungen) angewiesen sind.

„Auch hier bleibt als Modus der Reflexion nur die Beobachtung zweiter Ordnung, nämlich die Beobachtung, daß eine Gesellschaft, die ihre Selbstbeobachtung dem Funktionssystem der Massenmedien überläßt, sich auf eben diese Beobachtungsweise im Modus der Beobachtung von Beobachtern einläßt" (Luhmann 1996, 152).

Als „operativ geschlossenes" System, d. h. als eine Einheit, die selbst für ihre Einheit und Stabilität sorgt, erledigen die Massenmedien nicht nur die Beobachtung der Welt, sondern sie sorgen zugleich durch Tests und Kontrollen für Korrektur und Konsistenz der eigenen Beobachtungen. Die von Luhmann entwickelte Konzeption von Massenmedien spezifiziert sich nicht zu einer Theorie des Fernsehens, doch macht sie im Rahmen einer Beschreibung der Massenmedien klar, daß jene Realität zu der die Medien/das Fernsehen die vielzitierten „Fenster" öffnen, eine Konstruktion ist. Zwar nehmen jedes Bewußtsein (jeder Mensch) und jedes System eine Realität an; sie ist ihnen aber wie der Horizont nicht zugänglich. Sie müssen sich auf die Konstruktionen anderer verlassen oder dadurch, daß sie sich nicht darauf verlassen, aus deren Mitteilungen Folgerungen für eigene Konstruktion der Wirklichkeiten ziehen. Es ist auch keineswegs nötig, daß das Fernsehen „zutreffende" oder „nicht-ideologische" Informationen verbreitet, weil alle diese Informationen ja der Interpretation, dem Verstehen ausgeliefert sind, dessen Operationen ebensowenig als wahr oder unwahr kontrolliert werden können. Wenn Luhmann die Funktion der Massenmedien mit der Rolle von Priestern in kultureller Vergangenheit vergleicht, so liegt der entscheidende Unterschied darin, daß die Massenmedien die „moderne Gesellschaft in ihrem Kommunikationsvollzug endogen unruhig" einrichten wie ein Gehirn „und sie damit an einer allzu starken Bindung an etablierte Strukturen hindern" (Luhmann 1996, 175).

Es bleibt indessen, wie zu Beginn erwähnt, ein Problem der Fernsehkommunikation, daß die visuellen Wahrnehmungen nur bei besonderer Reflexion als Produkte von Beobachtung (und nicht als durch mein Fenster laufende Bilder der Umwelt) erkannt werden (vgl. Spangenberg 1988). Die Markierungen und Indizes von Realität oder Ereignis im Live-Medium kommen nun gerade durch Modulierungen der Echtzeitsequenzen zustande. Durch Techniken der Speicherung und der Zeitveränderung (Zeitraffung und -dehnung) erreicht das Medium eine künstliche Hypervisibilität von Ereignissen (Torschüsse, Fouls im Sport, Attentate in der Politik), die das Unwahrscheinliche aus seinem temporären Kontext holt. Dieses Reale zeigt mir die technische Manipulation des Realen.

Die hier skizzierten Ansätze der Systemtheorie zur Beschreibung der Massenmedien und deren Realitätskonstruktionen liefern gegenwärtig den wichtigsten Beitrag zum Gesamtkomplex der Medientheorie. Das liegt an der sehr hohen Abstraktheit und Konsistenz der Begrifflichkeit, an der Aufmerksamkeit für die paradoxe Struktur von Beobachtungen und am Verzicht auf die Fiktion und Konstruktion einer wahren Erkenntnisposition, von der aus die Wahrheit der Nachrichten und Produkte kontrolliert oder gar beurteilt werden könnte (was entsprechende Kritik nicht ausschließt). Allerdings bleibt auch sie – ohne daß Luhmann die Bedeutung der Materialitäten der Kommunikation leugnete (Luhmann 1996, 13; Spangenberg 1988) – eine spezifisch auf das Fernsehen, auf das Bild, die Signalschärfe, die Zeitdimension, die kulturelle Verflechtung bezogene Theorie schuldig.

3.3. Kulturtheorie

Um eine genaue Beobachtung und zusammenhängende Beschreibung des gegenwärtigen Fernsehens sind die amerikanischen 'cultural studies' intensiv bemüht. Besonders fortentwickelt sind die Arbeiten von John Fiske, dessen 'Television culture' 1987 erschien. Die zuvor gemeinsam mit John Hartley veröffentlichte Untersuchung 'Reading television' machte programmatisch deutlich, daß die TV-Sendungen im Prinzip als Texte behandelt werden sollen. Ihr Blick richtet sich aber auch auf das Fernsehen als kulturelle Institution mit normativer Macht: „It is normative, a casual part of everyday experience" (Fiske/Hartley 1978, 19). Ähnlich wie Luhmann schreiben Fiske/Hartley dem Fernsehen eine Art Barden-Funktion zu. Durch diese Perspektive drängen sich theoretische Instrumentarien auf wie die Analyse der Alltagsmythen von Roland Barthes. Zehn Jahre nach 'Reading Television' bezeichnet Fiske in 'Television culture' das TV noch pointierter als „bearer/provoker of meanings and pleasures". Die Formel steht in unübersehbarer Analogie zu dem an gleicher Stelle aufgeführten Begriff von Kultur als „generation and circulation of this variety of meanings and pleasures within society" (Fiske 1987, 1). Weiter unterscheidet Fiske drei „Ebenen" des televisionären Inter-Textes: (1) das unerreichbare Reale, (2) die gesendeten Bilder und Mitteilungen, (3) die Reaktionen der Zuschauer (Fiske 1987, 117 ff.). Mit dieser Konstruktion entgeht die Theorie allem Zwang zur normativen Formulierung von Sendungstypen und -qualitäten. Die semiotische und kulturkritische Analyse dekonstruiert die scheinbare natürliche Einheit von Realität und Ideologie (Fiske 1987, 6). Alle möglichen Sendungstypen und TV-Formen bezieht Fiske auf kulturelle und soziale Strukturen. Z. B. weist er darauf hin, daß Pornographie und Krimiserien (mit ihrem typischen Spannungsverlauf) männlichen Bedürfnissen entsprechen, während die soap operas (mit ihrer ewigen Wiederkehr gleicher leichter Spannungsbögen) eine Art von Pornographie für weibliche Bedürfnisse darstellen. Daß diese Beteiligung der Humanwissenschaftler an den cultural studies des Fernsehens reichhaltige Ergebnisse erzielen, das dokumentiert eine ganze Reihe von Sammelbänden (z. B. Adler 1980; Kaplan 1983; Rowland/Watkins 1984; Gitlin 1986). Die theoretischen Verluste dieser neueren cultural studies zum Fernsehen macht hingegen der Vergleich mit den Arbeiten des Ahnherrn der kulturtheoretischen TV-Analyse, Raymond Williams, spürbar. Dessen Buch von 1975 'Television: technology and cultural form' (^{2}1990) verknüpfte noch die Fragen nach Technik und Kultur. Williams erinnerte an die technischen Anfänge, an die politischen und militärischen Erfordernisse, die die Entwicklung des Mediums auslösten, sowie an die kommerziellen Interessen, die seine Verbreitung ermöglicht haben (Williams ^{2}1990, 130). Das Medium hat nach wie vor eine politische Form – man denke nur an die Bildnormen, die immer noch ein Politikum darstellen. Und es ist ein Element der sozialen Evolution geworden. Um auf dem technischen und politischen Stand der Dinge zu bleiben, muß auch die Theorie einen solchen evolutionären Prozeß durchmachen.

In Deutschland setzte die kulturtheoretische Beobachtung des Fernsehens mit einiger Verspätung ein. Als wichtigeren Beiträg läßt sich Christian Doelkers 'Kulturtechnik Fernsehen' anführen. Das Buch aus der Perspektive eines Medienpädagogen bejaht die „Notwendigkeit medialer Erfahrung" und möchte dafür ein Instrumentarium zur Beschreibung bereitstellen. In seiner Orientierung am Rezipienten geht Doelker so weit zu behaupten, daß der Rezipient zugleich Produzent der TV-Inhalte sei (Doelker 1989, 10). In der Tat gibt es im virtuellen Raum des Fernsehens reichlich Feedback-Effekte. Die Tendenz zur kulturtheoretischen Reflexion unterstreicht das ebenfalls 1989 erschienene Buch 'Neuer Kontinent Fernsehen' von Wolfgang Kraus, das allerdings keine eigenen Theoriekonzepte formuliert. Wie sehr in Deutschland der Fernsehdiskurs noch unter den Nachwirkungen der Kritischen Theorie einerseits und der Massenkommunikationsforschung mit ihrem puren Zahlenpositivismus andererseits steht, das macht in neuerer Zeit das sonst sehr kluge Buch 'Lob des Fernsehens' deutlich (Kreimeier 1995). Einstweilen erweisen sich etwa die Arbeiten des Semiotikers und Kulturtheoretikers Umberto Eco noch als unbefangener und theoretisch fortgeschrittener (Eco 1986).

3.4. Technikgeschichte

Es gibt nicht viele Versuche, das Fernsehen aus seiner Technikgeschichte heraus theoretisch zu fassen. Zwar setzen sich eine ganze Reihe von Darstellungen mit der technischen Entwicklung des Fernsehens auseinander, sie unternehmen aber keinen Versuch, einen

„Geist" des Mediums aus der militärischen Vorgeschichte der Übertragung von optischen Realdaten heraus zu entwickeln. Es blieb zunächst Paul Virilio überlassen, dieses militärische Unbewußte der visuellen Speicherung, Kontrolle und Telekommunikation wiederzuentdecken. Satelliten umkreisen den irdischen Planeten nicht nur, um Live-Bilder für den TV-Abnehmer zu transportieren, z. B. die Bilder jenes universalen Ersatzkrieges, den alle vier Jahre die Olympischen Spiele inszenieren; vielmehr tasten optische Satellitensysteme den Erdkreis zur militärischen Kontrolle ab. Die Armierung des militärischen Auges erfolgte dabei in zwei Richtungen. Einmal entstanden hochdiffizile Fernlenkprojektile aus der „Fusion" von Auge und Waffe (Virilio 1986, 180); zum anderen verdankt sich die Stabilität der geostrategischen Lage heute der präzisen und hochauflösenden Supervision der Welt durch kreisende Satellitenaugen. Beide Technologien funktionieren nur im Verbund mit einem Computersystem, das die Bildinformationen zeitgleich zur Steuerung bzw. Ausrichtung der Waffen berechnet. Auch todbringende Waffen sind eine Live-Übertragung. Alle diese Systeme bilden die Endstufe einer parallel einsetzenden Evolution von militärischer und publikumsbezogener TV-Technologie in den dreißiger Jahren. Damals wurden Fernsehen und Radar zugleich und auf der gleichen technologischen Basis entwickelt (vgl. Müller/Spangenberg 1991). In 'Die Sehmaschine' (Virilio 1989, 133 ff.) weist Virilio nach, daß der Einsatz von Fernsehkameras und von Monitoren nicht auf den militärischen Komplex bzw. auf den 'Unterhaltungssektor' beschränkt bleibt. Auf Flughäfen, in Banken, Großgaragen, Supermärkten, an Straßenkreuzungen dient eine Logistik der Wahrnehmung zur Abwehr von Angriffen und Verbrechen. Doch neuerdings kontrolliert sich das gesamte soziale System mit Hilfe dieser vielen Monitore. Was in globalen Dimensionen die Strategie der Abschreckung leistet, das Wissen, gesehen und beobachtet zu werden, und das damit verbundene Risiko militärischer Handlungen, läßt sich mühelos auf die zivile Welt übertragen. Das Bewußtsein, sich überall in einem optisch kontrollierten Raum zu bewegen, dämpft die Lust auf gesetzwidrige Handlungen. Medientheoretisch gesehen, erzeugt das soziale System über Armeen von Monitoren einen riesigen Raum virtueller Moral. Nicht mehr der gestirnte Himmel über mir, wie Kant sagte, sondern der von Überwachungskameras beschirmte soziale Raum sorgt für wirksame Über-Ich-Reflexe. Diese expandierende Überwachungstechnik in privater wie staatlicher Hand bildet die Rückseite jener visuellen Gleichschaltung, die das Fernsehen — unabhängig von seinen Sendungen — als kulturelle Tatsache hervorgebracht hat. Das TV-Medium beteiligt sich auch an der täglichen Selbstorganisation und Selbstkontrolle der Gesellschaft. Obwohl die TV-Nachrichten sogleich wieder vergessen werden (Grosser 1988), gehört die Tagesschau zur täglichen Übung. Diese Ritualisierung durch das Fernsehmedium trat an die Stelle früherer Ritualisierungen durch Kirchgang, Gebet, Kalender, Feiertage etc. Nicht über die ehedem heftig verdächtigte Ideologisierung, sondern über die kollektive Teilnahme an rituellen Gemeinschaftserlebnissen (Live-Ereignissen) sichert sich das Gesellschaftssystem seine religiöse Einheit. Doch nur eine präzise Erfassung der Bildqualitäten erlaubt solche Feststellungen und ihre Hochrechnung auf die Zukunft. Mithin gehört zur TV-Theorie elementar das Studium der sich exponentiell vermehrenden Monitore und Überwachungssysteme, die unzählige Doppel der Welt hervorbringen und die den Beobachter, wenn er darauf blickt, in sich hineinziehen.

An diese Ubiquität und kulturelle Funktion der technischen Bilder knüpft auch Vilém Flusser an. Die technischen Bilder, unter denen die Fernsehbilder nur eine Teilmenge bilden, haben eine Kulturrevolution eingeleitet. Mit den neuen Kanälen, Codes und technischen Zuständen der Information wälzt sich alles um. Die telematischen Bilder treten an die Stelle der linearen Texte, die die Epoche der Geschichte bestimmt haben (Flusser 1985, 9). Damit verläßt die Kultur die Epoche der Eindimensionalität, um in die Nachgeschichte der Nulldimensionalität einzutauchen. In einem entropischen Prozeß, der alles erfaßt, beginnt das Universum „in Quanten, die Urteile in Informationsbits auseinanderzukollern" (Flusser 1986, 17). Die telematische Zukunft bringt Gewinne an Zeitpotentialen (man kann alle Vergangenheiten aufrufen und alle Zukünfte ausrechnen), vor allem aber Verluste an Strukturen, an Sinn, an Freiheit. Daher plädiert Flusser für eine „Umbiegung der technischen Bilder in dialogische Funktionen". Sie allein könnten definitive Katastrophen vermeiden. In deutlicher Anlehnung an Schillers Briefe 'Über die ästhetische Erziehung des Menschen' (1795) fordert

Flusser die Umstellung von den aleatorischen Spielen des TV zu strategischen Spielen der Informationserzeugung: „dort wird der Mensch zum erstenmal tatsächlich Mensch sein, nämlich ein Spieler mit Informationen; und die telematische Gesellschaft, diese 'Informationsgesellschaft' im wahren Sinn dieses Wortes, die erste tatsächlich freie Gesellschaft" (Flusser 1985, 80). Die telematischen Bilder und die dazugehörigen Geräte spalten nach Flusser die Zukunft. Sie können die Gesellschaft auf eine frühere Kulturstufe zurückkatapultieren; sie vermöchten aber − richtig genutzt − auch biblische Verheißungen und messianische Träume zu verwirklichen.

3.5. Theorie des Bildes

Vilém Flussers Konzept einer emergierenden telematischen Gesellschaft, die nur noch über Monitore kommuniziert, verarbeitet zwei Aspekte des technischen Bildes: seine Ahistorizität sowie seine strukturelle Beschaffenheit. Die technischen Bilder sind „anders geartet" als die traditionellen: „Und zwar insofern, als die technischen Bilder auf Texten beruhen, aus diesen hervorgegangen sind und nicht eigentliche Flächen darstellen, sondern aus Punktelementen zusammengesetzte Mosaiken" (Flusser 1985, 9f.). Stärker als alle Kommunikationsmedien ist das Bild in rituelle, dogmatische, philosophische, ästhetische Vorschriften gebannt. Auch das Fernsehbild konnte sich von der Nachwirkung dieser Überlieferung nie ganz freimachen.

Zwar verschreiben sich in neuerer Zeit zahlreiche Untersuchungen der menschlichen Wahrnehmung (z. B. Arnheim ^{6}1988) und der Faszination der Fernsehbilder (z. B. Berghaus 1986); sie setzen aber stets das Bild und den Rezipienten bzw. die Wahrnehmungsorgane voraus. Die genaue Beschaffenheit der TV-Bilder einerseits und die Bildverarbeitung von Auge/Hirn andererseits kommen nicht vor. Auch wenn bisweilen an Bilderverbote und Bilderdogmen erinnert wird, gelangt der moralische, ja der rechtliche Status, den Bilder in unserer Kultur einnehmen, nicht ins Blickfeld (man denke nur an das heiß umstrittene Kruzifixurteil des deutschen Bundesverfassungsgerichtes, das 1995 erging). Schließlich bleibt in allen diesen Diskussionen (auch bei Flusser) unberücksichtigt, daß Bilder immer nur die Umgebung von Diskursen bilden, daß Bilder ohne Texte und Reden, die sie unmittelbar begleiten oder die sie überhaupt generieren, gar nicht verstanden werden können. Fernsehen ist Rede, wenigstens Ton, der Bildern einen Kontext zuweist.

Eine Fernsehtheorie kann nicht davon ausgehen, daß die technischen Bilder vollständig integriert und kulturisiert wären. Gerade die riesige Menge von Publikationen zum Fernsehen weisen diese unaufhörliche Irritation (die nicht aus den Sendungen allein besteht) des Mediums aus. Es bleibt eine längst nicht begriffene Tatsache, daß das Fernsehen die synchrone Beobachtung von zahllosen Räumen über Realdaten, die zu Bildern verarbeitet werden, möglich macht. Es schließt meine Sinne an sonst unerreichbare Ereignisse an. Das Fernsehen ist daher ein Live-Medium, welche Nutzungsformen es sonst auch realisiert. Die virtuelle Sichtbarkeit der ganzen Welt in jedem Augenblick rückt auch alle Katastrophen und Verbrechen in den Erlebnishorizont von jedermann. Der TV-Mensch nimmt an der exponentiellen Vermehrung visuell eingestellter Beobachtungsstationen auf der Erde und im All teil. Dies ist eine technische Realisierung von magisch-mythischen optischen Privilegien, die früher allein Göttern zugestanden wurden.

4. Literatur

Adler, Richard P. (Hrsg.), Understanding television. Essays on television as a social and cultural force. New York 1981.

Adorno, Theodor W., Fernsehen als Ideologie. In: Eingriffe. Neun kritische Modelle. Frankfurt a. M. 1966, 81−98.

−, Prolog zum Fernsehen. In: Eingriffe. Neun kritische Modelle. Frankfurt a. M. 1966, 69−80.

−, Résumé über Kulturindustrie. In: Ohne Leitbild. Parva Aesthetica. Frankfurt a. M. 1968, 60−70.

Allen, Robert C. (Hrsg.), Channels of discourse. Television and contemporary criticism. London 1987.

Anders, Günther, Die Antiquiertheit des Menschen. Über die Seele im Zeitalter der zweiten industriellen Revolution. München ^{2}1968.

Arnheim, Rudolf, Anschauliches Denken. Zur Einheit von Bild und Begriff. Köln ^{6}1988.

Berghaus, Margot, Zur Theorie der Bildrezeption. Ein anthropologischer Erklärungsversuch für die Faszination des Fernsehens. In: Publizistik 31, 1986, 278−295.

Bronnen, Arnolt, Arnolt Bronnen gibt zu Protokoll. Hamburg 1954.

Doelker, Christian, Kulturtechnik Fernsehen. Analyse eines Mediums. Stuttgart 1989.

Dunlap, Orrin E., Understanding television. What it is and how it works. New York ³1949.

Eckert, Gerhard, Die Kunst des Fernsehens. Emsdetten 1953.

Eco, Umberto, Apokalyptiker und Integrierte. Zur kritischen Kritik der Massenkultur. Frankfurt a. M. 1984.

–, Towards a semiotic inquiry into the television message. In: Working Papers in Cultural Studies 3, 1972, 103–121.

Eddy, William, C., Television – Eyes of tomorrow. New York 1945.

Elsner, Monika/Thomas Müller, Der angewachsene Fernseher. In: Materialität der Kommunikation. Hrsg. v. Hans U. Gumbrecht/K. Ludwig Pfeiffer. Frankfurt a. M. 1988, 392–415.

Engell, Lorenz, Vom Widerspruch zur Langeweile. Logische und temporale Begründungen des Fernsehens. Frankfurt a. M. 1989.

Eurich, Claus, Das verkabelte Leben. Wem schaden und wem nützen die Neuen Medien? Reinbek bei Hamburg 1980.

Faulstich, Werner, Medientheorien. Einführung und Überblick. Göttingen 1991.

Fiske, John, Television Culture. London/New York 1987.

Fiske, John/John Hartley, Reading Television. London/New York ³1989.

Flusser, Vilém, Ins Universum der technischen Bilder. Göttingen 1985.

Fröhlich, Werner D./Rolf Zitzlsperger/Bodo Franzmann (Hrsg.), Die verstellte Welt. Beiträge zur Medienökologie. Frankfurt a. M. 1988.

Fromm, Erich, Der moderne Mensch und seine Zukunft. Frankfurt a. M. 1967.

Gitlin, Todd (Hrsg.), Watching television. A pantheon guide to popular culture. New York 1986.

Groebel, Jo/Peter Winterhoff-Spurk (Hrsg.), Empirische Medienpsychologie. München 1989.

Grosser, Christiane, Kommunikationsform und Informationsvermittlung. Eine experimentelle Studie zu Behalten und Nutzung von Informationen in Abhängigkeit von ihrer formalen Präsentation. Wiesbaden 1988.

Haensel, Carl, Fernsehen – nah gesehen. Technische Fibel – Dramaturgie – organisatorischer Aufbau. Frankfurt a. M./Berlin 1952.

Hickethier, Knut/Irmela Schneider (Hrsg.), Fernsehtheorien. Dokumentation der GFF-Tagung 1990. Berlin 1992.

Holzer, Horst, Theorie des Fernsehens. Fernseh-Kommunikation in der Bundesrepublik Deutschland. Hamburg 1975.

Horkheimer, Max/Theodor W. Adorno, Dialektik der Aufklärung. Philosophische Fragmente. Frankfurt a. M. 1971.

Huter, Alois, Zur Ausbreitung von Vergnügen und Belehrung … Fernsehen als Kulturwirklichkeit. Zürich/Osnabrück 1988.

Kaase, Max/Winfried Schulz (Hrsg.), Massenkommunikation. Theorien, Methoden, Befunde. Opladen 1989.

Kaes, Anton (Hrsg.), Kino-Debatte. Texte zum Verhältnis von Literatur und Film, München. Tübingen 1978.

Kaplan, Ann E. (Hrsg.), Regarding television. Critical approaches – An anthology. Los Angeles 1983.

Katz, Elihu/Jay G. Blumler/Michael Gurevitch, Utilization of mass communication by the individual. In: The uses of mass communications: current perspectives on gratifications research. Hrsg. v. Jay G. Blumler/Elihu Katz. Beverly Hills 1974.

Kraus, Wolfgang, Neuer Kontinent Fernsehen. Kultur oder Chaos. Frankfurt a. M. 1989.

Kreimeier, Klaus, Lob des Fernsehens. München/Wien 1995.

Lazarsfeld, Paul F./Robert K. Merton, Mass communication. Popular taste and organized social action. In: The communication of ideas. Hrsg. v. Lyman Bryson. New York 1948.

Luhmann, Niklas, Die Realität der Massenmedien. Opladen ²1996.

McLuhan, Marshall, Die magischen Kanäle „Understanding Media". Düsseldorf/Wien 1968.

Müller, Thomas/Peter-Michael Spangenberg, Fern-Sehen – Radar – Krieg. In: HardWar/SoftWar. Krieg und Medien 1914 bis 1945. Hrsg. v. Martin Stingelin/Wolfgang Scherer. München 1991.

Negt, Oskar/Alexander Kluge, Öffentlichkeit und Erfahrung. Zur Organisationsanalyse von bürgerlicher und proletarischer Öffentlichkeit. Frankfurt a. M. 1972.

Newcomb, Horace M./Paul M. Hirsch, Fernsehen als kulturelles Forum. Neue Perspektiven für die Medienforschung. In: RuF 2, 1986, 177–190.

Postman, Neil, Wir amüsieren uns zu Tode. Urteilsbildung im Zeitalter der Unterhaltungsindustrie. Übers. v. Reinhard Kaiser. Frankfurt a. M. 1985.

Prokop, Dieter (Hrsg.), Medienforschung. 3 Bde. Frankfurt a. M. 1985/86.

–, Faszination und Langeweile. Die populären Medien. Stuttgart 1979.

Rings, Werner, Die 5. Wand: Das Fernsehen. Wien/Düsseldorf 1962.

Rowland, Williard D./Bruce Watkins (Hrsg.), Interpreting television: Current research perspectives. Beverly Hills/London/New Delhi 1984.

Ruf, Ambrosius, Bild und Wirklichkeit. Der Wahrheitscharakter des Fernsehbildes. In: RuF 2, 1961, 137–144.

Salje, Gunther, Film, Fernsehen, Psychoanalyse. Frankfurt a. M./New York 1980.

Schneider, Manfred, Kommunikationsideale und ihr Recycling. In: Flaschenpost und Postkarte. Korrespondenzen zwischen Kritischer Theorie und Poststrukturalismus. Hrsg. v. Sigrid Weigel. Köln/Weimar/Wien 1995, 195–221.

–, Was zerstreut die Zerstreuung? In: Fernsehshows. Theorie einer neuen Spielwut. Hrsg. v. Wolfgang Tietze/Manfred Schneider. München 1991.

Silbermann, Alphons, Handbuch zur empirischen Massenkommunikationsforschung. Eine kommentierte Bibliographie, 2 Bde. Frankfurt a. M./Bern/New York 1986.

Simmering, Klaus, HDTV – High Definition Television. Technische, ökonomische und programmliche Aspekte einer neuen Fernsehtechnik. Bochum 1989.

Spangenberg, Peter M., TV, Hören und Sehen. In: Materialität der Kommunikation. Hrsg. v. Hans Ulrich Gumbrecht/K. Ludwig Pfeiffer, Frankfurt a. M. 1988, 776–798.

Virilio, Paul, Die Sehmaschine. Übers. v. Gabriele Rich/Ronald Vouillé. Berlin 1989.

–, Krieg und Kino. Logistik der Wahrnehmung. Übers. v. Frieda Graefe/Enno Patalas. München 1986.

Williams, Raymond, Television. Technology and cultural form. Hrsg. v. Ederyn Williams. London ²1990.

Winn, Marie, Die Droge im Wohnzimmer. Reinbek 1979.

Zielinski, Siegfried, Audiovisionen. Kino und Fernsehen als Zwischenspiele in der Geschichte. Reinbek bei Hamburg 1989.

Manfred Schneider, Essen (Deutschland)

16. Theorien der Medienverflechtung

1. Vorwort
2. Formen und Ebenen der Medienverflechtung
3. Ursachen der Medienverflechtung
4. Ökonomische Folgen der Medienverflechtung
5. Medienverflechtung und publizistische Vielfalt
6. Fazit
7. Literatur

1. Vorwort

Medien sind Wirtschaftsgüter und produzieren Wirtschaftsgüter. Sie unterliegen damit den allgemeinen ökonomischen Gesetzmäßigkeiten und Handlungsmaximen. Entsprechend haben Medienverflechtungen die allgemeinen, für alle Güter relevanten ökonomischen Formen, Ursachen und Folgen von Verflechtungen, im Sprachgebrauch der Ökonomie auch Konzentration genannt. Diese allgemein geltenden ökonomischen Zusammenhänge werden in Abschnitt 2./3./4. dargestellt. Medien und die Medienproduktion sind aber auch konstituierende Elemente des Systems Publizistik und unterliegen auch den Normen und Handlungsmaximen der Publizistik. Daher wird in 5. die mögliche Kollision der Medienverflechtung mit der publizistischen Vielfalt als zentraler Norm der Publizistik analysiert.

2. Formen und Ebenen der Medienverflechtung

Medienunternehmen können wie alle anderen Unternehmen der Wirtschaft auf vielfältige Weise miteinander verflochten sein. Die möglichen Verflechtungen liegen im Spektrum zwischen den Transaktionsformen Markt und unternehmensinterner Integration (Zentes 1992, 18). Dabei beschreibt die Dichotomie Markt versus Unternehmung nur die Pole möglicher Strukturen von Unternehmensverflechtungen, dazwischen liegt ein Spektrum mehr oder weniger enger Unternehmensbeziehungen. Von zentraler wettbewerbspolitischer Bedeutung ist, daß durch Unternehmensverflechtungen das Marktverhalten ex ante koordiniert wird. Eine solche Koordination reduziert im Prinzip den Entscheidungs- und Handlungsspielraum aller Beteiligten, reduziert also die Freiheit des Wettbewerbs. Nach dem Grad der Verbindlichkeit der ex-ante-Koordination unterscheidet man die Fusion, den Konzern, die Gemeinschaftsunternehmung (Joint Venture) und ein kooperatives Marktverhalten selbständig bleibender Unternehmen. Die Grenzen sind fließend.

Bei einer Fusion vereinigen sich die Medienunternehmen zu einer neuen rechtlichen Einheit. Diese Verflechtung ist in der Praxis ganz seltene Ausnahme. Medienkonzerne entstehen, wenn mehrere rechtlich selbständige und selbständig bleibende Unternehmen sich zu einer wirtschaftlichen Einheit unter einheitlicher Leitung zusammenschließen. Dabei ist die Einheitlichkeit der Leitung das entscheidende Merkmal. In der Praxis wird diese einheitliche Leitung in der Regel begründet durch einen Beherrschungsvertrag, einen Gewinnabführungsvertrag und eine Mehrheitsbeteiligung. Allerdings sind auch andere, bisweilen nicht leicht erkennbare und nicht leicht einzuordnende Konzernverbindungen möglich. Ein Beispiel sind die familiären Verbindungen von Vater Leo und Sohn Thomas Kirch, die allein für sich genommen gesellschaftsrechtlich allerdings noch keinen Konzern begründen. Eine Medien-Gemeinschaftsunternehmung entsteht, wenn mehrere Unternehmen ein Medienunternehmen gründen bzw. sich gleichzeitig oder nacheinander an einem Medienunternehmen beteiligen. Diese Art der Zusammenarbeit spielt gerade im Mediensektor eine große Rolle, zum Teil weil Vorschriften der Konzentrationskontrolle anderes nicht zulassen, zum Teil weil das Risiko neuer unternehmerischer Aufgaben eine Kooperation nahelegt. So sind praktisch alle privaten Hörfunk- und Fernsehveranstalter in der Bundesrepublik Gemeinschaftsunternehmen. Ein kooperatives Marktverhalten selbständig bleibender Unternehmen kann außerordentlich viele Formen annehmen. Nach dem Grad der eingegangenen Bindung reicht das Spektrum der Verhaltenskoordination von Absprachen, verschiedenen Formen vertraglicher Vereinbarungen (Kartelle) bis hin zu 'Gentlemen Agreements', und die Verhaltenskoordination kann sich auf ganz unterschiedliche Wettbewerbsparameter beziehen (vgl. Herdzina 1991, 141 f.).

Neuerdings werden viele Unternehmensverbindungen 'strategisch' genannt. Als strategische Allianz bezeichnet man förmliche, langfristige Verbindungen von rechtlich und wirtschaftlich selbständig bleibenden Unternehmen, die bestimmte Aspekte der Geschäftstätigkeit aneinander binden, z. B. Lizenzverträge, Lieferverträge, Vertriebsverträge oder Vereinbarungen zu gemeinsamen Forschungs- und Entwicklungsaktivitäten. Eine strategische Gruppe ist die Gruppe der Unternehmen in einer Branche, die dieselbe oder eine ähnliche Strategie entsprechend den strategischen Dimensionen (Lieferanten, Abnehmer, Wettbewerb) verfolgt. Und als strategische Familie werden mehrere Unternehmen bezeichnet, deren Erfolg am Markt entscheidend voneinander abhängt und deren Strategien komplementär sind, z. B. Abnehmer und Lieferanten oder Unternehmung und Hausbank (vgl. Albach 1992, 664 f.). In diesem Sinn kann man den Kirch- und den Springerkonzern auf der einen Seite und den Bertelsmannkonzern und die CLT auf der anderen Seite als strategische Gruppe bezeichnen.

Bei den Verflechtungsebenen differenziert man nach der Art der betroffenen Märkte. Bei der horizontalen Verflechtung sind die beteiligten Medienunternehmen auf dem gleichen relevanten Markt tätig, z. B. der Zusammenschluß der Westdeutschen Allgemeinen Zeitung (WAZ) und der Neuen Ruhr/Rhein Zeitung (NRZ). Bei der vertikalen Verflechtung sind Unternehmen beteiligt, die auf vor- und/oder nachgelagerten Produktionsstufen tätig sind und in einer Abnehmer-Lieferanten-Beziehung stehen, z. B. die Beteiligung des Filmhändlers Leo Kirch an SAT 1 und an Filmproduktionsfirmen sowie Kinos. Bei der diagonalen Verflechtung sind Unternehmen beteiligt, die auf unterschiedlichen relevanten Märkten tätig sind und nicht in einer Abnehmer-Lieferanten-Beziehung stehen, z. B. die Beteiligungen des ursprünglichen Verlagskonzerns Springer an Rundfunkunternehmen. Für den Mediensektor ist eine enge diagonale Verflechtung in Form des Multi-Media-Konzerns typisch. Das ist ein Konzern, dessen Aktivitäten sich schwerpunktmäßig auf mehrere Mediengattungen erstrecken.

3. Ursachen der Medienverflechtung

Die Ursachen von Medienverflechtungen sind von den Folgen nicht leicht zu trennen, weil die erwarteten Folgen von Medienverflechtungen oft zugleich ihre Ursachen sind. Man kann indes pauschal die erhofften einzelwirtschaftlichen Vorteile von Medienverflechtungen als Ursachen und die eher gesamtgesellschaftlichen Wirkungen als Folgen bezeichnen. Die einzelwirtschaftlichen Vorteile sind generell Machtvorteile und/oder Effizienzvorteile. Machtvorteile kann ein Medienunternehmen realisieren, wenn es in die Lage versetzt wird, andere Marktteilnehmer zu behindern oder auszubeuten. Eine solche Reduktion des Handlungsspielraums anderer ist sehr häufig eine Wettbewerbsbeschränkung, gerade im Mediensektor aber ausgeprägt häufig auch eine Beeinflussung der Politik. Medien produzieren nicht nur Waren, sondern auch 'Waffen' für politische und gesellschaftliche Auseinandersetzungen. Effizienzvorteile sind Kosten- bzw. Leistungsvorteile der Verflechtung. Im folgenden werden vor allem die Effizienzvorteile von Verflechtungen beschrieben, Machtvorteile lassen sich nicht generell analysieren.

3.1. Größenvorteile (economies of scale) von Medienverflechtungen

Größenvorteile liegen vor, wenn mit wachsender Betriebsgröße die Produktionskosten langsamer wachsen als die Ausbringungsmenge, wenn also die Stückkosten der Produktion mit steigender Betriebsgröße sinken. Die Ursachen hierfür sind vielfältig (vgl. Monopolkommission 1986; TZ 594 ff.). Für Medienunternehmen sind solche Größenvorteile nicht sehr relevant, sehr viel bedeutsamer ist die Fixkostendegression und der Verbund von Rezipienten- und Werbemarkt.

3.2. Fixkostendegression der Medienproduktion

Der immaterielle Gehalt der Medienproduktion, der Gehalt an Informationen kann von beliebig vielen Rezipienten gleichzeitig und/oder nacheinander konsumiert werden, ohne sich zu verbrauchen. Dies bezeichnet man als Nicht-Rivalität des Konsums von Information. Die Information wird in Form eines Prototypen nur einmal produziert und nachfolgend, je nach der Zahl der Rezipienten vervielfältigt und verteilt. Man spricht auch von der „Blau-Pausen-Industrie". Bei Printmedien verbraucht die Vervielfältigung des Prototypen Ressourcen der Distribution, z. B. Papier und Zustellkosten, während im Rundfunkbereich die Ausstrahlung, von geringen Stromkosten abgesehen, praktisch kostenlos ist. Der immaterielle Gehalt der Medienproduktion verbraucht sich aber in keinem Fall. Die Produktionskosten der Information sind unabhängig von der Zahl der Rezipienten, sie sind mithin fix in bezug auf die Zahl der Vervielfältigungen bzw. fix in bezug auf die Einschaltquote. Dieser Sachverhalt begründet eine kontinuierliche Fixkostendegression bis zur Sättigungsmenge. Die fixen Kosten der Produktion der Information werden anteilsmäßig auf die Vervielfältigungen verteilt, und daher sinken die Stückkosten, die Kosten der Information pro Rezipient mit steigender Zahl der Rezipienten. Wenn die Stückkosten aber mit steigender Ausbringung stetig sinken, dann wird das Produkt am billigsten von einem Monopolisten angeboten.

Langfristig wird auch nur ein Monopolist überleben. Die Effizienz der Produktion ist in einem solchen Fall also keine Frage der technischen Betriebsgröße, sondern abhängig von der Marktstellung: Am billigsten produziert der Monopolist. Dies ist mithin ein starkes Motiv für horizontale Zusammenschlüsse bzw. Kooperationen von Medienunternehmen.

Der beschriebene Sachverhalt gilt für den Verbrauch aller geistigen Inputs in jedem Produktionszweig, z. B. für den Input von Forschungs- und Entwicklungsaktivitäten in der Automobil- oder Chemieindustrie und führt auch dort zu einer Fixkostendegression. Für den Mediensektor ist dieser Befund aber quantitativ wesentlich bedeutender, weil der Anteil der 'Forschungs- und Entwicklungsausgaben' am Gesamtprodukt sehr viel höher ist als in der Industrie; der Wert der Medienprodukte wird im wesentlichen durch ihren informativen Gehalt bestimmt.

3.3. Verbund von Rezipienten- und Werbemarkt

Die zweite zentrale Besonderheit der Medienproduktion ist der Verbund von Rezipienten- und Werbemarkt. Massenmedien produzieren in aller Regel für zwei Märkte, Information, Bildung und Unterhaltung für das Publikum und eine Verbreitungswahrscheinlichkeit von Werbebotschaften für die werbetreibende Wirtschaft. Dabei hängt der Marktwert der Werbung von der Nachfrage des Publikums ab. Eine solche Verknüpfung ergibt sich auch umgekehrt dann, wenn die Werbung selbst, wie z. B. bei der informativen Werbung in Zeitungen, vom Rezipienten nachgefragt wird. Mithin steigt der Ertrag der Medienproduktion mit steigender Nachfrage in einzigartiger Weise kumulativ verknüpft (Greiffenberg/Zohlnhöfer 1984, 591). Ähnliche Verknüpfungen sind sonst allenfalls bei Kommunikationsnetzen, z. B. im Telefonnetz zu beobachten. Auch hier steigt der Nutzen mit der Zahl der Nachfrager. Dieser Verbund von Rezipienten- und Werbemarkt begründet Medienverflechtungen, weil einzelne kleine Medienunternehmen in Konkurrenz zu größeren Marktteilnehmern langfristig nicht überleben können.

Die Vorteilhaftigkeit horizontaler Verflechtungen betrifft auch die lockeren Formen kooperativer Verbindungen und Kooperationen in Teilbereichen gleicher Produktionsstufen, die im Mediensektor entsprechend vielfältig zu beobachten sind. Der Zusammenschluß der standortgebundenen lokalen Tageszeitungen im Rahmen der 'Standortpresse GmbH' bietet eine lockere Zusammenarbeit in den Bereichen Marktforschung, Werbung und Weiterbildung und ähnliche Kooperationen bietet die 'Regionalpresse', ein Zusammenschluß der überwiegend größeren regionalen Abonnementzeitungen; üblich ist auch eine Zusammenarbeit von Medienunternehmen im Bereich der Journalistenaus- und Weiterbildung (z. B. Deutsches Institut für publizistische Bildungsarbeit, Hagen – Haus Busch und die Deutsche Journalistenschule, München – DJS). Weit verbreitet sind gemeinsam betriebene Unternehmensaktivitäten im Bereich der Werbung, der Produktion und des Vertriebs, z. B. Anzeigengemeinschaften, Redaktionsgemeinschaften, Druckgemeinschaften oder Vertriebsgemeinschaften, und ganz typisch ist die Verwertung des jeweils gleichen Agenturmaterials durch Zeitungsverlage und Rundfunkanstalten.

3.4. Ersparnis von Transaktionskosten

Markttransaktionen verursachen Transaktionskosten, „costs of using the price mechanism" (Coase 1937, 390). Dies sind vor allem Suchkosten, Informationskosten, Kontraktkosten, Kontrollkosten und Anpassungskosten. Durch eine Eingliederung vor- oder nachgelagerter Produktions- bzw. Handelsstufen in die Unternehmung, also durch eine vertikale Integration können Transaktionskosten gespart werden. Ein Fernsehveranstalter, der seine Beiträge selbst produziert (Eigenproduktion), spart die aufgeführten Transaktionskosten; allerdings ist in der Regel die Eigenproduktion teurer und zusätzlich entstehen unternehmensinterne Organisationskosten. Erst ein Vergleich aller Kosten entscheidet über die relative Vorteilhaftigkeit der Eigenproduktion im Verhältnis zum Marktbezug (Wiggins 1991).

Im Mediensektor sind die Kosten von Markttransaktionen relativ ausgeprägt, weil die Medienproduktion durch eine relativ große Unsicherheit gekennzeichnet ist. Die Definition, Messung und Kontrolle der Qualität der Produktion ist ungemein schwierig, außer der Festlegung von Produktionsmenge und Lieferzeit sind einfach zu handhabende Maßstäbe nicht verfügbar. Die Definition, Messung und Kontrolle der notwendigen Inputs in die journalistische Produktion ist ungemein schwierig. Die Wahrscheinlichkeit von Umweltveränderungen, die dann eine Veränderung der Produktgestaltung erfordern, ist sehr groß. Jederzeit können unvorhergesehene Ereignisse, über die berichtet werden muß, die Produktionsplanung ändern. Und schließlich ist der Schutz des geistigen Eigentums nicht sicher zu gewährleisten. Bei diesem Ausmaß an Unsicherheiten sind vor allem die Informationskosten, die Kontrollkosten und die Anpassungskosten relativ hoch und es bestehen Anreize, die Transaktionen in die schützenden Beherrschungs- und Überwachungsstrukturen einer Medienunternehmung einzubetten. Gerade bei großer Komplexität der Produktion besteht andernfalls der individuelle Anreiz und die individuelle Möglichkeit, die Produktionskosten zu senken, indem an der Qualität gespart wird. Die Integration innerhalb der Teamproduktion einer Unternehmung kann die Interessendivergenz verringern, weil die Interessen der Journalisten und der Medieneigentümer jetzt zusammengefaßt sind. Vor allem kann die interne Unternehmensorganisation Konflikte im Regelfall effizienter lösen als Gerichte, weil die relevanten Informationen billiger erhältlich sind und fachkundiger bewertet werden können, als durch fachfremde Richter. Insgesamt kann die Qualität der Medienproduktion unternehmensintern wesentlich effizienter kontrolliert werden als im Marktbezug.

Im Mediensektor können idealtypisch folgende Produktions- bzw. Handelsstufen vertikal von unten nach oben unterschieden werden:

(1) Erstellung von Produktionsanlagen (Hardware), also z. B. Druckereien, Studioeinrichtungen, Ü-Wagen usw.
(2) Produktion von Medieninhalten, also z. B. Filme, Bilder, Reportagen, Artikel usw.
(3) Zusammenstellung des Sortiments von Medieninhalten in Massenmedien, also Produktion der Zeitung, der Zeitschrift oder des Rundfunkprogramms.
(4) Vertrieb der Massenmedien.
(5) Verbreitung von Medieninhalten durch nichtmassenmediale Vertriebswege, z. B. durch Kinos, Videomärkte und Archive.
(6) Verkauf von Werbung durch Media-Agenturen und
(7) Betreiben reiner Vertriebskanäle (Kabelnetz, Satellitennetz oder Presse-Grosso).

Die Vorteilhaftigkeit vertikaler Integration ist besonders ausgeprägt in der Sicherung eines qualitativ und quantitativ befriedigenden

Inputs von Medieninhalten in die Massenmedien, begründet also die Integration von Stufe 2 und 3. So verfügen alle Massenmedien über eigene Redaktionen und sind darüber hinaus typischerweise an solchen Unternehmen beteiligt, die Medieninhalte produzieren. So sind z. B. der Bertelsmann-Konzern an der Ufa oder der Springer-Konzern an der ISPRA beteiligt, und Zeitungsverlage sind die Eigentümer der Deutschen Presse-Agentur (dpa), um nur einige Beispiele zu nennen. Daneben bestehen umgekehrt starke Motive, den Verkauf der Medieninhalte durch Beteiligung an nachgelagerten Verwertungsstufen zu sichern, z. B. die Beteiligung des ursprünglichen Filme-Händlers Kirch am Fernsehsender SAT 1, PRO 7, Kabelkanal und DSF sowie an Kinos und an Werbeagenturen. Diese Motive, einen Verkauf der Inhalte zu sichern, sind im Medienbereich besonders ausgeprägt, weil aufgrund der Nicht-Rivalität im Konsum eine Mehrfachverwertung der Medieninhalte auf unterschiedlichen Märkten möglich ist. So kann der gleiche Spielfilm nacheinander an Erstaufführungskinos, an Videomärkte, an Pay-TV-Kanäle und schließlich an werbefinanzierte Fernsehveranstalter verkauft werden und diese Mehrfachverwertung wird üblicherweise zusätzlich regional differenziert (Locksley 1988, 154 ff.). Der Zugang zur Mehrfachverwertung ist dann erleichtert, wenn eine Beteiligung an den Firmen der Verwertungsstufen besteht. Weitere Integrationen sind zu beobachten, z. B. der Erwerb von ABC durch Walt Disney oder die Integration der Telefon- und Kabelnetzbetreiber in den Bereich der Inhaltsproduktion, sie stellen indes keine medienspezifischen Besonderheiten dar.

3.5. Verbundvorteile (economies of scope)

Verbundvorteile liegen vor, wenn die Herstellung mehrerer Produkte durch das gleiche Unternehmen zu niedrigeren Gesamtkosten führt, als wenn die einzelnen Produkte von jeweils unterschiedlichen Unternehmen produziert werden. Verbundvorteile entstehen, wenn für zusätzliche wirtschaftliche Aktivitäten derselbe Input eingesetzt werden kann, weil dieser in der ersten Aktivität nicht vollständig verbraucht wird, z. B. bei Unteilbarkeit oder bei Nicht-Rivalität im Verbrauch eines öffentlichen Gutes. Solche Vorteile werden im Verbund ähnlicher Produktionen, also in Formen horizontaler und diagonaler Verflechtung realisiert. Dabei geht der Trend eindeutig dazu, die diagonale Verflechtung auf die Eingliederung jeweils ähnlicher Produktionen zu beschränken, sich also auf die Kernaktivitäten einer Unternehmung zu besinnen (Tichy 1991, 395), die enge Diversifizierung überwiegt (Kaufer 1980, 121 ff.). Entsprechend ist auch für den Mediensektor die enge Diversifizierung in Form des Medienverbunds oder des Multimediakonzerns typisch. Dies ist eine Unternehmung als wirtschaftliche Einheit, deren Aktivitäten sich schwerpunktmäßig auf mehrere Mediengattungen erstrecken. Die 20 größten europäischen Medienkonzerne sind überwiegend Multimediakonzerne und sind in der Regel an mindestens drei der vier klassischen Massenmedien und an Filmproduktionsfirmen beteiligt (Heinrich 1994, 138 f.). Der Multimediakonzern läßt sich mit den üblichen Diversifizierungs- und Kontrollvorteilen einer Integration begründen, mit einer Umschichtung der Ressourcen aus langsam wachsenden Industrien in schneller wachsende Industrien und mit der Suche nach überlegenen Möglichkeiten in Industrien mit neuerem technischem Wissen (Kaufer 1980, 129). Dies erklärt die typische Ausbreitung von ursprünglich Printmedienunternehmen in den Bereich elektronischer Medien. Mit Ausnahme des Kirch-Konzerns sind alle großen deutschen Medienkonzerne ursprünglich Printmedienunternehmen gewesen. Der umgekehrte Fall einer Expansion von elektronischen Medienunternehmen in den Printbereich ist viel seltener und zudem meist auf die besondere Konstellation der Zeitungsmärkte in Ostdeutschland und Osteuropa zurückzuführen, die diese Märkte vorübergehend als Wachstumsmärkte interessant gemacht hat.

Daneben gibt es einige Verbundvorteile, die speziell die Existenz von Multimediakonzernen begründen. Dies ist die mögliche multimediale Mehrfachnutzung der gleichen Inputs wie Recherche, Lieferungen von Nachrichtenagenturen und Korrespondenten, Archive und Dokumentationen; dies ist die mögliche multimediale Mehrfachnutzung des gleichen Personals im Bereich der technischen Produktion, des Managements und der Verwaltung; dies sind Verbundvorteile einer gemeinsamen Werbung, insbesondere die gegenseitige Schaffung von Aufmerksamkeit durch redaktionelle Hinweise auf das Rundfunkprogramm eines verbundenen Senders (cross-promotion) und dies sind Verbundvorteile einer Integration von Medienunternehmung und Mediaagentur, weil damit das Programm optimal auf das gewünschte Werbeumfeld zugeschnitten werden kann und umgekehrt die Werbezeiten optimal vermarktet werden können (Kübler 1982, 92 ff.).

Insgesamt gesehen existiert gerade im Medienbereich eine große Zahl gewichtiger Gründe für Verflechtungen. Die Wahl zwischen den verschiedenen Formen von Verflechtungen wird von den respektiven Vor- und Nachteilen bestimmt. Auch die lockeren Zusammenschlußformen realisieren die genannten Effizienzvorteile, versuchen aber, die möglichen Nachteile dauerhafter Formen der Verflechtung zu vermeiden. Diese Nachteile sind einmal die mögliche Kollision mit Vorschriften zur Konzentrationskontrolle und unerwünschter öffentlicher Aufmerksamkeit und zum anderen die Schwierigkeiten, einen Unternehmenszusammenschluß rückgängig machen zu können, wenn er nicht die gewünschten Vorteile bringt (Voigt 1993, 246).

4. Ökonomische Folgen der Medienverflechtung

4.1. Wettbewerbsnachteile versus Effizienzvorteile

Medienverflechtungen haben Auswirkungen auf die wettbewerbliche Konstellation der Marktteilnehmer und auf die Effizienz der Medienunternehmen. Leider lassen sich die Auswirkungen weder allgemein noch präzise beschreiben. Die Wettbewerbsbedingungen können sich vor allem bei horizontalen Verflechtungen verbessern, wenn z. B. auf einem Markt, auf dem bisher ein großer und 15 kleine Anbieter vorhanden waren, diese 15 sich zu drei großen Anbietern zusammenschließen, die dann als gleichstarke Wettbewerber auftreten (Aufholfusion) oder wenn ein vom Konkurs bedrohter Wettbewerber durch den Anschluß an einen Konkurrenten saniert wird (Sanierungsfusion). Bei einer Sanierungsfusion ist allerdings darauf zu achten, daß die vom Konkurs bedrohte Unternehmung nicht vom Marktführer übernommen wird, sondern von einem kleinen Mitbewerber, so daß die Sanierungsfusion zugleich eine Aufholfusion ist. Auch bei vertikalen und diagonalen Verflechtungen kann ein damit verbundener Ressourcenzustrom die Wettbewerbschancen kleinerer Medienunternehmen erhöhen, was z. B. beim Erwerb der Berliner Zeitung durch den vormaligen Zeitschriftenkonzern Gruner + Jahr erwartet worden war.

Im allgemeinen wird aber von einer Zunahme von Medienverflechtungen eine Verschlechterung des Wettbewerbs erwartet. Die Preiskonkurrenz erlahmt, der Druck auf Produkt- und Prozeßinnovationen wird kleiner, die Flexibilität der Anpassung an veränderte Marktbedingungen nimmt ab und der Marktzutritt wird erschwert. Im einzelnen gibt es kleinere Unterschiede zwischen den Verflechtungsebenen.

Horizontale Verflechtungen begründen dominierende Marktpositionen und erleichtern damit die kollektive Marktkontrolle z. B. durch Preisführerschaft. Bei vertikaler Verflechtung resultiert in der Regel ganz allgemein eine Vergrößerung des durch den Wettbewerb nicht kontrollierten Verhaltensspielraums, weil Marktmacht auf vor- bzw. nachgelagerte Produktions- und Handelsstufen übertragen wird. So wird bei der Übernahme von Vertriebsorganisationen der Konkurrenz der Zugang zur Nachfrage erschwert, z. B. wenn Zeitungsverleger den Pressegroßhandel übernehmen oder Filmproduzenten und Filmhändler Fernsehveranstalter aufkaufen. Umgekehrt wird bei der Übernahme von Produktionskapazitäten der Konkurrenz der Zugang zum Angebot erschwert, z. B. wenn Fernsehveranstalter Filmproduktionsfirmen übernehmen. Die Folge ist die Möglichkeit, Einstufenunternehmen zu behindern, insbesondere wenn diese zugleich Zulieferer bzw. Abnehmer und Konkurrenten sind. Bei diagonaler Verflechtung wird generell die Möglichkeit eröffnet, das reine Ausleseprinzip des Wettbewerbs durch Mischkalkulation (cross-subsidising) zu verbessern; indem Kosten bzw. Risiken auf die jeweils ertragsstärksten Firmen des Konzerns überwälzt werden, können kleinere Wettbewerber behindert werden oder andere Unternehmen können durch Kopplungsgeschäfte, z. B. eine Anzeigengemeinschaft benachteiligt werden.

Wenn der Wettbewerb durch Verflechtungen verschlechtert wird, resultiert ein Dilemma zwischen dem Ziel eines freien Wettbewerbs und dem Ziel ökonomischer Effizienz, weil und insoweit die Verflechtung Folge der Effizienz der Größe ist (Dilemma I). In vielen Fällen sind die Effizienzvorteile der Größe indes nicht so erheblich, daß sie die Verflechtung überzeugend begründen können. Nur im Fall erheblicher Größenvorteile ist das Dilemma I wirklich relevant. Aber unglücklicherweise sind die Größenvorteile in Form der Fixkostendegression gerade im Mediensektor erheblich. Hier wäre die wirtschaftspolitische Entscheidung zu fällen, ob bei hohem Konzentrationsgrad dem Effizienzziel Priorität einzuräumen ist, oder ob eine Antikonzentrationspolitik durchgeführt werden soll, um die wettbewerblich-dezentralen Entscheidungsstrukturen wieder herzustellen (Herdzina 1991, 48).

In der Regel ist ein Verzicht auf die Realisierung von Größenvorteilen politisch nicht gewollt oder politisch nicht durchsetzbar und dies dürfte auch im Medienbereich so sein. Wenn die Verflechtung wirtschaftspolitisch akzeptiert wird, dann ist aber sicherzustellen, daß die Kostenvorteile tatsächlich realisiert und an die Verbraucher weitergegeben werden, weil der Wettbewerb diese Aufgabe ja nicht übernehmen kann (Dilemma II). Dies wird in der Regel durch eine Mißbrauchsaufsicht oder eine staatliche Regulierung zu erreichen versucht, allerdings meist ohne Erfolg. Daher ist eine konsequente wirtschaftspolitische Verflechtungskontrolle wichtig, der Mediensektor sollte kein wettbewerbspolitischer Ausnahmebereich sein. Dies ist hier insbesondere auch mit der Notwendigkeit begründet, die Vielfalt des Medienangebots zu sichern. Auf jeden Fall müssen Verflechtungskontrollen sich immer mit dem Argument auseinandersetzen, sie behinderten eine effiziente Unternehmensführung und sie behinderten die internationale Wettbewerbsfähigkeit der Medienkonzerne.

4.2. Medienspezifische Wettbewerbsinsuffizienzen

Die Besonderheiten der Medienproduktion, insbesondere die Fixkostendegression und der Verbund von Werbe- und Rezipientenmarkt begründen spezielle wettbewerbliche Insuffizienzen. Die Fixkostendegression begründet Monopole, weil der Monopolist am billigsten produziert. Dies ist keine Frage der technischen Betriebsgröße, sondern eine Frage der Marktposition. Es kann eine Fülle von kleinbetrieblichen Medienunternehmen in Monopolstellung geben, wie es z. B. für den Zeitungssektor und auch im lokalen Hörfunk zu beobachten ist.

Der Verbund von Werbe- und Rezipientenmarkt, also vor allem die Spirale 'steigende Reichweite/Erhöhung der Werbepreise/Zunahme des Gewinns' begründet ein relativ aggressives Marketing, ein Marketing, das immer darauf ausgerichtet sein muß, zusätzliche Rezipienten zu gewinnen, ohne die alten zu verlieren. Dies liegt daran, daß der zusätzliche Gewinn bei einer Zunahme der Nachfrage bzw. der zusätzliche Verlust bei einer Abnahme der Nachfrage im Mediensektor besonders ausgeprägt ist. Einerseits verursacht die Belieferung zusätzlicher Nachfrager keine zusätzlichen Kosten wie im Rundfunk bzw. nur geringe zusätzliche Kosten wie im Printsektor und andererseits erbringt die zusätzliche Nachfrage Einnahmen aus zwei Märkten. Und bei einem Nachfragerückgang werden Produktionskosten nicht oder nur geringfügig eingespart, während Einnahmen auf zwei Märkten sinken. Im Bereich der übrigen industriellen Produktion ist dies entscheidend anders. Ein Automobilunternehmen, das neue Märkte erschließen wollte, müßte auch zusätzliche Automobile produzieren und würde nur mit dem Verkauf der Autos auf dem Automarkt Geld verdienen, nicht auch noch mit einem Verkauf der Autos auf einem zweiten Markt, und bei einem Nachfragerückgang könnten erhebliche Produktionskosten eingespart werden.

Indizien für die Aggressivität des Marketing im Medienbereich sind leicht zu finden. So ist der Mediensektor außerordentlich werbeintensiv, er steht mit Bruttowerbeinvestitionen von 2,532 Milliarden DM nach dem Sektor Automobile an zweiter Stelle in der Rangfolge des Werbeeinsatzes (ZAW Jahrbuch Werbung in Deutschland 1998, 12). Auch sind Prämien für die Vermittlung neuer Kunden oder Drückerkolonnen für die Abonnentenwerbung Marketinginstrumente, die sonst in der Wirtschaft nicht üblich sind. Und attraktive Gratissendungen eines Pay-TV-Kanals sind klassische Lockvogelangebote.

Die Fixkostendegression und der Marktverbund begründen schließlich erhebliche Marktzutrittsschranken (Heinrich 1984). Aufgrund der ausgeprägten Fixkostendegression sinken die Stückkosten der Medienproduktion bis zur Sättigungsmenge. Daher existieren erhebliche Betriebsgrößenvorteile für den etablierten Anbieter, weil der Newcomer zunächst immer mit höheren Kosten produziert als der etablierte Anbieter. Ein Marktzutritt wird nur dann erfolgreich sein, wenn es gelingt, den vorhandenen Anbieter auf eine nachrangige Marktposition zu verdrängen. Die kumulativ steigenden Erträge aufgrund des Marktverbunds bedeuten, daß ein Marktzutritt langfristig nur dann erfolgreich sein kann, wenn die Phase der Expansion dauerhaft gesichert ist, jedenfalls muß vermieden werden, daß der Newcomer in die Spirale sinkender Nachfrage und sinkender Erträge gelangt. Schließlich existieren erhebliche Produktdifferenzierungsvorteile etablierter Anbieter gegenüber potentiellen Wettbewerbern, weil die Konsumenten generell größere Präferenzen für etablierte Produkte haben als für neue und unbekannte Substitute. Dies wird im Mediensektor deswegen verstärkt, weil die Qualitätstransparenz gering ist und zumindest im Printbereich eine ausgeprägte Nachfrageträgheit begründet. Ein Newcomer könnte diese Nachfrageträgheit nur mit erheblichen Aufwendungen durchbrechen.

Insgesamt sind die Strukturbedingungen der Medienproduktion für den ökonomischen Wettbewerb mithin sehr ungünstig, und der ökonomische Wettbewerb kann seine Funktion, die allokative und produktive Effizienz der Medienproduktion zu sichern, mithin nur sehr begrenzt erfüllen. Dabei ist zu beachten, daß damit noch nichts über den Zusammenhang von Medienverflechtung und Vielfalt ausgesagt ist, weil Vielfalt kein Ziel des ökonomischen Wettbewerbs ist.

Die Bedrohlichkeit dieses Befundes hängt letztlich von der Zahl und der Größe der Medienmärkte ab. So bestimmt die Zahl der Medienmärkte, wieviele Monopole und wieviele Marktzutrittsmöglichkeiten es geben kann. Viele kleine Monopole auf vielen kleinen benachbarten Märkten sind weniger beunruhigend als wenige große Medienmonopole auf wenigen großen Medienmärkten. Daher ist zu untersuchen, welche Faktoren die Größe und Zahl von Medienmärkten bestimmen. Allgemein formuliert hängt die Größe eines Marktes — üblicherweise mit dem Indikator Umsatz pro Periode erfaßt — von der Nachfrage und von den Distanzüberwindungskosten ab. Die Nachfrage ist konzeptionell schwer zu fassen. Die Medienproduktion ist kein einfach zu definierendes homogenes Produkt wie z. B. Koks oder Sojabohnen, sondern besteht aus einem komplexen Bündel unterschiedlichster Produkte, die auf zahlreichen Märkten miteinander konkurrieren. Diese Nachfrage und nachfolgend die entsprechenden Märkte können nach folgenden Kriterien unterschieden werden: nach der Güterkategorie (Information, Bildung, Unterhaltung, Werbung), nach der regionalen Reichweite, also nach Kommunikationsräumen, nach Ressorts und Teilressorts, nach der Aktualität und Periodizität und nach der Art der Medien. Prima facie kann man für den Mediensektor also eine Vielzahl kleinerer Märkte vermuten. Dies wird durch die Praxis der Rechtsprechung, relativ stark segmentierte, kleine relevante Medienmärkte abzugrenzen, bestätigt (Spieler 1991, 44 ff.). So ist z. B. ein europäischer Medienmarkt, etwa entsprechend einem europäischen Automobilmarkt, auch in Ansätzen nicht in Sicht.

Distanzüberwindungskosten begrenzen die Ausdehnung von Märkten, weil und insoweit die Produkte in zunehmend entfernte Orte transportiert werden müssen. Sie beschränken mithin die Vorteilhaftigkeit großbetrieblicher Produktion und die Degression der fixen Produktionskosten. So begrenzen Distanzüberwindungskosten z. B. sehr wirksam die Größe des Marktes für Zement oder Bauholz. Im Mediensektor sind die Distanzüberwindungskosten — gemessen als Anteil der Kosten am Umsatz — indes sehr klein; nur bei Printmedien fallen sie überhaupt ins Gewicht. Und die Distanzüberwindungskosten steigen generell mit zunehmender Entfernung nur sehr wenig an; bei Übertragung durch Glasfaser und Satellit spielt die Entfernung als Determinante der Distanzüberwindungskosten praktisch keine Rolle mehr.

Mithin ist der Medienbereich durch zwei gegenläufige Marktkräfte gekennzeichnet. Die segmentierte und bislang überwiegend national, regional oder lokal gebundene Nachfrage begründet kleine und örtlich gebundene Märkte, während die geringen Distanzüberwindungskosten eindeutig für eine Globalisierung der Medienmärkte sprechen. Die letztlich wirksame Marktsegmentierung wird vermutlich durch die Nachfrage determiniert, und eine Marktintegration kann nur über eine Integration der Nachfrage geschaffen werden. Im Ergebnis ist zu beachten, daß insbesondere auf den wenigen globalen Medienmärkten, wie ansatzweise dem Markt für Kino- und Fernsehfilme, Verflechtungskontrollen von eminenter Wichtigkeit sind; auf kleinen, lokalen Märkten könnten Monopole eher hingenommen werden.

5. Medienverflechtung und publizistische Vielfalt

5.1. Erfassung publizistischer Vielfalt

Die zentrale Norm des Systems Publizistik ist die Vielfalt: die Vielfalt als verfassungsrechtlicher Zielwert (Hoffmann-Riem 1991, 15), die Vielfalt der von den Medien produzierten Meinungen. Daher hat ein freier Wettbewerb unabhängiger Medienunternehmen nicht nur seine essentielle Bedeutung für die ökonomische Effizienz der Medienproduktion, sondern auch und vor allem für die Sicherung einer Vielfalt von Medienangeboten. Und Medienverflechtungen stellen nicht nur eine Bedrohung des Wettbewerbs dar, sondern auch und vor allem eine Bedrohung der Meinungsvielfalt. Allerdings sind die Zusammenhänge zwischen Wettbewerb und Meinungsvielfalt weder theoretisch noch empirisch geklärt, die Medienwissenschaft arbeitet bislang mit Hypothesen zum Zusammenhang von Medienverflechtung und Vielfalt.

Zur Erfassung der Meinungsvielfalt gibt es bislang folgende Ansätze (vgl. insgesamt Rager/Weber 1992 und Woldt 1992):

– Die Erfassung des Anteils bestimmter Meinungen am Gesamtmeinungsmarkt (Lasorsa 1991),
– die Erfassung der Unterschiedlichkeit von publizistischen Produkten durch Inhaltsanalysen (z. B. Schütz 1991 und Rager 1982),
– die Erfassung der Marktanteile unabhängiger Medienunternehmen (z. B. die Analysen von Röper 1993 und Heinrich 1993).

Dabei hat die Methode, den Output an Meinungsvielfalt direkt zu messen, den Nachteil, daß die Messung operational nicht durchzuführen ist und daß Ergebnisse nicht mit den Strukturen des Mediensystems begründet werden können, sondern auch die Folge anderer Faktoren, z. B. Bevölkerungsdichte oder Einkommensverteilung sein können. Dagegen erscheint die Methode, den Input an Meinungsvielfalt zu messen, als operational, wenn relativ klare Unterscheidungskriterien herangezogen werden. Dies Plädoyer für möglichst einfache Input-Kriterien ist darin begründet, daß die Wirtschaftswissenschaft eine objektive Messung von inhaltlicher Vielfalt für unmöglich hält (Heinrich 1992). Dagegen vertritt die Kommunikationswissenschaft eher die Notwendigkeit, publizistische Vielfalt inhaltsanalytisch zu erfassen (Knoche 1980; Woldt 1992).

In neuerer Zeit wird vor allem die Methode, die Rezipientenmarktanteile jeweils zusammengehörender Medienunternehmen zu erfassen, praktiziert (Diederichs; Heinrich; Röper, Grünbuch der Kommission 1992). Diese Methode ist operational, wenngleich die Erfassung von Medieneigentum bei den geltenden Publizitätsvorschriften der Bundesrepublik immer noch mühselig genug ist. Die Ergebnisse solcher Analysen sind per se aussagekräftig, wenn z. B. gesagt werden kann, daß 40 Prozent aller Zeitungen den drei größten Zeitungsunternehmen entstammen usw.

Die Ergebnisse solcher Analysen können direkte Zielgröße der Medienpolitik sein, wie es in manchen Kontrollvorschriften zur Medienkonzentration, z. B. in § 26 des Rundfunkstaatsvertrags von 1997 entsprechend genutzt wird.

Allerdings muß gesehen werden, daß die Unabhängigkeit des Medieneigentums weder notwendige noch hinreichende Bedingung für publizistische Vielfalt ist, weil das Kriterium 'Medieneigentum' den Informationsgehalt nicht berücksichtigt. So ist denkbar, daß unterschiedliche unabhängige Medienunternehmen die gleichen Inhalte produzieren oder daß ein Medienkonzern in seinen verschiedenen Medienunternehmen unterschiedliche Inhalte anbietet. Jedenfalls ist der Schluß von der Eigentumskonzentration auf die Meinungskonzentration nicht zweifelsfrei möglich. Die Eigentümer der Medienunternehmen geben in der Regel nur vage publizistische Leitlinien vor, die Festlegung der Inhalte der Medienprodukte obliegt den Redaktionen. Und auch wenn eine publizistische Linie vorgegeben ist, bleibt den Redaktionen Spielraum für unterschiedliche journalistische Produktionen, weil die Produktqualität nicht spezifiziert vorgegeben werden kann.

Es besteht aber immer die Gefahr, daß Medieneigentümer die Verbreitung bestimmter Meinungen beeinflussen, z. B. durch die Ausbildungs- und Auswahlpraxis der Redakteure, durch Auswahl bestimmter Quellen, durch die Vorgabe typischer Rechercheinfrastrukturen und durch die Vorgabe bestimmter Meinungspositionen. Jedenfalls bestehen für die Medieneigentümer relativ größere Anreize auf die Produktqualität Einfluß zu nehmen, als für die Eigentümer anderer Unternehmen. Dies liegt an der doppelten Natur von Information, die zum einen privates Konsumgut ist, zum anderen Input in den Prozeß der öffentlichen Meinungsbildung. Und über diesen Input in den Prozeß der öffentlichen Meinungsbildung können Ziele verfolgt werden, die mit der Produktion sonstiger Wirtschaftsgüter nicht verfolgt werden können, z. B. die Gestaltung des Produktions- und Verkaufsumfeldes des Mediums, die Absatzwerbung und Public Relations für eigene Produkte, Absatzwerbung und Öffentlichkeitsarbeit für Meinungen, die der Medieneigentümer für wichtig hält, und allgemein die Akkumulation von Ansehen, Einfluß und Macht. Jedenfalls stellt die Konzentration der Kontrolle des Zugangs zu den Medien auf einige wenige grundsätzlich eine

Gefahr für die Meinungsvielfalt dar (Grünbuch 1992, 19; Mestmäcker 1978, 29 ff.).

Die Abgrenzung unabhängiger Medienunternehmen ist ein im Einzelfall bisweilen mühseliges Unterfangen. Hier kommen die Bestimmungen des Gesellschaftsrechts, des Wettbewerbsrechts und des Rundfunkrechts zur Anwendung, auf die hier nicht weiter eingegangen wird (vgl. z. B. Heinrich 1993, 272 f.). Angesichts der typischen Streuung des Eigentums auf größere und kleinere Eigentümer erscheint es darüber hinaus notwendig, nicht nur die Eigentumsverhältnisse per se transparent zu machen, sondern vor allem den Eigentümer zu erfassen, der die Kontrolle über das Unternehmen ausübt. Der die Kontrolle ausübende Eigentümer wird Kontrolleur genannt (Grünbuch 1992, 20). In der Theorie und Praxis der EU-europäischen Fusionskontrolle, die hier beispielhaft angeführt werden soll, wird eine Mehrheitsbeteiligung per se mit der Kontrolle gleichgesetzt. Ob eine Minderheitsbeteiligung die Kontrolle über ein anderes Unternehmen begründet, wird im Einzelfall mit Blick auf die Entscheidungsstrukturen, die Zusammensetzung der Gesellschaftsorgane und die Konzentration des übrigen Eigentums entschieden. So ist die Tendenz zu erkennen, daß bei Beteiligungen zwischen 40 und 49,9% ein kontrollierender Einfluß angenommen wird, auch ohne den Nachweis, daß das erwerbende Unternehmen eine rechtliche Entscheidungsbefugnis hat, wenn andere Umstände die Macht des Erwerbers deutlich stärken, z. B. die breite Streuung des sonstigen Eigentums. Bei darunterliegenden Beteiligungen wird eher nur ausnahmsweise auf kontrollierenden Einfluß geschlossen, wenn nämlich besondere Umstände jenem Minderheitsgesellschafter bestimmenden Einfluß verschaffen (Montag/Dohms 1993, 16). Insofern ist z. B. Leo Kirch nicht Kontrolleur bei Springer, weil seinem Anteil von 35% plus einer Aktie eine Mehrheit der Springer-Erben in Höhe von 50,1% gegenüber steht. Gerade für den Medienbereich ist es besonders schwierig, den Kontrolleur zu benennen, weil hier aufgrund der Konzentrationskontrollvorschriften wechselseitige Beteiligungen bis zu 25% typisch waren. Die Vermutung besteht, daß die jeweiligen nationalen Großunternehmen auch als Minderheitsgesellschafter die Medien über Zusammenschlüsse mit sog. „sleeping partners" kontrollieren und ihre Beteiligungen in anderen Ländern eher passiv nutzen (Grünbuch 1992, 26).

5.2. Horizontale Medienverflechtung und publizistische Vielfalt

Im Zuge der horizontalen Medienverflechtung nimmt die Zahl der unabhängigen Medienunternehmen ab. Wenn damit auch die Zahl der Medienangebote abnimmt, was in der Regel der Fall ist und im Zuge des Zeitungssterbens in der Bundesrepublik zu beobachten war, dann ist damit eine Abnahme der publizistischen Vielfalt impliziert, weil ganz unwahrscheinlich ist, daß die Medienangebote vor ihrer Verflechtung homogen gewesen sind. Wenn im Zuge fortschreitender Medienverflechtungen die Zahl der Medienangebote nicht abnimmt, sondern diese bei Aufrechterhaltung ihrer publizistischen Eigenständigkeit in Medienkonzerne integriert werden, wie z. B. die 'Westfälische Rundschau', die 'Neue Rhein/Neue Ruhrzeitung' und die 'Westfalenpost' in den WAZ-Konzern, nimmt die Vielfalt nur dann ab, wenn die Medienkonzerne einen Einfluß auf die Inhalte der Medienproduktion ausüben.

Ein direkter Einfluß ist nicht generell zu beobachten, er widerspricht der ökonomischen Logik jedenfalls dann, wenn diese Einflußnahme mit dem Ziel der Gewinnmaximierung kollidiert. Faktisch ist ein solcher Einfluß indes nicht ausgeschlossen, die 'WELT' als publizistisches Flaggschiff des Springerkonzerns ist das bekannteste Beispiel für eine Mißachtung der Marktgesetze aus publizistischem Verlegerinteresse (vgl. zur internationalen Dimension Gershon 1993). Indirekt wird eine zunehmende Medienverflechtung die publizistische Vielfalt der Medienangebote indes verringern. Zum einen werden die Möglichkeiten für eine Ausweitung der Unternehmensphilosophie des Medienkonzerns, der 'Corporate Identity' auf eine größere Zahl von publizistischen Einheiten vergrößert. Wenn z. B. die 'FAZ' die 'Märkische Allgemeine' oder der Springer-Konzern 50% der Anteile der 'Leipziger Volkszeitung' erwirbt, dann hat das einen indirekten Einfluß auf die Prägung dieser Zeitungen, vor allem über die Mitarbeiterauswahl und die Mitarbeiterweiterbildung. Zum anderen erleichtern horizontale Medienverflechtungen die Bedingungen für eine Mehrfachverwertung solcher journalistischer Produktionen, die unmodifiziert mehrfach in verschiedenen publizistischen Einheiten verwertet werden können, z. B. Beiträge über Gesundheit, über Autos, Reisebeilagen, bunte Beilagen usw.

5.3. Vertikale Medienverflechtung und publizistische Vielfalt

Bei einer Zunahme der vertikalen Medienkonzentration wird auf den verschiedenen Produktions- und Handelsstufen die Marktkoordination zunehmend durch unternehmensinterne Koordination ersetzt. Dies verringert prinzipiell den direkten Einfluß der Nachfrage und der Konkurrenz und erlaubt, unternehmenseigene Vorstellungen stärker durchzusetzen als sonst üblich.

Dies soll zunächst an einem Beispiel erläutert werden. Wenn Leo Kirch nur Filmhändler wäre (was er ursprünglich war), dann würde er Filme auf den Filmproduktionsmärkten kaufen und sie auf den Filmverwertungsmärkten – Kino, Videomärkte, Fernsehen – verkaufen. Im Einkauf würde er aus dem vorhandenen Angebot im Wettbewerb mit konkurrierenden Nachfragern auswählen; er hätte keinen direkten Einfluß auf das Angebot, und seine Verwertungsvorstellungen würden sich über die zu zahlenden Preise mit den Verwertungsvorstellungen anderer Nachfrager messen müssen. Wenn Leo Kirch aber Filmproduktions-, Filmhandels- und Filmverwertungsunternehmen, insbesondere Fernsehanstalten und Filmtheater besitzt, dann hat er einerseits eine größere Einwirkungsmöglichkeit auf das Produktionssortiment, und andererseits wird er weniger durch konkurrierende Nachfragewünsche kontrolliert. Die Kontrolle durch den Markt wird partiell durch die Kontrolle des Unternehmers ersetzt.

Die Bewertung dieser möglichen Kontrollsubstitution Markt durch Medienunternehmen ist schwierig. Aus ökonomischer Sicht wird grundsätzlich eine Kontrolle durch den Markt präferiert, in kommunikationswissenschaftlicher Sicht ist das nicht so sicher. Und aus ökonomischer Sicht ist anzumerken, daß eine langfristige Mißachtung des Marktes durch privatkapitalistische Unternehmen nicht durchzuhalten ist. Wenn Leo Kirch z. B. Film- und Sportübertragungsrechte an SAT 1 zu teuer und in falscher Auswahl verkauft, dann erhöht dies die Profitabilität eines Konzernunternehmens zu Lasten der Profitabilität eines anderen Konzernunternehmens, und fraglich wäre, was per saldo gewonnen wäre.

Immerhin erscheint die vertikale Medienkonzentration in den Stufen als recht problematisch, in denen eine vom Markt nicht geregelte Beeinflussung von Medieninhalten möglich ist, also in der Verbindung von Fernsehausstrahlung und Filmproduktion sowie in der Verbindung von Fernsehausstrahlung und Werbeagentur. Demgegenüber bietet die Verbindung von Hardware- und Inhalts-Produzenten keine bedrohliche Perspektive für die Meinungsvielfalt, genauso wenig wie die Verbindung von Kabelnetzunternehmen mit Inhalts-Produzenten. Generell bleibt aber bei jeder Form von vertikaler Medienkonzentration das Problem der Macht von Größe an sich.

5.4. Diagonale Medienkonzentration und publizistische Vielfalt

Spezielle publizistische Folgen der diagonalen Medienkonzentration sind nicht zu entdecken; hier wiederholen und verstärken sich die Folgen, die der horizontalen und der vertikalen Medienkonzentration jeweils für sich zuzuschreiben sind. Daher sollen sie nur noch einmal kurz aufgelistet werden:

– Die Möglichkeit der Einflußnahme des Medieneigentümers auf Medieninhalte wird ausgeweitet.
– Die Möglichkeit, Meinungen intern zu subventionieren, wird verbessert.
– Die Möglichkeit und das Motiv, den redaktionellen Teil der Medien für werbliche Zwecke zu mißbrauchen, gewinnt an Gewicht (Beispiele für diese 'cross-promotion' gibt 'Der Spiegel', Nr. 21/1993 v. 24. 5. 1993; 37 f.).
– Die Möglichkeiten der Mehrfachverwertung nehmen zu (z. B. Spiegel-TV, Stern-TV und Tele-FAZ).
– Die Unternehmensphilosophie kann nun auch intermedial verbreitet werden.
– Die Kontrolle von Aktivitäten durch den Markt nimmt ab.
– Der intermediale Wettbewerb wird verschlechtert.
– Der Marktzutritt wird erschwert.

Die Liste ist eindrucksvoll lang, aber es ist nur eine Auflistung einer Ausweitung von Möglichkeiten, der Kontrolle durch den Markt oder durch die Politik zu entkommen.

5.5. Medienverflechtung und publizistische Qualität

Im Gegensatz zur ökonomischen Qualität ist die publizistische Qualität wenigstens im Prinzip durch objektive Merkmale bestimmt, wenngleich die Kriterien nicht einheitlich verwendet werden (Ruß-Mohl 1992). Überwiegend wird indes von den Kriterien Aktualität, Relevanz, Richtigkeit und Vermittlung ausgegangen (Rager 1994). Mithin ist zu prüfen, ob ein Zusammenhang zwischen Medienverflechtung und publizistischer Qualität hinlänglich begründet werden kann.

Die horizontale Verflechtung ist ambivalent zu bewerten. Einerseits ist die horizontale Medienverflechtung auch in erheblichen Effizienzvorteilen begründet, die dazu führen können, daß die größeren Einnahmen in die Produktion publizistischer Qualität investiert werden. Ein gutes Beispiel sind der 'Spiegel' und 'Die Zeit', die, wenn auch nicht rechtlich, so doch ökonomisch gesehen Monopolisten gewesen sind. Mehr Wettbewerb könnte die Einnahmen pro Medienangebot verringern, und nachfolgend den Input in die Produktion publizistischer Qualität, also zu einer Verringerung der Redaktionsstärke oder der Redaktionsetats führen. Andererseits bietet die horizontale Konzentration die Möglichkeit, Meinungsvielfalt zu verringern und eine Einheitlichkeit der Berichterstattung zu betreiben. In Abwägung beider Möglichkeiten kommt es eher darauf an, Mißbräuche zu verhindern, als darauf zu setzen, daß Monopolisten im Durchschnitt gute publizistische Qualität produzieren. Vor allem für die Konkurrenz im Lokalen ist gezeigt worden, daß der Umfang des Lokalteils mit zunehmender Monopolisierung abnimmt (Pätzold/Röper 1992, 644 ff.).

Die diagonale und die vertikale Verflechtung ist viel weniger ambivalent zu beurteilen. Hier sind die Effizienzvorteile – deren Gegenwert in die Produktion publizistischer Qualität investiert werden könnte – sehr viel geringer als bei der horizontalen Konzentration und andererseits sind die Gefahren durch Einbußen an dezentraler Kontrolle durch den Markt oder ggfs. durch die Politik erheblich. Daher kommt es vor allem darauf an, Schranken für diagonale und vertikale Medienverflechtungen zu errichten.

6. Fazit

Der Mediensektor ist auf Grund seiner Besonderheiten – ausgeprägte Fixkostendegression und Marktverbund – besonders anfällig für Verflechtungen. Zugleich sind diese Verflechtungen besonders bedrohlich, weil sie nicht nur mit dem Ziel gut funktionierenden Wettbewerbs kollidieren, sondern auch mit dem Gebot der publizistischen Vielfalt.

7. Literatur

Albach, Horst, Strategische Allianzen, strategische Gruppen und strategische Familien. In: Zeitschrift für Betriebswirtschaft. 62, 1992, 663–670.

Coase, Ronald H., The nature of the firm. In: Economica 4, 1937, 386–405.

Diederichs, Helmut H., Daten zur Konzentration der Publikumszeitschriften in der Bundesrepublik Deutschland im IV. Quartal 1988. In: MP 1989, 313–324.

Gershon, Richard A., International deregulation and the rise of transnational media corporations. In: The Journal of Media Economics 6, 1993, 3–22.

Greiffenberg, Horst/Werner Zohlnhöfer, Pressewesen. In: Marktstruktur und Wettbewerb. Hrsg. v. Peter Oberender. München 1984.

Grünbuch der Kommission, Pluralismus und Medienkonzentration im Binnenmarkt. Bewertung der Notwendigkeit einer Gemeinschaftsaktion. Kom 92, 480 endg. Brüssel 1992.

Heinrich, Jürgen, Marktzutritt als Systemelement des Wettbewerbs. In: Marktzutritt bei Tageszeitungen – zur Sicherung von Meinungsvielfalt durch Wettbewerb. Hrsg. v. Gerd G. Kopper. München 1984, 75–86.

–, Publizistische Vielfalt aus wirtschaftswissenschaftlicher Sicht. In: Publizistische Vielfalt zwischen Markt und Politik. Hrsg. v. Günther Rager/Bernd Weber. Düsseldorf 1992, 232–250.

–, Dominanz der Kirch-Gruppe weiter gestiegen. Ökonomische und publizistische Konzentration im deutschen Fernsehsektor 1992/93. In: MP 1993, 267–277.

–, Medienökonomie. Opladen 1994.

Herdzina, Klaus, Wettbewerbspolitik, Stuttgart/New York ³1991.

Hoffmann-Riem, Wolfgang, Rundfunkrecht neben Wirtschaftsrecht. Baden-Baden 1991.

Kaufer, Erich, Industrieökonomik. München 1980.

Knoche, Manfred, Die Meßbarkeit publizistischer Vielfalt. In: Probleme der Pressekonzentrationsforschung. Hrsg. v. Siegfried Klaue/Manfred Knoche/Axel Zerdick. Baden-Baden 1980, 127–138.

Kübler, Friedrich, Medienverflechtung. Frankfurt a. M. 1982.

Lasorsa, Dominic L., Effects of newspaper competition on public opinion diversity. In: JQ 68, 1991, 38–47.

Locksley, Gareth M., TV-Broadcasting in Europe and the new technologies, commission of the European communities. Luxemburg 1988.

Mestmäcker, Ernst-Joachim, Medienkonzentration und Meinungsvielfalt. Baden-Baden 1978.

Monopolkommission (lfd. Jahrgang.), Hauptgutachten, Kapitel „Wettbewerb und Konzentration im Medienbereich".

Montag, Frank/Rüdiger Dohms, Minderheitsbeteiligungen im deutschen und EG-Kartellrecht. In: Wirtschaft und Wettbewerb 1993, 275–295.

Pätzold, Ulrich/Horst Röper, Probleme des intermedialen Wettbewerbs im Lokalen. In: MP 1992, 641–655.

Rager, Günther, Publizistische Vielfalt im Lokalen. Tübingen 1982.

–, Dimensionen der Qualität. In: Publizistik in der Gesellschaft. Hrsg. v. Günter Bentele/Kurt R. Hesse. Konstanz 1994, 189–210.

Rager, Günther/Bernd Weber (Hrsg.): Publizistische Vielfalt zwischen Markt und Politik. Düsseldorf 1992.

Röper, Horst, Formationen deutscher Medienmultis 1992. In. MP 1993, 56–75.

Ruß-Mohl, Stephan, Am eigenen Schopfe ... Qualitätssicherung im Journalismus. In: Publizistik 37, 1992, 83–96.

Sanchez-Tabernero, Alfonso, Media concentration in Europe, commercial enterprise and the public interest. Düsseldorf (Media Monograph No. 16).

Schütz, Walter J., Deutsche Tagespresse 1991. In: MP 1992, 74–107.

Spieler, Ekkehard, Fusionskontrolle im Medienbereich. Berlin 1988.

Tichy, G., Fusionen und Wettbewerbspolitik. In: Wirtschaftswissenschaftliches Studium 19, 1991, 357–360.

Voigt, Stefan, Strategische Allianzen. In: Wirtschaftswissenschaftliches Studium 21, 1993, 246–249.

Wiggins, Steven N., The economics of the firm and contracts: A selective survey. In: Journal of Institutional and Theoretical Economics 147, 1991, 603–661.

Woldt, Runar, Probleme der Messung von Vielfalt. In: Publizistische Vielfalt zwischen Markt und Politik. Hrsg. v. Günther Rager/Bernd Weber. Düsseldorf 1992, 186–211.

Zentes, Joachim, Kooperative Wettbewerbsstrategien im internationalen Konsumgütermarketing. In: Strategische Partnerschaften im Handel. Hrsg. v. Joachim Zentes. Stuttgart 1992, 3–31.

Jürgen Heinrich, Dortmund (Deutschland)

III. Medienwissenschaft III: Medienanalyse

17. Semiotische Methoden der Medienanalyse

Redaktioneller Hinweis: Aus terminlich-technischen Gründen muß der an dieser Stelle vorgesehene Artikel leider entfallen.

18. Sprachwissenschaftliche Methoden der Medienforschung

1. Standortbestimmung
2. Prinzipien einer sprachwissenschaftlich orientierten Medienanalyse
3. Medienspezifische Kommunikationsbedingungen
4. Strukturen der Medienkommunikation
5. Anwendungsfelder der sprachwissenschaftlichen Medienforschung
6. Literatur

1. Standortbestimmung

'Von der Mediensprache zur Medienkommunikation' − so könnte man die Entwicklungslinie der sprachwissenschaftlichen Medienforschung umreißen. Damit hat sie einen Entwicklungstrend ihrer Bezugswissenschaft, der Linguistik, nachvollzogen, der mit dem Stichwort Pragmatisierung oder pragmatische Wende gekennzeichnet werden kann: die Kernbereiche sprachwissenschaftlicher Forschung, Grammatik und Lexik, wurden seit den 70er Jahren zunehmend auf den Bereich der Verwendung sprachlicher Ausdrücke *in der Kommunikation* ausgedehnt. Für die sprachwissenschaftliche Medienforschung hat diese pragmatische Wende weitreichende Folgen. Zum ersten entwickelte sich mit der neuen Perspektive ein Kommunikationsbegriff, der sich auf handlungstheoretische Grundlagen einer Theorie des Sprachgebrauchs stützt. Medienbeiträge werden demzufolge als komplexe Handlungszusammenhänge betrachtet, und nicht als Gefäße für die Übertragung von Informationen oder Inhalten, wie das in der soziologischen, publizistischen und kommunikationswissenschaftlichen Medienforschung vielfach üblich ist.

Vor allem die Analyse dialogischer Kommunikationsformen in den Medien ist durch sprachhandlungstheoretische Ansätze maßgeblich initiiert worden (vgl. 5.2.). Zum zweiten eröffnet die handlungstheoretische Betrachtungsweise die Möglichkeit, Befunde zur Lexik, zur Syntax, zu den Textsorten und zur Geschichte der Mediensprache unter einer funktionalen Perspektive zu integrieren. Stand am Anfang noch die nahezu kontextfreie Bestandsaufnahme sprachlicher Ausdrucksformen in Medientexten im Vordergrund − beispielsweise die textlinguistische Analyse der syntagmatischen Substitution in Hörfunk- und Zeitungstexten (Harweg 1968a/b), die Beschreibung von Tempusformen in Zeitungskommentaren (Weinrich 1966), die syntaktische Analyse von Schlagzeilen (Sandig 1971) oder die Inventarisierung von Formen der Einleitung indirekter Rede (Jäger 1968) − zielen die Fragestellungen der pragmatisch orientierten Medienforschung auf die systematische Analyse medienspezifischer Zusammenhänge zwischen Formen und Funktionen sprachlicher Ausdrücke (vgl. 4.2.). Eine dritte Konsequenz der Pragmatisierung sprachwissenschaftlicher Medienforschung ist die Etablierung einer strukturellen Betrachtungsweise. Analog zu der in der strukturalistischen Sprachwissenschaft getroffenen Unterscheidung zwischen Langue und Parole bzw. zwischen Kompetenz und Peformanz werden konkrete Medienbeiträge als Ausdruck regelhafter, systematischer Strukturmerkmale der Medienkommunikation beschrieben. Grundlage dieser strukturellen Beschreibungen ist einerseits der Regelbegriff aus der analytischen Philosophie (vgl. Winch 1958) und andererseits der Begriff der kommunikativen Maximen oder Prinzipien, wie er in der Sprachphilosophie entwickelt wurde (Grice 1975).

Die unterschiedlichen Ausprägungen medialen Sprachgebrauchs bieten reichhaltiges Anschauungsmaterial gegen die These einer einheitlichen Mediensprache mit dem Charakter einer Fachsprache (vgl. Benckiser 1969; Eich 1959; Küffner 1982). Allein schon die Verwendungsmodi sprachlicher Ausdrücke sind dafür zu inhomogen. Sprache wird in der Medienkommunikation verwendet als Schriftsprache und als gesprochene Sprache, als frei formulierte oder als ganz bzw. teilweise vorformulierte Sprache, als dialogische und als monologische Sprache, oder als verschriftlichte mündliche Äußerungen (vgl. Holly 1993b; Kress 1986). Eine Systematik des medienspezifischen Sprachgebrauchs ist auf der Ebene des sprachlichen Ausdrucks nicht zu gewinnen. Systematisieren lassen sich aber Bedingungen des medialen Sprachgebrauchs sowie Grundstrukturen der Medienkommunikation. Produktiv ist dabei eine kontrastive Verfahrensweise, bei der direkte (face-to-face) Alltagskommunikationen als strukturelle Vergleichsobjekte herangezogen werden. Medienkommunikation läßt sich kontrastiv in dreierlei Hinsicht charakterisieren: Medienkommunikation ist eine institutionelle Form der Kommunikation, also den Bedingungen einer Medieninstitution unterworfen (vgl. 3.). Sie ist zweitens medial vermittelte Kommunikation, d. h. die Beiträge werden in einem Medium präsentiert (vgl. 3.4. und 5.). Und sie ist drittens eine Form der öffentlichen Kommunikation mit größerer Reichweite und anderen Zugangsregelungen als die direkte Alltagskommunikation (vgl. 4.).

2. Prinzipien einer sprachwissenschaftlich orientierten Medienanalyse

2.1. Das Prinzip der kommunikationshistorischen Analyse

Mit der Ausweitung der Perspektive von der Mediensprache zur Medienkommunikation hat die sprachwissenschaftliche Medienforschung das Verhältnis von Text und Kontext in den Mittelpunkt der Analyse gestellt. Die Textstrukturen und ihre sprachliche Umsetzung werden nicht um ihrer selbst willen untersucht, sondern um Zusammenhänge zu erhellen mit anderen Medienbeiträgen, mit den Produktionsprozessen und der redaktionellen Vorgeschichte, mit sozialen und politischen Vorgängen sowie mit der Rezeption der Beiträge durch die Zuhörer, Zuschauer oder Leser (vg. Bucher 1991, 33–45; Dijk 1988a, 30 u. 1988b, 8). So wird in dieser Perspektive über Sprach-, Text- und Bildanalysen gezeigt, welchen Beitrag die Presseberichterstattung zur Entstehung und Stabilisierung fremdenfeindlicher, rassistischer Einstellung gegenüber Flüchtlingen und Migranten leistet (Dijk 1991, Jäger/Link 1993; Klein 1994), wie die Fernsehberichterstattung über soziale Konflikte die Sichtweisen und die Ideologien der politisch und gesellschaftlich Einflußreichen verbreitet (Glasgow Media Group 1976, 1980, 1993) und wie die Zuschauer diese Sichtweisen übernehmen (Philo 1993), wie verschiedene Tageszeitungen über ihre Informationspolitik eine Medienrealität konstruieren (Bucher 1991), wie sich die Kommerzialisierung des Mediensystems in den Konzepten von Fernsehnachrichtensendungen niederschlägt (Muckenhaupt 1994) oder wie vermeintliche Verstöße von Journalisten gegen das Neutralitätsprinzip zu Kommunikationskonflikten mit interviewten Politikern führen (Schegloff 1988; Holly 1993a). Damit ist die mikrostrukturelle Beschränkung sprachwissenschaftlicher Medienanalysen aufgebrochen und vom Erkenntnisziel her den Fragestellungen der Kommunikationswissenschaft, der Mediensoziologie und der Publizistik angenähert. Im Unterschied zu diesen makrosoziologischen Ansätzen bleiben in den sprachwissenschaftlichen Medienanalysen allerdings der Text, die Verwendungsweisen sprachlicher Ausdrücke und Bilder der Ansatz- und Ausgangspunkt. Ein Sonderfall des Prinzips der kommunikationshistorischen Analyse ist das dialogische Prinzip, wie es in der linguistischen Kommunikationsanalyse entwickelt wurde: strukturelle Besonderheiten von Kommunikationsbeiträgen zeigen sich in den realen oder möglichen Anschlußhandlungen. Man kann deshalb beispielsweise die Analyse von Leserbriefen nutzen, um Aufschluß zu erhalten über journalistische Prinzipien, die gegenüber einem bestimmten Beitragstyp einklagbar sind (Bucher 1986, 142–207).

2.2. Das Prinzip der verstehensorientierten Analyse

Im Gegensatz zu den wirkungsorientierten Kommunikationsmodellen makrosoziologischer Ansätze gehen sprachwissenschaftlich orientierte Medienanalysen davon aus, daß das Verstehen von Medienbeiträgen individuell und damit offen ist (Bell 1991, 230–247; Bucher 1988; Bucher 1986, 142–207; Bucher/Barth 1998; Dijk 1988a, 139–174; Muckenhaupt 1981; Püschel 1993; Straßner 1982, 326–400; Wodak/Lutz 1987). Wie ein Medienbeitrag verstanden wird kann beispielsweise abhängen vom allgemeinen Weltwissen des Rezipienten, seiner Medienkompetenz, seinem spezifischen Themenwissen, seinen Rezeptionsabsichten. Die verstehensorientierte Perspektive eröffnet auch die Möglichkeit, medienanalytische Basisbegriffe im Rahmen eines hermeneutischen Paradigmas befriedigender zu klären, als das in makrostrukturellen und wirkungsorientierten Ansätzen geleistet ist. Grundsätzliche Skepsis hegen sprachwissenschaftliche Medienansätze gegenüber dem Begriff der Wirkung, und der Annahme kausaler Zusammenhänge zwischen Beiträgen und entsprechenden Effekten. Grundlage hermeneutischer Rezeptionsforschung ist vielmehr die Annahme, daß die individuellen, sozialen und politischen Folgen von Medienbeiträgen auf den jeweiligen Verständnissen als Bindeglieder basieren und damit nicht direkt aus den Beiträgen selbst ableitbar sind (vgl. Bucher/Fritz 1989; Holly/Püschel 1993). Ebensowenig sind Themen, Inhalte, Informationen, Ideologien oder Vorurteile Eigenschaften von Texten und Bildern, sondern Aspekte ihres Verständnisses und ihrer Deutungen. Mit dem Nutzenansatz (zusammenfassend Renckstorf 1989), dem dynamisch-transaktionalen Ansatz (Früh/Schönbach 1982; Früh 1994, 58–84) und der sogenannten „qualitativen" Inhaltsanalyse (Krippendorff 1980, 21–47; zusammenfassend und mit weiteren Literaturhinweisen Merten 1995, 50–59) hat die makrosoziologische Medienforschung zwar das Verstehen und Deuten als Basis der Rezeption entdeckt, ohne allerdings die entsprechenden methodischen und begrifflichen Konsequenzen zu ziehen. Vorherrschend bleiben nachrichtentechnische und wirkungsorientierte Kommunikationsmodelle – jetzt eben nicht mehr monokausal sondern multikausal (vgl. Früh 1994, 69).

2.3. Das Prinzip der integrativen und funktionalen Analyse

Es ist ein Verdienst der sprachwissenschaftlichen Medienforschung, die Palette der kommunikativ relevanten Untersuchungsaspekte erheblich erweitert zu haben. Dazu gehören: Wortwahl und Lexik, syntaktische Strukturen, Textsorten und Darstellungsformen, Bauprinzipien und Makrostrukturen von Texten, Text-Bild-Zusammenhänge, Aufmachungsformen, Themen- und Inhaltsstrukturen, Festlegungsstrukturen, strategische und informationspolitische Zusammenhänge. Jede Autonomie-Annahme für den einen oder anderen Aspekt löst jedoch den kommunikativen Zusammenhang und damit die Medienspezifik des entsprechenden Kommunikationsausschnittes auf. Eine integrative Behandlung dieser Aspekte beruht auf der sprachtheoretischen Einsicht, daß sprachliche Ausdrücke, Texte, Bilder und Grafiken in der Kommunikation verwendet werden und daß sich diese Verwendungsweisen in den jeweiligen Beitragsstrukturen niederschlagen. So sind bestimmte journalistische Darstellungsformen typische Verwendungskontexte für bestimmte sprachliche Mittel, beispielsweise Erklärpassagen in Kommentaren für Konjunktionen, oder die verschiedenen Überschriftentypen für syntaktische Auslassungsformen (vgl. 4.2.). In Fritz/Straßner (1996) wird am Beispiel der ersten Zeitungen des frühen 17. Jhs. exemplarisch gezeigt, wie Formen der Berichterstattung, Wortwahl, Syntax, Themenauswahl und funktionale Erfordernisse der damaligen Zeitungsproduktion systematisch miteinander verzahnt sind.

3. Medienspezifische Kommunikationsbedingungen

3.1. Text und Kontext

Institutionelle Bedingungen der Medienkommunikation sind in der publizistischen oder kommunikationswissenschaftlichen Medienforschung verschiedentlich zu definitorischen und explanatorischen Zwecken genutzt worden. Anhand der Kommunikationsbedingungen der Universalität, der Periodizität, der Publizität, der Disponibilität und der Aktualität liefert beispielsweise Otto Groth eine „Begriffsbestimmung der Tageszeitung" (Groth, 1960 Bd. 1, 345). In der empirischen Medienforschung werden institutionelle Bedingungen genutzt, um bestimmte Erscheinungsformen von Medienbeiträgen zu erklären – beispielsweise eine unternehmensfreundliche Berichterstattung mit der Anzeigenabhängigkeit einer Tageszeitung. Dieser externen Korrelation von Medientext und Kontext stellt die kommunikationsanalytische Medienforschung eine konstruktivistische Alternative entgegen. Es wird gezeigt, wie die Kommunikationsbedingungen in den Medienbeiträgen aufgegriffen werden und damit auch, wie Medieninstitutionen durch die journalistischen Handlungsweisen mitkonstituiert werden. Eine Analyse soll den Nachweis liefern „that the details of little, local sequences [...] turn out to be the crucial resources by which larger institutionalised activity frameworks are evoked" (Hutchby 1991, 135). Medienkommunikative Handlungen von Journalisten, Gesprächspartnern oder von einem Studiopublikum haben unter dieser Perspektive indexikalischen Charakter oder sind — anders formuliert — ein Schlüssel zu den Kontextualisierungsleistungen in medialen Handlungen. So zeigt sich beispielsweise in einem zusätzlichen Erklärstück zu einem berichtenden Beitrag, wie Journalisten die Wissensvoraussetzungen ihrer Leser, Zuhörer, Zuschauer einschätzen und wo sie mögliche Wissenslücken erwarten. Umgekehrt spiegeln sich in Reaktionen der Rezipienten vor dem Fernsehgerät oder in einem Leserbrief deren Verständnis, deren Beurteilungsmaßstäbe und deren Erwartungen gegenüber einem Medienbeitrag.

Diese konstruktivistische Sichtweise des Zusammenhangs von Text und Kontext läßt sich auf zwei wissenschaftliche Wurzeln einer kommunikativen, sprachwissenschaftlichen Medienforschung zurückführen: Zum einen hat die ethnomethodologische Konversationsanalyse einen dynamischen Kontextbegriff theoretisch ausgearbeitet und empirisch am Beispiel verschiedener Institutionen verifiziert (vgl. als Zusammenfassung Drew/Heritage 1992 mit Beispielanalysen aus versch. Institutionen). Damit verwandt ist als zweite Quelle die Idee der Festlegungen oder der Commitments, wie sie in der Kritik an der Sprechakttheorie (Alston 1991, 77) und in der Dialogspieltheorie (zusammenfassend Fritz 1994) entwickelt wurde: Wer in bestimmter Weise kommunikativ handelt, übernimmt die Verpflichtung oder legt sich darauf fest, daß bestimmte Kommunikationsbedingungen gegeben sind. Für eine sprachwissenschaftliche Analyse der Medienkommunikation sind folgende institutionellen Bedingungen von Bedeutung: die Bedingung der Mehrfachautorenschaft (3.2.), die Bedingung der Mehrfachadressierung (3.3.) und die medienspezifischen Präsentationsbedingungen (3.4.).

3.2. Mehrfachautorenschaft

Die für die Analyse von Alltagsdialogen übliche Unterscheidung der Handlungsrollen in Sprecher und Hörer kann die Komplexität der Medienkommunikation nicht hinreichend erfassen (Goffman 1981, 138 f.). Medienbeiträge sind hinsichtlich ihrer Urheberschaft mehrschichtig. Sie sind einem Träger des Verbreitungsmediums verpflichtet — beispielsweise einem Verlagshaus oder einer öffentlichen Anstalt — gehen zurück auf verschiedene Quellen — geschriebene Texte, Dokumente, aufgezeichnete oder mitgeschriebene Äußerungen — werden mehrfach überarbeitet und in der Präsentation zusätzlich formatiert, beispielsweise in das Layout einer Tageszeitung eingepaßt oder von einer Rundfunksprecherin dem eigenen Sprechduktus angepaßt. Goffman und Bell haben auf der Grundlage dieser Kommunikationsbedingung den Begriff des Sprechers medienspezifisch differenziert: Sie unterscheiden den Prinzipal, den Urheber der Äußerung, den Berichterstatter, den Editor oder redigierenden Redakteur und den Präsentator (vgl. Bell 1991, 34—44; Goffman 1981, 144 ff.). Pietilä (1992, 43) verwendet den Begriff des „implizierten Autors" aus der Erzähltheorie, um deutlich zu machen, daß Medientexte eben nicht auf singuläre Autoren — z. B. einen Journalisten — zurückgeführt werden können. In den journalistischen Texten zeigt sich diese komplexe Produzenten-Konstellation beispielsweise in den verschiedenen — teilweise bereits standardisierten — Formen der Quellenangabe und der Redewiedergabe. Forschungen zur Intertextualität von Medienbeiträgen oder zu ihrer Tradierungsgeschichte aus Pressemitteilungen und Agenturtexten haben sich speziell mit dieser Bedingung der Mehrfachautorenschaft befaßt. Kommunikationshistorische Analysen dieser Art liefern einerseits medienkritische Einsichten in die Verfälschungen und Verzerrungen von Quellentexten (Biere 1993; am Beispiel der Nordirlandberichterstattung in den englischen Medien: Miller 1993) oder zeigen den Einfluß von Public Relation auf die Medienberichterstattung (Straßner 1994a). Andererseits sind diese Analysen aber auch strukturelle Beschreibungen medienspezifischer Strategien der Selektion, der Textoptimierung und des Redigierens (vgl. Bell 1991, 56—83).

Die Sichtweise von Medientexten als ein „mosaic of citations to other discourses" (Connell/Mill 1985, 40) erfordert in der Analyse eine fundamentale Unterscheidung von zwei Kommunikationsebenen: die Ebene der Darstellung, also die medialen Handlungen selbst, und die Ebene des Dargestellten, also die Handlungen, die Gegenstand der Berichterstattung, der Kommentierung oder von Mediendialogen sind. Verschiedene Untersuchungen zu Problemen der journalistischen Redewiedergabe und zur Berichterstattung über sprachliche Ereignisse haben dazu beigetragen, das Verhältnis zwischen „describing act" und „act to be described" (Verschueren 1985), zwischen „narrator's discourse" und „actors' discourse" (Pietilä 1992) oder zwischen „primary discourse" und „secondary discourse" (Fairchlough 1995, 54/5) zu erhellen. Neben der Bestandsaufnahme und der funktionalen Beschreibung der journalistischen Mittel für die Redewiedergabe (Kurz 1966; Muckenhaupt 1987) ist dabei auch medienkritisch untersucht worden, wie die Erzähl- und Wiedergabehandlungen in journalistischen Texten zu einer perspektivischen oder tendenziösen Darstellung der berichteten Äußerungen beitragen können (Clayman 1990; Geis 1987, 59—97; Heritage/Clayman/Zimmerman 1988, 93—102; Fairclough 1995, 54—69; Hoppenkamps 1977; Öhlschläger 1993; Pietilä 1992, 47—61).

3.3. Mehrfachadressierung

Analog zur Differenzierung des Sprecherbegriffs ist für die Analyse von Medienbeiträgen auch der Begriff des Adressaten zu differenzieren. Je nach Interventionsmöglichkeiten und Kontakt zum Kommunikationsereignis lassen sich in den elektronischen Medien folgende Rezipientenrollen unterscheiden: Die unmittelbaren Gesprächspartner im Studio, an die eine Äußerung gerichtet ist, die Zuhörer, beispielsweise ein Studiopublikum oder das Publikum einer übertragenen Veranstaltung, die Mithörer, also der Zuschauer oder Hörer vor dem Gerät, und in manchen Fällen sogar der Lauscher, dessen Abhöraktivitäten, wie im Falle des Golfkrieges, in der Berichterstattung miteinkalkuliert werden (Bell 1991, 84—103). Bei der Analyse von Mediengesprächen wird unterschieden zwischen einem „inneren" Kommunikationskreis der aktiven Dialogpartner und einem „äußeren" Kommunikationskreis, zu dem das Studiopublikum sowie Hörer und Zuschauer gehören (vgl. Linke 1985; Burger 1991). Die komplexe Adressatenstruktur hat Konsequenzen für die Struktur der Medienbeiträge (vgl. 5.2.). Auch wenn Medienbeiträge sich nicht an ein bestimmtes, homogenes Publikum richten, sind sie dennoch nicht blind adressiert. Annahmen der Medienakteure über mögliche Adressaten zeigen sich nicht nur explizit in der direkten Publikumsanrede eines Moderators oder der Leseransprache in einem Editorial, sondern auch implizit in der thematischen Differenzierung des Medienangebots nach Themen, Ressorts, Darstellungsformen sowie in den verschiedenen Orientierungshilfen, die eine selektive Mediennutzung unterstützen sollen (Bucher 1996; Blum/Bucher 1998).

3.4. Präsentierte Kommunikation

Die technische Übertragung der Medienkommunikation bedingt einige ihrer wesentlichen Unterschiede zur Alltagskommunikation. Auch die Unterschiede in den journalistischen Handlungsmöglichkeiten der verschiedenen Medien Hörfunk, Presse und Fernsehen lassen sich auf die jeweils spezifische Beschaffenheit der Kommunikationskanäle zurückführen. Während in Fernsehgesprächen die Kommunikationssituation aufgrund der Mehrkanaligkeit von Sprache, Ton und Bild gezeigt werden kann — wer nimmt teil, wer spricht gerade, wie ist die Gesprächskonstellation gestaltet, wie reagieren die Gesprächspartner gestisch, mimisch — müssen diese Informationen im Hörfunk explizit von einem Moderator formuliert werden, falls sie für ein Verständnis der Gesprächsäußerungen erforderlich sind. In den Nachrichtensendungen des Fernsehens hat die Einführung und Entwicklung des Bluebox-Verfahrens oder des virtuellen Studios mehrschichtige und simultane Formen der Informationspräsentation mit Hintergrundfotos oder -grafiken, Schrifteinblendungen sowie symbolischer Studioausstattung ermöglicht. Damit erweitert sich einerseits der journalistische Handlungsspielraum, andererseits entstehen aber auch für den Zuschauer neue Probleme des Verstehens simultaner Informationspräsentation (vgl. dazu Muckenhaupt 1986; Straßner 1982; Ludes 1994). Das Präsentieren ist aber mehr als nur die technische Übertragung und Aufbereitung der Information und des Geschehens vor der Kamera oder dem Mikrofon mittels Bild, Ton und Text. Mit dem Präsentieren wird eine Kommunikation erst zur öffentlichen Kommunikation. Man kann unterscheiden zwischen den Präsentationshandlungen wie Kameraführung, Bild- und Tonschnitt, der Tonaufnahme, der Studiogestaltung oder dem Layout von Texten und Sendungen einerseits und den auf die Präsentation bezogenen Aspekten medialer Handlungen andererseits. Dazu gehört beispielsweise in den Printmedien die Anpassung der Textgestaltung hinsichtlich Darstellungsform und Länge auf die Layout-Vorgabe, oder in der Hörfunkkommunikation die Abstimmung des Aussprachemusters eines Nachrichtensprechers auf ein bestimmtes Programmformat (Bell 1991, 117–122). Für die Analyseebene der Präsentation sind Begriffe wie „Inszenierung" (vgl. Holly/Kühn/Püschel 1989, 1–10; kritisch dazu: Burger 1991, 2ff.), „staged encounter (Clayman 1991, 54) oder „Designing" (Bell 1991, 104–125) eingeführt worden. So lange sie analytisch und nicht pejorativ als Markierung 'unechter' Kommunikation verwendet werden, lassen sich mit ihrer Hilfe diejenigen Besonderheiten der Medienkommunikation erfassen, die auf die Präsentationsbedingungen zurückgehen.

4. Strukturen der Medienkommunikation

4.1. Medienspezifische Kommunikationszusammenhänge

Vertreter kommunikationswissenschaftlicher, makrostruktureller Ansätze haben an den mikrostrukturellen, linguistischen wiederholt kritisiert, daß Text-, Bild-, Satz- oder Wortanalysen keine „strukturelle Information über Textmengen" und damit keine „statistische Signifikanz" für empirische Medienbefunde lieferten (Früh 1991, 107–120; Krippendorf 1980, 25–32). Mit der Pragmatisierung der Medienlinguistik und der Etablierung einer kommunikationsdynamischen Betrachtungsweise ist jedoch ein theoretisches Rüstzeug entstanden, das eine systematische Analyse struktureller Zusammenhänge der Medienkommunikation ermöglicht. Diese Zusammenhänge, die Grundlage sind für jede Art von Informationspolitik oder für Themenkarrieren, lassen sich folgendermaßen systematisieren:

(1) Die redaktionellen Kommunikationszusammenhänge:
Die Kommunikationsgeschichte von Medienbeiträgen beginnt nicht erst mit ihrer Veröffentlichung und Präsentation, sondern umfaßt auch die journalistische Recherche (Fishman 1980, insb. Kp. 4 und 5.), die redaktionellen Kommunikations- und Produktionsbedingungen (Tuchman 1978), den Umgang mit Agenturmaterialien und die Nachrichtenauswahl (vgl. Gassaway 1984, 177–214; Straßner 1982, 120–184), die institutionellen Vorbereitungen und Vorgespräche von Fernsehdiskussionen (Holly/Kühn/Püschel 1986, Kp. 3; Holly/Schwitalla 1993, 75–79).

(2) Die periodischen Kommunikationszusammenhänge:
Als eines der „Wesensmerkmale" der Medienkommunikation gilt ihre Periodizität (Groth 1960, 102–121). Je nach Erscheinungsweise und Art des Mediums ist sie allerdings ganz unterschiedlich ausgeprägt und bestimmt die medienspezifische Kommunikationsdynamik. Die Stundenperiodik von Hörfunknachrichten ermöglicht beispielsweise eine viel dichtere Chronik der laufenden Ereignisse als es in Tageszeitungen möglich ist. Dementsprechend unterschiedlich ist die Themenentwicklung in der Berichterstattung der beiden Medien. Ein enger Zusammenhang besteht auch zwischen der Periodik eines Mediums und seinen typischen Textsorten, was überraschenderweise für eine Geschichte der Mediensprache bisher kaum beachtet wurde. So sind die journalistischen Großformen wie Hintergrundreportagen, Essays, Dossiers, Situationsanalysen bevorzugt in Wochen- und Monatszeitschriften zu finden (Bucher/Schröter 1990).

(3) Konstellative Kommunikationszusammenhänge:
Medienbeiträge können in Konstellationen mit anderen Beiträgen eingebettet sein, sei es im Rahmen einer Zeitungsausgabe, einer Zeitungsseite oder einer Sendung. Für bestimmte Beitragskonstellationen haben sich im Laufe der Pressegeschichte regelhafte Sequenzmuster herausgebildet, wie z. B. Bericht-Kommentar-Sequenzen, die Abfolge von Ankündigungs- oder Aufmachungsmeldung und Vertiefungsbericht (vgl. Bucher 1986), die Abfolge von Befragungs- und Debattenrunden in Fernsehdiskussionen (vgl. Linke 1985), oder das Sequenzmuster MODERIEREN-INFORMIEREN. Als eine zweite Konstellationsform haben sich in den Printmedien modulare Clustertypen aus Text, Bild und Grafik etabliert: verschiedene journalistische Darstellungsformen wie aktueller Bericht, Hintergrunddatenkasten, Kurzinterview, Erklärgrafik, Dokumentarfoto, fungieren innerhalb eines vernetzten Informationsangebotes als eigenständige Informationsmodule, die in ihrer Informationsleistung aufeinander abgestimmt sind. Sie ermöglichen dem Leser eine eigenständige und selektive Sequenzierung der Lektüre (Bucher 1996, 35–54). Im Falle der Online-Angebote der Printmedien und der Rundfunkanstalten, beispielsweise im Internet, sind die konstellativen Zusammenhänge als *Hypertextstrukturen*

umgesetzt (vgl. Blum/Bucher 1988; Bucher/Barth 1998).

(4) Dialogische Kommunikationszusammenhänge:
Unter diesem Gesichtspunkt sind zwei Typen medialer Kommunikationsverläufe zu unterscheiden: die *Dialoge* in den Medien (vgl. 5.2.) und die dialogischen Sequenzen monologischer Beiträge. Solche Sequenzen können Sonderformen sowohl von periodischen (z. B. Gegendarstellungen) als auch von konstellativen Kommunikationszusammenhängen (z. B. *Kommentar-Gegenkommentar*-Sequenzen) sein. Die Medienspezifik dialogischer Kommunikationszusammenhänge zeigt sich darin, daß sie gegenüber Formen der direkten Kommunikation, häufig durch Anknüpfungs- oder Wiederaufnahmeäußerungen expliziert werden. Unter methodischen Gesichtspunkten sind solche Gelenkstellen als Beschreibungen des 'Kommunikationsstandes' von besonderem Interesse (Bucher 1988).

(5) Intermediale Kommunikationszusammenhänge:
Aufgrund der Nutzung anderer Medien als Informationsquellen, der medienkritischen Auseinandersetzung zwischen einzelnen Medien oder der Themenübernahme ist die öffentliche Kommunikation von einem dichten Geflecht intermedialer Zusammenhänge durchzogen. Sie geraten bevorzugt dann ins Blickfeld, wenn die Funktion der Medien für die öffentliche Meinungsbildung beschrieben werden soll. Herman/Chomsky (1988) beschreiben diese Art öffentlicher Kommunikationszusammenhänge als „propaganda model", das als ein „Filtersystem" die gesellschaftliche Konformität sichert, indem es Themen bestimmt, die öffentliche Aufmerksamkeit verteilt, Ereignisse einordnet, Debatten begrenzt und Information ausfiltert. In einer Kommunikationsanalyse von Medienbeiträgen wird dieser übergeordnete Gesichtspunkt dadurch berücksichtigt, daß Parallel-, Kontrast- und Quellenbeiträge in die Analyse einbezogen werden.

(6) Anschlußkommunikationen der Rezipienten:
Eine Möglichkeit, die Fragestellungen der Wirkungsforschung innerhalb eines sprachwissenschaftlich fundierten Forschungsdesigns aufzugreifen, bietet die Analyse von Anschlußkommunikationen der Rezipienten, in denen sich deren Verständnis und deren Reaktionen auf Medienbeiträge zeigen. Beispiele solcher Anschlußkommunikationen sind Leserbriefe in den Printmedien (Bucher 1986, 142–207; Bucher 1988), Hörer- und Zuschauerzuschriften (Huth/Krzeminiski 1981), Phone-Ins (Leitner 1983; Hutchby 1991), Alltagsgespräche während und nach einer gemeinsam rezipierten Sendung (vgl. Holly/Püschel 1993) oder Online-Zuschriften in Mailboxen und in Chatrunden zu bestimmten Sendungen. Gemeinsam ist diesen verschiedenen Anschlußäußerungen, daß sie einen natürlichen Kommunikationszusammenhang bilden, in dem Fragen der Themendeutung, der Wissenserweiterung, der Qualitätsansprüche und der typischen Übergangsmuster öffentlicher Kommunikation in die private Kommunikation bearbeitet werden können.

4.2. Organisationsprinzipien der Medienkommunikation

Die Schwäche informationstheoretischer, nachrichtentechnischer und inhaltsorientierter Medientheorien besteht nicht nur in ihrem mechanischen Wirkungsbegriff, sondern auch in der Reduktion der Kommunikation auf den Aspekt des Inhalts, der Information. In der sprachwissenschaftlichen Medienforschung wird demgegenüber die Komplexität der Medienkommunikation betont, die als „a complex unit of linguistic form, meaning and action" (Dijk 1988a, 8) oder als „complex sign system collectively created" (Robinson 1995, 350) aufgefaßt wird. Die folgende Systematisierung der Medienkommunikation nach verschiedenen Organisationsprinzipien dient dem Zweck, diese Komplexität für eine empirische Medienanalyse zu operationalisieren. Der Grundgedanke besteht darin, daß die verschiedenen Organisationsebenen zwar analytisch unterscheidbar sind, im Rezeptions- und Produktionsprozeß aber integrativ verzahnt werden.

(1) Sequenzmuster und Darstellungsformen:
Grundlegend für eine handlungstheoretische Sprachwissenschaft ist die Einsicht, daß Äußerungen nicht als isolierte Handlungen vorkommen, sondern in Handlungssequenzen. Das gilt für dialogische Kommunikationsformen ebenso wie für die monologischen Formen in der Medienkommunikation. Man kann deshalb nicht nur Fernsehinterviews als Frage-Antwort-Sequenzen beschreiben (vgl. 5.2.), sondern auch die journalistischen Darstellungsformen wie die Reportage, den Kommentar oder das Editorial als jeweils musterhafte Abfolge bestimmter journalisti-

scher Handlungen. Mit solchen Beschreibungen sequentieller Grundstrukturen für monologische Textsorten knüpft die sprachwissenschaftliche Medienforschung an die Textlinguistik an (Bucher 1986, 24−74; Dijk 1983; 1988a, 17−94). Neben den Spielarten des Berichtens (Bucher 1986, 75−141) sind für die verschiedenen Formen des Kommentierens Argumentations- und Bewertungsmuster beschrieben worden (Herbig/Sandig 1994; Lätzer 1994; Ramge 1994a, 1994b). Entgegen den definitorischen Textsortenbestimmungen der frühen Textlinguistik und der Publizistik, hat sich in diesen Analysen gezeigt, daß es zwar typische elementare Sequenzmuster für die einzelnen Textsorten gibt, deren Anordnung und Auswahl für die konkrete Realisierung eines Beitrags aber relativ offen ist. Für die Zuordnung eines Beitrags zu einer Textsorte kann deshalb nicht Strukturgleichheit das entscheidende Kriterium sein, sondern eine Art Familienähnlichkeit, die auch unscharfe Grenzbereiche und Übergangsformen zuläßt. Textsortenbeschreibungen sind auch mediengeschichtlich genutzt worden, um Entwicklungstendenzen der Medienkommunikation zu rekonstruieren (Püschel 1991, 1994; Schröder 1995). Eine sequenzmusterbasierte Betrachtungsweise journalistischer Darstellungsformen ist auch hinter dem sogenannten „News-as-narrative-approach" erkennbar (Bennett/Edelman 1985; Schudson 1982; Kunelius 1994; Pietilä 1992). Begriffe aus der Narratologie wie Erzähler, Erzählperspektive, Erzählstruktur, Story, Exposition, Pointe werden genutzt, um eine konstrukivistische Sicht der Berichterstattung zu fundieren, derzufolge die journalistische Realitätsvermittlung nicht nur über die Inhalte, sondern auch über die Form der Darstellung erfolgt. Die sequentielle Betrachtungsweise ist aber nicht nur produktiv für die Beschreibung beitragsinterner Zusammenhänge, sondern auch für eine Analyse beitragsexterner Zusammenhänge. Medienbeiträge können ihrerseits in weitere Kommunikationszusammenhänge eingebettet sein, beispielsweise in eine ausgaben- oder sendungsübergreifende Beitragskette, in eine ausgaben- bzw. sendungsinterne Beitragssequenz oder in ein modulares Beitragscluster. (Für das Fernsehen: Püschel 1992; für Printmedien: Bucher 1996). Dieser externe Aspekt der Beitrags-, Bild- und Grafikverwendung ist letztlich der Rahmen für eine Beschreibung beitragsinterner Verwendungsweisen sprachlicher und bildlicher Mittel.

(2) Sprachliche Ausdrücke und Äußerungsformen:

Die Auffassung, daß sich in der Pressesprache Tendenzen der Gegenwartssprache und des Sprachwandels besonders deutlich zeigen, hat zu einer breiten Bestandsaufnahme medienspezifischer Ausdrucksformen geführt (zusammenfassend Straßner 1980; Schwitalla 1993; für die Presse Lüger 1995, 22−41; für den Hörfunk Fluck 1993; für das Fernsehen Holly/Püschel 1993). Die Etablierung pragmatischer, am Gebrauch sprachlicher Ausdrücke orientierter Sprachauffassungen hat für die Linguistik die Möglichkeit eröffnet, diese Befunde zu den syntaktischen Strukturen von Medientexten, zu ihren lexikalischen Besonderheiten oder zum Sprechstil auf jeweils spezifische journalistische Aufgaben und Handlungsformen zurückzuführen. Unter einer solchen funktionalen Perspektive wird erkennbar, daß die medienspezifischen Ausdrucksformen eng mit den anderen Ebenen der Kommunikationsorganisation korrelieren. So sind medienspezifische Ausprägungen des Wortschatzes aus den journalistischen Aufgaben und den behandelten Themen ableitbar (Fritz 1993; Gloning 1996). Welche syntaktischen Möglichkeiten der Redewiedergabe genutzt werden, kann abhängen vom Grad der Distanzierung, den ein Berichterstatter gegenüber dem Berichteten einnehmen will, aber auch von der Markierung des Informationsschwerpunktes der Redewiedergabe für eine spezifische Kontexteinbettung (vgl. Kurz 1966; Öhlschläger 1993; Mukkenhaupt 1987; Fairclough 1995, 55−65). Modalverben sind typische Mittel zur Markierung der Quellenperspektive bei Wiedergabe von Informationen aus zweiter Hand (vgl. Fritz 1991). Die signifikant häufige Verwendung abperlender Satzgefüge und weiterführender Neben- oder Relativsätze in den Zeitungen des 17. Jhs. korreliert mit der additiven, am Sammelprinzip ausgerichteten Struktur der damaligen Berichterstattung und im weiteren mit der spezifischen Informationsbeschaffung (vgl. Demske-Neumann 1996, 78−87). Die Wortstellung kann als Mittel zur Sicherung der Textkohärenz oder zur Markierung des Informationsschwerpunktes eingesetzt werden (Böttger 1986, 390/1; Bucher 1999; Fluck 1989; Harweg 1968b). DeKnop (1987) und Kniffka (1980) haben gezeigt, daß syntaktische Formen von Schlagzeilen wie Nominalisierungen, Verbauslassungen oder metaphorische Komposita aus den Mehrfachfunktionen dieser Textbestandteile erklärbar sind. Eine funktionale Analyse sprachlicher Äußerungsformen ist auch die Schnittstelle zur Beschreibung journalistischer Darstellungs- und Aufmachungsformen. So unterscheiden sich die Spielarten des Berichtens, Meldung, Bericht, Reportage, Feature, in systematischer Weise hinsichtlich der Verwendung bestimmter Tempusformen und deiktischer Ausdrucksformen. (Bucher 1986, 93—141). Typisch für kommentierende Darstellungsformen ist, im Vergleich zu berichtenden, eine freiere Verwendung von Konjunktionen, Adjektiven und Modalverben für die entsprechenden argumentativen oder bewertenden Handlungen (vgl. Ramge 1994). Produktiv ist eine solche integrative Betrachtungsweise, bei der sprachliche Formen nicht als autonom, sondern in ihren Verwendungszusammenhängen betrachtet werden, auch für eine journalistische Stilistik. Anstelle schwer begründbarer Normierungen für journalistisches Texten, eröffnet sie die Möglichkeit, Prinzipien der Textgestaltung und der Textoptimierung zu formulieren, die funktional aus den journalistischen Aufgaben und Handlungsbedingungen abgeleitet sind (Häusermann 1993; Bucher 1999). Besonders ausgeprägt war eine solche Form der Stilistik in der Journalistik der DDR. Sie war motiviert durch eine zweckorientierte Auffassung von Publizistik, derzufolge 'der sozialistische Journalismus Bestandteil der allgemeinen Praxis marxistisch-leninistischer Agitation und Propaganda ist' (Autorenkollektiv der Sektion Journalistik 1985, 10). Auf der Grundlage einer funktionalen Stil- und Sprachauffassung sind eine ganze Reihe typischer journalistischer Darstellungsmittel analysiert worden, beispielsweise Überschriften (Richter/Frotschner 1989), der Sprachgebrauch in Feuilleton-Texten (Bretschneider/Morgenstern 1989), Verfahren der Textstrukturierung (Michaelis 1985) oder die sprachliche Gestaltung von Text-Bildbeiträgen in der Fernsehberichterstattung (Romeyke 1977).

(3) Wissensaufbau und Wissenskonstellation
Der Begriff des Wissens ist konstitutiv für eine dynamische Medienauffassung. Luhmann sieht beispielsweise die Funktion der Massenmedien darin, daß „sie ein Hintergrundwissen bereit stellen und jeweils fortschreiben, von dem man in der Kommunikation ausgehen kann" (Luhmann 1995, 49). Annahmen über die Wissensvoraussetzungen der Rezipienten bestimmen einerseits das journalistische Handeln. Andererseits hängt das Verständnis, das Leser, Zuhörer, Zuschauer von Medienbeiträgen entwickeln, entscheidend von ihren Wissensbeständen ab. Die Zielgruppenorientierung einer Sendung, eines Printproduktes oder eines Einzelbeitrags läßt sich deshalb beispielsweise auch über die Analyse des jeweils vorausgesetzten Wissens — Fachwissen, Spezialwissen, Insiderkenntnissen — rekonstruieren. Alle sequentiellen Zusammenhänge der Medienkommunikation lassen sich auch unter dem Aspekt des Wissensaufbaus und der entsprechenden Wissenskonstellationen beschreiben. Das gilt beispielsweise für typische Sequenzmuster wie ANREISSERMELDUNG — ERWEITERUNGSBEITRAG oder BERICHTKOMMENTAR. Aber auch eine ganze Reihe journalistischer Schreibstrategien wie Rätseleinstieg, Pointenschluß, ironische Formulierungen, Anspielungen und Wortspiele basieren auf dem gemeinsamen Wissen zwischen Journalist und Rezipient. (Zum Begriff des gemeinsamen Wissens vgl. Schiffer 1972; Fritz 1994). Komplexe Wissenskonstellationen sind typisch für Fernseh- und Radiogespräche, bei denen mehrere Teilnehmer vor Studiopublikum für ein Zuschauerpublikum kommunizieren (vgl. 5.2.). Die rekursive Struktur des gemeinsamen Wissens zwischen Journalisten und Rezipienten bietet auch einen Ansatz zur Klärung des Begriffs der öffentlichen Meinung und zur Analyse der Entstehung und Wirkung von Stereotypen und Vorurteilen.

(4) Thematische Strukturen:
In der soziologischen und publizistikwissenschaftlichen Medienforschung gilt der Begriff des Themas als grundlegende Kategorie zur Beschreibung öffentlicher Kommunikation. Er wird herangezogen zur Klärung des Begriffs der öffentlichen Meinung (Luhmann 1995). Die Agenda-setting-Forschung verwendet den Themenbegriff, um Wirkungen der Medienkommunikation zu beschreiben (McCombs/Shaw 1972), die konstruktivistisch orientierte Journalismusforschung beschreibt journalistisches Handeln als Themenselektion auf der Grundlage sogenannter Nachrichtenwerte (zusammenfassend Weischenberg 1995, Kp. 4). In der Diskursanalyse dient der Begriff des Themas als Basiskategorie zur Beschreibung von Textstrukturen. Aus sprachwissenschaftlicher Sicht sind die genannten Klärungsversuche in verschiedener Hinsicht reduktionistisch: Zum einen werden neben den Themenstrukturen andere Organisationsprinzipien der Medienkommunikation ausgeblendet. Und zum anderen

herrscht die Auffassung vor, Themen seien Eigenschaften von Texten und Bildern, und deshalb mechanisch – beispielsweise auf der Basis von Schlüsselwörtern oder Satzbedeutungen – aus ihnen ableitbar. Sprachwissenschaftliche Thementheorien gehen dagegen davon aus, daß das Thema eines Kommunikationsbeitrags Teil seines Verständnisses oder seiner Deutung ist (vgl. dazu Fritz 1980, Kp. 7). Für die Medienanalyse ergeben sich aus einem dynamischen Themenbegriff eine Reihe neuer Forschungsfragen: Auf welche Kriterien kann man sich stützen, um anzugeben, welche Themen in einem Beitrag behandelt werden? Durch welche journalistischen Handlungen entstehen Themenstrukturen, Themenprofile, Themenkarrieren? Mit welchen sprachlichen Mitteln werden in Medienbeiträgen Themen angekündigt, Themenschwerpunkte gesetzt, thematische Zusammenhänge signalisiert? Die Klärung solcher Fragen hat in der sprachwissenschaftlichen Medienforschung zu einer methodisch reflektierten Empirie geführt, die hermeneutische Verfahren und quantitative Analyse miteinander verbindet (Bucher/Schröter 1990; Schröder 1995). Gegenüber einem mechanischen Themenbegriff ist ein dynamischer auch eine adäquate Grundlage zur Analyse kommunikationsgeschichtlicher Zusammenhänge der Medienberichterstattung. Man kann solche Zusammenhänge analysieren, indem man sie auf journalistische Themenoperationen zurückführt, wie, ein Thema einführen, personalisieren, verschieben, regionalisieren, zuspitzen, ausweiten, ausblenden, chronologisch weiter entwickeln usw. (vgl. Bucher 1991, 70–85). Thematische Strukturen sind auch ein wesentlicher Aspekt bei der Analyse von Mediendialogen und ihrer Typologisierung (vgl. Brinker 1988; Holly/ Kühn/Püschel 1986, Kp. 7; Hutchby 1991). Die thematische Seite von Medienkommunikationen spiegelt sich auch in den verschiedenen Formen der Textgestaltung, die sich im Verlauf der Mediengeschichte als Instrumente des journalistischen Themenmanagements herausgebildet haben, wie: Überschriften, Vorspann, Anreißermeldungen, Inhaltsverzeichnisse, Themenüberblicke, Teaser, Trailer und Stichworteinblendungen (vgl. Blum/Bucher 1998; Garcia 1993, Kp. 1, 2, 6; Bell 1991, 175–190). Mit der Beschreibung von Themenübernahmen in andere Kommunikationsbereiche, z. B. der politischen Kommunikation oder der Alltagskommunikation, leisten sprachwissenschaftliche Untersuchungen einen Beitrag zur Analyse der Entstehung öffentlicher Meinungen (vgl. Dijk 1991).

(5) Strategische Prinzipien und Informationspolitik:
Mit den Begriffen 'Tendenz', 'Konsonanz', 'Kumulation' und 'Sychronisation' haben makrosoziologische Medientheorien ein Repertoir von Ausdrücken entwickelt, mit denen dynamische Aspekte der Medienkommunikation und weiterreichende Zusammenhänge beschrieben werden sollen. Ungeklärt bleibt allerdings der Gegenstandsbereich, auf den diese Begriffe angewendet werden sollen, also das, was tendenziös und konsonant ist, was kumuliert und sychronisiert wird. Eine sprachhandlungstheoretische Betrachtungsweise der Medienkommunikation eröffnet die Möglichkeit, die genannten Begriffe als informationspolitische Strategien zu verstehen und sie auf Aspekte des journalistischen Handelns zurückzuführen (vgl. Bucher 1991, 37–42). So kann man die Kumulation als strategisches Verfahren deuten, bei dem gleichgerichtete journalistische Handlungen zur Erreichung eines bestimmten Informationszieles koordiniert werden, beispielsweise gleichgerichtete Kommentierungen, das Ausblenden alternativer Themenbereiche und Sichtweisen, oder die kontinuierliche Verwendung bestimmter sprachlicher Kennzeichnungen (vgl. Verschueren 1985). Strategische Analysen sind Verstehensanalysen, bei denen Zusammenhänge der Medienberichterstattung auf kommunikative oder informationspolitische Prinzipien zurückgeführt werden. In Bucher 1991 werden typische Berichterstattungs-Strategien analysiert, die Tageszeitungen in gesellschaftlichen Konfliktfällen anwenden, um die eine oder die andere der Konfliktparteien zu unterstützen. Schröder (1995) hat die Berichterstattung der ältesten überlieferten Zeitungen aus dem Jahr 1609 an den journalistischen Prinzipien des Informierens gemessen und dabei gezeigt, daß ihre Berichterstattung nicht synchronisiert und konsonant ist, sondern den Lesern ein „Mosaik von Einzelnachrichten" angeboten wird, das diese selbst zu einem kohärenten Bild der Ereignisse zusammensetzen müssen. Strategische Prinzipien lassen sich auch nutzen, um textsortenspezifische Aufbaumuster zu beschreiben. So ist das sogenannte 'Prinzip der umgekehrten Pyramide', demzufolge Informationen nach dem Grad ihrer abnehmenden Wichtigkeit angeordnet werden sollen, ein typisches Bauprinzip für berichtende Darstellungsformen. Das schreibstrategische Prinzip der finalen

Beitragskonzeption, das Prinzip der dosierten Informationsvermittlung oder das Prinzip der induktiven Darstellungsweise sind charakteristisch für Reportage und Feature (vgl. Bucher 1997; Häusermann 1993). In vielen Fällen wird eine prinzipienorientierte Beschreibung journalistischer Darstellungsformen deren Offenheit und flexible Gestaltung besser gerecht, als eine an Regeln ausgerichtete.

5. Anwendungsfelder der sprachwissenschaftlichen Medienanalyse

5.1. Medienkritik und Medienethik

Die sprachkritische Auseinandersetzung mit Pressetexten kann als die älteste kontinuierlich betriebene Form der Medienanalyse angesehen werden. Als Klage über die sprachlichen Mängel von Zeitungstexten zieht sie sich seit dem Beginn der periodischen Presseberichterstattung im 17. Jh. bis heute durch die Mediengeschichte (als Überblick vgl. Müller 1991; für den Rundfunk: Eich 1960). Kennzeichen dieser Form der Sprachkritik ist einerseits ihre Fixierung auf den sprachlichen Ausdruck − Fremdwörter, Satzbau, Stil, Aussprache − und andererseits ihr normativer Charakter. Ohne daß die Grundlagen der Kritik geklärt sind, werden die sprachlichen Befunde als Beweisstücke für allgemeine gesellschaftliche oder kulturelle Tendenzbefunde − z. B. der wachsende Materialismus, die Bürokratisierung des Alltags − oder der Niedergang des ganzen Mediensystems herangezogen (exemplarisch: Kürnberger 1866 (1967), 145 ff.). Dementsprechend werden Stilistik-Lehrbücher mit fragwürdigen Reglementierungen als Heilmittel aufgeboten (vgl. Schneider 1984).

Die verschiedenen sprachwissenschaftlich orientierten Formen der Medienkritik (zur Übersicht vgl. Bucher 1991, 21−45), stehen zwar in der Tradition dieser vorwissenschaftlichen und eher feuilletonistischen Ansätze, beziehen ihr methodisches Rüstzeug aber aus verschiedenen Sprachtheorien.

Der älteste Zweig der sprachwissenschaftlichen Medienkritik geht zurück auf die sogenannte 'critical linguistics', eine Etikette, unter der sich Sprach- und Literaturwissenschaftler aus dem angelsächsischen Sprachraum zusammengefunden haben (zusammenfassende Darstellungen in: Fairclough 1995; Fowler/Hodge/Kress/Trew 1979; Kress 1983, 45; Fowler 1991, 1−10; Good 1985). Theoretische Basis der 'critical linguistics' sind die funktionale Sprachwissenschaft von Michael A. K. Halliday sowie einige Ideen der amerikanischen Soziolinguistik (vgl. dazu: Fowler 1987; Fowler 1991, 25−45). Vertreter der 'critical linguistics' sehen sich in einer Linie mit der Medienkritik der Glasgow University Media Group (dieselbe 1976, 1980) sowie der 'Cultural Studies' an der University of Birmingham (Hall u. a. 1980), kritisieren aber deren anekdotische und grobgerasterte Sprachanalysen. Die Medienanalyse der 'kritischen Linguisten' beruht auf der Annahme, daß sich im journalistischen Sprachgebrauch Ideen, Weltanschauungen, Ideologien, Stereotype manifestieren und deshalb mit der Berichterstattung entsprechende Weltbilder konstruiert werden. Aufgabe der Medienkritik ist es deshalb, die in den Textstrukturen enthaltenen ideologischen Zeichen zu entschlüsseln. Die von den Vertretern der 'critical linguistics' dafür in Checklisten zusammengestellten Textmerkmale umfassen Verben und Verbformen (aktiv, passiv), Nominalisierungen, Modalverben, und -adverbien, Pronominalisierungen, Auslassungen, Umkehrungen und lexikalische Besonderheiten wie Wortfelder oder bestimmte Register (Fowler 1987; Good 1985, 19−46; Fowler 1991, 68−90). Die Analyse solcher ideologieträchtiger Textmerkmale ist geleitet von der funktionalen Frage, warum angesichts einer Vielfalt von Ausdrucksmöglichkeiten gerade eine bestimmte ausgewählt wurde. Um die Selektionsvorgänge und damit die ideologischen Muster eines Textes erkennbar zu machen, ist das Verfahren der 'critical linguistics' kontrastiv angelegt. Als Beispiele werden Berichterstattungen über gesellschaftliche Konflikte wie Streiks, Tarifauseinandersetzungen, Debatten über Atomwaffen und Atomenergie, ethnische Konflikte oder öffentliche Skandale herangezogen, bei denen die unterschiedlichen Meinungen und Sichtweisen deutlich polarisiert sind (Zur Kritik der kritischen Linguisten vgl. Bucher 1991, 26−29). Durch die Fixierung auf die Analyse sprachlicher Ausdrücke bleiben die kommunikativen, dynamischen und intertextuellen Aspekte der Medienkommunikation weitgehend ausgespart, ebenso Text-Bild-Zusammenhänge, Typografie und Layout, oder auch stilistische Textmerkmale.

Die diskursanalytische Medienkritik, begründet von Teun A. van Dijk (1988a, b und 1991) und aufgegriffen vom Duisburger Institut für Sprach- und Sozialforschung (DISS) um Siegfried Jäger (Jäger 1993) setzt gerade an diesen strukturellen Aspekten der Medienkommunikation an und entwickelt daraus einen Diskursbegriff (Jäger 1993, 138−229). Ihre Gemeinsamkeit mit den Vertretern der 'critical linguistics' ist die ideologiekritische Ausrichtung, wobei die Analyse rassistischer, fremdenfeindlicher Muster der Berichterstattung im Zentrum steht (Dijk 1991, 1−49, 224−254; 1993, 126/7; Wodak 1989; Wodak u. a. 1994). Die kritische Diskursanalyse unterscheidet sich aber von der 'critical linguistics' in bezug auf die berücksichtigten Analyse-Ebenen. Während die 'critical linguistics' die Diskriminierung auf der Ebene des sprachlichen Ausdrucks analysiert, beschreibt die diskursanalytische Medienkritik sie als komplexe soziale Praxis der Medienkommunikation, beispielsweise auf der Ebene der Selektion von Inhalten und Themen, der stilistischen Mittel, der Zitierungen, der Überschriften, der Strukturen der Beiträge und der Argumentationsmuster in kommentierenden Beiträgen (vgl. Dijk 1991, 50−223).

Als argumentative Grundlage hat die kommunikationsanalytische und handlungstheoretische Medienkritik das Gerüst einer intrinsischen journalistischen Ethik etabliert, die von den spezifischen journalistischen Zwecken und Aufgaben der Berichterstattung ausgeht (vgl. Muckenhaupt 1980; Bucher 1991, 7−18). Sie greift dafür auf die Prinzipienlehre von Paul Grice zurück, der für den „maximal effektiven Informationsaustausch" (Grice 1979, 50) neben einem übergeordneten Kooperationsprinzip vier Kommunikationsmaximen als konstitutiv vorschlägt: die Maxime der Wahrheit und Wahrhaftigkeit, die Maxime der Relevanz, die Maxime der Informativität und die Maxime der Verständlichkeit und Klarheit (vgl. dazu auch: Straßner 1982, 49−96; Bucher 1986, 71−74; Muckenhaupt 1986, 275−282). Eine Klärung dieser Maximen für die Medienberichterstattung erfolgt nach dem sogenannten dialogischen Verfahren: Anstatt normativ festzulegen was als verständlich, informativ, relevant und wahr gilt, werden Kommunikationsverläufe untersucht, in denen Probleme der Relevanz, der Informativität, der Wahrheit und Verständlichkeit behandelt werden. Paradigmatisch für eine solche kommunikative Klärung journalistischer Maximen sind Leserbriefe untersucht worden (Bucher 1986, 142−207), Gespräche über Nachrichtensendungen (Muckenhaupt 1986, 305−314) sowie öffentliche Mediendebatten (Bucher 1991). Ihre kritische Aufgabe sieht die kommunikationsanalytische Medienforschung in der Rekonstruktion informationspolitischer Zusammenhänge beziehungsweise der kommunikativen Verfahren, mit denen Medienrealitäten aufgebaut werden. Empirische Analysen dieser Form der Medienkritik liegen vor für die Informationsqualität privatrechtlicher Hörfunkprogramme (Bucher 1990; 1995), die Verständlichkeit von Fernsehnachrichten (Muckenhaupt 1986; Straßner 1982), Strategien der Krisenkommunikation in Tageszeitungen (Bucher 1991; 1992), den Wandel der Mediensprache im Nachkriegsdeutschland (Straßner 1991; 1994b).

5.2. Analysen von Mediendialogen

Bei der Analyse von Gesprächen in den Medien ist die Beschränktheit einer inhaltsanalytischen Verfahrensweise besonders offensichtlich. So hängt der Eindruck, den ein Politiker in einem Fernsehinterview hinterläßt, der Unterhaltungswert einer Talk-Show, oder der Informationswert eines Expertenhearings eben nicht nur davon ab, was von den Beteiligten gesagt wird und welche Themen behandelt werden, sondern ganz entscheidend auch davon, wie etwas gesagt wird, wie die Teilnehmer kommunikativ agieren (vgl. Heritage/Clayman/Zimmerman 1988, 77−81). Vielfach sind sogar die Inhalte einer Kommunikation gar nicht erkennbar, ohne daß man deren Dialogstrukturen aufdeckt. Das gilt beispielsweise für Interviews mit sogenannten geladenen Fragen, bei denen das, was von den Beteiligten gesagt wird, erst aus den Interviewäußerungen herausinterpretiert werden muß (Bucher 1993). Es gibt auch Fälle, bei denen erst eine Analyse des Kommunikationsverlaufs eine Erklärung liefert für die inhaltliche und informatorische Dürftigkeit einer Sendung, wie es für sogenannte Confrontainment-Sendungen gezeigt wurde (vgl. Holly/Schwitalla 1995). Die traditionelle Kommunikationswissenschaft hat für dialogische Sendeformen bislang kein adäquates Analyseinstrument entwickelt. Insofern hat die sprachwissenschaftliche Medienforschung mit der Analyse von Dialogen in den Medien einen eigenständigen und neuartigen Beitrag zur empirischen Medienforschung geleistet.

Im Mittelpunkt der sprachwissenschaftlichen Erforschung von Mediendialogen steht das kommunikative Handeln der Gesprächspartner in den verschiedenen dialogischen Sendeformen von Hörfunk und Fernsehen wie Medieninterviews, Expertenhearings, Diskussionsrunden, Talk-Shows, Streitgespräche. Untersucht werden vor allem zwei Aspekte: einmal die Kommunikationsstrukturen, die bestimmte Dialogtypen konstituieren, und zweitens das strategische Handeln der Akteure unter den medienspezifischen Kommunikationsbedingungen. Eine einheitliche Theorie der Mediendialoge liegt allerdings bislang nicht vor. Zwar greifen die meisten Studien auf das Analyseinstrumentarium der ethnomethodologischen Konversationsanalyse zurück (z. B. Greatbatch 1985; 1992; Heritage 1985; Heritage u. a. 1988; Linke 1985; Heritage/Roth 1995; Schegloff 1988/89; Clayman/Whalen 1988/89; Holly 1993a). Es werden aber auch theoretische und methodische Anleihen gemacht bei handlungstheoretischen Ansätzen der linguistischen Dialoganalyse (Holly/Kühn/Püschel 1986; Bucher 1994; Holly/Schwitalla 1995), verschiedenen Dialogspieltheorien (Blum-Kulka 1983; Bucher 1993) oder der pragmalinguistischen Diskursanalyse (Blum-Kulka 1983; Dieckmann 1985; Rehbock 1985).

(1) Medienspezifische Dialogstrukturen:
Der hohe Organisationsgrad macht Mediendialoge zu Paradefällen für eine Analyse des Zusammenhangs von Dialogstrukturen und institutionellen Bedingungen. Zwar haben viele mediale Kommunikationsformen ein verwandtes Pendant in der Alltagskommunikation. Sie weisen aber „strukturelle Verschiebungen" (Holly/Kühn/Püschel 1986, 46) oder „institutionalized reductions and specialisations" (Heritage/Greatbatch 1991, 96) auf, die ihnen eine „eigene Wirklichkeit" (Burger 1991, 410−422) verleihen, die man als 'Fingerabdruck' der Institutionen Fernsehen oder Hörfunk deuten kann. Die herausgearbeiteten Besonderheiten von Mediendialogen gegenüber Alltagsdialogen oder Dialogen in anderen Institutionen lassen sich in folgenden drei Punkten zusammenfassen:

(a) Vertreter der ethnomethodologischen Konversationsanalyse haben gezeigt, daß die *Verteilung* des *Rederechts* und der *Sprecherwechsel* in Mediengesprächen in typischer Weise stärker reglementiert ist, als in Alltagskommunikationen (vgl. Greatbatch 1988; Heritage/Greatbatch 1991, 97−106). So ist das Recht, Fragen zu stellen, das Gespräch zu eröffnen und zu beenden oder das Rederecht zu verteilen an die Rolle des Interviewers gekoppelt, dem Interviewten dagegen sind Äußerungsformen vorbehalten, die als Antworten gelten können. Interviewer enthalten sich zustimmender oder skeptischer Hörersignale („mmh"), um ihre Neutralitätsverpflichtung nicht zu verletzen. Stellt der Interviewer Behauptungen auf, dann zählen diese als Fragevorbereitungen, denen der Interviewte erst widersprechen darf, wenn die eigentliche Frage gestellt ist. Abweichungen vom Standard-Format werden durch bestimmte Reparaturmaßnahmen aufgefangen (Heritage 1985; Greatbatch 1992). Diese mikrostrukturellen Besonderheiten von Mediendialogen lassen sich auf deren Makrostrukturen zurückführen. Mediendialoge sind Spielarten der öffentlichen Berichterstattung und insofern einer Neutralitätsverpflichtung unterworfen, deren Einhaltung durch die Reglementierung des Rederechts garantiert werden soll. Die Gesprächsaufgaben des Interviewers entsprechen seiner medialen Rolle als Katalysator eines dialogischen Informationsvorganges, dessen Adressat nicht er, sondern die Zuhörer und Zuschauer sind (vgl. Heritage 1985).

(b) Mediendialoge sind Dialoge, die für und vor einem Publikum geführt werden („overhearing audience", Heritage 1985). Für die Dialogteilnehmer entsteht dadurch ein komplexes Adressierungsproblem: Sie müssen nicht nur ihre jeweiligen Gesprächspartner in der Sendung berücksichtigen, sondern als Adressaten auch die Zuhörer/Zuschauer und bei Studiosendungen auch ein anwesendes Studiopublikum. Explizite illokutionäre Indizien für diese Mehrfachadressierung sind bestimmte Handlungen, die aus dem ersten Kommunikationskreis an die Teilnehmer des zweiten Kommunikationskreises gerichtet sind. Implizit zeigt sich die Mehrfachadressierung einerseits in der anwaltschaftlichen Gesprächsführung der Journalisten (vgl. Heritage 1985), andererseits in den Bestrebungen der Interviewten, mehrere kommunikative Ziele gleichzeitig zu verfolgen, z. B. bei den Zuschauern für die eigene Partei zu werben und innerhalb der Studiorunde mit dem politischen Gegner zu diskutieren (vgl. Dieckmann 1985; Holly/Kühn/Püschel 1986). Neben den sprachlichen Möglichkeiten sind im Fernsehen auch die nonverbalen Kontaktierungen wie Blickkontakte, Kopfzuwendung, Körperdrehungen strategische Mittel zur Lösung der komplexen Adressierungsaufgabe (Petter-Zimmer 1990, 75−128).

(c) Aus der komplexen Kommunikationskonstellation folgt, daß Mediengespräche unter ganz unterschiedlichen, gleichzeitig gegebenen Wissenskonstellationen geführt werden. Da sich das Studio- oder Saalpublikum, die Zuschauer oder Zuhörer und die Gesprächspartner auch in ihren jeweiligen Wissensbeständen unterscheiden, kann dieselbe Äußerung auch jeweils verschieden verstanden werden (vgl. dazu Bucher 1994, 485). Für eine ganze Reihe von Talk-Shows und unterhaltenden Politikmagazinen ist es geradezu konstitutiv, daß sie auf ein aktuelles Themen- und Nachrichtenwissen des Publikums und der Zuschauer setzen: Ihr Unterhaltungswert beruht darauf, daß das Publikum die Anspielungen und Gags des Talkmasters oder des Moderators auf der Grundlage dieses vorausgesetzten Wissens verstehen (zu Talk-Show-Dialogen vgl. Mühlen 1985; Brinker 1988; Faber 1994).

(2) Dialogstrategien und Kommunikationsdynamik:

Ein zweiter Schwerpunkt der dialoganalytischen Medienforschung ist die Untersuchung strategischer Muster. Untersucht werden Fragestrategien der Moderatoren und Journalisten (Blum-Kulka 1983; Jucker 1986; Bucher 1993; Holly 1993a; Greatbatch 1992), Beantwortungs- und Entgegnungsstrategien (Harris 1991; Holly/Kühn/Püschel 1986) sowie Dialogsteuerungsstrategien, mit denen Konfrontationen aufgefangen und Eskalationen abgebaut werden (Greatbatch 1992; Schegloff 1988/89). Mediengespräche werden nämlich von Teilnehmern in auffallender Weise unter strategischen Gesichtspunkten geführt. Einerseits begünstigt der Öffentlichkeitscharakter der Medienkommunikation weiterreichende Kommunikationsziele wie Imagepflege und Parteiwerbung. Andererseits erschwert er dies durch verschiedene Kommunikationsdilemmata: das Festlegungsdilemma (a), das Konkurrenz-Kooperations-Dilemma (b) und das Prinzipien-Dilemma (c).

(a) Während der Journalist oder ein Dialogkontrahent das Ziel verfolgen können, den Politiker oder Prominenten zu Äußerungen mit möglichst weitreichenden Festlegungen zu bewegen, wollen diese natürlich gerade verhindern, durch Festlegungen den künftigen Handlungsspielraum einzugrenzen. Journalisten versuchen diesen Interessenskonflikt mit sogenannten „geladenen Fragen" aufzulösen (vgl. Bucher 1993), die den Interviewten zwingen auf entsprechende Fragevorausetzungen einzugehen. Die Befragten kontern mit entsprechenden Ausweichstrategien, wie thematischen Verschiebungen, die Frage „vergessen", oder offenen Antwortverweigerungen, um unangenehmen Festlegungen zu entgehen (vgl. Harris 1991).

(b) Mediendialoge sind oft kompetitiver Art, da die Dialogpartner unterschiedliche und konfligierende Kommunikationsziele verfolgen. So kann es das Interesse des Journalisten oder Moderators sein, den Gesprächspartner zu möglichst zugespitzten Stellungnahmen oder zur Preisgabe von privaten Informationen zu bringen, während diesem mehr an seiner Selbstdarstellung und der kontrollierten Informationspreisgabe gelegen ist (allg. zu Rollenkonflikten des Moderators vgl. Burger 1991, 276–306). Jucker (1986) und Clayman (1988) haben auf diesem Hintergrund typische Deeskalationsstrategien beschrieben. Es ist verschiedentlich gezeigt worden, wie Mediendialoge schrittweise eskalieren können, wie sich ein Interview zum Streitgespräch wandelt, ohne daß dadurch allerdings der etablierte Rahmen eines Medien-Dialogs zusammenbrechen muß (vgl. Clayman/Whalen 1988–89; Schegloff 1988–89; Holly 1993a). Beantwortet ein Interviewpartner eine Frage nicht zufriedenstellend, so können Journalisten mit umformulierten Fragen nachhaken (vgl. dazu Clayman 1993) oder sogenannte „checking questions" als höfliche Formen des Insistierens einsetzen (Bucher 1994, 487). Generell läßt sich dialoganalytisch zeigen, daß journalistische Neutralität keine extrinsische Eigenschaft eines Medienbeitrags oder eines Journalisten ist, sondern „neutrality is an interactionally organized phenomenon, something that parties to an interview 'do together'" (Clayman 1992, 194).

(c) Aufgrund des öffentlich-rechtlichen Programmauftrags, privat-kommerziellen Interessen, den Zielsetzungen einer Sendung, den Kommunikationszielen der Beteiligten und den Erwartungen der Zuschauer und Zuhörer können bei der kritischen Beurteilung einer Sendung ganz unterschiedliche normative Vorgaben und kommunikative Prinzipien ins Spiel gebracht werden. So könnte ein Journalist die Neutralitätsmaxime durch Verzicht auf Bewertung der Interviewantworten und auf eigene Stellungnahmen wahren, damit gleichzeitig aber einen wenig unterhaltenden Gesprächsverlauf begünstigen. Das Experimentieren mit Sendeformen mit größeren Konfrontationsanteilen oder emotionalisierten Gesprächspassagen sind als Versuche zu sehen, dieses Prinzipien-Dilemma aufzulösen. Obwohl bislang noch keine medienhistorischen Untersuchungen zu Dialogsendungen auf einer breiten Materialbasis vorliegen, gibt es Indizien, daß mit der Kommerzialisierung des Mediensystems eine Zunahme konfrontativer Dialogverläufe und Sendekonzepte einhergeht (vgl. Schwitalla 1986, 269–273; Barth 1998).

6. Literatur

Alston, William P., Philosophy of language. Englewood Cliffs 1964.

Autorenkollektiv der Sektion Journalistik (Hrsg.). Einführung in die journalistische Methodik. Leipzig 1985.

Barth, Christof, Politischer Fernsehdialog zwischen Information und Unterhaltung. Eine sprachwissenschaftliche Analyse des Interviews in ZAK. In: Fernsehforschung in Deutschland. Themen, Akteure, Methoden. Hrsg. von Walter Klingler/Gunnar Roters/Oliver Zöllner, Baden-Baden 1998.

Bell, Alan, The language of news media. Oxford 1991.

Benckiser, Nikolas, Zeitungssprache. In: HdP 3.2, 1969, 166–177.

Bennett, Lauce W./Murray, Edelman, Towards a new political narrative. In: JC 35. 4, 1985, 156–171.

Biere, Bernd U., Zur Konstitution von Pressetexten. In. Sprache in den Medien nach 1945. Hrsg. v. Bernd U. Biere/Helmut Henne. Tübingen 1993, 56–86.

Blum, Joachim/Hans-Jürgen Bucher, Die Zeitung: ein Multimedium. Textdesign – Ein Gestaltungskonzept für Text, Bild und Grafik, Konstanz 1998.

Blum-Kulka, Shoshara, The dynamics of political interviews. In: Text 3, 1983, 131–153.

Böttger, Wolfgang, Der journalistische Beitrag als Text. In: TuP 6, 1986, 388–392.

Brettschneider, Jürgen/Hildegard Morgenstern, Stilfragen des Porträts und des Feuilletons. Lehrheft zum journalistischen Sprachgebrauch. Leipzig 1989.

Brinker, Klaus, Thematische Muster und ihre Realisierung in Talkshowgesprächen. In: ZGL 16, 1988, 26–45.

Bucher, Hans-Jürgen, Pressekommunikation. Grundstrukturen einer Form der öffentlichen Kommunikation aus linguistischer Sicht. Tübingen 1986.

–, Zeitungen und Leser im Dialog. Ein Beitrag zur kommunikativen Analyse von Pressetexten. In: Dialoganalyse II, 1. Hrsg. v. Edda Weigand/Franz Hundsnurscher. Tübingen 1989, 287–303.

–, Pressekritik und Informationspolitik. Zur Theorie und Praxis einer linguistischen Medienkritik. In: Mediensprache – Medienkommunikation – Medienkritik. Hrsg. v. Hans-Jürgen Bucher/Erich Straßner. Tübingen 1991, 3–109.

–, Informationspolitik in der Presseberichterstattung. Kommunikationsstrategien bei der Darstellung gesellschaftlicher Konflikte. In: Medienkultur – Kulturkonflikt. Massenmedien in der interkulturellen und internationalen Kommunikation. Hrsg. v. Ernest W. B. Hess-Lüttich. Opladen 1992, 259–289.

–, Geladene Fragen. Zur Dialogdynamik in Fernsehinterviews mit Politikern. In: Dialoganalyse IV, 2. Hrsg. v. Heinrich Löffler. Tübingen 1993, 97–107.

–, Dialoganalyse und Medienkommunikation. In: Handbuch der Dialoganalyse. Hrsg. v. Gerd Fritz/Franz Hundsnurscher. Tübingen 1994, 471–491.

–, Von der Inhaltsanalyse zur Programmstrukturanalyse. Am Beispiel regionaler privatrechtlicher Hörfunkprogramme in Baden-Württemberg und Rheinland Pfalz. In: Radiotrends. Formate, Konzepte, Analysen. Hrsg. v. Hans-Jürgen Bucher/Walter Klingler/Christian Schröter. Baden-Baden 1995, 85–102.

–, Textdesign – Zaubermittel der Verständlichkeit? Die Tageszeitung auf dem Weg zum interaktiven Medium. In: Textstrukturen im Medienwandel. Hrsg. v. Ernest W. B. Hess-Lüttich/Werner Holly/Ulrich Püschel. Frankfurt a. M. u. a. 1996, 31–59.

–, Sprache im Journalismus. Texten, Textdesign und Textoptimierung. Opladen 1999.

Bucher, Hans-Jürgen/Christof Barth, Rezeptionsmuster der Onelinekommunikation. Empirische Studie zur Nutzung der Internetangebote von Rundfunkanstalten und Zeitungen. In: MP 10, 1998, 517–523.

Bucher, Hans-Jürgen/Gerd Fritz, Sprachtheorie, Kommunikationsanalyse, Inhaltsanalyse. In: Qualitative Medienforschung. Konzepte und Erprobungen. Hrsg. v. Baacke, Dieter/Hans-Dieter Kübler. Tübingen 1989, 135–160.

Bucher, Hans-Jürgen/Christian Schröter, Privatrechtliche Hörfunkprogramme zwischen Kommerzialisierung und publizistischem Anspruch. Eine Programm- und Informationsanalyse für Baden-Württemberg und Rheinland-Pfalz. In: MP 8, 1990, 517–540.

Burger, Harald, Sprache der Massenmedien. Eine Einführung. Berlin/New York ²1990.

–, Das Gespräch in den Massenmedien. Berlin/New York 1991.

Clayman, Steven E., From talk to text: newspaper accounts of reporter-source interaction. In: MCS 12, 1990, 79–103.

–, News interview openings: aspects of sequential organization. In: Broadcast talk. Hrsg. v. Paddy Scannell. London/Newbury Park/New Delhi 1991, 48–75.

–, Footing in the achievement of neutrality: the case of news-interview discourse. In: Talk at work: interaction in institutional settings. Hrsg. v. Paul Drew/John Heritage. Cambridge 1992, 163–198.

–, Reformulating the question: A device for answering/not answering questions in news interviews and press conferences. In: Text 13, 1993, 159–188.

Clayman, Steven E./Jack Whalen, When the medium becomes the message: The case of the Rather-Bush encounter. In: RLSI 22, 1988–89, 241–272.

Connell, Ian/Adam Mills, Text, discourse and mass communication. In: Discourse and communication. Hrsg. v. Teun A. van Dijk. Berlin/New York, 1985, 26–43.

DeKnop, Sabine, Metaphorische Komposita in Zeitungsüberschriften. Tübingen 1987.

Demske-Neumann, Ulrike, Bestandsaufnahme zum Untersuchungsbereich 'Syntax'. In: Die Sprache der ersten deutschen Wochenzeitungen im 17. Jh. Hrsg. v. Gerd Fritz/Erich Straßner. Tübingen 1996, 70–125.

Dieckmann, Walther, Wie redet man „zum Fenster hinaus"? Zur Realisierung des Adressatenbezugs in öffentlich-dialogischer Kommunikation am Beispiel eines Redebeitrags Brandts. In: Gesprächsforschung im Vergleich. Analysen zur Bonner Runde nach der Hessenwahl 1982. Hrsg. v. Wolfgang Sucharowski. Tübingen 1985, 54–76.

Dijk, Teun A. van, Discourse analysis: Its development and application to the structure of news. In: JC 2, 1983, 20–43.

–, News analysis. Case studies of international and national news in the press. Hillsdale, NJ 1988.

–, News as discourse. Hillsdale, NJ 1988.

–, Racism and the press. London/New York 1991.

Drew, Paul/John Heritage (Hrsg.), Analyzing talk at work: an introduction. In: Talk at work: interaction in institutional settings. 1992, 3–65.

– (Hrsg.), Talk at work: interaction in institutional settings. Cambridge 1992.

–, Eich, Hans, Zeitungssprache und Zeitungsdeutsch. Ein Beitrag zur Klärung der Begriffe. In: Mu 1959, 289–299.

Eldridge, John (Hrsg.), Getting the message. News, truth and power, Glasgow University Media Group. London/New York 1993.

Faber, Marlene, 'Small Talk' als mediale Inszenierung. In: ZfG 3, 1994, 591–602.

Fairclough, Norman, Critical discourse analysis. The critical study of language. London/New York 1995.

Fishman, Mark, Manufacturing the news. Austin/London 1980.

Fluck, Hans-R., Hörfunknachrichten und ihre Vermittlung. In: Mu 3, 1989, 249–264.

–, Zur Entwicklung von Rundfunk und Rundfunksprache in der Bundesrepublik Deutschland nach 1945. In: Sprache in den Medien nach 1945. Hrsg. v. Bernd U. Biere/Helmut Henne. Tübingen 1993, 87–107.

Fowler, Roger, Notes on critical linguistics. In: Language topics. Essays in honour of Michael Halliday. Hrsg. v. Ross Steele/Terry Threadgold. Amsterdam/Philadelphia 1987, 481–492.

–, Language in the news. Discourse and ideology in the press. London/New York 1991.

Fowler, Roger/Gunther Kress, Critical linguistics. In: Language and control. Hrsg. v. Roger Fowler/Bob Hodge/Gunther Kress/Tony Trew. London 1979, 185–213.

Fritz, Gerd, Kohärenz. Grundfragen der linguistischen Kommunikationsanalyse. Tübingen 1980.

–, Deutsche Modalverben um 1609. Epistemische Verwendungsweisen. Ein Beitrag zur Bedeutungsgeschichte der Modalverben im Deutschen. In: PBB 113, 1991, 28–52.

–, Kommunikative Aufgaben und grammatische Mittel. Beobachtungen zur Sprache der ersten deutschen Zeitungen im 17. Jh. In: SUL 71, 1993, 34–52.

–, Formale Dialogspieltheorien. In: Handbuch der Dialoganalyse. Hrsg. v. Gerd Fritz/Franz Hundsnurscher. Tübingen 1994, 131–152.

Fritz, Gerd/Erich Straßner (Hrsg.), Die Sprache der ersten deutschen Wochenzeitungen im 17. Jh. Tübingen 1996.

Früh, Werner, Inhaltsanalyse. Theorie und Praxis. München ³1991.

–, Realitätsvermittlung durch Massenmedien. Die permanente Transformation der Wirklichkeit. Opladen 1994.

Früh, Werner/Klaus Schönbach, Der dynamisch-transaktionale Ansatz. Ein neues Paradigma der Medienwirkungen. In: Publizistik 27, 1982, 74–88.

Garcia, Mario, Contemporary newspaper design. Englewood Cliffs, NJ, ³1993.

Gassaway, Bob M., The social construction of journalistic reality. Ann Arbor 1984.

Geis, Michael, L., The language of politics. New York 1987.

Glasgow University Media Group, Bad News. London 1976.

–, More Bad News. London 1980.

Gloning, Thomas, Bestandsaufnahme zum Untersuchungsbereich „Wortschatz". In: Die Sprache der ersten deutschen Wochenzeitungen im 17. Jh. Hrsg. v. Gerd Fritz/Erich Strassner. Tübingen 1996, 141–195.

Goffman, Erving, Forms of talk. Philadelphia 1981.

Good, Colin, Presse und soziale Wirklichkeit. Ein Beitrag zur 'kritischen Sprachwissenschaft'. Düsseldorf 1985.

Greatbatch, David, The social organisation of news interview interaction. Diss. The University of Warwick 1985.

–, The turn-taking system in British news interviews. In: LS 17, 1988, 401–430.

–, On the management of disagreement between news interviewes. In: Talk at work: interaction in institutional settings. Hrsg. v. Paul Drew/John Heritage. Cambridge 1992, 268–301.

Grice, Paul, Logic and conversation. In: Syntax and semantics 3, 1975, 41–58 (dt.: Logik und Konversation. In: Handlung, Kommunikation, Bedeutung. Hrsg. v. Georg Meggle, Frankfurt 1979, 243–265).

Groth, Otto, Die unerkannte Kulturmacht. Grundlagen der Zeitungswissenschaft, Bd. 1: Das Wesen des Werkes. Berlin 1966.

Hall, Stuart et. al, Culture, media, language. London 1980.

Harris, Sandra, Evasive action: how politicians respond to questions in political interviews. In: Broadcast talk. Hrsg. v. Paddy Scannell. London/Newbury Park/New Delhi 1991, 76–99.

Hartley, John, Understanding news. London/New York 1982.

Harweg, Roland, Textologische Analyse einer Zeitungsnachricht. In: Replik 1/2, 1968a, 8–12.

–, Die Rundfunknachrichten. Versuch einer texttypologischen Einordnung. In: Poetica 2, 1968b, 1–14.

Häusermann, Jürg, Journalistisches Texten. Sprachliche Grundlagen für professionelles Informieren. Frankfurt a. M./Aarau 1993.

Herbig, Albert/Barbara Sandig, 'Das kann doch nur ein Witz sein!' Argumentieren, Bewerten und Emotionalisieren im Rahmen persuasiver Strategien. In: Überredung in der Presse. Texte, Strategien, Analysen. Hrsg. v. Markku Moilanen/Liisa Tiittula. Berlin/New York 1994, 58−95.

Heritage, John, Analyzing news interviews: Aspects of the production of talk for an overhearing audience. In: Handbook of discourse analysis, Bd. 3: Discourse and dialogue. Hrsg. v. Teun van Dijk. London 1985, 95−117.

Heritage, John/Steven Clayman/Don H. Zimmerman, The Micro-Structure of Mass Media Message. In: Advancing communication science: merging mass and interpersonal processes. Hrsg. v. Robert Hawkins/John M. Wiemann/Suzanne Pingree. Newbury Park CA 1988, 77−109.

Heritage, John/David Greatbatch, On the institutional character of institutional talk. In: Talk and social structure. Studies in Ethnomethodology and Conversation Analysis. Hrsg. v. Deirdre Boden/Don H. Zimmerman. Cambridge/Oxford 1991, 93−137.

Heritage, John/Andrew L. Roth: Grammar and institution: Questions and Questioning in the broadcast news interview. In: RLSI 28, 1995, 1−60.

Herman, Edward S./Noam Chomsky, Manufacturing consent. The political economy of the mass media. New York 1988.

Holly, Werner, Die Samstagabend-Fernsehshow. Zu ihrer Medienspezifik und ihrer Sprache. In: Mu 102, 1992, 15−36.

−, Zur Inszenierung von Konfrontation in politischen Fernsehinterviews. In: Inszenierte Information. Politik und strategische Kommunikation in den Medien. Hrsg. v. Adi Grewenig. Opladen 1993a, 164−197.

−, Secondary orality in the electronic media, In: Aspects of oral communication. Hrsg. v. Uta Quasthoff. Berlin/New York 1993b, 340−363.

Holly, Werner/Peter Kühn/Ulrich Püschel: Politische Fernsehdiskussionen. Zur medienspezifischen Inszenierung von Propaganda als Diskussion. Tübingen 1986.

− (Hrsg.), Redeshows. Fernsehdiskussionen in der Diskussion. Tübingen 1989.

Holly, Werner/Ulrich Püschel, Sprache und Fernsehen in der Bundesrepublik. In: Sprache in den Medien nach 1945. Hrsg. v. Bernd U. Biere/Helmut Henne. Tübingen 1993, 128−157.

− (Hrsg.), Medienrezeption als Aneignung. Methoden und Perspektiven qualitativer Medienforschung. Opladen 1993.

Holly, Werner/Johannes Schwitalla, Explosiv − der heiße Stuhl. Streitkultur im kommerziellen Fernsehen. In: Kulturinszenierungen. Hrsg. v. Stefan Müller-Dohm/Klaus Neumann-Braun. Frankfurt a. M. 1995, 59−88.

Hoppenkamps, Hermann, Information oder Manipulation? Untersuchungen zur Zeitungsberichterstattung über eine Debatte des Deutschen Bundestages. Tübingen 1977.

Hutchby, Ian, The organization of talk on talk radio. In: Broadcast talk. Hrsg. v. Paddy Scannel. London/Newbury Park 1991, 119−137.

Huth, Lutz/Michael Krzeminski, Zuschauerpost − ein Folgeproblem massenmedialer Kommunikation. Tübingen 1981.

Jäger, Siegfried, Die Einleitungen indirekter Reden in der Zeitungssprache und in anderen Texten der deutschen Gegenwartssprache. Ein Diskussionsbeitrag. In: Mu 68, 1968, 236−256.

−, Kritische Diskursanalyse. Eine Einführung, Duisburg 1993.

Jäger, Siegfried/Jürgen Link (Hrsg.), Die Vierte Gewalt. Rassismus in den Medien. Duisburg 1993.

Jucker, Andreas. News interviews. A pragmalinguistic analysis. Amsterdam/Philadelphia 1986.

Klein, Josef, Sprache, Diskurs und ethnisches Vorurteil. Linguistische Analyse und einige Vorschläge für den Deutschunterricht. In: SUL 1, 1994, 91−108.

Kniffka, Hannes, Soziolinguistik und empirische Textanalyse. Schlagzeilen und Leadformulierungen in amerikanischen Tageszeitungen. Tübingen 1980.

Kress, Gunther, Linguistic processes and the mediation of 'reality': The politics of newspaper language. In: ISL 40, 1983, 43−57.

−, Ideological structures of discourse. In: HdA 4. London 1985, 27−42.

−, Language in the media: the construction of the domains of public and private. In: MCS 8, 1986, 395−419.

Krippendorff, Klaus, Content Analysis. An introduction to its methodology, Beverly Hills/London 1980.

Rolf Küffner, Nachrichtensprache − eine Fachsprache mehr. In: Fachsprache 1, 1982, 71−82.

Kunelius, Risto, Order and interpretation: A narrative perspective on journalistic discourse. In: EJC 9, 1994, 249−270.

Kürnberger, Ferdinand, Sprache und Zeitung. In: Feuilletons. Ausgewählt v. Karl Riha. Frankfurt a. M. 1967, 141−178.

Kurz, Josef, Die Redewiedergabe. Methoden und Möglichkeiten. Leipzig 1966.

Lätzer, Rüdiger, Persuasionsstrategien im Wandel. Wertewandel und Textstrukturen in Kommentaren der DDR-Presse zur Zeit der 'Wende'. In: Überredung in der Presse. Texte, Strategien, Analysen. Hrsg. v. Markku Moilanen/Liisa Tiittula. Berlin/New York 1994, 121−147.

Leitner, Gerhard, Gesprächsanalyse und Rundfunkkommunikation. Die Struktur englischer phone-ins. Hildesheim/Zürich/New York 1983.

Linke, Angelika, Gespräche im Fernsehen. Eine diskursanalytische Untersuchung. Bern/Frankfurt a. M. 1985.

Ludes, Peter, Vom neuen Stichwortgeber zum überforderten Welterklärer und Synchron-Regisseur. Nachrichtensendungen. In: Geschichte des Fernsehens in der Bundesrepublik Deutschland. Hrsg. v. Helmut Kreuzer/Christian W. Thomsen. München 1994, 17–90.

Lüger, Heinz-Helmut, Pressesprache. Tübingen ²1995.

Luhmann, Niklas, Die Realität der Massenmedien. Opladen 1995.

Lutz, Benedikt/Ruth Wodak, Information für Informierte. Linguistische Studien zu Verständlichkeit und Verstehen in Hörfunknachrichten. Wien 1987.

McCombs, Maxwell/E. Donald, L. Shaw, The agenda-setting function of mass media. In: POQ 36, 1972, 176–187.

Merten, Klaus, Inhaltsanalyse. Einführung in Theorie, Methode und Praxis. Opladen ²1995.

Merten, Klaus/Siegfried J. Schmidt/Siegfried Weischenberg (Hrsg.), Die Wirklichkeit der Medien. Eine Einführung in die Kommunikationswissenschaft. Opladen 1994.

Michaelis, Werner, Textgliederung und journalistischer Sprachgebrauch. In: TuP 5, 1985, 317–320.

Miller, David, The Northern Ireland Information Service and the media: aims, strategy, tactics. In: Getting the message. News, truth and power. Hrsg. v. Glasgow Media Group. London/New York 1993, 73–103.

Muckenhaupt, Manfred, Der Ärger mit Wörtern und Bildern. Probleme der Verständlichkeit und des Zusammenhangs von Text und Bild. In: Kodikas/Code 2, 1980, 187–209.

–, Verstehen und Verständlichkeit. Vorschläge zu einer kommunikativen Analyse der Verständlichkeit und des Zusammenhangs von Text und Bild. In: Kodikas/Code 3, 1981, 40–81.

–, Text und Bild. Grundfragen der Beschreibung von Text-Bild-Kommunikationen aus sprachwissenschaftlicher Sicht. Tübingen 1986.

–, Sprachanalyse und Sprachlehre als Bestandteil der Journalistenausbildung. In: Zwischenbilanz der Journalistenausbildung. Hrsg. v. Jürgen Wilke. München 1987, 167–191.

–, Von der Tagesschau zur Infoshow. Sprachliche und journalistische Tendenzen in der Geschichte der Fernsehnachrichten. In: Tendenzen der deutschen Gegenwartssprache. Hrsg. v. Hans Jürgen Heringer/Gunhild Samson/Michel Kauffmann/Wolfgang Bader. Tübingen 1994, 81–120.

Mühlen, Ulrike, Talk als Show – Eine linguistische Untersuchung der Gesprächsführung in den Talkshows des deutschen Fernsehens. Frankfurt a. M. 1985.

Müller, Gerhard, Zeitungsdeutsch = schlechtes Deutsch? Bemerkungen zur Sprache der Presse. In: Mu 101, 1991, 218–242.

Öhlschläger, Günther, Behaupten mit und ohne Vorbehalt. Linguistische Beobachtungen zur Berichterstattung in deutschen Tageszeitungen. In: Sprachgeschichte und Sprachkritik, Festschrift für Peter von Polenz zum 65. Geburtstag. Hrsg. v. Hans Jürgen Heringer/Georg Stötzel. Berlin/New York 1993, 248–265.

Petter-Zimmer, Yvonne, Politische Fernsehdiskussionen und ihre Adressaten. Tübingen 1990.

Philo, Greg, Getting the message: audience research in the Glasgow University Media Group. In: Getting the message. News, truth and power, Glasgow University Media Group. Hrsg. v. John Eldridge. London/New York 1993, 253–270.

Pietilä, Veikko, Beyond the news story: News als discoursive composition. In: EJC 7, 1992, 37–67.

Püschel, Ulrich, Journalistische Textsorten im 19. Jh. In: Das 19. Jh. Sprachgeschichtliche Wurzeln des heutigen Deutsch. Hrsg. v. Rainer Wimmer. Berlin/New York 1991, 428–447.

–, Von der Pyramide zum Cluster. Textsorten und Textsortenmischung in Fernsehnachrichten. In: Medienkultur – Kulturkonflikt. Massenmedien in der interkulturellen und internationalen Kommunikation. Hrsg. v. Ernest W. B. Hess-Lüttich. Opladen 1992, 233–258.

–, „du mußt gucken, nicht so viel reden" – Verbale Aktivitäten bei der Fernsehrezeption. In: Medienrezeption als Aneignung. Hrsg. v. Werner Holly/Ulrich Püschel. Opladen 1993, 115–135.

–, Räsonnement und Schulrhetorik im öffentlichen Diskurs. Zum Zeitungsdeutsch vor der Märzrevolution 1948. In: Überredung in der Presse. Texte, Strategien, Analysen. Hrsg. v. Markku Moilanen/Liisa Tiittula. Berlin/New York 1994, 163–174.

Ramge, Hans, Auf der Suche nach der Evaluation in Zeitungskommentaren. In: Überredung in der Presse. Texte, Strategien, Analysen. Hrsg. v. Markku Moilanen/Liisa Tiittula. Berlin/New York 1994a, 101–120.

–, Zur Funktion von Modalverben in Zeitungskommentaren. In: Proceedings of the 11th International Tromsø Symposium on Language „Modalität im Deutschen". Hrsg. v. Oddleif Leirbukt. Tromsø 1994b, 53–68.

Rehbock, Helmut, Herausfordernde Fragen. Zur Dialogrhetorik von Entscheidungsfragen. In: Gesprächsforschung im Vergleich. Analysen zur Bonner Runde nach der Hessenwahl 1982. Hrsg. v. Wolfgang Sucharowski. Tübingen 1985, 177–227.

Renckstorf, Carsten, Mediennutzung und soziales Handeln. Zur Entwicklung einer handlungstheoretischen Perspektive der empirischen (Massen)Kommunikationsforschung. In: Massenkommunikation. Hrsg. v. Max Kaase/Winfried Schulz. Opladen 1989, 314–336.

Richter, Peter/Fredo Frotschner, Die Überschrift journalistischer Beiträge, Lehrheft zur journalistischen Methodik. Leipzig 1989.

Robinson, Gertrude, J., Making news and manufacturing consent: The journalistic narrative and its audience. In: Public opinion and the communication of consent. Hrsg. v. Theodore L. Glasser/Charles T. Salmon. New York/London 1995.

Romeyke, Helga, Zur sprachlichen Gestaltung fernsehjournalistischer Beiträge. Lehrbuch der Stilistik, Kap. 14/1. Leipzig 1977.

Sandig, Barbara, Syntaktische Typologie der Schlagzeile. Möglichkeiten und Grenzen der Sprachökonomie im Zeitungsdeutsch. München 1971.

Schegloff, Emanuel, A., From interview to confrontation: Observations on the Bush/Rather Encounter. In: RLSI 22, 1988–89, 215–240.

Schiffer, Stephen, Meaning. Oxford 1972.

Schneider, Wolf, Deutsch für Profis. Wege zum guten Stil. Hamburg 1984.

Schröder, Thomas, Die ersten Zeitungen. Textgestaltung und Nachrichtenauswahl. Tübingen 1995.

Schudson, Michael, The politics of narrative form: The emergence of news conventions in print and television. In: Daedalus 4, 1982, 97–112.

–, Question authority: A history of the news interview in American journalism. In: MCS 16, 1994, 555–587.

Schwitalla, Johannes, Conversational analysis of political interviews. In: Discourse analysis and public life. Papers of the Groningen conference of medical and political discourse. Hrsg. v. Titus Ensink/Arthur van Essen/Ton van der Geest. Dordrecht 1986, 255–283.

–, Textsortenwandel in den Medien nach 1945 in der Bundesrepublik Deutschland. Ein Überblick. In: Sprache in den Medien nach 1945. Hrsg. v. Bernd U. Biere/Helmut Henne. Tübingen 1993, 1–29.

Straßner, Erich, Sprache in Massenmedien. In: Lexikon der germanistischen Linguistik. Hrsg. v. Hans P. Althaus/Helmut Henne/Herbert Wiegand. Tübingen 1980, 328–337.

–, Fernsehnachrichten. Eine Produktions-, Produkt- und Rezeptionsanalyse. Tübingen 1982.

–, Mit „BILD" fing es an: Mediensprache im Abwind. In: Mediensprache–Medienkommunikation–Medienkritik. Hrsg. v. Hans-Jürgen Bucher/Erich Straßner. Tübingen 1991, 113–229.

–, Vom Pressestellen- zum Pressetext. Wer wertet wie und wo im Informationsfluß. In: Überredung in der Presse. Texte, Strategien, Analysen. Hrsg. v. Markku Moilanen/Liisa Tiittula. Berlin/New York 1994a, 19–31 (Sprache, Politik, Öffentlichkeit 3).

–, Deutsche Presse und Pressesprache nach 1945. In: Texttyp, Sprechergruppe, Kommunikationsbereich. Studien zur deutschen Sprache in Geschichte und Gegenwart. Festschrift für Hugo Steger zum 65. Geburtstag. Hrsg. v. Heinrich Löffler/Karlheinz Jakob/Bernhard Kelle. Berlin/New York 1994b, 225–260.

– (Hrsg.), Nachrichten. Entwicklungen – Analysen – Erfahrungen. München 1975.

Trew, Tony, 'What the papers say': Linguistic variation and ideological difference. In: Language and control. Hrsg. v. Roger Fowler/Bob Hodge/Gunther Kress/Tony Trew. London 1979, 117–156.

Tuchman, Gail, Making news. A study in the construction of reality. New York/London 1978.

Verschueren, Jef, International news reporting. Metapragmatic metaphors and the U-2. Amsterdam/Philadelphia 1985.

Weinrich, Harald, Tempusprobleme eines Leitartikels. In: Euphorion 60, 1966, 263–272.

Weischenberg, Siegfried, Journalistik, Theorie und Praxis aktueller Medienkommunikation. 2 Bde. Opladen 1992/95.

Winch, Peter, The idea of social science. London 1958 (dt: Die Idee der Sozialwissenschaft und ihr Verhältnis zur Philosophie), Frankfurt a. M. 1974.

Wodak, Ruth (Hrsg.), Language, power and ideology. Amsterdam/Philadelphia 1989.

Hans-Jürgen Bucher, Trier (Deutschland)

19. Literaturwissenschaftliche Methoden der Medienanalyse

1. Der Gegenstandsbereich der Literatur
2. Alte und neue Medien als Herausforderung für das methodische Selbstverständnis der Literaturwissenschaft
3. Literaturwissenschaftliche Methoden in der Analyse von Printmedien
4. Literaturwissenschaftliche Methoden in der Analyse von Hörfunksendungen
5. Literaturwissenschaftliche Methoden der Film- und Fernsehanalyse
6. Literatur

1. Der Gegenstandsbereich der Literaturwissenschaft und seine Veränderungen

„Ein Fach bildet sich im historischen Ablauf der in seinem Rahmen unternommenen wissenschaftlichen Bemühungen aus. [...] Antriebe wissenschaftlichen Tuns ändern sich; Methoden können veralten, weil sie durch neue Erkenntnisse überholt werden. Der Gegenstand der Beobachtung, die Literatur, bleibt gleich, aber die Beobachtenden sind nie die Gleichen; wechselnde Bedingungen prägen sie, persönlicher wie gesellschaftlicher Art; und die Absichten, unter denen sie sich der Literatur zuwenden, wechseln ebenso." (Conrady 1966, 38)

Diese drei Jahrzehnte alten Ausführungen zum Aufgabenbereich der Literaturwissenschaft sind auch heute noch keineswegs überholt. Allenfalls die Annahme, der Gegenstand der Beobachtung, die Literatur, bleibe gleich, bedarf der Revision angesichts der wachsenden Koevolution der Medien. Wie alle Philologien beschäftigt sich auch die Literaturwissenschaft mit sprachlichen Hervorbringungen: mit geschriebenen oder durch mündlichen Vortrag erzeugten Texten, an deren Erschließung und Überlieferung sie maßgeblich partizipierte. Während sich die Sprachwissenschaften primär auf die Beschreibung und Erforschung der grammatikalischen, lexikalischen, syntaktischen Gesetzmäßigkeiten natürlicher (heute auch künstlicher) Sprachen spezialisierte und dabei nichtfiktionale, in pragmatische Kontexte eingebundene Texte ins Zentrum ihres Interesses rückte, bildeten fiktionale, von unmittelbar lebenspraktischen Funktionen entbundene Texte den zentralen Gegenstandsbereich der Literaturwissenschaft. Die durchaus unterschiedliche Ferne und Nähe der in diesem Sinne fiktionalen Texte zur außersprachlichen Empirie stellte sich dank dieser Eingrenzung des Gegenstandsbereich als eines von vielen Forschungsproblemen der Literaturwissenschaft dar. Käte Hamburger unternahm in ihrer wegweisenden erzähltheoretischen Studie 'Die Logik der Dichtung' 1957 erstmals den Versuch, die fundamentale Differenz zwischen fiktionalen Aussagen und sog. Wirklichkeitsaussagen sprachtheoretisch und aussagelogisch zu begründen. Da die Texte, deren Erforschung sich die Literaturwissenschaft zum Ziel setzte, sich in Assimilation an historisch entstandene Aussagemuster konstituieren oder auch durch Variation und Durchbrechung von Mustern neue Aussageformen hervorbrachten, kam auch den literarischen Formen und Gattungen ein erheblicher Stellenwert innerhalb der Forschungspraxis zu. Die noch in den fünfziger Jahren vertretene Auffassung, daß Gattungen wie Lyrik, Epik und Dramatik gleichsam anthropologisch fundierbare Grundformen dichterischen Ausdrucks seien, trat in den sechziger und siebziger Jahren zugunsten konträrer Gattungsdefinitionen, die Gattungen als historisch-variable Bedürfnisdispositionen auf-

faßten, in den Hintergrund (vgl. Voßkamp 1977).

Doch nicht nur die poetische Sprache und ihre Formen, sondern auch die Erzeuger literarischer Texte standen seit den Anfängen der Literaturwissenschaft im Blickpunkt des Interesses: die Schriftsteller, ihre Biographie sowie die sozialen und gesellschaftlichen Rahmenbedingungen, unter denen sie ihre Texte hervorbrachten. In geringerem Ausmaß trat auch das Publikum als Adressat und Weiterverarbeiter literarischer Texte ins Blickfeld der Forschung (vgl. Jauß 1970; Zimmermann 1977; Reese 1980).

1.1. Definitionen des Literaturbegriffs

Jenseits der vorab charakterisierten nahezu uneingeschränkten Übereinkünfte hinsichtlich des Gegenstandsbereichs von Literaturwissenschaft zeichneten sich gleichwohl höchst unterschiedliche Literaturbegriffe innerhalb der Forschungsgeschichte ab. Enge Definitionen mit meist normativem Anspruch kontrastieren weiten Definitionen mit eher deskriptivem Charakter. Enge Definitionen beziehen ihre Selbstlegitimation vorwiegend aus der Beschränkung auf sog. schöne Literatur. Sie tendieren zum Ausschluß großer Teile der tatsächlich erzeugten und von vielen gelesenen Literatur und stellen das Ausgegrenzte in der Regel im Rahmen dichotomischer oder trichotomischer Klassifikationsmodelle als 'Trivialliteratur' der sog. eigentlichen Literatur gegenüber. Weite Definitionen entfernen sich in der Regel von einem emphatischen Vorverständnis von Literatur. Sie sind auf Pluralisierung angelegt, stellen z. T. in Frage, daß es 'die' Literatur als solche überhaupt gebe und gehen davon aus, daß es Literaturen, produziert für unterschiedliche Publikumsgruppen, gibt, auch solche, denen es gelingt, fast alle Publikumsgruppen gleichzeitig zu erreichen. Die sog. Höhenkamm- oder Kunstliteratur nimmt auch in weiten Definitionen einen wichtigen Stellenwert ein. Doch sie ist nur eine Literatur unter vielen. Enge Definitionen tendieren in der Regel zur Eingrenzung des Definitionsbereichs auf die traditionsreichen Medien Buch und Theater, und selbst innerhalb dieser Medien schließen sie ca. 95 Prozent der tatsächlich produzierten literarischen Texte aus ihrem Vorverständnis von Literatur aus. Weite Definitionen tragen generell den sozialhistorischen und mediengeschichtlichen Transformationen von Literatur eher Rechnung. Sie bleiben insofern in Richtung auf die Zukunft prinzipiell offen und tragen dem Umstand Rechnung, daß jedes historisch neue Medium auch die alten, weiterexistierenden Medien in ihrer Substanz nicht unverändert läßt. Mit engen Definitionen lassen sich die Veränderungen, denen literarische Formen und die literarische Produktionsweise im Kontext historisch jüngerer Medien wie Hörfunk, Film und Fernsehen ausgesetzt sind, in der Regel nicht mehr fassen.

Helmut Kreuzer hat 1967 erstmals die Vorgeschichte dieser Definitions- und Wertungsproblematik am Beispiel der sog. Trivialliteratur als Forschungsproblem thematisiert (Kreuzer 1967) und wenige Jahre später in programmatischer Form auch das dem Trivialitätsverdacht am stärksten ausgesetzte Medium Fernsehen als legitimen Forschungsgegenstand der Literaturwissenschaft bezeichnet (Kreuzer 1975, 27 ff.). Zu diesem Zeitpunkt hatte sich die Literaturwissenschaft vereinzelt bereits den elektronischen Medien als Untersuchungsobjekt genähert (vgl. Knilli/Reiss 1971; Schanze 1972).

Der generelle Durchbruch zu einem weiten Literaturbegriff zeichnete sich jedoch erst in der zweiten Hälfte der siebziger Jahre ab, als rezeptionstheoretische und -historische Fragestellungen an Einfluß gewannen. Heute hat sich in nahezu allen Philologien ein weiter, die Massenmedien mit einschließender Literaturbegriff durchgesetzt, ungeachtet des Umstands, daß die kanonisierte Literatur nach wie vor den größten Teil der Forschungsaktivitäten auf sich zieht.

1.2. Methodengeschichte und Methodenpluralismus

Eine im engeren Sinne wissenschaftliche Beschäftigung mit Literatur gibt es seit über hundert Jahren. In diesem Zeitraum waren sowohl der Gegenstandsbereich von Literaturwissenschaft als auch deren methodisches Instrumentarium großen Veränderungen ausgesetzt. Dies ist nicht weiter erstaunlich, wenn vorausgesetzt werden kann, daß das erkennende Subjekt unverzichtbarer Teil der 'Versuchsanordnung' ist und sich Literaturwissenschaft im strengen Wortsinne nicht als 'exakte' Wissenschaft definieren kann, da sich ihr Untersuchungsobjekt nur begrenzt quantifizierenden Meßverfahren aussetzen läßt. Zentrales Untersuchungsobjekt sind Texte in gedruckter Form (Printmedien), szenischer Darstellung (Theater), gesprochener Form (Hörfunk) und in audiovisueller Gestalt (Film, Fernsehen).

Schon die Anbindung von Literatur an Medien, die für die Neuzeit durchgängig vorausgesetzt werden kann, macht unterschiedliche methodische Zugriffe unabdingbar. Doch seit ihrer Entstehung im späten 19. Jh. hat sich die Literaturwissenschaft keineswegs ausschließlich als 'Textwissenschaft' definiert. Die Einbeziehung von Personen (Dichter, Schriftsteller) in ihr Untersuchungsfeld hat den Bedarf an geeigneten Methoden zusätzlich gesteigert. Und da sowohl die Personen als auch die Texte nicht in totaler Isolation von ihren Umwelten erforschbar und selbst die Textbausteine, die einzelnen Wörter, in längeren historischen Zeiträumen z. B. Bedeutungsveränderungen ausgesetzt sind, waren die forschenden Subjekte gezwungen, sich sehr unterschiedlicher Methoden zu bedienen, um ihren Forschungszielen näherkommen zu können. Jede einzelne Methode erzeugt Ausblendungen, wirkt selektiv, liefert Erkenntnisse von nur partieller Reichweite. Je größer das Spektrum der Methoden, desto größer ist die Chance, möglichst viele Erkenntnisse über das zu untersuchende Objekt zutage fördern und – im Idealfall – bündeln zu können. Die Wahl der Methode(n) ist jedoch nicht unabhängig vom Untersuchungsobjekt. So ist etwa die biographische Methode nur unter der Voraussetzung anwendbar und partiell erkenntnisträchtig, daß es sich bei dem Untersuchungsobjekt um ein weitgehend aus individueller Urheberschaft resultierendes literarisches Werk handelt, das genuin autortypische Merkmale aufweist oder Motive und Stoffe bearbeitet, die der Lebensgeschichte des betreffenden Autors entnommen oder dem Autor durch Kontakt mit zeitgenössischer Realität zugänglich wurden. Auf Texte, für die das Moment der individuellen Urheberschaft nicht mehr in vollem Umfang vorausgesetzt werden kann – wie z. B. auf arbeitsteilig erzeugte Lesestoffe wie Heftchenromane – ist die biographische Methode nicht applizierbar. Auch im Bereich der audiovisuellen Medien, in denen die individuelle Urheberschaft zugunsten arbeitsteiliger, kooperativer Herstellungsprozesse zurückgedrängt wurde, stößt die biographische Methode auf ihre Grenzen, wenngleich ihr in der einschlägigen Forschungsliteratur durchaus noch ein großes Gewicht zukommt, wie die zahlreichen Monographien über bedeutende Regisseure und ihr filmisches Oevre dokumentieren (vgl. etwa Netenjakob 1989).

Unabhängig von der Wahl der Methoden lassen sich folgende grundlegende Arbeitsbereiche für die neuere Literaturwissenschaft feststellen und unterscheiden:

(1) Textkritik, Edition, Überlieferung,
(2) Historiographie,
(3) Strukturanalyse und Interpretation,
(4) Literaturkritik.

Die Textkritik schafft die Grundlagen für eine im engeren Sinne wissenschaftliche Beschäftigung mit Literatur. Sie sichert den Text, prüft Fragen der Echtheit und Autorschaft, stellt Lesarten und (soweit vorhanden) verschiedene Fassungen in Gestalt eines wissenschaftlichen Apparats zur Verfügung, prüft Datierungsfragen und liefert insofern unverzichtbare dokumentarische Vorgaben für alle weiteren Schritte des methodisch reflektierten Umgangs mit Literatur. Trotz ihres primär auf Dokumentation ausgerichteten Charakters bleibt auch die Textkritik in letzter Konsequenz auf Deutung ihres Materials bzw. einzelner Bausteine ihres Materials angewiesen.

Die Historiographie wirkt an der Überlieferung von literarischen Texten der Vergangenheit und Gegenwart mit. Sie erzeugt 'Übersichtlichkeit' in einem tendenziell unübersichtlichen Universum literarischer Produktion, periodisiert die Literaturproduktion nach analistischen, genrespezifischen oder anderen Ordnungskriterien, tendiert implizit oder explizit zu Kanonbildungen, insofern sie zwischen historisch bedeutsamen und unbedeutsamen Hervorbringungen unterscheidet und mehr oder minder große Teile der tatsächlich produzierten Literatur aus ihrem Darstellungskontext ausklammert. Konstruktion, Interpretation und Wertung sind unaufhebbare Voraussetzungen jedweder Historiographie. Strukturanalyse und Interpretation können sowohl auf Einzeltexte als auch auf größere Gruppen von Texten oder bestimmte Genres gerichtet sein. Auch in methodischer Hinsicht sind sie offen für ein breites Spektrum von Ansätzen. Im angelsächsischen und romanischen Sprachraum galt auch die Literaturkritik generell als Aufgabengebiet der Literaturwissenschaft. Im deutschen Sprachraum wurde sie im Gefolge des Historismus und Positivismus zunächst aus dem engeren Bereich literaturwissenschaftlicher Praxis ausgegliedert, da Wertung im Unterschied zur Deskription als außerwissenschaftliche Aktivität eingestuft oder unterstellt wurde, daß sich Historiker nur über vergangene Epochen, nicht aber über die Epoche, in der sie selber lebten, wissenschaftlich äußern könnten (und sollten). Auch die Verstrickung der historischen Wissenschaften in die Legitimation faschistischer Herrschaft ließ in der Nachkriegszeit Wertungsabstinenz vorübergehend als Desiderat erscheinen. Heute gilt jedoch auch Literaturkritik als legitimer Arbeitsbereich der Literaturwissenschaft.

Sieht man vom Arbeitsbereich Textkritik einmal ab, so zeichnet sich die Forschungsgeschichte in allen übrigen Bereichen durch eine Vielzahl methodischer Ansätze aus, die miteinander konkurrieren und zeitweise auch als Paradigmen eine gewisse Hegemonie für sich beanspruchen konnten. Jost Hermand unterscheidet in seiner Studie 'Synthetisches Interpretieren' (Hermand 1968) für den Zeitraum von 1900 bis 1968 sieben methodische Ansätze, die sich in dieser Zeitspanne temporär als dominante Paradigmen durchsetzen konnten: die positivistische Methode, die geistesgeschichtliche Betrachtungsweise, die dem völkischen Nationalismus verpflichtete biologistische (und latent rassistische) Literaturbetrachtung, die psychoanalytische Literaturinterpretation, die soziologische und marxistische Literaturbetrachtung, die in der Nachkriegszeit dominante ethisch-metaphysische (auf die Existenzphilosophie rekurrierende) Literaturbetrachtung sowie die werkimmanente Interpretation und den formalistischen Trend. Unberücksichtigt bleibt in dieser Charakterisierung des Methodenpluralismus seit 1900 der Strukturalismus, der in der Begrifflichkeit Hermands dem formalistischen Trend zuzuordnen wäre. Die methodische Ausrichtung literaturwissenschaftlicher Praxis in den siebziger, achtziger und neunziger Jahren knüpft, wenn auch nicht im Sinne einer simplen Fortschreibung älterer Trends, so doch in kritischer Auseinandersetzung mit ihnen, an eines oder mehrere dieser Paradigmen der ersten Jahrhunderthälfte an. Die erkenntnistheoretischen Grundlagen des Positivismus, etwa das Postulat einer Beschränkung auf empirisch überprüfbare Wahrheit, bleibt in den neoempiristischen und konstruktivistischen Ansätzen der achtziger und neunziger Jahre gewahrt, auch wenn den Vertretern dieser Richtungen (vgl. Schmidt 1988) ein simpler Fakten-Objektivismus obsolet geworden und die für den Positivismus konstitutive Leitidee einer Unabhängigkeit von Bewußtsein und Faktizität überwunden ist. Die strukturalistischen und poststrukturalistischen Ansätze der siebziger und achtziger Jahre (vgl. etwa Gallas 1972) knüpfen an

Vorarbeiten des Prager Strukturalismus von Roman Jakobson und Jan Mukarovsky und an Positionen des sprachwissenschaftlichen und anthropologischen Strukturalismus französischer Provenienz an. Die soziologische und marxistische Literaturbetrachtung der ersten Jahrhunderthälfte fand ihre Nachfolger einerseits in der empirisch ausgerichteten Literatursoziologie (vgl. Escarpit 1965; Fügen 1971), andererseits in der neomarxistischen Ideologiekritik der siebziger Jahre sowie in den an Adorno und Horkheimer anknüpfenden Textanalysen im Umkreis der Frankfurter Schule (vgl. Gansberg/Völker 1970/71; Glaser 1971).

In systematischer Hinsicht lassen sich alle diese Ansätze und Methoden zwei konträren erkenntnistheoretischen Traditionen zuordnen: der Tradition des Positivismus und Empirismus einerseits und derjenigen der Hermeneutik in ihren verschiedenen Varianten. Die an die Traditionen des Positivismus und Empirismus anknüpfenden Richtungen insistieren auf dem Postulat der Überprüfbarkeit wissenschaftlicher Aussagen und plädieren für den Gebrauch einer eindeutigen Terminologie, die Kommunizierbarkeit wissenschaftlicher Erkenntnisse sicherstellen sollen. In der Praxis des sich als empirische Literaturwissenschaft verstehenden radikalen Konstruktivismus (vgl. Schmidt 1988; Rusch 1987) verselbständigt sich die Terminologie jedoch nicht selten zum hypertrophen Jargon, der allenfalls der insulären in-group-Kommunikation, nicht jedoch einer grenzüberschreitenden wissenschaftlichen Kommunikation dienlich ist. Die der Hermeneutik verpflichteten methodischen Verfahren räumen der Interpretation eine zentrale Stellung ein. Sie begründen die Notwendigkeit ihres Verfahrens mit der Individualität des zu erschließenden Gegenstands. Und der Versuch des Verstehens von Individualität ist dem Erkenntnisideal der sog. exakten Wissenschaften nur begrenzt kompatibel. An der Selbstlegitimation der Intuition als Mittel der Erkenntnisgewinnung entzündet sich in aller Regel die Grundsatzkontroverse zwischen Hermeneutikern und 'Szientisten', deren Erkenntnisideal Hans Georg Gadamer dadurch charakterisiert sieht, „daß wir einen Weg des Erkennens so bewußt ausschreiten, daß es immer möglich ist, ihn nachzuschreiten. Methodos heißt Weg des Nachgehens. Immer wieder nachgehen können, wie man gegangen ist, das ist methodisch und zeichnet das Verfahren der Wissenschaft aus." (1967, 46 ff.) Ein solches Verfahren ist prinzipiell auf Einsehbarkeit angelegt. Die mit ihm erzielten Ergebnisse müssen unabhängig von der Individualität des Einzelforschers unter vergleichbaren experimentellen Bedingungen an jedem Ort und jederzeit nachvollziehbar und überprüfbar sein. In der Praxis jedoch wird diesem Erkenntnisideal allenfalls in der Textkritik und Editionskunde entsprochen. Auch die Literatursoziologie und biographisch ausgerichtete Forschung bringt auf Grund ihrer Ausrichtung an Fakten, Zahlen und Daten günstigere Voraussetzungen mit, einem szientifischen Wissenschaftsideal approximativ gerecht zu werden. Die Interpretation und Auslegung von Texten bleibt dagegen von einer nicht eliminierbaren produktiven Eigenleistung des erkennenden Subjekts abhängig, denn unabhängig vom (lesenden, hörenden, sehenden) Subjekt gibt es keine Objektivität des Textes. Gleichwohl sind auch Interpretationen einer Plausibilitätskontrolle zugänglich und prinzipiell dem Anspruch der logischen Konsistenz auszusetzen. Einer uferlosen Interpretationswillkür sind insofern sowohl durch die Textkritik als auch durch die Spielregeln des wissenschaftlichen Diskurses in der Regel Grenzen gesetzt. Daß Literaturwissenschaft ihren Legitimationsbedarf nur als 'angewandte Sozialwissenschaft' stillen könne, wie die Vertreter eines von S. J. Schmidt inspirierten Neokonstruktivismus behaupten, ist durchaus zweifelhaft, zumal sich klassische Verfahren der empirischen Sozialwissenschaften wie z. B. die quantifizierende Inhaltsanalyse in der Übertragung auf literarische Texte als weitgehend unbrauchbar erwiesen haben und sich ihre Anwendbarkeit allenfalls in lexikalischen Textanalysen als sinnvoll erwiesen hat.

2. Alte und neue Medien als Herausforderung für das methodische Selbstverständnis der Literaturwissenschaft

Die Koexistenz rivalisierender methodischer Ansätze hat eher zu einer Steigerung der Wissensproduktion beigetragen, teilweise auch die interdisziplinäre Kommunikation erschwert. Doch in letzter Konsequenz resultiert der wachsende Bedarf an methodischen Ansätzen auch aus der Veränderung und Erweiterung des Gegenstandsbereichs der Literaturwissenschaft. So lange dieser ausschließlich auf schriftliche oder gesprochene Texte beschränkt war, erwies sich der Bedarf an empirischen Methoden als marginal. Erst die Abkehr von einem emphatischen, am Einzelkunstwerk orientierten Vorverständnis von Literatur machte auch methodische Neuorientierungen unabdingbar. Literatursoziologie, Buchmarktforschung, Rezeptionsforschung, Strukturanalysen von multimedialer Distribution literarischer Texte sind unter völligem Ausschluß empirischer Methoden kaum möglich. Auch die Transformation und Weiterverarbeitung von Literatur in den Medien Hörfunk, Film und Fernsehen konfrontierte die Literaturwissenschaft mit einem Methodenbedarf, der sich durch Anleihen in Nachbardisziplinen allein nicht stillen ließ und ihr bisheriges Instrumentarium als unzureichend erscheinen ließ. Der Zwang, sich dem interdisziplinären Dialog zu öffnen, erwies sich als unabweisbar, wenn die Analyse des medialen Endprodukts ohne fundierte Kenntnisse der Ökonomie und Technik des betreffenden Mediums nicht mehr zu leisten ist. In der Annäherung an unterschiedliche Medien bediente sich die Literaturwissenschaft insofern zwangsläufig auch unterschiedlicher Methoden.

3. Literaturwissenschaftliche Methoden in der Analyse von Printmedien

Auf Printmedien und schriftlich überlieferte Texte konzentrierte sich das literaturwissenschaftliche Interesse seit den Anfängen der Philologie. Ungeachtet des Umstands, daß auch das materielle Trägermaterial des Gedruckten, das Papier, vor Umwelteinflüssen nicht geschützt und generell dem Verfall preisgegeben ist, schien insbesondere der Buchdruck eine relativ langfristige Überlieferungsdauer in Aussicht zu stellen. Auch die zuvor oral tradierte Literatur wurde erst durch die Überführung in Printmedien der literaturwissenschaftlichen Erforschung in größerem Umfang zugänglich. Das gebundene Buch schien als Printmedium die besten Voraussetzungen zur Konservierung und Tradierung literarischer Texte bereitzustellen, und es ist bis heute unangefochten das Leitmedium des wissenschaftlichen Diskurses geblieben. Auch durch periodisch erscheinende Zeitschriften konnte es dieser Position nicht beraubt werden. Selbst dort, wo sich Literaturwissenschaft mit szenischen Medien befaßte oder mit Texten, die zur mündlichen Präsentation verfaßt wurden (wie große Teile der Lyrik), tat sie dies vorwiegend 'buchzentriert', d. h. gestützt auf gedruckte Texte. Die Printmedien Zeitung, Zeitschrift, Heftchen, einschließlich der populären Lesestoffe, in denen sich eine Zurückdrängung des Worts durch das Bild oder historisch neuartige Text-Bild-Kombinationen durchzusetzen begannen (wie z. B. in der inzwischen kulturell weitgehend akzeptierten Tradition der Comics) blieben bis in die siebziger Jahre des zwanzigsten Jhs. Medien, die sich nur eines marginalen literaturwissenschaftlichen Interesses erfreuten. Erst seit zwei Jahrzehnten gelten auch sie als unter medienhistorischen, sozialgeschichtlichen wie auch ästhetischen Gesichtspunkten ergiebige Untersuchungsgegenstände. Die dominante Stellung des Buchs fand ihren Niederschlag auch auf der Ebene der methodologischen Selbstreflexion bzw. der methodischen Ausrichtung literaturwissenschaftlicher Praxis. Was allerdings als Buch anzusehen war, blieb keineswegs unumstritten, und es gibt bis heute noch keine Übereinkunft, die in allen Ländern der Welt akzeptiert würde. In England z. B. muß ein Buch mindestens sixpence kosten, um als Buch eingestuft werden zu können. In Nordamerika wird alles gedruckte Material, das durch den Buchhandel verbreitet wird, als 'book' definiert. Im deutschen Sprachraum wird der Begriff Buch in Anlehnung an die UNESCO-Terminologie verwendet, die 'Buch' als ein nicht-periodisches Druckerzeugnis mit einem Umfang von mindestens 49 Seiten oder mehr definiert. Doch ungeachtet dieses Definitionsproblems, das mehr die Buchmarktforschung als die Literaturwissenschaft beschäftigt hat, richtete sich das Interesse der Literaturwissenschaft weniger an materiellen Aspekten des Mediums Buch (wie etwa Ausstattung, Umfang, Preis) aus, sondern vorwiegend an immateriellen Aspekten wie Inhalt, Form, Motivik, Erzähltechnik, Sinn, Stoff, Bedeutung, Aufbau, Symbolik, Strukturen und Schemata, Fiktion und Mimesis. Ausgangspunkte literaturwissenschaftlicher Praxis sind Text, Lektüre bzw. Wahrnehmung szenisch gestalteter Texte. Wie jeder Leser oder Zuschauer ist auch der Literaturwissenschaftler aktiver Rezipient, der Buchstaben, Wörtern oder gesprochenen Texten Bedeutungen zuweist und Texte aus einer auch durch subjektive Dispositionen geprägten Perspektive interpretiert. Interpretation in diesem allgemeinen Wortsinne meint Deutung, Auslegung. Fiktionale Texte sind generell auf Deutung, Auslegung angelegt. Sie sind unterschiedlichen Deutungen, Auslegungen zugänglich und werden auch — wie die Rezeptionsgeschichte literarischer Texte dokumentiert — durchaus zum Anlaß für sehr unterschiedliche Deutungen. Während es dem nichtprofessionellen Rezipienten frei steht, seine Deutung und Interpretation von literarischen Texten subjektiv vorzunehmen, sind von dargestellten Vorgängen 'fesseln' zu lassen, sich mit fiktionalen Figuren zu identifizieren oder auch aus der kunsthandwerklichen Perfektion literarischer Gestaltung Lustgewinn zu beziehen, sind Deutung und Interpretation im Rahmen von literaturwissenschaftlichen Diskursen Begründungszwängen ausgesetzt und einem bestimmten Regelsystem unterworfen. Emil Staiger, ein vehementer Verfechter der 'Kunst der Interpretation' (1946) und einer der einflußreichsten Germanisten der fünfziger Jahre, charakterisierte das Ziel von Interpretation mit der Formel: begreifen, was uns ergreift. Auch unter Abstraktion von einem emphatischen Literaturbegriff bleibt festzuhalten, daß literaturwissenschaftliche Interpretationen die intuitive und subjektive Ebene der Textrezeption überschreiten und an der Aufdeckung literarischer Techniken und Gestaltungsverfahren ausgerichtet sein sollten. Da alle Texte als Endresultat einer artifiziellen Komposition anzusehen sind, sind auch die Verfahren der Formgebung und Komposition prinzipiell analysierbar. Auslegung eines literarischen Textes setzt Analyse(n) voraus. Gegenstand der Analyse können sowohl formale Strukturen, literarische Techniken im weitesten Sinne, als auch Stoffe, Motive oder Inhalte sein. Jede Analyse bedarf eines methodischen Instrumentariums, das nicht willkürlich gewählt werden kann, sondern in Abhängigkeit von Erkenntniszielen und erkenntnisleitenden Interessen steht. So bedarf beispielsweise die Quellenforschung anderer Methoden als die Bestsellerforschung. Der Theoriebedarf einer ideologiekritischen Textanalyse ist ein anderer als derjenige einer strukturalistischen Analyse literarischer Genres. Insofern sind vorgängige Leitfragen jedweder Analyse von ausschlaggebender Bedeutung für das zur Anwendung gelangende methodische Instrumentarium. Steht die Distribution und aktuelle Rezeption eines literarischen Textes im Zentrum des analytischen Interesses, so bedient sich die Literaturwissenschaft legitimerweise des Instrumentariums der empirischen Sozialwissenschaften (etwa durch Rückgriff auf strukturierte oder offene Interviewtechniken, Fragebogenerhebung, panel-Bildung usw.). In historisch ausgerichteten Analysen fällt dagegen 'statischen' Methoden wie der Dokumentenanalyse, häufig auch der Erschließung von noch unbekanntem Material oder neuen Quellen eine methodische Schlüsselfunktion zu. Die methodische Affinität zu Arbeitsweisen der Geschichtswissenschaft ergibt sich in diesem Falle schon aus der Konstellation der Zielfragen der Analyse. Da es sich bei den Untersuchungsobjekten des Literaturhistorikers in der Regel um fiktionale Texte handelt, kann seine Analyse den Objekten nur dann gerecht werden, wenn sie der Historizität literarischer Formen analytisch Rechnung trägt. Dies setzt — je nach Genre — unterschiedliche Kompetenzen und Analyseverfahren voraus: im Falle von Lyrik z. B. die metrische und rhythmische Analyse einer tradierten literarischen Form wie Ode, Sonnett usw., im Falle von Theaterstücken z. B. die Strukturanalyse der aristotelischen oder nichtaristotelischen Dramaturgie in ihren verschiedenen Varianten, im Falle des Romans z. B. die Rekonstruktion der Erzählerrolle oder die Aufdeckung narrativer Techniken in der Konstitution der fiktionalen Welt. Auch die Auflösung dieser Strukturelemente, die für die sog. postmoderne Literatur konstitutiven Spiel- und Montageverfahren können ebenso Gegenstand der Analyse sein wie die ideologiekritische Perspektivierung dieser sich als formal avanciert verstehenden Begleiterscheinungen des Dekonstruktivismus (vgl. Laermann 1986). Den auf einzelne Texte bezogenen Interpretationsverfahren stehen eine Vielzahl von historisch ausgerichteten Untersuchungsverfahren von Mikro- und Makrokontexten des literarischen Lebens oder literarhistorischer Diachronie gegenüber (vgl. dazu etwa Hohendahl 1993). Auch die wissenschaftliche Monographie über einzelne Autoren und ihr literarisches Gesamtwerk hat keineswegs an Bedeutung eingebüßt, sondern sich auch in den achtziger Jahren dank gesteigerter methodologischer Selbstreflexion behaupten können (vgl. etwa Bollenbeck 1991). Die vergleichsweise häufigen Revisionen bzw. die partielle Auflösung des literarischen Kanons — zumindest im Raum der Bundesrepublik Deutschland — haben den Bedarf an textübergreifenden Perspektivierungen eher gesteigert als gemindert. Die Abschwächung der traditionsreichen Dichotomisierung von sog. hoher und populärer bzw. als trivial eingestufter Literatur hat dazu beigetragen, daß auch die Lesestoffe der vielen eine ihrer Beschaffenheit angemessene Analyse finden, die Phänomenen wie Serialität, Schematisierungstechniken oder auch der Variation von Mustern Rechnung trägt, ohne sie im Gestus elitärer Kulturkritik der Analyse zu entziehen (vgl. dazu etwa Faulstich 1983; Zimmermann 1979; 1984).

Gleichwohl kam diese Öffnung in Richtung auf populäre Lesestoffe in erster Linie dem Medium Buch zugute. Periodische Printmedien wie Zeitschrift, Zeitung und Heftchen blieben von vergleichsweise peripherem Interesse, obwohl Zeitung und Zeitschrift z. B. als Entstehungsort neuer literarischer Genres wie dem Fortsetzungsroman oder (im amerikanischen Raum) der short story eine erhebliche kultur- und auch unmittelbar literaturgeschichtliche Bedeutung zukam (vgl. Jabs-Kriegmann 1981). Im Vergleich zu Zeitung und Zeitschrift, die vornehmlich in Gestalt literarischer Periodika, vereinzelt – wie etwa im Falle der 'Gartenlaube' – auch in Gestalt der sog. Familienzeitschrift das Interesse der literaturwissenschaftlichen Forschung auf sich zogen, standen Heftchen als Medien der Literaturdistribution und -konsumtion auch auf Grund des Fiktionskriteriums, das sie stärker als Zeitung und Zeitschrift erfüllen, häufiger im Blickfeld auch literaturwissenschaftlicher Analysen (vgl. Ziermann 1969 u. 1983; Nusser 1973; Geiger 1975; Kellner 1975). Die erkenntnisleitenden Interessen, an denen sich die Analysen von Heftchen-Literatur ausrichten, sind durchaus heterogen. Strukturanalysen zielen in der Regel auf den Nachweis von Stereotypien und inhärenten Schemata ab, die den Autoren gewissermaßen als 'Schreibanweisung' oder normative Regeln vorgegeben werden und garantieren sollen, daß das am Markt erfolgreich eingeführte Muster relativ unabhängig von der schriftstellerischen Individualität der jeweiligen Verfasser reproduziert werden kann. Ideologiekritischen Analysen gelten das relativ hohe Ausmaß an Stereotypie, die starre Festschreibung von sozialen und gesellschaftlichen Rollen in der Fiktion oder auch eine in der Regel stark ausgeprägte Tendenz zur klischeehaften Darstellung von Wirklichkeit als Indizien für eine anti-emanzipatorische, die Unmündigkeit vertiefende, demzufolge antiaufklärerische Ausrichtung der Heftchenliteratur. Den textanalytischen Verfahren stehen auch rezeptionsanalytische Verfahren gegenüber, die sich an der Fragestellung ausrichten, welche Rezipienten wie und warum Heftchenliteratur lesen und auf welche subjektiven oder objektiven (z. B. soziale) Dispositionen die Heftchenliteratur bezogen ist (vgl. Geiger 1975; Wernsing/Wucherpfennig 1976). Der jeweilige Einzeltext verliert in diesen Untersuchungen tendenziell an Bedeutung gegenüber der kulturindustriell normierten Produktgestaltung. Soweit Rezipienten als Testpersonen in die Versuchsanordnung einbezogen sind, bedienen sich rezipientenorientierte Verfahren auch des methodischen Instrumentariums der empirischen Sozialwissenschaften (z. B. Fragebogen, Leitfadeninterview). Auf Grund der dominanten Ausrichtung an fiktionalen Genres hat sich die Literaturwissenschaft in der Beschäftigung mit dem Medium Heftchen allerdings fast ausnahmslos auf Romanhefte und -comics beschränkt (vgl. Wermke 1973). Generell aber reicht das Spektrum des Mediums Heftchen über diese im engeren Sinne literarischen Genres weit hinaus und umfaßt auch Gattungen wie Rätselhefte oder Bildpornohefte, die sich dem herkömmlichen analytischen Instrumentarium der Literaturwissenschaft tendenziell entziehen.

Die arbeitsteilige, auf Spezialisierung zielende Ausdifferenzierung der Wissenschaftspraxis hat dazu geführt, daß sich Medien mit hoher Periodizität wie z. B. Zeitung oder Zeitschrift vorwiegend als Domäne der Publizistikwissenschaft oder auch der soziologisch orientierten Massenkommunikationsforschung erwiesen haben. Obwohl auch Zeitschrift und Zeitung Medien mit einer eigenen Geschichte sind, spielen bislang historisch-deskriptive Verfahren in der Analyse dieser Medien eine relativ geringe Rolle im Vergleich zu jenen empirischen Untersuchungsmethoden, deren sich v. a. die im Interesse der Werbewirtschaft betriebene Zeitungs- und Zeitschriftenforschung bedient. Insoweit sich Literaturwissenschaft mit der Rezeption ihres zentralen Untersuchungsobjekts befaßt, z. B. auch die professionelle Rezeption literarischer Primärtexte in Gestalt von publizistischer Literaturkritik erforscht, überschneidet sich ihr Untersuchungsterrain zwangsläufig mit den Domänen der Publizistik- und Kommunikationsforschung. Und sie muß von Fall zu Fall entscheiden, inwieweit neben der Analyse von Stil und Rhetorik auch quantifizierende Verfahren der Inhaltsanalyse ihren Erkenntniszielen dienlich sein können.

4. Literaturwissenschaftliche Methoden in der Analyse von Hörfunksendungen

Läßt man die hochkomplexe juristische Auseinandersetzung um die Auslegung des Rundfunkbegriffs (der die Verbreitung von bewegten Bildern mit einschließt) einmal außer Betracht, so kann Hörfunk als jenes Medium definiert werden, daß mit der für die Allgemeinheit (oder auch bestimmte Zielgruppen) bestimmten Veranstaltung und Verbreitung von Darbietungen aller Art in Wort und Ton befaßt ist. Die ausgestrahlten Programme (verstanden als die zeitlich strukturierte Abfolge von Sendungen unterschiedlichster Art) tragen durch das Nebeneinander von Nachrichten, Information, Musik, Werbung, Sportübertragungen, Hörspiel und dergleichen dem Kompositcharakter des Mediums Rechnung. Als Kommunikationstechnologie, gesellschaftliche Institution, aber auch mittelbar und unmittelbar mit der Verbreitung und Erzeugung kultureller Güter befaßtes Medium steht der Hörfunk im Spannungsfeld technischer, politisch-juristischer, kommunikationswissenschaftlicher und partiell auch ästhetischer Definitionsversuche des Mediums. Soweit sich die Literaturwissenschaft mit ihren Methoden dem Medium Hörfunk näherte, galt ihr Interesse vorwiegend dem Hörspiel, einer Programmsparte, deren Anteil am Gesamtprogramm von der Programmstatistik mit dem Prozentwert 0,8 ausgewiesen wird. Damit rangierte das Hörspiel innerhalb des öffentlich-rechtlichen Systems weit unterhalb der Werbung, deren Zeitanteil am Gesamtprogramm mehr als doppelt so hoch ist. Obwohl Hörspiele nicht nur von den Hörspielredaktionen produziert wurden und werden, sondern z. B. auch im Kinder-, Jugend-, und allgemeinen Unterhaltungsprogramm als Programmform vertreten sind, konzentriert sich die literaturwissenschaftliche Hörspielforschung primär auf das sog. Original-Hörspiel als Kunstform. Den Anspruch, eigenständige Kunstform zu sein, kann das Hörspiel auch insofern erheben, als es bei aller Verflechtung mit anderen künstlerischen Ausdrucksformen, von diesen dadurch unterschieden bleibt, daß es sich ausschließlich akustisch strukturiert.

Die siebzigjährige Hörspielgeschichte ist Teil der Literaturgeschichte dieses Zeitraums, insofern auch genuines Untersuchungsobjekt der Literaturwissenschaft. Nicht alle, aber doch die Mehrzahl der kanonisierten Autoren dieses Zeitraums haben auch Hörspielgeschichte mit „geschrieben": z. B. Alfred Döblin, Johannes R. Becher, Bertolt Brecht, Lion Feuchtwanger, Hermann Kasack, Günter Eich, Wolfgang Borchert, Peter Huchel, Ingeborg Bachmann, Ludwig Harig, Peter Handke, Ernst Jandl, Wolf Wondratschek, Günter Wallraff, Jürgen Becker, Dieter Wellershoff, Wolfgang Weyrauch, Helga M. Novak, Helmut Heißenbüttel, Gerhard Rühm oder Michael Scharang, die hier stellvertetend für mehr als hundert kanonisierte Autoren des in Rede stehenden Zeitraums genannt werden. Die literaturwissenschaftliche Hörfunkforschung ist teils historisch, teils textanalytisch ausgerichtet. Sie untersucht die Geschichte der Gattung Hörspiel (vgl. Würffel 1978; Keckeis 1973), einzelne Entwicklungsphasen der Hörspielgeschichte (vgl. Hörburger 1975; Dedner 1971), die politische Instrumentalisierung der Gattung Hörspiel in der Vergangenheit (vgl. Hay 1976), aktuelle Veränderungen des Genres (vgl. Kamps 1984), analysiert aber auch die für das Hörspiel konstitutiven Dramaturgien (einschließlich der Übergänge des Hörspiels in neue Formen wie feature). In methodischer Hinsicht dominiert das Verfahren der Textinterpretation unter besonderer Berücksichtigung der Formanalyse.

5. Literaturwissenschaftliche Methoden der Film- und Fernsehanalyse

Daß die Literaturwissenschaft ein noch relativ stark durch Wort und Sprache geprägtes Medium wie den Hörfunk, insbesondere jedoch das Hörspiel, nicht völlig aus ihrem Untersuchungsterrain ausklammern konnte, hat sowohl stoffliche als auch historische Gründe, die vor allem aus der Verflechtung und Wechselwirkung der Medien resultieren. Weitaus stärker noch als der Hörfunk hat indes die Audiovision die kulturelle Entwicklung im zwanzigsten Jh. mit geprägt und die Dominanz der Printmedien beseitigt. Auch wenn von einer 'Verdrängung' der Schriftkultur durch die Bildkultur keine Rede sein kann, sich vielmehr im Ensemble der Medien auch die historisch älteren Medien behaupten können (und behaupten), so fällt doch in der zweiten Hälfte des zwanzigsten Jhs. Film und Fernsehen die Rolle von Leitmedien innerhalb der gesellschaftlichen Kommunikation zu. Wenn selbst die Aneignung literarischer

Stoffe zunehmend über die Medien Film und Fernsehen erfolgt – und darauf deutet der Sachverhalt hin, daß etwa die Hälfte aller deutschen Kino- und TV-Großproduktionen Literaturverfilmungen sind – dann besteht gewiß für die Literaturwissenschaft Anlaß, Methoden zu entwickeln, die einer analytischen Auseinandersetzung mit Filmen und ihren ästhetischen Strukturen angemessen sind. Die wachsende Verflechtung der Medien und ihre wechselseitige Stützung haben dazu geführt, daß seit den siebziger Jahren neben Soziologie und Kommunikationswissenschaft auch die Literaturwissenschaft sich den methodologischen Grundproblemen in der Analyse von Film- und Fernsehproduktionen stellen mußte (vgl. Knilli 1973; Schanze 1974; Kreuzer 1975). So ist denn auch inzwischen die Notwendigkeit von Film- und Fernsehanalyse innerhalb der Literaturwissenschaft nicht mehr Gegenstand von Kontroversen. Gegenstand der kontroversen Diskussion sind aber nach wie vor sowohl Fragen des methodischen Instrumentariums als auch der Theoriebildung und Historiographie von Film- und Fernsehproduktionen (vgl. Zimmermann 1994).

Wenn in der wissenschaftlichen Fachliteratur von Film- und Fernsehanalyse die Rede ist, so decken diese Begriffe durchaus Unterschiedliches ab. Zum einen bezeichnen sie das Verfahren der Produktanalyse, die sich auf Segmente von Filmen oder auch auf audiovisuelle Produkte als Ganzes bezieht. Zum andern bezeichnen sie auch die Analyse der Institutionen, die Filme und Fernsehsendungen produzieren, distribuieren und die Verwendungszusammenhänge, in denen audiovisuelle Produkte stehen, die Öffentlichkeiten, auf die sie als Kommunikate abgestimmt sind sowie auch die Dispositive, die die Rezeption medialer Produkte steuern, insofern unterschiedliche Medien wie Film, Fernsehen oder Video Wahrnehmung auf unterschiedliche Weise strukturieren. All diese Aspekte sind legitimer Gegenstand von Film- und Fernsehanalyse in einem umfassenden Wortsinne insoweit die den Einzelprodukten scheinbar äußerlichen Einbettungen von ausschlaggebender Bedeutung auch für ihre formalen und ästhetischen Mikrostrukturen sein können: Zeitnormierungen, Formate, Handlungsaufbau, Spannungsbögen, beschleunigte Bildwechsel, Sequenzbildungsmuster sind nicht nur produktinhärente Faktoren, sondern auch systemabhängige Größen. Die ökonomische Dimension von Medienproduktion kann insofern – Stichworte: Serialisierung, Segmentierung, Assimilation der Zeitnormierungen an den Rhythmus der Unterbrecherwerbung – unmittelbar ästhetische Folgen nach sich ziehen. Eine ausschließlich immanente Produktanalyse könnte insofern gerade jene Dimension verfehlen, die für die Entstehung und Distributionsform der Produkte ausschlaggebend ist. In systematischer Hinsicht ist jedoch die Unterscheidung zwischen einer 'filmphilologisch' ausgerichteten produktzentrierten Strukturanalyse einerseits und einer produktübergreifenden, z. B. handlungstheoretisch oder kommunikationssoziologisch ausgerichteten Systemanalyse durchaus sinnvoll, da sich in beiden Fällen ein verschiedenartiger Methodenbedarf abzeichnet.

Wie die literarische Textanalyse ist auch die Film- und Fernsehanalyse gesteuert durch Erkenntnisinteressen. Dominantes Erkenntnisziel fast aller Produktanalysen ist die Offenlegung der für das jeweilige Produkt eigentümlichen formalen und ästhetischen Strukturen. Mehr noch als die literarische Textanalyse, die einen poetischen Text in wissenschaftlicher Diktion zum Gegenstand einer erkenntnisorientierten Kommunikation erhebt, unterliegt auch die Film- und Fernsehanalyse dem Zwang, eine auch außersprachliche ästhetische Materialität in ein System sprachlicher Kommunikation zu transponieren, was auch zur Folge haben kann, daß die sinnliche Ausdrucksqualität des Objekts im Vollzug ihrer Verbalisierung mehr oder minder stark reduziert wird. Gerade das Nichtsprachliche stellt die Literaturwissenschaft auf der Ebene der Produktanalyse vor Herausforderungen, denen sie nur approximativ gerecht werden kann. Sie bedarf jedoch des dominant an Rationalität ausgerichteten Verständigungsinstruments der Sprache, wenn sie Vermittlungsinstanz sein und bleiben will und muß insofern die Beschränkungen, die mit dem diskursiven Charakter der Terminologien einhergehen, akzeptieren. Darüber hinaus ist Film- und Fernsehanalyse immer auch Interpretation, insofern – wie auch die literarische Interpretation – prinzipiell zeitgebunden, historisch offen, wenn nicht gar, wie der Filmphilologe Klaus Kanzog konstatiert, „permanent als revisionsbedürfig" anzusehen (Kanzog 1991, 14).

Generell lassen sich in der Film- und Fernsehanalyse zwei konträre methodische Verfahrensweisen unterscheiden, die sich in der Gegenwart jedoch nicht mehr als miteinander gänzliche inkompatible Verfahren gegenüberstehen, sondern sich z. T. auch auf produktive Weise ergänzen (können). Die Verfahrensweisen der empirischen Sozialwissenschaften zielen auf quantifizierbare Ergebnisse, die den Vorzug der prinzipiellen Überprüfbarkeit für sich beanspruchen können. Die Ermittlung der Häufigkeit des Auftretens bestimmter, vorher definierter Elemente, spielt bei diesen methodischen Zugriffen eine zentrale Rolle. Sowohl Inhaltsanalyse, Frequenzanalyse, Valenzanalyse als auch Intensitätsanalyse ermitteln die Häufigkeiten, in der bestimmte Produktmerkmale oder auch Aussagen innerhalb einer vorab definierten Stichprobe nachweisbar sind. Inhalts- und Frequenzanalysen dieses Typs werden bevorzugt dort eingesetzt, wo die zu untersuchende Grundgesamtheit entsprechend umfangreich ist und sich aus dem Nachweis der Häufigkeit von Merkmalen generalisierende Aussagen über die Beschaffenheit von Medienprodukten gewinnen lassen. Dem einzelnen Produkt und seiner jeweils besonderen ästhetischen Binnenstruktur können diese Verfahrensweisen zwangsläufig nicht gerecht werden. Diesen Anspruch erheben quantifizierende Verfahren auch nicht. Allerdings kann der Rückgriff auf die quantitativen Daten der Inhaltsanalyse von großem Nutzen auch für eine hermeneutisch verfahrende Film- und Fernsehanalyse sein wie umgekehrt auch die Befunde der hermeneutischen Verfahren dazu beitragen können, die Hypothesenbildung, die den quantitativen Erhebungen vorausgeht, qualitativ zu verbessern.

Die hermeneutisch verfahrende Film- und Fernsehanalyse knüpft an die Praxis der Textinterpretation an, wie sie sich im Bereich der auf sprachliche Texte bezogenen Literaturwissenschaft ausgebildet hat. Hermeneutische Verfahren setzen voraus, daß ihre Gegenstände komplex und mehrdeutig sind und neben allgemein verständlichen Aussageebenen auch Bedeutungsebenen aufweisen, die nicht offen zutage treten, sondern erst im Vollzug der hermeneutischen Textauslegung dechiffriert werden müssen. Die Problematik der hermeneutischen Verfahrensweise besteht in ihrer Zirkularität und in dem Sachverhalt, daß die hermeneutische Differenz zwischen dem sog. Eigensinn des Textes und dem vom rezipierenden Subjekt konstruierten Sinn zwar reduziert, in letzter Konsequenz jedoch nie aufgehoben werden kann. Thomas Koebner hat die Operation des Sinnverstehens in diesem zirkulären Prozeß folgendermaßen charakterisiert:

„Interpretation heißt auch Verständigung. Sie verlangt, Gefühle und Eindrücke zu präzisieren, sich in den Bedeutungshorizont eines Werkes (oder einer Werkgruppe) hineinzubewegen, so daß es zur Überschneidung mit dem jeweils eigenen Erfahrungs- und Denkhorizont kommt. [...] Bei der Interpretation treten [...] Subjekt und Objekt in ein beide umgreifendes Spannungsfeld ein, in dem ästhetische und soziale, psychische und historische Dimensionen einander durchdringen und sichtbar werden." (Koebner 1990, 6)

Die hermeneutisch orientierte Film- und Fernsehanalyse täuscht insofern keine Objektivität vor, sondern akzentuiert die Abhängigkeit des Sinnverstehens vom Standort des Analysierenden. Dieser muß sich seiner Verstehensvoraussetzungen und der historischen, sozialen und sonstigen Kontexte, in die seine Wahrnehmung und Analyse eingebunden ist, bewußt werden. Dieser Selbstverständigungsprozeß bildet die Vorstufe zur Text- oder Produktanalyse im engeren Sinne, in der sowohl die Gestaltungsmittel und Strukturen sowie die Traditionszusammenhänge, in denen der visuelle Einzeltext steht, als auch die Bedingungen seines Verständnisses reflektiert werden (sollen).

Das methodische Instrumentarium der Produktanalyse ist abhängig vom Verfahren der Filminterpretation, die ihrerseits durch Theorien gesteuert wird. Werner Faulstich ordnet die Vielzahl der filmtheoretischen und -analytischen Ansätze sechs verschiedenen Richtungen zu. Er unterscheidet zwischen einer strukturalistischen, einer biographischen, einer literatur- bzw. filmhistorischen, einer soziologischen, einer psychologischen und einer genrespezifischen Methode der Filminterpretation (Faulstich 1988). Die Wahl der Methode zieht auch auf der Ebene des analytischen Vorgehens Konsequenzen nach sich. Während der strukturalistische Zugriff noch relativ stark an der Materialität der filmischen Gestaltungsmittel orientiert ist, zwingt z. B. die biographische Methode den Interpreten zu einem relativ umfangreichen Rückgriff auf externe Daten. Überdies postuliert dieser Ansatz, daß sich auch in arbeitsteilig erzeugten kulturellen Produkten stilprägende Subjektivität(en) als ausschlaggebende Faktoren durchsetzen. Auch in die übrigen Methoden der Filminterpretation gehen theoretische Prämissen ein, die durchaus umstritten sind. Gemeinsam ist ihnen nur, daß sie jeweils den Zugriff auf eine Datenbasis erfordern, die externe Kontexte des zu untersuchenden Einzelprodukts erschließen. Zu ergänzen wäre die von Faulstich gewählte Typologie der Filminterpretation durch das Verfahren der produktionsanalytischen Film- und Fernsehanalyse, das produktionsbegleitende Beobachtung voraussetzt. Das Endprodukt wird in diesem Verfahren als Resultat einer systemgesteuerten, gleichwohl durch relativ große Handlungsspielräume gekennzeichneten Interaktion von anstaltsinternen und -externen Entscheidungsträgern sowie von ästhetischen Realisatoren beschrieben, mit dem Ziel, die für das Endprodukt typischen Gestaltungs- und Aussagemerkmale innerhalb ihrer Genese sichtbar machen zu können (vgl. Ludwig/Schenkel/Zimmermann 1992). Dieses Verfahren, das den Zugriff auf anstaltsinterne Materialien und Daten voraussetzt, ermöglicht relativ präzise Unterscheidungen zwischen sog. harten (z. B. ökonomischen) und sog. weichen Einflußgrößen in der ästhetischen Realisation des Endprodukts und garantiert Kontrolldaten, die der Interpretationswillkür enge Grenzen setzen. Überdies ist die Forschungspraxis der Gegenwart durch vielerlei Kombinationen der von Faulstich – zu Recht – aus systematischen Gründen unterschiedenen Zugriffe gekennzeichnet.

Im Unterschied zur Literaturwissenschaft, deren Objekte in der Regel (durch Buchhandel, Bibliothekssysteme, Archive usw.) verfügbar, auf Papier oder anderen Trägermaterialien gespeichert sind, sieht sich die Film- und Fernsehanalyse seit ihren Anfängen dem Problem ausgesetzt, daß ihre Untersuchungsobjekte aus urheberrechtlichen und sonstigen Gründen nicht allgemein verfügbar sind. Dank eines nach wie vor expandierenden Videomarkts hat sich zwar die Zugriffsmöglichkeit auf die Bestände der Filmgeschichte erheblich verbessert. Für Fernsehsendungen gilt dies vorerst noch nicht in gleichem Maße. Es gibt im Jahr 1996 noch keine Deutsche Mediathek, die – vergleichbar etwa den großen Medienmuseen in New York oder London – an einem Ort die wichtigsten Zeugnisse der Fernsehgeschichte für einschlägig Interessierte verfügbar halten würde. Eine wichtige Grundvoraussetzung wissenschaftlicher Diskurse, die Verfügbarkeit der Objekte, ist insofern noch nicht erfüllt, und selbst der partielle Zugriff auf Bestände der Fernseharchive nicht problemlos möglich (vgl. Zimmermann 1996). Um sich überhaupt ihres Darstellungsgegenstands vergewissern zu können und intersubjektive Überprüfbarkeit in Ansätzen zu ermöglichen, wurden deshalb diverse Protokollierungsverfahren entwickelt, um Film- und Fernsehproduktionen überhaupt zitieren zu können. Obgleich unumstritten ist, daß diese Protokollierungsverfahren ein wichtiges Hilfsmittel jeglicher Filmanalyse sein können, kann doch ein hochgradig durch Reduktion gekennzeichnetes Hilfsmittel gerade die Analyse von bewegten Bildern nur begrenzt ermöglichen. Gleichwohl haben sich insbesondere für Strukturanalysen die Formen des Einstellungsprotokolls und Sequenzprotokolls relativ gut bewährt. Als Weiterentwicklung dieser Notationssysteme, die Handlungseinheiten, Zeiteinheiten, Einstellungsgrößen, Kameraverhalten, Bildwechsel und -konjunktionen sowie die Tonebene eines Films dokumentieren, haben sich Einstellungs- und Sequenzgraphiken durchgesetzt, die Strukturmerkmale des Films oder einzelner Sequenzen auf einer Zeitachse veranschaulichen. Durch computergestützte Protokollierungssysteme, wie sie an Hochschulen in Marburg, Braunschweig, Siegen und Lüneburg entwickelt wurden, konnten diese Hilfsmittel einer quantifizierenden Filmanalyse noch weiter perfektioniert werden.

Vom historisch akkumulierten methodischen know how der Literaturwissenschaft zieht die Film- und Fernsehanalyse vor allem auf drei Ebenen Nutzen: auf der Ebene der Analyse des Auditiven (insbesondere der Sprache im Film), auf der Ebene der Analyse filmischer Narrationstechniken (Dramaturgien, Erzählformen) sowie auf der Ebene der Analyse der darstellerischen Leistungen (die durch Rückgriff auf Kategorien der Theaterwissenschaft analysiert werden kann). Die Analyse des bewegten Bildes stellt indes – trotz aller Kompetenzzuwächse, die seit den siebziger Jahren nicht zuletzt auch im Umfeld der Literaturwissenschaft feststellbar sind – alle Disziplinen, die Film- und Fernsehanalyse betreiben, vor methodische und systematische Herausforderungen, deren Bewältigung erst in Ansätzen in Sicht ist.

6. Literatur

Bollenbeck, Georg, Theodor Storm. Eine Biographie. Frankfurt a. M. 1988.

Bordwell, David, Narration in the fiction film. London 1985.

Conrady, Karl O., Einführung in die Neuere deutsche Literaturwissenschaft. Reinbek 1966.

Dedner, Burghard, Das Hörspiel der fünfziger Jahre und die Entwicklung des Sprechspiels seit 1965. In: Die deutsche Literatur der Gegenwart. Hrsg. v. Manfred Durzak. Stuttgart 1971, 128–147.

Durzak, Manfred, Literatur auf dem Bildschirm. Tübingen 1989.

Escarpit, Robert, La révolution du livre. Paris 1965.

Faulstich, Werner (Hrsg.), Kritische Stichworte zur Medienwissenschaft. München 1979.

–, Einführung in die Filmanalyse. Tübingen 1976.

–, Bestandsaufnahme Bestsellerforschung. Wiesbaden 1983.

–, Die Filminterpretation. Göttingen 1988.

Fügen, Norbert, Die Hauptrichtungen der Literatursoziologie und ihre Methoden. Bonn 1971.

Gadamer, Hans G., Wahrheit und Methode. Tübingen ³1967.

Gallas, Helga (Hrsg.), Strukturalismus als interpretatives Verfahren. Darmstadt/Neuwied 1972.

Gansberg, Marie/Paul G. Völker, Methodenkritik der Germanistik. Stuttgart 1970/71.

Geiger, Klaus F., Jugendliche lesen „Landser"-Hefte. In: Literatur und Leser. Hrsg. v. Gunter Grimm. Stuttgart 1975, 324–342.

Glaser, Horst Albert, Literaturwissenschaft und Sozialwissenschaften. Grundlagen und Modellanalysen. Stuttgart 1971.

Hamburger, Käte, Die Logik der Dichtung. Stuttgart 1957.

Hay, Gerhard, Rundfunk und Hörspiel als 'Führungsmittel' des Nationalsozialismus. In: Die deutsche Literatur im Dritten Reich. Hrsg. v. Horst Denkler/Karl Prümm. Stuttgart 1976.

Hermand, Jost, Synthetisches Interpretieren. München 1968.

Hörburger, Christian, Das Hörspiel der Weimarer Republik. Stuttgart 1975.

Hickethier, Knut, Das Fernsehspiel der Bundesrepublik. Stuttgart 1980.

–, Die Fernsehserie und das Serielle des Fernsehens. Lüneburg 1991.

–, Film- und Fernsehanalyse. Stuttgart 1993.

Hohendahl, Peter, Geschichte. Opposition. Subversion. Köln/Weimar/Wien 1993.

Jabs-Kriegmann, Marianne, Zerrspiegel. Der deutsche Illustriertenroman 1950–1977. Stuttgart 1981.

Jauß, Hans R., Literaturgeschichte als Provokation. Frankfurt a. M. 1970.

Kamps, Johann M., Aspekte des Hörspiels. In: Tendenzen der deutschen Gegenwartsliteratur. Hrsg. v. Thomas Koebner. Stuttgart 1984, 350–381.

Kanzog, Klaus, Einführung in die Filmphilologie. München 1991.

Keckeis, Hermann, Das deutsche Hörspiel 1923–1973. Frankfurt a. M. 1973.

Kellner, Rolf, Schlachtfeld Heftroman. In: Literatur und Leser. Hrsg. v. Gunter Grimm. Stuttgart 1975, 295–323.

Knilli, Friedrich, Massenmedien und Literaturwissenschaft. In: Ansichten einer künftigen Germanistik. Hrsg. v. Jürgen Kolbe. München 1973, 290–305.

Knilli, Friedrich/Erwin Reiss, ABC für Zuschauer. Gießen 1971.

Koebner, Thomas (Hrsg.), Autorenfilme. Elf Werkanalysen. Münster 1990.

Kreuzer, Helmut, Trivialliteratur als Forschungsproblem. In: DVjs 41, 1967.

–, Veränderungen des Literaturbegriffs, Göttingen 1975.

Kreuzer, Helmut/Karl Prümm (Hrsg.), Fernsehsendungen und ihre Formen. Stuttgart 1979.

Laermann, Klaus, Lacancan und Derridada. In: Kursbuch 84, 1986.

Ludwig, Hans-Werner (Hrsg.), Arbeitsbuch Romananalyse. Tübingen 1982.

Ludwig, Hans-Werner/Elmar Schenkel/Bernhard Zimmermann, Made in Britain. Studien zur Literaturproduktion im britischen Fernsehen. Tübingen 1992.

Netenjakob, Egon/Eberhard Fechner. Weinheim/Berlin 1989.

Nusser, Peter, Romane für die Unterschicht. Stuttgart 1973.

Paech, Joachim, Literatur und Film. Stuttgart 1988.

Reese, Walter, Literarische Rezeption. Stuttgart 1980.

Rusch, Gebhard, Erkenntnis, Wissenschaft, Geschichte: Von einem konstruktivistischen Standpunkt. Frankfurt a. M. 1987.

Schanze, Helmut, Fernsehserien. Ein literaturwissenschaftlicher Gegenstand? In: LiLi 2, 1972/6, 79–92.

–, Medienkunde für Literaturwissenschaftler. München 1974.

Schanze, Helmut (Hrsg.), Fernsehgeschichte der Literatur. München 1996.

Schanze, Helmut/Bernhard Zimmermann (Hrsg.), Das Fernsehen und die Künste. München 1994.

Schmidt, Siegfried J., Der Diskurs des Radikalen Konstruktivismus. Frankfurt a. M. 1988.

Schneider, Irmela, Der verwandelte Text. Tübingen 1981.

Staiger, Emil, Grundbegriffe der Poetik. Zürich 1946.

Voßkamp, Wilhelm: Gattungen als literarisch-soziale Institutionen. In: Textsortenlehre – Gattungsgeschichte. Hrsg. v. Walter Hinck. Heidelberg 1977, 27–42.

Wermke, Jutta, Wozu Comics gut sind?! Kronberg 1973.

Wernsing, Armin/Wolf Wucherpfennig, Die „Groschenhefte": Individualität als Ware. Wiesbaden 1976.

Würffel, Stefan B., Das deutsche Hörspiel. Stuttgart 1978.

Ziermann, Klaus, Romane vom Fließband. Berlin 1969.

–, Vom Bildschirm bis zum Groschenheft. Berlin 1983.

Zimmermann, Bernhard, Literaturrezeption im historischen Prozeß. München 1977.

–, Das Bestseller-Phänomen im Literaturbetrieb der Gegenwart. In: Literatur nach 1945 II. Hrsg. v. Jost Hermand. Wiesbaden 1979.

–, Unterhaltungsroman und populärwissenschaftliche Literatur. In: Tendenzen der deutschen Gegenwartsliteratur. Hrsg. v. Thomas Koebner. Stuttgart 1984, 251–286.

–, Stellweise Glatteis. Fernsehgeschichte als Forschungsproblem. In: LiLi 24, 1994/96, 107–112.

–, Was heißt und zu welchem Ende erforschen wir die Fernsehgeschichte der Literatur. In: Fernsehgeschichte der Literatur. Hrsg. v. Helmut Schanze. München 1996, 36–42.

Bernhard Zimmermann, Marburg
(Deutschland)

20. Sozialwissenschaftliche Methoden der Medienanalyse

1. Inhaltsanalyse als Methode sozialwissenschaftlicher Medienanalyse
2. Typologie der Inhaltsanalyse
3. Anwendungsfelder
4. Probleme von Inhaltsanalysen
5. Zukünftige Entwicklungen
6. Literatur

1. Inhaltsanalyse als Methode sozialwissenschaftlicher Medienanalyse

Unter dem Begriff *Inhaltsanalyse* (auch: Aussagenanalyse, Textanalyse, content analysis) versteht man in den Sozialwissenschaften – analog zu Befragung und Beobachtung – ein Instrument zur Erhebung sozialer Wirklichkeit. Während die soziale Wirklichkeit bei Beobachtung und Befragung in der Regel durch einen Prozeß verbal/nonverbaler Kommunikation erschlossen wird, geschieht dies bei der Inhaltsanalyse durch Analyse von Textsorten aller Art auf einer oder mehreren semiotischen Ebenen.

1.1. Inhaltsanalytische Inferenz

Da Texte Bestandteil eines zeitlich/örtlich distanten Kommunikationsprozesses sind, bei dem die Positionen Kommunikator, Rezipient und Kommunikationssituation unterscheidbar sind und auf die Gestaltung des Textes Einfluß nehmen, läßt sich ein Text als Relikt begreifen, von dem unter angebbaren Bedingungen auf diese nicht (mehr) präsenten Positionen zurückgeschlossen werden kann. Dieser mögliche Inferenzschluß von einem fossilierten Text auf Elemente bzw. Strukturen sozialer Wirklichkeit rechtfertigt es, Inhaltsanalyse neben Beobachtung und Befragung als drittes Erhebungsinstrument sozialer Wirklichkeit zu bezeichnen.

1.2. Definition

Demgemäß läßt sich Inhaltsanalyse definieren als „Methode zur Erhebung sozialer Wirklichkeit, bei der von Merkmalen eines manifesten Textes auf Merkmale eines nichtmanifesten Kontextes geschlossen wird" (Merten ²1995, 15). Die Inhaltsanalyse kennt daher prinzipiell drei Ziele (Abb. 20.1): Rückschluß vom Text auf

(1) Eigenschaften des Kommunikators Kr (etwa: Stil, Redundanz, Stellung zum Rezi-

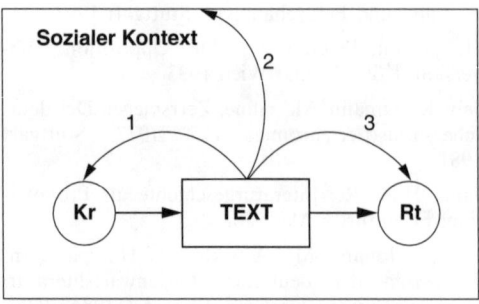

Abb. 20.1: Inhaltsanalytische Inferenz

pienten, demonstriertes Normen- und Wertesystem, emotionale Befindlichkeit etc.),
(2) Eigenschaften der Kommunikationssituation (sozialer Kontext) (etwa: Normen und Werte in der Gesellschaft, Moden, Themen und Meinungen in der öffentlichen Diskussion) und
(3) Eigenschaften des Rezipienten Rt (etwa: Normen und Werte, Interessen, Wirkungen).

2. Typologie der Inhaltsanalyse

2.1. Ziele und Mittel

Da Texte sozial verfaßt sind, lassen sich alle semiotischen Ebenen für die Analyse nutzen. Kombiniert man Ziel der Analyse (Kommunikator, Rezipient, Situation) und semiotische Mittel (Abb. 20.2), so erhält man eine erschöpfende inhaltsanalytische Typologie.

Auf der *syntaktischen* Ebene lassen sich z. B. durch Wort- und Satzanalyse stilistische Eigenschaften des Kommunikators erheben. Auf der *denotativ-semantischen* Ebene wird vor allem das Verfahren der *Themenanalyse* angewendet. Dabei werden in Medien behandelte Themen oder Genres nach vorgegebenen Kategorien (in Tageszeitungen z. B. Information, Kommentar, Unterhaltung, Werbung, Sonstiges) und nach Häufigkeit bzw. Umfang der Darstellung erhoben (vgl. Merten [2]1995, 14 ff.). Auf der *konnotativ-semantischen* Ebene finden sich Verfahren der Wert-, Einstellungs- und Motivanalyse. Auf der *pragmatischen* Ebene kann man — zumindest eingeschränkt — Indikatoren für Wirkungen erheben. Zugleich spielt die *Trendanalyse* — etwa im Vergleich periodisch produzierter Texte in der Presse — eine wichtige Rolle.

Beispielsweise kann man auf der *syntaktischen* Ebene durch Vergleich von Textproben (nach häufigen oder seltenen Worten, nach Satzlänge und Satzstruktur) auf Identität des Autors prüfen (vgl. Fucks 1968).

Auf der *semantischen* Ebene kann man beispielsweise durch die vergleichende Langzeitanalysen von Werten in Kontaktanzeigen (1958—1968) zeigen, daß das Wertesystem der BRD in dieser Zeit wegbricht — und somit praktisch die Studentenrevolution von 1968 erklären (vgl. Merten [2]1995, 172 f.).

Auf der *pragmatischen* Ebene kann man beispielsweise die direkte Interaktion zwischen Therapheut und Patient simultan aufzeichnen und noch während der Interaktion analysieren, so daß der Therapeut daraus laufend wichtige Hinweise für die weitere Gesprächsführung entnehmen kann (vgl. Brähler 1975).

2.2. Qualität versus Quantität

Neben der Differenzierung von Inhaltsanalysen nach Zielen und Mitteln lassen sich die Verfahren der Inhaltsanalyse auch in quantitative und qualitative Verfahren differenzieren: Die *quantitative* Inhaltsanalyse dient zur Feststellung der Häufigkeiten bestimmter Textmerkmale. Daneben kann die Anzahl relevanter Merkmale der Texte gleichzeitig als Indikator für die Intensität einer Einstellung, Meinung oder Wertvorstellung interpretiert werden. Die *qualitative* Inhaltsanalyse zielt auf die Analyse der den Texten zugrundeliegenden Meinungs- und Einstellungsdimensionen bzw. der sozialen Situation. Der lange Streit über die Berechtigung qualitativer und/oder quantitativer Vorgehensweise (vgl. Bos/Tarnai 1989, 32 ff.) läßt sich für die Inhaltsanalyse damit aufheben: Sie erlaubt sowohl die eindimensionale, rein quantitative Aus-

Objekt der Analyse/ Sem. Ebene	Kommunikator	Rezipient	Situation
Syntaktisch	Stilanalyse	–	–
Denotativ-semantisch	Themenanalyse	Themenanalyse	Themenanalyse
Konnotativ-semantisch	Wertanalyse, Sem. Differential, Motivanalyse	Wert/Normanalyse	Einstellungsanalyse
Pragmatisch	Intention, Verständlichkeit	Wirkung, Verständlichkeit	–

Abb. 20.2: Ziele und Mittel der Inhaltsanalyse

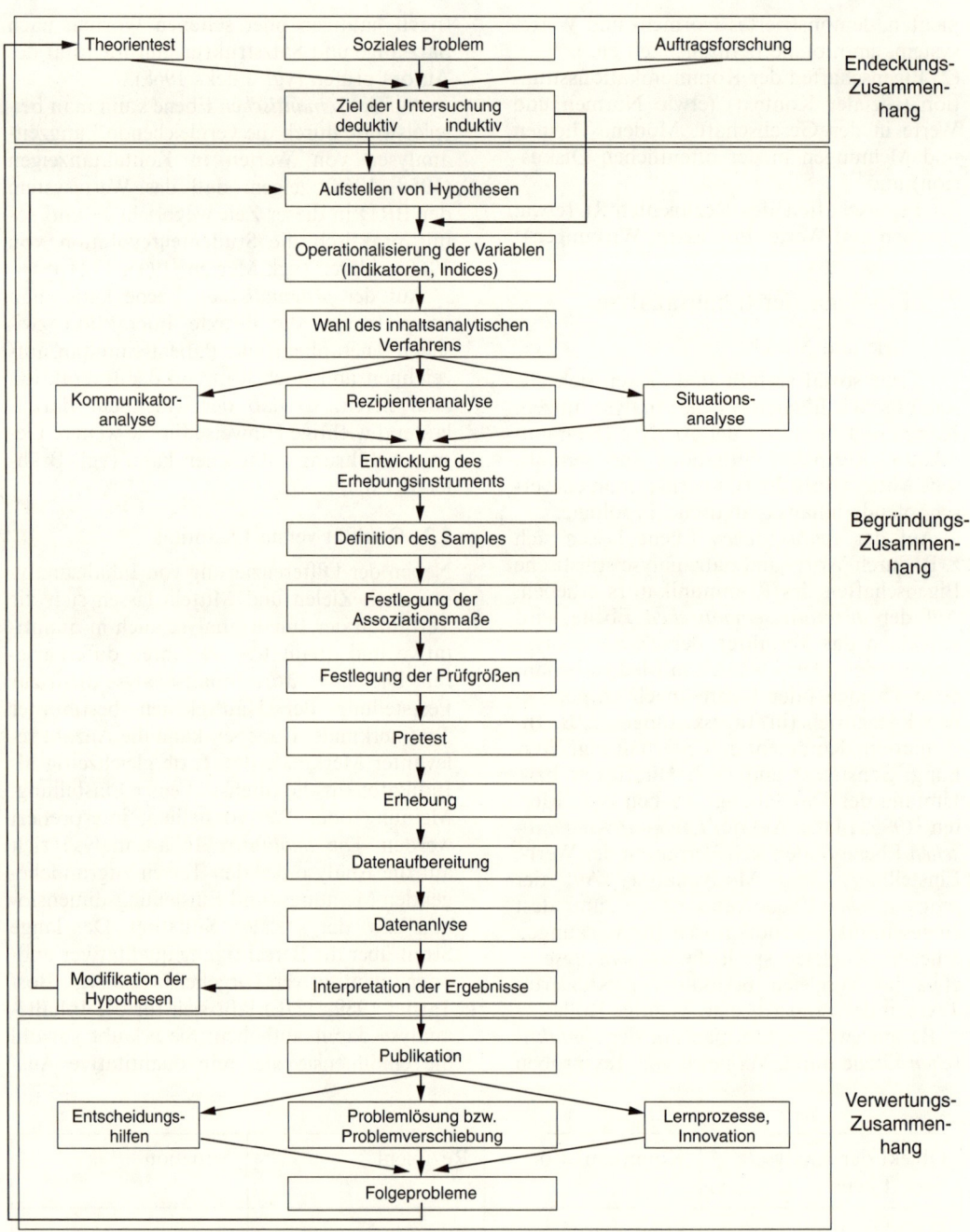

Abb. 20.3: Codierbuch für Themenanalyse (Ausschnitt)

zählung von Häufigkeiten (Frequenzen) als auch die Kombination qualitativer und quantitativer Variablen oder die relationale Textanalyse, bei der den Aussagen zugeordnete Bewertungen, Intensitäten bzw. Kontingenzen zwischen Aussagen erhoben werden.

2.3. Ablaufplan einer Inhaltsanalyse

Die Durchführung einer Inhaltsanalyse wird im folgenden am häufigsten Anwendungsfall, der *Themenanalyse* vorgestellt und umfaßt prinzipiell die folgenden 13 Arbeitsschritte (Abb. 20.3):

(1) Definition des Erkenntnisinteresses:
Hier ist zunächst festzulegen, ob die Analyse induktiv (hypothesengenerierend) oder deduktiv (hypothesentestend) durchgeführt werden soll. Desweiteren muß das Ziel der Untersuchung definiert werden, das damit den Rahmen für Typ und Umfang der zu definierenden relevanten Variablen festlegt.

(2) Aufstellung von Hypothesen:
Handelt es sich um eine deduktive Untersuchung, so müssen aus einer bereits vorliegenden Theorie Hypothesen abgeleitet werden.

(3) Operationalisierung von Variablen:
Der zu analysierende Sachverhalt wird üblicherweise durch Variablen resp. Kombinationen von Variablen (z. B. Indices) erfaßt. Dabei ist zu berücksichtigen, daß die Operationalisierung gültig erfolgt, also genau das mißt, was sie zu messen vorgibt (Beispiel: Wenn man die Eigenschaft „Snob" in Texten messen will, dann sind Indikatoren wie „spricht englisch" oder „liest die Times" je für sich Indikatoren, die keineswegs zur Bestimmung dieser Eigenschaft ausreichen, denn diese würden auch auf die Eigenschaft „Engländer" zutreffen können).

(4) Wahl des inhaltsanalytischen Verfahrens:
Das gewählte Ziel (Punkt 1) gibt in bestimmten Grenzen das für die Untersuchung angemessene Verfahren bereits vor (Kommunikator-, Situations- oder Rezipientenanalyse). Die definierten Variablen (Punkt 3) engen den Bereich anwendbarer Verfahren weiter ein.

Aus der vorgenommenen Wahl des inhaltsanalytischen Verfahrens läßt sich sodann auch die Bestimmung von Erhebungs- und Untersuchungseinheit ableiten: Erhebungseinheit (recording unit) ist die Einheit, die in einem ersten Schritt definiert wird und die mindestens eine, in der Regel aber mehrere Untersuchungseinheiten (unit of analysis) enthält. Will man etwa die Presse auf ihre Wirtschaftsberichterstattung hin analysieren, so kann als Erhebungseinheit die jeweilige Ausgabe, als Untersuchungseinheit hingegen jeder Artikel innerhalb dieser Ausgabe, der „Wirtschaft" zum Thema hat, definiert werden.

(5) Entwicklung des Erhebungsinstruments:
Das Erhebungsinstrument umfaßt sämtliche definierten Variablen, die − analog zu einem Fragebogen − nach einer sinnvollen Struktur geordnet werden müssen.

Für die Themenanalyse muß zunächst ein *Kategoriensystem* gebildet werden, also ein Raster, das die gültige Erfassung und Zuordnung jedes im Text auftretenden Sachverhalts erlaubt. Dabei ist die Vorgehensweise unterschiedlich, je nachdem eine induktive oder deduktive Vorgehensweise geplant ist (vgl. Früh 1981, 135−145).

Bei der deduktiven Kategorienbildung wird entsprechend der untersuchungsleitenden Fragestellung (Konstruktebene) ein theoretisches Gliederungsprinzip erarbeitet, das die Identifizierungs- resp. die Zuordnungsregeln der Textteile (Objektebene) definiert. Die deduktiv generierten Kategorien sind gleichzeitig die relevanten Variablen.

Den entgegengesetzten Weg geht die induktive oder empirische Kategorienbildung: Aus dem vollständig vorhandenen Datenmaterial (Objektebene) wird eine Stichprobe gezogen, die repräsentativ für das Untersuchungsmaterial (nach Erscheinungsdatum und Medium bzw. Titel) gebildet wird. Aus dieser Stichprobe werden im folgenden alle Aussagen zum Untersuchungsthema exzerpiert. Das exzerpierte Material wird nach inhaltlichen Kriterien geordnet und schließlich zu Kategorien zusammengefaßt. Nach der vorläufigen Gruppierung der Einzelaussagen zu Kategorien wird das Kategoriensystem anhand einer zweiten Stichprobe auf Konsistenz und Vollständigkeit getestet. Dieser Vorgang wird so oft wiederholt, bis das Kategoriensystem vollständig ist (d. h. sich im Verlauf weiterer Tests nicht mehr verändert).

Für Variablen mit vielen Ausprägungen werden *Listen* angelegt (vgl. Abb. 20.4).

In Abb. 20.4 wird exemplarisch im Rahmen einer Themenanalyse ein Zeitungsartikel codiert, der die laufende Nummer 091 besitzt (V1) und der am 23. (V2) Juni (V3) − an einem Freitag (V4) − in den Kieler Nachrichten (V6), die an jenem Tag 42 Seiten Umfang hatte (V7), auf Seite 1 (V8) auf der unteren Hälfte (V9) erschienen ist. Dabei wurde der Inhalt als überwiegend allgemeinpolitisch (V10) und zusätzlich mit wirtschaftspolitischem Bezug (V11) codiert. In der Überschrift taucht der Handlungsträger 73 auf, der in Liste 1 spezifiziert ist. Für die Variablen V5, V7, V10 und V12 sind dem Kommentar K besondere Hinweise zu entnehmen.

Bei manchen Variablen gibt es häufig Unsicherheiten, wie bestimmte Items zu codieren sind (etwa: ist ein „Streik" der Kategorie „Wirtschaft" oder der Kategorie „Politik" zuzuordnen?).

Für solche Fälle wird ein *Kommentar zum Codierbuch* angelegt, in dem die angemessene

Nr. der Variablen	Inhalt/Codieranweisung	Codierspalte
	ACHTUNG Codierer! Bitte codieren Sie genau nach Anweisung und arbeiten Sie so sorgfältig wie möglich. Bei schwierigen Codierentscheidungen sagt Ihnen der Hinweis –> **K**, daß Sie im **Kommentar zum Codierbuch** weitere Erläuterungen finden. Wenn Sie sich über die zu treffende Codierentscheidung **nicht sicher** sind, markieren Sie dies in der Codierspalte mit einem Fragezeichen!!!	
V1	**Lfd. Nummer** der Untersuchungseinheit (UE) (0001–9999)	091
V2	**Tag** (1–31)	23
V3	**Monat** (1-12)	6
V4	**Wochentag** (Mo=1/Di=2/Mi=3/Do=4/Fr=5/Sa=6/So=7)	5
V5	**Codenummer des Codierers** (01-99) –> **K**	57
V6	**Name des Organs:** Badische Zeitung = 1 Berliner Morgenpost = 2 DIE WELT = 3 Express = 4 FAZ = 5 FR = 6 Hamburger Abendblatt = 7 Kieler Nachrichten = 8 Mindener Tagblatt = 9 Neue Westfälische Zeitung = 10 Nürnb. Nachrichten = 11 Rheinpfalz = 12 Saarbr. Zeitung = 13 Stuttgarter Zeitung = 14 SZ = 15 Westdeutsche Allgemeine = 16	8
V7	**Zahlen der Seiten der Ausgabe** (001–999) → **K**	42
V8	**Seitenzahl des codierten Artikels**	1
V9	**Position auf der Seite:** Auf der oberen Hälfte = 1 Auf der unteren Hälfte = 2 / Genau in der Mitte = 3 Nimmt die ganze Seite ein = 4 / Geht über mehrere Seiten = 5	2
V10	**1. Kategorisierung des Inhalts (Hauptcodierung):** → **K** Politik allg. = 1 / Wirtschaftspolitik = 2 / Sozialpolitik = 3 / Wirtschaft = 4 / Unglück, Katastrophe = 5 / Kriminalität/Strafverfolgung = 6 / Kunst, Kultur, Wissenschaft = 7 / Gesundheit = 8 / Reisen, Verkehr, Urlaub = 9 / Rat, Service = 10 / Personalien = 11 / Kuriosa = 12 / Sonstiges = 13	1
V11	**2. Kategorisierung des Inhalts (Nebencodierung):** (Codes wie V10) !ACHTUNG CODIERER! Wenn keine Codierung von Politik möglich, gleich zu Variable → V23 übergehen!	2
V12	**Polit. Handlungsträger in der Überschrift:** → **K** Handlungsträger kann sowohl ein Land (Staat), eine Partei (Interessengruppe) oder eine Person sein, so daß generell eine Dreifachcodierung (max. 3 Nennungen, die wichtigste zuerst) erfolgen muß. Die Codes finden sich in –> **Liste 1**	73

Abb. 20.4: Anweisung zur Analyse eines Zeitungsartikels

(richtige) Zuordnung bestimmter häufiger auftretender Sachverhalte zu bestimmten Kategorien festgelegt wird. Dieser Kommentar erweitert sich erfahrungsgemäß am Anfang der Erhebung ganz enorm.

Für das Codierbuch werden schließlich zu Beginn wichtige *formale* Variablen definiert (z. B. die laufende Numerierung der Einheiten, das Datum der Erhebung, die Codierernummer etc.). Alle zu erhebenden Variablen werden in einem *Codierbuch* (oder Codiersheet) in aufsteigender Numerierung der Variablen aufgeführt, wobei die formalen Variablen zu Beginn definiert werden.

(6) Definition des Samples:
Zunächst ist die Grundgesamtheit, d. h. die Gesamtmenge aller Texte, auf die sich das Ergebnis beziehen soll, festzulegen. Will man etwa Aussagen über die Struktur der Berichterstattung der Presse machen, dann ist die Grundgesamtheit temporal (für welchen Zeitraum?), regional (für welche Regionen bzw. Länder?) und nach den in dieser Zeit bzw. in dieser Region erscheinenden Zeitungen zu definieren. Die Definition der Grundgesamtheit ist immer dann unabdingbar, wenn man eine repräsentative Stichprobe erstellen will.

Die Auswahl der Stichprobe richtet sich nach den zur Verfügung stehenden Ressourcen (Geld, Zeit) und zum anderen nach der angestrebten Verallgemeinerbarkeit der Ergebnisse. Soll das Ergebnis repräsentativ sein, so muß auch die Stichprobe repräsentativ sein, d. h. sie muß in ihrer Zusammensetzung prinzipiell ein verkleinertes, aber getreues Abbild der Grundgesamtheit darstellen. Diese Forderung wird durch eine *Zufallsstichprobe* erfüllt.

(7) Festlegung der Assoziationsmaße:
Für die Prüfung der Hypothesen sind die in bezug zum jeweiligen Skalenniveau der zugehörigen Variablen angemessenen Assoziationsmaße vor Beginn der Erhebung festzulegen.

(8) Festlegung der Prüfgrößen:
Vor der Erhebung ist auch festzulegen, mit welcher statistischen Präzision das Ergebnis in bezug auf Zuverlässigkeit (reliability) und Gültigkeit (validity) ausgestattet sein soll. Die Messung der Zuverlässigkeit wird üblicherweise als *Intercoderreliabilität* bezeichnet und als Übereinstimmung der Codierung von zwei oder mehreren Codierern bezüglich gleicher Codierentscheidungen an gleichen Texten gemessen, wobei eine hohe Übereinstimmung am ehesten auf der syntaktischen, am wenigsten auf der pragmatischen Ebene zu erzielen ist (vgl. Merten ²1995, 302 ff.).

Die Messung von Validität erfolgt an mehreren Stellen: Zum einen wird die Stichprobenvalidität festgelegt, also der Sicherheitsgrad, mit dem von Ergebnissen der Stichprobe auf die Ergebnisse in der Grundgesamtheit geschlossen werden darf.

Zum anderen wird die Messung von Validität in Form des statistischen Signifikanztests vorgenommen; dabei wird inferenzstatistisch geprüft, ob ein Zusammenhang resp. eine Hypothese rein zufällig gefordert werden soll.

(9) Pretest des Codierbuchs:
Sobald alle Variablen formuliert sind (also: a) semantisch möglichst eindeutig und b) in bezug auf die Zahl der möglichen vorkommenden Ausprägungen erschöpfend und umfassend), wird das Codierbuch (das diese Variablen chronologisch mit allen Ausprägungen und zugewiesenen Codes auflistet) an einer kleinen Textmenge getestet, um zu prüfen, ob a) die notwendigen Codierentscheidungen genügend trennscharf vorgenommen werden können und b) ob alle real vorkommenden Ausprägungen durch das Codierbuch adäquat erfaßt sind.

Der sorgfältige Pretest determiniert mithin in erheblichem Umfang die Güte der späteren Codierung, denn alle Unzulänglichkeiten, die beim Pretest nicht entdeckt bzw. ausgemerzt werden, belasten dann die weitere Erhebung.

(10) Erhebung:
Die Erhebung setzt ein pre-getestetes Codierbuch sowie einen Kommentar zum Codierbuch voraus und verlangt eine präzise Organisation: Unerläßlich ist, daß die zu erhebenden Untersuchungseinheiten eine laufende formale Numerierung besitzen, so daß bei der Datenaufbereitung eine Nachverfolgung von Codierfehlern möglich ist. Wichtig ist auch, daß bei während der Erhebung auftauchenden neuen Codierproblemen das Codierbuch ggf. noch geändert werden kann und daß diese Änderungen verläßlich protokolliert werden.

(11) Datenaufbereitung:
Die Datenaufbereitung wird nach der Dateneingabe auf einen Datenträger (Diskette) vorgenommen, auf dem die Daten als feste *Datei* abgespeichert werden. Dabei wird mittels eindimensionaler Auszählungen (Grundauszählung) zunächst geprüft, ob nur solche Codes auftreten, die für die jeweilige Variable auch definiert sind; anderenfalls ist der Code durch Neucodierung der entsprechenden Untersuchungseinheit zu korrigieren. Dabei sind für verschiedene Statistikprogramme (etwa: SPSS) unterschiedliche Formalien zu beachten.

(12) Datenanalyse:
Sofern der gesamte file (Datei) auf Codierfehler geprüft ist, kann die Datenanalyse – üblicherweise mit Hilfe eines elektronisch aufrufbaren Statistikprogramms – durchgeführt werden. Dabei werden zunächst alle Variablen einzeln ausgezählt (eindimensionale Grundauszählung); danach folgt die bivariate Analyse zum deduktiven Test bzw. zum

induktiven Gewinn von Hypothesen, sodann auch die ggf. vorzunehmende multivariate Analyse zur Analyse größerer Variablenzusammenhänge.

(13) Interpretation der Ergebnisse:
Die Interpretation der Ergebnisse ist die semantische Beschreibung und Deutung der numerischen Befunde; sie setzt eine sehr gute Kenntnis der Daten an sich und ihrer Besonderheiten sowie dessen, was die statistischen Kennwerte besagen, voraus.

3. Anwendungsfelder

Das Anwendungsfeld der Inhaltsanalyse hat sich in den letzten Jahren kontinuierlich vergrößert. Verfolgt man den Anstieg inhaltsanalytischer Arbeiten in der Zeitschrift 'Publizistik' durch Analyse der Zahl der Zeichen, so zeigt sich von 1960 (Basis: 100%) bis 1993 eine durchschnittliche Zunahme von 33% pro Jahr. Dieser Anstieg verdankt sich einerseits dem methodischen Fortschritt, zum anderen der im Zeitalter der Mediengesellschaft stark ansteigenden Nachfrage nach Medienanalysen (Abb. 20.5).

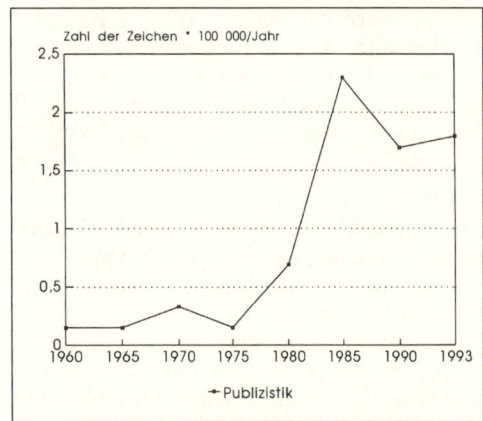

Abb. 20.5: Anwendung der Inhaltsanalyse

Eine Grobübersicht über die Verfahren der Inhaltsanalyse (Merten ²1995, 121) zeigt, daß die meisten Verfahren für die Analyse des Kommunikators entwickelt worden sind.

3.1. Medien der Inhaltsanalyse

3.1.1. Printmedien

Das bevorzugte Anwendungsfeld der Inhaltsanalyse sind dabei nach wie vor die Printmedien, weil der Text manifest (fossiliert) und überall zugänglich vorliegt. Inhaltsanalytische Anwendungen finden sich für Briefe, Bücher, Zeitungen und Zeitschriften, wobei je nach Erkenntnisinteresse sehr unterschiedliche Verfahren zur Anwendung kommen: Durch vergleichende quantitative Stilanalyse auf der syntaktischen Ebene kann z. B. geprüft werden, ob bestimmte Texte, deren Autor unbekannt ist, gleiche oder ähnliche Kennwerte besitzen wie Texte, deren Autor bekannt ist – die Inhaltsanalyse erlaubt sozusagen die Erstellung eines „syntaktischen Daumenabdrucks", mit dem verläßlich auf den Autor geschlossen werden kann (vgl. Fucks (1968, 108 ff.).

Durch Analyse entsprechender Kennwerte lassen sich auch Persönlichkeitsstrukturen des Kommunikators feststellen. So entwickelten Ogilvie/Stone/Shneidman (1966) ein Verfahren, um aus Abschiedsbriefen vorgetäuschte von echten Suicidabsichten zu eruieren. Syntaktisch läßt sich auch (für den Rezipienten) die Verständlichkeit eines Textes messen (vgl. Flesh 1951).

Die bei Printmedien am häufigsten durchgeführten Analysen sind Themenanalysen (vgl. Abb. 20.3), bei denen semantisch das Auftreten von unterschiedlichen Themen und deren Behandlung im Text (nach: Argumenten, auftretenden Personen, Bewertungen etc.) analysiert wird.

Das wichtigste Medium für Inhaltsanalysen ist nach wie vor die *Presse*. Dies dürfte vor allem daran liegen, daß Pressetexte manifest vorliegen, daß die Definition von Erhebungseinheit (recording unit) und Analyseeinheit (unit of analysis) einfach ist und vor allem daran, daß Pressetexte auch ex post leicht zugänglich sind.

Ziel von Presseanalysen sind mittlerweile so gut wie alle Textsorten, z. B. Schlagzeilen (Deichsel/Stone 1975a), Kommentare (Schönbach 1977), Leitartikel (Dohrendorf 1992), Anzeigen (Schütte 1996) sowie die Fülle relevanter *Themen*, über die die Presse standardmäßig berichtet: Politik, soziale Probleme wie Gewalt (Brosius/Esser 1995) oder die Inhaltsanalyse von Krisen wie etwa die des Golfkriegs (Greenberg 1993).

3.1.2. Bild- und Tonmedien

Texte auf Ton- und Bildträgern (Kassette, Film) sind dagegen in der Regel weder frei zugänglich noch werden sie zeitlich unbegrenzt aufbewahrt. Auch für Ton und Bild wird als häufigste Analyse die Themenanalyse durchgeführt.

Für die Analyse nonverbaler Texte (nonverbaler Kommunikation) bedarf es zunächst einer leistungsfähigen *Notationstechnik*, um die möglichen Ausprägungen valide zu erfassen (vgl. Merten [2]1995, 338).

Aber auch Inhaltsanalysen von *Hörfunk und Fernsehen* haben in Deutschland seit Etablierung des dualen Systems (1985) einen starken Zuwachs zu verzeichnen. Dies gilt sowohl für den Hörfunk, bei dem vor allem Programme privater Rundfunkanbieter standardmäßig durch die Landesmedienanstalten untersucht werden. Es gilt aber auch für die Analyse spezifischer Inhalte des Fernsehens, etwa für die Frage nach dem Volumen von im Fernsehen dargestellter Gewalt (vgl. Groebel/Gleich 1993; Merten 1997).

3.2. Trendanalysen

Neben der reinen *Deskription* von Inhalten, die quasi eine Momentaufnahme zu einem bestimmten Zeitpunkt liefern, spielen *Trendanalysen*, die eine inhaltsanalytische Messung mit gleichem Instrument zumindest für zwei Zeitpunkte erfordern, eine wachsende Rolle, weil sie hervorragende Indikatoren zur Bestimmung von sozialem Wandel in den jeweils untersuchten Bereichen abgeben. Die inhaltsanalytische Trendanalyse von Busby/Leichty (1993) zeigt beispielsweise, daß die Darstellung von Frauen in der Werbung von Zeitschriften sich zwischen 1959 und 1989 ganz erheblich zugunsten der Gleichstellung verändert hat. Schütte (1996) weist nach, daß und in welchem Zusammenhang Anglizismen in die Werbung eindringen.

Trendanalysen haben wegen ihrer relationalen Anlage darüber hinaus den Vorteil, daß die Datenbasis einfacher bzw. grober beschaffen sein darf: „Systems of classification may be inadequate and unstandardized; nevertheless, if a system is used consistently over time, valuable facts may appear" (Albig 1938, 349). Wie z. B. eine auf der schlichten Basis von Programmzeitschriften erstellte Trendanalyse von Inhalten des Fernsehens zeigt, weichen die Ergebnisse auf der Basis von Programmzeitschriften, verglichen mit denen sekundengenauer Analyse, im Durchschnitt nur um 3,06% voneinander ab (vgl. Merten 1994, 43). Diese Fehlermarge bewegt sich damit noch unterhalb derjenigen, die gemeinhin bei empirischen Arbeiten allein bei der Datenübertragung anfällt.

Allerdings zeigt sich für Inhaltsanalysen von Rundfunkprogrammen, insbesondere von Hörfunkprogrammen, daß das uneinheitliche Anspruchsniveau eine Vergleichbarkeit der Daten oft nicht oder nur marginal zuläßt, so daß hier eine Standardisierung sinnvoll und wünschenswert wäre.

Neben den spezifisch massenmedialen Inhaltsanalysen werden Inhaltsanalysen vermehrt und mit großem Erfolg für Forschungsfragen einzelner Disziplinen angewendet, wie dies etwa die Arbeiten von Bos/Tarnai (1989) überzeugend für die Pädagogik und die von Heinrich (1990) oder Brosius/Esser (1995) für politische Fragestellungen aufzeigen.

Zugleich ist der methodische Anspruch erheblich gewachsen, so daß komplexere Analysen durchgeführt werden. Das gilt nicht nur für anspruchsvollere Wirkungsanalysen, die ein *Mehrmethodendesign* erforderlich machen (vgl. Noelle-Neumann 1979; Merten 1985; Brosius 1994a), sondern auch für die Analyse von *Risikokommunikation* (vgl. Luhmann 1991; Ruhrmann 1996), bei der durch vergleichende Inhaltsanalysen die tendenziell eher negativ gehaltene allgemeine Darstellung von Risiken in den Medien mit der der eher sachlich gehaltenen Darstellung durch Experten verglichen werden kann.

4. Probleme von Inhaltsanalysen

4.1. Wirkungsanalysen

Die Messung von Wirkungen — seit jeher der Motor der gesamten Kommunikationsforschung — ist auch mit inhaltsanalytischen Verfahren (Rezipientenanalyse) möglich, allerdings nur mit großer Vorsicht.

Allenfalls auf der syntaktischen Ebene haben sich verläßliche Verfahren der Lesbarkeits- bzw. Verständlichkeitsanalyse etabliert, die die Lesbarkeit bzw. Verständlichkeit von Texten in Abhängigkeit von der sozialen Schicht des Rezipienten zu messen gestatten.

Ansonsten kann die Beschränkung auf die Vermessung der Inhalte allein keine Wirkungsanalyse ersetzen. Beispielsweise kann man Hörfunkanalysen durchführen (vgl. etwa Kepplinger 1985) und die Darstellung der Inhalte auf parteipolitische Präferenz prüfen. Oder man kann Fernsehsendungen auf die Darstellung von Gewalt hin prüfen und z. B. Täter, Opfer und Tote pro Zeiteinheit auszählen (vgl. Groebel/Gleich 1993).

Wenn man aber von solchen Inhalten auf Wirkungen schließt, so bedient man sich des klassischen Stimulus-Response-Modells, das die Wirkung völlig unzulässig am Stimulus (hier: am Inhalt) und nur am Stimulus festmacht (vgl. Schenk 1978, 16; Merten 1991a;

Brosius 1995, 186). Genau dies tut z. B. die klassische Gewaltforschung, indem sie die Zahl und Dauer der Gewaltakte, die Zahl der Opfer, der Täter, der leichten und schweren Straftaten rein inhaltsanalytisch mißt – und von diesen Größen auf die Gefährlichkeit der Darstellung glaubt schließen zu können (vgl. Gerbner 1979). Die 'Wirkungsmessung' beruht hier also allein auf der inhaltsanalytischen Beschreibung von Häufigkeiten gezeigter Gewaltelemente. Diese inhaltsanalytische Deskription ist als *Wirkungsfeststellung* jedoch völlig untauglich: Wenn man etwas über die Wirkung der Darstellung von Gewalt im Fernsehen aussagen will, so muß man unter allen Umständen auch die Reaktionen derjenigen, die Gewaltdarstellung im Fernsehen rezipieren, messen. Wie abwegig dieser Mißbrauch von Inhaltsanalysen ist, kann man sehr deutlich zeigen (vgl. Merten 1999), wenn man von Codierern nicht nur inhaltsanalytische Variablen wie Zahl von Opfern etc. codieren läßt, sondern die Codierer auffordert, ihre eigenen Eindrücke bei jeder Gewaltsequenz hinsichtlich verschiedener Eindrucksqualitäten (z. B. Grausamkeit der Darstellung, Angst, Betroffenheit, Ekel) zu codieren (vgl. Abb. 20.6). Diese letzteren Variablen

Wirkungs-variable/ Inhalts-analytische Variable	Grau-sam-keit	Angst	Be-trof-fen-heit	Ekel
Zahl der Opfer	.04	.01	.07	.02
Zahl der Toten	.07	.02	.05	.04

Abb. 20.6: Korrelation von Inhalts- und Wirkungsvariablen bei der Darstellung von Gewalt (Korrelationsmaß: Pearsons' r; Quelle: Merten 1997)

stellen eindeutig echte, valide Wirkungsvariablen dar. Korreliert man diese Variablen mit den inhaltsanalytischen Variablen, so zeigt sich, daß sämtliche Korrelationen praktisch bei Null liegen. Das heißt: Die Messung der Zahl von Opfern oder Toten, also von inhaltsanalytisch festgestellten Wirkungsvariablen, korreliert nicht mit echten, d. h. am Rezipienten selbst gemessenen Wirkungsvariablen.

Der gleiche Kurzschluß liegt natürlich auch dann vor, wenn man Inhalte in Presse, Hörfunk oder Fernsehen nach parteipolitischen Affinitäten auszählt und damit meint feststellen zu können, ein Medium wirke links- oder rechtslastig (vgl. Kepplinger/Staab 1992, 48 ff.).

4.2. Reaktivität

Im Gegensatz zum Interview wird bei der Inhaltsanalyse vorausgesetzt, daß keine Verzerrung der zu erhebenden sozialen Wirklichkeit auftreten kann – die Messung wird immer erst *nach* der Produktion des Textes vorgenommen. Deshalb wird die Inhaltsanalyse häufig als *nonreaktives Erhebungsverfahren* bezeichnet (vgl. so Schnell/Hill/Esser 1988, 370; Friedrichs 1990, 317 oder Bortz 1984, 235).

Eine instrumententheoretische Einbindung der Inhaltsanalyse als Instrument zur Erhebung sozialer Wirklichkeit fordert zentral, daß die Inhaltsanalyse – wie das Instrument der Befragung und der Beobachtung – eine Inferenz vom Text auf einen (sozialen) Kontext ermöglicht. Diese Erweiterung gibt den Blick frei für zwei Entwicklungen: Zum einen kann man nun zeigen, daß die Instrumente der Befragung und der Beobachtung im Prinzip Verfahren sind, die auf dem Instrument der Inhaltsanalyse aufruhen. Die zugrundeliegende Logik ist: Sofern im Interview bzw. in der Beobachtungssituation manifeste Texte erstellt werden, stellt deren (weitere) Analyse auf jeden Fall ein Verfahren der Inhaltsanalyse dar, so daß deren instrumententheoretische Implikationen sich zwingend zwischen Objekt und Analyse dazwischenschalten.

Bei Verfahren wie etwa der Interaktionsanalyse von Bales (1948) oder dem der Vercodung offener Antworten in Interviews (vgl. Klingemann/Schönbach 1980) ist dieser Zusammenhang längst offenkundig geworden. Verkürzt gesagt (vgl. Merten 1996a) liegt folgende Struktur vor (vgl. Abb. 20.7):

Die Erhebung sozialer Wirklichkeit ist niemals pur, sondern immer nur durch einen Kommunikationsprozeß, also durch einen weiteren, speziellen Typus sozialer Wirklichkeit gebrochen, zu leisten. Dies kann ein realer Akt verbaler oder nonverbaler Interaktion sein, etwa im Interview oder bei der teilnehmenden Beobachtung, aber auch ein Akt virtueller sozialer Interaktion, etwa in kognitiven Prozessen der Erwartungsbildung, der Interpretation etc.

Ergebnis von Befragung und Beobachtung sind in der Regel *Texte*, also schriftliche Aufzeichnungen. Da Texte jedoch selbst ein Ty-

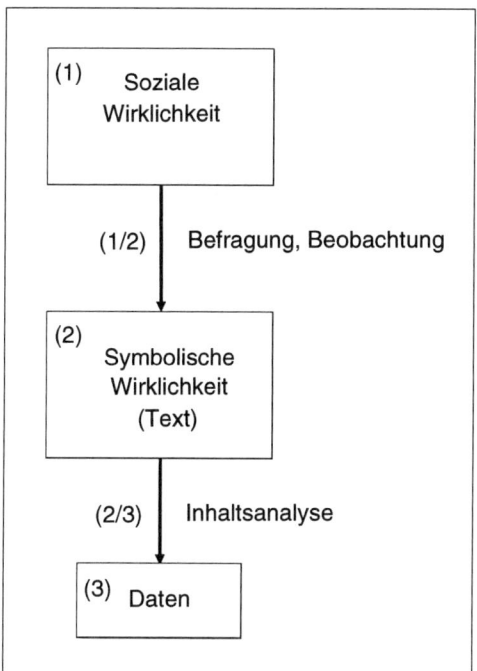

Abb. 20.7: Inhaltsanalyse als basales Erhebungsinstrument

pus sozialer Wirklichkeit sind, kann man Befragung und Beobachtung sozusagen als primäre Instrumente (1/2) verstehen, die die „reale" soziale Wirklichkeit (1) in eine symbolische Wirklichkeit (2) transformieren. Die dabei mögliche *primäre Reaktivität* ist am Text in der Regel nicht mehr ablesbar. Um aus Texten jedoch *Daten* zu gewinnen, ist eine Interpretation notwendig, also ein weiterer, sekundärer Erhebungsprozeß (2/3), für den ausschließlich das Instrument der Inhaltsanalyse verwendet werden kann und der im Zweifelsfall auch eine *sekundäre Reaktivität* generiert. Daten liegen erst dann vor, wenn der semantische oder pragmatische Gehalt von Texten auf eine rein syntaktische Ebene (Ziffern, Zahlen) reduziert und damit seiner sozialen Dimension vollständig verlustig gegangen ist.

Damit ist zugleich nochmals belegt, daß und weshalb die Inhaltsanalyse zu Recht als basales Erhebungsverfahren zur Erhebung sozialer Wirklichkeit gelten kann. Damit zwingt sich – notwendig – eine zweite Überlegung auf: Wenn Befragung und Beobachtung als *reaktive* Verfahren gelten, bei der die zu erhebende soziale Wirklichkeit mit der sozialen (kommunikativen) Wirklichkeit der Erhebung interferiert, dann kann auch die Inhaltsanalyse als basales Instrument oberhalb der syntaktischen bzw. denotativ-semantischen Ebene nicht *nicht-reaktiv* sein. Aus diesem Grunde muß jedoch für Inhaltsanalysen nicht nur grundsätzlich die Messung von Intercoderreliabilität gefordert werden, sondern es ist notwendig, die gemessenen Größen zu differenzieren für reaktive und nichtreaktive Variablen: Werden reaktive Variablen wie z. B. Polaritätenprofile benutzt, so muß zudem nicht nur die Intercoderreliabilität gemessen werden, sondern es muß eine soziale Eichung stattfinden – wie unbefriedigend dies im einzelnen auch sein mag.

Zusammenfassend darf festgehalten werden, daß die Inhaltsanalyse mittlerweile weit über den Status einer beschreibenden Zähltechnik hinausgewachsen ist und zu Recht als Instrument zur Erhebung sozialer Wirklichkeit bezeichnet werden kann.

Auf der syntaktischen und denotativ-semantischen Ebene ist die Inhaltsanalyse tatsächlich nicht reaktiv. Reaktivität setzt erst auf der konnotativ-semantischen Ebene ein, da die „Bedeutung" einer Zeichenfolge aus ihrem Kontext erschlossen werden muß: Der Codierer muß zur Codierung den Text interpretieren (z. B. sind Wertungen wie „Berlin ist die schönste Stadt Europas" kontextabhängig).

Die aposteriorische soziale Wirklichkeit, repräsentiert durch den interpretativen Zugriff des Codierers auf den Text, wirkt reaktiv, was zu entsprechend verzerrten Codierungen führen kann. Ein solcher Text (Schönheit Berlins) als Manifestation einer apriorischen sozialen Wirklichkeit läßt sich demnach niemals herausgelöst aus der aposteriorischen sozialen Wirklichkeit (Vorstellung des Codierers von Berlin) erfassen, sondern kann nur über die Erhebungssituation gebrochen analysiert werden. Wie bei allen reaktiven Instrumenten kann auch bei der Inhaltsanalyse die Reaktivität nur minimiert, aber nicht verhindert werden.

5. Zukünftige Entwicklungen

5.1. Textsorten und Notationstechniken

Während Zahl und Umfang inhaltsanalytischer Anwendungen erheblich zunehmen, verläuft die Entwicklung neuer Instrumente, die naturgemäß aufwendig ist, nur langsam. Instrumentenentwicklungen betreffen a) Textsorten, b) Notationstechniken und c) die Bildung von Kategoriensystemen. Vorliegende Entwicklungen müssen schließlich ihre Validität unter Beweis stellen.

Bezüglich der Analyse von Textsorten liegt das größte Interesse bei der Analyse nonverbaler (optischer) Texte resp. bei der Kombination nonverbaler mit verbalen Texten. Analysen solcher Texte oder Textkombinationen sind, zumal diese meist als dynamische Texte (Bewegungsabläufe) vorliegen, besonders aufwendig (vgl. Merten 1991) und dies umso mehr, je mehr konnotative oder pragmatische Variablen erhoben werden (vgl. Meutsch 1990).

Die Entwicklung von Notationstechniken ist ebenfalls für nonverbale Texte besonders interessant, wenn sie auf die Erfassung dynamischer „Texte" zielt: Frey/Bente (1989) haben z. B. ein System der Zeitreihennotation entwickelt, das es gestattet, Bewegungsverhalten von Personen sehr differenziert zu erfassen (vgl. Frey/Bente 1989). Allerdings ist dieses Verfahren noch sehr aufwendig (vgl. Schrott/Lanoue 1994, 337 f.).

Bei der Entwicklung von Kategorien geht der Trend ebenfalls auf komplexere Systeme und entsprechende komplexere Indikatoren hin, die nicht nunmehr epistrukturell, sondern eher tiefenstrukturell greifen. Früh (1989) hat hier ein aufwendiges Verfahren der semantischen Struktur- und Inhaltsanalyse (SSI) entwickelt, dem eine Kombination textlinguistischer und inhaltsanalytischer Prinzipien zugrundeliegt und das sowohl eine quantitative als auch eine qualitative Strukturbeschreibung erlaubt. Dieses Verfahren beschränkt sich auf verbale Texte, deren Analyse aufwendig ist und dessen Ertrag daher bislang nur als eingeschränkt bezeichnet werden kann (vgl. Früh 1989, 505).

Daneben gibt des Anstrengungen, quantitative mit qualitativer Analyse zu verbinden (vgl. statt anderer etwa Bos/Tarnai 1989, 4 ff.; Groeben/Rustemeyer 1994, 312 ff.).

5.2. Elektronische Inhaltsanalyse

Ein weiterer Bereich, der für die Inhaltsanalyse zunehmend wichtig wird, ist der Einsatz elektronischer Datenverarbeitung für Textverarbeitung. Hierfür wurden Begriffe wie automatisierte Textverarbeitung (Mochmann 1974), elektronische Inhaltsanalyse (Deichsel 1975), automatisierte Inhaltsanalyse (Mochmann 1980, 11) und schließlich *computerunterstützte Inhaltsanalyse (CUI)* (Klingemann/Schönbach 1980) geprägt, wobei der letztere sich mittlerweile durchgesetzt zu haben scheint.

Der Einsatz elektronischer Datenverarbeitung hat dabei zunächst nur technische Vorteile:

(a) Die Wandelbarkeit von manifesten, materiell vorliegenden Zeichen (Texte) in elektronisch speicherbare Zeichen (z. B. durch Einscannen von Texten) ist möglich.
(b) Die Speicherbarkeit von Daten erlaubt die ökonomische und kreative Weiter- und Wiederverwendung von Daten, z. B. bei geänderter Fragestellung.
(c) Die höhere Rechengeschwindigkeit erlaubt die effiziente Analyse auch größerer Datenmengen mit statistisch aufwendigen Operationen.
(d) Die Analyse kann mit perfekter (100%iger) Reliabilität durchgeführt werden.

Elektronische Analysen sozialwissenschaftlicher Daten sind allerdings, wie alle durch Rechner ausgeführten Analyseprozesse, im besten Sinne des Wortes beschränkt, weil sie intern nur auf der syntaktischen Ebene arbeiten und zudem nicht lernfähig sind. Sie sind nur so klug, wie sie klug konstruiert oder programmiert worden sind, und demgemäß gilt, was Stone et al. (1966, 65) über das Verhältnis von Computern und Sozialwissenschaften gesagt haben, auch und gerade hier:

„Die Verfügbarkeit eines leistungsfähigen Computers erhöht die Versuchung, Theorie und Hypothesen zu vergessen und einfach das Verfahren sprechen zu lassen ... Einsichtsvoll hat man dafür zwei Schlagwörter geprägt: 'Schubkarre' und 'Müll-Rein-Müll-Raus'. 'Schubkarre bezieht sich dabei auf die Riesenmengen von Daten, die der neumodische Empiriker in den Rechner eingibt und aus ihm wieder herausholt. 'Müll-Rein-Müll-Raus' (original: **GIGO** = **G**arbage **I**n, **G**arbage **O**ut) soll ausdrücken, daß das, was man aus dem Rechner herausholt, niemals besser sein kann als das, was man ihm eingefüttert hat."

Unter diesen Vorbehalten kann die Kombination der technischen Vorteile der computerunterstützten Inhaltsanalyse für völlig neue methodische Möglichkeiten der Datenerhebung und -verarbeitung systematisch genutzt werden.

Von den seit Vorstellung des General Inquirer (vgl. Stone et al. 1966) entwickelten Verfahren hat die Ära der Personal Computer nur das vom ZUMA entwickelte System TEXTPACK überstanden, das ursprünglich nur als Programm zur Vercodung offener Fragen konzipiert war (vgl. Hoehe et al. 1978).

6. Literatur

Albig, William, The content of radio programs, 1925–1935. In: Social Forces, 16, 1938, 338–349.

Bales, Robert F., Interaction process analysis. Cambridge/Mass. 1950.

Berelson, Bernard, Content analysis in communication research. New York 1952.

Borg, Ingwer/Peter Ph. Mohler, Trends and perspectives in empirical social research. Berlin/New York 1994.

Bortz, Jürgen, Lehrbuch der empirischen Forschung für Sozialwissenschaftler. Berlin 1984.

Bos, Wilfried/Christian Tarnai (Hrsg.), Angewandte Inhaltsanalyse in empirischer Pädagogik und Psychologie. Münster/New York 1989.

Brähler, Elmar, Die automatische Analyse des Sprechverhaltens in psychoanalytischen Erstinterviews mit der Gießener Sprachenanalyse. Diss. Gießen 1975.

Brosius, Hans-Bernd, Integrations- oder Einheitsfach? Die Publikationsaktivitäten von Autoren der Zeitschriften „Publizistik" und „Rundfunk und Fernsehen". In: Publizistik, 39, 1994, 73–90.

–, Agenda-Setting nach 25 Jahren Forschungsaktivität: Methodischer und theoretischer Stillstand? In: Publizistik, 39, 1994a, 269–288.

Brosius, Hans Bernd/Frank Esser, Eskalation durch Berichterstattung. Opladen 1995.

Deichsel, Alexander/Philipp Stone, Newspaper Headlines: A multinational project on textual indicators from mass media. In: Social Science Information, 14, 1975, 112–116.

Dietrich, Rainer/Wolfgang Klein, Computerlinguistik. Eine Einführung. Stuttgart/Berlin/Köln/Mainz 1974.

Dohrendorf, Rüdiger, Die Leitglossen der Frankfurter Allgemeinen Zeitung – Praxis der computerunterstützten Inhaltsanalyse. In: Textanalyse. Hrsg. v. Cornelia Züll/Peter Ph. Mohler. Opaden 1992, 155–184.

Flesch, Rudolf, How to test readability. New York 1951.

Frey, Siegfried/Gary Bente, Mikroanalyse medienvermittelter Informationsprozeße. Zu Anwendung zeitreihenbasierter Notationsprinzipien auf die Untersuchung von Fernsehnachrichten. In: Massenkommunikation. Theorien, Methoden, Befunde. Hrsg. v. Max Kaase/Winfried Schulz. Opladen 1989, 508–526.

Friedrichs, Jürgen, Methoden empirischer Sozialforschung. Reinbek ⁷1990.

Früh, Werner, Inhaltsanalyse. Theorie und Praxis. München 1991.

–, Semantische Struktur- und Inhaltsanalyse (SSI). Eine Methode zur Analyse von Textinhalten und Textstrukturen und ihre Anwendung in der Rezeptionsanalyse. In: Massenkommunikation. Theorien, Methoden, Befunde. Hrsg. v. Max Kaase/Winfried Schulze. Opladen 1989, 490–507.

Fucks, Wilhelm, Nach allen Regeln der Kunst. Stuttgart 1968.

Gerbner, George et al., Living with television: The demonstration of power: violence profil No. 10. In: Journal of Communication, 29. 1979, 177–196.

Greenberg, Bradley S./Ganzt (Hrsg.), Desert storm and the mass media. Creskill/New Jersey 1993.

Groebel, Jo/Uli Gleich, Gewaltprofil des deutschen Fernsehprogramms. Eine Analyse des Angebots privater und öffentlich-rechtlicher Sender. Opladen 1993.

Groeben, Norbert/Ruth Rustemeyer, On the integration of quantitative and qualitative methodological paradigms (based on the example of content analysis). In: Trends and perspectives in empirical social research. Hrsg. v. Ingwer Borg/Peter Ph. Mohler. Berlin/New York 1994, 308–326.

Heinrich, Horst-Alfred, Der politische Gehalt des fachlichen Diskurses in der Geographie Deutschlands zwischen 1920–1945 und dessen Affinität zum Faschismus. In: Geographische Zeitschrift, 78, 1990, 209–226.

Hoehe, Hans et al. TEXTPACK. Version 4. Mannheim 1978.

Huber, Günter L., Qualität versus Quantität in der Inhaltsanalyse. In: Angewandte Inhaltsanalyse in empirischer Pädagogik und Psychologie. Hrsg. v. Wilfried Bos/Christian Tarnai. Münster/New York 1989, 32–47.

Kepplinger, Hans M., Die aktuelle Berichterstattung des Hörfunks. Eine Inhaltsanalyse der Abendnachrichten und politischen Magazine. Freiburg/München 1985.

Kepplinger, Hans M./Joachim Friedrich Staab, Das Aktuelle in RTL plus. Analysemethoden – Untersuchungsergebnisse – Interpretationsmuster. München 1992.

Klingemann, Hans D./Klaus Schönbach, Die Vercodung offener Antworten in der Umfrageforschung. In: Computerstrategien für die Kommunikationsanalyse. Hrsg. v. Ekkehart Mochmann. Frankfurt 1980, 131–216.

Kracauer, Siegfried, The challenge of qualitative content analysis. In. POQ 16, 1952, 631–642.

Krippendorff, Klaus, Content analysis. Beverly Hills 1980.

Krüger, Christiane, Journalistische Berichterstattung im Stil der Zeit. Münster/Hamburg 1995.

Lamnek, Siegfried, Qualitative Sozialforschung, 2 Bde., München/Weinheim 1988/89.

Luhmann, Niklas, Soziologie des Risikos. Berlin 1991.

Mayring, Philipp, Qualitative Inhaltsanalyse. Grundlagen und Techniken. Weinheim/Basel 1983.

Merten, Klaus, Re-Rekonstruktion von Wirklichkeit durch Zuschauer von Fernsehnachrichten. In: MP 10, 1985, 753–763.

–, Django und Jesus, Verbal-Nonverbales Verhalten der Kanzlerkandidaten Helmut Kohl und Johannes Rau im Bundestagswahlkampf 1987. In: Sprache als Politik? Sozialwissenschaftliche Semantik- und Rhetorikforschung. Hrsg. v. Erich Latniak. Opladen 1991, 188–210.

–, Artefakte der Medienwirkungsforschung: Kritik klassischer Annahmen. In: Publizistik 36, 1991, 36–55.

–, Konvergenz der Deutschen Fernsehprogramme. Eine Langzeituntersuchung 1980–1993. Münster/Hamburg 1994.

–, Inhaltsanalyse. Eine Einführung in Theorie, Methode und Praxis. Opladen ²1995.

–, Gewalt durch Gewalt im Fernsehen. Frankfurt 1999.

–, Reactivity in content analysis. In: Communications 21, 1966, 65–76.

Merten, Klaus/Georg Ruhrmann, Die Entwicklung der inhaltsanalytischen Methode. In: KZSS 34, 1982, 696–716.

Mochmann, Ekkehart, Automatisierte Datenverarbeitung. In: Techniken der empirischen Sozialforschung. Hrsg. v. Jürgen van Koolwijk/Maria Wieken-Mayser. München 1974, Bd. 3, 192–202.

–, Computerstrategien für die Kommunikationsanalyse. Frankfurt 1980.

Noelle-Neumann, Elisabeth, Massenmedien und sozialer Wandel – Methodenkombination in der Wirkungsforschung. In: ZS 8, 1979, 164–182.

Ogilvie, Daniel M./Philip J. Stone/Edwin Shneidman, Some characteristics of genuine versus simulated suicid notes. In: The general inquirer. A computer approach to content analysis. Hrsg. v. Philipp J. Stone et al. Cambridge/London 1966, 527–535.

Pool, Ithiel De S., Trends in content analysis. Urbana 1959.

Rosengren Karl E. (Hrsg.), Advances in content analysis. Beverly Hills 1981.

Ruhrmann, Georg, Risikokommunikation. Opladen 1996.

Rust, Holger, Methoden und Probleme der Inhaltsanalyse. Tübingen 1981.

Rustemeyer, Ruth, Praktisch-Methodische Schritte der Inhaltsanalyse. Münster 1992.

Schnell, Rainer/P. B. Hill/E. Esser, Methoden der empirischen Sozialforschung. München/Wien 1988.

Schönbach, Klaus, Trennung von Nachricht und Meinung. Freiburg 1977.

Schrott, Peter R./David J. Lanoue, Trends and perspectives in content analysis. In: Trends and perspectives in empirical social research. Hrsg. v. Ingwer Borg/Peter Ph. Mohler. Berlin/New York 1994, 327–346.

Schütte, Dagmar, Anglo-amerikanische Einflüsse auf die Sprache der deutschen Anzeigenwerbung (1951–1991). Eine inhaltsanalytische Untersuchung. Opladen 1996.

Stone, Philipp J./Dexter C. Dunphy/Marshall S. Smith/Daniel Ogilvie, The General Inquirer, A Computer approach to content analysis. Cambridge/London 1966.

Züll, Cornelia/Peter Ph. Mohler (Hrsg.), Textanalyse. Opladen 1992.

Klaus Merten, Münster (Deutschland)

21. Qualitative versus quantitative Methoden in der Medienanalyse

1. Qualitatives versus quantitatives Denken
2. Untersuchungsfelder und Teildisziplinen der Medienanalyse/Medienwissenschaft
3. Prämissen und Kriterien qualitativer Medienforschung
4. Beispiele qualitativer Medienforschung
5. Fazit
6. Literatur

1. Qualitatives versus quantitatives Denken

Spätestens seit den 70er Jahren – nach dem üblichen 'time lag' gegenüber der in den USA und Großbritannien geführten Debatte – begann in Deutschland die Diskussion um quantitative und qualitative Methoden in den Sozialwissenschaften. Inzwischen hat sie viele Publikationen gezeitigt, sich weit ausdifferenziert und ist mit einer Vehemenz und Gründlichkeit geführt worden, wie sie wohl nur den Traditionen deutscher Wissenschafts- und Geistesgeschichte entspringen kann (vgl. Mayring 1993; Lamnek 1993; Flick 1995; Heinze 1995; König/Zedler 1995; Garz/Kraimer 1995). In sie verwoben wurden etliche vorgängige Dispute, so daß ihre Traditionslinien inzwischen bis in die Antike, etwa bis zum immerwährenden Konflikt zwischen

Realismus und Idealismus, zurückverfolgt wurden, aber auch mit fast sämtlichen jüngeren Denkrichtungen verbunden werden: Die Vertreter der *qualitativen* Methoden berufen sich etwa auf die Begründung der Geisteswissenschaften W. Diltheys, die Phänomenologie und Lebensweltanalyse E. Husserls, die verstehende Soziologie M. Webers, den Symbolischen Interaktionismus G. H. Meads, die Hermeneutik (einerseits in der klassisch-geisteswissenschaftlichen Ausformulierung H.-G. Gadamers, andererseits in ihrer sozialwissenschaftlichen Variante als 'objektive' Hermeneutik durch U. Oevermann), die Ethnographie und Ethnomethodologie, wie sie schon in den 30er Jahren in der berühmten Chicago School von W. I. Thomas, R. E. Park und nicht zuletzt von dem Kommunikationswissenschaftler P. F. Lazarsfeld (Langenbucher 1990) als explorative, kulturanthropologische Sozialforschung initiiert und als 'cultural studies' durch die Jugendforschung des Birminghamer Center for Contemporary Cultural Studies weitergeführt wurden, die kritische Gesellschaftstheorie der Frankfurter Schule mit Walter Benjamin, Max Horkheimer, Theodor W. Adorno, Leo Löwenthal, später Herbert Marcuse und Jürgen Habermas sowie die Handlungsforschung, die vor allem die Erziehungswissenschaften propagier(t)en.

Die Verfechter der *quantitativen* Methoden reklamieren für sich hingegen den Empirismus, Historizismus, Sensualismus und Positivismus bis hin zum Logischen Empirismus des Wiener Kreises um Moritz Schlick und Rudolf Carnap sowie zum Kritischen Rationalismus Karl W. Poppers. Seit den 20er Jahren, spätestens seit dem Ende des Zweiten Weltkriegs haben sie mit dem Siegeszug der empirisch-analytischen und pragmatisch orientierten amerikanischen Soziologie wissenschaftliche, in jedem Fall öffentliche Dominanz errungen und wohl auch bis heute behalten.

Darum wurden und werden Diskussionen und methodologische Entscheidungen in allen Sozialwissenschaften auf unterschiedlichen theoretischen und methodischen Ebenen, mit divergierenden Zielsetzungen, heterogenen Selbst- und Wissenschaftsverständnissen und disparaten Begrifflichkeiten geführt, die nicht a limine vereinheitlicht werden können. Oft sind es nur 'Etiketten', die diese oder jene Gütepräfikation verleihen sollen, oder 'Sammelbegriffe' (Lamnek 1993, 3), hinter denen – jedenfalls für die qualitativen Methoden – keine einheitliche oder gar verbindliche Methodologie steckt, auch wenn inzwischen die Zahl ihrer Lehr- und Handbücher wächst und sie – mindestens für ihre Protagonisten – seit Ende der 80er Jahre als 'etabliert' (Lamnek 1993, 32) gilt. Denn das Credo des qualitativen Selbst- und Methodenverständnisses ist die Offenheit und Prozeßhaftigkeit des Forschungsprozesses, die letztlich einen approbierten Kanon von Methoden und Instrumentarien verbietet. Gleichwohl werden schon 'Bilanzen' der qualitativen Forschung – etwa aus der Sicht der Erziehungswissenschaften – vorgelegt und sogar ihre Forschungsmethoden als so bewährt erachtet, daß sie sich als Vorbilder fixieren lassen (König/Zedler 1995, 7).

Das Unbehagen über die analytisch-empirische, vorwiegend quantitative Sozialforschung stieß sich seit den 60er Jahren vor allem an deren Sicht der Wirklichkeit und an derem unbedingten „Primat der Methoden über die Sache" (Lamnek 1993, 11). Hingegen versteht die qualitative Sozialforschung (die sich auch anderer Attribute wie 'naturalistisch', 'reflexiv', 'rekonstruktiv', 'interpretativ', 'kommunikativ' oder 'explorativ' bedient) Wirklichkeit a priori als soziale und symbolische (konstruierte) Wirklichkeit, die von den Individuen interpretiert und durch ihr Handeln gestaltet wird. Sie begreift daher Forschung prinzipiell als einen kommunikativen Prozeß zwischen „orientierungs-, deutungs- und theoriemächtigen Subjekten" (Lamnek 1993, 23), deren Kompetenzen sich nur graduell unterscheiden.

Der qualitativ Forschende ist darin nur geübter, professioneller und kontrollierter als der Laie. Die wissenschaftlichen Methoden können nur dann höhere Gültigkeit und allgemeineren Erkenntnisgewinn als die 'Alltagstheorien' beanspruchen, wenn sie es durch nachvollziehbare, extensiv dokumentierte Transparenz, schlüssige, konsistente Argumentation, sensible, immer wieder reflektierte Nähe zum Gegenstand und vielfach erprobte, von den Betroffenen akzeptierte Validierung unter Beweis stellen. Daher muß Forschung möglichst offen gehalten werden, sie ist in all ihren Phasen und in jedweder Hinsicht reflexiv und zirkulär – für das erkennende Subjekt, die Objektdefinition wie für die Probanden. Sie ist mithin in die soziale Praxis, in den Alltag und in die Lebenswelt aller Beteiligten untrennbar involviert und kann nur pragmatisch abgebrochen, niemals absolut beendet werden. Insofern können Methoden nur kognitive Hilfsmittel zur interpretativen Exploration diverser, subjektiver Deutungsversionen sein; sie sind nie Selbstzweck und erzeugen deswegen keine objektiven, positiven Daten, die unabhängig von den Individuen existieren.

Etliche Protagonisten sehen in diesen Prämissen und Postulaten erstmalig eine originäre Grundlegung sozialwissenschaftlicher Erkenntnisse und Methodologie, wie sie schon Max Weber forderte. Dennoch dominieren die quantitativen Methoden bis heute weiterhin ungebrochen. Gerade in ökonomisch relevanten und finanziell aufwendigen Sektoren — die Medien gehören längst dazu — sind sie als Instrumente von Marketing, Demoskopie, Absatz- und Konsumforschung unangefochten. Allerdings sind in ihre Konzepte inzwischen gewisse Momente qualitativen Denkens einbezogen, beispielsweise die Bereitschaft, authentische Selbstäußerungen von Probanden zu berücksichtigen und Daten zu sozial signifikanten Typen zu bündeln.

Umgekehrt bestreitet kaum noch ein qualitativer Forscher, daß für die Aggregierung bestimmter Daten(mengen) und für die strukturellen Konturierungen sozialer Phänomene quantitative Methoden angemessener, ergiebiger und vor allem ökonomischer sind. Daher existiert — anders als in der Theorie — in der Forschungspraxis mittlerweile kaum mehr ein unüberwindlicher Gegensatz zwischen quantitativen und qualitativen Methoden. Vielmehr votiert man für deren Komplementarität, die sich — bezogen auf den jeweiligen Untersuchungsgegenstand und situiert in den verschiedenen Phasen des Forschungsprozesses — in adäquaten Kombinationen realisiert. Deren Elemente müssen ihre Leistungsfähigkeit und Aussagekraft jeweils unter Beweis stellen (Wilson 1982).

2. Untersuchungsfelder und Teildisziplinen der Medienanalyse/ Medienwissenschaft

Schon in seiner Grundlegung geisteswissenschaftlicher Forschung postulierte W. Dilthey (1894; 1957), den Untersuchungsgegenstand präzise zu bestimmen, sei konstitutives Fundament des speziellen Wissenschaftsverständnisses. Auch für die qualitative Forschung heute bedeutet es ein epistemologisches Apriori, das sich im besonderen Maße für die Medienwissenschaft stellt. Ohne hier eine Diskussion um ihr wissenschaftliches Selbst- und Gegenstandsverständnis (erneut) zu führen, die anderen Beiträgen dieses Handbuches vorbehalten ist, muß nämlich für die Medienwissenschaft bedacht werden: Sie sieht sich primär der enormen Dynamik und revolutionären Diffusion ihres Gegenstands, nämlich der Medien, ausgesetzt. Diese katapultieren Mikroelektronik und Telekommunikation zu einem gesellschaftlichen, ökonomischen, technischen und kulturellen Querschnittsfeld ohne Beispiel. Zum andern stützt sich die Medienwissenschaft als junge Disziplin auf vielerlei Wissenschaftsstränge; daher ist sie notwendig pluralistisch, inter-, wenn nicht transdisziplinär. Wird sie qualitativ betrieben und konzipiert sie ihren Gegenstand erst im Forschungsprozeß, stellen sich viele ihrer offenen Fragen noch deutlicher; sie können im Rahmen eines einzelnen Beitrags höchstens umrissen werden.

2.1. Primärer Zugang: Medienprodukte

Entstanden aus der erweiterten und revidierten Textwissenschaft, besitzen Medienwissenschaft und Medienanalyse eine evidente Affinität zum Medienprodukt, das in der Kommunikationswissenschaft gemeinhin 'Kommunikat' oder 'Aussage' heißt. Vielfach wird Medienanalyse nur in diesem engeren Sinn, eben als Produktanalyse, verstanden (vgl. Maf, Bd. 3; Mf, Bd. 3). Durchgeführt wird sie mit vielerlei Methoden der *Textwissenschaft*, die sich ihrerseits auf diverse linguistische Disziplinen, auf die Semiotik und Ästhetik stützen, aber auch mit strukturalen Bildanalysen und den vielfältigen filmwissenschaftlichen Zugängen arbeiten.

Die Produktionsbedingungen der Medien, die sich schon seit den manufakturiellen Reproduktionstechniken und nun mit dem Siegeszug von Telekommunikation und Mikroelektronik gänzlich im Fokus von Technik und Ökonomie realisieren, blenden diese produktanalytischen, eher phänomenologisch orientierten Ansätze häufig aus. Sie als materiale conditio sine qua non einzubeziehen, war Impetus und Verdienst der gesellschaftskritischen Ansätze der 60er und 70er Jahre, wie sie von der *Kritischen Theorie* prägend konzipiert wurden. Ihre paradigmatischen Studien wurden daher grundlegend für eine derart breit angelegte Medienanalyse (vgl. Kausch 1988; Heinze 1990).

Ebenfalls besonderen Einfluß auf die Analyse von Medienprodukten nimmt die *Wertungsproblematik*, wiederum in mehrfacher

Hinsicht: einmal nämlich in Hinsicht auf die Bewertung des Produkts selbst, zum anderen im Hinblick darauf, von welcher allgemeinen normativen Warte aus die Medien insgesamt oder das einzelne Medienprodukt beurteilt werden. Gilt das Medienprodukt − infolge welcher Auswahl- und Sanktionsmodi auch immer − als Kunstwerk, wird es per se als singulär gesehen und als bedeutsam ästimiert. Für seine Analyse sind vornehmlich die konventionelle (Text)Kritik und die hermeneutische Interpretation zuständig. Der Spielfilm − wiewohl auch in vielen Segmenten industriell und kommerziell fabriziert − erfreut sich von allen Massenmedien bevorzugt dieser Wertschätzung.

Die Medien insgesamt − die gedruckten wie die elektronischen − produzieren kontinuierlich Gebrauchsprodukte, früher auch 'Massenwaren' genannt. Unter ihnen finden sich sämtliche Wert- und Qualitätsvarianten: das serielle Heftchen ebenso wie das literarische Werk, die tägliche Soap Opera ebenso wie das exquisite Fernsehspiel, um nur einige Beispiele zu nennen. Die Trends zeigen eindeutig auf rationelle, konfektionierte Fabrikation, die sich durch hohe Umschlagsgeschwindigkeit und Serialität potenziert. Periodische Erscheinungsweisen, terminierte Reprisen, Standardisierungen und unaufhörliche Wiederaufbereitungen (remakes) prägen daher mehr und mehr die Medienprodukte, ihre Genres und Formen. Bis in ihre inneren, narrativen und dramaturgischen Strukturen hinein sind sie serialisiert und bedingen homologe Rezeptionsweisen (Giesenfeld 1994). Dadurch implizieren sie gewissermaßen selbst unzählige quantitative Elemente, die die Prämisse, sie qualitv zu betrachten, zunehmend unterminieren. Für die Analyse der Massenmedien ist daher zu Beginn dieses Jahrhunderts die sozialwissenschaftliche, quantifizierende Methode der *Inhaltsanalyse* entwickelt worden, die seither neben der geisteswissenschaftlichen Interpretation steht, sie aber auch kontrastiert. Denn ihr Verständnis von Inhalt konzentriert sich auf wenige, relevante Sachverhalte (items), die sie in ihren periodisch-linearen Erscheinungsweisen selektiv registriert.

Je mehr sich die Medien multiplizieren und diversifizieren, um so schwieriger, wenn nicht unmöglich wird es, überhaupt analytische Aussagen über einen bestimmten Typus in einer spezifischen Entwicklungsphase zu machen. Häufig konstruieren sich verschiedene medienanalytische Ansätze ihren Untersuchungsgegenstand selbst: entweder als qualitatives Einzelprodukt oder als ebensolches Abstraktum für diverse Produkte (dessen empirische Verifikation eher unterstellt denn nachvollziehbar bewerkstelligt wird) oder als Summe quantitativer Daten, über deren generalisierbare Signifikanz methodisch-statistische Operationen befinden.

Medienwissenschaftliche Studien neigen zu qualifizierenden Annahmen, sie setzen ihre Untersuchungsgegenstände gewissermaßen als 'qualitative Daten'. Meist operieren sie etwa mit unterstellten Prototypen wie 'dem' Fernsehen, 'der' Zeitung oder 'der' Zeitschrift in generalisierter Einzahl, mit Abstrakta von medialen Komponenten wie die Sprache oder der Code oder von Gattungen bzw. Textsorten wie das Fernsehspiel, das Feuilleton oder die Nachricht, sofern sie sich nicht dem einzelnen Produkt (mehr oder weniger beispielhaft) widmen.

Auf unbekümmerte Weise qualitativ argumentiert die aus der Literaturkritik hervorgegangene *Medienkritik* − nicht nur wenn sie sich ein singuläres Medienoeuvre vornimmt, sondern auch wenn sie aktuelle Trends in einem Medium oder in einer Epoche beschreibt (vgl. etwa Sichtermann 1994; Kreimeier 1995). Noch großzügiger und umfassender räsoniert die derzeit ungemein prosperierende *Medienphilosophie*, deren erster weltweiter Protagonist der kanadische 'Medienprophet' Marshall McLuhan war. Ob technisch-visionär oder apokalyptisch-anklagend, frönt sie einem universalen oder metaphorischen Medienbegriff und erachtet Medien gleichermaßen als Manifeste und Multiplikatoren (post)moderner − oft als regressiv erachteter − Kultur, von Ideologien, Mythen und/oder Symbolwelten (Heuermann 1994). Die technisch faszinierte Variante stilisiert Medien hingegen als Generatoren neuer, digital simulierter virtueller Wirklichkeiten (Bolz 1993).

Auch die *Mediengeschichte* jedweder Fasson verfährt gemeinhin qualitativ. Ihre qualitiv angenommenen Gegenstände erschließt sie mit qualitativ vorgehenden Analyseschritten, ohne dafür immer hinreichende methodologische Reflexionen anzustellen: Ob und wie ein Medienprodukt oder der subjektive Blick auf die Quellen paradigmatisch, eben qualitativ, für die gesamte Epoche oder gar für die Medienentwicklung überhaupt sein kann, wird jedenfalls selten erschöpfend erörtert (z. B. GFBRD).

Ebenso präsumieren deskriptive und/oder normativ oder praxeologisch ausgerichtete Studien zur 'Sprache der' und 'in den Medien' ihre Objektbereiche meist als qualitativ, wenn sie sich *linguistisch* ausschließlich mit der verbalen Sprache befassen oder wenn sie *semiotisch* alle symbolischen Codes der Medien einbeziehen. Schließlich rekonstruieren viele *Gattungs- und Genretheorien* die Formtraditionen und strukturellen Charakteristika der Medien qualitativ (Schmidt/Weischenberg 1994).

2.2. Implikat und/oder Untersuchungsfeld: Medienrezeption

Jede (Medien)Produktanalyse impliziert Rezeption, mindestens des forschenden Subjekts. Die Hermeneutik thematisiert diese erkenntnistheoretische Prämisse. In der *textwissenschaftlichen* Medienanalyse wird sie bestenfalls heuristisch, als immanentes Konstrukt des Medienprodukts berücksichtigt, wie es etwa die Rezeptionsästhetik konzipierte.

Die alltäglich-empirische Rezeption von Medien durch das Publikum, die 'Massen' und/oder Rezipienten ist nach wie vor der *sozialwissenschaftlich-analytischen* Rezeptionsforschung vorbehalten, die sich ihrerseits in viele Disziplinen aufteilt. Beschäftigen sich die psychologischen Varianten eher mit Wahrnehmung und Verstehen von Medienprodukten bzw. -botschaften, ermitteln die soziologischen vornehmlich deren Verbreitung und Nutzung. Auch die häufig reklamierte, gleichwohl umstrittene *Wirkungsforschung* ist eher psychologisch orientiert, einfach weil kurzfristige, eindeutige Medienwirkungsprozesse nach herrschendem Wissenschaftsverständnis exakter und effizienter im Experiment zu eruieren sind. Allerdings erschließt sich die Wirkungsforschung mehr und mehr das soziologisch konstruierte 'Feld' als Untersuchungsgegenstand, mindestens erprobt sie angenäherte Feld-Experimente. In all diesen Bereichen und für alle diese Erkenntnisziele wird heute gleichermaßen quantitativ wie qualitativ gearbeitet, wobei die quantitativen Methoden unter den eingangs genannten Kautelen überwiegen.

Eine eigenständige, zumal allseits anerkannte Methodologie über die sozialwissenschaftliche Vorbilder hinaus hat die Medien-Rezeptionsforschung noch nicht systematisch entwickelt, trotz der beachtlichen Bemühungen, ihre Traditionen zu rekonstruieren und ihre Vielfalt auszuleuchten (Drabczynski 1982; Bachmair/Mohn/Müller-Doohm 1985; Baacke/Kübler 1989; Krotz 1991, 1992a; Jensen/Jankowski 1991; Charlton/Mutz 1992). Vielmehr sind diverse sozialwissenschaftliche Verfahren erprobt oder auch tentativ kombiniert worden, die ihrerseits wiederum auf unterschiedlichen Ebenen anzusiedeln sind: Sie reichen etwa von der theoretischen Konzeption über besondere Formen der Datenerhebung bis hin zu eigenwilligen Auswertungs- und Deutungsverfahren. Denn die epistemologische Universalität medialer Kommunikation reizt immer wieder zu solch unkonventionellen Experimenten, so daß sich inzwischen alle erdenklichen Ansätze und Theoreme in der Medienforschung finden. Bestrebungen, einen bestimmten Ansatz als maßgeblich zu reklamieren oder auch nur für einen Bereich oder Medium zu kategorisieren, sehen sich häufig mit dem Vorwurf konfrontiert, sie seien ungenügend oder zu pauschal. Dennoch zeichnen sich für einige medienwissenschaftliche Subdisziplinen bestimmte methodische Affinitäten ab: Beispielsweise versteht sich die *Medienpädagogik* in ihrer empirischen Forschung eher qualitativ und kontrastiert damit zur soziologischen oder gar demoskopischen Nutzungsforschung einerseits, zur experimentell-psychologischen Wirkungsforschung andererseits (vgl. Aufenanger 1995a). Die *Filmanalyse* bevorzugt textwissenschaftlich-hermeneutische Zugänge, mit Anleihen an strukturalistische Entwürfe (Faulstich 1988; Hickethier 1993; Monaco 1995). Endlich finden sich in der sozialwissenschaftlichen *Rezeptionsforschung* etliche Ansätze, die ihrerseits die subjektiven Dimensionen betonen und strukturale Merkmale sowohl in der Produktwahrnehmung – etwa mit dem entwicklungspsychologischen Begriff des 'Schema' (Brosius 1991) – als auch in der alltäglichen Situierung der Medien (z. B. etwa Zeit, Rollentypik, Sozialisationsmuster) suchen.

Eine umfassende, systematische 'qualitative Methodologie' in der Medienwissenschaft hätte die genannten kategorialen Bereiche zu integrieren. Außerdem wären vergleichbare Ansätze für die Medienproduktionsforschung zu konzipieren, die bislang weitgehend vernachlässigt wird. Im folgenden sollen die Prämissen einer solchen Methodologie für die Medienwissenschaft und -analyse aufgezeigt werden, bevor einige Beispiele qualitativer Medienforschung sie im letzten Abschnitt konkretisieren.

3. Prämissen und Kriterien qualitativer Medienforschung

3.1. Objektkonstitution: Wirklichkeit als symbolisch-soziale Konstruktion

Da qualitative Forschung natürliche wie soziale Wirklichkeit nicht per se begreift, sondern stets als symbolisch gedeutet, sozial gestaltet und subjektiv angeeignet, ist für sie das 'interpretative Paradigma' (Lamnek 1993, 43) konstitutiv, gleich in welchen speziellen Termini es formuliert wird.

Mit den modernen Medien haben die menschlichen Symbolwelten unerhörte Produktivität, Omnipräsenz globalen Ausmasses und ungeahnte Macht erlangt, die die traditionellen Symbolsysteme wie Kunst und Literatur, Religion und Ideologie weitgehend verdrängen oder vereinnahmen. Viele Kritiker befürchten daher, die (vermeintlich) authentisch konstruierten Wirklichkeiten der Individuen verschwänden gänzlich zugunsten der vermittelten, fiktiven, künftig auch digitalen (Schein)Wirklichkeiten.

Wie weit und gründlich sich diese Realitätsversionen in der Mentalität vermischen, zumal bei welchen Populationen, ist eine der heftigst diskutierten Fragen in der Medienphilosophie und -pädagogik. Auch die medienwissenschaftliche Rezeptions- und Wirkungsforschung befaßt sich im Kern damit, wobei sie sich in der Regel auf die Registratur kurzfristiger Beeinflussungen beschränkt: Kümmert sie sich um 'Mediensozialisation' oder '(Medien)-Biographien', strebt sie mittel- bis langfristige Erkenntnisse über mediale Prägungen von Generationen, Gruppen und Individuen an. Ist sie herkömmlich quantitativ ausgerichtet, konzipiert sie Medienwirkungen als objektivierbare Beeinflussungstatbestände in Kognition, Emotion oder Verhalten der Individuen; unter qualitativen Orientierungen sucht sie in den Selbst- und Mediendeutungen der Probanden nach Graden der Authentizität bzw. Dependenz von Weltbildern und Wirklichkeitsauffassungen. Insofern 'objektive' Wirklichkeit, mediale Konstruktion von Wirklichkeit und subjektive Deutung wie Konstruktion von Wirklichkeit wie von Medienwirklichkeit untrennbar und unaufhaltbar virulent sind, entkommt Medienanalyse prinzipiell nicht mehr dieser dreifachen Zirkularität von Welt- und Sinnkonstitution. Dennoch klammern qualitative Sozialforscher die mediale Re-Symbolisierungen aus ihren Erhebungen noch weitgehend aus, obwohl sie – mindestens aus Sicht der Medienkritiker – in allen sozialen Phänomenen heute intervenieren.

Eine eher pragmatische, deskriptive Bestimmung des Gegenstands von Medienanalyse fragt hingegen nach Umfang, Reichweite, Pluralität und Erkenntnisinteressen. Jeweils davon beeinflußt sind Konzeption und Wahl der Methoden, der quantitativen wie der qualitativen. Nicht nur die konventionelle Publizistikwissenschaft klagt darüber, daß keine konsistente, geschweige denn konsensuelle Theorie der Medien verfügbar ist (Faulstich 1990; Burkart 1995). Außerdem universellen, unspezifischen Begriff 'Medium', den etwa Medienphilosophen und andere favorisieren, erstreckt sich medienwissenschaftliche Erkenntnis zumindest programmatisch auf die Gesamtheit massenmedialer, öffentlicher und gesellschaftlicher Kommunikation und interessiert sich demgemäß für die strukturelle Beschaffenheit, Funktionsweisen und Interaktionsmodalitäten ihrer gemeinhin so spezifizierten Komponenten:

- für die *Kommunikatoren* (Produzenten) im Interaktions- und Funktionskontext ihrer publizistischen Organisationen und deren ökonomischen, weltweiten Verflechtungen,
- für die *Rezipienten* und die Publika im Kontext ihrer alltagsweltlichen Praxis
- und für die *Kommunikate* und Medienprodukte in ihrer jeweiligen Konstitution aus Technik und Sinn, aus Form und Inhalt, in ihrer diversen Funktionalität und Intentionalität.

Der engere, eher semiotische oder textwissenschaftliche Medienbegriff beschränkt sich auf das Kommunikat, das Medienprodukt, und untersucht es entsprechend auf philologisch-hermeneutische oder auf inhaltsanalytische Weise.

3.2. Textlichkeit und Historizität: Medientexte

Wenn Menschen ihre Wirklichkeit deuten bzw. rekonstruieren, tun sie es im Medium 'Text', d. h. in zusammenhängenden, aufeinander bezogenen Zeichenfolgen, die ihrerseits die Relationen von Materialität (oder Medialität), Bedeutungsgenerierung und sozialer Interaktion, also von Syntaktik, Semantik und Pragmatik, implizieren.

Ihre Regeln gelten als erkennbare, 'oberflächliche' Indikatoren, aber auch als mentale

Entsprechungen und Voraussetzungen für die 'impliziten' oder tiefenstrukturellen Mechanismen, mit denen Individuen Deutungen und Handlungen generieren. Trotz gewisser Invarianzen bleiben sie kontextgebunden und veränderlich; sie sind kulturell vermittelt und werden mit der Sozialisation den nachkommenden Generationen tradiert. Die exemplarische Erkenntnis, Deskription und Explikation dieser Regeln berechtigt qualitative Forschung zu sukzessiven und argumentativen Verallgemeinerungen, die sie der errechneten Repräsentativität quantitativer Befunde kontrastiv entgegenstellt.

Qualitative Sozialforschung begreift mithin alle Äußerungen der Probanden letztlich als Texte in einem weiten Sinn, sie agiert als elementare Textanalyse (Soeffner 1979). Allerdings interessieren dabei die textlichen Muster nur mittelbar, eben als protokollierende Repräsentanzen sozialer Interaktion und Interpretation. Von der zeichenhaft-textlichen Oberfläche aus arbeitet sich der Sozialforscher interpretativ und in Kommunikation mit den Probanden zu den objektiven Wirklichkeitssegmenten vor. Qualitative Sozialwissenschaft beteiligt sich an der Produktion und Deutung von Texten als subjektive Ausdrucksformen von Welt- und Wirklichkeitserfahrungen.

Für die Medienwissenschaft läßt sich folgern: Gerade ihre Untersuchungsobjekte sind 'Texte', die ihrerseits in mehrfacher Modalität und interpretativer Vermitteltheit erzeugt werden: Einmal sind es Medientexte. Wie sehr sie auch verzerren, lassen sie sich doch als kollektive, außerdem professionalisierte, hochtechnisch hergestellte und oftmals weithin standardisierte Deutungen sozialer Wirklichkeiten betrachten, die von spezialisierten Gruppen von Kommunikatoren (Autoren) intendiert, gestaltet und verbreitet werden. Durch ihre publizierte Realisation in (kulturell anerkannten) Formtraditionen gewinnen die Medientexte oder -produkte gewissermaßen quasi-objektiven Status und vermitteln als fixe Genres den Eindruck eigener Wirklichkeiten.

Impetus und Auftrag der Textwissenschaft sind es seit jeher, die speziellen Texturen in ihrer semiotisch-ästhetischen Besonderheit zu erschließen. Die Frage danach, wie weit materiale, textlich rekonstruierte Realität in der Interpretation berücksichtigt wird, erwirkt in den Disziplinen lange methodologische Dispute, die in den Polaritäten von Werkimmanenz und Literatursoziologie oder materialistischer Literaturwissenschaft ausgetragen werden.

Außerdem beinhalten Medientexte authentische, subjektive Deutungsmuster von Individuen wie von Gruppen, seien sie ästhetisch-fiktional gestaltet oder firmieren sie als dokumentarische. Besonders für historische Erkenntnisse fungieren Medientexte als ergiebige Quellen. Dabei werden mitunter ihre mediale Besonderheit und Funktionalität zu wenig beachtet (vgl. etwa Giesecke 1991).

Schließlich rezipieren Menschen Medientexte selbst wiederum in Formen eigens generierter Texte, zunächst als mentale Repräsentanzen ('Film im Kopf') und in artikulierter (unausweichlich rationalisierter und regelgeleiteter) Form als sprachliche Äußerungen. Wenn medienwissenschaftliche Rezeptionsforschung Medienerlebnisse, -interpretationen und -erfahrungen erhebt, rekonstruiert sie mithin vielfältig vermittelte 'Medientexte', die sie ihrerseits in (rezeptions)analytische Texte transformiert, um aus ihnen Medieneinflüsse und -wirkungen zu erschließen (Holly/Püschel 1993).

Generierung und Rezeption bzw. Rekonstruktion all dieser Textmodi geschieht in raumzeitlicher Gebundenheit und Sozialität, nicht universal und kontextlos. Insofern stellt Historizität eine Aporie für das qualitative Paradigma dar. Sofern es seine Interpretationen generalisieren und von den konkreten Kontextbedingungen absehen will, müssen die Bezugspunkte transparent und nachvollziehbar sein und sich die Reichweiten der Aussagen überprüfen lassen.

Im ganzen neigt qualitative Forschung zur genetischen, chronologischen Sichtweise: Ihre textlichen Grundlagen werden sequentiell erzeugt und gedeutet, und ebenso folgt ihr Erkenntnis- und Deutungsprozeß der zeitlichen Konsekution, die in bestimmten Verfahren wie etwa der Konversationsanalyse explizit methodisiert wurde. Auch darin ist qualitative Forschung dem geisteswissenschaftlichen Denken ähnlich. In der Erforschung alltäglichen und künstlerischen Erzählens hat sie sogar ein sich überlappendes Untersuchungsfeld entdeckt (Ehlich 1980; Lämmert 1982; Wiedemann 1986); Gemeinsamkeit und Differenzen solcher narrativer Methoden der Welterschließung verweisen auf mentale wie soziale Grundlagen menschlicher Perzeption und Entäußerung.

Bezieht man mit ein, daß besonders die modernen Unterhaltungsmedien wie Kino und Fernsehen gigantische Erzählmaschinen mit Sprache und Bild sind, mithin elementare Techniken menschlicher Erfahrungsverdichtung professionalisieren, standardisieren und popularisieren, eröffnen sich abermals viele analytische Affinitäten (Zielinski 1989; GFBRD, Bd. 2).

3.3. Deutung und Kontextualität: Medien- und Inhaltsanalyse

Medienanalyse im engeren Sinne befaßt sich mit den Medienprodukten oder Kommunikaten, also mit den sprachlichen, tonalen und visuellen Repräsentanzen professioneller Welt- und Wirklichkeitsdeutungen, die sich zudem bestimmter formaler Determinanten und genrespezifischer Figurationen bedienen.

Je technischer die Medien sind, desto komplexer werden Strukturen und Erscheinungsformen der Medienprodukte, desto komplizierter ihr zeichenhaftes Zusammenspiel. Schon ein gedruckter Text ist nicht nur eine schriftliche Äußerung, sondern in seiner besonderen Medialität auch ein visuelles Signifikat mit Zeichen verschiedener Modalität und außerdem ein materiales Produkt. Semiotisch gesprochen, sind Medientexte komplexe Zeichensysteme mit unterschiedlichen Komponenten und Relationen, die nahezu alle Sinne ansprechen (Gumbrecht/Pfeiffer 1988).

Neben dieser inneren, sozusagen semiotischen Kontextualität konstituieren Medienprodukte für ihre Wahrnehmung, Aufnahme und Interpretation – zusammengefaßt als Rezeption – eine soziale Kontextualität in Form der jeweiligen Rezeptionssituation. Sie wird durch raumzeitliche Koordination, durch die Relationen zwischen Medium und Rezipient und womöglich durch soziale Interaktionen mit anderen, den simultan Rezipierenden bestimmt.

Die Relationen zwischen Medium und Rezipient werden unterschiedlich gesehen, je nachdem ob ein Medium Zeichensysteme nur materialisiert (wie ein gedruckter Text) oder sie auch in sinnlicher Form (als Töne und Bilder) wie Kino, Radio, Fernsehen emittiert. Dafür lassen sich quasi- oder 'para-soziale' Interaktionen zwischen Rezipient und Medium annehmen, zumindest mit den von ihm präsentierten Moderatoren und Figuren.

Offensichtlich bedarf allein schon die analytische Strukturierung der komplexen Medienprodukte solcher multipler Zeichensysteme, qualitativer Perspektiven. Die Semiotik stellt dafür ein vielfältiges, freilich auch nicht konsistentes Begriffsinstrumentarium bereit (Nöth 1985). Metaphorisch wird es auch als 'Sprache der Medien' bezeichnet, die mehr umfaßt als die verbalen Elemente, die schon in sich kompliziert und variantenreich genug sind (Straßner 1988; Bucher/Straßner 1991; Biere/Henne 1993; Lüger 1995).

Die Analyse von Filmen, die inzwischen wohl am elaboriertesten ist, bietet – gemeinhin auf der Basis semiotischer Analogien – ein reiches, in ihren Grundzügen anerkanntes Repertoire für die Analyse der Bilder und Bildsequenzen an. Es ist detailliert und aufwendig, bedient sich linguistischer Analogien, bewegt sich kleinschrittig von einem Bildausschnitt zum anderen, von einer 'Einstellung' zur nächsten, und taugt höchstens für die Einzelfallanalyse, auch wenn inzwischen versucht wird, maschinell und elektronisch zu arbeiten (Hickethier 1993, 40 ff.). Da die Filmanalyse im wesentlichen Bedingungen und Anforderungen der Bildproduktion nachzeichnet, etwa die Führung und Perspektivik der Kamera, gereicht sie für originäre Rezeptionsstudien, die untersuchen, was Probanden tatsächlich sehen bzw. als Gesehenes rekonstruieren, bestenfalls als heuristisches Hilfsmittel.

Nicht länger ignoriert werden kann, daß die übermächtigen Fernsehbilder, zumal wenn sie mehr und mehr digital produziert werden, ganz andere kategoriale Zugänge erfordern als die noch handwerklich komponierten Filmsequenzen. Aber bislang werden nur ihre atemberaubende Beschleunigung, sinnliche Explosion und Überfrachtung, ihre synthetische Turbulenz (im Gegensatz zur analytischen Montage des Films) sowie die stereotype Reproduktion des Immergleichen eher assoziativ beschworen denn rational analysiert. Eine analytische Ästhetik des Fernsehens steht noch aus (Hickethier 1993; 1995; Kreimeier 1995).

In der sozialwissenschaftlichen Forschung, die als content analysis – Inhaltsanalyse – firmiert, gibt es seit den 30er Jahren einen Disput darüber, was inhaltsanalytisch untersucht werden kann und soll. Angeregt in den USA als militärische Propagandaforschung, um die seit dem 1. Weltkrieg wachsende Bedeutung der feindlichen Infiltration zu studieren und gegenaufklärerische Kampagnen zu steuern, diente die Inhaltsanalyse klaren Zielen, die bald auch von anderen Disziplinen – etwa von der Politikwissenschaft und Zeitgeschichtsforschung – übernommen wurden (Merten 1983; Rust 1983; Früh 1991; Lamnek 1993, Bd. 2, 167 ff.; Groeben/Rustermeyer 1995).

Ihnen folgte auch die inzwischen berühmte, allerdings vielfach kritisierte Definition der Inhaltsanalyse von B. Berelson (1952, 18) Anfang der 50er Jahre, der in ihr „eine Forschungstechnik zur objektiven, systematischen und quantitativen Beschreibung des manifesten Inhalts von Kommunikation" sieht. An diesen Maximen orientieren sich quantitative Studien – wenn auch in vielfach modifizierter Form – bis heute, zumal wenn sie empirisch-analytischer Sozialforschung dienen und aus Texten „Schlußfolgerungen auf nicht-sprachliche Eigenschaften von Personen und gesellschaftlichen Aggregaten" ziehen wollen (Mayntz u. a. 1974, 151).

Kritik aus qualitativer Sicht wurde schon früh besonders gegen das vordergründige Verständnis von Inhaltlichkeit laut: Kein Geringerer als Siegfried Kracauer, der zuvor mit einem gestaltpsychologischen Ansatz seine berühmte Filmgeschichte (1947, 1984) verfaßt hatte, plädierte 1952 für die „Herausforderung der qualitativen Inhaltsanalyse", die sich nicht mit der quantitativen Auflistung simpler und offenkundiger Inhaltsmerkmale zufriedengibt, sondern die zentralen Sinnkomponenten von Texten erschließt (vgl. Ritsert 1972, 19 ff.). Diese ergeben sich aber nur aus dem Gesamtzusammenhang, dem Kontext eines Textes. In der Regel, seien sie nicht evident, sondern latent im Text, und außerdem führe die schlichte Aufsummierung von Items nicht unbedingt zum zentralen Sinn des Textes, häufig seien signifikante Einzelaspekte richtungsweisender.

Die Beachtung der Kontextualität, der Latenz (oder Tiefenstruktur) und der Singularität (des Einzelfalls) gelten seither als methodologische Postulate nicht nur für die qualitative Inhaltsanalyse, sondern für die gesamte qualitative Forschung. In der jüngeren Diskussion um die qualitative Inhaltsanalyse sind diese Prämissen erneut geprüft und systematisch weiterentwickelt worden (Mayring 1993). Dabei stand und steht die Gewinnung und Interpretation von Texten als Realisate sozialer, symbolisch-kommunikativ vermittelter Interaktionen im Vordergrund, wohingegen die Kommunikations- und Publizistikwissenschaft professionelle Medientexte nach wie vor eher quantitativ, vorzugsweise mit statistischen Verfahren, erfaßt (Merten 1983).

Doch die Multiplikation und Produktionsbedingungen der Medien treiben auch die quantitative Inhaltsanalyse an die Grenzen verantwortbarer Validität und überstrapazieren das Postulat der Repräsentativität: Denn als periodische und serielle Produkte sind sie prinzipiell unabgeschlossen und können sich – trotz massiver Standardisierung – ständig ändern (Cicourel 1970, 203 ff.). Bevor das Material erschöpfend erschlossen werden kann, ist es – so der oft geäußerte Vorwurf der Programmverantwortlichen – bereits überholt. Nur noch in groben Kategorien, eingeschränkt auf relevante Seh- und Sendezeiten, läßt sich etwa 'das' bundesdeutsche Fernsehen registrieren (vgl. zuletzt Krüger/Zapf-Schramm 1994; Krüger 1995). Für andere Medien – Zeitungen, Zeitschriften, Hörfunkprogramme – finden sich nur wenige solcher Produkt- bzw. Programm-Übersichten.

Generell strebt die inhaltsanalytische Erschließung von Medientexten die Registratur und Explikation bestimmter Themen als relevante Faktoren öffentlicher Kommunikation oder bestimmter Gestaltungsmittel als einflußreiche Mechanismen der Medienproduktion oder der Medienwirkung an. Gewissermaßen stehen die untersuchten Objekte für die postulierten Entitäten insgesamt, etwa für 'die' Zeitungen, 'das' Fernsehen, mindestens für bestimmte thematische Komplexe – etwa für die politische Berichterstattung – oder für bestimmte Mediengenres (z. B. die Nachrichten, vgl. Straßner 1982; Ruhrmann 1989; Schütte 1994). Dabei müssen die zu analysierenden Items aus beträchtlichen Datenmengen isoliert werden; sie verlieren ihren inhaltlichen wie dramatischen Kontext. Deshalb wird nicht nur ihre aktuelle Gültigkeit, sondern auch ihre inhaltliche Signifikanz und Aussagekraft häufig bestritten.

Die medienanalytische Forschung im textwissenschaftlichen Verständnis – insbesondere die Filmanalyse – nimmt sich gemeinhin des (hochgeschätzten) einzelnen Medienprodukts an und begreift es – oft unausgesprochen – zum einen als bedeutendes Exemplar der Medien-, im speziellen Fall der Filmgeschichte (vgl. Faulstich/Korte 1990; 1991; 1992; 1994; 1995). Von der Gattungsperspektive aus typisiert sie außerdem ein Genre oder eine (Medien)Textform gewissermaßen als abstraktes Konstrukt für sämtliche, diverse Einzelfälle, ohne sich jeweils kontrolliert ihrer erfahrungswissenschaftlichen Repräsentativität zu versichern. Schließlich legt sie analytische Quer- und Längsschnitte in thematischer oder formspezifischer Hinsicht an, die ebenfalls mit einem zufälligen Untersuchungscorpus arbeiten (müssen) und ihre Signifikanz eher paradigmatisch begründen: Themen dafür sind etwa 'Das Bild der Frau...' (vgl. Schmerl 1984), 'Sexualität' (vgl. Scarbath/Gorschenek/Grell 1994), 'Gewalt' (Groebel/Gleich 1993), 'Werbung', 'politische Berichterstattung', 'Sprache der Nachrichten', die Entwicklung des 'Fernsehspiels' (Hickethier 1980) oder der 'Fernsehserie' (Hickethier 1991). Selten nur gelingt bislang eine plausible und transparente Kombination von quantitativen und qualitativen Untersuchungsaspekten.

3.4. Offenheit und Reflexivität: Medienrezeption

Gegenüber seinem Untersuchungsgegenstand wahrt qualitative Forschung in allen Phasen bis hin zur Auswertung möglichst große Offenheit, und auch ihre Befunde erachtet sie als stets vorläufig bzw. kontextgebunden. Ihrem Ideal entspricht der Kultur-Forscher oder Ethnologe, der sich auf eine ihm fremde Kultur einläßt, ihre Regeln und Riten, ihre Tabus und Gratifikationen in praktischer Erkenntnis entdeckt und analysiert. Dabei muß er fortwährend sein Vorverständnis, seine Sichtweise, seine soziale Praxis und seinen Anteil an den Deutungsprozessen anderer Individuen kontrollieren. Diese Anforderung bewältigt er zum einen durch 'Introspektion', also der individuellen, kritischen Selbstüberprüfung, zum andern in möglichst permanenter 'kommunikativer Validierung' seiner Erkenntnisse mit denen anderer Beteiligter, zuallererst mit denen der zu Untersuchenden.

Kulturkritik wirft den modernen Massenmedien unentwegt vor, sie würden die kulturelle Vielfalt nivellieren oder gar uniformieren. Pauschal mögen solche Urteile stimmen, auch wenn sie kaum hinreichend empirisch verifiziert sind. Voreilig werden sie indes als stichhaltige Befunde der Wirkungsforschung ausgegeben und den Individuen ungeprüft übergestülpt.

Qualitative Rezeptionsforschung ist hingegen möglichst unvoreingenommen neugierig auf die soziale Realität, die sie noch immer in sozial und kulturell vielfältige Segmente und Funktionsbereiche aufgeteilt sieht. Sie ist daher bestrebt herauszufinden, wie Rezipienten mit den Medienangeboten in ihrem Alltag umgehen, welche Kultur(en) und Interaktionsformen sie dabei entwickeln, welchen Anteil Medien an ihren Welt- und Wirklichkeitsdeutungen haben – genauer: welche sie ihnen zuschreiben – und welche Funktionen die Medien in der alltäglichen Lebenspraxis übernehmen.

Bestärkt sieht sich qualitative Rezeptionsforschung darin durch die anhaltende Kritik an der herkömmlichen, vornehmlich quantitativ verfahrenden Medienwirkungsforschung und durch deren inzwischen eingeleitete Modifikation: Simple kausalistische Vorstellungen von Medienwirkungen werden zunehmend verabschiedet und ihnen funktionalistische, korrelative Ansätze vorgezogen (vgl. Schenk 1987; Schulz 1992). Paradigmatisch wurde die analytische Wende von E. Katz und D. Foulkes (1962, 378) initiiert: Nicht mehr sei zu untersuchen: „Was machen die Medien mit den Menschen?", vielmehr sei die Frage umzukehren, nämlich: „Was machen die Menschen mit den Medien?". Damit werden Nutzungsformen, Praktiken der Bedürfnisbefriedigung (Gratifikationen) und Erfahrungen erkundet, wie sie im 'Uses-and-Gratification Approach' inzwischen konzipiert und erhoben werden. In einem weitergeführten, hierzulande als Nutzenansatz bezeichneten Konzept wird die Medienrezeption insgesamt als (aktives) soziales Handeln im Kontext aller Alltagsverrichtungen, mithin als Moment wirklichkeitsgenerierender Interaktion gesehen. Über ihre konkreten Ausprägungen und Dimensionen bestimmen nicht mehr die Medien(produkte) allein, vielleicht nicht einmal maßgeblich, wie es die naive Wirkungsforschung immer noch unterstellt, sondern die Gesamtheit der alltagsweltlichen Faktoren und ihre Deutungen durch die Subjekte.

Unterschiedlich, je nach Erkenntnisinteresse und methodologischem Verständnis, fallen dabei die Fragerichtungen aus: Die einen Studien sind eher an den evidenten Gepflogenheiten der Organisation und Bedeutung des Medienalltags oder an der Rezeption eines Medienprodukts interessiert und zeichnen diese deskriptiv-paraphrasierend nach. Die anderen begreifen die Rezeptionsrituale als signifikante Formierung für tieferliegende, latente Sinnstrukturen oder gar Tabuisierungen der gesamten Lebenspraxis, die sich am alltäglichen, hoch beanspruchenden Medienkonsum festmachen und eruieren lassen. Intensive, narrative Interviews, längerfristige, wiederholte teilnehmende Beobachtungen, Gruppendiskussionen, aber auch projektive Verfahren zumal bei Kindern und anderen wenig artikulationsfähigen Probanden rechnen daher zum methodischen Repertoire.

4. Beispiele qualitativer Medienforschung

4.1. Qualitative Produktionsforschung

Wie die empirische Medien-Produktionsforschung lange Zeit wenig analytische Beachtung fand (Baum 1994), inzwischen aber als *Journalismusforschung* besonders von Münsteraner Wissenschaftlern – nicht zuletzt mit Berufung auf Max Webers Forderung von 1911 – energisch betrieben wird, so finden sich erst recht wenig qualitative Studien zur Medienproduktion. Aber unter den hier formulierten Prämissen können viele qualitative Befunde und Daten einbezogen werden, die besonders von der Mediengeschichte aufgearbeitet und dargestellt sind. Als qualitative Quellen können ferner Biographien über bedeutende Verleger und Publizisten betrachtet werden, wie sie derzeit zahlreich erscheinen (vgl. etwa Jürgs 1995).

Qualitativ in methodologischer Hinsicht sind sie aber kaum zu nennen; denn dieses Prädikat setzt einschlägige Verfahren der Datenerhebung und -auswertung voraus. Offene Interviews mit Repräsentanten aller Medienberufe, etwa über Karriere, Welt- und Berufsbilder, Qualifikationen und Zukunftschancen und ethische Haltungen führten beispielsweise Weischenberg u. a. (1994a; 1994b); teilnehmende Beobachtungen über Arbeitsbedingungen und -zwänge, Funktionsaufteilungen und Kontrollmechanismen von Nachrichtenagenturen unternahmen Wilke u. a. (1991; 1993).

4.2. Medienprodukte: Jornalistische Texte, Symbolwelten oder Dokumente gesellschaftlicher Erfahrungen

Für das qualitative Denken lassen sich Medienprodukte analytisch – ähnlich wie in der Interpretation bildender Kunst – in diverse Sinn- und Bedeutungsschichten aufgliedern, je nach Gegenstandsverständnis und Erkenntnisinteresse. Grundlegend für alle Analyseschritte bleibt indes die unterschiedliche semiotische Beschaffenheit der Medienprodukte. Die konventionelle textwissenschaftliche Interpretation erschließt vornehmlich Machart, Form und Gehalt eines Medienprodukts, ordnet sie ein in die gattungsspezifische Genetik und Logik, ergründet ihre semiotische Interdependenzen und vergleicht wechselseitige Traditionen, Trends und Formierungen.

Die Inhaltsanalyse – sei sie qualitativ oder quantitativ – interessiert sich primär für manifeste Inhalte bzw. thematische Charakteristika, meist in Items codifiziert, und mißt ihre Häufigkeiten (Frequenzen). Als Valenz- und Intensitätsanalyse skaliert sie in bestimmten Textbestandteilen zwei- und mehrstufige Einschätzungen. Schließlich überprüft sie als Kontingenzanalyse, ob bestimmte Textelemente (z. B. zentrale Begriffe) besonders häufig im gleichen Zusammenhang auftauchen und im Text auf irgendeine Art miteinander verbunden, also 'kontingent' sind. Diese Varianten der Inhaltsanalyse verfügen inzwischen über ein reiches methodisches Repertoire und weisen eine Vielzahl von Einzelstudien auf (siehe Merten 1983; Mayring 1993).

Inzwischen werden Inhaltsanalysen auch mit Rezeptionsstudien verbunden. Dann werden nicht mehr vorgeblich objektive, d. h. verallgemeinerbare Inhaltskonstellationen, sondern subjektive Repräsentanzen zumal bei umstrittenen oder heiklen Themen gesucht. Sogenannte funktionale, besser: subjektive Inhaltsanalysen werden besonders für das am heftigsten traktierte Gebiet, der Mediengewaltforschung, angefertigt (Kunczik 1994, 47 ff.). Sie gehen nicht mehr von einer allgemeinen, mindestens typisierbaren Wahrnehmung und Deutung von Gewaltphänomenen aus, sondern interessieren sich für die unterschiedlichen, wenigstens generations- oder gruppenspezifischen Rezeptionsweisen violenter Inhalte. Erst deren subjektive Wahrnehmung und Deutung erbringen Aufschluß darüber, ob ein Programm für eine bestimmte Klientel bedenklich ist oder nicht.

Qualitative Inhaltsanalysen, die von psychoanalytischer, kulturanthropologischer oder interaktionstheoretischer Warte aus vorgehen, ergründen in den Medienprodukten tieferliegende, womöglich latente Bedeutungsschichten, die Aufschluß über typische Handlungsmuster, soziale Interpretationen, psychosoziale Konstellationen und Wirklichkeitsinterpretamente geben sollen. Sie brauchen von den Produzenten nicht intendiert, ihnen nicht einmal bewußt zu sein (Aufenanger/Lenssen 1986).

Angesichts der Omnipräsenz und Macht der Medien werden solche Forschungsperspektiven letztlich auch zur umfassenden Symbol- und Kulturforschung erweitert (Müller-Doohm/Neumann 1989; Hickethier/Zielinski 1991; Müller/Doohm/Neumann-Braun 1995). Allerdings sind bei etlichen dieser Studien die Grenzen zu medienphilosophischen oder gar spekulativen Ausführungen fließend. Dann verlieren sich die von der qualitativen Forschung im engeren Sinne angestrebte methodologische Strenge und Transparenz häufig in kühnen Deutungen und grandiosen Entwürfen.

4.3. Medienrezeption: Alltäglichkeit, Identität und Sozialisation

Daß Befragungen der empirisch-analytischen Rezeptionsforschung die Probanden vornehmlich zu rationalisierten und abstrakten, nichtssagenden Antworten zwingen, kritisierte schon Th. W. Adorno 1952 (1970, 75 f.). Solche Einsichten wurden indes von der engeren Medienrezeptionsforschung lange Zeit kaum aufgegriffen. Wohl nicht zufällig sind sie in den 70er Jahren von einem Schüler des Frankfurter Instituts, nämlich von U. Oevermann (1976; 1983), zur Begründung einer *'nicht-reduktionistischen Sozialisationsforschung'* weitergeführt worden: Mikroanalytische Fallstudien familialer Interaktionsformen, an denen das Fernsehen zwangsläufig einen bedeutenden Anteil hat, suchen herauszufinden, welche latenten Sinnstrukturen und Interaktionsrituale in Familien erzeugt und sanktioniert werden, die sich als Sozialisationsnormen und Momente sozialer Identität einprägen. In aufwendigen Interpretationsverfahren werden sie aus den geäußerten und beobachteten Texten erschlossen bzw. rekonstruiert: als subjektive Emanationen objektiver Strukturen. Seither zählt die *'objektive Hermeneutik'* zu den geschätzten Verfahren der qualitativen Sozialforscher − auch wenn sich ihre Aussagen − zumal deren objektiver Gehalt − anzweifeln lassen und ihre aufwendigen Verfahrensweisen von denen, die sie praktisch erproben, pragmatisch abgekürzt oder vereinfacht werden müssen.

Inzwischen hat sich noch eine Reihe weiterer Ansätze profiliert, so daß die Medienrezeptionsforschung die meisten, methodisch elaboriertesten und auch ergiebigsten qualitativen Studien aufweisen kann und hier bereits ein komplementäres Nebeneinander von qualitativen und quantitativen Methoden besteht. Eine systematische Integration läßt allerdings noch auf sich warten (Lindloff 1987; 1990; Lull 1988; Jensen/Jankowski 1991; Holzer 1994).

Unterscheiden lassen sich diese Ansätze zum einen danach, welches Untersuchungsfeld sie sich vornehmen, und zum anderen danach, wie sie die von ihnen gewählten qualitativen Methoden konzipieren und kombiniert einsetzen.

Bevorzugt werden − auch in der internationalen Forschung − Familien (vgl. Lull 1990) untersucht, ferner Kinder und Jugendliche. Außer den Oevermannschen Fallbeispielen konzentriert sich etwa die Freiburger Arbeitsgruppe um M. Charlton und K. Neumann-Braun (1986; 1990a; 1990b; 1993; vgl. auch Aufenanger 1995b) auf die familiale Interaktion und begründet eine *'strukturanalytische Rezeptionsforschung'*: Mittels teilnehmender Beobachtung, offenen Interviews, aber auch projektiver Testverfahren werden einzelne familiäre Fallbeispiele studiert und aus ihnen Gebrauch und Bedeutung der Medien in und für die familialen Interaktionen und Klimata wie für die personalen Identitäten rekonstruiert. In Längsschnitten werden diese Fälle inzwischen weiter verfolgt und zu Sozialisationsstudien verdichtet. Ähnliche Untersuchungen führen auch Aufenanger u. a. (1995a, b) durch; sie stützen sich expliziter auf die 'objektive Hermeneutik' und suchen nach latenten Sinnmustern. Familientypische Handlungsmuster und Normen, die sich auch im Medienumgang bemerkbar machen, eruieren außerdem B. Hurrelmann u. a. (1988; 1989; 1995). Analysen familialer Konversationsmuster erstellt − ebenfalls in der Nachfolge Oevermanns − A. Keppler (1994). Von der Ethnomethodologie und der Ethnographie kommend, sucht B. Bachmair in den Handlungen von Kindern Spuren der Medienrezeption und -verarbeitung eher auf hermeneutisch-assoziative Weise zu ergründen. Im Mittelpunkt stand bei ihm wie bei der Freiburger Arbeitsgruppe die These, daß Medien heute für Kinder und Jugendliche zumindest zeitweise ihre existiellen Entwicklungsthemen formieren, sie also durch Figuren personalisieren, in typischen Szenen dramatisieren und so für die Peer Group popularisieren (Charlton/Bachmair 1990). Wie Kinder und Jugendliche bestimmte Medien-Inhalte wahrnehmen und -erfahrungen verarbeiten, das untersuchen inzwischen etliche Studien. Besonders auffällige Inhalte wie etwa brutale und Action-Filme, Horrorvideos, Gewaltdarstellungen in Nachrichten, Zeichentrickfilmen und Werbespots sind dafür ausgewählt worden (vgl. Deutsches Jugendinstitut 1988; Barthelmes u. a. 1991; Theunert u. a. 1992; Luca 1993; Theunert/Schorb 1995; Charlton u. a. 1995). Dabei werden gemeinhin Erklärungszusammenhänge zwischen den soziokulturellen Milieus, in denen Kinder und Jugendliche aufwachsen, ihren subjektiven Dispositionen und ihren Rezeptionsäußerungen gesucht.

Ganz auf die individuellen Erfahrungen und Rekonstruktionen stellen sogenannte *medienbiographische* Ansätze ab; sie ergänzen gewissermaßen – vergleichbar der oral history – die Biographien der Medienstars von unten und fragen sich, welchen Anteil und welche Bedeutung Medien an und in der Biographie des einzelnen entweder gegenwärtig oder in der Rekonstruktion haben (Kübler 1982; Sander/Vollbrecht 1989; Neumann-Braun/Schneider 1993). Dabei werden ebenfalls bestimmte Zielgruppen, etwa Kinder, Jugendliche, Frauen und alte Menschen, bevorzugt betrachtet (Baacke u. a. 1990; Kübler u. a. 1991; Röttger 1994; Kübler u. a. 1998). Erinnert werden gemeinhin bedeutende Medienereignisse, Idole und Szenerien, die soziale Identitäten und Kohorten markieren. Andererseits können Medien wichtige Zäsuren wie die erste Liebe, die Heirat oder den Verlust eines Menschen begleiten und (stereo)typisieren. Selbstverständlich darf man ihre Prägungen nicht ohne die anderen, womöglich essentielleren Faktoren der Lebenswelt sehen.

Wiederum ist der Übergang zur etwas struktureller und typisierender ansetzenden *Sozialisationsforschung* fließend (vgl. Bonfadelli 1981). Ihre Untersuchungsfelder lassen sich nach diversen dimensionalen Reichweiten lokalisieren, wie sie die Sozialökologie vorschlägt (Baacke 1989): Neben dem Mikrosystem der Familie als primäre Sozialisationsinstanz lassen sich die 'Mesosysteme' spezieller Gruppen und Kulturen ansetzen.

Überall intervenieren die Medien auf vielfältige Weise: Gerade die Jugendforschung versteht sich mehr und mehr als Jugendmedien- und Jugendkulturforschung, da in Kindheit und Jugend die Medien zu gewichtigen Sozialisation- und Kulturationsfaktoren avancieren (Luger 1985; Baacke u. a. 1990; Charlton/Neumann-Braun 1992).

Weitere Ansätze versuchen andere Momente der *Alltagsstrukturierung* zu erfassen, etwa die kategoriale Dimension der Zeit. Von der Dichotomomie zwischen dem 'natürlichen', zyklischen und dem rationellen, linearen Zeitbegriff ausgehend, untersucht beispielsweise I. Neverla (1992), welche Zeitvorstellungen die Medien in den Alltag der Zuschauer implantieren. Über den Verlust des räumlichen Empfindens räsoniert J. Meyrowitz (1987). Welchen Anteil die Medien an der Konstitution und Differenzierung von Lebensstilen, Selbst- und Rollenkonzepten behaupten, diese Fragestellung nehmen sich etliche neuere Forschungskonzepte vor (Krotz 1991, 1992b, 1993; Luger 1992). I. Ang (1986) erkundet etwa, was Serien wie 'Dallas' für das Gefühlsleben und das Selbstbild von Frauen bedeuten und greift damit ein Thema auf, das H. Herzog (1944) schon im Rahmen der Radio-Studien Lazarsfelds u. a. in den 40er Jahren beschäftigte.

5. Fazit

Quantitative und qualitative Methoden dürften sich in der Medienforschung zunehmend ergänzen und wechselseitig befördern. Namentlich ihre expandierenden und sich differenzierenden Untersuchungsfelder drängen sie in den zu Medien- und Informationsgesellschaften mutierenden Sozietäten dazu. Allerdings dürften zwischen den jeweiligen Anhängern der qualitativen und quantitativen Methoden grundsätzliche Differenzen in Theorie, Aufgabe und Ethik von Wissenschaft bleiben. Sie werden sich jedoch in der Forschungspraxis nicht ständig und unüberwindlich auswirken. Immerhin haben die Diskussionen die methodologische Sensibilität und Kompetenz allseits beträchtlich erhöht: Nunmehr kann die soziale und situative Kontextualität der Medienrezeption, die sich in Kategorien wie Alltag, Lebenswelt, Kultur oder mindestens Rezeptionssituation manifestiert, nicht mehr aus den methodischen Konzepten und empirischen Erhebungen ausgeblendet werden. Ebenso dürfte nicht mehr bestreitbar sein, daß gerade die Erforschung von Kommunikation – in all ihren Varianten, medial und/oder personal – mehr als die jeden anderen Gegenstands die subjektiven Dimensionen beachten und hochschätzen muß: Wirklichkeit ist für jede Forschung primär symbolisch, gedeutet und im sozialen Handeln konstruiert. Diese Prämissen schließen ein, daß Forschung selbst ein Teil wie auch Produkt dieser so verstandenen Lebenspraxis sein muß. Folglich haben die Forschenden sich und ihre Weltsichten im Forschungsprozeß mitzureflektieren und zu kontrollieren. Reflexivität und hermeneutische Zirkularität fundieren mithin unaufhebbar jede wissenschaftliche Erkenntnis. Daß die Vertreter quantitativer Methoden diese Prämissen nicht mehr ignorieren können, sondern sie – wenn sie sich um wissenschaftliche Dignität und Validität bemühen – ebenso als unverzichtbare Grundlagen ihrer Methodik akzeptieren, kann als wichtigstes Verdienst der Diskussion um quantitativen und qualitativen Methoden gewertet werden.

6. Literatur

Adorno, Theodor W., Prolog zum Fernsehen. In: Eingriffe. Neun kritische Modelle. Frankfurt a. M. 1970, 69–80.

Ang, Ien, Das Gefühl Dallas. Zur Produktion des Trivialen. Bielefeld 1986.

Aufenanger, Stefan, Strukturanalytische Rezeptionsforschung – Familienwelt und Medienwelt von Kindern. In: Bilanz qualitativer Forschung. Hrsg. v. Eckard König/Peter Zedler, Bd. I, Weinheim 1995 (b), 207–220.

–, Qualitative Forschung in der Medienpädagogik. In: Bilanz qualitativer Forschung. Bd. I. Hrsg. v. Eckard König/Peter Zedler. Weinheim 1995 (a), 221–240.

Aufenanger, Stefan/Margit Lenssen (Hrsg.), Handlung und Sinnstruktur. Bedeutung und Anwendung der objektiven Hermeneutik. München 1986.

Baacke, Dieter, Sozialökologie und Kommunikationsforschung. In: Qualitative Medienforschung. Hrsg. v. Dieter Baacke/Hans-Dieter Kübler. Tübingen 1989, 87–134.

–, Lebenswelten sind Medienwelten. Lebenswelten Jugendlicher Bd. 1. Opladen 1990a.

–, Lebensgeschichten sind Mediengeschichten. Lebenswelten Jugendlicher Bd. 2. Opladen 1990b.

Baacke, Dieter/Hans-Dieter Kübler (Hrsg.), Qualitative Medienforschung. Konzepte und Erprobungen. Tübingen 1989.

Bachmair, Ben/Erich Mohn/Stefan Müller-Dohm (Hrsg.), Qualitative Medien- und Kommunikationsforschung. Werkstattberichte. Kassel 1985.

Barthelmes, Jürgen, Medienerfahrungen von Kindern im Kindergarten. Spiele – Gespräche – soziale Beziehungen. Weinheim/München 1991.

Baum, Achim, Journalistisches Handeln. Eine kommunikationstheoretische Kritik der Journalismusforschung. Opladen 1994.

Berelson, Bernard, Content analysis in communication research. Glencoe/Ill. 1952.

Biere, Bernd U./Helmut Henne (Hrsg.), Sprache in den Medien nach 1945. Tübingen 1993.

Bolz, Norbert, Am Ende der Gutenberg-Galaxis. Die neuen Kommunikationsverhältnisse. München 1993.

Bonfadelli, Heinz, Die Sozialisationsperspektive in der Massenkommunikationsforschung. Neue Ansätze, Methoden und Resultate zur Stellung der Massenmedien im Leben der Kinder und Jugendlichen. Berlin 1981.

Brosius, Hans-Bernd, Schema-Theorie – ein brauchbarer Ansatz in der Wirkungsforschung? In: Publizistik 36, 1991, 285–297.

Bucher, Hans-Jürgen/Erich Straßner (Hrsg.), Mediensprache – Medienkommunikation – Medienkritik. Tübingen 1991.

Burkhardt, Roland: Kommunikationswissenschaft. Grundlagen und Problemfelder. Umrisse einer interdisziplinären Sozialwissenschaft. Wien ²1995.

Charlton, Michael, Fernsehwerbung und Kinder. 2 Bde. Opladen 1995.

Charlton, Michael/Ben Bachmair (Hrsg.), Medienkommunikation im Alltag. Interpretative Studien zum Medienhandeln von Kindern und Jugendlichen. München 1990.

Charlton, Michael/Klaus Neumann, Medienkonsum und Lebensbewältigung in der Familie. Methode und Ergebnisse der strukturanalytischen Rezeptionsforschung – mit fünf Falldarstellungen. München/Weinheim 1986.

Charlton, Michael/Rüdiger Mutz, Die qualitative Medienforschung auf dem Prüfstand. Hoher Aufwand und geringe Allgemeingültigkeit der Ergebnisse? In: Publizistik 37, 1992, 197–212.

Charlton, Michael/Klaus Neumann-Braun, Medienrezeption und Identitätsbildung. Kulturpsychologische und kultursoziologische Befunde zum Gebrauch von Massenmedien im Vorschulalter. Tübingen 1990.

–, Medienkindheit – Medienjugend. Eine Einführung in die aktuelle kommunikationswissenschaftliche Forschung. München 1992.

Cicourel, Aaron V., Methode und Messung in der Soziologie. Frankfurt a. M. 1970.

Deutsches Jugendinstitut (Hrsg.), Medien im Alltag von Kindern und Jugendlichen. Methoden, Konzepte, Projekte. Materialien. Weinheim/München 1988.

Dilthey, Wilhelm, Die Entstehung der Hermeneutik. In: Gesammelte Schriften, Bd. V. Stuttgart/Göttingen ²1957, 317–338.

Drabczynski, Michael, Motivationale Ansätze in der Kommunikationswissenschaft. Theorien, Methoden, Ergebnisse. Berlin 1982.

Ehlich, Konrad (Hrsg.), Erzählen im Alltag. Frankfurt a. M. 1980.

Faulstich, Werner, Die Filminterpretation. Göttingen 1988.

–, Medientheorien. Einführung und Überblick. Göttingen 1990.

Faulstich, Werner/Helmut Korte (Hrsg.), Fischer Filmgeschichte. 5 Bde. Frankfurt a. M. 1990, 1991, 1992, 1994, 1995.

Flick, Uwe (Hrsg.), Handbuch qualitative Sozialforschung. Grundlagen, Konzepte, Methoden und Anwendungen. Weinheim ²1995.

Früh, Werner, Inhaltsanalyse. Theorie und Praxis. München ³1991.

Garz, Detlef/Klaus Kraimer (Hrsg.), Qualitativ-empirische Sozialforschung. Konzepte, Methoden, Analysen. Opladen 1995.

Giesecke, Michael, Der Buchdruck in der frühen Neuzeit. Eine historische Fallstudie über die Durchsetzung neuer Informations- und Kommunikationstechnologien. Frankfurt a. M. 1991.

Giesenfeld, Günter (Hrsg.), Endlose Geschichten. Serialität in den Medien. Hildesheim 1994.

Groebel, Jo/Uli Gleich, Gewaltprofil des deutschen Fernsehprogramms. Eine Analyse des Angebots privater und öffentlich-rechtlicher Sender. Opladen 1993.

Groeben, Norbert/Ruth Rustemeyer, Inhaltsanalyse. In: Bilanz qualitativer Forschung. Hrsg. v. Eckard König/Peter Zedler. Bd. 2. Weinheim 1995, 523–544.

Gumbrecht, Hans U./K. Ludwig Pfeiffer (Hrsg.), Materialität der Kommunikation. Frankfurt a. M. 1988.

Heinze, Thomas, Medienanalyse. Ansätze zur Kultur- und Gesellschaftskritik. Opladen 1990.

–, Qualitative Sozialforschung. Erfahrungen und Perspektiven. Opladen ³1995.

Herzog, Herta, What do we really know about daytime serial listeners? In: Radio Research 1942–1943. Hrsg. v. Paul F. Lazarsfeld/Frank N. Stanton. New York 1944, 3–33.

Heuermann, Hartmut, Medienkultur und Mythen. Regressive Tendenzen im Fortschritt der Moderne. Reinbek bei Hamburg 1994.

Hickethier, Knut, Das Fernsehspiel der Bundesrepublik. Themen, Form, Struktur, Theorie und Geschichte 1951–1977. Stuttgart 1980.

–, Die Fernsehserie und das Serielle des Fernsehens. Lüneburg 1991.

–, Film- und Fernsehanalyse. Stuttgart/Weimar 1993.

– (Hrsg.), Aspekte der Fernsehanalyse. Methoden und Modelle. Münster/Hamburg 1995.

Hickethier, Knut/Siegfried Zielinski (Hrsg.), Medien/Kultur. Schnittstellen zwischen Medienwissenschaft, Medienpraxis und gesellschaftlicher Kommunikation. Berlin 1991.

Holly, Werner/Ulrich Püschel (Hrsg.), Medienrezeption als Aneignung. Methoden und Perspektiven qualitativer Medienforschung. Opladen 1993.

Holzer, Horst, Medienkommunikation. Einführung in handlungs- und gesellschaftstheoretische Konzeptionen. Opladen 1994.

Hurrelmann, Bettina, Familienmitglied Fernsehen. Fernsehgebrauch und Probleme der Fernseherziehung in verschiedenen Familienformen. Opladen 1995.

–, Familie und erweitertes Medienangebot. Düsseldorf 1988.

–, Fernsehen in der Familie. Auswirkungen der Programmerweiterung auf den Mediengebrauch. Weinheim/München 1989.

Jensen, Klaus B./Nicholas W. Jankowski (Hrsg.), A handbook of qualitative methodologies for mass communication research. London/New York 1991.

Jürgs, Michael, Der Fall Axel Springer. Eine deutsche Biographie. München 1995.

Katz, Elihu/David Foulkes: On the use of the mass media as 'Escape'. Clarification of a concept, POQ 26, 1962, 377–388.

Kausch, Michael, Kulturindustrie und Populärkultur. Kritische Theorie der Massenmedien. Frankfurt a. M. 1988.

Keppler, Angela, Tischgespräche. Über Formen kommunikativer Vergemeinschaftung am Beispiel der Konversation in Familien. Frankfurt a. M. 1994.

König, Eckard/Peter Zedler (Hrsg.), Bilanz qualitativer Forschung. 2 Bde. Weinheim 1995.

Kracauer, Siegfried, Von Caligari zu Hitler. Eine psychologische Geschichte des deutschen Films. Übers. v. Ruth Baumgarten/Karsten Witte. Frankfurt a. M. 1984.

Kreimeier, Klaus, Lob des Fernsehens. München, Wien 1995.

Krotz, Friedrich, Fernsehen fühlen. Auf der Suche nach einem handlungstheoretischen Konzept für das emotionale Erleben des Fernsehens. In: RuF 41, 1993, 477–496.

–, Handlungsrollen und Fernsehnutzung. Umriß eines theoretischen Konzepts. In: RuF 40, 1992(a), 222–246.

–, Kommunikation als Teilhabe. Der „Cultural studies appraoch". In: RuF 40, 1992(b), 412–431.

–, Lebensstile, Lebenswelten und Medien. Zur Theorie und Empirie individuenbezogener Forschungsansätze des Mediengebrauchs. In: RuF 39, 1991, 317–342.

Krüger, Udo, Trends im Informationsangebot des Fernsehens. Programmanalyse 1994 von ARD, ZDF, RTL, SAT.1 und PRO SIEBEN. In: MP 1995/2, 69–87.

Krüger, Udo/Thomas Zapf-Schramm, Programmanalyse 1993 von ARD, ZDF, SAT.1 und RTL. Stabile Strukturen bei steigender Programmdynamik. In: MP 1994/3, 111–124.

Kübler, Hans-Dieter, Medienbiographien – ein neuer Ansatz der Rezeptionsforschung?. In: merz 26, 1982, 194–205.

–, Ältere Menschen und neue Medien. Eine Rezeptionsstudie zum Medienverhalten und zur Medienkompetenz älterer Menschen in Hamburg und Umgebung. Berlin 1991.

Kübler, Hans-Dieter u. a., Wenn die Kleinen fernsehen. Die Bedeutung des Fernsehens in der Lebenswelt von Vorschulkindern. Berlin 1998.

Kunczik, Michael, Gewalt und Medien. Köln ¹1994.

Lämmert, Eberhard (Hrsg.), Erzählforschung. Stuttgart 1982.

Lamnek, Siegfried, Qualitative Sozialforschung. 2 Bde. München ²1993.

Lazarsfeld, Paul F., Die Wiener Tradition der empirischen Sozial- und Kommunikationsforschung. Hrsg. v. Wolfgang R. Langenbucher. München 1990.

Lindlof, Thomas R., The qualitive study of media audiences. In: JB 35, 1991, 23–42.

– (Hrsg.), Natural audiences. Qualitative research of media uses and effects. Norwood 1987.

Luca, Renate, Zwischen Ohnmacht und Allmacht: Unterschiede im Erleben medialer Gewalt von Mädchen und Jungen. Frankfurt a. M. 1993.

Lüger, Heinz-Helmut, Pressesprache. Tübingen ²1995.

Luger, Kurt, Freizeitmuster und Lebensstil. Medien als Kompositeure, Segmenteure und Kolporteure. In: Publizistik 37, 1992, 427–443.

–, Medien im Jugendalltag. Köln, Wien 1985.

Lull, James, Inside family viewing. Ethnographic research on television's audiences. London 1990.

– (Hrsg.), World families watch television. Newbury Park 1988.

Mantz, Renate/Kurt Holm/Peter Hübner (Hrsg.), Einführung in die Methoden der empirischen Soziologie. Opladen ²1974.

Mayring, Philipp, Einführung in die qualitative Sozialforschung. Eine Anleitung zum qualitativen Denken. München ²1993.

–, Qualitative Inhaltsanalyse. Grundlagen und Techniken. Weinheim ⁴1993.

Merten, Klaus, Inhaltsanalyse. Einführung in Theorie, Methode und Praxis. Opladen 1983.

Meyrowitz, Joshua, Die Fernsehgesellschaft. Wirklichkeit und Identität im Medienzeitalter. Weinheim/Basel 1987.

Monaco, James, Film verstehen. Kunst, Technik, Sprache, Geschichte und Theorie des Films. Reinbek b. Hamburg ²1995.

Müller-Doohm, Stefan/Klaus Neumann-Braun (Hrsg.), Kulturinszenierungen. Frankfurt a. M. 1995.

–, Medienforschung und Kulturanalyse. Oldenburg 1989.

Neumann-Braun, Klaus, Kindliche Mediensozialisation, elterliche „gate-keeper"-Funktion und familiale Umgangsstile mit Medienangeboten. In: RuF 41, 1993, 497–511.

Neumann, Klaus, Michael Charlton (Hrsg.), Spracherwerb und Mediengebrauch. Tübingen 1990.

Neumann-Braun, Klaus/Silvia Schneider, Biographische Dimensionen in der Medienaneignung. In: Medienrezeption als Aneignung. Hrsg. v. Werner Holly/Ulrich Püschl. Opladen 1993, 193–210.

Neverla, Irene, Fernseh-Zeit. Zuschauer zwischen Zeitkalkül und Zeitvertreib. Eine Untersuchung zur Fernsehnutzung. München 1992.

Nöth, Winfried, Handbuch der Semiotik. Stuttgart 1985.

Oevermann, Ulrich, Beobachtungen zur Struktur der sozialisatorischen Interaktion. Theoretische und methodologische Fragen der Sozialisationsforschung. In: Seminar: Kommunikation, Interaktion, Identität. Hrsg. v. Manfred Auwärter/Edith Kirsch/Manfred Schröter. Frankfurt a. M. 1976, 371–403.

–, Zur Sache. Die Bedeutung von Adornos methodologischem Selbstverständnis für die Begründung einer materialen soziologischen Strukturanalyse. In: Adorno-Konferenz 1983. Hrsg. v. Ludwig von Friedeburg/Jürgen Habermas. Frankfurt a. M., 234–292.

Ritsert, Jürgen, Inhaltsanalyse und Ideologiekritik. Ein Versuch über kritische Sozialforschung. Frankfurt a. M. 1972.

Röttger, Ulrike, Medienbiographien von jungen Frauen. Münster/Hamburg 1994.

Ruhrmann, Georg, Rezipient und Nachricht. Struktur und Prozeß der Nachrichtenkonstruktion. Opladen 1989.

Rust, Holger, Inhaltsanalyse. Die Praxis der indirekten Interaktionsforschung in Psychologie und Psychotherapie. München 1983.

Sander, Uwe/Ralf Vollbrecht, Mediennutzung und Lebensgeschichte. Die biographische Methode in der Medienforschung. In: Qualitative Medienforschung. Hrsg. v. Dieter Baacke/Hans-Dieter Kübler. Tübingen 1989, 161–176.

Scarbath, Horst/Margaretha Gorschenek/Petra Grell, Sexualität und Geschlechtsrollenklischees im Privatfernsehen. Inhaltsanalytische Fallstudien. Berlin 1994.

Schenk, Michael, Medienwirkungen. 2 Bde. Tübingen 1987.

Schmerl, Christiane, Das Frauen- und Mädchenbild in den Medien. Opladen 1984.

Schmidt, Siegfrid J./Siegfried Weischenberg, Mediengattungen, Berichterstattungsmuster, Darstellungsformen. In: Die Wirklichkeit der Medien. Eine Einführung in die Kommunikationswissenschaft. Hrsg. v. Klaus Merten/Siegfried J. Schmidt/Siegfried Weischenberg, Opladen 1994, 212–236.

Schütte, Georg, Informationsspezialisten der Mediengesellschaft. Die Produktion und Präsentation von Fernsehnachrichtensendungen in den USA, der Bundesrepublik Deutschland und der DDR. Wiesbaden 1994.

Schulz, Winfried (Hrsg.), Medienwirkungen. Einflüsse von Presse, Radio und Fernsehen auf Individuum und Gesellschaft. Forschungsbericht. Weinheim 1992.

Sichtermann, Barbara, Fernsehen. Berlin 1994.

Soeffner, Hans-Georg (Hrsg.), Interpretative Verfahren in den Sozial- und Textwissenschaften. Stuttgart 1979.

Straßner, Erich, Sprache in Massenmedien. In: LGL, Bd 2, 328–337.

–, Fernsehnachrichten. Tübingen 1982.

Theunert, Helga, Zwischen Vergnügen und Angst. Fernsehen im Alltag von Kindern. Eine Untersuchung zur Wahrnehmung und Verarbeitung von Fernsehinhalten durch Kinder aus unterschiedlichen soziokulturellen Milieus in Hamburg. Berlin 1992.

Theunert, Helga/Bernd Schorb, 'Mordsbilder': Kinder und Fernsehinformation. Eine Untersuchung zum Umgang von Kindern mit realen Gewaltdarstellungen in Nachrichten und Reality-TV. Berlin 1995.

Weber, Max, Zu einer Soziologie des Zeitungswesens. In: Publizistik- und Kommunikationswissenschaft. Ein Textbuch zur Einführung in ihre Teildisziplinen. Hrsg. v. Wolfgang R. Langenbucher. Wien 1986, 18–24.

Weischenberg, Siegfried/Klaus-Dieter Altmeppen/Martin Löffelholz, Die Zukunft des Journalismus. Technologische, ökonomische und redaktionelle Trends. Opladen 1994.

Weischenberg, Siegfried/Martin Löffelholz/Armin Scholl, Merkmale und Einstellungen von Journalisten. Journalismus in Deutschland II. In: MP 1994 (b), 154–167.

Wiedemann, Peter M., Erzählte Wirklichkeit. Zur Theorie und Auswertung narrativer Interviews. Weinheim/München 1986.

Wilke, Jürgen (Hrsg.), Agenturen im Nachrichtenmarkt. Reuters, AFP, VWD/dpa, dpa-fwt, KNA, epd, Reuters Television, Worldwide Television News, Dritte Welt-Agenturen. Köln 1993.

Wilke, Jürgen/Bernhard Rosenberger, Die Nachrichten-Macher. Zu Strukturen und Arbeitsweisen von Nachrichtenagenturen am Beispiel von AP und dpa. Köln 1991.

Wilson, Thomas P., Qualitative 'oder' quantitative Methoden in der Sozialforschung. In: KZSS 34, 1992, 487–508.

Zielinski, Siegfried, Audiovisionen. Kino und Fernsehen als Zwischenspiele in der Geschichte. Reinbek bei Hamburg 1989.

Hans-Dieter Kübler, Hamburg (Deutschland)

IV. Nachbar- und Hilfswissenschaften

22. Medien-Nachbarwissenschaften I: Philosophie

1. Der Begriff Medium
2. Das ästhetische Medium
3. Irritierende Ähnlichkeit
4. Der Mittler als Medium
5. Das Mittel als Medium
6. Die Öffentlichkeit als Medium
7. Literatur

1. Der Begriff Medium

1.1. Medienwissenschaften können von der Philosophie erwarten, daß diese zu ihrer Theoriebildung beiträgt, indem sie zunächst die jeweils entscheidenden Begriffe, deren Verwendungsweise und Geschichte klärt. Dadurch könnten in der Folge zudem bestimmte weltanschauliche Grundeinstellungen kenntlicher werden, wie sie nicht selten Medientheoretiker von verschiedenen Philosophien übernehmen. Doch erstaunlicherweise hat sich die Philosophie dem Problem der Medien und der Medialität, sofern es sich von dem der Mittel und der Vermittlung unterscheidet, kaum zugewandt. Nicht anders als in der Alltagsprache findet man in ihr einen schillernden Gebrauch des Ausdrucks, in welchem verschiedenste Aspekte auftauchen und wieder verschwinden. Einmal versteht man unter Medium die Mitte oder den Mittelbereich zwischen Extremen wie Anfang-Ende, Sender-Empfänger etc., oder das Milieu, worin diese sich verbinden und austauschen, sei es als Element natürlicher Bedingungen, sei es als Ensemble technischer Vorrichtungen. Dann wiederum betont man die Funktion des Mediums als passiven oder aktiven Trägers, wodurch Partikel oder Impulse bestimmter Kombinationen bewahrt oder befördert werden, um von einem Interpretanten als übertragene Ereignisse, Darstellungen oder Nachrichten entschlüsselt werden zu können. Doch kann diese Unbestimmtheit der Verwendung selber als Resultat einer grundsätzlichen metaphysischen Entscheidung betrachtet werden: In dem Maße wie einzig den Vermittlungen eine bestimmte Funktion zugeschrieben wurde, sank das Medium zu deren indifferentem, gleichsam entropischem Milieu zurück, dem kein Einfluß auf die übertragenen Botschaften zugestanden werden kann.

1.2. Weder Platon (1958a, 274a; 1958b, 191a) noch Aristoteles (19, 16a 3) bestimmen den Ausdruck 'meson' dort, wo sie auf die Laute der Stimme, die Buchstaben der Schrift, die Ziffern der Zahlen zu sprechen kommen. Zum einen geht es um Fragen der Artikulation und der Kombination einzelner Elemente, zum anderen um das angenommene Primat der lebendigen Stimme gegen deren Derivat: die Schrift, der tote Buchstabe – Auffassungen, an denen durch die Jahrhunderte festgehalten wurde, denen aber die jüdisch-christliche Tradition ebenso umgekehrt das Primat des Gesetzes als heiliger Schrift, dem das sprechende Subjekt zu folgen habe, entgegenstellen konnte (vgl. Derrida, 1978 u. 1974). – Die begriffliche Entscheidung fällt zum einen in der Logik, genauer: in der Syllogistik. Seit Aristoteles (1969a) bezeichnet man einen Ausdruck als terminus medius, wenn er gleichermaßen in zwei verschiedenen Sätzen auftaucht und deren Vermittlung untereinander derart ermöglicht, daß aus beiden ein Schlußsatz ohne weitere Prämissen gezogen werden kann. Und das geschieht in der Weise, daß der Mittelbegriff im Schluß getilgt ist – so wie der Träger am Ziel der Übertragung sich erübrigt. Zum anderen entspricht dieser Auffassung im aristotelischen Denken eine bestimmte Ontologie. Ihr zufolge wird die Materie, als tragender Nenner aller sich darstellender Unterschiede, ausschließlich von außen her geformt. Was im logischen Verhältnis als Mitte erscheint, über welche die Vermittlung ermöglicht wird, stellt sich ontologisch im Paradox einer unfähigen Potenz der Materie dar, die ohne externe Formung nur ein indifferentes Substrat ist. – Die Affinität dieser Auffassung zu einem Herr-Knecht Verhältnis wurde dann von Hegel (1970a) bemerkt. Gegen das vermeintliche Verschwinden des Mittels, des Trägers, des Sklaven im Resultat, betont er die Arbeit der Vermittlung, die das Ergebnis erst ausmache.

1.3. Aber auch er kommt nicht ohne die Annahme eines indifferenten Substrats aus. So weit ich sehe, verwendete Hegel als erster den Ausdruck Medium und zwar im Unterschied zu dem des Mittelbegriffs, dem er nun eindeutig die aktive Rolle der Vermittlung zuschreibt, anstatt ihn ohne klare Differenz zwischen aktiver und passiver Rolle schwanken zu lassen. Das Medium dagegen erscheint zum ersten Mal selber als bestimmtes Ergebnis, nämlich als 'Neutralisierung extremer Gegensätze in einem Element': „Im Körperlichen hat das Wasser die Funktion dieses Mediums; im Geistigen, sofern in ihm das Analogon eines Verhältnisses stattfindet, ist das Zeichen überhaupt und näher die Sprache dafür anzusetzen." (1970b, 431) Die Neutralität des Mediums stellt sich, seit Hegel, selber in einem extremen Gegensatz zur reinen Aktivität der Vermittlung dar. Zugleich gilt diese Neutralisierung als umfassend genug, um gleichermaßen die natürlichen wie die künstlichen Sphären zu durchdringen. Man spricht seither etwa ebenso von der Einbildungskraft als von einem Medium (Sartre 1964, 93), wie man mit Cassirer (1970, 49) die Symbolwelt als artifizielles Medium bezeichnen kann. Das Medium, sofern es sich in gegenständlichen Zuständen und Vorgängen verkörpert, scheint zudem die Neutralität der Mittel gegen ihre jeweilige Verwendungsweise garantieren zu können. Verständlicherweise kann daher dem Medium – außer im magischen Sinne – kein Einfluß, kein sinnverschiebender Eingriff in intendierte Bedeutungen zugestanden werden. Das ist der Grund, warum die Medien in ihren technischen Gestalten kaum mehr als den Status eher seltener Beispiele in der Philosophie einnehmen. Heidegger (1960, 107) erwähnt einmal das Telefon, um die wesentliche Bezogenheit des alltäglichen Daseins auf Nähe, als Tilgung von Ferne, zu erläutern, so wie Strawson (1972, 97) das Radio erwähnt, als er die Möglichkeit rein akustischer Dinge erörtert.

2. Das ästhetische Medium

2.1. In dieser argumentativen Situation tauchte eine bestimmte Essayistik über die Medien auf, die sich zwar von der Philosophie anregen läßt, aber nicht das Maß ihrer analytischen Ansprüche übernimmt. Im Anschluß an Kants Erfahrungskritik (1956a) und ihrer phänomenologischen Erneuerung durch Husserl war in der Philosophie ernsthaft die These nicht mehr zu vertreten, daß ein Verständnis übermittelter Botschaften kausal durch Reize bewirkt werde. Seit Fichte (1971), Schelling (1957), Hegel (1970a) insistierte zudem dialektisches Denken auf dem Primat der praktischen Vernunft – auch in der Theoriebildung selbst. Demnach beruht selbst die Idee eines lückenlosen Wirkungsgefüges in der Empirie auf praktischen Entscheidungen, welche ihrerseits die Lücke, in der Freiheit der Handlung, voraussetzen. Dadurch erhielt der Ausdruck Vermittlung seine zentrale Bedeutung. Seine Funktion soll garantieren, daß Teleologie an einer ihr gemäßen Kausalität wirklich werde. Es gilt daher, Erscheinungen derart zu bearbeiten und umzuwandeln, daß sie als Träger von Bezeichnungen interpretiert werden können. In diesem Prozeß, der mit der restlosen Unterwerfung des Mediums und seiner Umwandlung in ein neutrales Substrat endet, wird dennoch der Ästhetik ein transitorisches Recht eingeräumt. Ihre Vermittlung beruht darin, daß den Darstellungsmedien und ihrer Imaginierbarkeit eine Art vieldeutiger Mitsprache zugestanden wird, deren mythisches Gewicht von der Kunst ausgelöst werde – eine Kunst, die nach Hegel (1970c) ihrerseits ihre Vollendung findet, wenn sie jede Bedeutsamkeit im Lachen aufzulösen vermag.

2.2. Von der Ästhetik war in dem Augenblick ein Weg zur Entdeckung der Medien eröffnet, als Benjamin (1969) Hegels These vom Ende der Bedeutsamkeit der Kunst abwandelte in die vom Verschwinden der Aura des Kunstwerkes durch seine technische Reproduzierbarkeit. Denn offensichtlich veränderten die neuen Techniken nicht nur die Verbreitungsweise der Werke und die Art ihres Publikums, sondern die ästhetischen Aussagen, selbst wenn, wie im Verhältnis des Films zum Theater, zunächst tradierte Muster übernommen werden. Die Differenz zwischen der Aura des Originals und der Aussage des Werks ermöglichte neue Bewertungsmaßstäbe. So konnte Bloch (1962) in den scheinbar unwürdigen kleinen Tagträumen der Massen noch die Spuren großer, unterdrückter Wunschbilder aufdecken und in ihnen einen ästhetischen Vorschein möglicher Erfüllungen sehen. Bezüglich der Wiedergabe von Tonaufzeichnungen und der Sendungen des Radios konnte man zunächst mit Adorno (1963) noch der Ansicht sein, sie würden die Qualität originaler Aufführungen nicht erreichen. Doch auf Dauer erwies sich das als nicht kennzeichnend für die Produkte der Kulturindustrie. Es galt von vornherein nicht für den Film, zumal er in seinen stummen Anfängen Theateraufführungen gar nicht wiedergeben konnte. Darin, nämlich in dieser Eigenständigkeit des Films, mag der Grund liegen, warum er und vor allem auch seine technischen Möglichkeiten und deren Entwicklungen schon früh zum Thema ästhetischer Überlegungen wurde, dessen mediale Struktur man nicht ignorieren konnte.

2.3. Der Film wurde schließlich geradezu zum Paradigma einer versuchten Verabschiedung jeder Repräsentation. Deleuze arbeitete zu diesem Zweck einen grundlegenden Unterschied heraus zwischen Bewegungsbild und Zeitbild. Anders als gegen Ende des 18. Jhs. scheint nicht nur ein bestimmtes Verhältnis von Mimesis und Poiesis in Krise geraten zu sein, bis der Begriff der Reproduktion einen vorübergehenden Kompromiß anbot. Man ist vielmehr der Ansicht, die neuen Medien, ihr Prinzip zirkulärer Wiederholung habe endgültig jede Form von Repräsentation aufgelöst, ob diese sich nun auf reale, simulierte oder konstruierte Referenten bezogen hätte. Es entstand eine Medienkritik, die von der Überzeugung ausging, die Medien erzeugten selber die Wirklichkeit, die sie nur wiederzugeben vorgäben. In Anlehnung an Heideggers Verständnis der Technik als Gestell (1954) spricht Anders (1956) von einem Verlust jeden Vorstellens durch ein endloses Stellen, das nichts mehr herstellt. Während Virilio (1984) den Grund eines Entzugs der Repräsentierbarkeit in den wachsenden Geschwindigkeiten aller technischen Prozesse sieht, zeigt er sich für Baudrillard (1972 und 1982) darin, daß sich das Bild, imago, in ein reines Scheinen seiner selbst, simulacrum, gewandelt habe, das sich nicht auf bestehende oder vorstellbare Wirklichkeiten beziehe, sondern diese überhaupt ersetze. An solche Verabschiedung allen intentionalen Bezeichnens knüpfen Autoren wie Bolz (1992) an, allerdings bereits mit einer Tendenz, die dann bei sonst so verschiedenen Denken wie Kittler (1985), Hörisch (1991) oder Flusser (1990) Gestalt annimmt: im Wechsel von moralisch-kritischen zu psychoanalytischen Diskursstilen, im Anschluß an Lacan (1986), werden Strukturen des Spiels sichtbar gemacht, von denen aus die vermeintliche Entwicklung durch die Medien sich vielmehr als Zwiespalt erweist, nie genau zu wissen, ob man Herr des Spiels oder nur Figur in ihm ist. Im Anschluß an Derrida (1976) gehen Autoren wie Tholen (1994) und Wetzel (1989) dazu über, die Medien unter dem Aspekt eines Verhältnisses von Begriffsbildung und Dekonstruktion zu untersuchen. Man begnügt sich nicht mehr damit, der Neutralisierung des Mediums mit Mac Luhan (1968) die Magie seiner Botschaft entgegenzusetzen – eine Magie, die man wiederum nur dadurch aufzulösen wußte, daß man die Idee der Repräsentation überhaupt verwarf. Man versucht, eine nur ästhetische Rethorik über die Medien zu überschreiten, ohne zum Konzept einer lückenlosen Vernetzung von Effekten zurückzukehren.

3. Irritierende Ähnlichkeit

3.1. Man könnte annehmen, eine solche Überschreitung bei denen zu finden, die eine Genealogie der Medientechnik im Blick haben. Doch stößt man bei diesen auf ein seltsames Erklärungsmuster, das bereits hartnäckig zwischen Schopenhauer (1937) und Gehlen (1957), Marx (1963) und Habermas (1968) zirkulierte (Vgl. dazu: Bahr 1983). Auch Mac Luhan (1968), Flusser (1990) oder Bolz (1992) nehmen den leiblichen Organismus zum Ausgangspunkt, um technische Objekte als deren Projektionen aufzufassen. Einmal im außerorganischen Milieu verwirklicht – wie das Auge als Kamera, das Ohr als Mikrophon, das Gehirn als Computer –, lasse sich das Projizierte verlängern, vergrößern, verstärken, sei es, um einen Mangel auszugleichen, sei es, um eine Fähigkeit zu steigern. Doch einleuchtend scheint diese Auffassung nur, da wir unsere äußeren Organe bereits instrumentell verwenden und sie uns zudem als Mittel auch anderer Personen unabhängig vom eigenen Leib entgegentreten. Aber wie sollte sich ein inneres Organ nach außen abbilden können? Vergleiche können uns Ähnlichkeiten nahelegen, etwa zwischen einer Gestalt der Einbildungskraft und ihrer nachahmenden Darstellung als gegenständliches Bild, so daß erstere zudem als Maß fungiert. Aber innerleibliche Organe und ihre Funktionen sind für uns Objekte einer Beobachtung wie andere Dinge auch, aber keine disponiblen Mittel. Vor allem aber wäre gemäß der

Ansicht einer Organprojektion die Verwendung von Zeichenträgern unerklärbar, da sie nicht nach Ähnlichkeiten sondern nach ihrer Ersetzbarkeit bezüglich ein und derselben Funktion beurteilt werden. Das Schriftbild ist so wenig eine Projektion stimmlicher Laute wie diese eine Projektion von Lautbildern und diese wiederum eine Projektion von Nervenzellen. Angesichts der Ungereimtheiten drängt sich die Frage nach einem anderen Grund auf, warum sich diese Vorstellung einer Organprojektion derart aufdrängt.

3.2. Wie die Mythen belegen, ist die Furcht, nicht nur von Ähnlichkeiten sondern von Doppelgängern in die Irre geführt zu werden, sehr alt. Die hierarchische Unterscheidung zwischen Vor- oder Urbild und Nach- oder Abbild, wie Platon (1958a) sie formulierte, sollte verhindern, daß jedes die Stelle des anderen vertreten und selber beliebig ersetzt werden kann. Diese Rolle wurde der Materie als unterworfenem Träger zugeschrieben und sie sollte als unähnlich genug bestimmt werden, um ihr jede Bildlichkeit – und damit reziproke Verweisungszusammenhänge – absprechen zu können. Gleichzeitig garantierte das Urbild als die wahre Sache im Gegensatz zum Abbild als uneigentlichem Objekt und bloßem Schein, daß die Bildebenen nicht verwechselt wurden. – Doch bereits Hegel (1970c) bemerkte, daß diese Hierarchie der Bildwerte im Zerfallen war und daß mit diesen Vorentscheidungen sich auch die sicheren Orientierungen auflösten. Nietzsche (1922) sah dann in diesem Zerfall das Wesen des abendländischen Nihilismus. Das vermeintlich restlose Verschwinden der Nachahmungen und deren Ersetzung durch endlose Verdopplungen, worin jedes Ereignis mit seiner medialen Darstellung in eins zu fallen scheint, – in diesen Simulationen ohne Referenten drückt sich die Angst vor Orientierungsverlusten aus.

3.3. Man könnte den Medientheoretikern im Umkreis von Baudrillard vorhalten, sie verwechselten den Referenten einer Bezeichnung mit der Hierarchie der Bildwerte. Denn die Auflösung letzterer hat nichts mit einem Verschwinden des ersteren zu tun. Es geht nicht um die Wahrheit des Referenten, die man mit Nietzsche abgründig zum Problem machen kann, sondern um die Funktion des Referenten, die endlose Substituierbarkeit der Zeichenträger zu unterbrechen, damit eine Bezeichnung zu ihrem Objekt, dem Bezeichneten, kommen kann. Denn erst dadurch können wir wissen – wie Husserl (1980) nachwies – ob wir die Bedeutung einer äußeren Wahrnehmung, deren Erinnerungsbild, die Bedeutung eines Gemäldes als dessen Darstellung oder die Bedeutung der Fotografie dieses Gemäldes im Blick haben. – Doch mögliche Verwechslungen erklären noch nicht das Gefühl einer Irrealisierung, wie es zumal durch die Massenmedien Radio und Fernsehen hervorgerufen scheint. Tatsächlich verbaut die Vorstellung der Organprojektionen und deren Potenzierungen, so wie überhaupt eine unkritische Idee technischen Fortschritts, den Blick auf die wesentlichen Einschränkungen. Diese audio-visuellen Medien schneiden nämlich von einer Kommunikation mittels anderer Sinne und leiblicher Motorik ab. Deren Botschaften müssen daher entweder verbalisiert oder auf hör- und sichtbare Bilder übertragen werden. Diese Vermehrung sprachlicher und audio-visuell bildlicher Zeichen bringt deren Ausnahmecharakter zum Verschwinden und hat zur Folge, daß das Mitteilenswerte aufgespalten wird in stereotype Wiederholungsmuster und rasch tilgbare Sensationen. Die Antwort auf solche Irrealisierungen sind leibliche Kompensationen, die unter dem Titel von 'Erlebnissen' Kulte des Essens und Trinkens, des Sports und Spiels, der Gewalt und der Übersexualisierung inszenieren, als würde damit Authentisches den Simulationen der Massenmedien entgegengesetzt. Die endlosen Debatten darüber, ob diese Medien Nachahmungs- oder Kompensationsmuster liefern (vgl. u. a. Postman, 1985), sind dagegen selber ein Indiz dafür, daß sich Medienwirkungen nicht kausaldeterministisch begreifen lassen.

4. Der Mittler als Medium

4.1. Wie Peirce (1983) nachwies, können bestimmte Phänomene erst dann als Zeichen verstanden werden, wenn ein Empfänger sie als Darstellung eines Bezeichnens auslegt, mit welchem ein Sender intendiere, ihn auf grund gemeinsamer Regeln zu Interpretationen zu veranlassen, anstatt nur durch Signalreize auf sein Verhalten einzuwirken. Es gibt also nicht so etwas wie Bilder und Zeichen, die wie Dinge zwischen Personen zirkulieren. Wer bezeichnet, muß vielmehr apriori davon ausgehen, daß der Empfänger selber Bezeichnungsakte vollzieht, um ihn verstehen zu können. Innerhalb bestimmter Hör- und

Sichtweiten gibt man einander akustische oder optische Phänomene zu hören oder zu sehen – leibliche wie die Stimme oder wie Gebärden, außerleibliche wie Trommelgeräusche oder Lichtimpulse – und zwar im Wissen der Aufforderung, sie als Mittel eines Zeigens zu verstehen, in der Bedeutung der Bezeichnung, bevor sie bestimmter als Bezeichnungen bedeuteter Objekte entschlüsselt werden. – Heidegger (1960) ordnet das Bezeichnen einem umfassenderen, alltäglichen Bewandtniszusammenhang ein. In diesen ist der besorgende Umgang mit dem zuhandenen Zeug stets schon einbezogen in ein verkehrendes Miteinander von Menschen.

4.2. Ist von den neuen Medien die Rede, fällt in der Tat eine Metaphorik auf, durch die geradezu magische Verhältnisse suggeriert werden können. Man spricht von den Geräten und Vorrichtungen so, als wären es handelnde Subjekte, und von den Bildern und Zeichen, als wären es Dinge, die durch jene in Gaben verwandelt würden. Da scheinen Aufnahmegeräte Signale empfangen zu können – Kameras, Mikrophone, Tastaturen von Schreib- und Setzgeräten –, die sie weitergeben an Vorrichtungen, durch die sie wiederum aufgenommen und gespeichert und die ihrerseits transportiert und archiviert werden können: Druckerzeugnisse, elektronische Datenspeicher, Fotos, Film- und Videobänder, Schallplatten u. a. Oder diese Signale werden durch interne Sendegeräte an ausrichtende oder ausstrahlende Träger weitergereicht, um von Empfangsgeräten – Telefon- und Radioapparate, Fernsehgeräte oder Computer – aufgenommen zu werden. Wenn nicht gespeichert oder weiterverarbeitet, werden sie an Wiedergabegeräte abgegeben, durch die zumeist elektrische in akustische und optische Phänomene zurückverwandelt werden müssen, wie bei Lautsprechern und Bildschirmen, ehe sie einen äußersten Empfänger erreichen, der sie auf einen äußersten Absender zurückbezieht. Und diese Extreme werden in der cartesischen Tradition als einander unvermittelte Subjekte aufgefaßt, die nur sich selbst unmittelbar gegeben seien, ehe sie sich durch einen symbolischen Austausch vermitteln. In dieser Vermittlung jedoch gilt – in einer thomistischen Tradition – das menschliche Subjekt wesentlich als Mittler anstatt als Ursprung und Ziel. Von ihm aus lassen sich die metaphorischen Übertragungen verstehen.

4.3. Sieht man von der theologisch-christlichen Deutung des Mittlers ab, zeigt dieser sich als ein Bote – Gesandter oder Kundschafter seiner selbst –, der seine Botschaften mit sich trägt, ehe er sie mitteilen kann. Eine besondere Form wird sichtbar, wenn der Mittler selbständig als dritte Person – mythisch als Engel – auftaucht (vgl. Bahr, 1994). Denn nun wird der Bote, der die Botschaft des anderen überträgt und mündlich überbringt, zum ersten Empfänger, und zwar einerseits einer Botschaft, die als zu realisierende Adresse eines anderen Empfängers nur an ihn gerichtet ist, zum anderen einer Botschaft, die er, als Übersetzer und Verkünder, nur weiterzugeben und zu wiederholen hat. Indem er getreu ein Programm durchführt, das Gehörte ohne Umdeutung im Gedächtnis bewahrt, bis er es wiederherstellt, zeigt sich der Bote als erstes neutrales Medium, in welchem sich die Form eines Austausches unabhängig von der Bedeutung der Botschaft darstellt. Quine (1975) verwies darauf, daß Mitteilungen erst durch Übertragungen den Charakter einer von Umständen und Kontexten abgespaltenen Aussage annehmen. Man könnte sagen, durch den Boten nehmen Botschaften den Charakter von Testamenten in einem Archiv an. Indem der Bote als Mittler den Sender vertritt, zeigt sich in ihm die Voraussetzung jeder Vermittlung: er wird zu dem kommunikativen sub-iectum, durch welches jedes Individuum apriori in den Austausch von Empfangen und Weitergeben einbezogen wird und zugleich als selbstbezügliches Subjekt in die Mitte rückt. Das hatte sprachlich seinen Ausdruck gefunden gehabt: 'Grammatisches Medium' nennt man jene Verbsuffixe in den antiken indoeuropäischen Sprachen, wodurch ein Subjekt aktiv und passiv in eins an Vorgängen beteiligt ist, die sich an ihm und durch es vollziehen. In dem Augenblick, da diese Form vom Reflexivpronomen abgelöst wurde und aktiv und passiv als Gegensätze getrennt waren, rückte das mediale Subjekt in die rätselhafte Position zwischen einem unbewußten und einem selbstbewußten Subjekt. Heute spricht man nur noch im Spiritismus und in der Psychiatrie von Subjekten als Medien.

4.4. Einen Grund dafür könnte man im Übergang von mündlichen Botschaften zu schriftlichen oder bildlichen Zeichenträgern finden. Denn dadurch wird der Mittler zum bloßen Träger und Überbringer von Dingen – Bild- oder Schriftstücken –, die er in einer

Serie von Tätigkeiten, aber nicht mehr im Austausch, aufgreift, bewahrt, transportiert, abgelegt, ohne sie entsprechend wiederholen und wiederherstellen zu müssen. Man übertrug das dadurch getilgte Gedächtnis des Boten auf diese Stücke, als wären sie es, die zuerst von einem Sender Botschaften durch Einprägungen empfingen, speicherten, trügen, sendeten. Seit Platon (1958b) zirkuliert die Metapher des Stempels und des Wachses, des Eindrucks und Ausdrucks in den philosophischen Diskursen über Gedächtnis und Erinnerung. Zugleich kann nun bezüglich des Trägers, des dienenden Mittels und Sklaven, der Mittler an einen äußeren Anfangs- und Endpunkt rücken. Als Herr vollzieht er den Austausch von Senden-Empfangen. Der Bote wurde also nicht erst durch die Telegraphie, durch eine artifizielle Übertragung ersetzt. Er verstummte bereits durch den Träger von Bild- und Schriftstücken, der ein vorgeschriebenes Programm durchführt. Machte bereits der Bote, der unabhängig von der Bedeutung die Bezeichnung weitergibt, die Erfahrung von der Zweiseitigkeit des Zeichens, wie Saussure (1967) sie verstand; denn notwendigerweise wird der Signifikant in der Bedeutung, die Bezeichnung zu bezeichnen, verstanden. So spaltet sich für den Träger der Signifikant wirklich von Signifikat ab, um irgendein Phänomen zu werden, das zwar als Anzeichen aber nicht selber als bezeichnend aufgefaßt werden kann. Der Träger wird so – im Diskurs Lacans (1986) – zum Inbegriff des unbewußten Subjekts. Daran anschließend werden Foucault (1973), Deleuze und Guattari (1974), Derrida (1976) von einer Dezentierung des Subjekts der Anthropologie und Phänomenologie sprechen. Vom Blickpunkt des Trägers aus erscheinen die Signifikanten analytisch nur als kombinierbare Elemente einer Ordnung, die nichts bezeichnen, aber zu Spielfiguren in einem Feld werden, ob es um Buchstaben oder Worte einer Syntax, um Neutronen eines Gehirns oder um Elektronen eines Computers geht. Man kann, wie Lyotard (1994) im Rückgriff auf Wittgensteins Theorem des Sprachspiels (1971), zugunsten eines Vollzug von Regeln die Möglichkeit bezweifeln, vom Bezeichneten seinerseits einen Referenten außerhalb jeder Bezeichnungsfunktion zu unterscheiden. Doch müßte dann letztlich der Begriff eines intentionalen Gebrauchs von Zeichen preisgeben und der Ausdruck Mittel durch den des Maschinenprogramms ersetzt werden.

5. Das Mittel als Medium

5.1. Man hat, seitdem Kant (1956c) seine erste Einleitung in die Kritik der Urteilskraft verwarf, stets die Schwierigkeit gespürt, welche die Technik dem begrifflichen Denken bereitet. Das Technische der Mittel, und nicht nur der des bildlichen und sprachlichen Ausdrucks, läßt sich zureichend nicht mit der Vorstellung verstehen, kausale Verknüpfungen verliefen gemäß eines teleologisch bestimmten Programms. In welchem Sinne könnte das Gefühl von Lust und Unlust ein solches Maß abgeben? Vor allem aber wird durch die Zweckmäßigkeit allein keineswegs die Wendbarkeit der Mittel, die Verwendung von Schaltungen, die Anwendung bestimmter Objekte verstanden. Denn im Unterschied zur Funktion eines Bestandteils, als Bedingung einer bestimmten Wirkung, ist das Mittel durch seine Disponibilität ausgezeichnet. So wie ein Zweck durch verschiedene Mittel verwirklicht werden kann, so ist ein Mittel für unterschiedlichste Zwecke verwendbar. Was in einem finalen Ablauf bestimmten Zwecken und deren Verkettung instrumentell zugeordnet ist, wird als Mittel erst kenntlich, wenn es umgeschaltet werden kann. Kant (1956c) bemerkte, daß diese Wendbarkeit der Mittel die Technik in einen Gegensatz zur Mechanik, aber auch zum metaphysischen Begriff praktischer Freiheit bringt. Denn es läßt sich weder von ihr aus auf die Möglichkeit der reinen Selbstgesetzgebung schließen, noch kann man auf sie das Postulat lückenloser Wirkungsgefüge anwenden. Die Technik bringt das zurück, was sowohl auf der Ebene der Empirie wie auf der der Moralität ausgeschlossen wurde: die Lücke als Zufall (casus), Kluft (hiatus), Sprung (saltus), Geschick (tyché), Spontaneität, kurz: all das, auf dessen wahrscheinliches Ereignen man nur wetten kann. Kant rückt damit ein Verständnis von Spiel ins Zentrum, worin das Subjekt teils Herr der Regeln, teils nur Figur in einem ihm unbekannten Spiel ist, und worin es, oft ohne zu wissen wie, die Regeln abzuwandeln vermag. In einem solchen Spiel wird der Mittelgebrauch weder durch freie Wahl noch durch lückenlose Motiviertheit verständlich. Und als Spiel ist hier das Medium weder neutral noch parteiisch, sondern Glücksspiel.

5.2. Von den Ansätzen Kants zu einer Technik-Kritik und von Hegels Begriff der Vermittlung her läßt sich der nicht-magische Kern in Mac Luhans These (1968) verstehen, das Medium selbst sei die Botschaft. Die Voraussetzung ist eine Disponibilität verschiedenartiger Medien, denn nur dann kann ihre Verwendung selber als zusätzliche Botschaft zu der von ihnen übertragenen Botschaft interpretiert werden. Dann kann man das Telefon verwenden, um einer persönlichen Begegnung auszuweichen oder um die Eiligkeit einer Angelegenheit zu unterstreichen. Man kann eine briefliche Korrespondenz der mündlichen Unterredung vorziehen, weil sie emotionslosere Überlegungen ermöglicht oder weil man dokumentierbare Beweise wünscht oder weil die längere Transportzeit als Metapher einer dauerhafteren Bindung verstanden werden kann. Man kann sich Tonaufzeichnungen der Stimme zusenden, um ein Gefühl größerer Nähe zu imaginieren oder um die Mitteilungen durch Stimmodulationen anzureichern oder um Erinnerungswerte zu schaffen. Man kann Bildnisse, Fotos, Videoaufzeichnungen austauschen, um die Anschaulichkeit zu vergrößern oder um die Phantasielosigkeit des sprachlichen Ausdrucks zu kompensieren. Die Entschlüsselung solcher Botschaften, die konnotativ in der Verwendung dieses oder jenes Mediums liegt, stößt, wie wir seit Freud (1964) wissen, auf interpretative Schwierigkeiten, nicht nur wegen unüberschaubarer Vieldeutigkeiten sondern auch deshalb, weil sich darin endlos Absichten mit unbewußten Intentionen überschneiden und überlagern können.

5.3. Es ist dieser stets nur parzial beherrschbare Spielcharakter disponibler Medien, der eine Anwendung solcher Mittel erfordert, welche die Sphäre der offenen Verwendbarkeiten sozial derart einschränkt, als wären diese Grenzen unüberschreitbare Bedingungen. In der Tradition Kants (1956b) bestimmt Habermas (1988) die Bildung von Kodes, als vollziehbaren Spielregeln, positiv aus dem Ideal einer Kommunikationsgemeinschaft, Luhmann (1977) dagegen negativ aus der Bestandsnotwendigkeit von Systemen, Komplexitäten zu reduzieren. Die Mittel dieser Strategien stellen in jedem Falle 'Gebrauchsvorschriften', im weiten Sinne, dar, ob die Normen durch Sitten und Konventionen, durch mythischen oder politischen Konsens, durch Gesetzgebung oder Rechtsprechung durchgesetzt werden. Diese Gebrauchsvorschriften, welche auch den Zugang zu, die Verfügung über und die Verwendungsart der öffentlichen Medien bestimmen, sind selber das Indiz für eine kausal nicht beschreibbare Disponibilität der Mittel, die nur durch extreme Einschränkungen einer gewissen Kontrolle unterworfen werden können. Aber darüber hinaus wird die Bildung von Regeln zudem einfach dem Druck militärischer, politischer, ökonomischer Mächte und Konkurrenzen überlassen, für deren Ergebnisse keine normengebende Instanz mehr verantwortlich gemacht wird. Die Verwendung von Briefen, Telegrammen, Zeitungsannoncen oder Telex, von Ton- oder Bildträgern, Tele- oder Videophonen hat hier nichts mehr mit dem Medium als interpretierbarer Botschaft zu tun, sondern mit erzwungenen Bedingungen, als deren Anzeichen sie verstanden werden können. – Darin kann man einen weiteren Grund für das verbreitete Gefühl einer Irrealisierung durch die Medien sehen. Sie liegt in der extremen Diskrepanz zwischen den wachsenden Verwendungsmöglichkeiten und der damit verbundenen wachsenden sozialen Einschränkungen ihrer wirklichen Anwendung. Heideggers These (1962) von der Technik als Seinsgeschick, das sich der Machbarkeit durch Menschen entziehe, die ihrerseits nur als Medien der Technik auffaßbar werden, mag von dieser Erfahrung ihren Ausgang genommen haben.

6. Die Öffentlichkeit als Medium

Es liegt im Interesse auch einzelner Personen, sich Gruppen anzuschließen oder solche zu bilden, um übereinstimmende Wünsche darzustellen oder zu ermitteln, ihre Erfüllung organisatorisch zu betreiben und institutionell abzusichern. Aber das Ganze des sozialen Gefüges steht nicht zur Disposition. An ihm, im Begriff der Souveränität vorgestellt, findet nach Kant (1956d) jede Aufklärung ihre Grenze, weil sie selbst deren transzendentales Prinzip darstellt: das der Öffentlichkeit. Sie hat in Kants Denken zwar noch den Schatten des Absoluten, aber ebenso wird deutlich, daß die Öffentlichkeit jenes Vakuum einnimmt, welches die schwindende Einheit des Mythos hinterläßt. Am Ende wird die romantische Vergöttlichung des Volkes, die im 19. Jh. als Reaktion einsetzt, einem Verständnis von Öffentlichkeit weichen, das Heidegger (1960) im Ausdruck Man, als Jederman und Niemand, zusammengezogen sieht. Dem korrespondiert die Vorstellung von einer amorphen Masse, die auch die Klassengegensätze noch durchquere. Die Bekundungen einer solchen Öffentlichkeit lassen sich jedem und keinem Absender oder Empfänger mehr zuschreiben. Aber mit den bestimmbaren Extremen verlieren deren Vermittlungen den Charakter der Mitte. Die 'Vernetzung' wird zum herrschenden Ausdruck.

Das Begehren nach Massenveranstaltungen folgt, wie Caillois (1950) darlegte, der geselligen und aggressiven Funktion der Feste. Vorübergehend suspendieren sie den psychischen Aufwand, wie er als wechselseitige Anerkennung und deren Unterscheidungsarbeit gefordert wird. Auf den Märkten jedoch tritt dem Einzelnen eine Massenbildung anderer Art entgegen, die unmittelbar durch keine Gruppenwünsche mehr repräsentiert wird. Die Menge dessen, was gesendet wird, ergibt sich nur aus einer Summierung einzelner Wünsche und stellt sich nicht als Wunsch nach einer Kollektivierung und Organisierung von Wünschen dar. Es ist Sache der ökonomischen Interessen von Programmanbietern, solche Summierungen zu ermitteln, sich nach ihnen zu richten und zu versuchen, sie zu beeinflussen. Es entstehen Mehrheiten, von Deleuze und Guattari (1974) Sozius genannt, denen kein Wunsch des Versammelns mehr korrespondiert, die aber minoritäre Wunschmengen marginalisieren oder völlig vom Markt abdrängen. Man, die Öffentlichkeit als verteilte Quanten, findet sich zumeist in der Situation, sich dem Wunschtyp anonymer Mehrheiten anpassen oder auf Wunscherfüllungen verzichten zu müssen. Da jeder sich von irgendwelchen Bereichen ausgeschlossen finden kann, kann auch jeder, wie Horkheimer und Adorno (1947) betonten, sich als Opfer der Anderen fühlen, um deren wegen seine Ansprüche unerfüllt bleiben. Das Ressentiment interpretiert die mehrheitliche Masse so, als ob sie aus einem kollektiven Interesse hervorginge, deren herrschender Geschmack schuld an eigenen erzwungenen Verzichten habe. Diese Massenbildungen sind schwankende Größen. Als Ströme können sie plötzlich umschlagen, die Richtung wechseln, versiegen, überquellen, zusammenbrechen, so daß sich jeder mal als Opfer mal als Gewinner erfahren kann. Das Spiel, von dem Kant (1956c) sprach, begrenzt sich nicht auf die ästhetische Sphäre.

7. Literatur

Adorno, Theodor W., Prismen. München 1963.

Anders, Günther, Die Antiquiertheit des Menschen. München 1956.

Aristoteles, Kategorien und Hermeneutik, De interpretatione I, 16a 3. Paderborn 1972.

–, Texte zur Logik. Hrsg. u. übers. v. A. Trendelenburg. München 1969.

Bahr, Hans-Dieter, Über den Umgang mit Maschinen. Tübingen 1983.

–, Die Sprache des Gastes. Leipzig 1994.

Baudrillard, Jean, Pour une critique de l'économie politique du signe. Paris 1972.

–, Der symbolische Tausch und der Tod. Übers. v. G. Bergfleth u. a. München 1982.

Benjamin, Walter, Das Kunstwerk im Zeitalter seiner technischen Reproduzierbarkeit. Frankfurt a. M. 1963.

Bloch, Ernst, Erbschaft dieser Zeit. Frankfurt a. M. 1963.

Bolz, Norbert, Die Welt als Chaos und Simulation. München 1992.

Callois, Roger, L'homme et le sacré. Paris 1950.

Cassirer, Ernst, Versuch über den Menschen. Frankfurt a. M. 1970.

Deleuze, Gilles, Das Zeit-Bild. Übers. v. K. Englert. Frankfurt a. M. 1991.

Deleuze, Gilles/Félix Guattari, Anti-Ödipus. Frankfurt a. M. 1974.

Derrida, Jacques, Die Stimme und das Phänomen. Übers. v. J. Hörisch. Frankfurt a. M. 1978.

–, Grammatologie. Übers. v. H.-J. Rheinberger u. a., Frankfurt a. M. 1974.

–, Randgänge der Philosophie, Übers. v. D. W. Tuchwiller u. a. Frankfurt a. M. 1976.

Fichte, Johann Gottlieb, Grundlage der gesamten Wissenschaftslehre. In: Werke, Hrsg. v. H. Fichte, Bd. 1. Berlin 1971.

Flusser, Vilém, Im Universum der technischen Bilder. Göttingen 1990.

Foucault, Michel, Archäologie des Wissens. Frankfurt a. M. 1973.

Freud, Sigmund, Die Traumdeutung. Frankfurt a. M. 1964.

Gehlen, Arnold, Die Seele im technischen Zeitalter. Hamburg 1957.

Habermas, Jürgen, Technik und Wissenschaft als 'Ideologie'. Frankfurt a. M. 1968.

–, Theorie des kommunikativen Handelns, 2 Bde. Frankfurt a. M. 1988.

Hegel, Georg Wilhelm Friedrich, Werke, Hrsg. v. E. Moldenhauer/K. M. Michel. Frankfurt a. M. 1970. Bd. 3, Phänomenologie des Geistes, 1970a; Bd. 6, Wissenschaft der Logik, 1970b; Bde. 13–14, Vorlesungen über Ästhetik, 1970c.

Heidegger, Martin, Sein und Zeit. Tübingen 1960.

–, Die Frage nach der Technik. In: Vorträge und Aufsätze. Pfullingen 1954, 24 ff.

–, Die Technik und die Kehre. Pfullingen 1962.

Hörisch, Jochen, Brot und Wein. Frankfurt a. M. 1991.

Horkheimer, Max/Theodor W. Adorno, Dialektik der Aufklärung. Amsterdam 1947.

Husserl, Edmund, Ideen zu einer reinen Phänomenologie und phänomenologischen Forschung. Tübingen 1980.

Kant, Immanuel, Theorie-Werkausgabe, Hrsg. v. W. Weischedel. Wiesbaden 1956. Kritik der reinen Vernunft (1956a); Kritik der praktischen Vernunft (1956b); Kritik der Urteilskraft (1956c); Zum ewigen Frieden (1956d).

Kittler, Friedrich, Aufschreibesysteme 1800–1900. München 1985.

Lacan, Jacques, Encore. Übers. v. N. Haas, u.a. Weinheim/Berlin 1986.

Luhmann, Niclas, Zweckbegriff und Systemrationalität. Frankfurt a. M. 1977.

Lyotard, Jean-François, Das postmoderne Wissen. Übers. v. F. v. Pfersmann. Wien 1994.

Marx, Karl, Das Kapital. In: Marx-Engels Werke, Bd. 23. Berlin 1963.

McLuhan, Marshall, Die magischen Kanäle. Übers. v. M. Amann, Düsseldorf/Wien 1968.

Nietzsche, Friedrich, Der Wille zur Macht. Aus dem Nachlaß 1884–1888. In: Werke, Bd. 9. Leipzig 1922.

Orman Quine, Willard van, Ontologische Relativität. Übers. v. W. Spahn, Stuttgart 1975.

Peirce, Charles, Phänomen und Logik der Zeichen. Übers. v. H. Pape. Frankfurt a. M. 1983.

Platon, Sämtliche Werke. Übers. v. F. Schleiermacher, Hamburg 1958. Phaidros, 274a; Theaitetos, 191a.

Postman, Neil, Wir amüsieren uns zu Tode. Übers. v. R. Kaiser, Frankfurt a. M. 1985.

Sartre, Jean-Paul, Über die Einbildungskraft. In: Die Transzendenz des Ego. Übers. v. A. Christaller. Reinbek 1964.

Saussure, Ferdinand de, Grundfragen der allgemeinen Sprachwissenschaft. Übers. v. H. Lommel. Berlin 1967.

Schelling, Friedrich Wilhelm Joseph, System des transzendentalen Idealismus. Hamburg 1957.

Schopenhauer, Arthur, Über die vierfache Wurzel des Satzes vom zureichenden Grunde. In: Werke, Bd. 1, Hrsg. v. A. Hübscher. Leipzig 1937.

Strawson, Peter F., Einzelding und logisches Subjekt. Übers. v. F. Scholz. Stuttgart 1972.

Tholen, Georg-Christoph, Platzverweis. Unmögliche Zwischenspiele von Mensch und Maschine. In: Computer als Medien. Hrsg. v. Norbert Bolz u.a. München 1994.

Virilio, Paul, Fahren, fahren, fahren. Berlin 1978.

—, Guerre et cinema I, Paris 1984.

Wetzel, Michael, Von der Einbildungskraft zur Nachrichtentechnik. In: Mediendämmerung. Hrsg. v. Peter Klier/Jean-Luc Evard. Berlin 1989, 11 ff.

Wittgenstein, Ludwig, Philosophische Untersuchungen. Frankfurt a. M. 1971.

Hans-Dieter Bahr, Wien (Österreich)

23. Medien-Nachbarwissenschaften II: Semiotik

1. Medienwissenschaft und Semiotik
2. Semiotik
3. Die Semiotik als Medienwissenschaft
4. Themen der Mediensemiotik
5. Zeichen, Medium und die Medien
6. Zeichen, Realität und Hyperrealität
7. Literatur

1. Medienwissenschaft und Semiotik

Die Semiotik und die Medienwissenschaft sind zwei Wissenschaften, die zur fruchtbaren transdisziplinären Zusammenarbeit prädestiniert sind. Als akademische Disziplinen sind beide Wissenschaften benachbarte Fächer. Während sich die Semiotik vor allem aus den Nachbarwissenschaften Sprach-, Literaturwissenschaft und Philosophie zu einer eigenen Disziplin entwickelt hat, liegt der disziplinäre Ursprung der Medienwissenschaft, bei aller Vielfalt ihrer heutigen interdisziplinären Bezüge, eher im Bereich der Sozialwissenschaften, wo zumindest ihre Teilgebiete Publizistik und Zeitungswissenschaft traditionell angesiedelt waren. Während Semiotik und Medienwissenschaft somit unter wissenschaftsorganisatorischen Gesichtspunkten als Nachbarwissenschaften gelten können, ist unter wissenschaftssystematischen Gesichtspunkten die Beziehung zwischen beiden Disziplinen eher diejenige zwischen einer allgemeinen oder übergeordneten Rahmenwissenschaft und einem ihrer Teilgebiete. Die Semiotik ist nämlich die allgemeine Wissenschaft von den Zeichen und den kommunikativen Prozessen des Zeichengebrauchs. Die Medien als Bereich des öffentlichen Zeichengebrauchs gehören somit notwendigerweise zu den Untersuchungsgegenständen der Angewandten Semiotik. Medienforschung ist insofern eines der Teilgebiete der Angewandten Semiotik.

Seit Beginn der Medienwissenschaft war die Semiotik einer der wichtigsten Ansätze auf diesem Gebiet. Medien wie die Photographie, der Film und die Comics oder medienwissenschaftliche Themen wie die Werbung waren von Anfang an wichtige Forschungsgebiete der Angewandten Semiotik (vgl. Nöth 1990). Semiotiker interessieren sich für die Medien einerseits als Forschungsbereich der Angewandten Semiotik, andererseits als Gebiet des Testens, Infragestellens oder sogar des Revidierens der eigenen theoretischen Prämissen. Die Medienwissenschaft ihrerseits hat die Semiotik teils skeptisch, teils mit großen Erwartungen betrachtet. Sie hat in ihr eine Quelle des Wissens über die Grundlagen der Zeichenprozesse in den Medien im allgemeinen und einen besonderen Ansatz zu den Einzelmedien, neben anderen, wie dem soziologischen, dem psychologischen, dem pädagogischen oder dem linguistischen (insbesondere Inhaltsanalyse) gesehen. Zur Semiotik im Vergleich zu und im Kontext von anderen Ansätzen zur Medienforschung siehe insbesondere Berger (1982), Wollacott (1982), Allen (1987) und Iglis (1990).

2. Semiotik

Die Semiotik ist die Wissenschaft von den Zeichen, den Zeichensystemen und den Prozessen der Zeichenverarbeitung (Semiose) in Natur und Kultur. Die Theorie der Zeichen hat eine Geschichte, die in der Antike beginnt, sich in der Scholastik fortsetzt, im Zeitalter des Rationalismus und der Aufklärung ihren heutigen Namen findet und vor allem aus der Philosophie von Charles Sanders Peirce (1839–1914) sowie in der allgemeinen Sprachwissenschaft von Ferdinand de Saussure (1857–1913) Grundlagen für die heutige Semiotik bezieht (vgl. Nöth 1990). Die Semiotik ist sowohl eine theoretische als auch eine angewandte Wissenschaft. Als theoretische Disziplin erforscht sie die Natur der Zeichen, ihre Typologie, die Genese und Struktur von Zeichensystemen, die Struktur von Texten sprachlicher oder nichtsprachlicher Art sowie die Prozesse der Kognition und Kommunikation. Als angewandte Wissenschaft hat die Semiotik Berührungspunkte mit allen Wissenschaften, in denen Zeichenprozesse zu untersuchen sind. So gibt es u. a. eine Biosemiotik, eine Zoosemiotik, eine medizinische Semiotik, eine Sozio- und Psychosemiotik, eine allgemeine und evolutionäre Kultursemiotik (vgl. Nöth 1994), eine semiotische Ästhetik mit einer Semiotik der Malerei, Architektur oder Musik und eine Sprach- und Textsemiotik, die die Strukturen der alltäglichen, poetischen, narrativen oder ideologischen Strukturen in Texten aller Art untersucht. Die Erweiterung der semiotischen Textanalyse von sprachlichen zu nichtsprachlichen visuellen und auditiven Texten (im weiteren Sinn) in Bildern, Filmen, im Fernsehen oder auf dem Computerbildschirm führt zur eigentlichen Semiotik der Medien.

3. Die Semiotik als Medienwissenschaft

Die neuere Angewandte Semiotik seit den 1960er Jahren kann in gewisser Weise als eine Medienwissenschaft *par excellence* angesehen werden. Die Etablierung dieser Semiotik und z. T. auch ihre Popularisierung hat nämlich ihren Ursprung in der Ära des semiologischen Strukturalismus dieser Zeit, als Linguisten und Literaturwissenschaftler begannen, über den klassischen Kanon von Sprache und Literatur hinaus ihren Analysehorizont auf den weiteren audiovisuellen Kontext von Sprache und Texten auszudehnen und Medien wie Bild, Photographie, Comics, Film und Fernsehen oder medienbezogene Themen wie Werbung oder ideologischer Diskurs in der Presse zum Gegenstand ihrer Forschung machten (vgl. Nöth 1990). Beispielhaft für diese Tradition der Medienanalyse vor einem literaturwissenschaftlich-linguistischen Hintergrund sind etwa die Arbeiten von Roland Barthes (1915–1980) über die 'Mythen des Alltags' oder die Modejournale seiner Zeit (Barthes 1957; 1964; 1967), die Untersuchungen Umberto Ecos (1964; 1968) zur Werbung oder zu den Comics, die frühe Filmsemiotik von Christian Metz (1971; 1972), die Untersuchungen zu Massenmedien wie Photoroman, Reklame oder Film von W. A. Koch (1971) und die höchst einflußreichen Studien von A. J. Greimas' Pariser Schule der Semiotik zu Bildern oder zur Werbung (z. B. Floch 1985; 1990).

Die Semiotik bietet keineswegs einen einheitlichen Ansatz zur medienwissenschaftlichen Forschung. Vielmehr gibt es eine Vielfalt von Modellen und Ansätzen unterschiedlicher Richtungen und Schulen der Semiotik in der Medienwissenschaft. Zum einen gibt es Ansätze, die in der Saussureschen Semiologie mit ihrer Erweiterung in der Hjelmslevschen und neohjelmslevschen Semiotik verwurzelt sind: R. Barthes, U. Eco und die Schule von Greimas stehen in dieser Tradition. Ein anderer linguosemiotischer Ansatz beruht auf Hallidays Soziosemiotik und auf der australischen Kritischen Linguistik (Hodge/Tripp 1986; Hodge/Kress 1988). Weitere Forschungsrichtungen basieren auf der semiotischen Narrativitätstheorie (Everaert-Desmedt 1981; Berger 1982, 24–29; Eco 1984; Kloepfer/Möller 1986) sowie auf der semiotischen Theorie der Kodes (Eco 1968; 1980). Ein gemeinsamer Nenner der semiotischen Medienforschung ist der Versuch, den Untersuchungshorizont von einem auf Sprache zentrierten Ansatz zu einem Ansatz zu erweitern, der auch den nonverbalen, visuellen und kulturellen Zusammenhang der Medienbotschaften aufnimmt und bis zu einer allgemeinen Soziosemiotik der Medien (Koch 1971) oder einer semiotischen Theorie der multimedialen Kommunikation reicht (Bentele 1981; Hess-Lüttich 1982; Bentele/Hess-Lüttich 1985; Schröder 1993).

Parallel zu diesen Ansätzen entwickelte sich die an der Zeichentheorie von Peirce orientierte Mediensemiotik, die in Deutschland zuerst durch Max Bense vermittelt wurde. Was heute viele Medienanalytiker besonders an Peirce inspiriert, ist seine Theorie der ikonischen, indexikalischen und symbolischen Zeichen, die in ihrer Allgemeinheit eine differenzierte Analyse der Zeichen im medialen Kontext erlaubt. Zwei weitere Elemente der Peirceschen Semiotik von besonderem Interesse für die Medienwissenschaft sind die These vom medialen Charakter des Zeichens, das als Vermittlungsinstanz zwischen dem Interpretanten und seiner Erfahrungswelt fungiert, sowie die These von der Semiose als einem unendlichen Prozeß. Eine weitere Richtung der Semiotik, die in der Medienforschung von den Vereinigten Staaten (vgl. Biocca 1990, 479) bis Italien und Deutschland Anwendung fand, ist die pragmatische Zeichen- und Diskurstheorie von Charles Morris (vgl. z. B. Klaus 1972). Neben diesen und anderen explizit semiotischen Ansätzen zur Medienwissenschaft gibt es auch verschiedene implizit semiotische Ansätze (vgl. Blonsky 1985), vor allem im sogenannten Post- bzw. Neostrukturalismus, z. B. Baudrillards superstrukturalistische und zugleich apokalyptische Vision der Medien, die insofern semiotisch ist, als ihr zentrales Thema der Verlust der Referenz im Labyrinth der Zeichensysteme der Medien unserer Zeit ist (vgl. Genosko 1994). In der Entwicklung von ihrem Hintergrund in der Linguistik und der allgemeinen Zeichentheorie zu einer weiterreichenden Medientheorie bezieht sich die Mediensemiotik heute auch auf viele andere Theorien, von der Informations- bzw. Kommunikationstheorie bis hin zu transdisziplinären Modellen wie die Theorien der Fraktale, des Chaos, der Katastrophe oder sogar die Theorie der dissipativen Strukturen, um die Komplexitäten und Instabilitäten der Botschaften in den postmodernen Medien zu erklären (Calabrese 1992).

Neben der Angewandten Semiotik in den Einzelmedien ist die Allgemeine Semiotik als Wissenschaft von den Zeichen, den Zeichenprozessen und der Verbreitung und Wirkung von Zeichen eine Grundlagenwissenschaft der Medienwissenschaft. Themen wie Kognition und Emotion im Prozeß der Medienproduktion und -rezeption sowie deren evolutionäre Wurzeln stehen unter semiotischen Vorzeichen.

4. Themen der Mediensemiotik

Gibt es angesichts der Divergenz der semiotischen Schulen und der Vielzahl der mediensemiotisch untersuchten Themen noch einen gemeinsamen Nenner, welcher die semiotischen gegenüber den nichtsemiotischen Ansätzen in der Medienwissenschaft kennzeichnet? Als allgemeine Wissenschaft von den Zeichen ist die Semiotik eine Grundlagenwissenschaft der Medienforschung. Sie erforscht sowohl die Zeichensysteme in den Medien als auch die einzelnen Medien als Zeichensysteme sui generis. Ihre Themen sind die Strukturen und Bedeutungen der Zeichen in den Medien, die Prozesse ihrer Verbreitung, ihre Wirkung auf die Öffentlichkeit und einzelne Rezipienten im gesellschaftlichen Kontext. Der Gegenstand der Mediensemiotik umfaßt Themen wie Kommunikation, Kognition und Emotion, Mediensemiose und 'Realität', Referenz und Selbstreferentialität, Wahrheit, Mythos und Ideologie, Information, 'Objektivität' (Imbert 1989) oder Manipulation (Bernard 1995) und schließlich auch die evolutionsgeschichtlichen Wurzeln der Zeichenproduktion und -rezeption in den Medien (Koch 1989).

Als die Semiotik damit begann, ihren Analysehorizont von der verbalen Kommunikation auf das größere Gebiet der Zeichen in den Medien zu erweitern, folgte sie zunächst dem Programm Ferdinand de Saussures (1916), wonach die Prinzipien der strukturalen Linguistik Leitlinie zur Erforschung nichtverbaler Zeichensysteme sein sollten. Während die Anwendung linguistischer Methoden in einem zeichentheoretisch bisher noch nicht erforschten Bereich zunächst vielversprechend zu sein schienen, wurden die Grenzen einer solchen Linguosemiotik bald offenbar: Die Semiotik der Medien begann unter einem gewissen Logo- oder Linguozentrismus zu leiden. Die Kritik an der ersten linguistisch-strukturalistische Phase der Mediensemiotik mündete bald in eine Phase der Selbstkritik. Nachdem R. Barthes, z. B. mit seinem 'System der Mode' (1967), einen der linguistischsten und strukturalistischsten Ansätze in der Mediensemiotik vorgelegt hatte, distanzierte er sich bald selbst von seinen eigenen Methoden aus dieser Zeit und beschrieb sie rückblickend als einen 'euphorischen Traum der Wissenschaftlichkeit' (Barthes 1971, 97).

Das Ende der linguozentrischen und strukturalistischen Phase der Medienwissenschaft bedeutete jedoch nicht das Ende der Mediensemiotik. Neue Paradigmen der Allgemeinen Semiotik, welche die audiovisuellen Zeichen in den Medien nicht mehr als bloße Ableitungen von Sprachzeichen betrachten, haben zu neuen pluralistischen Ansätzen in der Mediensemiotik geführt.

Die Relevanz der Semiotik für die Medienwissenschaft scheint heute international unterschiedlich eingeschätzt zu werden. Während in Ländern wie Italien (besonders unter dem Einfluß von Umberto Eco), Frankreich, Spanien oder etwa Brasilien Medienwissenschaft und Mediensemiotik geradezu Synonyme zu sein scheinen, wird anderenorts der Stellenwert der Semiotik für die Medienwissenschaft (etwa in der Konzeption des vorliegenden Handbuchs) als weniger zentral angesehen. Zur Entwicklung und zum Forschungsstand der Mediensemiotik siehe auch Moragas Spa (1980), Robinson/Straw (1984), Biocca (1990) und Hess-Lüttich (1990). Zur Mediensemiotik in Deutschland siehe besonders Bentele (1981) und Bentele/Hess-Lüttich (1985).

Der internationale Forschungsstand der Mediensemiotik in den 1990er Jahren ist umfassend in der Dokumentation des Kongresses 'Semiotics of the Media' (Kassel 1995) dargestellt (Nöth 1997). Die ca. 180 Referate dieses Kongresses lassen die folgenden Schwerpunkte und Forschungsfelder der aktuellen Mediensemiotik erkennen:

(1) zeichen- und kommunikationstheoretische Grundlagen der Medien,
(2) Bild, Photographie und graphische Semiotik,
(3) Film, schauspielerische Darstellung und filmische Intermedialität,
(4) Rundfunk, Fernsehen und Video,
(5) Computer, elektronische Netzwerke und Hypertextualität,
(6) Zeit, Erinnerung und Semiotik des Museums,
(7) Ästhetik der Medien sowie
(8) soziosemiotische Themen und Mythen des Alltags und der Politik in den Medien.

5. Zeichen, Medium und die Medien

Der Expansion der Mediengalaxis im 20. Jh. folgte bald eine entsprechende Expansion der semiotischen Medienwissenschaft. Der Filmsemiotiker Christian Metz (1971, 19) erklärte diese methodologische Expansion gar für ein notwendiges Prinzip des semiotischen Ansatzes zu den Medienwissenschaften, als er postulierte: „Naturgemäß muß das semiotische Unternehmen expandieren oder verschwinden" (Buckland 1995, 19).

Kaum ein Gegenstand medienwissenschaftlicher Analyse scheint somit der mediensemiotischen Perspektive fernzuliegen. Der hiermit verbundene Universalitätsanspruch der Mediensemiotik ist als Leitlinie bereits in Charles Sanders Peirce' allgemeiner Semiotik enthalten. Ein halbes Jahrhundert, ehe die Medien mit Marshall McLuhan zum expliziten Thema der kulturwissenschaftlichen Reflexion und Diskussion wurden, schrieb Peirce 1906: „All my notions are too narrow. Instead of 'Signs', ought I not say *Medium*" (vgl. Parmentier 1994, 23). Peirce' Diktum erinnert uns daran, daß die Untersuchung der Zeichen ebenso wie die der Medien die Untersuchung der Vermittlungsprozesse ist zwischen der Welt, in der wir leben, und unserer Kognition, in der sie reflektiert oder vielleicht konstruiert wird. Zeichen sind Vermittlungsinstanzen (Medien) zwischen der sogenannten Realität, die nach Peirce ihrerseits immer eine bereits durch frühere Semioseprozesse vermittelte Realität ist, und unserer Interpretation dieser Realität durch eben diese Vermittlung der Zeichen.

Wenn aber die Medien ebenso wie bereits die Zeichen allgemein niemals eine gänzlich unvermittelte Realität reflektieren, sondern immer eine bereits semiotisch vermittelte Realität als ihren Bezugspunkt haben, kann die Semiotik der Medien nicht länger ihre Schlüsselrolle darin sehen, die Mythen der Medien zu entmythologisieren oder ihre Ideologien zu entideologisieren, wie es die Mediensemiotiker der 1960er Jahre für wichtig hielten. Mythen und Ideologien sind zwar in der Tat Semiotisierungen von Zeichensystemen, und die Medien sind die Vehikel zur Verbreitung derartiger sekundärer Zeichensysteme, aber diese Semiotisierungen operieren nicht auf der Basis einer 'natürlichen' und noch 'nichtsemiotischen' Welt der Realität, die ihre sekundären Bedeutungen erst im Prozeß der Repräsentation in den Medien erhält. Da die in den Medien repräsentierte Welt immer eine bereits vor den Medien semiotisierte Welt ist, darf die Mediensemiotik die Semiotisierungen in den Medien nicht als einen nur medienspezifischen Prozeß ansehen, sondern sie muß diese als nur eine von vielen Stufen im unendlichen Verlauf jener Vermittlungsprozesse begreifen, die Peirce als Semiose beschrieb.

Bemerkenswerterweise ist eine solche Peircesche Perspektive der Medienanalyse, nach der diese sich nicht auf die Suche nach bloß zwei Bedeutungsebenen der Botschaften beschränken kann, unabhängig von Peirce auch von Roland Barthes entwickelt worden. Barthes war einer jener Semiotiker, die in den 1960er Jahren an eine Mediensemiotik glaubten, deren Aufgabe es sei, sekundäre Bedeutungen der Medienbotschaften als Konnotationen zu entdecken, die einer primären, denotativen Bedeutungsebene hinzugefügt sind. Diese Auffassung hat er später aufgegeben, als er zu dem Schluß gelangte, daß eine primäre oder denotative Bedeutungsebene, die die eigentliche 'Natur' der Dinge oder ihre 'Realität' widerspiegelt, nie der Ausgangspunkt der semiotischen Analyse einer Botschaft sein kann. Für Barthes (1970, 9) beginnt eine solche Analyse immer mit der Einsicht in eine Pluralität von (konnotativen) Bedeutungen, so daß eine semiotische Untersuchung allenfalls erst nach einer langen Kette von Bedeutungsbestimmungen zu einer Interpretation gelangen kann, die vielleicht als Denotation der Botschaft bezeichnet werden könnte. Nach Barthes entspricht die denotative Ebene einer Botschaft somit nicht einer primären, sondern allenfalls einer letzten, nach einem langen Interpretationsprozeß erreichbaren Bedeutungsebene. In dieser Idee Barthes' einer möglichen Finalität des Bedeutungsprozesses liegt eine weitere Parallele zu Peirce, der einen solchen Gedanken in seiner Theorie des 'finalen Interpretanten' formuliert hat.

6. Zeichen, Realität und Hyperrealität

Die Auflösung der Realität in den künstlichen Welten der Hyperrealität, die Einsicht, daß die Realität in den Medien bloße Simulation oder Illusion sein mag (vgl. Müller/Sottong 1994), ist eines der aktuellsten Themen der Medienwissenschaft. Welches ist die Antwort der Semiotik auf die Frage nach der Realität hinter den Medien angesichts dieses gegenwärtigen Höhepunktes in der Krise der Repräsentation?

Sowohl die Semiotik in der Tradition Saussures als auch diejenige nach Peirce hat die semiotische und damit die mentale Natur der referentiellen Dimension des Zeichens und somit der zeichenhaft vermittelten 'Realität' betont. Wie Eco (1968) es im Rahmen des strukturalistischen Paradigmas der Semiotik formulierte, ist das Referenzobjekt des Zeichens (und somit seine 'Realität') letztlich eine 'abwesende Struktur'. Saussure (1916) lehnte es sogar völlig ab, das Thema der Referenz des Zeichens in der Welt in Erwägung zu ziehen. Für ihn ist die Welt eine 'amorphe' und unbestimmte Masse, bevor sie durch Zeichen ihre Struktur erhält. Er spricht von einem vagen Nebel: Ideen können nicht existieren, ehe die menschliche Kognition mittels Zeichen Differenzen schafft.

Peirce' Antwort auf die Frage nach der Realität der Zeichen ist differenzierter. Er begreift das Referenzobjekt als eines der drei Korrelate des Zeichens neben dem Zeichenträger (Repräsentamen) und seiner Bedeutung (dem Interpretanten) für den Interpreter. Danach ist das Objekt jedoch keineswegs ein naiver Ausschnitt aus einer gegebenen 'Realität'. Peirce unterscheidet zwei Arten des Objektes, das unmittelbare und das mittelbare Objekt (vgl. Santaella Braga 1988). Das unmittelbare Objekt ist eine Art von mentaler Repräsentation eines Objektes, das in der „Realität" existieren kann oder nicht. Nur das mittelbare, dynamische (oder auch reale) Objekt ist jenseits des Zeichens angesiedelt, aber in einer Realität, die nur mittels eines Semioseprozesses erfahren werden kann. Das

Objekt selbst, so folgert Peirce, ist vielleicht sogar 'völlig fiktiv'.

Mit einer solchen Skepsis gegen die naive Annahme einer Realität hinter den Zeichen gibt die Semiotik ihre Antwort auf die Frage nach der Realität hinter den Medien im Zeitalter der Hypermedien. Wenn die Medien sich nicht mehr auf eine Realität hinter den Zeichen beziehen können, sondern immer nur auf andere Zeichen, handeln die Botschaften der Medien gar nicht von einer Welt der referentiellen Bezugsobjekte. Statt mit Referenz sind wir letztlich mit Selbstreferenz konfrontiert (vgl. Marcus 1997). Marshall McLuhans noch vage These der 1960er Jahre von Medium, das seine eigene Botschaft ist, findet in diesen semiotischen Gedankengängen ihre tiefere Begründung.

7. Literatur

Allen, Robert C., Channels of discourse reassembled: Television and contemporary criticism. Chapel Hill 1987.

Barthes, Roland, Mythologies [Übers. v. A. Lavers, Mythologies. London 1987]. Paris 1957.

–, Eléments de sémiologie [Elemente der Semiologie 1967]. Paris 1964.

–, Système de la mode. Paris 1967.

–, S/Z [Übers. v. R. Miller, S/Z. London 1974]. Paris 1970.

–, Réponses. In: Tel Quel 47, 1971, 89–107.

Bentele, Günter (Hrsg.), Semiotik und Massenmedien. München 1981.

Bentele, Günter/Ernest W. B. Hess-Lüttich (Hrsg.), Zeichengebrauch in Massenmedien. Tübingen 1985.

Berger, Arthur A., Media analysis techniques. Beverly Hills 1982.

Bernard, Jeff (Hrsg.), Zeichen/Manipulation. Wien 1995.

Biocca, Frank, Semiotics and mass communication research. In: The Semiotic web 1989. Hrsg. v. Thomas A. Sebeok/Jean Umiker-Sebeok. Berlin 1990, 471–529.

Blonsky, Marshall, On signs. Baltimore 1985.

Buckland, Warren, Preface. In: The film spectator: From sign to mind. Hrsg. v. W. Buckland. Amsterdam 1995, 18–26.

Calabrese, Omar, Neo-baroque: A sign of the time. Princeton 1992.

Eco, Umberto, Apocalittici e integrati. Milano 1964.

–, La struttura assente [Übers.: Einführung in die Semiotik. München 1972]. Milano 1968.

–, Towards a semiotic inquiry into the television message. In: Communication Studies. Hrsg. v. J. Corner/J. Hawthorn. London 1980, 131–49.

–, The role of the reader. Blomington 1984.

–, Apocalypse postponed. Bloomington 1994.

Everaert-Desmedt, Nicole, Semiotique du récit. Louvain-la-Neuve 1981.

Floch, Jean-Marie, Petites mythologies de l'œil et de l'esprit. Paris/Amsterdam 1985.

–, Sémiotique, marketing et communication. Paris 1990.

Genosko, Gary, Baudrillard and signs. London 1994.

Hess-Lüttich, Ernest W. B., Mass media and semiotics. In: Semiotics in the individual sciences. Hrsg. v. Walter A. Koch. Bochum 1990, 455–85.

– (Hrsg.), Multimedial communication. Tübingen 1982.

Hodge, Bob/David Tripp, Children and television: A semiotic approach. Cambridge 1986.

Hodge, Robert/Gunther Kress, Social semiotics. Cambridge 1988.

Iglis, Fred, Media theory. Oxford 1990.

Imbert, Patrick, L'objectivité de la presse. La Salle, Québec 1989.

Klaus, Georg, Die Macht des Wortes. Berlin 1972.

Kloepfer, Rolf/Karl-Dietmar Möller (Hrsg.), Narrativität in den Medien. Münster 1986.

Koch, Walter A., Varia semiotica. Hildesheim 1971.

–, The well of tears: A biosemiotic essay on the roots of horror, comic, and pathos. Bochum 1989.

Marcus, Solomon, Media and self-reference: The forgotten initial state. In: Semiotics of the media. Hrsg. v. Winfried Nöth. Berlin 1997.

Metz, Christian, Langage et cinéma [Übers. v. D. Jean Umiker-Sebeok, Language and cinema. The Hague 1974]. Paris 1971.

–, Essais sur la signification au cinéma II. Paris 1972.

Moragas Spa, Miguel de, Semiótica y comunicación de masas. Barcelona 1980.

Müller, Michael/Hermann Sottong, Der symbolische Rausch und der Kode. Tübingen 1993.

Nöth, Winfried, Handbook of semiotics. Bloomington 1990.

– (Hrsg.), Origins of semiosis. Berlin 1994.

– (Hrsg.), Semiotics of the media. Berlin 1997.

Parmentier, Richard J., Signs in society. Bloomington 1994.

Peirce, Charles S., Collected papers. Bde. 1–6: Hrsg. v. Charles Hartshorne/Paul Weiss. Bde. 7–8: Hrsg. v. Arthur W. Burks. Cambridge, Mass. 1931–58.

Robinson, Getrude J./William O. Straw, Semiotics and communication studies: Points of contact. In: Progress in communication sciences. Hrsg. v. Brenda Dervin/Melvin Voight, 4. Aufl. Norwood 1984, 91–115.

Santaella Braga, Lucia, Charles S. Peirce's object (of the sign). In: Versus 49, 1988, 53–58.

Saussure, Ferdinand de, Cours de linguistique générale. Hrsg. v. Charles Bally/Albert Sechehaye. Paris 1916.

Schröder, Hartmut, Semiotische Aspekte multimedialer Texte. In: Fachtextpragmatik. Hrsg. v. H. Schröder. Tübingen 1993, 189–213.

Woollacott, Janet, Messages and meanings. In: Culture, society and the media. Hrsg. v. Michael Gurevitch et al. London 1982, 91–111.

Winfried Nöth, Kassel (Deutschland)

24. Medien-Nachbarwissenschaften III: Linguistik

1. Sprache versus Sprachgebrauch
2. Von der Sprache zur Kommunikation
3. Grundstrukturen der Kommunikation
4. Anwendungsorientierte Forschungsfelder der Sprachwissenschaft
5. Literatur

1. Sprache versus Sprachgebrauch

Die Sprachwissenschaft als eine Nachbardisziplin der Medienwissenschaft zu betrachten, liegt auf der einen Seite nahe. Seit Beginn der Geschichte der Massenmedien, also seit der Entstehung der ersten Wochenzeitungen zu Beginn des 17. Jhs., finden sich regelmäßig Äußerungen, die sich mit der Sprache dieser Medien befassen, vorrangig unter dem Aspekt der Verständlichkeit der Sprachkritik und der Sprachpflege. Grundlage dieses Interesses ist einerseits die Einsicht, daß sprachliche Ausdrücke neben den verschiedenen Formen von Abbildungen die elementaren Mittel der Medienkommunikation darstellen, und andererseits das Problembewußtsein, daß die Zeitungs- oder Mediensprache entscheidenden Einfluß auf die Sprachentwicklung einer Gesellschaft hat. Aus der Geschichte der Sprachwissenschaft heraus betrachtet, ist ihre Beziehung zur Medienwissenschaft allerdings alles andere als selbstverständlich. Mediensprache ist per definitionem medial verwendete Sprache, geschrieben oder gesprochen, von handelnden Kommunikationsteilnehmern mit jeweils spezifischen Kommunikationsabsichten und unter spezifischen Kommunikationsbedingungen. Die *Sprachverwendung* in der menschlichen Kommunikation galt jedoch seit de Saussures Begründung der modernen Sprachwissenschaft zu Beginn des Jahrhunderts als nicht theorierelevant und damit als wissenschaftlich unattraktiv. „Die Sprache (*langue*), vom Sprechen (*parole*) unterschieden, ist ein Objekt, das man gesondert erforschen kann. [...] Die Wissenschaft von der Sprache kann nicht nur der Elemente der menschlichen Rede entraten, sondern sie ist überhaupt nur möglich, wenn diese anderen Elemente nicht damit verquickt werden" (de Saussure 1967, 17). Als Konsequenz schließt de Saussure alle diejenigen Aspekte aus der Sprachwissenschaft aus, die den sozialen, kommunikativen Gesichtspunkt der Sprache ausmachen, beispielsweise „die Beziehungen zwischen der Geschichte einer Sprache und der Geschichte einer Kultur", „die Beziehung zwischen der Sprache und der politischen Geschichte", oder „die Beziehungen der Sprache zu Einrichtungen aller Art, Kirchen, Schulen usw." (de Saussure 1967, 24 f.). Noch rund 90 Jahre nach de Saussures berühmt gewordener Genfer Vorlesung gehört der Separatismus zwischen Sprache und Sprachverwendung zu den programmatischen Essentials einer systemorientierten Linguistik. Ihr bekanntester Protagonist, Noam Chomsky, vertritt die Auffassung, daß „es für normalen, kreativen Sprachgebrauch oder für andere regelgeleitete und frei ausgeführte Handlungen keinen erfolgversprechenden Erklärungsansatz gibt" (Chomsky 1981, 233). Im Gegensatz dazu könne man bei der Erforschung der Grammatik „Lösungen mit einer gewissen Hoffnung entgegensehen". Strategisches Mittel für eine solche Lösung ist die Annahme eines „*idealen Sprecher-Hörers*" bei dem gewissermaßen die Kompetenz, seine mentalen Fähigkeiten, und seine Performanz, die Anwendung dieser Fähigkeiten, zusammenfallen, da er keinen persönlichen, sozialen und situativen Einschränkungen unterworfen sein soll. „Beobachtungen des Sprachgebrauchs [...] können wohl Evidenzen für die Beschaffenheit dieser mentalen Realität beibringen, sie können aber sicherlich nicht den tatsächlichen Gegenstand der Linguistik ausmachen, wenn diese eine ernsthafte Disziplin sein soll" (Chomsky 1972, 14). Konsequenterweise zielten die generative Grammatik und ihre Nachfolgemodelle auf die Analyse einer Universalsprache, jenseits aller einzelsprachlichen Besonderheiten. Nicht als Sozialwissenschaft sollte die Sprachwissenschaft verstanden werden, sondern als Kognitionswissenschaft, die die Sprache im biologischen Sinne eines Organs zu untersuchen haben (Stechow/Sternefeld 1988, 11–15).

Das Bestreben der Sprachwissenschaft, im Sinne Chomskys eine „ernsthafte Disziplin" nach naturwissenschaftlichem Vorbild zu werden und dabei auf eine Beschäftigung mit der sprachlichen Praxis zu verzichten, hat sich in verschiedener Hinsicht hemmend ausgewirkt: erstens blieb die Grammatik, also die Beschäftigung mit formalen Eigenschaften der Sprache, lange Zeit das Zentrum der sprachwissenschaftlichen Forschung (Grewendorf/Hamm/Sternefeld 1987, 24). Diese Fokussierung führte zweitens zu einer Beschränkung der Analyse auf isolierte sprachliche Ausdrucksformen, losgelöst aus jedem Verwendungskontext. Und drittens wanderte eine ganze Reihe sprachlicher Phänomene, beispielsweise alle diejenigen, die der Konstituierung komplexer Text- und Gesprächszusammenhänge dienen, in den sprachwissenschaftlichen Abfalleimer oder wurde anderen Forschungsdisziplinen überlassen. Daß eine Sprachwissenschaft in diesem Sinne kaum nachbarschaftliche Beziehungen zur Medienwissenschaft eingehen kann, liegt auf der Hand.

Parallel zur Betrachtungsweise der Sprache als System oder als Organ gibt es jedoch auch eine – lange Zeit verschüttete – Tradition in der Sprachwissenschaft, die gerade den Sprachgebrauch als Ausgangspunkt einer Sprachtheorie bestimmt. So gründet Hermann Paul, der Sprachhistoriker und -theoretiker, seine „Prinzipien der Sprachgeschichte" bereits zum Ende des 19. Jhs. auf eine radikal sprachempirische Annahme: „Das wahre Objekt für den Sprachforscher sind sämtliche Äußerungen der Sprechtätigkeit an sämtlichen Individuen in ihrer Wechselwirkung aufeinander" (Paul 1975 (1880), 24). Fast gleichzeitig mit Paul äußert Moritz Lazarus die Hoffnung, daß eine „Naturlehre des Gesprächs als Teil der Psychologie und der Psychophysik künftig einmal entstehen wird", weil er in Gesprächsverläufen „Gesetzmäßigkeiten" sah, „vermöge deren die Gespräche einen bestimmten Verlauf nehmen" (Lazarus 1986 (1879) 19/20). In Karl Bühlers Organonmodell des sprachlichen Zeichens, mit den drei Grundfunktionen der Sprache *Ausdruck*, *Appell* und *Darstellung* wird dezidiert die Verwendung der Sprache als Werkzeug für das „konkrete Sprechereignis" zum theoretischen Ausgangspunkt gemacht. Jedes sprachliche Zeichen ist gleichzeitig „Gegenstandszeichen", also Darstellung eines Gegenstandes, „hat einen Ausdruckswert und spricht den Empfänger bald so, bald anders an, es hat Appellwert" (Bühler 1983 (1934), 35). Ähnlich Bühlers Unterscheidung der drei Sinnfunktionen der Sprache, Darstellung, Ausdruck, Appell, setzt auch die *Semiotik* von Charles Morris an den unterscheidbaren Aspekten jeder Art von Zeichen an. Innerhalb seiner Zeichenlehre (Semiotik) unterschied Morris drei getrennte Forschungszweige, die sich mit jeweils spezifischen Aspekten eines Zeichens befassen sollten: der *Syntax*, für die Untersuchung der „formalen Beziehungen der Zeichen untereinander", der *Semantik*, für die Erforschung der „Beziehung der Zeichen zu den Gegenständen, auf die die Zeichen anwendbar sind" und der *Pragmatik*, für die Erforschung der „Beziehung von Zeichen zu den Interpretanten" (Morris 1972, 20). Die Pragmatik, so Morris, solle sich mit „all den psychologischen, biologischen und soziologischen Phänomenen (befassen), die beim Funktionieren von Zeichen vorkommen" (Morris 1972, 110).

Mit den Zeichentheorien von Bühler und Morris war der Gebrauch der Sprache in der Kommunikation als theoriefähiger Gegenstand etabliert. Allerdings hat die Rezeption, vor allem der semiotischen Drei-Felder-Lehre, den Separatismus zwischen den verschiedenen Teildisziplinen eher verstärkt und die theoretische Marginalisierung des Sprachgebrauchs fortgeschrieben. In der kognitiven Linguistik wurde die Einteilung in Syntax, Phonologie, Semantik und Pragmatik sogar zur mentalen Realität hypostatiert: man setzte die Forschungsfelder mit kognitiven Modulen gleich, die autonom arbeiten und im Zusammenwirken die sprachliche Kompetenz eines Menschen konstituieren sollen (Fodor 1983; Fanselow/Felix 1987, 65–100). Die Abgrenzung zwischen den Teilbereichen oder Teilsystemen blieb jedoch ebenso umstritten, wie die Zuschreibung jeweils spezifischer Aufgaben oder Leistungen. Erst seit Beginn der 70er Jahre sind in der Sprachwissenschaft Tendenzen erkennbar, den Separatismus der verschiedenen Forschungsfelder in eine *integrative* Sprachtheorie zu überführen. Motiviert wird diese Entwicklung durch die Einsicht, daß grammatikalische, morphologische, phonologische und semantische Aspekte sprachlicher Ausdrücke, so eng mit Kommunikationsstrukturen verflochten sind, daß eine strikte Trennung der Arbeitsbereiche schwierig ist, ja daß sie sogar Analysefortschritte eher behindert. Integrative Theorien, die unter dem Stichwort Pragmatik (Pragmatics) zusammengefaßt werden können, markieren in der Entwicklung der Sprachwissenschaft einen Paradigmenwechsel, die sogenannte *pragmatische Wende*: der Gebrauch der Sprache in der Kommunikation wird nicht mehr ausgegrenzt sondern zum eigentlichen Gegenstand der Sprachwissenschaft erklärt. Die Kommunikation gilt als Schlüssel zur Erforschung des Sprachsystems: „Pragmatics is the study of those relations between language and context that are grammaticalized, or encoded in the structure of a language" (Levinson 1983, 9; Ellis 1992). Pragmatik in diesem Sinne ist nicht mehr eine linguistische Teildisziplin neben anderen, sondern eine spezifische Perspektive auf die Sprache und ihre syntaktischen, semantischen, phonetischen, textlichen und diskursiven Aspekte (vgl. Verschueren 1995, 10−13; Blum-Kulka 1998).

Erst durch diese 'pragmatische Wende' und die damit verbundenen integrativen Theorieansätze, die Sprache und Sprachverwendung in einem Zusammenhang sehen, sind in der Sprachwissenschaft die Potentiale entstanden, die sie zu einer Nachbardisziplin der Medienwissenschaft machen. Durch die Hinwendung zum Sprachgebrauch haben sich innerhalb der Sprachwissenschaft Teildisziplinen entwickelt wie die Verständlichkeitsforschung, die Stilistik, die Textlinguistik oder die Dialoganalyse, die von sich aus medienkommunikative Phänomene als Untersuchungsgegenstand ausgewählt haben (vgl. dazu Beitrag Bucher: Sprachwissenschaftlichen Methoden der Medienwissenschaft).

2. Von der Sprache zur Kommunikation

Ausgangspunkt für den Paradigmenwechsel in der Sprachwissenschaft, der den Blick von der Sprache auf den Sprachgebrauch lenkte,
waren zwei Einsichten: Erstens die Einsicht, daß das Sprechen sich nicht in der Artikulation formal korrekter Ausdrucksketten erschöpft, sondern daß das Sprechen eine Form des *sozialen Handelns* ist. Mit seiner Äußerung verfolgt der Sprecher bestimmte Absichten, er paßt sein Handeln an die gegebenen Bedingungen an, verändert diese Bedingungen mit seinen Äußerungen und er geht davon aus, daß der Adressat, verstehen kann, was mit einer Äußerung gemeint ist. Die zweite grundlegende Einsicht besteht darin, daß der Sinn einer sprachlichen Äußerung nicht an der Oberfläche der sprachlichen Formulierungen abzulesen ist, sondern daß der Kommunikationszusammenhang eines sprachlichen Ausdrucks, der situative Kontext, in den er eingebettet ist, entscheidende Voraussetzung für sein Verständnis ist. Für eine pragmatische Sprachtheorie resultiert daraus die essentielle Unterscheidung zwischen Bedeuten und Meinen: Ausdrücke haben Bedeutung, Sprecher meinen mit dem Ausdruck etwas. Die erste der beiden Einsichten hat zur Entstehung verschiedener sprachlicher Handlungstheorien geführt, die zweite hat den Verstehens- und den Kontextbegriff in den Mittelpunkt einer Sprachtheorie gerückt.

2.1. Sprechen als Handeln

Neben Karl Bühler, der bereits 1934 in seiner „Sprachtheorie" die Betrachtungsweise des Sprechen als Handeln einführte (Bühler 1982, 51−58), war es vor allem die sogenannte analytische Sprachphilosophie, auch als „Philosophie der normalen Sprache" (Ordinary Language Philosophy) bezeichnet, die den Begriff des sprachlichen Handelns theoretisch ausgearbeitet hat. In seiner Vorlesungsreihe von 1955 mit dem programmatischen Titel *How to do things with words* wies John L. Austin darauf hin, daß die Sprachphilosophen mit ihrer traditionellen Beschränkung auf Aussagen, die sich nach wahr und falsch beurteilen lassen, eine ganze Reihe sprachlicher Äußerungen ausgeschlossen haben, die er als *performative Äußerungen* bezeichnet (Austin 1962, dt. 1972). Wer beispielsweise unter bestimmten Umständen „Ja" sagt, stellt damit keine Behauptung auf, sondern hat einen bestimmten Partner geheiratet. Auch wenn die Äußerungen wie „Ich wette, daß er die Wahl verliert" oder „Ich warne dich" der Form nach Aussagesätze sind, so ist es doch nicht angemessen, sie als Behauptungen nach wahr oder falsch zu beurteilen. Das wird schon daran deutlich, daß Anschlußäußerungen wie „Das stimmt" oder „Das ist falsch" ziemlich bizarr klingen. Entscheidend an solchen Äußerungen ist, daß mit ihnen nicht nur etwas gesagt, sondern auch etwas getan wird, wie eine Wette anbieten oder eine Drohung aussprechen. Dieser Handlungscharakter, den Austin als *illokutionären Akt* bezeichnet und dem Äußerungsakt (*lokutionärer Akt*) gegenüberstellt, kommt allen sprachlichen Äußerungen zu. Wie vielfältig die sprachlichen Handlungsmöglichkeiten sind, zeigt die reichhaltige Liste der sogenannten illokutionären Verben, die Austin in der Alltagssprache findet: versprechen, auffordern, vorwerfen, befehlen, fragen, antworten, berichten, erlauben, argumentieren usw. Einer der Unterschiede zwischen diesen verschiedenen Sprechakten, sind die Bedingungen, unter denen wir sie erfolgreich vollziehen können, die sogenannten Glücksbedingungen ('felicity conditions'). So setzt beispielsweise der erfolgreiche Vollzug des Ja-Wortes bestimmte institutionelle Bedingungen voraus, der erfolgreiche Vollzug einer Antworthandlung, daß eine Frage vorausgegangen ist.

John Searle hat in seiner *Theorie der Sprechakte* die Vorarbeiten von Austin aufgegriffen und an verschiedenen Stellen präzisiert und formalisiert. Um den Begriff des Sprechaktes zu klären, unterscheidet Searle in Anlehnung an Austin verschiedene Aspekte, unter denen jeder einzelne Sprechakt beschrieben werden kann: den Äußerungsakt, den Äußerungsinhalt – propositionaler Gehalt genannt –, den illokutionären Charakter und seine perlokutionäre Auswirkung auf den Partner (Searle 1971, 40/41). Ausgangspunkt für Searles Theorie der Sprechakte ist die Annahme „daß eine Sprache zu sprechen bedeutet, Sprechakte in Übereinstimmung mit Systemen konstitutiver Regeln zu vollziehen" (Searle 1971, 61). Ein Kernbereich seiner Theorie ist deshalb die Ausarbeitung solcher konstitutiver Regeln in Form von Bedingungen, die erfüllt sein müssen, damit ein bestimmter Sprechakt erfolgreich vollzogen werden kann. Als Ergänzung zur Standardform seiner Sprechakttheorie schlägt Searle eine Taxonomie der Sprechakte vor (Searle 1979, dt. 1982) derzufolge man die Vielfalt sprachlicher Handlungen in fünf Gruppen einteilen kann: in die sogenannten *Repräsentativa*, mit denen gesagt wird, was der Fall ist (z. B. behaupten, berichten), in die *Direktiva*, mit denen versucht wird, andere dazu zu bringen, etwas zu tun (z. B. bitten, auffordern, fragen), die *Kommissiva*, mit denen man sich darauf festlegt, selbst etwas zu tun (z. B. versprechen, drohen), die *Expressiva*, mit denen man Gefühle oder Einstellungen ausdrückt (z. B. danken, entschuldigen, loben) und die *Deklarativa*, durch die man selbst Veränderungen herbeiführt (z. B. taufen, ernennen, kündigen). Diese Taxonomie der Sprechakte löste in der linguistischen Pragmatik eine breite Debatte aus (vgl. Levinson 1983, 240 ff.; Mey 1993, 168 ff. mit weiterführenden Literaturhinweisen) und wurde auch in verschiedene andere Wissenschaftsbereiche übernommen, wie in die Textlinguistik (Brinker 1992, Kap. 4.4.) oder die Medienwissenschaft (Neuberger 1996).

Die Theorie der Sprechakte von Austin und Searle war ein folgenreicher Versuch, eine Theorie des Sprachgebrauchs zu begründen. Als ein erster Schritt zur Überwindung wahrheitsfunktionaler Theorien, die sprachliche Äußerungen auf das Ausdrücken von Propositionen reduzierten, war dieser Ansatz durchaus erfolgreich. Als eine umfassende Theorie des Sprachgebrauchs oder der Kommunikation ist die Reichweite der Sprechakttheorie insofern begrenzt, als sie auf einzelne, isolierte sprachliche Äußerungen beschränkt bleibt. Da aber sowohl Text als auch Gespräche aus Abfolgen verschiedener sprachlicher Handlungen bestehen, muß eine umfassende Theorie des sprachlichen Handelns um solche sequentiellen Aspekte – auch Macrostrukturen (van Dijk) oder 'Macropragmatics' (Mey 1994) genannt – erweitert werden. Grundlegende Analyseeinheit ist dann nicht mehr der einzelne Sprechakt, sondern ganze Sequenzen sprachlicher Handlungen. Eine solche Ausweitung wird schon dadurch nahegelegt, daß bei der Betrachtung isoliert sprachlicher Äußerungen vielfach gar nicht entscheidbar ist, welchem Sprechakttyp sie zugeordnet werden soll. So kann die Äußerung „Kommst du jetzt?" je nach ihrer Sequenzstellung in einem Gespräch einmal als Frage oder aber wie im folgenden Gesprächszusammenhang als Drohung gemeint sein:

A 1: Komm wir gehen.
B 1: Ich will noch nicht.
A 2: Kommst du jetzt?

Die Sprechakttheorie scheitert aber nicht nur an der sequentiellen Analyse von Dialogen, sie hat auch keine Antwort auf die Frage, wie eine bestimmte Äußerung als Sprechakt eines bestimmten Typs verstanden werden kann, also beispielsweise Äußerung A 2 als Androhung von Sanktionen. Die Annahme sogenannter illokutionärer Indikatoren wie beispielsweise der Satzform, erweist sich schon angesichts der Beispieläußerung A 2 als nicht besonders tragfähig. Die elementare Unterscheidung von Satz und Satzverwendung erfordert eine reichhaltigere Theorie zur Erklärung von Verwendungsweisen sprachlicher Mittel in der Kommunikation.

2.2. Verstehen und Meinen

Eine Theorie der Kommunikation muß mit zwei Komplikationen im Verhältnis von *Ausdrucksform* und *Ausdrucksverwendung* zurecht kommen. Zum einen kann derselbe Ausdruck zu verschiedenen sprachlichen Handlungen verwendet werden. Zum anderen kann dieselbe sprachliche Handlung mit verschiedenen Ausdrücken vollzogen werden. Wie eine Äußerung, ein Text oder eine Textpassage gemeint ist, kann deshalb nicht aus den verwendeten sprachlichen Ausdrücken abgeleitet werden. Innerhalb der Linguistik lassen sich zwei Traditionen für die Erklärung des Verstehens unterscheiden: die *regelbasierte* Erklärung und die *prinzipienbasierte* Erklärung. Beide Ansätze gründen auf einem sequentiellen Verständnis des Sprachgebrauchs und stellen dementsprechend den Begriff des Zusammenhangs oder der Kohärenz in den Mittelpunkt der Überlegungen (vgl. Fritz 1982, 1996). Eine Äußerung verstehen heißt dem Regelansatz zufolge erkennen, nach welcher Regel der Sprecher handelt, also beispielsweise, welchen Zug in einem Sequenzmuster er mit einer Äußerung gemacht hat. Verstehen, wie eine Äußerung gemeint ist heißt nach dem Prinzipienansatz, erkennen, welchen Prinzipien rationalen Handelns der Sprecher folgt. Der Regelansatz geht zurück auf Wittgensteins Sprachspielkonzept (Wittgenstein 1977), der Prinzipienansatz auf die Theorie der konversationellen Implikaturen von Paul Grice (Grice 1975, dt. 1979).

In der Auseinandersetzung mit verschiedenen Theorien der Bedeutung sprachlicher Ausdrücke hat Wittgenstein die sogenannte Gebrauchsauffassung der Bedeutung formuliert, derzufolge die Bedeutung eines Ausdrucks in seinen Verwendungsmöglichkeiten, also seinem kommunikativen Potential liegt. Grundlegend für diese Bedeutungsauffassung ist der Begriff der *Regel*: Wir verstehen die Verwendungsweise eines Ausdrucks, wenn wir sehen, nach welchen Regeln er gebraucht wird. „Wörter und Schachfiguren sind einander ähnlich; zu wissen, wie ein Wort gebraucht wird, das ist so, wie zu wissen, welche Züge man mit einer Schachfigur ausführen kann" (Wittgenstein 1984, 147 Orig. 1932/33). Die sogenannte 'Theorie der Dialogspiele' hat die bedeutungsbezogene − semantische könnte man auch sagen − Sprachspielkonzeption Wittgensteins aufgegriffen und auf die regelhaften Zusammenhänge sprachlicher Handlungsspiele ausgedehnt: „An answer to the question, what, say, a command really means, is given by describing the language-games in which it is used" (Carlson 1976, 96). Die Beschreibungen von Sequenzmustern wie Fragen und Antworten (Bucher 1994) oder Grundformen der Kommunikation − z. B. Planungskommunikationen oder Vorwurf-Entgegnungs-Kommunikationen − wie sie in der linguistischen Kommunikationsanalyse rekonstruiert wurden, stehen ebenfalls in der Tradition der Sprachspiele (vgl. Heringer 1974, Muckenhaupt 1986, Fritz 1982). Einige der genuinen Eigenschaften des Regelbegriffs machen ihn in besonderer Weise geeignet, für eine dynamische, am Sprachgebrauch ausgerichtete Sprachtheorie: Regeln sind sozial entstanden, werden erlernt und nicht angeboren, sie sind historisch veränderbar, man kann von ihnen abweichen, man kann sie einklagen und der sequentielle Charakter ist für sie konstitutiv: weder kann man nur ein einziges mal einer Regel folgen, noch ist am isolierten Zug erkennbar, nach welcher Regel er gemacht ist (zum Begriff der Regelbegriff vgl. Heringer 1974b).

Eine Alternative zum Regelansatz, Regularitäten der Kommunikation und gegenseitiges Verstehen zu erklären, ist die Annahme von allgemeinen *Prinzipien*, nach denen die Partner ihr Handeln koordinieren. Der einflußreichste Vorschlag in dieser Richtung stammt von Paul Grice, vorgetragen in einer Vorlesung im Jahre 1967 aber erst 1975 veröffentlicht.

Ausgangspunkt bei Grice ist die Beobachtung, daß sich der alltagssprachliche Gebrauch von Ausdrücken wie *und, oder, wenn, dann, nicht,* oder *einige* nicht mit den Verwendungsregeln der entsprechenden Gegenstücke in der formalen Logik deckt. Anstatt sich nun entweder auf die Seite der Anhänger einer Idealsprache oder auf die der Verteidiger der Alltagssprache ('Informalisten') zu schlagen, behandelt Grice diesen Unterschied als einen Spezialfall des Unterschiedes zwischen Sagen und Meinen: Mit jeder sprachlichen

Äußerung können wir mehr meinen als wir sagen. Um zu verstehen, was jemand meint, indem er etwas sagt, stützen sich die Kommunikationspartner auf grundlegende Prinzipien und Maximen der Kommunikation: Jeder nimmt an, daß der Partner die Prinzipien und Maximen berücksichtigt und daß dementsprechend offensichtliche Verstöße im Hinblick auf die Befolgung anderer Prinzipien erklärbar sind. Das dabei aus dem Gesagten rekonstruierte Verständnis nennt Grice *konversationelle Implikatur*. Als allgemeinstes Prinzip nimmt Grice ein *Kooperationsprinzip* an, demzufolge jeder Kommunikationspartner seinen Beitrag so gestaltet, „wie es von dem akzeptierten Zweck oder der akzeptierten Richtung des Gesprächs gerade verlangt wird" (Grice 1979, 248). Dieses allgemeine Prinzip wird spezifiziert durch vier weitere Maximen: *die Maxime der Qualität*, derzufolge nichts gesagt werden soll, was nicht wahr ist oder wofür es keine Evidenz gibt; *die Maxime der Quantität*, derzufolge ein Kommunikationsbeitrag nicht informativer als nötig, aber auch nicht weniger informativ als nötig sein soll; *die Maxime der Relation*, die Grice nur mit dem Hinweise, „sei relevant" spezifiziert und *die Maxime der Modalität* ('manner'), derzufolge ein Kommunikationsbeitrag nicht unklar und mehrdeutig, sondern kurz und geordnet sein soll (Grice 1979, 249−250). Das Subtile an der Grice'schen Analyse liegt nun darin, daß er nicht davon ausgeht, alle diese Maximen würden in der Kommunikation auch real befolgt. Sie werden nur als *im Prinzip gültig* unterstellt. Man kann deshalb offenkundig gegen eine der Maximen verstoßen − sie ausbeuten wie Grice es ausdrückt − um dem Partner zu verstehen zu geben, daß man etwas anderes meint, als man gesagt hat. Wenn B auf die Frage von A „Was verdienst du?" antwortet: „Ein Auto kann ich mir noch leisten", so verstößt er ganz offensichtlich und für A auch erkennbar gegen die Maximen der Informativität und der Relevanz. Geht A davon aus, daß B trotzdem kooperativ ist, und auch einen sinnvollen Kommunikationsbeitrag leistet, so kommt er eventuell zu folgendem Schluß, einer konversationellen Implikatur: B will zu verstehen geben, daß er nicht offen über sein Einkommen reden möchte. Prinzipienbasierte Deutungen von Kommunikationsbeiträgen sind besonders naheliegend, wenn es sich nicht um Routinekommunikationen handelt, sondern beispielsweise um Ironie, metaphorische Äußerungen, Anspielungen oder Andeutungen.

Für eine umfassende Theorie der Sprachverwendung lassen sich der *regel-* und der *prinzipienorientierte* Ansatz gut kombinieren. Regelerklärungen sind naheliegend für Standard- und Routine-Kommunikationen, sie sind besonders gut geeignet für das Lehren und Lernen von Kommunikationsformen, für Vergleiche zwischen Kommunikationsformen, beispielsweise in unterschiedlichen Kulturen, und für die Analyse historischer Veränderungen von Kommunikationsformen. Prinzipienbasierte Erklärungen eignen sich dagegen gut für die Analyse kreativer, ungewöhnlicher Kommunikationsverläufe, für die Analyse von Kommunikationsstrategien oder für eine kommunikative Sprachkritik, bei der gezeigt wird, wie gegen kommunikationsethische Grundsätze verstoßen wird.

3. Grundstrukturen der Kommunikation

Die Wissenschaftsgeschichte der Linguistik ist auch eine Geschichte der Entdeckungen neuer Gesichtspunkte, unter denen Sprache und Kommunikation erforscht werden können. Insbesondere die Hinwendung zu Fragen des Sprachgebrauchs wirkt sich in dieser Hinsicht produktiv aus. Im folgenden werden die zentralen Aspekte zusammengestellt, die eine linguistisch fundierte Analyse der Kommunikation und des Sprachgebrauchs zu berücksichtigen hat. Dabei werden einerseits verschiedene Forschungsrichtungen der Linguistik erkennbar werden, andererseits werden die Grundbausteine einer umfassenden Theorie der Kommunikation eingeführt. Der Grundgedanke bei diesem Verfahren besteht darin, zu zeigen, wie die einzelnen Aspekte untereinander zusammenhängen, um so die Ansatzstellen zu markieren, für eine integrative Theorie des Sprachgebrauchs und der Kommunikation. Die Erläuterung der verschiedenen Aspekte ist zugleich ein Beitrag zur begrifflichen Klärung des Ausdrucks 'Kommunikation'. Die Aspektliste kann deshalb auch als Vergleichsobjekt verwendet werden für andere Kommunikationsbegriffe, wie sie in sprachwissenschaftlichen Teildisziplinen oder in der Medienforschung zu finden sind.

3.1. Handlungsstrukturen

Die im vorausgegangenen Abschnitt skizzierte Etablierung einer pragmatischen Perspektive auf die Sprache hat gezeigt, daß ein wesentlicher Aspekt des Gebrauchs sprachlicher Ausdrücke in den Handlungen zu sehen ist, die wir dabei ausführen (vgl. Austin 1962; Alston 1964; Strawson 1974; Searle 1969). In Anlehnung an die Sprechakttheorie kann der Handlungscharakter sprachlicher Äußerungen als deren illokutionärer Aspekt bezeichnet werden. Zur weiteren Ausarbeitung einer Theorie sprachlichen Handelns hat die Rezeption der allgemeinen analytischen Handlungstheorie und des Wittgensteinschen Regelbegriffs entscheidend beigetragen (zusammenfassend Beckermann 1977; Meggle 1979; Heringer 1974; Fritz 1982, 1996). Die Beschreibungsmöglichkeiten für sprachliche Handlungen haben sich dadurch gegenüber der Standardversion der Sprechakt-Theorie um folgende Gesichtspunkte erweitert:

– Die *Indem-Relation*: Man kann beispielsweise einen Vorwurf machen, indem man etwas behauptet oder jemanden bittet, die Tür zu schließen, indem man ihn fragt, ob er die Tür schließen kann. Die Indem-Relation ist deshalb ein Mittel zur Erklärung der Produktivität des Verhältnisses von Sprachform und Sprachgebrauch: Wir können mit denselben Ausdrücken Verschiedenes tun und wir können ähnliche sprachliche Handlungen mit verschiedenen Mitteln vollziehen. Diese Mehr-Mehr-Deutigkeit im Verhältnis von Ausdruck und Verwendung ist in der Sprechakttheorie in der Theorie der sogenannten 'indirekten Sprechakte' behandelt worden, mit denen ein Sprecher „nicht bloß meint, was er sagt, sondern noch etwas darüber hinaus" (vgl. Searle 1982, 63). Das Verstehen dieser weitergehenden Absichten erklärt Searle als eine Art Schlußverfahren, bei dem sich der Deutende einerseits auf die sogenannte „wörtliche Bedeutung" eines Ausdrucks und andererseits auf relevante Hintergrundannahmen und allgemeine Prinzipien der Kommunikation stützt. Eine handlungstheoretische Beschreibung dieses Phänomens mit Hilfe der Indem-Relation ist jedoch der Searle'schen Analyse in verschiedener Hinsicht überlegen: Sie braucht nicht das ungeklärte Konstrukt der „wörtlichen Bedeutung" und sie unterliegt nicht der Verwechslung von Verstehen und Interpretieren. Es ist nicht besonders plausibel, daß jemand die Äußerung „Ich bitte Sie zu gehen" zuerst als Feststellung versteht, daß der Sprecher den Angesprochenen bittet, zu gehen um dann schließlich über verschiedene Stationen eines Schlußverfahrens zum eigentlichen Verständnis der Äußerung zu gelangen.

– Die *innere Struktur sprachlicher Handlungen*: Auch wenn man mit derselben Äußerung *Du bist zu spät dran* sowohl eine Behauptung als auch einen Vorwurf machen kann, unterscheiden sich die beiden Handlungen in den Voraussetzungen, auf die der Sprecher sich jeweils festlegt. Diese Festlegungen – im Falle des VORWERFENS z. B. auf die Norm, daß der Partner etwas nicht hätte tun sollen und auf die Annahme, daß er für das Vorgeworfene verantwortlich ist – bilden die innere Struktur der Handlung. Sie sind gewissermaßen die Anschlußstellen für die Fortsetzungsbeiträge in der Kommunikation. So ist die Handlungsform SICH RECHTFERTIGEN eine regelhafte Anschlußmöglichkeit an die Handlungsform VORWERFEN, aber eben nicht an BEHAUPTEN. Monologische Kommunikationsformen wie beispielsweise Erzählen, Berichten, Kommentieren, zeichnen sich dadurch aus, daß ihre innere Struktur um einiges komplexer sein kann, als bei einfachen sprachlichen Handlungen. Während letztere Einzelzüge in einem Sprachspiel darstellen, handelt es sich bei monologischen Kommunikationsformen um sogenannte *Mehrfachzüge*. Für die Analyse der Struktur monologischer Kommunikationsformen kann man jedoch die dialogischen Formen als Vergleichsobjekte heranziehen. So kann man beispielsweise eine monologische Sequenz aus BEHAUPTUNG und BEGRÜNDUNG („Schröder wird die Wahl gewinnen. Er hat immer noch die besten Umfrageergebnisse") im Hinblick auf die Antizipation einer möglichen Nachfrage oder eines möglichen Zweifels („Wie kommst du darauf?") strukturell beschreiben. Für verschiedene monologische Kommunikationsformen wie das ERZÄHLEN (Fritz 1982, Kp. 9), das BERICHTEN (Bucher 1986, Kp. 4) und für das ARGUMENTIEREN (Strecker 1987) ist gezeigt worden, daß sich der strukturelle Aufbau und die sprachliche Form auf solche dialogischen Antizipationen zurückführen lassen.

– Die *Zusammenhänge zwischen Handlungen*: Handlungen stehen in der Regel nicht isoliert, sondern in Handlungsnetzen. Dabei lassen sich verschiedene Grundrelationen unterscheiden, wie z. B. „Handlung H 1 ist Bedingung von Handlung H 2", „H 1 wird gleichzeitig mit H 2 ausgeführt", „H 2 wird nach H 1 ausgeführt", „H 1 ist die Spezifizierung von H 2". In der *praktischen Semantik* und der *linguistischen Kommunikationsanalyse* wurden diese Relationen genutzt, um

Grundstrukturen von Kommunikationsformen zu beschreiben (vgl. Heringer 1974; Strecker 1976; Fritz 1982; Muckenhaupt 1986; Bucher 1986, Bucher 1994). Auf dieser Basis läßt sich auch ein handlungsorientierter Textbegriff formulieren: Ein Text ist eine regelhafte Abfolge sprachlicher Handlungen (Bucher 1986, 55−71; Brinker 1992, 90−39; Heinemann/Viehweger 1991, 56−60). Der Text selbst kann als Handlung seinerseits in einen weitergehenden Kommunikationszusammenhang eingebettet sein, beispielsweise als Teil einer Pressekampagne oder als Teil einer Gerichtshandlung.

− die *Folgen, Ergebnisse, Konsequenzen sprachlicher Handlungen.* Bereits in Searles Begriff des 'perlokutionären Aktes' ist dieser Aspekt sprachlicher Handlungen angesprochen, wird jedoch in der Sprechakt-Theorie nicht weiter ausgebaut. Er ist aber für eine Analyse sprachlichen Handelns deshalb grundlegend, weil sprachliche Handlungen nicht um ihrer selbst willen vollzogen werden, sondern wegen der angestrebten Folgen. Diese zu erkennen ist in vielen Fällen elementarer Bestandteil des Verständnisses einer entsprechenden Äußerung. Der Begriff der kommunikativen *Folgen* ist streng zu unterscheiden vom Begriff der *Wirkung,* wie er in der traditionellen Medienforschung verwendet wird. Während dort von einem kausalen Zusammenhang zwischen Medienprodukt und Einstellungsveränderungen oder entsprechenden Handlungen der Rezipienten ausgegangen wird, steht in sprachwissenschaftlich orientierten Medienanalysen der Begriff des Verstehens als vermittelnde Instanz im Zentrum der Analyse.

Die grundlegende Stellung des illokutionären Aspektes und die Bedeutung von Handlungszusammenhängen sind nicht in allen Theorien des Sprachgebrauchs etabliert. So stellen Textlinguisten und Textgrammatiker, teilweise auch Vertreter der Diskursanalyse propositionale, lexikalische und grammatische Merkmale in den Mittelpunkt der Text- und Kommunikationsanalyse (vgl. van Dijk 1988, 1997; vgl. 4.3.). Auch im Kommunikationsbegriff, wie er in der Medienforschung vorherrschend ist, fehlt der Handlungsaspekt fast immer (vgl. Bucher/Fritz 1989).

3.2. Sequenzmuster und Kommunikationsdynamik

Während in Theorien Searlescher Provenienz einzelne Sprechakte die Basiseinheit der Untersuchung bilden, sind es in den dialogischen Ansätzen *Sequenzmuster,* d. h. konventionalisierte Abfolgen von Handlungen. Diese Erweiterung der Perspektive beruht auf der Einsicht, daß die illokutionäre Rolle einer sprachlichen Äußerung keine inhärente Eigenschaft von ihr ist, sondern von ihrer Stellung im Dialogzusammenhang abhängt (vgl. Levinson 1983, 285). Diese strukturelle Sichtweise knüpft an die Idee der Sprachspiele an, die Wittgenstein als Grundlage einer Gebrauchstheorie der Bedeutung formuliert hat: „Wir aber betrachten die Spiele und die Sprache unter dem Gesichtspunkt eines Spiels, das nach Regeln vor sich geht. D. h. wir *vergleichen* die Sprache immer mit so einem Vorgang" (Wittgenstein 1978, § 26). Da es sich im Falle von Medienbeiträgen um komplexe Kommunikationen handelt, ist eine solche sequenzorientierte Analyse naheliegend. Sequentielle Zusammenhänge in der Medienkommunikation sind allerdings nicht nur auf beitragsinterne Strukturen anwendbar, sondern auch auf beitragsübergreifende, intermediale oder kommunikationsgeschichtliche Strukturen. So stehen beispielsweise zwischen einem Zeitungsbeitrag und dem entsprechenden Leserbrief ebenso regelhafte Zusammenhänge, wie zwischen einem Informationsbeitrag eines Fernsehmagazins und seiner entsprechenden Kritik auf der Medienseite einer Tageszeitung (vgl. Bucher 1988, 1991). Die Dynamik einer Kommunikation weist aber noch andere Aspekte auf, als die ihr zugrundeliegenden Handlungssequenzen. Zur Kommunikationsdynamik gehören auch die Strategien der Kommunikationsführung − beispielsweise die Informationspolitik eines Mediums in Wahlkampfzeiten-, die Themenentwicklung in einer Kommunikation − beispielsweise die Karriere eines Themas in der öffentlichen Kommunikation −, die Verfahren der Teilnehmer, auf frühere Dialogäußerungen zurückzugreifen, die Nutzung des im Kommunikationsverlauf aufgebauten Wissens oder auch Fragen der Verträglichkeit bzw. Unverträglichkeit von verschiedenen Kommunikationsbeiträgen eines Teilnehmers.

3.3. Implikationen und Festlegungen

In der Kommunikation ist vielfach gerade das relevant, was nicht ausgesprochen wird: das Implizite, das stillschweigend Vorausgesetzte. Das Verstehen eines Kommunikationsbeitrags besteht gerade darin, hinter dieses Implizite zu kommen. Eine Theorie der Kommunikation muß deshalb auch erklären können, wie man von den verwendeten sprachlichen Ausdrücken auf das schließen kann, was der Sprecher/Schreiber mit ihnen voraussetzt oder impliziert, beispielsweise ein bestimmtes Vorwissen, auf Seiten der Kommunikationspartner, bestimmte Sichtweisen von Sachverhalten, Zusammenhänge zwischen Propositionen, Wertungen, Bewertungsprinzipien, Normen. Am Anfang aber mußte die begriffliche Klärung stehen, was mit dem Begriff des Impliziten gemeint ist. In der Auseinandersetzung mit Searle kommt Alston zu folgendem Schluß: Searle „has not given proper appreciation to the normative, regulative element in illocutionary act concepts, how taking responsibility for the holding of certain conditions is at the heart of illocutionary-act performance" (Alston 1991, 77). Alston erinnert damit an die begriffliche Unterscheidung zwischen den situativen Bedingungen eines Sprechakts und der Verantwortung für die Erfüllung dieser Bedingungen, eine Differenzierung, die er selbst bereits im Jahre 1964 vorgeschlagen hatte. Bei der Klärung des Begriffs des illokutionären Aktes hat er darauf hingewiesen, daß beispielsweise das Gelingen der Aufforderung, die Türe zu schließen, nicht daran scheitern kann, daß die Türe bereits geschlossen ist. Diese situative Gegebenheit wäre allerdings Anlaß für den Einwand, daß man der Aufforderung nicht Folge leisten kann. Er zieht daraus den Schluß, daß derjenige, der eine Aufforderung macht, die *Verantwortung* dafür übernimmt, daß bestimmte Bedingungen gegeben sind. Diese Verantwortung zeigt sich nach Alston darin, daß der Auffordernde bei Nicht-Erfüllung zur Rechenschaft gezogen werden kann (vgl. Alston 1964, 40/41). Zur selben Begriffsfamilie wie der Ausdruck 'Verantwortung' ('responsibility') gehören die Ausdrücke *Commitment, Präsuppositionen* und *Festlegung*, die in anderen Forschungstraditionen verwendet werden, um einen ähnlichen kommunikativen Sachverhalt zu bezeichnen (vgl. als Überblick: Levinson 1983, Kp. 4): Je nach Typ einer sprachlichen Handlung legt sich der Sprecher in bestimmter Weise fest und eröffnet oder verschließt dadurch bestimmte kommunikative Fortsetzungsmöglichkeiten. Aufgrund dieser Festlegungen können seine Beiträge in bezug auf ihre Verträglichkeit oder Unverträglichkeit hin beurteilt werden. Eines der Hauptrisiken von Politikern, sich in einem Medium zu äußern, liegt in dieser Einklagbarkeit von Festlegungen begründet.

Gegenüber den statischen Festlegungskonzepten in der Tradition der Sprechakttheorie wurde in der Theorie der Dialogspiele und der formalen Dialektik ein dynamisches Konzept vertreten, das es erlaubt, die Entwicklung der Festlegungen im Dialogverlauf darzustellen (vgl. dazu: Hamblin 1970; Carlson 1983; Fritz 1994). Die Grundidee besteht darin, daß jeder Dialogteilnehmer über eine Art Festlegungskonto ('commitment store') verfügt, auf dem entsprechend seiner Dialogbeiträge bestimmte Festlegungseinträge kumuliert werden. Die Dialogdynamik läßt sich als Veränderung des jeweiligen Kontostandes darstellen, der seinerseits die Grundlage für die Beurteilung von Dialogbeiträgern nach ihrer Vertraglichkeit abgibt. In natürlichen Dialogen können die Teilnehmer nicht nur auf Propositionen festgelegt werden, sondern – wegen der Vielfalt sprachlicher Handlungen – auch auf Bewertungsprinzipien, Normen, Sichtweisen von Sachverhalten, Zusammenhängen zwischen Sachverhalten und Propositionen oder auf Annahmen über die Dialogpartner. Festlegungsauslöser können nicht nur vollständige Sprechakte sein, sondern alle Aspekte der Gestaltung eines Dialogbeitrags: Aufgrund einer bestimmten Formulierung – z. B. 'Chaot' versus 'Demonstrant' – kann der Sprecher auf eine bestimmte Sichtweise des dargestellten Sachverhalts festgelegt werden, die Prosodik kann Anlaß für die Festlegung auf eine bestimmte Stimmung ('aggressiv', 'launisch') des Sprechers sein, oder die Sequenzierung der Dialogbeiträge kann als Basis dienen, um dem Sprecher ein bestimmtes strategisches Ziel zu unterstellen. Festlegungen sind abhängig vom Verständnis eines Kommunikationsbeitrags, so daß verschiedene Kommunikationspartner dieselbe Äußerung unterschiedlich auf ihrem Festlegungskonto verbuchen können. In der Analyse muß also eine Art doppelte Buchführung geleistet werden. Die Divergenzen zwischen Festlegungen und Partnerannahmen über Festlegungen werden virulent, wenn die Dialogteilnehmer Mißverständnisse feststellen oder unterschiedliche Kohärenzurteile über Dialogbeiträge fällen (vgl. Fritz 1989, 28–30).

3.4. Kommunikative Prinzipien

Formulierungen von Prinzipien, Konversationsmaximen und Gesprächsregeln lassen sich zurückverfolgen bis in die Antike (zusammenfassend vgl. Schmölders 1979). Der entscheidende Impuls zu einer sprachwissenschaftlichen Fundierung kommunikativer Prinzipien ist allerdings jüngeren Datums und geht auf Paul Grice zurück (vgl. 2.2.). Die Einführung der Maximen der Qualität, der Quantität, der Relation und der Modalität sowie des übergeordneten 'Superprinzips' der Kooperation (Grice 1989, 368) begründet Grice damit, daß die Kommunikation ein Spezialfall rationalen, zweckorientierten Handelns ist. Die Fruchtbarkeit von Grice' Vorschlag wird u. a. daran ersichtlich, in welch unterschiedlichen Forschungstraditionen die Prinzipien aufgegriffen werden. Dabei wurde auch ihre Klärung in verschiedene Richtungen vorangetrieben:

(1) Die Hierarchisierung der Prinzipien und die Reduktion auf ein Basisprinzip, z. B. auf ein Rationalitätsprinzip (Kasher 1976), oder das Relevanzprinzip (Sperber/Wilson 1986)
(2) Die dialogische Fundierung der Prinzipien im Rahmen einer Theorie der Dialogspiele (Carlson 1983; Hintikka 1986)
(3) Die sprach- und medienkritische Nutzung der Prinzipien (Heringer 1982; Heringer 1990; Muckenhaupt 1986; Bucher 1990; Bucher 1991 vgl. 4.4.)
(4) Die Ergänzung der Prinzipien durch andere Prinzipien, z. B. das Höflichkeitsprinzip (Leech 1983), das Prinzip der wohlwollenden Deutung („Charity Principle", Bach/Harnisch 1979), das Ökonomieprinzip („Minimization", Levinson 1987) oder strategische Prinzipien (Fritz 1982, 56−77)
(5) Die Diskussion um das Verhältnis zwischen Prinzipien und Regeln bei der Beschreibung von Kommunikations- oder Dialogzusammenhängen (Taylor/Cameron 1987; Fritz 1996)

Bereits die Beispielauswahl, an denen Grice seinen Prinzipienapparat exemplifiziert, zeigt, daß Kommunikationsprinzipien nicht auf einzelne sprachliche Äußerungen angewendet werden, sondern auf Äußerungssequenzen. Ob eine Äußerung informativ oder relevant ist, hängt entscheidend davon ab, in welchem Kommunikationszusammenhang sie steht, ob sie beispielsweise eine Antwort auf eine Frage oder die Eröffnungsäußerung eines Vortrages ist. Auf diesen kommunikativen Charakter der Prinzipien hat vor allem Hintikka hingewiesen: „Conversational maxims [...] cannot refer to an utterance alone, independently of its context in a discourse. In the last analysis they can only pertain to entire strategies" (Hintikka 1986, 275). Hintikka behandelt deshalb die Prinzipien als Orientierungsmarken für optimale Dialogführungen. Darüber hinaus spielen Prinzipien eine grundlegende Rolle bei der kritischen Beurteilung von Kommunikationsbeiträgen, also beispielsweise in der Sprach- und Medienkritik (vgl. 4.4.). Auf eine theoretische Nutzung der Prinzipien hat Levinson aufmerksam gemacht: Er zeigt, wie syntaktische, lexikalische und dialogische Merkmale − z. B. anaphorische Verwendungen von Pronomina, Sprecherwechsel, Prä-Sequenzen, Dialogverkürzungen oder Ausdruckskomprimierungen − auf der Grundlage kommunikativer Prinzipien erklärt werden können (Levinson 1987).

3.5. Wissenskonstellationen und Wissensaufbau

Die Relevanz des Wissens wird unmittelbar deutlich, wenn die Frage des Verstehens sprachlicher Äußerungen gestellt wird. Das Wissen der Dialogpartner ist der 'Hintergrund' (Searle 1986, 15−19), das Reservoir, aus dem geschöpft wird, um das Implizite der Kommunikation zu rekonstruieren. So versteht nur derjenige die Ortsangabe *Die Mensa ist gegenüber der Universitätsbibliothek*, der weiß, wo die Universitätsbibliothek ist. Oder: Ob die Äußerung *Das Essen war heute wieder prima* als ironische Bemerkung verstanden wird, hängt davon ab, ob der Adressat weiß, daß dem Sprecher das Essen nicht besonders geschmeckt hat. Da Dialoge jedoch koordinierte Aktivitäten sind, reicht es zur Erklärung der Verständigung nicht aus, voneinander unabhängige Wissensbestände der Dialogteilnehmer anzunehmen. Der Sprecher, der die eben zitierte Äußerung ironisch meint, geht davon aus, daß sein Partner weiß, daß ihm das Essen nicht geschmeckt hat. Und der Partner, der die Äußerung als ironisch gemeint versteht, muß davon ausgehen, daß der Sprecher davon ausgeht, daß er − der Hörer − das weiß. Die Verständigung setzt also voraus, daß *gemeinsames* Wissen zwischen den Dialogpartnern besteht (vgl. Schiffer 1972, 30−42). Welches Wissen an einer bestimmten Stelle im Dialog relevant ist, hängt ab von den jeweils aktuell realisierten sprachlichen Handlungen. An einer sprachlichen Handlung des Sprechers, z. B. der Moderatoren-Frage „Wie wollen Sie Ihre Partei aus dem Stimmungstief herausführen?", kann der Interviewte erkennen, welches Wissen er aktivieren soll, was der Sprecher bereits weiß, welche Annahmen der Sprecher über das Wissen des Hörers macht oder welches Wissen der Sprecher als gemeinsam voraussetzt.

Wenn das gemeinsame Wissen im Kommunikationsverlauf erst aufgebaut wird, so läßt sich dieser dynamische Vorgang als Abfolge verschiedener Wissenskonstellationen beschreiben. Diese Beschreibung ist ein Teilaspekt der Beschreibung der Dialogdynamik. Man kann einzelne sprachliche Handlungsformen danach unterscheiden, welchen Beitrag sie zum Wissensaufbau leisten können. Vor allem bei Analysen der Dynamik von Fernsehinterviews oder von öffentlichen Themenkarrieren spielt dieser Aspekt eine wichtige Rolle.

3.6. Inhalts- und Themenstrukturen

In Kommunikationen lassen sich eine ganze Reihe organisierender Maßnahmen der Teilnehmer unterscheiden, an denen erkennbar wird, wie relevant Themen und Inhalte für eine Strukturierung von Gesprächsverläufen sind. So können längere Dialoge zur Verständnissicherung entsprechend thematischer Kriterien in Gesprächsrunden unterteilt werden, man kann an Kommunikationsbeiträgen kritisieren, daß sie am Thema vorbeigehen, oder man kann einen Partner auffordern, eine Frage inhaltlich ausführlicher zu beantworten.

Man kann die Analyse inhaltlicher und thematischer Zusammenhänge in gewissem Sinne als die dialoganalytische Ausarbeitung des propositionalen Aspektes sprachlicher Äußerungen auffassen, wie ihn Searle in seiner Sprechakt-Theorie unterschieden hat. Vor allem in der Textlinguistik und der Discourse Analysis gelten Inhalte und Themen als grundlegende Organisationsebenen von Texten und Dialogen. Als analytische Basiseinheiten werden die Propositionen aufgefaßt, von denen man annimmt, daß sie hierarchisch in Mikro-, Makro- und Superstrukturen geordnet sind (vgl. van Dijk 1988). Trotz Anreicherung mit pragmatischem Beschreibungsinstrumentarium bleibt in dieser Forschungsrichtung die Annahme vorherrschend, daß die Propositionen und damit die Themen und Inhalte eine Eigenschaft der Texte und Dialogbeiträge sind und demzufolge aus den verwendeten Ausdrücken ableitbar sein müssen. Van Dijk kennzeichnet seinen Themenbegriff dementsprechend auch als 'semantisch' (vgl. van Dijk 1988, 31; 1997, 9). Geht man jedoch von den oben erwähnten themenbezogenen Dialoghandlungen aus, so bietet es sich an, von einem erweiterten, hermeneutischen Themen- und Inhaltsbegriff auszugehen: Vor allem in Diskussionen darüber, was gesagt wurde und zu welchem Thema geredet wurde, zeigt es sich, daß Themen und Inhalte Aspekte des Verstehens von Dialogverläufen sind und deshalb auch als Problem des Dialogverstehens behandelt werden sollten (Fritz 1982, 205−223; Tracy 1982). Die kommunikativen Prinzipien betreffen auch die thematische und inhaltliche Organisation von Dialogen. So haben beispielsweise Holly/Kühn/Püschel ihre Kritik der Fernsehdiskussionen als Pseudodiskussionen an diesen Aspekten der Dialogorganisation festgemacht (vgl. Holly/Kühn/Püschel 1986).

3.7. Formen sprachlicher Äußerungen

Grundlegender Bestandteil der kommunikativen Kompetenz ist die Kenntnis der Regeln für die Verwendung der sprachlichen Mittel, mit denen Kommunikationsbeiträge gestaltet werden können. Diese Mittel, die die Äußerungsform konstituieren, lassen sich in drei Klassen einteilen: die syntaktischen, die lexikalischen und die intonatorischen Mittel. Sie bilden eine Schnittstelle, an der die Integration verschiedener sprachwissenschaftlicher Theorien einerseits besonders fruchtbar erscheint, andererseits aber auch hart umstritten ist. An der Annahme einer autonomen Syntax, wird von Vertretern der Dialog- und Konversationsanalyse kritisiert, daß die Behandlung des Formaspekts zu sehr an schriftlich fixierten Sätzen orientiert ist. Die Berücksichtigung von Sätzen, die *in* der Kommunikation verwendet werden, legt ihrer Meinung nach eine Integration von Form und Funktion im Rahmen einer 'Konversationssyntax' ('Syntax-for-conversation', Schegloff 1979; Streeck 1983, Strecker 1987) in natürlicher Weise nahe.

Für die Behandlung des Zusammenhangs von Form und Funktion sprachlicher Mittel, lassen sich in der gegenwärtigen Forschung zwei Grundmodelle unterscheiden: Im ersten Falle geht die Analyse von sprachlichen Formen aus − beispielsweise von Satzarten, Kurzformen, Betonung, Wortstellung, Negation, Partikeln − und versucht diese Formen von ihrer Funktion her zu erklären (vgl. Leech 1983, 152−173; Green 1989, 127−140; Carlson 1984). Typisch für diese Art des Zugriffs sind Beschreibungen, denenzufolge die sprachliche Form etwas 'anzeigt', 'impliziert', 'reflektiert' oder 'als Zeiger dient'. Die andere Zugriffsweise setzt bei den Dialogaufgaben an und zeigt, welche sprachlichen Mittel für ihre Lösung genutzt werden. Solche Aufgaben sind beispielsweise die Regelung des Sprecherwechsels, die Gesprächssequenzierung, Hervorhebungen bestimmter Teile einer Äußerung, die Regelung der Festlegungen und Verbindlichkeiten, die Kohärenzsicherung oder die Verständnisförderung (vgl. dazu Streeck 1983; Givon 1979; Carlson 1983). So lassen sich beispielsweise Formen der Herausstellung („Der Kohl – der bringt es nicht mehr") als Mittel der Fokussierung und der Kohärenzsicherung erklären.

Die aufgeführten Grundstrukturen der Kommunikation sind mehr als eine offene Liste von Beschreibungsaspekten. Für die Klärung ihres theoretischen Status kann man sie auffassen als eine systematische Dekomposition des Gegenstandsbereichs 'Kommunikation. Deshalb weist jede sprachliche Äußerung im Prinzip alle diese Aspekte auf. Man kann sich dementsprechend den kommunikativen Sinn einer sprachlichen Äußerung nach dem Bild einer Zwiebel vorstellen, die sich aus verschiedenen Bedeutungs- oder Sinnschichten zusammensetzt und die man analytisch trennen kann. Ein dialogisches Indiz für die einzelnen Schichten sind die Entgegnungen, in denen Gesprächspartner auf einzelne Aspekte Bezug nehmen. Sie können einen Beitrag als thematisch abweichend beurteilen, Höflichkeitsprinzipien einklagen, notwendige Wissensvoraussetzungen erfragen, die Verwendung eines bestimmten Ausdrucks kritisieren, die sprachliche Handlung eines Partners zurückweisen, Vermutungen über die Strategie eines Partners anstellen usw. Daß die Breite der aufgeführten Aspekte bisher in vielen Kommunikationstheorien zu wenig Berücksichtigung findet, ist u. a. darauf zurückzuführen, daß zu kleine oder künstlich gebaute Beispiele untersucht und unangemessene Metaphern für die Theoriebildung herangezogen werden – beispielsweise die Metapher vom Informationstransfer.

4. Anwendungsorientierte Forschungsfelder der Sprachwissenschaft

4.1. Verstehen und Verständlichkeit

Der Begriff der Verständlichkeit ist mit dem Begriff der Kommunikation untrennbar verbunden, und in besonderer Weise mit dem Begriff der Massenkommunikation: Kommunikation entfaltet ihren Massencharakter nur, wenn sie auch von möglichst vielen verstanden werden kann. Insofern nimmt es kein Wunder, daß der Einwand mangelnder Verständlichkeit eine konstante Begleiterscheinung in der Mediengeschichte geblieben ist. Eine der Folgen der Pragmatisierung der Sprachwissenschaft ist auch die Erkenntnis, daß die Verständlichkeit für sie einen 'genuinen Forschungsbereich' (Heringer 1979) darstellt. Ein wesentlicher Beitrag der Sprachwissenschaft zur Verständlichkeitsforschung besteht in begrifflichen Klärungen: Erst wenn man versteht, was unter Verstehen zu verstehen ist, kann man es sinnvoll empirisch erforschen. Solche Klärungen hat die Sprachwissenschaft der Verständlichkeitsforschung im Bereich der Massenmedien voraus, aber auch den meisten traditionellen Ansätzen der Verständlichkeitsforschung (als Überblick – Christmann/Groeben 1996). Diese – zumeist kognitionswissenschaftlich ausgerichtet – betrachten Verständlichkeit als eine Eigenschaft des Textes und reduzieren Verstehensprobleme auf Verpackungs- oder Formulierungsprobleme. „Schwerverständlichkeit beruht weniger auf dem Was, sondern auf dem Wie, nicht auf dem Inhalt, sondern auf der Form eines Textes", behaupten die Vertreter des sogenannten Hamburger Modells (Langer/Schulz v. Thun/Tausch 1990, 10). Die *Textoptimierung* wird unter dieser Voraussetzung als eine Art Neuverpackungskonzept verstanden. Sowohl in der empirischen Forschung zur Verständlichkeit von Hörfunk-, Fernseh- oder Printbeiträgen als auch in den verschiedenen Handreichungen zur Textoptimierung ist dieses Verpackungsmodell weit verbreitet. Aus sprachwissenschaftlicher Sicht sind allerdings grundlegende Einwände gegen dieses Modell und seine Annahmen zum Verhältnis von Form, Funktion und Inhalt sprachlicher Äußerungen anzumelden (vgl. Biere 1989 und 1996). Eine erste Korrektur des traditionellen Verständlichkeitsmodells betrifft die Annahme, Verständlichkeit sei eine Texteigenschaft, wie beispielsweise seine Länge nach Wörtern. Verständlichkeit ist jedoch ein Urteil, das jemand über einen Text fällt, also ein Attribut für eine bestimmte Textverwendung in einer bestimmten Kommunikationssituation, mit bestimmten Kommunikationsteilnehmern. Das zeigt sich schon daran, daß derselbe Text für eine Person A verständlich, für eine Person B aber unverständlich oder schwer verständlich sein kann. Das Verstehen eines Textes kann deshalb auch kein Prozeß und keine Handlung sein, wie es kognitionspsychologische Theorien annehmen (kritisch dazu Heringer 1979).

Man kann sich nicht vornehmen oder einem Partner befehlen, einen Text zu verstehen. Ein Verständnis stellt sich ein, eventuell als Folge einer Textinterpretation. Diese ist allerdings ihrerseits eine Handlung, die man auch lehren und einüben kann.

Die Aspektverschiebung vom Text auf die Interaktion zwischen Text und Leser hat verschiedene, weitreichende Konsequenzen. Als erstes räumt sie auf mit dem Mythos einer allgemeingültigen Verständlichkeitsformel, deren Anwendung garantieren soll, daß ein unverständlicher oder schwerverständlicher Text in einen verständlichen umgewandelt wird. Fach- und Fremdwörter, syntaktisch komplexe Sätze, ein unübersichtlicher Textaufbau, unpassende Überschriften usw. können einen Text zwar schwer verständlich machen, müssen es aber nicht für jeden Leser in jeder Situation. Außerdem garantiert eine Textoptimierung, die an diesen Stellen ansetzt, nicht automatisch, daß sich ein besseres Verständnis einstellt. Fehlen dem Leser beispielsweise bestimmte Wissensvoraussetzungen, wären ganz andere Maßnahmen zu ergreifen. Textoptimierung ist deshalb keine Verpackungskunst eines irgendwie gegebenen Inhaltes, sondern eine dialogische Antizipation möglicher und typischer Verstehensprobleme. Bei dieser Antizipation kann man sich auf alle Aspekte der Kommunikation stützen, die in einer handlungstheoretischen Sprachauffassung aufgefächert werden: lokale und globale Sequenzmuster sprachlicher Handlungen, die den funktionalen Aufbau eines Textes konstituieren, sein thematischer Aufbau, strategische Sequenzierungen, die Wortwahl, die Syntax, das vorausgesetzte Wissen (vgl. dazu Schäflein-Armbruster 1994). Die Einseitigkeit propositionaler, stilistischer oder kognitiver Verständlichkeitsauffassung zeigt sich darin, daß jeweils ein bestimmter Textaspekt verabsolutiert wird, und eben nicht das Zusammenspiel der verschiedenen Ebenen der Textorganisation in Betracht gezogen wird. Verstehen heißt, Zusammenhänge sehen. Ausbuchstabiert bedeutet dieser Wittgenstein'sche Slogan, daß Analysen des Verstehens und Interpretierens auf alle Aspekte der Kommunikation Bezug nehmen müssen, die in irgendeiner Weise kohärenzstiftend sind (ausführlich dazu: Fritz 1982, Kp. 2, 4).

Der spezifische Charakter der Medienkommunikation spiegelt sich auch in der Ausprägung von typischen Verstehensproblemen. Die Mehrfachadressierung von Medienbeiträgen stellt besondere Anforderungen an ihre Abstimmung auf Wissensvoraussetzungen und Kompetenzen der Zuschauer, Zuhörer oder Leser. Der Präsentationscharakter von Medienbeiträgen macht auch Aspekte wie Layout, Textdesign und Sendungskonzept zum Gegenstand des Verstehens (Bucher 1996). Die Möglichkeiten der Visualisierung und der Nutzung von Text-Bild-Kombinationen erfordern eine Theorie des Bildverstehens (Muckenhaupt 1986; Ballstaedt 1996) und des Grafikverstehens (Schnotz 1994). Mit den hypertextuellen Online-Medien im Internet oder multimedialen Formen der Kommunikation werden beitragsinterne Verstehensprobleme um Navigations- und Orientierungsprobleme erweitert (Fritz 1998; Bucher 1998). Während in den sogenannten linearen Medien Hörfunk und Fernsehen Abfolge-Zusammenhänge für das Verstehen relevant sind, sind es in den nicht-linearen Medien wie Print- oder Online-Medien hypertextuelle Zusammenhänge zwischen verschiedenen sogenannten informationellen Einheiten. Diese Zusammenhänge werden nicht vom Medium vorgegeben, sondern vom Nutzer selbst hergestellt. Insofern besteht eines der hypertextspezifischen Verstehensprobleme darin, daß verschiedene Nutzer eines hypertextuellen Angebotes mit ganz unterschiedlichen Voraussetzungen und ganz unterschiedlichen Kommunikationsgeschichten dieselbe Kommunikationseinheit rezipieren. Das Problem der Mehrfachadressierung verschärft sich damit um die Dimension der Mehrfach-Linearität.

Kriterien der Verständlichkeit sind nur eine Dimension, in der die Qualität eines Beitrags, eines Textes, beurteilt werden kann. Vor allem in der Medienkommunikation spielen auch Kriterien der Informativität, der Relevanz, der Wahrheit, der Sachangemessenheit und Aktualität eine wichtige Rolle. Insofern besteht ein ganz grundsätzliches Problem darin, diesen unterschiedlichen Ansprüchen gleichzeitig gerecht zu werden. Die Maxime, einen Beitrag verständlich zu gestalten könnte beispielsweise mit der Maxime der Sachangemessenheit in Konflikt geraten, wenn über komplizierte fachwissenschaftliche Themen kommuniziert wird.

4.2. Gesprächsanalyse – Dialoganalyse

Unter dem Sammelbegriff Dialoganalyse lassen sich eine ganze Reihe verschiedener Ansätze zusammenfassen, denen gemeinsam ist, daß sie sprachliche Ausdrücke nicht isoliert und kontextfrei als Wortfolgen untersuchen, sondern als Äußerungen, die in systematischer Weise in Gesprächsabläufe eingebettet sind. Zu dieser Familie sprachwissenschaftlicher Theorien gehören die *linguistische Kommunikationsanalyse*, die *ethnomethodologische Konversationsanalyse*, die britische *Diskursanalyse*, die *praktische Semantik* sowie unterschiedliche Ausprägungen der *Gesprächsanalyse* (einen Überblick über diese Forschungseinrichtungen gibt der erste Teil des Handbuches der Dialoganalyse, hrsg. von Gerd Fritz und Franz Hundsnurscher).

Ähnlich wie die Textlinguistik ist die Hinwendung zur Analyse von Gesprächen eine Reaktion auf eine Forschungslücke im Mainstream der Sprachwissenschaft. Aufgrund der Dominanz des Geschriebenen fand bis zu diesem Zeitpunkt die gesprochene Sprache keinen Eingang in eine systematische sprachwissenschaftliche Forschung. Formen des mündlichen Sprachgebrauchs wurden sogar als Abweichungen und Regelwidrigkeiten explizit aus einer systematischen Analyse ausgeschlossen. Zu diesen dialogtypischen Sprachformen gehören beispielsweise Satzabbrüche und Anakoluthe, an denen der Prozeßcharakter von Dialogen erkennbar wird, Herausstellungen („Ganz zu Beginn – da ist alles immer schwer"), Um- und Neuformulierungen, Prosodie und Ellipsen. Am Beispiel der letzteren wird deutlich, daß die Dialoganalyse auch entscheidend zur Bearbeitung traditionell syntaktischer Fragestellung beigetragen hat. Während Ellipsen in der systemlinguistischen Grammatik als unvollständige Sätze behandelt wurden, kann die Dialoganalyse zeigen, daß diese Formulierungsmuster im Dialogzusammenhang eine durchaus adäquate und vollständige Ausdrucksform darstellen:

A: Wann kommst du?
B: Morgen

Auch wenn die Äußerung von B nicht den syntaktischen Kriterien eines vollständigen Satzes entspricht, also kein Subjekt und Prädikat enthält, so erfüllt sie doch ihre kommunikative Funktion vollständig und ökonomischer als die grammatikalisch ausformulierte Variante („Ich werde morgen kommen"). Die Konsequenz aus solchen Beobachtungen ist ein kommunikativer Satzbegriff, der Kurzformen dieser Art in eine grammatikalische Beschreibung einschließt. Ein Satz ist diesem kommunikativen Kriterium zufolge die kleinste sprachliche Einheit, mit der eine vollständige sprachliche Handlung vollzogen werden kann (Heringer 1978). In einem weiteren Schritt sind solche Zusammenhänge von sprachlich-grammatikalischer Form und Dialogstruktur zu einer neuen Art von Grammatik generalisiert worden, der kommunikativ-funktionalen Grammatik (vgl. Givon 1979). Einer solchen *integrativen Sprachauffassung* zufolge ist die grammatische Theorie Teil einer kommunikativen Theorie und eben nicht ein autonomes Forschungsfeld. Eine exemplarische Anwendung dieser Auffassung ist die „Grammatik der Deutschen Sprache" die von einer Arbeitsgruppe des Instituts für deutsche Sprache 1997 vorgelegt wurde. Ihre Darstellung ist geleitet von einem funktionalen Grundprinzip, demzufolge „das Ensemble sprachlicher Formen und Mittel (die Ausdrucksstruktur) zu erklären ist durch die kommunikativen Aufgaben und Zwecke im Handlungszusammenhang" (Grammatik der deutschen Sprache Bd. 1, 8). Neben der Integration der Grammatik haben vor allem die praktische Semantik (Heringer 1974) und die linguistische Kommunikationsanalyse (Fritz 1982; 1996) auch Fragen der Semantik in eine Dialoganalyse eingebunden. Beide stützen sich auf eine Gebrauchstheorie der Bedeutung aus Wittgensteins Spätphilosophie (Wittgenstein 1977) und deren verschiedene Ausarbeitungen innerhalb der sprachanalytischen Philosophie (Austin 1979 (Orig. 1961); Strawson 1974; Waismann 1976; Schiffer 1972). Dieser Gebrauchstheorie zufolge besteht die Bedeutung eines sprachlichen Ausdrucks in den Regeln seines Gebrauchs und nicht in der Abbildrelation zu realen oder geistigen Entitäten, wie das die traditionellen Bedeutungsauffassungen angenommen haben (zur Diskussion verschiedener Bedeutungstheorien vgl. Black 1973, Gloning 1996). Da der Gebrauch sprachlicher Ausdrücke aber in der Kommunikation stattfindet, resultiert aus dieser Bedeutungsauffassung eine enge Verbindung von Dialoganalyse und Semantik: Man macht eine Bedeutungsbeschreibung sprachlicher Ausdrücke, indem man eine Beschreibung ihrer dialogischen Verwendungen macht. Dieses dialogische Verfahren ist besonders naheliegend für sogenannte Gesprächswörter, die nur an ganz bestimmten Dialogstellen verwendbar sind, beispielsweise um den Gesprächsverlauf zu steuern (*übrigens*, *ja*, *ja*, *also*, *ja gut* oder *well* im Englischen). So gehört es zu den typischen Verwendungsweisen des Ausdrucks *übrigens*, daß mit ihm ein Dialogbeitrag eingeleitet werden kann, von dem der Sprecher annimmt, daß er in irgendeiner Weise von der Fortsetzungserwartung des Partners abweicht – sei es, daß er das aktuelle Sequenzmuster der Gesprächshandlungen aufbricht, oder zu einem neuen Thema überleitet. Das Prinzip der dialogischen Bedeutungsanalyse hat sich aber auch bewährt im Falle der Modalverben (Gloning 1991), der Frageausdrücke (Bucher 1994), der Partikeln (Heringer 1988; Bucher 1994) oder der Bewertungsausdrücke (Fritz 1982). Das Verfahren zur Beschreibung der Verwendungsregeln für diese Ausdrucksformen besteht jeweils darin, diejenigen Dialogsequenzen zu beschreiben, für deren sprachliche Realisierung diese Ausdrücke typisch sind. So gehört es beispielsweise zu den Gebrauchsregeln des satzwertig verwendbaren 'doch', daß es erst dann als Mittel des Insistierens verwendet werden kann, wenn der Partner eine ausgesprochene Aufforderung verweigert hat.

A: Du gehst jetzt sofort.
B: Nein.
A: Doch.

Die Stellung auf der Ebene des dritten Zuges im Dialog und die Zuordnung zur Handlung des Insistierens sind integrale Bestandteile der Verwendungsregeln des Ausdrucks 'doch' und damit seiner Bedeutung. Referentielle Bedeutungstheorien, denenzufolge die Bedeutung den gemeinten Gegenstand oder den ausgedrückten Gedanken darstellt, scheitern an derartigen Beschreibungsaufgaben. Innerhalb der Dialoganalyse sind zwei grundsätzliche Forschungsperspektiven zu unterscheiden: die kompetenzorientierte und die performanzorientierte. Die kompetenzorientierte Perspektive sucht nach Grundstrukturen der Kommunikation, die, ähnlich einem Regelwerk, allen Realisierungen eines bestimmten Dialogtyps zugrundeliegen. Solche Muster für Dialogverläufe werden im Spracherwerb gelernt, bilden die Dialogkompetenz und sind damit die Basis für das Dialogverstehen und die Fortsetzungserwartungen der Dialogpartner. Die performanzorientierte Perspektive legt den Schwerpunkt auf die Analyse einzelner, konkreter, Dialogverläufe, die nach einem bestimmten Erkenntnisinteresse analysiert werden, beispielsweise um zu rekonstruieren, warum ein Gespräch an einer bestimmten Stelle eskaliert oder warum es zu einem Mißverständnis kommt. Die beiden Perspektiven sind aber insofern eng verflochten, als das strukturelle Wissen über Dialogmuster auch die Basis für eine problemorientierte Dialogempirie bilden muß. Nur auf Grundlage der Kenntnis *möglicher* Dialogverläufe, kann der *reale* Dialogverlauf verstanden und eingeordnet werden.

Für die Analyse von Dialogen haben die verschiedenen Theorien eine ganze Reihe von Beschreibungskategorien entwickelt. Das *Sequenzmuster* – in der Konversationsanalyse 'adjacency pair' genannt –, also die regelhafte Abfolge sprachlicher Handlungen, konstituiert größere Gesprächseinheiten aus Minimalsequenzen wie beispielsweise Vorwurf und Entgegnung, Frage und Antwort, Vorschlagen, Ablehnen, den Vorschlag modifizieren, Behaupten, Bestreiten und Belegen usw. Der *Gesprächszug* oder *turn*, umfaßt das, „was ein Individuum sagt und tut, während es an der Reihe ist (Goffman). Die *Strategie* kennzeichnet ein übergeordnetes Muster für eine Abfolge von Einzelzügen im Hinblick auf einen bestimmten Kommunikationszweck. Die *Hörersignale* sind Äußerungen (*ganz recht*, *genau*), akustische Signale (räuspern) und Gesten der Partner (Augenbrauen hochziehen), die nicht als eigenständige Gesprächszüge zählen, sondern quasi in den Redebeitrag eines Partners eingeklinkt werden, beispielsweise als Zustimmungs-, Aufmerksamkeits- und Bestärkungssignale oder als Unterbrechungsankündigungen. Die ethnomethodologische Dialoganalyse ('Conversation Analysis') hat sich schwerpunktmäßig mit den verschiedenen Aspekten der *Dialogorganisation* befaßt: mit dem Problem des *Sprecherwechsels*, der *Eröffnung* und *Beendigung* von Dialogen, der Verteilung des *Rederechts* (als Überblick: Boden/Zimmermann 1991; Bergmann 1994). Die ethnomethodologische Konversationsanalyse basiert auf einer soziologischen Forschungstradition, die sich als Gegenprojekt zur systemtheoretischen Soziologie Parson'scher Prägung versteht: Im Unterschied zur Annahme objektiv gegebener Sozialstrukturen geht die Ethnomethodologie von einem dynamischen Strukturbegriff aus, einer 'structure-in-action'. Soziale Strukturen und soziale Ordnungen werden in den Handlungen der Gesellschaftsmitglieder erst hervorgebracht und erhalten durch diese permanente Erzeugung ihre Objektivität. Da Kommunikation eine Keimzelle jeder gesellschaftlichen Ordnung darstellt, ist es naheliegend, die Entstehung solcher Ordnungen am Beispiel von Dialogen zu analysieren. Die Leitfrage der ethnomethodologischen Konversationsanalyse lautet dementsprechend: „Welches sind die generativen Prinzipien und

Verfahren, mittels derer die Teilnehmer an einem Gespräch in und mit ihren Äußerungen und Handlungen die charakteristischen Strukturmerkmale und die gelebte Geordnetheit des interaktiven Geschehens, in das sie verwickelt sind, hervorbringen" (Bergmann 1994, 7). Diesem dynamischen Verständnis von „structure-in-action" zufolge müssen sich auch die Besonderheiten der institutionellen Kommunikation in den Dialogverhandlungen der Gesprächspartner zeigen. Da solche Formen institutioneller Kommunikation zugleich die Schnittstelle zwischen gesellschaftlichen Mikro- und Makrostrukturen darstellen, haben sich eine ganze Reihe ethnomethodologischer Untersuchungen speziell mit solchen Dialogformen in Behörden, Krankenhäusern, Polizeistationen usw. befaßt (Drew/Heritage 1992). Da auch Mediendialoge eine Form der institutionellen Kommunikation darstellen, ist der Übergang zur Medienwissenschaft naheliegend. Die ethnomethodologische Analyse von Fernsehinterviews belegt die Fruchtbarkeit dieser Interdisziplinarität (Heritage/Greatbatch 1991). An der Etablierung einer eigenständigen sprachwissenschaftlichen Medienforschung hat die ethnomethodologische Konversationsanalyse ganz entscheidenden Anteil (vgl. dazu Artikel Nr. 18; Bucher: Sprachwissenschaftliche Methoden der Medienforschung).

4.3. Textlinguistik und Textproduktion

Die Geschichte der Textlinguistik, die etwa Mitte der 60er Jahre beginnt, ist eng gekoppelt an die Pragmatisierung der Sprachwissenschaft insgesamt. Die Hinwendung zum Sprachgebrauch zeigt sich in der Textlinguistik beispielsweise darin, daß reale Texte des kommunikativen Lebens zum Forschungsgegenstand werden, Fragen des Textverstehens und der Textverständlichkeit aufgriffen und Vorschläge zur Typologie von realen Textfamilien gemacht werden oder die Theoriebildung mit praktischen Fragen der Textproduktion gekoppelt wird (zum Überblick und zur Geschichte: Heinemann/Viehweger 1991; Vater 1994; Beaugrande 1997a). Im englischen Sprachraum wird diese Forschungsrichtung der *Discourse Analysis* zugerechnet (zum Überblick: Levinson 1983, 286–294; van Dijk 1988, 5–16; Beaugrande 1997b). Im Verlauf ihrer Entwicklung hat sich die Textlinguistik zu einer interdisziplinären Forschungsrichtung entwickelt, in der rhetorische, semiotische, soziolinguistische, konversationsanalytische und literaturwissenschaftliche Ansätze, *Cultural Studies*, die *Thema-Rhema-Analyse* der Prager Schule, der linguistische *Funktionalismus*, *Erzähltheorien*, *Argumentationstheorien* und *Kognitionstheorien* zusammenfließen (zum Überblick: van Dijk 1997a).

Mit der Textlinguistik wird die traditionelle Fixierung auf den Satz als bislang größte linguistische Analyseeinheit aufgebrochen. Die anfängliche Bezeichnung des erweiterten Forschungsfeldes als *Textgrammatik* macht allerdings deutlich, daß dabei der Text unter derselben systemlinguistischen Perspektive betrachtet wurde, wie der Satz, nämlich als wohlgeformte Ganzheit aus untergeordneten Elementen: wie die Sätze aus Syntagmen, so sollten die Texte aus Sätzen zusammengebaut sein. Dementsprechend lag der Schwerpunkt in dieser Anfangsphase der Textlinguistik auf der Analyse grammatikalischer Merkmale, die Kohärenz zwischen Sätzen stiften können: Konjunktionen, Pronomina, Proadverbien, Temporalität und Modalität, oder Satzadverbien (vgl. dazu Halliday/Hasan 1976; Weinrich 1973; Linke u. a. 215–229).

Die grammatikalische Fixierung dieser Ansätze wird darin deutlich, daß solche syntaktischen Kohärenzmarkierungen als Basis einer generellen Texttheorie verwendet wurden, beispielsweise die pronominale Ersetzung: „Ein Text kann nun definiert werden als eine Folge von Sätzen, die im Sinne syntagmatischer Substitution miteinander verbunden sind" (Harweg 1968, 8). Eine exemplarische Satzverbindung mit Textstatus würde demnach also das folgende Beispiel bieten, in dem der Ausdruck „Kohl" durch das entsprechende Pronomen aufgenommen wird. „*Kohl wird die Wahl gewinnen. Er ist ein erfolgreicher Bundeskanzler*". Für Satzverknüpfungen dieser Art wird der Ausdruck *Kohäsion* verwendet, um deutlich zu machen, daß der Zusammenhang zwischen den Sätzen von der Oberflächenstruktur der sprachlichen Ausdrücke abgeleitet ist. Der Begriff der *Kohärenz* wird dagegen für Fälle der impliziten Verknüpfung reserviert, wobei allerdings die Unterscheidung theoretisch nicht eindeutig zu klären ist (vgl. dazu Fritz 1982, 47–55). Das hängt damit zusammen, daß sich Textzusammenhänge nicht auf das Vorkommen entsprechender Verknüpfungsmittel reduzieren lassen. So gibt es zusammenhängende Satzverbindungen, ohne daß Verknüpfungsmittel verwendet werden (z. B. *Das Auto blieb stehen. Der Motor hatte einen Kolben-*

fresser). Eine Satzverbindung kann inkohärent sein, obwohl Verknüpfungsmittel verwendet werden (z. B.: *Kohl gewinnt die Wahl. Er heißt Edmund.*). Oder aber, die verwendeten Verknüpfungsmittel lassen gerade offen, *welcher Art* der Zusammenhang ist (z. B.: *Das Baby schrie. Die Mutter hob es auf.*). Schwierigkeiten dieser Art haben dazu geführt, daß die textgrammatischen Theorien durch andere ergänzt oder abgelöst wurden, die sich in zwei große Gruppen einteilen lassen: die propositionalen Texttheorien und die handlungsorientierten Texttheorien (zum Überblick mit kritischer Einordnung vgl. Bucher 1986, 24−74).

Ähnlich wie die grammatikalischen Textauffassungen baut die *propositionale Texttheorie* auf der Satzlinguistik auf, indem die dort entwickelten Beschreibungskategorien auf Texte ausgedehnt werden. So wird hier der aus der wahrheitsfunktionalen Satzsemantik stammende Begriff der Proposition als elementare Einheit der Textkonstitution genutzt: Propositionen konstituieren auf der Ebene des Satzes dessen Bedeutung; sie sind das, was mit dem Satz ausgedrückt werden kann. Texte sind demzufolge Gefüge von Propositionen, die hierarchisch auf verschiedenen Ebenen als Mikro-, Makro- und Superstrukturen organisiert sind. „Like meanings at the local level, macrostructures are characterized in terms of propositions. Roughly speaking, propositions are the smallest, independent meaning constructs of language and thought" (van Dijk 1988, 31; vgl. auch van Dijk 1997b, 9/10). Demzufolge ergibt sich für Texte folgendes Kohärenzkriterium: „Zwei Propositionen sind miteinander verbunden, wenn ihre Denotate, d. h.: die Sachverhalte, die ihnen in einer Interpretation zugewiesen werden, miteinander verbunden sind" (van Dijk 1980, 27). Der theoretische Fortschritt gegenüber den textgrammatischen Ansätzen markiert der Ausdruck „Interpretation": Während in der Textgrammatik ein Signalkriterium für das Vorliegen eines zusammenhängenden Textes verwendet wird, nämlich das Vorkommen bestimmter grammatikalischer Merkmale, liegt der propositionalen Texttheorie ein verstehensorientierter Textbegriff zugrunde. Dementsprechend einflußreich waren propositionale Theorien in der Verständlichkeitsforschung (van Dijk/Kintsch 1983; Schnotz 1994). Sie haben aber auch in der Medienforschung ihren Niederschlag gefunden, beispielsweise in der Fundierung der Inhaltsanalyse (Früh 1994, kritisch dazu: Bucher/Fritz 1989).

Propositionale Texttheorien sind wiederholt kritisiert worden, wegen der Verabsolutierung des einen Aspektes − eben der Propositionen oder des Textinhalts − als Schlüsselkategorie ihres Textbegriffs (vgl. Levinson 1983, 286−294; Bucher 1986, 38−54). Diese Einseitigkeit hat zur Folge, daß andere Aspekte der Textkonstitution in der Theoriebildung nicht systematisch bedacht werden. Dazu gehören: der Handlungscharakter einzelner Textpassagen, die Funktionalität einzelner Textteile im Gesamttext, die kommunikative Funktion eines Textes im Verwendungskontext, das Wissen, das für das Verständnis eines Textes und seiner inneren Struktur vorausgesetzt wird. Propositionale Texttheorien sind induktive Theorien, die analog zu den textgrammatischen Ansätzen, den Begriff des Textes aus seinen Elementen, den Propositionen ableiten. Das Textverstehen hat aber auch eine holistische Komponente: Bestimmte Einzelaspekte eines Textes wie der Sinn einer Wortwahl oder der propositionale Gehalt einer Passage erschließen sich erst auf dem Hintergrund der kommunikativen Einbettung eines Textes in den weiteren Kontext, der *Textfunktion*. Erst der Begriff der Textfunktion eröffnet die Möglichkeit, Formen der Intertextualität zu analysieren, also Zusammenhänge zwischen verschiedenen Texten, die einen größeren Kommunikationskomplex bilden, wie es für Medienkommunikationen typisch ist: der Zusammenhang zwischen Agenturtexten und Presse-, Fernseh- oder Hörfunktexten, der Zusammenhang zwischen verschiedenen Bausteinen eines Beitragsclusters, wie er für die Presseberichterstattung oder Multimedia-Beiträge im Internet typisch ist, oder der Zusammenhang zwischen den fortlaufenden Beiträgen zu einem bestimmten Thema.

Die *handlungstheoretischen Ansätze* in der Textlinguistik greifen hier über die propositionalen hinaus: Der Text wird als komplexe kommunikative Handlung aufgefaßt, die sich aus verschiedenen Teilhandlungen zuammensetzt (vgl. Bucher 1986, 55−71; Brinker 1992, 81−99). Monologische Texte unterscheiden sich in dieser Hinsicht nicht von Dialogen. Sie lassen sich sogar auf dialogische Kommunikationsformen zurückführen. So kann man typische monologische Textsequenzen wie BEHAUPTEN − BELEGEN − EIN BEISPIEL ANFÜHREN oder typische Sequenzen aus Erzählungen wie EINE PERSON

EINFÜHREN – EINE PERSON CHARAKTERISIEREN, als Antizipationen möglicher Partneräußerungen analysieren. Während in dialogischen Kommunikationsformen der Partner Einwände vorbringt, oder Spezifizierungen erbittet, nimmt in monologischen Kommunikationsformen der Sprecher oder Schreiber solche Entgegnungen vorweg und strukturiert danach seinen Kommunikationsbeitrag. Dieses methodische Verfahren der dialogischen Analyse ist angewendet worden auf die Beschreibung von Erzählmustern (Fritz 1982, 269–307), auf die Beschreibung von Textsorten der Presse (Bucher 1986) und die Analyse von Fernsehnachrichten (Muckenhaupt 1986).

Die Interdisziplinarität der Textlinguistik hat einerseits ein reichhaltiges Instrumentarium für die Textanalyse hervorgebracht, andererseits aber auch die Frage nach ihrem genuinen theoretisch-methodischen Kern aufgeworfen (Antos/Tietz 1997). In dieser Diskussion stehen sich zwei Extrempositionen gegenüber: Die enge Auffassung von Textlinguistik, die diese auf die Analyse textinterner Strukturmerkmale beschränken möchte (Heinemann/Viehweger 1991; Vater 1992) und eine weite Auffassung, die die Textlinguistik als eine Art Superwissenschaft der Sprachwissenschaft begreift, in der alle Forschungsaufgaben zusammenkommen. Dementsprechend favorisieren Vertreter dieser Auffassung den Ausdruck 'Textwissenschaft' (van Dijk 1980, 1997; Beaugrande 1997a). Eine Entscheidung über diese Frage hängt natürlich vom vertretenen Textbegriff ab. Eine handlungstheoretisch fundierte Textlinguistik wird diesen Forschungszweig allerdings als Teilbereich einer allgemeinen Theorie der Kommunikation betrachten, die dialogische und monologische, geschriebene und gesprochene, medial vermittelte und direkte Formen der Kommunikation umfaßt.

Unabhängig von der Entscheidung über die Frage der theoretischen Reichweite der Textlinguistik ist die Frage nach ihren praktischen Forschungsergebnissen. Beiträge zur angewandten Sprachwissenschaft hat die Textlinguistik vor allem im Bereich der Stilistik (Püschel 1991; Sandig 1995), im Bereich der Verständlichkeitsforschung (vgl. Abschnitt 4.1.), im Bereich der Textproduktion (Antos/Krings 1989; Eigler 1996) der Schreibforschung (Baurmann/Weingarten 1995) sowie der Medienanalyse (Bell/Garrett 1998) erbracht.

Ein neuer Forschungsgegenstand für die Textlinguistik sind die in der computergestützten Kommunikation entwickelten Hypertexte, wie sie auch in der Internet-Kommunikation zu finden sind. Für die Analyse dieser neuen nicht-linearen Kommunikationsform spielen all die Fragen eine entscheidende Rolle, wie sie in der Textlinguistik aufgeworfen werden: die Frage der Kohärenz, die Frage der Intertextualität, die Frage nach dem Textbegriff oder die Frage des Verstehens und der Verständlichkeit. Die informationswissenschaftliche Hypertextforschung hat bereits Ergebnisse und Theorieteile der Textlinguistik rezipiert (Kuhlen 1991). Auch in der Sprachwissenschaft finden sich bereits erste Ansätze zur Analyse von Grundstrukturen hypertextueller Kommunikationsformen (Freisler 1992; Fritz 1998; Bucher 1998; Storrer/Harriehausen 1998).

4.4. Sprachkritik und kommunikative Ethik

Die Sprachkritik ist ein facettenreiches Gebiet, das weit zurückreicht in die Philosophiegeschichte. Einerseits wird die Unvollkommenheit der Sprache überhaupt kritisiert – beispielsweise von John Locke und Gottfried Wilhelm Leibnitz –, da die Wörter aufgrund ihrer Zweideutigkeit eine Verständigung erschweren oder das vorhandene Vokabular den kommunikativen Aufgaben nicht gewachsen sei. Andererseits wird der Mißbrauch der Sprache angeprangert, wie die Verwendung von Ausdrücken ohne klare Bedeutung oder die Verwendung von neuen und noch unverständlichen Wörtern. Wie andere seiner Zeitgenossen kritisiert Leibnitz bereits die Sprache der frühen Zeitungen, über deren Verfasser er feststellt, daß sie „ihr Deutsch vergessen und ihr Französisch nicht gelernt (haben)". Während Locke und Leibnitz, ebenso wie im 18. Jh. Schopenhauer, immerhin noch Maßnahmen gegen den Sprachmißbrauch vorschlagen, radikalisiert an der Wende zum 20. Jh. Fritz Mauthner die Sprachkritik ins Grundsätzliche. Er bestreitet, daß die Sprache überhaupt als Mittel der Verständigung tauglich ist: „Ein Hauptmittel des Nichtverstehens ist die Sprache. Wir wissen voneinander bei den einfachsten Begriffen nicht, ob wir bei einem gleichen Wort die gleiche Vorstellung haben" (Mauthner 1982, 56). Die Paradoxie dieses Sprachskeptizismus hat zwei Ursachen. Sie beruht einerseits auf einer unzureichenden Sprachauffassung, derzufolge mit sprachlichen Ausdrücken Vorstellungen transportiert werden. Andererseits fehlt es diesen Sprachkritikern an klaren Maßstäben, nach denen der Kommunikationserfolg gemessen werden kann. Theoretische Defizite dieser Art haben sich bis heute, vor allem in der politischen Sprachkritik, erhalten. So begründen die Autoren des 'Wörterbuchs des Unmenschen' ihre Forderung, bestimmte Ausdrücke aus dem Vokabukar des Nationalsozialismus nicht weiter zu verwenden, damit, daß mit der 'bösen Sprache' auch das böse Gedankengut entsorgt werden kann (Sternberger u. a. 1986). Im politischen Semantikstreit der 70er Jahre wurde die Losung ausgegeben, die Begriffe zu besetzen, da nur so auch das politische Denken der Bürger kontrollierbar würde. So diagnostiziert der CDU-Politiker Kurt Biedenkopf 1973 angesichts der Wahlniederlage seiner Partei: „Wir erleben heute eine Revolution, die sich nicht der Besetzung der Produktionsmittel, sondern der Besetzung der Begriffe bedient" (zitiert nach Klein 1991, 46). Bereits in der Auseinandersetzung mit den Autoren des Wörterbuchs des Unmenschen kritisierte der Sprachwissenschaftler Peter von Polenz derartige Hypostasierungen der Sprache, derzufolge Wörter lügen und Menschen beherrschen und sogar der Akkusativ unmenschlich sein kann. Von Polenz stellte dem die Auffassung gegenüber, daß „nicht die Wörter selbst moralisch oder unmoralisch (wirken), sondern allein ihr Gebrauch durch bestimmte Sprecher in bestimmten Sprachsituationen" (v. Polenz 1986 (1963), 306 f.).

Erst diese Aspektverschiebung eröffnet die Möglichkeit, die Sprachkritik als sprachwissenschaftliche Disziplin auch theoretisch zu fundieren (Heringer 1982; Fairclough 1995). Die Aspektverschiebung beseitigt unzureichende Bedeutungstheorien, die die Basisfunktion der Sprache im Austausch von Idee sehen, wie es Locke und Mauthner angenommen haben. Sie zeigt, was der angemessene und sinnvolle Gegenstand der Sprachkritik ist: weder die Sprache insgesamt noch einzelne Wörter oder Ausdrücke, sondern deren Verwendung beim Vollzug sprachlicher Handlungen. Ihr Ziel ist es, über die Konsequenzen eines bestimmten Sprachgebrauchs aufzuklären, auf unzulässige Normierungen hinzuweisen und so gegen sprachliche Tricks zu immunisieren. Als Grundlage der Kritik muß man nicht auf unbegründete Normen zurückgreifen, sondern kann sich auf die kommunikativen Prinzipien stützen, die konstitutiv für jede Art der Kommunikation sind. Das Programm einer solchen 'Sprachgebrauchskritik' ist von verschiedenen Autoren ausgearbeitet und bereits mehrfach in aktuellen sprachkritischen Debatten angewendet worden: in der Debatte um Terrorismus und Atomkraft der 70er Jahre (Wimmer 1982; Keller 1982), in der Debatte um die Rede des damaligen Bundestagspräsidenten Philipp Jenninger zum 50. Jahrestag der Novemberpogrome von 1938 gegen die jüdische Bevölkerung (Bucher 1990; Heringer 1990) oder den diversen Debatten um die Glaubwürdigkeit von Politikern (Heringer 1990). Der Beitrag der linguistischen Sprachkritik zu einer allgemeinen Sprachtheorie liegt in der Klärung und Ausarbeitung der Grice'schen Kommunikationsmaximen. Während Grice diese Maximen im Hinblick auf eine Theorie des Verstehens und des Meinens aufstellte, zeigt die linguistische Sprachkritik ihren Stellenwert für eine kommunikative Ethik.

Unter diesem ethischen Gesichtspunkt sind die Aufgaben und Methoden der Sprachkritik auch für eine linguistisch fundierte Medienkritik nutzbar. Wie es die Aufgabe der Sprachkritik ist, über problematische Formen des Sprachgebrauchs aufzuklären, so soll die Medienkritik über den journalistischen Sprachgebrauch und auch über den Bildgebrauch aufklären. Da Medienbeiträge in die öffentliche Kommunikation eingebettet sind, kommt ihnen für die Verbreitung von Wissen, von Sichtweisen zu bestimmten Ereignissen und von Meinungen zu bestimmten Themen eine grundlegende Rolle zu. Hier setzt die Medienkritik an, als ein Verfahren, informationspolitische Absichten und ideologische Implikationen der Berichterstattung aufzudecken (Bucher 1990, Fowler 1991, Fairclough 1995, Fowler et al. 1979). Ziel dieser Aufklärung ist es, die journalistische Konstruktion einer Medienrealität zu rekonstruieren. Im Unterschied zur publizistischen und kommunikationswissenschaftlichen Medienkritik sind die Ansatzstellen der Analyse allerdings die journalistischen Beiträge, die darin verwendeten Ausdrücke (Good 1985), die Textsorten und Dialogformen, die journalistischen Strategien, die Informationspolitik, die Themenbehandlung (zur Übersicht vgl. Bucher 1990, 21−45). Eine Analyse die 'kritisch' ist, bleibt allerdings nicht auf der Ebene der Beschreibung dieser Befunde stehen, sondern ordnet sie ein in übergreifende Zusammenhänge der öffentlichen Kommunikation, um zu zeigen „how discourse cumulatively contributes to the reproduction of macrostructures (Fairclough 1995, 43).

Was auf dem Gebiet der Medienkritik zu beobachten ist, gilt auch für die anderen anwendungsorientierten Forschungsfelder der Sprachwissenschaft, wie die Textlinguistik, die Stilistik, die Dialoganalyse und die Verständlichkeitsforschung. Die Beschäftigung mit Aspekten der Medienkommunikation ist nicht mehr nur eine zufällige Begleit- oder Modeerscheinung genuin sprachwissenschaftlicher Forschung, sondern hat sich als eigenständiger Bereich der angewandten Sprachwissenschaft etabliert. Auch wenn Theorieansätze und Methoden heterogen, die Perspektiven auf den Gegenstand 'Medien' aus ganz unterschiedlichen Richtungen und mit unterschiedlichen Absichten gewählt werden, so läßt sich bereits erkennen, daß diese Forschungsaktivitäten einerseits befruchtend auf die Sprachwissenschaft zurückwirken, andererseits aber auch der Publizistik und der Kommunikationswissenschaft neue Impulse gegeben haben.

5. Literatur

Alston, William P., Philosophy of language. Englewood Cliffs, N.J. 1964.

–, Searle on illocutionary acts. In: John Searle and his critics. Ed. by LePore, Gulick van, Cambridge/Oxford 1991, 57–80.

Antos, Gerd/Heike Tietz (Hrsg.), Die Zukunft der Textlinguistik. Traditionen, Transformationen, Trends. Tübingen 1977.

Antos, Gerd/Hans P. Krings (Hrsg.), Textproduktion. Ein interdisziplinärer Forschungsüberblick. Tübingen 1989.

Austin, John L., How to do things with words. Oxford 1962 (dt.: Zur Theorie der Sprache. Stuttgart 1972).

–, Philosophical Papers, 3rd ed., Oxford 1979 (University Press; 1st ed. 1961).

Bach, Kent/Robert Harnish, Linguistic communication and speech acts. Cambridge, Mass. 1979.

Ballstaedt, Steffen-Peter, Bildverstehen, Bildverständlichkeit. Ein Forschungsüberblick unter Anwendungsperspektive. In: Wissenschaftliche Grundlagen der Technischen Kommunikation. Hrsg. v. Hans P. Krings. Tübingen 1996, 191–233.

Baurmann, Jürgen/Rüdiger Weingarten (Hrsg.), Schreiben. Prozesse, Prozeduren und Produkte. Opladen 1995.

Beaugrande, Robert de, Textlinguistik: Zu neuen Ufern? In: Die Zukunft der Textlinguistik. Traditionen, Tranformationen, Trends. Hrsg. v. Gerd Antos/Heike Tietz. Tübingen 1997a.

–, The Story of Discourse Analysis. In: Discourse as structure and process. Discourse studies 1. A multidisciplinary introduction. Ed. by Teun A. van Dijk. London 1997b, 35–62. (Sage).

Beckermann, Ansgar (Hrsg.), Analytische Handlungstheorie, Band 2: Handlungserklärungen. Frankfurt a. M. 1977.

Bell, Alan/Peter Garrett, Approaches to Media Discourse. Oxford 1998.

Bermann, Jörg R., Ethnomethodologische Konversationsanalyse. In: Handbuch der Dialoganalyse. Hrsg. v. Gerd Fritz/Franz Hundsnurscher. Tübingen 1994, 3–16.

Biere, Bernd U., Textgestaltung zwischen Sachangemessenheit und Adressatorientierung. In: Wissenschaftliche Grundlagen der Technischen Kommunikation. Hrsg. v. Hans P. Krings. Tübingen 1996, 291–305.

–, Verständlich-Machen. Hermeneutische Tradition–Historische Praxis–Sprachtheoretische Begründung. Tübingen 1989.

Black, Max, Sprache. München 1973.

Blakemore, Diana, Understanding utterances: The Pragmatic of natural Language. Oxford 1990.

Blum, Joachim/Hans-Jürgen Bucher, Die Zeitung: ein Multimedium. Textdesign – ein Gestaltungskonzept für Text, Bild und Grafik. Konstanz 1998.

Blum-Kulka, Shoshana, Discourse Pragmatics. In: Discourse as social interaction. Discourse Studies 2: A multidisciplinary Introduction. Ed. by Teun A. van Dijk. London 1997, 38–63.

Boden, Deirdre/Don H. Zimmerman, Talk and social structure. Studies in Ethnomethodology and Conversation Analysis. Oxford 1991.

Brinker, Klaus, Linguistische Textanalyse. Eine Einführung in die Grundbegriffe und Methoden. Berlin ³1992.

Bucher, Hans-Jürgen, Pressekommunikation. Grundstrukturen einer Form der öffentlichen Kommunikation aus linguistischer Sicht. Tübingen 1986.

–, Zeitungen und Leser im Dialog. Ein Beitrag zur kommunikativen Analyse von Pressetexten. In: Weigand/Hundsnurscher: Dialoganalyse II. Tübingen 1989, 287–303.

–, Von der Last des reflektierten Sprachgebrauchs oder die Sprache des unbeholfenen Antifaschismus. In: Sprache und Literatur 65, 1990, 27–39.

–, Pressekritik und Informationspolitik. Zur Theorie und Praxis einer linguistischen Medienkritik. In: Mediensprache–Medienkommunikation–Medienkritik. Hrsg. v. Hans-Jürgen Bucher/Erich Straßner. Tübingen 1991, 3–109.

–, Geladene Fragen. Zur Dialogdynamik in Fernsehinterviews mit Politikern. In: Dialoganalyse IV. Arbeitstagung Basel 1992, Teil 2. Hrsg. v. Heinrich Löffler. Tübingen 1993, 97–107.

–, Dialoganalyse und Medienkommunikation. In: Handbuch der Dialoganalyse. Hrsg. v. Gerd Fritz/ Franz Hundsnurscher. Tübingen 1994, 471–491.

–, Frage-Antwort-Dialoge. In: Handbuch der Dialoganalyse. Hrsg. v. Gerd Fritz/Franz Hundsnurscher. Tübingen 1994, 239–258.

–, Textdesign – Zaubermittel der Verständlichkeit? Die Tageszeitung auf dem Weg zum interaktiven Medium. In: Textstrukturen im Medienwandel. Hrsg. v. Ernest W. B. Hess-Lüttich/Werner Holly, Ulrich Püschel. Frankfurt a. M. 1996, 31–59.

–, Vom Textdesign zum Hypertext: Gedruckte und elektronische Zeitungen als nicht-lineare Medien. In: Medien im Wandel. Hrsg. v. Werner Holly/ Bernd-Ulrich Biere. Wiesbaden 1998, 63–102.

–/Gerd Fritz, Sprachtheorie, Kommunikationsanalyse, Inhaltsanalyse. In: Qualitative Medienforschung. Konzepte und Erprobungen. Hrsg. v. Dieter Baacke/Hans-Dieter Kübler. Tübingen 1989, 135–160.

Bühler, Karl, Sprachtheorie. Die Darstellungsfunktion der Sprache. Stuttgart/New York 1982 (Orig. 1934).

Carlson, Lauri, Language games and speech acts. In: Papers from the Scandinavian Conference of Linguistics. Ed. by Fred Karlson. Turku 1976, 97–107.

–, Dialogue games. An approach to discourse analysis. Dordrecht 1983.

–, 'Well' in dialogue games. A discourse analysis of the interjection 'well' in realized conversation. Amsterdam/Philadelphia 1984.

Chomsky, Noam, Aspekte der Syntax-Theorie. Frankfurt a. M. 1972.

–, Regeln und Repräsentationen. Frankfurt a. M. 1981.

Christmann, Ursula/Norbert Groeben, Textverstehen, Textverständlichkeit. Ein Forschungsüberblick unter Anwendungsperspektive. In: Wissenschaftliche Grundlage der Technischen Kommunikation. Hrsg. v. Hans P. Krings. Tübingen 1996, 129–189.

Dijk, Teun A. van: Textwissenschaft. Eine interdisziplinäre Einführung. München 1980.

–, News as discourse. Hillsdale, NJ 1988.

– (Ed.), Discourse as structure and process. Discourse studies 1. A multidisciplinary introduction. London 1997a (Sage).

– (Ed.), Discourse as social interaction. Discourse Studies 2: A multidisciplinary Introduction. London 1997b (Sage).

–, The study of discourse. In: Discourse as structure and process. Discourse studies. A multidisciplinary introduction. Vol. 1. Ed. by Teun A. Dijk. London 1997, 1–34 (Sage).

Dijk, Teun A. van/Walter Kintsch, Strategies of Discourse Comprehension. New York/London 1983.

Drew, Paul/John Heritage (Ed.), Talk at work: interaction in institutional settings. Cambridge 1992.

Eigler, Gunther, Methoden der Textproduktionsforschung. In: Schrift und Schriftlichkeit. Writing and its use. Ein interdisziplinäres Handbuch. Hrsg. v. Hartmut Günther/Otto Ludwig. Berlin/New York 1996, 992–1004.

Ellis, Donald G., From language to communication. Hillsdale, NJ 1992.

Fairclough, Norman, Critical discourse analysis. The critical study of language. London/New York 1995.

Fanselow, Gisbert/Sascha W. Felix: Sprachtheorie 1: Grundlagen und Zielsetzungen. Tübingen 1987.

Fodor, Jerry A., The modularity of mind. An essay on faculty psychology. Cambridge, Mass. 1983.

Fowler, Roger, Language in the news. Discourse and ideology in the press. London/New York 1991.

Fowler, Roger/Bob Hodge/Gunther Kress/Tony Trew (Ed.), Language and control. London 1979.

Freisler, Stefan, Hypertext – eine Begriffsbestimmung. In: HDS 1/1994, 19–50.

Fritz, Gerd, Kohärenz. Grundfragen der linguistischen Kommunikationsanalyse. Tübingen 1982.

–, Bedeutungsbeschreibungen und die Grundstrukturen von Kommunikationsformen. In: Dialoganalyse, Referate der 1. Arbeitstagung in Münster 1986. Hrsg. v. Franz Hundsnurscher/Edda Weigand. Tübingen 1986, 259–280.

–, Formale Dialogspieltheorien. In: Handbuch der Dialoganalyse. Hrsg. v. Gerd Fritz/Franz Hundsnurscher. Tübingen 1994, 131–152.

–, Philosophy of language and communication theory. In: Sprachphilosophie. Ein Internationales Handbuch. Hrsg. v. Marcelo Dascal/Dietfried Gerhardus/Kuno Lorenz/Georg Meggle. Berlin/New York 1996, 1685–1700.

–, Coherence in Hypertext. In: Coherence. Ed. by Wolfram Bublitz. Berlin/New York 1998.

Früh, Werner, Realitätsvermittlung durch Massenmedien. Die permanente Transformation der Wirklichkeit. Opladen 1994.

Givón, Talmy (Ed.), Discourse and Syntax. Syntax and Semantics. Vol. 12. New York/San Francisco/ London 1979.

Gloning, Thomas, Bedeutung und zusammenhängendes Sprachliches Handeln: 'sollen' und das Vorausdeutungsspiel. In: Dialoganalyse III. Referate der 3. Arbeitstagung. Bologna 1990, Teil 1. Hrsg. v. Sorin Stati/Edda Weigand/Franz Hundsnurscher. Tübingen 1991, 123–134.

–, Bedeutung, Gebrauch und sprachliche Handlung: Ansätze und Probleme einer handlungstheoretischen Semantik aus linguistischer Sicht. Tübingen 1996.

Green, Georgia M., Pragmatics and natural language understanding. Hillsdale 1989.

Grewendorf, Günther/Fritz Hamm/Wolfgang Sternefeld, Sprachliches Wissen. Eine Einführung in moderne Theorien der grammatischen Beschreibung. Frankfurt a. M. 1987.

Grice, Paul, Logik und Konversation. In: Handlung, Kommunikation, Bedeutung. Hrsg. v. Georg Meggle. Frankfurt 1979, 243−265. (Orig.: Logic and conversation. In: Peter Cole/Jerry L. Morgan: Speech Acts. Syntax and semantics. Vol. 3. New York 1975, 41−58).

−, Studies in the way of words. Cambridge, Mass./London 1989 (Harvard University Press).

Halliday, Michael K. A./R. Hasan, Cohesion in English. London 1976.

Hamblin, C. L., Fallacies. London 1970.

Harweg, Roland, Textologische Analyse einer Zeitungsnachricht. In: Replik 1/2, 1968, 8−12.

Heinemann, Wolfgang/Dieter Viehweger, Textlinguistik. Eine Einführung. Tübingen 1991.

Heringer, Hans J., Praktische Semantik. Stuttgart 1974a.

− (Hrsg.), Seminar: Der Regelbegriff in der praktischen Semantik. Frankfurt a. M. 1974b.

−, Wort für Wort. Interpretation und Grammatik. Stuttgart 1978.

−, Verständlichkeit. Ein genuiner Forschungsbereich der Linguistik? In: ZGL 7 (1979), 255−278.

−, Holzfeuer im hölzernen Ofen. Aufsätze zur politischen Sprachkritik. Tübingen 1982.

−, Textverständlichkeit. Leitsätze und Leitfragen. In: Zeitschrift für Literaturwissenschaft und Linguistik 55 (1984), 57−70.

−, Ja, Ja, die Partikeln. Können wir Partikelbedeutungen prototypisch erfassen? In: ZPSK 41, 1988, 730−754.

−, 'Ich geben Ihnen mein Ehrenwort'. Politik, Sprache, Moral. München 1990.

Heritage, John/David Greatbatch, On the institutional character of institutional talk: The case of news interview. In: Talk and social structure. Studies in Ethnomethodology and Conversation Analysis. Ed. by Deirdre Boden/Don H. Zimmerman. Cambridge/Oxford 1991, 93−137.

Hintikka, Jaakko, Logic of conversation as a logic of dialogue. In: Philosophical grounds of rationality. Ed. by Richard Grandy. Oxford 1986, 259−276.

Holly, Werner/Peter Kühn/Ulrich Püschel, Politische Fernsehdiskussionen. Zur medienspezifischen Inszenierung von Propaganda als Diskussion. Tübingen 1986.

Kasher, A., Conversational maxims and rationality. In: Language in focus. Dordrecht 1976, 197−216.

Keller, Rudi, Wie bietet man Gewähr dafür, daß man jederzeit für die freiheitlich-demokratische Grundordnung eintritt? In: Holzfeuer im hölzernen Ofen. Aufsätze zur politischen Sprachkritik. Hrsg. v. Hans J. Heringer. Tübingen 1982, 269−276.

Klein, Josef, Kann man Begriffe besetzen? Zur linguistischen Differenzierung einer plakativen politischen Metapher. In: Begriffe besetzen. Strategien des Sprachgebrauchs in der Politik. Hrsg. v. Frank Liedtke/Martin Wengeler/Karin Böke. Opladen 1991, 44−69.

Kuhlen, Rainer, Hypertext. Ein nicht-lineares Medium zwischen Buch und Wissensbank. Berlin/Heidelberg 1991.

Langer, Inghard/Friedemann Schulz v. Thun/Reinhard Tausch, Sich verständlich ausdrücken. München 1990.

Lazarus, Moritz, Über Gespräche. Vortrag im wissenschaftlichen Verein der Singakademie, gehalten am 24. Februar 1876 (hrsg. u. mit e. Nachw. von K. C. Köhnke). Berlin 1986 (Orig. 1879).

Leech, Geoffrey, Principles of pragmatics. London/New York 1983.

Levinson, Stephen C., Pragmatics. Cambridge/London/New York 1983.

−, Minimization and conversational inference. In: The pragmatic perspective. Ed. by Jeff Verschueren. Amsterdam/Philadelphia 1987, 61−129.

Linke, Angelika/Markus Nussbaumer/Paul R. Portmann, Studienbuch Linguistik. Tübingen 1991.

Mauthner, Fritz, Beiträge zu einer Kritik der Sprache, Band 1−3. Frankfurt a. M. 1982 (Orig. 1906).

Meggle, George (Hrsg.), Handlung, Kommunikation, Bedeutung. Frankfurt a. M. 1977.

Mey, Jacob L., Pragmatics. An introduction. Oxford/Cambridge, Mass. 1994.

Morris, Charles, Grundlagen der Zeichentheorie. München 1972 (Orig. 1938).

Muckenhaupt, Manfred, Text und Bild. Grundfragen der Beschreibung von Text-Bild-Kommunikationen aus sprachwissenschaftlicher Sicht. Tübingen 1986.

Neuberger, Christoph, Journalismus als Problembearbeitung. Objektivität und Relevanz in der öffentlichen Kommunikation. Konstanz 1996.

Paul, Hermann, Prinzipien der Sprachgeschichte. Tübingen ^{9}1975 (1. Aufl. 1880).

Polenz, Peter v., Sprachkritik und Sprachwissenschaft. In: Neue Rundschau 74, Heft 3, 1963, 381−403 (abgedruckt in: Sternberger u. a. 1986, 289−310).

Püschel, Ulrich, Sprachpragmatische Stilanalyse. Überlegungen zur interpretativen Stilistik. In: DU 1, 1991, 21−32.

Sandig, Barbara, Tendenzen der linguistischen Stilforschung. In: Stilfragen, Institut für Deutsche Sprache, Jahrbuch 1994. Hrsg. v. Gerhard Stickel. Berlin/New York 1995, 27–61.

Saussure, Ferdinand de, Grundfragen der allgemeinen Sprachwissenschaft. Berlin ²1967 (Orig. 1916).

Schäflein-Armbruster, Robert, Dialoganalyse und Verständlichkeit. In: Handbuch der Dialoganalyse. Hrsg. v. Gerd Fritz/Franz Hundsnurscher. Tübingen 1994, 493–517.

Schegloff, Emanuel A., The relevance of repair to syntax-for-conversation. In: Syntax and semantics. Ed. by Talmy Givón. New York 1979, 261–286.

Schiffer, Stephan, Meaning. Oxford 1972.

Schmölders, Claudia (Hrsg.), Die Kunst des Gesprächs. Texte zur Geschichte der europäischen Konversationstheorie. München 1979.

Schnotz, Wolfgang, Aufbau von Wissensstrukturen. Untersuchungen zur mentalen Kohärenzbildung beim Wissenserwerb mit Texten. Tübingen 1994a.

–, Wissenserwerb mit logischen Bildern. In: Wissenserwerb mit Bildern. Instruktionale Bilder in Printmedien, Film/Video und Computerprogrammen. Hrsg. v. Bernd Weidemann. Bern/Göttingen/Toronto/Seattle 1994b, 95–147.

Schudson, Michael, The Power of News. Cambridge, Mass. 1996.

Searle, John R., Speech acts. An essay in the philosophy of language. Cambridge 1969 (dt.: Sprechakte. Ein sprachphilosophischer Essay. Frankfurt a. M. 1974).

–, Ausdruck und Bedeutung. Untersuchungen zur Sprechakttheorie. Frankfurt a. M. 1982.

–, Introductory Essay: Notes on conversation. In: Contemporary issues in language and discourse processes. Ed. by Donald G. Ellis. London 1986, 7–19.

Sperber, Dan/Deirdre Wilson, Relevance. Communication and cognition. Harvard 1986.

Stechow, Arnim v./Wolfgang Sternefeld, Bausteine syntaktischen Wissens. Ein Lehrbuch der generativen Grammatik. Opladen 1988.

Sternberger, Dolf/Gerhard Storz/W. E. Süskind, Aus dem Wörterbuch des Unmenschen. Frankfurt a. M. 1986 (nach der erw. Ausg.³1967).

Storrer, Angelika/Bettina Harriehausen (Hrsg.): Hypermedia für Lexikon und Grammatik. Tübingen 1998.

Strawson, Peter Frederick, Logik und Linguistik. Aufsätze zur Sprachphilosophie. Stuttgart 1974 (Orig.: Logico-linguistic Papers. London 1971).

Strecker, Bruno, Beweisen. Eine praktisch-semantische Untersuchung. Tübingen 1976.

–, Strategien des kommunikativen Handelns. Zur Grundlegung einer Grammatik der Kommunikation. Düsseldorf 1987.

Streeck, Jürgen, Konversationsanalyse. Ein Reparaturversuch. In: Zeitschrift für Sprachwissenschaft 2, 1 (1983), 72–104.

Taylor, Talbot J./Deborah Cameron, Analysing conversation: rules and units in the structure of talk. Oxford 1987.

Tracy, Karen, On getting the point: Distinguishing „issues" from „events", an aspect of conversational coherence. In: Communication Yearbook. Ed. by Michael Burgoon. New Brunswick 1982, 279–301.

Vater, Heinz, Einführung in die Textlinguistik. München ²1994.

Verschueren, Jef., The pragmatic perspective. In: Handbook of pragmatics: Manual. Ed. by Jef Verschueren, Jef et al. Amsterdam/Philadelphia 1995, 1–19.

Waismann, Friedrich, Logik, Sprache, Philosophie. Stuttgart 1976.

Weinrich, Harald, Tempus – Besprochene und erzählte Welt. Stuttgart ²1971.

Wimmer, Rainer, Überlegungen zu den Aufgaben und Methoden einer linguistisch begründeten Sprachkritik. In: Holzfeuer im hölzernen Ofen. Aufsätze zur politischen Sprachkritik. Hrsg. v. Hans-Jürgen Heringer. Tübingen 1982, 290–313.

Wittgenstein, Ludwig, Philosophische Untersuchungen. Frankfurt a. M. 1977 (Oxford 1958).

–, Philosophische Grammatik. Hrsg. v. Rush Rhees. Frankfurt a. M. 1978 (Oxford 1969).

–, Vorlesungen 1930–1935. Frankfurt a. M. 1984.

Zifonun, Gisela/Ludger Hoffmann/Bruno Strecker, Grammatik der deutschen Sprache. Band 1–3. Berlin/New York 1998.

Hans-Jürgen Bucher, Trier (Deutschland)

25. Medien-Nachbarwissenschaften IV: Literaturwissenschaft

1. Historische Entwicklung
2. Literaturwissenschaftliches Erbe der Medienwissenschaft
3. Literatur

1. Historische Entwicklung

Stets veränderten neue technische Möglichkeiten für die Übermittlung einer 'Botschaft' die Informations- und Kommunikationssysteme, so daß auch die Literaturwissenschaft gezwungen war, sich auf sie einzustellen, wenn sie weiterhin am kulturellen Austausch und an der Bewußtseinsbildung teilhaben wollte.

1.1. Die Tradition der Literaturwissenschaft

Leitmedium des 18. und 19. Jhs. war das Buch, und soweit die Literaturgeschichte ihre Wurzeln in der Philologie hatte, sah sie ihre vordringliche Aufgabe in der Sicherung der literarischen Überlieferung und ihrer Überlieferungsträger (Bücher, Handschriften) sowie in der Entwicklung angemessener Interpretationsmethoden für das Verstehen von Texten. Daneben hatte sich in der Mitte des 19. Jhs. in Frankreich, den Niederlanden, Deutschland und England eine Vergleichende Literaturgeschichte, später eine Komparatistik als Universitätsdisziplin herausgebildet, die mit Parallel- und Analogiestudien das leistete, was Oskar Walzel 1917 mit dem Schlagwort „Wechselseitige Erhellung der Künste" propagierte. Walzels Orientierung an der Kunstwissenschaft, unter deren Einfluß Anfang des 20. Jhs. die Literaturwissenschaft gleichberechtigt neben die Literaturgeschichte trat, löste ein starkes Interesse an der Untersuchung der Beziehungen zwischen Literatur und Bildender Kunst aus und führte in Theorie und Praxis zur kontinuierlichen Pflege dieses 'komparatistischen Grenzgebiets' (Weisstein 1992). Da die Photographie, sofern ihr Kunstcharakter außer Frage stand, dem Interesse an Bildtraditionen entgegenkam, konnte auch dieses 'neue Medium' angemessen gewürdigt werden. Ernsthaft herausgefordert und schließlich in Frage gestellt wurden Literaturgeschichte und Literaturwissenschaft erst durch den Film als Kommunikationsmittel einer Massenkultur. Der neue (audio)visuelle Überlieferungsträger, Vermittler 'bewegter Bilder' und 'Werke' (mit spezifisch kinematographischer Strukturierung), verlangte eine neue wissenschaftliche Einstellung. 1985 wurde die immer wieder aufgeworfene Frage „Medium Film – das Ende der Literatur?" klar verneint (Kontroversen 1986).

1.2. Zögernde Reaktion auf den Film

Während sich in Deutschland seit 1909 eine regelmäßige Filmkritik entwickelte, die Filmpublizistik nach dem Ersten Weltkrieg starken Auftrieb erhielt und auch die Filmwissenschaft an Boden gewann, nahm die Literaturwissenschaft vom Film zunächst keine Notiz; die ersten wissenschaftlichen Untersuchungen auf den Gebieten der Literatur-, Film- und Theaterwissenschaft erschienen erst Ende der 20er Jahre. Das literaturwissenschaftliche Interesse am Film erwachte an dessen Literarizität (Zaddach 1929) und Konkurrenz zur Dichtkunst (Kohner 1929), auch an der Nähe zum Drama (Petsch 1926); unter diesen Aspekten war der Film in der Literaturwissenschaft, die das Feld im übrigen der Filmpublizistik überließ, noch am leichtesten integrierbar. Nach dem Zweiten Weltkrieg wurde die „generelle Problematik im Verhältnis von Film und Literaturwerk" (Martini 1965, 104) in zunehmendem Maße thematisiert (Albersmeier 1983, 65–206). Wegweisend war die Erarbeitung von Grundsätzen für die Filmanalyse, die in drei Entwicklungsphasen (1964–1976: Methodenvielfalt, 1976–1980: Einzelwerkanalyse, 1980–1988: Theorieorientiertheit) verlief (Faulstich 1988, 8–19) und an der verschiedene Disziplinen beteiligt waren; aus der Anglistik (Buchloh/Becker/Schröder 1982) und Germanistik (Kanzog 1980) kommt der Begriff 'Filmphilologie'.

1.3. Erweiterung des Textbegriffs

Letztlich hat die Literaturwissenschaft auf alle Medien, die den literarischen Text tangierten, sachgemäß und flexibel reagiert (Schanze 1974; Kreuzer 1975) und auch die „Demontage von Dichtung" durch die Massenmedien (Knilli/Hickethier/Lützen 1976) verkraftet. Sie hat die Wirkung der mündlichen Rede ebenso zum Untersuchungsgegenstand gemacht, wie die Text-Bild-Beziehungen in den Bilderbogen und Bildgeschichten bis hin zu den Comics und zur Werbung (Kanzog 1994, 268–273); das Hörspiel, das als 'Kunstwerk in der Sphäre der Nur-Hörbarkeit' mehr als sein Text ist, wurde von der 'Hörspielphilologie' (Döhl 1982) für die Interpretation aufbereitet. Der Film war für die Literaturwissenschaft schon insofern von Interesse, als er „auf ein literarisch präformiertes Bewußtsein traf, das sich selbst wiederum auf den Film projizierte" (Meixner 1977, 36), oder gemäß den Prämissen der Strukturalen Textanalyse im Rahmen eines erweiterten Text-Begriffs kommunizierbar war: „Nichtsprachlichen 'Texten' eine Bedeutung zuordnen, heißt, ihnen eine geordnete Menge von Propositionen, d. h. einen sprachlichen Text zuordnen" (Titzmann 1977, 403). Grundsätzlich bestand Übereinstimmung, daß neue Medien vielfach auf alten Medien beruhen, daß sie auf Grund neuer Techniken eine Neuorientierung bewirken und neue Praktiken nach sich ziehen, die alten Medien jedoch nicht verdrängen, sondern ihnen nur einen anderen Platz im Mediensystem zuweisen. Da aber literarische Texte und Filme verschiedene Objekte bestimmter Materialbeschaffenheit sind, blieben offene Fragen hinsichtlich der Abgrenzung der Kompetenzen der Literaturwissenschaft von der Kommunikations-, Theater- und Filmwissenschaft. Sozialwissenschaftliche Kompetenz war gefordert, als der Film in die seit den 60er Jahren geführte Debatte über die Trivialliteratur ('hohe' und 'niedere' Literatur/Kunst und Massenkultur) einbezogen wurde (Knilli 1974); in dem Maße, in dem Spielfilme dem Wunsch kleinbürgerlicher Schichten nach bestimmten Stoffen, Motiven und Projektionsfiguren entsprachen, die aus der Trivialliteratur stammten, hatten sie ohnehin schon früh und intensiv als ein soziales Phänomen Aufmerksamkeit gefunden. Kategorial ist der Begriff 'Text', ein Hilfsbegriff zur allgemeinen Kennzeichnung des strukturellen Gebildes 'Film', dessen kinematographischer Diskurs mit Hilfe eines von Literaturwissenschaftlern erst zu erlernenden medienspezifischen Basisvokabulars beschrieben wird (Kanzog 1991, 18); gleiches gilt für alle anderen nicht-buchfixierten Medien. Phänomenologisch dagegen ist jeder künstlerischer Text ein 'sekundäres modellbildendes System' (Lotman 1972, 22), das durch originär medial ausgerichtete Methoden, wie Strukturalismus und Semiotik (Peirce'scher Prägung) präziser analysiert werden kann als durch traditionelle hermeneutische Verfahren. Die nicht mehr umkehrbare Entwicklung des 'Verlustes der Autonomie' und der 'Reproduzierbarkeit des Kunstwerks' (Benjamin 1963) führte zu neuen produktiven Texterfahrungen.

1.4. Die Kompetenz der Literaturwissenschaft

Kraft eigener Kompetenz konnte die Literaturwissenschaft sechs Themen behandeln:

(1) die in literarischen Werken enthaltenen 'präfilmischen' Elemente,
(2) die Verwertung literarischer Vorlagen,
(3) die argumentativen und narrativen Strukturen der Filme,
(4) die sog. 'filmische Schreibweise' der Schriftsteller,
(5) den sog. 'literarischen Film',
(6) die Textsortenprobleme im Umfeld der Prätexte für den Film.

Mit allen weiterführenden Erörterungen begab sie sich in fremde Bereiche (Soziologie, Psychoanalyse), betrieb Kulturwissenschaft und berührte dabei die Interessen einer Medienwissenschaft, die sich erst allmählich konstituierte.

1.4.1. Zentralproblem Literaturverfilmung

Die schon frühe Ausbeutung literarischer Vorlagen durch die Filmindustrie und die naturgemäße Fixierung der Literaturwissenschaft auf 'Werke' brachten es mit sich, daß die sog. 'Literaturverfilmung' in den Mittelpunkt rückte. Starke Impulse gingen hier von der angelsächsischen Forschung aus (Bluestone 1957; Beja 1979; Cohen 1979; Chatman 1978; 1990). Estermanns Bibliographie der Literaturverfilmungen (Estermann 1965) gab den Anstoß zur intensiveren Erforschung der Verwertung literarischer Vorlagen. Auf der Tagung zum Thema 'Methodenprobleme verfilmter Literatur' (Universität Osnabrück 1984) konnte erste Bilanz gezogen werden (Paech 1988). Die Ansätze waren vielfältig: Erkannt wurde die „Notwendigkeit der Vermittlung historischer Distanz, die Herstellung des Zusammenhangs von Vergangenheit" (Hickethier 1979, 84), der Verlust historischer Substanz und die Notwendigkeit der Einbeziehung von Kontexten. Als leistungsfähigste Methode bot sich hier die Semiotik an. Die 'Literaturverfilmung' wurde als 'Transformation eines Zeichensystems in ein anderes Zeichensystem' verstanden und in Anlehnung an das von Julia Kristeva entwickelte Modell der 'transformationellen Methode' analysiert (Schneider 1981). Als ebenso effektiv erwies sich die Verbindung philologischer, strukturalistischer und semiotischer Verfahren (Kanzog 1981). Zur Bestimmung der Varianten und Invarianten beider Zeichensysteme erschienen fünf Wege als erfolgversprechend:

(1) der linguistische Weg, bzw. der Weg über die Sprache (Rhetorik) des literarischen und filmischen 'Werks',
(2) der Weg über prädikatenlogische Verfahren,
(3) der topologische Weg (auf der Basis des von Jurij M. Lotman formulierten Sujet- und Ereignis-Begriffs),
(4) der aktionslogische Weg (auf der Basis von Claude Bremonds 'Theorie der Elementarsequenzen'),
(5) der normenspezifische Weg, um die ästhetisch vermittelten Normen als die entscheidende Verbindung zur gesellschaftlichen Realität zu decodieren (Kanzog 1988, 21−44; Kanzog 1991a, 109 ff.)

Mit einer 'textimmanenten Transformationsanalyse' und einem 'analogisierenden Transformationskonzept' befindet sich die Literaturwissenschaft noch auf einem relativ sicheren Boden. Die konzeptionelle Vergleichbarkeit eines „konkreten filmischen und eines konkreten literarischen Kommunikats" hängt „primär von der dominanten Isotopie dieser Textsysteme ab" (Mundt 1994, 211). Stets im Blick hatte man eine „vergleichende Lektüre", auch für den Schulunterricht (Paech 1984), so daß der Film komplementär zur Interpretation des ihm zugrundeliegenden Werkes genutzt werden konnte. Das Bedürfnis, Filme als Buch lesen zu wollen, ließ mit den Filmbüchern und post-shooting-scripts eine 'neue Literatur' entstehen (Paech 1988, 104). Zwangsläufig ergab sich aus diesen Ansätzen das Konzept zu einer 'Literaturgeschichte des Films' (Albersmeier 1985). Repräsentativ für die zahlreichen Einzelanalysen im deutschsprachigen, angloamerikanischen und romanischen Bereich ist der Sammelband 'Literaturverfilmungen' (Albersmeier/Roloff 1989); als Thema haben 'Literaturverfilmungen' längst einen festen Platz in der Literaturwissenschaft. Zu einer disziplinären Neuorientierung des Verhältnisses von Literatur- und Medienwissenschaft führte aber erst das wachsende Bewußtsein für 'Medienwechsel' und 'Intermedialität' (Albersmeier 1992), so daß „Grundsatzfragen einer Medienkomparatistik" (Schaudig 1992) zur Debatte standen, die weiterhin diskutiert werden.

1.4.2. Grundsätzliche Positionen

Die anfangs notorisch gestellte Frage, ob der auf einer literarischen Vorlage beruhende Film als 'adäquate Umsetzung' dieser Vorlage angesehen werden kann, wurde bald abgewehrt, denn dem Versuch einer Präzisierung dessen, was unter 'Adäquatheit' zu verstehen ist, steht hier schon die Verschiedenartigkeit der Ausdrucksmittel literarischer und filmischer Werke entgegen: 'Adäquatheit' läßt sich nur quantitativ und strukturell, nicht aber qualitativ bestimmen (Renner 1983); in Qualitätsurteile fließen stets (behauptungsfähige oder nicht behauptungsfähige) Bewertungen ein, Urteile, die aus erlerntem Wissen, Lekonventionen und epochenspezifischen Normierungen resultieren und variable Größen in der Kommunikation über den Gegenstand sind. Im Laufe der Rezeption der Literatur durch den Film und der literaturwissenschaftlichen Diskussion über 'Literaturverfilmungen' haben sich vier Standpunkte herausgebildet:

(1) Es gibt eine Gruppe traditionsbewußter Literaturliebhaber und Literaturwissenschaftler, die mit der Verfilmung eines literarischen Werks nichts zu tun haben wollen. Ihre Werkbesessenheit führt sie leicht zur Blindheit anderen Medien gegenüber, auf die sie als rezeptionsgeschichtliche Fakten lediglich verweisen. (2) Eine mehr pragmatisch eingestellte Gruppe begreift den selbst schon zur Tradition gewordenen 'Medienwechsel' als ein gegebenes Faktum, besteht aber auf einer gewissen 'Werktreue', ohne genau bestimmen zu können, unter welchen Bedingungen sie erfüllt werden kann, da die Spannweite eines literarischen Werkes zwischen seiner Historizität und seiner Aktualität im Augenblick der Verfilmung außerordentlich groß ist. (3) Viele Filmleute sehen ein literarisches Werk überhaupt nur als einen 'Steinbruch' an, aus dem sich attraktive Handlungselemente, Figurenkonstellationen, Sujets und Motive herausholen lassen, wobei oft nur die dem Film und dem literarischen Werk gemeinsamen Elementarstrukturen die Berufung auf die Vorlage gerade noch rechtfertigen bzw. aus urheberrechtlichen Gründen relevant sind. Im Zusammenhang mit Montage- und Collagetheorien in der Literaturwissenschaft ist der 'Materialwert' exponierter literarischer Werke jedoch durchaus von Interesse. (4) Schriftsteller, die selbst den 'Medienwechsel' aktiv praktiziert haben, erkannten bald seinen Nutzen. Sie sahen ein literarisches Werk durch seine Verfilmung in einen übergeordneten Diskurs einbezogen, in dem ein werkspezifisches Sujet (z. B. die unwissentliche Empfängnis und der Versuch der

Mutter, den Erzeuger durch ein Zeitungsinserat zu ermitteln in H. v. Kleists 'Die Marquise von O...') auf andere Weise (Drama, Oper, Film) erneut zur Geltung gelangt und der besondere Reiz in den Diskursvarianten liegt. Es geht hier nicht mehr um das Prinzip der 'Werktreue', das die Editionsphilologie im Hinblick auf die Sicherung der Authentizität eines Werks nicht preisgeben darf, sondern um das Erkennen von Varianten und Invarianten, durch das zuletzt auch die Spannbreite zwischen der Historizität und der 'Aktualität' eines Werkes und seines Sujets sichtbar gemacht werden kann; für die Textgenese einzelner Werke hat die Editionsphilologie zumindest textintern ein solches alternatives Bedenken von Varianten stets gepflegt. Auf dieser komparatistischen Basis ist nicht nur ein Interessenausgleich zwischen Literatur- und Filmwissenschaft, sondern auch zwischen Literaturwissenschaft und der Medienwissenschaft im ganzen möglich.

1.5. Die Literaturwissenschaft im veränderten Wissenschaftssystem

Bezeichnend für die Irritationen, die der Film und sehr schnell auch das Fernsehen im Wissenschaftssystem ausgelöst hatten, war seine Zuordnung zu verschiedenen Fachbereichen in den Universitäten der Bundesrepublik. Sie richtete sich zunächst nach dem Interesse, dem Engagement und den Aktivitäten einzelner Wissenschaftler, so daß man der Filmwissenschaft teils bei der Kommunikationswissenschaft, teils bei der Theaterwissenschaft, teils bei den Sprach- und Literaturwissenschaften als integriertes Forschungs- und Lehrgebiet begegnet; sehr früh konnte sich dagegen eine eigenständige Mediendidaktik etablieren. Von Anfang an war interdisziplinäre Zusammenarbeit gefordert worden; indessen erschien bald eine 'von der Sache her wenig aussichtsreiche Verselbständigung der Medienwissenschaft' geboten, der Faulstich das Konzept einer 'Medienwissenschaft als Integrationswissenschaft' entgegensetzte (Faulstich 1994, 14). Doch ist nicht zu übersehen, daß die Sprach- und Literaturwissenschaft längst 'Zulieferer' der Medienwissenschaft war, die sich inzwischen von dieser Forschungsentwicklung emanzipiert hat. Das wird an dem von Helmut Kreuzer an der Universität-Gesamthochschule Siegen verwirklichten Konzept einer Integration der Medienwissenschaft in die Literaturwissenschaft deutlich. Über Film und Rundfunk hinaus, die auf Grund ihrer eigenen geschichtlichen Entwicklung schon zu den 'alten Medien' gerechnet werden müssen, wurde vor allem das Fernsehen (mit seinen Serien und Programmen) umfassend erforscht (Kreuzer 1979). Diese Aktivitäten führten 1986 zur Errichtung des Sonderforschungsbereichs der DFG 'Ästhetik und Pragmatik der Bildschirmmedien' (Kreuzer 1991). Unweigerlich mußte durch diese Ausweitung des Objektbereichs auf die elektronischen Medien die Kernaufgabe der Literaturwissenschaft neu bedacht werden; ein solcher Sonderforschungsbereich hätte ebenso von der Kommunikationswissenschaft initiiert werden können. Vor einer Legitimationskrise kann sich die Literaturwissenschaft vor allem durch die Erweiterung ihres Textkanons (mit der jeweiligen Sprachkompetenz in den einzelnen Philologieen) bewahren; entscheidend sollte dann weniger der Überlieferungsträger als die exemplarische Bedeutung des gewählten Textes sein.

2. Literaturwissenschaftliches Erbe der Medienwissenschaft

Literaturwissenschaft und Medienwissenschaft waren seit dem Augenblick aufeinander angewiesen, in dem das Buch nicht mehr allein das Konzept der Literaturwissenschaft bestimmte. Inzwischen hat das Buch auf Grund der vielfältigeren Publikations- und Kommunikationsmöglichkeiten einen variablen Platz im 'Medienverbund' eingenommen. Dadurch wurden die Literaturwissenschaftler gezwungen, ihr Analyseinstrumentarium zu erweitern, um neue Textobjekte, die Materialverwertung literarischer Werke und den 'Medienwechsel' objektgerecht beschreiben und analysieren zu können. Andererseits bedient man sich in der Medienwissenschaft ererbter literaturwissenschaftlicher Verfahren; mit Recht nennt Lohmeier (1996, XXI) die Literaturwissenschaft eine „legitime Taufpatin der Filmwissenschaft". Literaturwissenschaftliche Grundannahmen erweisen sich in der Medienwissenschaft vielfach als Substrate eigens entwickelter Verfahren, und die Aspekte und Kategorien der Allgemeinen und Vergleichenden Literaturwissenschaft sind der Medienwissenschaft nicht fremd. So ist es fruchtbarer, weniger die Differenzen als die intermedialen Beziehungen zu betonen.

2.1. Philologie

Die seit den 70er Jahren verstärkt betriebene Restaurierung und Rekonstruktion von Filmen folgt im Prinzip den Grundsätzen der

Textkritik, die überlieferte Zeugen ermittelt und mustert (Recensio), ihre Abhängigkeitsverhältnisse bestimmt (Stemma) und ihre Qualität im einzelnen definiert (Examinatio), so daß durch Verbesserung und Ergänzung verderbter Überlieferung (Emendatio) eine kritische Edition geleistet werden kann; die 1938 von den Filmarchiven in Berlin, London, New York und Paris gegründete 'Fédération Internationale des Archives du Film' (FIAF) schuf hierfür die Basis. – Daneben beruht die Protokollierung (audio)visueller Überlieferungsträger aller Art auf deskriptiven Verfahren, wie sie von der Linguistik und Literaturwissenschaft erprobt wurden. Die größten Schwierigkeiten bereitet hier die Transkription des gesprochenen Wortes in (audio)visuellen Medien, einer spezifischen Form der 'Reliterarisierung' (unter besonderer Berücksichtigung der intonatorischen Merkmale). Experimente in der Linguistik (Ehlich/Switalle 1976) konnten hier ebenso genutzt werden, wie die in der Elektroakustik ('Lautheitschrieb' und 'Lautheitskurve'), die bei der Transkription von Hörspielen (Kanzog 1991b, 93) berücksichtigt wurde. Transkripte und Protokolle sind in erster Linie Gedächtnisstützen für die Rekonstruktion von Abläufen und Diskursen, Handlungs- und Zeichenstrukturen; sie wollen den Überlieferungsträger nicht ersetzen, sondern das Sehen von Filmen und das Hören von Hörspielen rationalisieren. Ihre Lesbarkeit wird immer mit Informationsverlusten erkauft, aber als (sekundäre) 'Texte' bilden sie eine Argumentationsbasis für die 'geordnete Rede über den Gegenstand'. Erläuterungen, Kommentare und Interpretationen der durch die Überlieferungsträger übermittelten 'Werke' sind erst auf der Basis zuverlässiger Deskriptionen als Bezugstext (mit numerischer Gliederung) möglich. So können zugeschriebene 'Bedeutungen' den materialspezifischen Bedingungen gemäß überprüft, informationstheoretisch gesichert und wahrnehmungspsychologisch kontrolliert werden. Wie in der Literaturwissenschaft so hat die Philologie (im weitesten Sinne) auch für die Einzelmedien nur eine hilfswissenschaftliche Funktion, die jedoch gerade bei jenen Beschreibungsobjekten (Theater- und Ballettaufführung, Hörspiel, Film, Videoclip, Werbespot u. a.) unverzichtbar ist, die als zeitlich organisierte Kombination visueller und auditiver Zeichen an einen bestimmten 'Ablauf in der Zeit' gebunden sind.

2.2. Textsortenlehre und Intertextualität

(Audio)visuelle Überlieferungsträger sind auf zweifache Weise an literarische Überlieferungsträger gebunden: zum einen in der Produktionsphase (= Vorstufen der Produktion, Textgenese), zum anderen in der Phase der Rückübersetzung ins Literarische. In der Filmwissenschaft unterscheidet man Text *für* Filme (Notizen, Exposé, Treatment, Rohdrehbuch, Drehbuch) und Texte *zu* Filmen (Filmprotokoll, post-shooting-script, Filmbücher, Texte im Umfeld der Entstehungs- und Wirkungsgeschichte). „Schreibkonventionen und die Literarizitätsfrage sind zu zentralen und unmittelbar miteinander verknüpften Kategorien" geworden und führten in Ansätzen zu einer 'Drehbuch-Philologie' (Schwarz 1994, 19). Ohne Protokolle, die auch den gesamten auditiven Bereich erfassen, sind beim Hörspiel reine Textpublikationen keine zuverlässige Interpretationsgrundlage; sie repräsentieren wie das Libretto nur eine Textsorte, in der der Text prospektiv auf eine 'Realisierung' ausgerichtet ist. Beim Ballett sind Notationen die Basis für die präzise Darbietung auf der Bühne, während rekonstruierte Notationen (Jeschke 1983) strukturell eine Vorstellung von Aufführungen vermitteln können, die sonst nur noch durch Bilder und Berichte in Erinnerung bleiben. Über Regiebücher und Videoaufzeichnungen hinaus gewinnen bei Theateraufführungen Aufführungsbeschreibungen einen eigenen Textstatus (Fischer-Lichte 1983). Das Spektrum der konventionalisierten Textsorten wird dadurch wesentlich erweitert. Filme, Theateraufführungen und Ballette können *auch* gelesen werden (und Hörspiele auf andere Weise, als bisher üblich) und als 'Texte' zugleich Gegenstand der Literaturwissenschaft sein. In der Editionsphilologie besteht hier allerdings ein großer Nachholbedarf, denn bestimmte Textsorten, wie Libretto, Drehbuch, Hörspiel, werden nur als Randerscheinungen angesehen, und für ein Drama genügt die Konstituierung eines 'zuverlässigen' Textes, während eine synoptische Edition von Bühnenbearbeitungen in viel stärkerem Maße auf die Theaterpraxis Einfluß nehmen könnte; überhaupt bietet sich die Synopse als ideale Textsorte im intermedialen Bereich an. Das Verhältnis von fixiertem und realisiertem Text ist zum zentralen Problem des besseren Verstehens von Rezeptionsprozessen geworden. Angesichts des unter dem Einfluß von Strukturalismus, Poststrukturalismus und Dekonstruktivismus und im Zuge diskursanalytischer Verfahren gewachsenen Interesses an der Intertextualität bleibt die Medienwissenschaft hier am stärksten auf die Literaturwissenschaft angewiesen.

2.3. Tradition der Text-Bild-Beziehungen

In der Kunstwissenschaft konzentriert sich die Bildbeschreibung auf das aus sich selbst heraus verständliche System des Bildes und seine immanenten Regeln; auch hier wird man der „Unablösbarkeit von Sinn und Erscheinung" nur durch eine geregelte Sprache gerecht (Kanzog 1991a, 40). Treten zu den Bildern Texte hinzu, so daß beide ein Ganzes bilden, wird die Bestimmung der Bild-Text-Relation zu einem neuen Interpretationsproblem. Hier gilt u. a. die These: „Bei Einbettung des Bildes in den Text oder bei Gleichrangigkeit von Bild und Text dominiert die Textsemantik über die Bildsemantik und übernimmt eine bedeutungsstrukturierende Funktion; in Abhängigkeit von der Textbedeutung wird die Interpretation, Fokalisierung, Hierarchisierung des Bedeutungspotentials des Bildes vorgenommen, soweit es dessen Merkmale erlauben" (Titzmann 1990, 382). In der Literaturwissenschaft gehörte die Behandlung der unterschiedlichsten Text-Bild-Beziehungen (in Flugschriften, Erbauungsbüchern, Emblemen, Bilderbogen, Bildgeschichten, Comics u. a.) von jeher zu den angestammten Aufgaben, so daß z. B. der Spielfilm durch seine Sukzession von Ereignissen, die Bild und Text miteinander verknüpft, nur als neue Variante eines vertrauten Phänomens erschien. Die Literaturwissenschaft hat der Filmwissenschaft damit eine Methode nahegelegt, die sich auch bei komplizierter strukturierten Text-Bild-Syntagmen als brauchbar erwies: Handlungs- Raum- und Figurenzeichen und Bündelungen visueller Elemente können besser erkannt und verstanden werden. Bemerkenswert ist in diesem Zusammenhang die Praktik, in Filmbüchern, die Lesern einen Eindruck von einem Film geben bzw. den gesehenen Film noch einmal in Erinnerung rufen, dem vollständig abgedruckten gesprochenen Text ausgewählte Bilder für jede Einstellung oder einzelne Sequenzen beizugeben, so daß ein 'Bilderbuch' eigener Art entsteht: So wie der Weg von der Bildgeschichte aus historischer Perspektive zum Film führte, so führt der Film nun wieder zur Bildgeschichte zurück. Auch hier werden privilegierte Bilder herausgestellt, die eine signifikante Situation zum Ausdruck bringen oder von starker zeichenhafter Bedeutung sind. Während die Bestimmung der Kommentar-Bild-Verhältnisse im Dokumentarfilm ('Bebilderter' Text, Wechselbeziehung, relative Autonomie der Bilder), parallel zur Ermittlung der Erzählstrategie in Spielfilmen, primär durch die Ermittlung der Argumentationsstrategie erfolgt, ist die Analyse des Essay-Films und des Film-Essays vom Vorbild des literarischen Essays abhängig. In beiden Fällen bestimmt die subjektive Sicht des Filmemachers (im Kontext eines größeren kulturellen Wissens) die Einstellung zum gewählten Thema, doch unterscheidet sich der Film-Essay vom Essay-Film (und dessen vielfach autonomer Bildpräsenz) durch die Dominanz des Wortes. Beide Filmtypen können Untersuchungsgegenstand sowohl der Film- als auch der Literaturwissenschaft sein, weil die literarische Qualität und der Stil den gemeinsamen Nenner bilden. Sind Bilder nicht zu Texten in Beziehung gesetzt, dann können sie durchaus eine 'implizite Geschichte' enthalten, die der Betrachter auf Grund seines kulturellen Wissens, meist schon an Hand minimaler Merkmale abrufen kann; die Text-Bild-Verknüpfung erfolgt dann erst im Kopf des Betrachters.

2.4. Narratologie

Das Erzählen läßt 'Geschichten' aller Art entstehen: Romane, Novellen, Anekdoten, Kurz- und Minimalgeschichten (wie im Witz und Werbespot); es ist nicht an bestimmte Medien gebunden. Die gängigen Erzähltheorien seit Beginn des 20. Jhs. haben vielfach zum Verständnis der 'Bauformen des Erzählens' und der 'Erzählsituationen' beigetragen; sie wurden aus Texten gewonnen, die die jeweilige Theorie bestätigen sollten, aber auf Spielfilme nicht ohne weiteres anwendbar waren. Seit Mitte der 60er Jahre entwickelte auch die Filmwissenschaft, vor allem im angloamerikanischen Bereich, Erzähltheorien. In den beiden Standardwerken zum 'filmischen Erzählen' (Bordwell 1985; Branigan 1992) bilden Kamerahandlungen und Montage den Angelpunkt für die Ermittlung der Erzählinstanz und des point of view (vgl. auch Branigan 1984), aber die Verbindung zur Literaturwissenschaft blieb erhalten. So erklärte Branigan (1992, XII): „My examples of narrative principles will be taken mainly from films, but always with the idea that the principles illustrated extend to the narrative organization of literary and other kinds of material." Stärker an einer 'kinematographischen Grammatik' interessiert war Metz, dessen Unterscheidung zwischen Film (= syntaktische Betrachtungsweise) und Diegese (= inhaltliche Betrachtungsweise) und dessen 'Modell der großen Syntagmen im Film' (Metz 1972, 198) in der Filmwissenschaft große Bedeutung erlangte. Die Basis für den Vergleich unterschiedlicher Medienrealisationen von Stoffen, Motiven und Merkmalkomplexionen bekannter Werke wurde erst mit Hilfe einer universalen, strukturalistischen Erzähltheorie geschaffen, die die Tiefenstrukturen der 'Geschichten' (Histoire) untersuchte und sujethafte 'Ereignisse' als konstitutive Elemente des künstlerischen Textes formulierte. Unter einem 'Ereignis' versteht Lotman (1972, 311 ff.) die 'Versetzung einer Figur über die Grenze eines semantischen Feldes', wobei die 'Grenze' als zentrales topologisches Merkmal eines Raumes (und seiner Teilräume) gilt. Renner (1983) hat diese fundamentale Grenzüberschreitungstheorie" durch die Integration der Zeit in die Analyse und die 'Anordnung von Prädikaten' modifiziert und (1987) durch die Definition der 'Extrempunktregel' erweitert. 'Raumordnungsverfahren' (Kanzog 1991, 28 ff.) sind die Basis für die Analyse einzelner Werke und den Vergleich unterschiedlicher narrativer Medienrealisationen.

2.5. Rhetorik

Keine medienwissenschaftliche Einzeldisziplin kommt ohne das Instrumentarium aus, das die 'klassische', auf Aristoteles und Cicero basierende Rhetorik (Lausberg 1990) für die Interpretation auch künstlerischer Werke bereitstellt, denn jedes dieser Werke enthält ein mehr oder weniger hohes Affektpotential (mit explizit codierten Emotionen), und jeder Zuschauer, Hörer, Leser reagiert durch affektive Betroffenheit; im Idealfall stimmen Kalkulation der Produzenten und Rezeption überein. Mit Hilfe dieser Rhetorik lassen sich narratio und argumentatio als funktionale Teile der 'Rede' (= Diskurs) beschreiben, in der die argumentatio die Kommentierung der narratio im Sinne der Redeintention leistet und Normaussagen exponiert, die die Rezeption und Bewertung der narratio durch die Zuschauer, Hörer, Leser steuert; dabei sind Topoi Hilfsmittel bei der Ausarbeitung der Rede. Bisher machte die Medienwissenschaft von dem Instrumentarium nur zögernden Gebrauch. Exemplarische Analysen (Barth 1990; Kanzog 1991a, 97–108) zeigen den Wirkungsmechanismen zweier filmischer Diskurse und ihre psychagogischen Strategien des Überredens und Überzeugens auf. Die terminologischen Schwierigkeiten einer Diskursanalyse visueller Medien nach den Regeln der Rhetorik liegen in den visuellen Zeichen und im Problem der 'uneigentlichen Bilderrede' (mit dem in der Filmwissenschaft weit verbreiteten unreflektierten Gebrauch des Begriffs 'Filmmetapher'). Nach der strukturalistischen Umformulierung der von der 'klassischen' Rhetorik getroffenen Unterscheidung zwischen Worttropen und Gedankenfiguren (jetzt Metasemem und Metalogismus) (Dubois 1974, 207) gelangte Lohmeier (1996, 329 ff.) zu einer 'Reformulierung' der Begriffe 'Allegorie' und 'Symbol'.

3. Literatur

Albersmeier, Franz-Josef, Bild und Text. Beiträge zu Film und Literatur (1976–1982). Frankfurt a. M./Bern 1983.

–, Die Herausforderung des Films an die französische Literatur. Entwurf einer „Literaturgeschichte des Films", 1. Heidelberg 1985.

–, Theater, Film und Literatur in Frankreich. Medienwechsel und Intermedialität. Darmstadt 1992.

Albersmeier, Franz-Josef/Volker Roloff (Hrsg.), Literaturverfilmungen. Frankfurt a. M. 1989.

Barth, Hermann, Psychagogische Strategien des filmischen Diskurses in G. W. Pabst „Kameradschaft". München 1990.

Beja, Morris, Film and literature. An introduction. New York/London 1979.

Benjamin, Walter, Das Kunstwerk im Zeitalter seiner technischen Reproduzierbarkeit. 3 Studien zur Kunstsoziologie. Frankfurt a. M. 1963.

Bluestone, George, Novels into film. An metamorphosis of fiction into cinema. Berkeley/Los Angeles 1966.

Bordwell, David, Narration into the fiction. London 1985.

Branigan, Edward, Point of view in the camera. A theory of narration and subjectivity in classical film. Berlin/New York/Amsterdam 1984.

–, Narrative comprehension and film. London/New York 1992.

Buchloh, Paul G./Jens P. Becker/Ralf J. Schröder (Hrsg.), Filmphilologie. Studien zur englischsprachigen Literatur und Kultur in Buch und Film. Kiel 1982.

Chatman, Semour, Story and discours. Narrative structure in fiction and film. Ithaka/London 1978.

–, Coming to terms. The rhetoric of narrative in fiction and film. Ithaka/London 1990.

Cohen, Keith, Film and fiction. The dynamics of exchange. New Haven/London 1979.

Döhl, Reinhard, Hörspielphilologie? In: Jahrbuch der Deutschen Schillergesellschaft 26, 1982, 489–511.

Dubois, Jaques u. a., Allgemeine Rhetorik. München 1974.

Estermann, Alfred, Die Verfilmung literarischer Werke. Bonn 1965.

Faulstich, Werner, Kleine Geschichte der Filmanalyse in Deutschland. In: Filmanalyse interdisziplinär. Hrsg. v. Helmut Korte/Werner Faulstich. Göttingen 1988, 9–19.

– (Hrsg.), Grundwissen Medien. München 1994.

Fischer-Lichte, Erika, Semiotik des Theaters. Eine Einführung, Bd. 3, Die Aufführung als Text. Tübingen 1983.

Hickethier, Knut, Literatur als Film – verfilmte Literatur. Helma Sanders: „Das Erdbeben in Chili" nach der Novelle von Heinrich von Kleist. In: Methoden der Film- und Fernsehanalyse. Hrsg. v. Knut Hickethier/Joachim Paech. Stuttgart 1979, 63–90.

Jeschke, Claudia, Tanzschriften. Ihre Geschichte und Methode. Bad Reichenhall 1983.

Kanzog, Klaus, Die Literarizität des Drehbuchs und des Filmprotokolls. Über die Aufgaben einer zukünftigen Filmphilologie. In: Akten des 6. Internationalen Germanisten-Kongresses, Bd. 3, Bern 1980, 259–264.

– (Hrsg.), Erzählstrukturen – Filmstrukturen. Erzählungen Heinrich von Kleists und ihre filmische Realisation. Berlin 1981.

–, Einführung in die Filmphilologie. Mit Beiträgen von Kirsten Burghardt/Ludwig Bauer/Michael Schaudig. München 1991. ²1997.

–, Fixierter Text – realisierter Text. Über eine vernachlässigte Aufgabe der Editionsphilologie. In: Edition als Wissenschaft. Festschrift für Hans Zeller. Hrsg. v. Gunter Martens/Winfried Woesler. Tübingen 1991, 5–16.

–, Sprechakt und Zeichensetzung. Zur Transkription des gesprochenen Worts in audio-visuellen Medien. In: Editio 5, 1991, 82–95.

–, Film und Literatur – Medien und Literatur. In: Moderne Literatur in Grundbegriffen. Hrsg. v. Dieter Borchmeyer/Viktor Zmegac. Tübingen ²1994, 153–156, 268–273.

Knilli, Friedrich: Die Literaturwissenschaft und die Medien. In: JIG 5, 1973, 9–44.

Knilli, Friedrich/Knut Hickethier/Wolf Dieter Lützen (Hrsg.), Literatur in den Massenmedien. Demontage von Dichtung. München, Wien 1976.

Kohner, Friedrich, Der deutsche Film. Tatbestand und Kritik einer neuen Dichtkunst, Diss. (masch.). Wien 1929.

Kontroversen, alte und neue. Akten des 7. Internationalen Germanisten-Kongresses. Bd. 10: Medium Film – das Ende der Literatur? Tübingen 1986.

Kreuzer, Helmut, Veränderungen des Literaturbegriffs. Fünf Beiträge zu aktuellen Problemen der Literaturwissenschaft. Göttingen 1975.

Kreuzer, Helmut/Karl Prümm (Hrsg.), Fernsehsendungen und ihre Formen. Typologie und Kritik des Programms in der Bundesrepublik Deutschland. Stuttgart 1979.

Kreuzer, Helmut/Helmut Schanze: Fernsehen in der Bundesrepublik Deutschland. Perioden – Zäsuren – Epochen. Heidelberg 1991.

Lausberg, Heinrich, Handbuch der literarischen Rhetorik. Eine Grundlegung der Literaturwissenschaft. Wiesbaden ³1990.

Lohmeier, Anke-Marie, Hermeneutische Theorie des Films. Tübingen 1996.

Lotman, Jurij M., Die Struktur literarischer Texte. München 1972.

Martini, Fritz, Film und Literatur. In: Reallexikon der deutschen Literaturwissenschaft. Hrsg. v. Werner Kohlschmidt/Wolfgang Mohr. Bd. 2, ²1965, 103–111.

Meixner, Horst, Filmische Literatur und literarisierter Film. In: Literaturwissenschaft – Medienwissenschaft. Hrsg. v. Helmut Kreuzer. Heidelberg 1977, 32–43.

Metz, Christian, Semiologie des Films. München 1972.

Mundt, Michaela, Transformationsanalyse. Methodologische Probleme der Literaturverfilmung. Tübingen 1994.

Paech, Joachim, Literatur und Film: Mephisto. Einführung in die Analyse filmischer Adaptionen literarischer Werke, Frankfurt a. M./Berlin/München 1984.

– (Hrsg.): Methodenprobleme der Analyse verfilmter Literatur. Münster ²1988.

–, Literatur und Film. Stuttgart 1988.

Petsch, Robert, Drama und Film. In: Jahrbuch des Freien Deutschen Hochstifts 1926, 266–298.

Renner, Karl N., Der Findling. Eine Erzählung von Heinrich von Kleist und ein Film von George Moorse. Prinzipien einer adäquaten Wiedergabe narrativer Strukturen. München 1983.

–, Zu den Brennpunkten des Geschehens. Erweiterung der Grenzüberschreitungstheorie: die Extrempunktregel. In: Strategien der Filmanalyse. Hrsg. v. Ludwig Bauer/Elfriede Ledig/Michael Schaudig. München 1987, 115–130.

Schanze, Helmut, Medienkunde für Literaturwissenschaftler. Einführung und Bibliographie. München 1974.

Schaudig, Michael, Literatur im Medienwechsel. Gerhart Hauptmanns Tragikkomödie „Die Ratten" und ihre Adaptionen für Kino, Hörfunk, Fernsehen. Prolegomena zu einer Medienkomparatistik. München 1992.

Schneider, Irmela, Der verwandelte Text. Wege zu einer Theorie der Literaturverfilmung. Tübingen 1981.

Schwarz, Alexander, Der geschriebene Film. Drehbücher des deutschen und russischen Stummfilms. München 1994.

Titzmann, Michael, Strukturale Textanalyse. Theorie und Praxis der Interpretation. München 1977.

—, Theoretisch-methodologische Probleme einer Semiotik der Text-Bild-Relation. In: Text und Bild, Bild und Text. DFG-Symposion 1988. Hrsg. v. Wolfgang Harms. Stuttgart 1990, 368–383.

Weisstein, Ulrich (Hrsg.), Literatur und Bildende Kunst. Ein Handbuch zur Theorie und Praxis eines komparatistischen Grenzgebietes. Berlin 1992.

Zaddach, Gerhard, Der literarische Film. Berlin 1929.

Klaus Kanzog, München (Deutschland)

26. Medien-Nachbarwissenschaften V: Sozialwissenschaften

1. Disziplinäre Vielfalt
2. Gegenstand 'Gesellschaftliche Kommunikation'
3. Theoretische Zugänge
4. Methoden
5. Literatur

1. Disziplinäre Vielfalt

1.1. Sozialwissenschaftliche Kontexte

Der Sammelbegriff 'Sozialwissenschaften' meint all die Disziplinen, die sich wissenschaftlich mit 'Gesellschaft' und dem Menschen als soziales Wesen in all seinen Dimensionen befassen. Symptomatischerweise entstehen die Sozialwissenschaften mit der Etablierung der Industriegesellschaft während des 19. Jhs.; sie lösen sich — wie etwa die Psychologie — vom vornehmlich naturwissenschaftlich-medizinischen Denken ab oder artikulieren sich — wie etwa die Soziologie — als epistemologische Antwort auf die sich verschärfenden Krisen der Wirklichkeit.

In der Nachfolge von Theologie und Philosophie verstehen sich mindestens Teile der Sozialwissenschaften, insbesondere die Soziologie oder auch die Sozialphilosophie, als Grundlagenwissenschaften, als (analytische) Erkenntnistheorie und/oder prinzipielle 'Gegenwartstheorie' (Habermas 1970, 285 ff.). Die Sozialwissenschaften im engeren Sinne und als spezielle Disziplin im Kontext aller anderen Wissenschaften sehen ihr methodologisches Credo in der erfahrungswissenschaftlichen Beobachtung, wofür sie vielfältige Theorien, Methoden und Instrumente ausgebildet haben. Mit ihnen entdecken und erklären sie primär gesellschaftliche Faktoren, Institutionen und Prozesse sowie ihre nachweislichen Zusammenhänge teils noch oder immer wieder gemäß naturwissenschaftlicher Maximen als möglichst allgemeine (kausale, mindestens korrelativ wahrscheinliche) Gesetze, teils im geisteswissenschaftlich-hermeneutischen Sinne als kontrolliertes Verstehen, weshalb sich seither durch alle Sozialwissenschaften diese Dualität hindurchzieht.

Die breite Bevorzugung, weithin auch die nur einseitige Anerkennung der empirisch-analytischen Sozialforschung kritisieren die philosophisch-kulturtheoretisch ausgerichteten Kontrahenten als unzulässige und irreführende Verengung sozialwissenschaftlichen Erkennens und Denkens. Mehrfach wurde dieser Disput inzwischen ausgetragen, als grundsätzlicher Theorie- und Erkenntnisstreit wie auch als methodologische Kontroverse; zuletzt artikulierte er sich im Gegenüber von quantitativen und qualitativen Methoden (siehe Artikel 21).

Außerdem streben Sozialwissenschaften zumal mit ihren (vermeintlich) nomologischen Erkenntnissen prognostische Aussagen an, die sie namentlich als sogenannte angewandte kundtun und inzwischen mit einem ausgefeilten, weithin technisierten Instrumentarium unter Beweis stellen. Die historischen Perspektiven verfolgen hingegen eher die kulturwissenschaftlich-rekonstruktiven Varianten, wie etwa Sozialgeschichte, Ethnographie und Biographieforschung.

Allein schon diese Vielfalt und auch Inkonsistenz verbietet es, von den Sozialwissenschaften pauschal zu sprechen. Mindestens müßten ihre verschiedenen Spezifizierungen unterschieden werden

— nach der Art ihrer Weltsicht und ihres (sozialwissenschaftlichen) Denkens

- nach ihren Gegenstandsfeldern und disziplinären Selbstverständnissen
- und – für viele heute vorrangig – nach ihren approbierten Methoden, damit ihren forschungspraktischen Vorgehensweisen und deren Validität.

1.2. Zeitungs- und Publizistikwissenschaft

Auch die modernen Massenmedien entstehen und entwickeln sich im Laufe des 19. Jhs.; sie sind Faktor und Produkt der Industrialisierung (und sind es inzwischen in noch weit stärkerem, letztlich überragendem Maße). Doch es brauchte bis zu Beginn des 20. Jhs., bis sich die Sozialwissenschaften ihrer analytisch annahmen: Als der bedeutendste Anwalt kann wohl Max Weber gelten, der auf dem Ersten Deutschen Soziologentag 1910 eine vielseitige 'Soziologie des Zeitungswesens' forderte, die sämtliche Faktoren – von der Wirtschafts- und Organisationsstruktur bis hin zur Leserschaft – umfassen und die sich selbst der Methode der Inhaltsanalyse 'mit der Schere und mit dem Zirkel', aber auch mit qualitativen Kategorien bedienen sollte (Weber 1911; 1986, 23).

Auf diese Anregung hin studierte O. Groth, zunächst selbst Journalist, dann um eine wissenschaftliche Zeitungstheorie bemüht, als einer der ersten in seiner Dissertation 1915 den politischen Stoff der württembergischen Tageszeitungen (zit. nach Wagner 1993, 508, 520). Auch das andere damals moderne Massenmedium, der Kino-Film, erfuhr zur selben Zeit die erste soziologische Würdigung: Exemplarisch untersuchte E. Altenlohn 1914 das Kinopublikum und fand seine größte Anhängerschaft in den städtischen Unterschichten. Doch auch diese Arbeit blieb singulär; vornehmlich beschäftigten sich damals mit dem Film die Rechts-, Theater- und Kunstwissenschaft (Prokop 1982, 36).

1916 gründete der langjährige Redakteur der 'Frankfurter Zeitung' und nach Leipzig zum Ordinarius für Nationalökonomie berufene Karl Bücher dort das erste Institut für Zeitungskunde, heute als Initial der Zeitungswissenschaft gewertet, die sich später zur Publizistik(wissenschaft) erweiterte. Obwohl Bücher sozial- und besonders wirtschaftswissenschaftlichen Fragestellungen nachging und mit einigen offensiven Betrachtungen zur ökonomischen Konstitution des damaligen Zeitungswesens provozierte (Bücher 1917; 1926), verharrten die nachkommenden Vertreter wie Otto Groth (1928–1930), Karl d'Ester (1957), Wilmont Haacke (1962) u. a. eher im angestammten phänomenologisch-normativen, wenn nicht ontologischen Denken – bis hin zum letzten Repräsentanten dieserart Publizistikwissenschaft, dem in Berlin lehrenden Emil Dovifat (1890–1969), dessen repräsentables Werk, das dreibändige 'Handbuch für Publizistik', noch 1968/69 die sozialwissenschaftlichen Methodik allenfalls für die Publikumsforschung, eingeschränkt als Absatzforschung, für nötig erachtete (Bentele 1984).

Allerdings wird diese Beurteilung der Wissenschaftsgeschichte nicht einhellig geteilt: Der Münchner Publizistikwissenschaftler H. Wagner (1993) kritisierte in einem Revisionsvorstoß generell die 'Versozialwissenschaftlichung' und machte sie für die Verengung auf empirisch-analytische Methoden nach 1945 verantwortlich.

Eine breitere, kulturtheoretisch begründete Kommunikationswissenschaft als empirische Sozialwissenschaft entwickelte auch schon in Wien und nach seiner Emigration in den USA Paul F. Lazarsfeld (1901–1976) nicht zuletzt mit bahnbrechenden Studien über die Radiohörer (Larzarsfeld 1941; 1944). Ihre theoretischen und methodischen Konzepte wurden hierzulande freilich erst spät, im Grunde erst in den 70er Jahren mit der Revision der Wirkungsforschung rezipiert (Lazarsfeld 1990).

1.3. Kommunikations- und medienwissenschaftliche Entwicklungs- und Argumentationslinien

All diese wissenschaftsgeschichtlichen Entwicklungen können hier nicht im Detail nachgezeichnet werden (Kutsch 1984; Hachmeister 1987; Wagner 1993). Das sozialwissenschaftliche Selbstverständnis der bundesrepublikanischen Publizistik- und Kommunikationswissenschaft im engeren – für etliche: im restringierten – Sinn profilierte sich seit Ende der 50er Jahre; dafür bedeutend dürften besonders folgende Entwicklungen und Einflüsse gewesen sein:

1.3.1. Angewandte Kommunikations- und Medienforschung (Demoskopie)

Aus den USA brachten Peter Neumann und Elisabeth Noelle-Neumann demoskopische Erfahrungen mit; E. Noelle hatte 1940 über 'Meinungs- und Massenforschung in den USA' promoviert (vgl. Noelle-Neumann 1940; 1963; 1977). Den allmählich prosperierenden Medien(Verlagen) und der Politik dienten sie ihre empirisch-analytischen Methoden zur (vorgeblich) exakten Messung der öffentlichen Meinung und des Publikumsverhaltens an und führten sie auch in die wissenschaftliche Diskussion ein (Noelle-Neumann 1963). Seither wird die *angewandte Kommunikations- und Medienforschung*, die vorzugsweise kommerziell − etwa vom Institut für Demoskopie in Allensbach − betrieben wird, mit demoskopischen Methoden und repräsentativen Survey-Erhebungen bestritten; sie dient vor allem der raschen Registratur von Reichweite und Nutzung der Medien, inzwischen mehr und mehr auch zur Konturierung absatzträchtiger Marktsegmente; sie fungiert mithin als beherrschendes Medienmarketing (Schulz 1994).

Sicherlich fließen auch in dieserart Forschung soziologische Grundsatztheoreme ein: War die Demoskopie anfangs geprägt von der damals kuranten These der Massengesellschaft, so votiert sie heute mit der Entdekkung von Pluralität und Individualität durch die Sozialwissenschaften für subtilere Strukturierungen und Segmentierungen der Gesellschaft, die sich in Kategorien wie Zielgruppe, Milieu oder Lebensstil (Krotz 1991; Weiß 1996) äußern und die sie verstärkt zur Typenbildung noch kleinerer Publikumssegmente neigen läßt.

1.3.2. Psychologie der Massenkommunikation

Ebenfalls aus der US-Forschung referierte Gerhard Maletzke, damals wissenschaftlicher Referent am Hans-Bredow-Institut für Rundfunk und Fernsehen in Hamburg, die wichtigsten Theorien und Befunde der *psychologischen Massenkommunikationsforschung* in seinem 1963 erschienenen Werk 'Psychologie der Massenkommunikation', das Standardcharakter erlangte. Maletzke neigte der Feldtheorie des Sozialpsychologen Kurt Lewin (1951, 1963) zu und konstruierte Massenkommunikation − unter Bezug auf Harold D. Lasswells berühmte Frageformel − in seinem Modell als ein Kräftefeld interdependenter Faktoren. Implizit flossen sogar systemtheoretische wie auch − bei der Konstruktion von feed-back-Beziehungen − kybernetische Vorstellungen ein. Dadurch ersparte Maletzke der hiesigen Medienforschung gewissermaßen den Rekurs auf bereits überholte, recht einfache Theoreme der frühen psychologischen Medienforschung, die sich auf die Instinktpsychologie und simple Stimulus-Response-Konzepte des Behaviorismus stützten, und bereitete komplexere Beschreibungsansätze vor. Rigiden Psychologen war Maletzkes Ansatz schon zu 'soziologisch', weil er sich eher auf kategoriale Faktoren denn auf konkrete Individuen kaprizierte (siehe Maletzke 1980). Von kritischer soziologischer Seite warf man ihm hingegen vor, daß er Massenkommunikation von der Gesellschaft isoliere bzw. Gesellschaft auf einen Faktor in seinem Feldschema reduziere (Baacke 1980, 379).

1.3.3. Kritische Theorie und Kulturindustrie

Häufig in publizistikwissenschaftlichen Lehrbüchern (noch) übergangen wird der maßgebliche Einfluß der *Kritischen Gesellschafts- und Kulturtheorie*, die von den emigrierten und anfangs der 50er Jahre zurückkehrenden Vertretern des Frankfurter Instituts für Sozialforschung, von M. Horkheimer, Th. W. Adorno, L. Löwenthal und H. Marcuse, aufgrund ihrer Erfahrungen mit der US-Kultur und den Medien dort konzipiert und seit den 60er Jahren auch für die deutsche Diskussion paradigmatisch wurde (siehe dazu Prokop 1973; Wiggershaus 1988; Kausch 1988). Ihre Schriften, die sowohl eine kritische Position zur herrschenden Soziologie bezogen und damit den sog. 'Positivismusstreit' (Adorno u. a. 1969) auslösten, als auch die ideologisch-kulturellen Deformationen durch die modernen Massenmedien scharf attackierten, wurden für viele Medienwissenschaftler (die meist nicht aus der Publizistikwissenschaft im engeren Sinne stammten) leitend: Nicht nur wurden − unter allerdings verschiedenem Rückgriff auf Marxismus und Materialismus − die ökonomischen Formierungen und ideologischen Funktionen der Medien herausgearbeitet, vielmehr rückte die gesamte Mediatisierung und Kommerzialisierung von Kultur und Kunst ins Blickfeld, paradigmatisch gebündelt in der Kategorie der 'Kulturindustrie' (Horkheimer/Adorno 1944, 1969). Wiederentdeckt wurden ferner die kulturtheoretischen Analysen (1963) Walter Benjamins (1892−1940) sowie die gestaltpsychologischen und soziologischen Filmstudien (1979) Siegfried Kracauers (1889−1966).

1.3.4. Von der Philologie zur Medienwissenschaft

In den Philologien rüttelte die Kritische Theorie an der bis dahin gepflegten Werkimmanenz und bewirkte deren 'Versozialwissenschaftlichung' (Literaturwissenschaft und Sozialwissenschaften 1971), die sich in einem verstärkten Interesse für die Produktionsbedingungen von Literatur, für literarische und mediale Gebrauchsprodukte (triviale 'Texte'), besonders aber für die Rezeption von Texten und Medien in ihren theoretischen wie in ihren empirischen Dimensionen äußerte (z. B. Warning 1975). Daher läßt sich die Kritische Theorie durchaus zu den Initiatoren der inzwischen weithin eingeführten *Medienwissenschaft* (Faulstich 1979; Bohn/Müller/Ruppert 1988; Faulstich 1994) rechnen. Diese siedelt sich seither inter- oder transdisziplinär zwischen den Sozial- und den Kulturwissenschaften an.

1.4. Umorientierung der Publizistikwissenschaft

Für die überkommene Publizistik- und die daraufhin – zunächst nur deklamatorisch – erweiterte Kommunikationswissenschaft evozierte diese kritische Wende eine theoretische wie methodische Verunsicherung ohnegleichen, die bis in die 80er Jahre hinein anhielt. Weithin begegneten sie ihr mit einer demonstrativen Verengung ihres sozialwissenschaftlichen Verständnisses hin auf ausschließlich empirisch-analytische Methoden, das nicht einmal mehr den offenen Positionen ihrer Gründerväter hätte genügen können. Auf diese Weise manövrierten sie sich in eine theoretische Sackgasse, in der sie manche Kritiker noch heute wähnen (Glotz 1990; Wagner 1993).

Noch zur Begründung des ersten Forschungsschwerpunktes 'Medienwirkungen' in der Bundesrepublik Mitte der 80er Jahre (Schulz/Groebel, Bd. I, 1986, 6) wurde nahezu einhellig jener Rigorismus der analytisch-quantitativen Forschung vertreten, der alle anderen Vorgehensweisen als 'weiche' mit 'ungesicherter Beweiskraft' disqualifizierte (Straßner 1986). Erst mit der Würdigung Paul F. Lazarsfelds 1988 und Karl Büchers seit dem Untergang der DDR in Leipzig dürften diese Restriktionen mehrheitlich überwunden sein, und die Publizistik- und Kommunikationswissenschaft entfaltet sich als Sozialwissenschaft mit der heute üblichen und anerkannten methodischen Vielfalt (Burkhart 1995, 384 ff.). Gleichwohl sind die Vorstöße noch nicht verstummt, die gerade solcher Offenheit und Pluralität die anhaltende Krise und die endlich zu überwindende mangelnde Dignität dieser Disziplin glauben anlasten zu können.

Ob überhaupt die Disziplinen, die sich mit Kommunikation in jedweder Spielart befassen, eine (einheitliche) Wissenschaft konstituieren oder eben nur ein diffuses und heterogenes Untersuchungsfeld oder ein 'Themenkatalog' sind, wie viele wohlgesonnene, aber auch skeptische Betrachter meinen (ebd.), sei dahingestellt. Letztlich müßten die Chancen wachsen, daß die Kommunikations- und die Medienwissenschaft – die zudem nur im deutschsprachigen Kontext miteinander konkurrieren – auf mittlere Sicht konvergieren, mindestens sich wechselseitig befruchten. Auch aus diesem (zweiten) Grund dürfte es nicht angemessen sein, den Sozialwissenschaften den Status einer Nachbar- oder gar inferioren Hilfswissenschaft für die Medienwissenschaft zuzuweisen.

2. Gegenstand 'Gesellschaftliche Kommunikation'

Prinzipiell ist nämlich – drittens – ihr Untersuchungs- und Gegenstandsbereich derselbe: Sie alle beschäftigen sich wissenschaftlich mit gesellschaftlicher Kommunikation, mit ihrer Medialität (z. B. mit semiotischen Qualitäten, inhaltlichen Substanzen, Textsorten, Gattungen) und Materialität (z. B. mit Techniken, Institutionen, Organisationen), mit ihrer Geschichte, ihren aktuellen Entwicklungen und gesellschaftlich-kulturellen Funktionen.

Ob gesellschaftliche Kommunikation unbedingt öffentlich sein muß, wie es frühere Definitionen mit Blick auf die überkommene, gesetzlich sanktionierte Dualität von Privatheit und Öffentlichkeit postulierte (Habermas 1962), ist angesichts der elektronischen Dynamik und marktbedingten Diversifikation fraglich (geworden) (Sennett 1986).

Schon die technischen Pioniere heutiger Medien, Telegrafie und Telefon, transportieren private, personale Kommunikation, sind aber in ihren Funktionen und Wirkungen öffentlich oder gesellschaftlich (Flichy 1994).

Grundsätzlich wird alle Kommunikation von Menschen (in ihrer Sozialität und [symbolischen] Interaktivität) erzeugt, rezipiert und/oder rekonstruiert, weshalb jeder einschlägigen Untersuchung eo ipso sozialwissenschaftliche Prämissen und Erkenntnispotentiale inhärieren.

Allerdings erlaubt die Fülle medialer, semiotischer und – besonders – künstlerischer Objektivationen, die sich von ihrem spezifischen Produktionskontext emanzipiert haben, in ihrem Eigensinn bestehen und rezipiert werden, inzwischen in der Medien-, Literatur- und Kunstgeschichte reiche Traditionen medialkultureller Ressourcen gestiftet haben und weiterhin stiften, sie (tendenziell) autonom zu betrachten und zu analysieren. Daraus bezieht die Medienwissenschaft im engeren Sinn – als vornehmlich auf die (medialen) Produkte hin orientierte Disziplin – ihr Selbstverständnis und ihre wissenschaftliche Spezialisierung.

Aus einem je konkreten Rezeptionskontext (wenigstens desjenigen des aktuell Betrachtenden) kann sich erkenntnistheoretisch jedoch keine der Disziplinen lösen, so daß auch solch objekt- und/oder produktspezifischen Zugriffe wissenssoziologisch geprägt sind. In der Hermeneutik hat dieser Zusammenhang seine theoretische Explikation gefunden; sie gilt inzwischen auch in den Sozialwissenschaften weithin als unumgehbares Axiom der Erkenntnis.

Daher lassen sich bei einer wissenschaftstheoretischen Einordnung eher (überkommene) disziplinäre Traditionen, objektspezifische Zugangsweisen und temporäre Akzentsetzungen unterscheiden, die sich zum einen nach ihren grundlagentheoretischen Vorannahmen, zum anderen nach ihren bevorzugten und/oder anerkannten Methoden spezifizieren. Sie seien als übergreifende theoretische Gebäude (Metatheorien) und als eher theoretisch-operative Ansätze gekennzeichnet.

Im engeren Verständnis von Sozialwissenschaften als empirisch-analytische Sozialforschung sind nicht zuletzt die angewendeten Methoden maßgebend und bestimmen – meist implizit – den theoretischen Horizont. Auf all diesen Ebenen liefern die Sozialwissenschaften der Medienwissenschaft mittlerweile eine Vielzahl von Konzepten und Vorbildern, die hier nur knapp skizziert werden können:

3. Theoretische Zugänge

3.1. Grundlagen- oder Metatheorien

Wissenschaftstheoretische Grundlagenpositionen oder axiomatische Metatheorien bilden sich selten logisch-konsistent, gewissermaßen in einem autonomen, unbeirrbaren Erkenntnisfortschritt; vielmehr verdanken sie sich eher Zufällen und Setzungen, zumal wenn sie sich – wie inzwischen – weltweit verbreiten, aber national unterschiedlich und zeitversetzt rezipiert werden. Daher lassen sich diverse Perioden, Konjunkturen und Strömungen identifizieren, die Anhängerschaften und Schulen bewirken, aber auch Gegenbewegungen und Oppositionen evozieren (Kuhn 1978). Vielfach entstehen sie außerhalb der Wissenschaften, etwa in philosophischen und kulturtheoretischen Diskursen, in lebenspraktischen, instrumentellen, politischen Bezügen oder auch als eilige Reflexe auf technische Innovationen. Häufig sind ihre Diffusion und Anerkennung in wissenschaftlichen Kontexten reichlich kontingent und unerklärlich; meist hinterher werden von der Wissenschaftsgeschichte einigermaßen plausible Explikationen rekonstruiert.

Für die Betrachtung und Erforschung der Medien, von Kultur und Texten überhaupt, sind diese außerwissenschaftlichen Kontexte – so scheint es – stets einflußreicher und tonangebender gewesen als die engeren disziplinären Traditionen. Verantwortlich dafür dürften zum einen die Universalität, Unabgrenzbarkeit und die immanente Vielfalt dieses Gegenstandsfeldes selbst, zum anderen seine ungeheure technische Dynamik und seine Expansionen in nahezu sämtliche soziale Bereiche sein.

Ob und wie diese Grundlagen- oder Metatheorien jeweils in sogenannten wissenschaftlich-analytisch handhabbaren 'Theorien mittlerer Reichweite' (R. K. Merton) oder auch nur in theoretischen Ansätze operationalisiert werden, mithin in Gerüsten logisch konsistenter, interdependenter und methodisch kontrollierbaren Sätze, die dann jeweils als innerdisziplinäre Theoreme fungieren und ihrerseits diskursive Kreise ziehen, läßt sich ebenfalls nicht schlüssig erklären, schon gar nicht gewiß prognostizieren.

Von der Soziologie sind seit 1945 je in diversen Varianten als wohl wichtigste Theoriegebäude der Funktionalismus zusammen mit der Kybernetik und der Systemtheorie, der symbolischen Interaktionismus und der kritische Rationalismus beigesteuert worden. Sie gelten eher als affirmative, wenn nicht apologetische Positionen zum gesellschaftlichen Status quo. Zum anderen wurden als gesellschaftskritische der Marxismus oder historische Materialismus und die Kritische Theorie entwickelt, die zuletzt in J. Habermas' 'Theorie des kommunikativen Handelns' (1981) ein sowohl diffiziles Kompilat als auch eine kommunikationswissenschaftlich relevante Konkretion fanden.

Von der Psychologie stammen – ebenfalls variantenreich – der Behaviorismus, die

Lerntheorie und – in eigenständiger Entwicklung – die Psychoanalyse. Zum Anteil der Pädagogik besonders in ihrer Fassung als empirische Erziehungswissenschaft und Sozialisationsforschung sei auf den Artikel 29 verwiesen.

Seit einiger Zeit gewinnen kulturtheoretische und ethnologische Ansätze verstärkt Aufmerksamkeit. Sie versuchen erneut, gesamtgesellschaftliche, zumindest ganzheitliche Sichtweisen ins Spiel zu bringen, nun aber von der Warte eines meist vage gelassenen Kulturbegriffs. Inwieweit sie die besonders in Deutschland tiefgründig geführte Diskussion um den Kulturbegriff aufnehmen (Thurn 1976), ihn etwa abgrenzen oder identisch sehen mit dem der Kritischen Theorie oder ihn vornehmlich im Sinn des angelsächsischen Pragmatismus verwenden, bedürfte einer gesonderten Analyse.

Jedenfalls sehen sie die Medien nicht mehr (nur) als Kontrahenten einer (angenommenen) authetischen Kultur, wie es der sogenannte Kulturpessimismus und – freilich in den fundamentalen Koordinaten von Waren- und Ideologiekritik – die Kritische Theorie taten, sondern als unausweichliche, mächtige Momente und Fermente der (jeweiligen) Alltagskultur des Publikums (Krotz 1992b; Morley 1992; Müller-Doohm/Neumann-Braun 1995).

Einerseits tragen diese Ansätze damit der wachsenden Komplexität und subjektiven Interdependenz individueller Lebensvollzüge analytisch sensibler Rechnung, wie sie E. Husserls inzwischen inflationär gebrauchte Kategorie 'Lebenswelt' zum Ausdruck bringen wollte (Habermas 1981, Bd. II, 182 ff.), fügen darin die wachsende Omnipräsenz und Bedeutung der Medien interpretatorisch ein und argumentieren damit erneut zwischen objektiv-struktureller Erklärung und subjektiver Rekonstruktion. Andererseits büßen sie aber auch, wenn sie vorzugsweise mikroskopische Lebenswelten subjektadäquat rekonstruieren und verstehen wollen, die gesamtgesellschaftliche Perspektive (wieder) ein und nähern sich – oft unbemerkt – apologetischen Beschreibungen.

Darüber hinaus kursiert eine Vielzahl weiterer Ansätze, die allerdings eher zum Typus der Theorien mittlerer Reichweite zu zählen sind oder gar nur den Status von Methodologien beanspruchen. Einige rekurrieren auch auf substantielle Analysen aktueller Gesellschaftsstrukturen, die – paradigmatisch zugespitzt – als 'Risikogesellschaft' (Beck 1986; 1991) oder als 'Erlebnisgesellschaft' (Schulze 1992) firmieren. Ihnen folgten alsbald Konkretionen in kommunikations- und medienwissenschaftlichen Diskursen: als 'Risikokommunikation' (Beck 1991; Löffelholz 1993) oder als Hervorkehrung der emotionalen und hedonistischen Komponenten von Kommunikation (Bosshart/Hoffmann-Riehm 1994; Krotz 1994; Mikos 1994; Weiß 1996).

Eine grundsatztheoretische, fast monopolistische Position strebten zuletzt die Vertreter des Funkkollegs 'Medien und Kommunikation' an, indem sie den sogenannten Radikalen Konstruktivismus, verbunden mit der Systemtheorie N. Luhmanns, zum theoretischen Fundament 'der' Kommunikationswissenschaft erheben wollten (Merten/Schmidt/Weischenberg 1994). Aber in der Ära dezisionistischer Postmodernität und dekonstruktivistischer Irritation muß ein solch voluntaristisches Ansinnen zum Scheitern verurteilt sein (Burkhart 1995, 288; auch Hachmeister 1992; Bentele/Rühl 1993; Luhmann 1996, 16). Die – mitunter als zu beliebig monierte – Pluralität auch in Grundsatztheorien dürften für die Medien- wie die Kommunikationswissenschaft kaum mehr rückgängig zu machen sein.

Von seiten der Kultur- und Textwissenschaften unterstützen die Medienwissenschaft – ebenfalls vielfältig differenziert – die Hermeneutik, die Ästhetik, die Rhetorik, der Existentialismus, der Strukturalismus, die Semiotik, diverse Text- und Kulturtheorien und am Ende die dekonstruktivistischen und postmodernistischen Philosophien französischer Provenienz. Je universaler sie ihre Entwürfe verstehen, umso weniger lassen sie sich strikt mit sozialwissenschaftlichen oder kulturwissenschaftlichen Etiketten versehen, wie etwa die Werke von W. Benjamin, S. Kracauer, Th. W. Adorno, P. Bourdieu, U. Eco, J. Beaudrillard oder J. Derrida jeweils belegen.

3.2. Theorien mittlerer Reichweite

Kommunikations- und medienwissenschaftliche Forschung sozialwissenschaftlicher Prägung realisiert und/oder ergibt sich bestenfalls in sogenannten Theorien mittlerer Reichweite oder in komprimierten Theoremen, sofern man ihnen überhaupt theoretische Qualität zubilligen will (Schulz/Groebel 1986, 4; Wagner 1993; Burkhart 1995, 384 ff.). Dieser Theorietypus ist von Robert K. Merton bereits 1948 in einer Diskussion um das Selbstverständnis der amerikanischen

Soziologie gegen Talcott Parsons (1902–1979) Anspruch, eine allgemeine soziologische Theorie zu entwickeln, ins Feld geführt worden; beide begründeten damit auf ihre Weise den amerikanischen Funktionalismus, die wohl einflußreichste moderne Denkrichtung in den Sozialwissenschaften (Hartmann 1973).

Solche 'middle range theories' werden für einzelne soziale Phänomene auf der Grundlage empirischer Studien entwickelt; sie wollen valider sein als die schlichte Verallgemeinerung empirischer Befunde mit ihren raumzeitlichen Begrenzungen und suchen ihren prinzipiellen Rückhalt in gewissen axiomatischen Grundannahmen. Allerdings ist ihre Validität und Konsistenz nicht immer transparent und nachprüfbar; oft werden sie als fixe Lehrmeinungen gedankenlos reproduziert, bis sie sich erschöpft haben oder durch unwiderlegbare Kritik verdrängt wurden (Kuhn 1978, 79 ff.).

3.2.1. Funktionalistische Ansätze in der Medienforschung

Wie kaum eine andere Denkrichtung von soziologischer Warte aus prägt der Funktionalismus – eine im Grunde unzulässige verkürzte Typisierung – das moderne sozialwissenschaftliche Denken und auch viele medienwissenschaftliche Ansätze bis heute – obwohl die Hochphase des expliziten Funktionalismus Anfang der 70er Jahre endete, zunächst durch die Konkurrenz marxistischer Ansätze, inzwischen in Folge der allgemein gestiegenen theoretischen Pluralität (Hartmann 1973, 101 ff.).

Gleichwohl finden sich in vielen kommunikations- und medienwissenschaftlichen Ansätzen ausgewiesene oder auch unausgesprochene Elemente funktionalistischen Denkens, besonders wenn sie sich mit Zusammenhängen von Medienprodukten und Rezeption beschäftigen; manche pflegen sogar – etwa im Kontext der Systemtheorie – einen erklärten Neofunktionalismus, der sich freilich auch anderer Terminologien als der ehedem eingeführten bedienen kann.

In die amerikanischen Kommunikationsforschung wurde der Funktionalismus von H. D. Lasswell, P. F. Lazarsfeld, R. K. Merton und C. Wright eingebracht (Schenk 1987, Bd. I, 387 ff.). Ohne hier auf all seine Vorläufer eingehen zu können, in der Soziologie wird die Gründung des Funktionalismus dem Bemühen Talcott Parsons zugeschrieben, die Soziologie nach dem zweiten Weltkrieg aus der „weitgehenden Verhaftung an die Beschreibung ausgewählter Fakten" (Hartmann 1973, 5) zu befreien und ein allgemeintheoretisches Konzept dafür zu entwickeln, wie soziale Systeme relative Stabilität erlangen und bestimmte existentielle Funktionen erfüllen können. Verantwortlich dafür ist das soziale Handeln, das durch sein Wirken Strukturen und Werte institutionalisiert. Deren Elemente und Leistungen müssen sich in relativem Gleichgewicht befinden und bilden so Systeme, die sich ihrer Umwelt wechselseitig anpassen.

Auch die Massenkommunikation läßt sich als ein solches Subsystem begreifen, das kommunikative, symbolische und loyalitätssichernde Funktionen und Leistungen für andere Subsysteme bzw. für die Gesellschaft als ganze wahrnimmt. Von der Medienforschung ist eine Vielzahl konkreter Funktionen aufgestellt worden, die nicht mit Wirkungen im engeren Sinne gleichgesetzt werden dürfen, sondern systemische Sollens-Erwartungen und -bedürfnisse darstellen (Kunczik 1979; Ronneberger 1980–1986; Kübler 1994; Burkhart 1995): Dazu zählen etwa integrative und sozialisatorische Funktionen, aber auch demokratietheoretische Postulate wie Information und Aufklärung, Kritik und Kontrolle sowie Meinungsbildung.

Im deutschsprachigen Raum sind diese Funktionen zudem in verfassungsrechtliche Normen gegossen worden und finden sich in gesetzlichen Statuten bis hin zu den rundfunkrechtlichen Regelungen von Staatsferne, Sachlichkeit, Pluralität und Ausgewogenheit (Burkhart 1995, 359 ff.). Aber mit der fortschreitenden Kommerzialisierung und massiven Multiplizierung der Medien schieben sich eher ökonomische Maximen in den Vordergrund, die die Medien als Wirtschaftsgüter und Werbeträger funktionieren sehen (Dröge/Kopper 1991; Weischenberg 1992, 237 ff.; 1995, 330 ff.).

Auch für die Leistungen des Kommunikators für die öffentliche Kommunikation sowie für die Aufgaben und arbeitsteiligen Prozesse bei der Produktion und in den Redaktionen sind funktionalistische Ansätze bemüht worden, mitunter auch schon in den systemtheoretischen Varianten (Rühl 1969, 1979; Weischenberg 1995, 93 ff.).

Darüber hinaus beinhalten viele sozialwissenschaftliche Ansätze zur medialen Rezeption funktionalistisches Denken. Vielfach trug es zur allmählichen Revision der Wirkungsforschung und zur Ablösung rigider kausalistischer Konzepte bei; denn mit ihm lassen sich verschiedene, als relevant identifizierte Variablen korrelativ miteinander verknüpfen, ohne eindeutige oder unilineare Ursachen und Folgen identifizieren zu müssen (Schenk 1987, 369 ff.).

An wenigen Beispielen sei diese Denkrichtung exemplifiziert: So definiert der in den 70er Jahren breit rezipierte Uses and Gratifications-Approach – auch er findet Vorläufer bereits in den 40er Jahren (Drabczynski 1982, 86 ff.) – Medienzuwendung und -nutzung als funktionale Korrelate von Medienbedürfnissen und -erwartungen, die allerdings auch funktionale Alternativen für diverse Motivkonstellationen (Äquifunktionalität) sowie dysfunktionale, meist unbeabsichtigte Folgen einschließen.

Gewiß fließen in diesen Ansatz noch weitere theoretische Ansätze ein: Die Bestimmung von Motiven verdankt sich der sozialpsychologischen Motivforschung, die ihrerseits auf die Ergründung universaler bzw. anthropologischer Bedürfnisse rekurriert.

Das viel gerühmte und weit verbreitete Konzept des 'aktiven Publikums', das sich Gratifikationen und Bedürfnisbefriedigungen rational und funktional aus der Fülle medialer und nichtmedialer Angebote besorgt, wurzelt in der allgemeinen Handlungstheorie, die ihrerseits im symbolischen Interaktionismus ein differenziertes theoretisches Fundament findet (Blumler/Katz 1974). Die Rezeption des Uses and Gratifications-Approachs hierzulande und seine deutsche Version als Nutzensansatz betonen die interaktionstheoretischen, aber auch schon die konstruktivistischen Elemente stärker und arbeiten diese Theorien als Begründungen pronocierter heraus als seine angelsächsischen Vorbilder, weshalb sie unter diesem Rubrum behandelt werden.

Das Konzept des aktiven Publikums übernimmt auch der sogenannte dynamisch-transaktionale Ansatz. Er verbindet gewissermaßen Wirkungsforschung mit Nutzenansatz und begreift massenmediale Wirkungen als funktionale Folgen „von Wechselbeziehungen zwischen Medienbotschaften und Rezipientenerwartungen" (Schönbach 1989, 459; Schenk 1987, 385 f.). Sie werden also nicht mehr kausal gesehen, sondern als korrelative Übereinstimmungen zwischen inhaltsanalytischen Daten und subjektiven Wahrnehmungen sowie Bedeutungszuweisungen der Rezipienten.

3.2.2. Selbstreferentialität der Medienwelt: systemtheoretisches Konzept

Als kritische Weiterentwicklung der strukturell-funktionalen Theorie versteht Niklas Luhmann (geb. 1927) seine funktional-strukturelle Systemtheorie, die ihrerseits viele Ausformulierungen und tentative Applikationen erfuhr und erfährt, nicht zuletzt in der Medienforschung (Burkhart 1995, 429 ff.; Luhmann 1996). Sie unterscheidet sich vom früheren Funktionalismus am grundsätzlichsten in ihrem Handlungs- und Sinnbegriff. Im Gegensatz zu T. Parsons wird Sinn nicht mehr als objektive Struktur des kulturellen Systems vorausgesetzt, vielmehr wird er erst im Vollzug sozialer Handlungen, von Kommunikation, aktualisiert: Soziale Systeme sind nach N. Luhmann funktionale Einheiten von Sinnbeziehungen zwischen Handlungen, die System-Umwelt-Differenzen schaffen, dadurch die übergroße Komplexität von Ereignissen reduzieren und so das soziale Handeln innerhalb der Systemgrenzen typisch erwartbar machen. In ihren inneren Prozessen sind Systeme tendenziell autonom und selbstreferentiell, so daß extra-systemische, essentielle Kategorien wie Wahrheit und Moral an sie nicht gestellt werden können.

Vielmehr lassen sich nur Erwartungen für zweckrationales, systemisches Verhalten formulieren, die in zeitlicher, sachlicher und sozialer Hinsicht generalisiert werden und dadurch bestimmte Typen von Handlungen sichtbar machen. Soziale Systeme bestehen nicht aus konkreten Personen, sondern aus funktionalen Handlungen. Personen sind – systemtheoretisch gesprochen – Kognitions- und Aktionssysteme eigener Art, die durch ihre Handlungen in verschiedene Sozialsysteme involviert sind; sie gehen in ihrer Totalität jedoch nicht in einem Sozialsystem auf, wie dieses auch nicht alle Handlungen einer Person einschließt. Soziologische Erkenntnis konzentriert sich also auf Prozesse, Formen und Möglichkeiten der Systembildung als Sinnselektion daraufhin, welche Mechanismen zur Komplexitätsreduktion (z. B. Generalisierung, Reflexion) ausgebildet und angewendet sowie welche 'Medien' (z. B. Wahrheit, Liebe, Vertrauen, Geld, Macht) eingesetzt werden.

Kommunikation ist für die Bildung und Leistung sozialer Systeme konstitutiv; denn sie können erst „Sinn haben und verstanden werden", wenn sie „von direkten und indirekten Kommunikationen begleitet" sind (Luhmann 1972, S. 190). Entsprechend lassen sich auch Journalismus und Massenmedien als soziales System begreifen, dessen primäre Funktion die „Herstellung und Bereitstellung von Themen zur öffentlichen Kommunikation" (Rühl 1980, 319) ist. Denn „Journalismus als strukturiertes Sozialsystem der Weltgesellschaft [...] reduziert die Komplexität und Veränderlichkeit der Weltereignisse durch thematisierte Mitteilungen auf Ausmaße, die eine sinnvoll informierende Kommunikation erlauben" (Rühl 1992, 128). Aber anders als im klassischen Funktionalismus nehmen Massenmedien – so Luhmann (1996, 47f.) zumindest jüngst – nicht nur integrative Systemfunktionen, sondern auch störende und damit innovative wahr und „passen" so „zu der beschleunigten Eigendynamik anderer Funktionssysteme wie Wirtschaft, Wissenschaft und Politik, die die Gesellschaft ständig mit neuen Problemen konfrontieren".

Damit wird in systemtheoretischer Terminologie ein recht euphemistisches Leistungsprofil kuranter Medien gezeichnet, das offenbar noch keine Deformationen und Indienstnahmen kennt und sich – wohl unbedacht – an übliche normative Postulate anlehnt. Analytisch erreicht werden können diese positiven Funktionsleistungen nur, weil auf abstraktem Niveau Kommunikation und Wirtschaft nicht als antinomische Größen eingeschätzt werden und weil bei der operativen Analyse das Subsystem 'Redaktion' autonom gesetzt wird. Der Verlag oder Medienbetrieb, vor allem dessen ökonomische Interessen und die daraus resultierenden Konflikte, werden in die nicht mehr beachtete 'Umwelt' des Systems Zeitungsredaktion gedrängt (Weischenberg, 1992, 237ff.; 1995, 373ff.).

Eher pauschal dürfte systemtheoretisches Denken auch in der Medienwissenschaft virulent bleiben, denn auch in der Literaturwissenschaft findet es Verfechter (Stanitzek 1992; Berg/Prangel 1993): als Theorie des „rekursiven Beobachtens, der 'Beobachtung zweiter Ordnung'", mit der sich in der Differenz beobachten läßt, wie sich Gesellschaft durch kommunikative Ereignisse, durch systemische Verkettungen von Texten, vollzieht (Stanitzek 1992, 650).

Auf systemtheoretische Prämissen rekurrieren auch Konzepte, die den Massenmedien Agenda-Setting-Funktionen zuschreiben. Sie fragen nicht mehr nach Einstellungen und Verhaltensweisen, die sich durch Medien beeinflussen lassen, sondern nach intersubjektiven Wissens- und Sinnkomplexen, die von den Medien auf die Tagesordnung gesetzt und damit öffentlich bedeutsam werden (Schenk 1987, 194ff.). 1972 hatten M. E. McCombs und D. L. Shaw die Hypothese formuliert, wonach die Karrieren öffentlicher Themen, ihre Modi und Mechanismen von den Medien nachhaltiger beeinflußt werden können als ihre inhaltliche Tendenzen: Es geht mithin um öffentliche Wahrnehmung, Aufmerksamkeit, Akzeptanz, Gewichtung, Problemhaltigkeit, Wissensverteilung und Diffusion. Ihre Formen, Potentiale und Reichweiten ergeben sich aus den Selektions- und Strukturierungsprozessen, die mediale Kommunikation mit der Aktualisierung von intersubjektivem Sinn erfährt und wodurch sich die Differenzen zwischen realer, personaler Welt und Medienwelt bestimmen.

Verglichen werden deshalb die inhaltsanalytisch erfaßten Themenstrukturen der Medien (Media-Agenda) mit den erfragten thematischen Prioritäten in der öffentlichen Meinung, beim Publikum (Publikums-Agenda). Lassen sich signifikante Übereinstimmungen feststellen, werden sie als korrelative Wirkungen der Medien interpretiert (Brosius 1994).

3.2.3. Radikal-konstruktivistische Medientheorie

Zusammen mit dem sog. Radikalen Konstruktivismus wurde die Systemtheorie jüngst zu einer neuerlichen Fundierung sämtlicher Kommunikations- und Medienphänomene herangezogen. Als „Kybernetik zweiter Ordnung" verstand übrigens einer der Begründer, Heinz von Foerster (1993), seine konstruktivistische Theorie. Zu den „Grundannahmen" gehöre – hieß es einführend (Schmidt 1990, 36f.) –, „den Menschen, sein Gehirn und seine Gesellschaft als selbstorganisierende und selbstreferentielle Systeme zu beschreiben, das heißt: als Systeme, die Ordnungen, Strukturierungen, Sinn und Bedeutung durch Bezug auf ihre eigenen Zustände und Operationen herstellen und nicht auf Dauer von außen gesteuert werden können". Demzufolge „verkürzt [...] konstruktivistische Medientheorie [...] Medien nicht auf technische Einrichtungen, sondern modelliert sie als soziale Systeme, in denen Individuen mit spezifischen Kommunikationstechniken umgehen und Medienangebote erstellen, die aus dem Zusammenwirken aller Komponenten des gesamten Systems – politische, ökonomische, juristische, technische usw. – hervorgehen."

Kommunikation wird dabei „nicht als Austausch von Informationen, die von Medienangeboten gleichsam wie in Behältern transportiert werden" gesehen; vielmehr „als ein Prozeß individueller Sinnkonstruktion aus Anlaß der Wahrnehmung eines Medienangebots in einer von den Kommunikationspartnern gemeinsam geteilten Kommunikationssituation".

Aber zwischen dem Postulat prinzipieller theoretischer Innovation und analytischer Applikation eröffnen sich noch etliche Diskrepanzen, zumal wenn man historische Aspekte der Institutionalisierung und tradierten Formierung betrachtet, wie es beispielsweise bei einem Kernbereich der medienwissenschaftlichen Forschung, bei der Analyse von Gattungen und Genres, erforderlich ist: Der historischen, textgenetischen Gattung stellt die radikalkonstruktivistische Medientheorie nämlich das kognitionstheoretisch begründete 'Schema' (Frame, Script) gegenüber, das nicht mehr autonom-objektivistisch gesehen, sondern erst in der intersubjektiven Rezeption aktualisiert wird: Es sind „Instrumente der kognitiven wie kommunikativen Sinnproduktion" — „bildlicher ausgedrückt: Operationspläne und Prozeßszenarios, die es dem individuellen Aktanten erlauben, im Umgang mit Medien Invarianzbildungen mit intersubjektiver Geltung produzierend und rezipierend vorzunehmen" (Schmidt/Weischenberg 1994, 220). Wie dies allerdings intersubjektiv im historischen Wandel geschieht, läßt sich auch aus Sicht des radikalen Konstruktivismus „nur empirisch-historisch bestimmen", weshalb er wohl ebenso gewisse Objektivationen voraussetzen muß (ebd. 221; vgl. auch Blöbaum 1994, 220 ff.).

3.2.4. Behaviorismus und Lerntheorie: psychologische Medienforschung

Keine andere Teildisziplin der Kommunikationsforschung ist so eng mit den Entwicklungen und Theorien der Psychologie verbunden wie die Medienwirkungsforschung; lange Zeit war sie gewissermaßen eine Subdisziplin derselben oder gar nur ein Anwendungsfeld (Schenk 1987, 33 ff.). Sie läßt sich auch als mikroskopische Perspektive neben der makroskopischen der Soziologie auf die gesellschaftliche Kommunikation verstehen.

Entstanden unter dem Eindruck der massiven Manipulationsmacht der Medien, von Propaganda und suggestiver Beeinflussung, und gestützt zum einen auf die Instinktpsychologie, wonach allen Menschen bestimmte, uniforme, biologische Triebe zu eigen sind, zum anderen auf die Theorie der Massengesellschaft, die die Individuen isoliert und damit den Einflüssen der Medien schutzlos ausgeliefert sieht, suchten die Wirkungsforscher die Einflußpotentiale der Medien zu bestätigen, teils auch — im militärischen Auftrag — zu optimieren: In mechanistischen Konzepten von 'Stimulus' und 'Response' (oder noch technischer: als 'transmission belts') unterstellten sie, daß der Inhalt der Kommunikation und die Richtung des Effekts gleichgesetzt werden können und bei jedem Individuum (als Element der amorphe Masse) dieselben Reaktionen hervorrufen: nämlich das — mindestens äußerliche — identische 'Massenverhalten'.

Doch die empirischen Befunde bestätigten nicht solche eindimensionale Homogenität, weshalb bereits in den 40er Jahren die fundamentalen Annahmen erschüttert wurden. Diverse psychologische und soziologische Kategorien mußten als Erklärungen herhalten; sie wurden als intervenierende Variablen in das dennoch beibehaltene Reiz-Reaktions-Schema integriert. Künftig wurde vorrangig untersucht, welche Einflüsse sie darauf ausüben, daß die Stimuli der Massenkommunikation nicht identisch sind mit den Reaktionen des Publikums.

Die soziologische Richtung fand die intervenierenden Variablen vor allem in der Aufwertung und Einbeziehung der personalen Kommunikation, der Stufung bzw. Verzweigung von Kommunikationsprozessen ('two steps flow of communication') und der Wiederentdeckung der sozialen Gruppe ('opinion leaders'), die jeweils direkte Beeinflussungen der Medien filtern oder gar vereiteln.

Die psychologische Forschung, namentlich ihr bedeutendster Vertreter Carl I. Hovland (1913 – 1961) mit seiner Arbeitsgruppe an der Yale University (Schenk 1987, 45 ff.), formulierte sie im Konzept der Meinungen und Einstellungen ('attitudes'). Als Einstellungen werden allgemeine, relativ feste Orientierungen der Individuen gegenüber einem Sachverhalt bezeichnet; als Meinungen die verbalisierbaren Überzeugungen, Interpretationen, Antizipationen und Erwartungen, die leichter beeinflußbar sind und sich in Interaktionen wandeln. Einstellungen sind mithin nicht unmittelbar beobachtbar, sie schieben sich gewissermaßen als 'black boxes' zwischen die meßbaren unabhängigen Variablen — die Massenkommunikationsstimuli — und die ebenfalls meßbaren abhängigen Variablen —

die Reaktionen (Verhaltensweisen) der Rezipienten auf die Stimuli, womit der alte theoretische Bezugsrahmen des S-R-Modells modifiziert beibehalten werden konnte. Mit diesen intervenierenden Variablen lassen sich Abweichungen und Unterschiede im Verhalten der Probanden erklären. Sie kontrolliert, also in Laborexperimenten, zu variieren, wie es C. I. Hovland u. a. im Rahmen des berühmten 'Yale Communication and Attitude Change Programm' in unzähligen Studien versuchten, sollte Aufschluß über die Konsistenz und Resistenz von Einstellungen und über die Chancen ihrer Veränderungen durch mediale Einflüsse ergeben.

Grundsätzliche Unterstützung fanden diese Ansätze in der behavioristischen Psychologie allgemein, als deren Begründer John Broadus Watson (1878–1958) gilt und deren theoretische Konzipierung Clark L. Hull (1884–1952) an der Yale University sowie Burrhus F. Skinner (geb. 1904) an der Harvard University vornahmen – obwohl man den Medienstudien an der Yale University bald ihre relative Theorielosigkeit vorwarf (Schenk 1987, 96 ff.; Burkhart 1995, 189).

Der Behaviorismus beruft sich erkenntnistheoretisch auf die positivistische Prämisse, wonach Beobachtungen objektiv und intersubjektiv vergleichbar sind, so daß sie durch exakte Messungen verifiziert werden können. In psychologischer Hinsicht fußt er auf einer einfachen Lerntheorie, die sich Verhalten als Reaktion auf vorangegangene Bedingungen erklärt. Diese Verkoppelung wird Konditionierung genannt. Gelernt bzw. verstärkt werden besonders die Reaktionen, die vorausgehend eine positive Konsequenz, eine Förderung und Belohnung, erfahren haben.

Bis weit in die 70er Jahre hinein wurde in der Medienwirkungsforschung gemeinhin am Einstellungskonzept festgehalten, obwohl es vielfach ob seiner Ungenauigkeit und seiner theoretischen Defizite wie seiner empirischen Unnachweislichkeit kritisiert wurde (Meinefeld 1977; Schenk 1987); und auch heute noch implizieren viele Wirkungsansätze behavioristische Annahmen.

So prätendiert auch die international rezipierte, gleichwohl nicht weniger umstrittene 'Theorie der Schweigespirale' E. Noelle-Neumanns (1982) folgende, letztlich nicht begründbare Einstellungsvermutungen: Menschen fürchten gemeinhin soziale Isolation, so daß sie sich vorzugsweise der von den Medien als mehrheitlich herausgestellten Meinung zumindest äußerlich anschließen, auch wenn sie in ihrem Inneren der öffentlich nicht goutierten Minderheitsmeinung zuneigen (Schulz/Schönbach 1983, 377 ff.; Schenk 1987, 342 ff.; Weischenberg 1995, 228 ff.).

Weiterentwicklungen in der Wirkungsforschung ergaben sich zum einen dadurch, daß Wirkungen nicht mehr nur in den psychologischen Tiefenschichten wie den Einstellungen, sondern vordergründiger und kurzfristiger bei Wissenszuwachs, Information und emotionaler Erregung gesucht werden (Schenk 1987, 39 ff.); zum anderen werden – aus der Kritik des Einstellungskonzepts heraus – Genese und Änderungen von Einstellungen eingehender betrachtet. Dabei werden die persönlichen Dispositionen der Rezipienten und ihre kognitiven Verarbeitungen der Umwelt wie die Konstitution ihrer Identität berücksichtigt.

Seit den 50er Jahren werden dafür besonders konsistenztheoretische Ansätze favorisiert. Sie neigen zu gewissen Gleichgewichtsvorstellungen und unterstellen dem Subjekt, daß es Inkonsistenzen in all seinen relevanten Lebensbezügen bis hin zu seinen intrapersonalen, psychischen Dimensionen vermeiden oder zumindest minimieren will. Demnach wird es jegliche Situationen oder Einflüsse vermeiden, die solche Inkonsistenzen hervorrufen könnten.

Das Paradigma der selektiven Mediennutzung – vornehmlich in der Auswahl, Wahrnehmung und Erinnerungen – wurde auf vielfältige Weise formuliert (Donsbach 1991). Entsprechend kommen Einstellungsänderungen nur unter ganz bestimmten, gewichtigen Prämissen zustande. Medienwirkungsforschung muß also die präkommunikativen Dispositionen der Rezipienten verstärkt beachten, um überhaupt mediale Wirkungen annehmen oder gar prognostizieren zu können. Höhere Wahrscheinlichkeit kommt den Nicht-Wirkungen bzw. den nicht nachweislichen Wirkungen zu, weshalb in dieser Phase die These von der Ohnmacht bzw. Wirkungslosigkeit der Medien obsiegte.

Weiter differenziert wurde die ursprüngliche behavioristische Lerntheorie durch das Konzept des Beobachtungslernens, des Lernens am Modell oder des 'social learning', das der Sozialpsychologe Abert Bandura (1979) entwickelte und vor allem an einigen bis heute immer wieder zitierten Experimenten erprobte. Sie avancierten auch zu theoretischen Grundlagen der lerntheoretisch orientierten Wirkungsforschung, die vor allem auf dem Gebiet der massenmedialen Gewaltdarstellungen nach wie vor zu den plausibelsten und anerkanntesten zählt, wenn auch inzwischen mit diversen Modifikationen (Kunczik 1994, 83 ff., 155 ff.).

Bandura differenzierte und relativierte die ursprüngliche Lerntheorie dadurch, daß er zum einen die vorgängigen Bedingungen auf die Tätigkeit des Beobachtens selbst (gleichsam als stellvertretendes Handeln), also auf die kognitive Leistung und Aneignung des Lernenden, sowie auf irreale, also symbolische Vorbilder und Modelle erweiterte; zum anderen durch seine Annahme, daß gelernte Verhaltensweisen latent im Bewußtsein bleiben können und nur dann ausagiert werden, wenn die jeweils situativen Bedingungen Belohnung oder Bekräftigung versprechen. Damit trennt Bandura zwischen dem Erwerb und der Ausführung eines Verhaltens, er macht Lernen ungewisser, unkalkulierbarer und von den kognitiv verarbeiteten Umweltbedingungen abhängig. Außerdem vollzieht sich Lernen nicht mehr nur in linearer Graduation, sondern impliziert viele Vorbedingungen, Zusammenhänge, Umwege und Verborgenheiten.

Auch wenn die berühmten Experimente Banduras in ihrer methodischen Anlage und vor allem in ihren pauschalen Resultaten vielfach kritisiert werden, die Lerntheorie hält M. Kunczik (1994, 156 f.) für einen ergiebigen theoretischen Bezugsrahmen, um zunächst über den Aufweis von Forschungslücken zu einer theoriegeleiteten Wirkungsforschung sowohl im soziologischen Feld wie im experimentellen Labor zu kommen. Dabei müsse ebenfalls präzise geklärt werden, welche Teilbereiche der Wirkungen etwa von Gewaltdarstellungen die so elaborierte Lerntheorie erklären könne und welche nicht.

Insgesamt scheinen solch differenzierte Lerntheorien in der Medienwirkungsforschung am meisten gefragt und wohl auch am vielversprechendsten. Ein wesentlicher Grund dafür ist das traditionell enge Selbstverständnis der Medienpsychologie, das sie von Anfang an eher als eine empirische, angewandte Disziplin denn als Grundlagentheorie ausweist und das sie in der beschriebenen Wirkungsforschung aufgehen läßt (Groebel/Winterhoff-Spurk 1989).

Zu prinzipieller Fundierung neigten die psychologischen Zugänge zu den Medien hierzulande nur während der kritischen Phase in den 70er Jahren; damals beriefen sie sich auf originäre oder weitergeführte psychoanalytische Theoreme, die – entgegen dem behavioristischem Paradigma – Aufschlüsse und Erklärungen für innerpsychische Prozesse versuchen, vor allem psychoanalytische Erklärungen für die Genese und Widersprüche des (deformierten) Sozialcharakters des Menschen anbieten (Lorenzen 1986; 1989). Sie werden heute höchstens noch von wenigen Vertretern verfochten und für interpretative Fallstudien über den Film (Salje 1980; Faulstich 1988) herangezogen. Selbst psychoanalytische Erklärungsversuche im Kontext der Gewaltforschung wie die Frustrations-, Aggression- oder die Katharsisthese gelten heute als überholt (Kunczik 1994).

3.2.5. Medienrezeption als 'parasoziale Interaktion': die Theorie der symbolischen Interaktion

Den Behaviorismus für die Sozialpsychologie fruchtbar zu machen, mithin den 'Sozialbehaviorismus' zu begründen, war das ursprüngliche Anliegen George Herbert Meads (1863–1931) in seinem epochalen Werk 'Mind, Self and Society' (1934 posthum erschienen):

Die Sozialpsychologie ist in dem Sinne behavioristisch, daß sie mit einer beobachtbaren Aktivität beginnt – dem dynamischen gesellschaftlichen Prozeß und den ihn konstituierenden gesellschaftlichen Handlungen –, die untersucht und wissenschaftlich analysiert wird. Sie ist jedoch nicht in dem Sinne behavioristisch, daß die innere Erfahrung des Individuums – die innere Phase dieses Prozesses oder dieser Aktivität – ignoriert wird. Ganz im Gegenteil, sie befaßt sich vornehmlich mit dem Entstehen dieser Art von Erfahrung innerhalb des Prozesses als Ganzem (Mead 1975, 46).

Da diese Bemühung unter Einbezug des amerikanischen Pragmatismus von William James und John Dewey, der phänomenologischen Tradition in der Soziologie, wie sie von Alfred Schütz begründet wurde, sowie vor allem von der empirischen Forschung der Chicago School eine außergewöhnliche Eigenständigkeit und Komplexität erreichte, wurde in der Rezeption dieser anfängliche Zusammenhang nicht länger mehr beachtet und diese Denkrichtung mit dem von Herbert Blumer 1937 geprägten Namen des Symbolischen Interaktionismus belegt (vgl. etwa 1973; Stryker 1976). Seine Grundannahmen sieht Blumer darin, daß Menschen auf der Grundlage von Bedeutungen handeln, die in sozialen Interaktionen mit anderen Menschen und in der Auseinandersetzung mit der Umwelt entstehen. Entsprechend sind ihre

Bedeutungen und Handlungen stets veränderbar und situationsabhängig. Im Detail können die diffizilen Theorien Meads und Blumers hier nicht rekapituliert werden.

Für ihre Applikation und Weiterentwicklung in der Medienforschung sind vor allem folgende Erkenntnisse von Belang: Handeln, symbolische Bedeutungszuweisung und menschliche Identitätsbildung gehören untrennbar zusammen, die Individuen stiften sie aktiv. Soziale Interaktion ist eo ipso durch Symbole vermittelt, sie vollzieht sich in sozialen Situationen, die von den Beteiligten in unabschließbaren Prozessen der Definition und Re-Definition konstruiert werden. Menschliche Identität bildet sich in solch wechselseitigen Prozessen der sozialen Interaktion, in reziproken Rollenübernahmen und Verhaltensantizipationen. Aus ihnen generalisiert sich das abstrakte Andere, letztlich Gesellschaft, deren Strukturen dementsprechend nicht statisch, sondern ständig neu erzeugt und genormt werden.

Die symbolische Welt – in ihrer unauflöslichen Interaktion mit der materialen und sozialen Wirklichkeit – avanciert mit dieser Theorie zum gleichberechtigten Objekt der Sozialwissenschaften, ja sie wird zum notwendigen Schlüssel für die Erkenntnis von Wirklichkeit überhaupt. Denn nur über die Interpretationskompetenz und Bedeutungszuweisungen der Probanden erfährt der Forschende etwas über deren (subjektive) soziale Wirklichkeit (wie er selbst als Individuum seine Wirklichkeit und seine Forschung interpretiert). Interpretativ-hermeneutisches Verstehen ist mithin das epistemologische Fundament allen menschlichen Handelns. Entsprechend wurden geeignete Forschungsverfahren entwickelt, die die schieren positivistischen Prämissen der empirisch-analytischen Methoden in Frage stellen oder kompensieren sollen (Blumler/Katz 1974, Baacke/Kübler 1989; Holly/Püschel 1993).

Aktiv agieren und Bedeutungen schöpfen die Menschen erst recht im Fokus des sozialen Handelns und in der symbolischen Interaktion, der Kommunikation (wobei es unterschiedlich, je nach Disziplin, gesehen wird, ob und wie diese beiden Handlungsbereiche überhaupt getrennt werden können).

Zur Kommunikation rechnet auch – freilich wiederum nicht unumstritten – die Rezeption von Medien, das medienbezogene Handeln. Mindestens entwickeln die Individuen ihnen bzw. ihren herausragenden Figuren gegenüber dem sozialen und kommunikativen Handeln ähnliche Muster, die als „parasoziale Interaktion" (Horton/Wohl 1956, Teichert 1972; 1973) oder auch als „parakommunikatives Handeln" (Krotz 1992a, 225) gekennzeichnet werden. Wie jedes Handeln vollzieht es sich in einer Situation – also in einer „für das Individuum sinnstiftenden Einheit sozialen Geschehens" und „eines raumzeitlichen Ausschnitts der sichtbaren Welt" (Krotz 1992a, 231). Als sozial genormtes, sozialisiertes, großenteils auch habitualisiertes Handeln verlangt wie generiert es auf Dauer soziale Rollen und Handlungsmuster. Deshalb sind die Rezeptionssituationen und die Handlungs- (oder Mediennutzungs-)Muster der Rezipienten als Elemente ihres Alltags und ihrer Lebenswelt zu relevanten Untersuchungsfeldern dieserart Medienrezeptionsforschung geworden.

Bei der Übertragung des Uses and Gratifications-Approach in den 'Nutzenansatz' in den 70er Jahren arbeiteten W. Teichert und K. Renckstorf (Renckstorf/Teichert 1984), damals beide wissenschaftliche Referenten des Hamburger Hans-Bredow-Instituts, diese theoretischen Grundlagen expliziter und konsequenter ein, so daß diese Version stärker auf dem symbolischen Interaktionismus, aber auch auf anderen Theorien des „interpretativen Paradigmas" (Wilson 1973) beruht als die noch eher funktionalistische amerikanische Version. Immerhin markiert der Nutzenansatz in der hiesigen Wirkungsforschung die Wende, die weg von der 'medienzentrierten' zur 'rezipientenzentrierten' Perspektive führte und inzwischen vielfältige Varianten zeitigte (Renckstorf 1977; 1984).

Von enormem Erkenntniswert und analytischer Herausforderung gerade für die medienwissenschaftliche Forschung ist es, daß Rollen in den Medien, die von fiktionalen Figuren, aber auch von Moderatoren eingenommen werden, ebenfalls auf interpretativ-ästhetischen Verdichtungen und Bedeutungsgerinnungen alltäglicher Rollen bzw. Erfahrungen beruhen (Rapp 1973). Besonders von den veranstaltenden, emittierenden Medien wie Theater, Film, Radio, Fernsehen und Multimedia werden sie als personale Instanzen präsentiert und plastisch veranschaulicht, so daß sich nicht nur evidente, sondern auch signifikante Ana- oder gar Homologien ergeben.

Für die empirische Analyse konkreter Rezeptionsprozesse, die beide Pole – Medienprodukt und Subjekt – implizieren, dürfte sich das Konzept der Handlungsrollen als konstruktiv und ergiebig erweisen; natürlich reicht sein Spektrum vom trivialen Klischee bis zum spielerischen Angebot ungewöhnlicher, innovativer, nicht unmittelbar erfahrbarer Rollenmuster, die das Individuum projektiv erproben und mit ihnen seine soziale Identität bereichern kann (Krotz 1992).

Mit solchen Handlungskonzepten ließen sich auch Sinngebilde plausibel aufzeigen und methodisch operationalisieren, die der radikale Konstruktivismus, der den symbolischen Interaktionismus nicht zu seinen erklärten Vorläufern rechnet (Schmidt 1992), reichlich pauschal als „Wirklichkeitsentwürfe" bezeichnet, die den Individuen „mehr widerfahren", „als daß sie uns bewußt" werden (Schmidt 1994, 4f.). Diese Formulierung sollte dem Vorwurf beggenen, der radikale Konstruktivismus fröne einem uneingestandenen Subjektivismus.

Wiederum lassen sich für die Modellierung oder Konstruktion von Wirklichkeit durch Medien prominente Vorläufer anführen, in diesem Fall der Journalist Walter Lippmann (1922; 1964). Der hatte schon 1922 in seinem Standardwerk 'Die öffentlichen Meinung' das Postulat nach journalistischer Objektivität bezweifelt. Inzwischen wird diese Perspektive als 'ptolemäische' Wende der Medienforschung gelobt (Schulz 1989), die den früheren „kopernikanischen" Realismus, also den unbedingten Anspruch auf Wirklichkeitsabbildung und Wahrhaftigkeit des journalistischen Produkts, überwindet (siehe auch Kepplinger 1992). Immer offensichtlicher wird aber auch, daß die modernen Medien mit ihren elektronischen Potentialen diese erkenntnistheoretische Kehrtwende und Aufgabe des Realitätsideals maßgeblich vorantreiben, indem sie ständig komplexere und eindringlichere Wirklichkeiten bis hin zum 'Cyperspace' simulieren und die menschliche Imaginationsfähigkeit durch 'virtual realities' manifestieren und übertrumpfen (Riehm/Wingert 1995).

3.2.6. Massenkommunikation als Warenzirkulation und Ideologieproduktion: materialistische bzw. kritische Medientheorie und Medienökonomie

Zunächst sei auf ein Paradoxon aufmerksam gemacht: Während die Medien mehr und mehr, zumindest offensichtlicher und offensiver unter ökonomische Kautelen, unter das Diktat der Profitmaximierung und der Beschleunigung der Mehrwertrealisation, mithin von Marketing, Konsum und Werbung geraten, so daß sich selbst angestammte und angesehene Verfassungsprinzipien wie das Prädikat des Kulturgutes für sie kaum noch aufrechterhalten lassen, ist es um theoretische Bemühungen, die die materiellen Bedingungen und ökonomischen Formierungen der Medienproduktion als Kern ihrer Erkenntnis betrachten, merkwürdig still geworden, ja sie scheinen fast 'vergessen' zu sein (Robes 1990; Holzer 1994; Burkhart 1995, 428).

Dabei beherrschten sie in den 70er Jahren nicht nur fast die gesamte öffentliche Diskussion, vielmehr behaupteten sie sich — freilich in vielerlei Varianten — als theoretische Grundlagen nahezu aller Geistes- und Sozialwissenschaften, wobei die Kritische Theorie mit ihrer vornehmlich ideologiekritischen Perspektive, mit ihren Neigungen und Hinwendungen zu den kulturellen, ästhetischen und symbolischen Produkten für die Text- und Kulturwissenschaften zugänglicher und ergiebiger war als die streng materialistischen Ansätze der Politischen Ökonomie, die sich mit dem engeren industriellen Produktionsprozeß beschäftigen.

Die medientheoretischen Ausformulierungen können hier ebenfalls nicht im Einzelnen vorgestellt werden (Faulstich 1991, 122 ff.). Ihnen gemeinsam waren und sind die radikale Gesellschaftskritik und der praktische Impetus zur Überwindung des Kapitalismus. Unter diesen Prämissen wurden und werden Kultur und Medien danach betrachtet, ob und wie sie herrschende Strukturen (Produktionsverhältnisse) legitimieren, ideologisch — als naturwüchsig — verbrämen, einlullende Massenloyalität hervorrufen, dadurch falsches Bewußtsein erzeugen und revolutionäres Denken und Handeln verhindern oder ob und wie sie für die Emanzipation des Subjekts und letztlich für die Aufhebung des Kapitalismus eintreten oder zu verwenden sind.

Etliche, zumal die analytischen Komponenten werden heute in medienwissenschaftlichen Disziplinen fortgeführt, meist verfeinert und optimiert. Doch fehlen ihnen die umfassende kritische Verve sowie die Kühnheit zur gesamtgesellschaftlichen Theorie: Materialistische Medientheorie kann gewiß als Anstoß für eine spezielle, inzwischen zunehmend beachtete Medienökonomie gesehen werden, nicht nur weil sie — durchaus bürgerlich-positivistisch, wie es nicht zuletzt auch K. Marx bei seinen Studien vormachte — eine Fülle ökonomischer Daten eruiert und in Beziehung zueinander setzt, die bis dahin sowohl der Publizistik- als auch der Textwissenschaft unbekannt oder unwichtig waren, vielmehr weil sie auch die eigenen kritischen Vorfahren wie K. Bücher wiederentdeckte. Heute bearbeitet Medienökonomie wie jede wirtschaftswissenschaftliche Spezialdisziplin viele Untersuchungsfelder der Medienwirtschaft – die bedeutendsten sind die internationale Verflechtung und Oligopolisierung der Medienkonzerne –, sie verfügt über viele Methoden, Daten und Befunde (Schenk/ Donnerstag 1989; Altmeppen 1996). Aber gesellschaftskritische Resonanz oder gar Empörung darüber, ob und wie anerkannte kommunikative Errungenschaften und Werte bedroht und bereits zerstört wurden, vermag sie nicht mehr zu bewirken.

Ebenso wird die technologiekritische Diskussion, die namentlich W. Benjamin angestoßen hat, vielfach, teils kritisch (Kittler 1986), teils apologetisch (Bolz 1994) – und damit eher die Vorgaben Marshall McLuhans (1968; 1995) aufgreifend – fortgeführt, sie scheint gerade für den kulturtheoretisch ausgreifenden Philosophen ein faszinierendes Argumentationsfeld: Beredt werden die Veränderungen der Wahrnehmung durch Beschleunigung und Mediatisierung, die anhaltende Technisierung der Kultur, sogar des Denkens und des Bewußtseins und die Informatisierung des Wissens beschworen: Die medialen Inszenierungen verdrängen oder ersetzen am Ende die menschliche Phantasie, die Datenflut die Erkenntnis, das Image das Œuvre, die Illusion die Sinnlichkeit, das Design das Sein.

Auch die ideologischen Funktionen der Medien werden anerkannt und – freilich pragmatischer als ehedem – weiter untersucht: Breit geteilter Konsens ist inzwischen, daß Medien Wirklichkeit verzerren oder nach ihren Modi modellieren, daß sie – nach dem Votum des Konstruktivismus – 'Wirklichkeit konstruieren' oder daß Medienrealität eine eigene Qualität hat, die sich nicht mehr unbedingt an den Kriterien Richtigkeit, Wahrhaftigkeit oder gar Wahrheit messen lassen kann.

Aber vernachlässigt wird dabei, daß Aufklärung und informative Befähigung zur Mündigkeit, die nach wie vor als Verfassungsprinzipien gelten, realitätsangemessene und -aufschließende sowie intersubjektiv verbindliche Kriterien brauchen, wenn sie nicht zu schieren ideologischen Leerformeln denaturieren sollen, zumal angesichts einer medialen Entwicklung, die Wirklichkeiten mehr und mehr total reproduzieren und modellieren kann.

4. Methoden

Sozialwissenschaftliches Denken wird – zumal wenn es auf empirisch-analytische Entdeckungen und Erklärungen abzielt – zu einem maßgeblichen Anteil von den Methoden geprägt, die es einsetzt; vielfach ist der Primat der Methoden schon kritisiert worden, die in gewissen wissenschaftlichen Traditionen die Erkenntnisinteressen beschränken und die Perspektiven auf den Gegenstand präjudizieren (Cicourel 1970; Berger 1974).

Viele Gegenströmungen – zuletzt die unter dem Etikett der qualitativen Methoden (siehe Artikel Nr. 21) – postulieren daher die prinzipielle Offenheit des Forschungsprozesses, die möglichst große und unvoreingenommene Nähe zum Gegenstand und die möglichst innige Realitätsadäquanz der Methoden. Unter ethischen Prämissen wird außerdem die Ganzheitlichkeit des Menschen eingeklagt, die es nicht erlaubt, die Probanden durch die Präformierungen von Methoden zu einem Bündel relevanter Faktoren oder zu einem Korrelat erhebungsträchtiger Variablen zu reduzieren.

Geschichte und Entwicklung der Sozialwissenschaften lassen sich gleichwohl als Konjunkturen spezieller Methoden und ihres impliziten Gegenstandsverständnisses betrachten. So galt lange Zeit in vielen sozialwissenschaftlichen Disziplinen die Maxime, was sich nicht messen lasse, sei wissenschaftlicher Erkenntnis nicht zugänglich. Gleiches wurde für die Kommunikationswissenschaft postuliert (Wagner 1993, 493), und auch etliche sozialwissenschaftliche Implikationen für die Medienwissenschaft sind methodisch geprägt: So verkürzten viele ihre sozialwissenschaftliche Ausrichtung auf eine strikte Empirisierung (wie es etwa auch die positivistische Literatursoziologie tat). Dieses Postulat wurde vorrangig in das umrissene simple Einstellungskonzept gefaßt, für dessen empirische Erhebung nur die Methoden der standardisierten Befragung und der quantitativen Inhaltsanalyse in Frage kamen.

Nach wie vor fungiert die standardisierte Befragung als die am häufigsten angewendete Methode in der empirischen Medienforschung (Merten/Teipe 1991), obgleich sie letztlich auf dem Erinnerungs- und Einschätzungsvermögen der Probanden über ihr (habituelles) Medienverhalten beruht. Unter der Maßgabe fortschreitender Ökonomisierung der Medien und der immer innigeren Durchdringung des Marktes werden mehr und mehr soziometrische Erhebungen favorisiert, wie sie die permanenten Einschaltmessungen beim Fernsehen (Telemetrie) vorexerzieren. Sie gelten als 'objektiver', verläßlicher und präziser, weshalb ihre Daten als breit anerkannte Währungen für Marktanteile und Werbepreise fungieren (Schulz 1994). Ihre riesigen Datenmengen können letztlich nur noch durch elektronische Datenverarbeitung bewältigt und kalkuliert werden. Mit der sich verbreitenden Vernetzung werden die privaten Kommunikationsgeräte außerdem 'interaktiv' und 'dialogfähig'; dadurch erzeugen sie automatisch Datenspuren über ihre private Verwendung, die — im Rahmen gesetzlicher Restriktionen — zentral, von interessierter Seite, ausgewertet werden können, so daß soziometrische Publikumserhebungen künftig zunehmen werden.

Psychoanalytische Methoden kaprizieren sich auf hermeneutisch-intuitive, kasuistische Erkundungen seelischer Dispositionen von Autoren und ihren Figuren einerseits und einzelner Probanden des Publikums andererseits; sie sind daher für kollektive Studien nicht sehr ergiebig. Materialistische Zugänge mißverstanden sich häufig als Entlarvungsstrategien der ökonomischen Formierungen und ideologischen Tendenzen. Und viele medienwissenschaftliche Arbeiten, zumal wenn sie spekulativ-philosophischer Art sind, kümmern sich kaum um ihre methodologische Validierung (nach den Maßstäben empirischer Sozialforschung).

Inzwischen neigen viele Medienwissenschaftler schon um ihrer disziplinären Herkunft willen zu qualitativen Methoden, ohne immer deren Spezifika und Problematik genügend zu würdigen. Insgesamt bedarf es sowohl auf methodologischem wie auf theoretischem Gebiet noch beträchtlicher Anstrengungen, um sowohl begriffliche Präzisierungen, konzise Gegenstandsbestimmungen wie anerkannte, möglichst konsuelle Kriterien der Validität von Forschungen und Befunde zu erreichen.

5. Literatur

Adorno, Theodor W. u. a., Der Positivismusstreit in der deutschen Soziologie. Neuwied/Berlin 1969.

Altmeppen, Klaus-Dieter (Hrsg.), Ökonomie der Medien und des Mediensystems. Grundlagen, Ergebnisse und Perspektiven medienökonomischer Forschung. Opladen 1996.

Baacke, Dieter, Kommunikation und Kompetenz. Grundlegung einer Didaktik der Kommunikation und ihrer Medien. München ²1980.

Baacke, Dieter/Hans-Dieter Kübler (Hrsg.), Qualitative Medienforschung. Konzepte und Erprobungen. Tübingen 1989.

Bandura, Albert, Sozial-kognitive Lerntheorie. Stuttgart 1979.

Beck, Ulrich, Politik in der Risikogesellschaft. Mit Beiträgen von Joschka Fischer, Erhard Eppler u. a. Frankfurt a. M. 1991.

—, Risikogesellschaft. Auf dem Weg in eine andere Moderne. Frankfurt a. M. 1986.

Benjamin, Walter, Das Kunstwerk im Zeitalter seiner technischen Reproduzierbarkeit. Frankfurt a. M. 1963.

Bentele, Günter, Kommunikationswissenschaft, Kommunikation und Massenkommunikation. In: Fernstudium Kommunikationswissenschaft. Hrsg. v. Modellversuch Jornalisten-Weiterbildung, 2 Bde. München 1984, Bd. 1, 11−58.

Bentele, Günter/Manfred Rühl (Hrsg.), Theorien öffentlicher Kommunikation. Problemfelder, Positionen, Perspektiven. München 1993.

Berg, Henk de/Matthias Prangel (Hrsg.), Kommunikation und Differenz: Systemtheoretische Ansätze in der Literatur- und Kunstwissenschaft. Opladen 1993.

Berger, Hartwig, Untersuchungsmethode und soziale Wirklichkeit. Eine Kritik an Interview und Einstellungsmessung in der Sozialforschung. Frankfurt a. M. 1974.

Blöbaum, Bernd, Journalismus als soziales System. Geschichte, Ausdifferenzierung und Verselbständigung. Opladen 1994.

Blumer, Herbert, Der methodologische Standort des Symbolischen Interaktionismus. In: Alltagswissen, Interaktion und gesellschaftliche Wirklichkeit. Hrsg. v. Arbeitsgruppe Bielefelder Soziologen, Bd. 1, Reinbek bei Hamburg 1973, 80−146.

Blumler, Jay G./Elihu Katz (Hrsg.), The uses of mass communications. Current perspectives in gratification research. Beverly Hills 1974.

Bohn, Rainer/Eggo Müller/Rainer Ruppert (Hrsg.), Ansichten einer künftigen Medienwissenschaft. Berlin 1988.

Bosshart, Louis/Wolfang Hoffmann-Riem (Hrsg.), Medienlust und Mediennutz. Unterhaltung als öffentliche Kommunikation. München 1994.

Brosius, Hans-Bernd, Agenda-Setting nach einem Vierteljahrundert Forschung: Methodischer und theoretischer Stillstand? In: Publizistik 39, 1994, 3, 269−288.

Bolz, Norbert, Das kontrollierte Chaos. Vom Humanismus zur Medienwirklichkeit. Düsseldorf 1994.

Bücher, Karl, Gesammelte Aufsätze zur Zeitungskunde. Tübingen 1917 (1926).

Burkhart, Roland, Kommunikationswissenschaft. Grundlagen und Problemfelder. Umrisse einer interdisziplinären Sozialwissenschaft. Wien/Köln/Weimar ²1995.

Cicourel, Aaron V., Methode und Messung der Soziologie. Frankfurt a. M. 1970.

d'Ester, Karl, Zeitung und Zeitschrift. In: Deutsche Philologie im Aufriß. Hrsg. v. Wolfgang Stammler, Bd. III. Berlin u. a. ²1962, Sp. 1245–1352.

Donsbach, Wolfgang, Medienwirkung trotz Selektion. Einflußfaktoren auf die Zuwendung zu Zeitungsinhalten. Köln/Weimar/Wien 1991.

Drabczynski, Michael, Motivationale Ansätze in der Kommunikationswissenschaft. Theorien, Methoden, Ergebnisse. Berlin 1982.

Dröge, Franz/Gerd G. Kopper, Der Medien-Prozeß. Zur Struktur innerer Errungenschaften der bürgerlichen Demokratie. Opladen 1991.

Faulstich, Werner, Die Filminterpretation. Göttingen 1988.

–, Medientheorien. Einführung und Überblick. Göttingen 1991.

– (Hrsg.), Grundwissen Medien. München 1994.

–, Kritische Stichwörter zur Medienwissenschaft. München 1979.

Flichy, Patrice, Tele. Geschichte der modernen Kommunikation. Frankfurt a. M./New York 1994.

Foerster, Heinz v., Wissen und Gewissen: Versuch einer Brücke. Frankfurt a. M. 1993.

Glaser, Horst A. u. a., Literaturwissenschaft als Sozialwissenschaft. Grundlagen und Modellanalysen. Stuttgart 1971.

Glotz, Peter, Von der Zeitungs- über die Publizistik- zur Kommunikationswissenschaft. In: Publizistik 35, 1990, 249–256.

Groebel, Jo/Peter Winterhoff-Spurk (Hrsg.), Empirische Medienpsychologie. München 1989.

Groth, Otto: Die Zeitung. Ein System der Zeitungskunde (Journalistik). 4 Bde., Mannheim u. a. 1928–1930.

Haacke, Wilmont, Publizistik – Elemente und Probleme. Essen 1962.

Habermas, Jürgen, Strukturwandel der Öffentlichkeit. Untersuchungen zu einer Kategorie der bürgerlichen Gesellschaft. Frankfurt a. M. ²1990.

–, Zur Logik der Sozialwissenschaft. Materialien. Frankfurt a. M. 1970.

–, Theorie des kommunikativen Handelns. 2 Bde. Frankfurt a. M. 1981.

Hachmeister, Lutz, Theoretische Publizistik. Studien zur Geschichte der Kommunikationswissenschaft in Deutschland. Berlin 1987.

–, Das Gespenst des Radikalen Konstruktivismus. Zur Analyse des Funkkollegs „Medien und Kommunikation". In: RuF 40, 1992, 5–21.

Hartmann, Heinz (Hrsg.), Moderne amerikanische Soziologie. Neuere Beiträge zur soziologischen Theorie. Stuttgart ²1973.

–, Stand und Entwicklung der amerikanischen Soziologie. In: Moderne amerikanische Soziologie. Stuttgart, 1973, 2–135.

Holly, Werner/Ulrich Püschel (Hrsg.), Medienrezeption als Aneignung. Methoden und Perspektiven qualitativer Medienforschung. Opladen 1993.

Holzer, Horst, Medienkommunikation. Einführung in handlungs- und gesellschaftstheoretische Konzepte. Opladen 1994.

Horkheimer, Max/Theodor W. Adorno, Kulturindustrie. Aufklärung als Massenbetrug. In: Dialektik der Aufklärung. Frankfurt a. M. [engl. 1944] 1969, 128–176.

Horton, Donald/Richard R. Wohl, Mass communications and para-social interaction. Observations on intimacy at a distance. In: Psychiatry. Journal for the study of inpersonal processes 19, 1956, 215–229.

Kausch, Michael, Kulturindustrie und Populärkultur. Kritische Theorie der Massenmedien. Frankfurt a. M. 1988.

Kittler, Friedrich, Grammophon, Film, Typewriter. Berlin 1986.

Kepplinger, Hans M., Ereignismanagement: Wirklichkeit und Massenmedien. Zürich 1992.

Kracauer, Siegfried, Von Caligari zu Hitler. Eine psychologische Geschichte des deutschen Films. [engl. 1947] Frankfurt a. M. 1963.

Krotz, Friedrich, Lebensstile, Lebenswelten und Medien. Zur Theorie und Empirie individuenbezogener Forschungsansätze des Mediengebrauchs. In: RuF 39, 1991, 3, 317–342.

–, Handlungsrollen und Fernsehnutzung. Umriß eines theoretischen und empirischen Konzepts. In: RuF 40, 1992a, 2, 222–246.

–, Kommunikation als Teilhabe. Der 'Cultural Studies Approach'. In: RuF 40, 1992b, 3, 410–431.

–, Fernsehen fühlen. Auf der Suche nach einem handlungstheoretischen Konzept für das emotionale Erleben des Fernsehens. In: RuF 41, 1994, 4, 477–496.

Krüger, Jürgen/Stefan Ruß-Mohl (Hrsg.), Risikokommunikation. Technikakzeptanz, Medien und Kommunikationsrisiken. Berlin 1991.

Kübler, Hans-Dieter, Kommunikation und Massenkommunikation. Ein Studienbuch. Münster/Hamburg 1994.

Kuhn, Thomas S., Die Struktur wissenschaftlicher Revolutionen. Frankfurt a. M. ²1978.

Kunczik, Michael, Massenkommunikation. Eine Einführung. Köln/Wien ²1979.

—, Gewalt und Medien. Köln/Weimar/Wien ²1994.

Kutsch, Arnulf (Hrsg.), Zeitungswissenschaftler im Dritten Reich. Köln 1984.

Lazarsfeld, Paul F., Die Wiener Tradition der empirischen Sozial- und Kommunikationsforschung. Hrsg. v. Wolfgang R. Langenbucher. München 1990.

Lazarsfeld, Paul F./Frank N. Stanton (Hrsg.), Radio Research 1941. New York 1941.

— (Hrsg.), Radio Research 1942–1943. New York 1944.

Lewin, Kurt, Field Theory in Social Science. New York 1951 [dt.: Bern/Stuttgart 1963].

Lippmann, Walter, Public Opinion. New York 1922 [deutsch: Die öffentliche Meinung. München 1964].

Löffelholz, Martin (Hrsg.), Krieg als Medienereignis. Grundlagen und Perspektiven der Krisenkommunikation. 1993.

Lorenzer, Alfred, Kultur-Analysen. Frankfurt a. M. 1986.

—, Symbolzerstörung in massenmedialen Inszenierungen. In: Medienforschung und Kulturanalyse. Hrsg. v. Stefan Müller-Doohm/Klaus Neumann. Oldenburg 1989, 15–26.

Luhmann, Niklas, Funktionen und Folgen formaler Organisation. Berlin ²1972.

—, Die Realität der Massenmedien. Opladen ²1996.

Maletzke, Gerhard, Kommunikationsforschung als empirische Sozialforschung. Berlin 1980.

—, Psychologie der Massenkommunikation. Theorie und Systematik. Hamburg 1963.

McCombs, Maxwell E./Donald L. Shaw, The agenda setting function of mass media. In: POQ, 36, 1972, 176–187.

McLuhan, Marshall, Die Gutenberg-Galaxis. Das Ende des Buchzeitalters. Bonn u. a. 1995 [engl. 1962; deut. 1968].

Mead, George H., Geist, Identität und Gesellschaft aus der Sicht des Sozialbehaviorismus. Frankfurt a. M. 1975.

Meinefeld, Werner, Einstellung und soziales Handeln. Reinbek bei Hamburg 1977.

Merten, Klaus/Petra Teipen, Empirische Kommunikationsforschung. Darstellung, Kritik, Evaluation. München 1991.

Merten, Klaus/Siegfried J. Schmidt/Siegfried Weischenberg (Hrsg.), Die Wirklichkeit der Medien. Eine Einführung in die Kommunikationswissenschaft. Opladen 1994.

Mikos, Lothar, Fernsehen im Erleben der Zuschauer. Vom lustvollen Umgang mit einem populären Medium. Berlin, München 1994.

Morley, David, Television audiences and cultural studies. London/New York 1992.

Müller-Doohm, Stefan/Klaus Neumann-Braun (Hrsg.), Kulturinszenierungen. Frankfurt a. M. 1995.

Noelle, Elisabeth, Meinungs- und Massenforschung in USA. Umfragen über Politik und Presse. Frankfurt a. M. 1940.

—, Umfragen in der Massengesellschaft. Einführung in die Methoden der Demoskopie. Reinbek bei Hamburg 1963.

Noelle-Neumann, Elisabeth, Öffentlichkeit als Bedrohung. Beiträge zur empirischen Kommunikationsforschung. Freiburg/München 1977.

—, Die Schweigespirale. Öffentliche Meinung — unsere soziale Haut. Frankfurt a. M. 1982.

Prokop, Dieter, Soziologie des Films. Frankfurt a. M. 1982.

— (Hrsg.), Kritische Kommunikationsforschung. Aufsätze aus der Zeitschrift für Sozialforschung. Mit einer Einleitung v. Oskar Negt. München 1973.

Rapp, Uri, Handeln und Zuschauen. Untersuchungen über den theatersoziologischen Aspekt in der menschlichen Interaktion. Darmstadt/Neuwied 1973.

Renckstorf, Karsten, Neue Perspektiven in der Massenkommunikationsforschung. Beiträge zur Begründung eines alternativen Forschungsansatzes. Berlin 1977.

—, Menschen und Medien in der postindustriellen Gesellschaft. Neue Beiträge zur Begründung eines alternativen Forschungsansatzes. Berlin 1984.

Renckstorf, Karsten/Will Teichert (Hrsg.), Empirische Publikumsforschung. Fragen der Medienpraxis — Antworten der Medienwissenschaft. Hamburg 1984.

Riehm, Ulrich/Bernd Wingert, Multimedia. Mythen, Chancen und Herausforderungen. Mannheim 1995.

Robes, Jochen, Die vergessene Theorie: Historischer Materialismus und gesellschaftliche Kommunikation. Zur Rekonstruktion des theoretischen Gehalts und der historischen Entwicklung eines kommunikationswissenschaftlichen Ansatzes. Stuttgart 1990.

Ronneberger, Franz, Kommunikationspolitik. 3 Bde., Mainz 1980–1986.

Rühl, Manfred, Die Zeitungsredaktion als organisiertes soziales System. Fribourg ²1979.

—, Journalismus und Gesellschaft. Bestandsaufnahme und Theorieentwurf. Mainz 1980.

—, Theorie des Journalismus. In: Kommunikationstheorien. Ein Textbuch zur Einführung. Hrsg. v. Roland Burkart/Walter Hömberg. Wien 1992, 117–133.

Salje, Gunther, Film, Fernsehen, Psychoanalyse. Frankfurt a. M. 1980.

Schenk, Michael, Medienwirkungsforschung. 2 Bde., Tübingen 1987.

Schenk, Michael/Joachim Donnerstag (Hrsg.), Medienökonomie. Einführung in die Ökonomie der Informations- und Mediensysteme. München 1989.

Schmidt, Siegfried, J., Medien, Kommunikation und das 18. Kamel. In: Medien und Kommunikation. Konstruktion von Wirklichkeit. Einführungsbrief. Hrsg. Deutsches Institut für Fernstudien an der Universität Tübingen. Weinheim/Basel 1990, 33–37.

– (Hrsg.), Radikaler Konstruktivismus. Forschungsperspektiven für die 90er Jahre. In: Kognition und Gesellschaft. Der Diskurs des Radikalen Konstruktivismus. Frankfurt 1992, Bd. 2, 7–24.

–, Die Wirklichkeit des Beobachters. In: Die Wirklichkeit der Medien. Eine Einführung in die Kommunikationswissenschaft. Hrsg. v. Klaus Merten/Siegfried J. Schmidt/Siegfried Weischenberg. Opladen 1994, 3–19.

Schmidt, Siegfried J./Siegfried Weischenberg, Mediengattungen, Berichterstattungsmuster, Darstellungsformen. In: Die Wirklichkeit der Medien. Hrsg. v. Klaus Merten/Siegfried J. Schmidt/Siegfried Weischenberg. Opladen 1994, 212–236.

Schönbach, Klaus, Die Bekanntheit des Dr. Eiteneyer. Eine exemplarische Analyse der Erklärungskraft von Medienwirkungsmodellen. In: Massenkommunikation. Theorien, Methoden, Befunde. Hrsg. v. Max Kaase/Winfried Schulz. Opladen 1989, 459–472.

Schulz, Rüdiger, Mediaforschung. In: Fischer Lexikon Publizistik Massenkommunikation. Hrsg. v. Elisabeth Noelle-Neumann/Winfried Schulz/Jürgen Wilke. Frankfurt am Main 1994, 187–218.

Schulz, Winfried, Massenmedien und Realität. Die „ptolemäische" und die „kopernikanische" Auffassung. In: Massenkommunikation. Theorien, Methoden, Befunde. Hrsg. v. Max Kaase/Winfried Schulz. Opladen 1989, 135–149.

– (Hrsg.), Medienwirkungen. Einflüsse von Presse, Radio und Fernsehen auf Individuum und Gesellschaft. Weinheim 1992.

Schulz, Winfried/Jo Groebel (Hrsg.), Medienwirkungsforschung in der Bundesrepublik Deutschland. Enquête der Senatskommission für Medienwirkungsforschung/Deutsche Forschungsgemeinschaft. 2 Bde., Weinheim 1986.

Schulz, Winfried/Klaus Schönbach (Hrsg.), Massenmedien und Wahlen. Mass media and elections: International research perspectives. München 1983.

Schulze, Gerhard, Die Erlebnis-Gesellschaft. Kultursoziologie der Gegenwart. Frankfurt a. M./New York 1992.

Sennett, Richard, Verfall und Ende des öffentlichen Lebens. Die Tyrannei der Intimität. Frankfurt a. M. 1986.

Stanitzek, Georg, Systemtheorie? Anwenden? In: Literaturwissenschaft. Ein Grundkurs. Hrsg. v. Helmut Brackert/Jörn Stückrath. Reinbek bei Hamburg 1992, 650–663.

Straßner, Erich, Sondervotum zur „Zusammenfassenden Stellungnahme der Kommission" In: Medienwirkungsforschung in der Bundesrepublik Deutschland. Enquête der Senatskommission für Medienwirkungsforschung/Deutsche Forschungsgemeinschaft. Hrsg. v. Winfried Schulz/Jo Groebel. Bd. I., Weinheim 1986, 143–145.

Stryker, Sheldon, Die Theorie des Symbolischen Interaktionismus. In: Seminar: Kommunikation, Interaktion, Identität. Hrsg. v. Manfred Auwärter/Edith Kirsch/Manfred Schröter. Frankfurt a. M. 1976, 257–274.

Teichert, Will, 'Fernsehen' als soziales Handeln (I). Zur Situation der Rezipientenforschung: Ansätze und Kritik. In: RuF, 20, 1972, 421–439.

–, 'Fernsehen' als soziales Handeln (II). Entwürfe und Modelle zur dialogischen Kommunikation zwischen Publikum und Massenmedien. In: RuF, 21, 1973, 356–382.

Thurn, Hans Peter, Soziologie der Kultur. Stuttgart u. a. 1976.

Wagner, Hans, Kommunikationswissenschaft – ein Fach auf dem Weg zur Sozialwissenschaft. Eine wissenschaftsgeschichtliche Besinnungspause. In: Publizistik 38, 1993, 491–526.

Warning, Rainer (Hrsg.), Rezeptionsästhetik. Theorie und Praxis. München 1975.

Weber, Max, Zu einer Soziologie des Zeitungswesens (1911). In: Publizistik- und Kommunikationswissenschaft. Ein Textbuch zur Einführung in ihre Teildisziplinen. Hrsg. v. Wolfgang Langenbucher. Wien 1986, 18–24.

Weischenberg, Siegfried, Journalistik. Theorie und Praxis aktueller Medienkommunikation, 2 Bde., Opladen 1992 u. 1995.

Weiß, Ralph, Soziographie kommunikativer Milieus. Wege zur empirischen Rekonstruktion der soziostrukturellen Grundlagen alltagskultureller Handlungsmuster. In: RuF 44, 1996, 325–345.

Wiggershaus, Rolf, Die Frankfurter Schule. Geschichte – Theoretische Entwicklung – Politische Bedeutung. München 1988.

Wilson, Thomas P., Theorien der Interaktion und Modelle soziologischer Erklärung. In: Alltagswissen, Interaktion und gesellschaftliche Wirklichkeit. Hrsg. v. Arbeitsgruppe Bielefelder Soziologen. 2 Bde., Reinbek bei Hamburg 1973, Bd. 1, 54–79.

Hans-Dieter Kübler, Hamburg (Deutschland)

27. Medien-Nachbarwissenschaften VI: Jurisprudenz

1. Wissenschaftstheoretische Vorüberlegungen
2. Medienrecht – Status quo ante, Status quo und Status futurus
3. Literatur

1. Wissenschaftstheoretische Vorüberlegungen

Medienwissenschaft und Medienrecht stehen in keinem Verhältnis zueinander. Die beiden Wissenschaftszweige sind einander fremd. Wie im weiteren zu zeigen sein wird, offenbart sich hier ein Defizit wissenschaftstheoretischer Selbstreflexion, das für interdisziplinäre Ansätze typisch ist.

1.1. Das „ancilla"-Paradigma

Die vorherrschende Haltung beider Disziplinen besteht darin, sich Elemente der jeweils anderen Fachrichtung nutzbar zu machen. Hierbei werden je nach Einzelfall bestimmte Bausteine und Elemente der jeweils anderen Disziplin in das Fach integriert. Wenn ein Medienrechtler zum Beispiel Stimmen aus der Medienwissenschaft wahrnimmt, geschieht dies häufig nur als 'Verzierung' im Rahmen von Fußnoten. Umgekehrt nehmen Medienwissenschaftler das Medienrecht fast ausschließlich als propädeutische Hilfsdisziplin wahr, die im Rahmen des Grundstudiums von Studierenden mit geringem Stundenaufwand zu absolvieren ist. Diese Haltung übersieht den Kontext, in dem die Elemente anderer Disziplinen stehen. Es kann nicht angehen, selektiv die Wissensbestände einer fremden Disziplin daraufhin abzuklopfen, was für das gewünschte juristische oder medienwissenschaftliche Ergebnis von argumentativem Nutzen ist. Vielmehr setzt Interdisziplinarität ein mühevolles Ringen mit der fremden Denkart, ihren Grundannahmen, Methoden und Traditionen auseinander. Ein Forschungsergebnis der Literaturwissenschaft kann eben nur verstanden und rezipiert werden, wenn der Kontext, in dem dieses Ergebnis steht, hinreichend Beachtung und Respekt gefunden hat (vgl. hierzu auch Kaufmann 1987, 63 ff.).

1.2. Das „Fremdprophetie"-Paradigma

Auf der anderen Seite finden sich gerade im Medienrecht auch Beispiele für einen anderen Umgang mit außer-juristischen Forschungsergebnissen. Einige Autoren rezipieren begeistert ganze Theoriegebäude und Handlungsmethoden der Literaturwissenschaft einschließlich der damit verbundenen impliziten Prämissen. Das Medienrecht steht nunmehr unter dem Primat der Medienwissenschaft; diese gibt dem Recht die Begriffe vor und verlangt dabei unbedingten Gehorsam. Dabei wird meist übersehen, daß es eine einheitliche 'Medienwissenschaft' nicht gibt. Die Reflexion über 'Medien' leisten verschiedene Wissenschaften (Literatur-, Sprach-, Film-, Musikwissenschaft u. a.). Diese Wissenschaften sind wiederum durch eine Vielzahl von kontroversen Schulen und Denkrichtungen geprägt; sie haben sich darüber hinaus historisch und regional unterschiedlich entwickelt. Dementsprechend gibt es auch keine einheitlichen, disziplinübergreifenden Begriffe. Die Schlüsselbegriffe der Medienwissenschaft sind je nach Epoche, Disziplin und Schule unterschiedlich besetzt. Schon der Begriff des 'Mediums' ist unklar. Im Begriff der Medienwissenschaft steckt ein weiter, möglichst konturenloser Gehalt, der nicht nur das Medium als solches, sondern auch die Inhalte, die durch das Medium vermittelt werden, umfaßt.

Gerade die Frage nach dem Medienbegriff steht in einem größeren methodischen Zusammenhang. Jeder Begriff steht in Zusammenhang mit anderen Begriffen; wie bereits der Urvater des Strukturalismus, der französische Linguist Ferdinand de Saussure, betont hat, ist Sprache generell ein „système dont tous les termes sont solidaires et où la valeur de l'un ne résulte que de la présence simultanée des autres" (Saussure 1916, 231). Somit ergibt sich der Wert des sprachlichen Zeichens nur in Opposition zu den anderen; Sprache erscheint als System von bloßen Werten, das nur von dem augenblicklichen Zustand seiner Glieder geprägt ist. Der Wert eines Wortes bestimmt sich nur dadurch, daß es nicht den gleichen Wert bzw. die gleiche Bedeutung wie die anderen Zeichen und Glieder des Sprachsystems besitzt und somit nur aus der Opposition zu dem Rest des Systems verstanden werden kann. Solche und andere Überlegungen, die das Bild einheitlicher, interdisziplinärer Begrifflichkeiten stören würden, haben die Anhänger der Fremdprophetie beiseite gelegt.

1.3. Das Paradigma der konvergierenden Optionen

In Anlehnung an die von Norbert Mette und Hermann Steinkamp in anderem Zusammenhang erstellten Modelle (Mette/Steinkamp 1983, 170 ff.) kann eine Interaktion von Medienrecht und Medienwissenschaft nur in der Weise erfolgen, daß beide Disziplinen einander auf der Grundlage konvergierender Optionen annähern. Nicht jedes Theoriegebäude erweist sich in diesem Prozeß als mit juristischen Erkenntnisinteressen kompatibel. Vielmehr bedürfen Forschungsresultate anderer Fachrichtungen vor ihrer Adaption einer kritischen Überprüfung; in umgekehrter Weise muß das Medienrecht in der Auseinandersetzung mit anderen Fachrichtungen seine Grundannahmen auf die Möglichkeit, ja sogar den Zwang zu einer Änderung hin überprüfen. Allerdings erweist sich eine Konvergenz als schwierig. Denn die von der medienwissenschaftlichen Forschung verwendeten Grundbegriffe wie 'Medium', 'Information', 'Film' u. ä. erweisen sich als gattungstheoretische Unterscheidungen, die einen Ist-Zustand im geschichtlichen und lokalen Rahmen verständlicher erscheinen lassen. Hier und nur hier ist es sinnvoll, die Grenzen verschiedener Medien eng zu ziehen und auf eine klare Begrifflichkeit hinzuarbeiten; ansonsten werden medientheoretische Phänomene nicht systematisierbar. Eine solche arbeitstechnische Kategorisierung kann jedoch nicht Grundlage juristischer Betrachtungen werden, die den Sollzustand anhand verfassungsrechtlicher Vorgaben konkretisieren wollen. Medienrecht und Medienwissenschaft sind deshalb in weiten Teilen inkompatibel; ihre Optionen konvergieren insoweit nicht. Damit verbietet sich auch die unreflektierte Übernahme medienwissenschaftlicher Termini im Medienrecht, was nicht heißt, daß im Detail eine wechselseitige Befruchtung beider Fachrichtungen undenkbar wäre. Gerade in Konstellationen, in denen der Medienjurist auf empirische Eckdaten zurückgreift, muß er den Erkenntnissen der Medienwissenschaft Rechnung tragen. Dies erweist sich immer dann als Forschungsproblem, wo empirische Grundannahmen unreflektiert in der juristischen Diskussion vererbt worden sind. Als Beispiel sei auf die urheberrechtliche Qualifizierung des Dokumentarfilms als 'Abbildung der Wirklichkeit' hingewiesen, die dazu führte, daß Dokumentarfilmen lange Zeit ein Schutz als Werk im Sinne von § 2 UrhG mangels Kreativität abgesprochen wurde (Hoeren 1992, 145 ff.). Ähnliche Situationen tauchten beim nicht empirisch verankerten Begriff der 'Software' (siehe § 69a UrhG) oder der 'Telekommunikation' (vgl. § 2 TKG) auf, bei der der Gesetzgeber von empirischen Prämissen ausging, die sich später als fragwürdig erwiesen. Aber auch die Frage zutreffender Wirklichkeitswahrnehmung kann letztendlich, im Blick auf eine kantisch ausgerichtete Theorie der Interdisziplinarität, nicht ohne eine Klärung der Optionen von Medienwissenschaft und Medienrecht erfolgen. Die unterschiedlichen Blickwinkel beider Disziplinen beeinflussen die Wahrnehmung der Wirklichkeit und müssen daher vorrangig analysiert werden.

2. Medienrecht – Status quo ante, Status quo und Status futurus

Damit zeigen sich die Grenze und der Nutzen dieses Handbuchbeitrags. Es kann nicht mehr darum gehen, die angebliche Interdisziplinarität von Medienwissenschaft und Medienrecht unter Beweis zu stellen. Vielmehr kann es nur darum gehen, dem an Medienwissenschaftler gerichteten Handbuch einen kurzen Blick auf Entwicklungstendenzen des Medienrechts zu ermöglichen: Wie hat sich das Medienrecht historisch entwickelt? Wie verändert sich das Medienrecht gegenwärtig? Wie wird sich die Zukunft des Medienrechts, wenn es künftig überhaupt noch ein solches gibt, darstellen?

2.1. Der Status quo ante: Medienrecht als Recht der Medien

Die Geburtsstunde des Medienrechts setzt mit der Erfindung des Buchdrucks im ausgehenden 15. Jh. an (Giesecke 1991, 441 ff.; Gieseke 1995, 13 ff.). Solange Informationen mündlich oder handschriftlich verbreitet wurden, war eine Kontrolle relativ einfach und ohne hohen Regulierungsaufwand zu bewerkstelligen. Man konnte sich auf einige wenige, ethisch fundierte Grundsätze – wie das Verbot der Lüge – beschränken; ansonsten bestand kein Regelungsbedarf. Insbesondere bestand noch kein Gespür, daß Informationen in sich selbst einen Wert verkörpern, den es gegen die Vereinnahmung durch Dritte zu schützen gilt. Ideen galten als common heritage of mankind, vergleichbar der Luft und dem Wasser. Der Grundsatz der – abseits religiöser Kontrolle und staatlicher Zensur – freien Nutzbarkeit von Informationen galt als Teil eines ethischen Grundkonsenses, der zumindest das Hochmittelalter getragen hat. Erst mit dem Buchdruck war es möglich, Inhalte massenwirksam zu verbreiten. In gleichem Maße stieg das Risiko, daß andere die neue Reproduktionstechniken zur Erstellung von Raubdrucken verwendeten, die ohne Zustimmung der Autoren bzw. der Verleger auf den Markt kamen. Gleichzeitig brach spätestens mit der Renaissance der ethische Grundkonsens des Mittelalters auseinander; es kam der Typus des kulturell gebildeten Städters auf.

2.1.1. Regulierung des Mediums, nicht des Inhalts

Traditionell geht das Medienrecht von der Unterscheidung von Idee und Form, von Inhalt und Medium aus. Die Form eines Werkes kann immaterialgüterrechtlich geschützt werden, der Inhalt, die Idee soll jedoch frei zugänglich sein. Eine Grenze zog man nur dort, wo der Staat für sich und seine Bürger in Anspruch nahm, bestimmte Inhalte als gemeinschädlich zu verbieten und ihre massenmediale Verbreitung zu untersagen. Diese Differenzierung von Idee und Form charakterisiert zuvorderst die Geschichte des Urheberrechts. So erscheint das Privilegienwesen als Spezifikum des frühneuzeitlichen Urheberrechts. Nicht die Autoren, sondern die Drucker erhielten hoheitliche Privilegien, die ihnen ein Monopol auf die Erstellung von Drucken im jeweiligen Gebiet sicherte. Erste Druckprivilegien wurden in Mailand 1481 erteilt, ab 1501 sind solche Privilegien in Deutschland bekannt (Gieseke 1995, 39 ff.). Sie wurden stets zugunsten derjenigen gewährt, die die finanziellen Investitionen für den Druck zu tragen haben. Später sprach man vom 'Verlagseigentum'; erst im 19. Jh. sollte naturrechtlich bedingt die Frage nach dem geistigen Eigentum des Urhebers gestellt werden. Aber auch in dieser Diskussion ging es stets 'nur' um den Schutz der Form, der äußeren Gestalt. Die Information selbst, der Inhalt, die Idee, die wissenschaftliche Lehre sollten frei, ein common heritage of mankind, bleiben.

2.1.2. Starre Trennung von Medienkanälen

Der Bruchdrucker war auch das Paradigma für die ansetzende sektorspezifische Regulierung des Medienrechts. Als nach dem Buchdruck andere Medienkanäle aufkamen, suchte man nicht, ein allgemeines Regelungskonzept für alle Verbreitungskanäle zu finden. Vielmehr schuf man für jedes Massenmedium besondere Regulierungskonzepte. Zur Begründung verwies man auf die Besonderheiten des jeweiligen Mediums. Im Bereich der Presse sah man das vorrangige Problem in der inhaltlichen Kontrolle von Journalisten und Verlegern. Hinzu kam die Angst vor einer zu großen Pressekonzentration, die als die Gefahr für die Informationsfreiheit angesehen wurde. Bei Rundfunk und Fernsehen wurde statt dessen deutlicher auf die knappen Frequenzressourcen abgestellt. Die Konsequenzen für das Medienrecht waren fatal. Es ist dieser Disziplin bis zum heutigen Tag nicht gelungen, ein eigenes Selbstverständnis zu definieren. Das Medienrecht erscheint statt dessen als bloßes Konglomerat verschiedenster Regelungskomplexe, ohne roten Faden, ohne Methodik, ohne wissenschaftliche Einbindung. Es fehlt ein allgemeiner Teil, eine Methodologie des Medienrechts.

2.1.3. Time Lag mit Verkürzung

Auffällig ist der hohe Zeitabstand zwischen der Etablierung neuer Medien und der Reaktion der Jurisprudenz auf die dadurch bedingten Rechtsprobleme. Der zeitliche Abstand zwischen den Entwürfen zum BGB und der endgültigen Verabschiedung ist bereits häufig in der Literatur beschrieben worden. Weniger bekannt sind die Zeitverschiebungen im Medienrecht. So hat Katzenberger (1983, 1401 ff.) bereits ausführlich illustriert, daß es mehr als fünfzig Jahre dauerte, bis die Urheberrechtsfähigkeit von Filmwerken durch die Brüsseler Revision der Revidierten Berner Übereinkunft im Jahre 1948 anerkannt war. Ähnlich verworren ist der Kampf der Photographen um urheberrechtliche Anerkennung, der erst im Jahre 1876 mit Erfolg gekrönt war (Ricke 1997). Erklärungsversuche für diesen Time-Lag gibt es bislang noch nicht. Es scheint so, als ob die traditionelle Jurisprudenz technische Entwicklungen erst einmal behutsam abwarten wollte, um voreilige Schlüsse zu vermeiden. Vielleicht erweisen sich Juristen als 'Legastheniker des Fortschritts', deren Langsamkeit auch einer Angst vor gesetzgeberischen Schnellschüssen entsprach.

2.1.4. Öffentliches Recht

In der Vergangenheit sah man das Medienrecht im wesentlichen als Teil des öffentlichen Rechts. Das öffentliche Recht war schon im Mittelalter Anknüpfungspunkt für eine umfassende Medienkontrolle gewesen, die zur Durchsetzung hoheitlicher Interessen zum Mittel der Zensur griff. Es lag daher nahe, auch in der frühen Neuzeit auf die Strukturen des Verwaltungsrechts zurückzugreifen, um das damals neue Medium des Buchdrucks zu kontrollieren. Viele Fragen des Medienrechts wurden als Probleme angesehen, die nur mit verwaltungsrechtlichen Instrumentarien zu lösen sind. Insofern paradigmatisch ist die Entwicklung des Rundfunkrechts. Hier mußte man von vornherein mit dem Problem knapper Ressourcen klarkommen und suchte die Gefahr eines 'Chaos im Äther' durch frequenzpolizeiliche Aufsichtsinstrumentarien zu beheben.

2.1.5. Nationalstaatlichkeit

Die Regelungsbefugnisse wurden traditionell als Bundes-, teilweise auch als Landeskompetenz gesehen. Letzteres galt vor allem auf dem Gebiet der Presse und des Rundfunks. Bedingt durch die Zersplitterung in eine Vielzahl souveräner Kleinstaaten war das Medienrecht ursprünglich als Ausfluß landeshoheitlicher Befugnisse betrachtet worden, wie das bereits erwähnte Beispiel der Privilegien zeigt (Wadle 1996, 145 ff.). Erst mit der Reichsgründung bestand erstmals die Möglichkeit zu einer umfassenden, reichseinheitlichen Medienordnung. Doch diese Chance wurde vertan, da man inhaltlich die besondere Bedeutung einer Medienkontrolle übersah. Bis zum Zweiten Weltkrieg lag zum Beispiel die Kompetenz für das Rundfunkrecht als Teil des Post- und Telegraphenwesens beim Reich (Art. 6 Nr. 7, Art. 88 Abs. 1 WRV). Erst durch das erste Fernsehurteil vom 28. Februar 1961 (BVerfGE 12, 205, 226 ff.) wurde deutlich zwischen dem sendetechnischen Bereich des Rundfunks, der als Teil des Post- und Fernmeldewesens im Sinne von Art. 73 Nr. 7 GG der Zuständigkeit des Bundes unterliegt, und dem Bereich der Studiotechnik unterschieden, der unter die Zuständigkeit der Bundesländer fällt. Schon damals wurden die Spezifika des Rundfunks dahingehend definiert, daß „im Bereich des Rundfunks sowohl aus technischen Gründen als auch mit Rücksicht auf den außergewöhnlich großen Aufwand für die Veranstaltung von Rundfunkdarbietungen die Zahl der Träger solcher Veranstaltungen verhältnismäßig klein bleiben muß". Auch wenn diese Entscheidung in der Folgezeit nicht unumstritten blieb, sollte sich dieses Urteil als Garantie für weitgehende Regelungen der Länder im Rundfunkrecht erweisen. Ähnliches gilt für das Presserecht. Art. 75 Abs. 1 S. 1 Nr. 2 GG sieht zwar eine Rahmenkompetenz des Bundes für diesen Bereich vor, von dieser Ermächtigung ist jedoch nie Gebrauch gemacht worden. Von daher haben die Bundesländer nach dem zweiten Weltkieg begonnen, den Bereich der Presse durch eigene Landesbestimmungen zu kontrollieren.

2.2. Der Status Quo: Medienrecht als Recht der Information

Derzeit verändert sich das Medienrecht fundamental. Es ist weniger Recht der Medien als Recht der Information. Das Recht regelt nicht mehr einzelne Medien, nicht mehr den Übertragungsweg, den sektoralen Verbreitungskanal.

2.2.1. Regulierung der Inhalte

Im digitalen Zeitalter ist es nicht hinreichend, ein Medium zu „besitzen". Das Medium ist nicht mehr entscheidend, weil es beliebig verfüg- und nutzbar ist. Ein Medium wie das WWW ist omnipräsent, für jedermann verfügbar, zeit-, kapazitäts- und raumunabhängig. Von daher gibt es die Figur des 'Medienzars' nicht mehr. Entscheidend wird es auf die Rechtsinhaberschaft am Inhalt ankommen. The medium is not the message − es bedarf auch und gerade des Inhalts. Die Information, die Idee, das Know-How, die Daten − das ist der Stoff, aus dem das kommende Millenium bestehen wird. Dementsprechend kommt dem Immaterialgüterrecht eine zentrale Rolle zu, die sich in der seit Jahren anhaltenden Tendenz zur Ausweitung dieses Rechtsgebiets dokumentiert. Insbesonders das Urheberrecht ermöglicht eine klare Zuordnung von Rechten an Informationen, sofern deren Auswahl oder Anordnung eine persönlich-geistige Schöpfung beinhaltet. Damit ist zwar noch kein Ausschließlichkeitsrecht an der Information selbst begründet, aber über den Schutz der sog. Form ein Schutz von Informationssammlungen begründet. Dem Urheberrecht wird daher in der Informationsgesellschaft eine Schlüsselrolle zukommen. Es wird dem BGB an Bedeutung zumindest gleichkommen.

Allerdings ist der Grundsatz der Informationsfreiheit zu beachten. Wie bereits einleitend betont, sind Informationen grundsätzlich frei durch jeden nutzbar. Das Urheberrecht erscheint demgegenüber als zu rechtfertigende Ausnahme; die Rechtfertigung liegt in der besonderen Kreativität des Schöpfers:

„Das Autorrecht ist das Recht an einer Schöpfung, es beruht darauf, daß die schaffende Kraft des Geistes ein neues, vorher nicht vorhandenes Erzeugniß hervorgebracht hat" (Kohler 1880, 160). Dementsprechend wurde ein bis 70 Jahre nach Tod des Urhebers dauernder, umfassender Schutz nur für zweckfreie, nicht-technische Werke der Literatur, Kunst und Wissenschaft zugebilligt. Für gebrauchsbezogene, gewerbliche Werke wurde regelmäßig kein urheberrechtlicher Schutz bejaht; für diesen Bereich bestehen mit dem Patent-, dem Gebrauchsmuster- sowie dem Geschmacksmustergesetz adäquate Sonderregelungen.

Im Laufe der letzten Jahre ist der Schutz des Urheberrechts jedoch auch auf technische Produkte ausgedehnt worden. Jede Software, jede Datenbank, jede Fotografie soll unabhängig von qualitativen Kriterien schutzfähig sein. Diese Erkenntnis verdanken wir weniger besserem Wissen als dem Zwang seitens der Europäischen Kommission, die auf Druck der Industrie entsprechende Richtlinien erlassen hat. Allerdings fordern auch einige Teile der Literatur, daß der Gedanke der 'kleinen Münze' auf alle Werkarten übertragen wird. Die Rechtsprechung hat sich solchen Forderungen bekannterweise konstant widersetzt und auf der traditionellen Differenzierung von Gebrauchswerken und anderen Schöpfungen beharrt. Nach anfänglicher Skepsis halte ich diese Rechtsprechung für zutreffend und die daran geübte Gerichtsschelte für unangebracht. Dies widerspricht dem Grundverhältnis von Informationsfreiheit und Urheberrecht. Eine zu tief angesetzte Meßlatte für die Urheberrechtsfähigkeit verzerrt das Verhältnis von Regel und Ausnahme. Statt Gemeinfreiheit der Idee und freiem Informationszugang stünden nunmehr ein bis 70 Jahre nach Tod des Urhebers fortdauerndes Ausschließlichkeitsrecht als Regelfall im Vordergrund. Schon die lange Schutzdauer zeigt, daß regelmäßig eine besondere Gestaltungshöhe für die Bejahung der Urheberrechtsfähigkeit erforderlich ist. Eine zu großzügige Rechtsprechung würde das Risiko schaffen, daß der Schutz des Urheberrechts über den eigentlichen Kernbereich von Literatur, Musik und Kunst hinaus uferlos ausgeweitet wird und auch bei minimaler kreativer Gestaltung ein monopolartiger Schutz bis 70 Jahre nach Tod des Urhebers bejaht werden müßte. Daß das Reichsgericht teilweise bei literarischen Werken deutlich herabgesetzte Schutzanforderungen angenommen hat (RGSt 39, 282, 283 – Theaterzettel; RGZ 81, 120, 122 – Kochrezepte; RGZ 116, 292, 294 – Adreßbuch), mag angesichts der Tatsache, daß die Schutzdauer nach dem Urheberrechtsgesetz von 1870 lediglich dreißig Jahre post mortem auctoris betrug, sachangemessen gewesen sein. Die Erhöhung der Schutzfristen im Jahre 1934 auf fünfzig Jahre und im Jahre 1965 auf siebzig Jahre sowie die allmähliche Erstreckung des Schutzes auf gewerblich-technische Werke muß jedoch zu einer Anhebung der Kriterien für die Gestaltungshöhe führen. Gerade deshalb hat der BGH in der Vergangenheit stets auf dem Erfordernis bestanden, daß die Form letzterer Werke deutlich die Durchschnittsgestaltung übersteigt (BGH, GRUR 1986, 739, 740 f. – Anwaltsschriftsatz; siehe auch BGH, GRUR 1972, 38, 39 – Vasenleuchter; BGHZ 94, 276, 286 – Inkasso-Programm; BGH, GRUR 1995, 581 f. – Silberdistel).

2.2.2. Multimedia = Multilegia

Durch die digitalen Übertragungs- und Verbreitungstechniken verschwimmen die Grenzen zwischen den bislang separiert agierenden Medien. Elektronische Presse ist über das Internet ebenso abrufbar wie Nachrichtensendungen der öffentlich-rechtlichen Rundfunkanstalten. Letztendlich fließen im digitalen Kontext Telekommunikation, Fernsehen und Presse ineinander. Der Computer wird zum Fernsehbildschirm, das Internet zum Forum für elektronische Presse und Fernsehnachrichten. Auch die Berufsbilder der Agierenden ändern sich: Die Setzer und Drucker werden ersetzt durch Online-Redakteure und Multimediadesigner, die journalistische Kenntnisse mit EDV-Erfahrung und Gestaltungs-Know-How verbinden. Der klassische Arbeitsplatz im Büro wird ersetzt durch Telearbeit am heimischen Schreibtisch.

In dem Maße, wie die Spartentrennung durch die eine 'digitale Suppe' ersetzt wird, erweist sich eine an den klassischen Medien orientierte Regulierungspolitik als inadäquat. Auf europäischer Ebene wird daher breit über das Problem der Konvergenz diskutiert und die Konturen einer sektorübergreifenden Medienrechtspolitik ausgelotet. Die Vorschläge sind im Konvergenz-Grünbuch der Europäischen Kommission ausführlich aufgegriffen und dargestellt worden (KOM (97) 623 endg. vom 3. Dezember 1997). Vorgeschlagen wird dahin der Abschied von aller sektorspezifischen, vertikalen Medienregulierung. Statt dessen soll das künftige Medienrecht ein Modell horizontaler Abgrenzungen zwischen Inhalt und Beförderung sein. Dieser Vorschlag ist parallel zu deutschen Entwicklungen zu sehen, die auf einen Abbau klassischer mediensektoraler Kompetenzen zugunsten einer horizontalen, Bund und Länder übergreifenden Informationsordnung hinauslaufen. Dieser Trend zeigt sich besonders im Mediendienste-Staatsvertrag, der ausdrücklich davon absieht, Mediendienste dem Rundfunk zuzuordnen. Wie sich aus § 2 Abs. 1 S. 2 des Staatsvertrages entnehmen läßt, sind nur rundfunkähnliche Mediendienste dem hohen Aufsichtsniveau des Rundfunkstaatsvertrags unterworfen. Im Umkehrschluß sind Mediendienste grundsätzlich nicht der Rundfunkaufsicht unterworfen. Doch letztendlich hängt auch der Mediendienste-Staatsvertrag noch zu sehr an den klassischen Kategorien sektoraler Aufsicht. Die in § 1 Abs. 1 S. 2 des Vertrages enthaltene Definition des Mediendienstes, die jedweden an die Allgemeinheit gerichteten Informations- und Kommunikationsdienst zum Mediendienst erklärt, macht alle Bereiche des Internets, mit Ausnahme des individuellen Austausches von E-Mail, zum Gegenstand einer Länderregulierung. Die Länder haben diese Irregularität ebenfalls bemerkt und dem Bund mit dessen Definition der Teledienste in § 1 TDG Anwendungsfälle überlassen, die nach dem klassischen Rundfunkbegriff als an die Allgemeinheit gerichteten Informationsdienste zu verstehen sind und damit eigentlich dem verfassungsrechtlich gesicherten Hoheitsbereich der Länder unterfallen. Selbst im Mediendienste-Staatsvertrag ist in § 2 Abs. 2 Nr. 4 mit den 'reinen' Datendiensten ein Bereich der elektronischen Dienste von der Länderregelung ausgenommen worden, der als allgemeiner Informationsdienst eigentlich unter den Rundfunkbegriff zu subsumieren ist. Man kann in dieser terminologischen Varianz ein wichtiges Signal für eine Kursänderung der Länder sehen. Diese beharren nicht mehr positivistisch auf klassischen verfassungsrechtlichen Grenzpfählen, sondern sind bereit, ihre Zuständigkeiten abseits der bisherigen sektoralen Fronten neu zu bestimmen.

2.2.3. Reaktionszeiten gegen Null

Mit einem gewissen Entsetzen betrachten manche allerdings den sich verkürzenden Zeitabstand zwischen der Einführung neuer Technologien und den Reaktionen des Gesetzgebers. Es entspricht einem Topos der Neuzeit, die langsamen Reaktionen des Gesetzgebers auf neue gesellschaftliche Entwicklungen zu rügen, zu belächeln, zu verurteilen. Der Gesetzgeber hat diese Kritik inzwischen scheinbar verinnerlicht und versucht, wie der Hase im Wettlauf mit dem Igel ohnmächtig der Entwicklung hinterherzurennen. Ick bin all dü – so ruft der Technik-Igel und verspottet den rennsüchtigen Hasen zu Recht. Wer jede technologische Neuerung zum Anlaß einer Gesetzesreform nimmt, darf sich nicht wundern, wenn er dogmatisch schlechte und vom technischen Hintergrund ausgereifte Gesetze produziert. Die Reaktionszeiten, die zwischen einer technischen Innovation und deren gesetzlichen Schutz liegen, verkürzen sich zusehends. Mit der sich immer schneller drehenden Spirale technischer Neuerungen verkürzen sich offensichtlich die Perioden der Gesetzesnovellierungen. Beim Informations- und Kommunikationsdienstegesetz waren z. B. sehr schnelle Reaktionszeiten geboten. Dies hing mit der (vielleicht unglückseligen) Entscheidung zusammen, die Umsetzung der Datenbankrichtlinie in das Artikelgesetz aufzunehmen. Da die Richtlinie aber bis zum 1. Januar 1998 umzusetzen war, und eine verspätete Umsetzung enorme Haftungsrisiken mit sich gebracht hätte, war Eile geboten. Die Hektik führte allerdings auch zu Schnellschüssen, die gefährlich waren, etwa wenn man sich die Haftungsbestimmungen für Provider anschaut (siehe Hoeren/Pichler 1998, 47 ff.).

2.2.4. Funktionsverlust der sektorspezifischen Staatsaufsicht

Mit dem Drang privater Unternehmen in die bislang hoheitlichen Gefilde des Rundfunks und der Telekommunikation ist auch der Aufbruch in eine neue 'duale' Medienordnung verbunden, die vor allem durch einen enormen Funktionsverlust klassischer Zwecke und Instrumentarien der Staatsaufsicht gekennzeichnet ist.

Gerade im Rundfunkrecht wird dieser Wandel besonders deutlich: Sendefrequenzen sind kein knappes Gut mehr. Auch sind die Kosten für Rundfunksendungen im digitalen Kontext deutlich reduziert. Damit entfällt jede Notwendigkeit, den Rundfunksektor eigenständig, insbesondere in Form einer staatlichen Sonderaufsicht, zu reglementieren. Kartell-, Wettbewerbs- und Verbraucherschutzrecht sind ausreichend in der Lage, die Kontrollbedürfnisse der Allgemeinheit zu befriedigen (vgl. Engel 1995, 160 ff.). So stand zum Beispiel das Rundfunkrecht früher alleine da; es tritt nunmehr neben das Wirtschaftsrecht und wird allmählich durch das Wirtschaftsrecht ersetzt werden. Insbesondere das vom BVerfG oft heraufbeschworene Ideal des Meinungspluralismus läßt sich durch Anwendung der klassischen Regeln zur Fusionskontrolle und zum Mißbrauch der Marktmacht sichern. Auch § 1 UWG bildet einen wichtigen Eckpfeiler dieses neuen Medien-Privatrechts. Über die Fallgruppe des Rechtsbruchs werden immer mehr Bereiche des öffentlichen Rechts in das Zivilrecht 'eingelesen'. So werden inzwischen etwa Verstöße gegen das Datenschutzrecht, den Rundfunk- und Medienstaatsvertrag oder presserechtliche Verhaltenskodices als Verletzung der guten Sitten im Wettbewerb angesehen und der Verfolgung durch konkurrierende Unternehmen und Wettbewerbsvereinigungen überantwortet. Wie Hoffmann-Riem (1996, 300 ff.) zu Recht schreibt, werden öffentliches Recht und Privatrecht zu „wechselseitigen Auffangordnungen"; die Grenzen zwischen diesen Fachrichtungen werden brüchig und verschieben sich zugunsten einer Rechtssetzung und Rechtsdurchsetzung durch Private mit „Segen" des Staates.

Allerdings sorgt diese Entwicklung wissenschaftspsychologisch und machtpolitisch für Unstimmigkeiten und Irritationen. Denn die klassischen Medienbehörden, etwa die Landesmedienanstalten, verlieren damit ebenso ihre Funktion wie die öffentlich-rechtlich begründeten Rundfunkanstalten und deren wissenschaftlichen Legitimationskohorten. Es wird abzuwarten sein, wie die Medienszene sich auf diese Neupositionierung hin verändern wird.

2.2.5. Europäisierung des Informationsrechts

Im Informationsrecht ist ein Prozeß der Verlagerung von Kompetenzen von den Ländern bzw. dem Bund auf die Europäischen Gemeinschaften zu beobachten. Ständig weiten sich die Kompetenzen der Kommission aus. Spätestens seit der Veröffentlichung des Grünbuchs 'Fernsehen ohne Grenzen' im Jahre 1984 versucht die Europäische Kommission, rechtliche Mindeststandards für eine europaweite Betätigung der Sendeanstalten zu entwickeln. In den neunziger Jahren kam dann die Zielvorgabe einer globalen Gemeinschaftspolitik im audiovisuellen Bereich hinzu. Dieser Neudefinition der Aufgabenfelder entspricht auch die stufenweise erfolgende Ausdehnung der Zuständigkeiten. Während deutsche Staatsrechtler eine Kompetenz wegen des primär kulturellen Auftrags des Rundfunks bestreiten (vgl. Delbrück 1986, 40, 47; Ossenbühl 1986, 13 ff.), ist inzwischen durch den EuGH eine Kompetenz aus dem Gesichtspunkt der Dienstleistungsfreiheit (Art. 59 Abs. 1, 60 Abs. 1 EGV) abgeleitet worden (siehe EuGH, Urteil vom 30. April 1974, Slg. 1974, 409, 428 – Sacchi; Urteil vom 26. April 1988, Slg. 1988, 2085, 2131 – Bond van Adverteerdes; vgl. Holznagel 1996, 128 ff.). Dabei hat der EuGH bislang kulturpolitisch motivierte Sonderregelungen nicht als durch Art. 56 Abs. 1 EGV gedeckt angesehen, so daß es den Bundesländern schwierig werden dürfte, ihre Anforderungen an einen pluralistisch nationalen Rundfunkwesen ausländischen Sendeanstalten aufzuerlegen (siehe EuGH, Urteil vom 25. Juli 1991, Slg. I – 1991, 4069, 4097). Dieser Prozeß der Europäisierung des Rundfunkrechts spiegelt sich auch in anderen Bereichen des Informationsrechts wieder. Im Urheberrecht stellt die mit dem IuKDG umgesetzte Datenbankrichtlinie nur der vorläufige Endpunkt einer umfangreichen Harmonisierungskampagne dar, der mit dem Softwareschutz, die Vermiet- und Verleihrechte, die Vereinheitlichung der Schutzfristen und der Satellitenausstrahlung bereits weite Teile des Urheberrechts umfaßt. Bevor steht noch die Verabschiedung einer sog. Multimediarichtlinie. Dies wird – im Anschluß an den WIPO Copyright Treaty – ein Recht auf elektronischen Abruf europaweit einführen. Ferner werden die gesetzlichen Lizenzen für den Bereich des eigenen Gebrauchs auf den Bereich der nicht-digitalen Nutzung beschränkt, wie dies bei Software und Datenbanken bereits der Fall ist. Auch soll der Vertrieb von Dienstleistungen über das Internet vom Erschöpfungsgrundsatz ausgenommen werden.

2.3. Der Status futurus: Auf der Suche nach einer Wissensordnung

Doch was wird die Zukunft bringen? Jeder Visionär geht das Risiko ein, sich nachträglich lächerlich zu machen. Denn entweder erweist sich seine Vision nachträglich als zutreffend; dann gilt sie aber als banal. Oder aber sie ist unzutreffend; dann wird sie als skurrile Spekulation belächelt. Trotz dieser Gefahr seien hier prophetische Gehversuche vorgestellt.

2.3.1. Information als Gegenstand des Rechtsverkehrs

Das entscheidende Zukunftsthema wird der Aufbau einer Wissensordnung, die Entwicklung eines Datenzuordnungsrechts sein. Da Daten selbst nicht eigentumsfähig sind, wird man über neuartige Kriterien nachdenken müssen, die über die Zuordnung des neuen Wirtschaftsguts Information an einzelne Wirtschaftseinheiten entscheiden. Die Brüchigkeit der bisherigen Zuordnungsversuche sei hier nur am Beispiel des Datenträgers, des Geheimnisses und der Investition illustriert.

2.3.1.1. Der Datenträger

Allgemein wird das Speicher- oder Übermittlungsmedium als Zuordnungskriterium herangezogen, sofern es eine körperliche Sache ist. Das Vollrecht Eigentum beinhaltet grundsätzlich auch die Befugnis, mit dem Medium nach Belieben zu verfahren. Insofern ergreift das Medieneigentum auch eine Befugnis zur freien Nutzung des Inhalts. In dem Maße, wie sich die Information jedoch von dem Datenträger loslöst und über Onlindienste rein immateriell transportiert werden kann, stellt sich die Frage der Analogiefähigkeit der datenträgerbezogenen Regelungen, etwa des BGB oder des UrhG. Je nach Einzelfall mag die eine oder andere Vorschrift dann analog auf onlineübertragene Informationen anwendbar sein; das Kriterium des materiellen Datenträgers entscheidet damit jedoch nicht mehr über die Zuordnung von Informationen.

2.3.1.2. Das Geheimnis

Der Schutz von Geheimnissen ist heute über § 17 Abs. 1 UWG in das Zivilrecht eingeflossen. Hiernach wird der Verrat von Betriebs- und Geschäftsgeheimnissen durch Beschäftigte strafrechtlich sanktioniert; der Geheimnisschutz wurde später auf das verbotene Ausspähen und die verbotene Verwertung ausgedehnt. Schon von seiner dogmatischen Wurzel her ist der Geheimnisschutz nicht als Zuordnungskriterium geeignet. Denn dieses Schutzsystem schützt nicht die Information als solche, sondern die Beziehung der Information zu einer Person. Ein und dieselbe Information hat je nach Relation einen unterschiedlichen Stellenwert. Das 'Wesen' des Geheimnisses ist demnach im Merkmal der Beziehung zu einem Geschäftsbetrieb zu sehen. Eine geheimzuhaltende Tatsache muß zu einem bestimmten Geschäftsbetrieb in Beziehung stehen; gerade diese Beziehung ist der Kern des Geheimnisschutzes.

Die Relation von Geheimnis und Geheimnisträger ist jedoch nicht hinreichend konkretisierbar. Es gibt in jedem Unternehmen eine Fülle von Informationen, die nicht allgemein bekannt sind, ohne daß diese als Betriebsgeheimnisse einzustufen sind. Es bedarf daher weiterer Kriterien für die Qualifizierung als Geheimnis. In der Rechtsprechung tobt hierzu der Streit zwischen Willenstheorie und Interessentheorie. Die Willenstheorie stellt allein auf den Willen des Inhabers ab (so etwa RGZ 149, 334; RG, MuW 1937, 224, 226). Entscheidend soll sein, daß eine Tatsache nicht offenkundig ist und nach dem bekundeten Willen des Inhabers geheimgehalten werden soll. Die Interessentheorie hingegen verlangt ein besonderes wirtschaftliches Interesse an der Geheimhaltung (RG, JW 1911, 870). Beide Argumentationen sind unbrauchbar. Es wäre blanker Dezisionismus, den Willen eines Unternehmers darüber entscheiden zu lassen, ob sich jemand bei Nutzung einer Information strafbar macht oder nicht. Ähnliches gilt für das subjektive Kriterium des Interesses. Jeder Unternehmer hat ein Interesse daran, daß Informationen 'bei ihm bleiben' und nicht den Bereich des Unternehmens verlassen. Dieses allgemeine subjektive Gefühl kann jedoch nicht der Grund für eine Zuordnung von Ausschließlichkeitsrechten sein.

2.3.1.3. Die Investition

Ein neuartiges Zuordnungskriterium bietet die Datenbankrichtlinie mit dem Gesichtspunkt der geleisteten Investitionen. Wenn jemand Zeit und Geld in die Entwicklung eines Informationsprodukts investiert, gehört die Information ihm. Bislang ist ein solcher allgemeiner Investitionsschutz dem deutschen Recht fremd gewesen. Lediglich in besonders ausgestalteten Fällen, die im Gesetz ausdrücklich konkretisiert waren, gewährte der Gesetzgeber einem Investor ein – im Verhältnis zum Urheberrecht begrenztes – Leistungsschutzrecht. Deutschland, das Land der Leistungsschutzrechte, gewährte solche Rechte unter anderem den Musikern, Schauspielern, Tonträgerhersteller, Filmproduzenten und Sendeanstalten. Dieser begrenzte und im Detail umstrittene Leistungsschutz wird nunmehr infolge der Datenbankrichtlinie zu einem allgemeinen Investitionsschutz ausgeweitet. § 87a UrhG garantiert jedem, der eine in qualitativer oder quantitativer Hinsicht wesentliche Investition für die Sammlung von Informationen erbracht hat, ein eigenes Leistungsschutzrecht für die Dauer von 15 Jahren. Dabei soll es für die Investition nach Erwägungsgrund 40 ausreichen, daß der Hersteller finanzielle Mittel bereitgestellt oder Zeit, Arbeit und Energie eingesetzt hat. Unklar bleibt allerdings, wann eine Investition als „wesentlich zu betrachten" ist. In der amtlichen Begründung zu § 87a UrhG (BRDrS 966/96, S. 47) wird darauf verwiesen, daß eine „aussagekräftige abstrakte Definition ... nicht möglich" erscheine: „Es wird daher Aufgabe der Rechtsprechung sein, die unbestimmten Rechtsbegriffe auszufüllen." Dies ist eine Kapitulationserklärung der Gesetzgebung, die ein neues Schutzrecht einführt, ohne deren Konturen auch nur im geringsten zu konkretisieren. Die „Drecksarbeit" sollen einmal wieder die Gerichte übernehmen, so daß derzeit über das Kriterium der Investition nichts ausgesagt werden kann. Letztendlich stellt sich ohnehin die Frage, ob wirklich ein einzelnes Kriterium in der Lage ist, über die Zuordnung von Informationen zu entscheiden. Bedarf es nicht vielmehr einer konkreten verfassungsrechtlichen Abwägung zwischen Informationsfreiheit und neuen Property Rights und einer praktischen Konkordanz aller betroffenen Interessen?

2.3.2. Prozeduralisierung

Wenn eine materiale Zuordnungslehre angesichts eines fehlenden gesellschaftlichen Konsenses kaum möglich ist, hilft eventuell eine Prozeduralisierung weiter (vgl. hierzu Vesting 1997, 243 ff.). Ein frühes Beispiel enthält zum Beispiel das heute fast in Vergessenheit geratene Washingtoner Abkommen zum Schutz von Halbleitererzeugnissen (WIPO Doc. IPIC/DC/46 vom 26. Mai 1989). Dort ist erstmals im internationalen Immaterialgüterrecht ein kompliziertes System des „dispute settlement" vorgesehen (Art. 14). Bei Streitigkeiten über die Auslegung oder Umsetzung des Abkommens sollen die Vertragsparteien zunächst selbst versuchen, zu einer einvernehmlichen Lösung zu gelangen. Sollte dies nicht möglich sein, können sie den Fall gemeinsam vor einem Schiedsgericht klären lassen. Sollte auch dieser Weg nicht gangbar sein bzw. zu keinem Ergebnis führen, bestellt die Versammlung des Abkommens ein „panel" aus drei Mitgliedern, die einen Bericht über die Streitfrage erstellen und diesen zunächst den Streitparteien zustellen. Nachdem diese Gelegenheit zur Stellungnahme bekommen haben, werden ihnen durch die Versammlung abschließende Empfehlungen zur Streitbeilegung unterbreitet.

Ansätze hierzu finden sich ferner in § 17 des Mediendienstestaatsvertrages und dem dort verankerten Modell des Datenschutz-Audits. Im Anschluß an bestehende Konzeptionen etwa für ein Öko-Audit sieht der Staatsvertrag vor, daß Anbieter von Mediendiensten ihr Datenschutzkonzept sowie ihre technischen Einrichtungen durch unabhängige und zugelassene Gutachter prüfen und bewerten lassen können. In das IukDG konnten solche Vorschläge entgegen früherer Entwürfe nicht Einzug finden; über die Gründe dazu wird sicherlich an anderer Stelle in dieser Kommentierung informiert. Statt dessen findet sich in Art. 6 ein Ansatzpunkt für eine Prozeduralisierung.

Ein weiteres typisches Beispiel enthält die Europäische Satellitenrichtlinie (ABl. EG Nr. L 248 vom 6. Oktober 1993, S. 15) hinsichtlich der Kabelweiterverbreitung. Nach Art. 11 Abs. 1 gewährleisten die Mitgliedstaaten, daß bei Streitigkeiten über die Erteilung einer Erlaubnis zur Kabelweiterleitung jeder der Beteiligten einen oder mehrere Vermittler anrufen kann. Sofern keine der Parteien binnen drei Monaten Einwände erhebt, gilt der Vermittlungsvorschlag des Schlichters als angenommen (Art. 11 Abs. 3). Verhandlungen über die Erlaubnis der Kabelweiterverbreitung sollen noch Treu und Glauben aufgenommen werden und dürfen seitens der Beteiligten nicht ohne triftigen Grund be- oder verhindert werden.

Daß der Gedanke der Prozeduralisierung von Bedeutung wird, ändert aber nichts daran, daß die juristische Reflexion über Möglichkeiten und Grenzen einer solchen Verfahrensgerechtigkeit erst in den Kinderschuhen steckt. Unklar ist vor allem, in welchem Ausmaß Private dazu verpflichtet sein können, mit anderen in Vertragsverhandlungen einzutreten. Wenig systematisiert sind auch die Instrumentarien, mit denen der Staat ausgehandelte Ergebnisse korrigieren kann, sowie die dogmatischen Grundlagen staatlichen Eingriffs in bestehende Verfahrensregeln.

2.3.3. Internationalisierung

Die Medienwirtschaft wird seit Jahren durch einen vehementen Trend zur Europäisierung und Internationalisierung geprägt. Medienunternehmen sind schon lange nicht mehr lokal oder regional tätig; sie agieren grenzüberschreitend.

Im Widerspruch dazu steht die rechtliche Lage, die noch vom nationalstaatlichen Denken des 19. Jhs. geprägt ist. Internationale Regeln gibt es im Medienrecht kaum. Lange Zeit verwies man nur auf Art. 19 der Allgemeinen Erklärung der Menschenrechte vom 10. Dezember 1948 und den darin verankerten Gedanken der Informationsfreiheit. Bis Anfang der 90er Jahre bestanden besondere völkerrechtliche Regeln für das Satellitenfernsehen und den Fernmeldebereich. Seit 1990 beginnt sich die internationale Szenerie zu verändern. Man besinnt sich darauf, daß dem zunehmend grenzüberschreitenden Charakter der Medien auch ein internationaler Rechtsrahmen korrespondieren muß. Dieser Rahmen ist einfach zu schaffen in Gebieten, in denen die völkerrechtlichen Instrumentarien zur Schaffung neuer Normen vorhanden sind. Dazu zählt etwa das Immaterialgüterrecht, das traditionell mit der Pariser Verbandsübereinkunft und der Revidierten Berner Übereinkunft über internationale Mindeststandards verfügt. Diese Regelwerke sind erst in jüngster Vergangenheit auf die Bedürfnisse des vielbeschworenen digitalen Zeitalters angepaßt worden. Man denke etwa an den WIPO Copyright Treaty, den WIPO Performers Rights Treaty sowie das Washingtoner Halbleiterschutzabkommen. Schwieriger ist es allerdings noch bei Rechtsgebieten, die die Staaten immer noch als Teil ihrer Souveränität betrachten, wie etwa dem Straf- oder dem Steuerrecht. Hier erscheint jedwede Prognose über eine weltweite Harmonisierung als ferne Zukunftsmusik.

Zusätzlich wird die Internationalisierung des Medienrechts noch durch die fehlende Einbindung kollisionsrechtlicher Fragestellungen behindert. Zumindest bei zivilrechtlichen Fragestellungen fehlt oft der Blick auf die grenzüberschreitenden Bezüge des Medienrechts. Kollisionsrechtler beschäftigen sich lieber mit deutsch-türkischen Erbauseinandersetzungen als mit dem Problem, welche Rechtsregeln bei grenzüberschreitenden Satellitensendungen zur Anwendung kommen.

3. Literatur

Delbrück, Die Rundfunkhoheit der deutschen Bundesländer im Spannungsfeld zwischen Regelungsanspruch der Europäischen Gemeinschaft und nationalem Verfassungsrecht. Frankfurt a. M. 1986.

Engel, Stefan, Multimedia und das deutsche Verfassungsrecht. In: Perspektiven der Informationsgesellschaft. Hrsg. v. Wolfang Hoffmann-Riem/Thomas Vesting. Baden-Baden 1995, 155 f.

Giesecke, Michael, Der Buchdruck in der frühen Neuzeit. Frankfurt a. M. 1991.

Gieseke, Ludwig, Vom Privileg zum Urheberrecht: die Entwicklung des Urheberrechts bis 1845. Göttingen 1995.

Hoeren, Thomas, Urheberrechtliche Probleme des Dokumentarfilms. In: Gewerblicher Rechtsschutz und Urheberrecht 1992, 145 ff.

Hoeren, Thomas/Rufus Pichler, Haftung bei Onlinediensten. In: Praxis des Online-Rechts. Hrsg. v. Ulrich Loewenheim/Frank A. Koch. Weinheim 1998, 47 ff.

Hoffmann-Riem, Wolfgang, Öffentliches Recht und Privatrecht als wechselseitige Auffangordnungen – Systematisierung und Entwicklungsperspektiven. In: Öffentliches Recht und Privatrecht als wechselseitige Auffangordnungen. Hrsg. v. W. Hoffmann-Riem/E. Schmidt-Aßmann. Baden-Baden 1996, 300 ff.

Holznagel, Bernd, Rundfunkrecht in Europa. Tübingen 1996.

Katzenberger, Paul, Vom Kinofilm zum Videogramm. In: Gewerblicher Rechtsschutz und Urheberrecht in Deutschland, Festschrift zum hundertjährigen Bestehen der Deutschen Vereinigung zum gewerblichen Rechtsschutz und Urheberrecht und ihrer Zeitschrift, Bd. 2, 1401 ff.

Kaufmann, Franz-Xaver, Interdisziplinäre Wissenschaftspraxis. Erfahrungen und Kriterien. In: Interdisziplinarität. Praxis – Herausforderung – Ideologie. Hrsg. v. Jürgen Kocka. Frankfurt 1987, 63 ff.

Kohler, Josef, Das Autorrecht, eine zivilistische Abhandlung. Jena 1880.

Mette, Norbert/Hermann Steinkamp, Sozialwissenschaften und Praktische Theologie. Düsseldorf 1983.

Ossenbühl, Fritz, Rundfunk zwischen nationalem Verfassungsrecht und europäischem Gemeinschaftsrecht. Frankfurt a. M. 1986.

Ricke, Stefan, Entwicklung des rechtlichen Schutzes in Deutschland unter besonderer Berücksichtigung der preußischen Gesetzgebung. Diss. Münster 1997.

Saussure, Ferdinand de, Cours de linguistique generale. Hrsg. v. C. Bally u. A. Sechehaye. Paris-Lausanne 1916.

Vesting, Thomas, Prozedurales Rundfunkrecht. Grundlagen – Elemente – Perspektiven. Baden-Baden 1997.

Wadle, Elmar, Privilegienstreit gegen Nachdruck um 1800. Der Fall Artaria contra Götz. In: Geistiges Eigentum. Bausteine zur Rechtsgeschichte. Weinheim 1996, 145 ff.

Thomas Hoeren, Münster (Deutschland)

28. Medien-Nachbarwissenschaften VII: Ökonomie

1. Die ökonomische Bedeutung der Medien
2. Medienunternehmen
3. Medienwirtschaft
4. Literatur

1. Die ökonomische Bedeutung der Medien

Medien stellen Mittel zur Speicherung und Verbreitung von Informationen dar, die von Unternehmen bereitgestellt werden. Die sog. Medienunternehmen sind den Gesetzen des Marktes (mehr oder weniger stark) unterworfen und müssen demzufolge die betrieblichen Funktionen, wie z. B. Beschaffung, Fertigung, Absatz, Finanzierung, so wahrnehmen, daß sie im Wettbewerb bestehen können. Mit dieser Feststellung wird deutlich, daß Medien einen ökonomischen Bezug aufweisen und sich demzufolge die Medienwissenschaft auch mit ökonomischen Fragen auseinandersetzen muß.

In den Wirtschaftswissenschaften hat sich im Laufe der geschichtlichen Entwicklung eine wissenschaftliche Arbeitsteilung zur Darstellung und Analyse ökonomischer Problemstellungen herausgebildet: die volkswirtschaftliche und die betriebswirtschaftliche Perspektive. Diese Zweiteilung wird auch diesem Beitrag zugrundegelegt: Die ökonomische Bedeutung der Medien wird zunächst aus der Perspektive der Medienunternehmen, also von einem betriebswirtschaftlichen Standpunkt aus analysiert. Im Anschluß daran werden volkswirtschaftliche Aspekte der Medien, also Probleme der Medienwirtschaft, herausgearbeitet.

2. Medienunternehmen

Die Medienunternehmen lassen sich nach verschiedenen Kriterien klassifizieren. Die am häufigsten verwendeten Einteilungskriterien sind technischer und ökonomischer Natur. Im folgenden wird nach der Technik der Speicherung und Übertragung von Informationen zwischen (a) Verlagsunternehmen und (b) Rundfunkunternehmen unterschieden.

Da die grundsätzliche Ausrichtung der Unternehmenspolitik wesentlich davon bestimmt wird, in welcher Organisationsform ein Medienunternehmen betrieben wird, ist darüber hinaus noch (bei den Rundfunkunternehmen) zwischen privatwirtschaftlich und öffentlich-rechtlich organisierten Medienunternehmen zu unterscheiden. Beide Unternehmenstypen heben sich wesentlich in der Aufgabenstellung und damit in der unternehmerischen Zielsetzung voneinander ab.

2.1. Verlagsunternehmen

Verlagsunternehmen sind auf die Herstellung und den Vertrieb von Informationen ausgerichtet. Die Art der Informationsvermittlung geschah ursprünglich ausschließlich in gedruckter Form (Printmedien). Heute betätigen sich Verlage auch auf dem Markt für die sog. Neuen Medien (z. B. Lexika auf CD ROM).

Charakteristische Funktionen in einem Verlagsunternehmen (speziell eines Buchverlages) sind die Verlagsleitung, das Lektorat, die Herstellung und der Vertrieb einschließlich Werbung (vgl. Antoni 1993). Die Verlagsleitung (in Form des Eigentümerunternehmers oder des Geschäftsführers) nimmt die Aufgabe der kaufmännischen Führung und der strategischen Ausrichtung des Verlagsprogramms wahr. Sie trägt damit die Gesamtverantwortung für den wirtschaftlichen Erfolg des Unternehmens. Wesentlicher Bestandteil der strategischen Planung sind die Identifikation von Bedrohungen und Chancen eines Verlages als Ergebnis der Umweltanalyse und die Identifikation von Stärken und Schwächen als Ergebnis der Unternehmensanalyse. Das Lektorat (bzw. die Redaktion) betreut das Produkt in Form des Manuskripts und mit dem Manuskript den Verfasser. Die Herstellungsabteilung ist für die technische Abwicklung (Druckverträge, Ablaufplanung) des Produktionsprogramms zuständig. Da heute — einem generellen Trend folgend — im Verlagswesen immer mehr Funktionen außerhalb des Unternehmens wahrgenommen werden (outsourcing und damit Reduktion der Fertigungstiefe), ist der Herstellungsleiter oft auch Auftraggeber für Druckereien, Buchbindereien usw. Vertrieb und Werbung werden wesentlich bestimmt von den Unternehmensgrundsätzen des Verlagsunternehmens und damit von den Einflüssen auf den Verlagserfolg: Verlage, bei denen das Marketing eine wesentliche Dominante des Erfolges darstellt, werden den Schwerpunkt der Absatzaktivitäten in der Werbung, den Public Relations sowie in der

Betreuung des Handels sehen, während bei Verlagen, bei denen der Autor und seine Reputation im Vordergrund stehen, das Schwergewicht der verlegerischen Aktivitäten ins Lektorat verlegt wird.

Bei Zeitungs- und Zeitschriftenverlagen ist noch als weitere organisatorische Einheit die Anzeigenabteilung zu beachten, deren Aufgaben in der Akquisition und verlegerischen Betreuung (Aufmachung der Anzeige, Beilagen usw.) bestehen.

Die Verlagsunternehmen sind heute einem sehr komplexen und dynamischen Markt ausgesetzt. Die Printmedien befinden sich in wachsendem Wettbewerb mit den elektronischen Medien. Teilweise ist zwar ein Komplementäreffekt bei den Medienkonsumenten auszumachen, so etwa zwischen dem Fernsehkonsum und der Lektüre von Presseerzeugnissen, ganz überwiegend dürfte jedoch eine Substitutionskonkurrenz zu Lasten der Printmedien feststellbar sein. Aber auch die Printmedien selbst intensivieren untereinander den Wettbewerb auf ihrem spezifischen Markt. So wurden beispielsweise im Jahre 1995 in Deutschland insgesamt 153 neue Publikumszeitschriften auf den Markt gebracht mit der Folge eines harten Verdrängungswettbewerbs. Tageszeitungen verlieren in zunehmendem Maße Werbeeinnahmen an die elektronischen Medien. Inzwischen liegen die gesamten Werbeeinnahmen der elektronischen Medien über jenen der klassischen Druckmedien. Die Antwort auf die wachsende Herausforderung sehen die Verlagsunternehmen in zunehmendem Maße in Kooperationen und Zusammenschlüssen mit anderen Unternehmen und/oder im Einstieg in den Markt für die Neuen Medien (vgl. 3.2.).

2.2. Rundfunkunternehmen

Die Definition von Rundfunkunternehmen ist aus § 2 des Rundfunkstaatsvertrages vom 31. 8. 1991 in der Fassung vom 26. 8. 1996 abzuleiten:

„Rundfunk ist die für die Allgemeinheit bestimmte Veranstaltung und Verbreitung von Darbietungen aller Art in Wort, in Ton und in Bild unter Benutzung elektromagnetischer Schwingungen ohne Verbindungsleitung oder längs oder mittels eines Leiters. Der Begriff schließt Darbietungen ein, die verschlüsselt verbreitet werden oder gegen besonderes Entgelt empfangbar sind, sowie Fernsehtext."

Rundfunkunternehmen rechnen danach zu den audio-visuellen Medien und umfassen Hörfunkunternehmen sowie Fernsehunternehmen. Nach der Organisationsform lassen sich öffentlich-rechtliche und private Rundfunkunternehmen unterscheiden. In Deutschland existieren beide Organisationsformen nebeneinander. In der Präambel zum Rundfunkstaatsvertrag ist daher von „einem dualen Rundfunksystem" die Rede. Sowohl öffentlich-rechtliche wie auch private Rundfunkunternehmen unterliegen wegen ihrer gesellschaftlichen Bedeutung (Verpflichtung zur freien individuellen und öffentlichen Meinungsbildung sowie der Meinungsvielfalt) einer besonderen öffentlichen Kontrolle. Diese Kontrolle umfaßt auch ökonomische Kategorien, insbesondere Ausmaß und Formen der Finanzierung.

2.2.1. Öffentlich-rechtliche Rundfunkunternehmen

Die Gruppe der öffentlich-rechtlichen Rundfunkunternehmen besteht im wesentlichen aus zwei großen Anbietern, nämlich der ARD und dem ZDF. Die ARD wiederum repräsentiert eine Gemeinschaft von 10 selbständigen Landesrundfunkanstalten. Die öffentlich-rechtlichen Rundfunkanstalten stehen untereinander (insbesondere ARD und ZDF) und mit den privaten Anbietern im Wettbewerb. Diese Aussage gilt allerdings nur − mit Einschränkungen − für die Einschaltquoten und die Werbeeinnahmen, nicht jedoch für den eigentlichen 'Preis' der Rundfunkleistungen: Dem öffentlich-rechtlichen Rundfunk steht die Rundfunkgebühr zur Verfügung, die Privaten müssen sich über Werbung finanzieren. Innerhalb des Systems des öffentlich-rechtlichen Rundfunks findet kein Wettbewerb um das Gebührenaufkommen statt, da einmal die Sendegebiete und damit die Abgrenzung der Gebührenzahler und zum anderen die Gebührenhöhe normiert sind.

Die preisbedingte Elastizität der Nachfrage nach Rundfunkleistungen insgesamt ist relativ gering, da ein Hörfunkgerät und ein Fernsehgerät heute zur selbstverständlichen Grundausstattung fast eines jeden Haushalts gehören. Insofern müssen öffentlich-rechtliche Rundfunkanstalten wohl kaum mit einem Rückgang von Teilnehmerzahlen aufgrund einer Gebührenerhöhung rechnen. Die 'Markentreue', d. h. die Bindung an einem bestimmten Anbieter (etwa eine Rundfunkanstalt), hat in den letzten Jahren abgenommen und dürfte weiterhin eine rückläufige Tendenz, insbesondere bei der jüngeren Generation, aufweisen. Eine Substitutionskonkurrenz zu den Privaten auf dem Felde der

'Umsatzanteile' besteht allerdings nur auf dem Werbemarkt, nicht jedoch – aus rechtlichen Gründen – beim Gebührenaufkommen.

Nach Rundfunkstaatsvertrag (§ 11) soll die Gebühr eine „funktionsgerechte Finanzausstattung" gewährleisten. „Sie hat insbesondere den Bestand und die Entwicklung des öffentlich-rechtlichen Rundfunks zu gewährleisten." Die Bedeutung der Gebühr ist in den letzten Jahren beträchtlich gewachsen, da die Werbeeinnahmen wegen der zunehmenden Konkurrenz durch die Privaten an Bedeutung verloren haben (ca. 5% der Gesamteinnahmen).

Die Unternehmensverfassung von Rundfunkanstalten sieht drei Organe vor: den Rundfunkrat, den Verwaltungsrat und den Intendanten. Der Rundfunkrat stellt ein Aufsichtsgremium dar, das alle wesentlichen Gruppen der Gesellschaft repräsentiert. Seine Aufgabe besteht im wesentlichen in der Überwachung des Programms und der Wahl des Intendanten. Die Funktion des Verwaltungsrats besteht vor allem in der Überwachung der Geschäftsführung, speziell im Hinblick auf die Aktivitäten mit wirtschaftlicher Relevanz. Der Intendant leitet die Anstalt und übernimmt die Verantwortung für das Programm.

Eine von den Ministerpräsidenten eingesetzte Kommission (KEF) hat die Aufgabe, den von den Rundfunkanstalten angemeldeten Finanzbedarf fachlich zu überprüfen und festzustellen. Die Überprüfung bezieht sich darauf, ob der aus den Programmentscheidungen der Rundfunkanstalten abgeleitete Finanzbedarf und damit die Höhe der Rundfunkgebühr zutreffend und im Einklang mit den Grundsätzen von Wirtschaftlichkeit und Sparsamkeit ermittelt worden ist sowie ob sich der Finanzbedarf im Rahmen des rechtlich umgrenzten Rundfunkauftrages hält.

2.2.2. Private Rundfunkunternehmen

In der Mitte der 80er Jahre kamen die privaten Rundfunkanbieter in Deutschland auf den Markt. Nach dem Rundfunkstaatsvertrag (§ 20) bedürfen private Rundfunkanbieter zur Veranstaltung von Rundfunk einer Zulassung nach Landesrecht. Dabei ist für die Sicherung der Meinungsvielfalt im Fernsehen zu sorgen (§ 26).

Aus den Abb. 28.1 und 28.2 ist ersichtlich, wie seit der Zulassung privater Anbieter auf dem Rundfunkmarkt sowohl im Hörfunksektor wie auch im Fernsehbereich von den Privaten sukzessive Marktanteile erobert

	Private Programme		Öffentlich-rechtliche Programme	Gesamt
	Landesweite	Lokale/Regionale		
1984	–	–	35	35
1986	8	16	39	63
1988	15	80	39	134
1990	18	109	41	168
1992	27	129	50	206
1995	33	154	53	240

Abb. 28.1: Zahl der Radioprogramme 1984–1995
Quelle: Sjurts 1996, 143

	Zuschauermarktanteile						
	1985	1987	1989	1991	1993	1994	1995
ARD	43,3	42,2	32,4	26,9	17,0	16,3	14,6
ZDF	42,6	40,7	31,7	25,4	18,1	17,0	14,7
SAT.1	–	1,5	8,5	10,3	14,9	14,9	14,7
RTL	0,4	1,2	10,0	14,3	19,0	17,5	17,6
Pro 7	–	–	–	4,0	9,3	9,4	9,9

Abb. 28.2: Zuschauermarktanteile ausgewählter Fernsehsender 1985–1995 (Werte in %, Zuschauer ab 6 Jahren)
Quelle: Sjurts 1996, 186

wurden. Das Eindringen speziell in den Fernsehmarkt verlangte von den Privaten die Überwindung hoher Markteintrittsbarrieren, da das öffentlich-rechtliche System schon lange auf dem Markt für elektronische Medien etabliert war. Es ist daher nicht verwunderlich, daß diese Aufgabe nur von solchen privaten Rundfunkanbietern gelöst werden konnte, die finanzkräftige Medienunternehmen auf ihrer Seite hatten, wie RTL mit Bertelsmann und SAT 1 sowie PRO 7 mit Kirch und Springer.

Aufgaben der Unternehmensführung und Organisationsstruktur privater Rundfunkunternehmen unterscheiden sich prinzipiell nicht von jenen sonstiger privater Unternehmen. In Abb. 28.3 ist als Beispiel die Organisationsstruktur des TV-Unternehmens RTL dargestellt. Wie ersichtlich ist, handelt es sich um eine funktionale und somit konventionelle Organisationsstruktur.

Da bei den Privaten die Gewinnorientierung im Vordergrund steht, hat das Programm – im Gegensatz zu den öffentlich-rechtlichen Rundfunkunternehmen – eine wesentliche Aufgabe bei der Förderung des Werbeerfolges zu erfüllen, da ja die Werbung im Prinzip die einzige Einnahmequelle der Privaten darstellt. Insofern stellt bei ihnen die Einschaltquote ein wichtiges programmstrategisches Kriterium dar. Dabei ist insbesondere die Zielgruppe der 14–19jährigen von (werbebedingter) Bedeutung.

2.2.3. Betriebswirtschaftliche Perspektiven der Rundfunkunternehmen

Die weitere Entwicklung der Rundfunkunternehmen wird bestimmt von der Lösung der gemeinsamen Probleme und der Bewältigung des Wettbewerbs zwischen privaten und öffentlich-rechtlichen Rundfunkunternehmen.

Das öffentlich-rechtliche Rundfunksystem verfügt in der Gebührengarantie über einen beträchtlichen Wettbewerbsvorteil gegenüber den Privaten. Auch stellt die jahrzehntelange Etablierung im Markt eine hohe Marktein-

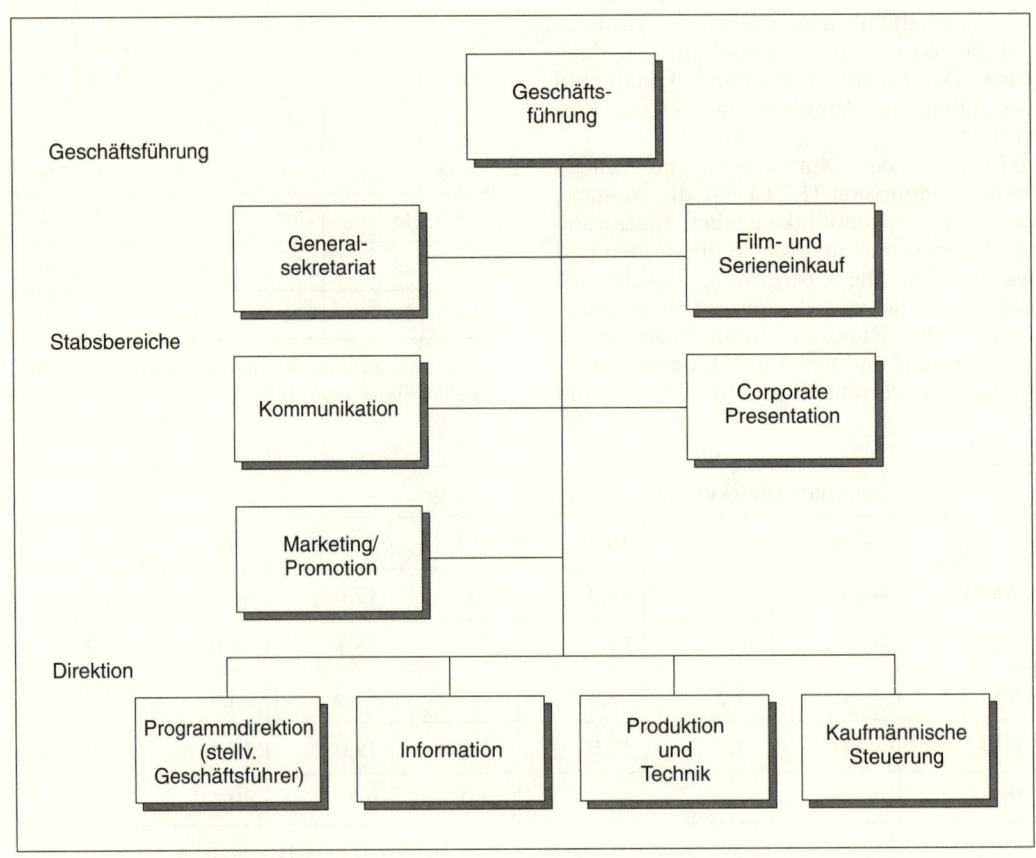

Abb. 28.3: Die Organisationsstruktur von RTL
Quelle: Gaitanides/Sjurts, zfo 6/1996, 377

trittsbarriere für Newcomer dar. Unter betriebswirtschaftlichen Aspekten unterliegt das öffentlich-rechtliche System jedoch insofern einem Wettbewerbsnachteil, als ARD und ZDF sich bei der Bestimmung des Leistungsprogrammes an der Versorgung der Bevölkerung mit einem „den verfassungsrechtlichen Anforderungen gegenständlicher und meinungsmäßiger Vielfalt" (Urteil des Bundesverfassungsgerichts vom 22. 2. 1994) orientieren müssen (sog. Grundversorgung). Auf dem Felde der Werbung unterliegen die öffentlich-rechtlichen Anbieter insofern einem Wettbewerbsnachteil, als sie eine Reihe von Bestimmungen zu beachten haben. Zu nennen sind u. a. die Begrenzung der Werbezeit auf 20 Minuten werktäglich im Jahresdurchschnitt und das Werbeverbot in den Zeiten nach 20 Uhr sowie an Sonn- und Feiertagen. Hinzu kommt, daß die Privaten mit ihrer zielgruppenorientierten Programmausrichtung ein attraktives Werbeumfeld schaffen können. Beim ZDF und insbesondere bei der ARD haben die erhöhte Zahl der Mitbewerber und der dadurch bedingte Preisverfall auf dem Werbemarkt zu beträchtlichen Ertragseinbußen geführt (vgl. Abb. 28.4).

Wie Abb. 28.5 verdeutlicht, haben ARD und ZDF Werbemarktanteile zugunsten der Privaten in geradezu dramatischer Weise verloren.

Von den privaten und öffentlich-rechtlichen Rundfunkanstalten gemeinsam zu bewältigende Aufgaben drängen sich durch die technologischen Veränderungen auf. Satellitentechnik und Digitalisierung verlangen hohe Investitionen. Die technologischen Veränderungen führen auch zu einer ständigen Veränderung des Medienmarktes. So entwickelt sich z. Z. ein völlig neuer Markt durch

	ARD	ZDF
1993	550,5	368,4
1994	363,5	329,0
1995	319,6	320,0
1996	290,3	320,0
1997	287,2	320,0

Abb. 28.4: Werbeerträge von ARD und ZDF (in Mio. DM)
Quelle: 10. KEF-Bericht 1995

die Kombination traditioneller Produkte zu einer neuartigen Problemlösung. Abb. 28.6 verdeutlicht das allmähliche Zusammenwachsen bisher unabhängiger Branchen zur Megabranche 'Multimedia'. Inwiefern sich in Zukunft auf diesem neuen Markt das Verhältnis zwischen öffentlich-rechtlichem und privatem Rundfunksystem, zwischen werbefinanziertem und gebührenfinanziertem Rundfunk, zwischen pay TV und free TV entwickeln wird, läßt sich – auch angesichts der kaum einzuschätzenden Verhaltensweise der Nachfrageseite – nur schwer prognostizieren.

3. Medienwirtschaft

3.1. Wachstum und Strukturwandel des Mediensektors

Nach übereinstimmender Auffassung gilt die Medienwirtschaft in Deutschland als eine der wenigen Wachstumsbranchen, die nicht nur neue Beschäftigungsmöglichkeiten bietet,

	1985	1987	1989	1991	1993	1994
ARD	58,9	56,5	41,4	20,5	9,2	4,5
ZDF	39,7	38,2	30,1	19,4	7,6	6,0
SAT.1	0,1	2,3	13,6	21,7	26,7	27,8
RTL	1,0	3,0	13,0	27,3	38,2	33,4
Pro 7	–	–	0,6	4,5	13,8	19,9

Abb. 28.5: Werbemarktanteile ausgewählter TV-Sender 1985–1994 (Basis: Netto-Umsätze vor Skonti; Werte in %)
Quelle: Sjurts 1996, 187

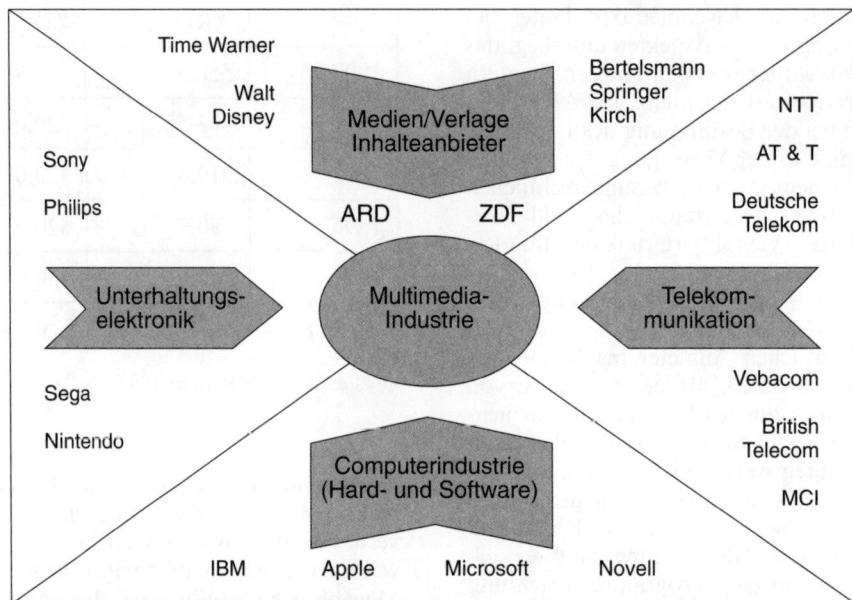

Abb. 28.6: Die Entstehung des Multimedia-Marktes
Quelle: Bea/Haas 1997, 82

sondern auch das Wachstum einer Volkswirtschaft stimuliert. Wachstumsimpulse werden insbesondere von den Neuen Medien erwartet. Aus diesem Grunde spielt der Mediensektor bei Standortdiskussionen eine zentrale Rolle. Einzelne Länder und Kommunen sind sehr bemüht, 'Medienstandorte' zu kreieren, an denen über die Ansiedlung von Medienunternehmen eine Kompensation schrumpfender Branchen stattfinden soll.

Mit dem Wachstum verbunden ist ein gewaltiger Strukturwandel der Medienbranche. Verantwortlich dafür sind Technologiesprünge (z. B. Digitalisierung), Veränderungen der politisch-rechtlichen Rahmenbedingungen (z. B. Zulassung privater Rundfunkanbieter), ökonomische Veränderungen (z. B. Verwischung von traditionellen Marktgrenzen) und der gesellschaftliche Wertewandel (z. B. Zunahme des Fernsehkonsums).

In einer empirischen Untersuchung der Entwicklung des Medien- und Kommunikationssektors in Deutschland kommt das Deutsche Institut für Wirtschaftsforschung (DIW) zu folgenden Ergebnissen (vgl. DIW 1994 und DIW 1996:

(1) Der Produktionswert des M + K-Sektors hat sich in Westdeutschland im Zeitraum von 1980–1990 auf etwa 340 Mrd. DM verdoppelt. 1992 hat der Produktionswert in Deutschland mit rd. 420 Mrd. DM noch einmal um 23% über diesem Betrag gelegen.

(2) Die Zahl der Erwerbstätigen im M + K-Sektor ist von 1980–1990 in Westdeutschland lediglich um 17% gestiegen, wobei es von 1980–1984 sogar zu einem Rückgang gekommen war. Sie hat 1990 rd. 1,6 Millionen betragen. Mit 1,9 Millionen lag die Erwerbstätigenzahl 1992 in Deutschland ebenfalls ein knappes Fünftel über dem westdeutschen Wert von 1990.

(3) Vergleicht man die Werte von 1992 mit den jeweiligen westdeutschen Werten von 1980, so ist folgendes festzustellen: Der Produktionswert des M + K-Sektors ist deutlich schneller gestiegen als der Produktionswert der Gesamtwirtschaft, wobei er bei den Distributionsunternehmen noch einmal sehr viel schneller zugenommen hat als bei den Produktions- und Dienstleistungsunternehmen.

(4) Die Erwerbstätigenzahl ist etwas stärker gestiegen als in der Gesamtwirtschaft. Ursache hierfür war insbesondere der überdurchschnittliche Zuwachs der Erwerbstätigen in den Distributionsunternehmen des M + K-Sektors.

Aus Abb. 28.8 ergibt sich, daß zwar der Anteil des Mediensektors an der Gesamtwirtschaft und am Dienstleistungssektor leicht

28. Medien-Nachbarwissenschaften VII: Ökonomie

	Westdeutschland						Deutschland	
	1980	1982	1984	1986	1988	1990	1992	1992
Produktionswert	in Mrd. DM zu jeweiligen Preisen							1980=100
M+K-Sektor	170,5	186,3	213,2	244,5	281,7	342,3	421,8	247,4
davon: Produktion	131,5	141,9	165,1	187,0	210,3	246,8	304,1	231,3
Distribution	39,0	44,3	48,1	57,5	71,4	95,5	117,6	301,5
Gesamtwirtschaft	3848,2	4182,2	4613,7	4834,1	5166,7	6007,3	7543,1	196,0
Erwerbstätige	in 1000							
M+K-Sektor	1370	1347	1328	1434	1527	1607	1908	139,2
davon: Produktion	1186	1150	1160	1239	1298	1336	1578	133,1
Distribution	184	197	168	195	229	271	330	179,3
Zum Vergleich: Gesamtwirtschaft	26980	26630	26293	26856	27261	28479	35915	133,1

Abb. 28.7: Produktion und Erwerbstätigkeit im Medien- und Kommunikationssektor 1980 bis 1992
Quelle: DIW 1996, 136

	Westdeutschland					Deutschland
	1982	1984	1986	1988	1990	1992
	– vH –					
Relation Mediensektor zu Dienstleistungssektor						
– Produktionswert	2,7	2,7	3,0	3,1	3,2	3,0
– Bruttowertschöpfung	2,8	2,9	2,8	2,9	2,9	2,6
– Beschäftigte	3,6	3,5	3,5	3,6	3,6	3,1
Anteil des Mediensektors an der Gesamtwirtschaft						
– Produktionswert	1,5	1,6	1,7	1,8	1,8	1,8
– Bruttowertschöpfung	1,6	1,7	1,7	1,7	1,7	1,5
– Beschäftigte	1,8	1,7	1,8	1,9	1,9	1,7

Abb. 28.8: Gesamtwirtschaftliche Bedeutung des Mediensektors 1982–1992
Quelle: DIW 1994, 201

zugenommen hat, daß er aber insgesamt immer noch keine dominierende Stellung in der deutschen Volkswirtschaft einnimmt.

3.2. Unternehmenskonzentration in den Medien

Die Medienbranche ist in den vergangenen Jahren nicht nur stark gewachsen, sondern mit dem Wachstum hat auch eine merkliche Konzentration stattgefunden, die eine Reihe sog. Medienmultis entstehen ließ. Ursachen für die Unternehmenskonzentration im Mediensektor lassen sich u. a. ausmachen in den größenbedingten Vorteilen bei der Beschaffung (Verbesserung der Marktposition gegenüber Lieferanten), der Fertigung (Fixkostendegression im Rahmen des Gesetzes der Massenproduktion), dem Absatz (Wahrnehmung von Synergieeffekten) und der Finanzierung (Steigerung der Kreditwürdigkeit, Verbesserung der Voraussetzungen für einen Börsengang). Als Formen der Unternehmenskonzentration lassen sich Kooperationen (Joint Venture, strategische Allianzen, Minderheitsbeteiligungen) sowie Konzernierungen und Fusionen ausmachen.

Betrachten wir zunächst die Konzentration auf dem Zeitungsmarkt: Abb. 28.9 ist zu entnehmen, daß die Marktanteile der fünf größten Verlagsgruppen von 1987–1995 zwar leicht abgenommen haben, daß die fünf auflagenstärksten Verlagshäuser des Tageszeitungsmarktes aber über 40% des Marktanteils auf sich vereinigen können. „Annähernd jede zweite Tageszeitung wird von einem der fünf Verlagsunternehmen herausgegeben. Der Konzentrationsgrad ist also auch aus dieser Perspektive erheblich" (Sjurts 1996, 13).

Die publizistische Konzentration ist auf dem Fernsehmarkt naturgemäß noch stärker ausgeprägt als auf dem Zeitungsmarkt. Wie aus Abb. 28.10 hervorgeht, sind es wenige Fernsehanbieter, die den Zuschauermarkt unter sich aufteilen.

Die starke Konzentration auf dem Mediensektor wird noch deutlicher, wenn man die Verflechtungen zwischen dem Bereich der Printmedien und jenem der elektronischen Medien in die Betrachtung mit einbezieht (vgl. Röper 1996). In diesem Zusammenhang ist auf alle großen deutschen Medienunternehmen zu verweisen: Bertelsmann, Gruner + Jahr, Springer, Holtzbrinck, Bauer, Burda. Der Bertelsmann-Konzern umfaßt nicht nur u. a. den Stern, Capital und die Berliner Zeitung, sondern auch u. a. RTL, VOX und Antenne Bayern. Zum Springer-Konzern gehören neben vielen Beteiligungen an Zeitungen und Zeitschriften auch Rundfunkbeteiligungen wie jene an SAT 1, zum Holtzbrinck-Konzern neben dem Handelsblatt und der Wirtschaftswoche sowie dem Südkurier auch Anteile an SAT 1 sowie an Radio Regenbogen.

Der Gesetzgeber sieht die in der Medienkonzentration steckende Gefahr einer Beeinträchtigung der Meinungsvielfalt. Es ist je-

Verlagshaus, -gruppe	Marktanteile in %				
	1987	1989	1991	1993	1995
Axel Springer Verlag	28,6	26,7	23,9	22,8	23,3
VG WAZ, Essen	6,0	6,0	5,0	5,6	5,5
VG Stuttgarter Zeitung, Ulm	3,1	3,2	5,0	5,2	5,0
VG DuMont-Schauberg, Köln	3,2	3,3	4,5	4,5	4,4
Gruner + Jahr, Hamburg	–	–	3,2	3,8	3,6
Marktanteil der 5 größten Verlagsgruppen	44,4	42,8	41,6	41,9	41,8

Abb. 28.9: Auflagenanteile der 5 auflagenstärksten Verlagshäuser des Tageszeitungsmarktes von 1987–1995
Quelle: Sjurts 1996, 14

	Zuschauermarktanteile						
	1985	1987	1989	1991	1993	1994	1995
ARD	43,3	42,2	32,4	26,9	17,0	16,3	14,6
ZDF	42,6	40,7	31,7	25,4	18,1	17,0	14,7
SAT.1	–	1,5	8,5	10,3	14,9	14,9	14,7
RTL	0,4	1,2	10,0	14,3	19,0	17,5	17,6
Pro 7	–	–	–	4,0	9,3	9,4	9,9

Abb. 28.10: Zuschauermarktanteile ausgewählter Fernsehsender 1985–1995 (Werte in %, Zuschauer ab 6 Jahren)
Quelle: Sjurts 1996, 186

doch auch in diesem Zusammenhang festzustellen, daß die Festlegung von operationalen Kriterien, an denen sich die Sicherung der Meinungsvielfalt unstrittig festmachen ließe, mit großen Schwierigkeiten verbunden ist. Einen Anfang macht der Rundfunkstaatsvertrag, nach dem es in § 26 eine „vorherrschende Meinungsmacht nach Maßgabe der nachfolgenden Bestimmungen" (vor allem Überschreitung einer Marktanteilsgrenze der einem Unternehmen zuzurechnenden Programme) zu verhindern gilt. Für die Überwachung dieser Bestimmungen ist eine Kommission zur Ermittlung der Konzentration im Medienbereich (KEK) eingesetzt worden. Inwieweit es ihr gelingt, auf dem nach den USA wichtigsten Fernsehmarkt der Welt die Meinungsvielfalt zu sichern, bleibt abzuwarten.

4. Literatur

Alt-Meppen, Klaus-Dieter (Hrsg.), Ökonomie der Medien und des Mediensystems. Opladen 1996.

Antoni, Manfred, Verlagsbetriebe. In: Handwörterbuch der Betriebswirtschaft. Hrsg. v. Waldemar Wittmann u. a. Stuttgart ^{5}1993, 4559–4569.

ARD-Jahrbuch 1996.

Bea, Franz X., Die Preisbildung bei Rundfunkleistungen. In: Zeitschrift Führung + Organisation 1996, 6, 356–359.

Bea, Franz X./Jürgen Haas, Strategisches Management. Stuttgart ^{2}1997.

Bea, Franz X./Alfred Kötzle/Maria Barth, Ansätze für eine zielorientierte Unternehmensführung in öffentlich-rechtlichen Rundfunkanstalten. In: Medienökonomie. Hrsg. v. Michael Schenk u. Joachim Donnerstag. München 1989, 235–253.

Brandt, Wolfgang, Strategien für Rundfunkanstalten. Frankfurt a. M. 1989.

Fix, Oliver, Organisation des Rundfunks. Wiesbaden 1988.

Gaitanides, Michael/Insa Sjurts, Wir verstehen, was der Zuschauer sehen möchte. In: Zfo 6/1996, 376–378.

Kommission zur Ermittlung des Finanzbedarfs der Rundfunkanstalten (KEF), 10. Bericht, 1995.

Lahnstein, Manfred, Medienunternehmungen. In: Handwörterbuch der Betriebswirtschaft. Hrsg. v. Waldemar Wittmann u. a. Stuttgart ^{5}1993, 2839–2849.

Marré, Heribert, Verlage. In: Handwörterbuch des Rechnungswesens. Hrsg. v. Klaus Chmielewicz u. a. Stuttgart ^{3}1993, 2023–2032.

Monopolkommission: Konzentration und Wettbewerb im Medienbereich. Hauptgutachten 1990/91, Wettbewerbspolitik oder Industriepolitik. Baden-Baden 1992.

–, Konzentration und Wettbewerb im Medienbereich. Hauptgutachten 1992/93. Mehr Wettbewerb auf allen Märkten. Baden-Baden 1994.

Röper, Horst, Formationen deutscher Medienmultis 1996. In: MP 5/1997, 226–255.

Seufert, Wolfgang, Gesamtwirtschaftliche Position der Medien in Deutschland 1982–1992. Berlin 1994.

Sjurts, Insa, Die deutsche Medienbranche. Wiesbaden 1996.

Schrape, Klaus u. a., Künftige Entwicklung des Medien- und Kommunikationssektors in Deutschland. Berlin 1996.

Stolte, Dieter, Rundfunkanstalten. In: Handwörterbuch der öffentlichen Betriebswirtschaft. Hrsg. v. Klaus Chmielewicz u. a. Stuttgart 1989, 1415–1424.

ZDF-Jahrbuch 1996.

Franz Xaver Bea, Tübingen (Deutschland)

29. Medien-Nachbarwissenschaften VIII: Pädagogik und Didaktik

1. Pädagogik und Medien: ein weites Begriffs- und Handlungsfeld
2. Geschichte
3. Typen medienpädagogischer Herangehensweisen
4. Literatur

1. Pädagogik und Medien: ein weites Begriffs- und Handlungsfeld

Seit Menschen andere und sich selbst erziehen und belehren, gebrauchen sie dazu Medien, verstanden im weitesten Sinne als materielle Träger und Mittler von Zeichen(systemen): Bild und später die Schrift verkörpern in den frühen Zivilisationen die ersten Medien. Mit der Erfindung des Buchdrucks erfahren sie Technisierung und Mechanisierung, wodurch der Medienbegriff auf solch technische Konstituierung beschränkt oder auch daraufhin präzisiert wird. Seither läßt sich auch eine dezidierte und überlieferte Beschäftigung der Pädagogik mit den Medien verzeichnen (Baumgärtner 1973; Engelsing 1974; Herrmann 1981).

1.1. Analoge Traditionen

Allerdings wird für die inhaltliche Paradigmatik gern auf eines der ersten Zeugnisse zurückgegriffen, das sich mit dem Wechselverhältnis von medialer Vermittlung und subjektivem Lernen auseinandersetzte: nämlich auf Sokrates' (470–399 v. Chr.) Kritik der Schrift in dem berühmten Dialog 'Phaidros', den sein Schüler Platon (427–347 v. Chr.) schriftlich fixierte. In diesem Dialog warnt Thamus den Gott Theuth, Entdecker zahlreicher Künste, davor, daß die Schrift die Schüler zur Vergeßlichkeit und zur Illusion der Vielwisserei verleite, weil sie ihr Gedächtnis nicht mehr trainieren und sich auf die schriftliche Dokumentation verlassen – Befürchtungen, die in der pädagogischen Tradition seither auf nahezu sämtliche Medien gerichtet wurden (v. Hentig 1984; Bussmann 1988; Weingarten 1989).

Ihren geistesgeschichtlichen Ursprung finden Pädagogik wie Medien gleichermaßen in den Zielen und Errungenschaften der Aufklärung. Beide setzen Rationalität und Individualität voraus, wie sie für ihre Etablierung und Verbreitung Strukturen und Institutionen bedürfen: das Bildungssystem auf der einen, den Literaturbetrieb und -markt auf der anderen Seite. Ebensowenig sind sie ohne die subjektiven Dispositionen der Erkenntnis-, Lern- und Lesefähigkeit des Individuums möglich. Insofern impliziert neuzeitliche Mediengeschichte seit ihrem Beginn, spätestens seit dem Buchdruck, Bildungsgeschichte, wie die Etablierung und Entwicklung von Bildungsprozessen und -institutionen nicht ohne Medien – ohne mediale Dokumentation und Verbreitung von Bildungsinhalten – auskommt.

1.2. Kontroverse Sichtweisen

Unterschiedlich werden dabei aus pädagogischer Sicht die Leistungen und Wirkungen der Medien betrachtet – nicht nur entsprechend deren Wahrnehmung und Bewertung, sondern zunächst entsprechend dem eigenen Verständnis von Pädagogik und Didaktik. Denn als Wissenschaft von Bildung und Erziehung (Pädagogik) wie vom Lernen und Lehren (Didaktik) im jeweils weitesten, jedenfalls nicht spezifizierten Sinn und als deren jeweils verschiedenen Praxen kennen beide in ihrer Geschichte unterschiedliche Einschätzungen der Medien: von der positiven Bewertung als Bildungs- und Lernmittel und deren instrumentellen Verwendung in jedwedem Lernprozeß bis hin zur strikten Ablehnung als Schädigung und Verderbnis (als geheime oder unheimliche 'Miterzieher') für den dann eher autochthon erachteten Prozeß des Aufwachsens und Reifens, der durch äußere, zumal pädagogisch nicht kontrollierbare Einflüsse beeinträchtigt und gefährdet wird.

Diese konträren Urteile werden im Laufe der Geschichte weitgehend ungeachtet der konkreten Inhalte und Strukturen der Medien erteilt, und sie treffen nahezu alle Medien: die überbordende Romanliteratur des 18. Jhs. ebenso wie das unterhaltsame Theater, die sich verbreitende Tageszeitung bereits im 17. wie den Film zu Beginn des 20. Jhs., erst recht Radio, Fernsehen und endlich die neuen Medien heute. Insofern läßt sich eine beredte und entschiedene Tradition pädagogischer Medienskepsis registrieren, deren Argumente, insbesondere deren Einwände und Verdächtigungen sich weithin gleichen und die bis heute mit mehr oder weniger stichhaltigen wissenschaftlichen Belegen reproduziert werden – obwohl sich die Medienverhältnisse gravierend verändert, die Medientechnologien revolutioniert und die Wirkungen von Medienfaszination und -abhängigkeit aus verbreiteter pädagogischer Sicht einschneidend – primär zum Nachteil von Erziehung und Bildung – verschärft haben.

1.3. Medienerziehung – Bildung durch Medien

In der besonderen deutschen Dualität von Erziehung und Bildung, die der klassische Begriff „educatio" ebensowenig wie seine neusprachlichen Versionen kennt, repräsentiert *Bildung* mittels Medien eher den konstruktiven Bedeutungsgehalt, wobei der sich Bildende und/oder der zu Bildende sich der Medien aktiv zur Veranschaulichung des Inhalts, zum Wissenserwerb, zur Erkenntnisförderung und zur Erweiterung seiner Kompetenzen bedient, die heute um eine spezielle Medienkompetenz erweitert werden. *Erziehung* hingegen richtet sich eher gegen die Medien bzw. gegen ihren pädagogisch bedenklichen Gebrauch und will die Educanden befähigen, bedacht, diszipliniert, skeptisch oder kritisch mit den Medien umzugehen. Mithin wird unter pädagogischen Vorzeichen (jeweils unterschiedlich) beurteilt, welche Medien pädagogisch und didaktisch wünschenswert, wertvoll, erfolgversprechend, zumindest nicht schädlich sind und welche nicht. Insofern sind normative Attribuierungen stets virulent.

1.4. Diverse Bezeichnungen und Tätigkeitsprofile

So kursieren für die spezielle Betrachtung der Medien aus pädagogischer Sicht verschiedene, keineswegs eindeutig abgrenzbare und einheitlich gefüllte Termini: Grob läßt sich differenzieren, daß *Medienerziehung* die ältere Bezeichnung darstellt und eher die medienskeptische Haltung einschließt, während seit etwa den 80er Jahren *Medienpädagogik* die eher unvoreingenommene Position gegenüber den Medien markieren will und sich mittlerweile als Oberbegriff aller pädagogischen Teildisziplinen eingebürgert hat, die sich mit Medien beschäftigen (Hiegemann/Swoboda 1994). *Mediendidaktik* steht hingegen eher für die instrumentelle Sichtweise und Verwendung der Medien in Lehr- und Lernprozessen, häufig auch unter bildungs- und unterrichtstechnologischen Prämissen. Allerdings verwendeten in den 70er Jahre auch progressive Fachdidaktiker etwa des Deutschunterrichts diesen Begriff, um mit ihm die Überwindung des engen Literaturkanons und die Öffnung der Lerninhalte für moderne, eben mediale (Trans)Formationen von Sprache und Literatur zu signalisieren.

Mit dem Einzug des Computers in die Schule seit Mitte der 80er Jahre erlebt die in den 70er Jahren weithin als gescheitert erachtete Mediendidaktik eine Renaissance in neuer Form, die bis heute – unter den Vorzeichen von Online-Vernetzung, CD-ROMs und Multimedia – anhält: Vielfach emphatisch wurde und wird prognostiziert, daß mit dem Computer eine Revolution, mindestens eine gänzliche Neuorientierung des Lernens und gesamten Bildungssystems angesagt seien. Aus pragmatischer Sicht versprechen der Computer, seine jeweils aktuellen Anwendungsoptionen und seine inzwischen möglichen Vernetzungen mit Informations- und Wissensystemen (Datenbanken) die Verwirklichung der in den 70er Jahren mit dem sog. computerunterstützten Unterricht verfolgten Ziele und Veränderung des schulischen Lernens: nämlich seine Effektivierung, Objektivierung und Individualisierung, da jeder Educand seine Lernprogramme mittels online-Diensten oder Speichersystemen selbst zusammenstellen, interaktiv nutzen und womöglich sogar modellieren kann. Diese Entwicklungen und Chancen wurden in den 80er Jahren auch als *informationstechn(olog)ische Bildung* analysiert und forciert, die hierzulande die angloamerikanischen Bezeichnungen von Media und/oder Computer Literacy repräsentiert (Bund-Länder-Kommission 1987; Rolff 1988; Bertelsmann Stiftung 1996). Inzwischen reüssieren auch Bezeichnungen wie Telelearning und/oder Computer Baised Training, die mindestens verbal an den computerunterstützten Unterricht der 70er Jahre anknüpfen (Riehm/Wingert 1995).

Medienkunde – früher ebenfalls verwendet, und zwar besonders als die (gesellschaftskundliche) Lehre über die Medien (und ihre Strukturen) – hat sich nicht durchgesetzt und wird heute kaum mehr gebraucht, gilt zumindest als altertümlich.

Medienarbeit ist reserviert für die praktische und produktive Beschäftigung mit den Medien: vor allem für den Einsatz von sog. handhabbaren (im Gegensatz zu den institutionalisierten und professionellen) Medien für die Produktion und Publikation von Kommunikaten von Laien, um damit die für die Massenmedien (noch) konstitutive Einseitigkeit des Kommunikationsprozesses aufzubrechen. Ihre Überwindung wurde in Demokratisierungskonzepten wiederholt gefordert – Bertolt Brechts 'Radiotheorie' (1932) und Hans Magnus Enzensbergers 'Baukasten zu einer Theorie der Medien' (1970) sind dafür die prominentesten Beispiele –, und ihre Erprobung zählt in der medienpädagogischen Praxis heute fast zum selbstverständlichen Curriculum, ohne allerdings noch die ehemalige gesellschaftspolitische Sprengkraft zu besitzen (Schell 1993; Dehnbostel u. a. 1995). Besonders Video verhalf diesen Konzepten zum Durchbruch. In den sog. Offenen Kanälen finden sie sogar eine rundfunkpolitisch institutionelle Verbreitungsoption (Kamp 1989).

Allerdings schwinden die früheren Barrieren mit den technologischen Entwicklungen: Die (bald) digitalisierte Massenkommunikation bietet Rückkoppelung und wird interaktiv, und die Medien in Laienhand ermöglichen mehr und mehr professionelle Produktionen, die sich über Online-Netze (Internet) verbreiten lassen.

1.5. Medien als Sozialisationsfaktoren

Mit der „realistischen Wendung" (Roth 1974) der geisteswissenschaftlichen Pädagogik, die sich ehedem vornehmlich auf normative Begründungen und interpretative Analysen verstand, hin zur modernen Erziehungswissenschaft zu Beginn der 70er Jahre machten sich sozialwissenschaftliche Theorien und empirische Methoden breit: Bildungssoziologie und Sozialisation avancierten zu den zentralen

Untersuchungsfeldern. Die Medien wurden nun als Faktoren oder Agenturen der Sozialisation der nachwachsenden Generationen neben Familie, Gleichaltrigengruppe und den formellen Bildungseinrichtungen wie Kindergarten und Schule betrachtet, wobei sie aufgrund ihrer Omnipräsenz diese durchdringen, wohl auch verändern und traditionelle Konzepte der gestuften Sozialisation – von der primären, intimen der Familie zur sekundären und tertiären, immer mehr gesellschaftlichen der Erziehungs- und Bildungsinstitutionen – erodieren lassen.

Denn aus funktionalistischer Sicht können Teilsysteme funktionale und dysfunktionale, manifeste und latente Leistungen vollbringen. Daher blieben Warnungen vom Verfall der (Erziehungskraft der) Familie infolge des Medieneinflusses ebenfalls nicht aus, und selbst empirisch arbeitende MedienpädagogInnen gefielen und gefallen sich darin, entgegen ihren Befunden rigorose Verhaltensregeln und Erziehungsmaßnahmen vorzuschlagen.

Auch den formellen Erziehungs- und Bildungseinrichtungen wie Kindergarten und Schule wurden und werden Funktionseinbußen durch den wachsenden Einfluß der Medien attestiert: Schwand zunächst ihr erzieherischer Auftrag – freilich nicht allein durch die Medien, sondern infolge zahlreicher Erosionsprozesse in der Gesellschaft –, so werden die neuen Medien, insbesondere der Computer und die Online-Netze, für weitergehende Veränderungen des Lernens verantwortlich gemacht: Sie könnten Lernen manchmal informell werden lassen, Schule zunehmend funktionslos machen und sie womöglich nur noch im virtuellen Verbund der isoliert Lernenden bestehen lassen (Tully 1994).

1.6. Medienpädagogik als empirische Medienforschung

Empirische Erhebungen über die Mediennutzung, vor allem des in den 60er Jahren aufkommenden Fernsehens, waren die ersten bevorzugten Untersuchungsfelder sozialwissenschaftlich orientierter MedienpädagogInnen, die sie anfangs noch mit recht einfachen Methoden und geringer Validität durchführten (Kübler 1980). Heute bedienen sich MedienpädagogInnen sämtlicher empirischer Methoden, weshalb ein methodisch-prinzipieller Unterschied zu anderen Disziplinen im Bereich der empirischen Forschung nicht mehr zu markieren ist.

Er ergibt sich eher in der Wahl der Untersuchungspopulationen, bei denen traditionell pädagogische Klientel, nämlich Kinder und Jugendliche, überwiegen. Sie erfordern mehr und mehr ganzheitliche, mindestens kontextuelle Untersuchungskonzepte, die sich in Konstrukten wie 'Kindheit' und 'Jugend' manifestieren. Deren theoretische wie methodische Anforderungen lassen sich eher durch qualitative Methoden einlösen (Baacke/Kübler 1989; Aufenanger 1995), wodurch sich etliche Verbindungen zur geisteswissenschaftlichen Tradition herstellen lassen.

1.7. Wiederentdeckung des pädagogischen Subjekts

Explizit forciert wird diese Tendenz durch die 'Wiederentdeckung des Subjekts' in der Pädagogik im Verlauf des letzten Jahrzehnts (Oelkers 1985) und durch die wachsende Kritik an der 'Versozialwissenschaftlichung' der Pädagogik (Zinnecker 1996, 43). Dadurch wurde der Blick wieder verstärkt auf das einzelne Individuum und seine individuelle Entwicklung in der Interaktion von Subjekt und Umwelt konzentriert, wie er in der Biographie- und der Lebenslaufforschung favorisiert wird. In der angloamerikanischen Pädagogik wird bereits angeraten, den Begriff der Sozialisation als pädagogischen Irrweg zu tilgen und sie durch den – auch konstruktivistisch verstandenen – 'life course approach' zu ersetzen (ebd., 32). Auch in der Bundesrepublik wird offenbar vom Sozialisationsmodell mehr und mehr Abschied genommen, mindestens seine (erkenntnis)theoretische Insuffizienz beklagt. Der Anteil der Medien daran dürfte dann ebenfalls nicht mehr als funktionale Systemleistung begriffen werden können, sondern muß in einer Theorie des kommunikativen Handelns neu verortet werden (Schorb 1995).

2. Geschichte

2.1. Reformpädagogik und frühe Grundlagen

Als Ahnherr medienpädagogischen Denkens im weitesten Sinn gilt der böhmische Theologe und Schulreformer Johann Amos Comenius (1592–1670), der sich in seinem pansophischen Bestreben (Erlösung durch Erkenntnis) um eine umfassende Pädagogik kümmerte und das verfügbare Wissen enzyklopädisch in seinem Lehrbuch 'Orbis sensualium pictus' (1658) versammelte. Die

Schule wollte er dafür reformieren, wozu er gedrucktes und bildliches Lehrmaterial systematisch einbezog. In seinem didaktischen Schriften ('Opera Didactica Omnia', 1657) plädierte er für die Veranschaulichung des Lernens, die Einbeziehung aller Sinne sowie für die Benutzung auch aktueller Lehrmaterialien – damals des ersten Massenmediums, der Zeitung – zumal für die Unterrichtung der einfachen Stände, um so Aufklärung und Naturerkenntnis zu verbreiten.

Reformerisches Denken findet sich auch bei Berthold Otto, bei einer Gruppe süddeutscher Lehrer, die Kerschensteiners Theorie der Arbeitsschule mit modernen Unterrichtsformen umsetzen wollte, sowie bei Adolf Reichwein, der noch unter dem nationalsozialistischem Regime in einer mecklenburgischen Landschule die „Unmittelbarkeit der Begegnung mit Wort und Bild" (Reichwein 1967, 26) als Unterrichtsprinzip verwirklichen wollte und so den 'theoretischen Grundstein' für die moderne Medienpädagogik legte (Schorb 1995, 28). Sie widersetzte sich entschieden, aber fast ungehört, den normativen und sanktionierenden Bestrebungen, die – wie etwa die sog. Kinoreformer im Hamburger Lehrerverein – seit Beginn des Jahrhunderts den Film als Symbol der anhaltenden Vermassung, Technisierung und Industrialisierung des Lebens ahndeten, seinen Genuß reglementieren, möglichst seine Produktion auf vorgeblich gute und unschädliche Werke begrenzen wollten und alsbald nach staatlicher Zensur riefen (Kommer 1979). Kulturkritik, frühe Behauptungen über schädliche Wirkungen wie geistige Überforderung, Reizüberflutung und Persönlichkeitsdeformation und Ansätze zu einer Didaktik des Unterrichtsfilms verbanden sich so und führten einerseits zum gesetzlichen Jugendschutz gegen 'Schmutz' und 'Schund', gipfelnd im Reichslichtspielgesetz (1920) und im 'Gesetz zur Bewahrung der Jugend vor Schund- und Schmutzschriften' (1926) (Dickfeldt 1979). Andererseits regten sie die Produktion von Unterrichtsfilmen und den Ausbau von Bildstellen für ihre Verbreitung an.

Mit der Durchsetzung des Schmalfilmes (16 mm) und der Eintreibung eines Filmgroschens von jedem Schulkind konnte dann das nationalsozialistische Regime die schulische Filmarbeit gezielt und zentralistisch betreiben: Die Reichsanstalt für Film und Bild in Wissenschaft und Unterricht (RWU) wurde bereits 1934 gegründet und verschaffte dem Unterrichtsfilm mit über 500 Produktionen den gewünschten Durchbruch (Hickethier 1974).

2.2. Unterrichtsmedium und bewahrpädagogischer Jugendmedienschutz

1950 wurde die bundesdeutsche Nachfolge-Einrichtung, das Institut für Film und Bild in Wissenschaft und Unterricht (FWU), aus den Instituten der Besatzungszonen heraus gegründet; es beauftragt freie Filmproduzenten oder kauft von den (öffentlich-rechtlichen) Rundfunkanstalten Produktionen an und beliefert und unterstützt die dezentrale Filmarbeit von Landes-, Kreis- und Stadtbildstellen. In den 50er und 60er Jahren erlebte der Schulfilm im 16 mm-Format seinen Höhepunkt; inzwischen ist er fast ganz vom flexibleren Video abgelöst, das in absehbarer Zeit seine Konkurrenz in sog. Multimedia-Präsentationen auf elektronischen Speichermedien oder von Online-Diensten erfahren wird. Das FWU selbst versteht sich wie andere zentrale schulische Beratungsinstitute inzwischen als umfassende Dienstleistungseinrichtung für alle medienbezogenen Unterrichtsformen und bietet dafür eine Fülle von Medien und Beratungshilfen an.

Jugendmedienschutz wird in der Bundesrepublik seit den fünfziger Jahren – durch Erlaß der beiden einschlägigen Gesetze: nämlich des 'Gesetzes zum Schutze der Jugend in der Öffentlichkeit' (1951) und des 'Gesetzes über die Verbreitung jugendgefährdender Schriften' (1953), beide angesichts der Videowelle 1985 novelliert (Gernert/Stoffers 1985) – vornehmlich von staatlichen und von Verbandsgruppen beauftragten Repräsentanten betrieben, ohne daß sich ihr Wirken öffentlich mit medienpädagogischen Aktivitäten nachhaltig verbindet.

Medienerzieherische Positionen beklagen sogar eher die allzu große Laschheit oder gar Willfährigkeit der Entscheidungen gegenüber medienwirtschaftlichen Interessen und fordern – ganz in bewahrpädagogischer Tradition – strengere Auflagen (ohne deren gesetzliche Realisierungsmöglichkeiten in Anbetracht der grundgesetzlichen Zensurfreiheit – Art. 5 GG – hinreichend zu bedenken). Kritische Medienpädagogik zumal während der 70er Jahre verdächtigte die Jugendschutzgremien hingegen sogar der staatlichen Zensur sowie der Gesinnungs- und Geschmacksmanipulation und votierte lieber für die Mündigkeit des ideologiekritisch geschulten

Subjekts. So stellt sich Jugendmedienschutz derzeit für den medienpädagogisch Außenstehenden vornehmlich als legitimierende, bestenfalls behutsam steuernde Instanz des Mediensystems dar, dessen Gesetze und Prozeduren weitgehend unbekannt sind und auch ohne spürbaren Einfluß für die Erziehungspraxis wie für den Medienalltag insgesamt bleiben.

2.3. Lehrmaschine und Technisierung des Lernens

Schon Comenius' Schulkonzept wurde unter technologischen Vorzeichen als 'kunstreich konstruierte Lehrmaschine' (fehl)interpretiert (Schaller 1962, 269). Denn neben den Verdächtigungen der Medien als Konkurrenten des personal vermittelten und beeinflußten Lernens zieht sich durch die Geschichte der Pädagogik als zweiter roter Faden die Intention, Lernen mittels Medien entpersonalisieren, objektivieren und effektivieren zu können, ironisch symbolisiert im Bild des Nürnberger Trichters nach G. Ph. Harsdörffers 'Poetischem Trichter' (1647).

In der behavioristischen Lerntheorie wurden solche Vorstellungen besonders gepflegt und experimentell verfolgt. Der 'computerunterstützte Unterricht' mit jeweils zeitgemäßen Lernmaschinen sollte den Unterricht optimieren, objektivieren und von Lehrpersonen entlasten. Mindestens sollten zusätzliche Lernformen ermöglicht und das Lernen des einzelnen individualisiert werden. Wahrnehmungs- und Lernpsychologie boten vorgeblich objektive Indikatoren für die Qualität und Effizienz der Medien (sog. Medientaxonomien) an, die ungeachtet situativer und subjektiver Konstellationen Gültigkeit besitzen wollten (Unterrichtstechnologie 1976). Doch die isolierte Kalkulation und Implementation (medien)technologischer Komponenten des Lehrens und Lernens erwiesen sich als Irrweg (Dichanz u. a. 1974).

Deshalb wurde die Re-Integration der Mediendidaktik in die Gesamtheit aller pädagogischen und kommunikativen Prozesse postuliert und ist heute weitgehend verwirklicht. Denn Bildungsmedien sind nicht nur rationale Instrumente des Lehrens und Lernens, sondern selbst kontingente Interaktions- und Kommunikationsmittel, die als kommunikative wie lernwirksame Faktoren Untersuchungsgegenstände wie -instrumente der gesamten pädagogischen Reflexion und Steuerung sein müßten.

In Konzepten der allgemeinen Didaktik mit diversen Entscheidungs- und Bedingungsfeldern des unterrichtlichen Handelns, wie sie etwa die bekannte 'Berliner Didaktik' und ihre Spielarten favorisieren, wird solche kommunikative Interdependenz und Kontingenz vorausgesetzt.

2.4. Von der Medienerziehung zum Handeln mit Medien

Mit ihrer ansteigenden Verbreitung und immer deutlicheren Präsenz im Alltag werden die Medien als Gegenstände des pädagogischen Handelns – im schulischen Unterricht wie in der außerschulischen Jugendarbeit – thematisiert. Für die Schulfächer, die auf künstlerische Produkte wie Literatur, bildende Kunst und Musik ausgerichtet sind, bedeutet die Beachtung der Medien im Grunde nur eine Erweiterung ihrer gewohnten Vorgehensweisen, eigentlich eine notwendige Vervollständigung, da die geschätzten Gegenstände kaum ohne mediale Vermittlung (Speicherung und Vergegenwärtigung) zur Verfügung stehen. Dennoch brauchte es für diese Einsicht geraume Zeit und vielfältige analytische Überzeugung, die sich erst in den 70er Jahren in den reformierten Didaktiken niederschlug und zur Überwindung der überkommenen werkimmanenten Betrachtungsweisen führte (Schill 1992).

Anfangs war die pädagogische Thematisierung von Medien vornehmlich medienerzieherisch motiviert. Einer der ersten, der mittels empirisch-experimenteller Studien eine explizite pädagogische Position formulierte und auch praktisch umsetzte, war der Psychologe M. Keilhacker. Bereits 1949, nach der Berufung zum Professor an der Münchener Universität, gründete er den Arbeitskreis 'Jugend und Film', aus dem das bis heute medienpädagogisch engagierte 'Institut Jugend Film Fernsehen' hervorging. Der Arbeitskreis führte Filmveranstaltungen durch und nutzte sie zugleich als Forschungslaboratorien, um die Perzeptionsweisen von Kindern und Jugendlichen und die möglichen Wirkungen der Filme auf sie systematisch zu beobachten. Denn Keilhackers pädagogisches Ziel war, Kinder und Jugendliche zur Kritikfähigkeit gegenüber dem Kinofilm, später auch gegenüber dem Fernsehen zu erziehen, wozu einerseits die Fähigkeit zur gezielten, wertorientierten Auswahl, andererseits „Wachheit und Wachsamkeit gegenüber der Übermacht der Massenmedien und dem Mißbrauch solcher

Übermacht" (Keilhacker 1968, 141) rechnete (Schorb 1995, 40).

Solche Skepsis gegenüber den Medien bzw. solche Befürchtungen über ihre Wirkungsmacht durchziehen pädagogische Bestrebungen seit jeher und vielfach bis heute. Die *bewahrpädagogische* Medienerziehung blickt daher auf eine beständige Tradition. Meist richteten ihre Vertreter ihre Vorbehalte und Abneigungen pauschal auf alle Medien und wollten daher Kinder und Jugendliche generell auf Distanz zu den Medien bringen, sie zum 'richtigen Umgang' mit ihnen (was immer dies sein mag) befähigen und sie gegen deren Attraktionen und Verführungen – ungeachtet der konkreten Inhalte und Produkte – immunisieren. In jüngerer Zeit griff man die besonders trivialen und/oder manipulationsverdächtigen und damit vorgeblich gefährlichen Medien oder Produkte heraus und demonstrierte an ihnen exemplarisch Beeinflussungs- und Wirkungsmechanismen. Mit dieser beharrlich medienskeptischen Haltung konnte Medienerziehung als pädagogische Disziplin jedoch letztlich nicht reüssieren; sie ist gleichwohl im erzieherischen Alltag nach wie vor virulent (Glogauer 1991; 1993; Merkert 1992).

In den 60er Jahren, mit der Rezeption der Kritischen Theorie einerseits und Reformbestrebungen für Schule und Didaktik andererseits, überwogen eher Kategorien aus Ratio und *Analyse* in der pädagogischen Auseinandersetzung mit den Medien: Nun waren sie nicht mehr nur per se gefährlich und verderblich, vielmehr wurden ihre Funktionen als Herrschaftsinstrumente, Ideologieverbreiter und – ganz materialistisch – ihr Warencharakter und ihre Profitdimension entdeckt (Didaktik der Massenkommunikation 1974; 1976; 1977; 1979). Denn hinter den öffentlichen Erscheinungsformen der Medien wurden nun die basalen Strukturen der „Bewußtseins-" (H. M. Enzensberger) oder „Kulturindustrie" (M. Horkheimer und Th. W. Adorno) herausgearbeitet, die in den Medien ihre mächtigsten Vehikel hat. Insofern lösten sich namentlich die Fachdidaktiken von Deutsch, Kunst, damals: Visuelle Kommunikation, und Musik von ihrer überkommenen Produktorientierung und bezogen gesellschaftliche wie ökonomische Konditionen ein.

Denn nur durch die – wie es damals hieß – Entlarvung der Interessen in den Produktionsverhältnissen der Medien ließen sich ideologische Mechanismen demaskieren, und erst durch ihre Bewußtwerdung seien Aufklärung, kritische Distanz und Mündigkeit der Rezipienten erreichbar. Insofern wurden eher medienkundliche Ansätze, freilich mit ideologiekritischer oder gar materialistischer Ambition, favorisiert. Dabei verloren sie nicht selten sowohl die konkreten Manifestationen der Medienprodukte als auch die subjektive Rezeption (der Educanden) aus dem Blickfeld. Immerhin wurden die fachspezifischen Curricula geöffnet und erweitert, wie es inzwischen selbstverständlich geworden ist: Werbung, Fernsehserie und Film, Schlager und Pop, um nur einige zu nennen, rechnen seither zu den nicht länger zu mißachtenden Unterrichtsthemen der jeweiligen Schulfächer und sind in den meisten Lehrplänen verankert (Eschenauer 1989). Dennoch mangelt es im schulischen Alltag nach wie vor an kontinuierlicher, systematischer und sowohl sachlich wie technisch angemessener Beschäftigung mit den Medien, wie die bislang einzige empirische Erhebung ausweist (Höltershinken u. a. 1991). Verantwortlich dafür könnte neben der unzureichenden Qualifizierung der LehrerInnen und der kaum zeitgemäßen Ausstattung der Schulen sein, daß der sachlich erforderliche Gesamtzusammenhang die jeweils singuläre Fachsicht überbeansprucht und ganzheitliches Lernen unter den gegenwärtigen Regularien der Schule noch zu selten verwirklicht wird und werden kann. In der außerschulischen Jugend- und Bildungsarbeit ist dies zwar möglich, meist sogar selbstverständlich, aber sie findet nur fakultativ und zeitlich limitiert statt (Schorb 1995).

Auf der anderen Seite wird das spezifisch Pädagogische der Medienpädagogik vermißt, das durch die objektive Diffusität des Gegenstandsfeldes droht verloren zu gehen: Technische, ökonomische, juristische, politische, selbstredend auch journalistische, ästhetische, dramaturgische u. a. Dimensionen der Medien seien – so R. Merkert (1992, 53) – zwar von analytischem Belang, aber ausschließlich Themen der (bildungsverpflichteten) Medienkunde. Das eigentlich Pädagogische oder Erzieherische erkennt er – im Sinne einer pädagogischen Anthropologie – in der Grundrelation des Menschen zur Welt, die durch die Medien elementar verändert werde. Solange diese Wandlungsprozesse nicht von Grund auf erschlossen und entwickelt seien, mangele es an einer „pädagogisch konzipierten Medienpädagogik" (ebd., 2).

Dieser eher traditionell-geisteswissenschaftlichen Position widersprechen all jene

Ansätze, die sich – auch im Kontext der Erziehungswissenschaften – eher sozialwissenschaftlich orientieren und sich von den einschlägigen Makrotheorien bei ihren Begründungen und Zielbestimmungen für Medienpädagogik leiten lassen. Allerdings sind eklektizistische und dezisionistische Anleihungen nicht zu verhehlen, die sich mit den einschlägigen terminologischen Konjunkturen wandeln (Issing 1987; Landeszentrale für politische Bildung 1987; Aufenanger 1991; Deutsches Jugendinstitut 1994, 1995; Moser 1995).

In den 70er Jahren, etwa in D. Baackes Grundlegung 'Kommunikation und Kompetenz' (1973), war N. Luhmanns funktionalstrukturelle Systemtheorie prägend – sie erlebte übrigens mit der Einführung des radikalen Konstruktivismus in die Kommunikationstheorie in den 90er Jahren eine Renaissance (Merten u. a. 1994) –, später überwog J. Habermas' Theorie der kommunikativen Kompetenz bzw. des kommunikativen Handelns (1981). Inzwischen dominieren vielseitig begründete Handlungstheorien. Jeweils werden die theoretischen Paradigmen aufgeladen mit Befunden empirischer Rezeptionsforschung, deren eigene theoretischen Verortungen bzw. funktionalen Zweckbestimmungen meist unbeachtet bleiben (Moser 1995).

Handlungskonzepte berufen sich zum einen auf die grundlegende Einsicht, daß Kommunikation intentionales und symbolisches Handeln ist, wie es etwa der Symbolische Interaktionismus begründete und von seiner Rezeption inzwischen breit ventiliert wurde. Zum anderen rekurrieren Handlungskonzepte ganz pragmatisch auf praktisches Tun mit Medien (wie es in der Medienarbeit entwickelt wurde und gepflegt wird) und wollen damit die nur analytische, vielfach als kontemplativ, abstrakt und damit als einseitig verurteilte Medienkritik und -analyse ergänzen.

Mittlerweile kursiert als oberstes, gemeinsames Ziel allen medienpädagogischen Bemühens die Herausbildung und Entfaltung von *Medienkompetenz* bei jedwedem Educanden. Auch dieses Ideal vereinigt in sich viele, teils heterogene Ursprünge, weshalb man ihm zunächst nur das Prädikat eines eingängigen und wohl auch konsensfähigen Etiketts verleihen kann. Denn zum einen handelt es sich schlicht um die Übersetzung von media literacy, einer Kategorie, die selbst keine einhellige und akzeptierte Denotation kennt (Aufenanger 1990); zum anderen ist die terminologische Herleitung hierzulande belastet mit Prämissen aus der Linguistik – etwa N. Chomskys Kategorie der sprachlichen Kompetenz – und aus der Sprach- und pragmatischen Philosophie, die J. Habermas in seiner bereits genannten Theorie der kommunikativen Kompetenz konstitutiv zusammenfügte und damit eine pragmatische Wendung der Systemlinguistik bewirkte. Alle Implikationen sind in den medienpädagogischen Varianten längst nicht hinreichend eruiert und erörtert (Bertelsmann Stiftung 1992; Lauffer/Volmer 1995; Schorb 1995, 186 ff.; Baacke 1996; Kübler 1996).

Offen ist etwa die grundsätzliche Frage: Was lernen die Individuen über und mit den Medien intuitiv oder incidentiell – was unter anderen Vorzeichen als Wirkung definiert wird –, und was müssen sie systematisch, formell instruiert bekommen, um medienkompetent zu werden oder zu sein? Deskriptiv gefaßt, reicht die Semantik von Medienkompetenz von der einfachen Fertigkeit, mit vorhandenen Medien umzugehen – was beim Computer durchaus anspruchsvolle kognitive Leistungen einschließt –, über die Fähigkeit, das verfügbare Medienangebot gezielt, souverän und konstruktiv zu nutzen bis hin zu analytischen und wertenden Kompetenzen, um reflexive Nutzung mit Qualitätskriterien zu verbinden und zu begründen. Und natürlich rechnet auch die subjektive Handlungsfähigkeit dazu, die es erlaubt, die Medien für alle Kommunikationsanliegen zu gebrauchen oder auch zu gestalten – Optionen, die bei der wachsenden Verfügbarkeit und Handhabbarkeit elektronischer Medien, insbesondere des Computers und seiner Anbindung an Online-Netze, bekanntlich immer mehr möglich, aber auch erforderlicher wird.

3. Typen medienpädagogischer Herangehensweisen

Medienpädagogisches Handeln im schulischen Unterricht und in der außerschulischen Bildungsarbeit umschließt mithin vor dem Hintergrund heterogener Traditionen und pluraler Begründungen heutzutage meist vielfältige Intentionen und Vorgehensweisen. Im synchronen Überblick lassen sich drei Grundrichtungen unterscheiden, die hier aus heuristischen Gründen isoliert werden, die sich aber im praktisch-pädagogischen Handeln jeweils vermengen und überlagern (vgl.

Hiegemann/Swoboda 1994; Schorb 1995). Nämlich
- die reflexive Medienpädagogik
- die analytische Medienpädagogik
- die produktive Medienpädagogik

3.1. Reflexive Medienpädagogik

Sie beabsichtigt die Vergegenwärtigung, Aufarbeitung und Bewertung des alltäglichen Medienkonsums, einschließlich der eingespielten Nutzungsformen und der subjektiv bedeutsamen Erfahrungen oder Erlebnisse.

Sie rekurriert dabei auf Erkenntnisse und empirische Ergebnisse darüber, welche Bedeutungen und Handlungsorientierungen Medien in Leben der Individuen einnehmen können, ohne daß sie sie voreilig als positive oder negative 'Einflüsse' bewertet. Denn Vorstellungen, Phantasien, Vorbilder und Wissensrepertoires schaffen sich Individuen heute weitgehend nicht mehr ohne die Anstöße, Modelle und Folien, die ihnen Medien bereitstellen. Vor allem Kinder – zumal sie heute vielfach als Einzelkinder aufwachsen – bedürfen solcher medienpädagogisch angeregten Brechungen und Verarbeitungsangebote ihrer Medienerlebnisse im sozialen Kontext der Gruppe, mit Gleichaltrigen und mit Erwachsenen.

Zwar versteht sich Medienpädagogik nicht mehr vorrangig als bewahrpädagogische Gefährdungsvorbeugung und Schadensregulierung, in der breiten Öffentlichkeit wird sie jedoch immer noch primär so wahrgenommen und eingefordert. Auch diese Widersprüchlichkeit muß medienpädagogisches Handeln bedenken und bewältigen. Gefragt wird medienpädagogische Unterstützung besonders bei auffälligen sozialen Abweichungen und belastenden Problemlagen. Dabei erkundet sie die sozialen und subjektiven Bedingungen und hilft, verträgliche und erträgliche Lösungen zu finden. Je nachdem, ob und welche Gefährdungen oder auch 'nur' 'soziale Desorientierungen' durch Medienkonsum unterstellt werden, konzipiert und erprobt sie nach bestimmten Erziehungskonzepten verschiedene Reflexions- und Bewertungshilfen und entwickelt pädagogische Gegenstrategien. Sie zielen darauf ab, die Motive und Bedürfniskonstellationen eines überhöhten oder einseitigen Medienkonsums zu entdecken und aufzuarbeiten, mediale Alternativen für bestimmte Kommunikationsbedürfnisse zu erproben oder auch gänzlich andere Handlungsoptionen in Betracht zu ziehen.

Wie allen diesen Herausforderungen, Irritationen und Widrigkeiten der Medien pädagogisch begegnet werden kann und soll, prägt und leitet natürlich die allgemeinen, übergreifenden Erziehungsmaximen, das jeweilige Menschenbild und andere fundamentale, anthropologische, soziale, kulturelle und religiöse Orientierungen. Da Medienerfahrungen und -einflüsse im Bewußtsein nicht nur auf kognitive Dimensionen beschränkt bleiben, sondern tiefer auf Gefühle, Einstellungen, Wertvorstellungen, Selbst- und Weltbilder (oder wie immer man diese konstanteren Schichten bezeichnen will) greifen, wird für die Medienpädagogik im engeren Sinne auch vorgeschlagen, sich mit solch grundsätzlicheren Erziehungskonzepten auseinanderzusetzen.

Wollen Medienpädagoginnen und -pädagogen bei all diesen Aufgaben und Problemen Hilfestellung leisten oder gar eingreifen, müssen sie äußerste Behutsamkeit, größtmögliche Empathie und Sensibilität walten lassen. Denn Mediengewohnheiten und -erfahrungen reichen meist bis ins Innerste des Individuums und in den sozialen Kern des Familienlebens hinein. Das analytische Wissen kann MedienpädagogInnen bei der Diagnose helfen, ermöglicht ihnen die Kompetenz, variable und vielseitige Orientierungen zu entwickeln und Alternativen aufzuzeigen, aber das gewisse Fingerspitzengefühl lehrt sie bestenfalls eine immer wieder selbst reflektierte Praxis.

Reflexive Medienpädagogik stößt in der Schule außerdem an die formellen Grenzen schulischer Erziehung sowie an den Primat schulischer Bildung; in die außerschulische Jugend-, Familien- und Erwachsenenarbeit kann sie nur soweit vorstoßen, wie es ihr in gemein zeitlich befristeten Lernsequenzen gelingt, Vertrauen und die Bereitschaft zur Offenheit bei ihren Adressaten zu wecken (z. B. Kübler u. a. 1987; Aufenanger 1991; Deutsches Jugendinstitut 1995; Institut Jugend Film Fernsehen 1995; Six 1995).

3.2. Analytische Medienpädagogik

Sie befaßt sich vorrangig mit den Medien als Objekte und Produkte; sie steht damit in der Tradition der bereits erwähnten Medienkunde einerseits, der Kunst- und Ideologiekritik andererseits, und je nach Prämissen wählt sie ihre Zielsetzungen und Inhalte zwischen diesen Extremen. Fraglos steht sie einem Bildungskonzept, wie es von der Schule, zumal deren weiterführenden Formen, vertreten wird, näher als einem (sozialpädagogischen) Erziehungskonzept (Schill 1992; Kübler 1994).

Medien sind heutzutage gigantische und wirksame technische Systeme; sie sind gesellschaftliche Organisationen in öffentlicher oder privater Trägerschaft mit enormen (gesellschafts)politischen – früher sagte man: ideologischen – und symbolischen Funktionen; sie sind rasant wachsende Märkte, zumal in ihrem speziellen Doppelcharakter, nämlich als Träger für Werbung und andere Public Relations-Interessen und als Kommunikationswaren an die Endverbraucher; und sie sind schließlich Programmsysteme, attraktive Produkte und öffentlichkeitswirksame Manifestationen, mithin mächtige Realisatoren symbolischer Wirklichkeiten für alle Lebensbereiche, für alle Informations- und Kommunikationsofferten sowie in zunehmendem Maße auch für Interaktionsangebote. Gerade mit letzteren fesseln sie die Nutzer noch stärker, werden aber auch praktischer, nützlicher und sind allzeit parat.

Angesichts dieser Struktur- und Funktionsvielfalt kann es keinen einheitlichen, verbindlichen Medienbegriff mehr geben, auch nicht für die Medienpädagogik. Entsprechend greifen analytische Lernvorhaben verschiedene Themenfelder heraus und spitzen sie exemplarisch unterschiedlich zu. Generell verfolgt analytische Medienpädagogik eher kognitive Ziele, die sich umschreiben lassen mit Maximen wie Kritikfähigkeit, autonomer, selbstbestimmter Umgang, technisches Know-how, politische Bildung, Analyse- und Beurteilungskompetenz.

3.3. Produktive Medienpädagogik

Sie intendiert als Leitbild den aktiven und selbsttätig Kommunizierenden mit allen Medien, die Aufhebung der Einseitigkeit des Massenkommunikationsprozesses und der dadurch bedingten Opposition zwischen Produzent und Rezipient, also – pathetisch gesprochen – die Emanzipation des Rezipienten und seine Befähigung wie Anerkennung als Produzent, die Einlösung der Meinungsfreiheit und des Partizipationsgebotes in ihrer weitestgehenden, essentiellen Bedeutung auf der Höhe der technischen Entwicklung und im Einklang mit förderlichen gesellschaftlichen und kommunikativen Strukturen.

In der Medienpädagogik wurde die aktive Medienarbeit im wesentlichen aus zwei – natürlich komplexen und unterschiedlich gewichteten – Beweggründen aufgegriffen:

Zum einen aus der erstrebten Politisierung der Schule am Ende der 60er Jahre, die die Schule zum Forum der Gegenaufklärung machen und dazu sich auch der modernsten Medientechnik bedienen wollte.

Der andere Motivstrang reicht weit in die Pädagogik zurück: Es ist die Idee und das Bestreben, möglichst alle Sinne und alle Fähigkeiten des Menschen gleich zu gewichten und anzusprechen und Lernsituationen zu schaffen, die tendenziell ganzheitlich angelegt sind. Sie verbinden miteinander praktisches Tun und kognitive Einsicht, Abstraktion und Sinnlichkeit, Phantasie und Systematik, soziales Lernen und individuelle Anstrengung, bereits erworbene Kenntnisse und Fertigkeiten sowie neue Herausforderungen, die nicht sogleich dosiert und didaktisiert sind, sondern in ihrer alltäglichen Vielschichtigkeit und Unwägbarkeit zu bewältigen sind.

Inzwischen gilt die praktische, aktive oder produktive Medienarbeit als der Königsweg medienpädagogischen Handelns. Auch wenn der rigorose Impetus zur Systemkritik und Strukturveränderung weithin aufgegeben wurde (oder werden mußte), Ziele für individuelle Änderungen – nämlich für die kontrollierte und bewußte Nutzung der professionellen, etablierten Medien – werden nach wie vor verfolgt. Außerdem lassen sich in seine Arbeits- und Lernformen Bestrebungen und Inhalte der reflexiven und analytischen Medienpädagogik etwa in Form sog. didaktischer Schleifen plausibel integrieren, so daß sie dem Ideal ganzheitlichen, handlungs- und subjektorientierten Projektlernens vielfach sehr nahe kommen. Als solche didaktischen Schleifen können gelten, wenn man den Produktionsprozeß an geeigneten Stellen anhält und reflexive und analytische Aufgaben dazwischenschiebt – ein Vorgehen, das nahezu in jedem einigermaßen geplanten Produktionsprozeß üblich ist, das man aber unter didaktischen Vorzeichen vorbereitet und steuert (Brenner/Niesyto 1993; Schell 1993).

Verbunden ist mit dieser Integration die Absicht, oft auch nur die Hoffnung, daß die Adressaten die Erkenntnisse und Fertigkeiten, die sie nun beim praktischen Tun, gleichsam bei der Simulation im Kleinen, erworben haben, auf die großen Medien, also auf ihre alltägliche Medienrezeption, übertragen und dadurch die Medien kompetenter und kritischer nutzen können. Ein Stück weit Entzauberung der und semi-professionelle Einsicht in die Medien soll damit erreicht werden. Wenn oft nur die Hoffnung apostrophiert wird, dann deshalb, weil die meisten Projekte praktischer Medienarbeit erfahrungsgemäß so nachhaltig in ihren eigenen praktischen Obliegenheiten befangen bleiben, daß selten Kraft und Zeit bleibt, diesen Transfer hinreichend zu bewerkstelligen, erst recht ihn zu evaluieren.

4. Literatur

Aufenanger, Stefan, Soziologisch orientierte Leseforschung in den USA. In: Lesen im internationalen Vergleich. Hrsg. v. d. Stiftung Lesen, Bd. 1, Mainz 1990, 210−217.

−, Qualitative Forschung in der Medienpädagogik. In: Bilanz qualitativer Forschung. Hrsg. v. Eckard König/Peter Zedler. Weinheim 1995. Bd. I, 221−240.

− (Hrsg.), Neue Medien − Neue Pädagogik? Ein Lese- und Arbeitsbuch zur Medienerziehung in Kindergarten und Grundschule. Bonn 1991.

Baacke, Dieter, Kommunikation und Kompetenz. Grundlegung einer Didaktik der Kommunikation und ihrer Medien. München 1973, ³1980.

−, Medienkompetenz als Netzwerk. Ein Begriff hat Konjunktur. In: medien praktisch 1996, H. 2, 4−10.

Baacke, Dieter/Hans-Dieter Kübler (Hrsg.), Qualitative Medienforschung. Konzepte und Erprobungen. Tübingen 1989.

Baumgärtner, A. Clemens (Hrsg.), Lesen − Ein Handbuch. Hamburg 1973.

Bertelsmann-Stiftung (Hrsg.), Die Informationsgesellschaft von morgen − Herausforderung an die Schule von heute. Vierter Deutsch-Amerikanischer Dialog zur Medienkompetenz als Herausforderung an Schule und Bildung. Gütersloh 1996.

−, Medienkompetenz als Herausforderung an Schule und Bildung. Ein deutsch-amerikanischer Dialog. Gütersloh 1992.

Brenner, Gerd/Horst Niesyto (Hrsg.), Handlungsorientierte Medienarbeit. Video, Film, Ton, Foto. Weinheim/München 1993.

Bund-Länder-Kommission für Bildungsplanung und Forschungsförderung, Gesamtkonzept für die informationstechnische Bildung. Materialien zur Bildungsplanung, H. 16. Bonn 1987.

−, Medienerziehung in der Schule. Orientierungsrahmen. Materialien zur Bildungsplanung, H. 44. Bonn 1995.

Bussmann, Hans, Computer contra Eigensinn. Was Kinder dem Computer voraus haben. Frankfurt a. M. 1988.

Dehnbostel, Karin u. a., Lernziel Praxis. Weiterbildung für die Medienarbeit in und außerhalb der Schule. München 1995.

Deutsches Jugendinstitut (Hrsg.), Handbuch Medienerziehung im Kindergarten. 2 Bde., Opladen 1994, 1995.

Dichanz, Horst u. a., Medien im Unterrichtsprozeß. Grundlagen, Probleme, Perspektiven. München 1974.

Dickfeldt, Lutz, Jugendschutz als Jugendzensur. Ein Beitrag zur Geschichte und Kritik öffentlicher Bewahrpädagogik. Bensheim 1979.

Didaktik der Massenkommunikation Bd. 1−4. Stuttgart 1974; 1976; 1977; 1979.

Engelsing, Rolf, Der Bürger als Leser. Lesergeschichte in Deutschland 1500−1800. Stuttgart 1974.

Eschenauer, Barbara, Medienpädagogik in den Lehrplänen. Eine Inhaltsanalyse zu den Curricula der allgemeinbildenden Schulen im Auftrag der Bertelsmann-Stiftung. Gütersloh 1989.

Gernert, Wolfgang/Manfred Stoffers, Das Gesetz zum Schutze der Jugend in der Öffentlichkeit. Kommentar. Hamm 1985.

Glogauer, Werner, Die neuen Medien verändern die Kindheit. Nutzung und Auswirkungen des Fernsehens, der Videospiele, Videofilme u. a. bei 6- bis 10jährigen Kindern und Jugendlichen. Weinheim 1993.

−, Kriminalisierung von Kindern und Jugendlichen durch Medien. Wirkungen gewalttätiger, sexueller, pornographischer und satanischer Darstellungen. Baden-Baden 1991.

Habermas, Jürgen, Theorie des kommunikativen Handelns. 2 Bde. Frankfurt a. M. 1981.

Hentig, Hartmut v., Das allmähliche Verschwinden der Wirklichkeit. Ein Pädagoge ermutigt zum Nachdenken über die Neuen Medien. München, Wien 1984.

Herrmann, Ulrich (Hrsg.), „Das Pädagogische Jahrhundert". Volksaufklärung und Erziehung zur Armut im 18. Jh. in Deutschland. Weinheim/Basel 1981.

Hickethier, Knut, Zur Tradition schulischer Beschäftigung mit Massenmedien. Ein Abriß der Geschichte deutscher Medienpädagogik. In: Manipulation durch Massenmedien − Aufklärung durch Schule? Hrsg. v. Reent Schwarz. Stuttgart 1974, 21−52.

Hiegemann, Susanne/Wolfgang H. Swoboda (Hrsg.), Handbuch der Medienpädagogik. Theorieansätze − Traditionen − Praxisfelder − Forschungsperspektiven. Opladen 1994.

Höltershinken, Dieter u. a., Praxis der Medienerziehung. Beschreibung und Analyse im schulischen und außerschulischen Bereich. Bad Heilbrunn/Obb. 1991.

Institut Jugend Film Fernsehen (Hrsg.), Baukasten Gewalt. München 1995.

Issing, Ludwig J. (Hrsg.), Medienpädagogik im Informationszeitalter. Weinheim 1987.

Issing, Ludwig J./Helga Knigge-Illner (Hrsg.), Unterrichtstechnologie und Mediendidaktik. Weinheim/Basel 1976.

Kamp, Ulrich (Hrsg.), Der Offene Kanal. Erfolge und Strukturen. Bonn 1989.

Keilhacker, Martin, Der Mensch von heute in der Welt der Informationen. In: Jugend Film Fernsehen, 1968, H. 3, 131–146.

Kommer, Helmut, Früher Film und späte Folgen. Zur Geschichte der Film- und Fernseherziehung. Berlin 1979.

Kübler, Hans-Dieter: Kinder und Fernsehen. Ein Literaturbericht. In: Fernsehforschung und Fernsehkritik. Hrsg. v. Helmut Kreuzer. Göttingen 1980, 136–204.

–, Medienwissenschaft – Produktanalysen als Grundlage medienpädagogischen Urteilens und Handelns. In: Handbuch der Medienpädagogik. Hrsg. v. Susanne Hiegemann/Wolfgang H. Swoboda. Opladen 1994, 59–100.

–, Die Kompetenz der Kompetenz der Kompetenz ... Anmerkungen zur Lieblingsmetapher der Medienpädagogik. In: medien praktisch 1996, H. 2, 11–15.

– u. a., Angst wegspielen. Mitspieltheater in der Medienerziehung. Opladen 1987.

Landeszentrale für politische Bildung/Arbeitskreis Medienpädagogik Baden-Württemberg (Hrsg.), Medienpädagogik im Umbruch. Stuttgart 1987.

Lauffer, Jürgen/Ingrid Volkmer (Hrsg.), Kommunikative Kompetenz in einer sich ändernden Medienwelt. Opladen 1995.

Merkert, Rainald, Medien und Erziehung. Einführung in pädagogische Fragen des Medienzeitalters. Darmstadt 1992.

Merten, Klaus u. a. (Hrsg.), Die Wirklichkeit der Medien. Eine Einführung in die Kommunikationsforschung. Opladen 1994.

Moser, Heinz, Einführung in die Medienpädagogik. Aufwachsen im Medienzeitalter. Opladen 1995.

Oelkers, Jürgen, Die Herausforderung der Wirklichkeit durch das Subjekt. Literarische Reflexionen in pädagogischer Absicht. Weinheim/München 1985.

Reichwein, Adolf, Film in der Schule. Vom Schauen zum Gestalten. Braunschweig 1967.

Riehm, Ulrich/Bernd Wingert, Multimedia. Mythen, Chancen und Herausforderungen. Mannheim 1995.

Rolff, Hans-Günter, Bildung im Zeitalter der neuen Technologie. Essen 1988.

Roth, Heinrich, Einleitung und Überblick. In: Begabung und Lernen. Ergebnisse und Folgerungen neuer Forschungen. Stuttgart ^{9}1974, 17–68.

Schaller, Klaus, Die Pädagogik des Johann Amos Comenius und die Anfänge des pädagogischen Realismus im 17. Jh. Heidelberg 1962.

Schell, Fred, Aktive Medienarbeit mit Jugendlichen. Theorie und Praxis. München 1993.

Schill, Wolfgang u. a. (Hrsg.), Medienpädagogisches Handeln in der Schule. Opladen 1992.

Schorb, Bernd, Medienalltag und Handeln. Medienpädagogik in Geschichte, Forschung und Praxis. Opladen 1995.

Six, Ulrike, Konzepte für medienpädagogische Elternarbeit. Kiel 1995.

Tully, Claus J., Lernen in der Informationsgesellschaft. Informelle Bildung durch Computer und Medien. Opladen 1994.

Weingarten, Rüdiger, Die Verkabelung der Sprache. Grenzen der Technisierung von Kommunikation. Frankfurt a. M. 1989.

Zinnecker, Jürgen, Soziologie der Kindheit oder Sozialisation des Kindes? Überlegungen zu einem aktuellen Paradigmenstreit. In: Kinder und Kindheit. Soziokulturelle Muster – sozialisationstheoretische Perspektiven. Hrsg. v. Michael-Sebastian Honig. Weinheim/München 1996, 31–54.

Hans-Dieter Kübler, Hamburg (Deutschland)

30. Medien-Nachbarwissenschaften IX: Kunstwissenschaft/Kunstgeschichte

1. Einleitung
2. Gegenstandsbereich der Kunstgeschichte
3. Geschichte der Kunstgeschichte
4. Methoden der Kunstgeschichte
5. Bildgeschichte als Mediengeschichte
6. Zum Verhältnis von Kunst- und Medienwissenschaft als Bildwissenschaften
7. Ausblick auf Medienwissenschaft und Kunstgeschichte
8. Literatur

1. Einleitung

Das Verhältnis von Medienwissenschaft und Kunstgeschichte scheint gegenwärtig durch eine Art angestrengter Gleichgültigkeit gekennzeichnet zu sein. Die Medienwissenschaft nimmt kunstgeschichtliche Erkenntnisstände (sowohl in materieller als auch in methodischer Hinsicht) nur sporadisch und dann stark selektiv wahr, während die Kunstgeschichte ihrerseits nur widerwillig und dann sehr umständlich auf Fragestellungen und Resultate der Medienwissenschaft reagiert. Dabei hätte gerade die Kunstgeschichte gute Gründe, die Medienwissenschaft und ihre Entwicklung im Auge zu behalten. Schließlich wird diese von einer Reihe kritischer Beobachter als Nachfolgeinstanz der Kunstgeschichte gesehen, als Erbin oder Ersatz des eigenen Fachs. Jedenfalls rechnet man seit gut 10 Jahren – einer populären Diagnose zufolge – mit dem Ende der Kunstgeschichte, wobei diese Endzeitstimmung in unserem Jahrhundert schon früh, und bei Tietze (1925) emphatisch vorformuliert, von Warnke (Belting/Dilly/Kemp u. a., 1986, 21 f.) eher konstatiert, von Belting (1995) dann aber nachdrücklich heraufbeschworen wird.

Entsprechend könnte die hier vorliegende Charakterisierung der Kunstgeschichte als Wissenschaft, d. h. ihre Kennzeichnung im Hinblick auf den Gegenstandsbereich (vgl. 2.), die Gattungen und Methoden (vgl. 4.), die Festlegung ihrer Reichweite, ihrer Systematik (vgl. 5.) und ihrer Geschichte (vgl. 3.), könnte selbst die Präsentation der Kunstgeschichte als Nachbardisziplin der Medienwissenschaft leicht zu einem Nachruf geraten, mit dem die traditionelle Disziplin geehrt, ansonsten aber ad acta gelegt würde. Freilich, diejenigen, die das Ende der Kunstgeschichte beschwören, rücken zugleich die Medienwissenschaft immer häufiger in den Blick, und zwar, pikanterweise, sowohl als Krankheit zum Tode der Kunstgeschichte als auch als Rettung in höchster Not, d. h. als ernstgemeinte Therapieempfehlung. So seien es – auf der einen Seite – vor allem die Neuen Medien, welche die orthodoxe Kunstgeschichte zunehmend in die Krise brächten, da diese ihre Erkenntniswerkzeuge stumpf und unbrauchbar erscheinen ließen, so daß man sich nach anderen umsehen müßte. Entsprechend sei die Kunstgeschichte als Organ für die Auseinandersetzung mit aktueller Kunst und Kultur vergangen. Sie könne sich deshalb, auf der anderen Seite, nur retten, indem sie sich als etwas ausgebe, bzw. mit etwas koaliere, was sie bisher kaum wahrgenommen bzw. mehr oder weniger abgelehnt habe: die für die Neuen Medien zuständige Medienwissenschaft. Nur in der Verjüngung als Medienwissenschaft sei Kunstgeschichte fürderhin überlebensfähig, nur als Medienwissenschaft habe Kunstgeschichte eine Zukunft: Das Ende der Kunstgeschichte ist ihr Anfang als Medienwissenschaft.

Aus dieser Perspektive könnte die vorliegende Präsentation der Kunstgeschichte als Nachbarwissenschaft der Medienwissenschaft, möglicherweise in naher Zukunft schon, als überholt erscheinen, könnte die Kunstgeschichte zu einer Hilfswissenschaft der Medienwissenschaft werden oder – umgekehrt – bei den bekanntermaßen stark imperialistischen Tendenzen klassischer Fächer – die Medienwissenschaft zu einer Hilfswissenschaft der Kunstgeschichte. Auf jeden Fall wird das bisher zur Schau getragene eher gleichgültige Verhältnis von Medienwissenschaft und Kunstgeschichte trotz aller Anstrengung so gleichgültig nicht bleiben können, dafür steht einfach zu viel auf dem Spiel und zwar für beide Wissenschaften, für die Kunstgeschichte und für die Medienwissenschaft.

2. Gegenstandsbereich der Kunstgeschichte

Die Kunstgeschichte befaßt sich mit der historischen und systematischen Erfassung von Werken der bildenden Kunst, d. h. konkret mit Werken aus einem Kernbereich von Kunstgattungen bzw. Medien, zu dem die Architektur gehört, die Skulptur, Malerei und Graphik; und einem Randbereich von Kunstgattungen bzw. Medien, zu dem das Kunsthandwerk (u. a. Design, Gebrauchsgraphik) gehört, die Fotografie, der Film, die Neuen Medien u. a. Kunstgeschichte befaßt sich mit Werken dieser Gattungen geographisch vor allem in Zentraleuropa und dabei zeitlich vom Frühmittelalter (Karolingische Kunst) bis zur Gegenwart, wobei die Kunst Nordamerikas im 20. Jh. mit einbezogen wird. Man sollte vielleicht von Kern- und Randbereichen auch in kunstgeographischer Hinsicht sprechen, d. h. von einem Kernbereich mit West- bzw. Mitteleuropa, zu dem vor allem die Kunst Italiens, Frankreichs, der Niederlande und Deutschlands gehört, bzw. einem Randbereich, zu dem etwa die Kunst Spaniens, Englands, Rußlands oder der skandinavischen Länder gehört, die eben jeweils nur zeitweise und dann zumeist nur in speziellen Gattungen zum zentralen Thema der Kunstgeschichte bzw. kunstgeschichtlicher Entwicklungen avancieren konnte.

Gleichwohl wäre hier zu differenzieren zwischen einer eher regionalen bzw. nationalen und einer internationalen Kunstgeschichte, d. h. zwischen einer Geschichtsschreibung, die sich vor allem mit landeskundlichen Fragen, Fragen der Denkmalpflege, der Sonderentwicklung von Stilen und der Volkskunst befaßt und jener Geschichtsschreibung, die vor allem die zentralen, überregionalen Kunstentwicklungen im Auge hat, die die Genese, die Ausdifferenzierung und die Verbreitung von Epochenstilen in Europa untersucht und darstellt. Diese Unterscheidung erscheint wichtig, auch dann, wenn sich in den letzten Jahrzehnten die Konturen dessen, was nationale oder gar regionale und was internationale Kunstgeschichte umreißt, deutlich verändert haben; tatsächlich verlieren jene von Europa bzw. von den angelsächsischen Ländern dominierten Schwerpunktsetzungen für das Profil der Kunstgeschichte an Bedeutung, während umgekehrt Problemstellungen von Nachbardisziplinen und Randregionen immer offensiver aufgegriffen werden, vor allem von jener *Kunstwissenschaft*, die sich in dieser Hinsicht gezielt von der Kunstgeschichte absetzt (vgl. Dilly 1986, 9 ff.).

Ohne auf die vielschichtige Diskussion um den Begriff Kunstwissenschaft einzugehen, wäre im Grundsatz festzuhalten, daß für diese als Wissenschaft die systematische Erfassung von Werken der Kunst und Kultur aus allen Bereichen, allen Kunstkreisen und Ländern von der Ur- und Frühgeschichte bis zur Gegenwart im Vordergrund steht. Kunstgeschichte hingegen bleibt primär im europäischen Rahmen tätig, wenn auch, und gerade im Bereich der neuesten Kunstgeschichte, der Auseinandersetzung mit den Einflüssen außereuropäischer Kunst neuerdings mehr Bedeutung zuerkannt wird. Mit ethnologischen, sinologischen u. a. Fragestellungen treten folglich auch hier neue Wissenschaften zu den seit langem in der Kunstgeschichte befragten Hilfswissenschaften, zur Paläographie, Numismatik, Kostümkunde, Heraldik und zu den technischen Hilfswissenschaften zur Ermittlung von Echtheit, Entstehungszeit und Erhaltungszustand von Werken der bildenden Kunst (z. B. Radio-Carbon-Methode, Dendrochronologie, u. a.) hinzu.

3. Geschichte der Kunstgeschichte

Kunstgeschichte in dem gerade skizzierten Sinn gibt es erst seit dem 19. Jh., konkret seit im Rahmen des Historismus Kunst als ein ehemals werttheoretisches Phänomen zum Objekt einer allgemeinen geschichtlichen Darstellung wurde. Zuvor war Kunstgeschichte, wenn sie nicht, wie in den Lebensbeschreibungen der Künstler, den Bilder- und Denkmalsbeschreibungen (seit der Antike), der Guidenliteratur und den Kunstinventaren der Antiquare vom 14. bis 18. Jh., allein beschreibenden Charakter hatte, entweder praktische Kunsttheorie oder theoretische Kunstpraxis. Nämlich

(a) praktische Kunsttheorie im Sinne einer normativen Ästhetik, die geschichtliche Bewegungen nur kennt im Sinne eines Sich-Annäherns an eine bestimmte Kunstnorm, ihrer Erfüllung und der Entfernung von ihr. Für Vasari (1550, 1568), den sog. Vater der neuzeitlichen Kunstgeschichte, ist die Klassik das Ziel künstlerischer Entwicklung, das im Rahmen eines biologischen Entwicklungsmodells erreicht und wieder verlassen wird, wobei mit der von der Antike übernommenen Metapher der Zyklus von Wachstum, Blüte und Verfall, in aufeinanderfolgenden Zeitaltern jeweils wiederholbar erscheint. Und

(b) theoretische Kunstpraxis im Sinne von Künstlertheorien, die in der Regel Überlegungen zur Technik, Materialbehandlung und Komposition mit programmatischen Abhandlungen und ästhetischen Positionierungen verbinden. So ist auch in den Abhandlungen Albertis (1435/36, 1464) das Element der praktischen Unterweisung entscheidend und damit die lehrbuchartige Argumentation, die ja bereits für Vitruv (ca. 23–25 v. Chr.), auf den sich Alberti mit seinen '10 Bücher über die Baukunst' (1451/52) bezieht, charakteristisch war.

Mit Winckelmann (1756) erst wird dieses Konzept kunsthistoriographischer Literatur durchbrochen, entwickelt sich die Stilgeschichte als eine zentrale Form kunstgeschichtlicher Praxis, zu der sich dann zu Beginn des 19. Jhs. die historisch-philologische Quellenkritik gesellt. Fortan trennte sich Kunstgeschichte − im vorkunstgeschichtlichen Sinn − in eine ästhetische und eine historische Disziplin, d. h. in Philosophie des Schönen und der Kunst (Ästhetik) und Geschichte der Kunst und des Schönen (Kunstgeschichte).

Wenn auch bei Winckelmann selbst diese Entzweiung und damit die Geburt der Kunstgeschichte im heutigen Verständnis noch nicht stattgefunden hat, so war er doch ihr Auslöser. Denn indem er in seiner 'Geschichte der Kunst des Altertums' (1764) die Gipfelhöhe der griechischen Klassik und also seine künstlerische Norm bedingt sah durch die allgemein-kulturelle Entwicklung − in deren Zusammenhang er die künstlerische Entwicklung hinein-, dann aber auch als unwiederholbar herausstellte −, löste er den naheliegenden Gedanken aus, daß jedes Volk und jede Kultur eine eigene Kunstentwicklung und damit eine je eigene 'Klassik', eine eigene Norm haben müsse, die folglich nur im Rahmen der eigenen Entwicklung, nicht aber an einer ihr fremden Norm, wie z. B. jener der griechischen Klassik, gemessen werden könne. Man hatte es demzufolge nur noch mit verschiedenen (gleichberechtigten) Stilen zu tun, deren Ausprägung, Zuordnung und Verbreitung nun zum klassischen Gegenstand kunsthistoriographischer Praxis avancierten.

Ausgehend von der Stilgeschichte verlagerte sich der Schwerpunkt kunstgeschichtlichen Interesses auf die Kulturgeschichte (Burckhardt 1860), von da auf die Formgeschichte (Wölfflin 1915), die Ikonographie/Ikonologie (Warburg 1932), schließlich auf solche Vorgehensweisen, die in der Regel verschiedene historiographische Aspekte miteinander verknüpfen und dabei aktuelle Fragestellungen miteinbeziehen, darunter die Form- bzw. Strukturanalyse (Sedlmayr 1957, 1958) und die Ikonik (Imdahl 1980, 1994).

4. Methoden der Kunstgeschichte

Die Kunstgeschichte verfügt über keine zentrale methodische Theorie, wohl aber − und vielleicht der Komplexität ihres Gegenstandes angemessen − über ein breites Spektrum unterschiedlicher Zugriffsmöglichkeiten, von denen die wichtigsten in alphabetischer Reihenfolge genannt werden sollten: die feministische, formgeschichtliche, funktionsgeschichtliche, gestaltpsychologische, geistesgeschichtliche, hermeneutische, ikonische, ikonographisch-ikonologische, kulturwissenschaftliche, produktionsästhetische, rezeptionsästhetische, semiotische, sozialgeschichtliche, stilgeschichtliche und strukturanalytische Methode. In der Regel werden mehrere Zugriffsweisen miteinander kombiniert verwendet, sich gegenseitig ergänzend. Im vorliegenden Zusammenhang sollen nun vor allem jene drei Methoden herausgestellt werden, die jeweils auf zentrale Gegebenheiten des Kunstwerks zielen und damit für eine *Bildwissenschaft* (vgl. 6.) vorrangig erscheinen, nämlich

(a) die Ikonographie/Ikonologie, welche die inhaltlichen Gegebenheiten von Kunstwerken untersucht,
(b) die Form- bzw. Strukturanalyse, welche die formalen Gegebenheiten von Kunstwerken untersucht, sowie
(c) die Ikonik, welche die bildlichen Gegebenheiten von Kunstwerken untersucht.

(a) Die Ikonographie-Ikonologie faßt die Themen, Motive und Inhalte von Werken der bildenden Kunst ins Auge, um sie, vor der Folie ihrer Entwicklung, auf ihren jeweiligen weltanschaulichen Gehalt befragen zu können. Dabei unterscheidet die Ikonographie/Ikonologie drei Ebenen des Bildverstehens (Panofsky 1932, 1975), nämlich die vorikonographische (sie bezieht sich auf den Phänomensinn), die ikonographische (sie bezieht sich auf den Bedeutungssinn) und schließlich die ikonologische Verständnisebene (sie bezieht sich auf den Dokumentensinn des Kunstwerks). In dieser Weise fortschreitend gelangt man, vom konkreten Kunstwerk und seiner sinnlichen Erscheinung ausgehend, zu seiner inhaltlichen Bedeutung und schließlich zu seiner geistes-, religions- oder sozialgeschichtlichen Position, d. h. zu einer Klärung des historischen Kontextes, der sich, so Panofsky, bei besonderen Werken in diesen nicht nur dokumentiert, sondern verkörpert, d. h. symbolhaft anwesend zeigt. Das Werk ist damit Dokument eines Allgemeinen, das im Werk anschaulich vertreten ist.
(b) Für die form- bzw. strukturanalytische Vorgehensweise ist die Hinwendung zum einzelnen Werk, zur konkreten einzelnen Darstellungsweise das Postulat einer den Subjektivismus weitgehend ausschaltenden exakten Erfassung von Kunst. Gegen stilgeschichtliche oder ikonographische Ansätze akzentuiert die form- bzw. strukturanalytische Methode den anschaulichen Charakter des Werks als Ausdruck einer Struktur, die als Struktur symbolischen Gehalt besitzen kann. Auch die form- bzw. strukturanalytische Methode argumentiert in ihrer Vorgehensweise mit Schichten (Sedlmayr 1958), im Unterschied aber zur Ikonographie/Ikonologie weist sie diesen einzelnen Schichten keine additive, sondern eher eine spiralförmige Tendenz zu, im Sinne eines Erkenntniszuwachses, der aber gleichwohl dominiert ist vom 'endothymen Grund', welcher sich dem ersten anmutungshaft-physiognomischen Verstehen des Werks offenbart. Denn das artikulierende Verstehen bewegt sich, ausgehend

vom physiognomischen Verstehen über das formale und das noetische Verstehen vorwärts, indem es letztlich zum anschaulichen Bildverstehen zurückkehrt, zu einem „physiognomischen Bildverständnis höherer Ordnung, das nun alle auf diesem Wege einzeln erworbenen Erfahrungen in sich aufnimmt, integriert und belebt" (Sedlmayr 1957, 34).

(c) Für die Ikonik steht die Bildlichkeit der Bildwerke im Zentrum des Interesses, jene Besonderheit, welche Bilder als Bilder konstituiert und sie von allen anderen Sichtbarkeitsphänomenen unterscheidet. Die Ikonik setzt sich mit der Leistungsfähigkeit von Bildern auseinander, untersucht die Möglichkeiten und Grenzen einer eigenen Sprache der Bildwerke, um an ihnen ihre je eigene, besondere Aussagefähigkeit herauszustellen. Dabei werden historische Daten oder thematische Vorwürfe von der Ikonik nicht übersehen (vgl. Imdahl 1994, 306 ff., 313 ff.). Doch fragt die Ikonik primär, was mit solchen Daten, Themen und Sachgegebenheiten unter jeweils spezifischen Bildbedingungen passiert. Im Unterschied zur Form- bzw. Strukturanalyse werden anmutungshaftes und artikulierendes Verstehen nicht in analogen Schichten Schritt für Schritt verbunden, sondern „sehendes Sehen" (übergegenständliches, aufs Relationssehen ausgerichtetes Sehen) und „wiedererkennendes Sehen" (gegenständliches wahrnehmendes Sehen) bilden die Grundlage für die verstehende Wahrnehmung als „erkennendes Sehen" von Werken der bildenden Kunst schlechthin (Imdahl 1980, 84 ff.), sind folglich dialektisch, nicht schichtmäßig aufeinander bezogen.

Die hier skizzierten methodischen Vorgehensweisen der Kunstgeschichte zeigen folglich eine mehr oder weniger starke Annäherung an das Werk selbst: Die Ikonik zielt direkt auf das Werk und seine Erfassung qua Bildlichkeit; die Strukturanalyse auf das Werk qua Formgegebenheit; die Ikonographie/Ikonologie zielt auf das Werk, um dessen geschichtlichen Kontext zu erfassen. Von daher dürfte aber vor allem die Ikonik gefordert sein, wenn es um bildspezifische Fragestellungen gehen sollte, also dann, wenn man interdisziplinär, als Nachbardisziplin der Medienwissenschaft, mit dieser ins Gespräch zu kommen wünscht. Jedenfalls könnte über das Bild ein Gespräch in Gang kommen, wären verschiedene Bildwelten zu vergleichen, an verschiedenen Bildwelten differente Bildlichkeiten zu bestimmen. Gerade um solche Bestimmungen aber sollte es gehen, wenn man, im Zeichen der gegenwärtigen Bilderflut, die medialen Manipulationen von Bildern untersucht, ein Thema, zu dem gegenwärtig weder in der Kunstgeschichte noch in der Medienwissenschaft wesentliche Vorarbeiten geleistet sind. Freilich wäre schon viel für die Möglichkeit eines solchen Gesprächs getan, wenn die traditionelle Kunstgeschichte ihren Medienbegriff reflektierte und über gattungstheoretische Fragestellungen die Bildlichkeit der Neuen Medien befragte; wenn umgekehrt die Medienwissenschaft die traditionellen Bildmedien (Malerei, Skulptur, Architektur) als Medien überhaupt akzeptierte, wenn sie nicht nur den Buchdruck und Flugblätter als zum engeren Kreis ihrer Ur- und Frühgeschichte gehörend betrachten würde.

5. Bildgeschichte als Mediengeschichte

Tatsächlich übernahmen früher auch solche Bilder, die heute allein von der Kunstgeschichte betreut werden, z. B. die Mosaik- bzw. Malereizyklen des Mittelalters, Funktionen, wie sie heute den Massenmedien zufallen: Funktionen der Information (damals vorrangig über religiöse Sachverhalte), der Bildung und der Indoktrination. Kirchen waren öffentliche Einrichtungen, in denen und an denen über Skulptur und Malerei Meinungen und Vorstellungen, Weltbilder verbreitet wurden. Bei über 90% Analphabetismus auf dem Lande (in den Städten ca. 70–90% noch am Ende des Mittelalters) waren dies die wichtigsten Medien, über die das Gros der Bevölkerung tatsächlich erreicht werden konnte. Anders als Bücher waren Bilder auch im Mittelalter und der frühen Neuzeit weit verbreitet, zumeist allen zugänglich, an wichtigen öffentlichen Stellen, den Kirchen, den Plätzen, den Burgen bzw. den Palästen präsent. Wenn man so will, gab es für die Unterrichtung der Bevölkerung, ihre Lenkung, aber auch in gewisser Weise für ihre Erbauung (Unterhaltung) keine andere Möglichkeit der bildlichen oder visuellen Kommunikation, die folglich eine entscheidende Rolle in Politik, Religion und Lebenswelt ganz allgemein spielte.

Mit der Erfindung des Buchdrucks und in Verbindung mit dem Bilddruck (Holzschnitt usw.) kommt es dann sogar zu einer frühen Massenware Bild (Flugschrift), die für die besondere Funktionalisierung (In-Dienst-Nahme) von Bildern als Werbeträger von ausschlaggebender Bedeutung war, weil sie eine Entwicklung einleitete, die bis zum Plakat, zum Werbespot reicht. Tatsächlich sind z. B. mittelalterliche Flugblätter von der Medienwissenschaft immer schon als massenmediale Vorläufer angesehen worden. Aber eben nur sie, die nur einen verschwindend kleinen Teil im Gesamtangebot früher Bilder und Bildkonzepte darstellen, obwohl auch andere Bildkonzepte in vergleichbarer Weise als grundlegend für die gegenwärtigen Bilderfluten angesehen werden müßten, als Grundlage und Kritik.

Die unterschiedlichen Aspekte von Bildern und ihre spezifische Bildlichkeit zu analysieren, wäre aber die Aufgabe einer neuen, kunst- und medienwissenschaftliche Fragestellungen gleichermaßen einbeziehenden Bildwissenschaft. Dabei wäre an einer solchen Bildwissenschaft noch eine ganze Reihe weiterer Disziplinen wie Theologie, Ethnologie, aber auch Mathematik, Physik, Informatik u. a. zu beteiligen. Aber selbst in der Kunstgeschichte hat man sich bisher nur sporadisch Gedanken zum Problem des Bildes und der Bildlichkeit gemacht, obwohl gerade sie – vom Bilderverbot und anderen ikonoklastischen Bewegungen bis hin zum elektronischen Simulationsereignis – tagtäglich mit ihm konfrontiert wird (vgl. Boehm 1994).

Auch für die Kunstgeschichte als Teil einer Bildwissenschaft wäre es vonnöten, differente Bildlichkeit überhaupt wahrzunehmen. So müßten neben gestaltpsychologischen Erkenntnissen (Arnheim 1965; 1972; Gombrich 1960; 1982), die seit einiger Zeit wieder verstärkt wahrgenommen werden, vor allem jene Untersuchungsmethoden zu Rate gezogen werden, die sich mit der Bildlichkeit von Bildwerken beschäftigen, mit der Verfassung von Bildern, ihren Medienspezifika (Winter 1984).

Belting (1995) dagegen, der z. Z. vielleicht prominenteste Autor im Zwischenfeld von Medien- und Kunstwissenschaft, verfährt historistisch bzw. funktionsgeschichtlich, wenn er – seinem Konzept gemäß – Bildkunst zu bestimmen sucht, indem er Bilder *vor* der Erfindung der Kunst vergleicht mit Bildern *bei* der Erfindung der Kunst bzw. mit Bildern *nach* dem Ende der Kunst. Belting zufolge wird das Bild nicht erfunden im Medium des Bildes und auch die Kunst nicht erfunden aufgrund des Mediums Bild, sondern vor allem im Kontext des Verstehens, also durch den Betrachter; sobald dieses Verstehen aufgrund eines konventionalisierten Bildbegriffs und einer bestimmten Kunstvorstellung nicht mehr mit den aktuellen Bild- bzw. Kunstvorstellungen verbunden werden kann, verlieren diese ihren Kunstcharakter, sind sie Werke nach dem Ende der Kunst.

Freilich wird in diesem Verfahren über das Bildliche der Bilder nicht reflektiert, das so offensichtlich ein Neutrum bleibt, und in unterschiedlicher Weise allein rezeptionsästhetischen Konditionierungen folgen muß. Produktionsästhetische Ansätze werden ausgespart bzw. nicht zur Kenntnis genommen. Dabei wäre z. B. deutlich zu machen, daß die vermeintlichen Bilder nach dem Ende der Kunst in weiten Bereichen gerade das thematisieren, was das Bildliche des Bildes ausmacht, so daß gerade von hier aus die Möglichkeit bestehen sollte, aufgrund differenter Bildlichkeiten systematisch über den vermeintlichen Kunstcharakter eines Bildes zu urteilen. Z. B. wäre auf Bildverfassungen aufmerksam zu machen, die so komplex sind, daß ihre Aussagen schwerlich zu erschöpfen, d. h. vom Bild kaum zu abstrahieren sind. Sie ermöglichen Erkenntnisse in der Anschauung des Bildes, die konkret an die Anschauung gebunden bleiben. Und dies ganz im Unterschied zu solchen Darstellungen, deren Bildverfassung simplex ist, d. h. von Bildern, die sich erfüllen, wenn sie ihren Sinn aussagen, wie in der Regel Plakate oder Werbebilder. Hier wird Sinn nicht im Bild ausgesagt, sondern durch das Bild, dessen Bildlichkeit am Ende ist, wenn der Sinn ausgesagt ist: Das Bild ist dann verbraucht; es erübrigt sich wie Handwerkszeug, das, zu einem bestimmten Zweck angefertigt, nicht mehr benötigt wird, wenn es seinen Zweck erfüllt hat.

Es sind Untersuchungen zur Bildverfaßtheit von Bildern, Untersuchungen ihrer Strukturen, ihrer Valenzen und ihrer Wirkungsweisen, welche zu den zentralen Aufgaben und Thematiken einer neuen Bildwissenschaft gehören würden, die freilich als solche noch gar nicht in Sicht ist; lediglich einzelne Untersuchungen lassen sich anführen, ohne daß diese sich wirklich systematisch zusammenfassen ließen; gleichwohl erscheint eine solche Bildwissenschaft dringend notwendig angesichts der unreflektierten Aufnahme heutiger Bilder, über deren Wirkungsweise und Auswirkungen auf verschiedene Bevölkerungsgruppen, Altersstufen usw. kaum mehr als oberflächliche Thesen vorliegen.

6. Zum Verhältnis von Kunst- und Medienwissenschaft als Bildwissenschaft

Das Verhältnis von Kunst- und Medienwissenschaft erscheint heute – wie bereits gesagt – angestrengt gleichgültig. Was die Kunstgeschichte betrifft, so sieht diese sich zwar eigentlich auch zuständig für zentrale Bereiche, welche die Medienwissenschaft abdeckt, etwa Fotografie, Film, Videokunst u. ä.; zumindest wird in kontinuierlich wiederkehrenden Grundsatzäußerungen namhafter Kunsthistoriker auf die Wichtigkeit der neuen Medien und ihrer Bearbeitung hingewiesen und auf die Pflicht und Verantwortung, welche der Kunstgeschichte hierdurch erwachse.

Tatsächlich betrachtete die Kunstgeschichte die Auseinandersetzung mit neuen Bildmedien bisher noch nie als besondere Herausforderung, geschweige denn als zum engeren Kreis ihrer Aufgaben gehörend, auch dann nicht, wenn – wie etwa bei der Erfindung der Fotografie – die bildende Kunst selbst unmittelbar betroffen war. Folglich gehört die deutliche Reserve gegenüber den neuen Bildmedien und der dazu gehörenden Wissenschaft bei gleichzeitig strikter Rücksicht auf traditionelle Bildmedien und ihre Produktionen zur Tradition des Faches.

Aber auch die Medienwissenschaft zeigt eine deutliche Reserve gegenüber der eingeführten und ergebnisreichen Kunstgeschichte, zum einen aufgrund der berechtigten Gefahr der Interessenüberschneidung, zum anderen aufgrund einer Interessenverlagerung, deren Entstehung nachvollziehbar, deren Legitimität jedoch zweifelhaft erscheint. Die Medienwissenschaft hat der Frage nach der Visualität der Neuen Medien und der Massenmedien bisher keinen allzu hohen Stellenwert eingeräumt. Deutlich zeigt sich darin auch die Herkunft dieser jungen Wissenschaft, die sich von Anbeginn als ein Einzugsgebiet der Sprach- und Literaturwissenschaften verstand und von daher andere Fragestellungen favorisierte. Am ehesten fühlte man sich zur Analyse diachron organisierter (Massen-)Medien berufen, für Film, Fernsehen und Video zuständig. Insofern könnte es mit den traditionellen Tätigkeitsfeldern der Schrift- bzw. Sprachgelehrten genauso wie mit der Untätigkeit der Bildgelehrten zusammenhängen, daß sich die Medienwissenschaft ebenso wie die Institutionen der Massenmedien mitsamt ihrem Umfeld als eine Bastion des Wortes präsentieren, daß die Produkte der Medien in der Rezeption allenfalls als bebilderte Sprache wahrgenommen werden, daß das Bild also als eigenständige Größe selten zum Vorschein und zur Sprache kommt.

Entsprechend finden sich relativ wenige Veröffentlichungen, die sich mit der Visualität der Massenmedien beschäftigen. Im Schatten von gattungstheoretischen, soziologischen und rezeptionsästhetischen Fragestellungen sind jedenfalls Reflexionen mit Bezug auf die Bildlichkeit der Bildschirmmedien unauffällig geblieben. So finden sich neben produktionsästhetisch, rezeptionspsychologisch, soziologisch oder ideologie- bzw. kulturkritisch ausgerichteten Untersuchungen nur wenige Arbeiten, die sich um die besondere Bildlichkeit von Massenmedien, z. B. des Fernsehens bemühen. Und nur in wenigen Texten wird dabei die Rolle der traditionellen Bildmedien mit angesprochen, eine mögliche Vergleichbarkeit diskutiert. Geschieht dies dennoch, kann man in der Regel drei Positionen antreffen: Entweder wird ein Defizit neuerer medialer Gegebenheiten gegenüber den traditionellen Bildmedien konstatiert (z. B. Thiele 1976) oder eine generelle Nichtsubstituierbarkeit der Neuen Medien postuliert (Hickethier 1982), oder es wird im Gefolge Benjamins die Möglichkeit massenmedialer Verbreitung als Positivum herausgestrichen, welches sogar eine Verlebendigung traditioneller Kunst ermöglichen könne (z. B. Wheldon 1964). Richtig durchgeführte medienkomparatistische Ansätze finden sich sehr selten, wobei gerade aufgrund solcher Fragestellungen allererst über differente Bildlichkeiten zu diskutieren wäre. Hier wird in Zukunft ein Arbeitsfeld liegen, das von beiden Wissenschaften, der Medienwissenschaft und ihrer Nachbardisziplin, der Kunstgeschichte, zu bearbeiten wäre (vgl. Winter 1990).

7. Ausblick auf Medienwissenschaft und Kunstgeschichte

Gleichwohl und wie immer die Entwicklung verlaufen wird, es wird eine Kooperation zwischen Medienwissenschaft und Kunstgeschichte zwangsläufig geben müssen, gibt es doch Medienkunst, um die zu kümmern sich – bisher jedenfalls – die Medienwissenschaft weitgehend außerstande sieht, während die Kunstgeschichte, mit festem Blick auf ihre traditionellen Medien, ihre Erscheinung im Bereich der Kunst bisher offenbar noch kaum bemerkt hat. Die Blindheit der Kunstgeschichte für aktuelle Kunst und Kunstrichtungen gehört zur Tradition, ist folglich nichts Außergewöhnliches; während andererseits die Tatsache, daß die Medienwissenschaft die traditionellen Kunstgattungen bisher nicht als Medien angesehen hat, den Schwierigkeiten ihrer Auseinandersetzung mit der Medienkunst wohl primär zugrunde liegt. Tatsächlich befaßt sich die Medienwissenschaft mit den Medien vornehmlich in dispositiver bzw. apparativer Hinsicht, d. h. sie interessiert sich für die technischen und andere Rahmengegebenheiten, die eine Vermittlung von Botschaften ermöglichen, interessiert sich folglich für ihr Funktionieren als *Sinn-Vermittlungsträger*, nicht aber — wie dies für die künstlerischen Medien auch und ganz besonders notwendig wäre — für ihr Funktionieren als *Sinnträger*. Um das etwas überspitzt auszudrücken, könnte man vielleicht formulieren, daß für die Medienwissenschaft die Aussagen durch die Medien erfolgen, wobei das problemlose Funktionieren entscheidend ist; während bei den künstlerischen Medien die Aussagen in den Medien erfolgen, folglich ganz konkret an sie gebunden bleiben. Gerade die Kunst der klassischen Moderne macht diesen Zusammenhang deutlich, indem sie ihre Medienspezifika als 'Erkenntniswerkzeuge' selbst zum zentralen Thema der Aussage machte (z. B. Kandinsky).

Vielleicht liegt gerade dort der Skandal der Medienkunst für die Medienwissenschaft und damit ihr Widerstand gegen eine Beschäftigung mit der Medienkunst begründet, wo diese etwas in den Blick bringt, was beim normalen Funktionieren der Neuen Medien ausgeblendet ist, nämlich die eigene mediale Verfaßtheit, die Tatsache, daß Medien eben nicht nur vermitteln, sondern zugleich die Mitteilungen mitbestimmen. Erst die Nicht-Befragung der neuen Medien als Medien eröffnet das 'normale' Funktionieren der Medien, eröffnet die Möglichkeit, daß eine Welt produziert wird, die sich künstlich oder immateriell nennt, aber vermeintlich als wirklich gemeint ist, zumindest die Wirklichkeit an Wirklichkeits(möglichkeiten) zu übertreffen scheint (Simulationsereignis), während in den alten Medien die Scheinhaftigkeit der dargestellten Wirklichkeit, das 'Als-Ob', selbst bei einer Trompe-l'oeil-Darstellung medial immer garantiert ist. Welt wird so in den alten Medien zugleich reproduziert und reflektiert, nämlich in einem materiell Anderen hergestellt.

Eben diese Reflektionsebene, die Darstellung in einem materiell Anderen, Entgegengesetzten, bzw. die Thematisierung des Mediums fehlt bei den Neuen Medien und wie es scheint, ist dieses Fehlen bewußt inszeniert: Man will eine scheinhafte Objektivität, will die „große Realistik" (Kandinsky), will anscheinend reine Vermittlung sein für Wirklichkeit, die in dieser Weise neu zur Erscheinung gelangt.

Gerade diese Fiktion wird von der Medienkunst immer wieder diskutiert, zum Thema erhoben. Hier anzusetzen wäre deshalb für beide, für die Medienwissenschaft und die Kunstgeschichte sinnvoll: In der Auseinandersetzung mit der Medienkunst würde für die Kunstgeschichte zu klären sein, ob und durch was diese Werke Kunst sind oder sein könnten, könnte die Frage nach Rahmen und Grenzen, die Frage nach der Bestimmung von Kunst ganz allgemein als Grenzfrage neu und aktuell gestellt und behandelt werden. Für die Medienwissenschaft wäre in der Auseinandersetzung etwa mit Video-Kunst zu klären, was die Unterschiede der Medien in Gebrauch sein könnten, die Unterschiede in der Bildverfassung von Kunstmedien, Medienkunst und kunstlosen Medien.

8. Literatur

Alberti, Leon B., Della Pittura libri tre, 1435/36. In: Kleinere kunsttheoretische Schriften. Hrsg. v. Hubert Janitschek. Wien 1877.

—, De Re Aedificatoria, 1451/52. [Deutsche Ausgabe: Zehn Bücher über die Baukunst. Übers. und komm. v. Max Theuer. Wien/Leipzig 1912].

—, De Statua, 1464. In: Kleinere kunsttheoretische Schriften. Hrsg. v. Hubert Janitschek. Wien 1877.

Arnheim, Rudolf, Kunst und Sehen. Eine Psychologie des schöpferischen Auges. Berlin 1964.

—, Anschauliches Denken. Zur Einheit von Bild und Begriff. Köln 1972.

Belting, Hans, Das Ende der Kunstgeschichte. Eine Revision nach zehn Jahren. München 1995.

Belting, Hans/Heinrich Dilly/Wolfgang Kemp u. a., Kunstgeschichte. Eine Einführung. Berlin 1986.

Boehm, Gottfried (Hrsg.), Was ist ein Bild? München 1994.

—, Die Bilderfrage. In: Was ist ein Bild? Hrsg. v. Gottfried Boehm. München 1994, 325 ff.

Burckhardt, Jacob, Die Kultur der Renaissance in Italien. Ein Versuch. Basel 1860.

Dilly, Heinrich, Einleitung. In: Kunstgeschichte. Eine Einführung. Hrsg. v. Hans Belting/Heinrich Dilly/Wolfgang Kemp u. a. Berlin 1986, 9 ff.

Gombrich, Ernst H., Art and illusion. A study in the psychology of pictorial representation. New York/London 1960.

–, The image and the eye. Oxford 1982.

Hickethier, Knut, Über die Schwierigkeiten der Künstler mit dem Massenmedium und umgekehrt. In: Loccumer Protokolle 4, 1982, 21 ff.

Imdahl, Max, Giotto. Arenafresken. Ikonographie – Ikonologie – Ikonik. München 1980.

–, Ikonik. Bilder und ihre Anschauung. In: Was ist ein Bild? Hrsg. v. Gottfried Boehm. München 1994, 300 ff.

Kandinsky, Wassily, Punkt und Linie zu Fläche. Beitrag zur Analyse der malerischen Elemente. München 1926.

Panofsky, Erwin, Zum Problem der Beschreibung und Inhaltsdeutung von Werken der bildenden Kunst. In: Logos, 21, 1932, 103 ff.

–, Sinn und Deutung in der bildenden Kunst. Köln 1975.

Sedlmayr, Hans, Pieter Bruegel. Der Sturz der Blinden. Paradigma einer Strukturanalyse. In: Hefte des Kunsthistorischen Seminars der Universität München. Hrsg. v. Hans Sedlmayr, Heft 2, München 1957.

Sedlmayr, Hans, Kunst und Wahrheit. Zur Theorie und Methode der Kunstgeschichte. Hamburg 1958.

Thiele, Jens, Das Kunstwerk im Film. Zur Problematik filmischer Präsentationsformen von Malerei und Graphik. Frankfurt a. M./München 1976.

Tietze, Hans, Lebendige Kunstwissenschaft. Zur Krise der Kunst und der Kunstgeschichte. Wien 1925.

Vasari, Giorgio, Le Vite de' più eccellenti Pittori, Scultori ed Architettori, 1550 [Deutsche Ausgabe: Vasari, Giorgio, Leben der ausgezeichnetsten Maler, Bildhauer und Baumeister von Cimabue bis zum Jahre 1567, 1568. Übers. v. Ludwig Schorn/Ernst Förster. Stuttgart/Tübingen 1832–1849].

Vitruv, Zehn Bücher über Architektur. Lat.-deutsche Ausgabe von Curt Fensterbusch, Darmstadt 1964.

Warburg, Aby, Italienische Kunst und internationale Astrologie im Palazzo Schifanoja zu Ferrara. In: Gesammelte Schriften. Hrsg. v. Gertrud Bing unter Mitarbeit von Fritz Rougemont, Bd. II. Leipzig/Berlin 1932, 459 ff., 627 ff.

Warnke, Martin, Gegenstandsbereiche der Kunstgeschichte. In: Kunstgeschichte. Eine Einführung. Hrsg. v. Hans Belting/Heinrich Dilly/Wolfgang Kemp. Berlin 1986, 21 f.

Wheldon, Huw, Television and the arts. London 1964.

Winckelmann, Johann J., Gedanken über die Nachahmung der griechischen Werke in der Malerei und Bildhauerkunst. Dresden/Leipzig 1755.

–, Geschichte der Kunst des Altertums. Dresden 1764.

Winter, Gundolf, Kunst im Fernsehen. In: Kunst und Künstler im Film. Hrsg. v. Helmut Korte/Johannes Zahlten, Hameln 1990, 69 ff.

–, Durchblick oder Vision. Zur Genese des modernen Bildbegriffs am Beispiel von Robert Delaunays „Fenster-Bildern". In: Pantheon XLIII, 1984, 34 ff.

Wölfflin, Heinrich, Kunstgeschichtliche Grundbegriffe. Das Problem der Stilentwicklung in der neueren Kunst. München 1915.

Gundolf Winter, Siegen (Deutschland)

31. Medien-Nachbarwissenschaften X: Theologie

1. Theologie: Wissenschaft vom Glauben
2. Theologie als Wissenschaft
3. Medientheologie
4. Medienreligion
5. Literatur

1. Theologie: Wissenschaft vom Glauben

Theologie ist Glaubenswissenschaft, also methodisch gesteigerte Erkenntnis dessen, was Glauben an Gott und das in der Bibel überlieferte Wort Gottes bedeutet, und ist Rechenschaft, also kritische Reflexion über die Ratio der im Glauben erfaßten und angenommenen Offenbarung Gottes.

Der Glaube bezeichnet eine Beziehung, in der sich Mensch und Gott zueinander verhalten. Spätestens seit der Reformation werden als das eigentliche Subjekt der Theologie die beiden Pole dieser Beziehung bestimmt: der schuldige und in seiner reflexen Natur Gott entfremdete Mensch und der ihn rechtfertigende, in seiner Zuwendung richtende und sich erbarmende, Natur und Welt als Schöpfer erhaltende Gott.

Die christliche Theologie versteht Gott und Mensch in dieser Beziehung nicht als

Träger oder Objekt einer geschichtslos strukturierten Vernunft, sondern als dialogisches Gegenüber, in dem sich Gott dem Menschen durch die geschichtlich-kontingente Offenbarung in Jesus Christus und durch seine Geistesgegenwart erschließt, und der Mensch durch Glauben 'gerecht', versöhnt und ganz wird, zu sich selbst kommt.

Sowohl die Glaubensgewissheit von einer ontologischen Differenz zwischen Schöpfer und Geschöpf als auch die Rückbesinnung des Glaubens auf die geschichtliche Kontingenz der Gottesoffenbarung in Leben und Verkündigung des Menschen Jesu von Nazareth lassen die Annahme einer Kontinuität zwischen Transzendenz und Immanenz, einen ontologischen Ausgleich in einer theologisch-philosophischen Metaphysik nicht zu. Wenn es in der Beurteilung dieser Frage theologiegeschichtlich auch markante Unterschiede zwischen den konfessionellen Traditionen gab, so verlaufen die Fronten zwischen einem schöpfungstheologisch-naturrechtlichen oder religionswissenschaftlich fundierten Denken und einem 'Offenbarungspositivismus', sofern es eine solche Frontstellung überhaupt noch gibt, nicht mehr entlang der konfessionellen Grenzen.

Im Blick auf jede kirchliche, sakramentale oder seelsorgerliche Vermittlung zwischen dem richtenden und heilenden Gott und dem sündigen Menschen wird Gott als das aus Gnade handelnde Subjekt des Heils und der 'Heiligung' verstanden. Vor diesem Hintergrund wird für eine christliche Theologie, besonders für die Theologien reformatorischer Herkunft, eine 'Heiligung' durch 'gute Werke', die sich qualitativ von anderem menschlichen Wirken und Handeln unterscheiden, darüber hinaus auch eine Sakralisierung der Welt, ihrer Natur und ihrer Ordnungen zu einem theologisch nicht legitimen Gedanken. Unter dieser Perspektive können Welt und Gesellschaft auch angesichts der Verkündigung des Reiches Gottes der Profanität nicht entrinnen und erhalten die theologisch inspirierten Säkularisierungstheorien einen ambivalenten Charakter.

2. Theologie als Wissenschaft

2.1. Aufgabe

Theologie als Wissenschaft vom Glauben an Gott und methodisch gesteigerte Besinnung auf das Wort Gottes hat sowohl eine kritische als auch eine verstehend-interpretierende Funktion. Sie zielt auf die kritische Prüfung der Sachgemäßheit der Verkündigung und des kirchlichen Redens am Maßstab des im biblischen Kanon überlieferten Wortes Gottes, dessen Unterschiede und Widersprüche zur Suche nach einer Mitte der Theologie und der Verkündigung beider Testamente (Biblische Theologie) zwingt. Sie interpretiert nach hermeneutischen Verfahren, weil der Glaube sich in einer Sprache artikuliert, die selbst den Bedingungen des geschichtlichen Wandels und dem Verstehenshorizont im jeweiligen kulturellen Kontext unterworfen ist. Hier hat die Kennzeichnung der Theologie als einer „Sprachlehre des Glaubens" (E. Fuchs; G. Ebeling) ihren „Sitz im Leben".

Das glaubende Verstehen und damit die Theologie hat einen geschichtlichen Charakter, insofern der Glaube nach jüdisch-christlicher Auffassung aus dem Hören auf die Verkündigung des Wortes Gottes entsteht (fides ex auditu). Das Sehen der Bilder und Zeichen gilt demgegenüber als sekundär, als ein abgeleiteter Vorgang des 'Lesens' von Bildern. Die Konzentration auf das Wort, die Sprache, das Erzählen und Verkündigen, die Schrift setzen einen Kommunikationsprozeß voraus, an dem Gott und Menschen zueinander in Beziehung treten, teilnehmen und das Gehörte und Gesehene, Erfahrene und Überlieferte ins Verhältnis zueinander setzen, interpretieren und anderen mitteilen. Der Vorgang des Verstehens vollzieht sich zeit- und kontextbezogen und bedarf daher methodischer Verfahren, welche die Sachgemäßheit, Glaubwürdigkeit, Wahrheit und Kohärenz der Verkündigung zu prüfen erlauben.

Die Aufgabe der christlichen Theologie stellt sich demnach unter vier Aspekten: Die Theologie *legt* das Wort Gottes im Dienst an der Vergegenwärtigung der biblischen Botschaft und der kirchlichen Tradition *aus* (Exegese); sie hat eine *bekennende Funktion* im Sinne der Bezeugung des Glaubens vor den Menschen und in der Gesellschaft. Sie hat dementsprechend einen genuin öffentlichen Charakter und zielt nicht auf den esoterischen Raum der kleinen Gruppe und ein Geheimwissen. Die Theologie hat ferner einen *doxologischen Charakter*: Das Rühmen der Taten Gottes, etwa im Gottesdienst und Liturgie der Kirche, führt zu nicht falsifizierbaren Letztaussagen, aus denen keine argumentativen Schlüsse gezogen werden können, auf denen weitere, etwa dogmatische Aussagen aufgebaut werden könnten. Die Theologie nimmt schließlich eine *apologetische Auf-*

gabe wahr, indem sie sich im Dienst an einem verantwortlichen Reden der Kirche und im Licht der biblischen Botschaft mit dem wissenschaftlichen oder populären Selbstverständnis der jeweiligen Zeit auseinandersetzt, um über die Vernunft des Glaubens Rechenschaft abzulegen.

2.2. Theorie und Praxis

Indem die Theologie sich auf die Verkündigung des Wortes Gottes und den daraus entstehenden Glauben bezieht, hat sie als Wissenschaft eine auf Praxis zielende Funktion. Im Blick darauf hat die „lutherische Orthodoxie" Theologie bereits als „sapientia eminens practica" (Hollatz) bezeichnet, und Hegels Zeitgenosse F. D. E. Schleiermacher hat ihr das Prädikat einer „positiven Wissenschaft" zugewiesen, die ihre Einheit in der Ausrichtung auf die Aufgabe der 'Kirchenleitung' findet (Kurze Darstellung § 1 ff.). Diese Praxisorientierung, welche die christliche Theologie beider Konfessionen auch während der Phasen ihrer Ausrichtung am spekulativen Denken der philosophischen Metaphysik oder der orthodoxen Dogmatik nicht verlor, hat ihren Anspruch als Wissenschaft wesentlich mitbestimmt. Sie hatte damit zugleich aber einen teilweisen Verzicht auf eine genaue wissenschaftstheoretische Bestimmung des Theologiebegriffs zur Folge.

Diese Problematik erweist sich im Test an der Praxis auf ihren verschiedenen Ebenen: In der Diakonie wird die Ethik des Glaubens am Maßstab der Nächstenliebe, der regula caritatis bewährt, das Leben der Christen und der Gemeinde im Alltag testet die Offenheit der Theologie an den sozialen politischen und ökologischen Realitäten. In Seelsorge, Evangelisation, Mission sowie in der Auseinandersetzung mit dem Pluralismus der Konfessionen und Religionen sowie im Ringen um soziale, kulturelle und wirtschaftliche Gerechtigkeit muß sich die Tragweite der Botschaft vom Heil messen lassen. Die Frage, ob die Theologie diese Prüfungen besteht, läßt sich selbst nicht durch ein empirisches Urteil, einen Rückschluß von der Praxis auf die Theorie, sondern schlüssig nur im Glauben beantworten. Und die Schlüssigkeit dieser Antwort erweist sich wieder nur durch eine theologische Reflexion. Dieser hermeneutische Zirkel von christlich-theologischer Praxis und Kritik behindert eine beweiskräftige Rechenschaft. Die Verifizierung und Legitimation theologischer Aussagen ist angewiesen auf den „Erweis des Geistes und der Kraft" im Glauben.

Dennoch hat die Theologie ihren wissenschaftlichen Anspruch seit dem Aufbruch der 'Dialektischen Theologie' nach dem ersten Weltkrieg immer deutlicher artikuliert, indem sie sich nicht den normativen Ansprüchen der Theologiebildung der Natur- und Kulturwissenschaften anpaßte, sondern sich auf die für die Theologie als Wissenschaft vom Glauben adäquate Gegenstandsgemäßheit konzentrierte. Analog zu den Natur- und Kulturwissenschaften sieht sich auch die Theologie mit einem definierbaren Erkenntnisobjekt konfrontiert, sie verfolgt dabei einen methodisch ausgewiesenen Erkenntnisweg und vermag über diesen Weg nach allgemein gültigen Regeln Rechenschaft zu geben. Das Kriterium der Sach- oder Gegenstandsgemäßheit reicht aber nicht hin, denn es vermag lediglich die Eigenständigkeit einer wissenschaftlichen Disziplin zu begründen, sie aber nicht zu anderen Wissenschaften in eine nachprüfbare und produktive Beziehung zu setzen.

Um eine solche – auch apologetische – Verhältnisbestimmung zu ermöglichen, müssen die Unterscheidungsmerkmale festgestellt werden, die der wissenschaftlichen Eigenständigkeit und Erkenntnisleistung Kontur geben: So ist es für Natur- und Sozialwissenschaften charakteristisch, daß ihre Aussagen widerspruchsfrei und empirisch überprüfbar sein müssen (Satzpostulat); theologische, besonders dogmatische Aussagen lassen sich aber gewöhnlich nicht falsifizierbar formulieren und durch das Experiment empirisch überprüfen; sie haben oftmals die Struktur des Paradoxon. Natur- und Humanwissenschaften zielen auf die wissenschaftliche Erfassung der Ganzheit der Lebens- und Sachzusammenhänge, theologische Sachgemäßheit bezieht auch die Kontingenz des geschichtlichen Handelns Gottes ein, in welcher der Verheißung, Vergewisserung und Vergebung die Umkehr, das Ende und der Neuanfang entsprechen. Im Blick darauf hat Karl Barth den von Heinrich Scholz erhobenen wissenschaftlichen Postulaten widersprochen, weil es ihm zufolge in der Offenbarung um Gottes „freie Gnade" geht. Schließlich zielen theologische Aussagen im Blick auf das Wahrheitspostulat nicht auf Satzwahrheit, sondern auf Existenzwahrheit. Im Blick auf diese Unterscheidung bilden die Sozial- und Psychowissenschaften, ebenso die Kommunikationswissenschaft, eine Brücke, da hier der

Mensch als erkennendes Subjekt zugleich dem Gegenstand seines Erkennens zugehört.

Das Kriterium der Sachgemäßheit wirft verschärft die Rückfrage nach dem Gegenstand der Theologie auf. Die Tatsache, daß in der Trias möglicher Antworten: Gott, das Wort Gottes in der Schrift, der Glaube – in der Wirkungsgeschichte Schleiermachers der Glaube ins Zentrum des wissenschaftlichen Interesses rückt, macht deutlich, daß die wissenschaftliche Theologie über konfessionelle Grenzen hinweg die Geschichtlichkeit des Christus-Ereignisses, der biblischen Schriften sowie der Überlieferung des gelebten Glaubens, seiner Sprache und seines jeweiligen kulturellen Kontextes vor Augen hat.

2.3. Die Kirchlichkeit der Theologie

Insofern die Geschichtlichkeit des Glaubens sich in der Überlieferung der Gemeinde niederschlägt, ist die Theologie an die Kirche gebunden. Als „Geschöpf des Wortes Gottes" (M. Luther) ist die Kirche freilich der Autorität des Gottesworts nachgeordnet. Im Spannungsverhältnis von Wort und Glaube, Schrift und Tradition, Wissenschaftlichkeit und Kirchlichkeit begibt sich die Theologie erneut in einen hermeneutischen Zirkel: Die Theologie läßt sich vom Bekenntnis der Kirche auf die Mitte der biblischen Botschaft verweisen, zugleich aber entspricht es der Priorität der Schrift vor dem Bekenntnis sowie der Freiheit von Theologie und Glauben, daß die Theologie das Bekenntnis am Maßstab der Schrift als der norma normans mißt. Für die Sachgemäßheit theologischer Aussagen stellt das Kriterium der Kirchlichkeit ein schwer zu lösendes Problem dar. Der faktische Pluralismus von Kirchen und Konfessionen gefährdet die Einheit und den Wahrheitsanspruch der Theologie. Die katholische Kirche versucht, dieses Problem durch ein zentrales kirchliches Lehramt zu lösen, die reformatorischen Kirchen und Theologien gehen demgegenüber im Respekt vor der Freiheit und Unverfügbarkeit des Wortes Gottes den Weg, nach einem ökumenischen Konsens zu suchen.

2.4. Methoden, Typen und Schulen der Theologie

Im Blick auf die Einheit und den Wahrheitsanspruch der Theologie als Wissenschaft kommt der Methodenfrage eine entscheidende Bedeutung zu. Dabei ist eine dreifache Aufgabe zu lösen, die auch für die Pluralität möglicher Theologien der Nährboden ist: Die Theologie muß auf die biblische Botschaft in beiden Testamenten hören, sie muß diese Botschaft in Fortsetzung der Linie und in kritischer Auseinandersetzung mit der Tradition der Kirche auslegen und schließlich auf das vorherrschende Selbstverständnis der jeweiligen Zeit, Kultur und Gesellschaft achten, um die Botschaft den Zeitgenossen verständlich zu machen und ihre wissenschaftliche Kompetenz auszuweisen. Der Historismus hat angesichts des „garstigen Grabens" zwischen dem historischen und dogmatischen Verständnis vor dieser Aufgabe weitgehend resigniert und dessen Überbrückung als Schicksalsfrage der Theologie aufgefaßt (E. Troeltsch). Seit dem Aufbruch der Dialektischen Theologien nach dem 1. Weltkrieg haben andere Weisen des Geschichtsverständnisses sowie der Rückgriff auf reformatorische Erkenntnisse (Rechtfertigung, Wort Gottes) einen solchen Brückenschlag ermöglicht.

Dabei hat die lang umstrittene historisch-kritische Methode einen zentralen Platz, vor allem in den exegetischen Disziplinen, errungen – dies nicht zuletzt dadurch, daß sie auch die katholische Bibelwissenschaft einzog und ökumenische Bedeutung erhielt. Die von der Dialektischen Theologie entwickelten, neuen dogmatischen und hermeneutischen Ansätze wurden – insbesondere in Aufnahme von Anregungen aus der hermeneutischen Philosophie (H. G. Gadamer) – von Gerhard Ebeling, Wolfgang Pannenberg und Jürgen Moltmann zu einer theologischen Geschichtshermeneutik ausgebaut. Theologische Hermeneutik und historische Kritik gehören heute zum Grundbestand der wissenschaftlichen Theologie.

Insofern die Theologie als Glaubenswissenschaft auf die Kirche, die Geschichte und den Menschen in seiner Lebenswelt bezogen ist, weist sie notwendigerweise einen politischen Aspekt auf. Das bedeutet nicht nur, daß sie eine gesellschaftskritische Aufgabe hat, sondern vor allem, daß sie in allen ihren materialen Bezügen die politisch-gesellschaftliche Bedeutung ihrer Aussagen mitzubedenken hat. Denn, wenn die Theologie sich als Reflexion auf den Glauben, in dem die anthropozentrische und die theozentrische Dimension aufgrund der Selbstmitteilung Gottes in dem Menschen Jesus von Nazareth nicht mehr als Alternativen betrachtet werden können, auf den Menschen in seiner Lebenswelt richtet, dann kann sie sich nicht nur auf die Innerlichkeit des Einzelnen und sein individuelles Heil beziehen. Geschichtliche und natürliche Lebenswelt sind dann auch nicht nur als die christliche Kommunität, die 'Gemeinschaft der Heiligen', sondern als die profane Welt und der natürliche Kosmos ins Auge zu fassen.

Von diesem, auch interkonfessionell weitgehend gemeinsamen Ausgangspunkt aus haben sich im 20. Jh. allein im protestantischen Spektrum durchaus verschiedenartige Ausprägungen, Typen und Schulen des theologischen Denkens entwickelt. Die Unterschiede beziehen sich vor allem auf die Bestimmung des Verhältnisses von biblischer Botschaft, überliefertem Glaubensverständnis und heutiger Weltdeutung.

Karl Barth (1886—1968) und die Dialektische Theologie haben eine Konzentration auf das Christusereignis, auf die Einheit von Gott und Mensch in der historischen Gestalt Jesu von Nazareth als dem geoffenbarten Wort Gottes vollzogen. Als „wissenschaftliche Selbstprüfung der christlichen Kirche hinsichtlich der ... ihr eigentümlichen Rede von Gott" setzt die Theologie an bei der Deutung der Inkarnation sowie des Gegensatzes von Kreuzestod und Auferstehung. Das methodische Instrument zur Verhältnisbestimmung von Gotteslehre und Anthropologie, Gott und Welt, ist die Analogie von Beziehungen (analogia relationis im Unterschied zur analogia entis oder analogia nominum). Die Dialektische Theologie (neben Karl Barth; E. Thurneysen; E. Brunner; F. Gogarten; R. Bultmann) hat großen Einfluß — auch über die konfessionellen Grenzen hinweg (K. Rahner) — auf die theologische Entwicklung und durch die Gestalt Karl Barths auch auf die Bekennende Kirche in Nazi-Deutschland (Barmer Bekenntnis 1934) ausgeübt.

Parallel und in Verbindung zur Dialektischen Theologie entwickelte sich schon in den zwanziger Jahren eine Fragestellung, die heute wieder aktuell ist: Bei der 'Biblischen Theologie' geht es einerseits darum, die Schriften der Bibel zum Gegenstand theologischer Forschung und Auslegung zu machen, andrerseits die in ihnen angelegten eigenen Theologien herauszuarbeiten. Fragen nach der Einheit der Schrift beider Testamente, nach der Kanonbildung, der Fortsetzung der alttestamentlichen Tradition im Christentum oder im Judentum, nicht zuletzt nach der Nähe der biblischen Schriften zu anderen Phänomenen der antiken Religions- und Kulturgeschichte rücken hier ins Zentrum der Aufmerksamkeit.

Für Paul Tillich (1886—1965) leistet Theologie eine methodisch geleitete Interpretation des christlichen Glaubens. Das geschieht durch eine Methode der Korrelation, in der die menschliche Existenz und die göttliche Offenbarung, Situation und Botschaft als Frage und Antwort aufeinander bezogen werden. Einige Theologen dieser Schule wie der Amerikaner David Tracy haben diese Korrelation als Verhältnis von „gemeinschaftlicher Erfahrung und Sprache" und „christlichen Texten" näher bestimmt, wobei die überlieferten Texte historisch-kritisch, die zeitgenössische Erfahrung und Sprache auf ihre religiöse Dimension hin untersucht werden. Diese Ansätze sind bereits von Tillich zu einer Theologie der Kultur weiter entwickelt worden, von der sich auch Linien zu einer theologischen Anthropologie der Kommunikation bzw. einer 'Medientheologie' ziehen lassen.

Anfang der sechziger Jahre hat ein Kreis damals junger Theologen: Wolfhart Pannenberg, Rolf und Trutz Rendtorff sowie Ulrich Wilckens mit der Programmschrift „Offenbarung als Geschichte" (1961) versucht, die Aporien der von Karl Barth und Rudolf Bultmann vertretenen 'Kerygma-Theologie' durch eine neue theologische Geschichtshermeneutik zu überwinden. Die Offenbarung Gottes und die Heilsgeschichte lassen sich demnach mit den Mitteln historischer Erkenntnis aus dem jeweiligen Ereignis selbst deuten, wenn man es in seinem geschichtlichen Kontext betrachtet. So kann das Christusereignis als Offenbarung Gottes erkannt werden, wenn es im Kontext der Geschichte als ganzer interpretiert wird; das ist insofern möglich, als die Auferstehung Christi das Ende der Geschichte vorwegnimmt.

Unter verwandter Perspektive hat Jürgen Moltmann seine 'Theologie der Hoffnung' konzipiert (1964). Dabei ist er der Einsicht gefolgt, daß das Evangelium von Jesus Christus als die Verheißung der Zukunft Gottes zu verstehen ist, die durch ihre antizipierende Kraft der Welt Zukunft gewährt. In diesem Verständnis der biblischen Botschaft sind Identitätsaussagen über Gott und Relevanzaussagen über die Welt aufs engste miteinander verbunden. Moltmann hat aus diesem Ansatz eine politische Hermeneutik des Evangeliums entwickelt, mit der deutlich gemacht werden soll, daß und wie die theologische Verantwortung von den Leiden der Zeit herausgefordert wird. Beide Konzepte wirkten schulenbildend. Pannenberg baute seinen Ansatz zu einer 'Theologie der Religionen' aus, Trutz Rendtorff entwarf eine 'Ethische Theologie', Jürgen Moltmann (auch J. B. Metz, D. Sölle u. a.) konzipierte eine 'Politische Theologie', die in wechselseitiger Korrespondenz mit der lateinamerikanischen 'Befreiungstheologie', der 'Theologie der Revolution' und der 'Feministischen Theologie' verbunden ist.

Die in Nordamerika entstandene „Prozeßtheologie" nimmt das philosophische Denken Alfred North Whiteheads (1861–1947) auf, in dem die Realität als ein Prozeß des Werdens, der Transformation zu immer neuen Formen verstanden wird, die sich nicht unmittelbar auf vorhergehende Zustände und Stadien zurückführen lassen. Gott wird hier als der ermöglichende Grund, aber auch als Begleiter der Prozesse gedacht, in denen er selbst werdend zu sich selbst kommt. Aus diesem Ansatz haben Theologen wie Schubert M. Ogden oder John B. Cobb verschiedene Konzepte einer philosophischen Theologie der Gesellschaft und Kultur entwickelt, die es erlaubt, das Verhältnis von Gott und Welt anders als in einem patriarchalen Theismus zu verstehen und Umwelt sowie Natur als Schöpfung einzubeziehen.

2.4. Theologie und andere Wissenschaften

Da die Theologie angesichts der Pluralität von Methoden, Konfessionen, Schulen und Kulturen vor dem Problem steht, divergierende Positionen aufeinander zu beziehen und in ein einheitliches Verständnis von theologischer Wissenschaft oder Weisheit zu integrieren, ist sie auf den Dialog mit anderen Wissenschaften angewiesen. Auf der einen Seite vollzieht sich dieser Dialog traditionell durch diverse Versuche, das Wesen der Theologie durch Anknüpfung an die Philosophie oder die Aufnahme von Methoden anderer Wissenschaften zu bestimmen. Beispiele dafür sind Bultmanns Existenziale Interpretation in Anknüpfung an die Existenzphilosophie Martin Heideggers oder Friedrich Gogartens und Emil Brunners Ausrichtung am Personalismus. Auch die Zuwendung zum Marxismus (Religiöser Sozialismus, Befreiungstheologie) und zu den Sozialwissenschaften (besonders der „Kritischen Theorie" der Frankfurter Schule, aber auch der Systemtheorie Niklas Luhmanns) gehören dazu. Diese Adaptionen zielen darauf ab, die theologischen Aussagen nicht nur an eigenen Kriterien, sondern auch empirisch an der gesellschaftlichen Wirkung zu messen. In dieser Situation der theologischen Orientierung an philosophischen oder wissenschaftlichen Theorien und Methoden haben Theologen wie Gerhard Sauter und Dietrich Ritschl oder Ingolf Dalferth sprachanalytische Theorien und Begriffe in Anspruch genommen, um Logik, Begründung und Geltung der Sprache des Glaubens heute zu erhellen.

Auf der anderen Seite geht es der Theologie darum, im interdisziplinären Dialog die eigene Sache und Perspektive zu vertreten und sich nicht nur apologetisch oder eklektisch zu verhalten. Das Verständnis vom Menschen, von Natur, Geist, Gesellschaft und Gemeinschaft, auch von Freiheit und Gerechtigkeit stellt die Theologie als Rede von Gott unter eine andere Perspektive als die Sozial- oder Naturwissenschaften. Im interdisziplinären und darüber hinaus im interkonfessionellen, interreligiösen und interkulturellen Dialog wird die Theologie nur dann die Kohärenz und Adäquatheit ihrer Aussagen am Erkenntnisstand der Partner messen können, wenn sie die eigene sachliche Perspektive, Begrifflichkeit und Logik ins Spiel bringt. Das gilt auch für den Dialog mit der Kommunikationswissenschaft, die in der kritischen Auseinandersetzung mit den Kulturwissenschaften der jüngste Partner der Theologie ist.

3. Medientheologie

Unter dem Blickwinkel einer 'Theologie der Kultur' hat Paul Tillich in den fünfziger Jahren das Verhältnis von Religion und Kultur folgendermaßen bestimmt: „Religion ist das, was uns unbedingt angeht, ist die sinngebende Substanz der Kultur, und Kultur ist die Gesamtheit der Formen, in denen das Grundanliegen der Religion seinen Ausdruck findet. Kurz gefaßt: Religion ist die Substanz der Kultur, und Kultur ist die Form der Religion." Das gilt für ihn ganz allgemein und nicht nur für das christliche Europa, grundsätzlich auch für säkularisierte Gesellschaften. Und das heißt, „daß alle Riten, Doktrinen, Institutionen, Symbole eines religiösen Systems eine religiöse Kultur konstruieren, die aus der umgebenden allgemeinen Kultur abgeleitet ist – aus ihrer sozialen und ökonomischen Struktur, ihren charakteristischen Zügen, ihren Meinungen und ihrer Philosophie, ihren sprachlichen und künstlerischen

Ausdrucksformen, ihren Komplexen, Traumata und Sehnsüchten ... Wer den Stil einer Kultur lesen kann, kann auch ihr letztes unbedingtes Anliegen entdecken – und das heißt: ihre Substanz" (Trillich 1967, 101 f. und 84). Er kann vor dem Hintergrund dieses Rückschlusses auf die Substanz auch die Realitäten des Lebens und der Kultur im Lichte des religiösen Glaubens interpretieren und mitgestalten. Diese wechselseitige Korrelation hat es der Theologie erlaubt, die Funktion und den Stellenwert der sozialen Kommunikation zu erfassen.

3.1. Anthropologie der Kommunikation

Der christliche Glaube ist im Kern auf Kommunikation angelegt. Er entsteht in der Erfahrung der göttlichen Zuwendung, im Hören auf das Wort, und entfaltet sich in der Gemeinschaft der Glaubenden: „Wo zwei oder drei versammelt sind in meinem Namen, da bin ich mitten unter ihnen" (Mt 18,20). Sozialisation, Personwerdung und Kommunikation sind aufs engste miteinander verknüpft. Im Lichte dieser Einsicht und Erfahrung hat der Ökumenische Rat der Kirchen auf seiner Vollversammlung 1968 in Uppsala mit Pathos erklärt: „Kommunikation ist die Substanz des Lebens. Durch sie werden wir, was wir sind, in unserem körperlichen wie auch in unserem geistigen Leben. Kommunikation ist auch die Art, in der Gott sich dem Menschen zu erkennen gibt, und in der der Mensch antwortet" (414). Und in dem päpstlichen Pastoralschreiben über die mediale Kommunikation 'Communio et Progressio' von 1971 heißt es: „Ihrer ganzen Natur nach zielt die soziale Kommunikation darauf ab, daß die Menschen durch die Vielfalt ihrer Beziehungen einen tieferen Sinn für Gemeinschaft entwickeln ... Nach christlicher Glaubensauffassung ist die Verbundenheit und Gemeinschaft der Menschen – das oberste Ziel jeder Kommunikation – ursprünglich verwurzelt und gleichsam vorgebildet im höchsten Geheimnis der ewigen Gemeinschaft in Gott zwischen dem Vater, dem Sohn und dem Hl. Geist, die ein einziges göttliches Leben haben." (N. 8).

Aus diesen Grundthesen läßt sich Kommunikation anthropologisch begründen. Die theologische Disziplin der 'Praktischen Theologie', in deren Kanon dieser Problemkreis gehört, hat dazu bislang freilich nur dürftige und sporadische Aussagen gemacht. Neuerdings entwickelt sich das Fach 'Christliche Publizistik' (mit z. Zt. drei Professuren im protestantischen Bereich) zu einer eigenen Disziplin der Praktischen Theologie und gewinnt Profil. Die 'Gemeinsame Erklärung' der beiden großen Kirchen zu den „Chancen und Risiken der Mediengesellschaft" von 1997 macht immerhin anthropologische Grundaussagen zur Funktion der sozialen und medialen Kommunikation. Ausgehend von der Einsicht, daß der Mensch ein Wesen ist, das in Beziehungen lebt und Verantwortung erlernt, werden die konstitutiven Elemente der Personwerdung entfaltet: Gottesebenbildlichkeit bedeutet in der Sprache des Glaubens das Konstituens der persönlichen Würde jedes einzelnen und seine Gleichrangigkeit in der Sozial- und Rechtsgemeinschaft. Menschliche Identität wird aber auch durch die mitmenschlichen Beziehungen ausgebildet: „Dieses dynamische Beziehungselement, in dem auch Gruppen, Institutionen und Organisationen ihren Platz haben, stellt auch den Kern dessen dar, was heute als 'Kommunikation' bezeichnet wird."

Von diesem Ausgangspunkt aus werden die Linien ausgezogen zur Funktion von personaler und medialer Kommunikation, zur Medienpolitik, -ethik und -pädagogik sowie zur Präsenz der Religion in den Medien: Mit der (technischen) Vermehrung der Kommunikationsmöglichkeiten steigen die Chancen, aber auch die Risiken zur Persönlichkeitsbildung und zur Entwicklung von ethischen Grundüberzeugungen, die den Anforderung einer globaler werdenden Kultur standhalten. Der mögliche Mißbrauch radikalisiert das Problem der Verantwortung. Insofern stellt der verantwortliche Gebrauch der Freiheit „eine permanente Bildungsaufgabe dar, zum anderen müssen politisch und rechtlich Voraussetzungen für ein Mediensystem geschaffen werden, in dem ein solcher Gebrauch der Freiheit verwirklicht werden kann. Dabei sind solche Gestaltungsformen zu bevorzugen, die selbst dem Charakter der Freiheit und Würde entsprechen" (53). Menschenwürde, Teilhabe, Eigenverantwortung, freier Zugang, Kommunikationgerechtigkeit, Anschluß an die kulturelle Herkunft sind die Stichworte für die Entfaltung der „kommunikativen Freiheit".

3.2. Medienpolitik

Im Lichte dieser Erfordernisse sind die Medien darauf zu befragen, inwieweit sie zum Erhalt ihrer eigenen Voraussetzungen beitragen. Das gilt besonders für die Freiheitsrechte, die im Kampf um das Recht auf Gewissen-, Meinungs-, Presse- und Versammlungsfreiheit erstritten wurden. Sie bilden das Fundament für die heutige 'Informations- und Mediengesellschaft'. „Diese Voraussetzungen für eine offene Kommunikation im Geist der Freiheit und unter Achtung der Würde eines jeden Menschen ermöglichten wesentlich den Aufbau der parlamentarischen Demokratie. Diese Staatsform ist in ihrer Existenz angewiesen auf vielseitig informierte Bürgerinnen und Bürger und auf eine freie Meinungsbildung. Stärke und Entwicklungskraft der parlamentarischen Demokratie ergeben sich auch daraus, daß eine Vielzahl von konkurrierenden Überzeugungen öffentlich mitgeteilt werden kann. Deshalb haben die Massenmedien eine hohe Bedeutung für den Erhalt einer demokratischen Gesellschaft" (58).

Trotz der Zwänge, die sich aus der Steuerung der Medien durch Marktmechanismen ergeben, darf diese Zielvorstellung nicht anderen Interessen geopfert werden. Die Marktwirtschaft bedarf daher geeigneter Bildungsangebote, die möglichst viele Menschen mit den Implikationen und Folgen dieser Marktorientierung vertraut machen. „Die Aufklärungs- und Marktorientierung steht daher in einer Langzeitperspektive nicht im Gegensatz zu ihrer Marktorientierung" (59). Im Blick auf Analyse und rechtliche Gestaltung der Medienentwicklung bedient sich die 'Christliche Publizistik' und Kommunikationswissenschaft der eingeführten Methoden der empirischen Rezipienten- und Wirkungsforschung.

3.3. Medienethik und -pädagogik

Die Medienwirkungsforschung ist als junge Disziplin zu einer Systematisierung ihrer Einzelergebnisse vorerst nur beschränkt in der Lage. Freilich zeigen Untersuchungen, daß die Medien die gesellschaftlichen Realitäten vereinfacht darstellen und damit die von ihnen erwartete Komplexitätsreduktion leisten; Widersprüche und Konflikte werden tendenziell harmonisiert. Bislang wurde am gründlichsten der Zusammenhang zwischen Gewaltdarstellung und Gewalttätigkeit von Personen oder Gruppen untersucht, jedoch ohne einen direkten Konnex von Ursache und Wirkung nachweisen zu können. Es ließ sich ebensowenig stringent erweisen, inwieweit Medien das politische Verhalten des Medienpublikums beeinflussen. Immerhin läßt sich durch viele Beobachtungen die Vermutung bestätigen, daß Medien die Wertvorstellungen und das Weltbild der Rezipienten, insbesondere auch die Fähigkeit zur Unterscheidung zwischen Fiktion und Realität entscheidend mitprägen.

Bereits diese Beobachtungen der Medienwirkungsforschung und -psychologie beleuchten die Bedeutung, die medienethische wie -pädagogische Fragestellungen gewonnen haben. Probleme der gelenkten Berichterstattung im Golfkrieg 1991 und im jugoslawischen Bürgerkrieg 1997 bis 1999, des investigativen Journalismus anläßlich einer Verfolgungsjagd von Geiselgangstern oder der „verdeckten Recherche" haben eine intensive medienethische Diskussion ausgelöst. Parallel zu einem immer unübersichtlicher werdenden Medienangebot sind von kommunalen und kirchlichen Institutionen Bemühungen zur Ausbildung medienpädagogischer Begleitprogramme angestrengt worden. Die Forderung nach einer Humanisierung der Inhalte, nach der Ausbildung von Fähigkeiten zu einem mündigen Umgang mit den Medien, auch das Bestreben, wirtschaftliche Konzentration im Mediensystem zu vermindern und den Bürgern gleiche Zugangschancen zu garantieren, machen deutlich, welches Gewicht auch in einer Situation zunehmender internationaler Deregulierung ethischen und rechtlichen Normierungen und pädagogischen Maßnahmen zukommt.

3.4. Kirche und Öffentlichkeit (Religion in den Medien)

Abgesehen von der Aufgabe oder gar von der Verpflichtung der gedruckten und elektronischen Medien, dem Themenfeld Religion/Kirche – zum Teil im Rahmen einer Pflicht zur publizistischen Grundversorgung – einen angemessenen Platz einzuräumen, pflegen die Kirchen und religiösen Bewegungen auch eine eigene publizistische Präsenz in der innerkirchlichen und gesellschaftlichen Öffentlichkeit auf fast allen Feldern des Journalismus und der Öffentlichkeitsarbeit. Dabei bietet die Gesellschaft den Kirchen eine einzigartige Ausgangslage, in der sie als Agenturen der öffentlichen Kommunikation sowohl ihrem Verkündigungsauftrag gerecht werden als auch ihre öffentliche Verantwortung für die sittliche, soziale und kulturelle Gestaltungsmöglichkeit dieser Gesellschaft wahrnehmen können. Sie gelten nach wie vor nicht als eine Interessengruppe, sondern als eine Institution, welche die Geschichte und soziale Kultur Europas entscheidend mitbestimmt hat und für die Mehrheit der Menschen eine religiöse Heimat und eine religiös fundierte Wertegemeinschaft stiftet.

Unter dieser Perspektive hat der Staat der Kirche im Loccumer Vertrag von 1955 eine öffentliche Verantwortung zugewiesen und ihren Anspruch auf öffentliche Predigt und sozialdiakonischen Dienst anerkannt: „Mit der Anerkennung des Öffentlichkeitsanspruches der Kirchen gibt das politische Gemeinwesen zu erkennen, daß es sich die öffentliche Verkündigung der Kirchen, die daraus resultierende Anrede an Gesellschaft und Staat und den sozialen Dienst der Kirchen gefallen läßt, diesen ernst nimmt und ihn begehrt und fördert." Dementsprechend wurden den christlichen Kirchen und der jüdischen Kultusgemeinde in den Rundfunkstaatsverträgen „angemessene Sendezeiten für Übertragung gottesdienstlicher Handlungen und Feierlichkeiten sowie sonstiger religiöser Sendungen, auch über Fragen ihrer öffentlichen Verantwortung" eingeräumt (z. B. ZDF-Staatsvertrag § 11, Abs. 3).

In dieser Ausgangslage steckte, zumindest für die Kirche und die christliche Publizistik in den westlichen Bundesländern, eine große Möglichkeit, am Zeitgespräch teilzunehmen umd ihren Auftrag umzusetzen. Die Chance wurde auch ergriffen, freilich haben sich die gesellschaftlichen Bedingungen in den letzten Jahrzehnten verändert. Bis in die siebziger Jahre hinein wurde der Öffentlichkeitsauftrag der Kirche als ein 'Wächteramt' verstanden. In der Vision von einer 'verantwortlichen Gesellschaft' wurden die publizistischen Aktivitäten der evangelischen Kirche volkskirchlich ausgerichtet sowie Kirche und Gesellschaft als weitgehend kongruent gedacht, jedenfalls eng aufeinander bezogen. In den achtziger Jahren hat sich diese Konstellation verschoben. Die christliche Publizistik agiert mehr und mehr in einem Spannungsfeld zwischen Kirche und Gesellschaft. Die Volkskirche hat ihre Botschaft in einer pluralistischen, ja multikulturell geprägten Kultur zu vertreten.

Im Osten Deutschlands hat sich diese Entwicklung von einer anderen Ausgangslage her vollzogen – in der Auseinandersetzung mit einer von Staat und Partei repräsentierten und verordneten säkularisierten Weltanschauung; zwar geduldet, aber durch Zensurmaßnahmen und anderen Steuerungs- und Kontrollversuchen behindert und auf die Behandlung bestimmter Themen wie etwa die Friedensarbeit eingeschränkt. Gleichwohl galt die evangelische Publizistik in der DDR lange als ein Forum, zeitweise das einzige, auf dem die Artikulation von kritischen und oppositionellen Meinungen möglich war. Nach der Wende muß die kirchliche Publizistik um die gesellschaftliche Bedeutung, die sie in einem Milieu gleichgeschalteter Presse und Medien erringen konnte, in der veränderten pluralistischen Konstellation kämpfen.

Die heutige Konstellation einer pluralistischen Kultur setzt die Christen und ihre Kirchen dem Druck der Konkurrenz auf einem Markt der Weltanschauungen aus. Sie fordert die Christen dazu heraus, offensiv am Zeitgespräch teilzunehmen und den Maßstab des Glaubens an den menschgewordenen Gott an die Zeitfragen und Angebote zur Problemlösung anzulegen.

3.5. Das Mandat der christlichen Publizistik
Im Blick auf den Auftrag christlich inspirierter Publizistik hebt der Publizistische Gesamtplan der EKD von 1997 zwei Punkte hervor:

Zur Funktion: Die evangelische Publizistik ist in einer von Medien bestimmten Welt eine unverzichtbare Äußerungsform der evangelischen Kirche. Ihr Auftrag bezieht sich auf die Botschaft wie auf die Folgen des Glaubens. Sie übernimmt Verantwortung dafür, daß die Botschaft und Lebensäußerungen der Kirche von allen Menschen wahrgenommen werden können. Sie ermöglicht die Beteiligung der Kirche am öffentlichen Gespräch. Insofern leistet die evangelische Publizistik eine Grundversorgung im Rahmen ihres Auftrags. Im *Verhältnis zur allgemeinen Publizistik* unterliegt sie den gleichen rechtlichen, technischen und wirtschaftlichen Bedingungen. Sie beteiligt sich an der Entwicklung und Bewährung publizistischer Stile und Standards und wirkt auf sie im Sinne christlicher Maßstäbe für eine gerechte und soziale Kommunikation. Im *Verhältnis zur Kirche* ist sie wie diese insgesamt dem Auftrag zur Bezeugung des Evangeliums verpflichtet. Die evangelische Publizistik ist mit ihren Mitteln an der Erfüllung dieses Auftrags beteiligt. Sie ist nur ihrem eigentlichen Mandat verpflichtet und an amtliche Weisungen nicht gebunden. Ihr Mandat ist zugleich ihre Freiheit. *In Summa*: „Das der evangelischen Publizistik übertragene Mandat bedeutet ein Ja zur verfaßten Kirche und die Bereitschaft, den Fortbestand der Kirche publizistisch zu stützen. Das Mandat der evangelischen Publizistik verpflichtet zugleich aber zu einer unabhängigen Berichterstattung über das kirchliche Leben und die christliche Lebenswirklichkeit sowie zu einer kritischen Begleitung kirchlicher Vorgänge. Der evangelische Auftrag enthält selbst das entsprechende kritische Potential" (17).

Die christliche Publizistik, die ihre Botschaft medial vermittelt, unterscheidet sich von der kirchlichen Verkündigung und Predigt, Seelsorge, Religionsunterricht und Diakonie dadurch, daß sie besonders auf eine diskursive Sprache und Darstellung der Sachverhalte angewiesen ist: Information, Analyse, Kommentar und Erzählen durch Wort und Bild sind im wesentlichen die Mittel. Ein Reden in Zuwendung, das Segnen und Beten, der Zuspruch der Vergebung, das Trösten und Beichten stehen der Publizistik, wenn überhaupt, nur indirekt zu Gebote – durch die Formen der Darstellung, Abbildung, durch das Erzählen und Zeigen.

4. Medienreligion

Seit einem Jahrzehnt wird der Begriff 'Medienreligion' diskutiert. Damit ist nicht die Präsenz von Religion in den elektronischen Medien gemeint, wie sie sich etwa in der 'elektronischen Kirche' der US-Medien manifestieren; ins Visier kommt vielmehr eine Nutzung der elektronischen Medien, der diese den Raum und Rahmen für eine Daseinsorientierung und Alltagsbewältigung bieten, welche religiösen Erfahrungen und Ritualen analog sind oder gleich kommen. Schon in den sechziger Jahren hatte der Kommunikationswissenschaftler Marshall McLuhan mit prophetischer Geste die elektronischen Medien, speziell das Fernsehen, als eine starke Erweiterung unserer sinnlichen Realitätswahrnehmung, als Prothese der Sinne beschrieben. Die Rezeptionsforschung hat in den siebziger Jahren darauf aufmerksam gemacht, daß das Fernsehen nicht als ein Instrument der Vermittlung von Information und Unterhaltung wahrgenommen, sondern unmittelbar zum Raum von Realitätserfahrung wird, in dem das Publikum nicht nur am Leben anderer teilnimmt, sondern in dem sich selbst eine soziale Wirklichkeit erschließt und zur Teilnahme einlädt.

Nach einer Phase der kulturkritischen Verdächtigung und Demontage solcher Diagnosen hat sich die Diskussion des Themas Medienreligion aber in Anbetracht der multimedialen Vernetzung von Fernsehen, Internet und Telediensten weiter verdichtet. Dem Fernsehmacher Wolf-Rüdiger Schmidt zufolge weist sie besonders „auf den Charakter des Mediums als Alltagsstabilisierung hin, als tief in der Bilderwelt verankertes, neues emotionales Orientierungssystem, das als Brücke über die Diskontinuitäten des Tages und des Lebens hinwegführt. Das Fernsehen produziert gesellschaftlich eine neue „symbolische Ordnung der Welt und des Lebens. Die Eckpunkte dieser Ordnung werden überall verstanden. Sie basieren auf einer weltweit austauschbaren Sprache, die für jede Kulturtradition übersetzungsfähige Archetypen entwickelt. Das Medium wird dabei als Vergewisserung in einer labyrinthischen Lebenswelt genutzt ..." (H. N. Janowski/W.-R. Schmidt, TRE XXII). Dabei sei die Frage zu stellen, ob die fernsehabhängige Wahrnehmungsleistung nicht jenes Anschauen eines neu konstruierten Universums darstellt, das der Mensch zuvor nur in der Religion gesucht hat. Dadurch, daß die Medien durch Symbole und Rituale Schutz vor dem elementaren Einbruch unmittelbarer Erfahrungen bieten, stellen sie auch ein Stück beschützender Heimat dar.

Der Theologe und Sozialwissenschaftler Günter Thomas hat diese These in einer umfangreichen Studie 1998 ausgebaut. Er behauptet, daß das Leitmedium der modernen, nach literalen westlichen Industriegesellschaft als Form eines kollektiven Kultes zu interpretieren ist: „Als eine implizite, das heißt sich nicht selbst als solche verstehende 'Religion' ist das Fernsehen ein stark ritualisiertes Symbolsystem, das die Kulturen funktional ausdifferenzierter Gesellschaften mit einer umgreifenden Kosmologie versorgt", (Thomas 1998, 17 f.). In der Form eines ewigen liturgischen Stromes begleitet es den Alltag der Menschen, ermöglicht eine Verlassen der Zeit und einen Eintritt in eigene, rituell vorgeformte Erlebnisräume und ermöglicht so zeitbegrenzte imaginierte Gemeinschaften.

Hier wird ein theologischer Schritt vollzogen, mit dem die Theologie sich ihrer Aufgabe eines verantwortlichen Redens von Gott durch eine selbstkritische Wahrnehmung ihrer kulturellen Umwelt vergewissert. Als Ziel eines solchen Vorgehens gibt Thomas „eine realistischere, für Differenzen und Analogien sensible Verortung der evangelischen Theologie in der gegenwärtigen Kultur" an, „die es ihr ermöglicht, in die theologische Arbeit die Erkenntnis der eigenen religiösen Verwechselbarkeit und der relativen kulturellen 'Alternativen' aufzunehmen" (Thomas 1998, 18 f.).

Auch wenn die durch die Digitalisierung verursachte Vermehrung der Programme die quasi religiöse Bindung zum Medium lockert oder unterbricht, so läßt sich die These heute wohl auch auf die Bildung einer 'Cyberchurch' im Internet anwenden, in deren fiktivem Raum sich rituelle Gemeinden mit einer neuen, gnostischen Religiosität bilden (H. Böhme 1996).

5. Literatur

Achtelstetter, Karin/Gerhard Meier-Reutti/Matthias Pöhlmann/Michael Schmolke, Publizistik/Presse I–IV. In: TRE, XXVII, 703–722.

Albrecht, Horst, Die Religion der Massenmedien. Stuttgart/Berlin/Köln 1993.

Auer, Alfons, Anthropologische Grundlegung einer Medienethik. In: Handbuch der christl. Ethik. Hrsg. v. Anselm Hertz u. a., Freiburg/Gütersloh III, 1982, 535–546.

Babin, Pierre, L'ère de la communication. Réflexion chrétienne. Paris 1986. Hamburg 1968.

Barth, Karl, Einführung in die evangelische Theologie. Zürich 1962, Gütersloh [2]1997.

Berthoud, Martin, Medien. In: Wörterbuch des Christentums. Hrsg. v. Volker Drehsen u. a. Gütersloh/Zürich 1988, 787 ff.

Böhme, Hartmut, Die technische Form Gottes. Über die theologischen Implikationen von Cyberspace. In: Praktische Theologie (PTh) 31, 1996, H. 4, 257–261.

Communio et Communicatio. Theologen und Publizisten im Dialog über die „Informationsgesellschaft". In: epd-Dokumentation I, 5/1990 v. 29. 1. 1990; II, 17/90 v. 17. 4. 1990.

Daly, Herman E./John B. Cobb, For the common good. Redirecting the economy toward community, the environment, and a sustainable future. Boston 1989.

Dörger, Hans-Joachim, Kirche in der Öffentlichkeit, Frankfurt 1979.

Ebeling, Gerhard, Theologie, Begriffsgeschichtlich. In: RGG VI. Tübingen 1962, 754–769.

Fore, William F., Television and Religion. Minneapolis/USA 1987.

Geisendörfer, Robert, Für die Freiheit der Publizistik, Stuttgart 1978.

Gerbner, George u. a., Religion and Television. Philadelphia/USA 1984.

Henkys, Reinhard, Presse- und Öffentlichkeitsarbeit der Kirche. In: Handbuch der Praktischen Theologie IV. Gütersloh 1987, 125 ff.

De Haen, Imme/Claus Eurich, Hören und Sehen. Die Kirche des Wortes im Zeitalter der Bilder. Stuttgart 1991.

Hoover, Stewart M., Mass media religion. The social sources of the electronic church. Newbury Park, Cal. 1988.

Huber, Wolfgang, Kirche und Öffentlichkeit. München 1973, [2]1991.

–, Öffentliche Kirche in pluralen Öffentlichkeiten. In: Evang. Theologie, 54, 1994, H. 2, 157–180.

–, Die Würde des Menschen ist antastbar. Anfragen aus der Sicht der christlichen Ethik. In: Fernsehzeit. 21 Einblicke ins Programm. Hrsg. v. Stefan Abarbanell u. a. München 1996, 185–194.

Janowski, Hans N. (Hrsg.), Die kanalisierte Botschaft. Religion in den Medien – Medienreligion. Gütersloh 1987.

Janowski, Hans/Wolf-Rüdiger Schmidt, Medien. In: TRE, 12, 318–328.

Kommunikation als öffentliches Ritual. Die 'Sakramente' der Informationsgesellschaft. epd-Dokumentation 22/91 vom 22. 5. 1991.

Küng, Hans/David Tracy (Hrsg.), Das neue Paradigma von Theologie. Gütersloh 1986.

Lohisse, Jean, Les systèmes de communication. Approche socio-anthropologique. Paris 1998.

Maletzke, Gerhard, Psychologie der Massenkommunikation. Hamburg 1963.

Mattmüller, Hans-Dieter, Verkündigung im Rundfunk, Stuttgart 1979.

McLuhan, Marshall, Understanding media. The extensions of man. New York 1964 (dt.: Die magischen Kanäle. Wien 1965).

Luhmann, Niklas, Die Realität der Massenmedien. Opladen [2]1996.

Mehnert, Gottfried, Programme ev. Kirchenzeitungen im 19. Jh. Witten 1972.

Meyrowitz, Joshua, No Sense of Place. Oxford 1985 (dt.: Die Fernsehgesellschaft. Wirklichkeit und Identität im Medienzeitalter. Weinheim/Basel 1987).

Nethöfel, Wolfgang/Matthias Schnell (Hrsg.), Cyber Church? Kirche im Internet. Frankfurt a. M. 1998.

Ortmann, Ernst A., Motive ev. Publizistik. Witten 1969.

Pannenberg, Wolfhart, Wissenschaftstheorie und Theologie. Frankfurt a. M. 1973, [2]1987.

Pannenberg, Wolfhart/Günter Sauer/Sigurd M. Daecke/Hans N. Janowski, Grundlagen der Theologie – ein Diskurs. Stuttgart/Berlin 1974.

Petkewitz, Wolfgang R., Verkündigung in der Mediengesellschaft. Gütersloh 1991.

Peuckert, Herrmann, Wissenschaftstheorie – Handlungstheorie – Fundamentale Theologie. Frankfurt a. M. 1978.

Postman, Neil, Amusing ourselves to death. New York 1986 (dt.: Wir amüsieren uns zu Tode. Urteilsbildung im Zeitalter der Unterhaltungsindustrie. Frankfurt a. M. 1985, [4]1991).

Owen, Michael, Theologie. In: Evang. Kirchenlexikon III, 737–745.

Pürer, Heinz, Journalismuskrisen und Medien-Ethik. In: Communicatio Socialis 23, 1990, 3–7.

Rahner, Karl, Theologie. In: Sakramentum Mundi. Theologisches Lexikon für die Praxis IV. Freiburg 1969, 860–874.

Ratzinger, Karl. Katholische Theologie. In: RGG V, 775–779.

Ritsch, Dietrich, Zur Logik der Theologie. München 1984, ²1988.

Sauter, Günter (Hrsg.), Theologie als Wissenschaft. München 1971.

– (Hrsg.), Die Theologie und die neuere wissenschaftliche Diskussion. München 1973.

Saxer, Ulrich, Publizistische Ethik und gesellschaftliche Realität. In: Communicatio Socialis 3, 1970, 24–39.

–, Konstituenten einer Medien- und Journalismus-Ethik. Zur Theorie von Medien- und Journalismus-Regulationssystemen. In: Zeitschrift für Evangelische Ethik (ZEE), 50, 1986, 21–45.

Schilson, Arno, Medienreligion. Zur religiösen Signatur der Gegenwart. Tübingen/Basel 1997.

Schmidt, Wolf-Rüdiger, Opium des Volkes? In: Die Kanalisierte Botschaft. Hrsg. von Hans N. Janowski. Gütersloh 1987, 94–110.

Schrey, Heinz-Horst, Evangelische Theologie. In: RGG VI, 770–775.

Schroer, Henning, Publizistik als Thema der Praktischen Theologie. Annäherung durch Wandel. In: Medien und Mandat. Praktische Theologie 1/1999, 44–53.

Schulz, Winfried, Medien und Kirche. In: Suhl 1992 – Berichte über die dritte Tagung der achten Synode der EKD; im Auftrage der Synode Hrsg. v. Kirchenamt der EKD, 48. Hannover 1992, 282 ff.

Thomas, Günter, Medien-Ritual-Religion. Zur religiösen Funktion des Fernsehens. Frankfurt a. M. 1998.

–, Beobachtungen einer öffentlichen Religion. Fernsehen als kulturelles Leitmedium. In: Medien und Mandat. Praktische Theologie 1/1999, 54–65.

Timm, Hermann, Die Kanalisierung des Heiligen. Zur Ästhetik postmoderner Medienreligiosität. In: Praktische Theologie (PTh) 82, 189–200.

Virt, Günter, Ethische Normierung im Bereich der Medien. In: Handbuch der christlichen Ethik. Freiburg/Gütersloh III 1982, 546–556.

Kirchliche Stellungnahmen: Die Kirchen und die Medien der Massenkommunikation. Erklärung der IV. Vollversammlung des Ökumen. Rates der Kirchen in Uppsala 1968. – Glaubwürdige Kommunikation. Erklärung der VI. Vollversammlung des Ökumen. Rates der Kirchen in Vancouver 1983. – Pastoralinstruktion „Communio et Progressio" über die Instrumente der sozialen Kommunikation der Päpstlichen Kommission für die Instrumente der sozialen Kommunikation 1971. – Publizistischer Gesamtplan der EKD, Gütersloh 1979. – Zur Ordnung des Rundfunkwesens in der Bundesrepublik Deutschland. Stellungnahme des Rates der Ev. Kirche in Deutschland, 1984. – Die neuen Informations- und Kommunikationstechniken. Chancen, Gefahren, Aufgaben verantwortlicher Gestaltung. Studie der EKD-Kammer für soziale Ordnung und für publizistische Arbeit, Gütersloh 1985. – Zur Entwicklung der Massenmedien. Thesen der Schweizer Kirchen, 1983. – Mandat und Markt. Perspektiven evangelischer Publizistik. Publizistisches Gesamtkonzept 1997. Hrsg. vom Kirchenamt der EKD. Frankfurt a. M. 1997. – Chancen und Risiken der Mediengesellschaft. Gemeinsame Erklärung der Deutschen Bischofskonferenz und des Rates der Evangelischen Kirche in Deutschland. Hannover/Bonn 1997.

*Hans Norbert Janowski,
Frankfurt a. M. (Deutschland)*

32. Medien-Nachbarwissenschaften XI: Informatik

1. Einleitung
2. Technik
3. Computerisierung
4. MMHE-Geräte?
5. Wirkungen
6. Literatur

1. Einleitung

Medien waren bis in die 60er Jahre *analoge* Repräsentationen der Informationellen Umwelt, in denen die Menschheit versuchte, ihre Erkenntnisse, Ideen und Vorstellungen *apersonal* zu repräsentieren. Diese lange Phase neigt sich jetzt dem Ende zu; heute bereits und zunehmend im 21. Jh. werden mehr und mehr mediale Strukturen *digital* organisiert. Dieser grundsätzliche Wandel wird durch einen zweiten Umbruch begleitet, die *Computerisierung* der Medien. Diese führt in der Regel dazu, daß aus den alten distributiven neue *interaktive Medien* werden – mit sehr unterschiedlichen Ausprägungen des Niveaus der Interaktivität.

Im folgenden wird ein knapper Überblick über die strukturellen und funktionellen Änderungen aller medialen Repräsentationen gegeben. Hierbei werden zunächst technische Aspekte behandelt; es folgen Beispiele, die deutlich machen, wie *massiv* die Prinzipien der Informatik die Medienwelt verändern.

Die Informatik ist also keineswegs eine 'Nachbar- oder Hilfswissenschaft' der Medienwissenschaft, sondern vielmehr eine 'Oberwissenschaft', die mit ihren *technischen Strukturen und ihren Sichtweisen* die 'schöne alte Medienwelt' tiefgreifend verändert. Sieht man einmal von dem gedruckten Buch und der Zeitschrift oder Zeitung in papierender Form ab, so gibt es praktisch schon heute kein Medium mehr, welches nicht für den Endbenutzer in einer mehr oder minder 'computerisierten Form' einherkommt. Auch Buch, Zeitung und Zeitschrift *entstehen* heute in aller Regel in digitaler Form in einer computerisierten Umgebung. Erst der Druck macht sie später wieder analog, wobei allerdings viele Verlage längst dazu übergegangen sind, die digitale Form (z. B. via Internet) verfügbar bzw. vermarktbar zu machen.

2. Technik

Das Prinzip der *Digitalisierung* medialer Strukturen ist zunächst einfach: *alle* Informationen werden nach wohldefinierten Codes in Sequenzen von Nullen und Einsen 'übersetzt', die in Gruppen (z. B. acht Nullen oder Einsen als ein Byte, also ein Zeichen) zusammengefaßt werden. Der Übergang zu dieser Repräsentation erfolgt ausschließlich aus kommerziellen Gründen: Die zur Speicherung von Nullen bzw. Einsen notwendigen Strukturen sind sehr einfach und damit sehr billig (z. B. Magnetisierung/Nichtmagnetisierung, fließender Strom/kein Strom, optische Reflexion einer Oberfläche/keine Reflexion).

Allerdings ergeben sich für die Digitalisierung der verschiedenen medialen Repräsentationen recht unterschiedliche und zum Teil technisch ziemlich aufwendige Verfahren: *Texte* können nach einer einfachen Tabelle direkt unter Verwendung von jeweils acht Nullen/Einsen Buchstabe für Buchstabe digitalisiert werden (solange sie nicht graphisch aufwendig gestaltet sind). Ein Roman mittlerer Stärke z. B. hat ca. 2 Millionen Zeichen, dies ergibt ca. 16 Millionen Nullen/Einsen, die − unter Nutzung einiger technischer Tricks − auf einem magnetischen Träger wie der Floppy Disc (Standardspeicher für jeden PC) gespeichert werden können.

Aufwendiger ist die Digitalisierung von *Graphiken und Bildern*: Hier werden zwei Verfahren genutzt: (a) Die Verschlüsselung von Helligkeit und Farbe jedes einzelnen Bildpunktes (Pixel) in Nullen/Einsen oder (b) die Überführung aller Linien in einem Bild in (kleine) Vektoren, deren Länge, Richtung Helligkeit und Farbe in Nullen/Einsen repräsentiert wird. − Für eine „gute" Darstellung eines Farbbildes braucht man mindestens 1200×1000 Pixel mit je acht Nullen/Einsen, also ca. 12 Millionen Nullen/Einsen, d. h. mehr als für 'normales Buch'! − Vektoren werden zur Bildrepräsentation zum einen für technische Bilder/Zeichnungen aber auch für Animationen (siehe Cyberspace) eingesetzt. Bei gleicher Bildqualität braucht man etwas weniger Nullen/Einsen als in der Pixeldarstellung.

Filme − also Bildfolgen − werden Bild für Bild digitalisiert; es ergeben sich bei einer mittleren Betrachtungssequenz von 25 Bildern pro Sekunde sehr große Mengen von Nullen/Einsen (ca. $25 \times 3600 \times 8\,000\,000$ = ca. 700 Mrd.!). Dieses Volumen kann allerdings durch 'Bildkompression' deutlich reduziert werden, wenn man jeweils z. B. nur die Änderungen von einem Laufbild zum nächsten und nicht das ganze Bild speichert.

Die Digitalisierung von *Sprache und Musik* erfolgt im wesentlichen dadurch, daß der ursprüngliche Klang in (viele) Frequenzen zerlegt wird und für jede einzelne Frequenz die Größe der zugehörigen Amplitude (elektronisch) ermittelt und danach digital gespeichert wird. Eine Stunde Musik ergibt dann z. B. bei guter Qualität auch ca. 1 Mrd. Nullen/Einsen, wobei auch hier „Tonkompressionsverfahren" zu einer deutlichen Reduktion des zu speichernden Datenvolumens führen.

Da unsere Sinne grundsätzlich analog arbeiten, müssen alle digital gespeicherten Informationen gemäß den primären Verschlüsselungsverfahren für ihre Wiedergabe 'zurückgerechnet' werden. Bei angemessenem Aufwand im Ver- und Entschlüsseln kann die ursprüngliche Qualität der medialen Repräsentation voll erreicht werden. (So konnte Herbert von Karajan, als man ihm die erste CD-Audio vorführte, bei geschlossenen Augen ihren Klang − natürlich bei entsprechender Qualität der Lautsprecher − nicht von dem eines realen Orchesters unterscheiden.)

3. Computerisierung

Repräsentiert man Informationen grundsätzlich digital, so erlaubt dies deren *Computerisierung*. Hierunter ist die Gesamtheit aller der Verfahren der Informationstechnik zu verstehen, die zur Informationsspeicherung, zur Informationsübertragung und zur Informationsverarbeitung genutzt werden. Im Zentrum steht dabei jeweils ein einfacher serieller Rechner, der heute bei riesiger Stückzahl zu sehr geringen Preisen verfügbar ist und intensiv in vielerlei Kombinationen genutzt wird.

Die Grundprinzipien der Computerisierung – nicht nur der Medien – lassen sich in 6 Hauptsätzen zusammenfassen:

(1) *Hauptsatz: Alle im Detail beschreibbaren, praktizierten Prozesse der Verarbeitung von Information können technisch sicher realisiert werden.* D. h. für die Medien, daß wir z. B. jeden Text neu formatieren, jedes Bild beliebig verfremden, jede Tonfrequenz gezielt manipulieren und virtuelle Welten im Cyberspace durch einfache geometrische Rechenoperationen erzeugen können.

(2) *Hauptsatz: Jeder nur im Prinzip beschreibbare, praktizierte Prozeß der Verarbeitung von Information kann technisch akzeptabel realisiert werden.* D. h. es ist möglich, neue Information – in *akzeptabler* Qualität – technisch zu produzieren: Von der Umwandlung gesprochener Sprache in Text über die automatische Übersetzung von Texten in eine Fremdsprache bis hin zum computergenerierten Roman oder einer vom Rechner erstellten – und dann auch von Informationstechnik 'gespielten' – Partitur.

(3) *Hauptsatz: Es werden nur die nach dem ersten und zweiten Hauptsatz möglichen technischen Systeme realisiert, die ökonomisch sinnvoll sind.* In den repräsentativen Demokratien gibt es keinerlei 'übergeordnete Instanz', die über die Computerisierung der Medien entscheidet. Primär sind es nur kommerzielle Überlegungen der *privaten* Hand, die Digitalisierung und Computerisierung vorantreiben: wenn niemand eine CD-Audio gekauft hätte, wäre z. B. nie eine CD-ROM auf den Markt gekommen; das digitale Fernsehen wird sich nur dann durchsetzen, wenn sich viele Haushalte ein noch vielfältigeres Fernsehprogramm wünschen; das Internet wäre bedeutungslos, wenn nicht mehr und mehr PCs privat genutzt und 'vernetzt' würden; etc. Das Rundfunkrecht und die Regulierungsbehörde für die (zunehmend digitale) Telekommunikation stellen bestenfalls gewisse Rahmenbedingungen auf.

(4) *Hauptsatz: Alle wesentlichen Komponenten der Informationstechnik können – bei konstanter Leistung – verkleinert werden.* Während ein Buch oder ein gemaltes Bild an sich nicht verkleinert werden können, kann deren digitale Repräsentation und die daran anschließende Verarbeitung mit immer kleiner werdenden Strukturen umgehen: Speicher mit der Kapazität von 100 000 CD-ROM (also dem Umfang einer guten Universitätsbibliothek) sind im Format einer Kreditkarte in den Labors im wesentlichen fertig; einfache Animation mit hohem Rechenaufwand laufen heute in den Konsolen billiger Computerspiele; ein leistungsfähiges Notebook erlaubt die Darstellung und Manipulation von digitalen Filmen auf hohem Niveau; etc.

(5) *Hauptsatz: Alle wesentlichen Komponenten der Informationstechnik werden – bei konstanter Leistung – immer billiger.* Während die 'alten' (analogen) Medien in ihrer technischen Struktur in realen Preisen gemessen über die Jahre im wesentlichen stabil geblieben sind (siehe z. B. Kosten eines Taschenbuches), werden computerisierte Medien immer billiger, siehe z. B. Texte auf CD-ROM, Filme auf DVD, Computerspiele auf Disketten oder CD-ROM, Datenbanken im Online-Zugriff, Satelitenübertragung; etc.

(6) *Hauptsatz: Mit der zunehmenden Computerisierung der Gesellschaft gleiten wir aus der alten sozialen Struktur in ein soziotechnisches Megasystem.* Dieser Hauptsatz charakterisiert den vor uns liegenden wesentlichen Wandel unserer Informationellen Umwelt: Wir stehen nur ihr nicht mehr als soziale Wesen *gegenüber*, sondern werden – insbesondere durch die Interaktivität à la Internet oder Computerspiele – immer stärker *ein Teil eines soziotechnischen Gesamtsystems*, welches soziale Aktivitäten und technische Strukturen in immer mannigfaltiger Form eng vermascht. Die Gesellschaften der OECD-Staaten sind offensichtlich wild entschlossen sich der 'kognitiven Last' durch flexible Automatisierung gemäß erstem und zweitem Hauptsatz zu entledigen; d. h. auch der Umgang mit den alten analogen/distributiven Medien wird der Digitalisierung und der Computerisierung unterworfen.

4. MM-High-End-Gerät?

Es ist zur Zeit unklar, ob es weiterhin getrennte technische Apparate zur Nutzung der verschiedenen medialen Repräsentationen

(Telefon, Radio, Fernsehen, Computer) geben wird, oder ob diese zu einem 'Multimedialen High-End-Gerät' zusammenfließen werden. Vieles spricht allerdings dafür, daß es ein solches MMHE-Gerät geben wird, welches – sprachgesteuert und mit flachem Bildschirm – einen wichtigen Teil unserer unmittelbaren Umgebung darstellen wird.

Die Integration der immer kleiner werdenden informationstechnischen Komponenten in einen 'Body Computer' einerseits sowie die unmittelbare Übertragung von Gehirnströmen an diesen Body Computer (daran arbeitet die US AIR FORCE intensiv) wird das Interface zwischen Mensch und Medium revolutionieren; kleine Laser-Einsätze in normalen Brillen werden ein dreidimensionale Bild unmittelbar auf die Netzhaut projizieren; etc. Damit werden im nächsten Jahrhundert die Medien aus ihrer derzeitigen vom Menschen 'abgegrenzten' Position zu einem wesentlichen Teil menschlicher Existenz werden. (Das ständig mit herumgetragene Kofferradio oder das Autoradio sind nur ein kleiner Vorgeschmack auf diese neue Welt.)

Für die kommerziell arbeitenden Medienunternehmen einerseits und für die Medienwissenschaft andererseits steht damit ein tiefgreifender Paradigmenwechsel an: Die intensive Nutzung informationstechnischer *Strukturen* und *Denkweisen* ergeben völlig neue Produktions-, Distributions- und Rezeptionsverfahren und -mechanismen. Am MMHE-Gerät des Jahres 2020 z. B. werden alle medialen und telekommunikativen Dienste integriert und parallel verfügbar sein – vom Hypertextbuch im Internet über das Radio, das Fernsehen und das Computerprogramm bis hin zum Telefon und natürlich dem Bildtelefon.

5. Wirkungen

Der intensive Umgang mit derartigen Strukturen kann mit den bisherigen Methoden und Ergebnissen der 'Wirkungsforschung' kaum interpretiert werden: Die mediale Struktur eines Internetdokuments unterscheidet sich eben deutlich von der des alten Buches; ein interaktiver Krimi kann nicht mit einem alten 'Derrick' verglichen werden; die heute schon verfügbare interaktive Kinderpornographie im Internet hat nichts mit 'Schmuddelheften' und 'Pornozeitschriften' zu tun; die von Dur auf Moll im Endgerät 'transkribierbare' Musik stellt eine 'Verfremdung' dar, die sich klassischer Musikinterpretation entzieht; etc.

Hinzu kommt, daß der Anteil der Lebensarbeitszeit in den OECD-Ländern – eben wegen flexibler Automatisierung von Produktion und Dienstleistungen – immer weiter abnehmen wird, und damit eine deutliche *Zunahme an Freizeit und Medienzeit* zu erwarten ist. Kein neues Medium hat ein altes Medium völlig verdrängt, stets kam es zu einer *Erweiterung des Medienzeitbudgets*. Dies bedeutet, daß der Abstand zwischen Mensch und 'realer Welt' durch Digitalisierung und Computerisierung der Medien weiter *zunehmen* wird. Das 'Projekt der Aufklärung' gerät ins Stocken! Wir könnten zwar die Computerisierung der Medien nutzen, um die Informationelle Umwelt 'begehbarer' zu machen. Fakt ist jedoch, daß – wegen des dritten Hauptsatzes – der Zuwachs an medialer Repräsentation in großen Massen nicht einer *informierten Gesellschaft* sondern einer gewinnorientierten Informationsgesellschaft zuarbeitet.

Die Informatik ist keine in der Tradition der Sozial- oder Geisteswissenschaft stehende 'aufklärende Wissenschaft'. Sie ist vielmehr eine Konstruktionswissenschaft, die immer neue Strukturen aufbaut und dabei kaum Rücksicht nimmt auf übergeordnete gesellschaftliche Bezüge. Mediendidaktik – was immer das ist – wird uns *wenig helfen* die computerisierte Informationelle Umwelt zu durchschauen. *Viel wichtiger wird es sein, mit politischen Instrumenten gestaltend in die Computerisierung der Medien einzugreifen.* Aber hierzu gibt es bisher – leider – weder im politischen Raum noch bei den Medienwissenschaften auch nur den Ansatz eines – notwendigerweise internationalen – Konzeptes.

6. Literatur

Brand, Stewart, The Media Lab. Reinbek 1990.

Eberspächer, Jörg (Hrsg.), Neue Märkte durch Multimedia. Berlin 1995.

Haefner, Klaus, Mensch und Computer im Jahre 2000 – Ökonomie und Politik für eine humancomputerisierte Gesellschaft. Basel 1982.

–/Lothar Beyer/Carol Smolawa/Armin Toepfer, Computerunterstützte interpersonale Telekommunikation. Bremen 1984.

Kuhlen, Rainer, Informationsmarkt – Chancen und Risiken der Kommerzialisierung von Wissen. Konstanz 1995.

Minsky, Marvin L., Mentopolis. Stuttgart 1990.

Negroponte, Nicholas, Being digital. London 1995.

Noltemeier, Hartmut, Informatik, I, II und III. Wien 1993.

Postman, Neil, Das Verschwinden der Kindheit. Reinbek 1982.

Steinbuch, Karl, Maßlos informiert — Die Enteignung unseres Denkens. München 1978.

Tapscott, Don, The Digital Economy — Promise and Parole in the Age of Networked Intelligence. New York 1995.

Tobien, Hubertus v., Die manipulierte Information und die Krisen unserer Gesellschaft. Köln 1978.

Turkle, Sherry, Die Wunschmaschine — Vom Entstehen der Computerkultur, Reinbek 1984.

—, Leben im Netz — Identität in Zeiten des Internet. Reinbek 1998.

Klaus Haefner, Bremen (Deutschland)

V. Technische Grundlagen der Medien I: Printmedien

33. Technik des Buches

1. Ausgangsmaterialien für den Druck
2. Schrifttechnische Grundlagen des Drucks
3. Anfänge des Buchdrucks in Europa: Blockbücher und von beweglichen Lettern gedruckte Bücher
4. Druckformen, Druckpressen und Druckmaschinen
5. Die dritte (heutige) Phase der Druckgeschichte
6. Druck- und druckgraphische Verfahren
7. Literatur

1. Ausgangsmaterialien für den Druck

1.1. Herkunft und Verbreitung des Papiers

In der Geschichte der Printmedien ist der Bedruckstoff Papier deutlich eine Voraussetzung für die Verbreitung des Druckens, ungeachtet der Feststellung, daß technisch gesehen ohne weiteres auch auf anderen Materialien gedruckt werden kann. Die spezifische Beschaffenheit des Papiers (leicht, flexibel, glatt und zäh), seine vergleichsweise unaufwendige Herstellung, weitreichende Verfügbarkeit und sein relativ günstiger Preis machten es kontinentübergreifend zum Ausgangsmaterial der meisten Druckwerke, seien es Bücher, Broschüren, Akzidenzen, Einblattdrucke, grafische Blätter oder Gebrauchsgrafik.

Schon seit über 2000 Jahren wird Papier nach gleichbleibenden Prinzipien produziert. Es ist ein pflanzliches Produkt, dessen Bestandteile im Laufe der Geschichte und nach geographischer Lage variierten. Die Anfänge der Papierherstellung lagen in China. Die ältesten Funde sind in das 2. Jh. v. Chr. zu datieren. Aus Seidenabfällen einerseits, der Rinde des Maulbeerbaumes, Chinagras (Ramie), Hanf, Lumpen und alten Fischernetzen andererseits wurde Papiermasse gewonnen. Durch Einweichen und Schlagen der zerkleinerten Pflanzenbestandteile oder Textilabfälle erhielt man eine mit Wasser versetzte Fasersuspension, die über eine Bambusmatte gestrichen nach dem Trocknen an der Luft ein dünnes, dabei aber zähes Vlies ergab. Die Papierherstellung wurde regional unterschiedlich gehandhabt und änderte sich nach und nach. So lernte man ein Sieb einzutauchen und aus dem dünnen Papierbrei heraus zu schöpfen, und man lernte das noch nasse Vlies vom Sieb abzuziehen, so daß die Siebe schneller wieder verfügbar wurden. Als Rohstoff setzte sich in China schließlich Bambus durch. Bis um 600 n. Chr. wurde Papier ausschließlich in China hergestellt. Dann verbreitete sich die Kenntnis auch in Korea und Japan. Im 8. Jh. lernten die Araber von Chinesen, die 751 bei Buchara bei kriegerischen Auseinandersetzungen gefangengenommen wurden, die Papierherstellung. Samarkand wurde zum ersten Zentrum arabischer Papierherstellung. Schon 794 wurde in den Kanzleien des Kali-

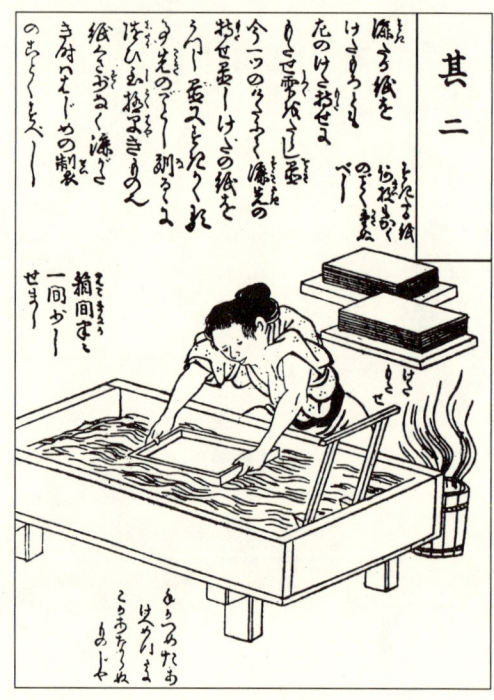

Abb. 33.1: Papierherstellung in Japan

33. Technik des Buches

Abb. 33.2: *Herstellung von Papier*, aus: Diderot und d'Alembert, Encyclopédie, 1751–1780

fen Harun al Raschid in Persien Papier verwendet, das möglicherweise aus Samarkand stammte. Nach und nach verbreitete sich das Handwerk des Papiermachens dann nach Westen: zu Anfang des 10. Jhs. nach Ägypten und Syrien, anschließend nach Nordafrika und in das arabische Spanien. Bis zum 11. Jh. hatte das Papier im arabischen Bereich das Pergament als Beschreibstoff verdrängt. Urkundlich gesichert sind spanische Papiermühlen im 12. Jh. in Xativa, bei Valencia, Gerona und Mauresa. Dieses in Spanien gefertigte Papier wurde hauptsächlich aus Textilabfällen gewonnen. Im 12. Jh. wurde das Papier auch schon in Sizilien und Genua hergestellt, während in den europäischen Ländern sonst überall Pergament Verwendung fand. Seit Beginn des 13. Jhs. lassen sich Importe nach Norditalien und Frankreich nachweisen.

In Italien entwickelte sich die Papierherstellung zu der für Europa typischen Verfahrensweise. Vermutlich wurden hier zum ersten Mal mit Wasserkraft betriebene Stampfwerke eingesetzt, die das Zerfasern der Lumpen auf mechanische Weise betrieben, wurden die geschöpften Bogen zum Teil mit tierischem Leim behandelt, um eine geschlossene Oberfläche zu erhalten, und es wurden Wasserzeichen eingeführt. Die Papiermühle von Foligno ist die erste, die für Italien urkundlich belegt ist (1256). Die älteste Nachricht über die Papierherstellung stammt von 1268, aus Fabriano. Die nördlichen Länder wurden noch im 14. Jh. von spanischen und italienischen Papiermühlen beliefert. Die älteste sicher belegte Mühle in Frankreich ist La Pielle bei Troyes (1338). In Deutschland wurden die ersten Papiermühlen in den süddeutschen Fernhandelsstädten gegründet. Die „Gleismühl" von Ulman Stromer in Nürnberg wurde 1390 in Betrieb genommen, und in Ravensburg gab es seit 1393 Papierherstellung; diese Städte waren vorher Hauptabnehmer italienischer Importe gewesen. Mit dem Vorhandensein von Papier nahm der Bilderdruck vom Holzstock (Holzschnitt) seinen Aufschwung. Eine Nachfrage nach Heiligenbildern, Spielkarten und Vorlageblättern entstand. Der Buchdruck Gutenbergs, die Erfindung des Kupferstichs und die Zunahme städtischer und landesherrschaftlicher Verwaltungen bedingte einen enormen Bedarfsschub für Papier im Verlauf des 15. Jhs., dem Rechnung getragen wurde: um 1500 existierten bereits etwa 60 Papiermühlen im deutschen Raum. Der Buchdruck wäre sicherlich ohne Verfügbarkeit des Papiers nicht auf den Weg gebracht worden, allerdings ist zu bemerken, daß auch auf Pergament gedruckt wurde. Beispielsweise wurde das erste datierbare gedruckte Buch, die Gutenberg-Bibel (B 42), zum großen Teil der Auflage auf Papier, in ca. 30 Exemplaren aber auf Pergament gedruckt. Spätere Pergamentdrucke hatten in der Regel immer besondere bibliophile Bedeutung.

1.2. Papierherstellung als Handwerk

1.2.1. Vorbereitung des Rohstoffes

In Europa waren seit den Anfängen im 12. Jh. bis in das 19. Jh. Lumpen der einzige Rohstoff für Papiererzeugung. Gesammelt wurden ausschließlich Lumpen aus Pflanzenfasern wie Leinen (gewonnen aus Flachs), Hanf und Baumwolle. Diese Abfälle wurden als Hadern bezeichnet, daher auch der Ausdruck Hadernpapier. Die zerkleinerten und mit Wasser versetzten Fasern besitzen die Eigenschaft, aufgrund von Wasserstoffbrücken, die sich zwischen den Cellulosemolekülen bilden, aneinander zu haften und einen dauerhaften Verband zu ergeben. Da ein gewisser Anfall von Lumpen und ausreichend fließendes Wasser zu den Grundvoraussetzungen einer Papiermühle gehörten, bildeten sich diese jeweils in Gegenden heraus, wo beides in reichlicher Menge und Qualität vorhanden war. Zu jeder Papiermühle gehörte ein „Lumpenrevier", d. h. ein genau begrenzter Bezirk, in dem der Rohstoff gesammelt werden durfte. Da Lumpen allgemein knapp waren und den Papiermachern an einer hohen Qualität ihres Rohstoffes gelegen war, wurden durch Privilegien geregelte und streng kontrollierte Lumpensammelordnungen eingeführt. In der Papiermühle wurden in einem oberen Stockwerk die alten Kleidungsstücke von Frauen nach Farbe, Faserstärke und Erhaltungszustand sortiert und geprüft. Knöpfe und Schnallen mußten abgetrennt, Nähte aufgetrennt werden.

Im Boden des Sortierraums befand sich eine Öffnung. Durch diese wurden die vorbereiteten Lumpen in das darunterliegende Geschoß in wassergefüllte Steintröge geworfen. Im Wasser, dem manchmal auch Kalk zugesetzt wurde, fand ein Fäulnisprozeß statt, durch den sich die Fäden der Gewebe beim späteren Stampfvorgang leichter in Einzelfasern auflösen ließen. Die gefaulten Lumpen wurden dann an einem feststehenden Messer in Teile zerschnitten und dann in die Tröge des Stampfwerkes gegeben. Mehrere Holz- oder Steintröge waren nebeneinander angeordnet. In sie fielen abwechselnd die hölzernen Stampfhämmer, die von den Daumen eines mit Wasserkraft angehobenen Wellbaumes angehoben wurden, um dann wieder durch ihr Gewicht in den Trog zurückzufallen.

Die Welle wurde durch ein außen am Gebäude angebrachtes Mühlrad (Wasserrad) in Bewegung gesetzt, für das ein Wasserlauf am Gebäude entlang geführt werden mußte, oder – in Gegenden ohne Gefälle – es bewirkte Windkraft die Drehbewegung der Welle.

Im Stampfwerk wurden zwischen der eisernen Grundplatte des Troges und den eisenbeschlagenen Hämmern die Lumpenteile in ihre Einzelfasern zerlegt. Über ein Sieb wird dabei das Wasser in den Trögen abgeleitet und gleichzeitig Frischwasser zugeleitet, um eine reine und damit helle Fasersuspension zu erhalten. Nach etwa 12 Stunden sind die Gewebe völlig zerfasert (Halbzeug), nach 24 Stunden ist die Masse zum Schöpfen geeignet (Ganzzeug).

Seit dem 18. Jh., vielleicht auch schon früher, bereiteten holländische Papiermühlen Hanfseile und andere Rohstoffe in Kollergängen auf. Ein anderes Gerät, ein Mahlwerk, das als „Holländer" später Verbreitung fand, wurde in Holland seit dem späten 17. Jh. eingesetzt. Der Holländer zerkleinert, „mahlt", die Fasern der Rohstoffe zwischen dem im Boden eines Troges eingelassenen Grundwerk und einer rotierenden Messerwalze. Im 19. Jh. hatten Holländer die bis dahin gebräuchlichen Stampfwerke fast gänzlich verdrängt.

1.2.2. Das Papierschöpfen

Die Bereitung von Papierbögen geht in der Bütte, einem großen hölzernen Faß, vor sich. Die Schöpfbütte war mit einer kupfernen Heizblase zur Erwärmung des Faserbreis versehen. Das Ganzzeug aus dem Stampftrog wird in der Bütte mit Wasser verdünnt. An der Bütte arbeiten immer zwei Arbeiter zusammen. Der Büttengeselle hält mit beiden Händen eine Form, d. h. ein Sieb aus Metallgeflecht, über das ein daraufpassender hölzerner Rahmen gelegt ist, und schöpft mit ihr in einer gleitenden Bewegung Fasersuspension aus der Bütte. Beim Herausheben wird die Form leicht horizontal geschüttelt, wobei sich die Fasern verflechten und auf dem Sieb absetzen und gleichzeitig das Wasser abfließt. Der gefalzte Rahmen („Deckel") verhindert

33. Technik des Buches

das seitliche Zerfließen des Faserbreis und begrenzt den zu schöpfenden Bogen auf ein gleichmäßiges, bestimmtes Maß. Nun reicht der Büttengeselle, der mit zwei Formen arbeitet, das Sieb mit dem Faserbrei an den „Gautscher" weiter. Dieser übernimmt die Form und drückt sie, nach unten gedreht, auf einen Filz aus gewalktem Wollstoff, auf dem der noch nasse Bogen haften bleibt. Auf dieses Papiervlies legt er einen weiteren Filz, auf den dann wieder die nächste Form aufgepreßt wurde. So entstanden beim Schöpfen Stapel von 181 Bogen Papier im Wechsel mit Filzen, die als „Pauscht" bezeichnet wurden.

Die Papierbögen zwischen den Filzen enthalten in diesem Stadium noch über 80% Wasser. Der Pauscht wird in eine hölzerne Spindelpresse eingebracht und dort mittels der Drehbewegung der Spindel gepreßt. Zum Schluß des Vorgangs haben häufig drei Gesellen zusammengearbeitet, um den nötigen Druck zu erzeugen. Die gepreßten Bogen wurden dann von den Filzen abgezogen, von einem dritten Mann als Stapel nochmals gepreßt und dann zum Trocknen aufgehängt. Dazu wurden die Bogen auf den Dachboden gebracht, wo sie in großen Mengen über Seilen oder Stangen gehängt blieben, bis sie – nach einer von der Witterung abhängigen Zeit des Trocknens – weiterbehandelt werden konnten.

Schreibpapier wurde anschließend geleimt, um eine glatte und geschlossene Oberfläche zu erzielen, denn ohne Leimung verläuft die Tinte im saugfähigen Papier. Zum Leimen taucht der Arbeiter mehrere Bogen zwischen zwei Holzbrettchen in eine verdünnte Lösung aus tierischem Leim. Anschließend wird das Papier in Stapeln von etwa fünf Ries (1 Ries = 480 Bogen) gepreßt, wodurch sich der Leim gleichmäßig verteilt. Überschüssige Flüssigkeit läuft dabei in ein Auffanggefäß ab. Dann müssen die Bogen wieder einzeln zum Trocknen aufgehängt werden.

Durch mindestens zwölfstündiges Pressen nach dem Trocknen werden die Bogen vorläufig geglättet, der Stapel wird belüftet und nochmals gepreßt. Abschließend glätten Frauen die einzelnen Bogen nochmals mit einem Glättstein auf einer Lederunterlage. Unebenheiten werden gegebenenfalls mit einem Messer beseitigt. Bei einer Endkontrolle werden fehlerhafte Bogen von einer „Aussucherin" aussortiert. Der Verkauf erfolgte in ganz bestimmten Mengen: 24 Bogen Schreibpapier oder 25 Bogen Druckpapier werden zu einem „Buch" zusammengelegt und in der Mitte einmal gefalzt. Aus 20 Buch ergibt sich ein Ries, ein Stapel der nochmals gepreßt und in einem Papierumschlag verpackt wird.

1.2.3. Wasserzeichen

Bei der Verbreitung von Papieren als Handelsgut wirkte das Wasserzeichen als Markenzeichen, das Herkunft und Qualität verbürgen sollte. Es ergibt sich technisch aus der Beschaffenheit des Schöpfsiebes oder Form des Papiermachers. Die Schöpfform ist ein hölzerner rechteckiger Rahmen, nicht größer als daß er gut von einem Mann gehandhabt werden kann, mit einem Drahtgewebe bespannt. Auf dem Rand liegt der schon erwähnte Deckel auf, ein abnehmbarer Holzrahmen mit Falz. Als Material wurde häufig Eichen- oder Birnbaumholz gewählt, für das Siebgewebe Messing-, Bronze- oder Kupferdraht. Das Gitter wird innerlab des Rahmens durch mehrere hölzerne Stege von unten gestützt. Abstand und Dicke der Drähte bestimmten die Rippung des Papiers, das jeweils ein Negativ der Formoberfläche wiedergibt, sie besteht aus den eng nebeneinanderliegenden Rippdrähten und den quer dazu verlaufenden Stützdrähten, die einen größeren Abstand voneinander haben. Um glattere Oberflächen zu erhalten wurden seit der Mitte des 18. Jhs. auch sehr fein gewebte Drahtsiebe anstelle der Drahtgitter verwendet, durch die kaum Rippung entstand, damit wurden die sogenannten Velinpapiere erzeugt.

Auf dem Drahtgitter oder -gewebe wurde an ein oder zwei Stellen zur Erzeugung von Wasserzeichen ein aus Draht geformtes und mit einem dünneren Draht aufgenähtes Zeichen aufgebracht, wie beispielsweise Buchstaben, Kronen, stilisierte Pflanzen oder Tiere, Wappen oder menschliche Figuren. Jede Papiermühle besaß ein solches Zeichen als Kennzeichnung.

Da sich der Faserbrei an allen erhabeneren Stellen des Siebes dünner ablagert, erscheinen Linien der Wasserzeichen heller als die Umgebung, wenn man den Papierbogen gegen das Licht hält. Wasserzeichen sind eine europäische Erfindung, die seit dem 13. Jh. in Italien nachgewiesen werden kann, in der orientalischen Geschichte des Papiers kannte man sie nicht.

1.3.1. Neue Rohstoffe

Um 1600 gab es bereits fast 200 Papiermühlen in Deutschland, um 1700 etwa 500, um 1800, zu Beginn der Industrialisierung, gut die doppelte Zahl. In dieser Phase wurde eine Rohstoffknappheit zum Problem, die nach neuen Wegen der Herstellung suchen ließ. Der Papierbedarf konnte nicht mehr durch die Verarbeitung gebrauchter Textilien abgedeckt werden, man suchte Ersatzstoffe. Schon im 18. Jh. experimentierten verschiedene Forscher mit anderen Grundstoffen, vor allem pflanzlicher Art. Stroh konnte bedingt nutzbar gemacht werden, für Kartonagen und z. T. auch für den Druck, doch erst die Verwendung von Holz in Form von Holzschliff und Zellstoff im 19. Jh. löste das Problem. 1843 erfand Friedrich Gottlob Keller aus Hainichen (Sachsen) eine Methode, Holz auf dem Schleifstein zu zerfasern und mit Wasser eine Fasersuspension zu erzeugen, die als Zusatzstoff mit Hadern ein brauchbares Papier ergeben konnte, allerdings nur für Papiere mit kurzer Lebensdauer, wie z. B. Zeitungspapier.

Heinrich Völter wertete Kellers Idee seit 1846 für die industrielle Produktion aus, indem er sich darum bemühte, eine brauchbare Schleiferanlage für größere Mengen Holzschliff zu entwickeln. Dies gelang vollständig 1867. Wegen seiner schlechteren Faserqualität konnte Holzschliff die Verwendung von Hadern immer nur begrenzt ersetzen. Erst nachdem man lernte, Cellulosefasern zu isolieren, ließ sich aus Holz in Form von Zellstoff Papier machen, das die Qualität von Textilfasern als Grundstoff erreichte. In Deutschland nahmen Fabriken für Holzcellulose Anfang der siebziger Jahre des vorigen Jahrhunderts ihren Betrieb auf, doch erst im 20. Jh. wurden Hadern nahezu vollständig durch Zellstoff ersetzt.

1.3.2. Die Industrialisierung der Papierfertigung

Um 1800 wurde die Papiermaschine erfunden. Damit vollzog sich die Umstellung der Papiermacherei von der Handarbeit hin zur industriellen Produktion.

1798 ließ der Pariser Korrektor Louis-Nicolas Robert, dem die Leitung einer Papiermühle Didots in Essonne übertragen war, eine Papiermaschine für „Endlospapier" patentieren. Seine Erfindung sah folgendermaßen aus:

Über einer großen ovalen hölzernen Bütte lief eine endlose Bahn aus Kupferdrahtgewebe über zwei Walzen an den jeweiligen Enden, die sich in die gleiche Richtung drehen. Auf dieses Sieb schöpft ein Schaufelrad die Fasersuspension aus der darunterliegenden Bütte. Seitliche Schüttelbewegungen des Siebes bewirken das Verfilzen der Fasern. Die Papierbahn wird an einem Ende der Bütte zwischen zwei Walzen ausgepreßt und auf einer dritten noch naß aufgerollt (Abb. 33.3).

Auf diese Weise ließ sich eine Papierbahn von ziemlicher Länge herstellen. Die Bewegung der Walzen wurde durch einen Kurbelantrieb bewirkt, der von einem Arbeiter bedient wurde. Die Idee dieser noch unausgereiften Erfindung wurde in England von Bryan Donkin aufgenommen, einem Mechaniker in London, der 1804 die erste funktionstüchtige Papiermaschine in Betrieb nehmen konnte, und zwar in der Papiermühle Frogmore in Hertfordshire. Auf dem Kontinent wurden die ersten Maschinen 1817/18 in Dillingen/Saar und in Berlin aufgestellt. 1830 baute Johann Jakob Widmann die erste eigene Papiermaschine für Gustav Schäufelen in Heilbronn, die sehr viel preisgünstiger war als die importierten Maschinen.

Wenige Jahre nach der Erfindung der Langsiebmaschine entwarf der Londoner Ingenieur Joseph Bramah eine Maschine, die Endlosbahnen über einem als Sieb ausgebildeten Zylinder erzeugen konnte (1805). Eine brauchbare Maschine dieser Art gelang dem englischen Papiermühlenbesitzer John Dickinson, der mit einem Patent von 1809 die erste funktionsfähige Rundsiebmaschine baute. Der Siebzylinder taucht in einen Bottich mit Fasersuspension ein. Das Wasser wird in das Innere des Zylinders gedrückt, während sich die Fasern auf der Außenseite absetzen, durch eine Rolle gepreßt und als Vlies fortlaufend abgenommen werden. Heute werden die Nachfolger dieser Rundsiebmaschinen vor allem zur Kartonherstellung sowie zur Erzeugung gerippten sog. Büttenpapiers (bei gerippten Siebzylinder) verwendet. Über 80 % aller Papiererzeugnisse wird jedoch auf Langsiebmaschinen hergestellt. Die Konstruktion der Maschinen richtet sich nach der Art des zu erzeugenden Papiers.

Um 1840 gab es in England etwa 250, in Frankreich 125 und in Deutschland 25 Papiermaschinen. Immer weitergehende Verbesserungen folgten. Um 1900 konnte Druckpapier in Europa in Bahnbreiten bis 2,60 m und bei Geschwindigkeiten von 120 m/min gefertigt werden, wobei man noch im Rückstand war gegenüber den USA. Die Engpässe in der Papierherstellung gehörten damit der Vergangenheit an.

Heutige Maschinen haben, im Vergleich zu ihren Vorgängern, riesige Ausmaße. Eine Ma-

Abb. 33.3: *Endlos-Papiermaschine von Louis-Nicolas Robert* (Nachbau)

schine zur Fertigung von Rollendruckpapier für Tief- oder Offsetdruck kann 100 m lang sein, innerhalb von 30 Sekunden ist der Vorgang vom Auflaufen der Fasersuspension auf das Sieb bis zum Aufrollen des Papiers am anderen Ende der Maschine abgeschlossen. Das Rollensystem einer solchen Maschine hat nach dem Erstellen des Vlieses auf dem Sieb die Aufgabe der Entwässerung durch Pressen und des Trocknens durch Wärmezufuhr. Sie erzeugt bei einer Papierbreite von 6 Metern und einer Geschwindigkeit von 600 m/min täglich 300 Tonnen Papier in Rollen. Jede dieser Rollen wiegt ca. 15 Tonnen.

Maschinenpapiere können für unterschiedlichste Zwecke erzeugt werden (Hygienepapiere, Verpackungsmaterial, Tapeten u. a.). Druckpapiere, die in diesem Zusammenhang interessieren, sind die Papiere, die als Träger gedruckter Informationen dienen. Man verlangt von ihnen gleichmäßige Farbannahme, Dimensionsstabilität, Festigkeit und Steifigkeit, damit sie beim Drucken die Maschine schnell und störungsfrei durchlaufen (gute Verdruckbarkeit). Zur Verbesserung der Be-

druckbarkeit werden viele Papiere gestrichen, d. h. sie werden mit einer Streichmasse versehen, die eine besonders ebene und geschlossene Oberfläche bewirkt. Dies erwies sich als wichtige Voraussetzung für die Wiedergabe fein gerasteter Bildvorlagen, wie sie seit dem späten 19. Jh. durch die Autotypie häufig wurden. Die Streichmasse kann entweder in der Papiermaschine selbst oder in einer speziellen Streichanlage aufgetragen werden. Bestandteile der Streichmasse sind Wasser, Pigmente (vor allem Kaolin), Bindemittel und Hilfsstoffe. Hochwertiges und verhältnismäßig schweres gestrichenes Papier wird als Kunstdruckpapier verwendet. Beidseitig gestrichenes Kunstdruckpapier wurde 1888 erstmals in den USA hergestellt, in Deutschland wurde die erste Streichanlage im Jahr 1892 von Adolf Scheufelen in Oberlenningen in Betrieb genommen.

Im Gegensatz dazu stellt man beim Zeitungsdruckpapier als einem kurzlebigen Massenprodukt geringere Ansprüche an die Qualität. Der Anteil an Holzstoff kann hier sehr hoch sein (bis zu 85%), dadurch wird die rasche Vergilbung und das Sprödewerden bewirkt. Durch Füllstoffe wird darüber hinaus ein Teil der teureren Faserstoffe ersetzt.

Die Mechanisierung der Papierherstellung brachte ungeheure Leistungssteigerung mit sich, die u. a. auch die Druckindustrie in die Lage versetzte, mit ihren Maschinen ungehindert den Ausstoß an Büchern, Zeitungen und allen anderen Drucksachen kontinuierlich zu erhöhen.

Nach 50jähriger Entwicklung war man in der Mitte des 19. Jhs. in der Lage, auf einer Papiermaschine in 24 Stunden ca. 600 Kilogramm Papier herzustellen. An der Bütte hatte man mit Handarbeit etwa 3000 Bogen maximal (bei Zugrundelegung eines Zehnstundentages) schöpfen können, was etwa 58 bis 66 Kilogramm Papier entspricht. Um 1870 stellte eine Maschine schon das 40fache einer Bütte her, heute das 10 000fache bei einer Produktivität von 300 000 Kilogramm pro Beschäftigtem im Jahr.

2. Schrifttechnische Grundlagen des Drucks

Betrachtet man die Geschichte des Drucks als die mechanische Vervielfältigung von Bildern, Zeichen und Texten mit dem Ziel, diese einer größeren Zahl von Rezipienten zugänglich zu machen, so ist die Entwicklung der Druckverfahren über fast 5000 Jahre zurückzuverfolgen. Lassen wir die prähistorischen grafikähnlichen Einkerbungen und Einritzungen in Höhlenwände, Steinflächen, Hölzer u. ä. außer acht, denen nach unserem Wissensstand nicht die Absicht der Abnahme von Abdrucken oder Abreibungen zukam, um so das Dargestellte von seiner lokalen Gebundenheit zu lösen, so sind die Ursprünge des Druckens schon bei einigen der ältesten Weltkulturen zu verfolgen. Im Prinzip ist jede Art von Abdruck von einer reliefierten Oberfläche als Manifestation der drucktechnischen Vervielfältigung zu betrachten.

2.1. Vorformen des Druckens

Die früheste Vervielfältigungstechnik, die jeweils der Übermittlung einer Informationseinheit diente, wurde offenbar für die Anbringung von Eigentumszeichen erdacht. Die Sumerer Mesopotamiens (Beginn des 3. bis zur Mitte des 1. vorchristlichen Jahrtausends) verwandten, noch bevor ihr hochentwickeltes Keilschriftsystem für die Aufzeichnung wirtschaftlicher und literarischer Texte zum Tragen kam, Rollsiegel, d. h. zylinderförmige Siegel aus Lapislazuli, Alabaster, Steatit oder Kalkstein, mit in die Wandung eingravierten Symbolen oder Bildkombinationen, die eine bestimmte Bedeutung vertraten. Wurden diese Siegel in feuchtem und damit noch weichem Ton mit etwas Druck abgerollt, übertrug sich die Darstellung als Relief und hinterließ einen dauerhaften streifenförmigen Abdruck, der − zumindest in der frühen Zeit − als Besitzerzeichen gewertet wurde. Von den Sumerern wurden Rollsiegel bereits im 3. vorchristlichen Jahrtausend benutzt, die Völker der Akkader (Babylonier und Assyrer) übernahmen ihren Gebrauch, als sie nach Mesopotamien einwanderten.

Aus Steatit geschnittene Rollsiegel der noch wenig erforschten Induskultur, die wohl im Zeitraum zwischen 2500 und 1500 v. Chr. im Industal aufblühte, weisen soviel Ähnlichkeiten mit babylonischen Siegeln auf, daß man auch hier Beeinflussung vermutet. Die wiederholbare und in ihrer Häufigkeit fast uneingeschränkte Anwendungsmöglichkeit der reliefierten Siegel rückt sie eindeutig in die Nähe eines einfachen Druckverfahrens.

Im Ägypten der Frühzeit (um 3300−2635 v. Chr.) finden sich Abdrücke von Beamtensiegeln auf Krügen und sonstigen Vorratsbehältern. Ob ein Zusammenhang mit der Errungenschaft der Sumerer besteht, ist eine noch offene Frage. Auch auf Kreta wurden in frühminoischer Zeit Siegelsteine verwendet. In Form von Siegelringen und Petschaften hat diese Art des einfachen Stempeldrucks bis in unsere Zeit überlebt.

Während in den genannten Kulturen Bilder- und Silbenschriften, teilweise auch als Mischformen mit phonetisierten Schriftelementen (Lautzeichen) entwickelt worden waren, erfolgte im 2. Jahrtausend v. Chr. ein einschneidender Wandel, der für die spätere Entwicklung des Textdrucks von größter Bedeutung sein sollte. Die Phönizier schufen eine Alphabetschrift, d. h. eine reine Lautschrift, die durch ihre leichtere Erlernbarkeit zunächst dem Handel im Mittelmeerraum zugute kam, und sich langfristig als Grundlage für unser heute in der westlichen Welt gültiges Schriftsystem durchsetzen sollte. Auf ihr basierten die Alphabete der Griechen und Römer, von denen sich unsere heutige Schrift des gesamten westlichen Kulturkreises unmittelbar ableitet. Betrachten wir jedoch diese beiden immens innovativen antiken Kulturen, ist festzustellen, daß in keiner − weder in der griechischen noch in der römischen mechanische Verfahren für Textvervielfältigung entwickelt wurden. Bronzeguß und Münzherstellung waren zur Perfektion gediehen, man kannte auch die Massenproduktion von Keramiken mit Formen oder Modeln, doch wurden diese Kenntnisse nicht für die Schaffung von Druckformen eingesetzt. Der große Bedarf an Schriftstücken für Wirtschaft und Verwaltung und die Nachfrage nach Literatur wurde durch ein gut organisiertes Schreiber- und Kopierwesen, für das Sklaven eingesetzt wurden, gedeckt. Auch ohne Textdruck konnten so beeindruckende Schriftensammlungen entstehen, wie die Bibliothek von Pergamon, die in ihrer Blütezeit ca. 200 000 Rollen, und die von Alexandria, die 700 000 Texte ihr eigen nennen konnte. Das Abschreiben blieb noch lange die übliche Art der Textvervielfältigung. Während des gesamten europäischen Mittelalters, in dem schriftliche Kommunikation vor allem durch die Skriptorien von Klöstern und Herrschern wahrgenommen wurde, erreichte im fernen Osten das Drucken von Texten bereits eine kulturtragende Bedeutung.

2.2. Ursprünge des Druckens in Ostasien

Sehr frühe Schriftzeugnisse auf Knochen sowie Bronze, Keramik und Steinstelen, die bis ins 5. Jahrtausend v. Chr. zurückreichen, beweisen die früh einsetzende Schriftlichkeit der chinesischen Kultur. Die Erfindung des Papiers, zuerst aus Hanffasern, dann aus Seidenlumpen, Maulbeerbaumrinde u. a. hergestellt, im 2. Jh. v. Chr. bot die Grundvoraussetzung für eine Reproduzierbarkeit von Text und Bild in großem Maßstab.

Als Vorform des Druckens können in China die Abreibungen oder Abklatsche von Steininschriften gelten, die eine gezielte und sehr zeitsparende Verbreitung von Texten möglich machten. Mit der Han-Zeit (206 v. - 220 n. Chr.) wandelte sich die Form von Inschriftensteinen von runden Säulen zu rechteckigen Tafeln, die in gewisser Weise die Funktion der späteren Holzdruckstöcke vorwegnahmen. Erstmals im 2. Jh. n. Chr., und zu späteren Zeiten mehrfach wieder, wurde der gesamte Kanon der chinesischen Klassiker in Stein geschnitten, d. h. vertieft auf der Vorder- und Rückseite rechteckiger Steinplatten eingraviert. In einer im Jahre 175 n. Chr. begonnenen und nach acht Jahren abgeschlossenen Aktion war auf diese Weise ein Standardtext der Schriften des Konfuzianismus festgelegt worden, von dem man Tausende von Kopien in Form von Abklatschen anfertigte. Dabei wurde angefeuchtetes Papier so auf die Steine gedrückt, daß bei einem Überbürsten mit Tusche die eingeschnittenen Schriftzeichen — wie auch die eingetieften Linien von Bildern oder Landkarten — weiß blieben, während sich alles andere als Hintergrund schwarz davon abhob. Eine solche Steinbibliothek ist im Yunju-Kloster, 75 km südwestlich von Peking, erhalten, sie umfaßt über 14 000 Steintafeln. Mit diesem Abklatschverfahren war die Vorstufe zum Holztafeldruck erreicht, der — da man Siegel und Stempel als einfache Beispiele für die Anwendung von Hochdruck kannte — als nachfolgende Entwicklungsstufe bald zu bewältigen war. Im Gegensatz zu den Steinabklatschen mußte beim Holztafeldruck, der spätestens seit dem 7. Jh. n. Chr. angewendet wurde, jedes Zeichen und jede Darstellung seitenverkehrt in den Holzstock geschnitten werden. Die Linien, die gedruckt werden sollten, wurden nun durch Wegnehmen ihres Umfeldes erhaben stehen gelassen und nicht, wie beim Stein, in die Fläche eingetieft. Das älteste datierbare Zeugnis eines Textabdrucks von einem Holzstock wurde in einer Steinpagode des Pulguk-Tempels in der koreanischen Provinz Nord-Kyongsang gefunden und entstand in den Jahren zwischen 704 und 751 n. Chr. Es handelt sich um einen buddhistischen Test, eine Dharani-Sutra. Alle asiatischen Holzschnittdrucke wurden, wie später auch in Europa, als Reiberdrucke abgezogen. D. h., der Holzstock liegt mit dem Relief nach oben auf einem Tisch, wird eingefärbt, und mittels eines Instruments (Rakel oder Falzbein) von der Rückseite kräftig abgerieben, bis die Farbe übertragen ist. Dieses Hochdruckverfahren wurde zur vorherrschenden Drucktechnik für viele Jahrhunderte. Der Holzschnitt wurde für religiöse und profane Bücher und Texte, für Spielkarten, Kalender, Papiergeld und den Bilddruck eingesetzt. Das ausgebildete staatliche Prüfungswesen, die Anforderungen der Verwaltung und die vermehrten Bildungsmöglichkeiten, die seit der Epoche der Song-Dynastie (960—1269) zur Geltung kamen, brachten eine Blütezeit des Buchdrucks in China hervor, der Enzyklopädien, Handbücher und Literatursammlungen aller Art zu verdanken waren. Bis zum Ende des 19. Jhs. und darüber hinaus wurde der Buchdruck von Holzdruckstöcken in China gepflegt, obwohl parallel dazu auch schon Jahrhunderte früher als in Europa von beweglichen Lettern gedruckt wurde.

2.3. Druck mit beweglichen Lettern in China und Korea

Um das Jahr 1040 experimentierte ein Chinese namens Bi Sheng mit beweglichen Druckstempeln aus Keramik, d. h. mit Stempeln von einzelnen Schriftzeichen und Zeichenkombinationen, die auf einer mit Wachs und Harz bestrichenen Eisenform zu einem Text angeordnet und fixiert wurden. Nach Erhitzung der Form konnten Stempel oder Lettern leicht wieder abgelöst und später wiederverwendet werden. In diesem Verfahren hergestellte Werke sind nur schwer von Blockdrucken zu unterscheiden, es sei denn, daß ein Zeichen versehentlich auf dem Kopf stehend angeordnet wurde. Druckerzeugnisse von beweglichen Lettern wurden seit Anfang des 14. Jhs. auch von Stempeln aus Holz verfertigt.

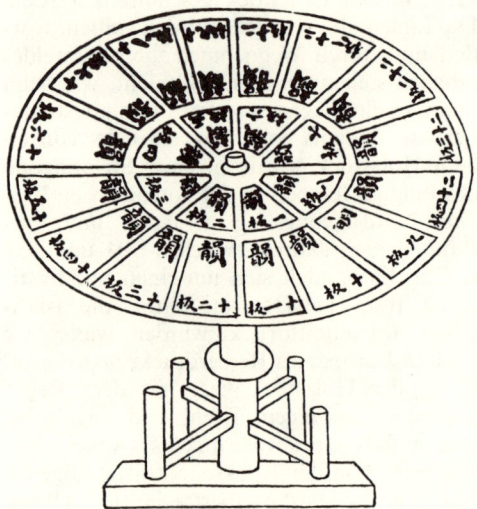

Abb. 33.4: *Chinesischer Setzkasten.* Holzschnitt von 1313

Der Beamte Wang Shen soll erstmals aus einem Block geschnittene Holzstempel gleicher Größe verwendet haben, die wieder exakt zu einem Block genormter Größe zusammengesetzt werden konnten. Etwas später wurden nach koreanischem Vorbild Lettern aus Metall (Kupfer, Blei oder Messing) verwendet. Bereits im 12. oder 13. Jh. n. Chr. kannte man dort Metallettern, aller Wahrscheinlichkeit nach nutzte man das aus China eingeführte Sandgußverfahren für ihre Herstellung. Allerdings hat sich das Drucken mit beweglichen Lettern bis zum Ende des 19. Jhs. in China nicht wirklich durchsetzen können, auch wenn es gegenüber dem Block- oder Holztafeldruck als die überlegene Technik erscheinen muß. Der Druck von Holzplatten erforderte bei großen Editionsvorhaben wie dem Druck der Klassiker oder Geschichtswerken das Schneiden und Lagern Abertausender von Druckstöcken, was sicherlich ein Nachteil war. In Hinblick auf die Verwendung beweglicher Lettern ist aber zu bedenken, daß das chinesische Schriftsystem mit seinen vielen Tausend unterschiedlichen Zeichen weder für die Mengenherstellung noch für den Satz, die Zusammenstellung der Druckform, schnelle und rationale Arbeitsweisen zuließ. Auch Hilfsmittel wie drehbare Setzkästen für die am häufigsten gebrauchten Zeichen (bereits im 14. Jh. in der chinesischen Literatur beschrieben) konnten bei diesem Problem nur partiell Abhilfe schaffen. Weiterhin eigneten sich weder Keramik- noch Metalltypen besonders gut für den Druck mit chinesischer Tusche. Ein Nachteil bestand auch darin, daß die riesigen Typenvorräte sehr viel Metall verschlangen, während das Holz für den Holztafeldruck leicht verfügbar war und keinen großen Wert darstellte. Korea überkam diese Schwierigkeit weitgehend, indem dort durch eine Schriftreform unter König Sejong im 15. Jh. die alphabetische Schrift Han'gul, die anfangs 28 Zeichen, dann nur noch 24 Zeichen umfaßte, geschaffen wurde. Diese Schrift wurde im Jahr 1444 vorgestellt und kraft der königlichen Autorität in den folgenden Jahren landesweit durchgesetzt.

2.4. Mögliche Einflüsse von Ostasien nach Europa

Auch wenn kein unmittelbarer Einfluß der ostasiatischen Errungenschaften im Buchdruck auf die Erfindung Gutenbergs vorliegen muß, spricht doch vieles dafür, daß der wesentliche Grundgedanke des Druckens 'mit beweglichen Lettern' den deutschen Erfinder über einen mündlichen oder schriftlichen Reisebericht o. ä. angeregt haben kann. Damit der Buchdruck in Europa überhaupt Fuß fassen konnte, mußte wiederum ein geeigneter Bedruckstoff in größeren Mengen zu erschwinglichen Preisen verfügbar sein. Dieser war, wie in Asien, das Papier. Die Kenntnis der Papierherstellung wurde nur sehr langsam über die Grenzen Chinas hinaus in andere Länder getragen. Im 2. und 3. nachchristlichen Jh. läßt sich bereits eine Verbreitung in östliche (Japan) und dann in westliche Richtung feststellen. Im 7. Jh. gelangte die Kunst des Papiermachens nach Indien, in der Mitte des 8. Jhs. nach Vorderasien. Von dort gelangte sie im 10. Jh. nach Nordafrika und wurde von dort spätestens im 12. Jh. nach Spanien und Italien weitervermittelt. Für die Herstellung von Einblattdrucken vom Holzstock, die in Europa seit dem 14. Jh. nachzuweisen ist, war das Papier aus Hadern (Leinenlumpen) das geeignete Bedruckmaterial. Die in diesen Bereich gehörenden Einblattdrucke mit Text, der seitenverkehrt in den Holzstock geschnitten in Spruchbändern oder in größeren Textblöcken als Teil der Gesamtkomposition seine Funktionen als Erklärung oder Benennung erfüllen konnte, ließen fast zwangsläufig auch an die Möglichkeit mehrseitiger Drucke und Bücher denken. So, wie das Papier seinen Weg von Osten nach Westen gefunden hatte, ist auch die Verbreitung des Druckens mit beweglichen Lettern von China ausgehend zu verfolgen. Die Seidenstraße war auch hierbei wieder der Weg, auf dem die Neuerung nach Westen weitergegeben wurde. In Dun-huang (Mittelasien) wurden bei Ausgrabungen auf dem Boden einer Tempelhöhle Hunderte von Holzlettern mit uigurischen Zeichen gefunden, die auf die Zeit um 1300 datiert werden. Die christlichen und buddhistischen Uiguren dienten im 13. und 14. Jh. den Mongolenherrschern als Schreiber und Ratgeber, sie könnten eine Mittlerrolle zwischen der ostasiatischen und der europäischen Kultur gespielt haben. In Turfan, an der nördlichen Seidenstraße westlich des 90. Längengrades, wurden gedruckte Bücher in verschiedenen Sprachen, u. a. auch chinesisch, gefunden. Papiergeld, das im 13. Jh. im ganzen mongolischen Reich in Umlauf war, wurde von Marco Polo und anderen westlichen Reisenden ausführlich beschrieben. Im 13. und 14. Jh. bestanden wiederholt Beziehungen zwischen dem Heiligen Stuhl und dem Großkhan in Mittelasien. Johann von Montecarvino wirkte von 1294 bis zu seinem Tode im Jahre 1328 als Erzbischof in Peking, der Hauptstadt des Kublai Khan. In Chunchow existierte in der Mitte des 14. Jhs. ein Kaufhaus für Europäer, vor allem italienische Kaufleute. Auch sammelten die Mongolen-Khane im 13. und 14. Jh. europäische Techniker an ihrem Hof.

Auch wenn sich nach dem Ende der Mongolenherrschaft 1368 die politische Lage änderte, Handels- und andere Kontakte abgebrochen und Kommunikationskanäle verschlossen wurden, ist offensichtlich, daß erhebliche Kenntnisse von chinesischen Erfindungen nach Westen gedrungen waren. Auch wenn wir bis heute keine schriftliche Quelle besitzen, in der ein Europäer jener Zeit auf die beweglichen Lettern Bezug nimmt, ist kaum vorstellbar, daß diese unbekannt geblieben waren.

3. Anfänge des Buchdrucks in Europa: Blockbücher und von beweglichen Lettern gedruckte Bücher

Was immer auch den ersten Anstoß zum Drucken mit beweglichen Lettern Mitte des 15. Jhs. in Europa gegeben haben mag, in jedem Fall muß eine deutliche Steigerung der Buchproduktion wie auch eine Vereinfachung und Beschleunigung in der Herstellung von Formularen und Ankündigungen etc. ein dringendes Erfordernis dieser Zeit gewesen sein. Dies läßt sich nicht zuletzt an der Tatsache ablesen, daß etwa gleichzeitig zwei technische Verfahren bewältigt wurden, um Texte durch den Druck zu vervielfältigen. Die Verfertigung von Büchern, deren Seiten von jeweils einem oder auch zwei Holzdruckstöcken gedruckt wurden, als Weiterführung des für Einblattdrucke schon länger bekannten Holztafeldrucks war offenbar nicht ein Vorläufer der komplizierten Gutenberg'schen Methode, sondern wurde etwa gleichzeitig in der Mitte des 15. Jhs. entwickelt. Die überwiegende Zahl dieser europäischen „Blockbücher" ist in niederländischer, deutscher oder lateinischer Sprache verfaßt; als Ursprungsland werden die Niederlande vermutet. Verbreitet waren sie außer in den Niederlanden vor allem im süd- und südwestdeutschen Raum. Durch die erhaltenen Exemplare kennt man heute noch insgesamt über 30 unterschiedliche Titel, sowohl christliche wie profane Werke, von denen weit mehr als 100 verschiedene Ausgaben gezählt werden. Es gab Blockbücher, in die die Textzeilen handschriftlich eingetragen wurden, solche, deren Text seitenverkehrt in die Holzstöcke geschnitten war, und schließlich auch Blockbücher mit typographisch eingedrucktem Text. Blockbücher wurden noch bis zum Ende des 15. Jhs. geschaffen, einzelne Titel lassen sich noch bis ca. 1530 nachweisen. Dann waren sie durch den Buchdruck mit beweglichen Lettern, der sich als das effizientere Verfahren erwies, verdrängt.

In der Mitte des 15. Jhs. hatte Johannes Gutenberg bereits sein Verfahren des Druckens mit beweglichen Lettern und einer

Abb. 33.5: *Seite aus dem Blockbuch „Apokalypse", vor 1463* (Gutenberg-Museum Mainz)

Buchdruckerpresse perfektioniert; als erste datierbare Werke gelten der 'Türkenkalender' von 1454 und die Bibel mit 42 Zeilen (B 42), die in den Jahren 1452–55 entstand, aber 1454 wohl schon ausgedruckt war.

3.1. Schriftherstellung

Das, was gemeinhin als 'Gutenbergs Erfindung' bezeichnet wird, ist tatsächlich eine komplexe Abfolge aufeinander bezogener technischer Einzelschritte, die im Ergebnis perfekte Drucke in hohen Auflagenhöhen gewährleisteten. Vieles mußte bedacht werden, was noch in keinem handwerklichen oder technischen Prozeß der Zeit in Anwendung gekommen war. Grundgedanke der Erfindung war, wie im fernen Osten, die Zerlegung des Textes in alle Einzelelemente wie Klein- und Großbuchstaben, Satzzeichen sowie Buchstabenverbindungen (Ligaturen) und Wortabkürzungen (Abbreviaturen), die in Skriptorien üblich waren. Diese Elemente wurden als seitenverkehrte Metallettern gegossen und konnten zu Wörtern, Zeilen und schließlich ganzen Seiten zusammengefügt werden. Ein Vorteil war ihre Wiederverwendbarkeit. Nach dem Druck konnten die 'Formen', der druckfertig zusammengestellte Satz, wieder aufgelöst, die Lettern im Setzkasten 'abgelegt' und später weiterverwendet werden.

Prototyp für jedes Zeichen war der Stempel. Um eine Druckschrift zu erzeugen, mußte man alle Groß- und Kleinbuchstaben mit Varianten und den oben genannten Kombinationen sowie die zugehörigen Satzzeichen und Zahlen ganz präzise und in genau aufeinander abgestimmter Größe (dem Schriftgrad) in die Stirnseiten länglicher Stahlblöcke oder -stäbchen seitenverkehrt eingravieren. Von der Präzision und formalen Gestaltung dieser in Relief geschnittenen Einzelformen hingen Schönheit und Lesbarkeit aller daraus entstehenden Texte ab. Für die Arbeit des Stempelschneidens wurden Stichel, Punzen – für Innenformen – und Feilen eingesetzt. War so in mühsamer Kleinarbeit eine Schrift mit allem, was dazugehörte, entstanden, konnten nun von diesem einen Satz Stempel in beliebiger Zahl Matrizen erzeugt ('abgeschlagen') werden, und aus diesen wiederum ließ sich eine fast unbegrenzte Zahl von Lettern oder Typen gießen. Die Stempel waren daher der wichtigste und kostbarste Teil der Schriftherstellung.

Um eine Matrize, die Negativform, herzustellen, wurde der jeweilige Stempel senkrecht mit dem Schlag eines Hammers in einen rechteckigen Block aus weicherem Metall eingetieft. Da man in späteren Jahrhunderten in der Regel Kupfer verwendete, kann man annehmen, daß auch in der Frühzeit dieses Metall als geeignet betrachtet wurde. Die derart erzeugte Matrize mußte nachgearbeitet (justiert) werden, denn die mechanische Einwirkung des Abschlagens bringt das Metall zum seitlichen Ausweichen, so daß eine Begradigung der Seiten nötig wurde. Wichtig war weiterhin, daß das eingetiefte, nun seitenrichtige Bild bei allen Matrizen einer Schrift eine einheitliche Tiefe haben mußte, deswegen wurde die Oberfläche so lange geschliffen, bis das richtige Maß erreicht war. Mit der Matrize allein konnte man nicht gießen, sie war nur der eine Teil der Gießform. Der andere war das Handgießinstrument, das dem Letternkörper die Form gab. Aus zwei Teilen zusammengesetzt umschloß es einen rechteckigen Gießkanal, dessen eines Ende durch das Einsetzen der jeweils gewünschten Matrize verschlossen wurde, in der Weise, daß sich das vertiefte Zeichen gerade über der Öffnung des Kanals befinden mußte. Beim Gießen wird das geschmolzene Schriftmetall mit einem Gießlöffel passender Größe in den Kanal gefüllt. Nach dem Guß wurde der gießtechnisch bedingte Angußzapfen abgebrochen. Die besondere Konstruktion des Gießinstruments (durch die eine 'Sollbruchstelle' vorgegeben war) garantierte nach dem Abbrechen des Gußzapfens die richtige Höhe der Letter. Das Schriftmetall, von dem gemeinhin immer als dem „Blei" gesprochen wird, war eine Legierung aus Blei, Zinn und Antimon, deren Zusammensetzung ein schnelles Erkalten und sofortiges Erstarren beim Guß und ausreichende Dauerhaftigkeit unter dem Druck der Presse gewährleistete.

Nach dem Überarbeiten der frisch gegossenen und vom Zapfen befreiten Lettern durch Glattfeilen und, falls nötig, Nachgravieren wurden diese dann in Setzkästen eingeordnet. Großbuchstaben (Versalien) kamen in den oberen Teil, die Kleinbuchstaben (Gemeinen) in den unteren Teil des Kastens, wobei darauf zu achten war, daß nur Lettern einer Schriftart und eines Schriftgrades zusammensortiert wurden. In den ersten Jahren des Druckens war der Typenapparat, der geschnitten und gegossen wurde, noch sehr umfangreich: zu Gutenbergs 'Textura', einer gebrochenen gotischen Schrift, die für die 42-zeilige Bibel verwendet wurde, gab es insgesamt 290 verschiedene Zeichen. Es ist offen-

Abb. 33.6: *Setzkasten*

sichtlich, daß mit der Variabilität dieses Apparats eine Schönheit und Ausgewogenheit des Schriftbildes erzielt werden sollte, die dem Werk eines geübten Schreibers nicht nachstand.

Der Setzkasten ist aufgeteilt in Fächer von verschiedenen Größen, da von manchen Zeichen mehr als von anderen benötigt werden. Die am häufigsten gebrauchten Buchstaben sind dort angeordnet, wo der Setzer sie am schnellsten greifen kann: in der unteren Mitte des Kastens. Selbstverständlich mußten die Setzkästen der Frühdruckzeit mehr Fächer aufweisen und damit größer ausgelegt sein als die späteren. Aber auch in den folgenden Jahrhunderten waren diese keineswegs einheitlich: sie unterscheiden sich entsprechend der Schriftarten, für die sie gebraucht wurden, so gab es beispielsweise spezielle Antiqua- und Fraktur-Einteilungen, oder nach den nationalen Sprachen mit ihren spezifischen Eigenheiten. Die Notwendigkeit, ökonomischer zu denken, brachte spätere Drucker dazu, sich von den Vorgaben der Skriptorien zu lösen und den hohen Aufwand solcher umfangreichen Typenapparate mehr und mehr einzuschränken, bis schließlich im 16. Jh. die Reduzierung auf die reguläre Zahl der im Alphabet enthaltenen Buchstaben erfolgte.

4. Druckformen, Druckpressen und Druckmaschinen

4.1. Herstellung der Form

Die Erstellung der Druckformen für den Buchdruck war die Aufgabe des Setzers.

Wir können uns nach alten Abbildungen und Handbüchern eine Vorstellung machen, wie sich seine Arbeit darstellte – eine Tätigkeit, die mehrere Jahrhunderte hindurch, bis zur Erfindung von Setzmaschinen am Ende des 19. Jhs. im wesentlichen unverändert blieb.

Der Setzer saß oder stand vor dem schräggestellten Setzkasten. Der vorgegebene Text bzw. das Manuskript war für ihn durch eine hölzerne Halterung, das Tenakel, in Lesehöhe gebracht. Zeile für Zeile fügte nun der Setzer den Text im Winkelhaken zusammen, den er (im Normalfall) in der linken Hand hielt. Mit der Rechten griff er in die Fächer des Setzkastens, holte sich die benötigten Buchstaben und Satzzeichen, und setzte sie – da seitenverkehrt! – von links nach rechts, aber auf dem Kopf stehend, zu ein, zwei oder mehr Zeilen zusammen, bis der Winkelhaken annähernd gefüllt war. Der Winkelhaken ist eine seitlich abgeschlossene Winkelleiste mit einem Griffstück, anfangs aus Holz, seit dem

19. Jh. auch aus Metall. Je nach dem Format des beabsichtigten Druckwerks wählte der Setzer sich einen Winkelhaken passender Länge. In späterer Zeit wurden auch Geräte hergestellt, die auf eine bestimmte Zeilenlänge einzustellen waren.

Beim Setzen der Zeilen im Winkelhaken wurde der Wortzwischenraum durch sogenanntes Blindmaterial gebildet, unterschiedlich starke Bleikörper, die niedriger als die Schrifthöhe sind. Um eine gleichmäßige Zeilenlänge und eine ausgewogene Anordnung der Buchstaben im Zusammenhang eines Wortes oder einer Wortkombination zu erreichen, konnte der Setzer weiterhin die Zwischenräume mittels sehr schmaler Metallstücke, den Spatien, verändern und damit ausgleichen.

Eine halbrunde Vertiefung an einer Seite des Letternkörpers, die Signatur, die sich durch die Innenform des Gießgerätes ergibt, dient dem Setzer als optische Arbeitshilfe. Wenn alle Signaturen einer Zeile eine durchgehende Rille ergeben, kann man sicher sein, daß keine Letter verkehrt herum im Winkelhaken steht, bzw. daß kein falscher Schriftgrad dazwischen geraten ist.

Die fertigen Zeilen im Winkelhaken wurden dann auf ein an drei Seiten mit einer Leiste begrenztes Holztablett, das Schiff, geschoben. War der Satz für eine ganze Seite komplett, wurde er mit einer Schnur umwickelt und so zusammengehalten (ausgebunden) und war damit für den Druck vorbereitet.

Bei Einblattdrucken entsprach der Satz einer Seite auch der Druckform. Beim Buchdruck bestand die Form aus den zwei Seiten, die eine Doppelseite ergeben, oder aus vier, sechs, acht, zwölf oder mehr Seiten. Das hing vom beabsichtigten Format des Druckwerkes ab. Ausgangspunkt war immer der mit dem Sieb geschöpfte Bogen Papier. Um zeit- und materialsparend zu arbeiten, wurden abhängig von der Bogengröße soviel Seiten (Kolumnen), wie sinnvoll anzuordnen waren, als Satz in einer Form zusammengefaßt. Dies geschah nach einem bestimmten Anordnungsschema, das der Setzer kennen mußte, und das auf die Vorderseite des Bogens (den Schöndruck) genauso wie auf die Rückseite (den Widerdruck) angewendet wurde. Dieses Anordnen wurde als 'Ausschießen' der Kolumnen bezeichnet. Wurde der Bogen nach dem Druck in einer bestimmten Weise einmal oder mehrfach gefaltet, ergab sich dann nach der buchbinderischen Tätigkeit des Heftens und Aufschneidens die richtige Reihenfolge der Seiten.

Druckfarbe, auch als Druckerschwärze bezeichnet, wurde schriftlich zuerst 1481 in einem Einkaufsbuch der Ripoli-Druckerei in Florenz erwähnt, sie bestand im wesentlichen aus Lampenruß und Firnis. Seit dem 16. Jh. wurde die Herstellung nebenberuflich von Setzern betrieben; seit dem Ende des 18. Jhs. entstanden in England die ersten Druckfarbenfabriken.

4.2. Druckerpressen: die hölzerne Presse

Bei fast allem, was bisher über die Schriftherstellung und den Satz gesagt worden ist, konnte nicht von Schrift- oder Bildquellen für die Frühzeit des Druckens ausgegangen werden. Es ist erschlossenes Wissen, das einerseits analytisch aus den Ergebnissen – den Druckwerken Gutenbergs und seiner Nachfolger – gewonnen wurde und andererseits von den aus späterer Zeit überlieferten Bild- und Schriftquellen und Gebräuchen ausgeht. Genauso verhält es sich mit unserer Kenntnis der frühen Buchdruckerpressen.

Die erhaltenen hölzernen Druckerpressen stammen alle aus dem 18. und 19. Jh. Allein zwei im Plantin-Moretus Museum in Antwerpen bewahrte Pressen sollen (in wesentlichen Teilen) aus der Zeit um 1600 stammen. Bildmaterial ist für das 15. Jh. ebenfalls nicht vorhanden, bis auf eine Totentanzdarstellung (Holzschnitt, Lyon, 1499), die nur sehr vage Angaben über die Konstruktion der Presse macht. Auch für die grafischen Abbildungen von Pressen aus der Zeit danach ist zu sagen, daß sie in der Regel im Detail sehr ungenau und damit für Rekonstruktionsversuche unzureichend sind. Es geht meistens mehr um die Darstellung der Idee einer Druckerpresse, nicht um ihre realistische Abbildung. Zu bedenken ist auch, daß viele dieser Grafiken Druckersignete waren und über viele Jahrzehnte einfach wiederholt wurden, somit auch für Datierungsfragen kaum zu nutzen sind.

Die früheste verläßliche Darstellung stammt erst von 1628, es ist eine Zeichnung des niederländischen Künstlers Pieter Jansz. Saenredam. Die älteste schriftliche Quelle findet sich in einem Chr. Plantin zugeschriebenen Text: 'Dialogues françois pour les ieunes enfans', Antwerpen, 1567. Weitere verläßliche Quellen sind dann Joseph Moxon 'Mechanick Exercises', London 1683, M. D. Fertel, 'La science pratique de l'imprimerie', St. Omer 1723, und Diderots 'Encyclopédie',

Paris 1769, zu finden, d. h. alle aus sehr viel späterer Zeit.

Wir müssen daher feststellen, daß alle Aussagen über Pressen für die Zeit vor 1567 Hypothesen sind.

Der Einsatz der Druckerpresse für den Text- und später auch den Bilddruck war eine absolute Neuerung im Bereich des Druckens und brachte, in der Kombination mit der Erfindung des Handgießgerätes, den bahnbrechenden Fortschritt in der schriftlichen Kommunikation und Information, der die Neuzeit einleitete.

Die Frage drängt sich auf, warum wurde in Ostasien über viele Jahrhunderte hin ohne Presse gedruckt, während die Technik Gutenbergs offenbar von Anfang an auf ein Drucken mittels einer Presse angelegt war. Ein Grund liegt sicherlich in der Beschaffenheit der Papiere, die in Asien und in Europa zur Verfügung standen. Das in China und Korea verwendete Papier war von einer zähen, aber äußerst dünnen und damit fast transparenten Konsistenz und eignete sich nicht zum doppelseitigen Bedrucken. Die Heftung der asiatischen Bücher nutzt daher grundsätzlich den gefalzten Bogen, dessen unbedruckte Seite nach innen weist. Anders als in der europäischen Buchbindetradition wird die Heftung an der Seite vorgenommen, an der sich der Bogen öffnen würde – der Falz entspricht der Außenkante der europäischen Buchseite. Durchschlagen von Druckfarbe oder Reliefbildung spielt daher beim asiatischen Buch keine Rolle. Im Gegensatz dazu eignete sich das kräftigere europäische Hadernpapier weit besser zum doppelseitigen Bedrucken. Die überlieferte Codexform, vom Buch aus Pergament her vorgegeben, sah Text auf der Vorder- und Rückseite vor, bei einer Heftung durch den Falz der Doppelseite. Als die Reiberdrucke der Blockbücher Papierrückseiten hervorbrachten, die ein starkes Relief und z. T. auch durchschlagende Farben aufwiesen, wurde dieses Manko häufig durch Zusammenkleben der leeren Innenseiten behoben – keine sehr elegante Methode, wie vielleicht schon den Zeitgenossen bewußt war. Das Drucken mit einer Presse verhinderte eine zu starke Reliefbildung. Es entstand zwar ein Relief oder 'Schatten', doch war beidseitiger Druck ohne weiteres möglich.

So war nur auf diesem Wege das Ziel zu erreichen gewesen, Bücher im Druck herzustellen, die vom Eindruck her den besseren Handschriften nicht nachstanden.

Die Druckerpresse, die vermutlich schon während Gutenbergs Aufenthalt in Straßburg (1434–1444) entwickelt wurde, war eine Spindelpresse mit spezieller Ausrüstung für die effektive und unverzerrte Übertragung des Druckbildes von der Form auf den Bedruckstoff (gewöhnlich Papier, gelegentlich auch Pergament). Hölzerne Spindelpressen kannte man bereits in der Antike, man setzte sie ein, um Öl, Wein, und später dann auch Papier zu pressen. Ihr Wirkungsprinzip beruht darauf, daß durch die Drehung einer senkrecht angebrachten hölzernen Schraube, die durch einen durchgesteckten Holm seitlich gedreht wird, ein nach unten wirkender kräftiger Druck entsteht, beim Einsatz von vergleichsweise geringer Körperkraft. Die Erzeugung eines gerichteten Drucks war also in der Erfindungsphase der Druckerpresse keine Schwierigkeit, jedoch mußte eine Lösung für das Problem gefunden werden, daß die seitliche Drehung der Spindel oder Schraube sich im Moment der Farbübertragung – also des Drucks – verzerrend auswirkte. Die technische Bewältigung dieser Aufgabe war sicherlich die wesentliche Leistung in der Konstruktion der Druckerpresse.

Folgendermaßen muß man sich den Bau der Presse vorstellen: zwischen zwei senkrechten Streben, den Presswänden, die mit Querverstrebungen verbunden sind, wird eine kräftige Spindel mittels eines durchgesteckten Holms, des 'Bengels', gedreht. Die Spindel ist durch eine der Querverbindungen, die 'Brücke', hindurchgeführt. Unter ihrem unteren Ende angeordnet ist eine rechteckige Platte, der Tiegel, die im Moment des Druckes gleichmäßig auf die darunter geschobene Form drücken soll.

Die Form wird in die Presse 'eingehoben', das heißt, auf das 'Fundament' gestellt, eine plane Fläche aus Stein, Messing, Eisen oder Holz, die auf dem 'Karren' oder Schlitten liegt, der auf dem unteren Teil des Pressengestells waagerecht vor- und zurückbewegt werden kann. Sie ist so nach Bedarf frei zugänglich oder kann zum Drucken unter den Tiegel geschoben werden. Am Karren mit Scharnieren befestigt war der mehrteilige Deckel, in dem der zu bedruckende Bogen aufgenadelt werden konnte. Da die Kraft einer hölzernen Presse nicht für die ganze Form – d. h. zwei oder mehr Seiten bzw. Kolumnen eines Buches – ausreichte, wurde nach dem Einfärben der gesamten Form mit Druckerballen und dem Schließen des Deckels erst nur die erste Hälfte der Form unter den Tiegel geschoben. Danach wurde der Karren weiter bewegt, so daß die zweite Hälfte gedruckt werden konnte. Auf diese Weise konnten an einer Presse zwei Drucker, die sich beim Einfärben und Drucken abwechselten, in einer Stunde etwa 80 einseitig bedruckte Bogen herstellen.

Um die Drehbewegung der Spindel beim Druck aufzuheben, war in die Brücke eine spezielle Vorrichtung, die 'Büchse', eingelassen, durch die die Spindel hindurchgeführt wurde. Die Büchse, eine Art hölzerner Kasten mit quadratischem Querschnitt konnte sich auf- und abbewegen, durch ihre eckige Form, die der Öffnung im Querbalken entsprach, aber nicht drehen. An dieser Büchse nun war der Tiegel aufgehängt, so daß dieser zwar den Druck von der Spindel übernahm, dabei aber nicht mehr durch die Drehbewegung der Spindel beeinflußt wurde.

Durch die wiederkehrende Bewegung des Ziehens am Bengel bewegt sich eine Presse langsam um ihre eigene Achse. Um dem entgegenzuwirken, wurden die Pressen am Werkstattfußboden und meistens auch mit einem hölzernen Gestänge ('Gesperre') an der Werkstattdecke fixiert. Recht früh schon wurde die Bewegung des Karrens mittels eines durch eine Kurbel bedienten und über Rollen laufenden Zuges (Ledergurt) erzeugt (früheste Abbildung wohl bei Jodocus Badius, Paris 1503).

Welche Einzelteile der Presse von Beginn an aus Metall gefertigt waren, läßt sich kaum noch erschließen. Man geht davon aus, daß viele Teile aus Holz bestanden, die man einige Jahrzehnte später aus Eisen fertigte, wie z. B. Tiegel, Bengel u. a.

Eine wirkliche Veränderung an der Druckerpresse erfolgte vermutlich im 17. Jh.: anstelle der hölzernen Büchse wurde ein neues System erdacht, das die Übertragung der Spindeldrehung verhindern sollte: das sogenannte 'Blaeu-System', das nach dem holländischen Drucker, Verleger und Kartographen Willem Jansz. Blaeu (1571–1638) benannt war. Von Moxon, 1683, wurde ihm die Erfindung zugeschrieben. Dieses System kann als entscheidende Verbesserung des Büchsensystems angesehen werden. Die Büchse wird ersetzt durch zwei eiserne Stangen, die mittels eines ebenfalls eisernen Bügels sowohl gegenseitig, wie auch mit der Spindel verbunden sind. Das Ganze wird mit drei Öffnungen durch die Brücke geführt; unten ist der Tiegel mit Seilen oder Schrauben angehängt. Wird die Spindel gedreht, bewegen sich Bügel, Stangen und Tiegel senkrecht nach unten.

Das Blaeu-System wurde nicht allgemein übernommen. Nach Auswertung der erhaltenen Pressen besitzt etwa die Hälfte die hölzerne Büchse und die andere Hälfte das eiserne Blaeu-System, wobei allerdings im 18. Jh. auf dem Kontinent (im Gegensatz zu England) das Blaeu-System überwiegt.

Die frisch gedruckten Bögen wurden in der Druckerei zum Trocknen über Leinen gehängt. Bis zum 18. Jh. und länger wurde ein Druckwerk als in der Reihenfolge der Bögen geordnete und einmal gefaltete Druckbögen an den Buchbinder weitergegeben.

Je nach Bogenmenge wurden eine oder mehrere 'Lagen' (zwischen fünf und zwölf, meistens acht oder zehn Bögen) auf diese Weise handlich zusammengestellt. Die Aufgaben des 'Zusammentragens' (Zusammenstellen zu jeweils einem Buch in der richtigen Reihenfolge) und 'Kollationierens' (auf Bogenfolge kontrollieren) wurden meistens schon in der Druckerei vorgenommen, manchmal durch die Buchhandlung, die das Werk weitervermittelte. Der Buchhändler ließ die Druckbögen dann u. U. mit einem temporären Einband (Interimseinband) versehen, in dem sie dann an den Käufer gelangten, der selbst einen Buchbinder mit dem endgültigen Einband beauftragte.

4.3. Eiserne Buchdruckerpressen

Die Nachteile der hölzernen Pressen lagen darin, daß das Material keine komplizierte Mechanik zuließ und viel Energie durch die Elastizität des Holzes und die notwendige Konstruktion aus ineinander gesteckten und verkeilten Einzelteilen verlorenging. Als Folge mußte das Format des Tiegels begrenzt bleiben. Über dreieinhalb Jahrhunderte hinweg konnten die Erfordernisse des Verlagswesens dennoch mit hölzernen Pressen befriedigt werden, wenn auch im 18. Jh. deutlich spürbar wurde, daß der Druck von großangelegten Werken, wie umfangreichen Enzyklopädien und Druckwerken von großer Aktualität, wie Zeitungen und Zeitschriften, nur in langen Zeiträumen bzw. unter größten Erschwernissen möglich war.

Die industrielle Revolution hatte den Konstrukteuren als neues Material das Gußeisen an die Hand gegeben. Der erste Versuch, eine eiserne Presse zu schaffen, blieb ein fast folgenloses Intermezzo.

Der Baseler Stempelschneider und Schriftgießer Wilhelm Haas d. Ä. hatte nach dem

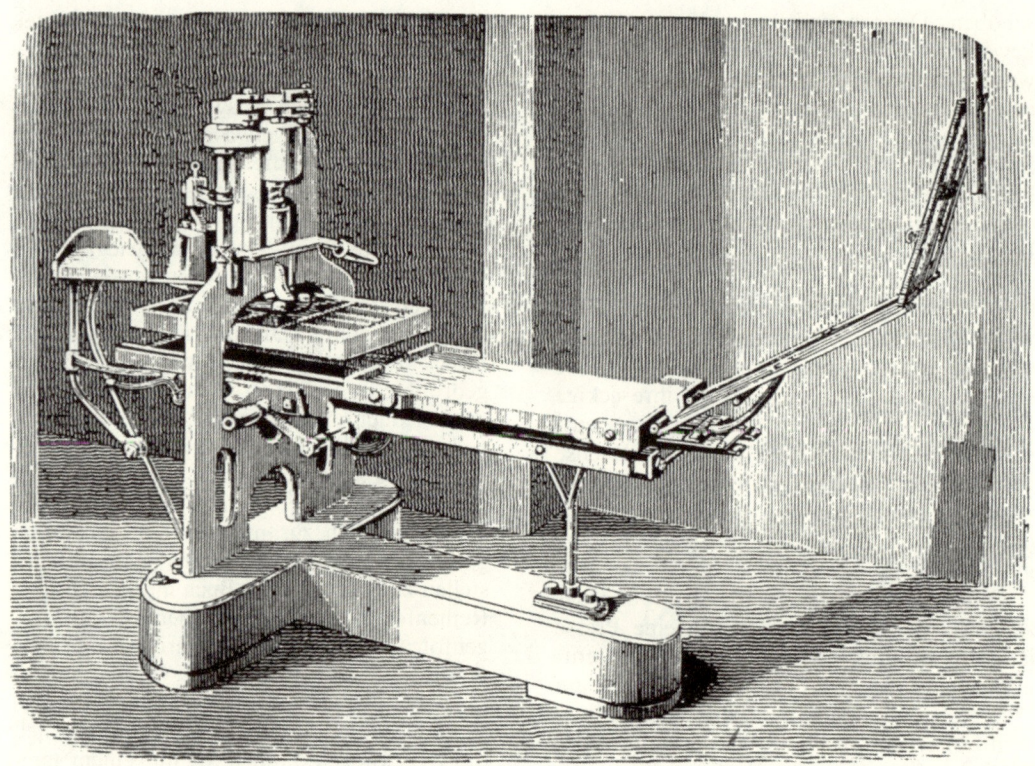

Abb. 33.7: *Stanhope-Presse*

Vorbild der Balancier-Prägepressen für Münzen seit 1772 eine eiserne Presse entworfen, gebaut und publiziert, die aus einem steinernen Fuß oder Untergestell und, anstelle der hölzernen Presswände, aus einem ziemlich niedrigen Oberteil in der Form eines gußeisernen Bogens bestand. Die Spindel war durch diesen Bogen geführt. Die Verlängerung des Bengels nach hinten war mit einer 'Schwungkugel' versehen. Der Tiegel konnte größer als bei den Holzpressen ausgelegt werden. Obwohl die Haas'sche Presse funktionstüchtig war, fand sie kaum Verbreitung. Haas d. Ä., der kein Buchdrucker war, wurde durch die Innung an der Aufstellung seiner Presse gehindert, er mußte sie schließlich verkaufen. Sein Sohn Wilhelm Haas d. J. verbesserte den Pressentyp seines Vaters und verkaufte davon einige Exemplare, vor allem in der Schweiz.

Die Epoche der eisernen Buchdruckerpressen begann letztendlich im Jahr 1800 mit den erfolgreichen Bemühungen von Charles Earl Stanhope (1753–1816), einem Förderer der Industrie in Großbritannien, der mit seinem Mechaniker Walker zusammen eine Presse entwickelte, die weitverbreitete Akzeptanz fand. Wie alle folgenden gußeisernen Pressen war die Stanhope-Presse nicht nur stabiler als die hölzerne Presse, sie nutzte auch neue Prinzipien der Kraftübertragung, in diesem Fall einen doppelten Hebel, der die Schraube bewegte. Mit weniger Kraftaufwand konnte der Druck auf einen nun ebenfalls größeren Tiegel ausgeübt werden, so daß schneller gearbeitet werden konnte und größere Druckformate möglich wurden. Typisch für die Stanhope-Presse sind der kreuz- bzw. T-förmige hölzerne Fuß und das Gegengewicht, das dazu diente, den schweren Tiegel nach dem Druck wieder anzuheben. Nachdem die Seitenteile, die 'Presswände', anfangs gerade gestaltet waren, wurden sie aus Gründen der größeren Stabilität bald bogenförmig gegossen, was das Springen des Gußeisens bei größten Belastungen minderte.

Um den Tiegel auf- und abzubewegen konnten bei eisernen Konstruktionen neben der Schraube auch einfache und zusammengesetzte Hebel, Systeme von Keilen, die sich gegeneinander verschieben, oder sogenannte Kniehebel eingesetzt werden, bei denen zwei im stumpfen Winkel zueinander stehende Streben oder Schenkel durch Ziehen des Bengels im Bereich des 'Gelenks' in eine senkrechte Position gebracht werden.

Zu der erstgenannten Gruppe gehörte die bekannte und weitverbreitete Columbia-Presse, zu der zweiten u. a. die Cogger-Presse, und unter den Kniehebelpressen sind vor allem die englische Albion-Presse und in Deutschland die Dingler-Presse bekannt geworden.

Die Columbia-Presse wurde bereits zwischen 1813 und 1816 in Amerika gebaut, als eine Erfindung von George Clymer (1754–1834) in Philadelphia, District of Columbia. Sie hat in keiner der herkömmlichen Buchdruckerpressen ihr Vorbild. Wurde bislang der Druck durch eine Schraube erzeugt, wendete Clymer statt dessen ein Hebelsystem an.

Der Haupthebel (Pressbaum) bildet das obere Querstück zwischen den beiden senkrechten äußeren Hauptstützen. Pressbaum und linke Hauptstütze sind durch einen Zapfen verbunden. Wird der Pressbaum auf der rechten Seite durch Zugstangen nach unten bewegt, senkt sich damit der Tiegel, der durch den sogenannten Stempel mit dem Pressbaum fest verbunden ist, und wirkt auf die Druckform.

Der 'Bengel', aus mehreren Hebeln zusammengesetzt, ist mit den Zugstangen verbunden, so daß der Drucker die Presse mit geringem eigenem Kraftaufwand bedienen kann. Ein Gegengewicht läßt Pressbaum und Bengel nach erfolgtem Druck in die Ausgangsstellung zurückgehen.

George Clymer siedelte 1817 nach England über, da sich der amerikanische Markt für eiserne Buchdruckerpressen noch als begrenzt auswies. In London gründete er eine Firma, und noch im selben Jahr erhielt er ein Patent auf seine Konstruktion. Von London aus verkaufte er seine Presse nun auch auf den europäischen Kontinent.

1822 kam eine erste Columbia-Presse nach Deutschland, die in Berlin zum Einsatz gebracht wurde.

Die Columbia-Presse wurde schon früh als das 'Bizarrste' beschrieben, was je im Pressenbau geleistet worden ist. Für Europa ungewohnt, sollte die reiche Ornamentierung werbewirksam die Aufmerksamkeit der Drucker auf dieses Projekt lenken. Der Stab des Götterboten Hermes, zuständig für Handel und Prosperität, Füllhörner und Schlangen bzw. Alligatoren sind symbolisch zu deuten. Das verschiebbare Gegengewicht oben ist bei den

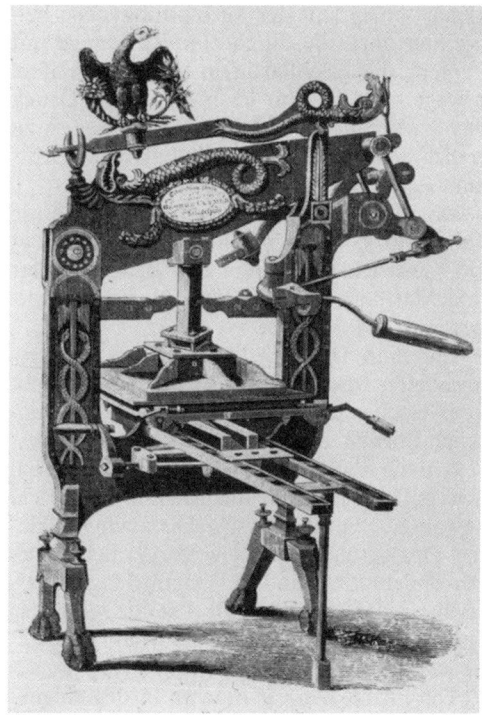

Abb. 33.8: *Columbia-Presse*

in Amerika entstandenen Pressen als amerikanischer Wappenadler gestaltet, in Europa wurden andere Formen dafür gefunden. Die in Deutschland gebauten Exemplare zeigen den Greif mit Druckerballen in den Klauen, das Wappentier der Buchdrucker.

Als eine typische Keilpresse ist die Coggersche Presse anzusehen. Diese von J. Cogger in England gebaute und spätestens seit 1820 in Deutschland benutzte Presse (bei Brockhaus in Leipzig) war wegen ihres einfachen Mechanismus und ihrer Haltbarkeit sehr beliebt. Der Druck wird bei diesem Typus dadurch hervorgerufen, daß sich beim Ziehen des Bengels schiefe Ebenen gegeneinander verschieben. Bewegt sich der Tiegel auf die Form zu, geschieht diese Bewegung anfangs mit Leichtigkeit und Schnelligkeit, sobald der Tiegel sich aber dem Druckpunkt nähert, vermindert sich die Schnelligkeit, während die Kraft zunimmt, bis sie bei der Berührung von Tiegel und Deckel fast ins unendliche geht.

Bei Kniehebelpressen wird der Tiegel dadurch auf die Druckform gepreßt, daß zwei – manchmal auch vier – im stumpfen Winkel zueinander angebrachte Streben oder Schenkel mit dem Zug des Bengels in eine senkrechte Position gebracht werden. Das

„Knie" entspricht der Verbindungsstelle beider Schenkel, die durch eine Zugstange mit Zapfen, die gelenkartig in diese eingreifen, bewegt werden. Um nach erfolgtem Druck das Wiederanheben des schweren Tiegels zu erleichtern, sind Spiralfedern links und rechts am Gestell der Presse angebracht.

Das Prinzip der Kniehebelpresse wurde von John J. Wells in Hartford/Connecticut 1819 entwickelt und von den Brüdern Peter und Matthew Smith 1821 in New York verbessert.

Christian Dingler, der in seiner 1827 gegründeten Maschinenbaufirma zuerst Repliken verschiedener englischer und amerikanischer Pressen baute, nahm für diesen Pressentyp die erwähnte Konstruktion des Amerikaners Peter Smith in Anspruch, die seit 1822 sowohl als 'Smith-Presse', aber auch als 'Hagar-Presse' (nach dem New Yorker Schriftgießer und Pressenhändler William Hagar) vertrieben wurde. Dingler selbst stellte seinen ersten Nachbau von 1836 im 'Journal für Buchdruckerkunst' als 'Hagar-Presse' vor.

Die Firma Dingler brachte in den folgenden Jahren noch weitere „verbesserte" Kniehebelpressen auf den Markt, die – wie die erste – von deren Unternehmern in zahlreichen Varianten nachgebaut wurden.

Sehr verbreitet war die Albion-Presse, die um 1820 von Richard Whittaker Cope in England gebaut wurde. Die Besonderheiten der Albion-Presse (deren Name auf die poetische Bezeichnung für England Bezug nimmt) waren der Mechanismus zum Senken des Tiegels, der ebenfalls mit einem Kniescheibengelenk arbeitete, sowie die Spiralfeder, die den Tiegel nach dem Druck wieder in seine Ausgangsstellung zurückbrachte, und die unter einer Kappe auf dem Oberbalken angebracht war.

Neben diesen Haupttypen eiserner Buchdruckerpressen existierten weitere Systeme, wie die Walzenpressen oder Pressen mit hydrostatischem Druck. Alle Systeme wurden von einer Vielzahl von Herstellern angeboten.

4.4. Druckmaschinen

Bereits im späten 18. Jh. suchten viele Erfinder und Ingenieure erfolglos nach Möglichkeiten, das Drucken insgesamt zu beschleunigen. Die erste Druckmaschine erfand Friedrich Koenig. Er hatte 1804 in Suhl/Thüringen damit begonnen, eine übliche hölzerne Buchdruckerpresse mit einem Farbwerk zu versehen und versucht, sie „mittels einer Maschinerie" zu treiben. Fehlende technische und finanzielle Voraussetzungen in Deutschland ließen Koenig 1806 nach London gehen und 1810 konnte er dort seine Suhler Tiegeldruckmaschine vollenden, die nun aus Eisen gebaut und von einer Dampfmaschine angetrieben war. Dies war die erste Druckmaschine überhaupt.

Koenig erkannte die begrenzte 'praktische Anwendung' seiner Erfindung und ersetzte den Drucktiegel durch einen Zylinder. Im Dezember 1812 war diese erste Zylinderdruckmaschine vollendet. Ihr Grundprinzip wurde in den folgenden Jahren von Koenig mehrfach variiert: z. B. 1814 als 'Doppelmaschine' oder 1816 als 'Komplettmaschine'. Seine Maschinen wurden ausnahmslos mit Dampf angetrieben, und bewirkten eine entscheidende Veränderung im Druckgewerbe. Der Name 'Schnellpresse' für diese Maschinen wurde 1825 von dem Stuttgarter Verleger Friedrich Cotta (in einer Beilage zur Allgemeinen Zeitung) eingeführt.

Koenig nannte seine erste Zylinderdruckmaschine von 1812 die „Einfache Maschine", weil sie *einen* Bogen Papier in einem Durchgang auf *einer* Seite bedruckte. Das Charakteristische dieser Maschine war der Zylinder, dessen Umfang dreimal der Druckformlänge entsprach. Sobald ein Bogen in die 'Rähmchen' eingelegt war, wo er dann während des Druckvorgangs von Bändern gehalten wurde, machte der Zylinder eine Drittelumdrehung, wobei der Bogen bedruckt und der Auslage zugeführt wurde. Danach stoppte der Zylinder, und die Druckform kehrte in ihre Ausgangsstellung zurück. Der Zylinder hatte also drei druckende Segmente und bei seiner vollen Umdrehung waren drei Blätter bedruckt. Zwischen diesen Segmenten war der Zylinder eingetieft, dadurch konnte die Druckform zurückgeführt werden, ohne den Zylinder zu berühren. Die 'Einfache Maschine' soll 800 Drucke pro Stunde geliefert haben.

Die 'Doppelte Maschine', die Koenig 1814 für den Verleger der Londoner 'Times', John Walter, in 2 Exemplaren baute, entspricht in ihrem Grundprinzip der 'Einfachen', nur ist sie mit zwei Zylindern ausgestattet. Dadurch wird der 'unproduktive' Weg der Druckform beim Rücklauf ebenfalls zum Drucken benutzt.

Die Bogen werden von zwei Seiten angelegt, und von zwei Seiten abgenommen. Daher sind vier Personen für die Bedienung erforderlich.

Während bei der Einfachen Maschine zwei Personen ca. 800 Bogen pro Stunde druckten, wurden auf der Doppelten Maschine ca. 1100 Drucke in der gleichen Zeit erreicht. Der Vorteil lag darin, daß an der Doppelmaschine auch mit einer einzigen Form gearbeitet wurde. Beim Einsatz von zwei Einzelmaschinen wäre 'doppelter Satz' erforderlich gewesen. Der Vorteil dieser Maschine für den Druck einer aktuellen Tageszeitung ist erheblich.

In der Nacht vom 18. auf den 19. November 1814 wurde zum ersten Mal die 'Times' auf einer Doppelten Zylinderdruckmaschine gedruckt.

Als Koenig 1816 für seinen Kompagnon Thomas Bensley eine 'Schön- und Widerdruckmaschine' baute, ersetzte er den bis dahin verwendeten großen Druckzylinder mit der dreifach unterbrochenen Umdrehung durch einen Zylinder, dessen Umfang nur noch der doppelten Druckformlänge entsprach. Dieser Zylinder drehte sich kontinuierlich. Er war zur Hälfte mit einem Filz belegt, dies war seine druckende Fläche. So konnte er beim Rücklauf die Form passieren, ohne den Zylinder zu berühren. Der sich ständig drehende Zylinder ermöglichte ein beschleunigtes Drucken.

Die Maschine der Times wurde 1820 von Friedrich Koenig und seinem Kompagnon Andreas Bauer, der schon seit 1809 für Koenig gearbeitet hatte, mit diesen neuen Zylindern ausgestattet, sie lieferte nun je '1500 bis 2000 Abdrücke' pro Stunde. Wie der Buchdruck war auch die Papierherstellung jahrhundertelang nahezu unverändert geblieben. Jedes Blatt wurde mit einem Sieb aus der Bütte geschöpft, die den mit Wasser versetzten Faserbrei aus Hadern (Leinenlumpen) enthielt. Gegen Ende ds 18. Jhs. machte sich immer häufiger Papierknappheit bemerkbar, die zur Erprobung neuer Herstellungsmaterialien und -techniken führte. 1799 erhielt Nicolas Louis Robert in Paris das erste Patent dafür, Papier maschinell auf einer so genannten Langsiebmaschine herzustellen. Friedrich Gottlob Keller gelang 1840 die Erzeugung von Papier aus Holzschliff, womit man der Knappheit an Leinenlumpen begegnen konnte, und den Engländern Hugo Burges und Charles Watt die Papierherstellung aus Zellstoff (vgl. 13.2).

Papier von der Rolle bot die Grundlage für eine Weiterentwicklung der Druckmaschinen. Während die bisher genannten Schnellpressen nach dem Prinzip 'rund über flach', d. h. Übertragung des Drucks über einen Zylinder auf die flache Form, arbeiteten, brachten die Rotationsmaschinen einen weiteren Fortschritt in der Beschleunigung. Bei ihnen erfolgt Form und Gegendruck vom Zylinder. Bereits 1790 erhielt Nicholson in England ein Patent auf das Prinzip des Rotationsdruckes, eine Maschine wurde jedoch nicht gebaut.

Der englische Generalpostmeister Sir Rowland Hill baute 1835 ein Modell einer Rotationsmaschine für Rollenpapier. Friedrich Koenig, der Erfinder der Schnellpresse, hatte ebenfalls den Gedanken des Rotationsdruckkes schon ausgesprochen, ohne jedoch zum Bau einer solchen Maschine gekommen zu sein. 1848 wurde bei der Londoner 'Times' die erste Presse für Massenleistung aufgestellt, die sogenannte Zirkulationsmaschine von Applegath, die aber noch zurechtgeschnittene Bogen verdruckte. Die Druckform war auf einem riesengroßen Zylinder aufgebracht, um den etwa 8 Zylinder und Farbwerke angeordnet waren. Die Maschine hat 12 000 Drucke stündlich geliefert. 1857 ersetzte sie die 'Times' durch die Mammuthpresse von Hoe, die 'Hoe Type Revolving Machine'. 1860 baute Bullock in Amerika eine Rotationsmaschine im heutigen Sinn. 1866 folgte die 'Walterpresse', die der Inhaber der Londoner 'Times' bauen ließ und die als erste Rotationsmaschine, die doppelseitigen Druck von der Rolle ermöglichte, den europäischen Markt eroberte. In Deutschland wurde die erste Rotationsmaschine 1872 von der Maschinenfabrik Augsburg gebaut.

Letterngießmaschinen wurden 1838 eingeführt und im Laufe der Zeit verbessert, um die Schriftherstellung zu steigern und damit auch zu verbilligen. Auch in der Buchbinderei wurden seit 1875 Maschinen eingesetzt. Nachdem so in allen Zweigen des Druckgewerbes leistungssteigernde Neuerungen eingeführt worden waren, bildete der Handsatz noch lange Zeit einen Engpass; auf einen Buchdrucker kamen sechs Schriftsetzer, was besonders in der Zeitungsherstellung ein schwerwiegender Nachteil war. Erst 1886 wurde in den USA die erste brauchbare Setzmaschine in Betrieb genommen, das Vorbild für die später 'Linotype' genannte Maschinen. 1894 kam eine erste Linotype-Maschine nach Europa. Die Umstellung auf diese und andere Setzmaschinentypen erfolgte in den Jahren vor dem Ersten Weltkrieg.

Kurz nach der Wende zum 20. Jh. wurden in Deutschland erste Offset-Bogenrotationsmaschinen aufgestellt. Der Offsetdruck ist

Abb. 33.9: *Linotype*

eine Weiterentwicklung des lithographischen Maschinendrucks, bei dem statt vom Stein von einer Metallplatte gedruckt wird, die auf einen Zylinder aufgespannt ist. Der Druck erfolgt von der Platte auf ein Gummituch auf einem zweiten Zylinder; ein dritter Zylinder, der das Papier zuführt und den Gegendruck ausübt, sorgt dann für den eigentlichen Druck. Das Offsetverfahren war zunächst für bestimmte Arbeiten problematisch und nicht universell anwendbar, hatte aber besonders für den großformatigen Bilderdruck (z. B. Plakate) seine Vorzüge. Um 1960 wurden neue Druckplatten (Aluminium), neue Kopierschichten und Druckmaschinen für kleinere Formate entwickelt und damit das gesamte Verfahren verbessert und vereinfacht, so daß beinahe jede Druckerei von Buchdruck auf Offsetdruck umstellte, der weniger aufwendig und preisgünstiger war.

5. Die dritte Phase der Druckgeschichte

Sollte in Offsetdruck Schrift gedruckt werden, so mußte zunächst der Satz in Blei (als Handsatz oder Maschinensatz) erstellt und im Buchdruckverfahren abgezogen werden, dann wurde er fotografisch auf die Druckplatte übertragen. Es lag also nahe, Setzmaschinen zu entwickeln, die als Endprodukt einen Film lieferten. Seit den 60er Jahren gab es in Deutschland zunächst ein Nebeneinander von Blei- und Filmsatz, bis in den 70er Jahren der Bleisatz verdrängt war.

1965 wurde von der Firma Hell in Kiel eine Satzanlage gebaut, bei der die Schrift nicht mehr auf einem materiellen Träger (Positiv oder Negativ) aufgebracht, sondern jedes Zeichen digitalisiert abgespeichert war. Für die Belichtung wurde das Zeichen mittels eines Linsensystems in der gewünschten Größe Zeichen für Zeichen auf den Film übertragen. Diese Digiset-Anlagen wurden besonders von großen Zeitungsdruckereien benutzt. Aber die digitalisierte Schrift wurde bald auch in kleineren Anlagen Standard. Fortschritte in der Mikroelektronik, in der Datenverarbeitung und speziell im Zusammenhang mit Personalcomputern ermöglichten bei minimalem finanziellem Aufwand, daß auch außerhalb der Druckereien mit solchen Geräten Satz von hoher Qualität geliefert werden konnte.

Seit Mitte der 80er Jahre werden keine Fotosatz- bzw. Lichtsatzanlagen, sondern nur noch Belichtungsanlagen (als Endausgabe zum Zweck des qualitätsvollen Drucks) von den ehemaligen Setzmaschinenherstellern gebaut und verkauft. So gesehen gibt es heute im kommerziellen Bereich auch kaum noch Foto- bzw. Lichtsatzanwendung. Das bedeutet aber nicht, daß es den Buchdruck nicht mehr gibt. Die Formherstellung erfolgt dann über Fotopolymerplatten (z. B. Nyloprint). Deren Schichten werden über fotografische Negative belichtet, diese härten an den belichteten Stellen aus, die unbelichteten werden mit Wasser herausgewaschen, so daß ein Relief entsteht. Die Platten haben ein hohes Auflösungsvermögen, und die Druckergebnisse sind sehr gut. Im Bereich der Buchherstellung und der Akzidenzen (Druckwerke wie Formulare, Prospekte, Plakate u. a.) wird heute ausschließlich das Offsetverfahren eingesetzt. Buchdruck wird noch bei vielen Tageszeitungen sowie im Flexodruck, einer speziellen Form des Rotationsbuchdrucks, im Bereich des Verpackungsdrucks praktiziert.

Die elektronischen Medien bewirkten in den letzten drei Jahrzehnten einen Umbruch im Druckgewerbe, der in seiner Bedeutung dem Wechsel von der Handschrift zum gedruckten Buch gleichkommt. Zur technischen Seite dieser Entwicklungen vgl. Kapitel VIII.

6. Druck- und druckgraphische Verfahren

Während in den vorangehenden Abschnitten bereits einiges über die Drucktechniken des Holzschnitts und des typographischen Textdrucks ausgeführt wurde, sollen im folgenden in einem Überblick die wichtigsten Illustrationsverfahren vorgestellt werden. Über die Anwendungsbereiche sowie ästhetische und funktionale Aspekte im Verlauf ihrer Entwicklung wird im Kapitel X ff. weiteres ausgeführt. Der Artikel ist in herkömmlicher Weise in die Abschnitte Hoch-, Tief- und Flachdruck gegliedert, denen die einzelnen wesentlichen Verfahren zugeordnet werden. Es ist in den vergangenen Jahren in Hinblick auf eine (angebliche) neue Systematik der Druckverfahren viel Unsinn geschrieben worden, der sich leider schon unmittelbar in einschlägigen Lexika niederschlug (Lexikon des gesamten Buchwesens, II, 1989, S. 382). Von diesen Verschlimmbesserungen sollte schleunigst wieder Abstand genommen werden, da sie, in sich nicht schlüssig, allein einer Verunklärung der Zusammenhänge dienen, und von Fachwissenschaftlern des Auslands nicht geteilt werden.

6.1. Der Hochdruck

6.1.1. Der Holzschnitt

Der Holzschnitt ist, auf Europa bezogen, die älteste Art des Bilddrucks auf Papier. In den Grundzügen blieb sein technisches Verfahren bis heute gleich. Auf einen Holzstock, ein Brett von ein paar Zentimetern Dicke, dessen Fasern parallel zur Bildfläche verlaufen (Langholz), wird eine Zeichnung aufgetragen. Dann schneidet der Holzschneider, früher auch Formschneider genannt, die freien Stellen zwischen den Linien vertieft aus, so daß die Zeichnung in Form erhabener Stege stehenbleibt. Verwendet werden Holzschnittmesser, Geißfüße, Rundeisen, Flacheisen, Hohleisen und Stichel. Nach dem Schneiden werden die Stege eingefärbt und der Stock auf angefeuchtetes Papier abgedruckt. Das Einfärben geschah früher mit einem in Farbe getauchten Ballen, seit dem 19. Jh. mit einer Walze. Der Abdruck gibt die auf den Stock gezeichnete Komposition seitenverkehrt wieder. Der europäische Holzschnitt wird, nach heutigem Forschungsstand, seit dem Ende des 14. Jhs. ausgeübt. Der ihm vorausgegangene Zeugdruck, Drucke mit einer Holzmodel auf Textilien, soll in diesem Zusammenhang nicht weiter erörtert werden, nicht zuletzt, da sich das Motivrepertoire des Zeugdrucks vorrangig im Ornamentalen erschöpfte und auf Rapport hin angelegt war. Die Anfänge des Bilddrucks auf Papier waren durch die Verfügbarkeit des Bedruckstoffes gegeben, als der notwendigen Voraussetzung, doch ist als tiefere Ursache der schnellen Verbreitung sicherlich auch das starke Bildbedürfnis breiter Bevölkerungsschichten zu verstehen, die gerade in dieser Zeit Bilder für die private Andacht verlangten, ein Verlangen, das durch Buch- und Tafelmalerei nicht befriedigt werden konnte.

Vom Holzdruckstock ließ sich eine Bildschöpfung verhältnismäßig rasch und preiswert etliche hundertmal vervielfältigen. Die Druckstöcke erwiesen sich als sehr widerstandsfähig, im Gebrauch verloren sie jedoch durch Ausbrechen von Graten und Sprünge im Holz an Qualität. Es entwickelte sich, neben den Andachtsbildern, schnell ein Markt für Spielkarten, bebilderte Flugblätter, Vorlagengrafik für Handwerker, zusammengesetzte „Riesenholzschnitte" als Wandschmuck und (im Rapport geklebt) Tapeten. In der ersten Zeit verwendet man gerne das ziemlich weiche Lindenholz. Da eine Ähnlichkeit mit gemalten Bildern angestrebt wurde, war die Form des reinen Linienholzschnitts, dessen Zwischenräume sich gut zum Kolorieren mit und ohne Schablonen eigneten, den Bildvorstellungen adaequat. Briefmaler und Kartenmaler, Berufe, die im 15. Jh. aufkamen, sorgten dafür, daß ein Großteil der Holzschnitte ausgemalt wurde. Die technisch bedingte Beschränkung auf die formumreißende Linie bedeutete keinesfalls eine künstlerische Einschränkung; der Holzschnitt dieser frühen Phase brachte dem Zeitstil der Hochgotik gemäße hervorragende Leistungen hervor. In der Regel sind die Holzschnitte durch einen Rand oder eine Bordüre begrenzt; dies erleichterte das Anlegen des Papiers und kam dem Kolorieren entgegen.

Schon von Anfang an war der Holzschnitt eine weitverbreitete Handelsware. Die Druckstöcke wurden nach auswärts geliehen oder verkauft, die Holzschnitte selbst an verschiedenen Orten gedruckt und ausgemalt. Der Massenbedarf führte zum Kopieren vieler Motive. Lokale Zuordnungen der frühen Blätter sind dadurch außerordentlich schwierig, es sei denn, daß Dialekte zugehöriger Texte weiterhelfen können.

Viele Einblattholzschnitte tragen Schriftbänder oder sind am unteren oder oberen Rand mit einem Erklärungstext versehen.

Die Schöpfer der Holzschnitte bleiben im 15. Jh. mit wenigen Ausnahmen noch anonym. Entwerfender Künstler („Reißer"), der die Zeichnung auf den Holzstock bringt, und Formschneider sind zwei verschiedene Berufe; es mag Ausnahmen gegeben haben, bei denen beides in einer Person vereinigt war.

Man teilt die Geschichte des Holzschnitts im 15. Jh. in verschiedene Phasen ein, die sich durch Änderungen in der Verfahrensweise und daraus resultierend im Erscheinungsbild ergeben. In der frühesten Phase wird, wie man annimmt, im Handdruck gedruckt, d. h. daß der Holzstock mit dem Relief nach unten auf das Papier gedrückt wird. Die Abdrucke zeigen einen unregelmäßigen, teilweise verlorenen, teilweise zu starken Farbübertrag, da selten mit einer ganz planen Oberfläche und einem völlig gleichmäßigen Druck zu rechnen war. Die Konturen dieser frühen Holzschnitte sind recht breit. Im 2. und 3. Viertel des 15. Jhs. herrscht der Reiberdruck vor.

Wie schon in Absatz 2.2. beschrieben, wird der Holzstock mit dem Relief nach oben auf einen Tisch gelegt und nach dem Einfärben mit einem Bogen Papier bedeckt. Nun wird das Papier mit einem Reiber, vermutlich einer Art Falzbein, durch reibendes Andrücken auf den Holzstock gepreßt. Dadurch prägen sich die Stege tief in das Papier ein, auf der Rückseite bleiben Reiberspuren zurück. Ein beidseitiges Bedrucken solcher Blätter war schlecht möglich. Die Linien konnten nun aber feiner gehalten werden, und man versuchte durch Schraffierungen Schattenwirkung zu erzielen. Seit den sechziger Jahren bemüht man sich, den Holzschnitt in den Typensatz der Buchdruckerpresse zu integrieren.

Um dies erfolgreich durchführen zu können, muß jeder Holzstock auf Typenhöhe gebracht und so plan wie nur möglich geschliffen werden. Die Erfahrung zeigte den Druckern, daß darüber hinaus ein partielles Unterlegen des Holzstocks mit passend ausgeschnittenen kleinen Papierstücken, das „Zurichten", nötig wurde, um einen guten und gleichmäßigen Abzug zu gewährleisten.

Als diese Schwierigkeiten nach und nach bewältigt waren, setzte sich im letzten Viertel des Jahrhunderts die Holzschnittillustration im Buchdruck – zusammen mit dem Text gedruckt – durch. Von nun an wurden Holzschnitte, auch ohne Text, in der Regel in der Buchdruckerpresse abgedruckt.

Im 16. Jh. erlebte der Holzschnitt durch die Illustrationen, Einzelblätter und Grafikfolgen von Meistern wie Dürer, Baldung Grien, Burgkmair u. a. seine Glanzzeit. Als Material für die Druckstöcke wurde nun das etwas härtere Birnbaumholz gewählt, auch Kirschbaum, Erle und Nußbaumholz werden verwendet, wie erhaltene Stöcke zeigen. Das Schneiden in Langholz erfordert, um die Entwürfe dieser Zeit angemessen wiederzugeben, Meisterleistungen an Formschneidekunst. Häufig signieren Formschneider nun mit Namen oder Monogramm, ergänzt durch die Wiedergabe eines Messers. Mit der Wende zum 16. Jh. versucht man sich erstmals auch am Helldunkelschnitt (Clairobscurschnitt). Als Variante kommt der Weißlinienschnitt auf, bei dem die Linien der Zeichnung vertieft in die Holzoberfläche geschnitten werden, so daß die Fläche druckt – das Verfahren des Drucks bleibt das gleiche wie beim vorher beschriebenen Linienholzschnitt. Von der Mitte des 16. Jhs. an wird der Holzschnitt allmählich durch den Kupferstich verdrängt. Er bleibt in untergeordneten Bereichen des

33. Technik des Buches

Buchschmucks, für Flugblattillustrationen und Spielkarten noch in Verwendung, wird aber immer weniger von Künstlern für die Umsetzung ihrer Bildvorstellungen herangezogen.

Erst gegen Ende des 18. Jhs. findet er wieder vehemente Fürsprecher, die seine künstlerischen und drucktechnischen Eigenarten herausstreichen und sich für seine häufigere Verwendung einsetzen: in Deutschland vor allem Johann Georg Unger und sein Sohn Johann Friedrich Gottl. Unger, in England Johann Baptist Jackson, der sich für den Farbholzschnitt einsetzt, und in Frankreich Jean Michel Papillon. Den von ihnen angestrebten Erfolg erzielte dann im 19. Jh. die Holzstichtechnik (s. d.), die den technischen Bedürfnissen der Zeit zu entsprechen vermochte. Der Langholzschnitt erlebte sein Wiederaufleben erst wieder mit den Holzschnittschöpfungen des späten 19. Jhs., mit Werken Paul Gauguins, Edward Munchs, den Arbeiten der Jugendstilkünstler und der Expressionisten im frühen 20. Jh.

6.1.2. Der Holzstich

Der Holzstich, auch als Xylographie bezeichnet, ist ein Hochdruckverfahren vom Holzstock, wie der Holzschnitt. Im Gegensatz zu diesem wird jedoch das Hirnholz bestimmter Holzarten benutzt, d. h. Platten, die quer zum Stamm des Baumes geschnitten werden, nicht parallel zur Faser (= Langholz). Am häufigsten verwendete man Buchsbaum, seltener auch feinfaserige Obsthölzer wie z. B. Birnbaum.

Die harte Oberfläche des Hirnholzstocks wird mit Sticheln bearbeitet, ähnlich dem Kupferstich. Auf diese Weise konnten sowohl weiße Linien auf dunklem Hintergrund (Weißlinienstich) wie auch umgekehrt erzeugt werden, charakteristisch wurde vielfach ein enges Geflecht aus Linienstrukturen, das eine „tonige", d. h. flächige und schattierte Darstellung erzeugte.

Der Holzstich eignet sich für feinteilige, detaillierte und präzise Abbildungen, die als Hochdruckverfahren relativ schnell und in hohen Auflagen gedruckt werden können, auch in einem Zuge mit dem Textdruck im Buchdruck.

Holzstiche wurden schon im 18. Jh., in begrenztem Ausmaß auch schon früher als Vignetten im Bereich des Zeitungs-, Werbe- und Illustrationsdruckes eingesetzt. Gute Abdrücke waren durch die geriefelte Oberfläche des Büttenpapiers nicht zu erzielen.

Als der englische Grafiker Thomas Bewick mit besonderer Begabung die Eigenheiten dieses Verfahrens in künstlerischer Weise umsetzte und Buchillustrationen schuf, die den Anklang des Publikums fanden, und als mit dem „glatten Papier" von feinmaschigen Papiersieben seit 1780 auch ein viel besser geeigneter Bedruckstoff zur Verfügung stand, gelangte die Holzstichtechnik zu weitester Verbreitung; sie wurde eines der meistverwendeten Verfahren im 19. Jh. Ihrer Vorteile wegen (detailreiche Wiedergabe, hohe Auflagenmöglichkeit, nach der Zurichtung schneller, unaufwendiger Druck) wurde sie häufiger als alle anderen Techniken im Zeitschriften- und Zeitungsdruck, in der Buchillustration und im Werbebild eingesetzt, bis im letzten Drittel des 19. Jhs. andere Verfahren an ihre Stelle traten. Zum Erfolg des Holzstichs trugen folgende Hilfsmittel bei:

– seit etwa 1840 konnten die kostspieligen originalen Holzstöcke mittels des galvanischen Verfahrens durch gleichwertige Klischees ausgetauscht werden; die vergleichsweise empfindlichen Originalstöcke wurden geschont;
– für aktuelle Bild-Berichterstattung wurde ein Holzstock in Einzelteilen von verschiedenen Stechern bearbeitet und anschließend wieder verschraubt (Zeitersparnis);
– seit etwa 1854 überzog man die Oberfläche der Holzstöcke ggfs. mit einer lichtempfindlichen Schicht, auf die über ein Negativ auch eine Fotografie übertragen werden konnte, die der Grafiker dann nachstach.
– Zum schnelleren Ziehen von Parallelschraffuren wurden Liniermaschinen (Tonschneidemaschinen) eingesetzt.

Der Holzstich wurde seit den siebziger Jahren von der Hochätzung (s. 6.4) und ab 1882 von der Autotypie (s. 6.5) verdrängt.

6.2. Der Metallschnitt

Der Metallschnitt entspricht als Hochdruckverfahren in technischer Hinsicht weitgehend dem Holzschnitt. Quantitativ war er im Vergleich zu diesem als Illustrationsverfahren für den Buchdruck zwar von minderer Bedeutung; nach dem neueren Stand der Forschung erscheint es aber als wahrscheinlich, daß er diesem darin zeitlich noch vorausging.

Metallschnitte wurden mittels verschiedenförmiger Stichel und Punzen auf Metallplatten hergestellt. Verschiedene Kupferplatten aus dem 15. und dem frühen 16. Jh. haben sich erhalten, möglicherweise wurde aber auch Messing benutzt. Die Platten wurden mit einer Vorzeichnung versehen und graviert und gepunzt. Konturen blieben im wesentlichen erhaben stehen, um schwarz zu drucken. Hintergründe, die hell erscheinen sollten, wurden mit dem Flachstichel oder einem kleinen Meißel weggeschabt. u. U. auch weggeschnitten oder durch gleichmäßiges Punzen in der Platte vertieft. Charakteristisch für Metallschnitte sind ornamentale Flächenstrukturen, die mit Spitz- und Rundstichen sowie Perl- und Punktpunzen angelegt wurden. Die Bildwirkung lebte stark von Schraffuren und punktierten Flächen. Nach der Fertigstellung der Platte wurde diese auf einen Holzblock aufgenagelt oder geklebt und konnte so in einer Hand- oder unter der Buchdruckerpresse abgedruckt werden. Im Gegensatz zum Holzschnitt wurden Metallschnitte nicht als Reiberdrucke hergestellt. Die Einfärbung der Metallschnitte erfolgte mit Druckerschwärze.

Der älteste bislang datierbare Metallschnitt, von denen insgesamt ca. 600 überliefert sind, trägt die Jahreszahl 1454, dabei handelt es sich um einen Einblattdruck. Im Buchdruck sind die zweifarbigen Initialen im Mainzer Psalter (1457) bzw. dem Canon Missae (1459) des Peter Schöffer in die Gruppe der Metallschnitte einzuordnen, die Einbeziehung figürlicher Metallschnitte in den Kontext eines Buches ist in den Zeitraum 1455 bis 1461/62 zu datieren („Leiden Christi"-Folge sowie die Folge der „Sieben Freuden Mariä" in der Münchner Staatsbibliothek). Damit wären diese Illustrationen früher als die Holzschnittillustrationen Pfisters in Bamberg.

Metallschnitte kamen bis spätestens um 1520 als Illustrationsmittel zum Einsatz.

6.2.1. Der Schrotschnitt

Der Schrotschnitt ist eine Sonderform des Metallschnittes. Drucke werden dann so bezeichnet, wenn sie zu großen Teilen oder vollständig mittels Einschlagen von Punzen in die Metalloberfläche gestaltet werden. Sie unterscheiden sich also nicht verfahrensmäßig, sondern in ihrem Erscheinungsbild vom Metallschnitt. Datiert werden sie in den Zeitraum zwischen 1450 und 1480. Sie entsprachen dem Geschmack dieser Zeit und sind stilistisch pointillistisch aufgefaßten Buchmalereien, Hintergründen von Altartafeln, punktierten bzw. punzierten Metallarbeiten und Perlenstickereien verwandt.

Die „geschrotene Manier" zeigt Kompositionen, die aus unterschiedlich großen weißen Punkten vor schwarzem Hintergrund aufgebaut sind. Diese rühren von Punzierungen auf der Metallplatte her, die durch unterschiedlich geformte Punzen und Flächenstrukturierung von zu Verbänden geordneten Punkten erzeugt werden. Linie und Kontur spielen eine ganz untergeordnete Rolle, statt dessen werden Punktereihen zur Binnenzeichnung und Abgrenzung eingesetzt. Die Größenabstufung der einzelnen Punkte ergibt Schattierungseffekte.

Eine minimale Reliefbildung im Papier gehört zu den bildnerischen Mitteln dieser Technik, sie entsteht durch den hohen Anpreßdruck beim Drucken, durch den die weiß bleibenden Stellen leicht erhaben über den schwarz gedruckten Partien stehen.

6.3. Der Teigdruck

Teigdrucke waren nicht geeignet, als Illustrationsverfahren im Buch Anwendung zu finden; da sie aber von zeitgenössischen Sammlern mit Vorliebe in die Innendeckel von Druckwerken eingeklebt wurden, um diese zu schmücken, soll die Technik hier dennoch Erwähnung finden.

Der Teigdruck, der nur durch etwa 200 verschiedene Beispiele überliefert ist, war ein besonders aufwendiges Bilddruckverfahren, das eng mit dem Metallschnitt verwandt ist und eigentlich eine Mischung aus Hochdruck und Prägedruck darstellt. Seine Blütezeit entspricht der der Metall- und Schrotschnitte; die geringere Zahl erhaltener Abdrucke resultiert z. T. aus der ungewöhnlichen Empfindlichkeit der Erzeugnisse.

Nach neuesten Untersuchungen sah die Herstellung eines Teigdrucks folgendermaßen aus: auf eine glatte Platte aus Metall oder Stein wurde eine möglichst dünne Schicht Leimlösung gegossen, die zu einer zähen Haut erstarrte. Diese Haut bildete die Grundlage des fragilen Teigdrucks. Sie wurde mit Eiweiß bepinselt und mit einer Schicht aus Blattsilber, Zinnfolie oder „Zwischgold" (Zinnfolie mit einer sehr dünnen Schicht Blattgold) belegt. Dann erfolgte der Aufdruck eines Harzfilmes mittels einer Reliefplatte aus Metall. Dabei wurde sowohl die dünne Metallschicht reliefartig geformt wie auch, da die Platte erhitzt wurde, mit ihrer Unterlage auf ein Blatt Papier aufgeschmolzen. Eine Einfärbung der Druckplatte mit schwarzer Druckfarbe bewirkte weiterhin, daß eine Kontrastwirkung zwischen dem geprägten silber- oder goldglänzenden Grund und der daraufgepreßten Schicht, die der bearbeiteten Oberfläche der Druckplatte entsprach, entstand. Relief und Farbwirkung — die manchmal noch mit weiterer Bemalung oder Vergoldung des Teigdruckes gesteigert wurde — spielten zusammen, um diese Art Druck zu einem begehrten Luxusartikel zu machen. Die zeitbedingte starke Zersetzung und der mechanische Abrieb der Teigdrucke machen es schwer, sich heute noch ihre ursprüngliche Wirkung vergegenwärtigen zu können.

6.4. Die Hoch- oder Strichätzung

Mit diesem Hochdruckverfahren versuchte man eine schnelle und authentische Herstellung von Druckstöcken nach Liniendarstellungen bzw. Strichvorlagen zu schaffen, und setzte die Ätztechnik zum Erstellen des Reliefs ein. Der englische Künstler William Blake hat offenbar schon im 18. Jh. als erster eine solche Methode angewandt, indem er direkt mit Deckfirnis auf eine Kupferplatte zeichnete oder malte und mit Ätzwasser ein Relief zum Hochdrucken erzeugte. So konnte er nach seinen Vorstellungen Bücher in kleinen Auflagen erzeugen. In Deutschland versuchten H. W. Eberhard in Magdeburg 1815 und der Verleger Carl Wilh. Leske in den 20er Jahren des 19. Jhs. ein Hochätzverfahren zu realisieren, jedoch wirkte die Unschärfe des Druckbildes immer störend.

Die Schwierigkeit dieses Verfahrens ergab sich daraus, daß die Säure nicht nur in die Tiefe dringt, sondern gleichzeitig auch die mit Asphaltlack abgedeckten Linien, die als Stege hervortreten sollen, unterhöhlt. 1842/43 bemüht sich vor allem der Däne Christian Piil darum, die Hochätzung als zeitsparendes Illustrationsverfahren zu entwickeln.

Ein stufenweises Ätzen und häufiges Abdecken führt zu einem gewissen Erfolg von Piils „Chemitypie". Wirklich durchsetzen kann sich das Verfahren dann ab den siebziger Jahren des 19. Jhs.; es wird unter der Bezeichnung „Zinkographie" bekannt, da als Druckstöcke Zinkplatten benutzt werden. Das Verfahren wird von verschiedenen „Kunstanstalten", d. h. grafischen Betrieben, übernommen und kann in den achtziger Jahren, vor allem in der Zeitungs-, aber auch in der Buchillustration, den Holzstich verdrängen.

6.5. Die Autotypie

War mit der Zinkographie ein Verfahren gefunden, auf mechanischem Wege aus Linien bestehende Abbildungen schnell und preiswert zu reproduzieren, ermöglichte die Autotypie schließlich den Druck von Fotos und die photomechanische Wiedergabe von abgestuften Tonwerten, also malerischen Wirkungen, im Hochdruck. Georg Meisenbach, ein Kupferstecher aus Nürnberg, meldete das Verfahren 1882 zum Patent an.

Meisenbach benutzte ein Raster paralleler Linien, der durch die Fotografie einer mit der Liniermaschine schraffierten Kupferplatte gewonnen wurde. Das Negativ dieser Fotografie wurde zusammen mit dem Diapositiv der Abbildung auf eine präparierte Zinkplatte kopiert, wobei der Raster einmal um 90° gedreht wurde. Auf diese Weise wurden die ineinander übergehenden Töne (Schattierungen) des Bildes durch einen Netzraster in Punkte unterschiedlicher Flächenausdehnung zerlegt. Die Zinkplatte wird dann geätzt und ergibt einen Druckstock, dessen schwarz-weißes Druckbild in der Vorstellung des Betrachters wieder als eine Einheit wahrgenommen wird. Das Zinkklischee dieses Verfahrens konnte im Hochdruck gedruckt werden, die Auflösung (Feinheit des Rasters) wurde je nach dem zu verwendenden Papier höher oder niedriger gewählt.

Die Möglichkeit dieser Vorgehensweise war schon 1852 von William Fox-Talbot schriftlich dargestellt und nachfolgend in verschiedenen Ländern angewandt worden. Mit Meisenbach (seit 1892 firmierte er mit einem Geschäftspartner als Meisenbach, Riffarth & Co.) erfolgte die allgemeine Verbreitung des Verfahrens, das noch bis über die Mitte unseres Jahrhunderts zur Herstellung von Halbtonklischees Anwendung fand.

6.6. Tiefdruck

Alle drucktechnischen Verfahren, bei denen das zu druckende Bild vertieft in einer Platte liegt, so daß die Druckfarbe in diese Linien, Punkte oder flächenhaften Strukturen hineingerieben und durch Druck wieder herausgepreßt werden muß, werden Tiefdruckverfahren genannt.

Sie benötigen eine besondere Presse, deren Druck weit stärker ist als der der Hochdruckoder Buchdruckpresse:

die Druckplatte wird zwischen zwei Walzen hindurchgezogen, so daß der Druck jeweils nur entlang einer Linie ausgeübt wird, dort aber mit großer Kraft. Die Bewegung der Walze wurde bei den Handpressen mittels eines großen Sternrades erzielt, an dem ein oder zwei Männer drehten. Neben den manuellen Tiefdruckverfahren (Kupferstich, Schabtechnik, Kaltnadel) wurden kräftesparende Ätzverfahren (Radierung, Aquatinta) entwickelt.

6.7. Stichverfahren

6.7.1. Der Kupferstich

Der Kupferstich wurde einige Jahrzehnte nach dem Holzschnitt zur Anwendung gebracht; nach den erhaltenen Abdrucken rechnet man um 1420. Die Vorgehensweise entspricht sehr stark dem Gravieren von Metallobjekten durch den Goldschmied, so daß man von einer sehr engen Verbindung zwischen diesen Tätigkeiten ausgehen kann; auch stammen verschiedene frühe Kupferstecher aus Goldschmiedefamilien.

Der Kupferstecher benutzt eine vollkommen gleichmäßig dicke Kupferplatte (in Einzelfällen wurden auch andere Metalle wie Zink, Eisen oder Silber benutzt), die von möglichst homogener Beschaffenheit sein muß. Bevor Kupferplatten gewalzt werden konnten und durch Hämmern entstanden, war diese Gleichmäßigkeit schwer zu erreichen. Die Oberfläche wurde geschliffen und poliert, mit einer dünnen Firnis- oder Wachsschicht überzogen, mit Kreide weiß gefärbt oder mittels einer Fackel oder eines brennenden Spans geschwärzt.

Die Vorzeichnung konnte nun seitenverkehrt auf die Platte übertragen werden.

Mit dem etwa 10 cm langen Grabstichel, den der Stecher in die mit der linken Hand entgegengeschobenen Platte eingräbt und mit Gegendruck über die Platte führt, wurde entlang der vorgegebenen Linien ein Kupferspan herausgehoben und somit eine vertiefte Zeichnung im Kupfer erzielt. Je nachdem wie tief der Stecher die rautenförmige Spitze des Stichels in die Metallplatte hineinstößt, wird die Linie schmaler oder breiter, ein geübter Stecher kann so mit an- und abschwellenden Linien oder Taillen bestimmte Wirkungen erreichen.

Um die Platte ungehindert drehen und bewegen zu können, war es üblich, ein Lederpolster unterzulegen. Durch die Technik des Kupferstichs sind alle Darstellungen aus Linien aufgebaut, die als Geraden, Schwünge, Parallellagen oder Kreuzschraffuren angelegt wurden.

Nach dem Stechen werden die aufgeworfenen Grate entlang der Linien entfernt. Hierzu benutzt der Stecher einen dreikantigen Schaber. Mit einem Polierstahl können fehlerhafte Linien wieder zusammengedrückt werden. Ist die Platte wunschgemäß vorbereitet, beginnt man mit dem Einfärben.

Entweder wird die mit Firnis und Leinöl zu einer zähen Konsistenz vermischte Druckfarbe mit einem Leinenlappen aufgebracht, dann die Oberfläche abgewischt und mit einem in Salzwasser getränkten Lappen gereinigt. Farbe verbleibt nun nur in den vertieften Linien.

Oder die Platte wird über einer mit Ofenglut gefüllten Pfanne erwärmt.

Dann werden mit einem Ballen oder Tampon, der die Druckfarbe überträgt, die Vertiefungen gefüllt oder „ausgewischt". Anschließend wird auch hier wieder die Oberfläche der Platte sehr behutsam mit Lappen oder dem Handballen abgewischt, so daß sie nicht oder nur ganz zart mitdruckt.

Zum Druck wird die so eingefärbte Platte auf den „Teller" einer Kupfer- oder Tiefdruckpresse gelegt, darauf der gefeuchtete Kupferdruckkarton und darüber mehrere Schichten weicher Filztücher.

Durch den starken Druck der oberen Walze wird die Druckfarbe aus den Rillen der Kupferplatte herausgedrückt und auf das kräftige Papier übertragen, dabei wird die Feuchtigkeit des saugfähigen Kartons von den Filztüchern aufgenommen. Wie man sieht, ist der Druck von der Kupferplatte arbeitsaufwendig und erfordert Zeit. Die Abnutzung des Druckträgers ist stark, der Druck der Walzen quetschte das Relief bzw. die Linien im weichen Metall des Kupfers bald wieder zusammen. Die Zahl der Abzüge, die noch als qualitätsvoll oder brauchbar gelten können, bewegt sich zwischen drei- bis fünfhundert Abzügen.

6.7.2. Die Kaltnadeltechnik

Bei der Kaltnadeltechnik ritzt der Künstler das Bild mit einer Stahlnadel in die blanke Kupferplatte ein, ein Verfahren, das sehr viel Kraft und Kontrolle benötigt. Während der durch den Stichel beim Kupferstich aufgeworfene Grat entfernt wird, entsteht die Wirkung bei der Kaltnadel gerade dadurch, daß die Kratzer und ihre verdrängten Metallränder die Druckfarbe annehmen und beim Druck in sehr subtilen Abstufungen wieder abgeben. Es entsteht ein unscharfes, sehr variantenreiches Liniennetz mit typischen Verschattungen. Während gerade Linien und Parallelschraffuren gut zu erzeugen sind, sind geplante Schwünge und Krümmungen der Linie durch den Materialwiderstand fast unmöglich. Da die durch die Nadel aufgeworfenen Grate sehr fein sind, halten sie dem Druck der Tiefdruckpresse nicht lange stand, nur die ersten Abzüge besitzen eine uneingeschränkte Qualität. Nach spätestens zwanzig Blättern läßt das Relief schon nach.

Der Name „Kalte Nadel" wurde im Gegensatz zu den Ätztechniken, den wärmeerzeugenden chemischen Verfahren, eingeführt. Da nur der Künstler selbst mit Spontaneität und Geschick die Platte bearbeiten kann, also kein Reproduktionsgrafiker eingeschaltet wird, besitzt die Kaltnadeltechnik besondere künstlerische Bedeutung. Bereits der „Meister des Hausbuchs" hat sich um 1480 dieser Technik bedient.

6.7.3. Schabkunst oder Mezzotinto

Während die meisten graphischen Techniken anonymen Ursprungs sind, kann die Schabkunst mit einem Namen als ihrem Erfinder in Verbindung gebracht werden. Ludwig von Siegen (1609–1680) entwickelte dieses Verfahren, wohl am Hofe der Landgräfin Amalia von Hessen, 1642. Diese Technik erzielt mit rein mechanischen Mitteln ausgesprochen malerische Wirkungen.

Voraussetzung ist eine vollständig und gleichmäßig angerauhte Kupferplatte. Mit einem Wiegemesser (Gravierstahl) mit bogenförmiger, gezahnter Schneide, wird die Oberfläche in systematisch angelegten Lagen aufgerauht, bis sie schließlich von einem dichten Netz kleinster Vertiefungen gleichmäßig überzogen ist. So eingefärbt, würde die Platte im Druck einen einheitlichen samtig-schwarzen Ton ergeben. Auf dieser Fläche wird nun aber die Darstellung durch abgestuftes Glätten aller Partien erzeugt, die hell erscheinen sollen. Benutzt wird hierzu ein Polierstahl oder Schaber. Auf diese Weise wird ein malerisch wirkendes Bild entwickelt. Die Schabtechnik, die flächig, nicht linear, wirksam wird, kann mit dem Stichel oder der Nadel noch überarbeitet und ergänzt werden.

6.7.4. Der Stahlstich

Als man um die Wende vom 18. zum 19. Jh. nach Methoden suchte, fälschungssichere Wertpapiere drucken zu können, experimentierte man auch mit dem Druck von der Stahlplatte. Um auf Stahl zu stechen bzw. zu gravieren, wurde die Platte erst einmal durch Erhitzen „erweicht", d. h. ihr wurde Kohlenstoff entzogen (Dekarbonisierung).

Anschließend konnte die Oberfläche (jetzt Eisen) graviert bzw. radiert (s. Radierung) werden. Die Platte wurde dann wieder durch Erhitzen und plötzliches Erkalten im kalten Wasserbad zu Stahl gehärtet. Sie erzielte nun durch ihre Dauerhaftigkeit höchste, d. h. unbegrenzte Auflagenhöhen. Der Stahlstich ist aufwendig, bot aber durch die Feinheit seiner Linien höchsten Reichtum an Details und größtmögliche Präzision. Er wurde im 19. Jh. vorrangig für Gemäldereproduktionen sowie Landschafts- und Stadtansichten benutzt, deren Herstellung keinem unmittelbaren Zeitdruck unterlag.

6.8. Ätzverfahren

6.8.1. Die Radierung

Bereits Rüstungen und Waffen des Mittelalters wurden mittels Ätzverfahren mit Ornamenten geschmückt. So lag es nahe, die kraft- und zeitraubende Technik des Kupferstichs ebenfalls durch den Einsatz chemischer Mittel zu erleichtern und zu beschleunigen.

Die polierte Kupferplatte wird mit dem Ätzgrund bedeckt, einem Firnis aus verschiedenen Bestandteilen, meistens aus Wachs, Harz und Asphalt. Mit einer Rußfackel konnte die Oberfläche dann noch eingeschwärzt werden. In diesen Ätzgrund zeichnet der Künstler mit einer Radiernadel, einer Stahlspitze mit Holzgriff, seine Darstellung. Die Zeichnung muß dabei das Metall freilegen, wo Linien entstehen sollen. Dann wird die Platte einem Säurebad (Eisenchlorid oder mit Salpetersäure hergestelltes Scheidewasser) ausgesetzt und u. U. mehrfach mit nach Vorstellung des Künstlers partiell abgedeckten Linien geätzt. Die Rückseite der Platte muß dabei mit einer säurefesten Schicht geschützt sein.

So entsteht ein Strichbild, das in seiner Tiefe und Breite der Linien abhängig ist von der Dauer der Ätzvorgänge und der Stärke der Säure. Ist der Ätzprozeß beendet, wird der Deckfirnis sowie die Schutzschicht der Rückseite wieder entfernt. Die Platte kann dann wie der Kupferstich eingefärbt und gedruckt werden. Während die Linien des Stichs spitz auslaufen, sind die radierten Linien an ihren abgerundeten Enden zu erkennen.

Radierungen kennt man seit dem frühen 16. Jh. Vielfach wurden Kupferstich und Radierung auf einer Platte kombiniert angewandt.

6.8.2. Die Aquatintaradierung

Mit dem Aquatintaverfahren lassen sich, wie bei der Schabkunst, Flächenwirkungen erzielen. Säurefester feiner Staub aus Harz,

Asphalt oder Kolophonium wird gleichmäßig auf eine Kupferplatte aufgebracht (Aufstreuen mit einem Sieb, oder mittels eines sogenannten Staubkastens, in dem der Staub gleichmäßig aufgewirbelt wird). Dann wird die Platte von der Unterseite her angewärmt, bis das Pulver zum Schmelzen, aber nicht zum Zerfließen gebracht wird. Zwischen den aufgeschmolzenen Staubpunkten bleibt ein feines Netz von unbedecktem Metall, das anschließend im Ätzbad vertieft wird. So entsteht ein Flächenton. Bei mehreren Ätzvorgängen mit unterschiedlich abgedeckten Partien können hellere und dunklere Teilflächen erzielt werden. Schon vorher kann eine lineare Darstellung in die Platte radiert worden sein.

Die Zartheit der Oberflächenstruktur ergibt bei der Aquatintaradierung eine begrenzte Zahl guter Abzüge, es werden kaum mehr als hundert gute Drucke zu errreichen sein. Als Erfinder des Aquantintaverfahrens gilt Jean Baptiste LePrince, dessen früheste Blätter 1768 datiert sind.

6.8.3. Vernis mou oder Weichgrundätzung

Auf die Metallplatte wird eine weiche und leicht klebrige Lackmasse aufgetragen. Darüber legt der Künstler rauhes Zeichenpapier und zeichnet mit kräftigem Druck seines Stiftes darauf. Durch diesen Druck klebt der Ätzgrund entlang der Linien der Darstellung am Papier und wird bei dessen Entfernen von der Platte abgehoben.

Wird die Platte nun geätzt, entsteht ein radiertes Bild, das der Zeichnung genau entspricht, mit malerischer Wirkung.

Vernis mou wurde von Künstlern des 19. Jhs. verwendet und wird noch in unserer Zeit von einzelnen Grafikern gerne gewählt, häufig unter Einsatz textiler und anderer flächiger Strukturen.

6.9. Der Flachdruck

6.9.1. Die Lithographie

Während die genannten Druckarten Hochdruck und Tiefdruck auf der Reliefierung einer Fläche beruhen, wurde mit der Lithographie kurz vor der Wende zum 19. Jh. erstmals ein grafisches Verfahren gefunden, das allein auf chemischen Reaktionen beruht.

Der Flachdruck, der hiermit zur Anwendung gebracht wurde, beruht auf den Eigenschaften von Fett und Wasser, sich gegenseitig abzustoßen. Eine gefettete Fläche nimmt kein Wasser an, und auf einer nassen Oberfläche haftet kein Fett.

Alois Senefelder gelang es, in den Jahren 1797 bis 1798, diese Tatsachen mit den geeigneten Materialien für das Drucken nutzbar zu machen. Auf eine gereinigte (entsäuerte) und plan geschliffene Platte aus Solnhofer Kalkschiefer schrieb er mit fetthaltiger Tinte einen Text bzw. zeichnete damit auf den Stein.

Schrift bzw. Zeichnung müssen wie üblich spiegelverkehrt sein. Anschließend wird die Oberfläche geätzt, d. h. bei der Lithographie, daß sie mit einer Lösung aus Gummiarabicum und verdünnter Salpetersäure behandelt wird. Die nicht bezeichneten Flächen werden dadurch besonders wasseranziehend (hydrophil). Sie werden jedoch nicht vertieft, wie beim Ätzen einer Radierung.

Eine mit Druckfarbe eingefärbte Rolle kann jetzt über die befeuchtete Oberfläche des Steins gewalzt werden, wobei nur die bezeichneten (fetthaltigen) Stellen die Druckfarbe annehmen. Zum Druck wird Papier aufgelegt, darüber zum Schutz ein Karton, und schließlich kann die Rakel der Lithographiepresse über die Rückseite des Kartons gezogen werden. Die Rakel ist eine Art gerades Holzmesser mit einer schmalen lederbezogenen und gefetteten Unterkante.

Im Laufe der Zeit wurden verschiedenste Auftragsmöglichkeiten für die Farbe genutzt: nach Thema und künstlerischem Empfinden wählte man die Federlithographie, Pinsellithographie oder die Kreidelithographie; beim Schabkunstverfahren wurde wie auf der gekörnten Metallplatte gearbeitet, oder man gravierte in den schwarzgefärbten Stein mit einer Stahlnadel.

Drei Vorteile gegenüber anderen Drucktechniken verhalfen der Lithographie im Laufe der Zeit zum Durchbruch: die Haltbarkeit der Druckform, die Geschwindigkeit der Bearbeitung und der Preisvorteil.

Der Flachdruck ist keiner nennenswerten Abnutzung unterworfen, im Gegensatz zu den bekannten Verfahren des Hoch- und Tiefdrucks. Das bedeutet, daß eine sehr hohe Auflage gleichbleibend qualitätsvoller Abdrucke von einem Stein möglich ist.

Die Geschwindigkeit in der Herstellung der Druckform ist ebenfalls auf die Flächigkeit des Steines zurückzuführen. Ohne jede Kraftanstrengung, wie dies bei den anderen Verfahren der Fall ist, kann mit ganz normalen Schreib- und Malutensilien direkt auf einen Stein gezeichnet werden; und dies in derselben Geschwindigkeit, wie es auf Papier möglich wäre.

33. Technik des Buches 419

Abb. 33.10: *Stangenpresse von A. Senefelder für den lithographischen Druck* (Nachbau)

Schnelles Arbeiten bedeutet niedrige Kosten. Zudem sind die Steine zwar in der Anschaffung zunächst teuer – vor allem wegen der hohen Transportkosten durch das Gewicht –, können aber wiederverwendet werden, nachdem sie abgeschliffen wurden.

Eine Vielzahl technischer Verbesserungen, wie der farbige Druck, die Chromolithographie, oder neuartige Pressen, erweiterten die Möglichkeiten der Lithographie. Eine Entdeckung wirkte sich entscheidend auf die Drucktechnik unserer eigenen Zeit aus: daß die schweren und unhandlichen Steine durch dünne Metallplatten ersetzt werden können.

6.9.2. Offsetdruck

Schon 1834 für Zinkplatten beschrieben und praktiziert, führte diese Technik um 1900 zur Entwicklung des Offset-Drucks, in dem die meisten Druckwerke, die wir in Händen halten, gedruckt sind. Lithographisch bearbeitete dünne Metallplatten werden hierfür gebogen und um Zylinder gelegt. Durch die rotierende Bewegung des Zylinders kann die Druckgeschwindigkeit enorm erhöht werden. Lithosteine sind daher heute nur noch für künstlerische Arbeiten im Einsatz.

6.10. Durchdruckverfahren: Siebdruck

Schablonieren wurde in der Geschichte der Druckgrafik seit alters her angewendet, um Auflagendrucke schnell und unaufwendig farbig anzulegen. Am Ende des 19. Jhs. hatten Bemühungen der Industrie um ein Verfahren, Glasflaschen, Metall und anderes seriell zu beschriften und zu gestalten, den Siebdruck hervorgebracht. So war die Werbegrafik Antrieb und frühestes Anwendungsgebiet des Siebdrucks.

Für die Künstler unseres Jahrhunderts sind die Einfachheit und Vielfalt an Möglichkeiten, farbig in hohen Auflagen vervielfältigen zu können, Anlaß diese Technik zu wählen. Auf ein gerahmtes Sieb (Seide, Stahlgewebe, Gaze, Nylon, Perlon, Polyester) wird eine Darstellung so aufgebracht, daß alles abgedeckt wird, was nicht drucken soll. Das Abdecken oder Schablonieren wird auf unterschiedliche Weise bewerkstelligt. Die Siebstruktur wird durch Bezeichnen oder Bemalen mit Leim unmittelbar abgedeckt, eine Schablone aus einem anderen Material aufgelegt, oder das Sieb wird mit einer Sprühpistole behandelt.

Immer werden bei diesen Methoden die Farben an den Stellen mit einer Rakel durch das Sieb hindurch auf das Papier übertragen, die nicht behandelt werden.

Bei der Auswaschschablone wird die Zeichnung als wasserabweisende Fettzeichnung auf das Sieb aufgebracht. Überzieht man dann das ganze Sieb mit einer Leimwasserabdeckung, haftet diese nicht an den bezeichneten Stellen. Nach dem Trocknen wird die fetthaltige Darstellung wieder mit Terpentin oder Benzin von der Unterseite her ausgewaschen. Sie wird für das Durchdrücken der Farbe dann wieder frei.

Man kann auch die gesamte Siebfläche mit einer lichtempfindlichen Emulsion einstreichen und das Sieb, u. a. über ein Photonegativ, belichten. Die Emulsion härtet an den Stellen, die vom Licht erreicht werden, an den anderen Partien bleiben sie wasserlöslich und können ausgewaschen werden. Zwischen Siebunterseite und Papier muß ein gewisser Abstand erhalten bleiben.

Für verschiedene Farben werden bei mehrfarbenen Darstellungen verschiedene Siebe benötigt, die zusammen das Gesamtbild ergeben.

7. Literatur

Bachler, K. und Dünnebier, H., Bruckmann's Handbuch der modernen Druckgraphik. München 1973.

Barge, Hermann, Geschichte der Buchdruckerkunst von ihren Anfängen bis zur Gegenwart. Leipzig o. J. (1940).

Bauer, Konrad F., Wie eine Buchdruckschrift entsteht. Frankfurt am Main, o. J. (1931).

Bayerl, Günter, Karl Pichol, Papier. Produkt aus Lumpen, Holz und Wasser. Reinbek bei Hamburg 1986. (Kulturgeschichte der Naturwissenschaften und der Technik).

Bock, E., Geschichte der graphischen Kunst von ihren Anfängen bis zur Gegenwart. Berlin 1930.

Bockwitz, Hans H., Zur Kulturgeschichte des Papiers. Stettin 1935.

Briquet, Charles Moise, Les filigranes. Dictionnaire historique des marques du papier dès leurs apparition vers 1282 jusqu'en 1600. T. 1–4.2. ed. Leipzig 1923.

Brunner, F., Handbuch der Druckgraphik – Ein technischer Leitfaden. Teufen (Schweiz) 1962.

Carter, Thomas F., The invention of printing in China and its spread westward. New York ²1955 v. L. Carrington Goodrich.

Chappel, Warren, A short History of the Printed Word. New York 1980.

Clapperton, R(obert) H(enderson), The Papermaking Machine. Its Invention, Evolution and Development. Oxford 1967.

Costen, Severin, Die Erfindung des Buchdrucks im 15. Jahrhundert in: Die Buchkultur im 15. und 16. Jahrhundert. Maximilian-Gesellschaft, Hamburg 1995.

Ehlers, Kurt-F., Siebdruck. Einrichtung, Werkstoffe, Technik, Anwendungsbeispiele. München 1972.

Eichenberg, Fritz, The Art of the Print. Masterpieces – History – Techniques. New York 1976.

Faulmann, Karl, Illustrierte Geschichte der Buchdruckerkunst. Wien, Pest 1882.

Febvre, Lucien und Henri-Jean Martin, The Coming of the Book: The Impact of Printing, 1450–1800. London 1976. (Übersetzung der Ausgabe: L'Apparition du livre. Paris 1958).

Fleischmann, Isa, Metallschnitt und Teigdruck: Technik und Entstehung zur Zeit des Frühen Buchdrucks. Mainz 1998.

Földes-Papp, Károly, Vom Felsbild zum Alphabet. Die Geschichte der Schrift von ihren frühesten Vorstufen bis zur modernen lateinischen Schreibschrift. Stuttgart/Zürich 1987.

Friedländer, Max J., Der Holzschnitt. Vierte Aufl., neu bearb. v. Hans Mohle. Berlin 1970.

Fuchs, Siegfried E., Die Serigraphie. Recklinghausen 1981.

Funke, Fritz, Buchkunde. München u. a. 1992.

Hind, A. M., A Short History of Engraving and Etching. London 1908.

Hunnisett, Basil, Steel-engraved book illustration in England. London 1980.

Hunter, Dard, Papermaking. The History and Technique of an Ancient Craft. New York 1978.

Ing, Janet, Johann Gutenberg and his Bible. New York 1988.

Janssen, Frans A., Over houten drukpersen. Amsterdam 1977.

Kapr, Albert, Johannes Gutenberg, Persönlichkeit und Leistung. Leipzig 1986.

Koschatzky, Walter, Die Kunst der Graphik. München 1972.

Kristeller, Paul, Kupferstich und Holzschnitt in vier Jahrhunderten. Berlin 1905.

Krüger, O., Die lithographischen Verfahren und der Offsetdruck. Leipzig 1949.

Kühn, Hermann, Michel Lutz, Papier. Katalog der Ausstellung. Deutsches Museum. München 1986.

Maré, Eric de, The Victorian Woodblock Illustrators. London 1980.

Moran, James, Printing Presses. History and Development from the fifteenth Century to Modern Times. London 1973.

Musper, H. Th., Der Holzschnitt in fünf Jahrhunderten. Stuttgart 1964.

Needham, Joseph, Wissenschaft und Zivilisation in China. Frankfurt a. M. 1984 (Bd. 1 der von Colin u. Ronan bearbeiteten Ausgabe).

Piccard, Gerhard, Wasserzeichen-Findbücher. Stuttgart ab 1961. (Veröffentlichungen der Staatlichen Archivverwaltung Baden-Württemberg. Sonderreihe: Die Wasserzeichenkartei Piccard im Hauptstaatsarchiv Stuttgart).

Pieske, Christa, Das ABC des Luxuspapiers. Herstellung, Verarbeitung und Gebrauch 1860 bis 1930. Berlin 1983 (Schriften des Museums für Deutsche Volkskunde Berlin, 9).

Renker, Armin, Das Buch vom Papier. 4. Aufl. o. O., 1951.

Schmidt-Künsemüller, Friedrich Adolf, Die Erfindung des Buchdrucks als technisches Phänomen. Mainz 1951.

Singer, H. W., Der Kupferstich. Leipzig 1904.

Staatliche Graphische Sammlung München, Die Frühzeit des Holzschnitts. Ausstellungskatalog. Bearb. v. Dieter Kuhrmann, München 1970.

Steinberg, S. H., Die schwarze Kunst. München 1988.

Stiebner, Erhardt D., Bruckmann's Handbuch der Drucktechnik. München 1996.

Updike, Daniel Berkely, Printing Types. Their History, Forms and Use. Cambridge 1922.

Weber, Wilhelm, Saxa Loquuntur − Steine reden. Geschichte der Lithographie von den Anfängen bis 1900. München 1961.

Weiss, Karl Theodor, Handbuch der Wasserzeichenkunde. Hrsg. v. Wisso Weiß. Leipzig 1962.

Weiss, Wisso, Zeittafel zur Papiergeschichte. Leipzig 1983.

Wilkes, Walter, Die Entwicklung der eisernen Buchdruckerpresse. Eine Dokumentation. Darmstadt, Technische Hochschule, 1988.

Wilkes, Walter, Das Schriftgießen. Von Stempelschnitt, Matrizenfertigung und Letternguß. Darmstadt, Technische Hochschule, 1990.

Eva Hanebutt-Benz, Mainz (Deutschland)

34. Buchbinderei

1. Definition
2. Die handwerkliche Buchbinderei
3. Die industrielle Buchbinderei
4. Die Erzeugnisse der Buchbinderei
5. Literatur

1. Definition

Die Buchbinderei ist der Zweig des papierverarbeitenden Gewerbes, der die fertiggestellten Druckarbeiten zum Endprodukt Buch, Broschüre usw. weiterverarbeitet (daher auch 'Weiterverarbeitung' genannt). Für uniforme Großauflagen geschieht dies in entsprechend ausgerüsteten Industriebetrieben, während Einzelbände und Kleinstauflagen in handwerklichen Kleinbetrieben gefertigt werden. Die Werkstatt oder der Betrieb, in dem dieses Gewerbe ausgeübt wird, heißt ebenso Buchbinderei.

2. Die handwerkliche Buchbinderei

2.1. Historische Entwicklung

Mit dem Aufkommen des aus mehreren Einzellagen zusammengefügten Kodex seit dem 2. Jh. entstand unsere heutige Buchform. Sie verdrängte die bis dahin übliche Buchrolle (rotulus) als Träger des geschriebenen Wortes in den folgenden Jahrhunderten fast vollständig und entwickelte sich nach den Wirren der Völkerwanderung und dem Niedergang der antiken Buchkultur besonders an den Klöstern. Die Anfänge der Buchbinderei sind daher mit der Entstehung mittelalterlicher Klosterscriptorien eng verbunden, wobei Schreiben, Binden und Verzieren einer Handschrift wohl meistens in den Händen ein und desselben Mönches lag. Dennoch werden bereits im 6. Jh. einzelne Mönche als 'Buchbinder' bezeichnet (Helwig 1965, I, 3 f.; Helwig 1961). Mit zunehmender Buchproduktion muß auch in den Klöstern eine Arbeitsteilung stattgefunden haben, und es entstanden eigenständige Klosterbuchbindereien. Auch verfügten einzelne Klöster bereits im 8. Jh. über eigene Einrichtungen zur Herstellung von Pergament als Beschreibstoff und Leder als Einbandmaterial.

Bis Ende des 13. Jhs. blieb die Buchbinderei auf den klösterlichen Bereich beschränkt. Erst als das Bildungsmonopol der Klöster verloren ging, Universitäten und Bibliotheken gegründet wurden, weltliche Schreibstuben entstanden usw., entwickelte sich ein erheblicher Buchbedarf außerhalb der kirchlichen Sphäre und das Buchbinderhandwerk etablierte sich als eigenständiges, bürgerliches Gewerbe. Die Zahl der zu bindenden Bücher war aber noch vergleichsweise gering, so daß es neben wandernden Buchbindern zunächst nur wenige Werkstätten waren, die sich in größeren Städten fest ansiedelten (Köln 1286, Prag um 1300 u. a.). Erst im Verlauf des 15. Jhs. und allmählich steigender Buchproduktion ließen sich zunehmend mehr Buchbinder im Umkreis von Universitäten und Schulen nieder. Der Besitz von Büchern blieb aber weiterhin, bedingt durch ihren hohen Preis, auf kirchliche Einrichtungen, Universitäten und den Adel beschränkt.

Ab der zweiten Hälfte des 15. Jhs. führte schließlich die Erfindung der Buchdrucktechnik durch Johannes Gutenberg (um 1450), aber auch das Vorhandensein des neuen, gegenüber Pergament wesentlich billigeren Beschreib- und Bedruckstoffes Papier, zu einem kontinuierlichen Anstieg der Buchproduktion und zu einer erheblichen Ausbreitung des Buchbinderhandwerks. Noch vor der Wende zum 16. Jh. beschäftigten einige leistungsfähige Druckereien, wie beispielsweise Anton Koberger (1440/45–1513) in Nürnberg oder Aldus Manutius (1450–1515) in Venedig, eigene Buchbinder zum Einbinden ihrer Bücher (Arnim 1992, 14). Dies war jedoch die Ausnahme, denn Bücher wurden in Bogen, also ungebunden, gehandelt und von eigenständigen Buchbindern im Kundenauftrag individuell gebunden.

Aus wirtschaftlicher wie gesellschaftlicher Notwendigkeit schlossen sich die bürgerlichen Buchbinder zunächst bestehenden Zünften an (Goldschmiede, Krämer u. a.) und bildeten erst später eigene Zünfte. Dies geschah zuerst in größeren Städten (Augsburg 1533, Wittenberg 1534, Leipzig 1544, Ulm 1549 usw.), später auch in kleineren Ortschaften. Die Zunft wachte über die 'Ehrbarkeit' des Handwerks, achtete auf solide Arbeit und darauf, daß jeder der ihr angehörigen Buchbinder sein Auskommen hatte, dabei aber keiner gegenüber dem anderen wirtschaftliche Vorteile gewinnen konnte. Die entsprechenden Zunftordnungen geben hierüber Auskunft (Helwig 1965, I, 99 ff.; Bücher 1897).

Auch die Gesellen gründeten zur Wahrung ihrer Interessen bereits frühzeitig Gesellenvereine (z. B. Leipzig 1545, Wittenberg 1557), die ihre wirtschaftlichen und teilweise privaten Angelegenheiten regelten. Diese Gesellenvereine können als Vorläufer der Ende des 19. Jhs. entstehenden Buchbinder-Gewerkschaften bezeichnet werden (Helwig 1965, I, 275 f.; Kloth 1913).

Besonders in kleineren Städten und ländlichen Gegenden waren die Buchbinder, um ein Auskommen zu haben, auf Nebenerwerbstätigkeiten, wie das Anfertigen von Futteralen, Portefeuilles, Kartonagen etc., angewiesen. Viele handelten auch mit bereits gebundenen Büchern, was zu Konflikten mit den Buchführern führte. Diese Ausweitung des Arbeitsgebietes war Ausdruck der schlechten wirtschaftlichen Lage des Buchbinderhandwerks gegen Ende des 16. und zu Beginn des 17. Jhs. Für den deutschsprachigen Raum brachte der Dreißigjährige Krieg eine weitere, anhaltende Verschlechterung.

Geringe Nachfrage in Verbindung mit den erstarrten zünftigen Strukturen führte im 17. und 18. Jh. zu einem völligen Stillstand in der Entwicklung des Buchbinderhandwerks. Was zum Schutz und Nutzen der Zunftmitglieder gedacht war, kehrte sich zunehmend zu deren Nachteil um. Die strenge Beibehaltung von traditionellen Regeln und Gebräuchen und vor allem die Furcht vor Konkurrenz blockierte nämlich allzu oft Neuerungen, wie die Einführung anderer, rationeller Arbeitstechniken oder die Verwendung neuer Werkzeuge und technischer Hilfen. Mangelhafte Lehrlingsausbildung aus Angst vor späterer Konkurrenz trug langfristig sogar zu einem Niedergang der technischen wie künstlerischen Fähigkeiten der Buchbinder bei.

So führte das starre Festhalten an den 'bewährten' Strukturen und Regeln schließlich dazu, daß die Buchbinderei noch bis weit in das 19. Jh. hinein ein reines Handwerk war, dessen Arbeitsabläufe und Gerätschaften seit über zweihundert Jahren nahezu unverändert geblieben waren. Die Qualität des Bucheinbandes hatte sich, insgesamt gesehen, wohl sogar verschlechtert (Harms 1902, 10; Bücher 1896, 279 f.; Helwig 1965, I, 52 ff.).

Währenddessen hatte sich der Buchmarkt aber ganz wesentlich gewandelt. Seit den 1820er Jahren war die Buchproduktion stetig angewachsen, da ein ständig steigendes Lesebedürfnis der Bevölkerung nach immer mehr Büchern verlangte (Wittmann 1982, 112 ff., 138 ff.). Während die Papiermühlen dank neuer Technik dem gestiegenen Bedarf gerecht werden konnten und auch in den Druckereien, deren Zahl nach 1820 rasch anstieg, bald die Möglichkeit zur schnellen und massenhaften Herstellung von Drucksachen gegeben war (z. B. durch die 1812 von Friedrich Gottlob König erfundene Schnellpresse), gerieten die Buchbinder produktionstechnisch immer mehr ins Hintertreffen. Die bis dahin ungekannt hohen Auflagen gedruckter Bücher sollten gleichartig und somit preisgünstig gebunden werden. Mit den vorhandenen handwerklichen Strukturen und der technischen Ausstattung der Betriebe war eine solche Nachfrage nicht zu befriedigen. Während der Bedarf von bereits fest gebundenen Büchern zu erschwinglichen Preisen kontinuierlich stieg, ging das Interesse am individuell gefertigten Bucheinband zurück.

So entwickelten sich aus der wirtschaftlichen Notwendigkeit, massenhaft und zu geringen Kosten Bucheinbände herstellen zu müssen, die sogenannten 'Großbuchbindereien', die arbeitsteilig und unter Ausnutzung aller vorhandenen technischen Möglichkeiten produzierten. Wesentliche Voraussetzung zu deren Entstehung war jedoch die Aufhebung des Zunftzwanges für alle Handwerker in Verbindung mit der Einführung der Gewerbefreiheit ab 1810 (Preußen) in allen deutschen Teilstaaten (Helwig 1965, II, 220 ff.). Eine Vielzahl von Geschäftsgründungen war die Folge. Neben weiteren, kleinen Handwerksbetrieben entstanden nun auch große Buchbindereien, die sich der neuen Situation entsprechend ganz auf das Binden von großen Auflagen spezialisierten. Von den kleinen Werkstätten unterschieden sie sich zunächst lediglich durch die Zahl der Mitarbeiter und die weitreichende Zergliederung (Arbeitsteilung) des Herstellungsprozesses. Diese Großbetriebe, die in den dreißiger und vierziger Jahren entstanden, produzierten, in Ermangelung technischer Hilfsmittel, zunächst noch rein handwerklich (Biesalski 1994, 62).

Derartige handwerklich produzierende Großbuchbindereien existierten in Paris, aber auch in anderen europäischen Druckzentren bereits Anfang des Jhs. So ist es nicht verwunderlich, daß die Zweiteilung der Buchbinderei in einen handwerklichen und einen industriellen Zweig besonders in England und Frankreich wesentlich früher einsetzte als in Deutschland (Malavieille 1985; Sadleir 1930). Erst ab der Mitte des 19. Jhs., mit Einführung der ersten, noch aus England importierten Maschinen, veränderten sich auch die Produktionsmethoden der deutschen Großbuchbindereien so, daß man von einer industriellen Buchherstellung sprechen kann (Biesalski 1991, 35 f.).

Neben den Großbuchbindereien, die nun die in immer größeren Auflagen gedruckten Bücher gleichförmig einbanden (vgl. 3.1.), existierten weiterhin die meist kleinen Handwerksbetriebe mit 1–3 Personen, die einzelne individuelle oder wenige gleiche Einbände für den lokalen Bedarf anfertigten. Dies geschah bei weiterhin nur geringer Arbeitsteilung und entsprechend den traditionellen Arbeitstechniken. Da aber zunehmend mehr bereits fest gebundene Bücher verkauft wurden und die Zahl der lediglich einfach broschierten, zum späteren Binden vorgesehenen Bücher stetig abnahm, verschlechterte sich die Auftragslage im Buchbinderhandwerk spürbar. So ließ die starke Konkurrenz und das reduzierte Arbeitsgebiet die wirtschaftliche und soziale Lage der meisten Handwerksbuchbinder gegen Ende des Jhs. zusehends schlechter werden. In der Folge dieser Entwicklung mußten viele Buchbinder ihre Werkstätten schließen.

Im europäischen Ausland, insbesondere in Frankreich, aber auch in England, war das Buchbinderhandwerk weitaus besser gestellt, da dort traditionell ein interessiertes und zahlungskräftiges Publikum vorhanden war und eine ausreichende Nachfrage, auch nach anspruchsvoll gebundenen Büchern bestand. Dies wirkte sich natürlich vorteilhaft auf das handwerkliche wie künstlerische Niveau der Buchbinderei aus.

Demgegenüber waren die Leistungen deutscher Buchbinder im internationalen Vergleich unbedeutend. Insbesondere die handwerklichen Fähigkeiten der jungen Buchbinder hatten infolge der schlechten Ausbildungspraktiken stark nachgelassen. Die Einrichtung buchgewerblicher Fachschulen ab dem Jahr 1881 (Gera) sollte das handwerkliche Niveau heben, was auch gelang. Zu den maßgeblichen Fachschriftstellern und Anregern der Zeit gehören Paul Adam und Paul Kersten; die Buchbinderfachzeitschriften wirkten ebenfalls in diesem Sinne (vgl. 5). Zum Ende des 19. Jhs. entstand aus diesen Bestrebungen, innerhalb der handwerklichen Buchbinderei, die sogenannte 'Kunstbuchbinderei', die den künstlerisch anspruchsvollen Handeinband pflegte. Bemerkenswerterweise wurde die Kunstbuchbinderei auch in den Handbindeabteilungen der Großbuchbindereien betrieben (Hettler 1968), so daß sich deren Gestaltungsgrundsätze schließlich auch in der Großproduktion von Verlagseinbänden niederschlugen.

Die von England ausgehende kunstgewerbliche Erneuerungsbewegung – mit dem im Bereich der Buchbinderei besonders stilbildenden Thomas James Cobden-Sanderson (1840–1922) – und die Anfänge des Jugendstils wirkten sich zunächst auf die Kunstbuchbinderei aus, um jedoch bald nach der Jahrhundertwende auf die gesamte Buchbinderei überzugreifen. Auch in den folgenden Jahrzehnten kamen wichtige Impulse für die Gestaltung industriell gefertigter Einbände von Kunstbuchbindern/Fachlehrern, wie Ignaz Wiemeler (1895–1952) oder Otto

Dorffner (1885—1955) (Cobden-Sanderson 1921; Hanebutt-Benz 1987, 18; Eyssen 1980, 108 f.).

Die Kunstbuchbinderei war und ist ein kleiner Bereich innerhalb des Buchbinderhandwerks, da die bescheidene Nachfrage nach solchen Einbänden nur wenige derartige Werkstätten zuläßt. Ebenfalls nur wenige Fachleute verstehen sich auf die Restaurierung alter Einbände, obwohl dieses Arbeitsgebiet durch den fortschreitenden Zerfall vieler, insbesondere im 19. Jh. gedruckten und gebundenen Bücher zunehmend an Bedeutung gewinnt.

Die weitaus überwiegende Zahl der heute noch handwerklich tätigen Buchbinder bindet Einzelbände für den täglichen Gebrauch, wissenschaftliche Arbeiten, Zeitschriftenjahrgangsbände und verschiedenste Periodika für Kanzleien, Arztpraxen oder auch öffentliche Einrichtungen. Ferner gehört zu ihrem Arbeitsgebiet das Reparieren beschädigter Bücher, das Aufziehen von Landkarten oder Plakaten, die Herstellung von Schubern, Buchkassetten, Dokumentenmappen usw. im Einzelauftrag. Die in den letzten Jahrzehnten nochmals deutlich geschrumpfte Auftragslage und die Konkurrenz der Kopierläden, die einfache Bindeaufträge direkt erledigen, tragen dazu bei, daß die Zahl der freien, handwerklich arbeitenden Buchbinder weiter im Abnehmen begriffen ist.

Durch die Spaltung des Buchbinderhandwerks in einen handwerklichen und einen industriellen Bereich haben sich auch die Anforderungen an die dort tätigen Arbeitskräfte entscheidend gewandelt. Bis 1996 existierten in Deutschland zwei Ausbildungsmöglichkeiten: die des Handwerksbuchbinders, der die handwerkliche, traditionelle Bucheinbandherstellung erlernte und nur relativ wenige Maschinenkenntnisse erwarb, und die des Industriebuchbinders, der die Produktion von maschinell gebundenen Büchern und die Beherrschung der dazu notwendigen Maschinen erlernte. Ab 1. August 1996 trat eine neue Ausbildungsverordnung in Kraft, um eine „aufgrund der technischen Entwicklungen der Buchbinderei und veränderten Anforderungen an die Mitarbeiter ... zukunftsorientierte Berufsausbildung zu ermöglichen" (Conze 1996, 62 f.). Um das vielseitige Berufsbild Buchbinder/Buchbinderin abzudecken, ist durch diese Verordnung eine Ausbildung in drei Fachrichtungen vorgesehen:

(1) Buchbinder/in der Fachrichtung Druckweiterverarbeitung (Serie) zur Tätigkeit in den vielen Druckereien angeschlossenen Abteilungen für Weiterverarbeitung (Herstellung von Broschuren, Werbemappen, Kalender, Formularsätze usw.).
(2) Buchbinder/in der Fachrichtung Buchfertigung (Serie) zur Tätigkeit in den Industriebuchbindereien.
(3) Buchbinder/in Fachrichtung Einzel- und Sonderfertigung zur Tätigkeit im Handwerksbetrieb.

2.2. Die Arbeitstechnik der handwerklichen Buchbinderei

Der Bucheinband, ob handwerklich oder maschinell gefertigt, soll die Lagen des Buchs schützen und zusammenhalten, aber auch schmücken.

Bereits die ersten ein- und mehrlagigen Kodizes hatten einfache Einbände, die diese Funktion erfüllten. Zur Herstellung eines mehrlagigen Kodex mußten die einzelnen Lagen (Lage = ein- oder mehrfach gefalteter Bogen) zunächst in der richtigen Reihenfolge zusammengeheftet, d. h. durch einen Heftfaden miteinander verbunden werden. Bei der für den Kodex typischen Art der Heftung wurden die quer zum Buchrücken liegenden Hanfbünde mit den längs zum Buchrücken verlaufenden Heftfäden verknüpft. An den überstehenden Enden der Bünde wurden dann die Holzdeckel befestigt. Bereits im

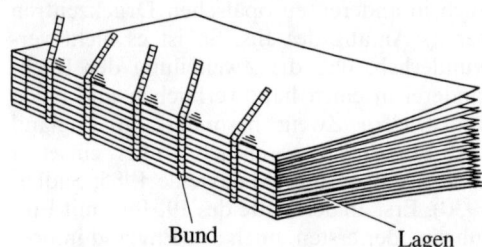

Abb. 34.1: Auf erhabene Bünde von Hand geheftete Lagen

6. Jh. war diese Technik allgemein üblich. Daneben wurden aber auch Bücher mit der fast ebenso alten 'Kettenstichheftung' oder der 'Langstichheftung' gefertigt (Petersen, 1988, 112 ff.). Während in karolingischer Zeit fast ausschließlich auf Hanfbünde geheftet wurde, hefteten die Buchbinder ab dem 10. Jh. bevorzugt auf geschlitzte Lederbünde. Im 12./13. Jh. wurden häufiger Pergamentstreifen als Bünde verwendet, später trat das Leinenband hinzu, das auch heute noch dafür verwendet wird.

Der eigentliche Heftvorgang, also das Verbinden der einzelnen Lagen mit Nadel und Faden, geschah wahrscheinlich ab dem 12. Jh. auf der 'Heftlade', vorher finden sich keine Hinweise auf diese Apparatur (Sichler 1925; Helwig 1941, 23). Sie bestand im Wesentlichen aus einem Auflagebrett, an dessen vorderem Rand sich zwei Holzspindeln mit einer waagerechten, höhenverstellbaren Querleiste befanden. Zwischen dieser und der Grundplatte wurden, je nach Format des Buches, 3–7 Bundschnüre befestigt. Mit der letzten Lage beginnend konnten die Lagen nun an die aufgespannten Bünde geheftet werden. Der fertig geheftete Buchblock hatte dementsprechend auf dem Rücken aufliegende, deutlich sichtbare Bünde. Um diese zu vermeiden, hefteten die Buchbinder des 18. und 19. Jhs. bevorzugt auf 'eingesägte' Bünde, eine Technik, bei der vor dem Heftvorgang die Lagen entsprechend der Bundeinteilung am Rücken eingesägt wurden. In diesen eingesägten Vertiefungen kamen die Hanfbünde zu liegen, sie waren somit am Rücken des fertig gebundenen Buches nicht zu sehen. Ebensowenig von außen sichtbar ist die Heftung auf textiles Band oder auch Pergamentstreifen, wie sie heute noch in der Handbuchbinderei praktiziert wird.

Bei den frühen Hefttechniken, bei denen die Lagen vor dem Heften auf ein Format geschnitten wurden, führte man den Faden oben und unten aus dem Schnitt heraus, um die Lage mit der jeweils nachfolgenden zu verbinden. Da ein Einschneiden der Heftfäden an diesem Übergang vermieden werden sollte, wurde der Faden um einen zusammengedrehten Pergament- oder Lederstreifen herumgelegt. Bei dieser Technik entstanden die teilweise äußerst kunstvoll umstochenen 'Kapitalbünde', die ebenfalls mit den Holzdeckeln verbunden wurden. Spätestens ab dem 13. Jh., als der Beschneidhobel zum Beschneiden des gehefteten Buchblocks in Gebrauch kam, änderte sich die Hefttechnik derart, daß nun die äußeren Bünde als sogenannte 'Fitzbünde' ein Stück eingerückt auf dem Rücken lagen, um ein Durchtrennen des Heftfadens beim Beschneiden zu verhindern (Helwig 1970, 26 ff.). Das Kapital am Ober- und Unterschnitt des Buches hatte ab diesem Zeitpunkt überwiegend schmückenden Charakter. Bei bibliophilen Einbänden wird es auch heute noch von Hand umstochen, ansonsten wird ein gewebtes Kapitalband angeklebt.

Bis zur Verwendung des Beschneidhobels wurden die einzelnen Lagen des Buches mit Lineal und Messer entweder vor dem Heften auf ein einheitliches Format geschnitten oder aber die überstehenden Kanten des bereits gehefteten und mit Holzdeckeln versehenen Buchblocks später mit einem speziellen Messer entfernt. Beide Techniken ermöglichten keine besonders glatte Schnittfläche.

Der Beschneidhobel – wahrscheinlich einem ähnlichen Küferwerkzeug nachempfunden – besaß eine scheibenförmige Klinge, die man während des Schneidens verstellen konnte (Scheibenhobel). Ab dem 18. Jh. kam, von Frankreich ausgehend, der sogenannte 'Zungenhobel' mit spitzer, länglicher Klinge in Gebrauch. Der Beschneidhobel war, sieht man einmal von der Änderung der Klingenform ab, bis Anfang des 20. Jhs. in den meisten handwerklich betriebenen Buchbindereien in Gebrauch. An seine Stelle trat die Schneidemaschine.

Dickere Einzelbände werden bis heute mit dem Hammer rundgeklopft, ihr Rücken wird 'gerundet'. Das sich anschließende Abpressen der Fälze in der Handpresse wird ebenso noch immer von Hand ausgeführt. Es verleiht dem Buchkörper größere Festigkeit und stabilisiert die Rundung (Wiese 1983, 144 f.).

Die Schnittflächen des Buchblocks können nun bemalt oder eingefärbt werden. Im Mittelalter bevorzugte man dafür Gelb, im 17./18. Jh. Rot. Der Goldschnitt kam während der Renaissance auf, der marmorierte Schnitt, entsprechend dem wesentlich älteren Verfahren, Papiere zu marmorieren, ist eine Erfindung des 19. Jhs. Alle diese Schnittverzierungen sind bis heute üblich, sie werden jedoch teilweise völlig anders erzeugt (z. B. durch Aufdrucken).

An den überstehenden Enden der Bünde wurden die mit entsprechenden Nuten und Bohrungen versehenen Holzdeckel befestigt. Dieses sog. 'Ansetzen' konnte auf verschiedene Art und Weise erfolgen, abhängig von Material, Einbandart und regionalen Vorlieben. Die Bearbeitung der Holzdeckel fiel ebenfalls in das Arbeitsgebiet der Buchbinder, bis mit dem Aufkommen der Renaissance, zunächst in Italien und Frankreich, ab Mitte des 16. Jhs. auch in Deutschland, Pappdeckel für Bucheinbände allgemein üblich wurden.

Bis vor etwa zweihundert Jahren war Leder das vorherrschende Einbandmaterial, aber auch heute findet es für anspruchsvolle Handeinbände noch oft Verwendung. Da sich das Leder aber insbesondere an den Kanten und Einschlägen aufgrund seiner Steifheit nur schlecht verarbeiten läßt, wurde es bereits im 13. Jh. üblich, das Leder an diesen Stellen zu 'schärfen', d. h. mit einem speziellen Messer auszudünnen. Vor der Verarbeitung wurde es noch eingeweicht und dann eingekleistert. Zuerst wurde das Leder über den Rücken gezogen, dann über die Deckel und schließlich an den Kanten eingeschlagen. In den frühen Klosterbuchbindereien verwendete man weißgegerbtes Wildleder zu diesem Zweck, später kamen auch Schaf-, Kalb-, Rind- sowie Ziegenleder und natürlich auch Schweinsleder in Gebrauch. Für die sogenannten 'Rollen- und Platteneinbände' der Reformationszeit wurde dieses besonders häufig als Einbandleder verwendet (Haebler 1928/29). Daneben ist Pergament als Einbandmaterial zu allen Zeiten verwendet worden (Krickler 1982, 98 ff.).

Diese hier beschriebene Einbandform 'auf festen Rücken' wird heute nur noch in Ausnahmefällen für bibliophile Einbände angewendet. Der mittlerweile übliche Einband mit sogenanntem 'hohlen Rücken' entwickelte sich im 18. Jh. und war eine wichtige technische Voraussetzung für die industrielle Buchherstellung. Er wird daher im Abschnitt 3.1. näher beschrieben.

Die entsprechend der alten Einbandtechnik mit festem Rücken und Holzdeckeln gefertigten Bücher neigten zum Sperren, so konnten Licht, Staub aber auch Ungeziefer relativ leicht in den Buchkörper eindringen. Um dieses Sperren zu verhindern, wurde die Buchschließe erfunden, die bis in das 16. Jh. hinein ein wesentlicher Bestandteil des Bucheinbandes war. Zwei Schließen am Vorderschnitt waren in Mitteleuropa üblich, während in Südeuropa noch zusätzlich je eine Schließe am Ober- und Unterschnitt angebracht wurde. Die Buchschließen waren in Ausführung und Dekoration üblicherweise dem Einband angepaßt (Lüers 1936, 10 ff.). Es existierten viele in Dekoration, aber auch Funktion unterschiedliche Schließformen, ihre Erkennung und Einordnung ist heute ein Spezialgebiet der Einbandforschung. Mit Aufkommen der Pappdeckel verloren die Schließen an Bedeutung, an ihre Stelle traten zunächst Seiden- oder Lederriemchen, später verschwanden sie ganz.

Zum Schutz der Deckelkanten, aber auch der Fläche vor Beschädigung und Abrieb wurden an vielen mittelalterlichen Bucheinbänden metallene Beschläge angebracht. Form und Ausführung, ob an den Ecken und Kanten oder als sogenannte 'Buckel' auf den Deckelflächen, waren dem jeweiligen Zeitgeschmack angepaßt. Da es sich um Handelsware und nicht um vom Buchbinder selbst angefertigte Teile handelte, sind sie heute nur

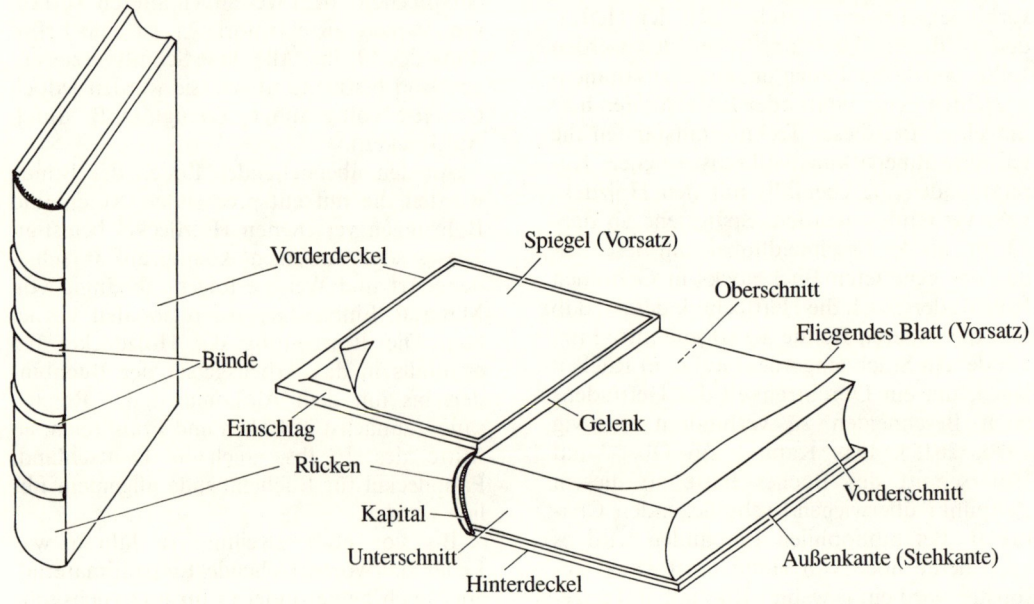

Abb. 34.2: Bestandteile eines Bucheinbandes

bedingt zur Bestimmung alter Einbände tauglich.

In das Arbeitsgebiet der Buchbinderei gehört auch das Verzieren von Einbänden mit den unterschiedlichsten Werkzeugen entsprechend dem Kundenwunsch. Während die Herstellung des eigentlichen Einbandes handwerkliches Geschick und Erfahrung erfordert, benötigt der Buchbinder für die Einbanddekoration zusätzlich künstlerisches Gestaltungsvermögen und bei anspruchsvollen Verzierungstechniken, wie der Einbandvergoldung mit Stempeln, Fileten und Rollen, ein hohes Maß an technischer Perfektion. Im Frankreich des 18. Jhs. führte die Wertschätzung für die Kunst der Einbandvergoldung soweit, daß sich der Beruf des Vergolders (Doreur) neben dem des Buchbinders (Relieur) herausbildete. Nur wer beide Professionen beherrschte, durfte sich als 'Relieur Doreur' bezeichnen.

Eine der ältesten Techniken zur Verzierung von Ledereinbänden durch den Buchbinder, die auch heute noch angewendet wird, ist der Blinddruck. Er wird in Europa seit Beginn des 8. Jhs. praktiziert und stammt vermutlich aus dem Orient. Für Einbandverzierungen im Blinddruck bedient sich der Buchbinder gravierter Metallstempel mit einem Holzgriff. Der erwärmte Stempel wird auf das angefeuchtete Leder gedrückt und hinterläßt dort einen gleichmäßig dunklen Abdruck. Zur Aufteilung der Einbandfläche mittels Linien in Felder, die wiederum mit Stempelmotiven gefüllt werden können, werden 'Streicheisen' benutzt.

Ab dem 16. Jh. wird die sogenannte 'Rolle' mit figürlichen oder ornamentalen Motiven genutzt, um fortlaufende Muster herzustellen. Zur gleichen Zeit werden, zunächst in Frankreich und den Niederlanden, bereits gravierte Metallplatten mit der 'Stockpresse' auf Einbände gepreßt. Derart verzierte Einbände werden in der Literatur als Platteneinbände bezeichnet (Haebler 1928/29). Im 17. Jh. kommt schließlich die 'Filete', ein wiegenförmiger Stempel für schmale, fortlaufende Elemente und feine Linien in Gebrauch. Auch Schrift kann nun mit Einzelstempeln, später mit dem 'Schriftkasten' und entsprechenden Metalltypen auf den Einband übertragen werden.

Alle diese Werkzeuge dienten und dienen zur Blindverzierung, aber ebenso zur Einbandvergoldung. Diese Technik, Blattgold haltbar auf Leder zu übertragen, kam im 15. Jh. über Spanien und Italien nach Europa. Für eine Einbandvergoldung muß das Motiv blind vorgeprägt und mit Eiweiß grundiert werden, dann wird das Blattgold aufgelegt und durch nochmaliges Aufpressen der erhitzten Werkzeuge fixiert. Weitere, heute nur noch selten angewendete Dekorationstechniken für Bucheinbände sind die Bemalung, der Lederschnitt, Treib- und Punzarbeiten, Lederauflage, u. a. Bei den kirchlichen Prachteinbänden des frühen Mittelalters führten die Buchbinder nur die reinen Bindearbeiten aus, der Schmuck dieser prunkvoll ausgestatteten Einbände mit Gold, Edelsteinen, Elfenbein usw. war die Aufgabe weiterer Handwerker (Goldschmiede, Elfenbeinschnitzer etc.) (Steenbock 1965). Erkennung und Einordnung von Einbanddekorationstechniken ist ein wesentlicher Aspekt der Einbandforschung (Helwig 1970, 54 ff.).

Viele der in diesem Abschnitt beschriebenen buchbinderischen Arbeitsmethoden haben bis heute Bestand − beispielsweise das Heften auf der Heftlade − und werden, besonders im Bereich der Kunstbuchbinderei, nach wie vor ausgeübt. Auch ist ihre Kenntnis und Beherrschung in der Buchrestauration von größter Wichtigkeit.

Die heutige, handwerkliche Buchbinderei hat sich in ihren Produktionsmethoden jedoch der industriellen Buchfertigung angenähert, da auch sie mittlerweile über eine Reihe von Maschinen verfügt. Der Unterschied zwischen handwerklicher und industrieller Bucherstellung besteht jedoch darin, daß die Güte des handgebundenen Buches immer noch ganz wesentlich vom Können des Buchbinders abhängt, während dies beim industriell gefertigten Einband kaum noch der Fall ist.

In der Regel erhält der handwerklich arbeitende Buchbinder die Bogen des zu bindenden Buches bereits gefalzt; ist dies nicht der Fall, so falzt er sie von Hand mit dem 'Falzbein'. Die Bogen werden 'kollationiert', d. h. auf ihre Vollständigkeit überprüft, und anschließend wird an die erste und letzte Lage das 'Vorsatz' mit einem schmalen Streifen Klebstoff angeklebt. Die so vorgerichteten Lagen des Buches werden noch kurz eingepreßt, um sie zu verdichten, und anschließend auf der Heftlade geheftet. Sind mehrere Bücher gleichen Formats zu heften, so lohnt sich das Einrichten einer kleinen Fadenheftmaschine mit Handanlage, falls der Betrieb über eine solche verfügt. Nach dem Heften wird der Rücken 'abgeleimt', mit Klebstoff bestrichen. Bei der Buchblockherstellung ist auch im Handwerk neben die Heftung die

Klebebindung getreten, bei der die einzelnen Blätter am Rücken mit Klebstoff verbunden werden. Sie hat gegenüber der Heftung den Vorteil, daß sie wesentlich geringeren zeitlichen Aufwand erfordert und damit billiger ist, wenn auch weniger haltbar. Der Buchblock, ob geheftet oder geklebt, wird in der Schneidemaschine dreiseitig beschnitten und, wenn ein runder Rücken vorgesehen ist, von Hand mit dem Hammer gerundet und abgepreßt. Ein schmückendes Kapitalband wird oben und unten am Rücken angeklebt und dieser mit einem zähen Papier hinterklebt, um ihn zu stabilisieren. Getrennt vom Buchblock wird eine passende Einbanddecke manuell hergestellt und wenn gewünscht, mit einer kleinen Handprägepresse der Titel aufgepreßt. Anschließend wird der Buchblock angeschmiert und von Hand in die Decke eingehangen. Das fertige Buch ruht bis es trocken ist in der Presse.

3. Die industrielle Buchbinderei

3.1. Historische Entwicklung

Die industriellen Großbuchbindereien entwickelten sich aus der Notwendigkeit, große Auflagen gebundener Bücher zu geringstmöglichen Kosten herzustellen.

In der ersten Hälfte des 19. Jhs. stieg die Nachfrage nach bereits gebundenen, preiswerten Büchern stark an. Diese war mit den bestehenden, rein handwerklichen Strukturen jedoch nicht mehr zu befriedigen (vgl. 2.1.). So entstanden schon im zweiten Jahrzehnt des 19. Jhs. in den Druckzentren erste große Buchbindereien, die arbeitsteilig mit vielen Mitarbeitern, aber noch ohne maschinelle Hilfsmittel produzierten. Noch waren dies Manufakturen und keine fabrikähnlichen Großbetriebe, wie sie erst um die Jahrhundertmitte aufkamen.

Deren Herausbildung hing wesentlich mit der Einführung von Maschinen zusammen, da sich mit zunehmender Technisierung – man spricht besser von Mechanisierung – auch die Betriebsform der Buchbinderei wandelte. Hierbei ist hervorzuheben, daß zunächst die Notwendigkeit, schneller und preisgünstiger zu produzieren, vorhanden war, bevor es zum Gebrauch von Maschinen kam. Es war also nicht so, daß die Maschine die Massenproduktion auslöste, sondern der Zwang, massenhaft produzieren zu müssen, zur Entwicklung und Einführung geeigneter Maschinen in der Buchbinderei führte (Biesalski 1994, 62).

Eine weitere wesentliche Voraussetzung für die massenhafte Produktion uniformer Einbände war das Vorhandensein geeigneter, preisgünstiger Materialien von gleichbleibender Qualität (Papier, Pappe, Einbandmaterial u. a.). Insbesondere dem in England erfundenen Einbandgewebe Kaliko, einem durchappretierten Baumwollgewebe, kam dabei eine zentrale Rolle zu, da es die Lücke zwischen dem teuren Einbandmaterial Leder und dem zwar billigen, aber wenig haltbaren Papier schloß (Sadleir 1930, 41 ff.; Höning 1987, 140; Biesalski 1991, 59 f.).

Neben dem Einsatz von Maschinen war eine bis ins Detail durchgeführte Arbeitsteilung ein Hauptmerkmal der Großbuchbinderei. Die bereits im Handwerk gelegentlich verwendete Form der Zergliederung des Herstellungsprozesses in Teilabschnitte wurde nun in vollem Umfang genutzt, um die Produktion zu vereinfachen und damit zu verbilligen (sog. 'Taylorismus'). Durch die Spezialisierung der Arbeiter auf ihre jeweilige Teilarbeit erlangten sie eine größtmögliche Beherrschung und Geschwindigkeit bei der Ausführung. Zudem begünstigte eine starke Arbeitsteilung die Anstellung weiblicher Hilfskräfte, da für die wenigen Handgriffe nur eine kurze Anlernzeit notwendig war und ihr Lohnniveau bei gleicher Tätigkeit deutlich unter dem der Männer lag (Gnauck-Kühne 1896, 54; Maas 1937, 75).

Auch die Bindemethode wurde in den Großbuchbindereien verändert, denn Buchdecke und Buchblock wurden dort getrennt hergestellt und erst im letzten Arbeitsgang, dem 'Einhängen', miteinander verbunden. Die nach dieser, bereits seit der Mitte des 18. Jhs. bekannten Verfahrensweise gefertigten Einbände haben einen sogenannten 'hohlen Rücken', da der Buchblockrücken mit dem Rücken der Einbanddecke nicht fest verbunden ist und sich beim Aufschlagen ein Hohlraum dazwischen bildet. Bis zu seiner Einführung in der Großproduktion galt der Einband mit hohlem Rücken als handwerklich eher geringwertig und kam nur bei einfachen Büchern zur Anwendung. Die stark arbeitsteilige Produktionsmethode und der Einsatz von Maschinen erforderte diese Einbandtechnik. So war sie beispielsweise für die Einbandverzierung mit der Vergoldepresse zwingend notwendig, da nur die planliegende Einbanddecke gleichzeitig am Rücken und den Deckeln verziert werden konnte.

Um die riesigen Mengen gleichartiger Bucheinbände kostengünstig produzieren zu können, strebten die Großbuchbindereien von Anfang an nach einem höchstmöglichen Mechanisierungsgrad. Die Maschinenhersteller waren bemüht, diese Nachfrage zu befriedigen und lieferten ständig neue oder verbesserte, größere und auch teurere Konstruktionen. Zum Antrieb dieser Maschinen nutzte man − soweit diese dafür geeignet waren − die Dampfkraft und ab den neunziger Jahren elektrischen Strom. Entsprechend der Reihenfolge der Arbeitsschritte sei die Einführung der wichtigsten Maschinen und ihre Verwendung nachfolgend aufgeführt (Bohse 1955; Eule 1955; Comparato 1971; Malavieille 1985; Stanger 1987; Biesalski 1991).

Das um 1840 eingeführte, eiserne Walzwerk zum Glätten und Verdichten des Papiers vor bzw. nach dem Falzen ersetzte das bis dahin übliche Schlagen mit dem Hammer, denn nun mußten die Bogen nur noch zwischen zwei sich gegeneinander drehenden Walzen durchgelassen werden. Durch Verbesserungen in der Papierherstellung wurde das Walzwerk bereits Ende des Jhs. kaum noch benötigt.

Zum Einpressen gefalzter Bogen, aber auch fertig gebundener Bücher benötigten und benötigen Buchbindereibetriebe Pressen. Diese werden seit den dreißiger Jahren des 19. Jhs. ganz aus Eisen und in vielen verschiedenen Größen gefertigt. Kleinere Pressen werden auch heute noch von Hand geschlossen, größere hydraulisch mit einstellbarem Preßdruck.

Das Falzen der Druckbogen war eine Arbeit, die in den Großbuchbindereien bis in die neunziger Jahre des 19. Jhs. von Hand, vor allem von weiblichen Hilfskräften, erledigt wurde. Es gab zwar bereits seit der Mitte des Jhs. verschiedene Falzmaschinenkonstruktionen (besonders in England und den USA), die sich in der Buchproduktion, da teuer und zudem ungenau arbeitend, jedoch nicht durchsetzen konnten. Erst in den neunziger Jahren wurden Falzmaschinen verstärkt auch in den Buchbindereien eingesetzt, da diese in der Konstruktion, aber auch in der Leistungsfähigkeit nun deutlich verbessert waren. Zunächst waren dies halbautomatische Maschinen, bei denen die Bogen noch von Hand angelegt werden mußten. Wenige Jahre später folgten Vollautomaten mit automatischer Bogenzuführung.

Mit der Einführung der Vorsatzklebemaschine im Jahr 1907 konnte weitere Zeit beim Vorrichten gespart werden, denn das Anhängen der Vorsatzbogen an die erste und letzte Lage des Buches war bis dahin auch in den Großbetrieben reine Handarbeit.

Noch länger als das Vorsatzkleben mußte das Zusammentragen der gefalzten Bogen zu kompletten Büchern von Hand erledigt werden. Dazu wurden die Bogen stoßweise und in der richtigen Reihenfolge auf einen langen 'Zusammentragtisch' gesetzt, um welchen sich die Arbeiterinnen bewegten und jedem Stoß einen Bogen abnahmen. Zusammentragmaschinen mit mehreren Stationen (entsprechend der Bogenzahl) gibt es seit 1899 (USA), es dauerte jedoch noch bis nach dem Ersten Weltkrieg, bis sie sich in der Großbuchbinderei allgemein durchsetzten.

Der sich an das Zusammentragen anschließende Heftvorgang konnte bereits ab 1875 durch Maschinen ausgeführt werden. In diesem Jahr erfanden die Gebr. Brehmer die Buchdrahtheftmaschine, die Bücher mit Drahtklammern heftete. Dieses maschinelle Heftverfahren, das gegenüber dem Heften von Hand eine ganz wesentliche Zeit- und damit Kostenersparnis brachte, konnte sich sehr schnell im industriellen Bereich durchsetzen. Obwohl von Anfang an umstritten, da leicht rostender Draht statt Faden verwendet wurde, war die Drahtheftung in der Buchmassenproduktion bis zur Jahrhundertwende dominierend. Sie findet bis heute in der Zeitschriften- und Broschürenfertigung und in anderen Bereichen Verwendung, nicht aber zur Heftung von Büchern.

Die erste wirklich einsetzbare Buchfadenheftmaschine wurde 1884, nach einer Reihe mehr oder weniger erfolgreicher Versuche, ebenfalls von der Maschinenfabrik Gebr. Brehmer auf den Markt gebracht. Bei dieser Maschine wurden die zu heftenden Bogen von Hand geöffnet, über einen Sattel gelegt, der sie der Maschine zuführte, und dort an den vorangegangenen Bogen geheftet (auf Gaze oder Band). Die ihr folgende, in einigen Punkten verbesserte Konstruktion von 1897 war bereits so ausgereift, daß sie über Jahrzehnte kaum verändert werden mußte. Erst in den sechziger Jahren des zwanzigsten Jhs. gelang es, Heftautomaten mit automatischer Bogenzuführung zu konstruieren, die eine weitere wesentliche Zeit- und Arbeitsersparnis brachten.

Neben der Technik der Fadenheftung zum Zusammenfügen der einzelnen Lagen zum Buchblock hat sich seit den vierziger Jahren des 20. Jhs. das 'Klebebinden' durchgesetzt. Dabei werden die Seiten des Buches am Rücken durch Klebstoff zusammengehalten. Erste Versuche in dieser Richtung sind bereits aus dem 18. Jh. bekannt. Sie scheiterten jedoch meist an der raschen Versprödung der verwendeten, natürlichen Klebstoffe, die dazu führte, daß die Bücher bereits nach kurzer Zeit am Rücken auseinanderbrachen. Erst mit der Entwicklung geeigneter Dispersionsklebstoffe auf Kunstharzbasis 1934/35 und der Anwendung einer geeigneten Klebetechnik ('Fächertechnik') konnte sich dieses Verfahren in der Buchproduktion durchsetzen (Stadler 1987, 125 ff.). Die Fächertechnik, so bezeichnet, da die einzelnen Blätter vor dem Auftragen des Klebstoffes aufgefächert werden, wurde 1936 von dem Buchbinder Ernst Lumbeck (1886−1979) entwickelt. Diese Art der Klebebindung, auch als 'Lumbecken' bezeichnet, wird heute überwiegend im Handwerk praktiziert (Stanger 1987, 71 f.). In der industriellen Buchfertigung herrscht die 'Frästechnik' vor. Dabei wird der Rücken der Lagen maschinell abgefräst und aufgerauht und mit Klebstoff, meist mit dem ab ca. 1960 in die Buchfertigung eingeführten „Hotmelt" (thermoplastischer Schmelzkleber) bestrichen, da dieser durch seine extrem kurze Trockenzeit eine höhere Produktionsgeschwindigkeit zuläßt. Fräs- und Klebebindestationen sind heute in die Buchfertigungsstraßen integriert, jedoch werden auch Klebebinder als Einzelmaschinen angeboten (Heinze 1994, Liebau 1977, 231 ff., 269 ff.).

In der Deutschen Demokratischen Republik wurde 1964, alternativ zur Fadenheftung und zur Klebebindetechnologie, ein neues Verfahren, das 'Fadensiegeln', entwickelt und ab Ende der sechziger Jahre auch industriell genutzt. Fadensiegeln ist ein Einzelbogenheftverfahren, das in den Falzprozeß der Druckbogen integriert ist. Vor dem letzten Bruch werden dabei Fadenklammern aus einem thermoplastischen Material von innen nach außen durch die Lage geheftet. Deren freie Enden werden anschließend auf dem Lagenrücken mit diesem verschweißt (versiegelt). Anschließend werden die so vorbereiteten Bogen zusammengetragen und am Rücken geleimt. Die weitere Verarbeitung erfolgt wie üblich (Autorenkollektiv 1987, 183 ff., Liebau 1997, 276).

Das mühsame Beschneiden des Buchblocks mit dem Beschneidhobel wurde um 1860 in Deutschland, in Frankreich und England einige Jahre früher, durch den Gebrauch von Schneidemaschinen abgelöst. In diesen Maschinen wurde der eingespannte Buchblock von dem, durch ein Schwungrad in Gang gesetzten, schräg geführten Messer beschnitten. Mitte der achtziger Jahre des 19. Jhs. gab es bereits Schneidemaschinen für Kraftantrieb über Transmission, aber auch wesentlich kleinere Konstruktionen für Handwerksbetriebe, wie die Hebelschneidemaschine. 1878 wurde der erste 'Schnellschneider' mit automatischer Pressung des Schneidgutes vor dem Schnitt angeboten. Noch vor diesem (1877) war der erste 'Dreischneider' auf den Markt gekommen, der einen Buchblock, ohne ihn herauszunehmen zu müssen, dreiseitig beschnitt (ein Messer und drehbarer Schneidtisch). Nach der Jahrhundertwende wurden derartige Maschinen auch mit drei Messern gebaut, daraus entwickelten sich der Dreimesserautomat und der Trimmer, der mit einer Zusammentragemaschine und einem Drahthefter gekoppelt, den sogenannten 'Sammelhefter' für die moderne Zeitschriftenfertigung bildet. Schneidemaschinen, die verschiedene Programmschnitte in ungleichmäßigen Abständen ausführen können, gibt es seit Mitte der fünfziger Jahre des 20. Jhs., zunächst mit einer Magnetband-, heute mit einer Computersteuerung.

Das bis dahin übliche Runden des Buchrückens mit dem Hammer konnte Mitte der siebziger Jahre des 19. Jhs. mechanisiert werden, als die Rückenrundemaschine zur Verfügung stand. Um ein Buch damit zu runden, mußte dieses von Hand unter einen, durch ein Schwungrad in Bewegung versetzten, schwingenden 'Hammerbalken' gelegt werden, der das Buch in die Rundung drückte. In der modernen Buchfertigung werden die Bücher in der Rundestation der Buchfertigungsstrecken mittels Formschiene und Riffelwalzen gerundet und anschließend abgepreßt, um einen Falz in Höhe der Deckelstärke herauszuformen.

Zur Anfertigung einer vom Buchblock getrennten Decke müssen zunächst die Deckelpappen, die Rückeneinlage und das Einbandgewebe zugeschnitten werden. Dies geschah ab ca. 1850 nicht mehr mit Lineal und Messer, sondern mit der 'Pappschere'. Dazu wurde das Material auf den stabilen Tisch der Pappschere gelegt, mit dem Preßbalken festgeklemmt und mit dem von Hand geführten Obermesser gegen die Tischkante abgeschnitten (Scherenprinzip). Die Pappschere war jedoch nur für Einzelschnitte konstruiert und nicht für Kraftantrieb geeignet. Somit war sie für die massenhaften Zuschnitte gleicher Größe, wie sie in den Großbuchbindereien anfielen, nicht geeignet. Dennoch wurde sie in Ermangelung einer besseren Alternative auch dort eingesetzt, bis Anfang der siebziger Jahre die 'Kreispappschere' zur Verfügung stand, die mit mehreren Messerscheiben schnitt, die verstellbar auf zwei gegeneinander rotierenden Wellen montiert waren. Das Schneidgut wurde zwischen den sich drehenden Wellen durchgelassen und entsprechend der Einstellung der Kreismesser zerteilt. Entsprechend modernisiert ist diese Maschine auch heute noch in Gebrauch.

Um 1900 wurde die 'Deckenmachmaschine' in den USA entwickelt und ersetzte das bis dahin übliche 'Deckenmachen' von Hand. Sie verarbeitete die bereits vorgeschnittenen Materialien zu fertig bezogenen und eingeschlagenen Einbanddecken. Diese erste Maschine arbeitete noch recht langsam und umständlich, so daß zwei Personen zu ihrer Bedienung benötigt wurden. Bei den heutigen, wesentlich schnelleren Deckenmachmaschinen genügt eine Person, um diese zu bedienen. Immer noch werden vorgeschnittene Materialien benötigt, die Rückeneinlage in der richtigen Breite (Schrenz) kommt jedoch meistens von der Rolle.

Die Prägepresse zur Verzierung von Bucheinbänden mit Blind- oder Goldpressungen war eine der ersten Maschinen für die Buchbinderei. Bereits Anfang der dreißiger Jahre des 19. Jhs. sollen derartige Pressen in französischen Buchbindereien verwendet worden sein (Malavieille 1985, 93).

Diese wurden, da in den Großbuchbindereien gleich reihenweise zur Einbanddekoration aufgestellt, von den Maschinenherstellern rasch weiterentwickelt. Unter den verschiedenen Konstruktionsprinzipien setzte sich um die Jahrhundertmitte die sogenannte 'Kniehebelpräge- und Vergoldepresse' durch, die ab Ende der sechziger Jahre auch für Kraftantrieb angeboten wurde.

Gerade dieser Maschinentyp existierte, begünstigt durch die 'Dekorationswut' der damaligen Zeit, in unzähligen Größen und Ausführungen. Die weitere Entwicklung führt direkt zu den Prägeautomaten für Gold- und Farbfoliendruck, wie sie heute in modernen Großbuchbindereien eingesetzt werden.

Im letzten Arbeitsgang der industriellen Buchfertigung werden Buchblock und Buchdecke vereinigt, d. h. der Buchblock wird in die Decke 'eingehängt'. Dies geschah bis Anfang der zwanziger Jahre unseres Jhs. von Hand. Die ab dieser Zeit angebotene Bucheinhängemaschine mußte von zwei Personen bedient werden, da der Buchblock von Hand über einen Flügel gehängt werden mußte, worauf die Maschine diesen automatisch anschmierte und in die Einbanddecke einhängte. Abgenommen wurde wiederum von Hand. Die heutigen Bucheinhängemaschinen arbeiten automatisch und sind meist in Buchfertigungsstraßen integriert.

Insbesondere amerikanische Maschinenhersteller entwickelten nach der Wende zum 20. Jh. Maschinen, die weitere Arbeitsgänge mechanisierten, wie die Deckenmaschine, den 'Perfect Binder', einen Vorläufer der modernen Klebebindemaschine, die Einhängemaschine (siehe oben) und andere. Insgesamt vollzog sich die Entwicklung der Buchbinderei in der ersten Hälfte des 20. Jhs. aber weniger dynamisch als im 19. Jh. Die Nachfrage nach gebundenen Büchern konnte nun mit den vorhandenen Mitteln befriedigt werden. Fast alle wesentlichen Arbeitsgänge wurden von Maschinen ausgeführt, die man weiter entwickelte, um noch schneller und kostengünstiger produzieren zu können. Ab Mitte der fünfziger Jahre beschleunigte sich die technische Entwicklung in der Buchbinderei jedoch abermals durch den Einsatz von Elektronik und Computersteuerung. Seither werden auch verstärkt Maschinen für die Verkettung zu sogenannten 'Buchstraßen' entwickelt und gebaut. Ziel dieser Entwicklung ist eine ununterbrochene Buchproduktion vom Druckbogen bis zum fertigen, verpackten und auf einer Palette abgesetzten Buch. In Teilbereichen ist dies bereits Realität. Zur Bedienung dieser Buchstraßen sind keine ausgebildeten Buchbinder mehr vonnöten, vielfach können diese durch Monteure ersetzt werden.

Um mit den sich während der letzten Jahrzehnte stark veränderten Produktionsstrukturen in der Druckindustrie und im Verlagswesen Schritt halten zu können, entwickelte sich die Buchbinderei zu einer sehr stark aufgegliederten Branche. Die Verschiedenheit der nach dem Druck weiterzuverarbeitenden Produkte – Bücher, Broschüren, Kalender, Prospekte und sonstige Werbemittel, Blocks, Mappen usw. – führte zur Herausbildung typischer Fertigungsbereiche und damit zur Spezialisierung vieler Betriebe. Die Produktionsweise dieser Betriebe wird von der Form und Ausstattung der zu fertigenden Endprodukte bestimmt. So existieren derzeit neben wenigen Großbetrieben, die die ganze Palette buchbinderischer Leistungen anbieten, eine weitaus größere Zahl spezialisierter Betriebe, mit in der Regel weniger als 100 Mitarbeitern, die entweder selbständig arbeiten oder eine Abteilung innerhalb einer Druckerei bilden (Stanger 1987, 85 f.).

3.2. Die Technik der industriellen Buchbinderei

Die Arbeitsgänge zur Herstellung eines industriell gefertigten Bucheinbandes entsprechen prinzipiell denjenigen des Handeinbandes mit hohlem Rücken. Der Produktionsprozeß läßt sich dabei in drei Komplexe aufgliedern, nämlich Buchblockherstellung, Deckenherstellung und Einhängen, also Zusammenfügen beider Komponenten im letzten Arbeitsschritt (Druckweiterverarbeitung 1986, 157 ff.; Autorenkollektiv 1987, 70 ff.; Rausendorff 1990, 192 ff.; Kolbus 1996; Liebau 1997).

Die von der Druckerei gelieferten planliegenden Druckbogen (Planobogen) werden zunächst auf dem 'Rütteltisch', einem mit Luftdüsen versehenen Tisch mit verstellbaren Winkelanschlägen, der motorisch in Rüttelbewegung versetzt wird, geradegestoßen. Die Anlage muß dabei der Druckanlage entsprechen. Dieser Vorgang soll sicherstellen, daß alle Bogen nach dem Schneiden den gleichen Stand sowie das vorgegebene Maß haben und im rechten Winkel stehen. Die Bogen werden mit dem 'Planschneider' auf das für die Falzmaschine erforderliche Maß geschnitten und anschließend gefalzt, d. h. entsprechend ihrer Paginierung zusammengefaltet. An maschinellen Falzmethoden in der Buchproduktion

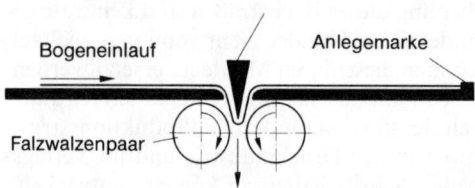

Abb. 34.3: Schematische Darstellung der Schwertfalzung (Stahl)

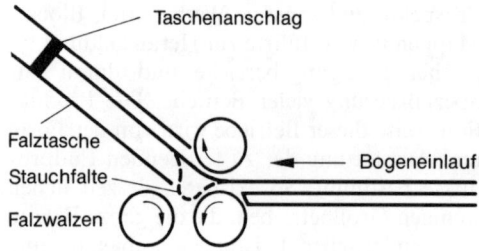

Abb. 34.4: Schematische Darstellung der Stauchfalzung (Stahl)

sind 'Schwertfalzung' und 'Stauchfalzung' zu unterscheiden. Bei der Schwertfalzung wird der Bogen an der beabsichtigten Knickstelle mit dem 'Falzschwert' zwischen zwei gegeneinander rotierende Walzen geschlagen, die ihn zusammenlegen. Bei der Stauchfalzung hingegen wird der Bogen bis zum Anschlag in eine Stauchtasche befördert, wobei er sich nach unten durchdrückt und von zwei gegeneinander laufenden Walzen erfaßt wird, die ihn falzen. Heute wird nach beiden Methoden maschinell gefalzt, abhängig vom zu falzenden Werkstoff. Es existieren sowohl reine Schwert- wie Stauchfalzmaschinen als auch Kombifalzmaschinen. Falzmaschinen, die nach dem Trichter- bzw. Klappzylinderfalzprinzip arbeiten, sind in Rollenrotations-Druckmaschinen integriert (siehe Art. 32).

Im folgenden Arbeitsgang, dem 'Vorrichten', können die Falzbogen durch das Ankleben von Vorsätzen bzw. gegebenenfalls durch das Einkleben von Tafeln o. ä. komplettiert werden. Das Vorsatz, ein Doppelblatt aus gut geleimtem, falz- und reißfestem Papier, dient als Scharnier zwischen Buchblock und Decke. Es wird in der Vorsatzklebemaschine am ersten und letzten Bogen des Buchblocks, parallel zu dessen Falzkante, mit einem schmalen Streifen Klebstoff angeklebt. Die in moderne Buchfertigungsstraßen integrierten Vorsatzklebestationen kleben die Vorsätze erst an den fertigen Buchblock. Beim späteren Einhängen des Buchblocks in die Decke wird das Spiegelblatt des Vorsatzes flächig mit der Innenseite der Einbanddeckel verklebt.

Die Falzbogen können nun, ihrer Reihenfolge entsprechend, zu sogenannten 'Rohblocks' zusammengetragen werden. Dies geschieht in der Zusammentragemaschine, wobei jede Station dieser Maschine nur mit Bogen gleicher Signatur befüllt wird. In Gang gesetzt, wird mittels Saugluft und Greifern ein Bogen aus dem Magazin einer Station entnommen, der auf ein Transportband mit Mitnahmefingern fällt. Sie transportieren den Bogen zur jeweils nachfolgenden Station, wo der nächste Bogen hinzugefügt wird usw. Am Ende werden die Rohblocks auf der Auslage abgelegt bzw. gestapelt oder direkt dem Klebebinder zugeführt.

Das Zusammenfügen der einzelnen Bogen zu einem kompakten Buchblock kann entsprechend dem Kundenwunsch und dem Verwendungszweck nach verschiedenen Methoden geschehen: Fadenheftung, Klebebindung und Fadensiegeln (vgl. 3.1.). Für die Weiter-

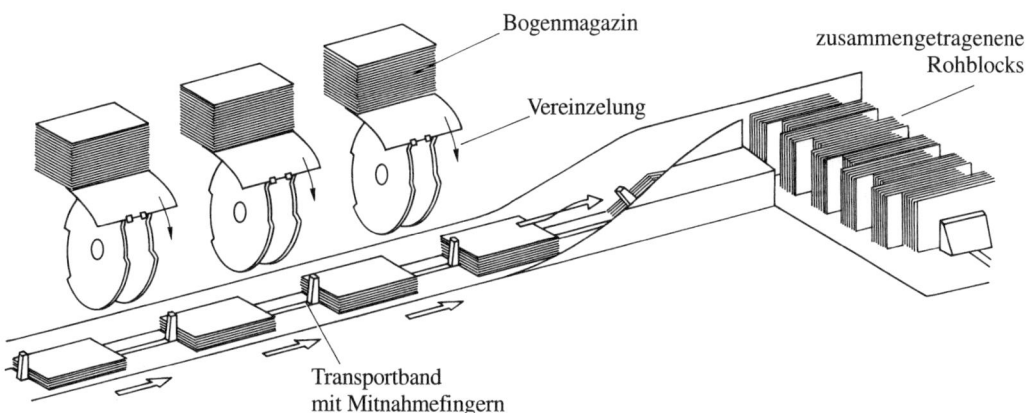

Abb. 34.5: Maschinelles Zusammentragen von Einzelbogen

verarbeitung anderer Druckerzeugnisse, wie Zeitschriften, Werbemittel etc., stehen weitere Heftmethoden zur Verfügung, wie die Rückstichheftung mit Faden oder Draht, die Seitenstichheftung, die Spiralheftung u.a. (vgl. 4.).

Die Heftung der Einzellagen zum festen Buchblock erfolgt im Fadenheft-Vollautomat, der sich die Lagen der eingelegten Rohblocks automatisch greift, anlegt und zusammenheftet. Soll das Buch klebegebunden werden, so werden im Klebebinder die Rückenfälze der Lagen abgefräst, auf die so entstandene, rauhe Fläche Klebstoff aufgetragen und, wenn das Buch nur broschiert werden soll (vgl. 4.), ein Umschlag umgelegt. Ansonsten wird der reine Buchblock ausgelegt. Sind die Lagen in der Falzmaschine bereits fadengesiegelt worden, so wird in der Klebebindestrecke der Klebstoff auf den Blockrücken aufgetragen, ohne diesen vorher abzufräsen. Auch der Rücken des fadengehefteten Buches kann derart abgeleimt werden.

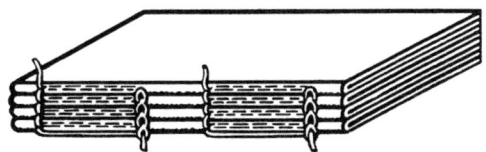

Abb. 34.6: Maschinell fadengeheftete Lagen

Das Beschneiden der Buchblöcke erfolgt im Dreimesserautomaten, das sich anschließende Runden und Abpressen in der Rundemaschine bzw. in der Runde- und Abpreßstation der Buchfertigungsstrecke (vgl. 3.1.).

Entsprechend der vom Kunden erwünschten Buchausstattung kann nun ein Farbschnitt aufgebracht, ein Lesebändchen eingelegt oder Kapitalband angebracht werden. Der Buchblock wird nochmals am Rücken beleimt und mit speziellem Papier oder Gaze, an den Längskanten ca. 2 cm überstehend, beklebt. Auch diese Arbeitsschritte können durch in moderne Buchfertigungsstraßen integrierte Maschinen ausgeführt werden. Die Herstellung des Buchblocks ist damit abgeschlossen.

Der zweite Produktionskomplex, das 'Deckenmachen', umfaßt die Herstellung der Bucheinbanddecken vom Materialzuschnitt bis zur fertigen Decke. Die Deckenherstellung kann, entsprechend der Einbandart, sehr unterschiedlich verlaufen. Hier sollen die Arbeitsschritte für einen Ganzeinband, eine sehr gebräuchliche Einbandform, bei der die Einbanddecke vollständig mit einem Stück Papier, Gewebe o. ä. bezogen ist (vgl. 4.), beschrieben werden.

Die Bucheinbanddecke wird exakt entsprechend den Maßen des beschnittenen und fertig ausgestatteten Buchblocks angefertigt. Läuft die Fertigung von Decke und Buchblock parallel, so muß vorab, zur Ermittlung dieser Maße, ein Musterband gefertigt werden. Sind die Maße bekannt, so werden Deckelpappen und Rückeneinlage, sofern diese in der Deckenmachmaschine nicht von der Rolle kommt, und das Einbandmaterial zugeschnitten und die Magazine der Deckenmachmaschine damit befüllt. In der Maschine wird das Bezugsmaterial mit Klebstoff benetzt, die Deckelpappen sowie die Kartonrückeneinlage standrecht aufgesetzt und zuletzt das überstehende Bezugsmaterial an den Kanten eingeschlagen und angerieben.

Zur Einbanddekoration mit Gold- und Farbfolien bzw. zum Titelaufdruck werden in der modernen Großbuchbinderei halb- oder vollautomatische Schnellprägepressen eingesetzt. Durch den Prägevorgang wird die auf der verwendeten Prägefolie befindliche Farb- oder Metallschicht unter Hitze und Druck abgelöst und auf das Prägegut (die Einbanddecke) übertragen. Während bei den halbautomatischen Pressen das Prägegut von Hand angelegt und wieder entnommen werden muß, geschieht dies bei den Vollautomaten selbständig. Dort werden die Einbanddecken in ein entsprechendes Magazin gestapelt und nach Durchlauf der Maschine auch wieder in ein solches abgelegt.

Sind Einbanddecke und Buchblock fertiggestellt, so werden sie im dritten Komplex des Produktionsprozesses zusammengefügt – der Buchblock wird in die Decke eingehängt. Dabei wird in der Einhängemaschine die planliegende Decke über dem mit dem Rücken nach oben stehenden Buchblock positioniert. In einer Aufwärtsbewegung wird der Buchblock nun durch ein Walzensystem beidseitig mit Klebstoff bestrichen, von unten in die ausgerichtete Buchdecke geführt, und beide zusammen in die Buchformpresse befördert. Dort wird das fertige Buch kurz gepreßt und die Fälze eingebrannt, bevor es die Maschine auf der Auslage verläßt (Druckweiterverarbeitung 1986; Autorenkollektiv 1987; Rausendorff 1990; Liebau 1997).

Das Buch ist jetzt fertig. Jedoch können noch weitere Arbeitsschritte folgen, wie das Umlegen eines Schutzumschlages oder einer Banderole, Einschweißen und Etikettieren und schließlich das maschinelle oder manuelle Abstapeln und zum Versand fertig machen.

Viele dieser hier zum besseren Verständnis einzeln dargestellten Arbeitsschritte sind in der modernen Buchmassenproduktion direkt hintereinander geschaltet, also zu Buchfertigungsstraßen verkettet, die den entsprechenden Erfordernissen angepaßt sind. Eine Inlinefertigung ohne Unterbrechung, vom unbedruckten Papier bis zum fertigen Buch, ist bei einfachen Einbandformen heute bereits möglich.

4. Die Erzeugnisse der Buchbinderei

Die moderne Buchbinderei ist in der Lage, eine Vielzahl verschiedener Einbandarten – handwerklich und maschinell – herzustellen, deren wichtigste sowie einige beispielhafte weitere Erzeugnisse nachfolgend aufgeführt werden (Druckweiterverarbeitung 1986, 22 ff.; Wiese 1983, 190 ff.; Autorenkollektiv 1978; Liebau 1997).

Broschur aus Einzelblättern: Einzelblätter oder Falzbogen werden zusammengetragen, vierseitig beschnitten, evtl. mit zwei Halbumschlägen versehen und am Rücken miteinander verbunden. Zu unterscheiden sind die Spiralbroschur mit Speziallochung und Spiralbindung, die Kammbroschur mit Kammbindung, die Ringbroschur mit einer Ringbuchmechanik oder Spezialringen sowie die Kordelbroschur, bei der die Einzelblätter gelocht und mit einer Kordel zusammengebunden werden.

Einlagige Broschur: Ein oder mehrere Falzbogen werden ineinander gesteckt und meist mit einem Umschlag versehen. Wird mit Draht durch den Rücken geheftet, spricht man von einer Drahtrückstichbroschur, bei Knotenfaden- oder Stepphheftung von einer Fadenrückstichbroschur.

Mehrlagige Broschur: Mehrere Falzbogen werden zusammengetragen, miteinander verbunden und in einen zwei- oder vierfach gerillten Umschlag eingehängt, seltener mit zwei Halbumschlägen versehen und am Rücken gefälzelt. Klebebindung, Fadenheftung und Fadensiegeln, aber auch Drahtheftung durch den Block, sind bei dieser heute weit verbreiteten Einbandform (z. B. Taschenbücher) möglich. Wird eine derartige Broschur noch zusätzlich mit einem Papierumschlag, vorne und hinten mit breiten Klappen, versehen, so bezeichnet man diese als 'Englische Broschur'. Es existieren weitere Sonderformen von Broschuren, wie etwa die Broschur mit Vorsatz.

Deckenband/Halbeinband: Ein gehefteter, klebegebundener oder fadengesiegelter und beschnittener Buchblock mit einer festen Einbanddecke, deren Rücken mit Gewebe (Halbgewebeband), aber auch mit Leder oder Pergament (Halbleder- bzw. Halbpergamentband) bezogen sein kann. Die Deckelflächen sind in der Regel mit Papier bezogen.

Deckenband/Ganzeinband: Ein gehefteter, klebegebundener oder fadengesiegelter und beschnittener Buchblock mit einer festen Einbanddecke. Kennzeichen dieser Einbandform ist, daß die Decke vollständig mit Papier (Pappband). Einbandgewebe (Ganzgewebeband), Leder (Ganzlederband) usw. bezogen ist. Bei Büchern, die besonderer Beanspru-

34. Buchbinderei

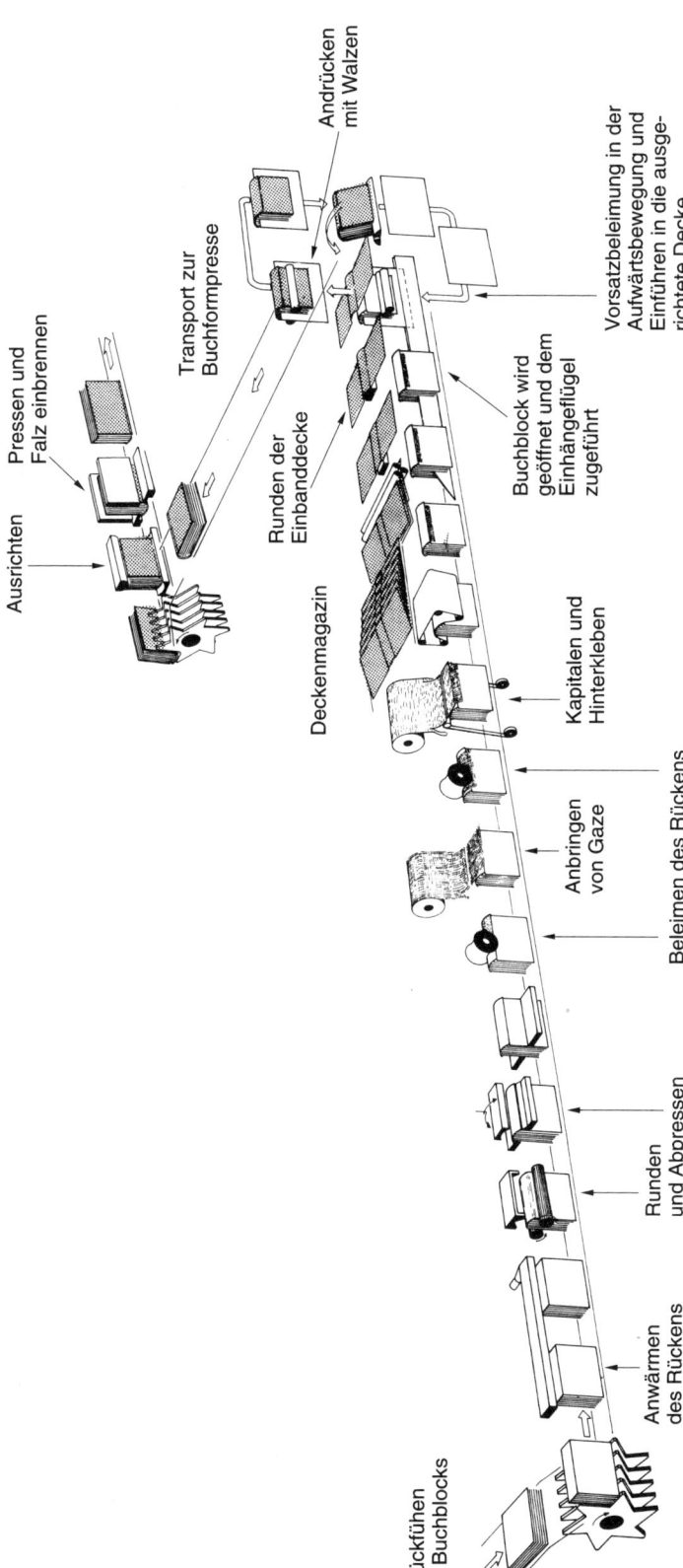

Abb. 34.7: Schematische Darstellung einer Buchfertigungsstraße (Kolbus)

chung ausgesetzt sind, kann die Einbanddecke vollständig in Kunststoff (PVC) eingeschweißt sein (Kunststoffband).

Über den reinen Bucheinband hinausgehend, bietet die Buchbinderei eine Vielzahl weiterer Erzeugnisse an (hier nur wenige, beispielhaft).

Mehrseitige Prospekte: Druckbogen werden gefalzt, am Rücken geklebt oder geheftet und beschnitten.

Großformat-Wandkalender: Einzelblätter werden zusammengetragen und spiralgebunden oder perforiert, drahtgeheftet und gefälzelt.

Mappen: Herstellung aus Einzelteilen (ähnlich der Deckenfertigung) oder durch Stanzen, in verschiedensten Ausführungen zur Aufbewahrung von Schriftstücken oder zur Präsentation von Werbemitteln.

Gefalzte Produkte: Lediglich gefalzte Bogen verschiedenster Art und Ausführung (z. B. Straßenkarten, Faltkalender).

5. Literatur

Adam, Paul, Der Bucheinband. Seine Technik und seine Geschichte. Leipzig 1890 (Reprint München 1994).

—, Der neue Styl in der Buchbinderei. Düsseldorf 1890.

Arnim, Manfred v., Einbände aus sechs Jahrhunderten. Beispiele aus der Bibliothek Otto Schäfer. Schweinfurt 1992.

Autorenkollektiv, Lehrbuch der industriellen Buchbinderei. Itzehoe ²1990.

Biesalski, Ernst-Peter, Die Mechanisierung der deutschen Buchbinderei 1850–1990. In: AGB 36, 1991.

—, Die Entwicklung der industriellen Buchbinderei im 19. Jahrhundert. In: Gebunden in der Dampfbuchbinderei. Buchbinden im Wandel des 19. Jahrhunderts. Hrsg. v. Dag E. Petersen. Wiesbaden 1994, 61–98.

Bogeng, Gustav A. E., Der Bucheinband in seiner Geschichte und Fortbildung. In: AGB 1, 1958, 3–37.

Bohse, Hans/Hans Eckardt/Paul Weyl, Die Industrielle Buchbinderei. Fertigungstechnik und Maschinenkunde. Leipzig 1955.

Böttcher, Winfried/Franz Persch, Fadensiegeln. Modernes Bindeverfahren für Bücher und Broschüren. Itzehoe 1985.

Brade, Ludwig/Emil Winckler, Das illustrierte Buchbinderbuch. Leipzig 1860.

—, L. Brade's illustriertes Buchbinderbuch. Hrsg. v. J. R. Herzog. Leipzig 1860.

Bücher, Karl, Überblick über die Geschichte der deutschen Buchbinderei. In: Schriften des Vereins für Sozialpolitik 66, 1896, 261–285.

Bücher, Karl, Deutsche Buchbinder-Ordnungen, AGB 19, 1897, 305–332.

Die neue Buchkunst. Hrsg. v. Rudolf Kautzsch. Weimar 1902.

Bücking, J. H., Die Kunst des Buchbindens. Stendal 1785.

Cobden-Sanderson, Thomas J., Das Idealbuch oder das schöne Buch (The ideal book or book beautiful). Eine Abhandlung über Kalligraphie, Druck und Illustration und über das schöne Buch als ein ganzes. Übers. v. Richard Stettiner. Berlin 1921.

Cockerell, Douglas, Bookbinding and the care of books. London ⁴1920. [Deutsche Übersetzung: Der Bucheinband und die Pflege des Buches. Leipzig ²1925]

Comparato, Frank E., Books for the millions. A history of the men whose methods and machines packaged the printing word. Harrisburg/Pa. 1971.

Conze, Wilhelm, Die neue Ausbildungsverordnung. In: bindereport 2/96, 1996.

Devauchelle, Roger, La reliure en France et ses orgines à nos jours. 3 Bde. Paris 1959–1961.

Diehl, Edith, Bookbinding. Its background and technique. 2 Bde. New York/Toronto 1946.

Druckweiterverarbeitung. Ausbildungsleitfaden für Buchbinder. Hrsg. v. Bundesverband Druck. Wiesbaden 1986.

Eule, Wilhelm, Ein Jahrhundert Buchbindereimaschinenbau 1855–1955.

Eyssen, Jürgen, Buchkunst in Deutschland. Vom Jugendstil zum Malerbuch. Hannover 1980.

Friedrich, Herbert, Die Arbeiterschaft in der Leipziger Großbuchbinderei. Entwicklungsgeschichte und Berufsschicksal. Diss. Leipzig 1922.

Funke, Fritz, Buchkunde. Ein Überblick über die Geschichte des Buches. München ⁵1992.

Furch, Eberhard, Verbände der Buchbinderei in Handwerk und Industrie. In: 100 Jahre bindereport. Hannover 1987, 50–60.

Furler, Alfred, Der Buchbinder. Ein Beruf im Wandel der Zeit. Aarau (Schweiz) 1989.

—, Falzen in der Praxis. Ludwigsburg ³1983.

Gnauck-Kühne, Elisabeth, Die Lage der Arbeiterinnen in der Berliner Papierwaren-Industrie. Leipzig 1896.

Goldfriedrich, Johann, Geschichte des deutschen Buchhandels vom Beginn der Fremdherrschaft bis zur Reform des Börsenvereins im neuen Deutschen Reiche (1805–1889). Leipzig 1913.

Grautoff, Otto, Die Entwicklung der modernen Buchkunst in Deutschland. Leipzig 1901.

Greve, Ernst W., Hand- und Lehrbuch der Buchbinde- und Futteralmacherkunst. 2 Bde. Berlin 1822–23.

Der Großbetrieb der Buchbinderei. In: Illustrierte Zeitung für Buchbinderei 11. Bd. 15, 1878, 18; 25 f.; 37.

Haas, Hendrik de, De Boekbinder. Dordrecht 1806.

Haebler, Konrad, Rollen- und Plattenstempel des 16. Jahrhunderts. 2 Bde. Leipzig 1928/29.

Hanebutt-Benz, Eva-Maria, Das Gesicht der Bücher. Einbände von der Gotik bis zum Jugendstil. Ausstellungskatalog. Frankfurt a. M. 1987.

Harms, Bernhard, Zur Entwicklungsgeschichte der deutschen Buchbinderei in der zweiten Hälfte des 19. Jahrhunderts. Tübingen 1902.

Heinze, Ines/Dieter Liebau: Klebebinden. Itzehoe 1994.

Helwig, Hellmuth, Das Aufkommen der Buchbindereimaschinen im 19. Jahrhundert In: Der graphische Betrieb 15. 1940, 441–447.

–, Das Aufkommen der Buchbindereimaschinen in USA. In: Allgemeiner Anzeiger für Buchbindereien 61. 1948, 202 f.

–, Das Aufkommen der Buchbindereimaschinen im 19. Jahrhundert und die Anfänge der modernen Verlags- bzw. Maschinenbuchbinderei. In: Allgemeiner Anzeiger für Buchbindereien 72. 1959, 208–210.

–, Das Buchbinderwerkzeug und die Buchbinderwerkstätten bis in die zweite Hälfte des 19. Jahrhunderts. In: Archiv für Buchbinderei 41. 1941, 23 ff.

–, Das deutsche Buchbinder-Handwerk. Handwerks- und Kulturgeschichte. 2 Bde. Stuttgart 1965.

–, Deutsche Klosterbuchbindereien. AGB 4. 1961, Sp. 225–284.

–, Handbuch der Einbandkunde. 3 Bde. Hamburg 1953–1955.

–, Einführung in die Einbandkunde. Stuttgart 1970.

Henningsen, Thorwald, Das Handbuch für den Buchbinder. St. Gallen/Stuttgart ²1969.

Herle, Jakob, Die Tarifgemeinschaften in der deutschen Buchbinderei. Erkelenz 1910.

Hettler, Max, Beiträge zur Geschichte des deutschen Buchbinderhandwerks der letzten 75 Jahre. In: Allgemeiner Anzeiger für Buchbindereien 75. 1962, 576–582.

–, Die Handbindeabteilungen der Leipziger Großbuchbindereien und ihr Einfluß auf den Einbandstil unserer Zeit. München 1968.

Hobson, Anthony R., The literature of bookbinding. London 1954.

Höning, Dieter, Einbandmaterialien im Wandel eines Jahrhunderts. In: 100 Jahre binderreport. Hannover 1987, 140–142.

100 Jahre binderreport. Buchherstellung in Handwerk, Industrie, Verlag, binderreport 13. Nov. 1987. Hannover 1987.

Husung, Max J., Geschichte des Bucheinbandes. Neubearb. von F. A. Schmidt-Künsemüller. In: Handbuch der Bibliothekswissenschaft. Bd. 1, ²1950–52, 782–848.

Kersten, Paul, Der künstlerische Bucheinband. In: Zeitschrift für Bücherfreunde 1. 1897/98, 307–322.

–, Der exakte Bucheinband. Halle/S. 1909.

–, Die Renaissance der deutschen Kunstbuchbinderei. In: Archiv für Buchbinderei 3. 1903/04, 6–8.

–, Leitfaden für den Buchbinder. Halle a. d. S. 1929.

–, Der exakte Bucheinband. Halle a. d. S. ⁵1929.

Kliemann, Horst/Fritz Hodeige/Werner Adrian (Hrsg.), Bibliographie der Buchherstellung. Werkstatt des Buches. München 1970.

Kloth, Emil, Geschichte des Deutschen Buchbinderverbandes und seiner Vorläufer. 2 Bde. Berlin 1910–13.

Kolbus GmbH, Werbe- und Informationsbroschüren zu Einzelmaschinen und Buchfertigungsstrecken der Firma. Rhaden 1996.

Liebau, Dieter/Ines Heinze/Eugen Herzau/Rainer Nestler/Frank Schumann/Jens Wulf, Industrielle Buchbinderei. Druckweiterverarbeitung nach neuestem technischen Stand. Itzehoe 1997.

Loubier, Hans, Der Bucheinband von seinen Anfängen bis zum Ende des 18. Jahrhunderts. Leipzig ²1926.

Lüers, Heinrich, Das Heften. Eine historisch-technische Darstellung. In: Der graphische Betrieb 11. 1936, 417–421, 469–475.

–, Das Fachwissen des Buchbinders. Stuttgart 1939.

–, Die Buchschließe. In: Archiv für Buchbinderei 36, 1936, 10 ff.

Maas, Hedwig, Von der Frauenarbeit zur Frauenfabrikarbeit. Diss. Heidelberg 1937.

Mais, Hugo, Arbeiten an der Vergoldepresse. München 1904.

Malavieille, Sophie, Reliures et cartonnages d'éditeur en France au XIX⁶ siècle (1815–1865). Paris 1985.

Marx, Paul, Die Unternehmerorganisationen in der deutschen Buchbinderei. Tübingen 1905.

Mazal, Otto, Europäische Einbandkunst aus Mittelalter und Neuzeit. Graz 1970.

Menold, Heinrich H., Der Einfluß der Maschine auf die Entwicklung der gewerblichen Betriebsformen in der deutschen Buchbinderei. Diss. Erlangen 1908.

Michon, Louis M., La reliure francaise. Paris 1951.

Nitz, Hermann, Die maschinellen Produktionsmittel der neuzeitlichen Verlags- und Lohnbuchbinderei. 3 Bde. Stuttgart 1931.

−, Die Materialien für Buch und Bucheinband und ihre sachgemäße Verarbeitung. Halle a.d.S. 1929.

−, Die Organisation einer neuzeitlichen Verlagsbuchbinderei. Stuttgart 1929.

Petersen, Heinz, Bucheinbände. Graz 1988.

Petersen, Dag E., Die handwerklichen Gebrauchseinbände. In: Gebunden in der Dampfbuchbinderei. Buchbinden im Wandel des 19. Jahrhunderts. Hrsg. von Dag E. Petersen. Wiesbaden 1994, 99−114.

Prediger, Christoph E., Der in aller heut zu Tag üblichen Arbeit wohl anweisende accurate Buchbinder und Futteralmacher. Frankfurt a.M. 1741.

Proeller, Gerhardt, Das deutsche Buchbinderhandwerk der Gegenwart auf geschichtlicher Grundlage. Diss. Berlin 1925.

Rausendorff, Dieter, Lehrbuch der grafischen Techniken. Eine Einführung in das Berufsfeld Drucktechnik. Itzehoe 1990.

Rhein, Adolf, Die frühen Verlagseinbände. Eine technische Entwicklung 1735−1850, Gutenberg-Jahrbuch 1962, 519−532.

Roberts, Matt T./Don Etherington, Bookbinding and the conservation of books. A dictionary of descriptive terminology. Washington 1982.

Rogers, Joseph W., The industrialization of american bookbinding, In: Gutenberg-Jahrbuch 1938, 243−252.

Sadleir, Michael, The evolution of publisher's binding styles 1770−1900. London 1930.

Schauer, Georg Kurt, Deutsche Buchkunst 1890−1960. 2 Bde., Hamburg 1963.

Schmidt-Künsemüller, Friedrich A., Bibliographie zur Geschichte der Einbandkunst von den Anfängen bis 1985. Wiesbaden 1987.

Schunke, Ilse, Einführung in die Einbandbestimmung. Dresden 1977.

Stadler, Peter, Die Klebstofftechnologie im Wandel der Zeiten. In: 100 Jahre bindereport. Hannover 1987, 125−129.

Stanger, Gerhard, Vom Handwerk zur industriellen Fertigung. In: 100 Jahre bindereport. Hannover 1987, 62−88.

Steenbock, Frauke, Der kirchliche Prachteinband im frühen Mittelalter von den Anfängen bis zum Beginn der Gotik. Berlin 1965.

Stephen, George A., Die moderne Großbuchbinderei. [Commercial Bookbinding] Eine Beschreibung der Herstellung von Bucheinbänden und der dabei verwendeten Maschinen. Übersetzt und bearbeit von Hermann Scheibe. Wien und Leipzig 1910.

Sterne, Harold E., Catalogue of nineteenth century bindery equipment. Cincinnati/Ohio 1979.

Walenski, Wolfgang, Das PapierBuch. Herstellung, Verwendung, Bedruckbarkeit. Itzehoe o.J..

Wiese, Fritz, Der Bucheinband. Historische und neuartige Einbände. Hannover 1980.

−, Der Bucheinband. 6. Aufl. Hannover 1983.

Wittmann, Reinhard, Buchmarkt und Lektüre im 18. und 19. Jahrhundert. Beiträge zum literarischen Leben 1750−1880. Tübingen 1982.

Wolfenbütteler Bibliographie zur Geschichte des Buchwesens im deutschen Sprachgebiet 1840−1980. 7 Bde. + 3 Registerbände. Hrsg. v. Herzog August Bibliothek, Wolfenbüttel. Bearb. E. Weyrauch u.a. Wolfenbüttel 1990 ff.

Ernst-Peter Biesalski, Leipzig
(Deutschland)

VI. Geschichte der Printmedien und ihrer Erforschung I: Buch und Broschüre I: Technik

35. Schreib- und Illustrationstechniken bis zum Beginn des Buchdrucks

1. Darstellung
2. Literatur

1. Darstellung

Schreib- und Illustrationstechniken sind primär von den jeweils zur Verfügung stehenden Beschreibstoffen und den dafür geeigneten Schreib- und Malinstrumenten abhängig. Im Verlauf der Geschichte der Menschheit gab es zahlreiche Möglichkeiten der Anbringung von Gedanken auf festen Materialien: Fels und Stein, Marmor und Holz, Baumrinde und Bast, Tontafeln, Wachstafeln und Metallplatten, Scherben, Leder und Leinen, Knochen und dickblättrige Pflanzen wurden diesem Zweck dienstbar gemacht. Die Zahl der verwendeten Beschreibstoffe verringerte sich, sobald in Hochkulturen eine Verbindung zwischen dauerhaften und transportablen Materialien, der Schrift und der Schreibtechnik gefunden wurde. So haben asiatische Kulturen Palmblätter und Baumrinde, auf denen die Schrift geritzt oder geschrieben wurde, kanonisiert; die mesopotamischen Kulturen pflegten lange Zeit die Tontafeln als Überlieferungsträger, in die die Schrift mit keilförmigen Instrumenten eingedrückt wurde. Für die große Masse der schriftlichen Denkmäler der Antike, des Mittelalters und der Neuzeit wurden drei Beschreibstoffe von kanonischer Bedeutung: Papyrus, Pergament und Papier. In der Antike und teilweise im Mittelalter traten als sekundäre Beschreibstoffe Holz- und Wachstäfelchen, Ostraka und Leder auf.

Bezeugt ist die Sitte, auf geweißten Holztafeln (leukoma, album) Gesetze und Staatsurkunden in Griechenland und Rom zu veröffentlichen. Bei Ausgrabungen haben sich geweißte Holztäfelchen gefunden, auf denen sich dunkle Schrift gut abhob. Im römischen Militärlager von Vindolanda in Britannien (um 100 n. Chr.) wurden Hunderte von Tafeln aus Birken- und Erlenholz gefunden, die mit Tinte beschrieben waren und die Funktion von Briefen und Notizbüchern hatten. Weitere Verbreitung fand die Wachstafel in Antike und Mittelalter. Das Innere der aus Holz, Elfenbein oder gar Metall bestehenden Tafel wurde vertieft; diese Fläche wurde mit meist schwarzem Wachs gefüllt, so daß die eingeritzte Schrift hell zu Tage trat. Die Schrift wurde mit einem spitzen Metall- oder Holzstift (stilus) eingeritzt; mit dem stumpfen Ende konnte das Wachs wieder geglättet werden; davon rührt der Terminus 'stilum vertere' für 'Tilgen' her. Die erhaltenen Griffel bestehen mehrheitlich aus Bronze; es gibt aber auch Griffel aus Holz, Knochen, Elfenbein und Edelmetall. Zum Auftragen von Wachs auf die Schreibtafeln benützte man breite Spachteln. Wie viele Abbildungen zeigen, beschrieb man Holz- und Wachstafeln im Sitzen; das Täfelchen wurde auf den Oberschenkel gelegt. Doch gibt es auch Darstellungen stehender Figuren im Akt des Schreibens. Man verwahrte die Griffel in einer graphiotheke bzw. einem graphiarium.

Zum Ritzen von Schrift auf hartem Untergrund − Stein, Ton oder Ostraka − genügte an sich jeder spitze Metallstift. Auf dem weichen Metall Blei konnte man sogar mit einem Griffel schreiben. Geritzte oder auch beschriebene Bleitafeln mit Zauberformeln und Verfluchungen (tabulae defixionum) oder mit Anfragen an Orakel haben sich erhalten. Römische Militärdiplome (tabulae honestae missionis) bestehen aus Bronzetafeln, in die der Text der Urkunde eingeritzt war.

Auf Papyrus, aber auch auf Pergament, Leder und Holz schrieb man im griechisch-römischen Altertum, in Byzanz und teilweise im mittelalterlichen Abendland mit Tinte und einer Schreibfeder. Im alten Ägypten wurden als Schreibinstrumente dünne Binsen verwendet, die mit ihren gekappten Enden je nach dem Ansatz dicke oder dünne Striche herstellten. In Schreibpaletten aus Holz wurden Vertiefungen geschnitten, die Farbe aufnehmen oder zum Mischen von Tinte verwendet werden konnten. Die Binsen steckten in röhrenförmigen Vertiefungen. Das Schreiben auf einem weichen Papyrusblatt bedurfte einer festen Unterlage. Altägyptische Schreiber lösten das Problem, indem sie mit gekreuzten Beinen im 'Türkensitz' auf dem Boden saßen; dadurch spannte sich ihr Schurz straff und diente als Unterlage. Man konnte aber auch mit dem eingewinkelten linken Bein am Boden sitzen und das rechte Bein vorstellen, das als Stütze für den linken angewinkelten Arm diente; im linken Unterarm ruhte die Papyrusrolle, auf der mit dem Pinsel in der Rechten geschrieben wurde.

Das klassische Schreibinstrument der griechisch-römischen Antike war der Kalamos (calamus, auch donax grapheus, schoinos, canna, graphis genannt). Es handelte sich um ein gespitztes Schreibrohr, das im Normalfall aus Schilfrohr gewonnen wurde. Verwahrt wurden die Kalamoi in der kalamotheke (calamarium). Die Spitze des Kalamos war eingeschnitten wie die Spitze einer modernen Metallfeder. Der Vorteil lag mithin in der Möglichkeit, feiner zu schreiben; allerdings bot die Versoseite des Papyrus mit ihren vertikal verlaufenden Fasern dem Kalamos mehr Widerstand als der Binse. Die laufend stumpf werdende Spitze des Kalamos wurde mit einem Messer oder mit Bimsstein gespitzt. Schreibrohre konnten mitunter aus Metall sein. Im Abendland trat seit dem frühen Mittelalter die Gänsefeder auf den Plan. Die erste Erwähnung der Vogelfeder taucht beim Anonymus Valesianus im 6. Jh. n.Chr. auf. Kalamos und Feder liefen im Westen eine Zeitlang parallel, während in Byzanz der Kalamos das wichtigste Schreibgerät blieb. Die Gänsefeder wurde mit scharfen Messern geschnitten. Das Spitzen hieß 'acuere' oder 'temperāre'; daher rührt der italienische Name des Federmessers 'temperino' oder 'temperatoio'.

Für die Beschriftung von Pergament zog man Linien; auf Papyrus war dies nicht nötig bzw. möglich. Zur Linierung bedurfte man eines Lineals (canon) und eines Bleirädchens (kyklomolybdos), das eine dezente Bleispur auf den Blättern hinterließ. Mit einem Griffel konnte man Linien durch das Pergament drücken. Die Linien wurden auf den ungefalteten Blättern der Codices eingeritzt und meist über den Falz gezogen. Es gab auch vertikale Begrenzungslinien von Schriftkolumnen. Zur Erzielung eines regelmäßigen Abstandes der Linien bediente man sich eines Zirkels, um an den Rändern der Blätter Löcher in regelmäßigen Abständen einzustechen, was durch mehrere Blätter hindurch geschah. Ein Schwamm zum Löschen von Tinte und ein Messer und Bimsstein zum Abschaben von Schrift vervollständigten die Schreibausrüstung. Für die Linierung von Papierhandschriften fanden Bleistifte Verwendung, sofern nicht Tintenlinierung angebracht wurde. Frühzeitig gab es eigene Tintenfässer, meist paarweise für schwarze und rote Tinte. Als Tintenfaß konnte auch ein Horn dienen, das man durch eine Öffnung des Schreibpultes steckte. Die antiken Tintenfässer (melanodochcion, kanikleion) sind meist einfache Näpfe von runder oder polygonaler Form, oft auch mit einem Henkel zum Anfassen. Kleine Tintenfäßchen sind auf Miniaturen mittelalterlicher Schreiber auf Tischchen stehend abgebildet oder am Pult befestigt oder ausklappbar in einem Schrank. Tragbare Tintenfässer hatten kaiserliche Beamte, die neben ihrem Herrn standen und diesem die Feder für die Unterschriften reichten. Die antike Tinte (melan, atramentum) wurde durch die Mischung eines Klebestoffes mit Ruß unter Beisatz von Wasser hergestellt. Nach der Zubereitung mit Feuer hieß die Tinte auch 'encaustum'. Auf dieses Wort gehen die Termini inchiostro (italienisch), inkoust (böhmisch), encre (französisch), ink (englisch) und inkt (niederländisch) zurück. Der deutsche Name Tinte und das spanische tinta gehen auf tinctura bzw. tinta zurück. Seit frühbyzantinischer Zeit ist das Aufkommen einer braunroten Metalltinte und in manchen Handschriften einer durch das Pergament durchschlagenden bläulichgrünen Tinte mit dem Beisatz von Kupfervitriol festzustellen. Das älteste Dokument, das mit einer aus Eisenvitriol und Gallussäure gewonnenen Tinte beschrieben ist, stammt aus dem Jahre 111 n.Chr. Vermutlich bot die Einführung des Pergaments einen Anstoß zum Wechsel der Tintenrezepte, weil die früher gebräuchlichen Tinten nicht auf dem neuen Beschreibstoff haften blieben. Galläpfel und Kupfervitriol blieben auch im Mittelalter die wichtigsten Ingredienzien der Tinte, wozu man noch Wein und Essig hinzufügte. Rote Tinte wurde aus Mennige hergestellt. Die rote Tinte auf der etruskischen 'Agramer Mumienbinde' enthält Zinnober. Schon die Ägypter pflegten Überschriften in roter Farbe zu schreiben. Eine analoge Sitte findet sich bei griechischen und römischen Schreibern. Im Mittelalter trat die Sitte der Rubrizierung hinzu, die rote Auszeichnung der Texte.

In Reliefs und Miniaturen werden wir über die Schreiberhaltung informiert. Rollen oder Codices liegen mit Schreibutensilien auf Pulten oder Tischen; der Autor oder Schreiber hingegen hält die zu beschreibende Rolle oder die zu beschriftenden Blätter auf den Knien und beugt sich im Akt des Schreibens gekrümmt darüber. Manchmal schlägt der Schreiber ein Bein über das andere oder stellt ein Bein hoch, schreibt aber nichtsdestoweniger auf dem Oberschenkel oder dem Knie. Vereinzelt taucht in spätantiken Reliefs ein Tisch auf, auf dem geschrieben wird; es sind Szenen aus dem Handels- oder Behördenleben. Es wundert nicht, wenn der Akt des Schreibens oft in seiner ermüdenden Art vor Augen geführt wird: während drei Finger schreiben, partizipiert der ganze Körper an der Mühe. Eine aufgerollte Papyrusrolle bot schon aus ihrer Stellung heraus Schwierigkeiten, wenn die Linke den beschriebenen Text hielt, während der lange noch unbeschriebene Teil vom rechten Bein herabhing. Der Gebrauch des Codexblattes machte das Schreiben etwas leichter, da der Beschreibstoff orientiert werden konnte. Im Zeitalter des Codex schrieb man auf lose Blätter, die erst später zu Lagen zusammengesetzt und zum Buchblock vereinigt wurden. Zunächst wurde die erste Hälfte einer Lage beschriftet, dann wurden dieselben Blätter in umgekehrter Reihenfolge aufgegriffen und mit Schrift bedeckt. Pult und Schreibtisch setzten sich erst in der zweiten Hälfte des Mittelalters durch.

Die Illustration von Handschriften war die Aufgabe der Buchmalerei. Sie konnte zunächst noch in enger Verbindung mit der Schrift stehen; Zierbuchstaben, Zierschriften und Ziertitel konnten noch in den Aufgabenbereich des Schreibers fallen. Die einfache Farbgebung mit zumeist roter Farbe für Überschriften, einfache Initialen, Auszeichnungsstriche, Unterstreichungen und Rubriken war das Werk des Miniators oder Rubrikators. Der erste Begriff rührt vom Terminus 'minium' (Mennige) für die rote Farbe her, mochten auch andere Farben an der Auszeichnung beteiligt sein. Später konnte der Begriff des Miniators auch für die Tätigkeit des Buchkünstlers verwendet werden; daher rührt die Bezeichnung der Buchmalerei als Miniaturmalerei. Neben den Rubrikator trat der Illuminator als Schöpfer der eigentlichen Buchmalerei, die unter Verwendung von Farben und Edelmetallen durchgeführt wurde oder in Zeichnungen zum Ausdruck kam. Der Terminus 'illuminare' (erleuchten, erhellen, d. h. mit Farben, Gold oder Silber) hat der Tätigkeit des Illuminierens und der Berufsbezeichnung des Illuminators den Namen verliehen.

Der Schmuck der Handschriften konnte verschiedenen Quellen entspringen. Die ornamentale Verzierung und die Initialkunst standen an sich in keinem notwendigen Konnex zum Text des Buches; gleichwohl ist die Sitte der Zierbuchstaben bereits in die Antike zurückzuverfolgen, bis sie im Mittelalter ihren Höhepunkt erreichte. Mit gewissen Gruppen von Texten waren indes Illustrationen von Anfang an verbunden; dazu zählen mathematische, naturwissenschaftliche, medizinische und technische Schriften. Hier hatte die Illustration in ihrer Abstufung von schematischer Darstellung bis zu figürlichen und gegenständlichen Zeichnungen und Malereien die Aufgabe, die Texte zu erklären und zu ergänzen. Die Mehrzahl der illuminierten Handschriften führt einen Buchschmuck vor Augen, der bewußte Verschönerung und Veredelung des Buches darstellt. Bereits die Antike kannte illustrierte Papyrusrollen von Epen, Tragödien, Komödien, Lyrik und Romanen. Eine christliche Buchkunst ist gleichfalls in die Antike zurückzuverfolgen. Der Papyrus war ein sprödes Material, auf dem höchstens Zeichnungen und Aquarellmalereien möglich waren. Das geschmeidige Pergamentblatt war hingegen dauerhafter, auf beiden Seiten in gleicher Weise benützbar und bot dem Schreiber und Künstler mehr Möglichkeiten zu bewußter Komposition von Bild und Schrift.

Buchmalerei konnte in einer reichen Palette von Techniken ausgeführt werden. Die reine Federzeichnung mit schwarzer oder brauner Tinte oder mit brauner und roter Tinte steht auf einer einfachsten Stufe. Umrißzeichnungen konnten flächig koloriert oder laviert werden. Eigentliche Malerei war mit Aquarell- oder Deckfarben auszuführen. Edelmetalle und Metallfolien (Blattgold) traten bei anspruchsvollen Handschriften ergänzend hinzu. Für die Ausführung des Buchschmuckes entwickelte sich im Mittelalter eine regelrechte Hierarchie von Schmuckformen. Unter dem Begriff der Initiale faßt man alle hervorgehobenen Anfangsbuchstaben von Textabschnitten zusammen. Vergrößerte Buchstaben, an die gegebenenfalls einfachste Ziermotive angehängt werden, werden als Halbinitialen bezeichnet. Bei den Vollinitialen gab es drei Möglichkeiten der Gestaltung. Werden Ziermotive von außen dem Buchstaben angefügt, spricht man von Besatzornament. Füllornamente zeichnen sich dadurch aus, daß sie in den Buchstaben als Füllung eingelegt werden. Das Ersatzornament ersetzt Teile eines Buchstabens oder den ganzen Buchstaben (z. B. Initialen aus geometrischen Formen oder aus Tierkörpern). Einfache Initialen gab es im ganzen Mittelalter. Im 13. bis 15. Jh. waren bauchig gerundete Unzialbuchstaben (meist rot oder/und blau) üblich, die sogenannten Lombarden (sei es als volle Lombarden, Konturlombarden, Perllombarden oder Lombarden mit ausgespartem Ornament). Cadellen zeichneten sich durch droleriehaften Schmuck und Verschnörkelungen aus. Die meisten anspruchsvollen Initialen tragen sowohl im Buchstabenkörper Schmuck wie auch im Inneren und dem sie umgebenden Raum Dekor auftreten kann. Silhouetteninitialen sind ornamentierte Initialen des 12. und 13. Jhs., meist einfarbig und mit silhouettenartigen Blättchen gefüllt. Im Hochmittelalter dominierte die Spaltleisteninitiale, gekennzeichnet durch gespaltene Stämme und Leisten, im Gegensatz zur karolingischen Randleisteninitiale mit bloß teilweiser Aufspaltung der Leisten. Eine typisch gotische Technik liegt in den Fleuronnée-Initialen vor, die vom dichten Netzwerk eines linearen Ornaments umspielt sind. Die Bildinitiale umfaßt figürliche Darstellungen; in die historisierte Initiale sind ganze Szenen („historia") einkomponiert. Die ornamentale Ausfüllung leerer Zeilen heißt Zeilenfüllung. Kanonestafeln bestehen aus Bögen und Arkaden mit reichem Schmuck um die Tabellen der Evangelientabellen des Eusebios von Kaisareia. Den Rand von Textseiten können Bordüren, Randleisten, Randillustrationen und Rahmen einnehmen. Den Höhepunkt der Buchmalerei bilden die selbständigen Malereien, die Miniaturen, Vollbilder und Bildseiten. Das wesentliche Kriterium der Deckfarbenmalerei ist das Übereinanderlegen verschiedener Farbschichten, wobei nachträglich Konturen und Binnenzeichnung aufgesetzt sein kann. Charakteristisch für kolorierte Zeichnungen sind undifferenzierte Füllungen von Flächen mit Farbschichten; von lavierter Zeichnung spricht man, wenn mit verdünnter Tintenfarbe die Zeichnung einfarbig getüncht oder modelliert wird. Bis in die Antike reichen die Traditionen der überlieferten Rezeptbücher – vom Lucca-Manuskript um 800 bis zur Schedula diversarum artium des Theophilus Presbyter aus dem 11. Jh. – in denen Anweisungen zur Herstellung von Farben gegeben werden. Die Rohstoffe wurden dem Mineral-, Pflanzen- und Tierreich entnommen. Als mineralische Stoffe sind zu nennen: Alaun, Tonerde, Bleiweiß, Eisenoxyd, Gold, grüne Erde, Ockererde, Grünspan, Kupfer, Kupfervitriol, Mennige, Quecksilbersulfid, Roteisenstein, Ruß, Schwefelarsenik, Silber, Soda, Zinnober. Zu den pflanzlichen Farbstoffen zählen Brasilholz, Drachenblut, Essig, Färberröte, Flechten, Galläpfel, Harze, Heidelbeeren, Kornblumen, Mohn, Krebskraut, Nachtschattengewächse. Aus dem tierischen Bereich stammen der braunrötliche Farbstoff der Farblaus und der Purpur der Purpurschnecke, ferner Eiweiß, Fischleim, Honig, Galle, gemahlene Tierknochen, Milch und Muscheln. Blattgold mußte auf einer Unterlage von Kreide, Bolus, Fischleim und Honig aufgetragen werden. Zur Polierung des Blattgoldes diente Achatstein. Als Werkzeug des Malers dienten Pinsel, deren feine Haare besonders von Eichhörnchen und Mardern gewonnen wurden. Zur Herstellung von Umrißzeichnungen gebrauchte man die Feder.

Zu den erfolgreichsten graphischen Techniken des 15. Jhs. zählte der Holzschnitt, der noch vor seiner Einführung in den Buchdruck in Europa Verbreitung fand. Die Erfindung reicht freilich viele Jahrhunderte zurück; frühe Anwendung ist in China ab dem 7. Jh. bezeugt. Man denke weiter an Zauberformeln um 770, an die Diamanten-Sutra von 868, an den chinesischen Klassikerdruck von 953, an ägyptische und koptische Holzmodeln für Zeugdrucke und Textdrucke. Im Strom der buchtechnischen Fertigkeiten des Ostens nach dem Westen könnte auch die Übertragung des Holzschnittdruckes auf Papier eingeordnet werden. Das Wesen des Holzschnittes beruht auf einem Hochdruckverfahren. Die druckenden Partien bleiben erhaben, die nichtdruckenden müssen aus dem Holzstock herausgearbeitet werden. Zunächst legte man die Holzform auf den zu bedruckenden Stoff; zu starker Druck ließ allerdings das Papier fleckig erscheinen, zu schwacher Druck hinterließ graue oder punktierte Stellen. Eine Verbesserung stellte wohl schon im ersten Viertel des 15. Jhs. jener Vorgang dar, bei dem das Papier über den eingeschwärzten Stock gelegt und von der Rückseite her mit einem Reiber oder Lappen angepreßt wurde. Nun konnten auch die Linien zarter werden, um nicht klobig zu erscheinen.

Der Holzschnitt eignete sich vornehmlich für Umrißzeichnungen; seine lineare, unmalerische Hartkantigkeit gehört zu seinem Wesen. Er mußte überfordert sein, als man an ihn malerische Ansprüche stellte. Das Anknüpfen an die Vorlage der Federzeichnung, die nur Umrisse gibt, die Innenfüllung aber der Tusche oder Farbe überläßt, war dem Holzschnitt kongenial. Kolorierung war zugleich möglich wie erwünscht. Der Holzschnitt wurde in Europa sowohl als Zeugdruck wie als Druck auf Papier eingeführt. Als Bilddruck ab etwa 1400 diente er der Herstellung einfacher Bilder in Gestalt von Einblattdrucken. Andachts- und Wallfahrtsbilder, Passions- und Heiligendarstellungen, Pestblätter und Ablaßzettel zählten zu den begehrten Artikeln; auch Spielkarten und Kalender gehören in diese Kategorie. In den Händen der Holzschneider, Briefmaler, Briefdrucker, Formschneider und Kartenmacher wurde der Holzschnitt zur volkstümlichen Kunst, die sich in Bahnen bewegte, die die hohe Kunst bereits verlassen hatte. Berühmte datierte Beispiele sind eine Brüsseler Madonna von 1418, ein Christophorus von 1423, eine Marter des Sebastian von 1437. Bilder von Heiligen wie Georg, Hieronymus, Sebastian, Dorothea, Magdalena, Veronika, der Passion Christi, Marienbilder vertreten das Gebiet der Andacht. Viele der frühen Erzeugnisse einer ersten Phase des Holzschnittes sind aus süddeutschen Klöstern, insbesondere des nördlichen Alpengebietes erhalten; Blätter einer zweiten Phase (um 1425–59) weisen auf das bayrisch-österreichische Grenzgebiet und Österreich, während in einer dritten Phase (nach 1450) der Anteil Schwabens, der Schweiz und des Elsaß groß gewesen sein muß. Nach 1400 setzte auch die Aktivität der Niederlande und Italiens ein. Dokumentarische Evidenz für Italien verweist auf Holzdrucktechnik bereits ab dem Ende des 14. Jhs. Großformatige Marienbilder waren Hauptthemen der erhaltenen Specimina des 15. Jhs., z. B. die Madonna del fuoco von 1428. Das Hauptkontingent der niederländischen frühen Holzschnitte muß zwischen 1418 und 1464 liegen.

Aus dem Einzelbild entwickelte sich die Bilderfolge, zum Bild trat der Text, sei es geschrieben, sei es in Holz geschnitten. Damit war das Stadium der Blockbücher erreicht. Die Datierung der Blockbücher war und ist im einzelnen umstritten; doch darf der Ursprung dieser Buchgattung schon in die 30er und 40er Jahre des 15. Jhs. verlegt werden. Einen Übergang zum Blockbuch bildete das chiroxylographische Buch mit gedruckten Bildern und geschriebenem Text.

Auch der Metallschnitt wurde bereits im 15. Jh. angewendet, ein Hochdruckverfahren, bei dem eine dünne Messingplatte als Grundlage der Zeichnung verwendet wurde. Aus dem Jahre 1446 ist ein Einzelblatt mit einer Passion bekannt, das als ältester erhaltener Metallschnitt angesprochen werden kann. Der Metallschnitt kam also zur Zeit, als Gutenberg an seiner Erfindung arbeitete, für Einblattdrucke in Anwendung.

Seit den 30er Jahren des 15. Jhs. war auch der Kupferstich bekannt. Aus dem Metallgewerbe stammt das Verfahren, mit Hilfe eines Grabstichels eine Zeichnung vertieft auf eine Kupferplatte zu übertragen; die so gewonnene Druckform druckt nach erfolgter Einfärbung nur auf den vertieften Stellen.

2. Literatur

Avril, François, La technique de l'enluminure d'après les textes médiévaux. Paris 1967.

Bischoff, Bernhard, Paläographie des römischen Altertums und des abendländischen Mittelalters. Berlin ²1986.

Blanck, Horst, Das Buch in der Antike. München 1992.

Bologna, Giulia, Illuminated Manuscripts. London 1988.

Glenisson, Jean (Hrsg.), Le Livre au Moyen âge. Turnhout 1988.

Hamel, Christopher de, A history of illuminated manuscripts. Oxford 1986.

Hind, Arthur M., An introduction to a history of woodcut. New York 1935 (Repr. 1963).

Hunger, Herbert, Schreiben und Lesen in Byzanz. München 1989.

Mazal, Otto, Lehrbuch der Handschriftenkunde. Wiesbaden 1986.

Musper, Heinrich Th., Der Einblattholzschnitt und die Blockbücher des XV. Jhs. Stuttgart 1976.

Pächt, Otto, Buchmalerei des Mittelalters. München 1984.

Roosen-Runge, H., Farbgebung und Technik der frühen Buchmalerei. Berlin 1967.

Schreiber, Wilhelm L., Manuel de la gravure sur bois et sur métal au XVe siècle. Berlin 1895–1911.

Thompson, D. V., The Materials of Medieval Painting. London 1936.

Unterkircher, Franz, Die Buchmalerei. Entwicklung, Technik, Eigenart. Wien 1974.

Wattenbach, Wilhelm, Das Schriftwesen im Mittelalter. Leipzig ³1896.

Otto Mazal, Wien (Österreich)

36. Das abendländische Buch vor der Erfindung des Buchdrucks

Redaktioneller Hinweis: Aus terminlich-technischen Gründen muß der an dieser Stelle vorgesehene Artikel leider entfallen.

37. Die Technikgeschichte der Inkunabeln (Wiegendrucke)

1. Vorbemerkung
2. Die Erfindung
3. Die Technik
4. Die Inkunabeln
5. Schluß
6. Literatur

1. Vorbemerkung

Inkunabeln werden seit Ende des 18. Jhs. alle bis zum Jahr 1500 einschließlich mit Lettern gedruckten Texte (Bücher, Einblattdrucke, Formulare) genannt. Der in Deutschland Ende des vorigen Jhs. aufgekommene Ausdruck 'Wiegendrucke' hat sich international nicht durchgesetzt. Die besondere Benennung hat ihre Berechtigung u. a. darin, daß die Inkunabeln Zeugnisse einer Zeit sind, in der die Buchdruckkunst sich in einem Anfangsstadium befand und stark durch das Vorbild des geschriebenen Buches bestimmt wurde. Das Epochejahr 1500 hat insofern seine Berechtigung, als um die Jahrhundertwende – in Italien früher, nördlich der Alpen häufig auch später – der Schritt zum 'modernen' Buch getan wurde.

Die Zahl der im 15. Jh. gedruckten Texte bzw. Ausgaben (nicht Exemplare!) wird heute auf etwa 27 000 geschätzt. Davon sind z. Zt. in dem seit 1925 erscheinenden Gesamtkatalog der Wiegendrucke (GW) ca. 12 000 gründlich beschrieben. Für die noch ausstehenden Beschreibungen müssen vorläufig weiterhin ältere Inkunabelbibliographien und Kataloge von Sammlungen (Corsten/Fuchs 1988/93, 186 ff., 730 ff.) herangezogen werden. Die Inkunabeln sind Gegenstand eines speziellen Zweiges der Buchgeschichte und werden in den Bibliotheken gesondert aufbewahrt und verwaltet.

2. Die Erfindung

2.1. Das im 15. Jh. entwickelte Verfahren zur Vervielfältigung von Texten und Abbildungen ist durch die übliche Formulierung 'Druck mit beweglichen Lettern' nicht erschöpfend charakterisiert. Neben der Beweglichkeit der Lettern war deren beliebige Verfügbarkeit und ihr genaues Aufeinanderpassen von entscheidender Bedeutung. Man kann daher auch von der „vielfachen Letter" sprechen (Schmidt-Künsemüller 1972, 131). Außer dieser auf der Zusammenfassung und Verfeinerung älterer metalltechnischer Verfahren basierenden Methode war die Verbesserung der Drucktechnik durch die Spindelpresse von großer Wichtigkeit. Insgesamt gesehen, bildete die Technik des Buchdrucks „ein geschlossenes System verschiedener Verfahren, Werkzeuge, Geräte und Materialien" (Gerhardt 1975, 16; 33 ff.), das man unter informationstheoretischem Gesichtspunkt als „Anwendung des Prinzips der mehrfachen Spiegelung informativer Muster" (Giesecke 1994, 80 ff.) begreifen kann. Wenn es wegen der von den frühen Buchdruckern praktizierten strengen Geheimhaltung auch an zeitgenössischen Zeugnissen nahezu völlig fehlt, so besteht doch Einhelligkeit darüber, daß die aus jüngeren Lehrbüchern und praktischen Anweisungen bekannten Verfahrensweisen bereits in der Anfangsperiode prinzipiell gehandhabt wurden: An die Stelle handwerklicher Einzelfertigung trat eine auf Mechanisierung fußende Massenherstellung mit Hilfe von Automaten und Maschinen.

2.2. Die lange umstrittene Frage, wer als Erfinder des Buchdrucks zu gelten hat, darf als geklärt angesehen werden: Johann Gutenberg (ca. 1400–1468) hat die entscheidenden Anstöße gegeben. Sicher haben in den verschiedenen zur Anwendung kommenden Techniken bewanderte Personen das Ihre dazu beigetragen. Der später in Mainz mit großem Erfolg tätige Peter Schöffer war einer dieser Mitarbeiter der ersten Stunde. Nach Vorarbeiten in Straßburg dürfte die neue Kunst in Mainz, wo der Erfinder seit spätestens 1448 wieder lebte, zur Anwendungsreife

37. Die Technikgeschichte der Inkunabeln (Wiegendrucke)

gediehen sein. Nach einer im Hause Schöffer tradierten Überlieferung hat man im Jubiläumsjahr 1450 mit dem Druck einer Bibel begonnen; das früher als Zeitpunkt der Erfindung angesehene und gefeierte Jahr 1440 darf nach dem, was der bei Peter Schöffer ausgebildete Kölner Erstdrucker Ulrich Zell 1499 dem Verfasser der Kölnischen Chronik sagte, als Beginn der Entwicklungs- und Erprobungsphase angesehen werden. Nach einem erst in jüngerer Zeit als für die Gutenberg-Forschung bedeutend erkannten Brief des Enea Silvio Piccolomini (1405–1464), des späteren Papstes Pius II., wurden fertige Lagen der Bibel im Herbst 1454 den zum Reichstag in Frankfurt am Main versammelten Persönlichkeiten zum Kauf angeboten.

2.3. Seit 1459/60 breitete sich der Buchdruck von Mainz aus über ganz Europa aus. Die Eroberung der Stadt während der 'Mainzer Stiftsfehde' (28. X. 1462) dürfte viele Buchdrucker zum Wegzug veranlaßt haben. In knapp einem Jahrzehnt waren fünf deutsche Städte (Bamberg, Straßburg, Köln, Basel und Augsburg) erreicht, seit 1465 wurde in vielen italienischen Orten gedruckt (Subiaco, Rom, Venedig, Neapel u. a. m.). Zur Gründung von Werkstätten kam es seit 1470 in Frankreich, seit 1473 in den Niederlanden und Spanien, seit 1476 auch in England. In Europa gab es 1475 bereits 34 Orte, in denen sich Drucker für längere Zeit niederließen. Voraussetzung für eine wirtschaftlich gesunde Existenz war die spätmittelalterliche Gewerbebürgerstadt, die über kapitalkräftige Investoren und weitreichende Fernhandelsbeziehungen verfügte. Bei der Niederlassung der ersten Drucker spielten nicht zuletzt kirchliche Behörden, Universitäten und gelehrte Mäzene eine Rolle. Manche suchten auch als Wanderdrucker ihren Lebensunterhalt, blieben aber ohne nachhaltige Wirkungen.

3. Die Technik

3.1. Anders als ältere Verfahren zur Vervielfältigung von Texten ging der Buchdruck von dem Grundgedanken aus, daß diese in ihre Einzelelemente (Buchstaben, Ziffern und Zeichen aller Art) zerlegt werden können. Die für das beliebige Zusammenfügen der Elemente unterläßliche Präzision war nur durch den Metallguß gewährleistet. Nur so war das exakte Zusammenpassen inbezug auf Schriftlinie und -höhe sowie den Kegel zu erreichen.

Als Schriftmetall wurde eine Legierung von Blei, Zinn und Antimon verwendet. Das theoretisch mögliche Sandgußverfahren ('Guß in die verlorene Form') dürfte entgegen vereinzelter älterer Ansicht niemals angewendet worden sein, schon weil die große Anzahl der von einzelnen Buchstaben usw. benötigten Lettern oder Typen so nur unter großen Schwierigkeiten hergestellt werden konnten. Das wurde aber durch das zum Angelpunkt der Erfindung gehörende Handgießgerät möglich, das man als einen der frühesten Automaten der Technikgeschichte bezeichnet hat (Schmidt-Künsemüller 1972, 131). Das leicht zu handhabende Gerät erlaubte den schnellen und präzisen Guß beliebig vieler Lettern von unterschiedlicher Breite ('Dickte'). Für jeden Buchstaben usw. war eine Matrize erforderlich, ein Klötzchen aus weichem Metall, in dem das jeweilige Zeichen vertieft und seitenrichtig zu sehen war. Dazu hatte man einen Stahlstempel ('Punze') nötig, der das Negativ der Matrize, also das Zeichen seitenverkehrt und erhaben zeigend, darstellte. Die fertige Matrize wurde für den Letternguß durch eine Feder gegen den Gießkanal gedrückt, sie regelte auch die für wechselnde Dickten der Buchstaben seitlichen Abmessungen des Kanals, der durch zwei gegeneinander verschiebbare Winkeleisen gebildet wurde. Nachdem das verflüssigte Metall mit einem Löffel eingefüllt und abgekühlt war, konnte die Letter durch seitliches Öffnen des Gießkanals mit einer Handbewegung aus dem Gerät entfernt werden. Das wieder geschlossene Gerät war sofort für den Guß der nächsten Letter (mit demselben Buchstaben usw.) bereit. Nach dem völligen Erkalten wurden die Gußstücke von dem überflüssigen Anguß befreit und die Grate an den Kanten beseitigt. Die fertigen Lettern wurden in einem Setzkasten untergebracht, in dem die einzelnen Fächer entsprechend der Verwendungshäufigkeit angeordnet waren.

3.2. Während die Herstellung der Lettern in den metalltechnischen Bereich gehörte, war das Setzen, d. h. das Zusammenfügen der Typen zum Text, eine Aufgabe, die sprachliche und intellektuelle Bildung voraussetzte. Wie der Schreiber mußte auch der Setzer verstehen, was er setzte, um die vielen Abkürzungen richtig zu verwenden und die vom Text gebotene Gliederung durch Absätze und Freiräume für Initialen vorzunehmen. Die Form wurde zeilenweise auf einem kleinen Holzgerät, dem 'Winkelhaken', zusammengefügt, indem die Buchstaben und Zeichen von links nach rechts und auf dem Kopf stehend aneinandergereiht wurden. Wortzwischenräume und sonstige Freiräume wurden durch nicht mitdruckendes Blindmaterial, z. T. durch Metallstege bestimmt. Schon in der Frühzeit legten die Setzer Wert darauf, rechtsbündig 'auszuschließen', was durch wechselnde Wortzwischenräume und die vielen Abbreviaturen ermöglicht wurde. Vom Winkelhaken gelangten die fertigen Zeilen auf das Setzschiff, wo die Form zusammengesetzt wurde. Vorläufige Abzüge ('Bürstenabzüge') wurden für erste Korrektur gemacht. Aber selbst noch während der Drucklegung wurden nachträglich entdeckte Setzfehler beseitigt ('Preßkorrekturen'). Aus erhaltenen Probeabzügen wissen wir, daß die heute noch verwendeten Korrekturzeichen im großen und ganzen schon damals üblich waren.

3.3. Der Vorgang des Druckens, der dem ganzen Verfahren den Namen gegeben hat, war nicht das eigentlich Neue an Gutenbergs Erfindung. Mit Holztafeln und Metallplatten hatte man vorher auch schon gedruckt. Allerdings wurde dabei meist nur der Reiber, ein mit Leder überzogenes Stück Holz, verwendet. Indem damit das Papier auf die Form gedrückt wurde, erlitt die Rückseite Quetschungen und Risse. Trotzdem hat man solche Abdrucke zu kleinen Broschüren ('Blockbücher') zusammengefügt; die Rückseiten wurden durch Zusammenkleben unsichtbar gemacht. Um auch die Rückseite des Bogens einwandfrei bedrucken zu können, verwendete Gutenberg eine von ihm für den besonderen Zweck angepaßte Schraubenpresse, wie sie u. a. im Weinbau und der Ölgewinnung, aber auch als Naßpresse in der Papierherstellung üblich war. Die von ihm entwickelte Tiegeldruckpresse hatte den größeren Anforderungen an die Übertragung des Drucks Rechnung zu tragen, insbesondere durfte die Drehbewegung der Spindel nicht auf das zu bedruckende Material übertragen werden. Als 'Symbolgerät' der Schwarzen Kunst wurde sie auf zahlreichen Druckermarken der Zeit um 1500 abgebildet. Allerdings ist die Wiedergabe meist nur schematisch und ungenau, was die technischen Einzelheiten angeht. Trotzdem geht man nicht fehl in der Annahme, daß die Presse Gutenbergs in allen wesentlichen Teilen den späteren Geräten entsprach, sieht man davon ab, daß sie ausschließlich aus Holz gefertigt war. Wie anders wäre die Qualität der zweiundvierzigzeiligen Bibel zu erreichen gewesen.

Zwei starke, senkrecht stehende Balken bildeten zusammen mit zwei waagerecht verlaufenden Querbalken, der Krone und dem Oberbalken, das Gerüst für eine senkrechte Spindel, die durch ein Gewinde der unteren Querverbindung drehbar war. Die Drehbewegung, mit Hilfe einer in den Raum hineinragenden Stange, dem Bengel, in Gang gebracht, verursachte einen senkrechten Schub nach unten. An der Spindel hing ein Brett, der Tiegel, das den Bedruckstoff fest gegen die eingefärbte Form preßte. Damit der Tiegel die Drehung der Spindel nicht auf Papier und Form weitergab, war er über eine Zwischenvorrichtung angehängt. Diese, Büchse genannt, lief in der Führung eines waagerechten Brettes, der Brücke. Wurde die Spindel nach unten bewegt, lief sich die Drehung oberhalb des an der Büchse aufgehängten Tiegels tot. Damit wurde verhindert, daß der Bedruckstoff zerquetscht und die Form zerstört wurde.

Der zu einer Seite oder – bei bestimmten Formaten – mehreren Seiten zusammengefügte Satz, die Form, wurde auf einem Karren verkeilt und unter den Tiegel gefahren. Den durch die Bewegung des Bengels verursachten starken Druck nahm ein Fundament aus Stein auf. Nach oben wurden die Kräfte durch Verstrebungen zur Decke, das Gesperre, abgeleitet. Zwischen Form und Tiegel hielt ein an der äußeren Schmalseite des Karrens mit einem Scharnier angebrachter Deckel das zu bedruckende Material fest. Auf einer Unterlage von Papier war der Bedruckstoff mit Stiften oder Nadeln befestigt. Die Einstiche sind zuweilen im Buch noch zu erkennen, wenn sie nicht vom Buchbinder weggeschnitten oder in die Faltung des Bogens gelegt wurden. Diese 'Punkturen' hatten aber noch eine weitere Aufgabe. Sie sorgten beim Bedrucken der Rückseite des Bogens, dem 'Widerdruck', für das 'Registerhalten', d. h. für das genaue Aufeinanderpassen der Satzspiegel von Vorder- und Rückseite. Auch wenn rot gedruckte Passagen einen weiteren Druckvorgang nötig machten, hatten die Punkturen den Bogen in der korrekten Position zu halten.

Damit Ränder und Stege nicht unbeabsichtigt mit der Druckerschwärze in Berührung kamen, wurden sie durch ein am Deckel befestigtes Rähmchen abgedeckt. Dieses war über ein Scharnier beweglich und konnte mit einem einfachen Handgriff heruntergeklappt werden.

Das in den ersten Jahrzehnten von den Druckern benutzte Papier war von kräftigharter Zusammensetzung, was den Inkunabeln eine lange Lebensdauer gesichert hat. Für den Druckvorgang war das aber eher von Nachteil, weil der spröde Bedruckstoff die Farbe nicht gleichmäßig aufnahm und das Letternmaterial abnutzte. Deshalb mußten die Bogen leicht angefeuchtet werden, indem man nasse und trockene Bogen aufeinander stapelte. Nach dem Druck mußte alles Bedruckte wieder getrocknet werden. Viele alte Darstellungen von Offizinen zeigen die wie Wäsche an der Leine hängenden Bogen im Hintergrund der Szene.

Auch die Druckerschwärze mußte eigens für die Erfordernisse des Buchdrucks entwickelt werden, sie unterscheidet sich mit ihrer kräftigen, tiefschwarzen Farbe deutlich von den für Blockbücher und Holzschnittblätter verwendeten Tinten. Man nimmt an, daß die Druckerschwärze aus Firnis und Lampenruß unter Hinzufügung von Harn und Eiweiß bereitet wurde. Vor dem Druck wurde sie auf einem Stein fein verrieben und dann mit Hilfe von zwei Druckerballen, d. h. mit Haar oder Wolle ausgestopften Ledergebilden, auf die Form übertragen. Das hatte mit großer Sorgfalt und Gleichmäßigkeit zu geschehen, um ein gutes und einheitliches Schriftbild zu gewährleisten. Nach dem Einfärben wurde der Deckel mit dem Bedruckstoff auf den Satz geklappt und unter den Tiegel gefahren. War der Druckvorgang durch den Bengelzug getätigt und der Tiegel in die Ausgangsstellung zurückgebracht, wurde auch der Wagen zurückgefahren und der bedruckte Bogen entnommen.

Größe und Leistungsfähigkeit der Presse beeinflußten den täglichen Ausstoß der Offizin und damit auch die Höhe der Auflage. Die Setzer hatten zudem ihre Arbeitsleistung so abzustimmen, daß die Drucker bei Arbeitsbeginn eine fertige Form vorfanden, um Leerlauf zu vermeiden. Während manche Frühdrucker mit verhältnismäßig kleinen Pressen arbeiteten und halbe Bogen unter den Tiegel brachten, lernte man in den 1470er Jahren, wesentlich größere Maschinen zu bauen. Diese ermöglichten, einen ganzen Bogen (= zwei Folioseiten) in einem Arbeitsgang zu bedrucken. Der entsprechend groß dimensionierte Karren wurde in zwei Schritten unter den Tiegel gefahren und mit jeweils einem Bengelzug bedruckt. Die Zweiphasenpresse verringerte etliche Maßnahmen wie das Verkeilen der Form und das Einbringen des Papiers deutlich und ermöglichte größere Auflagen. Wenn italienische Druckerherren von ihren Setzern eine Tagesleistung von zwei Formen, d. s. vier Seiten in folio, verlangten, dann geschah das ohne Zweifel in Hinblick auf die verbesserte Presse.

Je höher die Auflage war, um so größer war der Nutzen, der aus den Aufwendungen für den Satz gezogen wurde. Soweit wir feststellen können, wurden die Auflagen mit der Zeit immer umfangreicher. Während die 42zeilige Gutenberg-Bibel in höchstens 180 Exemplaren aus der Presse kam, konnte sich zwei Jahrzehnte später Johann von Speyer in Venedig in seiner Cicero-Ausgabe von 1469 rühmen, sie innerhalb kurzer Zeit zwei Mal mit je 300 Exemplaren auf den Markt gebracht zu haben. Ähnliche Zahlen − nämlich 275 bzw. 300 − brachten auch die Erstdrucker Roms, Sweynheim und Pannartz, in einem Bittschreiben an den Papst zur Sprache. Nach der Einführung der Zweiphasenpresse in Italien wurden dort Auflagen von 400 bis 600 Exemplaren üblich. In Deutschland ging man spürbar vorsichtiger ans Werk. Ulrich Zell in Köln beließ es um 1470 bei 100 bis 150 Exemplaren, und Johann Koelhoff d. J. brachte von seiner Kölnischen Chronik von 1499 auch nicht mehr als wahrscheinlich 250 Exemplare heraus. Übergroße Vorsicht bei der Planung oder ungenügende technische Ausstattung zwang die Drucker immer wieder, dieselben Titel in kurzer Zeit erneut zu setzen und zu drucken. Das war ein sehr unrationelles Verfahren, wenn es auch wegen der niedrigen Löhne und dem hohen Anteil, den das Papier an den Kosten hatte, nicht so schädlich war, wie man heute annehmen möchte. Unter diesen Voraussetzungen ist auch die während des Druckens vorgenommene Erhöhung der Auflagenzahl, die den Neusatz und nachträglichen Druck der bereits fertig vorliegenden Teile nötig machte, als sinnvoll einzuschätzen. Bereits Gutenberg sah sich beim Druck seiner Bibel zu einem derartigen Schritt gezwungen.

4. Die Inkunabeln

4.1. Als der Buchdruck erfunden wurde, erlebte die mittelalterliche Schreibkunst eine Spätblüte, die sich vor allem in liturgischen Büchern und persönlichen Andachtsbüchern für hochmögende Auftraggeber niederschlug.

Den Druckern blieb gar nichts anderes übrig, als sich am Vorbild des geschriebenen Buches zu orientieren und das, was der Schreiber mit der Feder leichter Hand an Nebenformen, Abkürzungszeichen usw. auf das Papier brachte, mit einem überaus aufwendigen technischen Apparat nachzubilden. Damit wollten sie keineswegs den Käufern eine Handschrift vortäuschen. Sie und ihre Kunden standen vielmehr im Banne einer großen Tradition, der sie sich nicht ohne weiteres entziehen konnten. Für den Satz der Gutenberg-Bibel wurden nicht weniger als 290 Lettern benötigt, die von einander zu unterscheiden waren und beim Setzen und Ablegen große Sorgfalt voraussetzten. Erst allmählich wurde dieser Wildwuchs beschnitten und der Typenkatalog auf das Notwendige beschränkt. Bei der Vereinfachung und Rationalisierung gingen italienische Offizinen voran. Anderswo hielt man dagegen bis an die Schwelle des neuen Jhs. an den überkommenen Gewohnheiten fest.

Die bunte Vielfalt wurde überdies durch die zahlreichen Schriftarten und -stile bestimmt, die von regionalen Moden und Überlieferungen herrührten. Außerdem gab es große Unterschiede zwischen den diversen Bucharten. 'Edelbücher' wie solche, die im Gottesdienst verwendet wurden, stellten größere Anforderungen an Schreiber und Drucker als wissenschaftliche Gebrauchsliteratur, Schulbücher oder volkstümliche Erbauungsschriften. Die Textura, wie sie in der 42zeiligen Bibel angetroffen wird, wurde für Liturgica noch lange nach 1500 als unerläßlich angesehen. Allenfalls brachte die aus Italien herübergekommene 'Rotunda', eine rundgotische Letter, eine Abschwächung des strengeckigen Charakters ins Bild. Die ebenfalls in Italien entstandene klare und gut lesbare Humanistenschrift gelangte als 'Gotico-antiqua' und als heute noch lebendige 'Antiqua' in die Setzkästen. Kursive Geschäfts- und Urkundenschriften wurden ebenfalls für literarische Texte verwendet und wegen ihres zwiespältigen Charakters als 'Bastarde' bezeichnet. Solche Bastardschriften gab es in großer Anzahl und Varianten. Eine von ihnen, die vor allem in Süddeutschland verbreitete Schwabacher, wurde so etwas wie die Mutter der kurz nach 1500 geschaffenen und über Jahrhunderte hin als besonders deutsch geltenden Fraktur. Indem die Drucker sich daran gewöhnten, ihre Schriften nach dem Vorbild bereits von Kollegen benutzter Schriften zu wählen, kam es allmählich zu einem international akzeptierten Katalog der Typographie, der jedoch dank einer größeren Vielfalt bei den Graden und deren überlegten Einsatz genügend Variationsmöglichkeiten bot.

4.2. Vor nahezu unlösbare Probleme sahen sich die ersten Drucker durch die Gewohnheit der Schreiber gestellt, die Bücher farbig auszuschmücken und auch für die Gliederung zumindest rote und blaue Elemente zu verwenden. Das waren Initialen verschiedener Größenordnungen, die aufwendig vom Buchmaler gestaltet werden konnten; aber auch solche, die als schlichte 'Lombarden' in Unzial-Charakter mit der Feder geschaffen wurden. Das machte der nach seinem Umgang mit roter Tinte benannte 'Rubrikator', dem auch das Einsetzen der farbigen Seitenüberschriften und der häufig vorkommenden Kapitelanfänge überlassen wurde. Gutenberg hatte in seiner Bibel zunächst derartige Rubriken rot eingedruckt, mußte das aber nach wenigen Seiten wegen des hohen technischen Aufwandes wieder aufgeben. Die Drucker der ersten Jahrzehnte lieferten, von wenigen Ausnahmen abgesehen, ihre Bücher als 'Halbfertigware', die nachträglich noch von Hand die gewohnte Ausschmückung erhielten. Auch Peter Schöffer, der für seine beiden Psalter-Ausgaben von 1457 und 1459 einen überaus kunstvollen technischen Apparat geschaffen hatte, mit dem er mehrfarbige Initialen und das dazugehörige Fleuronnée eindruckte, nahm bald wieder davon Abstand. Nur den bloßen Rotdruck für Überschriften und Explicit haben er und manche jüngere Typographen angewendet.

Für die Initialen fand sich dann ein Ausweg, indem diese über den Holzschnitt eingefügt und gleich mitgedruckt wurden. Es blieb in der Regel dem Käufer überlassen, sie nachträglich zu kolorieren. Aber das ist häufig unterblieben, und die Holzschnitte gewannen an Qualität und Eigenwert. Mit derartigem Buchschmuck und mit Hilfe einer differenzierten Typographie wußten die Buchdrucker dem Buch neue ästhetische Reize zu vermitteln und den Verlust der Farbigkeit wieder wettzumachen. Die mit ganzseitigen und in den Text eingefügten Abbildungen in Holzschnittechnik ausgestatteten Bücher waren eine Domäne der süddeutschen Offizinen, kamen aber bis zum Ende des Jhs. überall in Mode.

Ohne Vorbild in den Handschriften waren die von vielen Druckern verwendeten Signete (Druckermarken), die es in mancherlei Spielarten gab. Den Anstoß für diese der Qualitätsgarantie und wohl auch der Werbung dienenden Marken gaben Fust & Schöffer, die seit 1462 ein Allianzsignet führten, das zwei am Ast hängende heraldische Schilde mit den Handelsmarken der beiden Gesellschafter zeigt. Andere Drucker wiesen mit bildlichen Darstellungen auf den Sitz ihrer Unternehmen hin oder verschlüsselten ihre Namen wie in einem Rebus. Etwas Neues waren auch die gegen Ende des Jhs. aufkommenden Titelblätter. Angaben über Verfasser, Inhalt und Drucker des Buches fanden sich wie bei den Handschriften meist in einer Schlußschrift. Es bürgerte sich aber der Brauch ein, einen kurzen Inhaltshinweis auf das Deckblatt zu setzen, das zum Schutze des eigentlichen Buches sonst unbedruckt blieb. Indem man diesem Blatt weitere Informationen bibliographischer Art anvertraute und es mit Holzschnittleisten einrahmte, bediente man sich dieser exponierten Seite im Buch zur Einstimmung und Werbung und leitete eine Entwicklung ein, die nach 1500 zu schönsten Ergebnissen führen sollte.

4. Schluß

Die Entwicklung der Inkunabel ist die Geschichte der Loslösung vom Vorbild des handgeschriebenen Buches. Das gilt nicht nur für das äußere Erscheinungsbild, sondern nicht minder für den Inhalt. Das Schwergewicht dessen, was im 15. Jh. gedruckt wurde, lag eindeutig beim Gewohnt-Bewährten. Das waren die Bibel und die großen Theologen der Vergangenheit; auch die klassischen Autoren der Antike, soweit sie dem Mittelalter vertraut waren, fehlten nicht. Diese Beschränkung führte sehr bald zu einer für die Drucker gefährlichen Überproduktion und Verstopfung des Marktes. Man wußte mit dem schon von den Zeitgenossen immer wieder gepriesenen Effekt der schnellen Produktion großer Mengen, wie es der Buchdruck ermöglichte, noch nicht umzugehen. Der führende Nürnberger Druckerverleger Anton Koberger klagte 1503 bewegt: „Man hatt die pfaffen so gancz außgellert mit den buchern, so vil gelcz von jn czogen, das sie nicht mer dar an wollen" (Volz 1960, 66). Auswege aus dem Dilemma bot die Erschließung neuer Käuferschichten durch den Druck volkssprachiger Chroniken, Bibeln und erzählenden Werken aller Art. Auch die Broschürenliteratur erbaulichen und unterhaltenden Charakters bot Verdienstmöglichkeiten, die auch nicht von den großen Firmen verschmäht wurden.

Welche gewaltigen Wirkungen die Erfindung Gutenbergs über die Beschleunigung, Vermehrung und Verbilligung hinaus haben sollte, das deutete sich im 15. Jh. nur an und wurde erst den Menschen der frühen Neuzeit allmählich deutlich.

6. Literatur

Bechtel, Guy, Gutenberg et l'invention de l'imprimerie. Une enquête. Paris 1992.

Corsten, Severin/Reimar W. Fuchs/Kurt H. Staub (Hrsg.), Der Buchdruck im 15. Jahrhundert. Eine Bibliographie. 2 Bde. Stuttgart 1988−1993.

−, Wolfgang Schmitz, Buchdruck des 15. und 16. Jahrhunderts. In: Die Erforschung der Buch- und Bibliotheksgeschichte in Deutschland. Hrsg. v. Werner Arnold/Wolfgang Dittrich/Bernhard Zeller. Wiesbaden 1987, 93−120.

−, Die Erfindung des Buchdrucks im 15. Jahrhundert. In: Die Buchkultur im 15. und 16. Jahrhundert. Bd. 1. Hamburg 1995, 125−202.

Geldner, Ferdinand, Inkunabelkunde. Eine Einführung in die Welt des frühesten Buchdrucks. Wiesbaden 1978.

Gerhardt, Claus W., Geschichte der Druckverfahren. Bd. 2: Der Buchdruck. Stuttgart 1975.

Giesecke, Michael, Der Buchdruck in der frühen Neuzeit. Eine historische Fallstudie über die Durchsetzung neuer Informations- und Kommunikationstechnologien. Frankfurt a. M. 1994.

Haebler, Konrad, Handbuch der Inkunabelkunde. Leipzig 1925.

Hellinga, Lotte/John Goldfinch (Hrsg.), Bibliography and the study of 15th-century civilisation. London 1987.

−, Helmar Härtel (Hrsg.), Buch und Text im 15. Jahrhundert. Hamburg 1981.

Kapr, Albert, Johannes Gutenberg. Persönlichkeit und Leistung. München 1987.

Kunze, Horst, Geschichte der Buchillustration in Deutschland. Das 15. Jahrhundert. 2 Bde. Leipzig 1975.

Ruppel, Aloys, Johannes Gutenberg. Sein Leben und sein Werk. Berlin ²1947.

−, Die Technik Gutenbergs und ihre Vorstufen. Düsseldorf ²1961.

Schmidt, Wieland/Karl Dachs, Wieviele Inkunabeln gibt es wirklich? In: Bibliotheksforum Bayern 2, 1974, 83−95.

Schmidt-Künsemüller, Friedrich A., Gutenbergs Schritt in die Technik. In: Der gegenwärtige Stand der Gutenberg-Forschung. Hrsg. v. Hans Widmann. Stuttgart 1972, 122−147.

Volz, Hans, Bibel und Bibeldruck in Deutschland im 15. und 16. Jahrhundert. Mainz 1960.

Wendland, Henning, Signete. Deutsche Drucker- und Verlegerzeichen 1457–1600. Hannover 1984.

Winteroll, Hans M., Summae innumerae. Die Buchanzeigen der Inkunabelzeit und der Wandel lateinischer Gebrauchstexte im frühen Buchdruck. Stuttgart 1987.

Wolf, Hans-Jürgen, Geschichte der Druckverfahren. Historische Grundlagen, Portraits, Technologie. Elchingen 1992.

Severin Corsten, Bonn (Deutschland)

38. Die Technikgeschichte des Buches und der Broschüre vom 16. bis zum 20. Jahrhundert

1. Die Entwicklung der Papierherstellung
2. Die Entwicklung der Druckpressen
3. Typenguß und Typographie
4. Druckverfahren
5. Der Bucheinband
6. Literatur

1. Die Entwicklung der Papierherstellung

1.1. Das Papierschöpfen als Handwerk

Wesentliche Voraussetzung für die überaus rasche Ausbreitung des Buchdrucks an der Wende vom 15. zum 16. Jh. war die Steigerung der Papierproduktion und die Zunahme von Papiermühlen. Obgleich sich auch im 16. Jh. noch vereinzelt Drucke oder Teile von Drucken auf Pergament finden, war das Pergament beim Druck keine ernsthafte Alternative. Das Papier war leichter zu bedrucken und konnte – im Vergleich zum Pergament – wesentlich besser in gleichbleibender Qualität beschafft werden. Auch bei der Weiterverarbeitung, dem Falzen und Binden, stellte das Papier wesentlich geringere Anforderungen an die Kunstfertigkeit der Buchbinder und ermöglichte leichtere Einbandformen. Schließlich ließ sich das Papier, auch wenn es bedruckt oder beschrieben war, in größerem Umfang und besser als Pergament wiederverwenden, weil es schon relativ bald wiederaufgearbeitet werden konnte und zu einfachen Packpapieren und Pappen verarbeitet wurde.

Der technisch-gewerbliche Wandel des 15. Jhs. führte zu einer großen Nachfragesteigerung beim Papier, die sich im 16. Jh. vor allem auch durch den sozialen Wandel und eine Zunahme der Schriftkultur und Bildung fortsetzte. Die Herstellung von Papier, der als Rohmaterial Fasern aus gebrauchten Textilien diente, blieb in Europa in den ersten Jahrhunderten weitgehend unverändert. Bei der Aufbereitung der Fasern wurden Stampfwerke eingesetzt, die durch Wasserkraft getrieben wurden. Wasser wurde ebenfalls zum Reinigen der Fasern und zum Aufschwemmen der Fasersuspension in der Bütte verwendet, aus der mit einem Schöpfsieb, dessen Maße die Größe der Bogen bestimmte, geschöpft wurde. Das Schöpfsieb bestand aus einem Drahtsieb mit aufgesetztem Schöpfrahmen, der durch seine Höhe die Menge des jeweils aufzunehmenden Faser-Wassergemischs, des Ganzzeugs, festlegte. Durch Schütteln des Schöpfsiebes wurde, während das Wasser durch das Sieb ablief, erreicht, daß sich die Fasern übereinanderlegten und miteinander verfilzten. Diese Papierfilze wurden, nachdem der Rahmen abgenommen war, im Wechsel mit Wollfilztüchern auf einem Stapel, dem Pauscht, abgelegt und durch Pressen (Gautschen) von überschüssigem Wasser befreit. Die Bogen wurden nach dem Entnehmen der Filze noch einmal gepreßt und dann zum Trocknen aufgehängt. Anschließend mußte das Papier mit einem dünnflüssigen Leim bestrichen werden, um es tintenfest zu machen. Druckpapiere wurden weniger stark geleimt, damit die Druckfarbe besser aufgenommen werden konnte, das endgültige Ableimen oder Planieren, das dem Papier auch eine höhere Strapazierfähigkeit verlieh, übernahm bei den Drucken der Buchbinder.

1.2. Neue Technologien und Rohstoffe in der Papierherstellung

Das Prinzip der Papierherstellung ließ eine Mechanisierung kaum zu, lediglich bei der Rohstoffaufbereitung, dem Zerkleinern und Aufbereiten der Lumpen (Hadern) zum Faserbrei wurden durch das Einführen von Mahlwerken (Holländern) statt der Stampfwerke am Ende des 17. Jhs. Fortschritte erzielt. Mitte des 17. Jhs. veranlaßte der Drukker John Baskerville, daß für die Schöpfsiebe wesentlich feinere Drahtsiebe verwendet wurden, um die Rippung des Papiers zu vermeiden und die Oberfläche pergamentähnlicher zu machen (Velinpapier). Auf der Grundlage dieses wesentlicher flexiblen Siebes gelang am Ende des 18. Jhs. dem Franzosen Nicolas Louis Robert mit der Erfindung eines mechanisch bewegten Siebs der erste Schritt zur maschinellen Erzeugung von Papier. Das über Walzen laufende, durch eine Kurbel angetriebene Endlossieb ermöglichte die Produktion einer endlosen Papierbahn. Über den Walzenantrieb wurden gleichzeitig breite Holzschaufeln bewegt, die kontinuierlich den Stoff aus der Bütte hoben und auf das Sieb schütteten. Obgleich die Papierbahn am Auslauf noch durch zwei Preßwalzen geführt wurde, die das restliche Wasser auspressen sollten, war das Papier noch so naß, daß die Bahnen nach einer Länge von 12—15 m abgeschnitten werden mußten, um ein Verfilzen der aufgerollten Bahnen zu verhindern. Die Bahnen wurden unmittelbar nach der Abnahme von der Maschine in Bogen zerschnitten, die dann, wie das herkömmliche Büttenpapier, weiterverarbeitet wurden. Die Vervollkommnung der Papiermaschinen machte rasche Fortschritte, die Arbeitbreite wurde von 58 cm in wenigen Jahren auf 152 cm vergrößert. 1819 wurde ein Patent für eine dampfgeheizte Walze erteilt, womit auch das Trocknungsproblem der Endlosbahn gelöst werden konnte.

Problematisch wurde der Rohstoffmangel. Lumpen standen für den steigenden Bedarf nicht mehr ausreichend zur Verfügung, so experimentierte man am Ende des 18. Jhs. mit unterschiedlichstem Fasermaterial, verschiedene Strohsorten, Gräser, Wollgewächse usw. (J. Ch. Schaeffer, Louis Piette) führten nicht zu dem gewünschten Erfolg. Erst 1840 gelang es dem sächsischen Weber Friedrich Gottlob Keller, Faserstoffe durch Schleifen von Holz zu gewinnen. 1845 konnte unter Zusatz von 40% Lumpen das erste holzhaltige Papier erzeugt werden. Beim Weißschliff wurde kaltes Wasser mit dem Holz zusammen an den rasch rotierenden Schleifstein gebracht, während beim Braunschliff durch die Behandlung mit heißem Wasser oder Wasserdampf der Faserverbund des Holzes bereits so weit gelockert wurde, daß beim Schleifen bereits Einzelfasern entstanden. Von der Dampfbehandlung war es dann nur noch ein relativ kleiner Schritt zum chemischen Aufschluß des Holzes, der Zellstoffgewinnung. 1851 stellten die Engländer Hugo Burgess und Charles Watt Natronzellstoff aus Holz her, 10 Jahre später erhielt der Amerikaner Benjamin Chew Tilghman ein Patent für den sauren Holzaufschluß. Nach dem 1878 von Alexander Mitscherlich modifizierten Herstellungsverfahren für Sulfitzellstoff arbeiteten 1883 bereits 29 Zellstoff-Fabriken in Europa.

Entscheidenden Wandel in der Papierherstellung bewirkte die Umstellung der Leimung. 1805 hatte M. F. Illig, Sohn eines Papiermühlenbesitzers, das Prinzip der Masse- bzw. Bütteleimung mit Harzleim gefunden, das nach zahlreichen Versuchen und Verbesserungen seit der Mitte des 19. Jhs. angewendet wurde und zusammen mit den neuen Rohstoffen Holzschliff und Zellstoff die Papierproduktion enorm steigerte, gleichzeitig aber auch das lange Zeit hindurch kaum beachtete Problem des Papierzerfalls hervorrief.

Seit Beginn des 20. Jhs. ist für die Papierproduktion der kontinuierlich arbeitende Großbetrieb maßgeblich, die Papiermaschinen haben inzwischen Arbeitsbreiten von mehr als 10 m erreicht, die Papierbahnen werden unmittelbar im Anschluß an die Produktion vollautomatisch zu Rollen oder Bogen in den gewünschten Formaten konfektioniert. Diese Entwicklung der Papierproduktion hat natürlich ihre Parallelen in der Herstellung der Drucke.

2. Die Entwicklung der Druckpressen

2.1. Tiegeldruckpressen

Die gutenbergsche Presse war eine reine Holzkonstruktion. Um jedoch große Flächen in einem Arbeitsgang gleichmäßig bedrucken zu können, war es nötig, den Anpreßdruck zu erhöhen und gleichmäßig auf die gesamte Fläche zu verteilen. So wurden zunächst die Spindel und das Lager auf dem Tiegel aus Metall gefertigt, was größere Haltbarkeit und kontinuierlicheres Arbeiten bewirkte. Bis zur Mitte des 17. Jhs. blieben das jedoch die einzigen Änderungen an den Pressen. Willem Janszoon Blaeuw verbesserte den Tiegel, indem er eine konvexe Metallplatte am Tiegel anbrachte, die den Druck des Preßbengels federnd an den Tiegel weitergab. Druckformen im Doppelfolioformat mußten jedoch weiterhin in zwei Arbeitsgängen gedruckt werden, d. h. beide Seiten konnten zwar zusammen eingefärbt werden, jede Seite mußte aber gesondert im Karren unter den Tiegel geschoben und gedruckt werden. 1772 baute der

Schriftgießer Wilhelm Haas eine eiserne Handpresse, die durch Verwendung eines Steinsockels eine große Stabilität erhielt. Diese Erfindung konnte sich erst einige Jahre später bewähren, da der Basler Rat dem Schriftgießer das Drucken nicht gestattete. Erst als sein Sohn das Handwerk ordentlich gelernt hatte, konnte Haas 1790 seine 'Beschreibung und Abriß einer neuen Buchdruckerpresse' herausgeben. Zwischenzeitlich hatte der vermögende englische Lord Stanhope durch den Londoner Schmied Walker eine Ganzmetallpresse bauen lassen, bei der Seitenwangen, Unter- und Oberteil aus einer Form gegossen waren. Der Druck an der Stanhope Presse wurde mit einem kombinierten Schrauben-Hebel-System erzeugt; der Bengel setzte nicht mehr direkt an der Schraube an, sondern übertrug die Kraft indirekt auf diese und mit einer zunehmenden Verzögerung, so daß sie am Ende der Bewegung am größten war. Dabei wurde ein Anpreßdruck erreicht, mit dem auch große Formen durch einen leichten Zug am Bengel abgezogen werden konnten.

Die Stabilität der Ganzmetallpressen führte nicht nur zu einer größeren Exaktheit beim Schön- und Widerdruck (Registerhalten), sondern auch zu einer erheblichen Beschleunigung beim Drucken.

2.2. Die Entwicklung von Druckmaschinen

Die Industrialisierung zu Beginn des 19. Jhs. brachte zunächst weitere Versuche, die Tiegeldruckpresse zu verbessern. Friedrich Koenig versuchte 1803/4 im thüringischen Suhl, die manuellen Arbeiten an der Presse weitgehend zu automatisieren. Zum Einfärben der Druckform setzte Koenig eine lederüberzogene Walze ein, die ein gleichmäßiges Einfärben der Druckform ermöglichte und die zeitraubende Arbeit mit den Reibern (Ballen) ersetzte. In England lernte er dann die Kunstfertigkeit englischer Eisengießer und Maschinenbauer kennen, erkannte die neuen Möglichkeiten und wich bei seiner Konstruktion erstmals von dem Prinzip 'flach auf flach' ab. Er benutzte zum Gegendruck nicht mehr den Tiegel, sondern einen eisernen Zylinder. Auf seine Zylinderdruckmaschine erhielt er 1811 ein englisches Patent. Neu war, daß das Papier an den stillstehenden Zylinder angelegt wurde und während des Drucks durch mitlaufende Bänder gehalten wurde.

Das manuelle Anlegen der Papierbogen, die zeitraubendste und arbeitsintensivste Tätigkeit beim Drucken, wurde durch die Erfindung des Kölner Buchdruckers Gilke überflüssig. Das 1913 erteilte Patent für einen selbsttätigen Anleger mit einem automatischen Greifer wurde ab 1919 in der Heidelberger Druckmaschinenfabrik umgesetzt und markiert den Anfang der 'Heidelberger Tiegel', die bis in die Achtziger Jahre als Druckmaschinen für Bücher dominierten.

Der automatische Anleger konnte auch für die von Koenig weiterentwickelten Zylinderdruckmaschinen verwendet werden. Die von Koenig entwickelten Schnelldruckpressen, die ab 1814 in England als Doppelpressen für den Druck von Zeitungen zum Einsatz kamen, beschleunigten zwar den Druckvorgang ungemein, Schön- und Widerdruck wurden in einem Durchlauf durch zwei hintereinander gestellte Zylinderdruckpressen hergestellt, konnten aber dem gestiegenen Bedarf nicht genügen. Der Durchbruch zur raschen Zeitungsdruckerei gelang um 1860 in Amerika. William Bullock konstruiert eine einsatzfähige Rotationsdruckmaschine. Die Druckform ist auf den Druckzylinder montiert, der Druck erfolgt auf das inzwischen von der Langsiebpapiermaschine erzeugte Rollenpapier. Voraussetzung für diesen neuen Druckmaschinentyp war die Fortentwicklung der Stereotypie, die es ermöglicht, eine flache Druckform so stereotypisch abzuformen, daß die davon abgegossenen halbrunden Formplatten auf einen Druckzylinder gespannt werden konnten. Die Papierstereotypie geht auf ein 1829 dem Franzosen Claude Genoux erteiltes Patent zurück. Durch Prägen der Druckform in eine Art Pappmaché wird eine biegsame Mater hergestellt, die in einer Halbrundform ausgegossen werden kann.

Optimale Leistungen wurden auf den Zylinderdruckmaschinen dadurch erreicht, daß am Auslauf der Druckmaschine Schneid- und Falzapparate montiert wurden, so daß bereits um 1880 das bis heute noch gültige Prinzip der Rotationsdruckmaschine eingesetzt wurde, bei dem in einem Druckgang ein bis zu 32 Seiten umfassendes Produkt, Zeitung oder Zeitschrift, hergestellt werden konnte. Für den Druck von Büchern werden Rotationsdruckmaschinen erst im Zuge der Massen-Taschenbuchproduktion in den Jahren nach dem Zweiten Weltkrieg eingesetzt.

3. Typenguß und Typographie

3.1. Typenguß

Während Gutenberg und viele seiner unmittelbaren Nachfolger auf die Herstellung der

Typen große Sorgfalt verwendeten, weil sie die Nachahmung von Handschriften anstrebten und deshalb eine sehr repräsentative Typographie betrieben, entwickelte sich um 1500 eine möglichst 'effektive' Typographie. Kleinere Typen, möglichst viel Information auf kleinem Raum, um viel Text mit geringem Aufwand und Papierverbrauch vermitteln zu können. Die Tages- und Gebrauchsliteratur mußte möglichst wohlfeil sein. Eine stetige Verkleinerung der Typen − zu Beginn des 16. Jhs. wurden bereits Typen mit einem Kegel von weniger als 2 mm gegossen − eröffnete die Möglichkeit, kleinere Formate zu drucken und damit handhabbare Bücher herzustellen.

Aldus Manutius in Venedig, der nicht nur die griechischen Klassiker mit eigens entworfenen griechischen Typen druckte, sondern auch Texte der lateinischen Literatur und humanistische Werke, war der erste, der Bücher in kleinerem Format mit entsprechenden kleineren Typen für ein breiteres gebildetes Publikum druckte. Die Texte waren nicht kommentiert, weil das interessierte Publikum das Lesen inzwischen als Unterhaltung und Abwechslung betrachtete und deshalb großes Interesse an 'Taschenbüchern' zeigte. Das Programm des Verlegers Manutius bot eine Vielzahl von Texten der griechischen und römischen Klassiker, aber auch der Humanisten und der Volksliteratur im Oktavformat, die sich großer Beliebtheit erfreuten.

3.2. Die Mechanisierung des Typengusses

Die Typenherstellung hat bis ins 19. Jh. hinein keine Veränderungen erfahren, die Typen mußten einzeln mit dem Handgießgerät gegossen und von Hand nachgearbeitet werden. Ein erster Schritt auf dem Weg zu einer Beschleunigung des Typengusses war die Einführung der Kolbenspritze. Statt des Gießens mit dem Löffel wurde das Gießinstrument an den Gießmund der Kolbenspritze gesetzt und durch den Druck auf eine Pumpe die nötige Menge flüssigen Metalls in das Gießinstrument gepreßt. Die Tagesleistung (12 Stunden) eines geübten Schriftgießers konnte so auf etwa 5000 Typen verdoppelt werden. 1838 erfand der Amerikaner David Bruce die Handgießmaschine, die ungefähr ab 1844 auch den Schriftgießern in Deutschland zur Verfügung stand. Diese Maschine lieferte bereits 8−10 000 Typen in einem nur noch zehnstündigen Arbeitstag, eine manuelle Nachbearbeitung der Typen war aber weiterhin erforderlich. Die französische Maschinenfabrik Foucher frères baute im Jahr 1883 die erste Typengußmaschine, die gebrauchsfertige Typen lieferte.

3.3. Die Entwicklung der Setzmaschine

Mit dem mechanisierten Typenguß waren aber noch nicht der arbeitsintensive Setzvorgang und vor allem die aufwendige Ablage des Satzes nach dem Drucken gelöst. Von den Setzmaschinen, die bis zur Mitte des 19. Jhs. erprobt wurden, ist das Verfahren des Dänen Christian Sörensen bemerkenswert, bei dem das Ablegen dadurch weitgehend automatisiert wurde, daß die Typen mit einer buchstabenspezifischen Signatur versehen waren, die dafür sorgte, daß jede Type nur in den mit einer entsprechenden Aussparung versehenen senkrechten Kanal fallen konnte, wo sie für den durch eine Klaviatur mit ca. 90 Tasten gesteuerten Satz wieder zur Verfügung stand. Auch bei der nach dem gleichen Prinzip arbeitenden Setzmaschine des Amerikaners Josef Thorne wurden zum Setzen drei Personen benötigt, der Setzer (an der Maschine), ein zweiter Setzer, der für das Umbrechen der endlosen Zeilen zuständig war, und eine Hilfskraft, die das Ablegen des Satzes besorgte.

Eine Lösung des Problems 'maschineller Satz' brachte die Erfindung Otmar Mergenthalers, der 1884 in Amerika mit der 'Linotype' eine Setzmaschine konstruierte, die bis in die Siebziger Jahre − bis zur Ablösung durch den Lichtsatz − im Gebrauch blieb. Mergenthalers Setzmaschine arbeitete im Unterschied zu den Vorgängern nicht mit Typen, sondern mit Matrizen, die durch den Druck auf die schreibmaschinenähnliche Tastatur ausgelöst wurden und aus einem Magazin in einen Sammler fielen, von dem sie dann als komplette Zeile vor den Gießmund geführt und mit Blei schrifthoch ausgegossen wurden. Die fertigen Schriftzeichen wurden dann zur Druckform aneinandergefügt, während die durch unterschiedliche Zahnung gekennzeichneten Matrizen zum automatischen Ableger zurückgeführt wurden. Das Ausschließen der gesetzten Zeilen geschah vor dem Guß durch Keile, die anstelle fester Spatien als Wortzwischenräume fungierten. Die Linotype kam mit etwa 20 Matrizen pro Buchstabe aus. Noch vor 1900 wurden weitere vollautomatische Setz- und Gießsysteme entwickelt, so Thomas Lanstons Monotype, die später als Lochstreifengesteuerte Setzmaschine für Sondertypen (z. B. Griechisch, Hebräisch, Arabisch) große Bedeutung erlangte.

Als der Schriftsatz beim Übergang auf den Offsetdruck vom Lichtsatz und dem Computersatz verdrängt wurde, entfiel das mühevolle manuelle Einsetzen von Sondertypen bei fremdsprachigen mit Sondertypen durchsetzten Texten.

4. Druckverfahren

4.1. Tiefdruck

Unter dem Einfluß der Veränderungen an den Hochdruckpressen Anfang des 19. Jhs. begannen auch Versuche, das Tiefdruckverfahren für größere Auflagen nutzbar zu machen. Die Druckform (gestochene oder geätzte Platte) wurde mit dem aufgelegten Papier unter Druck zwischen zwei Walzen durchgedreht. Dieses auch als 'Streifendruck' bezeichnete Verfahren erforderte zwei Drukker an einer Presse, weil die Platte auch auf dem Rückweg unter der Walze durchgeführt werden mußte. Eine Erhöhung der Druckleistung wurde möglich, als der Engländer Kirkwood kurz nach 1800 den D-Zylinder entwickelte. Dieser oben abgeflachte Zylinder ermöglichte es, daß nach dem Druckvorgang die Form ohne Druck des Zylinders zurückgeholt werden konnte. Die Verwendung von Stahl anstelle von Kupfer für die Druckplatten ermöglichte wesentlich höhere Auflagen, so daß das Tiefdruckverfahren auch für Massendrucksachen interessanter wurde. Auf der Industrieausstellung in Paris 1878 wurde erstmals eine Schnellpresse für den Tiefdruck vorgestellt, bei der die Druckform beheizt wurde, um die mit Walzen aufgetragene Farbe geschmeidig zu halten, überschüssige Farbe wurde mit Wischtüchern automatisch abgenommen. Es war dann nur noch ein kleiner Schritt bis zur 1894 gebauten ersten Tiefdruckrotationsmaschine, bei der die überschüssige, sehr dünnflüssige Farbe mit einer Rakel von der nun auf Zylinder geätzten Form abgenommen werden konnte. Die Druckformen für den Tiefdruck wurden in fotografischem Verfahren hergestellt. Das Verfahren war auch für die Wiedergabe von Fotografien gut geeignet. Die Tiefdruckrotation erreichte besondere Bedeutung für den Druck von illustrierten Zeitschriften und Broschüren, bis sie vom Offsetdruck verdrängt wurde.

4.2. Flachdruck

Einen tiefgreifenden Anstoß für Veränderungen im Druckgewerbe im 20. Jh. brachte die Entdeckung des Flachdruckverfahrens durch Alois Senefelder. Im Unterschied zum Hochdruck, bei dem erhabene Teile der Druckform eingefärbt werden, und zum Tiefdruck, bei dem die Farbe aus geritzten oder geätzten Rillen einer ansonsten absolut glatten Platte an das Papier abgegeben wird, beruht der Flachdruck auf dem chemisch-physikalischen Prinzip des Abstoßens von Wasser und Fett. Senefelder präparierte durch Schleifen Platten aus Solnhofener Kalkstein, beschrieb sie mit fetthaltiger Tinte, Kreide oder Tusche und ätzte den Stein kurz an, um das Druckbild zu fixieren. Auf den feucht gehaltenen Stein wird eine fetthaltige Druckfarbe (Lithofarbe) aufgerollt, und dann werden ähnlich wie beim Tiefdruck im 'Streifendruck' Abzüge gefertigt. Da sich die Druckform kaum abnützt, konnten von einem Stein fast beliebig viele Abzüge hergestellt werden. Die Lithographie, die auch mehrfarbige Drucke zuläßt, später auch die Chromolithographie, ermöglichten in Kombination mit den photographischen Verfahren große Auflagen von Illustrationen mit fein abgestuften Halbtönen oder mehrfarbige Drucke. 1851 wurden die lithographischen Handpressen durch die von dem österreichischen Maschinenbauer Georg Sigl gebaute lithographische Schnellpresse mit einer Leistung von 800 bis 1000 Drucken pro Stunde abgelöst.

Entscheidend für die Entwicklung der modernen Druckherstellung wurde die 1875 erstmals in London angewendete Methode, andere Materialien als Papier – z. B. Bleche – unter Zwischenschaltung eines mit einer elastischen Oberfläche versehenen Zylinders, auf den das Bild umgedruckt wurde, zu bedrucken. Dieser indirekte Flachdruck bereitete den Weg für den kurz nach 1900 entwickelten Offsetdruck, der in einer seit der Mitte unseres Jahrhunderts rasanten Entwicklung die Herstellung von Druckwerken, besonders auch von Broschüren und Zeitschriften, revolutionierte. Zusammen mit den fotografischen, aber dann auch den elektronischen Satztechniken hat der Offsetdruck inzwischen fast alle Bereiche der Buch- und Zeitschriftenproduktion verändert. Das Desktop Publishing, die Satzherstellung am Computer, hat ganze Zweige des Druckgewerbes: Schriftschneider, Schriftgießer, Setzer, fast völlig zum Verschwinden gebracht und das Berufsbild völlig verändert.

5. Der Bucheinband

5.1. Einbandtechnik

Bei der Einbandtechnik ist grundsätzlich zu unterscheiden zwischen dem auf echte

Bünde gehefteten und mit stabilen angesetzten Deckeln versehen festen Einband, der abschließend mit einem meist aus Leder bestehenden Bezug versehen wird, und dem durch den Umschlag gehefteten flexiblen Einband. Im Verlauf des 16. Jhs. setzt sich zunehmend eine Mischform durch, deren Ursprünge sich noch nicht ausreichend erklären lassen. Ein auf Bünde (meist aus Pergament) gehefteter Buchblock wird in eine vorgefertigte, meist aus Pergament bestehende Decke eingehängt. Darstellungen in der bildenden Kunst zeigen gelegentlich solche interimistisch gehefteten Buchblöcke als Arbeitsexemplare, sei es als Manuskript, Rechnungsbuch oder als Druck, in dem Marginalien angebracht werden. Diese weder abgeleimte noch gerundete Zwischenform des Buchblocks läßt sich ohne Probleme auflegen und bis in den Falz hinein mit Marginalien versehen. Sie nimmt in gewisser Hinsicht wohl die Rolle eines Interimseinbandes wahr und erklärt wenigstens zum Teil, warum der Anteil der flexiblen einfachen Gebrauchseinbände an der Gesamtzahl der erhaltenen Einbände relativ gering ist.

5.2. Der feste Einband

Der feste Einband mit einem angesetzten Deckel aus Holz, von der Mitte des 16. Jhs. an zunehmend aus Pappe, der seit dem 12. Jh. für dauerhafte Einbände mit gewissen Modifikationen im Gebrauch war, behält seine prinzipielle Bedeutung als besonders strapazierfähiger, repräsentativer und fester Einband bis ins 20. Jh. bei. Als besonders strapazierfähiger Einband für Bibliotheken oder edler und mit herausragendem Buchschmuck für bibliophile Sammler versehener Einband wird er bis in die Gegenwart in handwerklicher Einzelfertigung hergestellt. Die Verwendung besonders haltbarer Materialien und die buchkünstlerische Ausstattung haben dazu beigetragen, daß eine große Zahl dieser Einbände aus den verschiedenen Jh. erhalten geblieben ist. Lediglich wechselnder Zeitgeschmack, der zum Neueinband ganzer Bibliotheken z. B. im 17. oder 18. Jh. führte, vernichtete größere Teile des historischen Einbandbestandes. Auch das Aufkommen der Saalbibliotheken zu Beginn des 17. Jhs., in denen einheitliche Buchrücken wesentliches Gestaltungselement waren, führte zu Überarbeitungen und Veränderungen. So wurden viele Einbände übermalt oder mit neuen einheitlichen Lederrücken versehen, flexible, unscheinbare Bände wurden neu gebunden. Große Verluste am historischen Einbandbestand hat die konsequent systematisierende Buchaufstellung des 19. Jhs. verursacht, weil in großem Umfang Sammelbände aufgelöst und die ursprünglichen Einbände durch billige Pappbände ersetzt wurden.

Die Technik des festen Einbandes ist über Jh. hinweg weitgehend gleich geblieben: auf drei oder je nach Format auch mehr Doppelbünde aus Leder, Pergament oder später vorwiegend aus Hanf werden die Lagen zum Buchblock zusammengeheftet. An den gerundeten und durch Hinterklebungen stabilisierten Buchblock werden Deckel angesetzt, schließlich wird der Bezugsstoff, in der Regel Leder, zunächst auf den Rücken und dann auf die Deckel aufgeklebt, der Band wird 'eingeledert'. Auf den feuchten Lederüberzug werden dann erwärmte Stempel in Blindprägung oder in Vergoldung aufgebracht. Je nach Größe und Verwendungszweck des Bandes werden noch Beschläge und Schließen aus Messing angebracht.

5.3. Der flexible Einband

Im Gegensatz zum festen Einband für vielbenutzte Bibliotheksbücher war der flexible Einband für den persönlichen Gebrauch bestimmt und wurde häufig auch von Laien für den Eigengebrauch angefertigt, wie die vielfältigen oft sehr einfachen Heftverfahren vermuten lassen. Die schlichten durch den Umschlag gehefteten Koperte, oft mit einer Klappe zum Schutz des Vorderschnitts versehen, sind bis heute kaum auf ihre unterschiedlichen Techniken untersucht worden; es sind auch nur wenige dokumentiert, obgleich in Bibliotheken und Archiven noch eine größere Zahl dieser Bände erhalten ist. Die Grundtechnik dieser Bände ist sehr einfach und kann ohne Hilfsmittel wie z. B. Heftlade oder Presse angefertigt werden. Die Lagen wurden auf eine einheitliche Größe zugeschnitten und zum Buchblock zusammengelegt. Für den Umschlag wurde meistens ein bereits beschriebenes 'makuliertes' Pergament verwendet. Das Pergament wurde als Umschlag auf die Größe des Buchblocks zugeschnitten; die Stärke des Buchblocks wurde am Rücken ebenso wie am Vorderschnitt durch Knicken markiert, der vordere Umschlag blieb etwa 1 mm hinter der Vorderkante des Buchblocks zurück, damit die Umschlagklappe, die bis zu einem Drittel über den vorderen Umschlag reicht, glatt am Vorderschnitt anliegt. Nun wurden auf dem Rücken die Heftlöcher markiert und ausgehend von der letzten Lage durch den Rücken geheftet. Es wurden zwei unterschiedliche Techniken, der Kettenstich und der Langstich, oft auch eine Kombination beider Techniken angewendet. Um ein Vorschießen der Lagen zu verhindern wurden auf dem Rücken häufig Lederstücke oder Horn als Verstärkung in die Heftung einbezogen, die auf dem Rücken offenliegenden Heftfäden wurden — gelegentlich sogar farbig — umwickelt und umwoben, einerseits um die Heftfäden zu straffen, andererseits aber auch um eine reiche Verzierung des Rückens zu erreichen. Die Heftung wird nicht in jedem Fall über die gesamte Rückenhöhe geführt, sondern in zwei getrennten Stationen an Kopf und Fuß angefertigt. Bei der einfachsten Heftart wurden die Heftfäden innerhalb jeder Lage extra verknotet, d. h. jede Lage wurde gesondert in den Umschlag eingehängt. Manchmal wurden die Heftfäden auch aus der Lage heraus über den Kopf- bzw. Fußschnitt geführt. Diese sehr einfachen Hefttechniken haben neben ihrer Verwendung für den persönlichen Gebrauchsband bereits im 15. Jh. zu einer Verleger-Interimsheftung geführt. Für Augsburg, Ferrara und Venedig sind bereits um 1480 Verleger-Interimsheftungen mit bedruckten Papierumschlägen nachgewiesen. Erst im 18. Jahrhundert wurde die Wechselstichheftung mit einem überklebten Papierumschlag auch für umfangreichere Bände die Regel. Die Verleger ließen auf diese Weise die Lagen umfangreicherer Werke zusammenfügen, ohne größere Investitionen für den Einband tätigen zu müssen. Die Lagen waren bei dieser Interimsheftung nicht aufgeschnitten. Eine interessante Variante des 17. Jhs. liegt aus Italien vor: durch einen mit einer Prägung versehenen Pappumschlag mit Prägung wurde der Buchblock geheftet. Die Umschlagpappe wurde mit dem Buchblock bündig zugeschnitten, anschließend mit einem Seidenpapier überzogen, mit einem Prägestempel geprägt, bis dann schließlich die Lagen in diesen Umschlag geheftet wurden.

5.4. Der Deckenband

Am Ende des 16. Jhs. bildete sich eine Variante des flexiblen Einbands heraus, die in verschiedenen Schritten zum heutigen Deckenband führte. Kennzeichen dieses Einbandtyps ist die Heftung auf echte Bünde und das Vorfertigen einer Buchdecke aus Pergament oder starkem Papier, in die der Buchblock auf unterschiedliche Arten eingehängt werden konnte. Es gibt bisher kaum Untersuchungen zur Technik dieser Einbände, die in großer Zahl aus der Zeit vom 16. bis zum Ende des 18. Jhs. erhalten geblieben sind.

Es handelt sich um zwei Haupttypen. Beide Versionen gehen von einem auf echte Bünde gehefteten Buchblock aus. Bei der älteren Version wurde der Buchblock mit den Bünden in eine vorgefertigte, mit Pappe verstärkte Pergamentdecke eingehängt, indem die Bünde durch Schlitze nach außen und im Abstand von 5–10 mm wieder nach innen geführt werden. Die spätere Version weist zunächst noch durchgezogene Kapitalschnüre auf, die Bünde wurden aber nur noch innen auf die Pappe geklebt. In den Buchbindermanufakturen, die am Ende des 18. Jhs. ihre Arbeit aufnehmen, wird diese Form des Bucheinbands als Deckenband weiter vereinfacht. In eine vorgefertigte Decke wird der Buchblock mit Hilfe der aufgefaserten Hanfbünde eingehängt, das vorgeheftete Vorsatz wird auf den Spiegel geklebt und kaschiert mehr oder weniger gut die Befestigungsart.

5.5. Mechanisierung beim Bucheinband

Auch in der Buchbinderei setzte sich seit der Mitte des 19. Jhs. die Mechanisierung durch. Als erstes wurde das Beschneiden der Buchblöcke durch Hebel- und Radschneidmaschinen erleichtert. Beim Schneidvorgang wird der Buchblock automatisch so zusammengepreßt, daß ein glatter gleichmäßiger Schnitt erreicht wird. Um 1860 konnten die Radschneider über Transmissionswellen angetrieben und so reibungslos in den Betrieb der 'Dampfbuchbindereien' integriert werden. Später wurden Dreischneider und Dreimessermaschinen entwickelt, die in einem Arbeitsgang eine Buchblock auf allen drei Seiten beschneiden konnten.

Auch das Falzen der Druckbogen wurde 1860 vom Schweizer Maschinenbauer Martini durch die 'Schwertfalzmaschine' mechanisiert. Der Bogen wird durch das 'Schwert' zwischen zwei rotierende Walzen gedrückt und bekommt dadurch einen scharfen Falz. 1927 entwickelte die Leipziger Firma Brehmer auch die Stauch- oder Taschenfalzmaschine zur Serienreife, bei der ein Bogen durch Treibwalzen an eine Stauchvorrichtung getrieben wird, nach unten durchgedrückt und dann von zwei geriffelten Falzwalzen erfaßt wird. Weiterentwicklungen waren das Mehrbruchfalzen (um 1900), was durch Anordnung mehrerer (auch unterschiedlicher) Falzwerke hintereinander erreicht wurde. Schließlich wurden an diese Falzwerke Heftmaschinen angeschlossen, so daß z. B. die Broschürenfertigung fast voll automatisiert werden konnte.

Auch das Heften wurde durch Entwicklungen der Firma Brehmer mechanisiert. Nach verschiedenen für die Praxis nicht brauchbaren Fadenheftmaschinen entwickelte Hugo Brehmer 1873/75 in Amerika die erste Drahtheftmaschine und wenig später (1884) die erste brauchbare Fadenheftmaschine.

Auch die Deckenfertigung wurde vor allem nach Einführung der Dampfkraft (um 1860) in die Großbuchbindereien mechanisiert, wobei die Kraft der mechanischen Pressen und die Wärme das Prägen ganzer Decken in einem Prägevorgang ermöglichte. Mit relativ geringem Aufwand konnten so repräsentative Einbände in großer Zahl sehr preiswert hergestellt werden.

Ein anderes neben der Drahtheftung zunächst für die Fertigung von Broschüren und kurzlebigen Druckwerken verwendetes Verfahren ist die Klebebindung. Erste Versuche wurden bereits 1785 in England gemacht, scheiterten aber, weil kein geeigneter Kleber zur Verfügung stand. Erst Ende der Dreißiger Jahre unseres Jhs. gelang es dem Buchbinder Emil Lumbeck, das Problem mit Erfolg zu lösen. Durch Auffächern der Blätter des Buchblocks und Bestreichen dieses aufgefächerten Schnitts mit Kleber und ein nochmaliges Auffächern in die andere Richtung und erneutes Auftragen von Kleber auch auf diese Fläche erreichte Lumbeck ein dauerhaftes Verkleben der Blätter im Buchblock über einen schmalen Falz. Mit dem Anwachsen der Taschenbuchproduktion in den Fünfziger Jahren wurde das Lumbeck-Verfahren zeitweise zum dominierenden Verfahren für Broschuren und Taschenbücher. Der Umschlag, meist ein dünner Karton, wird vorgerillt und um den Block umgehängt.

Deckenmachmaschine, Prägepresse, Einhängemaschine sind zusammen mit Falz- und Heftautomaten auch heute Bestandteile der Buchfertigungsstraßen, bei denen nach Einrichtung der Maschine Tausende von identischen Bänden in Partien fertig verpackt die Maschine verlassen, ohne daß sie eine menschliche Hand berührt.

6. Literatur

Bayerl, Günter/Karl Pichol, Papier. Produkt aus Lumpen, Holz und Wasser. Reinbek 1986.

Brinkhus, Gerd, Ein Pappeinband des 17. Jhs. In: Restauro, Zeitschrift für Kunsttechniken, Restaurierung und Museumsfragen 102, 1996, 240.

Faulmann, Karl, Illustrierte Geschichte der Buchdruckerkunst mit besonderer Berücksichtigung ihrer technischen Entwicklung bis zur Gegenwart. Wien/Pest/Leipzig 1882.

Franzke, Jürgen (Hrsg.), Zauberstoff Papier. Sechs Jahrhunderte Papier in Deutschland. München 1990.

Funke, Fritz, Buchkunde. Ein Überblick über die Geschichte des Buches. München ^{5}1992.

Gebunden in der Dampfbuchbinderei. Buchbinden im Wandel des 19. Jhs. Wiesbaden 1994.

Helwig, Hellmut, Einführung in die Einbandkunde. Stuttgart 1970.

Henningsen, Theodor, Das Handbuch für den Buchbinder. St. Gallen ^{2}1969.

Janzin, Marion/Joachim Güntner, Das Buch vom Buch. 5000 Jahre Buchgeschichte. Hannover ^{2}1997.

Krüger, Otto, Satz, Druck, Einband und verwandte Dinge. Wiesbaden ^{9}1970.

Leuze, Otto, Mit Holzschnitten verzierte Buchumschläge des 15. Jhs. in der Württembergischen Landesbibliothek in Stuttgart. In: Festschrift für Georg Leidinger. München 1930, 165−169.

Müller, Max, Der älteste bisher bekannte Buchumschlag. In: Festschrift für Georg Leidinger. München 1930, 195−197.

Sandermann, Wilhelm, Papier. Eine spannende Kulturgeschichte. Berlin ^{2}1992.

Stümpel, Rolf, Die Revolutionierung der Buchherstellung in der Zeit zwischen 1830 und 1880. In: Buchhandelsgeschichte. Aufsätze, Rezensionen und Berichte zur Geschichte des Buchwesens. Hrsg. von der Historischen Kommission des Börsenvereins, 1987, 2, B 57−B 66.

Tiemann, Barbara (Hrsg.), Die Buchkultur im 15. und 16. Jh. Hamburg 1995.

Wolf, Hans-Jürgen, Geschichte der graphischen Verfahren. Papier, Satz, Druck, Farbe, Photographie, Soziales. Ein Beitrag zur Geschichte der Technik. Dornstadt 1990.

Gerd Brinkhus, Tübingen (Deutschland)

VII. Geschichte der Printmedien und ihrer Erforschung II: Buch und Broschüre II: Geschichte des Verlags-, Vertriebs- und Bibliothekswesens

39. Geschichte des Buchverlags

1. Der Verlag im System der Betriebs- und Volkswirtschaftslehre
2. Das Verlegen von Medien: Entstehungsgeschichte
3. Entwicklungsgeschichte: Die Verlage im Zeitalter des Drucks
4. Zukunftsgeschichte: Verlegen im Zeitalter der elektronischen Medien
5. Literatur

1. Der Verlag im System der Betriebs- und Volkswirtschaftslehre

'Verlag' bezeichnet für die Teilnehmer dieser Branche und in der Medienwirtschaft allgemein einen Gewerbebetrieb, der Bücher, Zeitschriften und Zeitungen produziert und distribuiert, und heute auch elektronische, 'multimediale' Produkte. Eine solche medienwirtschaftliche oder medienwissenschaftliche Definition trifft aber den eigentlichen Kern von 'Verlag' nicht, da dieser – von seinem Ursprung her – überhaupt nichts mit den genannten Medien (noch nicht einmal dem Buch!) – zu tun hat, und – von den Anfängen bis heute – im ursprünglichen Sinn nur Nichtmedien als Verlagsprodukt hat.

Den Hinweis darauf findet man bereits in den verlagsbezogenen Fachlexika. Hiller (⁵1991) z. B. betont, daß der Verleger schon im 14. und 15. Jh. derjenige war, „der aufgrund intensiver Marktkenntnisse und seiner Kreditierfähigkeit Handwerker und Heimarbeiter [!] mit der Herstellung verschiedener Erzeugnisse beauftragte, ihre Arbeit bevorschußte und für den Verkauf der fertigen Produkte sorgte." Gemäß Kirchner (1952) waren die bekanntesten Verleger des Mittelalters „die Fugger, die z. B. das Eisenerz der österreichischen Gruben in die oberdeutschen Hütten beförderten und den Absatz des Erzes besorgten, oder für die oberdeutschen Weber einheitlich Maß und Qualität festlegten und die so marktfähig gemachten Tuche exportierten." Gerade die marktfähig gemachten Tuche sind ein klassisches Beispiel für das sog. Verlags'system'. Nach diesem stellt der Verleger dem Handwerker oder Heimarbeiter entweder den Rohstoff (z. B. Hanf) oder/und auch die Maschine (Webstuhl) zur Produktion zur Verfügung und übernimmt anschließend die Distribution der erstellten Produkte. Die Erze und Tuche sind nur zwei Beispiele für Produktarten. Neben ihnen stehen weitere wie geschmiedete Waffen, aber auch heute noch gefertigter hölzerner, thüringischer Weihnachtsbaumschmuck. Das Verlagssystem war, den Handels- und Kulturgeschichten zufolge, das beherrschende Handelssystem im 17. und 18. Jh., wobei es im sog. Weber-Aufstand (eigentlich einem Verleger-Aufstand, dramatisiert durch Gerhart Hauptmann, 'Die Weber') zu einer politischen Krise kam und endlich einer strukturbedingten: „Aber selbst das Verlegersystem genügte den steigenden Anforderungen des 17. und 18. Jahrhunderts nicht mehr, als zum Beispiel große stehende Heere mit Waffen und Kleidung versorgt werden mußten" (Döbler 1978). Die allgemeine Betriebswirtschafts- und Volkswirtschaftslehre weisen dem Verlagsbetrieb den folgenden Stellenwert zu: Er ist eines der insgesamt vier 'gewerblichen Betriebssysteme', die sich historisch wie folgt nacheinander entwickeln: (1) Handwerksbetriebe, (2) Verlagssystem, (3) Manufaktur, (4) Industrieunternehmen. Der Verlag ist damit das Übergangssystem vom Handwerk zu Manufaktur und Fabrik. Merkwürdig ist, wie auch die Kultur- und Buchhandelsgeschichten hervorheben, daß von gedruckten Verlagsproduktionen niemals die Rede war, und daß sich der Name Verlag dennoch fast ausschließlich für die gedruckten Medien erhält.

2. Das Verlegen von Medien: Entstehungsgeschichte

2.1. Vom Handschriftenverlag zum gedruckten Buch

Das Verlegen von Medien beginnt nichtsdestoweniger früher, als das Verlegen von gedruckten Büchern beginnt. Am Anfang stehen die Verleger von Handschriften, nach der Erfindung des Buchdrucks folgen die Universal-, Drucker und Sortimenter-Verleger, deren historische Aufeinanderfolge schließlich zum 'reinen' Verlag gedruckter Bücher führt, wie er uns heute bekannt ist; in der Gegenwart hat sich der Verlag elektronischer Produkte entwickelt.

2.1.1. Das Verlegen von Handschriften

Die wichtigsten Bereiche sind für die westliche Kulturwelt die griechische und römische Antike sowie, für den deutschen Kulturkreis, die Zeit direkt vor Gutenberg. *Griechenland*: Es ist eine erstaunliche Tatsache, daß das Verlegen von Handschriften seinen Anfang in Griechenland nimmt, denn bis in die griechische Klassik hinein hat man in Dichtung und Wissenschaft dem gesprochenen Wort den Vorzug gegeben, und entsprechend fehlt (gegenüber der mündlichen) eine schriftliche Überlieferung. Noch Sokrates lehrte nur mündlich. Noch Plato, sein Schüler, der alles aufzeichnete, war der Auffassung, das Beste könne nur gesagt, niemals geschrieben werden. Euripides war derjenige, der sich schon einen Schreibsklaven für Abschriften zum privaten Gebrauch gehalten haben soll. Statt eines Einzelexemplars ('autograph') konnte daraus ein Vervielfältigungsstück ('polygraph') einer – wenn auch bescheidenen – Auflage werden, welche gewerbmäßige Händler ('bibliopoles') auf eigenes Risiko herstellen ließen und verkauften. Diese privaten Händler erfüllen mit der Übernahme von Produktion und Vertrieb bereits die Funktionen des heutigen Verlegers, und so wird der Beginn des Verlagswesens des Abendlands in diese Zeit gesetzt. Schon früh hat sich das Verlegen handschriftlicher Vervielfältigungen nicht nur auf private Händler beschränkt. So ließ Peisistratos – Tyrann von Athen – um 550 v. Chr. die nahezu 300 Jahre nur mündlich tradierten Epen Homers, wie die Quellen hervorheben, von Staats wegen verlegen. *Römische Antike*: Während die Beispiele aus Griechenland noch eher Einzelfälle darstellen, entwickelt sich in Rom das Produzieren und Verbreiten von Handschriften zu einem System und von solchem Umfang, daß es zu einem Wirtschafts- und Kulturfaktor wird. Gebildete Sklaven ('servi literatii' – die Vorläufer der selbständigen Lohnschreiber) erhalten von Verlegern als Auftraggeber die 'Urschrift' der Autoren zur Abschrift, um für die Vervielfältigung zu sorgen. Der Schreiber und der Korrektor werden nach Zeilen bezahlt. Für größere Auflagen stehen gewerbliche Schreibstuben zur Verfügung, die nach dem Diktiersystem (vor mehreren zuhörenden Schreibern) arbeiten. Die Distribution konnte das gesamte römische Reich, also auch die Donaugebiete, England und Afrika umfassen. Autoren konnten so berühmte wie Horaz, Quintilian und Martial sein, aber auch unbekannte. Honorar erhielten, wie bei den Griechen, die Autoren in diesem System nicht (es hätte als unehrenhaft gegolten: 'honorarium' war Ehrensold), jedoch konnte ein Autor sein Manuskript einem 'Patron' dedizieren (zur Zueignung anbieten). Nahm dieser dies an, so war er dem römischen Kodex entsprechend („si dedicatio, si honorarium") zur Publikation verpflichtet. Auf Maecenas, den Patron des Horaz, geht das (literarische) Mäzenatentum und quasi die erste Sponsorenschaft im Verlagswesen zurück, als neue Form neben dem gewinnorientierten privatgewerblichen und staatlichen Verlagshandel. *Deutschsprachiger Raum*: Solange es um Handschriften geht, steht der Verlagshandel in Deutschland hinter den übrigen Kulturländern zurück. Noch im Mittelalter und bis zum Beginn des Drucks existieren kaum den Griechen und Römern gleichkommende Verlagsprodukte. Handschriftliche Vervielfältigung (die sog. 'multiplicatio') geschieht so gut wie ausschließlich in den Klöstern in Form von Einzelabschriften meist geistlicher Art mit dem Ziel des privaten Gebrauchs oder Tauschs gegen Exemplare anderer Klöster, der Bildung der wie es heißt 'geistlichen Verkehrsbibliothek'. Der entscheidende Wandel entsteht mit dem Aufkommen der Universitäten. Dort veranstalten Buchhändler ('stationarii'), die gleichzeitig die Rolle des Verlegers übernehmen, massenhafte Abschriften von Vorlesungsmanuskripten als Lehrmittel für die Studenten. Der erste gewerbliche und große Verleger in Deutschland ist Diebold Lauber, der im elsässischen Hagenau zwischen 1425 und 1467 geistliche, weltliche, lateinische und deutsche Handschriften werkstattmäßig und in Auflagen verlegt. Mit ihm beginnt das Verlagswesen in Deutschland.

2.1.2. Der Weg zum 'reinen' Verlag

Das Drucken von Büchern als Voraussetzung für eine verlegerische Tätigkeit im heutigen Sinn schreibt man gemeinhin Gutenberg zu. Es gibt aber schon vor Gutenberg gedruckte 'Blockbücher', die dadurch entstanden, daß nach dem Prinzip des Holzschnitts von in einen Holzblock geritzten oder geschnittenen bildlichen Darstellungen sowie aber auch Texten Bücher gedruckt wurden. Das europäische Blockbuch, vom 13. Jh. bis in die Zeit Gutenbergs populär, war aber verlegerisch unbrauchbar, weil jede Seite einzeln geschnitzt werden mußte und das Papier aufgrund der verwendeten Technik nur einseitig, nicht jedoch gleichzeitig rückseitig bedruckt werden konnte. Gutenberg ist zwar auch nicht der Erfinder der beweglichen und wiederverwendbaren einzelnen Letter (eine Generation vor ihm tat dies schon der Holländer Janszon Coster, schon die Koreaner verwendeten in Kupfer gegossene Drucksilbenzeichen, und der erste Satz mit beweglichen metallischen Einzeltypen ist auf dem kretischen 'Diskus von Phaistos' ca. 1650 v. Chr. – also über 3000 Jahre vor Gutenberg – belegt), aber er hat zusammen mit der Erfindung einer Presse, die auch das Bedrucken der Rückseite (der 'Widerdruckseite' in Ergänzung zur 'Schöndruckseite') die Voraussetzung zur Ökonomisierung der historisch früheren Erfindungen geschaffen. Eine (seine) gedruckte Bibel kostete demnach einen Bruchteil des Preises einer Abschrift, und nach dem von ihm kreierten Verfahren war auch die Möglichkeit zur Herstellung ganzer Auflagen gegeben, da jetzt „in einem Monat von einem Mann so viel […] wie sonst in einem Jahr" produziert werden konnte. *Universal-Verleger*: Gutenberg, der Erfinder, wäre auch der erste und zugleich größte Universal-Verleger der Welt für gedruckte Bücher geworden, hätten ihn nicht sein Mainzer Finanzier Johannes Fust (der ein Darlehen von 2 × 800 Gulden, dem Gegenwert von 20 Bürgerhäusern im damaligen Mainzer Stadtkern, beschafft hatte) und sein langjähriger Geselle Peter Schöffer (der später Fusts Tochter heiratete) bei der Entwicklungsarbeit um den Erfolg seiner Nutzung betrogen: Der Prozeß auf die Wiederrückzahlung wurde genau rechtzeitig vor Abschluß des Drucks der letzten Bögen der Gutenberg-Bibel abgeschlossen und die neue Offizin von Fust und Schöffer eröffnet. 'Universal-Verleger' bedeutet dabei, daß Beschaffung des Manuskripts, von Satz, Druck und Verkauf in einer einzigen Hand liegen. Auf den ältesten erhaltenen bildlichen Darstellungen der Zeit kann man sehen, wie sich diese heute getrennten Funktionen noch unter einem Dach befinden. Die Universal-Verleger der Frühdruckzeit haben einen hervorragenden Markt, was nicht nur durch das Geschäft mit der Gutenberg-Bibel belegt ist, sondern auch durch die Tatsache, daß diese Verleger durch die Edition der griechischen und römischen Klassiker einen Nachfragebedarf decken, der auch einen Kulturschub auslöste. Vom Zeitpunkt des Drucks der Gutenberg-Bibel (1455) bis zum Ende der Inkunabel- oder Wiegendruckzeit (1500) entstehen europaweit über 1000 Druckereien, und es werden über 10 Millionen Bücher verkauft. Dennoch zeichnen sich, teilweise ab Beginn, teilweise erst sukzessive einsetzend, drei Probleme ab, die zu zwei neuen Verleger-Arten und schließlich zum 'reinen' Verleger führen. *Drucker-Verleger*: Oft synonym mit dem Universal-Verleger gebraucht, wird hiermit besser derjenige bezeichnet, der zwar verlegt, sein Geschäft aber immer mehr auf den Lohndruck hintreibt. Der Hintergrund dafür ist zunächst rein funktionell. Da ein einziges Buch nicht ausschließlich am Standort des Verlegers abgesetzt werden konnte, bedurfte es einer geografisch größeren Distribution, wodurch der Verlags- zum Reise-, Wander- und Fernhandel wurde. Der Universal-Verleger wurde damit zum überregionalen Verkauf hingedrängt, der ihn, sofern er nicht sog. Buchführer als Reisende für den Verkauf anstellte, vom eigenen Druck- und Verlagsort fernhielt, ihn während seiner Abwesenheit blockierte und zur Abspaltung der Funktion Handel bewegte. Das zweite Motiv ist ökonomisch zu sehen. Es geht um die Finanzierung anfangs für den Aufbau und anschließend für die Auslastung einer durch die eigene Verlagsproduktion in der Regel nicht auslastbaren Druckwerkstätte. Aus den funktionellen sowie den ökonomischen Aspekten heraus entwickeln sich daher die historischen Universal- und Drucker-Verleger zu Betreibern von reinen Lohndruckereien, die als Dienstleister kein verlegerisches Risiko mehr tragen. *Sortimenter-Verleger*: Auch dieser Typus entwickelt sich aus reinen historischen wie ökonomischen Zwängen und Chancen. Während nämlich in der Wirtschaftsgeschichte allgemein eine Entwicklung vom Tausch- zum Kaufhandel stattfindet, bürgert sich unter Verlegern nach einem ursprünglich reinen Kaufhandel über eine Zeit von fast 200 Jahren der Tauschhandel ein. Die Motivationen für das Tauschen sind nachvollziehbar: Wer Teile aus seinen eigenen Auflagen gegen Teile aus Werken fremder Verleger tauscht, vermindert dadurch das Risiko für den betroffenen Titel und durch die entstehende Vergrößerung der Angebotspalette das für das Unternehmen als Ganzes, und zugleich wird durch den Tausch unter den ja geografisch getrennten Beteiligten das Problem der o. a. Distribution gelöst – sowie zusätzlich das mit dem Kaufhandel verbundene nicht unerhebliche Münz- oder Währungsproblem der unterschiedlichen deutschen Staaten. So wurden zunächst ohne Ansehen des Inhalts auf den Frankfurter und Leipziger Buchmessen die Bogen von Büchern im Verhältnis 1:1 gegeneinander getauscht, so daß aus Verlegern, die wenig druckten, aber viel tauschten, Sortimenter-Verleger entstanden, wie umgekehrt auch aus Buchhändlern, die, nur um Tauschgut zu erhalten, auch Bücher verlegten, Verleger-Sortimenter. Im Prinzip des Tauschs war aber bereits auch der Keim für den Untergang dieser beiden verlegerischen Typen enthalten. Inhalts-, speziell aber Druckqualitäten deutscher Produkte fielen gegenüber ausländischen (dort nur im Kaufhandel erhältlichen) Verlagsprodukten zurück: „In Deutschland aber, weil sog. Stechen, Tauschen oder Changieren aufgekommen, so soll und muß etwas gedruckt seyn" heißt es in einer zeitgenössischen Quelle. „Sie schleppen sodann ihre, auch noch so liderliche Waare auf die Messen; da heißet es, man müsse Novitäten mit nach Hause zurücke bringen. Und da werden gute Sachen gegen schlechte vertauschet und umgesetzet." Produktionstechnisch bedeutet dies, daß für deutsche Bücher der Begriff ʼSchofeldruckʼ aufkommt, von den Verlegern des Auslands wird nur noch im Verhältnis 1:3 oder höher getauscht. Sortimentsmäßig bedeutet es, daß man sich von solchen Produkten durch spektakuläre ʼBücherauktionenʼ und ʼBuchlotterienʼ zu befreien versucht. Verlagsmäßig bewirkt es die Wiederabkehr vom Tausch und die Wiederhinwendung zum Kauf mit der Etablierung eines neuen ʼNetto'- und ʼKonditionen'systems und damit des Verlagssystems in unserem heutigen Sinn. *Der ʼreine' Verlag*: Den sog. reinen Verleger, der also weder selbst produziert, noch selbst distribuiert (und nur nach dem Kaufprinzip handelt), hatte es vereinzelt bereits zum Ende der Inkunabelzeit (s. o. 1500) gegeben, so in Augsburg den Verleger Rynmann, der 1497 ohne eigene Druckerei anfing und auch nie eine solche besaß, in Wien 1498 die Brüder Alantsee, die beide vorher pure Buchführer waren, oder den ʼFürstenʼ der Buchhändler, den Drucker, Verleger und Buchhändler Koberger in Nürnberg, der ab 1504 zum reinen Verlag wechselte. Verleger dieses Typs, die das Investitionsrisiko für die Auflage sowie das für den Absatz voll und damit das Gesamtrisiko trugen, wurden in dem Maße, wie sich die Universal- oder Druckerverleger schon nach der Mitte des 15. Jhs. bis zu seinem Ende tendenziell oder vollständig zu Lohndruckern entwickelten, immer erforderlicher. ʼReineʼ Verleger als Risikoträger mußten auch deswegen entstehen, weil es für den prosperierenden Markt der Frühdrucker schon bald zu einem Marktwandel kam. Während sich für die frühesten Drucke, die Bibel, danach dem Kanon der griechischen und römischen Antike aufgrund des enormen Nachfrage- und Nachholbedarfs der Absatz für Verleger unproblematisch gestaltete, wurde er für das Publizieren der neuen individuellen und verlegerisch quasi ʼunerprobtenʼ Gegenwartsautoren der Nachfolgezeit kritisch. Die verlegerische Leistung der neuen Verleger würdigend heißt es in den Verlagsgeschichten vollkommen zu Recht: „Das Verlagswesen im heutigen Sinn hat seinen Ursprung in der Zeit des Humanismus" (Uhlig ²1962), doch sind die für die Wende vom 15. zum 16. Jh. genannten Verleger fast die einzig nachweisbaren und ist die Entwicklung zum Verlagswesen im heutigen Sinn durch das Zeitalter des Tauschs mit den zitierten Praktiken bis zum Entstehen des sog. ʼNetto-ʼ und ʼKonditionshandelsʼ gehemmt worden. Der ʼNettohandelʼ bedeutet eine Zäsur, nämlich die vollständige Abkehr vom Tausch. Mit dem Übergang zu ihm übernahmen Verleger aller Art weder Bogen oder Bücher von anderen Verlegern noch von verlegerischen Buchhändlern. Dadurch entwickelten sich die früher entstandenen Sortimenter-Verleger zu Verlegern zurück (oder zu Sortimentern) sowie die Verleger-Sortimenter zu Sortimentern zurück (oder zu Verlegern). Das neue Nettoprinzip basiert wieder auf der Grundlage des Kaufpreises. Er ist der Ladenpreis für den Letztkunden, der ʼOrdinärpreisʼ; auf ihn, den der Verleger setzt, erhält der Sortimenter für seine Leistung als Verbreiter ein Drittel Rabatt. Der o. a. ʼKonditionshandelʼ hat einen anderen Hintergrund. Solange das Tauschprinzip währte, hatten die Verleger sich unter sich und an die Buchhändler ʼpro novitateʼ alle Neuerscheinungen in einem Exemplar oder größeren Mengen umsonst zugeschickt und zwar innerhalb einer allgemein akzeptierten Konvention, daß man das, was nicht verkauft wurde, zurückgeben konnte. Dieses, durch den Ersatz eines gegen einen anderen beliebig austauschbaren Titels geprägte Prinzip stand gleichfalls dem Tauschgeschäft nahe und war ein unbares Bedingtgeschäft. Das Konditionsmodell dieser Art war das 'süddeutsche'; ihm gegenüber stand aber das 'norddeutsche', welches nach ihrem berühmten Propagator, dem Verleger und Buchhändler Reich und Verfechter des ausschließlichen Kaufprinzips nicht Tausch oder Rückgabe vorsah. Die Süddeutschen widersetzten sich der norddeutschen 'Leipziger Handelsart' und forderten ihr eigenes Handlungsprinzip, nämlich das 'nach Art der Reichsbuchhändler', weil sie aus der Perspektive des Verkaufs betrachtet nicht einsahen, daß sich das Verlagsrisiko auf die Seite der Händler verschieben sollte bei gleichzeitiger Belastung von deren Liquidität. Der nord-süddeutsche Systemkonflikt versöhnte sich in einem Kompromiß, nämlich dem, daß von dem als Ordinärpreis ausgehenden Kaufpreis der Händler zu einem einheitlichen durchschnittlichen Rabatt von einem Drittel des Ladenpreises nach dem Nettoprinzip einkaufte, und zwar fest oder bedingt mit Rückgaberecht und Abrechnung jährlich auf der Ostermesse zu Leipzig. Mit der Einigung auf das von da ab gültige o. a. Netto- und Konditionensystem endet damit der Weg, der von Universal- oder Drucker-Verlegern über die dazwischengeschalteten Sortimenter-Verleger wie auch Verleger-Sortimenter zu den heute getrennten Funktionen Druck (als Dienstleistung), Verlag (als Risikoträger) sowie einem gleichfalls „reinen" Sortiment führt. Während die Entwicklung zum Lohndruck aber schon mit den Werkstätten der Frühdruckzeit einsetzte, wird der Anfang des Sortiments in unserem Sinn (ohne angegliederte Druckerei oder Verlag) gemeinhin mit der Gründung der Buchhandlung des 'ersten' Buchhändlers Justus Perthes in Hamburg 1796 gesetzt und gelten für den 'Verlag' Besonderheiten. 'Verlag' bezeichnet bis zu dieser Zeit weder eine Firma in unserem Sinn, noch einen Gewerbebetrieb überhaupt. Alle Drucke der zurückliegenden Jahrhunderte enthalten auf ihren Titeleien nur den Vermerk „gedruckt hats [xy]" oder z. B. „in Verlegung" – niemals ist der Name Verlag zu finden. Selbst in der größten gelehrten Enzyklopädie des 18. Jhs., Johann H. Zedlers „Universal-Lexikon Aller Wissenschaft und Künste" heißt es noch 1746: „Verlag oder Verlags-Bücher heissen bey denen Buchhändlern diejenigen Bücher, so sie auf ihre Kosten zum Verkauff in Menge haben drucken lassen", in einem Katalog zur Ostermesse Leipzig 1782 „Verzeichnis der Herren Buchhändler, so die [...] Messe besuchen oder deren Verlag hier zu bekommen ist", und noch Kant definiert 1797 (Metaphysische Anfänge der Rechtslehre): „Die Summe aller Kopien der Urschrift (Exemplare) ist der Verlag". Verlag meint damit Produkte, nämlich eine Auflage, keinen Gewerbebetrieb. Der Beginn eines Verlags im Sinn unseres heutigen Worts als Betrieb oder Firma erfolgt also erst nach dieser Zeit, was bedeutet, erst mit der Ausbildung zum reinen Verlag ist die Entstehungsgeschichte des Verlags, also die Geschichte der Entwicklung des Buchverlags zum klassischen gewerblichen Medienbetrieb (gedruckter Bücher) beendet.

3. Entwicklungsgeschichte: Die Verlage im Zeitalter des Drucks

3.1. Die Aufbauphase zum 'Leipziger Zentralsystem' bis zum Anfang des Dritten Reiches

Die 'Geschichte des Buchverlags' in unserem Sinn umfaßt also am Ende dieses Jahrtausends knapp zwei Jahrhunderte – und tatsächlich gibt es im deutschsprachigen Raum noch nicht einmal 20 bis heute bestehende Verlage, deren Geschichte auf eine längere Zeit zurückgreifen könnte. Das Aufkommen der reinen Verlage leitet aber den Aufbau eines marktmäßig bedeutenden und weltweit anerkannten Systems der Verlagswirtschaft ein, das sich bis zu den politischen Umwälzungen im Nationalsozialismus unverändert erhält, das im Nachkriegsdeutschland unter den Alliierten zu zwei zueinander entgegengesetzten Verlagswirtschaften führt sowie – nach der Wiedervereinigung und der EG – zu einer Umwandlung, die nicht politisch, sondern von der neuen Form des elektronischen Publizierens bestimmt ist. Die folgende Übersicht skizziert die Entwicklung systematisch-historisch im Zeitraffer in drei Phasen gegliedert.

Die *erste* Phase in der eigentlichen Geschichte der Verlage in Deutschland ist die, die zu einem umfassenden Verlagswesen führt, auf das die Welt achtet. Diese Verlagsgeschichte läßt sich nicht als die Geschichte der einzelnen Verlage beschreiben, aber anhand von drei abstrakten Kriterien wie Wirtschaftsstruktur, Programmschaffung sowie Organisation der Branche erhellen. *Wirtschaftsstruktur*: Der Übergang von den Vorläuferformen zum reinen Verlag bedeutet betriebswirtschaftlich die Spezialisierung auf den nur einstufigen Betrieb (keine Produktionsfunktion mehr, keine Handelsfunktion mehr), volkswirtschaftlich die Etablierung einer neuen, ab nun eine vorgeschaltete (Druck) sowie nachgeschaltete (Sortiment) Produktions- und Handelsstufe begleitende, fördernde oder initiierende Branche. Die Verlage werden dadurch zu einem Wirtschaftsfaktor. Deutschland, das bis dahin als das Land galt, aus dem der Druck kam, wird nun auch ein oder besser das Land der Verlage. Schon seit der Gründerzeit sind die meisten Verlage Betriebe mittelständischer Größe; Konzentrationen wie heute kommen noch nicht vor. *Programmschaffung*: Während das Prinzip der Einstufigkeit bleibt (die Angliederung einer Buchhandlung oder Druckerei stellt bis heute die Ausnahme dar), ändern sich die Verleger in Bezug auf die Inhalte. Nach der anfänglichen singulär auswählenden und zumeist rezeptiven Phase (Verlag der Bibel, Verlag der griechischen, dann der römischen Antike) beginnt eine innovative Entwicklung (Verlag von Gegenwartsautoren, politischen, philosophischen, literarischen Strömungen). Die Verleger wandeln sich dadurch mit ihren Programmen von ehemaligen Kulturträgern zu neuen Kulturprägern. 'Kulturverleger' und 'Individualverleger' heißen die Persönlichkeiten, die diese Entwicklungen auch gegen direkte kommerzielle Interessen vorantreiben; daneben entfalten sich die nichtliterarischen, nichtkünstlerischen und nichtphilosophischen allgemeinen, die Fachbuch-, Schulbuch- u. a. uns heute vertrauten Verlagsarten. Die Verlage werden dadurch stärker als je zuvor in ihrer Geschichte zu einem Gesellschaftsfaktor. *Organisation der Branche*: So, wie die heutigen Verlage aufgrund ihrer Vielzahl und Vielfalt ihrer Programme Deutschland bald zum Verlagsland der Welt schlechthin machen, schaffen sie auch ein Organisationskonzept, das international Anerkennung und Bewunderung findet und sich stets mit der zentralen Rolle von Leipzig verbindet, die sich aus gleich sechs Punkten herleitet. (1) Leipzig war schon früh die verlagsreichste und wichtigste Verlagsstadt in Deutschland, die wichtigsten der dort nicht ansässigen Verlage waren durch Filialen vertreten. (2) Leipzig war das Zentrum des Groß- und des Zwischenbuchhandels. Hielten Verleger nicht in Leipzig ein eigenes Lager, konnten sie auf die Leipziger Kommissionäre zurückgreifen, und die Sortimenter, sofern sie die Titel der Verlage nicht selber vorrätig hielten, auf die Kommissionäre und zusätzlich die Barsortimenter. So war praktisch jeder Titel eines jeglichen deutschen Verlages über Leipzig kurzfristig lieferbar, Leipzig der größte Buchumschlagsplatz Deutschlands, Europas und vielleicht sogar der Welt. Leipzig war (3) zugleich Gründungsort und ständiger Sitz des 1825 gegründeten 'Börsenvereins', der – gleichfalls für die Welt einmalig – die ansonsten getrennt organisierten Interessenvertretungen der Verleger (herstellender Buchhandel), Sortimenter (verbreitender Buchhandel) und des Großbuchhandels (Zwischenbuchhandel) unter einem Dach gleichzeitig vertrat und den Interessenausgleich seiner Mitglieder anstrebte. Zudem hat (4) Leipzig die früher in Frankfurt dominierende Buchmesse nach Leipzig gezogen und zur deutschen National-, größten europäischen und Weltbuchmesse gemacht. 1912–1916 wurde (5) auf Initiative der Dresdner und Leipziger Verleger E. Ehlermann und F. Brockhaus im Börsenverein die deutsche Nationalbibliothek als Anstalt des Börsenvereins mit ihrer Pflichtstückverordnung für die Verlage eröffnet („Das erste Exemplar [aus jeder Auflage] geht an die Deutsche Bücherei!" und schließlich), (6) wurde Leipzig auch das Zentrum des verlags- bzw. gesamten buchhandelsbezogenen Ausbildungswesens. Das Zusammenkommen aller Komponenten veranlaßte den englischen Verleger und damaligen Präsidenten der Internationalen Verlegerunion, Sir Allen Unwin, 1926 zu der Äußerung, daß „die deutsche Buchhandelsorganisation das Vollkommenste gewesen, was je erreicht wurde" sei. Im Zusammenhang mit der ungestörten weiteren Publikationstätigkeit sowie der wirtschaftlichen Prosperität dieser Jahrzehnte wird dies die klassische Gründerphase der deutschen Verlagswirtschaft, die wir als die Entwicklung des Leipziger Zentralsystems oder als die Ära von Leipzig bezeichnen.

3.2. Die verlagswirtschaftlichen Systeme im Nationalsozialismus, in der Nachkriegszeit bis zur Wiedervereinigung und in der EG

War die erste Phase der Entwicklungsgeschichte der Verlage die, welche praktisch ohne direkte Einwirkungen der Politik zur

Entfaltung und Blüte geführt hatte, so ist die zweite diejenige, die in all ihren Phasen politisch bestimmt ist: der o. a. bereits angedeuteten nationalsozialistischen Ära, welcher die publizistische Hoheit unter den Besatzungsmächten in der unmittelbaren Nachkriegszeit folgt, dem Neuaufbau eines sozialistischen Verlagswirtschaftssystems im Osten (SBZ/DDR) bzw. marktwirtschaftlichen Systems im Westen (BRD) sowie im, gleichfalls nicht nur wirtschaftlich, sondern auch politisch bestimmten 'Gemeinsamen Deutschland' nach der Wiedervereinigung und im Markt der EG. (1) *'Drittes Reich'*: Von der Politik der Nationalsozialisten wird auch das gesamte Verlagswesen betroffen. Zwar bleibt die Rolle von Leipzig und das Zentralsystem und damit die Großorganisation der Branche trotz der Machtergreifung erhalten, doch schon 1933 wird der Börsenverein in die Reichskulturkammer mit deren antimarxistischen, antisemitischen, arischen Säuberungsgrundsätzen zwangseingegliedert. Die im selben Jahr stattfindenden Bücherverbrennungen dokumentieren öffentlich die (Un-)Möglichkeiten, welche für bereits publizierte, gegenwärtige und neue Programme bestehen: Jüdische Buchhandlungen, Verlage und Verlagsprogramme werden „arisiert", jüdische, aber auch unerwünschte nichtjüdische deutsche wie ausländische Autoren wie Verleger emigrieren, werden zwangsenteignet und ausgebürgert. Damit steht dem Niedergang von Verlagen mit sog. unerwünschten Programmen der Aufstieg von solchen gegenüber, die entweder durch Anpassung oder durch eigene Aktivität die Verbreitung nationalsozialistischer Literatur mit deren Autoren ermöglichen oder fördern, von der schönen bis zur wissenschaftlichen Literatur und speziell bis zum Schulbuchverlag. Insgesamt vollzieht sich im Buchverlagswesen der gleiche Prozeß wie bei der Gleichschaltung der Presse. Wie dort unterstützt das Regime diese Entwicklung durch den Aufbau eigener Einzelverlage, von Partei- und Staatsverlagen bis zum Zusammenbruch und zur Entmachtung. (2) *Verlegerische Hoheit der Alliierten und Nachkriegs-Lizenzzeit*: Nach der politischen Entmachtung übernehmen die Alliierten zunächst auch die publizistische Hoheit. Es wird nicht nur, in Entsprechung zu den Bücherverbrennungen, die Aussonderung der nationalsozialistischen Literatur verfügt, sondern nach dem Gesetz der Militärregierung-Deutschland § Nr. 191 darf kein Deutscher Zeitungen, Zeitschriften oder Bücher verlegen. Dieses noch 1944 formulierte Verbot wird schon 1945 aus wohl praktischen Gründen durch eine Ausnahmeregelung wieder aufgehoben, nach der Deutsche für ein bestimmtes Besatzungsgebiet eine Lizenz für einen Verlag erhalten, jedoch erscheint keine Zeitung, kein Buch, kein Verlagsprodukt ohne Lizenz und Kontrolle, ferner ist jegliche Lizenz jederzeit widerrufbar. Als Lizenznehmer kommen nur aus dem Exil zurückgekehrte Altverleger oder politisch im Sinne der Alliierten integre Neugründer in Betracht, politisch vorbelastete Traditions- oder Altverleger haben ihre Betriebe, auch wenn sie sich nur zwangsweise angepaßt hatten, an im Sinn der Alliierten politisch Unbelastete zwangszuverpachten. Viele der heute bedeutenden Verlage entstehen durch die Lizenzen der ehemaligen Besatzer. Lizenzzwang und Zwangspachtverfahren dauern in den westlichen Zonen bis 1948 bis 1949, d. h. praktisch bis zum Wiederbeginn der staatlichen Souveränität der BRD. (3) *Wiederaufbau in der SBZ/DDR*: Die Sowjetische Besatzungszone ist nicht nur diejenige, welche die Aussonderung nationalsozialistischer Literatur am stärksten verfolgt, die Russen sind auch die ersten, die Lizenzen vergeben. Die SBZ wird dennoch nicht, verlagsmäßig gesehen, zur führenden Zone im Deutschland der Nachkriegszeit, obgleich sie, auch von ihrem Territorium aus gesehen, dazu prädestiniert gewesen wäre. Die Ursache liegt in politischen Strukturen. Wohl in der Erkenntnis, daß die Vergabe der Lizenzen in der SBZ eher der Bildung von staatlichen volkseigenen statt privaten Betrieben in einem sozialistischen statt marktwirtschaftlichem System gelten würde, folgen viele Verleger den Amerikanern (die Sachsen und Thüringen als Erste besetzt, aber nach den Verträgen von Jalta an Stalin abgetreten hatten) noch 1945 in den Westen, ein Exodus speziell für die Stadt Leipzig. Greift man das Kriterium der Wirtschaftsstruktur wieder auf, vollzieht sich für die SBZ/DDR der Übergang zur sozialistischen Zentralwirtschaft. Hatte es in Leipzig vor der Machtergreifung durch die Nationalsozialisten noch zeitweise über 550 Verlage gegeben, werden es in der SBZ-Zeit weniger als 40 und erreicht das gesamte Territorium, auch nach Beginn der Souveränität der neuen DDR bis zu deren Untergang noch nicht einmal 80 Verlage (ggü. mehr als 2000 in der BRD). Greift man das Kriterium Programmbildung wieder auf, so wird der Lizenzzwang, anders als im Westen, nach der Souveränität der DDR nicht

39. Geschichte des Buchverlags

aufgehoben, sondern bleibt bestehen und wird nur auf die neu gebildeten eigenen Behörden übertragen. Beschlüsse des Zentralkommissariats der SED werden an eine Abteilung Hauptverwaltung Verlage und Buchhandel im Ministerium für Kultur weitergegeben, deren gesetzliche Aufgabe es ist, Verlage zu lizensieren, anzuleiten und kontrollieren. Insgesamt bildet sich ein Instrumentarium, durchaus vergleichbar mit dem der unmittelbaren Vergangenheit, und genauso kommt es zu behördlicher Zensur, angepaßter Selbstzensur, Restriktionen, zur Verfolgung, Einkerkerung und Ausbürgerung von Autoren. Der Lizenzzwang für den Betrieb eines Verlags sowie für die Publikation jeden Titels bleiben bis zum Ende der DDR. Neu nach der Wende hinzugekommen ist die Erkenntnis, daß die Verlage der DDR auch von der 'Stasi' (Staatssicherheit) durchsetzt waren. (4) *Wiederaufbau in der BRD*: Mit dem Exodus der Verlage aus Leipzig und Sachsen nach Westen verbindet sich auch eine Verlagerung und Verteilung des einzigartigen Verlagsschwerpunktes in die drei westlichen Zonen. Fast alle angestammten Verlagshäuser konzentrieren ihre neue Tätigkeit auf ihre schon vorher dort vorhandenen Filialen, Nebenniederlassungen, aber auch auf eigene Neugründungen. Dies führt de facto zu einer Doppelexistenz all dieser Verlage im Osten und zugleich Westen, wobei die alten verlassenen Gründungsfirmen von der DDR enteignet und zunächst in volkseigene Betriebe umverwandelt werden, während andererseits die ehemaligen Inhaber auf ihre Stammrechte pochen. Dies bleibt bis zur Wiedervereinigung so. Von der Wirtschaftsstruktur her vollzieht sich die Entwicklung zur freien Marktwirtschaft pur: Nach einer Gründungswelle entsteht die Vielzahl von ca. 2000 Buchverlagen heute, die Mitglied im Börsenverein sind, und insgesamt sind es mehr als 10 000. Von der Programmbildung her entwickelt sich durch den Wegfall der Lizenzen und der staatlichen Lenkung die typische Vielzahl der gegeneinander konkurrierenden Programme. Von der Organisation her kommt es im Vergleich zu früher zu einem dezentralen System. Es gibt keine zentrale Verlagsstadt mehr, sondern es bilden sich fünf bis sechs Zentren mit München an der Spitze. Es gibt nicht mehr einen 'zentralen Platz' zur Lagerung, Bestellung und Distribution, sondern die dezentralen Plätze sind jetzt z. B. Hamburg, Frankfurt, Gütersloh, Stuttgart. Ein neuer Börsenverein — als westliche Variante endgültig in Frankfurt gegründet — steht neben dem von den Sowjets wieder in die Tradition gesetzten ursprünglichen Leipziger Börsenverein. Während die Buchmesse in Leipzig, in den ersten Jahren als Fortsetzung der Messe für alle Teile Deutschlands und mit dem traditionellen internationalen Anspruch geplant, zu einer rein östlich orientierten kleinen Buchmesse verkümmert, entsteht 1948, nach über 200jähriger Unterbrechung von Frankfurt als Buchmessenort die erste westliche Buchmesse Deutschlands mit knapp 290 Verlagen in der Paulskirche von Frankfurt, aus der sich die große deutsche und internationale Buchmesse entwickelt, die Leipzig als Weltmesse ablöst. Der 'Deutschen Bücherei' als traditioneller Nationalbibliothek wird die in Frankfurt neu gegründete 'Deutsche Bibliothek' entgegengesetzt, desgleichen konzentrieren sich die verlags- und sortimentsbezogenen Ausbildungsfunktionen in Frankfurt. Frankfurt übernimmt damit, bei der Auflösung des früheren zentralen Systems, in der BRD die ehemalige Rolle von Leipzig. (5) *Wiedervereinigung und 'Gemeinsames Deutschland'*: Über die Geschichte im gemeinsamen Deutschland kann nicht endgültig geschrieben werden, es gibt aber einige Konturen und sichtbare Tendenzen. Unter dem wirtschaftlichen Aspekt sind drei Wellen zu verzeichnen. Erstens in den neuen Ländern eine Gründungswelle. Nachdem mit rund fünfzigjähriger Verspätung der Lizenzzwang abgeschafft und die neue Gewerbefreiheit eingeführt ist, kommt es zu hunderten von Anträgen zur Eröffnung neuer Verlage, von denen aber nur ein Prozentteil Bestand hat. Zweitens eine Abwicklungswelle. Alle ehemaligen volkseigenen etc. Verlage müssen in eine neue privatwirtschaftliche Form überführt werden und dazu eine Eröffnungsbilanz vorlegen; da schon vorher feststand, daß der Großteil nicht ohne die Hilfe von fremdem Kapital existenzfähig sein würde, werden die Verlage wie die übrigen Betriebe der ehemaligen DDR von der Treuhand nach nicht unumstrittenen Prinzipien 'abgewickelt', was, von der ehemaligen Ostseite betrachtet, zu Liquidationen, Teilverkäufen (begehrter Programmteile) und vollständigen Verkäufen führt. Drittens, von Westen betrachtet, entsteht eine Investitionswelle, da die etablierten westdeutschen Verlage wie aber auch branchenfremde Quereinsteiger durch Teilprogrammkäufe, Verlagsübernahmen oder Filialisierung von dem neuen Markt profitieren wollen. Dies alles korrespondiert mit dem programmpolitischen Aspekt. Die meisten ja sozialistisch geprägten Verlagsprogramme können nicht weitergeführt, sondern müssen durch neue ersetzt werden, was sich am extremsten im Schulbuchbereich auswirkt, aber auch für die Verlage belletristischer Literatur aus dem Westen, da diese dem „Leseland DDR" bis zur Wende praktisch verschlossen war. Betrachtet man schließlich den organisatorischen Aspekt, so ist mit der politischen Wiedervereinigung und damit verbundenen Zusammenlegung der Territorien keinesfalls die Wiederherstellung des traditionellen ehemals so bewunderten Leipziger Systems verbunden; zur größten Verlagsstadt heute wird München (die zweitgrößte Verlagsstadt der Welt nach New York), daneben gewinnt Berlin als neue Hauptstadt auch als Verlagsstadt erhöhte Bedeutung. Leipzig ist nach der Reprivatisierung des ehemals die gesamten Verlage der DDR beliefernden Leipziger Kommissions- und Großbuchhandels wieder ein Bücherumschlagsplatz für Gesamtdeutschland geworden, aber in keiner Weise mit früher vergleichbar. Der Börsenverein Frankfurt hat mit dem Börsenverein Leipzig fusioniert, wobei sich Leitung und Hauptsitz in Frankfurt und eine Zweigstelle in Leipzig befinden. 'Die Deutsche Bibliothek' (so der neue Name) Frankfurt hat anstelle von Leipzig die Leitung der neuen gesamtdeutschen Nationalbibliothek. Die Buchmesse in Frankfurt bleibt weiterhin Weltbuchmesse. Neben ihr, der unbestritten internationalen Handels- und Lizenzmesse im Herbst, steht aber als sog. Lese- und Publikumsmesse mit Handelskontakten zum Osten die Leipziger Frühjahrsmesse. Wie das Gesamtbild zeigt, ist die Entwicklung zum gesamtdeutschen Verlagswesen primär westlich geprägt und wird nur von marktwirtschaftlichen Prinzipien bestimmt. Zu den klar erkennbaren Konturen und sichtbaren Tendenzen gehört aber auch die Fortsetzung der schon in der alten BRD begonnenen wirtschaftlichen Konzentration und des Strukturwandels. War in der klassischen Zeit der Leipziger Ära, die im Prinzip bereits marktwirtschaftlich war, die Struktur der Verlagswirtschaft durch eine Vielzahl vorwiegend mittelständischer und vor allem unabhängiger Betriebe gekennzeichnet, so führt die Nachkriegsentwicklung zur Verlegung auf immer mehr wachsende und sich an den kleinen Firmen beteiligende und sie übernehmende Großverlage und schließlich Konzerne. Will man ein Szenario der gesamten Verlagswirtschaft zum Ende dieses Jahrtausends skizzieren, ergeben sich im Großen die folgenden Züge: Rund 2000 Buchverlage sind Mitglied im Börsenverein, davon 95 Prozent in den alten Bundesländern und nur 5 Prozent in den neuen. Die verlagsreichste Stadt bleibt nach wie vor München (mit rund 300 Verlagen) vor heute Berlin, Hamburg, Frankfurt und Stuttgart (die Zahl der Buchverlage in Leipzig nähert sich 30); fast völlig analog dazu verhalten sich die Anteile an den neu produzierten Büchern. Die Titelproduktion Gesamtdeutschlands ist überwältigend, sie steht international nach China und Großbritannien an dritter Stelle; die jährlich 60 000 bis 80 000 Novitäten bedeuten 200 bis 300 Titel täglich neu pro Wochen- bzw. pro Arbeitstag. Vom Umsatz her erzielen die Buchverlage zur Zeit bei seit Jahren steigender Tendenz 17 Milliarden Mark zu Ladenpreisen auf allen Vertriebswegen, bis zum Jahr 2000 dürften damit 20 Milliarden entstehen. Ihr Umsatz verteilt sich struktur- und konzentrationsmäßig gesehen auf extrem deutliche Weise: Einen Umsatz von 25 000 DM (Beginn der Umsatzsteuerpflichtigkeit) bis 250 000 DM (Übergang vom Nebenerwerbs- zum Vollerwerbsbetrieb) erreichen ca. 57 Prozent der Verlage, diese machen aber vom Gesamtumsatz der Branche nur etwa 1 Prozent aus. Einen Umsatz von 25 Millionen (oder mehr) erreichen nur 3 Prozent aller Verlage, ihr Anteil am Umsatz hingegen liegt um 66 Prozent bei zwei Dritteln. Mit diesen kontrastierenden Daten sind nicht nur die Entwicklungen der Vergangenheit, sondern mit Wahrscheinlichkeit auch die Trends für die Zukunft umrissen. Der beobachtbare Konzentrationsprozeß und Strukturwandel im gemeinsamen Deutschland entspricht dabei noch nicht einmal dem in Italien, Frankreich, Holland und England. Die Integration in die europäische Gemeinschaft mit ihrem zollfreien Warenverkehr bringt statt der erhofften Vorteile eher mehr Nachteile; so waren die beiden bedeutendsten deutschsprachigen Exportländer Österreich und Schweiz Mitglieder der EFTA und betreibt in der Gegenwart eine Handelskette aus Österreich durch Forderung der Angleichung an das EG-Recht die Aufhebung des festen Ladenpreises für Bücher. Dies alles vollzieht sich vor dem Hintergrund eines weiteren Wandels, der weder politisch, noch national, noch durch EG-Richtlinien bedingt ist, sondern durch die Entwicklung von in ihrer Art grundsätzlich neuen Produkten entsteht, nämlich der elektronischen Medien für Buchverlage.

4. Zukunftsgeschichte: Verlegen im Zeitalter der elektronischen Medien

Durch das Hinzukommen der neuen elektronischen Möglichkeiten entsteht die dritte Phase in der Geschichte der Verlage, das Zeitalter des Electronic Publishing. So, wie Gutenbergs Erfindung die erste Medienrevolution einleitete, erleben wir heute die zweite Medienrevolution. Sie betrifft einmal die Techniken, da die Herstellung der Bücher durch die neuen Computermöglichkeiten wie DTP (Desktop-Publishing) u. a. grundsätzlich auf eine neue Basis gestellt wird; dies ist aber nur die weniger wichtige Seite. Einschneidender ist die Veränderung durch die neuen Produkte. Bücher, die bis dahin nur gedruckt existierten, bekommen nun elektronische Parallelproduktionen oder werden durch rein elektronische ersetzt, Offline wie bei der CD-ROM oder Online wie im Internet. Die entscheidende Ursache für die Evolution ist ihr 'Mehrwert' gegenüber dem gedruckten Produkt: Der Wert einer CD-ROM entsteht z. B. dadurch, daß sie den Inhalt einer vielbändigen Enzyklopädie auf einer einzigen Platte enthält, ihr Mehrwert durch die Multimedialität, Interaktivität und die Möglichkeiten zur Recherche. Genauso ist es im Internet, wo durch das WWW (WorldWide-Web) auf das Informationsangebot der Verlage weltweit zurückgegriffen werden kann und noch mehr als bei der CD-ROM mit deren jährlichen, halbjährlichen etc. Aktualisierungen es sich ermöglicht, die Informationen durch Updating sogar tagesaktuell zu erneuern. Dies sind Nutzen aus der Sicht des Verbrauchers, ihnen gegenüber stehen die Nutzen für die Verleger. Für die elektronischen Verlage entfällt die Produktion aufwendiger Druckauflagen. Eine CD-ROM kann schon in kleinsten Auflagen nach dem Prinzip des Publishing on Demand produziert werden und ist gegenüber dem Druckprodukt dennoch billiger. Für Angebote im Internet braucht überhaupt keine Auflage produziert zu werden, weil die Datenbank des Verlags ausreichend ist. Die Distribution der elektronischen Publikationen erfolgt für die Offline-Produkte über den Buchhandel, wo für sie zum ungebundenen Ladenpreis angeboten die kommerzielle Vermarktung jedenfalls im Prinzip kein Problem ist, problematisch ist dagegen mindestens zur Zeit noch die kommerzielle Vermarktung der Angebote im Internet. Ein weiterer, international problematischer Faktor sind dort die Wahrung und Sicherung der den Verlagen aus dem Copyright entstandenen Rechte. Bisher haben den Weg ins elektronische Zeitalter bei den Büchern besonders die Lexika-, Schulbuch- und Wissenschaftsverlage eingeschlagen (die Presseverlage haben ihn sofort und mit aller Intensität beschritten), aber immer mehr Buchverlagsarten folgen. 1993 hat der konservative Börsenverein dem elektronischen Publizieren die Frankfurter Weltbuchmesse erstmalig mit einem eigenen Areal geöffnet (Leitmotiv „Frankfurt goes electronic", aber z. B. zehn Jahre nach Großbritannien). Die Erwartung in die technologisch boomende Entwicklung haben sich marktmäßig in Deutschland zunächst nicht erfüllt. So prognostiziert man heute (fünf Buchmessen später) nach rückläufigen Tendenzen einen erwarteten Marktanteil von nur vier statt 20 Prozent vom Umsatz der Branche für das Jahr 2000, aber dies ist nur eine mittelfristige und längst nicht langfristige Prognose. Es ist keineswegs damit zu rechnen, daß die bereits etablierten neuen Medien verschwinden, ihr Markt hat im Gegenteil Zukunft. Und keineswegs ist die Annahme berechtigt, daß sich der Markt für Bücher auch nur hält, er wird im Gegenteil mit jedem Hinzukommen einer neuen Generation schrumpfen. Und so wird die Geschichte der Verlage, die mit dem Verlegen von Handschriften begann, mit dem Verlegen von elektronischen Medien enden.

5. Literatur

Döbler, Hansferdinand, Döblers Kultur- und Sittengeschichte der Welt. Handwerk, Handel, Industrie. München 1978.

Hiller, Helmut, Wörterbuch des Buches. Frankfurt a. M. ⁵1991.

Hiller, Helmut/Wolfgang Strauß (Hrsg.), Der deutsche Buchhandel. Wesen, Gestalt, Aufgabe. Hamburg 1975.

Kirchner, Joachim (Hrsg.), Lexikon des Buchwesens. Stuttgart 1952.

Schönstedt, Eduard, Der Buchverlag. Geschichte, Aufbau, Wirtschaftsprinzipien, Kalkulation und Marketing. Stuttgart 1991, ²1998.

Schulz, Gerd, Buchhandels-Ploetz. Abriß der Geschichte des deutschsprachigen Buchhandels von Gutenberg bis zur Gegenwart. Freiburg 1985.

Uhlig, Friedrich, Geschichte des Buches und des Buchhandels. Stuttgart ²1962.

Wittmann, Reinhard, Geschichte des deutschen Buchhandels. Ein Überblick. München 1991.

Eduard Schönstedt, Stuttgart (Deutschland)

40. Geschichte des Buchhandels

1. Definition
2. Antike
3. Buchdruck in der Frühen Neuzeit
4. 19. Jahrhundert
5. 20. Jahrhundert
6. Gegenwart
7. Literatur

1. Definition

Unter dem Begriff *Buchhandel* versteht man historisch und bis heute als Branchen-Terminus alle Bereiche der Herstellung und des Vertriebs von gedruckten Texten; damit sind sowohl die Verlage, die Zwischen- oder Großbuchhändler (Barsortimenter, Kommissionäre) als auch der verbreitende Buchhandel (Sortiment, Warenhaus-, Bahnhofs-, Reise-, Versandbuchhandel) erfaßt. Das Wort „Buchhändler" findet sich in der zweiten Hälfte des 16. Jhs. erstmalig und ersetzt das Wort „Buchführer"; „Buchhandlung" ist seit dem frühen 17. Jh. belegt. Während sich in der Branche und in der Fachwissenschaft der Begriff weiterhin für das dreigliedrige System erhalten hat („Börsenverein des Deutschen Buchhandels"), so wird er seit der Mitte des 19. Jhs. umgangssprachlich lediglich auf den Sortimentsbuchhandel bezogen.

2. Antike

Aus dem 5. Jh. vor Christus stammen erste literarische Zeugnisse, die den Vertrieb von Handschriften/Buchrollen bezeugen. Sokrates schreibt (Platon, Apologie 26 D), daß die Bücher des Philosophen Anaxagoras auf der Agora in Athen für eine Drachme zu kaufen waren; Dyonysios von Halikarnass (Isokrates 18) berichtet, daß Buchhändler mit einem ganzen Stoß von Gerichtsreden des Rhetors Isokrates herumzogen. Eine solche Möglichkeit des Erwerbs von Buchrollen muß aus diesen vereinzelten Quellen erschlossen werden, da sich sonst nicht die zahlreich belegten Privatbibliotheken bilden konnten. Die Normalform der Vervielfältigung war aber die private Abschrift; auch der häufig als erster belegbarer „Verleger" in Rom bezeichnete Atticus, hat die Schriften Ciceros nachweislich nur auf dem Wege der privaten Verbreitung herstellen und vertreiben lassen. Einzelne Schriftzeugnisse sprachen davon, daß wir ein *quasi* verlagsmäßiges Abschreiben dichterischer Werke in Einzelfällen kennen: Demosthenes soll – als Broterwerb – das Werk des Thukydides achtmal mit eigener Hand abgeschrieben haben. Nach einer Äußerung von Seneca verkaufte ein gewisser Doros das vollständige Werk des Livius; bekannt war die Verlagsproduktion bei Thryphon, der sowohl Quintilian verlegte, als auch die Gedichte des Martial. Martial beschreibt ebenfalls bereits den reinen Buchhändler, der auf dem Forum in einem kleinen Laden Dichtungen feilbot. Er berichtet ferner davon, daß in Rom Bücher als Geschenk bei wichtigen Anlässen gewählt wurden; Sueton (De grammaticis 17) spricht von Buchgeschenken als einem pädagogischen Mittel. In der Spätantike verlaufen sich die Spuren eines soliden Buchmarktes.

2.1. Mittelalter

In den meist klösterlichen Skriptorien wurden in aller Regel Einzelabschriften von Handschriften angefertigt, die als Buchersatz oder für die Erstausstattung von Filialgründungen verwendet wurden. Zu einer Handschriftenproduktion auf Vorrat, die dann ja erst einen Buchhandel nötig machte, kam es erst bei den frühen Universitätsgründungen im 12. Jh. (Stationarii und Librarii). Von einem Vorläufer des Verlagssystems im Druckzeitalter könnte man bei der Elsässischen Druckwerkstatt des Diepold Lauber in der ersten Hälfte des 15. Jhs. sprechen. In seiner zwischen 1427 und 1467 tätigen Werkstatt in Hagenau im Elsaß beschäftigte er zeitweise fünf Schreiber und bis zu 16 Illustratoren. Sein „Verlagsprogramm" bestand aus der populären volkssprachigen Literatur des 15. Jhs.: *Parzifal*, *Tristan*, *Welscher Gast* oder dem *Schwabenspiegel*. Er nahm Produktions- und Distributionsweisen der frühen Druckoffizinen vorweg, da er nicht mehr ausschließlich auf Bestellung, sondern auch auf Vorrat produzierte. Aus diesem Grunde mußte er für seine Produkte werben, drei seiner Verlagsanzeigen haben sich erhalten.

3. Buchdruck in der Frühen Neuzeit

Mit der Einführung des Drucks mit beweglichen Lettern durch Gutenberg übernimmt ein Verleger das geschäftliche Risiko für die Buchherstellung. Am Anfang der neuen Ent-

40. Geschichte des Buchhandels

wicklung dominiert der Druckerverleger, der die zu setzenden Texte auswählt, selbst herstellt und sich auch um die Verbreitung kümmert. Das Geheimnis der raschen Verbreitung der Buchdrucktechnik liegt in der Verbindung von technischer Innovation mit dem Erkennen der damit verbundenen geistigen Wirkungsmöglichkeit, in der Aufnahme der neuen Technik durch die Humanisten, die damit ihr Bildungsprogramm auf eine ganz andere Art und Weise verwirklichen konnten, oder bei den reformatorischen Bestrebungen in der Kirche, besonders bei der Reformation Martin Luthers im 16. Jh., der sich dieses neuen Mediums aktiv bediente.

Bestimmten in den ersten Jahren nach den Erfindungen Gutenbergs der wiederholte Nachdruck der Vulgata bzw. der für den Schulunterricht benötigten Grammatiken und Vokabularien den Markt, kam es durch die Annahme und Entdeckung der Humanisten sehr rasch zu einem ausgefeilten Buchprogramm, in dem kritisch edierte Texte der Antike mit Nachschlagewerken, Prosaübersetzungen, volkssprachiger epischer Literatur sowie Ratgeberliteratur abwechseln. Die Buchdrucker waren in aller Regel ihre Verleger, aber auch Groß- und Einzelhändler, die über die Fernhandelswege, aber auch über „Buchführerknechte" (Kolporteure), die die Messen und Märkte bereisten, vertrieben. Am Beispiel des bekannten Nürnberger Großdruckers Anton Koberger kann das europaüberspannende Netz des Buchvertriebs studiert werden.

Seit etwa 1480 entwickelte der Markt eigene Vertriebsformen: zunächst etablierte sich ein Titelblatt, auf dem Autor, Titel, Druckort und Verlag sowie Entstehungszeit aufgeschrieben wurden. Da die Bücher in aller Regel ungebunden vertrieben wurden, war so die Werbemöglichkeit für einen bestimmten Teil in den Auslagen viel leichter möglich. Vorher hatten sich – der Handschriftentradition entsprechend – diese Angaben am Schluß des Buches im Kolophon erhalten. Gedruckte Buchhandelsanzeigen entstehen, die das Warenangebot generell anpreisen, aber auch bestimmte Qualitätsmerkmale, wie textkritische Verarbeitung, gediegene Illustration oder anspruchsvolle Typographie hervorheben. Augsburg, Straßburg, Köln und Nürnberg werden frühe Zentren des Druck- und Verlagswesens. Die Verleger nutzen zum Teil die alten Fernhandelsnetze der Hanse und vergeben Druckaufträge auch in entfernte Gebiete; bekannte niederdeutsche Drucke, wie z. B. der „Eulenspiegel" wurden im Elsaß hergestellt. Die Höhe der Auflage kann nur erschlossen werden, sie wird bei den Inkunabeln etwa bei 500 Exemplaren gelegen haben, im 16. Jh. sind Beispiele bis 2000 Exemplare häufiger. Da es kein geregeltes Urheberrecht gab, ist die frühe Geschichte des Buchdrucks auch eine Geschichte des Nachdrucks. Bereits Kaiser Maximilian I. (1493–1519) versuchte mit der Vergabe von Druckprivilegien dem uneingeschränkten Nachdruck entgegenzusteuern. Diese Privilegien sicherten aber nur den materiellen, nicht den geistigen Wert des Eigentums. Privilegienerteilung und Zensurgesetzgebung gehen zudem Hand in Hand. Papst Sixtus VI. erteilte bereits 1479 der Universität Köln das Recht, gegen Drucker, Käufer und Leser häretischer Schriften vorzugehen. Ebenso wie die Verbindung von Humanismus und Buchdruck, fördert die Verbindung von Buchdruck und Reformation beide Entwicklungen; das Buch wird – ebenso wie das Flugblatt – zu einem Massenmedium. Der Buchdruck förderte die rasche Durchsetzung der Ideen der Reformation, die Reformation verhalf aber auch allen Bereichen der Buchherstellung und des Vertriebes zu einer großen Blüte, etwa Wittenberg oder Leipzig wurden zu neuen hervorragenden Druckorten. Neben dem Vertrieb durch Buchführer auf den Messen traten nun auch die Buchbinder als Verkäufer auf, die das Vorrecht besaßen, gebunden Bücher verkaufen zu können. Auf den zweimal jährlich in Frankfurt am Main und in Leipzig stattfindenden Messen entwickelten sich regelrechte Buchmessen, die ab 1564 bzw. 1594 mit eigenen Meßkatalogen aufwarten konnten. In aller Regel wurde dort in Form eines Tauschhandels (Change-Handel) im 16. und 17. Jh. Bogen gegen Bogen, oft genug unabhängig vom Inhalt des jeweiligen Werkes, getauscht.

Diese Form des Tauschhandels führte in aller Regel zu einer Überproduktion, da gelegentlich produziert wurde, um lediglich Tauschmaterial vorweisen zu können. Die großen Reformbestrebungen des Buchhandels setzten 1764 ein. Mit diesem markanten Datum wird der Weggang der sächsischen Buchhändler unter Führung von Philipp Erasmus Reich von der Frankfurter Buchmesse datiert. Die kaiserliche Büchereikommission in Frankfurt hatte durch harsche Zensurbedingungen die Arbeitsmöglichkeit der Verleger deutlich eingeschränkt. Zudem setzte sich das merkantilistische Interesse durch, Bücher im sogenannten Nettohandel gegen bar anzubieten. Diese sächsischen Reformen führten zu einer Spaltung des Buchmarktes: sächsische und norddeutsche Buchhändler begannen mit einem Bar-Verkehr, der süddeutsche Bereich blieb beim Tausch von Büchern. Eine Folge dieser Umstellung war der fast hemmungslose Nachdruck in den süddeutschen Städten von der norddeutschen Buchproduktion, der teilweise von aufgeklärten Fürsten, allen voran von Kaiserin Maria Theresia in Österreich unterstützt wurde. Edler von Trattner in Wien und Konrad Schmieder in Karlsruhe sind die Namen der prominentesten Nachdrucker-Verleger. Sie stehen für eine Trennung in einen norddeutschen und einen sogenannten Reichsbuchhandel, gleichzeitig aber auch für die populäre Ausbreitung aufklärerischer Ideen. Ab 1800 setzte sich verbreitet der Konditionsverkehr durch, das heißt die Möglichkeit, bei den Messen Bücher zu beziehen, bei der nächsten Messe zu bezahlen bzw. zu remittieren. Diese über hundert Jahre praktizierte Handelsform hatte für den Sortimenter (und den Kunden) große Vorteile, da sie stets die Neuigkeiten auf Lager halten konnten. Für die Verleger barg dieses Verfahren zahlreiche Risiken, da sie erst spät das eingesetzte Kapital zurückerhielten.

Die Verwirklichung aufklärerischer Ideen brachte Veränderungen in den Erscheinungsformen von Literatur, die Zeitschrift und die Zeitung setzten sich im Laufe des 18. Jhs. durch. Mit den Lesegesellschaften am Ende des Jahrhunderts wurden Möglichkeiten zum gemeinsamen Bezug von Zeitschriften, Lexika und wissenschaftlicher Literatur geboten. Daneben entstanden die gewerblichen Leihbibliotheken, die ihr Publikum in aller Regel mit Unterhaltungsliteratur versorgten. Zeitgenossen sprachen besorgt von einem „Lesefieber" oder einer „Lesewut", die diese gesellschaftlichen Umbrüche desavouieren sollten. Auch die Autoren traten gegenüber ihren Verlegern selbstbewußt auf, sie negierten ein ewiges Verlagsrecht, welches ihnen nur eine einmalige Entlohnung, dem Verleger aber ein unbegrenztes Verfügungsrecht garantierte. Als ein Übergangsphänomen dieser Epoche sind die zahlreichen Versuche von Selbstverlagsunternehmen zu verstehen, bei denen die Autoren die Verwertung ihrer Arbeit selbst in die Hand nehmen wollten. Lessing, Klopstock und Wieland versuchten diesen Weg, scheiterten aber langfristig ebenso wie die „Dessauer Buchhandlung der Gelehrten" (1781–1785), eine frühe Autorenbuchhandlung. Nach dem Kursächsischen Mandat von 1773, das jeglichen Handel mit Nachdrucken auf der Leipziger Messe verbot, sicherte das Allgemeine Landrecht für die preußischen Staaten von 1794, daß Herstellung und Verbreitung von Nachdrucken in Preußen verboten wurden.

Maßgebliche Verleger der Zeit um 1800, besonders Georg Joachim Göschen oder Johann Friedrich Cotta, garantieren ihren Autoren nicht nur ein angemessenes Honorar, sondern auch weitgehende Mitsprache an der Ausgestaltung der Bücher zu. Fragen der Typographie und der Buchausstattung wurden im europäischen Rahmen diskutiert, die Antiqua auch im deutschsprachigen Gebiet für mehrere Jahrzehnte als die bevorzugte klassizistische Type verwendet. Um den Nachdruck zu überwinden, kam Göschen auf die Idee, etwa bei der Gesamtausgabe von Wieland vier unterschiedliche Ausstattungsarten anzubieten, damit sich auch „jeder Handlungsgehilfe" eine Ausgabe leisten konnte. In seinen *Gedanken über den Buchhandel* (1802) beschrieb Göschen den Doppelcharakter des Buches als materiellem Wert und geistigem Eigentum, deren besonderer Bedeutung sich jeder Verleger und Sortimenter bewußt sein solle. Guter Satz und fehlerloser Druck gehörten daher seiner Meinung nach ebenso zu den Selbstverständlichkeiten eines Verlegers wie die partnerschaftliche Zusammenarbeit mit dem Autor.

4. 19. Jahrhundert

Eine weitere Differenzierung des Buchmarktes nach der Trennung der Drucker von den Verlegern führte auch zur Einrichtung selbständiger Sortimente; die 1796 in Hamburg eröffnete Sortimentsbuchhandlung von Friedrich Perthes gilt als erste selbständige Handlung. Es bildete sich – namentlich in Leipzig – als Bindeglied zwischen Verlag und Sortiment der Zwischen- bzw. Kommissionsbuchhandel heraus, ab 1840 in der besonderen Form des Barsortimentes. 1795 wurde das Abrechnungsgeschäft in Leipzig einer „Buchhändlerbörse" übertragen. Aus diesem Kern und den Reformdiskussionen des Buchhandels um 1800 entwickelte sich 1825 die Gründung des „Börsenvereins der Deutschen Buchhändler" in Leipzig. Ausgehend von den gemeinsamen finanziellen Interessen entwickelte sich der Börsenverein rasch zu einer Standesvertretung, die die Interessen nach außen vertrat, aber auch intern den Geschäftsbetrieb, die Ausbildung etc. regelte. Zu

40. Geschichte des Buchhandels

den wichtigen Aufgaben im 19. Jh. gehörte die Regelung der Ausbildung, der Einsatz für eine Urheberrechts-Gesetzgebung und der Kampf gegen die „Schleuderei", dem übertriebenen Endkundenrabatt. Unter Führung des Inhabers der Cotta'schen Buchhandlung, Adolph Kroener, wurde 1887 der feste Ladenverkaufspreis eingeführt, der bis heute Grundlage der Wirtschaftsorganisation bildet. In Verkehrs- und Verkaufsordnungen wurde die Einhaltung des Ladenverkaufspreises eindeutig festgelegt, so daß ein Buchtitel unabhängig von Verkaufsmenge oder dem Ort des Entstehens, ob in der Großstadt oder in der Provinz, den gleichen Ladenverkaufspreis besitzt. Die Differenzierung im Gewerbe führte zu einem starken Anwachsen der reinen Sortimente, um 1800 gab es in Deutschland 3375 Sortimente und 1238 Verlage; auch innerhalb der Verlage veränderte sich die interne Struktur. Bis 1900 waren sie durch dominante Familientraditionen geprägt; der Verleger zeigte seine Verantwortung schon dadurch, daß er in aller Regel der Firma den Namen seiner Familie gab und nur innerhalb der Familie den Verlag weitervererbte. Durch die persönliche Verantwortung eines patriarchalisch entscheidenden Verlegers gab es selten nachvollziehbare Kriterien literarischer oder wissenschaftlicher Wertung. Wenn die Familientradition abbrach, kam es häufig genug zu Turbulenzen in der wirtschaftlichen Entwicklung und zu mehrfachen Weiterverkäufen, bis sich ggfs. ein neuer Verleger für das bestehende Sortiment fand. Die zunehmende Industrialisierung im Druckgewerbe und die rasche Expansion der Produktion brachten es mit sich, daß neben den „Markthelfern" und Schreibern noch weitere Personen in die Verlagsführung aufgenommen wurden. Die ersten Lektoren lassen sich seit den neunziger Jahren des 19. Jhs. nachweisen, die das innere Gefüge der Entscheidungsprozesse im Verlag nachhaltig veränderten. In nicht wenigen Fällen war auch die familiäre Kapitaldecke nicht groß genug, so daß Fremdmittel aufgenommen werden mußten, Firmen in Kapitalgesellschaften oder Aktiengesellschaften umgewandelt wurden. Von 1871 bis 1909 kam es zur Gründung von 85 Aktiengesellschaften im Buchgewerbe und im Buchhandel, zumeist bei Verlagen mit Druckereibetrieben. Das 19. Jh. ist ein Lehrstück für die Umwandlung von dem in Familientradition geführten Verlag auf dem Weg über Teilhaberschaft, Übertragung von Geschäftsführungen, Aufspaltungen von Unternehmenszweigen, Verkäufen und Übertragungen, bis hin zur Umwandlung in Offene Handelsgesellschaften (OHG) oder in direkte Aktiengesellschaften.

Das 19. Jh. ist mit der Industrialisierung und den durchgreifenden sozialen Reformen auch wiederum durch eine Änderung der lese- und Rezeptionsbedingungen geprägt. Familienzeitschriften gehörten in der 2. Hälfte des 19. Jhs. zur normalen Lektüre, daneben eine Fülle von Buchreihen, wie etwa Westermanns Monatshefte oder Meyers Groschenbibliothek. Die Buchauflagen gingen dagegen zurück, die Leihbibliotheken florierten weiterhin. Die Kaiserzeit wurde dennoch zu einer Hochblüte literarischer Verlage und Verlagsneugründungen. So baute in den neunziger Jahren Samuel Fischer seinen Verlag zu einem führenden Verlag des Naturalismus aus, wurde Eugen Diederichs ein führender Verleger der Lebensreformbewegung.

5. 20. Jahrhundert

Der Expressionismus zu Beginn des 20. Jhs. führte zu einer Flut von Verlagsneugründungen, die häufig nur eine einzige Zeitschrift bzw. zwei, drei Buchtitel publizierten. Es wurde mit der Form in den Texten ebenso wie bei der Typographie und der Buchgestaltung experimentiert. Kurt Wolff kann als ein führender Vertreter zunächst bibliophiler Ausstattung und dann eines konsolidierten Literaturverlages gelten. Die ideologischen Zuspitzungen der zwanziger Jahre führten zu einer Gründungswelle von Buchgemeinschaften, die ihre eigene politische, ideologisch oder konfessionell ausgerichtete Zielgruppe erreichen wollten. Mitte der zwanziger Jahre waren bis zu drei Millionen Bürger Abonnenten von Buchgemeinschaften. Die von Samuel Fischer 1926 konstatierte Bücherkrise, die von einer Überproduktion bei gleichzeitigem Rückgang des Leseinteresses ausging, war nur ein Symptom der Zeit, der allgemeinen Kulturkrise. Die Konkurrenz zu Hörfunk und Film erwies sich als ausgesprochen belebend für den Buchmarkt, zahlreiche Autoren schrieben nun für das Hörspiel oder Drehbücher. Die Literaturverfilmungen der späten Stummfilmzeit und der frühen Tonfilme ab 1929 hatten eine Zunahme am Interesse der Romanvorlagen zur Folge. Der Filmstil prägte die neue Romanform (Alfred Döblins, Berlin-Alexanderplatz) und ebenso neue typographische Bestrebungen (El Lissitzky, Jan Tschichold).

Der Buchmarkt von 1933 bis 1945 stand unter Sonderbedingungen, die totale Gleichschaltung der Autoren, der Verleger, der Verbandsorganisationen, der Buchhändler und der Buchpolitik in den Bibliotheken. Nach dem Fanal der Bücherverbrennung vom 10. Mai 1933 kam die Ausschaltung politisch mißliebiger oder jüdischer Autoren und Verleger. Wieland Herzfelde vom Malik-Verlag ging z. B. bereits 1933 in das Prager Exil, um dann 1938 über London in die USA zu emigrieren; Gottfried Bermann-Fischer konnte in den Verhandlungen der sogenannten Arisierung 1936 einen Teil der Rechte und des Lagerbestandes nach Wien überführen, mußte von dort aber 1939 nach Stockholm und schließlich 1941 nach New York ausweichen. Die verschiedenen Exilverlage konnten nur zum Teil für die ausgewiesenen oder ausgewanderten Schriftsteller ein Äquivalent darstellen, darunter besonders Querido und Allert de Lange in Amsterdam sowie El Libro Libre in Mexiko. Das jüdische Buch konnte sich im Dritten Reich eine Zeit lang halten, allerdings unter der Sonderbedingung des Ghettobuchhandels, das heißt, jüdische Autoren konnten in einem jüdischen Verlag publizieren, der wiederum nur an jüdische Sortimenter verkaufen durfte, der nur Juden als Kunden haben konnte. Aber auch diese Sonderform endete mit der Reichskristallnacht 1938.

Die Arisierungen und Besitzwechsel der dreißiger Jahre sowie die Kriegszerstörungen sorgten nach 1945 für einen Umbruch in der Verlagslandschaft der vier Zonen. Über die Neu-Lizensierungen konnten die jeweiligen Besatzungsmächte politisch genehme Verlage fördern, so kam es bereits im September 1945 durch Johannes R. Becher zur Gründung des Aufbau-Verlages in Berlin. Andere Verlage konnten sich durch frühzeitige Lizensierung (z. B. Kurt Desch in München) einen Vorsprung erwerben, den sie die nächsten Jahrzehnte über halten konnten. Leipzig verlor seine Rolle als die bedeutendste Verlagsstadt, München, Stuttgart und Frankfurt traten an ihre Stelle. Zwei Börsenvereine in Leipzig und in Frankfurt traten von nun ab – mit unterschiedlichen Einflußmöglichkeiten – als Interessenvertretung auf.

6. Gegenwart

Die 1949 vom Hessischen Buchhändler- und Verlegerverband eingeführte Buchmesse in Frankfurt entwickelte sich nach der Übernahme durch den Börsenverein (West) 1950 rasch zu einer internationalen Messe, die mit ihrem Rechte- und Lizenzgeschäft heute führend im Weltmarkt des Buchhandels ist.

Der Buchhandel in der DDR ist vom staats- bzw. parteieigenen „Volksbuchhandel" geprägt gewesen, neben dem kleinere private Antiquariate oder kirchliche Sortimente tätig waren. Der gesamte Buchmarkt war massiver staatlicher Kontrolle unterworfen, die Buchzuteilung erfolgte zentralistisch. Die Leipziger Buchmessen blieben weiterhin ein Schaufenster nach Westen, der Handel wurde aber in aller Regel mit den „sozialistischen Bruderländern" abgeschlossen. In einigen Fällen kam es aber auch zu lukrativen Lizenzgeschäften mit Westverlagen. Das Ende der DDR 1990 führte zu grundlegenden Veränderungen im Verlagswesen Deutschlands, zur Wiederzusammenführung u. a. Gustav Fischer, Jena und Stuttgart, Reclam, Leipzig und Stuttgart, Insel, Leipzig und Frankfurt etc., und zu einer Vielzahl von Neugründungen und Übernahmen. Die Entwicklung ist z. Zt. noch im Gang, das Sortimentsgeschäft wurde auf eine völlig neue Grundlage gestellt und insgesamt sehr gut EDV-mäßig ausgestattet.

Volkswirtschaftlich gesehen steht der Buchhandel im deutschsprachigen Gebiet mit relativ stabilen Wachstumsraten positiv da, 1997 wurden ca. 16,5 Mrd. DM mit Büchern umgesetzt. Ebenso wie sich die Verlage den Herausforderungen des elektronischen Publizierens stellen müssen, ist das Sortiment gefordert, neben Büchern auch mit Videos und CD's zu handeln. Mehr zu schaffen, macht dem Handel allerdings die zunehmende Konzentration im Verlagsgewerbe und auch im Sortiment durch neue Absatzstrategien in sog. „Bücherkaufhäusern", die nur einen geringen Teil der etwa lieferbaren 700 000 Titel auf Lager halten. Da die grenzüberschreitende Preisbindung zwischen Deutschland und Österreich bzw. der Schweiz nun mit EU-Recht überprüft wird, ist auch die Preisbindung innerhalb Deutschlands öffentlich zur Diskussion gestellt.

Eine neue Form von Buchvertrieb zeichnet sich ab, der Handel über Internet-Buchhandlungen. Sowohl Privatanbieter drängen auf diesen neuen Markt des Mail-Order-Geschäfts, als auch die Branchenvertretung, der Börsenverein selbst. Zur Zeit (1998) werden monatlich bereits etwa 1 Mio. Zugriffe auf das Internet-Buchangebot des Börsenvereins registriert, an dem sich über 500 Verlage und etwa 450 Buchhandlungen beteiligen.

7. Literatur

Archiv für Geschichte des Buchwesens. Frankfurt 1958 ff.

Bibliographie der Buch- und Bibliotheksgeschichte. Bearb. v. Horst Meyer. Bad Iburg 1980 ff.

Buchhandelsgeschichte. Beilage zum Börsenblatt für den deutschen Buchhandel. Frankfurt 1979 ff.

Fischer, Ernst, „Was bisher noch niemand wagte" − F. Ch. Perthes und das erste 'reine' Sortiment 1796 in Hamburg. In: Buchhandelsgeschichte 1997/3, B 108−114.

Giesecke, Michael, Der Buchdruck in der frühen Neuzeit. Frankfurt 1991.

Göpfert, Herbert G., Vom Autor zum Leser. Beiträge zur Geschichte des Buchwesens. München 1977.

Kapp, Friedrich/Johann Goldfriedrich, Geschichte des deutschen Buchhandels. 4 Bde. Leipzig 1886−1913.

Leipziger Jb. zur Buchgeschichte. 4 Bde. Leipzig 1991 ff.

Lexikon des gesamten Buchwesens. Hrsg. v. Severin Corsten/Stephan Füssel/Günther Pflug. Z. Zt. 5 Bde. Stuttgart ²1987 ff.

Martino, Alberto, Die deutsche Leihbibliothek. Wiesbaden 1990.

Meyer-Dohm, Peter/Wolfgang Strauß (Hrsg.), Handbuch des Buchhandels. 4 Bde. Hamburg 1971−1977.

Widman, Hans, Geschichte des Buchhandels. Wiesbaden 1975.

−, (Hrsg.), Der deutsche Buchhandel in Urkunden und Quellen. 2 Bde. Hamburg 1965.

Wittmann, Reinhard, Buchmarkt und Lektüre im 18. und 19. Jh. Tübingen 1982.

−, Geschichte des deutschen Buchhandels. München 1991.

Wolfenbütteler Bibliographie zur Geschichte des Buchwesens im deutschen Sprachgebiet 1840−1980. Bearb. v. Erdmann Weyrauch. Bd. 1 ff. München 1990 ff.

Stephan Fussel, Mainz (Deutschland)

41. Geschichte der Bibliotheken

1. Ur- und frühgeschichtliche Bedingungen. Alter Orient und Antike
2. Skriptorien, Bibliotheken und Archive im Mittelalter
3. Handschriften und Drucke im Übergang zu Humanismus und Renaissance
4. Die Zeit der Renaissance, Reformation, Barock und der Aufklärung
5. Sammlungen von der Säkularisation bis zum Industriezeitalter
6. Bücher, Bibliotheken und Medien im 20. Jahrhundert
7. Literatur

1. Ur- und frühgeschichtliche Bedingungen. Alter Orient und Antike

Bibliotheken, Archive und Museen sind sowohl *statisch*, was die Konservierung des einmal Gesammelten angeht, weil nach Lessings Ansicht das, „was einmal gedruckt ist, der ganzen Welt gehört auf ewige Zeiten und niemand das Recht habe, es zu vertilgen", und andererseits *dynamisch*, weil sie von der Physis und Technik der Kommunikationsformen abhängen. So ist Bibliotheksgeschichte in erster Linie die Geschichte der Kommunikationsformen und -inhalte, der Rahmenbedingungen, wie sie von Produzenten und Rezipienten im Austauschprozeß vermittelt worden sind.

In der Kommunikationsgeschichte der Menschheit stehen als erste nachweisbare Zeugnisse für das Bestreben, Dinge und Inhalte zu sammeln und sie mündlich weiterzugeben oder über sie zu berichten, also mit Hilfe der Sprache eine Art *kollektives Gedächtnis* zu bilden, Höhlenzeichnungen und Felsbilder. Diese vor ca. 35 000 Jahren entstandenen Zeichnungen, eigentlich Zeichen, sind nicht Bilder im eigentlichen Sinne, wenngleich sie im Laufe der Zeit ikonographische Züge angenommen haben: vielmehr handelt es sich um Zeichen, die als Vorform von *Schrift* angesehen werden. Diese Zeichen mit meist religiös-mythischem Bezug dienten eher der jeweiligen topographischen Erinnerung, waren *Merk*punkte und hatten kaum Inhalte, die es im Sinne eines Archivs oder einer Bibliothek, also im Sinne eines institutionalisierten Sammelverständnisses bzw. -auftrages, für spätere Nutzung zu *sammeln* und *zu bewahren* galt.

Daß dann aber bald zu sammeln und aufzubewahren war, ergab sich mit der sozialen

Entwicklung, als Rechtsgeschäfte nicht nur getätigt, sondern im Sinne der Rechtssicherheit dokumentiert werden mußten: aus den Grabungen der sumerischen Stadt Uruk (Warka) am Unterlauf des Euphrat stammen aus der Zeit kurz nach 3000 v. Chr. Keilschrift-Tontafeln mit wirtschaftlich-rechtlichen Inhalten, die zusammengefaßt wurden und eine Art *Registratur* bildeten. Man wird annehmen dürfen, daß diese *Registraturen* aus den Reichen des Vorderen Orients bzw. die in ihnen überlieferten, über 400 000 Tontäfelchen umfassenden Sammlungen als Vorstufen für Archive anzusehen sind, zumal ein Großteil ihrer Inhalte wirtschaftlich-rechtlicher Natur von *Kanzlei-* bzw. *Registratur*schriftgut war, aber auch mythisch-religiöse Texte aufwies. Darüber hinaus wurden auch politische Zusammenhänge, wie beispielsweise der diplomatische Schriftverkehr zwischen einzelnen Reichen, dokumentiert. Dies belegen Funde in Ugarit (Ras Schamra) in Syrien, Tell-el-Amarna (Ägypten), aber auch in der Hauptstadt des hethitischen Reiches in Chattuscha (Bogazköy). Sind *Archive* (lat. *archivum, archium,* dieses wiederum abgeleitet aus dem griech. *archeion,* von *arché* = die *Amtsstelle,* die *Behörde,* nicht von *archaios* = alt, „archaisch") als Einrichtungen anzusehen, die ausschließlich oder doch zumindest vorrangig mit der Erfassung, Verwahrung und Erschließung von Verwaltungsschriftgut befaßt und − im strengen Sinne − weniger mit der Sicherung *historischer* Dokumente beauftragt sind (was sich aber nicht ausschließt!) − so wird man ihre ersten Existenzen in der Zeit der ausgehenden Reiche des Vorderen Orients annehmen dürfen. Die Entwicklung von Archiven als „medialen" Sammlungen von schriftlichen Quellen setzte also früh ein, d. h. vor der der Bibliotheken. Letztere freilich bildeten sich als Sammlungen auch in den ausgehenden Reichen des Vorderen Orients heraus: wenn systematisches Sammeln *und* Bewahren für dann auch spätere Nutzung das Wesenselement verkörpert, dann sind als erste Bibliotheken die des assyrischen Königs Tiglatpileser I. (um 1100 v. Chr.) und − vor allem − des babylonischen Königs Assurbanipal (668−627 v. Chr.) in Ninive anzunehmen. In ihnen fanden sich auf Tontafeln verfaßte Texte, darunter viele Mehrfachexemplare, in verschiedenen alten Sprachen wie Sumerisch, Akkadisch, Babylonisch und Assyrisch.

Im alten Ägypten stand die Herausbildung von Archiven und Bibliotheken in enger Verbindung zur Entwicklung von Religion, Herrschaft, Wirtschaft und Sozialstruktur auf der einen Seite sowie der Herausbildung der spezifischen Hieroglyphenschrift und des Papyrus als Beschreibstoff auf der anderen Seite. Durch Ausgrabungsfunde für einzelne, vor allem spätere Abschnitte, läßt sich eine größere Anzahl von Bibliotheken nachweisen (z. B. die des Königs Schepseskaf (Mitte 3. Jh. v. Chr.) in Giza, die Ramses' II. (um 1290−1224 v. Chr.) bis zu den Regierungszeiten der Ptolemäer). Wurden in den früheren Bibliotheken vorzugsweise religiöse, astronomische und medizinische Texte gesammelt, so stellt die von Ptolemaios I. (Soter, 367/66−283/82 v. Chr.) in Alexandria (um 332/321 v. Chr.) gegründete Bibliothek einen gänzlich anderen Typus dar: Innerhalb des sog. *Museions,* einer Mischung aus Forschungseinrichtung und den Musen geweihter Kultstätte, war die Bibliothek *die* Einrichtung, in der man bedeutende Texte in griechischer Sprache und Schrift, auch ins Griechische übersetzte Texte von außerhalb der *oikumene,* also der griechisch geprägten Welt, systematisch sammelte. Hier wurden auch zum ersten Male in der Geschichte von Bibliotheken von dem Dichter Kallimachos (um 300−240 v. Chr.) die in die Bibliothek des Museions verbrachten, auf Papyrus geschriebenen Texte systematisch auf Katalogtafeln, den sog. *Pinakes,* verzeichnet. Weitere Bibliotheken aus der Zeit des Hellenismus finden sich in den anderen Diadochenreichen: so z. B. die Bibliothek von Pergamon, die unter Attalos I. (241−197 v. Chr.) gegründet und unter Eumenes II. (197−159 v. Chr.) erweitert wurde und deren Namen in besonderer Weise mit der Einführung eines neuen Schreibstoffes, nämlich des Pergaments, in Verbindung steht.

Die Zeit des Hellenismus mit der starken Betonung griechischer Sprache und Schrift hat auch die heute gebräuchliche Terminologie bestimmt: immerhin hat sich in vielen modernen Sprachen der Terminus *Bibliothek, Bibliotheca, Biblioteket, Biblioteek* u. a. (im Englischen: dagegen *Library*) als Ableitungsform des *griechischen* Ursprungs erhalten und durchgesetzt, wohingegen sich die Namengebung für das Archiv und seine verschiedenen Namensformen auf die *lateinische* Form *archivum* (s. o.) zurückführen läßt. Einen nicht geringen Anteil an der wechselnden Bedeutung der Bibliotheken (aus griech. *bibliotheke,* = *Büchergestell,* -*ablage,* -*schrank,* aus griech. *biblion* < von *biblos* aus papyros, sowie Ablage < *theke* griech.) hatte die Tatsache, daß in der Zeit des Hellenismus im kommunikationsgeschichtlichen Sinne eine bis dahin nicht gekannte Ausweitung des kulturell-kommunikativen Blickfeldes erfolgte (nicht zuletzt über die Reisen in die *oikumene*).

Gegenüber den hellenistischen Bibliotheken außerhalb Griechenlands nahm die Entwicklung von Bibliotheken und Archiven in Griechenland selbst, also in Athen, Sparta und anderen Stadtstaaten, eine andere Entwicklung. Maßgeblichen Anteil daran hatte die durchaus andere, nämlich im Vergleich zu den anderen mediterranen Gebieten differenzierte politische Entwicklung und Struktur. Hier spielte die Hauptrolle die Ausprägung einzelner Wissenschaften und Forschungseinrichtungen, gleichsam unter dem Dach platonisch-aristotelischer Philosophie. Neben den wissenschaftlichen Texten gewannen literarische Dokumente in Dichtung und Prosa, Drama und Theorie und anderen Formen an erheblicher Bedeutung.

Nimmt man, wenngleich nicht unumstritten, an, daß Peisistratos der Tyrann (gest. 528/527 v. Chr.) über eine Büchersammlung verfügte, so muß dies noch lange nicht bedeuten, daß diese Sammlung den Charakter einer Bibliothek hatte. Im 4. und 3. Jh. v. Chr. aber – parallel zur Entwicklung des Bildungs- und Wissenschaftssystems – entwickelten sich auch Bibliotheken mit öffentlichem Zugang, was nicht zuletzt auf den gestiegenen Austausch an Information im Sinne breiterer akademischer Kommunikation schließen läßt wie auf die Notwendigkeit, für Dokumente der Schriftlichkeit Sammlungen anzulegen. Nicht ohne Eindruck der hellenistischen Entwicklung, insbesondere in Alexandria, entstanden in Athen und sicherlich auch anderswo in näherer Anbindung an Hochschulen bzw. Schulen (Akademie Platons, Peripatos des Aristoteles, Stoa des Zenon) Bibliotheken. Neben den Bibliotheken mit mehr oder weniger öffentlichem Charakter wurden in Athen, wohl aber auch in anderen Städten bzw. Stadtstaaten, weitere Sammlungen – als Archive – mit meist juristischen Texten geführt.

Die in den griechischen Stadtstaaten entstandenen Privatbibliotheken und öffentlichen Bibliotheken hatten nicht geringen Vorbildcharakter für die Situation in Rom. Welchen Stellenwert in Rom das Interesse an Büchern und Bildung aus Griechenland genoß und wie sehr es die „res privata" bestimmte, macht nicht nur deutlich, daß viele griechische Sklaven in römischen Patrizierfamilien die Rolle des gebildeten Erziehers oder philosophischen Gesprächspartners innehatten, sondern wohl auch die des Vermittlers der Schriften, solange die eigenen Sprachkenntnisse nicht ausreichten für Studien der griechischen Texte. Daß Büchersammlungen einen wichtigen Teil in der privaten Sphäre der Mitglieder patrizischer Familien bzw. der Nobilität hatten, zeigt auch die Tatsache, daß Schriften zur Einrichtung von Bibliotheken entstanden: so beispielsweise die des Vitruvius Pollio „de architectura" (mit Kapitel über Bibliotheken), worin sich Hinweise zur Konzeption und Konstruktion finden, aber auch Vorschläge, nach welchen Himmelsrichtungen bzw. klimatischen Bedingungen Bibliotheken anzulegen waren.

Gibt es für die Existenz von Privatbibliotheken in Rom vom 1. Jh. v. Chr. an nicht wenige Belege, die gerade die Verbindung von eleganter Häuslichkeit in den Landvillen mit dem Bestreben, eigenem Bildungsstreben – und Sozialprestige – in Gestalt von Büchersammlungen bzw. Bibliotheken dokumentieren, so war die Entwicklung öffentlicher Bibliotheken im Rom der Republik wie der Kaiserzeit nicht zuletzt Ausdruck des Verständnisses, das die Nobilität von Öffentlichkeit hatte: Die öffentliche Sache, die „res publica", war deutlich geschieden von der „res privata", der privaten Sphäre, und so ist verständlich, daß den ersten Plänen Caesars, in Rom eine öffentliche Bibliothek zu errichten, ebenso ein besonderes *politisches* Interesse zu Grunde lag, wie dies für die Führung der Archive galt. Einige Jahre nach Caesars Tod im Jahre 44 v. Chr. entstand im Jahre 39 v. Chr. die erste öffentliche Bibliothek in Rom unter Gründung des Konsuls C. Asinius Pollio. In der Kaiserzeit, zur Zeit von Augustus, entstanden weitere Bibliotheken im Tempel des Apollo auf dem Palatin, ferner im Porticus Octaviae, in des Kaisers Tiberius Haus, im Trajan-Tempel auf dem Capitol (113 n. Chr.) und andernorts. Meist waren dies griechisch-lateinische Doppelbibliotheken bzw. Parallelinstitutionen, die freilich in Folge von Bränden oder Umbauten der Stadt ebenso rasch wieder verschwanden. Mit dem Übergang der Hauptstadtfunktion von Rom nach Konstantinopel, veranlaßt durch Kaiser Konstantin d. Gr. (285–337 n. Chr.), ging allmählicher Niedergang der städtischen Kultur und damit auch des Bildungswesens im individuellen und kollektiven Verständnis in Rom einher.

2. Skriptorien, Bibliotheken und Archive im Mittelalter

Mit der Adaption des Christentums, dem Wechsel der Herrschaft von Rom nach Konstantinopel, vollzog sich nicht nur eine Verlagerung der Herrschaftsstrukturen: im geistesgeschichtlichen und kulturellen Verständnis bildeten sich neue Formen der Vermittlung von Wissen heraus, in dessen Mittelpunkt, von der Einführung des Christentums seit Konstantin d. Gr. kaum verwunderlich, die Vermittlung der Heiligen Schrift bzw. religiös-theologischer und liturgischer Texte stand. Wurden dabei in den frühchristlichen Gemeinden wohl eher mündlich die Inhalte des Alten und Neuen Testaments weitergegeben in Liturgie und Verkündigung, so kam der Stabilisierung der Textinhalte zu eben deren Weitergabe in der Zeit der Christianisierung erhebliche Bedeutung zu.

Im Mittelpunkt der Textüberlieferung und -vermittlung standen im Früh- und Hochmittelalter die Klosterschulen mit ihren Skriptorien und Bibliotheken. Bücherschreiben, Büchersammeln und Bücherstudien stellten nach dem Studienführer Cassiodors (485–580 n. Chr.) den Mittelpunkt bildungsorientierter Zielvorstellungen des Mönchslebens dar: Magnus Aurelius Cassiodorus, ehemals Sekretär Theoderichs d. Gr. ('Quaestor sacri palatii'), hatte im Jahre 556 in der Nähe von Neapel das Kloster Vivarium gegründet und die Gestaltung und Bewahrung von Schriften zur zentralen Aufgabe bzw. zum Mittelpunkt des monastischen Lebens erhoben. Studium der Texte und Vermittlung von Inhalten in präziser Form bildeten den Mittelpunkt von Cassiodors Anleitungen: dem zuvor in Rom als Senator Wirkenden, dem die Prinzipien sachgerechter Ordnung und Tradierung von Texten in Archiven und Bibliotheken sicher vertraut waren, ging es einerseits um die Fertigung von Texten und andererseits um die präzise Weitergabe derselben. So wies er konsequenterweise die Ordensbrüder in seinen 'institutiones' an, aber auch seiner zweiten Schrift ('de orthographia'), die darin enthaltenen Regeln zu beachten. Wie sehr die Skriptorien der Rezeption griechischer Texte, darunter derer des Hieronymus und des Johannes Chrystostomus, verpflichtet waren und daß diese Texte in der klösterlichen Büchersammlung, nach systematischen Gesichtspunkten aufgeteilt, in durchnumerierten Bücherschränken ('armarien') aufbewahrt wurden, ist für das Kloster Vivarium ebenso bezeugt wie manche Detailregelung für die Organisation der Schreibschule selbst.

Die äußere Form der Handschriften hatte sich nämlich bis dahin gewandelt: so wurde in Vivarium nicht nur auf Pergament geschrieben, sondern die verfertigten Blätter anschließend zu einem Kodex zusammengebunden. Die neuartige Verwendung von Pergament aus entsprechend gegerbten Tierhäuten als neuem Beschreibstoff, parallel zum bislang genutzten Papyrus, und die allmähliche Ablösung von der antiken Buchrolle, dem *volumen* bzw. *rotulus*, zur Form des Buches, zum *codex*, hatten eine neue und die Verbreitung der Texte fördernde Entwicklung eingeleitet. Gleichwohl war diese technische kodikologische Veränderung maßgebend für die Entwicklung und Ausbreitung von Schrifttexten, vor allem im Rahmen der Christianisierung in Gebieten nördlich der Alpen, wohin der Transport von Papyrus beschwerlich und das Klima der Erhaltung dieser Beschreibstoffe wenig förderlich gewesen war. Mit den Pergamenten, die auch in Irland und Schottland in den Klöstern aus Tierhäuten hergestellt werden konnten, und der Kodexform waren Grundlagen geschaffen, die für die Verbreitung von Texten – und somit von Wissen und Bildung – von erheblicher Bedeutung waren, auch für die Ausbreitung des klösterlichen Lebens, damit auch der zu ihren gehörigen Skriptorien und Bibliotheken für die Klosterschulen.

Im Grunde genommen galten diese Rahmenbedingungen nicht nur für die Behandlung liturgisch-theologischer oder literarischer Texte: es hatte auch Bedeutung für die Organisation von Registraturen bzw. *Archiven*, die in den Klöstern aus eigenem Rechtsinteresse angelegt wurden und in erster Linie auf Rechtsinhalte im Interesse der Klöster Bezug nahmen. In Urbaren, Kopialbüchern und Traditionsbüchern wurden Abschriften von Privilegien vorgenommen, um Rechtssicherheit, etwa im Bereich klösterlicher Besitztümer, auch nach außen dokumentieren zu können.

Richtschnur für die Entwicklung von Bibliotheken und Archiven bildete fortan das Modell Benedikt von Nursias (von 480 bis 547?), der im Jahre 529 in Monte Cassino ein Kloster gründete, in dem Frömmigkeitsübung und klösterliche Arbeit eine Einheit bildeten. Die Ordensregel des Hl. Benedikt bildete dabei die Grundlage für die Anlage von Büchersammlungen und Texten sowie für die Entwicklung von Studium und Bildung in den

Mönchskonventen, die sich als Filiationen des Benediktinerordens nach und nach ausbreiteten. Hand in Hand mit dieser Entwicklung ging die Bemühung im Sinne heuristisch-methodologischer Überlegungen, die Texte in ein *Gesamtsystem* gleichsam wissenschaftstheoretisch einzubringen: so sind die Schriften Isidors von Sevilla (von 560 bis 636) einerseits Beleg für die Rezeption der antiken, insbesondere der spätantiken Wissensbildung und solchermaßen antiquarisch-enzyklopädisch bedeutsam; indem sie aber programmatisch auf die nachfolgenden Zeiten Einfluß nahmen, die mit der Ausbreitung der Klöster nicht nur auch eine Ausbreitung der Inhalte von Texten, sondern eine Etablierung des Prinzips der Schriftlichkeit in der Textüberlieferung als kommunikationsgeschichtlicher Traditionsbildung brachten, hatten Isidors Schriften ('Etymologiae', 'De bibliothecis') andererseits auch eine Art *Scharnierfunktion* in der Entwicklung der späteren klösterlichen Tradition südlich der Alpen zu den geistes- und kulturgeschichtlichen Neugründungen von Klöstern nördlich der Alpen bis hin zur – nicht nur monastisch bestimmten – Karolingischen Renaissance.

Bis zur letzteren, die die Etablierung der Akademie und Hofschule Karls des Großen erbrachte, verlief die Entwicklung weniger linear als vielmehr punktuell. Dies lag vor allem an der politischen Situation, die mit dem Zerfall des Römischen Reiches ein Vakuum in Gesellschaft und Wirtschaft entstehen ließ und Veränderungen in Gang setzte, die – nach der Zeit der Völkerwanderung – im Hinblick auf die Vermittlung von Texten und ihren Inhalten, andere, auch politisch bestimmte Schwerpunkte und Themen bildeten. Zwar stellte die Kaiserkrönung Karls des Großen im Jahre 800 einen Höhepunkt dieser Entwicklung dar, doch gingen diesem Prozeß nicht nur auf Expansion ausgerichtete Machtkämpfe im fränkischen Machtbereich voraus; vielmehr war auch die Vermittlung von Wissen und Bildung geprägt von einer Zielsetzung, die einerseits politisch bewußt an die römischen Traditionen anknüpfen sollte und schon deshalb als 'Karolingische *Renaissance*' zu begreifen ist, die aber andererseits nordalpine, d. h. germanische Elemente ebenso aufnahm, wie sie wiederum über Nordspanien maurisch-arabische Einflüsse integrierte. Anders als noch im Römischen Reich, anders als in Byzanz, anders auch als im 'Dritten Rom' der russischen Herrschaft, wo in Kiew und Novgorod Bibliotheken entstanden, vollzog sich das politisch-geistig-kulturelle Leben nördlich der Alpen nicht mehr im städtischen Umfeld, wie es seit der Antike und Spätantike in Europa entstanden war; stattdessen war die staatliche Situation regionalisiert, was, auf das Verhältnis zwischen Zentralgewalt und regionaler Ebene bezogen, seinen Ausdruck in der Lehnsverfassung fand, sich aber auch auf die Vermittlung und Organisation von Wissen und Bildung auswirkte. Unabhängig davon, daß die Germanen gleichsam als *Sieger* aus der Völkerwanderung hervorgingen, nahmen sie doch Sprache und Schrift der *Besiegten* an: Latein wurde 'lingua franca', Wissenschafts- und Bildungssprache, und fand ebenso Anwendung in der Liturgie wie in der Administration kaiserlicher und sonstiger Macht. Auch wurde die lateinische Schrift als Unziale und Halbunziale in den Klöstern übernommen, bis sie von der Karolingischen Minuskelschrift abgelöst wurde und schließlich in gotische Schriftformen des Hoch- und Spätmittelalters überging. Stabilitätsfaktoren für diese Entwicklung waren zweifelsohne die Klöster mit ihren Schulen, Skriptorien und Bibliotheken.

Standen noch zur gleichen Zeit im Byzantinischen Reich etwa die Kaiserliche Bibliothek und die Patriarchatsbibliothek in der Hauptstadt Konstantinopel sowie Klosterbibliotheken (z. B. auf dem Athos) in der Kontinuität spätantiker römischer Tradition und blieben auch beispielsweise arabische Bibliotheken, wie z. B. die in Bagdad (Hofbibliothek der Abbasiden, 8./9. Jh.) und Kairo (Fatimidische Hofbibliothek, 10./11. Jh.), aber auch in Cordoba, Toledo und Granada Kontinuitätsfaktoren in Wissenvermittlung und -trägerschaft, so war die Entwicklung im westeuropäischen Raum von Brüchen und Neuanfängen gekennzeichnet, obgleich auch im Westen grundsätzlich und stets an spätantike Traditionen angeknüpft wurde: in der Streulage der weströmischen bzw. nordalpinen politischen und kulturellen Verhältnisse ergänzten sich *zentrifugale* und *zentripetale Tendenzen* gegenseitig, indem erstere als Ergebnis der klösterlichen Gründungen, nämlich von Mutterklöstern zur Neugründung ('Filiationen') angesehen werden können und letztere in der Verteilung und Verbreitung von Bildung und der Zusammenfassung von Bildungsinteressen und -interessenten, beispielsweise in der Hofschule Karls d. Gr., ihren Ausdruck fanden.

Neben den bereits erwähnten Klöstern und Bibliotheken in Monte Cassino und Vivarium wurde das Kloster Bobbio unweit von Pavia in Norditalien von Bedeutung für diese Bildungs- und Wissensentwicklung. Dieses Kloster brachte insofern eine neue Entwicklung, als es, vom Hl. Kolumban im 7. Jh. gegründet, als Ergebnis der irisch-schottischen Mission anzusehen ist, gleichsam also als eine Art (geographisch) nordsüdlicher „Gegenbewegung", wenn sonst die Entwicklung von Wissen, Schrift und Sprache bzw. deren Adaption eher von Süden nach Norden verlief. Zentren der irisch-schottischen Mönchstradition und damit ihrer (handschriftlichen) Buchformen waren die irischen Konvente in Armagh (gegründet 432) und Kells sowie das schottische Kloster Iona; Schriftkultur als äußeres Zeichen der Bildungstradition wurde ferner an englischen Klöstern wie York (gegründet 7. Jh.), Canterbury (gegründet 6. Jh.), Durham (gegründet 7. Jh.) und Jarrow (gegründet 7. Jh.), an Konventen vermittelt.

Zentripetale Bestrebungen wohnten den Zielen Karls des Großen inne, nicht nur Lesen und Schreiben gleichsam als Kulturtechnik zu verbessern, wofür er, der erst im späten Alter selbst schreiben und lesen lernte, eine Verordnung erließ und die Gründung von Klöstern als Zentren der Bildung förderte; mindestens ebenso bedeutsam war, an antike Traditionen anknüpfend, sein Entschluß, aus den verschiedenen Gebieten des Reiches Gelehrte und Lehrende zusammenkommen zu lassen und sie zur sog. 'Akademie Karls' zu versammeln, die wegen der wandernden Residenz nicht ortsfest sein konnte. Zu den bedeutendsten monastischen Bildungseinrichtungen zählten, nicht zuletzt wegen ihrer Bibliotheken, Klöster wie das allerdings bereits 372 gegründete Marmoutier bei Tours: im 8. und 9. Jh. konnte dieser Konvent nicht nur wegen der dort entstandenen Handschriften die Funktion eines Zentrums der 'Karolingischen Renaissance' für sich beanspruchen, sondern auch wegen der überragenden Stellung, die der dort lebende Alkuin von York ausübte. Spielten die bereits existierenden Klöster in Luxeuil (gegründet im 6. Jh.) und Corbie (gegründet im 7. Jh.) in der karolingischen Zeit gleichfalls eine wichtige Rolle, so waren — und wurden — die Zentren der Vermittlung von Wissen und Bildung in klösterlicher Tradition in Mitteleuropa zahlreicher: in St. Gallen fand sich seit der irischen Mission und Gründung des Klosters im Jahre 613 durch den Hl. Gallus eine frühe und bald zentrale Bedeutung erlangende Bibliothek, die mit einem großen Skriptorium verbunden war.

Aber nicht nur in St. Gallen fand sich eine reiche — und zahlreiche — Handschriftenproduktion. In Salzburg nahm die um 700 vom Hl. Rupert gegründete Abtei von St. Peter die Stellung eines solchen Text- und Bildungszentrums ein, zu dem sich im deutschen Rahmen Konvente wie in Regensburg und Tegernsee gesellten. Ihre Bedeutung wird noch übertroffen von Reichsabteien, denen Karl d. Gr. und die Karolinger besondere Aufmerksamkeit schenkten: Fulda, im Jahre 744 gegründet, mit Hrabanus Maurus als bedeutendem Gelehrten, und die im Jahre 764 gegründete Abtei Lorsch erwarben nicht nur durch die Tatsache, daß die Karolinger sie relativ oft aufsuchten, politisch-kulturellen Rang; vielmehr machten die Schreiber und Illustratoren von Handschriften mit antiken literarischen und philosophischen Texten wie theologisch-liturgischen Schriften ihren Stellenwert aus, den sie nicht nur in Gestalt der überlieferten Kodizes besaßen. Wichtig ist, daß die vor allem in Fulda und Lorsch, aber auch andernorts vorgenommenen Abschriften von antiken Autoren lange Zeit eine Art Kanonbildung darstellten, in deren Rahmen, um nur ein Beispiel zu nennen, Vergil deutlich der Vorrang vor Ovid eingeräumt wurde, bis schließlich in Renaissance und Humanismus die Tradition der antiken lateinischen und griechischen Autoren und deren Rezeption — wieder — auf eine philologisch breitere Grundlage gestellt wurde.

Nahmen neben Fulda und Lorsch noch Klöster und deren Schreibschulen und Bibliotheken in Corvey (gegründet im 9. Jh.), auf der Insel Reichenau (gegründet im 8. Jh.), in Melk (gegründet im 9./10. Jh.), Maria Laach, Trier, Würzburg, Hildesheim, Essen-Werden u. a. eine wichtige Funktion in klösterlicher Bildung und Wissensvermittlung ein, so war auch ein Zeichen der Zeit, daß die karolingischen Herrscher selbst Büchersammlungen in Gestalt von Handschriften anlegen ließen, die freilich nicht mit denen der klösterlichen Zentren zu vergleichen waren. Dies galt für Karl d. Gr. selbst wie für seine Nachfolger, besonders aber später für das sächsische Herrscherhaus, besonders für Kaiser Otto III., und — noch später — für salische und staufische Herrscher, hier z. B. besonders für Kaiser Friedrich II. Von *Hofbibliotheken*, wie sie in späteren Jahrhunderten, von der Renaissance über die Zeit des Barocks und der Aufklärung bis zur Klassik im

19. Jh., entstanden sind, waren diese königlich-kaiserlichen, aber auch die sonstigen fürstlichen bzw. landesherrlichen Sammlungen freilich, weit entfernt. Maßgeblich war vor allem der Umstand, daß den mittelalterlichen Königen und Kaisern keine feste Residenz im Sinne der späteren Höfe eigen war und die Sammlungen, d. h. Bücher und Urkunden bzw. Akten, stets von Ort zu Ort transportiert wurden. Dies galt vor allem für die Beurkundung von Rechtsinhalten, die demzufolge von der Mobilität der ausstellenden Herrscher gekennzeichnet ist. Aus den Beurkundungsorten und dem daraus resultierenden 'Itinerar' können damit Flexibilität und Reisefähigkeit abgeleitet werden: Galt dies für die die Urkunden bzw. Privilegien ausstellende jeweilige königliche und kaiserliche Kanzlei, so legten die Adressaten der Urkunden schon allein aus Interesse an Beweisbarkeit und Kontinuität der Rechtsinhalte ihrerseits Archive an, gleich, ob dies in einem lehnsrechtlichen Abhängigkeitsverhältnis bei einem Herzogs- oder Grafengeschlecht, in Klöstern oder bei Städten der Fall war: Die Urkunden für Kauf, Tausch, Belehnung u. a. m. wurden in Kisten und Truhen aufbewahrt, und von ihnen wurden – nicht selten – Abschriften in Kopialregistraturen vor Ort gefertigt.

Ist die Zeit der Karolingischen Renaissance als ein erster Einstieg zur verstärkten Rezeption der Antike und zum Rückgriff auf Texte früheren Bildungsverständnisses zu sehen, die in der Wirkung der späteren eigentlichen Renaissance vorausging, so war dies vor allem der benediktinischen Ordensregel zu verdanken. In den Skriptorien und Bibliotheken wurden Handschriften verfertigt bzw. in „armarien" als Büchersammlungen aufbewahrt. Das Wissen wurde stabilisiert und verbreitet, was in der topographischen Geschlossenheit von Produzent (= Autor und Schreiber) und Rezipient (= Leser) im Nutzungskreis des Klosters erfolgte. Das Wissen bzw. die Wissensvermittlung nahm in der Folgezeit rasch zu: vor allem zur Regierungszeit Kaiser Otto's III. erfuhren Handschriften enorme kodikologisch-ästhetische Veränderungen in Schrift und Illustration sowie in der Buch- und Einbandgestaltung. Diese Steigerung, die auch lokale und regionale Traditionen in der Gestaltung der Handschriften eröffnete bzw. begründete, war einer dem Prinzip konzentrischer Kreise ähnlichen Vermehrung klösterlicher Konvente und ihrer Bibliotheken zu danken: Handschriftensammlungen aus Bamberg, aber auch vieler anderer Provenienzen legen für die Entwicklung in Deutschland ebenso Zeugnis ab wie Kodizes aus den französischen Konventen in Cluny (gegründet im 10. Jh.), dem Zentrum der Reformbewegung des Benediktinerordens, sowie Cîteaux und Prémontré (beide gegründet im 12. Jh.) und letztere beide Mutterklöster neuer Ordenskongregationen der Zisterzienser bzw. Prämonstratenser.

Wie in der Karolingerzeit, so wurde auch im Hoch- und Spätmittelalter auf Pergament geschrieben und wurden die Kodizes in Holzdeckel eingebunden, die mit entsprechend verzierten Ledereinbänden überzogen waren und in Schränken oder Bücherkisten gelagert wurden. In diesen Büchersammlungen waren die Kodizes grob sortiert, meist nach geistlichen bzw. weltlichen Texten getrennt sowie nach Autoren geordnet. Eine systematische, den Wissenschaften und ihrer Gliederung im Zeitverständnis gerecht werdende Aufstellungsform ist erst für spätere Zeiten feststellbar. Die Bestände wurden in Inventaren erfaßt, die, als 'Catalogus' bezeichnet, weniger bzw. kaum etwas mit dem späteren Verständnis von 'Bibliothekskatalogen' gemein hatten: Die Erfassung diente, wie bei allen Inventarstücken eines Klosters, der Erfassung der Besitztümer, zu denen eben auch die schriftlichen Dokumente, d. h. die Bücher bzw. Handschriften, zählten. Diese Verzeichnisse bezogen sich früh schon nicht nur auf einzelne Klosterbibliotheken: aus dem 13. Jh. sind *Gesamt*kataloge englischer Franziskanerklöster bekannt, die über den Einzelnachweis in einzelnen Bibliotheken hinausgingen und diese Informationen zum Zwecke der Ausleihe unter den Klöstern zusammenstellten.

Im weiteren Verlauf des Mittelalters sind drei Momente für die Geschichte von Bibliotheken als Ort der Kommunikation bzw. des Studiums von Texten von Bedeutung: erstens die Erweiterung des Weltbildes, was zugleich eine Erweiterung des Wissens bedeutete und Begegnungen mit Kulturen und Techniken außerhalb des gewohnten topographischen bzw. geopolitischen Rahmens brachte, zweitens die soziale Entwicklung von ländlichen zu (wieder) vorwiegend städtischen Strukturen des gesellschaftlichen und wirtschaftlichen Lebens, damit einhergehend die Entwicklung von Handel und Technologie, und drittens die allgemeine Bildungsentwicklung, die in der Verbreitung von Lese- und Schreibfähigkeit *breiterer* Teile der Bevölkerung ihren Ausdruck fand. Dabei setzte die Erweiterung des geographischen Weltbildes früh, vor allem in den italienischen Handelsstädten, ein: ihre Beziehungen zu den Handelsorten der Levante brachten auch kulturelle Kontakte mit sich, die über den reinen Geschäfts- und Handelsverkehr hinausgingen. Sprunghaft steigt in Archiven und Bibliotheken italienischer Städte und Stadtrepubliken das in Handschriften überlieferte Schriftgut in Gestalt von Urkunden und Akten, aber eben auch von historischen und literarischen bzw. theologischen Texten an. Nicht zuletzt hing dies auch mit der Entwicklung eines neuen Beschreibstoffes zusammen, des Papiers, dessen Herstellung im europäischen Rahmen zum ersten Male (1276) für die Papiermühle in Fabriano nahe der italienischen Hafenstadt Ancona bezeugt ist, wohingegen die Herstellung von Papier in Arabien (ab dem 8. Jh.) und in Korea bzw. China (bereits seit dem 1. oder 2. Jh.) schon eine vergleichsweise lange Tradition besaß. Hatten Araber und Byzantiner bereits seit dem 10./11. Jh. – nicht zuletzt über ihre Handelskontakte im Mittelmeerraum – Papier als Beschreibstoff in Gebrauch, so wurde diese Neuerung bald auch italienischen Kaufleuten in Konstantinopel und anderen Handelsorten ebenso bekannt wie in Cordoba anderen Interessenten, wo sich gleichfalls Papiernutzung im 10. Jh. nachweisen läßt. Von dieser Erfahrung bis zur Nutzung im eigenen topographischen Rahmen war es nicht mehr weit. Ungeachtet dessen aber blieben – nicht zum ersten, nicht zum letzten Male in der Bibliotheks-, Schrift- und Kommunikationsgeschichte – einzelne Formen längere Zeit parallel nebeneinander in Gebrauch, in diesem Falle Pergament und Papier.

Mit der ständigen Entwicklung einer ging die Notwendigkeit, neue Informationen aufzunehmen, zu verarbeiten und somit das Wissen zu erweitern. In den Städten entstanden nicht nur Kathedralschulen und Dombibliotheken, deren Nutzung nach wie vor der Geistlichkeit vorbehalten war, sondern auch weltliche Sammlungen mit Texten, gleich, ob es sich dabei um Archive und/oder Bibliotheken oder die Mischung aus beiden handelte. Es kam hinzu, daß über Minoritenorden wie die der Franziskaner und Dominikaner ab dem 13. Jh. neue Formen geistlichen Lebens in den Städten auftauchten, die wiederum zusätzlichen Textbedarf ebenso bedingten wie die ab dem 13. Jh., vor allem im 14. Jh. gegründeten Universitäten: Lektürestoffe wurden benötigt für einen sich stets erweiternden Interessentenkreis, der auf Grund von Lesefähigkeit nicht mehr ausschließlich mündlicher Vermittlung bedurfte, dafür aber zusätzlicher Exemplare. So machte die Erweiterung des Rezipientenkreises die verstärkte Vervielfältigung von Texten notwendig. Damit wurde das Buch, wurde der Text zugleich herausgehoben aus der Notwendigkeit, mehr oder minder ausschließlich in Bibliotheken gesammelt und zur Nutzung zur Verfügung gestellt zu werden; vielmehr wurde das Buch, der Kodex, zum Handelsobjekt für den privaten Gebrauch, was wiederum neue Berufe, nämlich sowohl den *Stationarius*, also den Buchhändler, als auch den des Schreibers in Lohnwerkstätten entstehen ließ, wobei für letztere im deutschsprachigen Bereich die Werkstätten des Diebold Lauber in Hagenau im Elsaß, des Ludwig Henfflin im Schwäbischen und des Georg Roger in Regensburg als Beispiele aus dem 15. Jh. stehen mögen.

3. Handschriften und Drucke im Übergang zu Humanismus und Renaissance

Die Entwicklung der Orden, der Kathedralschulen und Universitäten vom 13. bis zum 15. Jh., wofür als Beispiele die Hochschulen in Paris, Bologna, Prag, Wien, Heidelberg, Ingolstadt und Krakau dienen mögen, brachte eine erhebliche Erweiterung der Wissensvermittlung. Bemerkenswert ist in diesem Zusammenhang, daß dann auch gleich Grundordnungen für Bibliotheksorganisation und -benutzung vorgelegt wurden, wie das Beispiel der Bibliotheksordnung der Sorbonne aus dem Jahre 1321 zeigt: in ihr sind Nutzerkreise wie Nutzungsusancen, aber ebenso Limitierungen des Zugangs beschrieben.

Diese Verbreitung von Wissensvermittlung war nicht nur von der Erweiterung der Nutzerzahlen und -kreise bestimmt: weit wesentlicher und mit dieser Entwicklung einhergehend war die Herausbildung von Volkssprachen – und damit auch volkssprachlicher Texte. Insbesondere galt dies für die Heilige Schrift: da der Wandel zu volkssprachlichen Bibeltexten als exemplarisch für die Gesamtentwicklung zu volkssprachlichen Texten anzusehen ist, die z. B. in Italien zunächst zu Volgaretexten mit regionalen Dialektformen führte, kann der Prozeß der über das gesamte Mittelalter während Eindeutschung des

Bibeltextes prototypisch für den inhaltlichen Wandel der in den Bibliotheken aufbewahrten Handschriften bzw. Bücher angesehen werden.

Was die Herstellungspraxis für die Texte bzw. deren Vervielfältigung angeht, so erfuhren die Schreiberwerkstätten im 15. Jh. eine Zeit hoher Auftragszahlen und produzierten gar auf Vorrat, indem Schreiber, Rubrikatoren und Miniatoren in arbeitsteiliger Organisation zusammenwirkten. Die auf eine größere Exemplarzahl ausgelegte Produktion setzte sich auch dann noch fort, als die Erfindung des Buchdrucks die technischen Möglichkeiten der mechanischen Vervielfältigung geschaffen hatte und als die ersten volkssprachlichen Drucke bereits ihre Verbreitung fanden. So mutet zwar das Vorhaben, weiterhin Bibeln handschriftlich herzustellen, anachronistisch an, doch wurden Handschriften als Informations- und Überlieferungsträger ja nicht schlagartig von den gedruckten Büchern abgelöst, sondern behielten ihren Stellenwert bei über das Spätmittelalter hinaus bis weit in die frühe Neuzeit. Dabei boten sich Handschrift und gedrucktes Buch zunehmend Konkurrenz, dienten aber in Hinsicht auf die Textgestaltung auch gegenseitig als Vorlage.

Diese Produktion wirkte sich nicht nur auf den Buchhandel aus, sondern auch auf die Bibliotheken, die nicht nur Infrastruktur für die Einrichtungen geistlicher und weltlicher Art, denen sie zugeordnet waren, darstellten; vielmehr erhielten sie in dieser Zeit die Öffnung für breitere Benutzung, was aber zugleich auch Schutzmaßnahmen gegen Diebstahl und Entwendung nach sich zog: so wurden in den Bibliotheken, in denen die Kodizes jetzt nicht mehr in verschlossenen Schränken oder Bücherkisten, sondern auf Pulttischen aufbewahrt wurden, die Handschriften angekettet: die Bücher wurden zu 'libri catenati'. Freilich gilt dies für die Bibliotheken mit jeweils spezifischem Charakter an Öffentlichkeit: für die Bibliotheken der Hochschulen wie der Kathedralen, für Ratsbibliotheken wie für Schulbibliotheken, in die – neben Handschriften und Blockbüchern (Handschriften mit Bilddruck) weitere, sich erweiternde und verändernde Formen der Inhaltsvermittlung kamen wie z. B. in Gestalt von Karten und Portolanen. Ebenso wie Karten aber brachten Reisebeschreibungen wie beispielsweise die Marco Polo's und anderer italienischer Autoren neue Literaturformen und -gattungen an die Leserschaft – und damit auch in die Bibliotheken. Sie bedeuteten sowohl in den öffentlichen Büchersammlungen und in den Privatbibliotheken individuell und kollektiv Sammlung von *Information und Gedächtnisbildung* zugleich, stellten eine Erweiterung des geographisch-geopolitischen Weltbildes dar und fanden ferner Ausdruck in Kreuzzugschroniken, Ratgeberbüchern für Kaufleute, in Prosa und Poesie wie in Liedern.

Privater Gebrauch von Büchern und der Aufbau von Privatbibliotheken fanden ebenfalls rasche Entwicklung, und das nicht nur bei weltlichen Machthabern wie Kaisern, Königen, Herzogen und Grafen, deren Bibliotheken sich vorzugsweise auf die ästhetische Ausgestaltung, d. h. auf Buchmalerei und Einbandkunst beziehen mochten. Auch fanden, wie das Beispiel der Schenkung der Bibliothek des byzantinischen Patriarchen Bessarion von Nikaia (1403?–1472) an die Seerepublik Venedig zeigt, Übereignungen von Privatsammlungen, in diesem Fall eines Geistlichen an eine weltliche Institution, nämlich an die Seerepublik Venedig, statt, doch handelte es sich auch hier in erster Linie um Handschriftensammlungen von freilich hohem inhaltlichen und kodikologischen Wert.

Trotz aller Fortschritte in der Produktion von Handschriften konnte der stets steigende Bedarf auf Dauer so nicht befriedigt werden. Zwar hatte die ab dem 14. und 15. Jh. besonders zunehmende Verwendung von Papier als Beschreibstoff, auch die Organisationsform der Werkstätten, die Voraussetzungen zur Herstellung von Kodizes verbessert, doch war die Notwendigkeit, sich mit gänzlich neuen Techniken der Herstellung zu beschäftigen, gleichsam ein Gebot der Zeit. So stellten die Blockbücher zwar einen ersten Einstieg in mechanische Herstellungsformen bzw. -techniken des 'Mediums' Buch bzw. Kodex in Handel und Bibliotheken dar, indem Holzschnitte – als eine in Korea schon lange im Gebrauch befindliche Reproduktionstechnik – zum Einsatz kamen, doch war der Hauptaufwand nach wie vor für das stete – und stets auch mit Fehlerquellen verbundene – Abschreiben von immer mehr bereits bekannten und stets neu hinzukommenden Texten zu betreiben. Daß der Bedarf wuchs, erklärt sich nicht nur aus der erweiterten Teilhabe an Wissensvermittlung und Bildung; eine neue Technik zu entwickeln und sie gleichsam *auf den Markt* zu bringen, der in der Handels- und Warengesellschaft, die sich vom Tauschhandel zur modernen Geschäfts- und Geldgesellschaft verwandelte, zunehmend dem Austausch bzw. der Vermittlung schriftlicher Dokumente zugeordnet war, war am Vorabend der Reformation, in der Zeit prosperierenden Handels und technischer Innovation, kein Wunder.

Neu war nämlich nicht der Druck an sich, sondern eben der *Druck mit beweglichen Lettern*, den Johannes Gensfleisch zur Laden, genannt Gutenberg, um die Mitte des 15. Jhs. in Mainz bewerkstelligte und damit einen kommunikations- wie kulturgeschichtlichen Entwicklungssprung sondersgleichen einleitete. Als Johannes Gutenberg ab 1450 mit seinen Experimenten begann und schließlich um 1455 das erste, mit beweglichen Lettern gedruckte Buch fertigstellte, war dies nicht ohne Grund eine lateinische Bibelausgabe auf der Basis der Vulgata. Bei näherer Betrachtung der 42-zeiligen Bibel fällt jedoch auf, daß Gutenberg mit seiner Erfindung nicht so sehr etwas gänzlich Neuartiges schaffen wollte: Dies wird nirgendwo deutlicher als in der Wahl der gotischen Schrift (sog. Textura), mit der Gutenberg sich dem Standard der besten Bibelhandschriften angleichen wollte. Die Textura blieb jedoch nicht die bestimmende Schrift der Drucke des 15. Jhs. Die 'Inkunabeln' (lat. 'incunabula' = Windeln, daher auch *Wiegen*drucke) übernahmen bald die in Italien üblichen rundgotischen Druckschriften, die durch ihre kleinere Form gegenüber dem großformatigen Texturadruck auch Einsparungen an Druckpapier bedeuteten. Die Gotica-Antiqua-Schriften wurden von den deutschen Erstdruckern noch in mehrfacher Hinsicht modifiziert und variiert.

Bald entstanden weitere Druckereien in den Zentren von Handel und Verkehr, Bildungs- und Wissensvermittlung: so sind bis zum Jahre 1500 Druckereien in ca. 260 Städten bezeugt, in denen Wiegendrucke entstanden, die geistliche wie weltliche Texte zum Inhalt hatten, und deren Auflagen von 200 bis 400, ja bis zu 1000 Exemplaren über den Handel in Privatbesitz wie in öffentliche Bibliotheken gelangten. So ist im 15. Jh. wie kaum in einer anderen Epoche die Geschichte der Bibliotheken in Abhängigkeit zu sehen zu den geistigen, theologischen-philologischen Neuorientierungen, ebenso zu der Entwicklung neuer Technologien im Umfeld eines prosperierenden Handels und einer sich öffnenden Gesellschaft. Da zudem das theologische Interesse im Gegensatz zu den vorreformatorischen, auf der Vulgata basierenden Bibelübersetzungen und -drucken an einer aus den hebräischen und griechischen Texten kommenden (neuen) Übersetzung wuchs, und da dafür mit der Initiierung humanistisch bestimmter Griechisch-Studien neue Voraussetzungen geschaffen wurden, blieb dies nicht ohne Auswirkung auf die Bibliotheken als Stätten der Aufbewahrung und Nutzung gespeicherten Wissens. Die Bibel war im Zentrum der Interessen, zugleich der 'Bestseller', bedurfte jedoch einer neuen, auch auf neue Leser orientierten Form. Für Martin Luther bedeutete die Bibel schon früh mehr als nur ein Dokument, das nur wenige lesen konnten und – durften. Nicht länger sollte die Bibel vor allem wegen ihrer erzieherischen Funktion den breiteren Volksschichten vorenthalten werden. Wie er bereits in seiner politischen Programmschrift 'An den christlichen Adel deutscher Nation' im Jahre 1520 forderte, sollte „die Heilige Schrift in den hohen und niederen Schulen die vornehmste und allgemeinste Lektion sein".

Die Bestandsentwicklung von Bibliotheken war in der Reformationszeit besonders vom Übersetzungsprozeß der Heiligen Schrift geprägt, der ja auch Ausdruck wissenschaftlich-methodischer Veränderungen war, indem er Sichtweisen und Kommunikation der Inhalte der Heiligen Schrift abbildete. Seit Philipp Melanchthons und Martin Luthers Bibelübertragungen und dem damit einhergehenden Bedarf an Texten erweiterte sich das Spektrum der Bibliotheken im Hinblick auf Quantität und Qualität der Sammlungen beträchtlich, zumal ab dem Beginn des 16. Jhs. die Druckereien ihre Verfahren stets verbesserten und verfeinerten und der Vertrieb eine höhere Verbreitung garantierte. Dies bezog sich nicht nur auf das Wachstum von Bibliotheken, deren Zahl (und deren Nutzer) durch die zweite Gründungswelle von Universitäten in der zweiten Hälfte des 15. Jhs. ohnehin gewaltig angestiegen war (z. B. Gründungen in Uppsala, Tübingen, Freiburg, Leiden u. a.). Gedruckt in Lettern, die aus der gotischen Minuskelschrift (Textura) kamen und zur Frakturschrift der Drucke überleiteten, oder in Formen, die sich von rotunden italienischen Kanzleischriften ableiteten und in die Antiqua mündeten, fanden die Bücher und andere gedruckte Materialien schon deshalb in einem systematischen Bestandsaufbau Eingang in die Bibliotheken, weil über ihr Entstehen wie über ihre Existenz zunehmend bessere Informationsmöglichkeiten aufgebaut wurden: auf Buchmessen wie in Frankfurt am

Main (seit Ende des 15. Jhs.) wurden nicht nur die Texte im ungebundenen Zustand feilgeboten, in Fässern transportiert und erst anschließend zwischen zwei Holzdeckel gebunden, die mit Leder überzogen und mit Prägestempeln verziert waren. Diese Bücher gaben durch kunstvolle 'Supra libros', die nach je eigenem Geschmack in den Einband eingepreßt wurden, auch den Hinweis auf den Eigentümer, der sonst auch mit handschriftlichem Vermerk oder 'Ex libris' sein Eigentum am Buch bezeichnet hatte. Dabei standen die in Deutschland hergestellten Bücher in ihrer äußeren Gestaltung, in technischer wie künstlerischer Ausführung, den vergleichbaren Produkten in Frankreich und den Niederlanden deutlich nach, wenngleich sie letztere in Stil und Form und Mode nachahmten. Die Inhalte bezogen sich auf die Belletristik wie auf wissenschaftliche Literatur, auf Schulbücher, auf Traktate und Pamphlete, auf Karten und Atlanten und große Abbildungswerke, also Publikationsformen, die sich angesichts fortschreitender naturwissenschaftlicher und technischer Forschungen, Erfindungen und Entwicklungen z. T. neu herausbildeten. Zugute kam der Akzeptanz bei den Lesern nicht zuletzt die Verbindung von Text bzw. Schrift mit Abbildungen, wo die Entwicklung von Holzschnitt zu Kupferstich eine entscheidende technische, auch ästhetische Verbesserung brachte.

Die bibliographische Identifikation des in den Bibliotheken gesammelten gedruckten Schriftguts nahm gleichfalls präzisere Formen an, indem nicht — wie noch bei den Inkunabeln — Verfasser, Titel und Drucker am Ende des Buches (im sogenannten Kolophon) Erwähnung fanden; vielmehr wurden derartige, das Buch „beschreibende", d. h. also „biblio-graphische" Informationen (Autor, Titel, Drucker und/oder Verleger, Erscheinungsort und -jahr) jetzt auf einem Titelblatt angegeben — oder auch nicht, wie es z. B. für viele Flugblätter gilt, eine in der Zeit der Reformation und Bauernkriege neu aufkommende Form *medialer* textlicher Vermittlung, die nicht zuletzt ihrer Inhalte wegen anonym bleiben wollte und ungeachtet dessen in Bibliotheken und Archiven gesammelt wurde. Dabei waren die Formen der Gestaltung nicht unwesentlich von der gedruckter Bücher abgeleitet, indem sich Schrift und (meist) Bild bzw. Graphik miteinander zu *einer* dokumentarischen Gesamtaussage verbanden. Bedeutsam in der Entwicklung bibliographischer Beschreibung und damit der Geschichte des Informationsaustauschs waren ferner die für die Messen angefertigten Meßkataloge (Frankfurt am Main seit 1564, Leipzig seit 1594) mit Angaben zum jeweiligen Werk, gleichsam die Vorläufer von Bibliographien und heutigen Datenbankdiensten.

Die Bücher selbst wurden in den Bibliotheken an Universitäten und Kathedralen, an Schulen und im Rahmen städtischer Verwaltung wie — später — am Hofe einzelner Fürsten systematisch aufgestellt, was mehr oder minder wissenschaftstheoretischer Hierarchie bzw. Gesamtkonzeption folgte und deren Spuren noch heute in systematischen Katalogen, und nicht zuletzt in der räumlichen Anordnung, d. h. der Innenarchitektur historischer Bibliothekssäle, insbesondere des Barock, nachvollziehbar ist.

4. Die Zeit der Renaissance, Reformation, Barock und der Aufklärung

Die Bibliotheken erfuhren ab dem 16. Jh. eine erhebliche Wandlung ihres Sammelauftrages durch die Veränderung ihrer Nutzergruppen: Entstammten seit der Karolingischen Zeit bis ins Spätmittelalter die Nutzerkreise insbesondere dem Kreis der Kleriker, die eben des Lesens und Schreibens mächtig waren, so differenzierte sich durch die allgemeinen Bildungsinteressen und die erweiterte Teilnahme am Kommunikationsprozeß die Typologie der Zielgruppen. So stellt sich der Übergang vom Spätmittelalter zur frühen Neuzeit wissenschaftsgeschichtlich von der theologisch-scholastischen Tradition zur humanistischen Studienordnung der Renaissance und war gesellschaftlich-kulturell von der Erweiterung des Weltbildes, wirtschaftsgeschichtlich vom Wandel regionalen Handels zu globaleren Formen, auch zum Austausch von Informationen und Verkehr bestimmt. Bildungsgeschichtlich vollzog sich vor allem die Verbreitung der Lesefähigkeit und damit der Informationsmöglichkeit, baute sich eine intensivere Verbindung zwischen Produzenten von Texten auf der einen Seite und Rezipienten auf der anderen Seite. Der Kanon der Texte erweiterte sich ständig. Durch die Vervielfältigungsmöglichkeiten in der Folge von Gutenbergs Erfindung ergaben sich auch neue Vermittlungsformen: nicht nur die Flugschriften der Reformationszeit und des Bauernkrieges, sondern insbesondere die gedruckten Texte der Reformatoren trugen dazu bei, daß der aufklärerische Drang der Reformation sich in breiter Kommunikation durchsetzen konnte: Luthers 95 Thesen wurden ja nicht etwa in *einem* Exemplar an die Tür der Wittenberger Schloßkirche angeheftet, sondern in gleich mehreren Exemplaren gedruckt und entsprechend vertrieben und verteilt.

Die arbeitsteilige Organisation bei der Herstellung von Texten, die die im mittelalterlichen Sinne Bibliothek und Skriptorium als eine Einheit begreifende Tradition bereits bei der Entwicklung der Schreiberwerkstätten abgelöst hatte, setzte sich als Modernisierungsprozeß seit der Erfindung Gutenbergs fort: Neben den Schreibern, Buchhändlern und Bibliothekaren bzw. Archivaren bzw. denen, die eine solche Funktion ausübten, ergaben sich seit der zweiten Hälfte des 15. Jhs. nunmehr vollkommen neue Berufe, die gleichfalls integral auf den Publikationsprozeß einwirkten. Dies waren Drucker und – später – Verleger, die zugleich Buchhändler waren und zu denen sich auch die von den Verlegern zur Messe gesandten sog. *Buchführer* gesellten. In den Bibliotheken selbst stellte sich, schon von der wechselnden Qualität her, immer mehr die Notwendigkeit heraus, die Texte nicht nur zu sammeln und sie gleichsam so zu archivieren, daß sie mittels eines Inventars wieder auffindbar sein sollten; vielmehr führte der Produktionsprozeß dazu, daß die Bibliotheken für die Leser ein größeres Maß an Öffentlichkeit erhielten. So bildeten sich ab dem 16. Jh. neben den bereits bestehenden, zum Teil aber auch in neue Formen oder Institutionen überführten Kloster-, Kathedral- und Schul- bzw. Hochschulbibliotheken vier neue Bibliothekstypen heraus, nämlich Universitätsbibliotheken, Stadtbibliotheken, Schulbibliotheken und nicht zuletzt die Hofbibliotheken. Sie sollten den Grundstock und das Modell für Bibliotheken bis in das 20. Jh. bilden und haben die Entwicklung typologisch bestimmt.

Veränderungen bewirkte vor allem die enorme Zunahme der Bestände, die es in den Bibliotheken so aufzustellen bzw. aufzulisten galt, so daß die einzelnen Titel auch jederzeit greifbar sein sollten. An die Stelle des bis dahin gehandhabten, vergleichsweise 'einfach' strukturierten Inventars trat der Katalog, in dem die Bücher alphabetisch oder systematisch aufgeführt wurden. Eine zusätzliche Neuerung war die individuelle Buchnummer (als Signatur), die der Identifikation des Standortes in der Bibliothek diente und damit dem gesicherten Zugriff. Zugleich bemühte man sich aber auch, den gesamten Bestand an Büchern standort- bzw. bibliotheksunabhängig nachzuweisen und damit zur Vermittlung von Texten und deren Information überregional beizutragen. Schon im Sinne der sich im 17. Jh. erst so richtig entwickelnden Wissenschaftstheorie und enzyklopädischen Interessen ist die 'Bibliotheca universalis' anzusehen, die der aus Zürich stammende Humanist und Polyhistor Conrad Gesner zwischen 1545 und 1555 publizierte. Ein anderes Beispiel stellt die Schrift 'Liber de scriptoribus ecclesiasticis' des aus Trittenheim bei Trier stammenden und u. a. in Würzburg wirkenden Humanisten Johannes Trithemius (1462–1516) dar.

Hand in Hand mit der Reformation ging auch ein Bildungsauftrag, den Luther selbst formuliert hatte und der die Kanonisierung von christliche-theologischen Texten auf humanistischen Sprachstudien von Latein, Griechisch und Hebräisch zum Ziele hatte. Grundsätzlich sollten nach Luthers Verständnis die Bücher der 'artes liberales' und auch der anderen Disziplinen bzw. Wissenschaften in den Bibliotheken so vertreten sein, daß sie dort zur Nutzung bereit stünden. Dies bedeutete aber auch, daß im Laufe der Reformation einzelne Klöster bzw. deren Bibliotheken nicht nur aufgehoben, sondern überführt wurden in Stadtbüchereien. Dies war beispielsweise der Fall in Augsburg, wo Bibliotheken Augsburger Klöster den Grundstock bildeten für die dann 1537 gegründete Stadtbibliothek, galt aber ebenso für die Gründung der Magdeburger Ratsbibliothek. Auch ist anzunehmen, daß in die jeweiligen Ratsbibliotheken bzw. Stadtbüchereien, wie sie in den größeren Städten, meist Handels- und Messestädten wie Leipzig, Nürnberg und Frankfurt, entstanden waren, in der Reformationszeit einzelne Klosterbestände überführt wurden. Damit fand eine erste Migration geistlicher Bibliotheken in weltliche Büchersammlungen statt, ein Vorlauf zu einer Entwicklung, wie sie Anfang des 19. Jhs. im Rahmen der Säkularisation erheblich breiter Platz griff.

Gleichfalls ein Ausdruck des Reformationszeitalters war das Bestreben, im Sinne universitärer Bildung weitere neue – und reformierte – Universitäten zu gründen. Dies war beispielsweise der Fall in Marburg, Helmstedt, Königsberg und Jena, wo jeweils unter dem Einfluß der meist zum protestantischen Glauben übergetretenen Landesherren eine sogenannte 'Hohe Schule', also eine Universität mit entsprechender Bibliothek, gegründet wurde. Deren Sammelauftrag hatte sich nicht zuletzt an den Zielen der Reformation, aber auch an humanistischen Zielvorstellungen und Bildungsinhalten zu orientieren. Waren diese Hochschulen im Sinne der Reformation als „politisch bewußte" Neugründungen anzusehen, so vollzog sich in den 'alten Universitäten' gleichfalls Veränderung der Sammlungen bzw. des Sammelauftrags, indem nicht selten, je nach konfessioneller Ausrichtung des Landesherrn bzw. der Landesherrschaft ('cuius regio, eius religio'), Bücher aus jeweilig entsprechender Sichtweise heraus erworben und gesammelt wurden.

Die Auswirkungen der Reformation einschließlich der gesellschaftlich-politischen Umwälzungen und wirtschaftlichen Erweiterungen betrafen auch die Etablierung eines zwar schon bestehenden, nun sich aber expansiv entwickelnden Bibliothekstyps: gemeint sind Privatbibliotheken, die einzelne Kaufleute, zum Teil Professoren, Gelehrte und nicht zuletzt — weltliche Landesherren anlegten. Oft gingen dabei die Interessenlagen bzw. Ausgangspositionen ebenso ineinander über, wie die Bibliotheken nicht selten, unter dem Druck der politischen und wirtschaftlichen Verhältnisse, ihre Besitzer, von privat zu privat oder von privat zu öffentlich, wechselten. Wie in Italien, wo Signorien wie die der Medici in Florenz oder die der Visconti in Mailand nicht nur die politische Macht an sich zogen, sondern eben auch kulturellen Einfluß ausübten und dies in Museen und Sammlungen von Gegenständen und Texten dokumentierten, so fand eine ähnliche Entwicklung in Deutschland statt: Ein berühmtes Beispiel dafür sind Sammlungen der Fugger in Augsburg, die ebenso wie die Patrizierfamilie der Welser in engem Handelskontakt zu Oberitalien und den sich entwickelnden Märkten standen. Insbesondere in den süddeutschen Handelszentren hatten sich seit dem 15. Jh. früh Drucker und — meist in Personalunion — Verleger wie Anton Koberger in Nürnberg, Anton Sorg und Günther Zainer in Augsburg, Heinrich Eggestein in Straßburg, Peter Schöffer in Mainz und viele andere im Gefolge von Gutenbergs Erfindung nicht nur deswegen angesiedelt, weil dort Handel und Verkehr blühten; vielmehr betrieben sie ihre Geschäfte dort, wo auch die Absatzmöglichkeiten gegeben waren und wo Bibliotheken, vor allem Universitäts- und Ratsbibliotheken, existierten bzw. gegründet wurden, wie auf der anderen Seite Büchersammlungen bei den Patrizierfamilien angelegt wurden.

Wie sehr die politischen, insbesondere konfessionell geprägten Verhältnisse das Schicksal mancher Bibliothek beeinflußten, macht das Beispiel der Bibliothek Ulrich Fuggers (1526—1584) deutlich. Dieser besaß wie sein Bruder Hans-Jakob eine bedeutende Bibliothek und sah sich, ähnlich wie sein der katholischen Seite angehöriger Bruder, gezwungen, seine eigene Bibliothek verkaufen zu müssen. Konsequenterweise veräußerte Ulrich Fugger, weil Protestant, seine Bibliothek an einen protestantischen Fürsten, nämlich den Kurfürsten Friedrich von der Pfalz, der Ulrich Fugger nach dessen Haft in Heidelberg aufgenommen hatte. So ging die Bibliothek in eine fürstliche Büchersammlung über, nämlich in die 'Bibliotheca Palatina', die vom Kurfürsten Ottheinrich (1502—1552) auf der Basis früherer erster pfälzischer Büchersammlungen des 15. Jhs. gegründet und aufgebaut worden war.

Aber auch die pfälzische Bibliothek, deren Erweiterung und deren Entwicklung nicht zuletzt durch einen kontinuierlichen Buchetat gefestigt war, unterlag Veränderungen, die aus politischen Umwälzungen herrührten: als Heidelberg im Jahre 1622 von den Truppen des (katholischen) Herzogs Maximilian von Bayern besetzt wurde, wurde die Bibliothek von Heidelberg nach Rom gebracht und dort in die unter Papst Sixtus IV. im Jahre 1475 errichtete Vatikanische Bibliothek integriert (im Jahre 1623), obwohl auch Maximilian von Bayern Interesse an der Integration dieser Sammlung in seine eigene (Münchener) Hofbibliothek gehabt hatte. Maßgeblich für das päpstliche Interesse der Bibliothek war der hohe wissenschaftliche und kodikologische Wert der Sammlung, deren besondere Qualität aus der Mischung von Handschriften und Drucken bestand. Waren die jeweiligen Verkäufe bzw. Übereignungen der beiden genannten Fuggerbibliotheken Ausdruck von gleichsam 'innenpolitisch' orientierten Auseinandersetzungen während der Reformation in Deutschland, so bedeutete der Transport der 'Bibliotheca Palatina' von Heidelberg nach Rom freilich gleichsam das Ergebnis bzw. die Folge kriegerischer Auseinandersetzung — und Übergabeverhandlungen im 'internationalen' Kontext.

Neben Privatbibliotheken, wie sie Ärzten und Gelehrten, Kaufleuten und Patrizierfamilien eigen waren, gab es schon seit dem

Mittelalter weltliche Büchersammlungen, auch Urkunden- und Aktenarchive bei einzelnen Adelsgeschlechtern. Diese im Gegensatz zu öffentlichen Sammlungen als privat zu bezeichnenden Bibliotheken erfuhren vom 15. bis zum 18. Jh. eine erhebliche Veränderung analog der Entwicklung, die die jeweiligen Fürstengeschlechter im Laufe der Zeit durchliefen. Sie wurden zum Teil von Schloß- zu Hofbibliotheken, für die die Signorien italienischer Städte eine Art Vorbildfunktion haben mochten. War das Sammelinteresse von den humanistischen Studieninhalten der Zeit bestimmt, so fand die Gestaltung der Bibliotheken, vor allem aber ihrer Bücher und besonders deren Einbände künstlerische Ausformung, wie sie überall im europäischen Umfeld in Mode kam. Dabei wurde die über die eigene Sprache hinausgehende Sammeltätigkeit rasch Gegenstand fürstlicher Anordnungen, die auch die Erwerbung von Büchern aus dem 'Ausland' einbezogen hatte. Die Bücher waren so gesehen nicht nur wegen ihres Inhaltes interesssant; sie waren Teil eines Gesamtverständnisses des Fürstenhauses, aber auch Ausdruck der jeweiligen Innenarchitektur. Sie waren längst nicht mehr in einzelnen Zimmern untergebracht, genauer: mituntergebracht, geschweige denn in Kisten und Truhen oder auf Pulten, wie dies im Mittelalter der Fall war. Die Vermehrung der Buchproduktion und die Zunahme der Erwerbungen waren sicher nicht allein bestimmend für die Tatsache, daß die Bibliotheken nunmehr in Sälen, wenig später in eigens dafür errichteten Gebäuden, angesiedelt und die Bücher in Regalen aufgestellt wurden; vielmehr wurden die Sammlungen zunehmend systematisch, aber in bezug auf das jeweilige Ambiente im Sinne einer Gesamtgestaltung des Raumes, aufgestellt, wobei die Unterschiede zwischen deutschen und englischen Regalsystemen nicht nur Ausdruck unterschiedlicher Zweckmäßigkeitsüberlegungen waren, sondern eben auch Ausdruck des Modeverständnisses der Zeit. Derartige Hofbibliotheken entstanden neben der bereits genannten Hofbibliothek der Herzöge von Bayern und der Bibliotheca Palatina in Heidelberg in Dresden, wo die Kurfürsten von Sachsen eine Bibliothek in Zusammenhang und Verständnis von Kunst- und Kulturkabinetten bzw. Sammlungen errichteten, und Wolfenbüttel, wo die Herzöge von Braunschweig-Wolfenbüttel Ähnliches vornahmen. Diese, auch von Sozialprestige bestimmten Gestaltungsprinzipien galten für herzogliche bzw. fürstliche Sammlungen, sie prägten aber auch königliche und kaiserliche Büchersammlungen und die Organisation von Urkunden- und Aktenbeständen in Archiven, wie sie nun in Residenzstädten bzw. Hauptstädten entstanden oder ausgebaut wurden. Dies war der Fall bei der Kaiserlichen Bibliothek in Wien, der Königlichen Bibliothek in Budapest und der Königlichen Bibliothek in Paris, aber auch in Brüssel (Bibliothèque de Bourgogne) und Madrid (im Escorial) wuchsen derartige Büchersammlungen heran.

Einen nicht unwesentlichen Anteil, wenngleich nicht von Beginn an, hatten die landesherrschaftlichen Verfügungen zur Abgabe von Pflichtexemplaren an die jeweiligen Hofbibliotheken. Keineswegs dienten derartige Institutionen „nur" der komfortablen, weil entgeltfreien Beschaffung von Büchern: Vielmehr war die Einrichtung des Pflichtexemplarrechts, das sich im Absolutismus im 17. Jh. noch als Ausdruck der jeweiligen Staatsauffassung erst richtig entfalten sollte, Teil von Verfahren, um Information − und Kontrolle − über Inhalte und Formen der Kommunikation zu erlangen und Zensur ausüben zu können. Desungeachtet lagen die Anfänge des Pflichtexemplarrechts im eher republikanisch-städtischen Umfeld: ab 1535 nämlich lieferten die Baseler Drucker auf Anregung des Humanisten Bonifacius Amerbach, der im übrigen seine Bibliothek und sein Kunstkabinett im Jahre 1561 an Stadt und Universität vermacht hatte, stets ein Exemplar ihrer Erzeugnisse an die Universitätsbibliothek ab. Fast aus der gleichen Zeit (1536) freilich datiert die Verfügung, mit der König Franz I. von Frankreich jeweils ein Pflichtexemplar als Zensurexemplar, auch zur Gewährung des Druckerprivilegs, einfordern ließ. Das Verfahren kam rasch auch in anderen Ländern in Gebrauch, wie die Errichtung des Pflichtexemplarrechts zugunsten der Kaiserlichen Bibliothek in Wien ab 1569 dokumentiert. So wurden für die Hof- und Fürstenbibliotheken aus verschiedenen Interessen und auf der Basis ähnlicher Verfahren mittels Kauf und Pflichtexemplarrecht, aber auch Tausch, Sammlungen auf- bzw. ausgebaut. Kaum dienten diese jedoch − zumindest zu diesem Zeitpunkt − der Vermittlung von Texten an breitere Nutzerkreise; allenfalls die Mitglieder des Hofes, vor allem aber der Fürst und seine Familie hatten Zugang zu diesen Sammlungen. Auswärtigen und Fremden war die Nutzung der Bibliothek nur mit ausdrücklicher Genehmigung des

Fürsten erlaubt. War die Wissens- und Bildungsentwicklung von der Scholastik des Mittelalters im Übergang zu humanistischen Studieninhalten und Bildungskonzepten der Renaissance geprägt von einer stets expansiv angelegten Erweiterung der Kommunikationsinhalte und nicht zuletzt, dank Gutenbergs Erfindung, auch der Publikationsformen, so stellt die Entwicklung in der Zeit der Aufklärung und des Barock einen neuerlichen quantitativen und qualitativen Sprung dar. Maßgebliche Grundlage dafür boten sowohl der rationalistisch-empirische Ansatz der Aufklärungsphilosophie und, damit einhergehend, eine gewaltige Weiterentwicklung der Wissenschaften, was in gleichem Maße Vertiefung und Verbreiterung von Erkenntnissen bedeutete wie Systematisierung und Beginn gänzlich neuer Disziplinen. Mit dieser Entwicklung geht einher eine intensive Differenzierung des gesamten Publikations- und Kommunikationsprozesses, wie auf der anderen Seite jedoch gleichzeitig versucht wurde, das Gesamtwissen im Sinne aufklärerischer Philosophie in Form von Enzyklopädien zusammenzufassen, wofür die 'Encyclopédie ou Dictionnaire raisonné des Sciences, des Arts et de Metiers' von Diderot und D'Alembert von 1751 bis 1780 das herausragende Beispiel darstellt.

In den Städten, deren Wirtschaft und Handel durch Manufaktur und neue Techniken prosperierten, und insbesondere an den Höfen der absolutistischen Fürsten entwickelten sich neue Zentren wissenschaftlicher und kultureller Kommunikation. Sie trieben Wissenschaft und Forschung voran, entwickelten aber auch ästhetische Konkretisierungen in der Musik und im Theater, ebenso in der Architektur, Malerei, Gartenbaukunst, Mode und im Comment.

Beides zusammen, die Entwicklung von Wissenschaft und Bildung sowie die politischen, administrativen und kulturellen Rahmenbedingungen, führte zu neuen Formen des Austausches von Informationen und Dokumenten: Die politisch-administrativen Inhalte wurden in Archiven, genauer Auslesearchiven, und in sich weiter differenzierenden Archivträgern dokumentiert. In der Ausbildung der Fürstenstaaten wuchsen diese Dokumentensammlungen zu einer Art politisch-administrativ-juristischem 'Gedächtnis' des jeweiligen Territoriums heran. So entstand z. B. in Wien in den Jahren 1749/50 das Geheime Staatsarchiv, das spätere Haus-, Hof- und Staatsarchiv, in das ausgewählte Urkunden und Akten aus verschiedenen Provenienzen überführt wurden. Ähnliche Entwicklungen ergaben sich in Preußen und in anderen Fürstenstaaten. Meist wurde ein sog. *Hauptarchiv* eingerichtet, das funktional sein Pendant in der Entwicklung der jeweiligen Hofbibliothek hatte und zudem in enger Beziehung zu den an den jeweiligen Höfen organisierten Kunst- und Kabinettsammlungen stand.

Im Bildungs- und Wissenschaftswesen vollzog sich gleichfalls ein Wandel: Waren bis dahin die Universitäten und Schulen die Orte, an denen bzw. in deren Bibliotheken Bücher und Handschriftensammlungen − wissensspeichernd und gedächtnisbildend − den Bildungsinteressen dienten, so ist einerseits festzustellen, daß die Universitäten im 17. und 18. Jh. − bis auf einige wenige Ausnahmen − eine Zeit der Stagnation durchliefen. Wesentlich aber ist, daß die wissenschaftliche Kommunikation sich in der Folgezeit stärker an neuen Institutionen wie *wissenschaftlichen Gesellschaften* und insbesondere an *Akademien* ansiedelte, deren Gründung nicht zuletzt auf ausdrücklichen Wunsch der jeweiligen aufgeklärten Fürsten zurückzuführen war (z. B. Florenz 1582; Paris 1635; Rom 1603; Berlin um 1700; Mailand 1713; St. Petersburg 1725; London 1660; Göttingen 1751; München 1759; Kopenhagen 1742; Stockholm 1786; Brüssel 1772).

Versammelten sich an den Höfen und Akademien Musiker, Künstler und Wissenschaftler, die die genannten Formen direkterer und schnellerer Kommunikation pflegten, so veränderten sich zugleich auch die Publikationsformen und damit die Kommunikation untereinander: Neben den Büchern in gedruckter Form, die ihrerseits bereits um diese Zeit Handschriften als Kommunikationsform weit verdrängt hatten, traten zusätzlich erstmals nicht-monographische Publikationen in Gestalt wissenschaftlicher Zeitschriften und allgemeiner und spezieller Zeitungen. Waren schon im 16. Jh. die Flugblätter ein erster Ansatz zur Entwicklung neuer gedruckter, und breit streuender Kommunikation, so galt dies erst recht für Zeitungen bzw. Wochenzeitungen, die sich ab dem 17. Jh. entwickelten und für die der in Wolfenbüttel erscheinende 'Aviso' und die aus Straßburg kommende 'Relation' herausragende Beispiele darstellten. Daneben aber erhielten für die überregionale wissenschaftliche Kommunikation wichtige Bedeutung das 'Journal des Savants' in Paris und die 'Philosophical Transactions' in London, die beide ab 1660 erschienen und denen sich ab 1682 die 'Acta Eruditorum' in Leipzig hinzugesellten. Mit der Gründung dieser Zeitschriften und dem ihnen innewohnenden Prinzip höherer Periodizität erhöhten und erweiterten sich, zugleich begünstigt durch den sich immer rascher entwickelnden Buchhandel und das Verlagswesen, vor allem aber auch durch die stets besser und, bedenkt man die Abbildungstechnik mittels Kupferstich, präziser werdenden Drucktechniken, die Mitteilungsformen und die Umlaufgeschwindigkeit des Informationsaustausches. Längst war es nicht mehr möglich, 'nur' über die bekannten Meßkataloge bzw. den eigenen Messebesuch Überblick über die Publikationen zu erlangen, die als Novitäten auf den Markt kamen; vielmehr verfeinerten sich auch hier die Methoden der Informationsvermittlung und führten, ganz im Sinne der Aufklärung, sowohl zu Gesamtsichten wie Spezialisierungen: gemeint ist damit die Weiterentwicklung der Buchverzeichnung in Gestalt von Bibliographien, die aber nicht nur universalistisch-enzyklopädisch angelegt waren, sondern auch Spezialverzeichnisse darstellen konnten. Als folgerichtig war daher der Versuch anzusehen, in einer Zusammenfassung, nämlich in Gestalt der 1664 in Paris erschienenen 'Bibliotheca bibliothecarum' des französischen Jesuiten Philipp Labbé, nicht nur eine Gesamtbibliographie zu erstellen, sondern im Grunde genommen das veröffentlichte Wissen der Zeit in der bibliographischen Verzeichnung der Titel insgesamt abzubilden.

Mit dem Wachstum der Publikationen und der Differenzierung der Formen von Veröffentlichungen einhergehend mußten auch die Bibliotheken umgestaltet werden. Waren die Bücher ab dem 16. Jh. als Folge humanistischen Einflusses bereits in Katalogen — als Ablösung der alten Inventare — verzeichnet, so wurde die Erschließungsmethodik der Aufklärungszeit deutlich den wissenschaftstheoretischen Diskussionen und Veränderungen des Publikationswesens angepaßt. Dies bezog sich sowohl auf die bibliographische Beschreibung wie nicht zuletzt auch auf die Aufstellungssystematik und die Fragen der Innenarchitektur, wenn es um die Konzeption und den Bau von Bibliothekssälen, genauer: Saalbibliotheken in neuen und dafür geschaffenen Gebäuden der Zeit (z. B. in Wolfenbüttel 1723, Wien 1726/27), ging.

In der beschriebenen Wechselwirkung, nämlich der Ansiedlung von Gelehrten an den neuen Institutionen wie Akademien und Höfen, war es kein Wunder, daß sich das Schwergewicht der Wissensvermittlung, soweit Bibliotheken dafür Funktionen ausübten, von Universitäten und deren Bibliotheken auf Hofbibliotheken bzw. Akademiebibliotheken an einzelnen Residenzen verlagerte. Auch war es Ausdruck der Zeit, daß am Hofe Gelehrte Doppelfunktionen wahrnahmen: 'hauptamtliche' Bibliothekare sind zwar, wie die Beispiele von Bartolomeo Platina in der Vatikanischen Bibliothek, Hugo Blotius in Wien oder Guilleaume Budé in Fontainebleau zeigen, aus dem 16. Jh. bekannt, doch sind sie nicht mit jenen Zeitgenossen vergleichbar, die als Wissenschaftler und Literaten, aber eben gleichzeitig und — auch — als Bibliothekare bzw. Archivare oder Kustoden der fürstlichen Sammlungen tätig waren. Beispiele dafür sind Gottfried Wilhelm Leibniz (1646–1716), der in Hannover und Wolfenbüttel wirkte und dort Bibliotheken betreute, die ganz im Verständnis der jeweiligen absolutistischen Fürsten neben den Archiven und Museen als Teile kultureller Gesamtsammlung ('Fürstliche Kunstkammer und Bibliothec') begriffen wurden. Leibniz, der sich auch konzeptionell mit praktischen Strukturfragen der Bibliothek und ihrer Planung beschäftigte und z. B. die Forderung nach einem beständigen Etat erhob, und sein Nachfolger Gotthold Ephraim Lessing (1729–1781) beschäftigten sich mit der Theoriebildung bzw. Methodik der Wissensvermittlung und bezogen die Bibliotheken als Einrichtungen dieses Austauschprozesses von vornherein mit ein. Aus den Überlegungen zur jeweiligen Gegenwart entwickelte Leibniz bereits auch die auf die Zukunft der Kommunikation bzw. der Publikation ausgerichtete Frage nach dem Wachstum der Produktion bzw. nach Grenzen derselben, das die von ihm solchermaßen bezeichnete „Schatzkammern des menschlichen Geistes" zu sprengen drohte. Ein anderes Beispiel für die Integrationsfunktion der Bibliotheken und die Theoriebildung stellt Gabriel Naudé mit seinem 'Advis pour dresser une bibliotheque' (Paris 1627) dar.

Ungeachtet universalistischer Ansätze wurde die Bibliotheksorganisation selbst differenziert: so wurden in nicht wenigen Fällen Handschriften und Drucke voneinander getrennt, was formal zwar konsequent war, nichtsdestoweniger aber die inhaltliche Kohärenz und universalistische Konzeption auflöste. Ein Beispiel für noch weitergehende Differenzierung bot die Königliche Bibliothek in Paris, wo der Bestand in vier Abteilungen mit jeweils eigenen Katalogen aufgeteilt wurde, nämlich in Druckschriften, Handschriften, Münzen und Bilder (= maßgeblich Kupferstiche). Im Grunde genommen wurde damit eine Entwicklung eingeleitet, die den sich gleichfalls differenzierenden wissenschaftlichen und künstlerischen Gebieten und Interessen entsprach.

Daß Wissen und Information als Grundlage für sich in der Aufklärung abzeichnende neue Formen staatlicher Administration angesehen wurden, macht die Gründung der Berliner Hofbibliothek, der nachmaligen Preußischen Staatsbibliothek, im Jahre 1658 deutlich: Kurfürst Friedrich Wilhelm (1620–1688) plante, die von den Vorfahren ererbte „Hoff Biblioteck", also die Schloßbibliothek, 'in locum publicum' zu transferieren, was freilich nichts anderes bedeutete, als daß der große Kurfürst seine „eigene" Büchersammlung auf Bitten der Hofbediensteten, Räte und Gelehrten für diese zum Gebrauch öffnete und mit der Bestellung des Bibliothekars Johann Raue am 20. Juli 1658 zugleich eine Bibliotheksordnung erließ. Von einer 'breiten' Öffentlichkeit war bei der im Jahre 1661 dann endlich zur Benutzung freigegebenen Büchersammlung nicht die Rede.

Ausdruck des Geltungsbedürfnisses der Zeit war es, daß die Fürsten sich nicht nur neue Hofbibliotheken gründeten, sondern im übrigen auch die Archive entsprechend zusammenfaßten. Andere Beispiele für solche Gründungen sind die Hofbibliotheken in Hannover, Stuttgart, aber ebenso auch die Königlichen Bibliotheken in Madrid, Stockholm und Kopenhagen sowie die Kaiserliche Bibliothek in St. Petersburg, um nur wenige zu nennen. Auch erfuhren bereits im 16. Jh. gegründete Büchersammlungen wie beispielsweise die Münchener Hofbibliothek eine rasante Entwicklung.

Daß Bibliotheken neben und mit den anderen Kunst- und Kultursammlungen besondere Bedeutung erlangt hatten, machen beispielsweise Reisebeschreibungen und Berichte wie die von Philipp Wilhelm Gercken ('Reisen durch Schwaben, Baiern', Stendal, 1788) und Friedrich Karl Gottlob Hirsching, 'Versuch einer Beschreibung sehenswürdiger Bibliotheken Deutschlands', Erlangen 1786–1791 deutlich. Darin werden freilich nicht nur Fürstenbibliotheken, sondern auch andere Büchersammlungen beschrieben. Wenn die Geschichte der Bibliotheken, zumal im kommunikationsgeschichtlichen Verständnis, als Geschichte ihrer Nutzung – und Nutzer – begriffen wird, so sind die ausgedehnten Bibliotheksreisen einzelner bedeutender Gelehrter ein Beleg für das verbesserte Wissen um die Lagerung von Beständen, die es in der näher gelegenen bzw. 'eigenen' Bibliothek nicht gab. So begab man sich aufgrund von bibliographischen Informationen über Erscheinungsorte dorthin, wo man die Exemplare topographisch vermuten durfte: dies waren meist Bibliotheken, deren Zuwachs vor allem auf dem Pflichtexemplarrecht beruhte und weniger käuflich erworben werden mußte (wofür der Etat meist unzureichend war). Nicht selten aber war der Besuch eine einzige Enttäuschung für die Nutzer, was vor allem für die im 18. Jh. im Niedergang befindlichen Klosterbibliotheken galt.

Neben den Büchersammlungen und Sammlungen an Höfen und Universitäten, an städtischen Institutionen wie in den Klöstern waren natürlich nach wie vor die Bibliotheken einzelner Privatleute von Bedeutung, ebenso die der sog. Lesegesellschaften, Lesezirkel bzw. literarisch-historischen Vereine, die sich in Lesekabinetten versammelten. Diese Lesezirkel hatten in dieser Zeit wohl eine wichtige und prägende Funktion für die Kommunikation als die (nicht selten unzugänglichen) Bibliotheken. Waren letztere sowohl gewissermaßen Selbsthilfeeinrichtungen, die ihre Vorbilder im anglo-amerikanischen Bereich hatten, so waren sie vor allem typischer Ausdruck der eleganten Konversation in interessierten Kreisen. Ihre Veranstaltungen stellten nicht zuletzt ein gesellschaftliches Ereignis dar.

Öffentliche Nutzung wurde freilich nicht erst im 19. Jh. geschaffen; es gab sie, wofür z. B. die Ausleihregister der Herzog-August-Bibliothek in Wolfenbüttel zugleich Beleg und Quelle zu sozial- und bildungsgeschichtlicher Analyse sind, auch schon zuvor, wenngleich der Grad der Öffentlichkeit, d. h. konkret die Nutzerkreise, nicht dem des 19. und 20. Jhs. vergleichbar war. Bibliotheken mit Öffentlichkeitscharakter waren z. B. die Bibliotheca Ambrosiana in Mailand und die Bibliothèque Mazarine in Paris, die freilich keine Hofbibliotheken waren. Daß im Anfang des 19. Jhs. – zumal in den reformierten Universitäten – dem Bildungsinteresse im modernen Staatsverständnis entsprechend, auch die, wie das Beispiel des Austausches zwischen Stuttgart und Tübingen zeigt, über den Ort hinausgehende Ausleihe von Büchern gefördert wurde, erhellt die Reform Goethes für die Zusammenlegung und Neuordnung der Bibliotheken an der Universität Jena, die einherging mit der im Sinne Humboldtscher Zielsetzung durchgeführten und ab 1817 eingeführten Gesamtreform der Universität. So oder ähnlich ist diese Entwicklung in Europa bis zum Anfang des 19. Jhs. verlaufen. Erst mit der Säkularisation, der damit in Verbindung stehenden Aufhebung des kirchlichen Besitzes in den Klöstern und der Überführung von Klosterbibliotheken in Hofbibliotheken und in Universitätsbibliotheken haben letztere wieder einen Zugang an Büchern erfahren, wie er zuvor in der Zeit des Humanismus und der Renaissance festzustellen war.

5. Sammlungen von der Säkularisation bis zum Industriezeitalter

Die politischen und kulturellen Umbrüche, die von der Französischen Revolution ausgingen, bestimmten in der Folgezeit die politischen Strukturen nicht nur des Industriezeitalters: sie wirkten sich auch und insbesondere auf die kulturelle Überlieferung aus, soweit sie sich in Archiven, Bibliotheken und Museen dokumentiert. Mit dem Ende des Absolutismus erfuhren sowohl weltlicher wie geistlicher Besitz einschneidende Änderungen: Nicht nur in Frankreich, sondern in vielen anderen Ländern, wurden Klöster aufgehoben, wurden Bibliotheken systematisch erfaßt und gesammelt, um anschließend in größere Einheiten, insbesondere in Hof- und Staatsbibliotheken, ebenso aber auch in Rats- und Universitätsbibliotheken übernommen zu werden. Parallel dazu wurden Archive überführt in zentrale Organisationsformen. Dies bedeutete gewaltige Veränderungen ganzer Sammlungen in einem sich grundlegend wandelnden Bildungssystem. An diesem nahmen nun – im Gefolge der Revolution, aber auch der Veränderungen der gesellschaftlichen und wirtschaftlichen Strukturen – immer mehr Menschen teil, indem Lesen und Schreiben als Kulturtechniken intensiver und breiter in den Schulen, auch im Sinne eines Pflichtunterrichts, vermittelt wurden, und sich vor allem in der sich entwickelnden Industriegesellschaft Forschung und Lehre, Produktion und Re-Produktion immer schneller weiterentwickelten und verbreiteten.

Auch sollten sich die Kommunikationsformen ab der zweiten Hälfte des 19. Jhs. rapide ändern und mit steter technischer Innovation und Verfeinerung neu gestalten, indem neben die gewohnten Informations- und Dokumententräger Buch und Handschrift, Karten, Zeitschriften und Zeitungen nunmehr Schall- und Bilddokumente, letztere sowohl als Photo wie als Film, traten. Ergänzt und wiederum innovativ erweitert wurden diese neuen Techniken von den ab den 20er Jahren des 20. Jhs. sich rasant verbreitenden medialen Techniken des Hörfunks und Fernsehens bis hin zu digitalen Vermittlungsformen des 20. Jhs. in Netzwerken und Datenzentren. So verlief die Entwicklung für Dokumentensammlungen wie Bibliotheken und Archive, sieht man sie als Veränderungsprozeß der jeweiligen Kommunikationstechniken an, für die früheren Jahrhunderte, von der Antike ab, vielleicht linear-evolutionär; mit dem Eintritt in das Industriezeitalter aber ist diese Entwicklung als progressiv, mit immer größeren Sprüngen in immer kleineren Abständen, zu bezeichnen.

Ein weiteres Merkmal der Entwicklung der Bibliotheken von Anfang des 19. bis zum Ende des 20. Jhs. bezieht sich auf das immense Wachstum der Sammlungen, das sich seit dem 19. Jh. ergab. Einher ging mit dieser Entwicklung freilich eine eigendynamische Spezialisierung in Wissenschaft, Kunst und Kultur, aber auch bei Bibliotheken, Archiven und Museen. Diese, auf Differenzierung, Spezialisierung und Dezentralisierung ausgerichtete zentrifugale Entwicklung steht keineswegs in Widerspruch zu den zentripetalen Bewegungen, die in einzelnen Ländern zur Errichtung größerer bzw. großer kultureller Einrichtungen wie Nationalmuseen, Nationalarchiven und Nationalbibliotheken führte. Die Motive zur Schaffung derartiger Institutionen lagen dabei einerseits in den speziellen Gegebenheiten des Landes begründet und waren andererseits Ausdruck der politisch-kulturellen Prozesse, insbesondere der Herausbildung nationalstaatlicher Strukturen im 19. Jh.

Wie das Bibliothekswesen, so war auch das Archivwesen von den speziellen Leitlinien geprägt, wie sie von der Französischen Revolution ausgingen, ohne daß die Entwicklung aber in Deutschland zu ähnlichen Formen geführt hätte: waren in Frankreich zwar während und im Gefolge der Revolution örtliche Archive als Symbole der grundherrschaftlichen Strukturen zerstört worden, so wurde

– noch 1789 – ein neues zentrales Archiv eingerichtet, das 1793/94 zum Nationalarchiv erhoben wurde. Da aber ab 1796 auch regionale Départmentarchive eingerichtet wurden, ergänzten sich zentrale und dezentrale Kompetenz zu einer nationalen Archivorganisation. Ferner hat das Archivgesetz vom 25. Juni 1794 nicht nur festgelegt, Dokumente zum Zwecke rechtlicher Beweiskraft zu sammeln und aufzubewahren, sondern Archive als *nationalhistorisches Gedächtnis* den Bürgern grundsätzlich *zu öffnen*. Da auch die Nationalbibliothek gemäß *Dépot legal* Bücher und Zeitschriften, Zeitungen, Karten und andere Materialien, soweit sie veröffentlicht waren, erhielt, wurde in Frankreich zentrale Kompetenz sowohl für Archive als auch für Bibliotheken im Verständnis der Sammlung kultureller und sprachlicher Dokumente installiert.

Am Anfang standen gewaltige Umwälzungen, in deren Gefolge ganze Bibliotheken, insbesondere bei Klöstern aufgelöst wurden. Dies geschah freilich nicht erst nach dem Reichsdeputationshauptschluß, sondern hatte bereits eine Vorgeschichte, als in den Jahren 1778 und 1783 – nach Aufhebung des Jesuitenordens im Jahre 1773 – unter Kaiser Joseph II. in Österreich Klöster und deren Bibliotheken säkularisiert wurden und – beispielsweise in Bayern – die Bibliothek des Ingolstädter Kollegs an die dortige Universität gelangt waren. Nach dem Reichsdeputationshauptschluß am 25. Februar 1803 erreichten die Säkularisierungsmaßnahmen freilich ihren Höhepunkt, als insbesondere in Süddeutschland die klösterlichen Sammlungen nun systematisch bewertet wurden. In Bayern beispielsweise nahm eine von Kurfürst Max IV. Joseph eingesetzte Bibliothekskommission unter Federführung von Johann Christoph von Aretin ihre Aufgaben auf, für die Hofbibliothek, die Universitätsbibliothek und die Lycealbibliotheken geeignete Bücher in den Klosterbibliotheken auszusuchen. Ähnlich verfuhr man z. B. in Baden, wo die Hofbibliothek in Karlsruhe den ersten Zugriff vor den sich dann anschließenden Universitätsbibliotheken in Heidelberg und Freiburg hatte, ein Vorgang, ähnlich in nahezu allen Fürstentümern dieser Zeit. Solcher Zuwachs kam den Universitäten selbst, die sich in einer Erneuerungsphase befanden, zugute. Darüber hinaus aber machten sich auch in der Strukturentwicklung der Bibliotheken die Reformansätze bemerkbar, die, mit dem Namen Wilhelm von Humboldts verbunden, ihren Ausdruck in der Gründung der Berliner Universität im Jahre 1810 gefunden haben. Jetzt wurden Freiheit und Einheit von Forschung und Lehre als Aufgabe der Universität definiert, wo früher die Lehre den Vorrang haben mochte.

Ebenso wie die politischen Rahmenbedingungen die Entwicklung einzelner Bibliotheken, auch einzelner Bibliothekstypen bestimmten, wie sich die veränderten Rahmenbedingungen von Bildung und Wissenschaft auswirkten und in Quantität und Qualität einen neuerlichen Schub der wissenschaftlichen Kommunikation erbrachten, so machten sich technische Innovationen bemerkbar, die sich insbesondere auf die Herstellungspraxis gedruckter Publikationen bezogen. Wurde bis Anfang des 19. Jhs. das Papier aus Hadern hergestellt, so brachte die Erfindung der Papiermaschine im Jahre 1797 durch den Franzosen Louis Robert und ihre allgemeine Einführung seit den 40er Jahren des 19. Jhs., insbesondere die Erfindung der mechanischen und chemischen Herstellungsverfahren aus Holzschliff, eine grundlegende Wandlung, die sowohl schnellere Verfügbarkeit als auch billigere Herstellungsformen bedeutete. In immer schneller laufenden Maschinen mit immer größeren Papierbahnen konnten nun die Drucke vorbereitet werden, wobei der Druck, vom Prinzip her seit der Erfindung Gutenbergs unverändert, eine grundlegende Wandlung erfuhr mit der Erfindung der Druckzylinderpresse durch Friedrich König im Jahre 1811. Auch hier fand Wandlung im Sinne von Mechanisierung statt. Da auch der Satz durch die Erfindung von Setzmaschinen im Laufe des 19. Jhs. mechanisiert wurde, bis schließlich Ottmar Mergenthaler im Jahre 1883 eine Setz- und Gießmaschine, die sogenannte Linotype, erfand, bedeutete dies nicht nur Ablösung von traditioneller Produktionstechnik der handwerklichen Vorbereitung von Satz und Druck; vielmehr stellte diese Mechanisierung 'nur' eine weitere Zwischenstation in einer Gesamtentwicklung dar, an deren Ende in der zweiten Hälfte des 20. Jhs. wieder eine technische Revolution stand und in deren Folge integrale Verarbeitungstechniken die (Wieder-)Zusammenführung von arbeitsteiligen Verfahren im digitalen Zeitalter ermöglichen.

Wurden die technischen Voraussetzungen entscheidend verbessert, so trug die Intensivierung in Buchhandel und Verlagswesen ebenfalls als Faktor zur Entwicklungsgeschichte von Bibliotheken insofern bei, als allein schon das quantitative Wachstum zu konzeptionellen Strategien herausforderte. Obwohl diese Faktoren sich so richtig erst im Laufe des 19. Jhs. entfalteten, besaßen sie schon aufgrund der erweiterten Produktion von herkömmlich hergestellten Büchern Gültigkeit, wenn es um den Sammelauftrag einzelner Bibliotheken ging. Längst waren diese nicht bzw. nicht mehr imstande, im universalistischen Sinne Bestandsaufbau zu betreiben. Deswegen setzten schon früh Bemühungen und Pläne zur Koordination und Abstimmung im Bestandsaufbau und, damit im Zusammenhang, zur Erstellung von Gesamtkatalogen ein. Sorgen bereitete bereits Goethe das unaufhaltsame Wachstum der Produktion, das ihm auch als eine sich öffnende Kluft zwischen Quantität und Qualität erscheinen mochte, eigentlich: als Entwicklung von überschaubaren Büchersammlungen im Verständnis von Schatzkammern bzw. Kunst- und Wissenschaftskabinetten zu reinen Anhäufungen im Sinne von massenhaft gelagerten Produktionen.

Zur Koordination und Zusammenarbeit auf dezentraler Basis beim Anlegen von Sammlungen äußerte sich z. B. der Tübinger Staatsrechtler und Universitätsbibliothekar Robert von Mohl, als er die Buchanschaffung als eine arbeitsteilige und unter einzelnen Bibliotheken abzusprechende Regelung in einem Konzept vom Jahre 1869 empfahl. Zugleich war dieser Entwurf der erste Versuch, in kooperativer Weise und unter Verwendung zentraler Nachweisinstrumente das Prinzip der Vollständigkeit im Bestandsaufbau auf mehrere Schultern zu verlagern, wo sie bei einem universalistischen Sammelauftrag qua Einzelbibliothek nicht (mehr) zu erreichen wäre. Kennzeichnete diese arbeitsteilige Lösung nicht zuletzt auch die spezifische, auf dezentrale kulturelle Traditionen und Verantwortung der Trägerschaft aufbauende deutsche Situation, die im 20. Jh. mit dem Prinzip des Föderalismus verbunden ist, so fand die Idee des verteilten Sammelauftrags später im 20. Jh. auch Eingang in strategische Überlegungen und Pläne bei nordamerikanischen Bibliotheken, aber ebenso in anderen Ländern. Ausgangspunkt war die Erkenntnis, mit dem sich stets progressiv erweiternden und sich schließlich in der zweiten Hälfte des 20. Jhs. alle fünf Jahre verdoppelnden wissenschaftlichen Publikationsrahmen nicht mehr autochthon bzw. autark adäquat Schritt halten zu können.

Daß die Geschichte der Bibliotheken nicht nur die Geschichte der Institutionen im Sinne einer Verwaltungsgeschichte ist, sondern vor allem auch eine *Nutzer*geschichte im Sinne von Sozial- und Bildungsgeschichte, wird aus dem Wechselverhältnis Nutzer zur Bibliothek in nahezu allen Bibliotheken deutlich: Hier sind im 19. Jh. auf der einen Seite Postulate von Bedeutung, die den Beruf des Bibliothekars, wie etwa in den Beschreibungen von Friedrich Adolf Ebert ('Die Bildung des Bibliothekars', Dresden 1820) darstellen, denen dann aber Nutzerkritik korrespondiert: So fordert Ebert nicht nur die Professionalisierung und – damit im Einklang – bessere, nicht zuletzt angemessene finanzielle Ausstattung von Bibliotheken und Bibliothekaren ein; vielmehr stellt die Sichtweise den Umschwung des berufsständischen Selbstverständnisses dar, nämlich von der nebenamtlichen Funktion zu dem dann Ende des 19./ Anfang des 20. Jhs. eingerichteten hauptamtlich ausgeübten Beruf. Beschrieb so die Forderung Eberts einige Aufgabenfelder der Bibliothek bzw. der Bibliothekare, so äußerte sich die andere Seite in Gestalt von Nutzerkritik und -anregungen, die mehr oder minder auf Öffnung und Erweiterung der Dienstleistungen der Bibliotheken abzielte (so beispielsweise der Historiker und Friedensnobelpreisträger Ludwig Quidde im Jahre 1894).

Gleichwohl haben die äußeren Bedingungen zu systematischen bibliothekspolitischen Planungen geführt. Ein wichtiges Beispiel hierfür ist die Bibliothekspolitik in Preußen, die sich mit der Etablierung des Landes grundsätzlich als Teil aktiver wissenschaftspolitischer Infrastruktur verstand und intensiv mit dem Namen Friedrich Althoffs, Ministerialdirektor und für die Universitäten und Bibliotheken zuständig von 1882 bis 1907, verbunden ist. Zu diesen Maßnahmen gehörten die Einführungen einheitlicher Regeln zur Benutzung, insbesondere aber zur bibliographischen Beschreibung ('Preußische Institutionen') bis hin zur Erstellung von sogenannten Titeldrucken als überregionalen Gesamtnachweisen bzw. -katalogen (Berliner Titeldrucke ab 1909). Freilich wurde mit dem grammatikalischen Ordnungsprinzip eine Entwicklung begonnen, die fern den internationalen Methoden lag und bis in die zweite Hälfte des 20. Jhs. nachwirken sollte. Von einer internationalen Einbindung war diese Einschließungsmethode ebenso weit entfernt, wie sie zumindest hohe Anforderungen an die Nutzer stellte. Im Zeitalter des Einsatzes der

Datenverarbeitung war ihr Gebrauch endgültig obsolet, doch haben die in Deutschland in den 60er Jahren des 20. Jhs. eingeführten und z. T. wenig an Nutzerinteressen wie an Internationalität orientierten 'Regeln für alphabetische Katalogisierung' (RAK) die Situation nur unwesentlich verbessert: während sich der wissenschaftliche, insbesondere akademische Informationsaustausch mehr und mehr international ausrichtete, auch in Gestalt internationaler Bibliographien und – später – Datenbanken und Netzwerke, hat die Perpetuierung dieser Regelwerke in Deutschland nicht nur die Kompatibilität erschwert, sondern vor allem Isolation in der globalen Nachweissituation erbracht: So wirken sich die Strukturveränderungen vom Ende des 19. Jhs. im Grunde genommen bis ins Zeitalter der Digitalisierung am Ende des 20. Jhs. aus.

In der zweiten Hälfte des 19. Jhs. wirkte sich die explosionsartige Entwicklung der Publikationen zudem massiv auf die Entwicklung der Bibliotheken im räumlichen Sinne aus: Waren seit Jahrhunderten Bücher und Handschriften, sofern sie offen aufgestellt bzw. ausgelegt waren, nach freilich sich verändernden Aufstellungsschemata gelagert bzw. zur Benutzung aufgestellt, und zwar unabhängig davon, in welchem innenarchitektonischen Rahmen oder nach welcher wissenschaftstheoretischen Systematik dies geschah, so änderte der ungeheure Zuwachs an Publikationen die Formen der Präsentation erheblich: an die Stelle der auch in den geschlossenen Magazinen systematisch aufgestellten Büchersammlungen traten nun nach Größe und Format ordnende Aufstellungsverfahren, um möglichst platzsparend, jedoch nicht mehr den systematischen Konnex abbildend, die Bücher aufzustellen und sie dann durch verschiedene Sachkataloge zu erschließen.

Diese hier nur exemplarisch beschriebenen Entwicklungen bestimmten und prägen das Dienstleistungsangebot der Bibliotheken bis heute nachhaltig und bedingten zugleich weitere Veränderungen in der geschichtlichen Entwicklung der Bibliotheken: Da zunehmend die Nutzung großer Hochschulbibliotheken wegen der mechanischen Aufstellungsweise der Bücher nicht mehr so attraktiv sein konnte für den Nutzer und diese Attraktivität auch nur bei direktem Zugang zu den Beständen (in Magazinen) möglich war, bildeten sich insbesondere im Umfeld von Universitäten in Deutschland neue Formen in Gestalt von Institut- und Spezialbibliotheken heraus. Dies gilt auch für Akademien und neue Formen der Forschungsorganisation, für die die Gründung der Kaiser-Wilhelm-Gesellschaft im Jahre 1910 (heute Max-Planck-Gesellschaft) ein Beispiel, auch für andere, auch im Ausland, ist. Ferner entwickelten sich – neben den Stadtbibliotheken – Spezialbibliotheken, die je nach Träger entsprechende Ausformungen und Strukturen erfuhren: Dies gilt ebenso für Spezialbibliotheken der Industrie wie für die Sammlungen wissenschaftlicher und kultureller Institute.

Gegenüber diesen speziellen Themen bzw. Sammelaufträgen und auf unterschiedliche Zielgruppen ausgerichteten Bibliothekstypen nahmen die 'großen', eigentlich immer größer werdenden National- bzw. Staats- und Landesbibliotheken in verschiedenen Ländern eine andere Funktion ein. Zwar reichen die Anfänge schon in die Zeit des Absolutismus zurück, doch erfuhren gerade die großen Sammlungen als Ausdruck der geistigen und kulturellen Interessenslagen im 19. Jh. einen bedeutenden Aufschwung. Dies gilt ebenso für die Bibliothek des British Museum, wo die Bibliothek Teil einer gesamtkulturellen Anlage war, wie für die Bibliothèque Nationale in Paris oder für die Nationalbibliotheken in anderen Ländern: Stets lag im Sinne der Nationalstaaten des 19. Jhs. das Bemühen zugrunde, die für den jeweiligen nationalen Kultur- und Sprachkreis wichtigen *Publikationen* und *Dokumente* möglichst vollständig an *einer* Stelle zu sammeln und durch Kauf, Tausch und Einfordern von Pflichtexemplaren von Autoren bzw. Verlegern zu vervollständigen. Auf diese Weise sollte eine Art *Nationales Gedächtnis*, komplementär zum jeweiligen Nationalarchiv oder zu Regional- und Lokalarchiven, angelegt werden. Dafür wurden auch die entsprechenden Gebäude geschaffen: In London, Paris, Berlin und München, St. Petersburg und Moskau sowie in Washington entstanden im 19. bis zum Anfang des 20. Jhs. repräsentative Bauten für Nationalbibliotheken, die in ihrer architektonischen Form den *Schatzkammeraspekt* bzw. die *Gedächtnisidee* aufgriffen und entsprechend umsetzten. Anders als bei *Monumenten*, wo diese wiederum in Nationalmuseen, die gleichfalls und nicht zufällig verstärkt in den Metropolen in der ersten Hälfte des 19. Jhs. entstanden, gesammelt wurden und bei denen es aber mehr auf repräsentative Aussagefähigkeit denn auf Vollständigkeit ankam, bedeutete der Sammelauftrag bei Büchern und Zeitschriften in zentralstaatlichen

Ländern wie Frankreich einen erheblichen Aufschwung der in den jeweiligen Metropolen angesiedelten Institutionen, jedoch gleichzeitig eine Vernachlässigung der Regionen und Provinzen bzw. deren Bibliotheken. Gleichfalls, mit ähnlicher Zielsetzung versehen, entwickelten sich die Nationalbibliographien seit dem 19. Jh., nicht selten von dem Versuch bestimmt, kulturelle und sprachliche Identität zwischen Nationalbibliographie und Bibliotheksbeständen zu erreichen.

In Deutschland haben sich ab der Mitte des 19. Jhs. die Landes- und Staatsbibliotheken als Fortführung der Hof- und Fürstenbibliotheken weiterentwickelt. Dies gilt sowohl für die Münchner Hof- und Staatsbibliothek wie für die Königliche Bibliothek in Berlin, hat aber ebenso Gültigkeit für Staats- bzw. Landesbibliotheken in Stuttgart, Karlsruhe, Darmstadt, Kassel, Hannover, Dresden und anderen Orten. Zwar kam es bereits im Zusammenhang mit der Nationalversammlung in der Paulskirche, wo auf der Empore eine Bibliothek aufgebaut war, ab 1848 zu Überlegungen zur Errichtung einer Bundesbibliothek, doch ohne bleibenden Effekt. Die Bemühungen um eine Nationalbibliothek in Deutschland dauerten fort bis zum heutigen Tage, ohne daß es zu einer physisch zentralen *Deutschen Nationalbibliothek* bzw. ja noch nicht einmal zu einer auf mehrere Sammlungen verteilten 'virtuellen' *Nationalbibliothek in Deutschland* gekommen wäre. Spätestens seit der Reichsgründung im Jahre 1871 auch mit nationalstaatlichem Anspruch versehen, wurde der Gedanke einer Nationalbibliothek zwar vorangetrieben, doch wurden die Entwicklungen durch den Ausbruch des Ersten Weltkrieges unterbrochen. Zwar nahm zwei Jahre zuvor, nämlich 1912 eine Deutsche Bücherei in Leipzig, Zentrum des Buchwesens und Sitz des Börsenvereins der deutschen Buchhändler, ihre Funktion auf, doch war bereits zum Gründungszeitpunkt deren Existenzberechtigung umstritten: Nicht nur die Berliner Königliche Bibliothek meldete an, daß sie in wichtigen Sammlungen bereits den Stand einer deutschen Nationalbibliothek repräsentiere, sondern dies galt, folgt man den politischen Debatten, im Selbstverständnis auch in gewisser Weise für die Hof- und Staatsbibliothek in München. So brach dann eine über die nächsten Jahrzehnte hinaus währende Diskussion über das Für und Wider einer Deutschen Nationalbibliothek auf, eine Diskussion, die Ende des 20. Jhs. (noch) nicht beendet ist.

Neben den Staats- und Landes-, Universitäts- und Spezialbibliotheken bildeten sich neue – und offenere – Formen in der Informationsvermittlung und der Bereitstellung von Dokumenten aus: Die Teilhabe immer breiterer Schichten der Industriegesellschaft an Bildungsentwicklungen wurde immer mehr politisch gefordert, in Diskussionen in der ersten Hälfte des 19. Jhs., und zwar nicht nur in Deutschland, sondern ebenso in anderen Ländern. In Deutschland reklamierte beispielsweise Karl Benjamin Preusker (1786–1870) die Schaffung von allgemein zugänglichen kommunalen Büchereien als Zentren einer 'Volksbildung', und ganz im Sinne der sogenannten 'Volkserziehung' der zweiten Hälfte des 19. Jhs. war der Aufruf der Comeniusgesellschaft vom Jahre 1899 zu sehen, wonach Bücherhallen, d. h. also Volksbüchereien und damit die späteren öffentlichen Bibliotheken in deutschen Städten zu errichten sein sollten. Zwar hielt man sich deutlich an das Vorbild der amerikanischen Public Libraries (erstmals in Boston 1848), und auch sollte die Bildung breiter Massen im Vordergrund stehen, doch war nichtsdestoweniger eine politische Zielvorstellung damit verbunden, nämlich auch Kontrolle über die Massen im Sinne des Obrigkeitsstaates zu behalten. In nahezu allen Städten wurde die Idee der Volksbibliotheken intensiv verfolgt, und so wurde im Jahre 1895 die erste Bücherhalle in Berlin eingerichtet. Daneben errichteten Arbeitervereine eigene Büchereien, insbesondere Leihbüchereien, wie in früheren Zeiten bereits Lese- und Museumsgesellschaften ihrerseits Sammlungen angelegt und gepflegt hatten.

6. Bücher, Bibliotheken und Medien im 20. Jahrhundert

Unabhängig von der Erweiterung der 'konventionellen' Kommunikationsträger Buch, Zeitschrift und Zeitung begannen sich die Kommunikationsformen technologisch in erheblicher Weise zu wandeln: Besondere Bedeutung gewann dies durch die Entwicklung von Photo, Schallaufzeichnung und Film bis hin zu Hörfunk und Fernsehen. Thomas Alva Edison entwickelte in den 70er Jahren des 19. Jhs. bereits Verfahren zur magnetischen Schallaufzeichnung, wobei die Wort und Musik dokumentierenden Töne auf Edison-Zylindern gespeichert und für Wiederholungen genutzt werden konnten. Zum ersten Mal wurde damit in der Kommunikationsgeschichte die Möglichkeit geschaffen, das dem Augenblick entstammende gesprochene oder gesungene Wort so zu archivieren, daß die Wiederholbarkeit und Vervielfältigung möglich war. Kommunikationsgeschichtlich bedeutete dies sowohl wieder eine stärkere Betonung von *Oralität* bzw. akustischer Vermittlung wie gleichzeitig die Verbreitung von nicht der Schriftform folgenden Inhalten. In ähnlicher Weise haben andere Erfindungen bedeutender Physiker und Ingenieure die Kommunikationsformen der Folgezeit und damit die gesellschaftlich-politischen Prozesse nachhaltig beeinflußt bzw. bestimmt, wie etwa Albert Einstein in einer Rede zur 7. Deutschen Funkausstellung und Phonoschau am 22. August 1930 die Entwicklung trefflich beschrieb (Deutsches Rundfunkarchiv Frankfurt am Main − Berlin, Tondokument C° 645). Als Einstein die direkte Kommunikationswirkung des Rundfunks beschrieb, war dieser, der sich in privaten Sendegesellschaften in der Weimarer Zeit organisiert und eine ähnliche Entwicklung wie in Großbritannien, Frankreich, den USA, Italien und in der Sowjetunion, durchlaufen hatte, bereits seit Anfang der 20er Jahre in vielen Ländern verbreitet und damit ein Instrument, das der Kommunikation in direkter(er) Form diente: es trat neben die Formen schriftlich fixierter Kommunikation, also neben Publikationen wie Buch, Zeitschrift und Zeitungen.

In ähnlicher Weise traten mit der Erfindung der Photographie durch Louis Daguerre (1789−1851) und insbesondere durch die Erfindung des Films durch die Brüder Auguste (1862−1954) und Louis (1864−1948) Lumière neue, nunmehr auch visuelle Dokumentformen in den Blickwinkel der Nutzer. Dabei bezogen sich diese Dokumente auf Formen der Unterhaltung, hatten aber ebenso Gültigkeit für die Vermittlung von Bildungsinteressen im breitesten Sinne. Es ist zu vermerken, daß die Entwicklung des Films ab dem Beginn des 20. Jhs., d. h. also von der Entwicklung der ersten bewegten bzw. laufenden Bilder über Stummfilm zu Formen des Dokumentar- und Spielfilms, schwarzweiß oder in Farbe, bis hin zum Fernsehen eine stürmische Entwicklung nahm, an deren Ende am Ausgang des 20. Jhs. integrierte digitale Angebote über Netzwerke stehen. Im Zusammenhang mit der Einführung des Fernsehens, für das Paul Nipkow zwar ab der Mitte der 30er Jahre erste Versuche in Berlin unternahm, das jedoch so richtig erst nach dem 2. Weltkrieg eingeführt wurde, stellte sich eigentlich auch die Frage nach der Archivierung derartiger Dokumente bzw. nach dem Anlegen von Sammlungen.

Für die Bibliotheken bedeuteten diese neuen Kommunikationsformen einen Zuwachs in den Sammelaufgaben, zugleich aber eine Herausforderung in der Einstellung bzw. Anpassung an neue Nutzerinteressen. So entstanden Sammlungen von Photographien in Gestalt von Phototheken, aber ebenso von Tondokumenten in Gestalt von Phonotheken, von Filmen in Filmotheken, eher aber zufällig und deutlich hinter der Priorität zurückstehend, die Dokumente der Schriftlichkeit in Gestalt von Buch und Zeitschrift und Zeitungen nach wie vor genossen. Meist wurden sie, wenn sie überhaupt in Bibliotheken und nicht eher in Museen und Archiven sowie Spezialsammlungen archiviert wurden, als Sondersammlungen angelegt, jedoch eher stiefmütterlich gepflegt, was sowohl für ihre technische Behandlung wie für Katalogregeln bzw. überregionale Nachweisinstrumente gilt. Bis zum Ende des 20. Jhs. werden diese bedeutsamen Dokumente der Zeit nicht ihrem spezifischen Charakter nach beschrieben bzw. erschlossen, sondern nach *biblio*graphischen Grundsätzen, als ob es sich gleichsam um Bücher in anderer Form handelt. Umfassende *Disco*graphien und *Filmo*graphien fehlen bislang weitgehend. Insgesamt ist zu beobachten, daß die neuen Medien nicht etwa eine Erscheinungsform vom Ende des 20. Jhs. darstellen, sondern sich schon seit der zweiten Hälfte des 19. Jhs. entwickelten und ebenso rasch ausbreiteten und ihnen in Bibliotheken, aber auch in Archiven bestenfalls Randbedeutung zukam gegenüber den Dokumenten der Schriftlichkeit.

Gilt diese Beobachtung generell für die Frage der Einbringung neuer Kommunikations- und Publikationsformen in Sammlungen und Sammelaufträge von Bibliotheken und Archiven in Deutschland, so ist die Situation im angloamerikanischen Bereich und in romanischen Ländern anders zu bewerten: Während schon früh audiovisuelle Archive als nationale Aufgabe in England und in den USA begriffen worden sind und Teil von Sammlungen in Nationalbibliotheken und Nationalarchiven wurden, so hat die Entwicklung in Frankreich gar zur Gründung eines Nationalarchivs für audiovisuelle Dokumente (Institut National de l'Audiovisuel) geführt: Ihm obliegt das Pflichtexemplarrecht für alle audiovisuellen Dokumente, also für Schallplatten aus der Industrieproduktion und für Filme, aber auch für Hörfunk- und Fernsehsendungen, die an dieses Spezialarchiv abzuliefern, dort zu archivieren und für die Öffentlichkeit, gewissermaßen analog zum Archivgesetz des Jahres 1794, bereitzustellen sind. Einen solchen Sammelauftrag für audiovisuelle Dokumente gibt es in Deutschland nicht, weder für Archive oder Bibliotheken. Mit dem Ersten Weltkrieg, mit seinen wirtschaftlichen und sozialen Folgen, gerieten die Bibliotheken, insbesondere in Deutschland, in erhebliche Schwierigkeiten. Die Erwerbungsetats sanken auf ein Minimum, was nicht nur durch die Inflation, sondern auch durch die stets weiter steigende Publikationswelle und die Unmöglichkeit, mit ihr Schritt halten zu können, bedingt war. Die Notgemeinschaft der deutschen Wissenschaft etablierte aus diesem Grunde schon früh, nach ihrer Gründung im Jahre 1920, unter Anregung ihres damaligen Präsidenten Schmidt-Ott, ein Sondersammelgebietsystem, das auf dezentrale und kooperative Formen des Sammelauftrages abzielte und einzelnen Bibliotheken unter finanzieller Unterstützung seitens der Notgemeinschaft Sammelaufträge für einzelne Fächer zum kontinuierlichen und überregional verstandenen Bestandsaufbau zuwies. Es war dies die Grundlegung für ein System eines verteilten Sammelauftrages, den die Deutsche Forschungsgemeinschaft nach dem Zweiten Weltkrieg, als viele Bibliotheken zerstört und ihre Bestände zum Teil vernichtet, zum Teil verschleppt oder verschollen waren, in der Nachfolge der Notgemeinschaft aufgriff, differenziert für das Gebiet der Bundesrepublik Deutschland aufbaute und weiterentwickelte.

Über lange Zeiten des 20. Jhs. war die Funktion und damit die Geschichte der Bibliotheken von den allgemeinen kommunikativen und politischen Entwicklungen bestimmt. Bestimmte, im 19. Jh. entwickelte Grundstrukturen von Bibliotheken blieben weitgehend wirksam, auch wenn sich die Bedingungen des kommunikativen Austauschs und des Publikationswesens insbesondere in der zweiten Hälfte des 20. Jhs. erheblich gewandelt haben. Diversifikation und Differenzierung bestimmten im Laufe der ersten Hälfte des 20. Jhs. dabei typologisch ebenso die Entwicklung der Bibliotheken, indem diese Dienstleistungen für stets sich selbst differenzierende Nutzerkreise und -interessen anboten. Auch spielt eine nicht unwesentliche Rolle, daß insbesondere in Europa einzelne Diktaturen Bibliotheken und Archive zu Zwecken von Kontrolle und Zensur instrumentalisierten. So legten z. B. in Deutschland die Nationalsozialisten bald nach der Machtergreifung 'Listen des unerwünschten und schädlichen Schrifttums' vor, mit der sie viele Bücher indizierten und zur gleichen Zeit Privatbibliotheken jüdischer Mitbürger konfiszierten, bevor diese zum Massenmord in die Konzentrationslager abtransportiert wurden. Die Konfiszierungen der privaten Bibliotheken und ihre gleichzeitige Überführung in öffentliche Bibliotheken waren Teil der Beraubung und Enteignung Einzelner, und zwar nicht nur im nationalsozialistischen Deutschland, sondern auch in den stalinistischen Diktaturen des Ostblocks. Ferner wurden im internationalen Kontext z. B. durch die deutsche Wehrmacht einzelne Bibliotheken ihren Eigentümern geraubt und in Sammlungen in Deutschland überführt, wie im Laufe des Zweiten Weltkrieges deutsche Bibliotheken wiederum Ziele von Plünderung durch Soldaten anderer Länder, z. B. der Sowjetunion, wurden. Als Objekte der Verschleppung ganzer Bibliotheksbestände an fremde Orte, kamen diese Bibliotheksbestände teilweise über Auktionen in private Hände, teilweise sind sie noch heute Inhalt von Sammlungen außerhalb des Ortes, an dem sie sich früher befanden, teilweise werden sie für immer unauffindbar, weil verschollen sein.

Die Entwicklung der Bibliotheken nach dem Zweiten Weltkrieg stand schon früh unter dem Zeichen nunmehr eindeutig grenzüberschreitender und zugleich weltweiter Informationsvermittlung. Daran Anteil hatten die Veränderung der politischen Kräfteverhältnisse und die Entwicklung weltweiter Wirtschaft und globalen Handelns, nicht zuletzt aber auch der übernational angesiedelte wissenschaftliche und sonstige Informations- und Dokumentenaustausch. Mit der Erfindung Konrad Zuses, der den ersten Computer im Jahre 1936 baute, setzte zugleich ein neues Zeitalter der medienorientierten Kommunikation an, das sich ab sofort nicht mehr allein auf Formen der Schriftlichkeit in Gestalt von Büchern und Zeitschriften bezog, zu denen sich Hörfunk, Fernsehen und Film schön längere Zeit gesellt hatten, sondern sich in elektronischen Datenträgern und Netzwerken gewaltig ausbreitete. In letzteren werden die Dokumente in Trägerform und Provenienz zusammengeführt, gleich, ob es sich um Text, Ton oder Bild handelt. Auch spielt eine wesentliche Rolle, daß der Wachstumsprozeß der herkömmlichen Literaturproduktion Schübe seit dem Kriegsende erfahren hat, die nach den Hypothesen von Derek de Solla Price in den 60er Jahren noch alle 5,5 Jahre eine Verdoppelung erfuhren und deren Beschleunigungswert sich in den 90er Jahren wohl erneut vermindert haben dürfte, wenn man die digitale Vermittlung – Internet und World Wide Web – hinzunimmt.

Wiederaufbau nach dem Zweiten Weltkrieg bedeutete bei vielen Bibliotheken zwar Neubeginn, doch nicht – oder nicht unbedingt – *Neu-strukturierung*, d. h. Reform oder Anpassung an gewandelte bzw. sich ändernde Nutzerinteressen. Dies war für die unmittelbare Zeit nach dem Krieg nicht verwunderlich, als Wiederaufbau und Zusammenführung von ausgelagerten Beständen ebenso vordringlich zu erledigen war wie die Wiederaufnahme des regulären Betriebs. Nichtsdestoweniger aber zeichneten sich schon bald neue Felder von Nutzerinteressen ab, die freilich erst spät und zumindest nur zögerlich von den Bibliotheken aufgenommen wurden: gemeint sind neue Formen der Informationsermittlung als Dienstleistung, die über das reine Bereithalten von Bibliotheksbeständen und Informationsdienstleistungen hinausging und früh Formen elektronischer Wissensspeicherung und -vermittlung über Fachinformationszentren bedeutete. Wesentlichen Anteil an dieser Entwicklung hatte die enorme Erweiterung der Naturwissenschaften, Medizin und technischen Wissenschaften, nicht zuletzt im Zusammenhang mit der Raumfahrt, für die die konzentrierte Wissensvermittlung ein wichtiger ökonomischer Faktor der Programm- und Projektplanung war: Doppelforschung zu vermeiden, meinte bald, in einem immer globaler werdenden Umfeld schnell und umfassend aktuelle Informationen über Erfindungen und Entwicklungen zu erhalten. Die Bestände in Bibliotheken, aber auch die methodischen Werkzeuge der Bibliotheken waren auf solch' raschen Wandel und Wachstum nicht ausreichend vorbereitet. Kein Wunder war es daher, daß sich in vielen Ländern *neben* den Bibliotheken neue Dokumentationszentren etablierten in Gestalt von Fachinformationszentren, die, über einen *Host* organisiert, online und aktuell gehalten werden konnten. Bald begann daher die Schere auseinanderzulaufen zwischen Informationsvermittlung und Dokumentenbeschaffung, wenn erstere, zunehmend durch neue Einrichtungen organisiert, nicht ausreichend als Aufgabe von Bibliotheken wahrgenommen wurde.

Mit der (neuerlichen) Entwicklung der Teilhabe an Bildung, maßgeblich in den 60er und 70er Jahren gefördert als Bildungsreform im Rahmen demokratischer Partizipationsprozesse, hat sich diese Kluft erweitert, auch wenn in europäischen Bibliotheken nunmehr Reformen Platz griffen, die amerikanischen Formen entliehen waren: gemeint ist die Einrichtung großer Freihandbereiche mit systematischer Aufstellung, um die Bestände, d. h. damit die Dienstleistungen, verbessert den Nutzern anbieten zu können. So waren diese Konzepte zwar von vornherein Teil der Strukturbildung neu gegründeter Universitäten in europäischen Ländern, doch wurde die Reform zu sehr auf die möglichst vollständige offene Anbietung in Treuhandbereichen konzentriert. Kaum hat sie die sich abzeichnenden neuen Dienstleistungen der elektronischen Fachinformation einbezogen. Als Anfang der 70er Jahre als Ausdruck und im Sinne des Bildungsreformprozesses politische Förderprogramme wie z. B. das Informations- und Dokumentationsprogramm (IuD-Programm) von der Bundesregierung in Deutschland ins Leben gerufen wurden, lief diese Entwicklung an vielen Bibliotheken vorbei. Auch wurden die Bibliotheken lange Zeit als gleichsam konservativ in ihrer Funktionsbestimmung eingestuft, nicht in übernationale Förderprogramme wie z. B. die der Europäischen Gemeinschaft (EU) einbezogen bzw. brachten sich selbst bestenfalls eher zögerlich ein. Erst spät, in den 80er Jahren, fanden sog. Neue Medien Eingang in Bibliotheken und ihre Dienste, wobei unter den *Neuen Medien* umfassend und gleich nahezu alles einbezogen war, was nicht die traditionellen Formen von Buch, Zeitschrift und Zeitungen darstellte. Natürlich waren und blieben Bibliotheken Orte des wissenschaftlichen und kulturellen Austauschs, weil nach wie vor dieser Austausch über Bücher und die anderen gewohnten Informationsträger erfolgte, nur: wegen der sich schneller verändernden Nutzerusancen, der sich ebenso rasch wandelnden Technologie und der damit nach vorne drängenden neuen elektronischen Vermittlungsformen (Einsatz von Personalcomputer, Netzwerkbildung, Internet, World Wide Web u. a.), lief die Entwicklung aus Nutzersicht immer weiter auseinander.

Auch bildeten sich – neben den Berufen der Bibliothekare – bereits ab den 50er Jahren, vor allem ab den 70er Jahren neue Berufsfelder wie die der Dokumentare, Informationsvermittler, *Informationbroker* u. a. m. heraus, und dies in immer kürzeren Abständen. Längst ging es nicht mehr darum, wie vielleicht noch Ende der 40er Jahre, Anfang der 50er Jahre, Informationen zu *er*-mitteln oder, wie seit den 70er Jahren, zu *ver*-mitteln; vielmehr hat die Zahl weltweit über elektronische Post, Telefaxdienste und globale Netzwerke kommunizierter Informationen ein Ausmaß angenommen, bei dem es den an Zeit und Effizienz interessierten Nutzern weniger darauf ankommt, *etwas* zu finden, sondern aus der Masse *das Richtige* herauszufiltern. So hat sich der Kommunikationsprozeß nicht wenig von den Bibliotheken wegbewegt, weil die Nutzer, nicht unähnlich den freilich anderen Rahmenbedingungen zur Zeit der Aufklärung, verstärkt *brieflich*, zunehmend elektronisch, und *mündlich*, zunehmend fernmündlich konferieren, in jedem Falle direkter als je zuvor, und – vor allem – grenzüberschreitend *global*.

Hinzu kommt, daß in einer Marktorientierung der kommunikative Inhalt allem Anschein nach mehr und mehr zur Ware wird, was dann auch Einfluß nimmt auf Kommunikationsstrategien wie auf Formen der Vermittlung. Im Zeitalter globaler Netzwerke, wo an die Formen physisch fixierter Dokumente eben zunehmend die elektronischen und eben immateriellen Dokumente treten, wo Urheberrechtsfragen ebenso zu klären sind wie Nutzungs- und Leistungsverwertungsrechte, treten private Anbieter in Konkurrenz zu öffentlichem Auftrag, individuelles Interesse zur kollektiven Gedächtnisbildung. Sehr wohl können sich aber Bibliotheken und elektronische Datenbanken bzw. Netzwerke entsprechend ergänzen im Interesse von Nutzern, die von realer und virtueller (durch Netzwerke geprägte) Mobilität bestimmt sind. Die Bedingungen von Zeit und Raum, wie sie für die Kommunikation mit und ohne Bibliotheken über Jahrhunderte gekennzeichnet waren, werden dadurch zunehmend aufgehoben. Auch wird im digitalen Zeitalter die Zahl der in Netzwerken verfügbaren Dokumente und Texte zweifelsohne weiter sprunghaft zunehmen, wird im übrigen die kommunikations- bzw. mediengeschichtlich stets bedeutsame Unterscheidung zwischen Original und Kopie immer weniger Bedeutung haben.

Die Geschichte der Bibliotheken ist Teil der Geschichte der Gedächtnisbildung, wenn es um die Sammlung und Nutzung handschriftlicher und gedruckter, audiovisueller und sonstiger Dokumente in Bibliotheken geht. Die Funktion steht damit in Beziehung zu Archiven, deren Sammelauftrag grundsätzlich die Bewahrung des für das Gedächtnis Wichtigen darstellt. Bibliotheken haben sich im Laufe der Jahrhunderte gewandelt: Sie haben, den Veränderungen des Kommunikationsprozesses und des Publikationswesens sich anpassend bzw. diesen nachfolgend, Veränderungen vom universell umfassenden Sammelauftrag antiker und mittelalterlicher Bibliotheken zu universalistisch formulierten, jedoch zugleich nicht mehr erreichbaren Sammelzielen der Aufklärung vollzogen. Die der Säkularisierung folgende Industrialisierung und Mechanisierung des Publikationswesens, auch die technischen Erfindungen und Neuerungen der Mitteilungsformen audiovisueller Art, haben den Anspruch, etwa in einer Bibliothek *universelle* Wissensspeicher anlegen zu können, endgültig unmöglich gemacht. Die daraus resultierende Spezialisierung und Spartenbildung, aber auch die auf nationale und übernationale und kooperative Systeme abzielenden Verfahren dienten allesamt der Absicht, das (publizierte) Wissen überschaubar, jedoch an verschiedenen Orten zu speichern und zur Nutzung zu bringen. Galt dies schon angesichts des sich im 20. Jh. rasant entwickelnden, jedoch noch immer *physisch* orientierenden Publikationsprozesses mit enormen, sich selbst potenzierenden Multiplikationsraten, so konnte die Digitalisierung die Kommunikation zwar *direkter* gestalten, die Gedächtnisbildung jedoch zu erschweren: es ist weniger eine Frage der Kompatibilität von Software und Netzwerken als vielmehr die noch nicht geklärte Frage der Dauerhaftigkeit bzw. *Archivierbarkeit* des elektronisch veröffentlichten Wissens und der digitaler Formen bzw. der digital publizierten Information; vielmehr geht es nach wie vor um die Frage universeller Kohärenz, wenn Gedächtnis universell aufgebaut, auch universell dokumentiert und archiviert werden soll.

An Bemühungen um ganzheitliche Sichtweisen und kollektive Gedächtnisbildung waren Bibliotheken stets als Sammlungen beteiligt: so gesehen ist ihre Geschichte Ausdruck des Wandels der am Kommunikationsprozeß Beteiligten, individuell und kollektiv; zugleich aber waren und sind die Bibliotheken abhängig von Veränderungen der Nutzergewohnheiten im Verhältnis Produzent zu Rezipient und – in dessen Gefolge – vom Wandel der technologischen Veränderungen, die im Grunde genommen die Bibliotheksgeschichte als nur *einen* von mehreren Teilen einer längsschnitt-orientierten Kommunikations- und Mediengeschichte darstellt.

7. Literatur

Bischoff, Bernhard, Die Hofbibliothek Karls des Großen. In: Mittelalterliche Studien. Bd. 3. Stuttgart 1981, 149–169.

Blum, Rudolf, Die Literaturverzeichnung im Altertum und Mittelalter. Versuch einer Geschichte der Bibliographie von den Anfängen bis zum Beginn der Neuzeit. In: AGB 24, 1983, 1–256.

Bautier, Robert-Henri, L'activité des archives dans le monde 1945–1952. In: Archivum 3, 1953, 189–238.

–, Chronique des activités des archives dans le monde 1953–1961. In: Archivum 11, 1961, 1–280.

Bayerische Akademie der Wissenschaften in München (Hrsg.), Mittelalterliche Bibliothekskataloge Deutschlands und der Schweiz. München 1918.

Akademie der Wissenschaften in Wien (Hrsg.), Mittelalterliche Bibliothekskataloge Österreichs. Wien 1915.

Burkard, Günther, Bibliotheken im alten Ägypten. In: Bibliothek 4, 1980, 79–113.

Busse, Gisela v., Struktur und Organisation des wissenschaftlichen Bibliothekswesens in der Bundesrepublik Deutschland. Entwicklungen 1945 bis 1975. Wiesbaden 1977.

Buzas, Ladislaus, Deutsche Bibliotheksgeschichte des Mittelalters. Wiesbaden 1975.

–, Deutsche Bibliotheksgeschichte der Neuzeit (1500–1800). Wiesbaden 1976.

–, Deutsche Bibliotheksgeschichte der neuesten Zeit (1800–1945). Wiesbaden 1978.

Cavallo, Guglielmo (Hrsg.), Le biblioteche nel mondo antico e medievale. Rom [3]1993.

Corsten, Severin (Hrsg.), Lexikon des gesamten Buchwesens. Stuttgart [2]1985 ff.

Fabian, Bernhard, Buch, Bibliothek und geisteswissenschaftliche Forschung. Zu Problemen der Literaturversorgung und der Literaturproduktion in der Bundesrepublik Deutschland. Göttingen 1983.

Franz, Eckhardt G., Einführung in die Archivkunde. Darmstadt [4]1993.

Geldner, Ferdinand, Inkunabelkunde. Eine Einführung in die Welt des frühesten Buchdrucks. Wiesbaden 1978.

Hacker, Rupert, Bibliothekarisches Grundwissen. München [6]1992.

Hobson, Anthony, Große Bibliotheken der Alten und Neuen Welt. München 1970.

Hunger, Herbert, Schreiben und Lesen in Byzanz. Die byzantinische Buchkultur. München 1989.

Jackson, Sidney L., Libraries and librarianship in the West. New York 1974.

Jochum, Uwe, Kleine Bibliotheksgeschichte. Stuttgart 1993.

Kunze, Horst/Gotthard Rückl (Hrsg.), Lexikon des Bibliothekswesens. 2 Bde. Leipzig [2]1974/1975.

Langfeldt, Johannes (Hrsg.), Handbuch des Büchereiwesens. Wiesbaden 1965–1973.

Lehmann, Paul, Eine Geschichte der alten Fuggerbibliotheken. 2 Bde. Tübingen 1956–1960.

Leyh, Georg (Hrsg.), Handbuch der Bibliothekswissenschaft. I–III. 1.2, Reg. Wiesbaden [2]1952–1965.

Mazal, Otto, Lehrbuch der Handschriftenkunde. Wiesbaden 1986.

Posner, Ernst, Archives in the Ancient World. Cambridge/Mass. 1972.

Roberts, Colin H., Books in the Graeco-Roman world and in the New Testament. In: The Cambridge History of the Bible. Bd. 1: From the beginning to Jerome. Hrsg. v. P. R. Ackroyd. C. F. Evans. Cambridge, 1970, 48–66.

Schmitz, Wolfgang, Deutsche Bibliotheksgeschichte. Bern 1984.

Schreiner, Klaus, Bücher, Bibliotheken und „gemeiner Nutzen" im Spätmittelalter und in der Frühneuzeit. In: Bibliothek und Wissenschaft 9, 1975, 202–249.

Thauer, Wolfgang/Peter Vodosek, Geschichte der öffentlichen Bücherei in Deutschland. Wiesbaden [2]1990.

Unterkircher, Franz/Rudolf Fiedler, Die Bibliotheken Österreichs in Vergangenheit und Gegenwart. Wiesbaden 1980.

Vodosek, Peter/Manfred Komorowski (Hrsg.), Bibliotheken während des Nationalsozialismus. Wiesbaden 1989.

Vodosek, Peter/Joachim-Felix Leonhard (Hrsg.), Entwicklung des Bibliothekswesens in Deutschland 1945–1965. Wiesbaden 1993.

Vorstius, Joris/Siegfried Joost, Grundzüge der Bibliotheksgeschichte. Wiesbaden [8]1969.

Waidacher, Friedrich, Handbuch der allgemeinen Museologie. Wien [2]1996.

Warncke, Carsten-Peter (Hrsg.), Ikonographie der Bibliotheken. Wiesbaden 1992.

Weimann, Karl-Heinz, Bibliotheksgeschichte. Lehrbuch zur Entwicklung und Topographie des Bibliothekswesens. München 1975.

Widmann, Hans, Geschichte des Buchhandels vom Altertum bis zur Gegenwart. Tl. 1: Bis zur Erfindung des Buchdrucks sowie Geschichte des deutschen Buchhandels. Wiesbaden 1975.

Wiegand, Wayne A./Donald G. Davis jr. (Hrsg.), Encyclopedia of library history. New York/London 1994.

Joachim-Felix Leonhard, Frankfurt a. M./Berlin (Deutschland)

42. Geschichte der Zensur

1. Zensurbegriff und Zensurforschung
2. Epochen der Zensurgeschichte
3. Zensurprobleme der Gegenwart
4. Literatur

1. Zensurbegriff und Zensurforschung

Der Begriff Zensur zielt allgemein auf die „autoritäre Kontrolle menschlicher Äußerungen" (Otto 1968, 3), im besonderen auf institutionelle und strukturelle Formen der Überwachung und Verhinderung von Veröffentlichungen und Aufführungen im Bereich von Buchproduktion, Presse, Theater, Film, Rundfunk, Fernsehen und elektronischen Medien. Grundlage solcher Maßnahmen sind soziopolitische und ethisch-weltanschauliche Normensysteme, deren Durchsetzung — abhängig von den jeweiligen gesellschaftlichen Organisations- und Herrschaftsformen — von staatlichen Instanzen, kirchlichen Obrigkeiten oder einflußreichen sozialen Gruppierungen durch eine wirkungsvolle Kontrolle der Publikation, Distribution und Rezeption von Medien angestrebt wird. In der historischen Praxis stellt sich Zensur als vielgestaltiges Phänomen dar: Die Verfahrensweisen, die unter diesem Begriff zusammengefaßt werden, treten in der Hauptsache als eine der Publikation vorausgehende Prüfung (Vorzensur oder Präventivzensur) oder als Verbreitungsverbot und Beschlagnahmung von Werken (Nach- oder Repressivzensur) auf. Das Spektrum der Zensureingriffe reicht dabei von der Inkriminierung einzelner Textpassagen über Listenindizierung und Verbote ganzer Literaturgattungen bis zur Einschränkung der Tätigkeit von Schriftstellern, Druckern, Verlegern und Buchhändlern oder der Zugangskontrolle für den Leser, z. B. in Bibliotheken; es umfaßt die physische Vernichtung von Informationsträgern ebenso wie indirekte Lenkungsmaßnahmen, etwa durch Gewerbeordnungen oder wirtschaftliche und gesellschaftliche Sanktionen (zusammenfassend Kanzog 1984). Infolge der Internalisierung von Normen kommt es zur Selbstzensur der Autoren oder Verleger, die vielfach wirksamer ist als die Tätigkeit von Kontrollbehörden. Der Fürstenstaat der Frühen Neuzeit entwickelte andere Instrumente der Zensur als der totalitäre Staat des 20. Jhs.; indessen kann kein politisches System, auch nicht der liberale Rechtsstaat der Gegenwart, auf eine Überwachung der gesellschaftlichen Kommunikationsverhältnisse grundsätzlich und vollständig verzichten. Eine umfassende Darstellung zur Geschichte der Zensur in Deutschland liegt nicht vor; ihr stehen vor allem methodische Probleme und der ausgeprägt interdisziplinäre Charakter des Phänomens entgegen (Breuer 1988; Weyrauch 1987). Das Interesse der Zensurforschung blieb lange Zeit fixiert auf die literarische Zensur und hier auf die Sammlung von Quellen und die Darstellung spektakulärer Zensureingriffe (mehr anekdotisch Houben 1924/28, 1926; kasuistisch auch noch Breuer 1982 oder Schütz 1990). Erst in jüngster Zeit richtete es sich auf Fragen einer umfassenden Funktionsgeschichte der Medienzensur, die den jeweiligen gesellschaftlichen und situativen Kontext solcher Maßnahmen angemessen berücksichtigt. In diesem Zusammenhang wurden neben einer einseitig rechtshistorischen Sichtweise auch die reduktionistischen Positionen einer gesellschaftskritisch motivierten Soziologie überwunden, die Zensur als bloßes Herrschaftsinstrument der jeweils herrschenden Klasse betrachtet hat. Heuristisch produktiv sind dagegen Modelle, die im Sinne des Strukturfunktionalismus Talcott Parsons' oder der soziologischen Systemtheorie Niklas Luhmanns Zensur als objektiven Faktor der Systemerhaltung verstehen lassen. Entscheidende Bedeutung kommt in der Zensurforschung der

Gegenwart den kommunikationstheoretischen Ansätzen zu, die den interaktionistischen, prozeßhaften Charakter von Zensurvorgängen herausstellen. Konsequenterweise wird im wissenschaftlichen Zusammenhang die undeutlich gewordene und emotional besetzte Rede von der Zensur verstärkt durch den Begriff Kommunikationskontrolle ersetzt, unter dem autoritative Praktiken der gesellschaftlichen Verhaltenssteuerung in ihrer Komplexität und intentionalen Zweckmäßigkeit erfaßt werden können (Aulich 1988).

2. Epochen der Zensurgeschichte

2.1. Zensur in Antike und Mittelalter

Aus vorantiker und antiker Zeit ist das immateriell wirksame Schreib- und Verbreitungsverbot oder die Mundtotmachung von Autoren durch Verbannung durchaus bekannt, meist richtete sich die Verfolgung aber auf das konkrete Schriftstück selbst, das als Handschrift ein Unikat oder nur in wenigen Abschriften verbreitet gewesen ist (Speyer 1981). Mit seiner physischen Vernichtung sollte die darin enthaltene Information aus der Welt geschafft werden. Weil dem dichterischen, dem priesterlichen oder gesetzgeberischen Wort stärker als in späteren Zeiten magische Wirkung zugeschrieben wurde, kam seiner Zerstörung symbolische Bedeutung zu. Die im Alten Testament überlieferte Zerschlagung der steinernen Gesetzestafeln durch Moses auf dem Sinai (um 1250 v. Chr.) stellt einen solchen symbolischen Akt dar: Das alte Gesetz sollte unwiderruflich durch ein neues ersetzt werden. Die später unter dem Begriff 'damnatio memoriae' beschriebenen Versuche, durch Zerstörung von Zeugnissen die Erinnerung der Menschen zu steuern und Personen oder Ereignisse der Vergessenheit anheimfallen zu lassen, verweisen auf die Funktion der schriftlichen Überlieferung als eines 'Gedächtnisses der Menschheit'. Die willentlich herbeigeführte Vernichtung von Schriftzeugnissen konnte − abhängig von den Beschreibstoffen (Tontafeln, Stein, Holz, Papyrus, Pergament) − durch Verbergen, Zerschlagen und Zerreißen, Ins-Wasser-Werfen und andere, häufig rituell ausgeformte Methoden ausgeführt werden. Die spektakulärste Variante stellte die öffentliche Bücherverbrennung dar, wie sie über Jahrhunderte hinweg praktiziert worden ist (Rafetseder 1988). Haben die Berichte von der 411 v. Chr. in Athen unter dem Vorwurf des Atheismus erfolgten Verbrennung der Schriften des Protagoras oder dem auf 213 v. Chr. datierten Autodafé in China, dem auf Befehl des Kaisers Shih Huang Ti neben dem gesamten oppositionellen Schrifttum auch 460 konfuzianische Gelehrte zum Opfer gefallen sein sollen, noch mehr legendenhaften Charakter, so kann als erster zuverlässig überlieferter Fall die 181 v. Chr. in Athen vorgenommene Verbrennung von Schriften gelten, die für die philosophische Schule der Pythagoreer werben sollten. Die Gefährdung der bestehenden Religion und Staatsordnung wurde dann im antiken Rom zur Standardbegründung für solche Maßnahmen: Von Tiberius und Augustus bis zu Nero und Domitian kam es mehrfach zu politisch motivierten 'Bücherhinrichtungen', v. a. von republikanischen Schriften. Unter Diokletian, am Beginn des 4. nachchristl. Jhs. gewann diese Methode mit der Bekämpfung des Christentums neu an Bedeutung, ehe sich unter Kaiser Konstantin die Verhältnisse umkehrten; die Maßnahmen richteten sich jetzt gegen heidnische oder als häretisch verdammte Schriften, u. a. der Arianer oder der Anhänger des Manichäismus. Der Auftrag, über die Reinheit des Glaubens und der Sitten zu wachen, ist nicht nur von der christlichen Kirche ernstgenommen und von der mittelalterlichen Inquisition konsequent ausgeführt worden; auch aus anderen Kulturkreisen, aus dem Islam, aus der nordischen Welt, aus dem Reich der Mongolenherrscher, sind für das 10.−13. Jh. Beispiele einer Zensur durch das Feuer bekannt. In den theologischen Zerwürfnissen des beginnenden 15. und 16. Jhs. kam es immer wieder zu Bücherverbrennungen, wie im Falle des Johannes Hus, der 1415 auf dem Weg zu seiner Hinrichtung mit ansehen mußte, wie seine Bücher 'feierlich und öffentlich, in Anwesenheit von Geistlichkeit und Volk' auf dem Friedhof verbrannt wurden. Die Verbrennung lutherischer Schriften und der Gegenschlag Luthers, die Verbrennung der päpstlichen Bannandrohungsbulle 1520, stellen weitere markante Beispiele dieser Praxis dar. Bis in das ausgehende 18. Jh. wurden ketzerische Schriften, daneben auch Pasquille und anderes verbotenes Schrifttum verbrannt, meist von Henkershand, um das Verächtliche des vernichteten Gedankenguts zu unterstreichen und sowohl Hersteller wie Leser in das Anathema miteinzubeziehen. Der spektakuläre Charakter der Büchervernichtungen zielte auf eine generalpräventive Wirkung, doch werden auch Momente des Irrationalen sichtbar, nicht zuletzt die Angst vor der Macht des geschriebenen Wortes. Noch die Initiatoren der nationalsozialistischen Bücherverbrennung vom 10. Mai 1933 haben sich der apotropäischen Wirkung und mythisierenden Effekte dieser archaischen Form des Bücherbanns zu bedienen gesucht.

2.2. Zensur in der Frühen Neuzeit

Wenn die Zensurinstanzen des Handschriftenzeitalters noch auf die erfolgreiche Eliminierung des entscheidenden Informationsträgers hoffen konnten (obwohl auch mündliche Überlieferung eine wirksame Kommunikationsform darstellt), war mit der Erfindung des Buchdrucks mit beweglichen Typen durch Johannes Gutenberg in der Mitte des 15. Jhs. eine neue Situation gegeben. Die Möglichkeit der fast unbegrenzten Vervielfältigung von Druckwerken machte die Entwicklung neuer Instrumentarien der Kontrolle notwendig. Zu den Tendenzen, die der Zensur in der Frühen Neuzeit das Gepräge gaben, zählten der Übergang zum System der Vorzensur bei gleichzeitigem Ausbau der Repressivzensur durch Listenindizierung, die Schaffung reichs- und territorialrechtlicher Grundlagen für Zensurmaßnahmen sowie der Dualismus von kirchlicher und staatlicher Zensur (vgl. Eisenhardt 1970). Bereits in den ersten Zensurprozessen und -edikten in Deutschland lassen sich solche Tendenzen beobachten: 1478 verlieh Papst Sixtus IV. der Kölner Universität das Recht, gegen Drucker, Käufer und Leser verwerflicher, d. h. häresieverdächtiger Schriften vorzugehen, 1486 suchte der Mainzer Erzbischof Berthold von Henneberg in seiner Diözese durch Edikt die Verbreitung von Irrlehren in volkssprachlichen Ausgaben zu verhindern; die Kommunikation der Gelehrten untereinander in lateinischer Sprache war nicht vorrangig Gegenstand von Zensurmaßnahmen. Da auch Frankfurt seiner geistlichen Jurisdiktion unterstand und sich dort bereits ein Handelszentrum für Druckerzeugnisse auszubilden begann, markiert dieses Edikt auch den Beginn der Zentralisierung der Kontrolle des Buchhandels in den Territorien des Heiligen Römischen Reiches. Besondere Bedeutung gewann es als Vorlage zu der 1487 von Papst Innozenz VIII. erlassenen Bulle, mit der den Bischöfen der gesamten Kirche aufgetragen wurde darüber zu wachen, daß nicht gedruckt werde, was dem rechtgläubigen Dogma entgegengesetzt, gottlos oder Ärgernis erregend sei. Die Regelung wurde 1501 verschärft von Papst Alexander VI., der in seiner Bulle 'Inter multiplices' die Erzbischöfe von Köln, Mainz, Trier und Magdeburg ausdrücklich autorisierte, von den Buchdruckern und Buchhändlern zu verlangen, daß sie bei Strafe der Exkommunikation — damit auch der Vernichtung der bürgerlichen Existenz — die ausdrückliche Druckerlaubnis für alles einholten, was sie drucken und verbreiten wollten. 1515 ordnete Papst Leo X. in der Bulle 'Inter sollicitudines' die generelle Vorzensur in der Gesamtkirche an. Die reformatorischen Bestrebungen des 16. Jhs. ließen den weiteren Ausbau der Kontrollinstrumentarien notwendig erscheinen: Nachdem von Verboten bisher immer nur einzelne Titel betroffen gewesen waren, wurde 1549 in Köln von der Provinzialsynode der erste deutsche Bücherverbotskatalog erlassen; er war vor allem gegen die protestantischen Theologen Luther, Melanchthon und Calvin gerichtet. Das Konzil von Trient brachte eine weitere Verschärfung der kirchlichen Zensurpraxis mit sich: Papst Paul IV. beauftragte die Inquisition mit der Registrierung glaubensfeindlicher Bücher, und nach einer gedruckten Auswahlliste 1559 (die im Anhang 61 Drucker nannte, deren Erzeugnisse insgesamt verboten waren) erschien 1564 der erste 'Index librorum prohibitorum'. Von dem Index, der dem verstärkten Schutz des katholischen Glaubens und der Autorität des Papstes dienen sollte, erschienen in gewissen Abständen weitere Ausgaben (1589/90; 1595/96 usf.); tatsächlich behielt er über Jahrhunderte hinweg verpflichtenden Charakter und ist erst 1966 außer Kraft gesetzt worden. Auch im protestantischen Bereich wurden von der kirchlichen Orthodoxie territorial unterschiedlich strenge Formen der Kontrolle von Theologie und religiöser Praxis ausgebildet, wenn auch nicht in der zentralistischen Weise der römischen Kirche.

Wenn eine erste nicht rein kirchliche Überprüfung gedruckter Schriften auf das Jahr 1475 an der Universität in Köln datiert werden kann (Eisenhardt 1985, 299), so stellt für die Etablierung eines weltlichen Zensurwesens doch erst das Jahr 1496 eine entscheidende Markierung dar; damals erfolgte die Bestellung eines 'Generalsuperintendenten des Bücherwesens in ganz Deutschland' durch Kaiser Maximilian I. Das erste direkte kaiserliche Bücherverbot stammt aus dem Jahr 1512 und betrifft die Schriften des Humanisten und Juristen Johannes Reuchlin, die als judenfreundlich und damit dem Christentum nachteilig verdammt wurden. Die Reichsstände sollten zur 'Vermeidung schwerer Ungnade' des Kaisers dafür sorgen, daß in ihren Städten und Ländern Reuchlins Schriften keine Verbreitung finden. Weitere kaiserliche Verbote, z. T. auf Drängen des Papstes erlassen, zielten auf die Verteidigung des rechten Glaubens: Martin Luthers Schriften wurden 1521 von Karl V., ohne die eigentlich erforderliche Mitwirkung der Reichsstände, per Mandat verboten; im gleichen Jahr folgte das Wormser Edikt, durch das nunmehr auch mit kaiserlichem Befehl alle Schriften verboten wurden, die sich gegen die Lehre der Kirche und gegen das Papsttum wandten, und durch das gleichzeitig die Vorzensur auch für weltliche Schriften eingeführt wurde. Im Zusammenhang mit den virulenten Spannungen zwischen dem Kaiser und den Reichsständen wurde auch die Zensurhoheit genauen Regelungen unterworfen: Nach dem Reichsabschied von Speyer 1529 und dem im Jahr darauf zustandegekommenen Augsburger Reichsabschied stand das Recht und die Pflicht zur Vorzensur der für den Druck vorbereiteten Schriften den landesherrlichen Obrigkeiten zu. Bei Vernachlässigung dieser Pflicht sah die Reichspolizeiordnung von 1577 vor, daß die kaiserlichen Organe selbst berechtigt sein sollten, gegen Verfasser, Drucker und Verbreiter von Schriften vorzugehen, die gegen die Reichsgesetze verstießen. Einen weiteren Eingriff bedeutete der Reichsabschied von 1570, der ein Verbot der Winkeldruckereien verfügte: Zur effizienteren Überwachung des Publikationswesens durften Druckereien fortan nur mehr in Reichsstädten und an solchen Orten unterhalten werden, in denen ein Fürst residierte oder eine Universität vorhanden war. Nach dem Augsburger Religionsfrieden 1555 und erneut dann nach dem Westfälischen Frieden 1648 wurde die Einhaltung des Verbots, die zugelassenen Konfessionen zu beleidigen, zum Hauptinhalt der kaiserlichen Bücheraufsicht.

Als reichsweit wirksames Instrument der Kontrolle fungierte die kaiserliche Bücherkommission in der Freien Reichsstadt Frankfurt, deren Büchermesse im ausgehenden 16. Jh. zum zentralen Umschlagplatz für Druckwerke geworden war. Schon 1567 war ein kaiserlicher Bücherkommissar aufgetreten, aber erst seit 1579/80 fanden regelmäßige und systematische Kontrollen statt: Die Buchdrucker und -händler mußten eine Liste ihrer Bücher vorlegen und für die einzelnen Titel eine Druckerlaubnis nachweisen; außerdem war je ein Exemplar an die Kommission abzuliefern. Wichtige Grundlage der Kontrolle war der Meßkatalog. Seit 1597 war die Bücherkommission ermächtigt, ihre Tätigkeit mit Hilfe des Rates der Stadt auch außerhalb der Meßzeiten auszuüben. Da ihre Mitglieder vom Papst heimlich zu apostolischen Bücherkommissaren bestellt waren, entwickelte sie sich von Anfang an zu einem wirksamen Instrument der Gegenreformation.

Damit waren in der zweiten Hälfte des 16. Jhs. die Basiselemente jenes Zensursystems errichtet, das bis zum Ende des Heiligen Römischen Reiches 1806 bestand:

„Der Kaiser übte also die Oberaufsicht über das Bücher- und Pressewesen im gesamten Reich aus. Zur Wahrnehmung dieses Aufsichtsrechts bediente er sich im wesentlichen seines Reichshofrates – des in Wien residierenden kombinierten Justiz- und Verwaltungsorgans, bei dem die Fäden aus dem gesamten Reich zusammenliefen –, der Bücherkommission in Frankfurt am Main und seiner Fiskale" (Eisenhardt 1985, 302).

Den einheitlichen Reichsgesetzen bzw. Reichsabschieden zum Trotz gestalteten sich Praxis und Organisationsformen der Zensur unterschiedlich, je nachdem es sich um ein geistlich regiertes oder weltliches, katholisches oder protestantisches Territorium handelte. Der Büchermarkt wich dann oft in Zonen minder strenger Kontrolle aus, so vor allem die von den Maßnahmen der Bücherkommission in Frankfurt betroffenen Buchhändler: Die Pflicht zur Ablieferung von Zensurexemplaren und zum Nachweis der Druckerlaubnis brachten Beschwerlichkeiten auch für jene mit sich, die keine bedenkliche Ware führten. Deshalb (und wegen der konfessionellen Parteilichkeit der Bücherkommissare) kam es schon im 16. und 17. Jh. zu einer allmählichen Schwerpunktverlagerung des Messe- und Buchmarktgeschehens nach Leipzig. Im streng lutherischen Kursachsen gab es zwar ebenfalls eine Bücherkommission; dieses vom Landesherrn bestellte Organ übte aber keine Zensurfunktion aus, sondern kontrollierte nur die Beachtung der erteilten Druckprivilegien. Ein Verstoß gegen die Reichsgesetze oder die kurfürstlichen Verordnungen war auch in Sachsen nicht erlaubt; wegen der insgesamt günstigeren Verhältnisse gewann aber die Leipziger Buchmesse seit 1600 zunehmend an Bedeutung und überrundete Frankfurt im 18. Jh. endgültig. Andere Umgehungswege der Zensur bildeten sich heraus durch Anonymisierung oder Pseudonymisierung von Veröffentlichungen; Bücher, in denen Autor, Drucker und/oder Verleger nicht genannt waren, konnten auf einen 'grauen Markt' gebracht werden, der vom 17. zum 18. Jh. stetig zunahm (vgl. Walther 1977). Das Tarnungsmanöver weist bereits darauf hin, daß dem Verleger das religiös, politisch oder sittlich Bedenkliche einer Veröffentlichung bewußt gewesen ist. Denn schon im Reichsabschied von 1530 war die Impressumspflicht verankert, der Reichsabschied von 1570 enthielt Vorschriften zur Gestaltung des Druckvermerks, wie sie dann in die lokalen Druckerordnungen übernommen worden sind. Ein markantes Beispiel für unter falscher oder fingierter Verlagsangabe erschienene Titel stellen die mit der Angabe 'Pierre Marteau à Cologne' oder 'Peter Hammer, Köln' verbreiteten Bücher dar (vgl. Walther 1983).

2.3. Zensur im 18. Jahrhundert

Am Beginn des Jahrhunderts stand der Versuch, das kaiserliche Bücherregal zu stärken: 1715 reagierte Kaiser Karl VI. in einem Edikt auf das erneute Aufbrechen der konfessionellen Streitigkeiten, wandte sich aber zugleich gegen alle Bücher oder universitären Disputationen, mit denen „tief=schädliche Neuerungen gegen die Teutsche Grund=Veste, folglich Unordnungen in dem Teutschen Reich eingeführet werden" (zit. n. Plachta 1994, 15). Allerdings hob das Edikt die Beschränkung der Druckorte auf Universitäts- und Residenzstädte auf; ab sofort durfte überall gedruckt werden, wo „verständige und gelehrte Censores" vorhanden waren. Darin machte sich neben einer fortschreitenden Territorialisierung die für das 18. Jh. repräsentative Tendenz zur Versachlichung der Zensur geltend: Die Aufsichtsorgane wurden im Sinne von Verwaltungseinrichtungen ausgebaut, die ihre Aufgaben routinemäßig zu erledigen imstande waren, ferner wurden neben- oder ehrenamtliche Zensoren bestellt, Professoren, Theologen, Bibliothekare oder Beamte der Staatsverwaltung, die für ihre Tätigkeit häufig eine Art Bogenhonorar erhielten. Sie waren nach Fachgebieten ausgewählt, um ein differenzierteres Eingehen auf Inhalt und Intention eines Werkes zu ermöglichen und der Entscheidungswillkür Grenzen zu setzen. Bisher war auch in weltlichen Territorien vorrangig die Geistlichkeit mit der Wahrnehmung der Zensuraufgaben betraut gewesen; der Prozeß der Aufklärung führte aber im 18. Jh. zu einer „Säkularisierung der Zensurzuständigkeiten, der sich auch die geistlichen Territorien des Alten Reichs nicht entziehen konnten" (Plachta 1994, 8). Der Vorgang läßt sich u. a. an den habsburgischen Ländern verfolgen, wo die Jesuiten das Zensurmonopol verloren und der Buchmarkt sich seither deutlich kräftiger entwickelte. Kaiser Karl VI. hatte 1725 ein Edikt erlassen, in welchem den von den Jesuiten besetzten Zensurkommissionen nur mehr eine beratende Funktion zugestanden wurde und sich der Hof die endgültige Entscheidung auch bei theologischen Schriften vorbehielt. Im Rahmen der Verwaltungsreform 1749 wurde das Zensurwesen neu geordnet, und als der aufklärerisch eingestellte Gérard van Swieten 1759 den Vorsitz der Zensurkommission übernahm, nutzte er innerkirchliche Spannungen aus, um den Einfluß der Geistlichkeit zu neutralisieren. In der Zentralisierung der Bücheraufsicht in Wien, in der Erarbeitung verbindlicher Richtlinien für die Zensoren und der Erstellung eines Index (der 1777 selbst verboten wurde, um nicht dem Interesse an verbotener Literatur Vorschub zu leisten) und in der Praxis, bedingt indizierte Bücher gegen einen Erlaubnisschein ('erga schedam') auszugeben, spiegelt sich die Zensurauffassung des aufgeklärten Absolutismus: Die Wissenschaften sollten nicht behindert, das ungebildete Volk aber vor unverträglicher geistiger Kost abgeschirmt werden. Bis weit über die Mitte des 18. Jhs. hinaus waren auch die Vorschläge der Vertreter der bürgerlichen Aufklärung keineswegs auf eine Aufhebung der Zensur gerichtet, sondern auf deren vernünftige Einrichtung; sie sollte auf bestimmte moralische Maßstäbe verpflichtet werden, im übrigen aber einem ungezügelten öffentlichen Räsonnement Schranken setzen. Nicht zuletzt wollten sich die Aufklärer der Instrumente der Zensur selbst bedienen, wo es galt, die Verbreitung unvernünftiger, d. h. schwärmerischer, irrationalistischer Gedanken und Ideen zu verhindern. Markante Veränderungen in der Praxis der Zensur ergaben sich aber im Rahmen jenes 'aufgeklärten Despotismus', wie er unter Joseph II. 1781 zur sogenannten 'erweiterten Preßfreiheit' und einer nachfolgenden 'Broschürenflut' geführt hat (Sashegyi 1958). Noch Joseph selbst hat diese Freiheiten weitgehend zurückgenommen, unter seinen Nachfolgern Leopold II. und Franz I. erfolgte dann eine Rückkehr zu rigiden Formen der Öffentlichkeitskontrolle.

Eine ähnliche Konstellation ist in Brandenburg-Preußen zu beobachten, wo sich mit

Friedrich II. ein größerer Toleranzrahmen herausgebildet hatte (Plachta 1994, 84 ff.). Zwar war die Vorzensur in Kraft geblieben, doch wurde sie, besonders im religiösen Bereich, liberal gehandhabt, zumal der König selbst oft mildernd in die Tätigkeit der Zensurkommission eingriff. Nach seinem Tod setzten sofort Gegenbewegungen ein; sie sind verbunden mit dem Namen des Ministers Johann Christoph von Wöllner, auf dessen Betreiben 1788 jenes 'Religionsedikt' erlassen wurde, das der freien Diskussion in Religionssachen – dem Hauptprojekt der deutschen Aufklärung – ein Ende setzen wollte. Die dagegen losbrechenden Proteste verweisen darauf, daß sich in der zweiten Hälfte des 18. Jhs. eine räsonierende Öffentlichkeit herausgebildet hatte, die solche Eingriffe nicht mehr dulden wollte. Immanuel Kant hat in seiner Schrift zur Beantwortung der Frage „Was ist Aufklärung?" den uneingeschränkten „öffentlichen Gebrauch" der Vernunft propagiert, und auch dem Schöpfer des „Allgemeinen Landrechts für die preußischen Staaten", des bedeutendsten Gesetzeswerkes jener Zeit, dem Juristen Carl Gottlieb Svarez, galt das Recht auf ungehinderte schriftliche Mitteilung der Gedanken als „ein erstes und natürliches Recht des Menschen", – ein Hinweis darauf, daß das neuzeitliche Naturrechtsdenken, wie es sich seit dem 17. Jh. in den Niederlanden und in England herausgebildet hatte, zur Anerkennung allgemeiner Freiheitsrechte des Menschen und damit auch der Gedanken- und Pressefreiheit geführt hatte. Eine erste verfassungsrechtliche Verankerung haben diese Ideen 1776 in der 'Bill of Rights' für Virginia gefunden, eine weitere 1789 in der 'Declaration des Droits de l'homme et du citoyen' im Rahmen der Französischen Revolution. Beide Ereignisse haben in Deutschland großes Echo gefunden und viel zum Entstehen einer kritischen Debatte über Zensur beigetragen.

2.4. Zensur im 19. Jahrhundert

Der zeitweiligen Liberalisierung im Zeichen einer 'Aufklärung von oben' und den Hoffnungen auf eine 'vernünftige Preßfreiheit' nach der Befreiung vom napoleonischen Joch folgte der Umschlag in die politische Restauration, die sich der Zensur als eines polizeilichen Instruments der Unterdrückung der auf Demokratisierung drängenden Bestrebungen bediente. Die 'Karlsbader Beschlüsse' vom 20. September 1819, die auf Betreiben Metternichs von zehn Länderregierungen des Deutschen Bundes beschlossenen 'Provisorischen Bestimmungen hinsichtlich der Freiheit der Presse', stellten dabei eine entscheidende Markierung dar. Sie verschafften dem Prinzip der Vorzensur wieder lückenlos Geltung. Betroffen waren in erster Linie Zeitungen und Zeitschriften, überhaupt alles tagesaktuelle Schrifttum, alle broschürenhaften Veröffentlichungen, während umfangreichere Bücher, in denen politisches Gift nicht so leicht zu transportieren war, ausgenommen blieben; für diese gab es immer noch die Nachzensur, mit dem für den Verleger damit verbundenen hohen finanziellen Risiko. Außerdem verpflichteten sich die Bundesstaaten zum gegenseitigen Schutz vor Verbreitung verbotener Schriften. In Preußen wurde mit der Durchführung der Beschlüsse eine 'Immediat-Commission zur Ermittlung hochverräterischer Verbindungen und anderer gefährlicher Umtriebe' betraut, auch in anderen Staaten wurde eine politische Polizei eingerichtet; besonders berüchtigt war die 'Mainzer-Central-Polizei', die zur Verfolgung revolutionärer Umtriebe über ganz Europa ein dichtes Netz von Agenten zog. Die vormärzliche Opposition formierte und verstärkte sich mit der Julirevolution in Frankreich 1830 und dem Hambacher Fest am 27. Mai 1832, auf dem Zehntausende neben nationaler Einheit auch die Gewährung bürgerlicher Freiheiten forderten. In Reaktion auf den Frankfurter Wachensturm vom 3./4. April 1833 kam es zur Gründung einer Bundes-Zentraluntersuchungskommission und schließlich zu den Geheimen Wiener Beschlüssen vom 12. Juni 1834, die auf eine weitere Straffung und Zentralisierung der Zensurorganisation abzielten. Die Versuche zur Niederhaltung der demokratischen Bestrebungen richteten sich nach 1830 bevorzugt auf die Schriftsteller des 'Jungen Deutschland', auf Karl Gutzkow, Heinrich Laube, Ludolf Wienbarg, Theodor Mundt, Georg Herwegh, Ludwig Börne und Heinrich Heine. Mit Bundesbeschluß vom 10. Dezember 1835 wurden sämtliche Schriften dieser Autoren verboten. Eine faktische Anwendung kam kaum zustande (Börne war seit 1830 und Heine seit 1832 im Pariser Exil); 1842 wurde das Verbot wieder aufgehoben, durch seine demoralisierende Wirkung ist es auf literarischem Gebiet aber durchaus folgenreich gewesen (vgl. Ziegler 1983). Umgekehrt ist es den Schriftstellern des Vormärz, allen voran Heine, gelungen, das Bild des böswillig-ignoranten Zensors als literarischen Topos zu verankern.

Auch im Buchhandel formierte sich der Widerstand gegen die Zensur, denn wenn Bücherverbote gelegentlich auch werbewirksam waren, so lasteten sie doch schwer auf Verlag und Sortiment. Der 1825 in Leipzig gegründete 'Börsenverein der Deutschen Buchhändler' wandte sich 1842 und 1845 in Denkschriften gegen geplante Verschärfungen der Bücherkontrolle: Neben der üblichen Vor- und Nachzensur werde jetzt „noch ein drittes Stadium der Controle verlangt, am Hauptspeditionsorte und Stapelplatz Leipzig, weil 'von da alle gefährlichen Bücher weiter verbreitet würden'" (Staub 1995). Diese Maßnahmen, die den gesamten deutschen Kommissionshandel blockiert hätten, wurden nicht verwirklicht.

Das Jahr 1848 bedeutete einen temporären Erfolg der liberalen Opposition: Metternich wurde von der Revolution vertrieben, am 14. März 1848 wurde in Österreich die Zensur aufgehoben, am 17. März in Preußen, im September des Jahres wurden die 'Grundrechte des deutschen Volkes' in der Paulskirche verkündet und nachfolgend zum Reichsgesetz erhoben. Eines der Grundrechte lautete: „Jeder Deutsche hat das Recht, durch Wort, Schrift, Druck und bildliche Darstellung seine Meinung frei zu äußern. Die Preßfreiheit darf unter keinen Umständen und in keiner Weise durch vorbeugende Maßregeln, namentlich Censur, Konzessionen, Sicherheitsbestellungen (Kautionen), Staats-Auflagen, Beschränkungen der Druckereien oder des Buchhandels, Postverbote oder andere Hemmungen des freien Verkehrs beschränkt, suspendiert oder aufgehoben werden." Schon im März 1849 war das Parlament wieder aufgelöst, 1850 wurde die Aufhebung der Zensur in Preußen ganz offiziell wieder zurückgenommen. Über Konzessionierung und Stempelsteuer war vor allem die Presse einem empfindlichen Überwachungsdruck ausgesetzt. Das Reichspressegesetz 1874 brachte eine Liberalisierung, enthielt aber auch Ausnahmebestimmungen, von denen Bismarck nach Erlaß des Sozialistengesetzes 1878 Gebrauch machte; 42 Parteiblätter mußten vorübergehend eingestellt werden.

Neben die Formen politischer Repression trat im Laufe des 19. Jhs. als Reflex auf den Wandel der Sittlichkeitsnormen die Tendenz zur Inkriminierung von Literatur unter dem Vorwurf der Unmoral (vgl. Jäger 1988). Am Ende des Jahrhunderts gewann dieser Vorgang in Deutschland an Brisanz durch ein vom Kaiser Wilhelm II. selbst betriebenes Gesetzesvorhaben, das der wirkungsvolleren Bekämpfung von Zuhälterei und Kuppelei dienen sollte, allerdings um den Tatbestand der Verbreitung unzüchtiger Schriften erweitert war. Die 1892 erstmals in den Reichstag eingebrachte 'Lex Heinze' wurde nach erregten Debatten 1900 nicht in der geplanten Fassung beschlossen, doch waren seither die gesetzlichen Voraussetzungen für die gerichtliche Nachzensur von literarischen Werken und Theaterstücken gegeben. Am stärksten von dem Unzuchtparagraphen 184 betroffen war der Autor Frank Wedekind, dessen Kampf gegen die wilhelminische Zensur und namentlich gegen den Münchener Zensurbeirat (1908–1918) prägend wurde für das Selbstverständnis der Schriftsteller, die im Verbot eines Werkes fortan eine Bestätigung für dessen normüberschreitenden Charakter sahen.

2.5. Zensur im 20. Jahrhundert

2.5.1. Zensur in der Weimarer Republik

Nachdem im Ersten Weltkrieg durch Militärzensur und Presseanweisungen der Ausnahmesituation entsprechende Restriktionen verfügt worden waren (vgl. Fischer 1973), brachte der Umbruch 1918 zensurgeschichtlich eine neue Ausgangslage mit sich. In der historischen Situation der Novemberrevolution bedeutete die Aufhebung der verhaßten staatlichen Zensur durch den Rat der Volksbeauftragten – eine der ersten Maßnahmen überhaupt – einen symbolischen Akt von beträchtlicher Signalwirkung. In der Verfassung von 1919 wurde der Satz „Eine Zensur findet nicht statt" festgeschrieben, doch mit Einschränkungen versehen, die sich auf gesetzlich zu schaffende Bestimmungen im Bereich des Mediums Film, auf die Bekämpfung der Schund- und Schmutzliteratur sowie auf den Jugendschutz bezogen. Tatsächlich wurde 1920 ein Reichslichtspielgesetz und dann 1926 ein Gesetz zur 'Bewahrung der Jugend vor Schmutz- und Schundschriften' beschlossen, gegen das die Schriftstellerverbände Sturm liefen, weil es einer willkürlichen Auslegung durch Landesprüfstellen offen schien. Die Protestwelle wiederholte sich einige Monate später, als ein 'Gesetz zum Schutz der Jugend bei Lustbarkeiten' beraten wurde, hinter dem man die Wiedereinführung einer formellen Theaterzensur witterte. Soweit es die Freiheit der Literatur betraf, erwiesen sich beide Gesetze in der praktischen Anwendung als bedeutungslos.

Einschneidendere Wirkung hatten hingegen die Einschränkungen der verfassungsmäßigen Zensurfreiheit durch Eingriffe einer konservativen, insgesamt wenig demokratisch gesinnten Justiz, die unter Berufung auf Bestimmungen des Strafgesetzbuches Bücherverbote aussprach oder von örtlichen Polizeibehörden Konfiskationen vornehmen ließ und so zur de facto-Aushöhlung der freiheitlich-republikanischen Verfassung beitrug. Als Delikte wurden Vergehen gegen die Sittlichkeit oder gegen die Religion ('Gotteslästerung', u. a. gegen George Grosz) konstruiert, Veröffentlichungen der politischen Linken wurde 'Aufreizung zum Klassenkampf' zur Last gelegt. Die Grundlage für Anklagen unter dem Vorwurf des 'literarischen Hochvcrrats' lieferte Art. 48 der Reichsverfassung, der dem Reichspräsidenten die Möglichkeit gab, zur Wiederherstellung der öffentlichen Sicherheit und Ordnung vorübergehend Verbote von Druckschriften, Versammlungen und Vereinigungen auszusprechen. Auf dieser Grundlage wurde 1921, nach der Ermordung Mathias Erzbergers, eine 'Verordnung zum Schutz der Republik' und 1922, nach der Ermordung Walther Rathenaus, ein 'Gesetz zum Schutz der Republik' erlassen, das die Grundlage für die Verfolgung v. a. kommunistischer Künstler und Schriftsteller (Johannes R. Becher) lieferte. Im Theaterbereich schritten Gerichte ein, wenn Aufführungen zu 'öffentlichen Ärgernissen' führten. Solche Anlaßfälle sind allerdings − wie bei der Aufführung von Arthur Schnitzlers 'Reigen' − immer wieder gezielt herbeigeführt worden, vor allem von völkisch-deutschnationalistischen Kreisen, die sich in besonderem Maße für die Wahrung von Sitte und Anstand verantwortlich fühlten und zugleich auf eine Revision des politischen status quo, auf die Beseitigung der Demokratie hinarbeiteten. Indem staatliche Behörden sich von ideologisch radikalisierten Interessengruppierungen instrumentalisieren ließen, wurde der Wegfall formeller Zensurinstanzen in der Weimarer Republik auf vielfältige Weise kompensiert. Gegenüber den unter dem Begriff 'Kulturreaktion' zusammengefaßten Tendenzen formierte sich eine Oppositionsbewegung, die von einem 1929 vom 'Goethe-Bund' und verschiedenen Autorenverbänden gegründeten 'Kampfausschuß gegen Zensur' getragen wurde. Wenn es in der Weimarer Republik als Gegengewicht zu den antidemokratischen Strömungen eine kritische publizistische Öffentlichkeit gegeben hat (Petersen 1995), dann hat sich diese jedenfalls als zu schwach erwiesen, um den Griff des Rechtsextremismus nach der Macht verhindern zu können.

2.5.2. Zensur im nationalsozialistischen Deutschland

Die zwölf Jahre des Dritten Reiches stellen nicht eine völlig einheitliche Zensurepoche dar; einer 'revolutionären' Phase folgte eine Phase der Konsolidierung, wieder besondere Bedingungen herrschten dann in den Kriegsjahren 1939−1945. Entscheidende Etappen in der prozeßhaften Herausbildung des Systems der nationalsozialistischen Schrifttumskontrolle waren die Notverordnung vom 4. Februar 1933 ('Verordnung des Reichspräsidenten zum Schutze des deutschen Volkes'), die das Verbot von Druckschriften aller Art ermöglichte, „deren Inhalt geeignet ist, die öffentliche Sicherheit zu gefährden", die Reichstagsbrandverordnung vom 28. Februar ('Verordnung des Reichspräsidenten zum Schutze von Volk und Staat'), mit der die Polizei praktisch unbeschränkte Befugnisse zur Beschlagnahme von Schriften erhielt und die terroristische Verfolgung von regimegegnerischen Schriftstellern und Publizisten einsetzte, die 'Gleichschaltung' der Schrifttumsorganisationen, die Bücherverbrennung am 10. Mai 1933 und schließlich die Errichtung der Reichsschrifttumskammer (RSK) als Teil der Reichskulturkammer (RKK) im Spätherbst 1933 (umfassend hierzu und zum folgenden Barbian 1993). Charakteristisch für die Vorgänge jener revolutionären Phase war der halboffizielle Charakter der von verschiedenen Vereinigungen und Instanzen verfügten Verbreitungsbeschränkungen; so wurden verschiedene 'Schwarze Listen' in Umlauf gebracht, von der Deutschen Studentenschaft, vom Volksbibliothekar Wolfgang Herrmann für die Säuberung der Volksbüchereien, vom Kampfbund für Deutsche Kultur Alfred Rosenbergs, vom NS-Lehrerbund oder der Reichsführung der Hitler-Jugend. Nach Gründung der RSK hielten die Rivalitätskämpfe innerhalb der nationalsozialistischen Polykratie weiter an, doch konnte sich Joseph Goebbels als Reichspropandaleiter im Parteibereich, als Reichsminister für Propaganda und Volksaufklärung im Staats- bzw. Regierungsbereich und als Präsident der Reichskulturkammer in der Berufsorganisation der Kulturberufe letztlich die absolute Kontrolle über die Presse, Literatur, Rundfunk, Theater, Film, Musik sowie bildende

Kunst sichern. Das von Alfred Rosenberg geführte Amt Schrifttumspflege, für das eine riesige Zahl von beamteten und ehrenamtlichen Lektoren die Neuerscheinungen überprüfte und mit Empfehlungen oder Ablehnungen versah, blieb zwar bis 1945 bestehen, als der entscheidende Apparat erwies sich aber, spätestens nach dem Runderlaß vom 7. Mai 1936, der Goebbels mit umfassenden Weisungsbefugnissen ausstattete, die RSK im Zusammenwirken mit dem Propagandaministerium. In der Zensur des NS-Staates wirkten individueller Terror und systematisch-organisatorische Maßnahmen zusammen; die besondere Effizienz des NS-Zensurapparates ergab sich dabei aus der − in dieser Form nur im totalitären Staat möglichen − Kombination klassischer Instrumente wie Listenindizierung, Beschlagnahme und Bücherverwichtung mit Kontrollmaßnahmen im Bereich der Berufszulassung, sowohl bei der Autorenschaft wie im Buchhandel. Am 25. April 1935 erging seitens der RSK die Anordnung, in der die Führung von zwei Verbotslisten festgelegt wurde: einer ersten Liste, die Schriften enthalten sollte, die das 'nationalsozialistische Kulturwollen gefährden' und weder durch Buchhandel vertrieben noch von Bibliotheken verliehen werden durften, und einer zweiten Liste mit jugendgefährdenden Schriften, wie sie das aus der Weimarer Zeit stammende, am 10. April 1935 aufgehobene Schmutz- und Schundgesetz im Auge hatte. Die letztere kam erst im Oktober 1940 als 'Liste 2 der für Jugendliche und Büchereien ungeeigneten Druckschriften' heraus und zielte v. a. auf Trivialliteratur, etwa auf Kriminal- und Wildwestromane ab. Die erstere, wesentlich bedeutsamere Verbotsliste erschien Ende 1935 als 'Liste 1 des schädlichen und unerwünschten Schrifttums'; aufgegliedert nach Einzelschriften, Sammelwerken und Zeitschriften, wurde sie auf der Grundlage regelmäßiger Verbotskonferenzen mit Vertretern verschiedener Organisationen des Propagandaministeriums, der RSK, der Gestapo, des SD-Hauptamts, des Reichserziehungsministeriums und zeitweise noch anderer Ämter laufend erweitert. Ende 1939 kam eine Neufassung der Liste heraus, erstellt von der Bibliographischen Abteilung der Deutschen Bücherei in Leipzig im Auftrag des Propagandaministeriums. Diese im Druck 181 Seiten starke, 4175 Einzeltitel und 565 Verbote 'sämtlicher Schriften' eines Autors benennende Liste umfaßte alle bis Ende 1938 von staatlichen Einrichtungen ausgesprochenen Bücherverbote; ihre Fortschreibung erfolgte in Monatslisten, die bis 1945 zu Jahreslisten zusammengestellt wurden. Bemerkenswerterweise war die Liste 'streng vertraulich' und konnte nur in bestimmten Behörden und berufsständischen Vertretungen eingesehen werden. Mit der Geheimhaltung sollten unerwünschte Auswirkungen auf das Bild des Dritten Reiches im Ausland vermieden werden, es entsprach aber auch der Herrschaftstechnik des NS-Regimes, daß man Unsicherheit schüren wollte, indem man bei Anfragen darauf verwies, ein deutscher Buchhändler müßte von sich aus beurteilen können, was schädlich und unerwünscht sei. Auf diese Weise sollten alle mit der Produktion und Distribution von Literatur befaßten Personen zu Agenten eines umfassenden Zensursystems gemacht werden. Die Schrifttumspolitik des Dritten Reiches kam unter diesen Umständen ohne eigentliche Vorzensur aus; Präventivzensur hat es im Grunde nur bei Schrifttum gegeben, das in Titel, Aufmachung und Inhalt einen Bezug auf den Nationalsozialismus hatte und vor Drucklegung der 'Parteiamtlichen Prüfungskommission zum Schutz des NS-Schrifttums' vorgelegt werden mußte.

Ein Ausbau des Verbotssystems erfolgte im April 1940 mit einer Anordnung des Präsidenten der RSK, in der verfügt wurde, daß nicht nur die Verbreitung der indizierten Schriften verboten war, sondern auch das bloße Vorrätighalten. Vor allem aber kennzeichnete die Anordnung pauschal alle Werke voll- und halbjüdischer Autoren als schädlich und unerwünscht; bis zu diesem Zeitpunkt hatte es kein Totalverbot für Schriften 'nichtarischer' Autoren gegeben. Darüber hinaus gab es Verbote des Reichsführers-SS, es gab 'Führerentscheidungen' als eine Sonderform der Buchzensur, eine Überwachung der Ein- und Ausfuhr von Büchern, Verbote der 'Feindstaatenliteratur' und, ebenfalls in den Kriegsjahren, indirekte Formen der Zensur wie z. B. eine selektiv praktizierte, v. a. die konfessionellen Verlage treffende Papierkontingentierung. Umfangreiche Kontroll-, Säuberungs- und Überwachungsmaßnahmen wurden über die gesamte Zeit hinweg gegenüber Leihbibliotheken und Volksbüchereien ausgeübt. Ein entscheidender Aspekt des NS-Herrschaftssystems zeigte sich aber in der Schrifttumskontrolle durch Berufsverbot. Allen Kulturschaffenden wurde die Mitgliedschaft in ihrer zuständigen berufsständischen Vertretung zur Pflicht gemacht, über die Ablehnung von Beitrittsansuchen oder über späteren Ausschluß konnte das Recht auf Berufsausübung verweigert oder entzogen werden. Unter dem Vorwurf 'mangelnder Zuverlässigkeit und Eignung' wurden sowohl politisch Oppositionelle wie auch 'Nichtarier' aus dem Kulturbetrieb ausgeschaltet. SPD- und KPD-Unternehmen waren schon bald nach der 'Machtergreifung' stillgelegt und enteignet, z. T. auch zu NSDAP-Betrieben umgewidmet. Mit Hilfe von Stellungnahmen der buchhändlerischen Gauvertretungen und Gutachten der zuständigen NSDAP-Gauleitungen wurde die politische Zuverlässigkeit der Buchhändler überprüft. Dagegen verlief die 'Entjudung' des Kulturlebens uneinheitlich: Während das Schriftleitergesetz vom 4. Oktober 1933 bereits einen Arierparagraphen enthielt und auch der 'Reichsverband deutscher Schriftsteller' in seinen Aufnahmebestimmungen die 'Deutschblütigkeit' zur Voraussetzung einer Mitgliedschaft gemacht hatte, wurden in der RSK 1934 noch 428 'nichtarische' Autoren in den Mitgliederlisten geführt, und es bedurfte einer Weisung Goebbels' zu der Nichtarierfrage, um die RSK auf einen schärferen Kurs zu bringen. Seit Frühjahr 1935 mußten auch die Mitglieder der 'Gruppe Buchhandel' in der RSK Abstammungsnachweise beibringen; die damals noch mehr als 600 'nichtarischen' Mitglieder sollten aber ohne Vernichtung wirtschaftlicher Werte und ohne Störungen der Auslandsbeziehungen abgebaut werden. Von förmlichen Ausschlußverfahren oder Aufnahmeablehnungen waren daher vorrangig Inhaber von wirtschaftlich unbedeutenden Unternehmen (Kleinverlagen, Leihbuchhandlungen etc.) betroffen. Jüdische Eigentümer größerer Firmen waren zumeist schon emigriert; in Deutschland Verbliebene konnten sich von 1936 bis Ende 1938 mit Genehmigung der NS-Behörden noch im Rahmen eines 'jüdischen Ghettobuchhandels' betätigen (Dahm 1993). Die ständig über den Schriftstellern, Buchhändlern und Verlegern schwebende Drohung des Berufsverbots stellte eine sehr effiziente Form der Zensur dar und bewirkte eine fast lückenlose Kontrolle der Kommunikationsverhältnisse im Dritten Reich.

2.5.3. Zensur in der DDR

Art. 27 der Verfassung der DDR garantierte, in wörtlichem Anklang an die Grundrechte von 1848, jedem Bürger das Recht, „den Grundsätzen dieser Verfassung gemäß, seine Meinung frei und öffentlich zu äußern"; niemand dürfe benachteiligt werden, wenn er von diesem Recht Gebrauch macht, auch sei die Freiheit der Presse, des Rundfunks und des Fernsehens gewährleistet. Tatsächlich war der Begriff Zensur staatlicherseits tabuisiert, die faktisch totalitär ausgeübte Kontrollpraxis wurde bis zuletzt geleugnet. Nach offizieller Lesart unzulässig war nur die Verbreitung von Anschauungen, die den Krieg verherrlichen oder gegen den Humanismus und die demokratische Staatsmacht gerichtet sind. Ausgehend von dieser letzteren Einschränkung konnte über Anwendung von Strafrechtsbestimmungen das Recht auf freie Meinungsäußerung drastisch beschnitten werden: Wer die Prinzipien der sozialistischen Gesellschaftsordnung, die Rolle der SED und andere Elemente des Systems in Frage stellte, konnte sich nicht mehr auf Art. 27 berufen. Seit dem 3. Strafrechtsänderungsgesetz von 1979 gab es die förmlichen Delikte des 'Verbrechens gegen die DDR' (§§ 96–100), der 'Staatsfeindlichen Hetze' (§ 106) oder der 'Straftaten gegen die staatliche Ordnung' (§ 210–250); durch § 219 'Ungesetzliche Verbindungsaufnahme' konnte die Veröffentlichung von Schriften oder Ton- und Bildaufzeichnungen im Ausland verhindert werden, wenn sie in irgendeiner Weise geeignet schienen, den Interessen der DDR zu schaden. Nach Zipser (Fragebogen: Zensur 1995) lassen sich vier Erscheinungsformen der Zensur in der DDR voneinander abheben: Zensurvorgänge in den Verlagen, Institutionen der staatlichen Zensur, Parteizensur, und nicht zuletzt Hürden der Selbstzensur. Aufgaben der klassischen Vorzensur wurden in der DDR in den Verlagen wahrgenommen, die für ihre Publikationen eine staatliche Druckgenehmigung einholen mußten. Die Zulassung zum Druck hing offiziell von der 'zur Verfügung stehenden Papiermenge' und der 'Qualität' eines Manuskripts ab. Die Prüfung dieser Qualität wurde zunächst durch den Lektor des Verlags vorgenommen, das überarbeitete Manuskript dann einem Gremium von Gutachtern vorgelegt, deren besondere Qualifikation häufig in ihrer ideologischen Zuverlässigkeit bestand. Danach erst konnte der Verlag bei der Hauptverwaltung Verlage und Buchhandel im Kulturministerium um Erteilung einer Druckgenehmigung ansuchen. Der Schriftsteller Günter de Bruyn bezeichnete auf dem X. Schriftstellerkongreß der DDR die Frage, ob man das Veröffentlichungsverfahren 'Zensur' oder 'Druckgenehmigungspraxis' nenne, als „fruchtlosen

Streit um Begriffe". In der Hauptverwaltung wurden alle verlegerischen Aktivitäten koordiniert, die Manuskripte noch einmal qualitativ bewertet, über Auflagenhöhe, die die Erscheinungsform und Vermarktungsweise eines Titels entschieden, außerdem gab sie den Verlagen ideologische 'Hilfestellung'; sie fungierte damit als ein zentrales Steuerungselement der literarischen und publizistischen Öffentlichkeit in der DDR. Eine nicht unbeträchtliche Rolle spielte auch das Büro für Urheberrechte, das darüber entschied, ob ein Buch in der Bundesrepublik oder im sonstigen Ausland erscheinen durfte. Parteizensur stellte keine eigene Ebene für sich dar, sondern war in dem Maße allgegenwärtig, in welchem SED-Mitglieder in allen Bereichen, von der Verlagsleitung bis zum Schriftstellerverband, in Schlüsselpositionen tätig gewesen sind. Allgegenwärtig waren auch die Spitzel des Staatssicherheitsdienstes, der mit besonderer Aufmerksamkeit die Schriftstellerschaft beobachtete, in der man mit guten Gründen den Hang zu oppositionellen Tendenzen vermutete (vgl. Böthig/Michael 1993). Die Sanktionen bei Verstößen gegen die geschriebenen und ungeschriebenen Regeln der DDR-Literaturpolitik waren vielfältiger und abgestufter Art: Minimierung der Auflagenhöhen der Bücher eines Autors; Verbot, bei öffentlichen Lesungen aufzutreten; Publikationsverbot; Einschüchterung der Autoren und deren Familien durch die Staatssicherheit; Ausschluß aus der Partei oder dem Schriftstellerverband; Ablehnung von West-Reiseanträgen; schließlich Inhaftierung, Hausarrest oder, als spektakulärste Konsequenz, die Ausbürgerung und der erzwungene Umzug in den Westen. Unterschiede in der Verfolgungspraxis ergaben sich zwischen der durchgehend besonders repressiven Ära Ulbricht und der Ära Honecker, mit der eine Liberalisierung einsetzte, die aber nach der Ausweisung von Wolf Biermann 1976 einer drastischen Verschärfung Platz machte. Erst in der Endphase der DDR wurden die Freiräume wieder etwas größer. Als verheerend werden von vielen Autoren rückblickend die Auswirkungen der Selbstzensur betrachtet; die Verinnerlichung von Forderungen der staatlichen Kontrolle, der „vierte Zensor" (Erich Loest) habe vielfach das Entstehen von Literatur verhindert. Dieser Auffassung steht eine andere gegenüber, wonach gerade im Falle der DDR die stimulierende Wirkung der Zensur offenbar werde und sich die Blüte der Literatur im 'Leseland DDR' von der Bedrohung durch staatliche Repression herleiten lasse (vgl. dazu den Beitrag von M. Jäger in Wichner/Wiesner 1993).

2.5.4. Zensur in der Bundesrepublik

Nach dem Einmarsch der Alliierten 1945 war die Informationspolitik der Militäradministrationen auf Umerziehung ausgerichtet, im Osten zum antifaschistischen Sozialismus, im Westen zur bürgerlichen Demokratie westlichen Musters. Im Blick auf zwölf Jahre NS-Herrschaft waren sie darauf bedacht, eine strikte Kontrolle über die sich im Neuaufbau einer publizistisch-literarischen Öffentlichkeit herausbildenden Kommunikationsstrukturen auszuüben, so daß es in allen Zonen, wenn auch mit markanten Unterschieden, in den ersten Nachkriegsjahren zu massiven Einschränkungen der Meinungs- und Pressefreiheit kam. Durch Vergabe von Lizenzen für Verlage und Buchhandlungen, aber auch für einzelne Buch- und Presseerzeugnisse wurde die Rekonstruktion des Büchermarktes und des Zeitungsgewerbes wirksam gesteuert. Mit der strengen Prüfung der Lizenzbewerber konnte auf die unmittelbar nach Kriegsende verhängte Vorzensur rasch verzichtet werden, in der amerikanischen Besatzungszone bereits im September 1945 und im März 1947 auch in der französischen. Gleichzeitig wurden auf Listen basierende Säuberungen der Bibliotheken von nazistischer Literatur durchgeführt. Das amerikanische Reeducation-Programm, das die geistige Entnazifizierung Deutschlands zum Ziel hatte, gewann mit Beginn des Kalten Krieges eine neue Funktion in der Durchsetzung eines strikt antikommunistischen Kurses.

Als 1949 die Bundesrepublik Deutschland errichtet wurde, knüpfte ihr Grundgesetz an die liberalen Traditionen der Paulskirchenbeschlüsse von 1848 und an die Weimarer Verfassung von 1919 an; die für Öffentlichkeit und Medien verbriefte Meinungs- und Informationsfreiheit war in einzelnen Bereichen aber wieder Einschränkungen unterworfen. Die Bindung an das westliche Lager, die Spannungen gegenüber dem Ostblock und namentlich die Abgrenzung gegenüber der DDR gaben in den fünfziger und sechziger Jahren Anlaß zu scharfen Kontroll- und Verbotsmaßnahmen, die sich gegen alles richteten, was der Parteinahme für den Kommunismus verdächtig war. 1953 wurden vom Bundestag gesetzliche Bestimmungen zum Schutz der Jugend verabschiedet, und 1954 wurde eine Bundesprüfstelle für jugendgefährdende

Schriften eingerichtet. Das Gesetz richtete sich gegen „unsittliche, verrohend wirkende, zu Gewalttätigkeit, Verbrechen oder Rassenhaß anreizende, den Krieg verherrlichende Schriften" und nahm Werke der Kunst und der Wissenschaft ausdrücklich aus; in der Praxis kam und kommt es aber bis heute zu Grenzfällen, in denen über den Jugendschutz hinaus wirksame Verbreitungsbeschränkungen verhängt werden (vgl. Dankert/Zechlin 1988). Mit dem Ende der sechziger Jahre, unter Einfluß der sich radikalisierenden Studentenbewegung, läßt sich der Beginn einer neuen Phase der Zensurgeschichte ansetzen; auf die Herausbildung einer linken Gegenöffentlichkeit, das Auftreten einer außerparlamentarischen Opposition und schließlich den Terrorismus der Rote Armee-Fraktion antwortete der Staat 1968 mit einer Notstandsgesetzgebung und ab 1971/72 mit weiteren Maßnahmen zur Rückgewinnung der Kontrolle. Polizeiliche Beschlagnahmungen vor allem in linken Buchhandlungen, Aktionen gegen Kleinverlage oder Druckereien und Kleinzeitschriften prägen das Bild jener Jahre. 1976 kam es zu einer markanten Verschärfung von Strafgesetzbestimmungen, in denen mit § 88a (Verfassungsfeindliche Befürwortung von Straftaten), § 126 (Störung des öffentlichen Friedens durch Androhung von Straftaten), § 130a (Anleitung zu Straftaten) und noch anderen Tatbeständen die Grenzen der Meinungsfreiheit im Sinne des § 5,2 des Grundgesetzes genauer gefaßt wurden. Die Proteste der kritischen Linken, die das herrschende System schon zuvor unter allgemeinen Zensurverdacht gestellt hatte und einem emphatischen Freiheitsbegriff anhing, trugen immerhin dazu bei, daß der Diskurs über die Grenzen der Meinungsfreiheit eine neue Qualität gewann (vgl. Drewitz/Eilers 1980; Kienzle/Mende 1981). Institutionelle Zensur wurde als minder bedeutsam angesehen im Vergleich zu der Kontrolle von Öffentlichkeit durch Kapital- und Medienkonzentration: Unfreiheit entstehe in der kapitalistischen Gesellschaft allein schon durch Formen struktureller Zensur, etwa durch Sanktionen gegenüber Autoren in Gestalt von ökonomischen Nachteilen und sozialer Stigmatisierung, durch berufliche Benachteiligung kritischer Journalisten im Rundfunk u. a. m. Die Sensibilisierung gegenüber autoritären Strukturen und der Macht der Medien wirkt bis heute nach.

3. Zensurprobleme der Gegenwart

Obwohl es gelegentlich zu fragwürdigen, den Kunstcharakter von Literatur- oder Filmwerken negierenden Verbreitungsverboten oder von lokalen Staatsanwaltschaften verfügten Beschlagnahmungen in Buchhandlungen kommt, scheint der liberale Rechtsstaat der Gegenwart kaum noch Anlaß zu einer grundsätzlichen Diskussion der Zensurproblematik zu geben. Ein utopischer Freiheitsbegriff, der die Notwendigkeit von Normen für das Zusammenleben von Menschen nicht ausreichend reflektiert, wird kaum noch vertreten; der Pluralismus der Meinungen (damit auch ihre Beliebigkeit und Folgenlosigkeit) erscheint in der medialen Welt der Gegenwart so ausgeprägt, daß normenüberschreitende Standpunkte nur noch in Fällen eines besonderen politischen Extremismus verfolgt werden. Das Interesse am Thema Zensur hat sich verlagert auf die Verhältnisse in entfernten Ländern, nach dem Zusammenbruch des Weltkommunismus vor allem auf Diktaturen der Dritten Welt. Organisationen wie Amnesty International oder der Internationale PEN-Club, der bereits 1921 in seiner Charta das weltweite Eintreten für Meinungs- und Publikationsfreiheit auf seine Fahnen geschrieben hat und u. a. mit seinem Writers in Prison-Committee konkrete Arbeit zu deren Durchsetzung leistet, machen auf Verstöße gegen dieses Menschenrecht aufmerksam. Eine weitere Stufe der Internationalisierung der Problematik ergibt sich aus der Entwicklung globaler elektronischer Netzwerke, wobei eine Zensur des Internets (etwa im Hinblick auf seinen Mißbrauch durch Rechtsextremismus oder Kinderpornografie) aus juristischen und technischen Gründen nicht ohne weiteres durchführbar erscheint.

4. Literatur

Aigner, Dietrich, Die Indizierung „schädlichen und unerwünschten Schrifttums" im Dritten Reich. In: AGB 11, 1971, 933–1034.

Akademie der bildenden Künste (Hrsg.), „Das war ein Vorspiel nur ...". Bücherverbrennung Deutschland 1933. Voraussetzungen und Folgen. Berlin 1983.

Aulich, Reinhard, Elemente einer funktionalen Differenzierung der literarischen Zensur. In: „Unmoralisch an sich ...". Zensur im 18. und 19. Jh. Hrsg. v. Herbert G. Göpfert/Erdmann Weyrauch. Wiesbaden 1988, 177–230.

Barbian, Jan P., Literaturpolitik im „Dritten Reich". Institutionen, Kompetenzen, Betätigungsfelder. Frankfurt a. M. 1993.

Barck, Simone/Martina Langermann/Siegfried Lokatis, Jedes Buch ein Abenteuer! Zensur-System und literarische Öffentlichkeit(en) in der DDR bis Ende der 60er Jahre. Berlin 1997.

Böthig, Peter/Klaus Michael (Hrsg.), Machtspiele. Literatur und Staatssicherheit im Fokus Prenzlauer Berg. Leipzig 1993.

Breuer, Dieter, Geschichte der literarischen Zensur in Deutschland. Heidelberg 1982.

–, Stand und Aufgaben der Zensurforschung. In: „Unmoralisch an sich ..." Zensur im 18. und 19. Jh. Hrsg. v. Herbert G. Göpfert/Erdmann Weyrauch. Wiesbaden 1988, 37–60.

Broder, Henryk M. (Hrsg.), Die Schere im Kopf. Über Zensur und Selbstzensur. Köln 1976.

Dahm, Volker, Das jüdische Buch im Dritten Reich. München ²1993.

Dankert, Birgit/Lothar Zechlin (Hrsg.), Literatur vor dem Richter. Beiträge zur Literaturfreiheit und Zensur. Baden-Baden 1988.

Drewitz, Ingeborg/Wolfgang Eilers (Hrsg.), Mut zur Meinung. Gegen die zensierte Freiheit. Eine Sammlung von Veröffentlichungen zum Thema Zensur und Selbstzensur. Frankfurt a. M. 1980.

Eisenhardt, Ulrich, Die kaiserliche Aufsicht über Buchdruck, Buchhandel und Presse im Heiligen Römischen Reich Deutscher Nation (1496–1806). Ein Beitrag zur Geschichte der Bücher- und Pressezensur. Karlsruhe 1970.

–, Staatliche und kirchliche Einflußnahmen auf den deutschen Buchhandel im 16. Jh. In: Beiträge zur Geschichte des Buchwesens im konfessionellen Zeitalter. Hrsg. v. Herbert G. Göpfert. Wiesbaden 1985, 295–314.

Fischer, Heinz-Dietrich (Hrsg.), Deutsche Kommunikationskontrolle des 15. bis 20. Jhs. München 1982.

– (Hrsg.), Pressekonzentration und Zensurpraxis im Ersten Weltkrieg. Texte und Quellen. Berlin 1973.

Göpfert, Herbert G./Erdmann Weyrauch (Hrsg.), „Unmoralisch an sich ...". Zensur im 18. und 19. Jh. Wiesbaden 1988.

Herzog August Bibliothek in Wolfenbüttel (Hrsg.), Der Zensur zum Trotz. Das gefesselte Wort und die Freiheit in Europa. Weinheim 1991.

Hopster, Norbert/Petra Josting/Joachim Neuhaus, Literaturlenkung im 'Dritten Reich'. Eine Bibliographie. 2 Bde. Hildesheim 1993/94.

Houben, Heinrich H., Hier Zensur – wer dort? Antworten von gestern auf Fragen von heute. Leipzig 1918.

–, Polizei und Zensur. Längs- und Querschnitte durch die Geschichte der Buch- und Theaterzensur. Berlin 1926. (Nachdruck u. d. T.: Der ewige Zensor. Kronberg 1978).

–, Verbotene Literatur von der klassischen Zeit bis zur Gegenwart. Ein kritisch-historisches Lexikon über verbotene Bücher, Zeitschriften und Theaterstücke, Schriftsteller und Verleger. Bd. 1: Berlin 1924; Bd. 2: Bremen 1928 (Nachdruck Hildesheim 1965).

Hütt, Wolfgang (Hrsg.), Hintergrund. Mit den Unzüchtigkeits- und Gotteslästerungsparagraphen des Strafgesetzbuches gegen Kunst und Künstler 1900–1933. Berlin 1990.

Jäger, Georg, Der Kampf gegen Schmutz und Schund. Die Reaktion der Gebildeten auf die Unterhaltungsindustrie. In: AGB 31, 1988, 163–191.

Kanzog, Klaus, Zensur, literarische. In: Reallexikon der deutschen Literaturgeschichte. Bd. 4. Berlin ²1984, 998–1049.

Kienzle, Michael/Dirk Mende (Hrsg.), Zensur in der Bundesrepublik. Fakten und Analysen. München 1981.

Klingenstein, Grete, Staatsverwaltung und kirchliche Autorität im 18. Jh. Das Problem der Zensur in der Theresianischen Reform. Wien 1970.

Kobuch, Agatha, Zensur und Aufklärung in Kursachsen. Ideologische Strömungen und politische Meinungen zur Zeit der sächsisch-polnischen Union (1697–1763). Weimar 1988.

McCarthy, John A./Werner v. Ohe, Zensur und Kultur. Censorship and culture. Zwischen Weimarer Klassik und Weimarer Republik mit einem Ausblick bis heute. From Weimar classicism to Weimar Republic and beyond. Tübingen 1995.

Mix, York Gothart (Hrsg.), Ein „Oberkunze darf nicht vorkommen". Materialien zur Publikationsgeschichte und Zensur des Hinze-Kunze-Romans von Volker Braun. Wiesbaden 1993.

Otto, Ulla, Die literarische Zensur als Problem der Soziologie der Politik. Stuttgart 1968.

Petersen, Klaus, Zensur in der Weimarer Republik. Stuttgart/Weimar 1995.

Plachta, Bodo, Damnatur–Toleratur–Admittitur. Studien und Dokumente zur literarischen Zensur im 18. Jh. Tübingen 1994.

Rafetseder, Hermann, Bücherverbrennungen – die öffentliche Hinrichtung von Schriften im historischen Wandel. Wien/Köln/Graz 1988.

Sashegyi, Oskar, Zensur und Geistesfreiheit unter Joseph II. Beiträge zur Kulturgeschichte der habsburgischen Länder. Budapest 1958.

Sauder, Gerhard (Hrsg.), Die Bücherverbrennung: Zum 10. Mai 1933. München/Wien 1983.

Schütz, Hans J., Verbotene Bücher. Eine Geschichte der Zensur von Homer bis Henry Miller. München 1990.

Siemann, Wolfram (Hrsg.), Der „Polizeiverein" deutscher Staaten. Eine Dokumentation zur Überwachung der Öffentlichkeit nach der Revolution von 1848/49. Tübingen 1983.

−, „Deutschlands Ruhe, Sicherheit und Ordnung". Die Anfänge der politischen Polizei 1806−1866. Tübingen 1985.

Speyer, Wolfgang, Büchervernichtung und Zensur des Geistes bei Heiden, Juden und Christen. Stuttgart 1981.

Stark, Gary D., Censorship and literary life in Wilhelmine Germany. A Research Report. In: IASL 17, 1992, 138−149.

Staub, Hermann, Aus dem Historischen Archiv des Börsenvereins 43 (Denkschrift des Börsenvereins 1845). In: Buchhandelsgeschichte 1995/3, B 117−127.

Walther, Karl K., Zur Typologie fingierter Druck- und Verlagsorte des 17. und 18. Jhs. In: Zentralblatt für Bibliothekswesen 91, H. 2, 1977, 101−107.

− (Hrsg.), Die deutschsprachige Verlagsproduktion von Pierre Marteau, Köln. Leipzig 1983.

Weyrauch, Erdmann, Zensur-Forschung. In: Die Erforschung der Buch- und Bibliotheksgeschichte in Deutschland. Hrsg. v. Werner Arnold/Wolfgang Dittrich/Bernhard Zeller. Wiesbaden 1987, 475−484.

Wichner, Ernest/Herbert Wiesner, „Literaturentwicklungsprozesse". Die Zensur der Literatur in der DDR. Frankfurt a. M. 1993.

− (Hrsg.), Zensur in der DDR. Geschichte, Praxis und „Ästhetik" der Behinderung von Literatur. Berlin 1991.

Wilke, Jürgen (Hrsg.), Pressefreiheit. Darmstadt 1984.

Ziegler, Edda, Literarische Zensur in Deutschland. 1819−1848. Materialien, Kommentare. München/Wien 1983.

Zimmer, Dieter E. (Hrsg.), Die Grenzen literarischer Freiheit. 22 Beiträge über Zensur im In- und Ausland. Hamburg 1996.

Zipser, Richard (Hrsg.), Fragebogen: Zensur. Zur Literatur vor und nach dem Ende der DDR. Leipzig 1995.

Ernst Fischer, Mainz (Deutschland)

VIII. Geschichte der Printmedien und ihrer Erforschung III: Buch und Broschüre III: Kommunikative und ästhetische Analysen

43. Kommunikative und ästhetische Leistungen der Sprache in Büchern und Broschüren in ihrer geschichtlichen Entwicklung

1. Renaissance
2. Barock
3. Aufklärung
4. Goethezeit
5. Übergänge zur Moderne
6. Klassische Moderne
7. Ästhetische Gegenwelten der Moderne
8. Auf dem Weg zur Postmoderne
9. Literatur

1. Renaissance

Die frühneuzeitliche Verbreitung der Rezeptionsbasis von Texten durch den Buchdruck begünstigt die Ausbildung einer gegenständlich differenzierten Darstellungssprache, die sich zunächst noch an rhetorischen Stilnormen antiker wie mittelalterlicher Provenienz und Praxis orientiert. Das topologische Denk- und Formulierungssystem einer auf dem Überzeugungsprinzip (*persuasio*) gegründeten Rhetorik erzeugt bis ins 18. Jh. hinein weitgehend gleichartige Argumentations- und zugehörige Stilstrukturen. Sie sind auf allgemeine Verbindlichkeit hin angelegt – was schon früh zu erkenntniskritischen Einwänden führt – und werden als konventionalisierte eingeübte Normen (*usus*) über das akademische Bildungssystem und eine daran gebundene Rezeption langfristig festgeschrieben. Dem einzelnen Autor bleibt nur ein geringer Spielraum, will er sich als kompetenter Formulierer ausweisen. Zwischen gelehrter, lateinischer Textwelt und der volkssprachlichen Ausdruckssphäre besteht kein grundsätzlicher Unterschied, wohl aber eine artifizielle Stildifferenz im Hinblick auf die Komplexität der figuralen Ausstattung. Sprachtheoretisch liegt dafür eine auf Augustin zurückgehende Auffassung vom Status der Worte zugrunde. Sie werden als besondere Zeichen verstanden, um Gedanken oder einen Gegenstand zu symbolisieren. Deswegen bedarf es kommunikativer Kompetenz, alle Spezialisierungen des sprachlichen Ausdrucks zu beherrschen.

Erst die genieästhetische Auflösung rhetorischer Systematik in der zweiten Hälfte des 18. Jhs. zugunsten eines textindividuellen Originalitätsprinzips verändert hier die Grundlagen. Die Folge ist zwar nicht der Verlust allgemeiner kommunikativer Zugänglichkeit, doch tritt an die Stelle einer Muster und Normen nachahmenden Kodierung das Verfahren, einen subjektiv profilierten, spezifischen Ausdruckswillen in den Texten zur Anschauung zu bringen. Sie repräsentieren damit zugleich einen inneren Zustand, der dadurch rezeptiv erfahrbar wird. Um ihn überhaupt bemerken zu können, bedarf es dann aber eines produktiven Lektüreverhaltens, das sich auf die individuellen Vorgaben und sprachlichen Setzungen einläßt. Deren allgemeine Verbindlichkeit ist nicht mehr selbstverständlich, so daß Störungen des Kommunikationsprozesses eintreten können. Sie werden aber zu einem wichtigen Bestandteil der Texttheorie, was ganz im Gegensatz zur rhetorischen Praxis steht, die auf dem obersten Prinzip einer funktionierenden Verständigung gründet. Für die frühneuzeitliche, der genieästhetischen Wende vorangeschaltete Phase gilt ein solch individuelles Äußerungsverhalten zunächst nur eingeschränkt, wenn auch Tendenzen dazu im Humanismus und bei Außenseiterautoren vereinzelt festzustellen sind. Im allgemeinen hält man sich aber mit relativ geringer Variationsbreite an den Rahmen einer diskursiven und stilistischen Ordnung. Dies Verhalten dient auch der Sicherung der Urteilskraft, wird diese doch traditionell an die Ausdrucksfähigkeit gebunden. Klugheit (*prudentia*) und Beredsamkeit (*eloquentia*) sind nicht voneinander zu trennen. Der treffende Ausdruck ist die Voraussetzung für ein klares Denken. Ihn erlernt man, stellt sich der didaktisch orientierte Humanismus vor und setzt deshalb die Textproduktion konsequent als Medium einer sittlich-religiösen Erziehung des Menschen an. Die Verbesserung von Leben und Sitten der Menschen hängt eng mit der Pflege der Sprache zusammen. Sprachhandeln und Denkakt gehen im Stil eine Einheit ein. Der Text ist dabei nicht nur Ausdruck von Bildung, sondern immer auch von richtiger Lebenshaltung. Er beansprucht Autorität (*auctoritas*) und rückt diese auf die Ebene selbstverständlicher Konvention (*consuetudo*).

Die kommunikative Situation frühneuzeitlicher Buchtextproduktion ist dadurch gekennzeichnet, daß sie rezeptiv auf ein eher heterogenes Publikum trifft, daß aber die Produzenten bei Bildungskonzepten und Stilnormen kompatible, wenn nicht sogar gleichartige Vorstellungen und Prägungen aufzuweisen haben. Grundsätzlich zu unterscheiden sind lediglich der noch klar dominierende lateinische vom zunehmend an Bedeutung gewinnenden volkssprachlichen Ausdrucksbereich. Der Gegensatz zwischen der kunstvollen Sprache der Gelehrten und der historisch entstandenen Alltagssprache bestimmt zentral das humanistische Sprachbewußtsein. Die gelehrte Darstellung folgt einer durch den Humanismus formulierten Stilpraxis, die sich von den Formen des mittelalterlichen Vulgärlateins abwendet und sich antiken Leitautoren verpflichtet sehen will. Die ästhetische Norm, die vor allem durch Erasmus von Rotterdam wirkungsmächtig proklamiert wurde, bildet Cicero, dieser gefeierte Grund aller Beredsamkeit (*fons eloquentiae*). Dessen kolloquiale wie rhetorische Vorbildlichkeit bleibt bis ins 19. Jh. und damit bis zum faktischen Ende einer lateinischen Textpraxis das zentrale Leitbild. Ganz anders stellt sich die ästhetische Lage in der volkssprachlichen Buchproduktion dar. Das 16. Jh. bringt durch die Entwicklung einer hochdeutschen Literatursprache zunächst den Ablösungsprozeß von einem mittelalterlichen Darstellungsverhalten in Gang. Ein wichtiger Bereich, wenn ihm auch keine zentrale Bedeutung zugesprochen werden kann, ist dabei das reformatorische Schrifttum. Luthers Stilideal einer an der gesprochenen Sprache (*populi sermo*) orientierten Schriftsprache, deren konkreten Modus er an dem ihm vertrauten mitteldeutschen Gegebenheiten orientierte, führt noch Konzepte der mittelalterlichen, am klaren Verständnis interessierten Predigtpraxis fort, verbindet dies aber zumindest teilweise auch schon mit sprachtheoretischen Einsichten des Humanismus vom Primat der gesprochenen Sprache. Daneben wirkt sich das theologisch begründete, biblische Stilideal eines 'demütigen' Ausdrucks (*sermo humilis*) weiterhin ideell auf den religiösen Textbereich aus. Die konfessionellen Lager nähern sich bei volkssprachlicher Publikation durchaus an. Sie unterscheiden sich lediglich über die Bevorzugung von Latein oder Deutsch. Der Protestantismus entfaltet seine Wirkung entscheidend durch die konsequente Hinwendung zur Volkssprache, während der katholische Textbereich aufgrund seiner ideologischen Bindungen noch bis weit ins 17. Jh. am Latein als primärem Medium der Kirche festhält. Dieses Verhalten führt zu einem langfristig wirksamen Kulturgefälle. Das deutschsprachige Schrifttum entwickelt sich bevorzugt in den protestantischen Territorien, die dadurch auktorial wie rezeptiv eine relative Vorrangstellung erreichen. Sie baut sich erst im 19. Jh. ab. Das 'Lutherdeutsch', durch Bibelübersetzung und Katechismus als prägender Musterausdruck durchgesetzt, markiert stil- und nicht nur sprachgeschichtlich eine nicht zu überschätzende Leitnorm frühneuzeitlicher Textpraxis. Oberdeutsche Einflüsse, die sich druckerbedingt noch im 16. Jh. über den elsässischen Wirtschaftsraum artikulieren, verlieren im 17. Jh. weitgehend an Bedeutung. Der niederdeutsche Sprachraum gelangt ohnehin nicht zu einer größeren Außenwirkung. Er verliert im Laufe der Zeit mehr und mehr an Wertigkeit, sieht man von kurzfristigen und autorspezifischen Erfolgen (z. B. Fritz Reuter) einmal ab.

2. Barock

Für die volkssprachliche Buchproduktion ist die Renaissance-Epoche noch wesentlich durch sprachliche Ausgleichsprozesse gekennzeichnet. Wirkungsästhetische Überlegungen spielen eine untergeordnete Rolle. Die theoretischen Debatten bleiben dem gelehrten, Latein schreibenden Bezirk vorbehalten. Diese Verhältnisse ändern sich im Barock. Die Gründung von Sprachgesellschaften reflektiert einen grundlegenden Wandel des Textbewußtseins. Die Gestaltung von deutschen Texten wird wichtig. Man will zum einen Deutsch als eine 'Hauptsprache' neben den drei alten Sprachen (Hebräisch, Griechisch, Latein), aber auch den konkurrierenden neuen Literatursprachen (vor allem Italienisch, Spanisch, Französisch, noch kaum Englisch) etablieren und setzt dabei auf nationalkulturelle Wirkung. Zum anderen geht es um die Entwicklung einer 'reinen' Nationalsprache, die sich fremden Spracheinflüssen im Sinne des kritisierten *à la mode*-Wesens, einer Form der Sprachmischung (*barbarolexis*), entzieht. Im Rahmen dieser Tendenzen entwickelt das Barock mit seiner Grundausrichtung auf ein durchgehendes *ordo*-Denken eine komplizierte sprachliche Ästhetik aus, die poetologisch theoretisiert wurde. Sie führt zu einheitlichen Ausdrucksformen, die teilweise artifizieller Natur sind ('Manierismus'), bewirkt aber daneben auch kreative, experimentierende Schreibweisen. Europäische Akkulturationsprozesse finden vor allem in Deutschland ihren Niederschlag. Das Buch wird zum Medium eines Austauschs, bei dem literarisch die Deutschen ganz überwiegend die Nehmenden in vielen Gattungsformen gewesen sind. Die sprachlichen Gestaltungsdefizite verhindern eine europäische Resonanz in umgekehrter Richtung. Die Autorsoziologie erweitert sich im Barock, wodurch das gelehrte Primat und die daraus resultierenden stilistischen Blässen abgeschwächt werden. Schreibenden Autodidakten wie Grimmelshausen gelingt es, neue, attraktive Darstellungsformen zu finden, die zugleich eigenwillige Aneignungen westeuropäischer Muster sind. Erste Marktmechanismen treten gerade in seinem Falle auf. Ein ungelehrter Autor, der aber das Wissen seiner Zeit im Buch für sich selbst wie für seine Leser aufzuarbeiten sucht, bedient offenkundig wichtige Bedürfnisse, wie der Erfolg seiner Bücher zeigt. Deren Publikum entstammt im übrigen keiner Unterschicht, sondern es sind eher Angehörige der Oberschicht, die in der Volkssprache auf anziehende, gut lesbare Weise interessante Stoffe für sich vermittelt sehen wollen. Ihnen wächst eine narrative Textproduktion mit didaktischem Unterton zu, die bis weit ins 18. Jh. hinein in Deutschland die sich ausweitende Romankultur bestimmt. Die literarische Erwartungswelt barocker Textproduktion wird aber insgesamt weniger von Großformen bestimmt als von einfachen, grundständigen Gattungen, die vielfach in religiösen Kontexten angesiedelt sind. Andachtsbücher, Historiographisches und didaktische Kleinformen (z. B. das 'Sinngedicht') markieren ein an Lebensorientierung ausgerichtetes Lektürebedürfnis. Das Buch und eine verständliche, am Predigtdeutsch geschulte Sprache tragen zu einer grundständigen Kommunikationskultur bei, die obrigkeitliche Disziplinierungsansprüche mit zivilisatorischen Zielen einer sich formierenden Bildungsgesellschaft über den Kreis gelehrter Eliten hinaus bündelt. Der dadurch für Deutschland erreichte Kulturstatus erweist sich insgesamt im Vergleich zu den führenden Kulturnationen Westeuropas als unterlegen. Sieht man von den dort erbrachten Spitzenleistungen aber ab, so erscheinen die deutschen Verhältnisse durchaus im Niveau vergleichbar.

Für die Barockepoche bleibt der gelehrte Autor trotz partieller Auflösung seiner privilegierten Stellung insgesamt doch stilbestimmend. Das ästhetische Leitprinzip zielt auf Ordnung, die sich lediglich der 'Zier' bedient, um angemessen und anziehend vermittelt werden zu können. Alle Formen der Unordnung und damit des Aufbrechens von Traditionen bleiben diskreditiert. Freiräume gelten als unerwünscht und faktisch subversiv. Dieser kulturelle Konservatismus ist weniger politischer als weltanschaulicher Natur. Weil nach Leibniz nichts geschehen kann, was nicht der göttlichen Weltordnung gemäß wäre, so ist auch die sprachliche Abbildung an diesen durchgehenden Ordnungsgrundsatz gebunden. Seine metaphysische Rechtfertigung in Gott wird allerdings zunehmend säkularisiert und durch das handlungsbestimmende Moment der Vernunft abgedrängt. Der Ausdrucksgestus barocker Texte spiegelt ein gesellschaftlich festgelegtes Bild ständischer Ordnung. Die soziale Wirklichkeit, die zur 'wahren' Welt der Dinge gehört, induziert die produktiven und rezeptiven Verarbeitungstechniken des sprachlichen Mediums. Neben den allgemeinen Strukturen der frühneuzeitlichen Feudalgesellschaft bilden sich vor allem als signifikante Bereiche höfische und urbane Formulierungsweisen konkurrierend ab, was eine wechselseitige Durchdringung nicht ausschließt. Die Machtzonen der buchgebundenen Diskurse sind damit benannt. Das höfische Verständigungsmoment gerät trotz scheinbarer Dominanz faktisch ins Hintertreffen, was allerdings in Deutschland weniger deutlich als in den durch die Kulturmetropolen Paris und London bestimmten Nachbarländer zu bemerken ist. Der ästhetische und machtdiskursive Gegensatz von Hof und Stadt, von 'la cour et la ville' wirkt für Deutschland nicht annähernd so markant wie in Frankreich oder England. Dies hängt zum einen mit der geringeren intellektuellen Wertigkeit deutscher Hofzentren, zum anderen mit der ebenfalls nur begrenzten Kulturkraft deutscher Reichs- und Residenzstädte zusammen. Beiden gesellschaftlichen Sphären ist keine genuin ausgeprägte Buchkultur zuzuordnen. Der Buchdruck des 17. Jhs. spiegelt ständische Strukturen bis in die für den Buchdruck genutzten Formate hinein. Ausdrucksansprüche wirken sich auf die äußere Gestaltung von Text und medialem Träger aus. Das Folioformat dokumentiert inhaltliches Gewicht, der Oktavband bezeugt nur untergeordnete Bedeutung. Allerdings werden gerade Kleinstformate (12° oder sogar 16°) auch für den Druck von Klassikern benutzerfreundlich hergestellt. Die Hinwendung zum handlichen Buch weist auf dessen zunehmende gesellschaftliche Akzeptanz und Bedeutung hin. Da zwischen Bild und Text über die seit dem 16. Jh. entwickelte Emblematik eine wichtige ästhetische Konstellation entstanden ist, spielen auch für die reine Textdarstellung bildhafte Ausdrucksweisen eine große Rolle. Materielle und intellektuelle Komponenten induzieren dabei eine literarische Entwicklung, die 'barocke' Texte zu einem über die Epoche hinauswirkenden sprachlichen Impulsraum werden lassen. Sprachexperimente der Frühmoderne nach 1900 (z. B. Arno Holz) bekennen sich bezeichnenderweise zu Anregungen aus der Barockliteratur. Doch diese Brückenschläge erfolgen erst in größeren historischen Bögen.

3. Aufklärung

Im ersten Viertel des 18. Jhs. tritt in Deutschland zunächst eine Abwendung vom als schwülstig und schwerfällig empfundenen Sprachduktus des Barock ein. Das Stilideal folgt der rationalen Argumentationspraxis der Aufklärungsbewegung, die auf Klarheit und Verbindlichkeit drängt. Damit entsteht eine andere Sprachkultur, die sich auch selbstreflexiv einer 'natürlichen', entrhetorisierten Schreibweise versichert. Einen kritischen Hintergrund markieren dafür allerdings philosophische Überlegungen zum Verhältnis von Sprache und Denken. Der Mensch zeichnet sich zwar durch Sprache vor aller übrigen Schöpfung aus, doch befähigt ihn dies nicht von vornherein dazu, sich klar und unmißverständlich auszudrücken. Die gewöhnliche Sprachpraxis verfehlt dieses Ziel, weshalb seit Descartes Überlegungen zu einer regelhaften, klar definierten Universalsprache angestellt wurden, um Bedeutung kommunikativ zu sichern. Diese Ansprüche führen zum einen zu einer mathematischen Zeichensprache. Andererseits regen sie dazu an, die hermeneutischen Grundlagen der Textproduktion systematisch neu zu durchdenken. Als Hauptgewinn fällt dabei die vor allem von Spinoza formulierte Einsicht ab, Texte aus ihren historischen Formulierungs- und Verstehensbedingungen in den wertenden Blick zu nehmen. Dies beinhaltet das Wissen, daß Bücher nicht überzeitlich verstanden werden können, sondern im Horizont einer rekonstruierten, kommunikativen Situation gelesen werden müssen. Die Sprachauffassung des 18. Jhs. führt Vorstellungen weiter, die ansatzweise schon die frühe Neuzeit kennt. Das Primat aller Darstellung liegt bei den Gegenständen. Die Wörter sind nur die Gefäße der Gedanken, so daß die gedankliche Fassung eines Textes seiner sprachlichen vorangeht. Dies bedeutet, daß die auszudrückende Sache unabhängig vom Wort existiert. Die darstellerische Ordnung ist folglich primär eine Ordnung der Dinge und keine Ordnung des Textes. Dahinter stehen sensualistische und empiristische Positionen, aus denen sich didaktische Konzepte gewinnen lassen. Die Sprache wird stets auf Gegenstandswelt und Sachverhalte bezogen. Diese sind aus der Anschauung der Realität unmittelbar abzuleiten und verdanken sich erst in zweiter Linie einer textvermittelten Intelligibilität. Solch eine Anschauung steht in einem kritischen Spannungsverhältnis zu Erscheinungsformen einer erstarrten neuzeitlichen Rhetorik. Die formale Verselbständigung von Tropen und Figuren, wie sie bei einer unreflektierten Ästhetik des Worts leicht zustande kommt, begünstigt, daß Bezeichnungen und damit Texte für die Sachen selbst genommen werden. Leibniz beklagt, daß dadurch falsche Ideen hervorgerufen, Leidenschaften erweckt und Urteile irregeleitet würden. Diese rationalistische Kritik, die der Substanz der Dinge den Vorrang vor der Schönheit der Wörter gibt, leitet den Verfall rhetorischer Darstellungspraxis wesentlich mit ein, obwohl auch Leibniz noch beansprucht, daß eine Sprache über 'Reichtum', 'Reinigkeit' und 'Glanz' verfügen müsse. Was aber wie ein Beharren auf rhetorischen Strukturen aussieht, bezieht sich faktisch schon auf eine zeichentheoretisch begründete Leistung der Sprache. Die Aufklärung verabschiedet sprachliche Artifizialität als Selbstzweck, wenn diese nicht mehr mit ontologischen Prinzipien des Denkens, der natürlichen Ordnung der Ideen, zur Deckung zu bringen ist. Dieser Umbruchsprozeß charakterisiert über alle nationalen Sonderentwicklungen hinweg das aufklärerische Jahrhundert. Es führt einerseits zu einer darstellerischen Verarmung und Ernüchterung, setzt andererseits aber über die Entdeckung neuer Gegenstände und Inhalte gestalterische Potentiale frei. Beide Prozesse illustriert die Literatur der Epoche, wenn sie gleichzeitig die Orientierung an der Empirie sucht und für die daraus resultierenden Befunde neuen Ausdruck finden muß. Albrecht von Hallers 'Die Alpen' (1732) sind ein gutes Beispiel solchen Widerstreits. Der Entdeckung des bis dahin literarisch nicht existenten Gegenstands korrespondiert seine wirkungsmächtige, ästhetische Inszenierung, die Vorstellungen erschafft. Vor allem die französische Aufklärung betont die Sprachgebundenheit allen Denkens, das nicht durch jedes verfügbare Mitteilungssystem in gleicher Weise angemessen repräsentiert werden kann. Es gibt für das menschliche Denken besser und schlechter geeignete Sprachen. Sie verfügen über unterschiedliche 'Genies' (Condillac), über einen differenten 'Geist' (Hamann, Herder). Diese Anschauung ermöglicht nationalsprachliche Überhöhungen, die zunächst für das Französische, dann aber auch für das Deutsche beansprucht werden. Sprache und in ihrer Folge die Texte haben folglich weniger Bedeutung als Kommunikationsmittel denn als Konstituierungsmedium für Gedanken. Daß sie zugleich immer als 'Organon der Vernunft' (Hamann, Herder) dienen, bleibt ideologische Signatur der Sprachdebatte, die sowohl ihre historischen Ursprünge als auch ihre synchronen Dispositionen darüber zu legitimieren versucht. Jede sprachliche Äußerung und damit auch jedes Buch dient danach der Emanation menschlicher Vernunftentwicklung. Als Stil konkretisiert, geht dies einher mit dem Anspruch, man könne über ihn individuelles Denken fassen. Stil greift in die immer schon vorgängigen Ausdrucksmöglichkeiten der Allgemeinheit ein und überformt sie ästhetisch innerhalb einer diskursiven Ökonomie zwischen Subjekt und Gesellschaft. Der ästhetische Schein überbrückt die Unvergleichbarkeit individueller Formulierungslagen. Er wird zur Schnittstelle einer sozialen Versöhnung, die für das 18. Jh. der funktionale Ort der Poesie ist.

Die Autoren der Aufklärung steigern die Textproduktion in großem Ausmaß. Dabei setzt sich die Volkssprache als Publikationsmedium durch. Das Entstehen literarischer Öffentlichkeit verschafft dem gedruckten Buch insofern eine zentrale Funktion, als es dem Bürgertum die Selbstverständigung im eigenen sozialen Milieu wie auch in Abgrenzung vom höfischen Lebenskreis ermöglicht. Dies beinhaltet über den Gewinn spezialisierter diskursiver Ordnungen eine weitergehende sprachliche Ausdifferenzierung in Literatur und Philosophie, im Rechtsbereich und in den entstehenden Naturwissenschaften. Alle Darstellungsbezirke nutzen das Buch neben den zunehmend aufkommenden publizistischen Periodika als grundlegendes Verständigungsmedium einer Bürgerkultur. Sie fördert das Entstehen öffentlicher wie auch privater Bibliotheken jenseits der Hofkultur mit ihrer weitgehend nur repräsentativen Nutzung des Buches. Angesichts der politischen Aufsplitterung Deutschlands begründet und begünstigt die allgemeine Buchnutzung das Entstehen eines kulturnationalen Bewußtseins. Die kommunikative Situation der Aufklärung wird nicht nur durch den Gewinn von Öffentlichkeit bestimmt, sondern sie läßt gegenläufig auch eine neue Intimität zu. Die von England her eingeleitete Empfindsamkeit wie auch gegen Ende des Jahrhunderts die diskursive Entdeckung der psychologischen Seite menschlicher Existenz markieren eine gesellschaftlich neue, gefühlskulturelle Rolle der Sprache, deren Medium neben der Lyrik ('Erlebnisdichtung') vor allem der Roman wird. Aber auch das Drama bündelt innovativ soziale Interaktion aus dem ästhetischen Modus von Unmittelbarkeit. Die Leser lernen über ihre Buchlektüren subjektive Mitteilungsformen kennen, die sich in einer veränderten Sprachpraxis niederschlagen. Wirkungsgeschichtlichen Anteil daran haben allerdings auch religiöse Strömungen wie der Pietismus, dessen gesellschaftliche Ausbreitung ohne den Buchdruck kaum in solcher Intensität denkbar gewesen wäre.

4. Goethezeit

Literatur- und Wissenschaftssprache sind im 18. Jh. medial noch dadurch gekennzeichnet, daß sich ihre spätere strikte Trennung erst abzeichnet, aber auf weite Strecken noch nicht vollzogen ist. Das Medium Buch, über das diskursive Öffentlichkeit hergestellt wird, macht intellektuelle Informationen aller Lebens- und Wissensbereiche verfügbar. Die Autoren teilen sich dabei nicht nur in traditionellen Gattungen mit, sondern finden zunehmendes Interesse an gemischten Textsorten. Sprachlich führt dies zu metaphorischen Austauschprozessen zwischen den Disziplinen. Zu einer ästhetisch höchst wirksamen Produktivität um 1800 gelangen hierbei die Frühromantiker, die sich der Tropen bedienen, um gedankliche Querverbindungen herzustellen. Dies bis ins Spielerische hinein geübte Verfahren koppelt Sprache weitgehend vom Gegenständlichen ab. Was zählt, ist die Produktivkraft der Wörter und Formulierungen selbst. Texte entstehen als intellektuelle Arrangements von Begriffen, die als 'Namen', wie Hegel behauptet (Jenaer Systementwürfe, Akademie-Ausg. Bd. 6, 1975, 288), als ein übersubjektives 'Gedächtnis' von allgemeiner Bedeutung funktionieren. Auch Goethe verfährt auf diese Weise, wenn er seine Farbenlehre metaphorisch auflädt und für seinen Roman 'Die Wahlverwandtschaften' die sprachliche Verweisungskraft chemischer Begrifflichkeit ausnutzt. Die zunächst reizvolle Mischung diskursiver Ordnungen gerät zunehmend mit Bedürfnissen nach Exaktheit und Sonderung des Ausdrucks in Kollision. Daraus resultiert auch eine frühe Sprachskepsis, weil Sprache als willkürlicher Zeichengebrauch eingeschätzt wird (Kant). Sie enthält ein mißverständliches Potential, das allenfalls durch Vernunfteinsicht beherrscht werden kann. Der Kantische Wunsch nach einer 'transcendentalen Grammatik' führt das alte Bemühen um ein universalistisches Sprachkonzept fort, belegt aber schon mehr eine Krisenerfahrung, als daß eine tragfähige sprachtheoretische Grundlage erreicht würde. Die Trennung der natürlichen Sprachen von den axiomatischen Zeichensprachen der Mathematik ist nicht erst die Konsequenz daraus, sondern eine schon längst gegebene Praxis. Auch sie wird von der Frühromantik in den literarisch-philosophischen Diskurs einzufädeln versucht, doch bleibt dies nur Episode. Die Literaturbewegungen um 1800 bilden sprachlich für lange Zeit bis weit in das 20. Jh. hinein die Gestaltungsmaßstäbe. Das 19. Jh. ist literatursprachlich gesehen eine Fortsetzung von Klassik und Romantik, wenn auch vor allem der Vormärz noch zusätzliche Akzente in der politischen Ausdrucksprofilierung liefert. Die weitgehende Formierung steht einer gültigen, autorindividuell gesehenen Genieästhetik nicht entgegen. Die 'Leitgenies' Goethe und Schiller bestimmen über ihren bildungsbürgerlich verinnerlichten Vorrang Formulierungs- und Rezeptionshaltungen unabhängig von poetologischen Differenzierungen. Die Sprachanschauung verbindet sich ideologisch nicht mit dem Fortschrittsglauben des Industrialisierungsprozesses. Gewonnen werden allenfalls neue Inhalte, aber keine grundlegend neue Sprache. Schopenhauer markiert deshalb die Sprachentwicklung seiner Epoche generell nicht als Vervollkommnung sondern als Verfall ursprünglicher Höhe.

5. Übergänge zur Moderne

Klingen hier noch Momente aufklärerischer Wertungen an, so verschärft sich die Argumentation im Bewußtsein goethezeitlicher Epigonalität gegen Ende des 19. Jhs. im sprachkritischen Dekadenz-Sinn. Nietzsche durchdenkt diese Vorwürfe grundlegender. Zum einen bestreitet er die metaphysische Begründung von Sprache, die von ihm auch nicht mehr als adäquater Ausdruck von Realität anerkannt wird. Zum andern sieht er Sprache nur über einen lebensdienlichen Konventionalismus begründet. Dies macht sie zu einem Medium der Fälschung und Verführung. Die zentralen Begriffe des abendländischen Denkens wie Einheit, Identität, Ursache, aber auch Subjekt und Substanz erscheinen in seiner Sicht nur noch als Grundirrtümer der Vernunft, die sich aus den Strukturen einer indoeuropäischen Grammatik ergeben und deshalb nicht als universal gelten können. Die Ausdrucksfähigkeit gerät hier in einen Status von Relativität und Grenze. Die Frühmoderne zieht daraus den Schluß eines tiefgreifenden Sprachskeptizismus. Sein literaturgeschichtliches Dokument ist der von H. v. Hofmannsthal fingierte 'Brief' (1902) eines Lord Chandos. Trotz der bemerkbaren sprachlichen Krisenerfahrung wird die herrschende Praxis der Literatur dadurch nicht grundlegend verunsichert. Die Entwicklung des Buch-, Zeitschriften- und Zeitungsmarktes erlaubt es auch kaum, sich als Autor von theoretischen Positionen verunsichern zu lassen. Diese betreffen nur eine intellektuelle Elite und erreichen das allgemeine Publikum nicht. Dessen Erwartungen sind darauf gerichtet, mit Gängigem bedient zu werden, das in gängiger Durchschnittsware besteht. Für tiefergreifende Innovationen ist kaum Platz.

Die Autoren und zunehmend auch Autorinnen bedienen eine Leserschaft, die sich sozial zu gliedern beginnt und insofern Spezialisierung erfordert, doch hat dies kaum Auswirkung auf die Sprache, deren Literarizität von der Schule über den fiktionalen Textbereich bis hin in die darstellende Wissenschaftssprache nach ziemlich einheitlichen Vorstellungen ausfällt. In kritischer Betrachtung bildet sich ein Bildungsjargon heraus, zu dessen entlarvendem Kritiker ab 1900 Karl Kraus wird, ohne selbst an der Situation etwas verändern zu können. Maßstab dieser konventionellen Stilistik ist der schriftliche Ausdruck. Wirkungsvolle Belebungen der Schreibsprache durch die gesprochene Sprache finden erst Ende des 19. Jhs. durch den Naturalismus statt, sieht man von frühen Vorläufern wie Georg Büchner einmal ab. Das 19. Jh. reflektiert über seine sprachlichen Standards ganz überwiegend affirmativ, was die Beachtung einer normativen Ausdrucksästhetik einschließt. Der Blick der gegenständlichen Wahrnehmung wird zwar geweitet und über die seit der Antike gültige Tradition des Schönen hinaus beginnt man auch die ästhetischen Implikate des Nicht-Schönen (vgl. K. Rosenzweigs 'Ästhetik des Häßlichen' von 1853) frühmodern anzudenken. Dadurch verändert sich der Ausdruck zumindest in Deutschland faktisch kaum. Aber auch Baudelaires programmatische 'Fleurs du mal' (1857) bleiben ein eher randständiges Ereignis, obwohl dies Werk nach ersten Vorüberlegungen der Romantik (F. Schlegel) einen Umbruch im poetischen Darstellungsverhalten markiert. Weniger er wird aber wahrgenommen als die Wendung zu einer psychologischen Unterlegung von Literatur. Bringt schon die Romantik in der Thematisierung des Unheimlichen eine tiefgreifende Veränderung der Wahrnehmungs- und Ausdrucksästhetik ins Spiel, so setzt der europäische Realismus in all seinen Spielarten eine sprachwirksame Psychologisierung in Gang. Die unbewußten Antriebsmomente menschlichen Handelns geraten in das Blickfeld der Autoren, die sprachlich sichtbar zu machen, zur Herausforderung der Literatur wird. Der wissenschaftliche Erkenntnisfortschritt begleitet mit teilweiser Wechselwirkung die künstlerischen Darstellungsvorstöße. Psychologie, Psychiatrie und schließlich auch die Psychoanalyse bilden den diskursiven Hintergrund, der den Modus des Textausdrucks verändert. Sprache ist nicht mehr Medium eines Abbildungsvorgangs, sondern sie wird in ihrer Dispositivität hinterfragt. Sie wird als gestalterisches 'Werkzeug' menschlicher Arbeit entdeckt und deshalb auch in deren Antriebs- und Beweggründen eingebunden gedacht. Text und Buch sind fortan Agenten spezifischer Schreibdispositionen. Unter dem Aspekt der Ideologiekritik berührt auch Karl Marx dieses Problemfeld. Seine Sprachauffassung verabschiedet sich von den Positionen des deutschen Idealismus, Ausdruck sei Spur eines individuellen oder kollektiven Geistes. Für ihn gehören Sprache und Bewußtsein in den Zusammenhang seines Konzeptes, daß sich der Mensch durch Arbeit selbst erschaffe. Sprache entwickelt sich im Kontext der Arbeit als eine Art Werkzeug. Wie Arbeit und Leben ist sie aber dem wahren Sein entfremdet. 'Objektive' Sprache ist demnach nicht die Umgangssprache, sondern die 'Warensprache' des Marktes, über die Kommunikation innerhalb der Produktionsverhältnisse realisiert wird. Um wahre Verhältnisse zu begreifen, muß man „aus der Sprache ins Leben" hinabsteigen (Die deutsche Ideologie, MEW. Bd. 3, 432). Nur so erreicht man eine ideologiekritische Auflösung von Texten, deren Sprache Realität verschleiert. So wichtig philosophiegeschichtlich diese Erkenntnis gewesen ist, so wenig hat sie konkrete Lektüren im 19. Jh. berührt. Erst über die Rezeption marxistischer Ansätze im 20. Jh. werden hermeneutische Überzeugungen relativiert. Die durch Marx ausgelöste Debatte, wie mit Text umzugehen sei, verknüpften sich mit anders induzierten Krisenerfahrungen der Moderne, die eine sprachliche Verfügung über die Welt kritisch sehen. Marx löst die Problematik, daß Sprache immer in einem Distanzverhältnis zur Realität steht, durch Hinwendung zu den wirklichen Verhältnissen. Im Unterschied zu den diffusen Hofmannsthalschen Sehnsüchten, die Dinge selbst reden zu lassen, weil die sprachlichen Zeichen zu ungenau seien, wendet sich die marxistische Sprachauffassung der Realität zu, um das gesellschaftlich bedingte Machtverhältnis der Wörter über die Dinge aufzusprengen. So wird ein politischer Impuls zur Emanzipation des Menschen freigesetzt, der die Beziehung zwischen Text und Lektüre neu zu definieren versucht.

6. Klassische Moderne

Hält das 19. Jh. noch weitgehend an einer mimetisch begründeten Poetik fest, so verweisen die ideologiekritischen Vorstöße von Marx wie die metaphysikkritischen Nietzsches auf die Auflösung dieser Basis hin. Sie beschleunigt sich im Modernisierungsprozeß, der ohnehin den sozialen wie den kommunikativen Stellenwert von Texten kompliziert. Die Wurzeln dieser skeptischen Auflagen reichen noch in die sprachkritischen Überlegungen des 18. und frühen 19. Jhs. zurück. Sie stehen zunächst im Dienst der Vernunftkritik (Hamann, Herder, Lichtenberg) und verbinden sich in der Frühromantik mit kunstkritischen Ansätzen (Novalis, F. Schlegel). Die von Nietzsche beklagte „Verführung der Sprache" (Zur Genealogie der Moral I,13) weist die Richtung, die im sprachkritischen Denken wichtig wird. Das Aufdecken von Täuschungen, die durch die diffusen Beziehungen der Begriffe unter dem Zwang aller Formulierung entstehen, belegt das Mißtrauen gegenüber einem wirklichkeitsbezogenen Abbildungsmodus. Aber auch die grundsätzliche Erfaßbarkeit von Welt steht zur Disposition. Den Texten fällt damit ein eigener Inszenierungsstatus zu, den genauer auszuloten, zu hinterfragen und bewußt zu instrumentalisieren ein wesentliches Anliegen literarischer und philosophischer Praxis im 20. Jh. ausmacht. Schreiben und Lektüre verlieren zwar ihren lang gehegten Anspruch, gesicherte Erkenntnisse vermitteln zu können, sie gewinnen aber im Gegenzug die Gewißheit, daß alle Sprache als solche Erkenntnis sei. Für die analytischen Philosophen gilt die komplementäre Formel, daß alle Philosophie Sprache ist (Wittgenstein, Tractatus 4.0031). Das selbstreferentiell konstruktive Moment von Texten kommt so ins Spiel, das sich vor allem auf den bildlichen Ausdruck stützt. Lange Zeit eher kritisch als eine Form uneigentlicher Rede bewertet, gewinnt die Moderne dazu ein produktives Verhältnis, weil nicht mehr die Abbildungs-, sondern die Gestaltungskraft des Sprachaktes in den Vordergrund rückt. Neben der metaphorischen Produktivität, die kreative Bezüge herzustellen erlaubt, wendet sich die Aufmerksamkeit auch der Materialität der Sprache zu. Die semiotische Dimension, die sich aus dem phonetischen und morphologischen Material assoziativ gewinnen läßt, lenkt den Blick auf textkonstitutive Verfahrensweisen jenseits gängiger Sinnartikulation. Zunächst eher auf Provokation und Irritation gerichtet, entwickelt sich daraus bald auch eine Ästhetik des Sprachspiels (z. B. wegweisend um 1900 bei Morgenstern). Sie ist verschwistert mit Textmodellen des europäischen Symbolismus, der die Idee eines Subtextes unter dem Oberflächentext entwickelt. Zunächst nur auf Lyrik bezogen, öffnet Mallarmé seine Poetik auch für Prosatexte und experimentiert gedanklich sogar mit radikalen Modellen eines universellen, 'weißen Buches', das alle möglichen Einträge schon antizipiert. Jenseits derartiger Spezialisierungen bündeln sich die avantgardistischen Anschauungen der Frühmoderne. Es genügt nicht mehr, eine standardisierte Hermeneutik des Textangebotes zu betreiben, sondern man muß tiefenstrukturelle Hintergrundsmerkmale mit lesen. Die Moderne findet literarisch wieder zu einem bildungssoziologisch aufgespaltenen Publikumsbegriff zurück, wie ihn (unter dem Vorzeichen von Gelehrsamkeit) auch die ältere Literaturgeschichte kennt. Ist die Leitidee des bürgerlichen 19. Jhs. in der Nachfolge aufklärerischer Zielsetzungen darauf gerichtet, Sinn explikativ so mitzuteilen, daß er allgemeinverständlich zugänglich ist, so greift die Avantgarde wieder die Tradition esoterischer Mitteilungskonzepte auf. Die Textformen der Moderne werden vielfach bewußt verschlüsselt, um die Selbstgewißheit sprachlicher Identität in Frage zu stellen. Bedeutung wird poetologisch mobilisiert im Modus einer 'gleitenden' Sprache. Sie verunsichert, bereichert aber zugleich auch um mitzudenkende Alternativen. Textproduktion und -rezeption werden um das Kriterium der Unentscheidbarkeit ergänzt. Der das Vernunfthandeln begründende Kern der abendländischen Metaphysik, der aristotelisch formulierte 'Satz vom Widerspruch' verliert − wesentlich durch Nietzsche eingeleitet − seine allgemeine Gültigkeit. Im Verlust der Einheit des sprachlichen Urteils, das nicht mehr am Entweder/ Oder bzw. dem 'tertium non datur' festhält, gerät indes nur scheinbar die vertraute Ordnung der Texte in Verwirrung. Sie wird nach wie vor als grundständige Formulierungs- und Wahrnehmungsstruktur von Sinn beibehalten. Aber diese Basis ist zu erweitern. Was poetologisch von den innovativen Autoren in der Frühmoderne beansprucht wird, findet seine Parallelen in Gedankengängen der Psychoanalyse (Freud, Lacan), aber auch im weiteren in der Metamathematik und der Computertheorie (Gödel, Turing, Tarski). Die literarische Buchkultur erweist sich in ihren die traditionelle Hermeneutik der Philologie sprengenden Ansätzen auf der Höhe erkenntnistheoretischer Grundlagendiskussionen und ihrer epistemologischen Folgen. Der eher unbewußt darin angelegte Versuch, die im 19. Jh. endgültig vollzogene Sonderung zwischen einer geistes- und einer naturwissenschaftlichen Kultur noch einmal zu überwinden, gelingt nur bedingt. Der Impuls erreicht zeitgenössisch wie heute nur eine besonders kompetente Rezipientenschicht, so daß der herkömmliche hermeneutische Ansatz mit seinem Anspruch auf Widerspruchsfreiheit weiterhin allgemeiner akzeptiert wird. Eine Ästhetik, die auf einen anderen Textumgang der Nichteinheit und eines nicht festgelegten Sinns abhebt, wie dies nach ersten Vorgaben durch die Frühromantik und Nietzsche der Dekonstruktivismus methodisch versucht, bleibt umstritten. Nimmt man Denk- und Textproduktionsgeschichte der Moderne indes ernst, so geht es ohnehin nicht um einen Gegensatz beider Entwürfe, sondern eher um ein Nebeneinander. Die ästhetische Seite rückt in Textverfahren der 'klassischen' Moderne in den Mittelpunkt. Formkunst gilt als hoher Wert, nicht nur im Literarischen, sondern in allen Künsten, auf deren Integration zudem die Gestaltungsintentionen abzielen. Die Idee des Gesamtkunstwerks, nach Richard Wagners musikalischer Bühnendramatik in das Zentrum des kulturellen Ausdrucksbewußtseins gelangt, beherrscht nicht nur randständig die Diskussionen der künstlerischen Neuerer. Auf das Buch bezogen führen die Überlegungen (ausgehend von England) zu einer erneuerten Einheit von Ausstattung und Text. Das 'schöne' Buch reflektiert auf seine Weise das lebensästhetische Einheitsmoment von Material und Ausdruck. Diese elitäre Buchkunstbewegung steht zwar in Spannung zu den technischen Bedingungen eines zunehmenden Massenmarktes, doch gehört Distanzwahrung wie Integration beider Sphären zu den produktiven Antagonismen der Moderne.

Das Buch erhält im industriegesellschaftlichen Modernisierungsprozeß eine spezifische Funktion als politisches Medium. Ästhetisierung und Lebensorientierung der Literatur sind dabei sprachlich wirksame Einflußkräfte, die – mit teilweise problematischem Ergebnis – zu versöhnen versucht wurde. Beide Impulszonen verändern literatursprachliche Standards über rein experimentelle Aufbrüche im Expressionismus hinaus. Sprachästhetisch formierte Literatur erscheint dabei kaum weniger plural als die politisch konditionierte. Beide repräsentieren die Heterogenität moderner Gesellschaftswirklichkeit. Auch die individualgeschichtliche Position des Subjekts ist davon betroffen. Sie wird zunehmend als krisenhaft empfunden. Entsprechende Darstellungsweisen erscheinen, wobei psychologische Diskursordnungen einflußreich sind. Der Zusammenhang von Sprache und Psychopathologie fasziniert die Autoren und bewegt sie zu ganz eigenartigen Erzähl- und Dramenformen. Kollektive und depersonalisierte Darstellungsstrukturen artikulieren auf andere Weise Subjektauflösung. Die Krise des Subjekts erfaßt auch den Autor, dessen werkzentrierende Position in Frage gestellt wird. Die Literaturtheorie nach 1945 diskutiert zum Teil sogar sein Verschwinden (R. Barthes, M. Foucault). Diese These beinhaltet nicht die faktische Negation auktorialer Leistung, sondern zielt auf Einsicht in die keineswegs souveräne Sprachherrschaft des Schreibenden. Der Autor erscheint sprachlich als nur nachgeordneter Nutzer von ihm vorangehender Textualität, aus deren Angebot er mehr auswählt und zusammenstellt als eigenschöpferisch formuliert. Der 'neue' Text bewirkt überdies die Auslöschung der schreibenden Individualität, die gänzlich hinter das Ausformulierte zurücktritt.

7. Ästhetische Gegenwelten zur Moderne

Obwohl die radikalere Moderne selbst zentral traditionelle Sprache um des ästhetisch irritierenden Gewinns willen zerschlagen hat und den Mythos einer 'neuen' Sprache jenseits bürgerlicher und kapitalistischer Machtverhältnisse inszenierte, spielt in Teilen der 'anderen' Moderne auch die Sprachverfallsthematik eine nicht unwichtige Rolle. Die sprachliche Aufbruchsgeste scheint aus dieser Sicht als Verlust von Daseinsbindungen. Der Versuch M. Heideggers, Sein als Sprache unmittelbar verstehen und reaktivieren zu wollen, was sich gegen Ideen von Sprache als zeichenhafter Ausdruck (Saussure) oder symbolische Form (Cassirer) richtet, gehört in den Zusammenhang einer konservativen Moderne, die in der Nähe totalitärer Sprachkritik siedelt. Völkische Literaturkritik befaßt sich im Kontext einer Konfliktstrategie gegenüber der sie umgebenden Moderne häufig mit sprachlichen Fragen. Abgesehen vom ideologischen Festhalten an der Leitnorm der deutschen Klassik und des poetischen Realismus, die kritisch betrachtet zu einem 'Jargon der Eigentlichkeit' (Th. W. Adorno) verkommen ist, geht es um das Beharren auf einem auratischen Moment von überschießender und dann instrumentell vereinnahmter Begrifflichkeit. Faktisch findet eine Entleerung des ursprünglichen Ausdruckspotentials statt, das nur noch als Geste und als Anspruch gegenwärtig bleibt, aber keine kommunikable Substanz mehr aufweist. Diese ist verloren oder wird bewußt verfälscht. Solche Fehlnutzung einer an sich humanen Tradition verbindet sich mit der Diffamierung jeglichen sprachlichen und ästhetischen Aufbruchs in der Moderne. Eine substantielle Debatte findet nicht statt. Es geht mehr um eine zumeist rassisch begründete Ausgrenzung, die ungewollt das an Schrift und Buch orientierte Kulturpotential des Judentums mit aufruft. Dieses spielt in die Entwicklung der europäischen Avantgarden in der Tat hinein, weil viele der daran beteiligten Autoren ihren sprachtheoretischen Positionen Erinnerungsmomente an eine einschlägige jüdische Überlieferung bewußt oder auch nur unbewußt einpflanzen. Zeitgenössisch wird das kaum wahrgenommen. Erst neuere Forschung hat hier die Zusammenhänge aufgedeckt.

Die zunächst völkisch und dann nationalsozialistisch fortgeschriebene Literaturtheorie setzt auf eine Politik der Kultur, die selektiv und ambivalent relevante Momente der Modernisierung aufgreift, ohne jedoch an emanzipatorischen Auswirkungen interessiert zu sein. Man nutzt ästhetische Elemente der Moderne, ohne die darin ursprünglich enthaltenen sozialen Fortschrittskomponenten mit zu übernehmen. Sie werden sogar über eine rückwärtsgerichtete Gemeinschaftsideologie bekämpft. Die hochgradige textuelle Ästhetisierung der Moderne, die im Dienste einer Erhöhung von individueller und sozialer Empfindungsfähigkeit steht, schlägt in den totalitären Vereinnahmungen faschistischer wie leninistisch-stalinistischer Provenienz um in eine 'Anästhetik' (W. Welsch), die Empfindungslosigkeit und Härte thematisiert. Sie tilgt bis in die Sprache hinein expressive Subjektivität zugunsten eines identifikatorischen Lösungsangebotes von Einheit, Ganzheit und Sinn, die zu den in der Moderne programmatisch aufgelösten Zielsetzungen zählen. Sie tauchen wieder auf in einem politischen Ästhetisierungsprozeß, der verlorene Ganzheit einzuholen verspricht. Das künstlerische Genie erscheint dabei in der Maske des politischen Führers, wodurch Kultur und Politik aufeinander projiziert werden. Formal schlägt sich dies darin nieder, daß technische und ästhetische Rationalität usurpativ verschmolzen werden. So entsteht ein Eindruck von Totalität, die sowohl auf eine historische Dimension ('Ewigkeitskult') als auch auf einen aktuellen Anspruch von Dauer abzielt. Sie führt zu einer 'heroischen' Sprache, die auf Leerformeln gründet und sich diskursiv von den Regeln rationaler Legitimation verabschiedet.

8. Auf dem Weg zur Postmoderne

Dies Entziehen ist grundsätzlich anders geartet als das von der literarischen Avantgarde betriebene. Wenn sie darauf verzichtet, rationale Diskurse zu führen, so steht dahinter die Einsicht, daß zwischen Ausdruck und thematisiertem Gegenstand kommunikativ keine Identität zu erzielen ist. Die Kraft der Sprache erweist sich gerade darin, daß sie Ausdruck und Verhandeltes reflektiert auseinandertreten läßt. Dieses führt zum Bewußtsein von der Eigenwirklichkeit der Texte, die zugleich deren Abbildungsfähigkeit verneint. Der Text selbst ist die Instanz von Wahrheit, die sich darin erweist, daß Sprachzeichen und Gemeintes nicht identisch sind. Davon zu überzeugen und gestalterisches Potential zu gewinnen, tritt der Aussagegestus der Moderne an. Der 'neuen Kunst' der Texte geht es darum, wie Adorno es in der 'Ästhetischen Theorie' formuliert (1970, 171), „kommunikative Sprache in eine mimetische" zu verwandeln. Der Text wird zum Double seiner selbst. Damit sind Nachkriegspositionen der literarischen Moderne erreicht, in deren frühen Phasen im Zusammenhang einer Theorie des Absurden vor allem sprachminimalistische Verfahren als avanciert bevorzugt werden (Ionesco, Beckett). Aus der Überzeugung, das alles schon längst gesagt sei, stößt das Sprachbewußtsein an seine äußersten Grenzen. Es artikuliert sich in abgenütztem, formelhaftem Sprechen und mündet letztlich in der radikalen Verweigerung, dem Schweigen. Im Zusammendenken von Literatur und Tod wird Sprache als eine Art Mord an der Wirklichkeit verstanden (M. Blanchot), weil diese durch die Präsenz des Textes gelöscht wird. Darstellung gleitet zugleich hinüber in die Welt des Imaginären, einer vor allem durch J. P. Sartre stark gemachten Kategorie intentionaler Vorstellung. Das Abwesende, das irreale Objekt wird als literarischer Text verwirklicht. Er fingiert keine Realität, sondern er gibt sich als das, was er ist: imaginär. In dieser Konfiguration findet sich auch eine surrealistische Poetik wieder, die sich dem Reiz der ästhetischen Selbstinszenierung einer imaginativen Sprache öffnete. Über psychoanalytische Einflüsse hinaus steckt in der *écriture automatique* der Surrealisten als Kern die sprachliche Transzendierung von Wirklichkeit, die sich im imaginativen Schreibakt aufhebt. Die Gegenströmung zur Tradition der imaginativen Literatur ist die Aktionsliteratur, die auf einem kommunikativ eindeutigen, vergegenwärtigenden Sprachkonzept beruht. Der Text funktioniert dabei nicht als simple Aufforderung, wie es eine politische Textpoetik seit den zwanziger Jahren zu suggerieren versucht, sondern er nimmt seine Authentizität aus seinem Modellcharakter. Die Antwort auf die Frage, was zu tun sei, ergibt sich aus einer gestalteten Modellsituation, die sprachlich realistischen Schreibpositionen folgt, aber nicht in einer nachzeichnenden Deskription verharrt, sondern diese in darstellerische Unmittelbarkeit übersetzt. Die erzählte Geschichte wird so vom Leser als eigene Geschichte erfahren. Erst die rezeptive Identifikation mit einer reflektierten Auseinandersetzung über das literarisch Wahrgenommene bewirkt eine mögliche Aktion. Die plakative Aufforderung allein, wie sie politischer Propagandaliteratur eignet, genügt dazu nicht. Die Auseinandersetzung über den 'revolutionären' Aspekt von Literatur beherrscht die Poetologie der Moderne. Er gründet sich auf einem antibürgerlichen Impuls, der sich der Texte als einer das 'Umgangssprachliche' neu strukturierenden Praxis bedient. Die Besonderheiten einer Struktur, der Sprache, verteilen sich um. Der Prozeß der Sinngebung wird neu gruppiert, wobei sich Text und ihn tragendes Subjekt gegenzeitig diskursiv erzeugen. Das Sprachsubjekt der Moderne ist aber nicht mehr jenes, das sich über die Zentrierung seiner Identität bestimmt, sondern das 'nomadisch' in den Text übergeht. Es wandert durch die Bedeutungssetzungen, diese Arbeit von Differenzierung, Schichtung und Gegenüberstellung, die Sprache ausführt. In ihr wird für das Subjekt jene revolutionäre Handlung repräsentiert, welche die Sinngebung ausmacht. Der Text erscheint als außerordentliche Praxis, die ihr Material öffnet. Dem Subjekt fällt dabei eine überindividuelle Funktion zu. Es bündelt Triebstrukturen, die jedem signifikanten Akt zugrunde liegen (J. Kristeva), so daß der Text als das Ergebnis von Auflagen erscheint. Deren Ziel ist eine gesellschaftlich wirksame Einschreibung, die nur über ein revolutionäres Moment, über die Durchbrechung von Normalität erfolgen kann. Dieser Anspruch, den die klassische Moderne verinnerlicht, beherrscht auch noch die literarischen Schreibweisen avancierter Nachkriegsliteratur, die eine 'Ästhetik des Widerstands' (P. Weiss) zu einem guten Teil begründen. Literatur als Medium der subversiven Nichtkonformität, der Ausnahmen an der Stelle von Regeln, setzt ihre traditionelle Funktion, Symbol sozialen Handelns zu sein (F. Jameson) nicht außer Kraft. Die Akzeptanz dieser Dimension erscheint aber relativiert. Die darstellerische Hermetik insgesamt, nicht nur die sprachliche im engeren Sinne entfremdet die Rezeption. Die gesellschaftliche Bedeutungsminderung von Literatur wird jedoch stärker durch die Konkurrenz von Ton- und Bildmedien beeinflußt, als daß allein komplexe Darstellungsweisen dafür verantwortlich zu machen wären. Der neue Wechselbezug zwischen Schrift- und Oralkultur im Verbund von Literatur und 'neuen Medien' wirkt in seinen Auswirkungen noch offen. Es spricht viel dafür, daß die buchgebundenen Darstellungsweisen zu höherwertigen Spezialformen werden und eine eigene Sprachkultur pflegen, wohingegen den 'neuen Medien' sprachlich gesehen eher die trivialeren Wirkungsbezirke zufallen. In einer veränderten Gesamtkonstellation fällt der literarischen Buchkultur wie in der frühen Neuzeit wieder eine Art elitäre Grenzfunktion zu. Allerdings bleiben daneben auch im Medienspektrum insgesamt die allgemeinverständlichen, einfacheren Vermittlungsstrukturen präsent, wie sie eine Literaturpraxis vor allem des bürgerlichen 19. Jhs. hervorgebracht hat. Umgangssprachlich aktualisiert, ergibt sich für das Gestaltungsprofil eine Spannung zwischen gesellschaftlicher Entwicklung und zugehörigem Formpotential. Daneben zeichnen sich jedoch im Bereich des Computermediums Textmischungsformen ab (Hypertext), die ein weiteres Kapitel in der poetologischen Diskussion um das schon immer Gesagte und das Neuformulierte aufschlagen. Diese neu agierten Möglichkeiten berühren sich mit theoretischen Einsichten der Postmoderne über einen intertextuellen Gestaltungsmodus von Literatur. Dieser hat wenig mit vertrauter Zitatanspielung und Einfluß durch Vorbildtexte zu tun, sondern betrifft den diskursiven Konstitutionscharakter von Texten überhaupt. Jede Formulierung 'antwortet' danach auf eine schon vorfindliche Vorgabe, von der sie sich abgrenzt. Der anthropologische Komplex des Eigenen und des Fremden ist dadurch auch literaturtheoretisch eingeführt. Das Verhältnis von Medialität und Produktivität rückt damit ebenfalls neu akzentuiert in den Blick.

9. Literatur

Adorno, Theodor W., Ästhetische Theorie. Frankfurt a. M. 1970.

Apel, Karl-Otto, Die Idee der Sprache in der Tradition des Humanismus von Dante bis Vico. Bonn ²1975.

Arendt, Dieter, Der 'poetische Nihilismus' in der Romantik. Tübingen 1972.

Barner, Wilfried, Barockrhetorik. Tübingen 1970.

Bahner, Werner (Hrsg.), Sprache und Kulturentwicklung im Blickfeld der deutschen Spätaufklärung. Der Beitrag Johann Christian Adelungs. Tübingen 1984.

Barkus, Hans-Hermann (Hrsg.), Sprache und Volk im 18. Jh. Frankfurt a. M. 1983.

Bayerdörfer, Hans-Peter, Poetik als sprachtheoretisches Problem. Tübingen 1967.

Benedikt, Michael/Rudolf Berger, Bewußtsein, Sprache und die Kunst. Wien 1988.

Berger, Peter L./Thomas Luckmann, Die gesellschaftliche Konstruktion der Wirklichkeit. Frankfurt a. M. 1966.

Blanchot, Maurice, Die Literatur und das Recht auf den Tod. Berlin 1982.

Blumenberg, Hans, Die Lesbarkeit der Welt. Frankfurt a. M. 1981.

Böning, Thomas, Metaphysik, Kunst und Sprache beim frühen Nietzsche. Berlin/New York 1988.

Borst, Arno, Der Turmbau von Babel. Geschichte der Meinungen über Ursprung und Vielfalt der Sprachen und Völker. 4 Bde. Stuttgart 1957–1963.

Bouveresse, Jacques, Poesie und Prosa. Wittgenstein über Wissenschaft, Ethik und Ästhetik. Bonn 1994.

Bubner, Rüdiger, Handlung, Sprache und Vernunft. Frankfurt a. M. 1976.

–, Ästhetische Erfahrung, Frankfurt a. M. 1989.

Cassirer, Ernst, Philosophie der symbolischen Formen. Bd. 1: Die Sprache. Berlin 1922.

Casteñeda, Hector-Neri, Sprache und Erfahrung. Frankfurt a. M. 1982.

Derrida, Jacques, Grammatologie. Frankfurt a. M. 1983.

Dyck, Joachim, Ticht-Kunst. Deutsche Barockpoetik und rhetorische Tradition. Bad Homburg/Berlin/Zürich ²1969.

Engels, Heinz, Die Sprachgesellschaften des 17. Jhs. Gießen 1983.

Engelsing, Rolf, Analphabetentum und Lektüre. Zur Sozialgeschichte des Lesers in Deutschland zwischen feudaler und industrieller Gesellschaft. Stuttgart 1973.

–, Der Bürger als Leser. Lesergeschichte in Deutschland 1500–1800. Stuttgart 1974.

Foucault, Michel, Die Ordnung der Dinge. Eine Archäologie der Humanwissenschaften. Frankfurt a. M. 1971.

–, Die Ordnung des Diskurses. München 1974.

–, Schriften zur Literatur. Frankfurt a. M. 1988.

Gabriel, Gottfried, Zwischen Logik und Literatur. Erkenntnisformen von Dichtung, Philosophie und Wissenschaft. Stuttgart 1991.

Gaede, Friedrich, Poetik und Logik. Zu den Grundlagen der literarischen Entwicklung im 17. und 18. Jh. Bern/München 1978.

Gaier, Ulrich, Herders Sprachphilosophie und Erkenntniskritik. Stuttgart-Bad Cannstatt 1988.

Gardt, Andreas, Sprachreflexion in Barock und Frühaufklärung. Entwürfe von Böhme bis Leibniz. Berlin/New York 1994.

Geitner, Ursula, Die Sprache der Verstellung. Studien zum rhetorischen und anthropologischen Wissen im 17. und 18. Jh. Tübingen 1992.

Gessinger, Joachim, Auge & Ohr. Studien zur Erforschung der Sprache am Menschen 1700–1850. Berlin/New York 1994.

–, Sprache und Bürgertum. Zur Sozialgeschichte sprachlicher Verkehrsformen im 18. Jh. in Deutschland. Stuttgart 1980.

Giesecke, Michael, Der Buchdruck in der frühen Neuzeit. Eine historische Fallstudie über die Durchsetzung neuer Informations- und Kommunikationstechnologien. Frankfurt a. M. 1991.

–, Sinnenwandel, Sprachwandel, Kulturwandel. Studien zur Vorgeschichte der Informationsgesellschaft. Frankfurt a. M. 1992.

Goldschmidt, Victor, Anthropologie et l'obstacle. Les principes du system de Rousseau. Paris 1976.

Gross, Michael, Ästhetik und Öffentlichkeit. Die Publizistik der Weimarer Klassik. Hildesheim/Zürich/New York 1994.

Groys, Boris, Über das Neue. Versuch einer Kulturökonomie. München/Wien 1992.

Guchmann, Mirja, Literatursprache und Kultur. Mannheim/Wien/Zürich 1984.

Gumbrecht, Hans U./K. Ludwig Pfeiffer (Hrsg.), Materialität der Kommunikation. Frankfurt a. M. 1988.

Harth, Dietrich, Philologie und praktische Philosophie. Untersuchungen zum Sprach- und Traditionsverständnis des Erasmus von Rotterdam. München 1970.

Hocke, Gustav-René, Manierismus in der Literatur. Sprach-Alchimie und esoterische Argumentationskunst. Reinbek 1959.

Huber, Wolfgang, Kulturpatriotismus und Sprachbewußtsein. Studien zur deutschen Philologie des 17. Jhs. Frankfurt a. M. 1984.

Jameson, Fredric, Das politisch Unbewußte. Literatur als Symbol sozialen Handelns. Reinbek 1988.

Jauß, Hans R., Ästhetische Erfahrung und literarische Hermeneutik. Bd. 1. München 1970.

Kettmann, Gerhard/Joachim Schildt, Zur Literatursprache im Zeitalter der frühbürgerlichen Revolution. Untersuchungen zu ihrer Verwendung in der Agitationsliteratur. Berlin 1978.

Kittler, Friedrich, Aufschreibesysteme 1800/1900. München 1987.

Kleinschmidt, Erich, Entbundene Sprache. Zur intellektuellen Formierung des Deutschen im 17. Jh. In: ZfdA 119, 1990, 192–211.

–, Gleitende Sprache. Sprachbewußtsein und Poetik in der literarischen Moderne. München 1992.

Klinger, Cornelia, Flucht Trost Revolte. Die Moderne und ihre ästhetischen Gegenwelten. München/Wien 1995.

Kristeva, Julia, Die Revolution poetischer Sprache. Frankfurt a. M. 1978.

Lachmann, Renate, Gedächtnis und Literatur. Intertextualität in der russischen Moderne. Frankfurt a. M. 1990.

–, Die Zerstörung der schönen Rede. Rhetorische Tradition und Konzepte des Poetischen. München 1994.

Lohmann, Ingrid, Bildung, bürgerliche Öffentlichkeit und Rhetorik. Zur poetologischen Transformation der Rhetorik zwischen 1780 und 1850. Münster 1993.

Majetschak, Stefan, Sprache. In: Historisches Wörterbuch der Philosophie. Hrsg. v. Joachim Ritter/Karlfried Gründer, Bd. 9. Darmstadt 1995, 1437–1495.

Man, Paul de, Allegorien des Lesens. Frankfurt a. M. 1988.

–, Die Ideologie des Ästhetischen. Hrsg. v. Christoph Menke. Frankfurt a. M. 1993.

Müller, Thomas, Rhetorik und bürgerliche Identität. Studien zur Rolle der Psychologie in der Frühaufklärung. Tübingen 1990.

Raulet, Gérard (Hrsg.), Von der Rhetorik zur Ästhetik. Studien zur Entstehung der modernen Ästhetik im 18. Jh. Rennes 1992.

Ricken, Ulrich, Sprachtheorie und Weltanschauung in der europäischen Aufklärung. Berlin 1990.

–, Probleme des Zeichens und der Kommunikation in der Wissenschafts- und Ideologiegeschichte der Aufklärung. Berlin 1985.

Schmidt, Siegfried J., Sprache und Denken als sprachphilosophisches Problem von Locke bis Wittgenstein. Den Haag 1968.

Schwind, Peter, Schwulst-Stil. Historische Grundlagen von Produktion und Rezeption manieristischer Sprachformen in Deutschland 1624–1738. Bonn 1977.

Straßner, Erich, Deutsche Sprachkultur. Von der Barbarensprache zur Weltsprache. Tübingen 1995.

Ueding, Gert, Von der Universalsprache zur Sprache als politischer Handlung. In: Aufklärung und Gegenaufklärung in der europäischen Literatur, Philosophie und Politik von der Antike bis zur Gegenwart. Darmstadt 1969, 294–315.

Welsch, Wolfgang, Ästhetisches Denken. Stuttgart 1990.

Werlen, Iwar, Sprache, Mensch und Welt. Geschichte und Bedeutung des Prinzips der sprachlichen Relativität. Darmstadt 1989.

Zimmermann, Christine, Unmittelbarkeit. Theorien über den Ursprung der Musik und der Sprache in der Ästhetik des 18. Jhs. Frankfurt a. M. 1995.

Erich Kleinschmidt, Köln (Deutschland)

44. Kommunikative und ästhetische Funktionen des antiken Buches

1. Das antike Bücherwesen
2. Literatur der kulturellen Identität
3. Literatur der Erkenntnis, Bildung, Belehrung
4. Literatur öffentlicher Angelegenheiten
5. Unterhaltungsliteratur
6. Literatur

1. Das antike Bücherwesen

1.1. Das Aufkommen der Schriftkultur

In Mesopotamien und Ägypten zeugen Tontafel- und Papyrusfunde von einem reichen Schriftwesen lange vor der griechisch-römischen Antike, bereits seit dem 3. Jahrtausend. Diese Funde stammen größtenteils von Tempel- und Palaststätten und sind durchweg liturgischen, chronistischen, administrativen Inhalts. Überlieferung und Schriftwesen genossen in der Verkörperung der Gottheiten Seschat und Theuth in Ägypten religiöse Verehrung und wurden von Priestern und Hofbeamten gepflegt. Die Schriftkunde war Herrschaftswissen. Dem Zugang der Öffentlichkeit standen die Gesellschaftsordnung und schon die Schwierigkeit der sumerischen

Keilschrift und der ägyptischen Hieroglyphenschrift entgegen.

Die Griechen übernahmen ihre uns bekannte Buchstabenschrift über die kleinasiatischen Jonier von den Phönikern und paßten sie ihrem Lautbestand an, indem sie besonders die Vokalzeichen hinzufügten. Dies geschah um 800 v. Chr. Mit dem Alphabet besaßen sie eine zur Aufzeichnung jedweder, auch anspruchsvoller Texte geeignete, dabei leicht erlernbare und eine demokratische Literalität fördernde Schrift.

Mit der Schrift kam aus Kleinasien auch der Beschreibstoff Papyrus (*byblos*), ein aus den Fasern der ägyptischen Papyrusstaude gewonnenes papierähnliches Material. Bis etwa 20 Blätter davon wurden, kolumnenweise beschrieben, zu einer Bahn von bis 10 m Länge aneinandergeklebt und mit der Schrift nach innen aufgerollt. Dies ergab eine Rolle (*biblion, volumen*), die man beim Lesen Kolumne für Kolumne nach rechts entrollte und links wieder aufrollte. Die Papyrusrolle (in geringem Umfang auch Pergamentrolle) war während der ganzen Antike die für längere Texte übliche Buchform; sie wurde erst im 4. Jh. n. Chr. vom Pergament-Codex verdrängt.

Von epochaler Bedeutung war die mit der Alphabetschrift sogleich, ebenfalls um 800 v. Chr., vollbrachte Niederschrift der bis dahin mündlich tradierten Epen Homers, der 'Ilias' und der 'Odyssee', die die Grundlage der Bildung in der griechischen Kultur wurden. Freilich war mit der Niederschrift des Homer, und ebenso dann kultischer Dichtungen, zunächst wohl nicht so sehr eine Verbreitung wie eher das Bewahren der Texte bezweckt. Der geschriebene Text diente nun den Sängern, den Rhapsoden, als Stütze und Kanon für ihren weiter hauptsächlich mündlichen Vortrag. In der zweiten Hälfte des 6. Jhs. v. Chr. wurde z. B. ein Referenzexemplar des Homer in der Bibliothek des Tyrannen Peisistratos von Athen verwahrt. Peisistratos war es auch, der das attische Stadtfest der großen Panathenäen mit Rhapsoden-Vorträgen ausgestaltete, so daß im offiziellen Staatskult auch das einfache Volk die Epen Homers hörte.

Im frühen, doch auch noch im klassischen Griechenland spielte der öffentliche Vortrag für die Verbreitung literarischer Werke eine hervorragende Rolle. Für die Theateraufführungen versteht sich dies von selbst. Es gilt aber auch für die kultische und gesellige Dichtung, es gilt für die in der ganzen Antike so kunstvoll geübte öffentliche Rede und für den philosophischen Vortrag, und es gilt im 5. Jh. v. Chr. zunächst selbst noch für die prosaische Geschichtsschreibung. So wissen wir von öffentlichen Vorlesungen des Historikers Herodot.

1.2. Bedingungen des antiken Bücherwesens

Behielt auch die Mündlichkeit Bedeutung − schon deshalb weil die Mühe der Abschrift die Vervielfältigung der Texte doch begrenzte −, so weitete sich im 5. und 4. Jh. v. Chr. das Schriftwesen zunehmend aus. Entscheidenden Anteil an dieser Entwicklung hatten die sog. Sophisten, die 'Weisheitslehrer', die Rhetorik in Verbindung mit einem allseitigen Wissen lehrten und damit, Platons unermüdlicher Kritik zum Trotz, ein positivistisches und rationales Bildungs- und Schulwesen begründeten (vgl. Marrou 1981, 83 ff.). Von der zweiten Hälfte des 5. Jhs. v. Chr. an können wir nach Motiven der attischen Vasenmalerei (vgl. Pöhlmann 1994, 18 f.) und aus Stellen in den Komödien des Aristophanes und bei Platon mit einer weithin lese- und schreibkundigen Bevölkerung rechnen. Ebenso ist für die reiche Schriftstellerei der Zeit bereits ein organisierter Buchhandel für die Herstellung und den Handel mit Abschriften, neben privater Abschrift, vorauszusetzen; auch darauf gibt es Hinweise bei Aristophanes und Platon. Der Handel spielte sich in der ganzen griechischen, dann hellenistischen und römischen Welt ab. Bereits zur Zeit Platons erwähnt der Historiker Xenophon (Anabasis 7, 5, 12) einen Überseetransport von Büchern. Im Hafen des ägyptischen Alexandreia gab es zu hellenistischer Zeit ein großes Lager für den ausgedehnten Bücherumschlag der Bibliothek des Museion. Von einem regen Buchhandel in Rom zeugt zuerst Ciceros Korrespondenz mit seinem Verleger und Freund Atticus, dann mancherlei Stellen in der kaiserzeitlichen Dichtung, z. B. bei Martial.

Mit der Verbreitung des Schrift- und Buchwesens kamen auch Bibliotheken auf (Wendel 1951, 238 ff.; Pfeiffer 1978, 21 ff.). Von ersten Bibliotheken schon im 6. Jh. v. Chr. an Tyrannenhöfen, wie des Peisistratos in Athen, und bedeutenden Privatbibliotheken im ausgehenden 5. und 4. Jh., darunter denen des Euripides, Platon und Aristoteles, führt die Entwicklung zu den großen hellenistischen Bibliotheken in Alexandreia, am Museion und am Serapeion, und in Pergamon und einer Fülle von Schul-, Hochschul- und Privatbibliotheken der hellenistischen Welt. An sie knüpften seit dem 1. Jh. v. Chr. römische Bibliotheken an, private wie die des reichen Lucullus, des Cicero, des Gelehrten Varro, des jüngeren Plinius, und eine Reihe öffentlicher Gründungen der Kaiser seit Augustus. Die römischen Bibliotheken pflegten Doppelbibliotheken mit einer griechischen und einer lateinischen Abteilung zu sein.

2. Literatur der kulturellen Identität

2.1. Nationales Epos

Unter diesem Rubrum fassen wie hier eine epische Dichtung, die mythische Ursprünge, wirkende Mächte, große Taten, Helden und Wesen und Eigenart eines Volkes, einer Kultur darstellt, dadurch Muster der gemeinsamen Identifikation vermittelt und selbst prägt. Als eine solche Dichtung stehen gleich am Anfang der antiken Literatur, eine breitere mündliche epische Tradition hinter sich lassend, die Homerischen Epen 'Ilias' und 'Odyssee', die den Krieg der Griechen gegen Troja und die abenteuerliche Rückkehr des Helden Odysseus aus Troja besingen. Die Griechen sahen in diesen Epen den Inbegriff ihrer Kultur, ihr Religionsbuch, ihr Geschichtsbuch, ihr Schulbuch. In einzigartiger Weise begründete und beeinflußte Homer die geistige Tradition des Griechentums, der griechisch-römischen Antike, schließlich Europas. Aus Homers stofflicher und geistiger Fülle schöpften die nachfolgenden Generationen, nachahmend, umformend, kritisierend, und nicht die Dichtung allein, sondern auch Philosophie, Geschichtsschreibung, Rhetorik und bildende Kunst. "Homer hat", nach Platons Wort ('Staat' 10, 606e), „Griechenland erzogen". An ihm lernten die frühen Griechen Lesen und Schreiben und zugleich ihre religiösen und geschichtlichen Mythen und praktische Ethik. Er war in der Frühzeit das einzige und noch bis in die klassische Zeit hinein das wichtigste Schulbuch der Griechen. Und er zählte zur grundlegenden Lektüre und zum selbstverständlichen Bildungsgut während der ganzen Antike. Die Griechen brachten weitere Epen hervor, doch in der Nachfolge Homers und mit begrenzterer Wirkung.

Ein Nationalepos, Homer an geistiger Bedeutung und dichterischem Rang vergleichbar, schuf erst wieder der römische Dichter Vergil (70–19 v. Chr.) mit seiner 'Äneis'. Diese behandelt die abenteuerliche Flucht des trojanischen Helden und römischen Stammvaters Äneas nach Latium und dessen Eroberung. Die Hauptthemen der 'Ilias' und der 'Odyssee', Krieg und Irrfahrten, kehren wieder, doch in einem Epos zusammengefaßt und in umgekehrter Abfolge. In der Komposition, in vielen Motiven und in der sprachlichen Formung der Homerischen Tradition verpflichtet, ist die 'Äneis' doch ein sehr eigenes, römisches Gegenstück zum Homer. Sie spielt in mythischer Vorzeit und verbindet den Ursprung römischer mit griechischer Geschichte. Zugleich eröffnet sie in Prophezeiungen und Vorausschauen, wie der Schau der künftigen Helden Roms in der Unterweltswanderung des 6. Buches, den Blick auf die ganze römische Geschichte bis zu ihrem Ziel, der Friedensära des Augustus. Sie ist das Epos der politischen Sendung und Größe Roms. Die 'Äneis' verdrängte ältere Epen von Naevius und Ennius, die Stoffe der römischen Geschichte gestaltet hatten, und wurde die klassische epische Dichtung des Römertums. Und ähnlich den Epen Homers sicherte auch der 'Äneis' ihr über das zeitlich Bedingte hinausreichender allgemein menschlicher, geistiger Rang eine überragende Fortwirkung im Abendland. Anders allerdings als die Homerischen Epen, die aus lebendiger Rezitationstradition erwachsen sind, war Vergils 'Äneis', die auf der Höhe der römischen Klassik entstand, eine durch und durch absichtliche und kulturpolitisch motivierte Schöpfung.

Hierher gehören wohl auch Ovids 'Metamorphosen', formal ein Epos, doch wirklich ein „enzyklopädisches Kollektivgedicht sui generis", wie v. Albrecht (1994, 1, 635) es nennt. Es vereinigt die Kosmologie, Mythologie, szenenweise Liebeselegie, epische Universalhistorie der Antike in einem hellenistisch-heiter spielerischen Geist. Dante stellte Ovid neben Homer und Vergil (Inferno IV, 186 ff.).

2.2. Lyrik

Altes Kulturgut, wohl sogar schon älter als Homers Epen, waren Dichtungen, die, besonderer griechischer Weise, zur siebensaitigen *Lyra* (*Kithara*) gesungen oder mit Flötenbegleitung vorgetragen wurden. Sie waren im öffentlichen und gesellschaftlichen Leben der Griechen, bei Kultzeremonien, Prozessionen, Sieges- und Trauerfeiern, Hochzeiten und Symposien, ein ganz wesentliches Element. Gesungen wurde, je nach Art und Bestimmung des Gedichts, von einem einzelnen (monodisch) oder einem Chor, der aber ebenfalls einstimmig sang. Die Melodie hat man sich einfach vorzustellen, Versmaß und Rhythmus des Textes folgend, der in strophischen Variationen des metrischen Themas komponiert war. Als um die Mitte des 7. Jhs. v. Chr. − erst 150 Jahre nach Homer − begonnen wurde, lyrische Texte aufzuschreiben, war diese Dichtung bereits reich in Formen und Inhalten entwickelt. Mit ihrer Niederschrift konnte sich die Lyrik über lokale Bindungen hinaus verbreiten und wurde zum gemeinsamen Kulturgut. Sie blieb in lebendiger gesellschaftlicher Übung und wurde zugleich Literatur auch um ihrer poetischen Qualität willen während der archaischen und der klassischen Periode. Zum Ausgang der Klassik hin ging mit dem gesellschaftlichen Wandel ihre öffentliche Funktion verloren. Sie verengte sich zur literarischen Gattung.

Die *Chorlyrik*, als deren bedeutendste Vertreter Alkman, Simonides, Pindar und Bakchylides, aber auch die Tragödien- und Komödiendichter zu nennen sind, umfaßt kultische und überhaupt festliche Lieder: Gebets-, Prozessions- und Preislieder (*Hymnen, Paiane* für Apollon, *Dithyramben* für Dionysos), Trauer-, Hochzeitslieder, Preis- und Siegeslieder (*Epinikien*) auf Menschen. Götterhymnen in Hexametern, wie die Homerischen Hymnen oder später die Hymnen des Kallimachos, zählten nicht zur Lyrik, sondern zur Epik; sie wurden rezitiert, nicht gesungen. Meister der *monodischen Lyrik* der Griechen waren im äolischen Bereich Alkaios und die Dichterin Sappho von der Insel Lesbos, im ionischen Bereich Anakreon. Ihre Dichtung ist persönlich, oft erotisch, reflexive ästhetische Poesie. Alkaios schrieb politische, hymnische, Liebes- und Trinklieder, Anakreon Liebes- und Trinklieder. Sapphos Lieder gelten dem Kreis der Mädchen, deren Erzieherin sie war.

Ionische Gedichtformen, die freilich nicht zur Lyrik im griechischen Sinne rechneten, da sie schon früh nicht mehr gesungen wurden, waren die *Elegie*, der *Iambos* und ihre Kurzform, das *Epigramm*. Als Dichter von Elegien, die außer Themen lyrischer und erzählender Art auch politische und ethische Reflexionen und Paränesen enthalten, traten besonders Kallinos, Tyrtaios, Mimnermos, Solon und Theognis hervor. Diese praktische Funktion, die gerade Solon mehrfach einsetzte, um in politischen und sozialen Fragen der Stadt seine Mitbürger zu überzeugen, entspricht etwas wie politischer Publizistik. Für den sehr persönlichen, zu Spott und Invektive eingesetzten Iambos stehen Archilochos, Semonides und Hipponax.

Die persönliche nichtmelodische Dichtung, Elegie, Iambos und Epigramm, war es dann, der die Zukunft gehörte, im Hellenismus und in Rom. Die alte Lyrik, der Sang zur Lyra, ging in der ausgehenden Klassik zu Ende. Mit der Aufklärung verlor sie ihre gesellschaftliche, besonders kultische Rolle. Die *Musik* löste ihre Bindung an das von festlichen Anlässen bestimmte Wort. In der Erziehung, deren wesentliches Element sie einst war, wurde sie unter dem Einfluß der Sophisten durch Rhetorik und Wissenschaften zurückgedrängt. Eine neue musikalische Richtung, die sog. Jung-Dithyrambiker wie besonders Timotheos von Milet, doch auch schon Euripides, befreite sie vom festen Metrum und Strophenschema und entwickelte eine Musik mit führender, reicher modulierter Melodie und melodramatischer Wirkung. Musik und Dichtung trennten sich.

Die lyrische Dichtung des Hellenismus war Literatur für literarisch Gebildete, eine öffentliche Funktion hatte sie nicht mehr. Apollonios Rhodios, Arat, Kallimachos, Herondas, Theokrit beschränkten sich metrisch auf Hexameter, elegische Distichen und Jamben für ihre Epen, Epyllien, Hymnen, Elegien, Idyllen und Epigramme. Statt metrischer Vielfalt ging es ihnen umso mehr um artistische Perfektion. Die hellenistische Dichtung wirkte weiter auf die Dichter der römischen Klassik und der Kaiserzeit: auf Vergil, Catull, Horaz, Properz, Tibull und Ovid und auf Martial, Persius und Juvenal. Eine Sonderstellung nahmen mit äolischen Metren Catull und besonders Horaz ein, der in seinen Oden bewußt an die äolische Lyrik anknüpfte.

2.3. Drama: Tragödie und Komödie

Wie Epos und Lyrik so war auch die dramatische Dichtung zunächst ein aus dem Brauchtum erwachsenes Element der kulturellen Identität der Griechen. Tragödie und Komödie gehörten zum Kultus und wurden seit 534 bzw. seit 486 v. Chr. an den offiziellen religiösen Festen Athens zu Ehren des Dionysos aufgeführt, an den Großen oder Städtischen Dionysien Ende März und an den Lenäen im Januar, dort vorzugsweise Komödien. Die Aufführungen fanden als Wettbewerb statt. Das Preisgericht bildeten Bürger, und vermögende Bürger wurden ehrenamtlich mit der Ausrichtung beauftragt. Es figurierten zwei bis drei Schauspieler und ein Chor aus Bürgern. Aufführungsort war das Dionysostheater am Fuße der Akropolis. Zuschauer waren die Bürger.

Mit Dionysos selber hatten Tragödie und Komödie in der uns bekannten Form nichts mehr zu tun. Die Beziehung scheint in einer Entwicklung der dramatischen Chöre aus dem Dithyrambus, dem Chorlied für Dionysos, zu bestehen. Genaues war schon Aristoteles, der in seiner 'Poetik' (1448b ff.) manche brauchtümliche Erklärungsmöglichkeiten erwägt, nicht mehr bekannt. Für unser Thema ist die besondere Wirkung und Bedeutung von Interesse, die die Aufführung so hochentwickelter Kunst im Rahmen der religiösstaatlichen Repräsentation vor dem Volke gesellschaftlich als Kommunikations- und Bildungsfaktor haben mußte. Athens Beispiel machte Schule. Spätestens zur Zeit des Hellenismus waren Theateraufführungen in den meisten griechischen Städten üblich. Voraussetzung dafür war die Verbreitung von Texten, mit der wir für die Tragödie seit etwa 500, für die Komödie seit etwa 450 v. Chr. zu rechnen haben. Zwar war das primäre Medium des Dramas das Aufführungsereignis, doch es wurden Archivexemplare verwahrt, die Dichter selbst kannten die Stücke ihrer Vorgänger und Konkurrenten, besaßen also Abschriften, und ebenso auch andere Gebildete, wie Dichter anderer Gattungen, Philosophen und Redner. Euripides z. B. galt als bedeutender Büchersammler.

2.3.1. Die *Tragödie* handelte von Stoffen des Mythos, gelegentlich auch der Geschichte, und bereicherte durch unmittelbare Wirkung die Mythenkultur. Diese Wirkung ist nach dem Tragödiensatz der Aristotelischen 'Poetik' (1449b, 24) „durch Mitleid und Furcht die Linderung von solchen Leiden". Wirklich kann dies bei allen drei klassischen Tragikern, Aischylos, Sophokles und Euripides, gelten, so unterschiedlich sie in der Auseinandersetzung mit ihrer Zeit das Tragische der Kluft zwischen Götterwillen und menschlichem Schicksal deuteten: Stets erlebt das Publikum vor Augen das Furchtbare als Paradigma mit und gewinnt Einsicht in Bedingungen des Menschlichen.

Nach den drei Klassikern des 5. Jhs. war die Blüte der Tragödie vorbei. Mit zunehmender Rationalität und Säkularisierung des Geisteslebens, die schon bei Euripides deutlich ist, ging der kultische Bezug der Tragödie verloren, und die Tragödie, zwar weiter eifrig gepflegt, wurde säkulares Bildungstheater.

Einige Tragödiendichter traten im 4. Jh. noch hervor, doch bald wurden Wiederaufführungen der Klassiker vorgezogen. Daneben waren private Lektüre und Rezitationen beliebt; die Tragödie wurde Literatur, wurde Schullektüre und in Büchern verbreitet und tradiert.

Auf der Höhe des Hellenismus kam das griechische Theater nach Rom. Auf Senatsbeschluß wurden seit 240 v. Chr., nach dem Friedensschluß mit Karthago, zu öffentlichen Festen (*ludi*) Tragödien und Komödien aufgeführt, zumeist Übertragungen griechischer Stücke, daneben auch römische. Besondere Feste wie Triumph, Einweihungsfeier, Leichenbegängnis waren ebenfalls Anlässe. Die Organisation oblag bei den öffentlichen Spielen hohen Beamten, den Ädilen. Die Theaterbauten gehörten stets zu Tempelbezirken. Die Aufführungen waren also wiederum mit dem Staatskult verbunden. Jener Senatsbeschluß war ein kulturpolitisch höchst bedeutsamer Akt, gelangte doch griechische Kultur nun in das Volk.

In der Tragödie wurde wie bei den hellenistischen Griechen Euripides bevorzugt. Bedauerlicherweise ist die gesamte römische Tragödie der republikanischen Zeit, immerhin von Horaz (Epistel 2, 1, 164 ff.) und Quintilian (10, 1, 97 ff.) gelobt, die Tragödien des Naevius, Ennius, Pacuvius, Accius, verlorengegangen; desgleichen die Tragödien der Augusteischen Zeit, darunter eine 'Medea' Ovids. Erhalten blieben erst aus Neronischer Zeit die nach griechischen Vorbildern verfaßten Tragödien des Philosophen Seneca, die dann von größter Wirkung auf die Tragödie der Neuzeit waren. Charakteristisch für sie sind hohes Pathos, pointierte Paradoxa und Sentenzen und eine Vorliebe für Greuel und Monströses. Ob sie im Theater aufgeführt oder nur gelesen und deklamiert wurden, ist umstritten (vgl. See, Bd. 3, 253 f., Cancik). In den behandelten Stoffen von Hochmut und Greueln in Fürstenhäusern mag man wohl mythologisch verbrämte Parallelen zur späten julisch-claudischen Dynastie sehen — auch eine Form politischer Kritik also. Von Tacitus wissen wir, wie gefährlich jegliches freie Wort war, selbst das verhüllte: dem Dichter Aemilius Scaurus wurden Verse seiner Tragödie 'Atreus' zum Verhängnis (Annalen 6, 29, 3).

2.3.2. Die altattische *Komödie*, wie die Tragödie auf nicht völlig geklärte Weise im Dionysoskult entstanden, repräsentiert durch elf erhaltene Stücke des Aristophanes (um 445–386 v. Chr.) und viele Fragmente anderer Komiker, war etwas wesentlich anderes als das spätere bürgerliche Lustspiel. Sie war ein phantastischer Zerrspiegel der Verhältnisse und Geschehnisse des Stadtstaates Athen. Zur Darstellung kam vor dem Volke von Athen das öffentliche Leben Athens: die äußere und innere Politik, Personalia, gesellschaftliche Themen wie alte und neue Erziehung, Gerichtswesen, Wirtschaft, Kunst, Musik, Dichtung, Götter. Die Thematik war im weiten Sinne politisch. Zur witzigen Kritik an Verhältnissen kam persönlicher Spott, vom gutmütigen Scherz bis zur scharfen Invektive und Karikatur, gegen prominente Persönlichkeiten wie den Demagogen Kleon, den Philosophen Sokrates, den Tragiker Euripides und viele andere irgendwie auffällige Zeitgenossen. In bestimmten Chorpartien, der sog. Parabase (Vorbeizug), wurde das Publikum mit einem Anliegen direkt angesprochen.

In einer eigenen Dimension phantastischer Komik zwar, hatte diese Komödie auch die kommunikative Funktion der politisch-gesellschaftskritischen Satire, vergleichbar dem Kabarett. Die respektlose Lizenz war möglich in der Demokratie des souveränen, mächtigen Athen und seiner freien und gleichberechtigten Bürger. Zeit- und ortsgebunden, wie sie war, war diese Form der Komödie nicht übertragbar. Mit dem Ende ihrer einzigartigen Bedingungen im Niedergang Athens, aber auch durch den Einfluß der Tragödie, wandelte sich im 4. Jh. v. Chr. die Komödie zum gemeinverständlichen Drama, zur Intrigen- und Charakterkomödie des privaten Alltags. Der Chor verlor seine Rolle und verschwand schließlich. Mit der sog. Neuen Komödie prägte Menander (ca. 342–291 v. Chr.) die Gattung für die Zukunft. Sie wurde allgemeines Gut des hellenistischen Kulturlebens, als unterhaltende Theaterveranstaltung im heutigen Sinne und auch als in Buchform verbreitete Literatur.

Der Verbreitung und Beliebtheit entspricht die Überlieferung nicht. Lange Zeit war uns die Neue Komödie des Menander und der ähnlich erfolgreichen Dichter Philemon, Diphilos und Apollodoros von Karystos nur aus Zitaten kenntlich, bis Papyrusfunde einiger Menanderstücke und 1959 sogar ein ganzes Stück Menanders, der 'Dyskolos' (Der Mürrische), erschienen. Im übrigen kennen wir Stücke der Neuen Komödie aus den Nachbildungen der römischen Komödiendichter Plautus (ca. 250–184 v. Chr.) und Terenz (2. Jh., gest. 159 v. Chr.) – jedenfalls typisch, denn manche Änderungen an der Dramaturgie und namentlich bei Plautus auch viel Eigenes in Sprache und Witz sind zu gewärtigen. In Rom blühte die Komödie durch die Meister Plautus und Terenz schon bald nach ihrer Einführung und trug so zur Vermittlung griechischer Literatur bei. Zwar ging nach Terenz die Produktion bereits zu Ende. Literarisch lebten Plautus und Terenz aber fort und wurden die Mittler der antiken Komödie für die Neuzeit.

3. Literatur der Erkenntnis, Bildung, Belehrung

3.1. Philosophie und Rhetorik

Das Bestreben, die umgebende Welt methodisch zu erklären, begann mit der Kritik an den Göttern Homers, sichtbar zuerst in Hesiods Epos 'Theogonie'. Die eigentliche Philosophie begründeten die sog. Naturphilosophen oder auch Vorsokratiker des 6. und 5. Jhs. v. Chr., meist aus dem kulturell damals führenden kleinasiatischen Jonien oder aus Unteritalien stammend. Es handelt sich um verschiedene spekulative Systeme des Ursprungs und der Zusammensetzung der Natur, worunter alles Seiende einschließlich Götter und Menschen verstanden wurde. Für unser Thema ist merkwürdig, daß die frühen Philosophen wie Xenophanes, Parmenides und Empedokles ihre Lehren in epischen Gedichten abfaßten. So prägend war diese traditionelle Form, daß sich ihrer bediente, wer sich mit dem Anspruch bedeutender und wahrer Verkündigung an das Publikum wandte, mochte er auch trockene Materie behandeln wie Parmenides seine erkenntnistheoretische Ontologie.

Zu den ersten philosophischen Prosa-Autoren gehörte der Naturphilosoph Anaxagoras mit den Sophisten Protagoras, Gorgias, Prodikos Mitte des 5. Jhs. v. Chr. Anaxagoras ist auch ein Beispiel für ein schon allgemeineres Interesse an philosophischen Büchern: Anaxagoras Schriften konnte man auf dem Athener Büchermarkt kaufen (Plato, Phaedo 97c–98d), und auf ihn berief sich Sokrates in seiner Apologie vor dem Volk, eine gewisse Kenntnis also voraussetzend (Plato, Apol. 26d). Wegen seiner astronomischen Theorien der Gottlosigkeit angeklagt, mußte Anaxagoras Athen verlassen. Sokrates schrieb keine Bücher. Er sah als der Philosophie gemäß das Gespräch an (Plato, Protagoras 329a), Bücher ließ er nur als Hilfe des Gedächtnisses gelten (Plato, Phaedrus 275a). An diese Konzession hielt sich glücklicherweise Platon: sein großes philosophisches Oeuvre und drei Sokrates-Schriften Xenophons sind die ersten uns ganz erhaltenen philosophischen Bücher der Antike.

Mit Sokrates und dem 4. Jh. begann die große Zeit der Athener Philosophenschulen, die sich zum einen der Ethik, Logik und Ontologie zuwandten, zum andern, durch Aristoteles, eine enzyklopädische Wissenschaftslehre einschlossen. An diesen Schulen bestanden selbstverständlich Bibliotheken. Eine besonders große Bibliothek besaß Aristoteles, der für die ihm methodisch wesentliche intensive Auseinandersetzung mit den Vorgängern Literatur aller Fachgebiete systematisch sammelte. Ein abenteuerlicher Weg seiner eigenen hinterlassenen Schriften bezeugt die Wertschätzung solcher Bibliotheken. Die bedeutendsten Schulen waren: Platons Akademie, die ununterbrochen, mit einem nochmaligen Höhepunkt im Neuplatonismus des 3./4. Jhs. n. Chr. durch Plotin, Porphyrius und Jamblich, bis zu ihrer Auflösung durch Justinian 529 existierte; der durch Aristoteles begründete Peripatos, der in Theophrast und Demetrius von Phaleron bedeutende Nachfolger hatte und schließlich im Neuplatonismus aufging; die bis ins 4. Jh. n. Chr. bestehende Schule der Epikureer; die etwa gleichzeitige, von Zenon gegründete und von Chrysipp und im Späthellenismus von Panaitios und Poseidonios entwickelte Stoa. Kleinere sokratische Gruppen waren die Kyniker und die Skeptiker, deren bedeutendster Vertreter Sextus Empiricus (2. Jh. n. Chr.) wurde. Die größte Breitenwirkung erlangte die Philosophie für die Ethik, die Dialektik und die Theologie. Neben der Rhetorik, der Hauptdisziplin der von der Sophistik begründeten und von Isokrates etablierten Bildungslehre, hatte sie wesentlich Anteil an dem humanistischen Ethos der Gebildeten der hellenistischen Welt.

Nach Rom kam die griechische Philosophie besonders seit der 2. Hälfte des 2. Jhs. v. Chr., nach der Befriedung Griechenlands, durch Zuzug griechischer Philosophen und auch durch Literatur. Um die Vermittlung ins Lateinische machten sich am meisten Lukrez, Cicero und Seneca d. J. verdient. Lukrez (ca. 98−55 v. Chr.) stellte in seinem großen epischen Lehrgedicht 'De rerum natura' die materialistische Lehre Epikurs dar. Cicero verfaßte ein umfangreiches Oeuvre philosophischer Schriften, nach Platons Vorbild in Dialogform (u. a. 'De re publica', 'De legibus', 'De finibus bonorum et malorum', 'Academica', 'Tusculanae disputationes', 'De divinatione'). Hinzu kommen gemäß seinem Ideal des philosophisch gebildeten Redners auch seine rhetorischen Schriften (bes. 'De oratore', 'Brutus', 'Orator'). Ciceros Position war eine skeptisch-eklektische zwischen Stoizismus, Akademie und Peripatos. Um inhaltliche Eigenständigkeit ging es ihm nicht; er verfolgte laut Vorrede zum 2. Buch 'De divinatione' erklärtermaßen eine pädagogisch-didaktische Absicht: in unermüdlicher Sorge um den Staat seinen Mitbürgern die Wege zu den besten Wissenschaften zu vermitteln, jedes Thema der Philosophie in lateinischer Sprache zu öffnen, die Jugend zu lehren und zu bilden. Er schuf eine Bibliothek der Philosophie und Rhetorik. Seine Leistung der Quellenauswahl, der gänzlich römischen Umsetzung und nicht zuletzt der Latinisierung der philosophischen Terminologie ist nicht hoch genug zu schätzen. − Der jüngere Seneca (ca. 4−65 n. Chr.) schließlich war ein einflußreicher Vermittler stoischer Philosophie: mit seinen praktischen ethischen Begriffen geltenden 'Dialogen' (u. a. 'De providentia', 'De constantia', 'De ira', 'De tranquilitate animi', Trostschriften und Traktaten ('De clementia', 'De beneficiis'), den sittenpredigtartigen fiktiven Briefen 'Epistulae morales' und einem Lehrbuch 'Naturales quaestiones'. Nicht Theorievermittlung war Senecas Anliegen, sondern Anleitung zu praktizierter stoischer Ethik.

3.2. Geschichtsschreibung

3.2.1. In der Antike war die *Geschichtsschreibung* keine Fachwissenschaft wie heute, sondern eher eine Gattung der Literatur. Cicero (De legibus 2, 5) nennt sie „am ehesten ein rednerisches Werk", Quintilian (10, 1, 31) „den Dichtern sehr nahe und eine Art Gedicht in Prosa". Und beiden ist sie ein wichtiges Bildungsgut für den angehenden Redner, d. h. für jeden in der Öffentlichkeit Tätigen. Was sie aber von der Dichtung unterschied, waren Gegenstand, Methode und ein Zweck.

Herodot (ca. 485−425 v. Chr.), mit Ciceros Wort der Vater der Geschichte, beschrieb die Perserkriege, damit das Geschehene nicht durch die Zeit ausgelöscht werde und damit man die Ursachen wisse (Proömium). Neu waren erstens seine analytische, Verfassungsfragen und Ethnographie einbeziehende Gesamtschau dieser Kriege als einer prinzipiellen Auseinandersetzung zwischen Griechen und Barbaren und zweitens eine bewußte Forschungsmethode, die sich auf eigene Anschauung und Erkundigung bei Zeugen stützte. Hiernach war die Bezeugung eine Bedingung der Geschichtsschreibung.

Der Athener Thukydides (ca. 460–400 v. Chr.) vollendete dieses anspruchsvolle Ethos und Methodenbewußtsein. Er beschrieb den Peloponnesischen Krieg, den er als Zeitgenosse erlebte und als ein die griechische Welt in ihrem Grunde erschütterndes politisches Geschehen deutete. Zugleich stellte er damit exemplarisch Machtpolitik und politisches Verhalten der Menschen dar. Selbstbewußt übergab er sein Werk als einen „Besitz für immer". Unterhaltsam – wie der lebendig erzählende Herodot – wollte er nicht sein, mit Strenge hielt er sich an das, was seiner kritischen Prüfung standhielt. Sein kunstvoller, schwieriger Stil zwingt zum genauen Mitdenken. Berühmt sind die Reden, die er wiedergab nicht nach ihrem Wortlaut, sondern nach der Logik ihrer Situation, als ein Mittel also, die wirklichen Motive der Handelnden zu offenbaren. Der Anspruch des Thukydides ist berechtigt, ein historisches und politisches Lehrstück zu geben.

An Herodot und Thukydides hatte die antike Historiographie ihre Maßstäbe. Sie mußte wahrhaftig sein, bedeutsame, der Erinnerung und des Beispiels würdige Geschehnisse, meist Kriege, Revolutionen u. ä., behandeln und sie erklären. Literarisches Niveau des Stils war selbstverständlich. Was nach heutigem Verständnis fehlte – nicht ganz bei Herodot –, das war die Berücksichtigung der Institutionen-, Wirtschafts-, Sozial-, Kulturgeschichte. Solchen Themen galt exotisches oder antiquarisches Interesse, z. B. Tacitus ethnographische Schrift 'Germania', oder Varros 'Antiquitates'.

Die Perspektive war gesamtgriechisch, später gesamtrömisch. Damit wandten sich die Historiker an das Interesse der politisch maßgeblichen Schicht. Sie dienten nicht nur der Erinnerung, sie trugen auch wesentlich zur politischen Meinungs- und Willensbildung bei, indem sie politisches Geschehen exemplarisch deuteten und beurteilten. Sehr deutlich wurde dies zu Zeiten der Unfreiheit, am Ende der römischen Republik und unter dem Prinzipat. Cicero, laut Einleitung zu 'De legibus', nahm wegen persönlicher Gefahr von dem Plan eines Geschichtswerkes Abstand. Und Tacitus vermied die geplante Behandlung der Gegenwart, gab indes durch Anspielungen, deren er ein Meister war, der Gegenwart Deutung genug.

Unter den griechischen Historikern ist besonders noch Polybios (ca. 200–120 v. Chr.) hervorzuheben, der als ehemaliger Politiker und Militär mit fachkundigem Urteil den Aufstieg Roms zur Weltmacht aus der vorteilhaften gemischten Staatsverfassung begründete. – Die bedeutendsten römischen Geschichtsschreiber an Urteil und Sprachkunst waren Sallust (86–34 v. Chr.), Livius (50 v.–17 n. Chr.) und Tacitus (55–116/20). Während Sallust in seinen Büchern 'Über die Verschwörung des Catilina' und 'Der Krieg gegen Jugurtha', stilistisch nach Thukydides Vorbild, von moralistischer Warte ein düsteres Bild des politischen Niederganges zeichnete, schrieb Livius poetisch, breit erzählend, eher im Stile des Herodot eine Geschichte der römischen Republik 'Ab urbe condita'. Gute und schlechte Beispiele zu zeigen, sah er als vorzügliche Aufgabe der Historiographie an (Vorwort). Tacitus war der größte und anspruchsvollste römische Historiker. Seine 'Annalen' beginnend mit dem Tode des göttlichen Augustus', über die Jahre 14 bis zum Tode Neros 68, sind ein Meisterwerk der politischen und menschlichen Psychologie, der Dramatik und eines zwingend prägnanten Stils. Er vertrat bewußt die hohe, kunstvoll ausgeführte Historiographie: in der Vorrede seiner 'Historiae', über die Jahre 69–96, vergleicht er die dargestellte Zeit und seine Darstellung einer Tragödie. Keine Alltagsdinge, nur wichtige Ereignisse gehörten in das Geschichtswerk, sagt er 'Annalen' 13,31.

3.2.2. Die *Biographie* zählte in der Antike nicht zur Geschichtsschreibung. Das biographische Interesse war eher ein philosophisches und psychologisches, es galt dem Ethos der Person, der besonderen Lebensform, dem Vorbild, den Beziehungen zwischen Person und ihrem Werk. Historische Quellen sind sie daher nur eingeschränkt. An biographischen Schriften unterscheiden wir Lobreden, Lebensbilder und biographische Sammelwerke.

Beispiele der Lobrede (*panegyrikos, laudatio*) sind Isokrates Rede auf den kyprischen König Euagoras, Xenophons Rede auf den Spartanerkönig Agesilaos, der Panegyricus des jüngeren Plinius auf Kaiser Trajan und der des Eusebios auf Konstantin den Großen. Lebensbilder (*vita*) schrieben z. B. Xenophon mit seiner 'Kyrupädie', einer romanhaften Erziehungsgeschichte des persischen Königs

Kyros I., und mit seinen 'Erinnerungen an Sokrates', und Tacitus mit der Gedenkschrift auf seinen Schwiegervater 'Vita Iulii Agricolae'. Biographische Sammelwerke gab es seit hellenistischer Zeit, z. B. von dem Grammatiker Satyros (2. Jh. v. Chr.); nur Stücke sind erhalten. Aus dem 1. Jh. v. Chr. ist die Sammlung kurzer Biographien 'De viris illustribus' des Cornelius Nepos zu nennen, vom Anfang des 2. Jhs. n. Chr. Suetons populäre, vielfach anekdotische Werke 'De vita Caesarum' und, nur mit einigen Dichterviten erhalten, 'De viris illustribus'. Etwa aus gleicher Zeit stammen die berühmten 'Vitae parallelae' des akademischen Philosophen Plutarch, eine Sammlung paarweise verglichener berühmter Griechen und Römer. Von Diogenes Laertios (3. Jh. n. Chr.) haben wir ein Werk über Leben, Lehren und Aussprüche großer Philosophen.

3.2.3. Zu den Büchern historischen Inhalts gehören *memoiren*-artige Berichte über persönlich vom Autor miterlebte oder auch mitgestaltete historische Geschehnisse. Diesen Typ repräsentiert zuerst Xenophons 'Anabasis', Bericht über einen von ihm geleiteten Söldnerzug. Das berühmteste Beispiel sind Caesars Berichte über die Eroberung Galliens, 'De bello Gallico', und über den Bürgerkrieg, 'De bello civili'. Dem militärisch-amtlichen Zweck entspricht eine sachliche Sprache. Bei Caesar freilich ist der Berichtsstil, besonders im 'Bellum Gallicum', so makellos und klar geformt, daß ihm ein eigener literarischer Rang gebührt. Die betonte Nüchternheit mußte das Verdienst des Berichterstatters nur desto mehr empfehlen – nicht unbeabsichtigt: eine hohe Kunst der Propaganda.

3.3. Lehrgedicht

Die an sich sachliche und unpoetische Belehrung erschien im frühen Griechenland als Buch seltsamerweise zuerst in epischen Gedichten. So sehr war das Epos in Hexametern noch die Form der literarischen Äußerung des Wissenden schlechthin. Als seit klassischer Zeit dann Philosophie und Wissenschaften sich der Prosa bedienten, lebte das Lehrgedicht als dichterische Gattung fort, bei der die Belehrung mehr das Mittel zum Zweck war.

Als erste Lehrgedichte begegnen die Kurzepen 'Theogonie' und 'Werke und Tage' des ein Jahrhundert nach Homer um 700 v. Chr. lebenden böotischen Dichters Hesiod. Die 'Theogonie' bildet in der Form der Genealogie ein System der griechischen Götter und einiger abstrakter göttlicher Mächte. Die 'Werke' begründen im ersten Teil die Arbeit und das Recht als Basis menschlicher Lebensweise, der zweite Teil ist ein Katalog von Anweisungen zum Götterdienst, zu Lebensverhältnissen und zur bäuerlichen Arbeit. Um Prinzipien der Welterklärung ging es auch den dichtenden Naturphilosophen: Xenophanes (um 600 v. Chr.), der einen einzigen Geist-Gott lehrte, Parmenides (um 500 v. Chr.), dem ersten Ontologen, der das Sein als nur dem Denken zugänglich von bloßer Meinung abhob, und Empedokles (5. Jh. v. Chr.), der die Welt aus den vier Elementen und den wirkenden Mächten Liebe und Streit erklärte.

Im Hellenismus und in Rom wurde das Lehrgedicht zu einer beliebten poetischen Form, um Fachwissen kunstvoll darzustellen. Neben dem ästhetischen mochte es ein didaktischer Zweck auch sein, den Stoff populär und leicht merkbar zu vermitteln. Griechische Beispiele sind die 'Phainomena' (Himmelserscheinungen) des Arat (3. Jh. v. Chr.), Nikanders (2. Jh. v. Chr.) Gedichte über Mittel gegen Tierbisse und Vergiftungen und aus der Kaiserzeit Gedichte über Fischfang und Jagd zweier Dichter namens Oppian.

In Rom ist zuerst im 1. Jh. v. Chr. das Epos 'De rerum natura' des Lukrez zu nennen, ein Werk von hohem poetischem Rang über die materialistische epikureische Naturphilosophie. Die Lehre ist mit seherischem Ernst vorgetragen; das Vorbild war Empedokles. Auch Vergils Gedicht über den Landbau, 'Georgica', geht über nur ästhetische Kunst hinaus: deutlich auf Hesiods 'Werke' sich beziehend, stehen der Preis der bäuerlichen Arbeit und die *condition humaine* im Hintergrund. Ovids erotische Lehrgedichte, in elegischen Distichen, 'Ars amatoria' und 'Remedia amoris', entsprechen ganz artistischer Kunstauffassung des Hellenismus. Weit entfernt, Unkundige zu belehren, wenden sie sich gerade an den Kenner, der die raffinierten Beobachtungen, Andeutungen und Gleichnisse zu genießen weiß. Philosophisch erbaulichen Gehalt hat das auf stoischer Lehre fußende Gedicht 'Astronomica' des etwas jüngeren Manilius (Anfang 1. Jh. n. Chr.). Mit einem kleinen Gedicht über den Gartenbau schmückte der Fachschriftsteller Columella (1. Jh. n. Chr.) das Gartenbau-Buch seines Prosawerkes über die Landwirtschaft.

3.4. Fachbuch

Mit dem Schwinden des naiven Mythenglaubens nahmen Bemühungen um eine rationale Welterklärung zu, in die sich seit der späteren griechischen Klassik die Philosophie und die die Rhetorik begleitenden Fachwissenschaften teilten. Vorher wurden Disziplinen wie Medizin, Astronomie, Mathematik, Musik, Technik, die weiter zurückreichen, mehr in Schulen als durch Publikation tradiert. Besondere Wegbereiter der Wissenschaften waren zum einen die positive Wissenslehre der Sophistik im 5. Jh., die in das Bildungsideal des Redelehrers und Erziehers Isokrates (436–338 v. Chr.) einging, und die enzyklopädische Wissenschaftsstheorie des Aristoteles (384–322 v. Chr.). Die wichtigsten Formen der Fachliteratur waren Lehrbücher, Lexika – von welchen wir allerdings zumeist nur indirekt aus byzantinischen Nachfahren Kenntnis haben –, und enzyklopädische Handbücher. Aus Texthinweisen z. B. bei Platon, Aristoteles, Euklid, Vitruv, direkt nur noch aus zwei Papyri des 2. und 1. Jhs. v. Chr., sind gelegentliche, bes. geometrisch-technische, Textillustrationen zu erschließen bzw. bekannt, wie Stückelberger (1994) ausgeführt hat.

3.4.1. Erste Fachbücher sind die unter Hippokrates Namen als Corpus überlieferten, vom 5. Jh. bis um 370 v. Chr. entstandenen medizinischen Schriften, Lehrbücher der Geometrie von Hippokrates von Chios und der Rhetorik von Teisias und Anfang des 4. Jhs. v. Chr. Xenophons Fachschriften zur Reitkunst, zur Jagd und zur Haushaltsführung. Aristoteles handelte über nahezu alle Fächer, mit unzähligen empirischen Erkenntnissen, wiewohl diese Studien ihm hauptsächlich zur Systematisierung der Wissenschaften dienten. Vor allem Naturwissenschaftler war sein Schüler Theophrast, von dem zwei botanische Schriften erhalten sind. Die Fachschriftstellerei war rege. Die Literatur erwähnt zahlreiche Bücher von Gelehrten aller Fächer; doch sind die Werke selbst großenteils nicht erhalten. Dies liegt an einem anderen Verständnis von Autorschaft bei Fachbüchern. Ihr Zweck war sachliche Belehrung, Adressaten waren Fachleute oder Adepten, die sprachliche Form war durchweg kunstlos, nicht literarisch. Die Ergebnisse wurden von Nachfolgern verwendet und so inhaltlich, nicht als individueller Text tradiert, bis zu einem Standardwerk, das dann lange gültig blieb.

Beispiele klassischer und teils die Antike überdauernder Standardwerke, in denen eine Tradition namhafter Fachliteratur aufgehoben war, sind: in der Mathematik die 'Elemente' des Euklid (um 300 v. Chr.); in der Astronomie und Geographie Ptolemaios (2. Jh. n. Chr.); in der Musik Aristeides Quintilianus (3. Jh. n. Chr.), in der Zoologie und Botanik Aristoteles, Theophrast und Plinius d. Ä. (1. Jh. n. Chr.); in der griechischen Grammatik Dionysios Thrax (2. Jh. v. Chr.); in der Poetik Aristoteles und das Lehrgedicht 'Ars poetica' des Horaz. Mit der Medizin verhielt es sich etwas anders: hier wurden alten neue Schriften hinzugefügt, so daß eine Fachbibliothek entstand, das nach Hippokrates benannte Schriften-Corpus. Dessen Bedeutung wurde erst im 2. Jh. n. Chr. durch das umfassende Werk des Galen zurückgedrängt.

3.4.2. Rom trug keine eigenen Wissenschaftsgebiete oder -methoden bei, mit einer, allerdings glänzenden Ausnahme: der Jurisprudenz. Mit dieser Ausnahme gab die römische Fachliteratur sekundär, kompilatorisch griechische Wissenschaft wieder. Dabei lag charakteristischerweise der Schwerpunkt auf Disziplinen von praktischem Interesse: Landwirtschaft, Medizin, Technik, Architektur, Geographie, Biologie, Altertümer. Bücher über die Landwirtschaft haben wir von Cato d. Ä. (um 150 v. Chr.), von Varro (um 36 v. Chr.) und Columella (1. Jh. n. Chr.). Ein bis zur Renaissance maßgebliches Werk der gesamten Baukunst und Bautechnik war Vitruvs 'De architectura' (1. Jh. n. Chr.). Bemerkenswert ist eine Reihe voluminöser Enzyklopädien der Römer: z. B. Varros nur z. T. erhaltenes Werk 'De lingua Latina' und sein leider verlorenes Lexikon 700 berühmter Griechen und Römer, 'Imagines', eine Enzyklopädie des Celsus (1. Jh. n. Chr.), von der nur noch 'De medicina' erhalten ist, die monumentale 'Naturalis historia' des älteren Plinius in 37 Büchern, die etwa 470 Autoren erwähnt.

4. Literatur öffentlicher Angelegenheiten

4.1. Rechtsliteratur

Die öffentliche Bekanntgabe von Gesetzen und Erlassen geschah in der Antike inschriftlich, besonders auf Wänden, Säulen oder Holztafeln. Für das Archiv und zum Handgebrauch dienten Ausfertigungen auf Papyrus.

Gesetzessammlungen in Buchform gab es jedoch bis zur Kodifizierung des römischen Rechts im Ausgang der Antike nicht. Griechenland kannte keine theoretische Befassung mit dem Recht und kein juristisches Schrifttum. Die Rechtsanwendung beruhte wesentlich auf der Überzeugung im Prozeß und war das Feld der Rhetorik. Quellen des griechischen Rechtswesens sind daher vor allem die Redner. Rechtstheorie und Rechtswissenschaft und ein entsprechendes juristisches Schrifttum sind das große Vermächtnis der Römer. Dabei ist das eindrucksvolle Zeugnis ihrer reichen Rechtsliteratur nur noch eine Auswahl: nämlich als einziges vollständiges Werk ein Lehrbuch, die 'Institutiones' des Gaius (2. Jh. n. Chr.) und die große, unter Justinian zusammengestellte Sammlung von Auszügen der klassischen Juristen ('Digesten' oder 'Pandekten') und der kaiserlichen Erlasse und Novellen, das 'Corpus iuris civilis' (528—534 n. Chr.).

Die Basis an Rechtsnormen war anfangs schmal: sie bestand in dem aus dem 5. Jh. v. Chr. stammenden Zwölftafelgesetz und aus einem Komplex von Rechtsregeln, der sich durch jährliche Edikte der mit Jurisdiktionsgewalt ausgestatteten Magistrate, der Prätoren und der kurulischen Ädilen, unter dem Prinzipat durch kaiserliche Erlasse, bildete. Daher kam der kasuistischen Rechtsauslegung großes Gewicht zu. Sie erfolgte, da Amtsträger und Schwurgerichte nicht speziell rechtskundig waren, durch Gutachten freier Juristen, die keine Beamten waren. Die Gutachten namhafter Juristen wurden in verschiedener Form auch veröffentlicht. Sie trugen so ihrerseits normierend zur Rechtsentwicklung bei.

An Publikationsformen von bedeutenden Juristen des 1. und 2. Jh. n. Chr., wie Javolen, Julian, Labeo, Celsus, Pomponius, Gaius, Papinian, Paulus, Ulpian, kennen wir: Sammlungen von 'Responsa', lapidaren Bescheiden ohne nähere Einlassungen, oder auch von erörterten Bescheiden in Briefform (mit Leitsätzen sozusagen); 'Quaestiones' oder 'Disputationes', eingehendere Falluntersuchungen (Aufsätze); 'Digesta', Bücher gesammelter Äußerungen eines Juristen oder mehrerer in rechtssystematischer Ordnung, bedeutendste von Celsus und Julian; ausführliche 'Commentarii', oder kürzere 'Notae', diese besonders zu anderen Juristen; endlich 'Regulae', anspruchsvollere Lehr- und Handbücher, von welchem Typ nur die 'Institutiones' des Beiruter Rechtslehrers Gaius ganz erhalten sind, das Standardwerk der Juristen des Imperiums.

4.2. Reden

Die öffentliche Rede spielte seit ihrer ersten Blüte in der attischen Demokratie in der gesamten griechisch-römischen Antike eine herausragende Rolle. Als technische Kunst wurde die Rhetorik unter dem Einfluß der Sophistik in der maßgeblichen Erziehungslehre des Isokrates Grundlage aller Bildung der jungen Griechen und später auch Römer. Arten, Regeln, Aufbau, Elemente, Stilmittel wurden Gegenstand systematischer Lehre, die in Aristoteles 'Rhetorik' ihre grundlegende Theorie erhielt und durch Lehrbücher und Lehrer vermittelt wurde. Man unterschied drei Arten der Rede: die politische Rede, die Gerichtsrede und die Festrede. Reden aller dieser Arten wurden als Bücher veröffentlicht, sei es als politische Dokumente, um über den Anlaß hinaus zu wirken im Sinne einer politischen Publizistik, oder als stilistische Muster, also aus literarischem Grunde. Muster waren, und zwar auch für die Römer, die attischen Redner, besonders Lysias, Isokrates und Demosthenes.

Isokrates, physisch selbst zum Redner wenig begabt und daher durch Lehre und Schriften wirkend, ist mit seinen in Umfang und Ausführung über echte Reden hinausgehenden Schriften, bestimmt von patriotischer, panhellenischer und humanistischer Gesinnung, zum Prototypen eines politischen und kulturellen Publizisten geworden. Auch die Prozeß- und politischen Reden des unermüdlich für Athens Freiheit eintretenden Demosthenes haben vielfach auch publizistischen Charakter.

Gleiches gilt für den größten Redner Roms, für Cicero, dessen umfangreiches Reden-Corpus die politischen und gesellschaftlichen Verhältnisse der Zeit begleitet und spiegelt, autobiographisches ebenso wie zeitgeschichtliches Dokument und politische Stellungnahme. Solche Gründe bewogen Cicero zur Publikation seiner Reden, wie es vor ihm schon der alte Cato (2. Jh. v. Chr.) und gelegentlich andere Politiker getan hatten. Ein nicht geringeres Motiv wird es für Cicero, den auch großen Rhetorik-Lehrer und Literaten, gewesen sein, seine Reden als Stilmuster den attischen Rednern an die Seite zu stellen. Er war selbst mit seinen rhetorischen Werken, 'Rhetorica' (systematisch), 'De oratore' (philosophisches Rednerideal), 'Brutus' (historisch) und 'Orator' (stilvergleichend), der maßgebliche römische Theoretiker der Rhetorik. Nach ihm verfaßte im 1. Jh. n. Chr. Quintilian, auf griechischer Theorie und Ciceros Vorbild aufbauend, seine für die Erziehungs- und Bildungslehre weit in die Zukunft reichende 'Institutio oratoria'.

4.3. Briefe

Briefe waren in der Antike wie heute gewöhnlich an bestimmte Adressaten, nicht an die Öffentlichkeit gerichtet. Damals wie heute gab es aber Ausnahmen, sei es daß der Schreiber, oder ein Herausgeber, Briefe im nachhinein für allgemein mitteilenswert erachtete, oder daß er sie von vornherein im Blick auf eine Veröffentlichung oder nur dafür verfaßte. Persönliche und dem Publikum zugedachte Anliegen konnten sich vermischen, die ganze Vielfalt des Persönlichen und Öffentlichen Thema sein.

Nach der Intention des Schreibers lassen sich folgende Typen von Briefbüchern unterscheiden:

(i) *eigentliche Briefe* und Korrespondenzen, die hernach veröffentlicht wurden, manche, doch durchaus nicht alle geplant: z. B. von Platon, Plutarch, Cicero, Plinius d. J. an Kaiser Trajan, Libanios, Cassiodors 'Variae' (seine amtlichen Erlasse als Minister Theoderichs); Ciceros umfängliche, sein ganzes Wirken und Denken illustrierende Korrespondenz wurde postum von seinem Sekretär Tiro als biographisches und historisches Zeugnis publiziert;

(ii) fiktive *Kunstbriefe*, die zwar auch wirklich an die genannten Adressaten gegangen sein mögen, jedenfalls aber für das Publikum geschrieben waren: das beste Beispiel sind die Briefe Plinius d. J. (außer an Trajan), deren Briefform meist Einkleidung kleiner Essays, Kommentare zu aktuellen Ereignissen, Stellungnahmen, Rechtfertigungen ist; sie sind dem Feuilleton vergleichbar;

(iii) *Lehrbriefe*, besonders solche philosophischen, auch politischen Inhalts; die Adressierung war eine andere Form der Widmung: z. B. sendschreibenartige, 'offene' Briefe des Isokrates, des Aristoteles 'Protreptikos' (*Mahnschrift*), Briefe Epikurs und der Epikureer, Ciceros Schriften 'De officiis', 'Orator' und 'Topica', die sittenpredigtartigen 'Epistulae morales' Senecas d. J., die 'Responsen' der römischen Juristen;

(iv) *Briefgedichte*, von Horaz in seinen 'Episteln' zur eigenen Gattung erhoben, Gedichte popularphilosophischen und literaturkritischen Inhalts — die berühmte 'Ars poetica' gehört dazu; dem Beispiel folgten Properz Arethusabrief (4,3), Ovids Heroinenbriefe und Briefgedichte aus der Verbannung u. a.

4.4. Satire

Die *Satire*, ursprünglich wohl nur vermischte Gedichte bezeichnend, dann von Lucilius (2. Jh. v. Chr.) zum Spottgedicht geprägt, glossierte kritisch, witzig, darin der altattischen Komödie ähnlich, gesellschaftliche, politische, kulturelle Zeiterscheinungen. Die Funktion kann dem Feuilleton verglichen werden. Horaz vollendete die Gattung in der Spielart des lächelnden Humors in Skizzen zwangloser Gesprächssituationen, während in der Kaiserzeit Persius und Juvenal eine moralisierende, sarkastische Schärfe pflegten. Seneca d. J. verfaßte ein politisches Pamphlet 'Apocolocynthosis' (Verkürbissung), Parodie einer Apotheose zum Tod des Kaisers Claudius, im sog. Menippeischen Satirenstil. Diese Form, Prosa mit Verseinlagen, stammte von dem kynischen Popularphilosophen Menippos aus dem 4./3. Jh. v. Chr. Sie ist glänzend vertreten durch das überaus geistreiche, vielfältige Werk des sophistischen Literaten Lukian (2. Jh. n. Chr.).

5. Unterhaltungsliteratur

Unterhaltend ist manche der bisher betrachteten Literaturgattungen auch, etwa als feuilletonähnlich charakterisierte Satiren und Briefe, vieles aus der Dichtung oder biographische Literatur. Mit *Unterhaltungsliteratur* ist Literatur gemeint, die unterhaltend vor allem anderen sein will. Eine solche Gattung ist der antike *Roman*, der in späthellenistischer Zeit erst auftaucht. Romanhafte Züge kann man im Epos, in der Liebeselegie, in novellenartigen Erzählungen in Herodots Geschichtswerk, in Xenophons romanesker Biographie des Perserkönigs Kyros, in der Neuen Komödie, in den erotischen 'Milesischen Geschichten' des Aristeides (um 100 v. Chr.) finden. Entsprechend gibt es zahlreiche Theorien über die Herkunft des Romans. Zwangloser ist mit C. W. Müller (See, Bd. 2, 377 ff.) der Roman als eine wirklich neue Ausdrucksform und Adaptation verschiedener vorhandener Gattungselemente zu verstehen. Der Inhalt des griechischen Romans folgt fast stets einem Grundschema: ein Liebespaar im Wechselspiel von abenteuerlicher Gefährdung und endlicher Rettung. Auch Abenteuermotive wie Reise, Schiffbruch, Überfall durch Räuber und Piraten, Trennung, Wiederfinden, bilden ein wiederkehrendes Repertoire. Es sind Charakteristika der Trivialliteratur, die ein wenig Flucht in eine positivere Welt mit erwünschten Identifikationsmustern erlaubt.

Das früheste Beispiel ist der auf Papyrus-Fragmenten noch kenntliche 'Ninos-Roman', wohl aus dem 1. Jh. v. Chr., über den jungen Prinzen Ninos von Assyrien. Im 1. Jh. n. Chr. muß die Gattung längst ausgeprägt gewesen sein; das beweist die Roman-Parodie 'Satyrica' des römischen Autors Petronius. Die erhaltenen griechischen Romane stammen alle aus der Zeit 1.–3. Jh. n. Chr. Einige der bekanntesten sind: 'Chaireas und Kallirhoe' von Chariton, die 'Ephesiaka' des Xenophon von Ephesos, Longos Hirtenroman 'Daphnis und Chloe', Heliodors 'Aithiopika um Theagenes und Chariklea', von Achilleus Tatios 'Leukippe und Kleitophon'. Aus dem 2. Jh. n. Chr. stammt auch der zweite lateinische Roman, die 'Metamorphosen' oder auch 'Eselsroman', darin das Märchen von Amor und Psyche, des Nordafrikaners Apuleius, ein komisch-parodischer Roman nach einer griechischen Vorlage, die wir auszugsweise aus der Geschichte 'Lukios oder der Esel' kennen, die sich unter Lukians Schriften findet.

Romane sind offenbar in breiten Kreisen beliebt gewesen, durchaus auch von Gebildeten gelesen worden. Immerhin waren sie Stilisten wie Petron und Apuleius sehr gut bekannt, und ihre Parodien, selber literarische Meisterwerke, setzten Kennerschaft auch ihrer Leser voraus.

*

Was Horaz von der Dichtung sagte:
Nützen wollen entweder oder erfreuen die
                                      Dichter
Oder zugleich das Vergnügliche und das Tunliche sagen

(ars poet. 333f.), kann ähnlich auch für die antike Literatur allgemein gelten. Kommunikative Funktionen des Buches sind in der Antike trotz der mühevolleren Vervielfältigung kaum minder mannigfalt als heute. Man muß sie aus den kulturellen, auch vorliterarischen Bedingungen verstehen. Ästhetische Gestaltung ist dank antikem, in der rhetorischen Bildung gepflegtem Formsinn mehr oder minder fast stets ein wesentliches Element.

6. Literatur

Albrecht, Michael v., Geschichte der römischen Literatur. 2 Bde., München ²1994.

Andresen, Carl (Hrsg.) u. a., Lexikon der Alten Welt (1965). 3 Bde. Tübingen/Zürich 1990.

Blanck, Horst, Das Buch in der Antike. München 1992.

Buchwald, Wolfgang/Armin Hohlweg/Otto Prinz, Tusculum-Lexikon griechischer und lateinischer Autoren des Altertums und des Mittelalters. München/Zürich ³1982.

Fränkel, Hermann, Dichtung und Philosophie des frühen Griechentums. München ²1962.

Fuhrmann, Manfred, Das systematische Lehrbuch. Göttingen 1960.

Hunger, Herbert, Antikes und mittelalterliches Buch- und Schriftwesen. In: Geschichte der Textüberlieferung der antiken u. mittelalterlichen Literatur. Bd. 1. Zürich 1961, 25–147.

Kenyon, Frederic G., Books and readers in ancient Greece and Rome. Oxford 1932 (Reprint Chicago 1980).

Kleberg, Tönnes, Buchhandel und Verlagswesen in der Antike. Darmstadt 1967.

Körte, Alfred/Paul Händel, Die hellenistische Dichtung. Stuttgart ²1960.

Lesky, Albin, Geschichte der griechischen Literatur. Bern/München ³1971.

Marrou, Henri-Irénée, Histoire de l'éducation dans l'antiquité. 2 Tle., Paris 1981 [Deutsch: Geschichte der Erziehung im Altertum. München 1957].

Pfeiffer, Rudolf, Geschichte der klassischen Philologie (History of classical scholarship, 1968–76) 2 Bde. München 1978–82.

Pöhlmann, Egert, Einführung in die Überlieferungsgeschichte u. in d. Textkritik der antiken Literatur. Bd. 1. Darmstadt 1994.

See, Klaus v. (Hrsg.), Neues Handbuch der Literaturwissenschaft. Bd. 2: Griechische Literatur. Von Ernst Vogt. Wiesbaden 1981. Bd. 3: Römische Literatur. Von M. Fuhrmann. Frankfurt a. M. 1974.

Stückelberger, Alfred, Bild und Wort. Mainz 1994.

Wendel, Carl, Bibliothek. In: Reallexikon für Antike u. Christentum. Bd. 2. Stuttgart 1951, 231–274.

Peter Rau, Bonn (Deutschland)

45. Funktionen des Buches in Mittelalter und früher Neuzeit

1. Einleitung
2. Quellen
3. Geistige und materielle Voraussetzungen für die Ausbreitung des Buches
4. Formen und Charakteristika des mittelalterlichen und frühneuzeitlichen Buches
5. Verwandte Formen von Schriftlichkeit
6. Das Bild
7. Mündlichkeit und Schriftlichkeit, Lesen und Schreiben
8. Leistungen des mittelalterlichen und frühneuzeitlichen Buches
9. Fazit
10. Literatur

1. Einleitung

Eine Beschreibung der Funktionen des Buches in Europa zwischen ca. 500 und 1600 ist heute erst in Ansätzen möglich. Trotz vieler Vorarbeiten fehlt eine eigentliche 'Geschichte des Buches', die sein Wesen und die Veränderungen beschriebe, die es in Bezug auf seine Gestalt und seine Funktionen im Gesamt der Kommunikation im Verlauf von mehr als 1000 Jahren durchmachte und die zeigte, wie es die Kultur dieser Zeit und dieses Raumes beeinflußte. Zu berücksichtigen wäre dabei, daß das mittelalterliche und frühneuzeitliche Europa kulturell außerordentlich differenziert war und sich durch Reconquista und Ostsiedlung kräftig erweiterte. Zu entwickeln wäre weiterhin eine historisch differenzierende Sichtweise aller Techniken und Phänomene, die mit der Anfertigung und dem Gebrauch des Buches verbunden waren: verschiedene Arten des Schreibens, Kopierens, Vervielfältigens, Transportierens, des Lesens, Memorierens, Meditierens, der Reflexion über das Buch einschließlich seiner Deutung als eines ebenso profanen wie sakralen, ja magischen Gegenstandes, dessen Gebrauch Traditionen stiftete und Normen setzte und der durch seine Dauerhaftigkeit die in ihm niedergelegten Texte weitgehend der Veränderbarkeit entzog. In gleicher Weise fehlt bisher eine Geschichte der Textüberlieferung, die die Leistung des mittelalterlichen und frühneuzeitlichen Buches für die Tradierung und Bewahrung antiker und mittelalterlicher Schrift- und Bildzeugnisse sowie die Herübernahme (und damit Bewahrung) mündlicher mittelalterlicher Texte in die Schriftlichkeit sowie die Interaktion zwischen nichtschriftlicher und schriftlicher Kommunikation beschriebe (vgl. Hunger 1961/1964 sowie Texts and Transmission, 1983, beide Darstellungen inhaltlich wie methodisch veraltet; zum Verhältnis Mündlichkeit–Schriftlichkeit siehe zuletzt Green, 1994, 3–54; Raible 1994; Cavallo/Leonardi/Menestò 1, II, 1994, 489–740). Dementsprechend ist hier nur ein Überblick möglich, der – auch bedingt durch das Fehlen einer in sich schlüssigen, alle Bereiche erfassenden Terminologie – nur versuchen kann, den Gegenstand in groben Zügen zu beschreiben und die verschiedenen Phänomene durch Beispiele zu veranschaulichen. Da die Forschungsliteratur zum Thema nahezu unüberschaubar ist, andererseits aber fast alle Aspekte durch teils umfangreiche Artikel von Nachschlagewerken erschlossen sind, die noch im Erscheinen begriffen sind (und jeweils weiterführende Literatur bieten), wird besonders auf diese verwiesen.

2. Quellen

Quellen zur Ermittlung der Funktionen des mittelalterlichen und frühneuzeitlichen Buches sind natürlich in erster Linie die bis heute erhaltenen Bücher in handschriftlicher und gedruckter Form selbst, zum anderen Informationen über Bücher in Bibliothekskatalogen und Lektürelisten, daneben in zeitgenössischen Texten verschiedenster Art (vor allem in Briefen), in denen Texte oder Kopien erbeten werden oder über Bücher berichtet wird. Zeugnisse dieser Art sind schon im frühen Mittelalter häufig, wie z. B. in den Schriften des karolingerzeitlichen Gelehrten Lupus von Ferrières (Mordek 1993). Für den Raum des mittelalterlichen und frühneuzeitlichen Europas sind diese Quellen in sehr unterschiedlichem Maße erschlossen. Während z. B. die Bibliothekskataloge für das Deutsche Reich bis 1500 in den 'Mittelalterlichen Bibliothekskatalogen' fast vollständig publiziert sind, ist das außerdeutsche Material nur schwer zu überblicken (für die Frühzeit siehe noch immer: Becker 1885, vgl. auch Artikel 41 Geschichte der Bibliotheken). Entsprechendes gilt für unsere Kenntnis der mittelalterlichen und frühneuzeitlichen Handschriften selbst. Trotz intensiver, seit rund zwei Jh. andauernden Bemühungen um eine wissenschaftliche Erschließung des riesigen, heute über die ganze Welt verstreuten Bestandes sind unsere Kenntnisse teils sehr lückenhaft, teils noch oberflächlich. Besser, aber keineswegs vollständig sind für den gesamten Raum die Drucke erfaßt. Wesentlich erschwert wird die Repräsentativität von Aussagen über das Buch zwischen 500 und 1600 weiterhin durch die räumlich wie zeitlich sehr verschiedene Verlustrate: Bücher des früheren Mittelalters hatten, bedingt durch den längeren Zeitraum, schlechtere 'Überlebenschancen' als solche der frühen Neuzeit. Dabei spielt auch das Problem der Dauerhaftigkeit der Beschreibstoffe eine wichtige Rolle. Wenn wir über das Buchwesen der Merowingerzeit nur sehr wenig wissen (und kaum Bücher aus dieser Zeit besitzen), so dürfte dies daran liegen, daß man damals anstelle des dauerhaften Pergaments vielfach noch Papyrus benutzte, der in feuchterem Klima rasch verging. Hinzu kommt, daß während des gesamten Zeitraumes Kriege mitunter große Teile des Buchbestandes einer Region (wie etwa die französischen Eroberungskriege des 17. Jhs. den der Pfalz) oder eines ganzen Landes (Klosteraufhebungen Heinrichs VIII. in England, Französische Revolution, Spanischer Bürgerkrieg) reduzierten oder vernichteten.

Die Zahl der erhaltenen lateinischsprachigen Handschriften des Mittelalters hat man grob auf etwa eine halbe Million geschätzt (Tischler 1994, 537), hinzu tritt − bedingt durch die sich erst gegen Ende des Zeitraumes abschwächende Dominanz des Lateinischen − eine sehr viel kleinere Zahl volkssprachiger Bücher. Die große Mehrzahl dieser Handschriften gehört dem späteren 14. und dem 15. Jh. an. Genauere Zahlen liegen nur für das Frühmittelalter vor: Ca. 2000 Hss. bis 800, ca. 9000 im 9. Jh., Tischler 1994, 544f.). Bei den Inkunabeln (Drucke seit der Erfindung der Druckkunst bis 1500) ist mit rund 33 000 verschiedenen Drucken (aber einer sehr viel geringeren Zahl von Titeln!) in Auflagenhöhen zwischen etwa 100 und mehreren tausend Exemplaren zu rechnen. Im 16. Jh. steigt die Zahl der produzierten Bücher, vor allem bedingt durch Reformation und Gegenreformation drastisch an. Neben dem Druck konnte sich in einigen Milieus, so vor allem in den Klöstern, auch die Handschrift in gewissem Umfang behaupten. − Einschränkend ist zu bemerken, daß die Existenz von Büchern (und damit Texten) natürlich noch nichts über deren tatsächlichen Gebrauch aussagt. Vor allem für das 15. und 16. Jh. ist hier mit großen Diskrepanzen zu rechnen (ein Beispiel bei Honemann 1995, 175f.).

3. Geistige und materielle Voraussetzungen für die Ausbreitung des Buches

Auf sie kann hier nur andeutend eingegangen werden. Die Forschung nimmt einhellig an, daß sich im Lauf des Mittelalters die Zahl derer, die Lesen und Schreiben (und daher ggf. Bücher produzieren und/oder gebrauchen) konnten, stark vermehrte (Zedelmaier 1991/1995; Green 1994, 113−168, 270−315). Dies ist für das hohe und späte Mittelalter schlüssig nachzuweisen, für das frühe Mittelalter ist die Quellenlage so ungünstig, daß wir nicht sagen können, ob nicht die Zahl der litterati im Verhältnis zur Gesamtbevölkerung (und entsprechend die Zahl der Bücher im Verhältnis zu den litterati) ähnlich groß war, wie etwa in der Spätantike; die ältere Vorstellung von einem 'Verfall' des Buchwesens weicht allmählich differenzierten Betrachtungsweisen (Keller 1992, 14f.). Abhängig war die Entwicklung des Schreibbetriebs jedenfalls davon, in welchem Maße Beschreibstoff zur Verfügung stand und wie damit umgegangen wurde (z. B.: ob man sich bemühte, möglichst viel Text auf einer Seite unterzubringen), ob Schriften verfügbar waren, die ein rasches, wenig ermüdendes Schreiben ermöglichten und ob die weiteren zur Anfertigung eines Buches nötigen Arbeitsgänge (z. B. Korrektur des Textes, Illumination, Binden) in enger Abstimmung mit der Beschriftung der Blätter und Lagen erfolgen konnten. Als wesentlich ist in diesem Zusammenhang der Übergang vom Papyrus zum Pergament in der Karolingerzeit anzusehen, in viel höherem Maße aber die Einführung des im Orient seit langem bekannten Papiers in Europa. Seine massenhafte Produktion seit dem Ende des 14. Jhs. ist es, die den gewaltigen Aufschwung der Buchproduktion im 15. und 16. Jh. ermöglichte. Die Kunst des Buchdrucks würde sich ohne das Papier nicht so rasch und stark verbreitet haben, wie dies tatsächlich geschah. − Neben der besseren Verfügbarkeit des Beschreibstoffes spielen Entwicklung und Gebrauch von leichter und schneller schreibbaren Schriften (Kursiv- und Bastardschriften neben den kalligraphischen 'Buchschriften') eine wesentliche, bisher nur unzureichend erforschte Rolle für den Aufschwung, den das Buchwesen im Laufe des Mittelalters erlebt. Bei all dem muß freilich bedacht werden, daß man sich angesichts der Quellenlage (gesicherte Daten über die Zahl der Leser und deren Verhältnis zur Gesamtbevölkerung sowie die Zahl der erhaltenen Bücher im Verhältnis zu den tatsächlich produzierten fehlen) argumentativ in einem hermeneutischen Zirkel befindet. Es dürfte jedoch der Eindruck zutreffen, daß die Zahl der Buchproduzenten wie der Buchbenützer seit dem 8. Jh. kontinuierlich und drastisch ansteigt; von zentraler Bedeutung ist hierbei die Christianisierung und die Rolle des Christentums als einer Buchreligion (s. u. 8.2.). Dennoch bleibt das Buch für viele Jh. wegen der Kompliziertheit und der hohen Kosten seiner Herstellung (s. u.) ein rares, auf wenige Lebensbereiche beschränktes Medium, das auch hohen Prestigewert besitzt: Den Hof Ludwigs des Frommen etwa zeichnet es — wie den Karls des Großen — aus, daß an ihm librorum maxima copia est (Hrabanus Maurus 829 an den Erzkaplan Hilduin, Johanek 1996, 171). Erst allmählich dringt das Buch in immer neue Bereiche ein, indem es immer neue Funktionen übernimmt. Eine wesentliche, geradezu den Charakter eines Umbruchs tragende Ausweitung erfährt das Schrift- und Buchwesen im 12. und 13. Jh., als neben das bis dahin fast ausschließlich vorhandene 'Heilige Buch' in großer Zahl und Variation die Bücher der 'Buchführung' (Verwaltungsschriftlichkeit), des Rechtes, der 'Fachliteratur' und der weltlichen (meist volkssprachlichen) Dichtung treten. Dennoch sprechen die Zeitgenossen erst gegen Ende des Mittelalters vielfach von der — oft als verderblich angesehenen — multitudo librorum, so Sebastian Brant in seinem 'Narrenschiff' von 1494 (Kap. 1: Von unnützen Büchern). Zu dieser Zeit ist das Buch, wie die zahlreichen Fürstenbibliotheken bezeugen, längst auch zu einem Gegenstand geworden, dessen Besitz das eigene Sozialprestige fördert: Wenn ein Condottiere wie Federico da Montefeltro (1422–1482) sich in Florenz innerhalb weniger Jahre eine ganze Bibliothek zusammenschreiben läßt, steht dahinter das Bewußtsein, daß zu einem Hof, der auf der Höhe seiner Zeit sein will, auch eine Hofbibliothek gehört.

4. Formen und Charakteristika des mittelalterlichen und frühneuzeitlichen Buches

4.1. Formen des handgeschriebenen Buches: Codex und Rolle (Rotulus)

Die dominierende Form des Buches war bis zum Ende des Mittelalters der handgeschriebene, aus einzelnen Lagen zusammengesetzte und durch einen festen Einband zusammengehaltene Codex, der sich in der Spätantike herausgebildet hatte und zur bevorzugten Buchform des Christentums wurde (Blanck 1992, 75–101). Seine Herstellung, die in einem komplexen, im Laufe des Mittelalters zunehmend arbeitsteiliger werdenden Prozeß erfolgte, erforderte beträchtliche materielle Aufwendungen (vor allem: Beschaffung des Pergaments bzw. Papiers, der Tinte, Farben und ggf. Blattgold für die Buchmalerei) wie technische Kenntnisse (Vorbereitung des Beschreibstoffes, Organisation des Schreibprozesses, Binden des Buches usw.). Die in der Antike vorherrschende Buchform der Rolle wahrte zwar im Judentum eine bedeutende Stellung, ihre Verwendung wurde im christlichen Europa aber auf wenige Gebrauchsformen eingeschränkt. Die 'Rollenhandschrift' war zwar ohne großen Aufwand herzustellen, faßte aber wegen einseitiger Beschriftung weit weniger Text als der Codex. Während dieser für die Aufbewahrung sämtlicher Formen und Inhalte mittelalterlicher Schriftlichkeit verwendet wurde, bediente man sich der Rolle vor allem für die Verschriftlichung von „Rechnungen, Zins- und Güterverzeichnissen, Bibliothekskatalogen, Todesanzeigen, Reliquienverzeichnissen, Wappensammlungen etc." (Studt 1995, 325) und allgemein im Bereich der Amtsbücher (siehe z. B. die englischen 'Pipe Rolls'), daneben etwa da, wo Information kontinuierlich (d. h. ohne Unterbrechung durch einen Seitenumbruch) wiedergegeben oder ggf. ergänzt werden mußte (Genealogien, Totenroteln, 'Arbores', Chroniken), wo ein bestimmter Textausschnitt genau fixiert werden oder direkt einem größeren Publikum sequentiell vorgeführt werden mußte (Spiel-Handschriften, Heiligenlitaneien, Exsultetrollen zur gemeinsam von Priester und Volk zu inszenierenden Osterfeier). Die Bedeutung der Rolle ist bisher schlecht erforscht und wird deswegen meist unterschätzt.

4.1.1. Hauptcharakteristika der Handschrift

Sowohl der Codex wie auch die Rolle zeichnen sich durch die folgenden Besonderheiten aus, durch die sie sich fast durchweg vom Buch der Gegenwart unterscheiden:

— Jede Handschrift stellt ein Individuum dar, ein Einzelstück, das je nach dem intendierten Verwendungszweck bzw. den Wünschen des Auftraggebers hergestellt wurde. Die Produktion erfolgte also völlig abnehmerorientiert, wobei der Abnehmer mit dem Schreiber bzw. Hersteller identisch sein konnte. Vorformen einer standardisierten, angebotsorientierten Buchproduktion finden sich nur in Ansätzen, so bei der seriellen Produktion von Lehrbüchern im Universitätsbetrieb (Pezientechnik, Pollard 1978), bei der Herstellung von Kopien bedeutender Werke der Dichtung, wie etwa Chaucers 'Canterbury Tales' und Gowers 'Confessio Amantis' (Doyle/Parkes 1978, 201–248) oder in den manufakturartig organisierten Schreibateliers eines Diebold Lauber in Hagenau oder eines Vespasiano de Bisticci in Florenz (Bischoff 1986, 304 f.). Daneben ist zu berücksichtigen, daß eine gewisse Standardisierung auch da eintreten konnte, wo es um die Herstellung von 'Werkausgaben' bedeutender Autoren ging, deren Oeuvre sich nicht in einem Bande unterbringen ließ. Im Hochmittelalter sind hier beispielsweise die von Clairvaux aus verbreiteten Schriften des Bernhard von Clairvaux zu nennen, für das Spätmittelalter z. B. die von dem Mystiker Heinrich Seuse 1362/63 selbst zusammengestellte Ausgabe letzter Hand seiner deutschen Schriften, das sog. 'Exemplar'.

– Die Herstellung als Einzelstück wie die enge Bindung an die stark divergierenden Gebrauchssituationen bzw. die Wünsche der Auftraggeber führt zu einer im Vergleich zum heutigen Buch sehr großen Verschiedenheit der Gestalt des handgeschriebenen Buches: Neben der Mailänder Riesenbibel (Nilgen 1994) steht die Pariser Taschenbibel, neben der anspruchslosen, auf jeglichen Buchschmuck verzichtenden und den Beschreibstoff möglichst gut ausnützenden franziskanischen Predigthandschrift das von den besten Buchmalern der Zeit geschmückte Stundenbuch, neben der hinsichtlich ihres Inhalts wie ihres Layouts genau geplanten juristischen Summen-Handschrift die von einer Vielzahl von Schreibern erst allmählich gefüllte Kladde.

– Die Produktion der Handschrift auf dem Wege der Kopie einer schriftlichen Vorlage oder der Verschriftung eines Diktats führt zu einer beträchtlichen Instabilität bei der Tradierung von Texten, die über längere Zeit hinweg überliefert werden (was für das Mittelalter geradezu charakteristisch ist). Neben offensichtlichen Fehlern (Zeilensprünge, Hörfehler) stehen bewußte Veränderungen der Vorlage durch die Schreiber (Anpassung volkssprachlicher Texte an die eigene Lautung, Kürzung, Erweiterung, 'Verbesserung' inhaltlicher Details usw.); diese verstehen sich das ganze Mittelalter hindurch vielfach zugleich als 'Redaktoren'. Erschwert wird die Situation dadurch, daß (Autoren-) Autographe nur in vergleichsweise seltenen Fällen erhalten sind. Sehr viele mittelalterliche Texte existieren daher in vrschiedenen Redaktionen; das 'Leben' eines Textes läßt sich oft geradezu an der Existenz derartiger Formen der 'Arbeit am Text' (z. B.: inhaltliche Modernisierung, Umorganisation der Materie, um den Zugriff auf einzelne Details zu erleichtern, Meyer 1996) messen.

– Beide Formen des handgeschriebenen mittelalterlichen Buches, sowohl der Codex wie auch die Rolle sind – je nach ihrem intendierten Gebrauch – grundsätzlich als 'geschlossene' wie auch als 'offene' Träger von Information angelegt und verwendet worden, und dies in zweifacher Hinsicht.

Zum einen ist zu berücksichtigen, daß vor allem im hohen und späten Mittelalter oft erst der Empfänger eines Buches für die Anfertigung eines Einbandes sorgte. Ob er die ihm übergebene Ansammlung einzelner Lagen (Hefte, cahiers) separat binden ließ oder sie mit anderen, bei ihm bereits vorhandenen vereinte, war ihm überlassen. Die Gestalt, in der ein mittelalterliches oder frühneuzeitliches Buch uns heute vorliegt, wurde also ganz wesentlich von dessen Erstrezipienten (der oft mit dem Auftraggeber personell oder institutionell identisch war) bestimmt. Neben dem Buch, das von Anfang an nur einen bestimmten Text aufnehmen sollte oder eine genau festgelegte Anzahl und Abfolge von Texten ('geplante Sammelhandschrift'), stand im Laufe des Mittelalters zusehends das Buch, das eine 'Buchbindersynthese' einzelner Texte (= 'Hefte') darstellt, die – z. B. wegen des gleichen Formates oder um etwa die (inhaltlich differente) Hinterlassenschaft eines bestimmten Schreibers (etwa die geistlichen Notizen eines Mönchs) zu bewahren – zwischen zwei Buchdeckeln vereint wurden. Ab der Mitte des 15. Jhs. wurden so natürlich auch handschriftliche und gedruckte Texte miteinander vereint. Die in ein und demselben Buch versammelten Texte konnten so u. U. stark differierende Interessen bedienen.

Zum anderen ist zu beachten, daß das handgeschriebene Buch nicht selten von vornherein als 'offener' Träger von Information in dem Sinne angelegt wurde, daß es zu Beginn seines Gebrauchs noch leere Seiten für eine weitere Beschriftung enthielt. Diese Form tritt da auf, wo Texte – oft über längere Zeit hinweg – ergänzt oder verwandte Texte zugefügt werden mußten, so z. B. im Bereich des reich entfalteten Totengedenkens, in der Annalistik, später dann im Bereich der städtischen Schriftlichkeit (Stadtbücher), wo Verzeichnisse der verschiedensten Art durch Nachträge auf dem aktuellen Stand zu halten waren. Aber auch Liederhandschriften wie die berühmte 'Manessische Handschrift' sind hier zu nennen, bei der bei vielen Autoren Platz für mögliche Nachträge gelassen wurde. Soweit ein rascher (und rasch wechselnder) Zugriff auf bestimmte Informationen nebensächlich war, wurde anstelle des Codex häufig die Buchform der Rolle eingesetzt, die durch Ein- oder Zufügen einzelner Blätter leicht verändert werden konnte.

− Der Inhalt des handgeschriebenen Buches erschloß sich dem Leser vor allem im Falle der ungeplanten Sammelhandschrift nur schwer. Bis ans Ende des Mittelalters kennt das handgeschriebene Buch kein Titelblatt und nur verhältnismäßig selten (so bei berühmten Autoren, wie den Kirchenvätern) eine Autorangabe. Inhaltsverzeichnisse (die auch in der Form des auf den Einband geklebten Titelschildchens erscheinen) und Indices werden erst im Laufe der Zeit häufiger; oft treten sie im Zusammenhang mit Katalogisierungsbemühungen auf. Insgesamt ist jedoch festzustellen, daß man sich − besonders etwa im theologischen und juristischen Schrifttum − mit immer größerem Erfolg darum bemühte, durch differenziertes Layout (z. B. verschiedene Schriften, klare Trennung des Textes vom Kommentar), Anlage von Inhaltsverzeichnissen und Sachindices den Inhalt des Buches dem Leser leichter zu erschließen (Palmer 1989); letztere finden sich vor allem bei Enzyklopädien. Eine sehr wesentliche Rolle kam dabei den verschiedenen Formen des Buchschmuckes bis hin zur Buchmalerei zu (Evangelistenbilder vor dem Beginn von Evangelientexten, Kanontafeln, Lombarden usw.).

4.2. Das gedruckte Buch

Einen in seiner Bedeutung kaum zu überschätzenden, in seinen Auswirkungen bis heute anhaltenden Umbruch im Buchwesen unseres Zeitraumes brachte die Entwicklung von Druckverfahren im 15. Jh. mit sich. Während dabei die zu sog. Blockbüchern zusammengestellten Holztafeldrucke (Schneider 1991) von insgesamt geringer Bedeutung blieben, breitete sich der durch Johann Gutenberg entwickelte, bald nach 1450 in Mainz einsetzende Druck mit beweglichen Lettern rasch über ganz Europa aus. Damit setzte ein Prozeß ein, der zu einer zunächst langsamen, sich gegen Ende des Jhs. und besonders durch die Reformation beschleunigenden Ablösung der 'Handschriftenkultur' durch eine 'Druckkultur' führte (Eisenstein 1979; Giesecke 1991; Brandis 1997). Die Bedeutung des Buches als Medium der Kommunikation wurde durch den Druck bis zum Ende des 16. Jhs. allmählich (nicht aber etwa schon mit der Erfindung des Buchdruckes!) quantitativ wie qualitativ so sehr gesteigert, daß das gedruckte Buch in der späteren Neuzeit zum dominierenden Träger von Information wurde. Während dabei der früheste Buchdruck (bis 1500: Inkunabel) Bücher hervorbrachte, die sich in ihrer Gestalt in nahezu jeder Hinsicht an der zeitgenössischen Handschrift orientierten, entwickelten sich seit Ende des 15. Jhs. eigene, den Möglichkeiten wie Erfordernissen des Druckes besser entsprechende Formen des Buches. Als Beispiel sei hier die oft nur wenige Seiten umfassende, schnell herzustellende und leicht zu verbreitende Flugschrift genannt, die mit der Reformation einen rapiden Aufschwung nahm (Köhler 1981 u. 1991 ff.).

4.2.1. Hauptcharakteristika des frühen gedruckten Buches

Im folgenden genügt es, die Abweichungen gegenüber dem handgeschriebenen Buch zu beschreiben. Sie bestehen vor allem in folgendem:

− Der Buchdruck ermöglicht erstmals die Anfertigung einer Vielzahl identischer Exemplare und löst so die enge Bindung zwischen Herstellung und Rezeption des Buches auf; die Produktion erfolgt jetzt also angebotsorientiert. Während eine gewerbliche Buchherstellung im Zeitalter der Handschrift nur selten zu beobachten ist (vor allem im 15. Jh. bei den Brüdern vom gemeinsamen Leben sowie in den bereits erwähnten Handschriftenmanufakturen), wird sie nun, bedingt durch die hohen Investitionskosten (Papier, Druckfarben, Druckpresse, Metall für den Schriftguß, Löhne der Druckergesellen, Kosten des Buchvertriebes) zur Regel.
− Die Technisierung der Herstellung führt zu einer deutlichen Standardisierung des Buches; dies gilt vor allem für die Formate (erst jetzt kann man von 'Buchformaten' im modernen Sinne sprechen), die Schriftarten und das Layout.
− Die Serialisierung der Herstellung führt zu einer deutlichen 'Stabilisierung' der Texte selbst und von deren Tradierung: Da Fehler und Lücken im Text jetzt nicht mehr nur einmal, sondern mehrhundertfach auftreten, werden die − im Handschriftenzeitalter durchaus vorhandenen − Bemühungen um fehlerfreie und vollständige Texte wesentlich intensiviert. Neben den Setzer tritt nun fast regelmäßig der Korrektor, der den Probedruck 'Korrektur liest'. Bedeutende Intellektuelle der Zeit, wie etwa Sebastian Brant, arbeiten als Korrektoren, daneben überwachen Autoren (so z. B. Erasmus von Rotterdam) selbst den Druck ihrer Werke. Eine Stabilisierung der Texttradierung tritt dadurch ein, daß spätere Drucke eines Textes in aller Regel nicht auf eine handschriftliche Vorlage, sondern auf den oder die zeitlich vorausgehenden Druck(e) zurückgreifen. In Extremfällen − wie etwa dem Komplex der 'Mirabilia Romae' − läßt sich überhaupt erst mit dem Übergang in den Druck von einer 'Textgeschichte' im Sinne genetischer Abhängigkeiten sprechen (Miedema 1996, 277−280, 299 f.).
− Mechanisierung und Serialisierung der Herstellung führen dazu, daß im Druckzeitalter die 'offene' Form des Buches bis auf wenige Ausnahmen nur noch in handschriftlicher Form weiterlebt. 'Offene', auf handschriftliche Ergänzung hin angelegte Formen des gedruckten Buches finden sich fast nur im Bereich der Schultexte, wo man − etwa durch großen Zeilenabstand − Platz für eine Kommentierung durch den Benützer ließ (Henkel 1988, 172 f.).

– Zahl und Qualität der inhaltserschließenden Elemente werden gesteigert und verbessert: Neben dem nach 1500 rasch üblich werdenden Titelblatt (auf dem immer häufiger auch der Name des Autors angegeben wird), erscheinen Kolumnentitel, in steigendem Maße werden den Büchern Inhaltsverzeichnisse vorangestellt und Indices der verschiedensten Art beigegeben. Dies könnte auch darauf zurückzuführen sein, daß die Drucker mit einer hohen Zahl von 'Erstlesern' rechneten, die im Umgang mit Büchern weniger geübt waren, als Handschriftenbenützer.

– Bald nach der Erfindung des Buchdruckes kommen, auch bedingt durch ein im Spätmittelalter gewachsenes und von den Humanisten wesentlich gefördertes Bewußtsein von der Bedeutung des Autors für den Text, 'Werkausgaben' der Schriften bedeutender Autoren des Mittelalters wie der Antike auf (zu handschriftlichen Vorformen siehe oben). Ein wichtiges Beispiel sind die beiden frühen Ausgaben der Schriften des Pariser Universitätskanzlers Johannes Gerson (Köln 1483–84, GW 10713 sowie Straßburg 1488, GW 10714), ein weiteres die – unter großen Mühen von vielen Gelehrten erarbeitete – Gesamtausgabe der Werke des Kirchenvaters Augustin (11 Bände, Basel, Johann Amerbach, 1506–1515, VD 16 A 4147). Der frühe Buchdruck führt ansonsten auch in dieser Hinsicht zunächst die Verhältnisse der Handschriftenkultur teilweise fort, wie die Sammeldrucke kürzerer theologischer Texte zeigen. 1485 bringt beispielsweise Bartholomäus Gothan in Lübeck einen 'Speygel der dogede' heraus, der aus vier 'Büchern' zusammengesetzt ist, die eine Vielzahl von thematisch einschlägigen Texten überliefern (Roth 1993). Insgesamt aber werden im frühen Buchdruck vor allem Texte ein- und desselben Autors in einem Bande vereint.

– „Der Druck übernimmt jetzt nahezu ausschließlich (…) die Bewahrung und Verbreitung der Literatur schlechthin, und zwar der wissenschaftlichen Standardwerke wie auch der Gebrauchs- und Unterhaltungsliteratur (…), während die Handschrift (…) mehr und mehr dem privatem Studium, der individuellen Arbeitsaufzeichnung, der Ergänzung von Sammlungen und natürlich dem aktuellen, lokal eingeengten Geschäftsverkehr sowie der privaten Frömmigkeit vorbehalten bleibt." (Brandis 1997, 55).

– Die eineinhalb Jh. von der Entwicklung des Buchdrucks bis 1600 sind von einer hohen Dynamik in Bezug auf die Gestalt des Buches, wie von einer enormen Steigerung der Buchproduktion gekennzeichnet. So wird die Herstellung des Buches wesentlich rationalisiert (z. B. durch kleinere Schriften und bessere Ausnützung der Formate) und der Nachdruck von Texten an oft weit entfernten Orten im Zuge der Reformation in einer Weise beschleunigt, die an heutige Verhältnisse erinnert. Selbst modern wirkende Techniken wie der Druck 'in Lieferungen' werden schon zu Anfang des 16. Jhs. entwickelt (Honemann 1982, 52 f.).

4.3. Reflexion über das Buch in Mittelalter und früher Neuzeit

Zu den Charakteristika der Welt des Buches in dem hier zu behandelnden Zeitraum gehört auch, daß es bereits eine ausgebreitete und inhaltlich stark differenzierte Reflexion über das Buch gibt. Sie ist im Zusammenhang mit der gleichzeitigen Reflexion über Schrift und Schriftlichkeit zu sehen (Schlieben-Lange, 1994, 107–111). Einen Höhepunkt dieser Reflexion stellt das 'Philobiblon' des englischen Diplomaten und Gelehrten Richard von Bury (1287–1345) dar, das den Besitz von Büchern über den Reichtum und alle anderen Vergnügungen stellt und – unter Verweis auf zahlreiche Autoren der Antike – die Liebe zu den Büchern als kaum zu überschätzenden Gewinn für den Menschen preist. Mit dem Einsetzen des italienischen Humanismus tritt dieser amor librorum dann noch deutlicher hervor.

5. Verwandte Formen von Schriftlichkeit

Neben dem Buch standen im gesamten Zeitraum andere Träger von Schriftlichkeit. Zu nennen sind hier insbesondere die (Einblatt-)Urkunde und andere Formen von Schriftlichkeit, deren Umfang sich auf ein einziges Blatt beschränkt (Einblatthandschrift und Einblattdruck, Honemann 1996) sowie die Inschrift. Sie müssen hier erwähnt werden, weil das Buch im Laufe des Mittelalters auch diese Formen schriftlicher Kommunikation in beträchtlichem Umfang aufnahm oder ergänzte, so z. B. in Gestalt der schon in der Karolingerzeit faßbaren Kartularien bzw. Kopiare (Gawlik 1991), der Traditionsbücher (Hägermann 1996), aber auch der Sammlungen von Inschriften oder Abschriften von Einblattdrucken (Griese 1996). Hier tritt die Funktion des Buches als dauerhafter Informationsspeicher, der jeweils eine große Zahl kurzer Schriftstücke in sich aufzunehmen vermag, in den Vordergrund.

6. Das Bild

Neben dem schriftlich niedergelegten Text steht das – vielfach als litteratura laicorum bezeichnete – Bild (Curschmann 1992). Es ist hier zu erwähnen, weil es ja nicht nur in der Gestalt des Freskos und des Tafelbildes (seit dem 13. Jh.), sondern von Beginn des Mittelalters an als Bestandteil des Buches auftritt; ein sehr erheblicher Teil der bildkünstlerischen Produktion des Mittelalters entfällt auf die Buchmalerei, die in kaum zu überschätzender Fülle und Qualität entsteht (Bierbrauer/Hjort/Thoss u. a., 1983; Messerer/Künzl 1981). Ähnliches gilt für das gedruckte Buch (vor allem das volkssprachliche), das in viel stärkerem Maße als heute illustriert wurde; als Buchillustratoren arbeiteten auch die besten Holzschneider und Kupferstecher des 15. und 16. Jhs. (so vermutlich der junge Dürer für den Erstdruck von Brants 'Narrenschiff' von 1494). Das Bild ist damit ein wichtiger, in einigen Bereichen sogar integraler Bestandteil des mittelalterlichen und frühneuzeitlichen Buches.

7. Mündlichkeit und Schriftlichkeit, Lesen und Schreiben

Die Position des Buches im Gesamt der kulturellen Tätigkeit zwischen dem frühen Mittelalter und dem Barock ist zunächst vor dem Hintergrund zu sehen, daß die schriftlich aufgezeichnete und deshalb auf uns gekommene Information umgeben ist von einer Vielzahl oraler Formen der Kommunikation; diachron betrachtet gehen sie in unserem Zeitraum den schriftlichen oft voraus und stehen von deren Auftreten an neben diesen; eine weitgehende Ablösung oraler Kommunikation durch schriftliche findet nur in wenigen Bereichen statt. Die (teils sehr verschiedene) Gestalt wie die Bedeutung der oralen Kommunikationsformen ist präzise kaum zu fassen, weil über sie – mangels Quellen – nur sehr schwer Aufschluß zu gewinnen ist; dies gilt vor allem für die ersten Jh. des Mittelalters. Daneben gehen orale Kommunikationsformen vielfältige Verbindungen mit schriftlichen ein, so z. B. im Bereich der Liturgie (einschließlich der Predigt), des Rechtslebens und der Dichtung (s. u.). Zu beachten ist dabei, daß Forschungen der letzten Jahrzehnte gezeigt haben, daß die Leistungsfähigkeit oraler Kommunikation im Mittelalter erheblich größer war, als heute (Raible 1994; Ehlich 1994). Mündliche wie schriftliche Kommunikation bedienten sich dabei einer aus der antiken Rhetorik übermittelten, überaus differenzierten Technik des Sich-Erinnerns (ars memorativa, Gedächtniskunst), die – etwa im Bereich des Rechtes, der Katechese und des Arteswissens – Informationen von erstaunlichem Umfang und großer Komplexität verfügbar hielt (Wenzel 1995, 321–337;

Haubrichs 1997, 3). Wenn dann im Laufe des Hochmittelalters ein Übergang „from memory to written record" (Clanchy 1979; für den Bereich der Verwaltungsschriftlichkeit siehe zuletzt Keller 1992) erfolgte, dann darf darüber nicht vergessen werden, daß im gesamten Mittelalter die Zahl derer, die lesen und (seltener) auch schreiben konnten, äußerst gering war (Gauger 1994; Ludwig 1994); erst im 15. und vor allem dann im 16. Jh. ändert sich dies mit zunehmender Geschwindigkeit. Dennoch blieb die 'Welt der Schriftlichkeit' bis zum Ende unseres Zeitraumes weitgehend den Eliten vorbehalten, und auch deren Tätigkeit war in viel höherem Maße als heute von mündlichen Aktionsformen geprägt. Deutlich ist dies z. B. im Bereich des mittelalterlichen Universitätslebens, in dem Redeakte der verschiedensten Art eine zentrale Rolle einnahmen.

Die Bedeutung oraler Formen der Kommunikation zeigt sich, wie bereits angedeutet, auch bei der Benützung des Buches: Lesen bedeutete für das Mittelalter, wie schon für die Antike, zunächst und vor allem (bedingt auch durch die starke institutionelle Bindung der Masse der Bücher an Kloster, Domschule, Universität, Hof) lautes (Vor-)lesen (Green 1994, 57–232), was zum einen die Multiplizierung der kommunikativen Funktion mit sich brachte, die ein einzelnes Buch hatte bzw. haben konnte, zum anderen zur Bildung von „textual communities" (Stock 1983), also von text- bzw. buchzentrierten Kommunikationsgemeinschaften führte. Das uns vertraute stille, individualisierte Lesen trat demgegenüber – gefördert durch die größere Zahl von Büchern in Privatbesitz seit der Einführung des Papiers in Europa im 14. Jh. – erst langsam in den Vordergrund (Scholz 1980; Saenger 1982; besonders Green 1994, 113–168). Dabei existierten vielfältige Verbindungen von Hören und Lesen, so, wenn etwa Mönche in der Tischlesung Texte hörten, die sie selbst später (individuell lasen (Green 1994, 169–230).

Zwischen Mündlichkeit und Schriftlichkeit entwickelten sich vielfältige Formen der Interaktion, die teilweise bis heute lebendig sind (Raible 1994, 1–17; Ehlich 1994, 18–41). Zu nennen ist hier für unseren Zeitraum z. B. der quantitativ kaum zu überschätzende Bereich der Predigt, bei der vielfach eine schriftliche Predigtvorbereitung in (mündlichen) Vortrag umgesetzt wurde, den dann (etwa bei berühmten Predigern wie dem Straßburger Geiler von Kaysersberg um 1500) Zuhörer nachschrieben und so schriftlich tradierten. Vergleichbares läßt sich für die Verschriftlichungsprozesse hochmittelalterlicher Dichtung sagen, auch wenn die uns vorliegenden Handschriften in aller Regel nicht direkt auf mündliche Quellen zurückgehen. Die überragende Bedeutung der Oralität hat somit auch zur Folge, daß sie die Produktion von Texten, die von vornherein als schriftliche konzipiert sind, massiv beeinflußt; über „Theologie, Recht und höfischer Literatur" liegt so ein „Schatten der Mündlichkeit" (Wenzel 1995, 341 ff.).

Wie für das Lesen, so ist auch für das Schreiben dessen kommunikative Leistung zu differenzieren. Zwar verfolgte auch der mittelalterliche Schreiber mit der Niederschrift und letztlich der Anfertigung eines Buches im allgemeinen das Ziel, einen Informationsspeicher herzustellen, der über längere Zeit hinweg von ihm, vor allem aber anderen Lesern und auch an einem anderen Ort benützt werden konnte. Daneben aber stand — besonders im Bereich des für den gesamten Zeitraum dominierenden klerikalen Schreibens — das Schreiben als Akt der Meditation, des Gebetes oder der Askese. Das 'Endprodukt', das zu Ende geschriebene Buch, war dabei nur noch von geringem Interesse; im Zentrum stand das Schreiben als Frömmigkeitsakt. Gleichwohl haben sich viele Bücher dieser Art bis heute erhalten, so z. B. geistliche Tagebücher der niederländischen Devoten (Rapiarien) und der Kartäuser; sie setzen sich oft aus vielen hundert kurzer und kürzester Textstücke (Zitate, Sentenzen, kurzen verschriftlichten Meditationen) zusammen (Beispiele z. B. bei Meyer/Burckhardt).

8. Leistungen des mittelalterlichen und frühneuzeitlichen Buches

Wie oben bereits bemerkt, 'besetzt' das Buch im Laufe der Jh. des Mittelalters und der frühen Neuzeit mit der Zunahme der Schriftlichkeit (die natürlich in einem hermeneutischen Zirkel mit der Ausweitung der Buchkultur zu sehen ist) immer neue Felder der Kommunikation, wodurch sich die Funktionen des Buches erheblich ausweiten. Äußeren Ausdruck findet dies im Entstehen neuer Buchtypen. Im folgenden soll nun ein grober Überblick über die Funktionen des Buches vom frühen Mittelalter bis zum Ende des 16. Jhs. gegeben werden. Dabei ist zu betonen, daß nicht wenige der genannten Funktionen früh auftreten und von da an im gesamten Zeitraum

Gültigkeit besitzen; es findet also auf der einen Seite weniger eine Ablösung einer Funktion durch die andere, sondern vielmehr eine Verlagerung der Gewichte statt: Funktionstypen, die etwa im frühen Mittelalter noch kaum vertreten sind (wie etwa der Typ des Amtsbuches) lassen sich im hohen und späten Mittelalter in großer Zahl und Vielfalt nachweisen. Daneben aber treten — etwa mit der Entfaltung der Scholastik, der Rechtswissenschaft und der Verwaltungsschriftlichkeit — seit dem 12. Jh. Funktionstypen auf, die nicht nur neue Inhalte vermittelten, sondern diese auch auf eine weitgehend neue Weise präsentierten (z. B. durch andere Formen des Layouts, Zählungen, Register, Inhaltsverzeichnisse; Palmer 1989). Eine systematische Erfassung und Beschreibung der mittelalterlichen und frühneuzeitlichen Buchtypen in dem Sinne, daß einem bestimmten Inhalt auch eine bestimmte 'Aufmachung' und letztlich eine bestimmte Art des Gebrauchs entspricht, fehlt bisher. Zu vermuten ist, daß weniger der Inhalt an sich, als vielmehr die Art seiner Aufbereitung ein wichtiges Kriterium für die Definition eines Buchtyps darstellt. So dürfte zwischen theologischen und juristischen Büchern, die jeweils einen Grundtext und dessen Kommentar in unmittelbarem Neben- und oft Ineinander bieten, kein funktionstypologischer Unterschied bestehen.

Im folgenden seien einige Kommunikationsbereiche, für die das Buch zwischen 500 und 1600 eine wesentliche, mitunter sogar zentrale Rolle spielt, vorgestellt.

8.1. Das Buch als Träger der Kommunikation mit der nichtchristlichen Antike

Wenn dieser Bereich hier vorangestellt wird, so deshalb, weil er zeitlich am weitesten zurückreicht, weil er für unseren gesamten Zeitraum von kaum zu überschätzender Bedeutung ist und weil er nahezu sämtliche im folgenden behandelten Inhaltsbereiche — z. T. maßgeblich — beeinflußt. Eine intensive Auseinandersetzung mit Texten der Antike kennzeichnet sowohl die Karolingerzeit, wie auch das 12. Jh.; mit der Entstehung des italienischen Humanismus seit der Mitte des 14. Jhs. wird die Literatur der Antike zum überragenden, unerreichbaren Vorbild für das eigene Schreiben und Leben. Für die Tradierung sowohl der griechischen wie der lateinischen Texte der Antike war die Buchproduktion unseres Zeitraumes von geradezu existentieller Bedeutung: Ohne die Arbeit der Mönche und Gelehrten vor allem des 9. und 10. Jhs. im byzantinischen Reich (wo vor allem Texte der griechischen Antike aufgezeichnet wurden) wie im Karolingerreich (dessen Skriptorien für die Tradierung der antiken lateinischen Literatur von höchster Bedeutung waren), wären uns nur sehr wenige antike Texte bewahrt geblieben. Antike Codices und Rotuli haben sich zwar in sehr vielen, oft kleinen Fragmenten, nur sehr selten aber zur Gänze (so z. B. für die 'Aeneis' des Vergil) erhalten. Neben die Abschrift der Texte trat, vor allem für die griechischen Texte, deren Übersetzung (z. B. in Spanien und Unteritalien). So waren etwa seit dem frühen 13. Jh. die Werke des Aristoteles z. T. in mehreren lateinischen Übersetzungen an der Pariser Universität vorhanden und entfalteten von da an ihre überragende Wirkung auf die mittelalterliche und frühneuzeitliche Philosophie und Theologie. Mit dem Humanismus setzt eine qualitativ neue Beschäftigung mit den Schriften der antiken Autoren ein, die nun auch die griechischen Originale einbezog, sich mit neuer Methodik um wissenschaftlich gesicherte Texte bemühte und sich deren Verbreitung angelegen sein ließ; der Buchdruck förderte diese dann sehr wesentlich (Flodr 1972). Seit dem späten Mittelalter traten neben die lateinischen Fassungen auch volkssprachliche, so z. B. für Ciceros 'De officiis', das in mehreren deutschen Versionen vorliegt (Kesting 1978, 1279—1282). Insgesamt ist der Prozeß der Tradierung und Rezeption der antiken Literatur in Mittelalter und früher Neuzeit bisher — trotz einer Fülle von Einzelstudien — nur unzureichend erfaßt; Hinweise zur Überlieferung einzelner antiker Autoren in Text und Textgeschichte Bd. 1, 1961 sowie bei Reynolds 1983; vernachlässigt wird dabei oft die spätmittelalterliche Tradierung. Unklar ist noch, in welchem Maße antike Texte in der Merowingerzeit aufgezeichnet wurden. Die Annahme, daß die Schreiber der Karolingerzeit in der Regel auf antike Handschriften zurückgreifen konnten, ist nur teilweise gesichert.

8.2. Das Buch als Träger der Kommunikation mit Gott

Die überragende Rolle des Buches in dem hier zu behandelnden Zeitraum überhaupt gründet sich nicht zuletzt darauf, daß das Christentum eine 'Buchreligion' in einem sehr umfassenden Sinne ist: Der Glaube selbst ist durch die 'Heilige Schrift' geoffenbart; ein Gedanke, den am Beginn der Neuzeit Luther mit dem Prinzip des 'sola scriptura' erneut in den Mittelpunkt stellt. Der Bibel kommt deshalb eine zentrale Stellung in der Buchproduktion zu; sie ist als 'Heilige Schrift' selbst in Kult und Gottesdienst Gegenstand der Verehrung. Von ihrer Aura erfüllt ist auch der umfangreiche Komplex der exegetischen Literatur der Zeit; weiterhin ist sie Grundlage der Liturgie. Zu deren Ausübung bedarf es in jedem Falle des (liturgischen) Buches. Im Himmel wird über Erlösung oder Verdammung jedes Menschen 'Buch geführt' (Burkhard 1976). Das Buch ist das älteste Attribut Christi, der Propheten, der Evangelisten, Kirchenväter und vieler Heiliger. Die außerordentliche Stellung des geistlichen Buches im Frühmittelalter drückt sich in zahlreichen Bücherlegenden aus, so wenn etwa berühmte Bücher, wie die 'Moralia' Gregors des Großen verloren gehen und lange nach dem Tode ihres Verfassers mit seiner Hilfe wunderbar wiedergefunden werden (Gregorius Magnus, Moralia, Patrologia latina 75, Paris 1878, 507—510) oder wenn das Buch selbst zum wundertätigen Gegenstand bzw. zur Reliquie wird: Das Ludwig d. Frommen überreichte Exemplar der Schriften des Pseudo-Dionysius Areopagita bewirkt eine Vielzahl von Krankenheilungen (Cavallo 1983, VII), der 'Ragyntrudis'-Codex, mittels dessen Bonifatius vergeblich den tödlichen Schwertschlag abzuwehren versuchte, wird zusammen mit den anderen Codices Bonifatiani nach dem Tod des Heiligen im Kloster Fulda als Reliquie aufbewahrt (Bierbrauer 1986, 2 f.). In der mystischen Literatur schreibt Gott selbst Bücher, so z. B. das 'Fließende Licht der Gottheit' der Mechthild von Magdeburg, das — ihrer mehrfachen Versicherung zufolge — von Gott gemacht ist (ed. Hans Neumann I, 1990, 4 f., 68 f., 251), ähnlich, wie Gott sich auch in Himmelsbriefen an die Menschen wendet (Schnell 1983). Hinzutritt eine reich entfaltete Buchmetaphorik (z. B. Christus bzw. Maria als Buch, Hagemann/Reuter 1994; Kesting 1968) sowie die Tatsache, daß viele besonders bedeutende früh- und hochmittelalterliche Bücher (insbesondere geistliche) seit alters her Namen tragen (man vergleiche die einschlägigen Einträge im 'Lexikon des Mittelalters' unter 'Book of' bzw. 'Codex ...', wobei zu beachten ist, daß der Begriff 'Codex' auch für eine Gesetzessammlung stehen kann). Weit stärker als in der Antike ist so im Mittelalter das Leben des Menschen bestimmt durch die Existenz einer 'Buchreligion', die alle Bereiche des Daseins erfaßt. Das (kanonische) heilige Buch ist damit für das hier zu behandelnde Jahrtausend autoritative und normative Instanz. Bildung, Konsolidierung und fortwährende Identitätsstiftung der religiösen Gemeinschaft, der neben dem Klerus ja letztlich – als Volk Gottes – alle Menschen angehören, sind ohne das 'heilige Buch' nicht zu denken.

Nach dem bisher gesagten kann es nicht überraschen, daß das Hauptgewicht mittelalterlicher wie frühneuzeitlicher Buchproduktion im geistlichen Bereich liegt. Neben dem gesprochenen Wort ist das Buch zunächst der einzige Informations- und Meinungsträger, der „in allen Bereichen des Heilsdienstes der Kirche [Verwendung findet]: als Medium zur Festlegung und Weitergabe des Glaubens (Garant für unverfälschte Weitergabe) sowie für Verkündigung und Kommentierung der Heiligen Schrift, im Bereich der Liturgie und als Erbauungs- und Gebetsliteratur" (Friedrich 1994, 745). Gerade in der Zeit des handschriftlichen Buches, das seiner Seltenheit wegen weitgehend Monopol der Kirche bleibt, dient das religiöse Buch „primär einer Identitätszuweisung der Gläubigen auf dem Hintergrund einer Einheit von Kirche, Staat und Gesellschaft; mit Reformation und Aufklärung erhält das Buch verstärkt die Funktion der Abgrenzung und Festlegung (Katechismus!) bis zur Neuzeit" (ebd.).

8.2.1. Die Bibel

Der Bibel als dem 'Buch der Bücher' kommt im gesamten Zeitraum besondere, kaum zu überschätzende Bedeutung zu. Sie drückt sich aus in der sehr hohen Zahl erhaltener Handschriften (ca. 5000 Hss. des griechischen Neuen Testaments, entsprechend viele des lateinischen [Brunhölzl/Gribomont/Bernt 1983, 41]), in der unübertroffenen Zahl der Übersetzungen (Übersicht: Brunhölzl/Aßfalg/Kartschoke u. a. 1983), von denen hier nur – als älteste Übertragung in eine germanische Sprache – die dem westgotischen Bischof Wulfila zugeschriebene aus der 2. Hälfte des 4. Jhs. sowie die weit verbreitete englische Wyclif-Bibel aus dem späten 14. Jh. genannt seien. Vielfach handelt es sich dabei um Teile der Bibel, so etwa das Neue Testament oder besonders beliebte Bücher wie den Psalter, das Hohelied und die Johannesapokalypse. Unterstrichen wird die hohe Bedeutung der Bibel dadurch, daß sie auch das erste umfangreiche Produkt des Buchdrucks ist (42zeilige 'Gutenbergbibel', ca. 1452–1455); bis 1500 entstehen insgesamt 94 lateinische (Voll-)Bibeldrucke (GW 4201–4294), daneben eine Fülle von Teilausgaben. Mit der deutschen Bibelübersetzung Martin Luthers und seiner Mitarbeiter, der nicht weniger als 18 deutschsprachige Bibeldrucke vorausgingen, sowie mit den in der Folgezeit entstandenen katholischen volkssprachigen Ausgaben wird die Bibel allmählich zum 'Hausbuch', das auch für die Sprach- und Literaturgeschichte von höchster Bedeutung ist. Als zentrales heiliges Buch der Kirche und des Glaubens ist sie auch das Buch, dessen Ausstattung man besondere Sorgfalt zuwendet (Buchschmuck, eigene 'Bibelillustration', Plotzek 1983) und dessen äußere Gestalt – je nach dem intendierten Gebrauch – besonders stark variiert: Neben Handschriften größten Formats (sog. 'Riesenbibeln': Nilgen 1994) stehen schon früh auch 'Taschenbibeln' (wie etwa das Cadmug-Evangeliar der Codices Bonifatiani, Bierbrauer 1986, 3), neben mehrbändigen Prunkbibeln (wie etwa die sog. 'Wenzelsbibel') gibt es seit dem Hochmittelalter (ermöglicht durch kleinere Schrift und dünneres Pergament) einbändige 'Taschenbibeln' (Bischoff 1986, 361).

Die zentrale Stellung der Bibel wird aber vor allem dadurch sichtbar, daß ein beträchtlicher Teil der geistigen Arbeit des Mittelalters wie der frühen Neuzeit sich auf sie konzentriert: Schon in der Frühzeit versucht man, verschiedene Fassungen der Bibel zu sammeln (so etwa in Cassiodors Vivarium im 6. Jh.), vor allem aber strebt man danach, in immer neuen Anläufen zu einem konkreten Text vorzudringen, so beispielsweise mit der in vielen Exemplaren erhaltenen Bibel des Alkuin (gest. 804), den Bibelkorrektorien des 13. Jhs. (Gribomont 1983), der – als eine der Grundlagen für Luthers Übersetzung wichtigen – griechischen Ausgabe des Neuen Testaments durch Erasmus von Rotterdam, mit der die mittelalterliche Bibelkritik (Gribomont/Riedlinger 1983) in eine neue Epoche trat.

Zur Arbeit an der Bibel zählen weiter die schon früh entfaltete lateinische und volkssprachige Bibeldichtung (z. B. der 'Heliand' und Otfrids 'Evangelienbuch'), die ungeheure Fülle der Kommentare zu einzelnen Büchern oder Teilen der Bibel, später die – viel apokryphes Material versammelnden – Historienbibeln sowie die (bald auch gedruckten) Plenarien des Spätmittelalters, die die Bibel in den Kreis des Kirchenjahres einfügten.

Ein besonderes Kommunikationsproblem ergab sich mit der Umsetzung der Bibel in die Volkssprachen: Als heiliges Buch gehörte sie primär und zunächst fast ausschließlich in die Hand der Priester, die allein (vor allem seit der Entwicklung der typologischen Bibelexegese) die allein kompetenten Deuter und Vermittler der Bibel waren. Volkssprachige (Teil-)Übersetzungen der Bibel traten so häufig im Zusammenhang mit bald als häretisch betrachteten Formen der Laienreligiosität auf (Waldenser, Lollarden); daneben ergingen Verbote auch innerhalb geistlicher Gemeinschaften (so das eines um 1200 im Zisterzienserorden verbreiteten altfranzösischen Hohenliedes). Mit dem Frühdruck verschärfte sich das Problem (sog. 'Bibelverbot' des Mainzer Erzbischofs Berthold von Henneberg 1486) zunächst, doch ließ sich der Siegeszug der volkssprachigen Bibel nicht mehr aufhalten.

8.2.2. Das liturgische Buch

Es verdankt sein Entstehen vor allem der Sorge um orthodoxe Aussagen und Fixierung der Texte; die komplizierte Liturgie der Messe, aber auch der übrigen, sehr vielfältigen liturgischen Feiern, die sich innerhalb der frühmittelalterlichen Kirche rasch stark differenziert hatten (z. B. römischer, galli[kani]scher, altspanischer Ritus), bedurften sogleich der schriftlichen Fixierung. Im Verlauf des Mittelalters kam es dann, ausgehend von Zusammenstellungen der in der Liturgie verwendeten Teile der Bibel (Lektionar, Evangeliar, Psalter u. a.) zur Ausbildung einer Fülle von Typen des liturgischen Buches, die teils nach den Benutzern (so etwa das Sakramentar für die dem Bischof und dem Priester eigenen Texte, das Chorbuch für die Kantoren), teils auch nach den einzelnen liturgischen Vorgängen (z. B. das Pontifikale für die Spendung der Sakramente, der Liber ordinarius für die zeremoniellen Vorgänge der einzelnen Feiern im Verlauf des Kirchenjahres) angelegt wurden. Seit dem 11. Jh. wurden die für verschiedene liturgische Handlungen benötigten Texte in einem Buch zusammengefaßt, so dem Missale für die Meßfeier und dem Brevier für das Stundengebet; daneben entwickelten sowohl die einzelnen Diözesen (abhängig z. B. von dem jeweiligen Heiligenkalender), als auch die einzelnen geistlichen Gemeinschaften (so vor allem die um 1100 entstehenden Reformorden) im Laufe ihrer Geschichte ihre eigenen liturgischen Bücher (z. B.: Missale Saresberiense, Breviarium Cartusiense). Die besondere Bedeutung des liturgischen Buches wird auch daran deutlich, daß es in Kathedrale und Kloster nicht in der Bibliothek, sondern in der Kirche selbst aufbewahrt wurde (was nicht nur mit praktischen Gründen zu erklären ist), daß es im gesamten Zeitraum zu den besonders aufwendig gestalteten und kompliziert (nicht zuletzt wegen der Wiedergabe der Neumen und später Noten für die liturgischen Gesänge) herzustellenden Büchern gehört. Unter den Glanzleistungen mittelalterlicher Buchmalerei wie den Höhepunkten des frühen Buchdrucks sind besonders viele liturgische Bücher (vgl. die handschriftlichen und gedruckten Livres d'heures). Bedingt durch die immer stärkere Differenzierung wie durch immer neue Versuche der Vereinheitlichung der Liturgie, die (aus der zentralen Perspektive Roms gesehen) den Wildwuchs steuern sollten, veralteten liturgische Bücher oft sehr schnell, wurden (ungeachtet des oft besonders kostbaren Materials) dann meist makuliert und durch neue ersetzt. Die Verlustrate dürfte hier, im Vergleich zu anderen Buchtypen, besonders hoch sein; der von Gamber (1968/1988) verzeichnete Bestand bis zum Ende des 10. Jhs. (1698 Handschriften) dürfte nur einen Bruchteil des einst vorhandenen ausmachen. Wie bereits angedeutet, stieg die Produktion liturgischer Bücher im gesamten Zeitraum immer mehr an; auch die Reformation unterbrach diese nur kurz. Mit dem Konzil von Trient setzte die Produktion wieder ein (Einführung des für die katholische Gesamtkirche verbindlichen Missale Romanum 1570). In den evangelischen Kirchen entwickelten sich — ausgehend von Schriften Luthers — eigene Gottesdienstordnungen in Gestalt der Agende. Besondere Bedeutung kam auch im Bereich des liturgischen Buches dem Buchdruck zu (vgl. GW, Art. 'Brevier', künftig Artikel 'Missale'): die immer neuen Versuche, zu einheitlichen Texten (und Liedern) zu gelangen, die einerseits durch deren Sakralität, andererseits dadurch bedingt waren, daß man nach Uniformität der Liturgie innerhalb einer Diözese oder einer Ordensgemeinschaft strebte, konnten nun erfolgreich abgeschlossen werden. So wurde z. B. der Zisterzienserabt Nikolaus Salicetus vom Generalabt seines Ordens beauftragt, für einheitliche liturgische Bücher zu sorgen; ab 1484 erschienen mehrere Drucke eines 'Breviarium Cisterciense', 1487 ein 'Missale Cisterciense'; die Klöster des Ordens wurden verpflichtet, ihre handschriftlichen Exemplare mit den neuen gedruckten zu vergleichen und sie bei

Abweichung auszumustern (Honemann 1992, 511 f.). Sehr deutlich läßt sich hier die normierende Funktion des gedruckten Buches erkennen. (Zu den liturgischen Büchern und der liturgieerklärenden Literatur sowie ihrer Überlieferung im Mittelalter siehe Häußling/ Schulz 1991.)

8.2.3. Das theologische Buch

Es verbindet sich seit dem frühen Mittelalter mit bedeutenden Autoren und oft umfangreichen Werken (Augustinus, 'De doctrina christiana', 'De trinitate', Gregor d. Große, 'Moralia in Iob', Isidor von Sevilla, Beda). Nachdem die Theologen der Karolingerzeit und der darauf folgenden Jh. sich vornehmlich mit der Diskussion einzelner Problembereiche beschäftigt hatten, brachte das 12. Jh. einen gewaltigen Schub theologischer Literatur hervor, zum einen in Gestalt der (die Dialektik auf Gegenstände der Theologie anwendenden) Scholastik, zum anderen in der sich gegen diese wendenden 'Mönchstheologie' Bernhards von Clairvaux; daneben wurden Autoren des Ostens (wie Pseudo-Dionysius Areopagita) und die Schriften des Aristoteles rezipiert. Charakteristisch ist der Zug zur Sammlung und Kommentierung autoritativer Texte (Bibel, Kirchenväter), der sich in großen 'Glossen' und Sentenzensammlungen niederschlug, so vor allem den 'Sentenzen' des Petrus Lombardus, die — mehrhundertfach kommentiert — zu einem der Grundbücher des mittelalterlichen Universitätsstudiums wurden (Hödl 1993). Noch einfluß- und umfangreicher waren die großen 'Summen', die sich um eine vollständige Erfassung des theologischen Wissensstoffes bemühten; ihren Höhepunkt bildet die riesige 'Summa theologiae' des Thomas von Aquin. Den Zug zur 'Summe' teilt die theologische Literatur der Zeit mit der zivilrechtlichen und kanonistischen Literatur sowie mit den großen Enzyklopädien des 13. Jhs. Die theologische Literatur des 12. und 13. Jhs. wurde in den folgenden Jh. vor allem im Lehrbetrieb der Universitäten benützt; die Hauptwerke wurden bis ans Ende des Mittelalters immer von neuem kommentiert. Neue Ansätze ergaben sich vor allem in der Auseinandersetzung mit dem immer stärker rezipierten Werk des Aristoteles. Der Umfang der großen theologischen Bücher der Zeit führte seit dem 13. Jh. zur Entstehung von Kurzfassungen (Libri pauperum, Conclusiones), deren Umfang sich in der Regel auf einen Band beschränkte. Gegenläufig zum Niedergang der theologischen Literatur im engeren Sinne im Spätmittelalter war die im Zuge der Ordensreformen einsetzende neuerliche und bald sehr intensive Beschäftigung mit den Schriften der Kirchenväter, zunächst vor allem Augustinus, später Hieronymus, der geradezu zum Lieblingsautor der Humanisten wurde (Erasmus von Rotterdam edierte die Opera beider Autoren 1516 ff. bzw. 1529 ff.). Die Reformation führte dann auf dem Gebiet der Theologie zu einem fast totalen Umbruch; sie brachte eine ungeheure Fülle neuer theologischer Literatur hervor, wobei die knappen Stellungnahmen zu einzelnen Problemen (Flugschriften, siehe Köhler 1992 ff.) bald umfangreicheren Werken wichen.

8.2.4. Das katechetische Buch

Schon der Begriff (Katechesis gr./lat. = 'Unterricht') verweist zum einen auf die Spannung zwischen dem (mündlichen) Unterricht, für den eine schriftliche Grundlage benützt wurde, zum anderen darauf, daß in diesen Unterricht sowohl Klerus wie Laien involviert sind, was in unserem Zeitraum von vornherein die Dichotomie Latein/Volkssprache einschließt. Der Begriff des 'Katechismus' begegnet bereits bei Augustinus ('De fide et operibus', 13,19). 'Katechetische' Literatur in diesem sehr weit gefaßten (und von der theologischen Literatur nicht scharf abzugrenzenden) Sinne begegnet bereits in den ersten Jh. unseres Zeitraumes; was die Laien — und damit die Volkssprache — angeht, so sind die Texte allerdings in der Regel von sehr schmalem Umfang, wie die althochdeutschen Beicht- und Glaubensformeln sowie Gebete oder etwa die altfranzösische Chanson d'Eulalie (der älteste französische literarische Text) aus dem späten 9. Jh. zeigen. Neben der kaum zu überblickenden Fülle der Formeln und Gebete, die immer von neuem die Grundlagen des christlichen Glaubens vermitteln, steht die seit dem 12. Jh. buchwürdige volkssprachige Predigt, daneben die Sammlungen von Heiligenlegenden, wie etwa die umfangreiche, in ganz Europa lateinisch wie volkssprachlich vielhundertfach verbreitete 'Legenda aurea' des Jacobus de Voragine (um 1263−67), daneben wiederum das gegen Ende des Mittelalters (und vor allem in gedruckter Form) zum geistlichen Hausbuch werdende Plenarium, das die Heiligenlegende in die Liturgie des Kirchenjahres einfügt. Im weiteren Sinne ist hierher auch ein Großteil der − seit dem 12. Jh. auch volkssprachigen − mystischen Literatur zu rechnen (Ruh

1990 ff.), daneben die bis zur Reformation hin in Handschrift wie Druck gewaltig anschwellende Masse der 'Frömmigkeitsliteratur', die sich – von reformorientierten Geistlichen wie Laien gefördert – die Besserung des geistlichen (wie weltlichen) Lebens, damit z. B. auch die Kunst gut zu sterben, durch das geistliche Buch angelegen sein ließ. Mit der Reformation brach die Produktion dieses Schrifttums jäh ab; an seine Stelle traten (schon im Spätmittelalter als Typ faßbare) 'Katechismen', daneben aber bald Postillen und andere Sammelwerke, die formal an die diesbezüglichen literarischen Formen der alten Kirche anschlossen. Die Überlieferungsbreite der Hauptwerke ist auch hier oft beträchtlich (oft mehrere Hundert Handschriften, zahlreiche Drucke), ein Nebeneinander von Latein und Volkssprache ist geradezu die Regel. Dabei nahmen die volkssprachlichen Fassungen in immer stärkerem Maße Rücksicht auf die Bedürfnisse der laikalen Leser durch Beifügung von Inhaltsverzeichnissen, geschickte Verteilung der Materie (z. B. auf die sieben Tage der Woche oder die 24 Stunden des Tages), durch Illustration (jeder Legende wird die Darstellung des Heiligen vorangestellt), aber auch durch detaillierte Hinweise zur Benützung des jeweiligen Buches, aus dem der Leser mitunter das aussuchen soll, was für seinen geistig-geistlichen Haushalt geeignet ist. Das katechetische Buch, das ursprünglich nur für die Hand des Priesters bestimmt war, wurde so in immer stärkerem Maße auch zum Buch der Laien, was seine äußere Gestalt durchgreifend veränderte und seine Verbreitung seit der zweiten Hälfte des 14. Jhs. drastisch ansteigen ließ. In der Welt des Buches nahm das katechetische Buch im 15. und 16. Jh. einen zentralen Platz ein.

8.3. Das Buch als Träger der juristischen Kommunikation

8.3.1. Die Stammesrechte

Im Zuge des Akkulturationsprozesses der germanischen Stämme traten seit dem 5. und bis in das 9. Jh. Kodifikationen der germanischen Stammesrechte (Leges, Leges barbarorum) auf, deren Überlieferung sich z. T. seit dem Wiederaufleben des römischen Rechts im 12. Jh. mit diesem verband (vgl. Dolezalek 1972). Die Überlieferungsbreite der Texte war bereits in der Frühzeit mitunter beachtlich (vgl. Mordek, 1995); so ist z. B. die Lex Alamannorum in 50 Handschriften des 9. und 10. Jhs. erhalten (Hartmann 1996, 240), von der Lex Salica gibt es mindestens 22 Handschriften aus dem 9. Jh. (ebd., 235). Dabei ist zum einen zu beachten, daß die meisten Überlieferungszeugen der Stammesrechte in Sammelhandschriften enthalten sind, zum anderen ist darauf hingewiesen worden, daß die Leges „als wesentliche Teile der staatlichen Selbstdarstellung", ja als "Programm und Integrationssymbol des fränkischen Großreiches" zu verstehen seien (Schott, 242), nicht aber als vor Gericht herangezogene Gesetze. Auf die zeitgenössische Verwendung und die Aura der Bücher, die diese Texte enthalten, muß sich dies unmittelbar ausgewirkt haben.

8.3.2. Das weltliche römische Recht

Als zweiter, für die Ausbreitung des Buches ungleich bedeutenderer Bereich ist die Aufnahme und Tradierung des weltlichen römischen Rechtes zu nennen. Das unter Kaiser Justinian I. (527–565) geschaffene, aus mehreren Teilen zusammengesetzte 'Corpus iuris civilis' (so seit dem 13. Jh benannt) wurde seit dem 11. Jh. und besonders dann mit dem Aufleben der juristischen Studien in Bologna im 12. Jh. reich rezipiert; „nächst der Bibel hat wohl kein Buch in der Kulturgeschichte des Abendlandes solche Wirkung entfaltet" (Ebel/Fijal/Kocher 1988, 7). Der Umfang des Werkes zwang zur Aufteilung auf – in der Regel – fünf Bände; seine Überlieferung ist immens und wegen der Unmasse der Teilüberlieferungen kaum zu überblicken (Dolezalek 1972, einschließlich der oft mitüberlieferten germanischen Volksrechte). Der Buchdruck nahm sich des Werkes früh an (Erstdruck der 'Institutiones': Mainz 1468). Der ersten Gesamtausgabe (Venedig 1477–1478) folgte eine Fülle von Druckausgaben im 16. Jh. Wie bei der Bibel, so ist auch hier die beständige Arbeit am Text charakteristisch: Sie schlug sich zum einen nieder in fortwährenden Bemühungen um korrekte und kohärente Texte, zum anderen in dessen – fast regelmäßiger – Glossierung, zum weiteren im Entstehen einer riesigen Kommentarliteratur, schließlich sogar in Übersetzungen (1220/30 ins Französische) (Weimar 1986). Auf der Basis des 'Corpus iuris civilis' entstand aus der Feder der Glossatoren und Kommentatoren eine überaus reiche juristische Literatur, die sich in ganz Europa ausbreitete und dem römischen Recht in der frühen Neuzeit endgültig die Vorherrschaft brachte. Die Verbindung von Text und auf diesen bzw. einzelne

Stellen desselben genau bezogenen Kommentar führte zu einer enormen Steigerung der technischen Fertigkeiten in Bezug auf die technische Gestaltung des handgeschriebenen Buches, so z. B. des Layouts der einzelnen Seite, der Entwicklung von Verweissystemen, schließlich der – oft sehr anspruchsvollen – Illustration (Beispiele bei Ebel/Fijal/Kocher 1988). Der frühe Buchdruck ahmte dies alles nach, wobei die Drucker nach größtmöglicher Gebrauchstüchtigkeit ihrer Ausgaben strebten.

8.3.3. Das kirchliche Recht

Das hier für das weltliche römische Recht ausgeführte läßt sich im wesentlichen auf sein geistliches Parallelstück, das 'Corpus iuris canonici' übertragen, wobei allerdings der Aufbau der Sammlung hin zu einem mehr oder weniger geschlossenen Corpus ausgehend vom Dekret, das Gratian um 1140 aus vielen älteren Sammlungen zusammengestellt hatte, im Hoch- und Spätmittelalter sowie besonders im 16. Jh. (Drucke!) geleistet wurde; zu Einzelheiten vgl. Zapp 1986 (dort auch Literatur zur Überlieferung; zu den Handschriften der Frühzeit siehe Kuttner 1937, der 1109 Glossenhandschriften des Dekrets und der Compilationes antiquae verzeichnet; zu den schon im 15. Jh. zahlreichen Drucken siehe Schulte 1875–1880, I, 71–75, II, 21–25, 43 f., 49 f., 59–65, III,1, 69–74). – Voraus gingen z. B. – für den Bereich der Buße – die Bußbücher (Kottje/Frantzen 1983), „katalogartige Zusammenstellungen von Verfehlungen (Sünden) mit Angabe der Buße, die im kirchlichen Bußverfahren auferlegt werden sollte" (ebd.), die seit dem 6. Jh. in Irland begegnen, sich rasch ausbreiteten und bis ins 12. Jh. ihre Bedeutung behielten; schon im 10. Jh. gab es erste volkssprachige Übersetzungen (altenglisch). Seit etwa 1180 wurden sie durch die – kanonistisch geprägten – Bußsummen abgelöst (Brieskorn 1983).

8.3.4. Rechtsbücher

Die Kodifikation des weltlichen wie des geistlichen römischen Rechtes führte seit dem 12. Jh. in ganz Europa auch zur Verschriftlichung des Gewohnheitsrechtes. Die nun entstehenden Rechtsbücher, die meist von „rechtskundigen oder gelehrten Praktikern des Rechts auf eigene Initiative, seltener in offiziellem Auftrag verfaßt" wurden (Johanek 1994, 519), sind meist in der Volkssprache gehalten; sie zeichnen „das bestehende Recht eines festumgrenzten Gebietes (Reich, Territorium, Personenverband, Stadt) auf" (ebd.) und wurden bis weit in die Neuzeit hinein verwendet. Von besonderer Bedeutung für Zentral- und Ostmitteleuropa wurden die in vielen hundert Handschriften (Oppitz 1990–1992, 1673 Nummern) und zahlreichen Drucken überlieferten deutschen Rechtsbücher, insbesondere der 'Sachsenspiegel' des Eike von Repgow (samt seinen Ableitungen, vor allem dem 'Schwabenspiegel'), der auch in andere Sprachen übersetzt wurde, und die Magdeburger Rechtsbücher. Seit ca. 1300 trat der 'Sachsenspiegel' auch in illustrierter Form auf; in den vier erhaltenen frühen Bilderhandschriften begleiten Bildstreifen, die die nebenstehenden Rechtsmaterien erläutern, den Text (Schmidt-Wiegand 1993; Koolman/Gäßler/Scheele 1995). Illustrationen begegnen (meist in geringerem Umfang) auch in anderen Rechtsbüchern (Benna 1971). Obwohl viele dieser Rechtsbücher ursprünglich Privatarbeiten waren, erlangten sie oft „Autorität durch Gebrauch im Gericht und in der Administration" oder wurden „im nachhinein als herrscherliche Kodifikation, Privileg oder Gesetz angesehen" (Johanek 1994, 520). Wie die Territorien schufen auch viele Städte eigene Stadtrechtsbücher, die mit den Stadtbüchern (siehe unten 8.4.2.) oft eng verbunden sind. Die 'amtliche' Verwendung der Rechtsbücher wirkt sich sowohl auf ihre äußere Gestalt (nicht selten sollen sie Macht und Reichtum ihres 'Besitzers' widerspiegeln) wie auf ihren Aufbewahrungsort (z. B. im Rathaus) und ihre Verwendung (z. B. in der Ratsversammlung) aus.

8.4. Das Buch als Träger der administrativen Kommunikation

8.4.1. Kartulare, Kopiare, Traditionsbücher

Auf Zusammenstellungen von Urkunden in Buch- oder Rollenform wurde bereits oben (4.1.) hingewiesen. Sie sind seit dem 9. Jh. bezeugt, traten aber mit der rapiden Zunahme der Verwaltungsschriftlichkeit verstärkt seit dem 12. Jh. auf und wurden zum festen Bestandteil des Kanzlei- und Archivwesens. Die Notwendigkeit, bestimmte Urkunden bzw. Rechtstatbestände rasch aufzufinden, führte dabei zur Entwicklung zusehends feinerer Erschließungssysteme („Überschriften, Inhaltsangaben, ... Indices", Gawlik 1991, 1027). Vor allem die Klöster legten zur Sicherung ihrer Rechts- und Besitzansprüche Traditionsbücher an (Hägermann 1996, 929 f.), die dann beispielsweise auch einen epischen, oft legendarischen Bericht über die Umstände der Klostergründung oder die Stifterfamilie enthalten konnten. Dabei wurden, wie z. B. in der berühmten 'Bärenhaut' des Zisterzienserklosters Zwettl, die wichtigsten Texte sowohl lateinisch wie in deutscher Übersetzung geboten; das – aufwendig gestaltete – Traditionsbuch wurde so auch zum Gegenstand der Repräsentation.

8.4.2. Kommunale Bücher

Seit der zweiten Hälfte des 12. Jhs. setzte, zuerst und in der Folgezeit am stärksten in Italien „eine Entwicklung ein, die nach und nach die Anlage und den Einsatz schriftlicher Aufzeichnungen zur beherrschenden Grundlage für nahezu alle Lebensbereiche machte" (Koch 1996, 87; siehe auch Keller 1992, 21–36). Bedingt durch die rapide Entwicklung der Städte und die in der Regel sehr kurze Amtszeit der städtischen Amtsträger versuchte man durch Anlage immer neuer 'Bücher' möglichst alle Aspekte städtischen Lebens 'in den Griff' zu bekommen; Schriftlichkeit wirkte hier in sehr hohem Maße normierend und reglementierend und griff – oft mit hohem bürokratischen Aufwand – massiv in das Leben der Stadtbürger ein. Charakteristisch ist dabei, daß die immer neuen Versuche, die Vielgestalt des städtischen Kosmos 'im Buch' zu ordnen, ebenso regelmäßig von immer neuen Entwicklungen im Leben des Gemeinwesens überholt wurden. In Deutschland stellt sich die Entwicklung in groben Zügen oft so dar, daß man zunächst versuchte, alle Verzeichnisse in einem 'Stadtbuch' unterzubringen (wobei man am Ende der einzelnen Verzeichnisse Platz für weitere Einträge ließ), sich bald aber gezwungen sah, einzelne Verzeichnisse (= 'Bücher') ihres Umfanges wegen als separate Bücher auszugliedern. Derartige 'Stadtbücher' (Libri civitatis) sind seit dem 12. Jh. bezeugt; sie wurden vom Stadtschreiber im Auftrag des Rates geführt, wobei das Lateinische zusehends von der (den Ratsherren vertrauten) Volkssprache abgelöst wurde (Kintzinger 1996). Der Umfang der Produktion derartiger kommunaler Bücher (z. B.: libri accusationum, testium, confessionum, Einnahmen-, Ausgaben-, Schulden-, Acht-, Urfehde-, Testamentsbücher) läßt sich ermessen, wenn beispielsweise in Bologna schon 1290 ein Inventar 1252 'Posten' von Schriftgut in Buchform nennt (Koch 1996, 88 f.); eine Zahl, die aber auf die Städte des nördlichen Europa kaum übertragen werden kann.

8.5. Das Buch als Träger der Kommunikation über die Artes liberales und die Artes mechanicae

Auf diese ebenso umfangreiche wie vielfältige Gruppe kann hier nur knapp hingewiesen werden; dies auch deshalb, weil – von wenigen Funktionsbereichen abgesehen – Gestalt und Funktion des mittelalterlichen und frühneuzeitlichen 'Sachbuches' noch kaum beschrieben sind. Vor allem im Bereich der Artes mechanicae ist der Zusammenhang zwischen dem Buch und der Anwendung seiner Inhalte nur fallweise geklärt. Ein „völliger Umschwung" zeigt sich auch hier im 12./ 13. Jh., als durch die „große Übersetzungsbewegung" der Zeit „hunderte neue Texte der Medizin, der Astronomie, Astrologie, Geheimwissenschaften, Mathematik, Geometrie, Philosophie" zugänglich wurden (Bernt 1989, 220). Im einzelnen ist von besonderer Bedeutung das 'Schulbuch' im weitesten Sinne, das zunächst natürlich lateinisch vorlag (so z. B. mit der sehr stark verbreiteten 'Ars minor' des Donat); dabei ist zu bedenken, daß 'Schulbücher' in besonders hohem Maße im Laufe des Gebrauchs verbraucht und letztlich vernichtet wurden. Im späteren Mittelalter griff auch hier die Volkssprache allmählich Raum, vor allem in Gestalt von Übersetzungen lateinischer Schultexte (Henkel 1988). Wichtig ist für die äußere Form des 'Schulbuches', daß sein Layout – vor allem durch größeren Zeilenabstand – häufig die Möglichkeit eröffnete, den Basistext schriftlich zu kommentieren; eine Form, die auch der Frühdruck rasch aufgriff. Als Schullektüre dienten vor allem Werke von Autoren der christlichen Spätantike. Dies änderte sich seit dem 12. Jh., als „sich ein neuer Typ von Schulbuch heraus[bildete], der Disticha Catonis, Ecloga Theoduli, Avian, Maximian, die 'Achilleis' des Statius" und anderes umfaßte (Glauche 1995, 1590 f.). – Neben dem 'Schulbuch' ist der Buchtyp des (Inhalte verschiedenster Art erfassenden) Glossars zu nennen, das, ausgehend von knappen Wortlisten, gegen Ende des Mittelalters so an Umfang zunahm, daß es vielfach eigene Bände füllte, wie z. B. der über 20 000 Lemmata zählende lateinisch-deutsche 'Vocabularius Ex quo'. Dabei stehen neben einsprachigen Synonymen-Verzeichnissen mehrsprachige Glossare, neben systematisch angeordneten solche mit alphabetischer Reihung des Wortmaterials; sie setzten sich allmählich durch. Glossarhandschriften wie -frühdrucke wurden in der Regel zwei- oder mehrspaltig angelegt und (ihrer dienenden Funktion gemäß) schlicht gestaltet. – Nur verwiesen werden kann auf die seit dem 12. Jh. gewaltig anschwellende Masse der 'Sachliteratur' im engeren Sinne (für den deutschen Raum: Crossgrove 1994), so besonders der medizinischen, landwirtschaftlichen, astronomisch-astrologischen Literatur, auf die (sich oft selbst so bezeichnenden) Koch-Kräuter-Jagd-Fecht- und Feuerwerksbücher, auf die Bücher über die verbotenen Künste und vieles andere mehr. Charakteristisch für diese Bücher ist zum einen, daß es sich oft um Kompilationen kurzer und kürzester Texte (z. B. Rezepte) handelt, zum anderen, daß ihnen sehr häufig Illustrationen beigegeben wurden, sowohl in der Gestalt des graphischen Schemas oder der 'technischen' Zeichnung, als auch in der der anspruchsvollen Buchillustration. – Verschiedenste Inhalte aus den hier angesprochenen Bereichen band häufig der seit dem 14. Jh. auftretende Typ des 'Hausbuches' zusammen, der daneben aber auch 'schöne' Literatur, geistliche Texte und chronikalisches Material enthalten konnte, also Texte bot, die für den 'Betrieb' von 'Haus und Hof' als nötig erachtet wurden. So vereinte beispielsweise das berühmte Hausbuch des Würzburger Protonotars Michael de Leone (angelegt ca. 1347–50, Nachträge seit 1349) zahlreiche deutsche und lateinische Texte zu einem literarisch-didaktischen Kompendium (Kornrumpf 1987).

8.6. Das Buch als Träger der Kommunikation über Geschichte und Gegenwart

Auch hier sind nur knappe Andeutungen möglich. Letztlich auf Quellen vor allem der Spätantike fußend, begegnen schon in der Frühzeit verschiedene Typen desjenigen Schrifttums, das sich mit Vergangenheit und Gegenwart auseinandersetzt. Immer wieder artikuliertes Ziel war dabei, Ereignisse, aber auch die Lebensumstände von Personen vor dem Vergessen zu bewahren. Ausgehend von einfachen Formen, wie den Annalen, die jahresweise wichtige Begebenheiten verzeichneten, entwickelten sich in sehr großer Zahl komplexere, teils immer weiter ausgreifende, teils sich auf bestimmte Räume, Orte oder Zeiten beschränkende Formen, wie etwa die (oft sehr umfangreiche) Weltchronistik neben der Stadtchronistik, die 'Kirchengeschichte' (Beda, Ordericus Vitalis) neben der Bischofs- oder Klosterchronistik (Wirth/Schnith/Manselli u. a. 1983). Ihnen allen gemein ist die – zu sehr verschiedenen Lösungen führende – Einfügung der Ereignisse in die welt- bzw. heilsgeschichtlich bestimmte series temporum. Dabei schlug sich das Bemühen um die 'richtige' Chronologie und die adäquate Darstellung zeitlich paralleler Vorgänge oft auch in der äußeren Gestalt der Libri chronicarum nieder (mehrspaltige Anlage der Seite, Tabellen, Graphiken). Neben der Chronik im engeren Sinne stand, zwar früh einsetzend mit der 'Vita Caroli Magni' Einhards, aber erst im Hochmittelalter regelhaft Folge findend, die Herrschervita, die formal mit der Heiligenvita enge Verbindungen einging. Die mittelalterliche Chronistik erfuhr (abgesehen z. B. von Sammelwerken wie der Chronik des Martin von Troppau oder den 'Flores temporum') keine allzu breite Überlieferung; bemerkenswert ist die sehr große Zahl der Werke: Nahezu jedes Kloster und jede Stadt ließ sich in immer neuen Anläufen die Aufzeichnung der eigenen Geschichte angelegen sein. Mit dem Frühdruck, der sich der Chronistik rasch annahm (Johanek 1988), trat eine Vereinheitlichung und eine Steigerung der Verbreitung einzelner Werke ein; durch oft reiche Illustrierung (so z. B. beim Erstdruck der 'Cronecken der sassen' von 1492) wurde die Attraktivität der 'Geschichtsbücher' wesentlich gesteigert. – Die Auseinandersetzung mit Problemen der eigenen Zeit ist in größerem Umfang erst seit dem späten 11. und 12. Jh. zu finden; hier war es vor allem der Investiturstreit, der eine große Zahl von (heute so bezeichneten) 'Libelli de lite' entstehen ließ. Erst das spätere Mittelalter kennt dann – teils umfangreiche – theoretisch-polemische Schriften (wie etwa den 'Defensor pacis' des Marsilius von Padua oder die 'Reformatio Sigismundi'); deren Überlieferung blieb insgesamt jedoch recht schmal. Mit dem Aufkommen der (gedruckten) Flugschrift im 16. Jh., die neben geistlichen zunehmend auch weltliche Themen behandelte (Bauernkrieg!), stand dann erstmals ein 'Massenmedium' zur Verfügung, das schnell herzustellen war und rasch über weite Distanzen verbreitet werden konnte (Köhler 1981). Auch im Bereich der politischen Meinungsbildung, ja der Propaganda wurde so das Buch zu einem wesentlichen Faktor.

8.7. Das Buch als Träger ästhetischer Kommunikation

8.7.1. Dichtung

Drei Oppositionen sind es, die die Frage der 'Buchwürdigkeit' von Dichtung in unserem Zeitraum vor allem bestimmen: mündlich gegenüber schriftlich, lateinisch gegenüber volkssprachlich, geistlich gegenüber profan (Haug 1983, 142). Geistliche Dichtung – auch großen Umfanges, wie etwa in der Bibeldichtung – knüpfte in lateinischer Sprache schon seit dem Beginn des Mittelalters an spätantike Traditionen und Texte an; sie war somit von vornherein der Schriftlichkeit und damit dem Buch verhaftet. Volkssprachige dichterische Bearbeitungen geistlicher Texte wie Otfrids Evangelienbuch oder der 'Heliand' schlossen hier an, blieben in ihrer Rezeption aber anscheinend auf wenige 'Inseln' literarischer Kultur beschränkt. Daneben standen in der deutschen Literatur seit der Karolingerzeit schmale geistliche Dichtungen, wie etwa das 'Georgslied'. Die Überlieferung all dieser Texte blieb marginal (oft unikal); soweit sie geringen Umfanges sind, verdanken sie ihr Überleben meist dem Umstand, daß sie auf leere Seiten lateinischer Bücher eingetragen werden. Neben dieser (geistlich-)schriftlichen Literatur aber stand bis in das 12. Jh. hinein eine letztlich germanische, die erst nach und nach den Weg in die Schriftlichkeit und damit in das Buch hinein fand. Prominentestes Beispiel ist das 'Hildebrandslied' auf der einen, das 'Nibelungenlied' auf der anderen Seite. Weltliche Dichtung wurde so – von wenigen Ausnahmen abgesehen – erst seit dem 12. Jh. im Buch faßbar, wobei neben der Verschriftung mündlicher Dichtung die Abfassung 'für das Buch' stand, so z. B. im Falle der Artusepik. In anderen Bereichen der Literatur, so z. B. dem der Chanson de geste ('Chanson de Roland' bald nach 1100, siehe auch den 'Cantar del mio Cid', Briesemeister 1983) ist die Frage eines letztlich mündlichen Ursprunges umstritten. Für die seit dem späten 11. Jh. faßbare weltliche Lyrik ist frühe Aufzeichnung und – seit dem 13. Jh. – Kodifizierung in umfangreichen Sammelhandschriften charakteristisch. Die Buchkultur des 13. Jhs. entwickelte dabei nach und nach für die Epik, so vor allem den höfischen Roman, Formen des Layouts, die einen effektvollen mündlichen Vortrag der Texte wirkungsvoll unterstützten. Die ästhetische Qualität der Texte fand häufig im Buchschmuck ihr Pendant: Epenhandschriften wurden durch Bilderzyklen geschmückt, in Lyrikhandschriften leitete man das Oeuvre des jeweiligen Sängers durch ein Autorenbild ein. Die Bücher, die oft genug in adeligem oder gar fürstlichem Auftrag entstanden, wurden selbst Gegenstand höfischen Mäzenatentums und höfischer Repräsentation; dies schloß mitunter gar den Auftrag zur Abfassung des Textes ein (Bumke 1979). Die Überlieferungsbreite erreicht nur in Ausnahmefällen (wie etwa dem des 'Parzival' Wolframs von Eschenbach) mehr als ein halbes hundert Exemplare. Nicht selten liegen dabei – angesichts hoher Verlustraten – mehrere Jh. zwischen dem Autograph einer Dichtung und der ältesten uns erhaltenen Handschrift. Dabei ist die Überlieferung noch sehr unfest; neben 'Vollhandschriften' stehen kürzende Bearbeitungen der verschiedensten Art. Die Lyriküberlieferung blieb in Deutschland auf wenige, z. T. sehr umfangreiche Sammelhandschriften (Handschrift der 'Carmina burana', 'Manessische Liederhandschrift', 'Kolmarer Liederhandschrift') beschränkt; wesentlich reicher ist die der provenzalischen und französischen Lyrik (über 20 Trouvère-Sammelhandschriften). Besondere Formen bildete die Überlieferung des Spieles aus; hier begegnet neben dem 'Regiebuch' (Schmalfolio) auch die Rolle. Der Buchdruck nahm sich der volkssprachigen Dichtung des Hochmittelalters nur sehr vereinzelt an, weit stärker hingegen des frühneuzeitlichen Prosaromans und der fälschlicherweise so genannten (meist illustrierten) 'Volksbücher' (Gotzkowsky 1991/1994), die in dem an Dichtung armen 16. Jh. weite Verbreitung fanden. Daneben stand, der Neigung der Zeit entsprechend, didaktische Dichtung, wie etwa Sebastian Brants in ganz Europa gelesenes 'Narrenschiff', daneben wiederum die ersten gedruckten volkssprachlichen Übersetzungen antiker Epik. So sehr dabei seit dem 13. Jh. das Buch der zentrale Träger von Dichtung war, so sehr ist zu beachten, daß diese in der Regel auf mündlichen Vortrag hin konzipiert ist und – bei der vielfach üblichen lauten Lektüre – vor allem über das Ohr rezipiert wurde.

8.7.2. Das Bild im Buch

In einer Zeit, die noch keine Museen kannte und in der die bildende Kunst sich erst allmählich aus ihrer Gebundenheit an die geistliche Welt löste, spielte das Buch für Malerei und Zeichnung eine besondere Rolle; abgesehen von der schon im frühen Mittelalter bezeugten, fast ganz auf den kirchlichen Raum beschränkten Wandmalerei und der Glasmalerei trat erst seit dem 12./13. Jh. mit dem Aufschwung der Tafelmalerei ein bald auch im weltlichen Bereich massenhaft verbreitetes Medium neben die Buchmalerei. Für das handschriftliche Buch des Mittelalters und das frühe gedruckte Buch ist zu bemerken, daß sich kommunikative und ästhetische Funktionen kaum auseinanderhalten lassen: In vielen Bereichen des Buchgebrauches war das Buch durch die Verwendung besonders kostbarer Materialien, kunstvoller Schriften, die Beigabe von Miniaturen u. a. m. geradezu selbstverständlich das künstlerisch gestaltete, also Kunst transportierende Buch – sei es etwa im Bereich der Liturgie, der Humanisten-Luxushandschrift oder dem des Stundenbuches. Dies gilt auch noch für das gedruckte Buch des Inkunabelzeitalters: Da, wo es erzählende Literatur transportierte, war es in aller Regel durch Holzschnitte oder Kupferstiche illustriert, die oft durch Kolorierung dem jeweiligen Exemplar zusätzlichen Reiz verleihen. Erst im 16. Jh. wurde das Buch stärker in dem Sinn zur 'Ware', daß – bei rapidem Anstieg der Produktion – auf seine künstlerische Gestaltung oft weniger Wert gelegt wurde. Es sind so verschiedene ästhetische Niveaus der Buchproduktion zu unterscheiden; neben dem künstlerisch hohen bis höchsten Ansprüchen genügenden liturgischen Buch des frühen und hohen Mittelalters, dem sich die z. T. zu den Spitzenleistungen der Kunst ihrer Zeit zählenden Livres d'heures beigesellen und den im Auftrag fürstlicher Bücherliebhaber (wie etwa dem Ungarnkönig Mathias Corvinus) erstellten Codices steht eine sehr reiche Produktion mittleren Niveaus, daneben die Massenproduktion von Handschriftenateliers wie dem des Diebold Louber in Hagenau, daneben wiederum die – oft sehr hochrangige Graphik des frühen Druckes (man denke z. B. an die dem jungen Dürer zugeschriebenen Illustrationen zu Sebastian Brants 'Narrenschiff'). Was dabei das „Medium Buchmalerei" angeht, so ist auch hier eine „Wende um 1200" festzustellen: Neben die „Miniatur als Einzelbild" trat nun das reproduzierende Bild, das letztlich „in die Mechanik des Holzschnittes mündete" (Eberlein 1995, 333). Für beide ist jedoch neben einer rein schmückenden Funktion der Illustration auch die Rolle des Bildes als den Text erklärendes (und mitunter sogar zusätzliche Information lieferndes) Element des Buches zu beachten (Curschmann 1989 und 1992), den Illustrationen erzählender Dichtung beigegebene Schrift- und Spruchbänder verschränkten den Text mit dem Bild.

8.7.3. Musik

In ihrer überwältigenden Masse ist die Musiküberlieferung des Mittelalters liturgisch gebunden und als solche, sobald und soweit sie verschriftlicht wurde, Teil des liturgischen Buches in seinen verschiedenen Ausformungen (siehe oben 8.2.2.). Neben diese Aufzeichnungen geistlicher Musik traten seit dem 12. Jh. solche weltlicher und meist volkssprachiger Vokalmusik, zunächst einstimmig, seit dem 14. Jh. auch mehrstimmig. Die nun in Frankreich, Italien, Spanien, Portugal und Deutschland entstehenden Liederbücher (Chansonniers, Canzoniere, Cancioneiro, mittelhochdeutsch liederbuoch, ab der 2. Hälfte des 13. Jhs.) gehen letztlich auf die Aufzeichnungen der Dichterkomponisten selbst zurück (einzelne Blätter, Hefte, Rollen), die aber nur sehr schmal zu belegen sind. Während die frühen Liederbücher nur die Texte boten, traten z. B. in Deutschland seit dem 14. Jh. Aufzeichnungen der Melodien hinzu, was gründliche Planung des Layouts verlangte. Im 15. Jh. nahm ihre Zahl dann stark zu (Kornrumpf 1991; s. dort auch die Verweise auf die Überlieferung außerhalb Deutschlands). Die Aufzeichnung mehrstimmiger Musik brachte seit dem 14. Jh. ein Nebeneinander von 'Gemischter Quarthandschrift' bzw. 'Chorbuch' (alle Stimmen auf einer Seite, relativ großes Format, damit mehrere Sänger das Buch gleichzeitig benützen konnten) und 'Stimmbuch' (für jede Stimme ein eigenes Buch) hervor (Staehelin 1985; Literatur zur handschriftlichen Überlieferung von Musik siehe Honemann 1997, 228 Anm. 6). Die Druckkunst wandte sich früh dem Notendruck zu, zunächst aber nur für das liturgische Buch (Missalien); 1512 erschien mit Erhart Öglins Augsburger Liederbuch die erste gedruckte deutsche Liedersammlung, der im Laufe des Jhs. viele weitere folgten.

9. Fazit

Versucht man abschließend, die Funktion(en) des Buches vom frühen Mittelalter bis gegen 1600 zu überblicken, so scheinen die folgenden Aspekte besonders wichtig:

– Im Laufe des Mittelalters wird das Buch zum wichtigsten Träger von Schriftlichkeit, demgegenüber andere Formen, wie etwa die Urkunde und die Inschrift, an Bedeutung zurücktreten. Es ist so das Buch, das die zentralen Funktionen der Schriftlichkeit, so vor allem Wissensvermittlung und Handlungsanweisung, Bewahrung und Vereinheitlichung (ja Normierung), Reflexion und Deutung aufnimmt und transportiert. Hervorzuheben ist dabei das besondere Gewicht der lehrhaften Literatur: Von ihrem „Anspruch her" war sowohl im geistlichen wie im weltlichen Bereich (die vielfach ineinander übergehen) die Masse der Literatur und damit der Bücher „belehrend, ja das Versprechen der Unterweisung diente weitgehend zur Selbstlegitimation dieser literarischen Werke" (Ebel 1991, 1827). Es nimmt so nicht wunder, daß schon im frühen Mittelalter (mit den bis zum Ende unseres Zeitraums tradierten 'Etymologiae' des Isidor von Sevilla) versucht wurde, Summen des gesamten Wissens, also Enzyklopädien zu erstellen. Im Hochmittelalter fanden diese Bemühungen mit dem gewaltigen (und trotz seines Umfanges weit verbreiteten und bald gedruckten) 'Speculum maius' des Vinzenz von Beauvais (gest. 1264) ihre Fortsetzung (Gruber/Bernt/Verger u. a. 1986), ehe mit dem Humanismus eine Umgestaltung in Richtung auf eine stärkere Berücksichtigung der Geschichte einsetzte.

– Die Geschichte des Buches wird in unserem Zeitraum durch drei 'Entwicklungsschübe' gekennzeichnet, die seine Funktionen vermehren und seine Bedeutung für die Gesamtheit der kulturellen Tätigkeiten steigern: Zu nennen ist hier zum einen die sog. 'Karolingische Renaissance' um 800, zum anderen der (ungleich weiter reichende) Umbruch um 1200, schließlich der Übergang vom handschriftlichen zum gedruckten Buch, der gegen Ende des 15. und vor allem in den ersten Jahrzehnten des 16. Jhs. die Funktion des Buches massiv beeinflußt. Dabei ist zu betonen, daß wir über die Rolle des Buches in der Merowingerzeit kaum etwas wissen (und so die Voraussetzungen für die karolingische Buchkultur kaum einschätzen können), während die 'Renaissance des 12. Jhs.' (mit ihrer ungeheuren Steigerung der Schriftlichkeit und damit Vermehrung der Texte) und die Auswirkungen der drastisch gesteigerten, abnehmerbezogenen Produktion des gedruckten Buches um 1500 verhältnismäßig klar vor Augen stehen. Im 16. und frühen 17. Jh. setzt sich die hierdurch bewirkte Steigerung der Bedeutung des Buches fort, um dann in der gesamteuropäischen Buchkultur des Barock einen vorläufigen Höhepunkt zu erreichen.

10. Literatur

Becker, Gustav, Catalogi Bibliothecarum antiqui. Bonn. 1885.

Benna, A. H., Bilderhandschriften. In: Handwörterbuch der deutschen Rechtsgeschichte I, 1971, 422–424.

Bernt, Günter, Lateinische Fachliteratur. In: LM IV, 1989, 220 f.

Bierbrauer, Katharina, Codices Bonifatiani. In: LM III, 1986, 2 f.

Bierbrauer, Katharina/Øystein Hjort/Dagmar Thoss u. a., Buchmalerei. In: LM II, 1983, 837–893.

Bischoff, Bernhard, Paläographie des römischen Altertums und des abendländischen Mittelalters. Berlin ²1986.

Blanck, Horst, Das Buch in der Antike. München 1992.

Brandis, Tilo, Die Handschrift zwischen Mittelalter und Neuzeit. Versuch einer Typologie. In: Gutenberg-Jb. 72 (1997), 27–57.

Briesemeister, Dietrich, Cid, El. Literarische Darstellung. In: LM II, 1983, 2080 f.

Brieskorn, Norbert, Bußsummen. In: LM II, 1983, 1134.

Brunhölzl, Franz/Julius Aßfalg/Dieter Kartschoke u. a., Bibelübersetzungen. In: LM II, 1983, 88–106.

Brunhölzl, Franz/Jean Gribomont/Günter Bernt u. a., Bibel. In: LM II, 1983, 40–75.

Bumke, Joachim, Mäzene im Mittelalter. Die Gönner und Auftraggeber der höfischen Literatur in Deutschland 1150–1350. München 1979.

Burkhard, Ulrich, 'Livre de Vie'. In: Dictionnaire de Spiritualité IX, 1976, 942–947.

Carruthers, Mary, The book of memory. A study of memory in medieval culture. Cambridge/London 1990.

Cavallo, Guglielmo, Libri e lettori nel medioevo. Guida storica e critica. Roma/Bari ²1983.

Cavallo, Guglielmo/Claudio Leonardi/Enrico Menestò, Lo Spazio letterario del Medioevo. 1. Il Medioevo latino. Vol. I–III. Rom 1992–1995.

Clanchy, Michael, From memory to written record. England 1066–1377. London 1979.

Crossgrove, William, Die deutsche Sachliteratur des Mittelalters. Bern 1994.

Curschmann, Michael, Facies peccatorum – vir bonus: Bild-Textformeln zwischen Hochmittelalter und früher Neuzeit. In: Festschrift für Dieter Wuttke. Hrsg. v. Stephan Füssel/Joachim Knape. Baden-Baden 1989, 157–189.

–, Pictura laicorum litteratura? Überlegungen zum Verhältnis von Bild und volkssprachlicher Schriftlichkeit im Hoch- und Spätmittelalter bis zum Codex Manesse. In: Pragmatische Schriftlichkeit im Mittelalter. Hrsg. v. Hagen Keller/Klaus Grubmüller/Nikolaus Staubach. München 1992, 211–230.

Dolezalek, Gero, Verzeichnis der Handschriften zum römischen Recht bis 1600. 4 Bde. Frankfurt a. M. 1972.

–, Repertorium manuscriptorum veterum Codicis Iustiniani. 2 Halbbde. Frankfurt a. M. 1985 (Ius commune. Sonderheft 23).

Doyle, A. I./Malcolm B. Parkes, The production of copies of the 'Canterbury Tales' and the 'Confessio Amantis' in the early fifteenth century. In: Medieval scribes, manuscripts and libraries. 163–210.

Ebel, Friedrich/Andreas Fijal/Gernot Kocher, Römisches Rechtsleben im Mittelalter. Miniaturen aus den Handschriften des Corpus iuris civilis. Heidelberg 1988.

Ebel, Uda/Joachim Gruber/Günter Bernt u. a., Lehrhafte Literatur. In: LM V, 1991, 1827−1844.

Eberlein, Johann K., Miniatur und Arbeit. Das Medium Buchmalerei. Frankfurt a. M. 1995.

Ehlich, Konrad, Funktion und Struktur schriftlicher Kommunikation. In: Schrift und Schriftlichkeit, 18−41.

Eisenstein, Elizabeth L., The printing press as an agent of change − communications and cultural transformations in early-modern Europe. 2 Bde. Cambridge/London 1979.

Flodr, Miroslav, Incunabula Classicorum. Wiegendrucke der griechischen und römischen Literatur. Amsterdam 1973.

Fouquet-Plümacher, Doris, Buch/Buchwesen. In: Theologische Realenzyklopädie Bd. 7, 1981, 270−309.

Friedrich, Alfons, Buch, Praktisch-theologisch. In: LTK II, 1994, 744 f.

Gamber, Klaus, Codices liturgici latini antiquiores. Freiburg/Schweiz ²1968, Supplementum 1988.

Gauger, Hans-Martin, Geschichte des Lesens. In: Schrift und Schriftlichkeit. Hrsg. v. Hartmut Günther/Otto Ludwig. 1. Halbbd. Berlin/New York 1994, 65−84.

Gawlik, Alfred, Kartular. In: LM V, 1991, 1026 f.

Gellrich, Jesse M., The idea of the book in the Middle Ages. Language theory, mythology and fiction. Ithaca/London 1985.

Giesecke, Michael, Der Buchdruck in der frühen Neuzeit. Frankfurt a. M. 1991.

Glauche, Günter, Schullektüre. In: LM VII, 1995, 1589−1591.

Gotzkowsky, Bodo, „Volksbücher". Prosaromane, Renaissancenovellen, Versdichtungen und Schwankbücher. Bibliographie der deutschen Drucke. 2 Bde. Baden-Baden 1991/1994.

Green, Dennis H., Medieval listening and reading. The primary reception of German literature 800−1300. Cambridge 1994.

Gribomont, Jean, Bibelkorrektorien. In: LM II, 1983, 44 f.

Gribomont, Jean/Heinz Riedlinger, Bibelkritik. In: LM II, 1983, 45 f.

Griese, Sabine, Sammler und Abschreiber von Einblattdrucken. In: Pirckheimer-Jahrbuch 11, 1996, 43−69.

Gruber, Joachim/Günter Bernt/Jacques Verger, Enzyklopädie, Enzyklopädik. In: LM III, 1986, 2031−2039.

Günther, Hartmut/Otto Ludwig (Hrsg.), Schrift und Schriftlichkeit. Writing and its use. 1. Halbbd. Berlin/New York 1994 (HSK 10.1).

Hagemann, Ludwig/Eleonore Reuter, Buch: Metaphorisch-symbolisch. In: LTK II, 1994, 743 f.

Hägermann, Dieter, Traditionsbücher. In: LM VIII, 1996, 929 f.

Häußling, Angelus/Hans-Joachim Schulz, Liturgie. In: LM V, 1991, 2026−2035.

Hartmann, Wilfried, Brauchen wir neue Editionen der Leges? In: Mittelalterliche Texte. Überlieferung − Befunde − Deutungen. Hrsg. v. Rudolf Schieffer. Hannover 1996, 233−245.

Haubrichs, Wolfgang (Hrsg.), Memoria in der Literatur, LiLi H. 105, 1997.

Henkel, Nikolaus, Deutsche Übersetzungen lateinischer Schultexte. München 1988.

Hödl, Ludwig, Petrus Lombardus. In: LM VI, 1993, 1977 f.

Honemann, Volker, Deutsche Literatur in der Laienbibliothek der Basler Kartause 1480−1520. Berlin 1982.

−, Salicetus (Wydenbosch, Weidenbusch u. ä.), Nikolaus. In: Vl 8, 1992, 511−515.

−, The Buxheim collection and its dispersal. In: Renaissance Studies 9, 1995, 166−188.

−, Frühe Flugblätter. Zum deutschen Einblattdruck des 15. und frühen 16. Jhs. In: Pirckheimer-Jahrbuch 11, 1996, 15−41.

−, Zur Entstehung literarischer Überlieferung im späten Mittelalter. Die Situation in einem Nachbargebiet der Musikgeschichte. In: Die Entstehung einer musikalischen Quelle im 15. und 16. Jh. Hrsg. v. Martin Staehelin. Wiesbaden 1998, 227−240.

Hunger, Herbert u. a. (Hrsg.), Geschichte der Textüberlieferung der antiken und mittelalterlichen Literatur. 2 Bde. Zürich 1961/1964.

Illich, Ivan, Im Weinberg des Textes. Als das Schriftbild der Moderne entstand. Ein Kommentar zu Hugos 'Didascalicon' (dt. v. Ylva Eriksson-Kuchenbuch). Frankfurt a. M. 1991.

Johanek, Peter, Historiographie und Buchdruck im ausgehenden 15. Jh. In: Historiographie am Oberrhein im späten Mittelalter und in der frühen Neuzeit. Hrsg. v. Kurt Andermann. Sigmaringen 1988, 89−120.

−, Rechtsbücher. In: LM VII, 1994, 519−521.

−, Herrscherdiplom und Empfängerkreis. Die Kanzlei Ludwigs des Frommen in der Schriftlichkeit der Karolingerzeit. In: Schriftkultur und Reichsverwaltung unter den Karolingern. Hrsg. v. Rudolf Schieffer, Opladen 1996, 167−188.

Kalb, Friedrich, Liturgie I. In: Theologische Realenzyklopädie. XXI, 1991, 358−377.

Keller, Hagen, Die Entwicklung der europäischen Schriftkultur im Spiegel der mittelalterlichen Überlieferung. Beobachtungen und Überlegungen. In: Geschichte und Geschichtsbewußtsein. Festschrift für Karl Ernst Jeismann zum 65. Geburtstag. Hrsg. v. Paul Leidinger/Dieter Metzler. Münster 1990, 171−204.

−, Vom 'heiligen Buch' zur 'Buchführung'. Lebensfunktionen der Schrift im Mittelalter, Frühmittelalterliche Studien 26, 1992, 1−31.

–, Die Veränderung gesellschaftlichen Handelns und die Verschriftlichung der Administration in den italienischen Stadtkommunen. In: Pragmatische Schriftlichkeit im Mittelalter, 21–36.

Kesting, Peter, Maria als Buch. In: Würzburger Prosastudien I. München 1968, 122–147.

–, Cicero, Marcus Tullius. In: Vl 1, 1978, 1274–1282.

Kintzinger, Martin, Stadtbücher. In: LM VIII, 1996, 12 f.

Knappe, Karl A., Bibelillustrationen. In: Theologische Realenzyklopädie Bd. VI, 1980, 131–160.

Koch, Petra, Kommunale Bücher in Italien und die Anfänge ihrer Archivierung. In: Der Codex im Gebrauch. Hrsg. v. Christel Meier/Dagmar Hüpper/Hagen Keller. München 1996, 87–100.

Köhler, Hans-Joachim (Hrsg.), Flugschriften als Massenmedium der Reformationszeit. Stuttgart 1981.

–, Bibliographie der Flugschriften des 16. Jhs. Tübingen 1991 ff. (1. A–G 1991, 2. H–L 1992, 3. M–S 1996).

Koolman, Egbert/Ewald Gäßler/Friedrich Scheele/Mamoun Fansa (Hrsg.), Der sassen speygel. Sachsenspiegel–Recht–Alltag. 2 Bde. Oldenburg 1995.

Kornrumpf, Gisela, Michael de Leone. In: Vl 6, 1987, 491–503.

–, Liederbücher, Liederhandschriften. In: LM V, 1991, 1971–1974.

Kottje, Raymund/Allen J. Frantzen, Bußbücher. In: LM II, 1983, 1118–1123.

Kuttner, Stephan, Repertorium der Kanonistik (1140–1234). Città del Vaticano 1937.

Ludwig, Otto, Geschichte des Schreibens. In: Schrift und Schriftlichkeit. Hrsg. v. Hartmut Günther/Otto Ludwig. 1. Halbbd. Berlin/New York 1994, 48–65.

McKitterick, Rosamond, The Carolingians and the written word. Cambridge 1989.

Medieval scribes, scripts and libraries. Essays presented to Neil R. Ker. Hrsg. v. Malcolm B. Parkes/Andrew G. Watson. London 1978.

Meier, Christel/Dagmar Hüpper/Hagen Keller (Hrsg.), Der Codex im Gebrauch. München 1996.

Meier, Christel/Uwe Ruberg, Text und Bild. Aspekte des Zusammenwirkens zweier Künste in Mittelalter und früher Neuzeit. Wiesbaden 1980.

Messerer, Wilhelm/Hannelore Künzle, Buchmalerei. In: Theologische Realenzyklopädie Bd. 7, 1981, 290–306.

Meyer, Gustav/Max Burckhardt, Die mittelalterlichen Handschriften der UB Basel, Abt. B: Theologische Pergament-Handschriften, 3 Bde., Basel 1960/1966/1975.

Meyer, Heinz, Zu Formen und Funktionen der Textbearbeitung und Texterschließung in der Überlieferung des 'Liber de proprietatibus rerum'. In: Der Codex im Gebrauch, 211–223.

Miedema, Nine, Die 'Mirabilia Romae'. Untersuchungen zu ihrer Überlieferung mit Edition der deutschen und niederländischen Texte. Tübingen 1996 (Münchener Texte und Untersuchungen zur deutschen Literatur des Mittelalters 108).

Mordek, Hubert, Lupus von Ferrières. In: LM VI, 1993, 15 f.

–, Bibliotheca capitularium regum Francorum manuscripta. Hannover 1995 (MGH Hilfsmittel 15).

Müller, Ulrich/Maria Selig/Karl Reichl u. a., Mündliche Literaturtraditionen. In: LM VI, 1993, 899–908.

Nilgen, Ursula, Riesenbibeln. In: LM VII, 1994, 840 f.

Oppitz, Ulrich-Dieter, Deutsche Rechtsbücher des Mittelalters, I–III, Köln/Wien 1990/1992.

Palmer, Nigel F., Kapitel und Buch. Zu den Gliederungsprinzipien mittelalterlicher Bücher. Frühmittelalterliche Studien 23, 1989, 43–88.

Parkes, Malcolm B., Scribes, script and readers. Studies in the communication, presentation and dissemination of medieval texts. London/Rio Grande 1991.

Plotzek, Joachim M., Bibelillustration. In: LM II, 1983, 83–88.

Pollard, Graham, The pecia system in the medieval universities. In: Medieval scribes, manuscripts and libraries, 145–161.

Pragmatische Schriftlichkeit im Mittelalter. Erscheinungsformen und Entwicklungsstufen. Hrsg. v. Hagen Keller/Klaus Grubmüller/Nikolaus Staubach. München 1992.

Raible, Wolfgang, Orality and literacy. In: Schrift und Schriftlichkeit. Hrsg. v. Hartmut Günther/Otto Ludwig. 1. Halbbd. Berlin/New York 1994.

Reynolds, L. D. (Hrsg.), Texts and transmission. A survey of the latin classics. Oxford 1983.

Riché, Pierre, Instruction et vie religieuse dans le Laut Moyen Age, London 1981.

Roth, Gunhild, 'Spiegel der Tugenden'. In: Vl 9, 1993, 130–133.

Ruh, Kurt, Geschichte der abendländischen Mystik. 3 Bde. München 1990–1996.

Saenger, Paul, Silent reading: its impact on late medieval script and society, Viator 13, 1982, 367–414.

Schlieben-Lange, Brigitte, Geschichte der Reflexion über Schrift und Schriftlichkeit. In: Schrift und Schriftlichkeit. Hrsg. v. Hartmut Günther/Otto Ludwig. 1. Halbbd. Berlin/New York 1994, 102–121.

Schmidt-Wiegand, Ruth, Recht und Gesetz im Spannungsfeld zwischen Schriftlichkeit und Mündlichkeit im Mittelalter. In: Frühmittelalterliche Studien 27, 1993, 147–166.

— (Hrsg.), Die Wolfenbütteler Bilderhandschrift des Sachsenspiegels. Kommentarband zur Faksimileausgabe. Berlin 1993.

Schneider, Cornelia, Blockbücher des Mittelalters. Bilderfolgen als Lektüre. Mainz 1991.

Schnell, Bernhard, 'Himmelsbrief'. In: Vl 4, 1983, 28—33.

Scholz, Manfred G., Hören und Lesen. Studien zur primären Rezeption der Literatur im 12. und 13. Jh. Wiesbaden 1980.

—, Die Entstehung volkssprachlicher Schriftkultur in Westeuropa. In: Schrift und Schriftlichkeit. Hrsg. v. Hartmut Günther/Otto Ludwig. 1. Halbbd. Berlin/New York 1994, 555—572.

Schulte, Johann F., Die Geschichte der Quellen und Literatur des Canonischen Rechts. 3 Bde., Stuttgart 1875—1880.

Staehelin, Martin, Quellengestalt und Aufführungspraxis. In: Musikalischer Lustgarten. Hrsg. v. Ulrich Konrad/A. Roth/M. Staehelin, Ausstellung Wolfenbüttel 1985. Katalog S. 132—150.

— (Hrsg.), Die Entstehung einer musikalischen Quelle im 15. und 16. Jh. (Kongreß Wolfenbüttel 1992), Wiesbaden 1998.

Stock, Brian, The implications of literacy. Written language and models of interpretation in the eleventh and twelfth centuries. Princeton/New Jersey 1983.

Studt, Birgit, Gebrauchsformen mittelalterlicher Rotuli. In: Vestigia Monasteriensia. Hrsg. v. Ellen Widder/Mark Mersiowsky/Peter Johanek. Bielefeld 1995, 325—350.

Tischler, Matthias M., Das Mittelalter in Europa: Lateinische Schriftkultur. In: Schrift und Schriftlichkeit. Hrsg. v. Hartmut Günther/Otto Ludwig. 1. Halbbd. Berlin/New York 1994, 536—554.

VD 16 Verzeichnis der im deutschen Sprachgebiet erschienenen Drucke des 16. Jhs. Stuttgart 1983 ff.

Voigt-Spira, Gregor, Die lateinische Schriftkultur der Antike. In: Schrift und Schriftlichkeit. Hrsg. v. Hartmut Günther/Otto Ludwig. 1. Halbbd. Berlin/New York 1994, 517—524.

Wattenbach, Wilhelm, Das Schriftwesen im Mittelalter. Leipzig ³1896.

Weimar, Peter, Corpus iuris civilis. In: LM III, 1986, 270—277.

Wenzel, Horst, Hören und Sehen, Schrift und Bild: Kultur und Gedächtnis im Mittelalter. München 1995.

Wirth, Gerhard/Karl Schnith/Raoul Manselli u. a., Chronik. In: LM II, 1983, 1954—2028.

Zapp, Hartmut, Corpus iuris canonici. In: LM III, 1986, 263—270.

Zedelmeier, Helmut, Schriftlichkeit. In: LM VII, 1995, 1566—1567.

Volker Honemann, Münster (Deutschland)

46. Kommunikative und ästhetische Funktionen historischer Kinder- und Jugendbücher

1. Einleitung
2. Kinderlektüre bis 1750
3. „Vom Nutzen und Vergnügen": das Kinder- und Jugendbuch der Aufklärung
4. Auffächerung der Funktionen im 19. und in der ersten Hälfte des 20. Jhs.
5. Ausblick
6. Literatur

1. Einleitung

1.1. Terminologische Vorüberlegungen

Die folgende Darstellung umfaßt den Zeitraum vom Beginn des Buchdrucks bis 1945 (den Zeitraum von 1945 bis zur Gegenwart behandelt der Artikel 153). Aus Raumgründen kann kein Überblick über die kommunikativen und ästhetischen Funktionen aller Nationalkinderliteraturen geboten werden. Das Studium einschlägiger Kinderliteraturgeschichten zeigt jedoch, daß die nationalen Kinderliteraturen — teils mit zeitlicher Verschiebung — ähnliche Entwicklungsstadien durchlaufen und daß in diesen Prozeß vergleichbare kulturelle Faktoren und Institutionen involviert sind. Die deutsch- und englischsprachige (England, USA) Kinder- und Jugendliteratur soll hier dazu dienen, die Konstanz und den Wandel kommunikativer und ästhetischer Funktionen darzulegen. In Anlehnung an neuere Begriffsbestimmungen wird in diesem Artikel Kinder- und Jugendliteratur als Oberbegriff für die gesamte Produktion von Werken für Kinder und Jugendliche festgelegt. Als Kinder- bzw. Jugendbuch wird dann jener Teil der Kinder- und Jugendliteratur gekennzeichnet, der in Buchform herausgegeben wurde. Die Unterscheidung von Kinder- und Jugendliteratur basiert auf der zunächst von Pädagogen und später Entwicklungspsychologen seit dem späten 18. Jh. durchgesetzten Vorstellung zweier Alters- und Lesestufen, nämlich Kindheit und Jugend, wobei als Übergangsphase das Alter zwischen 10 bis 12 Jahren angegeben wird. Der Begriff Kinder- und Jugendliteratur selbst hat je nach Verwendungszusammenhang verschiedene Bedeutungen, die unterschiedliche Korpusbildungen nach sich ziehen. Er kann (a) die Gesamtheit der von Kindern und Jugendlichen rezipierten Texte umfassen (= Kinder- und Jugendlektüre); (b) die ausdrücklich für Kinder und Jugendliche als Lektüre empfohlenen und publizierten Texte (= intentionale Kinder- und Jugendliteratur) und (c) eigens für Kinder und Jugendliche verfaßte Texte (= spezifische Kinder- und Jugendliteratur). Darüber hinaus wird zwischen sanktionierter Kinder- und Jugendliteratur, die mit den Erwartungen der literarischen Erzieher konform geht, und nichtsanktionierter, kommerzieller Kinder- und Jugendliteratur, die die gesellschaftlich anerkannten Bewertungsinstanzen umgeht, unterschieden (vgl. Ewers 1995). Der weiter gefaßte Begriff *intentionale Kinder- und Jugendliteratur* hat den Vorteil, daß mit ihm auch dasjenige Schrifttum ins Blickfeld gerät, das sich sowohl an Kinder als auch Erwachsene wendet (z. B. religiöse Schriften, populäre Literatur) oder das ursprünglich nicht für die kindliche Zielgruppe verfaßt worden ist (kinderliterarische Bearbeitungen von Erwachsenenliteratur). Ferner zählen hierzu auch die schulischen Lehr- und Lesebücher, die bis in die Mitte des 19. Jhs. nicht strikt von der Kinder- und Jugendliteratur zu trennen sind.

1.2. Ansätze der Kinderliteraturforschung

Kinder- und Jugendliteratur, die bis Ende der 60er Jahre als Domäne der Pädagogik galt, wurde in den 70er Jahren infolge der Erweiterung des traditionellen Literaturbegriffs um wirkungsorientierte Literaturformen als Teilbereich der Literaturwissenschaft anerkannt. Die Erkenntnis, daß der von der Romantik geforderte Autonomieanspruch der Kunst für die Kinder- und Jugendliteratur nur eingeschränkt gültig ist, rückte ihre Funktionalität, die vor allem mit pädagogischen Intentionen verbunden wird, in den Blickpunkt. Neben textanalytischen Studien wurden deshalb auch Untersuchungen zur Leser-, Kommunikations- und Rezeptionsforschung betrieben (vgl. Hurrelmann 1992). Sie lenkten das Interesse auf die Frage nach den Adressatenvorstellungen und Intentionen der Autoren und den (potentiellen) Funktionen der Texte. Die kommunikationstheoretischen Untersuchungen konzentrierten sich auf den Nachweis kommunikativer, sozialer und psychologischer Funktionen von Kinder- und Jugendbüchern, wobei der Akzent mehr auf Aspekte der pädagogischen Sozialisation als auf diejenigen der ästhetisch-literarischen Erziehung gelegt wurde (Dahrendorf 1980). Kinder- und Jugendliteratur wird als Teil eines Sozialisationsprozesses gesehen, der von den jeweiligen Erziehungs- und Kindheitsvorstellungen abhängig ist. Seit den 80er Jahren wurden vermehrt kulturhistorische und systemtheoretische Ansätze einbezogen. Die kulturhistorische Kindheitsforschung, der Ariès (1960) entscheidende Anstöße gegeben hat, hat die wesentlichen Faktoren für die Herausbildung des neuzeitlichen Kindheitsverständnisses benannt: zunehmende Dissoziierung des Verhältnisses von Kind und Erwachsenem, Verselbständigung des kindlichen Lebensraumes, schulische Erziehung, gewandelte Familienstruktur und die sich daraus ergebende Forderung nach einer eigenen Literatur für Kinder und Jugendliche, deren didaktische Funktion sich durch ihre Adressatenbezogenheit ergibt. Da die dem Kind/Jugendlichen nahegebrachten zivilisatorischen Standards immer diejenigen der Erwachsenengesellschaft sind, hat die Kinder- und Jugendliteratur in hohem Maße Appellcharakter und eine antizipierende Funktion, deren jeweilige historische Ausformung vom Wechselverhältnis Kindheit vs. Erwachsensein bestimmt wird.

Unter systemtheoretischer Perspektive ist Kinderliteratur eine Kommunikationsform, die ein eigenes Kommunikationsfeld aufbaut und bestimmte Funktionen innerhalb des Spektrums von Themen, literarischen Traditionen und Formen erfüllt. Durch die Leitdifferenz der pädagogischen Angemessenheit unterscheidet sich Kinder- und Jugendliteratur als literarisches Subsystem von der Allgemeinliteratur. Die Kinder- und Jugendliteratur zeichnet sich nach diesem Ansatz durch eine doppelte Systemreferenz aus, die durch den Widerspruch zwischen pädagogischen und ästhetischen Funktionen bedingt ist. Auch wenn ästhetische Kriterien zunehmend berücksichtigt würden, unterliege die Kinder- und Jugendliteratur weiterhin pädagogischen Funktionserwartungen mit Betonung des didaktisch-antizipatorischen Moments (Shavit 1986).

Wenn diese Ansätze auch gelegentlich auf kommunikative und ästhetische Funktionen von Kinder- und Jugendbüchern eingehen, so fehlen bisher übergreifende historisch-systematische Studien, die sich entweder auf die nationale Ebene beschränken oder die interkulturellen Prozesse und die parallel verlaufende bzw. zeitlich verschobene Entwicklung der Funktionen in mehreren Kinderliteraturen vergleichen. Eine allgemeine Typologie der Funktionen des Printmediums Kinder- bzw. Jugendbuch stellt ein Desiderat der Kinderliteraturforschung dar. Es liegen mittlerweile jedoch detaillierte Darstellungen zu einzelnen Epochen der englischsprachigen Kinder- und Jugendliteratur vor (vgl. Jackson 1990; Pickering 1993; Summerfield 1984), in denen der Versuch einer Systematisierung der funktionalen Aspekte unternommen wird. Für die deutschsprachige Kinder- und Jugendliteratur haben in dieser Hinsicht die 'Handbücher zur deutschen Kinder- und Jugendliteratur' (1982/1987/1990/1998) erste Vorarbeiten geleistet, die einen fundierten Überblick über die zivilisatorischen Funktionen der Kinder- und Jugendliteratur vom Beginn des Buchdrucks bis 1850 geben. Eine systematische Darstellung hat Pape (1981) versucht, der seine Unterscheidung von sozialisatorischer und ästhetisierender Tendenz allerdings auf das literarische Kinderbuch beschränkt.

2. Kinderlektüre bis 1750

Die Anfänge des Kinder- und Jugendbuches reichen bis ins 14. Jh. zurück. Die zunächst in lateinischer Sprache verfaßten Werke, die vorwiegend für den Klerikernachwuchs und Kinder aus adligen Kreisen bestimmt waren, dienten ausschließlich propädeutischen Zwecken und zeichneten sich durch ihren lehrhaften Charakter aus. Drei erzieherische Absichten wurden mit ihnen verknüpft: Alphabetisierung, Einweisung in religiöse Dogmen, Vermittlung von Grundwissen und wesentlichen Verhaltensregeln. Während die von kirchlichen Institutionen verbreiteten Publikationen für Kinder den Hauptakzent auf religiöse Belehrung legten, dienten die Schul- und Lehrbücher zur Vermittlung elementaren Wissens, das aber immer mit moralischer Belehrung verknüpft wurde (Muir 1954; Thwaite 1972). Die nicht-religiösen Lehrwerke bekamen erst im Humanismus einen Bildungswert zugesprochen. In dieser Zeit entwickelten sich einige neue Genres (Schuldrama, Lehrgespräch), die den kommunikativen Aspekt in Form eines fiktiven Mentor-Schüler-Gesprächs oder einer Theateraufführung hervorhoben und der rhetorischen Schulung dienten (Erasmus von Rotterdam: 'Colloquia familiaria', 1518–1533). Die ganz für die zukünftige Rolle des Kindes in der Gesellschaft bestimmten Texte der frühen Neuzeit boten Modelle für das künftige Rollenverhalten. Diese antizipierende Funktion stand unter der Dominanz der pädagogischen Funktion von Kinder- und Jugendliteratur. Die intentionale Kinder- und Jugendliteratur entwickelte sich historisch zunächst in einzelnen, durch den Unterricht gesteuerten Bereichen als belehrende Literatur bei noch nicht scharfer Trennung vom Schulbuch. Die Belehrungs- und Erziehungsfunktionen erwiesen sich dabei als gattungs- und strukturbildend; man kann vier Gruppen von Kinderbüchern unterscheiden: religiöse Schriften (Kinderbibeln, Katechismen, Erbauungsliteratur), Werke zur Sprachbildung, Rhetorikerziehung und Realienkunde in der Tradition der Artesliteratur (ABC-Bücher, Grammatiken, Spruchsammlungen, Lesebücher), Civitas-, Offizien- und Virtusliteratur (Zuchtbücher, elterliche Ratgeber, Fürstenspiegel) und fiktional-unterhaltende Literatur mit didaktischem Anspruch (Fabeln, Tierepen, Schwanksammlungen, Schauspiele, Gedichte), die allerdings bis Mitte des 18. Jhs. zahlenmäßig gering war (vgl. Brüggemann/Brunken 1990; MacDonald 1982). Die zuletzt genannte Gruppe umfaßt Bücher, die nach der rhetorischen Standardformel praeceptia-exempla-imitatio strukturiert waren und für den Sprach-, Rhetorik- und Ethikunterricht verwendet wurden; eine literarästhetische Erziehung war nicht beabsichtigt. Einen Sonderstatus nimmt in diesem Zusammenhang das zweisprachige Realienbuch 'Orbis sensualium pictus' (1658) von Johann Amos Comenius ein, dem erstmals Überlegungen zu einer kindgemäßen Pädagogik zugrunde liegen. Der Autor setzte sich nicht nur für den muttersprachlichen Unterricht ein, sondern betonte auch die Bedeutung der Illustration als Mittel der Anschauung und sinnlichen Wahrnehmung. Außer dieser sanktionierten Kinderliteratur bestand die Kinderlektüre in nicht-sanktionierter volkstümlicher Literatur, die seit dem 17. Jh. in Volksbüchern oder *chapbooks* verbreitet wurde und sich an einen weitgefaßten Adressatenkreis (ungebildete Volksschichten, Kinder) wandte (Neuburg

1968). Neben dem Humanismus nahmen aber weiterhin religiöse Bewegungen Einfluß auf die Kinder- und Jugendliteratur. Die konfessionelle Literatur in Deutschland wurde zunächst durch die reformatorische Bewegung, später durch die pietistische Kinderliteratur beeinflußt, wobei beide Richtungen sowohl die religiöse als auch die volkserzieherische Absicht von Kinder- und Jugendbüchern betonten (Bottigheimer 1996). In England und den USA bildete sich eine puritanische Kinder- und Jugendliteratur heraus, die den Zweck des Kinder- und Jugendbuchs ausschließlich in der Einführung in religiöse und gesellschaftliche Pflichten und in eingeschränktem Maße in antipapistischer Propaganda sah (vgl. Jackson 1989; Wooden 1986). Als Vertreter einer utilitaristischen Pädagogik, die zur Gemeinnützigkeit erziehen wollte und den Erlösungsgedanken in den Vordergrund stellte, wurde von ihnen der Unterhaltungswert von Kinder- und Jugendliteratur strikt abgelehnt (Sloane 1955). Hierzu zählen u. a. die Schriften von John Bunyan ('*Pilgrim's Progress*', 1678) und John Foxe ('*Book of Martyrs*', 1563), die in kinderliterarischer Bearbeitung bis Anfang des 19. Jhs. verbreitet waren.

3. 'Vom Nutzen und Vergnügen': das Kinder- und Jugendbuch der Aufklärung

Seit Mitte des 18. Jhs. avancierte die spezifische Kinder- und Jugendliteratur zum Prototyp, als deren gemäßes Publikationsmedium das Kinder- und Jugendbuch (und die Kinderzeitschrift) zunehmend an Bedeutung gewann und zur Schaffung eines eigenen kinderliterarischen Buchmarktes führte. Die sozialisatorische Funktion (Enkulturation von Kenntnissen und moralischen Werten, Vorführen vorbildhafter Verhaltensweisen) des älteren Kinder- und Jugendbuchs blieb zwar als Norm erhalten, wurde aber seit dem letzten Drittel des 18. Jhs. durch den Aspekt der 'Kindgemäßheit', d. h. der Anpassung an den präsumtiven Leser, ergänzt. Im Verlauf dieser Entwicklung kam es zu einem umfassenden Formen- und Funktionswandel der Kinder- und Jugendliteratur, aus dem deren moderne, in Grundzügen bis heute gültige Gestalt hervorging. Zwei ihrer hervorstechendsten Merkmale, der Unterhaltungsanspruch und der betont belletristische Charakter, entsprangen der Universalisierung des pädagogischen Kontrollanspruchs: wenn die gesamte kindliche und jugendliche Lektüre durch pädagogisch sanktionierte Kinder- und Jugendliteratur abgedeckt werden soll, muß diese ein umfassendes attraktives Angebot entwickeln. Unter diesen Prämissen entstand eine Allianz von literarischen Erziehern und Verlegern mit allerdings nur partieller Interessenübereinstimmung. Für die Pädagogen waren Unterhaltsamkeit und Fiktionalität nur Mittel zum Zweck und dienten der Realisierung ihrer erzieherischen Absichten, während die Verleger sie als absatzfördernde Eigenschaften ansahen. Dieser durchgreifende Wandel wurde durch die philosophischen Schriften von John Locke ('*Some Thoughts Concerning Education*', 1693) und Jean-Jacques Rousseau ('*Émile ou de l'éducation*', 1762) vorbereitet und theoretisch reflektiert. Locke begründete den Status des Kinderbuchs als geeignetes Instrument der Erziehung. Im Mittelpunkt stand jetzt aber nicht mehr die religiöse Erziehung, sondern die Vorbereitung des Kindes auf das Erwachsenendasein und seine Erziehung zum mündigen Bürger. Wenn auch weiterhin die pädagogische Funktion im Vordergrund stand, so legitimierte Locke doch den unterhaltenden Charakter des Kinderbuches. Locke erkannte nämlich die Bedeutung des kindlichen Spiels bzw. der kindlichen Phantasie und löste mit seiner Forderung nach der kinderliterarischen Verbindung von Belehrung und Unterhaltung einen paradigmatischen Wandel aus (Pickering 1981). Rousseau dagegen lehnte – aus einer skeptischen Haltung gegenüber der Wissenschaft und Kultur heraus – das Buch als Erziehungsmittel des Kindes ab, da es seiner Konzeption einer natürlichen Erziehung entgegenstand, und erlaubte die Buchlektüre erst im Jugendalter (ab 12 Jahren). Durch die Zuordnung eines bestimmten literarischen Stoffes (nämlich Daniel Defoes '*Robinson Crusoe*' (1719) als Lektüre für Jungen und François Fénelons '*Les aventures de Télémaque*' (1699) als Lektüre für Mädchen) zu einer entsprechenden kindlichen Entwicklungsstufe nahm Rousseau moderne, psychologisch fundierte Ansätze der Jugendbuchtheorie und der Lesealter-Typologie vorweg. Obwohl Rousseau die Existenzberechtigung der Kinderliteratur bestritt, waren seine Forderungen bahnbrechend für eine pädagogische Kinder- und Jugendliteratur, die von der Idee eines kindlichen Entwicklungsschemas geprägt war und infolgedessen Kindheit als eigene, unabhängige Lebensphase ansah (Patterson 1971). Lockes und Rousseaus Ideen setzten sich aber erst mit den Kinderbüchern der Verleger und Autoren John Newbery und Thomas Boreman in England und mit der philanthropischen Kinder- und Jugendliteratur in Deutschland durch. Thomas Boreman ('*Gigantick Histories*', 1740 ff.) und John Newbery ('*Little Pretty Pocket Book*', 1744), die von der Forschung als die ersten professionellen Verleger von Kinderbüchern angesehen werden, machten sich die pädagogischen Maximen Lockes zu eigen. Dennoch nahmen auch in ihren Verlagen Schul- und Lehrbücher weiterhin den größten Teil des Angebots ein. Gegenüber den älteren Schulbüchern zeichneten diese sich durch eine Verbindung von Sachinformation und unterhaltender Rahmenerzählung aus. Bereits in dieser Zeit finden sich frühe Formen des Beschäftigungs- bzw. Spielbuchs; so etwa das lehrreiche Buch mit Spielmaterialien oder *Play-Things* (vgl. Darton 1982).

Im Selbstverständnis aufklärerischer Kinderbuchautoren stellte sich das Kinder- und Jugendbuch als zweckorientierte Literatur mit dem Primat der Belehrungs- und Wissensvermittlungsfunktion dar. Durch die philanthropische Pädagogik wurde in der Kinder- und Jugendliteratur der Spätaufklärung eine durchgreifende Veränderung bewirkt. Die dominante Ausrichtung der frühen aufklärerischen Kinder- und Jugendliteratur auf eine Vernunfterziehung machte in der Spätaufklärung einer Mehrfunktionalität Platz, wobei die erzieherische Funktion weiterhin erhalten blieb. Seitdem Johann Bernhard Basedow in seinem '*Methodenbuch für Väter und Mütter*' (1770) die erzählende Kinderliteratur neben den reinen Elementarwerken und moralisch-belehrenden Schriften als zentrales Instrument der Erziehung einstufte, wurde der unterhaltenden Funktion von Kinder- und Jugendbüchern von pädagogischer Seite aus Rechnung getragen. Diese Forderung regte die Produktion spezifischer Kinder- und Jugendliteratur und damit einhergehend die Entstehung neuer kinderliterarischer Genres an (literarische Lesebücher, Reisebeschreibungen, Abenteuerbücher), die sich allerdings dem Idealtypus der moralischen Beispielgeschichte anpaßten (vgl. Johann Heinrich Campes '*Robinson der Jüngere*'. 1779/80). Anstelle der unmittelbaren sinnlichen Erfahrung trat hier die vermittelte Erfahrung durch das Buch. Durch Untertitel, Vorwort, Rahmenhandlung und Anweisungen an den erwachsenen Mitleser wurde dabei angedeutet, daß der kinderliterarische Text eine erzieherische Funktion übernehmen sollte, die die Anwesenheit eines Lehrers oder Erziehers nicht unbedingt erfordere. Hierin enthüllte sich der funktionale Doppelcharakter der Kinder- und Jugendliteratur: sie ist einerseits nützliche Unterhaltung für den kindlichen Adressaten und andererseits Erziehungsschrift für Erwachsene, indem es durch die Thematisierung des Vermittlungsprozesses der Lektüre eine Modellsituation familiären Lesens und Lernens statuierte. Durch die Einsicht, daß Kinder- und Jugendliteratur nicht nur auf den Verstand wirke, sondern auch auf die Einbildungskraft, haben die Philanthropisten des weiteren die Phantasie als ästhetischen Aspekt in das pädagogische Schrifttum für Kinder einbezogen. Dieser Ansatz einer Phantasiepädagogik wurde in der Spätromantik und Jugendschriftenbewegung aufgegriffen und modifiziert (Steinlein 1987; Wild 1987).

4. Auffächerung der Funktionen im 19. und in der ersten Hälfte des 20. Jahrhunderts

Im 19. Jh. wird die Kinder- und Jugendliteratur weiterhin auf pädagogische Funktionalität hin verpflichtet, d. h. religiös-moralische Erziehung, sprachliche und ästhetische Bildung sowie Vermittlung von Wissen und Weltkenntnis stehen weiterhin im Vordergrund. Ab Mitte des 19. Jhs. zeichnet sich die zunehmende Tendenz ab, mittels der Kinder- und Jugendliteratur zur nationalen Erziehung und geschlechtsspezifischen Erziehung beizutragen. Seit der Romantik stehen sich außerdem zwei Tendenzen gegenüber: eine pädagogisch motivierte Richtung, die die Kinder- und Jugendliteratur von anderen Literaturformen abgrenzte, und eine literarisch-ästhetische Strömung, die die Gemeinsamkeiten zwischen Kinderliteratur und Erwachsenenliteratur hervorhob. In der Romantik, die sich bewußt als Gegenbewegung zur Kinder- und Jugendliteratur der Aufklärung ansah, wurde seit Beginn des 19. Jhs. für einen Teil der Kinder- und Jugendliteratur die Befreiung von unmittelbaren Erziehungszwecken erreicht. Die durch die geschichtsphilosophischen Reflexionen Johann Gottfried Herders, Jean-Jacques Rousseaus und William Wordsworths vorbereitete, von den Romantikern aufgegriffene Idee der Kindheitsautonomie betonte den Eigenwert der Kindheit als authentischere und ursprüngliche Daseinsform und führte zu einer Zurückweisung der Funktionalisierung dieses Lebensabschnittes als Vorbereitung auf das Erwachsenendasein (Ewers 1989). Die Ablehnung utilitaristischer Zwecke und die Aufwertung der Phantasie und der Gefühlswelt gegenüber dem Verstand führte paradoxerweise dazu, daß die in der Aufklärung begonnene Entwicklung zur Verselbständigung der Kinder- und Jugendliteratur wieder zurückgenommen wurde. Stattdessen wurden unter Berufung auf Herders Überlegungen zur Onto- und Phylogenese Kindheit und volkstümliche Poesie (Märchen, Volkslied, Legende, Sage) aufeinander bezogen. Des weiteren wurde mit dem Kleinkind eine neue Zielgruppe entdeckt, der mit der Integration von Sprachspielen und Kinderreimen in die spezifische Kinder- und Jugendliteratur Rechnung getragen wurde (z. B. Achim von Arnim/Clemens Brentano 'Des Knaben Wunderhorn', 1806–1808). Die von den Romantikern erstmals in den Vordergrund gerückte Forderung nach der ästhetisch-literarischen Bildung des Kindes bewirkte in der Spätromantik eine Tendenz zur Pädagogisierung der Volkspoesie. Die in mehreren Stufen erfolgte Bearbeitung der *Kinder- und Hausmärchen* der Brüder Jacob und Wilhelm Grimm zum „Erziehungsbuch" (Vorrede zur Ausgabe letzter Hand) lieferte die Legitimationsgrundlage für die Funktionalisierung des Märchens zur didaktisch relevanten kinderliterarischen Gattung (Tatar 1992). Diese Entwicklung demonstriert, daß die von romantischen Dichtern verfaßten Kinder- und Jugendbücher erst in assimilierter Form, d. h. in Anpassung an die Forderung der literarischen Erzieher, wirksam werden konnten. Als frühe Beispiele einer Kinderliteratur, die den Akzent ausschließlich auf die Unterhaltung des kindlichen Lesers legt, können die beiden Nonsensebücher von Edward Lear ('*Book of Nonsense*', 1846) und Lewis Carroll ('*Alice's Adventures in Wonderland*', 1865) angesehen werden (Kümmerling-Meibauer 1999). Die Entstehung des Bilderbuchs als genuin kinderliterarisches Genre (mit den Vorläufern Comenius und William Blake) wurde ebenfalls durch romantisches Gedankengut angeregt. Seine erste Blütezeit erlebte es um 1870 in England (mit den Illustratoren Randolph Caldecott, Walter Crane und Kate Greenaway) und seit Mitte des 19. Jhs. in Deutschland (Wilhelm Busch, Heinrich Hoffmann, Ernst Kreidolf). Den Bildern wurde nicht mehr nur die Funktion dekorativer Textbeigaben zugesprochen. Sie haben darüber hinaus eine visuell-narrative Funktion, die durch die Polyvalenz des Zusammenspiels von Text und Bild zustande kommt und dem kindlichen Leser das Verständnis literarischer Texte erleichtern sollte.

Die Befreiung von pädagogischer Kontrolle erreichte die Kinder- und Jugendliteratur aber mehr durch die Entwicklung des Buchmarktes und der Unterhaltungsliteratur, weniger durch den Einfluß der romantischen autonomieästhetischen Bewegung. Trotz des Wandels des Kindheitsbildes blieb die Kinder- und Jugendliteratur weiterhin an die Aufgabe gebunden, auf zukünftige gesellschaftliche Aufgaben vorzubereiten. Zwar wurde in den ersten Jahrzehnten des 19. Jhs. in einem Teilbereich der Kinder- und Jugendliteratur die Forderung nach dem Pädagogisch-Nützlichen durch die ästhetische Idee von Kindheit angefochten, die die pädagogisch-antizipatorische Funktion abschwächte und hochliterarische Aspekte zuließ. Diese Entwicklung führte aber nicht auf direktem Weg zu einer literarischen Kinder- und Jugendliteratur, sondern die Forderung nach dem Pädagogisch-Nützlichen wurde im Zusammenhang mit einem umfassenden literarischen Wandel zur Forderung nach dem Pädagogisch-Angemessenen abgemildert.

Seit der zweiten Hälfte des 19. Jhs. entglitt der Buchmarkt immer mehr der Kontrolle der literarischen Erzieher, die zunehmend mit der Ignorierung und Ächtung des kommerziellen Kinder- und Jugendbuches reagierten. Es entwickelte sich eine Massenliteratur für Kinder und Jugendliche, bei der kommerzielle Interessen, pädagogische Ambitionen und die Leselust der Rezipienten verknüpft wurden (populäre Autoren waren u. a. Friedrich Gerstäcker, Karl May und Mayne Reid). Die technischen Neuerungen im Druckwesen ermöglichten die billigere Herstellung von Büchern, so daß der Buchmarkt von sogenannten Volksausgaben überschwemmt wurde. Die Autoren paßten sich dieser Tendenz an und es entstand eine kommerzialisierte Literatur, die oft als Fortsetzungen in Kinderzeitschriften, Almanachen und Jahrbüchern erschien. Durch die Orientierung an aktuellen Themen und den Anspruch, Wissen in Form eines fiktionalen Diskurses zu vermitteln, entstand ein neues Genre, der wissenschaftliche Roman, der als eine Vorstufe des modernen Sachbuchs für Kinder und Jugendliche anzusehen ist und in Jules Verne seinen bekanntesten Vertreter fand. Mit seiner Bildungskampagne ordnete sich dieser Romantyp dem Postulat nach der gesellschaftlichen Sozialisation des kindlichen bzw. jugendlichen Lesers unter (Ottevaere-van Praag 1987). Die Tendenz zur Serialisierung wurde aus marktstrategischen Gründen auch von religiös-utilitaristischen Kreisen aufgegriffen. Insbesondere die evangelikale *Sunday School Movement* in England (seit Ende des 18. Jhs.) und den USA (seit 1820) übernahm Stoffe und Gestaltungsprinzipien der Unterhaltungs- und Serienliteratur, die durch moralisierende Einschübe in moralische Erzählungen (*moral tales*) transformiert wurden (hierzu zählen u. a. die Bestseller von Hannah More: '*Cheap Repository Tracts*' (1795–98) und Samuel Goodrich: '*Peter Parley*'-Bände (1827–1860)). Das Postulat einer religiös-gesellschaftlichen Erziehung führte dazu, daß in den *moral tales* bewußt kinderliterarische Tabus (u. a. Armut, Alkoholismus, Kinderarbeit) aufgegriffen wurden. Daraus entwickelten sich spezielle Typen von Warngeschichten (*temperance story*, *street arab tale*), bei denen das kindliche Bedürfnis nach Unterhaltung und Spannung mit der von pädagogischer Seite verlangten moralischen Belehrung verknüpft wurde (Avery 1975; Cutt 1979; MacLeod 1975).

Die Idee, daß Mädchen und Jungen im Jugendalter einer geschlechtsspezifischen Erziehung unterzogen werden müßten, führte seit 1860 zur Auffächerung der Jugendliteratur in erzählende Mädchen- und Jungenliteratur (Backfischbuch, Mädchenbuch, *domestic tale* für Mädchen, Abenteuerbuch, *dime novel* für Jungen; vgl. Cadogan/Craig 1976; Grenz 1981; Rowbotham 1989; Zahn 1983). Gleichzeitig wurde die Vorstellung einer Skalierung der Kinder- und Jugendliteratur nach Altersgruppen, die bereits in der Spätaufklärung thematisiert wurde, von den Verlagen aufgegriffen. Ende des 19. Jhs. diente das Kinder- und Jugendbuch ferner dem Zweck, mit kolonialistischem, imperialistischem und nationalem Gedankengut vertraut zu machen (Bristow 1991). Diese Entwicklung mündete in den patriotischen und kriegsverherrlichenden Kinder- und Jugendbüchern während der Zeit des Ersten Weltkriegs (Christadler 1978) und des Nationalsozialismus (Aley 1968, Nassen 1987). Kinder- und Jugendbücher übernahmen in diesem Zusammenhang oft die Funktion der politischen Indoktrinierung, die durch Propaganda und staatliche Lenkung (durch Ausgabe von 'Schwarzen Listen' oder Zensur) unterstützt wurde.

Die Dissoziation von sanktionierter Kinder- und Jugendliteratur und faktisch gegebener Kinder- und Jugendbuchproduktion und der sich daraus ergebende Streit zwischen literarischen Erziehern und Buchverlegern kulminierte in Heinrich Wolgasts Schrift '*Das Elend unserer Jugendliteratur*' (1896), die der spezifischen Kinder- und Jugendliteratur jegliche Existenzberechtigung absprach und stattdessen eine nach dem Kriterium der Kindgemäßheit ausgewählten Lektüre erwachsenenliterarischer Werke empfahl. Obwohl Wolgast die Instrumentalisierung der Literatur für belehrende Zwecke ablehnte, wurde mit dem Begriff der 'ästhetischen Erziehung' bzw. 'literarischen Genußfähigkeit' unter Bezugnahme auf das romantische Erbe ein weiterer Bereich des kindlichen Erlebens pädagogisch besetzt (Ewers 1996). Das kulturpolitische Ziel der Jugendschriftenbewegung, nämlich die Vermittlung von Literatur als einer besonderen Kunstform, fand dabei ihr Pendant in der englischen *Fabian Society*, die das Recht des Kindes auf das Ausleben seiner Phantasie und auf anspruchsvolle kindgemäße Literatur unterstützte. Entgegen Wolgasts Intention bemühte man sich um eine literarische Qualitätssteigerung in der Kinder- und Jugendbuchproduktion, um damit den Weg für das 'künstlerisch wertvolle Kinderbuch' zu bahnen (z. B. Paula u. Richard Dehmel: '*Fitzebutze*' (1900); Edith Nesbit: '*The Story of the Treasure Seekers*' (1899)).

Trotz dieser Bestrebungen konnte sich die Unterhaltungs- und Massenliteratur für Kinder und Jugendliche auch im 20. Jh. weiterhin behaupten. Die Tendenz zur Serienbildung und Serialisierung führte um die Jahrhundertwende zu einem Aufschwung der populären Serienliteratur, die im englischsprachigen Raum insbesondere durch das 1905 gegründete *Stratemeyer Syndicate* verbreitet wurde. Durch die Verbindung der zwei Serientypen *library approved series* und *adventure novels* und ihre geschickte Vermarktung als Preisbücher an Schulen setzte sich ein neuer Serientyp durch, der entweder um ein bestimmtes Genre (Schulgeschichte, Mädchenbuch, *career story*) oder eine Hauptfigur (z. B. '*Nancy Drew*', 110 Bände; '*The Hardy Boys*', 117 Bände) gruppiert wurde (vgl. Johnson 1993). Zwischen 1910 und 1930 erschienen in den USA und England über 480 Serien für kindliche und jugendliche Leser, die ihre Monopolstellung allerdings seit Mitte der 30er Jahre zunehmend an Comics und neue audiovisuelle Medien für Kinder (Kinderradiosendungen, Verfilmungen von Kinderbüchern) verloren. Der unaufhaltsame Prozeß der Mediatisierung von Kinder- und Jugendbüchern wurde durch frühe Formen des Medienverbundes um die Jahrhundertwende, als die erfolgreichen Kinderbücher von Frances Hodgson Burnett ('*Little Lord Fauntleroy*', 1886) und Beatrix Potter ('*Peter Rabbit*'-Serie 1902 ff.) durch Lizenzvergabe in Form von Spielen, Kleidung, Geschirr usw. mehrfach verwertet wurden, und multimediale Verwertung von Kinder- und Jugendbüchern in Form von Dramenfassungen, Hörspielen, Balletts, Musikstücken oder Filmen (insbesondere die Zeichentrickfilme Walt Disneys) eingeleitet. Hier zeichnet sich der Beginn einer vielfältigen Kindermedienkultur ab, die ihren Siegeszug aber erst nach 1945 antrat.

5. Ausblick

Zusammenfassend können folgende kommunikative und ästhetische Funktionen historischer Kinder- und Jugendbücher herausgestellt werden: religiöse Erziehung, ständisch-soziale Erziehung, moralische Erziehung, sachliche Belehrung, literarästhetische Bildung, Unterhaltung und seit dem 19. Jh. noch nationale und geschlechtsspezifische Erziehung. Historisch gesehen stehen zunächst pädagogisch-antizipatorische Funktionen im Vordergrund. Ästhetische Funktionen werden erstmals in der Spätaufklärung aufgegriffen. Sie tauchen in modifizierter Form wieder in der Romantik und um die Jahrhundertwende (Jugendschriftenbewegung, *Fabian Society*) auf. Seit Ende des 18. Jhs. bis ins 20. Jh. hinein wird Kinder- und Jugendliteratur dabei durch ein Wechselverhältnis von pädagogischen und ästhetischen Prinzipien bestimmt, wobei der ästhetische Anspruch immer wieder pädagogisch vereinnahmt wird.

Abschließend sollen noch einige Fragestellungen erwähnt werden, die zu zukünftigen Forschungen im Bereich der Kinder- und Jugendliteratur anregen könnten:

(1) In medienwissenschaftlichen Studien wird das Printmedium Kinder- und Jugendbuch bisher stiefmütterlich behandelt. Die bisher vorliegenden Arbeiten konzentrieren sich auf die Kindermedienkultur nach 1945, ohne frühe Formen der Intermedialität und Multimedialität zu berücksichtigen.
(2) Es fehlt eine systematische Darstellung der pädagogischen und ästhetischen Funktionen von Kinder- und Jugendliteratur.
(3) Ebenso liegen bisher keine komparatistischen Studien vor, die die verschiedenen Funktionen mehrerer nationaler Kinder- und Jugendliteraturen vergleichen.
(4) Da die Kinder- und Jugendliteratur in der Regel nicht als integrativer Bestandteil der allgemeinen Literaturgeschichte betrachtet wird, ist der Aspekt der Vergleichbarkeit bzw. Differenz der Funktionen von Kinderliteratur vs. Erwachsenenliteratur und eine möglicherweise daraus zu erschließende Verschiebung der Funktionen bisher kaum berücksichtigt worden.

6. Literatur

Aley, Peter, Jugendliteratur im Dritten Reich. Gütersloh ²1968.

Ariès, Philippe, L'enfant et la vie familiale sous l'Ancien Régime. Paris 1960.

Avery, Gillian, Childhood's pattern. Leicester 1975.

Barth, Susanne, Jungfrauenzucht. Literaturwissenschaftliche und pädagogische Studien zur Mädchenerziehungsliteratur zwischen 1200 und 1600. Stuttgart 1993.

Bottigheimer, Ruth B., The Bible for children. From the age of Gutenberg to the present. New Haven/London 1996.

Bristow, Joseph, Empire boys: Adventures in a man's world. London 1991.

Brüggemann, Theodor/Otto Brunken (Hrsg.), Handbuch zur Kinder- und Jugendliteratur: Vom Beginn des Buchdrucks bis 1570. Stuttgart 1987.

–/Otto Brunken (Hrsg.), Handbuch zur Kinder- und Jugendliteratur: Von 1570 bis 1750. Stuttgart 1990.

–/Hans-Heino Ewers (Hrsg.), Handbuch zur Kinder- und Jugendliteratur: Von 1750 bis 1800. Stuttgart 1982.

Brunken, Otto/Bettina Hurrelmann/Klaus-Ulrich Pech (Hrsg.), Handbuch zur Kinder- und Jugendliteratur: Von 1800 bis 1850. Stuttgart 1998.

Cadogan, Mary/Patricia Craig, You're a brick, Angela! A new look at girl's fiction from 1839–1975. London 1976.

Christadler, Marieluise, Kriegserziehung im Jugendbuch. Literarische Mobilmachung in Deutschland und Frankreich vor 1914. Frankfurt a. M. 1978.

Cutt, Margaret N., Ministering angels: A study of nineteenth century evangelical writing for children. Wormley 1979.

Dahrendorf, Malte, Kinder- und Jugendliteratur im bürgerlichen Zeitalter. Beiträge zu ihrer Geschichte, Kritik und Didaktik. Königstein/Ts. 1980.

Darton, Frederic J. H., Children's books in England. Cambridge ²1982.

Doderer, Klaus/Helmut Müller (Hrsg.), Das Bilderbuch. Geschichte und Entwicklung des Bilderbuchs in Deutschland von den Anfängen bis zur Gegenwart. Weinheim/Basel 1973.

Eckardt, Juliane, Kinder- und Jugendliteratur. Darmstadt 1987.

Ewers, Hans-Heino, Kindheit als poetische Daseinsform. München 1989.

−, Kinder- und Jugendliteratur. Entwurf eines Lexikonartikels. In: Kinder- und Jugendliteraturforschung 1994/95, 1995, 13−24.

−, Eine folgenreiche, aber fragwürdige Verurteilung aller „spezifischen Jugendliteratur". Anmerkungen zu Heinrich Wolgasts Schrift „Das Elend unserer Jugendliteratur" von 1896. In: Theorien der Jugendlektüre. Beiträge zur Kinder- und Jugendliteraturkritik seit Heinrich Wolgast. Hrsg. v. Bernd Dolle-Weinkauff/Hans-Heino Ewers. Weinheim/München 1996, 9−26.

Grenz, Dagmar, Mädchenliteratur. Von den moralisch-belehrenden Schriften im 18. Jh. bis zur Herausbildung der Backfischliteratur im 19. Jh. Stuttgart 1981.

Hunt Peter (Hrsg.), Children's literature. An illustrated history. Oxford 1995.

Hurrelmann, Bettina, Jugendliteratur und Bürgerlichkeit. Soziale Erziehung in der Kinderliteratur der Aufklärung am Beispiel von Christian Felix Weißens „Kinderfreund" 1776−1882. Paderborn 1974.

−, Stand und Aussichten der historischen Kinder- und Jugendliteraturforschung. In: IASL 17, 1992, 105−143.

Jackson, Mary V., Engines of instruction, mischief and magic: Children's literature in England from its beginning to 1839. Omaha/Nebraska 1990.

Johnson, Deirdre, Edward Stratemeyer and the Stratemeyer Syndicate. New York 1993.

Kümmerling-Meibauer, Bettina, Klassiker der Kinder- und Jugendliteratur. Ein internationales Lexikon. Stuttgart 1999.

Macdonald, Ruth, Literature for children in England and America from 1646 to 1774. Troy 1982.

MacLeod, Anne S., A moral tale: Children's fiction and American culture 1820−1860. Hamden 1975.

Meigs, Cornelia/Edith Nesbitt/Anne Thaxter Eaton/Ruth Hill, A critical history of children's literature: a survey of children's books in English. New York 1969.

Muir, Percy H., English children's books 1600−1900. London 1954.

Nassen, Ulrich, Jugend, Buch und Konjunktur 1933−1945. Studien zum Ideologietransport des genuin nationalsozialistischen und des konjunkturellen Jugendschrifttums. München 1987.

Neuburg, Victor E., The penny histories: A study of chapbooks for young readers over two centuries. Oxford 1968.

Ottevaere-van Praag, Ganna, La littérature pour la jeunesse en Europe occidentale 1750−1925. Bern 1987.

Pape, Walter, Das literarische Kinderbuch. Studien zur Entstehung und Typologie. Berlin 1981.

Patterson, Sylvia W., Rousseau's „Émile" and early children's literature. Metuchen/N. J. 1971.

Pickering, Samuel F., John Locke and children's books in eighteenth-century England. Knoxville 1981.

−, Moral instruction and fiction for children 1749−1820. Athens, Ga. 1993.

Rowbotham, Judith, Good girls make good wives: Guidance for girls in Victorian fiction. Oxford 1989.

Sloane, William, Children's books in England and America in the seventeenth century. New York 1955.

Shavit, Zohar, Poetics of children's literature. Athens, Ga. 1986.

Steinlein, Rüdiger, Die domestizierte Phantasie: Studien zur Kinderliteratur, Kinderlektüre und Literaturpädagogik des 18. und frühen 19. Jhs. Heidelberg 1987.

Summerfield, George, Fantasy and reason: Children's literature in the eighteenth century. Athens, Ga. 1984.

Tatar, Marina, Off with their heads! Fairy tales and the culture of childhood. Princeton 1992.

Thwaite, Mary F., From primer to pleasure in reading: An introduction to the history of children's books in England from the invention of printing to 1914. London ²1972.

Wild, Reiner (Hrsg.), Geschichte der deutschen Kinder- und Jugendliteratur. Stuttgart 1990.

−, Die Vernunft der Väter. Zur Psychographie von Bürgerlichkeit und Aufklärung am Beispiel ihrer Literatur für Kinder. Stuttgart 1987.

Woodens, Williams W., Children's literature in the English renaissance. Lexington 1986.

Zahn, Susanne, Töchterleben. Studien zur Sozialgeschichte der Mädchenliteratur. Frankfurt a. M. 1983.

Bettina Kümmerling-Meibauer, Tübingen (Deutschland)

IX. Geschichte der Printmedien und ihrer Erforschung IV: Buch und Broschüre IV: Forschungsgeschichte

47. Buch-Forschung

1. Einführung
2. Antike
3. Mittelalter
4. Zeitalter des Buchdrucks
5. Wissenschaftliche Erforschung
6. Gutenberg-Forschung
7. Wirtschaftswissenschaftliche Fragen
8. Buchforschung der Gegenwart
9. Literatur

1. Einführung

Die Reflexion über ihren Gegenstand ist in der Buchwissenschaft so virulent wie in kaum einem anderen Forschungszweig. Da das Buch stets sehr eng mit der Bewahrung und Vermittlung von Wissen verknüpft ist, wurde seine Rolle und Bedeutung von Beginn an überdacht. Eine der frühesten nachweisbaren Quellen ist die Skepsis Platons, ob nicht der Übergang von der Oralität zur Literalität einen Verlust für die Gedächtnisleistung und damit für das Reflexionsniveau der Menschen erbracht habe. Diese oft falsch als generelle Kritik am Buch interpretierte Stelle verweist zielgenau auf die Möglichkeiten schriftlicher Überlieferung als einem Informationsspeicher, einem wissenschaftlich aufschlüsselnden Bewahren von Wissen und auf die Notwendigkeit einer Übung im Umgang mit diesem „Medium". Die Berichte etwa des Plinius über die Bibliothek von Alexandria machen deutlich, wie sehr die Funktion einer Bibliothek weniger als Aufbewahrungsstätte denn als aktiver Ort der Wissenschaft angesehen wurde. Durch die materielle Notwendigkeit, die Papyri immer wieder schreiben zu müssen, verbunden mit dem Überlegenheitskult griechischer Wissenschaftler, alle Texte in einer griechischen Übersetzung zur Verfügung haben zu wollen, entwickelte sich dort im Museion von Alexandria die Philologie, d. h. die kritische Auseinandersetzung mit dem Wert unterschiedlicher Handschriften und ihrer sachgerechten Beurteilung.

2. Antike

In Rom lassen z. B. die Briefwechsel, wie zwischen Cicero und dem Verbreiter seiner Schriften, Atticus, deutlich werden, inwieweit die private, zielgerichtete Verbreitung von Büchern reflektiert und politisch eingesetzt wurde. Die Denkschriften zur Zeit Cäsars zum Aufbau öffentlicher Bibliotheken belegen noch einmal den andauernden Diskurs über die Rolle und Bedeutung des Buches für die Bildung. Beim Übergang von der Buchrolle zum Codex wurde über den möglichen Verwendungszusammenhang spekuliert, da bei der Rolle viel stärker kontinuierliches Lesen vorherrschte, der Codex von vornherein stärker zum Nachschlagen geeignet war, was sowohl auf die Texte des Römischen Rechts, auf literarischen Kleinformen, wie Martials „Epigramme", wie aber auch auf die Schriften des Neuen Testaments zutraf, die sich bereits im zweiten/dritten nachchristlichen Jh. als Quelle für Einzelbelege herausbildeten. Nach dem Untergang der antiken Bibliothekskultur finden wir Reflexionen über das Buch als einen Bewahrer von kirchlichem und weltlichem Gedankengut, als einem Vermittler antiker und christlicher Geisteskultur zunächst bei Cassiodor (ca. 485–585), der 540 in Vivarium (Unteritalien) die erste bedeutende Klosterbibliothek einrichtete, getragen von der Idee, daß sich die Mönche geistigen Tätigkeiten widmen und theologische Studien betreiben sollten. Benedikt von Nursia (gest. 550) unterstützte indirekt diese Bestrebungen, indem er in der Mönchsregel die *Lectio Divina* zur täglichen Übung vorschrieb.

3. Mittelalter

Die unter Karl dem Großen vorgenommene Schreibreform und Förderung der Wissenschaften, die zur sog. „Karolingischen Renaissance" im 9. Jh. führte, zeichnet einen

Höhepunkt der Bewertung des Buches mit seinen Aufgaben für Bildung und Wissenschaft. Die „Karolingische Minuskel" wurde so zu einem Kennzeichen dieser Epoche der Schriftlichkeit. Die Wertschätzung zeigt sich plakativ durch die Zusammenstellung von etwa 800 Handschriften in der im 8. Jh. gegründeten Klosterbibliothek in Fulda. In den Klosterbibliotheken, die bis zum 12. Jh. kontinuierlich zunahmen, wird stets über die Bedeutung des Buches als Träger der Theologie und der Frömmigkeit sowie des weltlichen Sachwissens disputiert. Angaben finden sich in Bibelkommentaren, Kirchenväterschriften, Predigtsammlungen ebenso wie in Bibliotheksordnungen, die bestimmte Bereiche sperrten und so den Zugang zum Wissen filterten. Das Aufkommen der Universitäten in Italien und Frankreich führte zu einem veränderten Umgang mit dem Buch, das zu einem Gebrauchsmittel für wissenschaftliche Beschäftigung wurde. Auch die inhaltliche Gewichtung verschob sich; mit dem Aufkommen des Renaissance-Humanismus in Italien wurden nun planmäßig antike Texte gesucht, die Nähe zu Griechenland und Rom sowie zur nationalen Vergangenheit bewußt thematisiert, die Texte besonders gepflegt und abgeschrieben, wobei nun die Gebrauchshandschrift deutlich neben der im kirchlichen Bereich überwiegenden Prachthandschrift stand. So setzte sich auch noch in der Handschriftenära die Idee von öffentlichen Bibliotheken bei den humanistischen Fürstenhäusern in Italien durch. Nacheinander entstanden die Laurenciana und die Marciana in Florenz, die Marciana in Venedig und die Vaticana in Rom.

4. Zeitalter des Buchdrucks

Mit der Erfindung des Buchdrucks mit beweglichen Typen verstärkte sich die vorher nur in Ansätzen vorhandene Selbstreflexion über die Rolle und Bedeutung dieses Informationsträgers für Religion, Wissenschaft und Bildung, die sich in den Kolophonen und in der gelehrten Korrespondenz der Drucker, Verleger und Autoren spiegelte. Gerade die Humanisten begrüßen die neue Technik, die es – wie sie in topischer Verherrlichung schrieben – ermöglichte, daß nun „jeder Ungebildete und Arme höherer Bildung teilhaftig werden könnte". In den vielfach belegten euphorischen Äußerungen der Humanisten spiegelt sich ein Glaube an die Bildungsfähigkeit des Menschen durch Bücher wieder. Dies fand seinen Widerhall nicht nur in der Bereitstellung von Anthologien und späterhin Editionen der lateinischen und griechischen Klassiker, sondern auch in einer Vielzahl von Übersetzungen in der Volkssprache und durch die Bereitstellung einer eigenen Form von Ratgeberliteratur, ob es sich um den „Gart der Gesundheit" oder um Hebammen-Ratgeber handelte. Selbst die glänzenden Satiren der Zeit, sowohl Sebastian Brant's „Narrenschiff" als auch das „Lob der Torheit" des Erasmus von Rotterdam setzen auf die Bildungsfähigkeit des Menschen durch den richtigen Umgang mit Büchern. Kaiser Maximilian (1493–1519) förderte direkt das Buch, dessen neue quantitativen Aspekte er mit Flugblättern, Einblattdrucken und Propagandaschriften gebrauchte, dessen qualitative Aspekte er für die Errichtung seiner eigenen Memoria verwendete. Da es ihm aus finanziellen Mitteln nicht möglich war, sich die Triumphbogen und Ehrenpforten römischer Renaissance-Fürsten erbauen zu lassen, so ließ er sich vergleichbare „papierne" Ehrenbogen errichten. Luthers positive Äußerungen über den Buchdruck sind vielfältig. Er nannte ihn „summum et postremum donum" durch welches Gott die Ausbreitung des Evangeliums befördere.

5. Wissenschaftliche Erforschung

Mit dem im Jahre 1640 gefeierten 200. Jubiläum der gutenbergischen Erfindungen begann die wissenschaftliche Auseinandersetzung mit der Geschichte des Buches. Es erschienen Streitschriften, die die Erfindung des Buchdruckes und der daran Beteiligten thematisierten, sowie erste bibliographische Verzeichnisse der frühesten gedruckten Bücher, der Inkunabeln. Die Bibliographie kann als eine frühe buchwissenschaftliche Methode angesehen werden; ein antiquarisches Interesse an einzelnen Büchern prägte daneben das 17. und 18. Jh. Im Rahmen der „Literärgeschichte" (Historia Literaria) wurde die Geschichte des Buches neben der Geschichte gelehrter Männer und gelehrter Institutionen erforscht. Es handelt sich in der Regel um statistisch-bibliographische Aufzählungen, nicht aber um analytisch-reflektierende Untersuchungen. Der Fortschritt bibliographischer Methoden erbrachte die Katalogisierung und Erschließung bestimmter Frühdrucke und Drucke des 16. Jhs. sowie eine

Fülle von regionalen Verzeichnissen (Georg Wolfgang Panzer, Johann Georg Meusel, Johann Samuel Ersch). Der Wiener Bibliothekar, Schriftsteller und Buchgelehrte Michael Denis (1729–1800) schrieb jedem Buch einen historischen und einen kritischen Aspekt zu: „Man kennt ein Buch historisch, wenn man weiß, von wem, wo, wann und aus was für einer Absicht es gemacht worden ist [...]. Kritisch nennt man ein Buch, wenn man weiß, ob der Autor dem Werk gewachsen war, ob der Stoff nützlich oder unnütz, alt oder neu, schon behandelt oder unbehandelt ist, ob die Methode gut gewählt, alt oder neu, angenehm oder verdrießlich, die Beweise zureichend [...], die Beschreibung rein, deutlich, bündig, der Titel passend ist [...]".

Der von ihm angesprochene kritische Aspekt führte zu der Herausbildung einer neuen Form wissenschaftlichen Diskurses, die Rezensionen in den aufkommenden Gelehrtenzeitungen, schließlich im 18. Jh. zum Aufkommen eigener Rezensionsorgane, wie vor allen Dingen Friedrich Nicolais „Allgemeine Deutsche Bibliothek" (1765–1796), oder der Gründung der „Allgemeinen Literaturzeitung" 1785.

Johann Joachim Eschenburg, Braunschweiger Professor für Gelehrtengeschichte, Dichtkunst und Beredtsamkeit (1743–1820) entwarf einen „Grundriß einer Anleitung zur Bücherkunde" (1792), wobei er forderte, nicht nur die materielle Seite des Buches zu berücksichtigen, sondern gleichberechtigt seinen Inhalt und seine Wirkungsgeschichte. Während sich auf der einen Seite die Buchkritik verselbständigt und damit Eingang in die Disziplinen der philosophischen Fakultät und in die Gründung der Literaturwissenschaften im 19. Jh. findet, wird das Buch auf der anderen Seite von der Rechtsphilosophie, von den Juristen und den Wirtschaftswissenschaften neu entdeckt. Im Zusammenhang mit naturrechtlichen Überlegungen, die das Buch zum ersten Mal in seinen materiellen Wert und seinen geistigen Inhalt differenzieren, entstehen die Vorüberlegungen zum Gedanken- und Urheberrechtsschutz der Autoren, zur Absicherung dieser „natürlichen" Rechte und zu der damit notwendigen Entlohnung. Johann Stephan Pütter und Johann Gottlieb Fichte, Immanuel Kant und Lessing werden zu den frühen Protagonisten der gedanklichen Auseinandersetzung, die nicht nur versucht, dem Wesen des Buches näherzukommen, sondern auch frühe Buch*handels*theorien zu entwerfen. Rechtstheoretische Schriften und die konkrete Durchsetzung durch plakative Prozesse mit großer Breitenwirkung schaffen ein neues Bewußtsein für das Buch und seine Distributionsverhältnisse, ermöglichen erste Rechtskodifikationen im Allgemeinen Landrecht für die preußischen Staaten von 1794 und münden in Buchhandelsreformschriften zu Beginn des 19. Jhs. Die in der Jurisprudenz weiter fortgesetzte Debatte um die Urheberrechts-Persönlichkeit mündet dann ein in die Gesetzgebung von 1837, die eine dreißigjährige Schutzfrist *post mortem* einräumt. Während sich die Rechts- und Wirtschaftswissenschaften erst im 20. Jh. erneut detailliert mit dem Buchhandel auseinandersetzen, findet die „Gelehrte Bücherkunde" ihre Fortsetzung in der neuen Fachdisziplin der Germanistik, bei der Ausbildung der Bibliothekare und der von diesem Berufsstand im 19. Jh. weiterhin möglichen Forschungstätigkeit, die sich im Erstellen immer neuerer Bibliographien, Buchbeschreibungen etc. ergibt, und besonders durch die Gründung der Historischen Kommission des Börsenvereins des Deutschen Buchhandels 1876 verstärkten Zuwachs. Auf der positivistischen Forschung in der zweiten Hälfte des 19. Jhs. baut die Buchforschung des 20. Jhs. auf, etwa auf die Forschungen zum Einband, zum Wasserzeichen, zur Typographie, auf die zahlreichen Firmengeschichten und Schriften zum Thema: „Kulturnation und Buchhandel". Die Ergebnisse fanden ihren Niederschlag im „Archiv für Geschichte des Deutschen Buchhandels" (1878–1898) und in der vierbändigen „Geschichte des Deutschen Buchhandels" von Friedrich Kapp und Johann Goldfriedrich (1886–1913). Die buchgeschichtliche Forschung der Jahrhundertwende wurde durch die Rückbesinnung auf die Typographie und Buchgestaltung der Inkunabelzeit gefördert (Historismus – Arts and Crafts-Bewegung). Die bibliophilen und bibliographischen Gesellschaften unterstützten die Erforschung des Buches z. B. in der „Zeitschrift für Bücherfreunde" und in den ersten Publikationen der 1900 gegründeten Gutenberg-Gesellschaft in Mainz.

6. Gutenberg-Forschung

Die Jahrhundertfeiern zur Erfindung der Buchdruckerkunst 1640 und 1740 hatten jeweils Impulse für eine stark personengeschichtlich ausgebildete Gutenberg-Forschung ergeben. Diese prosopographische

Gutenberg-Forschung stand auch am Beginn des 20. Jhs. In der Festschrift zum 500. Geburtstag von Johann Gutenberg im Jahre 1900 sammelte Karl Schorbach alle urkundlichen Nachrichten über Johann Gutenberg. Darauf fußte die personengeschichtlich orientierte Gutenberg-Forschung unseres Jahrhunderts; sie konnte diese Daten zwar in Einzelfällen neu gewichten, ohne jedoch in einem einzigen Fall einen wirklichen gedanklichen Fortschritt zu erreichen. Daneben wurde die Gutenberg-Forschung durch eine stark technik-geschichtlich orientierte Richtung ergänzt. Ihren Niederschlag fanden diese Arbeiten in dem seit 1926 von Aloys Ruppel in Mainz herausgegebenen Gutenberg-Jahrbuch. Die Mittel der „Analytischen Druckforschung" seit den fünfziger Jahren ermöglichten genauere Druckanalysen und Druckbeschreibungen, warten daneben mit neuen Erkenntnissen und Zuschreibungen auf. Nutzbringend angewandt, schafft es diese Methode z. B. den Druckvorgang in einer Inkunabel-Offizin zu rekonstruieren. In der Gegenwart zeichnet sich ein Wechsel von der mehr statischen zur dynamischen Gutenberg-Forschung ab, die nicht die Person des Erfinders allein in den Mittelpunkt stellt, sondern auch nach den ihn umgebenden Personen fragt, die Vorgeschichte der Druckentwicklung in den ostasiatischen Ländern mit berücksichtigt, und vor allen Dingen die Wirkung seiner Erfindung in den Mittelpunkt der Untersuchungen stellt. Die grundlegende kulturwissenschaftliche Öffnung der Gutenberg-Forschung wurde in Frankreich durch die Schule der *Annales* und die Aufnahme dieser Gedankenrichtung durch mentalitäts- und sozialgeschichtliche Forschung im angelsächsischen Bereich gefördert (Henri Jean Martin, Elisabeth Eisenstein).

7. Wirtschaftswissenschaftliche Fragen

Die Etablierung des Börsenvereins des Deutschen Buchhandels (1825), die Rechtskodifikationen zum Urheberrecht 1837 und die Festlegung auf den gebundenen Ladenverkaufspreis von 1887 (Kröner'sche Reformen) führten zu einem straff geführten Handelssystem, dem einige marktwirtschaftliche Wissenschaftler zu Beginn des 20. Jhs. widersprachen, vor allen Dingen der Leipziger Nationalökonom Karl Bücher. In seiner Streitschrift „Der Buchhandel und die Wissenschaft" kritisiert er das „geschlossene System" des Buchhandels, dem er Kartellierung vorwirft. Er strebt eine Dekartellisierung, Möglichkeit des Direktvertriebes, Rabattierungen des Ladenpreises etc. an. Seine Ideen werden von Edmund Winterhoff 1927 in dem Band „Die Krisis im deutschen Buchhandel als Folge seiner Kartellierung" noch einmal wieder aufgenommen; beide Schriften führten zwar zu einer wirtschaftswissenschaftlichen und zum Teil vehement geführten Debatte in den Feuilletons, allerdings zu keinem Wandel in der Buchhandelsorganisation. Der Börsenverein selbst stiftet 1925 eine Professur für Buchhandelsbetriebslehre an der Handelshochschule in Leipzig; darauf wird allerdings kein Betriebswirt, sondern eine in deutscher Volkskunde promovierter Journalist, der dem Börsenverein als Schriftleiter des Börsenblattes eng verbunden war, berufen, Gerhard Menz. Seine wirtschaftswissenschaftlichen Schriften erreichen nicht das theoretische Niveau von Bücher oder Winterhoff, sondern sind von stärker ständischen, ordnungspolitischen Ideen und Forderungen geprägt. Die Wirtschaftswissenschaften in der zweiten Hälfte des 20. Jhs. haben sich nur in seltenen Fällen dem Buchmarkt gewidmet, zu nennen ist die Habilitationsschrift von Gerhard Prosi „Ökonomische Theorie des Buchhandels — Volkswirtschaftliche Aspekte des Urheber- und Verlegerschutzes" (1971), die sich kritisch mit dem immer wieder vom Buchhandel vorgetragenen Moment ihrer Rolle als Kulturträger auseinandersetzt und dagegen die Monopolrenten auf Autoren- und Verlegergewinne herausstellt. Die jüngste Publikation von Bernd Rürup (1997) über die Buchpreisbindung und den deutschen Buchmarkt ist ergebnisoffen angelegt, bestätigt im Prinzip aber die gewachsene, verrechtlichte Struktur des Buchhandels.

Der erste Versuch einer Gesamtdarstellung der Buchgeschichte war das 'Lexikon des Gesamten Buchwesens' (1935—1937) im Hiersemann-Verlag, parallel dazu erschien das 'Handbuch der Bibliothekswissenschaft' (1931—1952, zweite Auflage 1952—1965), ein bis heute unübertroffenes Standardwerk. Das „Lexikon des Gesamten Buchwesens" erscheint seit 1987 in einer zweiten, vollständig neu bearbeiteten Auflage.

8. Buchforschung der Gegenwart

Die buchgeschichtliche Forschung in der Bundesrepublik wurde durch den 1947 in Mainz gestifteten „Gutenberg-Lehrstuhl" und seinem ersten Inhaber Aloys Ruppel vor allen Dingen durch die Gutenberg- und Frühdruckforschung bestimmt. Sein Nachfolger Hans Widmann öffnete das Institut einer übergreifenden kulturwissenschaftlichen Fragestellung. Parallel dazu setzte in den 60er und 70er Jahren in der Bundesrepublik eine Wiederbelebung der Forschungen zur Geschichte des Buchwesens durch die sozialhistorisch orientierte Literaturwissenschaft ein, die an die Stelle eines antiquarisch-biographischen Interesses an den führenden Verlegerpersönlichkeiten trat. Eine fächerübergreifende, gesamtkulturelle Fragestellung löste sich nun aus dem engeren buchhandelsgeschichtlichen Kontext. Fragen der Herstellung von Büchern, aber auch der Autoren-Verleger-Beziehung, der literarischen Wertung, der buchkünstlerischen Gestaltung, der Distribution und Leserforschung rückten ebenso wie rechtliche Probleme in das Zentrum wissenschaftlichen Interesses. Das Verhältnis von Buchhandel und Literaturwissenschaft beschrieb 1965 Herbert G. Göpfert; im Mittelpunkt seiner Überlegungen stand die Frage, „inwieweit der Buchhandel nach seinem Wesen und in seiner wechselvollen Geschichte auf die Literatur eingewirkt hat und einwirkt". Diesen Gedanken nahm Paul Rabe aus Anlaß des 100jährigen Bestehens der Historischen Kommission des Börsenvereins 1976 auf. Die von beiden angeregten Untersuchungen erschienen im „Archiv für Geschichte des Buchwesens" (1955 ff.) und regten weitere Arbeiten über die Probleme des freien Schriftstellertums, der Autor-Verleger-Beziehung und der gesellschaftlichen und ökonomischen Grundvoraussetzungen der Publikationen an.

Wurde die Medienkonkurrenz des Buches zu Hörfunk und Film in den zwanziger Jahren bereits diskutiert, wurde sie in den sechziger Jahren durch die Massenwirkung des Fernsehens erneut thematisiert und das Ende des Buches apostrophiert (McLuhan). Die Medienwissenschaft der Gegenwart fragt nach den Veränderungen im Umgang mit dem Buch im Zeitalter digitaler Informationsbereitstellung. Dies betrifft auch die Fragen des Lesens und generell der Lesefähigkeit, wie der Akzeptanz des Buches in der Gesellschaft.

Georg Jäger und Michael Giesecke legten zu Beginn der neunziger Jahre theoretische Überlegungen bzw. eine Fallstudie vor, die den Nutzen der Niklas Luhmann verpflichteten Systemtheorie für die Buchwissenschaft aufzeigt. Jäger entwirft eine Verlagstheorie als Sonderfall der medialen Beziehung zwischen den Systemen Kultur und Wirtschaft. Eine strukturelle Betrachtung ermöglicht eine distanziertere Sichtweise und den Versuch, Entscheidungsprozesse konkurrierender kultureller oder ökonomischer Beweggründe in ihrem Zusammenhang verstehen zu helfen.

Andere Forschungsansätze sehen das enge Verhältnis der Buchwissenschaft zur Wissenschaftsgeschichte (Ute Schneider), das die Rolle und Bedeutung des Buches im Wissenschaftsbetrieb erhellen kann oder in einer stringent kulturwissenschaftlichen Perspektivierung (Stephan Füssel), die die spezifischen Eigenschaften des Buches und seiner Rolle und Bedeutung in der Kultur und in der Gesellschaft gerecht werden kann. Eine Kulturwissenschaft, die sich als Wissenschaft vom Menschen und der von ihm gestalteten Welt greift, und die eine Integration der zersplitterten Wissenschaftsaspekte anstrebt, wird den Facetten der Buchwissenschaft gerecht, die Inhaltsanalyse und äußere Form, Biographie und Soziologie, Theologie und Philosophie, Handwerks- und Sozialgeschichte, Rechts- und Wirtschaftswissenschaften, kommunikations- und medienwissenschaftliche Aspekte zu synthetisieren sucht. Der Doppelcharakter des Buches als geistiger Wert und Handelsobjekt kann damit genau erfaßt werden, wenn nämlich alle geistigen Strömungen einer Epoche ebenso berücksichtigt werden wie die zeitgenössischen, ökonomischen, rechtlichen und politischen Rahmendaten.

9. Literatur

Altenhein, Hans, Theorien des Buchhandels. In: Buchhandelsgeschichte 1997/4, B 165−172.

Arnold, Werner u. a. (Hrsg.), Die Erforschung der Buch- und Bibliotheksgeschichte in Deutschland, Fs. für Paul Raabe. Wiesbaden 1987.

Barbier, Frédéric, L'empire du livre. Paris 1995.

Blanck, Horst, Das Buch in der Antike. München 1992.

Corsten, Severin, Von Bernhard von Malinckrodt zu Ludwig Hain. In: Gutenberg-Jb. 1995, 101−123.

Eisenstein, Elisabeth, The printing press as an agent of chance. 1979.

Franzmann, Bodo, Kommunikationsverhalten und Buch. München 1978.

Füssel, Stephan, Gutenberg goes electronic. In: Gutenberg-Jb. 1996, 15−22.

–, Buchwissenschaft als Kulturwissenschaft. In: Im Zentrum – das Buch. Hrsg. v. Stephan Füssel. Mainz 1997, 62–73.

–, Gutenberg-Forschung – Kulturwissenschaftliche Aspekte des frühen Buchdrucks. In: Von Gutenberg zum Internet. Hrsg. v. Sabine Wefers. Frankfurt a. M. 1997, 13–30.

Ganz, Peter (Hrsg.), The role of the book in medieval culture. Turnout 1986.

Geldner, Ferdinand, Inkunabelkunde. Wiesbaden 1978.

Giesecke, Michael, Der Buchdruck in der frühen Neuzeit. Frankfurt 1991.

Göpfert, Herbert G., Buchhandel und Literaturwissenschaft. In: Uhlig, 118–143.

Gumbrecht, Hans U./K. Ludwig Pfeiffer (Hrsg.), Materialität der Kommunikation. Frankfurt 1988.

Hellinga, Lotte/Helmar Härtel (Hrsg.), Buch und Text im 15. Jh. Hamburg 1981.

Hirsch, Rudolf, Printing, selling and reading 1450–1550. Wiesbaden ²1967.

Jäger, Georg, Keine Kulturtheorie ohne Geldtheorie. Grundlegung einer Theorie des Buchverlags. In: Empirische Literatur- und Medienforschung. Siegen 1995 (= LUMIS-Schriften).

Koppitz, Hans-Joachim, Zur Geschichte des Faches Buchwesen an deutschen Universitäten. In: Gutenberg-Jb. 1989, 387–394.

Lexikon des gesamten Buchwesens. Hrsg. v. Severin Corsten u. a. Stuttgart ²1987 ff.

Martin, Henri-Jean, L'apparition du livre. Paris 1959.

McKenzie, F., History of the book. In: The book encompassed. Hrsg. v. Peter Davison. Cambridge 1992, 290–301.

McLuhan, Marshall, The Gutenberg-galaxy. London 1962.

Migon, Krzystof, Die Gestaltung der autonomen Buchwissenschaft in der Sowjetunion und in Polen. In: Vodosek. 701–713.

Moran, James, Printing press. London 1973.

Perthes, Friedrich Ch., Der deutsche Buchhandel als Bedingung des Daseins einer deutschen Literatur [1816]. Repr. Stuttgart 1970.

Raabe, Paul, Die Geschichte des Buchwesens. In: P. R.: Bücherlust und Lesefreuden. Stuttgart 1984, 1–20.

Schneider, Ute, Buchwissenschaft und Wissenschaftsgeschichte. In: Im Zentrum – das Buch. Hrsg. v. Stephan Füssel. Mainz 1997, 50–61.

Swierk, Alfred G., Buchwissenschaft. In: Buchhandelsgeschichte. Beilage zum Börsenblatt 51 (1989), B 64–B 71.

Uhlig, Friedrich (Hrsg.), Buchhandel und Wissenschaft. Gütersloh 1965.

Vodosek, Peter (Hrsg.), Das Buch in Praxis und Wissenschaft. Wiesbaden 1989.

Widmann, Hans, Buchhandel als Gegenstand geschichtlicher Forschung. In: Uhlig 5–30.

Stephan Füssel, Mainz (Deutschland)

48. Forschungsgeschichte des Buch- und Broschürenautors

1. Forschungsansätze
2. Autorentypen
3. Literatur

1. Forschungsansätze

Studien zur Berufsgeschichte des Buch- und Broschürenautors sind in erster Linie in der literatursoziologischen sowie in der buchwissenschaftlichen Forschung angesiedelt. Grundsätzlich ist zu betonen, daß es *den* Autor nicht gibt und nie gegeben hat. Historisch wie strukturell lassen sich analytisch allenfalls Idealtypen des Autors bilden, die in der Realität ineinandergreifen bzw. -griffen. Ausgangspunkt literarhistorischer Forschungen zur Autorengeschichte waren bis weit ins 20. Jh. zumeist personengeschichtliche Ansätze, die den individuellen Autor in das Zentrum der Analysen rückten. Ein erster Bruch mit einer Literaturgeschichtsschreibung, die sich als Personengeschichte berühmten Autoren und ihren Werken im Sinne des literarischen Kanons verpflichtet sah, und eine Propagierung 'sozialliterarischer' Forschungsmethoden ist in den 20er Jahren dieses Jhs. zu beobachten (Vosskamp 1993). Seit dem verstärkten Aufkommen literatursoziologischer Fragestellungen in der Literaturwissenschaft des 20. Jhs. wie auch traditionsgemäß in der buchwissenschaftlichen Forschung werden die gesellschaftliche Rolle des Autors, seine soziale Stellung und Funktion im historischen wie zeitgenössischen Kontext eingehend untersucht (z. B. Scheideler 1997). Vor allem seit den 60er Jahren werden zunehmend literatursoziologische Modelle des 'literarischen Lebens' entwickelt, die Konzepte zur Bildung einer Sozialgeschichte des Autors anbieten (Forschungsaufriß und Beispiele bei Dörner/Vogt 1994).

In der Buchwissenschaft wurden und werden darüber hinaus kultur- und sozialgeschichtliche Aspekte der Autorengeschichte thematisiert, die auch die technischen und wirtschaftlichen Produktionsbedingungen von Literatur integrieren. Einen frühen Forschungsschwerpunkt der Autorengeschichte bildet hier der Wandel vom ständisch gebundenen Dichter hin zum freien Schriftsteller im letzten Drittel des 18. Jhs. Die durch die Gesetze eines sich quantitativ wie qualitativ verändernden Buchmarktes beeinflußte sozioökonomische wie auch ideelle Situation der Autoren in dieser Umbruchsphase ist im Vergleich zu früheren und späteren Epochen der Literatur- und auch der Buchhandelsgeschichte häufig Gegenstand der Forschung geworden (Jaumann 1981, 48). Das Forschungsinteresse gilt hier insbesondere den Bedingungen der Entstehung des geistigen Eigentums, d. h. des Urheberrechts, und der Entwicklung des Autorenhonorars. Begründet ist diese zentrale Forschungsfrage insofern, da die Entwicklung des Berufs am Ende des 18. Jhs. eine gravierende Zäsur erfährt: Erst jetzt setzt sich die Auffassung durch, den Autor als Urheber von Texten anzuerkennen. Die Analyse der Beziehung des Autors zum Verleger und Drucker in ihrer juristischen und geistesgeschichtlichen Dimension stellt die wesentliche Grundlage für die Dokumentation des Wandels der sozialen und ökonomischen Konditionen des Berufs dar. Sowohl Quellen als auch Ergebnisse dieser Forschungsbemühungen sind Editionen von Autor-Verleger-Briefwechseln, die auch weiterhin Aufgabe künftiger Forschung bleiben (vgl. auch Wittmann 1982, 238 f.). Ferner können diese Korrespondenzen neben anderen Materialien auch als Quellen für die Analyse des Autorenselbstbewußtseins und des Berufsethos im historischen Kontext fungieren.

Kennzeichnend für die Zäsur der Berufsgeschichte im 18. Jh. ist ferner auch die Unterteilung der Autoren in gelehrte/wissenschaftliche und schöngeistige Autoren. Dies war eine weitere Konsequenz des Wandels in der Buchproduktion, der Veränderung des Lesepublikums und nicht zuletzt der sich nun stetig durchsetzenden Trennung von Kunst und Wissenschaft. Bis zu diesem Zeitpunkt waren Kunst und Wissenschaft keine Antipoden; Autoren, die sowohl gelehrte Werke wie auch schöne Literatur publizierten, bildeten keine Ausnahmen in der Gelehrtenrepublik.

Einer der jüngsten Forschungsansätze erhielt seine Impulse aus der Frauenforschung. Seit den 80er Jahren wird im Zuge der Formulierung einer feministischen Literaturtheorie und -geschichte zunehmend auch die Entwicklung der Frauenliteratur und die spezifische gesellschaftliche Situation ihrer Autorinnen untersucht (Gnüg/Möhrmann 1985; Bekker-Cantarino 1987).

Inhaltlich gemeinsam ist den nachfolgend skizzierten Forschungsbeispielen (vor allem zum 18. bis 20. Jh.), daß es sich hier überwiegend um Ansätze handelt, die nach der Geschichte des schöngeistigen Autors fragen. Nur vereinzelt sind Studien angeregt worden, die sich mit der Historie des wissenschaftlichen Autors oder der des Sachbuchautors auseinandersetzen. Die Integration der Entwicklungsgeschichte dieser Autorentypen seit dem 18. Jh. steht in der Forschung noch weitgehend aus. Eine der wenigen Ausnahmen ist die sozialhistorische Untersuchung von Engelsing (1976), dessen Ziel es war, einen grundlegenden Beitrag über die Arbeitszeit und Werkökonomie aller literarisch Tätigen (Engelsing 1976, 46) aus historischer Perspektive zu liefern. Er beschränkt sich nicht auf die freien literarischen Berufe, sondern spricht explizit vom 'literarischen Arbeiter' und subsummiert unter diesem Begriff u. a. auch den Universitätsprofessor, den Lehrer und den Journalist. Die bekannteste, vieldiskutierte Studie zur Situation von Autoren im 20. Jh., die ebenfalls diesen weiten Autorenbegriff zugrundelegt und wissenschaftliche wie Sach- und Fachbuchautoren integriert, ist der *Autorenreport* (Fohrbeck/Wiesand 1972), der als Momentaufnahme der Zustände Anfang der 70er Jahre in der Bundesrepublik Deutschland gewertet werden kann. Grundsätzlich ist zu bemerken, daß sich der nachfolgende Abriß von Forschungsansätzen auf diejenigen Studien konzentriert, welche die im Rahmen einer medienwissenschaftlichen Betrachtung relevanten Aspekte der Autorengeschichte berühren. Literaturwissenschaftliche Ansätze, die ihre Fragestellungen zur Autorengeschichte und -typologie aus gattungsspezifischer und/oder ästhetisch-literarischer sowie erzähltheoretischer Perspektive herleiten, bleiben hier unberücksichtigt.

1.1. Autorengeschichte im ökonomischen Kontext

In der Chronologie der Berufsgeschichte stehen die Untersuchungen zum höfischen Mäzenatentum des Mittelalters an erster Stelle. Sicher ist, daß die institutionelle Bindung und Abhängigkeit des Autors an seine höfischen Auftraggeber (ab dem 14. Jh. auch universitäre und städtische) seine soziale Stellung, sein Ansehen und seine ökonomische Lage bestimmte. Als Quellen dienen hier literarische Texte (vgl. z. B. zu Walther von der Vogelweide und Oswald von Wolkenstein: Corino 1987, 7–34), die generell nur über den individuellen Autor und seine spezifische Situation Auskunft geben können. Die ungünstige Quellenlage läßt jedoch keine historisch-empirisch überprüfbaren Generalisierungen über die gesellschaftliche Stellung der mittelalterlichen Autoren zu.

Regionale und personenbezogene Fallstudien zeigen, daß sich die Quellenlage für die Zeit seit dem Ende des 15. Jhs. etwas günstiger darstellt. Mit der zunehmenden Verbreitung des Buchdrucks wird der Autor allmählich mit den ökonomischen Gesetzen des Buchmarktes konfrontiert, was erste Konsequenzen für die Bezahlung literarischer Arbeit mit sich bringt; so können für die humanistischen Gelehrten Bezahlungen in Form von Bearbeiter-, Übersetzer- und Herausgeberhonoraren durch die Drucker/Verleger nachgewiesen werden (Krieg 1953, 51). Über deren Höhe ist indessen nur wenig bekannt. Diese Honorare waren jedoch noch keine eigentlichen Verfasserhonorare, die in der Forschung manchmal auch als buchhändlerische Honorare bezeichnet werden.

Für die Reformationszeit hat Seibert (1981) die qualitativen Unterschiede zwischen den 'traditionellen' Abhängigkeiten des Autors vom Feudalherrn und den neuen Abhängigkeiten vom kaufenden Publikum sowie die daraus resultierenden Konsequenzen für die Ausbildung des Autorenselbstverständnisses dargelegt. Obwohl das Buchgewerbe allmählich zum bedeutenden Wirtschaftsfaktor wurde, blieb die ökonomische Situation des Autors davon weitgehend unberührt. Der Autor war bis weit ins 17. Jh. auf Mäzene und Gönner wirtschaftlich angewiesen. Seine Tätigkeit war überwiegend 'Gotteslohn'. Zwar sind seit dem 16. Jh. vereinzelt Honorarzahlungen bezeugt (Bosse 1981, 66), am verlegerischen Gewinn der abgesetzten Werke partizipierte der Autor jedoch nicht. Verfasserhonorare wurden nicht oder nur in geringer Höhe gezahlt, da ein Werk als gemeines Eigentum verstanden wurde. Eine Bezahlung der geistigen Arbeit hatte lediglich anerkennenden Charakter (Bosse 1981, 80).

Durch vergleichsweise reichhaltiges Quellenmaterial (in Form von gedruckten juristischen und philosophischen Abhandlungen) ist die wirtschaftliche und juristische Seite des Autorenberufs in der Spätaufklärung zu erhellen. Stichwörter zur Umgrenzung der Forschungsfragen zu dieser Epoche liefern die Begriffe 'Geistiges Eigentum', 'Autorenhonorar' und 'Selbstverlag'. Der Urheberrechtsgedanke bzw. die Idee des geistigen Eigentums ist eng verknüpft mit der im letzten Drittel des 18. Jhs. kontrovers diskutierten Praxis des unberechtigten Nachdrucks. Juristisch abgesichert, wenn auch schwach, war durch das Privilegienwesen in erster Linie der Verleger oder Buchdrucker. Dem Autor hingegen war mit Aushändigung seines Manuskriptes an den Verleger im Prinzip die Verfügungsgewalt über sein Werk genommen. Mit der öffentlichen Diskussion über den unbefugten Nachdruck wurde erstmals die Frage nach dem Eigentümer des Verlagswerks, nach dem Urheber gestellt (Vogel 1978; Bosse 1981; Gieseke 1995). Das bis dahin geltende sog. 'ewige Verlagsrecht' wurde von den Autoren zunehmend als untragbar empfunden. Erste Erfolge zeichneten sich im Allgemeinen Preußischen Landrecht von 1794 ab, in welchem dem Autor ein Nutzungsrecht per Verlagsvertrag, der auf eine Auflage seines Werkes beschränkt war, zugesichert wurde. Mit diesen Erörterungen verbunden und auch Folge davon waren Auseinandersetzungen um die Zahlung von Autorenhonoraren. Das komplexe Geflecht von Urheberrechtsfragen, Honorarzahlungen und Autor-Verleger-Beziehungen ist primär in einzelnen Fallstudien zu renommierten Autoren analysiert worden, wie z. B. zu Klopstock (Pape 1969/70) und Wieland (Ungern-Sternberg 1974) und einzelnen Autoren des 19. Jhs. Eine neuere quellenorientierte Überblicksstudie für das 17. bis 19. Jh. erarbeitete Steiner (1998). Einen Abriß der schriftstellerischen Entlohnung am Beispiel einzelner Autoren vom Mittelalter bis in die heutige Zeit liefert Corino (1987, für das 19. Jh. auch Wittmann 1982). Auch hier kann die Hebung noch unpublizierter Autor-Verleger-Korrespondenzen zur Geschichte des Autorenhonorars beitragen. Selbst die publizierten Korrespondenzen sind dahingehend noch wenig durchforstet.

Ein Weg der Autoren, die Auseinandersetzungen über Honorare und geistiges Eigentum mit den Verlegern zu umgehen, war die Errichtung von Selbstverlagen im letzten Drittel des 18. Jhs., d. h. der Autor ließ ein

Werk auf eigene Kosten drucken und organisierte dessen Distribution selbst, oft mit Unterstützung durch Pränumeranten oder Subskribenten. Beispiele solcher Unternehmungen sind wiederum für Wieland und Klopstock, teilweise für Lessing und die Dessauer Gelehrtenbuchhandlung dokumentiert (Kiesel/Münch 1977, 149 ff.; Tietzel 1995, 186 ff.). Generell waren derartige Projekte relativ kurzlebig. Nicht zuletzt scheiterten sie am Widerstand des regulären Buchhandels und der letztlich erfolgreichen Durchsetzung des Autorenhonorars.

Mit den Diskussionen um urheberrechtliche Fragen und Honorarusancen blieben die Autoren auch im 19. Jh. konfrontiert (Vogel 1988, 1992). Hinzu kamen jetzt jedoch weitgreifende Veränderungen auf dem deutschen Buchmarkt, die wiederum einen Wandel der schriftstellerischen Arbeit bewirkten: Die Verbilligung der Druckerzeugnisse durch technische Innovationen und durch hohe Auflagenzahlen sowie die gleichzeitigen bildungspolitischen Bemühungen ließen erstmals ein Massenpublikum entstehen, das sowohl quantitativ wie auch qualitativ mit unterhaltenden Lektürestoffen versorgt werden wollte. Die vor allem gegen Ende des 19. Jhs. deutlich zu Tage tretende Kommerzialisierung des deutschen Buchmarktes mit einer enorm ansteigenden Produktion von Unterhaltungsliteratur für ein Massenpublikum provozierte in der Forschung wiederum verstärkt die Frage nach den neuen Verdienstmöglichkeiten des Autors (s. 2.4.) und seiner Annäherung an den herrschenden Zeitgeschmack. Die Forschungen zum Autor des 20. Jhs. stellen primär Fragen nach den Konsequenzen der Konkurrenz von Printmedien und audiovisuellen Medien für den schriftstellerischen Beruf, stellen Fragen nach dem 'Medienautor' in der Medienvielfalt (s. 2.5.).

1.2. Autor und Publikum

Die Analyse der Beziehung zwischen Autor und Publikum konzentriert sich einerseits auf die Frage nach der Anlehnung des Autors an den Publikumsgeschmack und andererseits auf die Frage nach dem Einfluß des Autors auf das Publikum. Letzteres kann unter kommunikationstheoretischen Aspekten anhand von poetischen Texten, die den Leser direkt ansprechen und z. B. Hilfe zum Lektüreverständnis bieten, dokumentiert werden. Literarische Texte werden vor allem als Quellen zur Autorengeschichte des Mittelalters und der frühen Neuzeit herangezogen.

Auch in diesem Themenkreis liegt der Schwerpunkt der Forschung auf dem Untersuchungszeitraum 18. bis 20. Jh. Bis ins letzte Drittel des 18. Jhs. kann von einer weitgehenden Kongruenz von Autoren und Lesern gesprochen werden. In der lateinischsprachigen Gelehrtenrepublik des 17. und frühen 18. Jhs. stellten die Autoren gleichsam auch ihr Lesepublikum. Erst mit der Spätaufklärung können die Dimension Autor und die Dimension Publikum differenziert werden. In der Fortschreibung der Autorengeschichte des 18. bis 20. Jhs. liegt somit der Schwerpunkt auf der Konfrontation des Autors mit dem Wandel des literarischen Geschmacks des Lesepublikums und den damit beobachtbaren qualitativen wie quantitativen Veränderungen des Buchmarktes. Schmidt (1989) bietet ein systemtheoretisches Modell zur Analyse des 'literarischen Lebens' an, das durch die Handlungsrolle des Autors in Wechselwirkung und gegenseitiger Beeinflussung mit der Handlungsrolle des Publikums und denen der literaturvermittelnden Instanzen wie Verlag, Buchhandel und Literaturkritik bestimmt wird. Vielschreiberei, Lesewut und Lesesucht sind die Schlagworte im literarischen Leben des ausgehenden 18. Jhs. Die kritischen Stellungnahmen von aufklärerischen Autoren zum vermeintlich übermäßigen Literaturkonsum des Publikums sind vielfach dokumentiert. Aus der Entstehung einer bürgerlichen Öffentlichkeit, mit der eine Anonymisierung des Lesepublikums und eine verstärkte Nachfrage nach Lektüre einherging, resultierte eine enorme Expansion des Buchmarktes. Dies hatte direkte Konsequenzen für die Wahrnehmung des Autors in der Gesellschaft, und zwar in zweifacher Weise. Einerseits bestimmte nicht mehr der einer kleinen literarischen Gemeinschaft bekannte Namen eines Autors den Erfolg seines Werkes, sondern umgekehrt: der Erfolg seines Werkes auf dem Buchmarkt machte den Autornamen bekannt (Haferkorn 1974, 211). Andererseits zeigt sich dann im Laufe des 19. Jhs., daß das Bildungsbürgertum als Träger und Bewahrer kultureller Werte auf einen literarischen Kanon zurückgreift, der sich überwiegend an den Werken der Weimarer Klassiker orientiert. Christa Bürger sieht in diesem Phänomen eine „Verschiebung des Rezeptionsinteresses". Dieses findet seinen Ausdruck darin, daß sich das bürgerliche Lesepublikum weniger für den Inhalt der Werke interessiert als mehr für die „zur auratischen Dichterpersönlichkeit stilisierte Person des Autors" (Bürger 1980, 171).

1.3. Interessenverbände und -gruppen

Seit den 70er Jahren sind mehrfach Studien zu einzelnen Schriftstellerverbänden entstanden (Forschungsabriß und Hinweise auf ältere Untersuchungen bei Fischer 1980). Unter professionellen Gesichtspunkten betrachtet sind Autoren im Schaffensprozeß Einzelgänger. Diese Besonderheit wirft die Frage nach der Motivation institutioneller Zusammenschlüsse von Autoren als soziologisches Phänomen auf. Sowohl im Hinblick auf gemeinsame literarisch-ästhetische oder ideologische Zielsetzungen als auch im Hinblick auf Berufsverbände bzw. Interessenvertretungen mit wirtschaftlich und/oder juristisch geprägten Absichten bildeten sich einerseits formlose wie andererseits durch Regeln manifestierte Autorenverbindungen heraus (Überblick bei Hermand 1998).

Soziologisch historische Studien zu deren Entwicklung, Struktur und Funktion ergaben, daß selbstorganisierte Autorenzusammenschlüsse im allgemeinen an die soziale Existenzform des freien Schriftstellers gebunden sind (Kröll 1983, 319). Kröll (1978, 655) unterscheidet funktional zwischen den Grundtypen „Manifestgruppen", die sich vor allem in Zeiten kultureller und politischer Instabilität aus ideologisch-politischen oder literarisch-ästhetischen Motiven herausbilden, und „Service- bzw. Dienstleistungsgruppen", die meist in Phasen gesellschaftlicher Stabilität als berufsständische Interessenorganisation gegründet werden. Letztere sind nicht zwingend straff organisierte, mit reglementierenden Statuten versehene, auf rein ökonomische Interessen abzielende Vereinigungen, sondern können, wie am Beispiel der Gruppe 47 deutlich wird, durchaus um die „soziale und literarische Anerkennung" (Kröll 1978, 658) ihrer Mitglieder bemüht sein.

Die erste deutsche Autorenorganisation war der Leipziger Literatenverein von 1840, der 1845 die erste deutsche Schriftstellerversammlung in Leipzig zusammenrief. Das Ziel dieses Zusammenschlusses von Schriftstellern, Redakteuren, Journalisten und Buchhändlern war, die materielle und juristische Absicherung von Autoren zu verbessern, Forderungen nach Preßfreiheit durchzusetzen sowie Probleme des Nachdrucks und des geistigen Eigentums zu klären (Stegers 1978). Daß urheberrechtliche Probleme auch noch im 20. Jh. Motive für den Zusammenschluß von Autoren maßgebend waren, zeigt das Beispiel des 'Cartells lyrischer Autoren' (1902) (Statuten bei Martens 1975), dessen Intention in der Kontrolle der Honorierung des Wiederabdrucks von Gedichten in Anthologien und Periodika lag. Der erste gewerkschaftsähnlich organisierte Interessenverband deutscher Schriftsteller, der 1909 in Berlin gegründete „Schutzverband deutscher Schriftsteller", demonstriert ein Autorenselbstverständnis, das auf die „Arbeitnehmerähnlichkeit des Schriftstellers, seine Lohnabhängigkeit" (Fischer 1980, 45) hinweist. Zensurfragen und die Interessenvertretung gegenüber dem Buchhandel bestimmten die Verbandsarbeit. Gemeinsam ist den erwähnten Beispielen, daß sie den Autoren unabhängig von ihren literarisch-ästhetischen Richtungen offenstanden.

Eine Überblicksstudie über das Verbandshandeln als Gruppenverhalten von Autoren seit dem Zeitpunkt der Gründung des Leipziger Literatenvereins liefert Kron (1976) aus organisationssoziologischer, berufssoziologischer und literatursoziologischer Sicht. Seine Ergebnisse zeigen, daß grundsätzlich alle Verbände die Durchsetzung der sozialen, wirtschaftlichen und rechtlichen Interessen ihrer Mitglieder bezweckten. Unterschiede sind jedoch in der Vorgehensweise zur Durchsetzung der Verbandsziele zu konstatieren (Kron 1976, 365).

2. Autorentypen

Poet, Dichter, Schriftsteller, Literat, Literaturproduzent sind Begriffe, mit denen in der Forschung je nach Untersuchungszeitraum, inhaltlicher Zielsetzung und/oder theoretischen Ausgangshypothesen als Synonym für den Terminus Autor operiert wird. Bisweilen dienen sie auch lediglich der Differenzierung von Autoren nach „ästhetischer Exklusivität der kreativen Betätigung" (Ingold/Wunderlich 1992, 10). Außerdem definieren diese Begriffe unterschiedliche Phänomene in der Berufsgeschichte des Autors.

Die hier nachfolgend vorgenommene Klassifizierung verbindet bestimmte Idealtypen von Autoren linear mit historischen Entwicklungsperioden. Diese Methode ist keineswegs zwingend, legitimiert sich jedoch durch die Tatsache, daß sich anhand dieser Termini Wandlungen sowohl der gesellschaftlichen Stellung und Funktion als auch im Tätigkeitsfeld des Autors ablesen lassen.

Nicht unmittelbar übertragbar ist diese historisierende Klassifizierung auf das Autorenselbstbild, wie die Ergebnisse von Barner (1981) und Selbmann (1994) zeigen. Zu den

Quellen dichterischer Selbstreflexion aus literaturwissenschaftlicher Perspektive zählen poetologische Texte, anhand derer Selbmann eine Autorentypologie vom 18. bis 20. Jh. entwirft. Drei Dimensionen der Selbstreflexion sind kennzeichnend: die Bezugnahme auf die „dichterische Inspiration", die Bezugnahme auf das „Publikum (in Zuwendung oder Abgrenzung)", die Bezugnahme auf „Artistik oder Gelehrsamkeit" (Selbmann 1994, 252).

Idealtypisch lassen sich diesen Dimensionen der poeta vates, der Dichterfürst und der poeta doctus zuordnen. Daß sich eine solch strukturelle Typologisierung neben einer linearen, historisierenden anbietet, zeigt auch die Untersuchung Barners (1981). Grundzüge des humanistischen poeta doctus tauchen im 'modernen' Autorenbild seit Beginn des 20. Jhs. wieder auf als bewußte Abkehrung vom idealisierten Dichter-Genie des 19. Jhs. Gegen eine Periodisierung, an der sich der Wandel des Autorenbegriffs ablesen ließe, und für eine strukturelle Analyse spricht sich auch Irmela Schneider (1981, 102) aus. Sie präferiert ähnlich wie Selbmann eine Differenzierung nach dominanten Bezugsfeldern in der dichterischen Selbstreflexion. Danach ist der Autor im „Bezugsfeld kommunikativ-moralischen Handelns", im „Bezugsfeld eines ungesicherten Literaturbegriffs" und im „Bezugsfeld des politischen Handelns" zu typisieren (Schneider 1981, 109 ff.).

Eine Quellensammlung zur Dokumentation des Autorenselbstbildes seit dem Naturalismus liegt vor (Pinkerneil/Pinkerneil/Žmegač 1973).

2.1. Der Poet

In enger Anlehnung an die antiken Vorbilder propagierten die Humanisten im 15. Jh. das Ideal des 'poeta doctus', des gelehrten Dichters. Umfassende Bildung und universelle Belesenheit waren Voraussetzungen jeglicher literarischen Produktion. Dieses Bild des Dichters bzw. Poeten wirkt maßgeblich bis ins Zeitalter des Barock und kommt dann zur zweiten Blüte. Die Unterscheidung zwischen schöngeistiger Literatur und gelehrter Literatur war noch nicht vollzogen, und so hat auch die Dichtung des 17. Jhs. „ihr Fundament in der Gelehrsamkeit" (Garber 1981, 29). Bis ins 18. Jh. wurde die Verbindung von Dichtung und Gelehrsamkeit nicht in Zweifel gezogen. Sie fand ihren Ausdruck in der lateinischsprachigen Dichtung der vorwiegend höfisch orientierten Autoren und ihre Auszeichnung in der Dichterkrönung, der Verleihung des humanistischen Titels 'poeta laureatus'. Die institutionelle Integration des Autors in einen Hof, eine Universität oder die Bekleidung eines öffentlichen Amtes ist sozial wie wirtschaftlich für diesen Autorentyp kennzeichnend.

Der Prozeß der Ablösung des Autors vom Gelehrtenstatus vollzieht sich nur zögernd nach einer vorangegangenen Verbürgerlichung des Gelehrtenstandes (Grimm 1983, 749). Die Integration des Autors in die bürgerlichen Schichten ist letztlich Konsequenz eines allmählichen Paradigmenwechsels in der Wissenschaft, in dem die Trennung der Dichtung von wissenschaftlichen Disziplinen vollzogen wird.

2.2. Der ständische Dichter

Haferkorn wählt als idealtypischen Begriff für den zwischen 1720 und 1760 von seinen Zeitgenossen als Poet, Belletrist oder Schöngeist bezeichneten Autor den des ständischen Dichters (1974, 215). Bodmer, Breitinger und Gottsched sind z. B. diesem Idealtyp zuzuordnen. Dieser Typus ist als Übergangserscheinung vom höfisch gebundenen Dichter zum freien Schriftsteller zu verstehen. Der ständische Dichter steht geistig noch in der Tradition des gelehrten Dichters und ist charakterisiert durch seine soziale und ökonomische Absicherung in einem Hauptberuf. Seine literarischen Werke verstand er als Produkte „poetischer Nebenstunden". Für ihn stellte sich noch nicht die Frage, ob der Hauptberuf eine Erschwernis oder eine Befruchtung für sein literarisches Wirken bedeutete (Fertig 1996, 305). Sein Schaffen stellte er primär in den Dienst der Nützlichkeit und Tugend, und so wurde er im Gegensatz zum freien Schriftsteller noch nicht vom Genie-Gedanken geleitet.

2.3. Der freie Schriftsteller

Der Begriff des Schriftstellers wurde bis ins 18. Jh. als Bezeichnung für den öffentlichen Auftragsschreiber, der im Dienst von Institutionen und Privatpersonen Schriftstücke verfaßte, benutzt. Im Sinne eines kreativen Autors tritt er als Berufsbezeichnung erstmals 1723 auf (Haferkorn 1974, 128), wobei Schriftsteller und Gelehrter noch dasselbe meinten. Gleichzeitig verliert der Begriff des Dichters seine bis dahin übliche Bedeutung und dient zur qualitativen Unterscheidung vom Schriftsteller.

Dieser Begriffswandel ist Indiz für den Beginn eines entscheidenden Umbruchs in der Geschichte des Berufs in Deutschland im Zeitalter der Spätaufklärung. Um 1800 setzt eine Entwicklung ein, die im 19. Jh. zum vollen Durchbruch gelangt: Der Autorentyp des bürgerlich emanzipierten Schriftstellers kommt auf. Ein kennzeichnendes Merkmal des freien Schriftstellers ist seine Originalität. Diese fordert die „Freisetzung der Kunst und des Künstlers von kunstfremden Aufgaben und Diensten" (Winckler 1986, 74). In diesem Autorentyp zeichnet sich auch erstmals der Konflikt zwischen den Anforderungen eines Hauptberufs und dem „Anspruch eines neu entwickelten 'Dichterberufs'" (Fertig 1996, 306) ab.

Strukturelle Veränderungen des Buchmarkts (vom lateinischen Gelehrtenbuchmarkt hin zur Dominanz der deutschsprachigen Buchproduktion) und des Lesepublikums sowie des Leseverhaltens in der zweiten Hälfte des 18. Jhs. standen in Wechselwirkung mit einem neuen Autorenverständnis und -selbstbewußtsein. Die komplexen Beziehungen des Autors zu Verlag, Publikum und literarischen Vermittlungsinstanzen implizieren für die methodische Vorgehensweise der Autorenforschung eine starke Bezugnahme auf die Buchhandels- und Verlagsgeschichte sowie auf die literarische Kultur der bürgerlichen Gesellschaft, wie von Haferkorn (1974) erstmals grundlegend dargelegt.

Jaumann (1981) unterscheidet in der Umbruchsituation des 18. Jhs. idealtypisch folgende Autorentypen: Einerseits existiert noch der Typ des traditionellen, gelehrten Autors, der aufgrund seiner Profession ohne überwiegend kommerzielle Absichten schreibt. Dem steht der neue Autorentyp gegenüber, der sich in seiner Tätigkeit vor allem durch den Geschmack des anonymen Publikums leiten läßt und ohne aufklärerische Zielsetzung stark gewinnorientiert arbeitet. Die Mehrzahl der Autoren läßt sich jedoch dem sogenannten Mischtyp zuordnen. Dieser vereint die Eigenschaften des noch ständisch Gelehrten-Dichters, der „im Extremfall noch fernab vom literarischen Markt produziert" (Jaumann 1981, 48), mit denen das durch die „Abhängigkeit vom Literaturmarkt" gekennzeichneten freien Schriftsteller. Protagonisten dieses Mischtyps wie Friedrich Gottlieb Klopstock (Pape 1970) und Christoph Martin Wieland (Ungern-Sternberg 1974) wurden stark quellenorientierte Fallstudien zuteil. Weitere Einzeluntersuchungen wie z. B. zu Lessing oder Herder, die ebenfalls zu den Impulsgebern einer neuen Schriftstellergeneration zu zählen sind, fehlen.

2.4. Der Literat

War der Begriff des Schriftstellers als Berufsbezeichnung im 18. Jh. entstanden, so setzte sich im Laufe des 19. Jhs. daneben auch mehr und mehr der des Literaten durch. Bereits in der ersten berufsständischen Organisation, dem Leipziger Literatenverein von 1840, war der Begriff titelgebend. Wiederum kennzeichnet die veränderte Bezeichnung eine neue Entwicklung des Autorenberufs während des 19. Jhs. Deutlich wurde dies zunächst im Vormärz durch das politische Engagement von Autoren aller Couleur, das seinen Ausdruck in einer Flut von Stellungnahmen zu tagespolitischen Themen in Journalen, Flugschriften und Broschüren fand.

Literat war demnach derjenige, der sich nicht nur als Verfasser von Werken der schönen Literatur, wie z. B. von Romanen, Theaterstücken oder Gedichten, sondern sich auch als politischer Tagesschriftsteller, Redakteur oder Übersetzer betätigte und Zeitungs- und Zeitschriftenbeiträge, Lexikonartikel, Gebrauchsliteratur und Kritiken schrieb.

Diese Berufsfelderweiterung hat seine Ursache in der Durchsetzung des Massenmediums des 19. Jhs.: der Zeitschrift. Neue Chancen, das Ideal des freien Schriftstellers realiter umzusetzen, ergaben sich durch das nun stark anwachsende Zeitungs- und Zeitschriftenwesen. Neuschäfer gelangt zu der Überzeugung, die Presse sei der „Hauptarbeitgeber für die Autoren" des 19. Jhs. gewesen (1981, 79). Die Chance der Autoren, durch Originalbeiträge, durch Romanvorabdrucke und literaturkritische Arbeiten in literarischen Zeitschriften und Zeitungen am expandierenden Buchmarkt ökonomisch zu partizipieren, brachte jedoch auch eine neue Konkurrenzsituation durch die hohe Anzahl auf den Markt drängender Literaten hervor (dazu auch im Überblick Wittmann 1982, 165 ff.). Anpassung an den literarischen Zeitgeschmack und die Marktgesetze schränkten die künstlerische Freiheit des freien Schriftstellers ein, Nichtanpassung führte zur Nichtrezeption, wie die Einzelstudien zu Fontane (Liesenhoff 1976) und zu Raabe (Koller 1994) zeigen.

Aus der literarisch-publizistischen Tätigkeit der Autoren bildete sich schließlich ein neues Berufsfeld heraus: das des Journalisten, der ausschließlich für die Presse schrieb.

Gleichwohl muß betont werden, daß nur die wenigsten der Literaten ausnahmslos von den Einnahmen ihrer literarischen Tätigkeit leben konnten. Die meisten waren darauf angewiesen, einem anderen, 'bürgerlichen' Beruf nachzugehen (Überblick bei Fertig 1996). Dessenungeachtet war der mit Ruhm und Ehre gekrönte Dichter zu einem anstrebenswerten Berufsziel in der bürgerlichen Gesellschaft geworden. Der Geniekult der Romantiker hatte u. a. dazu beigetragen, das Ideal des Schriftstellers als 'Dichterfürsten' (Lämmert 1971, 448) zu propagieren, von dem sich vor allem viele junge Akademiker angezogen fühlten. Doch nun brachen auch erstmals deutlich die Differenzen zwischen dem tradierten Selbstverständnis als Dichter und der Realität auf, die Anpassung an die Bedürfnisse des Buchmarktes und den Geschmack des Lesepublikums erforderte (dokumentiert bei Selbmann 1994, 116 ff.).

2.5. Der Literaturproduzent

Analysen und Bestandsaufnahmen des Berufsbilds und der gesellschaftlichen Position des Autors in der modernen Mediengesellschaft der Bundesrepublik Deutschland brachten Ende der 60er/Anfang der 70er Jahre den an den Aufsatz von Walter Benjamin *Der Autor als Produzent* (1934) angelehnten Begriff des Literaturproduzenten hervor. 1969 wurde vom damaligen Luchterhand-Lektor Frank Benseler der Literaturproduzent als adäquate Bezeichnung für alle diejenigen, die „unmittelbar die Reproduktionsvorlage erzeugen" sowie für diejenigen, „die die Reproduktion arbeitend verwirklichen" (1969, 510), genannt. Den Hintergrund bildete das Verständnis des schriftstellerischen Arbeitsprozesses als Schaffensprozeß unter den Bedingungen kapitalistischer Produktions- und Vermarktungsstrukturen. Die Orientierung am und die Abhängigkeit vom Markt sowie zunehmende Auftragsproduktionen und die damit verbundene Steuerung der literarischen Produktion weisen letzten Endes darauf hin, daß die „stillschweigende Assoziation des Wörtchens 'frei' zum Begriff des Autors oder Schriftstellers [...] heute weniger denn je gerechtfertigt" ist (Schwenger 1981, 96). Aus dieser Ende der 60er Jahre einsetzenden Erörterung der literarischen Produktionsverhältnisse auf dem deutschen Buchmarkt gingen der kontrovers diskutierte empirisch-statistische *Autorenreport* (Fohrbeck/Wiesand 1972) sowie theoretische Abhandlungen zur Situation von Schriftstellern hervor, die ihren Schwerpunkt auf den sozioökonomischen Kontext literarischer Arbeit legten (z. B. Winckler 1973; 1986, Überblick bei Schwenger 1979). Parallel zum Begriff des Literaturproduzenten wurde im *Autorenreport* bewußt unter den Begriff Autor auch der Journalist, der Redakteur, der Kritiker sowie der Wissenschaftler einbezogen, da eine Einengung des Begriffs auf den traditionellen Schriftsteller im Sinne des 18. und 19. Jhs. für die Untersuchung der gesellschaftlichen und ökonomischen Situation von „Wortproduzenten" zu kurz greife (Fohrbeck/Wiesand 1972, 21). War bis dahin der Autorenbegriff primär an die traditionellen Printmedien gebunden, so erfährt er jetzt eine Erweiterung im Hinblick auf die Tätigkeitsfelder von Autoren in der Film- und Fernsehindustrie. Damit verbunden waren erstmals disziplinenübergreifende medienwissenschaftliche Fragestellungen und Forschungsmethoden vor dem Hintergrund einer sich rapide entwickelnden Informationsgesellschaft (z. B. Ingold/Wunderlich 1992).

3. Literatur

Barner, Wilfried, Poeta doctus. Über die Renaissance eines Dichterideals in der deutschen Literatur des 20. Jhs. In: Literaturwissenschaft und Geistesgeschichte. Festschrift für Richard Brinkmann. Tübingen 1981, 725–752.

Becker-Cantarino, Barbara, Der lange Weg zur Mündigkeit. Frau und Literatur (1500–1800). Stuttgart 1987.

Benseler, Frank, Vor-Sätze zur Produktion von Literatur. In: Kürbiskern 1969, Heft 3, 509–515.

Bosse, Heinrich, Autorschaft ist Werkherrschaft. Über die Entstehung des Urheberrechts aus dem Geist der Goethezeit. Paderborn 1981.

Bürger, Christa, Literarischer Markt und Öffentlichkeit am Ausgang des 18. Jhs. in Deutschland. In: Aufklärung und literarische Öffentlichkeit. Hrsg. v. Christa Bürger/Peter Bürger/Jochen Schulte-Sasse. Frankfurt a. M. 1980, 162–212.

Corino, Karl (Hrsg.), Genie und Geld. Vom Auskommen deutscher Schriftsteller. Nördlingen 1987.

Dörner, Andreas/Ludgera Vogt, Literatursoziologie. Literatur, Gesellschaft, Politische Kultur. Opladen 1994.

Engelsing, Rolf, Arbeit, Zeit und Werk im literarischen Beruf. Göttingen 1976.

Fertig, Ludwig, „Abends auf dem Helikon". Dichter und ihre Berufe von Lessing bis Kafka. Darmstadt 1996.

Fischer, Ernst, Der „Schutzverband deutscher Schriftsteller" 1909–1933. In: AGB 21, 1980, 1–666.

Fohrbeck, Karla/Andreas J. Wiesand, Der Autorenreport. Mit einem Vorwort von Rudolf Augstein. Reinbek 1972.

Garber, Klaus, Der Autor im 17. Jh. In: Der Autor. Hrsg. v. Helmut Kreuzer. In: LiLi 42, 1981, 29–45.

Gieseke, Ludwig, Vom Privileg zum Urheberrecht. Die Entwicklung des Urheberrechts in Deutschland bis 1845. Göttingen 1995.

Gnüg, Hiltrud/Renate Möhrmann (Hrsg.), Frauen Literatur Geschichte. Schreibende Frauen vom Mittelalter bis zur Gegenwart. Stuttgart 1985.

Grimm, Gunter E., Literatur und Gelehrtentum in Deutschland. Untersuchungen zum Wandel ihres Verhältnisses vom Humanismus bis zur Frühaufklärung. Tübingen 1983.

–, Metamorphosen des Dichters. Das Selbstverständnis deutscher Schriftsteller von der Aufklärung bis zur Gegenwart. Frankfurt a. M. 1992.

Haferkorn, Hans J., Zur Entstehung der bürgerlich-literarischen Intelligenz und des Schriftstellers in Deutschland zwischen 1750 und 1800. In: Deutsches Bürgertum und literarische Intelligenz 1750–1800. Hrsg. v. Bernd Lutz. Stuttgart 1974, 113–253 (leicht veränderte Fassung des Titels: Der freie Schriftsteller. Eine literatur-soziologische Studie über seine Entstehung und Lage in Deutschland zwischen 1750 und 1800. In: AGB 5, 1964, 523–712).

Haug, Walter/Burghart Wachinger (Hrsg.), Autorentypen. Tübingen 1991.

Hermand, Jost, Die deutschen Dichterbünde. Von den Meistersingern bis zum PEN-Club. Köln, Weimar, Wien 1998.

Ingold, Felix P./Werner Wunderlich (Hrsg.), Fragen nach dem Autor. Positionen und Perspektiven. Konstanz 1992.

Jaumann, Herbert, Emanzipation als Positionsverlust. Ein sozialgeschichtlicher Versuch über die Situation des Autors im 18. Jh. In: Der Autor. Hrsg. v. Helmut Kreuzer. In: LiLi 42, 1981, 46–72.

Krieg, Walter, Materialien zu einer Entwicklungsgeschichte der Bücherpreise und des Autoren-Honorars vom 15. bis zum 20. Jh. Wien 1953.

Kiesel, Helmuth/Paul Münch, Gesellschaft und Literatur im 18. Jh. Voraussetzungen und Entstehung des literarischen Markts in Deutschland. München 1977.

Koller, Ulrike, Wilhelm Raabes Verlegerbeziehungen. Göttingen 1994.

Kröll, Friedhelm, Die Eigengruppe als Ort sozialer Identitätsbildung. Motive des Gruppenanschlusses bei Schriftstellern. In: DVjs 52, 1978, 652–671.

–, Gruppenzerfall. Versuch über die Gruppe 47. In: HKZSS, Sonderheft 25. 1983, 319–342.

Kron, Friedhelm, Schriftsteller und Schriftstellerverbände. Schriftstellerberuf und Interessenpolitik 1842–1973. Stuttgart 1976.

Lämmert, Eberhard, Der Dichterfürst. In: Dichtung Sprache Gesellschaft. Akten des IV. Internationalen Germanisten-Kongresses 1970 in Princeton. Hrsg. v. Victor Lange/Hans-Gert Roloff. Frankfurt a. M. 1971, 439–455.

Liesenhoff, Carin, Fontane und das literarische Leben seiner Zeit. Eine literatursoziologische Studie. Bonn 1976.

Martens, Wolfgang, Lyrik kommerziell. Das Kartell lyrischer Autoren 1902–33. München 1975.

Neuschäfer, Hans-Jörg, Das Autonomiestreben und die Bedingungen des Literaturmarktes. Zur Stellung des 'freien Schriftstellers' im 19. Jh. In: Der Autor. Hrsg. v. Helmut Kreuzer. In: LiLi 42, 1981, 73–92.

Pape, Helmut, Klopstocks Autorenhonorare und Selbstverlagsgewinne. In: AGB 10, 1969/70, 1–268.

Pinkerneil, Beate/Dietrich Pinkerneil/Viktor Žmegač (Hrsg.), Literatur und Gesellschaft. Zur Sozialgeschichte der Literatur seit der Jahrhundertwende. Frankfurt a. M. 1973.

Scheideler, Britta, Zwischen Beruf und Berufung. Zur Sozialgeschichte der deutschen Schriftsteller von 1880 bis 1933. In: AGB 46, 1997, S. 1–336.

Schmidt, Siegfried J., Die Selbstorganisation des Sozialsystems Literatur im 18. Jh. Frankfurt a. M. 1989.

Schneider, Irmela, Wandlungen des Autorenbegriffs in der zweiten Hälfte des 20. Jhs. In: Der Autor. Hrsg. v. Helmut Kreuzer. In: LiLi 42, 1981, 102–119.

Schöne, Albrecht (Hrsg.), Stadt–Schule–Universität–Buchwesen und die deutsche Literatur im 17. Jh. München 1976.

Schwenger, Hannes, Literaturproduktion. Zwischen Selbstverwirklichung und Vergesellschaftung. Stuttgart 1979.

–, Der Medienautor oder der vergesellschaftete Schriftsteller. In: Der Autor. Hrsg. v. Helmut Kreuzer. In: LiLi 42, 1981, 93–101.

Seibert, Peter, Der „tichter" und „poeta" am Beginn der Neuzeit. In: Der Autor. Hrsg. v. Helmut Kreuzer. In: LiLi 42, 1981, 13–28.

Selbmann, Rolf, Dichterberuf. Zum Selbstverständnis des Schriftstellers von der Aufklärung bis zur Gegenwart. Darmstadt 1994.

Steiner, Harald, Das Autorenhonorar – seine Entwicklungsgeschichte vom 17. bis 19. Jh. Wiesbaden 1998.

Stegers, Wolfgang, Der Leipziger Literatenverein von 1840. Die erste deutsche berufsständische Schriftstellerorganisation. In: AGB 19, 1978, 225–364.

Tietzel, Manfred, Literaturökonomik. Tübingen 1995.

Ungern-Sternberg, Wolfgang v., Christoph Martin Wieland und das Verlagswesen seiner Zeit. Studien zur Entstehung des freien Schriftstellertums in Deutschland. In: AGB 14, 1974, 1211−1534.

Vogel, Martin, Deutsche Urheber- und Verlagsrechtsgeschichte zwischen 1450 und 1850. Sozial- und methodengeschichtliche Entwicklungsstufen der Rechte von Schriftsteller und Verleger. In: AGB 19, 1978, 1−190.

−, Die Geschichte des Urheberrechts im Kaiserreich. In: AGB 31, 1988, 203−219.

−, Die Entwicklung des Verlagsrechts. In: AGB 37, 1992, 253−284.

Vosskamp, Wilhelm, Literatursoziologie: Eine Alternative zur Geistesgeschichte? „Sozialliterarische Methoden" in den ersten Jahrzehnten des 20. Jhs. In: Literaturwissenschaft und Geistesgeschichte 1910 bis 1925. Hrsg. v. Christoph König/ Eberhard Lämmert. Frankfurt a. M. 1993, 291−303.

Winckler, Lutz, Kulturwarenproduktion. Aufsätze zur Literatur- und Sprachsoziologie. Frankfurt a. M. 1973.

−, Autor−Markt−Publikum. Zur Geschichte der Literaturproduktion in Deutschland. Berlin 1986.

Wittmann, Reinhard, Buchmarkt und Lektüre im 18. und 19. Jh. Beiträge zum literarischen Leben 1750−1880. Tübingen 1982.

Ute Schneider, Mainz (Deutschland)

49. Forschungsgeschichte des Lesers

1. Entstehungszusammenhang der Leserforschung
2. Forschungsfragen und Problemstellungen
3. Quellen der Leserforschung
4. Epochen in der Lesergeschichte (Forschungsergebnisse)
5. Literatur

1. Entstehungszusammenhang der Leserforschung

Der Leser bzw. das Lesepublikum als Gegenstand wissenschaftlicher Forschung ist ein relativ junger Zweig in der Wissenschaftsgeschichte, der jedoch von verschiedenen Disziplinen mit unterschiedlichen theoretischen Ansätzen und Interessen fast gleichzeitig aufgegriffen wird. So wird grundsätzlich erst in der zweiten Hälfte des 20. Jhs. den Rezipienten als bedeutendes Element des literarischen Lebens in der Forschung Aufmerksamkeit gewidmet, sieht man von wenigen Ausnahmen wie z. B. den Benutzeranalysen von Bibliotheken in den 20er Jahren.

Mit dem Einsetzen der Buchmarktforschung in der Bundesrepublik Deutschland Ende der 50er Jahre wurden sowohl im Zuge der Meinungsforschung als auch im Hinblick auf ökonomische Entwicklungen Studien angeregt, die den Leser als Mediennutzer in den Mittelpunkt der Untersuchungen stellten (Überblick bei Franzmann 1978). Die aktuelle Buchmarkt- und Leserforschung setzt Schwerpunkte in bildungs-, kommunikations- und medientheoretischen Überlegungen, die das Leseverhalten der Bevölkerung, Lesemotivationen und die Bedeutung des Lesens im modernen Mediensystem analysieren. Die aus unterschiedlichen Forschungsansätzen resultierende Buchwirkungsforschung schließlich beschreibt den Grenzbereich zwischen Buchmarktforschung und literaturwissenschaftlichen Fragestellungen (Kühnel 1977).

Auch in der Literaturwissenschaft waren lesergeschichtliche Forschungsansätze bis weit in das 20. Jh. nahezu unbekannt. Vor allem Ende der 60er/Anfang der 70er Jahre lösten kontroverse theoretische Diskussionen um die Aufgabe und Funktion der Literaturwissenschaft eine neue Sichtweise auf die Wechselbeziehung zwischen Literatur und Gesellschaft aus. Ihre Impulse erhielt die historische Leserforschung in dieser Disziplin aus dem Paradigmawechsel in der Literaturwissenschaft (Jauß 1969), der den werkimmanenten Ansatz wirkungsgeschichtlicher Fragestellungen überwindet und sich unter rezeptionsästhetischen Gesichtspunkten am realen Leser und nachweisbaren Leseerlebnissen orientiert. Zugleich wurde eine Verschiebung des Forschungsinteresses innerhalb der Literaturgeschichte auf die Perspektive des Rezipienten literarischer Werke gefordert (Weinrich 1971). Als Ziel der historischen Rezeptionsforschung innerhalb der Literaturwissenschaft formuliert Grimm (1977, 5) eine sozialhistorisch fundierte Rezeptionsgeschichte, die auf einer empirisch betriebenen Leserforschung aufbaut. Nach Zimmermann (1977, 14 ff.) umfaßt die Rezeptionsgeschichte die Geschichte des Lesepublikums, die gesellschaftlichen Grundlagen und Bedingungen der kulturellen Produktion und Rezeption sowie die Geschichte der literarischen Formen. Der Leser als sozial Handelnder, als Interaktionspartner wird zum Ausgangspunkt der Analyse. Damit verbunden wird eine Kategorisierung des Lesers vorgeschlagen (zusammenfassend Grimm 1975, 75 ff.), nach der Forschungsansätze differenziert werden können. Als Untersuchungsgegenstand der Rezeptionsästhetik wird der implizite Leser genannt, der textintern vom Autor Lektüreanweisungen erhalten kann. Unterschieden wird er vom realen Leser, der Forschungsgegenstand der Rezeptionsgeschichte ist (Link 1976, 43).

Andererseits bezog die Leserforschung auch ihre Impulse aus der Soziologie. Auf die Wechselwirkung von Literaturproduktion und ihrer Aufnahme beim Lesepublikum hatte bereits Schücking (1923; ³1961) rekurriert. Ausgehend von der Frage der literarischen Geschmacksbildung aus historischer Sicht betonte er die Notwendigkeit, Lesergruppen als Handlungsträger im literarischen Prozeß nach soziologischen Kriterien zu analysieren (1961, 81 ff.) sowie die auf den Buchmarkt und die Leser einwirkenden Institutionen im komplexen Zusammenhang zu untersuchen. Schücking konnte jedoch mit seinen Ausführungen kein intensiveres Problembewußtsein in der deutschen Forschung provozieren. Die soziologische Struktur des Lesepublikums und die Instanzen der Literaturvermittlung als wesentliche Untersuchungskriterien der Literatursoziologie erfuhren erst in den 60er und 70er Jahren weitere theoretische Begründungen (Escarpit 1961; Fügen 1964). Im Zuge der Erstellung kommunikationswissenschaftlicher Modelle, die als Erklärungsversuche kommunikativen Handelns herangezogen werden, wird verstärkt mit lesersoziologischen Fragestellungen auch in der Literaturwissenschaft operiert.

Wesentliche Anstöße erhielt sowohl die historische als auch die aktuelle Leserforschung jedoch aus der Buchwissenschaft, die zunächst durch ihre traditionelle Einteilung in die Forschungsbereiche Produktion, Distribution und Rezeption das Buch als Träger von Kommunikationsprozessen versteht und damit die Beantwortung spezifisch leserhistorischer Fragestellungen als Forschungsaufgabe ansieht (z. B. Raabe 1976, B 326). Das komplexe System der Faktoren, die auf den Buchmarkt im geistesgeschichtlichen Kontext einwirken, erfordert grundsätzlich den Blick auf das Buch als Geist und Ware und damit auf die Wechselwirkung zwischen Buchproduktion, Lesepublikum und Lektürestoffen. Ebenso konnten schon in den ersten Jahrzehnten des 20. Jhs. durch die Benutzerforschung der Bibliothekswissenschaft Erkenntnisse über das Leseverhalten gewonnen werden (u. a. Hofmann 1931, 1951).

In der historischen Leser- und Buchmarktforschung wird in erster Linie der reale Leser sowie darüber hinaus der potentielle Leser untersucht, die beide wiederum idealtypisch kategorisiert werden können. Als potentieller Leser soll hier derjenige verstanden werden, von dem aufgrund seines formalen Bildungsgrades eine bestimmte Rezeptionsfähigkeit angenommen werden kann und der so als möglicher Leser eines Werkes in Betracht kommt. Gerade hier gestalten sich Verifizierungen von Forschungshypothesen wegen der oft unzulänglichen Quellenlage als besonders schwierig.

2. Forschungsfragen und Problemstellungen

Aus dem oben Skizzierten lassen sich für die Forschungsgeschichte des Lesers verschiedene Arbeitsbereiche durch ihre Fragestellungen unterscheiden.

Die aktuelle Leserforschung widmet sich sowohl dem Lesen als Denk- und Verstehensprozeß, als Kommunikationsform im Sinne einer erlernten Kulturtechnik im gesellschaftlichen Kommunikationsprozeß (Fritz/Suess 1986, 14), als auch dem Lesen als Handlungsprozeß von der Auswahl und Beschaffung der Lektüre bis zur Reflexion über das Gelesene (Fritz/Suess 1986, 29 ff.). Hinzu kommen neurobiologische und psychologische Studien zum Lesenlernen und zum Leseprozeß (Grüsser 1978). Darüber hinaus untersucht die aktuelle Leserforschung als Teil der Buchmarktforschung das Leseverhalten innerhalb der Gesellschaft nach soziologischen, demographischen, schichten-, alters- und geschlechtsspezifischen Kriterien (ausgewählte Forschungsbeispiele in Göpfert/Meyer/Muth/Rüegg 1975; Saxer/Langenbucher/Fritz 1989). Ganz ähnlichen Aspekten geht die historische Leserforschung nach (zusammenfassend Jäger 1987). In enger Verknüpfung mit literatursoziologischen Ansätzen beschäftigt sich die Leserforschung innerhalb der Buchwissenschaft sowohl mit dem Leseverhalten von bestimmten Lesergruppen oder -schichten sowie mit einzelnen Lesern und ihren individuellen Lektüreerlebnissen. Andererseits werden auch Formen und Funktionen der Leserlenkung und Leseförderung, wie z. B. durch Buchhandel und Bibliotheken, den schulischen Lektürekanon und staatliche Alphabetisierungsbemühungen oder auch durch Zensurmaßnahmen, analysiert. Die Formen des Leseprozesses bilden ein weiteres Gebiet der historischen wie aktuellen Leserforschung. So lauten aus historischer Perspektive die Fragestellungen: Wie setzte sich das Lesepublikum vergangener Epochen zusammen? Wer kommt aufgrund seiner formalen Bildung als potentieller Leser in Frage? Welche Lesergruppen bzw. -schichten lassen sich im geistesgeschichtlichen und bildungsgeschichtlichen Kontext herausfiltern? Wie unterscheiden sich Lesergruppen nach Bildungsgrad und Rezeptionsfähigkeit im Zusammenhang mit regionalen und soziologischen Aspekten wie z. B. Schichtzugehörigkeit? Läßt sich hier eine idealtypische Kategorisierung des Lesepublikums durchführen? Lassen sich Leseverhalten und Lektüregewohnheiten milieuspezifisch festgelegten Bezugsgruppen zuordnen? Können bestimmte Lesestoffe und/oder Publikationsformen als obligatorisch bestimmten Leserkreisen zugeordnet werden? Wer hatte wann wieviel Zeit zu lesen, und wer verfügte über das Geld zur Lektürebeschaffung? Welche Formen des Lesens können herauskristallisiert werden und sind sie epochentypisch? Hier ist z. B. zu fragen: Wann wurde vorwiegend laut gelesen; wurden Texte einmalig oder wiederholt rezipiert? Wo wurde gelesen, im privaten Kreis oder im öffentlichen Raum? Wurde in Gruppen gemeinsam gelesen oder war Lesen eine reine Privatangelegenheit?

Gemeinsam ist der historischen Leserforschung und der aktuellen Leserforschung nicht nur ein ähnlicher Fragenkomplex, sondern auch der Versuch, Idealtypen des Lesers zu bilden und diese Konzepte als Basis der Analyse anzuwenden. Die zunächst grobe Einteilung des Lesepublikums nach gelehrten, gebildeten und allen übrigen Lesern (Engelsing 1969, 947), die die historische Leserforschung teilweise anwendet, läßt sich nach historisch-gesellschaftlichen Aspekten und Lektürezielen weiter differenzieren, z. B. nach Unterhaltungs- und Berufslesern. In der aktuellen Leserforschung werden meist rein quantitativ die Lesehäufigkeit und -intensität (Fritz/Suess 1986, 57 ff.) als Unterscheidungskriterium der Leser herangezogen. Hinzu kommt auch hier eine Differenzierung der Leserschaft nach Lektürevorlieben im Hinblick auf Buchgattungen und andere Publikationsformen wie Zeitschriften und Zeitungen. Aufgabe und Funktion der literaturvermittelnden Instanzen werden meist ebenfalls in die Untersuchungen einbezogen.

Gleichermaßen sind die Auswirkungen der Medienkonkurrenz, der das Buch im 20. Jh. ausgesetzt ist, Aspekte der aktuellen Leserforschung. Der Einfluß der neuen Medien auf das Leseverhalten der Bevölkerung im Hinblick auf Zeitbudget und Leseintensität markiert die Forschungsansätze. Hier ist über die rein quantitativen Analysen der Rezeptionszeit, die für die einzelnen Medien aufgewendet wird, hinaus beispielsweise der Gesichtspunkt des veränderten Umgangs mit Texten durch die Möglichkeiten der elektronischen Datennutzung als Forschungsfeld hinzugekommen. In jüngsten Untersuchungen wird sich auch wieder verstärkt mit der Problematik der Lesefähigkeit und des Analphabetismus auseinandergesetzt, besonders bei Jugendlichen und Kindern (Lehmann 1995).

3. Quellen der Leserforschung

Die Quellensituation in der historischen Leserforschung ist für die Rekonstruktion des Leseverhaltens in einzelnen Epochen der Lesergeschichte sowohl quantitativ als auch qualitativ recht unterschiedlich. Besonders problematisch ist sie für die frühe Neuzeit, da für diese Zeit selbst verläßliche Aussagen über Quantität und Titel der Buchproduktion fehlen, die auf das potentielle Lesepublikum schließen ließen.

Da sich die historische Leserforschung im Gegensatz zur aktuellen ausschließlich auf überliefertes Material stützen muß, sind quellenkritische Vorgehensweisen grundsätzlich geboten. Als Quellen können einerseits archivalische Zeugnisse herangezogen werden wie Kataloge, Nachlaßinventare und Auktionsverzeichnisse von Privatbibliotheken. Diese wurden jedoch meist nur für die Buch- und Zeitschriftenbestände von Gelehrten oder adligen Lesern angefertigt und können daher nur über die Lektüregewohnheiten einzelner Leser oder gehobener Leserschichten informieren. Hinzu kommen ab dem 18. Jh. Bestandsverzeichnisse und Mitgliederlisten von Lesegesellschaften, Ausleihbücher von Leihbibliotheken sowie weiterer öffentlich zugänglicher Bibliotheken, die Rückschlüsse auf regionale Leserkreise, auf fachspezifische sowie zeittypische und u. U. geschlechts- und altersspezifische Lesevorlieben im historischen Kontext erlauben. Pränumeranten- und Subskribentenverzeichnisse können ergänzend hinzugezogen werden, wobei die Differenzierung zwischen Buchlesern und Buchkäufern eine besondere Schwierigkeit in der Analyse dieses Quellenmaterials darstellt (Wittmann 1977). Neben den archivalischen Materialien dienen als Quellen literarische Zeugnisse, die auf die Lektüregewohnheiten und Lesemotivationen einzelner Leser verweisen. Dies können Briefe, autobiographische Werke und Tagebücher sein. Indirekte Schlüsse lassen auch Lesepädagogiken, Leserabbildungen in der Kunst (Nies 1991) sowie Lektüreanweisungen in literarischen Texten zu.

Allgemeingültige, epochenübergreifende Aussagen lassen sich aufgrund des lückenhaften Quellenmaterials in der historischen Leserforschung nur bedingt treffen. Daher bieten sich im wesentlichen in der methodischen Vorgehensweise Fallstudien an, die sich z. B. auf regionale, konfessionelle, institutionelle, lektürespezifische und/oder kleinere zeitliche Abschnitte beziehen.

Der aktuellen Leserforschung dienen in erster Linie empirisch-statistisch gewonnene Daten als Quellen, die in der Regel durch Repräsentativbefragungen und Langzeitbeobachtungen gewonnen werden (Berg/Kiefer 1996; Frank/Maletzke/Müller-Sachse 1991). Darüber hinaus werden psychologische und neurobiologische Tests durchgeführt.

4. Epochen in der Lesergeschichte (Forschungsergebnisse)

Da die Forschungsgeschichte des Lesers noch relativ jung ist, lassen sich chronologisch keine Forschungsschwerpunkte nachvollziehen. Es ist vielmehr sinnvoll, Forschungsschwerpunkte nach Epochen der Lesergeschichte einzuteilen. Wie durch die Quellenlage vorgegeben dominieren Abhandlungen zur Lesergeschichte nach der ersten Leserevolution im 18. Jh.

Erste grundlegende und umfangreiche Überblicke zur Lesergeschichte der Neuzeit lieferten Engelsing (1969, 1973), indem er die soziokulturelle Bedeutung der Lektüre analysiert sowie den Versuch einer Sozialgeschichte des Lesens unternimmt, und Schenda (1970), der sich den Lesern der populären Lesestoffe widmete. Kürzere Abrisse zur Einführung in die Lesergeschichte finden sich in Lesen − ein Handbuch (Baumgärtner 1973, 117−133) und bei Jäger (1993).

Einen Überblick über die Ergebnisse der Repräsentativbefragungen in der aktuellen Leserforschung der BRD seit den 60er Jahren stellt Muth (Muth 1993) vor. Die Ergebnisse der Untersuchungen zum Leseverhalten in der DDR sind zusammengefaßt in Buch, Lektüre, Leser (Göhler/Lindner/Löffler 1989).

4.1. 1450−1750

Die Forschungsergebnisse zur frühen Lesergeschichte seit der Mitte des 15. Jhs. müssen in der Regel auf literarische Zeugnisse zurückgeführt werden oder durch indirekte Quellen wie den Zahlen und Titeln der Buchproduktion, den Bücherpreisen, Dokumenten zur Bildungsgeschichte und wirtschaftlichen Entwicklungen erschlossen werden. Daraus können Aussagen über Lesefähigkeit, Lesebedürfnisse und -motivationen der Bevölkerung entwickelt werden. Das Publikum der Inkunabelzeit sowie die Rezipienten der humanistischen und reformatorischen Drucke sind im Zuge geistesgeschichtlicher Untersuchungen immer wieder thematisiert worden, wenn auch keine allgemeingültigen Aussagen aufgrund des Quellenmaterials getroffen werden können. Ein Forschungsdesiderat wird vor allem die Analyse der Publikumsstruktur im 17. Jh. bleiben. Die Zahlen über potentielle Leserkreise sind gewöhnlich Schätzwerte (Martino 1976). Von einer Zunahme der Analphabetenrate in dieser Zeit wird zumeist nicht ausgegangen, jedoch wird der Analphabetismus im 17. Jh. von den Zeitgenossen verstärkt wahrgenommen und diskutiert (Engelsing 1973, 45). Nach dem heutigen Stand der Forschung kann mit Sicherheit gesagt werden, daß die drei Jahrhunderte von der Einführung des Buchdrucks bis zur Mitte des 18. Jhs. durch allmähliche Entwicklungen in der Struktur des Lesepublikums gekennzeichnet sind. Radikale Umbrüche konnten nicht festgestellt werden. Bildungsgeschichtliche Zäsuren, die sich besonders auf die Lesefähigkeit und Lesemotivationen auswirken, lassen sich jedoch um die Wende des 15. zum 16. Jh. und kurze Zeit später zur Zeit der Reformation feststellen. Johannes Gutenbergs epochale Erfindung des Buchdrucks mit beweglichen Metalltypen führte zunächst nicht zu einer 'massenhaften' Verbreitung von gedruckten Texten und einer Ausweitung des Lesepublikums. In den ersten Jahrzehnten des Inkunabeldrucks wurden, in einer Auflagenstärke von ca. 200−300 Exemplaren, inhaltlich wie formal in enger Anlehnung an die Handschriftenproduktion Texte vervielfältigt, die für das Lesepublikum der Handschriften gedacht waren. Hergestellt wurden konsequenterweise theologische Texte, lateinische Bibelausgaben, Grammatiken und kleinere Gebrauchstexte, die ihre Käufer und Leser vorwiegend in Universitäten, Klöstern und Adelskreisen fanden. 20 bis 30 Jahre später, um 1470/80, lassen sich dann folgende Veränderungen in der Inkunabelproduktion erkennen:

(1) Es wurden vor allem in den Handelsstädten des süddeutschen Raums vermehrt volkssprachliche Texte, Prosaromane und Epen gedruckt, oft mit Holzschnitten reich illustriert, die auch vom finanzkräftigen Bürgertum gekauft und rezipiert wurden.
(2) Von den Humanisten herausgegebene Editionen antiker Schriftsteller und Übersetzungen wurden in höheren Auflagen einem vorwiegend gelehrten Publikum zu wissenschaftlichen Zwecken aufbereitet.
(3) Die Inkunabeln entfernen sich mehr und mehr in ihrer Gestaltung von den Handschriften, das Titelblatt beispielsweise tritt erstmals auf, das Folioformat wird vom Oktav- und Quartformat abgelöst;
(4) der Buchpreis sinkt auf die Hälfte bis ein Viertel. Eine Rekonstruktion des Lesepublikums der Inkunabelzeit ist nur bedingt möglich (Sauer 1956).

Es lassen sich dennoch, ausgehend von der Entwicklung der gedruckten Titel, indirekte Schlüsse auf Leserkreise ziehen. Unterschieden werden können städtische und höfische Leserkreise sowie der Stand der Gelehrten und der der Geistlichkeit (Baumgärtner 1973, 121 f.). Engelsing (1973, 22 f.) unterscheidet drei Hauptformen der Rezeption im 15. Jh.: das Lesen, das Zuhören und das Zuschauen. Wie aus mittelalterlichen und frühneuhochdeutschen Texten hervorgeht, standen Lesen und Zuhören schon seit dem Hochmittelalter als Formen der Rezeption gleichberechtigt nebeneinander (Scholz 1980). Mit den durch Holzschnitte reich illustrierten Druckwerken des späten 15. Jhs. tritt dann die Rezeptionsform des Zuschauens auf. Anhand der Holzschnitte konnte auch von Analphabeten der Inhalt eines Werkes nachvollzogen werden.

Ein erster größerer Umbruch ist mit den Drucken der Reformatoren verbunden. Es kommt nun zu erheblichen Auflagesteigerungen der Drucke auf durchschnittlich 1000 bis 1500 Exemplare. Aus der Einrichtung von Schulen und Universitäten sowie der Ausbildung in den Handwerksberufen resultierte eine allmähliche Zunahme der Schreib- und Lesefähigkeit vor allem in der Stadtbevölkerung. Daraus kann geschlossen werden, daß sich das potentielle Lesepublikum erweitert. Beeinträchtigt wird diese Entwicklung jedoch durch die hohen Bücherpreise, so daß das reale Lesepublikum weitgehend die Mitglieder von Universitäten, den Adel, das gehobene Bürgertum und erst langsam auch die städtische Beamtenschaft umfaßte. Einem größeren Publikum blieben auch im 16. Jh. die Inhalte der Buchproduktion überwiegend unbekannt.

Die Lektüre des Adels setzte sich aus literarischen Werken, oft Übersetzungen aus dem Französischen und Italienischen, zusammen. Das mittlere Bürgertum beschränkte sich in seiner Lektüre auf katechetische Schriften, Kalenderliteratur und Ratgeberliteratur, wenn es überhaupt las. Bis in die Frühphase der Aufklärung blieb die Struktur des Lesepublikums generell unverändert. Erst mit der Ablösung des Lateinischen als Buchsprache Ende des 17. Jhs. vollzog sich ein allmählicher Wandel hin zum Lesepublikum breiterer Schichten. Die ersten deutschsprachigen Zeitschriften entstanden und die Moralischen Wochenschriften, die sich ihr Publikum primär im Bürgertum suchten (Martens 1968). Diese Publikationsform spielte bei der Erschließung neuer Leserkreise im Laufe des 18. Jhs. eine nicht zu unterschätzende Rolle.

4.2. Die erste Leserevolution im 18. Jahrhundert

Besondere Aufmerksamkeit wurde in der Forschungsgeschichte dem Umbruch des Leseverhaltens in der zweiten Hälfte des 18. Jhs. zuteil. Dies ergibt sich durch die im Gegensatz zu früheren Jahrhunderten wesentlich erfolgversprechendere Quellenlage, und andererseits nimmt nun ein tiefgreifender Wandel in der Struktur des Lesepublikums seinen Anfang. Schon in zeitgenössischen Beurteilungen des Lesepublikums wird von einer bis dahin nicht gekannten 'Lesesucht' und 'Lesewut' gesprochen, und es wird vor der Schädlichkeit übertriebener Lektüre vor allem der Romanliteratur gewarnt. Im Vergleich zu vorhergehenden Jahrhunderten war das Lesepublikum tatsächlich angewachsen, wenn auch nicht in dem Maß, wie von den Zeitgenossen behauptet. Die volkspädagogischen

Bemühungen im Zeitalter der Spätaufklärung führten zu einem deutlichen Wandel des Leseverhaltens sowie einer Veränderung der Lektürestoffe und des Lesestils (Schön 1987). Die Erkenntnis des Menschen als bildbares und lernfähiges Wesen, dem mit Hilfe des Mediums Buch und vor allem des Mediums Zeitschrift aufklärerisches Gedankengut vermittelt werden sollte, führte dazu, daß auch Gesellschaftsschichten, die bis dahin keinen oder nur geringen Anteil an der Lesekultur hatten, allmählich der Zugang zum Medium Buch eröffnet wurde. Setzte sich bis in die Mitte des 18. Jhs. das Publikum vor allem aus Gelehrten zusammen, so kann spätestens ab 1770 von einer Erweiterung des Rezipientenkreises innerhalb einer gebildeten bürgerlichen Schicht der Stadtbevölkerung gesprochen werden. Indiz sind die Expansion der Buch- und Zeitschriftenproduktion und die Verdrängung der lateinischen Sprache als Buchsprache zugunsten der Volkssprache. Unterhaltungsliteratur wird dominierend auf dem Buchmarkt.

Eine genaue quantitative Analyse des Lesepublikums des 18. Jhs. wird aufgrund der mangelhaften und oft auch widersprüchlichen Quellenlage nicht mehr möglich sein. Schenda (1970, 444) geht in seiner umfassenden Studie davon aus, daß um 1770 ca. 15% der Bevölkerung ab dem schulfähigen Alter und um 1800 ca. 25% der Bevölkerung als potentielles Lesepublikum begriffen werden können. Das reale Lesepublikum blieb jedoch sicherlich weit hinter diesen Prozentzahlen zurück, so daß der Begriff der 'Lesesucht' und 'Lesewut' als ideologische Fälschung (Schenda 1970, 88) entlarvt werden kann. Unbestritten in der Forschung ist jedoch der steigende Anteil der Frauen als neue Lesergruppe. Das weibliche Lesepublikum fand seine Lektürestoffe vor allem in moralischen Tendenzromanen in der Nachfolge der Moralischen Wochenschriften (Martens 1968; 1975). Außer den Frauen werden nun auch Kinder und Jugendliche als Leser entdeckt, die mit eigens für sie geschriebenen und gedruckten Büchern und Zeitschriften versorgt werden.

Wie von Engelsing (1969, 958 ff.) definiert, wird nun die Phase des intensiven Lesens von der Phase des extensiven Lesens abgelöst. Unter intensivem Lesen versteht Engelsing die wiederholte Lektüre eines oder weniger Bücher, unter extensivem Lesen die einmalige Lektüre vieler Bücher. War die Phase des intensiven Lesens vor allem durch den Gewohnheitsleser, der ein einziges Werk oder wenige Bücher mehrmals las, gekennzeichnet, wird die Phase des extensiven Lesens durch den Leser charakterisiert, der häufiger die Titel wechselte. Lektürestoffe der Phase des intensiven Lesens waren in der Regel die Bibel, Andachten, religiöse Erbauungsbücher, des weiteren auch Schulbücher und Kalender. Die Phase des extensiven Lesens ist durch die Lektüre von Unterhaltungsschriften und/oder populärwissenschaftlichen Abhandlungen gekennzeichnet. Eine besondere Rolle spielten auch literarische Almanache und nicht zuletzt die Zeitschriften, die ebenfalls ab 1770 als Informations- und Unterhaltungsmedium eine erste Blütezeit erleben und mit enorm steigenden Titelzahlen und teilweise erheblichen Auflagenzahlen auf dem Buchmarkt prosperierten.

Ein weiteres Phänomen, das die erste Leserevolution charakterisiert, ist das Aufkommen von Lesegesellschaften, Lesezirkeln und Leihbibliotheken. Erstmals in der Geschichte des Lesepublikums organisierten sich regionale Leserkreise institutionell mit dem Ziel der gemeinsamen Lektüre in Lesegesellschaften und Lesezirkeln. Dies hatte einerseits finanzielle Vorteile, denn den gestiegenen Lesebedürfnissen standen nicht die entsprechenden Budgets gegenüber, und gleichzeitig konnte ganz im Sinne der Aufklärung das Gelesene kritisch diskutiert werden. So wurden Lesegesellschaften und Lesezirkel der Aufklärung als Instanzen der Literaturvermittlung und der Literaturreflexion aufgrund der im Vergleich relativ günstigen Quellenlage besonders intensiv erforscht (u. a. Prüsener 1973; Dann 1977; 1981; Sirges 1991). Die den kritischen Diskursen dienenden Lesegesellschaften standen die ebenfalls nun aufkommenden kommerziellen Leihbibliotheken gegenüber, die oft an Buchhandlungen angeschlossen waren. Hier fand in erster Linie der Leser der Unterhaltungsliteratur seine Lektürestoffe (Jäger/Schönert 1980; Martino 1990). Während die Lesegesellschaften in erster Linie ein Phänomen des 18. Jhs. waren und bereits um 1800 ihre Blütezeit überschritten war, blieben die Leihbibliotheken auch im 19. Jh. ein wesentlicher Faktor der Literaturvermittlung.

Mit dem Wandel im Leseverhalten und der Erweiterung des Lesepublikums können nun auch weitere idealtypische Differenzierungen z. B. nach Lesern aus Profession und Unterhaltungslesern versucht werden, bei denen es realiter natürlich Überschneidungen gibt (Fabian 1977).

4.3. Die zweite Leserevolution im 19. Jahrhundert

Langenbucher (1975, 26) prägte den Begriff der zweiten Leserevolution im Hinblick auf die Entwicklung des Lesepublikums vor allem im letzten Drittel des 19. Jhs. Die erste Leserevolution kann vornehmlich durch eine qualitative Veränderung der Rezeptionsformen charakterisiert werden. Die zweite Leserevolution hingegen ist quantitativer Art; sie beschreibt das Wachstum zum Massenpublikum (Schön 1987, 56).

Mehrere Faktoren bewirkten im Laufe des 19. Jhs. einen Wandel und eine Erweiterung des potentiellen Lesepublikums in Deutschland. Auf sozialstruktureller Ebene gelang es, durch verstärkte Bildungs- und Alphabetisierungsbemühungen, das potentielle Lesepublikum weiter auszudehnen. Volksbildungs- und Arbeiterbildungsvereine gehörten zu den wesentlichen Trägern der Literaturvermittlung.

Begleitet wurde diese Entwicklung von technischen Innovationen seit der Mitte des 19. Jhs. und Rationalisierungen in der Buchproduktion, die die Voraussetzungen für die Versorgung eines stark anwachsenden Lesepublikums mit Massenauflagen schufen. Der im 18. Jh. beginnende Trend zur extensiven Romanlektüre setzte sich auch im 19. Jh. fort. Das Lektüreangebot der Leihbibliotheken sowie der auf dieses Lesebedürfnis zielende Fortsetzungsroman in Zeitungen unterstützten diese Lesegewohnheiten. Das Massenmedium des 19. Jhs. war jedoch die Zeitschrift. Familien- und Unterhaltungszeitschriften bilden das erste Konkurrenzmedium zum Buch. Mit Auflagen von bis zu 400 000 Exemplaren (1873) stand beispielsweise die *Gartenlaube* an der Spitze der Zeitschriftenproduktion. Den Zugang zum Buch erleichterten auch verlegerische Bemühungen um billigere gehobene Lektüre. Vorbildfunktion hatte hier der Reclam Verlag mit seiner Universalbibliothek nach dem sogenannten 'Klassikerjahr' 1867. Zugute kamen dieses und ähnliche Konzepte vorwiegend den Kreisen des mittleren und gehobenen Bildungsbürgertums, das durch Schulreformen und die Anhebung der höheren Schulbildung auf einen reglementierten Lektürekanon klassischer Texte zurückgriff (Wittmann 1982, 204 ff.). Leihbibliotheken versorgten in erster Linie den Unterhaltungsbedarf des Publikums. Eine Aktivierung neuer Leserkreise vor allem in den städtischen Unterschichten und der Landbevölkerung gelang durch die Kolportageliteratur und Heftchenromane. Zunächst kam die Ratenlieferung der Romanliteratur dem beschränkten Finanzbudget der Zielgruppe entgegen, und gleichzeitig wurde nur eine 'portionierte' Leseleistung verlangt. Thematisch wie stilistisch war die Kolportageliteratur auf ein nur wenig oder gar nicht literalisiertes Publikum ausgerichtet. Langenbucher gerät zu der Auffassung, vor allem aus dem Unterhaltungsbedürfnis seien die eigentlichen Demokratisierungsimpulse im Leseverhalten hervorgegangen (Langenbucher 1975, 28). Eine Leserschicht, die Arbeiter, und ihre Lektüre wird in der historischen Leserforschung zum 19. Jh. meist separat von allgemeinen Tendenzen untersucht, denn auf dem Gebiet der Arbeiterbildung wurden zur Zeit der industriellen Revolution in Deutschland besondere bildungspolitische Anstrengungen geleistet. Im Zuge der politischen Meinungsbildung unterlagen die Arbeiter als neue Leserschicht im 19. Jh. einer besonderen Lektürelenkung und -förderung. Einerseits entstanden spezielle Presseorgane (Zerges 1982), und andererseits wurden durch die Errichtung von Arbeiterbibliotheken Bildungsinstitutionen geschaffen (Langewiesche/Schönhoven 1976).

4.4. Der Leser als Mediennutzer im 20. Jahrhundert

Im Zentrum der Lesergeschichte des 20. Jhs. steht der Leser als Mediennutzer, der sich unter vielen konkurrierenden Medien das für seine (verschiedenen) Bedürfnisse geeignete aussucht. Bereits in den 20er Jahren wurde die zunehmende Medienkonkurrenz durch Film und Rundfunk für die Stagnation der Buchproduktion und den Verfall der Lesekultur verantwortlich gemacht, wenn auch nicht nach wissenschaftlich fundierten Kriterien untersucht. Nicht zufällig setzt die aktuelle Leserforschung in dem Moment ein, als die zunehmende Verbreitung des Fernsehens Befürchtungen aufkommen läßt, das Lesen als Kulturtechnik werde zugunsten audiovisueller Fähigkeiten verdrängt. Das Buch als traditionelle Vermittlungsinstanz kultureller Werte erfordert ein anderes Rezeptionsverhalten als die audiovisuellen Medien. So wurde und wird in der zeitgenössischen Leserforschung auch immer wieder die Frage nach der Zukunft des Buchs und des Lesens gestellt.

Die Ergebnisse der Untersuchungen der letzten 30 Jahre zeigen jedoch, daß sich die pessimistischen Hypothesen nicht verifizieren ließen. Es kann nicht nach Lesern und Nichtlesern unterschieden werden, sondern nach Personen, die alle ihnen zur Verfügungen stehenden Medien häufig nutzen und Personen, die kaum Medien nutzen (Saxer/Langenbucher/Fritz 1989; Muth 1993). So kann grundsätzlich nicht von einer Verdrängung des Mediums Buch durch andere Medien gesprochen werden, sondern vielmehr von einer fruchtbaren Wechselwirkung. Gezeigt hat sich auch, daß der Anteil der Bevölkerung, der regelmäßig zum Buch greift sich in den letzten 30 Jahren nicht verändert hat; er liegt seit 1968 bei etwa einem Drittel (Kübler 1995, 191). Studien zum Leseverhalten im Lebenszyklus, die mit qualitativen Methoden der Sozialforschung den Verlauf von Lesebiographien nachzeichneten, ermittelten, daß mit zunehmendem Alter ein Nachlassen des Lesens zu beobachten ist. Gleichzeitig wurde festgestellt, daß die Lesesozialisation im Elternhaus entscheidend ist für die weitere Entwicklung, aber auch die zunehmenden Anforderungen in der beruflichen Qualifikation als Indikatoren des Lesens gewertet werden müssen (Muth 1993, 45–75; Saxer/Langenbucher/Fritz 1989, 123 ff.).

Inwieweit diese Ergebnisse auch noch für die jetzt in der Informationsgesellschaft heranwachsende Generation gelten, bleibt abzuwarten. Wie eine Hamburger Studie bei Schülern des dritten und achten Schuljahres ermittelte, nimmt die Lesefähigkeit und das Leseverständnis eher ab (Lehmann 1995). Dies deutet auf eine steigende Tendenz von sog. Sekundäranalphabeten hin.

5. Literatur

Baumgärtner, Alfred (Hrsg.), Lesen – ein Handbuch. Hamburg 1973.

Berg, Klaus/Marie-Luise Kiefer (Hrsg.), Massenkommunikation V. Eine Langzeitstudie zur Mediennutzung und Medienbewertung 1964–1995. Baden-Baden 1996.

Dann, Otto, Die Gesellschaft der deutschen Spätaufklärung im Spiegel ihrer Lesegesellschaften. In: Buchhandelsgeschichte 10, 1977, 441–449.

–, (Hrsg.), Lesegesellschaften und bürgerliche Emanzipation. Ein europäischer Vergleich. München 1981.

Engelsing, Rolf, Die Perioden der Lesergeschichte in der Neuzeit. In: AGB 10, 1969, 945–1002.

–, Analphabetentum und Lektüre. Zur Sozialgeschichte des Lesens in Deutschland zwischen feudaler und industrieller Gesellschaft. Stuttgart 1973.

Escarpit, Robert, Das Buch und der Leser. Entwurf einer Literatursoziologie. Köln/Opladen 1961.

Fabian, Bernhard, Der Gelehrte als Leser. In: Buch und Leser. Hrsg. v. Herbert G. Göpfert. Hamburg 1977, 48–68.

Frank, Bernward/Gerhard Maletzke/Karl H. Müller-Sachse, Kultur und Medien. Angebote – Interessen – Verhalten. Eine Studie der ARD/ZDF-Medienkommission. Baden-Baden 1991.

Franzmann, Bodo, Buchmarkt- und Leserforschung in Deutschland. In: Buch und Lesen. Gütersloh 1978, 147–173.

Fritz, Angela/Alexandra Suess, Lesen. Die Bedeutung der Kulturtechnik Lesen für den gesellschaftlichen Kommunikationsprozeß. Konstanz 1986.

Fügen, Norbert, Die Hauptrichtungen der Literatursoziologie und ihre Methoden. Ein Beitrag zur literatursoziologischen Theorie. Bonn 1964.

Göhler, Helmut/Bernd Lindner/Dietrich Löffler, Buch, Lektüre, Leser. Erkundungen zum Lesen. Berlin/Weimar 1989.

Göpfert, Herbert G./Ruth Meyer/Ludwig Muth/Walter Rüegg (Hrsg.), Lesen und Leben. Frankfurt a. M. 1975.

Grimm, Gunter, Einführung in die Rezeptionsforschung. In: Literatur und Leser. Theorien und Modelle zur Rezeption literarischer Werke. Stuttgart 1975, 11–84.

–, Rezeptionsgeschichte. Grundlegung einer Theorie. Mit Analysen und Bibliographie. München 1977.

Grüsser, Otto-Joachim, Neurobiologie der visuellen Gestaltwahrnehmung und des Lesens. In: Lesen und Leben. Hrsg. v. Herbert G. Göpfert/Ruth Meyer/Ludwig Muth/Walter Rüegg. Frankfurt a.M. 1975, 40–64.

Hofmann, Walter, Buch und Volk. Gesammelte Aufsätze und Reden zur Buchpolitik und Volksbüchereifrage. Mit einem Geleitwort von Theodor Litt. Köln 1951.

–, Die Lektüre der Frau. Leipzig 1931.

Jauß, Hans, Paradigmawechsel in der Literaturwissenschaft. In: LB 3, 1969, 44–56.

Jäger, Georg, Historische Lese(r)forschung. In: Die Erforschung der Buch- und Bibliotheksgeschichte in Deutschland. Hrsg. v. Werner Arnold/Wolfgang Dittrich/Bernhard Zeller. Wiesbaden 1987, 485–507.

–, Leser, Lesen. In: Literaturlexikon. Hrsg. v. Walter Killy. Bd. 15. Gütersloh 1993, 5–12.

Jäger, Georg/Jörg Schönert (Hrsg.), Die Leihbibliothek als Institution des literarischen Lebens im 18. und 19. Jh. Hamburg 1980.

Kübler, Hans-Dieter, Leseforschung – für bibliothekarische Zwecke quergelesen. In: Bibliothek. Forschung und Praxis 19, 1995, 187–206.

Kühnel, Walter, Die Entdeckung des Lesers. Wege der Literatur- und Kommunikationswissenschaft zu einer Buchwirkungsforschung. In: Bertelsmann-Briefe, 1977, Heft 91, 13–21.

Langenbucher, Wolfgang R., Die Demokratisierung des Lesens in der zweiten Leserevolution. In: Lesen und Leben. Hrsg. v. Herbert G. Göpfert/ Ruth Meyer/Ludwig Muth/Walter Rüegg. Frankfurt a. M. 1975, 12−35.

Langewiesche, Dieter/Klaus Schönhoven, Arbeiterbibliotheken und Arbeiterlektüre im Wilhelminischen Deutschland. In: IASL 16, 1976, 135−204.

Lehmann, Rainer H., Leseverständnis und Lesegewohnheiten deutscher Schüler und Schülerinnen. Weinheim/Basel 1995.

Link, Hannelore, Rezeptionsforschung. Eine Einführung in Methoden und Probleme. Stuttgart 1976, 43.

Martens, Wolfgang, Die Botschaft der Tugend. Die Aufklärung im Spiegel der deutschen Moralischen Wochenschriften. Stuttgart 1968.

−, Leserezepte fürs Frauenzimmer. Die Frauenzimmerbibliotheken der deutschen Moralischen Wochenschriften. In: AGB 15, 1143−1200.

Martino, Alberto, Barockpoesie. Publikum und Verbürgerlichung der literarischen Intelligenz. In: IASL 1, 1976, 107−145.

−, Die deutsche Leihbibliothek. Wiesbaden 1990.

Muth, Ludwig (Hrsg.), Der befragte Leser: Buch und Demoskopie. München 1993.

Nies, Fritz, Bahn und Bett und Blütenduft: eine Reise durch die Welt der Leserbilder. Darmstadt 1991.

Raabe, Paul, Was ist Geschichte des Buchwesens? Überlegungen zu einem Forschungsbereich und einer Bildungsaufgabe. In: BbdB 38, 1976, 319−330.

Sauer, Manfred, Die deutschen Inkunabeln, ihre historischen Merkmale und ihr Publikum. Diss. Köln 1956.

Saxer, Ulrich/Wolfgang Langenbucher/Angela Fritz, Kommunikationsverhalten und Medien. Lesen in der modernen Gesellschaft. Gütersloh 1989.

Schenda, Rudolf, Volk ohne Buch. Studien zur Sozialgeschichte der populären Lesestoffe. 1770−1910. Frankfurt a. M. 1970.

Schön, Erich, Der Verlust der Sinnlichkeit oder die Verwandlung des Lesers. Mentalitätswandel um 1800. Stuttgart 1987.

Scholz, Manfred G., Hören und Lesen. Studien zur primären Rezeption im 12. und 13. Jh. Wiesbaden 1980.

Sirges, Thomas, Lesen in Marburg 1758−1848. Eine Studie zur Bedeutung von Lesegesellschaften und Leihbibliotheken. Marburg 1991.

Weinrich, Harald, Für eine Literaturgeschichte des Lesers. In: Literatur für Leser. Stuttgart 1971, 23−34.

Wittmann, Reinhard, Subskribenten- und Pränumerantenverzeichnisse als lesersoziologische Quellen. In: Buch und Leser. Hrsg. v. Herbert G. Göpfert. Hamburg 1977, 125−159.

−, Buchmarkt und Lektüre im 18. und 19. Jh. Beiträge zum literarischen Leben 1750−1880. Tübingen 1982.

Zerges, Kristina, Sozialdemokratische Presse und Literatur. Eine empirische Untersuchung zur Literaturvermittlung in der sozialdemokratischen Presse 1880−1933. Stuttgart 1982.

Zimmermann, Bernhard, Literaturrezeption im historischen Prozeß. Zur Theorie einer Rezeptionsgeschichte der Literatur. München 1977.

Ute Schneider, Mainz (Deutschland)

X. Geschichte der Printmedien und ihrer Erforschung V: Buch und Broschüre V: Geschichtliche Längs- und Querschnitte in Auswahl

50. The Bible in the book tradition

1. Ancient history: Scroll and codex
2. Middle Ages: Manuscript and block-book
3. Modernity: The print age
4. Literature

1. Ancient history: Scroll and codex

The Bible as book was in the making for many centuries. What came to be the Christian Bible is the result of a lengthy textual history in ancient Judaism, and less complex, but consequential developments in early Christianity.

1.1. Until recently, efforts to recover the history of the Hebrew Bible were impeded by the absence of ancient Hebrew manuscripts representing parts or the whole of the Hebrew Bible. Prior to the discovery of the Qumran material no manuscripts existed that preceded the ninth century CE. This situation has changed with the discovery of the Qumran scrolls which antedate existing manuscripts by a millenium. As a result, the history of the Hebrew Bible is knowable with greater clarity. The existence of two ancient textual traditions can now be assumed for the Hebrew Bible: the Babylonian text which persisted in the Jewish community of Babylon after the restoration of the second temple, and was later introduced into Israel, and the Old Palestinian text which was current in postexilic Israel. When in the aftermath of the destruction of Jerusalem in 70 CE Judaism reconstituted itself, it favored the Babylonian textual tradition. It thus became the accepted text for rabbinic Judaism. Christians likewise selected it, making it the basis for their medieval Bible. The Old Palestinian text is preserved in the Samaritan Pentateuch, which was cultivated by the dissident community of Samaritan Jews. It also underlies parts of the Septuagint, the third-second century BCE Greek translation, which became a source of theological language and inspiration both for Hellenistic Judaism and the ancient church. Finally, the Old Palestinian text is represented in certain manuscripts from Qumran (Cross 1976, 120 ff.). The ancient history of the Hebrew Bible is thus a chirographic enterprise of staggering proportions. Technically, these massive traditions were the product of a school of scribal professionals expertly trained in copying, revising, and translating texts. Theologically, they were empowered by the twin notions of textual revelation and God's uniconicity. The idea that God spoke in and through these texts (Deut 6: 4–9) was reinforced by the biblical ban on images (Deut 27: 15), which in turn thrust the presence of God into language. Jointly, the divinity of the text and the notion of God's uniconicity conferred unprecedented authority upon the biblical traditions.

1.2. The beginnings of the Christian history of the Bible are characterized by a shift in the material format of communication. Whereas ancient Judaism exclusively operated with scrolls – crafted in papyrus, leather or, in rare instances, copper – early Christianity was a catalyst in the introduction of the codex. Consisting of sheets of papyrus or parchment, folded and fastened at the back or spine, and usually protected by covers, the codex was the forerunner for the modern book. The replacement of the scroll by the codex is viewed as one of the most consequential developments in the history of the book prior to the invention of printing. Owing to the random nature of the preservation and discovery of ancient manuscripts, statistical inventories cannot give us a full accounting of the quantity and quality of literary activity. A majority of New Testament papyri, for example, are from Egypt –

chance discoveries which have profoundly shaped our perception of textual developments in early Christianity. The precise dating of many ancient manuscripts remains uncertain. Despite these and other problems, the available data show close links between the codex and the emerging Christian Bible. Of the altogether 115 New Testament papyri presently available, 111 (96.57%) are in codex form and only 4 (3.57%) in scrolls. If we narrow the comperative base to the second century, we find 12 codex papyri, the earliest available documentation of scribal in Christianity. A comparison with non-Christian Greek writings further illuminates the significance of the Christian codex. A count of second century manuscripts yields 871 items of which 857 (98.47%) were scrolls and 14 (1.67%) in codex form (Roberts/Skeat, 1983, 35 ff.). While it took Greco-Roman culture several centuries to make the change from scroll to codex, Christians adopted the codex almost from the outset using it predominantly for the production of biblical manuscripts. Technically, the codex reached a stage of perfection in the two oldest parchment manuscripts of the Bible in existence today, the codex Vaticanus and the codex Sinaiticus (fourth century). Thereafter it remained virtually unchanged until the invention of paper and printing.

1.2.1. In accounting for the Christian adoption of the codex, pragmatic considerations have prevailed. Reduction in cost, ease of access, increase in storage capacity, and enhanced movability are all features that tend to favor the codex over the scroll. But pragmatics cannot fully carry the day, if only because medieval Judaism was perfectly capable of handling its biblical tradition without the benefit of the codex. Additional consideration must be given to the suggestion that Christian preference for the codex was partially motivated by the desire to differentiate the Church from the synagogue (Metzger 1992, 6). Taking the long view, however, the codex anticipated the material format which was to endure the change from chirography to typography. Unwittingly, it paved the way for the role of the Bible in print culture.

1.3. Canonization was yet another factor that prepared the stage for the pre-eminent status of the Bible in medieval times and at the turning of chirographic to typographic culture. For Jews and Christians alike the initial trigger for the privileging of a select group of texts was provided by the destruction of Jerusalem. After 70 CE both needed what the canon was able to provide: the formation and stabilization of a new collective identity. Apart from that, the canon carried a different weight in Judaism and Christianity. In Judaism its authority was relativized by the rabbinic tradition of Mishnah and Talmud which was to become coequal with the Torah, while in Christianity the importance of the canon was enhanced by growing antiheretical struggles. In either case, however, the drawing of formal boundaries around a limited number of texts established a fixed identity in terms of content, an indispensable precondition for the Bible as book.

2. Middle Ages: Manuscript and block-book

In medieval Christendom the Bible rose to a position of central authority. For a period twice as long as the history of the printed book an increasingly sophisticated technology of handwriting and decoration was dedicated to the production of the sacred book. The chirographic Bible was instrumental in communicating Christian faith, and in fostering a sense of literacy and cultural commonality.

2.1. It was a feat of cultural transformation, rather than a technological innovation, that laid the foundation for the medieval Bible. Central to the cultural history of medieval Christianity was the Latin Bible which came to be known as the Vulgate. It had its origin in the Vetus Latina, e. g., Latin translations which existed as early as the second century in North Africa and Europe. As this Old Latin tradition proliferated and diversified, the need for standardization arose. To stem the tide of variant Latin readings, Pope Damasus commissioned Jerome in 383 CE with the production of a normative Latin text. The Vulgate is that Latin version which, initiated by Jerome, continued and completed by others, eventually gained supremacy over the Old Latin tradition. Although it did not receive official authorization until the Council of Trent (1546), it was a principal instrument of Latin literacy for at least a thousand years, roughly from the sixth to the sixteenth century. During this time, the Vulgate retained its status as cultural icon in Western Christendom, notwithstanding a growing popularity of vernaculars and the development of Latin into a variety of proto-Romance languages. While Latin gradually lost its social marketability, the Vulgate helped transcend growing linguistic and ethnic divides, and foster intellectual cohesion and consciousness.

2.2. For the modern, print-oriented reader of the Bible it requires an act of historical imagination to envision the widespread use of decorative and pictorial elaborations that accompanied the production of biblical manuscripts, and to grasp their psychological impact on medieval readers and hearers. Extending as far back as the fourth century, Bibles, partial editions and translations of the Bible frequently came with extended decorative and/or pictorial amplifications. Illustrated Bibles were a hallmark of medieval Bible productions. At times interest in geometrically designed, purely ornamental decorations eclipsed illustrations fashioned after biblical stories, at other times ornamentation and miniature paintings coexisted side by side in the same manuscript. Illuminated initials, miniatures of evangelists or biblical personages, full page scenes from the Old or New Testament, decorative and/or narrative frontispieces, marginal illustrations, and running narrative scenes were designed to amplify and comment on the text. To grasp the function of the image-text represented by illustrated Bibles, it must be recalled that orality was synergistically involved in the production and consumption of manuscripts. The latter were composed by way of dictation, or scribal self-dictation, and read orally by recitation, either to oneself, the reader, or to hearers (Saenger 1982, 367 ff.). The reader of the Bible, therefore, apperceived biblical texts by reading aloud, hence seeing as well as hearing the words. The full impact of reading the illustrated Bible, e. g., the seeing and hearing of words, plus the seeing of pictures, was thus equivalent to an audio-visual perception. It was an experience which in its entirety applied only to the privileged readers, not the hearing masses. For this reason alone, the interfacing of word and picture in medieval Bibles cannot be viewed as a concession to laity. There was the additional fact that the handwritten Bible was an expensive proposition affordable only for wealthy churches and monasteries, and a few uncommonly affluent individuals. It represented a precious object that was not, and could not be, a product designed for mass consumption. Rather than being a concession to laity, the Bible's rhetorical strategy of appealing to verbal and visual literacy may be viewed as a reflection of ancient and medieval theories of knowledge which emphasized the primacy of audio-visual sense perception. (Carruthers 1990, 221 ff.; Wenzel 1993, 118 ff.). The psychodynamics of illustrated Bibles and their possible roots in ancient epistemology are a topic that merits further exploration.

2.3. In the twelfth and thirteenth century the manuscript culture, especially in France, underwent noticeable changes (de Hamel 1994, 118 ff.). One-volume Bibles appeared, which were rare before 1200, now smaller in format and written often in minute script organized in two columns per page. Moreover, headings at the top of pages were introduced. Above all, more and more Vulgate texts were meticulously divided into chapters, a convention usually ascribed to Stephan Langton, archbishop of Canterbury. What we see in these changes is a proclivity to dissociate the biblical manuscript from its oral matrix, and to exploit the sacred page for visual organization and retrieval − a process that reached its culmination in the printed Bible.

2.4. A significant step in the technologizing of manuscript production was the so-called block-book. Originating around 1430 (Presser 1967,35), the block printed book was manufactured by carving both picture and text into wooden blocks, which in turn were soaked in liquid dye. An imprint was subsequently obtained by pressing paper upon the wood block. By print standards, the invention was clumsy because a separate wooden block had to be cut for each printed page. The problems caused by the permanent fixity of typefonts still awaited a technological resolution. But in making the change from pen to woodblock, medieval printers discovered the magical powers of duplication. The technological advance clearly marked a transition from the old chirographic culture to the new medium age ushered in by typesetting.

2.4.1. Just as the Bible in the second century actively participated in material changes of communication, it also played an active role in fifteenth century media developments. The best known example of a late medieval block-printed Bible was the Biblia Pauporum, or

Bible of the Poor (Labriola/Smetz 1990). Few copies have been preserved because they were soon eclipsed by printed Bibles, and not considered worthy of safekeeping in libraries. The Biblia Pauporum was characterized by a heavy use of illustrations which often came to dominate or even marginalize the text. This, too, was a distinct feature of the genre of block-book. Its Old and New Testament picture cycles were part of a Christian tradition of pictorial representation that was well established in frescoes and stained-glass windows of medieval churches. Our present understanding of the organizing principles, the selection of texts, the hermeneutics of typology, and the iconographical tradition that informed the Biblia Pauporum is still a limited one. But whatever its aesthetic history, the Biblia Pauporum used the powers of visualization to new effects. Both the potential for duplication and the juxtaposition of picture and text gave a new impetus to popularization. However, caution must be exercised not to take the Bible's title as proof of an unreservedly consumer-oriented disposition. The Biblia Pauporum may not have been the poor people's Bible as much as the poor preacher's Bible, designed to assist a clergy lacking formal education in Latin (Eisenstein 1979, 63 ff.). But even if this was the Bible's original intent, the idea that the new technology, combined with a preponderance of pictures, had the potential of addressing a broader public cannot entirely by dismissed.

3. Modernity: The print age

The invention of letterpress printing was the high-tech of the fifteenth century (Giesecke 1991, 67). Print's cumulative effects on every aspect of human thought and activity were such that one may view it as the defining event in the shift from medieval to modern consciousness. The implementation of the new technology gave birth to the Bible as a modern book. It was the Bible transformed by the medium of typography that helped usher in the religious revolution of the sixteenth century. Over the past five hundred years the printed Bibles has continued to influence Western, and increasingly African and Asian Christianity.

3.1. Printing technologized the human labor of handwriting and the semitechnical blockprinting. At the heart of the invention lay not the principle of the printing-press itself, but the casting of movable types from metal. Even the idea of choosing metal deserves special attention in view of a long history of experimenting with wood, clay, bronze and copper. One of the most difficult technical problems Gutenberg faced was the production of an alloy which would generate the correct durability and malleability required for the printing process. The idea of the movable type was to produce rectangular metal blocks for each of the lower and upper case letters of the alphabet, for combinations of letters, punctuation marks, and for additional notations some of which had been in scribal use for centuries. Prior to typesetting, the number and kind of types had to be calculated and prepared for use – a process more complicated for the composition of longer texts that required a large repertoire of characters. As to size, a single lettertype had to be cast to a thousandth of an inch lest the lines turned out uneven. To achieve maximum precision in the production of the metal types, Gutenberg, along with other early printers, closely examined available manuscripts. To them the traditional script still served as the model for the new medium. The process of typesetting entailed the placement of characters, one at a time, into a tray that was adjustable to the desired length of the lines. By virtue of abbreviations, contractions of letters, and the introduction of blind types, margins were justified and all spaces between words in one line equidistant. The typesetting of lines was repeated until the desired length of a page or column was reached. Subsequently, the lines of a page or column were placed into a wooden galley which was soaked with ink. Every typeset galley had to be perfect, because postprint corrections could no longer be implemented. The actual process of printing was executed according to the principle of transferring by pressure the design of the letters in the galley upon impressionable surfaces of paper or parchment. Gutenberg's printing press was of large proportions and entirely made of wood. The handcoloring of initials and the hand-illustration of additional decorations, the manufacture and designing of wooden and/or parchment covers, and the binding completed the production of the printed book.

3.1.1. Typography substituted the print shop for the scriptorium, a larger labor force for scribe and dictator, a series of mechanized tools and machines for slate-pencil or pen, and typesetting and printing processes for handwriting. Even though the manuscript continued for some time to serve as model in the data transfer from script to print, typography had succeeded in designing a thoroughly artificial and metallically constructed language.

3.2. Between 1452 and 1455 Johannes Gutenberg of Mainz produced the first printed Bible, universally known as the Gutenberg Bible. It is widely regarded as one of the first machine-made books in the West. As was the case twice before, the Bible was once again principally involved at a crucial juncture in communications history. The two volume set reproduced the Vulgate text on altogether 1282 pages. Each page carried two columns of forty-two lines, amounting to 2564 columns for the full Bible. For each page more than 2600 characters had to be placed one next to the other, bringing the total number of characters used for the Bible to well over three million. The number of printed copies is uncertain. The Gutenberg biographer Ruppel (1947, 147) estimated a total of 185 copies, of which approximately 150 were printed on paper, and 35 on parchment.

3.2.1. It is not immediately obvious why Gutenberg selected a book as monumental in scope as the Bible to implement a printing technology that was still in its infancy. At first glance, print's pragmatic effects of duplication point to the propagation of faith as his principal objective. But when attention is paid to the exquisite care Gutenberg devoted to matters of typecasting and typesetting, the pragmatics of duplication for the purpose of religious propagation do not seem to capture his deepest motivation. Would he have cast close to 300 different characters for his Bible project (Ruppel 1947, 139) if mass distribution was his primary goal? The casting of each additional lettertype was labor-intensive, and hiked up the price of the final product. The project was not a commissioned work; it required a vast capital investment, and brought its master no financial profit. Moreover, Latin was no longer a marketable language. To the viewer and reader of Gutenberg's Bible the most striking feature was sameness and proportionality. Prior to the invention of printing, sameness in the sense of complete identity had never been experienced. No one jar was like the other, and no two manuscripts were ever quite alike. The copies of Gutenberg's Bible represented stunning models of sameness. Nothing quite like it had ever been experienced in the history of communications. In itself, each copy was a masterpiece in proportionality. By virtue of its unprecedented spatial organization and finality of precision it expressed a sense of almost unearthly beauty. Indeed, the Gutenberg Bible reinforced existing standards of beauty, the hallmark of which was a harmoniously proportioned relationship of all internal parts. Aesthetics must have been uppermost in the mind of Gutenberg (Giesecke 1991, 134 ff.). Contemporary manuscripts served as models for his project. He scrutinized page layout, individual lettertypes, the mixing of paints, the application of gold, the making of parchment, and numerous other technical attributes with a view toward surpassing medieval chirography via typography. His goal was not primarily a speedy reproduction or mass distribution, but the technically perfected and aesthetically superior book. No book was better suited to make his case for the superiority of print over script than the Bible, the supreme model of a long history of splendid chirographic accomplishments.

3.3. The identity of the Bible as a single, authoritative book was not fully established until its texts were metamorphosed via the medium of typography. To be sure, codex, canonicity and the Vulgate all inclined toward stabilization of biblical texts and centralization of biblical authority. These were among the forces that fostered the production of the one-volume Bible. Yet, throughout the Middle Ages, the Bible was used more in plural forms, than with singular authority. Frequently a theological rationale determined preference of one book over others. But there was an overriding medium reason as well: chirography lacked the power of producing a single standard type. Prior to printing, the Bible existed in scribal multiformity, and was often transmitted through clusters of and excerpts from texts. For example, collections of the Minor Prophets, a clustering of psalms into the Psalter, or of gospels into gospel books or lectionaries enjoyed wide popularity. Moreover, missals and breviaries, the two main service books of the medieval Church, dispersed biblical texts into *lectiones*. Hence, the Bible was experienced more as a corpus of many books than as a single text between two covers. It was only with printing that a standard type and dissemination of the standard Bible were attainable objectives. As a typographically standardized product, the Bible was the first major book of early modernity (Giesecke 1991, 244).

3.4. There were three interrelated features which altered the status of the medieval Bible in the pre-Reformation period: the print medium, vernacularism, and antiquarianism. It has been estimated that by the year 1500 CE approximately 1120 printing shops existed in 260 European cities. At that time betweem 35,000 and 40,000 different folio volumes had appeared in print, bringing the total number of printed books to far above ten million. Among them were about 100 Latin and fourteen German Bible editions (Ruppel 1947, 147). The Bible was both a catalyst and principal beneficiary of the new media industry. In spite of its steep price, Gutenberg's forty-two line Bible sold at a brisk pace. It became a showpiece of the new technology, and encouraged other printers to take up the project. In the wake of typography's increasing control over printed pages and visual surfaces, a whole reference system was being built into the Bible: title pages, separation of chapters and books, table of contents, and, since 1551 CE, verse divisions. By the time of the Reformation, the Bible was on the way of becoming both a reader-friendly, modern book and an article of commerce. The duplicating and commercializing effects of the printed Bible engaged popular interests, which in turn seized upon the new medium in support of local, ethnic causes. It is not surprising, therefore, that an early alliance between the print medium and vernacular interest groups developed. To be sure, vernacular Bibles preceded the rise of typography by centuries. Already in the fourth century CE Ulfilas (or Wulfila), bishop of the Goths, had translated the Bible, a project which served the cause of Germanic language and literature. The thirteenth century saw translations into French and Italian. Around 1380–82 CE John Wicliff rendered the Vulgate into English with the goal of broadening access to the Bible. But the print medium accelerated the production of vernacular Bibles. Moreover, vernacular translations increasingly turned to the Greek and Hebrew originals, bypassing the Vulgate. Print also was a factor in the antiquarian desire to return *ad fontes*. Utilizing print's rationalizing and preservative powers, scholars devised uniform reference guides, grammars and dictionaries, normative chronologies and topologies, creating a scientific apparatus and a commonality of scholarly ethos that facilitated retrieval of the distant past (Eisenstein 1979, 181 ff.). As a consequence, a rationalized picture of antiquity emerged, which was enveloped with the nimbus of reliable authority. To be sure, the impulse to connect reliability with temporal priority is well documented throughout Western history. But in creating a sense of pastness, and empowering it with authority, the print medium once again reinforced an already existing proclivity. How print could work hand in glove with antiquarian interests is demonstrable in the case of Erasmus' 1516 diglot version of the New Testament. It presented the first complete Greek translation of the New Testament alongside Erasmus' own rendition in Latin. Although from text-critical perspectives, the Greek version was of little value, its very antiquity and the addition of a revised Latin version posed a challenge to the Vulgate. The supremacy of the Vulgate was thus exposed to a two-pronged attack from vernacular and antiquarian interest groups, both of which were inspired by the print medium.

3.5. In so far as Martin Luther's celebrated translation of the Bible implemented the three principles of print medium, vernacularism, and antiquarianism, it was not an innovation. What was, however, novel was his skillful integration of all three features into a Bible of immense historical influence. Owing to his conviction that Scripture was the sole key to faith, Luther published in 1522 the so-called September Testament, his translation of Erasmus' Greek rendition. It was decorated with twenty-one full-page woodcuts and numerous illustrated initials, but made no reference to translator, printer, or publisher. The first edition totaled 3000 copies; subsequent editions, published in swift succession, came to over 100,000 copies. While the New Testament was still in press, Luther initiated the translation of the Old Testament, a project which extended over a period of nine years and whose seriatim publication he supervised between 1523 and 1532. For its composition he used several Hebrew editions, and additionally consulted Septuagintal and Vulgate texts. In 1534 the first complete Luther Bible, furnished with 117 woodcuts, appeared in print. During his lifetime eleven editions were published, most of which he saw personally through the press. Between 1534 and 1626 about 100 editions of the Bible – a total production of ca. 200,000 volumes, partial editions not included – emanated from Wittenberg. Luther's translation was more than a competent rendition of the original texts. It rather constituted a transformation of the original languages into the people's language of 'middle' German, which in turn faciliated the development of a literary German prose. While his fame as translator is well established, his personal involvement in the technical aspects of layout, print, and illustration merits equal attention. Most Wittenberg Bibles were printed in single columns, divided into paragraphs, or sense units, but still without verse numbers. In many cases, Luther prefaced individual books with his own introductions and provided pages with marginal glosses as aids for readers. He personally saw to it that the typesetters abided by the literal wording of his texts, including orthographic idiosyncrasies. It is, moreover, significant that none of the Bible editions published between 1534 and 1626 were lacking in illustrations. Deeply interested in matching logos with icon, Luther not only implemented corrections for most reprints, but oversaw the selection and placement of pictures. The Luther Bible established itself as a model of religious, literary and, last not least, typographical modernity.

3.5.1. Luther was conscious of the explosive potential of typography, and took full advantage of it. He could not, of course, anticipate all its social implications. But he and other reformers deliberately utilized print as the medium of change (Edwards 1994, 109 ff.). To them one of the most significant aspects of the new medium was its ability to facilitate direct accessibility to the Bible. Archetypal model of latinity and prized possession of the culture elite, the Bible could now be placed into the hands of everybody. Few things expressed the communications revolution of the sixteenth century more powerfully than the idea of the Bible as book of the people. But in order for the communications revolution to succeed it had to be accompanied by a social revolution. In order to convert the faithful into competent users of the print Bible, print literacy was required. It was not enough that the Bible, both in word and picture, was transformed into a reader-friendly book. Additionally, primary and secondary education had to be revised and expanded with a view toward teaching the alphabet and promoting literacy. But once printing presses and printing shops, schools and a reading public were established, the Word of God, encapsulated in the full Bible, could become the information center in a rapidly expanding communications network.

3.5.2. There wer subtler ways in which print effected attitudes toward the Bible. Luther's consequential biblical hermeneutics, for example, has every appearance of being informed by a print mentality. To be sure, his rejection of the fourfold sense of Scripture, his high opinion of the *sensus literalis*, his apotheosis of the *sola scriptura*, and his belief in the Bible's self-interpreting authority were ideas already foreshadowed in nominalism's *via moderna* of the fourteenth and fifteenth century. One cannot make print, therefore, the sole determinant. But his preference for the literal sense of the Bible to the exclusion of tradition and all non-literal senses is unthinkable without print's systematic orderliness which "effectively reified the word" (Ong 1982, 119). The notion, moreover, of the Bible's self-referential authority (*scriptura sui ipsius interpres*) could not have been seriously entertained without the experience of the alphabetic letterpress and its unprecedented objectification of language. Print technology was a major, although not the only, factor that made it possible to think of the Bible as standing on its own. The autosemantic print Bible bequeathed a dual legacy to the Western tradition. On the one hand, it paved the way for humanistic and ultimately historical, critical scholarship and its fixation on original intent and individualized authorship. On the other hand, it pointed toward categorical literalism culminating in Protestant fundamentalism – a modern, not an ancient or medieval phenomenon.

3.6. The English Bible did not emanate from an individual reformer, who was boldly addressing the common folk, but from a lengthy struggle over its place in the print age. Did the Bible belong to the people at large, or was it preeminently the book of the Church (Lawton 1990, 52 ff.)? At the root of the modern English Bible lies William Tyndale's 1525–26 rendition of the New Testament, known for its prose rhythm, fidelity to the Greek, and controversial glosses. Its popular, partisan tone met with fierce resistance, challenging both the new Church of England and the Protestant wing to come forth with more broadly acceptable versions. The Church's response was the Bishops' Bible of 1556, a prototype of the authorized committee Bible. Radical Protestantism produced the Geneva Bible of 1560; it was designed for private and household reading, and overwhelmingly popular. Translated in Geneva by regufees from the reign of Queen Mary, it became the Bible which inspired Shakespeare and Milton, and took root in North America with the Pilgrims in 1620. Like the Geneva Bible, the first Catholic Bible of the English-speaking world originated abroad. Published in 1609 and named after the place of its composition, Douai, France, it followed the Vulgate version. The King James Version (KJV) of 1611 was intended both to reconcile and supersede the competing interests of the Bishops' Bible and the Geneva Bible. Noted for its alliterative and monosyllabic style, and also for the so-called instress which synchronized meaning with cadence, the KJV was both liturgically effective and popularly attractive. After 1670 it became the most influential version in the English-speaking world. Sermons, prayers and hymns found their wellspring in it. It permeated English thought and language at home and overseas, gracing the works of Byron and Yeats, T. S. Eliot and Hopkins, Faulkner and countless others with its images, phrases, and rhythmic cadences.

3.7. The print Bible was not the unmixed blessing that its early promoters had envisaged. As it was disseminated among a steadily growing readership, it was also exposed to unprecedented scrutiny. Inevitably, scriptural discrepancies and contradictions came to light. A ceaseless production of commentaries belied the reformers' conviction about the unambiguous clarity of biblical language. Notwithstanding the Bible's typographical orderliness, its content, ever more widely publicized, became a bone of fierce contention. In so far as the print Bible advanced the cause of the reformers, it also helped fuel Catholic-Protestant polarities. An important underlying cause of the growing conflict were commitments to different media worlds. Protestantism embraced the new medium, apotheosized the vernacular print Bible, while treating the oral, chirographic tradition preceding the print Bible with benign neglect. The Catholic Church approached the new medium with skepticism, placed the authority of the Vulgate on equal footing with the oral, chirographic tradition of the Fathers, and both against the competing vernacular Bibles. In point of fact, the vernacular Bible, dispersed under the auspices of print, strengthened ethnicity — for better and for worse. While it gave momentum to national languages and literature, it also helped draw the lines of religious and national divisions.

3.8. The modern history of the Bible is marked by a world-wide movement of translation, printing, and distribution. It was largely due to the missionary and Bible societies of the late eighteenth and early nineteenth centuries, and their calculated utilization of the cosmopolitan tendencies inherent in print, that the Bible became a global market product. In 1814, for example, the New Testament was rendered into Chinese, in 1815 into Persian, and in 1835 the Bible appeared for the first time in Burmese. By 1995 the Bible, or parts thereof, had been translated into 2092 languages. Embedded in the globalization of vernacularism are deep-seated cultural ambiguities. Translations into the vernacular enhanced literacy, raised the general level of education, and nourished ethnic and national identities. But insofar as the internationalization of the print Bible was allied with colonialism, it turned the book into an icon of Western cultural and political domination. The role of the Bible in the postcolonial age, which is increasingly being shaped by the electronic medium, is as yet uncertain.

4. Literature

Black, M. H., The printed book. In: The Cambridge history of the Bible, Vol. III. Ed. by S. L. Greenslade. Cambridge 1963, 408–475.

Calkins, Robert G., Pictorial emphases in early biblical manuscripts. In: The Bible in the Middle Ages. Ed. by Bernard S. Levy. Binghampton, NY 1992, 77–102.

Carruthers, Mary, The book of memory. Cambridge 1990.

Cross, Frank M., Jr., The ancient library of Qumran and modern Biblical studies, rpt. Westport, CT 1976.

Edwards, Mark U., Jr., Printing, propaganda, and Martin Luther. Berkeley 1994.

Eisenstein, Elizabeth L., The printing press as an agent of change. Vols. I and II. Cambridge 1979.

Fenn, Eric, The Bible and the missionary. In: The Cambridge history of the Bible. Vol. III. Ed. by S. L. Greenslade. Cambridge 1963, 383–407.

Gameson, Richard, The early medieval Bible. Cambridge 1994.

Giesecke, Michael, Der Buchdruck in der frühen Neuzeit. Frankfurt a. M. 1991.

Hamel, Christopher de (Hrsg.), A history of illuminated manuscripts. London ²1994.

Labriola, Albert C./John W. Smetz, The Bible of the poor [Biblia Pauperum], Pittsburgh, PA 1990.

Lawton, David, Faith, text and history. The Bible in English. Charlottesville 1990.

Metzger, Bruce M., The text of the New Testament. New York ³1992.

Ong, Walter J., Orality and literacy. London/New York 1982.

Presser, Helmut, Johannes Gutenberg in Zeugnissen und Bilddokumenten. Reinbeck 1967.

Roberts, Colin H./T. C. Skeat, The birth of the codex. London 1983.

Ruppel, Aloys, Johannes Gutenberg und sein Werk. Mainz 1940.

Saenger, Paul, Silent reading: Ist impact on late medieval script and society. In: Viator 13, 1982, 367–414.

Smalley, Beryl, The study of the Bible in the Middle Ages, Oxford ³1983.

Wenzel, Horst, Schrift und Bild. Zur Repräsentation der audiovisuellen Wahrnehmung im Mittelalter. In: Germanistik, Deutschunterricht und Kulturpolitik. Hrsg. v. Johannes Janota, Tübingen 1993, Bd. 3, 101–121.

Werner H. Kelber, Houston (USA)

51. Herodot (ca. 485–425 v. Chr.), Historien und die antike Geschichtsschreibung

1. Konstituierung des Gegenstandes
2. Herodot in seiner Zeit
3. Vorgaben der Tradition
4. Die Dimensionen des Gegenstandes
5. Die Mehrdeutigkeit des Werkes
6. Traditionsbildung in der Antike
7. Rezeption in der Neuzeit
8. Literatur

1. Konstituierung des Gegenstandes

Einen Begriff für seinen Gegenstand kennt Herodot nicht. Sein Werk 'Historiae', 'Historien', 'History', 'Histoires', 'Le storie' zu nennen bezeugt eine Verlegenheit der Übersetzer; daneben finden sich 'Geschichten und Geschichte', 'Stories and Histories', '*L'enquête*', oder einfach 'Herodotus'. Das Werk bezeichnet Autor und Titel gemäß älterer antiker Buchtradition mit dem Anfang des ersten Satzes. „Des Herodot aus Halikarnass seiner *Erkundung* Darstellung" [ἱστορίης ἀπόδεξις] gibt nicht den Inhalt, sondern seine Methode an. Was er darstellt, sammelte er selber durch „Augenschein, gedankliches Erschließen und *Nachfragen*" [ὄψις, γνώμη, ἱστορίη (2,99)], also er nahm auf Reisen mündliche Berichte auf, deren Wert er kritisch zu überprüfen suchte. Er bemerkt Parteilichkeiten, bemißt die Distanz zu einem Gegenstand (sieben Dolmetscher zwischen einem Sachverhalt und seinem Gewährsmann [4,24]), teilt Varianten der Überlieferung mit, vergleicht Aussagen an verschiedenen Orten, ist skeptisch, rationalisiert, aber er achtet andere Standpunkte. „Ich schulde zu berichten, was berichtet wird, nicht aber schulde ich, alles zu glauben" (7,152). Zu Empirie tritt Spekulation, gedankliches Konstruieren von Zusammenhängen.

„Der Nil kommt aus Libyen und teilt es mitten durch, und wie ich aus dem Bekannten auf das Unbekannte schließe, kommt er von gleich weit her und aus gleicher Richtung wie der Istros. [...] Dieser ist vielen bekannt, da er durch bewohnte Gegenden [mitten durch Europa] fließt, über die Nilquellen aber vermag niemand etwas zu sagen, denn unbewohnt und wüst ist der Teil Libyens, durch den er fließt. Soweit man seinen Lauf durch *Nachfragen* [ἱστορίη] hinaufkommen konnte, habe ich schon berichtet" (2,33 f.).

Durch Erzählen konstituierte Herodot einen neuen Gegenstand. Was er erzählen will, kündet die Fortsetzung des ersten Satzes an: daß nicht mit der Zeit vergehe, was *von Menschen geschehen*, daß nicht ohne Ruhm blieben *große und staunenswerte Werke*, die sowohl von Griechen als auch von Barbaren vorgewiesen, im übrigen auch, *aus welchem Grund sie gegeneinander Krieg führten*. Die Durchführung verbindet die eher statische

Kulturgeschichte, mehr der Barbaren als der Griechen, mit der Ereignisgeschichte und als ein roter Faden insbesondere der Ereigniskette der Expansion des Reiches der Meder und Perser, die in die sog. Perserkriege zwischen Ionischem Aufstand und den Siegen der Griechen über Xerxes bei Salamis und Plataä (500–479 v. Chr.) mündet (Bücher 5–9).

Als *Geschichte* sowohl im Sinne von Geschehen als auch im Sinne von Geschichtsschreibung finden wir den Begriff ἱστορία zuerst in Aristoteles' Poetik Kap. 9 um 335 v. Chr. Herodot ist dabei das Exempel. Der *Historiker* [ἱστορικός], der ein *Geschichtswerk* [ἱστορία] verfasse, erzähle, *was geschehen ist*, der Dichter, was geschehen könnte, die Dichtung eher das Allgemeine, die Geschichte [ἱστορία] das Besondere. Polybios, der griechische Historiker von Roms Aufstieg zur Weltherrschaft, wie er es nennt, benutzt Mitte des 2. Jhs. v. Chr. den Gattungsbegriff *Geschichtsschreiber* [ἱστοριογράφος (2,62)], wie für den Gegenstand *die Geschichte selber* ἱστορία (1,1; 1,57). Sich mit ihr zu befassen definiert er in seinem Einleitungskapitel als „Erkenntnis [ἐπιστήμη] *früher geschehener Taten*", ihr Zweck sei „die Belehrung [μάθησις] aus der *Geschichte*". Herodot konstituierte durch sein Werk den Gegenstand breiter als ihn Polybios, nämlich als politische Ereignisgeschichte, versteht. Fehlte Herodot noch ein Gattungsbegriff, brachte er doch in der Anlage des Ägyptenbuches seine Sache auch formal auf klare Vorstellungen: Die Ägypter pflegten die Erinnerung [μνήμη] von allen Menschen am meisten und seien deshalb von allen, mit denen er Erfahrung machte, diejenigen, die mit Abstand am meisten zu erzählen haben [λογιώτατοι (2,77)]; Kalender (2,4) und Monumente bezeugen eine alte Kultur, die sich der verschiedenen Maße von Zeit versichert. Als die Konstituenten seines Gegenstandes werden also Narrativität, Kultur, Gedächtnis und Zeit vorgestellt.

Herodots Werk begründet „history as an intellectual practice" (Cartledge 1993, 36) und eröffnet an der Grenze von Mündlichkeit und Schriftlichkeit die Vorstellung eines geschichtlichen Raumes. Seit der Mitte des 8. Jhs. v. Chr. wurden griechische Sprache, alsbald auch Dichtung, Epos und Lyrik, mit dem Alphabet aufgeschrieben. Herodot ist das älteste erhaltene Prosawerk der Griechen, das sicher bereits Texte verarbeitet, aber noch erheblich auf mündliche Überlieferung gründet. Er selber soll in Athen aus seinem Werk öffentlich vorgelesen haben. Im späten 5. Jh. v. Chr. beginnen die Zeugnisse für individuelles Lesen und einen Buchhandel. Die Literatur als ein großes Corpus tritt uns im 3. Jh. v. Chr. in der Bibliothek von Alexandria entgegen. Hier wurde Herodots Werk in neun Büchern/Buchrollen aufbewahrt. Wie andere literarische Gegenstände lebte die Geschichtsschreibung ab dem 4. Jh. v. Chr. aus Büchern und in Bibliotheken, an denen seit dem 3./2. Jh. v. Chr. die Römer teilhatten, auch – zuerst in griechischer Sprache – mit Geschichtsschreibung. Cicero bezeugt uns das antike Urteil über Herodot als den princeps der Gattung und pater historiae (De oratore 2,55; De legibus 1,1,5). Die Schönheit seiner Sprache und der Lesegenuß werden häufig angesprochen. Herodot war es, der den Gegenstand der Geschichte in die Bibliothek der Weltliteratur einbrachte.

2. Herodot in seiner Zeit

Herodot stammt aus Halikarnass an der südwestlichen Küste Kleinasiens, einer griechischen Stadt, deren Bevölkerung, wie auch Herodots Familie, mit den umwohnenden Karern in Heiratsverbindungen stand. Er wuchs in einer Tradtion kultureller Kontakte mit Karern, Lydern, Persern auf, an einer Schnittstelle zwischen Altem Orient und den Griechen. Die Herrschaft der Lyder im westlichen Kleinasien war um 546 v. Chr. durch die Expansion des Perserreichs beendet worden; die griechischen Städte der ionischen Küste standen darauf unter persischer Hoheit. Die Kontakte vieler Griechen mit den Persern wurden weder zwischen Ionischem Aufstand und Salamis noch durch Athens Kriegsführung seit 478 v. Chr. unterbrochen. Herodots Reisen nach Ägypten, Syrien, Babylonien, die wir aus seinem Werk erschließen – wenn wir einen Satz über Solon als Selbstzeugnis werten: „aus Freude am Wissen um der Anschauung willen [ὡς φιλοσοφέων θεωρίης ἕνεκεν (1,30)]" –, konnten die Möglichkeiten der Kommunikation im großen Perserreich nutzen.

Die antike Biographie gibt das Jahr 444 der athenischen Neugründung Thurioi auf den Ruinen des unteritalischen Sybaris, an der sich Herodot beteiligte, als seine Lebensmitte an. Er gehört zu der Generation, die während der Perserkriege geboren wurde und jedenfalls die ersten Jahre des Peloponnesischen Krieges (431–404 v. Chr.) erlebte. Er ist etwas jünger als Sophokles und Perikles, etwas älter als Sokrates und gleichalt mit Euripides und den Sophisten Gorgias und Protagoras. Sein Werk reflektiert die Gültigkeit des Nomos und der Nomoi, Werthaltungen und Bräuchen als je individueller Setzungen einzelner Gesellschaften (3,38). Er markiert den Einstieg in diese Epoche politischer und mentaler Umbrüche in Griechenland, die Begründung von Athens harter Herrschaft im Attisch-Delischen Seebund, als den Punkt unmittelbar jenseits der Grenze seines Themas, nicht ohne kritische Anspielungen auf Athens Politik (8,3), und, mit unserem ältesten Stück Verfassungstheorie (3,80−82), nicht ohne das Kolorit der zeitgenössischen Debatten angesichts der raschen Rhythmen in der Entwicklung der athenischen Demokratie und Politik.

Seinen Gegenstand, die Perserkriege, (re)präsentiert er als Epoche, den neuen Identifikationspunkt der Griechen nach Troia über die Grenzen der vielen Städte hinweg. Durch ihn wurde die griechische Geschichte neu definiert und fortan gelesen. Lukians überschwängliches literarisches Urteil Mitte des 2. Jhs. n. Chr. schließt: „Das ist der Herodot, der die persischen Kriege in ionischer Mundart geschrieben und *unsere* Siege so herrlich besungen hat" (Herodot oder Aetion).

3. Vorgaben der Tradition

Mit Händen zu greifen ist das Vorbild des homerischen Epos, insbesondere der 'Ilias' als der einen großen literarischen Komposition eines denkwürdigen kriegerischen Ereignisses, in der die Taten und Leiden einer Generation von Helden erzählt und zu einer einheitlichen Handlung verknüpft werden, ein großer Text, der sich der Hintergründigkeit der Ätiologien ständig bewußt ist, der Zeit, Raum und Handlungsfülle über eine große Strecke disponiert, anders gesprochen Regeln und Formen von Narrativität in einem Großtext entwickelt und erprobt. Dazu gehört auch der Rhythmus von Wort und Tat, von Ereignisschilderung und Situationen der Rede und Gegenrede. Herodots „Epos in Prosa" (Strasburger 1980, 910) rühmte für die Zukunft die Taten und Leiden einer vergangenen Zeit und bewahrte eine neue Generation von Helden durch einen autoritativen Text vor dem Vergessen, verlieh ihm die Geltung eines zweiten für die Griechen konstitutiven Ereignisses. Schließlich, wie bei Homer mündet bei Herodot mündliche Erzähltradition in Literalität.

Ein für Herodot nach Ed. Meyer zu wenig beachteter Bereich ist der Alte Orient mit einer Vielfalt von Literaturen, Erzählformen, -mustern und -motiven, zu denen seit der zweiten Hälfte des 3. Jts. nicht nur das Gilgameschepos, sondern auch ausdrückliche Formen der Bewahrung von Vergangenheit wie Königslisten, Chroniken, Tatenberichte, Systematisierungen der Zeitrechnung über große Distanzen gehören. Ein Buch „Herodot und die altorientalische historische Erzählkultur" ist in Arbeit (B. Patzek). Zu den Kulturtechniken des Alten Orient gehört auch die Pflege von Überlieferungen aller Art in großen Bibliotheken, nicht zu vergessen die Tradition des Übersetzens zwischen den verschiedenen Sprachen der Keilschriftliteraturen und der Literatur Ägyptens. Es macht den Eindruck, daß Erzählmuster und Motive aus dem Alten Orient, wie wir sie seit den Entzifferungen wieder kennenlernen, durch Herodots Text hindurchscheinen. Das Definieren natürlicher Grenzen etwa, deren Überschreiten der Gott beargwöhnt, wird ein zentrales Motiv seiner Interpretation. Ergiebig ist bereits der Vergleich mit dem Alten Testament: Geschichtsschreibung aus der Perspektive des David. Goliath, das bedrohlich mächtige Nachbarreich, gefährdet sich selber durch Hybris, Selbstüberhebung; der Gott nimmt ihm den Verstand; Warner, Träume, Vorzeichen aus einer transzendenten Welt versteht er nicht. Paradigmatisch geht ein irdisches Reich zugrunde.

Viel Aufmerksamkeit findet in den letzten Jahren die Frage, wieweit wir hinter Herodots Text Strukturen mündlicher Überlieferung identifizieren und zuordnen können. Die Märchenforschung hat eine große Zahl von Motiven, volkstümlichen Formen und sog. einfachen Geschichten aus einem kulturübergreifenden Substrat bei Herodot ausgemacht (Cobet 1989, 853−855). In anderen Fällen versucht man, aus der Formung Standort und Quelle etwa für partikulare Nachrichten zur frühen Geschichte einzelner griechischer Städte zu erraten. Eine Verwechslung liegt vor, wenn die Methode der oral history an Herodot herangetragen wird, eine Methode der Zeitgeschichtler, die durch Nachfragen Modi individuell erinnerter Geschichte aufspürt. Bei Herodot handelt es sich zudem, wie man zunehmend sieht, um erheblich geformte Überlieferung: nicht oral history, sondern oral tradition (Vansina

1985). Herodots Gewährsleute sind λόγιοι ἄνδρες (1,1; 4,46), Männer, die am jeweiligen Ort eingeschliffene Geschichten zu erzählen wissen. Er selber wird zum „final informant" und „recorder" (Vansina 1985, 59–63) für die griechische und altorientalische Geschichte in den etwa drei Generationen vor ihm, für die er zwar Zeitzeugen gesprochen haben kann, die aber erzählen ihm nicht individuelle, sondern in einer oral culture eingespielte Erinnerungen. Das gilt auch für die Perserkriege selber, für die sehr schnell eine endliche Zahl von Einsichten umlief. Alles zusammen wird Teil von Herodots autoritativem Text, ohne daß dieser die Spuren der Herkunft alle einebnen wollte.

Aischylos' Tragödie „Die Perser" brachte eine Antwort auf die Frage, was den Sieg der Griechen über das gewaltige Perserheer erkläre, 472 v. Chr. auf die Athener Bühne. Hier finden wir bereits wesentliche Momente von Herodots Antwort auf dieselbe Frage: auf der Folie des guten Königs Dareios erscheint die Hybris des jungen Xerxes, deren Bild die Brücke über den Hellespont darstellt, die frevelhafte Grenzüberschreitung zwischen Asien und Europa.

Von der anfänglichen Prosa in der Generation vor ihm nennt Herodot den Hekataios von Milet, gegen dessen geographische Spekulationen er polemisiert (4,36), den er aber auch benutzte sowohl mit seinem geographisch-ethnographischen περίοδος γῆς, der Beschreibung der Oikumene nach Erdteilen, frühes Zeugnis der ionischen ἱστορίη, als auch mit den die mythische Überlieferung rationalisierenden 'Genealogien', ein Thema, bei dem ihm auch Pherekydes von Athen als Vorlage diente. Einen 'Herodot vor Herodot' gab es freilich nicht.

4. Die Dimensionen des Gegenstandes

Raum und Zeit sind die scheinbar abstrakten Koordinaten von Geschichte. Die Art, wie Herodot durch Erzählung seinen Gegenstand stiftet, reflektiert in auffälliger Weise die qualitativ unterschiedenen geschichtlichen Zeiten, die für die verschiedenen kulturellen Räume charakteristisch sind. Zugleich stellen Maße und Bezüge von Raum und Zeit wichtige Ordnungslinien zur Disposition der gewaltigen Stoffmassen dar. Mit hohem Aufwand entsteht sein Gegenstand schließlich als ein Kontinuum in Raum und Zeit: mit welchen Mitteln und auf welchen Ebenen von Deutung?

4.1. Die Struktur des Raumes (Abb. 51.1)

Der Raum der Geschichte ist die vielgliedrige Oikumene, die von den Menschen und ihren Kulturen „behauste" Erde. Die Kulturlandschaft der griechischen Städte wird als die eigene Mitte zur Folie, die keiner Beschreibung bedarf. Dem steht das riesige Reich der Perser gegenüber, „den Herren Asiens" (1,95). Indem Herodot dessen herrschaftliche Struktur, die Satrapien, bis zu den Rändern des Erdteils beschreibt, gibt er zugleich eine Kulturgeschichte im Umriß, ausführlicher über Arabien und Indien, die südliche und östliche Peripherie (3,88–117). Eigene Darstellungen erhalten Babylonien/Assyrien (1,178–200) und insbesondere Ägypten. Außerhalb dieser herrschaftlichen Strukturen erfahren wir viel über die wenig seßhaften Stämme der Massageten (1,201–216) und Skythen (4,5–82) im Norden der Mittelachse der Oikumene; die Kelten sind kaum mehr als ein Name (4,49). Faktoren wie Klima, Vegetation und Flüsse werden zur Grundlage unterschiedlicher Lebensweisen. Das glücklichste Klima besitzt Griechenland (3,106) bzw. Ionien als die rechte Mitte zwischen dem nassen und kalten Norden und dem heißen und trockenen Süden (1,142). Zu den nördlichen und südlichen Rändern hin wird die Erde wüst und unbewohnbar oder es leben die Menschen gleich Tieren, jenseits der Kultur, wie die Sechsmonatsschläfer (4,25) oder die einäugigen Arimaspen (4,27). Die Zwerge südlich der Sahara sind Zauberer (2,32), die höhlenbewohnenden Aithiopen kreischen wie Fledermäuse (4,183).

Die Oikumene ist als der Raum der Geschichte, insofern dort Menschen wohnen und sprechen, zugleich das Ganze, worüber wir etwas in Erfahrung bringen und wissen können. In der Vorstellung gewinnt sie eine abstrakte Form aus der Verbindung von Empirie und spekulativen Ergänzungen, wie z. B. der Symmetrie zwischen dem Verlauf von Donau und Nil. Bis zu einem gewissen Grad polemisiert Herodot gegen allzu „geometrische" Abstraktionen der ionischen ἱστορίη (4,36). Getreulich bildet er ab, was er an empirischen Bemühungen um die Vervollständigung eines Erdbildes um der Anschauung willen [θεωρίης εἵνεκεν (1,30)] in Erfahrung bringen konnte, wie den Zug der neugierigen nasamonischen Jünglinge nach Süden an den vermeintlichen Oberlauf des Nil (2,32), die Kette von sieben Dolmetschern von der Küste des Pontos nach Norden bis zu den kahlköpfigen Argippaiern (4,24), die

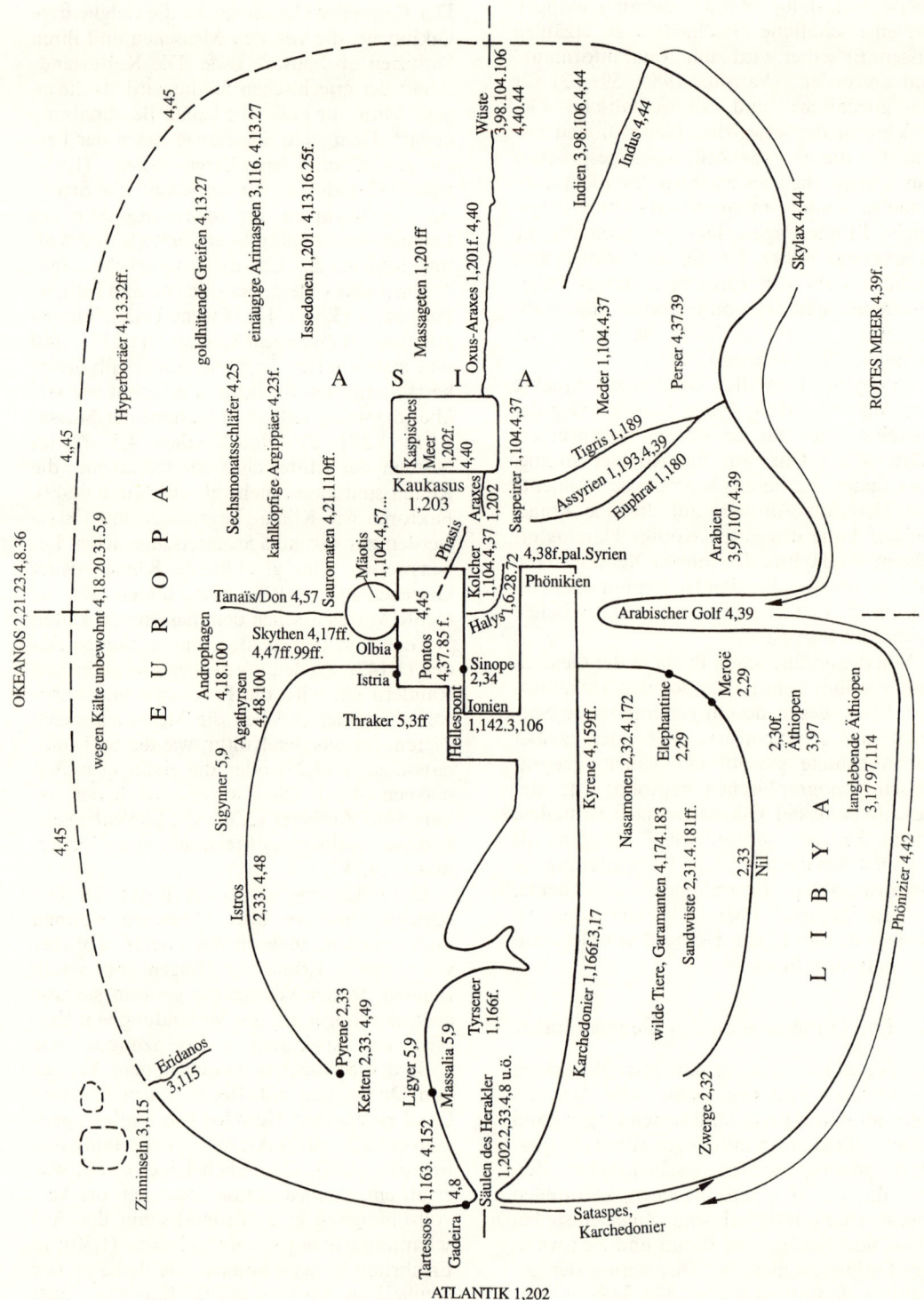

Abb. 51.1: Schema der Oikumene nach Angaben Herodots 4,36–45 u. ö.

frühen Handelsfahrten der Phokaier weit in den Westen jenseits Gibraltars bis Tartessos (1,163), die Erkundung phönizischer Seefahrer eines Seewegs um Afrika im Auftrag des ägyptischen Königs Nekos (4,42) oder auf Dareios' Wunsch die Fahrt des Skylax von der Indusmündung bis ins Rote Meer und Ägypten (4,44). Mit gewisser Distanz, aber ausführlich referiert Herodot das bei der ionischen ἱστορίη entstandene Bild dreier Erdteile (4,36–45), Kern noch unseres Bildes. Die Oikumene ist ein leicht in der Ost-West-Achse gestrecktes Oval; teilt man es in vier gleiche Segmente, repräsentiert das südwestliche Libyen, während von den drei übrigen die beiden nördlichen Europa darstellen, so die von Herodot bevorzugte wahrscheinlich ältere Variante mit der Phasis-Araxes-Achse; oder die beiden östlichen Segmente bilden Asien mit dem auf allen Karten bis weit in die Frühe Neuzeit so bezeichneten Tanaïs [Don] als Grenze zwischen Asien und Europa.

Als Ort der die Götter herausfordernden Grenzüberschreitung taucht Herodot den Hellespont [die Dardanellen] in das helle Licht seiner Erzählung. Er stiftet damit in Nachfolge des Aischylos und unbeschadet der umgekehrten Grenzüberschreitung des Alexander den geographischen Angelpunkt der Metapher Ost gegen West.

4.2. Zeitstruktur (Abb. 51.2)

Aus einer Vielzahl von Traditionen und partikularen Chronologien läßt Herodot ein Kontinuum geschichtlicher Zeiten entstehen, das sich als ein seiner Erzählung unterlegtes chronologisches Gerüst rekonstruieren läßt, die älteste kulturübergreifende Chronologie. Den höchst unterschiedlichen Dimensionen der partikularen Chronologien gehört Herodots ausdrückliche Aufmerksamkeit; er fand sie erkennbar in seinen Quellen bereits vor. Sprichwörtlich war das hohe Alter der ägyptischen Kultur, ihrer eindrücklichen Monumente; die Ägypter galten gemeinhin als „die ersten von allen Menschen" (2,1–3). Dagegen hielten sich die Skythen für „das jüngste Volk [Ethnos] von allen" (4,5). Einen Anfang der Geschichte kennt Herodot nicht, aber „die Ägypter sind schon immer da, seit es das Geschlecht der Menschen gibt" (2,15). Dies ist der ganze Raum der Geschichte, „die lange Zeit, in der alles geschehen kann" (5,9).

Rückgrat der Chronologie ist die ägyptische Geschichte vom ersten König Min vor über 11 000 Jahren bis zur Dynastie des Psammetich, seit dem die Griechen in Kontakt mit den Ägyptern standen (2,147; 154). Was für die Griechen nicht mehr beßmbar weit in der Vergangenheit lag, Herodot schätzt 400 Jahre, die Zeit Homers und Hesiods, war gemessen an den Ägyptern „erst gestern und vorgestern" (2,53). Sehr verschieden nach Dimensionen und Proportionen sind also die partikularen geschichtlichen Zeiten. Zwar von ihrer Kultur, kaum aber über eine Vergangenheit hören wir von 'Völkern' [Ethnē] wie den Skythen (4,5ff.) oder Paioniern (5,16). Die Frage nach ihrer Geschichte finden wir als Anfangs- bzw. Abstammungsmythos erzählt, so daß sie aus zwei Stufen in der Zeit besteht. Bei den Griechen erkennen wir um den troischen Sagenkreis herum mehrere solche Anfangsgeschichten. Die Lücke zur Gegenwart („the floating gap": Vansina 1985, 23 f.; 168 f.) wird nur über die Genealogie der Spartanerkönige und wenige runde Generations- oder Jahreszahlen gefüllt, die nicht ganz widerspruchsfrei sind, also verschiedenen Konstruktionen entnommen sein werden, die über Herakles eine Verbindung zwischen griechischer und orientalischer Chronologie suchten. Die Abfolge einer Dynastie ist ein Mehr an Kontinuum, wenn zumindest chronikartig Regierungszeiten und einzelne Taten notiert werden wie bei den Lyderkönigen (1,14 ff.). Die Geschichte der Perser schließlich erzählt Herodot als ein Kontinuum von Ereignissen und Taten seit dem Reichsgründer Kyros (1,130 ff.). Für die Gegenwart sind über mündliche Überlieferung etwa drei Generationen oder hundert Jahre gegenwärtig. An Herodots griechischer Geschichte erkennen wir einen engeren Überlieferungshorizont Mitte des 6. Jh. v. Chr., einige Geschichten sind älter, nichts reicht über die Mitte des 7. Jhs. zurück. Die dynastischen Geschichten der Lyder und Meder beginnen noch ein halbes Jahrhundert früher.

Der Wille zur Konstruktion auch über die Empirie hinaus kommt überdeutlich in den Genealogien, der Wille zur Integration der verschiedenen Chronologien in den Synchronismen zum Ausdruck. Nach den Entzifferungen der altorientalischen Überlieferung und den quellenkritischen Beobachtungen seit dem 19. Jh. kann Herodots Chronologie im Rahmen jenes engeren Überlieferungshorizontes als nahezu, im Rahmen des weiteren zurück bis zu den Anfängen der lydischen, medischen und der Dynastie des Psammetich als ungefähr zuverlässig gelten. Die Synchronismen der archaischen griechischen Tyrannis mit orientalischen Königen sind z. T. widersprüchlich. Die Literalität von Herodots Werk hielt erstmals einen weiten, multisubjektiven Raum von Geschichte fest. Der Dichter der Ilias trennte von der erzählten Zeit der Helden, ohne eine Distanz anzugeben, die eigene, „die Zeit der späteren Menschen" (6,358; 7,87). Im Weltaltermythos, wie ihn Hesiod erzählte (Werke und Tage 106–201), finden wir Homers Heroenzeit nach goldenem, silbernem und ehernem ohne Kontinuität vor das eiserne Zeitalter, die Gegenwart, gestellt. Herodots Raum der Geschichte stellt Gegenwart und Vergangenheit in ein bemessenes Kontinuum, das die Komplexität der geschichtlichen Zeiten integriert. Auch Troia ist darin eingeschlossen, trotz der „Abschiedsgeste an den Mythos" (Strasburger 1980, 841), mit der Herodot von der Heroenzeit eines Minos die Spanne „des so genannten menschlichen Geschlechtes" trennt (3,122) oder Sagenkonstruktionen zur Erklärung einer schon sehr alten Feindschaft Europa–Asien kritisch zur Seite schiebt (1,5).

4.3. Sinnebenen (Abb. 51.3)

Das geschichtliche Geschehen erfüllt „die ganze Zeit" und die ganze Oikumene, und es wird getragen von Griechen und Barbaren. Die Menschheit also ist in Herodots Geschichtserzählung das ideale Referenzsubjekt. Inzwischen macht die Forschung darauf aufmerksam, wie hier ganz anders als im 'Peloponnesischen Krieg' des Thukydides von Frauen als selbständig Handelnden erzählt wird; eine Übersicht bilanziert „that Herodotus' portrait of women emphasizes their full partnership with men in establishing and maintaining social order" (Dewald 1981, 92). Der Menschen große wie kleine Städte wolle er mit seiner Erzählung gleichermaßen aufsuchen, endet Herodot programmatisch seine Einleitung, denn das menschliche Glück stehe nicht auf der Stelle (1,5). Im Leid werde der Kreislauf der menschlichen Angelegenheiten erfahren (1,207). Von einer Vielzahl von Städten, Stämmen, Kulturlandschaften und Reichen handelt Herodots Werk, vom prächtigen Babylon (1,178–200) wie von dem einfachen Leben der Paionier (5,16); das mächtige Lyderreich geht unter (1,6–94), das reiche Milet wird zerstört (6,18–21), aber längst nicht von allen, nicht von den langlebigen Aithiopen (3,17–25) oder von den Völkern Skythiens (B. 4), erfahren wir etwas

```
Erster Satz. 1,1–5 Einleitung

1,5–94 der Lyderkönig KROISOS
Unterwerfung der Griechen Kleinasiens 26–28
   Verhältnisse in Griechenland 56–70. 82 f.
Krieg gegen den PERSER Kyros 1,46 ff.

1,95–216 der Perserkönig KYROS
Mederherrschaft 95–106
Kyros' Jugend 107–121
Sturz des Mederkönigs. Kyros König 122–130
   Persernomoi 131–140
Unterwerfung Kleinasiens 141–176
Unterwerfung Babyloniens 177–200
   Ethnographie Babylon 178–188. 192–200
MASSAGETEN-Feldzug. Kyros fällt 201–216
   Ethnographie Massageten 201–204. 215 f.

2,1–3,79 der Perserkönig KAMBYSES
Feldzug gegen Ägypten 2,1. 3,1–16
   Ägypten 2,2 ff.
Feldzug gegen ÄTHIOPIEN scheitert 3,17–26
Kambyses' Wahnsinn, Mager-Aufstand,
Tod 3,27–79
   Krieg Samos-Sparta, 3,39–60
   Polykrates 39–43

3,80–7,4 der Perserkönig DAREIOS
   Reichsordnung 3,88–117
Gewinn von Samos 3,120–149
Polykrates 120–125
SKYTHEN-Feldzug scheitert 4,1–144
   Skythen 4, 5–82
Feldzug gegen Libyen 4,145–205
   Geschichte Kyrenes 145–164
   Libyen 168–199
Unterwerfung Thrakiens 5,1–27
Ionischer Aufstand 5,28–6,42
   Geschichte Spartas 5,39–54, Athens 55–97
Mardonios scheitert am Athos 6,43–45
Datis und Artaphernes: Marathon 6,46–140
Rüstung gegen Griechen und Ägypten 7,1–4

7,5–9,122 der Perserkönig XERXES
Kriegsrat 7,5–19
Aufmarsch gegen die GRIECHEN 20–201
   Vorbereitung der Griechen 7,131–178
Thermopylen 7,202–233. Artemision 8,1–26
Xerxes zieht bis Attika 8,27–39
Flottensieg der Griechen vor Salamis 8,40–96
Xerxes' Flucht 8,97–120
Mardonios in Griechenland 8,126–135
   Griechen 8,111 f. 121–125. 131 f.
Verhandlungen Griechen–Perser 8,136–144
Plataiai 9,1–89. Mykale 90–113
Athener nehmen Sestos 9,114–121
Kyros und der Ratschlag des Artembares 9,122
```

Abb. 51.3: Gliederung von Herodots Geschichtswerk

nach jenem Muster. Im Mittelpunkt des Werkes steht das große Ereignis der Perserkriege, dem alles andere zugeordnet erscheint, und in ihm erfüllt sich das Muster. Ganz Asien zieht über den Hellespont (7,56–100); ein geschlagener König, eine geschlagene Flotte, ein geschlagenes Heer kehren nach Asien zurück (B. 8f.).

Ist das Referenzsubjekt die Menschheit, sind als Hörer und Leser doch die Griechen angesprochen. Die Ethnographie gilt den Barbaren. Ihre Themen – Tod, Sexualität, Körperbeschaffenheit, Kleidung, Werte, Erziehung, Ernährung, Arbeitsteilung zwischen den Geschlechtern, Religion – beschreiben nach griechischen Maßstäben, sind konzipiert unter dem Gesichtspunkt der kulturellen Differenz. Diese Differenz wird, wie gerade an den Nomoi, den Sitten der Perser (1,131–140) studiert wurde, anerkannt, es wird nach der Ratio im Lebenszusammenhang gefragt, womöglich verstehend erklärt. Herodots Erzählung reflektiert die Kategorie der kulturellen Differenz nicht nur mit dem Thema Sprache und Übersetzen (Dolmetscher: 2,154; 4,24). Das Nichtverstehen zwischen Kulturen wird in Szene gesetzt mit den Rätselgeschenken der Skythen an Dareios, die er sich übersetzen lassen muß (4,131f.). Die Aithiopen erklären sich, indem sie die Geschenke des Perserkönigs umdeuten (3,20–22). Der Selbstbezug einer Kultur als Ablehnung fremder Sitten wird nicht nur allgemein notiert (Ägypter 2,91; Skythen 4,76), sondern an der Geschichte des Skythen Anacharsis drastisch demonstriert, der ausgezogen war, „viel Land zu sehen [θεωρήσας]" (4,76f.) oder an Skyles, der von seiner Mutter griechische Sprache, Schrift und Sitten gelernt hatte (4,78–80); beide erleiden zu Hause den Tod. Herodots aufgeklärter, ethnologischer Blick ist die Haltung des von den Griechen unter die Weisen gezählten Solon, der „um der Theoria willen" reiste (1,30), und er ist vergleichbar mit dem herrschaftlichen Blick des Königs Dareios, an dem Herodot in einer Schlüsselszene demonstriert, wie jedes Volk nur nach eigenen Sitten leben wolle, weil es sie für die besten halte, also ein König wahnsinnig sein müsse, der dies nicht toleriere (3,38). Das je Besondere wird in Herodots Ethnographie erkundet und bewahrt. Die Spannweite seines Barbarenbegriffs reicht von den rohen, tiernahen Wesen an den Rändern der Oikumene über die öfter kaum seßhaften Stammesgesellschaften wie Massageten, Libyer, Skythen, Thraker bis zu den alten Hochkulturen der Babylonier und Ägypter. Im ereignisgeschichtlichen Zusammenhang sind die Barbaren dann vor allem das Lyderreich (1,6ff.) und das Perserreich (1,95ff.), gegen deren Herrschaftsanspruch sich die Griechen wehrten.

Das Scheitern des Lyderkönigs Kroisos entschied sich mit der Grenzüberschreitung am Flusse Halys („wirst du ein großes Reich zerstören" 1,75), das Scheitern des Xerxes mit der Überschreitung des Hellespont, der Grenze zwischen Asien und Europa (7,33ff.). Ein Reich zu besitzen, „in dem die Sonne nicht untergeht" (7,8), mißglückte, und Europa blieb bei sich. Kroisos', Xerxes' Selbstvertrauen waren allzu groß, in ihrem Übermut, ihrer Hybris mißachteten und mißdeuteten sie Warner, Orakel und Vorzeichen, und sie fielen dem Neid der Götter anheim (1,32; 34; 7,10e); diese „mißgönnten, daß einer über Asien und Europa herrsche, zumal wenn er gottlos und frevelhaft ist" (8,109). „Der Kreislauf der menschlichen Angelegenheiten" erfährt eine religiöse Deutung, doch diese enthält in der von Herodots Erzählung entfalteten Haltung der beiden in ihrem Herrschaftsanspruch allzu sicheren Könige ihre Diesseitigkeit. „Fassen die Menschen vernünftige Beschlüsse, pflegt es meist zu gelingen, planen sie aber gegen das Wahrscheinliche, pflegt auch der Gott den Entwürfen nicht beizutreten" (8,60). Der Unterschied von Ethnos und Reich wird zu einer eigenen Deutungskategorie. Die Irrationalität der Expansion eines prosperierenden Reiches wird von der Erzählung regelmäßig mit dem Gesichtspunkt vor Augen geführt, die Gegner und ihr Land seien arm, nur blinde Herrschsucht plane da einen Feldzug. Das letzte Beispiel einer solchen Situation zeigt uns die Griechen nach ihrem Sieg bei Plataä staunend vor dem erbeuteten persischen Reichtum: Toren müßten sein, die selber so reich gegen ein armes Land zögen (9,82). Dieses Motiv verbindet die Griechen mit den Massageten, Aithiopen und Skythen: die Widerständigkeit der Völker, die nach ihren Sitten leben, bei sich bleiben wollen. Das damit verknüpfte Motiv der Freiheit wird von Herodot für die Griechen freilich erheblich kulturell überhöht, indem es spezifisch mit dem politischen Selbstverständnis von Sparta (7,101–104) und der athenischen Demokratie (5,78) verbunden wird. Nächst den Göttern sei es einzig dem Verhalten der Athener zu verdanken gewesen, daß die Griechen zum Widerstand bereit und in der Lage waren, ihre Freiheit zu retten (7,139). Der Sieg über die Perser war zu Herodots Lebzeit längst zum Gründungsmythos von Athens politischer

Ordnung und insbesondere seiner Herrschaft im Seebund geworden.

Fragen wir nach der Komplexität von Kausalitäten historischen Geschehens in Herodots Geschichtsschreibung, sehen wir ein Kontinuum von Sinn aus der Überlagerung von kontingenter Erzählweise und regelmäßigen Deutungsmustern zustande kommen, die den ganzen Handlungsbogen als einen konsistenten Prozeß erscheinen lassen. Die Gründe für den Kriegsentschluß des Xerxes werden komplex exponiert (7,1–19): (1) Einflüsse eines ehrgeizigen Beraters und politischer Flüchtlinge; (2) Rache für ältere Niederlagen; (3) Machtdemonstration und Präventivschlag; (4) Eroberungslust (a) aus Besitzgier, (b) um in der Tradition des Reiches zu bleiben, (c) um die Welt zu beherrschen; (5) trotz Warnungen Fehleinschätzungen (a) vom Lauf menschlichen Glücks, (b) der eigenen und der Gegner Möglichkeiten, (c) der Bedeutung der natürlichen Grenze zwischen Asien und Europa; (6) die Gottheit treibt an. Die Kausalität folgt einem Muster, das in dieser Komplexität bereits beim Lyderkönig Kroisos, der sein Reich an den Perser Kyros verliert, auftauchte (1,6–94). Es wiederholt sich an Kyros selber (1,95 ff.) wie an dessen Nachfolgern Kymbyses (2,1 ff.) und Dareios (3,83 ff.). So wie Kroisos diese Reihe exponiert, exponiert die ganze Reihe den letzten und größten Ereigniszusammenhang, den Xerxeszug (B. 7–9), dessen Scheitern als die Umkehr des Glücks der ganzen Reihe, des Aufstiegs des Perserreiches, erscheint. Die Offenheit dieses scheinbar geschlossenen Prozesses gewinnt man zurück, erkennt man in Herodots Formulierung für Athens politische Initiative zur Gründung des Seebundes den Beginn eines neuen Machtkreislaufes (8,3).

5. Die Mehrdeutigkeit des Werkes

Innumerabiles fabulae, zahllose Geschichten enthalte das Werk Herodots, so die Einschränkung des von Cicero überlieferten Urteils über den Vater der Geschichte (De legibus 1,1,5). Groß ist die Zahl der heute sog. Exkurse vor allem in den ersten fünf Büchern, und diese sind nach Form, Inhalt und Umfang höchst verschieden, von kurzen, bloß assoziativ angefügten Mitteilungen über sorgfältig gestaltete märchenhafte Erzählungen, Legenden, Novellen und Einzelszenen bis zu den großen geographischen und ethnographischen Exkursen. Diese Einschübe haben so viel Eigenleben, daß die Frage nach der Einheit des Werkes die Forschung schon lange begleitet. Die einfachste Einheitsformel ist der Verweis auf die künstlerische Form, die sorgfältigen Verknüpfungen und den Erzählfluß: „wie ein ruhiger Strom fließt er einher, ohne jeden Wirbel" (Cicero, Orator 39). Ihren roten Faden findet die Erzählung über die Taten der Lyder- und der Perserkönige. Die griechische Geschichte wird lange eher episodisch eingefügt, bevor die Ereignisgeschichte beide Handlungslinien mit dem Ionischen Aufstand (B. 5 ff.) zusammenführt. Nur einen dünnen Faden liefert das freilich sorgfältige Registrieren des Wechsels von Freiheit und Unterwerfung der Jonier (1,6; 26 f.; 92; 169; 5,37; 6,32; 9,104). Seit Regenbogen (1930) hat man sich zunehmend auf die erklärende und stützende Funktion sowohl der Novellen wie der Länderkunden, die jeweils an ihrem Ort im Handlungsrahmen eingebettet sind, verständigt. Die Interpreten stehen bei der Suche nach einer unitarischen Formel zudem unter der Vorgabe, definieren zu müssen, inwiefern der von Herodots Werk gestiftete Gegenstand Geschichte sei. Die gefundenen Formeln befriedigen nur schwer, denn sie sind entweder sehr weit: alles, was von Menschen geschehen, oder sehr eng: die Ursachen der Perserkriege. Deshalb wurde immer wieder eine werkgenetische Erklärung versucht: Herodot habe sich vom reisenden Geo- und Ethnographen im Stil des Hekataios erst zum Historiker der Perserkriege entwickelt, sein Werk enthalte beide biographischen Schichten (Jacoby 1913; von Fritz 1967; Fornara 1971; Lendle 1992, 38 ff.). Diese Erklärung läuft Gefahr, die spezifischen Verknüpfungen von Herodots Material unterzubewerten.

Das interpretatorische Problem läßt sich auch als ein Problem in der Sache beschreiben. Die Erklärungen bewegen sich zwischen den Polen Ereignisgeschichte und der Vorstellung eines weiten Panoramas menschlichen Geschehens. Die Kontingenz, Ereignishaftigkeit des Geschehens kommt in Herodots Erzählung zunehmend mit dem fünften Buch zur Geltung und beruht gewiß auf seinem empirischen Impuls, so viele Einzelheiten wie möglich über die Vorgänge zu eruieren. Wenn der große Bogen aber, mit dem Lyderkönig Kroisos einsetzend, richtig beschrieben ist, werden die Ereignisse über Analogien und Wiederholungen typischer Muster in einen allgemein gedeuteten, schließlich also nicht kontingent begriffenen Prozeß eingebunden. Die hier zur Geltung gebrachten Ursachen sind deshalb vielfach eher 'general causes' (Vansina 1985, 132 ff.), und insofern können sie, obwohl Momente geschichtlicher Bewegung, auch Teil eines statischen Panoramas von Menschenwelt sein. Die am deutlichsten spezifisch historische Konstellation wäre dabei die interpretatorische Kategorie Ethnos vs. Reich, die möglicherweise auch eine Brücke darstellt zwischen seiner Verarbeitung der Perserkriegsüberlieferung seiner Elterngeneration und der zeitgenössischen Wahrnehmung der Wandlung Athens von der Stadt zu einem Reich. Der Akt der Stiftung eines historischen Raumes als dem Kontinuum von Zeit, Raum und Sinn aus einer Heterogenität von Traditionen gehört offenbar in eine unverwechselbare historische Situation: es kann auch keinen Herodot nach Herodot geben.

Die Mehrdeutigkeit seines Werkes stellt nicht nur ein Problem der modernen Interpreten dar, sie läßt sich auch ablesen an seiner Wirkungsgeschichte, der Vielfältigkeit der von ihm angestoßenen antiken Geschichtsschreibung.

6. Traditionsbildung in der Antike

Mit Herodot war Geschichte als Literatur etabliert und zugleich der Gegenstand konstituiert als Kontinuum geschichtlicher Überlieferung, das bis heute nicht abgerissen ist. Felix Jacobys nicht abgeschlossene Sammlung der Fragmente der griechischen Historiker (1923–1958) verzeichnet 856 Namen, rund 150 weitere waren vorgesehen. Diese monumentale Sammlung steht nicht nur für ein 'Trümmerfeld' (Strasburger 1977), zur Bedingung ihrer Möglichkeit gehört auch die Dichte des historiographischen Betriebes durch die ganze Antike, in dem nicht nur immer wieder neue Generationen wie Thukydides, Polybios oder Sallust die Geschichte ihrer eigenen Zeit schrieben, sondern unter neuen Fragen oder auch nur als Kompendien alter Wissensbestände in einer wachsenden Bibliothek exzerpierend und konzipierend aus den alten neue Geschichtswerke schrieben. Diodors Weltgeschichte bis auf seine, die Zeit Caesars und Octavians, in vierzig Büchern trägt den Titel 'Historische Bibliothek'.

Die ereignisgeschichtliche Auslegung Herodots ist der eine Hauptstrang der zunehmend sich verzweigenden historiographischen Tradition. Thukydides' Geschichte des Peloponnesischen Krieges' schließt an Herodot an, Xenophons 'Hellenika' schreiben diesen fort, es entsteht eine historia perpetua. Ephoros konzipierte nach der Mitte des 4. Jhs. eine griechische Universalgeschichte. Mit jeder Generation wuchs das aufgezeichnete Wissen über die vorausgehende Zeit. Die aus zeitgenössischen Quellen gespeiste Zeitgeschichte mit einem je aktuellen Problem blieb seit Thukydides kreativer Schwerpunkt antiker Geschichtsschreibung. Thukydides analysierte die Machtpolitik Athens, Polybios war es, „der dem Augenblick Ausdruck gab, in dem die Griechen zum erstenmal in ihrer Geschichte den völligen Verlust ihrer Unabhängigkeit erkannten" (Momigliano 1980, 320). Sallust untersuchte die Desintegration der Römischen Republik. Josephus' 'Jüdischer Krieg' verarbeitete die Zerstörung des Tempels in Jerusalem. Tacitus schilderte die Veränderungen der senatorischen Gesellschaft unter dem frühen Prinzipat. Ammianus Marcellinus' 'Römische Geschichte' gab in schwerer Zeit, der 2. Hälfte des 4. Jhs., noch einmal dem Glauben an Rom Ausdruck. Zosimos' Neue Geschichte [ἱστορία] reflektierte um 500 n. Chr. aus heidnischer Sicht den Untergang Roms. Zeitgeschichte besonderer Art stellen die politisch-militärischen Denkschriften Hauptbeteiligter dar: Xenophons Anabasis, 'Zug der Zehntausend', Caesars 'Gallischer' und der 'Bürgerkrieg', die traditionelle Anfangslektüre im Griechisch- bzw. Lateinunterricht, oder Augustus' 'Res gestae'. Dem Modell Herodot wird häufig Thukydides als das andere, für viele erst das eigentlich verbindliche Modell für die Geschichtsschreibung gegenübergestellt. Diese Auslegung zielt auf die Ereignisgeschichte in ihrer konsequenten Konzentration auf die politische Geschichte im prägnanten Sinne von Machtpolitik. Deren pragmatische Auslegung als praktische Politiklehre verhalf Polybios zu einer großen Wirkungsgeschichte in der Frühen Neuzeit.

Das Modell Herodot als viel weiter gefaßte Kulturgeschichte bleibt ein zweiter Hauptstrang der antiken historiographischen Tradition, am deutlichsten in der historischen Ethnographie des Hellenismus. "It would hardly be too much to say that the early Hellenistic period saw the new world of Alexander through Herodotean eyes" (Murray 1972, 210). Nearchos beschrieb das Industal nach dem Vorbild Herodot über den Nil, dem Nearchos folgte Hekataios von Abdera über Ägypten, diesem Megasthenes über Indien und Berossos über Babylonien, diesem wieder

Manethon über Ägyptische Geschichte. Poseidonios' 'Geschichte im Anschluß an Polybios' und eigene geographische und ethnographische Schriften waren eine originäre kulturgeschichtliche Quelle etwa für Strabon, dessen erhaltene 'Geographie' der Oikumene ihn zum Gewährsmann der Idee der historischen Geographie machte. Tacitus' 'Germania' als die einzige ethnographische Monographie verdankt viel etwa Herodots Skythenbuch. Pausanias' Reisebeschreibung ist die historisch-geographische Erläuterung Griechenlands als einer alten Kulturlandschaft. Appians 'Römische Geschichte' wählt im 2. Jh. die Geographie von Roms Expansion zum Leitfaden.

Im Hellenismus lernten andere, über sich im Medium der griechischen Sprache und Literatur zu schreiben wie der babylonische Berossos, der Ägypter Manethon oder die römische Geschichte des Senators Fabius Pictor. Philinos aus Sizilien schrieb die karthagische Version des Ersten Punischen Krieges. Josephus' 'Jüdische Alte Geschichte' folgte später dem Muster der 'Römischen Archäologie' des Dionys von Halikarnass. Spezifikum der römischen Annalistik „ab urbe condita", greifbar in Livius' monumentalem Werk aus der Zeit des Augustus und noch wirksam bei Cassius Dio im 3. Jh., ist der Bezug eines Prozesses von langer Dauer auf ein einzelnes Referenzsubjekt. Mit dem Wachsen Roms füllte diese Geschichte, wie Polybios sah, den Rahmen der Universalgeschichte. Diodors 'Historische Bibliothek' gruppierte orientalische, griechische und römische Überlieferung um die Idee der Oikumene als einer großen, allen Menschen gemeinsamen Polis. Die Weltgeschichte des Galliers Pompeius Trogus aus der Zeit des Augustus, nur in Justins Zusammenfassung erhalten, führte in eher distanzierter Haltung die verschiedenen Regionen bis auf ihre Eroberung durch Rom.

Die antike Historiographie bildete eine Reihe weiterer Textgattungen aus. Genannt seien Biographie und Autobiographie: Xenophons Agesilaos, Suetons Biographien der frühen Kaiser oder Plutarchs parallele Biographien berühmter Griechen und Römer, Marc Aurels Selbstbetrachtungen, Augustins 'Bekenntnisse'. Es gab eine verzweigte antiquarische Literatur wie die Sammlung von Inschriften, Kommentarwerke wie den Herodotkommentar des Aristarch, Vorsteher der Bibliothek in Alexandria, lokale Chroniken, Varros Römische Altertümer, oder die Früchte weitgespannter chronologischer Forschungen im Gefolge von Eratosthenes und Apollodor. Die Chronik des Eusebios (325 n. Chr.), von Hieronymus bis 378 fortgeschrieben, integrierte tabellenartig eine synchronoptische Weltgeschichte mit einer Auslegung der biblischen Daten. Sie ist Grundlage für die mittelalterlichen Chroniken und Ausgangspunkt der chronologischen Studien in der Frühen Neuzeit etwa bei Scaliger.

Theoretische Abhandlungen „Über Geschichtsschreibung" gab es nur wenige, wir kennen einen solchen Titel unter den Schriften zur Rhetorik von Aristoteles' Schüler Theophrast, erhalten ist Lukians Schrift „Wie man Geschichte schreiben soll", endend mit der Mahnung, sich vor tagespolitischer Parteilichkeit und Schmeichelei zu hüten. Die Wahrheitsfrage als Quellenproblem finden wir zwar immer mit der Geschichtsschreibung verbunden, sie wurde aber eher pragmatisch angegangen. Die Philosophie ihrerseits bezeugte dieser keine hohe Achtung. „In den Augen der Philosophen wurzelte die Geschichtsschreibung in jener vergänglichen Welt des Ehrgeizes und der Leidenschaft, von der die Menschheit durch die Philosophie befreit werden sollte" (Momigliano 1980, 312). Regelmäßig reflektiert wurde das Verhältnis von Lesevergnügen und Nutzen durch die Geschichte, und Fragen von Sprache und Stil wurden häufig kritisch erörtert. Die Historiographie war Teil des literarischen und gebildeten, öfter auch des politischen Lebens, auch des Schulbetriebs. Für die Rhetorik lieferte sie die Anschauung aus der Wirklichkeit. Es gab einen Kanon für den Rhetorikunterricht, dem Herodot und Livius einerseits, Thukydides und Sallust andererseits voranstanden (Quintilian [2. H. 1. Jh.], Institutio oratoria 10,1,73−75). Die nachantike Wirkungsgeschichte beruhte auf der Geschichtsschreibung selber, nicht auf ihrer Theorie.

Grundlegend für die Wirkungsgeschichte der antiken Historiographie ist die Integration der partikularen Geschichten, wie sie bei Herodot angelegt ist und die durch Hellenismus und Römisches Reich in der politischen Geschichte einen festen Rahmen erhielt. Als universalhistorische Periodisierung ist die Abfolge von vier großen Reichen zuerst im 2. Jh. v. Chr., bei Polybios und im Buch Daniel des Alten Testaments, belegt. Als eine frühe Spur des Weltreicheschemas finden wir bei Herodot als Herrscher über Asien die Abfolge Assyrer-Meder-Perser (1,95; 102 ff.; 130). Bei Polybios (38,22) heißt die Reihe Assyrer-Meder/Perser-Makedonen-Rom, Trogus baute sein Werk danach auf. Niebuhrs Vorlesung zur Alten Geschichte in Bonn 1826 und 1829/30 folgte dem Trogus. Die Wirkungsgeschichte dieser Periodisierung durch das Mittelalter bis in die Frühe Neuzeit bestimmte aber die christliche Weltgeschichte des Orosius von 418, eine profane Ergänzung von Augustins Gottesstaat. Rom als die Synthese aller Völker erfülle seine Bestimmung erst als Christenreich. Die Neider „werden gezwungen zuzugeben, daß der Friede der ganzen Welt […] nicht durch die Größe Caesars, sondern durch die Gewalt des Gottessohnes, der in den Tagen Caesars erschien, entstanden ist und daß der Erdkreis selbst nicht dem Kaiser einer Stadt, sondern aus Einsicht in das Ganze dem Schöpfer des Erdkreises gehorcht hat" (3,8). Das vierte, das Römische Reich setzt sich mit den mittelalterlichen Kaisern fort. Die Weltchronik des Otto von Freising im 12. Jh. macht aber deutlich, daß die Kontinuität dieser christlichen Geschichte unter dem Vorzeichen einer Enderwartung steht, dem Jüngsten Gericht, womit die Bewegungsform der Geschichte bei Daniel aufgegriffen wurde. Die Linearität, schließlich Gerichtetheit der historia perpetua erweist sich hier als eine Wurzel der modernen Fortschrittsidee.

7. Rezeption in der Neuzeit

Papyrusfragmente aus dem trockenen Sand des ägyptischen Wüstensaums zeugen vom regen Umlauf der Buchrollen mit Herodots Werk in der Antike. „Des Herodot aus Thurioi …" zitierte Aristoteles (Rhetorik 3,9) den Anfang und bezeugt damit ein anderes Exemplar als dasjenige, worauf die uns aus dem 10.–14. Jh. auf Pergament im byzantinischen Osten erhaltenen mittelalterlichen Handschriften, nicht mehr als Rolle, sondern als Codex, zurückführen. Italienische Gelehrte kauften in Byzanz in der ersten Hälfte des 15. Jhs. ganze Bibliotheken, so daß sich heute die Quellen unseres Herodot-Textes in Florenz, Rom und Venedig befinden. Byzantiner wurden in Italien Griechischlehrer und Kopisten. Um 1450 wurden viele Werke im Auftrag von Papst Nikolaus V ins Lateinische übersetzt, darunter Herodot, Thukydides, Xenophon, Polybios, Diodor und Strabon. Als gedrucktes Buch erschien Herodot zuerst in dieser lateinischen Übersetzung von Lorenzo Valla 1474. Auf ihr beruhen die Übersetzungen ins Italienische (gedruckt 1533), Deutsche (1535), Französische (1556) und Englische (1584). Die meisten griechischen Klassiker wurden im Original zuerst zwischen 1494 und 1515 bei Aldus Manutius in Venedig gedruckt, Herodot und Thukydides erschienen 1502.

„Wie die Römer sind wir uns bewußt, den Begriff der Geschichte von den Griechen geerbt zu haben. Wie für Cicero ist auch für uns Herodot der Vater der Geschichte. Geschichtsschreibung ist als Teil eines größeren Vermächtnisses auf uns gekommen, das Philosophie, Mathematik, Astronomie, Naturgeschichte, Bildende Künste einschließt – und insbesondere die wichtigsten Gattungen der Literatur (Epos, Lyrik, Beredsamkeit, Tragödie, Komödie, Roman), die uns noch heute als Ausdrucksformen dienen" (Momigliano 1980, 305).

Die Ethnologie entwickelte sich in der Neuzeit zu einer eigenen Wissenschaft von den Völkern 'ohne Geschichte'. Von Herodot und Tacitus aber empfing sie Interpretationshilfen und Vorgaben zur Beschreibung der neu entdeckten Welt aus der Perspektive der Zivilisation. Das Nebeneinander von Skythen, Germanen und Indianern provozierte die Figur der Gleichzeitigkeit des Ungleichzeitigen: „In the beginning all the world was America" (Locke 1690). Kanonisch wurde A. Fergusons Dreierschema von Wildheit, Barbarei und Zivilisation (1767), für das sich Ansätze bei Herodot und Tacitus finden. Die Historiographie schrieb die Alten lange fort. Praktisch-politische Interessen förderten die Hochschätzung insbes. von Polybios, Livius und Tacitus. Noch in der Zeit der Französischen Revolution waren die Bilder der antiken Historiographie lebendiger Bestandteil der politischen Debatten. Für den Alten Orient war Herodot vor den Entzifferungen im 19. Jh. die wichtigste Quelle zur Ergänzung des Alten Testaments, konnte aber etwa im Zeichen des griechischen Freiheitskampfes im 19. Jh. auch zur Autorität für die Vorstellung des orientalischen Despotismus werden.

Seit dem späten 18. Jh. wurde Thukydides zum Modell scharf analysierender Politikgeschichte. Eine Konjunktur hatte er zuletzt um 1980 im Kontext der Debatten um den Rüstungswettlauf. Herodot traf Saids Orientalismusvorwurf (1978); in der Debatte um das Verhältnis zum Orient ist er ein Zeuge des Westens. Seit etwa 1980 spürt die Forschung seine Aktualität für den Umgang mit der Kategorie der kulturellen Differenz/altérité (Cartledge 1993), und in der Geschichtswissenschaft wird er zu einem Gewährsmann der Entgrenzung zwischen Europa und Außereuropa, und zwischen Geschichte und Ethnologie/Anthropologie. Schließlich ist seit etwa 1990 wieder der historische Prozeß und sind die historischen Wertungen im Fluß, was die Konfrontation von Ethnos und Reich angeht, eine Kategorie Herodots.

8. Literatur

Aly, Wolf, Volksmärchen, Sage und Novelle bei Herodot und seinen Zeitgenossen. Göttingen 1921. (ND Göttingen 1969).

Baldry, Harold C., The unity of mankind in Greek thought. Cambridge 1965.

Bichler, Reinhold, Herodots Welt. Der Aufbau der Historie am Bild der fremden Länder und Völker, ihrer Zivilisation und ihrer Geschichte. Berlin 1999.

Bleicken, Jochen, Zur Entstehung der Verfassungstypologie im 5. Jh. v. Chr. In: Historia 28, 1979, 148–172.

Burkert, Walter, Lydia between east and west or How to date the Trojan war: A study in Herodotus. In: The ages of Homer. Festschrift E. T. Vermeule. Hrsg. v. J. B. Carter/S. P. Morris. Austin 1995, 139–148.

Cartledge, Paul, The Greeks. A portrait of self and others. Oxford 1993.

Cobet, Justus, Herodots Exkurse und die Frage der Einheit seines Werkes. Wiesbaden 1971.

–, Herodot. In: Enzyklopädie des Märchens, Bd. 6, Göttingen 1989, 851–857.

Corcella, Aldo, Erodoto e l'analogia. Palermo 1984.

Dewald, Carolyn, Women and culture in Herodotus' Histories. In: Reflections of women in antiquity. Hrsg. v. Helene P. Foley. New York/London/Paris 1981, 91–125.

Dihle, Albrecht, Die Griechen und die Fremden. München 1994.

Dillery, John, Reconfiguring the past: Thyrea, Thermopylae and narrative patterns in Herodotus. In: American Journal of Philology 117, 1996, 217–254.

Erbse, Hartmut, Studien zum Verständnis Herodots. Berlin 1992.

Evans, James A. S., Oral tradition in Herodotus. In: Herodotus, explorer of the past. Princeton, 1991, 89–146.

Fahr, Heinz, Herodot und Altes Testament, Frankfurt a. M. 1985.

Fehling, Detlev, Die Quellenangaben bei Herodot. Studien zur Erzählkunst Herodots. Berlin 1971.

Fornara, Charles W., Herodotus. An interpretative essay. Oxford 1971.

Fowler, Robert L., Herodotus and his contemporaries. In: Journal of Hellenic Studies 116, 1996, 62–87.

Fritz, Kurt v., Die griechische Geschichtsschreibung. Berlin 1967.

Gray, Vivienne, Herodotus and the rhetoric of otherness. In: American Journal of Philology 116, 1995, 185–211.

Hall, Edith, Inventing the barbarian. Greek self-definition through tragedy. Oxford 1989.

Hartog, François, Le miroir d'Hérodote. Essai sur la représentation de l'autre. Paris 1980.

Hartog, François, 'Mémoire d'Ulysse'. Récit sur la frontière en Grèce ancienne. Paris 1996.

Herodot, Eine Auswahl aus der Forschung [und Bibliographie]. Hrsg. v. Walter Marg. Darmstadt ³1982.

–, Geschichten und Geschichte, deutsch. Hrsg. v. Walter Marg. 2. Bde. Zürich 1973/1983.

–, Historien, deutsch. Hrsg. v. A. Horneffer. Stuttgart 1955.

–, Historien, griechisch-deutsch. Hrsg. v. Josef Feix. 2 Bde. München 1963.

Hérodote, Enquête, griechisch-französisch. Hrsg. v. A. Barguet. Paris 1964.

–, Histoires, griechisch-französisch. Hrsg. v. Philippe-E. Legrand. 10 Bde., Paris 1932–1954.

Hérodote et les peuples non grecs. Vandoeuvres-Genève 1990.

Herodoti Historiae. Hrsg. v. Carolus Hude. 2 Bde., Oxford ³1927.

–, Hrsg. v. Haiim B. Rosén. 2 Bde., Leipzig 1987/1997.

[H]Erodoto, Commento storico al Vº libro delle storie a cura di Biagio Virgilio. Pisa 1975.

–, Le storie I. Introduzione, testo e commento a cura di David Asheri, traduzione di Virginio Antelami. Milano 1988.

–, Le storie III. Introduzione, testo e commento a cura di David Asheri, traduzione di Augusto Fraschetti. Milano 1990.

–, Le storie IV. Introduzione, testo e commento a cura di Gianfranco Maddoli, traduzione di Augusto Fraschetti. Milano 1993.

–, Le storie V. Introduzione, testo, commento e traduzione a cura di Giuseppe Nenci. Milano 1994.

–, Le storie VIII. Introduzione, testo, commento storico e traduzione a cura di Agostino Masaracchia. Milano 1977.

–, Le storie IX. Introduzione, testo, commento storico e traduzione a cura di Agostino Masaracchia. Milano 1978.

Herodotus book II. Introduction and commentary by Alan B. Lloyd. 3 Bde. Leiden 1975–1988.

Herodotus: A commentary by Walter W. How/Joseph Wells. 2 Bde., Oxford ²1928.

Herodotus, with English translation. Hrsg. v. A. D. Godley, 4 Bde., London ²1946–1957.

Herodotus' historien, Text und Kommentar. Hrsg. v. Bernhard A. van Groningen. 5 Bde. Leiden 1945–1955 (Bde. 1–4 ²1959–1966).

Herodotus, The histories, Englisch. Hrsg. v. Robin Waterfield. Introduction, notes v. Carolyn Dewald. Oxford/New York 1998.

–, The history, englisch. Hrsg. v. D. Grene. Chicago 1987.

Herodotus: A lexicon. Hrsg. v. Enoch Powell. Oxford 1938 (ND Hildesheim 1964).

Herodotus and the invention of history. Buffalo 1987 (Themenheft Arethusa 20).

Hornblower, Simon (Hrsg.), Greek historiography. Oxford 1994.

Hose, Martin, Geschichte im antiken Unterricht. Bedeutung der Historiographie außerhalb des Unterrichts. In: Erneuerung der Vergangenheit. Die Historiker im Imperium Romanum von Florus bis Cassius Dio. Stuttgart 1994, 5–52.

Hunter, Virginia, Past and process in Herodotus and Thucydides. Princeton 1982.

Immerwahr, Henry R., Form and thought in Herodotus. Cleveland 1966.

Jacoby, Felix, Herodotos. In: Pauly-Wissowas Realencyclopädie der classischen Altertumswissenschaft, Suppl. 2, 1913, 205–520.

–, Die Fragmente der griechischen Historiker. Leiden 1923–1958.

Kazazis, J. N., Herodotus. Stories and histories: A Proppian analysis of his narrative technique. Urbana 1978.

Lendle, Otto, Einführung in die griechische Geschichtsschreibung. Darmstadt 1992.

Marincola, John, Authority and tradition in ancient historiography. Cambridge 1997.

Meier, Christian, Die Entstehung der Historie. In: Die Entstehung des Politischen bei den Griechen. Frankfurt a. M. 1980, 360–434.

–, Geschichte, Historie II. Antike. In: Geschichtliche Grundbegriffe. Hrsg. v. Otto Brunner/Werner Conze/Reinhart Koselleck. Bd. 2, Stuttgart 1975, 595–610.

–, Prozeß und Ereignis in der griechischen Historiographie des 5. Jhs. v. Chr. In: Die Entstehung des Politischen bei den Griechen. Frankfurt a. M. 1980, 326–359.

Meister, Klaus, Die griechische Geschichtsschreibung. Stuttgart 1990.

Momigliano, Arnoldo, The classical foundations of modern historiography. Berkeley 1990.

–, Geschichtsschreibung. In: Neues Handbuch der Literaturwissenschaft. Hrsg. v. Klaus von See, Bd. 1, Griechische Literatur. Hrsg. v. Ernst Vogt. Frankfurt a. M. 1980, 305–336.

–, The place of Herodotus in the history of historiography (1958). In: Secondo contributo alla storia degli studie classici. Rom 1960, 29–44.

–, Die Stellung der antiken Geschichtsschreibung in der modernen Geschichtsschreibung (1979). In: Wege in die Alte Welt, Berlin 1991, 59–78.

Müller, Klaus Erich, Geschichte der antiken Ethnographie und ethnologischen Theoriebildung. 2 Bde. Wiesbaden 1972/1980.

Murray, Oswyn, Herodotus and Hellenistic culture. In: Classical Quarterly 66, 1972, 200–213.

–, Herodotus and oral history. In: Achaemenid history II: The Greek sources. Leiden 1987, 93–115.

Nicolai R., La storiografia nell' educazione anitica. Pisa 1992.

Nippel, Wilfried, Griechen, Barbaren und 'Wilde'. Frankfurt a. M. 1990.

Raaflaub, Kurt, Die Entdeckung der Freiheit. München 1985.

Redfield, J., Herodotus the tourist. In: Classical Philology 80, 1985, 97–118.

Regenbogen, Otto, Herodot und sein Werk. In: Die Antike 6, 1930, 202–248.

Ruschenbusch, Eberhard, Zur Genese der Überlieferung über die archaische Zeit Griechenlands. In: Historia 41, 1992, 385–394.

Said, Edward, Orientalism. London 1978.

Shrimpton, Gordon S., History and memory in ancient Greece. Montreal 1997.

Strasburger, Gisela, Lexikon zur frühgriechischen Geschichte auf der Grundlage von Herodots Werk. Zürich 1984.

Strasburger, Hermann, Herodot als Geschichtsforscher (1980). In: Kleine Schriften 2, Hildesheim 1982, 835–919.

–, Herodot und das perikleische Athen (1955). In: Kleine Schriften 2, Hildesheim 1982, 592–626.

–, Herodots Zeitrechnung (1956). In: Kleine Schriften 2, Hildesheim 1982, 627–675.

–, Homer und die Geschichtsschreibung (1972). In: Kleine Schriften 2, Hildesheim 1982, 1057–1097.

–, Umblick im Trümmerfeld der griechischen Geschichtsschreibung (1977). In: Kleine Schriften 3, Hildesheim 1990, 169–218.

–, Die Wesensbestimmung der Geschichte durch die antike Geschichtsschreibung (1966). In: Kleine Schriften 2, Hildesheim 1982, 963–1016.

Thomas, Rosalind, Between literacy and orality: Herodotus' historiography. In: Mediterranean Historical Review 3/2, 1988, 54–69.

–, Performance and written publication in Herodotus and the sophistic generation. In: Vermittlung und Tradierung von Wissen in der griechischen Kultur. Hrsg. v. Wolfgang Kullmann/Jochen Althoff. Tübingen 1993, 225−244.

Vansina, Josef, Oral tradition as history. London 1985.

Walser, Gerold, Hellas und Iran. Darmstadt 1984.

Wolff, Erwin, Das geschichtliche Verstehen in Tacitus' Germania. In: Hermes 69, 1934, 121−166.

Justus Cobet, Essen (Deutschland)

52. Augustinus, 'Confessiones' (354−430) und die großen Autobiographien

1. Aufbau und Einheit
2. Die Historizität der Confessiones
3. Leitmotive
4. Inhalt
5. Augustins 'Confessiones' und die großen Autobiographien
6. Literatur

1. Aufbau und Einheit

Augustins 'Confessiones', abgefaßt zwischen 397 und 401, stellen ein vielschichtiges Gebilde dar, das Interpretationsaufgaben von besonderer Schwierigkeit stellt. So sind schon der Aufbau und die Einheit dieses Werkes Gegenstand der Diskussion, so lange es eine wissenschaftliche Augustin-Forschung im modernen Sinne gibt. Der Autor selbst unterteilt sein Werk in eine erste Partie (1−10), die von ihm selbst handele, und eine zweite Partie (11−13) über die Hl. Schrift (vgl. Retractationes 2.6). Tatsächlich enthalten die ersten neun Bücher (unter anderem) autobiographische Elemente, während die letzten drei lediglich doktrinale und exegetische Inhalte bieten. Der erste Teil erfaßt die Zeit von der Geburt bis zur Taufe und zum Tod der Mutter. Damit sind die Jahre 354−387 abgedeckt. Über die folgenden zehn Jahre bis zur Zeit der Abfassung des Werkes, in denen Augustin zum Priester geweiht wird und das Amt des Bischofs von Hippo übernimmt, wird nicht mehr berichtet. Statt dessen will Augustin im 10. Buch seinen gegenwärtigen Seelenzustand schildern, liefert faktisch aber eine Abhandlung zum Thema Gedächtnis und eine Auflistung der Versuchungen, denen selbst der Bekehrte ausgesetzt ist. Fraglich ist daher nicht nur der Zusammenhang, der über die Lebensgeschichte berichtenden Bücher 1−9 mit den exegetisch-doktrinalen Büchern 11−13, sondern auch das Verhältnis des 10. Buches zu jedem dieser Blöcke.

Die Forschungsgeschichte hat zahlreiche Auffassungen das Problem der Einheit betreffend hervorgebracht. (Zusammenfassende Darstellungen dazu bei Solignac 1962, 19−26; Courcelle 1968, 13−29; O'Connell 1969, 5−11). Zunächst sind die redaktionsgeschichtlichen Thesen zu nennen, die einen Mangel an Kohärenz diagnostizieren und diesen damit erklären, daß zunächst nur die Bücher 1−9 redigiert und herausgegeben worden seien, während der Rest erst später hinzutrat. Einer anderen Auffassung zufolge ist lediglich das 10. Buch nachträglich in einen bereits geschlossenen Zusammenhang eingefügt worden (Williger; O'Meara; Courcelle). Marrou und O'Meara meinen, die fehlende Kohärenz dem Schriftsteller Augustinus anlasten zu müssen; Augustinus habe einfach schlecht komponiert, weil das Anliegen der Erbauung des Lesers und der exercitatio animi im Vordergrund gestanden habe. Dem stehen Thesen gegenüber, die die Einheit des Werkes zu retten versuchen, etwa durch Hinweis auf die Vieldeutigkeit des Begriffes confessio (confiteri), der erstens als Bekenntnis vergangener Sünden und als Lob Gottes angesichts der von ihm bewirkten Bekehrung zu verstehen sei (Buch 1−9), zweitens als Offenlegung des gegenwärtigen Seelenzustandes (Buch 10) und drittens als Bezeugung des Glaubens an Gottes Wort in der Hl. Schrift (Buch 11−13) (Böhmer; Verheijen; Wundt). Landsberg und LeBlond entnehmen der Gedächtnisanalyse des Buches 10 das triadische Schema Erinnerung, Wahrnehmung und Erwartung und wenden dies auf das Gesamtwerk an, wobei Buch 1−9 der memoria entspricht, Buch 10 dem contuitus und Buch 11−13 der expectatio. Unter Ausschluß des 10. Buches gliedert O'Meara in einen ersten Teil, der die Suche nach der Wahrheit unter Führung der göttlichen Vorsehung beinhaltet (Buch 1−9), und einen zweiten Teil (Buch

11–13), der die Freude über die in der Hl. Schrift gefundene Wahrheit ausdrückt. O'Connell hat einen Versuch vorgelegt, der die Einheit der 'Confessiones' nicht nur unter einen formalen Aspekt wie etwa die Vieldeutigkeit des Titels stellt, sondern eine thematische Kohärenz aufzeigt. Gegenstand des Werkes sei der durch die Sünde initiierte Weg der menschlichen Seele vom ursprünglichen Sein bei Gott hinab in die Welt der Materie, der Zeit und der symbolischen Verständigung — und durch Konversion, die durch die bleibende Erinnerung an den früheren Glückszustand vorbereitet ist, zurück zur Ruhe der himmlischen Heimat. Augustinus habe seine 'Confessiones' im Anschluß an Plotins Theorie der gefallenen und wieder heimkehrenden Seele verfaßt, die ihrerseits das in der Antike geläufige Bild der Odyssee der Seele verwendet. Nach O'Connell liefern die Bücher 10–13 den doktrinalen Hintergrund, der den Sinn der biographischen Berichte erst voll verstehen läßt. O'Connells Deutung macht besonders deutlich, daß Augustin die Schilderung seines Lebensweges nicht primär als Darstellung seines besonderen Schicksals auffaßt. Sie ist vielmehr beherrscht von dem theologisch-philosophischen Schema der Abkehr der Seele von Gott und der Rückkehr zu ihm. Auch Courcelle schreibt: „Meme pour les neuf premiers livres, il est evident […], que le dessein principal d'Augustin n'est pas historique, mais théologique" (1968, 27).

2. Die Historizität der 'Confessiones'

Im Zentrum der Forschungen stand neben dem Problem der Einheit lange Zeit die Frage nach der Historizität der Berichte über Augustins Lebensverlauf. Insbesondere wurde die Glaubwürdigkeit der Bekehrungsschilderung (Buch 7 und 8) diskutiert, und zwar auf der Basis eines Vergleichs mit Paralleltexten in Augustins Frühwerken (vgl. O'Donnell 1992, XLVIII). Entscheidend war dabei das Problem des Charakters und des Zieles der Konversion des Jahres 386. A. von Harnack stellte 1888 zuerst die These auf, in den 'Confessiones' habe Augustin seinen Bekehrungsbericht einem theologischen Schema unterworfen, um seine Konversion als plötzliches Gnadenereignis stilisieren zu können. Im gleichen Jahr wies Boissier auf den Unterschied der 'Confessiones' zu den Cassiciacum-Schriften hin, die zeitlich viel näher beim Bekehrungsereignis liegen und daher größere Glaubwürdigkeit beanspruchen können. Diese Schriften zeigten Augustin als Repräsentanten des antiken Bildungswesens, für den das Christentum lediglich ein Modus des Philosophierens sei, während die 'Confessiones' die Inferiorität der philosophisch-wissenschaftlichen Kultur hervorheben und die genuin christliche Gnadenlehre ins Zentrum stellen. Die Diskussion richtete sich bald auf die Frage nach dem Verhältnis von Neuplatonismus und Christentum in Augustins geistiger Entwicklung. In Cassiciacum — so vor allem Alfaric (1918) — sei Augustinus lediglich mit der Überwindung des Skeptizismus und der Übernahme des Neuplatonismus beschäftigt gewesen. Erst nach seiner Rückkehr nach Afrika (388) habe er diejenige Sünden- und Gnadenlehre entwickelt, die der Konversionsschilderung der 'Confessiones' zugrunde liegt. Faktisch habe also in Mailand eine Bekehrung zum Neuplatonismus stattgefunden, die der Bischof von Hippo nachträglich als Hinwendung zum Christentum darstelle. Es gilt jedoch zu beachten, daß Neuplatonismus und Christentum im Mailand der 380er Jahre eine enge Verbindung eingegangen waren, vor allem durch die Plotin-Rezeption des Bischofs Ambrosius, dessen Vorträge wiederum auf Augustin prägend wirkten und zu eigener Plotin-Lektüre anregten (vgl. dazu v. a. Courcelle 1968). Hier mag von einem neuplatonisch gefärbten Christentum oder von einem christlich gefärbten Neuplatonismus gesprochen werden, der sich von Augustins Frühwerk bis in die 'Confessiones' durchhält.

3. Leitmotive

Eine Reihe von Motiven kehrt in den 'Confessiones' regelmäßig wieder, vor allem in den gebetsartigen Partien zu Beginn der einzelnen Bücher. Es handelt sich um das Thema der freiwilligen Entfernung der Seele von Gott bei gleichzeitiger Omnipräsenz Gottes. Die Seele bewegt sich insofern von Gott weg, als sie nicht ihn liebt, sondern ihr Glück in vergänglichen Gütern sucht. Die Rückkehr zu Gott wäre jederzeit möglich, weil dieser als Herr der Schöpfung auch der abtrünnigen Seele stets gegenwärtig ist, doch fehlt der Seele zunächst die Einsicht in die Notwendigkeit der Rückkehr und der Wille dazu. Durch seine providentielle Wirksamkeit ruft Gott aber die Seele auf besondere Weise zu sich zurück. Da nämlich Gott das natürliche Ziel des Menschen darstellt, erfährt dieser

Schmerz und Enttäuschung, wenn er sich niederen, verlierbaren Gütern zuwendet. Das daraus resultierende Unglück kann als gerechte Strafe am entlaufenen Menschen interpretiert werden, aber auch als Erbarmen Gottes, der durch Unglückserfahrungen dem Menschen zeigt, daß er nach bloßen Scheingütern strebte. Aufgrund des Wesens des Menschen und der Schöpfung überhaupt zieht die böse Tat ihre Strafe, nämlich das Unglück, als ihren Effekt notwendigerweise nach sich. Diese unverbrüchliche, durch Gottes Vorsehung eingerichtete Gesetz veranlaßt die Seele schließlich, ihr Glück anderswo, nämlich bei Gott zu suchen. Laster und Tugend sind diejenigen inneren Dispositionen, die den Menschen sein Glück im Bereich des Vergänglichen oder des Unvergänglichen suchen lassen. Auffällig sind die neuplatonischen Schemata, mit denen Augustin das Sein der Seele bei Gott bzw. bei den Scheingütern beschreibt. Gott ist unser Vaterland, zu dem wir heimkehren sollen – die Welt ist die Fremde; bei Gott wird die Seele zur Einheit – in der Welt ist sie zersplittert zur Vielheit; ihr Glück liegt in der Ruhe Gottes – in der Welt ist sie ruhelos aktiv; in der göttlichen Ruhe steht (stare, stabilitas) die Seele – in der Welt zerfließt (defluere) sie.

4. Inhalt

Das Eröffnungsgebet (1.1.1.–6.6) spannt den Rahmen für das gesamte Werk auf. Dem allmächtigen und weisen Gott steht der gefallene Mensch gegenüber, der seine Sterblichkeit als Zeichen der Sünde und des Hochmutes an sich trägt. Dieser Mensch will Gott preisen, denn er ist trotz seiner Sündhaftigkeit auf Gott hin geschaffen und scheint gewisse Spuren des Wissens um Gott in sich zu tragen. Doch letztlich muß Gott selbst den Menschen zu sich ziehen. Die folgende Meditation über die Kindheit (1.6.7–20.31) dient der Bestätigung der These, daß es die sogenannte Unschuld des Kindes nicht gibt. Von Geburt an zeige sich die Verderbtheit des Menschen, denn „in Bosheit bin ich empfangen und in Sünden nährte mich meine Mutter in ihrem Schoß" (1.7.12 mit Ps 50,7). Schon die Säuglinge verlangten gierig, was ihnen nur zu ihrem Schaden gegeben werden könnte, und gönnten selbst im Überfluß dem Milchbruder die Nahrung nicht. Mit dem Spracherwerb und vollends mit dem Eintritt in die Schule gerät das Kind in den üblen Einflußbereich der menschlichen Gesellschaft. Den Bericht über seine Schulzeit nimmt Augustin, Sohn einer praktizierenden Katholikin und eines religiös uninteressierten Vaters, zum Anlaß für eine Kritik des Bildungswesens, das den Kindern das rücksichtslose Streben nach Ruhm und Anerkennung vermittele. Zwar sei das Lesen- und Schreibenlernen überaus nützlich und insofern sei er zurecht von seinen Lehrern geschlagen worden, wenn er sich lieber mit Ballspielen beschäftigte. Doch sei es besser, diese Fertigkeiten am Wort Gottes zu erlernen statt an Homer, Terenz und Vergil, die durch Schilderungen wie den Ehebruch Jupiters nur zur Nachahmung anreizten. So sei Augustin selbst als Knabe jederzeit zu Lügen, Diebstählen und Betrug im Spiel bereit gewesen. Doch trotz seiner Bosheit von Anfang an sei das Kind ein Geschöpf Gottes und Nachbild seiner Einheit, und somit erfüllt von einem natürlichen Streben nach Wahrheit, das letztlich ein Verlangen nach Gott sei.

Im Sinne des elterlichen Ehrgeizes soll Augustin mit sechzehn Jahren den Weg durch die verderblichen Bildungsanstalten fortsetzen und zum Studium nach Karthago gehen, obwohl dies die finanziellen Verhältnisse der Familie zu übersteigen droht. Außerdem tritt mit der Pubertät zur Ehrsucht noch ein zweites Laster, die sexuelle Begierde (concupiscentia carnis; libido) hinzu, der man freien Lauf läßt, statt sie durch Anbahnung einer Ehe auf ein sicheres Geleis zu bringen. Den Hauptteil des zweiten Buches bildet die Meditation über den Birnendiebstahl, in der Augustin die Grundlagen seiner Sündenlehre entwickelt (2.4.9–10.18). Zusammen mit seinen Freunden hatte er nachts einen Birnbaum geplündert und die Früchte weggeschafft, jedoch nicht um der Birnen willen, deren er selbst genug und bessere besaß. Daher greift die übliche Erklärung des Bösen als Gier nach einem niederen Gut hier nicht. Nicht die Lust an den Früchten, sondern die reine Freude am Diebstahl habe ihn zur Tat bewegt. Der Grund dieser Freude war letztlich das Verlangen, durch Übertretung des Gesetzes und Ausübung unbeschränkter Freiheit Gott in seiner Allmacht ähnlich zu werden (2.6.14). Darin zeigt sich die Wurzel des Bösen überhaupt. In Hochmut (superbia) wendet sich die Seele von Gott ab und imitiert dessen Wesen paradoxerweise durch die Ausbildung von Lastern: Ehrgeiz als Streben nach Ruhm und Ehre versucht Gott, dem allein Ruhm und Ehre gebühren, nachzuahmen; Neugier gibt sich als Wissensdrang, wo doch Gott allein wissend ist; und aus der Traurigkeit spricht das Begehren, keinen Verlust erleiden zu müssen, was doch nur Gott zukommt. Augustin bekennt darüber hinaus, daß er den Diebstahl niemals begangen hätte, wäre er allein gewesen (2.8.16ff.). Die Übertretung des Gesetzes und die Abkehr der Seele von Gott haben sozialen Charakter.

In Karthago knüpft Augustin sogleich ein Liebesverhältnis an und stürzt sich tiefer in die Fleischeslust (libido sentiendi). Auch in der Herrschsucht (libido principandi) macht er Fortschritte durch den Ruhm, den er sich bald in der Rhetorenschule erwirbt. Und mit der Theaterleidenschaft kommt schließlich die Augenlust (libido spectandi) hinzu (3.8.16) und komplettiert das Register der wichtigsten menschlichen Fehlhaltungen. Doch in Karthago hat Augustin auch ein erstes Bekehrungserlebnis. Er stößt auf Ciceros Dialog 'Hortensius', eine Ermahnung zur Philosophie, und beschließt daraufhin im Alter von neunzehn Jahren eine vollständige Änderung seines Lebenswandels. Alle Hoffnung auf nichtige Güter solle preisgegeben werden, um zur unsterblichen Weisheit zurückzukehren (3.4.7). Da er jedoch bei Cicero den ihm wichtigen Namen Christi nicht fand, wendete er sich darüber hinaus der Hl. Schrift zu, die dem literarisch und philosophisch anspruchsvollen Augustin aber abstoßend erscheint. Hier bot sich der Manichäismus als 'aufgeklärte' Deutung des Christentums an, der die Welterschaffung, von der das unverständliche Buch Genesis spricht, einem bösen Gott zuschrieb und nur das Erlösungswerk auf den Gott Jesu Christi zurückführte. Weiterhin polemisierten die Manichäer gegen das Buch Genesis mit der Frage, ob Gott wohl Haare und Nägel habe, wenn die Menschen „nach seinem Bilde" geschaffen seien. Die Vätergeschichten lehnten sie ab, wegen der zahlreichen unmoralischen Handlungen, über die die Bücher Mose und die Propheten berichten. Zudem stellte der Manichäismus eine rationale Religion dar, die nicht einen glaubensmäßigen, sondern einen wissenschaftlichen Zugang zu den Heilswahrheiten bot. Verführerisch war außerdem die glatte Beantwortung der Frage nach dem Ursprung des Übels durch Verweis auf ein böses Weltprinzip. Scheinen ihm diese Einwände zunächst überzeugend, so stellt Augustins weitere intellektuelle Entwicklung doch eine Geschichte der Abkehr vom Manichäismus dar. Zug um Zug wird er diese Einwände überwinden. Vor allem durch die Begegnung mit dem Neuplatonismus habe er erkannt, daß das Böse kein Prinzip, sondern ein Mangel sei, daß Gott eine geistige und keine materielle Realität darstelle und daß unterschieden werden müsse zwischen dem ewigen Gesetz, das immer und überall gelte und einzelnen Handlungsvorschriften, die kulturell und geschichtlich kontingent seien. Das dritte Buch schließt mit einem Bericht über die Mutter, die im Traum ihren Sohn gemeinsam mit ihr selbst unter der Regel des katholischen Glaubens sieht.

Das vierte Buch deckt nominell die Zeit vom 19. bis zum 28. Lebensjahr Augustins ab. Faktisch berichtet es aber nur von ganz wenigen, punktuellen Ereignissen in dieser Zeit, an die sich jeweils ausgedehnte und grundsätzliche Reflexionen knüpfen. Der Beginn der Lehrtätigkeit als Rhetor in Thagaste und des Konkubinates mit einer ungenannten Frau werden nur erwähnt. Daran schließt sich sogleich eine Polemik gegen Wahrsagerei, Astrologie und Nativitätsstellung, die das Böse auf die Position der Gestirne zurückführen wollen, statt auf den freien Willen. Der erschütternde Tod eines Freundes führt zu Darlegungen über die rechte Liebe zu vergänglichen Gütern. In ihrem Vergehen zerreißen die wandelbaren Dinge diejenige Seele, die sich selbst an diese Dinge fesselt, indem sie das Sterbliche liebt, als ob es niemals sterben müßte. Wegen dieser Fehlorientierung der Freundschaft habe Augustin keine Linderung seines Schmerzes finden können, auch nicht durch den Ortswechsel nach Karthago. Wie der Freund nur in Gott geliebt werden dürfe, nicht aber in sich selbst, so gewinnen alle vergänglichen Güter gleichsam Stand, indem sie auf das unwandelbare Seiende bezogen werden (4.9.14), das allein dem Menschen die Ruhe des seligen Lebens verleihen könne. Doch damals habe Augustin noch nicht über die Einsicht in die Unkörperlichkeit Gottes verfügt. All seine philosophischen Versuche dieser Zeit krankten daher am materialistischen, letztlich manichäistischen Weltbild. So habe er in seiner Erstlingsschrift 'De pulchro et apto' die Schönheit lediglich als Eigenschaft der Gestalt des Schönen gedeutet, statt als Verweis auf den Schöpfer, der die Schönheit selbst sei. Die Lektüre der aristotelischen Kategorienschrift habe ihn zu dem Irrtum verführt, Gott in Analogie zu den wandelbaren Dingen als Substanz mit Akzidentien aufzufassen, und trotz hervorragender Kenntnisse in den artes liberales sei er nicht dazu gelangt, nach Gott als der Quelle aller Wahrheiten zu fragen.

In Karthago lockern sich bereits die Bande zum Manichäismus. Augustins philosophische Kenntnisse zeigen ihm, daß die Naturauffassung Manis ihrem eigenen Rationalitätsanspruch nicht gerecht wird, sondern mitunter geradewegs falsch ist. Gespräche mit dem Manichäerbischof Faustus, der wegen seines intellektuellen Formats weithin gerühmt wurde, erfüllen die in sie gesetzten Hoffnungen nicht, da sich Faustus Bildungsgrad im Vergleich zu demjenigen Augustins als deutlich zu niedrig erweist (5.3.3–7.13). Angezogen von den besseren Verdienstmöglichkeiten und abgestoßen von den Umtrieben der karthaginenser Studenten übernimmt Augustin ein Lehramt in Rom. Er täuscht die Mutter über den wahren Abreisetermin, um ohne ihre Begleitung nach Italien gehen zu können. Zwar unterhielt er auch in Rom noch persönliche Kontakte zu den Manichäern, doch das intellektuelle Vakuum, das die Loslösung von der dualistischen Weltdeutung bewirkte, ließ ihn Interesse finden am akademischen Skeptizismus, der die Unfähigkeit des Menschen behauptet habe, Wahres zu finden (5.10.19). Da die Zahlungsmoral der römischen Studenten zu wünschen übrig läßt, wechselt Augustin bald nach Mailand. Dort hört er den Bischof Ambrosius, der die alttestamentlichen Texte nicht buchstäblich interpretiert, sondern einer spirituellen Deutung unterzieht. Sie verlieren dadurch jene Anstößigkeit, die die Manichäer als Argument gegen den Katholizismus verwendet hatten. Für Augustin beginnt sich die Tür zum Katholizismus, der Religion seiner Kindheit, zu öffnen.

Der Prozeß der Annäherung an den katholischen Glauben setzt sich fort, wenn auch das ersehnte persönliche Gespräch mit Ambrosius nicht zustande kommt. Neben dem Wissen um die Doppelsinnigkeit der Hl. Schrift ist es nun die Einsicht in die Berechtigung der Glaubensforderung, die Augustin hilft, den manichäistischen Rationalismus zu überwinden. Das Alltagsleben beruhe ebenso auf Glauben wie historiographische, geographische und überhaupt alle Kenntnisse, die nicht durch eigenen Augenschein zu erwerben sind (6.5.7). Letztlich ist es das eingewurzelte Vertrauen auf die providentielle Wirksamkeit Gottes, das Augustin zu dem Schluß führt, die Bibel hätte sich nicht über den ganzen Erdkreis verbreiten können, wenn nicht Gott uns dadurch zeigen wolle, daß auch ihr zu glauben sei (6.5.8). Auch macht Augustin klar, daß die Frage nach dem richtigen religiösen bzw. philosophischen Bekenntnis letztlich auf die Frage nach der Glückseligkeit (vita beata) zielt, deren Beantwortung wiederum entscheidend ist für das Problem der Güterordnung und für die Bestimmung der Tugend als Fähigkeit, die wahrhaft seligmachenden Güter zu erstreben und Scheingüter abzulehnen (6.9.10; 6.11.18 ff.). Der katholischen – aber auch der ciceronischen und neuplatonischen – Option zufolge sei allein in Gott die Glückseligkeit zu finden, so daß die Güter dieser Welt (Ehre, Reichtum, Lust, etc.) zurückzuweisen seien. Für Augustin verbindet sich damit die Forderung nach sexueller Enthaltsamkeit, der er jedoch trotz aller Einsicht nicht nachzukommen vermag (6.11.19–16.26). Um eine aussichtsreiche Heirat anbahnen zu können, war seine langjährige Konkubine und Mutter seines Sohnes Adeodat nach Afrika zurückgeschickt worden, doch die zweijährige Wartezeit bis zur Eheschließung meint Augustinus nicht ohne eine neue Konkubine überstehen zu können (6.15.25).

Buch 7 hat die Größe und die Grenzen der platonisch-neuplatonischen Metaphysik zum Gegenstand. Zunächst schildert Augustin die Entwicklung seiner metaphysischen Theologie von einem quasi-materialistischen Gottesbild bis hin zum platonischen Verständnis Gottes als einer intelligiblen, unwandelbaren Entität (7.7.11 ff.), das er in Mailand erworben hatte. Die manichäistische Idee eines Streites zwischen einem guten und einem bösen Prinzip erwies sich als inkompatibel mit der Lehre von der Unveränderlichkeit Gottes. Doch war eine vollständige Zurückweisung des Manichäismus nur möglich unter der Bedingung, daß eine andere Erklärung des Bösen gefunden werden konnte. Doch noch bevor er zeigt, wie wichtig der Neuplatonismus als Weg zum Katholizismus für ihn war, referiert Augustin die platonischen Ideen zugleich mit der christlichen Kritik daran. In Antithesen, die die Inhalte dieser Schriften dem Prolog des Johannes-Evangeliums und den Paulus-Briefen gegenüberstellen, formuliert er Übereinstimmung und Differenz von Platonismus und Christentum (7.9.13 f.). Zutreffend sei die platonische Gotteslehre einschließlich der These von der Göttlichkeit des Logos und seiner beseligenden Funktion für die Menschenseele. Nicht zu finden seien bei den Platonikern aber die Lehren von der Fleischwerdung des Wortes und vom Opfertod zur bestimmten Zeit, also diejenigen Doktrinen, die Jesus Christus als Paradigma der Demut darstellen. Im folgenden berichtet Augustin über ekstatische Erlebnisse, die durch die Lektüre der platonischen Schriften initiiert wurden und ihn in bis dahin unbekannte Bereiche der geistigen Realität führten, wegen seines eigenen Mangels an Demut aber letztlich unbefriedigend blieben. Ermahnt durch die Platoniker kehrte Augustin zu sich selbst zurück, betrat sein Innerstes und schaute mit dem Auge der Seele hoch über seinem Geist ein unwandelbares Licht (7.10.16). Wegen seiner Schwäche konnte er diesen Anblick jedoch nicht ertragen und wurde zurückgeschlagen in die Fremde (regio dissimilitudinis). Doch sei ihm klar geworden, daß alles Seiende, insofern es seiend ist, auch gut sei, und daß Harmonie im Kosmos bestehe, so daß die manichäische Lehre vom Ursprung des Bösen nicht mehr in Frage komme. Das Böse (inquitas) sei keine Substanz, sondern eine Abkehr des Willens von Gott (7.16.22). Abermals versucht Augustin den Aufstieg von der Körperwelt zur Seele und über diese hinaus zum Wandellosen, um schließlich in einem Augenblick das, was ist, sehen zu können („et pervenit ad id, quod est in ictu trepidantis aspectus"), vermag jedoch nicht, dieser Schau Dauer zu verleihen und wird abermals zurückgeschlagen (7.17.23). Schließlich greift Augustinus zu den Paulus-Schriften, findet dort alle metaphysischen Wahrheiten der Platoniker und darüber hinaus das Lob der Gnade Gottes, das den Menschen Demut lehrt.

Das 8. Buch begründet die Demutsforderung, indem es die Laster Augustins, nämlich das Verlangen nach Beischlaf und nach Ehre, als Grund der Schwäche angibt, die ihn unfähig zu einer wahren Schau machte. Allein demütiges Vertrauen auf die Hilfe Gottes ermögliche die Therapie dieser Laster. In einer sorgfältig komponierten Abfolge von reflektorischen und erzählenden Partien stellt Augustinus einerseits dar, wie er vom Zustand des Schwankens zwischen der Bevorzugung des unsichtbaren Gutes und der zeitlichen Güter zu einer eindeutigen Option für Gott gelangte. Andererseits bietet er grundsätzliche Überlegungen, die die Situation des Menschen im Willenskonflikt betreffen. Das Buch beginnt mit der Wiedergabe eines Berichtes Simplicians, des späteren Bischofs von Mailand, über die Bekehrung des Marius Victorinus. Die Pointe liegt darin, daß Victorinus ebenso wie Augustin Rhetoriklehrer war, aber nicht nur theoretisch die Ehre als höchstes Gut propagierte, sondern auch als Politiker und Gelehrter zu enormen Ansehen gelangt und somit von Stolz erfüllt war. Daß selbst dieser Victorinus sich zum Christentum bekehrt und „den Nacken unter das Joch der Demut" (8.2.3) gebeugt habe, ist für Augustin ein Ansporn, dem Beispiel zu folgen. Er scheitert jedoch, weil er sich trotz erlangter Einsicht in Gott als das höchste Gut nicht vollständig vom Willen nach Lust und Ehre lösen konnte. Ein kompliziertes Verhältnis dieser beiden Willen liegt hier vor (vgl. 8.5.10−12). Sie sind sich entgegengesetzt, gehören aber beide dem Ich an, doch nicht in gleicher Weise. Das Streben zu Gott heißt „neuer Wille", während das Verlangen nach zeitlichen Gütern „alter Wille" genannt wird. Der alte Wille resultiert aus einer anfänglichen Willensperversion, die das Verlangen nach Lust (libido) zur Folge hat, das wiederum durch gewohnheitsmäßige Zustimmung (consuetudo) zur Notwendigkeit (necessitas) verfestigt wurde (8.5.10). Daher geschieht der alte Wille dem Ich eher, als daß es ihn will, obwohl er doch − zumindest in historischer Perspektive − ein Wille des Ich ist. Augustinus findet sich arretiert in einer Unglückssituation, weil er das beseligende Gut zwar sieht und auch will, es aber nicht festhalten kann, da der entgegengesetzte Wille, der sich nicht abschütteln läßt, ihn zurückzieht in die gewohnte Lebensweise. Das Elend des Menschen, der sein Glück vor Augen sieht, ohne es erreichen zu können, deutet Augustin als gerechte Strafe: „Doch hatte ich selbst die Gewohnheit zum Streit gegen mich so stark gemacht, denn mit Willen war ich dahin gelangt, wohin ich nicht wollte. Und wer kann rechtens sich beschweren, wenn dem Sünder die gerechte Strafe auf dem Fuße folgt" (8.5.11)? Der Bericht eines gewissen Pontician über den spontanen Entschluß zweier Trierer Beamter, die Laufbahn am Kaiserhof aufzugeben, ihre Verlöbnisse zu lösen und in Nachahmung des heiligen Antonius ein Leben der Enthaltsamkeit zu führen, löst bei Augustin Scham über sich selbst aus, und führt zu neuen Reflexionen über den Willen des Menschen im Unglück, die vor allem einer dualistischen und d. h. manichäischen Interpretation der Gespaltenheit des Willens vorbeugen sollen (8.8.20−10.24). Der Zwiespalt sei nicht als Kampf entgegengesetzter Prinzipien zu deuten, doch gehe die Gespaltenheit auch nicht einfach auf das jeweilige Individuum zurück. Vielmehr sei die Unaufhebbarkeit des „alten Willens" eine Strafe für die Sünde, die aus größerer Freiheit geschehen war, nämlich für die Sünde Adams. Die Bekehrungsszene im Mailänder Garten ist der bekannteste Teil der 'Confessiones' (8.12.28−30). Erschüttert von den Einsicht in den eigenen moralischen Tiefstand und voll demütigen Vertrauens auf die Gnade Gottes, die allein die Strafe auszusetzen und die Notwendigkeit des alten Willens aufzuheben vermöge, hört Augustinus eine Kinderstimme singen: „nimm und lies". Er bezieht dies auf die Schriften des Apostels Paulus, die zufällig zur Hand sind, öffnet das Buch nach dem Vorbild des Einsiedlers Antonius an einer beliebigen Stelle und liest dort:

„Nicht in Schmausereien und Trinkgelagen, nicht in Schlafkammern und Unzucht, nicht in Zank und Neid, vielmehr ziehet an den Herrn Jesus Christus und pfleget nicht des Fleisches in seinen Lüsten." (Röm 13,13 f.)

Da durch die Demutshaltung der Boden bereitet ist, tut dieser an sich konventionelle Aufruf zur Mäßigung und Enthaltsamkeit bei Augustin seine Wirkung. Das Verlangen nach Beischlaf und Ehre konkurriert nicht mehr mit der Sehnsucht nach Gott, und die Notwendigkeit ist aufgelöst. „Du hast mich zu dir bekehrt" (8.12.30), resümiert Augustin am Ende des Buches.

Das 9. Buch berichtet über die Ereignisse des folgenden Jahres bis zur Rückkehr nach Afrika. Wie ein roter Faden zieht sich das Motiv der Demut und der Hilfe Gottes durch die Berichte über die Niederlegung des Lehramtes, die Verwirklichung der Idee eines gemeinsamen Lebens mit den Freunden in Cassiciacum, die Taufe in Mailand und die eingeschobene Biographie der Mutter Monnica (9.8.17−9.22). Höhepunkt des Buches ist die gemeinsam von Mutter und Sohn erlebte Vision von Ostia, die auf Augustins Mailänder Aufstiegsversuche zurückgreift (9.10.24 f.). Ebenso wie dort durchschreiten sie die Körper- und Geisteswelt, gelangen diesmal aber bis zur Berührung (attigimus) des Unwandelbaren. Dauer wird dieser Zustand allerdings erst im ewigen Leben besitzen, so daß bald der notwendige Wiederabstieg ins Reich der Körper und der Zeitlichkeit erfolgt. Dennoch macht dieser Aufstieg im Gegensatz zu den vorangegangenen das Festhalten (tenere) des höchsten Gutes möglich, worauf das Zurücklassen der „Erstlinge des Geistes" (Röm 8,23) beim Höchsten verweist. Festgehalten wird Gott, indem er dauerhaft als höchstes Gut anerkannt wird und den alleinigen Maßstab für den Glückswert aller anderen Güter bildet. Die ontologische Rückkehr in die Welt der Körper ist nicht gleichzusetzen mit dem moralischen Rückfall in die verderbliche Gewohnheit. Das Buch schließt mit dem Bericht über den Tod der Mutter und Augustins ausführlichen Reflexionen über die rechte Art der Trauer (9.11.27−13.37). Nicht der Verlust des Menschen, mit dem man täglichen Umgang gehabt habe, dürfe beweint werden, sondern nur die Sünden dieses Menschen, die ihn von Gott trennen. Selbst das Verhältnis von Mutter und Sohn solle nur unter der Perspektive der Relation jedes der beiden zu Gott gesehen werden.

Das 10. Buch ist im wesentlichen dreigeteilt: Die ersten Kapitel (10.1.1−5.7) reflektieren über den Sinn der Abfassung von Confessiones, der zweite Teil erörtert die Funktion des Gedächtnisses (memoria) für den Gottesbezug des Menschen (10.6.8.−27.38) und der dritte Teil listet die Gefährdungen für die Enthaltsamkeit (continentia) auf, die aus der Begierlichkeit des Fleisches (concupiscentia carnis), der Begierlichkeit der Augen (concupiscentia oculorum) und dem weltlichen Ehrgeiz (ambitio saeculi) resultieren (10.28.39−39.64). Das Buch schließt mit einem Epilog über das Leben in der Sünde und die Notwendigkeit eines Mittlers (10.40.65−43.69). Nicht nur die Stellung dieses mit Abstand längsten Buches im Gesamtaufriß der 'Confessiones' scheint problematisch zu sein, sondern auch sein innerer Zusammenhalt.

Den Sinn von literarisch fixierten Bekenntnissen über sich selbst bestimmt Augustinus zweifach. Der Bericht über seine vergangene Schlechtigkeit und den Wandel durch Glauben und Sakrament (vgl. Buch 1−9) solle das Herz des Lesers aufrütteln, damit es angesichts des Anspruchs der Bekehrungsforderung nicht verzweifle, sondern auf die Liebe und das Erbarmen Gottes vertraue, der der Schwäche hilft (10.3.4). Augustinus möchte den Leser aber auch wissen lassen, wie es im Moment der Abfassung seiner Bekenntnisse um ihn stehe, damit die Gläubigen sich über die ihm zuteil gewordene Gnade freuen und für seine Mängel beten mögen (10.4.5). Statt dessen folgt aber zunächst die Abhandlung über das Gedächtnis.

Wie jedes Element der wandelbaren Wirklichkeit, so verweist auch die Seele des Menschen im Allgemeinen und das Gedächtnis im

Besonderen auf den unwandelbaren Gott. Um Gott „berühren" zu können, müssen daher die Dinge der Schöpfung in einer Aufwärtsbewegung überstiegen werden (10.7.11; 17,26; 26.37). Gott ist auch dem Gedächtnis transzendent. Andererseits könnte Gott aber nicht sinnvoll gesucht werden, wenn der Mensch nicht Kenntnis von ihm hätte, etwa als Erinnerung an eine frühere Begegnung mit ihm. Insofern wäre Gott dem Gedächtnis immanent (10.17.26; 24.35; 25.36). Im folgenden sucht Augustinus nach den Spuren Gottes im Gedächtnis. Er klassifiziert zunächst drei Arten von Gedächtnisinhalten (10.8.12 – 17.26) – Bilder von sinnlich wahrnehmbaren Körpern; Wissen um abstrakte Gesetzmäßigkeiten (8.12) und Erinnerungen an früher erlebte gefühlsmäßige Zustände (14.22) – und erörtert sodann das Phänomen des Vergessens und Wiedererkennens (10.18.27). Erinnerbares muß schon einmal bekannt gewesen sein, um erinnert werden zu können. Weiter folgert er: das Streben des Menschen nach vollkommenem Glück (beata vita) setzt dessen Kenntnis voraus, die nur aus Erinnerung stammen kann. Da das Glücksstreben eine allgemein-anthropologische Tatsache ist, besitzen alle Menschen Erinnerung an das Glück, und – da Gott selbst unsere Seligkeit ist – an Gott. Die Allgemeinheit des Glücksstrebens zeigt, daß das selige Leben bzw. Gott von allen Menschen schon einmal erlebt worden sein muß, doch mag Augustinus über die Art dieses Erlebens (ob individuell oder kollektiv in Adam) nicht weiter spekulieren (10.20.29). Indem Augustinus die beata vita mit Gott identifiziert, verwendet er einen materialen Glücksbegriff, dessen Universalität weniger leicht zu zeigen ist, als diejenige des formalen Strebens nach Freude überhaupt. Wer nicht in Gott, sondern in endlichen Dingen seine Freude sucht, stellt eine Instanz gegen die supponierte Allgemeinheit des materialen Glücksbegriffs dar. Wenn nicht alle Gott wollen, wollen dann nicht alle glückselig sein? Um diesen Einwand abweisen und die Allgemeinheit des Strebens nach Gott aufrecht erhalten zu können, rekurriert Augustin auf die Freude an der Wahrheit als material-allgemeiner Bestimmung des Glücks. Niemand wolle getäuscht werden, jeder freue sich an der Wahrheit, die letztlich Gott selber sei. Als Wahrheit sei Gott im Gedächtnis auffindbar und somit als Ziel unseres Strebens wiedererkennbar (10.24.35).

Der dritte Teil berichtet über die Versuchungen zur Lust, denen selbst derjenige ausgesetzt ist, der sich mit Gottes Hilfe bereits zur Enthaltsamkeit (continentia) entschlossen hat. Dieser Abschnitt läßt sich am ehesten als Schilderung des seelischen Zustands Augustins zur Zeit der Abfassung der 'Confessiones' verstehen. Zur concupiscentia carnis zählen erotische Träume, Essen und Trinken aus Lust statt aus Sorge für die Gesundheit, Wohlgerüche und die Lust des Hörens (10.30.41; 33.49). Die concupiscentia oculorum (10.34.51 – 36.58) knüpft sich zunächst an die Freude an Farben und irdischem Licht, zeigt sich aber vor allem als Neugierde bzw. Wißbegierde (curiosa cupiditas), die sich manifestiert in Naturforschung, welche nicht des Nutzens, sondern nur des Wissens wegen betrieben wird, ferner in magischen Künsten, Astrologie, Verlangen nach Zeichen und Wundern sowie in Theaterleidenschaft (10.35.55 f.). Die ambitio saeculi schließlich (10.36.59 – 39.64) äußert sich in dem Wunsch, von Menschen geliebt und gefürchtet zu werden. Hierher gehören das Streben nach Reichtum, Lob, Ehre und Ruhm.

Das 11. Buch stellt eine Abhandlung über Ewigkeit und Zeit dar. Zwar spielt der erste Vers der Bibel: „in principio fecit deus caelum et terram" (11.3.5 mit Gen 1,1) dabei eine gewichtige Rolle, doch ist er weder der alleinige Anlaß der Überlegungen, noch stellt das 11. Buch eine bloße Auslegung dieses Verses dar. Vielmehr ist es eine Ausarbeitung desjenigen Schemas, in dem dem ewigen, unveränderlichen Gott die zeitliche, dem Wandel unterworfene Sphäre gegenüber steht. Dieses Verhältnis ist stets dynamisch zu sehen, insofern das Veränderliche als Schöpfung aus dem Wandellosen hervorging und durch die Mittlerschaft Jesu Christi zu Gott zurückzukehren strebt. In der Exposition dieses Schemas spielt die Zeit eine besondere Rolle, weil sie das Prinzip der Veränderung schlechthin ist. Die Zeitlichkeit unterscheidet Gott und Welt, weil die Ewigkeit Gottes nicht als unendlich lange Zeitdauer zu verstehen ist, sondern als Zeitlosigkeit – oder – in paradoxer Formulierung – als immerwährende Gegenwart. Zeitlichkeit ist ein Charakteristikum nur der Schöpfung. Diese Auffassung von Ewigkeit und Zeit legt Augustinus dar anhand einer Kritik der manichäischen Frage: „Was tat Gott, bevor er Himmel und Erde erschuf?" (vgl. 11.10.12 f.; 12.14 f.; 30.40) Zeit gibt es nur in der Schöpfung. Daher geht Gott der Schöpfung nicht im zeitlichen, sondern nur im kausalen Sinne voraus.

Augustinus begreift Zeit als ein seelisches Phänomen. Vorangetrieben wird die Diskussion der Frage: Was ist Zeit? durch das scheinbare Paradoxon, daß wir die Zeit messen, obwohl es sie nicht gibt. Hier liegt ein Seinsverständnis zugrunde, daß am Gedanken der Präsenz orientiert ist. Ihmgemäß *ist* die Zukunft nicht, weil sie erst noch aussteht, und die Vergangenheit *ist* nicht, weil sie schon vorüber ist. Lediglich die Gegenwart *ist*, aber nur als Jetztpunkt, nicht im Sinne einer meßbaren Zeitspanne, die lang oder kurz sein kann. Vergangenheit existiert nur als Präsenz der Erinnerung (memoria) und Zukunft als Präsenz der Erwartung von Künftigem (expectatio). Die drei Zeiten sind reduziert auf die punktuelle Gegenwart psychischer Ereignisse (11.20.26). Da die Gegenwart aber nur einen Zeitpunkt bildet, ist weiter nach der Ausdehung der Zeit zu einer Zeitspanne zu fragen (11.21.27). Gleichzeitig verteidigt Augustinus die im Zwischenergebnis enthaltene These, daß Zeit nicht eine Eigenschaft der Dinge ist (vgl. die Zurückweisung der Auffassung, Zeit sei die Bewegung der Gestirne, 11.23.29–25.32), sondern ein Charakteristikum des Eindrucks (affectio) der Dinge im Geist. Zeit ist eine Ausdehnung des Geistes (distentio animi, 11.26.33). Was der Geist erwartet (expectat), geht durch das, was er wahrnimmt (adtendit) über in das, was er erinnert (meminit). Dabei dehnt die attentio als Stelle des Übergangs die punktuelle Gegenwart zu einer Zeitspanne, indem sie das Bevorstehende antizipiere und das Vergangene in der Erinnerung festhalte. Zeiterleben findet als Zerdehnung (distentio) und als Zerrinnen (dissilui, 11.29.39) des Geistes statt. Der Mittler Jesus Christus ermöglicht jedoch die Sammlung dieser Vielheit im Streben nach dem Einen. Das „Stehen" ist die Weise, in der der menschliche Geist als Prinzip der Zeit und der Veränderung zum höchsten Gut, dem ewigen Gott, zu gelangen vermag (zum „Stehen" als soteriologischem Motiv vgl. 11.8.10; 11.13; 30.40). Anstelle der Zerspannung in Zukünftiges und Vergehendes steht dann die Ausrichtung auf das zeitlose Prinzip (distentus–extentus; distentio–intentio) und die Ewigkeit der Freude (11.29.39). Somit ist die Erörterung der Zeit in einen soteriologischen Zusammenhang eingebettet und von diesem bestimmt. Der Ausstieg aus der Zeit ist durch mystische Erlebnisse antizipierbar, bleibt grundsätzlich aber dem zukünftigen Leben vorbehalten (vgl. dazu die Ostia-Vision 11.10.25).

Das 12. Buch stellt ein Musterbeispiel der philosophisch inspirierten Schriftauslegung dar. Augustin ringt immer noch um das rechte Verständnis von Gen 1,1, erweitert um den 2. Vers: „In principio fecit deus caelum et terram. Terra erat invisibilis et incomposita, et tenebrae erant super abyssum." Faktisch entwickelt er jedoch anläßlich dieser Schriftstelle die platonische Theorie der intelligiblen Seinsbereiche, nämlich des übersinnlichen Kosmos und der sinnlich nicht wahrnehmbaren Materie, wobei ihm die Frage nach der Zeitgebundenheit dieser Sphären wichtig ist (12.1.1–15.22). Von großer Bedeutung für Augustins Bibelhermeneutik ist die lange Diskussion der Frage, ob Moses als Autor des Genesis-Textes diese kosmologischen Ideen mitteilen wollte, und welche Rolle überhaupt die Intention des Autors spielt, wenn biblische Texte auf die „Wahrheit" hin interpretiert werden. Regelmäßig verweist Augustin auf göttliche Belehrung als Quelle und auf das innere Ohr, das Hez oder den Geist als Organ der Wahrnehmung dieser Lehre, wenn er philosophische Thesen darlegt, die sich nicht aus der Hl. Schrift – die stets zum äußeren Ohr spricht – ergeben, sich aber mit ihr verbinden lassen (vgl. 12.3.3; 6.6; 11.11 u. ö.). Vernünftige Einsicht ist maßgebend für die Auslegung des mosaischen Textes.

Da Psalm 113 einen „Himmel des Himmels" erwähnt, sieht Augustin sich berechtigt, „Himmel und Erde" (Gen 1,1) als Bereich des sichtbaren Kosmos zusammenzufassen und einem intelligiblen Himmel – über dessen Erschaffung das Buch Genesis allerdings nichts sagt – gegenüber zu stellen. In ihrer Unsichtbarkeit und Ungeordnetheit seien „Himmel und Erde" als materia zu verstehen, d. h. als Stoff aller wahrnehmbaren Dinge. Im Anschluß an Plotin und Aristoteles erläutert Augustin die materia als bloßes Substrat, zu dem Formen (species) hinzutreten müssen, wenn Bestimmtes (Dinge) existieren soll. Wegen ihrer Unbestimmtheit ist die materia sinnlich nicht wahrnehmbar (12.5.5) und ontologisch gesehen „fast ein Nichts" (nihil aliquid, est non est (6.6); prope nihil (8.8) paene nihil), aber als capax formarum omnium (6.6) letztlich doch von Gott aus Nichts geschaffen und somit ein Gut (12.22.31). Bezeichnen „Himmel und Erde" (Gen 1,1) also den seinerseits geschaffenen Stoff, aus dem die körperlichen Kreaturen gemacht wurden, so meint der „Himmel des Himmels" die creatura intellectualis (intelligibilis; spiritalis) als denjenigen Teil der Schöpfung, der Gott am nächsten steht. Damit sind die Wesen gemeint, die als „heilige Geister" die Bürger der himmlischen Stadt Gottes (12.11.12) bilden, die Gott unablässig schauen, intuitiv erfassen (12.13.16) und im Gegensatz zur Seele des Menschen niemals die Heimat verlassen haben, um „in die Fremde zu wandern" 12.11.13). Beide Sphären, die materia und die creatura intellectualis, sind zeitlos und unwandelbar – die letztere, weil sie (obwohl an sich veränderlich) durch die unmittelbare Gegenwart Gottes an dessen Ewigkeit partizipiert; die erstere, weil Zeitlichkeit Veränderung durch Bewegung voraussetzt, die im völlig Unbestimmten nicht geschehen kann. Der Schöpfungsbericht deute die Überzeitlichkeit an, indem er die Tagezählung erst mit der Unterscheidung von Licht und Finsternis beginne (12.13.16).

Die Diskussion mit anderen Exegeten um die rechte Auslegung der mosaischen Schriften (12.16.23–32.43) erfolgt unter zwei spezifischen methodischen Voraussetzungen: (1) Die Kontrahenten teilen Augustins metaphysische Thesen; (2) sie erkennen die Autorität des Moses und seine Wahrhaftigkeit an (16.23), d. h. sie gehen davon aus, daß er nichts von den metaphysischen Thesen Abweichendes sagen wollte. Gegenstand des exegetischen Streites kann dann nur die Frage sein, welche Facette der philosophischen Wahrheit Moses zum Ausdruck bringen wollte. Hier ergeben sich zahlreiche Deutungsmöglichkeiten (12.20.29–22.31), die aber niemals einen Unterschied in der Sache bedeuten. Daher wird die Frage nach der Intention des Autors letztlich unerheblich. Die Verstandeseinsicht stellt einen direkten Weg zur wahren Bedeutung des Textes dar, der weitere hermeneutische Bemühungen um die Aussageabsicht des Moses überflüssig macht (12.18.27; 31.42 f.). Augustinus wiederholt hier seine bereits in 'De Magistro' gewonnene These, daß Einsicht in die Gedanken anderer Menschen nur durch Vermittlung von Zeichen möglich ist und wegen möglicher Fehldeutungen dieser Zeichen stets scheitern kann (12.23.32). Einen unmittelbaren Zugang zum Intellekt des Mose ist nicht möglich, wohl aber können wir die „Wahrheit" direkt sehen (12.24.33). Selbst wenn ein auferstandener Moses uns seine Intention erklärte, könne man ihm nur glauben (credere), während man die Wahrheit der Vernunft zu sehen (videre) vermöge (12.25.35).

In exegetischer Hinsicht komplettiert das letzte Buch der 'Confessiones' die Ansätze der beiden voraufgegangenen, indem es eine geschlossene Auslegung des ersten Schöpfungsberichtes (Gen 1,1–2,3) bietet. Diese Auslegung ist jedoch eine allegorische. Als eigentliches Thema des 13. Buches, auf das hin der Genesis-Text interpretiert wird, zeigt sich die Heilsgeschichte des Menschen vom Zustand der Gefallenheit an bis zur künftigen Seligkeit der Ruhe in Gott. Ursprünglich wesensgleich mit der creatura intelligibilis war die menschliche Seele abgefallen von der Schau Gottes, wurde durch dessen Gnade aber zurückgerufen und wird dereinst wieder in Einheit mit der geistigen Schöpfung Gott schauen. Der Übergang von der Metaphysik des 12. Buches zur Glückslehre des 13. vollzieht sich an den Begriffen des Abgrundes (abyssus) und der Finsternis (tenebra) (vgl. Gen 1,2), die im 12. Buch als Metapher für die ungeformte Materie verwendet wurden. Während die creatura intelligibilis nicht wirklich im Zustand bloßer Materialität war, sondern durch Gottes Wort sofort erleuchtet und zur zeitlosen Schau erhoben wurde, seien wir Menschen, die wir der Seele nach ebenfalls dieser Art Schöpfung angehören, durch Abkehr von Gott zurückgesunken in den Abgrund und die Finsternis (13.2.3). Hier steht die Deutung der Sünde als eines Abstiegs (Fall) im ontologischen Sinne im Hintergrund. Im Gegensatz zur geistigen Schöpfung waren wir tatsächlich Finsternis und müssen in der Zeit Licht werden. Der Inhalt des Schöpfungsberichtes von der Formung der Materie an wird nun im Sinne der Rückkehr des Menschen zu Gott allegorisiert. Nachdem das Gewicht der Begierlichkeit (cupiditas) den Menschen in den Abgrund gezogen hatte, läßt die Liebe des hl. Geistes, der über den Wassern schwebt (Gen 1,2), uns nach oben zum „Haus Gottes" streben (vgl. Augustins Rezeption der Lehre vom natürlichen Ort, in deren Zusammenhang sein Diktum „Pondus meus amor meus" gehört; 13.9.10). Die Hl. Schrift, die zu lesen nur wir, nicht aber die Engel nötig haben, ist das „Firmament" (Gen 1,8). Das Wasser unter dem Firmament bezeichnet die menschliche Gesellschaft (societas), deren Ziel die irdische und vergängliche Glückseligkeit ist, während das aus ihr hervortretende trockene Land diejenigen Menschen meint, deren Endziel das unvergängliche Gut ist. Meerungeheuer und Kriechtiere (Gen 1,21) sind auf die Wundertaten Gottes zu beziehen, mit denen er die

Ungläubigen ansprechen wollte, während die „lebende Seele" den Gläubigen meine, der keiner Wunder bedürfe, um zu glauben. Der Wiederaufstieg des Menschen, der durch die Gnadenerweise Gottes, wie sie im Schöpfungsbericht versinnbildlich sind, möglich wird, endet im jenseitigen Leben mit dem ewigen Frieden des siebten Schöpfungstages, der im Gegensatz zu den vorangegangenen keinen Abend hat (Gen 2,3).

Der Zusammenhang der Bücher 10–13 stellt sich dar wie folgt: Dem Hinweis auf das einstige Glück des Menschen, zu dem wir kraft der memoria alle zurückstreben (Buch 10, 2. Abschnitt) folgt die Darlegung der Zeitlichkeit als derjenigen Bedingung, unter der der Rückweg steht (11). Die Erklärung einer nicht gefallenen Schöpfung (12) zeigt das Ziel und den Zustand, zu dem die gefallene Schöpfung in der Zeit mit Gottes Hilfe zurückkehren soll (13). Aufs Ganze gesehen bilden die Bücher 10–13, und hier vor allem das letzte Buch, den allgemeinen, soteriologischen Hintergrund, vor dem das Lebensschicksal Augustins zu sehen ist. Das Leben Augustins exemplifiziert das Schicksal des Menschen überhaupt, das gleichsam unter der Überschrift steht: „Wir waren Finsternis und wir werden Licht" (13.10.11 mit Eph 5,8).

6. Augustins 'Confessiones' und die großen Autobiographien

Als Autobiographie gilt zumeist die Aufzeichnung der Persönlichkeitsbildung durch Entfaltung geistig-seelischer Kräfte im Austausch mit der äußeren Welt. Im Gegensatz zum Tagebuch und zur Chronik beruht sie auf einer einheitlichen Perspektive, von der aus ein Leben als Ganzes überschaut, dargestellt und gedeutet ist; dabei soll eine Ausgewogenheit zwischen der Darstellung des eigenen Ich und den formenden äußeren Einflüssen angestrebt und zugleich eine Analyse der geistigen und kulturellen Strömungen einer Zeit gegeben werden. Augustins 'Confessiones' werden oftmals als erstes Werk dieses Typs dargestellt, weil sie neben philosophisch-theologischen Spekulationen eine sonst in der Antike nicht zu findende Subtilität in der Analyse der eigenen Persönlichkeit und Freimut in der Darstellung der geistig-sittlichen Entwicklung böten. Diese Begriffsbestimmung ist jedoch an den großen Autobiographien des 18. und 19. Jhs. orientiert und somit nur bedingt auf die 'Confessiones' anwendbar. Die subjektive Komponente tritt bei Augustin viel weniger deutlich hervor, als es zunächst scheint. Vielmehr ist das theologisch-philosophische Schema des Abfalls der Seele von Gott und ihrer Rückkehr das dominierende Konstruktionselement der 'Confessiones'. Die Darstellung des eigenen Ich dient lediglich als Exemplifikation dieses allgemeingültigen Schemas und wird nicht weiter ausgeführt, als es zu diesem Zweck nötig ist. Selbst der scheinbar subjektivste Teil, nämlich die Schilderung des inneren Kampfes vor der Bekehrung (Buch 8) steht im Dienst der Darlegung der Gnadenlehre und ist zudem auf die Widerlegung der manichäischen Lehre vom Bösen hin konzipiert. Im 10. Buch folgt auf die Ankündigung, daß der Autor nun seinen gegenwärtigen Seelenzustand offenbaren wolle, eine allgemein gehaltene Erörterung der Versuchungen. Das Individuum Augustin in seiner Besonderheit tritt zurück gegenüber der Darstellung des Menschen überhaupt auf dem Weg zu Gott. An zwei Beispielen sei der Unterschied zwischen den 'Confessiones' und modernen Autobiographien verdeutlicht.

Rousseaus 'Confessions' stellen den Durchbruch zu einer neuen Ära der Autobiographie dar. Im Gegensatz zur Memoirenliteratur des 17. und 18. Jhs. ist es gerade die subjektive Komponente, die hier zu voller Geltung gelangt. Ein übergeordnetes theologisches Schema, dem die Darstellung des Ich angeglichen würde, fehlt völlig. Vielmehr ist es gerade die Individualität in ihrer Einzigkeit und Unnachahmlichkeit, die zur Darstellung gelangen soll.

„Ich bin nicht gemacht wie irgendeiner von denen, die ich bisher sah, und ich wage zu glauben, daß ich auch nicht gemacht bin wie irgendeiner von allen, die leben. Wenn ich nicht besser bin, so bin ich doch wenigstens anders" (1. Buch).

Das Individuum ist nicht als Typ von Interesse, sondern in seiner Einmaligkeit. Damit einher geht eine besondere Aufrichtigkeit und eine mitunter schockierende Offenheit in der Analyse der eigenen Seele. Das psychologische Potential, das Augustin oft vorschnell unterstellt wird, ist bei Rousseau wirklich vorhanden. Weiterhin ist die moralische Selbstrechtfertigung ein bestimmendes Motiv der 'Confessions' und auch das Schuldbekenntnis in Form einer literarischen Beichte. Von den drei Aspekten des Begriffes 'confessio', die sich bei Augustin finden, nämlich

Lob Gottes, Bekenntnis des Glaubens und Eingeständnis der Sünden, ist es allein der letzte, der in Rousseaus 'Confessions' einging. Doch Rousseau bekennt nicht seine Vergehen gegen Gott, sondern gegen den Mitmenschen und die eigene Tugend. Rousseaus Sündenfall in der falschen Bezichtigung eines Dienstmädchens wegen eines Diebstahls, den er selbst begangen hatte (2. Buch), ist von Augustins Birnendiebstahl ganz verschieden. Sein eigener Obstdiebstahl (1. Buch) dient Rousseau nicht als Anlaß zur Reflexion über die Gefallenheit des Menschen, sondern zur Sozialkritik.

Ebenso wie die 'Confessiones' und die 'Confessions' stellt auch Goethes 'Dichtung und Wahrheit' eine Reflexion auf das eigene Leben dar, jedoch nochmals in anderer Weise. Die Hauptaufgabe der Biographie ist Goethe zufolge,

„den Menschen in seinen Zeitverhältnissen darzustellen, und zu zeigen, inwiefern ihm das Ganze widerstrebt, inwiefern es ihn begünstigt, wie er sich eine Welt- und Menchenansicht daraus gebildet, und wie er sie, wenn er Künstler, Dichter, Schriftsteller ist, wieder nach außen abspiegelt" (Vorwort zu 'Dichtung und Wahrheit').

Die Entwicklung des Individuums steht im Zentrum, doch sie geschieht nur auf dem Weg über den Weltbezug. Daher ist die historische Situation in ihren sozialen, politischen und künstlerischen Aspekten von besonderer Bedeutung für das dargestellte Ich. Goethe distanziert sich so von Rousseaus Subjektivismus. Auch religiöse Momente gehören zur objektiven, dem Individuum begegnenden Welt, doch werden sie weder zum bestimmenden Faktor noch gar zum Konstruktionsprinzip der Darstellung wie in Augustins 'Confessiones'. Goethes Autobiographie ist kein Buch über Gott und die Seele, sondern ein Werk über die Einmaligkeit eines Lebens als Resultat des Zusammenspiels von Charakter und Umständen. Die Entwicklung des Individuums gleicht Goethe zufolge einer „Schraube ohne Ende". Je weiter es sich entfaltet, desto größer wird sein Wirkungskreis und desto mehr „Welt" vermag es in sich zu reflektieren, um daran weiter zu wachsen. Ein natürliches Ziel dieses Prozesses ständiger Erweiterung durch die Begegnung mit der historisch einmaligen Umwelt existiert nicht.

6. Literatur

Alfaric, Prosper, L'évolution intelectuelle de S. Augustin. Paris 1918.

Courcelle, Pierre, Recherches sur les Confessions de saint Augustine. Paris ²1968.

–, Les Confessions de saint Augustin dans la tradition littéraire. Paris 1963.

Fredriksen, Paula, Paul and Augustine: Conversion narratives, orthodox traditions, and the retrospective self. In: Journal of Theological Studies 37, 1986, 3–34.

Misch, Georg: Geschichte der Autobiographie. Bern ³1950.

O'Connell, Robert J., St. Augustine's Confessions: The Odyssey of soul. Cambridge 1969.

O'Donnell, James J., Augustine Confessions. Latin text with commentary. Oxford 1992.

Solignac, Aimé, Les Confessions. Texte de l'édition de M. Skutella, introduction et notes par A. Solignac. Paris 1962.

Johannes Brachtendorf, Tübingen (Deutschland)

53. Von Isidor von Sevilla, 'Etymologiae' (636 gest.) zu Albertus Magnus (1193–1280). Die großen mittelalterlichen Enzyklopädien

1. Einführung
2. Isidor von Sevilla
3. Hrabanus Maurus
4. Enzyklopädik des 12. Jahrhunderts
5. Thomas von Cantimpré
6. Bartholomäus Anglicus
7. Vinzenz von Beauvais
8. Albertus Magnus
9. Ausblick
10. Literatur

1. Einführung

Vieles an mittelalterlicher Literatur, was wir für bedeutend halten, wurde zur Zeit seiner Entstehung kaum beachtet; umgekehrt fanden aus unserer Sicht weniger wertvolle Schriften weite Verbreitung, wie etwa Standardwissen vermittelnde, unselbständige Kompilationen. Zu dieser Klasse von Medien, Wissensvermittlern an breitere Schichten, gehörten die Enzyklopädien oder zumindest einige Enzyklopädien, allen voran Isidors Etymologiae, von denen heute noch ca. 1000 Handschriften existieren (Langosch 1964, 30). Sie vermittelten nicht nur Wissen, sondern erzeugten durch ihre Omnipräsenz auch jene Gemeinsamkeit des Wissens, die ein Charakteristikum der Massenmedien ist. Freilich blieben die Etymologiae nicht die einzige Enzyklopädie des Mittelalters; sie genügten den ersten fünf, nicht jedoch den letzten vier Jahrhunderten des Mittelalters. So kam es seit 1100 zu einer Vielzahl kleinerer oder größerer enzyklopädischer Versuche, die im einzelnen alle über Isidor hinausführten, von denen jedoch keiner die universelle Verbreitung und Wirkung Isidors erreichte. Der Grund hierfür ist in der Vielzahl und Disparatheit der neuen Ansätze zu suchen, denen es nicht darum ging, das isidorische Grundwerk zu ergänzen oder zu erweitern, sondern Organisation und Vermittlung von Wissen neu zu durchdenken. Je nach der Vorstellung von dem, was man für wissenswert hält, und je nachdem, wie man die Beziehung beurteilt, die die verschiedenen Wissenssektoren untereinander verbindet, ergibt sich eine Mehrzahl von Konzepten, die sich u. U. nur noch mit Mühe unter den Begriff Enzyklopädie subsumieren lassen. Nicht zu Unrecht spricht daher Christel Meier von einer „schwierigen Gattung" (1984, 467). Entsprechend gibt es in der Forschung auch keine Einigkeit darüber, welche mittelalterlichen Schriften der Gattung zuzuordnen sind. In dem Überblick von Collison (1966, XIII) etwa fehlt Isidor, dagegen wird des Theophilus Presbyter Lehrbuch des Kunsthandwerks ('De diversis artibus') aufgeführt, das niemand sonst zu den Enzyklopädien zählt. Oder die Viktoriner: Hugos (um 1096—1141) 'Didascalicon' und Richards († 1173) 'Liber exceptionum' werden von den einen entschieden als enzyklopädische Werke betrachtet, während andere einer solchen Zuweisung ebenso entschieden widersprechen. Gleiches gilt von Hildegards 'Physica' (Meier 1984, 499).

Diese Unsicherheit in der Zuweisung eines Werkes zur enzyklopädischen Gattung zeigte sich bereits in der Beurteilung der antiken Schriften. So herrscht etwa keine Einigkeit darüber, wer denn die Gattung begründet hat. Grimal (1966, 460 f.) sieht in den aristotelischen Schriften den Ursprung der Enzyklopädik, Collison (1966, XIII) schreibt dies Platons Neffen Speusippos (4. Jh. v. Chr.) zu. Was die römische Enzyklopädik betrifft, so gibt es zwar keinen Streit über deren Anfänge — es sind dies die 'Praecepta ad filium' des Cato Censorius (234—149 v. Chr.) —, wohl aber über deren spätere Entwicklung: Gehört Solinus (3. Jh. n. Chr.), der eine Kurzfassung von Plinius' (23—79 n. Chr.) 'Historia naturalis' herausbrachte, dazu oder nicht? Grimal (1966, 482) erwähnt ihn ebensowenig wie Fontaine (1966, 519 f.), der dafür überraschenderweise den Philosophen-Schriftsteller Apuleius (2. Jh. n. Chr.) wegen dessen universeller Bildung unter die Enzyklopädisten rechnet. Ähnlich schwankend ist das Urteil der Fachleute bezüglich Augustin (354—430) und Cassiodor (6. Jh. n. Chr.).

Diese Kontroversen um die Extension der Gattung haben ihr Gegenstück in den Kontroversen um ihre Definition (Grimal 1966, 459 f.; Fontaine 1966, 519 f.; Meier 1984, 479). Sie haben ihren Grund in der schillernden Buntheit des Schrifttums, das als enzyklopädisch bezeichnet wird, einer Buntheit, die in der Antike ebenso wie im Mittelalter aus den unterschiedlichen Voraussetzungen und Interessenlagen resultiert, denen die Werke ihre Existenz verdanken. Aristoteles (384—322 v. Chr.) und Poseidonios (um 135—50 v. Chr.) schreiben für Wissenschaftler, besser: für die Wissenschaft. Sie heben sich als Enzyklopädiker ganz entschieden von einem Cato Censorius ab, der für seinen Sohn aufzeichnet, was zu wissen einem römischen Grundbesitzer und Politiker zukommt. Ähnlich im Mittelalter. Es macht einen Unterschied, ob das versammelte Wissen — wie bei Hrabanus Maurus (um 780—856) — der Praxis der Geistlichen zugute kommen soll (s. 3.) oder — wie bei Brunetto Latini (um 1220—1294) — der Ausbildung des politisch aktiven Stadtbürgers dient (Meier 1988, 315 ff.; Meier 1992, 166 ff.). Weitere Differenzierungen ergeben sich aus der Unterscheidung von Universal- und Spezialenzyklopädien sowie aus dem Vorhandensein oder Nichtvorhandensein einer die Wissensgebiete miteinander verknüpfenden oder auch sie hierarchisierenden Systematik. Mit diesen Stichworten Zielgruppe, Wissenshorizont, Wissenschaftsbegriff sind aber nur die herausragenden Unterscheidungskriterien genannt. Weitere treten hinzu, und alle zusammen bewirken, daß die Gattung sich beinahe in eine Serie von Sonderfällen aufzulösen droht, von denen kaum zwei dieselben Merkmalskomponenten aufweisen. Aber gerade weil sich die antiken und die mittelalterlichen Enzyklopädien nicht gleichen wie Brockhaus und Meyer, gestatten sie uns einen Einblick in das, was ihren Autoren als wissenswert erschien, und sie gestatten uns, die typisch christliche Spielart der Enzyklopädik von der säkular-paganen zu trennen. Während nämlich letztere Wissen an sich für unverfänglich hält und keinen Bereich a priori von der Untersuchung ausschließt, erfüllt für viele — nicht alle — christlichen Autoren der Spätantike und des Mittelalters das Verlangen nach Weltwissen den Tatbestand der curiositas, der Gier nach Erkenntnissen, die für das Seelenheil nutzlos oder gar schädlich sind (vgl. Jesus Sirach 3,21 ff.; dazu Fontaine 1966, 521 ff.). So stellt Cassiodor im 2. Buch seiner 'Institutiones' eine Leseliste paganer Autoren unter dem Gesichtspunkt ihres Nutzens für die theologische Fortbildung der Mönche zusammen, und wenn Augustinus in 'De doctrina christiana' II 39,59 die Schaffung eines Reallexikons fordert, so meint er damit nicht ein Mittel zur Hebung der Allgemeinbildung, sondern ein Hilfsmittel zur Bibelerklärung. Hrabanus Maurus wird Isidors 'Etymologiae' geistlich umarbeiten (s. 3.) und selbst Thomas von Cantimpré (s. 5.) rechtfertigt seine Naturenzyklopädie mit dem Nutzen, den sie für den Prediger hat. Noch stärker zum Tragen kommt diese Tendenz in den großen Naturkundemoralisationen des ausgehenden 13. und des 14. Jhs., in denen das bis dahin kompilierte Naturwissen zum Zweck geistlicher Erbauung allegorisch ausgedeutet wird. Dieser geistlich-christlichen Zielsetzung aller Welterkundung kann und will sich grundsätzlich kein christlicher Enzyklopädist entziehen (Meier 1984, 472 ff.), doch differiert im einzelnen das Ausmaß des zugelassenen, ja positiv gesuchten Weltwissens ganz erheblich. Einige christliche Enzyklopädisten, die sich offenkundig weniger an den Warnungen von Jesus Sirach 3 als vielmehr an der wissensfrohen Einstellung des Buches Weisheit (7, 17 ff.) orientieren, atmen in ihrer kein Teilgebiet ausgrenzenden Universalität den Geist der Antike, von der sie nicht nur die Stoffe, sondern auch − wenigstens zum Teil − das Ethos übernehmen. Die bedeutendsten dieser Enzyklopädien markieren den Anfang und das Ende der folgenden Darstellung; es sind dies die 'Etymologiae' Isidors (s. 2.), das 'Speculum majus' des Vinzenz von Beauvais (s. 7.) und das Gesamtwerk des Albertus Magnus (s. 8.).

2. Isidor von Sevilla, 'Etymologiae'

Die Universalenzyklopädie der 'Etymologiae' ist das Spätwerk des Bischofs von Sevilla. Als er 636 starb, war sie fast vollendet, so daß sein Schüler und Freund Braulio von Saragossa († um 651) wenig Mühe hatte, sie abzuschließen und herauszugeben. Ihren Namen hat sie davon, daß Wesen und Eigenschaften der beschriebenen Dinge aus deren Namen abgeleitet oder zumindest dazu in Beziehung gesetzt werden. Die Methode ist alt; sie lag Varros (116−27 v. Chr.) 'Disciplinae' zugrunde und sie wurde in der antiken Vergilerklärung (Servius, 4. Jh. n. Chr.) allenthalben eingesetzt. Nicht in der Selbständigkeit und Neuartigkeit der einzelnen Interpretationen liegt die Wirkung der 'Etymologiae' begründet, sondern in der Konsequenz, mit der Isidor Gegenstände und Deutung, die in der alten Literatur über viele Schriften verstreut waren, sammelte und ordnete. Selber ein großer Leser und Besitzer einer bedeutenden Bibliothek (Fontaine 1959, 738 ff.; 1143 ff.; Ortega 1961, 261 ff.), war es ihm ein Anliegen, die spanischen Kleriker wenigstens in Form eines Abrisses oder Auszugs am Wissen der Alten teilhaben zu lassen, ein Wissen, das er kaum aus Eigenem bereicherte, das er verkürzte und nicht immer richtig referierte, das er jedoch in ein System zwang, das sein Werk zur ersten echten Universalenzyklopädie werden ließ.

Die antike Enzyklopädik war eine Enzyklopädik der artes gewesen, d. h. der lehrbuchmäßig darstellbaren, auf praktische Anwendung zielenden Disziplinen, seien es nun artes liberales [freie Künste], artes mechanicae [handwerkliche, mit körperlicher Tätigkeit verbundene Künste] oder praktische Disziplinen wie z. B. die Jurisprudenz (Vollmann 1994, 135 ff.). Catos 'Praecepta ad filium' umfaßten Landwirtschaft, Medizin und Rhetorik, ergänzt durch Bücher über Kriegskunst und Jurisprudenz, die, auch wenn gesondert ediert, ebenfalls Teile seines enzyklopädischen Zyklus bildeten; Varros 'Disciplinarum libri IX' lehrten die Sieben freien Künste, Medizin und Architektur, Celsus' (1. Jh. n. Chr.) 'Artes' Landwirtschaft, Medizin, Rhetorik, Kriegskunst und wohl auch Rechtswissenschaft. Neben diesen auf Anwendung ausgerichteten Fächern gab es jedoch auch Wissensstoffe, die nicht zum Kreis jener ἐγκύκλιος παιδεία zählten oder nur teilweise in diese integrierbar waren wie Kosmographie, Kosmologie, Elementenlehre, Meteorologie, Geographie, Anthropologie (soweit nichtmedizinisch) und schließlich Tier- und Pflanzenkunde, insofern diese über Viehzucht, Jagd, Fischfang, Getreide- und Obstbau sowie Heilkräuterkunde hinausreichte. Ebenfalls außerhalb der artes standen politische Geschichte, Kultur- und Religionsgeschichte.

Der besondere Charakter all dieser Wissenssektoren läßt sich am Aufbau der 'Etymologiae' ablesen. Die Bücher I−III behandeln die artes liberales, Buch IV die Medizin und Buch V die Jurisprudenz, also die geisteswissenschaftlichen artes. Der Schlußteil der 'Etymologiae', XVII−XX, enthält diejenigen artes, die körperlichen Einsatz erfordern: XVII Landwirtschaft, XVIII Kriegskunst, Theater, Spiele und Sport, XIX Nautik, Fischfang, Architektur, Textilkunst, XX Kochkunst, Herstellung von Möbeln, Wagen und Reitzeug. Zwischen diesen beiden artes-Blöcken stehen die Bücher VI−XVI, VI−IX bieten − wie zuvor Varros Antiquitates − Religions- und Kulturgeschichte, X ethische Anthropologie, XI physische Anthropologie, XII Tierkunde, XIII Himmels-, Luft- und Wasserkunde, XIV physikalische Geographie, XV Kulturgeographie, XVI Boden-, Stein- und Metallkunde. Ein Mittelteil zweckfreie Wissenschaften wird also gerahmt von zwei Sektionen angewandter Wissenschaften. Dieser Mittelteil könnte den Eindruck erwecken, als habe Isidor hier alles hineingestopft, was außerhalb der artes an Wissensstoff kursierte; doch dieser Eindruck wäre falsch. Isidor präsentiert hier eine Kombination von Fachgebieten, die sich − teilweise − schon in der Antike herausgebildet hatte. So finden sich bereits in den Werken eines Plinius und Solinus Anthropologie und Zoologie eng mit Geographie und Geschichte verknüpft. Dies, weil die Verschiedenheit der Tierarten mit der Verschiedenheit des Bodens und des Klimas in Verbindung gebracht wurde, und weil man in der Geschichte, besser: in den Geschichtswerken, auch das Material für die Beschreibung und das Begreifen naturwissenschaftlicher Phänomene fand. Dahinter steht eine dynamische, ja religiöse Vorstellung von der Natur als der magna parens [großen Mutter], die in Geschichte und Welt ständig neue Wunderwerke schafft. Es ist diese Vorstellung, die die Kirchenväter veranlaßte, die Naturlehre in die Exegese des Sechstagewerks einzubauen und die Wunderwerke der Natur mit einer hymnischen Inbrunst zu feiern, die in nichts der Inbrunst der pagan-antiken Autoren nachstand. Es ist klar, daß die Wissenschaften des Mittelteils der 'Etymologiae' eine wesentlich engere Verbindung zum christlichen Wissenschafts-Weisheits-Begriff darstellen als die berufs- (und gewinn)-orientierten artes.

Isidor war sich des Unterschieds wohl bewußt, wie die Gliederung seines Werkes zeigt, aber er bemühte sich, ihn zu reduzieren. Er hatte die geniale Idee, die heterogenen Teile einander anzugleichen und so zum ersten Mal ein wirklich universales System des Wißbaren zu entwerfen, indem er aus den Büchern der Künste und des Kunsthandwerks die Anweisungen für die Praxis entfernte, sich darauf beschränkend, die wichtigsten Begriffe aufzuzählen und zu erläutern, und indem er über alle Teile das vereinheitlichende Netz der etymologischen Erklärung spannte. Gewiß sind Isidors Erklärungen so knapp, daß sie den Ansprüchen des hohen Mittelalters nicht mehr genügen konnten, aber er hat das Haus gebaut, das von späteren Generationen ausgestattet werden konnte, und er hat — ebenso wichtig — gezeigt, wie man einen Stoff durch Klassifizierung, Katalogisierung und Systematisierung aufbereitet. Die künftigen Enzyklopädisten werden dies von ihm lernen.

3. Hrabanus Maurus 'De rerum naturis (De universo)'

Zwei Jahrhunderte nach Isidor arbeitete Hraban (um 780—856) Isidors Etymologien um. Das neue Werk mit dem Titel 'De rerum naturis' (in der Drucküberlieferung: 'De universo'; Kottje 1983, 187) war gleichfalls für Kleriker bestimmt, aber das, was Hraban unter Klerikerbildung versteht, unterscheidet sich deutlich von Isidors Intentionen. Isidors Kleriker sollte Bescheid wissen über alle Bereiche weltlichen Wissens, Hrabans Kleriker soll die Überlieferung nützen zu geistlicher Erbauung, der eigenen wie der ihm anvertrauten Christen. Die veränderte Zielsetzung zeigt sich schon in der neuen Stoffgliederung. 'De rerum natura' beginnt mit der Hl. Dreifaltigkeit und den Engeln (Buch I). Dann folgen in den Büchern II—V Erläuterungen zu Personen des Alten und Neuen Testaments, zur Hl. Schrift und zum kirchlichen Leben. Die weiteren Bücher befassen sich mit den Themen Anthropologie (VI—VII), Zoologie (VIII), Himmels- und Wetterkunde (IX), Zeit und ihre Einteilung (X), Wasser (XI), physikalische und Kulturgeographie (XII—XIV), weise Menschen der heidnischen Antike (XV), Völkerkunde (XVI), Erde, Steine, Metalle (XVII), Gewichte und Maße, Musik und Medizin (XVIII), Landwirtschaft und Botanik (XIX), Kriegskunst, Spiele, Nautik (XX), Architektur und Textilkunst (XXI), Innenausstattung, Werkzeuge und Zaumzeug (XXII).

Es fällt ins Auge, daß Hraban den gesamten ersten Teil Isidors mit den geisteswissenschaftlichen artes bis auf zwei rudimentäre Kapitel über Musik und Medizin ersatzlos gestrichen hat. Noch wichtiger aber ist die Beobachtung, daß die gesamte Einteilung fundamental verändert wurde. Isidor war von den bestehenden, antiken Wissensdisziplinen ausgegangen und hatte diese zu einem neuen System zusammengebaut. Hraban geht von der Schöpfungs- bzw. Seinsordnung aus, so daß eine Zweiteilung entsteht: Gotteswerk (I—XIII) — Menschenwerk (XV—XXII) mit jeweils einem einleitenden Buch über deren Hervorbringer, Gott (I) für den ersten und die Weisen der Antike (XV) für den zweiten Teil. Buch XIV über die menschliche Bautätigkeit steht zwischen beiden Blöcken; es gehört in bezug auf die Errichtung von Bauten zum zweiten Teil (Menschenwerk), in bezug auf deren Vorhandensein zum ersten (Geographie). Das Ganze könnte man unter zwei Worte aus der Genesis subsumieren: „Im Anfang schuf Gott Himmel und Erde" (Genesis 1,1) und „Macht euch die Erde untertan" (Genesis 1,28). Der neue, christianisierte Zugriff Hrabans kommt auch in der neuen Bucheinteilung zum Tragen. Wie er selbst im Widmungsbrief an Ludwig den Deutschen schreibt, setzte er 22 Bücher an, weil nach Hieronymus das Alte Testament 22 Bücher umfaßt. Der markanteste Unterschied zwischen der isidorianischen Vorlage und der

Neufassung besteht jedoch darin, daß die in den 'Etymologiae' aufgelisteten und beschriebenen Gegenstände unter Heranziehung der patristischen Exegese allegorisch ausgedeutet und damit predigttauglich gemacht werden (Heyse 1969, 10 ff.). Während sich Isidor damit begnügt, z. B. den Namen eines Tieres (etymologisch) zu erklären und seine Eigenart (natura) zu beschreiben, fügt Hraban die biblischen Nennungen und deren spirituelle Auswertung hinzu. M. a. W., die Bibel wird zum Schlüssel, mit dem die Welt in ihrer tieferen Sinnschicht erschlossen werden kann. Für Hraban − und für alle nachfolgenden Allegoretiker − ist das, was bei Isidor steht, nur die Oberfläche des Weltganzen, die harte Schale, die durchstoßen werden muß, um zu jener verborgenen Schicht vorzudringen, die die Beziehung der einzelnen Dinge zum Weltplan/Heilsplan des Schöpfers enthält. So erst wird der Kosmos der natürlichen Dinge zum Buch der Natur, in dem der Mensch neben dem Buch der Bücher erfahren kann, was ihm zum Heil dient. Der Gedanke ist nicht ganz neu; schon Plinius hatte in seiner 'Naturalis' historia besonderen Wert auf die Darstellung der mirabilia in der Natur gelegt, um von hier den Leser im Sinne der Stoa auf das Walten des göttlichen Geistes im Weltganzen aufmerksam zu machen. Doch erhält dieser Gedanke eine ganz neue Dimension, wenn man davon ausgeht, daß nicht ein der Welt immanentes Pneuma diese Wunder wirkt, sondern ein transzendentaler, persönlicher Schöpfergott, der in und mit der Welt einen bestimmten Plan verfolgt, einen Plan, der sich in einem historischen Prozeß mit bestimmtem Anfang und Ende vollzieht. Die Fakten, wie sie Isidor genannt hat, sozusagen die enzyklopädischen Buchstaben, bleiben auch bei Hraban unverändert; sie werden aber neu gelesen. Geht man von den nackten Zahlen der Überlieferung aus, war das Hrabansche Werk nicht besonders erfolgreich; nur ca. 45 Handschriften sind auf uns gekommen (Kottje 1983, 188 f.), was daran liegen mag, daß der allegorischen Ausdeutung eine gewisse Beliebigkeit anhaftet; jeder bessere Theologe mochte sich in der Lage sehen, eine geistliche Ausdeutung der Dinge zu ersinnen, während er für die Dinge selber auf das Wissen des Altertums angewiesen war. Außerordentlich erfolgreich war jedoch die durch Hraban initiierte Neuorientierung der Enzyklopädik. Bis hin zu Vinzenz von Beauvais wird die Ordnung der Welt, nicht die Ordnung der Wissenschaften Gliederungsgrundlage und geistiger Ausgangspunkt der hochmittelalterlichen Enzyklopädien sein (Meier 1992, 158 ff.).

Für die Sachinformationen selbst blieb freilich Isidor auch in den auf Hraban folgenden Jahrhunderten die nicht zu ersetzende Hauptquelle. Das zeigt sich zum einen darin, daß die 'Etymologiae' auch weiterhin fleißig abgeschrieben wurden, zum anderen darin, daß man sie in kleinere Münze wechselte. Wohl in der 2. Hälfte des 11. Jhs. (Hildebrandt 1994, 510 ff.) entstand mit dem Sachglossar 'Summarium Heinrici' ein Auszug in XI Büchern, der die Informationen der 'Etymologiae' zwar radikal auskürzte, dafür aber durch deutsche Interpretamente das Werk zum volkssprachlichen Bereich hin öffnete. Schon vorher hatte man begonnen, isidorisches Material in alphabetische Glossare einzuarbeiten, v. a. in den 'Liber glossarum' (Mitte des 7. Jhs. oder Ende des 8. Jhs.; Ganz 1993, 127 ff.), dessen Lore dann − zusammen mit weiterem Material − zu den sog. 'Glossae Salomonis' (10. Jh.), zum 'Elementarium doctrinae rudimentum' des Papias (um 1050) und zu Osberns von Gloucester 'Panormia' (12. Jh.) weitergereicht wurde, um schließlich in die großen Kompendien, Hugutios 'Derivationes' (2. Hälfte des 12. Jhs.) und des Johannes Januensis 'Catholicon' (1286), aufgenommen zu werden. Diese Glossare und Kompendien sind zwar keine systematischen Enzyklopädien, sie sind jedoch, ungeachtet ihrer alphabetischen Anordnung, keine Vokabulare in unserem Sinn, da sie nicht einen Wortgebrauch belegen, sondern die durch das Wort bezeichnete Sache erklären, und dies mit Hilfe der isidorschen Methode (auf die das Werk Hugutios anspielt) und mit Hilfe des von Isidor und anderen zusammengebrachten Materials. Das 'Catholicon' wird eines der ersten gedruckten Bücher sein (1460), aber auch die 'Derivationes' und die 'Etymologiae' selbst gehören zu den Erfolgsbüchern der Inkunabelzeit − Zeichen dafür, daß auch nach der Hrabanschen Wende die Nachfrage nach enzyklopädischer Sachinformation unvermindert anhielt.

4. Die Enzyklopädik des 12. Jahrhunderts

Bis zum Ende des 11. Jhs. beherrschte Isidor das Feld. Das ändert sich mit dem Beginn des 12. Jhs. in vielfacher Weise. Man läßt ganze Bereiche, die von den 'Etymologiae' noch abgedeckt waren, weg und erweitert dafür andere Bereiche um völlig neues Material; man führt neue Ordnungssysteme ein oder verzichtet gänzlich auf eine durchgehende Ordnung; man verfaßt Enzyklopädien für die ganz speziellen Bedürfnisse eines kleinen Kreises und man verfaßt Handbücher, die zahlreiche, verbesserte Auflagen erleben. Den neuen Werken ist eines gemeinsam: sie verzichten auf das isidorsche Ideal einer generellen Universalbildung und setzen an dessen Stelle eine an neuen Fragestellungen und neuen Bedürfnissen orientierte, weniger extensive, jedoch inhaltlich vertiefte Wissensvermittlung. Dieses Verlassen einer allgemein verbindlichen Wissensbasis führte notwendig zu einer starken Differenzierung des Werkcharakters — und dazu, daß bei keinem der gleich zu nennenden Schriften des 12. Jhs. die Zugehörigkeit zur Gattung Enzyklopädie unumstritten ist. Die früheste, der 'Liber floridus' des Lambert von St. Omer (Meier 1992, 161 f.), entstanden zwischen 1090 und 1120, ist ein mit ca. 60 Illustrationen geschmücktes Exzerptenwerk mit deutlichen Schwerpunkten in biblischer und profaner Geschichte, Geographie und Naturkunde; Philosophie und Grammatik spielen darin nur eine untergeordnete Rolle, und die Rechtswissenschaft ist ebenso wenig vertreten wie die artes mechanicae. Die Informationen sind so bunt durcheinandergewürfelt, daß die Unordnung wohl kaum allein durch den Entstehungsvorgang (mehrere Exzerpierungsvorgänge) erklärt werden kann, vielmehr sollte wohl die bunte Schüssel der Lesefrüchte dem potentiellen Benützer die Illusion rauben, daß ihm hier abgeschlossen-endgültiges Wissen präsentiert werde. Lambert zog aus vielen Quellen aus, was ihn interessierte und möglicherweise auch andere interessieren konnte. Sein Buch sollte Horizonte erweitern, anregen, aber in Form einer offenen Enzyklopädie. Die nahezu gleichzeitige 'Imago mundi' des Honorius Augustodunensis (1. Auflage um 1120, 5. Auflage nach 1152) vermittelt dagegen in knappster Form dürres Abrégé-Wissen, wohl geordnet, wohl geeignet zum Memorieren und Abfragen (Freytag 1983, 125; Sturlese 1990, 109 ff.). Aber obwohl von der didaktischen Konzeption her dem 'Liber floridus' so unähnlich wie nur möglich, verrät die 'Imago' parallele Interessen. Das erste Buch ist der Beschreibung der Welt gewidmet (Geographie, Meteorologie, Himmelskunde), das zweite der Zeit und ihrer Berechnung, das dritte der Geschichte von Adam bis zu Heinrich V. Die Aufnahme von Geschichtskenntnissen in den Kanon des unverzichtbaren Bildungswissens ist eines der markantesten Zeichen der veränderten Mentalität. Die Historiographie war als einziges bedeutendes Gebiet von Isidor in den 'Etymologiae' nicht berücksichtigt worden — der Geschichtsabriß in 'Etymologiae' V 39, ein Auszug aus Isidors Chronica, war ein Zusatz Braulios gewesen (Brunhölzl 1975, 76). Jetzt im 12. Jh. entsteht nicht nur die bedeutendste Chronistik des Mittelalters (Sigebert von Gembloux, † 1112, Frutolf von Michelsberg, † 1103, Ekkehard von Aura, † nach 1125), sondern es entwickelt sich auch eine über die Schicht der Gelehrten weit hinausreichende Nachfrage nach historischen Grundinformationen, ja geradezu ein geschichtliches Bewußtsein. Dies bezeugt der chronikalische Abriß des Honorius ebenso wie die 1140—1150 verfaßte mhd. Kaiserchronik; dies bezeugt aber auch der 'Hortus deliciarum', jenes reich bebilderte Bildungsbuch der Äbtissin Herrad von Hohenburg/St. Odile († um 1196), das sie in der 2. Hälfte des 12. Jhs. mit Hilfe ihrer Nonnen hergestellt hatte (Curschmann 1981, 1138 ff.; Sturlese 1990, 176 ff.). Von wenigen eigenen Einlagen abgesehen handelt es sich um Kompilationen aus vielen Wissensgebieten, v. a. aus Bibelkunde und Theologie, Kirchenrecht, Liturgik, Dogmatik, aber auch aus Geschichte und Naturkunde. Eine Nonnenenzyklopädie also, deren Besonderheit jedoch darin besteht, daß sie den Stoff geschichtlich organisiert: mit Schöpfung und Sündenfall beginnend und mit dem Jüngsten Gericht endend, integriert sie alle Wissensdinge in diesen Ablauf von Welt- und Heilsgeschichte (Meier 1992, 161 f.).

In ihrer Bewertung als Enzyklopädien besonders umstritten sind drei Werke aus der Schule von St. Victor in Paris: das 'Didascalicon' des Hugo von St. Victor († 1141), der 'Liber exceptionum' Richards von St. Victor († 1173) und das 'Speculum universale' des Radulfus Ardens († 1199 oder 1200). Châtillon (1966, 539 ff.) zählt Hugos Schrift zu den großen Enzyklopädien, weil sie in den Büchern 1—3 eine Systematik des ganzen weltlichen Wissens (philosophia) enthält. Meier (1984, 486) lehnt dies ab, weil hier von den vier wesentlichen Gegenstandsbereichen der Enzyklopädik — Kosmos, Geschichte, Wissenschaften und Ethik — drei fehlen. Freilich müßte dann das gleiche Verdikt auch die Naturenzyklopädien des 13. Jhs. treffen. Eher wird man den Unterschied zwischen einer Enzyklopädie und dem 'Didascalicon' darin zu sehen haben, daß erstere Wissen als solches vermitteln will, während Hugos Anliegen darin besteht, das Studium der artes auf das Studium der Theologie hinzuordnen. Hugos Schüler Richard berücksichtigt in seinen 'Exceptiones' über die artes hinaus auch geschichtliches und naturkundliches Material, an dem er aufzeigt, wie Wissenselemente durch allegorische Deutung für das geistliche Leben fruchtbar zu machen sind (Châtillon 1988, 599 ff.). Die moralisierten Enzyklopädien des ausgehenden 13. und des 14. Jhs. (s. 6.) werden das, was Richard modellhaft vorführte, auf den gesamten Naturbereich, soweit er bereits enzyklopädisch erschlossen war, anwenden. Des weiteren stellt sich die Frage nach dem enzyklopädischen Charakter beim letzten der genannten Werke, beim 'Speculum universale' des Radulfus Ardens, das trotz seines Titels keineswegs universell ausgerichtet ist, sondern sich auf die Sittenlehre beschränkt (Gründel 1966, 553 ff.). Doch wenn man die Naturkundeenzyklopädie als Fachenzyklopädie akzeptiert, wird man wohl auch der Moralenzyklopädie dasselbe Recht zugestehen müssen.

Hildegards von Bingen (1098—1179) 'Physica', ein Buch, das Kräuter, Elemente, Bäume, Steine,

Vögel, Fische, Vierfüßer, Kriechtiere und Metalle beschreibt, öffnet mit seiner Fülle an benannten und beschriebenen Naturdingen und mit seiner selektiven Auswertung der 'Physiologus'-Tradition (Moulinier 1994, 119 ff.) der Naturkundeenzyklopädie neue Wege. Trotzdem sind die 'Physica' keine reine Enzyklopädie, sondern ein Zwitter. Die Dingbeschreibung zielt auf Heilanwendung – der authentische Titel lautet 'Liber simplicis medicinae' (Meier 1981, 1271 f.) –, und insofern sind die 'Physica' ein Fachbuch, keine Enzyklopädie (Meier 1984, 499). Auf der anderen Seite enthalten die Kapitel viele Beschreibungselemente, die, medizinisch irrelevant, ihrer Art nach der Naturgeschichte zugehören. (Dieselbe Doppelung von Naturbeschreibung und medizinischer Auswertung war schon für die 'Historia naturalis' des Plinius kennzeichnend gewesen.)

Wohl in die beiden Jahrzehnte zwischen Hildegards Tod und den Beginn des 13. Jhs. ist Alexander Neckams (1157–1217) 'De naturis rerum' zu setzen, die den Übergang zur Naturkundeenzyklopädik des 13. Jhs. bildet. Zwar weist Neckams Werk im Gegensatz zu dem seiner Nachfolger einen deutlichen moralischen Einschlag auf – alle Kapitel enden mit einer moralischen Nutzanwendung –, aber die Dingbeschreibung, die auch rein quantitativ die Anwendung weit übertrifft, wird nicht auf die Moral hin zugeschnitten, vielmehr werden die Naturtatsachen quellengetreu wiedergegeben und die Moral sozusagen als Corollarium hinzugefügt, ein Corollarium, das den informativ-enzyklopädischen Grundcharakter von Alexanders Naturbuch nicht verändert. Man wird jedoch in dem Umstand, *daß* moralisiert wird, einen Reflex der oben unter 1. erwähnten curiositas-Diskussion erblicken dürfen, die v. a. in monastischen Kreisen fortgeführt wurde und die auch die geistlich-allegorische Ausrichtung der Bestiarien des 12. und 13. Jhs. weitgehend mitbestimmte. Offenkundig war um die Jahrhundertwende eine voraussetzungslose, weltliche Naturkundeenzyklopädie, die die Verbreitung von Naturwissen an sich für legitim hielt, noch nicht möglich gewesen. Dies wird sich bereits in der folgenden Generation ändern.

5. Thomas von Cantimpré, 'Liber de natura rerum'

Thomas (um 1200–um 1263), bis 1224 Augustinerchorherr in Cantimpré bei Cambrai, hernach Dominikaner, schrieb 15 Jahre (ca. 1227–1242) an seiner Enzyklopädie 'De rerum natura'. Auch er flocht in sein Werk (nebst einigen Allegoresen) bisweilen moralische Belehrungen ein zum praktischen Gebrauch für Prediger, denen, wie er sagt, seine Arbeit dienen sollte. Doch macht Thomas daraus – im Gegensatz zu Neckam – kein durchgehendes Prinzip; man hat eher den Eindruck, daß es sich um die (partielle) Übernahme von Elementen einer anderen Verfahrensweise handelt (anders Meier 1984, 475 ff.). Die große Masse des Werkes vermittelt Bildungswissen, das Thomas aus den verschiedensten Quellen kompiliert hat, aus Aristoteles' 'Historia animalium' in der eben erst (um 1220) fertiggestellten Übersetzung des Michael Scotus, aus Plinius, Solinus, Ambrosius, Augustinus, Isidor, Jakob von Vitry, dem (bisher nicht wiederaufgefundenen) anonymen 'Liber rerum', der vor allem Naturbeoachtungen enthalten haben dürfte. Von Thomas' Sammelleidenschaft berichtet das Vorwort; sie wird dokumentiert durch die Zusätze, in den von ihm selbst durchgeführten Redaktionen. Was nun die Disposition des gesammelten Stoffes betrifft, so fällt auf, daß Thomas keinen Versuch macht, wie die meisten mittelalterlichen Enzyklopädisten, Gott und die Engel in die Beschreibung der seienden Dinge, der Welt, miteinzubeziehen oder doch wenigstens eine gewisse theologische oder ontologische Ordnung in die Abfolge der Bücher zu bringen, also entweder nach dem Sechstagewerk vorzugehen wie Vinzenz von Beauvais, oder philosophisch nach Substanz und Akzidens zu gliedern wie Bartholomäus Anglicus (Vollmann 1994, 138 ff.). Thomas beginnt mit dem menschlichen Leib und schließt daran an die Bücher von der menschlichen Seele und den Wundermenschen (1–3). Die Bücher 4–9 enthalten die Vierfüßer, Vögel, Meeresungeheuer, Fische, Schlangen und Würmer; 10–12 die Bäume, Gewürzbäume, Pflanzen; 13–15 Quellen, Steine und Metalle; 16–19 Luftregionen, Planeten, Meteora, Elemente. In einer zweiten Redaktion wurde ein Auszug aus Wilhelms von Conches (um 1080–1154) 'Philosophia mundi' als 20. Buch hinzugefügt. Zu erwarten wäre entweder eine Reihe vom Höchsten zum Niedrigsten – dann müßte der Himmel und die Himmelserscheinungen am Anfang stehen –, oder umgekehrt eine Reihung vom Niedrigsten zum Höchsten – dann wäre mit den Elementen zu beginnen. Daß Thomas all dies nicht kümmert, beweist, wie wenig es ihm auf die Konstruktion eines Weltenbaus, einer fabrica mundi, oder auf eine geistige Durchdringung des système du monde ankam. Was er bietet, ist eine Darstellung des Faktischen. Bereits die ersten Leser seiner Enzyklopädie müssen das instinktiv erfaßt haben. Die noch zu seinen Lebzeiten, aber nicht von ihm persönlich geschaffene Kurzfassung des 'Liber de natura rerum', der wiederum in mehrere Redaktionen aufgespaltene sog. 'Thomas III' (Hünemörder 1990, 241 ff.; Vollmann 1994, 141 ff.; Ulmschneider 1994, 309 ff.), weist Handschriften auf, die mit Buch 4 (Vierfüßer) beginnen, und andere − die meisten −, die mit den Luftregionen (ehemals Buch 16) einsetzen, gerade so, als wäre die Anordnung der Bücher kaum von Belang. Dasselbe wiederholt sich innerhalb der Tier- und Pflanzenbücher, die (grob) alphabetisch aufgebaut sind. So folgt etwa im Vierfüßerbuch das Wildschwein (aper silvestris) auf den Esel (asinus), weil es das lateinische Alphabet so will, nicht weil von Artverwandtschaft oder Habitat her zwischen beiden eine Beziehung bestünde. Hildegard hatte noch die Tiere nach Herkunft, Art, Größe, Lebensweise usw. zusammengeordnet. Alphabetisierung bedeutet dagegen Isolierung; sie erleichtert den informativen Zugriff auf den einzelnen Naturgegenstand − vorausgesetzt man kennt seinen lateinischen Namen −, aber sie beraubt ihn seiner natürlichen Umgebung, macht ihn zum nachschlagbaren Lexikonartikel. Der Alphabetisierungstrend wird im Verlauf des Spätmittelalters noch zunehmen, weil die Fülle an Informationen anders nicht mehr zu bewältigen war; die ἐγκύκλιος παιδεία, die umfassende Bildung, begibt sich auf den Weg zum enzyklopädischen Lexikon. Und noch eine Parallele zum modernen Konversationslexikon drängt sich auf. Wie dieses im Bücherschrank des gebildeten Bürgers nicht fehlen durfte, legten im Spätmittelalter die an einer gewissen Allgemeinbildung interessierten, aber nicht universitätsgeschulten Geistlichen, insbesondere die Mönche der alten Orden, Wert darauf, ihre Naturkundeenzyklopädie zu besitzen, sei es nun der ungekürzte oder der gekürzte Thomas von Cantimpré oder Bartholomäus Anglicus. Die Aussage de Gandillacs (1966, 517), Thomas habe kaum Resonanz gefunden, beruht auf der seinerzeit noch wenig erforschten Überlieferungsgeschichte. Inzwischen kennen wir ca. 60 Handschriften des Grundwerks und mehr als 90 Handschriften der Kurzfassung. Auch von der deutschen Übersetzung des 'Thomas III' durch Konrad von Megenberg (1309−1374) existieren noch etwa 60 Handschriften, Zeichen dafür, daß das lebhafte Interesse an enzyklopädischer Literatur über die geistlich-lateinischen Kreise hinaus weit in laikal-volkssprachliche Kreise hineinreichte. Bemerkenswert auch die Beobachtung, daß die Verbreitungsgebiete von Bartholomäus Anglicus und 'Thomas III' sich nicht überschneiden, sondern gegenseitig ausschließen: man hatte entweder das eine oder das andere Nachschlagewerk, so wie wir entweder den Meyer oder den Brockhaus besitzen.

6. Bartholomäus Anglicus, 'De proprietatibus rerum'

Der aus England stammende Bartholomäus Anglicus († 1250) studierte in Paris, wo er 1225 in den Franziskanerorden eintrat. 1231 wurde er nach Magdeburg geschickt, um dort ein Ordensstudium aufzubauen. In den folgenden Jahren schrieb er − gleichzeitig mit Thomas von Cantimpré, aber unabhängig von ihm − seine Enzyklopädie (Meier 1984, 479; Meyer 1988, 237 ff.; Sturlese 1990, 306 ff.; Seymour 1992, 1 ff.; Meyer 1993, 86 ff.). Bartholomäus bezog nicht nur mehrere Wissensgebiete ein, die Thomas übergangen hatte, sondern gab seinem Werk auch einen sehr viel stringenteren Aufbau: (a) geistige Substanzen (Gott, Engel, menschliche Seele); (b) körperliche Substanzen (menschlicher Körper, Kosmos, Elemente [Luft + Wettererscheinungen, Vögel; Wasser + Fische; Erde + Geographie, Steine, Metalle, Pflanzen, Tiere]); (c) Akzidentien (Farben, Düfte, tierische Produkte). Aber auch wenn sich Bartholomäus in seiner durchsichtigen Gliederung von Thomas unterscheidet, das Grundinteresse ist dasselbe; die Beschreibung dessen, was ist, anhand der jedem Seienden eigenen Wesenszüge (proprietates/naturae). Die Vielfalt der seienden Dinge mit ihren Eigentümlichkeiten ergibt zusammen den Kosmos, die Welt, mit der Bartholomäus den Leser vertraut machen will, und so ist es denn auch die reale, die weltliche Welt, die uns in seinem Werk entgegentritt. Zwei Generationen nach Neckam präsentiert er eine Enzyklopädie, die frei ist von allegorischen Ausdeutungen. Zwar erscheinen schon in den ältesten Handschriften Randbemerkungen wie „von den Priestern" oder „von Christus" u. ä., Hinweise, wie eventuell eine Proprietät geistlich ausgedeutet werden kann, und es ist nicht auszuschließen, daß diese Hinweise auf Bartholomäus selbst zurückgehen (Meyer 1993, 93 ff), aber es sind nur Stichwörter, deren Ausarbeitung dem Benutzer überlassen wird, während der Autor selbst sich darauf beschränkt, das sichere Faktenwissen zu übermitteln. Der Informationswert dieses Wissens wurde hoch eingeschätzt, wovon nicht nur die große Anzahl noch erhaltener

Überlieferungsträger (Meyer 1988, 238) und die mittelalterlichen Übersetzungen ins Italienische, Französische, Provenzalische, Englische und Spanische (Meyer 1988, 238) zeugen, sondern auch die 'Moralisationen' des Marcus von Orvieto (um 1281/91; Schmidtke 1993, 38), Johannes von St. Gimignano († nach 6. 5. 1333; Oldoni 1994, 213 ff.) und Petrus Berchorius († 1362; Tesnière 1994, 229 ff.), denen Bartholomäus als naturkundliche Grundlage diente. Natürlich hatte Bartholomäus ebensowenig wie seine Vorgänger das Faktenmaterial aus eigener Beobachtung gewonnen, sondern aus den maßgebenden oder für maßgeblich gehaltenen Quellschriften kompiliert. Wollte man ihm dies zum Vorwurf machen, müßte man auch von den Beiträgern eines modernen Konversationslexikons verlangen, daß sie nicht nur den gegenwärtigen Stand der Wissenschaft referieren, sondern in jeden Artikel eigene Forschung einbringen. Die Qualität einer mittelalterlichen Enzyklopädie erweist sich in ihrer Kenntnis der Quellen und in der klugen Anordnung des Materials. Unter beiden Aspekten kann Bartholomäus bestehen.

7. Vinzenz von Beauvais, 'Speculum maius'

Vinzenz (1184/94 – um 1264), Dominikaner im Kloster Beauvais und Erzieher am Hof Ludwigs IX., kompilierte (mit Hilfe seiner Mitbrüder) seit den 40er Jahren aus über 2000 Quellen die umfangreichste Enzyklopädie des Mittelalters und schuf – in mehreren Stufen und Anläufen – gewissermaßen eine Modellenzyklopädie, die in ihren drei Teilen 'Speculum naturale', 'Speculum doctrinale' und 'Speculum historiale' die Summe dessen darstellt, was man von der Natur, den artes und der Geschichte wußte (Paulmier-Foucart 1990, 1 ff.). Der vierte Band, ein Auszug aus der Moraltheologie des hl. Thomas von Aquin, stammt nicht von Vinzenz, doch hatte Vinzenz selbst ursprünglich ein eigenes 'Speculum morale' vorgesehen. Im Laufe der Werkgeschichte wurde dieses Stoffgebiet dann aber als allgemeine und angewandte Ethik in das 'Speculum doctrinale' integriert, so daß ein opus tripartitum entstand (Meier 1992, 166 ff.). Dies war kein Zufall. Vinzenz suchte eine Dreigliederung, um eine Entsprechung zur göttlichen Trinität und ihren Appropriationen – Gottvater als Schöpfer aller Dinge, Gottsohn als Inbegriff aller Ideen, der Hl. Geist als Inbegriff liebenden Handelns – aufzubauen, die sich im Menschen als nachahmend-schaffendem, erkennendem und liebendem Wesen widerspiegelt. Da aber diese drei Grundfunktionen des Menschseins durch die Erbsünde verderbt wurden, müssen sie durch doctrina [Unterweisung] wiederhergestellt werden; diesem Ziel dient das Speculum (Meier 1992, 169 ff.).

Die Konzeption ist faszinierend, doch wird sie nur zum Teil dem gerecht, was eine Enzyklopädie ausmacht, und was auch Vinzenz in seiner Enzyklopädie behandeln wollte. Übereinstimmung zwischen Idee und Durchführung gilt weitgehend für das Doctrinale, die Lehre von der Philosophie (im mittelalterlichen Sinn) mit ihren Teilen philosophia logica (Grammatik, Dialektik, Rhetorik, Poetik), theorica (Theologie, Mathematik, Physik), practica (Individual- und Gesellschaftsethik, Recht), mechanica (technische Künste, Medizin). Weitgehend, aber nicht vollständig, weil der Ethik – um die analogische Beziehung durchzuführen – eigentlich ein eigener Teil (speculum morale) zustehen würde. Vinzenz setzt an dessen Stelle sein 'Speculum historiale' und rechtfertigt sein Vorgehen damit, daß der Geschichte positive wie negative Beispiele für moralisches Handeln entnommen werden können. Doch ist ein Geschichtswerk von Inhalt und Zielsetzung her einfach etwas anderes als eine Darstellung der Sittenlehre. Eine Darstellung des Geschichtsverlaufs war seit dem 12. Jh. im Rahmen einer Enzyklopädie unverzichtbar – das 'Speculum historiale' wurde denn auch das bei weitem erfolgreichste der drei Specula (Weigand 1991, 77 ff.) –, aber Historiographie war keine scientia [Wissenschaft] oder ars [Kunst], sondern eben historia [Bericht]. Ähnlich liegen die Verhältnisse bei der anderen historia, der historia naturalis [Naturgeschichte], die das erste Speculum umfaßt. Es behandelt nach der Ordnung des Sechstagewerkes Gott, Engel, Licht, Himmel, Wasser, Erde, Mineralien, Metalle, Steine, Pflanzen, Bäume, Früchte, Sterne, Vögel, Fische, Vierfüßer, Schlangen und Insekten, den Menschen (Seele und Körper) und zum Schluß Geographie. Das Ganze ergibt ein abgerundetes Bild von Gottes Schöpfungswerk, inwiefern jedoch der Mensch – nach der oben skizzierten Konzeption – hierin zum Nachahmer Gottes werden soll, kann kaum einleuchten. Deutlich wird vielmehr, wie schon bei Isidor (s. 2.), die Schwierigkeit, handlungsorientierte und deskriptive Fächer unter einem Dach zu vereinen, v. a. dann, wenn man, wie Vinzenz, die theologisch-philosophische Dreigliederung der Philosophie (Wissenschaften) mit der ganz anders gearteten, eigenen Gesetzen folgenden Gliederung nach Wissensgebieten kombiniert. Aber dort wo Vinzenz als Summist scheiterte, war er doch außerordentlich erfolgreich als kenntnisreicher, klarer und kluger Vermittler von Wissen in allen Einzelbereichen.

8. Albertus Magnus (um 1200–1280)

Der einem schwäbischen Rittergeschlecht entstammende Albertus trat vermutlich 1223 in den Dominikanerorden ein, war ab 1233 Lehrer an verschiedenen Ordensschulen, studierte in den 40er Jahren in Paris und lehrte dann (mit Unterbrechungen) von 1248 bis 1280 am Studium generale des Ordens in Köln, wo auch die Mehrzahl seiner Schriften entstand. Ebenso wie Aristoteles und Poseidonios verfaßte er keine Enzyklopädie sensu stricto, sondern war wie diese 'Enzyklopädist' in dem Sinne, daß er den ganzen Kreis der zeitgenössischen Wissenschaft – Theologie, Philosophie, Naturkunde – in seine Studien einbezog (Goetz 1942, 66). So setzt sich das enzyklopädische Werk dieses 'doctor universalis' aus einer Fülle von oft sehr umfangreichen Einzelschriften zusammen (Kübel 1980, 294 ff.), in denen er, zumeist in der Form von Aristotelesparaphrasen, eine große Anzahl jener Stoffgebiete behandelte, die auch Gegenstände der vorausgegangenen Enzyklopädien gewesen waren: Kosmologie und Meteorologie, Elementenlehre, Tier- und Pflanzenkunde, Lehre vom menschlichen Leib und von der menschlichen Seele. Ausgeschlossen blieben dagegen, wie schon bei Aristoteles, Geographie und Geschichte, also jene Fachgebiete, die sich trotz oder vielleicht gerade wegen ihres 'unwissenschaftlichen' Charakters seit dem 12. Jh. starker Nachfrage erfreuten und ab diesem Zeitpunkt in der Enzyklopädik eine wichtige Rolle spielten. Die wissenschaftliche Problemorientiertheit ist es denn auch, die den stärksten Kontrast der o. g. Enzyklopädien zum Werk des Albertus bildet (Sturlese 1990, 377 ff.): Dort zumeist knappes, aus vergleichender Kompilation gewonnenes Basiswissen, hier die kritische Auseinandersetzung mit den kommentierten Quellen, eine Auseinandersetzung, die zwischen Aristoteles und seinen arabischen Kommentatoren, aber auch zwischen Überlieferung und Beobachtung zu unterscheiden weiß, und die sich in Exkursen und eingeschobenen Quästionen literarisch niederschlägt.

9. Ausblick

Albertus Magnus blieb als Naturforscher im Mittelalter ohne Nachfolge; erst im 16. Jh. wird die Botanik und Zoologie wieder eine kritisch-wissenschaftliche Behandlung erfahren. Dagegen wirkt die auf breite Kommunikation hin angelegte, eigentliche Enzyklopädik, die in der 1. Hälfte des 13. Jhs. einen Höhepunkt erreicht hatte, weiterhin befruchtend auf die letzten beiden Jahrhunderte des Mittelalters ein, deren enzyklopädische Ansätze freilich noch weit mehr als im 12. und 13. Jh. auf spezielle Interessen zugeschnitten sind. Neben neuen, umfangreichen (und daher unedierten) enzyklopädischen Kompilationen wie dem anonymen Werk 'Omne bonum' aus dem 14. Jh. (Freeman Sandler 1990, 182 ff.), der 'Catena aurea entium' des Heinrich von Herford (vor 1326–1370; Sturlese 1987, 1 ff.) oder dem 'Fons memorabilium universi' des Domenico Bandini (um 1335–1418; Meyer 1993, 220 ff.) stehen geistliche Moralisationen, von den unter 6. einige genannt wurden, und volkssprachliche Enzyklopädien, die eine laikalen Bedürfnissen angemessene Auswahl aus der wachsenden Flut der res scibiles treffen. Die vielfältige gegenseitige Abhängigkeit und Beeinflussung von geistlichen und weltlichen, lateinischen und volkssprachlichen Wissensinteressen im Spätmittelalter harrt freilich noch der wissenschaftlichen Erschließung.

10. Literatur

Boüard, Michel de, Encyclopédies médiévales. Sur la 'connaissance de la nature et du monde' au moyen âge. In: Rqh 58, 1930, 258–304.

Brunhölzl, Franz, Geschichte der lateinischen Literatur des Mittelalters. Bd. I. Von Cassiodor bis zum Ausklang der karolingischen Erneuerung. München 1975.

Châtillon, Jean, Art. Richard de Saint-Victore. In: Dictionnaire de spiritualité ascétique et mystique. Bd. XIII. Paris 1988, 593–654.

–, Le 'Didascalicon' de Hugues de Saint-Victor. In: Ch 9, 1966, 539–552.

Collison, Robert, Encyclopaedias: Their history throughout the ages. A bibliographical guide. New York/London ²1966.

Curschmann, Michael, Herrad von Hohenburg (Landsberg). In: Vl III, ²1981, 1138–1144.

Fontaine, Jacques, Isidore de Séville et la culture classique dans l'Espagne wisigothique. Bd. I–II. Paris 1959; Bd. III, Paris 1983.

–, Isidore de Seville et la mutation de l'encyclopédisme antique. In: Ch 9, 1966, 519–538.

Freeman Sandler, Lucy, Omne bonum: Compilatio and ordinatio in an englisch illustrated encyclopedia of the fourteenth century. In: Medieval book production. Proceedings of the second conference of the seminar in the history of the book to 1500. Oxford July 1988. Hrsg. v. Linda L. Brownrigg. Los Altos Hill 1990, 183–200.

Freytag, Hartmut, Honorius (H. Augustodunensis). In: Vl IV, ²1983, 122–132.

Gandillac, Maurice de, Encyclopédies prémédievales et médiévales. In: Ch 9, 1966, 483–518.

Ganz, David, The 'Liber Glossarum': A Carolingian encyclopedia. In: Science in Western and Eastern civilization in Carolingian times. Hrsg. v. Leo Butzer/Dietrich Lohrmann. Basel/Boston/Berlin 1993, 127–135.

Goetz, Walter, Die Enzyklopädien des 13. Jhs. In: ZdG 2, 1936, 227–250 (wieder in: Italien im Mittelalter, Bd. II. Leipzig 1942, 62–107).

Grimal, Pierre, Encyclopédies antiques. In: Ch 9, 1966, 459–482.

Gründel, Johannes, L'œuvre encyclopédique de Raoul Ardent: Le 'Speculum universale'. In: Ch 9, 1966, 553–570.

Heyse, Elisabeth, Hrabanus Maurus' Enzyklopädie 'De rerum naturis'. Untersuchungen zu den Quellen und zur Methode der Kompilation. München 1969.

Hildebrandt, Reiner, Summarium Heinrici. In: Vl IX, ²1994, 510–519.

Hünemörder, Christian, Probleme der Intention und Quellenerschließung der sogenannten 3. Fassung des 'Liber de natura rerum' von Thomas von Cantimpré. In: Arbor amoena comis. 25 Jahre Mittellateinisches Seminar in Bonn. 1965–1990. Hrsg. v. Ewald Könsgen. Mit einer Einleitung v. Dieter Schaller. Stuttgart 1990, 241–249.

Kottje, Raymund, Hrabanus Maurus. In: Vl IV, ²1983, 166–196.

Kübel, Wilhelm, Albertus Magnus. In: LM I. München/Zürich 1980, 294–299.

Langosch, Karl, Überlieferungsgeschichte der mittellateinischen Literatur. In: Geschichte der Textüberlieferung der antiken und mittelalterlichen Literatur. Bd. II: Überlieferungsgeschichte der mittelalterlichen Literatur. Zürich 1964, 9–185.

Meier, Christel, Hildegard von Bingen. In: Vl III. ²1981, 1257–1280.

–, Cosmos politicus. Der Funktionswandel der Enzyklopädie bei Brunetto Latini. In: FS 22, 1988, 315–356.

–, Grundzüge der mittelalterlichen Enzyklopädik. Zu Inhalten, Formen und Funktionen einer problematischen Gattung. In: Literatur und Laienbildung im Spätmittelalter und in der Reformationszeit. Symposion Wolfenbüttel 1981. Hrsg. v. Ludger Grenzmann/Karl Stackmann. Stuttgart 1984, 467–500, 501–503 (Diskussionsbericht).

–, Vom Homo Coelestis zum Homo Faber. Die Reorganisation der mittelalterlichen Enzyklopädie für neue Gebrauchsfunktionen bei Vinzenz von Beauvais und Brunetto Latini. In: Pragmatische Schriftlichkeit im Mittelalter. Erscheinungsformen und Entwicklungsstufen. Hrsg. v. Hagen Keller/Klaus Grubmüller/Nikolaus Staubach. München 1992, 157–175.

Meyer, Heinz, Bartholomäus Anglicus, 'De proprietatibus rerum'. Selbstverständnis und Rezeption. In: ZdA 117, 1988, 237–274.

–, Das Enzyklopädiekonzept des 'Fons memorabilium universi' des Domenico Bandini im Verhältnis zur Tradition. In: FS 27, 1993, 220–240.

–, Die Zielsetzung des Bartholomäus Anglicus in 'De proprietatibus rerum'. In: Geistliche Aspekte mittelalterlicher Naturlehre. Symposion 30. November–2. Dezember 1990. Hrsg. v. Benedikt K. Vollmann. Wiesbaden 1993, 86–98, 151–159 (Diskussion).

Moulinier, Laurence, Une encyclopédiste sans précédant? Le cas de Hildegarde de Bingen. In: L'enciclopedismo medievale. Hrsg. v. Michelangelo Picone. Ravenna 1994, 119–134.

Oldoni, Massimo, Giovanni da San Gimignano. In: L'enciclopedismo medievale. Hrsg. v. Michelangelo Picone. Ravenna 1994, 213–228.

Ortega, A., Los Versus Isidori. In: Helmantica 12, 1961, 261–299.

Paulmier-Foucart, Monique, Vincent de Beauvais. Intentions et réceptions d'une œuvre encyclopédique au Moyen-Age. Actes du XIVe Colloque de l'Institut d'études médiévales [...] 27–30 avril 1988. Hrsg. v. Monique Paulmier-Foucart/Serge Lusignan/Alain Nadeau. Saint-Laurent, Québec/Paris 1990.

Schmidtke, Dietrich, Geistliche Tierinterpretation. In: Geistliche Aspekte mittelalterlicher Naturlehre. Symposion 30. November–2. Dezember 1990. Hrsg. v. Benedikt K. Vollmann. Wiesbaden 1993, 26–39, 117–127 (Diskussion).

Seymour, M. C., Bartholomaeus Anglicus and his Encyclopedia. Aldershot 1992.

Sturlese, Loris, Enrico di Herford, Catena aurea entium. Tabula quaestionum, I–VII, a cura di L. St. Pisa 1987.

–, Florilegi filosofici ed enciclopedie in Germania nella prima metà del duecento. In: Giornale critico della filosofia italiana 81, 1990, 293–319.

–, Il razionalismo filosofico e scientifico di Alberto il Grande. In: Documenti e studi sulla tradizione filosofica medievale 1, 1990, 377–426.

—, Storia della filosofia tedesca nel medioevo. Dagli inizi alla fine del XII secolo. Firenze 1990.

Tesnière, Marie-Hélène, Le 'Reductorium morale' de Pierre Bersuire. In: L'enciclopedismo medievale. Hrsg. v. Michelangelo Picone. Ravenna 1994, 229–249.

Ulmschneider, Helgard: 'Ain puoch von Latein'. Nochmals zu den Quellen von Konrads von Megenberg 'Buch der Natur'. In: ZdA 123, 1994, 309–333.

Vollmann, Benedikt K., La vitalità delle enciclopedie di scienza naturale: Isidoro di Siviglia, Tommaso di Cantimpré, e le redazioni del cosiddetto 'Tommaso III'. In: L'enciclopedismo medievale. Hrsg. v. Michelangelo Picone. Ravenna 1994, 135–145.

Weigand, Rudolf, Vinzenz von Beauvais. Scholastische Universalchronistik als Quelle volkssprachiger Geschichtsschreibung. Hildesheim/Zürich/New York 1991.

Benedikt Konrad Vollmann, München
(Deutschland)

54. The shaping of European historiography: Beda, 'Historia Ecclesiastica Gentis Anglorum' (c. 731) and Geoffrey of Monmouth, 'Historia Regum Britanniae' (c. 1136)

1. The Foundations of medieval historiography
2. The subject of history: National history
3. Bibliography

1. The foundations of medieval historiography

The immense popularity of Geoffrey of Monmouth's 'Historia Regum Britanniae' (hereafter abbreviated as HRB), a largely fictitious account of the British past, whose veracity was rarely doubted by later historians, raises one immediate question: what are the foundations of medieval historiography? What made it possible that Bede's 'Historia Ecclesiastica Gentis Anglorum' (hereafter abbreviated as HEGA), a largely factual record of the establishment of the Church in Britain, and Geoffrey's HRB were the most widely disseminated Latin books on British and English history up to 731, the year the HEGA ends?

1.1. The early middle ages

1.1.1. Authority

There is at first the matter of authority. Medieval historians did not conceive of themselves or present themselves as independent authors. The medieval historian was a compiler like Bede, who assembled the sources and documents available to him, or a "translator" like Geoffrey, who claimed to have translated into Latin a "very ancient book written in the British language" (Dedication). He disavowed the responsibility of authorship. Pride in authorship is a Humanist concept. Thus, Polydore Vergil in the dedication of his 'Anglica Historia' (hereafter abbreviated as AH) to Henry VIII can define the status and purpose of history as "the only unique, certain and faithful witness of times and things, redounding as much to the glory of the author as to the usefulness of posterity" (Hay 1950, xxviii). Although Bede would certainly have subscribed to the role of history as faithful witness and to its purpose of usefulness to posterity, he would have attributed the authorial role to God. For the Christian medieval historian history was the manifestation of God's will on earth, a concept underlying even the totally secularized version of Geoffrey's British history. After enumerating the five races inhabiting Britain, he continues: "Of these the Britons once occupied the land from sea to sea, before the others came. Then the vengeance of God overtook them because of their arrogance and they submitted to the Picts and Saxons" (I, 2). Although we may lose sight of it in the course of Geoffrey's protracted narrative, the rise and fall of the Britons is embedded in this traditional framework of Christian historiography, passed on to Geoffrey by way of Gildas.

1.1.2. Chronology

Operating on the assumption that God was the creator of the world and therefore the author of history, the Christian historian's first task was to establish a chronology which reflected this important fact, that is, a mode of reckoning time that started with the creation of the world. In the late third century, Sextus Julius Africanus' 'Chronography' began a series of early Christian histories which ordered persons and events from Near Eastern, Greek, and Roman myths and histories into a Judaeo-Christian time frame. Adding the life years of biblical personages, Africanus concluded that 5500 years had elapsed between Adam and Christ's birth. Refiguring these dates, Eusebius placed the date of Christ's birth in the year 5198 from Adam, and since Jerome's translation of Eusebius' 'Chronicle' became the basis for many Latin world chronicles, his tabulation prevailed in the West (only Bede suggested a different time scale, which had no impact, though, until the eleventh century).

1.1.3. The periodization of history and the concept of translatio imperii

Once this chronology had been established, a periodization of this time span was necessary, since the duration of the world was of great interest to the early Christians, mostly chiliasts who waited for its end. If one equated each of the six days of Creation with a thousand years, the result was six thousand years, five of which had already passed. This periodization was generally accepted in this or a slightly modified form and passed on through the authority of Augustine, who had correlated the six world ages (from Adam to Noah, from Noah to Abraham, from Abraham to David, from David to the Babylonian captivity, from the Babylonian captivity to the birth of Christ, and from the birth of Christ to His Second Coming) and the six life stages of man (infancy, childhood, adolescence, young adulthood, mature adulthood, and old age). The progression was subsumed under the world's and mankind's progress from *ante legem* [before the law] through *sub lege* [under the law] to *sub gratia* [under God's grace]. An alternate pattern, used and made popular by Orosius, was Daniel's scheme of the four empires, originally Babylonians, Medes, Persians and Macedonians but changed by Orosius to Babylonian, Macedonian, African (i. e. Carthaginian) and Roman empires. The inclusion of Rome meant that from now on the history of the world to the Last Judgment would be Roman history in its Christian version. The role of Rome in the divine scheme is that of a chosen nation progressing toward Christ, and finally enjoying triumphant union with the church. Thus very much against Augustine's wishes Rome had become essential to the continuity of sacred history (Hanning 1966, 38).

Once Rome had fallen and the Empire was taken over by the various Germanic tribes, their Germanic past had to be linked to the redemptive history of mankind, including the Roman chapter of that history. Jordanes' 'Getica', Gregory of Tour's 'Historia Francorum' and Paul the Deacon's 'Historia Langobadorum' were such national histories which resulted from the combination of barbarian traditions with scriptural exegesis, the concept of a national ecclesiastical hero derived from Eusebius (Constantine occupies this position in the 'Ecclesiastical History') and Orosian narrative structure. Divine Providence had chosen these nations as Rome's successors so that the faith in Christ was to be spread universally among the peoples of the world, a world, it must be remembered, in its last, sixth age and hurrying toward its end.

To trace the dissemination of Christianity, i. e., the conversion of the Germanic people and the establishment of the temporal Church among them, was one of the foremost goals of the Christian historian or chronicler because the Church was the spiritual link to the past. But the newly emerging world was a complex one with temporal and ecclesiastical matters inextricably intertwined. Thus, these national historians were interested in doing justice to both the writing of ecclesiastical and secular history. Especially Jordanes and Paul the Deacon were intent on dignifying the national past and therefore included many details from the heroic, preconversion era. Gregory of Tours, in contrast, was motivated by a duality of purpose. His concern for secular matters and practical politics lead him to deplore civil strife. Civil strife is seen as the arch-evil destroying the fabric of society. On the other hand, beginning his history with Adam's creation and fall and recapitulating the history of Israel, he obviously intended his account of the Franks as a chapter in the history of salvation. Thus, being full of episcopal and ecclesiastical detail, the 'Historia Francorum' is more a history of the Frankish Church than a history of the Frankish people. And in this Gregory anticipates Bede, even though the two men write from radically different positions in history. Gregory, the ecclesiastical administrator, writes in an age of turbulence, Bede, the cloistered monk, in an era of relative peace.

Both men also shared the belief that Divine Providence worked itself out in history through a number of signs such as prophecies (Old Testament prophecies shed light on events not only in the New Testament but also on those in the post-biblical period), portents such as comets, fires, disturbances in the animal world etc. as warnings from God of things to come, and miracles as visible signs of God's immanence in His creation, whose natural laws could be suspended at His will and command. God used these omens to illustrate His power over man as well as over whole nations which could either be rewarded or punished by Him. And, perhaps most important, both men subscribed to the eschatological vision of history, that is, they were aware of the fact that they were living in the sixth and final age of the world. Although neither Gregory's 'Historia Francorum' nor Bede's HEGA are inspired by any apocalyptic fervor, their works are hortative and convey a noticeable *respice finem* – message (Breisach 1983, 82 ff.).

1.2. The later middle ages

1.2.1. Authority

What has been said about the views on history held by the early Christian historians holds largely true for the chroniclers of the High Middle Ages and to some degree for the Anglo-Norman historians. The conceptual frame did not change: History was still regarded as God's manifestation on earth, and major changes in the welfare of a ruler or a nation were attributed to His agency. There was a pronounced shift, though, away from the writing of predominantly ecclesiastical history (done by monastic writers like William of Malmesbury who wanted to establish the continuity of English church history during the Anglo-Norman era) to a separation of political and ecclesiastical history (Henry of Huntington, 'Historia Anglorum') and the preoccupation with predominantly secular history by some clerical writers, among them Geoffrey of Monmouth, a fact that eliminated the eschatological outlook from their concept of history.

In his dedication to Waleran, Count of Mellent, Geoffrey of Monmouth mentions the names of two earlier historians, Gildas and Bede, deploring at the same time that neither of them had written "at all on the kings who lived in Britain before the Incarnation of Christ, or indeed about Arthur and all the others who followed on after the Incarnation." Their deeds, he claims, were handed down in oral tradition, and finally collected in a very ancient book written in British language, one of the putative sources of his own work. By citing Gildas and Bede, Geoffrey seems to place himself in a tradition of historiography that reaches back to the middle of the sixth century. He creates the appearance of continuity (of both subject matter and approach), even though the period he deals with receives only summary treatment in Bede and is treated completely differently by Gildas. Thus, the two authorities may furnish some background information for the HRB, but they belong to a different tradition of historiography that has to be understood first, before Geoffrey's radical changes in the approach to the writing of history can be fully appreciated.

2. The subject of history: National history

All of these three authors write national history in the widest sense, that is, Gildas gives an account of the evil doings of the Britons and their punishment that extends to the middle of the sixth century, Geoffrey presents a largely positive history of the Britons until 689, and Bede focuses on the Anglo-Saxons who succeed as rulers in Britain after the defeat of the British people. Whereas Geoffrey's approach to history is totally secular, that is, he is primarily interested in showing the great military and cultural achievements of the British kings, the approach of Gildas as well as of Bede is theological in the Eusebian-Orosian tradition of historiography, i. e., secular history is interpreted in the light of eschatological ecclesiastical history.

2.1. Gildas, De Excidio et Conquestu Britanniae

Gildas fuses three elements into a complex historical vision: "The British nation-*ecclesia*, the Roman presence, and the biblical revelation of divine providence working itself out in the life of the Christian and the world" (Hanning 1966, 50). The structure of 'De excidio et conquestu Britanniae' is organized basically into narrative blocks which alternately outline the Britons' relationship with Rome and with God. In contrast to the "Roman" sections, in which the Romans are held up as model exemplars of civilization, from which the Britons have sadly fallen away, the "Christian" sections stress biblical and exegetical approaches to history. The historical process in Britain is perceived as the continuation of Old Testament history, i. e., Britain is the heir of Israel in Gildas' history of salvation. And the calamities to be observed in this history are to be seen by the individual Christian as prefigurations of God's eternal judgment.

2.2. Bede, 'Historia Ecclesiastica Gentis Anglorum'

2.2.1. God's place in Anglo-Saxon history

Although Bede lacks Gildas' scornful temperament and inclination toward invective, he shares his assumptions about history, that is, he too can be seen as a representative of the Eusebian approach to historiography. As a matter of fact, Bede with his HEGA intended to write an Anglo-Saxon version of, not a mere supplement to, Eusebius' 'Ecclesiastical History', i. e., he did not set out to cover an area neglected by Eusebius, but he moved the progress of the Church of his own nation into the center of his history. What Eusebius had done for the Christian Church for the first three hundred years of its existence, Bede set out to do for the Christian Church among the English people from its beginnings in 596/7 down to his own day. The likeness between Eusebius' and Bede's histories is thus one of aim. Both men were interested in church history. They differ, however, in scope. Whereas Eusebius wanted to write the entire history of the Church, Bede narrowed his scope to the Church among his own people who succeeded the Britons in England (Markus 1975, 4). This matter of succession is important because it links Bede to Gildas and affects his outlook on British history. He takes over from Gildas the view that British rule in England was ended by God as just punishment for the crimes committed by the Britons and their neglect to convert the pagan invaders. The Anglo-Saxons are now God's chosen people whose clergy, after having received God's word in the pure form of the Roman rite, spread it through the British Isles: "Among other unspeakable crimes, recorded with sorrow by their own historian Gildas, they [= the Britons] added this — that they never preached the Faith to the Saxons or Angles who dwelt with them in Britain. But God in his goodness did not utterly abandon the people whom he had chosen; for he remembered them and sent this nation more worthy preachers of truth to bring them to the Faith" (I, 22). The Anglo-Saxons are seen as the receivers of God's Word and as the instrument of its propagation. The themes of conversion, orthodoxy, and evangelism are thus moved into focus, even before the History proper starts in chapter 23 of Book I.

2.2.2. Bede's sources and the framework of the HEGA

The works of earlier writers provided Bede not only with models, but with much of the information used in the first twenty-two chapters of Book I of the HEGA. His account of the Romans in Britain and of preconversion history is based on Orosius, Pliny, Gildas, Constantius' 'Life of St Germanus', the 'Life of St Alban' and the 'Liber Pontificalis'. After a description of England's geography and people, the emphasis shifts to an account of the early Christianization of the British Isles and of the refutation of the Pelagian heresy, events taken over from the two saints' lives mentioned above.

Bede's proper task in compiling a fuller account of subsequent events was much more difficult because he had to consult and evaluate a great variety of written and oral sources. From the Preface to the HEGA we know some of his informants and the way he acquired his materials from the various parts of the country, which was divided into a number of kingdoms and episcopal sees, and from the papal archives in Rome. It is characteristic of Bede's methodology that he did not only consult the documents made available to him (especially papal letters) but also included them in the HEGA. The acquisition of these sources is a remarkable feat in itself, achieved by a man who, from what we know, left his monastery of Jarrow only twice and never travelled farther than York or Lindisfarne. Although he was aided in his research by an excellent library established by the founder of the twin monasteries Wearmouth/Jarrow (674 and 681 or 682), Benedict Biscop, a library that contained a remarkable selection of theological and secular works (Laistner 1935, 237—66), these books could not have provided Bede with the information needed for the task of composing such a monumental work. The works he found there, especially those by Christian historians, drew his attention to the subject of history and helped him to formulate a view of history. They furnished models such as the division of history into ages corresponding to the days of creation and the periods of man's life on earth, which Bede used in 'De Temporum Ratione' (725), where he set out to write a chronicle of the world down to 725, but they did not help him with the establishment of a chronological framework necessary for the ecclesiastical history he had in mind. Still, this chronicle tradition, according to which the history of the world was divided into six ages, provided the conceptual background of the HEGA. Bede living in the sixth age and writing about the events of this age was plainly aware that the 'History of the English Church' would lead up to the seventh age in which the saints are at rest and the eighth age of the blessed resurrection when the people of God will reign forever with the Lord. The eschatological conception of the chronicle tradition with which Bede experimented underlies the conception of the HEGA, even though its actual compilation owes nothing to this tradition. Here Bede developed his own methodology, which was to have a lasting influence on the writing of history. Although he could draw on the calculations done by Dionysius Exiguus, who two hundred years earlier had invented the system of dating from the Incarnation, he had to correlate dates given according to the regnal years of the kings of different kingdoms with one another and with the dates from ecclesiastical sources expressed in imperial or consular years or in terms of the position of the year in a fifteen-year cycle, the indiction (Campbell 1966, 165). Bede was the first historian to popularize this system, which through his work became current throughout Western Europe in the eighth century – almost seventy manuscripts of the HEGA written on the Continent attest to its popularity in medieval France and the Empire (Davis 1989, 104). Needless to say, Bede slipped occasionally in his tabulations – there are minor errors that modern scholarship has been able to identify – still his competence in the correlation of the data available to him is remarkable and has earned him high praise from modern scholars equipped with much more subtle scientific tools. Thus, it has been customary to call Bede the father of English history, although this appellation can only apply to his method, which indeed approaches the exactness required by modern historians. His view of history is far from modern, though, as has already been suggested and will be further illustrated.

2.2.3. Bede's concept of history

In the preface addressed to the Northumbrian king Ceolwulf Bede states his purpose of writing history, a purpose generally accepted in the Middle Ages: "For if history records good things of good men, the thoughtful hearer is encouraged to imitate what is good: or if it records evil and wicked men, the devout, religious listener or reader is encouraged to avoid all that is sinful and perverse and to follow what he knows to be pleasing to God." And he ends his enumeration of sources and contributors with an apology for any mistakes he may have made. "Should the reader discover any inaccuracies in what I have written, I humbly beg that he will not impute them to me, because, as the laws of history require, I have laboured honestly to transmit whatever I could ascertain from common report for the instruction of posterity." The *vera lex historiae* invoked here has to be interpreted in reference to the initial statement of purpose. Bede does not claim to write scientific history in the nineteenth-century sense, when it was believed that a purely objective history could be written. His HEGA is not meant to be a plain assembly of facts or a record of the past. What counted was moral not literal truth, that is, the events presented were meant to teach a lesson to the contemporary reader. This concept of the nature and purpose of historiography explains the structure and content of the HEGA.

2.2.4. The structure of the HEGA

The work is divided into five books. After the introductory chapters Book I recounts the beginnings of the English Church until just before Pope Gregory's death (605), which initiates the second book. Book II comes to a convenient end with the fall of King Edwin and the break-up of the first Northumbrian church (633). Book III features the Synod of Whitby (664) and ends just before the arrival of Archbishop Theodore. Book IV covers the episcopate of this metropolitan and though finishing chronologically with the year of St Cuthbert's death (687), includes his translation and miracles. Book V comprises the rest, from 687 to 731. Interestingly, Bede devotes less space to his own time than he does to any other period after 597. He says little about the political events of the early eighth century, which were those he must have known best.

As the end of Book IV illustrates, the HEGA does not always advance briskly on a straight chronological track. Time moves backward and forward rather freely on either side of the span confining the material of each book. Many obituaries are included – Gregory the Great (II, 1), Abbess Hild of Whitby (IV, 23), Bishop Wilfrid of York (V, 19) etc. – which lend a retrospective character to the process of history. Yet this arrangement is not arbitrary or coincidental; it underscores Bede's concept of history as a collection of exemplary figures and events. Aside from inserting small biographies of famous churchmen, he reports the miracles of Oswald (III, 9–13), of Aidan (III, 15, 16), of John of Beverly (V, 5, 6), at the monastery of Barking (IV, 7–11) and at the monstery at Streanaeshalch (IV, 23, 24). He includes visions of the other world by Fursey (III, 19) and by Dryhthelm (V, 12). And he interlaces his presentation with hagiographical material (St Alban, I, 7; St Germanus, I, 17–21). The reader is to be shown God's power on earth by numerous examples of divine rewards and punishments, and the power of God's saints to suspend the laws of nature. Miracles are also used to convince men of the superiority of the Roman to the Celtic Church. Augustine, for instance, cured a blind man whom the British bishops had failed to heal, in order to persuade the Britons of Wales that the Roman church was the true church (II, 2). In spite of the use of the miraculous, "Bede was on the whole a rational historian and obviously regarded rational causation as compatible with divine intervention. He often puts a pious interpretation on an event which he must have recognized as normal – he sometimes explicitly offers a rational explanation for a miracle" (Gransden 1974, 21).

2.2.5. Bede and Northumbria

Bede's pious rationality characterizes most of his writings. Being a humble, learned and cheerful man of a peaceful and quiet disposition, he abstained from any personal attacks or vituperation. Unlike Gildas, who constantly berates his fellow Britons, Bede rarely criticizes unjustly the people he writes about. He censures vice and praises virtue, but does so disinterestedly. He carries no particular grudge against anyone with the exception of the Britons of Wales – he greatly esteems the Celts of Ireland and Scotland and their saintly leaders (Columba and Aidan). His love, though, is for the Anglo-Saxon people in general, and the Northumbrians in particular. Roughly half of the HEGA is devoted to Northumbria. It is perhaps overstating the case to say that the HEGA is "not a history of the English Church, but an account of the Northumbrian Church set in an all-English context, or a Northumbrian narrative enlarged to English dimensions" (Goffart 1988, 253), but prominence is given to Northumbria which Bede regarded as the glory of Anglo-Saxon England, a land of saints protected by pious kings (Colgrave 1932, 201–29).

Bede's positive attitude towards Northumbria and its saintly kings dominates Book III, the central book of the HEGA, in which the ascendancy of the English Church reaches its zenith. Book III begins with a chapter of disaster under three kings so extreme that Bede says that year was not counted among the years of man on earth. Osric and Eanfrith, the kings of Deira and Bernicia (the later kingdom of Northumbria) had "apostatized from the faith of the kingdom of heaven which they had accepted, and reverted to the corruption and damnation of their former idolatry." Apostasy and heresy being the most abominable crimes to Bede, the new start of the Church in Northumbria begins on an even lower level than paganism. After these two kings have been destroyed by the vengeance of God carried out by his instrument, the Welsh tyrant Ceadwalla, St Oswald enters the scene, the king perhaps revered most by Bede. In the next chapters, he recounts the glories of the reigns of the most Christian kings Oswald, Oswine and Oswiu, along with the missionary activities of the saintly Aidan. "In spite of the dominating figure of Oswald as saint-king of the north, blessed by God and displaying apostolic virtues, the picture of these years that Bede presented was by no means a simple demonstration of providence at work in politics, approving the converted by success" (Ward 1990, 122). Oswiu like Saul or David made mistakes, but after being humbled he was redeemed by repentance and triumphed over his enemies by the aid of the Lord. During his reign the most momentous event in the history of the English Church after Augustine's arrival in England in 596 took place: the Synod of Whitby (664). This event occupies the central position in the HEGA, as it ensured the dominance of the Church of Rome on the island. Bede gives a very detailed account of the meeting of Colman, the representative of the Celtic Church, and Wilfrid, the spokesman for the Roman Church. At the heart of the controversy was the date of Easter, which was celebrated by the two Churches at different times because they used different methods of calculation. After hearing the arguments presented by the representives of both sides, King Oswiu, acknowledging the authority of St Peter over that of St Columba, decided in favor of Rome, thus ensuring the unity of the English Church. For Bede the submission of his beloved Northumbria to the Church of Rome marks the completion of the mission decreed by Gregory and carried out by Augustine. It leads to the establishment of a second metropolitan see in York in the year of Bede's death (735).

Once this zenith is reached a period, of relative stability follows, before the decline sets in in the year 785 with the death of the Northumbrian King Edfrid, who fought unprovoked and ill-advised battles against the Picts and the Scots: "Henceforth the hopes and strength of the English realm began 'to waver and slip backward ever lower'" (IV, 26). In Book V an apocalyptic note is struck and dark warnings are issued. Chapter 14 contains a third vision of the underworld (cf. the previous visions of Fursey and Dryhthelm), this time by a blacksmith, which had a salutary effect on those who took it to heart: "This happened recently in the Province of the Bernicians, and was talked of far and wide, rousing many people to do penance for their sins without delay. And may the ending of this account have the same effect." Chapter 23, the final chapter of the HEGA, reports the appearance of two comets in 729 "seeming to portend awful calamity to east and west alike." There are many grave disturbances during the reign of King Ceolwulf, the dedicatee of Bede's HEGA, which are, however, overcome. And thus Bede can end his account on a quasi-positive note: "As such peace and prosperity prevail in these days, many of the Northumbrians, both noble and simple, together with their children, have laid aside their weapons, preferring to receive the tonsure and make monastic vows rather than study the arts of war. What the result of this will be the future will show" (V, 23). These sentiments appear to be appropriate to Bede, the lover of peace and the advocate of monastic vocation, if it were not for the afterthought. Although Bede, the monk, seems to welcome his countrymen's preparation for the spiritual life, Bede, the historian, cannot be sure that the seventh age is at hand. The eschatological idea informing his 'History of the English Church' stops short at precisely the moment that is beyond human knowledge and control.

2.2.6. The HEGA and English historiography

Bede's HEGA had a lasting effect on the writing of English history. It became the authority and is quoted or referred to by almost every historian after him, but he was particularly popular with the Anglo-Norman historians of the twelfth century. They used him both as model and source of information on the early history of Anglo-Saxon England. The first to model his 'Ecclesiastical History of England and Normandy' (written between 1114/1115 and 1141) on Bede's work, which he had copied in the library at St Évroul was Ordericus Vitalis. Like Bede, he conceived of history as a manifestation of God's will on earth and like his *auctor* he wrote for the edification of his readers, trying to improve their prospects for salvation by showing how God punishes the sinful. The next writer to use Bede was William of Malmesbury. He felt called upon to fill the gap in literary historiography left after Bede's death until his own day. Like Bede, whom he revered as the only professional historian of Anglo-Saxon times, William was tireless in the search of evidence. Finally, Henry of Huntington upon the advice of Bishop Alexander based the early parts of his 'Historia Anglorum' (1129–1154) on Bede's HEGA before following the 'Anglo-Saxon Chronicle'. Both works are the principal sources until he gets to his own time (Gransden 1974, 154, 169, 198).

Bede's fame lived on in the late Middle Ages. His HEGA was used by chroniclers like John Benet, Robert Fabyan and John Hardyng, by monastic historians like Thomas Elmham and John Wessington, and by antiquarians like John Rous, who used it together with a great number of other histories and chronicles as source for their own versions of English secular and ecclesiastical history. Together with Gildas' 'De excidio et conquestu Britanniae', however, the work experienced a true revival during the English Renaissance. Both works served as Polydore Vergil's primary sources for the early portions of his AH. Although Polydore Vergil preferred the older Gildas, "who, exilinge all fables, most ernestlie embraceth truthe," over Bede, he praises the latter "then whome I have seene nothing more sounde, sincere, or trewe" (AH, I, 27). And he attacks Geoffrey of Monmouth, who adopted "bothe the coloure of Latin speeche and the honest pretext of an Historie" to extol the Britons, "enhauncinge them with moste impudent lyeing" above the nobleness of the Romans, although Gildas had shown them to be neither "stoute in battayle nor faithefull in peace" (AH, I, 29). In weighing the respective merits of Gildas, Bede and Geoffrey of Monmouth and finding the latter lacking in credibility, Polydore Vergil, although probably unwittingly, reopened a discussion that had taken place at the end of the twelfth century.

2.3. Geoffrey of Monmouth, 'Historia Regum Britanniae'

2.3.1. Geoffrey's reputation among his contemporaries

William of Newburgh's assessment of Geoffrey of Monmouth's HRB in his 'Historia Rerum Anglicarum' (1196−98) as "ridicula ... figmenta" [ridiculous inventions] written by an author who constantly deviates from historical truth does not suggest an auspicious beginning for this work. Indeed, large portions of the HRB are pseudo-history or historical fiction. As A. Gransden puts it: "Geoffrey was a romance writer masquerading as a historian" (1974, 202). Still, the work has been transmitted in over two hundred manuscripts, fifty of which date from the twelfth century, showing that it became a medieval best seller (Crick 1991, 196−217). It outscores even the Venerable Bede, whose HEGA, although having a four hundred years' head start, has survived in only one hundred and sixty copies. "Until the sixteenth (and in some quarters the seventeenth) century, British history was Geoffrey's *Historia*, expanded, excerpted, rhymed, combined, or glossed" (Hanning 1966, 174). In short, Geoffrey invented an English history that was widely known and adopted by later historians and chroniclers.

2.3.2. The sources of the HRB

Geoffrey, of course, did not create his HRB *ex nihilo*. He had recourse to Gildas, Nennius ('Historia Brittonum'), Bede, William of Malmesbury ('Gesta Regum' and 'Gesta Pontificorum') and the earliest recensions of Henry of Huntington's 'Historia Anglorum'. The sparse information found in these sources he supplemented partly from oral tradition but mainly from his imagination. He adopted a structure which basically copied that of the histories of William of Malmesbury and of Henry of Huntington, i. e., he starts with some smaller notices of events in the distant past, then broadens the narrative as the "present" is reached (the reign of King Arthur in this legendary history), and finishes with some "contemporary" events (the Saxon domination recounted in Books xi, 3 to xii, 19). Like William of Malmesbury he fashioned a narrative reconstructed with great ingenuity from tenuous evidence and turned it into a readable story. The difference between the two authors, though, is one of sources and intent. Whereas William exercised his ingenuity in genuine historical research, fitting annals, charters and stories into a single whole, Geoffrey was merely interested in telling a good story. By following the conventions used by the serious historians of his time, he created the impression of authenticity for those who were familiar with the patterns of contemporary Anglo-Norman historiography. Also, his reliance on rhetorical models helped to construct a narrative fabric like the histories of his own day.

2.3.3. The time structure of the HRB and Geoffrey's concept of history

The HRB would not have achieved its popularity and status if it had not been regarded as innovative, yet serious historical writing. Geoffrey's innovations appealed to both his contemporaries and successors because he provided a prelude for the already known history of Britain, establishing a genealogy that reached back to Troy. By making Brutus, Aeneas' great-grandson, the eponymous founder of Britain, a detail taken over from Nennius, he established a nation's mythical ancestors in classical times. The Britons are the direct descendants of the Trojans. Rome is by-passed. In keeping with this emphasis on the importance of an independent national history is Geoffrey's creation of a British history extending far beyond the limits set by former historians, especially Bede. The period of British dominion now stretches from 381 AD, the date of the Roman withdrawal, to 689 AD, the year of Cadwallader's death. Embedded there, in the exact middle of this period of British history, is the reign of Arthur, which lasts until 542. The exploits of Arthur, told in Books ix and x, thus form the center of British dominion. The *dux bellorum* of earlier writings is made king and ruler over the greatest of Christian empires. He even defeats the British arch-enemies, the Romans. Arthur, in short, is the personification of British glory, although this glory, as Geoffrey shows, is also bound to fade and fail. Geoffrey's glorification of the Britons puts him in opposition to Bede and the 'Anglo-Saxon Chronicle' (Leckie 1981, 29—54). He reverses the traditional point of view by making the Britons heroes and the Saxons villains. Concomitantly, he communicates a uniquely adverse judgment of the Roman Empire whose cultural and military achievements are denigrated, a view of Rome that contradicts that taken by Gildas in 'De Excidio'. Finally, Geoffrey's account is notable for its remove from the standard paradigms of Christian history, i. e., the history of salvation. His contribution to the imaginative historiography of the early Middles Ages may be described as a removal from history of the idea of eschatological fulfillment. In this the HRB differs from Gildas or Bede, whose works are controlled by the theology of history. Other forces take the place of divine providence in a historical development of repetitive cycles. Britain, like other nations, rises, flourishes and falls, as do her kings and national leaders, who often cause their own downfall. There is a much greater emphasis on human causation (a feature characteristic of Anglo-Norman historiography) than in the earlier Christian historians, where providence is visibly in control. As R. Hanning observes: "In removing the Christian theology of history almost entirely from his pages, Geoffrey has not substituted a unified political theory of national prosperity to be embraced by his contemporaries, but rather a vision of history linking past and present through an imaginative presentation of human behavior and the patterns into which it tends to fall" (1966, 144—45). In short, the largely fictional HRB is nevertheless conceived as an exemplary work, illustrating the working of history as *magistra vitae*.

2.3.4. The HRB and the historical situation of the twelfth century

Although Geoffrey's HRB describes a past age, the themes presented are of contemporary concern. The work is in the first place a mirror of his own time rather than a record of the past, even though the creation of a glorious past of a country that had been recently conquered by the Normans was certainly one of Geoffrey's objectives. The more specific problems of royal succession, partition and civil strife all reflect the difficulties of Geoffrey's own time. Some scholars have even gone so far as to regard the HRB as a political treatise, designed to impugn Stephen for disinheriting the rightful heiress Mathilda. The civil war unleashed by Mordred's rebellion is regarded as an example of how the public weal is destroyed by internecine strife (Schirmer 1958, 27). Others have pointed out that Arthur's conquests in Europe and Scotland echo William the Conqueror's struggles to spread his power from Normandy into Maine and Brittany, and from England into Scotland (Tatlock 1950, 308—309; Gransden 1974, 206). Arthur's imperialism is unprecedented in any of the other history — of — Britain chronicles. Thus, its predominance in Geoffrey's HRB has been interpreted "to be indicative of a conscious attempt on Geoffrey's part not only to invite comparison with, but also to establish sound historical precedent for, the imperialistic practices and ambitions of William the Conqueror and his successors, William Rufus and Henry I" (Noble 1992, 161—162). And others again have held that Geoffrey makes Arthur appear in all his lineaments like a very grandiose version of Henry I, and that the prophecies of the future might be read as referring to the Angevin empire rather than to a Celtic revival (Brooke 1976, 88). In any case, Geoffrey's ideas of kingship are typical of his times. The monarch's ability to achieve and maintain unity is a touchstone for evaluating his reign that would have been readily accepted by other Anglo-Norman historians.

2.3.5. The reception of the HRB

Geoffrey's work had immediate influence. Henry of Huntington had seen a copy at Bec in Normandy in 1139, and being delighted with and amazed at this largely legendary history of the British kings, he had summarized some of its contents in a letter to a certain Warin. He also inserted some passages from the HRB in a revision of his own history. Around 1155 Wace translated it into French, turning Geoffrey's Latin prose into verse and changing the genre from historiography to romance. The story of Britain took its place next to the romance stories about classical antiquity, the 'Roman de Thèbes', the 'Roman d'Enéas', the 'Roman de Troie' and the 'Roman d'Alexandre', and was to become one of the three subjects that Jean Bodel later classified in the introduction to his 'Chanson des Saisnes' as *matières* "de France, et de Bretaigne, et de Rome la grant."

Although it is difficult to isolate any specific incident or event which might have had a special appeal to a romance writer (the HRB contains numerous events which were to become standard features of romance like Arthur's fight with the giant of Mont St Michel or his single combat with Frollo), there appears to be one statement that in retrospect must have fired the imagination of the courtly poets. This passage is found in Book IX, where the pageantry of the plenary court held at Caerlion during the Pentecost season is described. Geoffrey paints a picture of these festivities which must have been an inspiration to numerous romance writers after him, who developed this scene into the standard presentation of the Arthurian feast. We are struck, however, not only by the opulence of the festive setting but also by the courtly ideology characteristic of later Arthurian romance expressed here for the first time in a quasi-historiographical work. Since this statement had such a far-reaching effect, it will be quoted in its entirety: "Indeed, by this time, Britain had reached such a standard of sophistication that it excelled all other kingdoms in its general affluence, the richness of its decorations, and the courteous behaviour of its inhabitants. Every knight in the country who was in any way famed for his bravery wore livery and arms showing his own distinctive colour; and women of fashion often displayed the same colour. They scorned to give their love to any man who had not proved himself three times in battle. In this way the womenfolk became chaste and more virtuous and for their love the knights were ever more daring" (IX, 13). The mutually beneficial effects of love and chivalric prowess asserted here became the foundation of the courtly ethos espoused in Arthurian romance.

About fifty years later Wace's historical romance version of the HRB was translated into English by Layamon, who removed from it many of the chivalric trappings and changed its ethos from courtly to Christian heroic, thus preventing his 'Brut' from becoming the source of the English Arthurian romance tradition. Soon after 1300, Welsh versions of the HRB appeared, and there was even an early fourteenth-century translation of the HRB into Icelandic.

In spite of the work's immediate popularity, the reception of the HRB by historiographers and chroniclers in England varied. Along with approval there were critical voices, especially in regard to the reign and the personality of Arthur. In his 'Speculum Caritatis' (1142–1143) Ailred of Rievaulx deplores the fact that novices weep more readily "in fabulis, quae vulgo de nescio quo finguntur Arcturo" [over fictious tales of someone (I don't know who) called Arthur] than over pious books. We may assume that this is Geoffrey's Arthur, the stories about whom Ailred calls fables and lies. Alfred of Beverly, author of 'Annales sive Historia de Gestis Regum Britanniae' (c. 1150), wonders why there is no external corroboration of Arthur's story in the works of other historians. And William of Newburgh (whose adverse criticism has already been cited) raises the same objection and then concludes that there can be no place for Arthur in the framework of history as related by Bede, who got his information from Gildas, a very early authority. He accuses Geoffrey of attributing to Arthur conquests of more kingdoms than existed at that time. And he objects to the three archbishops supposedly present at Arthur's feast on the grounds that the Britons had no archbishops. William was the first to use a scientific method of historical analysis to question the veracity of Geoffrey's account, a method that foreshadows approaches to history as employed by Renaissance historians.

Among chroniclers writing in Latin in the fourteenth and fifteenth centuries, there were basically three attitudes to the HRB: 1. Chroniclers who drew freely upon Geoffrey without questioning his reliability. 2. Chroniclers who drew freely upon Geoffrey but did question certain passages. 3. Chroniclers conscious of the fictitious character of the HRB who expose the falsehoods of its fables (Keeler 1946).

The six representatives of the first group (probably all save one monastic writers) are compilers of universal histories after the example of Continental writers. They probably welcomed Geoffrey's book on two accounts: it supplied a prelude to the already known history of Britain and it filled the gap between the departure of the Romans and the coming of Augustine in 597.

Of the five authors critical of some passages in the HRB only two are universal historians, Ranulph Higden and the anonymous author of the 'Eulogium Historiarum'. The others treat only AD British history. All are monastic, indebted to Higden whom they acknowledge as their master. Since Higden doubts some of the great victories over the Romans ascribed to Arthur, these authors follow suit. It should be added, though, that Higden was not unsympathetic to Geoffrey of Monmouth. He even excused Geoffrey's extravagant claims in reference to Arthur by pointing out that Geoffrey was trying to increase the reputation of his own nation by extolling his national hero. There is also considerable apprehension about the prophecy concerning the British hope, that is, the Britons' belief that they will have kings again once the bones of Cadwallader, their last king, who went to Rome, are brought back to Britain.

The last group includes but two chroniclers: the Scot John Fordun and John of Whethamstede, the learned abbot of St Albans. John Fordun subordinated his use and misuse of the HRB to a primary purpose — the reconstruction of an equally fictitious history of the Scots from the earliest times to his own days. Thus, all the information harmful to the Scottish cause is either eliminated or "corrected". These corrections apply noticeably to Arthur, whose illegitimate birth is emphasized. The right of succession to the throne after Utherpendragon's death belonged to Arthur's half-sister, Anna, the wife of Lot, a Scottish consul and Lord of Lothian. Their children, Gawain and Mordred, were the lawful heirs but were passed over because of their tender age. Thus, Mordred's insurrection was really not a rebellion but an attempt to regain a throne Arthur held unjustly. The image of Arthur as the greatest of the British rulers is systematically deflated. He is allowed no foreign conquests, no magnificent triumphs and no withdrawal to Avalon. John of Whethamstede's criticism of the HRB was not motivated by any nationalistic fervor. He simply realized that Geoffrey's story about Brutus was "poeticus potius quam historicus" [more poetical than historical] and that this held true for the HRB as a whole.

In contrast to the Latin histories the thirteen vernacular Brut chronicles drawing on Geoffrey's HRB are unanimously supportive of their source (Kennedy 1989, 2621–2647; Matheson 1990, 253–255). There is no criticism in any of them. On the contrary, there is a marked tendency to glorify the past even more, especially the reign of King Arthur. Robert of Gloucester, whose 'Metrical Chronicle' traces the course of British history from Brutus to 1270 (the longer version) and to 1272 (the shorter version), adds considerably to the glory of Arthur's court. The author of the 'Prose Brut', with at least 172 manuscripts one of the most popular works written in England during the Middle Ages, presents King Arthur as a heroic model for others to follow. And John Harding, the author of a chronicle written in the mid-fifteenth century, goes further than any other chroniclers by having Arthur not only defeat the Romans but also be crowned Roman Emperor after he has conquered the whole of Europe. Interwoven into this chronicle is a grail story taken from the French Vulgate Cycle, which, in the final analysis, is meant to demonstrate the moral excellence and superiority of Arthurian society. Romance and "history" are again inextricably intertwined, now for the purpose of supporting Harding's cherished political goal: the justification of English sovereignty over Scotland.

2.3.5. The HRB as a political weapon

Harding was not the first one to use Arthurian "history" as a political weapon. A brief look at his source, the HRB, will show that this work, too, played an important role in shaping English politics. In the twelfth century, Arthur as *rex perpetuus* had outgrown his specific Welsh and Briton identification. He had advanced to become a national British hero who could be used for political purposes by the Plantagenets in their dealings with the French king. "Dagegen vermochte die Berufung auf ein arthurisches Königreich mit britannozentrischer Herrschaftsgrundlage, wie Geoffrey es in der 'Historia' skizziert und das dem angevinischen Imperium des 12. Jhs. glich, ein Gegengewicht zum Karlskult der Kapetinger darzustellen und die Emanzipation des angevinischen Vasallen von seinem französischen Lehnsherren zu fördern" (Johanek 1987, 375).

In writing up Henry II's conquest of Ireland in 1171, Gerald the Welshman in his 'Expugnatio Hibernica' (1188) explicitly referred to the HRB, whose statements of the subjugation of Ireland by Gurguntius and later by Arthur furnished two of the reasons adduced by Gerald why Ireland should be subjected to England. (The argument is also contained in the 'Declaratio quomodo dominium Hiberniae est ad regem Angliae devolutum'). Clearly this invocation of Geoffrey by both authors has the purpose of demonstrating that the king of England had an incontestable hereditary right to the possession of Ireland: through Arthur's domination of Ireland the right of all subsequent English kings to rule the island was established (Ullmann 1965, 268–271).

While the use of the HRB in reference to Ireland is retrospective, it is prospective in reference to Scotland. During the reign of Edward I Anglo-Scottish relations became a vital issue to the king, who was intent on bolstering his claim to overlordship of Scotland by means of historical documents. Some time before 1297 the king's clerk, John of Caen, assembled the "evidence" to produce the 'Processus Scotiae', a version of Anglo-Scottish relations from 901 to 1252 strongly biased in favor of Edward's claims. These were challenged by Boniface VIII, who of old had jurisdiction over Scotland. To further his suit, Edward in the Lincoln parliament of 1301 had two letters drafted, one from the barons and one from the king, declaring the hereditary right of England to sovereignty over Scotland. The king's letter borrowed verbatim from the HRB, asserting that Brutus' eldest son Locrine was overlord of his two brothers who ruled Scotland and Wales. The last section of the HRB referred to in this letter relates to King Arthur and Auguselus, king of Scotland. It is clearly stated that Arthur had delegated Auguselus to rule Scotland for him and that all the kings of Scotland subsequent to Auguselus were subject to the kings of Britain (Stones/Simpson 1978, I, 136–162). This remarkable letter was incorporated into a number of chronicles, and formed the basis of a highly partisan historiography best represented by Peter of Langtoft's Chronicle, a work which draws liberally on the HRB to support the English claim to sovereignty over Scotland. Langtoft presents Edward as a second Brutus and as Arthur returned. And when for a time Edward seemed successful in Scotland, Langtoft proclaimed the fulfillment of Merlin's prophecies. In his hatred of the Scots Langtoft recalls Harding (see above), who had spent his entire life discrediting the Scottish nation.

The use of the HRB as a political weapon did not stop in the fourteenth century. It also served the Tudors, especially Henry VII, who traced his ancestry back to Cadwallader and Arthur. At the battle of Bosworth he used Arthurian heraldic devices, notably the red dragon (Anglo 1961, 35–40). And he called his first son and prospective heir to the throne Arthur, as Henry I had done before him in the twelfth century. Thus, the Tudors capitalized on the concept of the British hope which saw in the new dynasty a return of Arthur's line to the English throne (Dean 1987, 26–28). Even during the English Reformation the old stories of Arthur were once again revived and used by Henry VIII to support his claim to imperial status and to justify England's separation from Rome (Jansen 1990, 284–85).

2.3.6. The HRB and Renaissance historiography

To sum up, for four hundred years Geoffrey's HRB fired the imagination of English historians and rulers alike and exerted a powerful influence on English historiography and English politics. Only when a new, more scientific conception of history, ushered in during the Renaissance, took roots, was the authority of the HRB as an authentic account at least partially shaken. It did not stand the test of an impartial examination of evidence and sources, which was demanded by Humanist historians, who used a wide range of literary sources, weighing one authority against another, and exploited the evidence of topography, including ancient buildings, archeological remains and coins (Kendrick 1950, 99–133). And it is certainly no coincidence that the central, but lonely figure in the attack upon Geoffrey was the Italian humanist Polydore Vergil, educated at Padua, whose principal work, the AH, carrying history up to 1513, was first published in Basel in 1534. There were two subsequent editions (1546 and 1555), the final one extending the AH to 1538. In his dedication to Henry VIII he deplored the fact that there was no adequate history of England – he despised the monastic annals (with the exception of William of Malmesbury and Matthew Paris) as "nudi, rudes, indigesti ac mendosi" [bald, uncouth, chaotic and deceitful] (Hay 1950, xxviii). In consonance with Humanist concepts of historiography, he pronounced truth as his ultimate objective. The historian must stick to the truth without favor or envy. In the AH Polydore Vergil adhered to these precepts up to the year 1400, when his history too becomes highly partisan and biased in favor of the house of Tudor. Anything that could not be ascertained by a comparative study of historical documents, especially the legendary origins assigned to a country by patriotic writers, had to be deleted. Applied to English history this meant a dismissal of the Brutus story that Geoffrey of Monmouth had elaborated upon because Livy and Dionysius of Halicarnassus made no mention of it. In his treatment of the Arthurian legends Polydore Vergil vehemently attacked Geoffrey because Gildas and Bede, as had been stated before, did not support their veracity. Nevertheless, he recited both the Brutus and the Arthurian legends because "the common people (who allwais more regarde novelties then trewthe) theye seme to bee in heaven, whear with a good will I will leave them, thinckying it not goodd to debate the matter with them as towchinge those feined trifls" (AH, I, 33). Polydore Vergil also dismissed Geoffrey of Monmouth's false etymologies for the names of British towns. He doubted the early existence of such towns as Canterbury, Bath and Carlisle, because they were not mentioned by Caesar, Tacitus or Pliny. In his insistence on exactness he foreshadowed William Camden, whose 'Britannia' (editions from 1586 to 1606) was the first reliable chorography of Roman Britain, arrived at by inspecting locations, consulting public records, and by travelling on many of the old Roman roads.

Yet Polydore Vergil was a lone crier in the wilderness. Many historians in the sixteenth century distrusted the AH, exactly because of its author's sceptical treatment of the Brutus and Arthurian legends. John Leland objected most vociferously, pointing out that Polydore Vergil was an Italian and a catholic to boot, the latter argument carrying ever more weight after the Henrician reformation was consummated in Elizabeth's church settlement. Moved by patriotism and loyalty to Henry VIII, whose dynasty traced its origin back to Arthur, Leland wrote a defence of British history, the 'Assertio Inclytissimi Arturii' (1544), against Polydore Vergil. In spite of attacks from a more scientifically minded Humanist historian, the cult of Arthur created by Geoffrey flourished in the sixteenth century as never before. "Belief in the British History became an adjunct of patriotism. The legends provided the Tudors themselves with a long line of valiant ancestors and the country with a glorious past. They supplied poets with favourite themes, and were believed by reputable historians" (Gransden 1982, 471). And judging by the sustained interest in King Arthur and his court, Geoffrey of Monmouth's invention still fires the imagination of modern man. Whereas Bede's Anglo-Saxon England has been relegated to the "dark" ages, Geoffrey's realm of King Arthur continues to be a part of the living Middle Ages that are presented to us nowadays in a great variety of media.

3. Bibliography

Anglo, Sydney, The *British history* in early Tudor propaganda. In: Bulletin of the John Rylands library 44, 1961, 17–48.

Bede, A history of the english church and people. Trans. Leo Sherley-Price. Rev. R. E. Latham. Harmondsworth 1995 (HEGA).

Breisach, Ernst, Historiography. Ancient, medieval and modern. Chicago/London 1983.

Brooke, Christopher, Geoffrey of Monmouth as historian. In: Church and government in the middle ages. Eds. C. N. L. Brooke/D. E. Luscombe/G. H. Martin/Dorothy Owen. Cambridge 1976, 77–91.

Campbell, J., Thomas Bede. In: Latin historians. Ed. Thomas A. Dorey. London 1966, 159–90.

Colgrave, Bertram, Bede's miracle stories. In: Bede. His life, times and writings. Ed. Alexander Hamilton Thompson. New York 1966, 201–29.

Crick, Julia C., The historia regum britannie. Dissemination and reception in the later middle ages. Cambridge 1991.

Davis, Ralph H. C., Bede after Bede. In: Medieval history presented to R. Allen Brown. Eds. Christopher Harper-Bill/Christopher J. Holdsworth/Janet L. Nelson. Woodbridge 1989, 103–16.

Dean, Christopher, Arthur of England. English attitudes to King Arthur and the knights of the round table in the middle ages and the Renaissance. Toronto/Buffalo/London 1987.

Geoffrey of Monmouth, The history of the Kings of Britain. Trans. Lewis Thorpe. Harmondsworth 1966 (HRB).

Goffart, Walter, The narrators of barbarian history (A. D. 550–800). Jordanes, Gregory of Tours, Bede, and Paul the Deacon. Princeton 1988.

Gransden, Antonia, Historical writing in England c. 550 to c. 1307. Ithaca 1974.

–, Historical writing in England c. 1307 to the early sixteenth century. London 1982.

–, Bede's reputation as a historian in medieval England. In: Legends, traditions and history in medieval England. London/Rio Grande 1992, 1–30.

Griscom, Acton (Hrsg.), The Historia regum britanniae of Geoffrey of Monmouth. London 1929.

Hanning, Robert W., The vision of history in early Britain. From Gildas to Geoffrey of Monmouth. New York/London 1966.

Hay, Denis (Hrsg.), The anglica historia of Polydore Vergil A. D. 1485–1537. London 1950.

Jansen, Sharon L., Prophecy, propaganda, and Henry VIII: Arthurian tradition in the sixteenth century. In: King Arthur through the ages. Vol. 1. Ed. Valerie M. Lagorio/Mildred Leake Day. New York/London 1990, 275−91.

Johanek, Peter, König Arthur und die Plantagenets. In: FS 21, 1987, 346−89.

Keeler, Laura, Geoffrey of Monmouth and the late latin chroniclers 1300−1500. Berkeley/Los Angeles 1946.

Kendrick, Thomas D., British antiquity. London 1950.

Kennedy, Edward D., *Brut* chronicles. In: A manual of the writings in middle English 1050−1500. Vol. 8. Ed. Albert E. Hartung. New Haven 1989, 2611−47.

Laistner, Max L. W., The library of the venerable Bede. In: Bede. His life, times, and writings. Ed. A. Hamilton Thompson. New York 1966, 237−66.

Leckie, William R., Jr., The passage of dominion: Geoffrey of Monmouth and the periodization of insular history in the twelfth century. Toronto/Buffalo/London 1981.

Markus, Robert A., Bede and the tradition of ecclesiastical historiography. Jarrow 1975.

Matheson, Lister M., King Arthur and the medieval english chronicles. In: King Arthur through the ages. Ed. Valerie M. Lagorio/Mildred Leake Day. New York/London 1990, 248−74.

Noble, James, Patronage, politics, and the figure of Arthur in Geoffrey of Monmouth, Wace, and Layamon. In: The Arthurian year book 2. Ed. Keith Busby New York/London 1992, 159−78.

Plummer, Charles (Hrsg.), Bede's Historia ecclesiastica gentis anglorum. In: Venerabilis Baedae opera historica. Oxford 1896.

Polydore Vergil, English history. Vol. I. Containing the first eight books, comprising the period prior to the Norman conquest. Ed. Henry Ellis. London 1846 (AH).

Schirmer, Walter F., Die frühen Darstellungen des Arthurstoffes. Köln/Opladen 1958.

Stones, Edward L. G./Grant G. Simpson, Edward I and the throne of Scotland 1290−1296. Oxford 1978. 2 Vols.

Tatlock, John S. P., The legendary history of the Kings of Britain: Geoffrey of Monmouth's historia regum britanniae and its early vernacular versions. Berkeley 1950.

Ullmann, Walter, On the influence of Geoffrey of Monmouth in english history. In: Speculum historiale. Geschichte im Spiegel von Geschichtsschreibung und Geschichtsdeutung. Eds. Clemens Bauer/Laetitia Böhm/Max Müller. München 1965, 257−76.

Ward, Benedicta, The venerable Bede. Wilton 1990.

Joerg O. Fichte, Tübingen (Deutschland)

55. Die Summa Theologiae des Thomas von Aquin (1225−74) und das christliche Weltbild des Mittelalters

1. Einleitung
2. Zur Entstehungsgeschichte der Summa Theologiae
3. Literarische Form der Summa Theologiae
4. Zur historischen Einordnung der Sth. im Werk des Thomas
5. Gliederung und Aufbau der Sth.
6. Innere Gestalt der Sth.
7. Zur Wirkungsgeschichte der Sth.
8. Literatur

1. Einleitung

Die Summa Theologiae (Sth.) nimmt unter dem umfangreichen Werk des Thomas von Aquin eine zentrale Stellung ein; denn sie stellt den Versuch dar, die Fülle des theologischen Stoffes systematisch neu zu ordnen. Sie repräsentiert aufs Ganze gesehen die reifste Gestalt des thomasischen Denkens. Sie gilt als eines der Meisterwerke der scholastischen Literatur des lateinischen Mittelalters, das − zumindest in der Katholischen Theologie − bis weit in das 20. Jh. hinein maßgeblichen Einfluß ausübte.

2. Zur Entstehungsgeschichte der Summa Theologiae

Die Sth. ist ein Werk der Schule, die ihrerseits als die Gestalt von Wissenschaft im lateinischen Mittelalter angesehen werden muß. Wir sprechen von der Scholastik. Das Wissen, in der Vielfalt von Wissenschaften, wird an der Schule gelehrt und gelernt, besonders an der Universität, die zu Beginn des 13. Jhs. (Paris, Oxford, Bologna) entsteht und Frucht der wissenschaftlichen Bemühungen des 12. Jhs. ist. Die Sth. ist aus Erfahrungen des akademischen Unterrichts hervorgegangen und für den Schulgebrauch bestimmt; allerdings ist sie nicht unmittelbar aus Vorlesungen hervorgegangen, wie z. B. der Sentenzenkommentar. Im kurzen Prolog nennt Thomas die Gründe für die Abfassung der Sth.: Die herkömmlichen theologischen, den Vorlesungen zugrundeliegenden Textbücher entsprechen nicht mehr dem wissenschaftlichen Systemanspruch der Theologie, dem ordo disciplinae. Es bedarf daher einer kurzen und einleuchtenden Darstellung des theologischen Stoffes, die diesem Anspruch ebenso gerecht wird wie den berechtigten Erwartungen der Studenten, die es vor Überdruß und Verwirrung gleichermaßen zu bewahren gilt. Es sind die Gründe eines akademischen Lehrers, die Thomas hier anführt: Da die Studienanfänger in ihrem Studium durch die Vielzahl nutzloser Fragen, durch die unsystematische Behandlung des Lehrstoffs und durch häufige Wiederholung desselben, behindert werden, sei es notwendig, die Inhalte der christlichen Religion so darzustellen, wie es die Ausbildung der Anfänger erfordert. Die Sth. ist für die Studienanfänger der Theologie geschrieben und verfolgt ein systematisches Ziel.

Die von Thomas kritisierten Textbücher sind vor allem die IV Libri Sententiarum des Petrus Lombardus, eine um 1152 veröffentlichte Sammlung authentischer theologischer Lehren, die zum Schulbuch der Theologie des lateinischen Mittelalters schlechthin avancierte. Seit etwa 1230 mußte jeder Universitätstheologe, bevor er sich an seine Hauptaufgabe, die Auslegung der Hl. Schrift, begeben durfte, zunächst über die Sentenzen lesen. Diese Verpflichtung blieb bis ins 16. Jh. hinein in Geltung. Noch Luther hat über die Sentenzen des Petrus Lombardus gelesen.

Thomas unterzieht sich dieser Aufgabe 1254–56 an der Pariser Universität. Als er sich etwa zehn Jahre später an eine Revision des ersten Buches seines Sentenzenkommentars macht, kommt ihm das Ungenügen der Sentenzen zu Bewußtsein. Um den 8. September 1265 wird er von dem Provinzkapitel seines Ordens beauftragt, ein studium in Rom zu gründen, das die ausdrückliche Aufgabe hatte, die wissenschaftliche Ausbildung der Ordensbrüder auf eine bessere Grundlage zu stellen. Das studium in der römischen Provinz war sicher bescheidener als das studium generale in Paris; vermutlich war es auch kein studium provinciale, sondern eher ein studium personale (Torrell 1995, 161 f.): Es gab Thomas die Gelegenheit, das studium nach seinen Vorstellungen zu konzipieren und durchzuführen. Er faßt den Plan der Sth. und beginnt bald (ab 1265) mit der Ausarbeitung.

Die Datierung der Sth. ist schwierig. Mit Sicherheit begann Thomas in der römischen Provinz mit seinem Projekt der Sth. Der erste Teil wird 1268 abgeschlossen, als er am Ordensstudium der Dominikaner in Viterbo lehrt. Die weitere Datierung ist unsicher. Man kann ungefähr folgendes sagen: Den zweiten Teil schreibt er während seines zweiten Pariser Aufenthalts 1269–72; an dem dritten Teil arbeitet er 1272–73 in Neapel, genauer bis zum 6. Dezember 1273, jenem Zeitpunkt, an dem er nach einem erlittenen Zusammenbruch zu schreiben aufhört. Die Sth. ist ein unabgeschlossenes Werk; Fragment geblieben, das ihrem Systemcharakter allerdings nicht widerstreiten muß. Die abschließende Fortsetzung, die unter dem Namen 'Supplementum' bekannt ist, wurde von Thomas' Schülern, vermutlich von dem Gefährten der letzten Jahre des Thomas, Reginald von Piperno, auf der Grundlage und unter wörtlicher Benützung einschlägiger Teile des Sentenzenkommentars zusammengestellt.

3. Literarische Form der Summa Theologiae

3.1. Charakter der Summenliteratur

Thomas verfaßt also, um dem theologischen Systemanspruch und den didaktischen Erwartungen gleichermaßen gerecht zu werden, eine Summa, eine knappe Gesamtdarstellung eines bestimmten wissenschaftlichen Gebietes, hier der Theologie. Der Ausdruck 'Summa' macht den wissenschaftlichen Systemwillen deutlich: Es soll das Ganze einer bestimmten wissenschaftlichen Disziplin zur Darstellung kommen. Thomas ist nicht der einzige, der eine Summa schreibt. Sein Lehrer Albertus Magnus (1193–1280), benutzt diese Form (Summa de creaturis und Summa theologiae). Wilhelm von Auxerre (gest. 1231) legt eine Summa aurea vor. Philipp der Kanzler (gest. 1236), verfaßt eine Summa quaestionum theologicarum, auch betitelt Summa de bono. Die Summa theologica des Alexander von Hales (1185–1245) ist zu nennen. Das weist auf den Höhepunkt der Summenliteratur im 13. Jh. hin, die ihren Ursprung wohl in der Schule von Gilbert von Poitiers (1080–1154) [vgl. die Summa Quoniam homines des Alanus ab Insulis (1125/30–1203)] hat.

Anders als die weitverbreiteten und groß angelegten Enzyklopädien eines Isidor von Sevilla (570–636), Dominicus Gundissalinus

(12. Jh.), Hugo von Sankt Viktor (1096–1141), in denen die verschiedenen wissenschaftlichen Disziplinen vorgestellt werden, ist die Summa eine literarische Form, das ganze Gebiet einer bestimmten Wissenschaft systematisch darzustellen. Man mag die Summen des lateinischen Mittelalters in ihrer Konstruktion mit den gotischen Kathedralen der Epoche vergleichen, eine Darstellung der gesamten Wirklichkeitsauffassung ihrer Zeit wollen sie nicht bieten. Der wissenschaftliche, in der Summa dokumentierte Systemwille bezieht sich jeweils auf eine bestimmte Disziplin. Die Summen sind so Belege der Einsicht in die Pluralität der wissenschaftlichen Disziplinen, als welche das Wissen einer Zeit vorliegt. Das, was man von einem wissenschaftlichen Gebiet wissen kann, wird in der Summa vollständig, abschließend und als ganzes dargestellt. Ihr Systemcharakter ist daher sehr wohl zu unterscheiden von den Systementwürfen der neuzeitlichen Philosophien, etwa von dem philosophischen System des René Descartes (1596–1650), zu schweigen von den Systementwürfen des deutschen Idealismus. Diese sind an einem Prinzip orientiert, aus und von dem her das Wissen dargestellt wird. Die Summen des lateinischen Mittelalters haben demgegenüber keinen deduktiven Charakter; vielmehr sind sie durch den Willen der Vollständigkeit geprägt: Sie wollen das Wißbare eines wissenschaftlichen Gebietes darstellen. Insofern sind sie Resultate des im 12. Jh. einsetzenden Prozesses der Rationalisierung menschlicher Wirklichkeitsauffassungen, der Spezialisierung von Wissenschaft und der zunehmenden Professionalisierung und Differenzierung des Wissens.

Die Sth. des Thomas verfehlt ihre Absicht in zwei Hinsichten: Das Werk fällt weder kurz aus – in seinen drei Teilen enthält es 512 Quästionen mit insgesamt 2669 Artikeln und bildet den umfangreichsten Beitrag des Thomas zur Theologie – noch eignet es sich im ganzen für Studienanfänger. Mag auch der erste Teil diesem Anspruch genügen, so erweisen sich die beiden anderen Teile eher als für Kollegen geeignete detaillierte Untersuchungen.

3.2. Universitäre Unterrichtsformen

Die Sth. ist in drei Teile gegliedert: in die prima (I), secunda (II) und tertia pars (III); wobei die secunda pars bald nach des Thomas Tod (1274) zweiteilig als prima secundae (I–II) und secunda secundae (II–II) bezeichnet wurde. Es ist durchaus üblich, die Sth. ohne Angabe des Werktitels zu zitieren: I, I–II, II–II und III. Das ganze Werk ist in Quaestionen (q.) eingeteilt und diese wiederum in Artikel (a.) als den kleinsten gedanklichen Einheiten; zur Verdeutlichung, welcher Teil des Artikels zitiert wird, setzt man ein c. (corpus articuli) oder ein ad (Antwort auf die eingangs des Artikels genannten Argumente) hinzu: (Sth.) I, q. 1, a. 1c. (ad 1). Die Sth. folgt der literarischen Gattung der Quaestionen (vgl. 3.2.2.). Der Artikel ist ein Rest der quaestiones disputatae (vgl. 3.2.3.). Die Quaestionenform ist das literarische Produkt des universitären Schulunterrichts, der durch die Lehrformen lectio, quaestio und disputatio geprägt ist.

3.2.1. Die lectio. Textlesung

Die lectio bedeutet zunächst Textlesung. Lehren heißt Lesen eines Textes (auctoritas), der in dem entsprechenden Vorlesungsstoff als verbindlich gilt. Der Universitätslehrer bezeichnet sich ausdrücklich als lector: Er liest und trägt den Text vor, der sein Lehrgebiet maßgeblich bestimmt. Wissen bedeutet im lateinischen Mittelalter Buchwissen. In der lectio wird bereits erworbenes Wissen tradiert. Sie ist das Medium, in dem man durch das Studium von Texten sich Wissen aneignet. So gibt es autoritative Texte, Bücher, die die Universität in ihren Lehrplan einfügt und von den Buchhändlern (stationarii) erwartet, daß sie diese zu einem festgesetzten Preis den Studierenden für den Studiengebrauch bereitstellen.

Für einen Theologen ist der maßgebende Text selbstverständlich in erster Linie die Hl. Schrift. Auch die profanen Wissenschaften kennen autoritative Texte: in der Grammatik werden die Ars minor und maior des Donatus und die Institutiones des Priscian gelesen; in der Rhetorik De inventione des Cicero und die sog. Rhetorica ad Herennium und die Institutio oratoria des Quintilian; in der Medizin gelten Galen und Konstantin der Afrikaner als Autoritäten; im Recht die verschiedenen Bücher des Corpus iuris; in der Philosophie vor allem Boethius, dessen Opuscula sacra (De trinitate) besonders im 12. Jh. Gegenstand ausführlicher Kommentierung ist; noch Thomas widmet sich diesem Text in seiner Expositio super librum Boethii De trinitate.

Konnte man in den sieben freien Künsten jenes einheitliche Bildungssystem verstehen, das bis in das 13. Jh. hinein das mittelalterliche Erziehungswesen bestimmte, so bricht spätestens in der ersten Hälfte des 13. Jhs. dieses Bildungssystem auf; Thomas schreibt in seiner Exositio Boethii De trinitate (q. 5, a. 1 ad 3), daß die sieben freien Künste die theoretische Philosophie nicht mehr hinreichend einteilen. In der Mitte des 12. Jhs. setzt eine große Übersetzertätigkeit teils aus dem Arabischen und teils aus dem Griechischen ein, in Spanien (Toledo), auf Sizilien und in Paris. Man hat Namen zu nennen: Gerhard von Cremona (1114−87), Michael Scotus (gest. um 1235), Henricus Aristippus (gest. um 1162) und vor allem Wilhelm von Moerbeke (1215−86). Um die Mitte des 13. Jhs. liegt das Œuvre des Aristoteles vollständig in lateinischer Sprache vor. Hinzu kommt, daß bereits geleistete Aristotelesdeutungen bekannt werden: so die neuplatonisch orientierte Sufficientia des Avicenna (980−1037), dessen Canon in der Medizin zu einem Lehrbuch wird; vor allem aber der Aristoteleskommentar des Averroes (1126−98). Mit den neuen Textbüchern wird das lateinische Mittelalter aber auch mit neuen Wissenschaften bekannt, etwa der Optik, der Physik, Ethik und Metaphysik. Die das Philosophie- und Wissenschaftsverständnis des Aristoteles prägende Pluralität von Wissenschaften ist die Grunderfahrung des Denkens im lateinischen Mittelalter. Das enzyklopädische Bildungswissen weicht dem methodisch kontrollierten wissenschaftlichen Expertenwissen, und das spätestens mit der Herausbildung der Universität im 13. Jh. Es gibt so eine Flut von neuen Texten, auf die man zurückgreifen konnte, die im Lehrbetrieb studiert wurden, nicht nur an der Artistenfakultät, sondern auch im höheren Studium, an der theologischen Fakultät, wo die Hl. Schrift selbstverständlich der autoritative Text schlechthin bleibt.

Diese wird in der lectio allerdings nicht nur vorgetragen, sondern erklärt, erläutert. Die Kommentierung ist neben dem Vortrag das bedeutende Medium der Wissensvermittlung und -tradierung. Der Textkommentar kann verschiedene Formen annehmen: von einer Anmerkung zu einem bestimmten Wort, die man als Glosse zwischen die Zeilen (glossa interlinearis) oder an den Rand (glossa marginalis) der Handschrift schrieb, bis zum ausführlichen Kommentar (expositio). Es gibt Gradabstufungen, verschiedene Weisen: littera, d. i. die einfache Erklärung der Sätze und Worte; sensus, d. i. die Analyse der Elemente eines größeren Textabschnitts im Sinnzusammenhang und sententia, d. i. die Durchdringung des Textes auf seine gedankliche Tiefenebene hin. Man kann weiter einen Text ordinarie lesen: eine vollständige Erörterung bieten; oder cursorie, in einem schnellen Durchgang, ohne tiefere Durchdringung sich ergebender Probleme bei der Lesung des Textes.

Neben der Sacra Scriptura werden als autoritative Texte auch profane Texte der antiken Literatur herangezogen. Das lateinische Mittelalter verhält sich zunächst rezeptiv gegenüber der antiken Literatur: im 12. Jh. in erster Linie gegenüber Platon (Timaios) und Boethius; im 13. Jh. dann vor allem gegenüber Aristoteles. Rezeptivität bedeutet Bewahrung des ererbten Wissens, Herstellung der Kontinuität der antiken Tradition. Die literarische Form, durch die die antike Tradition fortgesetzt wird, ist die lectio.

3.2.2. Die Quaestionenform

Neben dem Prinzip der Autorität tritt spätestens im 12. Jh. das Prinzip der ratio auf. Das Prinzip der Rationalität wird in Abailards Sic et Non sehr deutlich. Es meint den Prozeß des wissenschaftlichen Wirklichkeitsverstehens. Die literarische Form, in der das Prinzip der Rationalität sich Geltung verschafft, ist die quaestio (Frage), die vor allem den Unterrichtsbetrieb an den mittelalterlichen Universitäten beherrscht. Im 13. Jh. wird durch das Eindringen des Aristoteles in den Schulbetrieb die quaestio zur maßgebenden Form der Wissensvermittlung. In ihr wird mit den Mitteln der alten Dialektik, besonders jedoch mit Bezugnahme auf jenes Wissenschaftsverständnis, das Aristoteles in seinen Analytica posteriora darstellt, der Wissenschaftsprozeß ausgetragen.

Die quaestio entsteht aus der lectio: sei es im Zusammenhang mit einem undeutlichen Ausdruck, der Präzisierung verlangt; sei es durch voneinander abweichende Erklärungen einer bestimmten Textstelle; oder sei es schließlich durch gegensätzliche, einander widersprechende Meinungen von Autoritäten. Die Textlesung wirft so anläßlich verschiedener Erklärungen einer bestimmten Textstelle oder widersprüchlicher Meinungen von Autoritäten Fragen (quaestiones) auf, die einer am Prinzip der Rationalität zu messenden Lösung zuzuführen sind. Autoritäten sind keineswegs eindeutig; und wer − so Thomas von Aquin in seinem berühmten Quodlibet IV, q. 9, a. 3 (18) − die quaestio, die aufgeworfene Frage, das wissenschaftliche Problem mit alleinigem Bezug auf Autoritäten löst, bestätigt zwar dem Hörer, daß es so ist, aber dieser erwirbt kein Wissen oder Einsicht und geht leer von dannen.

Die Berufung auf Autoritäten dokumentiert, was Wissenschaft und was ratio bedeutet; in den autoritativen Texten liegt bereits eine ausgearbeitete Wissenschaft vor; an ihnen kann man das Prinzip der Rationalität studieren, d. h. lernen. Aber der Berufung auf Autoritäten muß die eigene vernünftige Einsicht folgen. Wissenschaftliche Urteilsfindung, die in der Lehrentscheidung (determinatio magistralis) dokumentiert wird, kann nur durch Vernunftgründe einsichtig sein. Das Zusammenspiel von auctoritas und ratio läßt sich nicht eigentlich als 'scholastische Methode' bezeichnen. Es handelt sich vielmehr um eine „Dokumentationstechnik" (Kluxen 1972, 182), die ihre literarische Gestalt in der Quaestionenform findet.

Es ist deutlich, daß sich Fragen nicht nur im Zusammenhang mit der Textlesung ergeben. Quaestiones können auch unabhängig vom Text entstehen. Die quaestio ist der Einstieg in die selbständige wissenschaftliche Forschung. Sie entstand mit der lectio, bildete sich aber nach und nach als eigenständige, von der lectio unabhängige Gattung heraus. Das In-Frage-Stellen jeden Wirklichkeitsverstehens wird zum beherrschenden Grundzug der Scholastik. Mit den Fragen werden selbstverständlich auch die entsprechenden Antworten erwartet; entscheidend ist, daß sich der Prozeß der Verwissenschaftlichung des menschlichen Wirklichkeitsverstehens von der unmittelbaren Textlösung löst und damit frei und offen wird für jede Art wissenschaftlichen Zugangs zur Wirklichkeit.

In diesem Sinn ist die quaestio die literarische Einheit. Zwar bedeutet quaestio ursprünglich Frage; aber angemessener wäre es sicher, von Untersuchung zu sprechen. Die quaestio ist die wissenschaftliche Behandlung eines Themas bzw. Problems. Die Durchführung des in einer quaestio zu verhandelnden Themas geschieht in den Artikeln, in welche die queastio gegliedert ist. Diese wird nicht autoritativ beantwortet, sondern zunächst in ihrem Umfang und ihrer Tiefe dadurch abgesteckt, daß unterschiedliche Gründe für die unterschiedlichen Seiten des Problems ins Feld geführt werden (obiectiones). In diesem ersten Teil des Artikels werden Meinungen — meist von Autoritäten, aber das ist nicht notwendig — oder Argumente (eingeleitet mit 'videtur quod') und Gegenargumente ('sed contra') aufgeführt. Darauf folgt das Hauptstück des Artikels, das corpus articuli, das mit 'Responsio' oder 'dicendum quod' beginnt. Das corpus articuli ist der Kern des Artikels und stellt die in der Regel begründete, rational ausgewiesene Entscheidung des Magisters oder doch wenigstens deren Prinzipien dar. Im Anschluß an das corpus articuli werden die Antworten auf die eingangs des Artikels angeführten Argumente gegeben (ad 1, ad 2 usw.). Das, was der Magister zu dem aufgeworfenen Problem oder über den im Artikel präzisierten Untersuchungsgegenstand zu sagen hat, findet man nur im corpus articuli. Es enthält die eigene Meinung oder die Lehrposition des Magisters. Die eingangs des Artikels angeführten Argumente oder Meinungen dagegen stimmen mit der im corpus articuli eingenommenen Position nicht überein. Die den Artikel abschließenden Antworten auf diese Argumente hingegen liegen in der Linie der im corpus articuli eingenommenen Position.

Die Quaestionenform ist so das literarische Zeugnis dieser schulmäßigen, stereotypen Behandlung bestimmter, zunächst an der Textlesung sich entzündender, damit aber sich zunehmend vom Text lösender Fragen. Sie entspricht dem methodisch institutionalisierten Prozeß der magistralen Entscheidung bei den öffentlichen Disputationen. So ist sie Ausdruck der Selbständigkeit von Lehre und Wissenschaft; und kommt dem Rationalisierungs- und Verwissenschaftlichungsprozeß der Epoche entgegen.

3.2.3. Die Disputation

Die Quaestionenform ruht auf der disputatio auf. Die quaestio disputata ist wesentlicher Bestandteil des universitären Lehrbetriebs: institutionalisierte Einübung in den Lehrstoff. Die quaestiones disputatae sind in ihrer ausgearbeiteten literarischen Form die Frucht der ordentlichen und öffentlichen Disputationen, die der Magister an der Universität regelmäßig halten mußte. Von Thomas von Aquin sind 63 quaestiones disputatae überliefert. Sie lassen sich auf Serien aufteilen, wobei jede Serie den Titel der ersten quaestio trägt. So besitzen wir von Thomas die Quaestiones disputatae de veritate (Über die Wahrheit), die 29 Quaestionen umfaßt und zwischen 1256 und 1259 in Paris entstanden ist. Der Bedeutung halber seien genannt die Quaestiones disputatae de potentia (Über das Vermögen oder die Macht, insbesondere Gottes, 10qq., ca. 1265–1269) und die Quaestiones disputatae de malo (Über das Übel, 16qq., Paris 1269–1272). In den Quaestiones disputatae de veritate etwa ist nicht nur von der Wahrheit die Rede, sondern auch von anderen Themen, z. B. de scientia Dei (De ver. 2), de ideis (De ver. 3). Bei dem, was wir an quaestiones disputatae des Thomas besitzen, handelt es sich um die redaktionell ausgearbeitete Form der ordentlichen Disputationen, die Thomas regelmäßig gehalten hat. Die disputatio ist neben der lectio eine feste Einrichtung der universitären, akademischen Lehre und Forschung. Disputiert wird über aktuelle Fragen und Themen, die der Magister, der die Disputation abhielt, festlegt. In einer Disputation treten neben dem leitenden Magister ein Gegner und Fürsprecher auf. Das wissenschaftliche Resultat wird dabei auf dem Wege einer sorgfältigen Ausarbeitung der Argumente und ihrer Kritik erreicht. Es folgt abschließend die Determination des Magisters. Dies ist das Schema der schulmäßigen Disputation, die ihren literarischen Ausdruck in der Quaestionenform findet als jener Gestalt, die der wissenschaftlich begründeten Urteilsfindung am ehesten gerecht wird.

Außer den quaestiones disputatae, die selbständige wissenschaftliche Beiträge zum Forschungsprozeß darstellen, gibt es die außerordentlichen Disputationen 'de quolibet', auch 'Quodlibeta' genannt, die zweimal im Jahr gehalten wurden. Bei diesen Gelegenheiten hatte der Magister auf Fragen aus dem Publikum der Universität zu bestimmten, oft sehr aktuellen Problemen zu antworten. Wir besitzen von Thomas 12 solcher Quodlibeta, die zeigen, was seinen Zeitgenossen von Wichtigkeit und Bedeutung war. Die Quodlibeta stellen ein lebendiges Zeugnis der geistigen Entwicklung und Bewegung der Zeit dar.

Die Disputation ist der Stil von Wissenschaft, in der die Scholastik Wissen tradiert, vermittelt, aneignet und findet. Die Form der Disputation bleibt bis ins 17. Jh. an den Universitäten prägend für den Gestaltungsprozeß von Wissenschaft. Im späten Mittelalter wird sie noch technischer, formaler; von der Quaestionenform bleibt nur ihr rationales Gerüst; der Wissenschaftsprozeß konzentriert sich auf die innerscholastische Diskussion.

Von diesen Formen (lectio, quaestio, disputatio) behält die Sth. des Thomas die quaestio als literarische Form bei. Seine in Italien (ca. 1260–64) verfaßte Summe über die Wahrheit des katholischen Glaubens wider die Heiden (Summa contra gentiles) ist hingegen in 4 Bücher und diese in oft umfangreiche Kapitel eingeteilt. Besitzen die Quaestiones disputatae des Thomas auch im Blick auf die einzelnen Artikel den Charakter einer ausführlichen Ausarbeitung und Dokumentation des Wissensstoffs, so ist die Sth. durch die Knappheit der Darstellung und die Konzentration auf die in den Artikeln präsentierten einzelnen Aspekte gekennzeichnet. Es ist unverkennbar, daß die Sth. am Schreibtisch verfaßt wurde; während die Quaestiones disputatae noch die lebendige Gestalt der Disputation haben.

4. Zur historischen Einordnung der Summa Theologiae im Werk des Thomas

4.1. Werke

Bevor Thomas sich an die Ausarbeitung der Sth. macht, hat er schon ein umfangreiches Werk vorgelegt; so sein erstes Hauptwerk den Sentenzenkommentar (Scriptum), dessen 4 Bücher in Distinktionen eingeteilt sind, die je eine Gliederung (divisio) haben, die jeweils in Fragen (quaestio) aufgeteilt sind, die wiederum in Artikel gegliedert sind; es folgt die Textauslegung (expositio). Entsprechend die Zitierweise: In I Sent. d. 1, q. 1, a. 1. Es ist sogleich sein zweites Hauptwerk zu nennen: die Summa contra gentiles, dessen 4 Bücher in Kapitel eingeteilt sind. Zitierweise: S. c. g. I, cap. 1, da die einzelnen Kapitel, z. T. sehr umfangreich sind, darf man zur leichteren Auffindung des Zitats den entsprechenden Abschnitt mit dem Anfangswortlaut hinzufügen: § Multitudinis. Die S. c. g. setzt sich insbesondere mit der arabisch-islamischen Philosophie auseinander; sie ist in theologisch-apologetischer Absicht geschrieben, auf dem Hintergrund der Mission bei den spanischen Muslimen. Thomas verfaßt sie in Italien zwischen ca. 1260 und 1264. Weiter sind seine Disputationen zu nennen: De veritate, Paris 1256–59; De potentia, Rom 1265–66. Auch liegen Kommentare zur Sacra Scriptura vor: etwa die Expositio in Job „ad litteram" (Orvieto 1261–64) und die Glossa continua super Evangelia (Catena aurea) (Orvieto, Rom 1262/63–67). Daneben hat Thomas andere Kommentare verfaßt: etwa die Expositio super librum Boethii De trinitate (Paris 1258–59), die bedeutende wissenschaftstheoretische Überlegungen zu dem Verhältnis von Philosophie und Theologie enthält; und die Expositio in librum Boethii De hebdomadibus (Paris 1256–59), die für die thomasische Metaphysik und Ontologie – etwa hinsichtlich des Teilhabegedankens – wichtige Texte enthält. Von seinen kleineren Werken (Opuscula) sei die Jugendschrift De ente et essentia (Paris 1252–56) hervorgehoben, die eine erste, grundlegende Einführung in die thomasische Metaphysik bietet.

Parallel zur Sth., die ihn sieben Jahre in Anspruch nimmt, befaßt sich Thomas literarisch mit verschiedenartigen wissenschaftlichen Gegenständen, die ihm zum Teil durch seine Lehrtätigkeit, zum Teil durch die intellektuelle Situation in Paris der späten sechziger Jahre, nahegelegt werden. Zu den aus der Lehre erwachsenen Schriften der späteren Jahre (1266–73) gehören Auslegungen der Hl. Schrift (v. a. zum Johannesevangelium und zu den Paulusbriefen) sowie akademische Disputationen, v. a.: De malo (Rom 1266–67), De spiritualibus creaturis (Italien 1267–68), De anima (Paris 1269) und De virtutibus (Paris 1269–72). Hinzu kommen die Kommentare: Expositio super Dionysium De divinis nominibus (Rom 1265–67) und vor allem seine Expositio super librum De causis (Paris 1271–72). Beide Kommentare sind in theologischer und metaphysischer Hinsicht von großer Bedeutung. De divinis nominibus des Ps.-Dionysius Areopagita versucht Gedankengut des Proklos christlich zu vermitteln; der Liber de causis ist arabischer Herkunft und bietet einen Auszug aus einer Schrift des Neuplatonikers Proklos (gest. 485). Zu beiden Schriften nimmt Thomas in der Kommentierung auf dem Hintergrund seiner Aristoteleslektüre Stellung. Thomas ließ sich auch in die polemischen Auseinandersetzungen an der Pariser Universität hineinziehen. Hier sind De unitate intellectus (Paris 1270) und De aeternitate mundi (Paris 1270) entstanden. Als Reaktion auf die geistige Situation der Zeit darf man seine Kommentare zu den wichtigsten Schriften des Aristoteles begreifen: zur Metaphysik, Ethik, Politik, zu Perihermeneias und zu den Zweiten Analytikern; von Bedeutung sind auch seine Kommentare zu den naturphilosophischen Schriften des Aristoteles: zur Physik, De anima, De caelo, um die wichtigen zu nennen. Seine Aristoteleskommentare sind wohl alle zwischen 1269–73 entstanden, als Thomas in Paris die Aristotelesinterpretationen der dortigen Artistenfakultät kennenlernt.

Die Abfassung der Sth. fällt in das letzte Lebensjahrzehnt des Thomas. Es ist in der Tat erstaunlich, wie Thomas in so kurzer Zeit ein umfangreiches Werk vorlegt, das beispiellos ist. Sein Lehrer Albertus Magnus hat ein noch umfangreicheres Werk hinterlassen; dieses aber erschöpft sich z. T. – was seine Aristoteleskommentare angeht – in Paraphrasierungen. Das Werk des Thomas hingegen zeichnet sich durch die Konzentration der Gedankenführung und die Dichte des Textes aus.

4.2. Kurze Charakteristik der Werke

Die sprachliche Struktur und der Stil der Werke des Thomas sind von denkbarer Einfachheit; das trifft besonders auf die Sth. zu, die ja für Anfänger geschrieben ist. Die lateinische Sprache, in der Thomas denkt und schreibt, ist nicht mehr die der klassischen Antike, etwa Ciceros. Jedoch anders als z. B. bei Johannes Duns Scotus (1265–1308), der einen erheblich komplizierteren sprachlichen Aufbau seines Denkens hat, wird bei Thomas das in der Sprache vermittelte Gedachte, der Wissensstoff, durch die gedrängte Fülle und Dichte sehr komplex. Die Klarheit seiner Sprache, die Einfachheit der grammatischen Struktur und die transparente übersichtliche Gliederung verhalten sich umgekehrt zu dem in ihnen präsentierten Wissensstoff. Hat man sich z. B. bei Duns Scotus an die komplizierte sprachliche Gestalt einmal gewöhnt, so wird der in ihr ausgedrückte Gedanke sehr deutlich. Thomas aber fordert zur Interpretation heraus: Es ist unmöglich, den Inhalt eines Kapitels aus der S. c. g. zu verstehen, ohne nicht das ganze Werk zu kennen.

Dokumentiert der Sentenzenkommentar des Thomas die Vorlesung des Baccalars, so verfolgt die S. c. g. eine theologisch-apologetische Absicht; geschrieben aus Zwecken der Mission, bietet sie eine ausführliche, in Kapiteln, das sind kurze Abhandlungen, dargelegte Auseinandersetzung mit den Heiden, besonders mit der arabisch-islamischen Philosophie eines Avicenna und Averroes. Man hat die S. c. g. fälschlicherweise die 'philosophische Summe' des Thomas genannt. In ihr geht es aber um die Darlegung jener Wahrheit, die „der Glaube bekennt und die Vernunft erforscht"; und zwar unter Heranziehung von „Beweisgründen und Wahrscheinlichkeitsgründen", durch die die „Wahrheit bestätigt und der Gegner überzeugt wird" (Bücher I–III). Im IV. Buch ist von jener Wahrheit zu sprechen, die „über die Vernunft hinausgeht": eine Darlegung der Wahrheit des christlichen Glaubens (S. c. g. I, cap. 9). Die S. c. g. strukturiert sich nach einem Schema, das auch für die Sth. von Bedeutung wird: Die gesamte Absicht zielt darauf, „auf dem Wege der Vernunft" das zu verfolgen, was die menschliche Vernunft von Gott erforschen kann. So ist erstens eine Betrachtung über das anzustellen, was „Gott an ihm selbst zukommt" (Buch I); zweitens die Betrachtung über den „Hervorgang der Geschöpfe aus ihm" (de processu creaturarum ab ipso; Buch II); drittens die Betrachtung „über die Hinordnung der Geschöpfe zu ihm als zu ihrem Ziel" (de ordine creaturarum in ipsum sicut in finem; Buch III). Das IV. Buch befaßt sich mit Fragen der Trinität, der Christologie, der Sakramentenlehre, der Auferstehung. Von besonderem Interesse ist das Schema des Hervorgangs der Geschöpfe aus Gott und ihrer Rückkehr zu ihm.

Die Kommentare des Thomas, besonders zu den wichtigsten Schriften des Aristoteles, zeichnen sich dadurch aus, daß in ihnen die intentio auctoris wiedergegeben wird. Es kommt darauf an, den Text nach der Absicht des Autors zu verstehen. Das hält jedoch Thomas nicht davon ab, kritisch zu manchen Äußerungen Stellung zu beziehen; etwa wenn es um die Frage nach der Ewigkeit der Welt (Aristoteles) geht, die der christliche Glaube nicht akzeptieren kann. Thomas folgt, vor allem in seinem Metaphysikentwurf, weitgehend Aristoteles. Die Philosophie des Aristoteles ist der Boden, auf dem Thomas steht und von wo aus er andere Philosophien kritisch beurteilt; etwa die neuplatonisch gefärbten Aristotelesinterpretationen des Avicenna, aber auch De divinis nominibus des Ps.-Dionysius und vor allem den Liber de causis. In seinem Kommentar des Liber de causis, den Thomas als einen Auszug einer Schrift des Proklos erkannt hat, geht es um die intentio auctoris; das aber heißt in diesem Fall, Aristoteles nicht durch die neuplatonische Färbung des Liber de causis zu verstehen, wie das Albert der Große getan hat, der den Liber de causis für eine aristotelische Schrift hielt, sondern die Differenz zwischen Aristoteles und dem Liber de causis herauszustellen. Im ganzen wird man wohl sagen müssen, daß die eigene Meinung des Interpreten hinter der Herausarbeitung der intentio auctoris zurücksteht; in den thomasischen Kommentaren wird man die Lehrmeinung des Thomas wohl eher nicht authentisch vorfinden.

Mit den beiden kleineren Schriften De unitate intellectus und De aeternitate mundi bezieht Thomas eine entschiedene Stellung in dem universitären Streit um eine angemessene Aristotelesinterpretation, der in den späten sechziger Jahren an der Pariser Artistenfakultät entbrannte. Eine Richtung dieser Auslegungen versteht Aristoteles als einen Philosophen, der z. B. die numerische Einzigkeit des menschlichen Intellekts, die Anfangslosigkeit der Welt und die Determiniertheit des menschlichen Willens gelehrt habe. Aegidius Romanus (1243/47–1316) führt in seinen Errores philosophorum diese Lehrmeinungen auf Averroes zurück, die dessen Philosophie im Kern auszeichneten. In diesen Streit um den lateinischen Averroismus, womit die Namen Boethius von Dacien (gest. vor 1284) und Siger von Brabant (um 1235–81/84) verbunden sind, greift Thomas im Namen eines besseren Aristotelesverständnisses ein. In diesem Streit ging es in Wahrheit um die Verhältnisbestimmung von Philosophie und Theologie, um den Wissenschaftscharakter der Theologie und das Selbstverständnis des Philosophen; kurz um die Gestalt der theologischen Synthese, nach welcher man immer zu fragen hat, sofern ja die mittelalterlichen Denker in erster Linie Theologen waren.

Es gehört zwar nicht zu den eigentlichen Aufgaben eines Magisters der Theologie, den Philosophen zu interpretieren, aber Thomas entzieht sich dieser Mühe nicht; und zwar deshalb, weil der Theologe dort, wo die Philosophie ihre Sache mehr schlecht als recht versieht, selbst tätig werden muß. Dabei kann es nicht darum gehen, das philosophische Geschäft auf theologische Weise zu betreiben; sondern es kommt darauf an, es nach Möglichkeit philosophisch besser zu versehen als die professionellen Philosophen. Es gehört – anders etwa als bei dem großen Zeitgenossen des Thomas, bei Bonaventura (1217/18–74) und seinem Denken – zu den charakteristischen Merkmalen der thomasischen Theologie, die Philosophie als eine eigene und selbständige Wahrheitsform wahrzunehmen und anzuerkennen. Daß im übrigen die philosophische Arbeit eine bedeutende Rolle für die Entwicklung der Theologie des Thomas gespielt hat, ist bekannt. Das gilt in besonderer Weise für die secunda pars der Sth., also für die Lehre von den menschlichen Handlungen und Haltungen. Es kommt also auf die spezifische Eigenart der theologischen Synthese an, in der sowohl die Philosophie als auch die Theologie je ihre Eigenständigkeit wahren.

5. Gliederung und Aufbau der Summa Theologiae

Das Hauptthema der Sth. (sacra doctrina) ist die Vermitttlung der Gotteserkenntnis. Aus dem Grund ist zuerst von Gott zu handeln

(I); zweitens von der Bewegung der vernünftigen Geschöpfe zu Gott hin (II) und drittens von Christus (III), „der als Mensch für uns der Weg zu Gott ist" (I, q. 2 prologus). Das sind die Themen des ganzen Werks. Thomas gliedert jeden Teil weiter:

Der erste Teil (I) handelt von Gott als dem Ursprung der Dinge und dies unter drei Gesichtspunkten: Zunächst ist das göttliche Wesen zu erörtern, und zwar so, wie es in sich selber ist (secundum quod in se est ((qq. 2–26). Das geschieht durchaus in dem Bewußtsein menschlicher Unzulänglichkeit, die von Gott eher weiß, was und wie er nicht ist; und die von ihm deshalb alle dem irdischen Erfahrungsbereich vertrauten Bestimmungen der Vielheit und der Veränderung fernzuhalten hat. Es ist also (1.) von dem zu handeln, was das Wesen Gottes betrifft; und (2.) von dem, was zur Unterscheidung der Personen gehört, also von der göttlichen Dreieinigkeit (qq. 27–43). Da Gott Ursprung und Ziel aller Dinge ist (principium rerum et finis earum), besonders des vernünftigen Geschöpfs, muß man schließlich (3.) von dem Hervorgang der Dinge aus Gott, also von der Schöpfung handeln (qq. 44–119); wobei dem Menschen und seiner Beschaffenheit die größte Aufmerksamkeit gewidmet ist. Die prima pars schließt mit einer Erörterung dessen, wie Gott die Schöpfung regiert (qq. 103–119).

Der zweite Teil (II) behandelt Gott als Ziel aller Prozesse und Bewegungen, speziell als das Ziel des Menschen und seines Strebens. Es geht hier also um Fragen, die in neuzeitlichem Zusammenhang der Moraltheologie zugeordnet werden. Das mittelalterliche Denken, so auch das des Thomas von Aquin, kennt die theologische Disziplinenaufteilung nicht, für ihn bildet die Theologie eine Disziplin. Sth. II ist der bei weitem umfangreichste Teil des ganzen Werks, den Thomas wie folgt aufgliedert (I–II q. 1 prologus): Da Gott das Ziel des Menschen und seines Strebens ist, befaßt sich Thomas zunächst mit allgemeinen Betrachtungen: (1.) dem letzten Ziel des Menschen, das Thomas Glückseligkeit (beatitudo) nennt (qq. 1–5); (2.) mit der menschlichen Handlung und ihrer Analyse (qq. 6–89); (3.) mit den Tugenden und Lastern als inneren, den Gesetzen (qq. 90–108) und der göttlichen Gnade (qq. 109–114) als äußeren Prinzipien der menschlichen Handlung. Das ist der erste allgemeine Abschnitt des zweiten Teils der Sth. (I–II). Es folgt ein zweiter Abschnitt (II–II) der speziellen Überlegungen des Thomas enthält. Hier geht es um die Tugenden im besonderen, nämlich (1.) um die drei theologischen Tugenden Glaube, Hoffnung und Liebe (qq. 1–46), weiter (2.) um die vier Kardinaltugenden Klugheit, Gerechtigkeit, Tapferkeit und Maß mit ihren moralischen Verkehrungen (qq 47–170); schließlich (3.) sind historisch von besonderem Interesse die elf letzten Quaestionen (qq. 179–189), in denen Thomas Fragen des Ordensstandes und vor allem des kontemplativen Lebens erörtert und so das Ganze an den Anfang des zweiten Teils der Sth. zurückbindet.

Der dritte Teil (III) handelt von Jesus Christus, „der als Mensch für uns der Weg zu Gott ist" (I, q. 2 prologus). Dabei zielt die Betrachtung (1.) zunächst auf den Erlöser und sein Heilswerk (qq. 1–59); (2.) sodann auf die Sakramente der Kirche (qq. 60–90 unvollendet) und schließlich (3.) auf die Vollendung der Erlösung in der Auferstehung zum unsterblichen Leben. Das ist der von Thomas selbst entworfene Plan (III, prologus); aber er hat ihn nur bis zum Sakrament der Buße (q. 90) verwirklichen können, da er am 6. Dezember 1273 einen Zusammenbruch erlitt, der aller wissenschaftlichen Arbeit ein plötzliches Ende bereitete. Der fehlende Text (Supplementum) wurde, wahrscheinlich durch Reginald von Piperno, ergänzt.

6. Innere Gestalt der Summa Theologiae

6.1. Der Plan der Summa Theologiae

Die Sth. ist die Gesamtdarstellung des wissenschaftlichen Gebietes der Theologie. Durch die Quaestionenform, die sie verwendet, erfährt die Theologie eine Form der Rationalisierung, die zwar dem scholastischen Verwissenschaftlichungsprozeß der Epoche, nicht aber der heilsgeschichtlichen Dynamik der christlichen Grundüberzeugungen entgegenkommt. In bezug auf die Sth. selbst zeigt sich die Spannung zwischen dem theologischen Systemwillen einerseits und der Rücksicht auf die Heilsgeschichte andererseits in der Stellung des dritten Teils der Sth. Eine christologisch inspirierte Theologie, die das Erlösungs- und Heilsgeschehen zum Mittelpunkt ihres Interesses macht, wird Anstoß daran nehmen, daß Thomas sein theologisches Konzept im Grunde genommen fertig hat, ehe Christus überhaupt auftritt. Diese Kritik betrachtet die tertia pars und damit die Heilsgeschichte als einen kontingenten Anhang zu einem abstrakt festgefügten Ganzen, daß für die geschichtlichen Heilsereignisse keinen angemessenen Ort lasse.

Demgegenüber trägt Thomas mit seinem Plan der konkreten Heilsordnung insofern besonders Rechnung, als er sie gerade nicht zu einem Bestandteil des Systems und der Struktur selbst macht. Das theologische System interpretiert er nach dem neuplatonischen Schema des Ausgangs (exitus) der Dinge von und ihrer Rückkehr (reditus) zu Gott. Gott als Schöpfer und Erhalter (prima pars) und Gott als Ziel aller Schöpfung (secunda pars), das sind die obersten Gründe für die Gestalt und die Bewegung der Schöpfung. Anders als ähnliche nach dem gleichen Schema entwickelte Weltdeutungen, z. B. diejenige des Eriugena (um 810−77), ist der Logos für Thomas „das fleischgewordene Wort des Christen" (Chenu 1982, 158). Als solches ist es in die Geschichte als unableitbares Ereignis eingetreten. Die Inkarnation des Wortes Gottes ist und bleibt ein kontingentes Ereignis; verdankt sich der freien Liebe Gottes und kann so auch nicht a priori in das theologische System, in die sacra doctrina, eingewoben sein. Auch wenn Thomas das neuplatonische Schema des exitus und reditus benützt, das eigentlich von dem notwendigen Hervorgang alles Seienden aus dem überseienden Einen spricht, so verfällt er diesem Schema gerade nicht. In dem Übergang von der secunda zur tertia pars der Sth. zeigt sich die Offenheit der theologischen Synthese: die sacra doctrina und das konkrete Heilsgeschehen, das kontingenten, geschichtlichen Charakter hat und als solches kein Bestandstück des theologischen Systems sein kann, dadurch aber aus dem wissenschaftlichen, an den Analytica posteriora des Aristoteles orientierten Prozeß herausfällt, sind derart aufeinander bezogen, daß der christliche Glaube und die von Menschen betriebene wissenschaftliche Theologie, daß der seit Anselm von Canterbury (1033/34−1109) als Ziel der Theologie formulierte „intellectus fidei" in einen Gegensatz geraten (Sth. II−II, q. 1, a. 5): Das, was wirklich „gewußt" ist, kann nicht zugleich „geglaubt" werden. Es liegt in der Linie der Wissenschaftlichkeit der christlichen Theologie, daß das Zentrum des christlichen Glaubens, Jesus Christus als Mittler, nicht aus ihr folgt, sondern ihr als ein kontingentes Ereignis vorausliegt.

Gegen diese Deutung sind Einwände erhoben worden: Wie kann eine wissenschaftliche Theologie (sacra doctrina) Wissenschaft von Gott und seinem Heilshandeln sein, wenn gerade die Heilsgeschichte, in der Inkarnation des Wortes Gottes, an den Rand und nicht ins Zentrum dieser Theologie gerückt wird? Manche Thomasinterpreten sprechen von einem Kreislaufmodell und möchten das exitus-reditus-Schema auch auf das Geheimnis der Inkarnation ausgedehnt wissen (Torrell 1995, 168 ff.). Die Anfangsworte der Metaphysik des Aristoteles, daß „alle Menschen von Natur aus nach Wissen streben", erhalten ihren vollen Sinn erst im Rahmen der christlichen Weltdeutung, die Thomas im Sinne des Kreislaufmodells verstehe. Die „erste Philosophie ist ganz hingeordnet auf die Erkenntnis Gottes als ihr letztes Ziel" (S. c. g. III, cap. 25): Das ganze Schöpfungswerk Gottes vollendet sich − so Thomas in seinem Compendium theologiae (201) −, „wenn der Mensch in einem gewissen Kreise zu seinem Ursprung zurückkehrt und dem Ursprung der Dinge durch das Werk der Menschwerdung vereint ist." Dadurch rücke die Gottessohnschaft und Menschwerdung Christi in das theologische Konzept hinein, das durch das exitus-reditus-Schema geprägt ist, und stehe keineswegs am Rande. Einmal abgesehen davon, daß die Übertragung des neuplatonisch inspirierten Kreislaufmodells auf das konkrete Heilsgeschehen der geschichtlichen Kontingenz des Ereignisses der Inkarnation widerstreitet, sei auf Sth. I, q. 1 hingewiesen (Kluxen 1972, 185 ff.; 1980, 1−20):

6.2. Theologie als Wissenschaft

Die thomasische Theologie unterscheidet sich von anderen Entwürfen, etwa dem des Bonaventura, der an das Augustinische Weisheitskonzept anknüpft, wonach die christliche Theologie die „wahre Philosophie" und die „wahre Weisheit" sei, gerade durch ihren an den Zweiten Analytiken des Aristoteles orientierten Wissenschaftscharakter. Sth. I, q. 1 ist ganz diesem Problem gewidmet: Es geht nicht um den subjektiven Glauben, sondern um die Vermittlung des objektiven Lehrinhalts der sacra doctrina, die in der Sacra Scriptura vorliegt, von Gott durch Offenbarung mitgeteilt ist, da er den Menschen zu einem höheren Lebensziel bestimmt hat, als er aus sich zu erwirken vermag. Die Notwendigkeit der Offenbarung bemißt sich an der Heilsfürsorge. Weil der Mensch zu einem höheren, übernatürlichen Ziel bestimmt ist, dessen Erkenntnis er nicht aus sich erwirken kann, muß sie ihm durch Offenbarung gegeben sein, um seine Gedanken und Handlungen auf es hinzuordnen. Die Offenbarung schließt solche heilsnotwendigen Inhalte ein, die den menschlichen Verstand übersteigen, aber auch solche, die ihm aus eigener Kraft zugänglich sind. Insofern gibt es eine sacra doctrina, die heilsnotwendig ist (a. 1). Diese nennt Thomas „Wissenschaft" (scientia). Wissenschaft meint nach aristotelischem Verständnis: Erkenntnis durch Prinzipien. Wissenschaft steht so in einem Beweiszusammenhang, der durch Prinzipien bestimmt ist und durch den einheitlichen Gesichtspunkt, unter dem sie ihren Gegenstand (subiectum) erfaßt. Die Prinzipien der Theologie sind in den Glaubensartikeln formuliert. Diese sind jedoch nicht unmittelbar einsichtig. Das Modell der Subalternation, das Thomas verwendet, soll diesem Mangel abhelfen: Daß sich die Theologie auch auf andere Erkenntnisprinzipien stützt als auf denen der Vernunft allein, tut ihrer Wissenschaftlichkeit keinen Abbruch. Die sacra doctrina ist eine Wissenschaft, da sie ihre Prinzipien von einer übergeordneten Wissenschaft erhält, nämlich von dem Wissen Gottes und der Seligen, in dem die Glaubenssätze evidente Wahrheiten sind (a. 2). Die Offenbarung vermittelt diesen Zusammenhang. Sie ist dann auch der einheitliche Gesichtspunkt, unter dem die Theologie eine 'Wissenschaft' ist. Ihr gehört das, was geoffenbart werden kann (revelabile), als auch das faktisch Geoffenbarte zu (a. 3). Insofern betrachtet sie das, was aus Gott, ihrem eigentlichen „Gegenstand" (subiectum) (a. 7), hervorgeht und zu ihm zurückkehrt bzw. auf ihn hingeordnet ist, also die Schöpfung unter dem Gesichtspunkt der Offenbarung und das heißt der Heilsbedeutsamkeit. So kann sie das, was in den verschiedenen philosophischen Wissenschaften behandelt wird, unter dem Gesichtspunkt des revelabile, der Heilsnotwendigkeit betrachten. Als „Einprägung" des göttlichen Wissens (a. 3 ad 2) ist sie selbst „scientia divina", „höchste" Wissenschaft (sapientia, a. 6) und tritt den profanen Wissenschaften richterlich, nicht begründend, entgegen.

Die beanspruchte Allzuständigkeit der Theologie wird jedoch dadurch eingeschränkt, daß sie nur eine begrenzte Teilhabe am göttlichen Wissen hat. Da der menschlichen Vernunft eine Einsicht in das Wesen Gottes versagt ist, ist die Theologie auf das Wirken Gottes verwiesen, auf jene faktischen Offenbarungsinhalte, in denen und durch die Gott sich in seinem Heilshandeln festgelegt hat. In dem theologischen Erkenntnisprozeß kann es nun aber nicht auf die bloße Feststellung des Offenbarungsinhalts ankommen, also auf die Feststellung der Konvenienz theologischer Aussagen mit dem faktischen Offenbarungsinhalt. Sofern zum Begriff der Theologie als einer Wissenschaft Vernunft, sachliches Begreifen und inhaltliche Begründung gehört (a. 8), muß sie eine bloße Konvenienzfeststellung hinter sich lassen. Wissen heißt ganz deutlich, etwas aufgrund einsichtiger Prinzipien wissen. Die Theologie argumentiert nicht in die Richtung der Einsicht in ihre Prinzipien, die sie nur im Glauben festhalten kann, sondern aus ihnen als im Wissen Gottes verbürgte. Das aber bedeutet, daß alles Wissenschaftliche an der Theologie Resultat der natürlichen Vernunft, der natürlichen Erkenntnis des Menschen ist. Wie die Gnade die Natur voraussetzt (a. 8 ad 2) so setzt die Theologie als Glaubenswissenschaft die natürliche Erkenntniskraft des Menschen voraus. Das theologisch Wißbare hat dann seinen Ort innerhalb des natürlich Wißbaren, das heißt wissenschaftliche Theologie wird als Studium zu begreifen sein und als solche ist sie eine, wenn auch die höchste unter den universitären Disziplinen.

Wenn man wie Thomas derart Theologie als Wissenschaft begreift, die ihren Ort im Kontext des natürlich-menschlichen Vernunfterkennens hat, dann wird verständlich, in welch hohem Maße die Sth. Philosophie ist. Freilich ist sie nicht mit ihr identisch; sie betrachtet ihren Gegenstand unter dem Gesichtspunkt des revelabile, was die Philosophie gerade nicht tut. Als eine in der Offenbarung gesicherte bedarf die Theologie nicht der Unterstützung von seiten der Philosophie her. Die Differenz, die jeweilige Eigenständigkeit beider Wissenschaften ist gewahrt. Nur unter Berücksichtigung der menschlichen Erkenntnisschwäche, der eine unmittelbare Einsicht in das göttliche Wesen versagt ist, bedarf sie der philosophischen Argumentation. Sie nimmt die Philosophie als „Magd" in Dienst.

Man hat von einer „christlichen Philosophie" (Gilson) gesprochen, die in der Sth. ausgebreitet vorliegt. Dabei ist allerdings deutlich, daß weder die Philosophie eine vom christlichen Glauben abhängige ist, noch die christliche Theologie eine philosophische Theologie ist. Es handelt sich um zwei von einander unabhängige verschiedene Erkenntnisperspektiven. Was die Theologie unter dem Gesichtspunkt der Offenbarung betrachtet, das betrachtet die Philosophie unter dem Gesichtspunkt der natürlichen Vernunft allein. Dieses Verhältnis wirkt sich etwa auf die ganze prima pars der Sth. so aus, daß das, was für die philosophische Reflexion in Gestalt der Metaphysik am Ende steht (nämlich die Existenz Gottes), für die theologische Erkenntnis am Anfang steht, die von Gott als dem „principium rerum et finis earum" handelt. In dieser Weise vermag die Theologie dem natürlich-menschlichen Vernunftstreben, dem Verlangen, Gott zu schauen (desiderium naturale in videndum Deum), in ihrer eigenen Erkenntnisperspektive auf den Anfang und auf das, was in diesem Anfang eigentlich verstanden wird, jene Ruhe zu verschaffen, die im Glauben gehabt wird.

Das, wonach das philosophische Erkenntnisbemühen sucht, das erste Prinzip, in dessen erkennender Schau menschliches Glück, die Glückseligkeit des Menschen liegt, wird in der Theologie unter dem Gesichtspunkt der revelabilitas als Anfang alles Seins und Denken ausdrücklich. Der Glaube versichert in Gestalt der Verheißung der Gottesschau die Erfüllung des menschlichen Daseinssinns. In dieser Perspektive wird einsichtig, weshalb Thomas in der prima pars der Sth. besonders im Blick auf die Gottes- und Schöpfungslehre metaphysische und allgemein philosophische Spekulationen hat einfließen lassen. Auch in Hinsicht auf die secunda pars, wo Gott als das Ziel des Menschen und seines Strebens aufgezeigt wird, ist die Benützung philosophischer Argumentation unverkennbar; man kann die secunda pars, mindestens in ihrem ersten Abschnitt, als Kommentar zur Nikomachischen Ethik des Aristoteles lesen. Die Theologie der Sth. ist ein aus eigener selbständiger Perspektive Zuendeführen alles menschlichen Denkens und Strebens. Es wird so auch einsichtig, weshalb in den beiden ersten Teilen der Sth. faktische Offenbarungswahrheiten − vor allem die Inkarnation − nur als 'Zutaten' eingefügt werden. Es kommt nämlich zunächst darauf an, sich der eigenen theologischen Perspektive auf die Offenbarung aus den Glaubenswahrheiten her zu vergewissern, ehe das konkrete Heilsgeschehen dargestellt werden kann. Dieses liegt faktisch zwar immer schon der theologischen Erkenntnis voraus, die sich von dorther muß bestimmen lassen; aber die theologische Erkenntnisabsicht zielt auf den Anfang (principium) und das Ende (finis) des Seins, die Gottesschau, in welcher Sicht Christus als Lehrer des Wortes Gottes und Verkünder des Evangeliums erscheint (Sth. I, q. 117, a. 1; De ver. 11, 1). Als Glaubenswissenschaft kann sie sehr wohl in ein Gespräch mit den 'Ungläubigen' eintreten, sofern diese ihre Prinzipien gelten lassen. So erst ist die Sth. eine Darlegung der Theologie als einer und nur einer wissenschaftlichen Disziplin, die studiert und gelernt werden kann. Die Sth. ist ein Lehrbuch der Theologie, die sich nicht allein von dem konkreten Heilsgeschehen her inspirieren läßt, sondern die philosophischen Erkenntnisse aufgreift und positiv zu ihren Zwecken zu nutzen weiß. Sie ist eine 'Handleite' für den Menschen, dessen ganzes Dasein auf Gott hin angelegt ist.

7. Zur Wirkungsgeschichte der Summa Theologiae

7.1. Zur Texttradition der Summa Theologiae

Als Thomas am 7. März 1274 in der Zisterzienserabtei Fossanuova starb, brach der Streit um seine Lehre aus. Die einen verehrten ihn; die anderen unterzogen einige seiner Lehren der Verurteilung vom 7. März 1277 unter der Leitung des Pariser Bischofs Étienne Tempier. Die Heiligsprechung, die am 18. Juli 1323 unter dem Pontifikat Johannes XXII. in Avignon promulgiert wurde, brachte zunächst keine Beruhigung in den Lehrstreit. Zwar bat die Pariser Artistenfakultät gleich nach dem Tod des Thomas um die Überlassung oder wenigstens um Kopien seiner Werke; und auch hob der Bischof von Paris Stefan de Bourret am 14. Februar 1325 die Verurteilung von 1277 auf. Die eigentliche Thomasrezeption beginnt aber erst im 15. Jh. und ist mit dem Namen des Johannes Capreolus (um 1380−1444), dem Princeps thomistarum verbunden.

Hinsichtlich der Sth. selbst wird man festhalten müssen, daß sie die weitverbreiteste Schrift des Thomas ist, in Zusammenfassungen, Paraphrasierungen und Zitationen in populären Handbüchern der Zeit. Die erste Schülergeneration beginnt bald nach des Thomas Tod sich in einer Literatur von abbreviationes (Zusammenfassungen), tabulae (alphabetische Indizes) und concordanciae (Listen widersprüchlicher Lehrsätze zwischen den Werken des Thomas, besonders zwischen dem Sentenzenkommentar und der Sth.) ein Instrumentarium zu verschaffen, die Lehre des Thomas zu verbreiten. Die Tabula aurea des Petrus v. Bergamo (gest. 1482), die um die Mitte des 15. Jhs. entstanden ist, wird noch heute benutzt. Erste Thomaszitate trifft man schon vor 1280 in den Notabilia zum 1. Buch der Sentenzen des Richard v. Knapwell (gest. nach 1286) in Oxford an. In dem Prozeß gegen den Dominikaner Durandus de S. Porciano (um 1275–1334) – 1314 und 1316–17 – gilt Thomas als Autorität.

Wir besitzen mehr als 200 Handschriften von jedem Teil der Sth., von der II–II sogar 280. Die Sth. wirkt zunächst durch Vulgarisation (Torrell 1995, 176), z. B. durch die Summa Confessorum des Johannes von Freiburg (1298). Galienus von Orto verfaßt eine Zusammenfassung der II–II der Sth.; Wilhelm von Cayex-sur-Mer bietet eine Zusammenfassung des Textes von Johannes von Freiburg; 1333 entsteht die einfache Fassung Summa rudium und gegen 1338 die alphabetische Anordnung des Bartholomäus von Pisa: die Pisanella.

Durch Abschreibungen, Kopien, verbunden mit den unvermeidlichen Textauslassungen (Homoioteleuta), entsteht ein Traditionstext, der erst 1570 in der Editio princeps, der sogenannten Editio Piana abgedruckt ist. Die seit 1873 unter dem Pontifikat Leos XIII. unternommene kritische Edition der Werke des Thomas druckt im wesentlichen in ihrem ersten Teil (betreffs der Sth., 1888/89–1903) diesen Traditionstext, einschließlich des Cajetankommentars und unter Heranziehung einiger weniger Handschriften ab. Der Text der Sth. in der Editio Leonina ist so bestenfalls semikritisch und kann den Anforderungen einer wissenschaftlich historischkritischen Textedition, wie sie die Leonina seit 1965 (Expositio super Job ad litteram) betreibt, nicht entsprechen. Eine Neuausgabe der Sth. auf der Grundlage der Kriterien der historisch-kritischen Forschung ist daher dringend erforderlich.

7.2. Zur Herausbildung des Thomismus

Eine Geschichte der philosophisch-theologischen Lehren des Thomas, die in der Sth. ihren klarsten Ausdruck gefunden haben, ist noch nicht geschrieben. Diese sind jedenfalls nicht mit dem Thomismus, d. h. der Lehrtradition der thomistischen Schule identisch. Man pflegt deshalb zwischen thomanisch bzw. thomasisch und thomistisch zu unterscheiden (Pesch 1965, 157 ff.):

7.2.1. Epoche der Verteidigung des Thomas

Die Epoche des Thomismus bis zum 15. Jh. läßt sich dadurch charakterisieren, daß hier versucht wird, die Lehren des Thomas gegenüber seinen Gegnern – sowohl innerhalb des Dominikanerordens als auch außerhalb – zu verteidigen. Als bedeutende Thomasgegner innerhalb des Ordens gelten Robert Kilwardby (gest. 1279), Durandus de S. Porciano und vor ihm Jakob von Metz (gest. nach 1304). Der Orden stellt sich aber nach dem Generalkapitel von 1278 in Mailand hinter Thomas. Es kommt zur Identifikation mit seinen Lehren. Gleichzeitig mit dem Dominikanerorden legt auch der Franziskanerorden seine Position gegenüber Thomas fest. Franziskanische Thomas-Korrektorien entstehen; so das Correctorium des Wilhelm de la Mare (gest. 1298). Polemiken werden unvermeidlich: In den dominikanischen Gegenkorrektorien, die den Titel tragen Correctorium corruptorii, finden wir die ersten Kontroversen um Thomas. Aus dem Weltklerus ist vor allem Heinrich von Gent (um 1217–93) einer der großen Thomasgegner. Die thomistische Verteidigung des Thomas konzentriert sich im 14. Jh. vor allem auf die Kritik des dem Franziskanerorden angehörenden Johannes Duns Scotus (um 1265–1308) und seiner Schule. Die Thomisten Herveus Natalis (1250/60–1323), herausragender Vertreter der französischen Thomistenschule, und Thomas von Sutton (um 1250–1315), einer der bedeutenden Vertreter der englischen Thomistenschule, widmen ihre Arbeiten dieser Kritik. Die erste Epoche der Thomasverteidigung findet ihren Höhepunkt in Johannes Capreolus. Mit ihm beginnt die eigentliche Thomasrezeption.

Die Libri quatuor defensionum theologiae divi doctoris Thomae de Aquino (Vier Verteidigungsbücher der Theologie des hl. Lehrers Thomas v. Aquin) des Capreolus, die sich an die Ordnung des Sentenzenkommentars des Aquinaten halten, verteidigen die thomasischen Lehren vor allem gegen Duns Scotus, den Nominalismus eines Wilhelm von Ockham (1290/1300–1349/50), dann weiter gegen Petrus Aureoli (gest. 1322) und Gregor von Rimini (1300–58). Das Werk des Capreolus zeichnet sich dadurch aus, daß es das gesamte Werk des Thomas heranzieht, Lehrentwicklungen berücksichtigt und zu selbständigen Urteilen kommt, auch über die ältere Thomistenschule. Capreolus hat großen Einfluß ausgeübt, vor allem auf den großen Thomisten des 16. Jhs. Thomas Cajetan (eigentlicher Name: Jakob de Vio, 1469–1534).

7.2.2. Epoche der Kommentierung des thomasischen Werks

Stand bis Capreolus der Sentenzenkommentar des Thomas im Zentrum von Kommentaren, Kompendien und Bearbeitungen, so rückt im 15. Jh. die Sth. in den Vordergrund. Den ersten Kommentar zur Sth. (Ia) verfaßt Johannes Tinctoris (gest. 1469) um die Mitte des 15. Jhs. in Köln. Es hängt natürlich mit dem universitären Lehrbetrieb und den mittelalterlichen Studienordnungen zusammen, daß die Sentenzen des Petrus Lombardus am häufigsten kommentiert wurden und entsprechend der Sentenzenkommentar des Thomas zunächst von großem Interesse war; aber im Verlauf des 16. Jhs. werden diese durch die Sth. des Thomas zurückgedrängt. Der frühere Nominalist und spätere Dominikaner und Realist Peter Crockaert von Brüssel (gest. 1514) dürfte den Anfang gemacht haben. Crockaert war Lehrer von Franz de Vitoria (gest. 1546), dem Begründer der spanischen Scholastik. Vitoria setzt 1526 in Salamanca die Sth. als offizielles theologisches Lehrbuch durch. Die Universität Löwen verfährt 1596 ähnlich; 1617 richtet sie einen siebenjährigen Kurs der Sth. ein und schafft dafür eigens zwei Thomas-Lehrstühle.

Der Höhepunkt der Rezeption der Sth. im 16. Jh. ist jedoch der Sth.-Kommentar des Kardinals Cajetan, den er zwischen 1507 und 1522 verfaßt. Es ist möglich, daß auch sein Zeitgenosse, der deutsche Dominikaner Konrad Koellin (gest. 1536) 1522 in Köln einen Kommentar zur ganzen Sth. verfaßt hat. Cajetans Kommentar der Sth. gilt sowohl in sachlich-systematischer Hinsicht als auch wirkungsgeschichtlich als der bedeutendste, einmal abgesehen davon, daß er der erste Kommentar zur ganzen Sth. ist. Vitoria und seine Nachfolger in Salamanca schließen sich Cajetan an; desgleichen Franciscus Sylvester von Ferrara (gest. 1528), der die S. c. g. des Thomas kommentiert. Cajetan wird zum Kopf der Thomisten. Er findet zwar auch seine Kritiker, so etwa in Dominicus Bañez (1528–1604), der sich im Gnadenstreit des 16. Jhs. gegen den Molinismus stellt. Aber erst seit Cajetan kann man von einer thomistischen Schule im eigentlichen Sinne, d. h. im Sinne einer in sich differenzierten, aber aufs Ganze gesehen geschlossenen Lehrtradition sprechen.

7.2.3. Epoche der doktrinellen Auseinandersetzung

Cajetans Einfluß über Jahrhunderte hin war so groß, daß er auch Lehrinhalte des Thomas hat durchsetzen können, die die moderne historische Thomasforschung als eindeutig nicht-authentische Lehren des Thomas hat nachweisen können. Auf einige Unterschiede zwischen der sich auf Cajetans Thomasinterpretation berufenden thomistischen Lehrtradition und den authentischen Lehren des Thomas sei hingewiesen: In philosophischer Hinsicht ist es vor allem die von Cajetan vertretene Lehre von der analogia entis, der Seinsanalogie zwischen Gott und Geschöpf, wobei er den Schulthomismus auf die Proportionalitätsanalogie festlegt. Seine Auffassung von den proportional analogen Begriffen, die in Thomas keine Bestätigung findet, darf als Reaktion auf die scotische Lehre von der Univozität von 'seiend' verstanden werden. In theologischer Hinsicht sind es vor allem Fragen der Gnadenlehre und Christologie, durch die sich der von Cajetan begründete Schulthomismus von Thomas unterscheidet: So wird die Spekulation über die natura pura (reine Natur) von den Scotisten und Nominalisten übernommen: die Gleichsetzung der 'erhobenen' mit der unter der Gnade stehenden Natur macht jene Auffassung des Thomas hinfällig, wonach die Gnade für die 'gefallene' Natur auch zu natürlich guten Akten notwendig ist. Der reine natürliche Akt bedarf der Gnade nicht. In der Christologie vertritt Thomas die Lehre von der reinen Union der Menschennatur Christi. Diese wird seit Cajetan aufgegeben.

Im allgemeinen wird man sagen müssen, daß mit und seit Cajetan der Aristotelismus des Thomas verfestigt wird; Platonisches (besonders der Teilhabegedanke) und Augustinisches in Thomas werden verdrängt. Vor allem aber wird seit Cajetan die schon im 14. Jh. erkennbare antiscotistische Tendenz zum Programm erhoben. Schließlich bleibt auf die Tendenz einer zunehmenden inneren Abgeschlossenheit des Thomismus in Grabenkämpfe gegen Scotisten und Molinisten hinzuweisen.

Die Schule von Salamanca brachte den von Cajetan und Koellin ausgebildeten Thomismus stark voran. Thomas wird 1567 von Pius V. zum Kirchenlehrer erhoben. Die Sth. wird zum zentralen Lehrbuch. Das letzte Drittel des 16. Jhs. bringt eine Differenzierung: Die spanischen Dominikaner Bartholomäus de Medina (gest. 1580) und Dominicus Bañez bilden einen strengen Thomismus aus; während die jetzt aufsteigende Jesuitenschule andere Wege ging. Die Generalkongregation der Jesuiten von 1593 schrieb zwar die Lehren des Thomas als Leitlinien vor; aber mit der Erlaubnis, von ihnen in Ausnahmefällen abzuweichen.

Die Auseinandersetzung mit der Reformation und die kirchliche Antwort im Trienter Konzil führt zu einer Art neuen theologischen Synthese: Unter dem Einfluß des Humanismus und unter dem Zwang der antireformatorischen Verteidigung wird es notwendig, dem Prinzip der „sola scriptura" – man spricht in dem Zusammenhang von positiver Theologie – einen angemessenen Ort im thomasischen Lehrsystem zu verschaffen. Namen wie Domingo de Soto (gest. 1560) und Melchior Cano (gest. 1560) zeichnen verantwortlich für dieses Bestreben. Das Erfordernis, das Schriftprinzip in das thomasische Lehrgebäude einzuordnen, führt aber auch zu Modifikationen der thomasischen Lehre, besonders in bezug auf Sth. I, q. 1. So haben z. B. die Löwener Thomaskommentatoren weniger ein Interesse an der Begründung des Glaubens als vielmehr an seiner psychologischen Entstehung.

Die nachtridentische Entwicklung des Thomismus wird im wesentlichen durch die Kontroverse mit den Jesuiten Franciscus Suárez (1548–1617) und noch stärker mit Luis de Molina bestimmt. Dieser trat 1588 mit einem Buch an die Öffentlichkeit, die Vereinbarkeit (concordia) der Gnade mit dem freien Willen des Menschen aus dem göttlichen Vorherwissen zu erklären; und wandte sich ausdrücklich gegen die thomistische Lehre, die Bañez in seinem Thomaskommentar 1584 vorgetragen hatte. Der Thomismus verstrickt sich in diesen Streit; und so bleibt nach dem Tridentinum nur noch Johannes a S. Thoma (1589–1644) zu nennen, mit dem der Thomismus zu Ende geht. Vor allem mit seinen beiden Werken, dem philosophischen Werk: Cursus philosophicus thomisticus und dem theologischen Werk: Cursus theologicus, das fast die ganze Sth. des Thomas erklärt, ist Johannes a S. Thoma berühmt geworden.

7.2.4. Thomas-Renaissance im 19. und 20. Jahrhundert

Der Neuthomismus setzt ohne direkte Anknüpfung an die thomistische Schultradition zunächst auf philosophischem Gebiet ein. Für das 18. Jh. ist das Kolleg Alberoni in Piacenza von Bedeutung. Aber erst im 19. Jh. erfährt das Lehrsystem des Thomas eine deutliche Renaissance. In Verbindung mit der von den Jesuiten Taparelli d'Azeglio (gest. 1862) und M. Liberatore (gest. 1892) vorbereiteten Neuscholastik macht die neuthomistische Bewegung Thomas nicht nur zu ihrer zentralen Gestalt, sondern zu der der abendländischen Geistesgeschichte überhaupt. Symptomatisch ist die Gesamtausgabe der Werke des Thomas 1853–73 und 1871–80 durch L. Vivès in Paris. Noch deutlicher spricht die Enzyklika Aeterni Patris Leos XIII. vom 4. August 1879. Diese päpstliche Enzyklika darf nicht nur als eine philosophische und theologische Orientierung der katholischen Schulen angesehen werden, sondern als Programm des Pontifikats Leos XIII. Das Lehrschreiben erklärt Thomas zum authentischen Lehrer der Kirche; so lautet seine Überschrift: De philosophia christiana ad mentem sancti Thomae Aquinatis Doctoris angelici in scholis catholicis instauranda (Über die christliche Philosophie nach dem Geist des heiligen Thomas von Aquin, des engelhaften Lehrers, die in den katholischen Schulen einzusetzen ist). Die Erneuerung der Philosophie und Theologie des Thomas soll einen allgemeinen Weg aufzeigen, der für die Probleme der modernen Welt zum Maßstab genommen werden kann. Thomas wird zum Leitstern für alle Problemlösungsversuche der Moderne. Bekräftigt wird die Leit- und Orientierungsfunktion der philosophisch-theologischen Doktrin des Thomas dadurch, daß Leo XIII. eine neue Gesamtausgabe der thomasischen Werke veranlaßt (Editio Leonina seit 1882) und im Codex Iuris Cononici festschreiben läßt, daß Philosophie und Theologie in den katholischen Seminarien nach der Methode, Lehre und den Prinzipien des heiligen Thomas zu lehren seien; das ist eine Vorschrift, die nach dem II. Vaticanum immer noch nachklingt (C. I. C. can. 252 § 3: „die Heilsgeheimnisse, vor allem unter Anleitung des hl. Thomas als Lehrer, tiefer zu durchdringen lernen").

Die Gestalt des Thomas derart in das Zentrum der philosophisch-theologischen Auseinandersetzungen zu rücken, wie es mit Aeterni Patris geschieht, hat Folgen: Zum einen die Folge, daß der Lehre des Thomas insofern Unrecht widerfährt, als es – und das entgegen Aeterni Patris – nicht in seinem historischen Kontext aufgesucht wird, ihr vielmehr eine gewisse ungeschichtliche Absolutheit zuteil wird. Zum anderen die Folge, daß man sich aufgrund des Mangels eines historischen Bewußtseins hinsichtlich der Lehre des Thomas wieder dem traditionellen Schulthomismus annähert und die Thomaskommentare des Cajetan und des Sylvester mit in die Editio Leonina aufnimmt. Es kommt zur Heranbildung eines Neuthomismus, der mit der gleichzeitigen Entwicklung der Neuscholastik gleichgesetzt wird.

Die historisch-kritische Mittelalterforschung, die am Ende des 19. Jhs. und zu Beginn des 20. Jhs. einsetzt und mit Namen wie Clemens Baeumker (1853–1924) und Martin Grabmann (1875–1949) verbunden ist, wird man wohl als Emanzipation von neuthomistischen Vereinnahmungen zu verstehen haben, die bis in die Gegenwart anhält (Kluxen 1988, 362 ff.). Namen wie Étienne Gilson (1884–1978) und Marie-Dominique Chenu geben Zeugnis davon, daß man sich zunehmend vom Schulthomismus löst und einen historisch-kritischen Vergleich zwischen Thomismus und Thomas anstellt. Diese Tradition bringt auch wieder Kommentare zur Sth. des Thomas hervor; so die in Walberberg bei Köln von den Dominikanern vorgelegte Deutsche Thomas-Ausgabe der Sth.

Die historisch-kritische Methode der modernen Mittelalterforschung hat das beherrschende Bild des Thomas zu relativieren gelehrt. Für die moderne historisch-kritische, philosophische wie auch theologische Mittelalterforschung ist Thomas nicht mehr die maßgebende Gestalt; er ist einer der Großen unter den vielen großen Gestalten des lateinischen Mittelalters und so zu einer historischen Figur geworden. Trotz seiner historischen Relativierung verdient er jedoch eine sachlich-systematische, philosophische wie auch theologische Auseinandersetzung mit seinem Werk. Nur auf diese Weise kann Thomas in das Gespräch mit der Gegenwart eintreten.

8. Literatur

Bernath, Klaus (Hrsg.), Thomas von Aquin. Bd. 1: Chronologie und Werkanalyse. Darmstadt 1978.

Chenu, Marie-Dominique, Das Werk des Hl. Thomas von Aquin. Graz/Wien/Köln ²1982.

Gilson, Étienne, Le Thomisme. Introduction à la philosophie de Saint Thomas d'Aquin. Paris ⁶1979.

–, The christian philosophy of St. Thomas Aquinas with a catalogue of St. Thomas's works by I. T. Eschmann. New York ²1988.

Hoenen, Maarten J. F. M./Jakob H. J. Schneider/Georg Wieland (Hrsg.), Philosophy and learning. Universities in the middle ages. Leiden/New York/Köln 1995.

Jedin, Hubert (Hrsg.), Handbuch der Kirchengeschichte. Bd. 6, Die Kirche in der Gegenwart. Zweiter Halbband, Die Kirche zwischen Anpassung und Widerstand (1878–1914). Freiburg/Basel/Wien 1985.

Kluxen, Wolfgang, Philosophische Ethik bei Thomas von Aquin. Hamburg ²1980.

–, Thomas von Aquin: Das Seiende und seine Prinzipien. In: Grundprobleme der großen Philosophen. Philosophie des Altertums und des Mittelalters. Hrsg. v. Josef Speck. Göttingen 1972, 177–220.

–, Die geschichtliche Erforschung der mittelalterlichen Philosophie und die Neuscholastik. In: Christliche Philosophie im katholischen Denken des 19. und 20. Jhs., Bd. 2, Rückgriff auf scholastisches Erbe. Hrsg. v. Emerich Coreth. Graz/Wien/Köln 1988, 362–389.

– (Hrsg.), Thomas von Aquin im philosophischen Gespräch. Freiburg/München 1975.

Michelitsch, Antonius, Kommentatoren zur Summa Theologiae des hl. Thomas von Aquin. Graz/Wien 1924 (Repr. Hildesheim/New York 1981).

Pesch, Otto H., Art. 'Thomismus'. In: Lexikon für Theologie und Kirche, Bd. 10. Freiburg i. Br. ²1965, 157–167.

Pinchard, Bruno, Métaphysique et sémantique. Autour de Cajétan. Paris 1987.

Schönberger, Rolf, Thomas von Aquin. Zur Einführung, Hamburg 1998.

Schulthess, Peter/Ruedi Imbach, Die Philosophie im lateinischen Mittelalter. Ein Handbuch mit einem bio-bibliographischen Repertorium. Zürich/Düsseldorf 1996.

St. Thomas Aquinas. 1274–1974. Commemorative studies. 2 Bde. Hrsg. v. Pontifical institute of mediaeval studies. Toronto 1974.

Torrel, Jean-Pierre, Initiation à saint Thomas d'Aquin. Sa personne et son œuvre. Fribourg 1993.

–, Magister Thomas. Leben und Werk des Thomas von Aquin. Freiburg/Basel/Wien 1995.

Weisheipl, James A., Friar Thomas d'Aquino. His life, thought, and works. Washington D. C. ²1983.

Jakob Hans Josef Schneider, Tübingen
(Deutschland)

56. Marco Polos 'Divisament dou monde' und die Reisebücher

1. Marco Polos 'Divisament dou monde'
2. Reise- und Entdeckungsberichte des 14. bis 16. Jahrhunderts
3. Die großen Reisesammlungen
4. Literatur

1. Marco Polos 'Divisament dou monde'

1.1. Die Entstehung des Werkes und seine handschriftliche Verbreitung

Marco Polo gilt gemeinhin und gelegentlich in der Wissenschaft als wagender Kaufmann, der auch nach jahrzehntelangem Aufenthalt im Osten Asiens ein geschäftliches Interesse nicht aus den Augen verloren und zu Hause in Venedig vor allem der handeltreibenden Oberschicht etwas zu berichten gehabt habe. Dies trifft nicht zu. Schon mit siebzehn Jahren war er Vater und Onkel gefolgt, die für den Großkhan der Mongolen, Khubilai, Botendienste übernommen hatten und sich als dessen Gesandte verstehen durften. In Taydo (chin. Dadu), der Residenz Khubilais, wurde er in das höfische Gefolge des Großkhans aufgenommen und machte sich Sprache, Schrift, Maßstäbe und Denkungsart der mongolischen Eroberer zu eigen. Ob Marco Polo auch die chinesischen Provinzen, namentlich im Süden, kennenlernte, wurde bestritten (Haeger 1978; vgl. Rachewiltz 1997), und erst recht ist es nicht glaubhaft, wenn er behauptet, dies in der Funktion eines Sonderbeauftragten oder Stadtkommandanten getan zu haben (Polo 1928, 10f., 137). Von einer kaufmännischen Tätigkeit ist nirgends die Rede, und auch später, in Venedig, ging Marco Polo einer 'bürgerlichen' Beschäftigung nicht nach, sondern erwarb ein Anwesen in guter Lage, gründete eine Familie, hing seinen Erinnerungen nach und kümmerte sich um die Verbreitung des Buches, das er im Rückblick auf seine Erlebnisse zusammengestellt hatte.

Wann und wie dieses entstand, glauben wir genau zu wissen: Dem Prolog zufolge, wie ihn die meisten und zumal die ältesten erhaltenen Fassungen bieten, soll Marco Polo im Jahre 1298 in genuesischer Kriegsgefangenschaft den Pisaner Romanschriftsteller Rustichello getroffen und mit diesem gemeinsam den Text des Buches erstellt haben. Die Erzählungen des Reisenden hätten sich mit der Routine des Literaten verbunden (Rieger 1992; Münkler 1998, 54ff.) und seien so in ein Werk eingeflossen, das sich einerseits durch die Fülle authentischer Informationen zu den Ländern des Ostens auszeichne und als ein 'Divisament dou monde', als eine Beschreibung der Welt, erscheinen konnte, das andererseits aber auch die ordnende Hand des professionellen Schreibers erkennen lasse:

– in der Wahl des Frankoitalienischen als Sprache der Romane;
– in der Gestaltung einiger Schlachten und höfischer Szenen;
– in Anlage und Gliederung des Werkes, das chorographische (die asiatischen Länder betreffend), historiographische (die mongolische Reichsbildung betreffend) und biographische Erzählstränge (Marco Polo betreffend) kunstvoll miteinander verknüpft (Reichert 1992, 147; Münkler 1998, 65ff.).

Zwar wurde die Authentizität der Entstehungsgeschichte in jüngster Zeit bestritten und die Frage nach einer älteren, venezianischen Fassung des Werkes, sei es in Form eines kompletten Textes, sei es in Form von Notizen, erneut gestellt (Critchley 1992; Wehr 1993). Aber ungeachtet der Möglichkeiten, die früheste Geschichte des Werkes noch besser zu erhellen, ist daran festzuhalten, daß die 'Rustichello-Fassung' von allen erhaltenen Versionen das Denken und die Persönlichkeit Marco Polos am genauesten zum Ausdruck bringen (Critchley 1992, 29).

Zur Rustichello-Fassung traten in rascher Folge weitere Versionen in verschiedenen Sprachen hinzu:

– eine französische Übersetzung (FG, um 1307/08) auf der Grundlage einer Handschrift, die Marco Polo selbst zur Verfügung gestellt haben soll; zwei der Handschriften nennen das Werk einen „romans du grant Kaan"; seine Leser sind vor allem unter dem europäischen Hochadel zu finden (Polo 1865);
– eine erste toskanische Bearbeitung (TA, Anfang 14. Jh.), die eher kaufmännische Interessen anzusprechen scheint und in einigen Handschriften den Titel 'Il Milione' trägt (Polo 1975; 1986);
– am erfolgreichsten schließlich eine lateinische Fassung, erstellt durch den Bologne-

ser Dominikaner Francesco Pipino (P, 1309/14), der sich zum Ziel gesetzt hatte, die geistlichen Aspekte des Textes in den Vordergrund zu rücken und zur Mission unter den Heiden aufzurufen; in den Handschriften trägt sie den Titel eines 'Liber de consuetudinibus et conditionibus orientalium regionum' (Polo 1902; 1949);
— je eine deutsche, irische, tschechische und französische Übersetzung auf der Grundlage von P, weitere Fassungen in Latein, Deutsch, Toskanisch, Kastilisch und Katalanisch, die sich zum Teil nicht leicht in ein Stemma der Redaktionen einfügen lassen. Vor allem die lateinische Version Z (benannt nach dem spanischen Kardinal Francisco Xavier de Zelada 1717–1801), die eine Reihe von authentisch wirkenden, aber sonst nicht überlieferten Passagen enthält, bereitet der Forschung nach wie vor Kopfzerbrechen (Polo 1938; vgl. Critchley 1992, 157 ff.).

Der Erfolg des Buches war getragen von fast 140 Handschriften. In ihnen spiegelt sich sowohl die Bedeutung der einzelnen Versionen als auch die Bewertung des Werkes durch die Zeitgenossen. Wurde es zunächst noch ausschließlich als biographischer Roman und unterhaltsame Lektüre, als Vorführung des Fernen, Fremden und Wunderbaren, oder aber als geistlich erbauende Sammlung von Beispielen betrachtet, so mehren sich seit dem späten 14. Jh. die Anzeichen für seine Nutzung unter geographischem, kosmographischem oder naturkundlichem Aspekt (Reichert 1992, 170 ff.). Auch an den Wirkungen auf andere Texte läßt sich beobachten, wie die Erzählungen des Reisenden die anfängliche Skepsis überwanden und allmählich in den geographischen Kompendien, enzyklopädischen Sammlungen und zu guter Letzt in den Weltkarten ihre Spuren hinterließen: Geschichten, die das Buch von den Wundern des Ostens erzählte, gingen in die Rolands- oder Kreuzzugsepik ein ('Entrée d'Espagne' und 'Baudouin de Sebourc', beides aus dem Anfang des 14. Jhs.), Theologen wie Thomas Bradwardine entnahmen ihm Belege für die Allmacht Gottes und die Eitelkeit des Götzendienstes ('De causa Dei contra Pelagium', vor 1344); Domenico Silvestris Traktat über die Inseln und ihre Besonderheiten ('De insulis et earum proprietatibus', entstanden zwischen 1385 und 1406) und der 'Fons memorabilium universi' des Domenico Bandini aus Arezzo (Ende 14./Anfang 15. Jh.) geben Beispiele für die lexikalische Auswertung des Textes, und Kartenmacher wie Cresques Abraham (Katalanischer Weltatlas, um 1375), Fra Mauro (1459) oder Henricus Martellus Germanus (um 1490) verliehen ihrer Wertschätzung ebenso bildlichen wie textlichen Ausdruck (Reichert 1992, 196 ff. u. 1994, 184 ff.; Baumgärtner 1997).

1.2. Die frühen Drucke

Daß das Buch Marco Polos aus unterschiedlichem Blickwinkel gelesen und genutzt werden konnte, geht auch aus den frühesten Drucken hervor: Die Editio princeps (Hain 13245) brachte der Nürnberger Drucker Friedrich Creussner (NDB 3, 412) im Jahre 1477 in deutscher Sprache heraus. Sein Verlagsprogramm bestand zwar hauptsächlich aus Schriften, die für den täglichen Gebrauch bestimmt waren, aus theologischen, astrologischen, homiletischen, kanonistischen, grammatikalischen, pastoralen und liturgischen Büchern und Einblattdrucken; es enthielt aber mit der 'Germania' des Tacitus und Poggio Bracciolinis 'Facetiae' auch kulturgeschichtlich bedeutsame und literarisch unterhaltsame Titel (Geldner 1968, 167 f.). Marco Polos Buch wurde als ritterlicher Reiseroman verstanden und in der Tradition der mittelalterlichen Mirabilienliteratur gesehen (vgl. Ertzdorff 1991, 50 ff.; Herkenhoff 1996, 47 ff.). Der Titelholzschnitt zeigt den Verfasser als 'edlen Ritter' in modischer Gewandung (Schramm 1935, Abb. 296), und sowohl die Umschrift als auch Incipit und Explicit charakterisieren das Werk als eine Erzählung „von mangerley wunder der landt und lewt und wie er die selbigen gesehen und durch faren hat von dem auffgang pisz zu dem nydergang der sunen" (Cordier 1906/07, 1964). Der Text selbst stellt eine anonyme Übersetzung aus dem Italienischen dar und ist auch durch zwei Handschriften (wahrscheinlich Abschriften vom Druck) dokumentiert; die Mundart ist bairisch. Die Eingriffe, die der Übersetzer und Bearbeiter vornahm, förderten zum einen — durch Kürzungen, Vergleiche und Übertragungen technischer Angaben in ein mitteleuropäisches Ambiente — das Verständnis des Textes, zum andern schmückten sie jene Bestandteile aus, die Elemente einer adeligen Lebensweise zum Ausdruck brachten (Jagd, Kriegsführung). Die Persönlichkeit Marco Polos tritt deutlicher hervor; der Reisende erscheint als Protagonist der Verbindung von bürgerlicher und höfischadeliger Lebenswelt, wie sie dem reichsstädtischen Patriziat vor Augen stand. Eine sprachliche und inhaltliche Analyse gelangte zu dem Ergebnis, daß dem Bearbeiter eine „dramatischere Gestaltung des Stoffes" gelungen sei und die Übersetzung von „einer Wärme, Lebendigkeit und Anschaulichkeit" durchdrungen sei, „die dieser deutschen Bearbeitung des 15. Jhs. auch einen eigenen literarischen Wert verleihen" (Tscharner in: Polo 1935, XLVIII).

Der Neudruck von 1481, der bei Anton Sorg (Geldner 1968, 139 ff.) in Augsburg erschien (Hain 10041; Cordier 1906/07, 1965), ließ den literarischen Charakter des Werkes noch deutlicher hervortreten. An Text und Ausstattung änderte sich nur wenig (Schramm 1921, Abb. 754), aber es wurde gemeinsam mit dem 'Wilhelm von Österreich' veröffentlicht, einem mittelhochdeutschen Prosaroman, den schon das Incipit als „ein schone und kurczweilige hystori" avisiert. Daß beide Texte als eine Einheit angesehen wurden, geht aus dem Explicit hervor, und zehn Jahre später, anläßlich der Neuauflage des 'Wilhelm von Österreich' (ebenfalls bei Anton Sorg, Hain-Copinger 3530), konnte ein anderer Roman, der 'Wilhelm von Orlens', gekürzt und in Reimen, Marco Polos Buch ohne weiteres ersetzen (Koppitz 1963, 54 f.). Verkaufserfolge scheinen allerdings weder mit der einen noch mit der anderen Verlegersynthese erzielt worden zu sein (Herkenhoff 1996, 51).

Die italienischen Drucke hielten ebenfalls daran fest, daß Marco Polo vor allem anderen von wunderbaren Reichtümern, seltsamen Menschen und befremdlichen Bräuchen berichtet habe. Die Erstausgabe von Venedig 1496 (bei Giovan Battista Sessa; Hain 13243) sprach von den „meravigliose cose del mondo", die das Buch enthalte, und alle späteren Ausgaben (Venedig 1508, 1533, 1555, 1597, 1602, 1615, 1625; Brescia 1500; Treviso 1590, 1627, 1640, 1665, 1672) taten es ihr nach (Cordier 1906/07, 1969 ff.). Aber aufschlußreich sind die Zusätze, die in die Titelzeilen eingingen: Die Ausgabe von 1533, bei Paolo Danza erschienen, unterstreicht noch die Exotik und das Mirabile, spricht von Monstren und Anthropophagen und findet es merkwürdig, von all dem zu hören und zu wissen („cosa certamente molto curiosa de intendere & sapere"). Zugleich aber ist von einer „neuen Welt" die Rede, von „isole & lochi incogniti", und die Erlebnisse Marco Polos sind in den Kontext der geographischen Entdeckungen gestellt, auf deren wissenschaftlichen Ertrag sich die Zeitgenossen nicht wenig zugute hielten. Der Drucker und Verleger der Ausgabe von 1555, Matthio Pagan (Matteo Pagano; vgl. Pastorello 1924, 63), kürzte dagegen die Liste der Wunder, betonte Marco Polos Augenzeugenschaft, damit seine Glaubwürdigkeit, und fand den Inhalt des Buches nicht nur „schön", sondern auch „nützlich" („cosa non men' utile che bella"). Augenscheinlich kam es ihm darauf an, den Wert des Textes für das Weltbild und die geographischen Kenntnisse seiner Zeit hervorzuheben. Schließlich betätigte er sich selbst als Kartenmacher und brachte im Jahre 1561 mit Jacobo Gastaldis 'Universale descrittione del mondo' eine Schrift heraus, die das Verhältnis der amerikanischen zur asiatischen Geographie auf eine neue Grundlage stellte. Hinweise, die Marco Polo gegeben hatte, sollten dabei eine entscheidende Rolle spielen (Reichert 1996a).

1.3. Marco Polo und die Geographie des Entdeckungszeitalters

Daß Marco Polo zum geographischen Wissen im sogenannten Zeitalter der Entdeckungen in der Tat etwas beitragen und darüber hinaus auch die Praxis anleiten konnte, belegen die Schicksale des Buches auf der Iberischen Halbinsel. Schon der Bruder Heinrichs des Seefahrers, Dom Pedro, soll in Venedig eine Handschrift zum Geschenk erhalten und nach Portugal gebracht haben. Der Vorgang ist aber nicht gut bezeugt und ein unmittelbarer Einfluß auf die portugiesischen Entdeckungsfahrten im Indischen Ozean keineswegs nachgewiesen (Reichert 1992, 269). Anders verhält es sich mit den Unternehmungen, die im Auftrag der spanischen Krone über den Atlantik führten. Christoph Columbus besaß – neben anderen kosmographischen Werken, die sein Unternehmen gedanklich trugen (C. Plinius Secundus d. Ä., 'Naturalis historia'; Pierre d'Ailly, 'Imago mundi'; Enea Silvio Piccolomini [Pius II.], 'Historia rerum ubique gestarum'; C. Ptolemaeus, 'Cosmographia') – ein Exemplar des ersten Druckes der lateinischen Pipino-Fassung (Antwerpen 1485; Hain 13243); die Venezianer Ausgabe von 1496 (Hain 13243) stand ihm möglicherweise als Leihgabe zur Verfügung (Quinn 1974, 103 ff. u. 1979, 98 f.). Das ältere Stück ist in der Bibliothek des Columbussohnes Hernando erhalten geblieben und wird in der Biblioteca Capitular y Colombina in Sevilla aufbewahrt. Mit einer Vielzahl von Randnotizen und Unterstreichungen bezeugt es die Überlegungen und Absichten, die den

Entdecker besonders vor der ersten Reise, aber auch später noch umtrieben. Sie richteten sich vor allem auf die Schätze des Ostens, auf Gold, Perlen und Spezereien, ließen aber auch die geographisch, politisch und nautisch belangvollen Sachverhalte nicht aus den Augen. Denn Marco Polo hatte von beidem gesprochen, von den Reichtümern, die im Orient zu finden waren, wie von den örtlichen Verhältnissen, mit denen jeder Reisende zu rechnen hatte. Columbus seinerseits mußte weniger seine Gönner als die katholischen Majestäten und die Hofgesellschaft davon überzeugen, daß die Fahrt über den Atlantik in den Osten Asiens nautisch machbar, politisch sinnvoll und wirtschaftlich rentabel sei. Marco Polos Buch diente ihm nicht als die einzige, aber doch als die wichtigste Quelle seines Wissens und der Vorbereitung auf das Unternehmen (Reichert 1988, 23 ff.).

Auch die Erlebnisse des Entdeckers in Amerika (oder in Ostasien, wie er glaubte) legen davon Zeugnis ab. Denn vieles, was er dort vorfand, schien mit dem übereinzustimmen, wovon er gelesen hatte: die Inseln der Karibik, deren Vielzahl an die Inselwelt im Chinesischen Meer erinnerte; Kuba und Haïti, in denen Columbus bei unterschiedlichen Gelegenheiten Zipangu (Japan) erkannte; Martinique, von dem man sich Dinge wie von Marco Polos Fraueninsel erzählte; die Landschaft Magon auf Kuba, deren Name wie Mangi (Manzi = Südchina) klang, und die Kariben, deren Name (*carib, canib*) mit dem Großkhan der Mongolen in Verbindung gebracht wurde; Früchte, Drogen, Gewürze und Gerüche, feine Stoffe, Gold und Perlen, die den Gedanken nährten, den Reichtümern des Ostens sehr nahe zu sein (Reichert 1988, 36 ff. u. 1993a, 440 ff.). Man hat Columbus als 'Hermeneuten' bezeichnet, als Interpreten seiner Wahrnehmungen (Todorov 1985, 23 ff.). Unterlage seiner Deutungen aber waren die Bücher, aus denen er seine geographischen, ethnographischen und historischen Kenntnisse bezog. Buch- und Erfahrungswissen gingen im Denken des Columbus eine eigenartige, aber keineswegs unbegreifliche Verbindung miteinander ein. Marco Polos Buch spielte dabei eine herausragende Rolle und nahm mit den Informationen, die es vermittelte, sichtbaren Einfluß auf die Anfänge der europäischen Expansion in Zentral- und Südamerika. Noch auf Jahrzehnte hinaus wurde erwogen, in den atlantischen Entdeckungen einen Ausläufer Asiens zu erkennen, und über die Theorie von Kontinentalzusammenhang wirkte Marco Polos Buch bis 1561 (stellenweise sogar darüber hinaus) in die amerikanische Geographie hinein. Erst die Erfindung der 'Straße von Anian' durch Jacopo Gastaldi zog eine Grenze zwischen den Erdteilen und ließ Alte und Neue Welt als völlig getrennte Kultur- und Lebensräume erscheinen (Reichert 1996a).

Aber auch wer sich auf den entgegengesetzten Standpunkt stellte und – wie der Herausgeber des spanischen Marco Polo von 1503, Rodrigo Fernández de Santaella – in den Antillen gerade nicht Ostindien, sondern 'Antindia' vermutete (Sanz 1958, 17; vgl. Cordier 1906/07, 1975 f.; Harrisse/Sanz 1960, 296 f.; Reichert 1988, 47), sah in dem mittelalterlichen Reisenden einen frühen Entdecker und guten Gewährsmann für die ost-, süd- und südostasiatische Geographie. Sowohl Santaella als auch Valentim Fernandes, der ein Jahr zuvor das Buch auf Portugiesisch herausgebracht hatte (Cordier 1906/07, 1975), hoben seine Verdienste um das geographische Wissen ihrer Zeit hervor und stellten ihm die Berichte Niccolò de' Contis sowie Girolamo da Santo Stefanos zur Seite, die 1415–39 bzw. 1492–99 die arabischen Länder, Persien, Indien und Hinterindien aufgesucht hatten. Sebastian Münster nannte Marco Polo einen „explorator", und das Buch erhielt in Handschriften und Drucken immer häufiger einen Titel, der die Ausdrucksweise und das Selbstverständnis des sogenannten Zeitalters der Entdeckungen anklingen läßt ('Liber, cui titulus novus orbis', 'Livre des isles nouvellement trouvées' u. ä.; vgl. Reichert 1992, 184). Auch die französische Ausgabe von 1556 (Cordier 1906/07, 1377 f.), die erste englische Übersetzung, die ein Kaufmann im Ruhestand, John Frampton, neben anderen Werken zur überseeischen Geschichte und Seefahrt nach Santaellas spanischer Fassung anfertigte (London 1577; Polo 1929; Cordier 1906/07, 1981 f.), und noch die neuerliche Verdeutschung durch den Leipziger Historiographen Hieronymus Megiser (Altenburg 1609; Leipzig 1611; Cordier 1906/07, 1965 f.; vgl. NDB 16, 619 f.) stehen in einem solchen Kontext.

Vor allem in den Vorstellungen von der Geographie des asiatischen Kontinents kam die Wertschätzung Marco Polos als weitgereister Entdecker und glaubwürdiger Augenzeuge dauerhaft zum Ausdruck. Was sich schon um die Mitte des 14. Jhs. angekündigt hatte, daß nämlich das Buch des Venezianers die wiedergewonnene ptolemäische Geographie ergänzen und manchmal auch korrigieren konnte (zum Beispiel bei Fra Mauro und in den Erzeugnissen der Wien-Klosterneuburger Kartographenschule; vgl. Durand 1952), setzte sich in der Enzyklopädik und Kosmographie des 16. Jhs. unvermindert fort. Daß die Einsichten Marco Polos das Wissen der Antike überboten hätten, wurde zur wiederholten Gewißheit, der Hinweis auf das Buch gehörte fast unverzichtbar zu den Referenzkatalogen der Weltkunden, der Text selbst ging in die großen Reisesammlungen ein, die die Erkenntnisse der Entdeckungsfahrten zusammenfaßten und die Welt neu beschrieben (siehe unten).

Am anschaulichsten schlug sich der Rang Marco Polos in den Atlanten, Welt- und Regionalkarten in der ersten Hälfte des 16. Jhs. nieder. Das eigentliche Indien blieb zwar von ptolemäischen Landschafts- und modernen Ortsnamen besetzt. Aber auf dem sogenannten Drachenschwanz, einem Überbleibsel der antiken Geographie, erschienen – bei Martin Waldseemüller 1507, Bernardus Sylvanus 1511 oder Lorenz Fries 1522 – die indischen und hinterindischen Reiche Moabar (Maabar), Murfuli (Mutfili), Coilum (Quilon) und das rätselhafte Loach (Locac), die Marco Polo als erster beschrieben hatte. Südlich davon wurde Seylam (Ceylon) eingetragen, nördlich Ciamba (Vietnam) plaziert und erst recht der ganze nordost- und ostasiatische Raum nach den Angaben des mittelalterlichen Reisenden gestaltet: Mangi und Cathay (Süd- und Nordchina) werden umrahmt von Ländern wie Thebet (Tibet), Tangut (in Nordwestchina) und Bangala (Bengalen), durchflossen von den Flüssen Quian (Chang Jiang) und Polisacus (Yongding He bei Peking), geschmückt von Städten wie Khanbaliq (bei Peking), Quinsai (Hangzhou) oder Zaiton (Quanzhou), die alle vom Reichtum der Gegend kündeten. Auch der Großkhan selbst erscheint gelegentlich im Kartenbild (z. B. bei Sebastian Cabot 1544 und Pierre Desceliers 1550). Daß die Mongolen schon 1368 aus China vertrieben worden waren und ihre Herrscher in Zentral- und Ostasien nur noch eine vergleichsweise bescheidene Rolle spielten, war den Europäern nämlich schlichtweg entgangen. In die Meere des Ostens schließlich versuchten die Kartenmacher wenigstens eine Anzahl jener 7448 Inseln unterzubringen, von denen Marco Polo gesprochen hatte. Iava maior (Java), Iava minor (Sumatra) und das gold- wie auch angeblich gewürzreiche Zipangu (Japan) ragen unter ihnen sichtbar hervor.

1.4. Resümee und Ausblick

Die Geschicke von Marco Polos Buch können als allmählicher, aber keineswegs kontinuierlicher Übergang vom Mirabilien- und geistlichen Erbauungsbuch zum Sach- und geographischen Handbuch von besonderer Dignität und Glaubwürdigkeit beschrieben werden. Er erstreckte sich über mehr als zwei Jahrhunderte, erhielt um die Mitte vom 14. zum 15. Jh. seine kräftigsten Impulse und äußerte sich in den Trägern der Überlieferung, den Handschriften, so gut wie in Romanen, Geschichtsdarstellungen, Kompendien und Weltkarten, deren Autoren sich die Anregungen des Buches zu eigen gemacht hatten. Die Entdeckungen in Asien und Amerika bekräftigten den Ruf des Autors und erwiesen – wenn auch oftmals nur scheinbar – die sachliche Richtigkeit des Textes. Marco Polo galt den Kosmographen, Kartographen und Entdeckungsreisenden in der ersten Hälfte des 16. Jhs. als ein Vorläufer ihrer eigenen Ziele, dessen Erfahrungen die Gegenwart vorbereitet hätten und auch künftige Unternehmungen befördern könnten.

Nur allmählich schwand marcopolianisches Wissensgut aus der geographischen Vorstellung: zunächst von der amerikanischen Landkarte, wo es nicht hingehörte und nurmehr im unerforschten Nordwesten eine Weile überdauerte, dann auch aus den Kartenwerken, die die asiatische Welt beschrieben. Vor allem die portugiesischen Fahrten im Indischen und Chinesischen Meer hatten eine Fülle neuer Erkenntnisse vermittelt und ließen alles ältere Wissen überholt erscheinen. Eine Zeitlang wurden Mangi, Cathay und China noch nebeneinander geführt; aber Iava minor wurde frühzeitig durch Sumatra ersetzt, Zipangu verschwand um die Mitte des 16. Jhs. von den Landkarten (Reichert 1993b), und die Chinareisenden und -kommentatoren setzten ihren Ehrgeiz darein, den marcopolianischen die aktuellen Ortsnamen zuzuordnen und vor allem die Hauptstädte Quinsai und Khanbaliq in der Gegenwart ausfindig zu machen. Am längsten hielt sich älteres Wissen dort,

– wo es nicht oder noch nicht überprüft werden konnte (Zentral-, Nord- und Nordostasien; auch Anian und die gleichnamige Meeresstraße bei Alaska);
– wo es mit der Gegenwart übereinstimmte (Java);
– wo Marco Polos Erfahrungen an Orte verlegt wurden, die es nicht gibt (Loach/Lo-

cac, das bis heute nicht zweifelsfrei identifiziert ist und – wie Beach [Lar?] und Maletur [Malaiur] – lange Zeit auf einem imaginären Südkontinent vermutet wurde).

Was aber die Modernisierung des geographischen Wissens am augenfälligsten überdauerte, waren die Bilder, die der venezianische Reisende aus dem mongolischen China an das mittelalterliche Europa vermittelt hatte, Bilder von staatlichem Reichtum, städtischem Luxus und der Weisheit der Regierenden. Die Wunder des Ostens standen nicht immer im Mittelpunkt des Interesses, sind aber aus der Wirkungsgeschichte des Buches nicht wegzudenken. Was Marco Polo davon berichtet hatte, knüpfte an ältere, zum Teil schon antike Vorstellungen an und schien deshalb einleuchtend. Wenn die Jesuitenmissionare seit Matteo Ricci, seit dem frühen 17. Jh., ebenfalls von einer überlegenen Zivilisation und vorbildlichen Herrschern erzählten, so geschah auch dies nicht voraussetzungslos, sondern ergänzte ein Vorwissen, an dessen Formulierung Marco Polos Buch maßgeblich beteiligt war.

2. Reise- und Entdeckungsberichte des 14. bis 16. Jahrhunderts

2.1. Asien

Das Asienbild des späten Mittelalters wurde keineswegs ausschließlich und zu Zeiten auch nicht überwiegend von Marco Polo und dem 'Divisament dou monde' bestimmt. Von den Vorläufern erfuhr zwar keiner eigenständig weite Verbreitung, und ein ethnographisch wie geographisch so aufschlußreicher Text wie Wilhelms von Rubruk 'Itinerar', entstanden aus einer Missionsreise ins innerste Asien 1253–1255 (Wyngaert 1929, 145–332), fiel sogar fast völlig der Vergessenheit anheim. Aber die 'Historia Mongalorum' des päpstlichen Botschafters Johannes von Plano Carpini (1247; Menestò 1989) erregte von Anfang an Aufsehen, lief in nicht wenigen Abschriften um und war mit Auszügen im 'Speculum maius' des Dominikaners Vincenz von Beauvais enzyklopädisch präsent (Frühdruck Straßburg 1473, 1476, dann Douai 1624; vgl. Schmieder 1994, 55 ff.). Erst recht die 'Reisen' des (als Person nach wie vor rätselhaften) Johannes (John, Jean) von Mandeville (entstanden nach 1357; Letts 1953) behaupteten sich über zwei Jahrhunderte hinweg als ein häufig zitiertes Referenzwerk und Auskunftsmittel, das dem Buch Marco Polos in manchem gleichkam, es in seiner Wirksamkeit und Verbreitung zunächst sogar übertraf. Zwar handelt es sich dabei um eine geschickte Kompilation verschiedener Vorlagen, und die Forschung ist sich bis heute noch nicht einig, ob der Autor nicht wenigstens den Mittelmeerraum und das Heilige Land bereist hat oder nur bis zur nächsten größeren Bibliothek gekommen ist (vgl. Moseley 1983, 12). Doch bis ins 16. Jh. hinein wurden die Erkenntnisse des 'Reisenden' für eigenständig erachtet, Zweifel an der Authentizität seiner Erfahrungen nur spät und vereinzelt geäußert. Gerade weil er in seine Darstellung auch die tradierten Anschauungen und Urteile einfließen ließ (etwa in einem Einschub über die 'Wunder des Ostens') und so die Aufnahmefähigkeit seines Publikums nicht überforderte, schien allseits glaubwürdig, wovon er erzählte. Über 260 Handschriften, zahlreiche Fassungen in Latein und den Volkssprachen sowie die Menge der Druckausgaben seit 1478 (Seymour 1993, 38 ff.; Herkenhoff 1996, 59 ff.) bezeugen die große Popularität des Textes, der sowohl als geographische Übersicht (Deluz 1989) wie auch zur literarischen Erbauung, als Roman einer Reise (Ridder 1991), gelesen und auf diese Weise vielfältigen Ansprüchen gerecht werden konnte. Vor allem der Vergleich mit den Vorlagen, die der Autor benutzte, macht deutlich, was die Bearbeitung auszeichnet: Straffungen, Ergänzungen und Erläuterungen, kausale Verknüpfungen, die die Erzählung schlüssiger, szenische Ausschmückungen, die sie lebendiger erscheinen lassen (Bennett 1954).

Der Erfolg von Mandevilles 'Reisen' führte dazu, daß sich das Interesse an seinen Hauptgewährsleuten, deren Berichte mit ihrer Überarbeitung gleichsam überholt waren, in Grenzen hielt. Für den Nahen Osten und die Levante war dies vor allem der weitgereiste Sachse Wilhelm von Boldensele (eigentlich Otto von Neuhaus; Kaeppeli 1975, 92 f.), der als Jerusalempilger nicht nur das Heilige Land, sondern auch Ägypten, den Libanon und Syrien kennengelernt und zudem Konstantinopel treffend beschrieben hatte (Hodoeporicon ad Terram Sanctam 1334–1336; vgl. Deluz 1976). Sein Bericht war handschriftlich relativ weit verbreitet, wurde aber in französischer Übersetzung erst 1529, in der Ausgangssprache Latein gar erst zu Beginn des 17. Jhs. gedruckt (Paravicini 1994, 31 ff. Nr. 1). Für Indien, Südost- und Ostasien stützte sich Mandeville in noch breiterem Maße auf das Itinerar des Franziskanermissionars Odorico da Pordenone († 1331), der etwa eineinhalb Jahrzehnte in Asien unterwegs war und einen Bericht von großer Anschaulichkeit und Unmittelbarkeit, aber auch oft lapidarer Kürze hinterließ (Wyngaert 1929, 379–495). Mandeville hat ihn sich in einer Weise zu eigen gemacht, daß ein Leser, der beide Texte kannte, den Eindruck gewinnen mußte, die Autoren seien gemeinsam auf Reisen gewesen und hätten die gleichen Erfahrungen gemacht, sich nur unterschiedlich auszudrücken gewußt (Reichert 1992, 203 ff.). Auch Odoricos 'Itinerar' ist breit überliefert (über hundert Handschriften), wurde aber selten zur Referenzliteratur gerechnet und zunächst nur entlegen gedruckt (Pesaro 1513; Facsimile: Monaco 1986). Im 15. Jh. gelangten nur noch wenige Reisende über Konstantinopel, Jerusalem oder Kairo hinaus, und was sie nach der Heimkehr von ihren Erlebnissen und Einsichten erzählten, stieß nicht auf das gleiche, breit gestreute Interesse wie die Berichte ihrer Vorgänger. Eine Ausnahme machte allenfalls die Lebensbeschreibung des Kaufmanns Niccolò de' Conti aus Chioggia bei Venedig (Merisalo 1993). Er war 24 Jahre lang (1415–1439) geschäftlich zwischen Damaskus, Calicut, Bengalen, Burma, Malaya, Java, Aden und Kairo unterwegs, hatte sich mit einer Inderin verheiratet, Kinder gezeugt und war zum Islam übergetreten. Heimgekehrt begab er sich nach Florenz zu Papst Eugen IV., um Dispens wegen seines Abfalls vom christlichen Glauben zu erhalten, und erhielt den Auftrag, dem päpstlichen Privatsekretär, Poggio Bracciolini, seine Lebensgeschichte in die Feder zu diktieren. Dieser ergänzte sie um eine Darstellung Indiens anhand der antiken Autoren und gab sie als viertes Buch seinem Werk 'De varietate fortunae' bei (1448). Denn auch Contis abenteuerliches Leben gab ein Beispiel für die Launen des Glückes (Schmidt 1995). Wenigstens die italienischen Leser scheinen an Contis Erzählungen von indischen und hinterindischen Bräuchen und Reichtümern Gefallen gefunden zu haben. Dafür spricht die große Zahl von Handschriften, die allein das vierte Buch enthalten (23 von 59). Allerdings blieb die Wirkung des Textes zunächst fast völlig auf Mittel- und Norditalien beschränkt, nur zwei Abschriften (für Nikolaus von Kues und Hartmann Schedel) gelangten nachweislich schon während des 15. Jhs. in Bibliotheken außerhalb Italiens. Auch der erste Druck gab nur das vierte Buch wieder und erschien in Mailand 1492 (India recognita; vgl. Schmidt 1995, 409 ff.). Es kann daher nicht überraschen, daß zunächst nur Italiener sich den reichen Inhalt des Werkes zunutze machten: Der Camaldulenser Fra Mauro aus Murano bei Venedig setzte Contis Erfahrungen ins Kartenbild um (Mappamondo 1459 [vgl. Baumgärtner 1998]; ebenso die sogenannte Genuesische Weltkarte von 1457), und Papst Pius II. (Enea Silvio Piccolomini) stützte sich in breitem Maße auf den Bericht des Reisenden, als er im Sommer 1461 ein handliches Kompendium zur Geographie Asiens zusammenstellte (Piccolomini 1551, 281 ff.).

Räumlich eng begrenzt blieb auch die Wirkung jener Berichte, die der Spanier Ruy González de Clavijo und der bayerische Schildknappe Hans Schiltberger verfaßten, der eine als Gesandter Heinrichs III. von Kastilien bei Timur (1403–1406; Lindgren 1993), der andere als ehemaliger Kriegssklave des Osmanen Bayezid, dann Timurs, dann der Timuriden Shah Ruh, Miran Shah, Abu Bakr und anderer Herren (1396–1427; Neumann 1859; Langmantel 1885). Beide informierten anschaulich und detailliert über den Raum zwischen Bosporus und Samarkand sowie über die historische Situation, die sich aus dem Aufstieg des Türken Timur in Zentral- und Westasien ergeben hatte. Doch die handschriftliche Überlieferung ist eher schmal geblieben (Schiewer 1992, 172 ff.), und nur Schiltberger wurde im 15. Jh. drei Mal gedruckt (Hain 6674; 6675; 14515; alle in Augsburg bei Anton Sorg zwischen 1476 und 1493). Zudem scheint sich das Interesse der Leser vor allem auf die abenteuerlichen Züge der beiden Texte gerichtet zu haben: Schiltberger konnte zusammen mit der 'Historie von Herzog Ernst' und der Brandanslegende erscheinen, und Clavijos Bericht hat sogar eine dramatische Bearbeitung erfahren (durch Luis Vélez de Guevara [1579–1644]). Der sachliche Gehalt der Texte hat wahrscheinlich schon deshalb wenig interessiert, da mit dem Zerfall des von Timur eroberten Reiches alle Hoffnungen auf ein gemeinsames Vorgehen gegen die Türken zerstoben waren. Der 'Libellus de notitia orbis', den ein Gesandter Timurs, der orientkundige Missionsbischof Johannes von Soldania (de Galonifontibus?), in Europa hinterlassen hatte, fand offenbar aus demselben Grund keine weitere Verbreitung und wurde bis heute nicht gedruckt (Kern 1938).

Vielmehr galt besondere Aufmerksamkeit während des ganzen 15. und 16. Jhs. den Zuständen und Ereignissen in der (europäischen und asiatischen) Türkei. Auskunft darüber erteilten in auffälligem Maße die Berichte von Sklaven, Gefangenen oder sonst unfreiwillig im Osmanischen Reich aufgehaltenen Personen. Sie sind kaum als Reiseberichte anzusehen, sondern entstanden aus langjähriger Anschauung, profitierten oftmals von einer besonderen Amts- oder auch Vertrauensstellung des Autors und bemühten sich in aller Regel um eine systematische Darstellung von Brauchtum, Religion und Lebensart bei den Türken. Das große öffentliche Interesse sorgte für eine beträchtliche Anzahl von Druckausgaben und Übersetzungen in jeweils mehrere Sprachen (z. B. Jörg von Nürnberg, 'Geschicht von der Türckey', Memmingen s. d. [1482/83] u. ö.; Giovan-Maria Angiolello, 'Breve narrazione della vita e dei fatti degli Scià di Persia Ussun Hassan e Ismaele', Vicenza 1490; Thédoro Spandugino Cantacusino, 'Petit traicté de l'origine des princes des Turcqz ... et coustume de la nation et de tout leur pays', Paris 1519 u. ö.; Giovanantonio Menavino, 'I cinque libri della legge, religione et vita de' Turchi', Vinegia 1548 u. ö.; vgl. Yerasimos 1991, 111, 114, 124 ff.). Hervorzuheben sind der 'Tractatus de moribus, condictionibus et nequicia Turcorum' Georgs von Ungarn, der noch Martin Luther und Sebastian Franck beeindruckte (s. l., s. d. [Rom 1481] u. ö.; Klockow 1993; Herkenhoff 1996, 214 ff.), und die Werke des ungarischen Untertanen Bartholomaeus Georgievits, die mit über neunzig Ausgaben in neun Sprachen als europäische „Bestseller" des 16. Jhs. bezeichnet werden können (Yerasimos 1991, 159 ff.).

Erst mit der Normalisierung der politischen Beziehungen gelangten auch Diplomaten an die Höfe von Istanbul oder Amasya. Ihre Berichte waren aber selten für die Öffentlichkeit bestimmt. Dies gilt für die Venezianer Relationen so gut wie für Hans Dernschwams Tagebuch, das erst 1923 veröffentlicht wurde und zur genaueren Kenntnis des Osmanischen Reiches, zur Korrektur auch der populären Vorurteile (Schwoebel 1967), kaum etwas beitragen konnte (Babinger 1923). Neben dem Kroaten Felix Petancic ('De itineribus in Turciam libellus', Wien 1522; Nachdrucke und Übersetzungen; vgl. Yerasimos 1991, 128 f.) machte nur der kaiserliche Gesandte Augier Ghislain de Busbeck eine um so prominentere Ausnahme ('Itinera Constantinopolitanum et Amasianum ad Solimanum Turcarum Imperatorem', Antwerpen 1582; 'Legationis Turcicae Epistolae quatuor. De re militari contra Turcam instituenda consilium', Paris 1589; zahlreiche Nachdrucke und Übersetzungen; vgl. Yerasimos 1991, 239 f.; Martels 1994). Reisende schließlich, die aus Neugier, Wißbegierde oder sonst persönlichen Interessen den Orient erkundeten, haben erst seit der Mitte des 16. Jhs. vom Osmanischen Reich berichten und ein breites Publikum erreichen können (Guillaume Postel 1535–1537, 1549/50; André Thevet 1549–1542; vgl. Yerasimos 1991, 186, 219 f.; dann auch Thomas Coryate 1612).

2.2. Jerusalem und das Heilige Land

Einen Sonderfall stellen die Berichte aus Jerusalem und Palästina dar. Sie stammen fast alle von Pilgern, die wenigstens formell nichts weiter beabsichtigten als das Gebet an den heiligen Stätten und den Nachvollzug des Lebens und Sterbens Jesu Christi. Ihr Aufenthalt war zeitlich eng begrenzt (1–3 Wochen), konnte aber um Abstecher nach Beirut, Damaskus und vor allem zum Katharinenkloster auf der Sinai-Halbinsel (mit Weiterreise nach Kairo und Alexandria) erweitert werden. Da die Aufmerksamkeit der Wallfahrer fast völlig durch Gebet und Ablaß in Anspruch genommen wurde und sie immer ein straff organisiertes Besuchsprogramm zu absolvieren hatten, erscheinen ihre Beschreibungen des Heiligen Landes oft als stereotype Aufzählungen der heiligen Stätten und des bei ihnen zu erwartenden geistlichen Lohns (Hippler 1987). Da der Pilger Muße hatte und sich an Bord eher langweilte, ist die An- und Rückreise durch die Adria und entlang der griechischen Inseln in aller Regel farbiger und unter landeskundlichen Aspekten aufschlußreicher dokumentiert. Nur wenige machten da eine Ausnahme und erzählten etwas ausführlicher von Land und Leuten rings um die heiligen Stätten, von den Judäischen Bergen, der Wüste Negev und dem Toten Meer, von Mamluken, Beduinen und orientalischen Christen. Felix Fabri, Arnold von Harff und Jean Adorno wären vor allem zu nennen (Hassler 1843–1849; Groote 1860; Heers/Groer 1978).

Die meisten Jerusalemberichte waren aber nicht für ein breites Publikum bestimmt. Vor allem die Texte adeliger Autoren sollten den Nachweis eines standesgemäß ritterlichen Verhaltens erbringen und verschwanden oft in Familienbüchern für den häuslichen Bedarf (z. B. Arnold von Harff, Hans Bernhard von Eptingen [Christ 1992]). War eine zahlreichere Leserschaft ins Auge gefaßt, konnten mancherlei Absichten mit der Beschreibung der heiligen Stätten verbunden sein:

- zu einem neuen Kreuzzug aufzurufen;
- den Leser durch die Ausbreitung der abenteuerlichen Begleitumstände weltlich zu erbauen;
- dem Daheimgebliebenen wenigstens den gedanklichen Vollzug der Wallfahrt zu ermöglichen;
- dem künftigen Pilger Hinweise und Informationen zur Vorbereitung der eigenen Reise an die Hand zu geben.

Natürlich ließen sich auch unterschiedliche Zwecke an ein und denselben Text knüpfen, und Felix Fabri hat in mehreren Fassungen seine Reisen beschrieben, um ein wechselndes Publikum auf jeweils besondere Weise ansprechen zu können (Ganz-Blättler 1990, 248 ff.).

Die Gelegenheit, dies mit Hilfe des Buchdrucks zu erreichen, wurde nicht vielen zuteil. Ludolfs, des Pfarrers von Sudheim, 'Itinerar' (1336–1341) war ein Standardtext, der (wahrscheinlich) schon 1470 in Druck gehen konnte (Paravicini 1994, 36 Nr. 2). Auch die 'Descriptio terrae sanctae' des Dominikaners Burchard von Monte Sion (um 1283) war schon handschriftlich weit verbreitet (Kaeppeli 1970, 257 ff.) und galt als dermaßen lehrreich, daß sie im 'Rudimentum noviciorum', einem Lehrbuch für breite, insbesondere niederdeutsch-bürgerliche Kreise (Brincken 1983), Aufnahme fand (Lübeck 1475). Ähnliches gilt für das Reisebuch des Nürnberger Patriziers Hans Tucher (Paravicini 1994, 189 ff. Nr. 82; Herkenhoff 1996, 165 ff.) und den 'Libro d'Oltramare' des Franziskaners Niccolò da Poggibonsi, der auch ins Deutsche übersetzt wurde (Cossar 1985; vgl. Paravicini 1994, 148 ff.). Bernhard von Breydenbach schließlich wurde 1483/84 von dem Künstler Erhard Reuwich begleitet, der den Erzählungen des Mainzer Domdekans auch bildlichen Ausdruck verlieh und auf diesem Wege zu weiter Verbreitung verhalf (ebd., 201 ff. Nr. 87; Herkenhoff 1996, 180 ff.; Betschart 1996). Die Holzschnitte, die den Druckausgaben beigegeben sind, erwiesen sich als so gelungen und eindrucksvoll, daß sie auch in ganz anderen Zusammenhängen noch Verwendung fanden (Lehmann-Haupt 1929).

Vor allem die gedruckten Heiliglandberichte zogen Interesse auf sich: Sie dienten geographischen Sammelwerken, Stadtbeschreibungen und Weltchroniken (Hartmann Schedel 1493) zur Unterlage (Herkenhoff 1996, 205 ff.), wurden aber auch von anderen Pilgern zur Vorbereitung der Wallfahrt und zur Erstellung eigener Texte benutzt. Abhängigkeiten lassen sich allenthalben nachweisen. Auch kurzgefaßte Pilgerführer, die sich auf das Wesentliche beschränkten, standen den Reisenden in Venedig und andernorts zur Verfügung. Nur den 'Baedeker', ein einheitliches Pilgerbuch und gültiges Muster der Beschreibung, wie es die ältere Forschung hinter den stereotypen Formulierungen der Heiliglandberichte vermutete, hat es allem Anschein nach nie gegeben (Ganz-Blättler 1990, 103 ff.).

2.3. Die Neue Welt

Die frühesten Nachrichten aus Amerika basierten ganz auf den geographischen Vorstellungen, die Autoren des späten Mittelalters wie Pierre d'Ailly, Enea Silvio Piccolomini, Marco Polo oder der Übersetzer der ptolemäischen Kosmographie vertreten oder begründet hatten. Der Rechenschaftsbericht, den Christoph Columbus unmittelbar nach seiner Rückkehr von der ersten Reise an seinen Förderer Luis de Santangel und den Schatzmeister Gabriel Sánchez schickte (15. Februar 1493), hielt daher mit Nachdruck daran fest, daß die spanischen Schiffe die Inseln vor der Küste (Ober-)Indiens erreicht hätten, daß westlich von ihnen das Land Cathay liege und daß die dort zu erwartenden Bodenschätze und Gewürze tatsächlich vorhanden seien; auch von den Wundern des Ostens habe man dieses oder jenes erfahren (die Foueninsel Matinino, *homines monstruosi*, darunter die anthropophagen Kariben). Das Schreiben erregte großes Aufsehen, wurde schon zu Anfang April 1493 in Barcelona gedruckt und binnen weniger Jahre in mehrere Sprachen übersetzt. Insgesamt fünfzehn Ausgaben, die noch im 15. Jh. erschienen (zwei spanische, neun lateinische, drei italienische und eine deutsche) belegen seine europaweite Wirkung, die seit der Basler bei Johann Bergmann von Olpe erschienenen Ausgabe durch eine unterschiedliche Anzahl von Holzschnitten unterstützt wurde (Harrisse 1866, 1 ff.; GW 7171–7179; Alden 1980, 1; Varela 1982, 139 f.; vgl. Herkenhoff 1996, 255 ff.; Reichert 1998). Aufmachung, Umfang (nur wenige Folien) sowie die rasche Verbreitung des Bändchens legen es nahe, von einer Art Flugschrift zu sprechen, die die gleichzeitige mündliche und handschriftliche Information noch nicht ersetzte, sie in ihrer Verbreitung aber deutlich übertraf (Giesecke 1994).

Die späteren Reisen des Columbus haben nicht entfernt die gleiche öffentliche Aufmerksamkeit auf sich ziehen können. Die Berichte, die der Admiral darüber schrieb, sind entweder verschollen oder nur handschriftlich überliefert. Allein Niccolò Scillacios Brief über die zweite Reise, verfaßt aufgrund der Erzählungen eines Teilnehmers, sowie eine Übersetzung des Schreibens von der desaströsen vierten Reise, die sog. 'Lettera rarissima', gingen noch in Druck (Pavia 1494/95; Venedig 1505; Harrisse/Sanz 1960, 177 f., 339 ff.). Deutlich übertroffen wurden sie von den Berichten des Florentiner Kaufmanns und Piloten Amerigo Vespucci, der auf angeblich vier, wahrscheinlich aber nur zwei Reisen in spanischen Diensten die südamerikanischen Festlandsküsten erkundet hatte und seine Erlebnisse in Form von Briefen an Lorenzo di Pier Francesco de' Medici (Paris 1503) und Piero Soderini (Florenz 1504 [?]; vgl. Cavallo 1992, 661) veröffentlichte. Vor allem der erste, mit 'Mundus Novus' überschriebene Text hat die Zeitgenossen stark beeindruckt und wurde bis zur Mitte des 16. Jhs. mindestens fünfzigmal gedruckt (Harrisse 1866, 55 f.; 1872, 16 f.; Alden 1980, 7 ff.). Sein besonderer Reiz lag einerseits in der detailfreudigen Darstellung von Promiskuität und Anthropophagie bei den Indianern, die dem Sensationsbedürfnis seiner europäischen Leser gewiß entgegenkam. Zum anderen haben Vespuccis Behauptungen, eine Neue Welt betreten zu haben, die als ein eigenständiger Kontinent zu begreifen sei, die gelehrten Kosmographen am Gymnasium Vosagense in Saint-Dié, Matthias Ringmann und Martin Waldseemüller, dazu bewogen, diesen neuen, vierten Kontinent mit dem ins Femininum gewendeten Vornamen Vespuccis als „America" zu bezeichnen ('Cosmographiae introductio', Saint-Dié 1507 mit Weltkarte). Der Name hielt sich, obwohl Waldseemüller ihn nach Ringmanns Tod (1511) wieder fallen ließ und in seinen späteren Werken ('Straßburger Ptolemäus' 1513, 'Carta marina' 1516) das geographische Verhältnis Amerikas zu Asien in einer Weise beschrieb, die einem Widerruf gleichkam (Reichert 1996a).

Die Columbus- und Vespucci-Briefe boten schon kompakte Information, ihre Aussagen ließen sich aber noch weiter auf das Format von Einblattdrucken verkürzen. Der Text erscheint dabei auf die wesentlichen Inhalte reduziert und wurde durch eine einprägsame bildliche Darstellung sinnfällig ergänzt (Brednich 1992). Nicht anders hielten es die sogenannten Neuen Zeitungen, in aller Regel anonyme Flugschriften, die in Deutschland seit dem frühen 16. Jh. ein breites Publikum über die herausragenden Ereignisse im Welt- und Zeitgeschehen informierten. Daß jeweils nur wenige Exemplare erhalten blieben, hat mit ihrer von vornherein geringen „Überlieferungschance" (A. Esch). zu tun. Von amerikanischen Schauplätzen handelten u. a.

— die 'Copia der Newen Zeytung auß Presilg Landt' (Nürnberg um 1508–1515), die die Fahrt zweier portugiesischer Schiffe nach Brasilien und in das Gebiet des Rio de la Plata beschreibt;
— die 'Newe zeittung von dem lande, das die Sponier funden haben ym 1521. iare genant Jucatan' (Augsburg 1522), die die Vernichtung des Aztekenreiches durch Hernán Cortés bekanntmachte und mit der Beschreibung von Menschenopfern das Vorgehen der Spanier legitimierte;
— 'Ein Schöne Newe zeytung, so Kayserlich Mayestet auß India yetz nemlich zukommen seind' (Augsburg 1522), die ebenfalls von der Eroberung Mexikos sowie von der Rückkehr der 'Victoria' von Magellans (Fernão de Magalhães) Erdumsegelung handelt;
— eine 'Newe Zeytung aus Hispanien und Italien' ([Nürnberg?] 1534) über die Auffindung Perus (Weller 1872, 5 f., 38 f., 87, 91, 107 Nr. 1, 14, 15, 73; Alden 1980, 26, 40).

Wer genauer über die Ereignisse in Mexico informiert sein wollte, konnte bereits seit 1522 in zahlreichen Druckausgaben nachlesen, was Hernán Cortés in vier Briefen an Karl V. berichtet hatte (Harrisse 1866, 202 f.; 1872, 85 f.; Harrisse/Sanz 1960, 843 f.; Alden 1980, 25). Auch die Entdeckung und Eroberung Perus wurde rasch publik ('La conquista del Peru llamada la nueva Castilla', Sevilla 1534; ital. [Venedig?] 1534; Alden 1980, 39). Das Schicksal, das den indigenen Bevölkerungen im Zuge der Conquista widerfuhr, wurde dagegen erst mit Bartolomé de Las Casas' 'Brevísima relación de la destruición de las Indias' (Sevilla 1552, zahlreiche Ausgaben und Übersetzungen) bekannt. Das Buch wurde aber von Spaniens europäischen Rivalen so mißbraucht, daß es „von einer Defensivwaffe zum Schutz des indianischen Menschen zu einer Offensivwaffe gegen Spanien" umgeschmiedet wurde und eine der Quellen abgab, aus denen sich die (seit dem frühen 20. Jh.) sogenannte Leyenda negra speiste (M. Sievernich in: Delgado 1995, 39). Ein eigenständiges Interesse an den indianischen Gesellschaften vermochte sich nur schwer zu artikulieren. Am meisten ist davon in Jean de Lérys 'Histoire d'un voyage fait en la terre du Brésil dite Amérique' (La Rochelle 1578) zu verspüren. Sie entstand aus einem mehrmonatigen Aufenthalt bei den brasilianischen Tupinambá, enthält eine Fülle ethnographischer Nachrichten und gilt als Zeugnis einer frühen, vorwissenschaftlichen Völkerkunde. Hans Staden ('Wahrhaftige Historia und beschreibung eyner Landtschafft der Wilden, Nacketen, Grimmigen Menschfresser Leuthen', Marburg 1557 u. ö.) und Ulrich Schmidel ('Warhafftige und liebliche Beschreibung etlicher fuernemen Indianischen Landschafften und Insulen', Frankfurt 1576 u. ö.) dagegen bedienten — trotz aller 'teilnehmenden Beobachtung' — weiterhin das Stereotyp vom kannibalischen Wilden, wie es insbesondere die Briefe Amerigo Vespuccis grundgelegt hatten (Menninger 1992). Autoren schließlich wie Gonzalo Fernández de Oviedo y Valdés ('Historia general [y natural] de las Indias', Sevilla 1535 u. ö.) oder José d'Acosta ('Historia natural y moral de las Indias', Sevilla 1590 u. ö.) vollzogen den Übergang von der Reisebeschreibung zur 'Fachliteratur' (vgl. Giesecke 1994, 24 f.).

2.4. Afrika, Indien und die Gewürzinseln

Anders als die spanischen Unternehmungen über den Atlantik fand die Suche portugiesischer Seefahrer nach einer Route an der afrikanischen Küste entlang und über den Indik weitgehend unter Ausschluß der Öffentlichkeit statt. Was Gil Eanes und Nuño Tristão vor der nordwestafrikanischen Küste (1434 bzw. 1441), Diogo Cão bei der Kongomündung und in Südwestafrika (1482—1487) oder Bartolomeu Dias bei seiner Umrundung des Kaps der Guten Hoffnung (1488) erlebten, wurde durch Geschichtsschreiber wie Gomes Eanes de Zurara (um 1410—1473/74), Fernão Lopes de Castanheda ('História des docobrimento e conquista da India pelos Portugueses', Coimbra 1551), João de Barros ('Décadas da Ásia', Lissabon 1552 ff.) und António Galvão ('Tratado dos diversos & desvayrados caminhos, por onde nos tempos passados a pimenta & especearia veyo da India ás nossas partes, & assim de todos os descobrimentos antigos & modernos', Lissabon 1563) einer Bearbeitung unterzogen und auch dann nur teilweise publik (Schmitt 1984, 62 ff.). Besonderen Umständen war es zu verdanken, wenn Alvise Ca' da Mostos Relationen von zwei Küstenfahrten (1455/56) außer Landes gelangten und schon zu Beginn des 16. Jhs. in Druck gehen konnten (Santos Lopes 1992, 55 ff.). Erst recht wenn Berichte Pero de Covilhãs und Afonso de Paivas, die jahrelang in Arabien, Indien und Ostafrika spionierten, nach Portugal gelangt sein sollten, unterlagen sie strikter Geheimhaltung, und auch Vasco da Gamas Erkenntnisse wurden nur zensiert und dosiert den europäischen Mächten zur Kenntnis gebracht (Schmitt 1984, 144 ff.). Die ausführlichste Quelle, der 'Roteiro' eines anonymen Seemanns, wurde zwar von den portugiesischen Geschichtsschreibern des 16. Jhs. für ihre Zwecke ausgewertet (Hümmerich 1898, 134 ff.), aber erst 1838 ediert.

Es waren Ausländer, die an den portugiesischen Unternehmungen Anteil nahmen und davon zu Hause ausführlicher erzählten: Agenten und Kaufleute aus Venedig und Florenz (Girolamo Sernigi, Matteo Cretico, Bartolomeo Marchioni, Matteo di Benigno) berichteten von den Fahrten da Gamas und Cabrals (Hümmerich 1898, 192 f.; Schmitt 1984, 146 f.), und es ist bezeichnend, wenn der Spanier Andres Bernáldez sich auf solche und nicht auf portugiesische Quellen stützte, als er die Entdeckung des östlichen Indien beschrieb (Hümmerich 1898, 127). Balthasar Sprenger nahm als Bevollmächtigter der Augsburger Welser an einer deutsch-italienisch-portugiesischen Handelsfahrt teil (1505/05), über die er knapp, aber präzise und — unterstützt durch dreizehn von Hans Burgkmair d. Ä. entworfene Holzschnitte — auch anschaulich berichtete ('Die Merfart und erfarung nüwer Schiffung und Wege zu viln onerkanten Inseln und Königreichen', 1509; vgl. Dharampal-Frick 1994, 21 ff.). Überragenden Erfolg erzielte jedoch der abenteuerliche Lebensbericht Ludovico de Varthemas, eines Söldners aus Bologna, der in Gewand und Stellung eines Mamluken die Arabische Halbinsel bereiste, die heiligen Stätten des Islams in Mekka und Medina besuchte und von Aden nach Indien übersetzte. Die Abschnitte über Bengalen, Burma, Melaka und die südostasiatische Inselwelt (namentlich die Gewürzinseln) beruhen zwar auf authentischen Informationen, nicht aber auf dem eigenen Erleben des Autors (Aubin

1993). Vielmehr verbrachte er in portugiesischen Diensten mehr als zwei Jahre an der indischen Malabarküste und nahm an der Seeschlacht bei Cannanore (16./17. März 1505 gegen die Flotte des Rajas von Calicut) teil, bevor er auf der Kaproute und über Lissabon nach Italien zurückkehrte (Reichert 1996b). Hatte schon sein mündlicher Vortrag in Lissabon, Venedig und Marino für Aufsehen gesorgt, so durfte die gedruckte Fassung von 1510 (in Rom bei Étienne Guillery und Hercule de' Nani) den Anspruch erheben, über die Länder des Mittleren Ostens, Süd- und Südostasiens so genau und kenntnisreich zu informieren wie keine andere zeitgenössische Darstellung. Die ungefähr gleichzeitigen Kompendien eines Duarte Barbosa ('Livro', 1517/18) oder Tomé Pires ('Suma oriental', 1513/15) wurden erst nach der Jahrhundertmitte und auch dann nur unvollständig publiziert. Varthemas 'Itinerar' wurde daher ins Lateinische (1511), Deutsche (1515, mit Holzschnitten von Jörg Breu d. Ä.), Spanische (1520), Flämische (1544), Französische (1556) und Englische (1576) übersetzt, erlebte bis zur Mitte des 17. Jhs. insgesamt 31 Auflagen und wurde von Kartographen, Kosmographen, Tier- und Pflanzenkundlern zu Rate gezogen. Auch Literaten wie Matteo Bandello, Georg Rollenhagen und Samuel Butler haben Varthemas lebendige Beschreibungen und die Buntheit seiner Erlebnisse zu schätzen gewußt (Reichert 1996b, 23 ff.).

Wie das Kolonialreich der Portugiesen so war auch die Kenntnis Afrikas und Asiens zunächst nur lückenhaft und punktuell. Zur Vertiefung trugen weniger die Berichte von der Erdumsegelung Magellans (Antonio Pigafetta, 'La voyage et navigation faict par les Espaignolz es ilses Moluques' [1526/36; ital. 1536]; Maximilianus Transsylvanus, 'De Moluccis insulis', 1523) als vielmehr jene Itinerare bei, die sich auf die Erkundung und Beschreibung eines einzigen Landes oder einer Region beschränkten. Vom afrikanischen Kontinent handelten beispielsweise Francisco Alvares ('Verdadeira informaçam das terras do Preste Joam das Indias [Äthiopien]', Lissabon 1540, verschiedene Übersetzungen; vgl. Knefelkamp 1989, 140 ff.) und Duarte Lopes/Filippo Pigafetta ('Relatione del Reame di Congo et delle circonvicine contrade'. Rom 1591, verschiedene Übersetzungen; vgl. Santos Lopes 1992, 72 ff.). Persien wurde von Antonio Tenrreyro und einigen englischen Kaufleuten (Gabriel 1952; Schuster-Walser 1970), Indien von Jan Huyghen van Linschoten ('Itinerario. Voyage ofte schipvaert ... naar Oost ofte Portugails Indien', Amsterdam 1596; vgl. Lach 1965, 198 ff.), Burma von Cesare de Federici, Gasparo Balbi und Ralph Fitch bereist und beschrieben (ebd. 493 ff.). Von China und Japan schließlich gelangten Nachrichten durch die zunächst sporadischen, dann jährlichen Rechenschaftsberichte der Jesuitenmissionare (Francisco Xavier, Alessandro Valignano, Michele Ruggiero, Matteo Ricci, Luis Fróis u. a.) nach Europa (ebd. 794 ff.). Vor allem das Geschehen im Reich der Mitte erregte derartiges Aufsehen, daß in relativ rascher Folge eine umfassende Beschreibung des mingzeitlichen China (Juan González de Mendoza, 'Historia de las cosas más notables, ritos y costumbres del gran Reyno dela China', Rom 1585; vgl. Lach 1965, 742 ff.); eine 'Zeitung ... auß der gewaltigen, biß anhero Haydnischen Landschafft China ... von dem daselbst angehenden Christenthumb' (Dillingen 1586; Weller 1872, 296 Nr. 633) sowie eine Gesamtdarstellung der Chinamission (Nicolas Trigault, 'De christiana expeditione apud Sinas suscecta ab societate Jesu', Augsburg 1615) erscheinen konnten und ein breites Publikum fanden. Das Ostasienbild der Europäer wurde durch diese und weitere Publikationen auf eine neue und breitere Grundlage gestellt (Demel 1992), auch wenn die Berichterstatter selbst immer wieder auf die Traditionen des Wissens zu sprechen kamen und die von Marco Polo vermittelten Kenntnisse mit den eigenen Einsichten verglichen.

3. Die großen Reisesammlungen

Die große Zahl historischer, geographischer und ethnographischer Neuigkeiten, die durch den Druck der Reise- und Entdeckungsberichte in Europa bekannt und verbreitet wurden, legte den Gedanken nahe, das erworbene Wissen zusammenzutragen und es in Gestalt von Kompendien oder Textsammlungen leichter verfügbar zu machen. Von den Überblicken, die − gestützt auf die Berichte der Seefahrer und Konquistadoren − die Geschichte der europäischen Expansion in Amerika, Afrika und Asien rekonstruierten, ragen Petrus Martyrs 'Acht Dekaden über die Neue Welt' (ersch. 1511−1530 u. ö.; vgl. Klingelhöfer 1972/73) sowie João de Barros' 'Décadas da Ásia' (1552 ff.) hervor. Auf Dauer erfolgreicher aber waren die Sammlungen von Reiseberichten, die seit dem frühen 16. Jh. die europäische Erfahrung der außereuropäischen Welt dokumentierten. Bestand die erste von ihnen aus der schlichten Verknüpfung der Berichte Marco Polos und Niccolò de' Contis, ergänzt durch einen Brief aus Indien und Notizen des Herausgebers Valentim Fernandez (Lissabon 1502; vgl. Böhme 1904, 3 ff.), so bauten alle späteren Unternehmungen auf dem jeweiligen Vorgänger auf, zeichneten sich durch wachsende Umfänge aus und nahmen stetig weitere Horizonte in den Blick. Bereits der Herausgeber der 'Paesi novamente retrovati' (Vicenza 1507, Mailand 1508 u. ö.), Fracanzano da Montalboddo, sah sich genötigt, den Stoff auf sechs Bücher zu verteilen, und Johann Huttich füllte einen starken Folioband mit Berichten von Afrika, Asien, Süd- und Mittelamerika, dem Heiligen Land und Osteuropa ('Novus orbis regionum ac insularum veteribus incognitarum', Basel 1532; zahlreiche Nachdrucke und Übersetzungen; vgl. Böhme 1904, 48 ff.). Denn seit Quintus Curtius Rufus und den Autoren einiger Heiliglandbeschreibungen habe kaum jemand etwas zur Kenntnis des Orients beigetragen ('Novus orbis', 329). Auch für Giovanni Battista Ramusio (1485–1557) und seinen Verleger Tommaso Giunti stellten die Erfahrungen der Neueren das Wissen der Alten in den Schatten. Den Nachweis sollten drei Bände 'Navigationi et viaggi' erbringen (Venedig 1550, 1559, 1556; 2. Aufl. 1554, 1574, 1565; 3. Aufl. 1563, 1583, 1606). Zwei von ihnen blieben – von wenigen Ausnahmen abgesehen – den Reisen nach Afrika (u. a. Leo Africanus, Ca' da Mosto, Francisco Alvares), Asien (u. a. Vasco da Gama, Varthema, Duarte Barbosa, Conti, Pigafetta, Marco Polo, Giosafat Barbaro, Johannes von Plano Carpini, Odorico da Pordenone) und Europa (u. a. Sigismund von Herberstein, Pietro Querini) vorbehalten, der dritte war den Fahrten in die Neue Welt gewidmet. Ein vierter Band war offenbar ins Auge gefaßt worden und hätte einem „Kontinent im Süden" (oder dem Pazifischen Ozean?) gegolten. Da aber der Herausgeber vor der Zeit verstarb, blieb das Unternehmen ein Torso (Lach 1965, 204 f.; Milanesi 1982).

Die späteren Sammlungen hatten alle das Beispiel Ramusios vor Augen, setzten aber eigene Akzente und trugen der fortschreitenden Erkundung der Länder und Kulturen in Übersee Rechnung. Theodor de Bry (1590 ff.) und Levin Hulsius (1598 ff.) führten das Corpus der Texte ins frühe 17. Jh. (Böhme 1904, 120; Lach 1965, 216 f.), Richard Hakluyt ('The Principal Navigations, Voiages, Traffiques and Discoveries of the English Nation', London 1589/90; 1598–1600) und Samuel Purchas ('Hakluytus Posthumus or Purchas his Pilgrimes', London 1625) ließen vor allem die englischen Entdeckungsreisenden zu Wort kommen (Böhme 1904, 152 f.; Lach 1965, 212 ff.). An Hakluyt knüpften die großen Reisesammlungen des 18. Jhs. (Boerner 1982) und schließlich die dichte Folge der 'Works issued by the Hakluyt Society' (1847 ff.) an, während Ramusios Erbe weniger durch die Aktivitäten einer 'Ramusianischen Gesellschaft' (vgl. Milanesi 1982, 33) als durch die Publikation des 'Nuovo Ramusio' (1950 f., mit Reiseberichten des 14.–18. Jhs.) und die kommentierte Neuausgabe der 'Navigationi et viaggi' (Turin 1978–1988) gepflegt wurde.

Der Leser des 16. Jhs. konnte den Reisesammlungen nicht nur jenes Maß an Unterhaltung und Erbauung entnehmen, das den geographischen Texten von jeher zugeschrieben wurde, sodern fand in ihnen auch reiche Belehrung über das Aussehen der Erde und die Eigenarten der Völker. Durch die Berichte der Reisenden wurde er aktuell, durch die Tätigkeit der Sammler, Kommentatoren und Bearbeiter umfassend informiert. Erweiterungen des Textcorpus hielten ihn auf dem laufenden, und einige Klassiker der Reise- und Entdeckungsliteratur führten ihm die Voraussetzungen seiner Kenntnisse vor Augen. Marco Polos Buch gehörte lange zu ihnen.

4. Literatur

Alden, John (Hrsg.), European Americana. A chronological guide to works printed in Europe relating to the Americas, 1493–1776, Bd. 1. New York 1980.

Aubin, Jean, Deux Chrétiens au Yémen Tahiride. In: Journal of the Royal Asiatic Society III. 3, 1993, 33–52.

Babinger, Franz (Hrsg.), Hans Dernschwam's Tagebuch einer Reise nach Konstantinopel und Kleinasien (1553/55). München–Leipzig 1923.

Baumgärtner, Ingrid, Weltbild und Empirie. Die Erweiterung des kartographischen Weltbilds durch die Asienreisen des späten Mittelalters. In: Journal of medieval history 23, 1997, 227–253.

–, Kartographie, Reisebericht und Humanismus. Die Erfahrung in der Weltkarte des venezianischen Kamaldulensermönchs Fra Mauro († 1459). In: Fernreisen im Mittelalter. Hrsg. v. Folker Reichert. Berlin 1998.

Bennett, Josephine W., The rediscovery of Sir John Mandeville. New York 1954.

Betschart, Andreas, Zwischen zwei Welten. Illustrationen und Berichte westeuropäischer Jerusalemreisender des 15. und 16. Jhs. Würzburg 1996.

Böhme, Max, Die großen Reisesammlungen des 16. Jhs. und ihre Bedeutung. Straßburg 1904.

Boerner, Peter, Die großen Reisesammlungen des 18. Jhs. In: Reiseberichte als Quellen europäischer Kulturgeschichte. Aufgaben und Möglichkeiten der historischen Reiseforschung. Hrsg. v. Antoni Mączak/Hans Jürgen Teuteberg. Wolfenbüttel 1982, 65–72.

Brednich, Rolf W., Amerika in den frühneuzeitlichen Medien Flugblatt und Neue Zeitung. In: Mundus Novus. Amerika oder die Entdeckung des Bekannten. Das Bild der Neuen Welt im Spiegel der Druckmedien vom 16. bis zum frühen 20. Jh. Hrsg. v. Peter Mesenhöller. Essen 1992, 19–34.

Brincken, Anna-Dorothee von den, Universalkarthographie und geographische Schulkenntnisse im Inkunabelzeitalter (Unter besonderer Berücksichtigung des 'Rudimentum noviciorum' und Hartmann Schedels). In: Studien zum städtischen Bildungswesen des späten Mittelalters und der frühen Neuzeit. Hrsg. v. Bernd Moeller/Hans Patze/Karl Stackmann. Göttingen 1983, 398–429.

Cavallo, Guglielmo (Hrsg.), Christoforo Colombo e l'apertura degli spazi. Mostra storico-cartografica. 2 Bde. Rom 1992.

Christ, Dorothea A., Das Familienbuch der Herren von Eptingen, Kommentar und Transkription. Liestal 1992.

Cordier, Henri, Bibliotheca Sinica. Dictionnaire bibliographique des ouvrages relatifs à l'empire chinois. Bd. 3, Paris ²1906/07.

Cossar, C. D. M., The German Translation of Niccolò da Poggibonsi's Libro d'Oltramare. Göppingen 1985.

Critchley, John, Marco Polo's Book. Aldershot 1992.

Delgado, Mariano (Hrsg.), Bartolomé de Las Casas, Werkauswahl. Bd. 2: Historische und ethnographische Schriften. Paderborn 1995, 27–44.

Deluz, Christiane, La 'géographie' dans le liber de Guillaume de Boldensele, pèlerin de la Terre Sainte 1336. In: Voyage, quête, pèlerinage dans la littérature et la civilisation médiévale. Aix-en-Provence 1976, 25–39.

–, Le livre de Jehan de Mandeville. Une 'géographie' au XIVe s. Louvain La-Neuve 1989.

Demel, Walter, Als Fremde in China. Das Reich der Mitte im Spiegel frühneuzeitlicher europäischer Reiseberichte. München 1992.

Dharampal-Frick, Gita, Indien im Spiegel deutscher Quellen der Frühen Neuzeit (1500–1750). Studien zu einer interkulturellen Konstellation. Tübingen 1994.

Durand, Dana B., The Vienna-Klosterneuburg map corpus of the fifteenth century. A study in the transition of medieval to modern science. Leiden 1952.

Ertzdorff, Xenja v., Marco Polos 'Beschreibung der Welt' im 14. und 15. Jh.. In: Festschrift für Heinz Engels zum 65. Geburtstag. Hrsg. v. Gerhard Augst u. a. Göppingen 1991, 46–63.

Gabriel, Alfons, Die Erforschung Persiens. Die Entwicklung der abendländischen Kenntnis der Geographie Persiens. Wien 1952.

Ganz-Blättler, Ursula, Andacht und Abenteuer. Berichte europäischer Jerusalem- und Santiago-Pilger (1320–1520). Tübingen 1990.

Geldner, Ferdinand, Die deutschen Inkunabeldrucker. Ein Handbuch der deutschen Buchdrucker des XV. Jhs. nach Druckorten, Bd. 1. Stuttgart 1968.

Giesecke, Michael, Die typographische Konstruktion der 'Neuen Welt'. In: Gutenberg und die Neue Welt. Hrsg. v. Horst Wenzel. München 1994, 15–31.

Groote, E. v. (Hrsg.), Die Pilgerfahrt des Ritters Arnold von Harff von Cöln durch Italien, Syrien, Aegypten, Arabien, Aethiopien, Nubien, Palästina, die Türkei, Frankreich und Spanien. Cöln 1860.

Haeger, John W., Marco Polo in China? Problems with internal evidence. In: The bulletin of Sung and Yüan studies 14, 1978, 22–30.

Hain, Ludwig, Repertorium bibliographicum, in quo libri omnes ab arte typographica inventa usque ad annum MD. typis expressi. Bd. 1–3, Paris 1826–1838. Bd. 4, Leipzig 1891.

Hain, Walter A., Supplement to Hain's repertorium bibliographicum or Collections towards a new edition of that work. Hrsg. v. Copinger, 2 Bde. London 1893–1902.

Harrisse, Henry, Bibliotheca Americana Vetustissima — A description of works relating to America published between the years 1492 and 1551. New York 1866.

Harrisse, Henry/Carlos Sanz, Bibliotheca Americana Vetustissima. Ultimas adiciones. Comentario crítico e indice general cronológico. Madrid 1960.

Hassler, Conrad D. (Hrsg.), Fabri, Felix, Evagatorium in terrae sanctae, Arabiae et Egypti peregrinationem. 3 Bde. Stuttgart 1843–49.

Heers, Jacques/Georgette d. Groer (Hrsg.), Itinéraire d'Anselme Adorno en Terre Sainte (1470–1471). Paris 1978.

Herkenhoff, Michael, Die Darstellung außereuropäischer Welten in Drucken deutscher Offizinen des 15. Jhs. Berlin 1996.

Hippler, Christiane, Die Reise nach Jerusalem. Frankfurt/Bern 1987.

Hümmerich, Franz, Vasco da Gama und die Entdeckung des Seeweges nach Ostindien. München 1898.

Kaeppeli, Thomas, Scriptores ordinis praedicatorum medii aevi, Bd. 1, 2. Rom 1970, 1975.

Kern, Anton, Der 'Libellus de notitia orbis' Iohannes' III. (de Galonifontibus?) O. P., Erzbischofs von Sultaniyeh. In: Archivum Fratrum Praedicatorum 8, 1938, 82–123.

Klingelhöfer, Hans (Hrsg.), Martyr von Anghiera, Peter, Acht Dekaden über die Neue Welt. 2 Bde. Darmstadt 1972/73.

Klockow, Reinhard (Hrsg.), Georgius de Hungaria, Tractatus de moribus, condicionibus et nequicia Turcorum. Köln/Weimar/Wien 1993.

Knefelkamp, Ulrich, Vom Nutzen einer Begegnung. Der Bericht der ersten portugiesischen Gesandtschaft nach Äthiopien (1520–1526). In: Der europäische Beobachter außereuropäischer Kulturen. Zur Problematik der Wirklichkeitswahrnehmung. Hrsg. v. Hans-Joachim König u. a. Berlin 1989, 135–151.

Koppitz, Hans-Joachim, Zur Überlieferung der Drucke des Prosaromans 'Wilhelm von Österreich'. In: GJ 1963, 53–59.

Lach, Donald F., Asia in the making of Europe I: The century of discovery, 2 Bde. Chicago/London 1965.

Langmantel, V. (Hrsg.), Hans Schiltbergers Reisebuch nach der Nürnberger Handschrift. Stuttgart 1885.

Lehmann-Haupt, Helmut, Die Holzschnitte der Breydenbachschen Pilgerfahrt als Vorbilder gezeichneter Handschriftenillustrationen. In: GJ 4, 1929, 152–163.

Letts, Malcolm (Hrsg.), Mandeville's Travels. Texts and translation. Malcolm Letts, 2 Bde. London 1953.

Lindgren, Uta (Hrsg.), Clavijos Reise nach Samarkand 1403–1406. München 1993.

Martels, Zweder von, The colouring effect of Attic style and stoicism in Busbequius' Turkish letters. In: Travel fact and travel fiction. Studies on fiction, literary tradition, scholarly discovery and observation in travel writing. Hrsg. v. Z. v. Martels. Leiden 1994, 140–157.

Menestò, Enrico (Hrsg.), Giovanni di Pian di Carpine, Storia dei Mongoli. Spoleto 1989.

Menninger, Annerose, Unter 'Menschenfressern'? Das Indiobild der Südamerika-Reisenden Hans Staden und Ulrich Schmidl zwischen Dichtung und Wahrheit. In: Kolumbus' Erben. Europäische Expansion und überseeische Ethnien im Ersten Kolonialzeitalter. Hrsg. v. Thomas Beck/Annerose Menninger/Thomas Schleich. Darmstadt 1992, 63–98.

Merisalo, Outi (Hrsg.), Poggio Bracciolini, De varietate fortunae. Helsinki 1993.

Milanesi, Marica, Giovanni Battista Ramusios Sammlung von Reiseberichten des Entdeckungszeitalters 'Delle Navigazioni e Viaggi' (1550–1599) neu betrachtet. In: Reiseberichte als Quellen europäischer Kulturgeschichte. Aufgaben und Möglichkeiten der historischen Reiseforschung. Hrsg. v. Antoni Mączak/Hans Jürgen Teuteberg. Wolfenbüttel 1982.

Monaco, Lucio/Testa Giulio C. (Hrsg.), Odorichus, De rebus incognitis – Odorico da Pordenone nella prima edizione a stampa del 1513. Pordenone 1986.

Moseley, C. W. (Hrsg.), The Travels of Sir John Mandeville. Harmondsworth 1983.

Münkler, Marina, Marco Polo. Leben und Legende. München 1998.

Neumann, Karl F. (Hrsg.), Johannes Schiltberger, Reisen in Europa, Asia und Afrika von 1394 bis 1427. München 1859.

Paravicini, Werner (Hrsg.), Europäische Reiseberichte des späten Mittelalters. Eine analytische Bibliographie. Teil 1: Deutsche Reiseberichte. Bearb. v. Christian Halm. Frankfurt a. M./Berlin 1994.

Pastorello, Ester, Tipografi, editori, librai a Venezia nel secolo XVI. Firenze 1924.

Piccolomini, Enea Silvio, Opera quae extant omnia. Basel 1551.

Polo, Marco, Le Livre de Marco Polo, citoyen de Venise, conseiller privé et commissaire impérial de Khoubilaï-Khaân, rédigé en français sous sa dictée en 1298 par Rusticien de Pise. Publié par M. G. Pauthier. 2 Bde. Paris 1865.

–, Marka Pavlova z Benátek, Milion. Dle jediného rukopisu spolu s příslušným základem latinským. Vydal Justin V. Prášek. Prag 1902.

–, Il Milione. Prima edizione integrale a cura di Luigi Foscolo Benedetto. Florenz 1928.

–, The most noble and famous travels of Marco Polo together with the travels of Nicolò de' Conti. Edited from the Elizabethan translation of John Frampton by N. M. Penzer. London 1929.

–, Der mitteldeutsche Marco Polo. Nach der Admonter Handschrift. Hrsg. v. Horst von Tscharner. Berlin 1935.

–, The description of the world. Ed. by A. C. Moule & Paul Pelliot, 2 Bde. London 1938.

–, De consuetudinibus et condicionibus orientalium regionum. Antwerpen 1485. Facsimile Tokyo 1949.

–, Milione. Versione toscana del Trecento. Edizione critica a cura di Valeria Bertolucci Pizzorusso. Mailand 1975.

–, Il Milione. Introduzione, edizione del testo toscano ('Ottimo') ... a cura di Ruggero M. Ruggieri. Florenz 1986.

Quinn, David B., England and the discovery of America, 1481–1620. London 1974.

– (Hrsg.), America from concept to discovery. Early exploration of North America. London 1979.

Rachewiltz, Igor de, Marco Polo went to China. In: Zentralasiatische Studien 27, 1997, 34–92.

Reichert, Folker, Columbus und Marco Polo — Asien in Amerika. Zur Literaturgeschichte der Entdeckungen. In: Zeitschrift für historische Forschung 15, 1988, 1—63.

—, Begegnungen mit China. Die Entdeckung Ostasiens im Mittelalter. Sigmaringen 1992.

—, Columbus und das Mittelalter. Erziehung, Bildung, Wissen. In: Geschichte in Wissenschaft und Unterricht 44, 1993, 428—450.

—, Zipangu — Japans Entdeckung im Mittelalter. In: Japan und Europa 1543—1929. Hrsg. v. Doris Croissant/Lothar Ledderose. Berlin 1993, 24—36, 590.

—, Marco Polos Buch. Lesarten des Fremden. In: Fiktion des Fremden. Erkundung kultureller Grenzen in Literatur und Publizistik. Hrsg. v. Dietrich Harth. Frankfurt a. M. 1994, 180—202.

—, Die Erfindung Amerikas durch die Kartographie. In: Archiv für Kulturgeschichte 78, 1996, 115—143.

— (Hrsg.), Varthema, Ludovico de, Reisen im Orient. Sigmaringen 1996.

—, Zur Illustration des Columbus-Briefes »De insulis inventis« Basel 1493 (GW 7174). In: GJ 73, 1998, 121—130.

Ridder, Klaus, Jean de Mandevilles 'Reisen'. Studien zur Überlieferungsgeschichte der deutschen Übersetzung des Otto von Diemeringen. München/Zürich 1991.

Rieger, Dietmar, Marco Polo und Rustichello da Pisa. Der Reisende und sein Erzähler. In: Reisen und Reiseliteratur im Mittelalter und in der Frühen Neuzeit. Hrsg. v. Xenja von Ertzdorff/Dieter Neukirch. Amsterdam 1992, 289—312.

Santos Lopes, Marília dos, Afrika. Eine neue Welt in deutschen Schriften des 16. und 17. Jhs. Stuttgart 1992.

Sanz, Carlos, El libro de Marco Polo. Notas históricas y bibliograficas. Madrid 1958.

Schiewer, Hans-Jochen, Leben unter Heiden. Hans Schiltbergers türkische und tartarische Erfahrungen. In: Daphnis 21, 1992, 159—178.

Schmidt, Thomas M., Die Entdeckung des Ostens und der Humanismus. Niccolò de' Conti und Poggio Bracciolini. In: Mitt. des Inst. für österr. Geschichtsforsch. 103, 1995, 392—418.

Schmieder, Felicitas, Europa und die Fremden. Die Mongolen im Urteil des Abendlandes vom 13. bis in das 15. Jh. Sigmaringen 1994.

Schmitt, Eberhart (Hrsg.), Dokumente zur Geschichte der europäischen Expansion. Bd. 2: Die großen Entdeckungen. München 1984.

Schramm, Albert, Der Bilderschmuck der Frühdrucke, Bd. 4, 18. Leipzig 1921, 1935.

Schuster-Walser, Sibylla: Das safawidische Persien im Spiegel europäischer Reiseberichte (1502—1722). Untersuchungen zur Wirtschafts- und Handelspolitik. Baden-Baden 1970.

Schwoebel, Robert, The shadow of the crescent: the Renaissance image of the Turk (1453—1517). Nieuwkoop 1967.

Seymour, M. C., Sir John Mandeville. Aldershot 1993.

Todorov, Tzvetan, Die Eroberung Amerikas. Das Problem des Anderen. Frankfurt a. M. 1985.

Varela, Consuelo (Hrsg.), Colón, Cristóbal, Textos y documentos completos. Relaciones de viajes, cartas y memoriales. Madrid 1982.

Wehr, Barbara, À propos de la génèse du 'Devisement dou monde' de Marco Polo. In: Le passage à l'écrit des langues romanes. Édité par Maria Selig/Barbara Frank/Jörg Hartmann. Tübingen 1993, 299—326.

Weller, Emil (Hrsg.), Die ersten deutschen Zeitungen (1505—1599). Tübingen 1872.

Wyngaert, Anastasius van den (Hrsg.), Sinica Franciscana 1. Itinera et relationes fratrum minorum saeculi XIII et XIV. Quaracchi 1929.

Yerasimos, Stéphane, Les voyageurs dans l'Empire Ottoman (XIVe—XVIe siècles). Bibliographie, itinéraires et inventaire des lieux habités. Ankara 1991.

Folker Reichert, Stuttgart (Deutschland)

57. Thomas Morus, 'Utopia' und die Utopien

1. Thomas Morus, 'Utopia'
2. Die literarische Utopie: Begriffsbestimmung und Definitionen
3. Zur Geschichte der literarischen Utopie und Anti-Utopie
4. Literatur

1. Thomas Morus, 'Utopia'

Thomas Morus' 'Utopia', mit dem vollen lateinischen Titel der (zweiten) Basler Ausgabe 'De optimo reipublicae statu, deque nova insula Utopia, libellus vere aureus, nec minus salutaris quam festivus, clarissimi disertissimique viri Thomae Mori inclytae civitatis Londinensis civis & Vicecomitis', erschienen in erster Ausgabe 1516 als Quarto-Band von 110 Seiten — wenn man will, im knappen Umfang eines Reclam-Heftes —, ist zum Prototyp einer literarischen Schreibweise geworden und hat der literarischen Utopie den Namen gegeben, auch wenn Platons 'Staat' ('Politeia') das erste Werk in einer langen Reihe von Utopien ist und utopisches Denken über die spezielle literarische Schreibweise, die Utopie genannt wird, weit hinausreicht. Die literarische Wirksamkeit dieses schmalen Bändchen kann kaum überschätzt werden — zurecht gehörte es beispielsweise in die 'ZEIT-Bibliothek der 100 Bücher' (1980) — auch und gerade weil seine Rezeption durch eine Fülle widerstreitender Interpretationen gekennzeichnet ist.

Die 'Utopia' besteht aus zwei Büchern, denen seit der Erstausgabe 1516 weiteres Material beigegeben ist: Briefe der Humanistenfreunde, u. a. Thomas Morus, Peter Gilles, Jerome Busleiden [Budaeus], Begleitverse verschiedener Autoren, als Frontispiz ein Holzschnitt 'Utopiae Insulae Tabula', das utopische Alphabet. Bereits dieses unterschiedliche Material deutet auf den Charakter des Werkes, das — weit entfernt von seiner späteren Wirkung — als gebildeter Humanistenscherz konzipiert war. Auch die beiden Bücher der 'Utopia' sind unterschiedlichen Charakters, und die Interpreten haben bis heute nicht aufgehört, danach zu fragen, in welchem Verhältnisse die beiden Bücher zueinander stehen. Ähnlich kompliziert ist die Frage nach Realität und Fiktion in der 'Utopia'.

Die folgende schematische Übersicht läßt den Aufbau und die wichtigsten Themen der 'Utopia' erkennen.

Buch I

I.1 Rahmenerzählung (Ich-Erzählung: Erzähler = 'Morus')
Bericht von Reise nach Brügge; Treffen mit Peter Gilles und Raphael Hythloday: Raphael berichtet von seinen Entdeckungsreisen in die Neue Welt

I.2 1. Dialog: 'Morus' berichtet, was Raphael über die 'Gesetze und Sitten Utopias' erzählt hat
Ratgeber für Könige;
Raphaels Bericht über Dialog am Hofe des Kardinals Morton in England:
Todesstrafe für Diebe; gesellschaftliche Ursachen für Diebstahl; Söldner als Plage; Einfriedungen ('enclosures') und Vertreibung der Bauern; Luxus und Teuerung; Kapitalismuskritik (Oligopol); Raphaels Gründe gegen die Todesstrafe: Bestrafung von Dieben bei den Polyleryten; komischer Streit zwischen Narr und Klosterbruder
Wiederaufnahme des Dialogs 'Morus' — Raphael:
Autorität am Beispiel des Kardinals; Ratgeber für Könige

I.3 2. Dialog 'Morus' — Raphael:
Philosophen als Ratgeber; erster Fall: der König von Frankreich; Beispiel: die Achorier; zweiter Fall: Verbesserung der Staatsfinanzen; Beispiel: die Macarensier; Abschluß: Es ist bei Hofe kein Raum für Philosophen; Kontrast Realpolitik — Philosophie; Beispiel Utopia: Raphaels Plädoyer für die Abschaffung des Privateigentums; das 'kommunistische' System

I.4 Aufforderung an Raphael, über Utopia in geographischer, soziologischer, politischer und rechtlicher Hinsicht zu berichten.

Buch II

Raphaels Erzählung über Utopia:

II.1 Geographie, Verwaltung, Gesellschaftliche Ordnung
II.2 Landwirtschaft
II.3 Städte, besonders Amaurotum (Lage, Gartenpflege, Geschichte)
II.4 Regierungssystem
II.5 Arbeit und Tageslauf (Landwirtschaft; Handwerk; Arbeit und Freizeit; die Intelligenz; Staatliche Baukontrolle, Kleidung)
II.6 Gesellschaftssystem (Haushalte, Kolonien, Märkte, Mahlzeiten, Kinderaufzucht, Literatur, Musik)
II.7 Reisen und Handel (Sklaven; Arbeit auf Reisen)
II.8 Wirtschaft (Geld, Beispielgeschichte: ausländische Diplomaten)
II.9 Erziehung (Bildung, Logik, Astronomie, Astrologie, Meteorologie, Ethik, Religion
II.10 Das Lustprinzip (Glück; Hedonismus)
II.11 Das Studium der griechischen Literatur (eine Modellbibliothek)
II.12 Ausländer und Sklaven
II.13 Krankenpflege und Euthanasie
II.14 Ehegesetze (vorehelicher Verkehr; Besichtigung der Partner, Scheidung, Ehebruch)
II.15 Das Rechtssystem (Strafen, Gesetze, Rechtsanwälte)
II.16 Geisteskranke und Krüppel

II.17 Beziehungen mit anderen Ländern (Bündnisse)
II.18 Das Militärwesen (psychologische Kriegsführung; Söldner und ihre Bezahlung; Einsatz von Frauen; Taktik der Kriegsführung; Bewaffnung und Befestigung; Waffenstillstand; Reparationsleistungen)
II.19 Religion (das höchste Wesen ['Deismus']; Christentum; Toleranz; Leben nach dem Tode; Aberglaube; Priester; Festtage; Gottesdienst)
II.20 Raphaels Zusammenfassung: Lob der utopischen Verfassung und Vergleich mit anderen Staaten
II.21 Erzählrahmen und Schluß: Der Erzähler 'Morus' reflektiert über Raphaels Erzählung

Im zweiten seiner beiden Begleitbriefe an Petrus Aegidius, den Freund, formuliert Morus selber auf witzig-ironische Weise das Dilemma der Rezeption der Utopia: „Wenn die Sache als wahr dargestellt ist, so sehe ich da einiges höchst Ungereimtes, wenn aber als erfunden, dann fehlt es dem Morus in nicht wenigen Dingen am gesunden Menschenverstand" (Yale Ausgabe 248/5 f.).

'Wahr oder erfunden' — in diesem Dilemma lassen sich zunächst die Fragestellungen der Humanistenbriefe fassen: Wo liegt Utopia? Wie breit ist die Brücke über den Anydrus? Gibt es Raphael Hythlodaeus, den Weltreisenden und Erzähler, wirklich, und wo hält er sich auf? Für die Einschätzung der Wirkabsicht der 'Utopia' ist es wichtig zu wissen, daß Lukian hier Pate gestanden hat, nicht zuletzt in der Namengebung: Utopia = Nichtort, nirgendwo; Amaurotum = Dunkel- oder Nebelstadt; Anydrus = der Fluß Wasserlos; Polylerites = das Volk, das viel Unsinn redet; Achorii = das Volk ohne Land; Makarensii = das Volk der Glücklichen; schließlich Hythlodaeus = „einer, der erfahren ist im Unsinn" oder „einer, dem der Unsinn verhaßt ist", ein „Schaumredner" (Bloch) oder ein „Wahrheitsfanatiker" (Yale Ausgabe 301). — Gerade dieser Punkt, die Charakterisierung des Reisenden, der allein die Erzählung über die Insel Utopia verbürgt und von dessen Glaubwürdigkeit als Erzähler der Wahrheitsgehalt des ganzen abhängt, hat zu ganz unterschiedlichen Interpretationen Anlaß gegeben.

Die Debatte, welches denn Morus' eigene Ansichten seien, wie sich seine Meinung zu der des Reisenden Raphael Hythlodaeus verhält und ob der historische Morus mit der Erzählerfigur ('persona') 'Morus' identisch sei, der als Dialogpartner im ersten Buch und am Schluß des zweiten auftritt, hat lange Zeit die Wissenschaft beschäftigt. Das Spektrum der Deutungen ist außerordentlich breit: Da ist der sozialistische Morus bei Karl Kautsky: Morus, der seiner Zeit weit vorausgeeilte Sozialist, der, den Beginn der kapitalistischen Wirtschaftsform vor Augen, gesellschaftskritisch Grundzüge des modernen Sozialismus entwirft, deren Tragweite erst von späteren Jh. wirklich eingeschätzt werden kann (Kautsky 1988).

Dazu ein Gegenbild bei R. W. Chambers: Morus, der katholische Traditionalist, der mittelalterliches Gedankengut und ein mönchisches Lebensideal festhält gegen das neue Menschenbild seiner Zeit, das seine klassische Formulierung nahezu zeitgleich in Machiavellis 'Il Principe' gefunden hat, der zeigt, wie weit der Mensch allein durch Vernunft, durch die vier natürlichen Tugenden Weisheit, Tapferkeit, Mäßigkeit, Gerechtigkeit kommen kann, aber auch wie ergänzungsbedürftig Menschenwerk durch die christlichen Tugenden Glaube, Liebe und Hoffnung ist (Chambers 1935).

In dieser Linie dann Morus, der christliche Bußprediger, der die Sünden einer sich christlich nennenden Gesellschaft aufdeckt und geißelt, Trägheit, Geiz und — Wurzel allen Übels — Stolz. Oder bei Hermann Oncken: Morus, der Imperialist, dessen Rezept der Kolonisation — wenn es sein muß, mit Gewalt — die Anfänge des britischen Imperialismus signalisiert (Oncken 1935). Oder Morus als Sozialreformer, der gegen den dekadenten Feudalismus seiner Zeit die besten Momente des entstehenden Kapitalismus stellt (Ames 1949), der „subversive" Morus, der die 'Utopia' als scharfe Satire gegen das zeitgenössische England einsetzt. Oder Morus, der Skeptiker, der im Unterschied zu anderen Reformern seiner Zeit (Crowley, Starkey) nicht an Reformen glaubt. Schließlich bei T. S. Dorsch und Robert C. Elliott die Utopia als Satire in der Nachfolge Lukians einerseits, der römischen Verssatire andererseits, am Ende gar das ganze ein Humanistenspaß oder als „holiday work", als „literary invention which starts many hares and kills none" (Lewis 1954).

Am literarischen Status der 'Utopia' hängt auch die Frage nach dem Verhältnis der beiden Bücher zueinander. Stimmt es, wie manchmal behauptet wird, daß Buch I „England as it is", Buch II dagegen „England as it should be" repräsentiert (Yale Ausgabe Commentary, 384)? Hier ist zu registrieren, daß die 'Utopia' aus zwei Büchern ganz unterschiedlichen Charakters besteht. Buch I beginnt mit einem historischen Ereignis, Thomas Morus' Gesandtschaft nach Flandern 1515 und – historisch oder schon nicht mehr? – einem Gespräch in Antwerpen, an dem neben Petrus Aegidius, dem Freund, jener Weltreisende Raphael Hythlodaeus teilgenommen haben soll. Von den Weltreisenden des Raphael kommt 'Morus' schnell zur Sache: Soll der humanistische Gelehrte als Ratgeber in den Dienst eines Königs treten? Raphael berichtet dann seinerseits von Gesprächen, die er am Hofe Kardinal Mortons in England geführt hat: Da wird die Praxis der Todesstrafe für Diebe ebenso gegeißelt, wie die Plage der herrenlosen Söldner, die Politik der 'enclosures' und das Woll-Oligopol ebenso wie der allgemein verbreitete Luxus, der in scharfem Kontrast zur Armut der von ihrem Land vertriebenen kleinen Bauern steht. Raphael hat dort selber Vorschläge für eine Strafrechtsreform gemacht und sie durch das Exemplum der Polyleriten illustriert. Schließlich plädiert Raphael für die Abschaffung des Privateigentums. Der Erzähler 'Morus' meldet Widerspruch an, Petrus Aegidius sekundiert, worauf sich Raphael auf das Beispiel der Utopie zurückzieht, von dem er im zweiten Buch ausführlich berichtet. Im zweiten Buch geht es ohne Umschweife und zunächst anscheinend rein beschreibend um die Lage der Insel, das Bild der utopischen Idealstadt, die Verteilung der Ämter, das Beschäftigungssystem (Arbeit und Freizeit). Aber schon hier finden sich satirische Seitenhiebe auf die Verhältnisse „bei anderen Völkern", auf kapitalistische Überproduktion, Faulheit und Müßiggang der Priester, der Grundbesitzer, der Adligen, Söldner und Bettler. Der Vergleich mit dem ersten Buch wird implizit laufend angestellt, bei den Sozialbeziehungen, der Verteilung der Güter, der Erziehung, dem Warenverkehr und der Entwertung von Geld, Gold und Schmuck. Angesichts der in 'Utopia' geltenden Hierarchie der Vergnügungen ('voluptates'), die das Kernstück der hedonistischen Philosophie der Utopier ausmachen, wird Kritik an den Vergnügungen einer westlichen höfischen Gesellschaft geübt, an den Ehrenbezeigungen, am Schmucktragen, am Würfelspiel und an der Jagd.

Bei der Schilderung des Rechtssystems findet sich wiederum eine bissige Bemerkung gegen die „advocatorum inutilis turba", den nutzlosen Haufen von Rechtsgelehrten in den westlichen Staaten. Ein weiteres Hauptstück ist der Verzicht der Utopier auf Verträge, wobei in satirischer Verkehrung die Länder des christlichen Europas und der Papst gelobt werden, daß sie Verträge strikt einhalten – angesichts der zeitgenössischen Wirklichkeit ein „vergiftetes Lob". Und auch als gegen Ende des zweiten Buches Raphael zur großen 'peroratio' ansetzt, verbindet er das Lob des utopischen Gemeinwesens – des besitzlosen Utopiers als des wahren Freien – mit einer Verurteilung des ungerechten Staates als der Verschwörung der Reichen zur Ausbeutung der Armen: „Aber selbst wenn diese schrecklichen Menschen mit ihrer unersättlichen Gier alles das unter sich aufgeteilt haben, was doch für alle genügt hätte, wie weit sind sie dennoch von der Glückseligkeit des Gemeinwesens der Utopier entfernt" (Yale Ausgabe 240/28–31)? Insgesamt also stellt 'Utopia' ein höchst komplexes fiktionales Gebilde dar. Buch I besteht auf einer ersten Erzählebene aus einem Bericht des Ich-Erzählers 'Morus' über den Dialog, an dem Petrus Aegidius, Raphael Hythlodaeus und er selber teilgenommen haben. In diesen ist eingebettet – zweite Erzählebene – der Bericht Raphaels über den Dialog im Hause Kardinal Mortons, dabei greift Raphael – dritte Ebene – auf Exempla, Begebenheiten bei den Polyleriten, Achoriern, Makariern, schließlich bei den Utopiern, zurück und führt antike Autoritäten, voran Platon, an. Buch II enthält zwar über weite Teile den Bericht Raphaels, formal vergleichbar der zweiten Erzählebene des ersten Buches, allerdings mit weitgehend geschwächtem Erzählrahmen (Ebene I: 'Morus'), so daß der Erzähler Raphael formal gesehen zwar Erzähler zweiter Ordnung ist, praktisch jedoch über weite Strecken in den Rang eines Erzählers erster Ordnung einrückt. Wird in Raphaels Diskurs der Bezug zu den Verhältnissen explizit oder implizit präsent gehalten, so lenkt schließlich 'Morus' als Ich-Erzähler am Schluß auf den ursprünglichen Erzählrahmen, das Gespräch im Garten in Antwerpen zurück und beurteilt nun seinerseits, was er von Raphael gehört hat. Alle Informationen über Utopia sind nur über Raphael verbürgt, während 'Morus' sowohl als Erzähler des ganzen auftritt und dabei Raphaels Erzählerrolle beglaubigt und am Schluß dessen Diskurs kommentiert, als auch innerhalb des Dialogs als Diskussionspartner, als Gegenspieler des Satirikers auftritt, Anlaß für eine Reihe von Forschern, zwischen Morus und 'Morus', dem historischen Autor und seiner Erzähler-Persona zu unterscheiden.

Die Fiktionsebenen der 'Utopia' sind damit noch nicht vollständig beschrieben. Zur Fiktion gehören des weiteren von der ersten Ausgabe 1516 an die Marginalien des Erasmus, der damit eine Zwischenstellung zwischen Mit-Autor bzw. Herausgeber und Erstleser einnimmt. Neben inhaltlichen Zusammenfassungen unterstreicht er Aussagen des Textes — etwa: „prudentissime dictum" (Yale Ausgabe, 130), „mire dictum" (Yale Ausgabe, 242) oder auch „haec annota, lector" (Yale, Ausgabe, 240) —, macht Bezüge zu klassischen Autoren deutlich — etwa: „haec sapiunt communitatem Platonis" (Yale Ausgabe, 120; vgl. 72, 162) —, stellt Beziehungen zwischen Utopia und England her, indem er z. B. die Lage Amaurotums am Anydrus mit London und der Themse vergleicht (Yale Ausgabe, 118), und übt Zeitkritik, indem er die Verhältnisse Utopias gegen die Europas hält. Er fordert zur Nachahmung Utopias gerade durch Christen auf: „O sanctam republicam et uel Christianis imitandam" (Yale Ausgabe, 146). Schließlich gibt er Deutungshinweise, wenn er Passagen in Raphaels Bericht als satirisch kennzeichnet: „Apparet hoc loco subesse nasam" (Yale Ausgabe, 158).

Eine weitere Fiktionsebene bilden die von der ersten Ausgabe an zum veröffentlichten Text gehörenden Begleitbriefe, Verse, das utopische Alphabet und der Holzschnitt des jüngeren Holbein, der die Insel Utopia darstellt. In den Begleitbriefen veranstalten die zum Kreis um Erasmus gehörenden Humanisten, Aegidius, Buslidius, Budaeus, Lupset sowie Erasmus und Morus selber ein geistreiches Spiel mit Fiktion und Realität, das einmal darauf zielt, die 'Utopia' und ihren Gewährsmann Raphael zu beglaubigen, zugleich das spielerische Element zu betonen und den sozialreformerischen Charakter hervortreten zu lassen. Die 'Utopia' wendet sich ja als lateinisch geschriebener Text genau an diesen Humanistenkreis — Morus selber hat zu Lebzeiten eine englische Übersetzung nicht zugelassen, und die Begleitbriefe machen deutlich, daß die 'Utopia' als zwischen Scherz und Ernst schwebendes Werk verstanden worden ist, das der satirischen Schreibart zugeschlagen wurde (Honke 1982, II, 168—182).

Wenn man eine literarische Gattung Utopie annimmt, was in der Forschung umstritten ist, dann gilt Morus' 'Utopia' als Prototyp, der nun seinerseits auf einer Synthese von platonischem Dialog, fantastischer Reiserzählung in der Nachfolge Lukians und Humanistensatire beruht (Donner 1945, 15ff.; Voßkamp, II, 183—196). Das damit gesetzte Dependenzverhältnis von Satire und Utopie bereitet wiederum Schwierigkeiten für die Gattungstheorie, zumal wenn man hinsichtlich der Satire an Jürgen Brummacks weithin anerkannter Unterscheidung von historischer Gattung und ahistorischer Schreibweise festhält (Brummack 1971). Denn für Satire und Utopie gilt gleichermaßen, daß sie sich nahezu beliebiger literarischer Formtraditionen bedienen können. Beachtung verdient deshalb der Vorschlag von Wolfgang Weiß, der Utopie und Satire in ein komplementäres Verhältnis gesetzt und beide als unterschiedliche Aktualisierungen *einer* — beide übergreifenden ahistorischen — „tendentiellen Schreibweise" gefaßt hat (Weiß 1982, 14). Satire wie Utopie sind kritisch auf konkrete politisch-gesellschaftliche Verhältnisse bezogen, mit denen der Leser vertraut sein muß. Satirisch heißt dann die Aktualisierung der tendentiellen Schreibweise, „insofern der Ausschnitt [der Wirklichkeit] als Objekt der Aggression vorgestellt wird, [...] utopisch, insofern ein Ideal als Gegenentwurf erstellt wird, demgegenüber die Wirklichkeit als unvollkommen oder minderwertig erscheint."

Als Ergebnis ist also festzuhalten, daß in der 'Utopia' satirische und utopische Aktualisierungen der tendentiellen Schreibweise verbunden auftreten, allerdings nicht einfach so, daß Buch I die Satire auf „England as it is" und Buch II die Utopie („England as it should be") enthält, sondern so, daß sich auch in Buch II Satire und Utopie durchdringen.

Der Wirklichkeitsbezug der 'Utopia', so wie ihn die Humanistenfreunde des Thomas Morus fraglos erkannt haben, läßt sich entsprechend historisch verorten. Erasmus schreibt an Ulrich von Hutten:

„Morus veröffentlichte die 'Utopia', um zu zeigen, welche Dinge die Verhältnisse im Gemeinwesen in unheilvoller Weise bestimmen, und er schildert dabei hauptsächlich den englischen Staat, den er so gründlich kennt und durchschaut."

Entsprechend hat Norbert Elias die Utopie so bestimmt:

„Eine Utopie ist ein Phantasiebild einer Gesellschaft, das Lösungsvorschläge für ganz bestimmte ungelöste Probleme der jeweiligen Ursprungsschaft enthält, und zwar Lösungsvorschläge, die entweder anzeigen, welche Änderungen der bestehenden Gesellschaft die Verfasser oder Träger einer solchen Utopie herbeiwünschen oder welche Änderungen sie fürchten und vielleicht machmal beide zugleich" (Elias 1982, II, 103).

Elias hat wie andere vor ihm die Soziogenese von Morus' 'Utopia', ihren 'Sitz im Leben' im Staatsbildungsprozeß zu Beginn des 16. Jhs. beschrieben, einer Zeit, da die Ablösung des Begriffs 'res publica' durch den neuen 'lo stato' ein neues Staatsverhältnis signalisiert, innerhalb dessen ein neuer Typ des Fürsten hervortritt, wie ihn Machiavelli nahezu zeitgleich mit Morus 'Utopia' beschrieben hat, Beginn einer Entwicklung, die im Absolutismus kulminiert. Die Frage nach der besten Verfassung des Staates wird unter den Humanisten breit diskutiert, sie ist ebenfalls Thema auf dem Laterankonzil von 1512–1517. In England war die Verlagerung der Gewichte im Staat auf die Zentralgewalt schon unter Heinrich VII. an der Fiskal- und Rechtspolitik spürbar geworden, eine Entwicklung die sich unter Heinrich VIII. und seinem Kanzler Wolsey verschärfte. Die Frage, ob ein Humanist Ratgeber des Königs sein könnte, ohne mit Notwendigkeit durch die Zwänge der Realpolitik korrumpiert zu werden, bedrängte Morus persönlich. Pico della Mirandola hatte sich prinzipiell versagt, als Erasmus' Antwort kann die 'Institutio principis christiani' (1515) gelten. Für Morus stellt der „Dialogue on Counsel" im ersten Buch der 'Utopia', wie J. H. Hexter argumentiert hat, den Versuch dar, das Dilemma für sich zu lösen – 1518 tritt er nach langem Zögern in den Dienst seines Königs (Hexter 1976, 97–156).

Aber auch die politische Tagesdiskussion in England findet ihren Niederschlag. Nach dem etablierten Schema der Satire übernimmt Raphael, der Ausländer und Außenseiter, die Rolle, die englischen Verhältnisse zu kritisieren. Im Hause Kardinal Mortons findet die Disputation statt, in der Raphael das im Europa des 15. und 16. Jhs. generell virulente Problem der vagabundierenden Söldner anspricht, die englische Rechtspraxis kritisiert, (schweren) Diebstahl wie Mord gleichermaßen mit der Todesstrafe zu ahnden, zeigt, wie Diebstahl ein Produkt der sozialen Verhältnisse ist, und als Begründung das Problem der 'enclosures' aufgreift, ein aktuelles sozialgeschichtliches Thema in England über mehrere Jahrhunderte. Er übernimmt im wesentlichen die Standardargumente der Gegner der Einfriedungen, die Originalität der Passage liegt also nicht in den Argumenten selber, sondern in der meisterlichen satirischen Zuspitzung: Schafe als Landplage und das Woll-Oligopol als Inbegriff frühkapitalistischer Gewinnmaximierung:

[über Schafzucht und Einhegungen] „Das sind eure Schafe", sage ich, „die so sanft und genügsam zu sein pflegten, jetzt aber, wie man hört, so gefräßig und bösartig werden, daß sie sogar Menschen fressen, Felder, Gehöfte und Dörfer verwüsten und entvölkern. Denn überall, wo in eurem Reiche feinere und daher bessere Wolle erzeugt wird, da sind hohe und niedere Adlige, ja auch heilige Männer, wie einige Äbte, nicht mehr mit den jährlichen Einkünften und Erträgnissen zufrieden, die ihren Vorgängern aus den Landgütern erwuchsen. Es genügt ihnen nicht, müßig und üppig zu leben, der Allgemeinheit nicht zu nützen, sofern sie ihr nicht sogar schaden; sie lassen kein Stück Land zur Bebauung übrig, sie zäunen alles als Weide ein, reißen die Häuser, zerstören die Dörfer und lassen gerade noch die Kirchen als Schafstelle stehen, und, als ob die Wildgehege und Tiergärten bei euch noch zu wenig Ackerboden beanspruchten, verwandeln jene edlen Leute alle Ansiedlungen und alles, was es noch an bebautem Lande gibt, in Wüsten" (Heinisch 1960, 26 f.).

Die überreichlich vorhandenen historischen Quellen zu den Einfriedungen ('enclosures') lassen keinen Zweifel daran, daß die 'enclosures', die Umwandlung von Ackerland in Weidefläche das Bild der englischen Landschaft und die Agrarstruktur einschneidend verändert haben. Beispiele aus zeitgenössischen Schriften belegen, wie genau die 'Utopia' ein brennendes Problem der Zeit aufnimmt. Im Jahre 1517 läßt Wolsey durch eine Kommission die 'enclosures' seit 1485 auf ihre Rechtmäßigkeit hin überprüfen – wie Hexter meint, ein Erfolg von Mores 'Utopia'. Das königliche Edikt, mit der diese Kommission eingesetzt wird, enthält auch einen Situationsbericht, der von offizieller Seite bestätigt, was Raphael angeprangert hatte:

„Ein einziger Schaf- oder Kuhhirte genügt ja, um dasselbe Land vom Vieh abweiden zu lassen, zu dessen Bebauung und Bestellung viele Hände erforderlich waren. [...] Aus demselben Grunde ist auch an vielen Orten das Getreide teurer geworden. Ja sogar der Preis der Wolle ist so gestiegen, daß sie von den Minderbemittelten, die bei euch daraus Tuch weben, nicht mehr bezahlt werden kann, und auf diese Weise werden noch mehr Leute von der Arbeit in den Müßiggang getrieben. Denn nach der Vergrößerung der Weidefläche raffte eine Seuche eine unzählbare Menge von Schafen hinweg, als ob Gott zur Strafe für die Habsucht die Pest auf die Schafe geschickt hätte, die gerechter auf ihre Besitzer geschleudert worden wäre. Wenn aber die Menge der Schafe auch noch so sehr anwächst, so sinkt der Preis dennoch nicht, weil der Handel mit ihnen, wenn man ihn auch noch nicht Monopol nennen kann, weil sie nicht ein einziger verkauft, sicherlich ein 'Oligopol' ist. Er ist nämlich fast ganz in die Hände weniger und zwar derselben reichen Leute geraten, die keine Notwendigkeit drängt, sie früher zu verkaufen, als sie wollen; und sie wollen nicht früher, als bis sie beliebig teuer verkaufen können" (Williams 1967, V, 929 f.).

Daß Raphaels bittere Analyse, die Konzentration der Schafindustrie in den Händen weniger führt trotz großen Wollüberschusses zu einem scharfen Anstieg der Woll- und Fleischpreise, keine vereinzelte Stimme ist, zeigt einprägsam eine Folge von sechs Sprichwörtern, die Grundlage eines Traktats von 1550 mit dem bezeichnenden Titel „Certayne causes gathered together, wherein is shewed the decaye of England, only by the great multitude of shepe, to the utter decay of household keeping, mayntenaunce of men, dearth of corne, and other notable dyscommodityes approved by Syxe Olde Proverbes":

„The more sheep, the dearer is the wool. / The more sheep, the dearer is the mutton, / The more sheep, the dearer is the beef. / The more sheep, the dearer is the corn. / The more sheep, the scanter is the white meat. / The more sheep, the fewer eggs for a penny" (Williams 1967, V, 945).

Eine Ursache bewirkt über verschiedene Zwischenstufen nicht nur eine Verteuerung aller landwirtschaftlichen Produkte sondern über den Verlust einer großen Zahl von 'Pflügen' seit der Regierungszeit Henry VII. zugleich Armut für viele tausend in der Landwirtschaft tätigen Menschen, darüber hinaus eine grundlegende Veränderung des gesamten Wirtschaftssystems. Eine ähnliche Reihe historischer Quellen ließen sich für das andere im ersten Buch der 'Utopia' kritisch aufgegriffene Problem anführen, die Todesstrafe für Diebstahl. Seit dem Mittelalter ist das Hängen die Strafe für Eigentumsdelikte. Der Höhepunkt der Hinrichtungen – in London am Galgen von Tyburn – findet sich im 16. Jh. Noch im 18. Jh. werden die Gesetze verschärft – der 'Black Act' von 1722 kommt zustande, weil die Landbesitzer besseren Schutz für ihr Eigentum fordern – allerdings gehen vom 18. Jh. an die Hinrichtungen deutlich zurück. Auch zeitgenössische Quellen verweisen darauf, daß zwar Diebe in großen Scharen gehängt wurden, daß aber die Abschreckungswirkung gering war: Skelton brachte dies auf die Formel: „So viele Diebe gehängt, und die Zahl der Diebe keinesfalls gemindert" (Yale Ausgabe 315).

Und in Holinshed's „Chronicles" (1587) heißt es im Hinblick auf die Regierungszeit Henry VIII:

„It appeareth by Cardane [...] how Henrie the eight, executing his laws verie seuerlie against such idle persons, I meane great theeues, pettie theeues and roges, did hang vp threescore and twelue thousand of them in his time. He seemed for a while greatlie to haue terrified the rest: but since his death the number of them is [...] increased" (Yale Ausgabe 315).

Die Verbindung von sozialem Übel und Luxus, wie sie Morus im ersten Buch der 'Utopia' herstellt, findet ihre gegenbildliche Entsprechung in einem der Hauptstücke des zweiten Buchs, das freilich argumentativ am Ende des ersten bereits vorbereitet wird, dem Verzicht auf Privateigentum, dem immer wieder so bezeichneten „Kommunismus" der 'Utopia'.

Nach der Erörterung ausgewählter Probleme der Ursprungsgesellschaft (Elias) bedarf nun der Status des utopischen Entwurfes selbst der Analyse, des Teils der 'Utopia', der von der ersten deutschen Übersetzung bis in die Gegenwart weithin als das Hauptstück der 'Utopia' angesehen worden ist (Koppenfels 1982, 103 f.).

Mit dem Titel der 'Utopia' „de optimo rei publicae statu" ist nun zu fragen nach der Art und Weise, wie der utopische Entwurf selber gestaltet ist. Dies geschieht exemplarisch anhand der Beschreibung der Insel und ihrer Hauptstadt Amaurotum. Im Abschnitt über „Stadtpläne, Idealstädte" kontrastiert Ernst Bloch die Stadt des Thomas Morus mit dem Entwurf der 'Città del Sole' Campanellas: „Während die liberale Sozialutopie des Thomas Morus ihren besten Staat mit Einzelhäusern, Flachbauten, aufgelockerten Gartenstädten ausschmückt, zeigt hundert Jahre später Campanellas autoritäre Utopie Wohnblöcke, Hochbauten, ein völlig zentralisiertes Stadtbild. Hier herrscht – mit konzentrischen Mauern, kosmischen Mauerfresken, Kreisanlage insgesamt – die mathematische Abzirkung schlechthin, in Konsequenz der sonstigen, sogar astrologisch determinierten Ordnungsutopie. Darüber hinaus aber ist generell Geometrisches seit den Stadtplanungen des Barock das Losungswort jeder bürgerlichen Idealstadt, Kalkülstadt geblieben" (Bloch 1974, II, 866).

Liberale Villa auf der einen, zentralistische Militärstadt auf der anderen Seite? Ohne nun

Campanella und Morus ungebührlich aneinander anzunähern, kommt es doch darauf an zu sehen, daß auch Morus' Insel und die Stadt Amaurotum mit Blochs Formulierung „Kalkülstadt" ist:

„Die Insel der Utopier dehnt sich in der Mitte, wo sie am breitesten ist, zweihundert Meilen weit aus, ist eine weite Strecke lang nicht viel schmäler und spitzt sich dann gegen die beiden Enden hin allmählich zu. Die Küsten bilden einen wie mit dem Zirkel gezogenen Kreisbogen von fünfhundert Meilen Umfang und geben der ganzen Insel die Gestalt des zunehmenden Mondes" (Heinisch 1960, 48).

Die mathematische Beschreibung Utopias fällt hier ins Auge, ebenso der Modellcharakter der Stadt Amaurotum, der Hauptstadt: alle anderen Städte sind wie sie angelegt, der Plan der Stadt geht auf Utopos selber zurück (Heinisch 1960, 48–52). Der rechteckige Grundriß der an drei Seiten mit Mauern versehenen Stadt folgt der Typologie der christlichen Idealstadt, des himmlischen Jerusalems, wie es in der Apocalypse des Johannes beschrieben ist, und in der Verbindung von Stadt und üppigem Garten mag die Verschmelzung von Stadt Zion und Paradies im himmlischen Jerusalem wirksam sein, wie sie Ernst Benz für das Spätjudentum konstatiert (Benz 1969, 355). In der zwanzig Fuß breiten Straße, die die Häuserzeilen trennt (Yale Ausgabe 120/6; Heinisch 1960, 52) mag man die 'strada pulchra, ampla et recta' Fra Giordanos erkennen (Bauer 1965, 9), wie sich der Anfang des II. Buches der Utopia insgesamt an den Topos des Städtelobes anschließen läßt (Curtius 1963, 166). Morus kannte, vermittelt durch Erasmus, Leon Battista Albertis 'Zehn Bücher von der Architektur', möglicherweise auch die Architekturfiktion Filaretes, den Plan der Stadt Sforzinda und das fiktive 'libro d'oro' des sagenhaften Herrschers Zogalia (Bauer 1965, 51, 70 ff.). Jedenfalls hat man in der Architekturtheorie des Quattrocento die Vorbereitung der 'Utopia' gesehen.

Lars Gustafsson hat in einer neueren Arbeit bekräftigt, was Gemeinplatz der Utopieforschung ist: „Am Anfang der utopischen Tradition steht die Negation." Damit jedoch beginnt, wie Gustafsson darlegt, erst die Arbeit des Utopisten: „So sieht sich der Utopist vor die Aufgabe gestellt, eine Leere zu füllen, die er selbst durch eigene Negationen geschaffen hat. Die Vision einer Utopie besteht zunächst darin, eine Lücke in der Einbildungskraft zu finden und sie dann wieder zu schließen" (Gustafsson I, 280 f.). Die Negation der Utopie bezieht sich, noch einmal mit Norbert Elias gesprochen, auf die „ungelösten Probleme der Ursprungsgesellschaft" — die Position, das „Schließen der utopischen Lücke" funktioniert dem Inhalt nach, wie das Beispiel der Stadtarchitektur hat erkennen lassen, ebenfalls innerhalb der durch zeitgenössische Vorstellungen gegebenen Kontexte. Der Form nach identifiziert Gustafsson zwei grundlegende Verfahren, die er „die Wende zur Generalisation" und „die Wende zur Geometrie" nennt. Beiden Verfahren ist gemeinsam, daß an die Stelle der negierten Wirklichkeit in der Utopie nun eine andere Wirklichkeit tritt, die uniformer, generischer, abstrakter ist als die ursprüngliche Wirklichkeit und die mit dem Anspruch auf Normierung auftritt: „Der utopische Spiegel gibt sich jedoch nicht damit zufrieden, nur einen Zustand zu reflektieren. Die Generalisation hat eine normative Kraft. Der Spiegel will die Welt durch eine andere Welt 'verdrängen', die ärmer an informatorischer Dichte ist" (Gustafsson, I, 285, 288). Mit Hans Ulrich Seeber, der Gustafsson aufnimmt und in die Sprache der Systemtheorie übersetzt, läßt sich dieser Vorgang als — bezogen auf geschichtlich realisierte Systeme — weitere Reduktion von Komplexität (Luhmann) beschreiben: „Die klassisch-konstruktive Utopie totalisiert und verallgemeinert Teilsysteme der geschichtlich-gesellschaftlichen Wirklichkeit (z. B. Klosterleben, Armee, elitäre Geheimbünde), die schon dort wegen ihres hohen Ordnungsgrades aus der übrigen Ordnung herausfallen (Seeber 1982, III, 365).

Die normierte Uniformität der Verhältnisse in Utopia fallen unmittelbar ins Auge: Die Ordnung des Tageslaufs zwischen Arbeit, Mahlzeiten, Freizeit und Schlafen, die Kleiderordnung, die gesamte historische Sozialstruktur — je 40 Personen pro Haushalt, ein Syphogrant pro 30 Haushalte, je 20 Syphograntien ein Tranibor usw., die Ordnung der Mahlzeiten, die Sitzordnung in den Speisehallen: 30 Familien, auf jeder Seite 15, Männer sitzen an der Wand, Frauen an den Außenseiten (Yale Ausgabe 140; Heinisch 1960, 60 f.), der Zwang zur Arbeit, die Reisevorschriften, all dies sind allumfassende Regelungen, denen sich der einzelne nicht entziehen kann — in Utopia gibt es ja auch ein Strafsystem, nicht systemkonforme Bürger werden im schlimmsten Fall zu Sklaven degradiert. Einfachheit — der Kleider, der Gesetze — ist nicht nur ein moralischer Wert, sie ist zugleich Strukturmerkmal der durchrationalisierten utopischen Gesellschaft.

Und der Systemzwang eines auf Rationalisierung und Effektivierung angelegten Gemeinwesens schlägt bis in den Bereich der Eierproduktion durch:

„Geflügel ziehen sie in unendlicher Menge auf, und zwar mit Hilfe einer erstaunlichen Einrichtung: Die Hennen brühten nämlich die Eier nicht selbst aus, sondern man setzte eine große Anzahl von Eiern einer gleichmäßigen Wärme aus, erweckt so das Leben und zieht die Küken auf" (Yale Ausgabe 114/19–23; Heinisch 1960, 50).

Die Nähe zu modernen Brutschränken und Legebatterien ist beängstigend, und man kann sich fragen, ob sich die positive Utopie eines Morus in ihren Strukturen wirklich grundlegend von den Schreckutopien des 20. Jhs., von Huxleys 'Brave New World' beispielsweise, unterscheidet. Jedenfalls ist der Umschlag des besten Staates in den schlechtesten Staat an dieser Stelle bereits vorprogrammiert. Auch die positive Utopie eines Morus' hat einen totalitären Charakter, ein Moment, das Gustafsson zu kritischen Reflexionen anregt:

„Ist die Fähigkeit des Menschen zu 'überraschen' vielleicht gerade das, was eine wirkliche menschliche Gemeinschaft von einer utopischen unterscheidet? [...] Ist nicht der Versuch, den informatorisch armen utopischen Staat der informatorisch reichen Welt, von der er abgeleitet wurde, aufzuoktroyieren, genau das, was wir, in moderner Lesart, die 'totalitären' Bestrebungen in der Politik nennen?" (Gustafsson 1982, I, 288).

Und J. D. Mackies Bemerkung, „[Thomas Morus's] planted state was a danger to worldpeace – it resembled strangely the Germany of Hitler [...]" (Mackie 1952), trägt zumindest den Stachel der Beunruhigung in sich.

Stellt nun das zweite Buch der 'Utopia' die Blaupause des idealen Staats dar, kann, darf man es der Prüfung an der Realität, etwa auf Wünschbarkeit oder Machbarkeit hin unterziehen? Nun zunächst ist zuzugeben, daß die Geschichte der Deutungen der 'Utopia' eben genau solche Realitätsprüfungen enthält, dies allerdings mit wechselndem Ausgang. Zwei gegensätzliche Beispiele dazu: der Tübinger Robert von Mohl erkennt den Charakter der Staatsromane zunächst als „wesentlich oppositionell und reformerisch" an, sieht darin durchaus modern ihr Anliegen, „die Entfernung der Wirklichkeit von einem Ideale recht anschaulich [hervortreten zu lassen]." Indem er die sozialdiagnostische Funktion der Utopien hervorhebt, kritisiert er jedoch zugleich die konkreten Reformvorschläge – und dies als Staatswissenschaftler und von seinem zeitgebundenen Standpunkt aus. An Morus' 'Utopia' verwirft er vor allem unter volkswirtschaftlichen Gesichtspunkten die Forderung nach Aufhebung des Privateigentums. Robert von Mohl geht nicht so weit wie Karl Popper, „social engineering" an die Stelle der Utopien zu setzen, hält es aber für notwendig und möglich, solche als unsinnig angesehene Vorschläge durch in seinen Augen vernünftige, machbare zu ersetzen. Ein talentvoller Schriftsteller, wie er sagt, „stelle an die Stelle einer unmöglichen communistischen Barbarei einen Zustand, wie ihn Menschen brauchen und ertragen können. Dann [...] wird es seiner Utopia weder an Beifall noch an Wirkung fehlen" (Mohl 1845, 25, 38, 74).

Ernst Bloch hat gerade den Kommunismus der 'Utopia' positiv gewertet. Allerdings hat er Schwierigkeiten mit anderen Zügen des Werkes, mit „Unverträglichkeiten der Schrift selbst, besonders in ihrem zweiten Teil; Dissonanzen keineswegs nur zwischen höfischem Fabelton und Kommunismus, sondern zwischen Humanität und Gleichgültigkeit, zwischen Sozialparadies und der alten Klassenwelt" (Bloch 1974, II, 602). Er löst seine Schwierigkeiten, was den Ton wie die Inhalte angeht, dadurch, daß er die These von der doppelten Autorschaft des Morus und des Erasmus aufgreift, daß er die ernsten Teile dem Morus, die ironisch-spielerischen dem Erasmus zuschreibt. Bloch gebraucht eine Variante des biographischen Arguments, das bis in die neuere Zeit die Morus-Forschung beschäftigt hat: Aus der Biographie wird geschlossen, welche Teile des Textes von Morus sind – so Bloch – oder seine eigene Meinung enthalten – so etwa J. H. Hexter. In beiden Fällen trägt der Kritiker seinen eigenen Standpunkt, sein Erkenntnisinteresse an den Text der 'Utopia' heran: Robert von Mohl prüft im Horizont einer liberalistischen Wirtschaftstheorie, Ernst Bloch verlangt von der 'Utopia' implizit die durchgängige Widerspruchsfreiheit und Systematik eines philosophischen Gedankengebäudes. In beiden Deutungen wird die 'Utopia' entliterarisiert. Demgegenüber ist mit Entschiedenheit am literarischen Status der 'Utopia' festzuhalten. Der Schluß von Buch II relativiert durch den Erzählereingriff ('Morus') die Aussagen Raphaels:

„Unterdessen: wie ich einerseits nicht allen Ausführungen Raphaels zustimmen kann, eines Mannes, der sonst ohne Zweifel höchst gebildet und in menschlichen Dingen erfahren ist, so gebe ich doch freimütig zu, daß es sehr vieles im Staat der Utopier gibt, was ich eher in unseren Staaten wünschte, denn erhoffen könnte" (Yale Ausgabe 244/30–246/2).

Diese Schlußpassage hält die Aussagen der 'Utopia' in der Schwebe, erzeugt eine Leerstelle, die durch die eigene Aktivität des Lesers zu füllen. Die kontroverse Rezeptionsgeschichte der 'Utopia' ist in den Text bereits einkomponiert.

Gerade der literarische Charakter der 'Utopia' wie der Utopien hat immer wieder Stellungnahmen zwischen Ablehnung und Bewunderung herausgefordert. Bei Machiavelli lesen wir im fünfzehnten Kapitel von 'Il Principe':

„Viele haben sich Republiken und Fürstentümer ausgemalt, von deren Existenz man nie etwas gesehen noch vernommen hat. Denn zwischen dem Leben, wie es ist und wie es sein sollte, ist ein so gewaltiger Unterschied, daß, wer das, was man tut, aufgibt für das, was man tun sollte, eher seinen Untergang als seine Erhaltung bewirkt. [...] Ich lasse also die Phantasien über den Fürsten beiseite und rede von dem Tatsächlichen."

Realpolitik statt Utopie ist die eine Position. Dagegen steht, historisch genau auf die 'Utopia' bezogen, die andere: Sir Philip Sidney führt in seiner „Verteidigung der Dichtkunst" am Ende jenes 16. Jhs., an dessen Anfang die 'Utopia' wie 'Il Principe' standen, das Werk des Thomas Morus als Beispiel innerhalb des seit Aristoteles klassischen Arguments an, daß Dichtung eine größere Wirkung ausübt als Philosophie und Geschichtsschreibung:

„Welcher Rat eines Philosophen könnte einen Fürsten so wirkungsvoll leiten wie der erfundene Kyros im Xenophon oder ein in allen Schicksalslagen tugendhafter Mann wie Aeneas im Vergil oder ein ganzes Gemeinwesen wie die Methode von Sir Thomas More's 'Eutopia' [sic]. Ich sage, die Methode, denn wo Sir Thomas More irrte, da war es die Schuld des Mannes und nicht die des Dichters: denn jene Methode, ein Staatswesen zu beschreiben, war ganz vorzüglich, obgleich er selbst es vielleicht nicht so vorzüglich ausgeführt hat."

Also Überlegenheit der 'Utopia' vor der praktischen Politik des Lordkanzlers, der literarischen Utopie vor direkten politischen Handlungsanweisungen – die spiegelbildliche Position zu Machiavelli.

Die Formel aus dem Titel, „nec minus salutaris quam festivus", suggeriert in einem weiteren Horizont der Auslegung die Synthese beider Positionen. Die anhaltende Wirkung des goldenen Büchleins des Thomas Morus beruht ja darauf, daß hier ein Werk zwar auf bestimmte historische Bedingungen antwortet, darin jedoch nicht aufgeht. Denn wäre dies so, so wäre die 'Utopia' schnell abgetan, wäre bloß historischer Gegenstand, immerhin als Prototyp der literarischen Utopie von literatur-wissenschaftlichem Interesse. Was diese historische Situation übersteigt, das ist die Denkfigur der doppelten Spiegelung: das was ist, wird gemessen an einem als Ideal vorgestellten Zustand, der jedoch 'nirgends' oder auch 'niemals' ist – UTOPIA/UDEPOTIA –. Und umgekehrt: das was da im utopischen Gemeinwesen als rigides Konstrukt mit quasi totalitärem Ordnungsanspruch erscheint, wird seinerseits im distanzierenden Schlußkommentar Morus' – das „Ich kann nicht allem zustimmen [...]" – in seinem Geltungsanspruch zurückgenommen, ohne doch damit aufzuhören, als Beunruhigung in die konkrete historische Situation hineinzuwirken.

2. Die literarische Utopie: Begriffsbestimmung und Definitionen

Wenn man die Fülle der Definitionen der literarischen Utopie durchmustert, so fällt einerseits die Spannweite des Utopiekonzepts ins Auge, andererseits läßt sich eine Reihe von typischen Merkmalen herausarbeiten. Definitionen wie die folgenden sind typisch:

(a) Samuel Johnson, 'A Dictionary of the English Language' (1755):

„UTOPIAN, UTOPICAL a. [from Sir Thom Moore's Utopia] Ideal; not real. Bp. Hall."

(b) Littré (1889):

„Plan de gouvernment imaginaire, où tout est parfaitement réglé pour le bonheur de chacun, et qui, dans la pratique, donne le plus souvent des résultats contraire à ce qu'on espérait" (Villgradter/Krey 1973, 3),

(c) Meyers Großes Konversationslexikon (1906):

„Utopia, die fabelhafte Insel, auf der Thomas Morus seinen Staatsroman spielen ließ. Daher Utopist, einer, der sich mit unausführbaren (utopischen) Weltverbesserungsplänen beschäftigt" (Villgradter/Krey 1973, 3),

(d) 'The Shorter Oxford Dictionary':

„Utopia ... 1551 ... (1) An imaginary island, depicted by Sir Thomas More as enjoying a perfect social, legal, and political system. b. 'transf.' Any imaginary or indefinitely remote region, country, or locality 1610. (2) A place, state, or condition ideally perfect in respect of politics, laws, customs, and conditions 1613. (b) An impossibly ideal scheme, esp. for social improvement 1734."

(e) Gero von Wilpert, 'Sachwörterbuch der Literatur':

„Staatsroman gestaltet staatliches (politisches, soziales, wirtschaftliches) Leben in Romanform, in den seltensten Fällen als Selbstzweck, meist mit der erzieherischen und theoretischen Absicht, das für seine Zeit ideale Bild des Staates als verwirklicht vorzuführen, und zwar entweder auf historisch-politischer Grundlage als Idealisierung eines bestehenden oder in der Vergangenheit vorhandenen Staatsgebildes oder als Verwirklichung fordernde Zukunftsvision".

(f) Rita Falke:

„Aus dem Titel der Schrift [Morus, 'Utopia'], 'de optimo reipublicae statu deque nova Insula Utopia', ergab sich eine andere Gleichsetzung: 'Utopia' wurde der 'beste Staat'; aus dem geographischen Begriff wurde also schon im Augenblick seiner Entstehung ein philosophisch-literarischer. Diese Bedeutung, Staatsroman, ist es wohl, an die das Wort Utopie heute zuerst erinnert; die geographische Bestimmung erscheint als sekundäres Merkmal, sie wird nicht mehr durch das Wort selbst aufgerufen" (Villgradter/Krey 1973, 1).

(g) Arthur O. Lewis:

„erzählendes Prosawerk, das das Bild einer idealen Gesellschaft enthält" (Villgradter/Krey 1973, VII).

(h) Bernhard Kytzler:

„U. wird verstanden als die Darstellung von unwirklichen Glückszuständen" (Villgradter/Krey 1973, 46).

(i) Karl Mannheim: Utopien =

„alle jene seinstranszendenten Vorstellungen ... die irgendwann auf das historisch-gesellschaftliche Sein wirkten ... (Villgradter/Krey 1973, 276).

(k) W. D. Müller:

„der Utopia-Roman [ist], die in den Rahmen einer utopischen Reise oder eines Schlafs ... gekleidete dichterische Darstellung eines idealen, von der jeweiligen Umgebung des Schöpfers zunächst nicht als verwirklichbar angesehenen, Staatswesens mit allen seinen Einrichtungen, deren Auswirkungen und dem sittlichen Verhalten seiner Einwohner zu ihm" (Villgradter/Krey 1973, 272).

(l) Hans-Jürgen Krysmanski:

„Die literarische Erscheinungsform der spielerischen Zusammenschau von Mensch, Gesellschaft und Geschichte in einem variablen, bildhaften Denkmodell von raum-zeitlicher Autonomie, das die Erkundung von Möglichkeiten losgelöst von der sozialen Wirklichkeit, jedoch mit Bezug auf sie, erlaubt" (Villgradter/Krey 1973, 278).

(m) Lars Gustafsson:

„Einen außerhalb der historischen Erfahrung liegenden Gesellschaftszustand dieser unwirklichen und nur vorgestellten Art werde ich im folgenden eine 'Utopie' nennen" (82).

„Eine Utopie ist die Vorstellung einer Gesellschaft oder einer menschlichen Lebensform, in der [...] bestimmte 'außerhistorische', d. h. noch nicht erfahrene Bedingungen verwirklicht worden sind. Eine Utopie ist die Vorstellung eines Gesellschaftszustandes, der sich über die existierende Erfahrung hinaus erstreckt" (98).

Aus diesen Definitionen läßt sich gewissermaßen als „kleinstes gemeinsames Vielfaches" die folgende Merkmalsreihe entwickeln:

− Negativität:
   als Negation des Bestehenden, der Realität, aber auch im Sinne der Reduktion von Information
− Idealität:
   einerseits im Sinne von Nicht-Realität/Unwirklichkeit, andererseits im Sinne von Perfektion/Vollkommenheit (im Kontrast zur Unvollkommenheit der realen Welt
− Potentialität:
   als Merkmal dessen, was sein könnte oder sein sollte
− Fiktionalität/Literarizität
   als Merkmal einer „erfundenen" bzw. „erzählten" Welt, im Sinne Enzensbergers als „literarisches Probehandeln"
− Isolation bzw. Distanz:
   in raum-zeitlichem Sinne: Insel oder − in späteren Utopien − spätere Epoche, insgesamt Distanz, die über eine Raum- oder Zeitreise zu überwinden ist
− Selektion:
   als Konzentration auf bestimmte Merkmale der realen oder der utopischen Welt
− Normativität bzw. Totalität:
   als umfassendes Regelsystem, dem alles in der utopischen Welt unterworfen ist.

Nach diesen Merkmalen kann die Utopie zusammengefaßt bestimmt werden als *literarische* Gestaltung einer *vorgestellten* räumlich/zeitlich *isolierten*, *nicht realen* Welt (Gesellschaft oder Staat), in der in kritischem *satirischem* Kontrast zur Ausgangsgesellschaft eine *ideale* Welt dargestellt wird, in der die (*selektiv*) dargestellten Verhältnisse *umfassend* geregelt sind, zugleich im Sinne eines literarischen

Probehandelns Problemlösungen für die reale Welt der Ausgangsgesellschaft angeboten werden, deren Realisierung als *möglich* und *wünschenswert* angesehen wird.

Die literarische Utopie als eine Spielart der Aktualisierung der „tendenziellen Schreibweise" (Weiß) kann sich beliebiger literarischer Gattungen und Formtraditionen bedienen, auch wenn, historisch gesehen, die Romanform dominiert, freilich eine Romanform, in die – wie beispielsweise bei Orwell – andere literarische Formelemente, wie Traktate, Essays oder auch Wörterbücher, eingesprengt sind.

Ein Ausschnitt aus Shakespeares 'The Tempest', die sogenannte Gonzalo-Utopie, erlaubt es, wesentliche Merkmale der Utopie an einem dramatischen Text zu demonstrieren. Durch Prosperos Magie sind Alonso, Sebastian und Antonio, mit ihnen Gonzalo und andere Höflinge auf die Insel verschlagen worden, zu Beginn des 2. Aktes versuchen sie sich nach dem Schiffbruch auf der Insel zu orientieren. Gonzalo verkündet gegen die allgemeine Niedergeschlagenheit hypothetisch sein Programm der zivilisatorischen Inbesitznahme der Insel:

Gon. Had I plantation of this isle, my lord –
Ant. He'd sow't with nettle-seed.
Seb. Or docks, or mallows.
Gon. And were the king on't, what would I do?
Seb. Scape being drunk for want of wine.
Gon. I' th' commonwealth I would by contraries
Execute all things; for no kind of traffic
Would I admit; no name of magistrate;
Letters should not be known; riches, poverty,
And use of service, none; contract, succession,
Bourn, bound of land, tilth, vinyard, none;
No use of metal, corn, or wine, or oil;
No occupation; all men idle, all;
And women too, but innocent and pure;
No sovereignty –
Seb. Yet he would be king on't.
Ant. The latter end of his commonwealth forgets the beginning.
Gon. All things in common nature should produce
Without sweat or endeavour. Treason, felony,
Sword, pike, knife, gun, or need of any engine,
Would I not have; but nature should bring forth,
Of its own kind, all foison, all abundance,
To feed my innocent people.
Seb. No marrying 'mong his subjects?
Ant. None, man; all idle; whores and knaves.
Gon. I would with such perfection govern, sir
T'excel the golden age.
(Shakespeare, 'The Tempest', II, 1.137–162).

„By contraries to execute all things" – dies ist die Formel für die Gegenbildlichkeit des utopischen Entwurfs, inzwischen zum Gemeinplatz geworden. Gonzalo bedient sich überwiegend des Schemas der Negation – wiederum ganz in der Tradition. Negiert wird u. a. Handel („traffic"), das Rechtssystem („magistrates"), persönliches Eigentum, Verträge, Dienstleistungen, Ackerbau, Arbeit, Militärwesen. Seine positiven Setzungen beschreiben Elemente des goldenen Zeitalters, Mensch und Natur im Einklang – auch dies ein traditionelles Motiv, eine Art Schlaraffenland. Nun darf man aber die komische Einbettung keinesfalls außer Acht lassen: Sebastian und Antonio ziehen eine Anordnung Gonzalos nach der anderen ins Lächerliche, decken den Widerspruch zur Realität auf, zumal den, daß Gonzalo in seiner Insel Herrschaft abschaffen will und doch König sein will, ja muß, um eben in der Lage zu sein, Herrschaft abschaffen zu können. Sie verspotten ihn, indem sie ihm zum Schein huldigen. Alonso macht der Burleske ein Ende, auf die Gonzalo zum Schluß mit einem paradoxen Wortspiel eingeht: „*Ant.* 'Twas you we laugh'd at./ *Gon.* Who in this kind of merry fooling am nothing to you; so you may continue and laugh at nothing still."

Nun wird die Utopie durch die Burleske, durch die „lustige Blödelei", wie der Text sagt, keineswegs annulliert, aufgehoben. Wohl aber wird sie in einen Schwebezustand gebracht, indem zugleich ihre Wünschbarkeit und ihre Widerständigkeit zur Realität behauptet wird. In diesem Aspekt deckt sich die Passage aus Shakespeares 'Tempest' mit dem Schluß von Morus 'Utopia', wo ja auch beides nebeneinander steht; Raphaels Preis von Utopia und Morus' Skepsis hinsichtlich der konkreten Realisierbarkeit des utopischen Entwurfs, ohne daß dieser damit abgewertet worden wäre.

3. Zur Geschichte der literarischen Utopie und Anti-Utopie

Die Zahl der literarischen Werke im Gefolge von Thomas Morus' 'Utopia' ist Legion. Aus der Zeit des Humanismus sind neben Thomas Morus' Werk vor allem Tommaso Campanellas 'La Città del Sole' ('Sonnenstaat') (1602) und Francis Bacons 'Nova Atlantis' (ca. 1624, unvollendet, veröffentlicht 1627) zu nennen.

Campanellas 'Sonnenstaat', der vor allem von Platons 'Politeia' beeinflußt wurde, ahmt formal einen platonischen Dialog nach, in dem ein Genueser Seefahrer dem Großmeister der Hospitalier von einem theokratisch regierten Staatswesen auf der Insel Taprobana berichtet. Bacons 'Nova Atlantis', programmatisch in der Nachfolge Thomas Morus' verfaßt, ist ein Reisebericht in Romanform. Aus der Vorrede des Herausgebers ist das Programm einer Utopie nach Morus' Muster erkennbar; der überlieferte Teil behandelt nur Reise und Landung auf der Insel Bensalem sowie die Unterweisung der Fremdlinge durch den Vorsteher über den Ursprung des Christentums auf der Insel, die Geschichte der Insel, das Haus Salomons, eigene Eindrücke der Gelandeten auf der Insel, weitere Informationen, die die Gelandeten von einem Juden erhalten, vor allem aber das Haus Salomons, eine Gemeinschaft von Forschern. Bacon illustriert hier seine Theorie der naturwissenschaftlichen Forschung, wie er sie in seiner 'Instauratio Magna' (1620 ff.) entworfen hatte.

An Campanellas 'Sonnenstaat' wird eine Überschneidung der Utopie zu anderen literarischen Reihen deutlich, hier zum Reisebericht, der im 16. und 17. Jh. Hochkonjunktur hatte. Daniel Defoes 'Robinson Crusoe' (1719) gehört hier ebenso her wie Jonathan Swifts 'Gulliver's Travels' (1726). Ob man, wie dies manchmal geschieht, diese Werke zu den literarischen Utopien zählt, hängt davon ab, welches Gewicht man dem Vorhandensein bzw. Nicht-Vorhandensein des Merkmals 'Gesellschaft oder Staat' beimißt, ein Kriterium, das z. B. bei Robert von Mohl für seine Einordnung der Utopien als 'Staats-Romane' entscheidend war. In Swifts 'Gulliver's Travels', häufig als satirischer Reiseroman bezeichnet, dominiert in den Reisebeschreibungen von Lilliput, Brobdingnag, Laputa und der Gesellschaft der 'weisen Pferde' (Houyhnhnms) Gesellschaftssatire vor den Ansätzen zu einer positiven Utopie; in 'Robinson Crusoe' geht es vor allem um die Leistung des Individuums als 'homo oeconomicus'.

Als erste deutsche Utopie gilt Johann Valentin Andreaes 'Rei Publicae Christianopolitanae Descriptio' (1619), eine — wie schon der Titel erkennen läßt — Beschreibung eines christlichen Modellstaates. Dem Muster der 'Robinsonade' folgt Johann Gottfried Schnabels 'Die Insel Felsenburg' (1731 ff.): Schiffbrüchige gründen auf einer Südseeinsel in pietistischem Geist einen Idealstaat, in dem es keine konfessionellen Auseinandersetzungen, keine ständische Gliederung, keinen Reichtum mehr gibt. Für die deutsche Literatur sind weiter Christoph Martin Wieland, 'Der goldene Spiegel' (1772), Albrecht von Haller und Heinses 'Ardinghello und die glückseligen Inseln' (1787) zu nennen. Im 20. Jh. gewinnt die Utopie neues Gewicht in der deutschen Literatur, u. a. mit Gerhard Hauptmanns 'Die Insel der großen Mutter' (1924), Döblins 'Berge, Meere und Giganten' (1924), Hermann Hesses 'Glasperlenspiel' (1943) — wobei hier ebenso das Muster des Bildungsromans wirksam ist — und Ernst Jüngers Anti-Utopie 'Heliopolis' (1949).

Die Utopien des 19. Jhs. nehmen die für das Jahrhundert charakteristische Idee des Fortschritts auf. Markante Beispiele sind Etienne Cabets 'Voyage en Icarie' (1839) und vor allem Edward Bellamys 'Looking Backward: 2000—1887' (1888). Bellamys Utopie ist im Boston des Jahres 2000 angesiedelt, in das sich Julian West nach einem Schlaf von 113 Jahren versetzt findet. Das Werk schildert den erreichten positiven Zustand des Staates, ein System des Staatsmonopolismus oder Staatssozialismus (Bloch), von 'industriellen Republiken', in denen die Produktionsmittel dem Staat gehören, Arbeit freiwillig nach den jeweiligen Fähigkeiten und Neigungen der Menschen geleistet wird und ohne Ausbeutung ist, Geld durch ein Kreditsystem ersetzt ist, das Prinzip der Gleichheit der Menschen auch zu einer Gleichverteilung der Güter geführt hat, so daß Gewinnstreben, Konkurrenzkampf zu existieren aufgehört haben, Verbrechen als Atavismus angesehen wird. Bellamys Werk wurde breit rezipiert, wobei begeisterte Anhänger vielfach versuchten, den literarischen Entwurf in die Wirklichkeit zu übersetzen; es wurde ebenso hart kritisiert und theoretisch widerlegt.

Auf Bellamy Vision des technischen Fortschritts und der industriellen Utopie antwortet kritisch William Morris in seiner Utopie 'News from Nowhere' (1890). Nach einer heftigen Debatte in der 'Socialist League', in der es um „the future of the fully-developed new society" ging, findet sich die Hauptfigur Wiliam Guest am nächsten Morgen unversehens in das 21. Jh. und in ein anderes England versetzt, eine agrarische Idylle, in der es keine Industrie mehr gibt und die Folgen der industriellen Revolution zurückgebildet sind, die Themse ein sauberer Fluß ist, London eine mittelalterliche Dorfgemeinschaft. Die Menschen sind glücklich, sie verbringen ihre Tage mit künstlerischer Handarbeit und Wissenschaft. An die Stelle des Verbotes des Bösen ist das Gebot des Guten getreten. Im Gespräch mit dem Historiker Hammond wird erörtert, wie der jetzige Zustand erreicht worden ist (Kapitel „How the Change Came"): in einer Revolution sind die Maschinen der Industriewelt zerstört worden. Morris' naive Mischung von Ästhetizismus und Sozialismus ist vor allem von Ernst Bloch kritisiert worden: „Selten ist eine utopische Homespun-City geschmackvoller erschienen als bei William Morris, selten aber auch hat sie sich mit der gleichzeitig naiven und sentimentalischen Intellektuellen-Mischung von Neugotik und Revolution, an einen so kleinen Kreis gewandt" (Bloch, [8]1972, II, 717 f.).

Bei den beiden letztgenannten Utopien (Bellamy, Morris) handelt es sich – im Gegensatz zu den früheren Raumutopien (Morus, Bacon, Campanella usw.) – um Zeitutopien. Im Gefolge der zunehmenden Erorberung der Erde durch den Menschen, die die weißen Flecken auf der Landkarte immer weiter zusammenschrumpfen läßt, lösen 'Wunschzeiten' die früheren 'Wunschträume' ab (Alfred Doren). Als erste Zeitutopie gilt Louis Sébastien Merciers 'L'An 2440' (1770).

Gegen Ende des 19. Jhs. erfolgt, nicht zuletzt als Gegenbewegung zu den optimistischen Utopien von Bellamy und Morris, der Umschlag von der (positiven) Utopie zur (negativen) Anti-Utopie (oder Dystopie).

Der Übergang von der Utopie zur Dystopie läßt sich gut im Werk eines Autors ablesen: H. G. Wells hatte mit 'The Time Machine' (1895) eine 'scientific romance' geschrieben, in der die durch die technisch-wissenschaftliche Erfindung der Zeitmaschine ermöglichten Zeitreisen (vergleichbar mit Bellamy und Morris; Übergänge zur 'science fiction') den strukturellen Rahmen bildete, in der Binnenerzählung jedoch in der Dualität von Eloi und Morlocks sich ein tiefer Zivilisationspessimismus manifestierte. Wells entwarf in 'A Modern Utopia' (1905) zwar die Vision einer positiven Utopie, eines Weltstates, das durch das evolutionäre Prinzip (Darwins) bestimmt ist, in dem Individualismus und Kollektivismus (Sozialismus) eine Balance eingegangen sind, in dem Hauptstücke früheren utopischen Denkens (Freiheit, Eigentum, Eugenik) wieder aufgenommen sind, doch endet das Werk in der Realität und in einer Haltung des Skeptizismus. Von Wells beeinflußt ist Evgenij Zamjatins 'Mir' ['Wir'] (1920), ein Werk, das seinerseits die Vorlage für Huxleys 'Brave New World' gebildet hat.

Die Kritik an der technisch bestimmten Fortschrittsideologie wie am Totalitarismus des 20. Jhs. beherrscht die Dystopien des 20. Jhs., besonders Aldous Huxleys 'Brave New World' (1932) und George Orwells 'Nineteen Eighty-Four' (1949).

Huxleys Entwurf einer Gegen-Utopie als Satire auf die optimistische Weltsicht der positiven Utopien, „eine Satire auf die Gegenwart: auf die Zukunft, wie sie in der Gegenwart implizit enthalten ist", auf den Kollektivismus und die Fortschrittsideologie, zugleich als Satire auf die amerikanische Gesellschaft zu lesen, spielt „im Jahre 632 nach Ford" und basiert auf den Werten "Community, Identity, Stability". Huxley setzt sich hier mit Gesellschaftssystemen auseinander, die die Freiheit des Individuums immer mehr einschränken. Gegen die rationalistische Lehre von der prinzipiellen Gleichheit aller Menschen setzt Huxley seine erbbiologisch begründete These von der „genetischen Einmaligkeit" der Individuen (Fietz). 'Brave New World' konstruiert eine durch Biotechnologie manipulierte Welt, „in which the attempt to recreate human beings in the likeness of termites has been pushed almost to the limits of the possible (Huxley, 'Brave New World Revisited', 40).

Orwells 'Nineteen Eighty-Four' entwirft das Bild eines totalitären Staates stalinistischen – aber auch faschistischen – Vorbilds, der, geführt von einer kleinen Elite, der „Inner Party", absolute Macht über die Menschen ausübt und alle individualistischen Regungen – „ownlife [...] meaning individuality and eccentricity" – mit körperlicher Folter und Gehirnwäsche unterdrückt. Orwells frühe Rezensenten, darunter Veronica Wedgwood, Julian Symons, Golo Mann und Lionel Trilling, erkannten schnell, daß Orwell nicht nur Kritik am Kommunismus übte sondern generell vor Gefahren warnte, die – mit Orwells eigener Stellungnahme zu den ersten Rezensionen – „tief in den politischen, sozialen und wirtschaftlichen Grundlagen der gegenwärtigen Weltlage angelegt sind." Zugleich ist 'Nineteen Eighty-Four' ein Appell, diese Entwicklung abzuwenden: „The moral to be drawn from this dangerous nightmare situation is a simple one: *Don't let it happen. It depends on you.*"

Die Geschichte der literarischen Utopie ist keineswegs am Ende. Die von Huxley beschworene Gefahr des Eingriffs des Menschen in die Evolution wird – in Utopien wie in Dystopien – weiter erörtert, u. a. B. F.

Skinner, 'Walden Two' (1948), Anthony Burgess, 'A Clockwork Orange' (1962), Bernard Malamud, 'God's Grace' (1982), Kurt Vonnegut, 'Galapagos' (1985). Ernest Callenbachs schreibt 1975 mit 'Ecotopia: The Notebooks and Reports of William Weston' einen Zukunftsentwurf, in dem in den US-Westküstenstaaten California, Oregon und Washington ein ökologisches Programm verwirklicht ist.

4. Literatur

Ames, Russell A., Citizen Thomas More and his Utopia. Princeton 1949.

Augstein, Rudolf, Thomas Morus: 'Utopia'. In. ZEIT-Bibliothek der 100 Bücher. Hrsg. v. Fritz J. Raddatz. Frankfurt a. M. 1980.

Bauer, Hermann, Kunst und Utopie: Studien über das Kunst- und Staatsdenken in der Renaissance. Berlin 1965.

Benz, Ernst, Die Vision. Erfahrungsformen und Bilderwelt. Stuttgart 1969.

Berghahn, Klaus L./Hans U. Seeber (Hrsg.), Literarische Utopien von Morus bis zur Gegenwart. Königstein/Ts. 1983.

Bevington, David M., The dialogue in 'Utopia': Two sides to the question. In: SP 58, 1961, 496–509.

Bloch, Ernst, Freiheit und Ordnung: Abriß der Sozial-Utopien. New York 1946; Reinbek 1969.

–, Das Prinzip Hoffnung. Frankfurt a. M. ^{8}1982.

Brummack, Jürgen, Zu Begriff und Theorie der Satire. In: DVjS 45, 1971.

Chambers, R. W., Thomas More. London 1935.

Donner, H. W., Introduction to Utopia. Uppsala 1945.

Doren, Alfred, Wunschträume und Wunschzeiten. In: Vorträge der Bibliothek Warburg. Berlin 1927, 159–205 (Abgedruckt in: Utopie. Hrsg. v. A. Neusüss. Neuwied 1968, 123–177.

Dorsch, T. S., Sir Thomas More and Lucian: An interpretation of Utopia. In: Archiv 203, 1967, 345–363.

Elliott, Robert C., The shape of Utopia: Studies in a literary genre. Chicago 1970.

Erzgräber, Willi, Utopie/Antiutopie. In: Moderne Literatur in Grundbegriffen. Hrsg. v. Dieter Borchmeyer/Viktor Zmegac. Tübingen 1994, 446–452.

–, Utopie und Anti-Utopie in der englischen Literatur: Morus, Morris, Wells, Huxley, Orwell. München 1980.

Falke, R., Utopie – logische Konstruktion und chimère: Ein Begriffswandel. In: GRM 37, 1956, 76–81.

Fohrmann, Jürgen, Über Utopie. In: GRM 43, 1993, 369–382.

Frye, Northrop, Varieties of literary Utopias. In: Daedalus 94, 1965, 323–347 (Auch in: The stubborn structure. London 1970, 109–134).

Gerber, Richard, Utopian fantasy: A study of English utopian fiction since the end of the nineteenth century. London 1955.

Glaser, Horst A., Utopische Inseln: Beiträge zu ihrer Geschichte und Theorie. Frankfurt a. M. 1996.

Gustafsson, Lars, Utopien. In: Utopien: Essays. München 1970, 82–118.

–, Negation als Spiegel: Utopie aus epistemologischer Sicht. In: Utopieforschung. Interdisziplinäre Studien zur neuzeitlichen Utopie. Hrsg. v. Wilhelm Voßkamp Bd. I, 280–292.

Haschak, Paul G., Utopian/dystopian literature: A bibliography of literary criticism. Metuchen 1994.

Heinisch, Klaus J., Der utopische Staat: Morus, 'Utopia'; Campanella, 'Sonnenstaat'; Bacon, 'Neu Atlantis'. Reinbek 1960.

Heuermann, Hartmut/Bernd-Peter Lange (Hrsg.), Die Utopie in der angloamerikanischen Literatur. Düsseldorf 1984.

Hexter, J. H., More's 'Utopia': The biography of an idea. Princeton 1952 (Nachdr. Westport 1976).

Honke, Gudrun, Die Rezeption der 'Utopia' im frühen 16. Jh. In: Utopieforschung. Interdisziplinäre Studien zur neuzeitlichen Utopie. Hrsg. v. Wilhelm Voßkamp. Bd. II, 168–182.

Kautsky, Karl, Thomas Morus und seine Utopie. Stuttgart 1888.

Koppenfels, Werner v., Thomas Morus und die humanistische Utopie der Renaissance. In: Alternative Welten. Hrsg. v. Manfred Pfister. München 1982.

Lewis, C. S., English literature in the sixteenth century, excluding drama. In: OHEL, Bd. 3. Oxford 1954.

Link, Franz, Evolutionistische Utopien in der neueren englischsprachigen Erzählkunst: Skinner, Burgess, Percy, Malamud, Vonnegut. In: Das Natur/Kultur-Paradigma in der englischsprachigen Erzählliteratur des 19. und 20. Jhs.: Festschrift zum 60. Geburtstag von Paul Goetsch. Hrsg. v. Konrad Gross et al. Tübingen 1994, 320–338.

Ludwig, Hans-Werner, Thomas More's 'Utopia': Historical setting and literary effectiveness. In: Intellectuals and writers in fourteenth-century Europe. Hrsg. v. Piero Boitani/Anna Torti. Tübingen 1986, 244–296.

Mackie, J. D., The early Tudors, 1485–1558. Oxford 1952.

Mannheim, Karl, Ideology and utopia: An introduction to the sociology of knowledge. London 1936. Dt.: Ideologie und Utopie. Frankfurt a. M. ^{3}1952.

—, Utopia. In: The encyclopaedia of the social sciences. Hrsg. v. E. R. A. Seligman/J. Johnson. New York 1934.

Manuel, Frank E./Fritzie P. Manuel, Utopian thought in the Western world. Cambridge, MA. 1979.

— (Hrsg.), French Utopias: An anthology of ideal societies. New York 1971.

Marcuse, Herbert, Phantasie und Utopie. In: Eros and Civilization. 1955. Dt.: Triebstruktur und Gesellschaft. Frankfurt a. M. 1966.

Mohl, Robert v., Die Staats-Romane: Ein Beitrag zur Literatur-Geschichte der Staats-Wissenschaften. In: Zeitschrift für die gesammte Staatswissenschaft 1845, Bd. 2, Tübingen 1845.

Morton, A. L., The English Utopia. London 1952.

Müller, Götz, Gegenwelten: Die Utopie in der deutschen Literatur. Stuttgart 1989.

Neusüss, Arnhelm (Hrsg.), Utopie: Begriff und Phänomen des Utopischen. Neuwied 1968.

Oncken, Hermann, Die Utopia des Thomas Morus: Reden und Aufsätze 1919–1935. Berlin 1935.

Otten, Kurt, Der englische Roman. Entwürfe der Gegenwart: Ideenroman und Utopie. Berlin 1990.

Ruyer, R., L'Utopie et les utopies. Paris 1950.

Saage, Richard, Politische Utopien der Neuzeit. Darmstadt 1991.

Sargent, Lyman T., British and American utopian literature, 1516–1985: An annotated chronological bibliography. New York 1988.

Schulte-Herbrüggen, Hubertus, Utopie und Anti-Utopie: Von der Strukturanalyse zur Strukturtypologie. Bochum 1960.

Schwonke, M., Vom Staatsroman zur Science Fiction: Eine Untersuchung über Geschichte und Funktion der naturwissenschaftlich-technischen Utopie. Stuttgart 1957.

Seeber, Hans U., Thomas Morus' 'Utopia' (1516) und Edward Bellamys 'Looking Backward' (1888): Ein funktionsgeschichtlicher Vergleich. In: Utopieforschung. Interdisziplinäre Studien zur neuzeitlichen Utopie. Hrsg. v. Wilhelm Voßkamp. Bd. III, 365.

Surtz, Edward, The praise of wisdom. Chicago 1957.

—, The praise of pleasure: Philosophy, eductation, and communism in More's 'Utopia'. Cambridge, MA. 1957.

—/J. H. Hexter (Hrsg.), The Yale edition of the complete works of St. Thomas More. Bd. 4: Utopia. New Haven 1965.

Villgradter, Rudolf/Friedrich Krey (Hrsg.), Der utopische Roman. Darmstadt 1973.

Voßkamp, Wilhelm (Hrsg.), Utopieforschung: Interdisziplinäre Studien zur neuzeitlichen Utopie. 3 Bde. Stuttgart 1982.

—, Thomas Morus' 'Utopia': Zur Konstituierung eines gattungsgeschichtlichen Prototyps. In: Utopieforschung. Interdisziplinäre Studien zur neuzeitlichen Utopie. Hrsg. v. Wilhelm Voßkamp. Bd. II, 183–196.

Weiß, Wolfgang, Probleme der Satireforschung (Einleitung). In: Die englische Satire. Hrsg. v. Wolfgang Weiß. Darmstadt 1982.

Williams, C. H. (Hrsg.), English historical documents. Bd. 5 (1485–1558). London 1967.

Winter, Michael, Bibliographien der europäischen Utopien des 17. bis 19. Jhs. Stuttgart 1976.

—, Compendium Utopiarum: Typologie und Bibliographie literarischer Utopien. Stuttgart 1978.

Hans-Werner Ludwig, Tübingen (Deutschland)

58. Baldassare Castigliones 'Il Cortegiano' (1528) und das Menschenbild der Renaissance

1. 'Il Libro del Cortegiano': Abbild oder Gegenbild?
2. Castigliones Menschenbild
3. Die Rezeption des 'Cortegiano' und die Veränderungen im Menschenbild
4. Literatur

1. 'Il Libro del Cortegiano': Abbild oder Gegenbild?

Bis weit in unser Jahrhundert hinein hat sich die Auffassung gehalten, daß 'Das Buch vom Hofmann' ein „getreues Abbild der vornehmen Gesellschaft des Cinquecento" (Loos 1955, 21; vgl. dazu: Hauvette 1906, 218; Crane 1920, 193; Salvadori 1933, 357; Salvatorelli ²1939, 402; Castiglione/Baumgart 1528/1960, XIV ff.; hiernach zitiert als C/B 1960) entfalte. Für eine solche Einschätzung ist ganz sicher zum Teil Jacob Burckhardts epochemachende Studie 'Die Kultur der Renaissance in Italien' verantwortlich. Burckhardt hat die Darstellung und Bewertung des urbinatischen Hofes einerseits unproblematisch von Castiglione übernommen, aber er hat diese idyllische Oase einer idealen Kultur andererseits auch eingebettet in den Gesamtzusammenhang der italienischen Renaissance, in der die „vornehme Gesellschaft" in den wenigsten Fällen die idealen Züge der verklärten urbinatischen Gesellschaft aufweist.

Erweitert man die bei Castiglione vorgegebene und auf Urbino beschränkte Perspektive so weit, daß auch das inneritalienische Spannungsfeld zusammen mit den außenpolitischen Beziehungen Italiens, hier besonders die Beziehung zu Frankreich, ins Blickfeld tritt, dann ergibt sich ein wesentlich komplizierteres Bild der damaligen Verhältnisse, als es in Castigliones 'Buch vom Hofmann' erscheint. Es ist das Bild eines in Stadtstaaten zerfallenen Italiens, in dem die Gewaltherrscher der kleineren Staaten, „um sich einen Rückhalt zu sichern, [...] gern in Dienste der größeren Staaten" traten und zu „Condottieren derselben [wurden], was ihnen etwas Geld und wohl auch Straflosigkeit für manche Missetaten" (Burckhardt 1988, 13) verschaffte. Sobald die Condottieren für ihre Dienstherren zu mächtig wurden, liefen sie Gefahr, von diesen „aus der Welt geschafft" zu werden (vgl. Burckhardt 1988, 18):

„Im allgemeinen läßt sich von den Gewaltherrschaften des 15. Jhs. sagen, daß die schlimmsten Dinge in den kleineren und kleinsten Herrschaften am meisten sich häufen. [...] Wo ein bloßer Stadtherrscher sich auszeichnet durch praktische, gemäßigte, unblutige Regierung und Eifer für die Kultur zugleich, da wird es in der Regel ein solcher sein, der zu einem großen Hause gehört oder von der Politik eines solchen abhängt" (Burckhardt 1988, 21 f.).

Zu diesen größeren Herrscherhäusern zählen Neapel, Mailand, Mantua, Urbino und Ferrara, aber auch die unabhängigen Republiken von Venedig und Florenz und vor allem der Kirchenstaat, der unter dem Pontifikat von Alexander VI. (1492–1503) und der kriminellen Gewaltherrschaft von dessen Sohn Cesare Borgia der moralischen Korruption verfiel (vgl. Burckhardt 1988, 83 f.).

Die durch den machiavellistischen Willen zur Macht beherrschten großen und kleinen Machtzentren bedingen die Zerfallenheit Italiens am Ende des ausgehenden 15. Jhs., aber im Innern dieser despotischen Machtzentren florieren – angetrieben durch den Willen zur kulturellen Selbstbehauptung und positiven Selbstdarstellung – Wohlstand, Künste und Kultur, denen der sonst eher skeptische Francesco Guicciardini (vgl. Guicciardini 1929, I, 2) seinen Tribut zollte. Dieses Neben- und Ineinander von Machtpolitik und kultureller Leistung ist charakteristisch für die Situation zum Ausgang des 15. Jhs.

Die politische Situation komplizierte sich in dem Maße, wie durch ausländische Interventionen und Invasionen Italien in noch größere Wirren gestürzt wurde. In den spanisch-römischen Machtkämpfen um die Hegemonie über das Mittelmeer spielte die Vorherrschaft über Italien eine zentrale Rolle. Besonders die Stadtgeschichte Mailands, das für die Franzosen auf ihrem Weg nach Süden von größter Bedeutung war, legt ein Zeugnis von der politischen Unruhe jener Zeit ab: Zwischen 1494, als Charles VIII zum ersten Mal in Italien einfiel, und dem Jahre 1530, in dem Karl V. zum Kaiser gekrönt wurde und die Machtkämpfe zu einem Stillstand kamen, wechselte Mailand achtmal den Besitzer (vgl. Loos 1955, 29 f.).

Jene Zeit, in der die über 300 Jahre andauernde politische Tragödie Italiens (vgl. Woodhouse 1991, 4) begann, war auch für Baldassare Castiglione eine Zeit prägender traumatischer Initiationserlebnisse. Als 1499 Louis XII erneut in Italien einfiel, Mailand eroberte und die ganze Lombardei unterwarf, war Castiglione 19 Jahre alt. Er hatte an einem der glänzendsten Höfe jener Zeit, am mailändischen Hofe von Lodovico Sforza, eine höfische Erziehung genossen. Sein Vater Christoforo Castiglione hatte eine hohe Stellung am mantuanischen Hofe Francesco Gonzagas inne, der 1495 als Condottiere in der antifranzösischen Liga gegen die Franzosen kämpfte, der aber im Verlauf der Auseinandersetzungen immer wieder die politischen Lager wechselte und der, als Louis XII 1499 zusammen mit Venedig Mailand eroberte, noch schnell auf die Seite der siegreichen Franzosen überwechselte, um die Zusage zu erhalten, daß Mantua nicht annektiert werden würde. Beim Tode seines Vaters im Jahre 1499 mußte der mit Mailand sympathisierende Baldassare Castiglione den Platz seines Vaters am mantuanischen Hofe einnehmen, und eine seiner ersten Aufgaben war es, im Gefolge von Francesco Gonzaga dem französischen König Louis XII und seinem Hof zu huldigen, nachdem die Franzosen im Oktober 1499 Mailand eingenommen hatten. In einem vertraulichen Brief an Jacopo Boschetto (vgl. 'Lettere' 1978, 5) beschuldigt er die Franzosen, bei deren Einmarsch nach Mailand die Bevölkerung belästigt und das

Schloß von Mailand, das einst der Treffpunkt der Elite der kulturellen Welt gewesen war, in einen Ort der Besäufnisse und des Gestankes verwandelt zu haben. Der Parteigänger Mailands, der aufgrund äußerer Umstände zum Gefolgsmann Francesco Gonzagas in Mantua geworden war und als solcher den Siegern über Mailand huldigen mußte, reflektiert *in nuce* das Kräftefeld, in das Italien im Hegemoniekampf zwischen Frankreich und Spanien und – inneritalienisch – im brutalen Kampf um die Vormacht des Kirchenstaates über die anderen italienischen Staaten eingespannt war: „Die Fürsten der vielen kleinen Staaten wie Mailand, Mantua, Urbino, Ferrara mußten zusehen, wie sie sich und ihre Ländchen durchretteten, bald diese, bald jene Partei ergreifend, bald erbittert untereinander kämpfend. Nur außerordentliches Geschick im Ausnutzen jeder Möglichkeit half" (C/B 1960, XIV).

Wohl auf der Suche nach einem Ort größerer innerer Ruhe und Konstanz trat Castiglione zum Mißfallen des mantuanischen Marchese Francesco Gonzaga in den Dienst des urbinatischen Fürsten Guidobaldo da Montefeltro, der mit Elisabetta Gonzaga verheiratet war. Diese Frau, die zumindest ihrer offiziellen Erscheinung nach durch eine gewisse Weltabgeklärtheit, gelassene Heiterkeit und außergewöhnliche Urbanität geprägt war, muß auf den intrigenmüden Castiglione eine große Faszination ausgeübt haben. Sein Wechsel von Mantua nach Urbino ist diktiert von der Sehnsucht nach einer heileren Welt, als er sie zu Beginn des 16. Jhs. im übrigen Italien vorfinden konnte, und 'Das Buch vom Hofmann' hat aufgrund der darin verwendeten narrativen Illusionierungsstrategien den Eindruck vermittelt, daß Urbino nicht nur eine heilere, sondern eine heile Enklave im zerrissenen Italien jener Zeit war. 'Das Buch vom Hofmann' ist eine illusionsträchtige Mischung von verifizierbaren historischen Details, bewußten Auslassungen und idealisierenden Fiktionen, die im Rahmen der nachprüfbaren historischen Daten und Fakten als authentisch erscheinen. Aber Castigliones 'Buch vom Hofmann' ist dennoch kein authentischer Bericht über das im Verhältnis zu anderen Höfen sicher zivilisiertere Urbino, sondern ein idyllisch-utopisches Gegenbild zur historischen Realität im Italien des beginnenden 16. Jhs. und eine Idealisierung der Zustände am Hofe von Urbino. Dieser Sachverhalt ist erst spät in der Castiglione-Forschung realisiert worden (vgl. Rebhorn 1978; Hanning/Rosand 1983). Im Unterschied zu einer historiographisch zuverlässigen Darstellung dessen, was war, bedient sich Castiglione einer fiktionalen Schreibweise, in der das, was sein sollte, im Mittelpunkt der Überlegungen steht, was aber durch die fiktionalen Illusionierungsstrategien den Anstrich der Tatsächlichkeit erhält.

Vergleicht man Castigliones Bild von Urbino mit den historischen Fakten, dann zeigt sich, daß er zum Zwecke der Verklärung und Idealisierung der urbinatischen Herrschaft die historischen Fakten sehr selektiv handhabte. Als „hommage" auf Herzog Guidobaldo da Montefeltro und seine Gattin Elisabetta Gonzaga im besonderen und auf den Hof von Urbino im allgemeinen gemeint, konnte das 'Buch' keine authentische Chronik darstellen, sondern war von vornherein auf Idealisierung und Verklärung hin angelegt. Guidobaldo, der allem Anschein nach an der „französischen Krankheit", das heißt an Syphilis litt (C/B 1960, 418), erscheint bei Castiglione als Opfer der Gicht, die,

„unter gräßlichsten Schmerzen fortschreitend, in kurzer Zeit alle Glieder dermaßen behinderte, daß er weder auf seinen Füßen stehen, noch sich bewegen konnte; und so blieb einer der schönsten und wohlangelegtesten Körper der Welt im Blütenalter entstellt und verdorben. Nicht zufrieden damit, stand das Schicksal ihm in jeder seiner Absichten so entgegen, daß er selten vollbrachte, was er wünschte; und obgleich seine Überlegungen höchst einsichtsvoll und sein Mut ebenso unüberwindlich war, schien ihm alles, was er sowohl mit den Waffen, als auch in jeder sonstigen großen oder kleinen Angelegenheit begann, immer wieder zum Schlechten auszuschlagen. Das zeigen die vielerlei Unglücksfälle, die er stets mit so großer Geisteskraft ertrug, daß die Tugend niemals vom Schicksal überwunden wurde. Indem er im Gegenteil beherzten Mutes dessen Stürme verachtete, lebte er in der Krankheit wie ein Gesunder und in den Widerwärtigkeiten wie ein vom Glück Begünstigter mit höchster Würde und in Jedermanns Achtung" (C/B 1960, 17f.).

Das überzogene Lob für Herzog Guidobaldos Nachfolger Francesco Maria della Rovere entstammt derselben Intention der Glorifizierung der urbinatischen Herrschaft: Er „war, obgleich von jugendlichem Alter, klüger und verständiger, als es seinen jungen Jahren zuzukommen schien, und er zeigte in jeder seiner Handlungen neben Herzensgröße eine gewisse Lebhaftigkeit des Geistes, ein wahres Vorzeichen jenes hervorragenden Grades von Tugend, zu dem er gelangen sollte" (C/B 1960, 97). Der 17jährige Francesco Maria della Rovere hatte beileibe keine Tugend bewiesen, sondern „virtù" im Sinne von Kraft als euphemistischer Bezeichnung für Gewalt ausgeübt, als er den unbewaffneten Liebhaber seiner Schwester erdolchte (vgl. Prescott 1969, 273 ff.; Rebhorn 1978, 56). Castiglione unterdrückt auch die Mitteilung, daß derselbe Herzog den Kardinal Alidosi in Ravenna ermordete, daß er Guicciardini brutal zusammenschlug, und daß er seine Gefolgsleute anwies, drei venezianische Wachposten zu Tode zu prügeln, die ihm das Tragen von Waffen auf venezianischem Gebiet untersagen wollten. Und er unterläßt jeglichen Hinweis darauf, daß die Beziehungen von Hofmännern und Hofdamen in Urbino keineswegs dem im 'Buch vom Hofmann' entwickelten Ideal der spirituellen Liebe entsprachen. Auf dem Grund dieser Überlegungen verbietet es sich, Castigliones 'Buch' als ein sozialgeschichtliches Dokument zu lesen. Es ist vielmehr Produkt von Castigliones Sehnsucht nach Idylle und Idealität und Ausdruck seines Willens zur Glorifizierung und Idealisierung des Hofes von Urbino, das heißt ein Produkt der Ausflucht aus der chaotischen historischen Realität in die relativ heile Welt Urbinos und in die noch heilere Welt der Fiktion vom vollkommenen Hofleben. Und so ist das 'Buch vom Hofmann' nicht als ein Abbild der historischen Realität, sondern als ein idyllisch-utopisches Gegenbild zu ihr zu verstehen.

2. Castigliones Menschenbild

2.1. Die Abwendung vom orthodoxen Menschenbild des christlichen Mittelalters

Niccolò Machiavellis 'Il Principe' und Baldassare Castigliones 'Il Cortegiano' sind etwa zur gleichen Zeit um das Jahr 1513 entstanden (vgl. C/B 1960, XXVIII). Beide Bücher stellen verschiedene Facetten der Abkehr vom orthodox-christlichen Menschenbild dar, das nicht denkbar ist ohne die Metaphysik des christlichen Gottesbildes. Machiavelli wie Castiglione lösen den metaphysischen Bezug des menschlichen Geschöpfs zu einem göttlichen Schöpfer weitgehend auf und verengen die Perspektive auf den innerweltlich-historischen Bereich, in dessen gesellschaftlichen und politischen Kontexten der 'neue' Mensch − vor allem, wenn er der Herrschaftsschicht angehört − als autonomes Wesen mit dem Drang zur Persönlichkeits- und Machtentfaltung in Erscheinung tritt. Diese Enttheologisierung des Menschenbildes geht Hand in Hand mit Prozessen, die Jacob Burckhardt unter den Aspekten der „Entwicklung des Individuums" und der „Entdeckung der Welt und des Menschen" (vgl. Burckhardt 1988, 97−124; 203−258) gefaßt hat. Der Grad der Modernität solcher Denkstrukturen wird für einen Leser des 20. Jhs. in vollem Ausmaß erst erkennbar, wenn die Grundstrukturen des neuen Menschenbildes durchsichtig gemacht werden auf die der Anthropologie christlicher Orthodoxie, wie sie paradigmatisch in der 'Psychomachie' des Prudentius (vgl. Prudentius/Engelmann 1959) in Erscheinung tritt. Im Mittelpunkt des Interesses stand nicht der geschichtliche Einzelmensch, sondern das 'genus humanum', das heißt das Generische und Typische der menschlichen Natur, wie es sich im Individuum manifestiert. Den Kern darin bildet die Vorstellung vom Menschen als einer gefallenen Kreatur, die des paradiesischen Einsseins mit der Natur und des ungebrochenen Verhältnisses zum Schöpfergott aus freiem Willen, sprich Eigenwilligkeit, verlustig gegangen ist. Die Doktrin des Falles impliziert so einen Bruch in der Schöpfung, ein Herausfallen der menschlichen Natur aus der Gesamtschöpfung, und der Einzelmensch wird dabei nicht als eigenwertiges Wesen begriffen, sondern allenfalls als der Ort, an dem apersonale Mächte und Kräfte im Sinne von Tugenden und Lastern um die Vorherrschaft über die Seele des Menschen kämpfen. Zwischen dem aus didaktischen Gründen holzschnittartig vereinfachten Menschenbild der christlichen Orthodoxie und dem Bild des *homo novus*, wie es in der Renaissance des 12. Jhs. etwa im 'Anticlaudianus' des Alain de Lille in Erscheinung tritt, liegen mannigfaltige Abschattierungen, auf die in diesem Zusammenhang, wo es um die Genese des Bildes vom 'neuen Menschen' geht, nicht weiter einzugehen ist. In der Renaissance des 12. Jhs. beginnt sich ein Menschenbild zu konturieren, in dem der mit fünf Sinnen begabte Mensch in innerweltlichen Funktionen als Kulturschöpfender in den Mittelpunkt des Interesses rückt. Die Ergänzung der theologischen Anthropologie, die aufgrund ihrer Jenseits- und Gottesstaat-Orientiertheit der Diesseitigkeit des Menschen allenfalls negativ Rechnung tragen konnte, durch physiologische und kultur-anthropologische Bildfacetten, markiert den Anfang eines ideengeschichtlichen Prozesses, der sich in der Renaissance des 15. und 16. Jhs. verstärkt (vgl. Fietz 1994, 105 ff.).

Diese Tendenz zu einer sich verstärkenden Innerweltlichkeit der Anschauung vom Menschen durchwirkt nicht nur die Struktur des Menschenbildes, sondern gleichermaßen die Darstellungsweise. Ort und Zeit der Gespräche, in denen das Bild vom idealen Hofmann als neuem Menschen entfaltet wird, sind verifizierbar: Sie fanden – nach der realistischen Fiktion Castigliones – am urbinatischen Hof an vier Abenden zwischen dem 8. und 11. März 1507 statt. Die Illusion historischer Authentizität wird weiter unterstützt durch die Einführung von historisch-identifizierbaren Gesprächsteilnehmern, die zu jener Zeit tatsächlich Angehörige oder Gäste des urbinatischen Hofes waren. Castiglione behauptet, daß er selber an diesen Gesprächen nicht teilgenommen habe, weil er sich zu jener Zeit noch auf einer Englandreise befunden habe (C/B 1960, 15). Dies ist offensichtlich eine bewußte Fehlinformation, da Castiglione nachweisbar einen Monat vor dem genannten Gesprächstermin nach Urbino zurückgekehrt war (vgl. Rebhorn 1978, 54), und es erhebt sich dabei die Frage nach den strategischen Gründen, die Castiglione dazu veranlaßten, von der historischen Wahrheit abzuweichen und stattdessen die formal-realistische Fiktion aufzubauen, kurz nach seiner Rückkehr aus England die Gespräche „von einer Person vernommen [zu haben], die sie mir getreu übermittelte" (C/B 1960, 15). Castiglione tritt dabei weder als Gesprächspartner noch als direkter Zeuge der Gespräche auf, sondern als ein um höchste Objektivität bemühter Vermittler von Informationen aus einer zuverlässigen Quelle. Durch eine solche Fiktion von objektiver Quelle und getreuer Informationsvermittlung, soweit das subjektive „Gedächtnis [...] dazu befähigen" kann (C/B 1960, 15), werden Brechungsfaktoren ins Spiel gebracht, die die Perspektivtechnik der modernen Erzählkunst präfigurieren. Durch die szenisch-dialogische Darstellung der Gespräche wird einerseits ein Höchstmaß an realistischer Illusion von Objektivität intendiert, die jedoch andererseits durch das Moment der subjektiven Gedächtnisleistung und Subjektivität des Vermittlers latent relativiert wird. Solche formal-realistischen Erzählstrategien, in denen die Intention von Zuverlässigkeit und Objektivität in Spannung treten mit dem Problem von Gedächtnis, Subjektivität und Perspektivität, sind charakteristisch für eine Ablösung von dogmatischen Diskursformen, die eine unrelativierte Objektivität suggerieren. Diese Tendenz zur Perspektivierung wird auch in der Wahl der Einkleidung des Menschenbildes in die Dialogform offensichtlich. Castiglione befindet sich dabei in Übereinstimmung mit einer großen Anzahl von Schriftstellern und Philosophen der Renaissance, die – orientiert an Vorbildern wie Plato und Cicero – den Dialog anderen diskursiven Formen der Erörterung vorzogen. Leonardo Bruni Aretino nennt in dem 1401 erschienenen Traktat mit dem Titel 'Dialogus' die Gründe, die für die Bevorzugung des Dialogs in der Renaissance verantwortlich sind: Im Hinblick auf seine didaktische Funktion könne der Dialog besser als andere Diskursformen den Prozeß der dialektischen Gedankenentwicklung wiedergeben und vor allem die Darstellung von divergierenden Einstellungen zu einem Diskussionsgegenstand gewährleisten (vgl. Rebhorn 1978, 154; Aretino 1401/1952, 48–52). Ganz in Übereinstimmung damit betont Leon Battista Alberti die Freiheit und Möglichkeit, die der dialogische Darstellungsmodus dazuhin anbiete, konkurrierende Anschauungen ohne die Strenge eines systematischen Diskurses unvermittelt darzustellen (vgl. Alberti 1432–43/1969, 99 ff.). An Aretinos und Albertis theoretischer Funktionsbestimmung des dialogischen Diskurses und an der dialogischen Praxis in Castigliones 'Il Cortegiano' wird deutlich, daß die dem Dialog in einem Prozeß zunehmender Pluralisierung und Perspektivierung der Ansichten zugedachte Funktion eine andere als die eines didaktisch-dogmatischen Dialoges sein muß.

In dieser Zeit der Abwendung sowohl von der orthodoxen Anthropologie des christlichen Mittelalters als auch von deren dogmatischen Diskursformen ist in der Wahl des Dialogs als Einkleidungsmodus die Rückwendung zur Antike unverkennbar, und die Castiglione-Forschung hat aufgrund der über 100 feststellbaren Anspielungen auf Ciceros 'De oratore' und der Parallelen zu Platos 'Symposion' Castigliones Rückwendung zur Antike hervorgehoben (vgl. Loos 1955, 172 ff.) und dabei lange Zeit übersehen, daß Castiglione zwar in formaler Hinsicht wohl an die sokratischen Dialoge im 'Phaedrus' und an die didaktischen Dialoge in Ciceros 'Redner' anschließt, daß er aber – ganz in Übereinstimmung mit Aretino und Alberti – die Funktion der dialogischen Rede zur Darstellung von rivalisierenden Anschauungen verändert hat. Wenn Sulpicius und Cotta bei

Cicero zu Füßen ihrer Lehrer Antonius und Crassus sitzen und zur Klärung von Sachverhalten Informationsfragen stellen, die dem Wahrheitsanspruch von Lehrern und Schülern gemäß eindeutig beantwortet werden, dann liegt sicher ein anderer Funktionstypus des Dialogs als bei Castiglione vor, bei dem die Dialogpartner zwar gelegentlich auch auf Aufklärung drängen, aber die Dialoge gleichzeitig grundsätzlich auf den Widerstreit von Meinungen hin angelegt sind. Semantisiert man diese Funktionsveränderung des Dialogs, dann spiegelt sich darin der Beginn einer seit der Renaissance sich verschärfenden Erkenntniskrise: An die Stelle einer dogmatisch verbindlichen Wahrheit treten standortgebundene perspektivische Anschauungen sowohl von der Realität als auch von der Idealität. Diese kritische Zeit, in der die dogmatische Wahrheit mit einer Vielzahl von undogmatischen neuen Ansichten vom Realen konkurrieren muß, fällt zusammen mit der Genese von Gegenentwürfen zur wahrgenommenen Realität, wie sie sich einerseits in Castigliones 'Buch vom Hofmann' und andererseits in Thomas Morus' 'Utopia' aus dem Jahre 1516 manifestieren. So weit diese beiden Gegenentwürfe zur Realität in inhaltlicher Hinsicht auch auseinanderliegen, so verwandt sind sie miteinander in struktureller und intentionaler Hinsicht als sinnhafte Fiktionen und Vorbilder für eine humanere Zukunft.

2.2. Castiglione und das Menschenbild der Renaissance

In der Umbruchzeit der italienischen Renaissance findet eine Reihe von Paradigmenwechseln im Menschenbild statt. Von den grundsätzlichen Verschiebungen im Ideengitter jener Zeit ist im vorausgehenden Kapitel die Rede gewesen. Es kommen jedoch eng damit zusammenhängende weitere Verschiebungen hinzu, etwa was die Neubewertung des Menschen in seiner Innerweltlichkeit anlangt. Pico della Mirandola, der 1486 neunhundert Thesen über die Natur des Menschen veröffentlichte, die vom Vatikan als häretisch verurteilt wurden, konnte und wollte sich nicht damit abfinden, daß der Mensch aufgrund seiner Körperlichkeit den „kotigen und schmutzigen Teilen der unteren Welt" (Pico/Baumgarten 1496/1990, 5) zugerechnet würde. In Picos 'Rede über die Würde des Menschen' entläßt der Schöpfer den Menschen mit folgenden Worten in die Freiheit: „Ich habe dich in die Mitte der Welt gestellt, damit du dich von dort aus bequemer umsehen kannst, was es auf der Welt gibt. Weder haben wir dich himmlisch noch irdisch, weder sterblich noch unsterblich geschaffen, damit du wie dein eigener, in Ehre frei entscheidender, schöpferischer Bildhauer dich selbst zu der Gestalt ausformst, die du bevorzugst" (Pico/Baumgarten 1496/1990, 7). Diesem Menschen ist nach Pico im Unterschied zu der „Natur der übrigen Geschöpfe [...] kein fester Wohnsitz, [...] kein eigenes Aussehen noch irgendeine besondere Gabe" (Pico/Baumgarten 1496/1990, 5 ff.) im Sinne eines festgelegten Ortes und einer vorgegebenen und unabänderlichen Identität im Rahmen der Schöpfungsordnung vorgegeben. Die Würde des Menschen wurzelt in der Freiheit als Selbstbestimmung und schöpferischer Selbstverwirklichung. Eine solche Anschauung impliziert nicht nur einen Paradigmenwechsel in der Wertung des Menschen, sondern betrifft das Anschauungsmodell selber: An die Stelle der Bestimmtheit des Menschen durch seine (gefallene) Natur tritt die Vorstellung, „daß wir das sind, was wir sein wollen" („simus quod esse volumus"; Pico/Baumgarten 1496/1990, 10 f.). Das Paradigma von der Naturbestimmtheit wird ersetzt durch das neue der Selbstbestimmtheit und damit der Vielgestaltigkeit, derer der Mensch aufgrund seiner schöpferischen Gabe zur Selbstverwirklichung fähig wird. Aufgrund seiner Unvorherbestimmtheit, die sich als Freiheit manifestiert, vergleicht ihn Pico sowohl mit einem Chamäleon als auch mit Proteus: „Wer sollte dies, unser Chamäleon, nicht bewundern? Oder wer sollte da irgend etwas anderes mehr bewundern? Von dem Asklepios von Athen mit vollem Recht wegen dieser ständig wechselnden und sich selbst verwandelnden Natur gesagt hat, er werde in den Mysterien durch Proteus dargestellt" (Pico/Baumgarten 1496/1990, 7).

Die Grundvorstellung vom Menschen als einem undeterminierten, „vielgestaltigen Lebewesen" („multiformis [...] naturae animal"; Pico/Baumgarten 1496/1990, 10) und umschrieben durch das Bild des Chamäleons und illustriert durch die mythische Figur des vieler Gestalten fähigen Proteus, wird von dem spanischen Humanisten Juan Luis Vives in der 'Fabel vom Menschen' in ein neues Bild, das Bild vom Menschen als Schauspieler, übersetzt (vgl. Fietz 1992). Aber dieser 'neue Mensch' der Renaissance ist keine Marionette an den Schnüren des Regisseurs des Weltentheaters, sondern ein spielerisch seine

Rollen beherrschendes Wesen, das in Vives' 'Fabel vom Menschen' anläßlich des Geburtstags von Juno vor den Göttern in den verschiedenen Rollen und Gestalten auftritt, um schließlich und endlich in die Rolle der Götter selbser zu schlüpfen:

„O höchster Jupiter, welch ein Schauspiel! Zunächst meinten sie [die Götter] voll Staunen, sich selbst auf der Bühne von diesem Meistermimen dargestellt und ausgedrückt zu finden und nannten ihn einen vielgestaltigen Protheus, des Okeanos Sohn. Darauf sagten sie unter unglaublichem Beifall, sie ließen nicht zu, daß dieser beste Darsteller noch länger auf der Bühne spiele, und forderten Juno auf, ihn seine Maske ablegen und in den Reihen der Götter selbst Platz nehmen zu lassen: er solle nicht länger mehr Schauspieler, sondern selber Zuschauer sein. [...] Der Mensch wurde also von der Bühne abgerufen und von Merkur zu den Göttersitzen geführt. Er wurde zum Sieger erklärt und nicht mit lauter Stimme, sondern voll schweigender Bewunderung in ihrer Mitte aufgenommen. Ganz unverhüllt bot der Mensch da den Göttern seine gottähnliche Natur dar, welche in der körperlichen Hülle und unter der Maske solch ein wandelbares, solch ein vielgestaltiges und mannigfaltiges Wesen, einem Polyp oder Chamäleon gleich, auf der Bühne zur Schau getragen hatte" (Vives 1518/1956, 254 ff.).

Vives nimmt Picos Bilder vom Chamäleon und Proteus auf, fügt das Bild des vielgestaltigen Polypen hinzu und versteht mittels der Schauspiel-Metapher den Menschen als Mimen Gottes, der jede Rolle verkörpern kann. Das im Grunde wesenlose Geschöpf ist nur mit einer Gabe ausgestattet, mit der schöpferischen Freiheit, aus sich zu machen, was es will. Die Vorstellung vom 'Homo Ludens' durchformt auch Castigliones Bild vom Hofmann als einem Universalmenschen, dessen Rollenrepertoire und virtuoser Rollenbeherrschung keine Grenzen gesetzt sind.

In der Renaissance tritt so neben die konventionelle Anschauung von der Welt als einer Bühne, auf der überindividuelle Mächte wie Fortuna oder die Vorsehung Regie führen, eine zweite Anschauung von der Welt, die ebenfalls durch das Bild vom Theater illustriert und vermittelt wird, in der sich aber der Grundbegriff des Theaters bedeutsam verschoben hat: Der Mensch als Spieler auf der Bühne dieses neuen Welttheaters – so die optimistische Meinung – verkörpert nicht mehr nur die ihm von der Regie zugewiesenen Rollen, sondern wählt und gestaltet seine Rollen selber. Machiavelli hat diese das Renaissance-Denken beherrschende Figur vom freien und virtuosen Spiel des Menschen

moralistisch interpretiert als Heuchlerei, Verstellung und als Mittel der Verhüllung der „Fuchs-Natur" des Menschen, wenn es im 18. Kapitel des *Principe* folgendermaßen heißt: „Wer es am besten verstanden hat, von der Fuchs-Natur Gebrauch zu machen, hat es am besten getroffen. Aber man muß eine solche Fuchs-Natur zu verschleiern wissen und ein großer Lügner und Heuchler sein" („Ma è necessario questa natura saperla bene colorire, ed essere gran simulatore e dissimulatore"; Machiavelli/Rippel 1532/1995, 136 f.). Castiglione, der übrigens von Machiavelli in seinem 'Cortegiano' keine Kenntnis nimmt, versteht in Übereinstimmung mit Pico und Vives die menschliche Fähigkeit zum Rollenspiel als eine proteische Fähigkeit, die in ihrer Essenz von den Göttern nicht vorbestimmte menschliche Natur einerseits kreativ zu gestalten oder andererseits an innerweltliche Gegebenheiten anzupassen. Die Vorstellungen von schöpferischer Freiheit auf der einen und innerweltlich-gesellschaftlicher Anpassung auf der anderen Seite markieren den Vorstellungsrahmen, innerhalb dessen innerweltlicher Gegebenheiten sich der „neue Mensch" entfalten kann. Auf dem Hintergrund dieser Vorüberlegungen zu den Grundvorstellungen des 'neuen Menschen' erscheint Castigliones Hofmann als ein neuer Proteus, der sowohl die Fähigkeiten des Chamäleons zur Anpassung als auch die des Schauspielers zur Verkörperung einer unbegrenzten Anzahl von Rollen besitzt, und damit als ein Mensch, der die Vielfalt der Möglichkeiten und Grenzen einer innerweltlichen Existenz voll auszuloten versteht.

2.3. Grenzen und Möglichkeiten von Castigliones Hofmann

Für Castiglione ist der Hof das Theater, in dem der Hofmann in den verschiedensten Rollen vor einem Publikum Gleich- und Höhergestellter auftritt. Sprachliches Indiz für die Wirksamkeit der Grundvorstellung vom Hofmann als einem Rollenträger und Schauspieler sind die immer wieder verwendeten Theatermetaphern. Des Hofmanns „Voltigieren zu Pferde [...] bietet [...] ein schöneres Schauspiel als irgendetwas sonst" (C/B 1960, 48). Der Hofmann muß sich bei „öffentlichen Schaustellungen [wie der] berühmte antike Schauspieler, der [...] bei Aufführungen stets der erste sein wollte" (C/B 1960, 116), stets seines Publikums als Zielgruppe der von ihm intendierten Wirkung bewußt sein: „So wird unser Hofmann [...] Rücksicht auf den Beruf derer nehmen, mit denen er spricht, und sich ihnen anpassen; er wird auch anders mit Männern als mit Frauen reden" (C/B 1969, 116). Die Beherrschung verschiedener Rollen wird vor allem für den Umgang mit dem Fürsten zur Bedingung:

„Wenn der Hofmann, gewöhnt, wichtige Dinge zu behandeln, sich dann aber privat in den Gemächern befindet, muß er sich gleichsam in eine *andere Person verwandeln* und die ernsthaften Angelegenheiten auf einen anderen Ort und eine andere Zeit verschieben und sich solcher Gespräche befleißigen, die seinem Herrn erfreulich und angenehm sind, um ihn nicht an jenem geistigen Ausruhen zu hindern" (C/B 1960, 132).

Übersetzt in die Bildlichkeit von Pico und Vives heißt dies, daß der Hofmann wie ein Chamäleon sich seiner jeweiligen Umgebung anzupassen imstande sein muß. Eine solche Anpassung setzt die Fähigkeit zum virtuosen Rollenspiel und die Beherrschung des Decorums voraus, welches das Spiel beim jeweiligen Publikum akzeptabel macht (vgl. C/B 1960, 177 f.). Dem Hofmann als dem potentiellen *uomo universale* sind durch die sozialen, politischen und ästhetischen Normen seiner Zeit Grenzen der Schicklichkeit gesetzt, innerhalb derer er aber ein umfassendes Rollenrepertoire entwickeln kann.

Dieses spezielle Bild vom idealen Hofmann setzt allgemeinere anthropologische Grundannahmen voraus, die auf das sensualistische Menschenbild des Empirismus vorausweisen. Um für die Ausformung der verschiedenartigsten Rollen offen zu sein, muß der Mensch bei seiner Geburt ein unbeschriebenes Blatt sein, auf dem er durch die Beachtung der normativen Erwartungen seiner Umwelt die Rollen 'einschreiben' kann (vgl. Greene 1968, 249−256). In diesem Sinne konnte Erasmus sagen: „homines, mihi crede, non nascuntur, sed finguntur" (Erasmus/ Margolin 1966, 389; vgl. dazu Rebhorn 1978, 27). Im Rahmen dieses Anschauungssystems wird Persönlichkeitsbildung nicht als Entfaltung angeborener Dispositionen, sondern als Individuation begriffen, die immer nur in Auseinandersetzung mit den vorgegebenen überindividuellen Normen vor sich gehen kann.

An dieser Stelle wird eine zweite Bedingung des im 'Buch vom Hofmann' entfalteten Menschenbildes sichtbar: Das Desiderat eines vielfältigen und komplexen Rollenrepertoires leitet sich aus der humanistischen Idealvorstellung vom Universalmenschen ab, dessen innerweltliche 'Spielräume' sich in der Renaissance ungeahnt zu erweitern begannen. Soziologisch gesehen verfügt nur die herrschende höfische Gesellschaft über die Mittel, diese Spielräume auch zu nutzen und auszufüllen, und so ist die Realisierung der humanistischen Idealvorstellung vom Menschen, sei sie überhaupt umsetzbar, dem privilegierten Bruchteil der Menschheit, der zur Elite der Herrschenden gehört, vorbehalten. Nur unter diesem Vorbehalt sind die Aussagen zum Menschenbild der Renaissance auch sozialgeschichtlich einzuordnen und zu relativieren. Nur der privilegierte Hofmann in einer idyllischen Enklave von der Art Urbinos könnte in der Lage sein, das ideale Menschenbild Castigliones zu realisieren, ohne daß dabei die proteische Freiheit des Rollenspiels durch den chamäleonischen Zwang zur Anpassung beeinträchtigt würde.

Die Persönlichkeit des idealen Hofmannes ist nicht zu bestimmen als eine unverkennbare persönliche Identität, sondern sie wird konstituiert durch eine Vielzahl von Rollenidentitäten, die einerseits der Anpassung an vorgegebene Normen und Erwartungen und andererseits der freien Selbst-Stilisierung entspringen. Grundsätzliche Bedingung jeglicher Rollenidentität ist für Castiglione das Moment der Anmut (*grazia*) mit dem Ziel, „einen guten Eindruck von sich zu erwecken" (C/B 1960, 157) und daß „jeder sich über ihn wundert" (C/B 1960, 160; vgl. Castiglione/Preti 1960, 165: „ognuno di lui si maravigliasse"; hiernach zitiert als C/P 1960). Stilisierte Anmut und durch sie intendierte Wirkung der Bewunderung, Verwunderung, des Erstaunens (alles Bedeutungen, die in dem Wort *maravigliasse* mitschwingen) sind Kennzeichen einer hochgradig ästhetischen Existenzweise, deren Künstlichkeit aber durch die hohe Kunst der *ars artem celare* der Anschein der Natürlichkeit gegeben werden kann: „Man kann daher sagen, daß wahre Kunst ist, was keine Kunst zu sein scheint; man hat seinen Fleiß in nichts anderes zu setzen, als sie zu verbergen" (C/B 1960, 54).

Dieser ovidischen Kunst der Verhüllung der Künstlichkeit im Leben wie in der Kunst sind große Teile des 'Cortegiano' gewidmet. Die Überlegungen kreisen dabei immer wieder um Schlüsselvorstellungen wie *affettazione, desinvoltura, sprezzatura* (vgl. z. B. C/P 1960, 'Il Primo Libro' XXVI, 54 ff.). Alle Empfehlungen für den idealen Hofmann sind verhaltensästhetischer Natur und enthalten Anweisungen, wie der Anschein von Natürlichkeit, Spontaneität, Leichtigkeit, Mühelosigkeit, Unbefangenheit, ungezwungener Überlegenheit und damit eine der Natürlichkeit nahekommende Ungekünsteltheit verwirklicht werden kann. Alle Bemühungen um Natürlichkeit unterstehen der Zielvorstellung der Anmut, die der *sprezzatura* innewohnt:

„Da ich aber schon häufig bei mir gedacht habe, woraus die Anmut besteht, bin ich immer [...] auf eine allgemeine Regel gestoßen, die mir in dieser Hinsicht bei allen menschlichen Angelegenheiten, die man tut oder sagt, mehr als irgendeine andere zu gelten scheint: nämlich so sehr man es vermag, die Künstelei [*la affettazione*] als eine rauhe und gefährliche Klippe zu vermeiden und bei allem, um vielleicht ein neues Wort [*una nova parole*] zu gebrauchen, eine gewisse Art von Lässigkeit [*una certa sprezzatura*] anzuwenden, die die Kunst verbirgt und bezeigt, daß das, was man tut oder sagt, anscheinend mühelos und fast ohne Nachdenken [*senza fatica e quasi senza pensarvi*] zustandegekommen ist. Davon rührt, glaube ich, großenteils die Anmut her. Denn jeder weiß um die Schwierigkeit bei seltenen und wohlgelungenen Dingen, wogegen Leichtigkeit [*facilità*] dabei größte Bewunderung [*grandissima maraviglia*] erregt" (C/B 1960, 53; vgl. C/P 1960, 55).

Die *sprezzata desinvoltura* (C/P 1960, 56) im Sinne von Lässigkeit, Ungezwungenheit und spontaner Leichtigkeit ist die „der Künstelei entgegengesetzte Tugend, [...] die wir für den Augenblick Lässigkeit nennen" (C/B 1960, 57; „Questa virtù adunque contraria alla affettazione, la qual noi per ora chiamiamo sprezzatura"; C/P 1960, 59): „Denn [die Lässigkeit] erweckt im Geist der Anwesenden den Eindruck, daß, wer derart leicht gut handelt, viel mehr versteht, als was er tut, und es noch viel besser machen könnte, wenn er auf das, was er tut, Fleiß und Mühe verwenden würde" (C/B 1960, 57).

Eine solche Kunst der Natürlichkeit oder Ästhetik der Anmut verbietet Künstelei und gekünsteltes Verhalten (*affettazione*) genauso wie Maß- und Zügellosigkeit. Der für den Hofmann verbindliche Tugendkatalog leitet sich aus den platonischen Kardinaltugenden von Klugheit, Mut, Mäßigung und Gerechtigkeit ab. In Castigliones Tugendkatalog fungieren die Klugheit (*prudenzia*) und Mäßigung (*temperanzia*; *continenzia*) als Kardinaltugenden, und dieser Grundtugendkatalog wird gelegentlich erweitert um Großmut (*magnanimità*), Güte (*bontà*) und Stärke (*fortezza*; vgl. C/B 1960, 76; 242; C/P 1960, 83; 252). Im Zentrum des Castiglionischen Tugendsystems aber steht immer – sei es explizit benannt oder implizit illustriert – die zentrale Tugend der 'Nikomachischen Ethik' des Aristoteles, der „die Tugend nach ihrer Substanz und ihrem Wesensbegriff nach [als] Mitte" definiert und diese Mitte im Kontrast zum „Übermaß [der] Zuchtlosigkeit oder Unmäßigkeit [als] Mäßigkeit" (Aristoteles/Bien 1985, 36f.) bestimmt hatte. Castiglione kommt auf dieses „gewisse schwierige Mittelmaß" (C/B 1960, 247; „una certa mediocrità difficile"; C/P 1960, 252f.) in verschiedenen Zusammenhängen immer wieder zurück, etwa wenn er dem Hofmann „una certa onesta mediocrità" (C/P 1960, 169f.) empfiehlt, um sich nicht dem Neid seiner Umgebung auszusetzen. Dieser utilitaristischen Interpretation von Mitte und Mäßigung aber stehen auch ethische Positionen gegenüber, wie sie sich – vermittelt von Thomas von Aquin – aus der aristotelischen Quelle ableiten lassen, etwa in dem Falle, wo es um die Mäßigung der Leidenschaften geht, die nicht mit ihrer stoischen Unterdrückung zu verwechseln ist. Signor Ottaviano entwickelt die thomistisch-aristotelische Lehre von Mäßigung und Leidenschaft folgendermaßen:

„Ich habe nicht gesagt, daß die Mäßigkeit die Leidenschaften im menschlichen Herzen gänzlich unterdrückt und ausrottet, was auch nicht richtig sein würde, da es bei den Leidenschaften auch einige gute Teile gibt. [...] Die Leidenschaften sind also, von der Mäßigkeit eingeschränkt der Tugend günstig, so wie der Zorn die Stärke unterstützt, der Haß gegen Schurken die Gerechtigkeit" (C/B 1960, 349).

Die aristotelische Mesoteslehre ist das Bindeglied zwischen platonischer Orthodoxie, in der die Leidenschaften als Ausdruck der Körperlichkeit des Menschen abgewertet werden, und einem modernen Menschenbild, in dem Körperlichkeit und Leidenschaftlichkeit eine durchaus positive Rolle spielen, wenn sie durch die Vernunft der Mäßigung unterworfen und so vor einer schädlichen Exzessivität bewahrt werden. Dies ist genau das Maß, das Castiglione dem idealen Hofmann an Leidenschaften zugesteht: die Mitte zwischen Extremen und Exzessen der Leidenschaft.

2.4. Der castiglionische Hofmann als ganzheitlicher Mensch

Das höfische Decorum und das aristotelische *Temperantia*-Postulat wirken in der Intention zusammen, weder das Rollenspiel in affektierte Übertreibungen noch die Affekte in Exzesse ausarten zu lassen. So eng die Grenzen sind, die der Künstlichkeit durch eine Ästhetik der Natürlichkeit und den Leidenschaften durch eine der 'goldenen Mitte' verpflichteten Tugendlehre gesetzt sind, so offen und unbegrenzt erscheint das Rollenrepertoire, das dem Hofmann als einem potentiell ganzheitlichen Menschen zur Verkörperung zur Verfügung steht. Castiglione entwickelt die in der Renaissance gängige Vorstellung vom Menschen als einer „kleinen Welt" (C/B 1960, 394; „piccol mondo"; C/P 1960, 421), das heißt die Idee vom Menschen als einem Mikrokosmos, in dem sich die Schönheit und Vollkommenheit des Makrokosmos spiegelt, auf der Grundlage seiner Anschauung von 'Persönlichkeit', deren Komplexität durch eine Vielzahl von Rollen konstituiert wird. Aus dem fahrenden Ritter, dessen Spezialität in einem tapfer und ritterlich gehandhabten Kriegshandwerk bestand, ist bei Castiglione der urbane Hofmann geworden, der neben dem „Waffenhandwerk" (C/B 1960, 40) eine Vielzahl von „Mut und Klugheit" erfordernden Sportarten beherrscht, die er „bei öffentlichen Veranstaltungen [...] in Gegenwart von Volk, Damen und großen Herren" (C/B 1960, 46f.) unter Beweis stellen kann. Castiglione nennt dabei Sportarten wie Ringkampf, Reiten, Stockspiel, Stierkampf, Lanzenwerfen, die insgesamt eine große Nähe zum Waffenhandwerk aufweisen. Wichtiger als dieser Sachverhalt aber ist das Moment der Öffentlichkeit, durch welche aus dem sportlichen Spiel ein Wettspiel wird, bei dem ein Normdruck auf den Spielern lastet. Dies gilt sowohl für die friedlichen Kriegsspiele der Turniere, als auch für

„viele andere Übungen, die, ohne unmittelbar von den Waffen abzuhängen, dennoch mit ihnen in Zusammenhang stehen und männliche Tapferkeit verlangen. Man versteht, daß sie auch bei den Alten sehr in Gebrauch war. Angemessen ist es ferner, schwimmen, springen, laufen und Steine werfen zu können, da es außer dem Nutzen, den man daraus im Kriege ziehen kann, häufig vorkommt, sich in derartigen Dingen beweisen zu müssen. Man erwirbt sich damit hohe Achtung, hauptsächlich bei der Menge, mit der man sich doch abfinden muß. Eine edle und für einen Hofmann schickliche Übung ist auch das Ballspiel, bei dem man gut die körperliche Veranlagung und die Schnelligkeit und Gewandtheit jedes Gliedes sieht und überhaupt alles, was man auch bei jeder anderen Übung erblickt. Für nicht weniger rühmlich halte ich das Voltigieren zu Pferde, das zwar mühevoll und schwierig ist, aber mehr als alles andere äußerst behende und geschickt macht und es bietet, wenn die Leichtigkeit von schöner Anmut begleitet ist, außerdem Nutzen nach meiner Meinung ein schöneres Schauspiel als irgendetwas sonst. Wenn also unser Hofmann in diesen Übungen mehr als mittelmäßig erfahren ist, kann er andere, wie ich glaube, beiseite lassen, wie etwa Luftsprünge, Seillaufen und ähnliche Dinge, die etwas von Gauklertum an sich haben und einem Edelmann wenig angemessen sind" (C/B 1960, 47f.).

Aber der Mikrokosmos Mensch als ganzheitlicher Mensch muß mehr sein als Krieger und Sportler, er muß auch von den Freuden der Gelehrsamkeit („la dolcezza delle lettere"; C/P 1960, 86) ergriffen sein. Castiglione versucht „zu zeigen, wie sehr die Wissenschaften, die wahrlich den Menschen von Gott als höchstes Gut gewährt wurden, für unser Leben und unsere Würde nützlich und notwendig sind (C/B 1960, 78):

[...] Ich möchte, daß [der Hofmann] in den Wissenschaften mehr als mittelmäßig gebildet sei, wenigstens in jenen Studien, die man als die humanistischen nennt, und daß er nicht nur von der lateinischen, sondern auch von der griechischen Sprache Kenntnis habe, und zwar wegen der vielen und verschiedenartigen Dinge, die in ihr vortrefflich beschrieben worden sind. Er sei in den Dichtern und nicht weniger in den Rednern und Geschichtsschreibern erfahren und auch im Schreiben von Versen und Prosa geübt, vornehmlich in unserer Vulgärsprache; denn außer dem Vergnügen, das er selbst dadurch erfährt, werden durch dieses Mittel niemals angenehme Unterhaltungen mit Damen fehlen, die derartiges gewöhnlich lieben" (C/B 1960, 80).

Aber die urbinatische Gesellschaft, in der das Bild vom idealen Hofmann entwickelt wird, will sich mit diesem Rollenrepertoire nicht zufriedengeben und fügt der Forderung nach Gelehrsamkeit noch weitere hinzu: Der ideale Hofmann als Musiker versteht sich „auf verschiedene Instrumente [...] und [ist] außerdem im Singen und Spielen nach Partituren erfahren und sicher" (C/B 1960, 85), und er muß dazu Zeichnen und Malen (vgl. C/B 1960, 88) beherrschen. Dieser Totalitätsanspruch an den idealen Hofmann veranlaßt den Skeptiker Ludovico Pio dazu, die Unmöglichkeit zu betonen, „auf der Erde ein so großes Gefäß zu finden, das alles fassen könnte, was nach eurem Willen in diesem Hofmann enthalten sein soll" (C/B 1960, 84).

Die wichtigste vom idealen Hofmann geforderte Fähigkeit leitet sich aus seiner potentiellen Rolle als Fürstenerzieher ab: Er muß ein Meister des Wortes im Sinne des ciceronischen Rhetors sein: er muß

„wo es nötig ist, mit Würde und Heftigkeit zu sprechen verstehen und je nach Bedarf jene Leidenschaften erregen, entflammen und bewegen können, die unsere Seelen in sich enthalten. Zuweilen muß er auch mit der Einfachheit der Unschuld, die alles so erscheinen läßt, als ob die Natur selbst spräche, gerührt und fast trunken vor Wonne erscheinen, und zwar mit solcher Leichtigkeit, daß der Hörer meint, auch er könne mit geringer Mühe zu dieser Stufe gelangen, und sich dabei noch weit davon entfernt findet, wenn er es versucht" (C/B 1960, 67).

Nur wenn er die Rhetorik der subtilen Manipulation beherrscht, wird er sich zum Fürstenerzieher (vgl. C/B 1960, 335; 381) und damit zum Lehrmeister der Tugenden (vgl. C/B 1960, 345) eignen. Mit dieser Funktionszuweisung stellt Castiglione eine Parallele zwischen dem idealen Hofmann und Aristoteles als dem Lehrmeister Alexanders her (vgl. C/B 1960, 381) und bestimmt so den Platz, den der aristokratische Hofmann in der Herrschaftshierarchie einnehmen kann, wenn er das dem Universalmenschen zur Verfügung stehende Rollenbündel realisiert.

Während Castiglione in den ersten zwei Büchern das Idealbild des Hofmanns entwickelt, wendet er sich im dritten Buch der vollkommenen Hofdame zu. Dieses dritte Buch ist in sich wesentlich kontroverser als die beiden vorangehenden, weil darin nicht nur Männermeinungen über den Menschen im allgemeinen und den Mann im besonderen inszeniert werden, sondern weil hier Männermeinungen über die Frau aufeinanderstoßen, die von offener Mysogynie bis zum überschwenglichen Frauenlob reichen, in dem sich vor allem die Verehrung für die Frauen der Häuser Montefeltro und Gonzaga artikuliert. Unter der Oberfläche der gegensätzlichen Einstellungen zur Frau aber kristallisieren sich — was das *Temperantia*-Ideal anlangt — ähnliche Tugendvorstellungen wie für den Mann heraus, während dem Rollenrepertoire der Frau dagegen sehr viel engere Grenzen gesetzt sind:

„Mögen auch manche Eigenschaften gemeinsam und sowohl für den Mann als auch für die Frau notwendig sein, so gibt es doch einige, die sich mehr für die Frau als für den Mann schicken, und andere für den Mann angemessene, denen die Frau völlig abgeneigt sein muß. Dasselbe behaupte ich von den körperlichen Übungen; vor allem aber scheint es mir, daß die Frau in Sitten, Gewohnheiten, Worten, Gebärden und im Betragen vom Mann sehr verschieden sein muß. Denn wie es sich für diesen schickt, eine gewisse gesetzte und feste Männlichkeit [*una certa virilità soda e ferma*] zu zeigen, so steht es der Frau gut an, eine weiche und feine Zärtlichkeit [*una tenerezza molle e delicata*] zu haben, mit einer Art von weiblicher Lieblichkeit [*dolcezza feminile*] in jeder Bewegung, die sie beim Gehen, Stehen und Sprechen oder wobei es auch sein mag, stets als Dame erscheinen läßt ohne irgendwelche Ähnlichkeit mit dem Mann" (C/B 1960, 245; C/P 1960, 251).

Die der Hofdame durch Schicklichkeitsvorschriften gesetzten Grenzen sind sehr viel enger als die für den Mann, und zu dem auch für den Mann geltenden Tugendkatalog von Klugheit, Großmut und Mäßigkeit tritt bezeichnenderweise eine der Frau vorbehaltene geschlechtsspezifische Tugend hinzu, nämlich die Tugend der Scham, „die schließlich nichts anderes ist als Furcht vor Schande" (C/B 1960, 287). Diese „Tugend" der Scham wird zwar einerseits als ein männlich-patriarchalisches Repressionsinstrument durchschaut, wenn es heißt: „Deshalb haben die Männer [den Frauen] die Furcht vor der Schande wie einen Zügel angelegt, der sie gleichsam mit Gewalt bei [der] Tugend hält" (C/B 1960, 284 f.), aber andererseits wird dieses repressive Tugendideal unrelativiert belassen und dadurch gerechtfertigt, daß die Frauen „wegen der Schwäche des Geschlechtes den Begierden sehr viel geneigter sind als die Männer" (C/B 1960, 284). So unübersehbar der Paradigmenwechsel und Wandel der grundsätzlichen Anschauungsstrukturen im Übergang von einer christlich-orthodoxen Anthropologie zu Castigliones Menschenbild im allgemeinen sind, so unübersehbar ist auch das Weiterwirken von Vorurteilsstrukturen der Frau gegenüber selbst in einem veränderten gesellschaftlichen Kontext, wie ihn der Hof von Urbino darstellte, an dem einzelne Frauen wie Elizabetta Gonzaga eine Ausnahmestellung genossen. Zwar wird in den kontroversen Gesprächen über die Natur der Frau Signor Gasparos Urteil, daß „der Mann der Form gleichkommt, die Frau dem Stoff; und wie die Form vollkommener als der Stoff, ja ihm sogar das Sein verleiht, ist der Mann vollkommener als die Frau" (C/B 1960, 259), durch Magnifico Juliano widersprochen, daß „das Männliche hinsichtlich seiner eigentlichen Wesenheit nicht vollkommener als das Weibliche [sei], weil eins wie das andere in der Gattung Mensch enthalten ist" (C/B 1960, 255), aber insgesamt bleibt das dritte Buch — so kontrovers es in sich ist — hinter den beiden ersten Büchern zurück, was die Überwindung von orthodoxen Anschauungsstrukturen anlangt.

3. Die Rezeption des 'Cortegiano' und die Veränderungen im Menschenbild

'Il Libro del Cortegiano' erlebte bis zum Ende des 16. Jhs. in Italien fast 60 Ausgaben. Bis zum Ende des 19. Jhs. erschienen 78 italienische, 18 spanische, 16 französische, 17 lateinische, 11 englische und 3 deutsche Übersetzungen (vgl. Loos 1955, 15). Als Gegenbild zu den bestehenden politischen und höfischen Verhältnissen seiner Zeit konzipiert, schrieb Castiglione seinen 'Cortegiano' in einer Zeit größter Verachtung von Höfen und Höflingen (vgl. Woodhouse 1991, 6; 12) und einer sich steigernden Hofkritik nicht nur in Italien (vgl. Uhlig 1973). In Pietro Aretinos 'La Cortigiana' erschien der Höfling als ein neidischer, ehrgeiziger, schmeichlerischer, böswilliger, ungerechter Heuchler, als Fresser und Lügner (vgl. Woodhouse 1991, 7). Etwa zur gleichen Zeit begann sich mit der Vorstellung vom Höfling die des Parvenus zu verbinden, und es ist interessant zu sehen, daß im Jahre 1555 in der englischen Sprache das Wort 'upstart' im Sinne von sozialem Aufsteiger zum ersten Mal belegt und dabei negativ besetzt ist. Zeitgleich mit dem großen literarischen Erfolg von Castigliones Buch erschienen Anleitungen für den Höfling, wie er bei Hofe die Gnade des Prinzen erwerben und aufsteigen könne. Pelegro dei Grimaldi Robbios 'Discorsi nei quali si ragiona compiutamente, di quanto far debbono i Gentilhuomini ne' servigi de' lor Signori, per acquistarsi la grazia loro' (1543) ist eines der hervorragendsten Beispiele dieser Anleitungen für den Aufstieg bei Hofe. Ebenso hatte Castiglione 'Cortegiano' auch außerhalb von Italien mit Werken dieser Art zu konkurrieren. 'Le Gentilhomme' (1611) von Nicolas Pasquier und der 'Traité de la Cour' (1616) von Eustache de Refuge stehen in dieser Tradition der Anleitungen dazu, wie sich der Höfling bei Hofe beliebt machen kann (vgl. Mesnard 1987, 17). Wenn es Castiglione darum ging, ein Gegenbild zu den bestehenden Verhältnissen zu entwerfen, dann akzeptierten Autoren wie Pelegro dei Grimaldi, Pasquier oder de Refuge die bestehenden Verhältnisse an den Höfen und gaben Anleitungen dazu, wie der Höfling innerhalb solcher geschlossenen Systeme mit Erfolg leben und überleben konnte. Ein entscheidendes Stadium der Akzeptanz des absolutistischen Herrschaftssystems wird in Nicolas Farets 'L'honnête homme ou l'Art de plaire à la cour' (1630) reflektiert. „Das Ideal des Hofmanns wird verbunden mit dem Realismus eines Machiavelli oder Guicciardini" (Ley 1990, 12), und dabei verengt sich Castigliones Bild vom universalen Menschen, dargestellt von der Vorbildfigur des idealen Hofmannes, zum systemimmanent limitierten Bild vom erfolgsorientierten Höfling.

Dieser Art von Anleitungsliteratur für Höflinge hat eine Reihe von Berührungspunkten mit sogenannten Anstandsbüchern, in deren Nähe auch Castigliones 'Cortegiano' im Laufe der europäischen Rezeption gerückt wurde. Solche Ratgeber für norm- und systemgerechtes Verhalten waren in Europa weit verbreitet. Virgil B. Heltzel (1942) verzeichnet in seiner 'Check List of Courtesy Books in the Newberry Library' um die 2000 solcher Handbücher der Etikette, die im Gefolge von Giovanni Della Casas 'Il Galateo' (1560) standen. Della Casa mußte als päpstlicher Nuntius in Venedig immer wieder voller Ärger miterleben, wie Gesprächspartner bei Unterredungen in den Zähnen stocherten, ihre Fingernägel schnitten, ihm ins Gesicht niesten oder, nachdem sie geschneuzt hatten, das Taschentuch öffneten, um das Ergebnis zu betrachten, „so als ob ihnen Perlen oder Rubine aus dem Hirn gefallen seien" (vgl. Della Casa/Pradi 1994, 157).

Die Flut der modischen Benimm-Ratgeber speiste sich etwa in England aus puritanischen, egalitären und royalistischen Quellen. Je nach Standort boten solche Handbücher Ratschläge für systemgerechtes oder Warnungen gegen normverletzendes Verhalten in religiöser, politischer oder hygienischer Hinsicht an, wenn in letzterem Fall davor gewarnt wurde, auf Teppiche zu spucken, Teller und Bestecke abzulecken, zu niesen, zu rülpsen oder gar vor Schlimmerem (vgl. Woodhouse 1991, 17f.). Im Kontext solcher Rezeptionsbedingungen fühlte sich Thomas Hoby, der erste Übersetzer des 'Cortegiano' ins Englische, dazu veranlaßt, die Nützlichkeit dieses Buches für junge Adelige zu betonen, und er fügte zur Unterstützung dieses Nützlichkeitsarguments seiner Übersetzung aus dem Jahre 1561 eine Kurzfassung von Benimmregeln, die er aus Castigliones Buch herausdestilliert hatte, unter dem Titel 'A Brief Rehersall of the Chiefe Conditions and Qualities in a Courtier' hinzu, in dem es unter anderem hieß:

„To be handesome and clenly in his appareile. To make his garmentes after the facion of the most, and those to be black, or of some darkish and sad colour not garish. To gete him an especiall and hartye friend to companye withall. Not to be ill tunged, especially against his betters. Not to use any fonde sauciness or presumption. To be no envious or malitious person. To be an honest, a faire condicioned man, and of an upright conscience" (Hoby 1561/1900, 369; zit. nach Rebhorn 1978, 12f.).

So getreu die Übersetzungen Castigliones in andere Fremdsprachen einerseits auch sein mögen, so sehr wird die ursprüngliche Intention Castigliones andererseits durch die utilitaristischen Rezeptionskontexte auf die Ebene von Gebrauchsliteratur hinabtransformiert und das idealistisch-utopistische Gegenbild zu den bestehenden höfischen Verhältnissen potentiell für den Aufstieg des Höflings im real-existierenden Herrschaftsbereich dienstbar gemacht. Mit dieser Utilitarisierung geht eine Verflachung und Banalisierung des humanistischen Idealbildes vom universalen Menschen einher.

Das sechs Jahre vor der ersten Castiglione-Übersetzung im Jahre 1555 erschienene Erziehungsbuch 'Institucion of a Gentleman' entwickelt jenseits des Kontextes englischen Hoflebens ein durchaus humanistisch orientiertes Gentleman-Ideal, das allerdings in Henry Peachams 'The Compleat Gentleman' aus dem Jahre 1622 zu einer Liste von Pflichten degeneriert, die der Edelmann zu erfüllen hat, wenn er als „gentleman" gelten will. Und als der Earl of Chesterfield zwischen dem 30. September 1738 und dem 17. Oktober 1768 die berühmt gewordenen Briefe an seinen Sohn Philip Stanhope schrieb, ging es dabei nicht mehr so sehr um die Tugenden des castiglionischen Universalmenschen, sondern um die Kultivierung von Virtuositäten des weltläufigen adligen Dandy (vgl. Woodhouse 1991, 15).

Vergleichbare Rezeptionsbedingungen skizziert Klaus Ley auch für Deutschland: J. E. Noyse stilisierte in seiner 1593 erschienenen Castiglione-Übersetzung den 'Cortegiano' zu einem „Lehrbuch guten geselligen Verhaltens bei Hofe" (Ley 1990, 61). Und als im Jahre 1685 eine anonyme Castiglione-Übersetzung unter dem Titel 'Galante Nachtgespräche' erschien, zeichneten sich im deutschen Bereich ähnliche Verflachungs- und Veräußerlichungserscheinungen ab wie in England:

„Der *Cortegiano* wird als Sammlung von Gesprächsspielen angeboten, die Unterricht in weltgewandtem Auftreten geben. In dieser Verkleidung erscheint das Werk jetzt erst recht als Lehrbuch der Galanterie und kann als solches volle Aktualität beanspruchen" (Ley 1991, 83).

Solche didaktisch-utilitaristischen Verflachungen des humanistischen Menschenbildes sind Symptome für den anhaltenden Niedergang aristokratisch-höfischer Kultur, ein Prozeß, der durch ein Buch wie Castigliones *Cortegiano* weder beeinflußt noch gar aufgehalten werden konnte und der auf dem Kontinent in der französischen Revolution endete. So asynchron oder sogar divergierend die soziopolitischen Entwicklungen in den einzelnen Nationalkulturen verliefen, so unverkennbar sind jedoch kleinste gemeinsame Nenner, was die Tendenz der Entwicklungen und die Kernanschauungen der neuen Menschenbilder anlangt. Castiglione hatte in den Kapiteln XIV bis XVI des ersten Buches die kontroverse Frage anschneiden lassen, ob „nicht auch bei den Menschen niedriger Herkunft dieselbe Tugend wie bei den Adligen herrschen könne" (C/B 1960, 38), und eine explizite Antwort darauf scheinbar offengelassen. Die Gesamtkonzeption des 'Cortegiano' aber erweist, daß Castiglione selber beim Adel die besten materiellen und bildungsmäßigen Voraussetzungen gegeben sah, sein Idealbild vom idealen Hofmann als Universalmenschen zu verwirklichen. Eine solche Prämisse wird von dem anonymen englischen Verfasser der 'Institucion of a Gentleman' aus dem Jahre 1555 keineswegs geteilt. Der realistische Beobachter der aristokratischen Szene und überzeugte Verfechter der Anschauung, daß der durch Geburt erworbene Adelstitel nicht von vornherein mit Seelenadel gleichzusetzen ist, unterscheidet zwischen drei Typen des „Gentleman": Der „Gentle gentle" ist adliger Abkunft, „havyng ioyned with hys gentle house, gentle manners and noble conditions" ('Institucion' 1555/1974, 42), das heißt, der „Gentle gentle" ist der „edle Adlige", während der „Gentle vngentle […] hathe in hym suche corrupte and vngentle manners as to the iudgement of all menne he iustely desereueth the name of vngentle" (*Institucion* 1555/1974, 49). Die größten Sympathien des Verfassers der 'Institucion of a Gentleman' aber gelten dem nichtadligen Gentleman, dem „Vngentle gentle", der – obwohl „de basse maison" – „by his vertue, wyt, pollicie, industry, knowledge in lawes, valliency in armes, or such like honest meanes becometh a welbeloued and high estemed manne" (*Institucion* 1555/1974, 53). Diese aus humanistischem Geiste geborene „Entbindung" des Gentleman-Ideals aus ständisch und höfisch bestimmten „Einbindungen" stellt eine unabdingbare Vorstufe zur Verbürgerlichung der Vorstellung vom Gentleman dar. Alexis de Tocqueville hat den über die 'Glorious Revolution' des Jahres 1688 bis zur Amerikanischen Revolution des Jahres 1776 reichenden Prozeß aus dem Rückblick seiner im Jahre

1856 erschienenen Schrift 'L'Ancien Régime et la Révolution' folgendermaßen charakterisiert:

„[...] suivez à travers le temps et l'espace la destinée de ce mot de *gentleman*, dont notre mot de gentilhomme était le père. Vous verrez sa signification s'étendre en Angleterre à mesure que les conditions se rapprochent et se mêlent. A chaque siècle on l'applique à des hommes placés un peu plus bas dans l'échelle sociale. Il passe enfin en Amérique avec les Anglais. Là on s'en sert pour désigner indistinctement tous les citoyens. Son histoire est celle même de la démocratie" (de Tocqueville 1856/ 1952, 161; vgl. dazu Rippel 1984, 454).

Während die in England eher evolutionär-kontinuierlich verlaufende Geschichte schon im 17. Jh. Ansätze der Verbürgerlichung und Demokratisierung aufweist, werden in Frankreich bis zum revolutionären Bruch mit der Vergangenheit absolutistische Institutionen konserviert, in deren Schatten zwar nicht sozial- und politikgeschichtliche, wohl aber ideengeschichtliche Entwicklungen stattfinden, die durchaus vergleichbar mit denen in England sind. Nimmt man die Vorstellungen zum Ausgangspunkt, die sich im Rahmen des absolutistischen Systems in Frankreich mit „gentilhomme" und „courtisan" verbinden, dann zeigt sich, daß sie im Rahmen der Moralistik des 17. Jhs. keine positiven Bezugspunkte bilden, sondern daß die positiven Bezugsvorstellungen vielmehr die des „honnête homme" und der „honnête femme" sind (vgl. Mesnard 1987, 15–46), Leitbilder, die sich im revolutionären Ende des 18. Jhs. mit Vorstellungen vom „bon citoyen" (vgl. Rippel 1984, 457) verbinden.

Wie immer die durch die Bilder vom Hofmann, Höfling, Adligen, vom Gentleman, „honnête homme" oder Bürger durchscheinenden allgemeinen Menschenbilder seit Castigliones Idealbild vom Hofmann als universalem Menschen im einzelnen beschaffen sein mögen, sie heben sich immer vom orthodoxen Bild vom gefallenen Menschen ab, der sich weder aus eigener Kraft verwirklichen, noch von seiner gefallenen Natur lösen kann. In der italienischen Renaissance begann sich ein neues Menschenbild zu konturieren, in dem das Moment der Bildbarkeit des Menschen zur humanistischen Idealvorstellung des Universalmenschen weiterführte, wie er im Mittelpunkt der Menschenbilder von Pico della Mirandola, Juan Vives und Castiglione steht.

4. Literatur

Alberti, Leon Battista. *I libri della famiglia* [1432–43]. Ed. Ruggiero Romano e Alberto Tenenti. Torino: 1969.

Aretino, Leonardo Bruni. „Ad Petrum Paulum Histrum Dialogus." *Prosatori latini de Quattrocento*. Ed. Eugenio Garin. Milano: 1952. 44–99.

Aristoteles. *Nikomachische Ethik*. Auf der Grundlage der Übersetzung von Eugen Rolfes herausgeben von Günther Bien. Hamburg: ^{4}1985.

Brewer, Stella M. *Design for a Gentleman: The Education of Philip Stanhope*. London: 1963.

Burke, Peter. *The Fortunes of the Courtier: The European Reception of Castiglione's Cortegiano*. Cambridge/Oxford: 1995.

Burckhardt, Jacob. *Die Kultur der Renaissance in Italien*. Stuttgart: ^{11}1988.

Castiglione, Baldassare. *Il Libro del Cortegiano* [1528]. Ed. Vittorio Cian. Firenze: ^{4}1948. *Il Libro del Cortegiano*. Ed. Giulio Preti. Torino: 1960.

Castiglione, Baldassare. *Le Lettere*. Ed. G. La Rocca. Milano 1978.

Castiglione, Baldassare. *Das Buch vom Hofmann*. Übersetzt, eingeleitet und erläutert von Fritz Baumgart. Bremen: 1960.

Castiglione, Baldassare. *The Book of the Courtier*. Transl. Leonard Eckstein Opdycke. New York: 1901.

Castiglione, Baldassare. *The Book of the Courtier from the Italian of Count Baldassare Castiglione* [1561]. Transl. Thomas Hoby. London: 1900; repr. 1975.

Cicero. *De Oratore – Über den Redner*. Lateinisch/ Deutsch. Übersetzt und hgg. von Harald Merklin. Stuttgart: ^{2}1991.

Cleland, James. *The Institution of a Noble Man*. Oxford: 1607.

Cleland, James. *The Institution of a Young Noble Man* [1607, 1612, 1611]. Scholar's Facsimiles and Reprints. New York: 1948.

Crane, Thomas F. *Italian Social Customs of the 16th Century and Their Influence of the Literature of Europe*. New Haven: 1920.

Dei Grimaldi, Robbio Pelegro. *Discorsi nei quali si ragiona compiutamente, di quanto far debbono i Gentilhuomini ne servigi de' lor Signori, per acquitarsi la grazia loro*. Genoa: 1543.

Della Casa, Giovanni. *Il Galateo* [1560]. Ed. Stefano Prandi. Torino: 1994.

Erasmus, Desiderius. *Declamatio de pueris statim ac liberaliter instituendis*. Ed. Jean Claude Margolin. Genève: 1966.

Falvo, Joseph D. *The Economy of Human Relations: Castiglione's Libro del Cortegiano*. New York: 1992.

Fietz, Lothar. „The Chameleon and the Player: Reflections on the Relation between English and Continental Renaissance Thought." *Anglia* 110, 1/2 (1992): 85–99.

Fietz, Lothar. *Fragmentarisches Existieren: Wandlungen des Mythos von der verlorenen Ganzheit in der Geschichte philosophischer und literarischer Menschenbilder.* Tübingen: 1994.

Guicciardini, Francesco. *Storia d'Italia.* Ed. C. Panigada. 5 vols. Bari: 1929.

Greene, Thomas M. „The Flexibility of the Self in Renaissance Literature." *The Disciplines of Criticsm.* Ed. Peter Demetz, Th. M. Greene, and Lowry Nelson, Jr. New Haven: 1968, 241–264.

Hanning, Robert W., and David Rosand, eds. *Castiglione: The Ideal and the Real in Renaissance Culture.* New Haven: 1983.

Hauvette, Henri. *Littérature Italienne.* Paris: 1906.

Heltzel, Virgil B. *A Check List of Courtesy Books in the Newberry Library.* Chicago: 1942.

The Institucion of a Gentleman [1555]. Amsterdam: 1974.

Kapp, Volker, ed. *Le Bourgeois Gentilhomme: Problèmes de la Comédieballet.* Biblio 17–67. Paris, Seattle, Tübingen: 1991.

Kelso, Ruth. *The Doctrine of the English Gentleman in the Sixteenth Century.* Urbana: 1929.

Klesczewski, Reinhard. *Die französischen Übersetzungen des Cortegiano von Baldassare Castiglione. Untersuchungen zur Textgeschichte des „Courtisan".* Heidelberg: 1966.

Kuin, Roger. „Sir Philip Sidney: The Courtier and the Text." In: *English Literary Renaissance* 19:3 (1989): 249–271.

Ley, Klaus. „Castiglione und die Höflichkeit: Zur Rezeption des *Cortegiano* im deutschen Sprachraum vom 16. bis zum 18. Jahrhundert." *Beiträge zur Aufnahme der italienischen und spanischen Literatur in Deutschland im 16. und 17. Jahrhundert.* Ed. Alberto Martino. Amsterdam/Atlanta: 1990. 3–108.

Loos, Erich. *Baldassare Castigliones Libro del Cortegiano: Studien zur Tugendauffassung des Cinquecento.* Frankfurt: 1955.

Machiavelli, Niccolò. *Il Principe / Der Fürst* [1532] Italienisch/Deutsch. Übersetzt und herausgegeben von Philipp Rippel. Stuttgart: 1995.

Menut, Albert D. „Castiglione and the Nicomachean Ethics." *PMLA* LVIII (1943): 309–321.

Mesnard, Jean. „'Honnête homme' et 'honnête femme' dans la culture du XVIIe siècle." *Présences féminines: Littérature et sociéte au XVIIe siècle français. Actes de London (1985).* Biblio 17. Ed. Richmond, Ian et Constant Veneson. Paris, Seattle, Tübingen: 1987. 15–46.

Peacham, Henry. *The Compleat Gentleman* [1622]. Amsterdam, New York: 1968. – Facsimile.

Pico della Mirandola, Giovanni. *De hominis dignitate / Über die Würde des Menschen.* Lateinisch/Deutsch. Übersetzt von Norbert Baumgarten. Ed. August Buck. Hamburg: 1990.

Platon. *Politikos. Philebos. Timaios. Kritias.* Übersetzt von F. Schleiermacher und H. Müller. Ed. W. F. Otto, E. Grassi und G. Plamböck. Hamburg: 1977.

Prescott, Orville. *Princes of the Renaissance.* New York: 1969.

Die Psychomachie des Prudentius. Lateinischdeutsch. Eingeführt und übersetzt von Urs Engelmann. Basel, Freiburg/Br., Wien: 1959.

Raven, Simon. *The English Gentleman: An Essay in Attitudes.* London: 1961.

Rebhorn, Wayne A. *Courtly Performances: Masking and Festivity in Castiglione's Book of the Courtier.* Detroit: 1978.

Rippel, Philipp. „Honnête Homme und Citoyen oder Wechsel eines Leitbildes." *GRM* 34:4 (1984): 456–461.

Roeder, Ralph. *The Man of the Renaissance: Four Lawgivers: Savonarola, Machiavelli, Castiglione, Aretino.* New York: 1933.

Rosso, Corrado. „L'Honnête homme dans la tradition italienne et française." *Actes de New Orleans. Papers on French Seventeenth-Century Literature.* Biblio 17–5. Ed. Francis L. Lawrence. Paris, Seattle, Tübingen: 1982.

Salvadori, Giulio. *Liriche e saggi.* 3 vols. Milano: 1933.

Salvatorelli, Luigi. *Sommario della Storia d'Italia dai tempi preistorici ai nostri giorni.* Torino: ²1939.

Schrinner, Walter. *Castiglione und die englische Renaissance.* Berlin: 1939.

Smith, Pauline. *The Anti-Courtier Trend in Sixteenth-Century French Literature.* Geneva: 1966.

Stanhope, Philip Dormer. *Letters to His Son: On the Fine Art of Becoming a Man of the World and a Gentleman.* In Two Volumes. London: 1926.

Stanhope, Philip Dormer, Earl of Chesterfield. *Briefe an seinen Sohn Philip Stanhope über die anstrengende Kunst ein Gentleman zu werden.* Übersetzt von I. G. Gellius. München: 1984.

Stanton, Domna C. *The Aristocrat as Art: A Study of the Honnête Homme and the Dandy in Seventeenth- and Nineteenth-Century French Literature.* New York: 1980.

Tocqueville, Alexis de. *L'Ancien Régime et la Révolution* [1856]. Ed. J.-P. Mayer. Paris: 1952.

Uhlig, Claus. *Hofkritik im England des Mittelalters und der Renaissance.* Berlin, New York: 1973.

Vale, Maria. *The Gentleman's Recreations: Accomplishments and pastimes of the English gentleman 1580–1630*. Rowman and Littlefield: 1977.

Vives, Juan Luis. *Eine Fabel vom Menschen [= Fabula de homine 1518]*. Humanistische Geisteswelt. Ed. Jürgen von Stackelberg. Baden-Baden: 1956. 249–258.

Woodhouse, John Robert. „From Castiglione to Chesterfield: The Decline in the Courtier's Manual." Inaugural Lecture. 25 October 1990. Oxford: 1991.

Lothar Fietz, Tübingen (Deutschland)

59. Robert Estienne, Dictionarum (1531) und die Entwicklung der Lexikographie

1. Robert Estiennes verlegerische Tätigkeit
2. Robert Estiennes Wörterbücher und ihre Filiationen
3. Weiterentwicklungen unter Beibehaltung der Nomenklatur Estiennes in den Bearbeitungen
4. Die Verwendung von Estiennes Wörterbüchern in der Mikrostruktur der Bearbeitungen
5. Die Wirkung von Estiennes Wörterbüchern im Licht der Bearbeitungen
6. Literatur

1. Robert Estiennes verlegerische Tätigkeit

Robert Estienne (* 1499 oder 1503 in Paris, † 1559 in Genf) zählt zur zweiten Generation der französischen Humanisten- und Buchdruckerfamilie Estienne, die in acht Generationen (von 1502 bis 1664) insgesamt ca. 1600 Werke herausgebracht hat, meist antike Texte und Arbeiten zeitgenössischer Humanisten, aber auch von den Estiennes selbst verfaßte Werke. Robert Estiennes Vater Henri (ca. 1460–1520) heiratet die Witwe des Druckers Jean Higman und begründet mit sorgfältig erstellten lateinischen Drucken humanistischer Gelehrter den Ruf des Hauses Estienne. Nach dem Tod des Vaters wird der Drucker Simon de Colines Robert Estiennes Stiefvater, in dessen Offizin Estienne sein Handwerk erlernt und 1522–1523 eine vielbeachtete lateinische Ausgabe des 'Neuen Testaments' erstellt. Ab 1526 besitzt Estienne eine eigene Werkstatt, in der er zunächst pädagogische Werke zur Erlernung der lateinischen Sprache, Ausgaben lateinischer Klassiker, eine kritische Ausgabe der 'Vulgata' (1528) und später weitere Bibelausgaben erstellt. Bei diesen wie bei den Klassikerausgaben beschränkt Estienne sich nicht auf einen reinen Nachdruck bereits existierender Editionen. Er versucht vielmehr, einen möglichst unverdorbenen Text durch die Kollation von Handschriften und frühen Drucken zu erstellen, und er begründet seine Textwahl durch Anmerkungen, die im Fall der Bibelausgaben einen ganzen Band füllen können. Spätestens seit seiner Ernennung zum königlichen Drucker für Hebräisch und Latein (1539) stehen ihm dazu die Handschriften der Königlichen Bibliothek in Paris zur Verfügung (Brandon 1904a, 5 ff.; 1904b, 20).

Die theologische Fakultät der Sorbonne wirft Estienne nicht nur die Veränderung des gewohnten Textes der Bibel vor, sondern sie betrachtet den kritischen Apparat, den Estienne den Bibelausgaben in Gestalt von Anmerkungen, Glossaren und Indices beigibt, als Provokation und erreicht 1547 trotz seines Titels 'Imprimeur du Roy' und der Berühmtheit Estiennes als humanistischer Gelehrter ein königliches Verbot des Drucks und Verkaufs der Estienne-Bibeln (Armstrong 1954, 184). Nachdem Estienne sich im Jahr 1548 vergeblich um eine Aufhebung des Verbots bemüht hat, verlagert er in den nächsten zwei Jahren große Teile seiner Druckerei nach Genf. Estienne nimmt z. B. Kopien der berühmten, von Claude Garamont gefertigten Drucktypen (= die 'Grecs du roi') dorthin mit. Da in Paris der Aufenthaltsort der kostbaren Originaltypen (das Châtelet) inzwischen vergessen ist, gilt Estienne bis zu ihrem zufälligen Wiederfinden als Dieb. Nach dem Zeugnis Calvins ist Estienne spätestens seit Ende des Jahres 1550 mit seiner Familie in Genf. Die ersten Werke aus seiner Genfer Presse erscheinen 1551, so eine griechische Ausgabe des 'Neuen Testaments', bei der Estienne die heute noch gültige Einteilung des Bibeltextes in Verse entwickelt hat. Robert Estiennes Brüder François und Charles bleiben in Paris und führen ihre Geschäfte als Drucker, Buchhändler und Verleger fort. Charles Estienne wird Roberts Nachfolger als 'Imprimeur du Roy'. Als sich Estiennes jüngere Söhne Robert und François nach kurzer Zeit in Genf dazu entschließen, nach Paris zurückzukehren, wird Charles Estienne ihr Vormund und erreicht für sie die Herausgabe der beschlagnahmten Besitztümer ihres Vaters. Robert Estienne übernimmt die Druckerei des Vaters in Paris, wird später ebenfalls 'Imprimeur du Roy' und arbeitet häufig mit Jacques Dupuys, einem Schwager seiner Mutter, zusammen. In Genf druckt sein Vater hauptsächlich Werke religiösen Inhalts, die er im Vorwort der Bibel von 1557 „libros solos Christiano dignos" nennt. Mit seinem in Genf verbliebenen Sohn Henri beginnt Estienne mit der Arbeit an einem 'Thesaurus linguae graecae', den Henri nach dem Tod des Vaters weiterführt. Der griechische 'Thesaurus' erscheint 1572 in Henri Estiennes Genfer Verlag (Armstrong 1954, 225–235).

2. Robert Estiennes Wörterbücher und ihre Filiationen

2.1. Die Konzeption von Robert Estiennes 'Dictionarium' von 1531

Im Vorwort zu seinem 'Dictionarum, seu Latinae linguae Thesaurus' von 1531 erklärt Estienne, daß er lange Zeit einen Bearbeiter für Calepins Wörterbuch gesucht habe, da ihn Kunden seit Jahren um einen Nachdruck dieses lateinischen Wörterbuchs gebeten hätten, aber niemand habe sich dafür zur Verfügung gestellt. Für ihn sei es dann einfacher gewesen, ein neues Wörterbuch zu erstellen als Calepins Wörterbuch zu verbessern. Mehr als 20 Jahre später druckt Estienne 1553/54 in Genf doch noch Calepins Wörterbuch nach, weil er sich, wie er im Vorwort sagt, darüber ärgert, daß findige Verleger die Artikel seines 'Dictionarium' in das Calepinus-Wörterbuch eingearbeitet haben und ihn so berauben. Vermutlich spielt Estienne auf die „adaptation non autorisée du Thesaurus" an, die Theodosius Trebellius unter dem Titel 'Latinae Linguae universae Promptuarium' 1545 in Basel herausgebracht hat (Brandon 1904a, 116 f.).

Calepins Wörterbuch erscheint zum ersten Mal 1502 in Reggio. Anders als das bisher marktbeherrschende 'Catholicon' Johannes Balbis von Genua, das im Artikelaufbau auf die Übermittlung von mittelalterlichen Sachinformationen ausgerichtet ist, ist Calepins 'Dictionarium' das erste allgemeinsprachliche Wörterbuch, das die Beschreibung sprachlicher Zeichen in den Mittelpunkt stellt und alle Bausteine moderner Sprachwörterbücher enthält, wie Stichwörter in geordneter Makrostruktur, Bedeutungsangaben, Zitate, die die Angaben in den Artikeln stützen, des öfteren auch morphosyntaktische, prosodische und etymologische Hinweise. Darüber hinaus erscheinen Ableitungen und Zusammensetzungen des Grundworts als Unterartikel, für die oft ebenfalls alle genannten Angaben gebucht sind. Calepins Wörterbuch ist allerdings kein reines Sprachwörterbuch des Lateinischen, sondern es verzeichnet eine größere Anzahl von Eigennamen sowie die griechischen Äquivalente einiger weniger Stichwörter bzw. Unterartikel (vgl. Lindemann 1985, 83 n. 56).

Trotz der Kritik Estiennes am Calepin-Wörterbuch („tantum chaos ... et rerum omnium cõfusio", Vorwort) beruht Estiennes 'Dictionarium' einerseits auf der Entwicklung des Sprachwörterbuchs durch Calepin, geht andererseits aber auch weit über die Konzeption dieses Wörterbuchs hinaus. Zwischen Vorwort und Errata-Liste bekennt Estienne, in seinem Wörterbuch gäbe es viele Irrtümer, teilweise bedingt durch die mangelnde Sorgfalt seiner Arbeiter oder durch eigene Unachtsamkeit („hallucinatione mea"), teilweise aber auch durch Calepins Schuld. Vom Beispiel Calepins angeregt habe er in gutem Glauben Wörter aufgenommen, um dann bei der Überprüfung in den Texten festzustellen, daß sie dort überhaupt nicht oder nicht in der bei Calepin genannten Form vorkommen.

Estienne verfaßt in seinem 'Dictionarium' von 1531 das erste reine Sprachwörterbuch, weil er anders als Calepin darauf verzichtet, Eigennamen in die Nomenklatur aufzunehmen. Im Vorwort begründet Estienne das Weglassen damit, daß er das Wörterbuch nicht durch die Eigennamen habe vergrößern und verteuern wollen, zumal er bereits ein Eigennamenwörterbuch überarbeitet habe (vgl. Lindemann 1998, 210 ff.). Estienne gilt als Autor von zwei lateinischen Wörterbüchern, die nur Eigennamen enthalten: das aus den Anmerkungen zu den Bibelausgaben hervorgegangene 'Hebraea, chaldaea, graeca et latina nomina virorum ... quae in Biblis leguntur' (1537) und das 'Dictionarium propriorum nominum' (1541), dessen Hauptakzent auf Eigennamen aus der antiken Literatur und auf der Beschreibung geographischer Bezeichnungen liegt.

Estienne ersetzt bei der Abfassung der Artikel des 'Dictionarium' (1531) die Idee der Kompilation, des Anhäufens von Wissen, durch die der Selektion: Er nennt die guten Autoren, d. h. die Autoren der klassischen Latinität, als Lieferanten der Stichwörter und als Garanten ihrer Beschreibung im Wörterbuch. Wörter und Wendungen, die nicht in den Texten der klassischen Autoren bezeugt sind, nimmt Estienne nur dann in sein Wörterbuch auf, wenn sie ihm für das Verständnis antiker Texte, etwa der Komödien des Plautus, notwendig erscheinen, kennzeichnet sie dann allerdings als „dictiones ... dubias et suspectas". Anders als Calepin strukturiert Estienne die Artikel seines Wörterbuchs nach Prinzipien, über die er im Vorwort Auskunft gibt. Wichtiger als eine möglichst umfangreiche Nomenklatur ist Estienne die genaue semantische Beschreibung der im Wörterbuch behandelten Wörter („vocabulorum variae significationes"), die er zur Grundlage des Aufbaus der Artikel macht. Auch sollen die Artikel die Konstruktionsmöglichkeiten der Wörter beschreiben, sowie die der phraseologischen Bindungen, die sie eingehen („non modo constructionem, sed etiam locutionum varietas"). Estienne ist sich offensichtlich über die Abhängigkeit von semantischen und morphosyntaktischen Faktoren bei der Funktion sprachlicher Zeichen im klaren und berücksichtigt beide bei der Gestaltung der Artikel des Wörterbuchs.

Wie fast alle frühen Wörterbücher verzeichnet Estienne unter dem Stichwort im Artikel weitere Mitglieder der Wortfamilie, denen er dieselbe Behandlung zukommen läßt wie dem Stichwort. Die Gründe dafür, nur die Grundwörter von Wortfamilien als Stichwörter zu führen und über die alphabetische Anordnung zugänglich zu machen, liegen im Etymologieverständnis des 16. Jhs. (vgl. Niederehe 1983, 72 ff., Lindemann 1994, 187 ff.). Ausnahmen sind bei Estienne präfixale Ableiten, die fast immer den Status eines Stichworts haben (z. B. *abnego, abrado*). Die bei Calepin gelegentlich in den Artikeln genannten griechischen Äquivalente fehlen bei Estienne 1531 völlig. Nur wenn sie Teil der etymologischen Angaben sind, d. h. Estienne griechische Formen für den Ursprung der im Artikel behandelten lateinischen hält, erscheinen sie in den Artikeln. Zur Verdeutlichung der prosodischen Verhältnisse setzt Estienne bei den lateinischen Wörtern Akzente ein, zur Verdeutlichung der Bedeutung dienen neben lateinischen Synonymen oder Definitionen gelegentlich französische Äquivalente oder Paraphrasen der Stichwörter und Untereinträge.

Um den Gebrauch der gebuchten Formen zu veranschaulichen und seine Aussagen über sie zu beweisen, verwendet Estienne wie Calepin Zitate. Calepin greift dabei auf die seit Jahrhunderten in den lexikographischen Werken tradierten Zitate und Beispielsätze zurück, die er meist nur durch den Namen des Autors als Zitat kennzeichnet. Werk oder genaue Stellenangabe fehlen fast immer. Estienne übernimmt häufig diese vagen Hinweise, ergänzt sie aber öfter durch präzise Angaben aus eigenen Exzerpten von Autoren, deren Werke er gelesen oder nach Kollation mit Handschriften herausgegeben hat (z. B. Terent. in Phor. 2.2.19 oder Plin. in Paneg. 59 s. v. *abrado*). Bereits bei Calepin wird das Bedürfnis spürbar, der Sprachkompetenz des Wörterbuchschreibers durch Zitate die Verwendung der beschriebenen Stichwörter in Texten zur Seite zu stellen. Estienne geht nun insofern darüber hinaus, als er neue eigene Exzerpte den Artikeln beifügt, deren Stellenangaben so abgefaßt sind, daß die Zitate gefunden und überprüft werden können. Nachdem etwa 800 Jahre vor Estienne aus der Glossierung lateinischer Texte Glossensammlungen entstanden sind, die später durch Kompilation, Umkehrungen und alphabetisches Ineinandersortieren zu den ersten lateinischen Wörterbüchern wurden, ohne daß die Lexikographen die Texte erneut angesehen hätten (Lindemann 1994, 93 ff.), kehrt Estienne als erster Wörterbuchautor zur Exzerption von Texten zurück, allerdings nicht zur Exzerption mittelalterlicher Texte, sondern zu der von Texten, die zur klassischen Latinität zählen.

2.2. Die Bearbeitungen des 'Dictionarium' (1531) im Verlag Estiennes und seiner Nachfolger

Die zweite Auflage des 'Dictionarium' erscheint im Jahr 1536. Estienne verringert hier den Anteil der französischen Formen, weil, wie er im Vorwort sagt, die französischen Elemente in der ersten Auflage heftige Kritik erfahren haben. Als Folge dieser Kritik spaltet er sein lexikographisches Werk mit der nächsten Auflage in einen rein lateinischen Zweig und in einen Zweig, der französische Verständnishilfen in den Wörterbüchern anbietet. Estienne 1531 erscheint unter dem alten Titel 'Dictionarium, seu Latinae linguae Thesaurus' ab 1543 ohne französische Elemente. Dieses rein lateinische Wörterbuch, das noch 1740–1743 nachgedruckt wird, wendet sich, wie schon sein Zitatenreichtum zeigt, vorwiegend an ein gelehrtes Publikum, das keine Verständnishilfe durch französische Äquivalente oder Paraphrasen benötigt (vgl. Brandon 1904a, 16 f.; Wooldridge 1977, 21 u. n. 8).

Bereits 1538 entwickelt Robert Estienne aus dem 'Dictionarium, seu Latinae linguae Thesaurus' das 'Dictionarium Latinogallicum' mit einer größeren Anzahl an französischen Elementen als die Vorläufer von 1531 und 1536. Dennoch gibt Estienne bei weitem nicht allen Artikeln französische Formen bei; in einer Stichprobe von 50 Artikeln haben 11 keine französischen Elemente (vgl. Lindemann 1994, 329). Auch in den Artikeln mit französischen Elementen erhalten nicht alle Artikelteile französische Übersetzungen. Nach wie vor werden französische Formen nur als Äquivalente oder Paraphrasen der lateinischen Einträge oder Untereinträge eingesetzt, also als reine Verständnishilfe für den semantischen Gehalt der lateinischen Formen. Morphosyntaktische, prosodische und etymologische Angaben erhalten nur die lateinischen Wörter. Da das Wörterbuch nicht für ein gelehrtes Publikum bestimmt ist, werden die Zitate von Estienne 1531 zu Beispielsätzen und Beispielsyntagmen umgearbeitet, d. h. die Namen der Autoren oder die Titel der Werke, in denen die lateinischen Stichwörter oder Untereinträge vorkommen, werden in Estienne 1538 nicht genannt. Die Beispielsätze und Beispielsyntagmen erläutern nur den Gebrauch der lateinischen Formen, so daß der Charakter des lateinischen Wörterbuchs mit wenigen französischen Elementen in den Artikeln erhalten bleibt. Wie Estienne 1531 verzeichnet das 'Dictionarium Latinogallicum' von 1538 keine Eigennamen, obwohl die Ausgabe von 1536 Eigennamen aufgeführt hat. Dennoch geht das 'Dictionarium Latinogallicum' nicht allein auf das 'Dictionarium' von 1531 zurück, sondern es enthält auch Stichwörter (z. B. *abamita*), die in der Ausgabe von 1536 enthalten sind, aber in der von 1531 gefehlt haben. Das 'Dictionarium Latinogallicum' von 1538 erfährt noch im selben Jahr eine weitere Ausgabe (Unterschiede: Wooldridge 1978, 220 f.; Nachdrucke 1543 und 1544; Auflagen: 1546, 1552, Nachdruck: 1561). In die 4. Auflage von 1570, der ersten nach Estiennes Tod (1559), werden gelegentlich griechische Äquivalente oder Paraphrasen der Stichwörter oder Untereinträge aufgenommen (Titelauffrischungen: 1571, 1591).

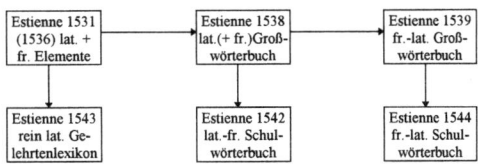

Abb. 59.1: Von Robert Estienne entwickelte Sprachwörterbuchtypen und ihre Abhängigkeiten untereinander

Bereits ein Jahr nach dem Erscheinen des 'Dictionarium Latinogallicum' bringt Robert Estienne mit dem 'Dictionaire Francoislatin' 1539 das erste allgemeinsprachliche Wörterbuch heraus, das vom Französischen ausgeht. Mit Cingularius 1529 ist zwar schon früher ein alphabetisches französisches Wörterbuch erschienen, aber da es lateinische Synonyme unter alphabetisch angeordneten französischen Stichwörtern darbietet, handelt es sich um ein Spezialwörterbuch, dessen französische Formen nur einen Bruchteil dessen ausmachen, was Estienne im ersten allgemeinsprachlichen französischen Wörterbuch verzeichnet (Bierbach 1994, 91 ff.; Lindemann 1994, 458 f.). Das 'Dictionaire Francoislatin' von 1539 steht zu seinem direkten Vorläufer, dem 'Dictionarium Latinogallicum' von 1538 im Verhältnis der Umkehrung, d. h. Estienne hat die französischen Äquivalente, Definitionen und Paraphrasen der lateinischen Stichwörter und Untereinträge, die im Vorläufer an zweiter Stelle stehen, an die erste gerückt und sie dann alphabetisch sortiert. Er ergänzt außerdem Übersetzungen der ihm wichtig erscheinenden Artikel oder Artikelteile, die in Estienne 1538 noch ohne französische Entsprechung sind. Wie sein Vorläufer ist das 'Dictionaire Francoislatin' alphabetisch nach den Grundwörtern von Wortfamilien geordnet. Es enthält keine Eigennamen als Stichwörter und ist damit ein reines Sprachwörterbuch. Trotz der alphabetischen Anordnung nach französischen Wörtern ist das Lateinische nach wie vor die Sprache, deren Erfordernisse die Struktur der Artikel bestimmten. So enthält der Artikel 'pere' die Unterartikel 'Le pere de ma femme, Socer & Socerus' und 'Celuy ou celle qui a encore son pere uiuant, Patrimus', um den Benutzer über die lateinischen Formen und ihre Unterscheidung zu informieren; für die Beschreibung des französischen Wortes 'pere' sind die Untereinträge bedeutungslos. Die große Anzahl von französischen und lateinischen Beispielsätzen und Beispielsyntagmen dient nicht der Verdeutlichung der Verwendungsweise der französischen Wörter, die Beispiele führen vielmehr vor allem lateinische Wendungen ein, bei denen die semantische Gleichung von französischem Stichwort und einem der lateinischen Äquivalente nicht aufgeht. Ebenso verzeichnet Estienne keine morphosyntaktischen oder prosodischen Angaben zu den französischen Wörtern. Estienne bearbeitet unter Einbeziehung Guillaume Budés die zweite Auflage des Wörterbuchs von 1549, die dritte entwickelt Jean Thierry 1564 (Nachdrucke: 1565, 1572). Die vierte Auflage entsteht unter der Leitung von Jean Nicot und erscheint 1573 bei dem zur Estienne-Familie gehörenden Verleger Jacques Dupuys (Titelauffrischungen: 1584, 1585; Unterschiede: Wooldridge 1977, 23 ff.; Lindemann 1994, 340 ff.). Die letztgenannte Auflage von 1573 ist die Basis einer Vielzahl von Bearbeitungen (meist unter dem Titel 'Grand Dictionnaire françois-latin') von 1593—1614, die bis 1628 nachgedruckt werden. In diesen Bearbeitungen wird das Gewicht von dem auf die Beschreibung des Lateinischen ausgerichteten Werk allmählich zum französisch-lateinischen Wörterbuch hin verschoben. So buchen einige Bearbeitungen Zitate französischer Autoren, die der Illustrierung der Verwendung der französischen Wörter dienen, andere geben öfter morphosyntaktische Hinweise zu den französischen Wörtern (Lindemann 1994, 350 ff.). Wie das 'Dictionarium Latinogallicum' von 1570 nehmen einige Ausgaben griechische Elemente in die Artikel auf (zu den Hauptunterschieden der Bearbeitungen vgl. Wooldridge 1992).

Die fünfte Auflage von Estiennes 'Dictionaire Francoislatin' erscheint erst zwei Jahre nach Nicots Tod unter dem Titel 'Thresor de la langue Francoyse' (1606). Viele der von Nicot für diese Auflage geschriebenen Artikel enthalten keine lateinischen Formen, oder die lateinischen Äquivalente werden zwar genannt, nehmen aber im Vergleich zu den Aussagen über die französischen Stichwörter einen sehr geringen Raum ein. Die Artikel der Auflagen von 1539—1573 verbleiben aber im allgemeinen unverändert im 'Thresor' und gehen häufig über die erste Auflage des 'Dictionarium Latinogallicum' von 1538 auf Estienne 1531 zurück. Im 'Thresor' sind also nebeneinander Artikel, die auf die Beschreibung lateinischer Wörter und Artikel, die auf die Beschreibung französischer Wörter ausgerichtet sind. Je nach der Gewichtung der beiden Artikeltypen gilt das Wörterbuch als lateinisches mit wenigen französischen Elementen in den Artikeln (Rosenstein 1985, 36; Lindemann 1994, 347), als „semi-bilingue" (Quemada 1968, 52—54) oder es wird die „orientation monolingue (française)" in den Vordergrund gestellt (Wooldridge 1977, 243; Wooldridge 1992, 4). Nicot 1606 ist die Basis für viele lateinisch-französische Wörterbücher des 17. Jhs. (Monet, Pomey, Delbrun, Danet, Tachart, vgl. Quemada 1968, 46). Einsprachige Wörterbücher (wie die Antoine Oudins, Ménages, Borels oder Furetières) verwenden Zitate aus Nicot 1606 oder späteren Ausgaben von Nicot 1593; Nicot 1606 soll noch bei der Abfassung des ersten Akademie-Wörterbuchs herangezogen worden sein (Wooldridge 1992, 184 ff.).

Sowohl vom 'Dictionarium Latinogallicum' (1538) als auch vom 'Dictionaire Francoislatin' (1539) erstellt Estienne Verkürzungen. Das lateinisch-französische 'Dictionariolum puerorum' erscheint im Jahr 1542, das französisch-lateinische 'Les mots francois selon lordre des lettres' im Jahr 1544. Beide Wörterbücher enthalten weniger Einträge und Untereinträge als die Vorläufer. Das 'Dictionariolum puerorum' verzichtet auf fast alle Syntagmen oder Beispielsätze; deren semantische Informationen werden im allgemeinen durch Äquivalentenreihung übermittelt. Nahezu allen lateinischen Formen werden französische Bedeutungsangaben zugeordnet. Morphosyntaktische und prosodische Angaben, die im größeren Wörterbuch gelegentlich erscheinen, werden systematisch bei allen lateinischen Formen eingesetzt. Eigennamen fehlen hier wie in Estienne 1531 und 1538. Während das 'Dictionariolum' fünf Konjugations- und mindestens zwei Deklinationsformen der lateinischen Verben und Substantive verzeichnet und auch Angaben zu weiteren Wortklassen macht, bucht das französisch-lateinische 'Les mots francois' nur den Infinitiv bzw. den Nominativ der lateinischen Wörter. Ausdrückliche morphosyntaktische oder prosodische Angaben fehlen hier ebenso wie Beispielsyntagmen, sieht man von wenigen Ausnahmen ab. Wie in Estienne 1539 werden in den 'Mots francois' keine Eigennamen gebucht. Beide Schulwörterbücher, das 'Dictionariolum' und die 'Mots francois', werden vor allem durch Übernahmen aus den großen Wörterbüchern Estiennes und ihren Bearbeitungen verändert, so enthalten ab 1573 manche 'Dictionariolum'-Ausgaben griechische Elemente. Gleichzeitig werden aber auch die alten Ausgaben mit wenigen, hauptsächlich graphischen Änderungen nachgedruckt. Der Erfolg der Wörterbücher mit einem verhältnismäßig geringen Umfang und sehr viel Information über die lateinischen Wörter läßt eine Vielzahl von Nachdrucken und Raubdrucken entstehen. Von jedem der kleinen Schulwörterbücher kennen wir ca. 40 Ausgaben allein im 16. Jh., aber sie werden auch später noch nachgedruckt. Mit den beiden 'kleinen' Wörterbüchern hat Estienne die heute noch gültige Form des lateinischen Schulwörterbuchs geschaffen. Bis heute wird das Lateinische im Kontrast zu den modernen Sprachen so beschrieben, daß nur Angaben zu den lateinischen Formen gemacht werden, die Wörter der jeweiligen modernen Sprachen sind bekannt und dienen nur als Hilfe zum Verständnis der lateinischen Formen.

2.3. Die Zielsetzung der Wörterbücher Estiennes

Bereits Brandon 1904a, 48 stellt zurecht fest, daß Estiennes 'Dictionarium' von 1531 kein zweisprachiges Wörterbuch ist. Im Mittelpunkt des Wörterbuchs steht vielmehr die Beschreibung der lateinischen Sprache, wenige französische Elemente dienen der Verständnishilfe und werden nicht systematisch eingesetzt. Auch mit der Abfassung des ersten allgemeinsprachlichen Wörterbuchs mit französischer Nomenklatur 1539 ändert sich diese Zielsetzung nicht, worauf Estienne im Vorwort ausdrücklich hinweist. Mit diesem Wörterbuch soll der französischen Jugend ein Hilfsmittel in die Hand gegeben werden, das es ihr erlaubt, „sans l'aide d'autruy, passer par les destroictz de la langue Latine". Zum ersten Mal ist es mit Estienne 1539 möglich, von französischen Formen ausgehend zu den lateinischen Entsprechungen zu gelangen. Bis zum Erscheinen des 'Dictionaire Francoislatin' hat es nur lateinisch-französische allgemeinsprachliche Wörterbücher gegeben. Mit dem lateinisch-französischen Schulwörterbuch 'Dictionariolum puerorum' schafft Estienne das zweisprachige Wörterbuch, das die Formen einer Sprache (der Lateinischen) ausführlich beschreibt, die der zweiten als bekannt ansieht und sie daher nur als Verständnishilfe einsetzt. Der Zugriff auf die Informationen kann nicht nur über die lateinischen Wörter, sondern auch über das französisch-lateinische 'Les mots francois' erfolgen, das

Lateinische aber ist die Zielsprache, sowohl im französisch-lateinischen als auch im lateinisch-französischen Wörterbuch.

Estiennes Wörterbücher wollen das reine, klassische Latein beschreiben, und Estienne geht zu diesem Zweck auf die lateinischen Texte zurück. In weit stärkerem Maß als Calepin wendet sich Estienne vom Hergebrachten ab. Er schließt aus der Nomenklatur seiner Wörterbücher die nicht klassischen Formen aus und beschreibt die Wörter nach wohlüberlegten und im Vorwort erläuterten Prinzipien. Wie seine kritischen Textausgaben erstellt Estienne seine Wörterbücher mit Sorgfalt. Er versucht, durch eine klare Gliederung der Artikel und durch die drucktechnische Absetzung der Untereinträge dem Leser die Benutzung der Wörterbücher zu erleichtern. Die neue Konzeption der Wörterbuchartikel, vor allem aber das sichtbare Bemühen um die Beschreibung des klassischen Lateins, bedingen den Ruhm der Estienne-Wörterbücher, der sich in der Übernahme bzw. Bearbeitung ganzer Wörterbücher oder von Teilen von Estiennes Wörterbüchern zeigt.

3. Weiterentwicklungen unter Beibehaltung der Nomenklatur von Estiennes Wörterbüchern

3.1. Beibehaltung nur der lateinischen Nomenklatur von Estiennes Wörterbüchern

Die erste Bearbeitung eines der Wörterbücher Estiennes erstellen die Schweizer Petrus Cholinus und Johannes Frisius 1541 für Christoph Froschauer in Zürich (zwei Ausgaben im selben Jahr: Claes 1977, 386/7). Den Grund dafür, Estiennes Wörterbuch zu bearbeiten, nennen Cholinus/Frisius im Vorwort: sie seien an der Verbreitung des 'guten' (unverdorbenen) Lateins interessiert, als dessen Garant Estienne gilt. Ein Fünftel der bei Cholinus/Frisius 1541 verzeichneten lateinischen Formen stammen nicht aus Estienne 1538. Die Zusätze sind seltene, obsolete, barbarische und insolente Wörter, die Cholinus/Frisius ausdrücklich als solche markieren und die meist in den Wörterbüchern von Calepinus und Dasypodius oder in der Grammatik von Despauterius verzeichnet sind (de Smet 1988, 400 f.). Wie Estienne 1536 führt Cholinus/Frisius 1541 Eigennamen auf. Die Autoren vermeiden laut Vorwort Fremdwörter bei den deutschen Äquivalenten der lateinischen

Formen sowie sprachunübliche Wörter, deren Aufnahme sie dem lateinisch-deutschen Wörterbuch von Dasypodius vorwerfen. Sie buchen oberdeutsche Formen, die sie als „lingua in Germania superiori maxime recepta, et Helvetijs simul ac Germanis communissima" betrachten. Anders als Beaulieux 1904, 378 und Quemada 1968, 567 behaupten, enthält das Wörterbuch keine französischen Formen.

Ohne die Mitarbeit des inzwischen verstorbenen Petrus Cholinus erscheinen 1556 zwei lateinisch-deutsche Wörterbücher, deren Nomenklatur ebenfalls auf die lateinischen Formen der Estienne-Wörterbücher zurückgeht: der sogenannte 'große' und der 'kleine' Fries. Der 'große' Fries (Frisius 1556a) soll nach Claes 1977, 459 und Grubmüller 1990, 2045 eine Bearbeitung von Cholinus/Frisius 1541 sein. Jedoch macht bereits de Smet 1988, 403 ff. mit vielen Beispielen wahrscheinlich, daß Estiennes 'Dictionarium Latinogallicum' von 1552 die Hauptquelle des 'großen' Fries ist. Die französischen Formen des 'Dictionarium Latinogallicum' von 1552 werden durch deutsche ersetzt, alle über das Estienne-Wörterbuch von 1538 hinausgehenden Erweiterungen von Cholinus/Frisius 1541 fehlen. Dennoch stimmen in vielen Fällen die in beiden Wörterbüchern gebuchten Formen überein, während gleichzeitig Dasypodius als Nebenquelle zu fungieren scheint (de Smet 1988, 406−409).

Der 'kleine' Fries, das 'Nouum Dictionariolum puerorum Latinogermanicum' (Frisius 1556b), erscheint zusammen mit dem deutsch-lateinischen 'Dictionarium Germanicolatinum' und einem sachlich geordneten 'Nomenclator' 1556 bei Froschauer in Zürich. Der alphabetische lateinisch-deutsche Teil ist keine Verkürzung der 1548 ebenfalls bei Froschauer erschienenen dreisprachigen Fries-Bearbeitung von Estiennes 'Dictionariolum' (vgl. hier 3.2.), wie de Smet zunächst (1971, X) vermutet, vielmehr geht nach de Smet 1989a und 1989b der lateinische Teil des 'Nouum Dictionariolum' auf die von Charles Estienne 1552 in Paris herausgegebene Fassung von Estiennes 'kleinem' 'Dictionariolum puerorum' zurück. Im 'kleinen' Fries sind jedoch auch Formen gebucht, die in Estiennes 'Dictionariolum puerorum' von 1552 fehlen, aber in Estiennes 'großem' Wörterbuch von 1552 vorhanden sind. De Smet (1989a, 302 f.; 1989b, 216 ff.) nimmt für diese nicht seltenen Formen nicht eine direkte Entlehnung aus dem 'Dictionarium Latinogallicum' Estiennes an, sondern er geht von einer Übernahme aus dem 'großen' Fries (= Frisius 1556a) aus, der seinerseits auf dem letztgenannten Wörterbuch Estiennes beruht. Frisius 1556b führt wie beide Estienne-Ausgaben von 1552 und wie der 'große' Fries von 1556 die Namen der lateinischen Autoren in den

lat. + fr. Elemente	→ lat. + lebende Sprache	fr.-lat.	→ fr. + lebende Sprache
Estienne 1538	→ Cholinus/Frisius 1541 (lat.-dt.)	Estienne 1544 (+Estienne 1549)	→ Meurier 1557 u. nachfolgende Editionen, später Sasbout, Mellema etc. (fr.-fl.)
Estienne 1552a	→ Frisius 1556a (lat.-dt) → Cooper 1565 (lat.-engl.)	Estienne 1544 (spätere Ausgabe)	→ *Dictionarie* 1571 (Holyband 1580, 1593) (fr.-engl.)
Estienne 1531 (spätere Bearbeitungen + Frisius 1556a)	→ Schelling/Emmel 1586 (lat.-gr.-dt.)	Estienne 1544 (spätere Ausgabe)	→ Fenice 1584 (Canal 1598 etc.) (fr.-ital.)
Estienne 1542 (spätere Ausgabe) Estienne 1552b + Frisius 1556a)	→ Toscanella 1558 (lat.-it.) → Frisius 1556b (lat.-dt.)		

Abb. 59.2: Beibehaltung der lateinischen bzw. französischen Makrostruktur der Estienne-Wörterbücher (vgl. 3.1. und 3.3.)

Artikeln auf, die in ihren Werken die betroffenen Formen verwendet haben, nennt aber weder Werke noch Kapitel- oder gar Seitenzahlen.

Ein weiteres Wörterbuch mit deutschen Elementen wird im 16. Jh. von Bearbeitungen der Estienne-Wörterbücher beeinflußt: das 'Lexicon trilingue', das 1586 bei Theodosius Richel in Straßburg erschienen ist und das David Schelling und Helferich Emmel zugeschrieben wird. Das 'Lexicon trilingue' ist ein lateinisch-griechisch-deutsches Wörterbuch und nicht, wie Claes (1977, 690) falsch annimmt, ein lateinisch-französisch-deutsches. Nach de Smet (1988, 411 ff.) ist das 'Lexicon trilingue' nicht nach Wortfamilien angeordnet wie die Estienne-Wörterbücher, sondern streng alphabetisch. Bereits auf dem Titelblatt werden der 'große' Fries und Estiennes 'Dictionarium, seu Latinae linguae Thesaurus' als Quellen genannt („ex Thesauro Roberti Stephani et Dictionario Joannis Frisii collectum"). Peter O. Müller (Erlangen) sind wir zu Dank verpflichtet für den Hinweis, daß das 'Dictionarium trilingue' nicht direkt auf Estiennes 'Thesaurus' beruht, wie dies der Titel suggeriert, sondern daß es aus zwei späteren, um das Griechische erweiterten Ausgaben erwachsen ist (= Caelius Secundus Curio, 'Thesaurus linguae Latinae sive Forum Romanum', Basel 1561, 1576, 1578 und 'Thesaurus linguae Latinae seu Promptuarium dictionum et loquendi formularum', Lyon 1573).

Thomas Cooper ist nicht der erste Bearbeiter eines Estienne-Wörterbuchs in England (vgl. Veron hier 3.2.). Cooper ediert und erweitert zunächst Thomas Elyots 'Bibliotheca Eliotae' 1548, 1552 und 1559 (Stein 1985, 205). Für seine Estienne-Bearbeitung nimmt Cooper die Eigennamen und ihre Beschreibung aus diesem Werk und baut sie in Estiennes 'Dictionarium Latinogallicum' von 1552 ein. Estiennes Wörterbuch bearbeitet er insofern, als er die lateinische Nomenklatur übernimmt und ihr entweder die englischen Entsprechungen aus Elyots Werk zuordnet oder sie mit neuen englischen Äquivalenten oder Paraphrasen versieht. Die französischen Elemente des 'Dictionarium Latinogallicum' werden unterdrückt. Cooper geht über Estienne hinaus, indem er mehr lateinische Artikelteile, teilweise unter dem Einfluß der Frisius-Bearbeitungen, mit Entsprechungen in der Volkssprache versieht als Estienne 1552a, also auch da englische Formen angibt, wo Estienne keine französischen anbietet (Starnes 1954, 95). Coopers 'Thesaurus' ist recht erfolgreich mit 5 Ausgaben, die nach Alston 1969 allerdings kaum voneinander abweichen.

Die Geschichte der italienischen Wörterbücher des 16. Jhs. ist, besonders im Hinblick auf Ähnlichkeiten und Abhängigkeiten der Wörterbücher untereinander, noch wenig erforscht. Das unseres Wissens erste italienische Werk, das durch Estiennes Wörterbuch beeinflußt ist, ist das 'Dictionariolum Latinum' von Orazio Toscanella aus dem Jahr 1558. In diesem Wörterbuch sind die französischen Äquivalente des 'Dictionariolum puerorum' Estiennes durch Angaben in italienischer Sprache ersetzt, während der lateinische Teil von Estiennes Wörterbuch erhalten bleibt. Das Verhältnis des 'Dictionariolum Latinum' zum 'Prontuario di voci volgari et latine' Toscanellas, das vom Italienischen ausgeht, ist ungeklärt.

3.2. Beibehaltung der Nomenklatur und der Mikrostruktur der Artikel von Estiennes Wörterbüchern

Bei den Estienne-Bearbeitungen im Abschnitt 3.1. wird die lateinische Nomenklatur im Großen und Ganzen beibehalten, während die französischen Elemente durch die Wörter anderer Sprachen ersetzt sind. Bei den Werken dieses Abschnitts bleibt der gesamte Artikel Estiennes erhalten, es werden lediglich zunächst die Entsprechungen in einer weiteren Sprache hinzugefügt. Sieben Jahre nach der Cholinus/Frisius-Bearbeitung von Estienne 1538 bringt Johannes Frisius 1548 ohne die Mitarbeit des inzwischen verstorbenen Cholinus das 'Dictionariolum puerorum tribus linguis Latina, Gallica & Germanica conscriptum' ebenfalls bei Froschauer in Zürich heraus. In diesem lateinisch-französisch-deutschen Werk werden die französischen Paraphrasen von Estiennes 'Dictionariolum' ins Deutsche übertragen. Im Jahr 1552 leistet John Veron das Gleiche für das Englische und schafft mit dem 'Dictionariolum puerorum tribus linguis Latina, Anglica & Gallica conscriptum' die erste englische Estienne-Bearbeitung. Die französischen Formen werden 1575 (u. 1584) von Rudolph Waddington gestrichen, so daß ein lateinisch-englisches Wörterbuch entsteht (Stein 1985, 166 ff.).

Die 4. Auflage von 1570 von Estiennes 'Dictionarium Latinogallicum' enthält griechische Elemente. Die vom Lateinischen ausgehenden Wörterbücher Estiennes werden jedoch schon früher mit griechischen Elementen versehen. Schon die erste anonyme Ausgabe des 'Latinograeco-gallicum Dictionarium' von 1551 verzeichnet griechische Formen, ohne daß sich an der aus Estiennes 'Dictionariolum' übernommenen Artikelstruktur sehr viel ändert, nur gelegentlich übernimmt der Bearbeiter Guillaume Morel Stichwörter oder Beispielsyntagmen aus dem 'Dictionarium Latinogallicum' Estiennes. Mit der zweiten Auflage von 1558 wird der Titel in 'Verborum latinorum cum graecis gallicisque coniunctorum, Commentarij' umgewandelt. In den Artikeln erscheinen nach den lateinischen Formen die Namen von Autoren, die die betreffenden Wörter in ihren Werken verwendet haben (Lindemann 1994, 298 ff.). Morels lateinisch-griechisch-französisches Wörterbuch erfährt im 16. und zu Anfang des 17. Jhs. weitere Ausgaben und wird noch 1666 nachgedruckt. Auf Morels Wörterbuch basieren zwei weitere Werke. In der Absicht, einen flämischen 'Thesaurus' zu erstellen, wird in Christophe Plantins Werkstatt in Antwerpen Morel 1558 mit flämischen Äquivalenten versehen. Das daraus entstandene lateinisch-griechisch-französisch-flämische Wörterbuch von 1562 hat den Titel 'Dictionarium tetraglotton'. Im Jahr 1583 erscheint in London eine weitere Morel-Bearbeitung, in der das Französische in den Artikeln durch das Englische ersetzt wird (Starnes 1954, 111 ff.).

Wie für das Italienische kennen wir für das Spanische keinen Einfluß der vom Lateinischen ausgehenden 'großen' Wörterbücher Estiennes. Dagegen steht die französische Nomenklatur der Estienne-Wörterbücher am Beginn der französisch-spanischen Lexikographie. Das erste spanische Wörterbuch, das von Estiennes französisch-lateinischen Wörterbüchern beeinflußt ist, ist Henri Hornkens' 'Recueil de Dictionaires francoys, espaignolz et latins' von 1599. Trotz des Titels ist es nur *ein* Wörterbuch, das nach französischen Grundwörtern alphabetisch geordnet ist und ganzen Wortfamilien spanische und lateinische Entsprechungen beigibt. Zwei der drei Teile der Artikel, die französischen und die lateinischen Formen, stammen zu einem sehr hohen Prozentsatz aus der von Jean Nicot besorgten 4. Auflage von Estiennes 'Dictionaire Francoislatin' von 1573. Bei den französischen Formen scheint darüber hinaus ein geringer Einfluß der französischen Nomenklatur der französisch-flämischen Wörterbücher Mellemas vorzuliegen (Lindemann 1994, 303 ff.; zu Mellema vgl. hier 3.3.). Das Verdienst von Hornkens besteht nach Verdonk 1991, 2977 in der Erarbeitung des spanischen Teils der Artikel dieses Wörterbuchs. Hornkens' 'Recueil de Dictionaires' wird durch Streichung der lateinischen Formen und durch Selektion bzw. durch geringfügige Erweiterung die Basis der französisch-spanischen und wiederum durch Umkehrung die Basis der spanisch-französischen Wörterbücher (vgl. hier 3.3. und 4.2.).

lat.-fr.	→ 3 Sprachen	→ 2 Sprachen	→ 4 Sprachen
Estienne 1542	→ Frisius 1548 (lat.-fr.-dt.) → Veron 1552 (lat.-eng.-fr.) → Morel 1551 (1558) (lat.-gr.-fr.) ⇓ Morel 1583 (lat.-gr.-engl.)	→ Waddigton 1575 (lat.-engl.)	→ *Dict. tetragl.* 1562 (lat.-gr.-fr.-fl.)
fr.-lat.			
Nicot 1573	→ Hornkens 1599 (fr.-sp.-lat.) Victor 1609 (fr.-sp.-it.)	→ Palet 1604 (fr.-sp.) ⇓ ⇐ Oudin 1607 (fr.-sp.)	

Abb. 59.3: Erweiterung von Makro- und Mikrostruktur der Estienne-Wörterbücher und spätere Umwandlungen

3.3. Beibehaltung nur der französischen Nomenklatur von Estiennes Wörterbüchern

Das erste Werk, das nur auf die französische Nomenklatur der Estienne-Wörterbücher zurückgreift, ist Gabriel Meuriers 'Vocabulaire françois-flameng' von 1557. Die Nomenklatur dieses Wörterbuchs besteht aus einer Mischung der 'großen' und der 'kleinen' Wörterbücher Estiennes, insofern als der Nomenklatur sowohl eine Ausgabe der 'Mots francois' (vermutlich die von 1551), als auch die zweite Auflage des 'Dictionaire Francoislatin' von 1549 zugrundeliegt.

Dennoch steht Meurier 1557 den 'kleinen' Wörterbüchern Estiennes näher als den großen, weil in ihm Syntagmen und Beispielsätze fast völlig fehlen. Meurier 1557 ist nicht das erste französische Wörterbuch ohne lateinische Elemente, bereits 1546 hat Jost Lambrecht in Gent das flämisch-französische 'Naembouck' herausgebracht. Bei Meurier 1557 handelt es sich jedoch um das erste allgemeinsprachliche Wörterbuch, das vom Französischen ausgehend zu einer modernen Fremdsprache führt. Da das Französische hier nicht die Funktion der Verständnishilfe für eine andere Sprache hat, sondern selbst für flämischsprachige Schüler beschrieben wird, ordnet Meurier den Substantiven Abkürzungen für das Genus zu, ein erster Schritt auf dem Weg der morphosyntaktischen Beschreibung der französischen Wörter. Die einzelnen Auflagen von Meuriers Wörterbuch unterscheiden sich dadurch voneinander, daß Meurier nicht nur auf die Nomenklatur der inzwischen erschienenen Estienne-Wörterbücher zurückgreift, sondern

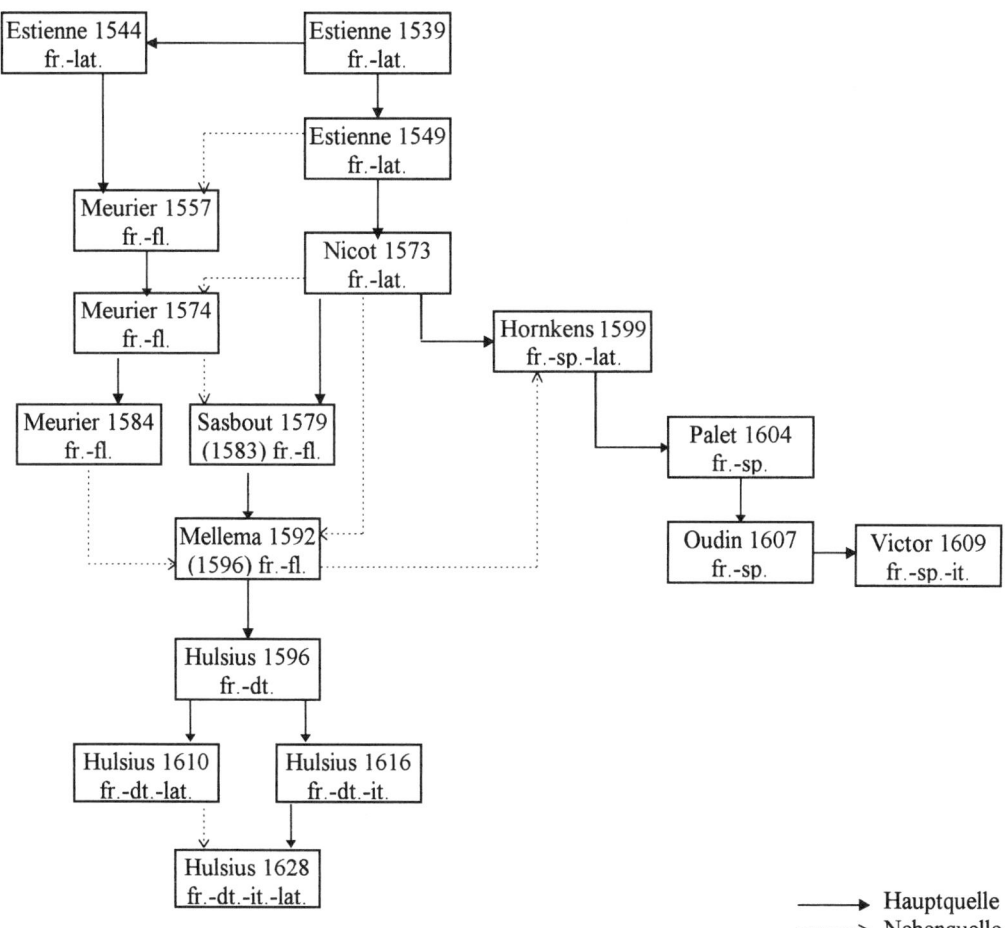

Abb. 59.4: Die ersten französisch-deutschen und französisch-spanischen Wörterbücher in ihren Haupt- und Nebenquellen, die ihrerseits auf die Estienne-Wörterbücher zurückgehen

auch mit bisher nicht in Wörterbüchern gebuchten Formen die Nomenklatur seiner französisch-flämischen Wörterbücher anreichert. Er entwickelt seine Wörterbücher für den Französischunterricht und baut wie Estienne die Artikel nach den Erfordernissen der Beschreibung einer Wortfamilie auf. Die späteren Bearbeiter Sasbout, Taye, Verniers, Mellema und Waesberghe behalten diese Vorgehensweise bei. Mellema 1592 liefert die Nomenklatur für das erste französisch-deutsche Wörterbuch. Sein Autor Levinus Hulsius ersetzt die flämische Mikrostruktur der Artikel durch deutsche Formen (Hausmann 1984, 308). Aus dem französisch-deutschen Hulsius entstehen durch Hinzufügungen lateinischer (1610) oder italienischer (1616) Äquivalente und Paraphrasen zwei dreisprachige Wörterbücher, durch Bearbeitungen mit den Formen beider Sprachen (1628) sogar ein viersprachiges (Hausmann 1984, 318 f.). Eine spätere Ausgabe der französisch-flämischen Wörterbücher, Mellema 1596, dient als Nebenquelle (Hauptquelle: Nicot 1573) für das erste französisch-spanisch-lateinische Wörterbuch von Henri Hornkens, das seinerseits in weiten Teilen die französische Nomenklatur für die ersten französisch-spanischen Wörterbücher von Jean Palet und César Oudin liefert (vgl. hier 3.2.).

Ebenfalls auf einer Ausgabe von Estiennes 'kleinem' Wörterbuch, den 'Mots francois', basiert das erste französisch-englische Wörterbuch, das anonyme 'A Dictionarie French and English' von 1571, das laut Kolophon schon 1570 fertiggestellt ist. In ihm sind die lateinischen Formen des Estienne-Wörterbuchs durch englische ersetzt (vgl. Abb. 59.3). Die 2. Auflage dieses Werks von 1580 nennt auf dem Titelblatt Claude Holyband als Autor. In dieser Auflage wird die Beschreibung der französischen Formen besonders im Bereich der Verben ausführlicher als in den bisherigen Wörterbüchern vorgenommen. Die dritte Auflage von 1593 erweitert die Nomenklatur um ungefähr ein Viertel und fügt zur ausführlichen Beschreibung der unregelmäßigen Verben die schon von Meurier praktizierte Genuskennzeichnung der Substantive hinzu. Gelegentlich erscheinen sogar Ausspracheangaben für die französischen Formen. Ein weiteres englisches Wörterbuch, Randle Cotgraves 'A Dictionarie of the French and English Tongue' (1611), erfährt ebenfalls den Einfluß der Estienne-Wörterbücher. Cotgrave verwendet Materialien aus Jean Nicots 'Thresor', der seinerseits die 5. Auflage von Estiennes 'Dictionaire Francoislatin' ist (Smalley 1948, 63 ff.; Wooldridge 1992, 178 ff.).

Wie die ersten französisch-flämischen und die ersten französisch-englischen Wörterbücher gehen auch die ersten französisch-italienischen auf Estiennes 'kleines' Schulwörterbuch, die 'Mots francois', zurück. Das 'Dictionnaire François et Italien' von Antoine Fenice ist bei seinem Erscheinen 1584 das erste, bei dem der vom Französischen ausgehende und der von der modernen Fremdsprache ausgehende Teil gleichzeitig erscheinen (für die Quellen des italienisch-französischen Teils vgl. Bingen/Van Passen 1991, 3008). Pierre Canal erweitert 1598 beide Teile des Wörterbuchs. Für die Nomenklatur des französisch-italienischen Teils greift er auf die Bearbeitungen der Estienne-Wörterbücher zurück (Lindemann 1994, 445 f.). Auch in der Auflage von 1603 vergrößert Canal das Werk; weitere 11 Ausgaben bezeugen seinen Erfolg beim Publikum (Bingen/Van Passen 1991, 3008).

Aus Henri Hornkens' französisch-spanisch-lateinischem 'Recueil' von 1599, der zu großen Teilen auf der 4. Auflage von Estiennes 'Dictionaire Francoislatin' beruht, entwickelt der Arzt Jean Palet 1604 hauptsächlich durch das Weglassen des lateinischen Teils der Artikel das erste französisch-spanische Wörterbuch, das 'Diccionario muy copioso de la lengua francesa y española'. Palet übernimmt nicht alle Stichwörter von Hornkens, fügt jedoch einige neue hinzu, vor allem aber erweitert er des öfteren die spanischen Definitionen und Paraphrasen. Innerhalb der Artikel vergrößert er die Anzahl der Ableitungen. César Oudin baut seinerseits 1607 den französisch-spanischen Teil seines 'Tesoro de las dos lenguas francesa y española' hauptsächlich auf Palets Werk auf, greift darüber hinaus direkt auf Hornkens zurück und fügt auch wenige neue Artikel hinzu (Cooper 1962, 301, 305 f. u. 310 f., zur Artikelstruktur vgl. Gemmingen 1987, 217 ff. u. Gemmingen 1990, 32 ff.). Oudins Wörterbuch wird 1609 von Hieronymus Victor zu einem dreisprachigen französisch-spanisch-italienischen umgearbeitet, dem ein spanisch-französisch-italienischer Teil folgt. Der erste Teil der 2. Auflage von Victors 'Tesoro' trägt fälschlich die Jahreszahl 1606, der zweite die richtige Zahl 1616 (Cooper 1959/60, 5 ff. u. 17 ff.; vgl. hier 4.3.). Nach Oudins Tod wird der 'Tesoro' zur Basis weiterer zwei- und mehrsprachiger Wörterbücher (Verdonk 1991, 2978).

4. Verwendung von Estiennes Wörterbüchern in der Mikrostruktur der Bearbeitungen

4.1. Übernahme nur des Lateinischen aus Estiennes Wörterbüchern

In seinem Vorwort zu Josua Maalers 'Die Teütsch spraach' erklärt der Polyhistor und Naturwissenschaftler Konrad Gesner, der selbst eines der ersten Botanikwörterbücher verfaßt hat, wie Maalers deutsch-lateinisches Wörterbuch entstanden ist: Aus dem 'großen' Fries seien die deutschen Formen den lateinischen vorangestellt und dann alphabetisch sortiert worden. Der 'große' Fries seinerseits ist hauptsächlich die Bearbeitung von Estiennes 'Dictionarium Latinogallicum', bei der die französischen Formen durch deutsche ersetzt wurden (vgl. hier 3.1.). Trotz dieser Aussage scheinen auch der 'kleine' Fries und das Wörterbuch von Dasypodius geringen Einfluß auf Maalers Werk gehabt zu haben (de Smet 1971, XVIII ff.; 1988, 409 f.). Für de Smet (1971, XVI) ist Maaler 1561 „das berühmteste Erzeugnis der humanistischen Lexikographie des 16. Jhs. im deutschen Sprachgebiet". Grubmüller (1990, 2045) beurteilt Maaler 1561 als ausgestattet „mit dem 'Vorteil' eines in klassischer Autorität begründeten Erklärungsvokabulars und dem großen Nachteil, daß der mit Emphase präsentierte 'vollständige deutsche Wortschatz' (omnes fere Germanicae dictiones atque locutiones) im Kern nichts weiter ist als ein durch die französische Zwischenstufe noch distanziertes Abbild des klassischen lateinischen". Bereits 1986 geht Grubmüller noch weiter, indem er Maaler vorwirft, der deutsche Wortschatz in seinem Werk sei durch den klassisch lateinischen „nicht nur gesiebt, sondern stellenweise überhaupt erst erzeugt" (Grubmüller 1986, 155). Maaler 1561 wird erst als Reprint wieder aufgelegt.

4.2. Übernahme des Französischen und des Lateinischen aus Estiennes Wörterbüchern in die Mikrostruktur der Umarbeitungen

Wie bereits mit Maaler 1561 erscheinen auch später Informationen aus den Wörterbüchern Estiennes in Werken, die nicht vom Französischen oder vom Lateinischen ausgehen. Ein solches Werk ist der 1573 bei Plantin in Antwerpen erschienene 'Thesaurus theutonicae linguae'. Nach Plantins Aussage im Vorwort waren unter seiner Leitung vier Mitarbeiter mit der Erstellung des 'Thesaurus' beschäftigt. Im 'Thesaurus' ist die Anzahl der alphabetisch angeordneten flämischen Formen um ein Vielfaches größer als die in den früheren, vom Flämischen ausgehenden Wörterbüchern, so daß die Behauptung Plantins wahrscheinlich erscheint, seine Mitarbeiter hätten den lateinisch-französischen und den französisch-lateinischen Wörterbüchern Estiennes flämische Formen beigegeben und diese flämischen Wörter in eine alphabetische Ordnung gebracht. Tatsächlich stammen fast alle französischen und lateinischen Formen aus der Thierry-Bearbeitung von Estiennes 'Dictionaire Francoislatin' von 1564, wenige aus Estiennes 'Dictionarium Latinogallicum' von 1552. Die weitaus meisten Formen ohne frühere lexikographische Quelle sind flämische, die den lateinischen und französischen entsprechen (Lindemann 1982, 38). Der Aufbau der Artikel ähnelt sehr stark dem der Estienne-Wörterbücher. Einem flämischen Stichwort werden Ableitungen, Zusammensetzungen, Syntagmen und Beispielsätze und ihre Entsprechungen in französischer und lateinischer Sprache zugeordnet. Unter dem Titel 'Trium linguarum Dictionarium' erscheint 1595 in Franeker eine verkürzte Ausgabe, die ihre Herkunft verschweigt und in der die Reihenfolge der Sprache in den Artikeln verändert ist (flämisch-französisch-lateinisch wird flämisch-lateinisch-französisch).

Gleichzeitig mit Plantins 'Thesaurus' (1573) kommt in England mit John Barets 'Aluearie' ein vom Englischen ausgehendes Wörterbuch heraus, bei dem der französische und der lateinische Teil der Artikel (möglicherweise über die Vermittlung von Cooper 1565) aus Estiennes 'Dictionarium Latinogallicum' stammt. Etwa drei Viertel der englischen Nomenklatur von Barets 'Aluearie' sind schon in Huloets 'Abecedarium' von 1552 enthalten, weitere englische Formen werden aus Cooper 1565 übernommen, dessen lateinische Elemente ihrerseits aus Estienne 1552a stammen (vgl. hier 3.1.). Baret bereichert die Artikel mit den lateinischen Formen aus Estienne (oder Cooper) und den französischen Formen aus Estienne 1552a (Lindemann 1994, 358 ff.). In der 2. Auflage von Barets 'Aluearie' (1580) kommen griechische Elemente hinzu. Bereits im Jahr vorher, 1572, ist ein Werk erschienen, das neben einer Vielzahl von französischen Formen auch Teile der bei Estienne gebuchten lateinischen übernimmt: John Higgins Bearbeitung von Richard Huloets 'Abecedarium'. Anders als die übrigen Bearbeiter von Estiennes Wörterbüchern, die dessen Beitrag allenfalls im Vorwort erwähnen, kennzeichnet Higgins Artikel häufig mit dem Buchstaben S = Stephanus, der lateinischen Form des Namens Estienne (Starnes 1954, 156 ff.; Starnes 1963, 106 ff.).

4.3. Übernahme nur des Französischen aus Estiennes Wörterbüchern in die Mikrostruktur von Bearbeitungen

Das Französische der ersten französisch-flämischen, französisch-englischen, französisch-italienischen und französisch-spanischen Wörterbücher stammt vor allem aus Estiennes französisch-lateinischen Wörterbüchern. Über den flämisch-französisch-lateinischen 'Thesaurus' von 1573 aus dem Haus Plantin (vgl. 4.2.) erfahren auch die flämisch-französischen den Einfluß der Werke Estiennes. Um das Lateinische verkürzt wird dieser hauptsächlich auf Thierrys Estienne-Bearbeitung basierende 'Thesaurus' zur Grundlage der flämisch-französischen Wörterbücher Sasbouts und Mellemas und über Sasbout 1576 des 'Dictionaire' von 1577, das gelegentlich Meurier zugeschrieben wird (Lindemann 1994, 397 ff.).

Als Basis des spanisch-französischen Teils des ersten Wörterbuchs mit den Sprachen Französisch und Spanisch, Palet 1604, gelten der französisch-spanische Teil von Palet und das französisch-spanisch-lateinische Wörterbuch von Hornkens (1599). Das Material aus beiden Quellen mußte nach den spanischen Wörtern alphabetisch umsortiert werden, wobei 20% der über Hornkens hinaus in Palet 1604 aufgenommenen Wörter unberücksichtigt bleiben (Cooper 1962, 313 u. 315, vgl. aber Gili Gaya 1951, wo von einer anderen Quellenlage die Rede ist). Oudin, der Autor des zweiten französisch-spanischen Wörterbuchs, übernimmt nun für den spanisch-französischen Teil seines 'Tesoro' den spanisch-französischen Teil von Palets 'Diccionario' und fügt Umarbeitungen einer Anzahl von Artikeln von Hornkens 1599 hinzu, die Palet nicht berücksichtigt hatte (Cooper 1962, 317 f.). Oudin modifiziert außerdem Bedeutungsbeschreibungen, die er für falsch oder ungenügend hält. Darüber hinaus gibt Oudin „varios centenares de voces" dem 'Tesoro' mit ihren französischen Entsprechungen bei, die noch in keinem Wörterbuch gebucht sind (Cooper 1962, 324 f.). Wie der französisch-spanische so wird auch der spanisch-französische Teil von Oudins 'Tesoro' 1609 von Hieronymus Victor mit italienischen Entspre-

chungen versehen. Cooper 1959/60, 7−9 modifiziert die bei Brunot (1909, 82 f.) geäußerte Ansicht, es handle sich bei Victor 1609 um ein Plagiat von Oudin 1607 („demarqué lettre pour lettre"), da Victor ca. 3000 Artikel Oudins französisch-spanischem und spanisch-französischem Werk hinzugefügt, eine Vielzahl weggelassen und bei weiteren die Definitionen verändert habe. Dennoch stammen weitaus die meisten Formen aus Oudin 1607, worauf Victor selbst im Vorwort hinweist, ohne Oudins Namen zu nennen. In die 2. Auflage des 'Tesoro' von 1616 übernimmt Oudin fast alle Änderungen Victors, beklagt sich aber gleichzeitig im Vorwort über den 'Diebstahl' Victors, so daß Cooper 1962 von „plagio mutuo" spricht. Der Vorwurf des Plagiats wird also sowohl von den frühen Lexikographen selbst (cf. Estienne 2.1.) als auch von neueren Kritikern erhoben. Man sollte bei solchen Vorwürfen jedoch bedenken, daß, wie Louis Barré fast 250 Jahre später feststellen wird, „la nécessité absolue où se trouve chacun de s'aider de ses devanciers" unabdingbare Voraussetzung aller Wörterbucharbeit ist („condition absolue des travaux des lexicographes", Barré 1842 zitiert nach Bray 1990, 1798). Dennoch halten wir es für eine Aufgabe der historischen Wörterbuchforschung, den Grad der Abhängigkeit und die Menge der Innovation der einzelnen Werke zu beschreiben.

5. Die Wirkung von Estiennes Wörterbüchern

Estienne beeinflußt die lateinische Lexikographie, indem er das klassische Latein als Richtschnur für die Aufnahme von Formen in die Wörterbücher wählt und sie mittels eigener Exzerpte und unter Zuhilfenahme der Volkssprache, des Französischen, beschreibt. Cholinus/Frisius, Frisius allein, Toscanella und Cooper ersetzen das Französische der Estienne-Wörterbücher durch Formen ihrer eigenen Sprachen. Frisius und Veron erstellen dreisprachige Ausgaben von Estiennes Schulwörterbuch, indem sie den Artikeln deutsche bzw. englische Äquivalente und Paraphrasen beigeben. Morel erweitert die Artikel um griechische Elemente, und ein Mitarbeiter Plantins (Corneel Kiliaan?, Claes 1972, 6 f.) fügt für das 'Dictionarium tetraglotton' noch das Flämische hinzu. Alle diese und weitere Wörterbuchautoren wollen das von Estienne erarbeitete klassische Latein den Sprechern ihrer eigenen Sprache verfügbar machen.

Außer lateinischen Wörterbüchern mit französischen Formen erstellt Estienne vom Französischen ausgehende Wörterbücher, die allerdings auf die Beschreibung des Lateinischen ausgerichtet sind. Diese Werke mit französischer Nomenklatur stehen am Beginn der zweisprachigen Wörterbücher Französisch-lebende Sprachen und überwinden damit die Fixierung der französischen Lexikographie auf das Lateinische. Estienne selbst vollzieht diesen Schritt nicht, es sind vielmehr vor allem Gabriel Meurier, Matthias Sasbout und Elcie Mellema in Flandern, Claude Holyband und Randle Cotgrave in England, Antoine Fenice und Pierre Canal fürs Italienische in Genf und, unter Vermittlung von Mellemas Werk, Levin Hulsius in Deutschland sowie über Hornkens' französisch-spanisch-lateinischen 'Recueil' Jean Palet und César Oudin für das Spanische in Paris. Für das Zurückgreifen auf die französische Nomenklatur von Estiennes Wörterbüchern sind zwei Gründe wahrscheinlich: (1.) das große Prestige des lateinischen Teils der Wörterbücher mit ihren konsequent, ausführlich und kompetent beschriebenen Formen und (2.) die Tatsache, daß die vom Französischen ausgehenden Wörterbücher Estiennes die erste (und damit für einige Zeit einzige) größere alphabetische Sammlung französischer Wörter anbieten. Indirekt beeinflussen die vom Französischen ausgehenden Wörterbücher über Plantins 'Thesaurus' die flämisch-französischen und über Hornkens 1599 die spanisch-französischen. Estiennes Wirkung ist also eine zweifache: Einerseits bringt er der lateinischen Lexikographie eine heute noch gültige Form der Darstellung des lateinischen Wortschatzes, zum anderen steht er am Anfang der zweisprachigen Lexikographie zwischen modernen Sprachen in England, Italien, Deutschland, Spanien und vor allem und zuerst im flämischen Sprachraum.

6. Literatur

6.1. Wörterbücher

Balbi, Joannes, Catholicon. Mainz 1460.

Baret, John, An Aluearie or Triple Dictionarie, in Englishe, Latin, and French. London 1573 (1580 mit gr. Elementen).

Calepinus, Ambrosius, Dictionarium. Reggio nell' Emilia 1502.

Canal, Pierre, Dictionaire François et Italien. Genf 1598 (Aufl. 1603 u. a.).

Cholinus, Petrus/Joannes Frisius, Dictionarium lationo-germanicum. Zürich 1541.

Cingularius, Hieronymus, Tersissima Latini eloquii synonymorum collectanea. Antwerpen 1529.

Cooper, Thomas, Thesaurus linguae romanae & Britanicae. London 1565 (1573 u. a.).

Cotgrave, Randle, A Dictionarie of the French and English Tongues. London 1611 (1632 u. a.).

Dasypodius, Petrus, Dictionarium voces propemodum uniuersas. Straßburg 1535.

–, Dictionarium latinogermanicum. Straßburg 1536.

Dictionaire flamen-francois. Antwerpen 1577.

A Dictionairie French and English. London 1571 [Kolophon 1570].

Dictionarium tetraglotton. Antwerpen 1562 (1563 [Kolophon 1562], 1599 u. a.).

Elyot, Thomas, Bibliotheca Eliotae. London 1548 (^{1}1538).

Estienne, Robert, Dictionarium, seu Latinae linguae Thesaurus. Paris 1531 (^{2}1536).

–, Dictionarium Latinogallicum. Paris 1538 (Aufl.: 1546, 1552a, 1570).

–, Dictionaire Francoislatin. Paris 1539 (Aufl.: 1549, 1564 (Thierry), 1573 (Nicot)).

–, Dictionariolum puerorum. Paris 1542 (1544 [Kolophon 1545], 1552b u. a.).

–, Lets mots francois. Paris 1544 (1547 u. a.).

Fenice, Antoine, Dictionnaire François & Italien. Morges/Paris 1584.

Frisius, Joannes, Dictionariolum puerorum tribus linguis Latina, Gallica & Germanica conscriptum. Zürich 1548 (1549).

–, Dictionarium Latinogermanicum. Zürich 1556a (1568, 1574).

–, Nouum dictionariolum puerorum. Zürich 1556b (1568, 1586 u. a. mit dem Titel Lexicon).

Holyband, Claude, The Treasurie of the French tong. London 1580 (Aufl.: 1593 mit dem Titel Dictionarie French and English).

Hornkens, Henri, Recueil de dictionaires. Brüssel 1599.

Huloet, Richard, Abecedarium anglico latinum. London 1552 (Aufl. 1572 [Higgins]).

Huloet, Richard/John Higgins, Huloets Dictionarie, newely corrected. London 1572.

Hulsius, Levinus, Dictionarium Teutsch Frantzösisch. Nürnberg 1596 (1602, 1607 u. a.).

Lambrecht, Joos, Naembouck. Gent 1546 (Aufl. 1562).

Maaler, Josua, Die Teütsch spraach. Zürich 1561.

Mellema, Elcie, Dictionaire ou Promptuaire Flameng-Francoys. Antwerpen 1587a (1589, 1591 u. a.).

–, Dictionaire ou Promptuaire Francoys-Flameng. Antwerpen 1587b (1589, 1592 u. a.).

Meurier, Gabriel, Vocabulaire françois-flameng. Antwerpen 1557 (Aufl.: 1562, 1566, 1570, 1574, 1584).

—, Dictionaire flamen-francois. Antwerpen 1563 (Aufl. 1567, 1571).

Morel, Guillaume, Latinograeco-gallicum dictionarium. Paris 1551 (Aufl. 1558 u. a. mit dem Titel Verborum latinorum ... Commentarij).

—, Verborum latinorum cum Graecis Anglicisque coniunctorum locupletissimi. Commentarii. London 1583.

Nicot, Jean, Dictionaire francois-latin. Paris 1573 (= die 4. Aufl. von Estienne 1539).

—, Grand Dictionaire François-Latin. Genf 1593 (1599 u. a.).

—, Thresor de la langue francoyse. Paris 1606 (1621).

Oudin, César, Tesoro de las dos lenguas francesa y española. Paris 1607 (Aufl. 1616 u. a.).

Palet, Jean, Dictionaire tresample de la langue Espagnole & Françoise. Paris 1604 (1606/7).

Sasbout, Matthias, Dictionaire flameng-francoys. Antwerpen 1576.

—, Dictionaire francoys-flameng. Antwerpen 1579 (Aufl. 1583).

Schellingius, David/Helfricus Emmelius, Lexicon trilingue. Straßburg 1586 (1586 [Kolophon 1590] u. a.).

Taye, Jean, Dictionaire francois-flamen. Gent 1582.

Thesaurus theutonicae linguae. Antwerpen 1573.

Thierry, Jean, Dictionaire Francoislatin. Paris 1564 (= die 3. Aufl. von Estienne 1539).

Toscanella, Orazio, Dictionariolum Latinum. Venedig 1558 (1564, 1566).

—, Prontuario di voci volgari et latine. Venedig 1565.

Trium linguarum Dictionarium, Franeker 1595.

Verniers, Gilles, Dictionaire francois-flamen. Gent o. J. [ca. 1584].

Veron, John, Dictionariolum puerorum tribus linguis Latina, Anglica & Gallica conscriptum. London 1552 (ohne Französisch: 1573 u. 1584 [Waddington]).

Victor, Hieronymus, Tesoro de las tres lenguas francesa, italiana, y española. Genf 1609 (1616 [1. Teil falsch 1606] u. a.).

W.[addington], R.[udolph], A Dictionary in Latine and English. London 1575 (1584).

Waesberghe, Jean, Dictionaire francois-flamen. Rotterdam 1599.

6.2. Literatur

Alston, R. C., Note. In: Thomas Cooper, Thesaurus Linguae romanae (1565). Menston 1969.

Armstrong, Elisabeth, Robert Estienne. Cambridge 1954.

Barré, Louis, Préface au Complément du Dictionnaire de l'Académie français. Paris 1842.

Beaulieux, Charles, Liste des dictionnaires, lexiques et vocalaires français antérieurs au 'Thresor' de Nicot. In: Mélanges de philologie offerts à Ferdinand Brunot. Paris 1904, 371–398.

Bierbach, Mechtild, Frühe volkssprachlich-lateinische Zeugnisse humanistischer Lexikographie in der Romania. In: ZRP 110, 1994, 54–116.

Bingen, Nicole/Anne-Marie Van Passen, La Lexicographie bilingue français-italien, italien-français. In: Wörterbücher 1991, 3007–3013.

Brandon, Edgard E., Robert Estienne et le dictionnaire français au CVI^e siècle. Baltimore 1904a.

—, Date de la naissance de Robert Estienne. In: Mélanges de philologie offerts à Ferdinand Brunot. Paris 1904b, 27–31.

Bray, Laurent, La lexicographie française des origines à Littré. In: Wörterbücher 1990, 1788–1818.

Brunot, Ferdinand, Histoire de la langue française. Bd. 3: La formation de la langue classique 1600–1660. Première partie. Paris 1909.

Claes, Franz, Het Tetraglotton van 1562. Inleiding. In: Dictionarium Tetraglotton (1562). Den Haag 1972.

—, Bibliographisches Verzeichnis der deutschen Vokabulare und Wörterbücher gedruckt bis 1600. Hildesheim/New York 1977.

Cooper, Louis, Girolamo Vittori y César Oudin: un caso de plagio mutuo. In: Nueva Revista de Filología Hispánica 14, 1959/60, 3–20.

—, El *Recueil* de Hornkens y los diccionarios de Palet y de Oudin. In: Nueva Revista de Filologia Hispánica 16, 1962, 297–328.

Gemmingen, Barbara v., Untersuchungen zu César Oudins 'Tesoro de las dos Lenguas francesa y española' (1607). In: Schwerpunkt Siglo de oro. Akten des Deutschen Hispanistentages Wolfenbüttel, 28. 2.–1. 3. 1985. Hrsg. v. Hans-Josef Niederehe. Hamburg 1987, 215–234.

—, Recherches sur les marques d'usage dans le *Tesoro de las dos lengvas francesa y española* de César Oudin (1607). In: Lexique 9, 1990, 31–41.

Gili Gaya, Samuel, El primero diccionario español. In: Clavileño 2, 12, 1951, 36–37.

Grubmüller, Klaus, Vokabular und Wörterbuch. Zum Paradigmawechsel in der Frühgeschichte der deutschen Lexikographie. In: Brüder-Grimm-Symposion zur historischen Wortforschung. Beiträge zu der Marburger Tagung vom Juni 1985. Hrsg. v. Reiner Hildebrandt/Ulrich Knoop. Berlin/New York 1986, 148–163.

—, Die deutsche Lexkographie von den Anfängen bis zum Beginn des 17. Jhs. In: Wörterbücher 1990, 2037–2049.

Hausmann, Franz Josef, Das erste französisch-deutsche Wörterbuch. Levinus Hulsius' *Dictionaire* von 1596–1607. In: ZRP 100, 1984, 306–320.

Lindemann, Margarete, Les apports du *Thesaurus theutonicae linguae* dans la lexicographie du XVIe siècle. In: La lexicographie française du XVIe siècle. Actes du Colloque International de Lexicographie dans la Herzog August Bibliothek Wolfenbüttel (9–11 oct. 1979). Hrsg. v. Manfred Höfler. Wolfenbüttel 1982, 33–47.

–, Le *Vocabularius nebrissensis* latin-français et les débuts de la lexicographie française. In: Actes du IVe Colloque International sur le Moyen Français. Hrsg. v. Anthonij Dees. Amsterdam 1985, 55–86.

–, Die französischen Wörterbücher von den Anfängen bis 1600. Tübingen 1994.

–, Das *Dictionnaire en Theologie* (1560) und die lateinischen Eigennamenwörterbücher und Bibelindices der Renaissance. In: Latein und Nationalsprachen in der Renaissance. Vorträge des 37. Wolfenbütteler Symposions vom 25.–28. 9. 1995. Hrsg. v. Bodo Guthmüller. Wiesbaden 1998, 201–226.

Niederehe, Hans-Josef, Der Ursprung des Wortes. Wissenschaftsgeschichtliche Bemerkungen zur mittelalterlichen Etymologie. In: Le Gai Savoir. Dedicated to the Memory of Manfred Sandmann. Hrsg. v. Mechthild Cranston. Madrid 1983, 69–82.

Quemada, Bernard, Les dictionnaires du français moderne, 1539–1863. Bd. 1. Paris 1968.

Rosenstein, Roy, Jean Nicot's 'Thresor' and Renaissance multilingual lexicography. In: Dictionaries 7, 1985, 32–56.

Smalley, Vera E., The sources of *A Dictionarie of the French and English Tongues* by Randle Cotgrave. Baltimore 1948.

Smet, Gilbert de, Einführung. In: Josua Maaler: Die Teütsch spraach (1561). Hildesheim/New York 1971.

–, Zur Geschichte des Großen Fries. Ein erster Versuch. In: Studien zum Frühneuhochdeutschen. Emil Skála zum 60. Geburtstag. Hrsg. v. Peter Wiesinger. Göppingen 1988, 399–426.

–, Zur Vorgeschichte des kleinen Fries. Das 'Dictionariolum tribus linguis conscriptum' (1548). In: Soziokulturelle Kontexte der Sprach- und Literaturentwicklung. Festschrift für Rudolf Große zum 65. Geburtstag. Hrsg. v. Sabine Heimann, Gotthard Lechner, Ulrich Müller et al. Stuttgart 1989a, 289–304.

–, Der kleine Fries. In: Paleogermanica et Onomastica. Festschrift für J. A. Huisman zum 70. Geburtstag. Hrsg. v. Arend Quak/Florus van der Rhee. Amsterdam 1989b, 215–227.

Starnes, de Witt T., Renaissance dictionaries English-Latin and Latin-English. Austin 1954.

–, Robert Estiennes influence on lexicography. Austin 1963.

Stein, Gabriele, The English dictionary before Cawdrey. Tübingen 1985.

Tancke, Gunnar, Die italienischen Wörterbücher von den Anfängen bis zum Erscheinen des „Vocabolario degli Accademici della Crusca" (1612). Tübingen 1984.

Verdonk, Robert A., La lexicographie bilingue espagnol-français, français-espagnol. In: Wörterbücher 1991, 2976–2987.

Wörterbücher. Dictionaries. Dictionnaires. Ein internationales Handbuch zur Lexikographie. Hrsg. v. Franz Josef Hausmann/Oskar Reichmann/Herbert Ernst Wiegand/Ladislav Zgusta. Zweiter Teilband. Berlin/New York 1990. Dritter Teilband. Berlin/New York 1991.

Wooldridge, Terence R., Les débuts de la lexicographie française. Estienne, Nicot et le Thresor de la langue françoyse. Toronto/Buffalo 1977.

–, Pour une exploitation du français des dictionnaires d'Estienne et de Nicot (1531–1628). Notes lexicographiques et bibliographiques. In: Le français moderne 46. 1978, 210–225.

–, Le *Grand Dictionaire françois-latin* (1593–1628). Histoire, types et méthodes. Toronto 1992.

Margarete Lindemann, Erlangen
(Deutschland)

60. Niccolò Machiavelli, 'Il Principe' und die Staatskunstlehren

1. Biographie
2. Machiavelli als Autor
3. Machiavellismus und Antimachiavellismus
4. Literatur

1. Biographie

Niccolò Machiavelli wurde am 3. Mai 1469 als Sohn des Juristen Bernardo Machiavelli und der Bartolomea de'Nelli in Florenz geboren. Seine im Bezirk Oltrarno ansässige Familie gehörte der reicheren Mittelschicht, dem 'popolo grasso', an und war guelfisch gesinnt; sie besaß Güter im Pesa-Tal. Über seine Jugend ist wenig bekannt. Daß er in Rom in Diensten des Berto Berti als Bankier tätig gewesen sei (Maffei 1973), beruht auf einer Verwechslung. Mit sieben Jahren begann er, Latein zu lernen; Griechisch hat er nie gelernt. Am 19. Juni 1498, mit 29 Jahren, wurde er, vielleicht nach vorhergehender Tätigkeit in dieser Behörde, Sekretär der Republik und

Leiter der 'Seconda Cancelleria', der 'zweiten Kanzlei', die seit 1437 im Gegensatz zur bedeutenderen 'ersten Kanzlei' (Prima Cancelleria), die für den Schriftverkehr mit den auswärtigen Mächten zuständig war, mit den inneren Angelegenheiten im Herrschaftsgebiet von Florenz befaßt war; in der Zwischenzeit hatten sich die Kompetenzen überschnitten, die erste Kanzlei war immer noch die angesehenere und ihr Leiter höher besoldet als der Leiter der zweiten Kanzlei (Marzi 1910, Bd. 1, 196 f., 279 ff. u. ö.). Die Jugend Machiavellis sah den Aufstieg der Medici. Florenz war, anders als die meisten bedeutenden Kommunen Nord- und Mittelitaliens, eine 'Republik' geblieben, hatte sich nicht zur Einherrschaft, zur Signorie, entwickelt; freilich wurde die Macht von einer kaum mehr als 5 Prozent der Gesamtbevölkerung umfassenden Oligarchie ausgeübt. Diese 'republikanische' Verfassung wurde im Laufe des 15. Jhs. von den Medici durch Manipulation ausgehöhlt und entartete zu einem Scheinrepublikanismus. Dies geschah im wesentlichen durch die Kontrolle der Skrutinien, die Beschränkung der für die hohen Ämter Wählbaren auf Anhänger der Medici, zu einem Teil auch durch die Einsetzung zahlreicher Balie, Sonderkommissionen besonders in Kriegszeiten, die mit den Räten konkurrierten (Rubinstein 1966). Nach dem Sturz des unfähigen Piero di Lorenzo Medici 1494 kam es noch einmal zur Wiederherstellung der Republik, die, wenn auch nicht eingeführt, so doch geprägt war durch Girolamo Savonarola (Weinstein 1976), dem Machiavelli mit Kritik gegenüberstand, und nach dessen Hinrichtung ab 1502 durch Piero Soderini, dem Machiavelli nahestand und dessen Sturz und die folgende Rückkehr der Medici 1512 auch das Ende der politischen Karriere Machiavellis bedeuteten. Die Krise und der Zerfall der Florentiner Herrschaft, die Machiavelli zum Thema seiner Schriften machte, war freilich von Anfang an verbunden mit dem Ende der Eigenständigkeit der italienischen Staatenwelt, die mit dem Einfall Karls VIII. 1494 begann und in den folgenden Jahrzehnten Italien zum Spielball der europäischen Großmächte machte, ein Wüten der 'fortuna', das Machiavellis Florentiner Zeitgenosse Francesco Guicciardini in seinen bedeutenden, die moderne Historiographie einleitenden Geschichtswerken beschrieb und analysierte (Gilbert 1965). In die Zeit Soderinis, dessen für Florenz traditionelle Anhänglichkeit an Frankreich, Erbteil der guelfischen Ideologie (Herde 1986), seinen Sturz und die Rückkehr der Medici nach sich zog, fallen die wichtigsten politischen Aktivitäten des Sekretärs der Republik Machiavelli, seine Gesandtschaften zu italienischen Kommunen und Signorien, zu Cesare Borgia (1502/03), an die päpstliche Kurie (1503, 1506), zu König Ludwig XII. nach Frankreich (1500, 1504, 1510/11) und zu Kaiser Maximilian I. in Tirol (1508). Hier hatte er Gelegenheit, politische Erfahrung im gesamteuropäischen Rahmen der großen Politik zu sammeln. Mit der Rückkehr der Medici und der Herrschaft Giulianos und Lorenzos war Machiavellis politische Karriere im wesentlichen beendet; auch die Widmung des 'Principe' an Lorenzo (wohl 1515/16) gab ihm seinen früheren Einfluß nicht zurück. Aus dem Politiker Machiavelli war der gelehrte Autor geworden, der seit 1516 an den Gelehrtenversammlungen in den Orti Oricellari in Florenz teilnahm und wichtige Werke wie das über die Kriegskunst ('Dell'arte della guerra', 1519/20) und die 'Istorie fiorentine' (1520–1525, s. u.) abfaßte. Im Mai 1526 ernannte man ihn zum Sekretär des Gremiums, das für die Mauern von Florenz verantwortlich war (Procuratori delle mura), ein Amt, das unvergleichlich geringer war als das des Leiters der zweiten Kanzlei, das ihm jedoch Mitverantwortung für die Verteidigung von Florenz in den andauernden Kriegen eintrug, die dem Alternden und Kranken bei zahlreichen Missionen in Atem hielten. Den zweiten Sturz der Medici nach dem 'Sacco di Roma' im Mai 1527 erlebte er als müder und desillusionierter Mann, ihre Wiedereinsetzung durch Kaiser Karl V. 1529 nicht mehr. Am 21. Juni 1528 starb er und wurde in Santa Croce bestattet.

2. Machiavelli als Autor

2.1. Der 'Principe' und die 'Discorsi'

Machiavelli mußte als Sekretär Soderinis bei der Rückkehr der Medici 1512 in die Verbannung nach Sant'Andrea in Percussina gehen, einem kleinen Dorf bei San Casciano zwischen dem Greve- und dem Pesa-Tal. Dort, inmitten von Bauern, auf seinem Besitz, der aus einem Landhaus, einigen Weingärten, Olivenhainen und Buschwald rechts von der Straße von Florenz nach San Casciano bestand, hat er seine beiden Hauptwerke geschrieben. Das Haus und das gegenüberliegende Gasthaus sind noch heute erhalten; hier in der Einsamkeit ging Machiavelli seinen politischen Spekulationen nach. Doch behandeln seine beiden Hauptwerke zwei völlig entgegengesetzte Staatsformen: Die 'Discorsi' sind ein zum Teil systematischer, zum Teil fortlaufender Kommentar zur ersten Dekade des Livius und ein Lobpreis der republikanischen Verfassung; der 'Principe' ist das Loblied auf den unumschränkten und von keinen moralischen Skrupeln geplagten Alleinherrscher. Wie konnte, so hat man sich seit jeher gefragt, Machiavelli völlig oder nahezu gleichzeitig zwei so entgegengesetzte und sich, so meinte man, gegenseitig ausschließende Verfassungen behandeln und als exemplarisch darstellen? Das Problem beginnt bei der Datierung beider Werke. Bislang schien sie kein Problem zu sein, denn das zweite Kapitel des 'Principe' mit der Überschrift: 'De principatibus hereditariis' leitet Machiavelli mit dem Satz ein: „Io lascerò indrieto el ragionare delle republiche, perché altra volta ne ragionai a lungo [ich befasse mich nicht weiter mit der Erörterung der Republiken, da ich an anderer Stelle darüber ausführlich gehandelt habe]". Man hat diesen Ausspruch auf das erste Buch der 'Discorsi' und mögliche weitere Teile des Werkes bezogen (Chabod 1958, u. a.): Machiavelli hätte dann zwischen Juli 1513 und Anfang 1514 in einem Zug den 'Principe' geschrieben, nachdem er die bereits vorher begonnenen 'Discorsi' unterbrochen hatte. Desillusioniert durch die Vorgänge in Florenz, die zum Sturz der Republik geführt hatten, habe er sein Augenmerk auf den gesunden, lebensfähigen Staat gelenkt, den er im republikanischen römischen Staat der Antike gefunden zu haben glaubte, mit dem verglichen Florenz und Italien überhaupt dem Betrachter korrupt erscheinen mußten. In diesem Augenblick der Desillusionierung und sicher nicht ohne den Hintergedanken, sich bei den neuen Machthabern beliebt zu machen, habe Machiavelli in einem Zuge seinen 'Principe' geschrieben. Neuere Deutungen sehen jedoch das Verhältnis beider Werke zueinander anders und setzen die 'Discorsi' erst 1515 an, lange nach Abschluß des 'Principe'. So hat Felix Gilbert (Gilbert 1953) die Hypothese aufgestellt, daß sich der berühmte Verweis zu Beginn des zweiten Kapitels nicht auf das erste Buch der 'Discorsi' beziehe sondern auf ein heute verlorenes Werk Machiavellis über die Republiken, das er dann für die ersten 18 Kapitel des ersten Buches der 'Discorsi' verwendet habe. Diese jedoch seien erst 1515 begonnen worden, als Machiavelli zu häufigen Gesprächen in den Orti Oricellari mit Freunden zusammentraf, und 1517 vollendet worden. Auch Hans Baron (Baron 1956) hat die 'Discorsi' in die Jahre 1515–1517 datiert, den Verweis Machiavellis zu Beginn des 2. Kapitels des 'Principe' jedoch als späteren Einschub gedeutet. Seitdem hat die Diskussion über dieses Thema nicht geruht; sowohl Baron als auch andere haben versucht, die These von der späteren Entstehung der 'Discorsi' zu verteidigen. Freilich sind alle dafür angeführten Argumente bei näherer Überprüfung nicht stichhaltig, und so ist vor allem die italienische Forschung (Chabod 1958; Sasso 1993) bei dem alten Ansatz geblieben, und auch Gilbert ist diesem Problem in seinem letzten Buch über Machiavelli und Guicciardini (Gilbert 1965) ausgewichen und hat jedenfalls auf seiner Chronologie nicht mehr bestanden.

2.2. Machiavellis Methode

Machiavellis Analyse geht weit über das hinaus, was die Humanisten vor ihm geleistet hatten. Zu Beginn des 15. Kapitels des 'Principe' („De his rebus, quibus homines et praesertim principes laudantur aut vituperantur") hat er sich von früheren Versuchen ähnlicher Art von Plato bis zu seiner Gegenwart abgesetzt: er wolle der Wahrheit der Dinge auf den Grund gehen und nicht irgendwelchen imaginären Vorstellungen huldigen: „Ma sendo l'intento mio scrivere cosa utile a chi la intende, mi è parso piú conveniente andare drieto alla verità effetuale della cosa, che alle imaginazione di essa. E molte si sono imaginati republiche e principati che non si sono mai visti né conosciuti essere in vero ... [Da es meine Absicht ist, etwas Nützliches für den zu schreiben, der sich dafür interessiert, schien es mir angemessener, dem wirklichen Wesen der Dinge nachzugehen, als deren Phantasiebild. Viele haben sich Republiken und Fürstenherrschaften vorgestellt, von denen man in Wahrheit nie etwas gesehen noch gekannt hat ...]". Dieses Suchen nach dem guten Staat führe nur ins Verderben: „perchè uno uomo, che voglia fare in tutte le parte professione di buono, conviene rovini infra tanti che non sono buoni. Onde è necessario a uno principe, volendosi mantenere, imparare a potere essere non buono, e usarlo e non l'usare secondo la necessità [denn ein Mensch, der immer nur das Gute bekennt, wird zugrunde gehen unmitten von so vielen, die nicht gut sind. Deshalb ist es für einen Fürsten, der sich behaupten will, notwendig, die Fähigkeit zu lernen, nicht gut zu sein, und diese, je nach Notwendigkeit, anzuwenden oder nicht anzuwenden]". Darin geht also Machiavelli weit über das hinaus, was die

Humanisten über derartige Themen zu sagen hatten. Das Genus des Fürstenspiegels ist auch hier traditionell. Machiavelli jedoch stellt die bisherigen Fürstenspiegel geradezu auf den Kopf, denn während diese einen Katalog christlicher und später auch antiker Tugenden für den Herrscher aufstellten, hat Machiavelli gerade die Eigenschaften herausgestrichen, die bisher als Kennzeichen verabscheuungswürdiger Tyrannei galten. So ist mit Recht darauf hingewiesen worden, daß Machiavellis 'Principe' geradezu eine Satire auf die bisherige Literatur des Fürstenspiegels ist (Gilbert 1939). Die Alten dienen ihm nicht mehr als kritiklos übernommenes Vorbild, sondern als Gegenstand der Analyse. Aber Machiavelli ist alles andere als ein Dialektiker, der durch einen Prozeß logischer Deduktionen ein vollständiges System erarbeitet. Wie bei großen Politikern aller Zeiten lebt sein Gedankengebäude vielmehr von der Intuition; er sieht das, was er als Wahrheit ansieht, gleichsam blitzartig, und erst danach benutzt er verstandesmäßige Kriterien, um diese Wahrheit zu kommentieren. So ist für ihn wie für einen Künstler der Verstand der Intuition und der Vorstellungskraft untergeordnet. Damit verbunden ist sein Hang zu einer dilemmatischen Technik, die darin besteht, extreme und antithetische Lösungen vorzutragen und alle Kompromißlösungen zu verwerfen, wobei er sich eines disjunktiven Stils bedient. Um jedoch auf den Gegensatz zwischen den republikanischen 'Discorsi' und den monarchisch-tyrannischen 'Principe' zurückzukommen, so hilft uns die Kenntnis der humanistischen Gepflogenheit, verschiedene, oftmals sich gegenseitig ausschließende Ergebnisse zu präsentieren, ohne dabei die innerste Überzeugung des Autors preiszugeben, doch zu einem besseren Verständnis dieser beiden Werke. So hatten schon Francesco Patricio, Platina und andere sowohl die Republik als auch die Monarchie als ideale Staatsform gepriesen, und so dürften die Zeitgenossen Machiavellis viel weniger erstaunt gewesen sein über die nahezu gleichzeitige Bearbeitung zweier so unterschiedlicher Themen, als wir es sind. Denn man war es gewohnt, unter äußeren Einwirkungen zu schreiben, durch rhetorische Unverbindlichkeit die Gunst von Herrschern zu erlangen. Auch das hat bei Machiavelli sicher eine Rolle gespielt: er wollte sich den neuen Machthabern in Florenz empfehlen, er wollte sich den Weg öffnen zurück in die Politik, denn er war weit mehr leidenschaftlicher Politiker als politischer Publizist. Er versuchte das jedoch nicht mit den oberflächlichen Mitteln früherer Humanisten. Denn die Gegenstände der Untersuchung in den 'Discorsi' und im 'Principe' sind nur bei äußerlicher Betrachtung konträr. Beiden Werken gemeinsam ist nämlich der tiefere Gegenstand der Untersuchung: das Problem der politischen Führung. Machiavelli setzte als notwendig voraus, daß es in jeder politischen Gesellschaft Gruppierungen, Spaltungen gibt. Beim Vergleich der Geschichte des republikanischen Roms und des republikanischen Florenz' glaubte er jedoch herauszufinden, daß die Spaltungen hier und dort zu ganz verschiedenen Ergebnissen geführt hätten. Kap. 4 des ersten Buches der 'Discorsi' hat die Überschrift: 'Che la disunione della Plebe e del Senato romano fece libera e potente quella republica' ['Die Auseinandersetzungen zwischen dem römischem Volk und Senat machte diese Republik frei und mächtig']. Wenn die römische Republik aus dem Streit zwischen Volk und Senat mithin Freiheit und Macht gewann, warum war es dann in Florenz ganz anders, wo der Faktionalismus zum Ruin der Republik geführt hatte? Zur Erklärung führte Machiavelli an, daß politische Spaltungen innerhalb einer Republik dann gefährlich und perniziös waren, wenn dabei eine Gruppe besondere Rechte beanspruchte, die der anderen versagt blieben, und wenn die privilegierte Gruppe ihren Einfluß auf die Regierung zur Förderung ihrer eigenen Interessen ausnutzte. Gerade das war der Vorwurf, den er der Florentiner Aristokratie machte: die Ausnutzung ihrer Vorrechte führte, so glaubte er, zu einer Verhärtung der Standpunkte, die die Lebensfähigkeit der Republik lähmte und letzten Endes zur Entstehung der Tyrannei eines einzelnen oder einer kleinen Gruppe führte. Diese in den 'Discorsi' gewonnene Einsicht zog Machiavellis Vision des 'Principe' nach sich; da er immer den gesunden Staat vor Augen hatte, sah er in der Gestalt des an keine Gesetze und Konventionen gebundenen, nur durch seine 'virtù' mächtigen Alleinherrschers die Lösung der sich aus der Korruption der Republik seiner Zeit ergebenden Probleme. Die Vorzüge der römischen Republik bestanden hingegen nach ihm darin, daß dort keine bevorrechtigte Schicht den Staat für ihre Zwecke ausbeutete. In Rom führten die sozialen Gegensätze zur Anspannung aller Kräfte, sie bewirkten den Aufstieg hervorragender Individuen, sie stärkten die kriegerischen Tugenden. Denn die Gegensätze wurden dort, so glaubte er, zwischen Adel und Popularen durch Disputationen ausgefochten und durch Gesetze geregelt, während sie in Florenz in Verbannungen und Tötungen und in der Vernichtung der kriegerischen Tugenden endeten. Groß ist hier der Unterschied zu den oberflächlichen Lobpreisungen Brunis. Für diesen diente ein Klischee der römischen Republik zur Verherrlichung der Florentiner Oligarchie und ihrer 'libertas'; bei Machiavelli dagegen führt der Vergleich der Florentiner Republik mit der römischen zu einem vernichtenden Urteil über die politischen Traditionen seiner Stadt. Bei ihm wird die Geschichte von Florenz nicht in der oberflächlichen Weise vieler Humanisten an der römischen Geschichte hochstilisiert, sondern der große Unterschied zwischen beiden herausgearbeitet. Man wird zur Erklärung dieser nüchternen und realistischeren Sicht teilweise die Entwicklung von Florenz im Laufe des 15. Jhs. heranziehen können; aber das erklärt nicht alles. Wie auch etwa die Entwicklung der Geschichtsschreibung zeigt, stehen wir hier am Anfang des 16. Jhs. am Ende des Humanismus und am Beginn einer neuen Epoche, die zu einem tieferen analytischen Verständnis historischer und politischer Zusammenhänge geführt hat.

2.3. Der 'Principe'

Der 'Principe' ist in 26 Kapitel (mit lateinischen Überschriften) gegliedert; Kap. 1–11 geben einen Abriß der einzelnen Arten von Fürstentümern, Kap. 12–14 behandeln ein zentrales Thema Machiavellis: die Wehrverfassung, Kap. 15–23 beinhalten den umstrittensten Teil des Werkes: die empfohlenen Verhaltensweisen der Fürsten, Kap. 24–26 schließlich ziehen ein Resümee aus dem Vorhergehenden. In Verbindung von Empirie und historischem Studium werden die Fürstentümer in ererbte und neu erworbene unterteilt, die letzteren in solche, die gänzlich neu erworben oder nur durch Eroberung erweitert wurden. Francesco Sforza, der Herzog von Mailand, ist der Prototyp des Fürsten, der ein gänzlich neues Fürstentum geschaffen hat; er ist für Machiavelli wohl der ideale Fürst, der aus eigener 'virtù' seinen Staat erwarb, während bei Cesare Borgia die 'fortuna' hinzutrat, die ihn anfangs unterstützte, dann verließ. Wird ein Staat erweitert ('principato misto'), so gilt es, die neuen Untertanen, wenn notwendig mit Gewalt, zu integrieren oder sogar zu vernichten. Am schwierigsten ist die Stellung des Fürsten, der einen ganz neuen Staat errichtet: dieser muß mit Gewalt die Träger der alten Ordnung zurückdrängen. Cesare Borgia, der einen starken und einheitlichen Staat geschaffen hat, ist anfangs der Idealtyp eines solchen Fürsten, der freilich später durch die Unterstützung der Wahl Papst Julius' II. seinen eigenen Untergang einleitete. Was das Heerwesen betrifft, so sah Machiavelli die fatalen Folgen der Abhängigkeit von Florenz und anderer italienischer Mächte von den Kondottieri und ihren Söldnerheeren. Nur eine vom Fürsten völlig kontrollierte und befehligte Miliz aus Landsknechten könne ihrer Aufgabe gerecht werden. Die Verhaltensweisen des Fürsten, der negative 'Tugendkatalog', werden durch die Notwendigkeit diktiert, sich zu behaupten. Das könne er angesichts der Böswilligkeit der Menschen nicht, indem er sich bemühte, gut zu sein, denn das führe zu seinem Ruin, sondern er müsse lernen, wenn die Notwendigkeit es erfordere, nicht gut zu sein. Dem Katalog guter Eigenschaften der Fürstenspiegel, Freigebigkeit, Milde, Treue, Humanität, Frömmigkeit u. a., werden antithetisch die Eigenschaften, Sparsamkeit, Grausamkeit, Verrat, Unmenschlichkeit, Ungläubigkeit zugeordnet, die der Fürst dann anwenden soll, wenn es die Situation erfordert und er aus den positiven Eigenschaften keinen Nutzen ziehen kann; vor allem der ein neues Fürstentum schaffende Herrscher wie Cesare Borgia komme ohne Grausamkeit nicht aus. Auch sei es für den Fürsten vorteilhafter, gefürchtet als geliebt zu werden. In den außenpolitischen Beziehungen solle der Fürst entsprechend vor Vertragsbruch nicht zurückschrecken, List, Verstellung und Gewalt anwenden, wenn es die politische Notwendigkeit erfordert. Auch solle der Fürst alles vermeiden, was seinen Ruf als starker Herrscher gefährden könnte. Er dürfe sich auf niemanden verlassen und bleibe in seinen Entscheidungen auf sich allein gestellt. Die Analyse der italienischen Verhältnisse in den letzten drei Kapiteln, der Katastrophe, die seit dem Italienzug Karls VIII. über das Land gekommen war, führt zu dem Ergebnis, daß die unfähigen italienischen Fürsten die Hauptschuld daran trugen. In der von den Humanisten in Anlehnung an die Diskussion in der Antike viel diskutierten Frage des blinden Waltens der 'fortuna', dem der Mensch sich entgegenstemmen müsse, legt Machiavelli alles Gewicht auf die 'virtù' des Individuums und ganzer Völker, die geradezu metaphysisch begründete militärische und politische Energie, die auch den Fürsten zum Erwerb, zur Stabilisierung und Vergrößerung eines Staates befähigt. Wenn er sich als fähig erweist, sich den wandelnden Situationen anzupassen und die richtigen Entscheidungen zu treffen, werde ihm 'fortuna' günstig gesonnen sein. 'Fortuna' beeinflusse die Hälfte des menschlichen Handelns, über die andere Hälfte habe der Mensch kraft der 'virtù' die Entscheidungsfreiheit und könne das blinde Wüten der 'fortuna' begrenzen. Die Schrift endet im letzten Kapitel, das möglicherweise später hinzugefügt wurde, unter Verweis auf biblische Vorbilder mit einem Ausblick auf den kommenden „Erlöser" Italiens aus dem Haus der Medici.

2.4. Die 'Istorie fiorentine'

Zwischen 1520 und 1525 verfaßte Machiavelli seine 'Istorie Fiorentine', sein letztes umfangreiches Werk, das er im Auftrag des Kardinals Giulio Medici schrieb. Als Vorbild mußte auch er sich zunächst an die humanistische Historiographie halten; in der Einleitung betont er ausdrücklich, daß er die Florentiner Geschichten Brunis und Poggios gelesen habe, und obschon sein Werk in Volgare verfaßt ist, hielt er sich doch in wesentlichen Punkten, so in der Einteilung in Bücher, die jeweils mit allgemeinen Betrachtungen über den im betreffenden Buch behandelten Gegenstand beginnen, an das Prinzip der Humanisten. Auch fiktive Reden werden häufig eingeschaltet, wichtige Ereignisse durch Zeichen des Himmels eingeleitet und Schlachtszenen in allen Einzelheiten ausgemalt. Daß sich Machiavelli jedoch im letzten Punkt über das humanistische Schema erhaben zeigte, beweist die Schilderung der Schlacht von Anghiari, bei der er sich in humanistischer Manier in bunten Einzelheiten ergeht, um dann zu berichten, daß in dieser Schlacht ein einziger Mann gefallen sei, und dieser nicht durch Feindeinwirkung, sondern durch einen Sturz vom Pferd, bei dem er auf dem Kopf landete. Auch bei der Auswahl der behandelten Ereignisse folgte Machiavelli im Grunde den Vorbildern der Humanisten; denn keineswegs mißt er allen Ereignissen in der Geschichte von Florenz gleiche Bedeutung bei, vielmehr berichtet er über ihm besonders wichtig erscheinende Vorgänge, wie die Tyrannis des Herzogs von Athen und den Aufstand der Ciompi, in minutiösem Detail, während andere Ereignisse kaum gestreift werden, so daß seine 'Istorie Fiorentine' keineswegs eine ununterbrochene fortlaufende Darstellung der Geschichte von Florenz bieten. In den allgemeinen Reflexionen zu Beginn eines jeden Buches behandelt er Themen, denen auch sonst sein Interesse galt: so den Faktionalismus innerhalb einer Republik, die Söldnerheere, die Notwendigkeit von Kolonien und die Schwierigkeiten, die Verschwörungen gegen einen Tyrannen bereiteten. Grundsätzlich hält auch Machiavelli noch an der Auffassung fest, daß die Geschichte durch Beispiele lehre, doch sind diese Beispiele wie bei Guicciardini nicht moralisierender, sondern politischer Natur: die Beschäftigung mit der Geschichte soll den Politiker zur tieferen Einsicht in die Gesetzmäßigkeit politischer Ereignisse verhelfen, denn auch Machiavelli geht davon aus, daß derartige Gesetze bestehen und aus der Geschichte rekonstruiert werden können. Um sie bloßzulegen, stilisiert er die geschichtlichen Vorgänge, damit sie in den angenommenen Rahmen passen; dabei verlieren die handelnden Persönlichkeiten notwendigerweise ihr individuelles Profil. Die Ereignisse werden in ihrer Kausalität auseinandergerissen und lediglich zum Beleg seiner Doktrin herangezogen; für dazwischen liegende Ereignisse folgt Machiavelli, sofern er sie überhaupt behandelt, seiner Hauptquelle Flavio Biondo und übernimmt dessen oftmals primitiven Urteile. Dadurch entsteht weniger der Eindruck eines historischen als eines – nach heutigem Sprachgebrauch – politologischen Werkes; die Geschichte wird zur Hilfswissenschaft. Machiavelli ist seinen Interessen nach zu sehr politischer Wissenschaftler, als daß er nüchtern und unvoreingenommen den Ablauf der Geschichte hätte schildern und ohne aprioristische Vorstellungen analysieren können. Was seinen politischen Werken, dem 'Principe' und den 'Discorsi', zum Vorteil gereicht, seine Fähigkeit zur intuitiven Erfassung eines Problems und zur Ausarbeitung von Lösungsmöglichkeiten, wird für ein historisches Werk wie die 'Istorie Fiorentine' zum Nachteil: hier wird die Geschichte einer vorgefaßten Doktrin untergeordnet, den Ereignissen Gewalt angetan, um sie in den theoretischen Rahmen zu spannen. Die meist sehr komplexen Motive der handelnden Persönlichkeiten werden stark vereinfacht und damit verfälscht. So unterrichten auch die eingeschobenen fiktiven Reden den Leser nicht etwa über die historische Situation und über die Beweggründe der maßgeblichen Persönlichkeiten, sondern geben lediglich Machiavellis Spekulationen über die angeschnittenen, oftmals von ihm in die betreffende Situation hineininterpretierten und sich nicht aus ihr zwanglos ergebenden Probleme wieder. Sicher ist das Ergebnis einer solchen Umfunktionierung humanistischer

Schablonen eine intelligentere und geistreichere Geschichtsschreibung, als es die moralisierenden Werke der Humanisten waren. Doch darf das nicht darüber hinwegtäuschen, daß Machiavelli, von gelegentlichen genialen Anregungen und Einsichten abgesehen, ebenfalls keine die komplexe historische Wirklichkeit erfassende und deutende Geschichtsschreibung bietet; für die Erkenntnis der wirklichen Zusammenhänge, wie sie die moderne Forschung anstrebt, bietet er nur begrenzt brauchbare Kriterien. Delikaten Fragen, wie der Herrschaft von Cosimo und Lorenzo Medici, der er gewiß nicht positiv gegenüberstand, ist er um des erhofften Vorteils willen, den ihm das Werk bei seinem Auftraggeber bringen sollte, ausgewichen; bei der Behandlung weiter Teile des 15. Jhs. ist er deshalb in die Außenpolitik ausgewichen und hat die Innenpolitik kaum berührt. Was Machiavelli der Geschichtswissenschaft als Erbteil hinterlassen hat, ist jedoch das Problembewußtsein − auch wenn er Probleme konstruiert und in die Geschichte hineininterpretiert hat − und die Zusammenschau von auf den ersten Blick disparaten Phänomenen, wie er es im Fall der Deutung der militärischen Unterlegenheit Italiens getan hat. Indem er eine solche problemgeschichtliche Sicht nicht auf die politische Traktatenliteratur beschränkt, sondern auch − wenn auch mit einem im Grunde entmutigenden Ergebnis − in einem eigentlichen Geschichtswerk angewandt hat, ließ er Späteren die Möglichkeit, dabei in tiefere Dimensionen historischen Verständnisses vorzudringen. Gewiß haben weniger der analytischen Reflexion zuneigende Staatsmänner und Historiker wie Guicciardini die unmittelbare Kausalität historischer Vorgänge besser beurteilt als Machiavelli, doch reichte ihr Blick über die augenblickliche Bedeutung der Ereignisse oder ihre Relevanz für die nächste Zukunft kaum hinaus. Ihnen fehlte der Blick für große, sich über lange Zeit hin erstreckende Zusammenhänge, über Zusammenhänge etwa von geistigen und sozialen Veränderungen und politischer Geschichte. Hierin hat Machiavelli zweifellos manches konstruiert, anderes jedoch richtig oder nahezu richtig gesehen, so wenn er die beklagenswerte Abhängigkeit seiner Heimatstadt und der anderen italienischen Mächte von den Kondottieri auf die vom Popolo durchgesetzte antimagnatizische Gesetzgebung zurückführt, die den Adel seiner militärischen Vorrangstellung beraubte und ihn verbürgerlichte, so daß man seitdem von Söldnerheeren abhängig war. Zwar ist selbst diese Einsicht Machiavellis nach unserem heutigen Erkenntnisstand noch etwas rudimentär, da sie sehr komplexe Vorgänge simplifiziert, doch bedeutet sie zweifellos einen gewaltigen Schritt vorwärts in Richtung auf eine tiefere Erfassung historischer Fragen; die Geschichte wird nicht mehr ausschließlich als Tummelplatz der 'fortuna' und individualistischer 'virtù' gesehen, obschon beide Begriffe auch bei Machiavelli noch eine wesentliche Rolle spielen. Eines der grundlegenden Probleme war für Machiavelli die Faktionenbildung in Republiken, und in diesem Zusammenhang mußte er naturgemäß auf das Problem Guelfen und Gibellinen in Florenz eingehen. Selbstverständlich entspricht seine Fragestellung weder hier noch anderswo den Erkenntnissen der modernen Wissenschaft, doch verläßt er den einfachen, unreflektierten, moralisierenden Standpunkt seiner Quelle, der Chronik Giovanni Villanis, und der übrigen mittelalterlichen Chronisten. So sieht er in seinen einleitenden Betrachtungen über die Zeit vor 1434 die Wurzeln des guelfisch-gibellinischen Streits, der Italien zerreißen sollte, bereits im Investiturstreit, als „einige italienische Völker dem Papst (Alexander II., später Gregor VII.), andere Heinrich IV. folgten". Machiavelli ergreift nicht Partei. Sowohl dem Kaisertum als auch dem Papsttum steht er mit kühler Reserve gegenüber. Was ihn interessiert, ist das Phänomen des Faktionalismus und seine perniziösen Auswirkungen auf die Geschichte von Florenz. Anders als in Rom und anderen Städten, wo sich Patriziat und Volk gegenüberstanden, zerfällt Florenz nach Machiavelli in zahlreiche Gruppen: zuerst zerfallen die Oligarchen („nobili") unter sich, dann entsteht ein Zwist zwischen Oligarchen und Volk („popolo"), zuletzt der Streit zwischen dem Volk und den Unterschichten („plebe"). Zudem sei es häufig vorgekommen, daß eine dieser Gruppen, die die Oberhand gewonnen hat, wiederum in zwei Parteien zerfiel. Damit haben auch die Guelfen und Gibellinen Anteil am Ruin der Stadt: trotz der 'virtù' und der Intelligenz der Bürger habe die Stadt niemals die Einheit gefunden, die sie über alle anderen alten und neuen Gemeinwesen erhoben hätte. In Anlehnung an Giovanni Villani wird die Spaltung der Oligarchen als Folge des Mordes an Buondelmonte (1216) geschildert; unter Friedrich II. endet dieser Streit in der Faktionenbildung der Guelfen und Gibellinen. In den darauffolgenden Kämpfen, so beschreibt Machiavelli die guelfische Ideologie trefflich, „hofften (die Guelfen) mit Hilfe der Kirche ihre Freiheit zu bewahren, und unter dem Kaiser fürchteten sie, diese zu verlieren". Die Ankunft Karls von Anjou gab, so erkannte auch Machiavelli nach Villani und anderen, den Guelfen die Oberhand; im übrigen weiß er die Faktionenbildung jedoch kaum in den großen Streit zwischen den letzten Staufern und dem Papsttum einzuordnen. Ebenso sieht er deutlich, daß der Kampf des Popolo gegen die Oligarchie zu unterscheiden ist vom Zwist innerhalb der Oligarchen: nach dem Sieg der Guelfen (1267) wird „der guelfische Adel" („la nobiltà guelfa") arrogant, gehorcht den Magistraten nicht, verübt laufend Morde und andere Grausamkeiten und erregt so den Widerstand des Popolo, dessen Kampf um seine Rechte ausführlich geschildert wird. Der guelfisch-gibellinische Faktionalismus lief nach Machiavelli, trotz gelegentlicher Neuerweckung, im Verlauf des 14. Jhs. aus, wurde überlagert und abgelöst von neuen Spaltungen in der Bürgerschaft, die im Laufe des 14. Jhs. zur Zerstörung des Adels, zur Übernahme des Stadtregiments durch Kaufleute und zum Zerfall der neuen Schichten führten. Der Streit zwischen Guelfen und Gibellinen war seiner Ansicht nach ein Streit, der im Inneren durch zufällige, irrationale Beweggründe, durch Haß und Rachegelüste entstanden war, aber auch von außen, von Päpsten und Kaisern nach Florenz hineingetragen wurde, und dessen Herr zu werden der Kommune die Kräfte fehlten. Daß die große Politik sich nicht auf die einfache Formel Guelfen = Partei der Kirche und Angiovinen, Gibellinen = Partei der deutschen Herrscher bringen ließ, daß sich seit der zweiten Hälfte des 13. Jhs. Päpste aus der angiovinischen Allianz gelöst hatten und das guelfische Florenz sich zeitweise im Kampf mit den Päpsten befunden hatte, war Machiavelli durchaus bekannt, weshalb er der ideologisch-propagandistischen Komponente der guelfisch-gibellinischen Auseinandersetzungen kaum Aufmerksamkeit schenkt.

3. Machiavellismus und Antimachiavellismus

Die bis heute nur ungenügend erforschte Rezeptionsgeschichte Machiavellis betrifft im wesentlichen den 'Principe', in geringerem Maße die 'Discorsi', damit nur Teilaspekte seines Gesamtwerkes (Gilbert 1973; De Mattei 1973; Meinecke 1957; Il pensiero politico 1969). Nachdem der 'Principe' und die 'Discorsi' bereits handschriftlich weite Verbreitung gefunden hatten, erschienen sie 1531 bei dem vornehmlich auf theologische und kanonistische Literatur spezialisierten römischen Verleger Antonio Blado im Druck, und zwar mit Privilegierung durch Papst Klemens VII.; die Kirche hatte zu diesem Zeitpunkt also noch keine Vorbehalte gegenüber dem 'Principe'. In Florenz war jedoch offensichtlich bereits damals eine Abneigung gegen dieses Werk verbreitet, so daß es der Drucker Bernardo Giunta, der es 1532 herausgab, als angebliche Warnung vor der Tyrannei deutete. Bald aber setzte in hohen kirchlichen Kreisen die Polemik gegen den 'Principe' ein, begann der Antimachiavellismus. In seiner 'Apologia ad Carolum V.' (1539 Karl V. überreicht) machte der im Exil lebende englische Kardinal Reginald Pole Thomas Cromwell für die Handlungen König Heinrichs VIII. verantwortlich; er habe sich dabei, so behauptete Pole, auf Machiavellis teuflischen 'Principe' gestützt. Als auch sonst von kirchlicher Seite Angriffe gegen Machiavellis angeblichen Atheismus und seine Feindschaft gegenüber dem Christentum üblich wurden, wurde der 'Principe' 1559 auf den Index der verbotenen Bücher gesetzt. Dieses Druckverbot konnte die Verbreitung des Werkes jedoch kaum behindern. 1560 erschien in Basel die erste lateinische Übersetzung, die der Schrift in Gelehrtenkreisen weite Verbreitung sicherte; es folgten volkssprachliche Übersetzungen. Zunächst geriet der 'Principe' in die Auseinandersetzungen des konfessionellen Zeitalters. Wie der Altkirchliche Pole so verdammte der Hugenotte Innocent Gentillet in seinem weit verbreiteten 'Discours sur les moyens de bien gouverner ...' (1576) ausführlich die amoralischen und satanischen Auffassungen des Florentiners, die sich nach Ansicht der Hugenotten Caterina de'Medici zu eigen gemacht hatte. Auf katholischer Seite wurde der 'Principe' gerade von den Jesuiten verdammt, die von den Protestanten des Machiavellismus angeklagt wurden, am scharfsinnigsten von Pedro Rivadeneyra in seinem 'Tratado de la religión y virtudes que debe tener el príncipe cristiano ...' (1595), der die Trennung von Politik und Moral scharf verurteilte und die Machiavellisten als eine Art fünfte Kolonne von Lutheranern und Calvinisten innerhalb der katholischen Welt ansah. Die antichristlichen und amoralischen Charakteristika des 'Principe' führten auch dazu, daß der entstehende absolutistische Staat nur Einzelaspekte, aber niemals dessen volles Programm realisieren konnte. Indem jedoch Machiavelli im Bereich des Staatswesens und der Politik (nicht in der privaten Sphäre) die Geltung der christlichen Ethik bestritt, übte er auf die Idee der Staatsräson in der neueren Geschichte großen Einfluß aus. Der schon bei Guicciardini belegte Begriff 'ragione di stato', der sich seit der Mitte des 16. Jhs. verbreitete, implizierte, daß in staatlichen Angelegenheiten eine Handlungsweise erforderlich sein könne, die im privaten Bereich unzulässig sei, daß die Politik eigenen, von der Religion unabhängigen Grundsätzen unterliege. Darüber entstand im 17. und 18. Jh. eine umfangreiche Literatur. So übernahmen Giovanni Botero in seinem sehr einflußreichen Werk 'Della ragione di Stato' (1589) ebenso wie Traiano Boccalini (1556–1613) in seiner 'Bilancia politica' und Paolo Paruta (1540–1598) in seinen 'Discorsi politici' manche der Thesen von Machiavellis 'Principe'. Geschah das häufig ohne Nennung seines Namens oder verbunden mit Kritik an Machiavelli, so wurde sein Name im 18. Jh. nicht mehr verschwiegen oder durch Rückgriff auf Tacitus verschleiert, zumal die flüssige französische Übersetzung des 'Principe' durch Amelot de la Houssaye (1683) das Werk allgemein bekannt machte. Hatten die Autoren des 17. Jhs. die Prinzipien der Staatsräson noch häufig mit der christlichen Ethik zu harmonisieren versucht, so haben die Vertreter der Aufklärung Machiavelli vielfach als Theoretiker des von ihnen bekämpften absolutistischen Staates gesehen. Doch wurde Machiavelli seit James Harrington 'The Commonwealth of Oceana' (1656) und dann besonders bei Pierre Bayle, Denis Diderot und Jean-Jacques Rousseau auch zum Theoretiker des Republikanismus, der den 'Principe' lediglich zur Demaskierung der Tyrannei geschrieben habe. Vom Antimachiavellismus Voltaires beeinflußt ist der Anti-Machiavell Friedrichs des Großen (Réfutation du Prince de Machiavel), den dieser als Kronprinz 1739 verfaßte und nach seiner Thronbesteigung (1740) veröffentlichte. Dem unmoralischen Fürsten Machiavellis stellt der preußische König den Herrscher entgegen, der, um das Wohl des Volkes bemüht, der erste Diener seines Staates ist. Der kapitelweise Kommentar zum 'Principe' bezweckt, die Politik dem sittlichen Gebot zu unterwerfen, freilich mit Ausnahmen. Bei der Behandlung des 18. Kapitels wird der von Machiavelli empfohlene Vertragsbruch zwar verworfen, doch hinzugefügt, daß die 'nécessités fâcheuses', die Notsituation des Staates, den Vertragsbruch durch den Fürsten rechtfertigen könne, wie auch ein 'guerre de précaution', ein Präventivkrieg, erlaubt sei, wenn die Lage es erfordere. Die Lebenserfahrung Friedrichs des Großen brachte ihn – seine politischen Testamente beweisen es – später dem skeptischen Menschenbild Machiavellis wieder näher. Seit der französischen Revolution und dem Sturz des 'ancien régime' hörte der 'Principe' auf, im zustimmenden oder ablehnenden Sinne Anleitung zu praktischer Politik zu sein. Bald bemächtigte sich der Historizismus auch der Schriften des Florentiners; schon Herder versuchte, den 'Principe' aus der Zeit seiner Entstehung zu verstehen. Für die Theoretiker des Nationalstaates, beginnend mit Hegel und Fichte, war die Anwendung von Gewalt zur Gewährleistung der Lebensfähigkeit einer Nation moralisch gerechtfertigt; für sie vertrat Machiavelli die auch auf die deutschen Verhältnisse anzuwendende höchste Moral, das heißt diejenige, die sich aus den Erfordernissen des Staates ergab. Für manche Historiker des Risorgimento wurde er zudem der Prophet des italienischen Einheitsstaates, der, wie Ranke es ausdrückte, Gift verschreiben mußte, um das Land aus der hoffnungslosen politischen Lage herauszuführen. In der Terminologie des 19. und 20. Jhs. verlor der Begriff 'Machiavellismus' die Bedeutung eines geschlossenen politischen Systems; 'machiavellistisch' wird jetzt in einer Vielfalt von wenig spezifischen, oft vagen und widersprüchlichen Bedeutungen verwendet. Für Marx und Engels vertritt Machiavelli die These von der Macht als Grundlage des Rechts; für Mussolini ist er der Verkünder des totalitären faschistischen Staates, für Antonio Gramsci ist der 'Principe' die Verkörperung des 'uomo collettivo' der kommunistischen Partei, geradezu deren Aktionsprogramm, und Hitler soll, ob er ihn nun gelesen hat oder nicht, seine brutale Machtpolitik durch Machiavelli gerechtfertigt gesehen haben. Freilich hat die historische Forschung seit dem 19. Jh. Machiavelli zunehmend aus dem politischen und sozialen Umfeld seiner Zeit gedeutet, ihn damit 'historisiert' und relativiert und dem Machiavellismus damit endgültig den Charakter eines zeitlos anwendbaren politischen Systems genommen.

Die Literatur über Machiavelli ist kaum mehr zu überblicken. Eine moderne, allen kritischen Ansprüchen genügende Gesamtausgabe seiner Werke gibt es nicht. Eine sehr nützliche knappe deutsche Darstellung wichtiger Probleme mit fast 500 Literaturtiteln bietet Buck 1985; hier S. 3 auch die Gesamtausgaben. Eine sehr reich kommentierte Ausgabe des 'Principe' stammt von Sasso (1963). Die Standardbiographie ist die von Ridolfi (1954). Die umfassendste gegenwärtige Darstellung seines Werkes, die so gut wie die gesamte internationale Forschung rezipiert hat und zitiert, ist das zweibändige Werk von Sasso (1993); die deutsche Ausgabe (1965) ist eine erweiterte Fassung der sehr viel kürzeren und durch die Neubearbeitung überholten italienischen Erstausgabe.

4. Literatur

Albertini, Rudolf v., Das Florentinische Staatsbewußtsein im Übergang von der Republik zum Prinzipat. Bern 1955.

Baron, Hans, The 'Principe' and the puzzle of the date of the 'Discorsi', Bibliothèque d'Humanisme et Renaissance 18, 1956, 405–428.

Buck, August, Machiavelli. Darmstadt 1985.

Chabod, Federico, Machiavelli and the Renaissance. London 1958.

Gilbert, Felix, Machiavelli and Guicciardini: Politics and history in sixteenth-century Florence. Princeton 1965.

–, Machiavelli e la vita culturale del suo tempo. Bologna 1964.

–, Machiavelli's Prince and its forerunners. Durham 1938.

–, Machiavellism. In: Dictionary of the history of ideas. Hrsg. v. Philip P. Wiener, Bd. 3. New York 1973, 116–126.

–, The composition and structure of Machiavelli's 'Discorsi'. In: Journal of the History of Ideas 14, 1953, 136–156.

–, The Humanist concept of the Prince and the 'Prince' of Machiavelli. In: Journal of Modern History 11, 1939, 449–483.

Herde, Peter, Guelfen und Neoguelfen. Zur Geschichte einer nationalen Ideologie vom Mittelalter zum Risorgimento. Stuttgart 1986. Verb. Neudruck in: Herde, Von Dante zum Risorgimento. Studien zur Geistes- und Sozialgeschichte Italiens (Gesammelte Abhandlungen und Aufsätze Bd. 1). Stuttgart 1997, 259–398.

Maffei, Domenico, Il giovane Machiavelli banchiere con Berto Berti a Roma. Florenz 1973.

Marzi, Demetrio, La cancelleria della repubblica fiorentina, 2 Bde. Florenz 1910; Nachdruck 1987.

De Mattei, Rodolfo, Dal premachiavellismo all'antimachiavellismo. Florenz 1969.

Meinecke, Friedrich, Die Idee der Staatsräson in der neueren Geschichte. Hrsg. v. Walther Hofer (Friedrich Meinecke Werke). München 1957.

Il pensiero politico 1 No. 3. Florenz 1969.

Ridolfi, Roberto, Vita di Niccolò Machiavelli. Rom 1954; engl. Ausgabe: The life of Niccolò Machiavelli. Übers. v. C. Grayson. London 1963.

Rubinstein, Nicolai, The government of Florence under the Medici (1434–1494). Oxford 1966.

Sasso, Gennaro, Niccolò Machiavelli, 2 Bde. Bologna 1993.

–, Niccolò Machiavelli, Geschichte seines politischen Denkens. Stuttgart 1965.

– (Hrsg.), Niccolò Machiavelli, Il Principe e altri scritti. Florenz 1963.

Weinstein, Donald, Savonarola and Florence: Prophecy and patriotism in the Renaissance. Princeton 1970.

Peter Herde, Würzburg (Deutschland)

61. Nicolaus Copernicus, 'De Revolutionibus Orbium Coelestium' (1543) und das neue Weltbild

1. Biographische und bibliographische Voraussetzungen für das Studium des Hauptwerkes von Nicolaus Copernicus
2. Die Entstehung des Hauptwerkes aus biographischer Sicht
3. Der Aufbau und die inhaltlichen Schwerpunkte des Hauptwerkes
4. Anmerkungen zur astronomischen und philosophischen Rezeptionsgeschichte von 'De revolutionibus orbium coelestium'
5. Literatur

1. Biographische und bibliographische Voraussetzungen für das Studium des Hauptwerkes von Nicolaus Copernicus

„In remotissimo angulo terrae" – den entferntesten Winkel der Welt – nannte Nicolaus Copernicus den Ort, Frauenburg im Ermland, an dem er über drei Jahrzehnte lang lebte und sein wissenschaftliches Hauptwerk 'De revolutionibus orbium coelestium' zur Vollendung führte. Um sich dem Inhalt, der Bedeutung und den Entstehungsbedingungen dieses Werkes sowohl aus der Perspektive der europäischen Renaissance als auch von der zeitgenössischen wissenschaftshistorischen Forschung zu nähern, bedarf es außer der Kenntnis der übrigen Schriften des Copernicus auch der biographischen Quellen und Lebenszeugnisse. Ungeachtet der Bemühungen einer internationalen Copernicus-Forschung, die auf eine nunmehr 150jährige Tradition zurückblicken kann, sind die Facta relativ dünn gesät. Der wissenschaftliche Briefwechsel des Astronomen, der im 17. Jh. noch in wichtigen Teilen vorhanden war, gilt als unwiederbringlich verloren. Erhalten sind 201 Briefe bzw. gesicherte Inhaltsbeschreibungen von Briefen, die von Copernicus stammen oder ihm zugeschrieben werden, die an ihn adressiert sind oder in denen von Zeitgenossen über ihn und sein Werk berichtet wird (Copernicus 1994). Diese Zahl relativiert sich jedoch schnell angesichts der Tatsache, daß darin nur 14 Dokumente enthalten sind, von denen wir mit Sicherheit wissen, daß Copernicus tatsächlich ihr Autor war.

In dem einzigen erhaltenen Brief astronomischen Inhalts (vom 3. 6. 1524) dankte Copernicus Bernhard Wapowski, dem Sekretär des polnischen Königs Sigismund I., der in Krakau zu seinen Studienkollegen gehört hatte, für die Sendung des Werkes 'De motu octavae sphaerae' ('Über die Bewegung der achten Sphäre = Fixsternsphäre') des Nürnberger Astronomen, Mathematikers und Pfarrers Johannes Werner (1466–1522) und nahm dies zum Anlaß, Werners Erklärung der Präzession der Äquinoktien in einer eigenständigen wissenschaftlichen Abhandlung zu diskutieren und zu kritisieren. Die übrigen erhaltenen Briefe betreffen die administrative und ärztliche Tätigkeit von Copernicus, seine engagierte Mitarbeit bei den preußischen Münzverhandlungen von 1519–1529 und die Vorgänge, die die Drucklegung des Hauptwerkes 'De revolutionibus orbium coelestium' begleiten und kommentieren.

Nur in der letzten Kategorie von Briefen befindet sich tatsächlich Material, das die Vorgeschichte und die komplizierte Endredaktion des Hauptwerkes mindestens teilweise erhellen kann. Einige dieser Briefe, darunter der Briefwechsel von Copernicus mit seinem Nürnberger Herausgeber Andreas Osiander d. Ä. sind nicht im Original, sondern nur durch die Aufzeichnungen von Johannes Kepler überliefert worden.

Weiterhin existieren 257 Urkunden, Akten und Lebenszeugnisse, aus denen sich die Familiengeschichte von Copernicus, einzelne seiner Lebensstationen und wiederum seine ausgedehnte Verwaltungstätigkeit rekonstruieren lassen (Copernicus 1996).

Eine annalistische Verzeichnung fast aller noch vorhandener Quellen, das sind 520 zeitgenössische Dokumente und Urkunden, die einen unmittelbaren Bezug zu Copernicus oder seiner Familie besitzen, ist durch Marian Biskup geleistet worden. Sein Regestenverzeichnis (Biskup 1973) bildet eine wesentliche Grundlage der modernen Copernicus-Biographik. Eine neue wissenschaftliche Biographie, die alle Funde und Ergebnisse der biographischen Copernicus-Forschung der letzten 100 Jahre verarbeitet, gehört jedoch weiterhin zu den Desiderata der wissenschaftshistorischen Forschung. Bis zu ihrem Erscheinen gilt die Copernicus-Biographie von Leopold Prowe (1883–84; 1967) trotz mancher Korrekturen, die aufgrund neuerer Forschungen notwendig geworden sind, durch ihre umfassende Beschreibung der Lebensstationen und des kulturellen, politischen und wissenschaftlichen Umfeldes von Copernicus bis heute als unverzichtbar. Neben der Untersuchung der copernicanischen Lebensumstände entwickelte Prowe zugleich ein Epochenbild der Frührenaissance in Krakau, Oberitalien und im Ermland. Keinem der späteren Biographen ist es gelungen, ein vergleichbar vielschichtiges und fundiertes Bild von Copernicus und den Entstehungsbedingungen seines Werkes zu zeichnen.

Die breit angelegte biographische Darstellung von L. A. Birkenmajer (Birkenmajer 1900), einem der maßgeblichen polnischen Copernicus-Forscher, konzentriert sich im Unterschied zu Prowe noch stärker auf das astronomische Werk von Copernicus und unterzieht auch die kleinen Schriften sowie die astronomischen Marginalien in Büchern und die 'observationes' einer eingehenden Analyse. Seit den zwanziger Jahren unseres Jhs. verengte sich die Copernicus-Forschung sowohl auf deutscher als auch auf polnischer Seite zunehmend – nicht zuletzt aufgrund der zeitbedingten Fragestellung nach der Nationalität von Copernicus – auf biographische Detailuntersuchungen (z. B. Wermter 1968).

Unerläßlich für eine wissenschaftliche Beschäftigung mit dem Leben und Werk von

Copernicus ist die Kenntnis der umfassenden, auch in den Details verläßlichen Bibliographie von Baranowski, die auch sehr entlegene Sekundärliteratur erfaßt. Allerdings enthält sie, gemeinsam mit ihren 1973 und 1977 erschienenen Supplementen, nur die Literatur bis zum Jahr 1975. Parallel dazu ist eine selektive, sich auf die wesentlichen neueren Arbeiten beschränkende Bibliographie der Sekundärliteratur von Rosen in dessen 'Three Copernican Treatises' (Rosen 1971, 199– 312) erschienen. Die Auswahlbibliographie von Rosen erfaßt zwar nur den Zeitraum von 1939–1970, besitzt aber gegenüber der Gesamtbibliographie von Baranowski den Vorzug, die Copernicus-Literatur durch ausführliche Annotationen kritisch einzuschätzen. Auch wenn der Leser diese Wertungen nicht immer teilen wird, besitzt er damit einen geeigneten Wegweiser durch die Literatur zur Biographie und zum Werk von Copernicus. Neben Luther, Erasmus von Rotterdam und Paracelsus gehört Copernicus zu den absolut herausragenden Persönlichkeiten der frühen Neuzeit, über die eine kaum noch übersehbare Sekundärliteratur existiert, die bibliographischer Hilfsmittel unbedingt bedarf.

2. Die Entstehung des Hauptwerkes aus biographischer Sicht

Als sicher gilt heute, daß sich Copernicus, der 1473 in der an der unteren Weichsel gelegenen Hansestadt Thorn als Sohn des Großkaufmanns Nicolaus Copernicus d. Ä. (gest. 1483) geboren wurde, bereits während des Elementarstudiums der 'septem artes liberales' (1491–1494) am 'Collegium Maius' der Jagiellonischen Universität in Krakau der Mathematik und der Astronomie auf eine Weise gewidmet hat, die weit über das geforderte Maß hinausging. Der Humanist und Astronom Blar de Brudzewski ist dort nach dem Zeugnis von Johannes Broscius einer seiner Lehrer gewesen.

Von 1496 bis 1500 studierte Copernicus – ebenso wie früher sein Onkel, der ermländische Bischof Lukas Watzenrode – an der juristischen Fakultät der Universität Bologna und trat dort der 'natio germanorum' genannten deutschen Landsmannschaft bei, der sich satzungsgemäß alle deutschsprachigen Rechtsstudenten ohne Rücksicht auf ihr Herkunftsland anzuschließen hatten. Doch mindestens ebenso wichtig wie die juristischen Studien wurden für ihn in Bologna die Himmelsbeobachtungen, die er gemeinsam mit dem bekannten Astronomen Dominicus di Novara (1464–1514) unternahm. Eine solche Beobachtung – die Bedeckung des Aldebaran im Stier durch den Mond am 9. März 1497 – kennen wir aus den Aufzeichnungen von Copernicus. Novara, geschult an Georg Peurbach und Johannes Regiomontan, galt als Kritiker der ptolemäischen Kosmologie, der möglicherweise bei seinem Studenten und Freund Copernicus die ersten, spätere Forschungen begründenden Zweifel an der Richtigkeit des geozentrischen Systems geweckt hat.

Copernicus verließ Bologna ohne einen akademischen Abschluß. Das Jahr 1500 und seine Jubelfeiern erlebte er in Rom, und dort hielt er als 'professor mathematum' an der römischen Universität, der 'Sapienza', mathematische und astronomische Vorträge, die großen Beifall fanden, wie Rheticus berichtet hat. Über den Charakter dieser Vorträge läßt sich nur spekulieren. Aller Wahrscheinlichkeit nach handelte es sich dabei nicht um akademische Vorlesungen, sondern um Diskussionsrunden in einem mehr oder weniger privaten Kreis von Freunden und interessierten Gelehrten. Copernicus' spätere Studienjahre an der Universität von Padua (1501–1503) waren vorrangig dem Studium der Medizin gewidmet und endeten formal damit, daß er, ganz offenbar aus Kostengründen, an der kleineren und deshalb billigeren Nachbaruniversität Ferrara am 31. Mai 1503 zum 'Doctor decretorum', zum Doktor des Kirchenrechts, promoviert wurde.

Mit seiner endgültigen Rückkehr nach Frauenburg und der Wahrnehmung seiner Rechte und Pflichten als Domherr des ermländischen Domkapitels im Spätherbst 1503 waren Copernicus' Lehr- und Wanderjahre beendet. Bis zum Ende seines Lebens hielt er sich nun vorwiegend im Ermland auf. Seine weitesten Reisen führten ihn nach Krakau, Danzig, Königsberg und möglicherweise nach Breslau, aber auch dafür gibt es keine sichere Quelle. Zunächst wirkte Copernicus als Sekretär und Leibarzt seines Onkels an der bischöflichen Residenz in Heilsberg. In Heilsberg fand er neben seiner administrativen und medizinischen Tätigkeit erstaunlicherweise auch noch Zeit für wissenschaftliche Arbeiten. Er beobachtete den Sternenhimmel und übersetzte die Episteln des Theophylaktos Simokattes, eines byzantinischen Autors des 7. Jhs., aus dem Griechischen ins Lateinische. Begleitet von einem Widmungsgedicht des Humanisten Laurentius Corvinus wurde die Übersetzung 1509 in der Offizin von Johannes Haller in Krakau gedruckt. Paradoxerweise war gerade diese, gemessen an anderen in Westeuropa und Italien erschienenen Editionen, eher unbedeutende Arbeit für zwei Jahrzehnte das einzige im Druck erschienene Werk aus der Feder von Copernicus. Entgegen den Wünschen seines Onkels verweigerte er sich einer Laufbahn innerhalb der kirchlichen Hierarchie und zog sich noch vor dessen Tod im Jahr 1512 endgültig in seine Kurie im Dombezirk von Frauenburg zurück. Dort, in der Abgeschiedenheit, entstand um 1510 ein Manuskript von weittragender Bedeutung, das den Grundstein für sein späteres astronomisches Hauptwerk legen sollte. Es handelt sich um ein Manuskript von sechs Blättern mit einer Abhandlung, die behauptet, daß die Erde sich bewegt, die Sonne jedoch ruht ('Sexternus Theorice asserentis terram moveri, solem vero quiescere'). Das Autograph dieser, unter dem Namen 'Commentariolus' bekanntgewordenen Handschrift ist verloren; die drei erhaltenen Abschriften aus dem 16. Jh. lassen sich in den folgenden, von Copernicus 'petitiones' genannten Thesen zusammenfassen:

(1) Die Himmelskugeln oder Sphären haben nicht alle ein und denselben Mittelpunkt.
(2) Die Erde ist nicht der Mittelpunkt der Welt.
(3) Der Mittelpunkt der Welt befindet sich in der Nähe der Sonne.
(4) Der Abstand zwischen Erde und Fixsternsphäre ist unmeßbar groß.
(5) Der Erde ist eine tägliche Bewegung eigen, während der Fixsternhimmel ruht und sich nur scheinbar um sie dreht.
(6) Ebenso ist die Sonnenbewegung nur eine scheinbare und entsteht durch die Jahresbewegung der Erde, der mehrere Bewegungen eigen sind.
(7) Die relative Bewegung zwischen der Erde und allen anderen Planeten genügt, um die verschiedenartigsten Erscheinungen am Himmel, z. B. die Rückläufigkeit mancher Planeten, zu erklären.

Der 'Commentariolus' bezeichnet einen tiefgreifenden Bruch mit der geozentrischen, von Aristoteles und Ptolemäus entwickelten und von der mittelalterlichen Wissenschaft tradierten Kosmologie. Bereits die 'petitiones' des 'Commentariolus' legen die Frage nahe, woher Copernicus die Anregungen und Impulse für die Abkehr von der aristotelischen Wissenschaftstradition empfangen hat. Neben dem Einfluß seines wahrscheinlich einzigen prägenden astronomischen Lehrers Dominicus di Novara vermittelte zweifellos die Lektüre von Plutarch und Cicero, in deren Werken die heliozentrischen Vorstellungen der griechischen Antike fragmentarisch überliefert worden waren, die entscheidenden Anstöße. Copernicus bewegte sich damit in der Tradition der Humanisten seiner Zeit, die von der Überzeugung ausgingen, daß alle Wahrheit und Weisheit bereits in der Antike zu finden sei.

In der Vorrede seines Hauptwerkes schreibt er darüber:

„Und in der Tat fand ich als erstes bei Cicero, daß Hiketas der Meinung gewesen sei, die Erde bewege sich. Später entdeckte ich bei Plutarch, daß auch andere derselben Ansicht gewesen sind. Ich halte es für gut, seine Worte hierher zu setzen, damit sie jedem zu Gesicht kommen: 'andere sagen zwar, die Erde stehe still, aber der Pythagoreer Philolaos behauptet, sie kreise um das Feuer in einem geneigten Kreis, ähnlich wie die Sonne und der Mond. Heraklit von Pontos und der Pythagoreer Ekphantos lassen die Erde zwar nicht fortschreiten, doch festgehalten wie ein Wagenrad sich um ihre eigene Achse vom Untergang zum Aufgang bewegen.' Das war also für mich der Anlaß über die Beweglichkeit der Erde nachzudenken" (Copernicus 1984, Praefatio, 4).

Durch die Erwähnung bei Plutarch kannte Copernicus auch die heliozentrischen Vorstellungen des Aristarch von Samos (um 310–230 v. Chr.), der davon ausging, daß alle Planeten einschließlich der Erde um die Sonne kreisen, die sich im Zentrum befindet. Die Erde führte darüber hinaus eine Rotationsbewegung um die eigene Achse aus.

Angesichts der wissenschaftlichen und philosophischen Reife des Hauptwerkes könnte man annehmen, Copernicus habe die ihm verbleibenden dreißig Jahre seines Lebens vorrangig zur Verbesserung und Vervollkommnung seines Systems verwendet. Der Fränkische Reiterkrieg zwischen dem polnischen Königreich und dem deutschen Orden (1519–1521), die umfangreichen Verwaltungsaufgaben als 'Administrator communium bonorum' des ermländischen Domkapitels, seine Mitarbeit bei der Reorganisation des preußischen Münzwesens und nicht zuletzt seine ärztliche Tätigkeit konfrontierten ihn jedoch mit einer Vielzahl ganz anders gearteter Aufgaben. Erst 1530 zog sich der fast 60jährige Copernicus völlig vom öffentlichen Leben zurück. Eine folgenreiche Abwechslung bildete der Besuch des jungen Wittenberger Mathematikprofessors Georg Joachim Rheticus (1514–1576), der von dem bereits weit verbreiteten wissenschaftlichen Ruf des Copernicus angezogen wurde. Einem Ruf, der zu diesem Zeitpunkt allein auf der gelehrten Korrespondenz und der mündlichen Kommunikation beruhte. Rheticus kam im Frühjahr 1539 nach Frauenburg und blieb dort, anders als ursprünglich geplant, für einen Zeitraum von mehr als zwei Jahren und wurde in vielen Diskussionen mit Copernicus gründlich über die mathematischen und physikalischen Details der neuen Kosmologie informiert. 1542 veröffentlichte Rheticus in Wittenberg mit Copernicus' Erlaubnis einen kleinen, der sogenannten 'Trigonometrie' gewidmeten Abschnitt aus dem Hauptwerk. Dieser unter dem Titel 'De lateribus et angulis triangulorum' ('Über die Seiten und Winkel von Dreiecken'; s. a. Copernicus 1994, 390–391) erschienene Separatdruck stimmt mit den beiden letzten Kapiteln aus dem ersten Buch des Hauptwerkes wörtlich überein. Die an beiden Stellen eingefügten Sinustafeln unterscheiden sich jedoch erheblich voneinander. Im Anschluß an diese Publikation gab Copernicus dem fortgesetzten Drängen von Rheticus und Tiedemann Giese (1480–1550) nach und erteilte die Zustimmung zur Drucklegung seines Hauptwerkes. Giese, der engste Freund von Copernicus und damalige Bischof von Kulm, hatte das entstehende astronomische Werk bereits seit Jahrzehnten anteilnehmend begleitet. Das Manuskript gelangte durch Rheticus nach Nürnberg in die Offizin von Johannes Petreius. Unglücklicherweise mußte der inzwischen an die Universität Leipzig berufene Rheticus die Überwachung des Druckes dem lutherischen Prediger Andreas Osiander d. Ä. überlassen. Osiander fügte dem 1543 erschienenen Werk ohne Nennung seines Namens und ohne das Einverständnis von Copernicus eine von ihm selbst verfaßte Vorrede hinzu, in der die neue kosmologische Theorie lediglich als Annahme (Hypothese) bezeichnet wurde, die besser zur Berechnung der Bewegungen der Himmelskörper geeignet sei. Weiterhin wurde von Osiander der ursprüngliche Titel 'De revolutionibus' in 'De revolutionibus orbium coelestium libri VI' ('Sechs Bücher über die Umschwünge der Himmelskörper') geändert. Copernicus selbst hat in dem von Johannes Kepler überlieferten Briefwechsel mit Osiander entschieden gegen den Versuch, seine Lehre lediglich als Hypothese darzustellen, protestiert, noch bevor er etwas von der Vorrede Osianders, die sein System auf ein diskutierenswertes Modell reduzierte, erfahren haben konnte. Auch Tiedemann Giese erwähnte in einem Brief an Rheticus vom 26. 7. 1543 (Copernicus 1994, 357–360), daß er sich in einem Protestschreiben an Johannes Petreius in scharfer Form gegen die Entstellung des copernicanischen Werkes verwahrt habe. Er sprach von „fremdem Betrug, der nicht straflos ausgehen zu lassen sei" (Copernicus 1994, 359). Der Nürnberger Rat reagierte – belegt durch eine Aktennotiz des Nürnberger Ratsschreibers Hieronymus Paumgartner vom 29. 8. 1543 (Copernicus 1996, 396–397) – darauf äußerst distanziert und empfahl Petreius lediglich eine Antwort, „in welcher die scherpff herausgelassen vnd gemiltert werden soll" (Copernicus 1996, 397).

Copernicus hat eines der ersten gedruckten Exemplare seines Hauptwerkes noch unmittelbar vor seinem Tod erhalten, doch wahrscheinlich ist ihm dieses Ereignis nicht mehr zu Bewußtsein gekommen. Am 24. Mai 1543 trat infolge eines Schlaganfalls und einer Lähmung der rechten Körperseite der Tod ein.

3. Der Aufbau und die inhaltlichen Schwerpunkte des Hauptwerkes

In seinem Hauptwerk 'De revolutionibus' baute Copernicus das im Commentariolus skizzierte heliozentrische Weltbild zu einem umfassenden mathematischen Gebäude aus, worin er die Bewegungen der Erde und ihres Trabanten, des Mondes, sowie die der übrigen damals bekannten Planeten Merkur, Venus, Mars, Jupiter und Saturn beschreibt. Durch seine Ablehnung des geozentrischen Weltbildes stellte er sich zwar in einen diametralen Gegensatz zu Aristoteles, Ptolemäus und der das gesamte Mittelalter hindurch herrschenden Lehre, doch enthalten die sechs Bücher von 'De revolutionibus' auch viele traditionelle Elemente. So hält Copernicus – anders als später Kepler – an dem bereits von den Pythagoräern begründeten und von Plato (428–347 v. Chr.) und Aristoteles (384–322 v. Chr.) übernommenen Dogma fest, daß die Bewegungen der Himmelskörper gleichförmig auf Kreisbahnen verlaufen. Unregelmäßige Bewegungen von Himmelskörpern denkt sich Copernicus daher aus einzelnen gleichmäßigen Kreisbewegungen zusammengesetzt in Form von sog. epizyklischen

Bewegungen, bei denen sich der jeweilige Körper auf dem Umfang eines kleinen Kreises entlangbewegt, dessen Mittelpunkt sich wiederum auf dem Umfang eines größeren Kreises, dem sog. Deferenten, bewegt. Auch bei dieser Epizykeltheorie handelt es sich um ein althergebrachtes Verfahren, das auf Apollonius von Perga (200 v. Chr.) zurückgeht, von Hipparchos (190–120 v. Chr.) weiterentwickelt und dann von Ptolemäus (ca. 85–165 n. Chr.) als unentbehrliches Hilfsmittel in seinem 'Almagest' in großem Umfang angewandt wurde. Überhaupt ist der strukturelle Aufbau des copernicanischen Hauptwerkes deutlich an den 'Almagest' des Ptolemäus angelehnt.

Copernicus selbst faßt in seiner Vorrede zu 'De revolutionibus' den wesentlichen Inhalt der sechs Bücher auf die folgende Weise zusammen:

„Im ersten Buch beschreibe ich die Anordnung aller Kreisbahnen zusammen mit den von mir der Erde zugesprochenen Bewegungen, so daß dieses Buch gewissermaßen den ganzen Aufbau des Universums enthält. In den übrigen Büchern setze ich dann die Bewegungen der übrigen Gestirne und aller Kreisbahnen mit der Bewegung der Erde zusammen, damit daraus geschlossen werden kann, bis zu welchem Grad die Bewegungen und Erscheinungen der übrigen Gestirne und Bahnen gerettet werden können, wenn sie auf die Erdbewegung bezogen werden" (Copernicus 1984, Praefatio, 5).

Für die Erde nahm Copernicus im 11. Kapitel des ersten Buches eine dreifache Bewegung an. Die erste besteht in einer täglichen Rotation um die eigene Achse von West nach Ost, wodurch der Kreislauf von Tag und Nacht entsteht. In einer zweiten Bewegung beschreibt der Mittelpunkt der Erde einen jährlichen Umlauf um die Sonne in der Ebene des Tierkreises. Mit einer solchen Bewegung ist jedoch erst der scheinbare Lauf der Sonne im Tierkreis erklärt, aber noch nicht das Entstehen und der Wechsel der Jahreszeiten, denn die Erdachse würde bei einer alleinigen Mittelpunktbewegung ebenfalls kreisförmig um die Sonne bewegt werden und immer dieselbe Ausrichtung der Sonne gegenüber beibehalten. Copernicus führt daher noch eine dritte, ebenfalls jährliche Bewegung ein, bei der die Erdachse oberhalb und unterhalb der Bahnebene eine Kegeloberfläche beschreibt. Die Kombination der zweiten und dritten Bewegung führt dazu, daß die Erdachse stets eine konstante Ausrichtung gegenüber der Bahnebene besitzt.

Wenn wir heute von einem jährlichen Umlauf der Erde um die Sonne sprechen, unterscheiden wir nicht mehr wie Copernicus zwischen einer Bewegung des Erdmittelpunktes und der Erdachse, sondern denken uns von vornherein die zweite und dritte copernicanische Erdbewegung kombiniert, indem wir die Erde als Ganzes betrachten und die Ausrichtung ihre Achse im Raum als konstant ansehen.

Zusätzlich zu den im ersten Buch genannten drei Erdbewegungen muß Copernicus im dritten Buch noch zahlreiche weitere, kleinere Bewegungen der Erdachse und damit auch der Erde als Ganzer einführen, um z. B. die Präzession der Äquinoktien an sich, die Unregelmäßigkeit dieses Vorrückens und die Veränderlichkeit der Schiefe der Ekliptik zu erklären. Ähnlich kompliziert gestaltet sich die Behandlung der Bewegungen der übrigen Planeten und des Mondes. Dadurch erhält das conpernicanische Hauptwerk einen Grad an Komplexität, der dem des ptolemäischen Almagest mindestens gleichkommt und in deutlichem Kontrast zu den mehr qualitativen und leicht verständlichen Ausführungen im 1. Buch steht. Der Hinweis — oder soll man sagen die Warnung? — des Copernicus in seinem Vorwort: „Mathemata mathematicis scribuntur" (Mathematisches wird für Mathematiker geschrieben) erhält damit seine volle Berechtigung.

Was den generellen Vergleich der beiden Weltsysteme des Ptolemäus und des Copernicus betrifft, zieht Krafft folgendes Resümee:

„Copernicus benötigte zur Beschreibung aller Bewegungen allerdings insgesamt noch eine große Anzahl von Exzentern und Epizyklen, die keineswegs hinter der bei Ptolemaios zurücksteht; und da die Berechnungen weiterhin geozentrisch erfolgen müssen, weil die Erde nicht nur Beobachtungspunkt, sondern auch Bezugspunkt der astrologischen Aspekte bleibt, sind dazu die alten Komponenten wieder heranzuziehen. Außerdem hatte Copernicus eine größere numerische Genauigkeit gegenüber den ptolemaiischen Theorien von vornherein gar nicht angestrebt, weil er sie nicht für möglich hielt, und deshalb beispielsweise unverändert die ptolemaiische Sonnenbahn als Erdbahn übernommen — was möglich war, weil hier eine Ausgleichsbewegung bei Ptolemaios noch gefehlt hatte. Bezugspunkt für die Planetenbewegungen war daraufhin für Copernicus auch nicht die Sonne, sondern der Mittelpunkt der zur Sonne exzentrischen Erdbahn, weshalb die Sonne sich auch nicht im Zentrum der Fixsternsphäre befinden soll, sondern nur in dessen Nähe" (Krafft 1994, 25–26).

Die vielen Veränderungen und Streichungen im erhaltenen Manuskript von 'De revolutionibus', das heute in der Jagiellonischen Bibliothek in Krakau aufbewahrt wird, zeigen, wie lange und intensiv Copernicus an den Details seines Systems gearbeitet hat, bis er zu einer endgültigen Formulierung kam. Auch die Verwendung einiger eigener Beobachtungsergebnisse, die in das Hauptwerk eingeflossen sind, zeugt davon, daß Copernicus alle ihm zur Verfügung stehenden Quellen nutzte, um die Thesen seines Werkes auf eine sichere Basis zu stellen. Dreißig Jahre zuvor, während der Ausarbeitung des „Commentariolus", hatte er sich noch ausschließlich auf die astronomischen Daten der Alphonsinischen Tafeln gestützt.

Insgesamt sind von Copernicus 63 Himmelsbeobachtungen aufgezeichnet worden. Ein Notizbuch mit seinen Beobachtungsprotokollen, das sogenannte 'Raptularium', befindet sich heute in der Universitätsbibliothek Uppsala. Gemessen daran, daß er ungefähr 40 Jahre astronomisch forschend tätig war, überrascht die geringe Zahl. Dafür können nicht nur die schlechten Witterungs- und damit Beobachtungsbedingungen im nebelverhangenen Frauenburg am Frischen Haff verantwortlich gemacht werden. Ganz offenbar besaß Copernicus, anders als Johannes Regiomontan und dessen Schüler Bernhard Walther, wenig Interesse an der Sammlung und Dokumentation eines umfangreichen empirischen Materials. In der Hauptsache verwendete er die aus der Antike überlieferten Beobachtungsdaten, an deren sorgfältiger Aufzeichnung und Richtigkeit er prinzipiell keinen Zweifel hegte. Schon in seiner Kritik der Trepidationstheorie von Johannes Werner (s. o.) hatte Copernicus entschieden kritisiert, daß jener seine eigenen Beobachtungsdaten höher eingeschätzt habe als die der antiken Astronomen.

Copernicus meinte hingegen, man müsse

„den Spuren der antiken Mathematiker folgen und an ihren wie ein Vermächtnis hinterlassenen Beobachtungsdaten festhalten. Wenn also unser Autor an der Empirie hängend, glaubt, darauf nicht vertrauen zu können, dann ist ihm mit Sicherheit der Eingang zur Wissenschaft Astronomie verschlossen, und er wird vor der Tür liegen und die Fieberträume von Kranken über die Bewegung der achten Sphäre träumen – und das mit Recht, weil er jene verunglimpfte; ist doch wohlbekannt, daß sie alle ihre Beobachtungen mit höchster Sorgfalt und verständigem Geschick ausgeführt und uns viele herrliche und bewunderungswürdige Entdeckungen hinterlassen haben [...]" (lat. Text in Zekl 1990, 44–46, dt. Übersetzung von Krafft 1994, 24).

Die Genauigkeit seiner eigenen Beobachtungen schätzte Copernicus selbst äußerst kritisch ein. In den 'Ephemeriden', einer 1550 erschienenen Schrift, äußerte sich der Schüler Rheticus zu dieser Frage:

„Nicht gern mochte er sich auf kleinste Distanz-Bestimmungen einlassen, wie sie andere erstreben, die mit peinlicher Genauigkeit bis auf zwei, drei oder vier Minuten den Ort der Gestirne ermittelt zu haben meinen, während sie zuweilen dabei um ganze Grade abirren. [...] Ich selbst – äußerte sich Copernicus weiter – würde hocherfreut sein wie Pythagoras, als er seinen Lehrsatz entdeckte, wenn ich im Stande wäre, meine Ermittlungen bis auf 10 Minuten der Wahrheit nahezuführen" (zit. nach Prowe 1883–84, Bd. I/2, 57–58).

Neuere Beobachtungen mit modernen Hilfsmitteln zeigten, daß Copernicus' eigene Planetenbeobachtungen in der Regel um 1 bis 1,5 Grad – in Ausnahmefällen auch um 5 Grad – von den tatsächlichen Werten abweichen.

Zur Formulierung des theoretisch richtigen Ansatzes, keine Pseudogenauigkeit der Beobachtungsdaten anzustreben, mag auch die mangelhafte Qualität der Beobachtungs- und Demonstrationsinstrumente, des Dreistabes, des Quadranten und der Armillarsphäre beigetragen haben. Diese Instrumente, die bis in die Zeit von Galilei die gebräuchlichen Hilfsmittel des Astronomen blieben, ließen auch bei einem wesentlich größeren Beobachtungsumfang keine genaueren Ergebnisse zu.

Die Frage, warum Copernicus so lange mit der Drucklegung seines Hauptwerkes gezögert hat, ist schon häufig und unter teilweise falschen und vorurteilsbehafteten Prämissen diskutiert worden. Allenfalls ganz am Rande war es die Furcht vor einer feindseligen Reaktion der katholischen Kirche, die ihn zurückgehalten hat. Im Gegenteil zeigte dieser Teil der frühneuzeitlichen Gesellschaft in der ersten Hälfte des 16. Jhs. ein deutliches Interesse an seiner neuen Theorie – sofern sie als eine diskutierenswerte Hypothese betrachtet wurde –, das mit dem Bemühen um eine Neuberechnung der Länge des tropischen Jahres und der von der römischen Kurie betriebenen Kalenderreform verbunden war. Die strikte Ablehnung und schließlich das Verbot der neuen Lehre setzten erst sehr viel später ein. Schon 1533, ein Jahrzehnt vor dem Erscheinen des Hauptwerkes, hatte der päpstliche Sekretär Johann Albrecht Widmannstädter Papst Clemens VII. einen ausführlichen Vortrag über die neue Kosmologie von Copernicus gehalten. Drei Jahre später wandte sich Kardinal Nicolaus von Schönberg in einem höflichen, seine Bewunderung deutlich artikulierenden Brief mit der Bitte an Copernicus, sein astronomisches Werk zu veröffentlichen oder ihm wenigstens eine Abschrift zu senden. Im Gegensatz dazu waren es die Reformatoren – allen voran Luther und Melanchthon –, die an scharfer, auch persönlich verletzender Kritik nicht gespart haben. Die vielzitierte Bemerkung Luthers, in seinen von Andreas Aurifaber aufgezeichneten 'Tischreden', läßt an polemischer Deutlichkeit nichts zu wünschen übrig:

„Es ward gedacht eines newen Astrologi, der wolte beweisen, das die Erde bewegt wuerde vnd vmbgienge, Nicht der Himel oder das Firmament, Sonne vnd Monde ... Aber es gehet jtzt also, Wer da wil klug sein, der sol jm nichts lassen gefallen, was andere machen, Er mus jm etwas eigens machen, das mus das aller beste sein, wie ers machet. Der Narr wil die gantze kunst Astronomiae vmbkeren. Aber wie die heilige Schrifft anzeiget, so hies Josua die Sonne stillstehen, vnd nicht das Erdreich" (Luther 1566, f. 580r).

Doch auch die räumlich und geistig weit entfernt agierenden Reformatoren hätten Copernicus nicht schrecken können. Eher waren es wissenschaftliche Skrupel und sein vorsichtiges, abwägendes und zuweilen pedantisches Naturell, die ihn von einer voreiligen Veröffentlichung zurückhielten.

Copernicus, auch wenn er sich nicht als Revolutionär empfand, war von der Wahrheit seines neuen Weltbildes zutiefst überzeugt. Deshalb verwahrte er sich auch gegen den Versuch, seine Lehre lediglich als Hypothese darzustellen.

4. Anmerkungen zur astronomischen und philosophischen Rezeptionsgeschichte von 'De revolutionibus orbium coelestium'

In seinem Hauptwerk stellte Nicolaus Copernicus sein heliozentrisches System der geozentrischen Kosmologie von Ptolemäus gegenüber und schuf damit die Grundlagen des 'Copernicanismus', der sowohl in astronomisch-naturwissenschaftlicher als auch in philosophischer Richtung von weittragender Bedeutung für die europäische Geistesgeschichte werden sollte. Diesen beiden Wegen der Rezeption entsprechend, die sich nach dem Ende des Zeitalters der Aufklärung deutlich auseinanderbewegten, ist die Sekundärliteratur entweder mehr wissenschaftshistorisch-astronomisch oder mehr philosophisch orientiert.

Ansätze für eine allgemeinverständliche astronomische Darstellung der copernicanischen Kosmologie lassen sich bereits bei Georg Joachim Rheticus finden. Durch seinen fast dreijährigen Aufenthalt im Ermland in den Jahren 1539–1541 und aus den Mitteilungen von Copernicus kannte er sowohl das Werk als auch das Leben seines Lehrers im Kreis der Confratres im Frauenburger Domkapitel wie kein anderer Zeitgenosse. Auf dieser Grundlage erarbeitete er eine von ihm selbst mehrfach erwähnte Biographie, deren Manuskript allerdings noch vor einer Publikation verloren ging. Schon einige Jahre vor dem 'De revolutionibus'-Kommentar von Erasmus Reinhold, der ebenso wie Rheticus als Professor an der jungen Wittenberger Universität lehrte, war Rheticus durch seine Mitarbeit bei der Redaktion des Hauptwerkes von Copernicus in der Lage, die neue Kosmologie in einem vereinfachenden, didaktisch aufgebauten Werk mit dem Titel 'Narratio prima' (Rheticus 1540, 1971) darzustellen.

Während der mathematische Inhalt der copernicanischen Theorie von den Astronomen und Mathematikern des 16. Jhs. relativ schnell angenommen wurde, setzte eine breitere Anerkennung ihrer heliozentrischen Deutung erst einhundert Jahre später ein. So waren es denn auch die mehr in philosophisch-physikalischen Zusammenhängen denkenden Nachfolger Giordano Bruno, Galileo Galilei und Kepler, die das copernicanische System positiv aufnahmen und weiterentwickelten, „während die reinen Astronomen es höchstens als brauchbare und in gewissen Punkten einfachere Rechengrundlage akzeptierten, ohne daraus Konsequenzen für ihr physikalisches Weltbild zu ziehen" (Krafft 1994, 27).

Der Mathematiker Bernardino Baldi (1553–1617), der polnische Gelehrte Szymon Starowolski (1588–1656) und der französische Naturwissenschaftler und Philosoph Pierre Gassendi (1592–1655) waren die ersten Autoren, die sich mit dem Leben und Werk von Copernicus in Form kurzer, beschreibender Essays beschäftigten (Baldi 1707; Starowolski 1625; Gassendi 1654). Diese Autoren, die es weitgehend vermieden, zu kommentieren und Copernicus' Werk in größeren historischen Zusammenhängen zu sehen, arbeiteten nur mit gedrucktem Material und verwendeten keine der schriftlichen Quellen, die in ihrer Zeit noch in größerem Umfang vorhanden waren. Auch Johannes Broscius (1581–1652), der zu Beginn des 17. Jhs. Mathematik und Astronomie an der Universität Krakau lehrte, plante die Erarbeitung einer Copernicus-Biographie. Zu diesem Zweck reiste er um das Jahr 1612 ins Ermland, um unbekannte Lebenszeugnisse von Copernicus zu sammeln. Eine Reihe von Briefen und Dokumenten nahm er mit nach Krakau, wertete sie aber dort nur in Form kurzer Notizen und Marginalien aus. Nach seinem Tod ging seine gesamte 'Copernicana'-Sammlung, und damit ein wichtiger Teil des copernicanischen Nachlasses, verloren. Seither muß sich die Copernicus-Forschung auf die verbliebenen Dokumente in den Archiven des Ermlands, Danzigs und Königsbergs (heute Geheimes Staatsarchiv Preußischer Kulturbesitz in Berlin) beschränken. Große Teile der copernicanischen Bibliothek wurden während des Dreißigjährigen Krieges nach Schweden verbracht und befinden sich dort in der Universitätsbibliothek Uppsala.

Da sich in der relativ geschlossenen frühneuzeitlichen Welt die Verhältnisse in den einzelnen europäischen Ländern nicht wesentlich voneinander unterschieden, sind die grundsätzlichen Schlußfolgerungen der Arbeit von Johnson (Johnson 1973) über die englische Astronomie in der Renaissance auch auf die frühe Copernicus-Rezeption in Deutschland, Italien und Frankreich übertragbar. Zu den bekanntesten Anhängern des copernicanischen Systems in England gehörte Thomas Digges (ca. 1500–ca. 1559), der als erster die Konzeption eines nicht geschlossenen Universums entwarf. Im deutschsprachigen Raum sind die Copernicus-Kommentare von Erasmus Reinhold und Nicolaus Mulerius die wesentlichen, direkt am Hauptwerk orientierten Texte zur Aufnahme des copernicanischen Werkes im 16. Jh. (Receptio Copernicana 1999).

Zu den frühen Befürwortern der copernicanischen Kosmologie gehörte neben Michael Maestlin (1550–1630/1), dem Lehrer von Johannes Kepler, auch Wilhelm Gilbert (1544–1603), der mit seinem Werk 'De magnete' die erste naturwissenschaftliche Abhandlung Englands verfaßte, die primär auf experimentellen Untersuchungen beruhte (Gilbert 1600) und dessen Methodik u. a. großen Einfluß auf die Entwicklung des astronomischen und physikalischen Werkes von Galileo Galilei (1564–1642) ausübte. Die Popularisierung des Werkes von Copernicus ist vor allem Galilei (Galilei 1632, 1953) zu verdanken, der neben Johannes Kepler zum wichtigsten Protagonisten des Copernicanismus in der ersten Hälfte des 17. Jhs. wurde. Da die katholische Kirche dogmatisch an der aristotelischen Physik und dem ptolemäischen geozentrischen Weltbild festhielt, wurde 'De revolutionibus' 1616 – nicht zuletzt aufgrund der Galileischen Veröffentlichungen – auf den 'Index librorum prohibitorum' gesetzt und damit zunächst einer weiteren Verbreitung entzogen. Vier Jahre später wurde das Werk in zensierter Form wieder zugelassen, aber die Lektüre blieb weiterhin erschwert, und erst zweihundert Jahre später, am 11. 9. 1822, faßte das heilige Offizium den Beschluß, daß der Druck und die Herausgabe solcher Werke, die die Bewegungen der Erde und den Stillstand der Sonne nach der neuen Astronomie lehren, in Rom erlaubt seien.

Eine entscheidende Weiterentwicklung erfuhr das copernicanische Weltbild schließlich durch die 'Astronomia Nova' von Johannes Kepler, die aber wegen ihrer schwierigen Diktion und der Kompliziertheit der noch geometrisch veranschaulichten Ableitungen zunächst ohne großen Widerhall in der gelehrten Welt blieb (Bialas 1994, 191–199). Durch die Entdeckung seiner drei grundlegenden Gesetze zur elliptischen Bahngestalt und zur Geschwindigkeit der Planetenbewegungen widerlegte Kepler das antike Dogma, daß Bewegungen von Himmelskörpern auf gleichförmigen Kreisbewegungen beruhen. Durch die Verbindung des Werkes von Kepler mit der Newtonschen Mechanik und Gravitationstheorie, die die physikalische Begründung für die Bewegungen der 'Himmelskörper' lieferten, wurde die copernicanische Kosmologie – im Rahmen der nichtrelativistischen Physik – im 18. Jh. endgültig von ihrem hypothetischen Charakter befreit.

Einen empirischen und experimentellen Beweis für die Richtigkeit der heliozentrischen Kosmologie hatte Copernicus aufgrund seiner instrumentellen Voraussetzungen zwangsläufig schuldig bleiben müssen. Erst zwei Forscher des 19. Jhs. konnten ihn in einer Epoche liefern, in der kein Zweifel mehr an der prinzipiellen Richtigkeit des copernicanischen Systems bestand. Der französische Physiker Léon Foucault (1819–1868) demonstrierte die Erdrotation mit Hilfe des nach ihm benannten Pendels im Pariser Panthéon. Und der Königsberger Astronom Friedrich Wilhelm Bessel (1784–1846) konnte, unweit der ehemaligen Wirkungsstätte von Copernicus, die Bahnbewegung der Erde durch die Messung einer Fixsternparallaxe – der Parallaxe des Doppelsterns 61 Cygni im Sternbild des Schwans – beweisen.

Doch schon im Zeitalter der Aufklärung existierten in der 'science community' keine Zweifel mehr an der prinzipiellen Evidenz der copernicanischen Kosmologie. Der Philosoph Christian Wolff (1679–1754) stellte in seinem Lehrbuch 'Der Anfangs=Gründe Aller Mathematischen Wissenschaften, Dritter Theil, Welcher Die ... Astronomie ... in sich enthält' (Wolff 1710) die copernicanische Astronomie ausführlich dar, ohne auf die Biographie von Copernicus einzugehen. Im Rahmen dieser Darstellung versuchte er ausdrücklich das heliozentrische Weltmodell mit den Aussagen der Theologie zu harmonisieren:

„... von wem haben wir den Verstand, das ist, das Vermögen zu gedencken, was möglich ist? haben wir es nicht von GOtt? Wenn wir also einen Welt= Bau ersinnen, darinnen sich ohne Wiedersprechen alles dasjenige zeiget, was wir in der Welt mit unseren Augen wahrnehmen; so können wir mit recht sagen, GOtt hat uns ihn selbst gelehret, und daher müssen wir uns keinesweges einbilden, er wolle diese Erkäntnis uns verborgen seyn lassen" (Wolff 1725, 1245–46).

Während sich Wolff der Gefahr, die der copernicanischen Astronomie durch die kirchlichen Autoritäten noch immer drohte, durchaus bewußt war, brauchte Johann Christoph Gottsched (1700–1766) dreiunddreißig Jahre später auf einen Widerstand von dieser Seite keine Rücksicht mehr zu nehmen. In seiner akademischen 'Gedächtnißrede auf den unsterblich verdienten Domherrn in Frauenburg Nicolaus Copernicus, als den Erfinder des wahren Weltbaues ..." von 1743 konnte er sich sogar einer ironischen Formulierung bedienen: „Der ganze gelehrte Occident hörte mit Entsetzen von einem Domherren reden, der die bisher sichre und festgegründete Wohnung der Menschen unsicher und wankend gemacht hätte" (Gottsched 1976, 104). In der Copernicus-Biographie des Aufklärers Georg Christoph Lichtenberg (1742–1799) wird die Person von Copernicus über die abstrakte wissenschaftliche Leistung gestellt (Lichtenberg 1797). Die Individualität des genialen Entdeckers Copernicus, so wie sie Lichtenberg interpretiert, „äußert sich in ihrer Affinität zur rationalen Konstruktion der Natur – und nicht etwa im Sinne der Moderne in Lebensäußerungen, die die Ordnung in Freiheit transzendieren" (Baasner 1994, 235).

Immanuel Kant (1724–1804), dessen erste Veröffentlichungen sich vorwiegend mit physikalischen und kosmologischen Theorien beschäftigten, führte die Hauptlinien, denen das philosophische Denken des 18. Jhs. gefolgt war, in einem neuen System zusammen. Im Vorwort zur zweiten Auflage seiner 'Kritik der reinen Vernunft' wies er auf die Bedeutung des copernicanischen Werkes für die Geschichte der Wissenschaften hin und sprach wohl als erster Autor von einer „Revolution des Copernicus". Ein Physiker wie Johann Heinrich Lambert (1728–1777), der die Reform von Copernicus nur für den Beginn einer fundamentalen kosmologischen Neukonstruktion hielt (Lambert 1761), stellte den Copernicanismus bereits in den größeren Zusammenhang einer neuen physikalischen Weltsicht.

Mit Goethe, der davon ausging, daß „unter allen Entdeckungen und Überzeugungen nichts eine größere Wirkung auf den menschlichen Geist hervorgebracht haben möchte, als die Lehre des Copernicus" (Goethe 1991), ist die Vorstellung von einer zentralen Bedeutung des copernicanischen Weltmodells für die Neuzeit auch in das allgemeine gesellschaftliche Bewußtsein eingedrungen.

Die Mitte des 19. Jhs. markierte nicht nur den Beginn einer historisch-kritischen, dem Leben und Werk von Copernicus gewidmeten Forschung – 1854 erschien in Warschau die erste moderne Werkausgabe der copernicanischen Schriften – sondern auch einen zunehmend metaphorischen Gebrauch des 'Copernicanismus' als eines wenig spezifizierten Synonyms für wissenschaftliche und philosophische Umbruchsituationen. Der Präsident der Preußischen Akademie der Wissenschaften Du Bois Reymond (Du Bois Reymond 1884), der – geprägt von der noch ungebrochenen Wissenschaftseuphorie seiner Zeit – einen beträchtlichen Teil seiner Arbeiten wissenschaftshistorischen Themen widmete, verglich Copernicus mit Charles Darwin und sah in beiden die Begründer einer neuen Stellung des Menschen in der Natur. Komplementär zur Wissenschaftsgläubigkeit der Mehrzahl der Naturwissenschaftler des 19. Jhs., die sich der 'copernicanischen Wende' letztendlich nur als Analogie bedienten, mutierten in der nachhegelianischen idealistischen Philosophie die neueren Erkenntnisse der Astronomie und Kosmologie zu Metaphern für das Undurchschaubare der Erscheinungswelt. „Es gibt unzählige dunkle Körper neben der Sonne zu erschließen", schrieb Nietzsche in 'Jenseits von Gut und Böse', „solche die wir nie sehen werden. Das ist, unter uns gesagt, ein Gleichnis; und ein Moral-Psycholog liest die gesamte Sternenschrift nur als eine Gleichnis- und Zeichensprache, mit der sich vieles verschweigen läßt" (Nietzsche 1966, 653).

Anders als die antike Astronomie für die Philosophie der Stoa besaßen für Copernicus die kosmologische Geozentrik bzw. Heliozentrik keine Bedeutung für die Rangstellung des Menschen in der Welt. In diesem Sinne war Copernicus kein „Copernicaner", wie Blumenberg (Blumenberg 1965) in seinem Essay über die „copernicanische Wende" ausgeführt hat.

Nach Blumenberg (Blumenberg 1985), der die philosophischen und ideologischen Folgen des „Copernikanismus" mit hermeneutischen Methoden untersucht hat, wurde die „Umkonstruktion des Weltgebäudes" zum Zeichen für den „Beginn des Wandels des menschlichen Selbstverständnisses". Seine umfangreiche Monographie 'Die Genesis der copernicanischen Welt' (Blumenberg 1985) behandelt ausführlich die Vorgeschichte der neuen Kosmologie, die Zeitgenossen von Copernicus und die verzweigten Wege der Rezeption bis zum Ende der Aufklärung und zur 'Kritik der reinen Vernunft' von Immanuel Kant.

Auch aus der Sicht des Naturwissenschaftlers gibt es gelegentlich Versuche, die philosophischen Aspekte des Themas 'Copernicanismus' zu behandeln. Stellvertretend für andere, weniger prominente Autoren sei hier vor allem auf Max Born (Born 1962) verwiesen. In seinem Essay über die Einsteinsche Relativitätstheorie hat er — auf den Copernicanismus Bezug nehmend — dargelegt, daß in der Moderne „der Mensch der Astronomie nicht mehr wichtig ist, höchstens für sich selbst."

Im Unterschied zur philosophiegeschichtlichen Orientierung des Werkes von Blumenberg legt der Astronomiehistoriker Zinner den Schwerpunkt seiner Arbeit auf die internen astronomiegeschichtlichen Entstehungsbedingungen des copernicanischen Weltbildes (Zinner 1988). Seine Darstellung der Geschichte der copernicanischen Lehre besitzt gegenüber der Mehrzahl der hier zitierten Literatur den Vorzug, die komplizierte Quellenlage erschöpfend und verläßlich darzustellen.

Zinner beginnt bei der babylonischen und griechischen Astronomie, geht ausführlich auf Peurbach und Regiomontan ein und endet mit der Vollendung der copernicanischen Revolution durch Johannes Kepler. Im Anhang seiner Arbeit rekonstruiert Zinner die Bibliothek von Copernicus und liefert ein Verzeichnis seiner astronomischen Beobachtungen und Instrumente. Diese Materialien vermitteln konkrete, belegbare Aufschlüsse über den ideengeschichtlichen Hintergrund des Hauptwerkes von Copernicus.

Noch weiter ins astronomische Detail gehen die Wissenschaftshistoriker Swerdlow und Neugebaur (1984). Auch sie sind keineswegs der Meinung, daß die Kenntnis der historischen Prämissen und der Biographie nicht zum Verständnis des astronomischen Werkes von Copernicus beitragen könnten, haben sich jedoch selbst auf eine akribische Diskussion des mathematischen und astronomischen Inhaltes des Hauptwerkes beschränkt. Einen ähnlichen Fokus besitzt eine Studie von Gingerich (Gingerich 1973), der das heliozentrische Modell der physikalischen Realität gegenüberstellt und so den Copernicanismus historisch-kritisch einer neuen Sicht unterzieht. Auch durch seinen „Census" (Gingerich 1994) aller noch vorhandenen Exemplare der ersten beiden Auflagen von 'De revolutionibus' und eine Analyse ihrer handschriftlichen Eintragungen hat Gingerich einen wichtigen Beitrag zur Copernicus-Forschung geleistet.

Der Brückenschlag zwischen empirischer Wissenschaftsgeschichte und einer philosophischen Behandlung des Themas ist in unserem Jahrhundert selten gelungen. Zwei Autoren haben jedoch dem copernicanischen Diskurs durch eine veränderte Sichtweise und eine Neuordnung und Neubewertung des historischen Materials neue Impulse verliehen. Sowohl der französische Wissenschaftshistoriker Koyré (Koyré 1973) als auch der amerikanische Wissenschaftstheoretiker Kuhn (Kuhn 1966) versuchten — von unterschiedlichen Prämissen ausgehend — die Darstellung des Copernicanismus einer kritischen Revision zu unterziehen. Während Koyrés Darstellung der „astronomischen Revolution" und ihrer philosophischen Interpretation sich auf die internen und externen Entstehungsbedingungen der Werke von Copernicus, Borelli und Kepler konzentriert, erarbeitet Kuhn einen wissenschaftstheoretischen Ansatz, der auch wissenschaftssoziologische und wissenschaftshistorische Überlegungen inkorporiert.

Aus seiner Kenntnis der Genesis der copernicanischen Kosmologie entwickelte er ein Paradigmen-Modell, mit dessen Hilfe die Wissenschaftsgeschichte durch kumulierende und revolutionäre Phasen strukturiert wird. Am Beispiel der Assimilation des copernicanischen Werkes bis zu Kepler und Newton versuchte Kuhn zu zeigen, wie ein wissenschaftlicher Paradigmenwechsel erfolgen kann. Doch schon Krafft (1975, 144) entgegnete, daß das Werk von Copernicus „sich nicht in das Prokrustes-Bett strukturgeschichtlicher Überlegungen Kuhnscher Prägung" zwingen lasse. Copernicus war zwar vom Wahrheitsgehalt seiner neuen Kosmologie überzeugt, doch er sah sich selbst mehr als Restaurator der alten Astronomie denn als radikalen Neuerer. Natürlich erfolgte der Rückgriff auf die alte Astronomie mit der Absicht, Neues zu schaffen − „aber nicht durch radikale Abkehr von allem bisher Dagewesenen, sondern durch die möglichst unmittelbare Anknüpfung an einen als gut empfundenen früheren Zustand, um die als schlecht empfundenen Irr- und Abwege der unmittelbaren Gegenwart rückgängig zu machen und im nächsten Anlauf vermeiden zu können" (Krafft 1994, 29).

5. Literatur

Baasner, Rainer, „Du hast uns ein Muster einer wahren Freyheit im Philosophiren gewiesen!". In: Nicolaus Copernicus. Revolutionär wider Willen. Hrsg. v. Gudrun Wolfschmidt. Stuttgart 1994, 229−235.

Baldi, Bernardino, Cronica de'matematici, overo epitome dell'Istoria delle vite loro ... Urbino 1707.

Baranowski, Henryk, Bibliografia Kopernikowska 1509−1971. 2 Bde. Warszawa 1958 u. 1973.

−, Copernican bibliography 1972−1975. In: Nicholas Copernicus, Quincentenary Celebrations. Warszawa 1977.

Bialas, Volker, Kepler als Vollender der copernicanischen Astronomie. In: Nicolaus Copernicus. Revolutionär wider Willen. Hrsg. v. Gudrun Wolfschmidt. Stuttgart 1994, 191−199.

Birkenmajer, Ludwik A., Mikolaj Kopernik. Kraków 1900.

Biskup, Marian, Regesta Copernicana. Calendar of Copernicus' Papers. Wrocław 1973.

Blumenberg, Hans, Die kopernikanische Wende. Frankfurt a. M. 1965.

−, Die Genesis der copernicanischen Welt. Frankfurt a. M. 1985.

Born, Max, Einstein's Theory of Relativity. New York 1962.

Copernicus, Nicolaus, De revolutionibus. Bearb. v. Heribert M. Nobis/Bernhard Sticker. Hildesheim 1984.

−, Briefe. Texte und Übersetzungen. Bearb. v. Andreas Kühne unter Mitarb. v. Friederike Boockmann/Stefan Kirschner. Berlin 1994.

−, Urkunden, Akten u. Nachrichten. Texte und Übersetzungen. Bearb. v. Andreas Kühne/Stefan Kirschner. Berlin 1996.

Du Bois-Reymond, Emil, Darwin und Kopernicus. In: Drei Reden. Leipzig 1884.

Galilei, Galileo, Dialogo sopra i Due Massimi Sistemi del Mondo, Tolemaico e Copernicano. Florenz 1632.

−, Dialogue concerning the two chief world systems − Ptolemaic and Copernican. Foreword by Albert Einstein. Berkeley 1953.

Gassendi, Pierre, Tychonis Brahei equitis Dani, astronomorum coryphaei vita ... Accessit Nicolai Copernici, Georgii Peurbachii etc. astronomorum celebrium vita. Paris 1654.

Gilbert, William, De magnete. London 1600.

Gingerich, Owen, Hellocentrism as model and as reality. In: Proceedings of the Am. Phil. Soc. 117, 1973, Nr. 6, 513−522.

−, An annotated census of Copernicus' De revolutionibus Nürnberg 1543, Basel 1566. Leiden 1994.

Goethe, Johann W. v., Schriften zur Farbenlehre 1790−1807. Hrsg. v. Manfred Wenzel. Frankfurt a. M. 1991.

Gottsched, Johann Ch., Gedächtnißrede auf den unsterblich verdienten Domherrn in Frauenburg Nicolaus Copernicus, als den Erfinder des wahren Weltbaues ... 1743. In: Johann Ch. Gottsched. Ausgewählte Werke. Hrsg. v. P. M. Mitchell. 1. Tl. Bearb. v. R. Scholl. Berlin/New York 1976.

Johnson, Francis R., Astronomical thought in Renaissance England. Baltimore 1937 (Reprint 1968).

Kant, Immanuel, Critik der reinen Vernunft. Riga 1781.

Koyré, Alexandre, The astronomical revolution. Copernicus, Kepler, Borelli. London 1973.

Krafft, Fritz, Renaissance der Naturwissenschaften − Naturwissenschaften der Renaissance. In: Humanismusforschung seit 1945. Bonn-Bad Godesberg 1975, 111−183.

−, Die „Copernicanische Revolution". In: Antike und Abendland. Hrsg. v. A. Dihle u. a., Bd. XL. Berlin/New York 1994, 1−30.

Kuhn, Thomas S., The Copernican revolution. Cambridge 1966.

Lambert, Johann H., Cosmologische Briefe über die Einrichtung des Weltbaus. Augsburg 1761.

Lichtenberg, Georg Ch., Nikolaus Kopernikus. Göttingen 1797.

Luther, Martin, Tischreden oder colloquia doctoris Martini Luthers. Hrsg. v. Johannes Aurifaber. Eisleben 1566.

Nietzsche, Friedrich, Jenseits von Gut und Böse. In: Werke in sechs Bänden. Bd. 4. München 1966, 563–759.

Prowe, Leopold, Nicolaus Coppernicus. 2 Bde. Berlin 1883–1884 (Reprint: Osnabrück 1967).

Receptio Copernicana. 1. Tl.: Texte zur Aufnahme. Hrsg. v. Heribert M. Nobis. München 1999 (Nicolaus Copernicus Gesamtausgabe VIII,1), in Vorbereitung.

Rheticus, Georg Joachim, De Libris Revolutionum ... Nicolai Copernici ... Narratio prima. Danzig 1540.

–, The Narratio Prima. In: Three Copernican treatises. Hrsg. und übers. v. Edward Rosen. New York 1971, 109–196.

Rosen, Edward, Nicholas Copernicus. In: Dictionary of scientific biography. Bd. 3. New York 1971.

–, Three Copernican treatises. New York 1971.

Starowolski, Szymon, Scriptorum Polonicorum Hekatontas seu centum illustrium Poloniae scriptorum elogia et vitae. Frankfurt a. M. 1625.

Swerdlow, Noel M., Otto Neugebaur, Mathematical astronomy in Copernicus' De revolutionibus. New York 1984.

Wermter, Ernst M., Personalbibliographie von Hans Schmauch. In: Zs. f. d. Gesch. u. Altertumskunde des Ermlandes 31/32, 1968, 17–40.

Wolff, Christian, Der Anfangs=Gründe Aller Mathematischen Wissenschaften, Dritter Theil, Welcher Die ... Astronomie ... in sich enthält. Halle 1725.

Zekl, Hans G., Nicolaus Copernicus. Das neue Weltbild. Drei Texte: Commentariolus, Brief gegen Werner, De revolutionibus I. Im Anhang eine Auswahl aus der Narratio prima des G. J. Rheticus. Übers., hrsg. und mit einer Einleitung versehen v. Hans Günter Zekl. Hamburg 1990 (Philosophische Bibliothek 300).

Zinner, Ernst, Entstehung und Ausbreitung der copernicanischen Lehre. München ²1988.

Andreas Kühne/Stefan Kirschner, München (Deutschland)

62. Abraham Ortelius, Theatrum Orbis Terrarum (1570) und die Entwicklung der Atlanten

1. Vorbemerkung
2. Die Kartographie vor dem 15. Jh.
3. Die Wiedererweckung der Kartographie in der Renaissance
4. Abraham Ortelius (1527–1598)
5. Theatrum Orbis Terrarum
6. Zusammenfassung
7. Literatur

1. Vorbemerkung

1.1. In der Geschichte der ersten Druckerzeugnisse nimmt die Kartographie keinen prominenten Platz ein: Wichtiger und auch früher vorhanden sind Texte, die der alltäglichen Orientierung der Menschen in ihrer geistigen Umwelt dienten. So ist es kein Zufall, daß Johannes Gutenberg (ca. 1397–1468) sowohl die Bibel als auch Kalender druckte, denn beide Texte halfen bei der Planung und Ausführung des religiösen Lebens im Jahresverlauf. Später kamen andere Texte hinzu, die es zu drucken lohnte: Es sind z. B. die Prognostiken und Schreibkalender, die bald einen größeren Umfang annahmen und damit auch ihre Bedeutung für das Orientierungsbedürfnis des Lesepublikums widerspiegeln, das über zukünftige Geschehnisse wie z. B. Teuerung, Erdbeben, Überschwemmungen und das Ableben von Potentaten informiert sein wollte. Ein weiteres Beispiel für das aus überlieferten Texten zu uns sprechende, zunehmende Bedürfnis nach geistiger Orientierung sind die Flugschriften, die, medienwissenschaftlich gesehen, einen Meilenstein in der Verbreitung und politischen Instrumentalisierung von Information darstellten (vgl. Art. 68). Alle genannten Strömungen, die das neue Medium 'Druck' benutzten, traten innerhalb kurzer Zeit nach Erfindung des Buchdrucks verstärkt im Alltag hervor.

1.2. Auch die Wissenschaft erkannte sofort den großen Wert der neuen Vervielfältigungstechnik. Neben den genannten populären Texten, den 'Publikumsmagneten', begannen die wissenschaftlichen Disziplinen, ihre Texte schneller und weiter zu verbreiten und so für wissenschaftliche Orientierung zu sorgen. Durch die Verbreitung der 'schwarzen Kunst' gewannen dabei Versuche an Boden, die Qualität der Information zu sichern und einer breiteren wissenschaftlichen Gemeinde zugänglich zu machen. Ein Beispiel hierfür ist Regiomontan (Johannes Müller aus Königsberg, 1436–1476), dessen erhaltener 'Verlagsprospekt' darüber informiert, welche wissenschaftlichen Werke er zum Druck bringen wollte. Die Liste liest sich wie eine Enzyklopädie des damals verfügbaren Wissens. Unter den aufgezählten Werken findet sich auch eine Weltkarte ('Mappa mundi') sowie Detailkarten für Deutschland, Italien, Spanien, Frankreich und Griechenland; die Karten sollten durch Beschreibungen der Berge, Meere und anderer topographischer Details ergänzt werden. Wie viele andere, sind diese kartographischen Projekte nicht ausgeführt worden, denn Regiomontan konnte in seiner kurzen Lebenszeit nur einen Bruchteil seiner Pläne verwirklichen (Zinner 1938). Es zeigt sich hier, daß – zumindest zur wissenschaftlichen Orientierung in der bekannten Welt – bereits an eine umfassende Kosmographie mit Hilfe der neuen Drucktechnik gedacht war. Regiomontan war Mathematiker und Astronom, und in den Rahmen dieser Wissenschaften fällt zu seiner Zeit auch die Erforschung und Darstellung der Ansichten der Welt.

1.3. Obwohl diese ersten Hinweise auf Orientierungsbedürfnisse im Raum in die Frühzeit des neuen Mediums 'Druck' fallen, erstaunt doch, wie dürftig die Quellenlage für die Kartographie/Geographie in der Zeit vor dem 15. Jh. ist. Folgende Gründe kommen in Betracht: die starke Stilisierung der graphischen Darstellung unter kirchlichem Einfluß und deren Überlagerung mit christlicher Metaphorik (Arentzen 1984); die geringe Alltagsrelevanz von räumlich korrekten Darstellungen größerer Gebiete (Steger 1996); schließlich noch der urkundliche Usus, räumliche Orientierung über Namen von Arealen herzustellen ('in-pago-Formel', von Polenz 1961). Insgesamt muß davon ausgegangen werden, daß für die Zeit vor der Wiederentdeckung der 'Geographie' des Ptolemäus und den großen Entdeckungsreisen im ausgehenden 15. Jh. andere Orientierungssysteme für Räume gegolten haben müssen, als wir sie heute kennen: Genau vermessene, maßstäblich dargestellte Bildsymbole mit normierter Bedeutung sind eine Erfindung der Renaissance, die mit der Entwicklung der Druckmedien einhergehen (Steger 1996).

2. Die Kartographie vor dem 15. Jh.

2.1. Älteste kartographische Darstellungen sind aus Mesopotamien bekannt und reichen bis ins 4. Jahrtausend v. Chr. zurück (Bagrow/Skelton 1963, 31; Thrower 1972, 13; Harley/Woodward 1987). Alle Hochkulturen bis zur klassischen Antike scheinen über kartographisch festgehaltenes und auf diese Weise weitervermitteltes Wissen verfügt zu haben, worüber zahlreiche antike Quellen ausführlich berichten (Bagrow/Skelton 1963, 33 ff.). Allerdings haben sich nur wenige Stücke erhalten, was einerseits auf das für die Karten verwendete Material zurückzuführen ist, andererseits z. T. auch auf den Karteninhalt, der ephemeren und/oder geheimen Charakter gehabt haben kann (z. B. die ägyptische Karte der nubischen Goldminen, 1300 v. Chr.; Bagrow/Skelton 1963, 32). Aus römischer Zeit wird berichtet, daß in Metall oder Stein ausgeführte, wandgroße Karten für die Öffentlichkeit existierten (Bagrow/Skelton 1963, 43). Auch sie sind mit wenigen Ausnahmen nicht erhalten geblieben, da der Materialwert im Laufe der Zeit höher war als der Inhalt der Karten. Rückschlüsse auf Gebrauch und Bedeutung der Kartographie im römischen Weltreich läßt dagegen die 'Tabula Peutingeriana' zu (benannt nach Konrad Peutinger (1465–1547), Augsburger Humanist; Bagrow/Skelton 1963, 43 f.; Becker 1970, 16 ff.): Sie ist die Abschrift (13. Jh.) einer spätantiken Straßenkarte ('Itinerar'), deren Entstehung ins 1. Jh. n. Chr. zurückweisen könnte; immer wieder ergänzt, gibt sie den Zustand des römischen Straßennetzes im 5. Jh. wieder (Becker 1970, 18). Ziel der Karte ist nicht die exakte Orientierung im Raum, sondern nur die Angabe der Wegstrecken und die Abfolge der Orte; die Karte verzeichnet die römische Welt in einer projektionslosen Darstellung auf 11 (ursprünglich 12) Blättern, die 34 Zentimeter hoch und zusammen 7 Meter lang waren (Becker 1970, 18). Dies deutet darauf hin, daß die in der Karte enthaltenen Informationen (in erster Linie die Verbindungs- und Entfernungsangaben) der Marschroutenplanung von Reisenden und dem Militär dienten; die genaue geographische Lage war für solche Zwecke weniger wichtig.

2.2. Die exakte Feststellung der geographischen Lage nach Länge und Breite war in der Antike und bis ins 15. Jh. hinein aus verschiedenen Gründen ein schwieriges Unterfangen, so daß diese Information nicht nur „nicht interessierte", sondern auch aus technischen Gründen nur mit beschränkter Genauigkeit gegeben werden konnte. Die Ursache hierfür war, daß die astronomischen Möglichkeiten zur Lagebestimmung eines bestimmten Punktes auf der Erdoberfläche zwar für die geographische Breite gemäß der von Ptolemäus tradierten Methode gute Werte erzielte, indem für die zu kartierenden Orte die Länge des längsten Tages festgehalten wurde (Bagrow/Skelton 1963, 40; Freiesleben 1976, 70 ff.). Die geographische Länge hingegen erforderte − vor allem auf See − die exakte Messung der Zeiten, zu denen bestimmte astronomisch markante Ereignisse eintraten, die zu einem Referenzmeridian und der dort gemessenen Zeit in Bezug zu setzen waren (Taylor 1971; Freiesleben 1976, 80 f.). Für diese Messungen fehlten aber bis zum Anfang des 18. Jhs. Uhren, deren Ganggenauigkeit hoch genug war (Freiesleben 1976, 82).

Ein weiteres Problem für die kartographische Darstellung war die Wiedergabe der sphärischen Gestalt der Erdoberfläche, die neben der prinzipiellen Erkenntnis der Kugelgestalt der Erde Kenntnisse über Projektionen erforderte, die ebenfalls erst am Beginn der Neuzeit − wieder − zur Verfügung standen. Die Anschauung, daß die Erde eine Kugel ist, und eine einigermaßen genaue Umfangsberechnung finden sich, wie der griechische Geograph Strabon (ca. 63 v. Chr.−26 n. Chr.) berichtet, erstmals bei Eratosthenes von Kyrene (gest. ca. Ende des 3. Jhs. v. Chr., vgl. Becker 1970, 11 f.). Der für die frühe Neuzeit wichtigste antike Geograph ist jedoch der ägyptische Gelehrte Claudius Ptolemäus (ca. 100−160 n. Chr.), wie Eratosthenes Vorsteher der berühmten Bibliothek von Alexandria. Auf ihn geht nicht nur die Astronomie der auf ihn folgenden 1400 Jahre zurück, sondern auch die geographische Wissenschaft wird in mehreren Etappen von seinem achtbändigen Werk 'Geographia' bestimmt. Das Werk, das ab 1406 in Latein übersetzt vorliegt (Bagrow/Skelton 1963, 109), wird nach 1453 (Eroberung Konstantinopels) in größerem Maße bekannt und leitet eine Revolution der Kartographie ein. Es enthält Lagedaten von mehr als 8000 Orten und Beschreibungen der damals bekannten Länder zusammen mit einer Anleitung für Kartenprojektionen − aber keine Karten. Diese werden jedoch bald aus den Daten erarbeitet, und so erscheinen ab 1477 (Erstdruck, Bologna) Ausgaben der 'Geographia', die zunehmend auch mit 'modernen', d. h. nicht ausschließlich auf ptolemäischem Wissen fußenden Karten ausgestattet sind. Auf dieses − wahrscheinlich schon vor der Wiederentdeckung im Laufe der Zeit vermehrte − antike Wissen greifen nahezu alle Kartographen bis ins 17. Jh. zurück. Sogar Gerhardus Mercator (Gerhard Kremer, 1512−1594), der für die Theorie der Kartographie vielleicht wichtigste Geograph seiner Zeit (vgl. Blotevogel/Vermij 1995), veröffentlicht als ersten Teil seiner 'Kosmographie' eine Ptolemäus-Ausgabe (1578), der erst ab 1585 'moderne' Karten folgen (Kretschmer 1995, 66 f.).

2.3. Die Kartographie des Mittelalters, soweit sie nicht ebenfalls auf verstümmeltem ptolemäischem Wissen fußte, das durch arabische Vermittlung nach Europa kam, ist stark stilisiert und geht mit dem T-Schema auf die Noahgeschichte der Bibel zurück, in der den drei Söhnen Noahs die drei bekannten Kontinente zugewiesen werden (Arentzen 1984, 323). Karten des Erdkreises ('Orbis Terrarum'), die diesem T-Schema folgen, werden u. a. 'T-O-Karten' genannt. Sie sind meist geostet, d. h. der Osten ist in der Darstellung oben, und trennen in einer sehr schematischen, T-artigen Darstellung von Mittelmeer, Nil und Don die Kontinente Europa, Asien und Afrika. Das Weltmeer, das kreisförmig die Kontinente außen umschließt, bildet das O. Karten dieser Art korrespondieren ausgezeichnet mit der christlichen Weltsicht: Das Zentrum der christlichen Welt, Jerusalem, liegt im Osten (Ausrichtung der Karte) und die Darstellungsweise Asiens führt dazu, daß Jerusalem in der Mitte des Erdkreises zu liegen kommt. Die meist nüchtern oder gar unbeholfen wirkenden T-O-Karten werden ausgebaut zu weiterhin kreisförmigen, geosteten Karten, die aber wesentlich größer und detailreicher sind. Die bekanntesten Beispiele sind die Karte von Ebstorf (nach 1234 entstanden, Arentzen 1984, 146) und die Hereford-Karte (13. Jh.). Die im zweiten Weltkrieg zerstörte Ebstorf-Karte maß mehr als 3,5 Meter im Durchmesser und zeigt bereits das Bemühen, neben den christlich-metaphorischen Inhalten auch geographische Informationen mit einer gewissen Lagetreue darzustellen (Arentzen 1984, 165 ff.).

Ein der T-O-Karte verwandter und manchmal mit ihr kombinierter mittelalterlicher Kartentyp ist die 'Zonenkarte', in der der Erdkreis nach seiner Bewohnbarkeit gegliedert ist. Die Karten sind meist 'geographischer' als die T-O-Karten, da sie häufig genordet sind und den Gedanken an 'Antipoden' zulassen, was der Kirche lange als undenkbar galt (Bagrow/Skelton 1963, 54).

3. Die Wiedererweckung der Kartographie in der Renaissance

3.1. Im 15. Jh. steht der Kartographie, wie allen anderen Wissenschaften, ein starker Entwicklungsschub bevor, der wenigstens drei Ursachen hat, von denen zwei direkt medienwissenschaftlich relevant sind.

3.1.1. Durch den Fall Konstantinopels im Jahr 1453 und bereits in den Jahren davor brachten Wissenschaftler Texte in großer Zahl nach Europa, die in griechischer Sprache geschrieben und entweder selbst Originale oder Abschriften waren, die den Originalen wesentlich näher standen, als die über die arabische Welt vermittelten lateinischen Werke, die bis dahin allein zur Verfügung standen. Stellvertretend für die 'ad-fontes-Bewegung' sei nochmals Regiomontan genannt, der sich als Begleiter und Sekretär des Kardinals Bessarion (1395–1472) große Verdienste bei der Suche nach unbekannten Schriften erwarb. Nach seiner Rückkehr nach Deutschland gründete er in Nürnberg eine Druckerei und stellte das bereits erwähnte Verlagsprogramm auf, das ausdrücklich die Absicht verfolgte, die unverfälschten, originalen Informationen zugänglich zu machen. Besonders lag ihm die Astronomie am Herzen, da er die Widersprüche zwischen den verfügbaren Tafelwerken und den konkreten astronomischen Beobachtungen als Verderbtheiten der Texte erklären wollte. In ähnlichem Licht kann wohl auch seine im Verlagsprogramm geäußerte Absicht zur Publikation von Landkarten gesehen werden.

3.1.2. Indirekt wirkt sich auf die Entwicklung der Kartographie die Erfindung des Buchdrucks mit beweglichen Lettern durch Johannes Gutenberg aus. Als Trägermaterial für zum Druck bestimmte Karten dient bis weit ins 16. Jh. meist Holz. Der Holzschnitt als Hochdruckverfahren ist technisch dem Letterndruck unmittelbar verwandt, so daß eine Verbindung von Bild und Text schon sehr früh gelingt, wie Einblatt-Kalenderdrucke (vgl. Heitz 1905) zeigen. Bedeutend werden metallene Lettern vor allem für die Beschriftung der Karten, da die kleinen Buchstaben für die Formschneider kaum in genügender Qualität und Haltbarkeit aus dem Holz herauszuarbeiten waren. Daher ging man – neben der Technik des Zweifachdruckes, bei der in einem Druckdurchgang die Schriftzüge im Letternsatz, im zweiten die geographische Information im Holzschnitt gedruckt wurden – z. T. dazu über, in die hölzernen Druckstöcke metallene Lettern einzufügen.

3.1.3. Ein in seiner Bedeutung bisher kaum gewürdigtes Ereignis für die Kartographie war die Erfindung des Kupfertiefdrucks, die in der ersten Hälfte des 15. Jhs. in Deutschland lokalisiert wird (Lehrs 1908; Bagrow/ Skelton 1963, 123 ff.). Obwohl die Bologna-Ausgabe der ptolemäischen 'Geographie' (1477) bereits den Kupferstich für die Karten verwendet, kommt er erst im 16. Jh. in der kartographischen Technik verstärkt zum Einsatz, da die Drucktechniken von Buch und Radierung divergieren (Hoch-/Tiefdruck), und dadurch bei der Verbindung von Text und Graphik immer zwei Druckdurchgänge erforderlich sind. Für die Kartographie eröffnet sich aber mit der neuen Technik eine Möglichkeit, wesentlich detailreicher zu arbeiten und auch die wachsenden Ansprüche an die künstlerische Qualität der Karten zu befriedigen (vgl. Becker 1970, 58).

3.2. Ein wichtiger, aus dem politischen Geschehen des 15. Jhs. heraus sich entwickelnder Antrieb für den Aufschwung der Kartographie sind die Entdeckungsfahrten der Spanier und Portugiesen und die gesamte Seefahrt mit dem dazugehörigen Warenaustausch und Handel.

3.2.1. Die Bewegung von Schiffen auf dem offenen Meer ist seit altersher eine Kunst, die eng mit dem Wissen von der Gestalt der Erde verbunden war. Orientierung nach Richtungen war ebenso notwendig wie das Finden der Häfen (Taylor 1971; Hertel 1995). Besonders letzteres machte es erforderlich, daß Informationen über Küstengestalten wie Vorsprünge, Flußmündungen und vorgelagerte Inseln und Klippen verfügbar waren. Die Seefahrer, die somit im Gegensatz zu den Landreisenden auf möglichst exakte Lage- und Konturenbeschreibungen angewiesen waren, versorgten sich mit 'Portulankarten' und 'Segelhandbüchern'. Erstere waren meist sehr große Karten, die die Küstenlinien und die Küstenorte enthielten und aus den genannten Gründen die tatsächlichen Umrisse der Küstenländer sehr viel präziser zeigten, als andere Karten. In der Weiterentwicklung entstehen aus den zunächst im wesentlichen auf das Mittelmeer beschränkten Karten (Lang 1977, 11) die ersten Weltkarten, die in zunehmender Präzision auch die neuentdeckten Länder enthielten. Die Motive für ihre Fahrten außerhalb der 'bewohnten' Welt lagen für die Entdecker u. a. in der Situation des Fernhandels, der seit Beginn des 15. Jhs. immer stärker durch die Expansion des Osmanischen Reiches behindert wurde (Becker 1970, 48ff.). Zusammen mit der weitgehend durchgesetzten Anschauung von der Kugelform der Erde lag es nahe, die von den Türken versperrten Handelswege an Land durch Schiffahrtswege zu ersetzen, für die entsprechende Orientierungshilfen geschaffen werden mußten.

3.2.2. Doch nicht nur die Seefahrer benötigten zunehmend geographische Darstellungen, die im Gegensatz zu den kirchlich-symbolischen Bildern eine topographische Wirklichkeit wiedergeben mußten. Der Handel, der sich zum Welthandel entwickelte, suchte auch an Land nach genaueren geographischen Informationen, so daß die älteren Itinerare und die in der gleichen Tradition stehenden Pilgerwegbeschreibungen nicht mehr ausreichten (Bagrow/Skelton 1963, 207ff.). So entsteht zunehmend auch ein Bedarf an 'Land'-Karten. An dieser Entwicklung ist Abraham Ortelius maßgeblich beteiligt.

4. Abraham Ortelius (1527–1598)

4.1. Die Zentren für die Herstellung von Land- und Seekarten lagen seit der zweiten Hälfte des 15. Jhs. in Italien und sie besaßen auf diesem Gebiet bis zur zweiten Hälfte des 16. Jhs. eine monopolartige Stellung. Als Gründe hierfür nennt Tooley (1978, 19) die zentrale Lage Italiens in der damals zivilisierten Welt, Geschick und Mut der Seeleute und Entdecker, die weltweiten Verbindungen seiner Kaufleute und nicht zuletzt die Blüte des Handwerks und der Kunst. Erkennbar ist das hohe Interesse an der Kartographie z. B. auch daran, daß die ersten Drucke der wiederentdeckten 'Geographie' des Ptolemäus (Bagrow/Skelton 1963, 39ff.) mit beigefügten Karten zuerst in Bologna (1477), Rom (1478) und Florenz (1482, zeitgleich Ulm) erschienen (Skelton 1963).

Venedig und Rom entwickelten sich zu den wichtigsten Orten der Kartenherstellung im 16. Jh. In Hinblick auf die Entstehung des 'Atlas' als Kartensammlung, die mit den Karten zur 'Geographie' des Ptolemäus bereits angedeutet war, ist eine Entwicklung hervorzuheben, die mit Rom und dem Namen des römischen Verlegers Antonio Lafreri in Zusammenhang gebracht wird (Bagrow/Skelton 1963, 194; Tooley 1978, 20; 29f.; Meurer 1991). Es war Usus geworden, die zahlreich in unterschiedlichsten Größen produzierten Karten zu großen Konvoluten zusammenzufügen. Diese direkten Vorläufer des 'Atlas' (Lindgren 1995) waren aber in ihrer Zusammenstellung unterschiedlich, und von den heute bekannten ca. 70 Exemplaren ist keines mit einem anderen identisch. Da ein aus Rom stammendes Exemplar eine Kartenauswahl enthält, die sich mit dem Verlagsprogramm Lafreris weitgehend deckt, hat sich eingebürgert, diesen Typ der Kartensammlung als 'Lafreri-Atlas' zu bezeichnen, obwohl auch andere Offizine solche Bände herstellten. Das genannte römische Exemplar zeigte übrigens auf dem Titelblatt eine Darstellung des Riesen Atlas, die Welt auf den Schultern tragend (vgl. Meurer 1991, 11). Mercator soll den Namen für sein Werk aber unabhängig davon nach einem mauretanischen König Atlas gewählt haben, der als großer Astronom und Kosmograph galt (Krogt 1995, 30f.). Italiens Vormachtstellung schwindet im Laufe des 16. Jhs., und spätestens ab 1570, dem Erscheinungsjahr des 'Theatrum Orbis Terrarum' von Abraham Ortelius, gelten die Niederlande als das Zentrum der praktischen und wissenschaftlichen Kartographie.

4.2. Abraham Ortelius (auch: Örtel, Hortel etc., vgl. Karrow 1993, 1; vgl. Abb. 62.1) gilt als derjenige, der als erster einen 'Atlas' veröffentlichte, wenngleich die Urheberschaft für die Idee umstritten ist. Auch verwendet er nicht das Wort 'Atlas', sondern er nennt sein Werk 'Theatrum Orbis Terrarum', während 'Atlas' erst im Titel der 'modernen' Karten seines Freundes Gerhardus Mercator auftauchte, die ab 1585 erschienen (Krogt 1995). Ortelius, geboren am 4. 4. 1527 in Antwerpen, stammt aus einer alteingesessenen Familie. Sein Vater, Léonard Ortels betrieb mit einiger Wahrscheinlichkeit einen Handel mit Altertümern (Antiken, Münzen), was aus der Tatsache geschlossen wird, daß seine Mutter Anne Herrewayers nach dem Tod des Vaters ein solches Geschäft führte (Koeman 1964, 11). Auch der Sohn wird diesen Handel weiterführen. Er studiert Geographie und Geschichte und nennt sich mit 20 Jahren Ortelius. Um zum Lebensunterhalt der Familie beizutragen, spezialisieren sich seine beiden Schwestern und er auf die Kolorierung von

Abb. 62.1: Portrait von Abraham Ortelius (aus: A. Ortelius, Theatrum Orbis Terrarum, Antwerpen 1584. Mit Genehmigung der Universitätsbibliothek Freiburg, Rara J 8540, aa)

Landkarten. Im Jahr 1547 findet sich sein Name in einem Zunftbuch mit der Berufsbezeichnung 'afzetter van kaarten' (Kartenilluminator) (Koeman 1964, 12). Während dieser Zeit scheint Ortelius bereits gereist zu sein, wohl um die Kartenblätter zu erwerben, die er kolorierte. Man nimmt an, daß er u. a. zur Frankfurter Buchmesse gereist ist und daß es ihm bei diesen Fahrten gelungen ist, zahlreiche Kontakte zu knüpfen, die ihm im späteren Leben von Vorteil waren (Koeman 1964, 12). Ortelius betätigte sich ferner im Handel mit Büchern, alten Münzen und antiken Gegenständen aller Art; später sammelte er sie auch in einem eigenen Museum. In die Zeit nach 1550 fallen zahlreiche Reisen nach Italien, nach Deutschland und Frankreich. Wichtig für sein weiteres Schaffen muß seine Bekanntschaft mit Gerhardus Mercator gewesen sein, die mindestens seit 1554 bestanden hat, als sich die beiden in Frankfurt trafen. 1560 bereisen sie gemeinsam Frankreich, und Koeman (1964, 13) vermutet, daß hier vielleicht die Wurzeln für das spezielle Interesse an der Kartenherstellung liegen könnten, denn Ortelius hatte bis dahin in keiner Weise als Kartograph von sich reden gemacht. Erst nach 1560 tritt Ortelius mit eigenen Karten hervor: eine Weltkarte (1564), eine Karte von Ägypten (1565), eine Karte von Asien (1567) und eine Karte des Römischen Reiches (1571) erscheinen außerhalb des Theatrum Orbis Terrarum. Die Anfänge dieses Werks müssen in die Zeit um 1560 fallen; die konkreten, umfangreichen Arbeiten an den Kupferplatten dann in die Periode, in denen die ersten drei der genannten Karten entstanden sind (Skelton 1964, VI; Meurer 1991, 20 f.).

Koeman (1964, 16 f.) nennt zwei Möglichkeiten, wie Ortelius zu dem Plan, einen Atlas herzustellen, angeregt worden sein könnte. Einerseits liegt es nahe, dem Biographen Mercators, Ghymnius zu folgen (Walther Ghim, 1530−1611; seine Biographie erscheint 1595 zusammen mit dem letzten Teil des Atlas), der die Idee zu dem Atlas für Mercator selbst in Anspruch nimmt. In der Tat ist es auffällig, daß es zwischen Mercator und Ortelius keine Mißstimmung wegen der Veröffentlichung des Theatrum gegeben hat, wo doch Mercator ganz ähnliche Pläne verfolgte. Im Gegenteil, er lobt in einem Brief von 1570 das Werk so sehr („Opus tuum ornatissime Orteli perspexi, laudo diligentiam et ornatum quo autorum labores decorasti, laudo [...]", Hessels 1887/1969, 73), daß Ortelius den Brief in die Ausgabe von 1573 mit aufnimmt. Andererseits existieren Hinweise darauf, daß die Anregungen aus Ortelius' Antwerpener Umgebung gekommen sein könnten. Ortelius stand in engem Kontakt mit Gilles Hooftman (gest. 1581), dem größten Antwerpener Kaufmann zu dieser Zeit, der offenbar Ortelius' Dienste bei der Beschaffung von Landkarten nutzte. Über diesen Kontakt berichtet Jan Raedemaeker (1538−1617), ein lebenslanger Freund Ortelius', der 1603 in einem Brief rückblickend die Gründe nennt, die zur Erfindung des Atlas führten: Hooftman versuchte als Kaufmann mit den Informationen, die er den neuesten See- und Landkarten entnahm, seine Frachtwege zu optimieren, woraus er großen Gewinn zog. Die Karten zu dieser Zeit waren jedoch so unhandlich, daß Raedemaeker selbst Hooftman den Vorschlag machte, die Karten auf ein einheitliches, handliches Format zu bringen und auf je eine Seite zu drucken. In Zusammenarbeit mit Ortelius sammelten sie ca. 30 Karten zu einem Handexemplar und Ortelius machte sich daran, weitere Karten zu sammeln, die er zu seinem Atlas weiterbearbeitete. Koeman (1964, 17) gibt zu bedenken, daß Raedemaekers, bei der Niederschrift des Briefes selbst ein alter Mann, „[...] does not inspire immediate belief." Der Bericht stimmt jedoch grundsätzlich im Hinblick auf die Idee zur Reduzierung der Kartengröße, zur einheitlichen Gestaltung u. ä. mit den Bemerkungen Mercators in dem bereits zitierten Brief überein, daß nämlich viele Karten in einem Band versammelt seien, sie zu geringen Kosten zu haben und platzsparend aufzubewahren seien, und man sie sogar mit sich herumtragen könne, wohin man wolle (Hessels 1887/1969, 73). Aus den vorliegenden Quellen läßt sich nicht entscheiden, welche Theorie die richtige ist, aber es ist zumindest plausibel, daß Ortelius sowohl die Pläne und Gedanken Mercators, als auch die Bedürfnisse der Antwerpener Großkaufleute kannte und daraufhin den Plan zu seinem Theatrum faßte (Skelton 1964, V).

Ortelius veröffentlichte die erste Auflage mit 70 Karten auf 53 Blättern im Jahr 1570. Drei weitere folgten noch im gleichen Jahr (Tooley 1978, 30). Bis zum Jahr 1612, der letzten Auflage, erschienen 34 Auflagen, 24 davon zu Lebzeiten Ortelius' (Karrow 1993, 9) in verschiedenen Sprachen. Die Zahl der Blätter des Atlas wuchs in dieser Zeit von 53 auf 167 in der letzten Auflage. Ortelius widmete sich neben dem erfolgreichen Atlas weiter auch seinen anderen Leidenschaften. Er benutzte seine Reisen, um antike Gegenstände zu sammeln. In einem privaten Museum, welches er sich 1592 in seinem Haus einrichtete (Koeman 1964, 21), brachte er diese Sammelstücke unter. Das 'Museum Ortelianum' soll sich daraufhin zu einer Art kulturellem Zentrum entwickelt haben und viel besucht worden sein. Ortelius publizierte neben den Karten auch Schriften über diverse Gegenstände, über antike Münzen, einen Reisebericht u. v. m. Aus kartographischer Sicht ist besonders hervorzuheben ein 1578 erschienenes Verzeichnis aller geographischer Namen, die bei klassischen Autoren erwähnt sind, zusammen mit den jeweiligen modernen und landesüblichen Namen (Karrow 1993, 14). Ihm folgte 1596 eine revidierte zweite Auflage. Der Plan, eine Ausgabe der 'Tabula Peutingeriana' herzustellen, wird durch Ortelius' Tod am 4. 7. 1598 vereitelt (Koeman 1964, 21). Die Lebensdaten alleine machen Ortelius' große Leistung nicht hinreichend klar, denn Koeman (1964, 12 f.) hat wahrscheinlich recht, wenn er Ortelius wie folgt würdigt:

„Without the success of his atlas [...] he would probably have ranked historically as a figure of but little importance among the great names of Flemish culture, since his other achievements in the cartographic field, although not without merit [...], show no signs of originality and were far from unique."

Im folgenden sollen daher die hervorstechenden Neuerungen bzw. die bis dahin nur vereinzelt anzutreffenden Gestaltungselemente, die Ortelius' Atlas so erfolgreich machten, genauer beschrieben werden.

5. Theatrum Orbis Terrarum

5.1. Der große Verkaufserfolg des Theatrum zeugt davon, daß die Zeitgenossen Ortelius' die Vorteile des Atlas unmittelbar zu schätzen wußten. Worin bestehen die großen Fortschritte z. B. gegenüber den Lafreri-Atlanten? Ein großes Problem scheint das Kartenformat gewesen zu sein. Die Karten hatten sehr große Ausmaße und waren demgemäß schwer zu handhaben; und deshalb gab es häufig Beschädigungen. Sie hatten außerdem ganz unterschiedliche Größen, so daß sowohl das Lagern als auch das vergleichende Lesen erschwert waren. Beim Lafreri-Atlas kam noch dazu, daß die Karten nach den Wünschen der Käufer zusammengestellt und gebunden wurden (weshalb dieser Atlas-Typ u. a. auch IATO-Atlas genannt wird: 'Italian Atlas assembled To Order', Meurer 1991, 10 f.). Ortelius beseitigt die genannten Schwierigkeiten, indem er eine bestimmte, innerhalb einer Auflage unveränderliche Auswahl von Karten publiziert. Alle Karten sind gleich groß, alle passen auf ein Blatt oder Doppelblatt (Abmessung: max. 38 × 52 cm). Eine wichtige Neuerung gegenüber allen vorher erschienenen Kartensammlungen ist, daß jeder Karte ein Kommentartext vorgeschaltet wird, der inhaltlich weit über die Koordinatenangaben in den Ausgaben der ptolemäischen Geographie (bes. Ulm 1482) hinausgehen. Ortelius wählte nur die neuesten ihm zugänglichen Karten für die Veröffentlichung aus und ließ sie in das benötigte Format umsetzen, wobei die Karten in einem recht einheitlichen Stil gehalten sind, der sehr zur künstlerischen Qualität des Werks beiträgt. Unter den Kupferstechern ist der bekannteste Frans Hogenberg (ca. 1538−ca. 1590), der um 1570 in Köln eine eigene kartographische Produk-

62. Abraham Ortelius, Theatrum Orbis Terrarum (1570) und die Entwicklung der Atlanten 753

Abb. 62.2: Titelkupfer (aus: A. Ortelius, Theatrum Orbis Terrarum, Antwerpen 1573. Mit Genehmigung der Universitätsbibliothek Freiburg, Rara J 8540, a)

tion beginnt (Meurer 1991, 14). Einige Stiche könnten auch von Ortelius selbst stammen (Koeman 1964, 26). Eine weitere Neuerung gegenüber allen Vorläufern und ein in der Renaissance durchaus nicht selbstverständlicher Schritt war die Angabe aller Quellen, d. h. aller Kartenautoren, deren Karten bei der Herstellung des Theatrum Verwendung fanden. Diese Kartographenliste ('Catalogus auctorum tabularum geographicarum') ist für die Geschichte der Kartographie besonders wertvoll, da sie auch Namen überliefert, die sonst verloren wären (Denucé 1912; Bagrow 1928; Karrow 1993). Ortelius nennt seine Quellen nicht nur in dieser Liste, sondern den Autor auch auf den Karten selbst, wenn diese

Abb. 62.3: 'Punktieren' der Meeresflächen; Befestigungen von Calais (aus: A. Ortelius, Theatrum Orbis Terrarum, Antwerpen 1571. Mit Genehmigung der Universitätsbibliothek Freiburg, Rara J 8540)

nur in der Größe an das einheitliche Format angepaßt, inhaltlich aber unverändert sind; die Angabe fehlt, wenn Ortelius auch den Inhalt durch Kompilation mehrerer Quellen verändert hat (Skelton 1964, VI; Meurer 1991, 32 ff.). Weitere Karten und Literatur zitiert er im Begleittext zu den einzelnen Karten.

5.2. Die Erstausgabe des Theatrum erscheint 1570 im Offizin von Aegidius Coppens van Diest. Erst später, ab 1579 übernimmt der berühmte Verleger Christophe Plantin (ca. 1520–1594), der mit Ortelius freundschaftlich verbunden gewesen sein muß, das Werk (Koeman 1964, 18, 21). Das Werk beginnt mit einem Titelkupfer (vgl. Abb. 62.2), einer für die Wissenschaftsliteratur der Renaissance typischen Allegorie (Skelton 1964, VIII), die in dem darauf folgenden Gedicht eines Adolphus Mekerchus aus Brügge gedeutet wird: Die fünf weiblichen Figuren symbolisieren die fünf Kontinente. Über allen anderen thront Europa, versehen mit verschiedenen Herrschaftsinsignien. Darunter befinden sich stehend Asien und Afrika, jeweils mit für den Kontinent typischen Gegenständen und Gewändern. Liegend folgt darunter Amerika. Der abgeschlagene Kopf, den die Frauengestalt in der Hand hält und die Insignien der Jagd deuten auf die den Ureinwohnern angedichtete Menschenfresserei (Koeman 1964, 34). Daneben befindet sich eine Frauenbüste, die das Land Magellanica, südlich der Magellanstraße gelegen, symbolisiert. Die Figur ist unvollständig, da zu dieser Zeit die 'terra australis' gleichzeitig 'terra incognita' war. Es folgen eine Widmung an Philipp II. (1527–1598), der Ortelius 1573 den Ehrentitel 'Königlicher Kartograph' verlieh, und das bereits erwähnte Gedicht, das die Allegorie erklärt. Daran schließt die Vorrede an, in der Ortelius die Veranlassung zu dem Werk erklärt, die Art der Kartenauswahl, die er getroffen hat und welchen Aufbau und Inhalt das Werk hat. Der darauffolgende Katalog der Kartenautoren wurde von Auflage zu Auflage weitergeführt und ergänzt, so daß er von ursprünglich 87 erwähnten Autoren auf 183 in der postumen Auflage

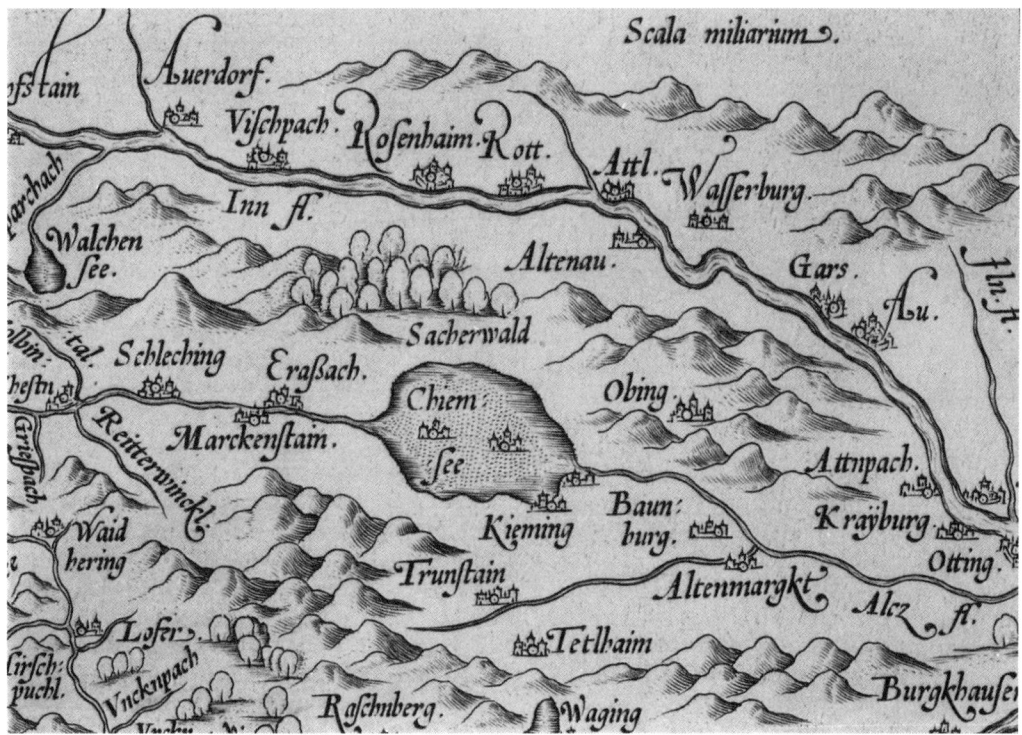

Abb. 62.4: 'Schattierung' der Berge (aus: A. Ortelius, Theatrum Orbis Terrarum, Antwerpen 1571. Mit Genehmigung der Universitätsbibliothek Freiburg, Rara J 8540)

von 1603 anwächst (Karrow 1993, XII). Ortelius nennt die Autornamen, die nach dem Vornamen alphabetisiert sind, die Regionen, für die sie Karten ausgeführt haben und, wenn bekannt, das Offizin, in dem die Karten gedruckt wurden. Zwei Listen schließen den Einleitungsteil ab: ein alphabetisches Inhaltsverzeichnis der Ländernamen mit Verweis auf die Kartennummer und ein alphabetisches Register der Ortsnamen und Inseln etc., die nicht im Titel genannt sind (z. B. 'Arabia' auf Karte 50 „Turcici imperii descriptio").

Die Karten befinden sich auf 53 Doppelseiten, wobei die rechte Seite vor der Karte jeweils einen einseitigen Erläuterungstext trägt. Darin stellt Ortelius dar, in welche großen Regionen sich das abgebildete Gebiet teilt, er zitiert antike Autoritäten wie z. B. Plinius und er gibt an, welche Kartenautoren und welche weitere Literatur er verwendet hat. Diese einleitenden Texte waren seinen Zeitgenossen so wertvoll, daß sie Ortelius mehrfach bedrängten, sie separat zu publizieren (Koeman 1964, 25). Die Karten selbst gewinnen durch ihre Ausstattung ein weitgehend einheitliches Gepräge und setzen als Darstellungselemente verschiedene Signaturen ein, die z. T. schon seit der mittelalterlichen Kartographie üblich waren (Hodgkiss 1981, 39 ff.), z. T. in den 1568 erschienenen 'Bayerischen Landtafeln' von Philipp Apian (1531–1589) erstmals zusammen auftreten (Brunner 1995, 40 ff.). Land und Meer (Abb. 62.3) sind klar geschieden durch die Methode des 'Punktierens' der Meeresflächen (Hodgkiss 1981, 44). Die sich davon gut abhebenden Landflächen tragen perspektivisch angeordnete Berge in Seitenansicht mit Schattierung (Abb. 62.4). Weitere Darstellungselemente auf den Karten sind: Flüsse, die z. T. ebenfalls punktiert sind; Städte, die in den meisten Fällen durch eine zwar variable, aber doch uniforme Seitenansicht eines Kirchturms und einiger umgebender Häuser symbolisiert sind; manchmal finden sich Charakteristika der beschriebenen Stadt in den Aufrißbildern (Abb. 62.5, Abb. 62.6; in Köln ist der Turm des Doms im Bau, während der des Antwerpener Doms an Pracht und Größe nirgends sonst übertroffen wird). Anders als bei den schmuckvollen Bergen, die nur vage eine kartographische Information über Höhe

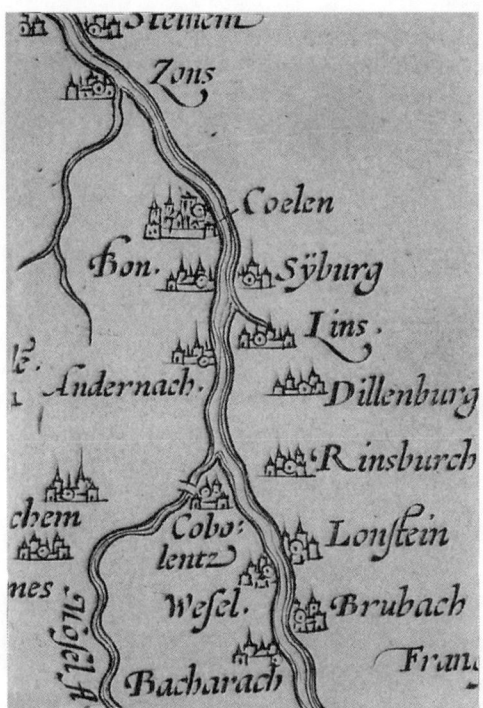

Abb. 62.5: Stadtdarstellung: Köln (aus: A. Ortelius, Theatrum Orbis Terrarum, Antwerpen 1571. Mit Genehmigung der Universitätsbibliothek Freiburg, Rara J 8540)

Abb. 62.6. Stadtdarstellung: Antwerpen (aus: A. Ortelius, Theatrum Orbis Terrarum, Antwerpen 1571. Mit Genehmigung der Universitätsbibliothek Freiburg, Rara J 8540)

und Häufung geben, können die Ortssymbole mit einer Brücke verbunden sein, wenn ein Übergang existiert (Abb. 62.7). Die Ortssymbole differenzieren auch die Größe des Ortes, mit Hilfe der Größe und Anzahl der dargestellten Häuschen. Auf einigen Karten werden die Befestigungen sichtbar gemacht

(Abb. 62.3). Das Zentrum des Ortelianischen Universums bildet nicht mehr Jerusalem, sondern Antwerpen, das auf Karte 14 ('Germania inferior') genau in der Mitte der runden Karte liegt. Ein weiteres, für die Entwicklung der Informationskodierung auf Karten wichtiges Darstellungselement sind die bereits erwähnten kleinen Kreise, die die genaue Lage eines Ortes anzeigen. Da die kleine Stadtansicht maßstäblich viel zu groß gerät, zeigt der in sie hineingestochene kleine Kreis genau an, ob der Ort z. B. am Fluß liegt oder abseits. Auch Kartenlegenden, wie sie von Philipp Apians 'Bayerischen Landtafeln' bekannt sind, treten vereinzelt auf (Abb. 62.8; Wolff 1989, Abb. 74; Hodgkiss 1981, 44ff.). In ihnen symbolisieren unterschiedliche Kreuze, die am Kirchturm angebracht sind, ob es sich um den Sitz eines Erzbischofs oder eines Bischofs handelt; daneben werden mit zwei verschiedenen Kreisen 'oppida' und 'pagi' unterschieden. Wahrscheinlich abhängig von der Kartenvorlage sind Kompaßrosen und Maßstäbe (Abb. 62.9) mit verschiedenen nationalen Meilenangaben zu finden. Breiten Raum nimmt neben der kartographischen Information die künstlerische Gestaltung der Karten ein. Alle Karten zeigen mehr oder weniger aufwendig konstruierte 'Kartuschen' (Abb. 62.10), d. h. Rahmen, in denen z. B. der Kartentitel oder weitere Textinformationen zur Karte untergebracht sind. Die geometrisch wirkenden, einer rationalistischen Architektur nachempfundenen Formen dieser 'Fenster' bilden einen starken Kontrapunkt zu den sonstigen Schmuckelementen, wie Meerungeheuern, auf denen Neptun reitet (Abb. 62.11), Schiffen aller Art, in heftigen Seeschlachten aufeinander schießend (Abb. 62.12) oder der verspielten Darstellung von Szenen, die in Gegenden fallen, von denen kartographisch wenig bekannt war − auf denen es also auch wenig zu kartieren gab (z. B. Karte 46, wo Rußland sehr viel Platz für solche Zusätze bietet). In einigen Fällen wird die Fiktion des entrollten Kartenblattes erweckt, hinter dem sich andere Blätter oder Bilder verstecken (z. B. Karte 28, Salzburg, wo eine Ansicht der Stadt hinter dem auf den Rahmen genagelten Kartenblatt sichtbar wird; 1595 wird das Blatt ohne diese 'trompe l'œil' neu gestochen und Karrow (1993, 476) vermutet, daß Ortelius die alte Darstellung ausgetauscht hat „to achieve a more modern look". Ähnlich Karte 35, Lacus Comensis, wo die Karte auf ein durch eingerissene Stellen sichtbar werdendes Gemälde genagelt ist);

Abb. 62.7: Flußübergänge, Neckarbrücken (aus: A. Ortelius, Theatrum Orbis Terrarum, Antwerpen 1571. Mit Genehmigung der Universitätsbibliothek Freiburg, Rara J 8540)

falls nicht von der Vorlage übernommen, könnte Ortelius hier indirekt nochmals die Vorteile seines Atlas anklingen lassen.

5.3. Die Auswahl der Karten ist, wie Koeman (1964, 26) schreibt, von der enzyklopädischen Kenntnis der damals existierenden Karten bestimmt, über die Ortelius verfügte. Das Auswahlprinzip richtete sich daher zunächst danach, welche 'modernen' Karten überhaupt verfügbar waren, denn die 'Geographie' des Ptolemäus genügte auch in ihren 'modernisierten' Fassungen den Ansprüchen nicht mehr. Die Kartenfolge des Theatrum verrät allerdings, daß Ortelius mehr als nur eine Zusammenstellung gerade verfügbarer Karten vorgenommen hat. Er versucht sein enzyklopädisches Wissen auch in eine enzyklopädische Gesamtanlage des Theatrum umzumünzen.

Wichtig für die Mediengeschichte ist, daß Ortelius für seine Kartensammlung ein festes Ordnungsprinzip findet, das die Orientierung der Benutzer nach festen Schemata ermöglicht.

5.3.1. Das wichtigste Ordnungsschema, das Ortelius erstmals anwendet, betrifft die Abfolge der Karten, die im allgemeinen von größeren zu kleineren Einheiten absteigt. Zu erkennen sind vier Ebenen, die sich maßstäblich unterscheiden, auch wenn kein im heutigen Sinne exakter Maßstab angelegt wird. Die höchste Ebene nimmt die Weltkarte ein, die Übersicht über den ganzen Erdkreis ("orbis terrarum", Abb. 62.13). Auf der zweiten Ebene finden sich Karten der Kontinente, der Titelallegorie von unten nach oben folgend: Neue Welt, Asien, Afrika und zuletzt Europa. Nach den jeweiligen Kontinenten erscheinen auf dritter Ebene die einzelnen Länder; in der Erstausgabe ist diese Ebene nur für Europa vertreten, aber in späteren Auflagen stehen nach der Karte 'Novus Orbis' Detailkarten des neuen Kontinents. Ausnahmen bilden in der Erstausgabe Afrika und Asien, deren Ausschnittskarten am Ende des europäischen Abschnittes stehen, was – zumindest für Afrika – auf das intervenierende zweite Gliederungsprinzip zurückzuführen ist. Auf vierter und unterster Ebene reiht Ortelius Karten von einzelnen Regionen ein (z. B. folgen in

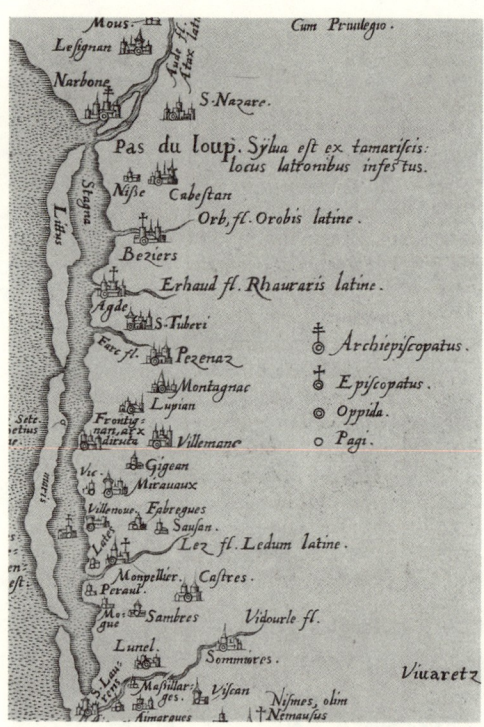

Abb. 62.8: Beispiel für eine Kartenlegende (aus: A. Ortelius, Theatrum Orbis Terrarum, Antwerpen 1571. Mit Genehmigung der Universitätsbibliothek Freiburg, Rara J 8540)

Abb. 62.9: Beispiel für einen Maßstabsbalken (aus: A. Ortelius, Theatrum Orbis Terrarum, Antwerpen 1571. Mit Genehmigung der Universitätsbibliothek Freiburg, Rara J 8540)

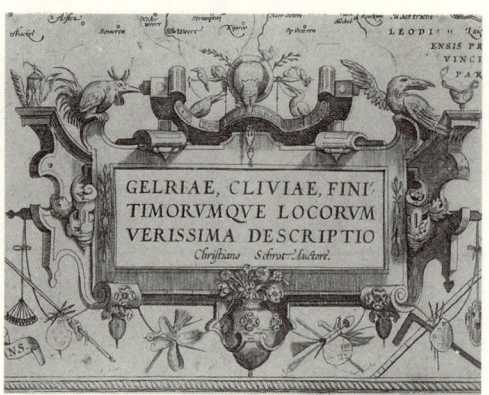

Abb. 62.10: Kartusche für den Kartentitel (aus: A. Ortelius, Theatrum Orbis Terrarum, Antwerpen 1571. Mit Genehmigung der Universitätsbibliothek Freiburg, Rara J 8540)

Abb. 62.11: Künstlerische Elemente: Neptun auf Meerungeheuer (aus: A. Ortelius, Theatrum Orbis Terrarum, Antwerpen 1571. Mit Genehmigung der Universitätsbibliothek Freiburg, Rara J 8540)

Abb. 62.12: Künstlerische Elemente: Seeschlacht (aus: A. Ortelius, Theatrum Orbis Terrarum, Antwerpen 1571. Mit Genehmigung der Universitätsbibliothek Freiburg, Rara J 8540)

der Ausgabe von 1570 auf die Frankreichkarte (Karte 9) sechs Karten zu kleineren Gebieten, jeweils zu zweit auf einer Doppelseite). Hier werden Lücken spürbar, denn in der Regionalkartographie herrschen in der ersten Hälfte des 16. Jhs. noch große Defizite. Sie ist auf die Triangulation angewiesen

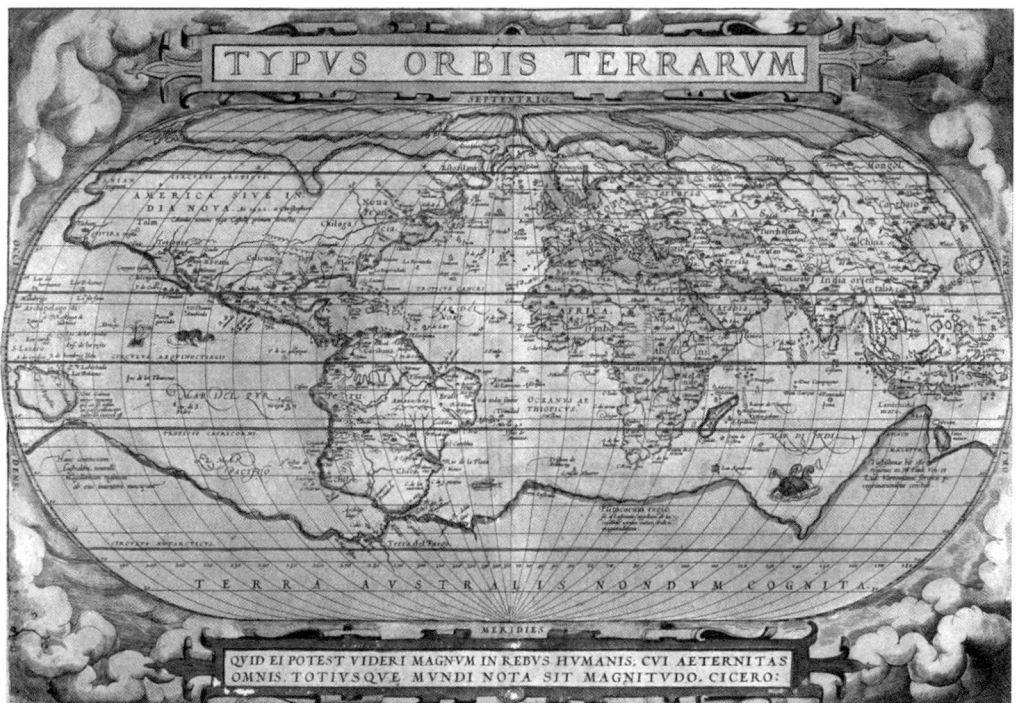

Abb. 62.13: Weltkarte 'Typus Orbis Terrarum' (aus: A. Ortelius, Theatrum Orbis Terrarum, Antwerpen 1573. Mit Genehmigung der Universitätsbibliothek Freiburg, Rara J 8540, a)

(Lindgren 1989; Lang 1977, 18 f.), die in verschiedenen Gebieten (Kriegskunst: Einrichten der Geschütze; Bergbau: Orientierung unter Tage etc., vgl. Opdenberg 1995) zunehmend an Bedeutung gewinnt. Die Vermessungsarbeiten für die Karten müssen unter hohem Aufwand im Feld vorgenommen werden. So dauerte Philipp Apians Landesaufnahme Bayerns von 1554 bis 1563 (Brunner 1995, 39). Johannes Kepler (1571–1630), der in seiner Linzer Zeit eine Vermessung Oberösterreichs durchführen sollte, klagt darüber in einem Brief von 1616:

„Darneben hab Jch vberal, so wol in Märckhen vnd Dörffern, da Jch nachfrag gepflogen, als auch auff feldern vnd bergen da Jch mein absehen gerichtet, oder den wässern nachgangen, vnd auff vngewonliche pfäde kommen, vil zuredstellungen vnd drauliche anstösse von vnerfahrnen groben argwönischen baurn erleiden müessen [...]" (Kepler 1955, 176).

Aus der Notwendigkeit zur völligen Neuaufnahme erklärt sich, daß genaue Karten erst nach und nach entstehen. Ortelius ergänzt fehlende Regionen jeweils in den Addidamenta, welche die bereits erschienenen Auflagen zwischenzeitlich nachführten und in den Neuauflagen. Dabei fällt auf, daß besonders Frankreich mit einer Fülle regionaler Karten hervortritt (vgl. Tooley 1978, 38 ff.).

5.3.2. Das zweite Gliederungsprinzip betrifft die Abfolge der Karten auf der Ebene der Länder. Ortelius führt mit ihnen grosso modo im Uhrzeigersinn rund um das Mittelmeer, was zur Folge hat, daß die nördlichen und nordöstlichen Teile Afrikas auf diese Weise mit zur 'Alten Welt' zählen, und aus der ersten Gliederungsstruktur nach Kontinenten herausfallen. Zu wichtig ist der Blick auf das Mittelmeer als Hauptachse der christlichen Geographie; die mittelalterlichen Mönchskarten mit ihrem T-Schema klingen noch an. Die Anordnung der Karten in der beschriebenen Hierarchie ist auch gegenüber der ptolemäischen 'Geographie' selbständig: Diese folgt einer generellen West-Ost-Richtung und endet im fernen Asien mit der märchenhaften Insel Taprobane. Ortelius beginnt die Beschreibung Europas ebenfalls im äußersten Westen mit England, Schottland und Irland. Es folgt der Kontinent, beginnend an den 'Säulen des Herakles' (Gibraltar), d. h. mit der Spanienkarte (Abb. 62.14,

Abb. 62.14: Darstellung Spaniens 'Regni Hispaniae ...' (aus: A. Ortelius, Theatrum Orbis Terrarum, Antwerpen 1573. Mit Genehmigung der Universitätsbibliothek Freiburg, Rara J 8540, a)

vgl. dazu die ptolemäischen Karten Abb. 62.15, Bologna 1477 und Abb. 62.16 Ulm 1482). Mit der Darstellung des westlichen Nordafrikas endet die Umrundung des Mittelmeeres. Dazwischen folgt Ortelius den Mereesküsten nach Nordosten bis nach Preußen, beschreibt dann das Binnenland westwärts bis zur Schweiz; es folgt südostwärts Italien, die mittelmeerische Inselwelt und Griechenland. Von der nördlichen Adria aus nähert er sich dem Schwarzen Meer und setzt mit Polen einen gewissen Schlußpunkt unter das engere Mitteleuropa, denn es folgen die 'Außenstationen' mit Skandinavien/Grönland, Rußland, Tartarien (das bis nach Japan reicht), sowie Indien, Persien und schließlich die Türkei und Palästina, bevor es über Nordafrika an den Anfangspunkt zurückgeht.

5.3.3. Ortelius systematisiert mit den beiden genannten Ordnungsprinzipien die Kartenfolge von Atlanten für alle folgenden Kartenwerke. In den Neuauflagen werden die neuen, meist regionalen Karten an den entsprechenden Plätzen unterhalb der Länderebene eingeschoben. Trotz dieses rationalistischen Systems ist als drittes Ordnungsprinzip ein weiterer Reflex der Ökumenekarten zu entdecken. Einen Hinweis gibt die Europakarte: Alle eingezeichneten Städte sind einheitlich mit dem üblichen kleinen Aufrißbild versehen. Die einzige Stadt, die sich mit einer Festungsdarstellung deutlich abhebt, ist Jerusalem. Und so scheint die Plazierung der Palästinakarte, der nur noch die beiden Nordafrikakarten folgen, einen Höhepunkt am Ende des Atlas darzustellen, zu dem er mit seiner Kartenfolge hinführt. Dafür spricht auch, daß in den ersten Auflagen des Atlas die Palästinakarte die einzige ist, die biblisch-historische Informationen enthält. In späteren Auflagen haben solche Informationen einen eigenen Platz, womit Ortelius einmal mehr ein neues Kapitel der kartographischen Informationsvermittlung aufschlägt, die thematische Kartographie.

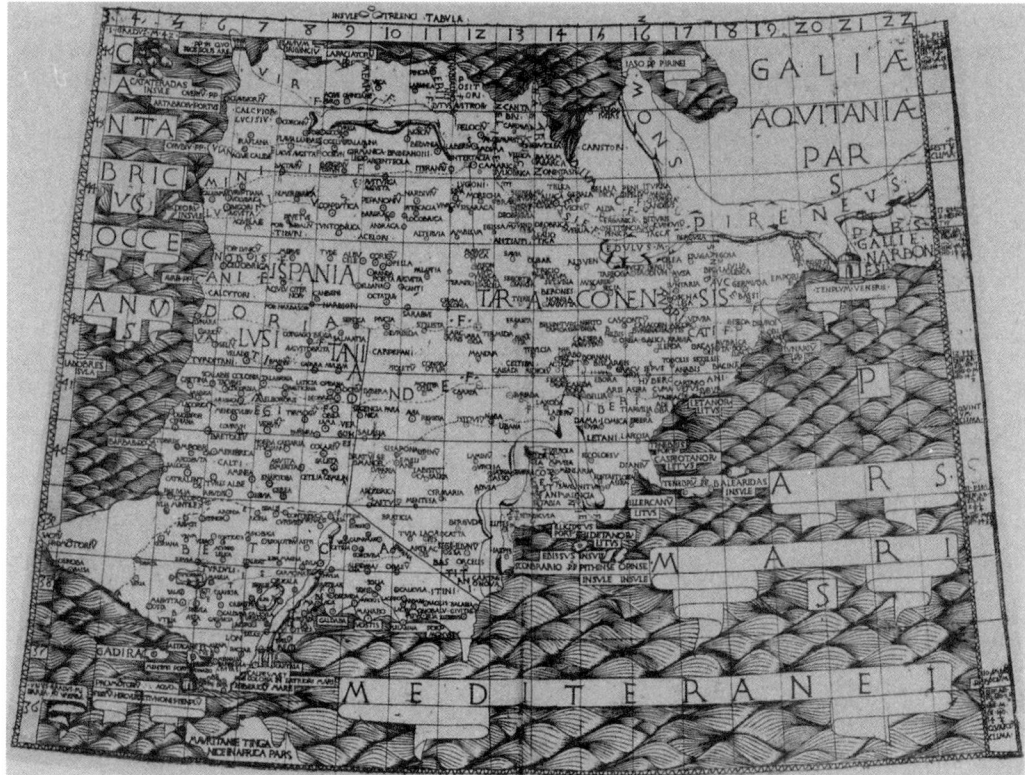

Abb. 62.15: Darstellung Spaniens (aus: Claudius Ptolemaeus, Cosmographia, Bologna 1477. (Reprint Amsterdam 1963).

5.4. Mit dem Addidamentum zum Theatrum von 1579 erscheinen erstmals drei Karten als 'Parergon Theatri', die heute als 'thematische Karten' im Gegensatz zu den physischen/topographischen Karten bezeichnet werden könnten, welche nur die genaue Lage von Orten, Flüssen etc. wiedergeben (Kretschmer 1995, 231). Das Parergon versammelt solche Karten, die einen bestimmten geschichtlichen oder phantastischen Inhalt haben. Die Anfänge von Ortelius' Beschäftigung mit historischen Karten lassen sich bis 1565 zurückverfolgen; er publiziert eine Karte des antiken Ägyptens (Meurer 1991, 21 ff.). Inzwischen ist auch die Karte von 'Utopia' wiedergefunden worden (Kruyfhooft 1981), die aber offenbar nie Teil des Parergons war, im Gegensatz zu Karten wie 'Aeneae Navigatio', 'Ulyssis Errores' und 'Argonautica'. Ortelius bildet mit diesem, von ihm geprägten Kartentyp erstmals einen eigenen (Teil-)Atlas, der als Geschichtsatlas im 17. Jh., besonders in den Niederlanden und in Frankreich Nachahmung findet und bis weit ins 18. Jh. hinein der nahezu einzige Typ von 'Fachatlas' bleibt (Kretschmer 1995, 231 ff.). 1579 erscheinen 'Peregrinatio Divini Pauli', 'Romanum Imperium' und 'Graecia Vetus', also historische Karten. In der Neuauflage von 1584 wächst die Zahl der Karten des Parergon auf 12; erstmals ist die bisherige Palästinakarte ersetzt durch eine genauere, im Maßstab größere, der 'Terra Sancta'. Die bisherige Karte rückt ins Parergon, weil sie in einem breiten, mit numerierten Stationen und Ortsnamen versehenen Band den Exodus des Volkes Israel aus Ägypten nachzeichnet. Diese biblische Information ist auf dem Blatt 'Terra Sancta' nicht mehr vorhanden (vgl. zur Tradition der biblischen Kartographie Oswald 1995; Nebenzahl 1986).

6. Zusammenfassung

Jodocus Hondius (1563–1612) kauft den Nachlaß Mercators und publiziert ab 1605 dessen Ptolemäus-Ausgabe sowie ab 1606 Neuauflagen von Mercators Atlas (Meurer

Abb. 62.16: Darstellung Spaniens (aus: Claudius Ptolemaeus, Cosmographia, Ulm 1482. (Reprint Amsterdam 1963).

1991, 172). Da die Atlas-Karten Mercators die des Theatrum an Genauigkeit bei weitem übertreffen, wird Ortelius' Kartenwerk nach 1612 nicht mehr verlegt. Trotzdem bleibt der Name seines Werks zusammen mit dem Mercators noch lange Zeit präsent: 1631 gibt Willem Janszoon Blaeu (1571−1638), einer der großen Kartenverleger des 17. Jhs., seinem Atlas den Namen 'Appendix Theatri A. Ortelii et Atlantis G. Mercatori' (Meurer 1991, 29) − eine Hommage an die beiden Vorreiter der Kartographie. Ortelius' Verdienste liegen in der Verbesserung der Handhabbarkeit und der Konzentration der neuesten kartographischen Gestaltungsmittel sowie der neuesten verfügbaren Informationen in einem Band; Mercator kann als der dieses Programm begleitende wissenschaftliche Kopf gelten, dessen Leistungen noch heute fest mit seinem Namen verbunden sind (Mercator-Projektion). Als Bezeichnung für standardisierte, gebundene Kartensammlungen hat sich schließlich 'Atlas' und nicht 'Theater' durchgesetzt. Wie das nachfolgende Zitat aus dem 'Universal-Lexikon' von Johann Heinrich Zedler (1706−1763) zum Stichwort 'Atlas' zeigt, sollte es jedoch noch lange Zeit dauern, bis der von Ortelius gesetzte Standard durchgesetzt oder gar übertroffen war:

„Allein man muß sich bey dergleichen Charten in Acht nehmen, weil wenige accurat darvon gestochen, indem sich eigennützige Kupffer-Händler, in das Handwerck, Land-Charten zu verfertigen, so eingemenget, daß die selbst, durch allerhand liederliche Hand-Griffe, die Charten zusammen stümpern, und aus denen von andern verfertigten Charten zusammen rauben. [...] dieses [sey] die Ursache [...], warum zeither mit denen Particular-Charten die Geographie eben so in Verachtung gekommen wäre, wie das Calender-machen." (Zedler 1732/1961, 2049)

7. Literatur

Arentzen, Jörg-Geerd, Imago Mundi Cartographica. Studien zur Bildlichkeit mittelalterlicher Welt- und Ökumenekarten unter besonderer Berücksichtigung des Zusammenwirkens von Text und Bild. München 1984.

Bagrow, Leo, A. Ortelii catalogus cartographorum, Petermanns geographische Mitteilungen. Ergänzungshefte 199/210, 1928−1930 (Reprint: Acta Cartographica 27, 1981, 65−357).

—/R. A. Skelton, Meister der Kartographie. Berlin 1963.

Becker, Werner, Vom alten Bild der Welt. Alte Landkarten und Stadtansichten. München 1970.

Blotevogel, Hans H./Rienk Vermij, Einleitung: Wer war Gerhard Mercator? In: Gerhard Mercator und die geistigen Strömungen des 16. und 17. Jhs. Hrsg. v. Hans H. Blotevogel/Rienk Vermij. Bochum 1995, 1–15.

Brunner, Kurt, Philipp Apians Landesaufnahme Bayerns. In: Zur Geschichte des Vermessungswesens. Vermessung in der Antike – Historische Karten – Der Geodät in der Literatur und bildenden Kunst – Biographien – Basisvermessungen – Instrumentenbau – Grenzmale. Wiesbaden 1995, 38–45.

Denucé, Jean, Oud-Nederlandsche Kaartmakers in betrekking met Plantijn. Antwerpen 1912–1913.

Freiesleben, Hans-Christian, Geschichte der Navigation. Wiesbaden 1976.

Harley, J. B./David Woodward (Hrsg.), The history of cartography. Bd. 1. Cartography in prehistoric, ancient, and medieval Europe and the Mediterranean. Chicago/London 1987.

Heitz, Paul (Hrsg.), Kalender-Inkunabeln. Straßburg 1905.

Hertel, Peter, Vermessung in der Antike. In: Zur Geschichte des Vermessungswesens. Vermessung in der Antike – Historische Karten – Der Geodät in der Literatur und bildenden Kunst – Biographien – Basisvermessungen – Instrumentenbau – Grenzmale. Wiesbaden 1995, 21–29.

Hessels, Joannes H., Abrahami Ortelii (Geographi Antverpiensis) et virorum ervditorvm ab evndem et ad Jacobvm Colivm Ortelianvm (Abrahami Ortelii sororis filivm) epistulae. Cum aliqvot aliis epistvlis et tractatibvs qvibvsdam ab vtroque collectis (1524–1628). O. O. 1887 (Reprint: Osnabrück 1969).

Hodgkiss, A. G., Understanding maps. A systematic history of their use and development. Folkestone 1981.

Karrow, Robert W., Mapmakers of the sixteenth century and their maps. Bio-Bibliographies of the cartographers of Abraham Ortelius, 1570. Chicago 1993.

Kepler, Johannes, Gesammelte Werke. Bd. 17: Briefe 1612–1620. Hrsg. v. Max Caspar. München 1955.

Koeman, Cornelis, The history of Abraham Ortelius and his Theatrum Orbis Terrarum. Lausanne 1964.

Kretschmer, Ingrid, Zur Entwicklung thematischer Atlanten im 19. und 20. Jh. In: Vierhundert Jahre Mercator. Vierhundert Jahre Atlas. „Die ganze Welt zwischen zwei Buchdeckeln". Eine Geschichte der Atlanten. Hrsg. v. Hans Wolff. Weißenhorn 1995, 231–263.

Krogt, Peter v. d., Gerhard Mercators Atlas. In: Vierhundert Jahre Mercator. Vierhundert Jahre Atlas. „Die ganze Welt zwischen zwei Buchdeckeln". Eine Geschichte der Atlanten. Hrsg. v. Hans Wolff. Weißenhorn 1995, 30–38.

Kruyfhooft, Cécile, A recent discovery: Utopia by Abraham Ortelius. In: Map Collector 16, 1981, 10–14.

Lang, Arend, Wolfenbütteler Dokumente zur Entwicklung der Land- und Seekartographie. In: Das Kartenbild der Renaissance. Ausstellung der Herzog August Bibliothek Wolfenbüttel. Wolfenbüttel 1977, 6–27.

Lehrs, Max, Geschichte und kritischer Katalog des deutschen, niederländischen und französischen Kupferstichs im XV. Jh. Bd. 1. Wien 1908 (Reprint: New York o. J.).

Lindgren, Uta, Die Bayerischen Landtafeln – das kartographische Meisterwerk Philipp Apians – und ihr Nachwirken. In: Philipp Apian und die Kartographie der Renaissance. Hrsg. v. d. Bayerischen Staatsbibliothek. Weißenhorn 1989, 43–65.

–, Frühformen von Atlanten. In: Vierhundert Jahre Mercator. Vierhundert Jahre Atlas. „Die ganze Welt zwischen zwei Buchdeckeln". Eine Geschichte der Atlanten. Hrsg. v. Hans Wolff. Weißenhorn 1995, 15–28.

Meurer, Peter H., Fontes Cartographici Orteliani. Das „Theatrum Orbis Terrarum" von Abraham Ortelius und seine Kartenquellen. Weinheim 1991.

Nebenzahl, Kenneth, Maps of the bible lands: Images of „Terra Sancta" through two millennia. London 1986.

Opdenberg, Georg, Historische Vermessungsinstrumente. Ein Diskussionsbeitrag über Erfahrungen mit Nachbauten. In: Zur Geschichte des Vermessungswesens. Vermessung in der Antike – Historische Karten – Der Geodät in der Literatur und bildenden Kunst – Biographien – Basisvermessungen – Instrumentenbau – Grenzmale. Wiesbaden 1995, 80–87.

Oswald, Julius, Zur Geschichte biblischer Atlanten. In: Vierhundert Jahre Mercator. Vierhundert Jahre Atlas. „ Die ganze Welt zwischen zwei Buchdeckeln". Eine Geschichte der Atlanten. Hrsg. v. Hans Wolff. Weißenhorn 1995, 213–230.

Polenz, Peter v., Landschafts- und Bezirknamen im frühmittelalterlichen Deutschland. Untersuchungen zur sprachlichen Raumerschließung. Bd. 1: Namentypen und Grundwortschatz. Marburg 1961.

Skelton, R. A., Bibliographical note. In: Claudius Ptolemaeus. Cosmographia. Ulm 1482. (Reprint: Amsterdam 1963), I–XII.

–, Bibliographical note. In: Abraham Ortelius, Theatrum Orbis Terrarum. Antwerp 1570 (Reprint: Amsterdam 1964).

Steger, Hugo, Institutionelle innerörtliche Orientierungssysteme – Fallstudien. In: Namenforschung. Ein internationales Handbuch zur Onomastik.

2. Teilband. Hrsg. v. Ernst Eichler/Gerald Hilty/ Heinrich Löffler/Hugo Steger/Ladislav Zgusta. Berlin/New York 1996, 1499−1521.

Taylor, Eva G. R., The haven-finding art. A history of navigation from Odysseus to Captain Cook. London/Sydney/Toronto 1971.

Thrower, Norman J. W., Maps & man. An examination of cartography in relation to culture and civilization. Englewood Cliffs 1972.

Tooley, Ronald V., Maps and map-makers. New York 1978.

Wolff, Hans, Die Bayerischen Landtafeln − das kartographische Meisterwerk Philipp Apians − und ihr Nachwirken. In: Philipp Apian und die Kartographie der Renaissance. Hrsg. v. d. Bayerischen Staatsbibliothek. Weißenhorn 1989, 74−124.

Zedler, Johann H., Großes vollständiges Universal-Lexikon. Halle/Leipzig 1732−1754. Bd. 2: An−Az. (Reprint: Graz 1961).

Zinner, Ernst, Leben und Wirken des Johannes Müller von Königsberg genannt Regiomontanus. München 1938 (Schriftenreihe zur bayerischen Landesgeschichte 31).

Bernhard Kelle, Freiburg i. Br. (Deutschland)

63. Bestseller in Geschichte und Gegenwart

1. Definitionsprobleme
2. Erfolgsbücher früherer Jahrhunderte
3. Der Bestseller im 20. Jh.
4. Faktoren des Bestsellererfolgs
5. Die Bestsellerliste
6. Der Bestseller als Phänomen der Medienkultur
7. Bestsellerforschung
8. Literatur

1. Definitionsprobleme

Im allgemeinen Sprachgebrauch wird als Bestseller jedes Buch (seltener ein anderes Produkt) bezeichnet, das einen besonderen Verkaufserfolg erzielt. Im engeren Sinn des Begriffs versteht man unter Bestseller ein belletristisches Werk oder ein Werk der populären Sachliteratur, das einen vergleichsweise weit überdurchschnittlichen Verkaufserfolg innerhalb eines begrenzten Zeitraums und eines bestimmten Absatzgebietes erzielt. Im Sinne dieses relationalen Begriffs eines statistisch ermittelbaren Bucherfolges (vgl. Marjasch 1946) stellt der Bestseller ein Phänomen des 20. Jhs. dar und setzt die Führung von Bestsellerlisten voraus. Versuche, die Schwelle zum Bestseller in absoluten Zahlen festzusetzen − in den vergangenen Jahrzehnten wird immer wieder eine Auflage von 100 000 Exemplaren genannt −, gehen an der Einsicht vorbei, daß ein Bezug zur Größe des Marktes und auch zur zeitlichen Dimension des Verkaufszyklus (meist die ersten Monate nach Erscheinen) hergestellt werden muß. Komplementär zum Begriff Bestseller spricht man daher von Longsellern oder Steadysellern, die literatursoziologisch auf ein markant unterschiedliches Lese- bzw. Nutzungsinteresse schließen lassen; im übrigen werden belletristische Bestseller in den Verkaufsziffern von den nicht auf Listen geführten Atlanten, Tabellenwerken, Wörterbüchern etc. deutlich übertroffen. Umgekehrt hat sich im Laufe des 20. Jhs. das Bestsellerwesen als ein spezifisches System des (internationalen) Buchmarkts ausgebildet; das gezielt auf schnellen Massenabsatz orientierte, von den Verlagen mit eigens entwickelten Marketing-Strategien herausgebrachte Buch stellt so einen besonderen Typus dar. Das früheste Auftreten des Begriffs wird für die USA mit 1889 datiert, seine Durchsetzung erfolgte mit der ersten Bestsellerliste der amerikanischen Literaturzeitschrift 'The Bookman' im Jahr 1895. In Deutschland etablierte sich der Begriff in der zweiten Hälfte der zwanziger Jahre, nachdem 1927 im Rahmen eines Preisausschreibens der Literaturzeitschrift 'Die Literarische Welt' ohne Erfolg nach einem deutschen Synonym gesucht worden war.

2. Erfolgsbücher früherer Jahrhunderte

Außergewöhnliche Verkaufserfolge hat es auf dem Buchmarkt bereits vor der Prägung des Begriffs Bestseller gegeben. Im Blick auf dessen relationistische Bestimmung als Listenbestseller wären massenhaft verkaufte Bücher früherer Jahrhunderte allerdings nur in einem übertragenen Sinn unter diesem Begriff zu fassen, vielmehr wären sie in eine Vorgeschichte des Bestseller-Phänomens zu rücken. An deren Beginn steht die Erfindung des

Buchdrucks mit beweglichen Lettern, mit der seit Mitte des 15. Jhs. die Herstellung einer nahezu beliebig hohen Zahl von Kopien eines Textes möglich wurde. Während die Auflagenhöhen in der Inkunabelzeit nur in Einzelfällen höher als 300 Exemplare lagen, wurden von Martin Luthers Flugschrift 'An den christlichen Adel deutscher Nation' innerhalb von fünf Tagen 4 000 Stück verkauft; seine deutsche Übersetzung des Neuen Testaments dürfte zu seinen Lebzeiten in verschiedenen Ausgaben in rund 200 000 Exemplaren Verbreitung gefunden haben, und auch sein Kleiner Katechismus wurde ein Langzeiterfolg. 'Longseller', und zwar über mehr als ein Jahrhundert hinweg, waren auch einzelne Erbauungsbücher, z. B. Johann Arndts 'Paradeißgärtlein', auch seine 'Vier Bücher vom wahren Christenthum' (1606/09).

Im 18. Jh. waren es Christian Fürchtegott Gellerts 'Fabeln und Erzählungen', die als ein säkularisiertes moralisches Hausbuch weite Verbreitung fanden und ihren Verleger Wendler zu einem reichen Mann machten. Die fortschreitende Alphabetisierung, die Eroberung neuer, 'bürgerlicher' Leserschichten, vor allem auch des weiblichen Publikums, sowie der Wandel der Lesegewohnheiten in der 'ersten Leserevolution' im ausgehenden 18. Jh. schufen mit der Hinwendung zur extensiven Novitätenlektüre die Voraussetzung für die Entstehung moderner, auf literarische Moden abgestellter Buchmarktstrukturen. Goethes 'Leiden des jungen Werthers' (1774) lieferte ein frühes Beispiel dafür, wie in diesem neuen literarischen Kommunikationsfeld einzelne Texte einen gesellschaftlichen Diskurs auslösen konnten. Sein Schwager Christian August Vulpius repräsentierte mit 'Rinaldo Rinaldini' (1799) das damals modische Genre des Räuber- und Schauerromans; das in vielen Auflagen, Bearbeitungen, Fortsetzungen, Schauspielfassungen und Übersetzungen erschienene Werk stellt einen frühen Fall von literarischem Vermarktungsgeschick dar. Gleichzeitig erzielte volksaufklärerische Literatur wie Rudolph Zacharias Beckers 'Noth- und Hülfsbüchlein', das praktisches Wissen in breite Schichten der Bevölkerung trug, ganz enorme Verkaufsziffern (vgl. Siegert 1978). Fortschritte in der Drucktechnologie (Schnellpresse, Rotationspresse) und Papierherstellung (1860 Zellulose), auch in der Satztechnik (Gießmaschinen, Vervielfältigung der Druckformen durch Stereotypie, Autotypie, ab 1884 Maschinensatz) ließen im 19. Jh. die kostengünstige Herstellung von Massenauflagen zu. Dadurch, nicht zuletzt unterstützt durch das ausgedehnte Leihbibliothekswesen und die populären, z. T. in mehreren hunderttausend Auflage verbreiteten Familienzeitschriften ('Über Land und Meer', 'Die Gartenlaube', 1875: 382 000), nahm im 19. Jh. die Unterhaltungsliteratur eine Aufwärtsentwicklung, teils in den gehobenen Formen des bürgerlichen Realismus, von Gottfried Keller bis Wilhelm Raabe und Theodor Fontane, teils auch in weniger anspruchsvollen Genres der Reise- und Liebesromane, von Friedrich Gerstäcker bis zur Marlitt. Das Jahr 1867 brachte mit dem Erlöschen der Verlagsrechte der deutschen 'Klassiker' einen Absatzboom für billige Werkausgaben u. a. von Schiller, Goethe und Lessing, die nach zeitgenössischen Berichten innerhalb weniger Tage in bis zu einer halben Million Auflage verkauft werden konnten. Massenhafte Verbreitung erfuhren Bücher und Zeitschriften im ausgehenden 19. Jh. durch den Kolportagebuchhandel. Neben den an den veränderlichen Zeitgeschmack gebundenen Bestsellern der Unterhaltungsliteratur hat das 19. Jh. auch einige 'Steadyseller' hervorgebracht, im Genre des Kinderbuchs etwa den 'Struwwelpeter' des Frankfurter Arztes Heinrich Hoffmann, der bis heute, in kaum veränderter Form, im Buchhandel erhältlich ist.

3. Der Bestseller im 20. Jahrhundert

Der Blick auf die Geschichte der Bucherfolge im 20. Jh. (vgl. Richards 1968) läßt zunächst darauf aufmerksam werden, wie rasch und nachhaltig einstmals berühmte Autoren in Vergessenheit geraten können, etwa Georg Herrmann mit seinen Gesellschaftsromanen vom Jahrhundertbeginn ('Jettchen Gebert', 1906 erschienen, 1925 im 118. Tsd., Fortsetzung 'Henriette Jacoby', 1908), Rudolf Herzog (u. a. 'Die Wiskottens', erschienen 1905, 1930: 361 000 Ex.) oder Bernhard Kellermann, dessen 1913 erschienener Roman 'Der Tunnel' den Vorklang zum Genre des technischen Zukunftsromans bildete. Ihren Nimbus über längere Zeit bewahrt hat Hedwig Courths-Mahler, von deren 207 Romanen zusammen mehr als 30 Millionen Exemplare verkauft wurden, wobei immerhin 14 Titel als Bestseller gelten können. Als eines der frühesten Beispiele für einen durch massive Werbung vorbereiteten Bucherfolg kann Gustav Meyrinks 'Der Golem' aus dem Jahr 1915 gelten (bei Kurt Wolff erschienen). Geradezu das Paradigma des Bestsellers in Deutschland stellt jedoch Erich Maria Remarques 'Im Westen nichts Neues' dar: 1929 erschienen, erreichte das Buch innerhalb kurzer Zeit eine Auflage von fast einer Million, in den Übersetzungen in insgesamt 28 Sprachen erzielte es eine Gesamtauflage von 3,5 Millionen. Der Werbefeldzug des Ullstein-Verlags hat ohne Zweifel einiges zum Erfolg beigetragen, als wesentliches Moment ist aber immer wieder herausgestellt worden, daß Remarques Roman Anschlußmöglichkeiten für die Erfahrungen bot, die von der Mehrzahl der Frontsoldaten im Ersten Weltkrieg gemacht wurden. Daß zehn Jahre nach Kriegsende eine Bereitschaft und ein Bedürfnis nach Aufarbeitung dieser Erfahrungen vorhanden war, wird durch eine sich polarisierende Welle weiterer, z. T. ebenfalls in hoher Auflage erschienener Antikriegs- und Kriegs- bzw. Frontromane deutlich, wie Arnold Zweigs 'Der Streit um den Sergeanten Grischa', Ludwig Renns 'Krieg' oder, im rechtsgerichteten Teil des Spektrums, Werner Beumelburgs 'Die Gruppe Bosemüller'. Die Analyse der zwischen 1925 und 1930 mit Bestseller-Status auftretenden Bücher zeigt eine verhältnismäßig breite Palette an Genres auf (vgl. Vogt-Praclik 1987); sie umfaßt den Zeitroman und den gesellschaftskritischen Roman (Jakob Wassermann: 'Der Fall Maurizius', Alfred Döblin: 'Berlin Alexanderplatz'; Romane von Lion Feuchtwanger) ebenso wie den historischen Roman und die Romanbiographie (Emil Ludwig: 'Wilhelm der Zweite', 200 000 Ex.; Alfred Neumann: 'Der Teufel', 120 000 Ex.) und die Erzählliteratur mit dichterischem Anspruch von Stefan Zweig, Max Brod, Arthur Schnitzler und Hermann Hesse. Das Genre der Unterhaltungsliteratur ist in diesen Jahren vor 1933 vertreten u. a. durch Vicki Baum, deren 1929 erschienener 'Kolportageroman mit Hintergründen' 'Menschen im Hotel' 1930 in einer dramatisierten Fassung in Berlin aufgeführt und 1932 mit großem Erfolg in den USA verfilmt worden ist. Die deutschen Erfolgsautoren sahen sich im ersten Drittel des 20. Jhs. auf dem Buchmarkt zunehmend konfrontiert mit ausländischen Autoren, vor allem aus Skandinavien (Sigrid Undset, Knut Hamsun) oder aus dem englischsprachigen Raum (John Galsworthy mit seiner 'Forsyte Saga', Upton Sinclair). Damals erschienen nicht nur die ersten Bestsellerlisten in Deutschland (s. Abschnitt 5), die Weimarer Zeit war auch geprägt von Innovationen in Buchwerbung und Buchmarketing, etwa durch Forcierung des 'billigen Buches' in 'Volksausgaben' zu 2,85 Mark u. a. in den Verlagen Knaur, S. Fischer (Thomas Manns 'Buddenbrooks', allein 1929 in 800 000 Ex. verkauft) oder Gustav Kiepenheuer. Der steigende Sensationalismus im Literaturbetrieb wurde allerdings von verschiedenen Seiten, auch von Teilen des Buchhandels, als 'Amerikanisierung' und damit als oberflächlich und 'undeutsch' abgelehnt.

In den Jahren des Dritten Reichs spiegelt sich in den Auflagenziffern der massenhaft verbreiteten Bücher nur bedingt ein adäquates Leseinteresse. Das plakativste Beispiel dafür liefert der absolute 'Bestseller' jener Jahre, Adolf Hitlers 'Mein Kampf', der zwischen 1925 und 1945 eine Gesamtauflage von rund 10 Millionen erlebte, von denen aber ein beträchtlicher Teil als Geschenk, z. B. bei Eheschließungen, Verbreitung fand. Bezeichnend für die Auswirkungen der literaturpolitischen Lenkungsmaßnahmen war z. B. auch die Absatzsteigerung bei dem bereits 1926 erschienenen, ab 1933 stark propagierten nationalistisch-imperialistischen Tendenzroman von Hans Grimm 'Volk ohne Raum', der von 60 000 bis auf 480 000 verkaufte Exemplare im Jahr 1940 kam; ähnliche Effekte ergaben sich bei der Frontliteratur von Beumelburg, Erich Edwin Dwinger und Hans Zöberlein, dessen 'Glaube an Deutschland' 1940 aufgrund großzügiger Verteilung bei Parteischulungen eine Auflagezahl von 800 000 erreichte, sowie beim Konjunkturschrifttum wie dem Horst-Wessel-Buch von Hanns Heinz Ewers (180 000) und Karl Aloys Schenzingers 'Hitlerjunge Quex' (140 000) (vgl. Vogt-Huse 1982, 305). Im Rahmen der deutschsprachigen Exilliteratur gehörten Lion Feuchtwanger und Franz Werfel zu den wenigen, die sich unter schwierigen Verhältnissen durchsetzen konnten; von Werfels Roman 'Das Lied von Bernadette' konnten in den USA – nachdem der Titel vom gleichnamigen Buchklub zum 'Book of the month' gewählt worden war – 400 000 Exemplare in vier Monaten verkauft werden.

Nach 1945, nach Wiederherstellung eines Buchmarkts in der Bundesrepublik Deutschland, war es der Rowohlt-Lektor Kurt W. Marek, der als C. W. Ceram 1949 mit 'Götter, Gräber und Gelehrte' (Gesamtauflage mehr als eine Million) das klassische Beispiel eines romanhaft geschriebenen Sachbuch-Bestsellers lieferte. Der Rowohlt-Verlag und nachfolgend viele andere Verlage schufen seit den fünfziger Jahren mit dem Taschenbuch völlig neue Voraussetzungen für den Massenabsatz von Büchern. Da es sich (mindestens anfänglich) nur um eine Weiterverwertung von Buchrechten handelte, standen jedoch weiterhin die Hardcover-Ausgaben im Mittelpunkt des Interesses an den auf dem Buchmarkt erzielten Verkaufserfolgen. Dieses Interesse stieg in den sechziger Jahren markant an, nicht zuletzt durch das Erscheinen der von dem Nachrichtenmagazin 'Der Spiegel' ab 1961 regelmäßig veröffentlichten Bestsellerliste. Wenn auch gegenüber der Aussagekraft dieser Liste kritische Skepsis durchaus angebracht ist, so fördert für den Zeitraum zwischen 1961 und 1996 eine Zusammenfassung ihrer Ergebnisse doch einige interessante Fakten zutage (Bestseller. In: Buchreport 1997). Danach war in diesen 35 Jahren oder 1826 Erhebungswochen Johannes Mario Simmel mit seinen populär geschriebenen „investigativen Zeitromanen" der insgesamt erfolgreichste Autor, mit elf Werken, die insgesamt 169 Wochen an der Spitze gestanden haben. Der erfolgreichste Einzeltitel – mit einer Verweildauer von 113 Wochen auf Platz 1 – war 'Die Unendliche Geschichte' von Michael Ende; das Buch hat inzwischen eine deutschsprachige Gesamtauflage (Taschenbuch- und Buchgemeinschaftsausgaben miteingeschlossen) von rund 3 Millionen und eine Weltauflage von 6,5 Millionen (in mehr als 30 Sprachen) erreicht. Im Bereich des Sachbuchs behauptete 'Christiane F. – Wir Kinder vom Bahnhof Zoo' (1979) die Spitzenposition, vor Ceram ('Der erste Amerikaner', 1972; 64 Wochen) und Ute Ehrhardt ('Gute Mädchen kommen in den Himmel', 1995; 62 Wochen). Obwohl Peter Scholl-Latour mit seinem bestplazierten Titel 'Der Tod im Reisfeld' erst an 15. Stelle auftaucht, war er mit 110 Wochen auf Platz 1, die er mit nur vier Büchern erzielt hat, der erfolgreichste Sachbuchautor. Als erfolgreichster Verlag wurde Droemer Knaur ermittelt, der auf beiden Listen zusammen 593 Wochen mit 34 Titeln (davon 425 Wochen Belletristik mit 23 Titeln) auf Platz 1 erreicht hat, gefolgt von Rowohlt mit 435 und Hoffmann und Campe mit 381 Wochen. Spitzenreiter im Sachbuchsektor ist die Deutsche Verlagsanstalt mit 276 Wochen (16 Titel), knapp vor Rowohlt mit 260.

Die Zusammensetzung der bestplazierten Belletristik-Titel gibt durchaus Anlaß zu einer differenzierten Sicht des Bestsellerwesens: Stellt der mit großem Abstand führende Spitzenreiter Michael Ende ein Phänomen eigener Art dar, so muß sich auch der erste 'typische' Bestsellerautor Gordon ('Der Schamane', 1992) den zweiten Platz mit Gabriel Garcia Marquez ('Die Liebe in den Zeiten der Cholera', 1987) teilen (jeweils 69 Wochen). Und schon auf dem 3. Platz folgt mit Jostein Gaarders an Jugendliche gerichtete Einführung in die Philosophie 'Sofies Welt' eine nächste, vom kalkulierten Bestseller weit entfernte Überraschung (eine ähnliche Zielgruppe hatte altersmäßig auch der fünftplazierte Eric Malpass mit 'Morgens um sieben ist die Welt noch in Ordnung'). Von den übrigen Autoren, die bis zum 15. Platz gereiht sind, gehören aber wieder ungefähr gleichviele dem spekulativ betriebenen Bestsellermarkt wie der 'seriösen' Literatur an: John Grisham (6., 12.), Isabel Allende (8., 9., 10.), Hildegard Knef ('Der geschenkte Gaul', 9.), Johannes Mario Simmel (11., zweimal 14.), Rosamunde Pilcher (14.) oder Frederic Forsyth (15.) stehen Germaine Groult ('Salz auf unserer Haut', 4.), Umberto Eco (7., 15.), Siegfried Lenz ('Deutschstunde', 7.), Günter Grass ('Der Butt', 11.) und Heinrich Böll gegenüber (13., 14., 15.; seine 'Erzählungen, Hörspiele, Aufsätze' waren 1961 der erste Spitzenreiter und blieben es für 23 Wochen). Immerhin 15 Wochen an der Spitze stand Reiner Kunzes 'Die wunderbaren Jahre' (23. Platz). Wenn an 15. Stelle noch Ephraim Kishon, John Le Carré und Patrick Süskind ('Das Parfum') versammelt sind, so unterstreicht dies weiter die Vielfalt der Genres und der Erfolgsdisziplinen.

4. Faktoren des Bestsellererfolgs

4.1. Der Bestsellerautor

Eines der auffälligsten Phänomene im Bestsellerwesen stellt die Personalisierung dar: Hinter dem erfolgreichen Buch wird der erfolgreiche Autor gesucht. Konsequenterweise gilt oft bereits der Name eines Autors als Garant für einen Bucherfolg; die Verlagswerbung ist in vielen Fällen vorrangig auf diesen Punkt abgestellt („Der neue Simmel") und mit besonders hohen Budgets ausgestattet. Die nicht allzu zahlreichen Schriftsteller, die sich einen Ruf als Bestsellerautor erworben haben, stellen daher für die einschlägigen Verlage einen heißumkämpften Beschaffungsmarkt dar. Vor allem im internationalen Lizenzgeschäft werden über Literarische Agenturen, z. T. im Rahmen telefonischer

Versteigerungsaktionen, für Verlagsrechte riesige Summen geboten, die häufig erst durch Weiterverkauf von Nebenrechten, z. B. an Buchgemeinschaften, wieder hereingebracht werden können. Der spektakuläre Erwerb von Lizenzrechten kann für sich bereits als ein erster Werbefaktor eingesetzt werden. Der Absatzerfolg eines Titels im Ausland stellt zwar keine Garantie für eine Wiederholung im Inland dar, hat aber risikosenkende Wirkung, da er für eine Anschubwerbung genutzt werden kann. So werden Übersetzungen ebenso wie Folgetitel eines erfolgreichen Autors mit Hinweisen auf die hohen Verkaufszahlen des Buches im Ausland bzw. des vorangegangenen Buches angeboten und vielfach auch in ihrem Erscheinungsbild (Coverdesign) angeglichen, um einen Wiedererkennungseffekt zu unterstützen. Den Bestrebungen, Bestseller in Serie zu produzieren, stehen zahlreiche Beispiele von Newcomererfolgen gegenüber. Es liegt in der Logik des Literaturbetriebs, daß unerwartet erfolgreiche Autoren (evtl. durch besonders lukrative Verträge) an den Verlag gebunden und weiter aufgebaut werden, um ihren Namen auch längerfristig als Marketingelement einsetzen zu können. Offen bleibt dabei, in welchem Maße das Erfolgsgeheimnis in der Schreibart der Autoren selbst liegt; die zahlreich angebotenen Anleitungen und Ratgeber, die einen sicheren Weg zum Bestseller versprechen, stellen zwar für sich ein florierendes Genre dar, dürften aber wenig praktische Wirkung entfalten (vgl. als ein Beispiel unter vielen: Meynecke 1994).

4.2. Textinterne Faktoren

Auch in der wissenschaftlichen Bestsellerdiskussion zielt eine der zentralen Fragen auf den Zusammenhang zwischen Absatzerfolg und der spezifischen Beschaffenheit der Texte selbst. Wo entschieden rezipientenorientierte Texte v. a. in der Gattung des Romans gezielt darauf spekulieren, tatsächliche oder vermeintliche psychosoziale Bedürfnisstrukturen zu befriedigen, zeigt sich in der Tat eine charakteristische Konzentration auf Themenbereiche wie Liebe, Glück und Unglück, Reichtum und Erfolg. Aus dem gleichen Bestreben heraus werden auch Darstellungsstrategien wie polarisierende Schwarzweißzeichnung oder Happy-End eingesetzt; leichte Lesbarkeit und ein gewisser Aktualitätsbezug des Stoffs gelten als weitere Voraussetzungen für die potentielle Massenwirkung eines Buches. Daraus kann allerdings kein allgemeines Kennzeichen des Bestsellers abgeleitet werden: Die Erwartung, daß beim belletristischen Bestseller regelmäßig schematisierte Handlungsmuster und eine anspruchslose Sprachgestaltung begegnen, bestätigt sich bei genauerer Beobachtung dieses Genres nicht; im Gegenteil finden sich hier nicht wenige Werke von beachtlicher literarischer Qualität. Auch kann man den an der Spitze der Verkaufsstatistik auftauchenden Titeln nicht generalisierend den Hang zum Eskapismus, zur Realitätsflucht unterstellen. Soweit es die 'typische' Bestsellerliteratur betrifft, gibt es daher in der Forschung einen Konsens darüber, daß ein bestimmtes Maß an Aktualität und eine zwischen Schema-Literatur und Hoch-Literatur angesiedelte „mittlere" ästhetische Komplexität (Faulstich 1996) für sie als charakteristisch gelten darf. Dazu tritt (nicht zwingend, aber in vielen Fällen) als Merkmal erfolgreicher Texte, daß sie zu identifikatorischer Lektüre einladen, z. B. die frauenemanzipatorische Literaturwelle von den achtziger bis in die Mitte der neunziger Jahre, von Doris Lessing und Eva Heller bis Hera Lind ('Das Superweib', 1994), Ute Ehrhardt oder Gaby Hauptmann. Unbestritten ist auch, daß mit steigender Internationalisierung des Bestsellergenres auf eine allzu prägnante Fixierung auf bestimmte Kulturräume und Gesellschaften verzichtet wird; lokales Kolorit beschränkt sich auf eine Kulissenfunktion, um eine weltweite Rezeption zu ermöglichen. Objektiv beobachten läßt sich auch, daß zu bestimmten Zeiten einzelne literarische Gattungen und Genres − historischer Roman und Romanbiographie, Familien-, Gesellschafts- oder Zeitroman, Abenteuer- und Spionageroman usf. − Konjunktur haben; insofern liegt bereits in der Wahl des Genres ein erster Schlüssel zum Erfolg.

4.3. Die Bestsellerkampagne

Die Debatte um den Bestseller kreist in der literarischen Öffentlichkeit, in der Verlagsbranche und zum Teil auch in der Forschung immer wieder um die Frage 'born or made'. Obwohl es als erwiesen gilt, daß herausragende Buch- und Medienerfolge nicht manipulativ herbeigeführt und durch Marketingtricks erzwungen werden können (vgl. Faulstich 1996), ist es doch offensichtlich, daß viele dieser Erfolge nicht allein auf dem freien Spiel von Angebot und Nachfrage oder der Befriedigung eines im Publikum vorhandenen Bedürfnisses beruhen. Mindestens können sich abzeichnende Zufallserfolge durch

Werbe- und andere verkaufsfördernde Maßnahmen entscheidend forciert werden (vgl. zum folgenden Lauterbach 1979). In typischen Bestseller-Verlagen (Verlagen mit markant nachfrageorientiertem Programm) wird darüber hinaus häufig versucht, durch eine präzis geplante Promotion-Kampagne für einzelne Titel von vornherein die Voraussetzungen für einen Spitzenerfolg zu schaffen. Im Anschluß an die Programmplanung, die auf Marktbeobachtung und den Einschätzungen der Verlagsvertreter, selten auf Marktforschung beruht, wird auf der Basis einer Absatzprognose für einen erfolgsträchtigen Titel eine spezielle Kalkulation erstellt; darin wird neben der Startauflage (die ausreichend groß sein muß, um eine hohe Nachfrage ohne Lieferunterbrechung befriedigen zu können) auch der Preis des Buches festgesetzt, der weniger kostenbestimmt als vielmehr marktorientiert sein wird, d. h. sich stärker an psychologischen Preisgrenzen und an den Konkurrenzprodukten ausrichtet. Nach Festlegung von Ausstattungsmerkmalen und des Werbevolumens wird in der Marketingkonferenz auch ein genauer Zeitplan für den Ablauf der Kampagne erstellt; wichtig ist in diesem Zusammenhang schon der Erscheinungszeitpunkt, der an Buchmesseterminen, am Weihnachtsgeschäft, an der Urlaubsferienzeit orientiert oder auch bewußt gegenläufig zu den Saisonen des Buchhandels gewählt werden kann. Ebenso wichtig ist dann die zeitliche Koordination der Maßnahmen und deren genaues Timing: Alle Abteilungen des Verlags, Lektorat, Werbung und Verkauf, Presse- und Öffentlichkeitsabteilungen müssen in reibungslosem Kommunikationsfluß die Koordinierung der einzelnen Schritte sicherstellen. Dies geschieht meist in drei Phasen, in denen der Reihe nach schwerpunktmäßig der Buchhandel, dann die Presse bzw. Medienöffentlichkeit und schließlich das Käuferpublikum angesprochen wird. Nicht zu unterschätzende Bedeutung kommt gleich der ersten Phase zu; der Sortimentsbuchhandel muß − als die erste Marktstufe − durch besondere Konditionen (Sonderrabatte, 'Reizpartien', also Gratisexemplaren bei höheren Bestellmengen, Verlängerung der Zahlungsziele) zur verstärkten Bestellung des Titels motiviert werden. Die Bereitstellung von Verkaufshilfen wie Ständern bzw. Displays, kompletten Schaufenstergestaltungen, Sonderprospekten, Dekorationsmaterialien wie Deckenanhängern, Postern und anderen 'Eye-catchern', auch die Verteilung von Leseproben und Informationsmappen sowie die Veranstaltung von Gewinnspielen für die Mitarbeiter soll das Sortiment veranlassen, sich für dieses Buch in besonderer Weise einzusetzen und ihm im Laden (Präsentation in exponierter Lage, Stapelverkauf) und im Beratungsgespräch eine herausgehobene Stellung einzuräumen. Die Vorbestellungen des Sortiments können erste Hinweise auf einen sich anbahnenden Bestsellererfolg geben und zu entsprechenden Maßnahmen veranlassen. Was die Betreuung der Presse betrifft, so werden im Rahmen einer Bestsellerkampagne besonders viele Besprechungsexemplare versandt (im Falle von Günter Grass' 'Ein weites Feld' rund 4 500!) und die Literaturkritiker mit Zusatzinformationen versorgt: Ziel ist eine möglichst große Anzahl von Rezensionen. Da angesichts der riesigen Zahl von Neuerscheinungen auf dem Buchmarkt ein hoher Bekanntheitsgrad die Grundvoraussetzung für den Absatzerfolg eines Titels darstellt, kommt der Breite der literaturkritischen Rezeption eine größere Bedeutung zu als den Beurteilungen selbst (Grass' Roman hat sich allen Verrissen zum Trotz auf dem Markt durchgesetzt). Häufig werden die Kritiker darauf verpflichtet, ihre Besprechung nicht vor einem festgesetzten Stichtag herauszubringen. Der Countdown bis zum Erstverkaufstag wird für PR-Aktivitäten verschiedenster Art genützt (in diese Zeit kann auch ein (Teil-)Vorabdruck in einer Zeitung oder Zeitschrift fallen), auch wird jetzt − wie zuvor schon in der buchhändlerischen Fachpresse − Anzeigenwerbung in der Tagespresse und in Wochenmagazinen betrieben; die breitflächige Massenwerbung (u. U. auch Plakatwerbung, Kinowerbung) zielt im übrigen nicht allein auf direkte Nachfragestimulation, sondern wird auch als Argument in der Händlerwerbung verwendet. In den meisten Fällen entscheidet sich bereits in der Startphase, ob ein überdurchschnittlicher Verkaufserfolg erzielbar ist. Manches hängt auch davon ab, ob die Buchpräsentation, Interviews mit dem Autor oder auch dessen Auftritt in Talkshows eine breitere Medienwirkung erzielt, und nicht zuletzt können gutorganisierte Lesetourneen einiges an Publizität bewirken. Der Bestsellererfolg hängt vielfach auch von nicht beeinflußbaren Faktoren ab, etwa von der Zuerkennung von Literaturpreisen oder auch von einer Skandalisierung. Und selbstverständlich kann sich die 'Inszenierung' eines Bestsellers als 'Flop' erweisen (z. B. die vom Molden-Verlag für

810 000 DM ersteigerten '20 Briefe an einen Freund' der Stalin-Tochter Swetlana Allilujewa), und angesichts des sehr hohen Einsatzes an Arbeit und Kapital wird nur in einem Teil der Fälle überhaupt eine Kostendeckung erreicht. Es gibt für solche Fehlspekulationen allerdings auch Aspekte einer 'Umwegrentabilität', z. B. in der Erhöhung des Bekanntheitsgrades eines Verlags. Im positiven Fall kann ein Bestseller zum guten Betriebsergebnis eines Verlags in beträchtlichem Maße beitragen, durch jene Erweiterung des finanziellen Handlungsspielraums, die dem Unternehmen die Realisierung riskanter Buchprojekte ermöglicht. Aufsehenerregende Beispiele für großangelegte Bestsellerkampagnen waren die Werbefeldzüge für Mary McCarthys 'Die Clique' (1964), Hildegard Knefs 'Der geschenkte Gaul' (1966; Molden Verlag), Morris L. Wests 'Der Salamander' (1974; Droemer Knaur) oder in jüngster Zeit, 1996, der vom List Verlag (mit begrenztem Erfolg) herausgebrachte amerikanische Schlüsselroman eines zunächst unbekannten Verfassers 'Mit aller Macht' ('Primary Colors').

4.4. Rezeptionsaspekte

Der Markt stellt eine Form der Abstimmung über ein Buch dar, ein 'Plebiszit des Verbrauchers'; die rezeptionsorientierte Bestsellerdeutung sieht konsequenterweise in dem Bucherfolg eine Bedürfnisbefriedigung der Käufer und Konsumenten. Schon Siegfried Kracauer hat 1931 das Moment der Ersatzbefriedigung oder des Ersatzhandels als wesentliches Moment der Bestsellerlektüre hervorgehoben. Diese Position wird bis heute fortgeschrieben:

„Bestseller müssen als eine Art kollektive Träume verstanden werden. Es scheint inzwischen, daß sie geeignete Mechanismen darstellen, mittels derer bestimmte soziale Gruppen reale gesellschaftliche Entwicklungen oder Veränderungen, die als Herausforderung oder Bedrohung empfunden werden, aufgreifen und sie entweder positiv annehmen oder aber – was zumindest der Fall ist – sie korrigieren und ins Gegenteil wenden."

(Faulstich 1996, 136; er hat diese These bereits 1987 mit den Bestsellern des Jahres 1970 'Der Pate', 'Airport' und 'Love-Story' belegt, deren latentes Strukturmuster – die Problematisierung, Bekämpfung und Wiederherstellung von Autorität – vor dem Hintergrund der Protestbewegung der ausgehenden 60er Jahre als Verarbeitungsmechanismus zeitspezifischer kollektiver Ängste gedeutet werden könne). Der Leser sucht Bestätigung in seinen Werturteilen; die Texte propagieren nur selten eine Veränderung der Verhältnisse, denn sie sollen Orientierung geben in einer Welt, die auf verwirrende Weise immer komplexer wird (vgl. Arnold 1975). Doch muß als erwiesen gelten, daß simple ideologiekritische Erklärungsmodelle, die auf Realitätsverdrängung durch evasive Literatur abzielen, mehr auf die Genres der eigentlichen Trivialliteratur zutreffen, beim Bestseller aber zu kurz greifen. In diesem Bereich findet sich häufig auch problemorientierte Literatur, die eine vordergründige Harmonisierung der dissonanten Welt ablehnt. Der Blick auf die Bahnen, in denen in der Mediengesellschaft Literaturrezeption tatsächlich stattfindet, legt aber zur Erklärung des Bestsellerphänomens weniger eine natürliche Übereinstimmung zwischen den Bedürfnissen einer Gesellschaft und damit korrespondierenden Schreibweisen nahe; vielmehr sind hier die Faktoren einer Beeinflussung des Publikums durch die 'professionellen Vorkoster des Literaturbetriebs' zu berücksichtigen. Der Bestseller stellt im wesentlichen ein Kommunikationsphänomen dar; aus diesem Faktum ergibt sich die Bedeutung der Institutionen der Literaturkritik, besonders aber der Formen der Leserlenkung durch die Massenmedien. Eine herausgehobene Stellung hat in dieser Hinsicht in den vergangenen Jahren das 'Literarische Quartett' errungen, dessen gezielt kontroverse Debatten den vorgestellten Titel jedenfalls einen erhöhten Aufmerksamkeitswert sichert (vgl. Wilke/König 1997). Im Einzelfall läßt sich auch zeigen, daß es Bücher zu Bestsellern machen konnte: Dies gilt z. B. für den in einem Göttinger Kleinverlag erschienenen autobiographischen Bericht von Ruth Klüger 'weiter leben', der erst durch positive Besprechung im 'Literarischen Quartett' im Januar 1993 einem größeren Publikum bekannt wurde und danach einen steilen Aufstieg von 5 000 auf 86 000 (Mitte 1994) erlebte; einen nachweisbaren Effekt dieser Art gab es auch 1996 bei Javier Marias' Roman 'Mein Herz so weiß', dem die nachhaltige Empfehlung der Kritikerrunde auf Platz 1 der Bestsellerliste verhalf.

5. Die Bestsellerliste

Die in Publikumsmagazinen und buchhändlerischen Fachzeitschriften, im weiteren auch in Zeitungen, Illustrierten und neuerdings auch im Internet veröffentlichten Bestsellerlisten erheben den Anspruch, über den Umfang des Verkaufserfolgs der besonders nachgefragten Buchtitel zu informieren. Gleichzeitig stimulieren sie das Kaufinteresse, da die Massenauflage als Garantie für Qualität und Aktualität aufgefaßt wird. Das logische Problem in der Wirkungsanalyse von Bestsellerlisten liegt daher darin, daß ein Titel schon erfolgreich sein muß, um überhaupt auf die Liste zu gelangen und von ihrem Werbeeffekt profitieren zu können. Insofern werden – Manipulationen einmal ausgeschlossen – Bestseller nicht von den Listen schlechthin 'gemacht', vielmehr verstärken diese nur den schon manifesten Durchbruch auf dem Markt. Der nach dem Prinzip 'Nichts ist erfolgreicher als der Erfolg' funktionierende Rückkoppelungseffekt stellt aber einen seit langem kontrovers diskutierten Fragenbereich der Bestsellerdebatte dar.

Die erste Bestsellerliste brachte 1895 die amerikanische Literaturzeitschrift 'The Bookman' heraus; in Deutschland wurde die erste Bestsellerliste erst im September 1927 von der Literaturzeitschrift 'Die Literarische Welt' veröffentlicht. Sie beruhte auf Mitteilungen von Sortimentern und zeigte für diesen Moment Hermann Hesses 'Der Steppenwolf', Alfred Neumanns 'Der Teufel' und Gunnar Gunnarssons 'Die Leute auf Borg' auf den ersten drei Plätzen, gefolgt von zwei Romanen von John Galsworthy; im Oktober führte Max Brods 'Die Frau, nach der man sich sehnt' vor Arnold Zweigs 'Sergeant Grischa' und Upton Sinclairs 'Petroleum'. Während der Herausgeber der Zeitschrift Willy Haas die Liste als eine Institution betrachtete, „deren statistischer und kulturhistorischer Wert offensichtlich ist", wurde sie vom 'Börsenblatt für den deutschen Buchhandel' im Dezember 1927 als eine „weitere Verengung und Verflachung des geistigen Lebens" attackiert, – im Buchhandel gibt es bis heute einen Konflikt zwischen seinem Selbstverständnis als eines 'Kulturträgers' und dem durch den Publikumsgeschmack erzwungenen Kommerzialisierungsdruck. Da die Initiative der 'Literarischen Welt' offensichtlich zu wenig Rückhalt fand, wurde die Liste mit Januar 1928 wieder eingestellt. Erst seit den sechziger Jahren kam es in Deutschland wieder zur regelmäßigen Ermittlung der Buchverkaufserfolge; die bekannteste und dauerhafteste Bestsellerliste ist jene des Magazins 'Der Spiegel'. Sie erschien erstmals im Herbst 1961 und wurde bis 1971 vom Institut für Demoskopie in Allensbach, seither durch das Fachmagazin 'Buchreport' erstellt. Die Erhebung erfolgt – nach verschiedenen Veränderungen und Weiterentwicklungen – inzwischen auf der Grundlage einer wöchentlichen Umfrage, schwerpunktmäßig bei (rund 220) Sortimentsbuchhandlungen über 500 000 DM jährlichem Umsatz, weil sie jene Angebotsbreite bieten, die den Entscheidungsspielraum des Publikums beim Buchkauf am wenigsten einengt; es werden aber auch Buchabteilungen von Warenhäusern und der Bahnhofsbuchhandel miteinbezogen. Die Teilnehmer an der Befragung verpflichten sich zum wöchentlichen Ausfüllen eines Erhebungsbogens mit den Sparten Belletristik und Sachbuch, wobei eine Auswahlliste mit den jeweils 75 bestverkauften Titeln der Vorwoche beigegeben ist, auf der vom Buchhändler die jeweils 15 bestverkauften Titel der zurückliegenden acht Tage in der Rangfolge der Verkaufshäufigkeit mit Ziffern von 1 bis 15 markiert werden müssen. Neue Titel, deren Verkauf gut angelaufen ist, nennt der Buchhändler in einer eigenen Rubrik des Meldebogens. Ein Titel bleibt solange auf der Auswahlliste, wie er zu den 75 meistnachgefragten gehört. Die Auswertung der Erhebungsbogen erfolgt EDV-gestützt durch eine Abteilung der Zeitschrift 'Buchreport', die ihr Verfahren inzwischen als „unangreifbar" betrachtet (Bestseller. In: Buchreport 1997, 82).

Ungeachtet dieser Selbsteinschätzung können auf Umfrageergebnissen beruhende Bestsellerlisten – neben der 'Spiegel'-Liste betrifft das z. B. auch die durch die Münchner 'Buchwerbung der Neun' bei rund 100 Buchhandlungen ermittelte Liste – nicht als zuverlässige Auskunftsmittel über tatsächliche Verkaufserfolge von Büchern gelten, zumindest müssen sie als fehlerbehaftet angesehen werden (vgl. u. a. Muth 1971; Graber 1975; Ramseger 1981). Zum einen liegt die Zahl der Kaufereignisse in den Buchhandlungen vielfach unterhalb der statistischen Signifikanzschwelle, zum anderen verfügt der Buchhändler selbst oft nicht über die entsprechenden Informationen; auch Warenwirtschaftssysteme arbeiten nach unterschiedlichen Leistungsprofilen, so daß nicht immer vergleichbare Ziffern vorliegen. Nicht zuletzt haben Kontrolluntersuchungen ergeben, daß Buchhändler dazu neigen, jene Titel als meistverkauft anzugeben, denen sie aus verschiedenen Gründen (auch im Blick auf den eigenen Lagervorrat) guten Abverkauf wünschen. Eine gewisse Alternative bieten dazu die von Barsortimenten erstellten Listen, denen die genaue Zahl der an den verbreitenden Buchhandel ausgelieferten Exemplare eines Titels zugrundeliegt. So publiziert die Zeitschrift 'Buchmarkt', alternativ zu der von 'Buchreport' erstellten Liste des 'Spiegel', monatlich eine 'Marktinformation', in deren Rahmen die Barsortimentsfirma Umbreit auf der Basis ihrer Auslieferungszahlen die 20 meistverkauften Hardcover- und Taschenbuch-Titel des vergangenen Monats, unterschieden nach Novitäten und Longsellern, mitteilt; außerdem werden noch die 20 Taschenbuch-Bestseller des Kaufhauses Karstadt genannt. Hier entsteht zwar ein realistischer Eindruck von den 'Umsatzbringern' des Buchhandels, doch bringt die Berücksichtigung von Lohnsteuertabellen, Rezeptbüchern zu TV-Sendereihen u. ä. eine enorme Heterogenität der Listen mit sich, durch die sie eine Orientierungsfunktion für das große Publikum nicht erfüllen kann. Auch die von dem großen Barsortiment Libri (Georg Lingenbrink, Hamburg) veröffentlichten Listen (vgl. den 'Bestseller-Almanach' von 1986/87 mit den 3 000 meistverkauften Titeln des vergangenen Halbjahrs), die ebenfalls nicht bloß Belletristik und Sachbücher ausweisen, sondern tatsächlich alle am Buchmarkt vertretenen Titel, auch Steadyseller, Brotartikel des Buchhandels wie den Rechtschreib-Duden, Kochbücher, Autoatlanten, Wanderführer u. a. m. nennen, stellen mehr eine buchhändlerische Fachinformation dar und können mit den an die große Öffentlichkeit gerichteten Bestsellerlisten nicht eigentlich verglichen werden.

Was diese publikumsbezogenen Listen betrifft, so steht nicht nur ihre Seriosität infrage, sondern auch ihre tatsächliche Wirkung. Untersuchungen haben ergeben, daß der von Bestsellerlisten ausgehende Kaufimpuls begrenzt bleibt: Unter den Motiven und Anregungen zum Buchkauf rangieren die Bestsellerlisten regelmäßig erst an 6. oder 7. Stelle. Relativ am größten ist der Einfluß bei Weniglesern; überdurchschnittlich hohe Aufmerksamkeit genießen die Listen wieder bei der Gruppe derjenigen, die sich professionell mit dem Literaturbetrieb beschäftigen. Interessanterweise sind es vor allem die Buchhändler, die den Einfluß der Listen auf den durchschnittlichen Buchkäufer überschätzen (so das Ergebnis der Studie 'Zufriedene Kunden' der Abt. Marktforschung des 'Börsenvereins des Deutschen Buchhandels' 1996). Dabei gibt es gerade in Buchhändlerkreisen, aber auch unter Literaturkritikern und -interessierten immer schon Kritik an dem Faktum, daß durch die Bestsellerlisten einige wenige Titel in das Rampenlicht gestellt werden und viele andere unverdienterweise in den Hintergrund treten. Um dieser unerwünschten Wirkung entgegenzutreten und den Kommerzialisierungstendenzen am Buchmarkt Gesichtspunkte der literarischen Qualität entgegenzustellen, sind 'Bestenlisten' geschaffen worden.

Die 1975 auf Anregung des Literaturkritikers Jürgen Lodemann ins Leben gerufene 'Bestenliste des SWF-Literaturmagazins' wurde zunächst von 15 und wird heute von 36 Literaturkritikern erstellt, die im Rahmen eines Punktesystems ihre (ursprünglich zehn, zuletzt vier) Favoriten benennen und außerdem im Turnus noch jeweils eine persönliche Empfehlung aussprechen können. 11 000 Bibliotheken, Buchhandlungen und Privatpersonen in Deutschland beziehen die Bestenliste des SWF im Abonnement; darüber hinaus wird sie von vielen Zeitungen und Zeitschriften abgedruckt, ihre Leseempfehlungen gewinnen so eine beträchtliche Resonanz. Daß bei dem Zustandekommen dieser Liste subjektive literaturästhetische Vorlieben und Befangenheit zum Tragen kommen, ist durchaus beabsichtigt und hebt sich in der Menge der Voten auch bis zu einem gewissen Grad auf (gemeinsam ist den Juroren natürlich ein vergleichsweise elitärer Literaturbegriff). Bemerkenswerter scheint, daß die Bestenliste ihre Funktion als Korrektiv zur Umsatzorientierung im Literaturbetrieb nur bedingt erfüllt, insofern sie nur eine andere Form von Selektivität repräsentiert. Folgerichtig wandern manche Titel von der Bestenliste auf die Bestsellerliste, – aber auch dies ist ein von der Jury durchaus gewünschter Effekt (zu den Bestenlisten vgl. Lodemann 1981; 1995).

6. Der Bestseller als Phänomen der Medienkultur

Der Bestseller stellt ein umstrittenes Phänomen des Buchmarkts dar, für die einen ist er ein Faszinosum, für andere repräsentiert er eine Fehlentwicklung. Objektiv gesehen handelt es sich um ein hochfunktionales Element des Literaturbetriebs, insofern Bestseller bzw. Bestsellerlisten Aufmerksamkeitswerte erzielen, die dem Medium Buch insgesamt zugute kommen. Im übrigen ermöglichen Bestseller nicht nur eine Quersubventionierung innerhalb eines Verlagsprogramms (Mischkalkulation), sie entwickeln – bedingt durch die

'Markenorientierung' der Buchhändler und des Publikums – auch stimulierende Wirkung für andere Titel des Verlags. Weiters können sie auch im Sortiment als 'Schnelldreher' Verluste kompensieren, wie sie durch das Vorrätighalten schlecht verkäuflicher Titel oder durch das Besorgungsgeschäft entstehen. Das Sortiment akzeptiert allerdings nur eine begrenzte Anzahl solcher Titel. Dagegen sind Großflächenbuchhandlungen, der Kettenbuchhandel und der Kaufhausbuchhandel am Bestsellergeschäft besonders interessiert; sie bringen dafür, nicht nur in räumlicher Hinsicht, die besten Voraussetzungen mit und können aufgrund ihrer Nachfragemacht in einem höheren Maße die Bezugsbedingungen diktieren. Die in diesem Bereich, z.T. aber auch schon im traditionellen Sortiment übliche Anwendung von Warenwirtschaftssystemen wirkt übrigens verstärkend auf den Anstieg der Verkaufszahlen von Titeln, die sich vom Start weg gut abverkaufen.

Als funktional erweist sich das Bestsellerwesen auch im Hinblick auf eine Ausdifferenzierung der Verlagslandschaft. Typische Bestsellerverlage sind inzwischen zumeist Bestandteil von Verlags- oder Medienkonzernen, in Deutschland also der Holtzbrinck-Gruppe mit mehr als 40 Buchverlagen oder des Bertelsmann-Konzerns. Für diese Unternehmen ist der Buch-Bestseller – der damit einen wichtigen Faktor der Konzentrationsbewegungen und der Globalisierungstendenzen in diesem Bereich darstellt – immer mehr nur noch ein Element im medialen Verwertungszusammenhang; nach den verschiedenen Stufen im Bereich des Buchmarkts (vom Vorabdruck und der Hardcover-Ausgabe über das Taschenbuch zur Sonder- und Buchgemeinschaftsausgabe und zu Lizenzverkäufen im Ausland) wird die Verwertung der damit gegebenen Substanz auch in anderen Medien des Non Paper-Bereichs angestrebt.

Die ökonomisch weitaus bedeutendste Möglichkeit einer Nebenrechtsverwertung bietet die Verfilmung. Da die Stoffe der gelisteten Bestsellerliteratur ihre potentielle Breitenwirkung bereits unter Beweis gestellt haben, werden sie häufig als Vorlage für Filmprojekte herangezogen. Und wie die Verfilmung vom Bestsellerstatus des Buchs profitiert, so kann diese in Rückkoppelungsprozessen zurückwirken auf den Verkauf der Buchausgabe oder – wenn der zeitliche Abstand schon etwas größer ist – eine neue Welle des Interesses für das 'Buch zum Film' entfachen (vgl. etwa Günter Grass' 'Die Blechtrommel' und die erst 20 Jahre nach Erscheinen erfolgte Verfilmung durch Volker Schlöndorff). Ein Beispiel für eine konsequente mediale Verwertung eines Buch-Bestsellers der jüngsten Zeit liefert Robert Schneiders Erzähltext 'Schlafes Bruder', der – nachdem er zuvor von 20 Verlagen abgelehnt worden war – vom Leipziger Reclam-Verlag angenommen und zwischen 1992 und 1996 840 000mal in verschiedenen Ausgaben verkauft worden ist; in diesem Zeitraum hat 'Schlafes Bruder' nicht nur eine aufwendige Verfilmung, sondern auch eine Bearbeitung in Form einer Oper und sogar als Ballett erfahren. Diese Verwertungskette liefert damit auch Anschauungsmaterial für den zeittypischen Prozeß einer Durchdringung der bislang voneinander abgeschotteten, sozial und bildungsbedingt differenzierten kulturellen Kommunikationsbereiche im Zeichen des Bestsellers. „Der Bestseller indiziert zentrale Aspekte des globalen medienkulturellen Wandels des 20. Jahrhunderts, er ist weniger kausaler Faktor der Veränderungen, als vielmehr deren Ausdruck und Beleg." (Faulstich 1996, 141). Nach Faulstich gehören zu diesen am Bestseller ablesbaren medienkulturellen Veränderungen ein weiter fortschreitendes Diktat der Ökonomie im Kulturbereich; die Liberalisierung des traditionellen ästhetischen Wertesystems und die fortgesetzte Demokratisierung der Literatur, damit die Ablösung des im Grunde von den Eliten des 19. Jhs. geschaffenen Kulturkonzeptes; die Auflösung der Bedeutung des in Buchform verbreiteten Einzelwerks zugunsten supramedialer Kommunikationszusammenhänge; der Umbruch von der Buchkultur zur (Multi-)-Medienkultur, zur Informationsgesellschaft, insofern das Konzept 'Bestseller' im Laufe des 20. Jhs. nach dem Medium Buch sich alle anderen Medien – Rundfunk, Film, Schallplatte, Fernsehen, Video und elektronische Medien – erobert hat. In der sich permanent erhöhenden Umschlaggeschwindigkeit des Bestsellers spiegelt sich demnach die Akzeleration nicht nur der medientechnischen Entwicklung, sondern der kulturellen Kommunikation überhaupt. In diesem Verständnis erscheint das Bestsellersystem – jenseits aller ethisch-ästhetischen Wertmaßstäbe – als einer der ökonomisch und gesellschaftlich avanciertesten Bereiche der zeitgenössischen Medienkultur und als Vorklang zu deren weiterer Entwicklung. Innerhalb dieses Spannungsfeldes von Marktmechanismen, Wertewandel und Medienentwicklung ergeben sich für die zukünftige Bestsellerforschung zweifellos die zentralen Fragestellungen.

7. Bestsellerforschung

In Deutschland reichen die Anfänge einer methodischen Auseinandersetzung mit dem Phänomen Bestseller in die beginnenden dreißiger Jahre des 20. Jhs. zurück; einen ersten Anstoß dazu gab die Kommentarreihe 'Wie erklären sich große Bucherfolge?' in der 'Frankfurter Zeitung' 1931 und hier vor allem Siegfried Kracauers These, wonach ein Bucherfolg als „Zeichen eines geglückten soziologischen Experiments" zu interpretieren sei (Kracauer 1963). Die zeitgleich und danach in den USA und England, seit den siebziger Jahren auch in Deutschland im wissenschaftlichen Zusammenhang unternommenen Versuche, den Bestseller zum Gegenstand typologischer, faktographisch-dokumentarischer, inhaltsanalytischer oder auch entstehungs-, wirkungs- und funktionsanalytischer Untersuchungen zu machen, sind zu heterogen, um in ein Entwicklungsschema gebracht zu werden (für eine Übersicht vgl. Faulstich 1983; wenig überzeugend aber das sechsphasige Modell, vgl. auch Faulstich 1996). Deutlicher läßt sich die Herausbildung von Schwerpunktsetzungen hinsichtlich der Blickpunkte und Erkenntnisziele feststellen; sie liegen vornehmlich im Spannungsfeld von kultursoziologischen, ideologiekritischen, marktökonomischen und literaturwissenschaftlichen Fragestellungen. Zu den vorzugsweise fokussierten Problemen gehören die Zusammenhänge von Bestseller-Erfolg und Literaturkritik (Hohendahl 1972), marktanalytische Ansätze (Faulstich 1974), Produktions- und Verkaufsstrategien von Bestsellerverlagen (Lauterbach 1979) oder das Verhältnis zwischen Bestseller- und Trivialliteratur (Zimmermann 1979). Kennzeichnend für die Forschungssituation ist die Durchdringung der um wissenschaftliche Objektivität bemühten Diskussion mit kulturkritisch oder kulturpessimistisch getönten Beiträgen, etwa in der Frage der Bestsellerlisten. Die ebenfalls auf höchst unterschiedlichem Reflexionsniveau aufgeworfene Frage nach einer den 'synthetischen Bucherfolgen' zugrundeliegenden 'Bestseller-Formel' wird in der seriösen Forschung überwiegend skeptisch-ablehnend beurteilt: Letzten Endes könnten die Ursachen eines Bestsellererfolgs immer nur retrospektiv aufgedeckt werden,

und selbst dies sei nur in eingeschränktem Maße möglich. In methodischer Hinsicht reicht die Spannweite von 'Case Histories' (Fallstudien zu einzelnen Bestsellern) über breitflächige historisch-statistische Ermittlungen zu verschiedenen Ländern und Epochen (Richards 1968) bis zu Querschnittuntersuchungen, in denen medien- und länderübergreifend vergleichende Momentaufnahmen gegeben werden (vgl. etwa Faulstich/Strobel 1986, 1987, 1991, über deutsche, amerikanische und englische Bestseller in allen Medien im Jahr 1970). Generell tritt die Befassung mit dem Buch-Bestseller in den Hintergrund zugunsten des Interesses an seiner Rolle im supramedialen Produktverbund (vgl. Faulstich/Strobel 1987; Faulstich 1990). Die in solchen Zusammenhängen gestellte Prognose: „Der Bestseller, die Bestseller-Liste, das Bestseller-System gehen zum Jahr 2000 ganz offensichtlich ihrem Ende entgegen" (Faulstich 1996, 178) scheint in jedem Falle etwas voreilig. Im Blick auf eine sich immer weiter ausdifferenzierende Medienlandschaft und auf ein rasch wachsendes Medienangebot liegt vielmehr die Annahme nahe, daß aufmerksamkeitslenkende, komplexitätsreduzierende Strategien, wie sie dieses Bestsellersystem (parallel zu Hitparaden, Film- und Fernseh-Charts etc.) repräsentiert, eher noch an Bedeutung gewinnen werden.

8. Literatur

Albrecht, Richard, Bestseller und Bestseller-Forschung. Randglossen zu Stand und Perspektiven interdisziplinären Herangehens in der Bundesrepublik Deutschland. In: Publizistik 25, 1980, 451–461.

–, Bestseller – im allgemeinen und im besonderen. In: Publizistik 26, 1981, 456–464.

–, Johannes Mario Simmels Romanbestseller 'Die Antwort kennt nur der Wind' (1973). Eine Fallstudie zur Verbreitung eines Bestsellerromans in den bundesdeutschen Medien der siebziger Jahre. In: Studi germanici. N. S. 21/22, 1983–84, 369–403.

Allen, W., A casebook on bestsellers. London 1959.

Arnold, Heinz L. (Hrsg.), Deutsche Bestseller – Deutsche Ideologie. Ansätze zu einer Verbraucherpoetik. Stuttgart 1975.

Bestseller. In: Buchreport Nr. 4, 23. Januar 1997, 57–86.

Bestseller-Almanach 86/87. Die 3000 meistverkauften Bücher. Mit aktuellen Neuerscheinungen. Daten, Fakten, Trends. München 1986.

Bottigheimer, Ruth B., Ludwig Bechstein's fairy tales. Nineteenth century Bestsellers and Bürgerlichkeit. In: IASL 15, 2; 1990, 55–88.

Dudovitz, Resa L., The myth of superwoman. Women's bestsellers in France and the United States. New York 1990.

Faulstich, Werner, Bestseller – ein chronologischer Abriß bisheriger Erklärungsversuche. In: BbdB (Frankfurt) 29, Nr. 77, 1973, 1509–1523.

–, Thesen zum Bestseller-Roman. Untersuchung britischer Romane des Jahres 1970. Frankfurt a. M. 1974.

–, Bestandsaufnahme Bestseller-Forschung. Ansätze, Methoden, Erträge. Wiesbaden 1983.

–, Bestseller-Literatur im internationalen Medien-Produktverbund. Zwischenergebnisse zum Jahr 1970. In: MP 1986, 237–248.

–, Bestseller-Literatur im internationalen Medien-Produktverbund. Querschnittuntersuchung zum Jahr 1950 als Teil einer Langzeitstudie. In: MP 1990, 455–463.

–, Bestseller – ein Phänomen des 20. Jhs.: Über den Zusammenhang von Wertewandel, Marktmechanismen und Literaturfunktionen aus medienkultur-historischer Sicht. In: Wolfenbütteler Notizen zur Buchgeschichte 21, H. 2, 1996, 132–146.

–/Ricarda Strobel, Bestseller als Marktphänomen. Ein quantitativer Befund zur internationalen Literatur 1970 in allen Medien. Wiesbaden 1986.

–, –, Innovation und Schema. Medienästhetische Untersuchungen zu den Bestsellern „James Bond", „Airport", „Und Jimmy ging zum Regenbogen", „Love Story" und „Der Pate". Wiesbaden 1987.

Giocandi, Michele, Best seller italiani 1860–1990. Firenze 1990.

Graber, Dieter, „Mensch-ärgere-dich-nicht" oder: Was von den Listen eigentlich zu halten ist. In: BbdB (Frankfurt) 31, 1975, 366–368, 370–374.

Hermand, Jost, „Weil man in ihnen etwas erlebt, was man sonst nicht erlebt". Bestseller- und Heftchenromane in der Bundesrepublik seit 1965. In: Amsterdamer Beiträge zur neueren Germanistik 25, 1988, 79–103.

Hohendahl, Peter U., Promoter, Konsumenten, Kritiker. Zur Rezeption des Bestsellers. In: Popularität und Trivialität. Hrsg. v. Reinhold Grimm/Jost Hermand. Frankfurt a. M. 1974, 169–209.

King, Lynda J., Best-Sellers by design. Vicki Baum und the house of Ullstein. Detroit 1988.

Kracauer, Siegfried, Über Erfolgsbücher und ihr Publikum (1931). In: Das Ornament der Masse. Frankfurt a. M. 1963, 64–75.

Kühnel, Walter, Bestseller. Überlegungen zur kommunikationswissenschaftlichen Begründung ihres Verkaufserfolges. In: BbdB (Frankfurt) 31, 1975, 975–983.

Kunze, Horst, Lieblings-Bücher von dazumal. Eine Blütenlese aus den erfolgreichsten Büchern von 1750–1860. Zugleich ein erster Versuch zu einer Geschichte des Lesergeschmacks. München 1938 (Nachdr. München 1965).

Langenbucher, Wolfgang R. (Hrsg.), Johannes Mario Simmel und seine Romane. Eine Dokumentation. München/Zürich 1976.

Lauterbach, Burkhart R., Bestseller. Produktions- und Verkaufsstrategien. Tübingen 1979.

Lodemann, Jürgen (Hrsg.), Die besten Bücher der 'Bestenliste' des SWF-Literaturmagazins. Frankfurt a. M. 1981.

–, Die besten Bücher. Ein Ratgeber für die neueste Literatur. Frankfurt a. M. 1995.

Long, Elizabeth, The book as mass commodity. The audience perspektive. In: Book Research Quarterly 3, 1987/88, 9–27.

Lyons, Martyn, Les best-sellers. In: Histoire de l'édition francaise. Tome III: Le temps des éditeurs. Du Romantisme à la Belle Epoque. Paris 1985, 368–397.

Marjasch, Sonja, Der amerikanische Bestseller. Sein Wesen und seine Verbreitung unter besonderer Berücksichtigung der Schweiz. Bern 1946.

Meynecke, Dirk R., Von der Buchidee zum Bestseller. Für Autoren und alle, die es werden wollen. Berlin 1994.

Mott, Frank L., Golden multitudes. The story of bestsellers. Neuausg. New York 1960.

Muth, Ludwig, Über den vernünftigen Gebrauch von Bestseller-Listen. Eine buchhändlerische Neujahrsbetrachtung. In: BbdB Nr. 102, 29. 12. 1971, 3076–3081.

Ramseger, Georg, Bestsellerlisten – zynische Verhöhnung des Lesers. In: Literaturbetrieb in der Bundesrepublik Deutschland. Ein kritisches Handbuch. Hrsg. v. Heinz L. Arnold. München ²1981, 92–102.

Richards, Donald R., The German bestseller in the 20th century. A complete bibliography and analysis 1915–1940. Bern 1968.

Rüter, Hubert, Erich Maria Remarque. Im Westen nichts Neues. Ein Bestseller der Kriegsliteratur im Kontext. Entstehung, Struktur, Rezeption, Didaktik. Paderborn 1980.

Schmiedt-Schomaker, Monika, Johannes Mario Simmel als Bestseller-Autor. Königstein/Ts. 1979.

Siegert, Reinhart, Aufklärung und Volkslektüre. Exemplarisch dargestellt an R. Z. Becker und seinem 'Noth- und Hülfsbüchlein'. In: AGB 19, 1978, Sp. 565–1348.

Thomsen, Christian E./Werner Faulstich, Seller, Stars und Serien. Medien im Produktverbund. Heidelberg 1989.

Vogt-Huse, Kornelia, Sie gingen – sie blieben – sie kamen. Vom Bestseller zum staatlich geförderten Bucherfolg. Tendenzen auf dem deutschen Buchmarkt vor und nach den Bücherverbrennungen. In: Imprimatur N. F. 10, 1982, 295–309.

Vogt-Praclik, Kornelia, Bestseller in der Weimarer Republik 1925−1930. Eine Untersuchung. Herzberg 1987.

Wiesner, Herbert, Meyring, Meyer und der Golem. Die Geschichte eines Bestsellers von 1915. In: Aus dem Antiquariat (Beilage zum BbdB), H. 5, 1981, A 224−A 226.

Wilke, Jürgen/Barbara König, Hilft das Fernsehen der Literatur? Auch eine Antwort auf die Preisfrage der Deutschen Akademie für Sprache und Dichtung. In: GJ 72, 1997, 254−282.

Williams, Jennifer, Some thoughts on the success of Hans Fallada's „Kleiner Mann − was Nun?" In: German Life and Letters 40, 1986/87, 306−318.

Zimmermann, Bernhard, Das Bestseller-Phänomen. In: Literatur nach 1945. Bd. 2. Wiesbaden 1979, 99−123.

Ernst Fischer, Mainz (Deutschland)

64. Entstehungsgeschichte des Comic

1. Terminologie: Comic als literarische Gattung
2. Zur Begründung einer Mediengeschichte der Bildgeschichte und des Comic
3. Entwicklung der Bildgeschichte bis zum Ende des 19. Jhs.
4. Von der klassischen Bildgeschichte zum Comic
5. Literatur

1. Terminologie: Comic als literarische Gattung

Die Bildgeschichte als eine Erzählhandlung, die in einer Folge von Bildern − mit oder ohne Begleittext − dargestellt ist und deren im 20. Jh. verbreiteste Ausprägung, die visuell-verbale Erzählform des Comic, besitzen in Literatur und Kunst eine Reihe verwandter Erscheinungen und eine lange Tradition. Bildgeschichte und Comic sind abzugrenzen einerseits vom illustrierten Text, dessen Bildkomponente kein Handlungskontinuum entwickelt. Andererseits unterscheiden sich alle Formen der literarischen Bildgeschichte vom in der Bildenden Kunst verbreiteten Phänomen des Bilderzyklus durch einen linearen, meist an der Leserichtung der Schriftsprache orientierten Aufbau sowie die relative Unselbständigkeit der sie konstituierenden Einzelbilder. Die Bindung an die Printmedien, d. h. die Herstellungsweise der druckgraphischen Vervielfältigung, schließlich bildet das wesentlichste Abgrenzungskriterium gegenüber dem Zeichentrickfilm (animated cartoon), der vielfach die gleichen Stoffe und Figuren verwendet wie auch zu den audiovisuellen Medien der jüngsten Generation (CD-ROM, Computerspiel etc.).

Während die Bildgeschichte eine Reihe unterschiedlicher Text-Bild-Variationen aufweisen kann und in bestimmten Spielarten, wie der Pantomimen-Bildgeschichte, gänzlich auf den Schrifttext verzichtet, zeichnet sich der Comic durch eine enge Verflechtung der visuellen und verbalen Komponenten aus. Strukturbestimmend sind für den Comic ferner das Arrangement der im Format aufeinander abgestimmten Bildkästen ('Panels') und die Textpräsentation in Sprechblasen und Blockkommentaren. Die Synechie der verbalen und visuellen Elemente bringt es mit sich, daß bestimmte Formen der literarischen Tradition, d. h. insbesondere Metapher und Onomatopöie (sound words) charakteristische gattungstypische Ausprägungen erfahren. Die Verwendung Stehender Figuren und das Serienprinzip hingegen sind nicht als gattungskonstitutive Merkmale, sondern als Voraussetzungen bestimmter medialer Präsentationsweisen des Comic anzusehen; diese treffen lediglich auf die − allerdings lange Zeit dominierenden − Fortsetzungsgeschichten in Zeitungen (comic strips) und Zeitschriften (serials) zu. Das Spektrum des Genres reicht in der Gegenwart von der pointiert-humoristischen Episode (gag strip) über Fortsetzungsgeschichte und Serie hin zu selbständigen Erzählungen und umfangreichen komplexen Formen (graphic novel, Comic-Roman).

Während im deutschen Sprachram meist zwischen dem Comic als der jüngeren Form und der Bildgeschichte (auch: Bildergeschichte) als übergeordnetem Gattungsbegriff wie auch als deren Antezedenten unterschieden wird (vgl. Schröder 1982; Grünewald 1989; Dolle-Weinkauff 1990) vertritt die anglo-amerikanische (z. B. Kunzle 1973; 1990; McCloud 1993) wie auch die frankophone Forschung überwiegend einen historisch und strukturell eher nivellierenden Standpunkt; die Termini 'comic' bzw. 'bande dessinée' umfassen dabei narrative Bildfolgen aller Art, die historisch von der steinzeitlichen Höhlenmalerei bis zu den graphic novels des späten 20. Jhs. reichen. Gerade die ambitioniertesten Studien auch der amerikanischen Forschung zu einzelnen historischen Entwicklungsabschnitten fördern allerdings Befunde zu Tage, welche die Notwendigkeit einer Differenzierung zwischen Comic und Bildgeschichte bzw. zwischen 'comic strip' im eigentlichen Sinne und 'narrative strip', 'narrative sequence', 'pictorial narrative' etc. (Kunzle 1973, 1–8) erkennen lassen.

2. Zur Begründung einer Mediengeschichte der Bildgeschichte und des Comic

Verfolgt man die Entwicklung der Bildgeschichte seit ihren mutmaßlichen Anfängen, so lassen sich im Hinblick auf die Herausbildung und Tradierung von Gattungsmerkmalen im wesentlichen drei Perioden unterscheiden:

(1) Eine 'Urgeschichte' oder 'Archäologie', innerhalb deren praktisch der gesamte Bereich der Kulturgeschichte auf Dokumente für sequentielles Erzählen in Bildern hin zu untersuchen ist; diese könnten als modellhafte Vorformen bzw. Archetypen von Darstellungsformen der Bildgeschichte angesehen werden. Zeugnisse dafür reichen bis in vorschriftliche Kulturen zurück und erreichen etwa in den altägyptischen Totenbüchern und den Tempelfriesen der griechischen und römischen Antike charakteristische Ausprägungen. Kaum erforscht im Hinblick auf ihre Bezüge zur Bildgeschichte sind bislang die Bilderschriften, Architekturen und anderen künstlerischen Hervorbringungen außerhalb des mediterran-europäischen Raums.
(2) Eine Vorgeschichte, welche die Varianten narrativer Bildfolgen v. a. in der Bildenden Kunst und den Hand- und Druckschriften seit dem Hochmittelalter zum Gegenstand hat und die im 19. Jh. in eine klassische Periode der literarischen Bildgeschichte mündet. Wesentliche Bereiche machen in diesem Kontext die Entwicklung der Illustrationskunst und diejenige der Karikatur aus.
(3) Eine im letzten Jahrzehnt des 19. Jhs. mit dem Aufkommen des Comic strip in der US-amerikanischen Presse beginnende Geschichte des Comic als eines selbständigen Genres.

Eine *Medien*geschichte der Bilderzählung hat indessen eine Reihe weiterer Fragen und Aspekte zu berücksichtigen. Sie kann sich v. a. nicht auf eine Beschreibung der poetischen Formen und stofflich-thematischen Angebote beschränken, sondern hat diese aus dem Blickwinkel der Entstehung, Entwicklung und Ausprägung der Medien der Bildgeschichte darzustellen.

Zunächst ergibt eine Fokussierung der Bildgeschichte unter dem Aspekt der Medienevolution eine sehr viel deutlichere Eingrenzung des Gegenstands wie auch eine schärfere Konturierung der Entwicklungsabschnitte. Von zentraler Bedeutung ist hier die Erfindung des Buchdrucks und die auf der Produktionsweise der druckgraphischen Vervielfältigung beruhende Ausbildung von Medienvarianten wie Bilderbuch, Bilderbogen, Zeitung, Zeitschrift, die der Verbreitung der Bildgeschichte und später des Comic dienen. Jedes dieser Medien hat wesentliche Prägungen der Erzähl- und Darstellungsweisen zur Folge und ist in der einen oder anderen Weise an der Konstitution einzelner Typen und Textsorten der Bildgeschichte und des Comic beteiligt. Zweifellos ist auch die rein schrifttextliche Literatur in gewisser Weise abhängig von der Entwicklung und Ausprägung ihrer Medien. Die Bildgeschichte ist dies jedoch in einem sehr viel höheren Maße, da sie mit dem verbalen und darüber hinaus mit dem visuellen Code operiert; dieser letztere alleine schon wie insbesondere die Kombination beider eröffnen ein außerordentlich breites Spektrum an Ausdrucksmustern, die sich an Bedingungen und Möglichkeiten unterschiedlicher Trägermedien orientieren. Des weiteren rücken unter diesem Aspekt alle Emanationen des narrativen Bildes außerhalb des Bereichs der Printmedien in eine von diesen klar geschiedene Sphäre, deren Einflüsse und Interdependenzen zwar zu registrieren sind, deren Erforschung aber eigene Fragestellungen und Methoden beansprucht.

3. Entwicklung der Bildgeschichte bis zum Ende des 19. Jahrhunderts

Mit der Erfindung des Buchdrucks setzt im frühneuzeitlichen Europa ein Prozeß ein, in dessen Verlauf die Druckgraphik die verschiedenen Spielarten des Bildkunstwerks in Architektur, Malerei, Plastik, Textilgestaltung, Zeichnung etc. als hauptsächliches Medium der Verbreitung von Bilderzählungen abzulösen beginnt. Es sind in diesem Zusammenhang drei teilweise untereinander verflochtene Literatursparten auszumachen, deren Entwicklung die klassische Form der Bildgeschichte im 19. Jh. hervorbringt.

Der Bilderbogen (Einblattdruck), der wohl in den Erzeugnissen mittelalterlicher Briefmaler seine Vorläufer besaß (Rosenfeld 1954), konstituiert sich seit Ende des 15. Jhs. als druckgraphisches Medium. Neben zahlreichen anderen Angeboten wie Schmuck- und Wandbildern, Devotionalien, Spielen, Ausschneidebögen u. a. m. treten seit der frühen Neuzeit neben nichtsequentiellen Bilddarbietungen auch zumeist mit Schrifttext begleitete, erzählende Bildfolgen auf (Kunzle 1973). Als relevant für die Zuordnung zur Bildgeschichte ist hier nicht lediglich die Tatsache der Panellierung, d. h. der Aufteilung des Blatts in einzelne Bildfelder anzusehen, wie sie sich etwa in einer aus acht gleich großen Einzelbildern bestehenden Holzschnitt-Darstellung der sieben Todsünden von 1470 (vgl. Heitz 1913, 52) präsentiert; entscheidend ist vielmehr, ob die einzelnen Panels ein Erzählkontinuum herstellen (vgl. Riha 1978, 177), wie es beispielsweise die mehrfach in der Forschungsliteratur besprochene, antisemitisch inspirierte Hostienschändungsgeschichte von 1495 vorführt (vgl. Kunzle 1973, 21 ff.; Brednich 1976). Zunächst ausschließlich auf religiöse Belehrung und Erbauung zielend, finden sich − bedingt durch die gesellschaftlichen und geistesgeschichtlichen Umwälzungen der Zeit − seit der Reformation verstärkt weltliche Stoffe und Themen. Diese Tendenz wie auch die Etablierung der erzählenden Bildfolge in diesem Medium verstärkt sich ab dem 16. Jh. u. a. durch die Verbreitung von Moritatentexten und -tafeln der Bänkelsänger als Einblattdrucke. Bis ins 19. Jh. hinein werden in ganz Europa Verbrechensgeschichten, Unglücks- und Sensationsmeldungen, Idyllen, Aktualitäten aus Geschichte und Politik ebenso wie moralische Beispielgeschichten, Sittenbilder und belehrende Darstellung in Form erzählender Bildfolgen auf Bilderbogen verbreitet. Im Lauf des 19. Jhs. treten dann Adaptionen ausgesprochen literarischer Stoffe wie Märchen, Sagen und Verserzählungen hinzu, die teilweise von namhaften Künstlern wie Wilhelm Busch, Theodor Hosemann, Adolph von Menzel, Adolf Oberländer, Oskar Pletsch, Franz von Pocci, Carl Reinhardt, Moritz von Schwind und Otto Speckter geschaffen werden.

3.2. Nicht zu trennen von der Entwicklung der populären Druckgraphik ist die Karikatur, die sich bis ins 19. Jh. auch weitgehend der gleichen Medien bedient. Als komisierend-verzerrende Darstellung von Menschen, Handlungen und Ereignissen des politischen und kulturellen Lebens leistet sie auf der Ebene der Entwicklung von Visualisierungs- und Erzählstrategien einen eigenständigen Beitrag zur Bildgeschichte und begründet die wesentlichen Merkmale der komischen Spielarten des Comic (funny comic, funny animal comic). Betrieben die Vorläufer der italienischen Kultur im ausgehenden 16. und frühen 17. Jh., die Brüder Agostino und Annibale Carraci, ihre verzerrenden Personendarstellungen eher als artistisches Spiel, so wurde dieses Verfahren für ihre Adepten wie Gian Lorenzo Bernini, Pier L. Ghezzi und Stefano della Bella zum Mittel absichtsvoller Zeitkritik. In den Bereich der Karikatur fallen auch manche Stiche Jacques Callots. Entscheidende Prägungen erfuhr die Karikatur im England des 18. Jhs. durch die Bilderzyklen des Malers und Kupferstechers William Hogarth, beginnend mit der 1732 erschienenen Folge 'The harlot's progress'. Dieses und weitere Werke Hogarth' fanden als Druckgraphiken außerordentlich weite Verbreitung und gelten aufgrund ihrer hochentwickelten Bildsprache als prototypische Formen „medialen Erzählens" (Schnackertz 1980). Gleichwohl ist nicht zu verkennen, daß die geradezu filigrane Ausarbeitung des Einzelbilds bei Hogarth und dessen den Schlüsselszenen eines Dramas vergleichbare Inszenierung wie auch die völlig untergeordnete Rolle des Texts den Aufbau einer fließenden Erzählsequenz eher behinderten. James Gillray und Thomas Rowlandson als die herausragendsten Vertreter des 'golden age' der britischen Karikatur zwischen 1780 und 1820 pflegten indessen auf hohem Niveau den karikaturistischen, komisierenden Strich und führen gelegentlich den Textbereich in solch wohlkonzipierten Sprechblasen aus, wie sie dann erst der Comic strip des frühen 20. Jhs. wieder einzusetzen vermag. An Bedeutung gewinnen die bereits im 18. Jh. aufkommenden Magazine, die den Bilderbogen als hauptsächliches Medium der Karikatur ab etwa 1840 abzulösen beginnen. Der Aufschwung der französischen Karikatur und ihrer sequentiellen Bilderzählungen im 19. Jh. hängt nicht zuletzt damit zusammen, daß mit der Gründung und dauerhaften Existenz satirischer Zeitschriften wie 'La Caricature' (1830) und 'Le Charivari'

(1832) neue Medien zur Verfügung standen. Hier und in Nachfolgepublikationen wie 'Musée comique', 'Le rire', 'Journal pour rire' veröffentlichten Honoré Daumier, Gustave Doré und Cham (d. i. Amédée de Noé). In England wurde 1841 die Zeitschrift 'Punch' gegründet, die u. a. Beiträge von George Cruikshank und John Leech veröffentlichte. In Deutschland setzte eine vergleichbare Medienentwicklung mit 'Fliegende Blätter' (1845) und 'Kladderadatsch' (1848) ein, zu deren Mitarbeitern Wilhelm Busch, Lothar Meggendorfer, Adolf Oberländer und Franz von Pocci zählten. Die humoristisch-satirische Presse bot insofern neue Bedingungen für die Entwicklung der Bildgeschichte, als ihr periodisches Erscheinen die Entwicklung längerer Erzählungen bzw. durch Stehende Figuren zusammengehaltener Fortsetzungsgeschichten begünstigte. Die Bildgeschichten dürften im übrigen als Äquivalent für die in der Presse des 19. Jhs. allgemein verbreiteten Fortsetzungserzählungen anzusehen sein. Eine der ersten ihrer Art war Poccis 'Staatshämorrhoidarius', der ab 1845 in den 'Fliegenden Blättern' (München) publiziert wurde. Auch in der humoristisch-satirischen Presse Frankreichs und Englands waren es häufig Sozialtypen, welche im Zentrum der populären Bilderserien standen, wie z. B. Léonce Petits 'Histoires campagnardes', veröffentlicht 1872−1882 im 'Journal Amusant' oder der 1867−1879 in der Zeitschrift 'Judy' erschienene 'Ally Sloper' von Charles Henry Ross und Marie Duval (Nachfolgeserie ab 1880 unter dem Titel 'Ally Sloper's half holiday'); der Protagonist dieser Serie, ein burlesker städtischer Vagabund, stellt eine der dauerhaftesten und profiliertesten Serienfiguren der europäischen Bildergeschichte des 19. Jhs. dar.

3.3. Bilderbuch und Album

Das illustrierte Buch tritt in seinen Anfängen eher selten als Trägermedium ausgesprochener Bildgeschichten hervor. Die Illustrationen der oft reich bebilderten Handschriften und Blockbücher des Mittelalters und der frühen Neuzeit fügen sich nur selten zu Ansätzen eigenständiger Erzählsequenzen zusammen wie sie vielleicht in den 'Decamerone'-Miniaturen der Flamen de Mets und Mansel (1430−1440) gesehen werden können (vgl. Grünewald 1982, 60). Gerade auch für die Biblia Pauperum des 14./15. Jhs., die bisweilen als Beleg für eine Vorform des Comic angeführt wird (Metken 1970 u. a.), gilt, daß deren Darstellungsstruktur dem sequentiellen Erzählen gegenläufig ist: Als ein typologisches Bilderbuch setzt die Armenbibel auf die Prinzipien der Kontrastierung und Parallelisierung. Diese sollen zwar nach Riha (1978, 177 ff.) als eine Keimform des Linearen der Erzählung angesehen werden, stellen tatsächlich aber kaum mehr als eine narrativ nicht ausgeführte Vermittlung zwischen zwei oder mehreren Einzelbildern dar. Ähnliches gilt für die meisten Vorläufer des Kinderbilderbuchs, zu denen in erster Linie ABC-Bücher und illustrierte Fabelsammlungen sowie der Orbis pictus zählen (vgl. Doderer/Müller 1973, 1 ff.); im Bereich des religiösen Schrifttums dagegen finden sich − beginnend mit den Bilderbibeln des 15. und 16. Jhs. − erste bildgeschichtenartige Formen im Medium Buch der frühen Neuzeit.

Im 19. Jh. schließlich gewinnt die Bildgeschichte in Buchform eine hohe Bedeutung und entwickelt sich zu einer eigenständigen Linie der Gattung. An erster Stelle ist hier der Genfer Autor Rodolphe Toepffer zu nennen, der nicht nur eine Reihe umfangreicher Bilderzählungen publiziert, die er als „littérature en estampes" bezeichnet, sondern auch mit seinem 'Essai de physiognomie' (1845) eine erste theoretische Grundlegung der Bildgeschichte unternimmt. Es handelt sich dabei um ein über die Reflexion des eigenen Werks hinausgehendes, in mancher Hinsicht bis in die Gegenwart aktuelles Gattungskonzept. Dessen Leistung besteht nicht zuletzt in der Abgrenzung der Bildgeschichte von anderen Formen des narrativen Bildes wie auch von der „Literatur [...] in Kapiteln, Zeilen, Wörtern" (Toepffer 1982, 7) und seinem Postulat des kontinuierenden Erzählprinzips der Bildgeschichte. Den von Friedrich Theodor Vischer im Vorwort zur deutschen Ausgabe der Toepfferschen Bilderzählungen von 1846 geprägten, enthusiasmierten Begriff des 'Bilderromans' hat der Autor selbst vermieden.

In seinen zunächst privaten Kreisen zugänglich gemachten Werken ('Histoire de Mr. Jabot', 1833; 'Histoire de Mr. Crépin', 1837, 'Histoire de Monsieur Cryptogame', 1845 u. a.), die eine nicht unkomplizierte Produktions- und Editionsgeschichte besitzen (vgl. Corleis 1973), gelangt Toepffer zu einer konsequenten phasenweisen Segmentierung der Erzählhandlung. Wie Riha (1978, 185 ff.) demonstriert, ist er der erste, der die Vorzüge des Mediums Buch für umfangreiche epische Bilderzählungen zu nutzen weiß. Karikaturistische Strichzeichnungen, dynamische Abfolge des Geschehens, wechselnde Bildeinstellungen und Formate, raffinierte Montagen, Ironie und Groteske sind Kennzeichen seiner stets mit Prosatexten unterlegten Bildgeschichten (Groensteen/Peeters, 1994). Während Toepffers Einfluß auf die französische Karikatur und Bildgeschichte unübersehbar ist und bei einzelnen seiner Adepten, wie z. B. Gustave Doré und Léonce Petit, konkret faßbar, bleiben seine Wirkungen in Deutschland eher begrenzt. Sie beschränken sich auf den ersten deutschen 'Bilderroman', die 'Taten und Meinungen des Herrn Piepmeyer' (1848/49) von Adolf Schroedter und Hermann Detmold sowie auf das allerdings recht erfolgreiche Kinderbuch 'Fahrten und Abenteuer des Herrn Steckelbein'. Es handelt sich bei diesem um eine mit Holzschnitten von Cham (d. i. Amédée de Noé) ausgestattete Version des 'Monsieur Cryptogame', die in deutscher Bearbeitung von Julius Kell seit 1847 immer wieder aufgelegt wurde.

Unter den Bildgeschichten, die seit der Mitte des 19. Jhs. als erzählerisch umfangreiche Buchpublikationen oder in Fortsetzungen in Zeitschriften konzipiert und ausgeführt wurden, sind zum einen Literaturadaptionen, -parodien und satirische Erzählungen hauptsächlich französischer Autoren zu nennen, die deutlich machen, daß Toepffers Vorstoß nicht singulär blieb und daß die sequentielle Bilderzählung erfolgreich die Grenzen der epischen Kleinform überwand. Hierzu rechnen neben zahlreichen satirischen Reiseerzählungen verschiedener Autoren etwa Gustave Dorés 'Les travaux d'Hercule' (1847) und 'La sainte Russie' (1854) sowie 'L'aventures de Télémaque, fils d'Ulysse' (1842) und die Adaption von Victor Hugos 'Les Misérables' (1862/63) durch Cham (d. i. Amédée de Noé).

Zum anderen ist in diesem Zusammenhang auf den − mit Ausnahme der Werke Wilhelm Buschs − oft unterschätzten Beitrag des Kinderbilderbuchs zu verweisen. Heinrich Hoffmanns 'Struwwelpeter' (1845) steht nicht zuletzt deshalb am Beginn dieser Entwicklung, weil er die an das kleine Kind adressierte Bildgeschichte unter Rückgriff auf die verbreiteten Muster der zeitgenössischen Bildsatire einführt. Die einzelnen Episoden des 'Struwwelpeter' führen unterschiedliche Spielarten des sequentiellen Erzählens vor, die wohl durch Darstellungsmuster des Bilderbogens angeregt sind und die Tradition der Moralischen Erzählung in karikaturistisch-komisierender Weise aufnehmen (vgl. Könneker 1977). Heinrich Hoffmann dürfte im übrigen als der Urheber des Begriffs *Bild(er)geschichte* anzusehen sein; dieser tritt erstmals im Untertitel eines seiner weiteren Bilderbücher, 'Bastian, der Faulpelz' (1854), auf. Nachhaltige Wirkungen gehen ferner von den Werken Wilhelm Buschs ('Max und Moritz', 1865; 'Hans Huckebein', 1867; 'Plisch und Plum', 1882) aus, welche die einfache Narrativik der Bilderbogengeschichten in komplexeren Erzähleinheiten aufheben. Seine mit Versen unterlegten Bildfolgen gewinnen zum einen Modellcharakter, insofern als ihre Form den klassischen Typus der Bildgeschichte des späten 19. Jhs. repräsentiert und festlegt; zum anderen findet er zahlreiche Adepten, die seine Bildgeschichten stilistisch und motivisch in immer wieder neuen Varianten bis weit ins 20. Jh. hinein reproduzieren (sog. 'Buschiaden').

Nicht zu vernachlässigen ist im übrigen die Produktion von Büchern, die zuvor in Zeitschriften oder auf Bilderbögen veröffentlichte Geschichten gesammelt darbieten. Der Anteil dieser Alben, zu denen u. a. die Buchausgabe des Poccischen 'Staatshämorrhoidarius' (1857) und vieler Bildgeschichten Lothar Meggendorfers zählen, ist insgesamt höher anzusetzen als derjenige der von vornherein als Bücher konzipierten Bildgeschichten. Gleichwohl verwischen sich die Grenzen zwischen diesen Büchergattungen und alsbald werden nicht nur die nachträglich zusammengestellten Sammlungen, sondern alle Veröffentlichungen von Bildgeschichten in Buchform als *Album* bezeichnet − ein Begriff, der dann im 20. Jh. für entsprechende Publikationsformen des Comic gebräuchlich wird.

4. Von der klassischen Bildgeschichte zum Comic

Von der Bildgeschichte, wie sie gegen Ende des 19. Jhs. in ihrer reifsten Form vorliegt unterscheidet sich der Comic vor allem durch die neue Qualität der Wort-Bild-Beziehung. Die strikte Trennung von Bild und Begleittext, die in der gebundenen Sprache der bebilderten Verserzählung Wilhems Buschs ihren sinnfälligen Ausdruck findet, wird im Comic aufgegeben zugunsten einer Wort-Bild-Synechie, die bestimmten kommunikationssteuernden Regeln folgt. Die wesentlichsten verbalen Regulativen des Comic stellen Blocktext und Sprechblase dar. Die Entwicklung der Sprechblase in Kunst und Literatur nimmt — wie Brednich (1976, 63 ff.) in Anlehnung an die Forschungen Hellmut Rosenfelds nahelegt — ihren Ausgangspunkt von mittelalterlichen Spruchbandtituli. Sprechblasenartige Textgestaltungen treten in den folgenden Jahrhunderten punktuell in der populären Druckgraphik, am markantesten wohl in der englischen Karikatur um 1800 hervor, ohne daß sich dieses Darstellungsmittel dauerhaft etablierte. Überhaupt scheint im Hinblick auf die Sprechblase ein literatur- und kunstgeschichtlich außerordentlich diskontinuierliches Phänomen vorzuliegen. Frühe Belege dafür finden sich bereits in der Vasenmalerei des antiken Griechenland, doch geht es in späterer Zeit wieder verloren. Erst der Comic macht den Blasentext zu einem unverzichtbaren, verbindlichen Gattungsmerkmal. Noch vor der Entstehung des Comic separiert sich im Gattungsgefüge der Bildgeschichte eine weitere neue Spielart, die gewissermaßen ein Gegenbild zum Comic darstellt: Die in den 80er Jahren des 19. Jhs. in Deutschland mit Lothar Meggendorfer und in Frankreich etwa mit Adolphe Willette und Caran d'Ache aufkommende textlose Pantomimen-Bildgeschichte. Hier liegt der Schwerpunkt ganz im Episodischen sowie — zumal bei Meggendorfer, der in seinen Bewegungsbilderbüchern diese Linie intensiv weiterverfolgt — in der kinetischen Studie. Von dieser letzteren profitiert zwar das semiotische Arsenal des Comic mit seinen speed lines und anderen Bewegung simulierenden Zeichen in hohem Maße. Prinzipiell aber handelt es sich um einen Ausdruck der Auseinanderentwicklung und Differenzierung der Genres.

4.1. Comic strip

Das nordamerikanische Zeitschriften- und Zeitungswesen im letzten Drittel des 19. Jhs. adaptiert intensiv das gesamte Spektrum der europäischen Bildgeschichtenproduktion und bringt etwa in den Magazinen 'Life' und 'Puck' bereits eigenständige Beiträge hervor. Ökonomischer Motor der Entwicklung ist die Konkurrenz mächtiger Pressekonzerne, v. a. zwischen Pulitzer und Hearst, die auf der Suche nach neuen Attraktionen für die Leserschaft der Tages- und Wochenzeitungen immer neue Bildgeschichtenexperimente anregen. Als Autoren beteiligen sich daran v. a. James Swinnerton ('Little bears', ab 1892), Richard Felton Outcault ('Hogan's alley/The yellow kid', ab 1895). Frederick Burr Opper und Rudolph Dirks. Die motivisch an die 'Max und Moritz'-Geschichten Wilhelm Buschs angelehnte Serie 'The Katzenjammer Kids', die Dirks ab 1897 für das 'New York Journal' lieferte, ist unter diesen als die erste Bildgeschichte anzusehen, die konsequent den Übergang zu den darstellungsästhetischen Mustern des Comic vollzieht. Ihm folgten wenig später mit eigenen Strips Opper ('Happy Hooligan', ab 1900), Outcault '(Buster Brown', ab 1902) und Swinnerton ('Little Jimmy', ab 1904). Die als „comic strips" bezeichneten, nur wenige Einzelbilder bis höchstens eine Zeitungsseite umfassenden Bildfolgen werden in Nordamerika außerordentlich rasch populär und erreichen bald ein Niveau von hoher Kunstfertigkeit. Die durch das Medium gesetzten Rahmenbedingungen hatten nicht wenig Einfluß auf die Ausgestaltung der Comic strips. Neben der periodischen Erscheinungsweise, der mit der Entwicklung typisierter Milieus und Handlungen sowie der markanten Stehenden Figuren als Protagonisten Rechnung getragen wurde, war der Unterschied zwischen Tages- und Wochenserien von großer Bedeutung. Während die 'daylies' in der Regel kürzere, in schwarz-weiß gehaltene Bildfolgen umfaßten, boten die ganzseitigen farbigen 'sunday pages' mehr Raum für Erzählung und Layout. Ihrer erzählerischen und zeichnerischen Innovationen wegen ragen daher Sonntagsserien wie Gustave Verbeeks 'The upside downs' (1903), Lyonel Feiningers 'The kin-der-kids' (1906) und Winsor McCays 'Little Nemo in Slumberland', ab 1905) hervor.

In kurzer Zeit entwickelte sich in den USA eine Comic-Industrie, mit arbeitsteiligen Produktionsformen (Studios) und einem eigenen Distributionswesen (Syndikate), die den Zeitungsmarkt mit einem großen Angebot an gezeichneten Serien versorgt. Als bevorzugte Stoffe und Themen treten neben die Bubenstreiche bald die Stories von komischen Außenseitern, wie sie etwa Charlie Chaplin wenig später im Stummfilm verkörpert. Große Resonanz finden auch bald Familienserien, zu deren erfolgreichsten George McManus' 'Bringing up father' (ab 1913) und Chic Youngs 'Blondie' (ab 1930) zählen sowie Comic strips mit anthropomorphen Tiergestalten wie George Herrimans 'Krazy Kat' (ab 1913). Dieses Genre nimmt unter dem Einfluß der Zeichentrickfilme Pat Sullivans ('Felix the cat') und Walt Disneys ('Mickey Mouse', 'Donald Duck') in den 20er und 30er Jahren einen enormen Aufschwung. Erst ab 1929 treten im Comic strip dauerhafte Abenteuererzählungen auf unter denen 'Tarzan' (ab 1929) von Harold Foster und Burne Hogarth, 'Flash Gordon' (ab 1934) von Alex Raymond und 'Prince Valiant' (ab 1937) von Harold Foster hervorragen.

Die Comic strips verbreiten sich im Lauf des ersten Drittels des 20. Jhs. mehr oder minder rasch im Zeitungs- und Zeitschriftenwesen der gesamten Welt wobei die Länder, die über eine ausgeprägte eigene Bildgeschichtentradition verfügen, sich teilweise gegenüber den amerikanischen Importen reserviert verhalten. Vor allem in Deutschland ist ein hohes Beharrungsvermögen auf dem klassischen Bildgeschichtenmodell des 19. Jhs. festzustellen, das erst nach 1945 abnimmt. In Frankreich, England und Italien beginnt der Austausch wesentlich früher und führt dazu, daß sich die einheimische Bildgeschichtentradition mit der des Comic strip verbindet und mit eigenständigen Kreationen zurückwirkt.

4.2. Comic book

Bis zum Ende der 20er Jahre ist im amerikanischen Comic strip kein relevanter Versuch zu erkennen, über den komischen gag strip hinaus die epische Linie des sequentiellen Erzählens fortzuführen. Dies ändert sich mit dem Aufkommen von adventure strips, die dann nicht mehr abgeschlossene Episoden sondern Fortsetzungsgeschichten verschiedener gängiger Abenteuergenres bieten. Die Stoffe der Detektiv-, Science fiction-, Wildwest-Geschichten sowie der historisierenden oder exotischen Abenteuer entstammen der populären Literatur, häufig unmittelbar dem Massenmedium Romanheft ('pulp literature'). Der Charakter dieser Spielart des Comic strip erfordert aber im Grunde ein neues Medium, das deren besonderer Erzählweise adäquat ist. In dem Maße wie der Comic seine Wurzeln in der komisch-grotesken Kleinform verläßt, stellt sich das Problem einer Überwindung der Beschränkungen durch den Strip. Als zu Beginn der 30er Hefte mit Sammlungen von Funny comics publiziert werden, ist der Schritt zum neuen Medium nur scheinbar getan. Vergleichbare Reprints in Buch- oder Heftform gab es auch in den USA seit langem. Erst die im Lauf der 30er Jahre sich etablierende periodisch erscheinende Comic-Zeitschrift ('comic book') bewirkte einschneidende Veränderung des Genres. Auch ermöglichte das comic book im Gegensatz zur Tages- und Wochenpresse eine gezieltere Adressierung des Lesers und damit die Entstehung einer bisher nicht vorhandenen spezifisch kinder- und jugendliterarischen Linie der Gattung.

Sowohl im Fall der humoristischen wie der abenteuerlichen Spielarten des Comic ermöglicht es die Weiterentwicklung der Fortsetzungsgeschichte wie auch die Entstehung längerer abgeschlossener Erzählungen. Zu den relevantesten Beispielen dafür in den USA zählen etwa 'Walt Disney's Comics and Stories' (ab 1940) und die eine Welle einschlägiger Remakes nach sich ziehenden 'Superman'-Stories. Im frankophonen Sprachraum wiederum stellt sich dieser Prozeß mit einigen Modifikationen dar. Ausgangsmedium etwa für die Erfolge der mit Slapstickeinlagen und Ironie angereicherten, episch-abenteuerlich angelegten 'Tintin'-Geschichten des Belgiers Hergé (d. i. Georges Remi) ist zunächst die Zeitung 'Le XXième siècle' bzw. deren Kinderbeilage 'Le petit XXième', später das Comic-Magazin. Schließlich aber erfolgt eine Veröffentlichung der abgeschlossenen Fortsetzungsgeschichten als Hardcover-Album, womit erstmals in der Gattungsgeschichte des Comic eine Publikationsform in Erscheinung tritt, die der eines selbständigen Werks der erzählenden Literatur entspricht.

4.3. Graphic novel und Bilderbuch

Die Ausgaben der Hergéschen Alben, zumal diejenige der erzählerisch durchgängig konzipierten Geschichten seit 'L'oreille cassé' (1935), verweisen damit bereits auf das Buch als ein drittes Medium, das prägenden Einfluß auf die Comic-Erzählung ausübt und historisch erst relativ spät in Erscheinung tritt. Auf der Seite der Comic-Produzenten setzt es literarisch ambitionierte Autoren voraus, die ihre Erzählungen ohne Beschränkung durch Erscheinungsrhythmen, Serienzwang, editionstechnisch bedingte Umfangsbeschränkungen und narrative Stereotypen entwickeln. Auf der Seite der Kritik setzt es Aufgeschlossenheit gegenüber der Bildgeschichte als Erzählform voraus und die Abkehr von einer Auffassung vom Comic als grundsätzlich minderwertige, ästhetisch nicht tragfähiger Literatur. Die um 1965 einsetzende Rezeption im Film, etwa durch Fellini und Godard, in der Bildenden Kunst und in der Literatur (Pop Art, Roy Liechtenstein, Andy Warhol, H. C. Artmann) wie auch die Weiterentwicklung der an Hergé anknüpfenden westeuropäischen Comic-Schulen, die der Geschichtsparodie mit 'Astérix' (seit 1959) von René Goscinny und Albert Uderzo ein Massenpublikum verschaffen, führen in den

70er Jahren tatsächlich zu einer Revision der bislang vorherrschenden pauschalen Abwertung des Comic. Zur gleichen Zeit beginnt sich die insbesondere mit der Comic book-Produktion einhergehende Anonymisierung der Gattung aufzulösen. Erst mit der reflektierten Inanspruchnahme Buchs als Medium komplex strukturierter Comic-Erzählungen kann die Entstehungsgeschichte des Comic als vorläufig abgeschlossen betrachtet werden. Zu den ersten Comic-Erzählungen, die als eigenständige graphische Erzählungen (graphic novel) zu werten sind, zählen Publikationen von Guy Peellaert ('Les aventures de Jodelle', 1966), Guido Crepax ('Valentina', 1969) und Dino Buzzati ('Orphi und Eura', 1969). Parallel zu diesen an Erwachsene adressierten Angeboten nimmt der Comic im Bereich des Kinderbilderbuchs eine immer wichtiger werdende Rolle ein. Zu den frühesten Beispielen zählen u. a. Walter Schmögners 'Drachenbuch' (1966), Alfred von Meysenbugs Adaption des Märchens 'Der glückliche Prinz' (1972) und Wilhelm Schlotes auf die Superheroes US-amerikanischer Prägung gemünzter, kritisch-parodistischer 'Superdaniel' (1972).

5. Literatur

Becker, Hartmut/Achim Schnurrer (Hrsg.), Die Kinder des Fliegenden Robert. Beiträge zur Archäologie der deutschen Bildergeschichtentradition. Hannover 1979.

Becker, Stephen, Comic art in America. A social history of the funnies, the political cartoons and animated cartoons. New York 1959.

Blanchard, Gérard, Histoire de la bande dessinée. Une histoire des histoires en images de la préhistoire à nos jours. Verviers 1969.

Bohn, Volker (Hrsg.), Bildlichkeit. Frankfurt a. M. 1990.

Brakensiek, Stefan (Hrsg.), Alltag, Klatsch und Weltgeschichte. Neuruppiner Bilderbogen – Ein Massenmedium des 19. Jhs. Bielefeld 1993.

Brednich, Rolf W., Zur europäischen Vorgeschichte der Comics. In: Freiburger Universitätsblätter 15, 1976, 57–68.

Carpenter, Kevin, Vom Penny Dreadful zum Comic. Englische Jugendzeitschriften, Heftchen und Comics von 1855 bis zur Gegenwart. Oldenburg 1981.

Corleis, Gisela, Die Bildergeschichten des Genfer Zeichners Rodolphe Töpffer (1799–1846). Ein Beitrag zur Entstehung der Bildergeschichte im 19. Jh., Diss. München 1973.

Cremer, Hanns, Die Bildergeschichten Wilhelm Buschs. Diss. Leipzig 1937.

Doderer, Klaus/Helmut Müller (Hrsg.), Das Bilderbuch. Geschichte und Entwicklung des Bilderbuchs in Deutschland von den Anfängen bis zur Gegenwart. Weinheim/Basel 1975.

Dolle-Weinkauff, Bernd, Comics. Geschichte einer populären Literaturform in Deutschland seit 1945. Weinheim/Basel 1990.

Fuchs, Wolfgang J./Reinhold Reitberger, Comics. Anatomie eines Massenmediums. München 1971.

Grand-Carteret, John, Les mœurs et la caricature en Allemagne, en Autriche, en Suisse. Paris 1885.

–, Les mœurs et la caricature en France. Paris 1888.

Groensteen, Thierry/Benoît Peeters (Hrsg.), Toepffer. L'invention de la bande dessinée. Paris 1994.

Grünewald, Dietrich, Bildgeschichte. In: Lexikon der Kinder- und Jugendliteratur. Bd. 4. Weinheim/Basel 1982, 58–62.

–, Prinzip Bildgeschichte. Köln 1989.

Gunzel-Haubold, Margarete/Harriett Schneider, Buch und Erziehung. Leipzig 1943.

Harms, Wolfgang (Hrsg.), Text und Bild, Bild und Text. DFG-Symposion 1988. Stuttgart 1990.

Hartmann, Regina, Mit Zeichenstift und spitzer Feder. Wilhelm Busch als Vorläufer heutiger Comics. In: Informationen zur Deutschdidaktik 1994/3, 68–78.

Harvey, Robert C., The art of the funnies. An aesthetic history. Jackson/Miss. 1994.

–, The art of the comic book. An aesthetic history. Jackson/Miss. 1996.

Heitz, Paul, Primitive Holzschnitte. Einzelbilder des 15. Jhs. Straßburg 1913.

Hilscher, Elke, Die Bilderbogen im 19. Jh. München 1977.

Hofmann, Karl-Ludwig, Tiere wie du und ich. Anmerkungen zu anthropomorphen Tierwelten im 19. und 20. Jh. In: Lurchi. Dem Feuersamalander auf der Spur. Hrsg. v. d. Galerie der Stadt Kornwestheim. Kornwestheim 1994, 36–45.

Könneker, Marie-Luise, Dr. Heinrich Hoffmans Struwwelpeter. Zur Entstehungs- und Funktionsgeschichte eines bürgerlichen Bilderbuchs. Stuttgart 1977.

Kuchenbuch, Thomas, Bild und Erzählung. Münster 1992.

Kunzle, David, The early comic strip. Narrative strips and picture stories in the European broadsheet 1450 to 1825. Berkeley 1973.

–, The history of the comic strip. The nineteenth century. Berkeley 1990.

McCloud, Scott, Understanding Comics. The invisible art. Northampton 1993.

Metken, Günter, Comics. Frankfurt a. M./Hamburg 1970.

Pape, Walter, Wilhelm Busch. Stuttgart 1977.

Rosenkranz, Karl, Die Bilderliteratur des deutschen Volks. In: Zur Geschichte der deutschen Literatur. Königsberg 1836, 245–287.

Riha, Karl, Bilderbogen, Bildergeschichte, Bilderroman. Zu unterschiedlichen Formen des 'Erzählens' in Bildern. In: Erzählforschung 3. Theorien. Modelle und Methoden der Narrativik. Hrsg. v. Wolfgang Haubrichs. Göttingen 1978, 176–192.

Rosenfeld, Hellmut, Der mittelalterliche Bilderbogen. In: ZfdA 85, 1954, 66–75.

Schnackertz, Hermann J., Form und Funktion medialen Erzählens. Narrativität in Bildsequenz und Comicstrip. München 1980.

Schröder, Horst, Die ersten Comics. Zeitungscomics in den USA von der Jahrhundertwende bis zu den dreißiger Jahren. Hamburg 1982.

Schur, Ernst, Rudolph Töpffer. Berlin 1912.

Toepffer, Rodolphe, Essai de Physiognomie. Essay zur Physiognomie. Mit einem Nachwort v. W. Drost/Karl Riha. Siegen 1980.

Ueding, Gerd, Wilhelm Busch. Das 19. Jh. en miniature. Frankfurt a. M. 1977.

Vischer, Friedrich Th., Rodolphe Töpffers komische Bilder-Romane. In: Rodolphe Töpffer, Collection des Histoires en Estampes – Komische Bilderromane. Genf/Leipzig 1846 (Vorwort).

Waugh, Coulton, The comics. Jackson/Miss. ²1973.

Zimmermann, Hans D. (Hrsg.), Vom Geist der Superhelden. Comic Strips. Colloquium zur Theorie der Bildgeschichte in der Akademie der Künste zu Berlin. Berlin 1970.

Bernd Dolle-Weinkauff, Frankfurt a. M.
(Deutschland)

XI. Geschichte der Printmedien und ihrer Erforschung VI: Flugblatt und Flugschrift I: Herstellung, Vertrieb und Forschungsgeschichte

65. Herstellung und Verteilung von Flugblättern und Flugschriften in ihrer geschichtlichen Entwicklung

1. Technikgeschichte von Flugblatt und Flugschrift
2. Herstellung und Vertrieb von Flugblättern
3. Flugschrift
4. Literatur

1. Technikgeschichte von Flugblatt und Flugschrift

Die Anfänge von Flugblatt und Flugschrift fallen mit dem Aufblühen der Buchdruckerkunst in der 2. Hälfte des 15. Jhs. zusammen. Zwar gab es bereits einige Jahrzehnte vor Gutenberg illustrierte Einblattdrucke, (vornehmlich Andachts- und Heiligenbilder im Holzschnitt), aber erst die Erfindung der beweglichen, aus Metall gegossenen und mechanisch arbeitenden Lettern und die damit verbundene Abkehr vom starren Holzblockdruck erlaubte es, Bücher, Akzidenzien, Flugblätter und Flugschriften schnell und in größeren Mengen auf den Markt zu bringen. Die in den folgenden Jh. im gesamten deutschen Sprachraum vorherrschende Fraktur-Schrift wird auch für Flugblätter und Flugschriften verwendet, und lediglich fremdsprachige Texte werden in Antiqua gesetzt. Bei der Illustrationstechnik dominiert zunächst der Holzschnitt, und es ist davon auszugehen, daß im 16. Jh. Bild und Text in einem Pressendurchgang auf der Tiegeldruckmaschine gedruckt wurden. An der Wende zum 17. Jh. setzt sich zunehmend der Kupferstich als Illustration durch, so daß die Flugblätter nun in zwei verschiedenen Druckverfahren hergestellt werden müssen: Der Kupferstich im Tiefdruck (Zylinder/Flachformmaschine), der Text im Hochdruck. Durch diese aufwendigere Technik verteuerte sich die Produktion, zumal von Kupferplatten weniger Abzüge als von Holzschnitten genommen werden können. Die Erfindung neuer graphischer Reproduktionstechniken (Lithographie, Holzstich) und die Industrialisierung des Druckens eröffnen mit Beginn des 19. Jhs. den Herstellern von 'fliegenden Blättern' und Flugschriften die Möglichkeit zur Massenproduktion. Die Lithographie, ein Flachdruckverfahren, eignet sich aufgrund ihrer zeichnerischen Feinheit besonders gut für den Bilddruck, und sie erlaubt wegen ihrer Widerstandsfähigkeit höhere Auflagen als der Kupferstich. Ende des Jhs. gewinnen die 'modernen' Drucktechniken Photolithographie und Offsetdruck auch für die Flugblattgestaltung an Bedeutung. Beim Propagandamaterial der beiden Weltkriege kommen sowohl die Photographie als auch die Lithographie (Landkarten, Karrikaturen), versehen mit faksimiliertem oder gesetztem Text (Fraktur und Antiqua), zum Einsatz. Die hier aufgezeigte historische Abfolge der Druckverfahren sollte aber die Tatsache nicht verdecken, daß bei der Gestaltung populärer Graphik nicht Ausschließlichkeit, sondern Vielfalt vorherrschend ist, d. h. traditionelle und moderne Illustrationstechniken, Handgefertigtes und Massenprodukte bestehen nebeneinander.

2. Herstellung und Vertrieb von Flugblättern

2.1. Von den Anfängen bis 1700

Druck- und Verlagszentren für das illustrierte Flugblatt der Frühen Neuzeit waren Augsburg, Nürnberg, Straßburg und Köln. Die quantitativen Höhepunkte der Publikationen fallen in die Jahre 1620/21 (der böhmisch-pfälzische Krieg) und 1631/32 (der Eintritt Schwedens in den 30jährigen Krieg). Eine Auflagenzahl von 1500 Exemplaren kann als ungefähr Mittelwert gelten, wobei bei Holzschnittblättern die Auflage etwas höher, bei Kupferstichen und Radierungen etwas niedriger gewesen sein dürfte. Der größte Teil der überlieferten Einblattdrucke hat Folioformat im Hochformat. Kostensparende Nachdrucke, Wiederabzüge und Nachstiche waren in der Bildpublizistik durchaus üblich, führten aber auch zu Auseinandersetzungen innerhalb des Druckgewerbes (Schilling 1990, 22 ff.). Aber nicht nur die Kosten, sondern auch der Publikumsgeschmack regelten das Angebot, und so kommt es während des 17. Jhs. zu Neuauflagen von älteren Holzschnitten als Kupferstiche. Nicht alle Namen, der an der Herstellung beteiligten Personen (Verleger, Drucker, Autor, Stecher, Formschneider, Briefmaler), werden auf den Flugblättern genannt. Zu den wenigen bekannten Autoren gehören Sebastian Brant, Hans Sachs, Johann Fischart, Sigmund von Birken und Georg Ph. Harsdörffer. Holzschneider bzw. Kupferstecher, die für die Bildpublizistik gearbeitet haben, waren u. a. Lucas Cranach d. Ä., Albrecht Dürer, Jost Amman und Peter Isselburg. Der Kölner Kunstmarkt mit seinen katholisch geprägten Verlagsprogrammen (Bussemacher, Overadt, Altzenbach) steht im ausgehenden 16. und beginnenden 17. Jh. unter dem Einfluß von flämischen Künstlern und Verlegern, wie Johann Sadeler d. Ä. und Crispyn de Passe d. Ä. Getrennte Funktionen des Produktionsprozesses sind im 16. Jh. häufig in einer Hand vereinigt. So waren z. B. der Nürnberger Hans Guldenmund und der Straßburger Bernhard Jobin Formschneider, Buchdrucker und Verleger in einer Person. Im 17. Jh. erfolgt in der Person Paul Fürsts (1608–1666) eine erste Berufsdifferenzierung: Der Nürnberger war ausschließlich Kunsthändler und Verleger und tätigte einen überregionalen, weitgespannten Handel mit illustrierten Flugblättern (423 Einzelblätter umfaßt sein Verlagsprogramm). Die seit Ende des 16. Jhs. zu beobachtende Anhäufung von Offizinen in den großen Reichsstädten setzt sich im 17. Jh. fort, wobei diese Expansion in Augsburg vor allem die Briefmalerbetriebe betrifft. Die „Reduzierung auf eine einfache – 'primitive' – Formensprache" (Hilscher 1977, 33), d. h. grobe Holzschnitte mit einer flächigen Schablonen-Kolorierung, und die Bevorzugung traditioneller, volkstümlicher Themen machte deren Produkte zur Ware für den 'einfachen Mann' und ließ das Gewerbe trotz (und wegen) seiner altertümlich-konservativen Prägung bis weit ins 18. Jh. hinein bestehen.

Der Einzelverkaufspreis für ein illustriertes Flugblatt in der Frühen Neuzeit lag bei 2–4 Kreuzern je nach Größe und Ausführung. Dieser Preis entsprach in etwa dem Stundenlohn eines gutverdienenden, unselbständigen Handwerkers in den freien Reichsstädten. Adressat und potentieller Käufer war der 'Gemeine Mann', und in dieser Bevölkerungsgruppe hatten wiederum die Wirte, Lehrer, Schuster und Bauern die größte Affinität zu Einblattdrucken (Schilling 1990, 38 ff.). Der Vertrieb der illustrierten Blätter erfolgte auf verschiedenen Wegen: Einerseits belegen die zahlreichen Werkstatt-Adressen, die sich auf den Blättern befinden, daß ein direkter Ladenverkauf durch die Hersteller stattgefunden hat. Andererseits sorgten Zwischenhändler, die auf den bedeutenden Messen und Märkten in Frankfurt, Leipzig und Nürnberg Material orderten, den heutigen Grossisten vergleichbar für eine Verteilung der Produkte an den Buchhandel. Eine entscheidende Rolle bei der Distribution von Flugblättern spielte der Kolportagehandel (Schenda 1977, 228 ff.), und einige zeitgenössische Abbildungen, die diesen Vertriebsweg zum Thema haben, sind überliefert (Harms 1983, IX, Abb. 1, 3; Brückner 1976, Abb. 61, 88). Der ambulante Händler traf auf Märkten, vor der Kirche und im Wirtshaus auf seine potentielle Kundschaft, und das für den Kolportagehandel typische Aussingen bzw. Ausrufen erfüllte dabei zweierlei Funktionen: Zum einen wurde damit die Aufmerksamkeit des Publikums erregt, und zum anderen wurde die leseunkundige Zuhörerschaft mit den Inhalten der Flugblätter vertraut gemacht (zur Frage der Rezeption durch Lesen/Hören vgl. Talkenberger 1994, 1 ff.). Kontrolliert und eingeschränkt wurde die Flut an Kleinliteratur und deren Vertrieb durch restriktive Zensurverordnungen und Sanktionen gegen Hersteller und Händler von Seiten der Obrigkeit (Schilling 1990, Archivalien im Anhang und 154 ff.).

2.2. 18. Jahrhundert bis 2. Weltkrieg

Bereits in der 2. Hälfte des 17. Jhs. kommt es aufgrund der veränderten politischen Situation zu einem Rückgang der publizistischen Produktion, der sich im 18. Jh. zunächst fortsetzt. Augsburg rangiert in diesem Zeitraum als Kunstverlagsstadt vor Nürnberg, denn neben den bereits genannten Briefmalern gewinnen auch die dortigen Verleger populärer Kupferstiche an Bedeutung. Stellvertretend genannt seien hier Jeremias Wolf (1663–1724), Martin Engelbrecht (1684–1756) und Johann D. Herz d. J. (1722–1792). Daneben entwickelt sich in dieser Zeit auch Wien mit Unterstützung des Kunsthändlers Johann H. Löschenkohl (gest. 1807) und seiner grob ausgeführten und derb bemalten Holzschnitte und Kupferstiche zu einem Zentrum für populäre Druckgraphik. Erst um die Jahrhundertwende stellt Nürnberg mit Friedrich Campe (1777–1846) wieder einen bedeutenden Verleger. Er handelte vornehmlich mit handkolorierten Radierungen und setzte sich mit dieser anspruchsvolleren Technik sowie dem Halbbogenformat von den volkstümlichen, lithographierten Bilderbogen, die seit Beginn des 19. Jhs. publiziert werden, ab. Besagte Bilderbogen (zum Wechsel in der Terminologie vgl. Hilscher 1977, 19 ff.), von lithographischen Anstalten in Massenproduktion hergestellt, beherrschen bis zum Ende des Jhs. den Markt in Europa. Der typische Bilderbogen hat in etwa das Format 30 × 40 cm, wurde größtenteils mit Hilfe von Schablonen handkoloriert und kostete zwischen 10 und 20 Pfennig. Ein Großverleger wie Gustav Kühn (1794–1868) im brandenburgischen Neuruppin steigerte in den Jahrzehnten von 1830–1870 die Bilderbogengesamtauflage seines Unternehmens von einer auf drei Mio., wobei die Auflage für einzelne Drucke bis zu 200 000 Exemplare betragen konnte. Daneben existierten aber auch kleinere Betriebe, bei denen neben der Lithographie noch die Holzschnitttechnik zum Einsatz kam und deren Produkte künstlerisch anspruchsvoller gestaltet waren, wie z. B. die Bilderbogen des Münchner Verlages Braun & Schneider (hier war Wilhelm Busch Mitarbeiter) oder die 'Deutschen Bilderbogen für Jung und Alt' aus dem Verlag Gustav Weise in Stuttgart. Die Vertriebsmöglichkeiten reichen — wie in den vorhergehenden Jahrhunderten — vom Hersteller über den standortgebundenen Händler mit Laden bis hin zum standortunabhängigen Kolporteur, der einerseits als sogenannter 'Buchführer' (handelt mit Druckerzeugnissen aller Art) in Erscheinung treten konnte und der andererseits in der Funktion eines Hausierers mit einem 'Gemischtwarenangebot' über Land zog. Entsprechend dem restaurativen Zeitgeist (und den Zensurbestimmungen, s. u. zur Flugschrift) wurden auf den Bilderbogen politisch neutrale Themen bevorzugt. Lediglich während der 48er Revolution beteiligten sich die Hersteller illustrierter Flugblätter wieder am politischen Tagesschrifttum. In den Straßen Berlins verkauften 'fliegende Buchhändler' Flugschriften und Bilderbogen von A. Cohnfeld, A. Hopf und F. W. A. Held mit kritisch-spöttischen Kommentaren zu den revolutionären Tagesereignissen. In Frankfurt berichtete das 1845 gegründete lithographische Unternehmen Eduard Gustav May mit Hilfe von Zeichnern unter den Abgeordneten in der Paulskirche (z. B. A. v. Boddien) schnell und direkt über die Vorgänge in der Nationalversammlung (Abb. bei Coupe 1985/87, T11, Nr. 406 ff., 416 f.). Eine neue, von der Bilderbogenproduktion unabhängige Bestimmung erfährt das illustrierte Flugblatt im deutsch-französischen Krieg von 1870/71, wo es erstmals in größerem Umfang von staatlicher Seite als Mittel gezielter politischer Propaganda genutzt wird. Altbewährt ist dagegen die Art der Distribution, denn wie bereits bei der Belagerung von Trier 1522 wird auch bei der Belagerung von Paris 1870 die Metapher vom 'fliegenden Blatt' wörtlich genommen, und das Material wurde aus der Luft über dem Bestimmungsgebiet abgeworfen. In den beiden Weltkriegen werden Flugblätter systematisch und massenhaft zur psychologischen Kriegsführung eingesetzt. Allein von Großbritannien werden in den Jahren 1914–18 ca. 14 Mio. Flugblätter für Deutsche (größtenteils faksimilierte Briefe und Postkarten deutscher Kriegsgefangener) mit Hilfe von Flugzeugen und Ballons ausgestreut (Kirchner 1985, 560 ff.). Hatte das Deutsche Reich bis 1918 die Flugblattverbreitung aus völkerrechtlichen Gründen noch verboten, so wird das fliegende Blatt im 2. Weltkrieg wichtiger Bestandteil der Kampfpropaganda sämtlicher kriegführender Staaten. Etwa 30 000 verschiedene Exemplare werden von deutscher und alliierter Seite in Umlauf gebracht, und die Gesamtzahl der abgeworfenen Flugblätter geht in die Milliarden (Kirchner 1974, 23 f.). Der Großteil der Blätter hatte DIN A5 Format (oft zweiseitig bedruckt) und war mit Schmuckfarben versehen. Um sie auszustreuen kamen wiederum Ballons zum Einsatz, aber der weitaus größte Teil des Materials wurde durch spezielle Artilleriegranaten in den Gegner 'abgefeuert' oder mit Hilfe von Bomben aus Flugzeugen abgeworfen. Daneben erfüllt das Flugblatt in diesen Jahren auch eine von staatlicher Propagandapolitik unabhängige Funktion: Es ist sowohl für die deutschen als auch für die Widerstandgruppen im besetzten Europa Medium im Kampf gegen das NS-Regime.

3. Flugschrift

Im Gegensatz zum einseitig bedruckten Flugblatt mit seiner mehr oder weniger engen Verknüpfung von Text und Bild ist die Flugschrift eine nicht gebundene Druckschrift im Quartformat von durchschnittlich 4−16 Seiten, deren Illustration sich in den meisten Fällen auf eine Titelgraphik beschränkt. Ihr Preis betrug zu Anfang des 16. Jhs. je nach Umfang ein bis vier Pfennige, und die Durchschnittsauflage lag bei ca. 1000 Exemplaren. Der erste Höhepunkt der Flugschriftenproduktion fällt in die Frühzeit der Reformation und in die Jahre der Bauernkriege 1520−25. Neben akademisch gebildeten Autoren wie Erasmus von Rotterdam (lateinische Schriften), Martin Luther und Thomas Murner, gehörten auch Mitglieder des Handwerks in den freien Reichsstädten (z. B. Hans Sachs) zum Kreis der Produzenten reformatorischer Flugschriften. Auch das Manifest der aufständischen Bauern, die sechsseitige Schrift 'Zwölf Artikel von der Bauernschaft in Schwaben' aus dem Jahr 1523, wurde von einem Handwerker, dem Kürschnergesellen Sebastian Lotzer aus Memmingen ausgearbeitet. Der Vertrieb der Schriften erfolgte auf Messen und Märkten durch Kolporteure, aber auch die Hersteller beteiligten sich am Verkauf, während die wandernden Händler ihrerseits aus persönlichem Interesse an der Ausbreitung der neuen Lehre, für die Überbringung aktueller Manuskripte an die Druckereien sorgten (vgl. Schnabel 1965, 869 ff.). Der Inhalt wurde durch Vorlesen und Aussingen unter dem zum größten Teil leseunkundigen Volk bekannt gemacht (vgl. Rössing-Hager, in Köhler 1980, 77 ff.). Parallel zum Flugblatt erlebt die Flugschrift einen zweiten Höhepunkt während des 30jährigen Krieges. Neben den konfessionspolitisch und gesellschaftskritisch akzentuierten Flugschriften der Reformation und der Glaubenskämpfe besteht während des 16. und 17. Jhs. ein breites Angebot an sogenannten 'volkstümlichen' Flugschriften, die mit Sensationsmeldungen ('Newe Zeitung', Bänkellied, Moritat) aufwarten. Druckzentren für die Flugschriften der beiden ersten Jh. waren wiederum die freien Reichsstädte sowie größere Territorialstädte wie Leipzig, Erfurt und Wittenberg. Zu den produktivsten Druckern aus der ersten Hälfte des 16. Jhs. zählen Johann Schott aus Straßburg, Heinrich Steiner aus Augsburg und Johann Grunenberg aus Wittenberg. Allerdings ist der Großteil der Schriften aus dieser Zeit ohne Herstellerangabe erschienen. Bedeutende Verleger und Drucker des 17. Jhs., wie Johann Meder aus Ulm und Andreas Aperger aus Augsburg, waren auch im Flugblattgeschäft tätig. Die Flugschriftenproduktion in Deutschland läßt zum Ende des 17. Jhs. nach und gewinnt erst im Zuge der Ereignisse um die französische Revolution und der damit verbundenen Flut an Tagesschrifttum wieder an Bedeutung (jakobinische Flugschriften). Unter Napoleon kommt es zu radikalen Einschränkungen der Tagespublizistik. Buchhändlern und Verlegern von Schmähschriften gegen den Kaiser droht die Todesstrafe, und dennoch blüht die antiabsolutistische, antifranzösische Flugschriftenliteratur (Ernst Moritz Arndt, vgl. Schottenloher 1985, I, 354 ff.). Die Verbote und Zensurmaßnahmen im Gefolge der Karlsbader Beschlüsse von 1819 provozieren eine umfangreiche Flugschriftenliteratur im Kampf um die Pressefreiheit (J. G. A. Wirth, Ph. J. Siebenpfeiffer), führen aber auch dazu, daß die Produktion in die Illegalität abgedrängt wird. Die − kostenlose − Distribution erfolgte nun im wesentlichen über Boten und Sympathisanten unter Ausschaltung des Handels. Mit den revolutionären Ereignissen des Jahres 1848 und der damit verbundenen vorübergehenden Aufhebung der Zensur setzt eine neue Flut von Tagesschrifttum ein. Besonders gut erforscht sind die Umstände der Flugschriftenproduktion dieser Zeit für Berlin. Dort betätigen sich Angehörige der verschiedensten Berufe (Ärzte, Verleger, Künstler, Handwerker) als Autoren. Unter Umgehung des Buchhandels kommt es entweder zu einer kostenlosen Verteilung, oder aber zur Distribution durch Kolportage: „Unter dem Namen des 'fliegenden Buchhändlers' wurde der Kolporteur existentieller Bestandteil der Revolutionsöffentlichkeit" (Weigel 1979, 178). Wie bereits in der Frühphase der Flugschrift und während des Vormärz tritt wieder jener Typus des Händlers in Erscheinung, der seinen Beruf nicht nur zum Broterwerb ausübt, sondern der durch das Verbreiten agitatorischen Schrifttums die Meinungsbildung der Öffentlichkeit in seinem Sinne mitzugestalten versucht. Der Preis für eine Flugschrift lag bei durchschnittlich einem Silbergroschen, d. h. die Käufer rekrutierten sich vor allem aus bürgerlichen und kleinbürgerlichen Kreisen, und für weite Teile der Berliner Bevölkerung waren diese Schriften unerschwinglich. Umso größere Bedeutung im Rezeptionsprozeß kommt somit der kostenlosen Verteilung und dem Aushang der Schriften als Plakate zu. Die Errungenschaften der Märzrevolution in Bezug auf die Publizistik fallen nach 1849 einer repressiven Zensurpolitik zum Opfer. Im Verbund mit der seit Beginn des 17. Jhs. stetig steigenden Zahl an periodischen Zeitungen führt dies zu einem Rückgang der Flugschriftenproduktion in der zweiten Hälfte des 19. Jhs. Sie steht um die Jahrhundertwende und während der Weimarer Republik im Dienste der kleineren, finanzschwachen, oppositionellen Parteien (Sozialistische Partei, Spartakus-Bund, NSDAP), denn aufgrund der spezifischen Produktions- und Vertriebsformen stellt die Flugschrift ein Medium der Agitation dar, das sich staatlicher Kontrolle weitestgehend entzieht.

4. Literatur

Arnold, Martin, Handwerker als theologische Schriftsteller. Studien zu Flugschriften der frühen Reformation 1523–25. Göttingen 1990.

Benzing, Josef, Die deutschen Verleger des 16. und 17. Jahrhunderts. In: AGB 18, 1977, 1077–1322.

–, Die Buchdrucker des 16. und 17. Jahrhunderts im deutschen Sprachgebiet. Wiesbaden ²1982.

Brückner, Wolfgang, Populäre Druckgraphik Europas. Deutschland. München ²1976.

Buchbender, Ortwin/Horst Schuh, Heil Beil! Flugblattpropaganda im 2. Weltkrieg. Stuttgart 1974.

Coupe, William A., German political satires from the Reformation to the Second World War. 3 Tle. in 6 Bdn. New York 1985/87.

Gerhardt, Claus W., Der Buchdruck. Stuttgart 1975.

–, Der gegenwärtige Stand der druckgeschichtlichen Forschung in Europa. In: Wolfenbütteler Notizen zur Buchgeschichte 8, 1983, 109–122.

Grab, Walter, Die Revolutionspropaganda der deutschen Jakobiner. In: ASG 9, 1969, 113–156.

Hampe, Theodor, Paulus Fürst und sein Kunstverlag. In: Mitteilungen aus dem Germanischen Nationalmuseum 1914/15, 3–127, Ergänzungen 1920/21, 137–170.

Harms, Wolfgang (Hrsg.), Deutsche illustrierte Flugblätter des 16. und 17. Jahrhunderts. 4 Bde., Tübingen 1980–87.

–, Illustrierte Flugblätter aus dem Jahrhundert der Reformation und der Glaubenskämpfe, Ausstellungskatalog Coburg, bearb. v. Beate Rattay, Coburg 1983.

Hilscher, Elke, Die Bilderbogen im 19. Jahrhundert. München 1977.

Kirchner, Klaus, Flugblätter. Psychologische Kriegsführung im 2. Weltkrieg in Europa, München 1974.

– (Hrsg.), Flugblatt-Propaganda im 1. Weltkrieg. Bd. 1: Flugblätter aus England 1914–1918, Erlangen 1985.

Köhler, Hans-Joachim (Hrsg.), Flugschriften als Massenmedium der Reformationszeit. Beiträge zum Tübinger Symposion 1980, Stuttgart 1981.

–, Bibliographie der Flugschriften des 16. Jahrhunderts, 2 Bde., Tübingen 1991/92.

Ruckhäberle, Hans-Joachim, Flugschriftenliteratur im historischen Umkreis Georg Büchners. Kronberg 1975.

–, Frühproletarische Literatur. Die Flugschriften der deutschen Handwerksgesellenvereine in Paris 1832–39. Kronberg 1977.

Schenda, Rudolf, Volk ohne Buch. Studien zur Sozialgeschichte der populären Lesestoffe 1770–1910. Frankfurt a. M. 1970.

Schilling, Michael, Bildpublizistik der frühen Neuzeit. Aufgaben und Leistungen des illustrierten Flugblatts in Deutschland bis um 1700. Tübingen 1990.

Schnabel, Hildegard, Zur historischen Beurteilung der Flugschriftenhändler in der Zeit der frühen Reformation und des Bauernkrieges. In: Wissenschaftliche Zeitschrift der Humbold Universität Berlin. Gesellschafts- und sprachwissenschaftliche Reihe 14, 1965, 869–880.

Schöller, Bernadette, Kölner Druckgraphik der Gegenreformation. Ein Beitrag zur Geschichte religiöser Bildpropaganda zur Zeit der Glaubenskämpfe mit einem Katalog der Einblattdrucke des Verlages Johann Bussemacher. Köln 1992. (Veröffentlichungen des kölnischen Stadtmuseums IX).

Schottenloher, Karl, Flugblatt und Flugschrift. Ein Wegweiser durch das gedruckte Tagesschrifttum, Berlin 1922. (Hrsg. und erg. v. Johannes Binkowski. 2 Bde., München 1985).

Tschopp, Silvia S., Flugblatt, -schrift. In: Historisches Wörterbuch der Rhetorik, Bd. 3, Tübingen 1996, 375–383.

Talkenberger, Heike, Kommunikation und Öffentlichkeit in der Reformationszeit. Ein Forschungsreferat 1980–1991. In: IASL, Sonderheft 6, 1994, 1–26.

Weigel, Sigrid, Flugschriftenliteratur 1848 in Berlin. Geschichte und Öffentlichkeit einer volkstümlichen Gattung. Stuttgart 1979.

Eva-Maria Bangerter-Schmid, Bönnigheim (Deutschland)

66. Forschungsgeschichte der Flugblätter und Flugschriften

1. Forschungsgeschichte
2. Literatur

1. Forschungsgeschichte

Die großen Sammler des 16. und 17. Jhs. waren die ersten Personen, die die frühen Flugblätter und Flugschriften nicht nur aus der Sicht des intendierten Publikums, sondern im Zusammenhang mit den anderen gesammelten Nachrichten und Kommentaren aus vergleichend abwägender Distanz wahrnahmen. So vereinigt in Zürich die Sammlung des Johann Jakob Wick (angelegt 1560–1587) u. a. Flugschriften, illustrierte Flugblätter und handschriftliche Berichte nach mündlichen Mitteilungen; sie wurde von einem frühen Forscher, nämlich von dem Naturwissenschaftler Johann Jakob Scheuchzer 1716 wegen zahlreicher Flugblatt-Fallbeschreibungen für seine 'Bibliotheca scriptorum historiae naturalis ...' benutzt. In vergleichbarer Weise wichtig für die frühe Wahrnehmung und Befragung von Flugblättern oder Flugschriften wurden die Sammlungen des Markus zum Lamm in Darmstadt, die Sammlungen Troilo und Dobřenský in Prag, die stark von Philipp Hainhofer geprägte herzogliche Sammlung in Wolfenbüttel, später die Sammlung Johann Hermann in Straßburg, Gustav Freytag in Frankfurt a. M., Hennin in Paris. Aus der Sicht des Bibliothekars und Literaten formulierte Lessing sein achtungsvolles Urteil über illustrierte Flugblätter im Brief an Herder vom 10. 1. 1779, aus der Sicht des Philologen und Literaten erwarb Ludwig Uhland am 12. 1. 1835 eine Sammlung mit Lied-Flugblättern und -Flugschriften des 16. Jhs. Und als frei umgestaltende Literaten nutzten Anfang des 19. Jhs. Clemens Brentano und Achim von Arnim ihren Zugang zu Flugblättern und Flugschriften, ohne selbst als Forscher tätig zu sein, doch den Wert dieser textvermittelnden Medien bewußt machend. Diese Autoren der Romantik leiteten ein länger anhaltendes kultur- und sittengeschichtliches Interesse am durchweg für volkstümlich gehaltenen Druckmedium Flugblatt ein (hierher gehören Ansätze unterschiedlicher inhaltlicher Art, wie die von J. Scheible, E. Diederichs, G. Hirth, E. Fuchs). Es wurde aber auch schon in der Romantik der Versuch unternommen, dieser Publizistik innerhalb einer größeren literaturgeschichtlichen Systematik einen Ort zu geben (Carl Rosenkranz in seiner Geschichte der deutschen Literatur von 1836 mit dem Kapitel 'Bilderliteratur des deutschen Volkes').

Das einseitig bedruckte, oft illustrierte Flugblatt und die mehrblättrige, selten mit Titelgraphik ausgestattete Flugschrift haben in ihren publizistischen Leistungen viele Berührungspunkte, sind dennoch nicht gleichmäßig und nur selten gemeinsam Gegenstände erschließender und analysierender Forschung geworden. Relativ früh bemerkte man die Publikationsdichte beider Medien in der Reformationszeit, während die Leistungen anderer Epochen lange Zeit weitgehend unbemerkt blieben. Die erneute Dichte um 1813 und 1848 wurde zunächst mehr von Lesern als von Forschern wahrgenommen.

Noch bestimmt von dem romantischen Bemühen, Dokumente der eigenen Kultur zu sichten und zu bewahren, herrschte im 19. Jh. und darüber hinaus lange eine vorwiegend katalogisierende Forschung vor, die weitgehend darauf verzichtete, Fragen nach historischen Bedingungen und Funktionen der einzelnen Blätter zu verfolgen. Hierher gehören – neben den oben schon genannten – verdienstvolle Werke wie die von E. Weller, W. Drugulin, M. Geisberg, W. L. Strauss, P. Heitz, J. R. Paas. Sie wurden nicht selten flankiert von Einzelstudien, die Fragen der druckgeschichtlichen Voraussetzungen und der Verbreitung durch den Handel klärten. Gegenstand kompakter Interessen einzelner oder mehrerer akademischer Disziplinen wurden Flugblatt und Flugschrift durch derartige Arbeiten jedoch nicht. Beide Medien blieben bis in die Zeit nach dem 2. Weltkrieg außerhalb fachübergreifender Forschungszielsetzungen. Das konnte dazu führen, daß ein Flugschriftentext nur beiläufig mit dieser Herkunft registriert wurde, ohne daß der mediale Charakter weiter berücksichtigt wurde; eine Flugblatt-Graphik konnte vom zugehörigen Text isoliert in die Graphikgeschichte (oder in eine Ausstellungsvitrine) geraten (so noch bei David Kunzle, The early comic-strip 1973), oder es konnte ein Flugblatt-Text wiederum isoliert (oder allenfalls mit dem Vermerk „mit einem Kupferstück") als Beleg für ein Lied oder ein Gebet dienen. Eine derartig rudimentäre Wahrnehmung spiegelte Fachgrenzen, die in der Regel in der Romantik eingeführt worden waren, behinderte damit aber die Erkenntnis des Zeugniswerts beider Medien. Auf breiter Front gelang noch am ehesten der Volkskunde die ganzheitliche Wahrnehmung dieser Gegenstände in ihrem historischen Kontext, doch konnte zunächst der 'Volks'-, dann der 'Massen'-Begriff (Fehr 1924) irreführende Annahmen implizieren. Eindrucksvolle, zukunftsträchtige Leistungen gelangen Johannes Bolte fürs Flugblatt (z. B. mit seinen Bilderbogen-Studien im Zeitraum von 1907/1938); komparatistisch den Blick auf Phänomene anderer europäischer Länder richtend, vermochte er die enge Verflechtung von Bild und Text wahrzunehmen und Fragen nach der kulturellen Funktion, z. T. auch nach Adressatenschichten differenzierend zu entwickeln und zu klären. So unterschiedlich die wissenschaftliche Herkunft auch ist, stehen Boltes Leistungen und die Fragen, die Aby Warburg 1920 an vorreformatorische und reformatorische Flugschriften richtete, einander in der Wahrnehmung einer Funktionsvielfalt und Traditionsaktivierung nicht fern. Von Warburg gingen über E. Panofsky (und das spätere Londoner Warburg-Institut) ikonologische Interessen in Verbindung mit historischen, auch sozialhistorischen Fragestellungen weiter zu Frederick John Stopp und über ihn zu William A. Coupe. Auf dieser Forschungslinie gerieten mit der Frage nach den verbalen und ikonographischen Traditionen und Funktionen verschiedene Lebens- und Wissensbereiche in den Blick, so auch die Geschichte, in Ansätzen auch Frömmigkeit und Natur, vor allem aber regelmäßig die historische Situation, aus der heraus und für die das jeweilige Flugblatt oder die jeweilige Flugschrift verfaßt worden sind. Mit der Frage nach dem Situationsbezug des Flugblatts und auch der Flugschrift wurde ein komplexerer Zugang, als ihn ein einzelnes Fach zu leisten vermag, als notwendig erkannt. Entsprechend vielfältig und entschiedener die frömmigkeitsgeschichtlichen Aspekte einbeziehend sind die großen Bände zur europäischen Imagerie populaire angelegt, die für die Niederlande (durch Maurits de Meyer, deutsch 1970), für Frankreich (durch Jean Adhémar, deutsch 1968) und für Deutschland (durch Wolfgang Brückner, ²1975) besonders herausragende Monographien umfassen. Durch die Beschränkung auf einfach zu verstehende Blätter, zu denen u. a. auch die geschmacks- und konventionenlenkenden Produktionen von Neuruppin und Epinal gehören, werden allerdings Blätter für schwierigere, komplexere Zielsetzungen nicht einbezogen. Insofern gibt es nach wie vor eine einengende Auswirkung früher volkskundlicher Ansätze auf die allgemeine Flugblattforschung, aber bereits bei A. Spamer (Andachtsbild 1930), W. Brückner (Hand und Heil 1965) und E.-M. Bangerter-Schmid (Erbauliche illustrierte Flugblätter 1986) finden sich Beispiele für eine Ausweitung zu Perspektiven mehrerer Fächer. Eine wirklich komplexe, der Situationsbezogenheit des Flugblatts gerecht werdende, vorwiegend sozialgeschichtlich ansetzende Darstellung gelang M. Schilling 1990, der das weite Spektrum von Leser-, Druck- und Verlagsgeschichte miteinbezieht; entsprechende Arbeiten zum Flugblatt in neueren Jahrhunderten und generell zur Flugschrift bleiben noch ein Desiderat. Vielversprechend sind Ansätze, die in neueren Arbeiten zum Zusammenwirken mehrerer Medien in einer enger umrissenen historischen, die Kommunikation bestimmenden Situation gewidmet worden sind, so zu den Salzburger Emigranten (Marsch 1977), zum Reformationsjubiläum 1617 (Kastner 1982), zur Kipper-Wipper-Thematik (Redlich 1972; Hooffacker 1988), zum Auftreten Gustav Adolfs von Schweden (Tschopp 1992), zur Schlacht von Breitenfeld (Leonhardt 1996/97), zum Confessio Augustana-Jubiläum 1630 (Hänisch 1993), zur englischen Revolution im 17. Jh. (Berghaus 1989; Walther 1991), zum Revolutionsjahr 1848 (Weigel 1979; Ausstellungskatalog Nürnberg 1998). In diesen Arbeiten werden mit wechselnder Akzentuierung neben dem Flugblatt und der Flugschrift auch andere die öffentliche Kommunikationssituation mitbestimmende Medien einbezogen (Zeitung, Medaille, Kupferstich, Drama, andere literarische Gattungen).

Von der Affinität des Flugblatts und auch der Flugschrift zu anderen Gattungen sind Teile der jüngeren Flugblattforschung sachlich überzeugend geprägt worden. So ist das Verhältnis von Lied und (illustriertem und nichtillustriertem) Flugblatt grundlegend von R. W. Brednich geklärt worden; das Medium und die Wirkungsentfaltung des Liedes sind eng miteinander verflochten (vgl. auch Kämper-Jensen 1989). Über das Medium des Flugblatts konnte die Gattung des Lehrgedichts – früh von Sebastian Brant entfaltet – unterschiedliche Gegenstände aus den Gebieten der Medizin, Biologie, Geologie (Erdbeben, Bergstürze) und nicht zuletzt der Astronomie und Meteorologie behandeln. An die deskriptive Erfassung der Phänomene in Versen einfacher Sprache schlossen sich oft orientierungssuchende oder -stiftende Deutungen oder Gebete an. Dieselben Phänomene konnten auf zeitgleichen Blättern mit oft lateinischen Prosatexten andere Zwecke erfüllen, nämlich mit großer Detailgenauigkeit eine Fallbeschreibung für den Fachgelehrten bieten. Doch selbst in der Volkssprache konnte die Leistung von deutschen Flugblatt-Texten mit gehobenen, ein einfaches Publikum behindernden ambitionierten ästhetischen Formen einhergehen, etwa bei der frühen Aufnahme und Entwicklung des Alexandrinenverses in deutschen historischen und moralischen Blättern im frühen 17. Jh. (Forster 1972). Für die darstellende und deutende Erfassung von Ereignissen oder anderen Phänomenen der Geschichte oder der Natur stand prinzipiell stets auch die Flugschrift offen, die dabei meistens die Prosa bevorzugt hat. Führende Positionen in der gesamten Publizistik ihrer Zeit gewann die Flugschrift im Zeitraum 1520/25 (s. Schwitalla 1983) und um 1848; die genauere Erforschung und sogar die bibliographische Wahrnehmung steht in vielen anderen Epochen aber noch aus. In hohem Maße gilt für die Zeit seit der Mitte des 16. Jhs. bis in die neueste Zeit noch immer, was H. v. Zwiedineck-Südenhorst 1888 für die Flugschrift im 17. Jh. hat: es gibt zwar eine große, in den Inhalten und Tendenzen vielfältige Überlieferung, aber keine zusammenhängende erschließende Forschung. Die Flugschrift, die auch den gedruckten Brief, die Predigt und offiziöse Stellungnahmen umfaßt, bietet den Fragen des Historikers vielfältige Substanz, wenn sie auch für die Faktengeschichte nur nach Interpretation von Entstehungssituation, rhetorischer Qualität und Zielsetzung für historische Nachweise verwendbar ist; hier hat Johann Gustav Droysen als Flugschriftinterpret in seinem Fach relativ wenig Nachfolge gefunden. Einzelstudien besonders zum 19. Jh. lassen in dieser Epoche bisher nur die Spitze eines Eisbergs an Forschungsmöglichkeiten erkennen (Faber 1963; Otruba 1978; Ruckhäberle 1975). Bei den illustrierten Flugblättern sahen sich Historiker angesichts der nicht illustrierenden, sondern wertenden und chiffrierenden Sprache der Bilder vor noch größere Schwierigkeiten gestellt, sie als befragbare Dokumente zu verstehen; Rainer Wohlfeil blieb mit seinen absichernden Versuchen lange Zeit allein, ehe er Nachfolger fand. Die Stellung der Flugschrift in ihrer kommunikativen Aufgabe zwischen dem plakativer formulierenden, aber über graphische Möglichkeiten verfügenden Flugblatt und der Fachmonographie erläutert Barbara Bauer in ihrer noch nicht gedruckten Münchener Habilitationsschrift von 1989 auf dem Gebiet der Astronomie (vgl. auch Lehmann, Kometenflugschriften 1985). Die ebenfalls oft in die wissenschaftliche Weltwahrnehmung integrierten Möglichkeiten des illustrierten Flugblatts wurden im Rahmen der auf den komplexen Situationsbezug achtenden Münchener Kommentierarbeiten zur Astronomie ebenfalls von Barbara Bauer, zu Fällen in der Medizin, Zoologie und Botanik vor allem von Ulla-Britta Kuechen gezeigt (vgl. Harms 1986); entsprechend verfuhr dort von kunsthistorischem Ansatz her u. a. Cornelia Kemp, von frömmigkeitsgeschichtlichem Alois Schneider. Den eigenen Anteil des Flugblatts innerhalb des Medienverbunds der Reformationszeit bis zum Ende des 16. Jhs. stellte H. Oelke 1992 dar. Daß die verbalen und die graphischen Teile der illustrierten Flugblätter von den Anfängen bis ins 19. Jh. immer wieder mit Werken der Literatur und der bildenden Kunst in Verbindung stehen und dabei einander wechselseitig (in beiden Richtungen) zitieren und variieren, vermochte die Flugblattforschung oft zu zeigen (Hinweise bei Schilling 1990). Die Wahrnehmung derartiger Ergebnisse außerhalb der speziellen Flugblattforschung verläuft in der Kirchengeschichte und der Volkskunde schneller als in einigen anderen Disziplinen; so ist es ein Nachteil für die Literaturwissenschaft, wenn weiterhin Grimmelshausen-Studien und -Kommentare erscheinen, die von diesen Forschungsergebnissen (und des Autors Kenntnis von Flugblättern auch als Vermittlern von kulturellem Wissen ihrer Zeit) nichts wissen. In der Instrumentalisierung von Flugblatt und Flugschrift in den Kriegen des 20. Jhs., die dank Klaus Kirchners Sammelleistung großenteils überschaubar sind, scheint dagegen wirklich eine weitgehend von Literatur und Kunst sich isolierende, funktionsbestimmte Sonderentwicklung vor sich gegangen zu sein. Die Lücken der Flugblatt- und Flugschrift-Analyse zum 18. Jh. und zu der Zeit nach 1848 erlauben aber noch keinerlei feste Urteile. Die Forschung zu Flugblatt und Flugschrift im Ausland setzt ihre Akzente auf Phasen großer Produktivität im jeweiligen Land, so in England u. a. auf die elisabethanische Zeit, in Frankreich auf die Zeit der französischen Revolution, in Tschechien auf die Zeit bis zum 30jährigen Krieg.

2. Literatur

Adam, Wolfgang, Das Flugblatt als kultur- und literaturgeschichtliche Quelle der Frühen Neuzeit. In: Euph. 84, 1990, 187–206.

Bangerter-Schmid, Eva-Maria, Erbauliche illustrierte Flugblätter aus den Jahren 1570–1670. Frankfurt a. M. 1986.

Bohatcová, Mirjám, Vzácná sbírka publicistických a portrétních dokumentú k počátku třicetileté války. In: Sborník národního muzea v Praze 27, 1982, 1–73.

Brednich, Rolf W., Die Liedpublizistik des 15. bis 17. Jahrhunderts. 2 Bde. Baden-Baden 1974/75.

Bringéus, Nils-Arvid, Volkstümliche Bilderkunde. München 1982 (schwedisch Lund 1981).

Brückner, Wolfgang, Populäre Druckgraphik Europas. Deutschland vom 15. bis 20. Jahrhundert, München 1969, ²1975.

–, Massenbilderforschung 1968–1978. In: IASL 4, 1979, 130–178.

Clark, Sandra, The Elizabethan pamphleteers. Popular moralistic pamphlets 1580–1640. London 1983.

Coupe, William A., The German illustrated broadsheet in the 17th century. 2 Bde. Baden-Baden 1966/67.

Dohms, Peter, Flugschriften in Gestapo-Akten. Siegburg 1977.

Faber, Karl-Georg, Die nationalpolitische Publizistik Deutschlands von 1866/71. Eine kritische Bibliographie. Düsseldorf 1963.

Fehr, Hans, Massenkunst im 16. Jh. Berlin 1924.

Hänisch, Ulrike D., 'Confessio Augustana triumphans'. Funktionen der Publizistik zum Confessio Augustana-Jubiläum 1630 (Zeitung, Flugblatt, Flugschrift). Frankfurt a. M. 1993.

Harms, Wolfgang (Hrsg.), Deutsche illustrierte Flugblätter des 16. und 17. Jahrhunderts, Kommentierte Ausgabe, 5 Bde. München/Tübingen 1980/97.

–, Der kundige Laie und das naturkundliche illustrierte Flugblatt der frühen Neuzeit. In: Berichte zur Wissenschaftsgeschichte 9, 1986, 227–246.

–, Schilling, Michael (Hrsg.), Das illustrierte Flugblatt in der Kultur der Frühen Neuzeit. Frankfurt a.M. 1998.

Hohenemser, Paul (Hrsg.), Flugschriften-Sammlung Gustav Freytag. Vollständige Wiedergabe der 6265 Flugschriften aus dem 15. bis 17. Jahrhundert sowie des Katalogs. Mikrofiche. München 1980/81.

Kämper-Jensen, Heidrun, Lieder von 1848. Tübingen 1989.

Kampmann, Dirk, Das Rebusflugblatt. Köln 1993.

Kirchner, Klaus (Hrsg.), Flugblattpropaganda im 2. Weltkrieg, 15 Bde. Erlangen 1978/91.

Köhler, Hans-Joachim (Hrsg.), Flugschriften als Massenmedium der Reformationszeit. Stuttgart 1981.

–, Bibliographie der Flugschriften des 16. Jahrhunderts, 2 Bde. Tübingen 1991/92.

Laube, Adolf/Annerose Schneider (Hrsg.), Flugschriften der frühen Reformationsbewegung (1518–1524), 2 Bde. Berlin 1983.

Oelke, Harry, Die Konfessionsbildung des 16. Jahrhunderts im Spiegel illustrierter Flugblätter. Berlin 1992.

Otruba, Gustav, Wiener Flugschriften zur Sozialen Frage 1848. Wien 1978.

Paas, John Roger (Hrsg.), The German Political Broadsheet 1600–1700, 5 Bde. Wiesbaden 1985/96.

Ruckhäberle, Hans-Joachim, Flugschriftenliteratur im historischen Umkreis Georg Büchners, Kronberg 1975.

Schilling, Michael, Bildpublizistik der frühen Neuzeit. Tübingen 1990.

–, Der Augsburger Einblattdruck. In: Augsburger Buchdruck und Verlagswesen von den Anfängen bis zur Gegenwart, hrsg. v. Helmut Gier und Johannes Sanota. Wiesbaden 1997. S. 381–404.

Schottenloher, Karl, Flugblatt und Flugschrift. Berlin 1922, ²1985.

Schwitalla, Johannes, Deutsche Flugschriften 1460–1525. Tübingen 1983.

Tschopp, Silvia S., Heilsgeschichtliche Deutungsmuster in der Publizistik des Dreißigjährigen Krieges. Frankfurt a. M. 1991.

–, Art. 'Flugschrift'. In: Literaturlexikon. Hrsg. v. Walther Killy. Bd. 13. Gütersloh/München 1992, 307–309.

Walther, Karl K., Britannischer Glückswechsel. Deutschsprachige Flugschriften des 17. Jahrhunderts über England. Wiesbaden 1991.

Warburg, Aby M., Heidnisch-antike Weissagung in Wort und Bild zu Luthers Zeiten (zuerst Heidelberg 1920). In: Ausgewählte Schriften und Würdigungen. Hrsg. v. Dieter Wuttke. Baden-Baden 1979, 199–304.

Watt, Tessa, Cheap print and popular piety 1550–1640. London 1991.

Weber, Bruno, Wunderzeichen und Winkeldrucker 1543–1580, 2 Bde. Dietikon/Zürich 1972.

Weigel, Sigrid, Flugschriftenliteratur 1848 in Berlin. Stuttgart 1979.

Wohlfeil, Rainer, Methodische Reflexionen zur Historischen Bildkunde. In: Historische Bildkunde. Probleme, Wege, Beispiele. Hrsg. v. Brigitte Tolkemitt/Rainer Wohlfeil. Berlin 1991, 17–35.

Zwiedineck-Südenhorst, Hans v., Die öffentliche Meinung in Deutschland im Zeitalter Ludwigs XIV. 1650–1700. Ein Beitrag zur Kenntnis der deutschen Flugschriften-Literatur. Stuttgart 1888.

Wolfgang Harms, München (Deutschland)

XII. Geschichte der Printmedien und ihrer Erforschung VII: Flugblatt und Flugschrift II: Kommunikative und ästhetische Analysen sowie geschichtliche Längs- und Querschnitte in Auswahl

67. Kommunikative Aufgaben und Leistungen des Flugblatts und der Flugschrift

1. Die Öffentlichkeits- und Informationsaufgabe des Flugblatts und der Flugschrift sowie ihre Leistungen
2. Die Agitations- und Propagandaaufgabe des Flugblattes und der Flugschrift sowie ihre Leistungen
3. Die Aufgabe des Belehrens und Erbauens in Flugblättern und Flugschriften sowie ihre Leistungen
4. Die Werbeaufgabe und -leistung des Flugblatts und der Flugschrift
5. Literatur

1. Die Öffentlichkeits- und Informationsaufgabe des Flugblatts und der Flugschrift sowie ihre Leistungen

Wenn Menschen ihre Absichten, Forderungen, Ziele, Programme oder Beschwerden öffentlich machen, möglichst vielen Mitmenschen oder bestimmten Gruppen von ihnen möglichst rasch zur Kenntnis bringen wollen, können sie sich der Flugblätter oder Flugschriften bedienen. Flugblätter und Flugschriften waren in allen gesellschaftlichen Bereichen anzutreffen. Man begegnete ihnen in der Kirche wie am Hof oder im Rathaus, an Universitäten und Schulen, in der Stadt und auf dem Land. Alle sozialen Gruppen oder Stände gehörten zu ihren Adressaten und Rezipienten: fürstliche und adlige Personen, städtische Patrizier, Gelehrte, Halbgebildete und Analphabeten. Entsprechend unterschiedlich ist die Gestaltung der Blätter. Sie können in lateinischer, manchmal griechischer Sprache oder in der Volkssprache abgefaßt sein. Von manchen gibt es parallelsprachige Ausgaben. Text und zugehörige Bilder können sehr kunstvoll arrangiert sein und kunstvolle bzw. komplexe Darstellungen enthalten oder lediglich simple Formen und Bilder wiedergeben. Die Thematik kann religiös sein, vom Memento Mori bis zur konfessionellen Belehrung reichen, von polemischer Propaganda Fidei bis zur Andachtsgraphik. Es werden theologische Wissensbestände vermittelt und in den sozialen und politischen Bereich der Alltagswelt transportiert. Nachrichten von aktuellen politischen oder militärischen Ereignissen oder deren polemisch-satirische Kommentierung können Inhalte sein. Das Flugblatt kann zur Sensationspresse gehören, die ausführlich über Kometen, Mißgeburten, Curiosa oder Mordgeschichten berichtet. Beispiele für das volkstümliche Genre sind Szenen aus dem Alltagsleben, berühren Tugend- und Lasterhaftes. Ihre Funktion ist vordergründig apolitisch. In der Abkehr von realen Konflikten, in oft mystifizierenden Interpretationsmustern und in der wertenden Moral, mit der das geschilderte Ereignis etwa als Strafe für gottloses, ungehorsames Verhalten interpretiert wird, dienen sie jedoch dem Erhalt geltender Verhältnisse. Auch die öffentliche und private Gelegenheitsdichtung, die Panegyrik, bedient sich des Mediums. Flugblätter und Flugschriften fanden Verwendung als repräsentatives wie werbendes, persuasives oder systemstabilisierendes, als propagandistisch-agitatorisches, als didaktisches oder erbauliches Instrument. Zeitung und Zeitschrift haben dem Flugblatt und der Flugschrift einen Teil ihrer explosiven Aktivität abgenommen. Im 15. Jh. sprach man von dem 'laufzettelein, das sich selbst auf die Beine bringt'. Gemeint ist damit, daß das Blatt zwingt, gelesen, diskutiert und von Hand zu Hand weitergegeben oder als Anreiz zur allgemeinen Lektüre an gut sichtbarer

Stelle angeheftet, von der Kanzel herab oder im Wirtshaus vorgelesen zu werden. Mit ihm gelang es, das Informationsniveau rasch anzuheben, die Verunsicherung, Unzufriedenheit und das Reformverlangen weiter Kreise der Bevölkerung zu bündeln und inhaltlich zu präzisieren. Erst dadurch konnte eine 'reformatorische Öffentlichkeit' entstehen. Das Kommunikationsmonopol der Kirche wird durchbrochen. Zum anderen wird die Meinung der Angesprochenen und Aufgerufenen durch die unverhohlen propagandistische Absicht manipuliert. Ein gewisses demokratisches Element zeigt sich darin, daß das neue Medium allen an dem gesellschaftlichen Neuerungsprozeß beteiligten Gruppen und Institutionen offensteht. Das Verdienst der Flugschriften besteht in der Re- und Neukonstituierung einer religiösen, kulturellen, sozialen und politischen Handlungspraxis und Handlungsorientierung. Die in den Schriften gebotene Information hat zudem aufklärerische Funktion. Da Kausalitäten aufgezeigt, entdeckt oder bloßgelegt werden, indem Katastrophen und Unterdrückung auf menschliche Ursachen zurückgeführt werden, weicht von den Menschen die Angst, schlägt eventuell um in Zorn.

Viele Einblattdrucke und Flugschriften enthielten gereimte Texte, bestimmt zum Rezitieren oder für den Gesang. Es war üblich, ihren Inhalt durch das Vorsingen der Titel oder ersten Reimzeilen durch den Kolporteur auf dem Markte oder in der Straße anzuzeigen.

Sie sind vom technischen Aufwand her einfach herzustellen und verursachen keine allzu hohen Kosten. Nachdruckmöglichkeiten sind gegeben und werden extensiv genutzt. Deshalb waren sie für lange Jahrhunderte das vielleicht einflußreichste publizistische Medium, sicher aber das temperamentvollste, weil es seine eigene Dynamik entwickelte und unerwartet zünden konnte.

Die billige Herstellung verweist auch auf rasche Vergänglichkeit. Zudem bilden Produktion und Vertrieb die Möglichkeit, dies auch im Untergrund, heimlich, verborgen, unauffällig und unerkannt zu tun. Die Anonymität kann in jeder Richtung gewahrt werden, wenn sich Verfasser und Vertreiber nicht offenbaren wollen. Allerdings kann einem Autoren- oder Verbreiterschaft auch leicht unterschoben werden. Mit gefälschten Blättern und Schriften kann ein Kleinkrieg geführt, können Freund und Feind gegeneinander aufgebracht werden.

Im Flugblatt werden knapp und eindringlich Worte an die Massen oder bewußt ausgewählte Zielpersonen gerichtet, die argumentativ überzeugen sollen, aufrütteln, bewegen, enthüllen, anspornen zu Taten, zu denen sie aufgefordert werden. Klar gefaßt und erregt im Ausdruck versuchen die Texte für die vertretene Sache zu gewinnen.

In den Flugschriften werden aktuelle Forderungen entwickelt, vorgetragen und belegt. Argumentiert wird in Tatsachen und Dokumenten, in Dialogen, Reden, Akten, Bildern. Es wird ausgelegt und kommentiert. In objektiver Form werden auch Polemiken, Satiren, Pasquillen etc. verbreitet.

Flugblätter und Flugschriften verbreiten die Botschaften von Religionsgründern und Glaubensstiftern, von Propheten und religiösen Eiferern. Politische Programme und ideologische Entwürfe, kritische Stellungnahmen und Berichte, Auslegungen, politische Testamente finden durch sie ihren Weg in die Öffentlichkeit. Geistige und sachliche Aktionen werden vorbereitet, unterstützt, kritisiert oder verdammt. Aus Privatbriefen oder deren Beilagen werden öffentliche Briefe, in denen Mitteilenswertes publiziert, d. h. an die Öffentlichkeit gebracht wird. Historisch ging es um Nachrichten zu aktuellen Ereignissen aus dem staatlich-gesellschaftlichen Sektor, von Kriegsschauplätzen, religiösen Auseinandersetzungen. Die Nachrichtenbriefe, später 'Neue Zeitungen' genannt, transportierten die wichtigsten Neuigkeiten, aber auch Rundschreiben, Erlasse, Manifeste. In Kriegszeiten schwoll die Zahl der Flugblätter und Flugschriften zu einer Flut an, weil das Interesse sprunghaft wuchs.

Die Erfindung des Papiers und des Drucks steigerten das Streuvermögen gewaltig. Später ermöglichten Katapulte, Ballon- und Flugzeugabwürfe die gezielte wie flächendeckende Verbreitung. Durch Boten oder Verteiler lassen sich die massenhaften Erzeugnisse heute über die Briefkästen direkt in die Haushalte bringen, sichern die Ankunft beim Adressaten. Das Ausstreuen oder Auslegen auf Plätzen oder in Gebäuden mit großer Personalbewegung gibt Möglichkeiten für Blitzaktionen.

2. Die Agitations- und Propagandaaufgabe des Flugblattes und der Flugschrift sowie ihre Leistungen

Flugblätter und Flugschriften enthalten oft rebellische Worte oder Texte, Anklagen oder

Verteidigungen. Die 95 Thesen, die Martin Luther 1517 mit einem Flugblatt am Portal der Schloßkirche zu Wittenberg anschlug, der 'Sermon von Ablaß und Gnade' von 1518 und alle Flugschriften, die er verbreitete, erschütterten das machtvolle Gebilde der katholischen Kirche des Mittelalters. Die Buchmesse in Frankfurt 1521 war mit antipäpstlichen Flugschriften überschwemmt. In die Agitation gegen und für den Katholizismus griffen weiter ein Johannes Cochlaeus, Johannes Eck, Johann Eberlin von Günzburg, Georg Eder, Hieronymus Emser, Ulrich von Hutten, Andreas Karlstadt, Heinrich von Kettenbach, Philipp Melanchthon, Thomas Münzer, Thomas Murner, Georg Nigrinus, Lucas Osiander, Hans Sachs, Georg Scherer, Lazarus Spengler und viele andere. Es wird attackiert und appeliert. Gearbeitet wurde weniger mit Argumenten, sondern mit Beschimpfung, Verunglimpfung, Verleumdung, mit Parodien und Persiflagen. Der Ton wurde abgeleitet vom gesprochenen Wort, von erregten Unterredungen unter Freunden, Bekannten und Kollegen, zu Hause, in Wirtshäusern und auf den Straßen. Er war fast stets parteilich. Unterstützt wurden die Texte durch die Illustrationen, die die positive Agitation stärkt, in dem Luther z. B. als Verteidiger der christlichen Freiheit, als Prophet oder Kirchenvater abgebildet wurde, oder Gegner schmähten durch Schand und Spottbilder, etwa den Papst als Antichrist. Bilder sprachen auch die Analphabeten an, stimmten sie ein in die gewünschte Sicht der Dinge. Für die Schmäh- und Spottschriften wurde der Ausdruck 'Pasquill' üblich.

Die in der Antike sowie im Mittelalter gängige Tradition, Streitschriften zu verbreiten, wurde im Spätmittelalter wieder aufgenommen. Inhaltlich wird Judenhaß, Antiklerikalismus und Obrigkeitskritik dominant. Vorreformatoren wie Jan Hus oder Hieronymus von Prag kämpften gegen die Papstkirche. Humanisten wie Sebastian Brant, Otto Brunfels, Albert Krantz, Pamphilius Gengenbach, Josef Pfefferkorn oder Johannes Reuchlin verbreiteten ihre Weltsicht, versuchten Normen und Maßstäbe für die Gesellschaft festzulegen und kämpften gegen Theologen der thomistischen Richtung. Im Bauernkrieg wird der Streit personifiziert. Hans Karst und Neu Hanskarst waren populäre Figuren in der publizistischen Auseinandersetzung.

Als 1529 die Türken Wien belagerten, kam es zu einer Flugblattaktion, um einen 'Türkenkreuzzug' auszurufen. Mit ungeheurer Übertreibung wurden Greuel und das Los der Sklaverei herausgestellt.

Im Vorfeld des Dreißigjährigen Krieges bekämpften sich die Anhänger der protestantischen Union und der katholischen Liga publizistisch aufs erbittertste. Jede der Parteien behauptete von der Gegenseite, sie mißachte die höchsten Werte der Zivilisation und begehe die übelsten Greueltaten wie Kindesmord, Folterung, Vergewaltigung, Raub und Brandstiftung. Auch das Publizieren erfolgreicher Predigten in Flugschriften diente der Indoktrination breiterer Schichten als sie durch die Lehre von der Kanzel aus möglich gewesen wäre.

Eine Spezialthematik zu Beginn des Dreißigjährigen Krieges haben Flugblätter und Flugschriften, die sich gegen die 'Kipper', die 'jüdischen Kipper und Auffwechßler', die 'wucherische Münzmeister' und 'Wucherer' richten, die als Verursacher von Inflation gebrandmarkt werden (vgl. Hooffacker 1988).

Während des Dreißigjährigen Krieges werden in der Flugschriftenpublizistik die militärischen Konflikte als gottgelenktes Geschehen herausgestellt. Die Protagonisten der sich bekämpfenden Seiten erscheinen als Exponenten sich bekämpfender göttlicher und widergöttlicher Mächte. Die protestantischen Agitatoren versuchen vor allem das Eingreifen Schwedens zu legitimieren. Der Schwedenkönig Gustav Adolf erscheint als strahlender Gesandter des Höchsten, der seine einzigartigen Fähigkeiten selbstlos für die Errettung der Glaubensverwandten im Reich einsetzt und durch sein Handeln göttliche Heilsplanung verwirklicht. Die Notwendigkeit des schwedischen Feldzuges und dessen sowohl politisches wie auch religiöses Ziel werden immer neu hervorgehoben. Der Tod des Königs wird in zahllosen Schriften betrauert. Er gerät dann allerdings schnell aus dem Blickfeld der Publizisten. Die Schweden erscheinen auch bei den protestantischen Autoren als fremde Eroberer und verabscheuenswürdig wegen ihrer Grausamkeit. Kaiser Ferdinand II. wird als fanatischer Katholik und Jesuitenknecht charakterisiert, Johann Georg von Sachsen als immer zögernder Kurfürst und unberechenbarer Bündnispartner. Graf Tilly erscheint als asketischer, aber zugleich gnadenloser General und Wallenstein als ehrgeiziger Emporkömmling, dessen Strategie undurchschaubar bleibt. Insgesamt wird in der Flugschriftenliteratur ein Epochenbild ausgebreitet, das über Jahrhunderte bestehen bleibt (vgl. Tschopp 1991). Eine wahre Flut von Schriften rufen die Schlacht am Weißen Berg 1620, die Zerstörung Magdeburgs und die Schlacht bei Breitenfeld 1631 hervor. Die Produktion konzentriert sich auf kritische Wendepunkte der politischen Geschichte.

Im 18. Jh. gab es für den Aufbau einer Streitschrift einen gültigen Konsens, der folgendermaßen aussah:

„Methodus polemico oder elenctica ist der Vortrag einer Wahrheit, da dieselbe wider ihre Feinde gerettet wird. Solchemnach erfordert dieselbe, daß 1. die Feinde namhafft gemacht werden, 2. ihre Argumente aus richtigen Quellen aufrichtig angeführet werden, derselben anscheinende Krafft entdecket und auf das höchste getrieben werden; endlich aber 3. dieselben mit tüchtigen Gründen widerleget werden. Dabey aber hat man mit allem Fleisse dahin zu sehen, daß man nicht den Zanck-Geist herrschen, und ihm die Direction der Feder überlasse: gleichwie man auch dahin zu sehen hat, daß man nicht mit denen Personen, sondern mit denen Sachen selbst zu thun hat" (J. H. Zedler, Großes Universal-Lexikon, Leipzig-Halle 1744).

Taktisches Ziel der Schriften ist meist die intellektuelle oder moralische Vernichtung der angegriffenen Theorie oder Person. Im Text wird angegriffen und zugleich versucht, sich mit dem Leser zu solidarisieren. Er soll den Angriff weitertragen, soll die übernommenen Aversionen weitergeben. Vor allem im Sinne der Aufklärung setzen die Flugschriftenverfasser ihre Sichtweise wie ihren moralischen Anspruch absolut, fühlen sich deshalb legitimiert, den Gegner zu vernichten. Indem sich aus moralischem Rigorismus erwachsene Überzeugungskraft mit einem Bemühen um Sachlichkeit der Argumentation, mit ihrer logischen Stringenz verband, konnte der Flugschriftenstreit der Aufklärer gegen die 'Dunkelmänner' deren Sieg erringen. Als Kaiser Joseph II. 1781 die Pressefreiheit in seinem Herrschaftsgebiet verkündete, feierten das die Wiener mit einer Flut von Flugblättern und Flugschriften. Stoffe waren vor allem die aufklärerischen Ideen, denen auch der Kaiser anhing, sowie der Kampf und der Schmäh gegen Religion und Katholizismus. Die Titel 'Was ist der Papst?', 'Was ist ein Bischof?', 'Was ist ein Ablaß?', 'Allgemeines Glaubensbekenntnis aller Religionen' usw. sprechen für sich. Nach Kriegsende wenden sich die Schriften vor allem gegen Frankreich und den von dort sich ausbreitenden Absolutismus. Im Vorfeld der französischen Revolution erhielt das Medium neuen Auftrieb. Schubart prägte 1787/88 die Begriffe Flugblatt und Flugschrift nach dem französischen 'feuille volante'. Das englische 'pamphilet' erlangte über das französische 'pamphlet' eine weltweite Verbreitung. Mit der Revolution selbst etablierten sich die Blätter und Schriften für immer als geeignetstes publizistisches Mittel des politischen Tageskampfes. Das Britische Museum in London verwahrt alleine an 50 000 Flugschriften aus den französischen Revolutionstagen.

Mit der Machtübernahme Napoleons und seinen imperialen Eroberungskriegen beginnt ein Propagandafeldzug, bei dem sich nationale Interessen, gerichtet gegen den außenpolitischen Feind, mit dem Befreiungskampf der Deutschen und Österreicher gegen die absolutistische Herrschaft überhaupt vermischen. Napoleon wird als Tyrann bezeichnet. In seiner Person wird das gesamte französische Volk bekämpft. Die Kritik an seiner absolutistischen Herrschaft wird zur solchen gegen den Absolutismus überhaupt, zum Ruf nach der Volkssouveränität (Redl 1971).

Wo sich die Wirkung der französischen Revolutionstheorie und -praxis verbindet mit dem Versuch, im weiteren Europa eine Veränderung herbeizuführen, zu direkten Aktionen aufzurufen, wie etwa im Jakobinertum, da entfaltet sich eine Flugschriftenliteratur, die der zur Zeit des Bauernkrieges ähnelt.

Die radikale und revolutionär-demokratische Propaganda ist gekoppelt an den Umschlag von liberal-bürgerlicher zur 'plebejischen' Öffentlichkeit, mit dem ideologischen Übergang in den Frühsozialismus. Zentral sind Blätter, die in der Regel der rhetorischen Disposition von Parteireden folgen, mit Anrede, narratio (unterrichtendem Teil), argumentatio (beweisender Teil) und einem Schluß, der die entscheidenden Faktoren der Zielvorstellung pointiert zusammenfaßt.

Die französische Julirevolution von 1830 bringt ein neues Spannungselement in die gesamteuropäische Politik, führt zur Flugschriftenagitation gegen Maut, Teuerung und Wucher. Politische 'Volksschriftsteller' versuchen sich in der Vorbereitung revolutionärer Taten. Nach der Theorie des 'Herren- und Pfaffenbetrugs' („Der Adel und Klerus in scheußlichem Bund, Ha! richten mit Jubel die Menschen zu Grund", 1838) richtet sich die Kritik gegen die Pfründen der Geistlichkeit, die adligen Privilegien, die Legitimität der Fürsten und das Gottesgnadentum. In diese Kritik werden dann Fabrikbesitzer und Handwerksmeister einbezogen („Friede den Hütten! Krieg den Pallästen!", 1840) (vgl. Ruckhäberle 1975).

Im Revolutionsjahr 1848 entsteht eine 'volkstümliche' Öffentlichkeit, besonders die auf der Straße, die durch Flugschriften belebt und politisiert wird. Eingeladen wird zu Versammlungen, aufgerufen zu Kundgebungen, dann zu Straßenkämpfen, dann zur Institution einer Nationalversammlung, um die 'Errungenschaften' der Revolution zu sichern. Als diese etabliert ist, kommt es schnell zu Klagen über das 'schlafende Parlament' (Weigel 1979). Mit der Niederschlagung der Revolutionsbewegung wird die entfaltete literarische Produktionskraft beendet. Die weitere Entwicklung der Flugschriftenliteratur ist verbunden mit der Geschichte der Arbeiterbewegung, mit den Bedingungen kollektiver Produktion und einer Organisationsöffentlichkeit. Mit der Unterdrückung der Arbeiterbewegung, etwa mit Hilfe der Sozialistengesetze, beginnt die Entwicklung einer proletarischen Öffentlichkeit, gesteuert und munitioniert vor allem aus dem Untergrund.

Die außenpolitischen Auseinandersetzungen, vor allem der deutsch-französische Krieg 1870/71 und die beiden Weltkriege unterwerfen die Produktion von Flugschriften einmal den Herrschafts- und Propagandainteressen der Kriegführenden (Buchbender/Schuh 1974; Kirchner 1974), zum anderen kämpfen pazifistisch ausgerichtete Organisationen und Autoren gegen den Krieg und seine Betreiber (Leonhard 1968).

Während des deutsch-französischen Kampfes 1870/71 wurden aus dem belagerten Paris mit Luftballons Flugblätter an die Front und in das noch nicht besetzte Frankreich befördert. Im 1. Weltkrieg setzten vor allem die Alliierten Flugblätter gezielt ein. Der deutsche Generalstab zog erst 1918 nach.

Mit der Gründung der politischen Parteien verlagerte sich die Flugblatt- und Flugschriftenaktivität auf die Parteienwerbung. Vor allem in der Wahlagitation wurden sie massenhaft eingesetzt. Radikale Gruppierungen greifen begierig nach dem wirksamen Medium. Handzettel laden zu Versammlungen; Parteiprogramme und Grundsatzerklärung werden so billig verbreitet (Wilpert 1978). Als in Deutschland die Zeitung 'Sozialdemokrat' verboten wird, erscheint diese von Zürich aus mit beigelegten Flugblättern. Zwischen 1879 und 1881 sollen es 150 000 gewesen sein. Von 1890 bis 1914 hatten die sozialdemokratischen Wahlflugblätter Millionenauflagen.

Die Nationalsozialisten setzten auf das „geredete Flugblatt" (Hitler). Das gedruckte wurde nur dann eingesetzt, wenn man Verunglimpfungen und Beleidigungen des Gegners nicht über die eigene Presse zureichend publizieren konnte, während des Krieges an der Front, wo Hitler im Frankreich-Feldzug selbst verfaßte Schriften abwerfen ließ, in den 'angeschlossenen' Gebieten, um die Bevölkerung zu gewinnen, oder in den letzten Monaten des Jahres 1945, wo Durchhalteparolen die Bevölkerung zum Widerstand aufhetzen sollten. Die Alliierten setzten dagegen ihre Flugblätter wesentlich wirksamer ein. Während die Deutschen oft plump den Gegner verunglimpften, waren gegnerische Flugblätter meist nicht als solche zu erkennen, weil sie etwa Predigten deutscher Bischöfe oder Aufrufe oppositioneller Gruppen enthielten. Die Gegner der Nationalsozialisten versuchten gegen sie mit illegaler Flugblattpropaganda anzukämpfen (Pikarski/Uebel 1980; Gitting 1972). Ertappte Flugblatthersteller oder -verteiler wurden hart bestraft, wie etwa Gruppen der 'Weißen Rose' und der 'Edelweißbewegung'.

Solange in der Deutschen Demokratischen Republik Auseinandersetzungen zwischen den Parteien stattfanden, hatten die Flugblätter ihre Funktion. Nach dem Zusammenschluß in der Sozialistischen Einheitspartei Deutschlands (SED) wurden sie seltener gebraucht. Flugschriften hatten ihren Wert als antiwestliche Pamphlete, aufklärende Broschüren, Mittel zur Verbreitung öffentlich gehaltener Reden und als Propaganda- und Agitationsschriften. Eine wichtige Rolle spielten Flugblatt und Flugschrift stets für die illegalen Gruppen und die politische Emigration. Aus dem Untergrund wie aus dem Ausland versuchten sich die verbotenen Parteien im Dritten Reich der deutschen Öffentlichkeit mitzuteilen. Wo sich im besetzten Europa politische Widerstandsgruppen bildeten, entstand diese illegale Publizistik (Pikarski/Uebel 1980).

Nach dem Verbot der Kommunistischen Partei Deutschlands (KPD) 1956 ging diese in den Untergrund und zeigte Flagge mit ihren Publikationen. Man übernahm auch die Argumente der Antiatom- und Ostermarschbewegung. Versuche von westdeutscher Seite, die Bevölkerung Mitteldeutschlands über die politische Lage durch Ballonabwurf von Flugblättern zu informieren, schlugen fehl, da sich niemand fand, der die Schriften hätte verteilen können. Der Einfluß westdeutscher Rundfunk- und Fernsehsender war zudem stärker.

In den westlichen Demokratien haben die Flugblätter und Flugschriften ihre Aufgabe in der Wahlagitation der Parteien. Mit Postwurfsendungen und gezielt bei Versammlungen oder an Ständen in den Fußgängerzonen werden die Bürger mit Argumenten zu überzeugen versucht, für die werbende Partei zu votieren.

In der 68er-Bewegung operierten vor allem Studenten- und Schülergruppen mit dem billigen Medium. Der hektographierte oder gedruckte Handzettel wurde zu einem Mittel der 'Außerparlamentarischen Opposition' (APO), wobei vor allem mit Satire und Parodie der Staat und die Gesellschaft provoziert wurden (Miermeister/Staadt 1980). In den Wochen der gewaltfreien Revolution, zwischen September und November 1989, tritt in der DDR die Opposition aus dem von der Staatsmacht umstellten Raum der Illegalität heraus und wird zur Öffentlichkeit und bestimmenden Macht. In Flugblättern mit Aufrufen und Resolutionen wird die Selbstbefreiung propagiert wie das Regime angeklagt (vgl. Schüddekopf 1990).

Heute sind andere Medien, etwa Hörfunk, Fernsehen, Illustrierte wichtiger für die Agitations- und Propagandaaufgabe. Es gibt sicher auch Rezeptionsbarrieren, da so ausgerichtete Schriften in der Flut der Werbematerialien leicht übersehen werden können. Nur zu Wahlzeiten werden die Flugblätter und -schriften noch konzentriert eingesetzt.

3. Die Aufgabe des Belehrens und Erbauens in Flugblättern und Flugschriften sowie ihre Leistungen

In der Zeit um 1520 werden mehrere hundert Flugschriften gedruckt, die Predigten enthalten. Meist sind es solche mit reformatorischer Tendenz und gewisser Brisanz, die sie vorher in der Verkündigung erwiesen hatten. Es geht darin keineswegs bloß um Information, um die neue Auslegung und Verkündigung der christlichen Botschaft, sondern vor allem um Belehrung über das rechte Verständnis des göttlichen Wortes und damit über die Heilswahrheit. Indem in diesen Flugschriften Predigten, real gehaltene Predigten abgedruckt wurden, wurden die mündliche Verkündigung aufs nachhaltigste unterstützt und Zeugnisse, Dokumente geschaffen nicht nur für die Art der neuen Verbreitung des göttlichen Wortes, sondern vor allem auch für die der Durchsetzung der neuen Bewegung und Sicht wesentlichen Kommunikationsvorgänge. Diese Drucke sind Zeugnisse der Ausbreitung der neuen Lehre, zeugen von deren Erfolg in den Gemeinden, der Belehrung und Beeinflussung der Hörer wie der Leser.

Predigtsummarien fassen den Inhalt einzelner Predigten, die bestimmte Kleriker oder Mönche an bestimmten Orten gehalten hatten, zusammen, korrigieren zum Teil deren vorreformatorischen Aussagen. Hier handelt es sich um Dokumente, die eine Übersicht geben über die Art der Verkündigung durch einzelne Autoren, über deren eventuelle Entwicklung, ihr Ansehen und ihre Wirkung. Außerhalb des Predigtbereichs begegnen uns Themen der Menschwerdung Christi, der Erlösung, biblische Gleichnisse, Mariendevotion, Heiligenverehrung, Schutzengel, Endzeit und Katechese (vgl. Bangerter-Schmid 1986). Der Protestantismus fordert in seinen Flugblättern nicht zur 'imitatio christi' auf, sondern zu einer Nachfolge unter dem von Gott auferlegten Kreuz in den Ständen der Welt. Übergeordnete Funktion der Thematik und ihrer Darstellung ist die Anleitung zu einer christlichen Lebensführung. Der Protestantismus zeichnet sich dabei aus durch sein Beharren auf der vorreformatorischen Sinnbildsprache, die nicht unbesehen übernommen, sondern den neuen Anforderungen angepaßt wird.

Viele Flugschriften erheben schon im Titel den Anspruch, eine umfassende Darstellung von einer Sache oder einem Ereignis zu geben, oft eine historische (Historia der belegerung vnd eroberung der Statt Münster, 1535). Meist werden wegen der vom Medium vorgegebenen Platznot aber nur ausgewählte Aspekte vorgetragen. Fast immer wird beteuert, die Wahrheit zu berichten; manchmal wird die Augenzeugenschaft betont. Immer geht es aber darum, die Käufer und Leser zu unterrichten, ihnen Neuigkeits- und Weltwissen zu vermitteln, sie zu belehren über Sinn und Unsinn bestimmter Handlungen, über Ursachen und Folgen. Integriert sind z. T. Dokumente, um den Beweiswert des Mitgeteilten zu sichern. Positive Aspekte werden gewertet als nachahmenswürdig, negative als abschreckend oder zur Warnung dienend.

Belehrend sollten auch die Flugblätter und Flugschriften wirken, die astrologische und astrometeorologische Vorausdeutungen (Judicium; Pronosticon; Vaticinium) enthielten, und die Wirkungen der Planetenkonjunktionen und Sonnenfinsternisse ankündigten.

Eine Vorhersage des Tübinger Astrologen Johannes Stöffler für das Jahr 1524 sagte einen Weltkrieg voraus und löste eine Fülle von Schriften für und gegen diese Prophezeiung aus. Beteiligt waren mindestens 56 Autoren in mindestens 133 Drucken. Gewarnt wurde vor dem Endchrist, vor dem Angriff von Adel und bäurischem Volk gegen die Geistlichkeit. Geworben wurde für Reformen, damit nicht die Grundfesten aller staatlichen und gesellschaftlichen Ordnung erschüttert würde. Wirkung hatten die Schriften auf Menschen, die sich bemühten, sich der Zukunft zu versichern, allgemein für die kommende Zeit, speziell für die persönlichen Geschicke. Die astrologische Flugschriftenliteratur ist Dokument für die Ängste, Nöte, Hoffnungen und Befürchtungen aller Bevölkerungsschichten wie für den Glauben an die Einheit des Kosmos. Zugleich werden astrologische Daten überliefert, die für die Wissenschaftsgeschichte bestimmter Epochen wichtig sind. Viele Flugblatt-Texte des 16. und 17. Jhs. enthalten Gelegenheitsdichtung. Anlaß zur Produktion boten alle Vorkommnisse des öffentlichen und privaten Lebens, die nach Anteilnahme, Kommentar oder Deutung verlangten. Ereignisse im Leben einer Person (Geburt, Hochzeit, Tod) oder einer Stadt, kirchliche Feiertage, Naturereignisse, aktuelle politische Geschehnisse. Vor allem kleinere literarische Formen werden bevorzugt: Sprichwort, Spruchgedicht, Brief, Rede, Bispel, Berichte über Wunderzeichen oder Naturgewalten, fiktive Traum- und Reisebeschreibungen, Epigramm, Lied (geistliches Lied, historisches Ereignislied, Zeitungslied, Gesellschafts- und Volkslied), Rätsel und Bilderrätsel (Rebus), Fabel, Gebet, kurze Dialoge. Zum leichteren Memorieren des Inhalts werden viele Texte in Knittelversen oder als Kontrafaktur auf bekannte Liedmelodien verfaßt. Als 'exempla' verwendeten die Autoren vorwiegend volkstümliche Erzählmotive, die neben Beispielen aus der Bibel, aus der Geschichte, aus antiken und mittelalterlichen Quellen in den weitverbreiteten 'loci communes'-Sammlungen zugänglich waren. Ausschließlich lateinisch verfaßte Texte mit komplizierten Versformen gehörten zu einem gelehrten Adressatenkreis, während die meisten Texte in der Landessprache und volkstümlich abgefaßt waren. Die Popularität des Mediums wird genutzt, um auf weite Kreise Einfluß zu nehmen, um ihr Bewußtsein systemkonform zu lenken.

4. Die Werbeaufgabe und -leistung des Flugblatts und der Flugschrift

Aus dem Jahr 1551 ist ein Flugblatt überliefert „Warhafftige vnd aigentliche Abcontrafactur vnd newe Zeytung/von einem hailsamen Brunnen ... bey dem Dorff Walckershofen", das auf den ersten Blick einen Wunderzeichenbericht enthält, zum anderen aber offensichtlich der Werbung für den Badeort dient. Es werden nämlich viele dort erzielte Heilerfolge aufgelistet. Ähnliche Einblattdrucke gibt es auch aus späteren Jahren. Einige weisen darauf hin, daß sie im Auftrag von Badeärzten verfaßt wurden, die um Patienten warben (Schilling 1990, 143). Auch reisende Ärzte und medizinische Scharlatane bedienten sich der Flugblätter als Werbemittel. Daneben waren es vor allem Schausteller, die auf ihre Fertigkeiten, Ausstellungsstücke oder mitgeführten Kuriosa (mumifizierte Leichen; Siamesische Zwillinge; schwangere Männer; mißgebildete Personen oder Tiere etc.) hinwiesen.

Wichtig war die Werbung für wandernde Menagerien mit exotischen Tieren oder speziellen Dressuren (Affen o. ä.) sowie für Artisten. Flugblätter mit der Schilderung ergangener Wunder an bestimmten Orten veranlaßten Pilgerschaften zu diesen, sicherten den Aussendern der Botschaft ein mehr oder minder starkes Einkommen. Gastwirte und Herbergsväter warben für ihre Etablissements, meist indem eine zusätzliche Attraktion angekündigt wurde, etwa ein Rehbock mit anormalem Geweih, ein sog. Perückenbock.

Ein weiterer Bereich der Flugblattwerbung ist der der Lotterie, des Botenwesens, der Postmeister, der Spruchsprecher, der Drucker und Verleger für ihre eigenen Produkte. Etwas Besonderes ist der Vertrieb von Anleitungen zum Bau von Modellen, Puppenhäusern, astronomischen Uhren oder Feuerlöschpumpen.

Wichtig werden Einladungen zu Festen, Veranstaltungen, Versammlungen, zur Anwerbung von Soldaten. Es folgen Warenlisten und Prospekte, auf denen ursprünglich nur die angebotenen Waren und die Bezugsadresse genannt werden durften, nicht aber der Preis. Tabak-, Wein- und Kolonialwarenhändler nutzten vor allem diese Möglichkeit. Es handelte sich um Branchen, die einen unregelmäßigen Bedarf oder ein Luxusbedürfnis befriedigen wollten. Mit der Einführung der Litfaßsäulen überflügelte das Plakat das Flugblatt an Werbemöglichkeiten. Letztere eigneten sich vor allem für den 'wilden' Anschlag, zur Mitnahme und die Verteilung in Häusern und Wohnungen.

Heute werden Werbeflugblätter vor allem von Geschäften regelmäßig oder sporadisch verteilt an mögliche Kunden, die über den Verkauf bestimmter Waren zu einem bestimmten Termin gezielt unterrichtet werden sollen. Als Mittel der 'Briefkastenwerbung' dienen sie zur Ankündigung von Aktionen und Veranstaltungen.

5. Literatur

Balzer, Bernt, Bürgerliche Reformationspropaganda. Die Flugschriften des Hans Sachs in den Jahren 1523–1525. Stuttgart 1973.

Bangerter-Schmid, Eva-Maria, Erbauliche illustrierte Flugblätter aus den Jahren 1570–1670. Frankfurt a. M./Bern 1986.

Brednich, Rolf W., Die Liedpublizistik im Flugblatt des 15. bis 17. Jahrhunderts, 2 Bde. Baden-Baden 1974/75.

Brunotte, Barbara, Rebellion im Wort. Eine zeitgeschichtliche Dokumentation. Flugblatt und Flugschrift als Ausdruck jüngster Studentenunruhen. Frankfurt a. M. 1973.

Buchbender, Ortwin/Horst Schuh (Hrsg.), Heil Beil! Flugblattpropaganda im Zweiten Weltkrieg. Dokumentation und Analyse. Stuttgart 1974.

Coupe, William A., The German illustrated broadsheet in the seventeenth century, 2 Bde. Baden-Baden 1966/67.

Denkler, Horst (Hrsg.), Berliner Straßenecken-Literatur 1848/49. Humoristisch-satirische Flugschriften aus der Revolutionszeit. Stuttgart 1977.

Ecker, Gisela, Einblattdrucke von den Anfängen bis 1555. Untersuchungen zu einer Publikationsform literarischer Texte, 2 Bde. Göppingen 1981.

Field, Francis F., Aerial propaganda leaflets. A collector's handbook. Sutton Coldfield 1954.

Gibas, Monika S./Dirk Schindelbeck, „Die Heimat hat sich schön gemacht". Fallstudien zur deutsch-deutschen Propagandageschichte. Leipzig 1994.

Gitting, Heinz, Illegale antifaschistische Tarnschriften 1933–1945. Leipzig 1972.

Harms, Wolfgang, Die kommentierende Erschließung des illustrierten Flugblattes der frühen Neuzeit und dessen Zusammenhang mit der zeitgenössischen Publizistik im 17. Jahrhundert. In: Presse und Geschichte II. Hrsg. v. Elger Blühm/Hartwig Gebhardt. München 1986, 83–111.

–, (Hrsg.), Deutsche illustrierte Flugblätter des 16. und 17. Jahrhunderts. Die Sammlung der Herzog August-Bibliothek in Wolfenbüttel. Bd. I–IV. Tübingen 1980–1987.

Hilscher, Elke, Die Bilderbogen im 19. Jahrhundert. München 1977.

Hooffacker, Gabriele, Avaritia radix omnium malorum. Barocke Bildlichkeit um Geld und Eigennutz in Flugschriften, Flugblättern und benachbarter Literatur der Kipper- und Wipperzeit (1620–1625). Frankfurt a. M./Bern 1988.

Hoffmann, Konrad (Hrsg.), Ohn' Ablaß von Rom kann man wohl selig werden. Streitschriften und Flugblätter der frühen Reformationszeit Nördlingen 1983.

Howe, Ellic, Die schwarze Propaganda. Ein Insiderbericht über die geheimsten Operationen des britischen Geheimdienstes im Zweiten Weltkrieg. München 1983.

Kampmann, Dirk, Das Rebusflugblatt. Studien zum Konnex von literarischer Gattung und publizistischem Medium. Köln/Weimar 1993.

Kastner, Ruth, Geistlicher Raufhandel. Form und Funktion der illustrierten Flugblätter zum Reformationsjubiläum 1617 in ihrem historischen und publizistischen Kontext. Frankfurt a. M./Bern 1982.

Kieslich, Günter, Werbung in alter Zeit, Essen 1960; ²1965.

Kirchner, Klaus, Flugblätter. Psychologische Kriegsführung im Zweiten Weltkrieg in Europa. München 1974.

Köhler, Hans-Joachim, Die Flugschriften der frühen Neuzeit. Ein Überblick. In: Die Erforschung der Buch- und Bibliotheksgeschichte in Deutschland. Hrsg. v. W. Arnold u. a. Wiesbaden 1987, 307–345.

–, Bibliographie der Flugschriften des 16. Jahrhunderts, 2 Bde., T. 1: Das frühe 16. Jahrhundert (1501–1530). Tübingen 1989.

– (Hrsg.), Flugschriften als Massenmedium der Reformationszeit. Beiträge zum Tübinger Symposion 1980. Stuttgart 1981.

–, H. Hebenstreit-Wilfert/Ch. Weismann (Hrsg.), Flugschriften des frühen 16. Jahrhunderts. Zug 1978 ff. (Microfiche).

Laube, Adolf/Annerose Schneider (Hrsg.), Flugschriften der frühen Reformationsbewegung (1518–1524). 2 Bde. Berlin (DDR) 1983.

–, Hans W. Seifert (Hrsg.), Flugschriften der Bauernkriegszeit. Köln/Wien ²1978.

Lenk, Werner (Hrsg.), Dokumente aus dem deutschen Bauernkrieg. Beschwerden, Programme, Theoretische Schriften. Leipzig 1974; Frankfurt a. M. ²1980.

–, (Hrsg.), Die Reformation im zeitgenössischen Dialog. 12 Texte aus den Jahren 1520 bis 1525. Berlin (DDR) 1968.

Leonhard, Susanne (Hrsg.), Unterirdische Literatur im revolutionären Deutschland während des Weltkrieges. Frankfurt a. M. 1968.

Miermeister, Jürgen/Jochen Staadt (Hrsg.), Provokationen − Die Studenten- und Jugendrevolte in ihren Flugblättern 1965−1971. Darmstadt 1980.

Obermann, Karl, Flugblätter der Revolution. Eine Flugblattsammlung zur Geschichte der Revolution von 1848/49 in Deutschland. Berlin (DDR) 1970.

Paas, John R. (Hrsg.), The German broadsheet, political sheet 1600−1700. 3 Bde. New York 1978/79.

Pikarski, Margot/Günter Uebel, Die KPD lebt! Flugblätter aus dem antifaschistischen Widerstandskampf der KPD 1933−1945. Berlin (DDR) 1980.

Redl, Elisabeth, Flugblätter und Flugschriften gegen Napoleon. Ein Beitrag zur österreichischen Propaganda 1805 bis 1809. Diss. (masch.) Wien 1971.

Ruckhäberle, Hans-Joachim, Flugschriftenliteratur im historischen Umkreis Georg Büchners. Kronberg/Ts. 1975.

Scheel, Heinrich (Hrsg.), Jakobinische Flugschriften aus dem deutschen Süden Ende des 18. Jahrhunderts. Berlin (DDR) 1965.

Schilling, Michael, Bildpublizistik der frühen Neuzeit. Aufgaben und Leistungen des illustrierten Flugblatts in Deutschland bis um 1700. Tübingen 1990.

Schottenloher, Karl/Johannes Binkowski, Flugblatt und Zeitung. Ein Wegweiser durch das gedruckte Tageschrifttum. 2 Bde. München 1985.

Schüddekopf, Charles (Hrsg.), „Wir sind das Volk!" Flugschriften, Aufrufe und Texte einer deutschen Revolution. Reinbek b. Hamburg 1990.

Schwitalla, Johannes, Deutsche Flugschriften 1460−1525. Textsortengeschichtliche Studien. Tübingen 1983.

Segebrecht, Wulf, Das Gelegenheitsgedicht: ein Beitrag zur Geschichte und Poetik der deutschen Lyrik. Stuttgart 1977.

Talkenberger, Heide, Sintflut. Prophetie und Zeitgeschehen in Texten und Holzschnitten astrologischer Flugschriften 1488−1528. Tübingen 1990.

Traitler, Hildegard, Konfession und Politik. Interkonfessionelle Flugschriftenpolemik aus Süddeutschland und Österreich (1564−1612). Frankfurt a. M./Bern 1989.

Tschopp, Silvia S., Heilsgeschichtliche Deutungsmuster in der Publizistik des dreißigjährigen Krieges. Pro- und antischwedische Propaganda in Deutschland 1628−1635. Frankfurt a. M./Bern 1991.

Wäscher, Hermann, Das deutsche illustrierte Flugblatt. 2 Bde.: Von den Anfängen bis zu den Befreiungskriegen. Von der Restauration bis zur Gegenwart. Dresden 1955.

Weigel, Sigrid, Flugschriftenliteratur 1848 in Berlin. Geschichte und Öffentlichkeit einer volkstümlichen Gattung. Stuttgart 1979.

Wilpert, Gabriele, Wahlflugblätter aus der Weimarer Zeit: Untersuchungen zur historischen Ausprägung eines Texttyps. Göttingen 1978.

Wolf, Dieter, Kommunikationsformen der Flugschriften des 16. und 19. Jahrhunderts und ihre sozialgeschichtlichen Bedingungen. In: Literatur und Sprache im historischen Prozeß. Hrsg. v. Thomas Cramer. Tübingen 1983, Bd. 2, 150−169.

Erich Straßner, Tübingen (Deutschland)

68. Präsentationsformen, Texttypen und kommunikative Leistungen der Sprache in Flugblättern und Flugschriften

1. Einleitung
2. Flugschriften und Flugblätter der Inkunabelzeit
3. Der Flugschriftenstreit zwischen Reuchlin und Pfefferkorn
4. Flugschriften der frühen Reformationszeit
5. Flugblätter der frühen Reformationszeit
6. Politische Staatsschriften
7. Theologische Streitschriften des 16. Jhs.
8. Flugblätter von ca. 1550 bis 1650
9. Jakobinische und antinapoleonische Flugschriften (Flugblätter)
10. Flugblätter (Flugschriften) 1848/49
11. Flugblätter 1967/68
12. Schluß
13. Literatur

1. Einleitung

Ausgehend von einem heutigen Wortverständnis werden hier unter 'Flugblatt' (= Fb.) und 'Flugschrift' (= Fs.) Druckerzeugnisse verstanden, die drucktechnisch aus einem Blatt bestehen, auch wenn sie beidseitig bedruckt sind (Fb.), bzw. aus ungebundenen und ohne Deckel versehenen mehreren Blättern (Fs.), deren gemeinsame Funktion es ist, zu aktuellen und umstrittenen Themen des Gemeinwohls Stellung zu nehmen, Meinungen zu formen und eventuell zu Handlungen aufzurufen (vgl. Art. 10). Die Auseinandersetzung um politische, soziale und (im 16.,

17. Jh.) auch um religiöse Fragen steht damit also im Zentrum der Betrachtung, aber beschränkt auf deutsche Texte und unter Vernachlässigung der vielen Einblattdrucke, die nur informierende, wissenschaftlich belehrende, religiös erbauende oder moralisch appellierende Funktionen hatten. Die Textformen und sprachliche Eigenschaften von Fb-ern und Fs-en sind in einem Zeitraum von über 500 Jahren überaus vielfältig und z. T. noch gar nicht erforscht.

Beide Medien haben unterschiedliche Relevanz zu unterschiedlichen Zeiten. Während die Fs. in der Reformationszeit und im Bauernkrieg zum Leitmedium wurde, danach nur noch sporadisch als Medium agitatorischer Praxis auftrat, weil andere Medien (Monatsschrift, Zeitschrift, Zeitung) diese Funktion übernahmen, behielt das Fb. über die Jahrhunderte hinweg seine Werbewirksamkeit, zuerst als illustriertes Fb. mit steigender Bedeutung bis zum 17. Jh. (30jähriger Krieg), später als billig herzustellendes bloßes Textblatt (1848), bis es noch einmal zu einem Leitmedium wurde (Studentenrevolte 1968). Hier werden nur einzelne Stadien besonders intensiver Fb- und Fs-produktion behandelt.

2. Flugschriften und Flugblätter der Inkunabelzeit

Schon zu den frühesten Drucken gehören Fb-er und Fs-en. Die erste gedruckte Fs., vielleicht das älteste erhaltene Druckexemplar überhaupt, ist Konrad Schmids Sibyllenweissagung. Der erste politische Streit, der auch im Medium von Einblattdrucken ausgefochten wurde, ist der Kampf um die Besetzung des Bistums Mainz im Jahr 1462. Nachdem die Kontrahenten handschriftliche, institutionelle Texte als Plakatdrucke veröffentlichen (ein Aufruf Kaiser Friedrichs III., die Bulle zur Absetzung Diethers von Isenburg, die Ernennung Adolfs von Nassau, ein Breve des Papstes an das Domkapitel), war Diethers Stellungnahme zu seiner Absetzung wohl der erste politische Text, der extra für den Druck geschrieben wurde. Mit dem Druck erweiterte sich auch der Rezipientenkreis (die Zünfte verschiedener Städte; Giesecke 1991, 256 ff.). Wie bei der Erfindung anderer Medien auch (Zeitung, Telefon, Radio), versuchte man, die eingespielten Text- und Kommunikationsformen früherer Medien zu übernehmen, bis man merkte, welche sprachlich-kommunikativen Formen das neue Medium erlaubt bzw. fordert.

Von Anfang an fällt die Heterogenität von Textsorten und Textsortenstilen in Fb-ern und Fs-en auf. Der 'Türkenkalender', ein sechsblättriger Aufruf von 1454/55, verwendet die Textformen des Gebets, der Adressatenliste und des Kalenders, der zwar die Monatsfolge beibehält, diese aber nur als ein Gliederungsraster für die einzelnen Adressaten benützt, die sich zum Kampf gegen die Türken rüsten sollen. Kalendarische Angaben zum ganzen Jahr und zu den Monaten werden dagegen marginal. Textsortenvielfalt bestimmt auch das einflußreichste Reformprogramm des 15. Jhs., die 'Reformatio Sigismundi' (1439, 4 Drucke 1476–97): In den für den geistlichen und weltlichen Stand getrennten, in einzelne Kapitel gegliederten Reformvorschlägen sind Legenden und persönliche Erinnerungen eingestreut. Den Schluß bildet eine Prophetie. Kritik und Forderungen sind die tragenden Textfunktionen; der flüssige Schreibstil sicherte ihre publizistische Wirksamkeit (Koller 1989, 1073).

Zu den in Fs-en übernommenen Textformen gehören strophenlose vier- bis fünfhebige Lieder und Gedichte, die in sich unterschiedliche Texttypen vereinigen. Das historische Ereignisgedicht 'Die Niklashauser Fahrt' (gedruckt nach 1495, 4 Bl., 4°), eine 1476 von fürstbischöflicher Seite verfaßte Darstellung der aufrührerischen Bauernwallfahrt im unteren Taubertal, berichtet in schwarz-weiß-malender Art von den Ereignissen, in die unterschiedliche Texteinheiten eingebaut werden (argumentative Verteidigung der Gefangennahme und Hinrichtung, religiöse Lehre über kirchlich approbierte Wallfahrten, das Verbot der Wallfahrt nach Niklashausen, Rede des Bischofs) und endet in einem Gebet. 'Vom ersten Edelmann' (1493, 4 Bl., 4°) ist eine Verteidigung des Bauernstandes, in der biblisch-lehrhaft die soziale Bevorrechtigung des Bauern aus dem Gottesauftrag an Adam und die Herkunft des Adels vom ersten Tyrannen Nimrod hergeleitet wird:

„Da Adam reütet vnd Eua span
wer was die zeit da ein Edelman? [...]
es ist sünst nyemant edel geporen
Denn wen sein tugend edel macht"

Alle Stände bekommen die Mahnung und den Auftrag, die Bauern zu schützen („*Darumb ir herren ritter vnd knecht/ Ir solt den Paurn beschirmen vor recht*"). In einem Dialog eines Bauern mit vier Vertretern des Stadtbürgertums kündigt sich schon die dann bei Ulrich von Hutten und Hans Sachs meisterhaft gehandhabte mimische Satire des sich unfreiwillig bloßstellenden ideologischen Gegners an: Die Bürger verraten in ihren Wünschen nach Produkten des Bauern, daß sie im Gegensatz zu diesem ein auf Genuß und Faulheit beruhendes Leben führen können. Einem Bürger, der nicht gut schlafen kann, antwortet der Bauer:

„*Erbeit des tags als seer als ich
ir schlafft des nachtz gar gerüglich*"

Die meisten dieser Fs-en wurden nachträglich gedruckt, nicht für den Druck geschrieben. Aber die Drucke Ende des 15. Jhs. machen mit Titelblatt, Holzschnitt und Inhaltsangabe aus der mündlichen Gesellschaftskritik einen selbständigen Text, den man für sich lesen kann.

Bei den Fb-ern setzen eigens für den Druck verfaßte Texte etwas früher ein als bei Fs-en. Zuerst werden auch hier offizielle, institutionell gebundene Texte (Briefe, Urkunden, Ablaßbullen, Gesetze, Fehdebriefe usw.), die auch handschriftlich verbreitet wurden, gedruckt, um einen weiteren Adressatenkreis schneller zu erreichen. Politische Spottbilder mit lateinischen Banderoleninschriften (Papst und Kaiser im Ringkampf) gibt es seit 1470. In den Kanzleien Friedrichs III. und Maximilians I. werden ab ca. 1475 handgeschriebene Briefe an die Stände des deutschen Reichs und an einzelne Adressaten (Fürsten, Städte) durch Einblattdrucke ersetzt. Die häufigsten sind Mandate mit Ladungen zu Reichstagen, Geld- und Militärforderungen, Hilfeersuchen, Darstellungen der Reichspolitik. Daneben werden Instruktionen für Gesandte, Absichtserklärungen, Richtigstellungen von Gerüchten, Achtserklärungen, der Landfriede von 1495 und andere Erlasse gedruckt. Im Stil (hypotaxenüberfrachtete Kanzleisprache) und in der Form ähneln die Drucke den handschriftlichen Mandaten. Die Druckformate reichen von sehr großen Plakatdrucken bis zu kleinen querformatigen Blättern mit wenigen Zeilen. Die langen Texte enthalten mehrere Textteile mit Begründungen für Aufforderungen, Anklagen, Klagen, Berichte und Absichtserklärungen, Erinnerungen an frühere Zusagen, Ladungen und Aufforderungen. In einzelnen Fällen, so bei ausführlichen Widerlegungen von Texten politischer Gegner oder bei Rechenschaftsberichten über 30 Jahre Regierungszeit, werden auch Flugschriften gedruckt (Schwitalla 1983, 228 ff.). Daß Schreiben auch an Einzelpersonen oder bestimmte Städte gedruckt wurden, ist ein Hinweis darauf, daß sie durch Anschlag oder Verlesen einem größeren Publikum bekannt gemacht werden sollen.

Die erste systematische politische Fb-propaganda stammt von Sebastian Brant, der in sieben großformatigen Blättern seit 1492 für König Maximilian I. eintrat. Alle haben einen Holzschnitt mit der Zentralthematik des Textes. Schon das erste Blatt 'Von dem donnerstein gefallen jm xcij iar vor Ensisheim' (1492, vgl. Wuttke 1976) hat einige Merkmale späterer Fb-er: die Anknüpfung an ein wunderbares Ereignis mit detaillierten Orts-, Zeitangaben und genauen Beschreibungen (bis ins 17. Jh.), Vers und Reim, die Dreiteilung in Überschrift, Holzschnitt und Textteil (hier jedoch fehlen die in späteren Fb-ern so häufigen Wörter mit sensationellem, aufmerksamkeitsweckendem Inhalt), die Anrede des Adressaten (später des Käufers), dt. und lat. Texte, der Schluß in Form eines Gebets. Der Textteil ist ebenfalls dreigeteilt in ein lat. Gedicht in der linken Spalte, ein dt. Gedicht rechts und ein an Maximilian adressiertes Gedicht im unteren Teil. Die lat. Distichen wenden sich an eine gebildete Käuferschicht, das dt. Gedicht mit den weithin üblichen vierhebigen Jamben (Knittelverse) an den „gemeinen Mann", eine Absatzstrategie, die sich bis weit ins 17. Jh. hält (Schilling 1990, 42). Den unterschiedlichen Rezipienten entsprechen unterschiedliche Inhalte: Das lat. Gedicht hat Verweise auf das Bildungswissen (Anaxagoras, der Planet Saturn; der griechische Buchstabe Delta); es ist zugleich ein Mustergedicht für lateinische Verskunst. Anders als das dt. gesteht das lat. Gedicht ein, nicht zu wissen, was der Meteorit bedeute („*quidquid id est magnum portendit, crede, futurum/ Omen: at id vertar hostibus oro malis*"). Im dt. Gedicht ist die Deutung schon deutlicher:

„*In* [den Stein] *forchten die Franzosen ser
Rechtlich sprich ich das es bedut
Ein bsunder plag derselben lut.*"

Wie in späteren Einblattdrucken von wunderbaren Himmelserscheinungen werden diese nach Gestalt, Ort, Zeit, Umständen und Folgen genau beschrieben. Brant stellt sie zudem in eine Reihe wunderbarer Himmelserscheinungen der Regierungszeit Friedrichs III., so daß der Meteorit nur ein weiteres Zeugnis prokaiserlicher Wunderzeichen ist. Mit einer eigenen Überschrift wendet er sich dann an Maximilian, den er fast durchweg mit Imperativsätzen anredet („*Schlag redlich und mit fröüden dran/ Trib umb das radt Maximi-*

lian"), dem er Glück verheißt und dabei mit moralischen und politischen Schlagworten nicht spart:

„*In dim gefell* [des Glücksrads] *das gluck jetzt stat*
Ach sum dich nit, küm nit ze spat
Nit sorg den unfal uff diß jar
Nit vorcht din findt als umb ein har
Sig, Seld, und heyl von Osterrich
Bürgundisch hertz von dir nit wich
Romisch ere und tütscher nam
An dir o hüchster künig stan."

Dem Lob des deutschen Königs stehen antithetisch Treulosigkeit und Ehrvergessenheit des französischen Königs gegenüber („*frantzösisch tueck/ Ouch mach den grossen hochmut zam*"). − Mehrere der Eigenschaften dieses ersten Fb-s greift Brant in späteren wieder auf: Die für den mündlichen Vortrag geeignete Versform, die gelehrte Aufzählung früherer Wundererscheinungen, seine Rolle als Prophet, die Anrede eines Adressaten (Müller 1980, 107 ff.). Im Blatt 'Von der wunderlichen Zusammenfügung der obersten Planeten' (1504) werden Textanteile in Form von Spruchbändern in den Holzschnitt hineingenommen. Die Fb-er, sowohl der Kanzleien wie diejenigen Brants, stehen durch sprachliche Künstlichkeit (Kanzleistil, Latein, Distichen) und durch ihre bildliche Symbolik (Herrscherdarstellungen, Wappen) noch in einem merklichen Abstand zur Sprache des 'Volkes'.

3. Der Flugschriftenstreit zwischen Reuchlin und Pfefferkorn

Im zweiten Jahrzehnt des 16. Jhs. wurden zum ersten Mal in Deutschland politische und ideologische Auseinandersetzungen in Form von aufeinander Bezug nehmenden Fs-en ausgetragen (die Fehde zwischen Friedrich v. Limburg und Wenzel Wolfskehl 1514, die Anklage der Familie von Hutten gegen Herzog Ulrich von Württemberg ab 1515). In der erbitterten Auseinandersetzung zwischen Johannes Pfefferkorn und Johannes Reuchlin werden in Deutschland zum ersten Mal viele deutsche Fs-en über mehrere Jahre hinweg (1510−1521) von kontroversen Standpunkten und mit z. T. heftiger polemischer Zuspitzung hin- und hergeschrieben (Martin 1994). Sie bewirken, daß sich im Verlauf einer durch den Druck ausgetragenen Kontroverse eine öffentliche Meinung bildet, die sich mehrheitlich Reuchlin zuneigt und diesen vor dem Scheiterhaufen rettet. In dieser Kontroverse standen sich nicht Vertreter von Institutionen (Kirche, Universitäten, weltliche Herrscher) gegenüber, sondern 'Privatpersonen'. Sprachliche und textliche Kennzeichen dieser Fs-en ist es, daß sie nun durchwegs in Prosa geschrieben werden, daß sie meistenteils aus Textsorten unterschiedlicher Herkunft bestehen und daß mit diesen auch die Schreibstile wechseln. So besteht der 'Handspiegel' Pfefferkorns (1511, 4°, 12 Bl.) aus einem Widmungsbrief, der Darstellung der *widerwertigkeit* der Juden, teils narrativ mit Schauergeschichten von angeblichen Verbrechen, teils argumentativ mit Zitaten aus jüdischen Büchern und Reuchlins 'Ratschlag', einer Lehre über den Ursprung des Talmud, einer Darstellung Pfefferkorns Kampfes gegen die Juden und deren Anfeindungen mit zum Schluß immer schneller wechselnden Textfunktionen: Aufforderungen, Spott, Selbstverpflichtung, Beschimpfung der Juden und Metakommunikation. Dieser Fs. antwortet zur Frankfurter Herbstmesse 1511 Reuchlin mit einer doppelt so langen Antwortschrift 'Augenspiegel' (4°, 24 Bl.). Sie enthält neben subsidiären Textteilen (Inhaltsangabe, Vorrede, Korrigendaliste) den Bericht der Vorgeschichte mit der Wiedergabe dreier offizieller Schriftstücke, die juristische Textsorte einer Protestation, das Gutachten selbst, eine Liste lat. Widerlegungen von möglichen Einwänden und 34 Sätze aus Pfefferkorns Schriften. Die Textsortenvielfalt setzt sich in den weiteren Fs-en fort. Widmungsbriefe und offizielle Mandate sind im Kanzleistil geschrieben mit extrem tief eingebetteten Nebensätzen, z. T. in Anakoluthe übergehend. Ein Beispiel (auch für den polemischen Charakter): Nach 6 Zeilen eines temporalen Nebensatzes fährt Pfefferkorn in seiner 'Sturmglock' (1514, Bl. A2v) fort:

„*So ist im* [Reuchlin] *die deuffelisch hoffart. vnd yppikeit. an das hertz geschlagen. vnd hot ein ander biechlin* [geschrieben]. *vber den Ogenspiegel. zu beschirmung seines vnrechten gedicht mit vil schentlichen. lesterlichen. vnredlichen reden. wider gotlichen doctoren. vnd wider den erwirdigen. hochgelerten Meister Arnold von Tungern. doctor vnd lerer der heilicher kunst. oberster regent in der bursch Laurentij.*"

Danach beginnt ein neuer temporaler Nebensatz, in dem das fehlende Prädikat zusammen mit seinem Akkusativobjekt steht:

„Vnd aber nach Kaiserlichen befelch wie obstet vber das Johann Reuchlin ein nuw schmechbuch in die welt vß gen lossen. hat sein K. M. [...] aber mals ein mandat [...] vßgen lossen."

Während Reuchlin seinen Gegner eher in pathetischer Weise anklagt, teilt Pfefferkorn gegen Reuchlin immer wieder ironisch-aggressive Schläge aus, er redet ihn direkt an, er macht Wortspiele mit seinem Namen, er vergleicht seine Hebräischkenntnisse mit einem Esel, den man eine Treppe hinauftreibt, er nützt Bilder, die Reuchlin gebraucht hatte, dazu aus, um ihn lächerlich zu machen: „Nun bedunckt mich du bist der hosendecker. mogschdu sy vber komen: vnd wen du hetst alle die hosen. so du al dein tag zerrissen hast vnd die dein vatter geflickt hatt [...] dennocht magstu dein schand nit zudeckenn" ('Sturmglock', B3v). Mit den 'Epistolae obscurorum virorum' (1515) geht die Auseinandersetzung von einem juristisch-theologischen Produzentenkreis in den der Literaten über, die sich weniger auf die Verfahren der Argumentation als auf die der Verspottung und Bloßstellung verlassen (satirische Dialoge).

4. Flugschriften der frühen Reformationszeit und des Bauernkriegs

Wenn man den Reuchlin-Pfefferkorn-Streit als ein Vorspiel zu einer Etablierung von Öffentlichkeit mittels Fs-en bezeichnen kann, so konstituieren sie in den Jahren 1517 bis 1527 mit einer Spitzenproduktion im Jahr 1523 (Köhler 1986, 269) eine typographisch vermittelte Öffentlichkeit, wie sie es nie zuvor gab und auch lange Zeit danach nicht wieder geben sollte. Mit dem enormen Anwachsen der Fs-enzahlen gehen Textsortenvielfalt, Konzentration auf wenige zentrale Textthemen, verständlicher Stil und überzeugende Argumentationstechniken einher. Es treten führende Fs-enautoren hervor, die stilprägend schreiben (Martin Luther, Eberlin v. Günzburg, Heinrich von Kettenbach). Es werden neue Textsorten geschrieben, die keine Vorläufer hatten. Autoren, die früher lat. geschrieben haben (Luther, Hutten), gehen nun endgültig zum Deutschen über.

Traditionelle Formen von Texten mit ihren jeweiligen Textkonventionen wurden für die Ziele der Reformation und für die Forderungen der Bauern dienstbar gemacht. Aus dem Kommunikationsbereich der Kanzleien stammen Briefe, Mandate, Gesetze, Verhörsprotokolle, Verträge. Unterschiedliche Brieftypen (z. B. Fehdebrief) mit ihrer streng geregelten Titulatur, Syntax und der Abfolge der Textteile wurden in der reformatorischen Propaganda als lobende Himmels- und bloßstellende Höllenbriefe abgewandelt. Das 'Sendschreiben' wird zu einem neuen Briefmedium des offenen Briefs, zwar an einen Adressaten gerichtet, aber dem allgemeinen Lesepublikum bekannt gemacht. Der häufigste Stilwechsel findet in Fs-en zwischen vorangestellten (Widmungs-)Briefen mit kanzleiartig komplexer Hypotaxe und den Haupttexten statt.

Aus dem Bereich der Astronomie und Astrologie wurden Kalender und Jahresprognostiken übernommen; Thesen und Kommentare kamen aus den Wissenschaften; historische Berichte (Huttens 'Anzeig, wie sich die Päpste gegen den deutschen Kaiser verhalten' 1520) und Berichte von aufsehenerregenden aktuellen Ereignissen (Reichstag von Worms 1521, Bauernkrieg). Religiöse Texttypen wurden teils adaptiert (die Märtyrerlegende in Eberlins v. Günzburg 'Histori Bruder Jacobs', die Allegorese), teils dienten sie als Vorlagen für Parodien ('Litanei der Deutschen', 'Teutsch Requiem auf die verbrannte Bull', 'Evangelium Pasquilli', Erasmus Alber: 'Tedeum'), aber auch als Textmuster ohne die Tendenz der Verspottung ('Passion Martin Luthers', 'Deutsche Vigilie'). Von den literarischen Formen wurde sehr oft die Spruchdichtung verwendet (Hans Sachs: 'Wittenbergisch Nachtigall'), seltener das Lied (Stifel: 'Lied von der christförmigen Lehre Luthers') und das Fastnachtsspiel (Niklas Manuel: 'Die Totenfresser').

Zu den neuen Formen gehören die Reformationsdialoge, Programme mit teils utopischem (Hans Hergot), teils programmatischem Charakter (Eberlin von Günzburg), Kontrast- und Oppositionstexte (der Papst gegen Christus: Luther/Cranach: 'Passional Christi und Antichristi'; Niklas Manuel; Heinrich von Kettenbach). Das literarische Mittel der mimischen Satire ('Epistolae obscurorum virorum', lat. satirische Dialoge) bestimmt auch in der Reformationszeit viele dt. Texte der Reformatoren und ihrer Gegner (Th. Murner: 'Schelmenzunft', 'Narrenbeschwörung'). Parodiert wurden einzelne Werke (Murner: 'An den großmächtigsten Adel') und Kommunikationsformen des Gegners ('Eine Unterredung des Papsts und seiner Kardinäle').

Das textlich und sprachlich Neue an den Fs-en der frühen Neuzeit war ihre Kürze, d. h. ihre Lesbarkeit in einem Zug, die Verbindung der kommunikativen Leistungen 'Begründen' und 'Auffordern' mit sprachlichen Mitteln des Humors, Spotts und der ironischen bis sarkastischen Aggressivität. Für Verständlichkeit und Textkürze standen Formen der Predigt zu Verfügung, welche zunächst von Luther, dann von vielen reformatorischen Fs-enautoren verwendet wurden (Moeller/Stackmann 1996). Textmerkmale der Predigt waren: Anrede und Selbstreferenz des Autors, bildhafte Sprache mit detaillierend ausgebauten Metaphern und Vergleichen, einfache Syntax mit vielen Ellipsen, Das-ist-Erläuterungen, Gliederung des Textes nach dem Aufzählungsprinzip, Formen gesprochener Sprache (Sprichwörter und Redewendungen, wörtliche Rede, Interjektionen und Ausrufe, Frage-Antwort-Sequenzen und rhetorische Fragen, im Lautlichen Apokope und Kontraktion). Mit sprechsprachlichen Formen korreliert eine geringe Anzahl von Relativsätzen (diese sind bei den Dialogen niedriger als bei den Streitschriften und bei den Lesepredigten, Autorenkollektiv 1978, 97 f.). Bei den Kategorien 'sprechsprachliche Mittel', 'Metaphorik', 'Fremdwort- und Relativsatzgebrauch' unterscheiden sich Luther, Müntzer und anonyme Dialoge (= allgemeinverständlicher Stil) von Autoren wie Hutten und Agricola (mittlerer Grad) und solchen mit schriftsprachlichem Stil (Murner, Eck, Emser, vgl. Autorenkollektiv 1978, 76, 527 ff.). Auch die Texttypen haben einen Einfluß darauf, wie häufig welches sprechsprachliche Mittel verwendet wird. Dialoge zeichnen sich durch Fragen, Ausrufe und Ellipsen aus; Programmschriften bleiben bei allen sprechsprachlichen Formen unter dem Durchschnitt. Predigten und Streitschriften enthalten von allen untersuchten Textgruppen die häufigsten wörtlichen Reden, Lehrtexte, Anreden und Ausrufe (ebd., 21 ff.). Ein Vergleich eines wirklich gesprochenen Streitgesprächs mit einer Streitschrift zeigt, daß in dieser mehr und variierter gesprochensprachlich formuliert wird als in jener (Schwitalla 1986, 52).

In belehrenden Fs-en haben verschiedene Arten des Vergleichs die Funktion, Behauptungen mit Ähnlichkeiten aus dem Alltagswissen zu unterstützen, dadurch auch Gegner zu verunglimpfen, in Bezug auf die Textformulierung aber, eine anfängliche These zu erläutern und zu exemplifizieren (Rössing-Hager 1980). Ein Autor wie Eberlin von Günzburg schreibt für ein Publikum, das die Flugschrift vorgelesen bekommt: Nominale Gruppen sind einfach gestaltet; Ausklammerung und Nachträge dienen der leichteren Verständlichkeit (Vorziehen des sinnstiftenden infiniten Verbs), der Hervorhebung und der Angleichung an einen etablierten Rhythmus; das Vorfeld fällt kurz aus und hat thematische Informationsteile; im Satzinneren sind Präpositionalphrasen und adverbiale Bestimmungen ebenfalls kurz; Satzgefüge gehen selten über den ersten Grad der Unterordnung hinaus; einleitende Nebensätze sind wie in der gesprochenen Sprache Konditional-, nicht Kausal- oder Konzessivsätze (Rössing-Hager 1981). Ein Satz über die falschen Vorstellungen junger Mädchen über das Klosterleben lautet in Sprechphasen gegliedert so (´ = Haupt-, ` = Nebenakzent):

„Sie wérden
glóub mir
der mèrer teil betrógen/
áintweders durch lìebreden irer frˊünd
óder durch gùoten schein der klóester/
àlso dass sy méinen
gòt hab sy beróten/
so sy der bútz hat beschíssen"

Im Nachtrag (*aintweders* ...) werden die Ursachen für den Betrug angeführt, syntaktisch und rhythmisch parallel formuliert. Auch die letzten beiden Nebensätze sind rhythmisch dadurch ähnlich, daß das finite Verb des Konzessivsatzes (*so sy* ...) in Analogie zum Vorgängersatz vorgezogen wurde, wobei die oppositiven Elemente *gott − butz, beroten − beschissen* Akzente bekommen (ebd., 113 f.). Direkten sprechsprachlichen Einfluß von seiten der Bauern vermutet Brandt (1988, 66, 87 und passim) auch bei den vielen Textsorten aus der Zeit des Bauernkrieges: Beschwerden, Aktionsprogramme ('Zwölf Artikel'), (Zwangs-)Verträge, Schwurartikel, Erlasse. Kurzformeln (*und was das hailig ewangelium aufricht, soll uffgericht sein, was das niderlegt soll nidergelegt sein und bleiben*) erinnern an Losungen am Ende von Fb-texten.

Eine originale Neuschöpfung der frühreformatorischen Fs-en ist die Ausbildung von dt-sprachlichen Dialogen, deren Autoren sich um die Natürlichkeit von Rede und Gegenrede bemühen, ein Arsenal von Argumenten für die eigene Position bereitstellen, dabei aber den ideologischen Gegner entlarven wollen (Schwitalla 1983, 112 ff.). Die Zahl der Reformationsdialoge wird auf über 100 geschätzt. Sie reichen von literarisch meisterhaft gebauten Dialogen (Ulrich v. Hutten, Hans Sachs, 'Wegsprech gen Regensburg' u. a.) bis zu recht anspruchslosen ('Von der Gült', 'Tholl und Lamp', 'Von der Wallfahrt im Grimmethal'). Dialoge konnten Argumentationsstrategien für die tägliche Auseinandersetzung lehren und dabei das Vergnügen bereiten, zuzusehen, wie sich der Gegner immer mehr in eine unhaltbare Position verstrickt und immer mehr von seiner unchristlichen Lebensweise verrät. Bauern und Handwerker, von denen die meisten sich als nicht lesekundig bezeichnen, stellen gebildeten Vertretern der alten Kirche Fragen und verwikkeln sie in Widersprüche. Die syntaktischen Verhältnisse der Dialoge sind im einzelnen differenziert. Sie reichen von sehr einfachen bis zu schriftsprachlich komplizierten Stilen, sie weisen insgesamt aber auch Eigenschaften auf, die sie von anderen Prosagattungen unterscheiden: geringere Gesamtsatz- und Elementarsatzlänge und weniger Nebensätze (Bentzinger 1992, 50 f., 77, 81). Dialoge mit komplexen Satzgefügen wurden nicht nachgedruckt. Hypotaktisch schriftsprachlicher Stil wurde einerseits dazu benutzt, den überlegenen Dialogpartner argumentativ lehren zu lassen, andererseits auch dazu, die Reformationsgegner (z. B. Th. Murner im 'Karsthans') als wortreiche, aber nichtssagende Redner vorzuführen (ebd., 82 f.).

Großen Einfluß auf die Verbreitung der frühreformatorischen Fs-en hatte auch die Art, wie man sich sprachlich mit dem ideologischen Gegner auseinandersetzte. Entgegen der häufigen Vorstellung eines kruden Grobianismus mit vulgär-obszönen Beschimpfungen (z. B. in Luthers 'Wider Hans Worst' 1541), gehen Luther selbst und andere Autoren polemischer Fs-en rhetorisch geschickt, ironisch-witzig mit ihren Gegnern um, so daß die Lektüre Spaß machte. Sprachliche Mittel der Herabsetzung im nominalen Bereich waren Wortspiele (*brüder in der kisten* statt *in Christo*), insbesondere Wortspiele mit dem Namen des Gegners (*Luther — Luder*), ironische Adjektive (*zart, tapfer, keck, lieb; der hochgelerte, hochberümbte Luther*), Vergleiche mit Tieren (*wolf*), die Lexik der Derbheit und Drastik (*sauhirte*) und der moralischen Verurteilung (*glübdbrüchig, falsch, gottloß, wankelmütig*, Beispiele von J. Eck und Karlstadt, vgl. Autorenkollektiv 1978, 233 ff.). Durch paratakische Reihung werden Verurteilungen intensiver (*o blinde hyrten, o tolle prelaten, o reyßende wolff*, Karlstadt, ebd. 242). Luther liebt Ironisierungen in Anreden („*oh du heilige Jungfrau Sanct Emser*"), drastischderbe Schimpfwörter (*bockskopf, lestermaul*), oft gesteigert durch synonymische Reihung („*eines barheupten, nacketen, bloßen lüegners*", ebd. 270). Der Witz der verbalen Aggression wird gesteigert, wenn Autoren Szenarien entwerfen, in denen ihre Gegner handeln und dabei häßlich, unmoralisch oder lächerlich erscheinen. Dies gilt umso mehr, wenn sie bildhafte Elemente, die der Gegner eingeführt hat, aufgreifen und gegen ihn wenden (Stolt 1974, 100 ff.; Schwitalla 1986, 49). Ein Beispiel für die Verschränkung mehrerer polemischer Mittel (Übertreibung, Tiervergleich, Aufgreifen eines Zitats und Wendung gegen den Urheber, Anspielung auf unmoralisches Leben, offene Schelte) ist eine Stelle aus einer Streitschrift Luthers gegen Eck (WA 6, 583):

„*Du weyssist, mein lieber Romanist, das du in der heyligen schrift eben szoviel kanst, als der esel auff der lyren. Du vormochtist nit drey zeylen Christlich außlegen, und gibst fur yderman zurichten, leeren und tadlen, Rumist datzu unnd schreybst in alle welt, du kundist allis außwendig und gebrauchst keiner pucher. Du dorfftist des Rumiß nit, man siht es mehr dan du gleubst, das du allis an* [ohne] *bucher schreybst und lerist: wenn du die augen so fleyssig in die bucher kerest, als du sie auff die venereas veneres zu Leyptzck hafftest, davon du schreibst gen Ingolstadt, und der truncke dich messigist, ßo mochstu zu letzt erkennen dein falsch ungeleret hertz, mund und fedder.*"

Auch bei Redeeinleitungen zu Zitaten des Gegners hat Bildhaftigkeit eine herabsetzende Wirkung (Luther gegen Karlstadt: „*ruesselt er das maul und gab yhm solch antwort ...*", WA 18, 90).

Die kommunikativen Funktionen der meisten Fs-en sind durch Begründungen gestützte Aufforderungen, Anklage und Argumentation gegen eine andere Position; danach folgen durch Berichte gestützte Aufforderungs- und Anklageschriften sowie argumentative Textsorten (Lehrschriften, Traktate, Verteidigungen, argumentative Auseinandersetzung ohne Anklage), insgesamt also eine um Rationalität bemühte Begründung neuer religiöser und gesellschaftlicher Verhältnisse. Weniger häufig als vielleicht vermutet, wurden nur anklagende, verspottende oder beleidigende Texte geschrieben (Schwitalla 1983, 84 ff.; Köhler 1986, 261). Auch die Titelholzschnitte der Flugschriften haben eher illustrierend-erläuternde (41%) als kämpferisch-polemische Funktion (15,8%, nach Köhler 1986, 263).

Einige der Formen und Reformationsfs-en werden auch nach 1525 verwendet, so die Parodie von Beratungen ('Der Ratschlag eines Ausschuß etlicher Cardinäl' 1538 mit einem Vorwort Luthers, 'Ratschlag des allerheiligsten Papstes Pauli über ein Concil zu Trent' 1545 in Form eines Dramas) und der Dialog (Hans Sachs bis 1554; L. Paminger 'Dialogus eines Christen mit einem Widertäufer' 1567), wobei auch ein größerer Themenkreis angesprochen wird (das Konzil von Trient, das Verhältnis zwischen Deutschem Reich und Frankreich, dem Kaiser und dem Sultan; vgl. Bentzinger 1992, 23), Berichte von theologisch kontroversen Disputationen.

5. Flugblätter der frühen Reformationszeit

In der frühen Reformationszeit beginnt eine funktionale Trennung der Medien Fb. und Fs. Während Fs-en weitgehend argumentativ zu überzeugen versuchen, stellen Fb-er den ideologischen Gegner vorwiegend durch (allegorische) Bilder und Texte anklagend, verspottend und karikierend dar. Bei Behandlungen desselben Themas als Fs. und als Fb. wird das besonders deutlich (z. B. Luthers/ Melanchthons allegorische Erklärung des 'Mönchskalbs', WA 11, 368 ff. gegenüber dem Fb. 'Das Mönchskalb vor Papst Hadrian'). Tiervergleiche, Szenarien der Höllenfahrt, des Papststurzes, der Treibjagd usw. stellen die Papstkirche als dem Reich des Teufels verfallen dar. Entsprechend bissig und aggressiv ist die sprachliche Verurteilung (Tiervergleiche), z. T. in skatologischer Drastik.

Die Fb.-texte bestehen (wie andere Medien der Unterhaltung und der Propaganda: Lieder, Fastnachtsspiel) aus mehr oder weniger regelmäßigen vierhebigen Jamben. Viele Fb-er gehen ihrer Anklageintention entsprechend antithetisch vor: Pro und Contra werden durch eine Gut-Böse-Dichotomie dargestellt, bei der sich Bild- und Texthälften in ihren Details jeweils antonymisch entsprechen: Himmelfahrt vs. Höllenfahrt, christliche vs. unchristliche Predigt, christliche Norm vs. unchristliche Praxis, Christusrede vs. Papstrede usw. Dieses Prinzip liegt auch der Holzschnittfolge Lukas Cranachs 'Passional Christi und Antichristi' 1522 zugrunde, zu der die Wittenberger Reformatoren Zitate aus der Bibel und den Dekretalen beisteuern — eine der gelungensten Propagandawerke überhaupt. In den lehrhaften Fb-ern werden zahlreiche Schlagwörter, die in Fs-en eine theologisch-argumentative Behandlung erfahren, popularisiert, z. B. in der Kurzform: „*Der Christo glaubt hats eewig reych/ Keyns werck verdienst im is geleych*" (Meuche/Neumeister 1976, Bl. 38). Reformatorische Fahnenwörter sind: *Glaube, Wort Gottes, Euangelium*, Stigmawörter: *eigner Wille, gute Werke, Ablaß* und die Bezeichnungen für altkirchliche Sakramentalien (so in Cranach/Bodenstein: 'Fuhrwagenblatt', 1519, ebd. 20 f.). Kirchliche Heilsmittel, die kurz zuvor auch durch Einblattdrucke propagiert wurden (Ablaßbriefe, Reliquienbeschreibungen, Heiligen- und Andachtsbilder, Beschreibungen der kirchlichen Hierarchie), bekommen nun das Odium des Gottlosen. Oft wird (wie in einigen parodistischen Fs-en) dem religiösen Gegner ein Selbstbekenntnis eigener Verworfenheit in den Mund gelegt („*Die warheyt woellen wir vntertrücken/ Mir moerden/ veriagen vnd auch brennen*", ebd. 26 f.). Seltener wird der Gegner mit ironischer Selbstentlarvung analog der Satire in den 'Epistolae obscurorum virorum' bloßgestellt. Lat. Bruchstücke verwenden nur Sprecher der päpstlichen Partei („*Nazarei sein wir doch/ averst ne credatis/ Omnia sein vns vreij/ durch Bullen euulgatis*", ebd. 46 f.). Parodien fremder Texte arbeiten auch mit Wortspielen (so Peter Flettners Triumpfbogenparodie gegen Johann Eck, ca. 1530, ebd. Bl. 8). Bild- und Textinhalt werden, wie dann in späteren Fb-ern auch, durch Detailerklärungen, Buchstabenzuweisungen und inhaltliche Entsprechungen (Allegorien) zusammengehalten. Manchmal dringen sprachliche Anteile als Spruchbänder, Personen- und Figurenidentifikationen, Auf- und Unterschriften in die bildliche Darstellung ein, doch ist meistens die räumliche Trennung zwischen Bild- und Textteil gewahrt. An Textformen werden außer der (an)klagenden Autoren- und Figurenrede thesenartige Kurzformen (so das Fuhrwagenblatt) und Bibeltexte, letztere in Prosa, ausgenützt. Bei Bibeltexten verschaffen bildliche Darstellungen die intendierte Referenz auf die römische Kirche.

6. Politische Staatsschriften

Vom Ende des 15. bis zum Beginn des 19. Jhs., als die territorialen Grenzen innerhalb Deutschlands eine stabilere Ordnung erfuhren und sich auch zunehmend Kritik am schwerfälligen Kanzleistil erhob, trugen die Territorialherren ihre Streitigkeiten publizistisch durch offizielle Streitschriften aus, denen manchmal auch Fb-er für ein größeres Publikum zur Unterstützung dienen sollten. Textsorten dieser Art von Fs-en sind Anklage- und Verteidigungsschriften, argumentative Widerlegungen, anklagende Berichte und Gegendarstellungen, oft von so großem Umfang, daß der Alltagsbegriff einer 'Flug'-Schrift nicht mehr paßt. In diese Texte werden, wie bei den Fs-en des Reuchlin-Pfefferkorn-Streits, weitere offizielle Schriftstücke aufgenommen: Klagschriften, Gutachten, Entscheide, Urteile, Briefe, Mandate, Verträge, Testamente und andere offizielle Texttypen. Der Stil ist weitgehend geprägt durch die Kanzleisyntax, durch Doppel-, Drei- und Vierfachformen von Verben, Adjektiven und Substantiven, durch listenartige Reihungen von Informationen und Argumenten (*Item ...*), durch einen juristischen Schreibstil mit juristischer Fachlexik, Gesetzesanführungen, stellenweise ins Latein übergehend, dann auch durch den Drucktyp der Antiqua gekennzeichnet. Der anvisierte Leserkreis war demnach (wieder) beschränkt auf die Juristen und die engeren Verwaltungszentren der einzelnen Territorien. Anders ist dies in ein- oder mehrblättrig gedruckten Mandaten (Achterklärungen, Arrestationsgeboten, Zinsforderungen usw.), die sich an die eigenen Untertanen wenden, die aber ebenso im Stil der Kanzleisyntax geschrieben sind.

7. Theologische Streitschriften des 16. Jahrhunderts

Tendenziell ist die Fs. das seriöse Medium, das in argumentierender Prosa geschrieben ist, sich der wissenschaftlichen Textverfahren des Zitierens, Verweisens, Widerlegens bedient und auf Holzschnitte verzichtet. Fs-en waren teurer und eher für ein akademisch gebildetes Publikum geschrieben, oft von großer Textlänge (Schilling 1990, 107 ff.). Der Stil ist wissenschaftlich, mit weitläufigem, mehrfach hypotaktischem Periodenbau, aufzählender Stoffgliederung, Doppel- und Dreifachformen, mit z. T. lat. theologischer Fachlexik, die typographisch durch die Antiqua abgesetzt und dann übersetzt wird. Sowohl die theologischen Streitigkeiten der in verschiedene Richtungen auseinanderlaufenden protestantischen Gruppen wie diejenigen zwischen ihnen und der römischen Kirche wurden in Fs-en ausgetragen. Zitate aus Luthers Schriften werden von katholischer Seite ohne auf den Kontext zu achten zu seinen Ungunsten ausgelegt (z. B. das formelhafte *will fraw nicht, so kum die magd* aus 'Von dem ehelichen Leben'); alphabetische Register dienen zur schnellen Auffindung einschlägiger Argumente (Kastner 1982, 243).

8. Flugblätter von ca. 1550 bis 1650

In dieser Zeit liegt sowohl quantitativ wie qualitativ das Maximum der Fb-produktion. Es sind Drucke im Folio- oder Großfolioformat, mit Holzschnitten oder Kupferstichen von oft hervorragender Qualität. Blätter ohne Bildteil sind selten. Über viele Jahrzehnte hinweg werden illustrierte Fb-er bestimmter Typen verkauft, von denen einige kurz vorgestellt werden sollen.

8.1. Berichte von politischen Ereignissen

Sie stehen den Zeitungsberichten nahe und enthalten Stilistika des Briefs. Zu Beginn von Satzperioden stehen Nebensätze (*Nachdem ...; als nun ...; obwohl nun ...*), in denen vergangene Ereignisse, Absichten und Überlegungen mitgeteilt werden, denen in den Hauptsätzen der jeweilige Stand der Dinge folgt. Die Ereignisse werden z. T. Tag für Tag wiedergegeben, die zukünftige Fortsetzung der Berichterstattung versprochen. Klammern, in denen nebensächliche Informationen stehen, sollen die Lesbarkeit leichter machen. Die Autoren bemühen sich um Genauigkeit (exakte Orts- und Zeitangaben, Stärke der Armeen, Verlustzahlen), sie enthalten sich parteilicher Wertung, so daß dasselbe Blatt an Anhänger sich bekämpfender Seiten verkauft werden konnte (Vergleiche mit Briefzeitungen an Gesinnungsgenossen machen den Willen zur unparteiischen Berichterstattung deutlich; Schilling 1990, 99). Im 17. Jh. treten, der allgemeinen Tendenz von Prosatexten entsprechend, viele Fachtermini des Militärwesens und der Adelstitulatur aus dem Französischen auf.

8.2. Konfessionelle Polemik

In diesem Bereich konnten die Textautoren auf schon eingeführte Text- und Motivmuster zurückgreifen. Dazu gehören Darstellungen wunderbarer Ereignisse, teils mit, teils ohne Texterläuterung (mit Überschneidungen zum Medium der Neuen Zeitung); das historische Ereignisleid; bildliche Darstellungen von Ständen, Berufen und Institutionen, denen im Textteil selbstanklägerische Figurenreden oder anklagende Gedichte entsprechen; das Motiv der verkehrten Welt mit unterschiedlichen Funktionen (für und gegen die sozialpolitische Ordnung, als Ausdruck ungleicher Machtverhältnisse, als Moral der gerechten Strafe usw.; Schilling 1990, 191 f.); die Fiktion der Traumerscheinung (Hans Sachs); die Applikation von Bibelstellen auf den religiösen Gegner; die Allegorese eines Bildes u. a. Buchstabenverweise verzahnen Textstellen mit Bildteilen. Bildlich und textlich getrennte Bereiche für die eigene und die gegnerische Seite mit klar verteilter positiver und negativer Wertung machen die zugrundeliegende Oppositionsstruktur vieler Blätter deutlich. Auf beiden Seiten kam es zu überaus drastischen bildlichen und textlichen Spottdarstellungen, deren Anstößigkeit auch in damaliger Zeit vermerkt wurde (Höllenfahrt, Geburt des Papsttums bzw. der Mönche aus dem After des Teufels, der Papst als Teufel, Bischöfe und Geistliche als Wölfe, die ein Opferlamm verschlingen und sein Blut trinken etc.). In dem Blatt 'Anatomia Lutheri' des Franziskaners Johann Nas wird dargestellt, wie die protestantischen „Sekten" die Leiche Luthers zerreißen: „*Spangenberg der lugendbartet Mann/ Vor Lieb beist jhm die zähen ab [...] Sarcerus fordert sein Blut/ Trinckt tail darauß habt gutten muht/ Delirans Flack* [= Flacius Illyricus *thut hinden smecken/ Möcht jhne sonst beim Kopff aufwecken.*" Dieses Blatt wurde zum Ausgangspunkt mehrerer aufeinander Bezug nehmender Fb-er und Fs-en, die mit der thematisch ähnlichen, nun aber sprach- und geschmacksästhetisch viel raffinierteren Fs. Johann Fischarts endet ('Der Barfüsser Secten und Kuttenstreit' 1577, verkürzt auch als Fb.). Im 17. Jh. setzt sich die bissige, wenig wählerische Polemik fort (Luther, der seinen dicken Bauch nur auf einer Schubkarre fortbewegen kann). Sprachlich-rhetorische Verfahren sind: Wortspiele (*fasten – farzen*), Namenverdrehungen (Jesuiten: *Jesu zu wider, Jesuwider*), Rekonkretisierungen von Metaphern (Leuchter – Saufglas), Veränderungen bekannter Texte (*Erhalt uns Herr bey deiner Wurst*), Schimpfwörter (*Saw, Unflat, Bestie, Lotter Bue*, Beispiele aus Kastner 1982, 226 ff.). Fahnenwörter (*Evangelion*) stehen in Opposition zu explizit verurteilenden Bezeichnungen der Gegner („*Jesu Christ ergester Feind/ Antichrists vertrawtester Freund*"; „*Blutbad*"; „*hellischer Drachen*" etc.; Harms u. a. 1983, 83). Schlechte Eigenschaften des Gegners werden auch in phantastischen Szenen dargestellt (wie Jesuiten Teufel beim Kartenspielen betrügen). Angriffe auf Luther werden mit ebenso grobianischen Angriffen gegen die römische Kirche und ihre Institutionen beantwortet, zur Selbstverteidigung aber auch durch ein Lutherlob als dessen eigene Rede (z. B. 'Lutherus Triumphans' 1568/69, lat., dt., als Fs. und Fb.; ebd., 36 f.) oder zum Jubeljahr 1617 in Form einer Idealbiographie Luthers, des „Propheten und Mann Gottes", voller positiv wertender Epitheta (*Zu Wormbs er auch aufm Reichstag/ Sein lehr bekant Unverzagt*). Nur wenige Blätter sind argumentativ-werbende Prosatexte, welche die Gegner nicht verurteilen, sondern sie in höflichem Ton von der Falschheit ihrer Lehrer überzeugen wollen (z. B. ebd., 78 f.).

8.3. Politische Polemik

Hohn und Spott, im 16. Jh. gegen religiöse Gegner eingeübt, werden im Dreißigjährigen Krieg gegen politische Gegner gerichtet, ähnlich wie das Lob der Reformatoren nun auf Fürsten der eigenen Partei übertragen wird. Die Jahre 1619/20 (Friedrich von der Pfalz) und 1631/32 (Magdeburg, Gustav Adolf) bilden dabei die Höhepunkte. Der Winterkönig war wohl der erste Fürst, dem für und wider eine Masse von Flugblättern galt, öfter von katholischer und lutherischer Seite angegriffen und verspottet („*Der vor hett auff dem Haupt ein Cron/ Hat jetz kaum ein gantz Hemet an,*" Wäscher 1955, 34) als verteidigt und verherrlicht („*Pfaltzgraf Friderich/ Deß Reichs E(r)tztrucksäß mächtiglich/ Und Churfürst Lobesame./ Diesen hat GOtt selbst erwöhlt/ Und seiner Kirchen vorgestellt*"; Harms u. a. 1983, 87). Neu sind die Verfahren der Verrätselung (Rebusdarstellungen), die als Versatzstücke für lautgleiche Wörter in den Text eingerückt werden (ebd., 122 f.), im Formalen die Anwendung der neuen Metrik (Alexandriner) mit einer genaueren Beachtung regelmäßiger Hebung und Senkung. Mit Vorliebe werden militärisch-politische Ereignisse, Intentionen der Gegner usw. in ein Bild gebracht, das im Zentrum des Bildteils steht und sowohl bildlich wie textlich allegorisch ausgedeutet wird. Bildhafte Vergleiche durchziehen auch die Texte, z. B. die Eroberung und Zerstörung Magdeburgs als Entführung einer alten Magd: „*Ewr Hertz habt ihr darauff spendirt/Als ihr sie alte Magd entführt"* (ebd., 119). Neben Spott und Lob treten die Intentionstypen Anklage (*"Ihr und ewer lausigs Gesind/Habt auch geschändt manch ehrlich Kind/[...] Ihr habt der Freunden schönes Land/ In Grund recht teufflisch ausgebrand,"* Wäscher 1955, 43) und Klage (*"O Trawrigkeit/ Heb dich bey seydt,"* ebd., 35). Gerade die Städte hatten ein Interesse am Frieden und ließen irenische Fb-er drukken.

9. Jakobinische und antinapoleonische Flugschriften (Flugblätter)

Mit dem Einmarsch französischer Revolutionstruppen in die Pfalz und nach Mainz kam eine neue revolutionäre Stimmung auf, deren publizistischer Ausdruck Fb-er (z. T. nur handschriftlich, für Altona vgl. Grab 1984, 319 ff.), Plakatdrucke (Proklamationen, Reden) und insbesondere Fs-en waren. 1792/93 erschienen mehr als 100 Fs-en, 19 Einblattdrucke und 34 Faltblattdrucke (nach: Stadtbibliothek Mainz 1994, 26 ff.). Auch das Medienumfeld war nun neu: Zeitungen und Zeitschriften mit ihren spezifischen Textsorten (Dumont 1982, 138 ff.). Manche Aufklärungstexte wurden sowohl als Fs. wie als Plakat gedruckt (so Cottas und Papes 'Von der Staatsverfassung in Frankreich', Scheel 1975, 295 ff.). Es ist erstaunlich, wie ähnlich die funktional bestimmten Textsorten und die formalen Textgestaltungen der Fs-en, verglichen mit denen der frühen Reformationszeit, sind: argumentierende und belehrende Texte, theoretische Abhandlungen zu bestimmten Themen, Aufforderungs- und Appelltexte, meist zu einer positiven Einstellung zur Republik (*besinnet euch wohl*), weniger zu konkreten Aktionen (Kleiderspende, Versammlung, Bildung eines Revolutionsheers), Veröffentlichungen von Akten des Gegners mit kritischen Kommentaren, Anklage- und Verteidigungstexte, grundsätzliche Regelungen des Gemeinwesens (republikanische Verfassung). Auch einige Textformen hatten schon reformatorische Fs-enautoren bevorzugt: (Spott-)Gedichte und Lieder (Marseillaise), Kalender, einige belehrende und satirische Dialoge (aber nur wenige; neu ist die literarische Form des Sturm-und-Drang-Dramas, Scheel 1965, 383 ff.), offene Briefe und argumentative Widerlegungen im Briefstil (Anrede mit *Sie* und insgesamt höflicher Umgang mit dem Gegner), Kommentare zu Fb-ern und Fs-en, die die bestehende Ordnung verteidigen (teils ironisch-sarkastisch, teils wissenschaftlich-argumentativ), Parodien und Imitationen von bestehenden Textsorten bzw. -formen: Gebet, Vaterunser, Credo (neu: ironische Danksagungsadresse im unterwürfigen Hofstil, Todesurteil; ebd., 288 ff., 391 ff.). Neu ist auch der Texttyp der Deklaration (Menschen-, Völkerrechte) und im Formalen das Oktavformat der Heftchen (in Mainz häufig 8–16 Seiten, die programmatischen Schriften mit über 100 Seiten).

War in der Reformationszeit die Predigt die leitende Textform, so ist es jetzt die Volksrede mit den typischen Redefiguren der Anrede (*Brüder, Mitbürger*), der syntaktisch parallel gebauten Sätze und rhetorischen Fragen, der Ausrufe (*ha, ach*) und Redewendungen (*es kräht kein Hahn danach*). Pathos ähnlich wie in den Dramenmonologen der Zeit (*"zerschmettert die Thüren des Kerkers"*; *"zittert, ihr Tyrannen"*) soll den Redeeffekt verstärken. Mehrmals war in Mainz eine Rede schon gedruckt, bevor sie vor dem Jakobinerclub gehalten wurde.

Ganz unterschiedlich sind die Schreibstile. Lehrhafte und auffordernde Texte für Handwerker und Bauern wurden in bewußt einfacher Diktion geschrieben (*"In Frankreich sind alle Menschen frei. Also gibt es keine Leibeigene. Auch ist kein Mensch Herr des andern, und sogar der Dienstherr hat vom Bedienten oder Knecht nur zu verlangen, was im Dienstkontrakte ausgemacht worden ist"*, Scheel 1975, 296). Die meisten Autoren schreiben jedoch den zeitgenössischen hypotaktischen Stil der Gelehrten und Literaten, der die Gedanken schrittweise weiterführt, mal mit biblischen, mal mit dichterischen Anklängen (*"der Konstitutionen fernre Dauer"*). Wissenschaftlich argumentierende Beweisführung wird in Antwortschriften verwendet (lange Zitate, Quellenangaben). Der Bürgergeneral Custine schreibt militärisch knapp. Aufklärerisch gesonnene Gelehrte (G. F. Forster, J. N. Becker) warnen vor „erniedrigenden Ausdrücken" und „Sansculottensprache" (ebd., 15, 99), dennoch schreiben einige Angehörige der Unterschichten in einem drohend-aggressiven Ton (*Schlagen tot und henken auf/ An die Rathausfenster nauf/ Alles was in dieser Stadt* [Nürnberg] /*"sich von Bürgerschweiß genährt hat"*; Scheel 1965, 53). Manche Autoren bemühen sich um einen der gesprochenen Sprache nahekommenden Stil (Apokope und Verschleifung, Linksherausstellung, Modalpartikel, starke Schimpfwörter, z. B. Scheel

1975, 413 ff.). Anklage wird zur Empörung gesteigert („*sie haben die Fackel an die Wohnungen unschuldiger Landleute gelegt und wimmernde Mütter zurückgehalten, die ihre brennenden Kinder aus den Flammen retten wollten*", ebd. 714). Vereinzelt enden Fs-en mit Parolen.

In den revolutionären Fb-ern und Fs-en finden sich die Fahnen- und Stigmawörter der Zeit (Fahnenwörter: *Freiheit, Gleichheit, Menschen-, Völkerrecht, Nation, Republik*; Stigmawörter: *Despot, Tyrann, Sklaverei*) und vielfach wiederholte Metaphern (*Ketten, aussaugen, unterdrücken*). Anklagende Bezeichnungen reichen von starken Metaphern (*Blutegel*) bis zu groben, verletzenden Ausdrücken („*Rotte von adeligen und unadeligen Dieben*"; ebd., 414; *Speichellecker, Raubgesindel, Kapitalist*). Die ersten als Plakate gedruckten Proklamationen halten sich noch an die zunehmend als veraltet angesehenen kanzleistilistische Umständlichkeit, werden dann aber vom pathetischen Redestil abgelöst (vgl. ebd., 151 f., 696 ff.). Büchner und Weidig konnten im 'Hessischen Landboten' 1834 auf Textbaumuster (Kommentare zu fürstlichen Ausgabelisten), Parolen (*Friede den Hütten, Krieg den Palästen*) und Metaphern (*Blutigel, schwelgen von unserem Schweiß*) zurückgreifen, die schon Ende des 18. Jhs. in Fs-en verwendet wurden.

Neue Bedeutung bekommt die Fs. (gegenüber Zeitung und Zeitschrift, die im 19. Jh. zunehmend die öffentliche Meinung bestimmen) als sogar staatlich unterstütztes Propagandainstrument in den französisch besetzten deutschen Territorien, wo Zeitungen und Zeitschriften reglementiert und überwacht werden, Fs-en jedoch diese Kontrolle unterlaufen können. Während Bücher (G. v. Schlabrendorf) und die anonyme Fs. 'Deutschland in seiner tiefen Erniedrigung' (1806, 144 S.) noch ganz vom hypotaktisch literarischen Stil, dem aufklärerischen, ruhigen Ton der Belehrung, des Berichts, der maßvollen Kritik an den deutschen Fürsten und nur stellenweise von massiver Invektive gegen Napoleon und seine Heere getragen ist, mischen sich in E. M. Arndts kleinen antinapoleonischen Fs-en (1812—14) syntaktische Kürze, Bildhaftigkeit, biblische Wendungen (*siehe*), Pathos und Radikalität („*Ich will denn Haß gegen die Franzosen, nicht bloß für diesen Krieg, ich will ihn für lange Zeit, ich will ihn für immer*"; Arndt 1845, 371) zu einem emotional aufpeitschenden Stil, in dem dann auch allgemein negativ bewertete Wörter eine Bedeutungsumkehrung erfahren (*ein heiliger Wahn*). Diese Fs-en propagieren einen Nationalismus, der sich in feindlicher Opposition zu durchweg als schlecht bewerteten Eigenschaften der Franzosen definiert (*esprit, Glätte, Oberflächlichkeit, Unbeständigkeit, Unruhe*, „*der Franzose ist ein sprechendes; der Deutsche ein denkendes Volk*"; ebd., 401 ff.). Gegen diesen Feind gilt es sich radikal abzugrenzen („*Grade der Vermischung mit dem Ungleichen — das ist der Tod der großen Tugend*", ebd. 370). Zugleich werden nicht nur typisch deutsche Tugenden, sondern auch Symbole beschworen (*der deutsche Rhein, die deutsche Eiche, das eiserne Kreuz*). Neu und auch für 1848/49 bestimmend sind Aufrufe, die sich aus einer perspektivischen Schilderung der jüngsten politischen Ereignisse ergeben (so Arndts 'Zwei Worte über die Deutsche Legion'). Seit 1813 kommt auch ein neuer Typ von illustrierten Fb-ern auf, welcher den Textanteil sparsam als Bildunterschrift, kurzen Dialog, Gedicht etc. einsetzt und damit ein allegorisches Bild erklärt (Napoleon als Kolporteur oder Seifenbläser, seine Karriere als auf- und absteigende Lebenspyramide, die europäischen Fürsten als Kammerorchester etc.; Wäscher 1955, 104 ff.).

10. Flugblätter (Flugschriften) 1848/49

Eine sowohl quantitativ wie qualitativ explosionsartige Ausweitung und Differenzierung von Fb-ern und Fs-en gab es wieder 1848/49 mit Berlin als Zentrum. Zwar wurden die 'alten' Textsorten und -formen (Aufruf, Forderungen, Programm, Anklage; Dialog, Katechismus) weiterhin geschrieben mit einer Funktionsauslagerung argumentativer Texte für Fs-en (Wentzcke 1911). Es wurden aber sehr viel mehr Textformen und Genres adaptiert als früher: Arie, Vision, Adresse, Erinnerung, Grabrede, Mitschriften von Reden. Die graphische Aufmachung war dagegen ähnlich: mehrgliedrige Schlagzeile, Impressum mit Preis, bildliche (karikierende) Darstellung, zweispaltiger Text (Weigel 1979, 190 ff.; Denkler 1980, 114, 117). Neu ist die Textsorte der persönlichen Erklärung, z. B. vor einer Verabschiedung aus der Politik oder der Emigration. Dieselben Metaphern und Metonymien (*Blutsauger, vom Schweiß anderer leben, Champagner trinken*), die die Revolutionäre gegen die Monarchen vorbringen, werden jetzt von konservativem Standpunkt gegen diese gewendet (Beispiel in Weigel 1979, 125). Die Imitation gesprochener Sprache und das Bild bekommen erneut Relevanz. Die Autoren übernehmen für ihre Forderungen zunehmend den kompakten Nominalstil mit mehrfach untergeordneten Attributen (*Bestimmung des Minimums des Arbeitslohnes und der Arbeitszeit durch Kommissionen von Arbeitern und Meistern*, Obermann 1970, 100). Dazu gehören auch komplexe Partizipialattribute (*daß sie sich folgenden, in der von einer großen Anzahl von Mainzer Bürgern unterzeichneten, bereits ihren Abgeordneten unterm 2. März überreichten Adresse gestellten unabweislichen Forderungen anschließen,* ebd. 43), Funktionsverbgefüge und das Verfahren graphisch abgesetzter Aufzählungen (Spiegelstriche) unter einem gemeinsamen Matrixsatz. Die Übergänge zu den anderen Medien werden fließend. Da Folgen von Fb-ern und Fs-en gedruckt werden, kommen diese in die Nähe von Zeitungen, von denen sie auch Aufmachung, aktuelle Berichte und Werbetexte übernehmen; einfach gefaltete Druckbogen erscheinen als vierseitige kleine Fs.

Die Einstellungen der Autoren reichen von Pathos („... *die mutig ihre Brust den Kugeln und Bajonetten entgegenwarfen*") über Empörung, nüchterner Argumentation, unterwürfiger vs. selbstbewußter Haltung gegenüber Regierungen zu salbungsvoller Rechtfertigung der herrschenden Ordnung (z. B. ebd., 61). Das Charakteristische der Fb-er ist aber ein Anwachsen der satirischen, spöttischen, karikierenden Behandlungsweise der Themen und damit ein Auseinandertreten von revolutionstragenden und -kommentierenden Texten. Einige Verleger und ihre professionellen Schreiber intendieren eine genießende Lektüre mit Wortspielen und sexuellen Anspielungen, Umformulierungen hochtrabender Phraseologismen politischer Reden in den Dialekt und die seit den Fs-en der Reformationszeit mimische Satire selbstentlarvender Äußerungen („*wir haben ja Freiheit, wer wird denn da arbeiten*", Schildt 1986, 199). Der Wechsel zwischen Alltagsrede und den oft gehörten Phrasen politischer Reden, z. T. mit Übertreibungen schriftsprachlicher Formulierungen („*Herr Minister-Prüssedent werden sollender, aber von de National-Versammlung noch nich anerkannt geworden seiender Herr von [...] Brandenburg*", ebd. 196) machen den Reiz dieser Texte aus. Es werden typische Vertreter der einzelnen sozialen Gruppen entworfen (Nante und Brenneke, Madame Püseke, Eisele und Beisele), die z. T. auch nach 1849 in satirischen Zeitschriften ('Kladderadatsch', 'Berliner Krakeler') fortgeführt werden.

Mit dem Blick aus der Perspektive „von unten" wurde zum ersten Mal in vielen Texten der Berliner Dialekt nachgeahmt (Texte und Analysen in Schildt 1986): „*orntlich Deutsch jesprochen, deß et det Volk versteht*" (Denkler 1980, 102). Wie dieses Beispiel zeigt, gelingt die Wiedergabe des Berliner Stadtdialekts nur annähernd. Ganze Texte werden so geschrieben, nicht nur in Dialogen (Nante – Brenneke), sondern auch in monologischen Texten (offener Brief, Rede, Aufruf). Bei Referenzen auf Pläne und Aktionen der Regierung und bei pathetischen Ausrufen wechseln die Autoren zum Standarddeutschen („*aber de Ausführung Ihres Planes hätte de Stadt so ville Jeld jekostet*", Schildt 1986, 185). Zur Sozialstilistik dieser Texte gehören Lautmalerei (*drumm dumm dumm, un tah! tih! tah! tih! schnätterätänk!* ebd. 182), alltägliche Redewendungen (*olle Jacke*) und dialogische Floskeln (*ja ja so is et*), Umschreibungen mit *tun* (*verbieten deht*), Verwechslungen von Dativ und Akkusativ, doppelte Negation und die Lexik der Alltagsrede (*eklig werden*). Ähnliches gilt für – auch zum ersten Mal – nicht herabsetzende Imitation des Jiddischen der Fb-er von Isaac Moses Hersch (Denkler 1980, 112; Schildt 1986, 205 ff.).

11. Flugblätter 1967/68

Weit mehr als durch offene Briefe in Zeitungen, Taschenbüchern und Broschüren ('Agit 883') waren es die in den Universitätsstädten der Bundesrepublik Deutschland verteilten Fb-er, die die Studentenbewegung 1967/68 als publizistisches Medium trugen. Die Studenten verstanden das Fb. als eine Antiöffentlichkeit gegen die monopolartig dominierenden Tageszeitungen (Springerpresse in Berlin), aber auch gegen Fernsehen und Hörfunk. Deshalb nahmen die bewertenden Darstellungen von politischen Ereignissen und deren Hintergründe aufgrund des als Spätkapitalismus interpretierten politisch-gesellschaftlichen Gesamtzusammenhanges einen großen Raum ein. Wieder konnten sich die Autoren auf schon etablierte Textsorten und Textverfahren stützen (Programm, Grundsatzerklärung, Aufruf, Bericht; Frage-Antwort-Schema, Forderungskatalog im Nominalstil, Parolen). Jenseits leicht zu erkennender Ironie („*Bekunden auch Sie Ihr Vertrauen und bereiten Sie Herrn H. H. H*[umphrey] *ebenfalls einen herzlichen Empfang"*, Miermeister/Staadt 1980, 87) waren einige Fb-er der Kommune I absichtlich vage in ihrer Modalität gehalten (*burn, ware-house, burn*, ebd. 28), zu deren Interpretation von den Gerichten germanistische Gutachten herangezogen wurden (Flugblätter, Gutachten, Epiloge 1968). Stilmischung ist ein Kennzeichen dieser Fb-er, oft als wiedererkennbare Diktion kommunikativer Bereiche, z. B. der Werbung (*Man geht nicht mehr ohne Tüte*), als Äußerungen von Demonstrationsgegnern (*unter Hitler wäre das nicht ...*) oder als Abwandlungen literarischer geflügelter Worte (*schaut doch nicht so saublöd*). Den Formen der Stilmischung stehen ernste Aufrufe gegenüber, die sich des wissenschaftlichen Stils überladener Nominalblöcke und der Fachlexik der Politischen Ökonomie, der Soziologie und der Psychoanalyse bedienen („*Notstandsdiskussionen in den Seminarräumen aus dem aktuellen Anlaß der Faschisierung unserer Gesellschaft kompensieren lediglich die methodische Entpolitisierung, der sich unsere Wissenschaft verpflichtet hat*", Miermeister/Staadt 1980, 159). Andererseits wird (drastische) Alltagslexik (*Scheiß-, mit dem Arsch denken, Knarre, Knast*) als Solidarisierung mit der Arbeiterklasse verstanden, der eine bewußt grobschlächtige, radikal-aggressive Schreibweise entsprechen soll („*haut dem Springer auf die Finger*"; „*wie wir diese Scheiß-Uni am besten anzünden*", ebd. 151). Eine Reihe von Schlagwörtern (Stigmawörter: *Establishment, Repression, autoritär*) verwenden die aus der Studentenbewegung hervorgehenden Einzelgruppierungen bis weit in die 70er Jahre hinein.

12. Schluß

Fb- und Fs-texte hatten zwar in den einzelnen Epochen der Druckmedien unterschiedliche Relevanz sowohl zu anderen Medien als auch untereinander, sie trugen aber als relativ billige Medien zur Herstellung und sozialen Ausdifferenzierung von Öffentlichkeit bei. Theorien, die in anderen Kommunikationsbereichen entstanden (Theologie, Gesellschaftsphilosophie, Ökonomie u. a.), wurden weiten Bevölkerungskreisen zugänglich gemacht, oft reduziert auf Schlagworte, eingängige Metaphern und Argumentationsschemata. Nach 1525 verliert die Fs. ihre mediale Führungsrolle und gibt sie an andere Medien ab; das Fb. hat ihr gegenüber eine längere Wirkungsgeschichte.

Fb-er und Fs-en wurden im ideologischen Kampf als publizistische Mittel zur Änderung gesellschaftlicher Verhältnisse, aber auch von staatlicher Seite zur Lenkung des politischen Verhaltens der Bevölkerung eingesetzt. In Zeiten revolutionärer Umbrüche zeigte sich immer wieder, welch großes kreatives Potential an sprachlichen und textlichen Neubildungen aufbrach, wenn die Zensur keine Macht mehr hatte. Zu keiner Zeit herrscht in beiden Medien nur eine Textsorte, eine Textform oder ein Schreibstil vor, jedoch hatte jede Epoche die ihr angemessen erscheinenden Textformen und -typen (Reformation: Predigt und Dialog; Bauernkrieg: Artikelkatalog; Barock: Allegorie usw.). Paradoxe Verhältnisse zwischen Autorengruppen und sozialen Stilen (Arbeitervertreter schreiben ab 1848 einen veralteten Hypotaxestil; Studenten schreiben 1968 im Stil provokativer Drastik) machen dabei unterschiedliche Normerwartungen und Normdurchbrechungen deutlich. Nur in der frühen Neuzeit, so scheint es, waren Fs-en zugleich Medien einer als vorbildlich und nachahmenswert empfundenen Einheitlichkeit syntaktischer Prosa; ansonsten spiegeln sie Entwicklungen der Syntax wider, die anderswo entstanden (so den Nominalstil in Fb-ern 1848).

13. Literatur

Arndt, Ernst M., Schriften für und an seine lieben Deutschen. Leipzig 1845.

Autorenkollektiv unter der Leitung von Gerhard Kettmann und Joachim Schildt, Zur Literatursprache im Zeitalter der frühbürgerlichen Revolution. Untersuchungen zu ihrer Verwendung in der Agitationsliteratur. Berlin 1978.

Bentzinger, Rudolf, Untersuchungen zur Syntax der Reformationsdialoge 1520—1525. Berlin 1992.

Brandt, Gisela, Volksmassen — sprachliche Kommunikation — Sprachentwicklung unter den Bedingungen der frühbürgerlichen Revolution (1517—1526). Berlin 1988.

Denkler, Horst, Politik und Geschäft. Beobachtungen bei der Durchsicht populärer Flugblattreihen aus der Berliner Revolution 1848/49. In: IASL 5, 1980, 94—126.

Dumont, Franz, Die Mainzer Republik von 1792/93. Alzey 1982.

Flugblätter, Gutachten, Epiloge oder Wie weit sind Stilprobleme — Stilprobleme? In: STZ 28, 1968, 316—345.

Giesecke, Michael, Der Buchdruck in der frühen Neuzeit. Frankfurt a. M. 1991.

Grab, Walter, „Freyheit oder Mordt und Todt". Revolutionsaufrufe deutscher Jakobiner. Berlin 1979.

−, Ein Volk muß seine Freiheit selbst erobern. Frankfurt a. M. 1984.

Harms, Wolfgang u. a. (Hrsg.), Illustrierte Flugblätter des Barock. Eine Auswahl. Tübingen 1983.

Harms, Wolfgang/Michael Schilling/Andreas Wang (Hrsg.), Deutsche illustrierte Flugblätter des 16. und 17. Jahrhunderts. Bd. II. Die Sammlung der Herzog August-Bibliothek in Wolfenbüttel. Historica. Tübingen 1980.

Kastner, Ruth, Geistlicher Rauffhandel. Illustrierte Flugblätter zum Reformationsjubiläum 1617. Frankfurt a. M./Berlin 1982.

Köhler, Hans-Joachim (Hrsg.), Flugschriften als Massenmedium der Reformationszeit. Stuttgart 1981.

−, Erste Schritte zu einem Meinungsprofil der frühen Reformationszeit. In: Martin Luther. Probleme seiner Zeit. Hrsg. v. Volker Press/Dieter Stievermann. Stuttgart 1986, 244−281.

Koller, Heinrich, 'Reformatio Sigismundi' ('Reformation Kaiser Siegmunds'). In: VL 7, 1989, Sp. 1070−74.

Martin, Ellen, Die deutschen Schriften des Johannes Pfefferkorn. Göppingen 1994.

Meuche, Hermann/Ingeburg Neumeister (Hrsg.), Flugblätter der Reformation und des Bauernkrieges. 50 Blätter aus der Sammlung des Schloßmuseums Gotha. Leipzig 1975.

Miermeister, Jürgen/Jochen Staadt (Hrsg.), Provokationen. Die Studenten- und Jugendrevolte in ihren Flugblättern 1965−1971. Darmstadt/Neuwied 1980.

Moeller, Bernd/Stackmann, Karl, Städtische Predigt in der Frühzeit der Reformation. Eine Untersuchung deutscher Flugschriften der Jahre 1522−1529. Göttingen 1996.

Müller, Jan-Dirk, Poet, Prophet, Politiker: Sebastian Brant als Publizist und die Rolle der laikalen Intelligenz um 1500. In: LiLi 10, 1980, 102−127.

Obermann, Karl (Hrsg.), Flugblätter der Revolution. Eine Flugblattsammlung zur Geschichte der Revolution 1848/49 in Deutschland. München 1972.

Rössing-Hager, Monika, Sprachliche Mittel des Vergleichs und ihre textologische Funktion in den Flugschriften Johann Eberlins von Günzburg. In: Maschinelle Verarbeitung altdeutscher Texte. Beiträge zum 3. Kolloquium. Hrsg. v. Paul Sappler/Erich Straßner. Tübingen 1980, 39−66.

−, Wie stark findet der nicht-lesekundige Rezipient Berücksichtigung in den Flugschriften? In: Flugschriften als Massenmedium 1981, 77−137.

Scheel, Heinrich, Die Mainzer Republik I. Protokolle des Jakobinerclubs. Berlin 1975.

− (Hrsg.), Jakobinische Flugschriften aus dem deutschen Süden Ende des 18. Jahrhunderts. Berlin 1965.

Schildt, Joachim, Berliner Umgangssprache in Flugschriften und Maueranschlägen von 1848. In: Berlinisch. Geschichtliche Einführung in die Sprache einer Stadt. Hrsg. v. Joachim Schildt/Hartmut Schmidt. Berlin 1986, 173−213.

Schilling, Michael, Bildpublizistik der frühen Neuzeit. Aufgaben und Leistungen des illustrierten Flugblatts in Deutschland bis um 1700. Tübingen 1990.

Schwitalla, Johannes, Deutsche Flugschriften 1460−1525. Textsortengeschichtliche Studien. Tübingen 1983.

−, Martin Luthers argumentative Polemik: mündlich und schriftlich. In: Kontroversen, alte und neue. Akten des Internationalen Germanisten-Kongresses Göttingen 1985. Bd. 2 Formen und Formgeschichte des Streitens. Hrsg. v. Albrecht Schöne. Tübingen 1986, 41−54.

Stadtbibliothek Mainz (Hrsg.), Die Schriften der Mainzer Jakobiner und ihrer Gegner (1792−1802). Teil 2. Bibliographie und Begleitband zur Mikrofiche-Edition. München 1994.

Stolt, Birgit, Wortkampf: Frühneuhochdeutsche Beispiele zur rhetorischen Praxis. Frankfurt a. M. 1974.

Wäscher, Hermann, Das deutsche illustrierte Flugblatt. Von den Anfängen bis zu den Befreiungskriegen. O. O. 1955.

Weigel, Sigrid, Flugschriftenliteratur 1848 in Berlin. Geschichte und Öffentlichkeit einer volkstümlichen Gattung. Stuttgart 1979.

Wentzcke, Paul, kritische Bibliographie der Flugschriften zur deutschen Verfassungsfrage 1848−1851. Halle 1911.

Wuttke, Dieter, Sebastian Brant und Maximilian I. Eine Studie zu Brants Donnerstein-Blatt des Jahres 1492. In: Die Humanisten in ihrer politischen und sozialen Umwelt. Hrsg. v. Otto Herding/Robert Stupperich. Boppard 1976, 141−176.

Johannes Schwitalla, Würzburg (Deutschland)

69. Geschichte von Flugblatt und Flugschrift bis um 1700

1. Terminologie, Definition, Überlieferung
2. Geschichtliche Entwicklung
3. Zusammenfassung
4. Literatur

1. Terminologie, Definition, Überlieferung

Die Bezeichnungen *Flugblatt* und *Flugschrift* sind erstmals bei Friedrich Daniel Christian Schubart Ende des 18. Jhs. belegt, doch begegnet die bildliche Vorstellung vom Fliegen für die schnelle Übermittlung und Verbreitung einer Nachricht bereits im Mittelalter und wird seit dem 16. Jh. auch im Zusammenhang mit dem Klein- und Tagesschrifttum gebraucht. In der Frühen Neuzeit hat sich keine spezifische Terminologie für die beiden Medien herausgebildet. Bezeichnungen wie Zeitung, Relation oder Aviso betonten den funktionalen Aspekt der Nachrichtenvermittlung; Begriffe wie Pasquill, Schmähschrift, Famoslibell oder Schandbüchlein hoben auf den aggressiv-satirischen Darstellungsstil vieler dieser Schriften ab und inkriminierten als Termini der einschlägigen Zensurgesetzgebung das mit ihnen benannte Schrifttum als illegal. Bezeichnungen wie Zettel oder Scharteke verweisen auf den geringen materiellen Wert der Drucke und sollten diese gleichfalls disqualifizieren. Wo man von Lied, Spruch oder Contrafactur sprach, hob man Gattungszugehörigkeiten der präsentierten Texte und Bilder hervor.

Flugblatt und Flugschrift unterscheiden sich von anderen Formen des Kleinschrifttums (z. B. Kalender, Landkarte, Dissertation, Ablaßbrief, Reproduktionsgraphik, Mandat, Zeitung, Brief, Urkunde) in funktions- und kommunikationsgeschichtlicher Hinsicht. Sie sind bestimmt durch ihre Wirkungsabsicht, die oft, aber nicht notwendig einen aktuellen Bezugspunkt besitzt, wenden sich an die nicht näher spezifizierte Öffentlichkeit des Gemeinen Mannes und bedienen sich als marktorientierte Medien der Distributionsformen vorzugsweise des Ausrufs und des Hausierhandels. Handelt es sich bei Flugblättern um meist mit Titel und Illustration versehene Einblattdrucke im Folio- oder Großfolioformat, wurden Flugschriften in der Regel im Quart-, seltener im Oktavformat als Broschüre publiziert; ihr Umfang übersteigt selten fünf Druckbögen. Mit ihrer Mehrblättrigkeit und der Dominanz der Textanteile nimmt die Flugschrift eine Zwischenstellung zwischen Einblattdruck und Buch ein. Das Flugblatt tendiert aufgrund seiner Publikationsform zur Plakativität in Aufmachung, Thematik sowie sprachlicher und bildlicher Darbietung.

Der fehlende Schutz durch einen Bucheinband, der im Vergleich zum Buch geringe materielle Wert und der Aktualitätsbezug, der das Veralten und Vergessen der behandelten Themen beschleunigte, führten zu immensen Überlieferungsverlusten bei beiden Medien. Noch Mitte des 18. Jhs. kommen auf ein erhaltenes schätzungsweise 10 000 verlorene Flugblätter. Die Überlieferung der wenigen erhaltenen Exemplare verdankt sich in der Regel den Interessen zeitgenössischer Sammler. Herausragende Bedeutung für die Publizistikgeschichte der 2. Hälfte des 16. Jhs. kommt der Sammlung des Zürcher Chorherrn Johann Jakob Wick zu, der in den Jahren 1560–1588 sämtliche ihm in Handschrift, Druck und Bild erreichbaren Nachrichten über außergewöhnliche Vorkommnisse zusammentrug und als Zeichen der bevorstehenden Endzeit wertete. Die Ereignisse des 30jährigen Krieges sind u. a. in den Kollektaneen des Mediziners Johann Lorenz Loelius und des schlesischen Adligen Franz Gottfried Troilo dokumentiert. Als Gegenstand von Kunst- und Raritätenkammern weckten illustrierte Flugblätter das Sammelinteresse des Augsburger Kunstagenten Philipp Hainhofer und der Braunschweiger Herzöge August d. J. und Ferdinand Albrechts.

2. Geschichtliche Entwicklung

Die Geschichte des Flugblatts reicht bis in die Zeit vor Erfindung des Buchdrucks zurück. Aus handschriftlichen Anfängen im Umkreis dominikanischer Mystikerkreise entstanden um 1400 erste xylographische Drucke von Andachtsbildern, auf denen sich der Textanteil häufig noch auf wenige Angaben zur Illustration beschränkt. Erst gegen Ende des 15. Jhs. führt der Einsatz des typographischen Drucks dazu, auch längere Texte in Kombination mit einer Holzschnittillustration auf Einblattdrucken zu publizieren, wobei allmählich weltliche Themen das nach wie vor dominierende Angebot der religiösen

Druckgraphik ergänzen. Sebastian Brant nutzt um die Wende zum 16. Jh. als erster Autor das Medium des Flugblatts in größerem Ausmaß zur politischen Kommentierung der Zeitläufe. Die von ihm praktizierte Doppelpublikation in lateinischer und deutscher Sprache findet sich in der Publizistik noch bis ins 17. Jh. und zeigt deutlich das Nebeneinander verschiedener Öffentlichkeiten als Adressaten des Kleinschrifttums in der Frühen Neuzeit: Neben der Öffentlichkeit des Gemeinen Mannes, d. h. aller rechtsfähigen Gemeindemitglieder, konnten auch engere Adressatenkreise wie die Öffentlichkeit der Herrschaftsfähigen oder eben die der lateinkundigen Humanisten von den Publizisten avisiert werden.

Sowohl die Verbreitung der Andachtsbilder und die damit einhergehende Privatisierung der Frömmigkeit als auch der beginnende Einsatz der publizistischen Medien im politischen Tagesgeschäft (im Umkreis Kaiser Maximilians I.; Reuchlin-Pfefferkorn-Kontroverse) arbeiteten der Reformation vor. Luther und seine Anhänger erkannten die propagandistischen Möglichkeiten des Flugschriftenmediums und nutzten es in massiver Form zur Durchsetzung der neuen Lehre, so daß man den Erfolg der Reformation geradezu ursächlich auf diesen Einsatz der Publizistik zurückgeführt hat. Die Reaktionen der katholischen Seite erfolgten erst, nachdem sich die wichtigsten Druckzentren bereits zum Protestantismus bekannt hatten (Nürnberg, Augsburg, Straßburg, Leipzig, Magdeburg), und blieben daher vielfach wirkungslos. Die Verabschiedung von Reichszensurgesetzen seit 1521 lief meist ins Leere, da die Eingriffsmöglichkeiten durch die Souveränität der einzelnen Territorien beschränkt waren und zahlreiche Möglichkeiten bestanden, die in den Reichsabschieden festgelegten Zensurbestimmungen zu unterlaufen. Erst mit der Gegenreformation in der 2. Hälfte des 16. Jhs. gelang es Vertretern der alten Kirche, publizistisches Terrain zurückzugewinnen (Johann Nas, Friedrich Staphylus, Georg Scherer u. a.). Während im 16. Jh. die publizistische Einflußnahme auf die öffentliche Meinung vornehmlich konfessionellen Zielen galt, kam es im 30jährigen Krieg erstmals zu einem systematischen Einsatz der Medien Flugblatt und -schrift seitens der Kriegsparteien. Die zweimalige aktive Beteiligung der lutherischen Führungsmacht Sachsen am Kriegsgeschehen 1620 und 1631 wurde von einem massiven Anstieg der publizistischen Produktion begleitet und unterstützt. Auch die Schweden bedienten sich der Propaganda, um ihr Eingreifen in den Krieg und das Ausbleiben militärischer Hilfe für das 1631 eroberte und zerstörte Magdeburg zu rechtfertigen.

Seit Beginn des 16. Jhs. lassen sich gedruckte Neue Zeitungen nachweisen, die in einem genuinen Zusammenhang mit dem brieflichen Nachrichtenverkehr stehen, der sich vor allem durch den Ausbau des Fernhandels entwickelt hatte. Der wachsende Anteil, den die Informationen über außergewöhnliche Ereignisse auf dem publizistischen Markt erobern konnten, hängt mit der zunehmenden Sozialdisziplinierung und zivilisatorischen Affektkontrolle zusammen, die das Bedürfnis nach der Sensation und dem Unbekannten weckten. Daneben waren die Meldungen von Kriegen, Katastrophen, Verbrechen und Wundergeschehnissen aber auch geeignet, Ängste vor dem Fremden, Unvorhergesehenen, Unberechenbaren und daher Bedrohlichen zu schüren. Doch enthielten dieselben Flugblätter und -schriften gleichzeitig Angebote, eben die Ängste zu bewältigen, die die von ihnen gemeldeten Ereignisse aufbauten. Zum einen wurden die berichteten Geschehnisse durch geistliche Deutungsschemata (Zeichen Gottes; Bußaufrufe) an das christliche Weltbild zurückgebunden. Zum andern konnten präzise Beschreibungen und naturkundliche oder politische Erklärungsversuche die Furcht von dem Außergewöhnlichen bannen helfen. Daher finden sich in Flugschriften und -blättern zahlreiche, z. T. sehr detaillierte Erstbeschreibungen pflanzlicher, tierischer und menschlicher Mißbildungen sowie genaue astronomische Beobachtungen (z. B. von der berühmten Supernova von 1572). Eben diese Genauigkeit der Information ließ die beiden Medien zum Bestandteil des gelehrten Diskurses in der Frühen Neuzeit und zur Quelle für zeitgenössische wissenschaftliche Werke (Konrad Gesner, Ulisse Aldrovandi u. a.) werden.

Flugblatt und Flugschrift spielten eine wichtige Rolle bei der Einübung in wie beim Aufbegehren gegen gesellschaftliche Normen und Zwänge. Vorzugsweise mit den Mitteln der Satire wurden Modeneuheiten (Pluderhosen, Mühlsteinkragen im 16. Jh., die französische Kleidung alamode im 17. Jh.), das Fluchen, Sonntagsarbeit, Alkoholmißbrauch, Faulheit oder vor- und außereheliche Sexualität angeprangert. Die publizistische Verspottung moralischen Fehlverhaltens konnte dabei an die Tradition des Schandbildes anknüpfen und übernahm damit benachbarte Funktionen zu denjenigen der frühneuzeitlichen Schandstrafen. Hans Sachs hat Hunderte von Spruchgedichten und Liedern dieser Art in den jungen Druckmedien veröffentlicht. Neben der Satire bediente man sich auch didaktischer Formen, die sich in besonderer Deutlichkeit dort abzeichnen, wo mnemotechnische Text- und Bildschemata eingesetzt werden. In solchen Fällen haben Flugblätter und -schriften auch Eingang in den schulischen und akademischen Unterricht gefunden. Als Medium gesellschaftlichen Widerstands dienten Flugblätter und -schriften überraschend selten. Im Bauernkrieg von 1525 wurden von allen Seiten Flugschriften veröffentlicht. Doch schon die späteren Publikationen religiöser Dissidenten, die sich die relative Breitenwirksamkeit der publizistischen Medien zunutze machten (Caspar von Schwenckfeld, Sebastian Franck, Daniel Sudermann u. a.) beschränkten sich auf theologische und erbauliche Inhalte. Bei sozialkritischen Stoffen (Brotverweigerung, Hartherzigkeit gegen Bedürftige usw.) wurde das Protestpotential in der Regel neutralisiert und in erbaulich-affirmative Bahnen gelenkt.

Der Anteil religiöser Drucke auf dem Markt des Kleinschrifttums war zwar seit dem beginnenden 16. Jh. gesunken, behauptete aber in der gesamten Frühen Neuzeit immer noch einen erheblichen Prozentsatz. Zum einen nutzte die Geistlichkeit den hohen Verbreitungsgrad der publizistischen Medien zur katechetischen Unterweisung und Einübung in die Grundlagen der Glaubenslehre. Zum andern antworteten gerade erbaulich-aszetische Darstellungen auf vielfältige Ängste und Leiderfahrungen des Publikums, boten geistlichen Trost und Hilfe und konnten sogar apotropäische Aufgaben übernehmen (Birgittagebete, Himmelsbriefe). Da solche konsolatorischen Funktionen auf ganz allgemeine Bedrohungen und Erfahrungen wie Armut, Krieg, Krankheit oder Tod zielten, traten in den entsprechenden Bildern und Texten der Flugblätter und -schriften konfessionelle Aspekte weitgehend in den Hintergrund.

3. Zusammenfassung

Nachdem im 15. Jh. der Typus des Andachtsbildes dominiert hatte, diversifizierte sich um die Wende zum 16. Jh. der Markt des publizistischen Kleinschrifttums beträchtlich. Flugblatt und -schrift wurden zu Nachrichtenmedien (Neue Zeitung), arbeiteten den Zielen sozialer Regulierung und Disziplinierung zu und verhalfen − die Flugschrift zunächst stärker als das Flugblatt − der Reformation zum Erfolg, indem sie zum ersten Mal in der Geschichte eine überregionale Öffentlichkeit des Gemeinen Mannes herstellen und mobilisieren konnten. In der 2. Hälfte des 16. Jhs. waren beide Medien durch ausgiebige und erbitterte publizistische Kontroversen am Prozeß der Konfessionalisierung beteiligt. Politische Krisensituationen (Schmalkaldischer Krieg, Hugenottenverfolgung, niederländischer Befreiungskrieg, 30jähriger Krieg) führten zu deutlichen Anstiegen der publizistischen Produktion. In der 2. Hälfte des 17. Jhs. nahm die Bedeutung von Flugblatt und -schrift deutlich ab. Neue Medien (periodische Zeitung, Wochen- und Monatsschriften, Kalender u. a.) boten erfolgreich Konkurrenz; der inhaltlichen Diversifikation von Flugschrift und -blatt um 1500 folgte anderthalb Jahrhunderte später eine Ausdifferenzierung der Medien selbst.

4. Literatur

Bach, Ulrich, Englische Flugtexte im 17. Jahrhundert. Historisch-pragmatische Untersuchungen zur frühen Massenkommunikation. Heidelberg 1997.

Bangerter-Schmid, Eva-Maria, Erbauliche illustrierte Flugblätter aus den Jahren 1570−1670. Frankfurt a. M./Bern/New York 1986.

Brednich, Rolf W., Die Liedpublizistik im Flugblatt des 15. bis 17. Jahrhunderts. 2 Bde., Baden-Baden 1974−75.

Coupe, William A., The German illustrated broadsheet in the seventeenth century. Historical and iconographical studies. 2 Bde., Baden-Baden 1966−67.

Harms, Wolfgang (Hrsg.), Deutsche illustrierte Flugblätter des 16. und 17. Jahrhunderts. Bd. 1−4, 6, Tübingen 1980−97.

−, Michael Schilling (Hrsg.), Das illustrierte Flugblatt in der Kultur der Frühen Neuzeit. Frankfurt a. M. u. a. 1998.

Kastner, Ruth, Geistlicher Rauffhandel. Form und Funktion der illustrierten Flugblätter zum Reformationsjubiläum 1617 in ihrem historischen und publizistischen Kontext. Frankfurt a. M./Bern 1982.

Köhler, Hans-Joachim, Bibliographie der Flugschriften des 16. Jahrhunderts. Tl. I, 1−2, Tübingen 1991−92.

− (Hrsg.), Flugschriften als Massenmedium der Reformationszeit. Stuttgart 1981.

Schilling, Michael, Bildpublizistik der frühen Neuzeit. Aufgaben und Leistungen des illustrierten Flugblatts in Deutschland bis um 1700. Tübingen 1990.

Scribner, Robert W., For the sake of the simple folk. Popular propaganda for the German reformation. Cambridge 1981.

Schreiber, Wilhelm L., Handbuch der Holz- und Metallschnitte des 15. Jahrhunderts. 8 Bde., Leipzig 1926—30.

Talkenberger, Heike, Prophetie und Zeitgeschehen in Texten und Holzschnitten astrologischer Flugschriften (1488—1528). Tübingen 1990.

Tschopp, Silvia S., Heilsgeschichtliche Deutungsmuster in der Publizistik des 30jährigen Krieges. Pro- und antischwedische Propaganda in Deutschland 1628—1635. Frankfurt a. M. 1991.

Weber, Bruno, Wunderzeichen und Winkeldrucker 1543—1586. Einblattdrucke aus der Sammlung Wikiana in der Zentralbibliothek Zürich. Dietikon/Zürich 1972.

Weller, Emil, Die ersten deutschen Zeitungen. Mit einer Bibliographie (1505—1599). Stuttgart 1872.

Michael Schilling, Magdeburg (Deutschland)

70. Geschichte von Flugblatt und Flugschrift als Werbeträger

1. Unterschiede zwischen Flugblatt und Flugschrift
2. Werbefunktionen
3. Text- und Stilformen
4. Gegenstand und Interesse der Werbung
5. Flugblatt und Flugschrift als Werbeträger heute
6. Literatur

1. Unterschiede zwischen Flugblatt und Flugschrift

Obwohl Fb. und Fs., deren Rolle als Werbeträger hier für Deutschland vom Ende des 15. Jhs. bis heute untersucht werden soll, viele Gemeinsamkeiten aufweisen, nehmen beide Formen des Tagesschrifttums unterschiedliche Aufgaben wahr. Aufgrund ihres potentiell unbegrenzten Umfangs kann die Fs. breiter argumentieren, dokumentieren und detailliert informieren. Das Fb. hingegen ist durch prägnante Kürze und Bildhaftigkeit bestimmt. Seine schnelle Produzierbarkeit gibt ihm einen Vorsprung an Aktualität; der niedrige Kostenaufwand (verglichen mit der gelegentlich bis zum Buchumfang reichenden Fs.) macht das Fb. für einen größeren Rezipientenkreis erschwinglich. In beiden Medien finden wir kommentierende und wertende Berichterstattung (Schilling 1990, 105—107, 114), jedoch wurde das Fb. über die Jhe. in größerem Maße zu Werbezwecken benutzt.

2. Werbefunktion

Für die meisten Wissenschaftler gehören Werbung und Agitation zum Zentralstück der Definition von Fb. und Fs., das sie von anderen Medien abgrenzt (Schottenloher I, 1985, 19; Schwitalla 1983, 20; Ukena 1977, 46f.; Köhler 1976, 50; Ufer 1973, 197). Forscher warnen allerdings zunehmend davor, die Aspekte der Meinungsbeeinflussung und Agitation gegenüber anderen (denen des Unterhaltens, Informierens und Erbauens) überzubetonen (Schilling 1990, 2, 6; Russel 1986, 212; auch schon Rahmelow 1966, 25). Fb. und Fs. erleben immer dann Hochkonjunktur, wenn die Zeiten aufgewühlt und die Menschen für Straßenliteratur besonders empfänglich sind. So stellen Kriege, Revolutionen, Wahlen und wirtschaftliche Krisen Blütezeiten dieser Medien dar (Schottenloher I, 1985, 17). In den dazwischenliegenden Intervallen führen sie, mit Ausnahme des Warenwerbeblatts, meist eine kümmerliche Existenz.

3. Text- und Stilformen

Fb. und Fs. greifen auf die verschiedensten Text- und Stilformen zurück, um die Werbewirksamkeit ihrer Inhalte zu erhöhen. Der Dialog war die gebräuchlichste Form, in der zur Reformationszeit gegen Rom und für die evangelische Sache geworben wurde. Am eingängigsten waren jedoch Fb. und Fs. in der Form von Liedern, Sprüchen und in Verbindung mit dem Bild. Laut Brednich (1974, 98) wurde das Lied der Reformation bewußt kreiert, um bestimmte Ideen und Haltungen zu propagieren. Im massenkommunikativen Sinne sind die Lieder der Reformation vor allem affektiv besetzt, d. h. sie wollen Meinungen und Ansichten der Rezipienten beeinflussen, um dadurch eventuell Handlungen zu veranlassen (Brednich 1974, 118). Der Spruch hat ähnliche Qualitäten wie das Lied. Durch Reim und Rhythmus wird das Wort verstärkt und damit werden Dauerhaftigkeit und Intensität der Aussage erhöht (Kieslich 1958, 34, 101). Ein weiteres, stark werbeorientiertes Medium, vor allem des Fb.s, ist das Bild (im 16. Jh. Holzschnitt, im 17. Kupferstich). Anders als bei Andachtsbildern waren Bildnachrichten in frühneuzeitlichen Fb.ern nicht auf passive, sondern auf aktive Rezeption ausgerichtet. Eine Sonderform des Fb.s stellt das Plakat dar, das sich vor allem in neuerer Zeit weit verbreitet hat und heute im geschäftlichen, behördlichen und politischen Leben für Ware und Meinungen wirbt.

4. Gegenstand und Interesse der Werbung

Politische, religiöse und moralische Überzeugungen, käufliche Waren und Veranstaltungen – all dies gehört zum Gegenstand der Werbung von Fb. und Fs. Darüberhinaus vereinen sich in ihnen zwei Werbeinteressen: das des Autoren und des Druckers.

4.1. Warenorientierte Werbung

Werbeblätter wurden zu Beginn von herumziehenden Ärzten und Scharlatanen als Ankündigungszettel und Sortimentslisten benutzt. Bald bedienten sich ihrer auch etablierte Ärzteschaften in Kurorten. Schaustellerblätter priesen Tierausstellungen und andere Attraktionen an. Schilling (1990, 149) argumentiert glaubhaft, daß die Wurzeln der modernen Werbung gerade beim fahrenden Gewerbe der frühen Neuzeit zu finden sind: fehlende Stammkundschaft und zeitlich begrenzte Aufenthalte zwangen die Schausteller, schnell und intensiv die Aufmerksamkeit eines großen Publikums zu gewinnen. Außerdem unterlagen sie als Randgruppe der Gesellschaft keiner Wirtschaftsethik, wohingegen ihre ständig bedrohte Existenz sie zu größtmöglicher Einkommensverbesserung antrieb. Diese Funktion des Fb.s als Waren- und Veranstaltungswerbeblatt blieb durch die Jh.e bestehen und hat selbst heute noch ihren Platz (s. u.).

4.2. Konfessionelle Propaganda

Die Zeit von der Reformation bis zum Dreißigjährigen Krieg stellt den Höhepunkt konfessioneller Propaganda dar. Zum vollen Durchbruch kamen Fb. und Fs. mit Luther, dem größten und erfolgreichsten Publizisten der Reformationsepoche, der zusammen mit seinen Mitkämpfern gegen Kirche und Papsttum anging. Bald propagierten Fs. und Fb. fast ausschließlich den evangelischen Glauben (es ist z. B. nur ein anti-lutherisches Liedfb. bekannt). Schottenloher (I, 1985, 73) sieht das Tagesschrifttum von Fb. und Fs. als das effektivste Mittel der reformatorischen Werbung: „... diese ungezählten kleinen Schriften mit ihren wenigen, rasch überlesenen Blättern, Tag für Tag wiederholt, über das ganze Land verbreitet, haben am wirksamsten die öffentliche Meinung zugunsten der neuen Bewegung bearbeitet". 1525 beschreibt den Höhepunkt von Fb. und Fs. Danach gehörte vor allem die Fs. den Theologen (Schwitalla 1983, 7). Im 17. Jh. wurde das Fb. in vollem Maße als Propagandainstrument ausgenutzt. Dies war die Periode, in der es seine breiteste Anwendung erfuhr, sei es hinsichtlich der Politik, der Religion oder sozialer Bedingungen. Jedoch ragt die Zahl der religiösen Fb.er weit über denen mit politischen und sozialen Themen heraus. In der konfessionellen Auseinandersetzung zum Reformationsjubiläum 1617 sind die meisten Fb.er systemkonform und zielen nicht auf Agitation ab. Sie bezwecken Festigung des Glaubens und Abschreckung gegen andere Konfessionen (Kastner 1982, 123, 128, 334). Wie schon zur Reformation, lassen sich während des Dreißigjährigen Krieges konfessionelle und politische Propaganda kaum auseinanderhalten. Mit dem Ende des Krieges trat Religion als einer der Hauptfaktoren des Machtkampfes – und somit auch als eines der zentralen Themen im Tagesschrifttum – zurück.

4.3. Politische und soziale Propaganda

Obwohl Ende des 15. Jhs. Sebastian Brant durch seine politischen Fb.er berühmt wurde und König Maximilian durch Einblattdrucke für seine Politik Werbung machte, ist die Reformation die Epoche, in der Fb. und Fs. in ihrer Stärke als Meinungsträger und -bilder erkannt wurden. Hier findet sich die erste wirksame amtliche Publizistik und somit die erste ausgiebige Heranziehung der Fs.en zu staatspolitischen Zwecken. Wiederum ist es das Fb.lied, das in der Politik besonders weit verbreitet war. Strassner wertet diese Lieder als Agitationsliteratur, da sie aus einer offenen, nicht abgeschlossenen Kampfsituation entstanden sind und in das Geschehen eingreifen wollen (Strassner 1970, 242; vgl. auch

Kieslich 1958, 96, 99). Nach 1525 waren die wichtigsten Fs.enschriftsteller fürstliche und städtische Kanzleien, wobei die Reichstage und der Schmalkaldische Krieg Kristallisationspunkte politischer Fs.en darstellten (Ukena 1977, 293). Die politische Führung konnte das Tagesschrifttum fördern, solange es Werbung für die offizielle Sache betrieb, oder durch Zensurpolitik versuchen zu unterbinden. Das Fb. konnte auch Mittel der Propagierung gesellschaftlicher Normen sein, so etwa in der Verbreitung von Polizeiordnungen und Einzelmandaten. Obrigkeiten bedienten sich weithin des Fb.s, um das Ziel des Gemeinen Nutzens zu propagieren. Anders als in der Polizeiordnung versuchte man hier, die innere Einstellung der Rezipienten im Interesse einer gesellschaftlichen Anpassung zu beeinflussen (Schilling 1990, 227).

Im Dreißigjährigen Krieg nahm die Behandlung politischer Themen in Fb. und Fs. zu. Doch auch hier, wie generell in der frühen Neuzeit, war das Tagesschrifttum nur selten agitatorisches Mittel expliziter Auflehnung (Schilling 1990, 187, 199). Fb. und Fs. konnten Agitation betreiben; sie konnten aber auch für irenische Absichten werben, so etwa wenn die Reichsstädte Einigkeit und Frieden propagierten oder wenn die Bauern in ihren Klagen zum Frieden aufriefen.

Fb. und Fs. wurden wiederum im Befreiungskampf gegen Napoleon wichtig, als sie für die Sache des deutschen Vaterlandes warben. 1848 markiert den nächsten Aufschwung: Fs.en propagierten die Idee der Freiheit; Fb.er riefen zum Protest gegen restaurative Kräfte auf. Sie warben für das Widerstandsrecht des Volkes, für Versammlungen, Klubs, Vereine und konnten in diesem Zusammenhang agitatorisch wirksam werden (Weigel 1979, 55, 93). Die restaurativen Kräfte versuchten auf der anderen Seite, durch Fs.en die konservative Bevölkerung für ihre Sache zu gewinnen. Während demnach 1848 sowohl restaurative als auch progressive Kräfte Fs. und Fb. zur Werbung für ihre Sache nutzten, sieht Weigel (1979, 219 f.) im folgenden Jh. (insbesondere während des 2. Weltkriegs) einen nur einseitigen Gebrauch dieser Medien von den Machthabern, um das Volk für ihre Interessen zu gewinnen. Auch das agitatorische Plakat erlebte im 19. Jh. eine Blüte, die sich in den 20er und 30er Jahren anbahnte und sich dann in einer Flut von Exemplaren 1848 ergoß. Ernst Litfaß führte die mit Plakaten überklebte Litfaßsäule ein: das schwarze Brett des 19. Jhs. Nach 1848 entwickelte sich mit den Parteien auch die politische Presse. Die Zeitung wurde nun zum wirksamsten Werbemittel, und kam somit der Intention von Fb. und Fs. nahe (Schottenloher I, 1985, 381). Fb. und Fs. dienten jetzt vornehmlich der Parteipropaganda, in der vor allem das Plakat stärker wirkte als die Zeitung, da es alleine stand und nicht in der Fülle anderer Kundgebungen unterging. Außerdem begannen Parteien, ihr politisches Programm in Fs.en zu veröffentlichen.

Mit dem Anwachsen der Zensur, der die Zeitungen unterlagen, kam wieder die Zeit des Fb.s, bei dem Verordnungen sich meist als wirkungslos erwiesen. Die Behinderung der Meinungsfreiheit fördert gerade die illegale Publizistik, die sich jetzt des Fb.s und der Fs. bediente. Insbesondere kleine, finanziell schwache Parteien und extreme Gruppen, wie die radikal sozialistischen und reaktionär-nationalistischen Gruppen, nutzten das Fb. (Schottenloher/Binkowski II 1985, 46). Als sozialistische Zeitungen verboten wurden, lösten sich die Zeitungen in Fb.er auf. Somit sind die Geschichte von Fb. und Zeitung eng miteinander verbunden.

Im 1. Weltkrieg wurden Kriegsfb.er erstmals systematisch eingesetzt, obwohl die Deutschen im Verhältnis zu ihren westlichen Gegnern noch sehr wenig von psychologischer Kriegsführung verstanden. Während der Weimarer Republik war der Wahlkampf, insbesondere der KPD und der NSDAP, das Hauptaktionsfeld der Fb.er (Wilpert 1978, 34). Sie argumentierten schärfer und pointierter als die Zeitungen und waren oftmals diffamierend. Während des 2. Weltkriegs war das Medium Fb. für die psychologische Kriegsführung von großer Bedeutung. Hier finden wir auch ganz neue Dimensionen der Propaganda. Die Spannbreite der Themen war so total wie der Krieg: sie berührte politische, wirtschaftliche und soziale Existenzbedingungen. Unter Propagandaminister Goebbels wurden mehrere Milliarden Fb.er sowohl zur Motivierung der eigenen Bevölkerung als auch zur Kampfpropaganda gegen den Feind eingesetzt (Buchbender 1974, 13). Durch taktische Propaganda versuchten die Deutschen, gegnerische Soldaten zu werben, blieben allerdings in ihrem Erfolg weit hinter ihrer westlichen Gegner zurück. Verbreitungsmittel von Fb.ern waren Flugzeuge, Abwurfstangen, die 'Monroe-Bombe', Ballons, Fb.-Raketen und Fb.-Granaten (Buchbender 1974, 11 f., 31−33).

Fb. und Fs. spielten auch diesmal eine besonders große Rolle für illegale politische Gruppen. Mit der Diktatur des Nationalsozialismus wurde das Fb. zum Regulativ der großen publizistischen Organe, die versuchten, Tatsachen und Meinungen zu unterdrücken. Da nur die NSDAP offen werben konnte, kam für alle anderen Parteien und Gruppen vornehmlich das Fb. in Frage. Dies war leicht herzustellen, zu transportieren und zu verteilen. Es wurde zum Teil von bürgerlichen Widerstandsgruppen benutzt, vor allem aber von kirchlichen. Eine Zeitlang übernahmen geheime Hörfunksender die Rolle des Fb.s, jedoch wurden diese nach und nach ausgehoben (Schottenloher/Binkowski II, 1985, 147, 152).

In den 60er Jahren war die Rolle von Fb. und Fs. eine andere. Zunächst einmal hatte sich die Konkurrenzsituation mit anderen Medien grundlegend verändert. Demzufolge wurde das Fb. hauptsächlich als verstärkendes Element im Gesamtverband der Medien eingesetzt (Wilpert 1978, 142). Nun mußte die politische Perspektive nicht erst durch die Fb.er geschaffen werden, sondern war durch ein übergreifendes Wahlkonzept, das von allen Medien geschaffen wurde, vorgegeben. Daraus ergab sich auch ein anderer Einsatz von Fb.ern: sie konnten sich mit Einzelthemen befassen. Dies erweckte den Eindruck größerer Sachlichkeit: sie behaupteten zu informieren und zu dokumentieren. Ihre Interpretativität wurde jedoch im Gesamtzusammenhang der Medien deutlich (Wilpert 1978, 144 f.). Im Ostdeutschland der Nachkriegsjahre hingegen war die starke ideologische Werbung, insbesondere auf Plakaten, eindeutig.

5. Flugblätter und Flugschriften als Werbeträger heute

Die Einseitigkeit und nachhaltende Wirkung der Erfahrungen mit der Fb.propaganda im 2. Weltkrieg bedingten laut Weigel (1979, 219 f.) ein heute gestörtes Verhältnis zu Fs. und Fb. Zudem hätten sie heute gegen neue visuelle und auditive Medien anzukämpfen. Binkowski (Schottenloher/Binkowski II 1985, 213) hingegen argumentiert, daß Fb. und Fs. auch heute noch ihre Bedeutung haben, vor allem was ihre Werbequalität angeht. So senden Geschäftsketten Werbfb.er an die Bewohner der Stadtviertel. Der Vorteil gegenüber Zeitungsannoncen ist, daß Werbeblätter potentielle Kunden an einem gezielten Tag über eine bestimmte Ware kurzfristig informieren. Im Unterschied zu anderen Fb.ern handelt es sich hier nicht um Text, sondern um Inserate. Jedoch lebt auch die alte Form von Fb. und Fs. weiter, nämlich im Wahlkampf. Wahlzeitungen vor Wahlkämpfen sind die neue Form von Fs.en. Wiederum sehen wir die Fb.verwendung von illegalen politischen Gruppen. Auch Protestbewegungen (gegen den Bau von Kernkraftwerken, etc.) bedienen sich zur Werbung für ihre Sache vornehmlich des Fb.s, da sie in den anderen Medien kaum zu Wort kommen. Plakate feierten ein Comeback gerade zu Wahlzeiten. Hier hat sich eine deutliche Veränderung abgezeichnet. Sie vermeiden direkte Angriffe auf den politischen Gegner, sind nahezu völlig 'entideologisiert' und wenden die Grundsätze der Konsumwerbung an. Mittelpunkt der Wahlpropaganda sind nun die Spitzenkandidaten. Sehr viel mehr agitatorische und ideologische Werbung findet sich hingegen bei Gegnern der bestehenden Gesellschafts- und Wirtschaftsordnung.

6. Literatur

Balzer, Bernd, Bürgerliche Reformationspropaganda. Die Flugschriften des Hans Sachs in den Jahren 1523—1525. Stuttgart 1973.

Beller, Elmer A., Propaganda in Germany during the Thirty Years War. Princeton 1940.

Brednich, Rolf W., Die Liedpublizistik im Flugblatt des 15. bis 17. Jahrhunderts. Baden-Baden 1974.

—, Art. Flugblatt, Flugschrift, In: Enzyklopädie des Märchens. Handwörterbuch zur historischen und vergleichenden Erzählforschung, Bd. 4. Hrsg. v. Kurt Ranke. Berlin 1984, 1339—1358.

Buchbender, Ortwin/Horst Schuh (Hrsg.), Heil Beil! Fugblattpropaganda im Zweiten Weltkrieg. Dokumentation und Analyse. Stuttgart 1974.

Cole, Richard C., The Reformation pamphlet and communication processes. In: Flugschriften als Massenmedium der Reformationszeit. Hrsg. v. Hans-Joachim Köhler. Stuttgart 1981, 139—161.

Coupe, William A., The German illustrated broadsheet in the seventeenth century. Historical and iconographical studies. Baden-Baden 1966.

Kastner, Ruth, Geistlicher Raufhandel. Form und Funktion illustrierter Flugblätter zum Reformationsjubiläum 1617 in ihrem historischen und publizistischen Kontext. Frankfurt a. M. 1982.

Kieslich, Günter, Das „Historische Volkslied" als publizistische Erscheinung. Untersuchungen zur Wesensbestimmung und Typologie der gereimten

Publizistik zur Zeit des Regensburger Reichstages und des Krieges der Schmalkaldener gegen Herzog Heinrich den Jüngeren von Braunschweig 1540–1542, Münster 1958.

Köhler, Hans-Joachim, Die Flugschriften. Versuch der Präzisierung eines geläufigen Begriffs. In: Festgabe für Ernst Walter Zeeden. Hrsg. v. Horst Rabe/Hansgeorg Molitor/Hans-Christoph Rublack. Münster 1976, 36–61.

Rahmelow, Jan M., Die publizistische Natur und der historiographische Wert deutscher Volkslieder um 1530. Diss. (masch.) Hamburg 1966.

Ritter, Susanne, Die kirchenkritische Tendenz in den deutschsprachigen Flugschriften der frühen Reformationszeit. Diss. Stuttgart 1970.

Russel, Paul A., Lay theology in the Reformation. Popular pamphleteers in southwest Germany 1521–1525. Cambridge 1986.

Schilling, Michael, Bildpublizistik der frühen Neuzeit. Aufgaben und Leistungen des illustrierten Flugblatts in Deutschland bis um 1700. Tübingen 1990.

Schottenloher, Karl/Johannes Binkowski, Flugblatt und Zeitung. Ein Wegweiser durch das gedruckte Tagesschrifttum. 2 Bde. München 1985.

Schutte, Jürgen, „Schympffred". Frühformen bürgerlicher Agitation in Thomas Murners 'Großem Lutherischen Narren' (1522). Stuttgart 1973.

Schwitalla, Johannes, Deutsche Flugschriften 1460–1525. Textsortengeschichtliche Studien. Tübingen 1983.

Scribner, Robert W., For the sake of simple folk: Popular propaganda for the German Reformation. Cambridge 1981.

Strassner, Erich, Politische Relevanz „Historischer Volklieder". Die Auseinandersetzung zwischen der Reichsstadt Nürnberg und den Markgrafen von Brandenburg-Ansbach und Brandenburg-Kulmbach im Spiegel von Liedern und Sprüchen. In: Formen mittelalterlicher Literatur. Hrsg. v. Otmar Werner/Bernd Naumann. Göppingen 1970, 229–246.

Tompert, Hella, Die Flugschrift als Medium religiöser Publizistik. Aspekte der gegenwärtigen Forschung. In: Kontinuität und Umbruch. Theologie und Frömmigkeit in Flugschriften und Kleinliteratur an der Wende vom 15. zum 16. Jahrhundert. Hrsg. v. Joseph Nolte/Hella Tompert/Christof Windhorst. Stuttgart 1978, 211–221.

Traitler, Hildegard, Konfession und Politik. Interkonfessionelle Flugschriftenpolemik aus Süddeutschland und Österreich (1564–1612). Frankfurt a. M. 1989.

Ufer, Joachim, Wie zeitgenössische Flugschriften vom Reichstag zu Worms berichten. In: Blätter für pfälzische Kirchengeschichte und religiöse Volkskunde 40, 1973, 196–209.

Ukena, Peter, Tagesschrifttum und Öffentlichkeit im 16. und 17. Jahrhundert in Deutschland. In: Presse und Geschichte. München 1977, 35–53.

Weigel, Sigrid, Flugschriftenliteratur 1848 in Berlin. Geschichte und Öffentlichkeit einer volkstümlichen Gattung. Stuttgart 1979.

Wilpert, Gabriele, Wahlflugblätter aus der Weimarer Zeit. Untersuchungen zur historischen Ausprägung eines Texttyps. In: Göppinger Arbeiten zur Germanistik. Hrsg. von Ulrich Müller/Franz Hundsnurscher/Cornelius Sommer. Göppingen 1978.

Wettges, Wolfram, Reformation und Propaganda. Studien zur Kommunikation des Aufruhrs in süddeutschen Reichsstädten, Stuttgart 1978.

Sigrun Haude, Cincinnati (USA)

XIII. Geschichte der Printmedien und ihrer Erforschung VIII: Zeitung und Zeitschrift I: Technik

71. Technische Herstellung von Zeitungen und Zeitschriften bis ins 20. Jahrhundert

1. Anfänge der Drucktechnik
2. Die beginnende Industrialisierung im Druckgewerbe
3. Maschinisierung der Satztechnik und Einführung des Rotationsdrucks
4. Herstellungprozeß einer Zeitung
5. Einsatz des Tiefdruckverfahrens im Zeitungs- und Zeitschriftendruck
6. Literatur

1. Anfänge der Drucktechnik

Die erste Möglichkeit zur Vervielfältigung von Texten war das Abschreiben mit Tinte und Feder. Selbst nach der Erfindung und Verbreitung der Drucktechnik im 15. Jh. blieb die manuelle Vervielfältigung von Zeitungen in Einzelfällen noch erhalten. Groth führt in seinem Werk 'Die unerkannte Kulturmacht. Grundlegung der Zeitungswissenschaft' einige Beispiele von handgeschriebenen Zeitungen aus dem 18. bis 20. Jh. an. (Groth 1960, 323 f.)

Doch den Vorzügen des um 1450 von Johannes Gutenberg entwickelten Buchdruck-Systems konnte man sich nicht entziehen. So war es naheliegend, nach dem Aufkommen der ersten Zeitungen sich ebenfalls dieser Vervielfältigungstechnik zu bedienen.

Ein Grundgedanke der Gutenbergschen Erfindung war, die Texte in ihre kleinsten Einheiten − Buchstaben, Zahlen, Zeichen − zu zerlegen und mit Hilfe von Schriftmatrizen und Handgießapparat die erforderlichen Typen aus einer Blei-Zinn-Antimon-Legierung herzustellen. Nach einem ausgeklügelten System im Schriftkasten angeordnet, wurden die Typen mit Hilfe des Winkelhakens wieder zu Worten und Sätzen zusammengesetzt.

Beim Drucken an den Holzpressen gab es bereits ein arbeitsteiliges Produktionsprinzip, wobei jeweils zwei Drucker an einer Presse beschäftigt waren. Der Ballenmeister verrieb die Farbe auf dem Farbstein und übertrug sie mittels zweier Lederballen gleichmäßig auf die Druckform. Der Preßmeister legte das Papier ein, wobei er es in die Punkturen eindrückte. Er klappte Rähmchen und Deckel auf die Form, schob den Karren unter den Tiegel und zog am Preßbengel. Bei der Berührung am tiefsten Punkt erfolgte der Druck. Nun zog er den Karren wieder zurück und hängte den druckfrischen Bogen zum Trocknen auf.

Bevor man jedoch mit dem Drucken begann, mußte man die Bogen anfeuchten. Dadurch nahm das Papier die Druckfarbe besser an. Auch konnte es passieren, daß verschiedene Teile der Druckform nicht ganz ausdruckten. In diesem Fall mußten die Drucker den Satz noch zurichten.

Hatte man den Schöndruck hergestellt, erfolgte nach dem Trocknen der Widerdruck. Register halten konnte man mit Hilfe von Punkturen. Danach mußte man die Papierbogen noch glätten, die Druckformen säubern und wieder zurück in die Setzerei bringen.

Alle Arbeitsgänge bei den Druckpressen wurden manuell ausgeführt. Die somit zu erreichende Leistung hatte ihre natürliche Grenze in der Schnelligkeit, mit der die Drukker die zur Bedienung notwendigen Handgriffe ausführen konnten. Aus verschiedenen Quellen lassen sich Leistungen zwischen 180 und 240 Drucken pro Stunde ermitteln.

Bis in die ersten Jahrzehnte des 19. Jhs. hinein druckte man die Zeitung auf hölzernen Tiegeldruckpressen, die in ihrem Grundprinzip über 350 Jahre nicht verändert wurden. Natürlich kamen im Laufe der Jahrhunderte zahlreiche Detailverbesserungen hinzu. Vor allem ersetzte man nach Möglichkeit hölzerne Teile durch Metallstücke, um dadurch die Stabilität der Pressen zu erhöhen. Durch den Einsatz von Schmiermitteln ließ sich darüber hinaus die Leichtgängigkeit und Schnelligkeit des Druckes steigern.

Für den Zeitungsdruck, bei dem es nicht unbedingt auf ein ästhetisches Schriftbild ankam, spielte die Geschwindigkeit, mit der man die Tagesauflage ausdrucken konnte, die entscheidende Rolle. Deshalb wurde hier der Druckvorgang bereits früh konsequent rationalisiert. Für die Zeitung benutzte man ein handliches Papierformat, das genau der Größe des Drucktiegels entsprach. Dadurch konnte mit einem Bengelzug ein ganzer Bogen einseitig bedruckt werden. Im Gegensatz dazu waren beim Buchdruck wegen des größeren Papiers zwei Bengelzüge erforderlich.

Eine weitere Vereinfachung betraf die Druckform. Um die Vorder- und Rückseite eines Bogen zu bedrucken, benötigte man im Buchdruck zwei verschiedene Druckstöcke. Für die Herstellung einer Zeitung genügte jedoch eine Form, da mit Hilfe eines einfachen Satzschemas die Seiten so ausgerichtet wurden, daß nach dem Wenden der bedruckten Vorderseite der Druck nur wiederholt zu werden brauchte. Dadurch erreichte man auf beiden Seiten eine richtige Seitenabfolge. Das unten abgebildete Druckschema zeigt, daß nach einer Teilung des Bogens zwei nach Inhalt und Satzspiegel identische Zeitungen entstanden. Deshalb betrug das Standardformat der Tagespresse im 17. und 18. Jh. einen halben Bogen, der aus vier Quart- oder acht kleinen Oktavbogen bestehen konnte.

Nach dem hier skizzierten Prinzip konnte gegen Ende des 18. Jhs. eine Presse ca. 2 500 Bogen, also 5 000 Zeitungsexemplare,

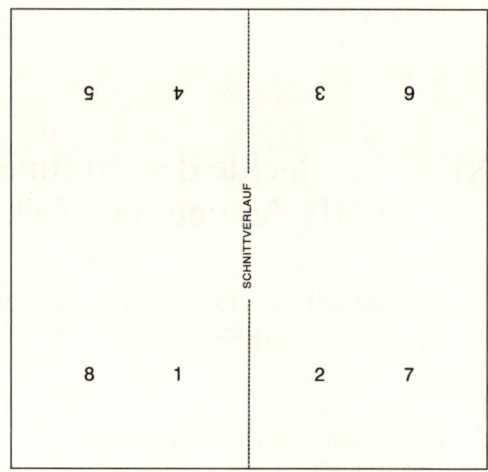

Abb. 71.2: Halber Bogen aus acht Oktavbogen.

täglich herstellen. Zeitungen, die diese Auflage übertrafen – es gab in Deutschland einige davon – benötigten mehrere Pressen.

2. Die beginnende Industrialisierung im Druckgewerbe

Zu Beginn des 19. Jhs. wurden erstmals Ganzmetallpressen entwickelt, die zunehmend die hölzernen Handpressen ersetzten. Der Vorteil dieser neuen Pressen (z. B. Stanhope-Presse, Columbia-Presse) lag zum einen in ihrer stabilen Bauweise, die es nun erlaubte, wesentlich größere Tiegel einzusetzen. Dadurch konnte auch eine Formatsteigerung der Zeitung erreicht werden. Zum anderen wurde der Druck nun nicht mehr durch eine Schraubenbewegung, sondern durch Hebel erzeugt, was den Druckern gestattete, bei geringerem Kraftaufwand einen größeren Anpreßdruck mit dem Tiegel zu erreichen (Deutsches Zeitungsmuseum Meersburg).

Ebenfalls zu Beginn des 19. Jhs. wurde für die Technik der Zeitungsherstellung eine weitere Verbesserung im Druckmaschinenbau vorgestellt, die Schnellpresse. Genau genommen handelt es sich bei dieser Neuentwicklung nicht um eine Presse, sondern um eine Maschine, und zwar terminologisch richtig um eine Zylinder/Flachformdruckmaschine. Doch hat sich bis heute dieser einprägsame Begriff, der vom Klassikerverleger Johann Friedrich Cotta stammt, erhalten.

In England hatten die beiden deutschen Maschinenbauer Friedrich Koenig und Andreas Friedrich Bauer die Schnellpresse entwickelt und gebaut. Koenig stellte zwar be-

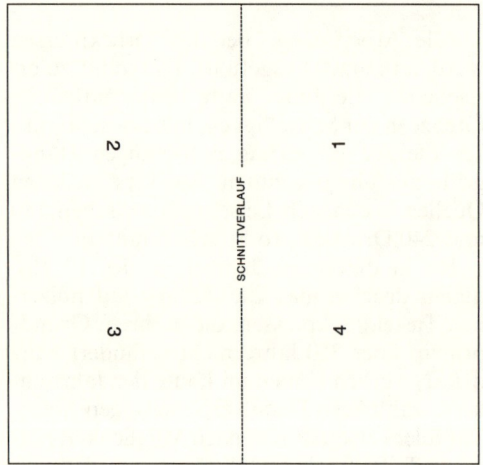

Abb. 71.1: Halber Bogen aus vier Quartbogen.

reits in seinem ersten Patent von 1810 eine mechanische Tiegeldruckmaschine vor, doch durch die konstruktionsbedingte Leistungsgrenze des Tiegeldruckprinzips lag die stündliche Kapazität bei maximal 400 Bogen. Um eine höhere Leitung zu erreichen, mußte man daher ein neues Druckmaschinenprinzip einsetzen. Bereits im 18. Jh. wurden daher zahlreiche theoretische Vorüberlegungen veröffentlicht und einige Patente für Druckapparate, die mit Walzen und Zylindern ausgestattet waren, angemeldet. Doch Koenig und Bauer waren die ersten Konstrukteure, die diese Idee des Zylinderdrucks realisierten. In einem Schreiben, das Koenig verschiedenen Verlegern und Druckereibesitzern in Deutschland zuschickte, beschrieb er die Funktionsweise seiner neuartigen Druckmaschine:

Diese druckt die Bogen nur auf einer Seite, so geschwind sie angelegt werden können, (das heißt, wie wir aus Erfahrung wissen, nicht mehr als 900 oder höchstens 1000 in einer Stunde). Ein Mann legt den Bogen an und ein Knabe nimmt ihn ab. Die Maschine thut alles übrige. (Brief 1816, 1)

Das Einfärben besorgte bei der Schnellpresse ein Farbwerk und beim Fortdruck mußten die Papierbogen nur noch dem Druckzylinder zugeführt werden. Das An- und Ablegen der Papierbogen war eine stumpfsinnige Arbeit, deren Tempo der unerbittliche Takt der Maschine diktierte. Die für diese Tätigkeit angestellten Knaben mußten Geschick, besonders aber Ausdauer beweisen.

Zu den ersten Kunden von Schnellpressen gehörten vor allem Zeitungsverleger: 1814 kaufte der 'Times'-Verleger John Walter zwei Schnellpressen, 1823 erstand der Eigentümer der 'Berliner Zeitung', Dr. Spiker, ebenfalls zwei Maschinen. Für die Cottasche Druckerei in Augsburg, in der die 'Allgemeine Zeitung' hergestellt wurde, lieferte Koenig 1824 und 1825 jeweils eine Schnellpresse und die Grundschen Erben erhielten 1825 zum Druck des 'Hamburger Correspondenten' zwei Maschinen. Natürlich wurde die Schnellpresse schon bald auch zum Druck von Büchern, Zeitschriften und anderen Verlagsartikeln benutzt, aber ihre wahre Leistung, die fünffache Druckgeschwindigkeit, konnte sie vor allem beim Zeitungsdruck unter Beweis stellen.

3. Maschinisierung der Satztechnik und Einführung des Rotationsdrucks

Die erhöhte Druckleistung erforderte natürlich auch eine Steigerung im Bereich der Satzherstellung. Zwar gab es bereits in der ersten Hälfte des 19. Jhs. zahlreiche Versuche, die Tätigkeiten der Handsetzer durch die Mechanik einer Maschine zu ersetzen bzw. zu beschleunigen, doch blieben diese Versuche in der praktischen Umsetzung erfolglos. Fast alle entwickelten Modelle von Setzmaschinen (z. B. Kastenbein 1869; Thorne 1880) arbeiten nach dem Prinzip, Typenmaterial in Vorratsbehältern zu lagern und mittels Tastatur zu Worten und Sätzen zusammenzufügen. Die Schnelligkeit des reinen Setzvorganges konnte zwar dadurch beschleunigt werden, doch da bei diesen Typensetzmaschinen ein erhöhter Personalbedarf bestand, konnte im Endeffekt weder eine Zeit- noch Kostenersparnis erreicht werden.

Erst mit der Einführung eines neuen Systems gelang es, auch die Geschwindigkeit im Satzbereich zu steigern. Ottmar Mergenthaler war der erste, der die Problematik mit der Entwicklung einer von Grund auf neuen Technik entgegentrat. Mergenthaler lagerte in seiner Maschine keine fertigen Typen, sondern ordnete in speziellen Magazinen lediglich die Gießformen, die sogenannten Matrizen, an. Beim Betätigen einer Tastatur fielen nun die jeweiligen Matrizen in die gewünschte Reihenfolge und wurden, nachdem so eine komplette Zeile gesetzt war, mit flüssigem Blei ausgegossen. Ein Elevator brachte danach die Matrizen wieder in die jeweiligen Magazinschächte. Durch diesen Matrizenkreislauf wurde die Schnelligkeit enorm gesteigert, da der Setzer in der Zwischenzeit die Tastatur weiterbedienen und neue Zeilen setzen konnte. Mit Hilfe von sogenannten Ausschließkeilen erreichte er außerdem, daß vor dem Ausgießen die Zeile noch selbsttätig ausgeschlossen wurde. Das Ergebnis, eine kompakte Zeile aus Blei, gab seiner Maschine auch den Namen. Die Linotype war somit das erste funktionstüchtige Exemplar einer Zeilensetzundgießmaschine. In der Folgezeit kamen noch zahlreiche Konkurrenzmaschinen auf den Markt, doch die Linotype blieb bis zur Produktionseinstellung im Jahre 1976 die am häufigsten in Zeitungsdruckereien benutzte Setzmaschine.

Diese erhöhte Setzleistung wurde vor allem durch die Einführung der Rotationsdruckmaschine dringend benötigt. Bereits zwischen 1863 und 1865 hatte der Amerikaner William Bullock eine Rotationsdruckmaschine für Schön- und Widerdruck entwickelt. Doch die entscheidende Entwicklung, die für den Zeitungsdruck wichtig wurde, gelang zwei Technikern der Times-Druckerei, J. C. MacDonald und J. Calverley. Sie konstruierten im Auftrag des Zeitungsverlegers John Walter III die später ihm zu Ehren 'Walterpresse' genannte Rollenrotationsdruckmaschine. Die zwischen 1862 und 1866 gebaute Maschine markiert nach Gerhardt „den Beginn der Neuzeit im Buchdruckverfahren". (Gerhardt 1975, 115) In den darauffolgenden Jahren kamen in England, Frankreich, Österreich und den USA weitere Konstruktionen auf den Markt, die alle speziell für den Zeitungsdruck entwickelt worden waren. Die erste deutsche Rotation, die nach dem Prinzip der Walterpresse funktionierte, wurde von der M.A.N. 1873 auf der Weltausstellung in Wien der Öffentlichkeit vorgestellt.

4. Herstellungprozeß einer Zeitung

Mit diesen oben beschriebenen drucktechnischen Systemen wurden, natürlich mit ständigen Detailverbesserungen und Weiterentwicklungen, bis weit ins 20. Jh. hinein Zeitungen und Zeitschriften gedruckt. Im folgenden soll der Herstellungsprozeß einer Zeitung, wie er bis zur Ablösung durch die Fotosatztechnik und das Offsetdruckverfahren in den 1970er und 80er Jahren aussah, genauer vorgestellt werden.

Nachdem die Redakteure ihre Artikel geschrieben und die eingehenden Nachrichten geprüft und redigiert hatten, begann die Arbeit in der technischen Abteilung mit der Herstellung des Satzes und der Abbildungen.

In den großen Setzereien und Druckereien dominierte der Maschinensatz. Für den typographischen Aufbau einer Zeitungsseite war und ist es immer noch typisch, den Text spaltenweise im Blocksatz herzustellen. Für diese Satzart bot, wie bereits oben erwähnt, die Linotype die besten Voraussetzungen. Der Handsatz wurde lediglich noch für Überschriften und in den Inseraten verwendet.

Für die Herstellung von Abbildungen stand eine Klischeeanstalt zur Verfügung, die es ermöglichte, eine von der Reprokamera aufgenommene Fotographie auf eine Zinkplatte zu kopieren. Der Chemigraph ätzte danach die Stellen, die nicht drucken sollten, von der Zinkplatte.

Beim anschließenden Umbruch standen Redakteure und Metteure Seite an Seite, um den Aufbau der einzelnen Zeitungsseite zusammenzustellen. Die Aufgabe des Metteurs bestand darin, den auf Setzschiffen bereitgestellten Satz in die Form einzupassen, um dann der Seite durch eine geschickte Aufteilung in ein- und mehrspaltige Artikel ein ausgewogenes Aussehen zu geben. Um eine Zeitungsseite genau voll zu kriegen, konnte man beispielsweise eine längere Meldung durch eine kürzere ersetzen oder umgekehrt, eine Nachricht zusammenstreichen, d. h. aus dem Bleisatz Zeilen heraushacken oder umsetzen, und schließlich wurden Artikel auch durchschossen, indem man mit Hilfe von Regletten den Zwischenraum zwischen den Zeilen vergrößerte, den Satz austrieb und so verlängerte.

Danach folgte ein Probedruck, bei dem der zusammengestellte Maschinen- und Handsatz mit Farbe eingewalzt und in einer Andruckpresse auf Papier abgezogen wurde. Die Abzüge las man nun nochmals gründlich, um durch Korrekturen die letzten Druckfehler auszumerzen.

Die so erzeugte umbrochene Form wurde mit Hilfe der Stereotypie weiterbearbeitet. Unter Stereotypie versteht man das Abformen von Schriftsatz oder Druckstöcken in Papiermasse und anderes prägfähiges Material, um eine Mater zu gewinnen. Nach dem Ausgießen der halbkreisförmig gebogenen Mater mit Schriftmetall erhielt man das sogenannte Rundstereo, das nun zur Rotationsdruckmaschine befördert wurde. Wegen der Zeitersparnis konstruierte man später auch Stereotypiermaschinen für die Zeitungsstereotypie, die den ganzen Arbeitsvorgang, vom Einlegen der Mater bis zur druckfertig bearbeiteten Platte, selbsttätig durchführten und die Rundstereos lieferten.

Beim Zeitungsdruck erfolgte nämlich der Druck rund auf rund, d. h. die Druckform war halbrund auf einen Zylinder, den Formzylinder, gespannt und der Gegenzylinder drückte die Papierbahn auf die Form.

Die rasch laufenden Zeitungsrotationen wurden fast ausschließlich als Reihenmaschinen ausgeführt, bei denen man eine Einheit an die andere anbauen konnte. Im oberen Teil der Maschine befand sich die eigentliche Druckmaschine sowie die Falzeinrichtung, im unteren Teil lag die Papierzuführung und der Antrieb. Wegen der bequemeren Bedienung und des rascheren Plattenaufbringens zog man, wo es die Räumlichkeiten zuließen, die sogenannte niedere Bauart vor. Alle Platten- und Druckzylinder waren hierbei vom Boden aus leicht erreichbar. Der Antrieb der Papierrollen durch Gummigurte sowie die direkte Zylinderabbremsung bürgerten sich bei den schnellaufenden Zeitungsrotationen (mit 18 000 bis 20 000 Zylinderumdrehungen pro Stunde) immer mehr ein.

Zuerst spannte man die Papierrolle auf eine Aufspannwelle und brachte sie dann mittels Hebel in ihre Lager. Das Aufspannen der Rolle wurde so vorgenommen, daß eine seitliche Verschiebung während des Maschinenlaufs möglich war. Die Papierrolle muß darüber hinaus durch ein breites Stahlband, das, über die Rolle gelegt und durch Gewichte beschwert, sich an das Papier anlegt und dadurch bremst. Nachdem die Arbeiter die schweren Rundstereos auf die Druckzylinder gespannt und fest verkeilt hatten, konnte der Druck beginnen.

Entsprechend der Form war auch das Farbwerk ein Rotationsfarbwerk, das je nach der geforderten Deckung und Druckqualität mit zwei bis acht Auftragwalzen ausgestattet sein konnte, wobei Zeitungsrotationen gewöhnlich nur mit zwei Auftragwalzen bestückt waren. Nach dem Aufziehen der Druckformen wurde das Farbwerk überprüft. Die Farbdurchlaßventile konnten individuell eingestellt werden, je nach Bedarf. Nun erfolgte ein Probe-Papierlauf (Trockenlauf), um die Transporthilfen zu justieren und ein späteres Reißen der Papierbahn zu verhindern. Auch wurden die Bürsten eingestellt, an denen die Papierbahn vorbeilief und dadurch von Papierstaub gereinigt wurde. Das Feuchtwerk befand sich über den Bürsten. Das Feuchten des Papiers war notwendig, um holzhaltige Papiere geschmeidig und für Druck und Farbe leichter empfänglich zu machen. Wenn alle Vorbereitungsarbeiten erledigt waren, konnte der eigentliche Druck beginnen. Die Drucker überprüften anhand der ersten Andrucke, ob mit dem Druckbild und der Farbzuführung alles in Ordnung war. Bei einem defektem Rundstereo konnte von der Pappmater rasch wieder eine neue Druckform gegossen werden.

Nach erfolgtem Druck gelangte die Papierbahn entweder in den Schneidapparat oder es wurde der erste Falz ausgeführt. Danach brachte eine Auslegevorrichtung die fertig gefalzten Exemplare zum Verpackungs- und Versandraum.

5. Einsatz des Tiefdruckverfahrens im Zeitungs- und Zeitschriftendruck

Für die Herstellung von Zeitschriften gelten die bisher gemachten Angaben zur Technik ebenfalls, sofern es sich um Zeitschriften ohne Abbildungen handelt. Seit der Mitte des 19. Jhs. wurden jedoch verstärkt Bilder in Zeitschriften und in Zeitungen eingesetzt. Für die Herstellung von Abbildungen gab es bereits seit Einführung der Drucktechnik verschiedene Möglichkeiten. Im Hochdruckverfahren waren diese Holzschnitt und Holzstich, im Tiefdruckverfahren Kupferstich und seit dem 19. Jh. Stahlstich, im Flachdruckverfahren die um 1800 entwickelte Lithographie.

Da bis ins 20. Jh. hinein die Zeitungen und Zeitschriften im Bleisatz und mit dem Hochdruckverfahren hergestellt wurden, blieb der Einsatz von Abbildungen, die im Tief- bzw. im Flachdruckverfahren erzeugt wurden, sehr begrenzt. Vor allem der Holzstich war das dominierende Verfahren, um Abbildungen in Zeitungen und Zeitschriften wiederzugeben.

Bereits 1908 wurde beispielsweise eine Tiefdruckrotationsmaschine der Elsässischen Maschinenfabrik Mühlhausen in der Druckerei der Freiburger Zeitung mit einer VOMAG-Zeitungsmaschine gekoppelt. Zu Ostern 1910 erschien die 'Freiburger Zeitung' mit zwei Beilagen, die auf jeweils vier Seiten Bilder im Tiefdruck und Texte im Hochdruck kombinierten. Natürlich handelte es sich bei dieser Osterausgabe nicht um ein aktuelles Produkt, da die Technik des Rotationstiefdrucks noch nicht so ausgereift war. Vielmehr bedurfte es wahrscheinlich einer langen Vorlaufzeit, um diese Sondernummer herzustellen. (Lilien 1963, 48 ff.) Trotzdem erregten diese ersten Tiefdruckillustrationen in Zeitungen in der Fachwelt großes Aufsehen. So war es nicht verwunderlich, daß bereits innerhalb der nächsten Jahre weitere Zeitungs- und Zeitschriftenunternehmen diese neue technische Möglichkeit auch für ihr Unternehmen nutzten. Neben der 'Frankfurter Zeitung', der 'Illustrated London News' und dem 'Hamburger Fremdenblatt' benutzte auch Rudolf Mosse den Tiefdruck für die zweimal pro Woche erscheinende Beilage 'Der Weltspiegel'. Um 1915 stellten rund 20 Zeitungs- und Zeitschriftenverlage in den USA ihre Wochenbeilagen im Tiefdruck her. Bereits fünf Jahre später benutzten weltweit etwa 100 Firmen das Tiefdruckverfahren, um ihre periodischen Druckerzeugnisse herzustellen.

Trotzdem blieb das Hochdruckverfahren und der Maschinensatz bis zum Beginn der 1980er Jahre die dominierenden Techniken, um Zeitungen herzustellen. Beim Druck von Zeitschriften in hoher Auflage und/oder von hoher Qualität wurde verstärkt der Rotationstiefdruck eingesetzt.

6. Literatur

Gerhardt, Claus W., Geschichte der Druckverfahren. T. II. Der Buchdruck. Stuttgart 1975.

Groth, Otto, Die unerkannte Kulturmacht. Grundlegung der Zeitungswissenschaft (Periodik). Bd. 1. Berlin 1960.

Lilien, Otto M., Die Geschichte des Tiefdrucks von 1900–1920. Frankfurt a. M. 1963.

Brief von Koenig & Bauer an Cotta, London, 08.07.1816, 1. Cotta Archiv Marbach.

Roger Münch, Worms (Deutschland)

XIV. Geschichte der Printmedien und ihrer Erforschung IX: Zeitung und Zeitschrift II: Geschichte des Verlags- und Distributionswesens

72. Geschichte der Zeitungs- und Zeitschriftenverlage

1. Etymologie und Begriffsbestimmung
2. Entwicklung der Zeitungs- und Zeitschriften-Presse bis ins 19. Jahrhundert
3. Vom Betrieb zum Presseunternehmen
4. Indienstnahme der Presse im Dritten Reich
5. Entwicklung der Zeitungs- und Zeitschriftenverlage nach dem 2. Weltkrieg
6. Literatur

1. Etymologie und Begriffsbestimmung

Der Begriff 'verlegen' geht etymologisch auf althochdeutsch 'farlegjan' (für etwas aufkommen) zurück; mittelhochdeutsch 'verlegen' und mittelniederdeutsch 'vorlegen' bedeuteten soviel wie (Geld zur Finanzierung geschäftlicher Vorhaben) vorstrecken. Im 14. und 15. Jh. war Verleger derjenige, „der aufgrund intensiver Marktkenntnisse und seiner Kreditierfähigkeit Handwerker und Heimarbeiter mit der Herstellung verschiedener Erzeugnisse beauftragte, ihre Arbeit finanziell bevorschußte und für den Verkauf der fertigen Produkte sorgte" (Hiller 1980, 303). Auch die gewerbsmäßige Verbreitung handschriftlich verfaßter Nachrichtenbriefe und erst recht von Erzeugnissen der Druckerpresse war in diesem Sinne verlegerische Tätigkeit. In merkantilistischer Zeit bezeichnete 'Verlag' das betriebswirtschaftliche Prinzip dezentraler Produktion und zentralisierten Vertriebs, eine Zwischenstufe in der Entwicklung vom häuslichen Handwerk zur Fabrik – gleichgültig welcher Branche. Seit dem 19. Jh. wird der Begriff des Verlags vorrangig für Herstellung von und Handel mit Druckerzeugnissen verwendet. Heinrich (1994, 186) definiert Verlag im Sinne der Medienökonomie als „Unternehmung, die Produkte des Medienmarktes produziert und vertreibt, insbesondere Zeitungen, Zeitschriften, aber auch Musikalien und Bilder".

2. Entwicklung der Zeitungs- und Zeitschriften-Presse bis ins 19. Jahrhundert

2.1. Frühe Zeitungsverleger

In der Frühzeit des Pressewesens war der Zeitungsverleger oft Nachrichtensammler und -schreiber, Drucker und Händler in einer Person. Mindestens die Hälfte der zwischen 1609 (erste Zeitungen: 'Relation', Straßburg; 'Aviso', Wolfenbüttel) und 1650 (erste Tageszeitung: 'Einkommende Zeitungen', Leipzig) im deutschen Sprachraum nachweisbaren (Zeitungs)Verleger war, wie Kieslich (1966, 254) belegt, im Hauptberuf Buchdrucker, einige von diesen zugleich Buchhändler. Auch Postmeister der Taxischen Post, die schon Anfang des 16. Jhs. 'Nachrichtenbriefe' für den Reisedienst zusammengestellt hatten, zählten zu den frühen Zeitungsverlegern. Im 18. Jh. gaben die Postmeister ihre verlegerische Tätigkeit auf und befaßten sich vorwiegend mit dem Zeitungsvertrieb. Zunächst war das Verlegen von Zeitungen nur eine Nebentätigkeit, gewann aber im 18. Jh. immer mehr an ökonomischer Eigenständigkeit und erlangte – mit rund 90 Zeitungen im deutschen Sprachraum um das Jahr 1750, die etwa eine halbe Million Leser erreichten – zunehmend politische Bedeutung. Zu den Verlegern jener Jahre, deren Zeitungsgründungen die Qualität des Pressewesens nachhaltig bestimmen sollten, zählen u. a. Christian Friedrich Voss ('Berlinische privilegirte Zeitung', die spätere 'Vossische Zeitung'), Johann Karl Philipp Spener ('Berlinische Nachrichten von Staats- und Gelehrtensachen', seit 1872 'Spenersche Zeitung'), Johann Friedrich Cotta ('Allgemeine Zeitung' Tübingen, Stuttgart, zuletzt Augsburg), Georg Friedrich Hartung ('Königsberger Zeitung', später 'Königsberger Hartungsche Zeitung' genannt), Marcus DuMont ('Kölnische Zeitung').

2.1.1. Zeitungspresse und Obrigkeit

Hatte der Staat dem aufkommenden Zeitungswesen gegenüber – vor allem durch Zensur – zunächst eine abwehrende Haltung eingenommen, entdeckte er in der Hochblüte des Absolutismus die Presse als „Mittel der eigenen Nachrichtenpolitik" (Dovifat I, 1976, 64). So standen die Verlage zumeist unfreiwillig im Dienst des Staates, der sich überdies auch einer für die Zeitungen wichtigen Einnahmequelle bediente, der Anzeigen: Seit den 20er Jahren des 18. Jhs. hatte in Preußen, dann auch in anderen Ländern, zunächst jede – bezahlte – Annonce in einem staats- oder stadteigenen 'Intelligenzblatt' (vom lat. Verb 'intellegere' = einsehen) zu erscheinen, bevor sie auch in einer Zeitung abgedruckt werden durfte. Der Intelligenzzwang, der die Entwicklung des privaten Zeitungsgewerbes beeinträchtigte, fiel erst Anfang des 19. Jhs.

2.2. Entfaltung der Zeitschriftenpresse

Von den prohibitiven bzw. restriktiven Maßnahmen des Staates von Anfang an weniger betroffen als die Zeitungen war die Zeitschriftenpresse, der offenbar geringere Breitenwirkung unterstellt wurde. Dieser Pressetyp, als dessen Vorläufer Kalender, Prognostiken und literarische Fortsetzungswerke gelten (Haacke 1961, 257), entfaltete sich in Deutschland erst ein knappes Jahrhundert nach Entstehung der Zeitung, zunächst in der Erscheinungsform der Gelehrtenzeitschrift, dann auch der historisch-politischen, der literarischen Zeitschrift und der moralischen Wochenschrift, aus der die Unterhaltungszeitschrift hervorging. Die Initiative zur Gründung von Zeitschriften ging, anders als bei den Zeitungen, in der Regel nicht von den Verlegern, sondern zumeist von Autoren (Gelehrten, Literaten) aus. Diese suchten sich zur Realisierung ihrer Projekte geeignete Buchdrucker und Buchhändler. Als 'Herausgeber' übernahmen die Zeitschrifteninitiatoren die geistige Oberleitung, zum Teil auch die redaktionelle Arbeit an der Publikation, der Verlag besorgte Drucklegung und Verbreitung. Namhafte Zeitschriftenherausgeber im 18. und frühen 19. Jh. waren u. a. Schlözer ('Stats Anzeigen'), Schubart ('Deutsche Chronik'), Goethe ('Propyläen'), Schiller ('Die Horen'), Wieland ('Der teutsche Merkur'), die Gebrüder Schlegel ('Athenaeum').

Als der deutsche Raum gegen Ende des 18. Jhs. zunehmend unter den Einfluß Frankreichs geriet (Rheinbund), wurden von der napoleonischen Militärverwaltung zahlreiche Periodika verboten; die verbliebenen Blätter paßten sich politisch an. Zum Kampf gegen Napoleon trat schließlich 1814 der 'Rheinische Merkur' des Publizisten Joseph Görres an, gefolgt von gesinnungsgleichen Blättern in Weimar und Kiel, die aber später durch die Karlsbader Beschlüsse wieder unterdrückt wurden. Bis in die Zeit des Vormärz unternahmen mutige Publizisten immer neue Versuche, mit Zeitungen und Zeitschriften den politischen Freiraum auszuloten. Alle Druckschriften unter zwanzig Bogen Umfang waren der Zensur unterworfen, politische, selbst kulturpolitische Themen durften in Zeitungen und Zeitschriften nicht erörtert werden.

3. Vom Betrieb zum Presseunternehmen

Als 1848 die Zensur – vorübergehend – fiel, kam es zu zahlreichen Neugründungen, von denen sich jedoch nur wenige behaupten konnten. Die „Gesinnungspresse" (Dovifat I, 1976, 30) entstand, die durch hervorragende Persönlichkeiten und journalistische Leistungen in der Kommentierung Bedeutung und Ruf gewann. Dazu zählten parteienverbundene Zeitungen wie die konservative 'Neue Preussische (Kreuz)Zeitung' oder die nationalliberale 'National Zeitung' und, nach der Reichsgründung, die 'Germania' (als Zeitung des Zentrums) und der sozialdemokratische 'Vorwärts'. Unter den Neugründungen waren bedeutende Blätter wie die 'Berliner Börsen-Zeitung', die 'Frankfurter Zeitung' und die 'Deutsche Allgemeine Zeitung', die Wert auf 'Unabhängigkeit' legten, gleichwohl aber politisch klare Positionen einnahmen.

3.1. Der Presseverlag als organisierte Einheit

Die wachsende Bedeutung der Presse als Faktor politischen Wirkens, die Erschließung immer breiterer Bevölkerungsschichten durch lesergerechte Nachrichtenangebote und der damit erforderliche redaktionelle Aufwand zwangen zur Arbeitsteilung im Verlag: Zeitung und Zeitschrift wurden zu Produkten eines komplexen Unternehmens, das sich aus den organisierten Einheiten Redaktion, Anzeigenwesen, Technik und Vertrieb zusammensetzte. Sache des Verlegers war es, das

Unternehmen zu leiten, die Verlagsbereiche verantwortlich zu koordinieren und das Personal zu bestellen.

Das Einzelunternehmen oder die Personengesellschaft sind seit dem 19. Jh. (bis weit in das 20. Jh. hinein) die vorherrschende Unternehmensform des Zeitungs- und Zeitschriftenverlags in Deutschland. Die Entwicklung zum größeren Unternehmen bedeutete vielfach auch den Übergang zur Kapitalgesellschaft in Form der Gesellschaft mit beschränkter Haftung (GmbH), zum Teil verbunden mit einer breiteren Streuung des Eigentums (Schütz 1994, 454). Weniger häufig war die Rechtsform der Aktiengesellschaft (AG). Von ihr machten erst nach der Reform des Aktiengesetzes im Jahre 1870, die die Staatsaufsicht über die AG beseitigte, Parteien, Gewerkschaften und Kirchen Gebrauch: Durch Ausgabe von Kleinaktien an Mitglieder und Interessenten stellten sog. 'Preßvereine' Finanzmittel zur Gründung von weltanschaulich geprägten Zeitungen und Zeitschriften sicher. Einer der wenigen Pressestatistiken zufolge waren 1926 76 Prozent der Zeitungsverlage in Familienbesitz (Einzelunternehmer, BGB-Gesellschaft oder Offene Handelsgesellschaft, 12 Prozent waren GmbH, nur 2,4 Prozent AG (Bringmann 1981, 314).

3.1.1. Die ersten Großverlage

Mit dem Aufkommen der Massenpresse in der zweiten Hälfte des 19. Jhs., zu deren Entstehung die wachsende Alphabetisierung der Bevölkerung, die Lockerung bzw. der Fall der Zensur und immer rascher arbeitende Herstellungstechniken beigetragen hatten, bildeten sich in Deutschland die ersten Großverlage heraus. Der erste, der die Synergieeffekte eines Großunternehmens für die Entwicklung und Herausgabe verschiedenartiger publizistischer Objekte nutzte, war Rudolf Mosse. Das Angebot seines 1871 in Berlin gegründeten Verlagsunternehmens reichte von der Qualitätszeitung 'Berliner Tageblatt' über die 'Berliner Morgen-Zeitung', die 'Handels-Zeitung' bis hin zu humoristischen Zeitschriften, Fachzeitschriften und Adreßbüchern. Im Jahre 1877 legte der Papiergroßhändler Leopold Ullstein den Grundstein für sein späteres Berliner Verlagsimperium. Durch den Einsatz leistungsstarker Rotationsmaschinen und die Anwendung rationalisierter Vertriebsmethoden steigerte er die Aktualität seiner Blätter ('Berliner Zeitung', 'Berliner Abendpost', 'BZ am Mittag'). Die 'BZ' war gänzlich auf den Straßenverkauf zugeschnitten, dem Ullstein damit in Deutschland zum Durchbruch verhalf. Seine 'Berliner Illustrirte Zeitung' war die „erste 'Millionärin' in der deutschen Pressegeschichte" (Koszyk 1966, 289). 1883 rief der Verlagsbuchhändler August Scherl den 'Berliner Lokal-Anzeiger' ins Leben, ein Blatt, das sich an die breiteste Bevölkerung richtete und zunächst, ausschließlich aus Anzeigen finanzierend, kostenlos verteilt, später für wenig Geld erhältlich war. Mit starkem Lokalteil ausgestattet und Nachrichten aus aller Welt erreichte das Blatt, das seit 1885 täglich erschien, um die Jahrhundertwende eine Auflage von 240 000 Exemplaren. Nach ähnlichem Konzept entstanden um dieselbe Zeit in zahlreichen Städten Deutschlands (u. a. Leipzig, Elberfeld-Barmen, Hamburg-Altona, Chemnitz, Düsseldorf, München, Stettin, Kiel, Braunschweig) Massenblätter, die sogenannten 'Generalanzeiger'. Mit der Ausbreitung dieses Zeitungstyps sind vor allem — neben Scherl — die Namen der Verlegerdynastien Girardet, Huck und Leonhardt verbunden (Lerg, 1967). Auf den Geschmack eines breiten Publikums zielten auch Scherls Zeitschriftenkreationen, ('Die Woche' sowie 'Sport Bild'). Durch den Erfolg der Generalanzeiger-Presse, vor allem durch deren Geschäftsmethoden (Vorwurf: Schleuderpreispolitik), sahen sich die Verlage der Meinungspresse wirtschaftlich bedroht; 1894 gründeten sie mit dem Verein Deutscher Zeitungsverleger eine berufsständische Interessenvertretung, die regulierend auf den Wettbewerb einwirken sollte (Schulze 1985, 13).

Bedingt durch Personalmangel, Rückgang des Anzeigengeschäfts und die Auswirkungen der Kriegswirtschaft nahm die Zahl der Zeitungen und Zeitschriften im Ersten Weltkrieg deutlich ab. Von den Zeitungsneugründungen nach dem Krieg hatten nur wenige Bestand, so der von Heinrich Droste in Düsseldorf ins Leben gerufene 'Mittag' und die 'Rote Fahne', das Zentralorgan der KPD. Als literarisch-künstlerische Zeitschrift vermochte sich Ossip Flechtheims 'Querschnitt' durchzusetzen, der später bei Ullstein verlegt wurde (Ch. Schulze 1973, 379). Erst seit der Stabilisierung der deutschen Währung 1923 begann sich die Presse wirtschaftlich zu erholen. Große Verlage wie Ullstein und Mosse placierten eine Reihe neuer Titel, darunter auch neue Erscheinungsformen, so z. B. Wochenendblätter ('Grüne Post'). Jene Verlage lokaler und kleinregionaler Zeitungen aber, die sich in den Krisenjahren zur Senkung ihrer Kosten entschlossen hatten, redaktionelle Fremdtexte von Korrespondenzbüros und Materndiensten zu übernehmen, gerieten in die publizistische Abhängigkeit dieser Unternehmen. Einfluß auf die Provinzpresse erlangte vor allem Alfred Hugenberg, ein Manager der Schwerindustrie, der 1916 den Scherl-Verlag übernommen hatte, sich im selben Jahr an der Nachrichtenagentur Telegraphen-Union beteiligte und ein Jahr später die VERA-Verlag Anstalt GmbH gründete, die als „eine Art Beratungsstelle und Revisionsgesellschaft für notleidend gewordene Zeitungen" (Fischer 1975, 299) fungierte. Mit seinem Presseengagement verfolgte Hugenberg anfangs das Ziel, um Vertrauen für die deutsche Wirtschaft zu werben; in den Jahren der Weimarer Republik kämpfte er für deutschnationale Interessen. 1922 rief Hugenberg die Wirtschaftsstelle der Provinzpresse (Wipro) ins Leben, die kleine Verlage mit publizistischen Halbfertigprodukten belieferte. 1924 gehörten rund tausend Blätter, das waren 35 Prozent aller deutschen Zeitungen, zu ihrem Kundenstamm. 1927 arrondierte Hugenberg seinen Konzern durch den Erwerb der Stimmenmehrheit bei der Universum Film Aktiengesellschaft (UFA). Gegenpol zu Hugenbergs deutschnationalem Medientrust auf kommunistischer Seite war, wenn auch in geringerer Dimension, eine von dem Publizisten, Parteifunktionär und späteren Reichstagsabgeordneten Willi Münzenberg gegründete Verlagsgruppe, der sog. Münzenberg-Konzern, der nicht nur mehrere Zeitungen und Zeitschriften verlegte, sondern auch Materndienste für Fremdbezieher herausgab (vgl. Bahne 1975, 336). Auch die Nationalsozialistische Deutsche Arbeiterpartei (NSDAP), der als Presseorgan zunächst nur der im Verlag Franz Eher Nachf. erschienene 'Münchener Beobachter' (umbenannt in 'Völkischer Beobachter') zur Verfügung stand, baute seit Mitte der 20er Jahre eine parteipolitische Kampfpresse auf ('Der Stürmer', 'Illustrierter Beobachter', 'Angriff').

4. Indienstnahme der Presse im Dritten Reich

Nach der Machtergreifung durch Hitler 1933 veränderte der totalitäre Staat das Pressewesen mit konsequenter Gründlichkeit. Binnen weniger Wochen erreichte es die Staatsführung, die Pressefreiheit aufzuheben, politisch mißliebige (kommunistische, sozialdemokratische und später auch Teile konfessioneller) Periodika zu beseitigen und das Gros der Zeitungs- und Zeitschriftenpresse (neben Rundfunk und Film) in ihren Dienst zu stellen. Die Organisationen der Zeitungs- und Zeitschriftenverleger wurden in die Reichspressekammer eingegliedert, die die Berufsliste des Tätigkeitszweiges 'Presse' zu verwalten und die Bedingungen für den Betrieb, die Öffnung und Schließung von Verlagen festzulegen hatte. In drei Stillegungswellen schaltete die Reichspressekammer weite Teile der sog. bürgerlichen Presse aus, der Konzern Hugenbergs wurde dem neuen nationalsozialistischen Presseimperium einverleibt. Die Verlage von Zeitschriften, insoweit sie nicht enteignet oder aufgekauft wurden, waren in ihren Publikationen an strenge Direktiven der Partei gebunden (Kirchner 1969, 417).

5. Entwicklung der Zeitungs- und Zeitschriftenverlage nach dem 2. Weltkrieg

5.1. Lizenzpresse

Kurz vor Kriegsende befanden sich 82,5 Prozent der Gesamtauflage der deutschen Zeitungen in der Hand der NS-Machthaber. Die Beseitigung der nationalsozialistischen Herrschaft und ihrer Publizistik durch die Siegermächte 1945 bereitete den Weg für ein freiheitlich-demokratisches Pressewesen im westlichen Teil Deutschlands vor. Die Herausgabe von Zeitungen — so unterschiedlich sie in den einzelnen Besatzungszonen gehandhabt wurde — war zunächst an eine Lizenz und an den klaren Auftrag gebunden, das deutsche Volk zur Demokratie umzuerziehen. Nur nationalsozialistisch unbelastete Personen wurden zugelassen; Verleger, die bis ins Dritte Reich hinein publizieren konnten, wurden von der Lizenzerteilung ausgeschlossen. Unter den Neuverlegern fanden sich die Namen zahlreicher Persönlichkeiten, die in der deutschen Politik und Publizistik Bedeutung erlangen sollten, u. a.: Theodor Heuss ('Rhein Neckar Zeitung', Heidelberg), der spätere erste Bundespräsident; Axel Springer (Hamburger Abendblatt', 'Hörzu', Hamburg), der nach dem Fall der Lizenz sein Verlagshaus zum größten Pressekonzern der Bundesrepublik ausbaute, Rudolf Augstein, der das nach amerikanischem Muster ('Time') entwickelte — lange Zeit einzige — Nachrichtenmagazin 'Der Spiegel' als neuen Pressetyp einführte.

Kennzeichnend für die Lizenzzeit war insbesondere die Entstehung von Verlagen regionaler Zeitungen. Die Lizenzträger waren zunächst nicht Eigentümer, sondern Treuhänder 'ihrer' Zeitungen, bezogen ein Gehalt und unterlagen der treuhänderischen Vermögenskontrolle der Besatzungsmächte (Koszyk 1986, 60); doch sollten nach den Vorstellungen der Westalliierten die Verleger mittelfristig über ihre Periodika selbst verfügen können. Damit war im Westen Deutschlands die privatwirtschaftliche Organisationsform des Pressewesens für die Zukunft vorgezeichnet. In der sowjetischen Besatzungszone wurden Verleger und Druckunternehmer enteignet.

Von 1945 bis 1949 (Fortfall des Lizenzzwanges) wurden in Westdeutschland 161 Zeitungen und rd. 2000 Zeitschriften, vorwiegend Fachzeitschriften und konfessionelle Blätter und nur in geringer Zahl Publikumszeitschriften, hier v. a. Illustrierte, zugelassen.

5.2. Presseverlage in der Bundesrepublik Deutschland bis 1989

Mit Gründung der Bundesrepublik Deutschland und Inkrafttreten ihrer freiheitlichen Verfassung hoben die Alliierten den Lizenzzwang auf: Von nun an konnten Zeitungen und Zeitschriften wieder ohne Genehmigung erscheinen. Zahlreiche Periodika wurden neu gegründet; auch die Altverleger hatten wieder die Möglichkeit, ihre – teilweise traditionsreichen – Blätter herauszugeben. Innerhalb weniger Monate nahm die Zahl der Zeitungen, die kurz vor Erlaß der Generallizenz 137 betragen hatte, um mehrere hundert Titel zu. Auch die Zahl der Zeitschriften stieg sprunghaft an. Der plötzlich einsetzende Zeitungsboom, verbunden mit dem Versuch der Altverleger, die Verbreitungsgebiete ihrer früheren Zeitungen (die ja Terrain der Lizenzpresse geworden waren) zurückzugewinnen, löste bei der Tagespresse einen lang anhaltenden, harten Konkurrenzkampf aus. Die Folge: wirtschaftlich schwache Blätter mußten ihr Erscheinen wieder einstellen oder mit leistungsstärkeren Zeitungen zusammengelegt werden. Eine Reihe von Unternehmen gab auf und verkaufte an größere Verlage. Der Konzentrationsprozeß verlangsamte sich erst, als Mitte der siebziger Jahre eine weitgehende wirtschaftliche Konsolidierung eingetreten war und die Einführung der Presse-Fusionskontrolle Zusammenschlüsse erheblich erschwerte. Rein zahlenmäßig blieb für die deutsche Zeitungspresse das wirtschaftlich selbständige Familienunternehmen (vorwiegend als GmbH & Co. KG. organisiert), dominant, die größte Zeitungsauflage konzentrierte sich jedoch bei rd. einem Dutzend Großverlagen. Auch im Bereich der Zeitschriften entstanden mehrere Großunternehmen.

5.3. Presse in der DDR

Anders als in der Bundesrepublik blieb in der Deutschen Demokratischen Republik das Lizenzierungssystem bestehen; Zeitungen, Zeitschriften und Bücher durften nur mit Genehmigung des Presseamtes beim Vorsitzenden des Ministerrates herausgegeben werden, der die Presse kontrollierte und ihr Weisungen der Staats- und Parteiführung erteilte. Eigentümer konnten nur politische Parteien und Massenorganisationen sein. Die jahrelang konstant 39 Tageszeitungen und 32 Wochenblätter (Zeitungen und Illustrierte) waren praktisch 'gleichgeschaltet'.

Meinungsvielfalt in der Presse brachte erst die politische Wende 1989. Unabhängigkeit von Staat und Mächtegruppierungen und journalistische Gestaltungsfreiheit wurden nicht nur Prinzipien mannigfaltiger Neugründungen, sondern auch der überkommenen Presse, die mit weitreichender Hilfe westdeutscher Verlage ihre Position verteidigte. Im Konkurrenzkampf setzten sich vor allem die etablierten ehemaligen SED-Bezirkszeitungen durch. Bereits zwei Jahre nach der deutschen Einigung war der ostdeutsche Zeitungsmarkt in hohem Grade konzentriert. Die Ursachen dieser Entwicklung liegen vor allem in der Politik der Berliner Treuhandanstalt, der noch in den letzten Monaten vor dem Beitritt der DDR zur Bundesrepublik die Zeitungs- und Zeitschriftenverlage aus ehemaligem SED-Eigentum unterstellt wurden. Nach der deutschen Einigung veräußerte die Treuhand Verlage ohne Rücksicht auf ordnungspolitische Überlegungen an große westdeutsche Zeitungs- und Zeitschriftenhäuser.

5.4. Presseverlage auf dem Weg zum Medienunternehmen

Nach der Ende 1994 veröffentlichten Pressestatistik wurden 1992 insgesamt 3254 (neue Länder und Berlin-Ost: 132) Unternehmen gezählt, die 392 (42) Zeitungshauptausgaben (mit einer Gesamtauflage von 31,3 Mio. Exemplaren) und 9010 Zeitschriften (Auflage insgesamt: rd. 395,0 Mio.) verlegten. Unberücksichtigt in dieser Statistik ist das Engagement der Presseunternehmen in der elektronischen Publizistik. Seit der Entstehung des dualen Rundfunksystems in der Bundesrepublik Mitte der achtziger Jahre bot sich den Verlagen die Möglichkeit, ihre Tätigkeit auch auf den Hörfunk- und Fernsehbereich auszudehnen. Die Presse nahm diese Herausforderung an, da sie sich im zugespitzten intermediären Wettbewerb auf die Nutzung der effektivsten Übertragungs- und Verbreitungstechniken angewiesen sah. Bestimmenden Einfluß beim privaten Fernsehen erlangten freilich nur die finanzstarken Medienunternehmen. Demgegenüber erwies sich eine Beteiligung am weniger kostenintensiven Hörfunk auch für kleine und mittelgroße Verlage als tragbar. Die überwiegende Zahl der privaten Hörfunksender wurde (1994) maßgeblich von Zeitungs- und einigen Zeitschriftenverlagen getragen (Schulze 1994, 397). Angesichts der rasanten Weiterentwicklung der Digitaltechnik, die die Informations- und Werbekultur verändern und damit auch die Leistungsfähigkeit der Verlage berühren kann, bereiten sich seit Mitte der neunziger Jahre immer mehr Presseunternehmen auf eine geeignete Ergänzung ihrer gedruckten Dienstleistungen durch Anwendungen aus dem Multimediabereich vor.

6. Literatur

Bahne, Siegfried, Willi Münzenberg (1889–1940). In: Fischer, Heinz-Dietrich (Hrsg.), Deutsche Presseverleger des 18. bis 20. Jahrhunderts, Pullach 1975, 336 ff.

Bringmann, Karl, Unternehmensformen, In: Handbuch der Massenkommunikation. Hrsg. v. Kurt Koszyk/Karl H. Pruys. München 1981, 314 ff.

Dovifat, Emil, Zeitungslehre, 2 Bde. Neubearb. v. Jürgen Wilke, Berlin/New York ⁶1976.

Fischer, Heinz-Dietrich, Der Presseverleger zwischen Kommunikator und Mercator. In: Deutsche Presseverleger des 18. bis 20. Jahrhunderts. Pullach 1975, 11–39.

–, Alfred Hugenberg (1865–1951). In: Deutsche Presseverleger des 18. bis 20. Jahrhunderts, Pullach 1975, 294–308.

– (Hrsg.), Deutsche Zeitschriften des 17. bis 20. Jahrhunderts, Pullach 1973.

Haacke, Wilmont, Die Zeitschrift – Schrift der Zeit. Essen 1961.

Heinrich, Jürgen, Medienökonomie, Bd. 1: Mediensystem, Zeitung, Zeitschrift, Anzeigenblatt, Opladen 1994.

Hiller, Helmut, Wörterbuch des Buches, München 1980.

Kieslich, Günter, Berufsbilder im frühen Zeitungswesen. Vorstudien zu einer Soziologie des Journalismus zwischen 1609 und 1650. In: Publizistik 11, 1966, 253–263.

Kirchner, Joachim, Das deutsche Zeitschriftenwesen. Seine Geschichte und seine Probleme. Teil I: Von den Anfängen bis zum Zeitalter der Romantik. Wiesbaden ²1958.

–, Geschichte der Zeitschrift: Von den Anfängen bis 1900; Ders., Geschichte der Zeitschrift: Von 1900 bis zur Gegenwart. In: HdP 3, 1969, 384–407; 408–420.

Koszyk, Kurt, Deutsche Presse im 19. Jahrhundert. Geschichte der deutschen Presse. Teil II, Berlin 1966.

Koszyk, Kurt/Karl H. Pruys (Hrsg.), Handbuch der Massenkommunikation. München 1981, 314 ff.

Lerg, Winfried B., Die Anfänge der Zeitung für alle. In: Massenpresse und Volkszeitung, Assen 1968, 1 ff.

Schütz, Walter J., Pressewirtschaft. In: Fischer-Lexikon Publizistik-Massenkommunikation. Hrsg. v. Elisabeth Noelle-Neumann u. a., Frankfurt 1994, 453 ff.

Schulze, Christine, Der Querschnitt (1921–1936). In: Deutsche Zeitschriften des 17. bis 20. Jahrhunderts. Hrsg. v. Heinz-Dietrich Fischer. Pullach 1973, 379 ff.

Schulze, Volker, Der Bundesverband Deutscher Zeitungsverleger, Düsseldorf ⁴1985.

–, Im Interesse der Zeitung. Zur Kommunikationspolitik des Bundesverbandes Deutscher Zeitungsverleger vom Ausgang der sechziger bis zum Beginn der neunziger Jahre, Frankfurt a. M. 1994.

Volker Schulze, Meckenheim (Deutschland)

XV. Geschichte der Printmedien und ihrer Erforschung X: Zeitung und Zeitschrift III: Kommunikative und ästhetische Analyse

73. Kommunikative Aufgaben und Leistungen der Zeitung

1. Die Öffentlichkeits- und Informationsaufgabe der Zeitung
2. Die Kontroll- und Kritikaufgabe der Zeitung
3. Die Bildungs- und Erziehungsaufgabe der Zeitung
4. Die Werbeaufgabe der Zeitung
5. Die Dokumentationsaufgabe der Zeitung
6. Literatur

1. Die Öffentlichkeits- und Informationsaufgabe der Zeitung

1.1. Die Öffentlichkeits- und Informationsaufgabe der Zeitung im demokratischen Staat

Die Öffentlichkeits- und Informationsaufgabe der Zeitung soll am Beispiel der Bundesrepublik Deutschland exemplifiziert werden. Zeitungen haben nach deutschem Presserecht die öffentliche Aufgabe zu informieren. Sie sollen durch ein umfassendes Informationsangebot die Voraussetzungen dafür schaffen, daß jeder Staatsbürger die in der Gesellschaft wirkenden Kräfte erkennen und selbst am Prozeß der politischen Meinungs- und Willensbildung teilnehmen kann (Herstellung von Öffentlichkeit). Informieren bedeutet dabei 'in Kenntnis setzen, Auskunft geben, berichten, orientieren'. Gegenstand des Informierens kann prinzipiell alles sein, was der Fall ist. Das, was der Fall ist, soll Sachverhalt genannt werden. Sachverhalte können vielfach unterschieden werden. Sie können auf menschliches Handeln zurückgehen, oder sie können sich natürlich ereignen. Menschliches Handeln ist durch Regeln beschreibbar; Vorgänge in der Natur werden durch Gesetze beschrieben. Letztere werden für die Zeitung seltener Gegenstand sein als Ereignisse, die durch menschliches Handeln ausgelöst werden. Selbst Erdbeben oder Vulkanausbrüche werden unter Aspekten beschrieben, in denen menschliche Handlungen eine große Rolle spielen (Wie werden Menschen durch die Naturereignisse betroffen? Wie erleben sie die Katastrophen? Was tun die Betroffenen? Wer hilft ihnen? etc.). Gegenstände des Informierens werden also hauptsächlich menschliche Handlungen sein. Außerdem kann in Verbindung mit Menschen auch orientiert werden über deren Einstellungen, Gefühle, Denkweise etc.

In der Zeitung wird überwiegend nicht direkt informiert, sondern informiert nach dem Weitergabeprinzip. Die meisten Dinge, die in die Zeitung kommen, erleben die Berichtenden nicht selbst, sondern die Redaktionen erhalten Texte von den Presseagenturen, von Öffentlichkeitsstellen aller amtlichen, institutionellen sowie lobbyistischen Einrichtungen, von Gewährsleuten (Nachrichtenfluß). Die Agenturen selbst übernehmen vor allem aus anderen Medien, von anderen Agenturen, vor allem den ausländischen oder spezialisierten. Große Zeitungen können sich mehr Agenturen leisten als kleine, weshalb diese oft angewiesen sind, dies durch Hinweise auf Eigenberichte, eigene Korrespondenten – selbst wenn diese Angestellte der Agenturen sind, die man sich leistet – oder durch das Verschweigen der Quellen zu kaschieren. Etwa zwei Drittel aller Informationen der ersten Zeitungsseiten beruhen auf Agentur-Material. Auch in eher regional orientierter Berichterstattung dominiert das agenturgestützte.

Während die Neuigkeiten früher per Fernschreiber in die Redaktionen kamen, die Redakteure meist in die Ausdrucke hinein redigierten, erfolgt die Bearbeitung heute weitestgehend auf dem Bildschirm. Das führt aus ökonomischen Gründen dazu, daß etwa doppelt soviele eingehende Texte unbearbeitet übernommen werden wie vorher, getreu dem ökonomischen Prinzip, was in den Agenturen relevant formuliert sei, bedürfe keiner Überarbeitung. Dieses Vorbild wird meist auch bei Pressestellentexten übernommen. Das führt zu einer zunehmend eingeschränkten Meinungs- wie Textvielfalt und zu einer Standardisierung hin auf die in Agenturen und Pressestellen üblichen Textgestaltungsprinzipien.

Beim Prinzip des weitergebenden, des vermittelnden Informierens wird der Redaktion bzw. den Journalisten die Verantwortung für Auswahl, das Gemeinte, für das Aufgeschriebene nur noch insoweit überlassen, als mit raschem Blick auf den Bildschirm diese Auswahl getroffen wird, wobei meistens den von den Agenturen gegebenen Signalen für wichtige Ereignisse, besonders wichtige oder eilige etc. gefolgt wird (vgl. Art. 79).

Die deutsche Zeitungslandschaft war überwiegend lokal und regional ausgerichtet, bis die nationalsozialistische Diktatur die Vereinheitlichung erzwang. Auch nach 1945 sollte der Föderalismus in der Bundesrepublik durch regionale und lokale Zeitungen und Verlage unterstützt werden. Die Amerikaner setzten als Besatzungsmacht und Lizenzgeber nach 1945 auf eine überparteiliche und unabhängige Presse, die Briten mehr auf 'Parteirichtungszeitungen'. Diese hatten den Standpunkt einer Partei zu vertreten, von dieser aber unabhängig zu sein. Die Franzosen verfuhren zum Teil nach den amerikanischen, zum Teil nach britischen Vorstellungen. Insgesamt behinderte das Lizensierungs- und Kontrollsystem der Alliierten die Gründung wie die Verbreitung von Zeitungen, beschränkte die Pressefreiheit und bescherte der deutschen Bevölkerung eine Informierung, Orientierung und Beeinflussung im Sinne der Besatzungsmächte. Die 1954 einsetzende Pressekonzentration untergrub diese Entwicklung wie die Vorstellungen der Lizenzgeber. Sie brachte eine Reduzierung des Wettbewerbs, damit auch eine Einschränkung der Presse als der 'vierten Macht' im Staate. Der Auftrag, selbständige Meinung zu bilden, ein regional und lokal verwurzeltes Lebensgefühl zu fördern, einen föderalistischen Geist zu wecken, wurde in den Zentralredaktionen weit weniger verwirklicht, als in den verbleibenden Lokalredaktionen. Der Zwang, von einem Ort aus gleichzeitig Blätter und Blättchen zu bedienen mit entweder vorwiegend christlich-demokratischer oder mit sozialdemokratischer Leserschaft oder einer völlig heterogen strukturierten, führte zur Aufgabe der vielen kleinen, aber selbständigen Stimmen und hin zu eher farblosen, dafür aber weitreichenden.

Die Beteiligung der Zeitungen im soziokulturellen Bereich an den Sozialisations- und Enkulturationsprozessen, durch die das gesellschaftliche Normen- und Wertesystem gesteuert wird, führte in einer Welt des beschleunigten sozialen Wandels, wachsender Komplexität und steigender Vernetzung der gesellschaftlichen Systeme zu einem neuen Wirklichkeitsbild von Individuen, sozialen Gruppen und ihrem Handeln. Durch sie erhält das Weltgeschehen thematische und normative Strukturen, ohne die eine individuelle Orientierung oder kollektive Verständigung über aktuelle und zukünftige Zustände unmöglich wäre.

In der Demokratie können die verschiedenen Ebenen des Gesellschaftssystems nur mittels eines übergreifenden Instrumentes, wie es die Medien allgemein und die Zeitung im besonderen darstellen, verknüpft werden. Erst durch eine 'Aufarbeitung' des Gesamtgeschehens kann dem Leser die 'Welt-Lage' wie die in seiner näheren Umgebung faßbar gemacht werden. Familie und Schule sind die ersten Sozialisationsinstanzen, die das Individuum durchlaufen muß, um ein Mitglied der Gesellschaft zu werden. Die Massenmedien als sekundäre Instanzen leisten die Integration in die Gesamtgesellschaft. Durch ihre ständige Präsenz und die immer aktuelle Dokumentation des sozialen Wandels sorgen sie allein dafür, daß der Prozeß der politischen Sozialisation nicht abbricht und damit soziale Erosion und Desintegration verhindert werden.

Leser verfolgen das Geschehen der Fernwelt mit der großen Politik, mit Wirtschaft, Kultur, mit Innovationen, Moden und Katastrophen eher passiv. Aktiv nehmen sie am Geschehen der Nahwelt teil. Das gesamte Geschehen ihrer Umwelt erschließt sich den Bürgern über die Tageszeitung. Seine interpersonale, die Gruppenkommunikation, die Nutzung anderer Medien, alles wird von der Lektüre der Zeitung beeinflußt. Ohne die erhaltene Information gingen die Menschen weniger in Kinos oder Theater, sie änderten ihre Konsumgewohnheiten, kauften anders oder weniger ein. Der Umgang mit Nachbarn, Berufskollegen, Freunden und Bekannten sähe anders aus, erhielte andere kommunikative Formen. Der Integrationsgrad in die Gemeinde, die Kommune könnte nicht oder weniger gut erfolgen. Das eigene wie das kommunale Leben wären eher stillgelegt. Das Fehlen des Stimulus Zeitung ließen die Kommunikation wie das aktive Leben insgesamt erlahmen. Gäbe es keinen Themen-Input über die Zeitung, würde über das Neue, neu Hinzukommende nicht geredet werden. Die Gespräche könnten sich nur auf Altbekanntes beziehen, was zu ihrer Aufgabe führte. Wenn keine Zeitung erscheint, 'passiert' nichts.

Zusammen mit den übrigen Massenmedien beeinflußt die Zeitung das Entstehen neuer Bedürfnislagen und Interessenausrichtungen. Daneben befriedigt sie Bedürfnisse nach notwendigen Informationen, die wiederum direkte Kommunikation und die Teilnahme am öffentlichen Leben beeinflussen. Da Information Ware ist, folgen die Informationsmittler und ihre tragenden Institutionen dem Drang, sich zu Medienmultis zu formieren und neben der Informationsmacht auch Wirtschaftsmacht zu erreichen.

Da die Presse privatrechtlich ausgerichtet, deshalb gewinnorientiert ist, steht das Verkaufen im Vordergrund, richten sich Inhalt und Form der Erzeugnisse nach dem bestmöglichen Absatz. Die 'Abstimmung am Kiosk', oder das Ziel, Auflagen und Abonnementzahlen zu steigern, immer neue Produkte auf den Markt zu werfen, begünstigt die Ausrichtung hin auf den 'Massengeschmack'. Attraktivitätsgesichtspunkte drängen die für die Meinungs- und Willensbildung des Bürgers notwendige Absicherung der Inhalte wie eine breite Informationsvielfalt zurück. Prononcierte Gesichtspunkte verhindern die Ansprache aller möglichen Konsumenten, weshalb eher der Kotau nach allen Richtungen hin üblich ist. Der schon genannte Trend zur Konzentration verhindert Neugründungen, die neue gesellschaftliche Interessen, neue soziale Anstöße einbringen könnten. Neue Öffentlichkeitschancen werden durch die privilegierten Zeitungen verhindert. Diese schotten zudem den Zugang zu den Informationsquellen weitestgehend ab, benützen 'Exklusivquellen' und schränken damit die Offenheit des Massenkommunikationsprozesses ein.

Da die Zeitungen als Potential zur Beeinflussung von Einstellungen und Verhaltensmustern betrachtet werden, versuchen ihre Besitzer und Handhaber, sie für ihre Interessen einzusetzen. Sie unternehmen alles, um ihre Produkte auf den Markt zu bringen bzw. sie dort abzusichern und den Einflußbereich auszuweiten. Vor allem geht es ihnen darum, ihr 'Image' aufzubessern, öffentliche Kontrolle und Kritik zu mindern. Sie sind andererseits zugänglich für Einflüsse politischer und staatlicher Institutionen, vor allem der Parteien, um deren Interessen zu wahren und deren Vorstellungen und Ziele zu verbreiten. Vor allem über das Eindringen werblicher Elemente in den publizistischen Teil der Zeitung, das 'Productplacement' innerhalb der redaktionellen Beiträge gelingt es, den Einflußbereich zu erweitern und die Leser unterschwellig zu beeinflussen.

Im Kontrast zu den etablierten Presseerzeugnissen suchen die der Alternativen Szene ein Forum der Gegenöffentlichkeit zu schaffen, indem sie Themen und Probleme aufgreifen, die sonst gar nicht behandelt werden oder zu knapp, entstellt oder lediglich aus der Sicht der Herrschenden. Vorrangig schreiben Betroffene für Betroffene, berichten 'die da unten' etwa über die Aktivitäten von Bürgerinitiativen, Frauengruppen, Stadtteilkomitees, Selbsthilfeorganisationen. Unabhängig und ohne Rücksichtnahme auf Anzeigenkunden, Amtsstellen, Honoratioren, Parteien und Verbände wird die Meinung und Kritik frei geäußert, was zu Konflikten mit den genannten Institutionen und Personen führen kann. Unverständnis bei den Angesprochenen, Schulden und nachlassendes Engagement führen dazu, daß die Alternativpresse meist kurzlebig ist, wenn eingegangenen Blättern auch immer wieder neue nachfolgen.

1.2. Die Öffentlichkeits- und Informationsaufgabe der Zeitung in der Diktatur

Die Informationsaufgabe der Zeitung in nicht-demokratischen Systemen sollem Beispiel der ehemaligen Deutschen Demokratischen Republik explizert werden. In der DDR wurde die Presse 1951 als 'Presse neuen Typs' charakterisiert. Damit wird ihre Aufgabe festgeschrieben, 'sozialistisches Bewußtsein' systematisch zu verbreiten. Die Presse wurde neben Rundfunk und Fernsehen als 'Tribüne der sozialistischen Demokratie' und 'wichtiges Mittel der Agitation' betrachtet, die zur Aktion führen sollte, „indem sie die Massen organisiert und mobilisiert mit dem vordringlichen Ziel, die entwickelte sozialistische Gesellschaft in der DDR weiter zu gestalten und damit grundlegende Voraussetzungen für den allmählichen Übergang zum Kommunismus zu schaffen" (Böhme/Dominik/Eisel 1978, 18). Eine Pressefreiheit war verfassungsmäßig garantiert, jedoch mit der Festlegung:

„Die Freiheit der Presse, des Rundfunks und des Fernsehens zu sichern heißt deshalb vor allem, keinerlei Mißbrauch der Massenmedien für die Verbreitung bürgerlicher Ideologien zu dulden und ihre Tätigkeit bei der Verbreitung der marxistisch-leninistischen Ideologie, als Formen des schöpferischen Meinungsaustausches des Werktätigen, bei der Organisierung des gemeinsamen Handels der Bürger für die gemeinsamen sozialistischen Ziele voll zu entfalten." (Verfassung der Deutschen Demokratischen Republik 1969, 110f.)

Damit war der Arbeitsstil der Redaktionen von Regierung und Partei festgelegt. Jede Redaktion war verpflichtet, einen 'Perspektiv-Plan' zu erarbeiten, der bestimmend war für die Monats-, Wochen- und Tagespläne der im Kollektiv arbeitenden Redakteure. Was veröffentlicht wurde, bestimmte die Abteilung 'Agitation und Propaganda' beim Zentralkomitee der SED. Diese erließ Weisungen, die langfristig oder aktuell galten. Sie enthielten 'Argumentationsrichtlinien' und Pflichtmeldungen, aber auch Verbote, über bestimmte Vorgänge zu schreiben. Außerdem fand täglich eine Redaktionskonferenz statt, um die Parteilinie auch mündllich zu deuten. Verlangt wurden Beschreibungen des Typischen, der Perspektivgestaltung, des sozialistischen Helden sowie Auslandsberichte, die regelmäßig Auseinandersetzungen mit den feindlichen, d.h. kapitalistischen Ideologien einschlossen. Die Vorgänge in der Sowjetunion waren als Vorbild für die eigene Entwicklung zu interpretieren. Alle der Partei und dem Staat wichtig erscheinenden Themen waren über eine einheitliche Ästhetik zu transformieren. Zu deren sichtbarem Ausdruck gehörte der Schlagzeilen- und Kampagnenjournalismus, das Hervorheben von Einzel- und Kollektivleistungen, die parteiliche Simplizierung von Kunst und Literatur. Formal hatte die journalistische Sprache mit der offiziellen Parteisprache identisch zu sein.

Als sich 1956 zeigte, daß in mehreren Zeitschriften der DDR erhebliche Liberalisierungstendenzen und eine ungewöhnliche Weltoffenheit auftauchten, die auch auf die Tageszeitungen überzugreifen schienen, schlugen Staat und SED unerbittlich zu. Die Redaktionen wurden von 'revisionistischen' Elementen gesäubert, Redakteure verhaftet und verurteilt. Vor allem die Zeitungen wurden uniformiert, thematisch wie sprachlich. Die satirische Zeitschrift 'Eulenspiegel', die scharf gemaßregelt wurde, erhielt den Auftrag, nicht mehr die Zustände in der DDR zu karikieren, sondern solche im Westen.

Ab 1960, als die Presse wegen der verbreiteten 'Langeweile' verantwortlich gemacht wurde für die zunehmende Flucht der Intelligenz in den Westen, lockerte sich der Druck etwas und die Zeitungen wurden leserfreundlicher. Das 'Neue Deutschland' erhielt ab 1963 zum Wochenende eine Witz- und Satireseite. Auf der ersten Seite erschienen unpolitische Artikel, was als Konzession an den Publikumsgeschmack ausgegeben wurde. Seit Ende 1989 gibt es Anzeichen, daß sich die Pressekonzentrationsbewegung der Bundesrepublik in den neuen Bundesländern fortsetzen wird. Der 'Zukunftsmarkt' ist hart umkämpft. Alle Fehlentwicklungen der Bundesrepublik wiederholten und verstärkten sich.

1.3. Die Informationsaufgabe der Zeitung in der historischen Entwicklung

Nachrichten zu verbreiten, zu informieren oder auch zu kolportieren, Meinungen zu bilden, Stimmung zu erzeugen, lag, seit Menschen sich in raumübergreifenden Staaten organisierten, im Interesse der mächtigen, tonangebenden, einflußreichen Kreise. Zu wissen, was sich ereignete, was es Neues gibt, informiert zu sein und die Neugierde zu befriedigen, teilten sie dabei mit allen Untertanen. So wurde bereits in der Antike eine Boten- und Postorganisation fest etabliert. Seit dem Mittelalter werden Kaufleute die am besten und umfassendsten informierte Personengruppe, weil sie nationale und internationale Kontakte pflegten, Sprachkenntnisse und Organisationstalent besaßen. Ihre Berichte waren als sachkundig und zuverlässig bei anderen Kollegen, aber auch bei den Herrschenden geschätzt. Sie konnten schreiben, ihre Transaktionen aufzeichnen, mit Partnern korrespondieren. Sie begannen, Briefen rein geschäftlichen Inhalts Absätze anzufügen oder Zettel beizulegen, in denen über Kriegsereignisse, politische und religiöse Vorgänge, Entdeckungen, aber auch über Sensationelles und Kurioses berichtet wurde. Solche Beigaben konnten, da sie keine persönlichen oder geheimen Informationen enthielten, abgeschrieben und weitergegeben werden. Der Begriff Nachrichten- oder Zeitungsbrief mit Novitäten und Novissima taucht seit 1443 dafür auf. Große Handelshäuser hatten ein ausgedehntes Korrespondentennetz (Fugger-Zeitungen).

Fürsten und Adlige, fürstliche Residenten und Agenten, Diplomaten und Gelehrte schließen im 16. Jh. Vereinbarungen, die den

Austausch von Briefzeitungen regeln. Während der Reformationszeit wird Wittenberg zum Zentrum für den Informationstransfer, Melanchthon einer der wichtigsten Nachrichtenaussender.

Der ständig steigende Bedarf an Information führte zur Einrichtung von Korrespondenzbüros. In Augsburg wird das erste 1571 gegründet, 1615 sind bereits sieben vorhanden. Jede Briefzeitung wird ca. 20 bis 25 mal abgeschrieben und an Abonnenten verteilt. Diese organisieren sich z.T. in Lesezirkeln.

Die Möglichkeit des Drucks lassen die Neuen Zeitungen entstehen, die in Form von Flugblättern oder Flugschriften Berichte von Einzelereignissen verbreiten. In ihnen werden auch amtliche Bekanntmachungen, offizielle und sachliche Mitteilungen, z.B. von Friedensschlüssen, Verträgen, amtlichen Ausschreibungen unkommentiert der Öffentlichkeit mitgeteilt. Daneben bekamen die Nachrichtenblätter auch manchmal polemische Tendenz, ähnelten dann Streitschriften. Vor allem in Kriegen und während revolutionärer Zeitläufe schwoll die Zahl der Neuen Zeitungen stark an. 1609 schreibt Gregor Wintermonat, der Herausgeber des 'Calendarium Historicums Decanale', von ausländischen Urteilen: „Die Neuenzeitungen sind der Herren und Potentaten Steuerruder, damit sie nämlich ihren Stato leiten und gubernieren."

Den Weg zur Periodizität öffnen die Meßrelationen, die zu Beginn des 17. Jhs. als funktionsfähiges und funktionierendes Nachrichtenmedium gelten konnten. Sie erscheinen zu den Frühjahrs- und Herbstmessen und informieren über die zeitgeschichtlichen Ereignisse aus den seit der vorangegangenen Messe verstrichenen Monaten. Das Schwergewicht der behandelten Themen ist politisch und militärisch. Sensationelles und Kurioses tritt in den Hintergrund. Erfüllt wird die immer wieder beschworene Chronistenpflicht, die im wesentlichen auch für die chronologische Anordnung der Meldungen verantwortlich ist. Das begrenzte Raumangebot zwingt zur Straffung der Texte, zum Verzicht auf Details. Der fehlende Aktualitätsdruck eröffnet einen größeren Bearbeitungsspielraum. Meßrelationen halten sich bis zum Beginn des 19. Jhs. Sie nutzen die periodischen Zeitungen als Nachrichtenquelle.

Singulär in der Überlieferung ist die Monatsschrift 'Annus Christi' von 1597, die ebenfalls der öffentlich-kontinuierlichen und faktenbezogenen Berichterstattung verpflichtet ist.

Die Ende des 16. Jhs. reformierte kaiserliche Reichspost wurde zur Grundlage für die periodische Erscheinungsweise der Zeitungen. Die Korrespondenzsysteme und die zunehmende Verdichtung des Pressenetzes in Europa sind notwendiges Kommunikationsinstrument im Reich wie im frühkapitalistischen Warenverkehr. Umschlagplätze von Neuigkeiten werden Wien für Meldungen vom Balkan; Augsburg für solche aus Italien, Süddeutschland, der Schweiz und dem Orient, die über Venedig vermittelt werden; Köln für Berichte aus Frankreich, Spanien, den Niederlanden, England, wobei Antwerpen Zwischenstation wird. Hamburg ist für Norddeutschland und Nordeuropa zuständig, Danzig und Breslau für den gesamten Ostraum. Da die Dauerkorrespondenten über weitreichende Verbindungen verfügen mußten, darf man bei ihnen eine herausgehobene Stellung, einen hohen Bildungsgrad sowie große Sprachkompetenz voraussetzen. Die Zeitungsverleger – im Laufe des 17. Jhs. schwillt ihre Zahl auf etwa 2000 an – werden von den Fürsten privilegiert und kontrolliert, zugleich benutzt mit ihren Wirkungs- und Einflußmöglichkeiten. Belege bewußter Nachrichten- und Pressepolitik lassen sich zahlreich finden. Man arbeitet mit Gerüchten, inszeniert Falschnachrichten, dementiert und verbietet. Vor allem plant man die Publizität in die eigenen politischen, diplomatischen und militärischen Konzepte ein.

Damit wird der Grundsatz aufgegeben, die Untertanen von der politischen Sphäre fernzuhalten. Die Exklusivität des Unterrichtetseins über das weltweite aktuelle Geschehen wird zunehmend preisgegeben, wenn auch dosiert und gebremst durch staatliche Eingriffe wie Privileg, Zensur, Strafmaßnahmen und Verbote. Privilegien erbrachten Einkünfte in die Staatskasse und verpflichteten die Privilegierten zur Loyalität. Der überregionale Nachrichtenaustausch bedeutete weiterhin Einsparungsmöglichkeiten gegenüber teuren schriftlichen Korrespondenzen. Zudem wurden die Gazetten als neutralere Quellen angesehen, die objektiver informierten als die Korrespondenzen „bestelter Diener" (Stieler 1698, 74). Der Ausschluß jeder Regional- und Lokalberichterstattung spart den Wirklichkeitsbereich aus, der breiteren Bevölkerungsschichten nahe lag. Hier hätte am ehesten politische Diskussion entstehen und zu einer reflektierenden oder gar oppositionellen Öffentlichkeit führen können (Weber 1994, 21–23).

Zentralste Funktion ist in den frühen Zeitungen das Informieren der Leser. Der Berichterstatter teilt diesen beispielsweise mit, daß ein bestimmtes Ereignis stattgefunden hat, wer daran beteiligt war, wie es verlief, welche Ursachen und Folgen es hatte, woher die Nachricht stammt, wie zuverlässig die Information ist. Beim reinen Faktenbericht geht es um Aspekte eines Ereignisses, die sich auf die klassischen W-Fragen beziehen: Mitgeteilt wird, wer was wann wo gemacht hat, bzw. wem was wann und wo geschehen ist (Peucer nennt sechs Fakten, die in jeder Meldung zu berücksichtigen seien: „Person, Sache, Ursache, Art und Weise, Ort und Zeit", Peucer 1690, 102). Zentral ist die Personalisierung nach dem Motto: Namen und Nachrichten.

Eine hintergrundorientierte Berichterstattung stellt demgegenüber Aspekte in den Vordergrund, die sich auf die Einordnung eines Ereignisses in komplexere Zusammenhänge beziehen. Gegenstand der Mitteilung sind Ereigniszusammenhänge, Ursachen und Folgen. Reflexive Mitteilungen geben dagegen an, woher die Information stammt, welche widersprüchlichen Aussagen und Einordnungen es gibt, oder wie die Nachrichtenlage überhaupt einzuschätzen ist. Diese drei wesentlichen Möglichkeiten treten nebeneinander auf, unsortiert und unabgegrenzt voneinander. Es gibt Kombinationen, sowie vereinzelt auch Ansätze zur expliziten Wertung und Kommentierung der Aussagen. Als deren Basis sind zu unterscheiden: Kommentierung durch den Berichtenden, Wiedergabe einer Kommentierung durch Betroffene oder Beteiligte, sowie solche, bei denen auf eine allgemeine Stimmung oder auf die Meinung der Zeitgenossen verwiesen wird. Funktional sind auch die Prognosen und Erläuterungen, etwa das Ausdrücken von Hoffnungen, in einem bestimmten Konflikt möge es zur Einigung kommen. Verurteilt werden Aufruhr und ungesetzliche Übergriffe. Bei kriegsvorbereitenden Maßnahmen werden die aufziehenden Gefahren betont.

Dominierend ist in der frühen Presse die Grundform der ereignisbezogenen, faktenorientierten Nachricht. Andere Kurzformen wie Ankündigung, Wiederaufnahmemeldungen etc. lassen sich von den Faktenmeldungen abgrenzen. In Berichten erlaubt der größere Umfang zusätzliche Hinweise zur Einordnung, Wertung oder Kommentierung.

Sonderformen sind Ereignisdarstellungen, Dokumentenwiedergaben, reine Kommentare und reflexive Meldungen. Im 'Nordischen Mercurius' tauchen auch Anzeigen, Wettermeldungen, Tabellen und Gedichte auf.

Das Spektrum von Funktionstypen ist eng begrenzt. Es fehlen alle elaborierten Typen, die sich durch ein besonderes Maß an journalistischer Bearbeitung, etwa durch Recherche, und sprachlicher Gestaltung auszeichnen würden.

Ansätze für eine 'räsonierende' Berichterstattung finden sich bereits im späten 17. Jh. in der 'Relation aus dem Parnasso', Hamburg (Weber 1993, 140 ff.). Es dauert aber noch ein ganzes Jahrhundert, bis das Räsonnement zum redaktionellen Prinzip erhoben wird. Zwischenzeitlich finden sich in einzelnen Korrespondenzen Wertungen und Urteile. Außerdem konnte durch Auswahl und Anordnung der Meldungen oder durch kurze erläuternde Einschübe Partei bezogen werden. Die Tendenz zur Politisierung der Zeitung ist unverkennbar, zum Willen, das Lesepublikum informativ so auszustatten, daß es sich an den Staatsgeschäften und an der Gestaltung der Gesellschaft beteiligen kann. Einfallstor der Politisierung ist der 'gelehrte Artikel', der in immer mehr Zeitungen erscheint, und der die wissensgestützte und kompetente Kommentierung von politischen Meldungen übernimmt. Immer mächtiger wird der Einfluß, den Zeitungen auf die Nation ausüben. Die Zeitung wird im Laufe des 18. Jhs. zum bedeutendsten Lesestoff.

In den renommierten Zeitungen wird rasch die eingreifende Hand des Redakteurs erkennbar, die die eingehenden Korrespondenzen redigiert und die Berichte nach ihrer Bedeutung ordnet. Erste Aufgabe ist es, der Chronistenpflicht zu genügen und das Geschehen gewissenhaft zu verzeichnen. Dann werden Hilfen gegeben, die Weltereignisse zu systematisieren, sie zu vergleichen und ein eigenes Urteil zu entwickeln. Dabei ist man sich immer bewußt, daß die Zeitung nur Unvollkommenes liefern konnte und kann.

Franz Adam Löffler weist 1837 darauf hin, daß in einem Buch ein Thema von allen Seiten und bis ins einzelne behandelt werden könne. Die Zeitung gebe immer nur Themenbruchstücke. Für sie sei der unvollendete, der sich erst noch vollendende Inhalt bezeichnend (Löffler 1837).

Mit der Französischen Revolution beschleunigt sich der Prozeß der Politisierung. Das bürgerliche Interesse an den aktuellen Geschehnissen steigert sich enorm. Man findet in den Gazetten den Stoff, an dem man die Probleme des Gemeinwesens diskutieren kann. Vor allem in den Intelligenzblättern werden sittlich-moralische, theologische, kulturelle Fragen und solche der gesellschaftlichen Weiterentwicklung erörtert. Sie knüpfen z. T. an die Moralischen Wochenschriften der Aufklärungszeit an, werden zum Forum, innerhalb dessen alle Anliegen des 'Bürgerlichen Lebens' erörtert werden können. Zunehmend werden die lokal und regional begrenzten Öffentlichkeiten durch die Intelligenzblätter zu einer nationalen, die Grenzen der Kleinstaaterei überspringenden Öffentlichkeit verknüpft (Böning 1994, 99 ff.).

Die Maßregelungen der napoleonischen Militärverwaltung 1792 bis 1814 verändern das Gesicht der deutschen Zeitungen. Sie müssen Auflagennachrichten aus dem amtlichen französischen 'Moniteur' übernehmen, werden reglementiert und zensiert.

Nach der Julirevolution von 1830 bahnt sich eine enge Verbindung zwischen parteipolitischen Gruppierungen und der Zeitung an. Ab 1848 entsteht dann eine eigentliche Parteipresse, wobei eine Aufgliederung in parteigebunden und parteiverbunden (Parteirichtungspresse) möglich ist. Berichtet wird im Sinne einer ideologischen Überzeugung, in dem einer privilegierten Information durch die Parteiorgane, der treuen Verfolgung der Parteilinie. Zwischen 1850 und 1860 dominiert in Deutschland die konservativ ausgerichtete Presse, zwischen 1860 und 1870 die liberal orientierte, zwischen 1870 und 1880 die Zentrumspresse. Die folgenden Jahre bringen den Aufschwung der sozialistischen Presse (Fischer 1981).

Die Aufhebung der Zensur 1848 führt zu vielen Zeitungsneugründungen und dem Versuch, ein neues Profil der Berichterstattung zu gewinnen. Nun gab es für kurze Zeit die Gelegenheit, Nachrichten nicht nur tendenziell einzusetzen, sondern auch zu kommentieren. Allerdings wird der politische Elan durch eine verschärfte Zensur wieder eingeschränkt. Das führt dazu, Zeitungen vom 'Sprechsaal'-Typ zu installieren, in denen möglichst alle Standpunkte zu einem Ereignis oder einer Sache dargelegt werden bei gleichzeitiger Distanz zu den Interessengruppen.

Für den Übergang zur Massenpresse ist wichtig die Entwicklung, die die Generalanzeiger nehmen. Gegründet werden sie als Annoncenblätter. Die Haltung der Politik gegenüber ist neutral. Man konzentriert sich auf den Lokal- wie auf den Unterhaltungsteil. Generalanzeiger werden 'Zeitungen für alle'. In ihnen gilt das pragmatische Prinzip, das dem Publikum gibt, was es interessiert, nicht was es interessieren sollte.

Mit dem Beginn der Massenzeitung bilden sich Ressorts heraus, die zentrale Themenbereiche bearbeiten. Die wichtigsten sind das Politische Ressort, das sein Wissen aus den Nachrichten der Presseagenturen erhält und diese redigiert. Hinzu kommen die Berichte der Korrespondenten. Aus der Vielfalt des zuströmenden Materials wird eine straffe Auswahl getroffen und dem Leser in möglichst verständlicher Form dargeboten. Das Wirtschafts-Ressort versucht die oft verwickelten und in ihren Konsequenzen häufig unüberschaubaren Geschehnisse des wirtschaftlichen Lebens in einer möglichst auch Laien zugänglichen Form zu präsentieren. Das Sport-Ressort unterrichtet über ein vor allem unterhaltendes Geschehen, das seit der Jahrhundertwende immer mehr das Interesse breiter Bevölkerungskreise fand. Als elitäres Ressort gilt meist das Feuilleton, das aus den Bereichen des geistigen Lebens, der Kultur sowie des Theaters und der Literatur berichtet. Auch über das Geschehen in anderen Medien (Fernsehen, Hörfunk) informieren die Redakteure. Das Lokal-Ressort bestimmt bei regionalen oder lokalen Abonnementsblättern im wesentlichen die Leser-Blatt-Bildung durch eine möglichst intensive Berichterstattung über das lokale und regionale Geschehen. Bei überregionalen Tages- oder Wochenzeitungen treten die lokalen und regionalen Geschehnisse zurück oder sie werden in speziellen Lokalbeilagen untergebracht. Hierzu entstand den Zeitungen eine Konkurrenz im Rundfunk, zuerst im öffentlich-rechtlichen für die Region, dann im privaten für den lokalen Bereich.

2. Die Kontroll- und Kritikaufgabe der Zeitung

2.1. Die Aufgaben der Kontrolle und Kritik der Zeitung im demokratischen Staat

Zeitungen sind für den Bestand und die Fortentwicklung moderner Demokratien wichtig. Sie sollen zusammen mit den übrigen Medien Transmissionsriemen zwischen dem Volk als Souverän und den auf Zeit berufenen Mandatsträgern in Legislative und Exekutive sein. Sie artikulieren die pluralen gesellschaftlichen Bedürfnisse und Interessenlagen und fördern den Prozeß des Interessenausgleichs und der

Interessenaggregation in den Arenen der politischen und gesellschaftlichen Meinungs- und Willensbildung – wenn auch nicht immer lehrbuchmäßig. Sie treten ein für die Rechte des Individuums und von Minderheiten, verteidigen diese gegen das Kollektiv, gegen die Macht der Gruppen und des Apparats. Die dabei beteiligten Institutionen und Personen sind in ihren Interessen und Zielen nicht immer gleich ausgerichtet, weshalb Konflikte leicht entstehen können. Deshalb sind medienpolitische Interventionen vielfältiger Art erforderlich, die sich jedoch nicht immer an den Grundbedürfnissen und den rationalen Entscheidungen orientieren, sondern von den stärkeren politischen Kräften nach deren Willen durchgesetzt werden.

Die von der Verfassung gewährleistete Pressefreiheit sichert das Recht auf Kritik uneingeschränkt, soweit nicht die durch das Zivilrecht (Persönlichkeitsschutz) und durch das Strafrecht (Ehrverletzung) gesetzten Grenzen überschritten werden. Sachlich begründete Kritik ist erlaubt an gesellschaftlichen Mißständen, an Einrichtungen und Personen des öffentlichen Lebens. In eigenen kritischen Beiträgen ist es den Journalisten gestattet, ihre persönliche Meinung zu äußern. Damit sollen die Leser provoziert werden, über Fragen von allgemeinem Interesse einen öffentlichen Meinungsaustausch zu beginnen, selbst in irgendeiner Richtung auf die praktische Lösung eines die Öffentlichkeit beschäftigenden Problems hinzuwirken, über die Staatsverwaltung und insbesondere über die Verwendung öffentlicher Gelder Aufschluß zu verlangen und allfällige Mißbräuche im Gemeinwesen aufzudecken helfen. Die Grenzen der zulässigen Kritik gegenüber Politikern und öffentlichen Personen sind grundsätzlich weiter gezogen als bei Privatpersonen, da die Politiker, weil sie sich freiwillig einer aufmerksamen Kontrolle durch Öffentlichkeit und Presse aussetzen, in der politischen Diskussion wesentlich mehr einstecken müssen als andere – so die Stellung des Europäischen Gerichtshofs. Dabei kann auch das journalistische Interesse wie das der Öffentlichkeit an Tatsachen aus dem Privatleben wichtiger Persönlichkeiten, vor allem von Politikern, sogenannten absoluten Personen der Zeitgeschichte, höher bewertet werden als deren Interesse am Schutz ihrer Privatsphäre. Ein 'Recht auf Vergessen oder Verschweigen' bei Korruption, Verrat oder ähnlichen Delikten von Politikern gibt es nicht. Bei sogenannten relativen Personen der Zeitgeschichte, solchen, die durch ein bestimmtes, meist einmaliges Ereignis das Interesse der Öffentlichkeit auf sich ziehen, ist eine sorgfältige Interessenabwägung vorzunehmen.

Zu unterscheiden ist auch zwischen Tatsachenbehauptungen und Werturteilen. Eine Verletzung der Pressefreiheit beispielsweise kann sowohl in Form einer unwahren Tatsachenbehauptung wie durch Werturteil erfolgen. Während falsche Tatsachenbehauptungen widerrechtlich sind, und zwar auch dann, wenn die Mitteilung der unwahren Äußerung nicht auf schuldhaftes Verhalten zurückzuführen ist, sind Werturteile grundsätzlich zulässig, selbst dann, wenn sie „angriffige, undifferenzierte, scharfe oder beißende Kritik" enthalten (Entscheidung des schweizerischen Bundesgerichtshofs). Werturteile sollen jedoch nicht unnötig verletzende und beleidigende Angriffe gegen die Betroffenen enthalten. Zur Vermeidung von Vorzensur können Richter Persönlichkeitsverletzungen in periodischen Presseerzeugnissen nicht vorsorglich verbieten oder beseitigen, es sei denn, es liege eine besonders schwere Benachteiligung vor.

Ein Gegendarstellungsrecht gegenüber kritischen Zeitungsbeiträgen gibt es nur, wenn Tatsachendarstellungen falsch sind. Ausgeschlossen ist es bei Werturteilen, Kommentaren, Meinungsbeiträgen. Ausgeschlossen sind Gegendarstellungen auch, wenn über öffentliche Verhandlungen einer Behörde berichtet wird und die Person, die sich angegriffen fühlt, an der Verhandlung teilgenommen hat. Bei Gegendarstellungen selbst darf die Zeitungsredaktion eine Erklärung anhängen, in der sie an einer Tatsachenbehauptung festhält oder offenlegt, auf welche Quellen sie sich stützt. Eine eigene Richtigstellung der Redaktion schließt das Recht auf Gegendarstellung nicht aus.

Meist steht die Presse in stetem Kampf gegen staatliche oder behördliche Geheimniskrämerei. Hier ist das Recht auf Zugang zu den notwendigen Informationen rechtlich gesichert, auch das der Akteneinsicht, sofern sie offiziell erhältlich und nicht geheim sind. Das Recht zur Kritik schließt auch Kommentare ein, deckt aber nicht die Äußerungen, die aus anderen Quellen als der öffentlichen Debatte stammen. Problematisch bleibt dabei die Deklaration als geheim, weil geheim nur sein kann, was materiell geheimniswürdig ist und durch klare Normen oder kompetenzgemäßen Beschluß.

2.2. Die Kontroll- und Kritikaufgabe der Zeitung in der Diktatur

Auch in den Verfassungen diktatorisch regierter Staaten ist die Pressefreiheit meist in der Verfassung garantiert, und ebenso das Recht der Bürger, ihre Meinung frei und öffentlich zu äußern. Meist wird dort aber zugleich ein Katalog von Bereichen mitgeliefert, für die diese Garantien nicht gelten, etwa in der Verfassung der ehemaligen Deutschen Demokratischen Republik das Bündnis mit der Sowjetunion, die sozialistische Marktwirtschaft, die Gewissens- und Glaubensfreiheit sowie die demokratische Wahl aller Machtorgane durch die Bürger. Hier wird unbefugtes Sammeln von Information sowie ihre Veröffentlichung unter Strafe gestellt. Weiter wird Lizenzentzug für das Presseorgan angedroht. 'Staatsfeindliche Hetze' und 'öffentliche Herabwürdigung' führen zu negativen Sanktionen gegen diejenigen, die dieser Delikte beschuldigt werden. Straff geleitet durch die führenden Partei- und Staatsorgane sollen die Zeitungen die Mitglieder und darüber hinaus die breiten Massen für die Durchführung der Politik der Partei mobilisieren. Redakteure sind primär Parteifunktionäre. Sie sollen den Meinungsstreit auf hohem Niveau organisieren, d. h. Meinungen und Gegenmeinungen veröffentlichen, aber in der Diskussion die Linie und den Standpunkt der Partei erläutern und präzisieren. Wie das praktisch geschehen kann, bleibt offen. Den Bürgern soll aber beigebracht werden, daß die Beschlüsse ihrer Partei- und Regierungsorgane der staatliche Ausdruck ihres eigenen Willens und ihrer Interessen sind. So wachse die Einsicht der Menschen in die gesellschaftlichen Notwendigkeiten. Für die Presse als einem Forum der öffentlichen Kritik sei es wichtig, auf Mängel hinzuweisen, damit sie von den Zuständigen behoben werden könnten. Enthüllende Anklage dagegen ist verpönt bzw. verboten. Kritik müsse stets dem Aufbau des Sozialismus dienen und den erzielten Fortschritt erfassen. Gedanken und Meinungen der Leser wie der Volkskorrespondenten sollten in die Artikel integriert werden. Im langfristigen Ziel war vorgesehen, den Massen in steigendem Maße Gelegenheit zu geben, ihre Zeitung selbst zu gestalten. Damit sei dann die höchste Stufe der Pressefreiheit erreicht.

Wird die Zeitung als 'Tribüne des Volkes' und als 'Forum des gesellschaftlichen Erfahrungsaustausches' gesehen, so gilt die Selbstaussage als ein wichtiger Weg zur Füllung dieses Angebots. Deshalb sollen Volkskorrespondenten die Anliegen der Arbeiter und Bauern vorbringen, diese selbst in Leserbriefen ihre Meinung äußern. Über die betrieblichen SED-Leitungen werden die 'Stimmen des Volkes' gesammelt und mit den Journalisten gemeinsam formuliert. Kritische Beiträge werden mit der SED-Leitung oder mit staatlichen Stellen abgesprochen. Als Volkskorrespondenten werden ausgewählt vor allem Bestarbeiter, verdiente Neuerer, Propagandisten, insgesamt Genossen, die an ihrem Arbeitsplatz, im gesellschaftlichen und im persönlichen Leben Vorbild sind.

2.3. Die Kontroll- und Kritikaufgabe der Zeitung in ihrer historischen Entwicklung

Der Anspruch der Zeitung, die bevollmächtigte Wortführerin der öffentlichen Meinung zu sein und damit eine Kritikfunktion gegenüber den Regierenden und Mächtigen zu haben, erklärt sich aus der Zeit, in der die Presse ein wichtiges Organ des allgemeinen Befreiungskampfes der Völker wurde. Früher als in den Parlamenten hat sich die große Masse der Beherrschten tatsächlich in den Zeitungen Möglichkeiten geschaffen, in denen sie ihre Stimme erheben konnte. Es lag in der Natur der Sache, daß gerade diese Funktion als eine unberechtigte Anmaßung, als Eingriff in wohlgefügte göttliche und menschliche Ordnungen erschien. So findet sich der Grundsatz, ein quasi öffentliches Mandat der Zeitungsschreiber und -verleger unter keinen Umständen anzuerkennen, sondern die Kritik der Presse stets als sträflichen Übermut einzelner unruhiger Köpfe abzutun. Das Mandat zur Kritik entstand nicht aus einer Rechtsschöpfung oder einem Privileg, es entwickelte sich langsam, aber stetig, blieb zum Teil archaisch und konfus. Im historischen Werden der Zeitung entstand aber ein imposantes Werkzeug von hohem Wert, mit dem ungeschriebenen Recht der Bürger, ihre Meinung gegenüber der Obrigkeit auszudrücken. Besonders reformerische und revolutionär gestimmte Kräfte, Einzelpersonen und Gruppen, nutzten die Möglichkeit, sich zu artikulieren und für ihr Recht zu argumentieren. Besonders Minderheiten suchten unter den Journalisten Wortführer zu gewinnen, die ihre Ansichten ins Blatt brachten und für sie kämpften. Wie schwer eine solche Aufgabe jedoch war, geht aus Stimmen hervor wie der von Christian Friedrich Daniel Schubart aus dem Jahre 1776: „Unter allen kriechenden Kreaturen des Erdbodens ist der Zeitungsschreiber der kriechendste... Alle Schriften haben das Gepräge unseres sklavischen Jahrhunderts, und die Zeitungen am meisten." Oder der von Joseph Görres, der den Machthabern Volkstribunen gegenüberstellen wollte mit der Forderung: „Was alle drückt und plagt, darf nicht verhohlen bleiben!"

Im Kaiserreich strebten die Repräsentanten der großen Meinungszeitungen, meist die Chefredakteure, nach Einfluß auf Politik und Zeitgeschehen. Rudolf Mosse zahlte dem Chefredakteur seines 'Berliner Tagblatts' das gleiche Gehalt, das der preußische Ministerpräsident bezog, um Anspruch auf Gehör und Mitwirkung zu erheben.

3. Die Bildungs- und Erziehungsaufgabe der Zeitung

3.1. Die Bildungs- und Erziehungsaufgabe der Zeitung in der Demokratie

Die Aufgabe der Zeitung, Information zu vermitteln, bedeutet, daß diese Information nicht nur durch die Leser rezipiert werden kann, sondern daß diese die Kommunikationsthemen auch akzeptieren. Weiter ist es wichtig, daß die aufgenommene Information dazu verwendet wird, zum Verständnis der gesellschaftlichen Zusammenhänge zu dienen.

Lesen befriedigt ein grundsätzliches Kulturbedürfnis. Es ist ein kultureller Akt, der die Lesenden als geistige Wesen auszeichnet. Lesen verschafft auch Sozialprestige und ist Merkmal des gebildeten Menschen. Er wünscht Aufklärung über politische und gesellschaftliche Zusammenhänge. Er will verstehen, was sich in der Nah- und Fernwelt ereignet, will der Gemeinschaft zugehören, die sich über die Geschehnisse austauscht. Mitmenschen werden oft beurteilt, ob sie Zeitung lesen, mehr aber, welche Zeitung sie lesen. An der Art der Lektüre wird erkannt, ob sich ein 'kluger Kopf' damit beschäftigt, oder einer, der nur überfliegen will, um bei Sensationellem oder Trivialem hängen zu bleiben.

Vermutlich ist die Zeitung auch ein Mittel, sich zurückzuziehen, sich in die Lektüre zu vertiefen, um abzuschalten. Man versteckt sich hinter der Zeitung, um sozialen Ansprüchen zu entgehen. Man schafft sich eine Privatheit, in die andere möglichst nicht eindringen sollen.

Die Aufgabe zu bilden, Einkehr und Besinnung zu vermitteln, wird im allgemeinen dem Feuilleton zugewiesen. Damit bezeichnet man das kulturelle Ressort von Tages- und Wochenzeitungen ebenso wie den kulturellen Teil der genannten Blätter. Er ist traditionell Umschlagplatz für kritische Belehrung, für Berichte aus dem Gesamtbereich der Kunst, des Reisens, für Betrachtungen aus aktuellem oder überzeitlichen Anlaß, Reflexionen über das Zeitgeschehen, über die Politik, die Gesellschaft, die Menschen und Menschengruppen, für Kritik im Bereich Literatur und Theater, für viele Kleinformen in Prosa wie für Lyrik. Bis 1933 wurde das Feuilleton gemäß einer aus Paris und Wien kommenden Gewohnheit über sämtliche Zeitungsseiten verteilt, abgetrennt von den jeweiligen Sparten durch einen Trennstrich, und damit verbannt in die untere Seitenhälfte, meist jedoch sinnvoll verbunden mit dem, was über dem Strich stand. Entweder gab das zu Berichtende in Außen- und Innenpolitik, in Wirtschaft oder im Lokalen Anlaß für die kommentierenden, glossierenden, reflektierenden oder diskutierenden Texte, oder es wurde der Versuch unternommen, zurückzugreifen und Einfluß zu nehmen auf das Tagesgeschehen.

Während des 3. Reiches war das Feuilleton wegen seiner kritischen, intellektualistischen und individualistischen Beiträge unerwünscht. Das Wort wurde mehrmals durch Sprachregelungen verboten. Erlaubt waren kunstbetrachtende oder unterhaltende Beiträge, die weltanschaulich eindeutig orientiert waren.

Nach 1945 blieb von der Sparte 'unter dem Strich' nur der Zeitungsroman übrig. Sonst wurde auf ganzseitiges Feuilleton umgestellt, dessen wesentliche Beiträge kulturelle Nachrichten und Berichte sind, Kritiken und schöpferische Unterhaltung. Ergänzt wird durch künstlerische Graphik, Fotos, Karikaturen und Witze.

In der regionalen Presse erfolgt oft eine Auslagerung des Feuilletons in Wochenendbeilagen, oder es gibt solche zusätzlich.

3.2. Die Bildungs- und Erziehungsaufgabe der Zeitung in der Diktatur

Die Medien gelten in didaktisch regierten Staaten als Instrumente der Erziehung des Menschen. In der Deutschen Demokratischen Republik sollten die Zeitungen das Denken beeinflussen und Aktionen der sozialistischen Umgestaltung auslösen. Sie sollten zugleich den neuen sozialistischen Menschen formen, für den die Arbeit für die Gesellschaft zum ersten Lebensbedürfnis wird. Über der Erziehungsaufgabe dürfte die der Unterhaltung vernachlässigt werden, bzw. es sollte bildend unterhalten und unterhaltend gebildet werden. Übergeordnete journalistische Aufgabe war es, den Menschen gestalten zu helfen, der durch schöpferische Arbeit sein eigenes Dasein revolutionär wandelt, der ständig lernt und sich vervollkommnet. Den Bürgern sollten tiefe Einsichten in die gesellschaftlichen und ökonomischen Zusammenhänge vermittelt werden, ihr wirtschaftliches Denken und Handeln in der täglichen Nutzung des Ökonomischen Systems des Sozialismus waren zu fördern, Wissenschaft und Technik populär darzustellen. Der Journalist war Erzieher und Organisator des sozialistischen Menschen, er war Erzieher zum technischen Fortschritt und Erzieher zum ökonomischen Denken.

3.3. Die Bildungs- und Erziehungsaufgabe der Zeitung in der historischen Entwicklung

„Will aber wer klug seyn und werden/ wo er anders in der Stats-Handels- und Bürgerl. Gesellschaft leben will/ so muß er die Zeitungen wissen/ er muß sie stets lesen/ erwägen/ merken/ und einen Verstand haben/ wie er mit denenselben umgehen soll. Und ich bezeuge hiermit vor GOtt und der Welt/ daß/ wer die Zeitungen nicht weyß ... nicht geschickt sey/ noch geschickt werden könne/ sich in Welt- und Stats-Sachen einzulassen. ... Die Zeitungen sind der Grund/ die Anweisung und Richtschnur aller Klugheit" (Stieler 1698, 4 f.).

Mit dieser Aussage weist Kaspar Stieler 1695 auf die wichtige Rolle der Zeitung im menschlichen Zusammenleben hin. Denn um in Politik, im Handel oder überhaupt im Leben richtige Entscheidungen treffen zu können, braucht der Mensch aktuelles Wissen. Zeitungslesen aber alleine genügt nicht, denn Urteilsvermögen und Verstand sind nötig, um die Informationen einordnen und beurteilen zu können. Vorher hatte schon Christian Weise, Professor für Politik, Rhetorik und Poesie an der Weißenfelsschen Ritterakademie, auf den Wert der Zeitungen für den Unterricht verwiesen. Zudem seien sie ein Fortbildungsmittel für jeden Menschen und ein Studienobjekt für Gelehrte (Weise 1944, 129−162). Daniel Hartnack ergänzt 1688, daß die für politische Geschäfte zu erziehende Jungen Zeitungen lesen soll. Sie seien „eine Eröffnung des Buchs der gantzen Welt" (Hartnack 1688, 100; Weber 1993).

„Die Zeitungen lehren Geographie nicht; sie bringen jedoch viele dazu, daß sie zu studieren anfangen und veranlassen unablässig noch mehr, das Gewußte nicht in Vergessenheit geraten zu lassen" (Weise 1944, 51 f.). Weise fordert seine Leser auf, unbekannte Orte, Personen o. ä. in ein eigens angelegtes Heft zu schreiben und sich die neuen Dinge einzuprägen. Die Zeitungen werden als 'erstes Fundament' der Geschichtsschreibung betrachtet. Deshalb kann man aus ihnen lernen, sich Kenntnisse aneignen. Umgekehrt wird gefordert, beim Zeitungslesen allzeit Landkarten, Stammbäume, Reisebeschreibungen, Schiffartenverzeichnisse und vor allem gute Wörterbücher in allerhand Sprache zur Hand zu haben (Stieler). Das verweist auch schon auf die Tatsache, daß bald Zeitungslexika entstanden, die Vorläufer unserer Konversationslexika.

Wichtig ist, daß Zeitungen vor allem Aktuelles übermittelten. Darin wird nicht nur ein Nutzen für die Fürsten und Politiker gesehen, für die Kaufleute, sondern auch für die Wissenschaftler, da sie einen neueren Wissensstand vermittelt bekämen als aus Büchern.

4. Die Werbeaufgabe der Zeitung

4.1. Die Werbeaufgabe der Zeitung im demokratischen Staat

Zur öffentlichen Aufgabe der Zeitung gehört auch, einen angemessenen Rahmen für die Werbung zu schaffen, der Wirtschaft, der Geschäftswelt und der Leserschaft als Werbeträger zu dienen. Die Zeitung bietet hier Serviceleistungen an. In Zeitungen werden Geburten, Verlobungen, Hochzeiten und Todesfälle, als Familiennachrichten angezeigt. Es werden Stellen angeboten und gesucht, amtliche Verlautbarungen bekanntgegeben. Geworben wird für Artikel des täglichen Gebrauchs, für kurz- und langlebige Konsumgüter, für Dienstleistungen und Investitionsmöglichkeiten. Leser bedienen sich der Anzeigen ebenso wie der Handel und das Handwerk, wie Parteien, Gewerkschaften, Kirchen, Kommunen, gemeinnützige Institutionen. Der Anzeigenraum kann durch Fremdbeilagen wie Prospekte, Flugblätter etc. noch erweitert werden. All das ermöglicht es den Werbenden, schnell auf Entwicklungen auf dem Markt oder bei Wettbewerben zu reagieren. Partner der Zeitungen sind Werbeagenturen, die ihnen bestimmte Aufgaben abnehmen, etwa die der Akquisition oder der Gestaltung.

Nicht zu übersehen ist, daß die Werbung für die Zeitung wirtschaftlich zum wichtigsten Faktor wurde. Ein kostendeckender Preis ist für Verlage nur zu erreichen, wenn genügend Anzeigen eingeworben werden können. Mit dieser Tatsache ist die Zeitung im hohen Maße konjunkturabhängig. Anzeigenblätter entziehen zusätzlich Anzeigenerlöse, wenn sie nicht im Besitz der Zeitungsverlage sind. Wo die 'Gratispresse' die Zeitungen ersetzt, wird die Information des Bürgers stark eingeschränkt. Das gilt auch dort, wo in Informationsblättern die Trennung von redaktionellem und Inseratenteil zu stark verwischt wird, wie etwa bei den Boulevardzeitungen.

4.2. Die Werbeaufgabe der Zeitung in der Diktatur

In der DDR hatte die Werbung die Aufgabe, die Planrealisierung zu fördern und Mängel der Planung auszugleichen, Märkte zu erschließen, zu erweitern und zu erhalten, Bedürfnisse zu wecken und den Bedarf zu lenken, Produktion und Absatz zu realisieren und den wissenschaftlich-technischen Fortschritt zu stimulieren. Wichtig war es, eine Information über das Beworbene zu geben, die sachlich und wahrheitsgetreu sein sollte. Damit wurde die Werbung bewußt als sozialistische von der kapitalistischen abgegrenzt, die profitorientiert ist und bei der Dichtung und Wahrheit absatzfördernd gemischt werden. Sozialistische Werbung soll die Umworbenen nicht verführen, sondern Wünsche erwecken nach Waren, die für den Konsumenten objektiv notwendig und erlangbar sind. Es werden deshalb warenbezogene Eigenschaften herausgestellt und Erläuterungen über Gebrauchseigenschaften und Konsumptionsnutzen gegeben. Letzterer ist orientiert an der sozialistischen Ideologie, gibt Hinweise und Appelle zur sozialistischen Lebensführung. Man soll gesund leben, sich zweckmäßig kleiden, seine Freizeit sinnvoll gestalten, die Hausarbeit reduzieren, um mehr Arbeitskraft für die sozialistische Produktion und mehr Lebensfreude zu gewinnen.

Die Deutlichkeit des Werbeanliegens wurde vor allem über Bildzeichen ausgedrückt, die eine möglichst klare Vorstellung vom Hersteller, der Ware oder der Dienstleistung vermittelte. Das Buch warb für einen Verlag, der Glaskolben für eine Chemiefabrik, beide versetzt mit dem rauchenden Schornstein, der die tätige Industrie kennzeichnete. Der manchmal primitiv anmutende Bezug der Bildzeichen zur Sache mußte stärker sein als der des Logos in der kapitalistischen Werbung, weil Werbeargumente, die auf eine Konkurrenz zugeschnitten sind, wie 'modern', 'progressiv', 'aufstrebend' in der sozialistischen Werbung nicht vorkamen. Dafür spielte die Bindung an die traditionelle Ikonographie eine große Rolle, die die Garantie für eine unmißverständliche Kurzcharakterisierung des Beworbenen, sei es ein Betrieb, ein Produkt oder eine Dienstleistung, zu liefern schien.

Jedes Kombinat schuf sich sein eigenes Bildzeichen, entwickelte weitere für einzelne Produkte und solche für spezielle Qualitäten. Auf Anzeigen konnten deshalb auch mehrere Bildzeichen erscheinen.

In den fünfziger Jahren war die Anzeige das führende Werbemittel in der DDR. Kosmetikwerbung stand an erster Stelle. Es folgten Mode und Textilien, dann Haushaltschemie. Das vermittelte Frauenbild, die festlich gekleidete Dame vor dem Toilettentisch, schwärmerische Mimik, rührende Gesten und bewundernde Blicke eleganter Herren, stand im Konstrast zu dem von Partei und Staat propagierten, zeigten den Rückgriff auf alte Wertmuster und konventionelle Gestaltungsmerkmale.

Da beim Rotationsdruck auf ungeleimtem Papier Fotos schlecht herauskamen, war die Schwarz-weiß-Zeichnung geradezu zwingend. Das führte zur Entwicklung von Werbefiguren, etwa dem 'MUX'-Männchen, das radikal für den Fliegentod plädierte, oder den 'TOTO-OTTO', der für die VEB Sport-Toto warb. Ein 'Dr. Glanz' beriet fachmännisch die Familie 'Putz', welche chemischen Reinigungsmittel aus dem VEB Wittol zum Wischen, Bürsten, Bohnern geeignet waren: „Zum Fensterputzen Wittol benutzen".

In den sechziger Jahren konnte durch gezielte Werbung für Produkte aus pflanzlichen Ölen und Fetten wie 'Sahne', 'Vita', 'Marina', 'Cama' oder 'Sonja' die Verbrauchsgewohnheiten verändert werden.

Besonderheiten der DDR-Werbung sind noch solche für den Plan als dem wichtigsten wirtschaftspolitischen Instrument des Staates mit einem System von Aufforderungen (Direktiven, Normen oder Empfehlungen), für das Sparen wirtschaftlicher Ressourcen (Strom, Wasser, Geld), für die Sekundärrohstofferfassung, Abkürzung Sero (Bien/ Giersch 1990).

4.3. Die Werbeaufgabe der Zeitung in ihrer geschichtlichen Entwicklung

Die ersten Anzeigen waren solche für andere Druckerzeugnisse der Zeitungsverleger oder -drucker. Es folgen Vorlesungsanzeigen, solche für Heilmittel und Toilettenartikel. Das 'Intelligenzwesen' widmete sich zuerst den Stellungssuchenden und -bietern. Dann folgen Heiratsanzeigen, Handelsinserate für Bier, Wein, Leder und Tuche, Porzellan, Pfeifen, Seidenraupen und Maulbeerbäume. Im späten 18. Jh. beginnt der Abdruck von Einladungen zu Bällen und Soireen. Zuerst werden mit den Anzeigen Textlücken in den Zeitungen ausgefüllt. Dann erscheinen die Annoncen oder Inserate zwischen den informierenden Texten, manchmal eingegrenzt durch eine schmale Trennlinie. Später werden Umrandungen verwendet, um die Aufmerksamkeit der Leser zu wecken. Dann tauchen andere Schriften oder Schriftgrade auf, die ebenfalls Signalcharakter erhalten. Seit 1827 sind illustrierte Anzeigen bekannt.

In der Zeit des frühen Hochkapitalismus wird die Anzeige zur 'Königin der Werbemittel', einmal für die Inserierenden, wesentlich wichtiger aber für die Verleger, da sie einen Teil ihrer Gewinne aus der Werbung erwirtschaften. Als der Anzeigenteil Ende des 19. Jhs. wirtschaftlich eine so innige Verbindung mit dem redaktionell-geistigen Teil der Zeitung einging, konnte der Zeitungswissenschaftler Karl Bücher die Zeitung als „eine Unternehmung, welche Anzeigenraum als Ware produziert, die nur durch einen redaktionellen Teil absetzbar ist" definieren.

Prototyp der Anzeigen-Zeitung wurde der 'Generalanzeiger'. Er löste weitgehend die Intelligenzblätter nach der Aufhebung des Intelligenz-Zwangs ab, wobei manche als reine 'Anzeigenblätter' ein Geschehen am Rande des publizistischen und werblichen Geschehens weiterführten, bis sie in der 2. Hälfte des 20. Jhs. eine Renaissance erfuhren. Vor allem die entstehenden Markenartikel bedurften einer breiten Werbung, eben um sie als 'Marken' zu etablieren und den Markennamen einem breiten Publikum einzuhämmern. Frühe bekannte Markenartikel, für die auf Plakaten und in Zeitungsanzeigen vehement Reklame gemacht wurde, waren 'Kathreiners Malzkaffe', 'Kaffee Hag', 'Dr. Oetkers Backpulver', 'Kupferberg Sekt', 'Odol' und 'Persil'. Seit die Anzeige wichtiger Bestandteil der Tagespresse wurde, bekämpften sie die Anhänger der 'unabhängigen Presse'. Bekannteste Kritiker sind Ferdinand Lassalle und Karl Bücher.

Nach einem Rückgang des Anzeigengeschäftes im Ersten Weltkrieg um zwischen 30 und 50 Prozent und einer zeitweisen Rationierung des Anzeigenraumes, ging in der Weimarer Zeit die Aufstiegskurve der Zeitungswerbung wieder nach oben, unterbrochen von Einschnitten in der Rezessions- und Inflationszeit. Nach 1933 wurden durch das 'Gesetz über Wirtschaftswerbung' die Formen, Möglichkeiten und Bedingungen des Werbens reglementiert. Die gesamte Werbebranche wurde in den Dienst des NS-Staates gestellt. Die Werbung mußte deutsch sein, mußte Stolz auf die eigene Leistung zeigen sowie die Höherwertigkeit der eigenen Rasse herausstellen. Die in der Weimarer Zeit übliche 'Fremdländelei' wurde verboten, damit auch alteingeführte Produkt- und Firmenbezeichnungen, ausländische Fachbegriffe und Artikelnamen (Westphal 1989). Nach dem fast völligen Erliegen wurde nach 1945 durch Selbstbeschränkung und Selbstdisziplin das Werbewesen geordnet. Die Anzeigenwerbung entwickelte sich stets aufwärts, bekam allerdings starke Konkurrenz durch die Medien Funk und Fernsehen. Sie dient dem Bemühen, Menschen so zu beeinflussen, daß sie im Interesse der Werbenden handeln. Sie will Aufmerksamkeit erwecken für die angepriesenen Produkte oder Leistungen, das Interesse für bestimmte Werbebotschaften wecken, dieses Interesse schließlich zum Wunsch verdichten, im Sinne der Werbenden zu agieren und schließlich den Wunsch aktiv zu realisieren. Die Anzeige bietet dafür die Möglichkeiten, Leser gezielt zu erreichen, diesem die Werbebotschaft zur wiederholten Informationsaufnahme anzubieten, die Aufnahmemöglichkeiten individuell zu regulieren, das Gedruckte zu speichern, d.h. sich Markennamen einzuprägen. Die Information wird mit der Tageszeitung frei Haus geliefert, ist bequem zu konsumieren, kann ausgeschnitten und zum Kauf mitgenommen werden. Für den Werbenden bieten sich die kurzfristige Anmietung von Werbefläche an, anders als bei Funk und Fernsehen, wo langfristig geordert werden muß, die selektive Streuung bei überregionalem, regionalem und lokalem Einsatz, ein fest umgrenztes Publikum, meist Abonnenten, sowie das Vertrauen, das Leser in ihre Zeitung setzen; dem Verlag schließlich die fest einkalkulierten Einnahmen.

Aufgliedern lassen sich Anzeigen in solche für den Einzelhandel, für das Handwerk und

Gewerbe. Dann folgen Markenartikel-Anzeigen, solche für Investitionsgüter der Industrie, solche für Dienstleistungen (Banken, Versicherungen, Fluggesellschaften etc.), Familienanzeigen, Vergnügungsanzeigen, Fremdenverkehrsanzeigen, Amtliche Anzeigen, Eigenwerbung der Verlage, politische Anzeigen (Wahlwerbung etc.) und vermischte. Unterschieden werden noch Farbanzeigen von Schwarz-Weiß-Anzeigen. Wichtig sind auch den Zeitungen beigelegte Inseratblätter oder Prospekte.

5. Die Dokumentationsaufgabe der Zeitung

Die Dokumentationsaufgabe ist in demokratischen wie totalitären Staaten identisch.

Mit dem Bestreben, den Lesern eine möglichst umfassende Information über das aktuelle Geschehen zu geben, verbindet sich, vor allem beim Archivieren von Zeitungen und Zeitungsjahrgängen, der Anspruch nach einer Objektivität der Zeitungsinhalte, womit sich Kriterien wie Richtigkeit, Sachlichkeit, Ausgewogenheit, Transparenz oder Vielfalt verbinden. Wird unparteilich und sachlich dargestellt was der Fall ist, so hat das Berichtete Gültigkeit über den Zeitpunkt der Wieder- und Weitergabe hinaus. Es erhält dokumentarischen Wert. Zeitungsinhalte sind bzw. enthalten damit dokumentarisches Material, dienen als Quelle für das Studium der Zeitgeschichte. Zeitungsarchive sind dann historische Quellensammlungen, was die Historiker aber lange nicht erkannten oder erkennen wollten. Vor allem die Wiedergabe der Originaläußerungen von Zeitzeugen, das Abdrucken von Reden, Parlamentsdebatten, Expertendiskussionen etc. zeigt die Dokumentationsfunktion deutlich auf.

6. Literatur

Autorenkollektiv unter Leitung von F. Bierlich, Handbuch der Werbung. Berlin (DDR) 1968.

Barth, Gerda, Die Rorschacher Monatsschrift. Das erste periodische Druckwerk in der Geschichte der deutschsprachigen Presse. Diss. (masch.) Wien 1970.

Beyrer, Klaus/Martin Dallmeier (Hrsg.), Als die Post noch Zeitung machte. Eine Pressegeschichte. Giessen 1994.

Bien, Helmut/Ulrich Giersch (Hrsg.), Spurensicherung. 40 Jahre Werbung in der DDR. Frankfurt a. M. 1990.

Blaum, Verena, Marxismus−Leninismus, Massenkommunikation und Journalismus. Zum Gegenstand der Journalistikwissenschaft in der DDR. München 1980.

Blühm, Elger (Hrsg.), Presse und Geschichte. Beiträge zur historischen Kommunikationsforschung. München 1977.

Blühm, Elger/Hartwig Gebhardt (Hrsg.), Presse und Geschichte II. Neue Beiträge zur historischen Kommunikationsforschung. München 1987.

Blühm, Elger/Rolf Engelsing (Hrsg.), Die Zeitung. Deutsche Urteile und Dokumente von den Anfängen bis zur Gegenwart. Bremen 1967.

Böhme, Waltraud/Dominik Siegried/Hartmut Eisel u.a., Kleines politisches Wörterbuch. Berlin (DDR) 1978.

Böning, Holger, Zeitung, Zeitschrift, Intelligenzblatt. Die Entwicklung der periodischen Presse im Zeitalter der Aufklärung. In: Beyrer, Klaus/Martin Dallmeier, 93−103.

Bohr, Alexander, Die Struktur der Alternativpresse in der Bundesrepublik Deutschland. Eine Bestandsaufnahme überregional erscheinender Alternativzeitschriften in der Bundesrepublik Deutschland und im deutschsprachigen Ausland. GJ 59, 1984, 241−316.

Boyce, George/James Curran/Pauline Wingate (Eds.), Newspaper History from the Seventeenth Century to the Present Day. London/Beverly Hills 1978.

Brand, Peter/Volker Schulze (Hrsg.), Medienkundliches Handbuch: Die Zeitung. Braunschweig 1982.

Brössler, Daniel, Zeitung und Multimedia. Was Leser und Journalisten erwartet. Visionen aus Amerika. München 1995.

Bucher, Hans-Jürgen, Pressekommunikation. Grundstrukturen einer öffentlichen Form der Kommunikation aus linguistischer Sicht. Tübingen 1986.

Bürger, Ulrich, Das sagen wir natürlich so nicht! Donnerstag-Argus bei Herrn Geggel. Berlin 1990.

Dietrich, Otto, Nationalsozialistische Pressepolitik. Berlin/München 1938.

Erdmann, Georg/Bruno Fritsch, Zeitungsvielfalt im Vergleich. Das Angebot an Tageszeitungen in Europa. Mainz 1990.

Fischer, Heinz-Dietrich, Handbuch der politischen Presse in Deutschland, 1480−1980. Synopse rechtlicher, struktureller und wirtschaftlicher Grundlagen der Tendenzpublizistik im Kommunikationsfeld, Der Freisinnige (1832)−taz (1979). Düsseldorf 1981.

−, Deutsche Zeitungen des 17. bis 20. Jahrhunderts. Pullach 1972.

Flöper, Berthold L./Paul-Josef Raue, Zeitung der Zukunft − Zukunft der Zeitung, Bilanz − Konzepte − Visionen. Bonn 1995.

Frei, Norbert, Die Presse, In: Die Bundesrepublik Deutschland. Hrsg. v. W. Benz. Bd. 3: Kultur. Frankfurt a. M. 1983, 275–318.

–, Johannes Schmitz, Journalismus im Dritten Reich. München 1989.

Fritz, Gerd/Erich Straßner (Hrsg.), Die Sprache der ersten deutschen Wochenzeitungen im 17. Jahrhundert. Tübingen 1996.

Füth, Beate (Hrsg.), Lokale Berichterstattung. Herzstück der Tageszeitung. Bonn 1995.

Geserick, Rolf, 40 Jahre Presse, Rundfunk und Kommunikationspolitik in der DDR. München 1989.

Groth, Otto, Die Geschichte der deutschen Zeitungswissenschaft. Probleme und Methoden. München 1948.

Hachmeister, Lutz, Theoretische Publizistik. Studien zur Geschichte der Kommunikationswissenschaft in Deutschland. Berlin 1987.

Hartnack, Daniel, Erachten von Einrichtung Der Alten Teutschen und neuen Europäischen HISTORIEN. Hamburg 1688.

Holzbach, Heidrun, Das „System Hugenberg". Die Organisation bürgerlicher Sammlungspolitik vor dem Aufstieg der NSDAP. Stuttgart 1981.

Hurwitz, Harold, Die Stunden Null der deutschen Presse. Die amerikanische Pressepolitik in Deutschland 1945–1949. Köln 1972.

Kleinpaul, Johannes, Die Fuggerzeitungen 1568–1605. Leipzig 1921.

Knoche, Manfred, Einführung in die Pressekonzentrationsforschung. Theoretische und empirische Grundlagen – Kommunikationspolitische Voraussetzungen. Berlin 1978.

Kohlmann-Viand, Doris, NS-Pressepolitik im Zweiten Weltkrieg. Die 'Vertraulichen Informationen' als Mittel der Presselenkung. München 1991.

Koszyk, Kurt, Deutsche Presse 1914–1945. Berlin 1972.

–, Deutsche Presse im 19. Jahrhundert. Geschichte der deutschen Presse T. II. Berlin 1966.

Lerg, Winfried B./Michael Schmolke, Massenpresse und Volkszeitung. Zwei Beiträge zur Pressegeschichte des 19. Jahrhunderts. Assen 1968.

Lindemann, Margot, Deutsche Presse bis 1815. Geschichte der deutschen Presse T. I. Berlin 1969.

Löffler, Franz A., Über die Gesetzgebung der Presse. Leipzig 1837.

Mendelssohn, Peter de, Zeitungsstadt Berlin. Menschen und Mächte in der Geschichte der deutschen Presse. Berlin 1959.

Pürer, Heinz/Johannes Raabe, Medien in Deutschland – Presse. München 1994.

Rager, Günther/Petra Werner (Hrsg.), Die tägliche Neuerscheinung. Untersuchungen zur Zukunft der Zeitung. Münster 1992.

Röper, Horst/Ulrich Paetzold, Medienkonzentration in Deutschland. Medienverflechtung und Branchenvernetzung. Düsseldorf 1993.

Salomon, Ludwig, Geschichte des deutschen Zeitungswesens von den Anfängen bis zur Wiederaufrichtung des Deutschen Reichs. 3 Bde. Oldenburg/Leipzig 1900–1906.

Schröder, Thomas, Die ersten Zeitungen. Textgestaltung und Nachrichtenauswahl. Tübingen 1995.

Smith, Anthony, The Newspaper. An International History. London 1979.

Stein, Peter, Die NS-Gaupresse 1925–1933. Forschungsbericht – Quellenkritik – neue Bestandsaufnahme. München 1987.

Sündermann, Horst, Tagesparolen. Deutsche Presseanweisungen 1939–1945. Hitlers Propaganda und Kriegsführung. Aus dem Nachlaß. Hrsg. v. G. Südholt, Leoni 1973.

Toepser-Ziegert, G. (Bearb.), NS-Presseanweisungen der Vorkriegszeit. Edition und Dokumentation, 3 Bde. München 1984–87.

Traumann, Gudrun, Journalistik in der DDR. Sozialistische Journalistik und Journalistenausbildung an der Karl-Marx-Universität Leipzig. München-Pullach/Berlin 1971.

Uenk, Renate/Susanne Laarmann, Medium Zeitung. Vergleichende Darstellung und Analyse von Werbeträgern. Frankfurt a. M. 1992.

Weber, Johannes, Daniel Hartnack – ein gelehrter Streithahn und Avisenschreiber am Ende des 17. Jahrhunderts. Zum Beginn politisch kommentierender Zeitungspresse, GJ 68, 1993, 140–158.

–, „Die Novellen sind eine Eröffnung des Buchs der gantzen Welt". Entstehung und Entwicklung der Zeitung im 17. Jahrhundert. In: Beyrer, Klaus/Martin Dallmeier, 15–25.

Weise, Christian, Schediasma curiosum de Lectione Novellarum. In: Die ältesten Schriften für und wider die Zeitung. Hrsg. v. Karl Kurth, Brünn 1944, 129–162.

Westphal, Uwe, Werbung im Dritten Reich. Berlin 1989.

Wilke, Jürgen, Nachrichtenauswahl und Medienrealität in vier Jahrhunderten. Eine Modellstudie zur Verbindung von historischer und empirischer Publizistikwissenschaft. Berlin/New York 1984.

Wolter, Hans-Wolfgang, Generalanzeiger – das pragmatische Prinzip. Zur Entwicklungsgeschichte und Typologie des Pressewesens im späten 19. Jahrhundert mit einer Studie über die Zeitungsunternehmen Wilhelm Girardets (1838–1918). Bochum 1981.

Erich Straßner, Tübingen (Deutschland)

74. Kommunikative Aufgaben und Leistungen der Zeitschrift

1. Historisch-theoretischer Kontext
2. Bedeutung der Zeitschrift
3. Aufgaben und Leistungen
4. Literatur

1. Historisch-theoretischer Kontext

1.1. Gelehrte Journale

Die Entwicklung des Zeitschriftenwesens in der zweiten Hälfte des 17. Jhs. war vor allem eine wissenschaftliche Notwendigkeit. Die Fülle neuer und neuester Erkenntnisse schnell mitzuteilen, führte zu einem Publikationsorgan, in dem man kurze Aufsätze und Mitteilungen veröffentlichen konnte, die rasch verbreitet wurden. Buchpublikationen belasteten die Aufmerksamkeit der durch zahlreiche Nebentätigkeiten überstrapazierten Gelehrten. Solange universalwissenschaftlich gelehrte Zeitschriften Sammelbecken waren für Beiträge, die in den gängigen Gelehrtensprachen, der lateinischen und der französischen, erschienen, konnte man relativ hohe Auflagen erzielen, die sanken, als man sich auf Nationalsprachen festlegte. Herausgeber und Redakteure gewannen vor allem Autoren, die wie sie Fachgelehrte waren und eine hohe Reputation besaßen. Wo diese fehlte, wurden Mitherausgeber und Agenten zwischengeschaltet. Da die Buchproduktion ständig wuchs und die gelehrten Zeitgenossen vor dem Problem standen, die große Zahl von einschlägig interessanten Werken zu rezipieren, boten die kritische Rezension wie die referierende Bibliographie Auswege aus dem Dilemma. So konnte man sich schnell und zuverlässig informieren über das, was im engeren Fachgebiet als wichtig erachtet wurde. Da nur sehr selten gute Bibliotheken genutzt werden konnten, mußte man sich die wichtigsten Werke selbst beschaffen, wobei die Empfehlungen anderer Fachkollegen wertvoll waren. Auch Menschen in Berufen, die sich auf den Fortschritt der Wissenschaften gründeten, konnten als Käufer oder Leser wissenschaftlicher Organe gewonnen werden. Zusammengefaßt wird die Aufgabe im Artikel 'Journale' im 'Großen Universal-Lexikon' 1744:

„Bey den Gelehrten ist ein Journal so viel, als eine Schrifft von etlichen wenigen Bogen, deren darinne enthaltene Materien und Abhandlungen, aus anderen weitläuffigeren Schrifft kurtz zusammen gezogen sind, und dem Leser dasjenige in beliebter Kürtze auf einmahl vor Augen stellen, was er hier nicht ohne viele Weitläuffigkeit, Mühe und Zeit durchlesen kan. Diese Tage-Bücher der Gelehrten werden auch Monatliche Schrifften oder Monats-Schrifften genennet, weil jeden Monat eine dergleichen Schrifft pflegt in den Druck gegeben zu werden. Es sind dieselben eine recht schöne Erfindung [...] Es ist in Wahrheit sehr bequem, auch recht vortheilhafftig in wenigen Blättern dasjenige Beysammen finden, was die Scribenten in vielen Bogen [...] vorgetragen, so wie es nicht weniger eine große Belustigung bey den hierbey vorkommenden Veränderungen und Neuigkeiten verursacht."

Parallel zu den Zeitschriften entstanden Enzyklopädien und Lexika, die ebenfalls die Aufgabe übernahmen, das rasch anwachsende Wissen der Zeit handlich aufzubereiten.

1.2. Politisch-Historische Journale

Wo Zeitschriften politisch-historische Thematiken aufgreifen, beziehen sie sich auf die aktuelle Nachrichtenpresse, wie das bei Paul J. Marperger 1714 in der 'Anleitung zum rechten Verstand und nutzbarer Lesung Allerhand Zeitungen' deutlich wird:

„Journalen, Frantzösisch Journaux, lateinisch Diaria, Tag-Bücher oder Register genannt, seynd entweder gedruckte oder geschriebene; jene wieder etliche Bogen lang, welche wöchentlich oder monatlich unter den Nahmen der Famen, Extracten, Relationen etc. heraus kommen; diese aber nur Bogen lange, welche sich theils über sonderbahre Staats-Materien ausländischer Reiche und Höfe erstrecken, theils auch nur in dem Orte, wo sie geschrieben und ausgegeben werden, vorgefallenen Sachen referiren, als z. E. was an Cantzleyen, Rath-Häusern, Kirchen, Collegiis und andern publiqven Orten der Stadt angeschlagen und kund gemachet worden, was vor Merck- und Sehenswürdigkeiten, traurige oder frölige Casus in der Stadt vorgegangen, wie viel Menschen gebohren, copuliret oder begraben worden, was vor vornehme Passagiers angekommen oder durch gereiset, wie das Gewitter die Woche über gewesen sey, ob sich einige Phaenomena sehen lassen. Duella, Schlägereyen, Aufstand oder Tumultus zugetragen haben, was vor neue gedruckte Sachen in und ausserhalb denen Buchläden vermercket worden, ob man neue Gebäude aufzuführen im Werck begriffen sey, was in geistlichen oder weltlichen Dignitäten und Officiis vor Promotiones vorgegangen, wie jeden Marckt-Tag der Preiß des Getrydes und anderer Baum- und Feld-Früchte, als z. E. in Italien des Oels, Saffrans und des Reiß, anderwärts anderer daselbst wachsenden Natur-Gaben gewesen sey, wozu hernach die in großen Handels-Städten wöchentlich herauskommende Waaren- und Wechsel-Preiß-Couranten- und Cours-Zettel zu rechnen sey, von deren rechten Verstand unser neulich heraus gekommener Tractat zu lesen ist, ferner was vor Schiffe und considerables Land-Fuhren die Wochen über angekommen und abgefahren, (wie dann in dergleichen Materia die Schiffer-Listen und Notifications-Zettel, der auf diesen oder jenen See-Haven in Ladung liegenden Schiffe in denen See-Städten bekannt seyn,) was vor Häuser, Gärten, Vorwerke und Land-Güter zu vermiethen, oder zu verkauffen seyn, was man in Kirchen- und Schul-Sachen die Wochen über merckwürdiges observiret habe, was in Residentz-Städten täglich bey Hof passire, wann Gala-Täge, sonderbahre Solennitäten und Divertissements gewesen, fremden Abgesandten Audientz gegeben, solche eingeholet, tractiret, und wieder abgefertiget worden, was man, in so weit es dem Publico zu wissen erlaubt ist, von Staats-Kriegs- auch Friedens-Händeln gehöret, ob sich fremde Prediger in denen Hof-Kirchen hören lassen, ob Controversien und Zänckereyen in Religions-Sachen, Motus oder Unruhen in Policey- und andern Stadt-Händeln sich hervor thun, Meublen- und Bücher-Auctiones gehalten werden, und was etwan dergleichen Berichtswürdige Dinge mehr, bloß Erzehlungs-weise ihren Factis nach, ohne einige Critqve, Reflexiones oder Remarqven, in solchen geschriebenen Diariis pflegen vorgetragen zu werden, da hingegen die obbemeldte etlich Bogen lange gedruckte Journale und Extractus den Kern von confirmirten Novellen, welche die Woche oder den Monat über eingelauffen, zuweilen mit Hinzufügung vernünfftiger und politischer Staats-Gedancken und gegründeten Raisonnementen referiren; dannenhero solche auch billig in des Herrn Commissions-Rath Rothern seinen Academischen Wegweiser unter die Subsidia Juris, Publica, Historiae & Politicae gerechnet werden."

Das herrschende Politikverständnis und das Selbstverständnis der Zeitungsverleger schlossen das Nachdenken und die Debatte über politische Entscheidungen von der Öffentlichkeit aus, unterstützt durch die Zensur- und Privilegienpraxis. Da Meinung fehlte in den Zeitungen, boten sich die Zeitschriften an für die Analyse und das Räsonement. Die politischen Zeitschriften, von denen die erste, 'Der Verkleidete Götter-Both Mercurius' seit 1674 erschien (Weber 1994), boten das, was heute Nachrichtenmagazine im Fernsehen parallel zu den Nachrichtensendungen leisten. Sie besaßen Komplementärfunktion. Der 'Götter-Both' bediente sich der aktuellen Zeitungen als Fundus. Ihnen werden 'nackte' Nachrichten entnommen, deren Begebenheiten politische Schlüsselfunktion zukommen. Der oft dunkle Sinn der Zeitungsmeldungen wird enträtselt, die politische Wichtigkeit einsehbar gemacht. Oft schließen sich dann umfangreiche gelehrte Erläuterungen und Kommentare an, um so großflächiges, hintergrundreiches Panorama der politischen Wirklichkeit herzustellen. Weiter bemüht sich die Zeitschrift darum, die mitgeteilte Materie sprachlich auszuschmücken, sie sogar zu ironisieren. Bis 1730 entstanden etwa hundert zeitgeschichtlich und politisch engagierte Monatsschriften, die gemeinsam mit der Zeitung und akademischen Zeitungskollegs zu einer ersten Schule der Politik für gebildete Leser wurden.

1.3. Unterhaltende Journale

Auf den Wert der Zeitschriften für die Unterhaltungsbegierde der Zeit verweist der Herausgeber der Zeitschrift 'Das Neueste Von Historisch- und politischen Sachen' im Jahre 1711: „Die Begierde der Menschen nach neuen Sachen ist dergestalt gestiegen / daß sie täglich durch etwas curieuses will contentirt seyn. Zum Ende lieset sie nicht allein die gewöhnlichen Gazetten, sondern suchet auch ihrer Sehnsucht durch Lesung allerhand artigen und netten Tractaten völlige Satisfaction zu thun." Mit den 'Tractaten' sind sicher auch Zeitschriften gemeint. Und neben dem Versprechen, immer Neues mitzuteilen, wird auf das Bewußtsein des Lesers von künftigen Fortsetzungen gezielt, gleich welcher thematischen Auffüllung. Zeitschriften legen nahe, daß zu der Thematik, der sie sich verschreiben, mehr mitgeteilt wird als in abgeschlossenen Werken, also in Büchern. Zeitschriften behaupten die tendenzielle Unabschließbarkeit einer Thematik, auch wenn ihnen der Stoff schon in wenigen Monaten oder Jahren ausgeht.

1.4. Moralische Wochenschriften

Einen weiteren Interessentenkreis streben die Moralischen Wochenschriften an, die sich an das Bürgertum des 18. Jhs. wenden. Sie sind ein Produkt und Organ der Aufklärung, ermöglichen das Gespräch unter den Aufklärern, beziehen sich auf alle Bereiche des geistigen und gesellschaftlichen Lebens (Martens 1980). Ihr didaktisches Bestreben richtet sich sowohl in der Vermittlung von Wissen im Bereich von Sittlichkeit und Sittenlehre wie in der unterhaltenden Form an alle, die ein bürgerliches Bewußtsein hatten und pflegten. Behandelt wurden Themen des täglichen Lebens, das verbessert werden sollte. Kritisiert wurden tradierte und bestehende Sitten,

Gebräuche und Verhältnisse, in denen typisch deutsche Schwächen erkannt wurden. Schärfer noch ging man vor gegen alles, was als Nachahmung französischer Kultur betrachtet wurde. Vor allem Modetorheiten und Sprachverfallserscheinungen werden angeprangert. Umgekehrt werden die Beziehungen zwischen Frau und Mann und solche in der Familie 'moralisch' anzuheben versucht. Die Bedeutung der Moralischen Wochenschriften für die Formierung der Ideologie und Literatur der bürgerlichen Klasse kann kaum überschätzt werden. Ein entscheidendes Charakteristikum ist die im Vergleich zur bisherigen Information zum gesellschaftlichen und literarischen Geschehen unvorstellbare Aktualität. Das rasche und periodische Erscheinen war Ausdruck und zugleich Mittel einer gänzlich neuen gesellschaftlichen wie literarischen Öffentlichkeit. Es entstehen sowohl ein operatives Medium der europäischen Aufklärung wie ein neuer Typ literarischer und wissenschaftlicher Kommunikation.

1.5. Literarische Journale

Die literarischen Zeitschriften ähneln Krämerläden, die mit der Hoffnung eröffnet werden, sich zu großen Kaufhäusern zu entwickeln. Es herrscht die Tendenz vor, jedem etwas zu liefern, in der Erwartung, durch ständige Erweiterung des Angebots immer mehr Käufer anzulocken. In ihnen bildete sich aber das heraus, was wir noch heute als Kunst- und Literaturkritik bezeichnen. 'Mannigfaltigkeit' und nicht 'Einheitlichkeit' wird angestrebt, programmatische Vielfalt, unverbundenes Nebeneinander der Artikel, was eine entsprechend sporadische und selektierende Lektüre bedeutet. So stehen Anekdoten, Aphorismen, Charaden, Charakterzüge, Denkmale, Dramolette, Erzählungen, Lebensbeschreibungen, Legenden, Novellen, Parabeln, Rätsel, Reisebeschreibungen, Reliquien, Schilderungen, Sittengemälde, Skizzen neben theoretischen Abhandlungen, Beurteilungen, polemischen oder satirischen Aufsätzen, Belehrungen, Anzeigen und Notizen. Die Poesie muß sich also gegen philosophische, historische, poetologische und andere Abhandlungen behaupten. Wo gegen das Prinzip der Vielfalt verstoßen und eine verbindliche Programmatik angestrebt wird, bedeutet das meist ein schnelles Ende der Zeitschrift. Das Publikum der literarischen Journale strebte offensichtlich weder nach literarischen Streitigkeiten, noch nach programmatisch verfertigter Unterhaltung. Deshalb wird in den Zeitschriften die Literatur journalisiert. Sie wird leicht zur Verschleißware. Andererseits ist die Bindung an eine Theorie, sei es die klassische, jungdeutsche oder romantische, kein Garant für eine bessere Dichtung.

2. Bedeutung der Zeitschriften

2.1. 18. Jahrhundert

Die Bedeutung der Zeitschriften für das 18. Jh. resümierten die 'Denkwürdigkeiten aus der philosophischen Welt' 1785: „Periodische Schriften schlugen den Funken der Denkkraft an, sie flößten Gefühl für das ein, was für die Menschheit eigentlich wichtig und schätzenswert ist und suchten Menschen an Menschen, Bürger an Bürger durch gegenseitiges Interesse näher aneinander zu ketten."

1788 verteidigt Johann Heinrich Campe die Zeitschriften gegen einen Angriff Christian Garves ('Einwurf wider die Nützlichkeit periodischer Schriften'), der sich durch die Mitarbeit an ihnen in seinem dichterischen Schaffen eingeengt fühlte:

„Sie sind ein wohlausgesonnenes und zweckmäßiges Mittel, nützliche Kenntnisse jeder Art aus den Köpfen und Schulen der Gelehrten durch alle Stände zu verbreiten. Sie sind die Münze, wo die harten Thaler und Goldstücke aus den Schatzkammern der Wissenschaften, welche nie oder selten in die Hand der Armen kamen, zu Groschen und Dreiern geprägt werden, um als solche durchs ganze Land zu rouliren und zuletzt wol gar in den Hut des Bettlers zu fallen [...]. Wie manch interessante und gemeinnüzzige Ide, die in dem denkenden Kopfe oft beiläufig hervorspringt, und sich nicht gerade an diejenige Gedenkenreihe anschließt, die er eben jetzt im Begriff ist, zu irgend einem größern Werk zusammenzuketten, würde für die Wissenschaften, würde für den menschlichen Verstand vielleicht unwiderbringlich verloren gehn, wenn der denkende Kopf, bevor er sie mittheilte, erst jedesmal auf eine, vielleicht nimmer erscheinende Gelegenheit warten sollte, sie in eins oder das andere seiner größeren Werke einzuschieben [...] Ich bin versichert, daß die Journale, trotz ihrer ephemerischen Existenz, auch dadurch zur Erweiterung und Aufklärung des öffentlichen Ideenkreises, mehr geleistet haben, als manches vortrefliche litterarische Kunstwerk, welches vielleicht noch dann in Bibliotheken prangen wird, wann die Journale schon längst den Weg alles Makulaturs werden gegangen sey" (Braunschweigisches Journal 1, 1788, 16–19, 19–44).

Und 1790 ziehen im 'Allgemeinen Sachregister über die wichtigsten Zeit- und Wochenschriften' die Autoren Johann Heinrich Beutler und Johann Christoph GutsMuths, ein Fazit aus der Entwicklung im Publikationswesen des 18. Jhs. und zeigen, wie unentbehrlich die Zeitschrift als Medium der Aufklärung geworden war:

„Durch die Zeitschriften wurden die Kenntnisse, welche sonst nur das Eigenthum der Gelehrten waren, und in Büchern aufbewahrt wurden, die der größre Theil der Nation nicht verstand, nicht lesen konnte, und nicht lesen mochte, diese Kenntnisse der Gelehrten wurden durch die Zeitschriften allgemein in Umlauf gebracht, gereinigt, und in die allgemeine Volkssprache übergetragen, und giengen nun gleich einer bequemen Scheidemünze durch aller Hände. Alle Entdeckungen, Versuche und Berichtigungen, welche sonst nur Gelehrten bekannt wurden, die oft gerade den wenigsten Gebrauch davon machen konnten, wurden nun allen Volksklassen mitgetheilt, man lernte solche überall kennen, sie wurden nachgemacht, verbessert, beibehalten oder verworfen. Und endlich die öffentlichen Rügen so mancher Sünden wider Recht, Menschenliebe, Wissenschaft und gesunden Menschenverstand hatten auf die niedern Volksklassen den wohlthätigsten Einfluß; sie lernten die Rechte der Menschheit kennen, wurden auf manche Misbräuche aufmerksam gemacht, lernten einsehen, daß vieles, was sie für nützlich und anständig gehalten hatten, thöricht, nachtheilig, und unanständig sey, und wurden dadurch geneigt gemacht, es abzuändern. Ein beliebtes und gelesenes Wochenblatt konnte mehr ausrichten, als alle Bücher und alle Gesetze; es kam Leuten von allen Ständen in die Hände, wurde denen bekannt, die sonst ohne alle Lektüre waren, und war also das bequemste Vehikel, ihre Meynungen zu berichtigen und zweckmäßig zu leiten. Die Zeitschriften dienten aber auch den Niedern und Geringern zu einer Vormauer und zum Schutz gegen die Bedrückungen der großen und die Gewaltthätigkeiten geistlicher und weltlicher Despoten. So mancher unter dem Druck seines Tyrannen Seufzende fand hier Gelegenheit, seine Sache zur Sprache zu bringen, Gehör und Recht zu erlangen, und mancher Despot, der sonst ungestraft den Schwächern drücken und mishandeln konnte, fand an dem Publiko einen strengen und unerbittlichen Richter, und sein Beispiel schreckte andere von ähnlichen Handlungen zurück. Endlich verschaften sie manchem Dürftigen und Verlaßnen eine bequeme Gelegenheit, ungekannt seine Bedürfnisse, seine Noth dem Mitbürger zu entdecken, und Unterstützung zu erhalten; so wie sie manchem Reichen erst wahrhaft wohlthätig machten. Und wäre nur dieß Nutzen der Zeitschriften gewesen; wären nur durch sie die schon vorhandenen gelehrten Kenntnisse mehr bearbeitet, geläutert, und gleichsam klein und bequem ausgemünzt mehr in Umlauf gebracht, unter allen Menschenklassen verbreitet und ins geschäftige Leben übertragen worden; wären die Freuden der erwerbenden Volksklasse dadurch vermehrt, und ihre Leiden und Lasten vermindert und erleichtert worden: so würde dies schon die Zeitschriften wohlthätig machen, und ihnen in den Augen des Menschenfreundes einen nicht geringen Werth geben."

2.2. 19. Jahrhundert

Was er als Wesen und Aufgabe der Zeitschrift sah, erörtert der Philosoph Friedrich Wilhelm von Schelling 1813 in der Vorrede zu seiner 'Allgemeinen Zeitschrift von Deutschen für Deutsche':

„Die wahre Zeitschrift soll auf gleicher Höhe mit ihrer Zeit seyn; denn um dieses zu können, muß sie schon an sich dem Höchsten ihrer Zeit wirklich gleich und gegenüber stehen. Zeitschriften, die sich nur bemühen, von dem Schlechten der Zeit Vortheil zu ziehen und mit dem Strom der Erbärmlichkeit selbst fortzuschwimmen, stehen der Wahrheit nach unter ihrer Zeit. Da sich indeß annehmen läßt, daß das Höchste und Beste jeder Zeit dem größern Theile fremd ist: so muß in sofern die wahre Zeitschrift über ihrer Zeit und von ihr voraus seyn, aber ohne je die Beziehung zur Gegenwart ganz aufgeben zu dürfen. Nach dieser Ansicht wäre sie als Vermittlerin der Zukunft mit der Gegenwart zu betrachten [...] Dabey ist indeß nöthig, die doppelte Seite der Zeitschrift anzuerkennen, inwiefern sie einerseits auf die Zeit wirkt, andererseits selbst wieder ein Bild der Zeit seyn will. Denkt sie auf die Zeit überhaupt zu wirken: so muß sie das warhaft und wesentlich Allgemeine derselben ergreifen [...] das Innere, das das Herz und Geist der Zeit ist [...] Die wissenschaftliche, die religiöse, die sittliche, die künstlerische Bildung ihrer Zeit, dieses werden die Cardinalpunkte seyn, die sie ins Auge faßt, wie eben diese am Ende die verborgenen Triebräder der Geschichte selbst sind. Wirken auf die Zeit oder sie fördern kann sie auf zweyerley Art. Indem sie selbst Muster und Beyspiele des höheren und besseren Geistes in allen Fächern aufstellt, den sie allgemeiner machen möchte. Sodann indem sie der Zeit zum Urteil und Bewußtseyn verhilft über das was verworren, ungewiß, vieldeutig in ihr sich bewegt [...] In wiefern über die Zeitschrift auch wieder ein Bild ihrer ganzen Zeit, nicht eines besondern Thuns, Treibens und Denkens in derselben seyn soll: wird es nicht fehlen, daß sie verschiedenes aufzunehmen veranlaßt wird, das in ihr selber auch seinen Widerspruch findet, und Manches, das vielleicht nur den Werth hat, eine individuelle Sinnes- und Geistesart zu vergegenwärtigen. In dieser Hinsicht darf sie sich nicht einseitig halten, indem Manches, das eben nicht kräftig genug ist, für sich zu bestehen, neben Anderes gereiht und als ein Bild der allgemeinen Fruchtbarkeit der Zeit, wohl mit geht und sogar erfreulich seyn kann."

Schelling sieht also die Zeitschrift als Spiegel und Forum ihrer Zeit mit allen ihren Strömungen und glaubt, daß sie die Fähigkeit besitze, in geistiger Hinsicht die Zeit entscheidend zu beeinflussen. Dem hohen Anspruch des Philosophen entsprechen allerdings nur wenige der vielen Zeitschriften im ersten Jahrhundert ihres Entstehens.

Robert Prutz, der Gründer des 'Deutschen Museums', betrachtet 1845 die Zeitschrift als 'centralisiertes Organ', das einerseits eine Folge des sich wandelnden nationalen Lebens ist, andererseits die Aufgabe hat, den vielgestaltigen Stoff der Zeit unter einem einheitlichen, neuen, 'zeitgemäßen' Prinzip zu sammeln, zu sichten, zu ordnen und damit überschaubar zu machen. Erst durch solche Reduktion und Akzentuierung gelinge es, einer neuen Richtung zum Durchbruch zu verhelfen. Zeitschriften haben Entscheidendes für die Geistes- und Literaturgeschichte zu leisten. Sie werden zu Katalysatoren des Fortschritts.

Wichtig ist es, daß die Journalherausgeber darnach streben, Verbesserungen im beruflichen Lebensalltag der Mehrheit der Bevölkerung zu ereichen. Seit der Mitte des Jahrhunderts durchforstet man die verschiedensten Bereiche des gesellschaftlichen Lebens hin auf deren Verbesserbarkeit sowie auf die Vernünftigkeit ihrer gesellschaftlichen Grundlagen und mündet um 1760 folgerichtig in einer großen Debatte der aufgeklärten Gebildeten um gesellschaftliche Kernprobleme. Man erachtet es für wichtiger, die Öffentlichkeit anzusprechen, als sich an die Regierungen zu wenden, wenn man zur Verbesserung des Gemeinwesens beitragen will.

2.3. 20. Jahrhundert

Dem Lebensalltag der Menschen besonders in schwierigen und schwierigsten Zeiten wie dem des Krieges gilt das Engagement der Journalherausgeber und -autoren. Das martialische Geschehen im 1. Weltkrieg führt überwiegend zum Protest, der den Krieg als unmenschlich entlarven und die Hoffnung auf eine bessere, menschliche Welt und Zukunft bewahren und wecken will. Die Revolution in Deutschland ließ jedoch die Erkenntnis ableiten, daß keines der vielfältigen Postulate eines Neubeginns einzulösen waren. Wie gegen den Krieg engagierten sich viele der progressiven kulturellen und politischen Zeitschriften ab 1919 gegen die Republik.

Immer wieder wird in Abgrenzungsversuchen der Zeitschrift von der Zeitung darauf hingewiesen, daß die Aktualität für die Zeitschrift eine relative Bedeutung besitze. Behandelt werden zwar auch immer Fragen der Gegenwart. Vorausgesetzt dabei wird aber fast immer die Kenntnis der tatsächlichen Geschehnisse und ihrer Abläufe. Es erfolgt eine Beleuchtung oder Betrachtung der Geschehnisse unter spezifischen Aspekten. Die Geschehnisse werden 'kommentiert', etwa auch in Karikaturen und Witzen. Es wird mehr Wert auf Genauigkeit gelegt als auf Neuigkeit. Immer wieder liest man in den Zeitschriften Spott auf die Zeitungs-Macher, die von der Aktualität getrieben würden, während sich die Zeitschriften-Macher die Ruhe gönnen könnten, erst einmal nachzudenken. Das Streben nach Vertiefung und Eindrücklichkeit drücken 'Die Grenzboten' 1908 mit den Worten aus: „Die Tageblätter eilen mit Berichten über die Begebenheiten voraus. Der Vorzug einer Wochenschrift ist es, daß sie mit Ruhe nachholen kann, was jenen in ihrer Hast unmöglich ist". Und im 'Kunstwart' heißt es 1931/32: „Arbeiten im Sinne der Besinnung, der Sichtung und Sammlung, der Verantwortlichkeit des Geisteslebens [...] Die Zeitschrift wird ein Ort des Sammelns bleiben, der Mitte und Vermittlung, des Gespräches, der geistigen Begegnung, der ordnenden und formenden Überschau über die Zeit. Nicht die Aktualität des Tages ist ihre Sache, sondern die Aktualisierung der Zeitkräfte im Sinne der Zusammen- und Mitarbeit an der gemeinsamen Sache." Es gehört also zu den Stärken der Zeitschrift, daß sie die letzten und feinsten Einzelheiten der Dinge zu erfassen und in die tieferen Schichten auch des individuellen Lebens hineinzureichen versucht. Ziel ist es, den Dingen auf den Grund zu gehen, während die Zeitung an der Oberfläche bleiben muß. Da die Dinge extrem vielfältig sind, ist es nicht möglich, in einem Organ diese Vielheit aufzugreifen und tief zu schürfen. Deshalb mußte zwangsläufig eine Spezialisierung innerhalb der Zeitschriften vorgenommen werden. Die Vielzahl der Stoffgebiete erzwang die zunehmende Diversifizierung, die Spezialisierung auf ganz bestimmte Stoff- und Themenbereiche. Die Abgrenzung der unterschiedlichsten Zeitschriften ist deshalb wesentlich deutlicher als die bei Zeitungen.

Die Spezialisierung nach Stoff und Thematik hat Auswirkungen auch auf die Gestaltung, die Darbietung. Technische Probleme können eben nur sachlich abgehandelt werden, während gesellschaftliche sachlich oder feuilletonistisch darzustellen sind.

Im Dritten Reich werden die Publikumszeitschriften in den Dienst der politischen Aufgabe gestellt. Sie gehören zu den wichtigsten und weitreichendsten Volksbildungs- und Führungsmitteln. Sie haben der Gemeinschaft zu dienen.

„Wie die Illustrierte und Unterhaltungszeitschrift diese Aufgabe zu erfüllen hat, ist ziemlich klar. Aber auch die Fachzeitschrift und die Zeitschrift angewandt-wissenschaftlichen Charakters darf bei ihrer Arbeit diese Beziehungen zur Gemeinschaft nicht vernachlässigen. Sie wird ihren Ausdruck finden in wirtschaftspolitischen Aufsätzen, in staatspolitischen Erörterungen, sie wird unauffällig und kaum bemerkt in den kleinsten Äußerungen zum Ausdruck kommen können, wenn sich nur der Schreibende in allem seinem Tun seiner Verpflichtung der Gesamtheit gegenüber bewußt bleibt" (Der Zeitschriften-Verleger, 36, 1934, H. 1, 2–5).

Zeitschriften, die sich in den Dienst einer „nicht Gedankengut des deutschen Volkes bildenden Weltanschauung", eines religiösen Bekenntnisses oder einer ihrem Zweck dienenden Einrichtung stellten, mußten diese Zielsetzung in ihrem Titel deutlich und für jeden sofort klar erkennbar markieren. Die Behandlung politischer Fragen in diesen religiös oder konfessionell ausgerichteten Blättern sowie die Beschäftigung mit örtlichen Geschehnissen wurde untersagt. Der Versuch, zum Teil Aufgaben der verbotenen Zeitungen zu übernehmen, wurde unterbunden. Die Reichszeitschriftenkonferenz des Minissteriums für Volksaufklärung und Propaganda versorgte die Verlagsvertreter in regelmäßigen Abständen mit Richtlinien für die Gestaltung von Zeitschriften und Beiträgen. Ab Mai 1939 stellte man den Redaktionen den 'Zeitschriften-Dienst' zu, in dem über Absichten und Ziele der pressepolitischen Führung unterrichtet wurde. Genannt werden Themen, die von den Schriftleitern behandelt werden sollen, wobei es Hinweise gibt auf die Dringlichkeit und Wichtigkeit und manche als 'Auflageartikel' markiert werden. Verwiesen wird etwa darauf, daß es sinnlos sei, in einer Schumacher-Zeitschrift einen Artikel über das ungarisch-jugoslawische Verhältnis zu bringen. Besser sei es, sich mit der Lage der Handwerks in Rumänien zu beschäftigen, auf die jüdische Überfremdung und das Fehlen eines gesunden Mittelstandes sowie auf die Pioniertätigkeit deutscher Handwerker in fast allen Teilen Rumäniens zu verweisen. Ab September 1939 enthält der 'Zeitschriften-Dienst' Anweisungen für den Sprachgebrauch. So darf der Begriff Krieg „in keinem Zusammenhang" verwendet werden, „da lediglich polnische Angriffe zurückgeschlagen würden". Meldungen des Oberkommandos der Wehrmacht seien unverändert und ohne Zusätze zu veröffentlichen. Sie sollten nicht mit Meldungen aus privaten Quellen zusammengebracht werden.

Galt es, auf politische Entwicklungen rasch zu reagieren, so wurde der 'Zeitschriften-Dienst' ergänzt durch die 'Zeitschriften-Information'. Ab November 1939 koordinierte man Kampagnen, etwa zum Thema 'Die Ernährung des deutschen Volkes ist gesichert'. Die Illustrierten hatten dazu die deutschen Ernährungsreserven im Bild darzustellen. Die Werkzeitschriften berichteten über die Kinderspeisung in Werksküchen. Historische Zeitschriften lieferten Dokumentationen über Englands Aushungerungspläne. Religiöse Zeitschriften thematisierten das Thema 'Unser täglich Brot'.

Seit Kriegsbeginn sollten die Zeitschriften die Bevölkerung auf die Notwendigkeit großer Blutopfer vorbereiten. Allen wird die Aufgabe zuteil, die geistige und seelische Mobilisierung des deutschen Volkes zu fördern, nationale Werte zu erhalten und zu pflegen, die im Kriege Gefahr liefen, verloren zu gehen. Immer wieder wird die Wichtigkeit der 'Inneren Front' hervorgehoben. Feindliche Zersetzungspropaganda sei abzuwehren, ihre Lügenhaftigkeit entlarvt und der Lächerlichkeit preiszugeben. Wichtig sei die Vermittlung besonderer militärischer und militärpolitischer Kenntnisse, solcher über die Kriegslage, die Absichten des Feindes, die Unterrichtung über die eigenen Kriegsziele.

Zunehmend werden die Juden thematisiert. Ihre verheerende Tätigkeit sei offenzulegen. Sie seien als „Schöpfer und Träger des Bolschewismus" die eigentlichen Hauptschuldigen. Deutsche Soldaten seien als „Befreier vom jüdisch-bolschewistischen Joch" herauszustellen.

1942 wird aufgerufen zu einer Kampagne „Die Juden sind schuld!" Seit es „Roosevelts jüdischen Hintermännern" gelungen sei, Amerika in den Krieg zu zerren, sei der Kampf gegen das Judentum zu einem Weltkampf geworden. Hinzuweisen sei auf „das fast unübersehbar große Schuldkonto der jüdischen Kriegsverbrecher und Unruhestifter". Ziel der Aktion ist es, auch die letzten Reste einer „bürgerlichen Sentimentalität" gegenüber den „armen Juden" zu beseitigen. Es gebe keine anständigen Juden.

Es folgen ständig wiederholte Hinweise, wegen der Papierknappheit Themen besonders sorgfältig auszuwählen im Hinblick auf die politisch-publizistische Führungsaufgabe der Zeitschriften. Journalisten standen im „totalen Kriegseinsatz". Sie hatten die Aufgabe, den Widerstandswillen und die Leistungskraft des deutschen Volkes und seiner Verbündeten zu steigern, den Heroismus, das unbedingte Pflichtbewußtsein, die freudige Bereitschaft zur Mitarbeit am nahen Endsieg zu wecken.

Im Juni 1943 fordert der 'Deutsche Wochendienst', die gesamte deutsche Presse müsse eine antijüdische Presse werden.

„Wenn jede Zeitschrift immer wieder den Juden und seine zerstörende Tätigkeit auf allen Lebensgebieten aufgreift, dann wird die antijüdische Einstellung für jeden einzelnen schließlich eine Selbstverständlichkeit, nicht nur in unserem eigenen Volk, sondern in ganz Europa und darüber hinaus. Wer also durch seine Zeitschrift dazu mithilft, eine antijüdische deutsche Presse auf den Plan zu bringen, der hat Teil an einem geschichtlichen Meinungsumschwung der zivilisierten Völker."

Möglichkeiten des publizistischen Widerstandes waren gering. Der Herausgeber der 'Deutschen Rundschau', Rudolf Pechel, schrieb dazu:

„Bei der nüchternen Untersuchung, welche Möglichkeiten eine Zeitschrift als Mittel des Widerstandes bot, war mir klar geworden, daß ein Kampf gegen den Nationalsozialismus in der Öffentlichkeit durch eine Zeitschrift nur auf zwei Wegen möglich war. Die erste forderte, daß man die deutsche Wirklichkeit ständig mit Zuständen konfrontierte, die eine von den Grundsätzen des Rechts und der Sittlichkeit beherrschte Welt zeigten [...] Der zweite Weg folgte den Spuren Montesquieus [...] Man übte Kritik an Gewaltherrschern und begangenem Unrecht aus allen Zeiten der Geschichte, um wiederum dem Leser die daraus zu ziehenden Schlüsse zu überlassen" (Pechel 1948).

Nach 1945 werden zahlreiche Zeitschriften gegründet auf Wunsch der Alliierten, den Kulturaustausch zu fördern wie etwa durch 'Lancelot – Der Bote aus Frankreich' (Steinbeck 1967) oder 'Perspektiven' (1952–1956, finanziert durch die Ford Foundation) oder in der Absicht, mit eigener Kraft mitzuwirken an der Schaffung der Grundlagen der Demokratie. Die reeducativen Absichten der Besatzungsmächte, die sie den neu entstehenden Medien vorgeben, werden von den Zeitschriftengründern und Autoren eher negiert. Wichtig wird vor allem der Trend zur Auseinandersetzung, zur Diskussion über die politischen und gesellschaftlichen Problemstellungen, wenn sich entsprechende Entwicklungen abzuzeichnen beginnen. Es werden keine gesicherten Erkenntnisse der Forschung oder Ergebnisse der Praxis mitgeteilt, sondern im Zuge eines 'Frühwarnsystems' mögliche Konflikte erörtert. Schon die Thematisierung der brennenden Probleme ist wichtig, zeigen sie doch den lesenden Eliten an, wohin sich die Entwicklungen begeben bzw. begeben könnten. Ein rechtzeitiges Gegensteuern kann damit initiiert werden. Deutschland gilt heute als das entwickeltste Land beim Angebot an Zeitschriften. Nach der Aufhebung des Lizenzzwanges 1949 entstand ein Zeitschriftenboom, der einen Anstieg auf über elftausend Objekte aufwies, was bedeutete, daß an jedem zweiten Tag drei neue Zeitschriften auf den Markt drängten. Der Anstieg ist bis heute ungebrochen.

Einen vehementen Aufschwung erlebt der Publikationsbereich der Fachzeitschrift. Es gibt kaum ein Wissensgebiet, einen Berufsbereich oder einen kulturellen Sektor, der in seiner Entwicklung nicht von fachlich spezialisierten, in ihrem Inhalt auf die spezifischen Belange hin ausgerichteten Blättern begleitet wird. Mit der Erweiterung, vor allem aber mit der Veränderung der technisierten Gesellschaft gewinnen immer neue Sektoren an Bedeutung, geben Anlaß und Raum für das Entstehen immer neuer Journale. Damit wird deutlich, daß sich der Erfolg und das Wachstum dieses Zeitschriftenbereichs mit dem wirtschaftlichen Aufschwung vor allem in Westdeutschland gekoppelt sah. Der breitgestreute und intensive genutzte Fächer der Fachzeitschriften demonstriert den technologischen, wirtschaftlichen und kulturellen Entwicklungsstand, den Deutschland in der Nachkriegszeit erreicht. Heute steht die Branche vor neuen Herausforderungen, denn mit der Etablierung der Online-Netze und der massenhaften Verbreitung von CD-Rom-Laufwerken eröffnen sich neue Dimensionen des Publishings. Der Informations-Umschlag wird auch auf dieser Ebene noch schneller, der Zugriff noch gezielter, die Weitergabe noch universaler. Traditionelles und elektronisches Publizieren wird überall vernetzt, wobei das elektronische Angebot das gedruckte ergänzt, vertieft und neue Entwicklungen tagesaktuell vermeldet. Die gedruckten Fachzeitschriften versuchen sich in ihrer Aufmachung immer stärker an die Publikumszeitschriften anzunähern. Profis aller Sachgebiete erwarten auch von den an sie gerichteten Blättern professionelle Präsentation, sowohl in der Optik wie in der journalistischen Aufbereitung ihrer Inhalte.

Bei den politischen Zeitschriften hat sich dagegen die Zahl der Periodika ständig verringert. Der Erscheinungsabstand hat sich erweitert, bei viermaligem Erscheinen im Jahr eingependelt. Trotz dieser Reduzierung des Einflusses stellen die Publikationsorgane weiterhin ein zentrales Bindeglied dar zwischen der Intelligenz und den vergesellschafteten Mächtegruppen. Die Stimmen einzelner oftmals als Querdenker Verschrienen werden nur so an die Öffentlichkeit gebracht.

„Trotz ihrer wenigen Titel, ihrer ständig verlängerten Periodizität, ihrer chronisch armseligen Auflagen nimmt die politische Zeitschrift, ihrer glänzenden Bedeutung in der Vergangenheit sicher, die jeweilig gegenwärtige Lage, zwar vom Rande her, jedoch gewissenhaft, unabhängig und unbestechlich wahr [...] Die politischen Zeitschriften öffnen der Gedankenfreiheit eine Gasse, die keine Einbahnstraße ist" (Dovifat 1969, 477).

Auch die Zahl der Kulturzeitschriften erlebte Mitte der achtziger Jahre einen Rückgang, ob von der elitären Konzeption oder Auffassung ihrer Herausgeber oder vom Schwund des Bildungsbürgertums verursacht, wird offenbleiben.

Einen phänomenalen Aufstieg hatten die Illustrierten. Hier bestimmt die Photographierbarkeit weitgehend die Themenselektion innerhalb der Redaktionen. Sonst orientiert sich die Auswahl an der Massenwirkung. Gesetzt wird auf das Außergewöhnliche, Sensationelle, das Erregende. Der Millionenerfolg wird erzielt mit dem Prinzip des 'Ankommens' bei den Massen, der Mischung des thematischen Angebots mit dem Augenreiz der Bilder und der sprachlich-rhetorischen Aufgeblähtheit der Texte. Die Welt des schönen Scheins steht im Vordergrund, die der Stars, Mannequins, Schönheitsköniginnen, die Anhimmelung des Adels, des Fremden, Exotischen. Es folgen Politik mit Enthüllung und Unterhaltung. Der Illustriertenroman eignet sich vorzüglich für die Darstellung triebhafter Liebe (Titel 'Tanz in die Sünde', 'Saat der Sünde', 'Zum Nachtisch wilde Früchte', 'Bitter süße Orchidee').

Für die Gegenwart wird man feststellen können, daß jeder gesellschaftlich-kulturelle Bereich, jedes Ressort, jeder Berufsstand, jede Sparte ihre Zeitschriften besitzt. Die 'Verzeitschriftung' hat sich in den letzten Jahrzehnten zum Extrem ausgeweitet, so daß in wöchentlichen bis vierteljährlichen Intervallen fast jeder Bürger von ihr erreicht wird. Sie endet bei den kostenlos verbreiteten Blättern bzw. bei den der Zeitung beigelegten Supplementen (ZEIT magazin; SPIEGEL extra, Das Kultur-Magazin; Frankfurter Allgemeine Magazin; Süddeutsche Zeitung Magazin; jetzt, Das Jugendmagazin der Süddeutschen Zeitung; NZZ Folio. Die Zeitschrift der Neuen Zürcher Zeitung usw.), die den Übergang zur eigenständigen Zeitschrift bilden.

Der aktuelle Trend verzeichnet ein deutliches Wachstum der Zahl von Unternehmen, die Zeitschriften auf den Markt bringen. Die Konzentration nimmt durch Zusammenschlüsse ständig zu. Die Tätigkeitsgebiete werden durch den Erwerb ausländischer Beteiligungen und Titelrechte erweitert. Umgekehrt engagieren sich immer mehr ausländische Zeitschriftenverlage im deutschsprachigen Bereich. Das Bestreben der Verleger und Redaktionen geht vor allem dahin, den Zeitschriften Markenstatus zu geben, über ein klares Markenprofil Unverwechselbarkeit zu gewinnen. Via FRED, d. i. familiarity (Vertrautheit), relevance (Wichtigkeit), esteem (Respekt, Ansehen) und differentiation (Eigenständigkeit), dem Brand Asset Valuator der Young & Rubicam-Gruppe, soll bei dem immer größer werdenden Zeitschriften-Angebot und dem immer stärker werdenden Konkurrenzkampf die Aura einer Zeitschrift deren Erfolg garantieren.

3. Aufgaben und Leistungen

3.1. Rezensionsorgane

Die ersten Zeitschriften hatten als Rezensionsorgane die Aufgabe, den bisher in der gelehrten Welt üblichen privaten Austausch von neuem Wissen zu rationalisieren. Abgelöst wurde damit zum Teil die meist höchst umfangreiche Privatkorrespondenz der Gelehrten, die einen hohen Anteil ihrer Arbeitszeit band. Zudem konnten die immer zahlreicher erscheinenden wissenschaftlichen Bücher nicht mehr sämtlich eingesehen werden, sondern man mußte sich auf die Besprechung besonders kompetenter Fachkollegen verlassen, bevor man eine Neuerscheinung kaufte oder zur Anschaffung in Bibliotheken empfahl. Dazu heißt es in der Vorrede zum 'Hamburgischen Berichte von neuen gelehrten Sachen' 1732:

„Die gelehrte Correspondentz ist, so wie auch bey politischen Gazetten, die Hauptquelle aller Nachrichten, und so zusagen, die Seele einer gelehrten Zeitung. Fehlet es an der, so fehlts auch gantz gewiss an täglichen Neuigkeiten, mangelt es aber darann, und kommt man bloss mit solchen Sachen, die etwa nur in demselben gantzen Jahr sich zugetragen, oder mit unaufhörlicher Erzehlung, der darinn nach und nach herausgegebenen Bücher aufgezogen, so mangelt es an einem wesentlichen Stücke des Journals, und dasjenige, was ein Tag-Buch seyn solte, wird zu einem Jahr-Buch oder Chronik."

Die neuen Zeitschriften beschleunigten den Informationsaustausch in der gelehrten Welt und machten ein Mehr an publiziertem Wissen zugänglich. Darauf weist bereits 1692 Christian Juncker hin, wenn er schreibt:

„Die Zeitschriften der Gelehrten ähneln Büchern, die wöchentlich, monatlich oder alljährlich publiziert werden. Ihre Bestimmung ist das Erregen öffentlichen Interesses. Obendrein bringen sie die Veröffentlichungen der Fachgelehrten in der Verschiedenartigkeit ihrer Äußerungen. Entscheidend dabei ist, daß sie durch einzelne Männer und unbeeinflußbare Gesellschaften überprüfbar sind."

1718 äußert sich Julius Bernhard von Rohr über die Journale oder Monatsschriften:

„Einige von denselben sind dem Publico gar nützlich, sie geben denjenigen, die nicht alle Buchläden durchlauffen wollen, eine notitiam librorum, führen bißweilen allerhand particula von eines Autoris Leben mit an, die einem bey Erkänntniß eines oder andern Buchs ein besser Licht geben, allegiren mit darbey aus der Historia literaria des inventi oder derjenigen Materie, deren so Erwehnung thun, wie weit sie bißher von den Gelehrten exoliret worden, beurtheilen die Schrifften nach ihrem Verdienst, und ersparen also denen, die sich solche Bücher anschaffen wollen, die Zeit, daß sie solche nicht selbst durchlesen dürffen, ihren Werth oder Unwerth zu beurtheilen, machen die, so die Commodität lieben und die manchmahl gerne vor gelehrt angesehen seyn wollen, geschickt, daß sie von den neuen Schrifften und gelehrten Sachen ein hauffen Zeugs herschwatzen könne, informieren diejenigen, die nicht selbst die Beschaffenheit eines Buchs schätzen können, und stellen einen Theil der Polyhistorie in nuce vor."

1697 hatte Kaspar Stieler von einer anderen Art der Zeitung geschrieben, die sich „die vormahls ausgegangenen Novellen" vornämen, um sie zu „examinisieren und prüfen, auch darüber ihre politische Meynungen" zu eröffnen.

Im Rezensionswesen wurde 'Unpartheylichkeit' gefordert, d. h. das Bemühen um eine gründliche, sachliche und vorurteilslose Beurteilung, sowie wissenschaftliche Bildung:

„Wenn die Journale mit Fleiß und von solchen Leuten verfertiget werden, welche in allen Wissenschaften erfahren sind, so folget allerdings, daß sie einen besondern Nutzen haben, voraus, wann die Bücher mit gehöriger Treue ohne einige Leidenschaft und praejudicium recensiret werden. Falls man aber, wie die meisten, die neu ausgekommenen Bücher nur obenhin berühret, und wann es ja hoch komt, der Autoren und Editoren Vorrede getreulich nachschreibet, so folget ungezweifelt, daß sie mehr zum Nachtheile als zum Vortheile der gelehrten Welt geschrieben werden."

3.2. Gesprächsjournale

Allmählich erweiterten sich die reinen Besprechungsorgane, indem zusätzlich Auszüge aus Neuerscheinungen aufgenommen wurden. Ein weiterer Schritt war der, wissenschaftliche Neuigkeiten nicht mehr streng referierend und gelehrt kritisierend anzubieten, sondern in Gesprächsform, was stärker unterhaltend wirkte, aber auch die Möglichkeit bot, daß man „sein judicium von einem Autore ziemlich verstecken oder doch temperieren kann". Ferner dürfte es den Autoren „nicht unangenehm fallen, wenn sie höreten / daß die Leute pro & contra von ihren Büchern censireten". Einwände ließen sich leichter formulieren und erinnerten weniger an apodiktische Richtersprüche. Zuletzt diene der Dialog auch der individuell charakterisierenden Satire. In den Gesprächsjournalen wurden die Leser über gelehrte Fragen und zunehmend auch über solche des allgemeinen und öffentlichen Interesses 'unterhaltend' belehrt. Im Rahmen der Aufklärungsbewegung erfaßten die Themen vor allem den Bereich der Sittlichkeit und Sittenlehre.

3.3. Moralische Wochenschriften

Die Wirksamkeit der Moralischen Wochenschriften verband sich aufs engste mit den didaktischen Bemühungen ihrer Autoren und Herausgeber, dem bürgerlichen Publikum beizubringen, was ein 'bürgerliches' Leben denn ausmache. Deswegen wurden bürgerliche Tugenden gepriesen, Torheiten und Mißstände getadelt. Anders als in den englischen 'moral weeklies', die auch politische und tagesaktuelle Beiträge enthielten, blieb dieser thematische Bereich in Deutschland aus Zensurgründen ausgegrenzt.

Die Moralischen Wochenschriften hatten einen stark epischen Charakter, was bedeutet, daß in ihnen überwiegend Erzählungen in Fortsetzungen angeboten wurden. Damit erhalten sie gewissermaßen eine Ersatzfunktion zu den Zeitungen, in denen Fortsetzungsbeiträge, wie später etwa der Zeitungsroman, noch nicht üblich waren. Wichtig ist der Versuch, den Leser in die redaktionelle Arbeit einzubinden. Dies geschieht vor allem über Leserbriefe, die oft als Leserkritik konzipiert sind und damit ganz aufklärerisch die Leser zum kritischen Mitdenken anregen sollen. Vor allem für Leserinnen wird durch deren abgedruckte Briefe eine neue Dimension von Öffentlichkeit geschaffen, indem sie aus ihrer Privatheit heraustreten und am öffentlichen Diskurs partizipieren. Zuletzt erhalten die Briefe einen Unterhaltswert, weil sich die Schreiberinnen oder Schreiber 'austoben', indem sie Spontaneität und Emotionen zeigen. Droh- und Schimpfbriefe sind deshalb durchaus üblich.

Vor allem in der Spätphase der Moralischen Wochenschriften wird Unterhaltung mit praktischem Nutzen verbunden. Über Unterhaltungselemente werden die der Moral förderlichen Inhalte transportiert.

3.4. Literarische Zeitschriften

Aufgabe der literarischen Zeitschriften ist es, die zeitgenössische Literatur kritisch zu begleiten, sei es in der Form von Rezensionen oder in der theoretisch-kritischer Artikel. Zum anderen werden literarische Werke in ihnen veröffentlicht, zuerst nur in Auszügen bereits erschienener Bücher, dann zunehmend auch als Originalbeiträge oder gar im Vorabdruck. Die politischen Zeitschriften wenden sich den Ereignissen zu, die Wichtigkeit für das Staatswesen besitzen. „Was in Gesetzgebung und Verwaltung aller Länder Merkwürdiges Geschieht, wird man in dieser neuen Zeitschrift regelmäßig aufgeführt finden. Keine interessante öffentliche Urkunde, kein nur einigermaßen bedeutendes Aktenstück wird man in derselben vermissen", heißt es 1821 in den 'Allgemeinen Politischen Annalen'. Die Herausgeber und Autoren wollen eine 'Befriedigung der Wißbegier' ihrer Leser, die über die Lektüre der Tageszeitung hinausgeht. Man will ein 'Repertorium für die neueste Zeitgeschichte' anbieten, fühlt sich als Vorreiter der Historiker.

3.5. Politische Zeitschriften

Da die Zeitungen insgesamt kaum eine politische Aktionsfähigkeit hatten, verlagerte sich die publizistische Meinungsbildung, allerdings in vorsichtiger Distanz von der Tagesaktualität, auf die politischen Zeitschriften, die einer weniger strengen Zensur unterlagen. Der Einfluß dieser Journale erschütterte den bis dahin selbstverständlichen Glauben an die überlieferten Autoritäten zunehmend. Seit den siebziger Jahren des 18. Jhs. versuchen Journalautoren und -herausgeber den Ideen des Fortschritts im Sinne der Aufklärung auf dem politischen Gebiet Geltung zu verschaffen. Dabei gibt es gemäßigte, auf friedliche Reformen gerichtete, und radikale Richtungen, die nicht nur Freiheit, sondern auch Gleichheit verlangten. In der Gegenrichtung versuchen konservative Blätter und Autoren das Neue zurückzudrängen. Zusätzlich gab es 'Sprechsäle', in denen schroffe Gegensätze in den politischen Auffassungen geduldet wurden.

In den Freiheitskriegen wurde in den Journalen zur Niederwerfung Napoleons aufgerufen.

3.6. Werks- und Verbandszeitschriften

Die Wirtschaft erschließt seit dem 18. Jh. immer stärker den publizistischen Bereich, was sich in den zahlreichen Zeitschriftengründungen und deren raschen Anwachsen dann im 19. Jh. dokumentiert. Als mit zunehmender Industrialisierung Werkszeitschriften entstehen, hatten diese vor allem das Anliegen, dem Einfluß der Sozialdemokratischen Partei und der Gewerkschaften im Betrieb entgegenzuwirken. Für eine sachliche Information war zuerst wenig Raum. Eine freie Diskussion, ein fruchtbares Gespräch unter Sozialpartnern war weder erwünscht noch möglich. Von einer Kritik des Betriebes, seiner Inhaber und Leiter, konnte keine Rede sein. Bald trat jedoch an die Stelle des früheren Unternehmerorgans eine Zeitschrift, die den Betrieb als Gesamtorganismus repräsentiert, sein vielfältiges Leben und Wirken widerspiegelt und das geistige Gesicht des Unternehmens und der in ihm Tätigen mit zu prägen versucht.

Religiöse oder kirchliche Probleme begründen ein weiteres Feld der Erörterung, in dem es um den liturgischen Dienst geht wie um die Kontemplation. Auch Angriffe auf die Kirchen oder die Religion geben Anlaß, sie in publizistischen Organen zu verteidigen bzw. für sie Werbung zu machen.

Mit dem Aufkommen von Verbänden und Organisationen ergibt sich die Notwendigkeit, Mitgliedern, Interessenten, aber auch anderen Institutionen Mitteilung zu machen über die eigenen Aktivitäten, die Ziele und die Suche nach neuen Mitstreitern. Zugleich dienen die Blätter dem Zusammenhalt, der Identitätsfindung und der Solidarität.

3.7. Publikumszeitschriften

Im Gesellschaftlichen, Politischen und Kulturpolitischen sind vor allem neue Bestrebungen und Entwicklungen Nährboden für die

Etablierung von Zeitschriften. Auch die Fortentwicklung jeder Bewegung wird von bestimmten Blättern betrieben oder begleitet. Oft wird bei kleiner Auflage eine große Wirkung erzielt. Es sind nicht mehr die dickleibigen Bücher, mit denen Erkenntnisse mitgeteilt werden, mit denen Einfluß gewonnen wird. „Wir leben in dem Seculo derer Journalisten: also ist es kein Wunder, daß alle Sachen in forma derer Journale vorgetragen werden [...] Der Genius unsres Seculi hat alle Folianten in Journale verwandelt" (1715).

Zeitschriften bemühen sich sowohl um die Eliten wie um die Unterdrückten, Verfolgten, um Karrieresüchtige wie um Vertriebene und Flüchtlinge. Sie sind Instrumente der sozialen Integration.

Aus Zeitschriften schöpfen die Meinungsbildner, die Politiker, Journalisten, Öffentlichkeitsarbeiter, die Gelehrten und Lehrer ihr Wissen wie ihre Meinung. Was im Blatt steht, kann aufgenommen und weitergegeben, ausgebreitet und diskutiert werden. Zeitschriften regen auch an, sich in ihnen zu beteiligen an der Auseinandersetzung, seine Ansichten zu äußern, Neues weiterzugeben, Bestehendes zu reflektieren, Altes zu konservieren oder zu verdammen.

Angeboten werden in den Publikums-Zeitschriften heute Informationen zu den Bereichen Mode (Kaufmode und Mode zum Selbermachen); Kosmetik und Körperpflege, Haarpflege und Frisuren; Kochen, Essen, Trinken, Gastlichkeit; Wohnung, Haus, Einrichten, Haushaltsgeräte und Haushaltspflege; Garten; Gesundheit, Medizin, Fitness; Partnerschaft, Ehe, sexuelle Aufklärung; Kinder: Entwicklung, Erziehung, Gesundheit, Spiele; Urlaub und Reisen; Rat und Recht, Beruf und Geld; Hobbys, Auto, Motorrad; Politik und Wirtschaft; Wissenschaft, Natur und Technik. In den Bereich der Unterhaltung fallen Sensationen, Katastrophen, Kriminalität; Sport; Prominente, Künstler, Adel; Ungewöhnliche Schicksale; Romane; Sex, der in den neunziger Jahren wieder gesellschaftsfähig wurde; Humor; Erotik; Programminformationen, Serviceseiten der Redaktionen. Als Reaktion auf die Veränderung von Leserinteressen und wegen der medialen Konkurrenz wird der Unterhaltung zunehmend mehr Raum gegeben, während die Beratung und Sachinformation abnimmt.

Bei den Frauenzeitschriften bieten das breiteste Angebot, allerdings reduziert vor allem auf die Bereiche Mode, Kosmetik, Haushalt, Ernährung, Gastlichkeit, Reisen und Wohnen, die vierzehntäglich erscheinenden Blätter: 'Brigitte', 'Für Sie', 'Journal für die Frau', 'Meine Geschichte' und 'Romanwoche'. Von den monatlich herauskommenden Heften sind es 'Carina', 'Cosmopolitan', 'Elle', 'Frau im Leben', 'Madame', 'Marie Claire', 'Maxi', 'Petra', 'Prima', 'Verena', 'Vogue'. Andere Monatstitel sind spezialisiert auf wenige oder nur einen Themenbereich: 'Burda Moden', 'Essen & Trinken', 'Kochen & Genießen', 'Meine Familie & ich', 'Ratgeber Frau und Familie', 'Rezepte mit Pfiff', 'Schöner Essen', 'Strick & Schick'. Von den wöchentlich erscheinenden Frauenzeitschriften sind sowohl informierend, beratend und unterhaltend 'Bella', 'Bild der Frau' und 'Tina', während die übrigen ihr Angebot auf die Unterhaltung reduzieren ('Die Aktuelle', 'Echo der Frau', 'Frau aktuell', 'Frau im Spiegel', 'Frau mit Herz', 'Freizeit Revue', 'Das Goldene Blatt', 'Das Neue', 'Das Neue Blatt'. 'Neue Post', 'Neue Welt' und '7 Tage').

3.8. Kundenzeitschriften

Kundenzeitschriften können jedes Thema rund um das herausgebende Unternehmen, seine Produkte und Zielgruppen in aller Ausführlichkeit transportieren. In Wort und Bild, Anspruchs- und Informationsgehalt spiegeln sie das Produkt- oder Corporate Design wider. Sie dienen der Kundengewinnung und -bindung, stärken oder korrigieren ein bestehendes Image, schaffen Vertrauen und vermitteln Kompetenz. Die neuentwickelte Zeitschrift wie 'Fifty. Mitten im Leben' wendet sich im Auftrag der Colonia Versichungs AG, Köln, an Menschen zwischen 45 und 65 Jahren, bringt 'News zur Gesundheit', 'Fit for ever'-Tips, Reise-Beschreibungen und -angebote, Empfehlungen für die Geldanlage, sowie Unterhaltung. 'Zug', entwickelt für die Deutsche Bahn AG, Frankfurt, wird in den 1. Klasse-Abteilen aller Züge ausgelegt und bietet Informationen rund um Reise und Urlaub. 'Business Traveler, Das Magazin für internationale Vielflieger' herausgegeben im Auftrag von Lufthansa, Singapore Airlines und Kempinski Hotels stellt vor, was zum 'Komfort über den Wolken' gehört, Hotels, 'die es in sich haben', Städteporträts und Shopping-Tips. 'Die Insel. Das Magazin für das ganze Jahr', herausgegeben im Auftrag der Bädergemeinschaft, der Kurverwaltungen und der Hotellerie und Gastronomie Sylts, bietet potentiellen und realen Urlaubsgästen Informationen und Tips über die Insel. Es bedarf also der intensiven Zusammenarbeit zwischen Auftraggebern und Produzenten der Kundenzeitschriften, um die gemeinsamen Ziele zu verwirklichen.

3.9. Werbung

Wichtig ist die Werbefunktion, wenn auch unterschiedlich nach Typen. Die in einem harten Konkurrenzkampf zueinander stehenden Publikumszeitschriften sind angewiesen auf große wirtschaftliche Erträge. Der hohe Bildanteil, vor allem seit seiner farbigen Durchgängigkeit, fordert nahezu die ergänzende Bildanzeige, um das Blatt einheitlich zu machen, das Design zu komplettieren. Die den Zeitungen nahekommende Universalität des Inhalts wird auch auf der werblichen Ebene ergänzt.

Der Werbung grundsätzlich nahestehend sind die Kunden- und Betriebszeitschriften, die Werbung betreiben in Gestaltung, Öffentlichkeitsarbeit, Imagebildung oder Kundenberatung. Sie dienen zusätzlich auch der Betriebskultur, dem Ansporn, wie dem Zusammenhalt der Belegschaft.

3.10. Fachzeitschriften

Vor allem aber geht es darum, Expertenwissen bekanntzugeben und umzusetzen. Die Dolmetscher-Funktion erfüllen die Zeitschriften vor allem dadurch, daß sie sich spezialisieren, für verschiedene Sachgebiete eigene Redaktionen oder Ressorts einrichten oder sich spezieller externer Dienste bedienen.

Zeitschriften sind weiter im Bereich der Aus- und Fortbildung zu einem wichtigen Hilfsmittel der Pädagogen bzw. zu einem Mittel der Selbstaneignung von Fachwissen geworden. Otto B. Roegele sieht gerade in einem Staat, in dem als wichtigster Rohstoff, als wichtigste natürliche Ressource, geistige Fähigkeiten zu gelten haben, die Notwendigkeit, diese zu aktivieren, zu schulen, stets auf den aktuellsten Stand zu bringen und dort zu erhalten. Zeitschriften, sowohl beruflich-fachliche wie die allgemein-kulturellen und sogar die populär-unterhaltenden, hätten hier die Aufgabe, im Verein mit anderen Institutionen des geistigen Lebens, zu wirken, Wissen zu vermitteln, immer Neues hinzuzufügen, den Trend zu lebenslangem Lernen zu unterstützen.

Schließlich bieten Zeitschriften Möglichkeiten der Lebens- und Orientierungshilfe. Gerade in einer immer komplizierter werdenden Umwelt ist das Angebot an praktischen Hinweisen zur Bewältigung von Alltagsproblemen, seelischen und psychischen Störungen und Leiden hilfreich. Allerdings sind die Grenzen zwischen Lebens- und Orientierungshilfe und der Werbung fließend geworden.

In der totalitären Welt wird die Zeitschrift, weil sie sowohl den persönlichen Lebenskreis wie den der Öffentlichkeit anspricht, als Mittel der politischen Ausrichtung aufgefaßt. In der Sowjetischen Besatzungszone wie nachfolgend in der DDR wies das Lizenzsystem Zeitschriften vor allem den Gruppierungen zu, die zur politischen Führung und dann zur Planerfüllung eingesetzt wurden. Auch Publikumszeitschriften dienten der Ideologisierung und ihrer Propagierung.

3.11. Aufgaben- und Leistungskatalog

Zusammenfassend können für die Zeitschrift folgende Eigenschaften angeführt werden:

– Räumliche Mobilität: Die Zeitschrift kann ohne große Transportkosten vom Leser an den jeweils gewünschten Konsumort gebracht werden. Sie kann mithin an mehreren Orten – überwiegend zu Hause, aber auch im Beruf und in der Freizeit, gelesen werden.
– Sachliche Mobilität: Der Leser kann leicht durch Überblick entscheiden, welche Teile der Zeitschrift er nutzen will. In der Regel gut strukturierte Gliederungsmerkmale und Inhaltsverzeichnisse erleichtern die Auswahl.
– Zeitliche Mobilität: Der Leser kann entscheiden, wann und in welchem zeitlichen Umfang er die Zeitschrift nutzt, weil die Informationen zeitlich leicht gespeichert werden können und weil die Informationen im Zeitablauf nicht so schnell an Wert verlieren wie die Informationen der Zeitung.
– Zeitliche Intensität: Lesen erlaubt eine schnellere Informationsaufnahme als Hören oder Sehen, daher bietet die Zeitschrift pro Rezeptionszeit mehr Informationen als elektronische Medien.
– Variierbarkeit: Die Zeitschrift kann im Größenumfang von Erscheinungstag zu Erscheinungstag geändert werden.

Ein entscheidender Unterschied zur Zeitung ist die im Durchschnitt wesentlich geringere Aktualität der Zeitschrift. Dies erlaubt die zeitlich stärker selektierende Form der Nutzung, also eine wiederholbare und eine längere zeitliche Nutzung: Die Nutzungsintensität der Zeitschrift ist in der Regel größer als bei der Zeitung, und Streuverluste sind geringer. Der zweite entscheidende Unterschied zur Zeitung besteht in der geringeren Haushaltsabdeckung. Während Zeitungen in der Regel an einen großen Teil der Bevölkerung eines regional eng begrenzten Gebietes verkauft werden, finden Zeitschriften ihre Abnehmer sehr verstreut innerhalb eines größeren Gebietes.

Insgesamt kann herausgestellt werden, daß Zeitschriften zentrale Funktionsträger politischer, gesellschaftlicher, wissenschaftlicher, technischer, literarischer etc. Entwicklungen sind, Medien der jeweils neuen und neuesten Trends und Tendenzen, Indikatoren der Veränderungen im Publikumsgeschmack, in der Mode und Modernisierung ebenso wie Überlieferungsträger der Sozialisationsprozesse, damit aber wesentliche Materialbasen für die Erforschung ihrer Zeit, denn viele Texte sind nur in Zeitschriften zu finden, viele Anfänge und Entwicklungen nur in ihnen nachzuvollziehen.

4. Literatur

Berghahn, Klaus L., Das schwierige Geschäft der Aufklärung. Zur Bedeutung der Zeitschriften im literarischen Leben des 18. Jahrhunderts. In: Aufklärung. Ein literaturwissenschaftliches Studienbuch. Hrsg. v. Hans-Friedrich Wessels. Königstein/Ts. 1984, 32–65.

Böcker, Franz/Heribert Gierl, Die Beurteilung einer Zeitschrift als Werbeträger. Berlin 1986.

Brandes, Helga, Frauenzimmer Journal. Zur Herausbildung einer journalistischen Gattung im 18. Jahrhundert. In: Deutsche Literatur von Frauen. Hrsg. v. G. Brinker-Gabler. Bd. 1. München 1988, 452–468.

Dovifat, Emil (Hrsg.), Handbuch der Publizistik. Bd. 3. Berlin 1969.

Haller, Klaus, Werkzeitschriften in der Bundesrepublik Deutschland. Berlin 1982.

Happes, Wolfgang, Kundenzeitschrift als strategisches Instrument der Öffentlichkeitsarbeit. Bietigheim-Bissingen 1992.

Kleinjohann, Michael, Sportzeitschriften in der Bundesrepublik Deutschland. Bestandsaufnahme – Typologie – Themen – Publikum. Theoretisch-empirische Analyse eines sportpublizistischen Mediums. Frankfurt a. M./Bern 1987.

Maar, Elke, Bildung durch Unterhaltung. Die Entdeckung des Infotainment in der Aufklärung. Hallenser und Wiener Moralische Wochenschriften in der Blütezeit des Moraljournalismus 1748–1782. Pfaffenweiler 1995.

Martens, Wolfgang, Zu Rolle und Bedeutung der Zeitschriften in der Ausklärung. Photorin 3, 1980, 24–35.

Mattauch, Hans, Die literarische Kritik der frühen französischen Zeitschriften (1665–1748). München 1968.

Pechel, Rudolf, Zwischen den Zeilen. Der Kampf einer Zeitschrift (Deutsche Rundschau) für Freiheit und Recht 1932–1942. Wiesentheid 1948.

Prutz, Robert E., Geschichte des deutschen Journalismus. Zum erstenmal vollständig aus den Quellen gearbeitet. Hannover 1845.

Röser, Jutta, Frauenzeitschriften und weiblicher Lebenszusammenhang. Themen, Konzepte und Leitbilder im sozialen Wandel. Köln 1991.

Sommer, Michael, Die Kinderpresse in der Bundesrepublik Deutschland. Angebot, Konzepte, Formen, Inhalte. Hamburg 1994.

Steinbeck, Rudolf, Lancelot – Der Bote aus Frankreich. Analyse eines publizistischen Beitrags zur deutsch-französischen Verständigung nach 1945. Diss. FU Berlin 1967.

Stieler, Kaspar, Zeitungs Lust und Nutz. Vollständiger Neudruck der Originalausgabe von 1695. Hrsg. v. Gert Hagelweide. Bremen 1969.

Straßner, Erich, Zeitschrift. Tübingen 1997.

Weber, Johannes, Götter-Both Mercurius. Die Urgeschichte der politischen Zeitschrift in Deutschland. Bremen 1994.

Erich Straßner, Tübingen (Deutschland)

75. Präsentationsformen, Texttypen und kommunikative Leistung der Sprache in Zeitungen und Zeitschriften

1. Vorbemerkung
2. Die Zeitung
3. Die Zeitschrift
4. Literatur

1. Vorbemerkung

Auch wenn Zeitung und Zeitschrift in einem Atemzug genannt werden, bilden sie zwei unterschiedliche Gattungen periodischer Publizistik. So ist die Zeitschrift im Gegensatz zur Zeitung nur abgeschwächt oder gar nicht aktuell und universell. Folgerichtig unterscheiden sich diese beiden Formen der Presse auch erheblich in Präsentationsformen, Texttypen und kommunikativer Leistung der Sprache; sie sind deshalb weitgehend unabhängig voneinander zu behandeln. Als weitere Konsequenz ergibt sich aus dieser Unterschiedlichkeit, daß nicht einfach verallgemeinernd von der Pressesprache gesprochen werden kann. Statt dessen ist nach den je typischen Verwendungsweisen sprachlicher Mittel zu fragen, was wiederum verlangt, daß der ganze Prozeß der Pressekommunikation in den Blick genommen wird. Eine angemessene Beschreibung von Präsentationsformen, Texttypen und kommunikativer Leistung der Sprache in Zeitung und Zeitschrift ist nur möglich, wenn das Printmedium im Zusammenhang seiner Produktion und Rezeption gesehen wird.

Wenn Präsentationsformen, Texttypen und kommunikative Leistung der Sprache in der Presse dargestellt werden, dann bietet es sich an, diesen Überblick historisch anzulegen. Auf diese Weise läßt sich verdeutlichen, daß und wie die eingesetzten Mittel Antworten auf die je spezifischen medienkommunikativen Herausforderungen der Zeit bilden. Eine solche Betrachtungsweise erlaubt es, gerade Entwicklungen, die von den Zeitgenossen als Verfallserscheinungen gegeißelt werden, mit größerer Distanz, wenn auch nicht unkritisch zu behandeln.

Geht es um die Geschichte von Texttypen in Medien oder um Medientextsorten, dann stellen sich zwei grundsätzliche Fragen: Woher stammen die Texttypen, wenn ein neues Medium das Licht der Welt erblickt (exemplarisch Gloning 1996a)? Wie werden sie – dem „stilistischen Trägheitsprinzip" folgend (Straßner 1980, 332) – den spezifischen kommunikativen Anforderungen des Mediums angepaßt und fortentwickelt? Daraus leiten sich folgenden Teilfragen ab:

- Wie beeinflussen die Produktionsbedingungen die Gestalt der Medientexte?
- Wie beeinflußt die Gestalt der Medientexte ihre Rezeption?
- Wie beeinflussen die Bedürfnisse der Rezipienten die Gestalt der Medientexte?

Speziell für das Medium 'Zeitung' zeichnet sich eine große Entwicklungslinie ab, die die Veränderungen in den Texttypen wie den Präsentationsformen von Anfang an bis heute maßgeblich bestimmt; es ist die Entwicklung „von der Ganzlektüre zur selektiven Lektüre".

2. Die Zeitung

Die Hauptfunktion des Mediums 'Zeitung' ist von Anfang an die Vermittlung von Nachrichten. Informationsvermittlung ist trotz der Konkurrenz der schnelleren Medien 'Hörfunk', 'Fernsehen' und mittlerweile der 'elektronischen Zeitung' im Internet noch immer ihre wesentliche Aufgabe. Darüber darf jedoch nicht vergessen werden, daß die Zeitung von Anfang an auch ein unterhaltsames Medium ist, in dem sich vielfältige Formen der Unterhaltung entwickelt haben (Püschel 1998 b). Die Geschichte der Zeitungskommunikation hat zuerst einmal nachzuzeichnen, wie unter den je spezifischen gesellschaftlichen, politischen, ökonomischen und technischen Rahmenbedingungen die Aufgabe des Informierens gelöst wurde. Dabei läßt sich die Entwicklung der Präsentationsformen, der Texttypen wie der spezifischen sprachlichen Verfahren erklären aus einer Reihe ständig wirksamer Faktoren:

- Das Nachrichtenmedium 'Zeitung' muß seinen Stoff für die Leser so aufbereiten und organisieren, daß diesen eine ihren Bedürfnissen und Interessen adäquate Lektüre ermöglicht wird. Das betrifft die Organisation der Zeitung als Ganzes, die Aufmachung und den Bau der Texte.
- Das Nachrichtenmedium 'Zeitung' muß den zunehmenden Nachrichtenangeboten und den sich verändernden Informationsbedürfnissen seiner Leser Rechnung tragen. Das betrifft die Entfaltung der berichtenden Texttypen.
- Das Nachrichtenmedium 'Zeitung' muß unter sich ändernden politisch-sozialen Verhältnissen neue Aufgaben übernehmen. Das betrifft die Entfaltung der kommentierenden Texttypen, aber auch von Formen der Leserbriefkommunikation.
- Das Nachrichtenmedium 'Zeitung' muß sich in der internen Konkurrenz, aber auch in der Konkurrenz zu anderen Medien behaupten. Das betrifft die Entfaltung der Präsentationsformen, aber auch weitergehende Entwicklungen wie die zunehmende Erweiterung des Informationsangebots um Unterhaltungsangebote mit ihren spezifischen Texttypen.

2.1. Formen des Berichtens

2.1.1. Texttypen und ihre sprachlichen Mittel

Bemerkenswerterweise handelt es sich bei den ersten überlieferten Zeitungen aus dem Jahre 1609 – der Straßburger 'Relation' und dem Wolfenbütteler 'Aviso' – nicht um tastende Versuche, sondern sie sind so weit ausgereift, daß ihre Konzeption trotz aller Veränderungen und Weiterentwicklungen im einzelnen das Gesicht des Mediums für etwa 200 Jahre prägt. Erklären läßt sich diese Erscheinung mit der Existenz eines professionell organisierten Nachrichtenhandels mittels geschriebener Zeitungen, die nun gedruckt verbreitet werden (Blühm 1977, 60). Bezeugt ist dieser Übergang von der geschriebenen zur gedruckten Zeitung durch ein Gesuch des Druckers der Straßburger 'Relation', Johan Carolus, der 1605 den Rat der Stadt bittet, die von ihm bislang handschriftlich verbreiteten Zeitungen drucken zu dürfen (vgl. Weber 1994, 15).

Die Berichterstattung in der frühen Zeitung ist außerordentlich knapp. Zum einen umfassen zwei Drittel aller Beiträge weniger als 50 Wörter (Schröder 1996, 289), zum andern beschränken sie sich in der Regel auf die Mitteilung, daß ein Ereignis stattgefunden hat. Es handelt sich um den Texttyp 'Meldung/Faktenbericht', in dem die wesentlichen *w*-Fragen (*wer, was, wo* und *wann*) beantwortet werden. Diese Grundform der Faktenvermittlung kann bereichert werden um einordnende, darstellende und kommentierende Bestandteile. Daneben finden sich noch Sonderformen wie 'Ereignisdarstellung', 'Dokumentenwiedergabe' oder 'Reflexive Meldung', in der die Quellen und die Nachrichtenlage explizit thematisiert werden (Gieseler/ Schröder 1996, 49 ff.). In der Syntax zeichnen sich schon früh charakteristische Entwicklungen ab (vgl. Demske-Neumann 1996): die Bevorzugung des „abperlenden Satzgefüges" (Admoni), bei dem dem Hauptsatz, der die Quellenangabe enthält, eine Reihe von Nebensätzen folgt; die Abhängigkeit syntaktischer Muster von der Art der berichteten Sachverhalte; die stereotype Verwendung sprachlicher Muster für Quellenangabe, Kommentierung, Hinweis auf die zukünftige Berichterstattung und die Nachrichtenlage; die zunehmende Nutzung komplexer Nominalphrasen. In der Lexik lassen sich ein funktionaler Wortschatz (z. B. Ereignisbezeichnungen, Ortsangaben, Zeitangaben, Quellenbezeichnungen, Mittel der Meldungsverknüpfung und Wiederaufnahme) und ein thematischer Wortschatz unterscheiden, der von der Art der berichteten Ereignisse bestimmt ist (z.B. politische und militärische Berichterstattung). Letzterer weist nicht nur einen erheblichen Anteil an fremdsprachlichen Ausdrücken auf, sondern auch einen deutlichen Anteil deutscher fachsprachlicher Ausdrücke (Gloning 1996 b, 157 ff.).

Der Texttyp 'Meldung/Faktenbericht' ist der Baustein der frühen Zeitung, wobei diese aber nicht einfach eine beliebige Ansammlung von Meldungen und ihren Spielarten ist, sondern von Anfang an eine Ordnung aufweist, die durch das Korrespondenz-Prinzip bestimmt ist (Schröder 1995, 58 ff.; Gieseler/ Schröder 1996, 33 ff.). Auch wenn sich Spuren von Bearbeitungen nachweisen lassen (ebd. 36 ff.) werden die Meldungen im Prinzip so gedruckt, wie sie der Korrespondent vor Ort zusammengestellt hat. Jede Zeitungsnummer setzt sich aus einer Reihe von Korrespondenzen zusammen, so daß sich dem Leser beim Blick in seine Zeitung eine Abfolge von Textblöcken bietet, die grafisch durch Überschriften voneinander getrennt sind. Da in der Überschrift der Korrespondenzort sowie das Absendedatum genannt werden, findet der Leser hier Orientierung und Hilfe bei der Auswahl seiner Lektüre. Aufgrund der Ortsangaben kann er sich entscheiden, welche der Korrespondenzen er lesen will oder in welcher Reihenfolge. Die einzelne Korrespondenz selbst bietet jedoch keine weiteren Auswahlhilfen mehr, so daß der Leser zu ihrer Ganzlektüre genötigt ist, wenn er nicht das Risiko eingehen will, Wichtiges oder Interessantes zu versäumen. Die Präsentation der Korrespondenz bedingt also eine spezielle Form der Rezeption. Verstärkt wird der Zwang zur Ganzlektüre noch dadurch, daß keineswegs immer klar ist, wo die Grenzen zwischen den einzelnen Meldungen verlaufen (Schröder 1995, 70 f.), obwohl prinzipiell mit den druckgrafischen Mitteln der Absatzbildung und später dann des Gedankenstrichs innerhalb der Korrespondenz Ordnung geschaffen wird. Mit der Interpunktion, dem thematische Wechsel sowie typischen Eröffnungszügen wie der Quellenangabe und Abschlußformeln sind weitere Indikatoren für Grenzen zwischen den Meldungen gegeben.

Obwohl die Meldung/der Faktenbericht die dominierende Form der Nachrichtenvermittlung bis weit ins 19. Jh. hinein bleibt, finden sich spätestens im ausgehenden 18. Jh. neben den zu Korrespondenzen gebündelten Meldungen auch ausführlichere Formen des Berichtens in Form von umfangreicheren Einzeltexten. Die französische Revolution und ihre Folgen bringen es mit sich, daß eine politisch interessierte und aufgeregte Öffentlichkeit sich nicht mehr mit den knappen Auskünften über das Wer, Was, Wann und Wo eines Ereignisses zufriedengeben will, sondern nach umfassenderen Informationen verlangt. Überall da, wo die Obrigkeit dieses Bedürfnis nicht mehr unterdrücken kann oder will, beginnt sich eine ausführlichere Ereignisberichterstattung zu regen. Es handelt sich dabei um Texte, in denen in chronologischer Abfolge berichtet wird, wie das Ereignis verlaufen ist. Doch schon im frühen 19. Jh. finden sich Ereignisberichte, in denen abweichend von der Chronologie das Wesentliche/der Informationskern am Textanfang steht („climax first") und erst danach die weiteren Details folgen (Püschel 1991b, 435 f.). Es handelt sich dabei um Vor- und Frühformen des Texttyps 'Nachricht/Ereignisbericht' (auch 'Hard News'), der entsprechend dem Prinzip der „Inverted Pyramide" aus Lead/Vorspann und Body/Hauptteil besteht. Allerdings fehlt zur Komplettierung des Pyramidenprinzips noch die thematische Überschrift, der der Leser erste Hinweise auf den Berichtsgegenstand entnehmen kann. Chronologisch wie leadförmig gebaute Nachrichten/Ereignisberichte finden sich in der Zeitung des 19. und der ersten Hälfte des 20. Jhs. nebeneinander. Wann sich das Pyramidenprinzip als typische Bauform für 'Meldung/Ereignisbericht' in der deutschsprachigen Zeitung durchgesetzt hat, ist unklar, vermutlich jedoch erst nach dem 1. Weltkrieg. Die Entstehung des Pyramidenprinzips für den Nachrichtenaufbau wird allgemein mit technischen Gründen erklärt: Die unsicheren Telegraphenleitungen in den USA Mitte des 19. Jhs. hätten dazu gezwungen, die Informationen in möglichst knapper und zugespitzter Form zu übermitteln (z. B. Weischenberg 1990, 49). Solche technischen Bedingungen mögen eine Rolle gespielt haben; erklärt werden kann die Herausbildung des Pyramidenprinzips jedoch vor allem aus der quantitativen Zunahme des Nachrichtenangebots im Laufe des 19. Jhs. (vgl. Wilke 1984, 44), die verstärkt eine Lektüreauswahl durch den Leser erforderlich macht. Im Gegensatz zum chronologisch gebauten Ereignisbericht, den der Leser vollständig, zumindest aber bis zur entscheidenden Stelle, die sich oft erst am Ende des ersten Drittels oder gar Hälfte des Textes findet, lesen muß (vgl. LaRoche 1995, 62 f.), erlaubt das Pyramidenprinzip dem Leser, sich nach der Lektüre des Leads zu entscheiden, ob er weiter lesen will oder nicht.

Neben 'Meldung/Faktenbericht' und 'Ereignisbericht' finden sich im ausgehenden 18. Jh. erste Ansätze für eine anspruchsvollere Hintergrundberichterstattung, in der über die größeren Zusammenhänge informiert wird, in denen ein Ereignis steht. Bemerkenswertes Beispiel ist die 1798 von Friedrich Johann Cotta unter dem Namen 'Neueste Welt-Kunde' gegründete 'Allgemeine Zeitung', die nicht „zerfetzte, oft im nemlichen Blatte mehr als einmal sich widersprechenden Brief-Auszüge, Aufzählung der anwesenden Kammerherren, oder der Kanonen-Schüsse bei irgend einer Vermählung oder anderen Festlichkeit" bieten will, sondern „wahre Facta — historischwichtige Facta — so viel wie möglich alle wahre und historischwichtige Facta." ('Neueste WeltKunde' Nr. 1 und 2 vom 1. und 2. Januar 1798) Die Berichterstattung soll auf Vollständigkeit zielen und damit die Zeitung zu einer fortlaufenden Chronik ihrer Zeit machen. Ein Mittel dazu sind ausführliche Hintergrundberichte, die sich über mehrere Ausgaben hinziehen können. Es sind gelehrte Artikel, die zwar aus aktuellem Anlaß erscheinen, jedoch ebensogut in einer (historischen) Zeitschrift stehen könnten. Teilweise bilden sie ein Gemisch aus rhetorisch elaborierter Leseransprache und penibler Faktenhuberei. Der Versuch einer Berichterstattung, in der der Hintergrund der Ereignisse ausgeleuchtet wird, mußte bald wieder aufgegeben werden, nicht zuletzt aus Gründen der Zensur. Die Zeitung beschränkt sich noch das ganze 19. Jh. hindurch im Wesentlichen auf Meldungen und Ereignisberichte.

Die Unterscheidung von Ereignisberichterstattung und Hintergrundberichterstattung, wie sie sich schon in der 'Allgemeinen Zeitung' andeutet, ist heute ein fest etabliertes Organisationsprinzip. 'Meldung/Faktenbericht' und 'Nachricht/Ereignisbericht' auf der 1. Seite werden ergänzt um den 'Hintergrundbericht' oder 'Korrespondentenbericht' im innern des Blattes und die 'Reportage', in der berichtet wird, was ein Berichtender gesehen, gehört oder erlebt hat ('Vor-Ort-Reportage'), was er recherchiert hat ('Hintergrundreportage') oder welche Rolle er bei der Recherche gespielt hat ('Rollen-Reportage') (Bucher 1986, 83). Zu solchen Textensembles mit Texten unterschiedlichen Typs, jedoch zu einem Thema können noch weitere Texttypen treten wie 'Interview' oder 'Dokumentenwiedergabe'. Dieses Ensembleprinzip ist wiederum darauf angelegt, den Leser auswählen zu lassen, welche der zu einem thematischen Ensemble gehörigen Texte er in welcher Reihenfolge zu welchem Zeitpunkt lesen will. Solche Textensembles sind jedoch noch nicht das letzte Zeitungswort in Sachen selektiver Lektüre. Denn die in der Regel umfangreicheren

Einzeltexte, die zu einem solchen Ensemble gehören, zwingen mit Ausnahme des pyramidenförmig gebauten Ereignisberichts noch zur Ganzlektüre. Gerade in den 90er Jahren macht die Zeitung wieder einen weiteren Schritt in Richtung auf die verstärkte Auflösung des Einzeltextes, die noch verbunden ist mit einer größeren Flexibilität bei der Auswahl der Lektüre. Dieser Schritt vollzieht sich nicht zuletzt unter dem Konkurrenzdruck, aber auch nach dem Vorbild des Fernsehens (Püschel 1992b) und mittlerweile der hypertextförmigen Aufbereitung der elektronischen Zeitung im Internet (Jakobs/Püschel 1998). Damit hat die „Häppchen(un)kultur" in die Printmedien Einzug gehalten. Hauptmerkmal ist die Auflösung des inhaltsreichen und deshalb langen Textes in ein Cluster von Einzeltexten, Schaubildern und Info-Graphiken (Bucher 1996, 41 ff.; Blum/Bucher 1998). Die Aufgabe des Journalisten besteht darin zu erkennen, welche Informationen sich visualisieren lassen und wie der Berichtsgegenstand in sinnvolle Einzeltexte aufgeteilt werden kann. Die Kunst des Journalisten besteht weiterhin darin, die Informationen so zu portionieren, daß der Leser immer ein relativ abgeschlossenes Bild erhält, und zwar unabhängig davon, welche der Texte und Visualisierungen er auswählt und in welcher Reihenfolge. Neben dieser anspruchsvollen Nutzung kann das Clusterprinzip gleicherweise zur Verpackung leichtgewichtiger Inhalte – journalistischen „Fast foods" – in leicht konsumierbarer Form dienen (Weischenberg 1995, 330 ff.).

2.1.2. Präsentationsformen

Im 16. Jh. hatten viele Zeitungen noch keinen Zeitungskopf; in manchen Zeitungen füllte er dagegen die ganze erste Seite. Bei dem geringen Umfang der frühen Zeitungen erübrigten sich besondere Maßnahmen, um dem Leser einen Inhaltsüberblick zu geben. Er war darauf angewiesen, sich an den Überschriften der einzelnen Korrespondenzen zu orientieren. Erst im ausgehenden 18. Jh. finden sich die ersten Inhaltsübersichten auf der Titelseite, so zum Beispiel bei der 1798 gegründeten 'Allgemeine Zeitung' direkt unter dem Zeitungskopf. Für die Anordnung der Korrespondenzen gibt es für die frühen Zeitungen keine erkennbaren Kriterien; vermutlich spiegelt ihre wechselnde Reihenfolge das Eintreffen am Druckort wider. Eine feste Ordnung in der Nachrichtenpräsentation bildet sich erst im Laufe des 19. Jhs. heraus, auch wenn sie sich in Ansätzen schon sehr viel früher nachweisen läßt. So machen die 1740 gegründeten 'Berlinischen Nachrichten von Staats- und gelehrten Sachen' von Beginn an mit den Berliner Nachrichten auf. Neben die aktuelle Berichterstattung tritt – beginnend 1731 mit der 'Stats- und Gelehrten Zeitung des Hamburgischen unpartheyischen Correspondenten' – eine zweite Sparte, der „Gelehrte Artikel", der in der Regel mit einer eigenen Überschrift versehen ist.

Der Nachrichtenfluß wandelt sich im 19. Jh. vom „Rinnsal" zur „Informationslawine" (Wilke 1984, 97 ff.). Der zunehmenden Informationsfülle wird zum einen mit Vergrößerung des Formats und Verkleinerung der Schrifttypen begegnet. Mehr Druckraum wird zum andern in Form von Beilagen geschaffen, später dann durch eine mehrtägliche Erscheinungsweise. Außerdem unterliegen die Zeitungsmacher dem Zwang, den Stoff übersichtlicher zu ordnen und dem Leser, der nun seine Zeitung nicht mehr vollständig von vorne bis hinten lesen kann oder will, verstärkt Hilfen für die Lektüreauswahl anzubieten. Zu diesem Zweck wird der Nachrichtenstoff immer stärker nach thematischen Gesichtspunkten geordnet, was dazu führt, daß nach und nach das Korrespondenzprinzip durch eine Anordnung der Meldungen nach Länderrubriken abgelöst wird, die ihren festen Platz bekommen. Die stetige Erweiterung des inhaltlichen Spektrums, das die Zeitung abdeckt (z.B. Lokalberichterstattung, Wirtschaftsnachrichten, Unterhaltsames/Feuilletonistisches), führt schließlich zur Herausbildung der Sparten. Mit diesen Maßnahmen wird dem Leser verstärkt Orientierungshilfe geboten. Die einzelnen Teile der Zeitung sind durch Überschriften markiert, in der Regel Länder- und Spartenbezeichnungen, jedoch noch keine thematischen Überschriften. Eine technische, den Übermittlungsweg der Nachrichten thematisierendes Ordnungsprinzip bildet die Rubrik *Telegraphische Depeschen* (z.B. in der 'Frankfurter Zeitung' um die Wende vom 19. zum 20. Jh.). In vielen Zeitungen findet sich auch eine die Aktualität betonende Rubrik *Letzte Meldungen* u. ä. Die Rubriken und Sparten weisen eine feste Ordnung auf: Inland steht vor Ausland, gefolgt von Regionalem, Lokalem und dem Wirtschaftsteil. Die Rubrik „Unter dem Strich" nimmt etwa ein Drittel der Titelseite ein und hat vielfach ihre Fortsetzung auf der zweiten Seite. Auch innerhalb einzelner Rubriken findet sich eine mehr oder weniger feste Ordnung. So beginnt der Inlandsteil mit Nachrichten aus dem Deutschen Reich und dann den einzelnen Ländern. Wie sich der Nachrichtenstoff auf mehrere Ausgaben pro Tag verteilt (oft ein 1. und 2. Morgen- und ein Abendblatt), bleibt noch genauer zu untersuchen. Eine Tendenz scheint jedoch zu sein, im 1. Morgenblatt und im Abendblatt die aktuellen überregionalen Nachrichten zu bringen, während sich im 2. Morgenblatt vermehrt Regionales, Lokales und Unterhaltendes findet (vgl. auch 2.3.).

Die interne Gliederung der Rubriken und Sparten wird zuerst einmal durch Absatzbildung bewirkt. Weiterhin werden Meldung/ Faktenbericht mit Ortsmarke und Datumszeile eröffnet, vielfach noch ergänzt um ein Korrespondentenkürzel. Während diese Quellenangaben auch der Gliederung dienen, ist die Spitzmarke ein reines Gliederungsmittel. Hierbei werden die ersten Wörter oder die erste Zeile einer Meldung/eines Faktenberichts gesperrt, ein Verfahren, das dahingehend weiterentwickelt wird, daß ein Wort oder eine Wortgruppe innerhalb des Textes gesperrt wird. Dem Leser erleichtern diese „Schlüsselwörter" die Lektüreauswahl, denn er kann sich an den gesperrten Stichwörtern orientieren, wenn er die Zeitungsseite nach ihn interessierenden Nachrichten überfliegt. Es handelt sich bei diesem Verfahren um einen Vorläufer der inhaltlichen Überschrift (genauere Untersuchungen zu deren Herausbildung liegen nicht vor; zu Formulierungsmustern Sandig 1971).

Mit der Entstehung der Straßenverkaufszeitung/Boulevardzeitung − die erste große Zeitung dieses Typs ist die 'BZ am Mittag' von 1904 −, die sich mit jeder Ausgabe ihre Käufer neu erobern muß, verändert sich auch die Aufmachung, was am deutlichsten an der Titelseite abzulesen ist. Ihre Aufgabe besteht darin, die Aufmerksamkeit der potentiellen Käufer auf das Produkt zu lenken und zum Kauf anzureizen. Dazu werden genutzt: typographische Mittel (Farbe, Variation in Schriftgröße und -typ, Negativzeilen) und Illustrationen, die sprachliche Präsentation (auf die Sensationslust spekulierende und Erwartungen weckende Schlagzeilen) und Auswahl der Inhalte (vor allem Sensationsmeldungen und „human interest"-Themen) (Lüger 1995, 80 ff.). Im Nachkriegsdeutschland gilt 'Bild' als die Boulevardzeitung schlechthin.

2.2. Formen des Kommentierens

Bis zur Mitte des 19. Jhs. ist die Zeitung ein berichtendes Medium. Man spricht deshalb auch von der Nachrichtenpresse. Eine Kommentierung politischer Ereignisse findet nicht statt, sei es, weil diese nicht den Bedürfnissen des Publikums entspricht, sei es, weil sie durch die Obrigkeit unterdrückt wird. Gegenbeispiele wie die 'Deutsche Chronik' (1774−1777) von Christian Friedrich Daniel Schubart oder der 'Rheinische Merkur' (1814−1816) von Joseph Görres, der unmittelbar nach dem Ende der Freiheitskriege sein „Experiment Pressefreiheit" wagte (Hofmeister-Hunger 1994, 300 ff.), bestätigen nur diese Feststellung. Die Zensur- und Unterdrückungsmaßnahmen, die in den Karlsbader Beschlüssen von 1819 festgeschrieben werden, behalten ihre Wirkung bis zur Jahrhundertmitte. Erst als das Königreich Preußen am 24. Dezember 1842 die Zensur lockert, zieht das Räsonnement in die Zeitung ein (Püschel 1991a). Die Besprechung von öffentlichen Angelegenheiten erfolgt sowohl in Leitartikeln als auch in Leserbriefen. Dabei ist in der Anfangsphase nicht immer klar zu unterscheiden, ob es sich bei dem Kommentator um einen Zeitungsmitarbeiter oder aber eine Privatperson handelt. Die Texte selbst sind nach dem rhetorischen Redeschema gebaut mit Exordium, Narratio, Argumentatio und Peroratio (Püschel 1993). Die schulrhetorisch gebildeten Schreiber beherrschen selbstverständlich auch die Elocutio-Lehre. Zwar wird das rhetorische Redeschema übernommen, aber es wird von Beginn an zeitungsspezifsch modifiziert. Vor allem schrumpft die Narratio auf ein Minimum und bildet lediglich einen knappen Aufhänger für die weiteren Ausführungen. Dies Verfahren, das heute bei der Kommentierung aktueller Ereignissse die Regel ist, bietet sich überall da an, wo der Kommentator darauf zählen darf, daß der Leser über den besprochenen Gegenstand informiert ist (Püschel 1994, 166 ff.). Die ersten kommentierenden Texte fallen recht umfangreich aus (bis zu einer Seite einer vierseitigen Ausgabe). Sie haben noch keinen festen Platz und erscheinen unregelmäßig. Von der Funktion her sind sie Leitartikel, in denen sich die Haltung des Blattes zu grundsätzlichen Fragen artikuliert; wohl erst nach 1850 erhalten sie die Rolle des Aufmachers, so z. B. in der 'Frankfurter Zeitung'. Zu dem umfangreichen und grundsätzlichen Leitartikel, der sich nicht auf tagesaktuelle Themen beschränkt, gesellt sich der kürzer gehaltene Kommentar zu aktuellen Ereignissen aus Politik, Wirtschaft und Gesellschaft. 'Leitartikel' und 'Kommentar' bieten heute „eine unabhängige

Interpretation, Erklärung und Erläuterung von Tagesereignissen, Zeitströmungen und politischen Entwicklungen" (Koszyk/Pruys 1969, 184 f.). Sie zielen dabei oft auf bloße Meinungskundgabe (nach LaRoche 1995, 154 „Geradeaus-K."), greifen aber auch in Form der Problematisierung strittige Sachverhalte auf, die argumentativ behandelt werden. Kommentierende Texte weisen deshalb häufig eine argumentative Textstruktur auf, auch wenn diese nicht immer klar erkennbar ist (Lüger 1995, 128; zu Persuasions-Strategien Moilanen/Tiittula 1994). Als satirischer Kurzkommentar und spöttische Randbemerkung zielt die 'Glosse' vor allem auf Angriff und Verletzung, aber auch auf Unterhaltung. Sie findet sich in allen Sparten und kennt keine thematische Beschränkung. Gekennzeichnet ist sie durch Wortspiele, ungewöhnlichen Sprachgebrauch vom übertrieben Gekünstelten bis hin zu Umgangssprache und Dialekt, das Aperçu, die manchmal auch ironisch zugespitzte Darstellung und Argumentation, die Schlußpointe. Wird eine Sparte mit einer Glosse eröffnet, spricht man von 'Spitze' oder 'Mütze', wird mit einer Glosse Platz ausgefüllt, der beim Umbruch übrigbleibt, ist von 'Entrefilet' die Rede. Ihren Ursprung hat die Glosse vermutlich in den publizistischen Aktivitäten des Jungen Deutschland vor und nach der Julirevolution von 1830. In zeitungswissenschaftlichen Handbüchern erscheint *Glosse* als Fachterminus erst in den vierziger Jahren des 20. Jhs. (Rohmer 1988, 32). Noch in den 80er Jahren des 20. Jhs. veröffentlichen in der Bundesrepublik Deutschland fast die Hälfte der Tageszeitungen regelmäßig Glossen, etwa ein Drittel sogar täglich (Camen 1984, 123).

2.3. Die Unterhaltsamkeit der Zeitung

Die Zeitung dient von Anfang an dem Informationsbedürfnis ihrer Leser und erfüllt damit grundsätzlich eine öffentliche Aufgabe. Es gab und gibt Rezipientengruppen, die aus der Zeitung einen unmittelbaren Nutzwert ziehen, daneben gab und gibt es jedoch eine große Zahl von Nachrichten ohne praktische Verwertbarkeit für die Hauptmasse der Rezipienten. Deshalb muß der andauernde Erfolg der Zeitung noch auf andere Weise erklärt werden; er resultiert weithin aus der Tatsache, daß sie ein unterhaltsames Medium ist. Dies bezeugt schon Kaspar Stieler mit seinem Traktat über 'Zeitungs Lust und Nutz' von 1695, in dessen Titel die Lust noch vor dem Nutzen genannt wird. Neben dieser der Zeitung immanenten Unterhaltsamkeit, entwickeln sich im Laufe der Zeit spezielle Formen der Unterhaltung. Das Hauptmotiv für die Forcierung von Unterhaltsamkeit sind wirtschaftliche Interessen. So führt beispielsweise die Konkurrenz mehrerer Zeitungen im Hamburg des ausgehenden 17. Jhs. dazu, daß Georg Greflinger und seine Söhne den 'Nordischen Mercurius' (um 1665–1730) inhaltlich um philosophisch-moralische Betrachtungen erweitern, bei denen in der Regel eine gereimte Quintessenz mit einem Exempel verknüpft wird (Prange 1978, 151 ff.). Heinrich von Kleist will die Käufer der 'Berliner Abendblätter' (1810–1811), dem ersten deutschen Boulevardblatt, nicht nur durch eine aktuelle lokale Berichterstattung (z. B. mit Meldungen über die Mordbrennerbande oder mit dem reportagehaften Bericht über den Start eines Heißluftballons) gewinnen, sondern auch mit Anekdoten, Erzählungen, Gedichten und feuilletonartigen Texten.

Das 'Feuilleton' als kleine Form – ein unterhaltsamer Texttyp par excellence – verfolgt mit publizistisch-literarischen Mitteln kritisch-politische Ziele, um unmittelbare Wirkung auf das zeitungslesende Publikum auszuüben; es kann aber auch reine harmlose Plauderei bleiben, was vor allem im Dritten Reich der Fall war. Es besitzt keine festen Genremerkmale, insofern haben sich auch Versuche etwa von Otto Groth (1928) oder Heinz Knobloch (1962), Subtypen zu bilden, nicht durchgesetzt. Es kann jedoch formalstilistisch als kurzes Prosastück charakterisiert werden, das sich durch Witz, Anmut und Anschaulichkeit auszeichnet. Zu den Vorbildern werden Autoren des 18. Jhs. und frühen 19. Jhs. gezählt wie Justus Möser, Matthias Claudius oder Johann Peter Hebel, dann auch Ludwig Börne und Heinrich Heine, die den Stil der französischen Feuilletonisten nach Deutschland vermittelten. Seine Blütezeit erlebte das Feuilleton als kleine Form im Wien der Jahrhundertwende, strahlte aber auch nach Berlin aus, zumal eine Reihe Wiener Feuilletonisten in Berlin arbeiteten. Es galt als non plus ultra eines literarisch ambitionierten Journalismus, zu dessen Vertretern u. a. Ferdinand Kürnberger, Daniel Spitzer, Adolf Glasbrenner, Theodor Fontane, Herman Bahr, Hugo von Hofmannsthal, Peter Altenberg, Alfred Polgar, Felix Salten, Franz Blei, Egon Friedell oder Robert Musil zählten. Zwar ist der Texttyp 'Feuilleton' heute in den überregionalen Tageszeitungen noch zu finden, doch spielt er keine entscheidende Rolle mehr.

Um die Leserbindung zu festigen, werden in der zweiten Hälfte des 19. Jhs. 'Unter dem Strich' Romane, Novellen und Reiseberichte in Fortsetzung gedruckt (zuerst in der 'Kölnischen Zeitung' 1851). Doch erst nach der Gründung des Deutschen Reichs 1871 drängt die Unterhaltung geradezu explosionsartig in die Zeitung. In dieser Zeit entsteht der Typ des Generalanzeigers, dessen wirtschaftliche Interessen im Verkauf von Anzeigenraum liegen. Nicht nur in der Reichshauptstadt Berlin machen sich die großen Zeitungskonzerne von Rudolf Mosse, Leopold Ullstein und August Scherl Konkurrenz, sondern auch in Provinzstädten konkurrieren Zeitungsunternehmen um die Abonnenten. So gab es beispielsweise in Trier in den 80er und 90er Jahren des 19. Jhs. vier Generalanzeiger (Püschel 1996). Den Konkurrenzkampf suchen sie zu bestehen mit Sensationsberichten, Skandal- und Greuelgeschichten, zu Herzen Gehendem, Kuriosem und Klatsch. Texte dieser Art finden sich in den Rubriken 'Provinzielles' und 'Locales', aber auch in der neuen Rubrik 'Vermischtes', in der der Unterhaltungsstoff für Leser wie noch heute auf der Seite 'Aus aller Welt' u. a. gebündelt ist. Gerade die Lokal- und Regionalberichterstattung vermitteln dem Leser den Eindruck von Nähe zum Geschehen, was ihm das Berichtete interessant erscheinen läßt. Berichtet wird in Form der Meldung/dem Faktenbericht oder dem chronologisch gebauten Ereignisbericht, der sich zur Form der 'soft news' weiterentwickelt mit ihrer variantenreichen Textgestaltung (Lüger 1995, 103). Hinzu kommen Anekdoten, Witze, Rätselecken, Reiseberichte und Kolportageromane, die mit Ausnahme des Romans nur zum Teil „Unter dem Strich" stehen, sich ansonsten vielfach in Lückenfüllerfunktion auch in anderen Rubriken finden. Anekdoten, Geschichtchen u. ä. werden oft einleitend mit einer Art von Genrezuweisung und Bewertung gekennzeichnet wie *hübsche Anekdote, gelungenes Abenteuer, hübsches Stückchen, beherzigenswerthe Mittheilung*. Der Roman und die Artikel über alle Gebiete der Kunst, des Wissens und der Technik können auch ausgelagert sein in besondere Beilagen. So erhält beispielsweise der 'Trierische Volksfreund' im Jahre 1906 die tägliche Beilage 'Germania' und das 'Illustrierte Sonntagsblatt'. Einen Beitrag zur Unterhaltung können auch die Bilder leisten, die mit dem Beginn des 20. Jhs. ihren Einzug in die Zeitung halten und mittlerweile in vielen Regionalzeitungen farbig gedruckt werden. Zahlreiche der für den Generalanzeiger typischen Formen der Unterhaltung prägen noch heute das Gesicht der Zeitung mit. Sie liefern in den Worten Peter Sloterdijks das „Anekdotisch-Merkwürdige, Besondere, Außergewöhnliche, Pikante und Pikarische, das Andersartige und Singuläre, das Ereignishaft-Amüsante, Erschreckende oder nachdenklich Stimmende" (Sloterdijk 1983, 565), wobei das Bewußtsein für die Unterhaltsamkeit auch der Tageszeitung eher verdeckt worden ist durch die Entstehung der Boulevardzeitung oder der Yellow Press, die das Unterhaltungsbedürfnis auf massive Weise bedienen, sowie durch das Konkurrenzmedium 'Fernsehen', das alleine durch seine bewegten Bilder einen Unterhaltungsvorsprung vor den Printmedien hat.

2.4. Die Zeitung in der Kritik

2.4.1. Zeitungskritik als Sprachkritik

Die Zeitung, die als öffentliches Medium den Sprachgebrauch mit beeinflußt (Mogge 1980), ist vom Zeitpunkt ihrer Entstehung an Gegenstand kritischer Auseinandersetzung. Es läßt sich durchaus für das 17. Jh. von einer Pressedebatte sprechen, in der sich schon die These vom negativen Einfluß der Zeitung auf die Sprache findet (Gieseler 1996, 277 ff.; Wilke 1985). So nennt Kaspar Stieler die Zeitungen „rechte Sprach-Verderber" (Stieler 1969, 62). Konkret moniert wird mit puristischer Stoßrichtung die Wortwahl, bei der die große Zahl fremdsprachlicher Ausdrücke die Verständlichkeit beeinträchtigen soll. Sprachkritische Äußerungen zur Zeitung sind vor allem für das 19. Jh. belegt. So spricht etwa Goethe 1811 davon, daß Zeitungen „sehr oft die höchsten Worte, mit denen nur das Beste bezeichnet werden sollte, als Phrasen anwenden, um das Mittelmäßige oder wohl gar das Geringe zu maskieren" (Goethe 1901, 120 f.). Oder Ludwig Börne merkt 1826 an, daß schlechter Stil in Zeitschriften unverzeihlich sei wegen seiner negativen Auswirkung auf ein breites Publikum (Börne 1988, 142). Schon Börne geht es also nicht primär um den Sprachgebrauch der Zeitungen, sondern um dessen Auswirkung auf die deutsche Sprache allgemein (vgl. Dieckmann 1988, 306). Weitere Kritiker und Verächter der Zeitung sind Ludwig Tieck, der Turnvater Jahn, Karl Leberecht Immermann und Friedrich Hebbel (Langen 1957, Sp. 1285). Berühmtberüchtigt sind Arthur Schopenhauers Diktum vom „schändlichen Jargon" und Nietzsches Spruch „Schweine-Deutsch! − Verziehung! Zeitungsdeutsch!" (d'Ester 1962, Sp. 1297; zu Schopenhauer Langen 1957, Sp. 1286 f.). Unter den Zeitungskritikern verdient Ferdinand Kürnberger besondere Aufmerksamkeit, da für ihn die Zeitung „ihrer eigenen Redeweise" bedarf (Kürnberger 1988, 314). Für Kürnberger ist die Zeitung einerseits ein öffentliches Medium, das seinen eigenen Gesetzen gehorcht mit Konsequenzen für den allgemeinen Sprachgebrauch: „Schriftsprache wird mehr und mehr heißen: Journalsprache" (Kürnberger 1988, 315). Andererseits droht jedoch die Gefahr, „daß das Deutsch Lessings und Goethes aufhört eine lebende Sprache zu sein!" (Kürnberger 1988, 316). Kürnberger anerkennt also, daß sich in und mit der Zeitung neue Sprachformen entwickeln (müssen), die den Anforderungen der Zeitungskommunikation gerecht werden (vgl. auch Langen 1957, Sp. 1286 ff.). Zugleich ist er einem rückwärtsgewandten Sprachideal verhaftet − eine ideologische Position, da die Sprache Lessings und Goethes nie die Sprache der Zeitung gewesen ist (zu Wirkung und Verbreitung der Klassikersprache Mattausch 1980). Kürnbergers zwiespältige Position ist Symptom zweier sich widersprechenden Grundströmungen im Bürgertum zwischen 1830 und 1870 (Eggers 1977, 125): Zum einen gilt es, den erreichten Stand der geistigen Kultur zu bewahren, zum andern nach neuen politischen und sozialen Zielen zu streben, wie sie in der sich seit der Jahrhundertmitte entfaltenden Meinungs- oder Parteipresse verfochten werden (Püschel 1998 a, 372 ff.).

Einer der vehementesten Kritiker der Zeitung ist Karl Kraus, der in der „Fackel" (1899−1936) kontinuierlich Sprachkritik betreibt. Kraus, für den Wahrhaftigkeit der höchste Maßstab der Presse ist, eine Wahrhaftigkeit, die sich auch im Sprachgebrauch manifestieren muß, geißelt in seinem Essay 'Heine und die Folgen' (1910) den Hang zum Feuilletonisieren − eine Stilhaltung, die weder an die Sparte 'Feuilleton' noch an den Texttyp 'Feuilleton' als 'Kleine Form' gebunden ist: „Aber die Stimmung, die Stimmung treffen sie alle; und der Reporter, der als Kehrrichtsammler der Tatsachenwelt sich nützlich machen könnte, kommt immer mit einem Fetzen Poesie gelaufen, den er irgendwo im Gedränge an sich gerissen hat. Der eine sieht grün, der andere sieht gelb − Farben sehen sie alle" (Kraus 1989, 191). Kraus lastet diese Entwicklung in der Berichterstattung Heinrich Heine an. Doch diese Feuilletonisierung ist vor allem direkte Folge der Kommerzialisierung der Zeitung, die einen Schub zur Unterhaltsamkeit bewirkt (vgl. 2.3.), der auch auf die Berichterstattung ausgreift (Püschel 1998 a, 377 ff.). Weiter verstärkt wird diese Feuilletonisierung durch die Gründung großer Straßenverkaufszeitungen (Boulevardzeitungen) wie beispielsweise die 'BZ am Mittag' 1904. Die Notwendigkeit, die Käufer täglich neu auf dem Boulevard zu gewinnen, hat tiefgreifende Auswirkungen auf Textgestaltung, Satzbau, Wortwahl und Präsentation (vgl. 2.2.). Prototypisch für diese „Boulevardisierung" steht nach dem 2. Weltkrieg die 1952 gegründete 'Bild'-Zeitung, deren Sprachgebrauch in Wortwahl und Satzbau, aber auch in der häppchenweisen Aufbereitung der Informationsvermittlung kritisiert wird (Mittelberg 1967; Straßner 1991, 113 ff.). Zumindest in der Anfangsphase war 'Bild' als „Tagesillustrierte" konzipiert, die sich an den „modernen Analphabeten, einen optischen Menschen" (Straßner 1991, 113) wendet. Geahnt wurde eine solche Entwicklung schon von Ferdinand Kürnberger, der 1873 die zeitgenössischen illustrierten Zeitschriften „als Übergang vom Lesen zum Nichtlesen" apostrophierte, mit „Viel Bild, wenig Text!" und mit der Folge: „Und nicht lesen, immer gaffen!" (zitiert nach Mackensen 1971, 154). Die Tatsache, daß sich die Boulevardzeitung immer weiter von der als seriös apostrophierten Abonnementszeitung entfernt, bildet den Anlaß, ihr schlechten Journalismus und verderbten Sprachgebrauch zu attestieren. Eine reflektiertere Betrachtungsweise setzt aber Boulevardisierung nicht einfach mit Sprachverfall gleich, sondern erklärt sie als Ausdruck des Bestrebens, sich auf dem Markt in der Konkurrenz zu anderen Zeitungen und zu anderen Massenmedien wie dem Fernsehen zu behaupten. Deshalb setzt Erich Straßner mit seiner Kritik an der Nachkriegsentwicklung der drei Massenmedien Zeitung, Hörfunk und Fernsehen nicht bei den sprachlichen Mitteln an, sondern „bei den Inhalten, den medialen Konzeptionen, Inszenierungen, Situationen", die es zu verändern gilt (Straßner 1991, 227).

2.4.2. Linguistische Pressekritik als Kommunikationskritik

Die linguistische Pressekritik fragt danach, wie in der Zeitung Wirklichkeit konstruiert wird (Merten/Schmidt/Weischenberg 1994, Teil II). Dazu gehören die Fragen, wie die Zeitung informiert, zu überzeugen versucht und unterhält (Good 1985). Kritisch untersucht hat man bislang vor allem, wie die Zeitung informiert. Den Rahmen bilden dabei die Maximen der Aktualität, Relevanz und Informativität, Verständlichkeit und Klarheit, Wahrheit und Unparteilichkeit (Mukkenhaupt 1986, 275; Schröder 1995, 217 ff.; anders Bucher 1991, 12 ff.). Ansatzpunkte für eine kritische Betrachtung von Weisen des Informierens sind Strategien der Ereignisdarstellung. Dazu gehören unter anderem: 1. Die Aufmacherstrategie, bei der schon die Formulierung der Aufmacherschlagzeile eine entscheidende Weichenstellung bildet. Mit ihr wird das Ereignis klassifiziert, eine Sichtweise auf das Ereignis vorgegeben und der Rahmen für die weitere Berichterstattung abgesteckt (Bucher 1991, 52 ff.). 2. Der Ereignisbezug, mit dem dem Leser ermöglicht werden soll, einen Bericht richtig einzuschätzen. Dazu müssen die Quellen, die Nachrichtenlage, die Darstellungsperspektive(n) und die Tradierungsgeschichte von Informationen transparent gemacht werden (Bucher 1991, 55 ff.). 3. Die Modellierung von Ereignissen in Standardgeschichten, mit deren Hilfe die individuellen Ereignisse auf eingespielte Weise dargestellt werden (Bennett 1988, 130). Dies bedeutet einerseits Entlastung für den routinierten Journalisten (Tuchman 1978, Kap. 2), andererseits Typisierung der Ereignisse, die in vorgestanzte Deutungsmuster eingepaßt werden, indem Mehrdeutigkeiten, Widersprüche und Unerwünschtes geglättet und ausgeblendet werden (Bennett/Gresset/Haltom 1985; Bennett/Edelman 1985; Püschel 1992a). Die Ereignismodellierung in Standardgeschichten führt auch zur Mythenbildung (Bird/Dardenne 1988). 4. Das Zusammenspiel mit anderen Ereignisthematisierungen in der Zeitungsausgabe, in denen zum Beispiel durch entsprechende Kommentierung, die Standardgeschichte repariert wird (Bucher 1991, 70 ff.). 5. Das Themenmanagement, bei dem über die Themenauswahl hinaus (Galtung/Ruge 1965) Themen modifiziert, hochgespielt, (künstlich) am Leben erhalten oder verdrängt werden (Bucher 1991, 47 ff.). 6. Eine Vielfalt von Techniken zur Klassifizierung, Fiktionalisierung, Dramatisierung, Personalisierung, Metaphorisierung und bewertenden Typisierung (zu einzelnen Aspekten Good 1985; Dieckmann 1985; Bucher 1991).

3. Die Zeitschrift

Im Gegensatz zur Zeitung lassen sich für die Zeitschrift keine generellen Entwicklungstendenzen angeben. Dies resultiert aus der Tatsache, daß sich unter dem Begriff der Zeitschrift ein nur schwer überschaubares Angebot an periodischen Publikationen versammelt, zu denen in Anlehnung an die Klassifizierung des Statistischen Bundesamtes zählen: politische Wochenblätter, konfessionelle Zeitschriften, Publikumszeitschriften, wissenschaftliche und nichtwissenschaftliche Fachzeitschriften, Kundenzeitschriften, amtliche Blätter, Anzeigenblätter, kostenlos verteilte kommunale Amtsblätter, Verbandszeitschriften. Allein die Publikumszeitschriften unterteilen sich wieder in Autozeitschriften, Frauen- und Modezeitschriften, Illustrierte, Jugendzeitschriften, Kulturzeitschriften, politische und Wirtschaftsmagazine, Rundfunkzeitschriften, unterhaltende Wochenzeitschriften/Yellow Press. Die Verschiedenheit der Inhalte, der Adressatengruppen und der verfolgten Ziele bedingen eine Vielfalt in den Präsentationsformen und Texttypen, so daß sich keine einheitlichen Aussagen über die verwendeten sprachlichen Mittel und ihre Leistung machen lassen. Es kommt noch hinzu, daß sowohl für die Vergangenheit als auch die Gegenwart nur punktuelle Untersuchungen zum Sprachgebrauch in Zeitschriften vorliegen, die entweder einem Zeitschriftentyp wie beispielsweise den Moralischen Wochenschriften oder einer prominenten Zeitschrift wie beispielsweise dem 'Spiegel' gewidmet sind. Das Forschungsinteresse spiegeln bis zu einem gewissen Grad auch die vier Bände der 'Geschichte der deutschen Presse' wider, in denen der Platz, der den Zeitschriften eingeräumt ist und die Zahl der Verweise in den Registern von Band zu Band abnimmt (Lindemann 1969; Koszyk 1966, 1972 und 1986). Historische Darstellungen zu einzelnen Zeitschriftentypen wie Schlawe 1961 und 1962, Hocks/Schmidt 1975, Wilke 1978, Obenaus 1986 und 1987 oder Huß-Michel 1987 bieten vor allem Überblick über das Material, enthalten aber nur sporadische Hinweise auf Textformen und Mittel der Präsentation. Dementsprechend lückenhaft fällt auch der folgende Versuch eines Überblicks aus, bei dem gerade die Texttypen wie beispielsweise 'Abhandlung', 'Rezension', 'Moraldiskurs', 'Satire', 'Moralisches Charakterbild', 'Traum', 'Fabel', 'Allegorie' oder 'Brief' nur genannt, nicht aber in ihrer jeweils spezifischen Ausformung charakterisiert werden können.

3.1. Die gelehrte Zeitschrift – Fachzeitschriften im 18. Jahrhundert

Läßt man einmal die Frage, ob die Meßrelationen Zeitschriften sind, außer acht, gelten die 'Monats-Gespräche' (1688–1689) des Aufklärers Christian Thomasius als die erste deutschsprachige Zeitschrift; sie markiert zugleich den Beginn der gelehrten Zeitschrift, die sich anders als die lateinischen 'Acta eruditorum' (s. u.) nicht mehr allein an den geschlossenen Kreis der Gelehrtenrepublik wendet, sondern an die Gebildeten auch außerhalb der Universität, also an Akademiker, Hof- und Kaufleute (Sauder 1980a, 239). Thomasius hat das seit der Antike bekannte literarische Mittel des Gesprächs (zumindest zu Beginn) benutzt, um seine Buchbesprechungen unterhaltsam zu präsentieren. Zur weiteren Auflockerung streut er noch Anekdoten und Erzählungen ein. Das Gespräch als fiktives Spiel – vier Personen unterhalten sich auf der Reise nach Leipzig – erlaubt es Thomasius, durch die Beteiligten die verschiedensten Meinungen und Positionen äußern und im Diskurs die „Wahrheit" finden zu lassen. Das Mittel des Gesprächs wurde noch verschiedentlich von historisch-politischen Zeitschriften genutzt, so zum Beispiel die 'Gespräche in dem Reiche derer Todten' (1718–1739; vgl. Schmid 1973) oder 'Politische Gespräche im Reiche der Todten' (1786–1810).

Nicht nur die erste deutschsprachige Zeitschrift ist eine gelehrte Zeitschrift, sondern die ersten Zeitschriften überhaupt, so die seit 1682 von Otto Mencke herausgegebenen 'Acta eruditorum', die lateinisch geschrieben sind. Sie versammeln referierende Rezensionen und Abhandlungen zu allen Gebieten der Wissenschaft mit einem Schwerpunkt im mathematisch-naturwissenschaftlichen Bereich, während Philosophie und Philologie in Form von kleineren, vermischten Beiträgen vertreten sind (Hensing 1973, 41 f.); geboten werden auch zahlreiche Illustrationen. Dieser auf Universalität angelegte Typus der gelehrten Zeitschrift kennt als deutschsprachige Spielarten die 'Frankfurter gelehrten Anzeigen' (1736–1790), die zumindest in der Frühphase ähnlich den 'Acta eruditorum' Rezensionen und vermischte Beiträge boten (Jansen 1973, 61), die 'Neuen Zeitungen von gelehrten Sachen' (seit 1715), in denen – vergleichbar der Zeitung – Ereignisse aus der Welt der Gelehrsamkeit gemeldet wurden (Lindemann 1969, 191 f.) und die 1765 gegründete 'Allgemeine deutsche Bibliothek' oder die 1785 gegründete 'Allgemeine Literaturzeitung', die reine Rezensionsorgane waren. Neben der allgemeinwissenschaftlichen Zeitschrift und diese zum Teil ablösend entwickelte sich sehr schnell eine Vielzahl von Fachzeitschriften für alle Wissenschaftsbereiche, die sich seit dem ausgehenden 17. Jh. herausbildeten (vgl. Lindemann 1969, 202–222). Nicht nur in den Fachzeitschriften bildete die Rezension weithin die dominante, wenn nicht gar alleinige Textform. In ihr hat das „Zeitalter der Kritik" (Kant) seine angemessene Ausdrucksform gefunden, auch wenn nicht selten bloße Referate und Inhaltsangaben geboten wurden, angereichert mit historischer, philologischer, wissenschaftlicher oder ästhetischer Kritik (Wilke 1978, 90). Ganz allgemein ist die Zeitschrift das Organ einer meinungsbildenden Publizistik, die getragen wird von einem publizistisch-schriftstellerischen Journalismus (ebd. 73).

3.2. Die literarischen Zeitschriften

Zumindest in der Frühzeit waren die literarischen Zeitschriften nicht immer klar von den gelehrten Zeitschriften, aber auch von den gehobenen Unterhaltungszeitschriften abzugrenzen (Lindemann 1969, 223). Während beispielsweise Johann Christoph Gottscheds 'Beyträge Zur Critischen Historie der Deutschen Sprache, Poesie und Beredsamkeit' (1732–1744) von Abhandlungen geprägt sind, ist 'Der Teutsche Merkur' (1773–1810) von Christoph Martin Wieland eine Mischung aus Abhandlung, Literaturkritik – auch in Form von Sammelbesprechungen –, Erstveröffentlichungen literarischer Texte und Gedichten (Schulze 1973), ein Bild, das sich auch in zahlreichen anderen literarischen Zeitschriften im ausgehenden 18. Jh. bietet. Robert Prutz hatte deshalb schon 1851 vorgeschlagen, die literarischen Zeitschriften in kritisch-räsonierende mit den Textformen 'Rezension' und 'theoretisch-kritischer Artikel', poetisch-produktive mit einer Vielfalt an poetischen Formen und Mischungen von diesen beiden Typen einzuteilen.

Von großer Bedeutung für die literarische Zeitschrift – wie für die Zeitschrift generell – ist der Titel, dient er doch nicht nur zur Unterscheidung von der Konkurrenz, sondern signalisiert thematische Schwerpunktbildung und publizistische Absicht (Wilke 1978,

1119). In literarischen Zeitschriften, die ähnlich wie Zeitungen einmal oder mehrmals in der Woche erscheinen, findet sich der Titel in einer Querleiste auf der ersten Seite. Monats- oder Vierteljahresschriften dagegen besitzen ein eigenes Titelblatt mit gleichbleibender Gestaltung (Wilke 1978, 128).

3.3. Moralische Wochenschriften

Bis zur Mitte des 18. Jhs. prägen zwei Typen die Zeitschriftenlandschaft: die gelehrten und vor allem Fachzeitschriften, die von Gelehrten vor allem für Gelehrte geschrieben wurden, und die Moralischen Wochenzeitschriften, die von akademisch Gebildeten und Gelehrten für ein lernfähiges und gebildetes Bürgertum geschrieben wurden (Wild 1980, 120). Beispiele sind Johann Jakob Bodmers und Johann Jakob Breitingers 'Discourse der Mahlern' (1721–1723), der äußerst erfolgreiche Hamburger 'Patriot' (1724–1726) und Johann Christoph Gottscheds 'Vernünftige Tadlerinnen' (1726–1726). Die Moralischen Wochenschriften vermittelten die 'Botschaft der Tugend' (Martens 1971), sie verfolgten also eine didaktische Zielsetzung und die Absicht, Denken und Handeln ihrer Leserinnen und Leser zu beeinflussen, und zwar auf unterhaltsame Weise. Zu diesem Zweck genutzt wurde eine ganze Palette von Texttypen wie 'Moraldiskurs', 'Satire', 'moralisches Charakterbild', 'moralische Erzählung', 'Traum', 'Fabel', 'Allegorie', 'Brief' und 'Dialog einer fiktiven Gesellschaft' (Sauder 1980b, 269). Eine besondere Rolle spielten auch die „Frauenzimmerbibliotheken", mit denen ein „weibliches" Bildungsideal vermittel werden sollte, das von Frömmigkeit, Vernunft und den für wesentlich gehaltenen Geschlechtsrollen geprägt war (ebd. 277). Daneben existierte auch eine Reihe von Frauenzeitschriften und Modejournalen.

3.4. Anfänge der Publikumszeitschriften

Im Gegensatz zu den Zeitungen boten die historisch-politischen (Publikums-)Zeitschriften an der Wende vom 17. auf das 18. Jh. schon ansatzweise eine Art von Hintergrundberichterstattung, in dem sie umfangreiche Artikel über politische Geschehnisse, daneben auch Dokumente wie Aktenstücke und Urkunden, gelegentlich auch historische Rückblicke druckten (Lindemann 1969, 197f.). Ebenfalls in Ansätzen findet sich ein politisches Räsonnement, so vor allem in der 'Deutschen Chronik' (1774–1778) von Christian Friedrich Daniel Schubart (Müller 1985; Myers 1990), während August Ludwig von Schlözers zwischen 1775 und 1795 unter wechselnden Namen erscheinende Zeitschrift wegen der bissigen Kommentare (in Fußnotenform oder als selbständige Texte) gefürchtet waren, die die Aufsätze, Erörterungen, Auszüge aus anderen Werken und Dokumente begleiteten.

Bewundernd spricht Karl d'Ester von den aufklärerischen Zeitschriften des 18. Jhs., die „Schriften für die Zeit" sein wollten, und er zählt eine ganze Palette von Bezeichnungen auf, die eine Mischung aus Textformen und Bestandteilen von Zeitschriftennamen bilden: „Was wurde nicht alles in den zahlreichen 'Abhandlungen', 'Anmerkungen', 'Anzeigen', 'Arbeiten', 'Archiven', 'Aufsätzen', 'Beiträgen', 'Belustigungen', 'Bemerkungen', 'Bemühungen', 'Betrachtungen', 'Berichten', 'Bibliotheken', 'Blättern', 'Bögen', 'Boten', 'Briefen', 'Ergötzlichkeiten', 'Erholungen', 'Fragmenten', 'Früchten', 'Gedanken', 'Geschichten', 'Gesprächen', 'Journalen', 'Magazinen', 'Materialien', 'Meisterstücken', 'Merkwürdigkeiten', 'Monatsschriften', 'Museen', 'Nachrichten', 'Nebenstunden', 'Sammlungen', 'Unterhaltungen', 'Wochenblättern', 'Zeitungen' und 'Zuschauern' abgehandelt!" (d'Ester 1962, Sp. 1311).

3.5. Zeitschriften des 'Jungen Deutschland'

Eine besondere, jedoch noch nicht genauer untersuchte Rolle für die Entwicklung journalistischer Textformen spielten in der Zeit kurz vor und nach der Julirevolution 1830 die als 'Junges Deutschland' apostrophierten Schriftsteller Karl Gutzkow, Ludolf Wienbarg, Heinrich Laube und Theodor Mundt, die nicht nur für Zeitschriften schrieben, sondern auch selber herausgaben. Ihre publizistischen Vorbilder waren Ludwig Börne und Heinrich Heine, aber auch die französische Presse wie die 'Revue des Deux Mondes' oder das 'Journal des Débats politiques et littéraires'. In den von ihnen herausgegebenen Zeitschriften verknüpften sie Politik und Literatur nach dem Vorbild der 'Wage. Eine Zeitschrift für Bürgerleben, Wissenschaft und Kunst', die Ludwig Börne von 1818 bis 1821 herausgegeben hatte. In dieser literarisch-publizistischen Verknüpfung verschiedenster Lebensbereiche drückt sich ein neues Literaturverständnis aus, bei dem die Autonomie der Kunst und der Absolutheitsanspruch ästhetischer Kategorien zurücktritt und das sich aus der subjektiv-kritischen Auseinandersetzung mit den Problemen der Gegenwart speist (Brandes 1991, 176). Es werden nicht mehr die geschlossenen großen Textformen wie 'Abhandlung', 'philosophischer Traktat' oder 'historisch-systematische Untersuchung' benutzt, sondern offene kleine Formen wie 'Brief' und 'Tagebuchnotiz' sowie unabgeschlossene, essayistische, fragmentarische Formen: 'Kleinigkeit', 'Buntes', 'Reflex', 'Notiz', 'Miscelle', 'Bruchstück', 'Feuilleton', aber auch 'Kleine Chronik', 'Genrebild', 'Reisebild'; die episch breite Gestaltung wird abgelöst durch 'Skizze', 'Karikatur' und 'Bild' (Brandes 1991, 177). Heinrich Heines 'Reisebilder' (1826–1831) und 'Englische Fragmente' (1828) stehen hier Pate. Hinter mancher der eher harmlos klingenden Textformen-Bezeichnungen verbergen sich öfter scheinbar witzige, tatsächlich aber auf Mißstände anspielende und politische Zustände kritisierende Texte; Beispiele dafür sind manche der Feuilletons im „Literarischen Zodiacus" von Theodor Mundt (Brandes 1991, 180), die zumindest als Vorläufer der Glosse betrachtet werden können.

3.6. Anfänge der illustrierten Zeitschrift

Eine Innovation bildeten die nach dem Londoner Vorbild des 'Penny-Magazine' ab 1833 erscheindenden Pfennig- und Hellermagazine (am bekanntesten das 'Pfennig-Magazin der Gesellschaft zur Verbreitung gemeinnütziger Kenntnisse'). Es handelt sich bei ihnen um billige Wochenschriften, in denen populärwissenschaftliche Artikel, Reisebeschreibungen und Biographien für aufstiegswillige Leserschichten geboten wurden, die an nützlichen und praktischen Kenntnissen gleichermaßen interessiert waren wie an unterhaltsamer Präsentation. Dazu trugen vor allem auch die Illustrationen bei (vorwiegend Holzstich, aber auch Stahlstich und Lithographie) (Obenaus 1986, 45 ff.). Zu den illustrierten Unterhaltungszeitschriften gesellten sich dann seit den 50er Jahren die (illustrierten) Familienzeitschriften, deren erfolgreichste Vertreterin die seit 1853 erscheinende 'Gartenlaube' war. Neben Illustrationen enthielten die Familienzeitschriften ebenfalls feuilletonistische und populärwissenschaftliche Beiträge, daneben aber auch Belletristisches (Erzählungen, Romane, Lyrik) – alles abgestimmt auf Unterhaltung, Belehrung und Aufklärung sowie die Förderung eines „harmonischen Familienlebens". Nicht umsonst nennt Karl Gutzkow als Vorbild für seine 'Unterhaltungen am häuslichen Herd' (1852–1864) Johann Peter Hebels 'Rheinländischen Hausfreund' und Matthias Claudius' 'Wandsbecker Boten' (Obenaus 1987, 14 ff.). Hier ist weiterhin zu nennen der Typus der Revuen oder Rundschauzeitschriften, die – universal angelegt – einem nicht nur gelehrten Publikum einen allgemeinen Überblick über wissenschaftliche, kulturelle, politische und ökonomischsoziale Fragen und Themen geben wollten (Obenaus 1987, 37). Wenn die Printmedien im Verlaufe des 19. Jhs. in Deutschland tatsächlich „Bildungsherd" und „mächtiger Sprachmeister" gewesen sind (Mackensen 1971, 144), dann nicht zuletzt dank dieser Publikumszeitschriften, die auch auf Vermittlung und Popularisierung von Wissenschaft und Technik zielten und damit den standardsprachlichen Wortschatz um fach- und wissenschaftssprachliche Ausdrücke bereicherten.

3.7. Yellow Press und Verwandtes nach dem 2. Weltkrieg

Die schon für die 'Bild'-Zeitung konstatierte Tendenz zur Portionierung und häppchenweise Aufbereitung der Informationen findet sich in den 80er Jahren auch in Zeitschriften, vor allem in den nach dem sprachlichen Vorbild von 'Bild' konzipierten Illustrierten des Springer-Verlags wie 'Bild der Frau', 'Auto Bild', 'Sport Bild' oder der erfolglosen 'Ja. Die Zeitungsillustrierte' (Straßner 1991, 118 ff.). Die Ablösung des Langtextes durch Kurztexte, die geprägt sind von einem monoton wirkenden, stakkatohaft-reihenden Satzbau, bietet jedoch schon die 1979 gegründete 'a. die aktuelle'. Weiterhin sind emotionsgeladene, assoziativ-affektive Elemente typisch, zu denen Vagheit in der Lexik und eine ambivalente und stereotypisierte Wortwahl gehören. Grammatische Schlamperei wie zum Beispiel unlogischer Gebrauch von Junktoren, Vernachlässigung der consecutio temporum und torsohafte Satzverkürzungen prägen das Bild (Straßner 1991, 126). Vergleichbare Erscheinungen finden sich in der Yellow Press/ Regenbogenpresse – wie 'Das Neue Blatt', 'Frau im Spiegel' oder 'Das Goldene Blatt' – mit ihren kurzen und prägnanten Sätzen, in denen knappe Behauptungen, Ausrufe und Fragen geäußert werden. Zusammen mit einem emotional aufgeladenen und undifferenzierten Wortschatz führt dies nach Straßner (Straßner 1991, 127) zu einem „Trivialstil", der weiterhin gekennzeichnet ist durch Personalisierung, Privatisierung sowie Pointierung und auf der Ebene der Textformen durch Parzellierung.

3.8. Das Nachrichtenmagazin

Als eine der bekanntesten Neuerungen auf dem Nachkriegs-Zeitschriftenmarkt kann das Nachrichtenmagazin gelten, für das über vierzig Jahre 'Der Spiegel' steht. Der 'Spiegel'-Stil fand schon früh und wiederholt seine Kritiker (Enzensberger 1962; Carstensen 1971; Arntzen/Nolting 1977). Im 'Spiegel' wurde mit der „Newsstory/Nachrichtengeschichte" auch eine neue Textform eingeführt und weiterentwickelt. Sie wird von Michael Haller als eine Mischform beschrieben, in der sich Züge des Features und der Reportage finden. So besitzt die Newsstory faktifizierende und erzählende (reportierende) Elemente, zu denen sich noch Kommentierendes gesellt (Haller 1990, 85 f.). Nach Dieter Just (1967, 124) weist die Newsstory fünf Teile auf: einen Lead, die Präsentation der Hauptperson oder der wichtigsten Fakten, einen Blick zurück in die Vorgeschichte, die Darstellung der jüngsten Entwicklung und eine Zusammenfassung oder einen pointierten Schluß. Anstelle des Lead findet sich auch häufig ein personenbezogener oder szenischer Einstieg (Haller 1994). Kritisch bewertet Arntzen die Form der 'Spiegel'-Newsstory, da für ihn durch sie „die Disparatheit der 'faktischen' Einzelheiten durch intentionale Anfänge, pointierte Schlüsse, homogenisierende Metaphorik, für den Schein von Logik sorgende grammatische Tricks im Text aufgehoben wird." (Arntzen 1977, 13) Mittlerweile ist dem 'Spiegel' mit 'FOCUS' eine als modern apostrophierte Konkurrenz entstanden, für deren Erscheinungsbild die schon für die Zeitung beschriebene Entwicklung eines „Textdesigns" (Bucher 1996) mit der Verknüpfung von kurzen Texten, Schaubildern, Info-Graphiken und Farbe charakteristisch ist (Krüger 1995).

4. Literatur

Arntzen, Helmut, Sprachbeherrschung. In: Arntzen/Nolting 1977, 9–14.

Arntzen, Helmut/Wilfried Nolting (Hrsg.), „Der Spiegel" 28 (1972). Analyse, Interpretation, Kritik. München 1977.

Bennett, W. Lance, News. The politics of illusion. New York/London ²1988.

Bennett, W. Lance/Murray Edelman, Toward a new political narrative. In: JC 35, 1985, 156–171.

Bennett, W. Lance/Lynne A. Gresset/William Haltom, Repairing the news: A case study of the news paradigm. In: JC 35, 1985, 50–68.

Bird, Elizabeth S./Robert W. Dardenne, Myth, chronicle, and story: Exploring the narrative. In: Media, mythes, and narratives. Television and the press. Hrsg. v. James W. Carey. Newbury Park/Beverly Hills/London/New Delhi 1988, 67–86.

Blühm, Elger, Fragen zum Thema Zeitung und Gesellschaft im 17. Jahrhundert. In: Presse und Geschichte (I). Hrsg. v. Elger Blühm. München 1977, 54–70.

Blum, Joachim/Hans-Jürgen Bucher, Die Zeitung: Ein Multimedium. Konstanz 1998.

Börne, Ludwig, Bemerkungen über Sprache und Styl (1827). In: Reichtum und Armut deutscher Sprache. Hrsg. v. Walther Dieckmann. Berlin 1988, 140–146.

Brandes, Helga, Die Zeitschriften des Jungen Deutschland. Eine Untersuchung zur literarisch-publizistischen Öffentlichkeit im 19. Jahrhundert. Opladen 1991.

Bucher, Hans-Jürgen, Pressekommunikation. Grundstrukturen einer öffentlichen Form der Kommunikation aus linguistischer Sicht. Tübingen 1986.

–, Pressekritik und Informationspolitik. Zur Theorie und Praxis einer linguistischen Medienkritik. In: Mediensprache, Medienkommunikation, Medienkritik. Hrsg. v. Hans-Jürgen Bucher/Erich Straßner. Tübingen 1991, 1–109.

–, Textdesign – Zaubermittel der Verständlichkeit? Die Tageszeitung auf dem Weg zum interaktiven Medium. In: Textstrukturen im Medienwandel. Hrsg. v. Ernest W. B. Hess-Lüttich/Werner Holly/Ulrich Püschel. Frankfurt/Berlin/Bern 1996, 31–59.

Camen, Rainer, Die Glosse in der deutschen Tagespresse. Zur Analyse „journalistigen" Raisonnements. Bochum 1984.

Carstensen, Broder, SPIEGEL-Wörter, SPIEGEL-Worte. Zur Sprache eines deutschen Nachrichtenmagazins. München 1971.

Demske-Neumann, Ulrike, Bestandsaufnahme zum Untersuchungsbereich „Syntax". In: Fritz/Straßner 1996, 71–125.

Dieckmann, Walther, Konkurrierender Sprachgebrauch in Redeerwähnungen in der Presseberichterstattung. In: WW 38, 1985, 309–328.

– (Hrsg.), Reichthum und Armut deutscher Sprache. Reflexionen über den Zustand der deutschen Sprache im 19. Jahrhundert. Berlin 1988.

Dovifat, Emil/Jürgen Wilke, Zeitungslehre I. Berlin/New York ⁶1976.

Eggers, Hans, Deutsche Sprachgeschichte IV. Das Neuhochdeutsche. Reinbek bei Hamburg 1977.

Enzensberger, Hans Magnus, Die Sprache im Spiegel. In: Einzelheiten I. Frankfurt a. M. 1962.

Ester, Karl d', Zeitung und Zeitschrift. In: Deutsche Philologie im Aufriß. Hrsg. v. Wolfgang Stammler. Bd. 3. Berlin ²1962, Sp. 1245–1352.

Fischer, Heinz-Dietrich (Hrsg.), Deutsche Zeitschriften des 17. bis 20. Jahrhunderts. Pullach bei München 1973.

– (Hrsg.), Deutsche Zeitungen des 17. bis 20. Jahrhunderts. Pullach bei München 1972.

Fritz, Gerd/Erich Straßner (Hrsg.), Die Sprache der ersten deutschen Wochenzeitungen im 17. Jahrhundert. Tübingen 1996.

Galtung, Johan/Mari H. Ruge, The structure of foreign news. In: Journal of peace research 2, 1965, 64–91.

Gieseler, Jens, Vom Nutzen und richtigen Gebrauch der frühen Zeitungen. Zur sogenannten Pressedebatte des 17. Jahrhunderts. In: Fritz/Straßner 1996, 259–285.

Gieseler, Jens/Thomas Schröder, Bestandsaufnahme zum Untersuchungsbereich „Textstruktur", Darstellungsformen und Nachrichtenauswahl. In: Fritz/Straßner 1996, 29–69.

Gloning, Thomas, Zur Vorgeschichte von Darstellungsformen und Textmerkmalen der ersten Wochenzeitungen. In: Fritz/Straßner 1996, 196–258 (1996 a).

–, Bestandsaufnahme zum Untersuchungsbereich „Wortschatz". In: Fritz/Straßner 1996, 141–195 (1996 b).

–, Verständlichkeit und Verständnissicherung in den frühen Wochenzeitungen. In: Fritz/Straßner 1996, 315–340 (Gloning 1996 c).

Goethe, Johann Wolfgang v., Werke. IV. Abtheilung. Goethes Briefe. 22. Bd. Januar 1811–April 1812. Weimar 1901.

Good, Colin H., Presse und soziale Wirklichkeit. Düsseldorf 1985.

Groth, Otto, Die Zeitung. Bd. 1. Mannheim 1928.

Haller, Michael, Die Reportage. Ein Handbuch für Journalisten. München ²1990.

–, Information für Kopf und Gefühl. In: Sage und Schreibe 3, 1994, 10.

Hensing, Ulrich, Acta eruditorum (1682–1782). In: Deutsche Zeitschriften des 17. bis 20. Jahrhunderts. Hrsg. v. Heinz-Dietrich Fischer. Pullach bei München 1973, 29–47.

Hochs, Paul/Peter Schmidt, Literarische und politische Zeitschriften 1789–1805. Von der politischen Revolution zur Literaturrevolution. Stuttgart 1975.

Hofmeister-Hunger, Andrea, Pressepolitik und Staatsreform. Die Institutionalisierung staatlicher Öffentlichkeitsarbeit bei Karl August von Hardenberg (1792–1822). Göttingen 1994.

Huß-Michel, Angela, Literarische und politische Zeitschriften des Exils 1933–1945. Stuttgart 1987.

Jakobs, Eva-Maria/Ulrich Püschel, Von der Druckstraße auf den Datenhighway. In: Das 20. Jahrhundert: Sprachgeschichte – Zeitgeschichte. Hrsg. v. Heidrun Kämper/Hartmut Schmidt. Berlin 1998, 162–185.

Jansen, Klaus, Frankfurter gelehrte Anzeigen (1736–1790). In: Deutsche Zeitschriften des 17. bis 20. Jahrhunderts. Hrsg. v. Heinz-Dietrich Fischer. Pullach bei München 1973, 61–73.

Just, Dieter, Der SPIEGEL. Arbeitsweise – Inhalt – Wirkung. Hannover 1967.

Knobloch, Heinz, Vom Wesen des Feuilletons. Halle 1962.

Koszyk, Kurt, Deutsche Presse im 19. Jahrhundert. Geschichte der deutschen Presse. 2. Teil. Berlin 1966.

–, Deutsche Presse 1914–1945. Geschichte der deutschen Presse. 3. Teil. Berlin 1972.

–, Pressepolitik für Deutsche 1945–1949. Geschichte der deutschen Presse. 4. Teil. Berlin 1986.

Koszyk, Jurt/Karl H. Pruys (Hrsg.), Wörterbuch zur Publizistik. München 1969.

Kraus, Karl, Heine und die Folgen. In: Karl Kraus Schriften. Bd. 4. Untergang der Menschheit durch schwarze Magie. Hrsg. v. Christian Wagenknecht. Frankfurt 1989, 185–210.

Krüger, Christiane, Journalistische Berichterstattung im Trend der Zeit. Stilstrategie und Textdesign des Nachrichtenmagazins FOCUS. München/Hamburg 1995.

Kürnberger, Ferdinand, Sprache und Zeitungen (1866/1877). In: Reichtum und Armut deutscher Sprache. Hrsg. v. Walther Dieckmann. Berlin 1988, 307–316.

Langen, August, Deutsche Sprachgeschichte vom Barock bis zur Gegenwart. In: Deutsche Philologie im Aufriß. Hrsg. v. Wolfgang Stammler. Bd. 2. Berlin ²1957, Sp. 931–1396.

LaRoche, Walther v., Einführung in den praktischen Journalismus. Mit genauer Beschreibung aller Ausbildungswege. Leipzig ¹⁴1995.

Lindemann, Margot, Die deutsche Presse bis 1815. Geschichte der deutschen Presse. 1. Teil. Berlin 1969.

Lüger, Heinz-Helmut, Pressesprache. Tübingen ²1995.

Mackensen, Lutz, Die deutsche Sprache in unserer Zeit. Zur Sprachgeschichte des 20. Jahrhunderts. Heidelberg ²1971.

Martens, Wolfgang, Die Botschaft der Tugend. Die Aufklärung im Spiegel der deutschen moralischen Wochenschriften. Stuttgart 1968.

Mattausch, Josef, Klassische deutsche Literatur und Entwicklung des deutschen Sprachstandards. Zu einem Kapitel Wirkungsgeschichte. In: Studien zur deutschen Sprachgeschichte des 19. Jahrhunderts. Existenzformen der Sprache. Berlin 1980, 121–176.

Merten, Klaus/Siegfried J. Schmidt/Siegfried Weischenberg (Hrsg.), Die Wirklichkeit der Medien. Eine Einführung in die Kommunikationswissenschaft. Opladen 1994.

Mittelberg, Ekkehart, Wortschatz und Syntax der Bild-Zeitung. Marburg 1967.

Mogge, Birgitta (Hrsg.), Die Sprachnorm-Diskussion in Presse, Hörfunk und Fernsehen. Stuttgart 1980.

Moilanen, Markku/Liisa Tiittula (Hrsg.), Überredung in der Presse. Texte, Strategien, Analysen. Berlin/New York 1994.

Muckenhaupt, Manfred, Text und Bild. Grundfragen der Beschreibung von Text-Bild-Kommunikationen aus sprachwissenschaftlicher Sicht. Tübingen 1986.

Müller, Hartmut, Postgaul und Flügelroß. Der Journalist Christian Friedrich Daniel Schubart (1739–1791). Frankfurt a. M./Bern/New York 1985.

Myers, Michael, *Für den Bürger.* The role of Christian Schubart's *Deutsche Chronik* in the development of a political sphere. New York/Bern/Frankfurt a. M./Paris 1990.

Obenaus, Sybille, Literarische und politische Zeitschriften 1830–1848. Stuttgart 1986.

–, Literarische und politische Zeitschriften 1848–1880. Stuttgart 1987.

Prange, Carsten, Die Zeitungen und Zeitschriften des 17. Jahrhunderts in Hamburg und Altona. Ein Beitrag zur Publizistik der Frühaufklärung. Hamburg 1978.

Prutz, Robert, Zur Geschichte des deutschen Journalismus. In: Deutsches Museum 1, 1851, 335–354 und 409–432.

Püschel, Ulrich, Zeitungskommunikation unter gelockerter Zensur. Die Zeitung als Organ der öffentlichen Meinung. In: FL 25, 1991a, 243–268.

–, Journalistische Textsorten im 19. Jahrhundert. In: Das 19. Jahrhundert. Die sprachgeschichtlichen Wurzeln des heutigen Deutsch. Hrsg. v. Rainer Wimmer. Berlin/New York 1991b, 428–447.

–, „Ein Privatschreiben aus Gent vom 19. Juni berichtet folgendes" – Zeitungstextsorten im frühen 19. Jahrhundert. In: Akten des VII. Internationalen Germanisten-Kongresses. Tokyo 1990, Bd. 3: Sprachgeschichte, Sprachkontakte im germanischen Sprachraum. München 1991c, 30–38.

–, „guten abend die welt hält den atem an". Berichten nach Skripts in den Fernsehnachrichten über den 19. August 1991 in Moskau. In: Rhetorik. Bd. 11. Rhetorik und Politik. Tübingen 1992a, 67–84.

–, Von der Pyramide zum Cluster. Textsorten und Textsortenmischungen in Fernsehnachrichten. In: Medienkultur – Kulturkonflikt. Massenmedien in der interkulturellen und internationalen Kommunikation. Hrsg. v. Ernst W. B. Hess-Lüttich. Opladen 1992b, 233–258.

–, Zwischen Modernität und Tradition. Die Anfänge der Leserbriefkommunikation in der Zeitung. In: Sprachgeschichte und Sprachkritik. Festschrift für Peter von Polenz zum 65. Geburtstag. Hrsg. v. Hans-Jürgen Heringer/Georg Stötzel. Berlin/New York 1993, 69–88.

–, Räsonnement und Schulrhetorik im öffentlichen Diskurs. Zum Zeitungsdeutsch vor der Märzrevolution 1848. In: Überredung in der Presse. Hrsg. v. Markku Moilannen/Liisa Tiittula. Berlin/New York 1994, 163–174.

–, Die Unterhaltsamkeit der Zeitung – Zur Zeitungskommunikation zwischen Reichsgründung und 1. Weltkrieg. In: Stil und Stilwandel. Bernhard Sowinski zum 65. Geburtstag gewidmet. Hrsg. v. Ulla Fix/Gotthard Lerchner. Frankfurt a. M. 1996, 329–344.

–, Zeitungsstil und Öffentlichkeitssprache. In: Sprache und bürgerliche Nation. Beiträge zur deutschen und europäischen Sprachgeschichte des 19. Jahrhunderts, Hrsg. v. Dieter Cherubim/Siegfried Grosse/Klaus Mattheier. Berlin/New York 1998a, 360–383.

–, Die Unterhaltsamkeit der Zeitung – Wesensmerkmal oder Schönheitsfehler? In: Medien im Wandel. Hrsg. v. Bernd Ulrich Biere/Werner Holly. Opladen 1998b, 35–47.

Rohmer, Ernst, Die literarische Glosse. Untersuchungen zu Begriffsgeschichte, Funktion und Literarizität einer Textsorte. Erlangen 1988.

Sandig, Barbara, Syntaktische Typologie der Schlagzeile. Möglichkeiten und Grenzen der Sprachökonomie im Zeitungsdeutsch. München 1971.

Sauder, Gerhard, Christian Thomasius. In: Deutsche Aufklärung bis zur Französischen Revolution 1680–1789. Hrsg. v. Rolf Grimminger. München 1980a, 239–250.

–, Moralische Wochenschriften. In: Deutsche Aufklärung bis zur Französischen Revolution 1680–1789. Hrsg. v. Rolf Grimminger. München 1980b, 267–279.

Schlawe, Fritz, Literarische Zeitschriften 1885–1910. Stuttgart ²1961.

–, Literarische Zeitschriften 1910–1933. Stuttgart 1962.

Schmid, Ulrich, Gespräche in dem Reiche derer Todten (1718–1739). In: Deutsche Zeitschriften des 17. bis 20. Jahrhunderts. Hrsg. v. Heinz-Dietrich Fischer. Pullach bei München 1973, 49–59.

Schröder, Thomas, Die ersten Zeitungen. Textgestaltung und Nachrichtenauswahl. Tübingen 1995.

–, Maximen des Informierens. In: Fritz/Straßner 1996, 286–314.

Schulze, Volker, Der Teutsche Merkur (1173–1810). In: Deutsche Zeitschriften des 17. bis 20. Jahrhunderts. Hrsg. v. Heinz-Dietrich Fischer. Pullach bei München 1973, 87–102.

Sloterdijk, Peter, Kritik der zynischen Vernunft. Bd. 2. Frankfurt a. M. 1983.

Stieler, Kaspar, Zeitungs Lust und Nutz. Vollständiger Neudruck der Originalausgabe von 1695. Hrsg. v. Gert Hagelweide. Bremen 1969.

Straßner, Erich, Zeitung. Tübingen ²1999.

−, Zeitschrift. Tübingen 1997.

−, Sprache in den Massenmedien. In: Lexikon der germanistischen Linguistik. Hrsg. v. Hans Peter Althaus/Helmut Henne/Herbert Ernst Wiegand. Tübingen ²1980, 328−337.

−, Mit 'Bild' fing es an. Mediensprache im Abwind. In: Mediensprache, Medienkommunikation, Medienkritik. Hrsg. v. Hans-Jürgen Bucher/Erich Straßner, Tübingen 1991, 111−229.

Tuchman, Gaye, Making news. A study in the construction of reality. London 1978.

Weber, Johannes, „Die Novellen sind eine Eröffnung des Buchs der gantzen Welt". Entstehung und Entwicklung der Zeitung im 17. Jahrhundert. In: Als die Post noch Zeitung machte: eine Pressegeschichte. Eine Publikation des Deutschen Postmuseums in Frankfurt anläßlich der gleichnamigen Ausstellung. Hrsg. v. Klaus Beyrer/Martin Dallmeier. Gießen 1995, 15−25.

Weischenberg, Siegfried, Nachrichtenschreiben. Journalistische Praxis zum Studium und Selbststudium. Opladen ²1990.

−, Journalistik. Theorie und Praxis aktueller Medienkommunikation. 2. Bd. Medientechnik, Medienfunktionen, Medienakteure. Opladen 1995.

Wild, Reiner, Stadtkultur, Bildungswesen und Aufklärungsgesellschaften. In: Deutsche Aufklärung bis zur Französischen Revolution 1680−1789. Hrsg. v. Rolf Grimminger. München 1980, 103−132.

Wilke, Jürgen, Literarische Zeitschriften des 18. Jahrhunderts (1688−1789). Teil I: Grundlegung. Teil II. Repertorium. Stuttgart 1978.

−, Nachrichtenauswahl und Medienrealität in vier Jahrhunderten. Berlin/New York 1984.

−, Zeitungssprache und Zeitunglexika im 17. und 18. Jahrhundert. In: Mehrsprachigkeit in der deutschen Aufklärung. Hrsg. v. Dieter Kimpel. Hamburg 1985, 69−84.

Ulrich Püschel, Trier (Deutschland)

XVI. Geschichte der Printmedien und ihrer Erforschung XI: Zeitung und Zeitschrift IV: Forschungsgeschichte

76. Forschungsgeschichte der Zeitung

1. Historischer Abriß
2. Bibliographie
3. Statistik
4. Ökonomie
5. Typologie
6. Unternehmensgeschichte
7. Inhalt
8. Journalismus
9. Leser
10. Literatur

1. Historischer Abriß

Die Zeitung, entstanden an der Wende vom 16. zum 17. Jh. und gekennzeichnet durch die vier Merkmale Periodizität (regelmäßiges und auf unbegrenzte Dauer angelegtes Erscheinen), Publizität (öffentliche Präsenz für ein tendenziell unbegrenztes Publikum), Universalität (vielseitiger, thematisch tendenziell unbegrenzter Inhalt) und Aktualität (inhaltlicher Bezug auf jüngstes Gegenwartsgeschehen), hat aufgrund ihrer vielfältigen gesellschaftlichen Funktionen das Interesse eines breiten Spektrums geistes- und sozialwissenschaftlicher Disziplinen gefunden. Der multidisziplinäre Charakter der Zeitungsforschung änderte sich auch nicht, als gegen Ende des Ersten Weltkrieges ein neues Fach an deutschen Universitäten entstand, das sich Zeitungskunde bzw. Zeitungswissenschaft nannte. Dessen institutionelle Etablierung wirkte sich zwar erkennbar förderlich auf die Forschungsaktivitäten aus, doch blieb das Medium Zeitung auch weiterhin Objekt geschichtswissenschaftlicher, nationalökonomischer, soziologischer und juristischer Fragestellungen mit der Folge einer Vielzahl von Forschungsinteressen, -zielen und -methoden. Zeitungsforschung blieb aber nicht auf den eigentlichen Wissenschaftsbereich begrenzt. Einschlägige Beiträge lieferten auch Angehörige der Zeitungsberufe, vor allem Journalisten, die sich zu berufspraktischen Fragen äußerten (sog. Praktikerliteratur zum Zeitungswesen), sowie Autoren, die sich mit dem Medium Zeitung aus (kultur)kritischer Sicht auseinandersetzten, häufig in Verbindung mit der Frage nach den Vor- und Nachteilen der Zeitung und des Zeitungslesens für Staat und Gesellschaft.

Unter diesem Gesichtspunkt entstanden die meisten der im 17. und 18. Jh. veröffentlichten Schriften zur Zeitung (dazu Storz 1931; Kurth 1944), die damit schon sehr früh das bis heute wichtige Thema der Medienwirkung behandelten. Aus der Frühzeit der Zeitung datieren auch die Anfänge der akademischen Beschäftigung mit der Zeitung. Die erste zeitungskundliche Dissertation wurde im Jahre 1690 veröffentlicht (T. Peucer, abgedr. in Kurth 1944), nachdem die Zeitung einige Jahre zuvor erstmals in der universitären Lehre berücksichtigt worden war. Akademische Zeitungskollegien sind für das letzte Viertel des 17. und das ganze 18. Jh. im Rahmen der Staatswissenschaft ('Statistik') nachweisbar (Schöne 1924), haben aber kaum literarische Spuren hinterlassen. Schriften über die Zeitung aus dieser Zeit sind hingegen in großer Zahl überliefert, darunter die zeitungskundlich bemerkenswerteste mit dem Titel 'Zeitungs Lust und Nutz' (Stieler 1695/1969), die als der „erste umfassende Versuch einer Gesamtdarstellung des Phänomens 'Zeitung'" gilt (Hagelweide, ebd., XV). Am Ende des 18. Jhs. stand ein weiterer forschungsgeschichtlich wichtiger Versuch, das Wissen über die Zeitung und ihre publizistischen und politischen Eigenschaften und Funktionen zu systematisieren (Schwarzkopf 1795; dazu Groth 1948, 68 ff.). Diese Zeit brachte allerdings auch das vorläufige Ende der akademisch-universitären Beschäftigung mit der Zeitung. Es dauerte dann ein halbes Jahrhundert, bis sich im Zusammenhang mit den vormärzlichen Kämpfen um die Herstellung politischer Öffentlichkeit ein erneutes Interesse an Zeitung und Zeitschrift und ihrer

Geschichte literarisch-systematisch artikulierte (Prutz 1845). Das nach der Jahrhundertmitte zu beobachtende Eindringen kapitalistischer Produktionsmethoden in das Pressewesen und die sich beschleunigende Ausbreitung der Zeitungen sicherten diesen fortan ein steigendes Maß öffentlicher Beachtung. Inhaltliche und methodische Beiträge zur Zeitungsforschung lieferten mehrere Abhandlungen, die sich kritisch mit dem Funktionswandel der Presse im allgemeinen und der Zeitungen im besonderen auseinandersetzten und sich selbst vorrangig als Warnungs- und Aufklärungsschriften verstanden (bes. wichtig Wuttke 1866/1875). Die im Gefolge der Industrialisierung einsetzende Differenzierung und Professionalisierung der Zeitungsberufe bewirkte das Aufkommen einer für die Forschungsgeschichte der Zeitung bedeutsamen Literaturgattung: Schriften zum Zeitungswesen mit z. T. berufsbildendem Charakter, deren Autoren über berufspraktische Erfahrung verfügten (u. a. Wehle 1883; Jacobi 1902; Brunhuber 1907; Diez 1910). Im engeren Wissenschaftsbereich kam es in der zweiten Hälfte des 19. Jhs. zuerst in der Nationalökonomie und in der Historiographie zu einer Wiederbeschäftigung mit der Zeitung (Knies 1857; Schäffle 1875—78; Droysen 1876; Opel 1879), aus der zu Beginn des 20. Jhs. sowohl die erste umfassende Darstellung der Zeitungsgeschichte (Salomon 1900—06) als auch die im Rahmen einer systematischen Beschreibung des Zeitungswesens vorgetragene Forderung hervorging, die Zeitungskunde als „eigenberechtigte Disziplin" anzuerkennen (Löbl 1903). Die Forderung nach wissenschaftlich-institutioneller Aufwertung der Zeitungsforschung und -lehre konnte sich auf die auch von den schärfsten Kritikern nicht mehr geleugnete Bedeutung der Zeitung für die Gesellschaft wie auch auf den Mangel an berufsqualifizierenden, wissenschaftlich fundierten Ausbildungsangeboten für angehende Journalisten berufen, sie blieb aber zunächst unerfüllt. Nach der Jahrhundertwende gab es eine deutliche Belebung in der universitären Zeitungsforschung, die ihren literarischen Niederschlag in einer steigenden Zahl einschlägiger Dissertationen fand (vgl. Franzmeyer 1940, 13 ff.). Das auf dem Ersten Deutschen Soziologentag 1910 vorgestellte Projekt einer umfassenden Zeitungs- und Journalistenenquete kam hingegen nicht über das Anfangsstadium hinaus (Weber 1911, dazu Kutsch 1988). Weiteren Aufschwung erfuhr die Zeitungsforschung durch die akademische Institutionalisierung des Faches Zeitungswissenschaft: dem 1916 gegründeten Institut für Zeitungskunde in Leipzig folgten in der Weimarer Republik ähnliche Einrichtungen (u. a. in Berlin, Köln, Münster, Freiburg, München, Heidelberg); 1926 wurde erstmals in Deutschland ein ordentlicher Lehrstuhl für Zeitungskunde besetzt. Vom selben Jahr an erschien als Fachorgan die 'Zeitungswissenschaft. Monatsschrift für internationale Zeitungsforschung' (bis 1944). Begleitet wurde die materielle Konsolidierung der neuen Disziplin von programmatischen Schriften, in denen Zwecke und Ziele der Zeitungswissenschaft dargelegt wurden (u. a. Jöhlinger 1919; Mohr 1919; Jaeger 1926; Schöne 1928). Der gewichtigste Beitrag zur damaligen Zeitungsforschung, eine vierbändige Gesamtdarstellung zur Zeitung, die sich im Untertitel 'System der Zeitungskunde (Journalistik)' nannte und bis heute ein Standardwerk geblieben ist, stammte allerdings von einem Außenseiter (Groth 1928—30). Leitmedium des Faches war die Zeitung, was auch in der Namensgebung zum Ausdruck kam; andere Medien spielten in den zwanziger Jahren in der Zeitungswissenschaft eine nachgeordnete Rolle (dazu Bohrmann/ Schneider 1975, 10—13). Das hing außer mit dem Auftrag, künftige Redakteure der Tagespresse auf ihren Beruf vorzubereiten, mit der seit langem allgemein verbreiteten und von politischen Erfahrungen geprägten Einschätzung zusammen, daß das Medium Zeitung wichtigster Schöpfer und Träger der öffentlichen Meinung sei (Groth 1928—30 I, 111 ff.). Im Dritten Reich bescherte die Instrumentalisierung der Medien im Interesse des Regimes ('Führungsmittel') der Zeitungswissenschaft eine weitere Aufwertung und machte sie zu einer „politischen Wissenschaft" (Heide 1940 ff., VII). Die Zeitungsforschung, vor allem die empirische, wurde auf die politischen Belange des Systems ausgerichtet. Als ein „Kompendium der bisherigen Presseforschung" und eine „Darstellung der bisherigen Ergebnisse einer zwanzigjährigen zeitungswissenschaftlichen Arbeit" war das auf mehrere Bände angelegte 'Handbuch der Zeitungswissenschaft' gedacht, mit dessen Herausgabe im zweiten Kriegsjahr begonnen wurde, das aber infolge des Kriegsverlaufs nicht zum Abschluß kam (obgleich nationalsozialistisch durchsetzt, sind die erschienenen Teile, etwa die Hälfte des vorgesehenen Gesamtumfangs, besonders für die historische Zeitungs- und Medienforschung brauchbar und nützlich geblieben). Mit der beschleunigten Ausbreitung der audiovisuellen Medien nach dem Zweiten Weltkrieg verlor die Zeitung allmählich ihren Rang als Leitmedium in dem sich nun Publizistikwissenschaft nennenden Fach, denn der Hörfunk und vor allem das Fernsehen zogen zunehmend Forschungsinteressen und -kapazitäten auf sich. Die Erforschung der historischen Medien einschließlich der Zeitung blieb von dieser Entwicklung vergleichsweise unberührt und erfuhr in den fünfziger Jahren durch den Ausbau bzw. die Gründung von zwei vorwiegend bzw. ausschließlich historisch arbeitenden Einrichtungen – Institut für Zeitungsforschung Dortmund und Deutsche Presseforschung Bremen – eine institutionelle Stärkung. Aus dem Dortmunder Institut ging eine neue, bis zum Ende der sog. Lizenzzeit (1949) reichende vierbändige Darstellung der Geschichte der deutschen Presse hervor (Koszyk/Lindemann 1966–86). Indikator für die Intensität der Zeitungsforschung bis in die jüngere Vergangenheit ist die Zahl der einschlägigen Dissertationen: das Verzeichnis der bis 1967 abgeschlossenen Hochschulschriften zur Publizistik weist unter dem Registerstichwort 'Zeitung' rund eintausend Titel nach (von insgesamt 4.766; Spiess 1969). Schon drei Jahrzehnte zuvor hatte der Bearbeiter eines früheren Verzeichnisses beim Vergleich der Zahl der Pressedissertationen mit der aller Hochschulschriften festgestellt, die zeitungswissenschaftliche Forschung habe sich einen festen Platz in der Gesamtforschung gesichert (Franzmeyer 1940, 10).

2. Bibliographie

Wichtigste Quelle der Zeitungsforschung ist die Zeitung selbst, deren Überlieferung allerdings lückenhaft ist. Die Forschungsgeschichte der Zeitung umfaßt daher auch die bibliographische Ermittlung von Zeitungen und den Nachweis der überlieferten Bestände. Die wesentlich durch Mängel in der Praxis des Zeitungsammelns in Bibliotheken und Archiven verursachten Probleme wurden akut, als in der zweiten Hälfte des 19. Jhs. sowohl das allgemeine wissenschaftliche Interesse an der Presse zunahm als auch der Wert der Zeitung als Quelle für die (zeit)geschichtliche Forschung erkannt wurde. Pläne für die lückenlose Sammlung aller deutschen Zeitungen – 'Reichszeitungsmuseum' – blieben unausgeführt, immerhin wurde ein Verzeichnis von Nachweisen der Bestände ausgewählter Zeitungen in deutschen Bibliotheken erarbeitet (Traub 1933), dessen Wert sich allerdings durch die im Zweiten Weltkrieg eingetretenen Bestandsverluste stark verringerte. Nachdem das in den fünfziger Jahren begonnene Vorhaben einer umfassenden Bibliographie der deutschsprachigen Zeitungen mit Standortnachweisen – 'Gesamtkatalog der deutschen Presse' – schon nach wenigen Jahren an seiner Dimensionierung gescheitert war, erschien 1974 ein neues Verzeichnis mit Standortangaben für die überlieferten Bestände von rund zweitausend ausgewählten deutschen Zeitungen (Hagelweide 1974). Besondere bibliographische und Überlieferungsprobleme ergaben sich bei der Erforschung der Zeitungen des 17. und 18. Jhs. Nach mehreren Versuchen, Umfang und Überlieferung der Zeitungen aus der Frühzeit zu bestimmten (Opel 1879; Rennert 1940; Schöne 1940), konnte schließlich ein Bestandsverzeichnis der bis 1700 erschienenen deutschen Zeitungen vorgelegt werden (Bogel/Blühm 1971–1985), während die von anderer Seite angekündigte Fortführung des Unternehmens für die Zeitungen des 18. Jhs. nicht verwirklicht worden ist. Vor allem in jüngerer Zeit war die Zeitung auch Gegenstand spezieller pressebibliographischer Forschungen (z. B. Regionalpresse: Klawitter 1930; Arbeiter- und Parteienpresse: Eisfeld/Koszyk 1966/1980; Eberlein 1968–70; Stein 1987; Revolutionspresse: Henkel/Taubert 1986).

Kurz sei hier noch auf die bibliographische Erschließung der Literatur über die Zeitung eingegangen. Die systematische Erfassung des Schrifttums begann um die Jahrhundertwende, die erste ausführliche Bibliographie wurde 1929 veröffentlicht (Bömer 1929/1932). In jüngster Zeit begann die Herausgabe einer mehrbändigen Gesamtbibliographie der bis 1970 erschienenen Literatur zur deutschsprachigen Presse (Hagelweide 1985ff.), deren bislang annähernd 60.000 Titel zu einem beträchtlichen Teil die Zeitung betreffen. Auf das Verzeichnis der bis 1967 abgeschlossenen Hochschulschriften zur Publizistik (Spiess 1969) wurde bereits hingewiesen.

3. Statistik

Die Anfänge der Pressestatistik datieren um die Mitte des 19. Jhs. Zunächst ging es um die Anzahl der zu einem bestimmten Zeitpunkt vorhandenen Blätter, doch waren die Ergebnisse wegen der ungenügenden Materialbasis (zeitgenössische Pressekataloge,

Postzeitungslisten) wenig aussagekräftig. Gegen Ende des Jahrhunderts verfeinerten sich die Forschungsmethoden durch die schärfere Abgrenzung der Zeitungen von den Zeitschriften, durch die Ermittlung genauerer Daten (u. a. durch Umfragen bei den Zeitungsverlagen) und durch differenziertere Fragestellungen. Neben der Zeitungsanzahl interessierten von nun an auch Auflagen, Anzahl und Größe der Zeitungsverlagsorte, das quantitative Verhältnis von Zeitungsunternehmen und Bevölkerung, die Erscheinenshäufigkeit, Abonnements- und Anzeigenpreise, Zeitungsgründungen und -einstellungen, politische Tendenzen u. a. m. Untersuchungen wurden durchgeführt sowohl für Stichjahre als auch für größere Zeiträume, um Entwicklungen und Trends im Zeitungswesen zu ermitteln (u. a. Schacht 1898; Stoklossa 1913; Wittwer 1914; Muser 1918; Krumbhaar 1920). Die Ergebnisse der reichsweit angelegten Untersuchungen, zu denen auch die erste amtliche deutsche Zeitungsstatistik gehört (Michel 1917−18), wurden für einzelne Gebiete ergänzt durch Erhebungen, deren Resultate in zeitungswissenschaftlichen Regionalstudien (z. B. Bensheimer 1910) und in Veröffentlichungen statistischer Landesämter mitgeteilt wurden. Probleme bei der Vergleichbarkeit der Daten ergaben sich für die Auflagenzahlen (teilweise fehlende bzw. falsche Verlagsangaben) und wegen des Fehlens allgemeinverbindlicher Erhebungskriterien. So entstand eine längere Kontroverse um die Frage, ob Nebenausgaben und Kopfblätter mit den Hauptausgaben statistisch gleichgestellt werden sollten. Eine Vereinheitlichung der Erhebungsmethoden gelang mit den Anfang der dreißiger Jahre vom Deutschen Institut für Zeitungskunde in Berlin durchgeführten zeitungsstatistischen Untersuchungen für Preußen (Bertkau/Bömer 1932) und das Reich (Handbuch der Deutschen Tagespresse 1932), deren Daten zum großen Teil durch direkte Befragungen der Zeitungsverlage gewonnen worden waren. Die reichsweite Zeitungsstatistik wurde in den folgenden Jahren fortgeschrieben (Handbuch der Deutschen Tagespresse 1934, 1937 und 1944) und nach dem Krieg für das Gebiet der Bundesrepublik und West-Berlins fortgesetzt auf der Grundlage von Erhebungen des Instituts für Publizistik in Berlin (Die Deutsche Presse 1954, 1956 und 1961). Nicht unwesentliche Abweichungen von den Berliner Ergebnissen erbrachte das Verfahren der Stichtagserhebung, das im Jahre 1954 vom Institut für Publizistik in Münster angewandt wurde und sich wegen der realitätsnäheren zeitungsstatistischen Aussagen in der Folgezeit durchsetzte (Schütz 1956; dazu Knoche 1978, 112−117). [Zur Statistik des Zeitungsinhalts siehe 7. Inhalt]

4. Ökonomie

Infolge der Ausbreitung kapitalistischer Produktionsverhältnisse im Pressewesen entstand in der zweiten Hälfte des 19. Jhs. das Interesse an Fragen der Zeitungsökonomie. Es richtete sich zum einen auf die finanziellen Bedingungen der Zeitungsproduktion (z. B. Betriebskosten, Verkaufs- und Anzeigenerlöse, Mittelbedarf bei Zeitungsgründungen), zum anderen auf die publizistischen und politischen Folgen des steigenden Kapitalbedarfs der Zeitungsverlage (z. B. Abhängigkeiten von Kapitalgebern und Inserenten). Da die Verleger wirtschaftliche Daten als Geschäftsgeheimnisse behandelten, blieben Bemühungen der Forschung, betriebswirtschaftliche Zusammenhänge bei der Zeitungsproduktion zu untersuchen und darzustellen, lange Zeit auf verstreute Einzeldaten und auf Vermutungen angewiesen. Die erste größere wissenschaftliche Monographie zum Thema Zeitungsökonomie erschien kurz vor dem Ersten Weltkrieg (Garr 1912) und galt trotz ihres Umfangs von nicht einmal achtzig Druckseiten noch zwanzig Jahre später als Standardwerk (Bertkau/Bömer 1932, 5). Nicht zuletzt die ungünstigen Auswirkungen des Krieges auf das Zeitungsgewerbe ließen das wissenschaftliche Interesse an pressewirtschaftlichen Fragen nach 1918 deutlich zunehmen, was sich an der großen Anzahl einschlägiger Dissertationen, die in den Jahren der Weimarer Republik erschienen, ablesen läßt. Untersuchungsschwerpunkte waren die Rentabilität, die Unternehmensformen und -größen sowie, ab Mitte der zwanziger Jahre, die Konzentrationsbewegung auf dem deutschen Zeitungsmarkt (u. a. Schneider 1923; Sielemann 1927; Dierichs 1928; Blau 1932; Strüder 1933). Diese Arbeiten wie auch eine zusammenfassende Darstellung zur Lage des deutschen Zeitungsgewerbes (Bertkau/Bömer 1932) hatten sich damit auseinanderzusetzen, daß sich die Zeitungsverleger in ihrer Mehrheit nach wie vor weigerten, wirtschaftliche Daten ihrer Unternehmen zur Verfügung zu stellen. Die im Dritten Reich veröffentlichten zeitungswirtschaftlichen Untersuchungen hatten vor allem die Aufgabe, die Eingriffe des Staates in den Zeitungsmarkt zu rechtfertigen (z. B. Winter 1938), wobei sie sich im Unterschied zu früheren Arbeiten teilweise auf von Zeitungsverlagen bereitgestellte betriebswirtschaftliche und -statistische Unterlagen stützen konnten. Der Zeitungsmarkt der Bundesrepublik in ihren ersten beiden Jahrzehnten war Gegenstand mehrerer Darstellungen (u. a. Dreppenstedt 1969; Ossorio-Capella 1972). Die in den fünfziger Jahren erneut einsetzende Konzentrationsbewegung am Zeitungsmarkt führte dazu, daß die zeitungsökonomische Forschung sich vor allem diesem Thema besonders seiner medienpolitischen Bedeutung wegen widmete (u. a. Aufermann/Lange/Zerdick 1973; Knoche 1978; Kisker/Knoche/Zerdick 1979). Neben den jeweils aktuellen pressewirtschaftlichen Problemen galt auch und gerade in neuerer Zeit das Forschungsinteresse historischen Fragen, so der Entwicklung und publizistischen Funktion der Zeitungspreise im 19. Jh. (Meyer 1967), den Zeitungsvertriebs- und -anzeigenerlösen (Reumann 1968) und den Zeitungsmarktbewegungen seit dem 19.Jh. (Kopper 1984).

5. Typologie

Das Medium Zeitung hat sich im Verlauf seiner Entwicklung und besonders als Folge der Industrialisierung seit dem 19. Jh. typologisch ausdifferenziert. Dem hat die Forschung durch Aufstellung und Anwendung formaler und inhaltlicher Kategorien Rechnung zu tragen versucht, wobei anzumerken ist, daß in der Praxis meist mehrere Kategorien miteinander verknüpft wurden. Unterscheidungsmerkmale ergaben sich aus der Auflagenhöhe (kleine, mittlere, große Zeitung), dem Verbreitungsgebiet (lokale, regionale, überregional-nationale Zeitung), dem räumlichen Standort (Klein-, Mittel-, Großstadtzeitung) und der Vertriebsform (Abonnements- oder Straßenverkaufszeitung). Vor allem für die neuere Pressegeschichte resultierten typologische Kriterien aus der Zuordnung von Zeitungen zu gesellschaftlichen Schichten und Gruppen (bürgerliche und proletarische, konfessionelle, Partei- und parteinahe Zeitung). Unterscheidungen wurden auch nach Präsentations- und Vermittlungsformen vorgenommen (Nachrichten- oder Meinungszeitung, Geschäfts- oder Gesinnungszeitung, seriöse oder Sensationszeitung). Die Kategorienbildung unterlag teilweise politisch-ästhetischen Wertungen mit dem Ergebnis, daß Zeitungen und Zeitungstypen, denen Seriositäts- oder Gesinnungsdefizite attestiert wurden (z. B. Boulevardblätter, Generalanzeiger), in der Forschungsgeschichte deutlich unterrepräsentiert sind (dazu Gebhardt 1987). Erst in der jüngeren, sozialwissenschaftlich orientierten Zeitungsforschung sind ethisch-normative Gesichtspunkte bei der Definierung von Forschungsinteressen in den Hintergrund getreten gegenüber Fragen nach dem Zusammenhang von Zeitungstypen und Leserbedürfnissen und den Auswirkungen auf den Pressemarkt (Wolter 1981).

6. Unternehmensgeschichte

Zeitungsforschung war immer und in allen Bereichen zu einem großen Teil zeitungshistorische Forschung. Diese Feststellung gilt besonders für die Erforschung des Zeitungswesens einzelner Regionen und noch mehr für die einzelner Zeitungen und Zeitungsverlage. Das lokale und regionale Zeitungswesen hat schon zu Beginn des 19. Jhs. einen Bearbeiter gefunden (Schwarzkopf 1802), doch eine kontinuierliche wissenschaftliche Behandlung des Stoffes setzte erst Jahrzehnte später ein, zunächst mit Untersuchungen vorwiegend zur Frühzeit der Presse (z. B. Ennen 1881; Stieda 1897). Die ersten lokal- bzw. regionalhistorischen Zeitungsdissertationen erschienen kurz nach der Jahrhundertwende (Schierse 1902; d'Ester 1907). Auch die Geschichte einzelner Zeitungen und Zeitungsverlage gehört zum Standardrepertoire zeitungskundlicher Themen. Die Literatur ist in diesem Bereich außerordentlich umfangreich, wozu beiträgt, daß ein großer Teil der Arbeiten aus Festschriften und Zeitungssondernummern besteht, die zu besonderen Anlässen (meist Jubiläen) von Presseunternehmen herausgegeben wurden. Zuweilen mit einer gewissen Vorsicht zu benutzen, weil sie sich „erklärlicherweise vom Standpunkte der strengsten Objektivität zeitweilig entfernen" (Bömer 1929, 44), haben Festschriften und Jubiläumsnummern doch in vielen Fällen wichtiges Material zur zeitungsgeschichtlichen Forschung beigesteuert. Die erste Jubiläumsfestschrift (Witzleben 1860) war zugleich der Beginn der historisch-monographischen Zeitungsliteratur, die lange Zeit fast ausschließlich aus derartigen Festschriften bestand. Verhältnismäßig spät erst widmete sich eine Dissertation der Geschichte einer einzelnen Zeitung (Dreyhaus 1909). In den zwanziger Jahren stieg die Zahl der zeitungsmonographischen Universitätsschriften dann deutlich an. Der Wert dieser wie auch der lokal- und regionalhistorischen Arbeiten liegt vor allem in der Zusammenstellung und Aufbereitung der Fakten zur Geschichte von Zeitungen und ihren Produzenten, worauf sich allerdings ein großer Teil der Untersuchungen beschränkt. Das hat dieser Literatur seitens der neueren, sozialhistorisch orientierten Zeitungsforschung den Einwand eingetragen, medienzentriert verfahren zu sein, das heißt, das soziale und publizistische Umfeld des Mediums einschließlich seiner Rezeption zu wenig berücksichtigt zu haben. Neuere Forschungen haben sich zum Ziel gesetzt, die Zeitung als eine Funktion des durch sie vermittelten Kommunikationsprozesses zu interpretieren und die Rolle der Zeitung in ihrem lokalen und regionalen Wirkungskreis sowie die Bedingungen und Folgen der Einbindung des Mediums in sein politisches und ökonomisches Umfeld darzustellen (z. B. Kopper 1972).

7. Inhalt

Der Universalität des Zeitungsinhalts entspricht in der historischen Forschungspraxis eine Vielzahl von Fragestellungen und Zielsetzungen, die sich im Rahmen eines kurzen Überblicks nicht angemessen systematisieren lassen. Die Darstellung beschränkt sich im folgenden deshalb auf einige formale und methodische Aspekte, die in der Forschungsgeschichte der Zeitung eine Rolle spielen. Neben den hermeneutischen Verfahren zur Erschließung von Zeitungstexten und den in ihnen enthaltenen Botschaften ist die Inhaltsstatistik zu nennen, die in Deutschland erstmals zu Beginn des Jahrhunderts verwendet (Stoklossa 1910) und seitdem wiederholt eingesetzt wurde (u. a. Preller 1922; Groth 1928−30 I, 743 ff.; Schütz 1956). Die Inhaltsstatistik wurde seit den sechziger Jahren durch die aus der nordamerikanischen Forschung übernommene und ebenfalls auf quantitativen Messungen beruhende Methode der content analysis (Inhalts- oder Aussagenanalyse) modernisiert und verfeinert (z. B. Schulz 1970; Wilke 1984). Inhaltsstatistik und Inhaltsanalyse erfassen u. a. den Gesamtumfang von Zeitungen, das quantitative Verhältnis von redaktionellem und Anzeigenteil sowie die absoluten und relativen Mengen der einzelnen Zeitungssparten und -rubriken und liefern, meist als Vergleich mehrerer Zeitungen oder Zeitungstypen angelegt, Angaben über die Gebrauchswerteigenschaften von Zeitungen und über strukturelle Veränderungen des Zeitungsinhalts in längeren Zeiträumen. Kriterien für eine inhaltsbezogene Forschung ergaben sich ferner aus der Differenzierung des Zeitungsinhalts nach thematischen Gesichtspunkten, die seit dem 19. Jh. auch zu einer äußerlich erkennbaren Gliederung des Mediums in Sparten und Rubriken geführt hatte. Breite Aufmerksamkeit der Forschung fand der politische Teil der Zeitung („Primat des Politischen", Groth 1960−72 II, 60) und hier vor allem Leitartikel und Kommentar als Zeugnisse für die Einstellung von Zeitungen zu innen- und außenpolitischen Vorgängen. Die meist auf bestimmte Ereignisse oder Zeitabschnitte bezogenen Veröffentlichungen sind zum größten Teil der historischen Literatur zuzurechnen (z. B. Bandmann 1910; Krutmann 1933; Bosch 1976), Untersuchungen zur publizistischen Form und Funktion der Sparte Politik sind hingegen nur vereinzelt angestellt worden. Neben dem politischen Bereich der Zeitung erfuhren die Sparten Wirtschaft und Feuilleton die größte Beachtung. Die ersten monographischen Arbeiten zur wirtschaftlichen Berichterstattung galten der geschichtlichen Entwicklung (Bode 1908; Scholten 1910). Untersuchungen zum aktuellen Stand des Wirtschaftsteils der Tagespresse, teilweise unter Verwendung inhaltsstatistischer Verfahren, schlossen sich an (Wirth 1927; Maier 1931; Goitsch 1939; Kuhlmann 1957). Diese in Umfang wie Reichweite ihrer Aussagen begrenzten Arbeiten sind überwiegend deskriptiv verfahren. Erst in jüngerer Zeit wurde ein funktionsanalytischer Ansatz bei der Darstellung der durch die Tagespresse vermittelten wirtschaftskommunikativen Vorgänge verwendet (Geyer 1983). Die Publikationen mit Anleitungen für Zeitungsleser zum Umgang mit dem Wirtschaftsteil − die erste erschien in Deutschland 1914, seitdem sind unzählige gefolgt − gehören nicht zur Forschungsliteratur und bleiben deshalb hier unberücksichtigt. Die Erforschung des Feuilletons begann ebenfalls mit geschichtlichen Darstellungen (Eckstein 1876; Kellen 1909). Eine breitangelegte soziologische Untersuchung konnte im Ersten Weltkrieg nicht abgeschlossen werden, sie bildete später die Grundlage für eine größere Darstellung zur Geschichte und Gegenwart des Feuilletons in Deutschland (Meunier/Jessen 1931). Im Dritten Reich hatte die Feuilletonforschung, legt man die Zahl der Dissertationen zugrunde, eine Blütezeit. Es erschien auch eine umfangreiche Gesamtdarstellung, die nach dem Krieg – politisch 'bereinigt' – eine Neuausgabe erlebte (Haacke 1943–44 und 1951–53). Die neuere Feuilletonforschung hat durch die Verbindung literatur- und sozialwissenschaftlicher Methoden deutliche Veränderungen erfahren. Die überwiegend ästhetikorientierten Ansätze der sog. Feuilletonkunde wurden weitgehend von Untersuchungen zur massenhaften Vermittlung kultureller Botschaften durch Zeitungen in Geschichte und Gegenwart und zu den (kultur)politischen Implikationen abgelöst (Glotz 1968; Zerges 1982; Rollka 1985). Der für die Leser-Blatt-Bindung besonders wichtige Lokalteil ist oft in den Darstellungen zur Geschichte einzelner Zeitungen, aber nur vergleichsweise selten monographisch behandelt worden (z. B. historisch: Conrad 1935; Adloff 1939; aktuell: Knoche 1968). Zum Sportteil und zur Sportberichterstattung in der Tagespresse sind seit den dreißiger Jahren sporadisch Untersuchungen angestellt worden (z. B. historisch: Rupprecht 1936; aktuell: Binnewies 1974). Ähnlich verhält es sich mit der Erforschung der übrigen Zeitungssparten und Rubriken einschließlich der Zeitungsbeilagen (Unterhaltung, Reise, Wissenschaft und Technik usw.). Mehr Aufmerksamkeit hat in der Forschung zeitweise der Anzeigenteil gefunden. Einer schon früh erschienenen Dissertation über Geschichte und Gegenwart des Zeitungsinserats (Munzinger 1901) folgten zunächst nur wenige weitere Arbeiten zum Thema. In den zwanziger Jahren jedoch setzte ein regelrechter Forschungsboom ein. Das Interesse bezog sich auf die Entwicklungsgeschichte von Zeitungsanzeige und Anzeigenteil (Bachem 1929; Meißner 1931; Balzer 1933) und auf die aktuelle Bedeutung des Inseratenteils für Zeitung und Leser (Hoffmann 1931; Blau 1932; Brugger/Schneider 1936). Später – seit den vierziger Jahren – nahm das Interesse an diesem Thema wieder deutlich ab. Seitdem hat es nur noch vereinzelt größere Untersuchungen zum Anzeigenteil der Tagespresse gegeben.

8. Journalismus

Die Geschichte der Zeitungsproduktion ist auch die Geschichte der Produzenten des Zeitungsinhalts. Infolge von Industrialisierung und Arbeitsteilung setzte sich seit der Mitte des 19. Jhs. der Typus des Journalisten als angestellter Mitarbeiter des Zeitungsverlags immer stärker durch und gewann in Gestalt des hauptberuflichen Redakteurs ein verbindliches und abgrenzbares Berufsprofil, doch hat sich die Zeitungsforschung lange Zeit nur am Rande mit Beruf und Berufspraxis des Journalisten befaßt. Forschungsgeschichtlich bemerkenswert ist neben einer die verstreute Literatur auswertenden Darstellung (Groth 1928–30 IV) ein Versuch, die Entstehung und Entwicklung des Journalismus historisch-funktional auf der Grundlage von idealtypischen Kategorien publizistischer Tätigkeiten zu deuten (Baumert 1928). Dieser sozialgeschichtlich orientierte Ansatz blieb seinerzeit jedoch nahezu folgenlos. Statt dessen dominierte ein Forschungsinteresse, das die 'publizistische Persönlichkeit' in den Mittelpunkt stellte und nicht zuletzt als Reflex auf eine anhaltende öffentliche Kritik am Journalismus ('Journaille') wesentlich ethisch-normativ ausgerichtet war. Das führte dazu, daß die Publizistikwissenschaft sich „eher präskriptiv mit der Berufsideologie als deskriptiv mit der Berufswirklichkeit" befaßte (Hömberg 1987, 619). Bemühungen, journalistische Berufspraxis zu beschreiben (z. B. Berger 1923), waren Ausnahmen, ganze Bereiche journalistischer Tätigkeit, z. B. die des Auslandskorrespondenten, blieben von der Zeitungsforschung unbeachtet. Erst in jüngerer Zeit sind mit der Hinwendung zum Verständnis von Mediengeschichte als Sozialgeschichte detaillierte Untersuchungen zur Entstehung und historischen Praxis des Berufsjournalismus entstanden (beispielhaft Engelsing 1966).

Am erfolgreichsten war die Journalismusforschung bei der Ermittlung berufssoziologischer und berufsstatistischer Daten. Den Anfang machte eine Studie zur Arbeitsmarktsituation für Redakteure in den Jahren 1904 bis 1907 (Stoklossa 1909). Kurz nach dem Ersten Weltkrieg entstand mit einer Untersuchung zur wirtschaftlichen und sozialen Lage der Zeitungsredakteure in einer westdeutschen Region die erste einschlägige Monographie (Kahmann 1922). Zur selben Zeit thematisierte der Verein für Sozialpolitik in einer Sammelpublikation Arbeits- und Arbeitsmarktprobleme von Journalisten und Redakteuren (Francke/Lotz 1922). Einige Jahre später führte der Berufsverband der deutschen Journalisten eine Mitgliederbefragung durch, die auf der Grundlage von rund 2.500

beantworteten Fragebögen umfangreiches statistisches Material u. a. zur Einkommenssituation der Zeitungsredakteure erbrachte (Jentzsch 1928). Eine international vergleichende Untersuchung zur beruflichen und sozialen Lage der Journalisten behandelte damals auch die deutschen Verhältnisse (Internationales Arbeitsamt 1928). Mit Fragen nach Herkunft und Bildungsstand von Redakteuren beschäftigten sich Einzelstudien sowohl aus historischer (Brunöhler 1933) als auch aus aktueller Sicht (Oebsger-Röder 1936). Für die Forschung in der unmittelbaren Nachkriegszeit ist die vom Institut für Publizistik der Universität Münster Mitte der fünfziger Jahre durchgeführte Untersuchung zur sozialen Lage und zum Bildungsstand von Redakteuren und freien journalistischen Mitarbeitern an Tageszeitungen zu nennen (Hagemann 1956). Die seit dem 19. Jh. zur Vertretung sozialer und fachlicher Interessen entstandenen Organisationen der Journalisten waren verschiedentlich Gegenstand berufsgeschichtlicher Darstellungen (Freund 1922; Egloff 1927; Matthies 1969).

9. Leser

Die Zeitungsforschung hat sich dem Zeitungsleser vergleichsweise spät zugewandt. Die lange Zeit verbreitete Vorstellung von der umfassenden Wirkung der Zeitung auf ihr Publikum und auf die gesamte gesellschaftliche Umwelt ('Großmacht Presse') ließ Fragen nach Bedingungen, Formen und Praxis der Zeitungslektüre weitgehend überflüssig erscheinen. Impulse zu einer differenzierenden Betrachtung der Zeitungsleserschaft und ihrer Beziehung zum Medium kamen zuerst aus der zeitungssoziologischen und -ökonomischen Forschung sowie aus der Psychologie (Kantorowicz 1922; Heenemann 1929; Giovanoli 1930; Moede 1930; Carlé 1931; Georgii 1932). Methodisches Neuland wurde Anfang der dreißiger Jahre auf der Grundlage einer großangelegten Fragebogenaktion mit einer Studie über jugendliche Zeitungsleser erschlossen (Münster 1932). Diese Studie war der Ausgangspunkt für weitere empirische Untersuchungen zur Zeitungsleserschaft, die unter Einsatz von Fragebogen, Interview und teilnehmender Beobachtung Aufschluß über Reichweite und Wirkung der Tagespresse liefern sollten (List 1939; Schmidt 1939; Schindler 1942). Das Forschungsinteresse reichte von den individuellen und sozialen Dispositionen der Leser, den Motiven für das Lesen bzw. Nichtlesen von Zeitungen, der Rezeptionskonkurrenz zwischen Zeitungen und anderen Medien, den Lesetechniken und -gewohnheiten bis zur Entwicklung von Zeitungslesertypologien. Die Erhebungen ergaben umfangreiches Material zur Nutzung des Mediums Zeitung und zum Verhalten der Zeitungsleser im Dritten Reich (was sie inzwischen zu wichtigen Quellen für die historische Leserforschung werden ließ); die Erwartung, beim Leser unmittelbare Wirkungen durch Zeitungslektüre nachweisen zu können, erfüllte sich jedoch nicht. Auch die später noch geäußerte Hoffnung, durch Leserforschung den „Gesetzen der Zeitungswirkung" auf die Spur zu kommen (Zankl 1954, 15), erwies sich als zu optimistisch. Empirische Leserforschung wurde in der Nachkriegszeit zunächst im Auftrag der Besatzungsmächte betrieben, die sich für Meinungen und Einstellungen in der deutschen Bevölkerung interessierten (Schütz 1959). Mitte der fünfziger Jahre ließ der Zeitungsverlegerverband eine bundesweite Leserschaftsuntersuchung durchführen, die besonders werbewirtschaftlichen Zwecken diente (Die deutsche Tagespresse 1959, 76−88) und der weitere Erhebungen folgten. Etwa gleichzeitig begann der Konzentrationsprozeß auf dem Pressemarkt mit seinen Auswirkungen für die kleineren Zeitungen das wissenschaftliche Interesse auf das Verhältnis von Lokalzeitung und Leserschaft zu lenken (u. a. Kluthe 1973).

Forschungsgeschichtlich eng verwandt mit den Anfängen empirischer Leserschaftsanalyse ist der Beginn der historischen Zeitungsleserforschung in den dreißiger Jahren. Damals entstanden mehrere Studien zur Zeitungslektüre zwischen dem Ende des 18. und der Mitte des 19. Jhs. Lesefähigkeit und Leseinteresse, Formen der Zeitungslektüre und die Ausbreitung des Zeitungskonsums in den unteren sozialen Schichten waren die Themen bereits der ersten durchgeführten Untersuchung (Jentsch 1937) und sind es auch für die spätere rezeptionsgeschichtliche Erforschung der Zeitungen vor allem bis zum 19. Jh. geblieben (Engelsing 1963, 1964 u. 1966; Welke 1981). Die Zugänglichkeit des Mediums Zeitung für alle Bevölkerungskreise spätestens seit dem Ende des 19. Jhs. bei gleichzeitiger politischer und typologischer Diversifizierung des Zeitungsangebots führte zu modifizierten Fragestellungen und Methoden der Leserforschung. Rückschlüsse auf die Zusammensetzung der Zeitungsleserschaften erlaubten z. B. die (allerdings nicht immer zuverlässigen) Selbstaussagen der Zeitungen, die Abonnementspreise oder die Angaben über die regionale Verbreitung einzelner Blätter. Auch inhalts- und sprachanalytische Verfahren zur Bestimmung der Beziehungen zwischen einer Zeitung und ihren Rezipienten wurden herangezogen, außerdem vereinzelt Untersuchungen zu Inhalt und Funktion des Leserbriefs durchgeführt (Böttcher 1961, Loreck 1982).

10. Literatur

Adloff, Lieselotte, Der lokale Teil der Berliner Presse von seinen Anfängen bis zum Jahre 1848. Würzburg 1939.

Aufermann, Jörg/Bernd-Peter Lange/Axel Zerdick, Pressekonzentration in der BRD: Untersuchungsprobleme, Ursachen und Erscheinungsformen. In: Gesellschaftliche Kommunikation und Information. Hrsg. v. Jörg Aufermann/Hans Bohrmann/Rolf Sülzer. Frankfurt a. M. 1973, 242—314.

Bachem, Jos. P., Das Eindringen der Reklame in die deutschen politischen Tageszeitungen. Köln 1929.

Balzer, Walter, Der Anzeigenteil großer politischer Tageszeitungen Deutschlands von 1800 bis 1850. Görlitz 1933.

Bandmann, Otto, Die deutsche Presse und die Entwicklung der deutschen Frage 1864—66. Leipzig 1910.

Baumert, Paul, Die Entstehung des deutschen Journalismus in sozialgeschichtlicher Betrachtung. Altenburg 1928.

Bensheimer, Ernst J., Die politische Tagespresse Badens am Beginn des XX. Jahrhunderts. (Eine statistische Studie). Mannheim 1910.

Berger, Albert, Der Lokalreporter. Diss. (masch.) Heidelberg 1923.

Bertkau, Friedrich/Karl Bömer, Der wirtschaftliche Aufbau des deutschen Zeitungsgewerbes. Berlin 1932.

Binnewies, Harald, Sport und Sportberichterstattung. Berlin 1974.

Blau, Albrecht, Der Inseratenmarkt der deutschen Tageszeitungen. Berlin 1932.

Bode, Hermann, Die Anfänge wirtschaftlicher Berichterstattung in der Presse. Pforzheim 1908.

Bömer, Karl, Bibliographisches Handbuch der Zeitungswissenschaft. Leipzig 1929.

—, Internationale Bibliographie des Zeitungswesens. Leipzig 1932.

Böttcher, Johannes, Der Leserbrief in der Presse der Bundesrepublik Deutschland. Erlangen/Nürnberg 1961.

Bogel, Else/Elger Blühm, Die deutschen Zeitungen des 17. Jahrhunderts. 3 Bde. Bremen/München 1971—85.

Bohrmann, Hans/Peter Schneider, Zeitschriftenforschung. Berlin 1975.

Bosch, Michael, Liberale Presse in der Krise. Die Innenpolitik der Jahre 1930 bis 1933 im Spiegel des 'Berliner Tageblatts', der 'Frankfurter Zeitung' und der 'Vossischen Zeitung'. Bern/Frankfurt a. M./München 1976.

Brugger, Alfons/Carl Schneider, Der deutsche Anzeigenmarkt. Leipzig 1936.

Brunhuber, Robert, Das Moderne Zeitungswesen (System der Zeitungslehre). Leipzig 1907.

Brunöhler, Kurt, Die Redakteure der mittleren und größeren Zeitungen im heutigen Reichsgebiet von 1800 bis 1848. Bottrop 1933.

Carlé, Wilhelm, Weltanschauung und Presse. Frankfurt a. M. 1931.

Conrad, Erich, Die Entwicklung des kommunalen Teils der größeren Leipziger Tageszeitungen in der 2. Hälfte des 19. Jahrhunderts. Berlin 1935.

Die Deutsche Presse. Berlin 1954—61.

Die deutsche Tagespresse 1958/1959. Bad Godesberg 1959.

Dierichs, Paul, Der Zeitungsmarkt in Deutschland. München 1928.

Diez, Hermann, Das Zeitungswesen. Leipzig 1910.

Dreppenstedt, Enno, Der Zeitungs- und Zeitschriftenmarkt. Hamburg 1969.

Dreyhaus, Hermann, Der Preußische Correspondent von 1813/14. Marburg 1909.

Droysen, Johann G., Die Zeitungen im ersten Jahrzehnt Friedrichs des Großen. In: Zeitschrift für Preußische Geschichte und Landeskunde 13, 1876, 1—38.

Eberlein, Alfred (Bearb.), Die Presse der Arbeiterklasse und der sozialen Bewegungen. 5 Bde. Frankfurt a. M. 1968—70.

Eckstein, Ernst, Beiträge zur Geschichte des Feuilletons. Leipzig ²1876.

Egloff, Helmut, Arbeits- und Berufsorganisation im deutschen Zeitungsgewerbe. Berlin 1927.

Eisfeld, Gerhard/Kurt Koszyk, Die Presse der deutschen Sozialdemokratie. Bonn ²1980. (1. Aufl. Koszyk, Kurt, Die Presse der deutschen Sozialdemokratie. Hannover 1966).

Engelsing, Rolf, Die periodische Presse und ihr Publikum. In: AGB 4, 1963, 1481—1534.

—, Zeitung und Zeitschrift in Nordwestdeutschland 1800—1850. Leser und Journalisten. In: AGB 5, 1964, 849—956.

—, Massenpublikum und Journalistentum im 19. Jahrhundert in Nordwestdeutschland. Berlin 1966.

Ennen, L., Die Zeitungspresse in der Reichsstadt Köln. In: Annalen des historischen Vereins für den Niederrhein 36, 1881, 12–82.

Ester, Carl d', Das Zeitungswesen in Westfalen von den ersten Anfängen bis zum Jahre 1813. Münster 1907.

Francke, Ernst/Walther Lotz (Hrsg.), Die geistigen Arbeiter. Tl. 2. Journalisten und bildende Künstler. München/Leipzig 1922.

Franzmeyer, Fritz (Bearb.), Presse-Dissertationen an deutschen Hochschulen 1885–1938. Leipzig 1940.

Freund, Cajetan, Die Berufsvereine des deutschen Journalismus. In: Die geistigen Arbeiter. Hrsg. v. Ernst Francke/Walther Lotz. Tl. 2. Journalisten und bildende Künstler. München/Leipzig 1922, 63–120.

Garr, Max, Die wirtschaftlichen Grundlagen des modernen Zeitungswesens. Wien/Leipzig 1912.

Gebhardt, Hartwig, Das Interesse an der Pressegeschichte. In: Presse und Geschichte II. München 1987, 11–19.

Georgii, Eberhard, Über die Grenzen der Zeitungsverbreitung. Berlin 1932.

Geyer, Herbert, Wirtschaftskommunikation dargestellt an bayerischen Tageszeitungen. München 1983.

Giovanoli, Fritz, Zur Soziologie des modernen Zeitungswesens. In: Zeitschrift für Völkerpsychologie und Soziologie 6, 1930, 175–192 u. 267–281.

Glotz, Peter, Buchkritik in deutschen Zeitungen. Hamburg 1968.

Goitsch, Heinrich, Entwicklung und Strukturwandlung des Wirtschaftsteils der deutschen Tageszeitungen. Frankfurt a. M. 1939.

Groth, Otto, Die Zeitung. 4 Bde. Mannheim/Berlin/Leipzig 1928–30.

–, Die Geschichte der deutschen Zeitungswissenschaft. München 1948.

–, Die unerkannte Kulturmacht. Grundlegung der Zeitungswissenschaft (Periodik). 7 Bde. Berlin 1960–72.

Haacke, Wilmont, Feuilletonkunde. 2 Bde. Leipzig 1943–44.

–, Handbuch des Feuilletons. 3 Bde. Emsdetten 1951–53.

Hagelweide, Gert, Deutsche Zeitungsbestände in Bibliotheken und Archiven. Düsseldorf 1974.

–, Literatur zur deutschsprachigen Presse. Bd. 1 ff. München 1985 ff.

Hagemann, Walter (Hrsg.), Die soziale Lage des deutschen Journalistenstandes. Münster 1956.

Handbuch der Deutschen Tagespresse. Berlin 1932–44.

Heenemann, Horst, Die Auflagenhöhen der deutschen Zeitungen. Berlin 1929.

Heide, Walther (Hrsg.), Handbuch der Zeitungswissenschaft, Leipzig 1940 ff.

Henkel, Martin/Rolf Taubert, Die deutsche Presse 1848–1850. München 1986.

Hömberg, Walter, Von Kärrnern und Königen. Zur Geschichte journalistischer Berufe. In: Wege zur Kommunikationsgeschichte. Hrsg. v. Manfred Bobrowsky/Wolfgang R. Langenbucher. München 1987, 619–629.

Hoffmann, Hans-Norbert, Die publizistischen Voraussetzungen des Inseratenteils. Görlitz 1931.

Internationales Arbeitsamt (Hrsg.), Lebens- und Arbeitsbedingungen der Journalisten. Genf 1928.

Jacobi, Richard, Der Journalist. Hannover 1902.

Jaeger, Karl, Von der Zeitungskunde zur publizistischen Wissenschaft. Jena 1926.

Jentsch, Irene, Zur Geschichte des Zeitungslesens in Deutschland am Ende des 18. Jahrhunderts. Leipzig 1937.

Jentzsch, Walter H., Die wirtschaftliche und soziale Lage der deutschen Redakteure. In: Deutsche Presse 18, 1928, 394–397, fortgesetzt 541–543 und 565–566.

Jöhlinger, Otto, Zeitungswesen und Hochschulstudium. Jena 1919.

Kahmann, Wilhelm, Die Lage der Redakteure im Kölner Wirtschaftsbezirk. Diss. (masch.) Köln 1922.

Kantorowicz, Ludwig, Die sozialdemokratische Presse Deutschlands. Tübingen 1922.

Kellen, Tony, Aus der Geschichte des Feuilletons. Essen 1909.

Kisker, Klaus Peter/Manfred Knoche/Axel Zerdick, Wirtschaftskonjunktur und Pressekonzentration in der Bundesrepublik Deutschland. München 1979.

Klawitter, Willy, Die Zeitungen und Zeitschriften Schlesiens. Breslau 1930 (Reprint Hildesheim 1978).

Kluthe, Peter, Kommunikationsverhalten von Zeitungslesern. Frankfurt a. M. 1973.

Knies, Karl, Der Telegraph als Verkehrsmittel. Tübingen 1857.

Knoche, Manfred, Kommentar und Kritik im Lokalteil der Tagespresse in der Bundesrepublik Deutschland. In: Publizistik 13, 1968, 348–359.

–, Einführung in die Pressekonzentrationsforschung. Berlin 1978.

Kopper, Gerd G., Zeitungsideologie und Zeitungsgewerbe in der Region. Düsseldorf 1972.

– (Hrsg.), Marktzutritt bei Tageszeitungen – zur Sicherung von Meinungsvielfalt durch Wettbewerb. München 1984.

Koszyk, Kurt/Margot Lindemann, Geschichte der deutschen Presse. 4 Tle. Berlin 1966–86.

Krumbhaar, Herbert, Die Häufigkeit des Erscheinens der Zeitungen. Liegnitz 1920.

Krutmann, Friedrich, Die Außenpolitik in der Tageszeitung „Die Post" von 1890 bis 1914. Leipzig 1933.

Kuhlmann, Marlies, Der Weg der Wirtschaftsnachricht und ihre Stellung im Wirtschaftsteil der Tageszeitung. Quakenbrück 1957.

Kurth, Karl (Hrsg.), Die ältesten Schriften für und wider die Zeitung. Brünn/München/Wien 1944.

Kutsch, Arnulf, Max Webers Anregung zur empirischen Journalismusforschung. Die „Zeitungs-Enquête" und eine Redakteurs-Umfrage. In: Publizistik 33, 1988, 5–31.

List, Fritz, Die Tageszeitung als publizistisches Führungsmittel. Würzburg-Aumühle 1939.

Löbl, Emil, Kultur und Presse. Leipzig 1903.

Loreck, Sabine, Leserbriefe als Nische öffentlicher Kommunikation. Münster 1982.

Maier, Reinhard, Die Aufgaben des Wirtschaftsteils der Tageszeitungen. Oberviechtach 1931.

Matthies, Marie, Journalisten in eigener Sache. Berlin 1969.

Meißner, Hans-Heinz, Das Inserat in den großen deutschen politischen Tageszeitungen von 1850 bis 1870. Leipzig 1931.

Meunier, Ernst/Hans Jessen, Das deutsche Feuilleton. Berlin 1931.

Meyer, Hans-Friedrich, Zeitungspreise in Deutschland im 19. Jahrhundert und ihre gesellschaftliche Bedeutung. Münster 1967.

Michel, Oskar (Bearb.), Handbuch deutscher Zeitungen 1917. Berlin 1917. Nachtrag 1918.

Moede, Walther, Zur praktischen Psychologie des Zeitungslesers. In: Zeitungs-Verlag 31, 1930/21, 6–10.

Mohr, Martin, Zeitung und neue Zeit. München/Leipzig 1919.

Münster, Hans A., Jugend und Zeitung. Berlin 1932.

Munzinger, Ludwig, Die Entwicklung des Inseratenwesens in den deutschen Zeitungen. Heidelberg 1901.

Muser, Gerhard, Statistische Untersuchung über die Zeitungen Deutschlands 1885–1914. Leipzig 1918.

Oebsger-Röder, Rolf, Vom Zeitungsschreiber zum Schriftleiter. Leipzig 1936.

Opel, Julius O., Die Anfänge der deutschen Zeitungspresse 1609–1650. Leipzig 1879. (Archiv für Geschichte des Deutschen Buchhandels III)

Ossorio-Capella, Carles, Der Zeitungsmarkt in der Bundesrepublik Deutschland. Frankfurt a. M. 1972.

Preller, Ludwig, Untersuchungen über die Statistik des redaktionellen Zeitungsinhalts. Diss. (masch.) Leipzig 1922.

Prutz, Robert E., Geschichte des deutschen Journalismus. Tl. 1. Hannover 1845 (Mehr nicht erschienen; Reprint Göttingen 1971)

Rennert, Georg, Die ersten Post-Zeitungen. Berlin 1940.

Reumann, Kurt, Entwicklung der Vertriebs- und Anzeigenerlöse im Zeitungsgewerbe seit dem 19. Jahrhundert. In: Publizistik 13, 1968, 226–271.

Rollka, Bodo, Die Belletristik in der Berliner Presse des 19. Jahrhunderts. Berlin 1985.

Rupprecht, Wilhelmine, Die Entwicklung der Sportzeitung in den Münchner Neuesten Nachrichten von 1848 bis 1914. München 1936.

Salomon, Ludwig, Geschichte des Deutschen Zeitungswesens. 3 Bde. Oldenburg/Leipzig 1900–06. (Reprint Aalen 1973)

Schacht, Hjalmar, Statistische Untersuchung über die Presse Deutschlands. In: Jahrbücher für Nationalökonomie und Statistik III, 1898, 503–525.

Schäffle, Albert E., Bau und Leben des socialen Körpers. Tübingen 1875–78.

Schierse, Bruno, Das Breslauer Zeitungswesen vor 1742. Breslau 1902.

Schindler, Friedrich, Die Publizistik im Leben einer Gruppe von Leunaarbeitern. Diss. (masch.) Leipzig 1942.

Schmidt, Alfred, Publizistik im Dorf. Dresden 1939.

Schneider, Werner, Die Faktoren der Rentabilität einer Zeitung. Kassel 1923.

Schöne, Walter, Zeitungswesen und Statistik. Jena 1924.

–, Die Zeitung. Leipzig 1928.

–, Die deutsche Zeitung des siebzehnten Jahrhunderts in Abbildungen. Leipzig 1940.

Scholten, Bernhard, Der Handelsteil der deutschen Zeitungen im 19. Jahrhundert. Ibbenbüren 1910.

Schütz, Walter J., Deutsche Tagespresse in Tatsachen und Zahlen. In: Publizistik 1, 1956, 31–48.

–, Zwischen quantitativer und qualitativer Leserforschung. In: Publizistik 4, 1959, 79–96.

Schulz, Winfried (Hrsg.), Der Inhalt der Zeitungen. Düsseldorf 1970.

Schwarzkopf, Joachim v., Ueber Zeitungen. Frankfurt a. M. 1795. (Reprint München 1993)

–, Politische Zeitungen und Intelligenzblätter in Frankfurt a. M., Sachsen, Türingen und Hessen. 1802. (Reprint Leipzig 1976)

Sielemann, Franz, Konzentrationsbewegungen im Zeitungsgewerbe. Köln 1927.

Spiess, Volker, Verzeichnis deutschsprachiger Hochschulschriften zur Publizistik 1885–1967. Berlin/München-Pullach 1969.

Stein, Peter, Die NS-Gaupresse 1925–1933. München 1987.

Stieda, Wilhelm, Die Anfänge der periodischen Presse in Mecklenburg. In: Archiv für die Geschichte des Deutschen Buchhandels XIX. Leipzig 1897, 60–178.

Stieler, Kaspar, Zeitungs Lust und Nutz. Vollständiger Neudruck der Originalausgabe von 1695. Hrsg. v. Gert Hagelweide. Bremen 1969.

Stoklossa, Paul, Der Arbeitsmarkt der Redakteure. In: Der Zeitungs-Verlag 10, 1909, 816–820.

–, Der Inhalt der Zeitungen. In: Zeitschrift für die gesamte Staatswissenschaft 66, 1910, 555–565 (leicht gekürzt in: Schulz 1970).

–, Die periodischen Druckschriften Deutschlands. In: Schmollers Jahrbuch für Gesetzgebung, Verwaltung und Volkswirtschaft 37, 1913, 757–790.

Storz, Werner, Die Anfänge der Zeitungskunde. Halle 1931.

Straßner, Erich, Zeitung. Tübingen ²1999.

Strüder, Rolf, Der ökonomische Konzentrationsprozeß im deutschen Zeitungswesen. Heidelberg 1933.

Traub, Hans (Bearb.), Standortskatalog wichtiger Zeitungsbestände in deutschen Bibliotheken. Leipzig 1933.

Weber, Max, Geschäftsbericht. In: Verhandlungen des Ersten Deutschen Soziologentages vom 19.–22. Oktober 1910 in Frankfurt a. M. Tübingen 1911, 39 ff.

Wehle, Johann H., Die Zeitung. Ihre Organisation und Technik. Leipzig ²1883.

Welke, Martin, Gemeinsame Lektüre und frühe Formen von Gruppenbildungen im 17. und 18. Jahrhundert: Zeitungslesen in Deutschland. In: Lesegesellschaften und bürgerliche Emanzipation. Hrsg. v. Otto Dann. München 1981, 29–53.

Wilke, Jürgen, Nachrichtenauswahl und Medienrealität in vier Jahrhunderten. Berlin/New York 1984.

Winter, Konrad L., Neue wirtschaftliche Grundlagen des deutschen Zeitungswesens. Hersbruck 1938.

Wirth, Fritz, Die Wirtschaftsteile deutscher Tageszeitungen. Leipzig 1927.

Wittwer, Max, Das deutsche Zeitungswesen in seiner neueren Entwicklung. Halle 1914.

Witzleben, C. D. v., Geschichte der Leipziger Zeitung. Leipzig 1860.

Wolter, Hans-Wolfgang, Generalanzeiger – das pragmatische Prinzip. Bochum 1981.

Wuttke, Heinrich, Die deutschen Zeitschriften und die Entstehung der öffentlichung Meinung. Hamburg 1866. Leipzig ³1875.

Zankl, Hans Ludwig, Grundfragen der Zeitungswirkung. München 1954.

Zerges, Kristina, Sozialdemokratische Presse und Literatur. Stuttgart 1982.

Hartwig Gebhardt, Bremen (Deutschland)

77. Forschungsgeschichte der Zeitschrift

1. Darstellung
2. Literatur

1. Darstellung

Die Erforschung der periodischen Printmedien hat erst spät eingesetzt, nachdem in der gesellschaftlichen Phase der Industrialisierung innerhalb der Nationalstaaten Europas und Nordamerikas der Austausch von Informationen als Problem erkannt worden war. Die Zeitschriften sind als eigenständiger Gegenstandsbereich noch später abgegrenzt worden, weil bis ins späte 19. Jh. hinein eine definitorische Trennung von Zeitung und Zeitschrift nicht erfolgte. Beide Ausdrücke wurden zur Bezeichnung periodischer Printmedien in gleicher Weise angewandt. Erst nachdem um die Wende vom 19. zum 20. Jh. die (Tages-)Zeitung von der Forschung durch die Merkmale Universalität, Periodizität, Aktualität und Publizität näher bestimmt worden war, trat die Zeitschrift als eigenständiger Gegenstandsbereich hervor. Allerdings ist es nicht gelungen, einen einheitlich strukturierten Zeitschriftenbegriff zu gewinnen. Als Zeitschriften gelten üblicherweise diejenigen periodischen Printmedien, die nicht Zeitungen sind. Für diese gelten die Merkmale der Zeitung in jeweils eingeschränkter oder begrenzter Form. Zeitschriften konzentrieren sich inhaltlich in der Regel auf ein bestimmtes Interessengebiet, d. h., die Universalität des Inhalts ist eingegrenzt. Ausnahmen bilden die Illustrierten, die insoweit universell berichten als Abbildungen zur Verfügung stehen. Die Aktualität bei Zeitschriften ist ebenfalls eingeschränkt und nur im äußersten Grenzfall kommt werktägliches Erscheinen vor. Dadurch ist auch die Aktualität der Berichterstattung beschränkt. Zeitschriften wenden sich nicht an die breiteste Öffentlichkeit, weil sie sich auf ein bestimmtes Stoffgebiet beschränken und deshalb nicht auf die breite Publizität rechnen können, wie sie für die Zeitung charakteristisch ist. Ob die Zusammenfassung aller Nicht-Zeitungen unter den Sammelbegriff Zeitschriften forschungsstrategisch richtig angelegt ist und untersuchbare Zusammenhänge freilegt, mag bezweifelt werden, da die Erscheinungen, die unter einen Begriff gefaßt werden, außerordentlich verschieden sind. Denkbarerweise ist eine Gliederung nach Typen periodischer Printmedien besser geeignet als die Dichotomie der Zeitungen versus Zeitschriften. Dann ließen sich neben den Tageszeitungen bspw. die Fachzeitschriften, die Anzeigenblätter, die Werkzeitschriften, die wissenschaftlichen Zeitschriften und der möglicherweise noch weiter zu untergliedernde Bereich der Publikumszeitschriften (Illustrierte, Rundfunkprogrammzeitschriften, Frauenzeitschriften, Modezeitschriften etc.) eigenen Feldern zuweisen, die teilweise mit ähnlichen, teilweise auch charakteristisch auf den jeweiligen Typus bezogenen Fragestellungen untersucht werden könnten.

Zwei Disziplinen haben sich mit je unterschiedlichen Forschungsinteressen der Zeitschriften angenommen, einerseits die Bibliothekswissenschaft, andererseits die Zeitungs- resp. Publizistik- und Kommunikationswissenschaft. In beiden Disziplinen hat die Zeitschrift stets eine nachrangige Rolle eingenommen. Die Bibliothekswissenschaft hat sich intensiv mit der Buchproduktion (Monographien) und dem alten Buch auseinandergesetzt, die Zeitungswissenschaft und ihre Folgedisziplin Publizistik- und Kommunikationswissenschaft, hat sich vorwiegend mit der Zeitung und der von ihr hergestellten Öffentlichkeit befaßt. Es ist umstritten, ob die Zeitungswissenschaft eine ertragreiche Innovation des Wissenschaftssystems seit den 20er Jahren unseres Jahrhunderts darstellt. Sicher aber ist, daß der durch sie thematisierte Aspekt gesellschaftlicher Kommunikation unter dem Gesichtspunkt der Medien wissenschaftlicher Aufmerksamkeit bedarf. Forscher beider Disziplinen haben versucht, die Zeitschrift auf der Landkarte gesellschaftlicher Kommunikation zu verorten. Der Bibliothekar Joachim Kirchner hat das Gesamtgebiet der deutschen Zeitschriften bibliographisch von den Anfängen bis zum Ende des 19. Jhs. erkundet und auf dieser Basis eine bis heute nicht überholte Geschichte des Zeitschriftenwesens geschrieben. Innerhalb der Zeitungswissenschaft hat Gerhard Menz eine Gesamtdarstellung des Zeitschriftenwesens unter besonderer Betonung statistischer und buchhandelsbetriebswirtschaftlicher Fragen vorgelegt. Ernst Herbert Lehmann hat 1936 eine Einführung in die Zeitschriftenkunde gegeben, die sich aufgrund stark zeitbedingter Wertungen heute nur begrenzt erfolgreich nutzen läßt. Wilmont Haacke hat sich schwerpunktmäßig mit der politischen Zeitschrift historiographisch befaßt. Seine, v. a. auch durch solide Dokumentation auffallenden Veröffentlichungen, sind für multidisziplinären Zugriff geeignet. Harry Pross hat die Geschichte der politisch-literarischen Zeitschriften (Revuen) seit dem Bismarck-Reich beschrieben, die als einflußreicher meinungsbildender Typus bis in die 50er Jahre unseres Jahrhunderts eine unübersehbare Bedeutung besaßen. Pross gelang es, durch das Auge des Soziologen, die Entstehungsbedingungen der politisch-literarischen Zeitschriften, die spezifischen Produktionsantriebe ihrer Macher und das Echo in der Leserschaft zu erkunden.

Lorenz und Ubbens haben sich quantitativen Aspekten der Beschreibung des Zeitschriftenwesens gewidmet, in dem sie sekundäranalytisch gedruckte Quellen zusammengestellt und ausgewertet haben. Eine Überprüfung dieser Untersuchungen durch Auswertung der Bibliographien von Kirchner liegt nahe, wobei der Frage nachgegangen werden muß, wie vollständig die vorliegenden Statistiken das Zeitschriftenwesen tatsächlich beschreiben. Hinweise dazu gibt die Studie von Bohrmann über die Studentenpresse, die zeigen kann, daß nur ein kleiner Teil der Studentenzeitschriften Aufnahme in die gedruckten Bibliographien gefunden hat.

Eine spezifische Forschungstradition innerhalb einer Wissenschaft oder zwischen mehreren Disziplinen als interdisziplinäres Arbeitsfeld hat sich für die Zeitschrift nicht gebildet. Die Gründung eines eigenen Forschungsfeldes Zeitschrift innerhalb der Zeitungswissenschaft, die in den Jahren des Nationalsozialismus von einer Handvoll interessierter Wissenschaftler betrieben wurde und deren Kopf Lehmann war, ist, wie Bohrmann/Schneider darstellen, nicht erfolgreich gewesen. Deshalb ist die Geschichte der Erforschung der Zeitschrift eher als diskontinuierliche Folge wissenschaftlicher Anstrengungen zu kennzeichnen, bei denen Wissenschaftler unterschiedlicher Disziplinen zumindest zeitweilig ihre Interessen den Zeitschriften, sei es in historischer oder aktueller Perspektive, zugewandt haben. Diese Forschungsbemühungen sind häufig völlig unabhängig voneinander geblieben und lassen sich nicht zu einem mehr oder weniger fugenlosen Gebäude zusammenfassen. Lernen kann man daraus im wesentlichen, daß Vorarbeiten vorhanden sind, die für das Ansetzen eigener Untersuchungen herangezogen werden können. Bibliographische Überblicke bietet Bohrmann: Die Erforschung von Zeitung und Zeitschrift in Deutschland, und v. a. Hagelweide, dessen Bibliographie in systematischer Anordnung die Literatur von den Anfängen bis in die 70er Jahre unseres Jahrhunderts präsentiert. Die Literaturhinweisdatenbank der Informationsstelle Politik und Massenkommunikation (FU Berlin) enthält die nicht nur deutschsprachigen Veröffentlichungen zum Zeitschriftenwesen und wird regelmäßig aktualisiert. Sie schließt zeitlich an Hagelweide an.

Will man die Gesamtbetrachtung des Zeitschriftenwesens nicht aufgeben, lohnt es, den typenbildenden Ansatz von Hagemann neu aufzugreifen. Er geht im Unterschied zur alten Zeitungswissenschaft nicht von dem Produkt Zeitschrift, ihren Merkmalen und Inhalten aus, sondern von Adressatengruppen. Hagemann geht es also nicht in erster Linie um die historische und bibliographische Beschreibung, sondern um die Erfassung des publizistischen Prozesses, d. h. derjenigen gesellschaftlich bestimmten Kommunikation, die sich zwischen den Zeitschriftenmachern und den Lesern mit Hilfe der periodischen Zeitschrift abspielt. Hagemann unterscheidet Zeitschriften, die den Leser in seiner Berufsrolle ansprechen, also die Fachpresse einschließlich der wissenschaftlichen Fachzeitschriften, von Zeitschriften, die den Leser in seiner Freizeit ansprechen wollen. Von beiden Gruppierungen ist anzunehmen, daß die Leserschaft ein Angebot erhält, das sie annimmt oder ablehnt. Findet sich keine Leserschaft, geht die Publikation notwendigerweise ein. Hagemann ergänzt seine Dichotomie Beruf/Freizeit durch einen dritten Typus von Zeitschriften, nämlich Blätter, die im Interesse des Herausgebers gemacht und an die potentielle Leserschaft verteilt werden, also Kunden- und Werkzeitschriften und die Anzeigenblätter. Diese Zeitschriften sind in ihrem Bestehen nicht an einen Kaufentschluß gebunden, sondern werden vom Hersteller und/oder Finanzier für bestimmte Verbreitungsgebiete, Branchen oder Betriebe, bezahlt. Für seine Zeitschriftenuntersuchungen griff Hagemann auf die von ihm mit Walter J. Schütz entwickelte und bereits bei den Zeitungen angewendete Methode der Stichtagserhebung zurück. Er suchte einen kompletten Querschnitt durch das Zeitschriftenwesen mit Hilfe der Beschaffung von Einzelnummern zu einem bestimmten Stichtag zu gewinnen. Damit zog er zugleich Konsequenzen aus der unbefriedigenden zeitschriftenstatistischen Lage. Die Zeitschriftstatistik war nie Teil amtlicher statistischer Bemühungen, die vorliegenden Zahlenzusammenstellungen dienen jeweils begrenzten praktischen Zwecken (Buchhandel u. a.) und sind daher wenig geeignet, einen Überblick über das gesamte Zeitschriftengeschehen zu bieten. Retrospektive Bibliographien zu erarbeiten ist außerordentlich zeitaufwendig, und mit zuverlässigen Zahlen kann kaum gerechnet werden, weil der Rückgriff auf Sammlungen in Bibliotheken und auf gedruckte Titelverzeichnisse, wie die Erfahrung lehrt, immer nur Annäherungen bieten kann, weil viele Blätter nirgendwo überliefert werden.

Die wissenschaftliche Arbeit zum Zeitschriftenwesen ist in den letzten Jahren stark rückläufig gewesen. Ursächlich dafür scheint die revolutionäre Entwicklung der elektronischen Massenkommunikationsmittel zu sein, die auf Sicht ein Zusammenwachsen von Massen- und Individualkommunikation erscheinen lassen. Forschungsgelder und Forschungsanstrengungen der Wissenschaft haben sich deshalb von den Printmedien allgemein und von den Zeitschriften im besonderen abgewandt.

2. Literatur

Bohrmann, Hans, Die Erforschung von Zeitung und Zeitschrift in Deutschland. In: Die Erforschung der Buch- und Bibliotheksgeschichte in Deutschland. Hrsg. v. Werner Arnold/Wolfgang Zeller/Bernhard Zeller. Wiesbaden 1987, 348–358.

—, Strukturwandel der deutschen Studentenpresse. Studentenpolitik und Studentenzeitschriften 1848–1974. München 1975.

Bohrmann, Hans/Peter Schneider, Zeitschriftenforschung. Ein wissenschaftsgeschichtlicher Versuch. Berlin 1975.

Gerlach, Peter, Zeitschriftenforschung. Probleme und Lösungsansätze dargestellt am Beispiel Journalism Quarterly (1964–1983). Wiesbaden 1988.

Haacke, Wilmont, Die politische Zeitschrift. 1665–1965. 2 Bde. (2. Bd. mit Günter Pötter) Stuttgart 1968, 1982.

Hagelweide, Gert, Literatur zur deutschsprachigen Presse. Eine Bibliographie. Bd. 1−7. München 1985−1996 (Die Bände 8−14 einschl. Register sind in Vorbereitung).

Hagemann, Walter, Die deutsche Zeitschrift der Gegenwart. Münster 1957.

Kirchner, Joachim, Bibliographie der Zeitschriften des deutschen Sprachgebietes bis 1900. 3 Bde. Stuttgart 1966−1977.

−, Das deutsche Zeitschriftenwesen. Seine Geschichte und seine Probleme. 2 Bde. Wiesbaden ²1958, ²1962.

Lehmann, Ernst H., Einführung in die Zeitschriftenkunde. Leipzig 1936.

Lorenz, Erich, Die Entwicklung des deutschen Zeitschriftenwesens. Eine statistische Untersuchung. Charlottenburg 1937.

Menz, Gerhard, Die Zeitschrift. Ihre Entwicklung und ihre Lebensbedingungen. Eine wirtschaftsgeschichtliche Studie. Stuttgart 1928.

Pross, Harry, Literatur und Politik. Geschichte und Programme der politisch-literarischen Zeitschriften im deutschen Sprachgebiet seit 1870. Olten/Freiburg 1963.

Straßner, Erich, Zeitschrift, Tübingen 1997.

Ubbens, Wilbert, Zeitschriftenstatistik. Zur globalstatistischen Beschreibung des deutschen Zeitschriftenmarktes. Berlin 1969.

Vogel, Andreas, Die populäre Presse in Deutschland. München 1998.

Hans Bohrmann, Dortmund (Deutschland)

XVII. Geschichte der Printmedien und ihrer Erforschung XII: Zeitung und Zeitschrift V: Geschichtliche Längs- und Querschnitte in Auswahl

78. Allgemeine Geschichte der Zeitung

1. Von der Nachricht zur Zeitung
2. Das 17. Jahrhundert
3. Das 18. Jahrhundert
4. Das 19. Jahrhundert
5. Das 20. Jahrhundert
6. Literatur

1. Von der Nachricht zur Zeitung

Bevor die Zeitung (zukünftig Z.) sich als Druckmedium herausbildete, bedeutete das Wort 'Nachricht'. In diesem Sinne ist die Nachricht die Urzelle der Z. Unmittelbare Vorläuferin war – neben der geschriebenen Z. – die nicht periodische 'Neue Zeitung', „die um 1480 im deutschsprachigen Raum entstanden ist, sich über ganz Europa verbreitet hat und bis zum Ende des 17. Jhs. in verschiedenen äußeren und inneren Erscheinungsformen nachweisbar ist" (H. W. Lange. In: Blühm/Gebhardt 1987, 57–60).

1.1. Neue Zeitungen

'Neue Zeitungen' enthielten eine oder mehrere Nachrichten in Prosa, Lied oder Spruch über kurz zuvor stattgefundene, also aktuelle Ereignisse, die, z. T. als Flugblätter, durch Bilder für den Leser attraktiv gemacht wurden (W. Harms. In: Blühm/Gebhardt 1987, 83–111). Auch als zu Beginn des 17. Jhs. gedruckte aktuelle Periodika herausgegeben wurden, blieb die 'Neue Zeitung' – ebenso wie die geschriebene – noch eine Zeitlang erhalten (P. Ukena. In: Blühm 1977, 43 f.). Angenommen wird eine Gesamtzahl von bis zu 10.000 'Neuen Zeitungen' in deutscher Sprache, von denen die Hälfte im Titel das Wort Z. führte, z. B. 'Neue Z.', 'Erschreckliche Z.', 'Erbärmliche Z.', 'Glückliche Z.'. Andere synonyme Bezeichnungen, vor allem bei periodisch veröffentlichten Z., waren Aviso, Relation, Courier, Mercurius, Courant, Postzeitung oder Postillon. Die in den Neuen Zeitungen enthaltenen Nachrichten sind z. T. in monatlich oder jährlich erscheinende (Meß-) Relationen (Bender. In: Blühm/Gebhard 1987, 61–70) übernommen worden, so daß auch bei Verlust von 'Neuen Zeitungen' ein guter Überblick über die Inhalte gewährleistet ist.

1.2. Drucker und Postmeister

Wie für alle Druckmedien war Voraussetzung für das Erscheinen von Z. die Erfindung der beweglichen Lettern durch Johannes Gensfleisch zum Gutenberg (ca. 1397–1468). Zuvor leisteten geschriebene Z. mit ähnlichem Inhalt die Arkankommunikation zwischen Fürstenhöfen, Diplomaten, Kaufleuten, Gelehrten und kirchlichen Würdenträgern.

Das neue Medium konnte auf ein seit der Antike bestehendes Nachrichtenwesen zurückgreifen, dessen sich weltliche und kirchliche Instanzen bedienten, bevor im 16. Jh. regelmäßige Postdienste für den öffentlichen Gebrauch privilegiert wurden. Caspar Stieler (1632–1707) feiert in seiner Schrift 'Zeitungs Lust und Nutz' (Hamburg 1695) – sein Schwiegervater war Postmeister – die „Posthäuser" als „der Zeitungen Ursprung".

Mit dem Druck etablierte sich die Z. als öffentliches Medium, wurde 'Öffentlichkeit' konstituiert. Kirchliche und weltliche Behörden suchten sie durch Zensur einzuschränken und zu kontrollieren. Der Kampf um 'Preßfreiheit' wurde zum ständigen Begleiter des Zeitungswesens. Die rasche Ausbreitung der Druckkunst verweist wie das Nachrichtenwesen auf enge europäische Kommunikationsbeziehungen, so sehr, daß neben dem Mainzer Gutenberg von dem Haarlemer Laurenz Janszoon Coster bis zu dem Londoner William Caxton eine Reihe von Nachahmern mit Erfinderanspruch auftraten. Trotzdem entwickelte sich die Drucktechnik nur langsam, obwohl der Bedarf nach immer mehr Drukken, nicht zuletzt in Kirche und Universitäten, nach einer Erhöhung der Auflagen und beschleunigter Herstellung verlangten. Als Hindernis wird die handwerkliche Zunftordnung angenommen.

1.3. Zeitungsschreiber

Neben den Druckern und den Postmeistern waren an der Produktion von Z. die Zeitungsschreiber beteiligt, die aus verschiedenen gelehrten oder anderen Berufen stammten. Da es einen urheberrechtlichen Schutz von Nachrichten nicht gab, konnte sich jeder leicht in ihren Besitz bringen und sei es durch die Verletzung des Briefgeheimnisses, solange ein Schreiben nicht versiegelt war. Was zum Druck gegeben wurde, ließ sich nicht mehr verheimlichen, höchstens dementieren. Die Bedrohung des Abendlandes durch die Türken, die erstmals 1529 Wien belagerten, bildete bis 1699 eines der wichtigsten Themen der Z. neben den Reformationskämpfen seit 1517 und dem 30jährigen Krieg (1618–48). Solche Ereignisse erforderten geradezu die Herausgabe von Periodika, wie sie einige Drucker seit 1597 in Form von Kalendern, Monatsschriften und (Meß)Relationen herausbrachten. Von ihnen unterschied sich die Z. durch möglichst große Aktualität, Periodizität und Universalität des Inhalts. Da die 'Neuen Z.' bald nicht mehr aus nur einer Nachricht bestanden, war der Schritt zum Periodikum problemlos. Das für die 'Neuen Z.' bevorzugte Quartformat wurde übernommen, als um 1605 die Geburtsstunde der periodischen Z. schlug.

2. Das 17. Jahrhundert

2.1. Ein europäisches Phänomen

Die Druckorte der frühen Z. lagen entlang den Verkehrs-, Nachrichten- und Postwegen sowie in den Handelszentren. Die Z. war eine urbane Erscheinung. Der Abschied des Reichstags zu Speyer von 1570 verstärkte die Tendenz. Seither durften Druckereien nur in fürstlichen Residenz-, Universitäts- und ansehnlichen Reichsstädten arbeiten. So glaubten kirchliche und staatliche Behörden die Produkte der Druckpresse leichter kontrollieren zu können. Die Zulassung von Druckern durch Privileg stellte ein beträchtliches Hemmnis für die Entwicklung von Formen und Vielfalt der Z. dar. Mit dem zunehmenden Interesse in der langsam wachsenden Leserschaft entfalteten sich Umfang und Inhalt des neuen Mediums.

Obwohl am frühesten im deutschsprachigen Gebiet erschienen, handelt es sich bei der Z. als periodischer Ausprägung aktueller Vorläufer, wie Flugblatt, Flugschrift und Pamphlet, um ein europäisches Phänomen. Aus dem Jahre 1605 ist ein Lizenzantrag für eine Z. in Straßburg nachgewiesen worden, der vom Drucker Johann Carolus gestellt wurde (Weber 1992).

Gleich zwei Wochenzeitungen sind für 1609 überliefert, die Straßburger 'Relation' und der Wolfenbütteler 'Aviso', dessen tatsächlicher Druckort lange umstritten war. Als erste täglich herausgebracht wurden die Leipziger 'Einkommenden Zeitungen' von 1650. 50.000 deutschsprachige Ausgaben von rund 260 vollständigen oder fast vollständigen Zeitungsjahrgängen sind aus dem 17. Jh. erhalten geblieben (Blühm 1977, 56).

Den deutschsprachigen Vorläufern folgten bald Wochenblätter in den Niederlanden (1618–20), Frankreich (1620), England (1620–22), Schweden (1624), wo sich Gustav II. Adolf (1594–1632) um die Sammlung von Z. verdient machte, und Italien (1643). Selbst die Titel belegen den europäischen Zusammenhang der Z. und des Nachrichtenwesens: 'Nieuwe Tijdinghe', 'Courant', 'Nouvelles', 'News Letter' oder auch 'Public Advertiser'. Die französische 'Gazette' (Paris 1631), von dem Arzt Théophraste Renaudot (1586–1653) auf Veranlassung von Staatskanzler Armand Richelieu (1585–1642) herausgegeben, verrät mit ihrem Namen, der auch 'Klatschmaul' bedeutet, eine bis heute gültige Nähe der Presse zu Klatsch und Tratsch.

2.2. Im Griff der Zensur

Da die Zensur in den europäischen Staaten sehr unterschiedlich gehandhabt wurde, suchten die Hersteller und Vertreiber von Z. immer neue Umwege, um sich dem Verbot, inländische Nachrichten zu veröffentlichen, zu entziehen. Sie bedienten sich dabei sogar der lateinischen Sprache, wie in dem 1594 bis 1635 halbjährlich in Köln herausgebrachten 'Mercurius Gallobelgicus', der bis nach England verbreitet wurde. In London übte die 1586 eingesetzte Sternkammer als Zensurbehörde bis 1641 ein repressives Regime aus. Bis 1694 waren rigide Lizenzvorschriften wirksam.

Holland, das im 17. Jh. sein 'goldenes Zeitalter' in Handel, Bürgerkultur und Kunst erlebte, entwickelte sich zu einem Refugium des frühen Zeitungswesens, nachdem sich die Generalstaaten 1581 von Spanien gelöst hatten.

Holländische Kaufleute kolonisierten große Teile Südostasiens und gründeten 1612 Neu-Amsterdam, das heutige New York, das sie 1664 an die Engländer abtreten mußten. Neuentdeckte Länder sowie Kämpfe um die Vorherrschaft in den Kolonien und auf den Handelswegen bildeten den Inhalt vieler europäischer Z., in denen die Holländer auch ihre internen wirtschaftlichen Konflikte, wie etwa um die Ostindische Kompanie, in regelrechter Polemik austrugen (Driessen). Etwa zur gleichen Zeit entstanden in England erste politisch kontroverse Blätter, wie der 'Mercurius Britannicus', der 'Mercurius Politicus' sowie der 'Mercurius Civicus', in denen die Konflikte zwischen Krone und Parlament zum Ausdruck kamen. Oliver Cromwell (1599–1658) machte dem Diskurs mit Errichtung seiner Diktatur (1653) ein Ende.

In Deutschland wurden, wie in den Jahrzehnten der Reformation, auch im 30jährigen Krieg (1618–48) neben den kriegerischen heftige publizistische Gefechte ausgetragen, deren Organe die Z. waren, die von den auf den deutschen Territorien operierenden Mächten herausgegeben wurden. In England wurden die kontinentalen Auseinandersetzungen verfolgt, wie frühe periodische Nachrichtendrucke zeigen, etwa die 1622 erschienenen 'Weekly Newes from Italy, Germanie, Hungaria etc.' oder der 1624–32 von Nathaniel Butter in London herausgegebene 'German Intelligencer', eine Art halbjährlich publizierte Relation. Sie druckte vor allem Übersetzungen aus kontinentalen Zeitungen nach, weil innenpolitische Meldungen, wie auch in den anderen europäischen Staaten, nicht gebracht werden durften.

2.3. Für den städtischen Leser

Aktualität war bis ins 19. Jh., als der Telegraph entwickelt wurde, kein mit den heutigen, von Nachrichtensatelliten bestimmten Vorstellungen vergleichbarer Begriff. Als Neuigkeiten galten damals auch noch Nachrichten, die erst nach vier bis sechs Wochen aus Konstantinopel oder Petersburg in Deutschland oder England eintrafen. Die Auflagen der Periodika waren gering und dürften schon aus drucktechnischen Gründen pro Ausgabe nicht mehr als 1.000 Exemplare betragen haben. Nur wer sich ein Abonnement zum Preise von 5 bis 9 Reichstalern leisten konnte, kam als Abnehmer in Betracht. Deshalb entwickelten sich bald kollektive Formen der Rezeption (Dann 1981). In den meisten europäischen Staaten konzentrierten sich die Z. auf einen oder wenige Erscheinungsorte. Das deutschsprachige Gebiet weist jedoch eine Vielzahl von Druckorten auf. Zwischen 1609 und 1629 waren es 17, bis 1648 weitere sechs (Lindemann 1969, 103–106). Im letzten Drittel des 17. Jhs. gab es etwa 30 Städte mit Zeitungen (Ries. In: Blühm/Gebhardt 1987, 113). Die Blätter hatten zwei bis zwölf Seiten. Für das Jahr 1669 wird in der europäischen Presse eine Gesamtzahl von 35.000 Meldungen angenommen, die in den 3.500 Zeitungsexemplaren des Jahres erschienen.

2.4. Inhalte

Eine Analyse des wöchentlichen 'Aviso' von 1609 ergab, daß 93% der 1.300 abgedruckten Nachrichten aus sechs Korrespondenzorten stammten, nämlich Venedig (32), Köln (27), Rom (25), Prag (21), Wien (20) und Antwerpen (18) (Ries. In: Blühm/Gebhardt 1987, 114f.). Korrespondenz- und Ereignisorte waren aber nicht identisch. Offensichtlich betreuten, wie bei heutigen Nachrichtenagenturen auch, die Korrespondenten bestimmte Regionen. Ihre Informationen wurden in Nürnberg gesammelt und von dort an den Drucker in Wolfenbüttel weitergeleitet.

Eine Untersuchung von neun zwei- bis viermal wöchentlich erscheinenden Z. aus sieben Druckorten des Jahres 1694 belegt die inzwischen eingetretene immense Steigerung der Aktualität, die auf verbesserte Postverbindungen zurückzuführen ist (Neumann. In: Blühm/Gebhardt 1987, 127–157). Dabei übertrafen – mit Ausnahme von Leipzig – die in Hafenstädten gelegenen Druckorte Hamburg, Altona und auch Stralsund die im Binnenland lokalisierten Braunschweig, München und Salzburg. Der Druckvorgang konnte mittlerweile so beschleunigt werden, daß pro Stunde 180–200 Zeitungsexemplare mit bis zu 100 beidseitig bedruckten Bogen hergestellt wurden. Wie 1609 überwiegen Nachrichten mit kriegerischem Hintergrund und über Konflikte bzw. Bedrohungen anderer Art. Sie machten fast 68 bis über 85% des Inhalts während der Sommermonate aus, gingen aber auf gut 36 bis über 56% zurück, sobald die Soldaten im Winterquartier lagen. Lokale Nachrichten und Berichte über Natur-Katastrophen und sensationelle Wundergeschichten bildeten daneben nur Randerscheinungen (Harms/Schilling 1998). Sie wurden stärker in Einblattdrucken berücksichtigt. Der Wahrheitsgehalt der Zeitungen war von Anfang an ein viel erörtertes Problem.

Der Tiroler Arzt Hippolyt Guarinonius (1571–1614) befaßte sich mit dem Autoritätsanspruch der Z. in seiner Schrift 'Die Greuel der Verwüstung Menschlichen Geschlechts' (Ingolstadt 1610). Der konservative Autor kreidet den Zeitungsschreibern an, daß sie „fast jederzeit die Potentaten und Fürsten stechen/ die Geistlichen sonders schänden/ und jhnen das Vbel/ so die Nouellanten selbsten begangen/ zumessen/ vnd verlogner weiß außschütten" (Berns. In: Blühm/Gebhardt 1987, 188). 1669 hat Johann Jakob Christoffel von Grimmelshausen (1622–1676) in seinem 'Abenteuerlichen Simplicissimus' erstmals einen Vergleich von Feuerwaffen, Fernrohr, Hörrohr und Z. angestellt, weil sie die Sinne und Körperkräfte des Menschen erweiterten (Berns. In: Blühm/Gebhardt 1987, 194f.; vgl. dazu Eisenstein 1979; Blühm/Gebhardt 1987, 63).

3. Das 18. Jahrhundert

3.1. Absolutismus als Modell

Während in England um die Wende zum 18. Jh. für die Presse zeitweilig nur wenige Beschränkungen bestanden, sah es auf dem Kontinent ganz anders aus. Der von Paris aus regierende französische Absolutismus wurde das Modell für alle sich nach dem 30jährigen Krieg herausbildenden Nationalstaaten, von denen es auf deutschem Territorium mehr als drei Dutzend gab. Jeder Landesfürst war bestrebt, von seiner Residenz aus wenigstens eine Zeitung vertreiben zu lassen, in der unter strikter Zensur seine Politik zum Ausdruck kam oder zumindest berücksichtigt wurde. Man nannte deshalb die damaligen Z. auch Staatszeitungen. Die oft gerühmte Vielfalt war somit nur quantitativ und nicht qualitativ bemerkenswert. Es gab wenige Ausnahmen und geringe Nuancen. Die Zahl der an 222 Erscheinungsorten miteinander konkurrierenden Zeitungsunternehmen, die etwa 300.000 Exemplare verbreiteten, verdreifachte sich zwar gegenüber dem 17. Jh. bis 1795 auf 70–90 (Welke. In: Blühm 1977, 76f.). Aber allein in London gab es trotz der 1712 eingeführten Stempelsteuer, mit der jedes Zeitungsexemplar belegt wurde, bis 1776 eine Verdoppelung der Zahl der Z. von 18 auf 35 und eine Steigerung der Gesamtauflage von 44.000 auf 300.000 Exemplare (Herd 1952, 44f.; HdZ, Sp. 1420, nennt 53 Titel).

3.2. Der Blick nach England

Christian Friedrich Daniel Schubart (1739–1791) klagte in der ersten Nummer seiner Ende März 1774 erschienen 'Deutschen Chronik': „Oh, Brittanien, von deiner Freiheit ... nur diesen Huth voll." Dieser Seufzer, 15 Jahre vor der französischen Revolution geschrieben, brachte ihm Vertreibung aus Augsburg und drei Jahre später ein Jahrzehnt Gefangenschaft auf dem Hohenasperg ein. In dieser Zeit entstand in London 'The Times' (1785 als 'The daily universal register' gegr.). In Frankreich führte das von Richelieu etablierte und von seinen Nachfolgern fortgeführte System dazu, daß erst 1777 mit dem 'Journal de Paris' eine Tageszeitung erscheinen konnte, die sich die 'London Evening Post' zum Vorbild nahm. Das englische Blatt hatte sich, wie der anonym publizierende Journalist Junius, dessen 'Letters' erst 1847 durch Arnold Ruge (1802–1880) ins Deutsche übertragen wurden, um die freie Parlamentsberichterstattung verdient gemacht.

Mitte des 18. Jhs. begann sich die Nachrichtengebung durch internationalen Transfer von Periodika trotz Zensur auszuweiten. Wo, wie in Deutschland, die Tageszeitungen behindert waren, wichen die Journalisten, deren Berufsstand sich zuerst in England, dann in Frankreich und Deutschland langsam herausbildete, in zeitschriftenähnliche Journale aus. Dort konnten auch Meinungsbeiträge leichter veröffentlicht werden, wie in dem 1775 von August Ludwig von Schlözer gegründeten 'Briefwechsel, meist statistischen Inhalts', der seit 1782 'Staats-Anzeigen' hieß und zwei Jahrzehnte lang in dem mit der englischen Krone verbundenen Göttingen erschien.

Die territoriale Zersplitterung Deutschlands erwies sich für Z. noch als Vorteil, weil eine einheitliche Zensurgesetzgebung erst seit 1819 mit den Karlsbader Beschlüssen durchgesetzt werden konnte (Valjavec 1978, 41 f.; Kosellek 1989, 37; Hofmeister-Hunger 1994, 13). Bürgerrechte und Verfassungsfragen wurden erörtert, obwohl sie nicht Gegenstand der Zeitungsberichte sein durften. Zeitschriften und Bücher besorgten die Publizität von Themen, die in der Hofberichterstattung fehlten. In den Lesegesellschaften wurde darüber diskutiert, nicht erst seit 1789 (Dann 1981).

Im Gegensatz zu Preußen und Österreich wurde die Kontrolle der Presse etwa in Sachsen, Bayern, Württemberg und Baden eher milde oder oberflächlich gehandhabt, was die

Buchhändler, die neben den Druckern im 18. Jh. vermehrt als Zeitungsverleger auftraten, veranlaßte, sich dort niederzulassen. Schubart konnte sich 1774 in der freien Reichsstadt Augsburg herausnehmen zu lästern:

„Bey jedem kühnen Gedanken, der dem Novellisten entwischt, muß er einen Seitenblick auf öffentliche Ahndungen werfen ... Daher der schläfrige Thon der meisten Zeitungsverfasser, der in schwülen Tagen so manchen Politiker im Großvaterstuhl in Schlummer wiegt" (Lindemann 1969, 143).

Das englische Vorbild blieb Traum. Weder inhaltlich noch äußerlich veränderte sich die deutsche Z. grundlegend. Immerhin führte sie nunmehr durchgehend einen Titel. Die Typographie verbesserte sich bei gleichbleibendem Quartformat. Aber die zumeist aus dem (auch deutschen) Ausland stammenden Nachrichten wurden nicht durch Überschriften, sondern durch eine Orts- und Datumszeile gekennzeichnet. Ebensowenig war der Stoff in Sparten gegliedert. Als früheste Meinungsbeiträge erschienen im Anschluß an die Nachrichten Buchbesprechungen, durchweg über die eigene Produktion des Verlegers. Das in den Messestädten Frankfurt und Leipzig herausgebrachte 'Magazin für Schulen und die Erziehung überhaupt' bemängelte 1767 das Niveau dieser Buchrezensionen. Positiv hob sich davon ab, was Gotthold Ephraim Lessing (1729–1781) zwischen 1751 und 1755 als Redakteur in der Rubrik 'Von Gelehrten Sachen' und der Beilage 'Das Neueste aus dem Reiche des Witzes' der 'Berlinischen Privilegirten Zeitung', der späteren 'Vossischen Zeitung', leistete, die damals wohl 5.000 Abonnenten hatte. Die von ihm ausgetragenen literarischen Dispute, ebenso wie die gelehrten, schärften die wenig später auch auf die Politik übertragene Polemik und Argumentation (Lindemann 1969, 143 u. 158). Vorerst wurde aber jedes „Raisonnement" als „unnötige und unzeitige Reflexionen" von den Regierungen verurteilt, vor allem wegen der möglichen Demarchen „auswärtiger Puissancen", wie man es im damals stark vom Französischen beeinflußten Amtsdeutsch ausdrückte. Erste orientierende 'Leitartikel' sind nur in der 1687 bis 1740 in Hamburg erschienenen 'Relation aus dem Parnasse' nachgewiesen worden. Symptomatisch für die vorrevolutionäre Stimmung in Deutschland waren z. B. Klopstocks Ode 'Das neue Jahrhundert' („Oh Freyheit, Silberton dem Ohre", 1760) oder Schillers 'Don Carlos' („Geben Sie Gedankenfreiheit", 1787).

Erst im Gefolge der französischen Revolution von 1789 wagte sich in deutschen Z. Kritik vor. Das Interesse der Öffentlichkeit an den Pariser Ereignissen erhöhte die Zahl der deutschen Z. auf etwa 300, dennoch im Vergleich zu Frankreichs 1000 und 64 allein in Paris, eine bescheidene Zahl (d'Ester. In: HdZ, Sp. 1089). Die meisten Blätter verbreiteten zudem Auflagen von weniger als 1000 täglichen Exemplaren. Einzelne Zeitungen erreichten jedoch über 10.000 Auflage, wie der 'Reichspost-Reuter' in Altona, der 'Hamburgische unpartheyische Correspondent', die Erlanger 'Real-Zeitung' und der Nürnberger 'Friedens- und Kriegs-Courier' (Welke. In: Blühm/Gebhardt 1987, 79).

Im letzten Viertel des 18. Jhs. wird der internationale Informationstransfer an den Revolutionen in den amerikanischen Kolonien Englands und in Frankreich besonders deutlich. Die deutschen Z. berichteten über beide Ereignisse ausführlich. Die meisten Blätter unterstützten 1776–83 die englische Position. Als eine Ausnahme wird der Altonaer 'Reichspost-Reuter' genannt (Valjavec 1978, 147). Auch die politisch-sozialen Umwälzungen in Frankreich 1789–99 wurden in den deutschen Z. sehr distanziert dargestellt. Anhänger der Revolution waren darauf angewiesen, sich in Zeitschriften zu äußern, die von den Behörden in den deutschen Territorien aber nur kurze Zeit geduldet wurden. Viele deutsche Sympathisanten wandten sich wegen der Hinrichtung Ludwigs XVI. 1793 und die folgende jakobinische Schreckensherrschaft von der Revolution ab. Dennoch schlugen die republikanischen Auffassungen von da an tiefe Wurzeln auch in Deutschland, deren Triebe nach dem Ende der napoleonischen Ära in den liberal-demokratischen Bewegungen erneut zutage traten. Am deutlichsten waren die revolutionären Folgen in den 1792 von den Revolutionsarmeen besetzten linksrheinischen Gebieten. Bis zur Rückeroberung durch Reichstruppen im Juli 1793 war Mainz ein Zentrum der deutschen Jakobiner, die sowohl die beiden vorhandenen Zeitungen für ihre Zwecke umfunktionierten als auch fünf weitere gründeten. Bei den Titeln orientierte man sich an Pariser Vorbildern (Grab 1984, 57 z. 186 f.). Im weiteren Verlauf entstand ein tiefgehender Dissenz darüber, ob das Rheinland eine autonome Republik oder an Frankreich angeschlossen werden sollte. Durch Napoleon erledigte sich das Problem.

Das von der Zensur erzwungene Übergewicht der Auslandsberichterstattung wirkte geradezu kontraproduktiv, da sie die deutschen Leser mit den internationalen Vorgängen vertraut machte (Groth I 1928, 648 f.). Bauernaufstände und andere Unruhen in verschiedenen deutschen Staaten belegen die negative Wirkung (Berding. In: Böning 1992, 7).

Ein internationaler Vergleich zeigt, daß in der deutschen Presse im 18. und im früheren 19. Jh. der Anteil der ausländischen Nachrichten durchweg bei 70% lag, während sich in der englischen Presse die in- und ausländischen Nachrichten bereits 1736 und 1796 fast die Waage hielten. In Frankreich trat durch die Revolution geradezu ein Umbruch ein, der allerdings im Laufe des 19. Jhs. wieder umgekehrt wurde, während in Amerika sich eine Tendenz zur Regionalisierung durchsetzte (Wilke 1986, 68).

Eine rein quantitative Analyse des Inhalts der Zeitungssparten wird den tatsächlichen Verhältnissen kaum gerecht (Wilke 1987, 300). Obwohl die deutschen Zeitungen 1796 kaum weniger politische Nachrichten brachten als die französischen und sogar mehr als die englischen und amerikanischen, so handelte es sich dabei doch einerseits um überwiegend ausländische und bei den inländischen um die von den Regierungsstellen ausgegebenen. In England und Amerika war dies im Gegensatz zum revolutionären und napoleonischen Frankreich völlig anders. Die Rückständigkeit der deutschen Zeitungen verraten auch die Formate. Die französische Presse ging während der Revolution zum Folio über, was in den von Franzosen besetzten rheinischen Gebieten zeitweilig nachgeahmt wurde. In England war das Folio gerade wegen der Zeitungssteuer bereits üblich, als 1785 – 13 Jahre nach der ersten Tageszeitung 'Morning Post' – der Vorläufer von 'The Times' im vierspaltigen Umbruch erschien. Ähnliches gilt für Nordamerika (Mott 1947, 95 f. u. 161; Groth I 1928, 328 f.). Selbst die wohl berühmteste deutsche Zeitungsgründung des 18. Jhs. blieb bis weit ins 19. Jh. beim Quartformat mit zweispaltigem Umbruch: die als Oktav-Blättchen 1798 in Tübingen von Johann Friedrich Cotta (1764–1832) geschaffene 'Neueste Weltkunde', die dann zwischen Stuttgart und Ulm pendelte und schließlich in Augsburg als 'Allgemeine Zeitung' herausgegeben wurde.

Am Ende des 18. Jhs. hatte die deutsche Z. den Anschluß an die internationale Entwicklung noch längst nicht gewonnen. Aber es waren – nicht zuletzt wegen der Entwicklung des politischen Bewußtseins bei vielen Lesern – vielversprechende Ansätze zu erkennen. Sie kamen erst im Vormärz zum Tragen. Die napoleonischen Kriegszüge und die Pressepolitik des Besatzungsregimes wirkten sich negativ aus.

4. Das 19. Jahrhundert

4.1. Unter Napoleons Regime

„Zeitungen sind eines der großen Kulturmittel, durch das wir Europäer das geworden sind, was wir sind." So äußerte sich August Ludwig v. Schlözer 1804 in seiner 'Theorie der Statistik' (Popkin 1989, 1). Diese Ansicht sollte seit der französischen Revolution und in der Napoleonischen Ära auf eine harte Probe gestellt werden. In fast allen deutschen Territorien wurden Zensurbestimmungen verschärft oder, wie in Württemberg, erstmals eingeführt.

Seit 1795 war ein Teil der Gebiete links des Rheins von Franzosen besetzt, die gegen die nach Deutschland geflüchteten Monarchisten Krieg führten. Durch den 1806 gebildeten Rheinbund, dem sich 16 süddeutsche Staaten und bis 1811 auch fast alle anderen Gebiete des Reiches, außer Österreich und Preußen, anschlossen, erweiterte sich das französische Einflußgebiet weit nach Osten und Norden und damit der 1804 festgelegte Code Napoléon. Anfangs ohne Zwang, später unter Druck pflegte die deutsche Presse einen Napoleon-Kult (Lindemann 1969, 267). Was auf das deutsche Zeitungswesen zukommen sollte, ließ sich erahnen, als Napoleon 1800 von den 72 Zeitungen in Paris 60 verbot. Dabei bediente er sich des Verfassungsartikels 47, nach dem die Regierung für die innere Sicherheit Frankreichs sorgen mußte. Der wahre Grund war die Presse in England und Holland, wo z. B. die 'Gazette de Leyde' in französischer Sprache erschien (Popkin 1990).

Heinrich von Kleist polemisierte 1809 in seinem 'Lehrbuch der französischen Journalistik' gegen die Praxis der Franzosen in den besetzten deutschen Gebieten. Dort durften Zeitungen nur politische Nachrichten bringen, die vorher in dem Pariser Regierungsorgan 'Moniteur' gestanden hatten. Kleist bezeichnete die französische Journalistik als die „Kunst, das Volk glauben zu machen, was die Regierung für gut findet" (Groth II 1928, 47).

Napoleon beschäftigte sich intensiv mit der Pressepolitik. Persönlich soll er täglich fast ein Dutzend deutsche und englische Zeitungen durchgesehen haben. Außerdem beschäftigte er einen Bibliothekar, der ihn über den Inhalt der übrigen zu informieren hatte. Auf seinen zahlreichen Feldzügen führte er offizielle Blätter in der Landessprache oder in zwei Sprachen ein. Andere Zeitungen machte er zu seinem Sprachrohr, wie durch Drohungen gegen den Senat den 'Hamburgischen Correspondenten'. Die Augsburger 'Allgemeine Zeitung' wurde ihm dienstbar, indem er ein für Frankreich ausgesprochenes Verbreitungsverbot aufhob. Die Redaktion wurde mit napoleonfreundlichen Nachrichten versorgt. Ein übriges tat die Zensur des mit Frankreich verbündeten Bayern.

Nach der Niederlage Preußens 1806 war Staatskanzler Karl August Hardenberg gezwungen, seine bis dahin aktive Pressepolitik mit Hilfe von deutschen Staatszeitungen zu mäßigen (Hofmeister-Hunger 1994, 147—250). 1810 verkündete er Gewerbefreiheit, die aber ausdrücklich nicht für die Presse galt. Damit wurde dem Pressegesetz Napoleons Rechnung getragen. Es erlaubte in jedem Departement des besetzten Gebietes nur eine offizielle Zeitung. Die von Kleist 1810/11 redigierten 'Berliner Abendblätter' waren besonders betroffen. Ursprünglich als politisches Kampforgan gegen Hardenbergs vom aufgeklärten Absolutismus geleitete Reformpolitik gegründet, wurde das Journal bald zum Unterhaltungs- und Nachrichtenblatt zurechtgestutzt (Lindemann 1969, 263).

4.2. Enttäuschte Hoffnungen

Nach der Räumung Berlins und dem Einmarsch der Russen im März 1813 entwickelte sich zwischen Journalismus und Regierung eine nationale Interessenidentität (Hofmeister-Hunger 1994, 253). Nach innen blieb es aber bei der rigiden preußischen Zensur. Im Hauptquartier nahm Hardenberg seine aktive Pressepolitik wieder auf. Ernst Moritz Arndt und Joseph Görres wurden zu willigen Helfern der nationalen Befreiung ebenso wie Ludwig Jahn und andere Publizisten, deren Texte aus Flugblättern und Feldzeitungen von der deutschen Presse nachgedruckt wurden.

Die preußische Armee unterhielt ein eigenes Nachrichtenbüro. Man übte ein, was sich in den Kriegen des 19. und 20. Jhs. bewähren sollte. Da die durch die offiziösen Quellen propagierte „Befreiung vom Joch der Franzosen" fast allgemein Zustimmung fand, entstand irrtümlich der Eindruck, als habe die Berichterstattung in einem Klima der Pressefreiheit stattgefunden. Die Illusion darüber zerbarst nach dem Krieg allzu bald. Die publizistischen Befreiungshelfer wurden wieder an die Kandare gelegt, wenn sie mehr Bürgerrechte oder gar nationale Einheit als Lohn für den Befreiungskampf einforderten. Görres' 'Rheinischer Merkur' (Koblenz), der es drei- bis viermal wöchentlich auf 3.000 Exemplare brachte, wurde im Januar 1816 nach nur knapp zweijährigem Erscheinen im großen Quartformat mit zweispaltigem Umbruch verboten. Görres hatte gegen die Interessen seiner preußischen Auftraggeber verstoßen, als er im Dezember 1815 eine „freie, feste Verfassung" forderte, die „auf Gerechtigkeit und ja nicht auf lügenden Schein gebaut" sei und „eine Gewähr gebe", daß nach außen eine „teutsche Macht" zustandekäme, „und nicht, wie früher alles Bestreben hingegangen, Teutschland zu einer Preußischen Macht hinabzuziehen".

Das Schicksal des 'Rheinischen Merkur' erwies sich bald als zeittypisch. Die bescheidenen Ansätze einer Meinungspresse verkümmerten rasch (Koszyk 1966, 33 f u. 50 f). Die wenigen kritischen Blätter, die durchhalten durften, wie die 'Bremer Zeitung', der 'Deutsche Beobachter' in Hamburg und die 'Bayreuther Zeitung', erreichten nur noch Auflagen von unter 1.000 Exemplaren. Den Deutschen war in der Befreiungsphase von den Fürsten eine Bundesverfassung versprochen worden. Aber schon bei den Vorverhandlungen erwies sich, daß Zeitungen nicht als unabhängige Meinungsorgane, sondern als Werkzeuge der Diplomatie fungieren sollten. Der Typus 'Staatszeitung' sollte vom 18. ins 19. Jh. übernommen werden. Der preußische Staatskanzler Hardenberg betrieb das Netz seiner Pressepolitik, das er seit 1792 geknüpft hatte, weiter. Ihm gelang es, seine Politik bis in den 'Deutschen Beobachter' (Hamburg) und die Augsburger 'Allgemeine Zeitung' einzubringen.

Als bekannt wurde, was die Bundesstaaten planten, unterzog Ludwig Wieland (1777—1819), der Sohn des Dichters, die Entwürfe zum Presserecht einer ungewöhnlich kompetenten Analyse (Koszyk 1966, 42 ff.). Wieland hielt weder das englische Justizsystem in Pressesachen noch die französische Verfassungsakte für geeignete Vorbilder. Denn in England wurde neben anderen Beschränkungen der Druck gewisser Schriften von der königlichen Erlaubnis abhängig gemacht. In Frankreich wurde für Wieland das natürliche Recht der Meinungsfreiheit durch Schranken gegen Mißbräuche praktisch beseitigt. Die durch Gesetze nicht zu verhindernde willkürliche Auslegung war gefürchtet und bei einer Vereinheitlichung die Anwendung nach den Maßstäben der rigidesten Staaten, als die im Deutschen Bund Österreich und Preußen galten.

Dank der ungeklärten Verhältnisse konnte Wieland bis zu seinem frühen Tod das seit Anfang 1817 erscheinende 'Oppositions-Blatt oder Weimarische Zeitung' für den Verleger Friedrich Justin Bertuch (1747–1822) relativ frei redigieren. Bemerkenswert waren die Leitartikel, die zur politischen Bewußtseinsbildung beizutragen suchten.

4.3. Karlsbader Beschlüsse

Gegen die „allgemeine Stimmung" der Opposition, die Ermordung des Dichters August von Kotzebue und ein Attentat auf den nassauischen Staatsrat Karl von Ibell beschloß die Bundesversammlung am 20. September 1819 in Karlsbad ein Pressegesetz. Es sollte die in den meisten Bundesstaaten herrschende Praxis legalisieren. Von Vereinheitlichung konnte deshalb nicht die Rede sein. So hart die Zensur auf den preußischen und österreichischen Z. lastete, „der unermüdeten Tätigkeit der demagogischen Friedensstörer" hoffte man mit neuen Beschlüssen 1824 und 1831 begegnen zu müssen. Besonders „der Mißbrauch der periodisch politischen Presse" hatte nach Meinung der Bundesbehörden „in höchst bedauerlicher Weise zugenommen" (Koszyk 1966, 54 ff.). Preußen ging, wie stets, mit seinen Repressivmaßnahmen voran. 1822 wurde der Zeitungsstempel eingeführt, der, bei einem Bezugspreis von 4 bis 6 Talern, jährlich je Exemplar einen Taler kostete. 1825 kamen Zensurgebühren in Höhe von fünf Silbergroschen hinzu. Trotz dieser Maßnahmen löckten immer wieder einzelne Z., wie der Stuttgarter 'Teutsche Beobachter' (1822/23), gegen den Stachel. Berufsverbote für die verantwortlichen Redakteure waren die Folge. Dem 'Teutschen Beobachter' wurde vorgeworfen, ein „liberales Oppositionsblatt" zu sein, „berechnet für die große Menge und deshalb im populären Stil geschrieben". Die Leser sollten „im nationalen Sinne angeregt" worden sein. Als Mittel bediene sich das Blatt insbesondere „der Tagesbegebenheiten des Auslandes, indem die Tagesbegebenheiten des Inlandes ihm zu jener Anregung nicht geeig-

net erscheinen". Die Untersuchungskommission der Bundesversammlung mit Sitz in Mainz destillierte aus den vielen durch den Zensor beanstandeten Artikeln eine „versteckte revolutionäre Tendenz". Anlaß genug für die endgültige Unterdrückung der Z.

Gegen die oppositionelle Presse bedienten sich die Behörden in Preußen offiziöser Blätter, die extra gegründet wurden, oder der Staatszeitungen, die seit dem 18. Jh. überlebt hatten. Schätzungen besagen, daß es in Anbetracht der verschiedenen Beschränkungen in Deutschland Mitte der 30er Jahre des 19. Jhs. nurmehr 120 politische Blätter gab (Groth I 1928, 199). Diese Zahl zeigt, daß sich die mit der Pariser Julirevolution von 1830 geweckten Hoffnungen nicht erfüllten. Einige Journalisten und Publizisten versuchten, trotz der im Oktober 1830 durch die Bundesversammlung verschärften Zensurbestimmungen, die Situation zu nutzen. Aus der Schweiz und Straßburg kamen ihnen radikale Publikationen zu Hilfe, in denen u. a. vorgeschlagen wurde, Klubs zur Verbreitung freisinniger Blätter zu gründen. Um Philipp Jakob Siebenpfeiffers (1789–1845) 'Westboten' (Zweibrücken) und Johann Georg August Wirths (1798–1848) 'Deutsche Tribüne' (München) scharte sich die liberale Opposition. Nach Verbot der beiden Blätter wurde der Deutsche Vaterlandsverein gegründet, um mit dem 'Zweibrücker Allgemeinen Anzeiger' ein neues Organ unterstützen zu können. Am 27. Mai 1832 nahmen 10.000 Menschen am Hambacher Fest teil, das zum erstenmal die verschiedenen Richtungen des deutschen Liberalismus zusammenführte, ohne sie zu gemeinsamer Aktion bringen zu können. Ende 1833 hatten die Behörden der Bewegung und ihrer Presse den Garaus gemacht (Koszyk 1966, 75 ff.). Viele Publizisten mußten ins schweizerische oder französische Exil ausweichen, wo sie jedoch nur eine begrenzte politische Tätigkeit entfalten konnten. In Zürich und Winterthur wurde das von Julius Fröbel (1805–1893), einem Thüringer, 1841 gegründete 'Literarische Comptoir' „die Waffenschmiede für die Partei der Zukunft". Hier erschien im Mai 1842 die Schrift 'Deutschlands politische Zeitungen'.

4.4. Oppositionelle Strömungen

Nach der Thronbesteigung Friedrich Wilhelms IV. (1840) herrschte in Preußen eine milde Zensurpraxis. Der König erlaubte in den Z. seines Landes zwei Jahre lang „eine bescheidene Untersuchung der Wahrheit".

Doch schon im Oktober 1842 machte es eine Kabinettsorder den preußischen Oberpräsidenten zur Pflicht, „den schlechten Teil der Presse zu zügeln und deren Ausartung vorzubeugen". Vor dieser Rückkehr zur scharfen Zensur verfaßt, pries der Autor von 'Deutschlands politische Zeitungen' den Monarchen geradezu hymnisch. Gegenüber dem „devoten Katzbuckelstil" der Presse in früheren Jahrzehnten sei eine Wende eingetreten. Die Schrift vom Mai 1842 unterschied Z. nach allgemeinen Kategorien:

− Die servile Presse, die Hofzeitungen und die unfreien Staatszeitungen, die als eine Gruppe bezeichnet wurden. Zu ihr rechnete der Autor so unterschiedliche Blätter wie die 'Elberfelder Zeitung', das 'Journal de Francfort', den Stuttgarter 'Deutschen Courier', die 'Hannoversche Zeitung', den 'Hamburgischen Unparteiischen Correspondenten' und die 'Leipziger Allgemeine Zeitung', die nach zeitweilig „freisinniger" Tendenz in die Abhängigkeit von unterschiedlichem staatlichen Einfluß geraten waren.
− Der Augsburger 'Allgemeinen Zeitung', bekannt für ihre Auslandsberichterstattung, wurde „Allparteilichkeit" und „bewußte Charakterlosigkeit" nachgesagt. Ihr Schwanken zwischen liberaler und konservativer Haltung wurde als „Metternichs Köder" bezeichnet, den der Verleger Cotta offensichtlich deshalb aufnahm, um die Auflage von etwa 5.000 Exemplaren, die zum nicht geringen Teil auch in Österreich verbreitet wurden, halten zu können.
− Als national galt die Karlsruher 'Oberdeutsche Zeitung' (1841/42).
− Ein gemäßigter Liberalismus kennzeichnete die rheinischen Zeitungen, unter denen die 'Kölnische Zeitung', nicht zuletzt wegen ihres ausgedehnten Korrespondentennetzes, eine Auflage von 10.000 Exemplaren erreichte.
− Als offen liberal bezeichnete der Autor die 'Sächsischen Vaterlandsblätter' (Leipzig) und die 'Hamburger Neue Zeitung'.
− Entschieden freisinnig nannte die Schrift die 'Stettiner Börsenblätter der Ostsee', die 'Königsberger Hartungsche Zeitung', die, außerhalb des Deutschen Bundes erscheinend, die besten Leitartikel bringen durfte, und die Kölner 'Rheinische Zeitung' (1842/43), in der sich der junge Karl Marx als Redakteur einen Namen machte. Die Unterdrückung des Kölner Blattes wurde in einer berühmt gewordenen Karikatur (Marx als Prometheus an die Druckpresse gefesselt) attackiert.
− Den „Qualm" der ultramontanen, katholischen Presse sah der Autor vor allem aus Bayern aufsteigen, während konfessionelle Positionen in der übrigen deutschen Presse keine Rolle spielten.

Von linksorientierten Exilblättern beeinflußt, entstanden um 1845 in Deutschland Periodika, die eine sozialistische Richtung andeuteten, wie der monatlich in Elberfeld herausgebrachte 'Gesellschaftsspiegel' von Moses Hess, der mit der Erscheinungsweise eine Lücke im Zensurgesetz berücksichtigte, und 'Das Westphälische Dampfboot' (Paderborn) von Otto Heinrich Lüning, aber auch die 'Mannheimer Abendzeitung' und die 'Trierische Zeitung'. Im Dezember 1846 meinte die 'Mannheimer Abendzeitung' feststellen zu können, daß sich „die verschiedenen Seiten unseres politischen Lebens" begannen, „schärfer auszubilden und reiner darzustellen". Die alten Bezeichnungen „liberal", „servil", „rechts" und „links", „oppositionell" und „ministeriell" hatten sich als zu allgemein erwiesen (Koszyk 1966, 89 ff., 104).

Als die Märzrevolution 1848 den staatlichen Druck beseitigte, zeigten sich die verschiedenen politischen Strömungen in den Parlamentsfraktionen und der ihnen nahe stehenden Presse deutlich ausgeprägt. Deutschland hatte den Anschluß an die Entwicklungen in England, den Vereinigten Staaten und Frankreich gewonnen. Die oppositionelle Presse der 30er und 40er Jahre trieb den Prozeß offen und latent voran. Die Epoche der Parteipresse nahm nun auch formell ihren Anfang. Sie sollte, bald in Konkurrenz mit dem in den 80er Jahren aufkommenden Typ des Generalanzeigers bis ins 20. Jh. die vorherrschende Zeitungsform bleiben.

4.5. Ausländische Vorbilder

Während in Deutschland kaum an eine vielfältige parteipolitisch orientierte Presse gedacht werden konnte, sah es in England im letzten Drittel des 18. Jhs. bereits ganz anders aus. 1769 wurde das Hauptorgan der liberalen Whig-Partei, der 'Morning Chronicle', gegründet, 1772 mit ähnlicher Tendenz die 'Morning Post', die später ins konservative Lager überging, und 1780 das Tory-Blatt 'Morning Herald'. Daneben erschienen seit 1780 Sonntagszeitungen, als erste der 'Sunday Monitor' und elf Jahre später der auch heute noch existierende 'Observer', 1796 mit

'Bell's Weekly Messenger' der Vorläufer des bis in unsere Tage populären Massenblatts 'News of the World'. Mit 'The Times' schuf 1785 der Kohlenhändler und Versicherungsagent John Walter (1739–1812) die berühmteste britische Zeitung bis heute, die sich mit der Einführung der Schnellpresse von Friedrich Koenig 1814 um den Fortschritt der Drucktechnik verdient machte. Bedeutende Regionalzeitungen entstanden mit der 'Yorkshire Post' in Leeds (1759), dem 'Manchester Guardian' und dem Edinburgher 'The Scotman' (beide 1821), die bis heute überlebten.

Nach dem Sturz Napoleons 1815 holte Frankreich rasch auf, vor allem seit unter dem Bürgerkönig Louis Philippe mit der Julirevolution 1830 die zeitweilig seit 1820 umkämpfte Pressefreiheit wieder zugelassen worden war – mit der Folge, daß der Monarch bis zu seiner Flucht nach England in der Februarrevolution 1848 nichts zu lachen hatte. Die Flut von Karikaturen über die „Birne" galt vor allem ihm und seinem der Korruption bezichtigten Regime. Entscheidende Bedeutung hatte 1836 'La Presse', die von dem unehelichen, aber vermögenden Grafensohn Émil de Girardin (1806–1881), einem bereits erfolgreichen Schriftsteller und Journalisten, als billiges Massenblatt gegründet wurde. Es kostete nur ein Viertel der 20 übrigen Pariser Zeitungen, die es noch 1855 auf insgesamt nur 50.000 Auflage brachten. 'La Presse', die bald allein 40.000 Auflage hatte, bot nicht bloß Politisches, sondern reichlich Unterhaltung und vor allem Romane, deren Fortsetzungen, raffiniert die Abonnementsphasen überschreitend, die Leser an die damaligen Zeitungen fesselten. Balzac, Dumas, Sue und Dickens wurden dadurch zu den meistgelesenen Autoren.

Ebenso wie die Fortschritte in der Drucktechnik waren die neuen Nachrichtenbüros (Havas in Paris 1835, Wolff in Berlin 1849 und Reuter in London 1851) von entscheidender Bedeutung für den Aufschwung der Presse, nicht zuletzt durch immer mehr Aktualität und Nachrichten. Die Zeitungen begannen, sich aus kleinen, handwerklich orientierten Betrieben zu industriell organisierten Unternehmen zu entwickeln, in denen bald kapitalkräftige Wirtschaftskapitäne mehr zu sagen hatten als die ursprünglichen Berufe, die sich differenzierten und professionalisierten. An diesem Prozeß hatte die nordamerikanische Presse einen großen Anteil. Jenseits des Atlantik hatte im September 1833 Benjamin H. Day – wenige Monate nach dem mit 160.000 Auflage rasch erfolgreichen Londoner 'Penny Magazine' der Society for the Diffusion of Usefull Knowledge – in New York 'The Sun' für täglich One Cent herausgebracht (Mott 1947, 220–227; Cooper 1966, 54 ff.; Altschull 1990, 55 f.). Nicht weniger als 34 Tageszeitungen wurden zwischen 1833 und 1837 in New York herausgebracht, um die wachsende Einwohnerzahl zu nutzen. Der aus Schottland eingewanderte James Gordon Bennett (1795–1872) schuf den 'Morning Herald', der unter den One-Cent-Zeitungen die ernsthafteste Konkurrenz für die 'Sun' wurde. Mit seinem religiös geprägten Idealismus (Mott 1947, 232) überholte Bennett, der ursprünglich katholischer Priester werden wollte, zeitweilig seine Konkurrenten. Erst in den 40er Jahren entstanden mit der 'New York Tribune' (April 1841) von Horace Greeley (1811–1872) und der 'New York Times' (September 1851) ebenfalls seriöse Wettbewerber. New York war seither so etwas wie die Brutstätte auch für das moderne europäische Zeitungswesen und die Presse im amerikanischen Westen. Der 'Herald' hatte 1860 mit 77.000 Exemplaren die verbreitetste Auflage der Erde.

Die Berichterstattung von William Howard Russell (1820–1907) im Krimkrieg 1853–1856 verhalf der Londoner 'Times' zu einer Auflage von 70.000 Exemplaren, zu der aber auch die Beseitigung der Steuerlasten für Anzeigen und Papier (1853 bis 1855) beigetragen haben dürfte. Der mit 24 Jahren wohl jüngste Chefredakteur aller Zeiten, John Delane (1817–1879), machte aus 'The Times' die wichtigste, auch international beachtete Stimme Großbritanniens neben dem liberalen 'Manchester Guardian', den seit 1872 der damals 25jährige Charles Prestwick Scott leitete.

4.6. Fall der Zensur 1848

Ohne Übertreibung läßt sich feststellen, daß mit der Märzrevolution 1848 in Deutschland eine neue Dynamik in den Prozeß der Presseentwicklung kam. Das galt quantitativ wie qualitativ. Die Beseitigung der Vorzensur machte ein differenziertes Raisonnement, wie man es aus England, Frankreich und den Vereinigten Staaten kannte, erst möglich. Die Gunst der Stunde nahmen allerorts Zeitungsgründer wahr. Selbst kleine Städte, die bis dahin publizistisch ein Schattendasein geführt hatten, bekamen nun oft mehrere Zeitungen verschiedener politischer Richtung. In Köln z. B., einer alten Zeitungsstadt, erschienen statt bisher acht nunmehr zeitweilig 20 Blätter unterschiedlicher Tendenz. Die bedeutendste Neugründung war zweifellos die von Karl Marx und seinen Freunden herausgegebene 'Neue Rheinische Zeitung', die am 19. Mai 1849 mit einer rot gedruckten Ausgabe, die mehrfach nachgedruckt worden ist, von ihren Lesern Abschied nehmen mußte. In der Rheinprovinz insgesamt erhöhte sich die Zahl der Z. bis Ende 1850 um etwa 50 Prozent (Henkel/Taubert 1986, 13). Von den etwa 1.600 in der Revolutionsphase im Deutschen Bund erschienenen Periodika — für 1846 wurde die Zahl mit etwa 1.000 angegeben (Groth I 1928, 199) — überlebte, soweit die unzureichenden statistischen Unterlagen ausreichen, nur ein Teil. Die Verluste wurden aber in den Jahren der Bismarckära, nachdem die Besteuerung von Zeitungen aufgehoben worden war, bald wettgemacht. 1866 wurden in Deutschland über 1.500 Z. mit unterschiedlicher Erscheinungsweise nachgewiesen (Groth I 1928, 202; ähnlich Gebhardt 1984, 37). Von den in Berlin erschienenen Blättern überstanden die Revolution u. a. die 'Constitutionelle Zeitung' (bis 1856), mit damals 12.000 Auflage die erfolgreiche 'National-Zeitung' (bis 1938), die konservative 'Neue Preußische (Kreuz-)Zeitung' (bis 1939) und die linksdemokratische 'Urwähler-Zeitung' (bis 1853), als deren Nachfolger die 'Berliner Volks-Zeitung' (bis 1944) angesehen werden kann.

Die in den verschiedenen Parlamenten 1848/49 sich herausbildenden Fraktionen und Parteirichtungen verfügten jedenfalls über eine große Anzahl von Z. und engagierten Journalisten. Von den älteren Blättern changierte die Augsburger 'Allgemeine Zeitung' zwischen mittleren und konservativen Positionen, während die 'Vossische Zeitung' sich mit einer Auflage von 24.000 Exemplaren im rechten Zentrum etablierte (Koszyk 1966, 105—119). Die in der Frankfurter Nationalversammlung entworfene Verfassung, deren Grundrechtskatalog in spätere deutsche Verfassungen bis zum Grundgesetz von 1948 einging, sollte jedem Deutschen das Recht garantieren, „durch Wort, Schrift, Druck und bildliche Darstellungen seine Meinung frei zu äußern". Aber außer der Abschaffung der Zensur blieb es bis zum Reichspressegesetz vom Mai 1874 bei dieser Ankündigung. Der Kampf um dieses Gesetz war nach 1849 der erste Höhepunkt des Konflikts zwischen Staat und Presse, an dem sich vor allem liberale Journalisten und Z. mit Erfolg beteiligten. Das Zeitalter der Parteipresse fand damit eine Art Krönung, bevor sich andere, wirtschaftliche Interessen im Zeitungswesen massiv durchzusetzen vermochten.

4.7. Kämpfe der Parteipresse

Als Otto von Bismarck (1815—1898) im September 1862 preußischer Ministerpräsident wurde, befand sich die deutsche Presse mitten in einer restaurativen Phase. Eine Folge war der Typ des gesinnungslosen Schreibers, den Gustav Freytag 1852 in seinen 'Journalisten' als 'Schmock' auf die Bühne gebracht hatte. Bismarck, der mit der Gründung der 'Neuen Preußischen Zeitung' und als preußischer Bundestagsgesandter in Frankfurt a. M. reiche publizistische Erfahrungen sammelte, legte sich gleich mit den liberalen Z. an. Er bemühte sich, die oppositionellen Z. durch ein ministerielles Berichtigungssystem und den Vorwurf des Landesverrats zu diskreditieren. Wenn das nicht ausreichte, ließ er ihnen den Postvertrieb sperren. Letztes Mittel war die Stempelsteuer, die widerspenstige Organe ruinieren sollte. Ergebnis: allein 1866, während des Konflikts mit Österreich, gingen 80 Z. ein. Andere mußten sich dem Einfluß der Regierung beugen und amtlich lancierte Beiträge publizieren. Die sich langsam entwickelnde katholische und sozialdemokratische Presse sollte mit Beleidigungsprozessen, 1864 gab es über 170, eingeschüchtert werden. Bismarck kümmerte sich persönlich darum, daß neben den Repressivmaßnahmen eine aktive Pressepolitik betrieben wurde, für die er eine im Auswärtigen Amt bestehende Pressestelle ausbaute. Aber alle Initiativen konnten der konservativen Presse nicht aufhelfen. Die vier Blätter dieser Richtung in Berlin verbreiteten nur wenig mehr als 11.000 Exemplare, dagegen die sieben oppositionellen Z. fast siebenmal soviel Exemplare, von denen 32.000 allein auf die 'Volks-Zeitung' entfielen. Mit der 'Norddeutschen Allgemeinen Zeitung' glaubte sich der Ministerpräsident ein zuverlässiges Sprachrohr zu verschaffen, das zeitweilig aber nur 10.000 Auflage hatte. Die für die Inspiration der Kreispresse herausgegebene 'Provinzial-Korrespondenz' wurde, gratis geliefert, bis 1863 von 40 Z. als Beilage übernommen und von weiteren 90 zur Auswertung bestellt. Obwohl Bismarck seit der Beschlagnahme des Privatvermögens der Hannoveraner 1868 über einen sogenannten Reptilienfonds zur auch pekuniären Bestechung dienstwilliger Journalisten verfügte, blieb Bismarck ein endgültiger

78. Allgemeine Geschichte der Zeitung

Erfolg bei den Parteizeitungen, außer den konservativen, fast gänzlich versagt. Erst 1871, mit dem Sieg über Frankreich und der Gründung des Deutschen Reiches, schwenkten die Liberalen mehr und mehr auf die Linie des Reichskanzlers ein.

4.8. Endlich das Reichspressegesetz

In diesem Klima nahm der Reichstag im April 1874 das 31 Paragraphen umfassende Reichspressegesetz an, das an die Stelle von 27 Landesgesetzen trat. Es garantierte die Zensurfreiheit und beseitigte Zeitungsstempel sowie Kautionen für die Zulassung zum Pressegewerbe. Nur die Bestimmmungen über den Belagerungs- bzw. Kriegszustand ließen gravierende Einschränkungen, wie eine Militärzensur, zu. Im übrigen galten für Z. und Journalisten die allgemeinen Gesetze, mit denen allerdings immer wieder, besonders bei sogenannter Majestätsbeleidigung, vorgegangen wurde. Gefängnisstrafen für Journalisten und Verleger sowie Zeitungsverbote wurden in konfliktreichen Situationen ausgiebig von den Gerichten verhängt.

Der massivste Eingriff auf Veranlassung Bismarcks geschah 1878 gegen die Sozialdemokratie und ihre Presse durch ein vom Reichstag beschlossenes und bis 1890 wiederholt verlängertes 'Gesetz gegen die gemeingefährlichen Bestrebungen der Sozialdemokratie'. 42 Blätter der Partei mit einer Gesamtauflage von 150.000 Exemplaren mußten eingestellt werden. Als Ersatz diente das in Zürich, später London redigierte zentrale Organ 'Sozialdemokrat', dessen 12.000 Exemplare (1887) zum Teil über die Grenze nach Deutschland geschmuggelt wurden.

Anfang der 70er Jahre hatte sich die preußische Regierung mit dem katholischen Volksteil angelegt. Aber auch der Kulturkampf gegen das Zentrum und seine Presse, die sich bis 1881 an Zahl (221) und Auflage (626.000) mehr als verdoppelte, scheiterte ebenso wie die Verfolgung der Sozialdemokratie, die es nach ihrer Wiederzulassung bis 1897 auf 90 Z. mit einer Auflage von 1,5 Millionen Exemplaren brachte.

4.9. Generalanzeiger

Mehr als die staatlichen Maßnahmen erwies sich in den 80er Jahren die Gründung des Typus 'Generalanzeiger' als gefährlich für die Parteipresse. Die neuen Z., denen die Parteiblätter reine Geschäftsinteressen nachsagten, erwiesen sich rasch als erfolgreich. Von den 1916 erscheinenden 2.900 deutschen Zeitungen wurden über 47 Prozent, nämlich 1.376, zwischen 1871 und 1900 gegründet. In diese Zeit fiel die Verbesserung der Druck- und der maschinellen Satztechnik (Mergenthaler 1884) sowie die Papierherstellung durch Holzschliff (Voelter 1867). Damit waren die technischen Voraussetzungen für große Auflagen geschaffen. In ihrem Gefolge entstanden seit 1855 in Deutschland Anzeigenagenturen, von denen die bedeutendste mit dem Berliner Großverlag Mosse verbunden war.

Die Generalanzeiger bedienten sich anfangs des Tricks der Gratisverteilung. Der kritische Augenblick kam, wenn der Vertrieb nach dem Erreichen einer rentablen Auflage, die durch Anzeigen finanziert wurde, zum Abonnement überging. Um die Leser zu halten, wurden die Gebühren in kürzeren Abständen als monatlich oder vierteljährlich, wie bisher üblich, erhoben. Niedriger Preis und eine für die wachsende Zahl von Industriearbeitern interessante Unfallversicherung boten den Anreiz, bei diesen Zeitungen zu bleiben, die sich bemühten, redaktionell auch für Frauen unterhaltende Lesestoffe zu bringen. 1918 gab es 67 deutsche Z., die sich im Titel 'Generalanzeiger' nannten. Folgte man bei dieser Art von Presse deutlich ausländischen Vorbildern, so geschah dies noch eindrucksvoller bei der Gründung von Großverlagen, die Anfangs auf die Reichshauptstadt Berlin und auf einige Generalanzeiger-Verlage in Großstädten konzentriert blieben.

1911 meinte Walter Hammer in seiner mehrfach aufgelegten Schrift 'Die Generalanzeiger-Presse kritisch beurteilt als ein Herd der Korruption' (Koszyk 1966, 274):

„Vom Amerikanismus in der Entwicklung unseres Zeitungswesens kann man sprechen und dabei an eine Art Monopolisierung der Tagespublizistik denken. Durch Vertrustung würde die anständige, insbesondere die Parteipresse, aufgesogen vom großkapitalistischen Zeitungsunternehmertum [...] In der noch weiter amerikanisierten Presse würde alles, vom Leitartikel bis zur Lokalnotiz, zu kaufen sein. Bezahlte Feuilletons gibt es bekanntlich schon heute."

Solche Einwände hatten auf die weitere Entwicklung nicht einmal eine retardierende Wirkung, weil sie die Leser schwerlich interessierten.

In den schnell wachsenden Großstädten gab es andere Bedürfnisse, die von den neuen Zeitungen nicht zuletzt durch den Anzeigenteil befriedigt wurden. Wie rapide die Entwicklung verlief, wurde deutlich an der demographischen Statistik. Um 1.000 auf 3.500

vermehrte sich zwischen 1875 und 1910 die Zahl der Gemeinden mit bis zu 20.000 Einwohnern. Dort fanden die meisten Zeitungsneugründungen statt (Gebhardt 1984, 45).

Obwohl nur etwa 3,5 Prozent der deutschen Z. 1900 eine Auflage von mehr als 15.000 Exemplaren erreichten, hatte die Etablierung von Großverlagen mit ihren zwar wenigen, aber auflagestarken Z. durchaus beachtlichen Einfluß auf das Gesamtbild der deutschen Presse am Ende des 19. Jhs. Neben den Generalanzeiger-Verlagen von Girardet (Essen), Huck (Offenbach) und Krüger (Dortmund), die zwei oder mehr Zeitungen verbreiteten, überwanden die Berliner Großverlage von Mosse, Ullstein und Scherl die bis dahin üblichen provinziellen Grenzen.

Die Massenpresse entwickelte sich in den Industrienationen parallel entsprechend dem demographischen und technischen Standard. Das Format der Z. vergrößerte sich langsam. Frankreich und England gingen dabei voran. Überschriften gab es in den anglo-amerikanischen Z. zu Beginn der zweiten Hälfte des 19. Jhs., in Deutschland im größeren Umfang erst zu Beginn des Ersten Weltkriegs, in Extraausgaben aber bereits im deutsch-französischen Krieg 1870/71. Der Inhalt der Zeitungen, die redaktionelle Verarbeitung und die Darstellungsformen (Genres) haben sich von England über die Vereinigten Staaten zum europäischen Kontinent entfaltet. Bennett war der Vorreiter, und Joseph Pulitzer (1847–1911), nach dem heute noch ein bekannter amerikanischer Medienpreis benannt ist, wußte aus dessen Geschäftsmethoden Gewinn zu machen, als er 1883 die korrumpierte 'World' erwarb. Er etablierte das Blatt auf dem wachsenden New Yorker Markt, indem er an Gefühle und Instinkte der Leser appellierte.

Je weniger Z. sich auf Parteisubventionen stützen konnten, um so eher waren die Journalisten darauf verwiesen, einen adäquaten Stil für die Leser zu verwenden, die jeden Tag neu gewonnen werden mußten. Das galt vor allem dort, wo sich an Stelle des Abonnements der Straßenverkauf früh durchsetzte, wie in London, Paris und den großen amerikanischen Städten. Die Gliederung des Stoffes nach Sparten, die redaktionelle Verarbeitung der kontinuierlich einlaufenden verschiedenen Fassungen einer Nachricht oder eines Berichtes, alles dies ist den Redakteuren des späten 19. Jhs. zu verdanken. Illustrationen erschienen anfangs nur in Form von Karten, etwa im amerikanischen Bürgerkrieg (1861–1865), und Strichätzungen. Erst in den 20er Jahren des 20. Jhs. wurden Bilder nach photographischen Vorlagen (Klischees) in größerem Umfang von Z. gebracht. Bis dahin bildeten illustrierte Beilagen oder gesondert erscheinende Illustrierte einen Anreiz für den Leser. So erreichte die 'Berliner Illustrirte Zeitung', Ende 1891 gegründet, als erstes deutsches Periodikum überhaupt schon 1914 eine Millionenauflage (Mendelssohn 1959, 103–113).

In England, Frankreich und Amerika ging man auch bald von einer strikten Sparteneinteilung ab, die der Politik die erste Seite vorbehalten hatte. Schlagzeilen, die auf sensationelle Ereignisse hinwiesen, lockerten die Titelseite auf, die als Schaufenster diente, um dem Leser einen raschen Überblick zu geben und zum Kauf anzureizen.

4.10. Großverlage

In Deutschland übernahmen die kapitalkräftigen Berliner Großverlage amerikanische journalistische und technische Verfahren. Wichtigste Merkmale waren die rationelle Herstellung und der optimale Vertrieb, dem die journalistische Leistung zu dienen hatte, um durch eine hohe Auflage möglichst viele Anzeigen zu gewinnen. Rudolf Mosse (1843–1920), der als Anzeigenwerber begonnen hatte, gründete seinen Verlag 1867 mit einer Anzeigenexpedition. Seit 1872 gab er das 'Berliner Tageblatt' heraus, das, seit 1878 zwölfmal wöchentlich erscheinend, schon vor dem Ersten Weltkrieg fast 230.000 Auflage erreichte und von 1906–1944 durch seinen Vetter Theodor Wolff (1868–1943) als Chefredakteur und Leitartikler geleitet wurde. 1889 folgte die 'Berliner Morgen-Zeitung', die um die Jahrhundertwende etwa 150.000 Exemplare vertrieb. 1904 übernahm Mosse die 'Berliner Volks-Zeitung' von seinem Schwager Emil Cohn und verzehnfachte ihre Auflage bis 1914 auf fast 300.000 Exemplare.

Mit dem Papierhändler Leopold Ullstein (1826–1899) erhielt Mosse 1877 einen Konkurrenten. Ullstein begann mit dem 'Neuen Berliner Tageblatt', das bald 'Deutsche Union' hieß. Etwa gleichzeitig übernahm er die 'Berliner Zeitung', der er die 'Deutsche Union' opferte. Schon 1882 erschien sie als Morgen- und Abendblatt. 1887 gab er eine 'Berliner Abendpost' heraus. Sein erfolgreichstes Verlagsobjekt wurde 1891 die 'Berliner Illustrirte Zeitung', der er sieben Jahre später seine dritte Tageszeitung, die 'Berliner Morgenpost', folgen ließ, die schon nach einem Jahr 160.000 Auflagen verzeichnete. 1904 gliederte Ullstein der 'Berliner Zeitung' eine Mittagsausgabe, die 'BZ am Mittag' an, um rund um die Uhr auf dem Markt der Reichshauptstadt präsent zu sein. Die 'BZ' beerbte die Morgen- und Abendausgaben, um als reine Straßenverkaufszeitung auf die Gewohnheiten des Großstadtlesers einzugehen.

Der dritte im Bunde der Berliner Großverleger war August Scherl (1849–1921), der als Buchhändler begonnen hatte. Er gab seit November 1883 den 'Berliner Lokal-Anzeiger' heraus, zunächst gratis gegen 10 Pfennig Zustellgebühr, nach einem Jahr dreimal wöchentlich und seit 1885 täglich, als sich die Auflage bei 150.000 Exemplaren für einen monatlichen Bezugspreis von einer Mark stabilisierte. Der Chefredakteur Hugo von Kupffer (1853–1928) hatte eine amerikanische Mutter (Stöber 1994). In St. Petersburg geboren, beherrschte er mehrere Fremdsprachen. Bevor er beim 'Lokal-Anzeiger' einstieg, hatte er journalistische Erfahrungen beim 'New York Herald' sowie deutschen und ausländischen Nachrichtenagenturen gesammelt. Kupffers Spezialität waren Lokalplaudereien und -reportagen, wobei er stilistisch beim populären Berliner Journalismus der 48er-Revolution anknüpfte. Anfangs politisch angepaßt, geriet der 'Berliner Lokal-Anzeiger' seit 1914 immer mehr in chauvinistisches Fahrwasser, erst recht, als ihn Alfred Hugenberg unter seine Fittiche nahm. Seit 1900 gab Scherl zusätzlich die für gutbürgerliche Kreise gedachte Tageszeitung 'Der Tag' heraus, die kein Erfolg wurde. Anfang 1914 verkaufte Scherl seinen Verlag an eine Finanzierungsgruppe, hinter der, wie sich herausstellte, als führende Figur Alfred Hugenberg (1865–1901), der Generaldirektor der Fried. Krupp AG, steckte. Niemand ahnte damals, was aus diesem Verkauf in den Jahren der Weimarer Republik werden würde.

5. Das 20. Jahrhundert

5.1. Internationale Konzernbildung

Mit der Berliner Konzernbildung hatte die deutsche Presse Anschluß an die internationale Vertrustung der Presse gefunden. Alfred Harmsworth (1865–1922), der spätere Lord Northcliffe, war der bedeutendste britische Verleger. Er gründete 1896 mit seinem Bruder Harold (1869–1940), dem späteren Lord Rothermere, die 'Daily Mail' im Großformat der 'Times'. Die Auflage erreichte um 1900 eine Million Exemplare. Billiger Vertriebspreis, sensationelle Nachrichten, Unterhaltungsstoff für Frauen und knapper Stil waren die Merkmale dieser von der amerikanischen Presse beeinflußten Machart. 1905 brachte Northcliffe die in seinem Verlag erscheinenden Blätter in die Associated Newspaper Ltd. ein. Im Ersten Weltkrieg betrieb Northcliffe eine scharf antideutsche Propaganda. Ähnlich operierte Cyril Arthur Pearson (1866–1921), der 1900 den 'Daily Express' nach dem „Muster der Daily Mail" herausgab, allerdings nicht, wie bis dahin üblich, mit Anzeigen, sondern mit Nachrichten auf der ersten Seite. Da für Pearson unternehmerisch in London wenig Spielraum war, dehnte er seinen Verlag nach Norden aus. Der größte Erfolg gelang ihm 1904 mit dem 'Evening Standard', mit dem er über neun Z. verfügte (Lee 1976, 175–180). Die seriöse Londoner Presse geriet durch den aggressiven Wettbewerb in Schwierigkeiten. Northcliffe übernahm 1908 die 'Times'. Die Konzentration in der Provinz trieb Charles Starmer (1870–1922) mit der North of England Newspaper Company voran. Nach dem Tode Northcliffes gelang es John Walter V. gemeinsam mit J. J. Astor, für 'The Times' ein unabhängiges Treuhänder-Modell zu verwirklichen. Lord Rothermere führte das Unternehmen der Harmsworth mit vier Kapitalgesellschaften ('Daily Mail', 'Daily Mirror', 'Sunday Pictorial' etc.) fort, die 1938 insgesamt zwei Morgenblätter, elf Abendzeitungen, zwei Sonntagszeitungen und zahlreiche Wochenblätter herausgaben. Um den 1855 gegründeten 'Daily Telegraph' entstand die Berry-Gruppe der Lords Kemsley, Camrose und Iliffe, denen u. a. die 'Financial Times', der 'Evening Chronicle' und der 'Daily Sketch' gehörten, insgesamt zehn Morgenblätter, neun Abend- und sechs Sonntagszeitungen sowie 16 Wochenblätter. Die drei weiteren Konzerne, die Southwood-Gruppe mit den Labour-Blättern 'Daily Herald' und 'The People', die Beaverbrook-Gruppe mit dem 'Evening Standard' und dem 'Daily Express' sowie das Unternehmen der Quaker Familie Cadbury mit der 'Daily News', dem 'News Chronicle' und 'The Star', ferner einige Provinz-Verlage belegten den fortgeschrittenen Konzentrationsstand der britischen Presse. In Frankreich überwog dagegen bis zum Zweiten Weltkrieg die Meinungspresse, die sich weitgehend auf Paris konzentrierte, wo sieben Millionen der insgesamt elf Millionen Exemplare der französischen Gesamtauflage erschienen. In den Vereinigten Staaten entwickelte Edward Wyllis Scripps (1854–1926) das Modell der Zeitungsketten, das sein Sohn Robert und der Manager Roy W. Howard mit 15 Z. in 15 Bundesstaaten im Scripps–Howard-Konzern fortsetzten. Hauptrivale war William Randolph Hearst (1863–1951), der 1896 von San Francisco nach New York kam und insgesamt 42 Tageszeitungen gründete oder kaufte. Er trieb den am Massengeschmack orientierten, von Pulitzer entwickelten Yellow Journalismus voran. 1920 verschmolz er den 'Herald' mit der 'Sun', verkaufte das Blatt aber 1924 an die 'New York Tribune'; daraus entstand die 'New York Herald Tribune'. Nach englischem Vorbild wurden in den USA viele handliche Bilderblätter (Tabloids) mit Sex- und Crime-Geschichten herausgebracht. Am erfolgreichsten war die 'Daily News' mit zeitweise 750.000 Auflage. Ein Charakteristikum der USA waren und sind die Suburban Papers, Vorortzeitungen, von denen es 1914 bereits 14.500 gab, 1945 immer noch etwa 10.000.

5.2. Im Sog Hugenbergs

In Deutschland entwickelte sich keine mit England und den USA vergleichbare Verlagskonzentration. Von den 1914 über 4.200 vor allem in der Provinz verbreiteten Z. (einschließlich Kopfblättern) hatten fast alle den Ersten Weltkrieg überlebt. Eingegangen waren vor allem Z. mit Auflagen bis zu 5.000 Exemplaren. Die Durchschnittsauflage deutscher Z. belief sich während der Weimarer Republik, soweit Zahlen ermittelt werden können, auf etwa 10.000 Exemplare. Diese Kleinpresse war während der Inflationsjahre bis 1923 und in der Krise seit 1930 besonders gefährdet. Für sie gründete Alfred Hugenberg, der sich nach dem Weltkrieg der Politik und den Z. zuwandte, er wurde 1928 Vorsitzender der konservativen 'Deutschnationalen Volkspartei', 1922 Matern- und Korrespondenzdienste für die konservative und die nationalliberale Presse. Die Wirtschaftsstelle für die Provinzpresse (Wipro) soll mehrere hundert Zeitungen mit Texten versorgt haben. Hugenbergs Propaganda-Zentrale war der Scherl-Verlag mit dem 'Berliner Lokal-Anzeiger' (211.000), der 'Nachtausgabe' (213.000), dem 'Montag' (157.000) und dem 'Tag' (68.000). Im Vergleich dazu nahmen sich 1930 die Auflageziffern von Mosse eher bescheiden aus: 'Berliner Volkszeitung' (100.000), 'Berliner Tageblatt' (70.000) und 'Acht-Uhr-Abendblatt' (50.000). Der Mosse-Verlag war damals in wirtschaftlichen Schwierigkeiten. Ullstein konnte sich dagegen behaupten, machte aber Konzessionen an die zunehmende Radikalisierung in der arbeitslosen Bevölkerung. Die 'Berliner Morgenpost' brachte es 1930 immer noch auf 600.000 Auflage, die 'BZ am Mittag' auf 200.000, das Bilderblatt 'Tempo' auf 150.000, die 'Vossische Zeitung' auf etwa 80.000 und die 'Berliner Allgemeine Zeitung' auf 50.000 Exemplare. Am erfolgreichsten blieben Ullsteins 'Berliner Illustrirte Zeitung' mit 1,8 Millionen und 'Die Grüne Post' mit über einer Million Auflage.

Die von Hugenberg beeinflußten Zeitungen verfolgten gegenüber der Mehrheit der zur Weimarer Republik positiv eingestellten Presse eine destruktive Linie. Der Republik kreideten sie die Beseitigung der Monarchie, die Folgen des Versailler Vertrags und die Mängel des Parteiensystems an. Zu spät wurde in den demokratischen Parteien und und ihren Z. erkannt, wer am Ende Nutzen ziehen würde aus ihrer mangelnden Konsensfähigkeit. Die Deutschnationalen verklärten die Vergangenheit und vergaßen, daß im Ersten Weltkrieg durch Militärzensur dem deutschen Volk jahrelang die falsche Vorstellung suggeriert worden war, man könne die Gegner besiegen. Diese Illusion wurde nach 1918 durch eine Mythologisierung und Legendenbildung in den etwa 500 konservativen Z. weitergepflegt, die der Deutschnationalen Volkspartei Hugenbergs nahestanden. In den Krisenjahren der Weimarer Republik trug die Propaganda dieser Kampfpresse dazu bei, daß die Wähler den Nationalsozialisten zugetrieben wurden.

5.3. Hitler und die Folgen

Hitlers Gaupresse, die 1925 nur elf Titel umfaßte, brachte es bis 1932 auf 69 von der Partei anerkannte Organe, von denen 22 nur wöchentlich erschienen, und etwa 70 weitere als Nebenausgaben. Die Gesamtauflage wurde auf etwa 900.000 geschätzt, davon 100.000 für das Zentralorgan 'Völkischer Beobachter' und etwa gleich viel für den von Joseph Goebbels geleiteten Berliner 'Angriff' (Stein 1987; Frei 1980; Koszyk 1972).

Die Presse der demokratischen Parteien, außer den liberalen Berliner Verlagen Mosse und Ullstein, war in allen deutschen Provinzen in unterschiedlicher Quantität vorhanden. Zumeist war sie dort am stärksten vertreten, wo die Parteien ihren größten Anhang hatten. Das Zentrum konnte sich 1927 auf etwa 310 Tageszeitungen stützen, die meisten im Rheinland und in Bayern, die aber während der Krisenjahre der Republik zu kostensparenden Kooperationen und zur Verwandlung von Haupt- in Nebenausgaben gezwungen waren. Selbst die wichtigsten Blätter des Zentrums, die 'Kölnische Volkszeitung' und die Berliner 'Germania', dürften in ihren besten Jahren nicht mehr als 20.000 bis 30.000 Exemplare verbreitet haben.

Ihren Höhepunkt erreichte die SPD-Presse mit 203 Titeln 1929. Die Auflage ging von 1,7 Millionen Exemplaren im Jahre 1919 bis 1932 (bei nurmehr 135 Titeln) auf etwa 1,1 Millionen Auflage zurück. Für das Berliner Zentralorgan 'Vorwärts' wird die Auflage, die 1919 etwa 300.000 betragen haben mag, für 1932 mit nur noch 100.000 angegeben.

Die KPD konnte die Zahl ihrer Zeitungen zwischen 1920 und 1932 von sieben auf etwa 50 steigern, die Gesamtauflage von 80.000 auf etwa eine halbe Million. Das Zentralorgan 'Die Rote Fahne' (Berlin) soll 1932 in etwa 130.000 Exemplaren verbreitet gewesen sein. Ideologisch konnte die KPD auch auf die von Willi Münzenberg (1889–1940) herausgegebenen Berliner Zeitungen 'Die Welt am Abend' und 'Berlin am Morgen' rechnen, die 1932 mit 100.000 bzw. 60.000 Auflage rentabel waren.

Im linken bzw. rechten demokratisch-liberalen Spektrum behaupteten sich als meinungsführend die 'Frankfurter Zeitung', 1856 gegründet, und die als 'Deutsche Allgemeine Zeitung' (1918) weitergeführte Nachfolgerin der 'Norddeutschen Allgemeinen Zeitung'. Ihre Auflagen, die bei um 100.000 bzw. unter 50.000 Exemplaren angenommen werden, machten eine Subventionierung durch Industrielle nötig. Bei der 'Frankfurter Zeitung' waren es die IG Farben (Gillessen 1986, 44 ff.), bei der 'Deutschen Allgemeinen Zeitung' vor allem Ruhrindustrielle (Koszyk 1972, 154).

Dem differenzierten deutschen Zeitungswesen machten die Nationalsozialisten nach 1933 in mehreren Schritten ein Ende. Mit dem Anfang 1934 wirksam werdenden Schriftleitergesetz wurden die Verleger von ihrer publizistischen Kompetenz entbunden, die Journalisten auf Partei und Staat verpflichtet. Das Reichskulturkammergesetz vom September 1933 verfügte die Arisierung des am Pressewesen beteiligten Personenkreises. Schon zuvor waren nach dem Reichstagsbrand Ende Februar 1933 alle Blätter von KPD und SPD unterdrückt, ihre Mitarbeiter verhaftet, arbeitslos gemacht oder ins Exil vertrieben worden. Das im März 1933 unter Leitung von Joseph Goebbels eingerichtete Reichsministerium für Volksaufklärung und Propaganda sorgte bis 1945 für eine inhaltliche Gleichschaltung der Zeitungen durch täglich ausgegebene Anweisungen und scharfe Kontrolle ihrer Beachtung (Toepser-Ziegert 1984). Ein übriges tat das Deutsche Nachrichtenbüro, das 1934 aus dem Zusammenschluß von Wolffs (offiziösem) Telegraphischen Bureau mit der deutschnationalen Telegraphenunion entstand und auf dessen Dienste Zeitungen verpflichtet wurden. Etwa 600 Z., davon 100 bürgerliche, mußten 1933 ihr Erscheinen einstellen. Innerhalb eines Jahres konnte die NSDAP, zum Teil durch Zwangsenteignung lukrativer Unternehmen, die Zahl ihrer Parteizeitungen auf 169 mit 4,5 Millionen Auflage steigern. Die Gesamtzahl der deutschen Z. sank gleichzeitig auf etwa 3.000. Maßgeblich für die Organisierung des NS-Pressetrusts war Max Amann (1891–1957). Im April 1935 erließ er drei Anordnungen, die sich vor allem gegen die katholische Presse, die Generalanzeiger und die Standortpresse richteten, die den NS-Blättern im Wege waren. In mehreren Schließungsaktionen, die im Zweiten Weltkrieg mit Papiermangel begründet wurden, dezimierte Amann die Zahl der deutschen Z. von 2.355 im Jahre 1938 auf 977 im Jahre 1944. Die Auflage stieg in diesem Zeitraum auf täglich 25 Millionen Exemplare nur durch den Zuwachs in besetzten und annektierten Gebieten. Die NS-Parteipresse umfaßte zuletzt 352 Z. mit fast 21 Millionen Auflage, während die 625 noch verbliebenen privaten Z. nurmehr vier Millionen Auflage hatten. Eine NS-Zeitung hatte also durchschnittlich 65.000 Auflage, eine private nur etwa 6.500 Exemplare. Mit dem letzten Blatt des Dritten Reiches, den 'Flensburger Nachrichten' vom 9. Mai 1945, hatten die gescheiterten Machthaber die deutsche Presse in Umfang und Inhalt quasi auf das Niveau des 17. Jhs. zurückgebracht.

6. Literatur

Altschull, J. Herbert, From Milton to McLuhan. The ideas behind American journalism. White Plains, N.Y. 1990.

–, Agenten der Macht. Konstanz 1989.

Baldasty, Gerald J., The commercialization of news in the 19th century. Madison, WJ. 1992.

Bellanger, Claude/Jacques Godechot u. a., Histoire générale de la presse française. 5 Bde. Paris 1969/75.

Beyrer, Klaus/Martin Dallmeier (Hrsg.), Als die Post noch Zeitung machte. Eine Pressegeschichte. Gießen 1994.

Blühm, Elger (Hrsg.), Presse und Geschichte (I). Beiträge zur historischen Kommunikationsforschung. München 1977.

Blühm, Elger/Rolf Engelsing (Hrsg.), Die Zeitung. Deutsche Urteile und Dokumente von den Anfängen bis zur Gegenwart. Bremen 1967.

Blühm, Elger/Hartwig Gebhardt (Hrsg.), Presse und Geschichte II. Neue Beiträge zur historischen Kommunikationsforschung. München 1987.

Bobrowsky, Manfred/Wolfgang R. Langenbucher (Hrsg.), Wege zur Kommunikationsgeschichte. München 1987.

Böning, Holger (Hrsg.), Französische Revolution und deutsche Öffentlichkeit. München 1992.

Bogel, Else/Elger Blühm: Die deutschen Zeitungen des 17. Jahrhunderts. 2 Bde. Bremen 1971.

Boveri, Margret, Wir lügen alle. Eine Hauptstadtzeitung unter Hitler. Olten/Freiburg i. Br. 1965.

Bröhan, Margrit, Theodor Wolff. Boppard 1992.

Collison, Robert, The story of street literature. London 1973.

Cooper, Maria, Horace Greeley als publizistische Persönlichkeit. Düsseldorf 1966.

Dahl, Folke, Die Anfänge der europäischen Presse. Eine Ausstellung der Kgl. Bibliothek Stockholm. Bremen/Dortmund 1965.

Dann, Otto (Hrsg.), Lesegesellschaften und bürgerliche Emanzipation. München 1981.

Dovifat, Emil, Der amerikanische Journalismus. Berlin 1927.

Driessen, Christoph, Die kritischen Beobachter der Ostindischen Compagnie, Bochum 1996.

Eisenstein, Elizabeth L., The printing press as an agent of change. Cambridge ²1982.

Faulstich, Werner/Corinna Rückert, Mediengeschichte im tabellarischen Überblick von den Anfängen bis heute. 2 Bde. Burdowick 1993.

Frei, Norbert, Nationalsozialistische Eroberung der Provinzpresse. Gleichschaltung, Selbstanpassung und Resistenz in Bayern. Stuttgart 1980.

Fricke, Dieter u. a. (Hrsg.), Lexikon der Parteiengeschichte. 4 Bde. Leipzig 1983–1986.

Gebhardt, Hartwig, Zeitungsgründungen in Deutschland zwischen Vormärz und Weimarer Republik. In: Marktzutritt bei Tageszeitungen. Hrsg. v. Gerd G. Kopper. München 1984, 35–52.

Gillessen, Günther, Auf verlorenem Posten. Die Frankfurter Zeitung im Dritten Reich. Berlin 1986.

Gordon, George N., The communications revolution. New York 1977.

Grab, Walter, Ein Volk muß seine Freiheit selbst erobern. Zur Geschichte der deutschen Jakobiner. Frankfurt a. M. 1984.

Groth, Otto, Die Zeitung. 4 Bde. Mannheim 1928–1930.

Hagelweide, Gert, Deutsche Zeitungsbestände in Bibliotheken und Archiven. Düsseldorf 1974.

Harms, Wolfgang/Michael Schilling (Hrsg.), Das illustrierte Flugblatt in der Kultur der Frühen Neuzeit, Frankfurt a. M. 1998.

Harris, Michael, London newspapers in the age of Walpole. Cranbury, N. Y. 1987.

Henkel, Martin/Rolf Taubert, Die deutsche Presse 1848–1850. Eine Bibliographie. München 1986.

Herd, Harold, The march of journalism. The story of the British press from 1622 to the present day. London 1952.

Hofmeister-Hunger, Andrea, Pressepolitik und Staatsreform. Öffentlichkeitsarbeit bei Karl August von Hardenberg (1792–1822). Göttingen 1994.

Hohenberg, John, Foreign correspondence: The great reporters and their times. New York 1964.

Hollis, Patricia, The pauper press. London 1970.

Holzbach, Heidrun, Das „System Hugenberg", Stuttgart 1981.

Kosellek, Reinhart, Preußen zwischen Reform und Revolution. München ²1989.

Koszyk, Kurt, Deutsche Presse im 19. Jahrhundert. Berlin 1966.

–, Deutsche Presse 1914–1945. Berlin 1972.

–, Vorläufer der Massenpresse. München 1972.

Lee, Alan J., The origin of the popular press 1855–1914. London 1976.

Lindemann, Margot, Deutsche Presse bis 1815. Berlin 1969.

Luykx, Theo, Evolution van de Communicatie Media. Brüssel 1978.

Mendelssohn, Peter de, Zeitungsstadt Berlin. Berlin 1959.

Merrill, John C./Harold A. Fisher, The World's Great Dailies. New York 1980.

Mott, Frank L., American Journalism. A history of newspapers in the United States through 250 years 1690 to 1940. New York 1947.

Popkin, Jeremy D., Revolutionary news: The press in France. 1789–1799. Durham/London 1990.

–, News and politics in the age of revolution. Jean Luzac's „Gazette de Leyde". Ithaca/London 1989.

Die Publizistik der Mainzer Jakobiner und ihrer Gegner. Mainz 1993.

Raymond, Joad (Hrsg.), Making the news. Gloucester 1993.

Sänger, Fritz, Politik der Täuschungen. Wien 1975.

Schottenloher, Karl/Johannes Binkowski, Flugblatt und Zeitung. 2 Bde. München ²1985.

Stein, Peter, Die NS-Gaupresse 1925–1933. München 1987.

Stieler, Kaspar, Zeitungs Lust und Nutz. Hrsg. v. Gert Hagelweide. Bremen ²1969.

Stöber, Rudolf, Der Prototyp der deutschen Massenpresse. Der 'Berliner Lokal-Anzeiger' und sein Blattmacher Hugo von Kupffer. In: Publizistik, 39, 1994, 314–330.

Toepser-Ziegert, Gabriele (Bearb.), NS-Presseanweisungen der Vorkriegszeit 1933–1939. Hrsg. v. Hans Bohrmann. München 1984ff.

Tunstall, Jeremy, The media are American. New York 1977.

Valjavec, Fritz, Die Entstehung der politischen Strömungen in Deutschland 1770–1815. Kronberg/Düsseldorf ²1978.

Volke, Werner/Ingrid Kussmaul/Brigitte Schillbach: „O Freyheit! Silberton dem Ohre..." Französische Revolution und deutsche Literatur 1789–1799. Marbach a. N. 1989.

Weber, Johannes, „Unterthenige Supplication / Johann Caroli / Buchtruckers". Der Beginn gedruckter politischer Wochenzeitungen im Jahre 1605. In: AGB 38, 1992, 257–265.

Wilke, Jürgen, Auslandsberichterstattung und internationaler Nachrichtenfluß im Wandel. In: Publizistik, 31, 1986, 53–90.

–, Die vorrevolutionäre Publizistik. In: Wie eine Revolution entsteht. Hrsg. v. Hans Maier/Eberhard Schmitt. Paderborn 1988, 23–41.

–, Die Berichterstattung über die amerikanische Presse. In: La revolution américaine vue par les périodiques de langue allemande 1773–1783. Hrsg. v. Roland Krebs/Jean Moes/Pierre Grappin. Metz 1992, 69–109.

Wolter, Hans-Wolfgang, Generalanzeiger. Bochum 1981.

Kurt Koszyk, München (Deutschland)

79. Historische Entwicklungstendenzen der Zeitungsberichterstattung

1. Private faktenbezogene Ereignisberichterstattung
2. Öffentlich-punktuelle faktenbezogene Berichterstattung
3. Öffentlich-kontinuierliche faktenbezogene Berichterstattung
4. Gesteuerte faktenbezogene Berichterstattung
5. Ansätze hintergrundorientierter Berichterstattung
6. Ansätze räsonierender Berichterstattung
7. Staatlich reglementierte Berichterstattung
8. 'Neutrale' Berichterstattung
9. Parteilich orientierte Berichterstattung
10. Sensationsberichterstattung
11. Interessegeleitete Berichterstattung
12. Gelenkte Berichterstattung
13. Reeducative bzw. parteiliche Berichterstattung
14. Differenzierte Vorder- und Hintergrund-Berichterstattung
15. Literatur

1. Private faktenbezogene Ereignisberichterstattung

Kaufleute sind, seit wir von ihnen in den Quellen erfahren, die am besten und umfassendsten informierte Personengruppe, weil sie nationale und internationale Kontakte pflegen, Sprachkenntnisse und Organisationstalent besitzen. Ihre Berichte werden als sachkundig und zuverlässig nicht nur bei ihren Berufskollegen, sondern auch bei den Herrschenden geschätzt. Seit dem späten Mittelalter finden sich Briefe, in denen dem geschäftlichen Inhalt Absätze an- oder Zettel beigefügt waren mit Berichten über Kriegsereignisse, politische und religiöse Vorgänge, Entdeckungen, aber auch über Sensationelles und Kurioses. Solche Beigaben konnten, da sie keine persönlichen oder geheimen Informationen enthielten, abgeschrieben und weiterverbreitet werden. Der Begriff Nachrichten- oder Zeitungsbrief mit Novitäten und Novissima taucht seit 1443 dafür auf. Große Handelshäuser schufen sich ein ausgedehntes privates Korrespondentennetz (Fugger-Zeitungen). Fürsten und Adelige, fürstliche Residenten und Agenten, Diplomaten und Gelehrte schließen im 16. Jh. Vereinbarungen, die den Austausch von Briefzeitungen regeln. Während der Reformationszeit wird Wittenberg zum Zentrum für den Informationstransfer, Philipp Melanchthon einer der wichtigsten Nachrichtenaussender.

Der ständig steigende Bedarf an Information führt zur Einrichtung von Korrespondentenbüros. In Augsburg wird das erste 1571 begründet. 1615 sind bereits sieben vorhanden. Jede Briefzeitung wird ca. 20 bis 25 mal abgeschrieben und an Abonnenten verteilt. Diese organisieren sich z. T. in Lesezirkeln.

2. Öffentlich-punktuelle faktenbezogene Berichterstattung

Die Möglichkeiten des Drucks lassen die 'Neuen Zeitungen' entstehen, die in Form von Flugblättern und -schriften Berichte von Einzelereignissen verbreiten. In ihnen werden auch amtliche Bekanntmachungen, offizielle und sachliche Mitteilungen von Friedensschlüssen, Verträgen, amtlichen Ausschreibungen etc. unkommentiert der Öffentlichkeit mitgeteilt. Dominierend sind aber Faktenmeldungen, in denen Ereigniswissen vermittelt wird, überwiegend eingeschränkt auf die essentiellen Faktoren: Namen bzw. Personen, Ort, Zeit und Art der Handlung. Naturgemäß werden Meldungen bevorzugt, die sich überzeugend in eine graphische Darstellung umsetzen lassen, wie Krönungen, Schlachten, Katastrophen, Verbrechen, Hinrichtungen. Die Illustration diente vor allem dem Kaufanreiz, da die 'Neuen Zeitungen' im Einzelverkauf ihr Publikum finden mußten. Dieser gestattete aber wiederum die Anonymität, die der Konzentration auf herausragend sensationelle Neuigkeiten entgegenkam. Da die Berichterstattung in der entstehenden periodischen Presse auf Formen und Muster der 'Neuen Zeitungen' zurückgriff, können diese als Wurzel der modernen Zeitungen angesehen werden.

3. Öffentlich-kontinuierliche faktenbezogene Berichterstattung

Den Weg zur Periodizität öffnen die Meßrelationen, die zu Beginn des 17. Jhs. als funktionsfähiges und funktionierendes Nachrichtenmedium gelten können. Sie erscheinen zu den Frühjahrs- und Herbstmessen und informieren über die zeitgeschichtlichen Ereignisse aus den seit der vorangegangenen Messe verstrichenen Monaten. Das Schwergewicht der behandelten Themen ist politisch und militärisch. Sensationelles und Kurioses tritt in den Hintergrund. Erfüllt wird die immer wieder beschworene Chronistenpflicht, die im wesentlichen auch für die chronologische Anordnung der Meldungen verantwortlich ist. Das begrenzte Raumangebot zwingt zur Straffung der Texte, zum Verzicht auf Details. Der fehlende Aktualitätsdruck eröffnet einen größeren Bearbeitungsspielraum. Bis zum Verschwinden der Meßrelationen nach 1806 werden die Wochenzeitungen zu ihrer Quelle.

Die zunehmende Menge an verfügbarer Information, die schnelleren Übermittlungsmöglichkeiten und ein wachsendes Bedürfnis nach Aktualität führen zu immer kürzeren Erscheinungsintervallen periodischer Druckerzeugnisse. Singulär in der Überlieferung ist die Monatsschrift 'Annus Christi', deren Jahrgang 1597 in Rorschach am Bodensee gedruckt wurde. Zusammengestellt hat sie Samuel Dilbaum in Augsburg, der einen hohen Bearbeitungsaufwand betreibt und die Zeitung leserfreundlich gestaltet. Ähnlichen Charakter hat die 'Fama Mundi Oder Welt-Trommeter' aus dem Jahre 1620.

Die Ende des 16. Jhs. reformierte kaiserliche Reichspost ermöglichte das wöchentliche Erscheinen von Zeitungen. Aus dem Jahr 1609 sind uns vollständige Jahrgänge des Braunschweiger 'Aviso' und der Straßburger 'Relation' überliefert, bei denen aber sicher ist, daß es sich um Fortsetzungen vorher existierender Periodika handelt. Mit ihnen wird die Berichterstattung kontinuierlich und regelmäßig, wobei sich unter dem Einfluß der Periodizität Nachrichtenauswahl, Darstellungsformen und Gewichtung der Ereignisse verändern. Das Angebot wird breiter und für die Leser zugänglicher. Zugleich wird durch die Ausweitung der Publizität der Nachrichtenverbrauch kostengünstiger. Die Zeitung öffnet sich zwar noch nicht für alle möglichen Konsumenten. Die Adressatenschaft wird aber breiter. Durch die Bündelung und Kombination von vorher in den Einzelmedien vorhandenen Merkmalen entwickeln die Zeitungen eine Leistungsfähigkeit, die sie langfristig zum erfolgreichsten Informationsmedium macht.

4. Gesteuerte faktenbezogene Berichterstattung

Die auf Sturm stehenden Zeitläufe, vor allem der Dreißigjährige Krieg, bringen für viele Zeitgenossen den Zwang, sich über politische, militärische und religiöse Vorgänge zu informieren. Zugleich sehen die Fürsten immer weniger einen Anlaß, die Untertanen von der politischen Sphäre fernzuhalten. Die Exklusivität des Unterrichtetseins über das weltweite aktuelle Geschehen wird zunehmend preisgegeben, wenn auch dosiert und gebremst durch staatliche Eingriffe wie Privileg, Zensur, Strafmaßnahmen und Verbote. Zugleich werden die Gazetten immer stärker genutzt mit ihren Wirkungs- und Einflußmöglichkeiten. Belege einer Nachrichten- und Pressepolitik lassen sich seit Mitte des 17. Jhs. zahlreich finden. Mit Gerüchten, inszenierten Falschnachrichten und Dementis wird bewußt manipuliert. Vor allem planen die Herrschenden die Publizität in die eigenen politischen, diplomatischen und militärischen Konzepte ein. Unter diesen Bedingungen wird die Relevanz des Berichteten neu definiert. Der Öffentlichkeitsgrad wird erweitert, Undurchschaubares auf reale Vorgänge zurückgeführt. Die Gefahr einer reflektierten oder gar oppositionellen Öffentlichkeit bleibt aber dadurch noch ausgespart, weil der die Menschen berührende Wirklichkeitsbereich, der des Lokalen und Regionalen, ausgespart ist.

5. Ansätze hintergrundorientierter Berichterstattung

Im Voranschreiten des 17. Jhs. verändert sich die Berichterstattung, die bisher fakten- und vor allem personenorientiert war. Aspekte der Hintergrundorientierung werden bemüht, um die geschilderten Ereignisse in komplexere Zusammenhänge einzuordnen. Ursachen und Folgen werden zunehmend interessant für die Aussender der Information. In reflexiven Mitteilungen wird versucht mitzuteilen, welche widersprüchlichen Aussagen und Einordnungen es quellenbezogen gibt, woher die Nachrichten stammen und wie die Nachrichtenlage überhaupt einzuschätzen ist. Vereinzelt tauchen auch Ansätze einer expliziten Wertung und Kommentierung der Aussagen auf. Als deren Basis sind zu unterscheiden: Kommentierung durch den Berichtenden; Wiedergabe einer Kommentierung durch Betroffene oder Beteiligte; Verweise auf Stimmungen und Meinungen von Zeitgenossen. Funktional werden dann auch Prognosen und Erläuterungen, etwa das Ausdrücken von Hoffnung, in einem bestimmten Konflikt möge es zur Einigung kommen. Verurteilt werden Aufruhr und ungesetzliche Übergriffe. Bei kriegsvorbereitenden Maßnahmen werden die aufziehenden Gefahren betont. Im Ausnahmeblatt des Jahrhunderts, dem 'Nordischen Mercurius' George Greflingers, werden die Ereignisse nicht nur häufiger in weitergehende Zusammenhänge eingeordnet und damit anschaulich gemacht, es erscheinen auch Berichte über lokale und regionale Geschehnisse, außerdem Wetternachrichten, Anekdoten, Histörchen, Kriminal- und Schauergeschichten und Gedichte.

6. Ansätze räsonierender Berichterstattung

Ansätze für eine 'räsonierende' Berichterstattung finden sich im Hamburger Blatt 'Relation aus dem Parnasso' des Jahres 1687. Es dauert aber noch ein ganzes Jahrhundert, bis das Räsonement zum redaktionellen Prinzip erhoben wird. Zwischenzeitlich finden sich in einzelnen Korrespondenzen Wertungen und Urteile. Außerdem konnte durch Auswahl und Anordnung der Meldung oder durch kurze erläuternde Einschübe Partei bezogen werden. Die Tendenz zur Politisierung der Zeitungen ist unverkennbar, zum Willen, das Lesepublikum informativ so auszustatten, daß es sich an den Staatsgeschäften und an der Gestaltung der Gesellschaft beteiligen kann. Einfallstor der Politisierung ist der 'gelehrte Artikel', der in immer mehr Zeitungen erscheint, und der die wissensgestützte und kompetente Kommentierung von politischen Meldungen übernimmt. Immer mächtiger wird der Einfluß, den Zeitungen auf die Nation ausüben. In Sprache, Ideen und Gesinnung tragen sie zur Bildung ebenso bei wie zur Verbildung, meint August Ludwig von Schlözer 1804 in seiner Theorie der Statistik. Die Zeitung wird im Verlauf des 18. Jhs. zum bedeutendsten Lesestoff: „Unleugbar sind die Zeitungen die allgemeinste Lectüre. Wenn man Bibel und Catechismus bey Seite gelegt hat, und man will und kann dann noch lesen, so lieset man Zeitungen. Mancher würde ohnedieß wohl gar in Gefahr kommen, das Lesen zu verlernen", heißt es 1792 im 'Journal von und für Deutschland'. 300.000 deutschsprachige Zeitungsexemplare versorgen die Bevölkerung in der 2. Hälfte des 18. Jhs. wöchentlich, wobei die Einzelexemplare in Lesezirkeln, Gasthäusern, Dorfschenken usw. vielfach genutzt werden. Aus Hamburg wird berichtet, daß sich große Menschentrauben an den Avisenbuden bildeten, und wie die Käufer sofort mit dem Austausch über das zu Lesende anfingen.

In den renommierteren Zeitungen wird rasch die eingreifende Hand eines Redakteurs erkennbar, der die eingehenden Korrespondenzen redigiert und die Berichte nach ihrer Bedeutung ordnet. Erste Aufgabe ist es, der Chronistenpflicht zu genügen und das Geschehen gewissenhaft zu verzeichnen. Dann werden Hilfen gegeben, die Weltereignisse zu systematisieren, sie zu vergleichen und ein eigenes Urteil zu entwickeln.

Mit der Französischen Revolution beschleunigt sich der Prozeß der Politisierung. Das bürgerliche Interesse an den aktuellen Geschehnissen steigert sich enorm. Man findet in den Gazetten den Stoff, an dem man die Probleme des Gemeinwesens diskutieren kann.

Eine Sonderform stellen die Intelligenzblätter (vgl. Art. 80) dar, die seit 1721 als amtliche Anzeigenblätter erscheinen und Auflagen bis zu 5.000 Exemplaren erreichen. Nach einer kurzen Phase bloßer Übermittlung von Informationen behördlicher Art enthalten sie unterschiedlichste Beiträge, deren argumentativer Charakter kennzeichnend wird. Diskutiert werden sittlich-moralische Probleme, theologische Fragen und solche der gesellschaftlichen Weiterentwicklung. Viele Intelligenzblätter nehmen den Charakter journalartiger Wochenschriften an, mit denen an die Tradition der Moralischen Wochenschriften angeknüpft wird. Vor allem erhalten lokale Autoren ein Forum, innerhalb dessen sie alle Anliegen des 'bürgerlichen Lebens' erörtern. Das literarische Leben spiegelt sich ebenso wie das des Theaters. Zunehmend werden die lokal und regional begrenzten Öffentlichkeiten durch die Intelligenzblätter zu einer nationalen, die Grenzen der Kleinstaaterei überspringenden Öffentlichkeit verknüpft.

7. Staatlich reglementierte Berichterstattung

Die Pressepolitik der napoleonischen Militärverwaltung 1792 bis 1814 veränderte mit ihren Maßregelungen von Publizisten und Verlegern, mit der Anweisung, Auflagennachrichten aus dem amtlichen französischen 'Moniteur' zu übernehmen, mit Zwangsgründungen und Verboten das Gesicht der deutschen Zeitung. Die meisten Blätter paßten sich der neuen Lage an. Mit nationalen Hoffnungen erschienen Zeitungen wie der 'Rheinische Merkur', herausgegeben von Josef Görres ab 1814, oder das 'Oppositions-Blatt' in Weimar (1815–1819), die durch die Karlsruher Beschlüsse wieder unterdrückt wurden. In München kam von 1831 bis 1832 die 'Deutsche Tribüne' heraus, die mit Nebenblättern die Zensur zu unterlaufen suchte. Nach deren Aufhebung durch Bundesbeschluß vom 3. März 1848 gewannen bestehende Zeitungen neues Profil. Vor allem kam es zu vielen Neugründungen. Nun gab es für kurze Zeit die Möglichkeit, Nachrichten nicht nur tendenziell einzusetzen, sondern auch zu kommentieren. Nach dem Zerfall des Frankfurter Parlaments dämmte eine verschärfte Zensur den politischen Elan der Presse von 1848 wieder ein. Ab 1861 erscheint mit der 'Norddeutschen Allgemeinen Zeitung' der Typ des Regierungsorgans, getarnt als 'offiziöse' Zeitung. Es folgen Organe der Parteien, Kirchen und politischen Lager.

8. 'Neutrale' Berichterstattung

Noch in das 18. Jh. fällt die Gründung der 'Allgemeinen Zeitung' (Cotta-Verlag Tübingen, dann Stuttgart, Ulm und Augsburg), die internationales Ansehen gewinnt. Sie verkörpert den Sprechsaal-Typ wie die 'Times' oder die 'Neue Zuercher Zeitung'. Dabei werden möglichst alle Standpunkte zu einem Ereignis oder einer Sache dargelegt bei gleichzeitiger Distanz von den Interessengruppen.

In der zweiten Hälfte des 19. Jhs. setzte sich dann in Deutschland nach französischem und englischem Vorbild der Mehrzeitungs-Verlag, die Pressegruppe als publizistisches Großunternehmen durch, deren Rentabilität durch hohe Auflagen und Anzeigenumsätze bestimmt ist. Der Einsatz von Schnellpressen, der Rotationsdruckmaschinen, der Schreib-Telegrafen, der Setzmaschinen, der Fotografie und ihrer drucktechnischen Nutzung und nicht zuletzt der Ausbau des Eisenbahnnetzes ermöglichen den Übergang zur Massenpresse. Für diesen werden vor allem die sog. Generalanzeiger (der erste erschien 1845 in Leipzig wichtig (vgl. Art. 81), Zeitungen, die sich nicht über den Zeitungspreis, sondern über die Anzeigeneinnahmem finanzierten. Ihre überlokalen Inhalte übernehmen sie von den Nachrichtenagenturen, deren erste in Deutschland 1849 gegründet wurde. Wegen ihrer politisch 'neutralen' Berichterstattung und Haltung wurden die Generalanzeiger Geschäftszeitungen genannt im Gegensatz zu den älteren Gesinnungszeitungen oder auch Nachrichtenzeitungen im Gegensatz zu den älteren Meinungszeitungen. Besonders breit angelegt sind in den Generalanzeigern die Lokal- und Unterhaltungsteile. Diese 'Zeitungen für alle' boten die Möglichkeit zur Bildung von Großverlagen und Pressekonzernen.

9. Parteilich orientierte Berichterstattung

Nach der Julirevolution von 1830 bahnt sich eine enge Verbindung zwischen parteipolitischen Gruppierungen und der Presse an. Ab

1848 entsteht dann eine eigentliche Parteipresse (vgl. Art. 82), wobei eine Aufgliederung in parteigebunden und parteiverbunden (Parteirichtungspresse) möglich ist. Berichtet wird im Sinne einer ideologischen Überzeugung, in dem einer privilegierten Information durch die Parteilinie. Zwischen 1850 und 1860 dominiert in Deutschland die konservativ ausgerichtete Presse, zwischen 1860 und 1870 die liberal orientierte, zwischen 1870 und 1880 die Zentrumspresse. Die folgenden Jahre bringen den Aufschwung der sozialistischen Presse.

10. Sensationsberichterstattung

Ab 1904 versuchen Boulevardzeitungen, die erste ist die 'BZ am Mittag' (Berlin), Käufer im Straßenhandel zu finden. Sie setzen speziell auf hohe Reizwerte, auf 'Knüller', Sensationen oder auf Ereignisse, die man dazu aufbauschen konnte. Dicke Schlagzeilen als Augenfänger, in die Intimsphäre eindringende Geschichten und reiche Illustration wurden zum bevorzugten Mittel der Gestaltung. Aus den Boulevardblättern drang dann das Streben, möglichst Sensationelles zu berichten, auch in die übliche Tagespresse ein. Die Zeitungsverleger betrachteten dieses Streben als Gewinn eines 'Lebensnervs' hin zum Publikum, als Mittel, Macht, Einfluß und Ansehen beim Publikum zu gewinnen (Zeitungs Verlag, Februar 1906). Walter Benjamin kritisierte diese Art der Berichterstattung: „In der Ablösung der älteren Relation durch die Information, der Information durch die Sensation spiegelt sich die zunehmende Verkümmerung der Erfahrung wider" (Benjamin 1960, 117).

11. Interessegeleitete Berichterstattung

Mit dem Beginn der Presse-Trust-Bildung (Mosse, Scherl, Ullstein, Hugenberg) entstehen Blätter, die von kapitalstarken pressuregroups (Industriellen wie Hansemann, Krupp, Stinnes oder Sturm) zur Durchsetzung ihrer politisch-ökonomischen Interessen benutzt werden. So wurde im Vorfeld des 1. Weltkrieges Stimmung gemacht für bestimmte Wehrprojekte. Der deutschnationale Hugenberg-Konzern vor allem verbreitete seine tendenziösen Nachrichten nicht nur über die eigenen Blätter, sondern über einen sogenannten Matern-Dienst an Heimatzeitungen, die damit ihre Seiten eins und zwei füllten, weiter über die Nachrichtenagentur 'Telegraphen-Union' und die 'Wochenschau' der Universum Film AG (UFA). Als Vorsitzender der Deutschnationalen Volkspartei (DNVP) stellte Hugenberg seine publizistischen Mittel seit 1928 voll in den Dienst der reaktionären, antirepublikanischen Propaganda. Anläßlich des von seiner Partei, der Nationalsozialistischen Deutschen Arbeiterpartei und dem Stahlhelm sowie anderen rechten Gruppen, etwa dem Alldeutschen Verband, gemeinsam getragenen Volksbegehrens gegen die im sog. Young-Plan festgelegten Reparationszahlungen öffneten sich die Spalten der Hugenberg-Presse, etwa 600 Zeitungen von insgesamt 1300, 1929 erstmals auch der Hitler-Bewegung. In der bald darauf einsetzenden Wirtschaftskrise gerieten weitere Zeitungsverlage in die Abhängigkeit des Konzerns, so daß etwa die Hälfte aller deutschen Zeitungen der interessegeleiteten Berichterstattung folgen. Geschickt wurden die Blätter nach ihrer ursprünglichen Ausrichtung mit unterschiedlichen Materialien bedient, so getrennt etwa die Zeitungen der Volkspartei, die 'neutralen' Generalanzeiger, die national katholischen und die deutschnationalen Presseorgane. Nach dem Machtgewinn der Nationalsozialisten, den Hugenberg mit ermöglichte, wurden ihm alle Teile seines Konzerns mit Ausnahme des Scherl-Verlages weggenommen.

12. Gelenkte Berichterstattung

Der langsame, aber unaufhaltsame Aufstieg der nationalsozialistischen Parteipresse, der bis 1932 zu einem Gleichstand mit der sozialdemokratischen führte, machte diese zu einem propagandistischen Hauptmittel, zum Macht- und Kampfmittel ('Völkischer Beobachter, Kampfblatt der nationalsozialistischen Bewegung Großdeutschlands', 'Der Angriff', 'Der Kampf', 'Der Stürmer', 'Der Freiheitskämpfer'). Das Lesen einer Parteizeitung sollte direkt zur Mitgliedschaft in der Partei führen. Das parallel dazu vorgesehene Mittel war die Massenversammlung, in der die Teilnehmer durch 'suggestiven Rausch' zu Parteigenossen bekehrt werden sollten. Während hier auf Begeisterung gesetzt wurde, versprach man sich, über die Lektüre den 'innerlich überzeugten Kämpfer' gewinnen zu können. Gegen das tägliche Trommelfeuer der gegnerischen oder scheinheilig 'neutralen' Presse helfe nur das 'Gegengift', das zum täglichen Schutz der Parteigenossen gegen alle

Hiebe, Angriffe und Fallen der 'Journaille' verspritzt werden mußte. Den Lesern sollte in technisch bester Form alle 24 Stunden ein Welt- und Lebensbild übermittelt werden, mit dem er als Nationalsozialist leben, arbeiten und kämpfen konnte. In modernster Form sollte von einer 'neuen Zeit' wie von einer urewigen Idee, der des nationalen Sozialismus, gekündet werden. 1933 erklärte Hitler vor Vertretern der NS-Presse: „An die Stelle des Prinzips der unverantwortlichen Sensationsmache und der Popularitätshascherei, die ja leider heute noch einen großen Teil der Presse in Deutschland beherrschen, müsse in Zukunft die deutsche Presse zu einem wörtlichen Ausdruck und zu einem getreuen Spiegelbild des deutschen Wesens und deutschen Geistes werden" (Neue Zürcher Zeitung v. 13.2.1933). Die Zeitung wurde betrachtet als „publizistisches Gewissen der Nation, bestimmt, das Wirken des Staates zu fördern, statt zu lähmen" (Dietrich 1938, 8).

Während des Krieges kam zur normalen Berichterstattung über die Aktualitäten die Sonderberichterstattung über Kriegsereignisse hinzu. Sie gliederte sich auf in den Kriegsbericht der Propagandakompanien, die offiziellen Wehrmachtsberichte sowie die Wehrmachtskommentare. Die Kriegsberichte, verfaßt von zur Wehrmacht eingezogenen Journalisten, sollten den Lesern in der Heimat ein anschauliches, aber schöngefärbtes Bild von der Front vermitteln. Sie wurden über das Propagandaministerium an die Presse verteilt. Im Fortschreiten des Krieges wurde aus den Berichten ein Medium der Durchhaltepropaganda, indem statt Schilderungen von der Front gefühlsbetonte Durchhalteappelle verbreitet wurden. Die amtlichen Wehrmachtsberichte wurden vom Oberkommando der Wehrmacht herausgegeben. Sie waren mit der Eingangsformel gekennzeichnet: „Das Oberkommando der Wehrmacht gibt bekannt". Nach offizieller Ansicht waren die Berichte „ein Führungsmittel nach innen, eine Waffe im Angriff und Abwehr nach außen". Wichtig war es, die Information auf eine möglichst knappe Form zu bringen, wobei die Gefahr bestand, daß allzu große Knappheit dabei den Verdacht auslöste, unwahr zu sein. Mit verspäteten Erklärungen wie die vom 16.1.1943 über die Schlacht von Stalingrad, die deutschen Truppen stünden „seit Wochen in heldenmütigem Abwehrkampf gegen den von allen Seiten angreifenden Feind", verloren die Wehrmachtsberichte ihre Glaubwürdigkeit in der Bevölkerung.

13. Reeducative bzw. parteiliche Berichterstattung

Die westlichen Besatzungsmächte wünschten, die 'neue Presse' 1945 ohne Anschluß an die des Dritten Reiches aufzubauen. Außerdem sollten negative Auswüchse der Weimarer Zeit vermieden werden. Sie erwarteten von den Lizenzträgern wie von den Journalisten, eine wichtige Position im Umerziehungsprozeß der Demokratie (reeducation) einzunehmen. Es sollten weder Monopole entstehen noch meinungslose 'Generalanzeiger'. Die Amerikaner strebten eine eher überparteiliche und unabhängige Presse an, die Briten wollten eher 'Parteirichtungszeitungen', in denen der Standpunkt einer Partei vertreten wurde, die Partei selbst aber keinen Einfluß hatte. Die Franzosen verfuhren zuerst nach amerikanischem, später nach britischem Vorbild.

In der sowjetischen Besatzungszone wurde die Presse als 'Presse neuen Typs' charakterisiert. Damit wird ihre Aufgabe festgeschrieben, 'sozialistisches Bewußtsein' systematisch zu verbreiten. Jede Redaktion wurde verpflichtet, einen 'Perspektiv-Plan' zu erarbeiten, der bestimmend war für die Monats-, Wochen- und Tagespläne der im Kollektiv arbeitenden Redakteure. Was veröffentlicht wurde, bestimmte die Abteilung 'Agitation und Propaganda' beim Zentralkomitee der SED. Diese erließ Weisungen, die langfristig oder aktuell galten. Sie erhielten 'Argumentationsrichtlinien' und 'Pflichtmeldungen', aber auch Verbote, über bestimmte Vorgänge zu schreiben. Täglich mußte in einer Redaktionskonferenz entschieden werden, wie die Parteilinie zu interpretieren und umzusetzen war.

Die westlichen Alliierten drängten darauf, Objektivität als wichtigstes Ziel der Berichterstattung durchzusetzen. Es sollte vor allem erreicht werden durch die Trennung von Fakten und Meinungen (Facts are sacred, meaning is free). Die Amerikaner verfügten zudem, Journalisten hätten durch Sauberkeit der Sprache, Klarheit des Denkens, Überlegung bei der Wortwahl, Vermeiden diffuser Ausdrücke zu einer Veresserung der Deutschen, zu deren moralischer Aufrüstung beizutragen. In der DDR wurden Journalisten ausgewählt nach ihrer Prinzipienfestigkeit, unbedingten Treue und Ergebenheit zur Arbeiterklasse und der offenen Parteinahme für den Sozialismus. Die Berufsbezeichnung 'Journalist' wurde gesetzlich geschützt und abhängig gemacht von Abschlüssen an der Fakultät für Journalistik der Karl-Marx-Universität Leipzig oder der dortigen Fachschule für Journalistik. Der Zugang zum Studium erfolgte über die Redaktionen, die den Nachwuchs zusammen mit den SED-Organisationen auszuwählen hatten. Von den praktizierenden Journalisten wurde ein 'Stil der Publizistik' gefordert, ein selbständiger Funktionsstil der Verhaltenssteuerung. Das bedeutet eine Ausrichtung der Texte auf das Prinzip der Allgemeinverständlichkeit und Faßlichkeit, Streben nach ökonomischem Ausdruck, spürbaren Bezug zum Empfänger und bewußtes Einbringen der eigenen Persönlichkeit. Wirkung auf den Leser wird angestrebt durch eine ausgeprägte Kontinuität und Parallelität der Aussage, was ständiges Wiederholen von Grundgedanken bedeutet. Zeitungstexte erwiesen sich als Aneinanderreihung überlanger Sätze mit einer hochkomplexen und komplizierten syntaktischen Struktur. Lexikalische Elemente, die durch einen hohen Abstraktionsgrad bestimmt waren, im sozialistischen Sprachgebrauch vorrangig wichtige politische, ideologische und ökonomische Sachverhalte bezeichneten, ließen in ihrer Häufigkeit des Auftretens die Pressesprache der DDR als 'Schlagwort-Sprache' bzw. als 'Sprache der Stereotypen' erscheinen. Die hochverallgemeinernden Begriffe oder 'Aggregierten Symbole' häuften sich so auf engstem Raum („Das Buch zeigt den aufopferungsvollen Kampf der KPdSU für den Aufbau des Kommunismus in der UdSSR, für die Festigung des sozialistischen Weltsystems, für die Entwicklung des internationalen revolutionären Prozesses und für die Festigung des Friedens in der ganzen Welt", Neues Deutschland, 20.11.1972), daß die Entsprechungen in der objektiven Realität von den Lesern nicht mehr erkennbar waren. Die extreme Gleichförmigkeit der Texte in allen DDR-Zeitungen beruhte auf der Abhängigkeit der Redaktionen von den zentralen Gremien des Staates, der Einheitspartei und vor allem des ADN (Allgemeiner Deutscher Nachrichtendienst). Von ihnen wurden definitorische Bedeutungsfestsetzungen (Normfestlegungen) in ideologisch-relevanten Bereichen vorgenommen, bestimmte Benennungen bewußt unterdrückt oder tabuisiert, bestimmte Begriffe mit emotionaler und Wertungskomponente zu Leitwörtern gemacht. Die Presse fungierte in der Anfangszeit der DDR als Transportmittel nicht nur der festgelegten Thematiken und ihrer Wertungen, sondern auch der festgelegten Sprache der Herrschenden. Je nach Aufgabe funktionierte sie als 'Rasensprenger' im allgemeinen Informationsbereich oder als 'Durchlauferhitzer' im Meinungsteil.

14. Differenzierte Vorder- und Hintergrund-Berichterstattung

Die bundesdeutsche Presse ist wegen ihrer privatwirtschaftlichen Struktur den Wettbewerbsbedingungen des Marktes ausgesetzt. Deshalb folgt sie einer natürlichen Tendenz zur Konzentration im gesetzlichen Rahmen, der ihr zur Wahrung ihrer Aufgaben der Meinungs- und Willensbildung im demokratischen System eine besondere Existenzsicherung zubilligt. Der ökonomischen Konzentration folgte zwangsweise stets eine journalistische, d. h. eine Reduktion journalistischer bzw. redaktioneller Einheiten. So verschwand zwischen 1954 und 1980 etwa die Hälfte der Zeitungsverlage, was dazu führte, daß mehr als ein Drittel aller Bundesbürger nur die Möglichkeit hatte, in ihrem Bereich eine Monopolzeitung zu beziehen, die ausreichend über die lokalen und regionalen Ereignisse berichtete. Da sich nach 1945 keine nationale oder Hauptstadtpresse ausbildete, begnügten sich die Blätter, die sich nationalen und internationalen Themen in Politik, Wirtschaft und Kultur auf anspruchsvollem Niveau und breitem Raum widmeten, mit dem Anspruch, 'überregional' orientiert zu sein. Diesem Anspruch genügen vor allem die 'Frankfurter Allgemeine Zeitung' (FAZ), 'Die Welt' sowie die 'Tageszeitung' (taz). Vom publizistischen Inhalt und von der Verbreitung auch außerhalb ihrer Herkunftsregion stehen den 'überregionalen' Organen nahe die 'Süddeutsche Zeitung', die 'Stuttgarter Zeitung' und die 'Frankfurter Rundschau'. Die Tageszeitungen erreichen täglichen fast 80 Prozent der Bevölkerung. Ihre Lektüre ist fest in den Tagesablauf eingeplant und beansprucht durchschnittlich vierzig Minuten.

Die im Direktverkauf vertriebene 'Bild'-Zeitung wendet sich vor allem an den 'optischen' Menschen, ebenso wie andere sog. Boulevard-Blätter, außerdem die sog. Yellow-Press, wobei sich hinter diesem pauschalen Etikett Wochenendblätter verbergen, die vor allem Frauen und Rentner ansprechen wollen. Wochenzeitungen wie 'Die Zeit', 'Die Woche' u. a., wenden sich an Leser, die ausführlichere Analysen und Kommentare, Dossiers und viel aus den Gebieten Wirtschaft, Kultur, Wissenschaft und Freizeit erfahren wollen. Da sie sich wirtschaftlich nicht tragen, müssen über farbige Beilagen (Supplemente) Werbeeinnahmen erzielt werden, was aber neuerdings nicht mehr möglich zu sein scheint. Verglichen mit der Weimarer Demokratie konnte sich eine parteieigene Presse in der Bundesrepublik nicht dauerhaft etablieren. Nur der 'Bayernkurier' der Christlich Sozialen Union (CSU) und der 'Vorwärts' der Sozialdemokratischen Partei Deutschlands (SPD) konnten sich auf dem Markt behaupten, wobei letzterer inzwischen zum Mitgliederblatt wurde. Die zersplitterten rechtsorientierten Gruppen haben ihr wichtigstes Blatt in der 'Deutschen Nationalzeitung'.

Einen großen Aufschwung erzielten in den letzten Jahren die Anzeigenblätter, die entweder einen eigenen Textteil enthalten oder eben auf diesen zugunsten des Platzangebots für die Werbung verzichten. Die sog. Alternativ-Presse, die nicht über die normalen Distributionswege vertrieben wird, läßt sich aufgliedern in überregionale, regionale, lokale und Stadtteil-Blätter. Inhaltlich lassen sich politische von literarischen und künstlerischen Zeitungen trennen.

Die Stärke der Zeitungen liegt aber vor allem bei den Möglichkeiten, eine differenzierte Hintergrund-Berichterstattung zu leisten, wie sie in dieser vertiefenden Form von anderen Massenmedien kaum zu erbringen ist. Durch die aktuelle Information, vor allem aber durch deren Kommentierung und Anreicherung mit Hintergrund-Wissen werden den Lesern Einblicke in das politische Geschehen wie in die gesellschaftlichen Vorgänge geboten. Die dabei wahrgenommene Kritik ist nicht nur für die Leser wichtig, sondern auch für die Repräsentanten des politischen Systems, denn diese konfrontiert die Sachentscheidungen der politischen Instanzen mit möglichen Alternativen. Zugleich werden auch andere Medien einer Kritik ausgesetzt, so daß eine gegenseitige Kontrolle erfolgen kann.

Auch dort, wo weniger informierte und aufgeschlossene Leser angesprochen werden, etwa in den Straßenverkaufszeitungen, kann eine Leistung der Berichterstattung darin bestehen – zumindest idealtypisch –, daß komplexe politische oder gesellschaftliche Sachverhalte in verstehbaren und verständlichen Beiträgen mitgeteilt werden. Je stärker aber der Trend zur Simplifizierung ist, umso mehr werden komplexe Zusammenhänge verkürzt und damit verfälscht.

Die Gewinnorientierung der Zeitungsverlage zwingt die Redaktionen, Inhalt und Form ihrer Erzeugnisse nach dem bestmöglichen Absatz zu orientieren. Das Ziel, Auflagen zu steigern, begünstigt die Ausrichtung hin auf den 'Massengeschmack'. Attraktivitätsgesichtspunkte drängen die für eine Meinungs- und Willensbildung des Bürgers notwendige Absicherung der Inhalte wie eine breite Informationsvielfalt zurück. Prononcierte Gesichtspunkte verhindern die Ansprache aller möglichen Konsumenten, weshalb eher der Kotau nach allen Richtungen üblich ist.

Da die Zeitungen als Potential zur Beeinflussung von Einstellungen und Verhaltensmustern betrachtet werden, versuchen ihre Eigner und Handhaber, sie für ihre Interessen einzusetzen. Sie unternehmen alles, um für ihre Produkte und Dienste zu werben, ihr Image aufzubessern, öffentliche Kritik und Kontrolle zu mindern. Sie sind andererseits zugänglich für Einflüsse politischer und staatlicher Institutionen, vor allem der Parteien, um deren Interessen zu wahren und deren Vorstellungen und Ziele zu verbreiten. Auch Kapitalunternehmen gelingt es, ihre Produkte nicht nur über Anzeigen an die Kunden heranzubringen, sondern auch über das Productplacement innerhalb redaktioneller Beiträge.

Im Kontrast zu den etablierten Zeitungen suchen die alternativen ein Forum der Gegenöffentlichkeit zu schaffen, indem sie Themen und Probleme aufgreifen, die sonst gar nicht oder nur randlich behandelt werden, zu knapp, entstellt oder lediglich aus der Sicht der Herrschenden. Vorrangig schreiben Betroffene für Betroffene, berichten 'die da unten' etwa über die Aktivitäten von Bürgerinitiativen, Frauengruppen, Stadtteilkomitees, Selbsthilfeorganisationen. Unabhängig und ohne Rücksichtnahme auf Anzeigenkunden, Amtsstellen, Honoratioren, Parteien und Verbände wird die Meinung und Kritik frei geäußert, was zu Konflikten mit den genannten Institutionen und Personen führen kann. Unverständnis bei den Angesprochenen, Schulden und rasch nachlassendes Engagement führen dazu, daß die Alternativzeitungen meist kurzlebig sind, wenn für verschwindende Blätter auch immer wieder neue nachfolgen.

Was heute inhaltlich die Zeitungen füllt, stammt zum größten Teil von den Nachrichtenagenturen, die rund um die Uhr neue Informationen in die Redaktionen transportieren. Die Agenturen lassen recherchieren und übernehmen vor allem von anderen Agenturen, von ausländischen und spezialisierten, daneben von Pressestellen und allen, die ihnen Material zukommen lassen. Große Redaktionen haben mehrere Agenturen abonniert. Kleine verbrämen die Tatsache, daß sie nur von der 'Deutschen Presse-Agentur' (dpa) beliefert werden, mit dem Hinweis auf eigene Korrespondenten, die in Wirklichkeit dpa-Korrespondenten sind. Während die Neuigkeiten früher per Fernschreiber in die Redaktionen kamen, die Redakteure meist in den Ausdrucken redigierten, erfolgt die Bearbeitung heute weitgehend auf dem Bildschirm. Das führt aus ökonomischen und zeitsparenden Gründen dazu, daß die Agenturtexte meist als perfekt angesehen werden. Deshalb bleiben heute etwa doppelt so viele Texte unbearbeitet als vor der Zeit der Elektronisierung. Ähnlich ist es mit den Materialien, die über Pressedienste staatlicher, kommunaler, parteilicher und sonstiger Institutionen, Verbände etc. in den Redaktionen, angefragt oder ungebeten, eintreffen. Auch hier zeigt sich, daß die von journalistisch ausgebildeten Öffentlichkeitsarbeitern gestalteten Texte eher unbearbeitet übernommen werden, als daß nochmals ein Redigieren durch den verantwortlichen Redakteur erfolgt. Auch das führt zu einer zunehmend eingeschränkten Textvielfalt und zu einer Standardisierung hin auf die in Agenturen üblichen Textgestaltungsprinzipien, d. h. zu Texten, die die wichtigste Information in Überschrift, Vorspann (Lead) und den ersten Abschnitten enthalten, während wegen des zunehmend geringer werdenden Interesses an Einzelheiten in der Redaktion von rückwärts gestrichen wird.

Zu den Agenturmaterialien kommen hinzu die Texte, die von angestellten oder freien Mitarbeitern gestaltet werden, von Auslands- und Inlandskorrespondenten, und schließlich von den Redaktionsangehörigen selbst. Diese konzentrieren sich vor allem auf lokale und regionale Ereignisse, die für Zeitungen deshalb ganz besonders wichtig sind, weil die Nahwelt den Bundesbürgern fast durchgehend wichtiger ist als nationale und internationale Geschehen. Hier bietet sich dem Leser eine größere persönliche Partizipationsmöglichkeit, mehr Stoff für die Alltagskommunikation, mehr Möglichkeit der Nutzung des Wissens, zuletzt eine Möglichkeit des Rückzugs aus einer hochkomplexen und weitgehend unverstehbaren Globalwelt „in eine scheinbar verständlichere, weniger bedrohliche Kontaktprovinz" (Langenbucher 1980, 18).

Unterhaltung wird in den Abonnement-Zeitungen wenig geliefert, meist in Sonderseiten an den Wochenenden. Zuständig dafür ist vor allem die sog. Regenbogen-Presse (Yellow-Press) mit ihrer Fülle von Klatsch- und Tratschgeschichten. Sonst gehört oft die visuelle Ausstattung der Zeitung, die Anreicherung mit vielen, besonders farbigen Bildern zu den Unterhaltungseffekten.

Zu den Serviceleistungen der Zeitungen gehören, neben den Informationen über das Freizeit- und Kulturangebot, die Dienstzeiten von Ärzten und Apotheken, die Gottesdienste der Kirchen usw., vor allem die Werbung. Mit ihr ermöglichen Zeitungen einen guten Überblick über Produkt- bzw. Verkaufsangebote konkurrierender Unternehmen, und erlauben damit einen Vergleich zwischen den verschiedenen Werbeangeboten. Außerdem lassen sich Sonderangebote kurzfristig den Lesern unterbreiten, wodurch er bei eventuellen Kaufentscheidungen aktuell informiert ist. In besonderer Weise werden diese Serviceleistungen von den Anzeigenblättern wahrgenommen.

Die Funktionen von Zeitungen für den modernen Leser werden besonders deutlich zu Zeiten, bei denen auf Grund von Streiks, Krieg etc. ein Konsumbedürfnis nicht befriedigt wird. Untersuchungen haben ergeben, daß in solchen Augenblicken die sozialen Kontakte zur Außenwelt unterbrochen werden, daß die Basis für gemeinsame Gespräche in der Familie, am Arbeitsplatz oder in der Freizeit schmaler, daß die Wahrung des sozialen Prestiges schwerer wird, eine Entspannung zu niedrigen Kosten ausbleibt, der Mensch stärker zu 'unmoralischem' Nichtstun verpflichtet, ein nahezu zwanghaftes Bedürfnis nach gewohnheitsmäßiger Lektüre nicht befriedigt wird, was zu psychischen Folgen, wie Reizbarkeit u. ä., führen kann. Die beobachteten Reaktionen lassen eine äußerst enge Verknüpfung der Zeitung mit den Lebensgewohnheiten der Menschen erkennen.

Gegenüber den Funkmedien gilt vor allem die ständige Verfügbarkeit während des Erscheinungstages, die freie und selbstbestimmte Möglichkeit des Lesens oder immer nochmals Nachlesens, die gleichzeitige Vermittlung höchst unterschiedlicher Inhalte, die freie Wahlmöglichkeit dessen, was konsumiert wird, die Intensität der Lektüre, die Anpassung dieser an die Aufnahmefähigkeit, und nicht zuletzt die Möglichkeit des Aufbewahrens der ganzen Ausgabe oder Teilen davon als Vorzug. Das Lesen der Zeitung hat Ritualfunktion, weiterhin Kommunikationsplanungsfunktion im Sinne des Weiterführens begonnener Lektüre über den Tag hinaus, mit der möglichen Vorschau auf zu erwartende Ereignisse, schließlich noch eine ästhetische Funktion, weil man sich als Leser freuen kann über gut gemachte Beiträge, gut 'geschossene' Bilder.

Im Gegensatz zum pluralistischen System der Bundesrepublik Deutschland hatte die Zeitung in der DDR eine wichtige Steuerungsfunktion nach innen, sowie eine nicht minder bedeutsame Repräsentationsfunktion nach außen. Die Zeitung war wie die übrigen Medien Instrument der politischen Führung. Sie war notwendig, um der Bevölkerung Beschlüsse, Werte und Verhaltensvorschriften mitzuteilen. Die Zeitung wirkte organisationsbildend und organisationsstabilisierend, gab Richtlinien und Sichtweisen vor, wirkte propagandistisch vorausweisend und aktiv agitatorisch.

Die aktuellsten Ergebnisse zu den Funktionen von Massenmedien weisen der Zeitung die Möglichkeit zu, einen vollständigen Überblick über alle wichtigen Entwicklungen in Politik und Zeitgeschehen zu gewinnen. Zentral ist, daß die Zeitung den erklärenden und vertiefenden Hintergrund zu den aktuellen Geschehnissen mitliefert, eine wertvolle Hilfe bietet, wenn man sich eine eigene Meinung bilden will. Auf der Ebene der Glaubwürdigkeit fällt die Zeitung hinter das Fernsehen zurück, da man sich dort als 'Augenzeuge' des Geschehens fühlt. Die Service- und Ratgeberfunktion der Zeitung wird geschätzt und wird als weiter ausbaufähig empfunden.

15. Literatur

Barth, Gerda, Die Rorschacher Monatsschrift. Das erste periodische Druckwerk in der Geschichte der deutschsprachigen Presse. Diss. (masch.) Wien 1970.

Benjamin, Walter, Über einige Motive bei Baudelaire. In: Charles Baudelaire. Ein Lyriker des Hochkapitalismus. Zwei Fragmente. Frankfurt a. M. 1969, 111–164.

Beyrer, Klaus/Martin Dallmeier (Hrsg.), Als die Post noch Zeitung machte. Eine Pressegeschichte. Giessen 1994.

Blaum, Verena, Marxismus–Leninismus, Massenkommunikation und Journalismus. Zum Gegenstand der Journalistikwissenschaft in der DDR. München 1980.

Blühm, Elger (Hrsg.), Presse und Geschichte. Beiträge zur historischen Kommunikationsforschung. München 1977.

–/Hartwig Gebhardt (Hrsg.), Presse und Geschichte II. Neue Beiträge zur historischen Kommunikationsforschung. München 1987.

–/Rolf Engelsing (Hrsg.), Die Zeitung. Deutsche Urteile und Dokumente von den Anfängen bis zur Gegenwart. Bremen 1967.

Bohr, Alexander, Die Struktur der Alternativpresse in der Bundesrepublik Deutschland. Eine Bestandsaufnahme überregional erscheinender Alternativzeitschriften in der Bundesrepublik Deutschland und im deutschsprachigen Ausland. In: GJ 59, 1984, 241–316.

Brand, Peter/Volker Schulze (Hrsg.), Medienkundliches Handbuch: Die Zeitung. Braunschweig 1982.

Bucher, Hans-Jürgen, Pressekommunikation. Grundstrukturen einer öffentlichen Form der Kommunikation aus linguistischer Sicht. Tübingen 1986.

Bürger, Ulrich, Das sagen wir natürlich so nicht! Donnerstag-Argus bei Herrn Geggel. Berlin 1990.

Dietrich, Otto, Nationalsozialistische Pressepolitik. Berlin/München 1938.

Dovifat, Emil, Auswüchse der Sensationsberichterstattung. Stuttgart 1930.

Fischer, Heinz-Dietrich, Handbuch der politischen Presse in Deutschland. Düsseldorf 1981.

Frei, Norbert, Die Presse. In: Die Bundesrepublik Deutschland. Hrsg. v. Wolfgang Benz, Bd. 3: Kultur. Frankfurt a. M. 1983, 275–318.

–/Johannes Schmitz, Journalismus im Dritten Reich. München 1989.

Fritz, Gerd/Erich Straßner (Hrsg.), Die Sprache der ersten deutschen Wochenzeitungen im 17. Jahrhundert. Tübingen 1996.

Gieseler, Jens/Elke Kühnle-Xemaire, Der 'Nordische Mercurius' – eine besondere Zeitung des 17. Jahrhunderts? Eine sprachwissenschaftliche Untersuchung der Hamburger Zeitung. In: Publizistik 40, 1995, 163–185.

Holzbach, Heidrun, Das „System Hugenberg". Die Organisation bürgerlicher Sammlungspolitik vor dem Aufstieg der NSDAP. Stuttgart 1981.

Hurwitz, Harold, Die Stunde Null der deutschen Presse. Die amerikanische Pressepolitik in Deutschland 1945–1949. Köln 1972.

Klarwill, Victor (Hrsg.), Fugger-Zeitungen. Ungedruckte Briefe an das Haus Fugger aus den Jahren 1568–1605. Wien/Leipzig 1923.

Kleinpaul, Johannes, Die Fuggerzeitungen 1568–1605. Leipzig 1921.

Knoche, Manfred, Einführung in die Pressekonzentrationsforschung. Theoretische und empirische Grundlagen − kommunikationspolitische Vorausschauungen. Berlin 1978.

Kohlmann-Viand, Doris, NS-Pressepolitik im Zweiten Weltkrieg. Die 'Vertraulichen Informationen' als Mittel der Presselenkung. München 1991.

Koszyk, Kurt, Deutsche Presse 1914−1945. Berlin 1972.

−, Deutsche Presse im 19. Jahrhundert. Geschichte der deutschen Presse T. II. Berlin 1966.

Kühne, K., Die Pressesensation. Theorie, Wirkungsfeld und öffentliche Meinung. Diss. (masch.) Wien 1955.

Langenbucher, Wolfgang R. (Hrsg.), Journalismus & Journalismus. Plädoyers für Recherche und Zivilcourage. München 1980.

Lindemann, Margot, Deutsche Presse bis 1815. Geschichte der deutschen Presse, T. I. Berlin 1969.

Pürer, Heinz/Johannes Raabe, Medien in Deutschland − Presse. München 1994.

Schröder, Thomas, Die ersten Zeitungen. Textgestaltung und Nachrichtenauswahl. Tübingen 1995.

Smith, Anthony, The newspaper. An international history. London 1979.

Stein, Peter, Die NS-Gaupresse 1925−1933. Forschungsbericht − Quellenkritik − neue Bestandsaufnahme. München 1987.

Sündermann, Horst, Tagesparolen. Deutsche Presseweisungen 1939−1945. Hitlers Propaganda und Kriegsführung. Aus dem Nachlaß. Hrsg. v. G. Südholt. Leoni 1973.

Traumann, Gudrun, Journalistik in der DDR. Sozialistische Journalistik und Journalistenausbildung an der Karl-Marx-Universität Leipzig. München-Pullach/Berlin 1971.

Weichler, Kurt, Gegendruck. Lust und Frust der alternativen Presse. Reinbeck b. Hamburg 1983.

Wilke, Jürgen, Nachrichtenauswahl und Medienrealität in vier Jahrhunderten. Eine Modellstudie zur Verbindung von historischer und empirischer Publizistikwissenschaft. Berlin/New York 1984.

Erich Straßner, Tübingen (Deutschland)

80. Geschichte des Intelligenzblattes

1. Einführung
2. Historische Bestandsanalyse
3. Zusammenfassung
4. Literatur

1. Einführung

Das Stichwort 'Intelligenzblatt' umschreibt nur und kennzeichnet nicht schon ein inzwischen überholtes Druckerzeugnis, das in seiner ursprünglichen Funktion als periodisch erscheinendes Anzeigenblatt fast weltweit eine vorübergehend große Bedeutsamkeit erlangt hatte. Im Laufe der Zeit haben ihm aber seine Herausgeber über den Anzeigendienst hinaus vielfältige wie weitreichende publizistische Aussagen anvertraut sowie sozialpolitische Aufgaben zugedacht. So kann ohnehin mit einer zeitlosen Begriffsbestimmung, die sich womöglich nur auf den Anzeigenbereich einläßt, das Wesen dieser Druckschrift nicht erfaßt werden. Erst eine 'Geschichte des Intelligenzblattes' versetzt in die Lage, sich jenem Gestaltwandel anzuschmiegen, verliert sich aber leicht an Besonderheiten. Damit geht dann der Blick für die Gesamtheit verloren. Bei einem abgeschlossenen Vorgang wie hier bietet es sich nun aber von selbst an, über das einzelne Wann, Wo und Wie hinauszusehen und auf umfassende Befunde zu dringen. Die Lösung dieser Aufgabe liegt gewiß nicht darin, aus verfügbaren Monographien einfach die Summe zu ziehen. Ein Ansatzpunkt wäre allerdings schon die sich gleichende Bewertung des jeweiligen Intelligenzblattes als Kulturfaktor. Wenn dennoch kein Versuch bekanntgeworden ist, sich dieser Gesamtaufgabe wenigstens anzunähern, so erklärt sich solche Reserve wohl auch aus methodologischen Gründen. Ein viel größeres Gewicht ist aber dem Umstand zuzuschreiben, daß stets schon zeitgleich und erst recht nach seinem Verschwinden die Reputation dieses Informationsträgers sich in Grenzen hielt, ja die Genugtuung überwog, als dann Intelligenzblätter sich nicht mehr an der Öffentlichkeitsarbeit beteiligten. Nur für die kurze Zeitspanne zwischen 1729 und 1802 findet dieses Druckerzeugnis den seiner Bedeutung angemessenen Eingang in den öffentlichen Diskurs. Von da ab erscheint es abgedrängt in ein Unterkapitel pressehistorischer Gesamtübersichten. Erst in jüngster Zeit mehren sich die Versuche, sowohl aus wirtschaftswissenschaftlicher als auch pressehistorischer Sicht wenigstens die gröbsten

Unterlassungen zu korrigieren. Die bisweilen breit angelegten Arbeiten betreffen allerdings in der Regel nur jenen Zeitbereich, dem die Intelligenzblätter ihre Entstehung verdanken. Dennoch sind damit die Voraussetzungen geschaffen, um mit hinreichender Prägnanz doch solchen Gegebenheiten auch eine eigene Geschichte des Intelligenzblattes abzugewinnen. Jedenfalls läßt sich schon jetzt in Umrissen seine Geltungsabfolge von der Entstehung bis zu seinem Aufgehen in andere Periodika gliedern und auch phasenweise charakterisieren. Noch nicht zu erwarten ist derzeit eine innere Ausgestaltung auf der Grundlage hinreichend verfügbaren Materials. Im Gegenteil: die einzusetzenden Phasenbezeichnungen überlagern sich in der Regel dermaßen, daß ihre Abfolge nicht mehr als den jeweiligen Anfangspunkt markieren kann. Aber mit Hilfe der hier angebotenen deskriptiven Kontinuität läßt sich dann selbst eine vielfach gebrochene Linie auf eine innere Stimmigkeit bringen bzw. methodisch bewältigen.

2. Historische Bestandsanalyse

2.1. Die Gründungsphase

Die periodische Publikation von Druckerzeugnissen unterschied von Anbeginn zwischen informativem Text und Anzeige; nur stellte sich diese räumliche Trennung nicht einheitlich dar. Bei Renaudot (ab 1633) waren die Anzeigen dem Periodikum beigefügt; in englischen Zeitungen des 17. Jhs. finden sich die 'Advertisements' entweder als eigene Seite eingefügt in die politischen Nachrichten, damals noch 'forrain intelligence' genannt; oder sie sind dem politischen Teil angefügt. „Reine Anzeigenblätter tauchten ab den 1670er Jahren auf" (Winkler 1993, 613); aber noch heißen sie nicht 'Intelligenzblätter'. „Erst nach 1700 kam als weiterer Wortsinn zu 'Advertisement' dann 'Information, Intelligence' hinzu" (ebenda). Diesen Wortsinn übernimmt der Kameralist Wilhelm Freiherr von Schröder in London. Er ist fasziniert von dem hier durch Nachrichtenaustausch herbeigeführten allumfassenden Markt. Seine daraus abgeleitete Anregung findet auf dem Festland zunächst allgemeinen Zuspruch, wozu auch entscheidend wirtschaftspolitische Erwägungen beigetragen haben. Es besteht die Absicht, die Erzeugungs- und Herstellungsvorgänge aus jenen Zwangsverhältnissen zu lösen, die sich aus der persönlichen Beziehung zwischen Auftraggeber und Hersteller ergeben. Dahinter verbirgt sich der schon länger schwelende Konflikt zwischen den mächtigen Zünften und den Machtansprüchen der Obrigkeit. Erst im Medium eines Instruments der Kameralistik, in dem sich neue Wirtschaftlichkeit manifestiert, kann den Einsichtigen veranschaulicht werden, wie veraltet ein System ist, in dem die Zünfte und Gilden konkurrenzlose Produktion und einen von der Arkanstrategie getragenen Warenverkehr hartnäckig verteidigen. Jenes Instrument steht nun also in Form des sogenannten 'Intelligenzblattes' zur Verfügung. Und so bedeutet das Edikt vom 16.8.1731 erstmals die offene Kampfansage der Obrigkeit gegenüber den Gilden und Zünften. Jenen ist nämlich nicht nur durch die Zeitumstände mehr und mehr Macht zugewachsen, sondern sie verfügen inzwischen auch über Erfahrungswerte, die 'Intelligenzblätter' betreffend. Diese haben ihre erste Bewährungsprobe bestanden, soweit sich darin kameralistisches Denken widerspiegeln kann. Entscheidend dazu beigetragen hat auch der Rigorismus des preußisch-brandenburgischen Monarchen, der in seinem Herrschaftsbereich die mediengeleitete Durchsetzung einer intensiven Produktion zentralistisch betrieb. Innerhalb weniger Jahre läßt der Regent in jeder seiner Regionen je ein zunächst ganz steriles Anzeigenblatt erscheinen. Gerade die Periodizität, also die stete Wiederkehr desselben Vorganges, ist der Landbevölkerung vom Wochenmarkt her wohlvertraut. Nur sind diese Blätter nicht mit jener vertrauten Haptik zugänglich, sondern nur durch die Lesefähigkeit aufschließbar. Auf lange Sicht jedoch, so die Kalkulation, werde dieses Medium schon die Entwicklung von der „Stadt- zur Volkswirtschaft" (Traub 1928, 112) befördern. Aber diese so vordergründige Überbetontheit rein ökonomischer Gesichtspunkte stößt zunächst schon gegen das Hindernis der noch nicht genügend verbreiteten Lesefertigkeit unter der Bevölkerung. Auch ist der Widerstand der Gilden und Zünfte nicht auf Anhieb gebrochen; dazu muß das Unternehmen von den Inserenten und den Abnehmern finanziert werden. Aber trotz dieser und anderer Schwierigkeiten findet der Ausgangsgedanke, Waren und Dienstleistungen einem anonymen Abnehmerkreis verfügbar zu machen, allgemeinen Anklang. Dabei geht der Anstoß zur Gründung von Anzeigenblättern nicht grundsätzlich von der Obrigkeit aus. Sehr häufig wird dieser Gründungswille allerdings doch getragen durch kameralistische Rigorismen.

Diese reichen vom Intelligenzzwang, nämlich der Weisung, Anzeigen erst im Intelligenzblatt zu veröffentlichen, bis zum Zwangsbezug. Die Gewährung der Postfreiheit gehört ebenso dazu wie die absolutistische Maßgabe, an den Universitäten Lehrstühle für Ökonomie einzurichten. Dennoch kann sich dieser neue Zweig der Journalistik auf der Grundlage blanker Institutionalisierungsformen solange nicht etablieren, wie sein Verfügungsbereich begrenzt bleibt auf den rein merkantilistischen Dienst zu vermehrender Nützlichkeit.

2.2. Von der programmatischen Derivation zur gezielten Ausweitung des inhaltlichen Sortiments

Die Herausgabe 'reiner' Anzeigenblätter wird nicht von einem Tag auf den anderen abgelöst durch ein irgendwie geartetes Mischverfahren. Aber an späten Beispielen wird erst recht deutlich, aus welchem Grund der ursprüngliche Purismus hinsichtlich der Textsorte 'Anzeige' schließlich allgemein durchbrochen wurde. Aus Mangel an Materialien, bedingt durch das Angewiesensein auf Gelegenheitsanzeigen, präsentiert sich ein solches Blatt dem Leser mit bisweilen beträchtlichen Leerflächen. Und darum empfiehlt der Kameralist Ludwig schon im Jahre 1727, das einseitige Textangebot durch 'gelehrte Artikel' aufzulockern. Diese Empfehlung wird bald in eine Weisung umgesetzt, und zwar verbunden mit der Devise, vor allem den 'gemeinen Mann' auf diese Weise regelmäßig zu belehren. Ein neuer Aspekt von 'Nützlichkeit' wird damit auch ins Spiel gebracht; entscheidend ist jedoch, daß sich von nun an nicht nur das Funktionsfeld innerhalb der Textsorte 'Nachricht' erweitert, sondern auch die Zahl der Textsorten selbst sich fortlaufend vermehrt und immer neue Ausgestaltungswege eröffnet werden, von denen selbst die typographische Gestaltung der Titelseiten Zeugnis ablegt und sich auch in fortschreitender Titelvereinfachung niederschlägt. An der Verdichtung der Erscheinungsfolge ist schließlich abzulesen, daß selbst eine latente Konkurrenz zünftig organisierter Handwerksmeister nicht mehr ins Gewicht fällt. Gestaltungsunterschiede erklären sich wohl aus der Rivalität der Landesfürsten und gewiß dazu aus der unterschiedlichen Einschätzung des Wirkfaktors 'gedruckte Nachricht'. Sicher auch aus diesem Grunde wird in Preußen-Brandenburg mehr auf das Gewicht der entmischten Textsorten gesetzt, während der sächsische Monarch den 'literarischen Intelligenzblättern' anscheinend eine höhere Effizienz zuschreibt. Im Zuschnitt auf regionale 'Gemeinnützigkeit' ist hier die Absicht zu erkennen, der immer noch höchstens halbalphabetisierten Bevölkerung mit geduldiger und damit didaktischer Absicht zu begegnen.

2.3. Die Phase der betont didaktischen Textgestaltung

Gerade für die Neugründungen seit den sechziger Jahren des 18. Jhs. ist kennzeichnend, daß sie den ursprünglich auf den materiellen Bereich bezogenen Nützlichkeitsgesichtspunkt nun auch auf den immateriellen Bereich ausdehnen und unter diesem Vorzeichen der Wirksamkeit des Wortes die besondere Aufmerksamkeit schenken. Das Stichwort 'Verbesserung' erhält so einen vielschichtigen Sinn. Soweit es um die Verbreitung des Blattes selbst geht, gelten diese Verbesserungsvorschläge – wie etwa bei Möser oder bei Schubart – der Aufgabe, die Gemeinverständlichkeit zu fördern. Indem Beckmann 1785 die 'Intelligenz-Blätter' schließlich den „Erfindungen" zurechnet, ist stillschweigend mitgedacht, daß, ansetzend bei einem „Einfall" (235), der medialen Qualität eine Spur vorgezeichnet ist, die im grundsätzlichen Verständnis dem „Besseren" zugewandt ist. Und schließlich bleibt – bei rechter Anwendung selbstverständlich – diesen Blättern vorbehalten, schrittweise den didaktischen Funktionsbereich über ein bewußt eingesetztes inhaltliches Sortiment zu besetzen. Die unabdingbare Voraussetzung einer gezielten Verbesserung von Gesinnungen allerdings, durchgehende Lesefertigkeit, kann immer noch nur bei einer verschwindenden Minderheit vorausgesetzt werden. Folgerichtig kommt es darum in einzelnen Regionen auch zur Direktive, bei Intelligenzblättern die „schulische Lektürepflicht" (Huneke 1989, 167) einzuführen.

Jenseits derartiger behördlicher Maßgaben zeigt sich didaktisches Geschick auch in dem Bemühen einzelner Herausgeber von Intelligenzblättern, den Gedanken der Verbesserung durch den 'gemeinen Mann' selbst auslegen zu lassen und dessen Vorschläge praktischer Art zu publizieren (Hollmann 1937, 85). Ferner kommt es der volksaufklärerischen Zugänglichkeit entgegen, wenn zwei konkurrierende Verlagshäuser – wie etwa in Hamburg – sich wechselseitig in inhaltlicher Eingängigkeit und Themenvielfalt zu überbieten suchen. Aber alle diese Zeichen produktiver Unruhe sind noch nicht koordiniert durch einen einheitlichen Willen maßgebender Instanzen, wiewohl latent sehr wohl schon die Absicht erkennbar wird, das Intelligenzblatt als Wegbereiter allgemeiner Wirtschaftlichkeit einzusetzen. Noch überwiegt aber der nur formale Appell an die Landsleute, „[...] ökonomischen und anderen Verbesserungen" (Land-Zeitung 1788) gegenüber aufgeschlossen zu sein.

2.4. Die gezielte regionale Erschließung mit Hilfe von Intelligenzblättern

Unter inhaltlichem Vorzeichen kommen gegen Ende des 18. Jhs. alle behandelten Zwischenformen gleichzeitig und nebeneinander in Mitteleuropa vor, deutliches Zeichen dafür, daß selbst die Anpassung des Lesestoffes an den Publikumsgeschmack als didaktische Voraussetzung für eine umfassende Umwidmung der wirtschaftlichen Verhältnisse kein einvernehmliches Handlungsgebot ist. Bei einer so heterogenen Leserschaft erhält das Wort 'gemeinnützig' auf zwei ganz unterschiedlichen Bahnen wohl endlich doch einen neuen programmatischen Sinn, und zwar zeitgleich im Jahre 1792. Indem der von Hofrat Becker herausgegebene und in Gotha erscheinende 'Reichs-Anzeiger' im September 1792 zum „öffentlichen deutschen Reichs-Anzeiger" erhoben wird, stellt er jedem Mitglied der 'deutschen Nation' frei, Beiträge „zur Belehrung des Publikums [...] unentgeltlich" (Stiebnitz 1802, 43) einzurücken. Anders als bisher etwa beim 'Leipziger Intelligenzblatt' praktiziert, soll sich künftig der Nachrichtenaustausch vom ausschließlichen Engagement „zum Besten des Nahrungsstandes" abwenden zugunsten der Integration aller Bevölkerungsgruppen im allgemeinen Forum. Auf andere Weise kommt auch die 1792 in Hamburg gegründete Alternative diesem Konzept entgegen, indem sie die Nutzungsperspektive um ganz neue Dimensionen erweitert. Denn dieses Blatt widmet sich vorrangig dem kulturellen Bereich im Wechsel von allgemeiner Reflexion und Leserbeitrag, und über diese Qualität von Tagesaktualität besonderer Art nimmt es den Charakter einer Anstalt allgemeiner gesellschaftlicher Wohlfahrt an. Im Zuge der Zeit bilden sich dadurch Stilformen aus, die nicht unbedingt weitere Popularisierung bedeuten müssen, die aber literarische wie inhaltliche Ablösungsvorgänge begünstigen. Unter den Fachblättern, die auf diesem Weg entstehen, sondern sich als erste eigene Wirtschaftszeitungen ab.

Wohl auch aus diesem Grunde nennt Pierer (1846, 374) diese Periodika dann „Zwischenblätter". Er zählt allerdings auch den erwähnten 'Reichs-Anzeiger' dazu, und zwar aus unterschiedlichen Gründen. Die Intelligenzblätter werden so aus heutiger Sicht zur Zwischenstufe für die Entstehung von vielfältigen Druckalternativen, die von der Universalpresse bis zum Volksblatt, vom überregionalen Unterhaltungsblatt bis zur 'Kreis-Zeitung' reichen. Die von Prutz (1845, 15) eher beklagte „Regsamkeit in Sachsen" auf diesem Gebiet geht so weit, daß dort „selbst Marktflecken ihre Nachrichtenblätter [...] besaßen" (Neumann-Hartmann 1864, 148), was dort aber auch zugleich Ausgangs- wie Endstufe bedeutet. Noch deutlicher bringt der von Remppis (1922, 1–107) hinreichend beschriebene Erschließungsvorgang der württembergischen Region zum Ausdruck, wie dicht dabei Bedächtigkeit und Bedachtsamkeit nebeneinander gelegen haben müssen, damit über eine Zeitspanne von mehr als 100 Jahren absolutistische Wirtschaftsinteressen über das Medium 'Intelligenzblatt' im kleinbürgerlichen Gegeninteresse ihren Widerhall finden. Die durch einen solchen Zweck gerechtfertigte Popularisierungstendenz in Aufmachung und Aufbau des Textsortiments wird in sonst hochgeschätzten Abhandlungen zu diesem Thema (z. B. Schacht 1902) als qualitätsmindernder Vorgang ausgelegt. Aber ebensogut kann dieser Prozeß auch als Ausdruck vielgestaltiger Versuche gedeutet werden, den Makel reiner Zweckbestimmung abzulegen oder wenigstens zu idealisieren.

2.5. Stationen der Selbstwertbilanz

Wenn Bergius im Jahre 1770 seine Vorstellung von Popularisierung der Intelligenzblätter verbreitet, setzt er noch bei der Institution 'Intelligenzwesen' an und redet einem „gelinden Zwang" (207) das Wort, mit dem „die Ausbreitung derer Intelligenzblätter im Lande [...] befördert werde." Allzu deutlich gibt er als Vertreter der Kameralistik zu verstehen, daß jegliche „Maßregel", diese Blätter „desto mehr beliebt zu machen" (206), allein schon zu billigen wäre aus jenem dem Intelligenzblatt von außen zugedachten Zweck.

Inzwischen haben aber einzelne Repräsentanten des Sektors 'Intelligenzblatt' soviel Eigenständigkeit erlangt, daß sie von sich aus einen Ablöseprozeß von den meist einseitigen Vorgaben absolutistischen Gewinnstrebens fast unmerklich einleiten können. Beispielsweise in Hamburg nimmt hier das gerade erst neu erschienene Intelligenzblatt im Jahre 1769 die Gelegenheit wahr, an die 'Nachricht von einigen Adreß- oder Intelligenz-Blättern' eine Art von Eigenwerbung zu knüpfen. Hiernach gehören zu dem gewonnenen vielfältigen Abnehmerkreis, „fast alle Stände, sogar das schöne Geschlecht". Diese Praxis setzt sich fort und schließt auch Überlegungen wie die von Möser ein, über „Verbesserungen" nachzudenken. Auf dieser Spur findet schließlich das 'Münchener Intelligenzblatt' im Jahre 1790 zu einer Grundsatzerörterung des eigenen gesellschaftlichen Stellenwertes. Gewonnene Identität wird dort gesucht und gefunden, wo es gelingt, „Wachsthum [...] desto feinerer und sittlicher Bedürfnisse" zu fördern. Als sichtbarstes Zeichen tatsächlich erlangter Eigenständigkeit wird diesen Aussagen zur Selbstdarstellung eine „kurze Geschichte des Intelligenzblattes" angefügt.

Aber erst mit dem Aufkommen der Familienanzeige in Intelligenzblättern ist für Bratvogel (1933, 62) der qualitative Sprung vom „unter der Direction der Polizey stehenden Intelligenzwesen" (Krünitz 1784, 428) zum der Aufklärung verpflichteten und menschlich ausgerichteten Druckerzeugnis vollzogen. Tatsächlich erhält im „'Raisonnirenden litterarischen Verzeichniß' der wichtigsten deutschen Zeit- und Wochenschriften", das 1790 von Beutler/Gutsmuths herausgegeben wird, manches bestehende Intelligenzblatt einen ebenbürtigen Platz unter den „periodischen Schriften" zugesprochen. Gleiches gilt für die Übersicht, die v. Schwarzkopf im Jahre 1800 in Frankfurt herausgibt. Ein Jahr später trägt dieser Autor dann sogar dem inzwischen erlangten „großen Einfluß der Intelligenzblätter auf bürgerliche und gesellige Cultur" insofern Rechnung, als er in einem Periodikum den derzeitigen Entwicklungsstand via „Übersicht" vor der Öffentlichkeit ausbreitet. Fast zeitgleich erhält der Leser Kenntnis durch ihn über diese inzwischen weltweit verbreitete Variante der Druckpresse, die er in der Ankündigung den „politischen Zeitungen" gleichstellt. Wohl nicht zufällig verwendet dieser Autor dabei die Formel vom „bürgerlichen Nahrungsblatt" (S. 102) und verweist auf „Lesezimmer"; denn um die Jahrhundertwende ist die Lesefertigkeit unter der breiten Bevölkerung keine Ausnahmeerscheinung mehr, wohl aber die Schreibfertigkeit. Um auch sie zu verbessern, unterläßt es v. Schwarzkopf nicht, auf die gerade erschienene 'Intelligenzblätter-Kunde für den nicht unterrichteten Privatmann' hinzuweisen. Sie ist, wie die Lektüre leicht nachweist, mehr als nur praktische Anleitung; sie markiert nämlich in Anlage und Diktion den hohen Stand inzwischen erreichter Differenziertheit und Ausbaufähigkeit der Verständigungsbereitschaft. Eine solche Schrift hätte auch weiterhin Orientierungshilfe für breite Bevölkerungskreise bedeuten können, wenn nicht – unter napoleonischem Einfluß – der hinzugewonnene Forumcharakter verfremdet worden wäre durch die dem Intelligenzblatt zwangsweise zugewiesene Tribunalfunktion.

2.6. Intelligenzblätter als vornehmliche Organe eingesetzter Distriktverwaltungen (1800–1815)

Auf der Grundlage des 1793 eingeführten republikanischen Kalenders erhalten zunächst die Intelligenzblätter der linksrheinischen Gebiete nicht nur äußerlich einen neuen Zuschnitt: vorrangig werden sie zu Organen der Zuchttribunale und Kriminalgerichte. Dazu ist die bis dahin weitgehend durchgehaltene Trennung zwischen politischer Information und privater Anzeige bzw. „nützlicher" Nachricht nicht mehr erkennbar. Die Servilität kommt auch in der bemessenen Zuteilung gefälliger Informationen zum Ausdruck.

Die nächste Stufe der Gleichschaltung manifestiert sich in der durchgehenden Zweisprachigkeit, die bald für alle Periodika gilt und bis zur letzten unbedeutenden privaten Anzeige reicht. Selbst bis dahin hochkultivierte Blätter werden auf diese Weise zu behördlichen Mitteilungsmedien degradiert. Diese Praxis ist mit der Niederlage Napoleons nicht schlagartig abgeschlossen. Für eine beträchtliche Zeitspanne scheinen so selbst noch in den Metropolen einst namhafte Blätter wie gelähmt trotz schon erlangter Formqualität, indem sie nur den Fortbestand eingeengter Funktionsspektren sichern. Diese bisher kaum noch systematisch behandelte Episode (Ausnahme Hagenah 1990) scheint aber auch eine inhaltliche wie formale Umorientierung zu begünstigen, bedingt allein schon durch die Aufhebung des Intelligenzzwanges im Jahre 1811 wie auch des Zwangsbezuges. Schließlich treiben ausgerechnet politisch restriktive Maßgaben wie die Karlsbader Beschlüsse dem Typus 'Intelligenzblatt' ein neues Entfaltungspotential zu. Mit dem Stichwort der „verlorenen Zeitungsjahre" (Hagenah 1990, 155) ist aber nur ein Umweg angedeutet, den ein Verleger über die Gründung eines Intelligenzblattes nun gehen muß, um eine Konzession zu erhalten.

2.7. Die Phase der großen Unübersichtlichkeit

Das im Jahre 1846 in 2. Auflage herausgegebene 'Universal-Lexikon' von H. A. Pierer berücksichtigt die „Intelligenz- od. Anzeigeblätter" unter dem Obertitel „Zeitungen und Zeitschriften" noch gesondert, soweit die Kriterien stimmen. Denn aufgelistet werden hier laut ausdrücklichem Hinweis bloß „diejenigen, welche nur Anzeigen enthalten": „Sie existieren bes. in Deutschland" (S. 374). Sehr viel umfänglicher fällt dann der Artikel aus, der die Mischformen betrifft, hier „Zwischenblätter" genannt. Selbst nur unter Berücksichtigung der Hauptkategorien fehlen schon die Kriterien einer Trennschärfe. Selbst diese hoch einzuschätzende „Übersicht" ist nicht in der Lage, mittels einer *Momentaufnahme* den vorgefundenen publizistischen Erscheinungsformen begrifflich angemessen zu begegnen. Erst recht besteht die Schwierigkeit, den *Prozeß* nachzuvollziehen, der unter der Devise vorgegebener politischer Neutralität auf eine neue publizistische Versorgungsstruktur zusteuert, wohl Traditionslinien der Intelligenzblätter folgt, tatsächlich aber einen eigenen Zuschnitt besitzt. Ohnehin war die ursprüngliche Zweckbestimmung längst durch die veränderliche und veränderte politische wie wirtschaftliche Lage überholt worden, der Forumcharakter war wohl schon durch äußere Einflüsse verlorengegangen. Aber auch die anderen Formen der periodischen Publizistik waren um ihre Kontinuität gebracht worden, und dies gerade in einer Phase, die sich anschickte, das Analphabetentum endgültig zu überwinden. Auch erzwangen zunehmende Industrialisierung und regionale Erschließung durch neue Verkehrsmittel eine Abwandlung des Verhältnisses von Obrigkeit und Bevölkerung. Für die Wahrung der Behördennähe boten sich daher als optimale Kommunikationsmedien „herrschaftliche Intelligenz-Blätter" (Neumann-Hartmann 1869, 150) an, die aber nicht mehr wie bisher in den Metropolen gedruckt werden sollten, sondern dezentralisiert auf vielerlei Verlagsorte verteilt wurden. Die so unter Regie der Behörden ins Leben gerufenen 'Kreisblätter' transportierten zwar den Überwachungsstaat bis in abgelegene Regionen, konnten aber die jeweiligen inhaltlichen Ausgestaltungsprozesse angesichts der selbst herbeigeführten Vielfalt nicht mehr gängeln. Diese angeblich „parteilose Lokalpresse" (Groth 1928, 689) war und blieb dann eben doch nur „relativ behördennah" und verschaffte sich daher einen Vorteil gegenüber einer rein politischen Presse, deren Inhaltlichkeit einer strengen Überwachung unterlag. So changieren dann bis heute selbst einige faßbare Verläufe vor diesem Gegensatz:

- Die Hinnahme einer 'Vor-Ordnung', angewandt auf politische Nachrichten im Intelligenzblatt auch als Ausdruck strategischer Beweglichkeit zu bewerten, ist angesichts der bisher einseitigen Würdigung zeitgleicher politischer Maximalansprüche zumindest eine vergleichende Analyse wert.
- Statistisch einwandfrei belegt ist die hohe Zahl der Neugründungen ausgerechnet in der politisch unzuträglichen Epoche zwischen 1819 und 1849. Der Anstieg beträgt z. B. in der Rheinprovinz 600% (s. Hagenah 1990, 172). Die dahinterstehende Strategie ist bisher nur in Andeutungen erfaßt.
- 'Kreisblätter' erscheinen wie verlängerte Arme der Behörden und entwickeln doch im Laufe der Zeit vielerlei Spielarten in Form und Inhalt. Hagenah kann allein für die Rheinprovinz 5 Varianten nachweisen. Eine vorweggenommene Abwertung dieser Blätter erscheint unter solchen Umständen unangebracht, aber untersuchenswert.

Es wäre daher ungerecht wie letztlich unzutreffend, hier schlankweg von einem „absolutistischen Kartenhaus der Intelligenz" zu sprechen, das „vor dem ersten Luftzug des modernen Geistes" (Schacht 1902, 612) zusammenbrach, gar zu behaupten, daß „um die Mitte des neunzehnten Jahrhunderts [...] ihre Spur schon verwischt" (ebenda) gewesen sei. Groth (1928, 689 f.) erkennt wohl an, daß die Intelligenzblätter durch die Umstände „bald weit" über ihre ursprünglich vorgesehenen Aufgaben „hinausgetragen" worden seien und daß erst über einige „Zwischenglieder" zum „Wesen der Zeitung" gefunden wurde. Aber auch für ihn bedeutet „die Mitte des 19. Jahrhunderts" jenen entscheidenden Einschnitt vom „alten Typus" zum „modernen des universellen Blattes". Zu Recht widerspricht etwa Hagenah (1990, 23) solchen Vorstellungen wenigstens teilweise, findet im Gegenteil — aus seiner fundierten Kenntnis heraus — beachtliche „Kontinuitätslinien" (183) und sieht es als einen Mangel an Erkenntnis an, Intelligenzblatt und „Offenheit für Aktuelles und die Integrationsfähigkeit des Mediums" (ebenda) nicht in einen Zusammenhang zu bringen.

Es ist nämlich gerade der sich etwa seit 1830 herausbildenden redaktionellen, inhaltlichen und drucktechnischen Vielfalt zuzuschreiben, daß der oberflächliche Beobachter zu voreiligen Schlüssen gelangen kann. Gewiß lassen sich hier und dort für die Zeit nach 1850 thematische Rückbildungen nachweisen. Insgesamt jedoch fordern sowohl die spartenspezifischen (so etwa die Bergedorfer 'Eisenbahn-Zeitung') wie auch umgekehrt die übergreifenden (selbst etwa beim 'Neustädter Kreis-Boten' „zur gemeinnützigen Unterhaltung für alle Stände") Titelansprachen allein schon den Schluß heraus, daß nicht nur beliebig oder zufällig, sondern durchaus auch programmatisch via Intelligenzblatt Wege gesucht und gefunden worden sind, den jeweiligen Ansprüchen unter den gegebenen Umständen gerecht zu werden. Man darf sogar von einer erstaunlichen Bewußtheit, ja verlegerischen Souveränität im abgelegenen Winkel ausgehen. Zunächst ist sie jedem zugutezuhalten, statt von vornherein allgemeine Duckmäuserei anzunehmen. Anders läßt sich schon urteilen, wenn Neumann-Hartmann (1869, 154) seinerzeit beklagt: „Von Jahr zu Jahr sehen wir die Annoncen-Lettern in steter Vergrößerung begriffen." Eine solche Anmerkung gibt Anlaß, methodische Defizite einzugestehen und deutet an, bei wem tatsächlich von Unübersichtlichkeit gesprochen werden muß. Es fehlen ganz offensichtlich Längsschnittanalysen, die nicht nur den langen Lernweg der Kaufmannschaft beschreiben, sondern auch begründen können, warum es eine Brücke gibt zwischen der ursprünglich erzwungenen Preisgabe geschäftlicher Informationsvorsprünge und der nunmehr ausgeprägten Bereitschaft, in der offenen Konkurrenz die gebotenen Vorteile des Intelligenzblattes zu nutzen und gezielt einzusetzen.

Ein methodisches Konzept, das nicht so sehr auf Bruchlinien und Antinomien setzt, sondern vor allem auf Kontinuitäten achtet, wird auf diesem noch unübersichtlichen Feld die systematische Erschließung am besten bewältigen können. Mit Hilfe von nachgezeichneten Entwicklungslinien lassen sich Schneisen schlagen, wie sie z. T. schon von Hagenah (1990, 184 ff.) angeregt worden sind. Thematische Schwerpunkte innerhalb dieser fast unerschöpflichen Varianz könnten sein:

- Fortsetzungsroman bzw. -novelle
- Spaß und Ironie
- Beteiligung des Lesers am Gedankenaustausch
- Angleichungsbewegungen Intelligenzblatt/ Zeitung und umgekehrt
- Anteil und Stellenwert der politischen Information
- Prioritäten (z. B. für regionale/überregionale Nachrichten)
- Wahlwerbung und Wahlagitation
- graphische Ausgestaltung des Anzeigenteils
- Buchhändler als Schlüsselfiguren regionaler Erschließung

2.8. Die Phase nach Abschluß der Alphabetisierung

Erst um 1860 ist in Deutschland die Alphabetisierung abgeschlossen, und es fällt auf, daß ausgerechnet in diesen Jahren von Dorum bis Innsbruck, von Tübingen bis Stade, von Dömitz bis Hof, von Meerane bis Minden oder Starnberg bis Achim, also gehäuft Neugründungen zu verzeichnen sind. Als 'Wochenblätter' — so auch häufig der Titel — werden sie zu einem erschwinglichen Preis angeboten. Das inhaltliche Repertoire ist den Nützlichkeitsansprüchen derer angeglichen, die sich gerade erst eine Kulturfertigkeit angeeignet haben, und so läßt sich gerade hieran eine Stufenfolge nachvollziehen, die, beim Zuhörer ansetzend, über den Mitleser zu einem Bezieher regelmäßiger Informationen reicht, der gelegentlich sogar eine Anzeige aufgibt oder auf ein Werbeangebot eingeht.

Über diesen Zeitraum, der etwa bis zur Jahrhundertwende reicht, hat sich die Forschung zunächst noch ausgeschwiegen, soweit es sich um Aussagen handelt, die das Intelligenzblatt vor allem in seiner qualitativen Nachfolge betreffen.

Aber ebenso unbearbeitet geblieben ist der Bereich der vergleichenden Analyse. Wie die Übersicht bei Pierer (1846, vor allem 369 ff.) zeigt, scheint der Typ 'Intelligenzblatt' seine besondere Ausprägung gerade in Mitteleuropa und hier ausgerechnet in Deutschland erfahren zu haben. Es fehlt bisher jegliche Erklärung dafür.

3. Zusammenfassung

Entlang der Spur weltlicher Zweckbestimmtheit, den praktischen Bedürfnissen zugewandt, ließe sich wohl eine Geschichte des Intelligenzblattes ansiedeln. Nur wandeln und verändern sich im Laufe der fast zweihundertjährigen Geschichte Disposition und Praxis dermaßen, daß ohne eine nähere Bestimmung jeweiliger Grundvoraussetzungen und deren Auslegung eine gleichsam zeitlose Typisierung blaß und wenig hilfreich ausfiele. Wahrheiten, wenn sie „verwendungsfähig" (Groth) bleiben wollen, sind von den Umständen her zu definieren.

Darum kann gerade bei diesem historisch nachvollziehbaren Sachverhalt der periodischen Presse, der in überschaubarer, wenn auch noch nicht durchschauter Abgeschlossenheit zur Verfügung steht, von einer Erkenntnishilfe besonderer Art gesprochen werden. Anders als bei der politischen Presse nämlich mit ihrer verhältnismäßig einheitlichen Inhaltlichkeit, war das Intelligenzblatt bald offen für noch zukünftig mögliche Varianten. So läßt gerade diese Vielschichtigkeit der vorkommenden Aussageformen und die breite Varianz angebotener Thematik, verfügbar gehalten als zeitlich begrenzter Forschungsbereich, Aussagen zu, die mehr als Kasuistik bedeuten. Indem inzwischen zunehmend von Rahmenbedingungen her zugleich jene Umstände benannt sind, die dem Beginn und Verlauf einer Einrichtung in Zeitgleichheit zur Seite stehen, ist zwar noch nicht die Frage nach Kausalitäten beantwortet. Je variantenreicher aber – wie im Falle der Intelligenzblätter – Ausgangsmaterial und Zeitumstände miteinander korrespondieren, umso zuversichtlicher lassen sich Fragen nach dem Warum stellen und auch einer Antwort zuführen. Ohne hier den Transferwert zu überschätzen, wäre es aus solchen Gründen immerhin ratsam, nicht auch noch weiterhin diesen Themenbereich als Forschungsgebiet zu verschmähen. Selbst ohne die sichere Aussicht auf Übertragbarkeit gewonnener Einsichten auf andere Bereiche der *periodischen Presse* wären allein schon die aufgewiesenen Leerfelder Anlaß genug, eine noch nicht verfügbare Übersicht baldmöglichst zu vervollständigen.

4. Literatur

Beckmann, Johann, Intelligenz-Blätter. In: Beyträge zur Geschichte der Erfindungen. Bd. 2,2. Leipzig 1785, 231–241.

Bergius, Johann H. L., Intelligenzwesen. In: Policey- u. Cameral-Magazin 5. Frankfurt a. M. 1770, 204–210.

Beutler, Johann H. Ch./Johann C. F. Gutsmuths, Allgemeines Sachregister über die wichtigsten deutschen Zeit- und Wochenschriften. Leipzig 1790.

Böning, Holger, Das Intelligenzblatt als Medium praktischer Aufklärung. In: IASL 12, 1987, 107–133.

Bobrowsky, Manfred, Das Wiener Intelligenzwesen und die Lesegewohnheiten im 18. Jahrhundert. Diss. Wien 1982.

Bratvogel, Werner, Das Anzeigenwesen in Westfalen im 18. Jahrhundert. Diss. Leipzig 1933.

Bücher, Karl, Das Intelligenzwesen. In: Gesammelte Aufsätze. Tübingen 1926, 83–108.

Greiling, Werner, 'Intelligenzblätter' und gesellschaftlicher Wandel in Thüringen. München 1995.

–, Presse, Publizistik und 'Öffentlichkeit' im 18. und frühen 19. Jahrhundert, 279–417: Intelligenzblätter und gesellschaftlicher Wandel. Jena (Habilitationsschrift) 1998.

Groth, Otto, Die Zeitung. 4 Bde. Mannheim 1928–1930.

Hagenah, Ulrich, Rheinische Intelligenzblätter von 1727 bis zur Mitte des 19. Jahrhunderts. T. 2: Überlegungen zur Geschichte, zur Inhaltsanalyse und zur Typologie anhand ausgewählter Beispiele. Köln 1990.

Heuer, Gerd F., Anzeigenwesen. In: HdP 3, 1969, 260–278.

Hollmann, Wolfgang, Justus Mösers Zeitungsidee und ihre Verwirklichung. München 1937.

Huneke, Friedrich, Die 'Lippischen Intelligenzblätter' (Lemgo 1767–1799). Lektüre und gesellschaftliche Erfahrung. Bielefeld 1989.

Kempf, Thomas, Aufklärung als Disziplinierung. München 1991.

Kootz, Robert, Der preußische Intelligenz-Zwang von 1727 bis 1849. In: Zeitungsverlag 7, 1906, 1155–59.

Krünitz, Johann G., Intelligenz-Anstalt. Intelligenz-Wesen. In: Ökonomische Enzyklopädie, 30. T. Berlin 1784, 424–441.

Max, Hubert, Intelligenzblatt – Intelligenzwesen. In: HdZ 2, 1941, 1806–1845.

Meyer, Hans-Friedrich, Zeitungspreise in Deutschland im 19. Jahrhundert und ihre gesellschaftliche Bedeutung. Diss. Münster 1969.

Neumann-Hartmann, F. W., Über das sogenannte Intelligenzwesen, mit besonderer Beziehung auf unser Vaterland. In: Altpreussische Monatsschrift 6/1869, H. 2, 142–160.

Petrat, Gerhardt, Das Intelligenzblatt – eine Forschungslücke. In: Presse und Geschichte II. Hrsg. v. Elger Blühm/Hartwig Gebhardt. München 1987, 207–232.

–, Wir ersuchen unsere Landsleute. Das Medium Intelligenz-Blatt als Initiator regionaler Wirtschaftspolitik im 18. Jahrhundert. In: Medientexte 5/1994, Bremen, 152–182.

Pierer, H. A. (Hrsg.), Universal-Lexikon der Gegenwart und Vergangenheit... Bd. 34, Altenburg ²1846, 355–418: Zeitungen und Zeitschriften.

Prutz, Robert E., Geschichte des deutschen Journalismus, 1. T. Göttingen 1845, 241 ff: Die Intelligenz- und Anzeigeblätter.

Remppis, Hermann, Die württembergischen Intelligenzblätter von 1736–1849. Berlin 1922.

Schacht, Hjalmar, Zur Geschichte des Intelligenzwesens. In: Die Grenzboten 61, 2, 1902, 545–552 u. 605–612.

Schneider, Falko, Öffentlichkeit und Diskurs. Bielefeld 1993.

Schwarzkopf, Joachim v., Über politische Zeitungen und Intelligenzblätter in ... (Es folgen Übersichten für viele Länder, so für Dänemark, Schweden, Rußland, das osmanische Reich, Spanien, Portugal, auch die überseeischen Gebiete). In: Allgemeiner Literarischer Anzeiger 5/1800, 41 ff.

–, Uebersicht der sämtlichen Intelligenz- und Nachrichtenblätter in Deutschland. In: Neues Hannöversches Magazin. 6. Stück v. 27.6.1801, 961–976 u. 61. Stück v. 31.7.1801, 977–980.

–, Ueber politische und gelehrte Zeitungen, Meßrelationen, Intelligenzblätter. Frankfurt a. M./Gotha/Erfurt 1802.

Stiebnitz, Die Intelligenzblätterkunde für den nicht unterrichteten Privatmann. Weimar 1802.

Traub, Hans, Zeitungswesen und Zeitungslesen. Dessau 1928.

Winkler, Karl T., Handwerk und Markt. Stuttgart 1993.

Wuttke, Heinrich, Die deutschen Zeitschriften und die Entstehung der öffentlichen Meinung. Hamburg 1866.

Gerhardt Petrat, Bremen (Deutschland)

81. Geschichte des General-Anzeigers

1. Einordnungskriterien
2. Voraussetzungen
3. Grundlagen und Entwicklung des General-Anzeigers als Gattungstypus
4. Definition
5. Literatur

Die Errungenschaft der Pressefreiheit kam noch um die Mitte des 19. Jhs. nur einer begrenzten, gebildeten Schicht zugute. Bildungsbestrebungen und Meinungsdiskussion beherrschten die politische Tagespresse nach 1850. Unter diesem Blickwinkel läßt sich die Entwicklung zur Parteipresse als dominante Erscheinung dieses Jahrhunderts klassifizieren. Im Gegensatz zur politischen brachte erst die industrielle Revolution eigentlich neue Leserschichten hervor, deren Bedürfnisse nicht mit dem vorhandenen Angebot zu befriedigen waren, weil es ihre Rezeptionsmöglichkeiten überschritt. Vor allem im angelsächsischen Raum setzten sich mit der frühen Industrialisierung erstmals entsprechende Einsichten und neue Formen der Presse durch, Vorstellungen, die in der Zeitung weniger das Instrument zur Verbreitung von Ideen, sondern hauptsächlich zur Information und Unterhaltung sahen. George Newnes, 1881 Gründer des populären englischen Wochenblattes 'Tit-Bits', das binnen kurzer Frist eine Auflage von 700.000 Exemplaren erreichte, formulierte das Programm in einem Satz: „To give the people what interests them and not what should interest them." Demnach ist das Problem der Popularisierung und Publizitätssteigerung des Mediums Zeitung ebenso als ein wesentliches Kennzeichen der Pressegeschichte des 19. Jhs. hervorzuheben. Die Entwicklung in Deutschland verlief über den Typus Generalanzeiger. Erste 'Zeitungen für alle' mit verhältnismäßig hoher Auflage entstanden während der dreißiger Jahre des 19 Jhs. fast gleichzeitig in den Vereinigten Staaten und in Frankreich, setzten sich nach 1855 in Großbritannien und zu Beginn der achtziger Jahre in Deutschland durch. Diese neuen Publikationsorgane traten mit dem Anspruch auf, volkstümlich zu sein, und erfreuten sich rasch einer außerordentlichen Beliebtheit. Ihren Erfolg belegten nicht allein die hohen Druckauflagen, sondern die Zahlen über echte Abonnenten. Man kann demzufolge mit Recht von einer 'populären' Presse sprechen.

1. Einordnungskriterien

In etymologischer und entwicklungsgeschichtlicher Hinsicht setzte der Terminus 'General-Anzeiger' über seinen Wortstamm die lange Tradition eines überlieferten Publikationstitels fort, der allerdings im Laufe der Zeit einem ständigen Bedeutungswandel unterlag und analog dazu unterschiedlichen Erscheinungsformen innerhalb des Pressewesens als Benennung diente. Schon während des 18. Jhs. gehörte die Bezeichnung 'Anzeiger' zu den geläufigen Publikationstiteln. Der Begriff erfaßte in weitgespanntem Rahmen die öffentliche Verbreitung privater Mitteilungen ohne allgemein interessierenden Nachrichteninhalt, zunächst aber periodische Schriften, die gelehrte Aufsätze oder amtliche Verlautbarungen enthielten. Erst im Zuge einer Spezialisierung des Begriffs 'Anzeige' im Sinne des bezahlten Inserats, der hauptsächlich Privatinteressen dienenden Annonce, wandelte sich der Titel 'Anzeiger' zum Synonym für das Annoncenblatt, eine Entwicklung, die in das 19. Jh. hineinreichte. An eine solche Funktion knüpften die neuen Publikationsorgane an, die in der Auflösungsphase des behördlich privilegierten bis staatlich gelenkten und genutzten Intelligenzwesens um 1850 mit der Absicht gegründet wurden, diesem Institut eine Alternative auf privatwirtschaftlicher Basis entgegenzusetzen. Wenn deren Herausgeber ihre Blätter nunmehr 'General-Anzeiger' nannten, so sollte der hinzugefügte Terminus zweifellos die Qualität des Inseratenteils hervorheben. Das damit benannte Produkt sollte ein allumfassender, ein über eine Vielzahl und Vielfalt von Einzelanzeigen verfügender 'Anzeiger' sein. Die Titelbezeichnung stellte im übrigen keine für Deutschland eigentümliche Wortschöpfung dar, sondern fand zum Teil schon früher im Pressewesen europäischer Nachbarstaaten entsprechende Anwendung. Bereits 1835 brachte Léonce de Lavergne das nur in wenigen Ausgaben erschienene 'Journal General de France' heraus. Als 'General Advertiser' wurde der Begriff ebenso im angelsächsischen Sprachgebrauch geläufig. Das erste inländische Publikationsorgan gleichen Namens erschien 1845 in Leipzig in Kommission gedruckt bei C. H. Hoßfeld als 'General-Anzeiger für Deutschland / Organ für allen Verkehr, Handel und Wandel', der sich bezeichnenderweise als das „billigste unter allen deutschen Intelligenzblättern" ausgab. Dieser Hinweis unterstrich die bewußte Anlehnung des neuen rein privatwirtschaftlich organisierten Produktes an die überlieferte, in Preußen staatsmonopolistische Erscheinungsform. Hatte sich bis dahin der Begriff 'Anzeiger' weitgehend auf das 'Annoncenblatt' eingeengt, traten für eine spätere Zeit auch frühere Funktionen und Merkmale wieder in den Vordergrund. So brachte beim vollentwickelten Typus der achtziger Jahre der Titel 'General-Anzeiger' die allgemeine Erweiterung der inhaltlichen Universalität zum Ausdruck, bezog sich sowohl auf die Vielfalt des Inseratenteils unter Einschluß amtlicher Bekanntmachungen wie auf die Fülle des redaktionellen Stoffs von der Nachricht über die Belehrung bis zur feuilletonistischen Unterhaltung.

Der Titel 'General-Anzeiger' ist demnach nicht als hinreichendes typologisches Merkmal zu verstehen. Im Zusammenhang mit dem Terminus muß zwischen einem Publikationstitel, der Zeitungsgattung sowie einzelnen Formprinzipien unterschieden werden. Als Bedingung für die Gattungszugehörigkeit ist die Funktion als vollwertiges Presseorgan vorauszusetzen. Einzelne Formprinzipien haben sich demgegenüber unabhängig voneinander entwickelt, vor einer Ausprägung zur Gattung schon bestanden und sich in neuen Verbindungen erhalten.

2. Voraussetzungen

Die beispiellose Entwicklung der industriellen Produktivkräfte in der zweiten Hälfte des 19. Jhs. war Konsequenz eines grundlegenden Wandels staatlicher Infrastruktur, erkennbar in Vorgängen wie der Heranbildung einer Industriearbeiterschaft, Verstädterung der Menschen, Schaffung eines einheitlichen Nationalmarktes, schließlich der Konzentration des Kapitals und seiner gezielten Verwendung in der Produktion. Veränderungen in der Bevölkerungsstruktur beeinflußten Umfang und Zusammensetzung einer potentiellen Rezipientenschaft. Entwicklungstendenzen in Wirtschaft und Industrie fanden ihre Entsprechung im ökonomischen Wandel des Zeitungsunternehmens, wirkten sich direkt und indirekt auf Drucktechnik und Anzeigenwesen aus. Parteienlandschaft, politisches Klima und politische Entscheidungen schufen Rahmenbedingungen des Mediums, letztere beispielsweise durch Pressegesetze und deren Handhabung, indirekt jedoch auch durch Unterdrückung oder Behinderung bestimmter parteipolitischer Gruppierungen (Kulturkampf, Sozialistengesetz). Veränderten Bedingungen im soziokulturellen Bereich, besonders im Bildungswesen, standen Modifikationen der Zeitungsstruktur bis hin zur formalen und inhaltlichen Umgestaltung des redaktionellen Textes gegenüber. Die Stadt und ihr unmittelbarer Umkreis bot sich, gemessen an den Größenordnungskategorien des Pressewesens, als lokaler bis regionaler Zeitungsmarkt dar. Für die Entstehung publizistischer Medien mit massenhafter Verbreitung auf dieser Ebene war dabei eine möglichst hohe Einwohnerzahl des urbanen

Zentrums erste Voraussetzung. Längerfristig erfolgreiche und eigenständige Generalanzeiger setzten sich nicht von ungefähr vor allem in expandierenden Mittel- und Großstädten durch.

3. Grundlagen und Entwicklung der Generalanzeiger als Gattungstypus

Für die strukturelle Entwicklung des deutschen Pressewesens in der zweiten Hälfte des 19. Jhs. war charakteristisch, daß sich diverse Eigenschaften, die erst im Zusammenhang populäre Zeitungen konstituierten, über einen relativ langen Zeitraum zunächst in Ansätzen auftraten und separat heranbildeten.

3.1. Ausprägung einzelner Merkmale

Einerseits war die Tradition reiner Insertionsorgane, von Intelligenzblättern, teilweise mit ersten Formen redaktionellen Inhalts, von lokalen Anzeigern und nach 1845 auch von Zeitungen mit der Titelbezeichnung 'General-Anzeiger' auszumachen. Es gab Versuche, in Verbindung mit frequentierten Verkehrsmitteln oder besonders augenfälligen Informationsträgern die Publizität zu steigern. Die 'Eisenbahn-Zeitungen' waren ein Beispiel dafür, ein anderes die 'Plakat-Anzeiger', die sich für die siebziger Jahre etwa in Regensburg, Speyer und Nürnberg nachweisen lassen, lediglich der Verbreitung und Aufnahme von Annoncen dienten und ohne politischen Inhalt blieben. Andererseits zeichnete sich bei einzelnen Gründungen im Bereich der Tagespresse zum Teil schon in der kurzen Phase liberaler Entwicklung nach der Revolution von 1848 eine Pointierung zwar nicht neuer, aber offensichtlich in stärkerem Maße nutzungsfähiger inhaltlicher Prinzipien ab. So vermochten Aaron Bernstein und Hermann Holdheim, Herausgeber der zwischen 1849 und 1853 als Morgenblatt erschienenen 'Urwähler-Zeitung', dem Berliner Tagesjournalismus über ihr Publikationsorgan ein noch nicht gekanntes „Flair der Volkstümlichkeit" mit Darbietungen selbst spröden Materials, etwa wirtschaftlichen oder naturwissenschaftlichen Stoffs zu verleihen. Neue Perspektiven lokaler Berichterstattung kündigte Rudolf Mosse 1871 im Programm für das 'Berliner Tageblatt' an, wobei er auf die wachsende Bedeutung der neuen Reichshauptstadt hinwies. Das erste deutsche Blatt jener Zeit, in dem Parteilosigkeit nicht nur latent praktiziert wurde, sondern das eine solche Haltung als Vorzug und inhaltliches Prinzip proklamierte, war die seit dem 1. September 1881 herausgegebene 'Tägliche Rundschau', die sich selbst als „Zeitung für Nichtpolitiker, zugleich ein Ergänzungsblatt zu den politischen Organen jeder Partei" einstufte. Beispiele für eine redaktionelle Umorientierung waren zuerst und vor allem im Berliner Pressewesen zu finden. Diese Stadt wies bereits vor 1871 den im deutschen Raum höchsten Grad an urbaner Entwicklung auf.

3.2. Anzeigenwesen

Am 1. Januar 1867 kündigte Rudolf Mosse die Gründung seiner Berliner Firma an, mit der er „die Gesamtorganisation des deutschsprachigen Anzeigengeschäfts" plante. Die Tatsache, daß der Presse im Hinblick auf ihre Funktion als Inseratenträger über solche Annoncenexpeditionen ein selbständiges Hilfsgewerbe erwuchs, war Symptom für die Neuorientierung und den Bedeutungszuwachs des Anzeigenwesens in der zweiten Hälfte des 19. Jhs. Zwar hatten die Intelligenzblätter einen wichtigen Beitrag zur Systematisierung dieser Vermittlungsfunktion geleistet. Dennoch blieben ihnen bestimmte Bereiche wirtschaftlicher Bedarfsregelung noch weitgehend verschlossen. So untersagte beispielsweise die Zunftordnung, daß sich Handwerker durch werbende Maßnahmen Vorteile gegenüber ihren Berufsgenossen verschafften. Bereits während der folgenden Jahrzehnte bis zur Liberalisierung des Presserechts festigte sich der in seinen Anfängen unverbindliche und periphere Zusammenhang zwischen Zeitung und Anzeige zur strukturellen Synthese: Aus dem erwünschten Nebenverdienst wurde das unverzichtbare Finanzierungsmittel. Schon während der sechziger Jahre überwog bei der 'Vossischen Zeitung' der Inseratenteil mit Werten zwischen 62 und 69 Prozent des Gesamtumfangs gegenüber dem redaktionellen Text. Die Anzeige als inhaltliches Strukturelement des gedruckten publizistischen Mediums war demnach vor dem Erscheinen gattungsspezifischer Generalanzeiger prinzipiell ausgeprägt. Die allgemeine Definition des Begriffs als „Bekanntmachungen, die sichtbar dem Interesse des Bekanntmachenden dienen und daher meist bezahlt werden" umfaßt ein Feld von Erscheinungsformen, daß sich gerade im späten 19. Jh. ausweitete und festigte. Die daran angeknüpften Systematisierungsversuche führten im wesentlichen zu vier Kategorien: Amtliche Anzeigen, Familien-, Geschäfts- und Kleininserate.

Der zunehmende Bedarf der Zeitungsverlage an einer neuen finanziellen Basis korrespondierte mit dem steigenden Interesse der sich industrialisierenden Wirtschaft an dem einer Massenproduktion adäquaten, unter deren Bedingungen erforderlichen Medium systematischer Kundeninformation und Absatzpflege. Der Bedeutungszuwachs der Anzeige ergab sich jedoch nicht nur aus einer stärkeren Nachfrage seitens kommerzieller Inserenten. Vielmehr trug gerade die private 'Gelegenheitsankündigung' in erheblichem Maße zur Belebung des Annoncenwesens bei. Obschon die über diese Anzeigenart erzielten finanziellen Erträge im Verhältnis zu den Einnahmen aus Geschäftsinseraten bei keinem Zeitungstyp dominierten, waren Wert und Wirksamkeit entsprechender privater Annoncen nicht allein mit absoluten Zahlen zu messen. Einmal erwies sich der Auftragsbestand an 'Kleinen Anzeigen' verglichen mit dem an Geschäftsinseraten als relativ unabhängig von wirtschaftlichen Konjunkturschwankungen und damit als ein wichtiger Faktor der Stabilität. Zudem stellte man fest, daß sich die Quantität der 'Kleinen Anzeigen' offensichtlich mitentscheidend auf den Zufluß anderer Annoncen auswirkte. Ein hoher Nutzungsgrad hinsichtlich der privaten Bedarfsvermittlung wurde als ein Zeichen dafür deklariert und gewertet, daß die Zeitung in die Hände vieler Kauflustiger gelangte, auf diese Weise mit der Resonanz des eigenen Inseratenteils warb und somit kommerzielle Großinserenten anzog. Das Beispiel der Generalanzeiger belegt, daß ein planvoller Rückgriff auf solche Verstärkungseffekte in der Tat zum Erfolg führte. Systematisch versuchte man den Bestand an 'Kleinen Anzeigen' zu erweitern, nicht zuletzt dadurch, daß Abonnenten vielfach die Vergünstigung einer kostenlosen Annonce erhielten. So wurde dem redaktionellen Teil und seiner leserbindenden Eigenschaft im Anzeigenbereich ein System der Inserentenbindung an die Seite gestellt. Das Insertionsprinzip hatte sich bis 1850 ausgeprägt, erfuhr bis 1870 zunächst eine starke quantitative Belebung und danach zudem einen qualitativen Wandel.

3.3. Initiatoren

Gerade auf Verlagsebene schlug sich die quantitative Ausweitung und qualitative Veränderung der Erfordernisse inhaltlicher Gestaltung und technischer Herstellung von Publikationsorganen im Zwang zur Aufgabenteilung nieder. Ein wesentliches Kriterium des Zeitungsbesitzers und -herausgebers der vorindustriellen Phase war sein aktives Mitwirken im gesamten Produktionsprozeß gewesen. Das Aufgabenspektrum verlagerte sich im wesentlichen auf eine administrative Tätigkeit: Der Verleger wurde zum vielseitigen Organisator. Er bewahrte seine universelle Verantwortlichkeit, war sogar gezwungen, in dem Maße einer Spezialisierung entgegenzuwirken, wie der sich verkomplizierende Herstellungsprozeß einer Koordination bedurfte, um Existenz und Erfolg der Zeitung zu sichern. Dem widersprach nicht, daß ein in erster Linie wirtschaftlich kalkulierender Zeitungsproduzent, auf eigene Aktivitäten im redaktionellen Bereich verzichtend, dieses Aufgabengebiet qualifizierten Journalisten überließ und ihnen im Rahmen einer allgemeinen Grundhaltung des Blattes bis zur Grenze der Rentabilität des Unternehmens publizistischen Freiraum zubilligte. Rudolf Mosse oder aber Wilhelm Girardet können dafür als Beispiele dienen.

1874, das Jahr der Liberalisierung des Presserechts, war für diese Entwicklung ein zweifellos wichtiger zeitlicher Fixpunkt. Veränderungen in betriebs- und nachrichtentechnischer, anzeigenwirtschaftlicher und berufsständischer Hinsicht hatten sich bis dahin bereits angebahnt und erhielten durch diesen Anlaß zusätzlichen Impuls. Dies schlug sich in der Zunahme der Zeitungsgründungen nach 1874 nieder. Die Existenz gerade der schnell konzipierten Produkte war vielfach jedoch nur von begrenzter Dauer. Die Einführung eines Titels wurde nach dem Fortfall aller pressespezifischen Beschränkungen zwar erleichtert. Demgegenüber traten in der gegebenen historischen Situation zu den üblichen Startschwierigkeiten neuer Blätter erschwerende äußere Umstände hinzu. Die Gründerkrise nach 1873, der allgemeine wirtschaftliche Konjunkturabschwung dieser Jahre, bot für Zeitungen in ihrer Eigenschaft als gewerbliche Unternehmen, zumal für jene, die sich stark von Anzeigeneinkünften abhängig machten, zunächst keine optimalen Voraussetzungen. Für den Aspekt der Leichtfertigkeit entsprechender Projekte sind im wesentlichen zwei Ansatzpunkte zu nennen: die mangelnden Fähigkeiten vieler Initiatoren und die falsche Einschätzung der Bedarfslage für einen bestimmten Zeitungstypus am konkreten Ort. Aufgrund solcher individuellen Bedingungen scheiterten zahlreiche Gründungen auch über die Zeit der Wirtschaftskrise hinaus.

Intuition und Innovationsbereitschaft, Kenntnisse im Verlagswesen, die Erfassung von Marktlücken und Bedarfsdefiziten waren von ebenso wichtiger Bedeutung wie finanzielle Mittel. Entscheidend aber war vor allem die Erkenntnis, daß die Form des reinen Inseratenblattes oder eines Organs mit nur unwesentlichem redaktionellen Teil keine Entwicklungsmöglichkeiten mehr bot, vor allem kein Instrument dauerhafter Bindung eines festen Leserkreises sein konnte. Erst die Konsequenz daraus, das Verständnis vom Generalanzeiger als Zeitung, der bilaterale Ausbau und die bewußte Gleichsetzung von Anzeigen- und redaktionellem Textinhalt, entsprach der eigentlich tragfähigen Idee. Die Erkenntnis von der Entwicklungsfähigkeit jener Blätter im Rahmen der Zeitungsstruktur beruhte auf der Erfahrung verschiedener Verleger, die individuell zu diesem Prinzip fanden, deren erste Versuche meist noch von anderen Prämissen ausgingen. Ein typisches Beispiel für einen solchen Entwicklungsablauf ist Gustav Jockwers 'General-Anzeiger für Düsseldorf und Umgegend', 1876 als reines Insertionsorgan gegründet. Noch im gleichen Jahr dehnte man das inhaltliche Spektrum auf Unterhaltungsstoff aus. Bis zur Jahrhundertwende wurde daraus eine vollwertige Zeitung mit umfangreichem Nachrichtenteil.

Während beispielsweise August Scherl als Verlagsbuchhändler und August Huck als Besitzer einer Schriftgießerei zunächst nur peripheren Kontakt zum Pressewesen besaßen, verfügten August Madsack als gelernter Buchdruck- und Zeitungsfachmann sowie Wilhelm Girardet als Verleger zeitschriftenähnlicher Fachanzeiger bereits von vornherein über direkte Erfahrungen. Wenngleich die Gründer populärer Zeitungen auf eine Schicht etablierter, zum Teil über eine Generationenfolge hin alteingesessener Verleger trafen, spielten dennoch bei diesem Gegensatz weniger die berufliche Herkunft als vielmehr Fragen konzeptioneller Unterschiede eine ausschlaggebende Rolle. Joseph La Ruelle, der am 28. Juni 1871 erstmals den 'Aachener Anzeiger' herausgab, gilt nicht nur als Schöpfer des Generalanzeigertyps in Deutschland, sondern ist zweifellos als einer der experimentierfreudigsten Produzenten dieser Erscheinungsform zu bezeichnen. Obschon seine Vorhaben zum Teil nur kurzfristig überdauerten oder das Versuchsstadium nicht überschritten, war das in diese Projekte investierte Spektrum an Ideen in jedem Fall bemerkenswert. 1875 wandelte er das Aachener Publikationsorgan, nachdem es in der ursprünglichen Form wenig Resonanz gefunden hatte, in ein „Gratis Annoncenblatt, verbunden mit einem Feuilleton" um. Im gleichen Jahr dehnte La Ruelle die Aktivitäten nach Köln aus, wo insofern Chancen für ein ausgesprochenes Lokalblatt bestanden, weil die renommierte 'Kölnische Zeitung' kaum ein Fünftel ihrer Auflage in der Stadt selbst absetzte. Doch sein 1875 gegründeter 'General-Anzeiger der Stadt Köln' vermochte sich nur ein gutes Jahr zu halten. 1876 beantwortete der Verlag DuMont-Schauberg die Herausforderung mit dem 'Stadt-Anzeiger der Kölnischen Zeitung', der in 35.000 Exemplaren auf den Markt kam und mit einem gegenüber der Konkurrenz auf 10 Pfg. pro Zeile halbierten Inseratenpreis aufwartete. Bereits nach wenigen Tagen war diese Auseinandersetzung entschieden: Mit der Ausgabe vom 15. November 1876 stellte La Ruelles Zeitung ihr Erscheinen ein. Für das Unternehmen DuMont-Schauberg aber brachte das neue Organ ersichtliche Vorteile. So waren erst die drastisch reduzierten Anzeigenpreise den innerstädtischen Wirtschaftsverhältnissen wieder angemessen. Die nächste Station in La Ruelles Schaffen bildete der 1881 gestartete 'General-Anzeiger der Kreise Montjoie, Eupen, Schleiden, Jülich, Geilenkirchen, Düren, Heinsberg, Erkelenz und des Landkreises Aachen', ein Wochenblatt mit betont regionaler Verbreitung. Ungeklärt ist der Entwicklungsverlauf seines wohl anspruchsvollsten Projektes. Die „Billigste Zeitung für Arm und Reich" aus dem Jahre 1882 sollte auch überregional vertrieben werden. Erscheinungsort war Aachen, darüber hinaus bestand eine Agentur in Danzig. Wenngleich sich die Existenz des Blattes nur durch einige überlieferte Probenummern nachweisen läßt, verdient es allein schon durch seinen geradezu programmatischen Titel und die im Gründungsprospekt umfangreich dargelegte inhaltliche Konzeption besondere Hervorhebung. Versuche, gezielt auf überregionaler Ebene Leserschaften zu gewinnen, blieben für die Generalanzeiger insgesamt untypisch.

Im Hinblick auf die Publizität der Gattung und die auf sie abzielende Kritik gingen von Gründung und Erfolg einer bestimmten Zeitung besondere Signalwirkungen aus: Während August Scherl die Einführung seines 'Berliner Lokal-Anzeigers' am 3. November 1883 angesichts der damals unerreichten Auflage von 200.000 Exemplaren und der nicht unbeträchtlichen Zahl konkurrierender Blätter zunächst als „ein kühnes, unverfrorenes Beginnen" apostrophierte, hat die Vehemenz der Entwicklung dieses Publikationsorgans nicht nur solche möglichen Bedenken widerlegt, sondern Reaktionen ausgelöst, gleichermaßen anregend und beunruhigend gewirkt. Vor allem die neue Dimension der Verbreitung, eine Auflagenhöhe, die 1885 nach der Umwandlung des 'Lokal-Anzeigers' in eine Tageszeitung bei 150.000 Exemplaren ihre unterste Basis fand, ferner die Deutlichkeit des Programms und nicht zuletzt der zentrale, hauptstädtische Erscheinungsort waren Ursachen einer derart intensivierten Beachtung. So wurde der Entwicklungsverlauf dieses Blattes zum Maßstab allgemeiner gattungstypologischer Veränderungen und entsprechender Systematisierungsversuche stilisiert. Ein Beispiel ist die quantitative Zunahme des politischen Inhalts der Zeitung um die Jahrhundertwende, als 'Politisierung' beschrieben, sowie sein qualitativer Wandel im Sinne einer deutlicheren Festlegung, in diesem Fall auf eine konservativere, monarchisch-gouvernementale Haltung. Diesen Vorgang interpretierte man immer wieder als Zeichen allgemeiner Veränderungstendenzen eines Generalanzeigerprinzips. Der Name des Berliner Zeitungsproduzenten wurde für die traditionelle verlegerische Konkurrenz gleichsam zum Inbegriff für Programm und Selbstverständnis eines ganzen Typus: Das Reizwort 'Scherlismus' galt als Synonym für die Verbindung von Geschäft und Kommunikation, als Negativbegriff eines neuen Stils. Erst mit dem vollzogenen Wandel vom unbedeutenden Anzeigenblatt zur ernstzunehmenden Zeitung erkannte man die entsprechende typologische Entwicklung innerhalb des bestehenden Pressesystems allgemein als Problem. Dabei mußte das Hauptmerkmal der neuartigen Produkte zwangsläufig die meiste Beunruhigung auslösen, ein Kriterium, das gerade beim 'Berliner Lokal-Anzeiger' ganz ausgeprägt in Erscheinung trat: die quantitative und qualitative Publizitätssteigerung, das heißt Auflagenzuwachs bei gleichzeitiger Gewinnung neuer Leserschaften. Wie Scherl selbst schrieb, brachte er in der ökonomischen Funktion mit seiner Zeitung nichts Neues, aber in der Realisierung etwas noch nicht Dagewesenes. Die Werbefunktion der Zeitung konnte nicht unabhängig von ihrer kommunikativen Funktion gesehen werden, weil beide den Gebrauchswert für die jeweils andere Abnehmergruppe bestimmten. Erst die Erkenntnis einer solchen Wechselwirkung war der Ausgangspunkt einer neuen Entwicklung.

Während Scherl das Prinzip im wesentlichen anhand einer Tageszeitung erprobte, erzielten August Huck oder Wilhelm Girardet gleich mit einer ganzen Reihe entsprechender Publikationsorgane vergleichbare Wirkungen und Resultate. Wilhelm Girardet begann 1886 mit dem 'General-Anzeiger für Leipzig und Umgebung' und gründete in schneller Folge den 'General-Anzeiger für Elberfeld-Barmen' (1887), den 'General-Anzeiger für Hamburg-Altona' (1888), die 'Neuesten Nachrichten' (Chemnitz 1889) und die 'Neue Hamburger Zeitung' (1896). Außerdem erwarb er den 'Täglichen Anzeiger' (Düsseldorf 1893) und den 'General-Anzeiger für Düsseldorf und Umgegend' (1903). Ähnlich verlief die Entwicklung bei August Huck, der 1887 die 'Nürnberger Zeitung' gründete. Es folgten die 'Breslauer Neuesten Nachrichten' (1888), die 'Münchener Zeitung' (1892), die 'Dresdener Neuesten Nachrichten' (1893), die 'Bayerische Zeitung' (1896), die 'Stettiner Abendpost' (1902), die 'Württemberger Zeitung' (1907) und die 'Kasseler Neuesten Nachrichten' (1910).

3.4. Methoden und Programme

Bedeutsam für die Generalanzeiger, ihre Programmatik, Produktionsweise und Distribution war in erster Linie die systematische Anwendung verfügbarer kaufmännischer, technischer und redaktioneller Mittel. Dieses methodische Vorgehen diente insgesamt dem Ziel der quantitativen und qualitativen Publizitätssteigerung. Hinzu trat eine Vielzahl flankierender Maßnahmen, die der einzelne Verleger in unterschiedlichem Umfang nutzte. Ein verbindliches Mittel, um zunächst einmal das Interesse von Lesern wie Inserenten zu wecken, war die Gratisverteilung. Preisfortfall auf der einen, garantierte hohe Auflage auf der anderen Seite boten für beide Gruppen spezifische Anreize. Das Prinzip kostenloser Probenummern gehörte dabei innerhalb des Pressewesens durchaus schon zu den üblichen Gepflogenheiten. Neu an der Gratisverteilung der Generalanzeiger war hingegen die zeitliche Ausdehnung dieser Maßnahme. Nach dem jeweiligen Wechsel in ein festes Abonnementsystem blieb der niedrige Bezugspreis ein durchgängiges Merkmal. Die Generalanzeiger traten prinzipiell mit dem Anspruch neutraler Haltung in politischen, sozialen und weltanschaulichen Fragen auf.

Diese Absichtserklärung basierte in der Regel nicht auf einer moralischen Implikation, sondern behielt ihren Sinn nur im Rahmen der zum Ziel gesetzten Publizitätssteigerung. Neutralität entsprach unter diesen Umständen dem erklärten Versuch, die optimale Verbreitung nicht durch den Einfluß einzelner gesellschaftlicher Interessengruppen oder die Bindung an sie zu gefährden. Die redaktionellen Maßnahmen waren hauptsächlich auf eine Popularisierung des Zeitungsinhaltes ausgerichtet. Konkret umfaßte dieses Programm eine stärkere Hervorhebung informativer und unterhaltender, lokaler, tagesaktueller Themenbereiche, die sich nach Möglichkeit an den Rezeptionsbedürfnissen der Familie orientierten. Neben inhaltlichen Veränderungen wurden Modifikationen im äußeren Erscheinungsbild der Zeitung genutzt, um Aufmerksamkeit zu gewinnen. Die typographische Ausgestaltung des Titelkopfes, seine Anreicherung mit einer Vielzahl von Informationen stellte allerdings kein Monopol der Generalanzeiger dar. In gedrängter Form und schnell auffindbar lieferte man damit Lesern und Inserenten die wichtigsten Hinweise für den Kontakt mit Verlag und Redaktion. Das Feld planmäßig betriebener Abonnentenwerbung bot ein breites Spektrum individueller Möglichkeiten. Es reichte beispielsweise von der Gewährung einer Freianzeige über Prämien und Werbegeschenke bis zur Abonnentenversicherung. Zu den eingesetzten Methoden aber gehörte schließlich der überaus variable Bereich der Eigendarstellung nach außen. Während zuvor das Zeitungsverlagsunternehmen selbst kaum öffentlich in Erscheinung getreten war, wurden nun Einzelheiten der Produktionsbedingungen, interne Veränderungen etwa technischer Art publikumswirksam mitgeteilt. Selbst im repräsentativen Stil großzügiger Verlagsgebäude war neben der Funktionalität die Absicht zu erkennen, die Solidität und Bedeutung des Unternehmens zu unterstreichen, und damit letztlich ein Mittel integriert, das der permanenten Publizität der Zeitung dienen sollte.

Die Gepflogenheit, Selbstverständnis und Zielsetzung publizistischer Medien zum Auftakt ihres Erscheinens anzukündigen und damit zu manifestieren, zählte auch im Kontext der Pressegeschichte des 19. Jhs. zu den üblichen Einführungspraktiken. In dem Maße allerdings wie bei dem Gattungstypus Generalanzeiger durch eine hohe Anfangsauflage gleich ein immenser Kreis von potentiellen Rezipienten angesprochen und gegebenenfalls interessiert werden konnte, gewann das solcherart vervielfältigte und verbreitete Programm der Zeitung, seine treffende Formulierung und sein populärer Charakter an publizitätsfördernder Bedeutung. Der Vergleich programmatischer Ankündigungen und Grundsatzerklärungen läßt bei den Generalanzeigern einen hohen Grad an Entsprechung erkennen. Die Funktion als Zeitung, in redaktioneller und anzeigenwirtschaftlicher Hinsicht, wurde deutlich zum Ausdruck gebracht. Die Formulierung war dabei mit unterschiedlicher Gewichtung auf lokale Bedingungen und Besonderheiten zugeschnitten. Außerdem machte sich mit zunehmender Entwicklung, also vor allem bei den späteren Generalanzeigergründungen in der Regel eine stärkere inhaltliche Differenzierung des Programms bemerkbar: Das redaktionelle Konzept wurde detaillierter geschildert und mehr in den Mittelpunkt gestellt. La Ruelles 'Billigste Zeitung für Arm und Reich' wartete dabei schon 1882 mit einem nach Sparten geordneten Plan auf.

3.5. Widerstände und Durchsetzung

Der Widerstand, den der neue Zeitungstypus hervorrief, artikulierte sich auf mehreren Ebenen. Nicht nur die Verleger der etablierten Presse, sondern vor allem auch verschiedene politische Parteien waren an dieser kritischen Auseinandersetzung beteiligt. August Helfreich, der damalige Prokurist der 'Münchner Neuesten Nachrichten', unternahm im Herbst 1893 mit Billigung seines Verlegers Georg Hirth eine regelrechte „Agitationsreise": Zweck der Bemühungen war, angesichts der mit wachsender Unruhe beobachteten Entwicklungstendenzen innerhalb des Pressewesens Interesse für eine neue Organisation traditionsbewußter Zeitungsproduzenten zu wecken. Dieser Verband kam am 7. Mai 1894 in Leipzig unter der Benennung 'Verein Deutscher Zeitungs-Verleger' (VDZV) zustande. In der Gründungssituation ging es dem VDZV zunächst um eine „Regelung des durch Preisschleuderei verdorbenen Anzeigengeschäfts", insbesondere aber um den Zusammenschluß der politisch orientierten, alteingesessenen deutschen Tagespresse und um eine Kampfstellung gegenüber der neu aufkommenden Gruppe der „politisch physiognomielosen, billigen Anzeigengeschäftsblätter". Das Aufkommen der Generalanzeiger bedeutete für die Verleger der etablierten Presse vorrangig ein wirtschaftliches Problem: Das festgefügte System der

Abonnements- und Annoncenpreise war durch die in jeder Hinsicht zunächst billigeren Blätter erheblich in Bewegung geraten. Der zunehmende Erkenntnisprozeß aber führte zu einer Auflösung starrer Positionen. So überdauerte der heftige Widerstand nur wenige Jahre, zumal er nicht einmal überzeugend vertreten werden konnte. Schließlich hatte der Verlag DuMont-Schauberg bereits 1876 mit seinem 'Stadt-Anzeiger' nicht nur La Ruelle zum Aufgeben gezwungen, sondern sein Blatt auch weiter erscheinen lassen. Längst waren weitere prominente Gründungsmitglieder des VDZV wie die 'Leipziger Neuesten Nachrichten', die 'Münchner Neuesten Nachrichten' oder die 'Frankfurter Zeitung' dazu übergegangen, lokale Anzeigen und Meldungen in separaten Organen unter der Bezeichnung 'Stadt-Anzeiger', 'General-Anzeiger' oder 'Stadtblatt' zu veröffentlichen. Indem man das Prinzip selbst aufgriff, wurde die „Entrüstung" damit sichtlich in ihrer Wirkung eingeschränkt. Bereits 1901 sah sich der Verband veranlaßt, auch konkurrierenden Generalanzeigerverlegern den Beitritt zu gewähren. Der Prinzipienstreit um die Massenpresse, um derentwillen die Traditionsverleger wenige Jahre zuvor noch glaubten, sich gesondert organisieren zu müssen, war im Grunde gegenstandslos geworden.

Zwischen Generalanzeigern und anderen Erscheinungsformen im Pressewesen kam es nach der Jahrhundertwende zu einer gegenseitigen Annäherung. Die „Politisierung des Inhalts" war weder eine kollektive Erscheinung noch bedeutete sie bereits zwangsläufig die Aufgabe des Neutralitätsprinzips, konnte aber vielfach bis zu Formen der Parteinahme führen. Dieser Prozeß blieb abhängig von der Haltung des Verlegers und seiner Stellung gegenüber Interessengruppen, letztlich aber davon, ob die Leserschaft eines Generalanzeigers eine solche Veränderung „trug" oder „vertrug". Obschon man die nach 1880 so verbreitete Benennung 'Generalanzeiger' bis in die Gegenwart nur noch in wenigen Zeitungstiteln wiederfindet: Seine formalen Spuren hat der solcherart bezeichnete Gattungstypus über seine Initialwirkung auf die Popularisierung und Publizitätssteigerung der Presse hinaus auch ohne ein solches Etikett in der heutigen Regionalpresse unübersehbar hinterlassen.

4. Definition

Die erläuterten Bedingungen und Merkmale dieser Erscheinungsform ermöglichen folgende Definition (Wolter 1981, 318): Generalanzeiger waren eine programmatisch ausgewiesene, vornehmlich im späten 19. Jh. existente Zeitungsgattung, die durch die intensive, systematische Nutzung und Optimierung vorhandener Möglichkeiten und Methoden der Produktion und Distribution, durch Verknüpfung von Maßnahmen der gleichgewichtigen bis dominanten Finanzierung durch Anzeigen, Senkung des Bezugspreises, Proklamation der Unabhängigkeit von Gruppeninteressen sowie die Popularisierung des redaktionellen Textangebots eine quantitative und qualitative Publizitätssteigerung erzielte und damit einen strukturellen Wandel innerhalb des Pressewesens bewirkte.

5. Literatur

Arntz, Hans U., Der „Remscheider General-Anzeiger" im Rahmen der Geschichte seines Typs. Remscheid 1938.

Dovifat, Emil, Die Anfänge der Generalanzeigerpresse. In: Archiv für Buchgewerbe und Gebrauchsgraphik (Leipzig), Pressa Sonderheft 1928, Heft 4, 163–184.

–, Generalanzeiger. In: HdZ 1, 1940, 1217–1232.

–, Zeitungslehre. 2 Bde. Berlin ^{5}1967.

Heuer, Gerd F., Anzeigenwesen. In: HdP 3, 1969, 260–278.

Hofmann, Hans J., Die Entwicklung der „Dresdner Neueste Nachrichten" vom Generalanzeiger zur Heimatzeitung. Dresden 1940.

Koszyk, Kurt, Deutsche Presse im 19. Jahrhundert. Berlin 1966.

Lerg, Winfried B., Die Anfänge der Zeitung für alle. Methodenkritisches zur Geschichte der Massenpresse. In: Massenpresse und Volkszeitung. Hrsg. v. Winfried B. Lerg/Michael Schmolke. Assen 1968, 1–46.

Meissner, Hans-Heinz, Das Inserat in den großen deutschen Tageszeitungen von 1850 bis 1870. Diss. Leipzig 1931.

Munzinger, Ludwig, Die Entwicklung des Inseratenwesens in den deutschen Zeitungen. Heidelberg 1902.

Pantenburg, Josef, Die Entwicklung des Anzeigenwesens der Berliner Presse von der Aufhebung des Intelligenzzwanges bis zu den Generalanzeigern. Diss. Berlin 1938.

Strüder, Rolf, Der ökonomische Konzentrationsprozeß im deutschen Zeitungswesen – unter besonderer Berücksichtigung der Provinzpresse. Diss. Heidelberg 1933.

Tenbergen, Albert, Die General-Anzeiger-Presse in Dortmund. Bochum-Langendreer 1937.

Wagner, Erich, Wertfreie Betrachtungen zum Thema „Generalanzeiger". In: Zeitungs-Verlag und Zeitschriften-Verlag 73, Nr. 14/15 vom 6. April 1976, 416–420.

Wolter, Hans-Wolfgang, Generalanzeiger – das pragmatische Prinzip. Zur Entwicklungsgeschichte und Typologie des Pressewesens im späten 19. Jahrhundert mit einer Studie über die Zeitungsunternehmungen Wilhelm Girardets (1838–1918). Bochum 1981.

Wülfrath, Karl, Von den Anfängen der deutschen Massenpresse. In: Zeitungs-Verlag und Zeitschriften-Verlag, 65, Nr. 51/52, Dezember 1968, 2442–2444.

Hans-Wolfgang Wolter, Bonn (Deutschland)

82. Geschichte der Parteizeitung

1. Einleitung
2. Frühe Ausprägungen von Tendenzpublizistik
3. Zeitschriften als Meinungsträger
4. Vormärzpublizistik und Märzrevolution
5. Parteipresse und Kommunikationskontrolle
6. Presse der Nach-Bismarck-Ära
7. Republik und politische Publizistik
8. Nationalsozialismus und Führungspresse
9. Exilpublizistik politischer Gruppen
10. Alliierte Pressepolitik der Nachkriegsjahre
11. Parteinahe Presse in einzelnen Besatzungszonen
12. Niedergang von Parteiorganen in der BRD
13. Literatur

1. Einleitung

Die von zwei britischen Historikern formulierte These, wonach Parteien und die ihnen verbundenen Presseorgane sozusagen „Siamese twins of politics" verkörpern, bezieht sich zwar primär auf die Entwicklung des Partei- und Pressewesens in England sowie in Frankreich, spricht jedoch den quasi-symbiotischen Charakter auch in anderen Ländern und zu anderen Zeiten an und trifft vielleicht in gewisser Weise auch schon in vorgutenbergischer Zeit zu. Denn seit den Anfängen menschlicher Existenz waren soziale Gemeinschaften darauf orientiert, sich wegen unterschiedlicher Auffassungen über die Ordnung und Organisation des Zusammenlebens in meinungsdivergierende Gruppen aufzugliedern. Diese Konstellation zwang auch zu unterschiedlichen kommunikativen Praktiken, um, wie Sturminger schreibt, „den Mitmenschen Auffassungen und Überzeugungen zu übermitteln und auf sie einwirken zu lassen und widerstreitenden Einflüssen zu begegnen. Deshalb gibt es, seitdem soziale Gemeinschaften überhaupt existieren, auch politische Propaganda".

2. Frühe Ausprägungen von Tendenzpublizistik

Bereits in der attischen Demokratie wirkten, um es in der Terminologie des Parteienprivilegs gemäß Art. 21 des Grundgesetzes der Bundesrepublik Deutschland auszudrücken, zahlreiche 'Parteien' an der politischen Meinungsbildung im Staate wesentlich mit. Diesen parteiähnlichen Gruppierungen war jedoch der politische Tageskampf mit dem geschriebenen Wort weniger vertraut, – es dominierte in den parteiischen Auseinandersetzungen die politische Rhetorik. Ungleich ausgiebiger als die Griechen haben dann die Römer von einer schriftstellerisch gestalteten politischen Agitation Gebrauch gemacht. Als markantestes Relikt der schriftlich fixierten Wahlagitation gelten die in Pompeji erhalten gebliebenen zahlreichen Wandinschriften mit ihrem plakatartigen Charakter.

Während in der Antike durchweg die politische Rhetorik im Mittelpunkt aller Publizistik stand, so wurde die öffentliche Kommunikation im Mittelalter primär von religiösen Aussagen geprägt, die jedoch in einer ihrer Darbietungsformen – der Homiletik – in gewisser Weise an die antike Rhetorik anknüpften. Abgesehen von Rede und Streitgespräch, von Botschaften und Heroldsaufrufen als Mitteln der politisch-publizistischen Verständigung erlitt die politische Publizistik im Mittelalter jedoch einen gewissen Rückschritt gegenüber den politisch-polemischen Streitformen der Antike. Gründete sich die Publizistik der Antike, wie Walter Hagemann betont, „auf den Pluralismus der sozialen Gebilde und den Rationalismus des Denkens, so wuchs die mittelalterliche Aussage aus dem Geist eines umfassenden religiösen Gemeinschaftsbewußtseins, das die Mittel der Aussage mehr der Lehre des gesicherten Glaubens als der Mitteilung neuer Bewußtseinsinhalte widmete". In diesem Rahmen konnte sich eine politische Publizistik nur in Ansätzen hier und dort entwickeln.

Erst nachdem Gutenbergs Erfindung eine neue Epoche eingeleitet und damit der Reformation durch das gedruckte Wort ein starkes Instrument an die Hand gegeben hatte, sind erste Ansätze für politische Publizistik auf deutschem Boden erkennbar. Ganz besonders Luthers Thesenanschlag Ende Oktober 1517, dessen publizistische Intention zunächst auf die Klärung theologischer Fragestellungen gerichtet war, dann aber rasch zu einem Politicum erwuchs und in die breiteste Öffentlichkeit gelangte, stellte letztlich eine Art 'Katalysator' für die öffentliche Meinungsbildung schlechthin dar. Daß die religiösen Gegensätze in Deutschland schließlich im Dreißigjährigen Krieg endeten, resultierte zum Teil aus der Publizistik beider 'Parteien' in den voraufgegangenen Jahrzehnten. Unzählige Flugschriften, Berichte, Briefe, Proklamationen und sonstige Dokumente geben ein Bild, wie Volk und Stände während des Dreißigjährigen Krieges propagandistisch bearbeitet wurden.

Faktisch parallel zur Etablierung der speziellen Propagandabüros von Katholiken und Protestanten entstanden die ersten periodisch erschienenen Presseorgane auf deutschem Boden. Schon recht bald zeigt sich indes eine Beeinflussung dieser frühen Zeitungen durch religiöse Gruppen. Der Pressehistoriker Opel bemerkt hierüber, daß bereits bei den ersten periodisch erscheinenden Blättern nach 1609 eindeutige Parteinahme für die katholische oder protestantische Seite in der Auswahl der Nachrichten zu erkennen sei. Auch Ludwig Salomon schreibt, daß bei diesen frühen Periodica „trotz [...] trocken referierenden Tones [...] ein aufmerksames Ohr dennoch aus den verschiedenen Zeitungen heraushören" könne, „aus welchem Lager sie hervorgegangen sind, welcher Partei sie im Grunde angehörten".

Gegen die Annahme, daß es sich bei diesen Blättern gewissermaßen um frühe Erscheinungsformen der Parteipresse gehandelt haben könnte, wendet sich entschieden Wilhelm Bauer. Generell muß bei der Betrachtung der frühen Zeitungen auch berücksichtigt werden, daß sie im absolutistischen Staat keinerlei oder doch nur äußerst begrenzte Möglichkeiten besaßen, überhaupt Meinungen, die nicht das Plazet des Souveräns besaßen, zu publizieren. Selbst der berühmte Reskript Podwils, demzufolge Friedrich der Große geäußert habe, „daß Gazetten, wenn sie intereßant seyn solten, nicht geniret werden müsten", war nur eine kurze Episode. Otto Groth ist der Ansicht, daß Friedrich der Große auf dem Gebiet der Presse „mit dem System der Unterdrückung und Einzwängung der inländischen politischen Blätter, das sein Vater durchgeführt hatte", brechen wollte, daß er jedoch keinesfalls vom modernen Gedanken der Pressefreiheit beseelt gewesen sei, sondern in erster Linie taktische Erwägungen eine Rolle spielten.

3. Zeitschriften als Meinungsträger

Da somit den Zeitungen insgesamt kaum eine politische Aktionsfähigkeit zufallen konnte, verlagerte sich die publizistische Meinungsbildung, allerdings in vorsichtiger Distanz von der Tagesaktualität, auf die Zeitschriften, die einer weit weniger streng gehandhabten Zensur unterlagen. Namentlich der Einfluß der Zeitschriften bereitete in vielem die politischen Frontenbildungen der Zukunft vor. Insbesondere seit den siebziger Jahren des 18. Jhs. entstand eine Anzahl wichtiger Periodica, zunächst nahezu ausschließlich in den protestantischen Territorien, so beispielsweise C. M. Wielands 'Deutscher Merkur' oder Schubarts 'Deutsche Chronik'. Letztgenanntes Blatt gilt als „das erste Organ, in dem liberale Ansätze deutlich werden...". Schlözers 'Staats-Anzeigen' können in gewissem Sinne ebenfalls „als politisches Organ des deutschen Frühliberalismus" angesehen werden. Auf publizistischem Sektor zunächst nicht ähnlich aktiv wie die frühliberalen Herausgeber von Periodica, hatte doch der Konservativismus z. B. in dem Osnabrücker Publizisten Justus Möser einen hervorragenden Streiter. Bestand die Publizistik des Frühkonservativismus vor 1789 vornehmlich in einem Kampf gegen Aufklärung und geheime Gesellschaften, so war die Stoßrichtung nachher eindeutig antirevolutionär gekennzeichnet, später kamen noch nationale Strömungen hinzu.

Trotz parteiähnlicher Züge der frühliberalen und frühkonservativen Bewegungen stellten sie bestenfalls Vorformen politischer Parteien dar. Auch die Zeitschriften, so führte Otto Groth aus, „die sich um die Wende des Jahrhunderts mit politischen Dingen beschäftigten, waren lediglich Erzeugnisse *einzelner* Schriftsteller, die den Inhalt größtenteils selbst verfaßten [...] Es gab 'Aufklärer' und 'Konservative' aber jeder dieser Publizisten schrieb für sich selbst". Hinter den Periodica mit Meinungsbeiträgen standen somit noch keineswegs mehr oder weniger organisierte Gruppen im Sinne „relativ festgefügter Kampfgemeinschaften", die als Parteien zu klassifizieren wären. Auch die 'Berliner Abendblätter' Heinrich von Kleists waren ein ernsthafter Versuch, mit bescheidenen äußeren Mitteln ein populäres Blatt zu gründen, das die Weltanschauung einer modernen Literaturbewegung zum Ausdruck brachte und zugleich das Organ einer politischen Partei sein wollte, ohne daß dies die erste echte Parteizeitung war.

In den Freiheitskriegen waren es der 'Rheinische Merkur' von Joseph Görres, die 'Teutschen Blätter' von F. A. Brockhaus in Leipzig, die gleichlautenden 'Teutschen Blätter' Rottecks in Freiburg, Arndts 'Wächter' sowie die 'Nationalzeitung der Deutschen' neben anderen, die an der Spitze der deutschen Presse zur Niederwerfung Napoleons anfeuerten. Indes war es dem kleinen Sachsen-Weimar vorbehalten, nach der Einführung der Pressefreiheit durch den Großherzog im Jahre 1816 ein in ganz Deutschland gelesenes und beachtetes Pressewesen aufzubauen, welches in Leitartikeln die herrschenden Zustände dermaßen kritisierte, daß man zahlreiche dieser Blätter, wie ein Zeitgenosse meint, „zu dem Besten rechnen kann, was die deutsche journalistische Literatur geliefert" hat. Die 'Weimarische Zeitung' als Oppositionsblatt galt zwischen 1817 und 1820 als die „bedeutendste damalige politische Zeitung" und wurde von Ludwig Wieland, dem Sohn des Dichters, sowie von J. B. von Pfeilschifter geleitet.

Neben der geschilderten Weimarer Meinungspresse trat nach 1815 ein besonders profiliertes rheinisches Zeitungswesen hervor; ähnlich war es in Württemberg. Doch erst nach der Julirevolution von 1830 bahnte sich in Deutschland eine engere Verbindung zwischen (partei)politischen Gruppierungen und bestimmten Presseorganen an, „die für das politische Leben wie für die Entwicklung des Zeitungswesens gleich wichtig" wurde, zumal es sich bei der Erhebung maßgeblich um eine quasi-journalistische Revolution handelte. Namentlich Johann Georg August Wirth war es, der in seiner ab Anfang Juli 1831 publizierten Zeitung 'Deutsche Tribüne' einen kämpferischen Liberalismus pflegte. Als diese Zeitung von der publizistischen Bühne verschwand, erschien für kurze Zeit mit dem Freiburger Blatt 'Der Freisinnige' ein liberales Organ, zu dessen führenden Köpfen Rotteck und Welcker zählten. Als literarisch-politische Vereinigung ist auch und vor allem die Gruppe 'Junges Deutschland' zu nennen, die ebenfalls eine kurzlebige, jedoch vielbeachtete Zeitschriftenpublizistik betrieb, darunter die 1835 entstandenen und im gleichen Jahr wieder verbotenen Periodica 'Deutsche Blätter' und 'Deutsche Revue'.

Auf katholischer Seite erlangte zu Beginn der dreißiger Jahre die Zeitschrift 'Eos' trotz ihrer Kurzlebigkeit einige Bedeutung als Meinungsorgan. Nach übereinstimmender Auffassung der Forschung wurde jedoch erst 1838 mit der Gründung der 'Historisch-politischen Blätter für das katholische Deutschland' der eigentliche „Markstein in der deutschen katholischen Publizistik" gelegt, wie Koszyk schreibt. Die preußischen Konservativen brachten als eine ihrer frühesten Publikationen das 'Berliner Politische Wochenblatt' heraus, das, nach Groth, als Organ „der konservativen Ultras, der christlich-germanischen Romantiker" aus dem Kreis der Gebrüder Gerlach und des späteren Generals von Radowitz getragen wurde. Eine besondere Rolle unter den frühen Meinungsblättern fiel der Anfang 1842 gegründeten 'Rheinischen Zeitung' zu, deren Chefredakteur Karl Marx war. „Er gab", wie Kurt Koszyk feststellt, „der 'Rheinischen Zeitung' jene kritische, geschlossene Form, die ihr bald den Ruf eintrug, die erste politische Zeitung Deutschlands zu sein – was allerdings nur mit Einschränkungen stimmt. Richtig ist jedoch, daß bis dahin keine deutsche Tageszeitung eine so klar formulierte Tendenz vertreten hatte. Sie wurde damit zum Muster für die gesamte zeitgenössische deutschen Presse".

4. Vormärzpublizistik und Märzrevolution

Meinungsblätter liberaler, frühsozialistischer, katholischer oder konservativer Provenienz erlitten während der Zeit des Vormärz jedoch durch häufige Verbote, Beschlagnahmungen und ähnliche Beschränkungen seitens der Regierungen erhebliche Einbußen ihrer potentiellen Wirkungsmöglichkeiten. Trotz der mannigfachen Pressebehinderungen war jedoch seit den frühen vierziger Jahren der Strom der Meinungspresse kontinuierlich angeschwollen. Diese Blätter nahmen auf Initiative einzelner Redakteure oder Verleger bzw. Herausgeber bestimmte politische Grundhaltungen in ihre Spalten auf, ohne indes in materielle Abhängigkeiten von politischen Gruppierungen zu geraten. Die Vorphasen einer deutschen Parteipresse liegen somit eindeutig in der Zeit des Vormärz, ohne daß dies von den Zeitgenossen deutlich registriert wurde. Obwohl derartige Blätter so etwas wie eine politische Linie verfolgten, sind sie jedoch keineswegs als Partei*organe* im später gebräuchlichen Sinne anzusehen, da hinter ihnen keine festeren Organisationen standen. Die herrschende Auffassung setzt den Beginn der Entstehung politischer Parteien in Deutschland erst mit dem Revolutionszeitraum 1847/48 an.

Aus dem Kreise der badischen Opposition hatten Welcker und andere Politiker bereits seit Dezember 1846 ein großes publizistisches Organ vorbereitet, die 'Deutsche Zeitung', die ab dem 1. Juli 1847 in Heidelberg herauskam und die Ludwig Bergsträsser einmal als die „erste eigentliche Parteizeitung" auf deutschem Boden bezeichnet hat. Die früheste der bedeutenden Neugründungen während der Revolutionszeit überhaupt war die liberale 'National-Zeitung', die am 1. April 1848 zum ersten Male in Berlin erschien. Sie war von bedeutenden Repräsentanten der liberalen Bewegung gegründet worden, so vom Stadtrat Duncker, dem Pädagogen Diesterweg, dem Ingenieur Siemens sowie von einer Reihe liberaler Schriftsteller. Als inspirierende Gruppe hinter der Zeitung stand der 'National-Zeitungs-Club', der sich wöchentlich einmal traf, um den „Inhalt, die Richtung und die Interessen der 'National-Zeitung'" zu erörtern. Dieser Club war die Keimzelle, aus der sich allmählich eine Partei formierte, die in der 'National-Zeitung' ihr Sprachrohr erblickte; der Club bildete die Vorstufe der späteren Fortschrittspartei.

Genau zwei Monate nach dem Entstehen der liberalen 'National-Zeitung' kam am 1. Juni 1848 die erste Nummer der 'Neuen Rheinischen Zeitung' in Köln unter der Chefredaktion von Karl Marx heraus, der am selben Ort sechs Jahre zuvor schon maßgeblich in der Zeitschrift 'Rheinische Zeitung' tätig gewesen war. Die publizistische Fachliteratur marxistisch-leninistischer Provenienz spricht von der 'Neuen Rheinischen Zeitung' z. B. als der „ersten sozialistischen Tageszeitung" oder „der schönsten Perle in der Schatzkammer der fortschrittlichen Publizistik der Vergangenheit", nicht aber etwa von der 'ersten kommunistischen Zeitung'. Bereits Lenin hat nämlich erkannt, daß gemäß seiner publizistischen Funktionstheorie die 'Neue Rheinische Zeitung' ihre Hauptschwäche in der Vernachlässigung der Rolle des parteibildenden 'kollektiven Organisators' aufwies, indem sie nämlich als 'Organ der Demokratie' „keinerlei organisatorische Bande mit einer selbständigen Arbeiterpartei" unterhielt und daher „den entscheidenden Platz des aufklärenden, mobilisierenden und organisierenden Zentrums" nicht einnahm.

Bereits 1847 war in konservativen Kreisen ein Zeitungsobjekt im Gespräch, das jedoch durch Uneinigkeit im konservativen Lager erst nach den Märzereignissen realisiert werden sollte. So erschien am 30. Juni 1848 die erste Nummer der 'Neuen Preußischen (Kreuz-)Zeitung' mit dem Untertitel 'Vorwärts mit Gott für König und Vaterland' als Organ der royalistischen 'Partei', denn von einer konservativen im späteren Sinne konnte zunächst noch nicht die Rede sein. Maßgeblicher Mitbegründer des Blattes war − neben Ludwig von Gerlach − Otto von Bismarck. Die 'Neue Preußische (Kreuz-)Zeitung', die das Ziel verfolgte, „Demokratie und Revolution aufs schärfste zu bekämpfen", bildete gewissermaßen den Vorläufer der Konservativen Partei, der parteibildend wirkte, so daß hier ein Fall vorliegt, wo „die Parteigründung der Zeitungsgründung gefolgt ist". Die 'Kreuzzeitung' war allerdings seit Anbeginn an bewußt „in ungleich höherem Maße als Parteiorgan gedacht" als etwa die 'National-Zeitung' oder die 'Neue Rheinische Zeitung'; sie war von „Anfang an Eigentum der konservativen Partei in des Wortes richtigstem Sinne", was bei der 'National-Zeitung' lange nicht der Fall war.

Das Jahr 1848 war auch die Zeit der katholischen politischen Tagespresse größeren Formats. Gewissermaßen als Zentralorgan der katholisch-politischen Bestrebungen entstand die 'Deutsche Volkshalle', die sich aus der am 1. Oktober 1848 in dem katholischen Kölner Verlagshaus J. P. Bachem gegründeten 'Rheinischen Volkshalle' entwickelt hatte. Nach dem Einstellen des Blattes erschien bei Bachem die traditionsreiche 'Kölnische Volkszeitung'. In Mainz, wo es seit Juli 1847 intensive Bemühungen um die Gründung einer katholischen Zeitung gegeben hatte, kam die Probenummer des 'Mainzer Journals' am 6. Juni 1848. In Stuttgart entstand am 1. Mai 1848 das 'Deutsche Volksblatt' als große katholische Regionalzeitung.

5. Parteipresse und Kommunikationskontrolle

„Will man die Entwicklung der Parteipresse seit 1850 schematisieren, so kann man sagen", bemerkt Koszyk, „das Jahrzehnt von 1850 bis 1860 stand im Zeichen der konservativen Presse, das Jahrzehnt von 1860 bis 1870 im Zeichen der liberalen Presse und das Jahrzehnt von 1870 bis 1880 im Zeichen der Zentrumspresse. Die folgenden Jahre brachten den Aufschwung der sozialistischen Presse ...". Insgesamt hatte die sozialdemokratische Presse zwar seit den mittsechziger Jahren einen beachtlichen Aufschwung genommen, hemmend wirkte sich auf die gesamte Entwicklung jedoch der Umstand aus, daß es seit den endsechziger Jahren zwei sozialistische Parteien gab: einmal den auf Lassalle zurückgehenden Allgemeinen Deutschen Arbeiter-Verein, dessen Hauptsprachrohr der 'Social-Demokrat' war, zum anderen die Sozial-Demokratische Arbeiterpartei August Bebels und Wilhelm Liebknechts, deren Zentralorgan der am 1. Oktober 1869 entstandene Leipziger 'Volksstaat' wurde. Während das Blatt der lassalleanischen Richtung eine Quasi-Monopolstellung beanspruchte, besaß das Zentralorgan der Bebel-Liebknecht-Gruppe kein Pressemonopol innerhalb der Partei, – vielmehr wurde die Gründung von Provinzblättern ausdrücklich angeregt.

Als im Jahre 1871 das Deutsche Reich gegründet wurde, war das System der politischen Parteien in Deutschland zumindest in seinen Hauptrichtungen vollendet, so daß die 'Sturm- und Drang-Zeit' des deutschen Parteiwesens abgeschlossen zu sein schien. Mitten hinein in die Reichsgründungszeit bildete sich im Dezember 1870 die Zentrumsfraktion des preußischen Abgeordnetenhauses. Bis zu jenem Zeitpunkt war namentlich die 'Kölnische Volkszeitung' als Hauptorgan des politischen Katholizismus vorhanden gewesen neben weiteren 171 Zeitungen und kirchlich-politischen Wochenblättern, von denen 53 täglich erschienen. Nach 1870 begann der Ausbau der Parteiorganisation des Zentrums, in dessen Verlauf als Zentralorgan am 1. Januar 1871 die 'Germania' im protestantischen Berlin gegründet wurde. Die Schaffung der 'Germania' lief mit der Errichtung der Zentrumsfraktion und späteren Zentrumspartei somit nahezu parallel.

Fast vom Tage der Reichsgründung an entwickelten sich schwere Konflikte zwischen der Regierung und der katholischen Kirche, die bald in den sogenannten 'Kulturkampf' übergingen. Namentlich das Zentrums-Hauptorgan 'Germania' hatte während des Kulturkampfes zahlreiche Presseprozesse durchzustehen, allein elfmal mußte die Chefredaktion während des Ausnahmezustandes gewechselt werden. Dennoch stieg die Auflage des Blattes konstant an. Am 31. Oktober 1871 gab die Zeitung ihre Auflage mit 5.592 Stück an, und 1873 verfügte das Blatt bereits über 8.000 Abonnenten. In ähnlichem Maße wie der 'Germania' erging es während des 'Kulturkampfes' den anderen Blättern der Zentrumspartei, vor allem der 'Kölnischen Volkszeitung', der 'Schlesischen Volkszeitung' oder dem 'Münsterschen Anzeiger' u. a.

Auf sozialistischer Seite war durch die Reichsgründung zwar der eigentlich wichtigste Gegensatz zwischen den Lassalleanern, die kleindeutsch-preußisch und national im Sinne deutscher Einigung waren, und den Eisenachern mit großdeutsch-partikularischen Bestrebungen, aufgelöst worden. Dennoch zog sich die Einigung beider Parteien noch bis zum Jahre 1875 hin, als die Fusion unter Aufstellung eines Kompromißprogramms vollzogen wurde. Nach dem Einigungskongreß von Gotha bestanden die beiden Zentralorgane 'Neuer Social-Demokrat' und 'Volksstaat' zunächst parallel weiter, bevor beide Blätter im August 1876 zum neuen Hauptorgan, dem 'Vorwärts' (Leipzig), verschmolzen wurden. Diese Fusion war auch dadurch erforderlich geworden, weil beide Vorgängerorgane zu viele Abonnenten an die allerorts aufblühenden Lokalzeitungen der Partei verloren hatten. 1876 gab es schon 21 lokale Organe der Partei. Mit dem 'Vorwärts' stieg die Anzahl der sozialdemokratischen Parteizeitungen bis zum Jahre 1877 auf 41, darunter 13 täglich erscheinende, an.

Als am 11. Mai 1878 der Klempnergeselle Hödel aus Leipzig als ehemaliger Angehöriger und Zeitungsverkäufer der Sozialdemokratischen Partei ein Attentat auf Kaiser Wilhelm I. in Berlin verübte, wurde diese Tat nicht als die eines einzelnen betrachtet, sondern fiel auf die Partei zurück, der Hödel bis vor kurzem angehört hatte. Bereits am 17. Mai kam ein Gesetz der Regierung gegen die Sozialdemokratie vor den Bundesrat; dieses führte schließlich im Oktober 1878 zum 'Gesetz gegen die gemeingefährlichen Bestrebungen der Sozialdemokratie', dem 'Sozialistengesetz', mit dem hauptsächlich die

„sozialdemokratische Agitation wirksam bekämpft" werden sollte. Gleich in den ersten Tagen nach Inkrafttreten des Gesetzes begannen die Verbote der sozialdemokratischen Periodica, so daß „in 3−4 Wochen alle Zeitungen der bekannten Tendenz ihr Erscheinen einstellen mußten". Nach Erlaß des Ausnahmegesetzes wurden insgesamt 42 sozialdemokratische Zeitungen mit einer Gesamtauflage von 160.000 bis 170.000 Exemplaren verboten. Anstelle des verbotenen 'Vorwärts' erschien ab September 1879 in Zürich 'Der Sozialdemokrat' mit dem Untertitel 'Organ der Sozialdemokratie deutscher Zunge', der während der Dauer des Ausnahmegesetzes das einzige von der Partei offiziell anerkannte Organ war. 1888 mußte der 'Sozialdemokrat' allerdings für die restlichen zwei Jahre des Ausnahmegesetzes nach London gehen, weil er zum Gegenstand eines diplomatischen Konflikts geworden war.

6. Presse der Nach-Bismarck-Ära

Auf dem ersten Kongreß nach dem Fall des Sozialistengesetzes (1890) berichtete August Bebel in Halle, daß wieder 60 Parteizeitungen mit insgesamt 250.000 Exemplaren erschienen. Gerade das Sozialistengesetz hatte deutlich gemacht, wie eng das Schicksal der Parteipresse mit dem der Parteiorganisation verknüpft war. Die deutsche Arbeiterpartei, welche sich nach 1890 'Sozialdemokratische Partei Deutschlands' nannte, hatte sich mit ihrer Parteipresse ein schlagkräftiges Instrument der Meinungsbildung geschaffen. Nach dem Fortfall des Ausnahmegesetzes gab es jedoch auch Überlegungen in der Richtung, ob die traditionellen Inhaltsformen der sozialdemokratischen Presse noch ausreichten, um größere Publikums- und somit Wählerkreise anzusprechen. Keinem geringeren als dem seit 1894 amtierenden Chefredakteur der 'Leipziger Volkszeitung', Bruno Schoenlank, blieb es vorbehalten, eine Reform der parteieigenen Zeitungen einzuleiten. Allerdings blieb ihm die Ausweitung seiner Konzeption auf größere Teile der sozialdemokratischen Presse versagt, da man dort einesteils zu sehr am tradierten Prinzip des 'doktrinären' Parteiblattes festhielt und zum anderen befürchtete, sich zu sehr dem von der Partei kritisierten Prinzip der Generalanzeigerpresse anzunähern.

Neben dem Zentrum und der Sozialdemokratie, deren Presseentwicklung in der Epoche nach 1871 infolge ihrer Halb- bzw. Illegalität am augenfälligsten in Erscheinung trat, baute sich parallel hierzu eine recht starke konservative und liberale Presse auf. Darunter bildeten den absoluten Gegenpol zur sozialdemokratischen Presse die Blätter der konservativen Rechtsparteien. Tonangebend innerhalb der Presse der Rechtsparteien waren die offiziellen und offiziösen Organe der Regierung. An ihrer Spitze dominierte die hochoffiziöse 'Norddeutsche Allgemeine Zeitung', bis zum Jahre 1890 im Ausland verschrien als 'la feuille de M. de Bismarck'. Zu den „Organen der streng reaktionären-antisemitischen Observanz" zählte neben dem 'Reichsboten' und der 'Staatsbürgerzeitung' die 'Kreuzzeitung', das „Blatt der Partei der feudalen Junker und orthodox evangelischen Pastoren". Neben diesen großen Blättern gehörte eine Anzahl Lokalzeitungen zur konservativen Presse im weitesten Sinne.

Einen völlig andersgearteten Pressetypus verkörperten die Zeitungen des liberalen Flügels. Gab es 1867 immerhin 207 Blätter mit liberaler Tendenz, so waren es 1914 bereits 367 mit einer Gesamtauflage von 2,5 Millionen. Trotz des systematischen Aufbaus ihrer Parteipresse war es bis zum Ausgang der wilhelminischen Epoche weder der Sozialdemokratie noch dem Zentrum gelungen, die liberalen Zeitungen an Zahl und Bedeutung zu übertreffen. Neben der 'Frankfurter Zeitung' von Leopold Sonnemann galt in der wilhelminischen Ära „als die vornehmste Vertreterin freisinniger Gedanken" das traditionsreichste Berliner Blatt, die 'Vossische Zeitung'. In Bayern und dem gesamten Süddeutschland nahmen die 'Münchner Neuesten Nachrichten' die Stellung des führenden liberalen Organs ein. Zu den namhaftesten liberal tendierenden, jedoch unabhängigen Zeitungen zählte − neben der 'Kölnischen Zeitung' − das 'Hamburger Fremdenblatt'.

Der Ausbruch des Ersten Weltkrieges leitete nicht nur das beginnende Ende des wilhelminischen Deutschland ein, er bildete auch eine wesentliche Zäsur für das politische Pressewesen. Zwar blieben die nichtsozialistischen Parteien bei jenen Grundsätzen stehen, die sie bisher entwickelt hatten und paßten sich begrenzt den Ereignissen an, doch innerhalb der Sozialdemokratie sollte die Frage der Bewilligung der Kriegskredite durch die Parteileitung zu einer Zerreißprobe für Partei und Pressewesen führen. Unter der Leitung des Chefredakteurs des Zentralorgans 'Vorwärts' wandte sich bei Kriegsbeginn nahezu die ge-

82. Geschichte der Parteizeitung

samte Redaktion des Blattes gegen die Zustimmung der sozialdemokratischen Reichstagsfraktion zu den von der Reichsregierung geforderten Kriegskrediten. Als sich die 'Vorwärts'-Redaktion 1916 ohne Rücksicht auf den offiziellen Kurs der Partei offen zu den Kriegsdienstverweigerern bekannte, griff der Parteivorstand ein: er bestellte einen eigenen Zensor für das Zentralorgan, dem künftighin sämtliche Druckfahnen des Blattes vor dem Andrucken vorgelegt werden mußten.

Die Zentrumspartei, die unter dem Bismarckreich ebenfalls erheblich gelitten und deren Presse starke Repressalien erduldet hatte, wurde in der Frage der Kriegszieldiskussion auch einer erheblichen Belastungsprobe ausgesetzt. So ließ die 'Kölnische Volkszeitung', das führende westdeutsche Zentrumsblatt, „sich in seinen utopischen Kriegszielforderungen und seinem blinden Hurra-Patriotismus vom Kriegsausbruch an bis zum September 1918 kaum von einer anderen Zeitung übertreffen". Während dieses Blatt somit einen ungehemmten Annexionismus propagierte, vertrat das Hauptorgan 'Germania' „den Standpunkt der Zentrumspartei, d. h. die Sicht der gemäßigten Kräfte in der Partei", und „auch in der Frage der Kriegsentschädigung ging die 'Germania' längst nicht so weit wie ihr Kölner Schwesterorgan". Derlei inneren Zerreißproben um Kriegskredite — wie bei den Sozialdemokraten — oder Diskussionen um Kriegsziele — so beim Zentrum — waren die liberalen und konservativen Parteien sowie deren Presse nicht ausgesetzt.

Dennoch unterlagen auch die Zeitungen der bürgerlichen Parteien der unter den obwaltenden Kriegsbedingungen herrschenden zensurellen Beaufsichtigung, die sich auf den redaktionellen wie auf den Insertionsteil der Blätter gleichermaßen erstreckte. Als Grobraster für die zensurellen Eingriffsmöglichkeiten diente ein mehrfach erstelltes und zuletzt 1917 herausgegebenes „Zensurbuch", das über 770 konkrete Zensur-Bestimmungen für die Presse enthielt und auf Organe aller politischen Couleurs Anwendung fand. Rohstoffmangel und weitere sogenannte kriegsbedingte Maßnahmen trugen überdies dazu bei, den Bestand an deutschen Tageszeitungen im Verlauf des Krieges nach und nach zu dezimieren. Diese faktisch erste in Deutschland zu registrierende Pressekonzentrations-Welle betraf quasi die Blätter sämtlicher Parteirichtungen, allerdings nicht alle in gleichem Ausmaße.

Detailstatistische Daten zur Lage der Parteipresse im vorletzten Kriegsjahr können einem im Auftrag des Kriegspresseamtes herausgegebenen Zeitungshandbuch entnommen werden. Nach dieser Quelle gab es 1917 im gesamten Reichsgebiet 400 Zentrumsblätter, 277 Zeitungen der Reichspartei bzw. der Fortschrittlichen Volkspartei, 216 Blätter gehörten der nationalliberalen Parteirichtung an, während je 214 Titel als national(istisch) bzw. (deutsch)konservativ rubriziert wurden. Die sozialdemokratische Presse brachte es auf 79 Organe, 61 Zeitungen wurden als freikonservativ eingestuft, 23 Blätter entfielen auf die polnische und vier auf die dänische Minorität, genau 1.450 Titel galten als „parteilos". Insgesamt waren somit im Jahre 1917 noch 2.938 Zeitungstitel vorhanden, von denen freilich nicht zweifelsfrei feststeht, welche als vollgültige Zeitungen zu werten sind. Immerhin erlaubt diese Statistik jedoch einen tendenziellen Überblick zur Gesamtsituation des politischen Pressewesens jenes Zeitraums.

7. Republik und politische Publizistik

Ganz anders, als es sich namentlich die liberalen Parteien und ihre Presseorgane seit der Paulskirchenzeit erhofft hatten, vollzog sich 1918 der Übergang zum parlamentarisch-demokratischen System in Deutschland als abrupter Vorgang, nicht als Krönung eines politischen Reifungsprozesses im Sinne einer Evolution, sondern inmitten einer durch den Krieg geförderten Revolution mit dem dadurch bewirkten radikalen politischen Wechsel der Staatsform. Der Zusammenbruch des kaiserlichen Deutschlands zwang die politischen Parteien und deren Presseorgane zu einer Neubestimmung ihrer Positionen in der veränderten politischen Gesamtkonstellation und faktisch zu einer Revision oder sogar völligen Änderung ihrer Organisation und Arbeitsweise.

Die Sezession der alten Sozialdemokratie in schließlich drei Parteien bewirkte in gewisser Weise auch eine Aufspaltung der sozialdemokratischen Presseorgane. Abgesehen von der SPD und der USPD, die schon am Abend des 9. November eine Vereinbarung über die Einsetzung des Rates der Volksbeauftragten als vorläufige Regierung zustande brachten, war keine der anderen deutschen Parteien zunächst echt aktionsfähig. Die Arbeiter- und Soldaten-Räte standen dem radikallinken Spartakusbund nahe, der sich als eine weitere

Teilabspaltung der Sozialdemokratie seit September 1916 um die 'Spartacus'-Briefe gebildet hatte. Diese Gruppe nahm am 30. Dezember 1918 die Bezeichnung Kommunistische Partei Deutschlands (KPD) an und schuf sich ein Zentralorgan unter dem Titel 'Die Rote Fahne', redaktionell geleitet von Rosa Luxemburg und Karl Liebknecht, das vom 18. November an erschien.

Neben dem Zentralorgan entstand bald eine Reihe weiterer kommunistischer Zeitungen, die im Jahre 1922 bereits 22 Titel umfaßten, am 1. Oktober 1923 sogar 34 an der Zahl waren und 1933 schließlich die beträchtliche Ziffer von 60 erreicht haben sollen. Unter den in den frühen dreißiger Jahren existierenden KPD-Tageszeitungen erreichte 'Die Rote Fahne' mit 130.000 Stücken die beiweitem höchste Auflage, gefolgt vom 'Ruhr-Echo' (Essen) mit 48.500, dem 'Kämpfer' (Chemnitz) mit 46.500, dem 'Thüringer Volksblatt' (Gotha) mit 43.000, der 'Hamburger Volkszeitung' mit 42.800 und der 'Arbeiter-Zeitung' (Breslau) mit 42.000 Auflagenexemplaren, um nur die größeren Blätter zu nennen. Während der Wirtschaftskrise machte sich für die gesamte kommunistische Presse der hohe Anteil an Erwerbslosen unter den Zeitungsbeziehern gravierend bemerkbar. Hatte die KPD im Jahre 1926 bei einer Mitgliedschaft von 133.000 Personen eine Presse-Gesamtauflage von 282.000 erzielt, so war Ende 1932 trotz der nunmehr 350.000 Parteimitglieder keine höhere Auflagensumme gegeben. Die Breitenwirkung der KPD-Blätter wird insgesamt als „relativ gering" veranschlagt, da sie sich ausschließlich als doktrinäre Kampforgane verstanden. 'Die Rote Fahne' blieb stets das zentrale Instrument dieses Kampfes und wurde somit 1933 rasch ein Opfer des nationalsozialistischen Systems.

Während die KPD-Presse in der Anfangszeit der Partei eine gewisse Aufwärtsentwicklung zu verzeichnen gehabt hatte, waren die Zeitungen der SPD infolge der Abspaltung der USPD und ihrer Organe im Jahre 1917 um erhebliche Anteile reduziert worden: von 88 SPD-Blättern mit etwa 870.000 Abonnenten waren 14 Titel mit etwa 125.000 Beziehern zur USPD übergewechselt. In den Tagen der deutschen 'Revolution' erfuhr die gesamte sozialdemokratische Presse einen gewaltigen Aufschwung. 1920 gab es bereits 147 Presseorgane der Partei, darunter zwölf Kopfblätter; es handelte sich gegenüber dem Vorjahr um eine Zunahme von 52 Titeln. Die dritte sozialistische Gruppe, die USPD, verfügte erst seit dem 15. November 1918 über ein Zentralorgan, als sie sich unter dem Titel 'Die Freiheit' in Berlin ein solches Sprachrohr schuf. Neben dem Zentralorgan vermochte die USPD bis zum Dezember 1918 weitere 20 Blätter zu gründen, im März 1919 sollen bereits 27 USPD-Zeitungen existiert haben.

Ab den frühzwanziger Jahren kamen indes Bemühungen auf, die auf eine Wiedervereinigung von SPD und USPD abzielten. Als diese Fusion im September 1922 in Heidelberg realisiert wurde, kamen 43 USPD-Zeitungen mit 77 Redakteuren, 324 kaufmännischen Angestellten und 704 Druckereiarbeitern zur SPD zurück. Zwar wurde das ehemalige USPD-Hauptorgan 'Freiheit' eingestellt und an seiner Stelle am 1. Oktober 1922 der 'Vorwärts' als nunmehriges 'Zentralorgan der Vereinigten Sozialdemokratischen Partei Deutschland' geliefert, dennoch blieb der überwiegende Teil der früheren USPD-Presse als nicht unwesentliche Bereicherung des sozialdemokratischen Presseapparates zunächst bestehen. Im ersten Halbjahr 1924 zählten die SPD-Zeitungen insgesamt rund 300.000 neue Leser, die einmal durch die Vereinigung der Partei mit der USPD, zum anderen aber auch als Folge von Zeitungs-Neugründungen und der damit verbundenen Erhöhung der Anzahl der Blätter von 139 auf 169 gewonnen worden waren. Der seinerzeitige Vorsitzende des Vereins Arbeiterpresse sah im November 1924 das Geheimnis des Erfolges mancher SPD-Blätter weniger im spektakulären Inhalt als in der Illustration der Sensation durch Bildberichterstattung.

Spätestens seit den Septemberwahlen von 1930 verwandelte sich das Gesicht der SPD-Blätter indes so sehr, daß die Entwicklung zur inhaltlichen Auflockerung der Zeitungen praktisch wieder rückgängig gemacht und eine harte parteipolitische Konzeption zur Maxime erhoben wurde. Kurz vor der Machtübernahme durch den Nationalsozialismus tobte seitens der Sozialdemokratie ein erbitterter Pressekampf gegen die NSDAP, der die sozialdemokratischen Zeitungen auf die Stufe der schon überwunden geglaubten Agitations- und Organisationsperiode zurückwarf, – ein Resultat der zunehmenden Radikalisierung der politischen Fronten. In dieser Zeit der verstärkten parteipolitischen Polemik konnten die SPD-Zeitungen ein Abnehmen der Abonnentenziffern nicht verhindern. Allein 1932 soll die gesamte SPD-Presse einen Auflagenschwund von 78.300 Beziehern zu verzeichnen gehabt haben. Außerdem wurden im Zuge der Pressenotverordnungen häufig sozialdemokratische Blätter für Tage und Wochen verboten.

Für das Zentrum war die *programmatische* Neuorientierung nach 1918 relativ leicht gewesen, da die Partei während des Krieges von dem agrarisch orientierten konservativen süddeutschen zum sozialpolitisch interessierten Flügel des westfälischen und oberschlesischen Zentrums umgeschwenkt war, so daß der Partei die Anerkennung der neuen Staatsform verhältnismäßig leicht fiel. Um 1920 gehörten mehr oder weniger deutlich engagiert zur Zentrumspresse rund 250 politische Zeitungen und 1925 waren es bereits 451 Blätter, die rund 12% der gesamten deutschen Tagespresse ausmachten. Neben dem Hauptorgan 'Germania', das nur über die relativ geringe Auflage von 10.000 täglichen Exemplaren verfügt haben soll, gab es Mitte der zwanziger Jahre einige recht auflagenstarke regionale Zentrumsblätter. Zu diesen zählten u. a. die Dortmunder 'Tremonia' des Verlegers Lambert Lensing sowie die 'Essener Volkszeitung' mit Auflagen von jeweils rund 40.000 Stück. 1932 verfügten Zentrum und Bayerische Volkspartei trotz fortschreitender Presse-Konzentration über insgesamt 434 Blätter, von denen 134 in Rheinland-Westfalen und 126 in Bayern verlegt wurden. Die Auflage betrug etwa 3 Millionen, was rund 13 Prozent der damaligen Gesamtauflage der deutschen Presse ausmachte.

Nach dem Sieg der bürgerlichen Revolution und der Schaffung der demokratischen Weimarer Republik sahen sich Liberalismus und Demokratie faktisch am Ziel ihrer seit 1848 erstrebten Wünsche. Dennoch fand der Liberalismus nach 1918 wiederum keine einheitliche Basis. Die Nachfolge der Deutschen Fortschrittspartei trat die Deutsche Demokratische Partei (DDP) an. Von den großen liberalen Blättern stand in innenpolitischen Fragen namentlich die traditionsreiche 'Frankfurter Zeitung' hinter dieser Partei. In den Dienst der DDP stellte auch einer der Mitbegründer dieser Partei, Theodor Wolff, das von ihm geleitete 'Berliner Tageblatt'. Die DDP stützte sich darüber hinaus auf die alten linksliberalen Blätter, von denen die traditionsreiche 'Vossische Zeitung' besonders erwähnt sei. Einer Aufstellung aus dem Jahre 1923 ist zu entnehmen, daß sich damals etwa 320 Zeitungen und Zeitschriften zur Deutschen Demokratischen Partei bekannten.

Die Deutsche Volkspartei (DVP), die unter maßgeblicher Mitwirkung Gustav Stresemanns gebildet worden war und in gewisser Hinsicht eine Nachfolgeorganisation der Rechtskräfte innerhalb der früheren Nationalliberalen Partei darstellte, konnte sich in ähnlichem Maße wie die DDP auf bereits existierende ehemals liberale Zeitungen stützen, so vor allem auf die 'Kölnische Zeitung'. Ebenfalls zur DVP tendierte die 'Deutsche Allgemeine Zeitung', vormals lange Zeit hindurch als 'Norddeutsche Allgemeine Zeitung' Sprachrohr Bismarcks, die im Juni 1920 in die Hände des Industriellen Hugo Stinnes überging. Gustav Stresemann schritt in seiner Funktion als führender Repräsentant der DVP der Parteipublizistik richtungsweisend voran: In der Periode nach dem Ersten Weltkrieg bis zu seinem Tode am 3. Oktober 1929 standen Stresemann gleichzeitig oder nacheinander die liberalen Zeitungen 'Tägliche Rundschau', weiter die 'Zeit', die er selbst gegründet hatte, und nach dem Kriege die 1919 entstandene Zeitschrift 'Deutsche Stimmen' zur Verfügung. Trotz dieser Konstellation gelang es der Partei kaum, eine bedeutende und ihren Wünschen gemäße eigenständige Presse zu errichten, so daß man sowohl bei den Zeitungen als auch in der Parteipolitik seit den spätzwanziger Jahren zunehmend in den Sog der Deutschnationalen geriet.

Wenn man von der Presse der Deutschnationalen Volkspartei (DNVP), der Nachfolgerin der Konservativen, spricht, so muß zunächst als deren Hauptcharakteristikum festgestellt werden, daß es sich dabei nicht um eine im wesentlichen auf ethischer Grundlage aufgebaute und weitverzweigte Presse handelte, wie sie für Sozialdemokratie und Zentrum symptomatisch war. Am engsten und zuverlässigsten für die DNVP erwies sich ganz unzweifelhaft die publizistische Unterstützung durch die weitverzweigten Möglichkeiten des Hugenbergschen Presseimperiums. Von den verschiedenen rechtsstehenden Blättern außerhalb des Hugenberg-Konzerns muß allen voran genannt werden die 'Neue Preußische (Kreuz-)Zeitung'. Als weiteres parteinahes Blatt der DNVP ist die 'Deutsche Tageszeitung' zu nennen, die als „Kampfblatt der Landwirtschaft" gegründet worden war. Von den Massenblättern der Reichshauptstadt stand der 'Berliner Lokal-Anzeiger' der DNVP nahe; er bezeichnete sich zwar als 'unabhängig', war jedoch infolge seiner Zugehörigkeit zu dem zum Hugenberg-Konzern zählenden Scherl-Verlag politisch an die Partei gebunden. Ebenfalls zum Scherl-Verlag und damit zur DNVP zählte 'Der Tag', der als eigentliches Sprachrohr des deutschnationalen Parteiführers Hugenberg angesehen werden konnte und einmal sogar überspitzt als „Zentralorgan der DNVP" bezeichnet worden ist. Schließlich muß noch auf die 'Tägliche Rundschau' als DNVP-nahe Zeitung ebenso hingewiesen werden wie auf die Bedeutung der Zeitschrift 'Die Tat' als nationalkonservatives Gesprächsforum und Sammlungsobjekt. In ihrem Pressewesen bevorzugte die DNVP somit geraume Zeit das für bürgerliche Parteien typische System der parteinahen Blätter. Waren es 1922 etwa 600 Zeitungstitel, die der DNVP zugerechnet werden konnten, so stützte sich die Partei im Jahre 1928 noch immerhin auf 500 Titel. Gemeinsam mit dem Alldeutschen Verband und dem Stahlhelm schuf Hugenberg eine Konzentration der gesamten Rechtspresse, der häufig der Vorwurf gemacht wird, publizistische Steigbügelhalter-Funktionen für das Aufkommen des Nationalsozialismus wahrgenommen zu haben.

8. Nationalsozialismus und Führungspresse

Die Geschichte der Presse der NSDAP war lange Zeit hindurch gleichbedeutend mit der des 'Völkischen Beobachters', der im Dezember 1920 von der Partei käuflich erworben wurde. Das Blatt erschien zunächst wöchentlich zweimal, wurde Anfang 1923 zur Tageszeitung umgestaltet und stellte sich bereits im August 1923 auf das später charakteristische Großformat um. Nach dem Zusammenbruch des Hitler-Putsches vom 8./9. November 1923 wurde der 'Völkische Beobachter' verboten und konnte vom 10. bis zum 25. Februar 1925 nicht erscheinen. Sofort nach der Entlassung Hitlers aus der Landsberger Festungshaft wurde die Neuherausgabe des Blattes in die Wege geleitet. Es gelang tatsächlich, das Blatt schon im April 1925 wiederum täglich herauszugeben. Hitler selbst zeichnete für den 'Völkischen Beobachter', der bald eine Auflage von 10.000 aufzuweisen gehabt haben soll, als Herausgeber verantwortlich. Zwar stagnierte die Verbreitung des Blattes bis 1926, sie erfuhr dann jedoch einen raschen Anstieg. Das Blatt konnte vom 1. Februar 1927 an neben der Bayernausgabe eine „Reichsausgabe" und ab März 1930 sogar eine spezielle Berlinausgabe herausbringen.

Geraume Zeit stand die nationalsozialistische Provinzpresse, die seit den mittzwanziger Jahren allmählich aufgebaut worden war, deutlich im Schatten des Zentralorgans der NSDAP. Der älteste Kampfgenosse des 'Völkischen Beobachters' war Julius Streichers antisemitische Wochenschrift 'Der Stürmer', die in Nürnberg erschien. Die NS-Bewegung, die zunächst vornehmlich im süddeutschen Raum über Parteizeitungen verfügte, besaß in Berlin lange Zeit kein eigenes Blatt, wenngleich auch die auflagenschwache 'Berliner Arbeiterzeitung' von Gregor Strasser häufig für die Partei agierte. In Erkenntnis dieses Mangels gründete Joseph Goebbels Anfang Juli 1927 das Wochenblatt 'Der Angriff' als reine Persönlichkeitszeitschrift, da die NSDAP seit dem 5. Mai 1927 in Berlin verboten war und infolgedessen nicht selber als Herausgeber eines hauptstädtischen Organs aufzutreten vermochte. Sämtliche Tages- und Wochenzeitungen der NSDAP führten als äußeres sichtbares Zeichen ihrer Anerkennung als Parteiorgane das Hoheitszeichen der Bewegung – den Adler mit dem Hakenkreuz im Eichenkranz – auf der Kopfseite.

Zu Beginn der dreißiger Jahre war die NSDAP-Presse auch keineswegs mehr bedeutungslos, denn es gab damals bereits eine beträchtliche Anzahl nationalsozialistischer Blätter. In der Regel hatten einzelne Gauführer für ihre spezifisch regionalen Erfordernisse eigene Zeitungen der NSDAP gegründet. Die meisten dieser Blätter erschienen allerdings nicht sogleich als Tageszeitungen, sondern sie konnten erst im Laufe der Zeit vom oftmals maschinengeschriebenen Wachsabzug über das Wochen- oder Halbwochenorgan zur Tageszeitung umgestaltet werden. Noch Mitte 1930 hatten die meisten nationalsozialistischen Blätter keine festen äußeren Formen angenommen. Ständig fanden weitere Neu- und Umgründungen statt. Eine Untersuchung über die NS-Presse, die im gleichen Jahr angestellt wurde, ermittelte rund vierzig Tageszeitungen, zwanzig Wochenblätter und vier Halbwochenorgane, von denen der überwiegende Teil in Preußen, in Bayern und in der Pfalz erschien. Viele dieser Blätter lehnten sich im Titel an den 'Völkischen Beobachter' an, indem sie die Bezeichnung 'Beobachter' übernahmen.

Die NSDAP war gegen Ende der Weimarer Republik zwar nur eine unter knapp 30 politischen Parteien, doch sie erwies sich infolge ihrer verbissen kämpfenden Propagandisten und Presseorgane zumindest als eine zunehmend beachtete Organisation. Die Bilanz am Ende dieser Epoche: Bereits 1929 gaben die damals gezählten rund 3.350 deutschen Zeitungsausgaben ihre politische Richtung in über 125 verschiedenen Bezeichnungen an. Auch wenn man politisch verwandte Presserichtungen addierte, blieb es noch bei 75 unterschiedlichen Eigentypisierungen. 1932 gab es unter den 4.703 Zeitungstiteln etwa 2.200, die sich für eine politische Richtung entschieden hatten, unter ihnen bezeichneten sich 1.074 als *rechts-* und 193 als *linksgerichtet*, allerdings präzisierten nur insgesamt 976 Blätter ihre politische Richtung.

Die publizistisch wichtigste und zugleich schwierigste Umschichtung vollzog sich nach der nationalsozialistischen „Machtergreifung" auf dem Gebiet der Presse. Hier fand das NS-Regime eine Vielzahl an Blätter vor, die zum Teil aus hochangesehenen und recht qualitätsvollen Organen bestand und großenteils auf eine lange Tradition zurückblickte. Obwohl zahlreiche Stimmen innerhalb der NSDAP die totale Vernichtung der demokratischen Presse zugunsten eines monopolistischen Aufbaues der NS-Presse forderten, so waren sich die maßgeblichen Instanzen jedoch klar darüber, daß dieser Gewaltakt nicht abrupt zu realisieren war, da zahlreiche Organe der Rechten und in ihrem Gefolge viele Geschäftsblätter sich vor 1933 so nachdrücklich für die NS-Bewegung eingesetzt hatten, daß ein Sofortverbot als taktisch unklug eingeschätzt wurde. Allein bei der Linkspresse glaubte die NSDAP derlei Rücksichtnahmen nicht nötig zu haben, und so verschwanden in wenigen Wochen Hunderte von Blättern der SPD und KPD von der Bildfläche. Bald folgten auch bürgerliche Parteien und ihre Presse, allen voran das Zentrum. Etwa 600 Zeitungen, davon rund 100 bürgerliche, stellten nach 1933 ihr Erscheinen ein.

Parallel zu dem Fortschreiten bindender inhaltsbezogener Weisungen des Propagandaministeriums an die verbliebene deutsche Presse in Form von 'Ausrichtungen' und 'Sprachregelungen' vollzog sich eine Konzernbildung der NS-Presse. War in der nationalsozialistischen Kampfzeit der Münchener Eher-Verlag der bedeutendste Parteiverlag der NSDAP gewesen, so entwickelte sich nunmehr der Konzern der parteieigenen Zeitungen unter Dr. Winkler, der im wesentlichen die frühere Generalanzeigerpresse aufkaufte und sie nach NS-Gesichtspunkten fortführte. Als dritter Zeitungskonzern der NSDAP arbeitete Rienhardts Pressetrust, der sogar Zeitungsfusionen innerhalb des Amann-Konzerns (Eher-Verlag) vornahm und später zudem Neugründungen von Parteiorganen in den durch den Krieg eroberten Gebieten veranlaßte. Die Abonnenten von stillgelegten Blättern flossen meist automatisch der NSDAP-Parteipresse zu, die auf diese Weise einen nicht unbeträchtlichen Zuwachs verbuchen konnte: bis Ende 1933 war die Anzahl der nationalsozialistischen Presseorgane auf nicht weniger als 86 Titel angestiegen, die eine tägliche Gesamtauflage von rund 3,2 Millionen Exemplaren erzielten.

Als Hirn des gesamten NSDAP-Pressekonzerns galt unangefochten Max Amann, der zum engsten Kreis der Parteigründer zählte. In seiner Doppeleigenschaft als Präsident der Reichspressekammer und als Reichsleiter für die Presse der NSDAP hielt Amann auf den Reichsparteitagen in Nürnberg die großen Ansprachen über die Realisierung der nationalsozialistischen Ideen im deutschen Zeitungswesen. 1937 äußerte sich Amann voller Stolz über die erfolgreiche Expansion der nationalsozialistischen Presse: „122 Verlage mit 231 Tageszeitungen und 378 Nebenausgaben sind parteiamtlich oder mit der Partei verwaltungsmäßig verbunden. Ihre Auflage beträgt 70 v.H. der Auflage der deutschen Zeitungen, die mehr als 20.000 Auflage täglich haben, und repräsentiert über die Hälfte, nämlich 54 v. H. der Auflage der gesamten deutsche Presse [...]". Der Konzentrationsprozeß der Presse galt 1938 als weitestgehend abgeschlossen. Die Anzahl der NS-Tageszeitungen stieg indes bis 1939 – nach der Einverleibung Österreichs und des Sudetenlandes in das Reichsgebiet – auf etwa 200 Titel mit einer Gesamtauflage von rund 6,12 Millionen Exemplaren.

9. Exilpublizistik politischer Gruppen

Als führende oppositionelle Journalisten – mit oder ohne Auftrag politischer Organisationen – nach 1933 in die Emigration gingen, versuchten sie, in den verschiedenen Gastländern neue Periodica ins Leben zu rufen, um der Anti-Hitler-Opposition von außerhalb der deutschen Grenzen Einfluß zu verschaffen. Der emigrierte Teil des sozialdemokratischen Parteivorstandes hatte schon bald Prag als Zentrum der Auslandsarbeit gewählt. Die umfassende publizistische Tätigkeit des Parteivorstandes wurde nach Karlsbad in die

Verlagsanstalt 'Graphia' verlegt, wo bereits am 18. Juni 1933 die erste Nummer des 'Neuen Vorwärts' erschien. Für die Agitation in Deutschland wurde alsbald eine Kleinausgabe dieses Blattes auf Dünndruckpapier hergestellt, die ab November 1933 den Titel 'Sozialistische Aktion' führte. Im Mai 1938 erfolgte die Übersiedlung des SPD-Vorstandes nach Paris, nachdem den deutschen Sozialdemokraten bedeutet worden war, daß ihr Verbleiben in Prag nicht mehr tragbar sei. Nach der Übersiedlung mußte die 'Sozialistische Aktion' eingestellt werden, während der 'Neue Vorwärts' mit dem Untertitel 'Journal Antihitlerien' weitergeführt werden konnte und bis zum Mai 1940 in Paris herauskam. Mit der Besetzung Frankreichs durch deutsche Truppen im Jahre 1940 ging ein Teil des Parteivorstandes nach London, wo der 'Neue Vorwärts' jedoch nicht mehr publiziert werden konnte.

Die deutschen politischen Emigranten in anderen Ländern schufen sich vielfach ebenfalls Zeitschriften als Sprachrohre ihrer Anliegen. So kam für die SPD-Exilanten in Schweden die 'Sozialistische Tribüne' heraus. In New York erschien die sozialdemokratische 'Neue Volkszeitung', in Bolivien die 'Rundschau von Illimani'. Der ehemalige sozialdemokratische Reichstagsabgeordnete August Siemsen gründete in Buenos Aires nicht nur die Zeitschrift 'Das Andere Deutschland', sondern auch eine gleichnamige demokratisch-sozialistische Organisation. Insgesamt betrachtet verschwammen bei zahlreichen Blättern dieser Exilsozialdemokratie oftmals die Grenzen zwischen offiziellen und offiziösen sozialdemokratischen und den unabhängig-sozialistischen Zeitschriften. Somit war gerade bei der sozialdemokratischen – im Unterschied zur kommunistischen – Exilpresse, mit Ausnahme des 'Neuen Vorwärts', kaum eine echte Parteipresse anzutreffen.

KPD und Rote Gewerkschaften, die Ende 1932 über mehr als 600.000 Mitglieder verfügt hatten, wurden trotz ihrer weitverzweigten Neben- und Hilfsorganisationen relativ rasch von den Nationalsozialisten zerschlagen. Gerade gegen die Presse der Kommunisten richtete sich in besonderem Maße die Aufmerksamkeit der NSDAP, die auch jedwede Untergrundtätigkeit der Kommunisten zu verhindern bemüht war. So beschränkte sich auch die Tätigkeit der illegalen KPD zunächst im wesentlichen auf die Herstellung und Verbreitung von Zeitungen, Zeitschriften und Broschüren, die entweder illegal in Deutschland hergestellt oder aus dem Ausland eingeschleust wurden. Das ehemalige Zentralorgan der KPD, 'Die Rote Fahne', erschien von März 1933 bis August 1939 zunächst noch in Berlin und wurde dann im Ausland gedruckt. Es wurde illegal in Deutschland verbreitet und soll in kleinster Auflage noch in den frühen vierziger Jahren erschienen sein.

Das Maximum der kommunistischen Tätigkeit während des Zweiten Weltkrieges stellte die Gründung des 'Nationalkomitee Freies Deutschland' im Juni 1943 in Krasny Gorsk bei Moskau dar. Die Pressetätigkeit des 'Nationalkomitee' erstreckte sich hauptsächlich auf die Herausgabe der Zeitschrift 'Freies Deutschland', deren erste Nummer am 19. Juli 1943 herauskam. Das geradezu Sensationelle an dieser ersten Ausgabe des 'Freien Deutschland' war die Tatsache, daß die Titelseite oben und unten schwarz-weiß-rote Streifen trug, die Farben des Wilhelminischen Reiches. Ebenfalls unter dem Titel 'Freies Deutschland' entstand bald nach der Gründung des Moskauer 'Nationalkomitees' eine deutschsprachige Zweimonatsschrift in Mexiko, die von kommunistischen Funktionären und Intellektuellen herausgegeben wurde.

Sogar in der NS-Pressehistoriographie wurde über die sozialistischen Exilperiodica generell festgestellt, daß sie sich „aus allen dem Nationalsozialismus feindlich gegenüberstehenden Parteien und Organisationen" rekrutierten, sich indes „lediglich in der Gegnerschaft zum Nationalsozialismus einig" waren und „im übrigen [...] die Uneinigkeit der demokratischen Welt" widerspiegelten. Der Zersplitterung und relativen Machtlosigkeit der gesamten politischen Exilpublizistik stand zu jener Zeit ein gewaltiges publizistisches Machtpotential in Gestalt des NS-Pressetrusts in Deutschland gegenüber. Der Bestand an Blättern, den Max Amann Ende 1944 noch in Privateigentum belassen hatte, umfaßte 625 Zeitungen mit zusammen 4.391 Millionen Auflage. An der seinerzeitigen Reichsauflage von 25.086 Millionen gemessen, machten sie noch gerade 17,5% aus! Amann hatte nahezu 4.000 Privatzeitungen eingestellt, um seinen 352 Parteiblättern eine Auflage von 20.694 Millionen Stück gegen Ende 1944 zu verschaffen und dadurch das Pressemonopol der NSDAP mit 82,5% der Auflage zu stabilisieren.

10. Alliierte Pressepolitik der Nachkriegsjahre

Zu jener Zeit, als das NS-Presseimperium sein Maximum erreichte, gab es auf seiten der Alliierten bereits relativ konkrete Vorstellungen darüber, wie die politische und publizistische Situation nach der totalen Besetzung Deutschlands ausschauen sollte. „Das Vorhaben, nazifeindliche deutsche Zeitungen unter alliierter Kontrolle zu gründen", schreibt Hurwitz, „war ein bedeutsamer Aspekt der Gesamtplanung der psychologischen Kriegsführung, denn damals glaubte man noch, die Unterstützung deutscher Nazigegner könne zur Kapitulation des Dritten Reiches beitragen". Spätestens seit dem Sommer 1944 orientierte man sich dann um und plante einen völligen Neuanfang für Parteien und Presseorgane nach der deutschen Kapitulation. Auf der Potsdamer Konferenz herrschte unter den vier Besatzungsmächten Einigkeit darüber, daß die NSDAP mit ihrem weitverzweigten System völlig zu vernichten, die Vorbereitung des deutschen Volkes auf ein politisches Leben mit demokratischer Grundlage zu forcieren sowie im Verzuge dieser Entwicklung allen demokratischen Parteien zu gestatten sei, den staatlichen Neuaufbau zu fördern. Erste Parteizulassungen erfolgten ab Juni/Juli 1945 im sowjetischen Hoheitsbereich auf Zonenebene. Die Amerikaner tolerierten seit Mitte August Parteigründungen, die Briten folgten dieser Maßnahme etwa Mitte September, und im französischen Hoheitsbereich kam es zu schrittweisen Parteizulassungen erst ab Dezember 1945.

Nahezu parallel zu den Parteigründungen oder etwas später erfolgte in den einzelnen Zonen das Lizenzieren von Presseorganen, die entweder (a) den Parteien gehörten, (b) ihnen nahestanden oder (c) als „überparteilich" zu gelten hatten. Eine solche Zeitungslizenz basierte nicht auf einem Vertrag, sondern war ein einseitiger Hoheitsakt der Besatzungsmacht, der faktisch jederzeit widerrufen werden konnte. Während die Sowjets in ihrem Zonenbereich Presselizenzen ausschließlich an Parteien und Massenorganisationen vergaben, präferierten die Amerikaner das Prinzip der Gruppenzeitungen, wonach Repräsentanten verschiedener politischer Parteien jeweils gemeinsam eine Zeitungslizenz erhielten. Die Briten hingegen förderten ein System parteinaher Blätter, die sogenannten Partei-Richtungszeitungen, und die Franzosen verfolgten zunächst das amerikanische Prinzip der Gruppenzeitungen, um später dann auf das britische Vorbild der Partei-Richtungsblätter umzuschwenken.

Nachdem in den von den Sowjets besetzten deutschen Gebieten zunächst „Frontzeitungen" herausgegeben worden waren, entstand bereits am 15. Mai 1945 als sowjetamtliche Zeitung die 'Tägliche Rundschau'. Die Herausgabe von Zeitungen durch Deutsche ermöglichte schließlich ein Befehl eines Sowjet-Marschalls vom 10. Juni 1945 mit der Erlaubnis zur „Bildung und Tätigkeit aller antifaschistischen Parteien" im gesamten Besatzungsgebiet. Hierbei hatte die KPD als Partei der Besatzungsmacht alle Vorteile, die die Sowjets ihr geben konnten, angefangen von der Übergabe der Pressebetriebe, der Zuweisung von Material bis zu finanziellen Beihilfen. So konnten schon bald im Gebiet der Sowjetzone einschließlich Berlins sechs KPD-Zeitungen mit neun Kopfblättern erscheinen. Zentralorgan der Partei war die bereits seit dem 13. Juni 1945 erschienene 'Deutsche Volkszeitung', die in Berlin herauskam. Erst drei Wochen später, am 7. Juli 1945, konnte als erstes und zugleich zentrales Organ der SPD die Zeitung 'Das Volk' erscheinen. Als Zentralorgan der CDU kam ab 22. Juli 1945 erstmalig die 'Neue Zeit' heraus. Schließlich entstand am 3. August 1945 als zentrales Organ der Liberal-Demokratischen Partei Deutschlands (LDPD) die Tageszeitung 'Der Morgen'. Diesen Zentralorganen der beiden „bürgerlichen" Parteien CDU und LDPD folgten in den darauffolgenden zwölf Monaten mehrere Blätter auf Landesebene, so für die CDU fünf, für die LDPD vier Organe.

Mit der 'Frankfurter Rundschau', die ab 1. August 1945 erschien, kam im Bereich der US-Zone die erste *Gruppenzeitung* heraus, in deren Lizenz sich zunächst zwei Sozialdemokraten, ein Katholik, ein Kommunist und zwei Unabhängige teilten. In ähnlicher Weise wurden die Lizenzträger bei anderen großen Zeitungen im amerikanischen Hoheitsbereich zusammengesetzt, etwa bei der 'Süddeutschen Zeitung' in München, der 'Rhein-Neckar-Zeitung' in Heidelberg oder beim 'Tagesspiegel' im amerikanischen Sektor Berlins. Da viele Journalisten aus der Zeit vor 1945 politisch vorbelastet waren, gelangten infolge des Mangels an geeigneten Persönlichkeiten mit ausgewiesenen Fachkenntnissen zahlreiche Lizenzträger aus pressefremden Berufen in die neuen Zeitungen. Von 113 Lizenzträgern der US-Zone stammte mehr als ein Viertel aus Berufen, von denen sie keinerlei Kenntnisse und Erfahrungen für die Tätigkeit als Träger einer Zeitungslizenz mitbrachten. Da das Zeitungsdruckpapier knapp war, wurde für jedes Blatt ein vierteljährliches Papierkontingent festgesetzt. Dementsprechend legte man Erscheinungshäufigkeit, Umfang und Format, auch Seitenzahl, Auflage, Verbreitungsgebiet sowie die Aufteilung des Umfangs auf den redaktionellen Teil und Anzeigen bereits bei der Vergabe der Lizenz genau fest. Eine klare Trennung von Nachrichten und Kommentaren und eine überparteiliche Berichterstattung galten als Grundprinzipien der amerikanischen Lizenzpolitik.

Anfangs zögernd, wurden auch die Franzosen im Zuge der allmählichen politischen Verselbständigung ihrer Zone genötigt, deutsche Zeitungen zu genehmigen. Ende September/Anfang Oktober 1945 setzte das Erscheinen der ersten deutschen Blätter im französischen Hoheitsbereich ein. Zunächst erhielten nur 'überparteiliche' Zeitungen eine Lizenz, deren Redaktionsstab, entsprechend dem Besatzungsstatut für die Presse, paritätisch mit je einem Christlich-Demokraten, einem Freien Demokraten, mit einem Sozialdemokraten und einem Kommunisten besetzt wurden. Im November 1945 existierten im gesamten Zonengebiet bereits 13 Zeitungen, die allerdings nur zweimal, später zum Teil dreimal wöchentlich publiziert werden konnten.

11. Parteinahe Presse in einzelnen Besatzungszonen

Mit Ausnahme der 'Aachener Nachrichten', die bereits Ende Januar 1945 von den einrückenden Amerikanern als eine Art Experiment gegründet worden waren und nach der Aufgliederung der Besatzungszonen schließlich in das Territorium der britischen Zone fielen, erschien innerhalb des Jahres 1945 keine weitere deutsche Zeitung im englischen Herrschaftsbereich. Die zögernde Haltung der Briten währte sogar noch bis zum Frühjahr 1946, dann jedoch bewilligten sie Zeitungslizenzierungen in rascher Folge. Im Gesamtbereich der Zone setzte im März und April 1946 eine Flut von Lizenzvergaben ein. Zwar wurden parteigebundene Zeitungen erlaubt, diese sollten sich jedoch sehr wesentlich von der Parteipresse aus der Weimarer Zeit unterscheiden. Lizenzen wurden nämlich nicht an Parteiorganisationen direkt erteilt, sondern zuverlässigen Persönlichkeiten aus politischen Gruppierungen übertragen, die sich ihnen gegenüber sodann verpflichten mußten, nach Erhalt einer Lizenz die politischen Interessen der Partei in der Zeitung bis zu einem gewissen Grade zu berücksichtigen, ohne indes Parteiweisungen befolgen zu müssen.

Die erste britische Lizenz für Niedersachsen erhielt die 'Braunschweiger Zeitung', ein der SPD nahestehendes Organ, welches bereits ab 8. Januar 1946 erschien. Ende März empfingen zahlreiche Lizenzblätter in Nordrhein-Westfalen, Hamburg und Schleswig-Holstein, die dann ab Anfang April erscheinen konnten, ihre Zulassung. Im britischen Sektor Berlins kam am 22. März erstmalig der 'Telegraf' als SPD-Zeitung heraus. Der in der britischen Zone relativ spät einsetzende Aufbau eines neuen deutschen Pressewesens schritt von diesem Zeitpunkt an wesentlich rascher als in den übrigen westlichen Besatzungszonen voran. So konnten im britischen Hoheitsbereich, einschließlich des englischen Sektors von Berlin, bald 42 Lizenzblätter registriert werden, von denen 33 als Partei-Richtungszeitungen galten: 11 SPD-, 10 CDU-, 7 KPD-, 3 FDP-, 2 Zentrums-Zeitungen, zwei „SPD-nahe" Blätter standen sieben „überparteilichen" Zeitungen gegenüber. Zu den führenden CDU-nahen Zeitungen zählten die 'Kölnische Rundschau', die Düsseldorfer 'Rheinische Post' sowie die 'Westfalenpost', die zunächst in Soest und später in Hagen herauskam. Unter den SPD-orientierten Blättern befanden sich die 'Westfälische Rundschau' in Dortmund, die 'Hannoversche Presse' oder der 'Telegraf' in Berlin.

Zu dieser Zeit wirkten die Sowjets in ihrer Zone massiv darauf hin, eine Aktionseinheit zwischen beiden von ihr lizenzierten Arbeiterparteien herbeizuführen. Mittels zahlreicher Maßnahmen wurde es schließlich erreicht, daß ein „Vereinigungsparteitag" von KPD und SPD für den 21./22. April 1946 in den Berliner Admiralspalast einberufen wurde, in dessen Verlauf die Sozialistische Einheitspartei Deutschlands (SED) als Fusionspartei entstand. Wie die Einheitspartei die ehemals selbständigen Parteien zusammenfaßte, so entstand auch aus den beiden Zentralorganen 'Deutsche Volkszeitung' (KPD) und 'Das Volk' (SPD) als Fusionsorgan die ab 23. April 1946 erschienene Zeitung 'Neues Deutschland' – ein Titel, der schon zuvor für ein kommunistisches Emigrantenblatt in Mexiko Verwendung gefunden hatte. Dieser Zeitungstitel war bewußt programmatisch gemeint und sollte das neue Organ assoziativ als „Erbe und Fortsetzer der ruhmreichen Tradition der 'Neuen Rheinischen Zeitung'" erscheinen lassen. Das Blatt unterstand seit seiner Gründung direkt der Parteiführung der SED, so daß sich eine direkte sowjetische Zensur erübrigte.

In der französischen Zone wurde − in Orientierung am britischen Lizenzierungsvorbild − im Jahre 1947 der Übergang vom Prinzip der „überparteilichen" Zeitungen zu dem der Lizenzierung von Parteiblättern schrittweise vollzogen. So erschien im Mai 1947 als erste eigentliche Parteizeitung das Blatt 'Der Westen' in Neuwied als Organ der CDU mit einer Auflage von 100.000 Exemplaren. Im Verlauf des Juni und Juli 1947 erfolgten die letzten Umstellungen einiger bislang „überparteilicher" Blätter auf eine der vier Parteien sowie weitere Neulizenzierungen von Parteiorganen, darunter das sozialdemokratische Blatt 'Die Freiheit' in Mainz. Endgültige Auflagenzuteilungen für die Parteiblätter erfolgten nach den am 18. Mai 1947 in allen Ländern der französischen Zone durchgeführten Landtagswahlen, bei denen die CDU 55,2% der Stimmen erlangte und dafür eine Auflage von 360.000 Exemplaren für ihre Presse zugebilligt erhielt. Die SPD bekam bei der Wahl 25,6% der Stimmen und 175.000 Auflagenexemplare, während die FDP mit 11,5% der Stimmen 131.000 Auflagenstücke erhielt. Obwohl die KPD nur 7,7% der Wählerstimmen auf sich vereinigen konnte, wurden ihr 137.000 Zeitungsexemplare zugebilligt. Insgesamt war die Entwicklung des Pressewesens in der französischen Zone bereits 1947 weitgehend abgeschlossen.

Seit dem Herbst 1947 wurde in der US-Zone die Lizenzträgergruppe dadurch dezimiert, indem der amerikanische Militärgouverneur Lucius D. Clay die Parole ausgab, „den Kommunismus in jedweder Form, wo immer er vorkam, anzugreifen". Die Folge dieser Kampfansage der amerikanischen Lizenzgeber war, daß allmählich sämtliche kommunistischen Mit-Lizenzträger aus den Gruppenzeitungen entfernt wurden. Die übrigen Parteien − CDU, CSU, FDP, SPD − unternahmen im Zeitraum 1947/48 wiederholt Versuche, die Amerikaner doch noch zur Zulassung einer eigentlichen Parteipresse zu bewegen. Diesen Bemühungen war jedoch kein Erfolg beschieden, so daß die politischen Gruppierungen im wesentlichen auf die kleinformatigen Partei-Mitteilungsblätter für ihre Mitglieder beschränkt blieben. Allerdings konnten die einzelnen politischen Parteien auf dem Umwege über Parteimitglieder oder mit ihnen sympathisierende Lizenzträger den Inhalt von Gemeinschaftszeitungen teilweise beeinflussen. Das einzige Blatt in der amerikanischen Zone, das während der Lizenzzeit als Partei-Richtungszeitung der CSU gewertet werden kann, war die ab 28. August 1948 erschienene 'Augsburger Tagespost', die spätere 'Deutsche Tagespost', da hierfür zwei CSU-Lizenzträger benannt worden waren.

Im sowjetischen Hoheitsbereich wurden im Frühjahr 1948 zwei weitere Parteien gegründet, die auch eigene Presseorgane erhielten: Am 21. April entstand als Sammelbecken ehemaliger „kleiner" Nationalsozialisten die Nationaldemokratische Partei Deutschlands (NDPD). Bereits einen Monat vor dieser Parteigründung war ab 22. März 1948 die 'National-Zeitung' erschienen, die allerdings erst am 12. September, also rund sechs Monate nach ihrer Entstehung, zum Zentralorgan der NDPD erhoben wurde, um „eine nationale, den gesamtdeutschen Interessen dienende Politik" zu betreiben, wie es in einer offiziellen Ankündigung des Blattes hieß. Die Zeitung begann mit einer Startauflage von 150.000 bis 200.000 Exemplaren. Etwa gleichzeitig mit der NDPD war im April 1948 die Demokratische Bauernpartei Deutschlands (DBD) gegründet worden in der Absicht, „antikommunistisch gesinnte Kräfte aus der Bauernschaft an sich zu ziehen". Vier Wochen nach der Zulassung der DBD erschien ab 18. Juli 1948 das 'Bauern-Echo' als Hauptorgan der neuen Partei mit einer Auflage von knapp 200.000 Exemplaren. Mit diesen Neugründungen existierten nunmehr alle „Blockparteien" neben der SED, − die Entwicklung des Partei- und Pressewesens in der SBZ war damit weitgehend abgeschlossen.

Das einzige Partei-Zentralorgan, das während der Lizenzzeit in den westlichen Besatzungszonen entstand, war der 1948 von den Briten in Hannover genehmigte sozialdemokratische 'Neue Vorwärts'. Als im Sommer 1949 die Lizenzfreigabe erfolgte und künftighin faktisch wieder jedermann die Möglichkeit hatte, Zeitungen herauszugeben, war der Markt unter den Lizenzzeitungen bereits weitgehend aufgeteilt und teilweise übersetzt. Plötzlich kehrten vor allem die sogenannten Altverleger, die seit Kriegsende an der Herausgabe ihrer früheren Blätter gehindert worden waren, mit Macht auf den Zeitungssektor zurück. Die stürmische Entwicklung des deutschen Pressewesens nach Erteilung der „Generallizenz" lief dann eindeutig in die Richtung der „überparteilichen", „unabhängigen", „neutralen" Blätter. Letztere etablierten binnen kurzer Zeit eine starke Lokal- und Regionalpresse, doch fanden sich darunter kaum noch Blätter der traditionellen Parteipresse.

12. Niedergang von Parteiorganen in der BRD

Repräsentierten die Parteiblätter Ende August 1949 noch 61 (= 36%) der damals in den drei Westzonen erschienenen 168 Tages-Zeitungen, so stieg die Zahl bis Ende 1949 zwar geringfügig auf insgesamt 76 Titel an, die dann jedoch nur noch 13,38% der damals existierenden 568 Zeitungs-Ausgaben ausmachten. Aufgrund des teilweise mit unlauteren Mitteln geführten Pressekampfes zwischen ehemaligen Lizenz- und Altverlegern gerieten recht bald einige Blätter in finanzielle Schwierigkeiten, darunter nicht wenige Parteiblätter. Um die Krisensituation aufzufangen, erklärten sich die Amerikaner bereit, der notleidenden deutschen Presse einen Kredit in Höhe von 15 Millionen DM aus Mitteln des Marshall-Planes zur Verfügung zu stellen. Mit der Vergabe der Mittel sollten keine politischen Bedingungen verknüpft sein, damit auch Partei-Richtungsblätter als Empfänger infrage kamen, doch kommunistische Zeitungen blieben vom Erhalt der Kredite ausgeschlossen. Der fortschreitende Konzentrationsprozeß im deutschen Pressewesen schlug sich bei den parteinahen Zeitungen ähnlich deutlich nieder wie in der übrigen Presse. Zu einer gewissen Zäsur in dieser Entwicklung kam es im August 1956, als die zwar im einzelnen nicht sonderlich auflagenstarke, so doch durch ihre Anzahl von Zeitungen keineswegs bedeutungslose KPD-Tagespresse infolge des Verbots der Partei durch das Bundesverfassungsgericht von der publizistischen Szene verschwand. Vor dem Verbot der Partei hatte es 13 Tageszeitungen dieser Richtung gegeben, die eine Gesamtauflage von rund 350.000 täglichen Exemplaren aufgewiesen haben sollen.

Mit der KPD verschwand auch deren Zentralorgan 'Freies Volk', das seit 1949 in Düsseldorf als Tageszeitung herauskam. Das SPD-Zentralorgan 'Neuer Vorwärts' fand 1955 wieder zum traditionellen Titel 'Vorwärts' zurück und erschien als Wochenblatt. Nach der Lizenzaufhebung waren bei fast allen Parteien nur noch Zeitschriften gegründet worden. Einer der wichtigsten Versuche hierunter war der 1950 geschaffene 'Bayern-Kurier' als zentrales Blatt der CSU. Erst 1954 entstand mit dem 'Deutschen Monatsblatt' ein bundesweites CDU-Sprachrohr. Bei der FDP gar kam erst 1956 mit dem Blatt 'Das freie Wort' ein Periodicum heraus, das sich zunächst ausdrücklich als Zentralorgan der Partei bezeichnete. Mehrere kleinere Parteien hatten sich bis zur Mitte der fünfziger Jahre ebenfalls Zeitschriften zugelegt. Das Verbot der KPD und ihrer Presse, das Selbstauflösen kleinerer Parteien sowie allgemeine Konzentrationsbewegungen bei den Periodica auch großer Parteien bewirkten, daß im Zeitraum 1960/61 nicht mehr als 32 parteipolitische Zeitschriften mit einer Gesamtauflage von 750.000 Exemplaren registriert werden konnten. Geringfügige Veränderungen gab es dann nur noch durch Parteienfusionen, -Umbenennungen oder -Neugründungen, darunter die DKP, die im März 1969 als Hauptblatt die 'UZ – Unsere Zeit' als Wochenzeitung schuf.

Bei den Tageszeitungen setzte sich der Trend fort, daß ehemals parteinahe Lizenzzeitungen entweder eingestellt werden mußten oder sich von jeglicher Parteieinflußnahme lösten und als überparteiliche Blätter ihr Überleben zu sichern trachteten. Verlief die Entwicklung bei den ursprünglichen CDU-nahen Lizenzblättern noch einigermaßen moderat, so verschwand bis zu den spätachtziger Jahren nahezu die gesamte SPD-orientierte Tagespresse, und im Jahre 1989 mußte aus finanziellen Gründen sogar das Zentralorgan 'Vorwärts' eingestellt werden, – das einst repräsentative SPD-Zentralorgan existiert seitdem nur noch als reine Mitgliederzeitschrift. Wenn man in den achtziger Jahren in der alten Bundesrepublik von Parteizeitungen sprach, dann bezog sich dies faktisch nur noch auf einige Wochen- oder Monatspublikationen. Anders in der DDR, wo bis zur Wiedervereinigung weitestgehend jene rund 40 Partei-Tageszeitungen existierten, die in den Anfangsjahren nach 1945 entstanden waren. Nach der Wiedervereinigung Deutschlands mutierten viele der ehemaligen SED-Blätter sowie jene der Blockparteien ebenfalls zu unabhängigen Tageszeitungen und reüssierten dabei zum Teil. Lediglich das ehemalige SED-Zentralorgan 'Neues Deutschland', das seitdem der PDS nahesteht, kämpft seit Jahren ums Überleben und bestätigt damit die Tendenz vom gänzlichen Sterben parteipolitisch orientierter Tageszeitungen in Deutschland.

13. Literatur

Bauer, Wilhelm, Die öffentliche Meinung in der Weltgeschichte. Wildpark-Potsdam 1930.

Bitter, Georg, Zur Typologie des deutschen Zeitungswesens in der Bundesrepublik Deutschland. München 1951.

Fischer, Heinz-Dietrich, Parteien und Presse in Deutschland seit 1945. München ²1981.

−, Handbuch der politischen Presse in Deutschland 1480−1980. Düsseldorf 1981.

−, Reeducations- und Pressepolitik unter britischem Besatzungsstatus. Düsseldorf 1978.

− (Hrsg.), Deutsche Zeitschriften des 17. bis 20. Jahrhunderts. München-Pullach 1973.

− (Hrsg.), Deutsche Zeitungen des 17. bis 20. Jahrhunderts. München-Pullach 1972.

−/Erika J. Fischer, 100 Jahre Publizisten-Altersversorgung in Deutschland, Düsseldorf 1997.

Groth, Otto, Die Zeitung. Ein System der Zeitungskunde (Journalistik). 4 Bde., Mannheim 1928−1930.

Hagemann, Walter, Grundzüge der Publizistik. Münster 1947.

−, Publizistik im 3. Reich. Hamburg 1948.

Havelock, Eric A./Jackson P. Hershbell (Hrsg.), Communication Arts in the Ancient World. New York 1978.

Hurwitz, Harold, Die Stunde Null der deutschen Presse. Die amerikanische Pressepolitik in Deutschland 1945−1949. Köln 1972.

Koszyk, Kurt, Deutsche Presse im 19. Jahrhundert. Berlin 1966.

−, Deutsche Presse 1914−1945. Berlin 1969.

−, Pressepolitik für Deutsche 1945−1949. Berlin 1986.

Lindemann, Margot, Deutsche Presse bis 1815. Berlin 1969.

Mannhart, Franz, Entwicklung und Strukturwandel der Tagespresse in der Bundesrepublik Deutschland seit 1945 und ihre Position im öffentlichen Raum. München 1957.

Mendelssohn, Peter de, Zeitungsstadt Berlin. Berlin 1960.

Opel, Julius O., Die Anfänge der deutschen Zeitungspresse, 1609−1650. Leipzig 1879.

Reiber, Hans J., Die katholische deutsche Tagespresse unter dem Einfluß des Kulturkampfes. Görlitz 1930.

Rieger, Isolde, Die Wilhelminische Presse im Überblick, 1888−1919. München 1957.

Salomon, Ludwig, Geschichte des Deutschen Zeitungswesens. Bd. 1. Oldenburg/Leipzig 1900.

Schmolke, Michael, Die schlechte Presse. Katholiken und Publizistik zwischen 'Katholik' und 'Publik', 1821−1968. Münster 1971.

Schottenloher, Karl, Flugblatt und Zeitung. Ein Wegweiser durch das gedruckte Tagesschrifttum. Berlin 1922.

Sturminger, Alfred, 3000 Jahre politische Propaganda. Wien/München 1960.

Heinz-Dietrich Fischer, Bochum (Deutschland)

83. Geschichte der Boulevard-Zeitung

1. Begriffsklärung
2. Vorläufer
3. Entwicklung bis zum Ende des 2. Weltkriegs
4. Nach 1945
5. Der Sonderfall 'Bild'
6. DDR, Österreich, Schweiz
7. Nach 1989
8. Ausblick und Forschungslage
9. Literatur

1. Begriffsklärung

Boulevardzeitungen sind zuallererst Zeitungen und insofern treffen auf sie die folgenden Kriterien zu: *Aktualität* (Neuheit und Gegenwartsbezogenheit), *Publizität* (allgemeine Zugänglichkeit), *Universalität* (Offenheit für alle Lebensbereiche) und *Periodizität* (regelmäßiges Erscheinen). Das Kriterium *Universalität* gilt für Boulevardzeitungen nur eingeschränkt: Zwar kommen alle Lebensbereiche als Themen vor, aber unterschiedlich gewichtet. Politik und Wirtschaft nehmen deutlich weniger Raum ein als Sensationen, Verbrechen, 'Menschliches' und vor allem Sport. Massenmedien sind in demokratischen Staatswesen Mittel zur Information, Meinungsbildung und Unterhaltung. In der Art, wie jede dieser Aufgaben wahrgenommen wird, liegt eine Möglichkeit zur Unterscheidung von Zeitungen.

Die Unterhaltung rangiert bei Boulevardzeitungen deutlich vor den beiden anderen Funktionen. Daraus resultiert bei diesen Blättern der vorrangige Einsatz solcher Gestaltungsmittel, die auf die Erregung von Reiz, Spannung und Emotion abzielen. Das betrifft die Sprache, die Bebilderung, die Typographie und das Layout. Die verschiedenen Zeitungstypen lassen sich ferner unterscheiden nach *Erscheinungsweise* (Boulevardzeitungen sind Tages- oder Sonntagszeitungen. Im folgenden wird auf die Boulevard-Sonntagszeitung nicht gesondert eingegangen.), *Art der Verbreitung* (lokal, regional oder überregional. Es gibt Boulevard-Zeitungen für alle drei Verbreitungsgebiete.) und *Vertriebsart* (überwiegend im Abonnement oder überwiegend im Einzelverkauf an der Straße). Da hier ein relativ deutliches Unterscheidungsmerkmal vorliegt, werden Boulevardzeitungen üblicherweise 'Straßenverkaufszeitungen' genannt. Das Prinzip des Einzelverkaufs bedingt ein besonders gut ausgebautes Vertriebssystem. Es bringt aber auch ein großes wirtschaftliches Risiko mit sich, da mit schwankenden Remissionen kalkuliert werden muß. Bei deutschen Boulevardzeitungen wird mit Remittenden zwischen 10 und 20% der Auflage gerechnet. Die hier als Unterscheidungskriterien aufgeführten Merkmale der Boulevardzeitungen treten in je unterschiedlicher Ausprägung bei den einzelnen Blättern auf. Die Kombination verschiedener Merkmale macht den Typ der Boulevardzeitung aus.

Die Bezeichnung 'Revolverpresse', die bisweilen auch für Boulevardzeitungen verwendet wird, hat nichts mit der Berichterstattung über Verbrechen zu tun, sondern bezieht sich auf die Androhung von Veröffentlichungen, die durch Geldzahlungen verhindert werden können (vgl. Pawek 1965, 139; Hummel 1991, 192). Die in angelsächsischen Ländern geläufige Bezeichnung 'Tabloids' für die Boulevardzeitungen ist auf das Kleinformat früher 'Bilderzeitungen' in den USA zurückzuführen. Auch 'Yellow Press' wird als Bezeichnung für die Boulevardpresse verwandt, meint aber eigentlich die publikumsorientierte Massenpresse an sich. Sie ist übernommen von der Hauptfigur einer Comic-Serie 'The Yellow Kid', die seit 1894 in Penny Papers in den USA erschien.

2. Vorläufer

'Urformen' des Typs 'Boulevardzeitung' sind in nicht periodischen Flugschriften der frühen Neuzeit entdeckt worden. „Bereits im 16. Jh. bringen sie unterschiedslos Wahres, Mögliches und Unwahrscheinliches, nach Möglichkeit aber Sensationelles" (Hummel 1991, 190). Mit mehr Berechtigung wird man die Boulevardzeitungen als Extremerscheinung der 'Massenpresse' allgemein bezeichnen können. Insofern treffen auch auf sie die wichtigsten Voraussetzungen für das Entstehen der Massenpresse zu: Entwicklung der Herstellungstechnik zur möglichst billigen Produktion großer Auflagen und Finanzierung durch Anzeigen.

Vorläufer der Boulevardzeitungen war die Penny Press in den USA und in England ('The Sun' 1833, 'New York Herald' 1835). Sie nutzte die Möglichkeit der weitgehenden Finanzierung der Zeitung durch Anzeigen zur radikalen Senkung der Bezugspreise und erschloß so neue Bezieherkreise. In Deutschland folgte in der zweiten Hälfte des 19. Jhs. als neuer Typ der billigen Massenpresse der 'General-Anzeiger', ohne den das Entstehen der Boulevardzeitung deutscher Prägung nicht denkbar wäre.

Welches die erste Boulevardzeitung war, hängt davon ab, welches Kriterium man dominant setzt, um eine bestimmte Zeitung 'Boulevardzeitung' zu nennen. Unbestritten ist, daß die 'Kronen Zeitung', 1900 in Wien gegründet, die 'B.Z. am Mittag', ab 1904 in Berlin im Straßenverkauf und der 'Daily Mirror', 1904 in London zum ersten Mal erschienen, die drei ältesten Boulevardblätter sind.

3. Bis zum Ende des 2. Weltkriegs

Am 2. 1. 1900 erschien in Wien in dem kleinen Zeitungsformat die erste Ausgabe der 'Kronen Zeitung'. Ihren Namen hatte sie nach ihrem Abonnementspreis, eine Krone pro Monat. Dieser niedrige Preis war möglich, weil mit dem Ende des Jahres 1899 in Österreich die staatliche Steuer für Zeitungen aufgehoben worden war. Von dem ersten Chefredakteur sind die folgenden programmatischen Sätze überliefert:

„Unser wirklicher Chefredakteur [...] ist der Leser! Er weiß es nicht, aber seine Wünsche sind für uns bestimmend. Die 'Kronen Zeitung' will nicht lenken, nicht beeinflussen; sie will versuchen, Gegensätze auszugleichen. In jeder einzelnen Ausgabe des Blattes muß das Wiener Gemüt, muß österreichischer Frohsinn zum Ausdruck kommen" (Dichand 1977, 17).

Hier wurde die für die frühe Massenpresse typische Partei- und Politiklosigkeit und der reine Unterhaltungsaspekt propagiert. Sehr früh wurde die 'Kronen Zeitung' auch zu einer Institution, bei der die Menschen Rat und Hilfe erbaten (Dichand 1977, 22). Die ersten dreieinhalb Jahre war die 'Kronen Zeitung' ein geschäftlicher Mißerfolg. Erst die Berichterstattung über den Doppelmord an dem serbischen Königspaar am 11. Juni 1903 brachte den Durchbruch. Die Auflage stieg steil an und erreichte 1906 eine Höhe von 100.000 Stück, kletterte bis 1912 auf 200.000, was ungefähr das Vierfache der Auflage der größten und einflußreichsten österreichischen Tageszeitung war, der 'Neuen Freien Presse'; 1938 erreichte die 'alte' 'Kronen Zeitung' mit 300.000 ihre höchste Auflage. Die Nationalsozialisten schalteten die 'Kronen Zeitung' wie alle anderen Presseerzeugnisse gleich, machten sie schließlich zur 'Kleinen Kriegszeitung', die 1944 eingestellt wurde.

Die Zeitung, an der sich die meisten Boulevardblätter orientiert haben, ist der englische 'Daily Mirror'. Bisweilen ist er als die „populärste und erfolgreichste Tageszeitung der Welt" (Cudlipp 1955, 129) bezeichnet worden. Er erschien zum ersten Mal am 2. 11. 1903 als „eine Tageszeitung für Damen, die ausschließlich von Damen gemacht wird" (Cudlipp 1955, 18) und war zunächst ein Mißerfolg. Erst nach der Umwandlung in eine 'Bildertageszeitung', die sich an ein eher bildungsunbelastetes Publikum wandte und ab Januar 1904 unter dem Titel 'The Daily Illustrated Mirror' zum Preis von einem halben Penny erschien, stellte sich der Verkaufserfolg ein; am 18. 4. 1904 wurde wieder der ursprüngliche Name 'Daily Mirror' angenommen. Die Auflage stieg und betrug 1914 pro Tag durchschnittlich über 1,2 Mio. 1951 war sie bei 4,3 Mio. und am 2. 6. 1953 wurde zur Krönung von Königin Elisabeth II. der „Weltrekord mit 7 Mio. verkauften Exemplaren" aufgestellt (Cudlipp 1955, 417). Das System des Leserkaufs durch Zugaben zur Zeitung, Abonnementsversicherungen und Preisausschreiben, durch das auch der 'Mirror' seine Auflage steigerte, war keine Eigenart der Boulevardzeitungen, auch seriöse Blätter in England und auf dem Kontinent praktizierten dieses Prinzip.

Aus neuerer Sicht ist der 'Mirror' als einzige der britischen Boulevardzeitungen als politisch 'links' eingestuft worden. Die politische Ausrichtung hat in der Geschichte allerdings öfter gewechselt. Seinen frühen Erfolg verdankt der 'Mirror' dem Einsatz der Fotografie, insbesondere den aktuellen Bildern. Aber auch andere Gestaltungselemente, die für den Boulevardjournalismus charakteristisch sind, wurden von diesem Blatt als erstem eingeführt, 1934 der Fettdruck, ein Jahr später die Balkenüberschrift. Zum Vorbild für gezeichnete Frauenfiguren in anderen Blättern wurde das Mädchen 'Jane'. Der 'Mirror' hat die Artikelserie frühzeitig eingesetzt und zu einem blattgestaltenden Element ausgebaut. Kummerkästen und Ratgeberecken trugen zur Blattbindung bei. Auch die zahlreichen Kampagnen und Aktionen (für Hunde, gegen …) finden sich später in anderen Blättern wieder. Der 'Daily Mirror' ist auch als Gegenstand von Auseinandersetzungen exemplarisch gewesen. Wegen seines aggressiven Auftretens ist er immer wieder von der publizistischen Konkurrenz heftig angegriffen worden. Auch Parlament und Regierung haben sich wiederholt mit seinen politischen Aktionen beschäftigt.

Die dritte der ersten Boulevardzeitungen war in der Anfangsphase nach Aufmachung und Inhalt traditioneller als die beiden anderen, im Vertrieb beschritt sie allerdings konsequent den neuen Weg des Straßenverkaufs. Am 22. 10. 1904 erschien im Ullstein-Verlag in Berlin die erste Ausgabe der 'BZ am Mittag'. Der Berliner Papierhändler Leopold Ullstein hatte 1877 die 'Berliner Zeitung' gekauft, zu deren Morgen- und Abendausgabe die 'BZ am Mittag' als ergänzende Mittagszeitung gedacht war. Sie war bald so erfolgreich, daß der Verlag das Stammblatt 'Berliner Zeitung' 1905 mit beiden Ausgaben einstellte. Der Verkaufspreis betrug 5 Pfennig; das Konzept war vor allem auf Berlin ausgerichtet. Die 'BZ am Mittag' warb damit, die „schnellste Zeitung der Welt" (vgl. Kauder 1927, 200) zu sein, womit gemeint war, daß die Technik darauf eingestellt war, letzte Meldungen bis zu einer halben Stunde vor dem Erscheinen der ersten Exemplare noch aufnehmen zu können. Wie wichtig in Zeiten, in denen es noch keine elektronischen Medien gab, die Aktualität für den Verkauf war, zeigt sich daran, wie die folgenden Berliner Zeitungsneugründungen ihren Erscheinungstermin gewissermaßen um den Termin der 'BZ am Mittag' (1 Uhr mittags) gruppierten: Die 'Neue Berliner Zeitung', die später in '12-Uhr-Blatt' umbenannt wurde, kam eine Stunde vor der 'BZ am Mittag' heraus, die 'Nachtausgabe' aus dem Hugenberg-Verlag am frühen Nachmittag und das '8-Uhr-Blatt' am späten Nachmittag. Die 'BZ am Mittag' hat auch in späteren Jahren die Aggressivität des 'Daily Mirror' nicht übernommen. Die

Gliederung der Redaktion in Ressorts war eher traditionell und nach allgemeinem Verständnis auch vollständig, obgleich im Blatt selbst die Ressortgrenzen verschwammen. Eine herausragende Rolle hat von Anfang an der Sport gespielt. Schon 1905 erschien eine tägliche Sportbeilage (Wagner 1977, 71).

In Westdeutschland ist durch die Gründung des 'Mittag' in Düsseldorf 1920 durch den Verleger Droste die Boulevardzeitung eingeführt worden (Koszyk 1966, Bd. 2, 174).

Die Boulevardzeitungen wurden wie die gesamte freie Presse in Deutschland von den Nationalsozialisten 'gleichgeschaltet', die meisten schon frühzeitig eingestellt. Mit der „Anordnung zur Beseitigung der Skandalpresse" vom 24. 4. 1935 schufen sich die Nazis die scheinlegale Möglichkeit zum Aufkauf der Generalanzeiger- und Boulevard-Presse. Die 'BZ am Mittag' z. B. wurde durch Max Amann „auf Kurs gebracht (Wagner 1977, 50), nachdem die jüdische Familie Ullstein schon 1934 ihr Unternehmen an den Zentralverlag der Nazis abtreten mußte; am 28. 2. 1943 wurde das Blatt eingestellt.

4. Nach 1945

„Eine Boulevardpresse im klassischen Sinn ist in der Bundesrepublik Deutschland nach 1945 nicht mehr entstanden. [...] In der heutigen Bundesrepublik fehlen alle Voraussetzungen für eine solche Presse" (Pawek 1965, 135). Dieser Auffassung wird man zustimmen können, wenn damit gemeint ist, daß die Boulevardzeitungen nach dem 2. Weltkrieg andere sind, als die der zwanziger Jahre. Dennoch ist es sinnvoll, die heutigen Straßenverkaufszeitungen als Boulevardzeitungen zu bezeichnen, weil auf sie wichtige Merkmale ebenso zutreffen wie auf die Blätter, deren Schlagzeilen auf den Straßen Berlins in den zwanziger Jahren ausgerufen wurden.

Bald nach dem 2. Weltkrieg erschienen in Deutschland auch wieder Boulevardzeitungen. Das Nürnberger '8-Uhr-Blatt' („Die illustrierte Abendzeitung") knüpfte zunächst als einzige an alte Traditionen an: Es war 1918 gegründet worden. Die 'Offenbach Post' kam im Mai 1947 zum ersten Mal heraus, 'Die Abendzeitung', München, erschien zunächst ab 6. 5. 1948 unter dem Namen 'Tageszeitung', dann ab 16. 6. mit dem Titel, den sie heute noch trägt. Sie hat sich den Ruf erworben, ein für eine Boulevardzeitung ungewöhnlich qualitätvolles Feuilleton zu pflegen. Die 'Abendpost', Frankfurt, begann im Oktober 1948. Die 'Hamburger Morgenpost' wurde am 16. 9. 1949 gegründet. Eigentlich war von der Aufmachung zunächst nur die Titelseite boulevardtypisch, während die noch erkennbare Spartengliederung im Innern eher an eine konventionelle Abonnementzeitung erinnerte. Die Inhalte waren allerdings auch schon zu Beginn weitgehend auf den Unterhaltungsaspekt ausgerichtet. Die Auflage stieg an und lag 1954 bei 210.000, was für eine Lokalzeitung beachtlich war. Das Blatt hat im Lauf seiner Geschichte mancherlei Veränderungen erfahren, das Format verkleinert und mehrfach den Eigentümer gewechselt. Heute gehört es zum Gruner + Jahr-Imperium.

1963 kaufte der 'Süddeutsche Verlag', zu dem die Münchener 'Abendzeitung' gehörte, das Nürnberger '8-Uhr-Blatt'. Seither erhält die Nürnberger 'Abendzeitung/8-Uhr-Blatt' den Mantel aus München. – Unmittelbar nachdem der Axel Springer-Verlag 1968 eine Lokalausgabe 'Bild München' angekündigt hatte, brachte der Verlag des 'Münchner Merkur' eine ganz auf Bayern zugeschnittene Boulevardzeitung auf den Markt, die 'tz' (zum Namen heißt es in der Jubiläumsnummer am 17. 9. 1993: „Den Titel 'tz' erfand der Verlag, wobei der Leser spekulieren durfte, ob die frühere 'Telegramm Zeitung' oder die letzten Buchstaben von 'Blitz' bei der Abkürzung Pate gestanden haben.").

Die zukunftsträchtigste Wiedergründung in Berlin fand am 19. 11. 1953 durch den seit September zum Springer-Konzern gehörenden Ullstein-Verlag mit der ersten Ausgabe der 'BZ' statt. Formal wurde an die 'BZ am Mittag' der Vorkriegszeit angeknüpft, Konzept, Format und Erscheinungstermin waren aber bewußt anders. Der neuen 'BZ' ist vorgeworfen worden, daß sie sich eigentlich nicht von 'Bild' unterscheide (Oschilewski 1976, 288), dieses Blatt allenfalls in dem Kampf gegen alles, was politisch 'links' ist, an Aggressivität noch übertreffe.

Der Berliner 'Abend' wurde 1980 eingestellt. Von der Frankfurter 'Abendpost/Nachtausgabe', die am Schluß noch eine Auflage von 126.000 hatte, erschien zum Jahresende 1987 die letzte Ausgabe.

Die Art der Finanzierung bei deutschen Abonnements- und Boulevardzeitungen hat sich zwar angenähert, ist aber immer noch unterschiedlich: Die Abonnementszeitungen erlösen im Durchschnitt ein Drittel der Einnahmen aus dem Vertrieb und zwei Drittel aus dem Anzeigengeschäft. Bei Boulevardzeitungen betrug der Anzeigenerlös 1954 nur ein Fünftel; inzwischen sind Vertriebs- und Anzeigenerlös ungefähr gleich.

5. Der Sonderfall 'Bild'

Die 'Bild'-Zeitung ist in vielerlei Hinsicht ein Sonderfall: Sie ist die bei weitem größte deutsche Zeitung und sie ist die einzige Boulevard-Zeitung, die in der gesamten Bundesrepublik Deutschland erscheint. Sie ist aber auch die deutsche Zeitung, die am heftigsten angegriffen und kritisiert worden ist. Für viele Menschen steht sie für alle schlechten Eigenschaften der Presse und des Journalismus schlechthin. Am 24. 6. 1952 erschien im Axel Springer-Verlag in Hamburg die erste Ausgabe unter dem Titel '10-Pf-Bild'. Sie hatte vier Seiten, von denen die erste und die letzte aus sechs bzw. sieben Fotos mit jeweils fünfzeiligen Unterschriften bestand. Die verkaufte Auflage stieg von anfangs 110.000 auf 245.000 im Dezember 1952. 1959 lag sie im Jahresdurchschnitt schon bei 2,8 Mio., 1966 bei 4,1 Mio. und erreichte 1967 mit 4,2 Mio. einen vorläufigen Höhepunkt. Bis 1971 ging die Auflage auf 3,4 Mio. zurück, begann dann wieder zu steigen und erreichte 1983 mit 5,5 Mio. die absolute Spitze. In den nächsten zehn Jahren ging allerdings wieder 1 Mio. verloren, die auch durch neue Ost-Ausgaben nach 1989 nicht zurückgewonnen werden konnte.

Erst nach sechs Monaten, am 11. 12. 1952, erschien die erste Werbeanzeige in 'Bild'. Der Verkaufspreis blieb acht Jahre lang bei 10 Pfennig, lag 1977 bei 35 und beträgt 1996 70 Pfennig. Die Regionalisierung begann schon in den sechziger Jahren und wurde so weit getrieben, daß 1996 insgesamt 35 verschiedene Druckausgaben erscheinen, die an acht Druckorten in Deutschland hergestellt werden, seit 1996 zusätzlich auch in Gran Canaria und in Palma de Mallorca.

Zur Gründung von 'Bild' wurde Springer durch die 'Hamburger Morgenpost' angeregt, deren Auflagen-Erfolg er aufmerksam beobachtete. Außer am englischen 'Daily Mirror' orientierte er sich an amerikanischen Zeitungen, weil sie ihm konzeptionell am dichtesten an dem zu sein schienen, was Zeitungen in dem beginnenden Fernsehzeitalter attraktiv machte (Naeher 1992, 91 f.). Noch bevor das Fernsehen zu Weihnachten 1952 in Deutschland seinen regelmäßigen Sendebetrieb aufgenommen hatte, war Springer von dem Siegeszug dieses neuen Mediums überzeugt, gab es doch zu diesem Zeitpunkt in den USA bereits 10 Mio. Empfangsgeräte. Springers bekannteste Antwort auf die Frage nach dem Konzept von 'Bild' lautete denn auch: „BILD ist die gedruckte Antwort auf das Fernsehen." In Anlehnung an das Vorbild-Medium Fernsehen waren großformatige Fotos das wichtigste Gestaltungselement. Comic-Strips verstärkten das Übergewicht des Optischen. Die wenigen äußerst knappen Textbeiträge entsprachen in ihrer Tendenz dem Motto des 'Hamburger Abendblatts' „Seid nett zueinander." Hans Zehrer, der als einer der Mentoren Springers gilt (Müller 1968, 42 ff.), erklärte in einer täglichen Kolumne den Leserinnen und Lesern die Welt und sprach ihnen Mut und Trost zu. Eine Boulevardzeitung nach heutigem Verständnis oder auch gemessen an dem Vorbild 'Daily Mirror' war das noch nicht.

Die Entwicklung der Auflage entsprach nicht den Erwartungen, da das Blatt auch für nur zehn Pfennig zu wenig Lese- und Unterhaltungsstoff bot. Springer änderte deshalb nach wenigen Monaten das Konzept. Der Textteil wurde zu Lasten der Fotos ausgeweitet und die bekannten Boulevard-Elemente wurden nun nach englischem Vorbild eingeführt: Die Schlagzeilen wurden aggressiver und größer. Der Sportteil wurde nach und nach ausgeweitet und zu dem angesehensten Teil der Zeitung. Nach dem Vorbild von 'Girl Jane' im 'Daily Mirror' erschien täglich die Karikatur eines vollbusigen und langbeinigen Mädchens mit einer Pferdeschwanzfrisur, 'Lilly'. In die Redaktion traten Redakteure ein, die Erfahrungen bei anderen Boulevardzeitungen gesammelt hatten. Die Zeit bis 1959 zeichnet sich durch eine fast völlige Abwesenheit von politischen Themen in 'Bild' aus. Müller schreibt über diese Jahre: „Wäre ein Historiker späterer Jahrhunderte auf die ersten sechs Jahrgänge der 'Bild'-Zeitung als einzige Quelle angewiesen, so könnte er die wichtigsten innen- und weltpolitischen Ereignisse kaum in Umrissen rekonstruieren; sie kommen zum großen Teil gar nicht vor, und wenn, dann nur als punktuelle, explosionsartige Ereignisse" (Müller 1968, 77 f.). Die ganz aus der Sicht des sympathisierenden Insiders geschriebene Chronik von Dittrich charakterisiert die inhaltliche Ausrichtung so:

„Die BILD-Zeitung der Gründerjahre [...] war im wesentlichen darauf bedacht, ihre Leser zu unterhalten; ihr Konzept ähnelte dem der Illustrierten und Wochenblätter jener Zeit: Human-Interest-Nachrichten, zeitgeschichtliche Reportagen, Aktionen, Novelletten, Witze und Romane bildeten zusammen mit der Sportberichterstattung den Inhalt des Blattes" (Dittrich 1977, 13).

(In späteren Jahren geht 'Bild' selbst davon aus, daß ein Drittel aller Kunden das Blatt wegen des Sportteils kaufen.) Tiere waren ein beliebter Gegenstand zahlreicher Geschichten und erschienen oft in den Schlagzeilen („Blindenhund opfert sich für seinen Herrn"). Auch damit knüpfte 'Bild' an Erfolgstraditionen älterer Boulevard-Zeitungen an.

Als Markierungspunkt für die Wende ins Politische der bis dahin unpolitischen 'Bild' wird der Januar 1958 angesehen (Brumm 1980, 138). Der Verleger Springer war in diesem Monat in eigenem Auftrag nach Moskau geflogen, um in einem Gespräch mit dem Generalsekretär der kommunistischen Partei eine Änderung der sowjetischen Deutschland-Politik zu erreichen. Die Reise verlief in jeder Hinsicht für Springer enttäuschend. Am 28.2. erschien dann in 'Bild' eine Art von 'Manifest':

„In unerwartet staatsmännisch-gemessenem, Bildfremden Ton faßte das bemerkenswerte Dokument die damals kursierenden Pläne zur Wiedervereinigung in einem Springerschen Überplan zusammen. [...] Für den Fall der Ablehnung drohte die Zeitung [...] allerdings schon Konsequenzen an: '13 Jahre sind seit Kriegsschluß vergangen! Im Verlauf des Jahres 1958 wird sich zeigen, ob die 13 eine Glückszahl oder eine Unglückszahl für den Frieden der Welt ist. Was dann wird, möge Gott verhüten'" (Müller 1968, 84f.).

Unmittelbar danach begann die Zeitung die Reihe ihrer Kampagnen gegen die „bolschewistische Gefahr" im Osten. Ab Herbst 1960 setzte der neue Chefredakteur Hagen die begonnene Politisierung von 'Bild' in einen konsequenten Antikommunismus um oder, wie es der hauseigene Chronist Dittrich im Rückblick formuliert: „Der neue Chef war entschlossen, dem deutschen Volk die Wahrheit über die Bedrohung aus dem Osten und die Not seiner Berliner Mitbürger in die Seelen zu trommeln." Und: „Volksaufklärung und Propaganda drängten alle anderen Erfolgselemente des Boulevardblattes in den Hintergrund" (Dittrich 1977, 41). 'Bild' war eindeutig eine Gesinnungszeitung geworden und befand sich auf dem Weg zu einem politischen Kampfblatt. Hagen wurde nach etwas mehr als einem Jahr abgelöst. Politischer Druck von außen mag dabei eine Rolle gespielt haben, wichtiger war aber wohl, daß der Verleger angesichts nur noch langsam wachsender Auflagenzahlen ahnte, daß Hagens „Vorstellung von der Aufgabe und der Machart der 'Bild'-Zeitung mit den Interessen der Käufer schon bald nicht mehr übereinstimmen werde" (Dittrich 1977, 46). Der Nachfolger Boenisch bemühte sich, die Boulevard-Elemente wieder stärker deutlich zu machen und hatte damit auch Verkaufserfolg.

'Bild' hat bald nach der Bundestagswahl 1965 in Kommentaren und Schlagzeilen die Bildung einer Großen Koalition von CDU/CSU und SPD im Bundestag gefordert. Solange diese dauerte, begleitete das Blatt sie mit Wohlwollen und in Krisenzeiten mit Schlagzeilen-Appellen zum Durchhalten. Dieses Engagement machte einen gewissen Sinn für ein Massenblatt, das bei deutlicher Stellungnahme für nur eine Partei immer Gefahr lief, eine große Lesergruppe, nämlich die Anhänger der anderen Volkspartei, zu vergraulen. Die Zeitung geriet damit aber per se in eine Gegnerschaft zur Außerparlamentarischen Opposition (ApO). Diese verschärfte sich durch eine harte Frontstellung des Blattes gegen die Studentenbewegung 1967/68. Völlig undifferenziert prügelte 'Bild' mit allen publizistischen Mitteln auf die rebellierenden Studenten ein. Intellektuelle und Künstler wie Böll und Grass, die Sympathie mit den Studenten erkennen ließen, wurden gleich mit zu Feinden des Staates und der Demokratie gemacht. Das Attentat auf Rudi Dutschke am Gründonnerstag 1968 wurde zum Auslöser für gewalttätige Demonstrationen gegen den Springer-Verlag und vor allem gegen 'Bild', weil viele die maßlosen Attacken des Blattes gegen die Studenten und ihre Ziele für die Eskalation der Gewalt verantwortlich machten. Die ApO verbreitete auf Aufklebern den Slogan: 'Enteignet Springer'. Ob die Kampagnen gegen 'Bild' Wirkung hatten oder ob das Blatt selbst durch seine Polarisierung Leser vergraulte, muß unentschieden bleiben. Fest steht, daß die Auflage bis 1971 deutlich zurückging.

Das Konzept der Regionalisierung wurde in den folgenden Jahren ausgebaut, so daß jeder Leser in Deutschland 'Bild' als eine landesweite Boulevardzeitung kaufen kann, in der Ereignisse seiner Stadt oder seiner Region vorkommen. Zweifellos hat zu dem Verkaufserfolg des Blattes auch ein sehr effizienter Vertriebsapparat beigetragen.

83. Geschichte der Boulevard-Zeitung

1977 erregte das Buch von Günter Wallraff 'Der Aufmacher – Der Mann, der bei Bild Hans Esser war' großes Aufsehen. Wallraff hatte unter falschem Namen in der Hannoveraner 'Bild'-Redaktion vier Monate gearbeitet. Er beschrieb erschreckende Arbeitszustände und bedenkliche redaktionelle Manipulationen. Der Bericht entfaltete seine Wirkung auch dadurch, daß gerade die Zeitung, zu deren Arbeitstechniken das 'Einschleichen' zum Zweck der enthüllenden Darstellung gehört, aufgeregt und mit persönlichen Diffamierungen gegen den Autor („Untergrundkommunist") reagierte und so Wallraffs Glaubwürdigkeit eher erhöhte.

1985 starb Axel Springer. Ein politisches Kampfblatt ist 'Bild' seitdem nicht mehr. Auf dem Posten des Chefredakteurs hat es mehrere Wechsel gegeben; in 44 Jahren waren es zwölf Chefredakteure. Das Ansehen von 'Bild' ist nicht gewachsen, als Boulevardzeitung ist sie 'normaler' geworden: Ihre Auflagenzahlen schwanken in der gleichen Weise wie die vergleichbarer Zeitungen. Allerdings ist nach wie vor bei ihr alles ein bißchen riesiger. Auch vor dem Deutschen Presserat muß sie sich öfter verantworten als andere; 1994 erteilte der Presserat 15 Rügen, davon 14 an Boulevardzeitungen, sieben allein an 'Bild'.

Mit dem Versuch, in Westdeutschland eine weitere Boulevardzeitung herauszugeben, ist das Haus Springer Mitte der sechziger Jahre gescheitert. Ende 1963 übernahm Springer zusammen mit der 'Rhein.-Berg. Druckerei u. Verlagsgesellsch.' von dem Düsseldorfer Droste-Verlag dessen Verlagsobjekte 'Der Mittag' und 'Spät-Ausgabe', um eine Boulevardzeitung für Nordrhein-Westfalen herauszugeben. Diese erschien am 2. 3. 1964 unter dem Titel 'Der Mittag'. Nur dreieinhalb Jahre später, am 17. 9. 1967 mußte 'Der Mittag' die Einstellung seines Erscheinens ankündigen, da inzwischen trotz einer Auflage von zuletzt 244.000 Verluste von 20 Mio. Mark aufgelaufen waren. Ein Übernahmeangebot des 'Spiegel' für 1 Mio. Mark lehnte Springer in einer öffentlichen Erklärung ab.

6. DDR, Österreich, Schweiz

In der DDR gab es eine einzige Tageszeitung, die wegen des Straßenverkaufs zu den Boulevardzeitungen gerechnet werden kann, die 'BZ am Abend'. Sie ist 1949 gegründet worden und erreichte 1988 als Abendzeitung für Berlin und Umgebung eine Auflage von 203.000 Stück (Grubitzsch 1990, 140).

Erst 1959, also eher am Ende der Nachkriegs-Gründerzeit, ist die 'Kronen Zeitung' als 'Neue Kronen Zeitung' in Wien wieder erschienen. Sie hat insgesamt an ihre Auflagenerfolge aus der Vorkriegszeit anknüpfen können. 1992 hatte sie einen Anteil von 42,3% an der Gesamtauflage aller österreichischen Tageszeitungen. Seit dem Anfang der neunziger Jahre gehört die 'Kronen Zeitung' zu 50% der 'Westdeutschen Allgemeinen Zeitung' in Essen.

In demselben Jahr 1959 wie die 'Kronen Zeitung' wurde in Zürich die Boulevardzeitung 'Blick' gegründet. Die ersten Ausgaben lösten heftige öffentliche Proteste aus. In einer Parlamentserklärung der Regierung ist von dem Presseerzeugnis 'Blick' die Rede, das sich „ 'Unabhängige Schweizer Tageszeitung' nennt, dessen Inhalt und Aufmachung jedoch eine für unser Land völlig fremde Art Beeinflussung des Lesers bringt und das auf Kosten sachlicher Information auf die Wekkung und Befriedigung des Sensationsbedürfnisses ausgeht" (Bürgi 1984, 14 f.). Zur Herausgabe des Blattes wurde ein 'AG für Presseerzeugnisse' gegründet, deren Kapital nach und nach vollständig auf den Großverlag Ringier überging. Für den 'Blick' liegen zwei größere inhaltsanalytische Untersuchungen vor (Saxer u. a. 1980; Haller 1984). Danach hat das Blatt „Ende der siebziger Jahre seine formale Grobstruktur gefunden" (Haller 1984, 60), nachdem es in den sechziger Jahren zumindest „in der formalen Gestaltung noch näher der seriösen Tageszeitung als dem kompromißlosen Boulevardismus" (Haller 1984, 70) gewesen ist. Das wichtigste Ergebnis der Studie ist die Beschreibung des Anteils der „Trivialmythen" an den Texten des 'Blick'. („Damit ist der im Alltags-Erleben vieler Menschen anzutreffende Hang gemeint, analog zur Trivialliteratur alltägliche Banalitäten in Ungewöhnliches und Bedeutungsvolles umzudeuten, um so den im Grunde langweiligen Alltag mit Phantasie zu füllen" Haller 1984, 71). Die Analyse zeigt für 1984 gegenüber 1964 eine Abnahme der Mythologie des Erfolgreich-Mächtigen und eine deutliche Zunahme der „Mythen über Sicherheit und Geborgenheit in Verbindung mit freizeitorientierten Konsumgenüssen" (Haller 1984, 71 f.).

7. Nach 1989

Als 1989 die Grenze zwischen der Bundesrepublik und der DDR geöffnet wurde, begannen westdeutsche Verlage mit der Herausgabe von Ablegern bzw. Lokal- oder Regionalausgaben ihrer Boulevardzeitungen auf dem Gebiet der 'Noch-DDR'. Von 'Bild' gibt es auf dem Gebiet der ehemaligen DDR inzwischen neun eigene Ausgaben. Gruner + Jahr gründete drei eigenständige Ausgaben der (Hamburger) 'Morgenpost' in Mecklenburg, Dresden und Chemnitz. Du Mont Schauberg brachte zusammen mit der Madsack-Gruppe den 'Neue Presse Express' heraus, der nach dem Ausstieg von Madsack nur noch in Halle als 'Mitteldeutscher Express' herauskam und am 1. April 1995 eingestellt wurde. Eine selbständige Neugründung wurde in Leipzig versucht. Mit dem Kapital eines westfälischen Anzeigenblatt-Verlegers erschien ab April 1990 unter dem Namen 'Wir in Leipzig' eine Boulevard-Tageszeitung, die ein Vierteljahr später sogar um fünf Lokalausgaben erweitert wurde. Aber schon im Herbst 1991 war die Auflage so weit zurückgegangen, daß das ganze Unternehmen eingestellt wurde (Pürer/Raabe 1994, 426 f.). Ein solcher Untergang blieb der 'BZ am Abend' erspart. Sie wurde von Gruner + Jahr, dem nach der PDS und dem britischen Großverleger Maxwell neuen Eigentümer des 'Berliner Verlags', weitergeführt. Seit Ende 1990 erschien sie unter dem neuen Namen 'Berliner Kurier am Abend', zu dem auch ein 'Berliner Kurier am Morgen' gegründet wurde. Die Abendzeitung wurde dann Mitte 1992 eingestellt. Die meisten Käufer findet der 'Berliner Kurier', so der neue Name, weiterhin im Osten der Stadt Berlin.

Das größte Aufsehen hat zweifellos die Neugründung der Boulevardzeitung 'Super! Zeitung' erregt. Sie wurde herausgegeben von der 'News-Burda-GmbH', die zu je 50% dem australischen Medienkonzern Murdoch und dem Münchner Burda-Verlag gehörte. Mit der geballten Kapitalmacht zweier großer Verlagskonzerne sollte durch das Boulevardblatt 'Super! Zeitung' das Quasi-Monopol von 'Bild' in Deutschland angegriffen werden. Dafür wurden sogar nacheinander zwei frühere 'Bild'-Chefredakteure angeheuert. Das Vorbild für die Aufmachung und das Format (Tabloid) war die zum Murdoch-Konzern gehörende englische 'Sun'. Inhaltlich setzte die 'Super! Zeitung' vor allem auf den Ost−West-Gegensatz in Deutschland. Schlagzeilen artikulierten Haß und Neid der „Ossis" auf die „Wessis". Das Blatt wurde innerhalb kurzer Zeit zur umstrittensten Tageszeitung in Deutschland. Möglicherweise hat das schlechte Ansehen des Blattes dazu beigetragen, daß trotz anfänglicher Auflagenerfolge (2. Hälfte 1991 rund 400.000 Exemplare) das Anzeigenaufkommen deutlich hinter den Erwartungen zurückblieb. Ab Anfang 1992 sank die Auflage, im Frühjahr 1992 zog sich Murdoch aus dem Unternehmen zurück und am 24. Juli 1992 verkündete Burda die Einstellung des Blattes.

Mitte 1991 konnte mit Recht konstatiert werden: „Auf dem Boulevard-Markt der neuen Bundesländer tobt ein Zeitungskampf, wie ihn die alten Bundesländer noch nicht erlebt haben" (Röper 1991, 432). Schon zwei Jahre später war es damit vorbei.

8. Ausblick und Forschungslage

Das Land, in dem der Typ Boulevardzeitung sich am exzessivsten darstellt, ist Großbritannien. Die fünf landesweiten 'Tabloids' 'Sun', 'Daily Star', 'Daily Mirror', 'Daily Express' und 'Daily Mail' übertreffen alles, was Leserinnen und Leser auf dem europäischen Kontinent an Boulevard-Themen und -Darstellungen gewohnt sind. Die 'Sun' ist das größte Blatt mit knapp fünf Mio. Auflage und auch das aggressivste. „Im Vergleich zum englischen Massenblatt SUN ist BILD ein Ausbund an staatsmännischem Verantwortungsgefühl" (Süddeutsche Zeitung 22. 6. 1996, 18). Die Macht der britischen Boulevardzeitungen ist in der englischen Politik gefürchtet.

Der Markt der Boulevardzeitungen in Deutschland stellt sich geordnet nach den Auflagenzahlen von 1995 so dar (Schütz 1996, 332): 'Bild' (Hamburg 4.339.000), 'B.Z.' (Berlin, 313.200), 'Express' (Köln, 283.300), 'Berliner Kurier' (Berlin, 194.600), 'Abend-Zeitung' (München, 176.100), 'Hamburger Morgenpost' (Hamburg 160.200), 'TZ' (München, 151.800), 'Dresdner Morgenpost' (Dresden, 125.300), 'Düsseldorfer Express' (Düsseldorf, 107.700). Der Anteil der Boulevardzeitungen an der Tagespresse ist von 1967 bis 1995 von 33% auf 25% zurückgegangen. Den Markt der Boulevardzeitungen teilen sich 1995 fünf Verlagsgruppen auf, die alle unter den ersten acht größten Tageszeitungsverlagen sind: Axel Springer Verlag AG 23,3%, Gruner + Jahr 7,1%, Du Mont Schauberg 6,9%, Verlagsgruppe Süddeutsche Zeitung 3,4%, Verlagsgruppe Ippen (tz) 2,5% (Röper 1995, 429).

Von 1991, dem Jahr, für das die ersten gesamtdeutschen Auflagenzahlen für Zeitungen vorliegen, bis 1995 haben alle Boulevardzeitungen deutliche Auflagenverluste hinnehmen müssen. Sie reichen von 4,2% bis zu 14,5% (Quelle: Verlagsangaben nach IVW-Schema, zitiert nach: Horizont 6/96, 46). Da für die Boulevardzeitungen die verkaufte Auflage das einzige Erfolgsmaß ist, kann man von einer Krise des Boulevardjournalismus sprechen. Über die Gründe gibt es unterschiedliche Mutmaßungen: Die wirtschaftliche Lage mache sich auch hier bemerkbar, die Menschen sparten beim Kauf von Zeitungen; außerdem läsen immer mehr Menschen gar keine Zeitung. Weitere Gründe werden in der Veränderung des gesamten Mediensystems gesehen: Das Fernsehen sei ohnehin für Unterhaltung besser geeignet. Ganz folgerichtig hätten die privaten Fernsehprogramme inzwischen die Themen übernommen, die früher den Boulevardzeitungen vorbehalten waren. Zudem gäbe es Indizien „für die endgültige Boulevardisierung der Medienlandschaft" (Süddeutsche Zeitung 27. 1. 1996, 3). Um dem Auflagenschwund zu begegnen, setzen die meisten Boulevardzeitungen inzwischen verstärkt auf lokale boulevardmäßige Themen; 'Bild' will mehr Orientierung und Lebenshilfe für die Leserinnen und Leser bringen.

Die kommunikationswissenschaftliche Forschung hat den Boulevardjournalismus stiefmütterlich behandelt. Es gibt nur wenige Untersuchungen zu einzelnen Boulevardzeitungen und meist nur zu einzelnen Merkmalen. Insgesamt ist es durchaus berechtigt, eine „Defizitthese bezüglich der Erforschung der Boulevardpresse" (Saxer u. a. 1979, 1) zu vertreten. Als Grund ist angeführt worden, daß die Boulevardpresse nicht als eigenes publizistisches System in den Blick genommen wird, sondern die Merkmale der Boulevardpresse „meist als Verstösse gegen die Norm des Zeitungsmachens, gewissermaßen als abweichendes publizistisches Verhalten" (Saxer u. a. 1979, 2) diagnostiziert werden. Die Feststellung von 1984 trifft auch heute noch zu: „[Die Publizistik-Wissenschaft] vermochte bislang keine präzise und praktisch zutreffende Kennzeichnung dieses Zeitungstyps zu liefern. Sie begnügte sich im wesentlichen mit dem Verweis auf die besonderen Vertriebs-Bedingungen der sogenannten Kaufzeitungen" (Haller 1984, 54). Auch die Linguistik hat sich mit Forschungsprojekten zur Sprache der Boulevardzeitungen nicht übernommen. Mittelbergs Untersuchung von 1967 wird immer wieder zitiert. Moderne pragma-oder textlinguistische Verfahren sind an diesem Gegenstand bisher nicht erprobt worden. Wenn als Grundfunktion von Boulevardzeitungen die Unterhaltung ausgemacht worden ist, dann wäre es eine vordringliche Aufgabe, die sprachliche Realisierung dieser Unterhaltungsfunktion zu beschreiben. Dazu müßte allerdings zunächst der an der Sprechakttheorie orientierte 'Funktionskanon' der Textlinguistik um die Unterhaltungsfunktion erweitert werden.

9. Literatur

Alberts, Jürgen, Massenpresse als Ideologiefabrik. Am Beispiel BILD. Frankfurt a. M. 1972.

Allen, Robert/John Frost, Daily Mirror. Cambridge 1981.

Arens, Karlpeter, Manipulation. Kommunikationspsychologische Untersuchung mit Beispielen aus Zeitungen des Springer-Konzerns. Berlin 1970.

Beckmann, Reinhard u. a., Bild − Ideologie als Ware. Inhaltsanalyse der BILD. Hamburg 1979.

Bitter, Georg, Zur Typologie des deutschen Zeitungswesens in der Bundesrepublik Deutschland. Phil. Diss. München 1951.

Böddeker, Günter, Millionen täglich. Wer oder was beherrscht die deutsche Presse? Oldenburg/Hamburg 1967.

Bruck, Peter A. (Hrsg.), Das Österreichische Format. Kulturkritische Beiträge zur Analyse des Medienerfolges „Neue Kronenzeitung". Wien 1991.

Brumm, Dieter, Sprachrohr der Volksseele! Die BILD. In: Porträts der deutschen Presse. Hrsg. v. Michael W. Thomas. Berlin 1980, 127−143.

Bürgi, Jürg, „Vertraut dem Volk!" Bausteine zur Geschichte eines Boulevard-Blatts. In: Blick. Immer dabei! Die tägliche Inszenierung des gesunden Volksempfindens. Basel 1984, 11−44.

Cudlipp, Hugh, Sensationen für Millionen. Die erstaunliche Geschichte des Daily Mirror. München 1955.

Dichand, Hans, Kronen Zeitung. Die Geschichte eines Erfolgs. Wien 1977.

Dittrich, Kurt, Wie BILD funktioniert. Die ersten 25 Jahre − Chronik und Analyse eines Millionenblattes. Hamburg 1977 [Typoskript].

Dröge, Franz, Konzept einer empirischen Stereotypenforschung. Methodische Überlegungen zu einer Aussagenanalyse der „BILD". In: Publizistik 13, 1968, 340−347.

Grubitzsch, Jürgen, Presselandschaft der DDR im Umbruch. Ausgangspunkte, erste Ergebnisse und Perspektiven. In: MP 1990, 140−155.

Haller, Michael, Täglich ein Versöhnungsfest. Eine inhaltsanalytische Untersuchung. In: Blick. Immer dabei! Die tägliche Inszenierung des gesunden

Volksempfindens. Hrsg. v. Jürg Bürgi. Basel 1984, 53−74.

Hans-Bredow-Institut, „Hamburger Morgenpost". Eine vergleichende Analyse zweier Hamburger Boulevard-Zeitungen. Hamburg 1972.

Horn, Wolfgang, Kritische Auseinandersetzung mit der BILD-Zeitung. Ein kommentierender Literaturbericht. In: LuD H. 41, 1980, 30 ff.

Hummel, Roman, Journalistische Spielarten: Zur Einordnung des Boulevardjournalismus. In: Das Österreichische Format. Kulturkritische Beiträge zur Analyse des Medienerfolgs „Neue Kronenzeitung". Hrsg. v. Peter A. Bruch. Wien 1991, 184−97.

Jakobs, Hans-Jürgen/Uwe Müller, Augstein, Springer & Co. Deutsche Mediendynastien. Zürich/Wiesbaden 1990.

Jansen, Bernd/Arno Klönne (Hrsg.), Imperium Springer. Macht & Manipulation. Im Auftrage der Kampagne für Demokratie und Abrüstung. Köln 1968.

Kauder, Gustav, „Bezett − Bezett am Mittag!" Die Geschichte eines neuen Zeitungstyps. Zeitgeist und Sportgeist. In: 50 Jahre Ullstein. 1877 1927. Berlin 1927, 191−222.

Klein, Marie-Luise/Gertrud Pfister, Goldmädel, Rennmiezen und Turnküken. Die Frau in der Sportberichterstattung der BILD. Berlin 1985.

Klingmann, Hans-Dieter/Ute Klingemann, BILD im Urteil der Bevölkerung. Materialien zu einer vernachlässigten Perspektive. In: Publizistik 28, 1983, 239−259.

Koszyk, Kurt, Deutsche Presse. Geschichte der deutschen Presse. 4 Bde. Berlin 1966.

Küchenhoff, Erich, BILD-Verfälschungen. 2 Bde. Frankfurt a. M. 1972 [Dazu vom Springer-Verlag (Hrsg.), Der Fall Küchenhoff oder Agitation mit falschem Etikett. Berlin 1972].

Marketing-Abteilung des Verlages A. Springer & Sohn (Hrsg.), 1966 Qualitative Analyse der BILD. Expertenband. Unter Mitarbeit von G. E. Knuth. Hamburg 1972.

Mendelsohn, Peter de, Zeitungsstadt Berlin. Menschen und Mächte in der Geschichte der deutschen Presse. Berlin 1960.

Mittelberg, Ekkehart, Wortschatz und Syntax der Bildzeitung. Marburg 1967 (Nachdr. 1974).

−, Die Boulevardpresse im Spannungsfeld der Technik. Eine Sprachanalyse anhand der Bildzeitung. In: Mu 78, 1968, 1−21.

Müller, Hans D., Der Springer-Konzern. Eine kritische Studie. München 1968.

Naeher, Gerhard, Axel Springer. Mensch, Macht, Mythos. Erlangen 1992.

Oschilewski, Walther G., Zeitungen in Berlin. Im Spiegel der Jahrhunderte. Berlin 1975.

Pawek, Karl, Boulevardblätter und Illustrierte. in: Deutsche Presse seit 1945. Hrsg. v. Harry Pross. Bern 1965, 135−58.

Pelinka, Peter/Manfred Scheuch, 100 Jahre AZ. Die Geschichte der Arbeiter-Zeitung. Wien/Zürich 1989.

Pürer, Heinz/Johannes Raabe, Medien in Deutschland. Bd. 1: Presse. München 1994.

Quanz, Lothar, Der Sportler als Idol. Sportberichterstattung, Inhaltsanalyse und Ideologiekritik am Beispiel der „Bild"-Zeitung. Gießen 1974.

Reger, Harald, Die Metaphorik in der Boulevardpresse. In: Mu 84, 1974, 314 ff.

Röper, Horst, Daten zur Konzentration der Tagespresse in der Bundesrepublik Deutschland im I. Quartal 1991. In: MP 1991, 431−444.

−, Zeitungsmarkt: Konzentrationswerte auf hohem Niveau stabil. Daten zur Konzentration der Tagespresse in der Bundesrepublik Deutschland. In: MP 1995, 428−435.

Sandig, Barbara, Bildzeitungstexte. Zur sprachlichen Gestaltung. In: Sprache und Gesellschaft. Hrsg. v. Annamaria Rucktäschel. München 1972, 69−80.

Saxer, Ulrich/Heinz Bonfadelli/Walter Hättenschwiler u. a., 20 Jahre Blick. Analyse einer schweizerischen Boulevardzeitung. Zürich 1979 [Typoskript. Publizistisches Seminar der Universität Zürich].

Schütz, Walter J., Deutsche Tagespresse 1995. Ergebnisse der dritten gesamtdeutschen Zeitungsstatistik. In: MP 1996, 324−336.

Straßner, Erich, Mit 'Bild' fing es an. Mediensprache im Abwind. In: Mediensprache, Medienkommunikation, Medienkritik. Hrsg. v. Hans-Jürgen Bucher/Erich Straßner. Tübingen 1991, 113−230.

Wagner, Erich, BZ am Mittag und BZ. In: Hundert Jahre Ullstein. 1877−1977. Berlin [1977], 16−85.

Weber, Klaus, Zur Sexualität in der BILD-Zeitung. Ein interdisziplinärer Versuch über formal-synthetische Literatur. Berlin 1980.

Jörg Hennig, Hamburg (Deutschland)

84. Geschichte der Alternativen Presse

Redaktioneller Hinweis: Aus terminlich-technischen Gründen muß der an dieser Stelle vorgesehene Artikel leider entfallen.

85. Geschichte der Fachzeitschrift

1. Einleitung
2. Es begann 1665 in Frankreich
3. Früchte der industriellen Revolution
4. Die Zeit nach dem Zweiten Weltkrieg
5. Marketing soll die Zukunft sichern
6. Angepaßtes redaktionelles Handeln
7. Qualitätsmanagement als Zukunftsaufgabe
8. Der Fachzeitschriftenmarkt heute
9. Kognitive und intuitive Akzeptanz
10. Literatur

1. Einleitung

Die Wissenschaft war nie frei von Fehleinschätzungen. Deshalb „gibt es sicher sehr viel mehr und gründlichere Studien über die relativ wenigen literarisch-kulturellen Zeitschriften als über die viel zahlreicheren Fachzeitschriften und deren Wirkungen auf das politische, wirtschaftliche und gesellschaftliche Leben der Nation" (Roegele 1977, 10). Aber Fehleinschätzungen und subjektive Urteile werden auch immer wieder in der Zunft laut. Der klassische Journalismus sei der der Zeitungen, Zeitschriften und des Hörfunks, meinen durchaus angesehene Journalisten. Sie implizieren damit einen nichtklassischen Journalismus, zu dem sie auch die Fachzeitschriften zählen (Mast 1990, 71). Weder Geburt noch Entwicklung der Fachzeitschriften stützen solche Einschätzungen.

2. Es begann 1665 in Frankreich

Die erste Zeitschrift der Welt, das 'Journal des Sçavans' wurde 1665 in Paris gegründet. Sie ist zugleich die älteste wissenschaftliche Zeitschrift mit einer wohl nicht so vorausgesehenen Wirkung. „Das eigenbrötlerische Gelehrtentum [...] wurde plötzlich wachgerüttelt [...] Die Wissenschaft wurde [...] der öffentlichen Meinung ausgesetzt" (Kirchner 1958, I, 16). Im heutigen Sinne war das 'Journal des Sçavans' sicher keine Fachzeitschrift. Es gab noch keinen Zeitschriftenmarkt, der Differenzierungen oder gar eine Typologisierung erlaubte. Aber das 'Journal des Sçavans' ist die Keimzelle auch der Fachzeitschrift. In England findet das französische Vorbild der wissenschaftlichen Zeitschrift noch im selben Jahr Nachahmung. Die 'Philosophical Transactions' wird ins Leben gerufen.

Neben diesen allgemeinen wissenschaftlichen Zeitschriften entwickelten sich im 17. Jh. bereits Zeitschriften einer „Publizistik des begrenzten Stoffgebiets" (Dovifat 1968, 275). Es sind wissenschaftliche Fachzeitschriften. In Deutschland erscheint die erste medizinische Fachzeitschrift, „wohl gleichzeitig die erste Fachzeitschrift der Welt" (Lehmann 1936, 28), unter dem Titel „Miscellanea Curiosa" 1670 in Leipzig. So berichten Fachzeitschriften schon seit mehr als dreihundert Jahren über den wissenschaftlichen Fortschritt. Zunächst behalten sie ihren „gelehrten Charakter" bei. Mitte des 18. Jhs. beginnt die Entwicklung deutlichere Formen anzunehmen. Die Anzahl der Zeitschriften insgesamt nimmt zu, und damit einher geht ein Themen-Splitting. So entstehen Fachzeitschriften für Geschichte, Pädagogik, Rechtswissenschaft und Ökonomie (Kirchner 1958, I, 71 ff.). Die im 18. Jh. beginnende industrielle Revolution legt im 19. Jh. die Grundlage für das Entstehen technischer Fachzeitschriften. Die 'Publizistik des begrenzten Stoffgebiets' hat sich etabliert.

3. Früchte der industriellen Revolution

In der Folgezeit prägt Technik immer stärker das wirtschaftliche Geschehen. Aufblühende Industriereviere zeugen vom gesellschaftlichen Wandel. Die Industriegesellschaft ist geboren.

In den Industrienationen entstehen technisch-wissenschaftliche Fachzeitschriften, von denen einige noch heute existieren. Im Laufe ihrer mehr als hundertjährigen Geschichte haben sie sich den wechselnden Bedürfnissen ihrer Zielgruppen und den sich verändernden Märkten immer wieder angepaßt. Zu diesen Zeitschriften zählen 'Stahl und Eisen', 'Werkstatt und Betrieb' sowie die VDI-Zeitschrift. Wenig später nur, gegen Ende des 19. Jhs. erkennen vorausblickende Verleger ein neues publizistisches Bedarfsfeld. Der rasante technische Fortschritt braucht Medien, die ihn publizistisch begleiten, seine Nutzungsmöglichkeiten aufzeigen und die Partner in den sich entwickelnden Märkten zusammenführen. Schon vor der Wende vom 19. zum 20. Jh. werden die Zeitschriften 'Industrie-Anzeiger' (Langbein 1989, 24 f.) und 'Maschinenmarkt' (Reschenberg 1970, 402 ff.; Wengenroth 1991, 79) herausgebracht, um dieses Bedarfsfeld zu besetzen. Publizistisches Anliegen dieser Zeitschriften ist es, den technischen Fortschritt anwendungsorientiert aufzuzeigen und seine Produkte in „gedruckten Märkten" zu präsentieren. Zielgruppe der Zeitschriften ist die Industrie. Um eine gute Abdeckung der Zielgruppe mit wirtschaftlich vertretbarem Aufwand zu erreichen, wird der Wechselversand erfunden. Eine neue Tradition entsteht.

Der Einfluß des technischen Fortschritts auf die Entwicklung von Zeitschriften hält an, und er beschränkt sich keinesfalls auf das Feld der technischen Fachzeitschriften. Die Bedeutung der Technik für Diagnose und Therapie in der Medizin schlägt sich in neuen Fachzeitschriftentiteln nieder. Aus den technischen Errungenschaften resultierende Probleme, beispielsweise der Produkthaftung, finden ihre Lösung in der Gesetzgebung und werden in juristischen Fachzeitschriften erörtert. Wettbewerbszwänge, die sich aus der technischen Entwicklung ergeben, werden in branchenorientierten Fachzeitschriften, beispielsweise des Handels, diskutiert (Reschenberg 1991, 156). Selbst auf den Bildungsprozeß und die Pädagogik nimmt die Technik im Informationszeitalter Einfluß. Der Computer, das apostrophierte Denkzeug, wird zur Lernhilfe und liefert vielfältigen Anlaß für Berichte in einschlägigen Fachblättern. Zwangsläufig beschäftigt sich die Soziologie mit den Auswirkungen der Technik. Auch ihre Diskussionen und Erkenntnisse finden sich in Fachzeitschriften wieder. Zunehmend sprechen Soziologen von einer „Technologischen Zivilisation" (Bammé/Baumgartner/Berger/Kotzmann 1988, 11 ff.).

4. Die Zeit nach dem Zweiten Weltkrieg

Der Zweite Weltkrieg unterbrach das Erscheinen vieler Fachzeitschriften. Es galt Trümmer zu beseitigen, Zerstörtes wieder aufzubauen und neu anzufangen. Deutschland ist geteilt, und es entwickeln sich zwei Märkte für Fachzeitschriften. Der bundesdeutsche Medienmarkt entwickelt sich anders als beispielsweise der amerikanische, britische oder japanische. Er ist vor allem ein Printmarkt. Ein Trend ist bei Publikumszeitschriften (seit etwa 1980) und Fachzeitschriften gleichermaßen zu beobachten: Rapides Zunehmen der Titel. Dieses Phänomen ist auf ein intensives Themen-Splitting zurückzuführen. Neben Fachzeitschriften entstehen immer mehr Special-Interest-Magazine, die sich verstärkt um Fachthemen kümmern, die privates Interesse finden, beispielsweise Photographieren, Bauen, Wohnen, Finanzieren. Zu gleicher Zeit gibt es eine starke Entwicklung bei den Kundenzeitschriften festzustellen. Mit dem wirtschaftlichen Aufschwung nach dem Krieg rücken Absatzfragen in den Vordergrund. Damit erhält die Kundenzeitschrift für Konsumenten wieder Bedeutung (Kerlikowski 1967, 151). Sie ist abzugrenzen gegen Werkzeitschriften (Eggersmann 1975, 3) und Firmen-Fachzeitschriften (Hübner/Pollack 1971, 149) für Investitionsgüter, die sich von der unabhängigen Fachzeitschrift oft nur in ihrer Tendenz unterscheiden, den Absatz der Produkte eines bestimmten Herstellers zu fördern.

Diese Entwicklung auf dem Printmarkt hat das Angebot bunt, vielfältig und für Außenstehende ziemlich undurchschaubar gemacht.

Die Fachzeitschriftenverlage fühlen sich von der Situation herausgefordert, eigene Positionen zu überdenken und nach Wegen zu suchen, die zu einer stärkeren Profilierung ihrer Blätter führen. Man erkennt, daß künftige Titelentwicklungen systematisch betrieben werden müssen, um die wirtschaftlichen Ressourcen der meist mittelständischen Verlage zu schonen. Es gilt, Fehlentwicklungen möglichst auszuschließen. Für die werbende Wirtschaft sind die Fachzeitschriften transparent zu machen, denn längst sind Vertriebserlöse nicht mehr die einzige Ertragsquelle der Fachzeitschriften. Bei den nicht-wissenschaftlichen Fachzeitschriften rangiert die Anzeige als Erlösquelle auf dem ersten Rang.

Die Überlegungen in den Verlagen führen zu einer Reihe von Aktivitäten und Maßnahmen, aus denen sich in Einzelfällen Gemeinschaftsstrategien der Fachzeitschriftenverlage ergeben. In den sechziger Jahren wird 'Marketing' zum Schlagwort. Man redet von Anzeigenmarketing, Vertriebsmarketing und sogar von Redaktionsmarketing.

5. Marketing soll die Zukunft sichern

Die Forderungen der Kunden nach Leistungstransparenz der Fachzeitschriften führt in den sechziger Jahren zur Einführung der AWF (Anzeigen-Marketing Fachzeitschriften)-Karten. Sie weisen die wichtigsten Leistungsdaten des jeweiligen Zeitschriftentitels aus. Es ist eine Gemeinschaftsaktion mehrerer Verlage zunächst (Reschenberg/Pflaum 1983, 87).

Seit längerem sind bei den Fachzeitschriften Mischformen des Vertriebs von verkauften und kostenlos abgegebenen Exemplaren bekannt. Die Auflage wird nicht ausschließlich an Abonnenten, sondern darüber hinaus an jeweils am Zeitschriftenthema interessierte Empfängerkreise verbreitet. Dieses erstmals 1895 im Vogel-Verlag angewandte Vertriebssystem bedient bestimmte Zielgruppen alternierend. Marketingüberlegungen führen 1960 zur Nutzung von Kennziffern bei der Verbreitung gratis abgegebener Fachzeitschriften in Deutschland. Den Anfang macht ein Titel aus dem Verlag für Technik und Wirtschaft Meynen: 'Service'. Die aus den USA importierte Idee macht schnell Furore. Kennziffern im Redaktionsteil, der überwiegend produktbezogen ist, fordern auf, weitere Informationen „nachzubestellen". „Die Gratis-Lieferung ist keineswegs selbstverständlich. Wer sich als Interessent meldet, aber nicht in die Primär-Zielgruppe gehört, kann es erleben, daß er zur Erstattung von Kosten – praktisch zum Abonnieren – aufgefordert wird" (Broichhausen 1977, 23).

Das Redaktionsmarketing in den sechziger und siebziger Jahren lehnt sich an die Methoden der Publikumszeitschriften an. Die Folge dieses Marketings sind Marktforschungsaktivitäten bis dahin nicht gekannten Ausmaßes:

(i) Funktions- und Nutzungsanalysen von Fachzeitschriften (Föckler/Speetzen 1977, 47; Schäuble 1977, 81) und Reichweitenuntersuchungen,
(ii) Analysen der Entwicklungstrends in den Berufsfeldern und Marktsegmenten von Produktion, Handel und Dienstleistung,
(iii) Analysen der Positionierung neuer Fachzeitschriftentitel aufgrund von Projektionen künftiger Berufsfelder.

Solche Studien werden meist von einzelnen Verlagen als Auftragsarbeiten an externe Forschungsinstitute vergeben. Diese Aktivitäten des Marketings bei den Fachzeitschriften spielen sich vor dem Hintergrund einer öffentlichen Bewußtseinsbildung über die Bedeutung der Fachzeitschriften für die Gesellschaft ab. Der Bildungsplan der Bundesregierung weist 1974 ausdrücklich auf die bildungspolitische Bedeutung der Fachzeitschriften hin. Jeder Fortschritt in Wissenschaft, Wirtschaft und Gesellschaft basiert vorwiegend auf der Kommunikation zwischen Fachleuten. Ohne diese Kommunikation gäbe es keinen Fortschritt. Die vieldiskutierte Wissensexplosion hat dem Menschen ein lebenslanges Lernen beschert. Die Fachzeitschrift dient diesem berufsbegleitenden Lernen in hervorragender Weise. Es sind schließlich Fachzeitschriften, die schon früh mögliche Auswirkungen eines Fortschritts erkennen und diskutieren. Deshalb geht die Bedeutung der Fachzeitschrift über die Wirkung im eigenen Leserkreis auch weit hinaus. Die Fachzeitschrift ist nämlich eine Informationsquelle auch für die Massenmedien. Als bezeichnendes Beispiel dafür ist die 'Frankfurter Allgemeine Zeitung' zu nennen: Von allen überregionalen Tageszeitungen nutzt sie Fachzeitschriften als Informationsquelle am häufigsten (Depenbrock 1976, 209). Keine Frage: „Die Fachzeitschrift ist als Kommunikationsmedium unentbehrlich und verdient hohe politische Aufmerksamkeit" (Glotz 1977, 135).

Solche öffentliche Anerkennung ist eine Herausforderung besonderer Art. Das Redaktionsmarketing wirft, um das schon Gute noch besser zu machen und seine Qualität langfristig zu sichern, einige Fragen auf, die sich aus der Geschichte der Fachzeitschrift ergeben und auf einen möglichen Nachholbedarf an Professionalität in der Redaktionsarbeit zielen:

(i) Wie kann die Fachzeitschrift noch stärker zur Meinungsbildung beitragen?
(ii) Wie verständlich muß eine Fachzeitschrift sein?
(iii) Mit welchen Maßnahmen läßt sich die Leser/Blatt-Bindung bei den Fachzeitschriften verbessern?
(iv) Wie ist eine publizistische Qualität dauerhaft sicherzustellen?

Die Redaktionsarbeit zeigt, daß sie der publizistikwissenschaftlichen Arbeit, zumindest hinsichtlich der Fachzeitschriften, vorauseilt (Reschenberg 1970a). Die Fachzeitschriftenredaktionen bekommen ihre Anregungen für Veränderungen überwiegend aus dem Vergleich mit Arbeitsweisen in anderen Medien: Zeitungen, Publikumszeitschriften, Hörfunk und auch Fernsehen. Die Karriere beispielsweise des Interviews in den Funkmedien findet Beachtung und Nachahmung bei den Fachzeitschriften.

Wenn die Publizistikwissenschaft nicht zu einer Wissenschaft der Publizistikgeschichte im Segment der Fachzeitschriften verkümmern will, dann muß sie sich diesem Medium vorausforschend zuwenden.

6. Angepaßtes redaktionelles Handeln

Die Fachzeitschrift war ihrem Ursprung nach eine Gelehrten-Zeitschrift. Auch heute noch werden zwei Gruppen von Fachzeitschriften unterschieden:

(i) die wissenschaftlichen Blätter; sie werden von Experten für Experten geschrieben, die am fachwissenschaftlichen Gedankenaustausch teilhaben wollen, der wiederum das Dokumentieren von Erkenntnissen voraussetzt (Koschwitz 1974, III, 523);
(ii) die branchen- und praxisorientierten Blätter für Industrie, Handwerk, Handel, Verwaltung, Gesundheitswesen usw.; sie behandeln neben den eigentlichen Fachthemen auch das wirtschaftliche Geschehen in der Branche und gesellschaftliche Hintergründe (Reschenberg 1991a).

Die wissenschaftlichen Blätter sind von den im Wissenschaftsbetrieb üblichen Normen und Maßstäben geprägt, selten von journalistischen. Wenn Publizistikwissenschaftler heute im Wissenschaftsjournalismus einen Mangel an Vielfalt journalistischer Formen beklagen, dann sprechen sie allerdings den sogenannten klassischen Journalismus an, den der Zeitungen oder des Hörfunks. Ihm attestieren sie „Fachzeitschriftencharakter", der in ein Expertenghetto führe (Hömberg 1987, 34). Die Fachzeitschriften, zumindest die praxisorientierten, haben den Verzicht auf die Vielfalt journalistischer Formen längst als „vertane Chancen" (Ruß-Mohl 1987, 14) erkannt und die Aufgabe ihrer Meinungsabstinenz auch öffentlich gemacht (Reschenberg 1970b).

Früher waren Meinungsbeiträge in Fachzeitschriften eher untypisch. Lange beschränkten sich diese Blätter darauf, branchen- und sachspezifische Informationen ohne Wertung zu vermitteln. Es war ein Fakten- und Resultatjournalismus. Man verzichtete darauf, wirtschaftliche Hintergründe aufzuzeigen und das Geschehen in der Branche zu kommentieren. Das hat sich längst geändert. Heute verbreiten Fachzeitschriften nicht mehr nur Expertenaufsätze und Nachrichten; sie greifen auch Probleme kritisch auf und stellen Fragen nach dem „Warum?", die früher undenkbare Grenzüberschreitungen gewesen wären (Balcke 1970, 8). So kommen die Fachzeitschriften den Erwartungen der Leser, die eine kritische Berichterstattung wünschen, entgegen. Sie sind auf dem Weg, weg vom Verlautbarungsjournalismus und hin zum Recherchierjournalismus. Diese Entwicklung seit den siebziger Jahren ist noch nicht abgeschlossen. Es lassen sich zwei Philosophien unterscheiden:

(i) Die eine will die ganze Vielfalt der journalistischen Genres, wie sie von den sogenannten klassischen Medien her bekannt sind, für die Fachzeitschrift nutzen, also Feature, Interview, Kommentar, Karikatur usw., ohne auf den von Experten geschriebenen Aufsatz zu verzichten.
(ii) Die andere konzentriert sich auf Feature und reportagenhafte Beiträge, um zu einem sogenannten Magazinstil zu gelangen. Tendenziell verlangt sie recherchierte Eigenbeiträge von der Redaktion.

Beispielhaft für die Philosophie (ii) sind die Fachzeitschriften des verlag moderne industrie. Es ist allerdings zu beobachten, daß solche Bemühungen um Profilierung der Fachzeitschriften schnell an Kraft verlieren und sogar teilweise zum Erliegen kommen, wenn wirtschaftliche Zwänge in konjunkturschwachen Zeiten Tribut fordern.

Die wissenschaftlichen Zeitschriften bedienen sich gern der Sprache ihrer Disziplin. Das ist akzeptabel, wenn es ausschließlich darum geht, Fachkollegen vom Erkenntnisfortschritt zu unterrichten. Die branchen- und praxisorientierten Fachzeitschriften wollen jedoch außer Kernleserschaften, die Experten im engeren Sinne sein können, auch Randgruppen erreichen und interdisziplinär wirken. Das erfordert einen ganz anderen Verständlichkeitsgrad der angebotenen Informationen. Schwierige Sachverhalte sind deshalb so darzustellen, daß der Wissenschaftler nicht darüber lacht und der Praktiker nicht verzweifelt (Reschenberg 1986, 30). Der mögliche Einwurf, die Genauigkeit müsse unter der besseren Verständlichkeit leiden, ist widerlegt. Texte sind ohne Verzicht auf Inhalte hinsichtlich ihrer Verständlichkeit optimierbar (Langer/Schulz von Thun/Tausch 1974, 53 ff.). Bessere Verständlichkeit wird auch generell wegen der 'Informationsinflation' in der heutigen Gesellschaft und einer daraus resultierenden „Verstehensdeflation" gefordert und für ein „Gebrauchsverstehen" plädiert (Rühl 1990, 49 ff.). Der Journalist müsse sich grundsätzlich fragen, ob die Leser und Zuschauer ihn auch verstehen.

Die Fachzeitschriften-Redaktionen haben die Notwendigkeit einer verständlichen Darstellung schwieriger Sachverhalte erkannt.

Ihre aktive Teilnahme an Werkstattgesprächen zum Thema „Unverständliche Wissenschaft" ist beredt (Bammé/Kotzmann/Reschenberg 1989, 13 ff.). Sie bearbeiten ihre Beiträge nach dem Grundsatz „Nicht der Leser, der Autor (der Redakteur) soll sich mühen" (Reschenberg 1991b). Sie richten ihre Dienstleistung auf das untere Drittel der Bildungspyramide ihrer Zielgruppe aus. Gemeinsprachlich zielen sie eher etwas höher, fachsprachlich eher etwas niedriger (Weinrich 1985, 23), denn Wissen, das nicht in verständlicher Form vorliegt, bleibt ungenutzt, ein Erkenntnisfortschritt findet nicht statt (Reschenberg 1989, 31).

Von alters her gelten Fachzeitschriften als Vertrauensblätter. Diesen Ruf gewannen sie mit ihrer fachlich fundierten Berichterstattung, die Fragen nicht aufkommen ließ und auch selbst keine stellte. Angesichts der Forderung, in einem zunehmenden Verdrängungswettbewerb alte Leser zu halten und neue hinzuzugewinnen, galt es herauszufinden, wie die Leser/Blatt-Bindung entsteht und wächst.

Die Antwort war schnell gefunden, denn sie zeichnete sich in der Entwicklung der Publikumszeitschriften deutlich ab. Das Leserverhalten änderte sich unter dem Einfluß des wachsenden Informationsangebotes in den Jahren. Das Wort vom Unterhaltungsjournalismus, vom Infotainment rauschte an den Fachzeitschriften nicht ungehört vorbei. Ein Mangel an Anmutungsqualitäten war bei den Fachzeitschriften schnell ausgemacht. Zu den Erkenntnissen aus Beobachtungen und Diskussionen der Fachzeitschriften gehört: Es ist nötig, kognitive und intuitive Qualitäten für die Leseransprache zu verbinden. Layout und Bild beginnen, einen neuen Rang einzunehmen, Farbe ist gefragt. Die Fachzeitschrift geht auf das Ziel zu, ein Blatt des Vertrauens und der Sympathie zu sein.

Aber die Leser/Blatt-Bindung läßt sich nicht nur auf dem Weg, ein Blatt der Sympathie zu werden, verstärken. Zusatznutzen für den Leser verspricht ebenfalls eine stärkere Leser/Blatt-Bindung. Aktuelle Info-Briefe für Abonnenten, Inhaltsverzeichnisse und Abstracts auf CD-ROM und Titel-Clubs, deren Mitglieder mit attraktiven Exklusivangeboten bedacht werden, sind Aktivitäten, um Zusatznutzen zu schaffen (Schaefer-Dieterle 1995, 81). Wichtig ist allerdings, daß die Fachzeitschrift selbst von Nutzen bleibt, denn sonst gibt es keinen Zusatznutzen.

Auch für Fachzeitschriften gilt das Wort von Günter Grass „Der Fortschritt ist eine Schnecke". Die Wirklichkeit in den Redaktionen − nicht nur der Fachzeitschriften − ist deshalb widersprüchlich. Immer mehr Zeitschriften werden gleich industriellen Produkten gefertigt, aber in noch zu vielen Redaktionen dominiert kreatives Chaos statt planvolles Handeln die tägliche Arbeit. Solche kreative Chaotik ist ein Relikt aus der Zeit, die Journalismus noch als Talentberuf einordnete (von Hadel 1984, 56; Pätzold 1990, 47 f.). Einer zeitgemäßen industriellen Fertigung von Zeitschriften wird sie nicht gerecht, eine reproduzierbare Qualität ist mit ihr nicht dauerhaft erreichbar. Was in der Produktion, nicht nur von Fachzeitschriften, noch weitgehend fehlt, ist eine systematische Qualitätssicherung, die alle Fertigungsstadien des Mediums erfaßt (Schöhl 1987, 266 ff.). In der Redaktion der Zukunft wird eine professionelle Qualitätskontrolle ebenso selbstverständlich sein wie das 'Gegenlesen' heute. Qualitätsmanagement ist eine Führungsaufgabe (Reschenberg 1994, 364). Die Verlage haben erkannt, daß qualitativer Fortschritt mit dem Ziel, eine reproduzierbare Qualität zu erreichen, Aus- und Weiterbildung verlangt. Die Weichen dafür wurden bereits Ende der siebziger Jahre gestellt (Reschenberg 1982, 701 ff.). Die sogenannten Seiteneinsteiger werden in den Redaktionen immer seltener. Die journalistische Ausbildung in einem Volontariat und externe Weiterbildung werden zur Regel. Von ihren Kollegen an Tageszeitungen und Publikumszeitschriften unterscheiden sich Redakteure von Fachzeitschriften vor allem hinsichtlich ihres beruflichen Werdegangs. In den seltensten Fällen kommen sie direkt nach dem Abitur als Volontäre in die Redaktionen. Meist bringen sie eine abgeschlossene Ausbildung in einem nicht-journalistischen Berufsfeld mit. Ein Hochschulstudium ist heute schon der Regelfall. Nach einer Statistik des Instituts für publizistische Bildungsarbeit wiesen in den achtziger Jahren rund 90 Prozent aller Seminarteilnehmer aus Fachzeitschriften-Redaktionen eine solche Vorbildung auf. Bei den Seminarteilnehmern aus Redaktionen anderer Medien, überwiegend Tageszeitungen, waren es nur 37 Prozent (Reschenberg 1986, 30 f.). Unter den Journalisten sind die Fachzeitschriften-Redakteure intime Kenner eines begrenzten Fachgebiets, ähnlich den Fachärzten unter den Medizinern.

7. Qualitätsmanagement als Zukunftsaufgabe

Die Fachzeitschrift unverzichtbar zu machen, ist eine Anforderung an jede Redaktion. Sie geht einher mit der Forderung an die Verleger, in redaktionelle Qualität zu investieren (Schaefer-Dieterle 1995, 75 ff.). Die Verknüpfung von publizistischer Qualität und journalistischer Ausbildung ist nachgewiesen (Saxer/Kull 1981).

Eine Voraussage lautet: Fachzeitschriften werden Dienstleistungsmarken (Voigt 1995, 145 ff.). „Zum unbedingten Qualitätskriterium gehören allerdings die Unabhängigkeit und Seriösität der redaktionellen Leistung". Aus dieser Perspektive gewinnt eine reproduzierbare Qualität an Gewicht. Nicht von ungefähr ist die Beteiligung von Fachzeitschriften-Redakteuren an einem 1991 initiierten Werkstattgespräch über 'Publizistische Qualität — Probleme und Perspektiven ihrer Bewertung' in Ladenburg ausgeprägt (Bammé/Kotzmann/Reschenberg 1993, 7 ff.). Das Thema erwies sich als schwierig, aber es lag in der Luft und macht schnell Karriere (Ruß-Mohl 1994, 20 ff.; Schreiber 1994, 29 ff.). Für Zeitungen behandeln die 'Dortmunder Dialoge' das Thema (Weber/Rager 1994, 1 ff.). Schon das Werkstattgespräch in Ladenburg zeigte, Qualität definiert sich auf mehreren Ebenen. Defizite, die es zu beseitigen gilt, wenn reproduzierbare Qualität in der Publizistik zum Standard werden soll, rufen nach einer Kooperation zwischen Praktikern und Wissenschaftlern (Bammé/Kotzmann/Reschenberg 1993a). Ob die Qualitätssicherung im amerikanischen Journalismus Modell für Europa sein kann, steht als Frage am Ende einer Untersuchung, die Qualität als Ergebnis infrastruktureller Bedingungen ausmacht (Ruß-Mohl 1994, 295 ff.). Definitionen und Kritikmodelle recherchiert und sammelt eine andere Studie, um sie einer 'praxisorientierten' Kritik zu unterziehen. Sie wird allerdings fragwürdig, wo sie einen Mangel an philosophischen und humanistischen Aspekten bei der Qualitätserörterung beklagt und enttäuscht mit der Erkenntnis, daß es keinen festgelegten Maßstab für das Bewerten journalistischer Produkte geben könne. Die Anforderungen an die Artikel seien zu verschieden, um die Qualität normativ auf einer einzigen Skala zu bestimmen (Wallisch 1995, 135 u. 232). Das war bereits bekannt. Der Wert der Studie liegt in der Sammlung, Ordnung und Würdigung vorausgegangener Arbeiten. Zu diesem Thema bleibt die Publizistikwissenschaft weiter gefordert.

8. Der Fachzeitschriftenmarkt heute

Ein aufwendiges Gattungsmarketing hat den Fachzeitschriften in den letzten Jahren zu einer neuen Aktualität verholfen. Mit dem Schaffen der Dachorganisation 'Deutsche Fachpresse' wurde eine Art Aufbruchstimmung ausgelöst (Schaefer-Dieterle 1995a).

Die deutschen Fachzeitschriften haben sich 1993 trotz unterschiedlicher Branchenkonjunkturen als stabil und flexibel erwiesen. Angesichts der zum Kongreß 'Deutsche Fachpresse '94' vorgelegten Zahlen der Pressestatistik spricht das Branchenfachblatt 'journalist' von einem Fachzeitschriftenmarkt, der blühe (Lilienthal 1995, 28 ff.). Die im Branchenjahrbuch der Deutschen Fachpresse '94 veröffentlichten „aktuellen" Zahlen von 1992 und 1993 basieren auf Trendumfragen. Danach wurden in Deutschland 1993 rund 3900 Fachzeitschriftentitel publiziert, von denen 46 Prozent auf wissenschaftliche und 54 auf branchen- und praxisorientierte Fachzeitschriften entfielen. Die Gesamtauflage der 3900 Titel betrug je Erscheinungsintervall 91 Millionen Exemplare. Insgesamt erzielten die Fachzeitschriftenverlage 1993 einen Umsatz von 4,2 Milliarden DM. Davon entfielen rund 53 Prozent auf den Anzeigenumsatz und rund 42 Prozent auf den Vertriebsumsatz. Der Rest sind sogenannte sonstige Erlöse (Klein 1995, 13 ff.).

In den zehn Jahren von 1984 bis 1993 entwickelten sich die Fachzeitschriften steil nach oben. Die Anzahl der Titel nahm in diesem Zeitraum von 2883 auf mehr als 3900 zu, darunter die wissenschaftlichen Fachzeitschriften von 1268 auf nahezu 1800 und die sonstigen Fachzeitschriften von 1615 auf nahezu 2050. Noch steiler verlief die Auflagenentwicklung, nämlich von 50 Millionen verbreiteten Exemplaren je Erscheinungsintervall 1984 stieg sie auf mehr als 91 Millionen Exemplare 1993. Den stärksten Zuwachs brachten die Jahre 1990 und 1991. Die Einflüsse der deutschen Wiedervereinigung zeichnen sich darin ab. Die Umsätze der Fachzeitschriftenverlage erhöhten sich im selben Zeitraum von 2,3 Milliarden DM 1984 auf 4,2 Milliarden DM 1993. Das entspricht 82 Prozent.

Die amtliche Pressestatistik unterteilt die beiden Bereiche der Fachzeitschriften, nämlich wissenschaftliche sowie branchen- und praxisorientierte, nochmals. Sie unterscheidet sechs Segmente (Ingenieur, Agrar/Forst/Ernährung, Medizin, Mathematik/Naturwissenschaft, Recht/Wirtschaft/Gesellschaft und Sprache/Kultur) bei den wissenschaftlichen und sieben Segmente (Bildung/Erziehung, Gesundheitswesen, Öffentliche Verwaltung, Handel/Dienstleistungen, Industrie/Handwerk, Landwirtschaft/Ernährung/Gartenbau und sonstige) bei den branchen- und praxisorientierten Fachzeitschriften.

Die Durchschnittsumsätze der Titel in den einzelnen Segmenten sind sehr unterschiedlich, wie eine Analyse der vorliegenden Daten zeigt. Gleiches gilt für die Durchschnittsauflagen. Hinsichtlich der Auflagen liegen bei den wissenschaftlichen Zeitschriften die des Segments 'Sprache/Kultur' mit durchschnittlich 2200 Exemplaren am Ende der Rangliste, die des Segments 'Recht/Wirtschaft/Gesellschaft' mit 11.728 Exemplaren an der Spitze. Bei den branchen- und praxisorientierten Fachzeitschriften liegen die des Segments 'Bildung/Erziehung' mit durchschnittlich 12.982 Exemplaren am Ende der Rangliste, die des Segments 'Gesundheitswesen' mit 225.852 Exemplaren deutlich an der Spitze.

Solche Mittelwertbildungen aufgrund statistischer Zahlen und Strukturen, die nicht immer überschneidungsfrei trennen, sind von geringem praktischen Nutzen. So muß man wissen, daß nach den Definitionen des Pressestatistikgesetzes die zum großen Teil kostenlos verteilten Gesundheitszeitschriften – beispielsweise der Versicherungen – zu den Fachzeitschriften gezählt werden, obwohl sie im engeren Sinne keine Fachzeitschriften sind (Klein 1995a).

Untersuchungen der Teilmärkte der Fachzeitschriften haben Seltenheitscharakter. Mit der Studie 'Die Handwerkspresse in der Bundesrepublik Deutschland' liegt erstmals eine umfassende Zusammenstellung und Bewertung der Presse des vielseitigsten Wirtschaftsbereichs in Deutschland vor. In rund 600.000 Betrieben des Handwerks werden rund 165 Berufe ausgeübt (Dittmar 1990, 19).

In Zunftblättern leiden Segmentdarstellungen der Fachzeitschriften erstaunlicherweise oft an Trennschärfe. Da spricht man von Fachpresse, unterscheidet aber nicht zwischen berufsbezogenen Fachzeitschriften und Hobby-Zeitschriften, also Special-Interest-Titeln. Bei Computer-Zeitschriften (Korbmann 1985/2, 7 ff.) ist das zugegebenermaßen wenigstens ebenso schwierig wie bei Auto-Titeln. Nutzungsüberschneidungen sind bei nicht wenigen dieser Titel gegeben.

9. Kognitive und intuitive Akzeptanz

Fachzeitschriften sind heute – von wissenschaftlichen Blättern einmal abgesehen – durchaus nicht mehr dröge. Ihr Gebrauchswert hängt jedoch nur zu einem Teil von intuitiven Qualitäten ab. Entscheidend ist die fachlich fundierte Berichterstattung. Laienhaftes Halbwissen in einer Fachzeitschrift kann tödlich sein. Hoher Gebrauchswert ist stets ein Produkt aus kognitiven und intuitiven Qualitäten des Blattes, ein Produkt aus Aktualität und Bedeutung der Themen und der Art ihrer Vermittlung. Vertrauensgrad und Animierwirkung des Blattes ergänzen sich und haben einen wesentlichen Einfluß auf seine Nutzung. Offenbar bewegen sich die Fachzeitschriften aber auf dem richtigen Weg (Lilienthal 1994a).

Eine Leistungsanalyse der Fachzeitschriften, ausgeführt 1994 vom Emnid-Institut im Auftrag der Deutschen Fachpresse, bestätigt den Blättern nicht nur einen hohen Gebrauchswert. Sie seien auch eine „Informationsquelle mit der höchsten emotionalen Akzeptanz".

10. Literatur

Balcke, Siegfried, Forschung und Technik verändern die Welt. In: Aufbruch – 75 Jahre Maschinenmarkt. Würzburg 1970, 8–13.

Bammé, Arno/Ernst Kotzmann/Hasso Reschenberg (Hrsg.), Qualität in der Publizistik – Ein Versuch, der Unschärfe Konturen zu geben. In: Publizistische Qualität – Probleme und Perspektiven ihrer Bewertung. Wien/München 1993, 7–15.

–, Verständliche Wissenschaft: Eine Utopie? – Ein wissenschaftlich-didaktisches Experiment. In: Unverständliche Wissenschaft – Probleme und Perspektiven der Wissenschaftspublizistik. Wien/München 1989, 13–26.

Bammé, Arno/Peter Baumgartner/Wilhelm Berger/Ernst Kotzmann (Hrsg.), Technologische Zivilisation. In: Technologische Zivilisation und die Transformation des Wissens. Wien/München 1987, 11–32.

Broichhausen, Klaus, Die gegenwärtige Struktur der Fachpresse in der Bundesrepublik Deutschland. In: Handbuch der Fachpresse. Hrsg. v. Otto B. Roegele/Hans Großmann. Frankfurt a. M. 1977, 23–33.

Depenbrock, Gerd, Journalismus, Wissenschaft, Hochschule. Bochum 1976.

Dittmer, Joachim, Die Handwerkspresse in der Bundesrepublik Deutschland. Düsseldorf 1990.

Dovifat, Emil, Allgemeine Publizistik. In: HdP I, 1968.

Eggersmann, Horst, Die Kundenzeitschriften in Deutschland. München 1975.

Föckler, Knut/Rolf Speetzen, Funktionen von Fachzeitschriften. In: HdF 1977, 47−59.

Glotz, Peter, Die Fachzeitschrift − Bildungs- und medienpolitische Bemerkungen über ein unterschätztes Kommunikationsmedium. In: HdF 1977, 135−141.

Hadel, Werner von, Nachdenken über journalistisches Handeln. In: Nachdenken über journalistisches Handeln. Hagen 1984, 55−64.

Hömburg, Walter, Journalisten als Mittler der Wissenschaft. In: Moral und Verantwortung in der Wissenschaftsvermittlung − Aufgaben von Wissenschaftler und Journalisten. Hrsg. v. Rainer Flöhl/Jürgen Fricke. Mainz 1987, 29−38.

Hübner, Gerhard/Ernest Pollack, Die Firmen-Fachzeitschrift, ein aktuelles Medium oder Investitionsgüterwerbung. In: So wirbt Siemens − Kommunikation in der Praxis. Hrsg. v. Dankwart Rost. Düsseldorf/Wien 1971, 149−159.

Kerlikowski, Horst, Die Kundenzeitschrift. Diss. (masch.) Berlin 1967.

Kirchner, Joachim, Das deutsche Zeitschriftenwesen seine Geschichte und Probleme. Wiesbaden 1958.

Klein, Gerrit, Der Fachzeitschriftenmarkt in Deutschland: Daten und Strukturen. In: Deutsche Fachpresse '94. Hrsg. v. Ralf Jaeckel/Gerrit Klein. Bonn 1995, 13−22.

Korbmann, Rainer, Goldgräberzeiten. In: journalist 1985/2, 7−10.

Koschwitz, Hansjürgen, Die wissenschaftliche Zeitschrift. In: HdP III 1969, 521−526.

Langbein, Rolf, Ein zufälliger Abschnitt − 40 Jahre von 110. In: Industrie-Anzeiger 1989/56, 24−25.

Langer, Inghard/Friedemann Schulz von Thun/Reinhard Tausch, Verständlichkeit in Schule, Verwaltung, Politik und Wissenschaft. München/Basel 1974.

Lilienthal, Volker, Wachstum in Nischen. In: journalist 1994/7, 28−31.

Mast, Claudia, Professionalität im Journalismus heute. In: Professionalität und Profil. Hrsg. v. Hermann-Josef Schmitz/Hella Tompert. Stuttgart 1990, 69−86.

Pätzold, Ulrich, Programmphilosophie des Instituts. In: Mit Gegenwind und Augenmaß − 30 Jahre journalistische Aus- und Weiterbildung. Hrsg. v. d. Deutschen Gesellschaft für publizistische Bildungsarbeit e. V. Hagen 1990, 41−54.

Reschenberg, Hasso, Gefächertes Bildungsangebot für Fachzeitschriften-Redakteure. ZV + ZV, 1982/20, 701−702.

−, Fachpresse/Branchenzeitschrift. In: Wirtschaftsjournalismus − Ein Handbuch für Ausbildung und Praxis. Hrsg. v. Stephan Ruß-Mohl/Heinz D. Stuckmann. München 1991, 156−159.

−, Fachjournalismus: Schreiben allein genügt nicht. In: Journalisten-Jahrbuch. Hrsg. v. Bernd-Jürgen Martini. München 1986, 30−32.

−, Führungsaufgabe „Qualität". In: ABC des Journalismus − Ein Leitfaden für die Redaktionsarbeit. Hrsg. v. Claudia Mast. München [7]1994, 364−367.

−, Maschinenmarkt − gestern, heute und morgen. In: Aufbruch − 75 Jahre Maschinenmarkt. Würzburg 1970, 402−405.

−, Unabhängig und professionell kontrollieren − Qualitätsmanagement von Zeitschriften. In: Publizistische Qualität − Probleme und Perspektiven ihrer Bewertung. Hrsg. v. Arno Bammé/Ernst Kotzmann/Hasso Reschenberg. Wien/München 1993, 173−184.

−, Verständliche Sprache macht Wissenschaft verstehbar. In: Unverständliche Wissenschaft − Probleme und Perspektiven der Wissenschaftspublizistik. Hrsg. v. Arno Bammé/Ernst Kotzmann/Hasso Reschenberg. Wien/München 1989, 31−46.

Reschenberg, Hasso/Dieter Pflaum, Fachzeitschriften. In: Lexikon der Werbung. Hrsg. v. Dieter Pflaum/Ferdinand Bäuerle. Landsberg a. L. 1983, 77−80.

Roegele, Otto B., Die kulturelle und gesellschaftspolitische Bedeutung der deutschen Zeitschriftenpresse. In: HdF 1977, 9−22.

Rühl, Manfred, Operation „Gebrauchsverstehen". In: Professionalität und Profil. Hrsg. v. Hermann-Josef Schmitz/Hella Tompert. Stuttgart 1990, 49−68.

Ruß-Mohl, Stephan, Wissenschaftsvermittlung − eine Notwendigkeit. In: Moral und Verantwortung in der Wissenschaftsvermittlung − Die Aufgaben von Wissenschaftler und Journalist. Hrsg. v. Rainer Flöhl/Jürgen Fricke. Mainz 1987, 9−18.

−, Ein Stolperstein und sieben Thesen zur publizistischen Qualitätssicherung. In: Zukunft oder Ende des Journalismus? Hrsg. v. Sybille Reiter/Stephan Ruß-Mohl. Gütersloh 1994, 20−28.

Saxer, Ulrich/Heinz Kull, Publizistische Qualität und journalistische Ausbildung. Zürich 1981.

Schaefer-Dieterle, Susanne, Der Weg zum Kunden. In: Deutsche Fachpresse '94. Hrsg. v. Ralf Jaeckel/Gerrit Klein. Bonn 1995, 75−86.

Schäuble, Ingegerd, Nutzungsanalyse von Fachzeitschriften. In: HdF 1977, 81−93.

Schöhl, Wolfgang, Wirtschaftsjournalismus – Bedeutung, Probleme und Lösungsvorschläge. Nürnberg 1987.

Schreiber, Hermann, ... der unermüdliche Versuch, sehr gut zu sein, Qualitätssicherung durch dialogische Führung. In: Zukunft oder Ende des Journalismus? Hrsg. v. Sybille Reiter/Stephan Ruß-Mohl. Gütersloh 1994, 29–44.

Straßner, Erich, Zeitschrift. Tübingen 1997.

Voigt, Thomas, Fachzeitschriften werden zu Dienstleistungsnmarken. In: Deutsche Fachpresse '94. Hrsg. v. Ralf Jaeckel/Gerrit Klein. Bonn 1995, 145–152.

Wallisch, Gianluca, Journalistische Qualität. Definitionen – Modelle – Kritik. Konstanz 1995.

Weber, Bernd/Günther Rager, Zeile für Zeile Qualität. In: Zeile für Zeile – Qualität in der Zeitung. Hrsg. v. Günther Rager/Helga Haase/Bernd Weber. Hamburg/Münster 1994, 1–15.

Weinrich, Harald, Wege der Sprachkultur. Stuttgart 1985.

Wengenroth, Thomas, Vom Offertenblatt zum Magazin. In: Artikel 5, 1991/4, 79.

Hasso Reschenberg, Würzburg (Deutschland)

XVIII. Geschichte der Printmedien und ihrer Erforschung XIII: Das Plakat I: Herstellung, Vertrieb und Forschungsgeschichte

86. Herstellung und Verteilung des Plakats in seiner geschichtlichen Entwicklung

1. Zur Forschungslage
2. Voraussetzungen
3. Technik
4. Plakatierung
5. Literatur

1. Zur Forschungslage

In der Plakatliteratur findet man häufig eine Aufzählung und detaillierte Erläuterung von Drucktechniken. Kaum jedoch wird deren konkrete Anwendung auf das Plakat in ihrer historischen Abfolge erklärt. Lediglich Kossatz (1970, 169 ff.) gibt hier detailliertere Auskunft. Bücher über Druck und Papier kennen das Stichwort *Plakatdruck* oft nur am Rande. Am ausführlichsten ist Biagosch (1931, 139 ff.). In der Primärliteratur finden sich häufig auch widersprüchliche Angaben zu Stellenwert und exakter Bezeichnung einzelner Techniken. Eine kritische Geschichtsschreibung der Plakatierungsgesellschaften (vgl. Lerner 1972; Reinhardt 1993, 118 ff.) bleibt ebenso noch zu leisten wie ein Studium der Plakatwerbestatistiken über einen längeren Zeitraum. Allerdings sei hier auf erhebliche Quellenprobleme für die Zeit vor 1945 hingewiesen.

2. Voraussetzungen

Voraussetzungen waren auf gesellschaftlicher Seite: das Erwachsen eines kapitalkräftigen Finanzierungs- und Absatzmarktes und logistischer Möglichkeiten durch großstädtische Rahmenbedingungen, innerhalb derer sich in Anlehnung an Wirtschaft und Politik mit ihrem Plakatbedarf ein reichhaltiges Potential von Grafikern und Druckereien entwickeln konnte; auf technischer Seite: Verbesserung und Rationalisierung der drucktechnischen Möglichkeiten durch immer neue Apparaturen (Schnellpressen), die Erweiterung der von Senefelder erfundenen Lithographie zur Farblithographie bis hin zum Offsetdruck, die Verbesserung der Papierherstellung, die Entwicklung von lichtechten Farben.

3. Technik

3.1. Druck- und Entwurfstechniken

Vor allem drei Techniken, „[...] die allerdings fast genauso viele Varianten zulassen, wie es Druckereien gibt" (Döring 1994, 8), waren und sind für das Plakat gebräuchlich: der Buchdruck, die Lithographie und der Offsetdruck, nach 1945 z. T. auch der Siebdruck. Seit den 1840er Jahren erschienen in England und Frankreich Bildplakate größeren Ausmaßes als häufig zusammengesetzte Holzschnitte – bis über die Jahrhundertmitte hinaus die einzige Technik der großformatigen Bilddrucke – und Schablonendrucke bis zu einer Höhe von 2 Metern. Ansonsten waren Außenplakate bis in die 1870er Jahre zumeist von Lettern gesetzte reine Schriftplakate. Traten Bildmotive auf, so wurde bei einfachen Schwarzweiß-Zeichnungen von einer gleichmäßigen Tiefenschwärze Strichätzungen, bei stark schattierten Vorlagen aus Rasterpunkten bestehende Autotypien hergestellt, während bei farbigen Vorlagen mit zusätzlichen Tonplatten gearbeitet wurde. Überwiegend handelte es sich jedoch um Schwarzweiß-Plakate mit eventueller Hinzunahme von einer oder zwei zusätzlichen Farben. Zur exakten Wiedergabe exponierter typographischer Entwürfe ist der Buchdruck für das Plakat auch noch im 20. Jh. von Bedeutung.

Viele der Bildplakate des 19. Jhs. waren jedoch für den Innenraum gedacht, wobei die schwarzgedruckte Lithographie aquarelliert werden konnte. Der Text wurde in der Regel auch hier von Lettern gesetzt und erforderte zunächst einen eigenen Druckvorgang. Die typolithographische Presse, vorgestellt 1867, verband als wesentliche Neuerung den lithographischen Farbdruck mit dem Letterndruck. Die eigentliche Verbreitung der schon ca. 1837 erfundenen Farblithographie in der Plakatreklame fand jedoch erst später statt: Jules Chéret, selbst Lithograph, wies seit den 1870er Jahren in Europa den Weg zum modernen Bildplakat. Er entwickelte eine der Lithographie angepaßte, skizzenhafte Entwurfstechnik, rationelle und effektive Druckmethoden mit einen schwarz druckenden Lithostein für die Zeichnung sowie einem roten Farbstein und einem dritten, den er grün, blau, teils gelb einfärbte.

Waren die Druckvorgänge zunächst rein manuell, so bedeutet die lithographische Schnellpresse eine Rationalisierung, ein Prozeß, bei der der Stein zunehmend auch durch Metallplatten (Aluminium und Zink) ersetzt wurde, die Reproduktion jedoch im wesentlichen auf dem alten Prinzip beruhte. Bei der ursprünglichen Lithographie erschien der Druck seitenverkehrt. Um diesem Problem auszuweichen, wurde vielfach mit speziellen Umdruckverfahren gearbeitet.

Auch wurden schon früh die fototechnischen Möglichkeiten zur Herstellung von Plakaten herangezogen. Es gab bereits vor 1900 in ihrer Zeichnungsplatte fotomechanisch als Zinktypien hergestellte, im Hochdruckverfahren gedruckte und dann mit Schablonen kolorierte Plakate. In anderen Fällen wurden die aufgerasterten Aufnahmen des Originals auf den lichtempfindlich gemachten Stein kopiert und − mit der Nadel überarbeitet − als Zeichnungsplatte einer Farblithographie verwendet. Bis in die 1920er Jahre sind die Plakate *Lithographien* im Sinne der jeweils üblichen und sich ständig verändernden Teiltechniken.

Um die vom Auftraggeber oder auch vom Künstler gewünschten Effekte zu erreichen, bot die Lithographie zahlreiche Möglichkeiten der Überarbeitung und Verfeinerung mittels Spritz- und Retouchiertechniken. Zur Erzielung einer durch den Entwurf vorgegebenen gouache- oder gemäldeartigen Wirkung bemühten sich die Lithographen, in gleichmäßiger Durchpunktierung die Farben der Vorlagen nachzubilden. Gerade die zeitgleich bis weit nach 1900 übliche Chromolithographie bezeichnet eine solche Technik, bei der

bis zu dreißig Farb- und Tonplatten verwendet wurden.

Bis Anfang des 20. Jhs. wurde von den durchschnittlichen Druckereien nach Musterbüchern gearbeitet. Dieser, auch dem Verbrauchsbedürfnis entsprechenden Handhabung verdankte das noch lange verbreitete Lagerplakat seine Existenz. Ein Fundus vorfabrizierter, austauschbarer Motive konnte je nach Zweck − versehen mit dem Aufdruck − beliebig verwendet werden. So entstanden zahlreiche Plakate etwa der für Artisten- und Zirkusplakate bekannten Hamburger Druckerei Friedländer. Die Berliner Firma Hollerbaum & Schmidt war die erste deutsche Druckerei, die um die Jahrhundertwende Plakate ausschließlich auf Bestellung fabrizierte.

Der Prozeß der Herstellung vom Entwurf bis zum Druck kannte mehrere Möglichkeiten: (1) Zeichner und Lithograph waren identisch, dieser setzte entweder einen Eigenentwurf auf die Platte bzw. benutzte vorrätige Schablonenmotive; (2) Das Plakat entstand durch die Zusammenarbeit zwischen einem angestellten Entwerfer und dem Lithographen, der den Entwurf auf die Platte umzeichnete; (3) Die Vorlage kam von einem auswärtigen Künstler, der dann mitunter auf den weiteren Verlauf keinen Einfluß mehr hatte. Auch gab es häufig eine Trennung von Bild- und Schriftentwerfer. Eigenhändig lithographierte Künstlerplakate waren um 1900 eher selten und fast nur in Frankreich üblich. Mitunter beharrten die Lithographenvereinigungen auf der Trennung vom Künstler und Lithograph und verlangten von den Grafikern eine eigene ausdrückliche Lithographenausbildung, wie aus Wien bekannt.

Seit den zwanziger Jahren wurde die Lithographie Zug um Zug vom Offsetdruck abgelöst. Dieses, bereits ab 1904 mögliche, aber für das Plakat zunächst noch nicht gebräuchliche Verfahren brachte als Neuerung u. a., daß durch die Schaltung einer mit einem Gummituch bespannten weiteren Walze zwischen Druckform und Papier jetzt mechanisch seitenrichtig gedruckt werden konnte. Eine Weiterentwicklung bestand darin, daß der Entwurf auf einen Film übertragen, die Druckplatten mit einer lichtempfindlichen Schicht gleichmäßig bedeckt wurde; die Übertragung des Films erfolgte durch starke Belichtungslampen auf die Druckplatte. Die Verbreitung ging einher mit einem Wechsel im plakativen Ausdruck durch die Avantgarde-Technik der Fotomontage, wobei es auch zu Verknüpfungen der Techniken kam.

Die Vervielfältigung der Schwarzweiß-Fotografie geschah dadurch, daß Grautöne aufgerastert oder im Tiefdruckverfahren wiedergegeben wurden. Problematisch war zunächst die Reproduktion von Farbaufnahmen: Man hinterlegte Schwarzweißaufnahmen mit Farben, ein Verfahren, das bis Ende der dreißiger Jahre bereits ausgereift war.

Um 1930 gab es vier Hauptmöglichkeiten des Plakatoffsetdrucks: (1) Offsetdruck als Umdruck von Lithographien, (2) nach einer Photolithographie, (3) von kopierten Originalnegativen und (4) als direkte Kopie von Negativen oder Diapositiven. Der Offsetdruck sollte sich schließlich ganz durchsetzen und die Lithographie, von limitierten Künstlerplakaten einmal abgesehen, völlig absetzen. Während dies in den USA schon vor dem 2. Weltkrieg der Fall war, gab es die genannten Mischformen in Europa noch bis in die ersten Nachkriegsjahre, jetzt jedoch auf Grund der Einschränkungen erheblich verschlechtert. Der Siebdruck (Durchdruck) wurde in den 1950er Jahren bei geringeren Auflagen gebräuchlich.

3.2. Papier

Plakatpapier unterliegt heutzutage bestimmten hohen Qualitätsmaßstäben, ist bis in die jüngste Vergangenheit jedoch gleichbedeutend mit stark holzhaltigem, nur schwach geleimten Papier minderer Qualität. Um 1930 wurde bei der Auswahl der Papiersorten zwischen Plakaten unterschieden, die länger aushängen und solchen, die nur kürzere Zeit zu sehen sein sollten. Überdies muß in Rechnung gezogen werden, daß in Krisen- und Notzeiten die Papierqualität immer abnimmt. So wurden z. B. während der Weltkriege und danach Plakate häufig auf Zeitungsmakulatur oder minderem packpapierähnlichem Material gedruckt.

3.3. Plakatformate

Wichtig für die Verbreitung wurde die Formatfrage, da sich aus ihr auch Aspekte für die Wechselwirkungen mit dem Plakatträger und die Präsenz im Straßenbild ergaben. In den USA entstanden bereits um die Mitte des 19. Jhs. Bildplakate, die bis zu 4 oder 6 m lang und 4 m breit waren und in 8, 15 oder 18 Teilen erstellt wurden. Für Ende des 19. Jhs. sind die folgenden französischen Standardgrößen für Plakate bekannt: ¼ Colombier: 41 × 30 cm; ½ Colombier cm: 60 × 41 cm; Jésus: 70 × 65 cm; Colombier: 61 × 82 cm; Grand Aigle: 110 × 70 cm: Double Colombier: 122 × 82 cm; Double Grand Aigle: 140 × 110 cm; Quadruble Colombier: 164 × 122 cm; Quadruple Grand Aigle 220 × 140 cm.

Die Vielzahl von Formaten ließ immer wieder die Forderung nach einer Vereinheitlichung aufkommen: Bereits um die Jahrhundertwende wurde ein von Wilhelm Ostwald entwickeltes Weltformat von 90,5 × 128 cm vorgeschlagen, das die Schweiz übernahm; es ermöglicht ein Erfassen der Gesamtfläche auf mittlere Sehdistanz und auf einen Blick. Zwar war mit der Etablierung der Litfaß-Säulen eine Beschränkung auf fünf Formate verbunden gewesen, was jedoch offenbar nur für Berlin galt. In Deutschland beschloß der 1917 gegründete Normenausschuß der deutschen Industrie im Jahre 1922 die Einführung der DIN-Normen. Für das Plakat setzten sich derartige Änderungen trotz ständiger Forderungen nur schrittweise durch, bis es im Zuge einer Neuordnung der DIN-Normen im Jahre 1942 zur endgültigen Verpflichtung zum DIN-Format für alle Plakate kam, was z. B. bei DIN A 1 84 × 59,4 cm und bei DIN A 0 1,19 × 94 cm beträgt. Spezielle Berliner Formate waren bis dahin z. B. die der Größen V (ca. 70 × 95 cm), VI (ca. 142 × 95 cm), das zumeist im Hochformat gemessen wurde, und VII ca. 280 × 95 cm). Zu Schwierigkeiten kam es mitunter bei der Lieferung von Berliner Plakaten in Städte, deren Säulen bereits nach DIN genormt waren. In Paris waren die Außenplakate zwischen den Kriegen in der Regel ca. 160 × 120 cm groß.

Die letztendliche Größe des Plakats hing einerseits vom Wunsch des Auftraggebers ab, andererseits aber auch von der Zahl der zusammengefügten Bogen. Diese wiederum war von den Möglichkeiten der jeweiligen Druckerei abhängig, denen sich auch der Entwurf anzupassen hatte. Ein Plakat im Hochformat von ca. 230 × 180 cm etwa konnte um 1914 aus drei Teilen bestehen, ein entsprechendes Querformat einer anderen Firma wiederum aus lediglich zwei. Die hoch- bzw. querformatigen Exemplare der Größe 142 × 95 cm wurden in den 1910er Jahren bereits auf einem Bogen gedruckt. Bei großformatig montierten Plakaten kam es häufig zu Farbverschiebungen und Versetzungen zwischen den einzelnen Teilen. Schon früh wurde die Praxis gehandhabt, daß sich auch beim Plakat die Bogenformate aus dem Vielfachen einer Grundgröße ergaben. Berücksichtigt werden bei Entwurf und Druck mußte auch der sog. Kleberand von ca. 5–6 cm.

3.4. Auflagen

Was die Auflagenzahlen anging, so geben die Quellen kaum verläßliche und widersprüchliche Zahlen an. Diese hingen einerseits von der jeweiligen Kampagne und deren Reichweite wie auch von der Branche ab. Determiniert wurden sie mitunter durch die Zahl der zur Verfügung stehenden Anschlagstellen. Für das Filmplakat in Deutschland um 1930 z. B. ist eine Ziffer von ca. 3000 überliefert (Albachary 1933, 50), die aber mit der hier üblichen Praxis zusammenhing, Plakate für den Aushang am Kino leihweise abzugeben. In anderen Branchen waren auch Zahlen von 6000 bis 8000 und mehr möglich, u. a. bei Plakaten für internationale Messen und Ausstellungen. Für England z. B. sind Kampagnen mit über 20 000 Plakaten allein im Großraum London überliefert (Albachary 1928, 80).

4. Plakatierung

4.1. Plakatträger

Bei den gängigsten Plakatträgern unterscheidet man schon seit den 1920er Jahren in der Regel nach einfacher Säule, Ganzstelle, Großfläche, Vitrine und mobilen Trägern. Waren Plakate zunächst 'wild' an Wänden und Mauern angebracht, so wurden ab den 1830er Jahren Änderungen sichtbar. In London erschienen Plakatwände und Säulen, nach deren Vorbild Ernst Litfaß 1855 die ersten, nach ihm benannten Plakatsäulen in Berlin aufstellte. Ihre dauerhafte Existenz verdankten sie hier einer Interessenkoalition zwischen Litfaß, der gleichzeitig der erste Plakatanschlagunternehmer in Deutschland wurde, und der Obrigkeit. Erster sah die kommerziellen Möglichkeiten. Letztere besaß nun, indem sie den Anschlag fortan nur an diesen Anschlagstellen zuließ und somit formal das ungeordnete Plakatieren innerhalb der Stadt unterband, ein Instrument zur Überwachung der öffentlichen Meinung. Für Paris ist der Drucker Morris zu nennen, dessen Säulen heute noch als Colonnes Morris bekannt sind.

Auch in den USA blieb das Plakatieren nicht ungeordnet: Betrachtet man fotografische Ansichten nordamerikanischer Städte, so sieht man, daß schon lange vor der Jahrhundertwende mehrstöckige Plakatwände an Brandmauern und entlang belebter Straßen in den Städten angebracht waren. In England wurde es zunehmend üblich, an den Plakatinstituten gehörenden Bauzäunen zu plakatieren. Die in Amerika und England verbreitete Riesenplakatwand (Billboard) zumeist für nur ein einziges Plakat fand nach dem 2. Weltkrieg auch in Deutschland stärker Verbreitung, besonders im Hinblick auf die Sicht des Autofahrers. Auch eine ursprünglich in England übliche Verbreitung durch Sandwich-Männer war vom Beginn der zwanziger Jahre an wiederholt anzutreffen.

4.2. Plakatierungsgesellschaften

Ab den 1850er Jahren gelangten in der Nachfolge Litfaß' auch andere Plakatanschlaginstitute auf den Markt. Die Zusammenarbeit zwischen Werbetreibenden, Herstellern und Plakatierungsgesellschaften entwickelte sich schnell zu einem Verhältnis, das sich zunehmend auf der Organisation der Verteilung mittels genau aufeinander abgestimmter Klebepläne und auf speziell ausformulierten, diesen Bereich regelnden Geschäftsbedingungen gründete. Die bis heute gültige und immer weiter verbesserte Koordinierung von einzelnen Kampagen wurde notwendig, um im ständig wachsenden Markt die Übersicht zu behalten.

Die Anschlaggelegenheiten verblieben zumeist im Besitz der jeweiligen Stadt, während die Unternehmer lediglich als Pächter auftraten, doch wurde dies in den einzelnen Staaten unterschiedlich gehandhabt. Alle größeren Städte in Europa verfügten kurz vor dem 1. Weltkrieg über solche Einrichtungen. Teilweise waren dies Druckereien (in Berlin z. B. als Litfaß' Nachfolgerin die Firma Nauck & Hartmann), teils aber auch extra für diesen Zweck gegründete Unternehmen, teils städtisch, teils privat. Ab ca. 1921 versuchten die deutschen Kommunen eine Lösung auf gemischtwirtschaftlicher Basis durchzuführen. 1922 entstand in Frankfurt/München die Deutsche Städtereklame, die für die Etablierung der DIN-Formate eintrat und die ihr anvertrauten Anschlagsäulen nur an ausgesuchten Verkehrsknotenpunkten aufstellte, etwa pro 1000 Einwohner eine Säule. In Berlin hatte die 1921 gegründete Berliner Anschlagwesen- und Reklame A. G. (Berek), die um 1930 u. a. mit ca. 3000 Plakatsäulen die meisten öffentlichen Anschlagmöglichkeiten besaß, das Monopol.

Plakate wurden schon ab der Jahrhundertwende auch an Straßenbahn- und Bushaltestellen und auf U-Bahn-Stationen, vorher auch schon entlang von Eisenbahnlinien und auf Bahnhöfen verbreitet. Die Eisenbahnen besaßen bereits vor 1914 ihre eigenen Reklame-Organisationen. Bald nach 1900 bildeten sich übergeordnete Interessenverbände und Kontrollorgane. Letztere verstanden sich u. a. auch als Zensurbehörden im Sinne der Selbstzensur, um der ständigen obrigkeitlichen Reglementierung der Plakatreklame durch Sittenparagraphen und Bau- und Verunstaltungsgesetze gerecht zu werden. In Deutschland wurden die Plakatinstitute in den zwanziger Jahren in einem 'Reichsverband' vereinigt. Er unterstand während der NS-Diktatur dem 'Werberat der Deutschen Wirtschaft', der den bis heute gültigen Begriff *Bogenanschlag* einführte.

Nach dem Zweiten Weltkrieg mußte das Plakatierungswesen vor allem in Deutschland neugeordnet werden. Während in der BRD die Deutsche Städtereklame eine führende Position übernahm, wurde in der DDR die Plakatierung durch die 1946 als Deutsche Werbe-Aktiengesellschaft gegründete DEWAG zentral gelenkt; dort bezeichnete man Formate nicht nach DIN, sondern nach TGL-Norm.

5. Literatur

Albachary, Jacques (Hrsg.), Plakathandbuch. Berlin 1922, 1928, 1930, 1933.

Biagosch, Heinrich, Lexikon der Papierverarbeitung. Bd. 1. Berlin 1931, 139–168.

Bossi, Alfred, Plakatformate und Druckarten. In: Schweizerisches Handbuch der Absatzförderung und Werbung. Thalwil/Zürich 1946, 259–261.

Cyrus, Wilhelm, Bogenanschlag. In: Deutsche Werbung, 1937, H. 2 (1. Februarheft), 137–138.

Döring, Jürgen, Plakatkunst von Toulouse-Lautrec bis Benneton. Ausstellungskatalog Museum für Kunst und Gewerbe. Hamburg, Heidelberg 1994.

Engel-Hardt, Rudolf, Welche Drucktechnik wähle ich für mein Plakat? In: Die Reklame 25, 1932, Juniheft, 355–357.

Frenzel, Gustav, Der Plakatanschlag. In: Seidels Reklame 14, 1930, H. 10, 468–469.

Frisch, Justinian, Das Wiener Straßenbild, gesehen vom Standpunkt des Reklamers. Wien/Berlin/Leipzig 1928.

Gebauer, W(alter) L., Einiges über den Plakatanschlag in Deutschland. In: Gebrauchsgraphik 8, 1931, H. 9, 64–65.

G(möhling), H(orst), Das Plakat und seine Herstellungsmöglichkeiten. In: Buch- und Werbekunst 8, 1931, H. 11, 353–357.

Haenschke, Friedrich, Die Berliner Außenwerbung. Berlin 1935.

–, Plakatanschlag und Werbestatistik. In: Gebrauchsgraphik 12, 1935, H. 2, 64–65.

Hellweg, Werner, Die Außenreklame in Stadt und Land. Hamburg 1919.

Hess, Walter, Wie ein Plakat entsteht. In: Die Organisation 12, 1910, Nr. 2, 41–43.

Holzhauser, Otto, Was der Hersteller über den Plakatanschlag in Berlin wissen muß. Berlin 1928.

Horn, Otto, Von Litfass-Säulen und anderen Plakatträgern. In: Buch- und Werbekunst 8, 1931, H. 11, 350–352.

Hoyer, Fritz, Papiersorten-Lexikon. Stuttgart 1929, 11.

Kopsch, Herbert, Plakatanschlag- und Verkehrsmittelwerbung. Berlin 1955.

Kossatz, Horst H., Die Technik des Plakats. In: Ornamentale Plakatkunst. Wiener Jugendstil 1897–1914. Salzburg 1970, 169–175.

Kropff, H. J. F., Die Werbemittel, ihre psychologische, künstlerische und technische Gestaltung. Essen 1961.

Leo, Richard, Riesenplakate und Streckenreklame. In: Buch- und Werbekunst 8, 1931, H. 11, 360–363.

Lerner, Franz, Ein halbes Jahrhundert im Dienste der Außenwerbung. Der Weg der deutschen Städtereklame GmbH 1922–1972. Frankfurt a. M. 1972.

Lindner, Ludwig, Die Außenreklame in der neuen Berliner Straßenverordnung. In: Seidels Reklame 2, 1914, H. 4, 155–158.

–, Die Plakatreklame und die Beschränkungen der Plakatfreiheit. In: Mitteilungen des Vereins Deutscher Reklamefachleute, 1914, Nr. 2, 57–59, Nr. 3, 96–98, Nr. 4, 135–138.

Lindner, Werner, Außenreklame. Berlin 1936.

–, Einiges über den Plakatanschlag in Deutschland. In: Gebrauchsgraphik 8, 1931, H. 9, 64–65.

Porstmann, Walter, Die Plakatnormung. In: Der Plakatanschlag 2, 1928, H. 2/3, 4.

Redlich, Fritz, Reklame. Begriff, Geschichte, Theorie. Stuttgart 1935.

Reinhardt, Dirk, Von der Reklame zum Marketing. Geschichte der Wirtschaftswerbung. Münster/Berlin 1993.

Ruben, Paul, Die Reklame, ihre Kunst und Wissenschaft. 2 Bde. Berlin 1913 u. 1915.

Schalcher, Traugott, Die Reklame der Straße. Wien 1927.

Sheldon, Cyril, Poster Advertising. Leeds 1927.

Wolf, Felix/Karl-August Crisolli, Das Recht der Reklame. Berlin/Leipzig 1929.

Zankl, Hans L., Erfolgreich plakatieren. Düsseldorf 1969.

Johannes Kamps, Frankfurt a. M.
(Deutschland)

87. Forschungsgeschichte des Plakats

1. Allgemeines zur Forschungslage
2. Werbeforschung
3. Historische Forschung
4. Literatur

1. Allgemeines zur Forschungslage

Um sich über die Forschungsgeschichte des Plakats Klarheit verschaffen zu können, ist es zuerst einmal notwendig, Forschungsrichtungen und beteiligte Fachbereiche zu nennen. Dabei lassen sich − grob gesagt − zwei Interessenssektoren unterscheiden:

(1) Plakatforschung als Teil der jeweils aktuellen Werbeforschung. Dieser widmen und widmeten sich: (1a) Wirtschafts- bzw. Betriebswissenschaftler; (1b) Werbeforscher bzw. Markt- und Konsumforscher; (1c) Psychologen; (1d) Kommunikationswissenschaftler; (1e) Soziologen.

(2) Plakathistorische Forschung. Hier waren und sind vor allem beteiligt: (2a) Kunsthistoriker; (2b) Publizisten; (2c) Historiker.

Einen kleinen Bereich für sich bildet schließlich die juristisch motivierte Untersuchung des Plakatwesens auf akademischer Basis.

Diese Aufstellung läßt auf den ersten Blick eine vielfältige und umfassende, gut nachvollziehbare Forschungsgeschichte vermuten, macht jedoch gleichzeitig die disparate Situation deutlich. Beide Hauptbereiche wurden bislang unterschiedlich gewichtet und sind in ihrer Intensität in ähnlichen historischen und defizitären Zusammenhängen wie die Theoriebildung zu sehen. Forschungsberichte in der Plakatliteratur bleiben zumeist auf den Fachbereich beschränkt, in dem die jeweilige Arbeit entstanden ist. Werbefachliteratur wiederum ist selten historisch ausgerichtet; manches wurde innerhalb der 'grauen' Literatur veröffentlicht. Folglich ergibt sich vorerst noch kein umfassendes Bild.

2. Werbeforschung

2.1. Ziele und Methoden

Plakatforschung als Teil der Werbeforschung bzw. der Werbeerfolgsforschung und Werbewirkungsforschung im engeren Sinne begann schon um die Jahrhundertwende in den USA und England. Sie machte es sich Zug um Zug zur Aufgabe, den Prozeß der werblichen Kommunikation zu durchleuchten, um ihn effektvoll planen und besser kontrollieren zu können. Dabei diente und dient sie vor allem den Werbetreibenden zur Optimierung ihrer Werbemittel. In diesem Sinne führte man verschiedene Testmethoden ein. Hier ist zu unterscheiden zwischen Beobachtungen und Befragungen bezüglich der Werbeträger (Wände, Säulen) allgemein (Werbeträgeranalyse, heute auch mit Mediaforschung bezeichnet), sowie auf das jeweilige Plakat selbst bezogene Tests. Marbe unterscheidet Laboratoriumsexperimente und Wirklichkeitsversuche (Marbe 1927, 75), die auch als Laboratoriums- und Feldmethoden bezeichnet werden. Ebenso muß man zwischen vorheriger (Pre-Test) und nachträglicher Feststellung (Post-Test) des visuellen Wirkungsbereichs differenzieren. Die meisten dieser Untersuchungsmethoden sind in England und den USA entwickelt worden.

2.2. Frühe Versuche

Anzunehmen ist − darauf deuten die Quellen hin −, daß, zumindest in Europa, zuerst die Plakatfirmen selbst aktiv wurden. So untersuchten englische Plakatanstalten schon vor dem 1. Weltkrieg die Farbwirkung von Plakaten, die Fernwahrnehmung von Farbenkombinationen, wobei schwarze, weiße und farbige Schriften auf verschiedenem Grund aus großer Entfernung beobachtet wurden. Aus den Quellen erfährt man gelegentlich auch − zumeist anekdotisch paraphrasiert − von experimentellen Untersuchungen innerhalb einzelner Branchen zwecks Optimierung der Plakatgestaltung.

2.3. Ein Höhepunkt in den 20er Jahren

Eine Verwissenschaftlichung des Bereichs wurde mit der Gründung von werbewissenschaftlichen Einrichtungen erreicht. Werbeforschung bzw. Plakatforschung wurde nun zum Gegenstand der Psychologie und ihrer Anwendung im Bereich der Wirtschafts- und Betriebswissenschaft. In Deutschland werden diese Belange um 1920 faßbar; sie sind vor allem verbunden mit Namen wie Rudolf Seyffert, Erich Lysinski, Maria Schorn, Walther Moede und Hans Paul Roloff. Für Seyffert, tätig am Betriebswissenschaftlichen Institut Mannheim u. Mitarbeiter der Untersuchungsstelle für Werbewirkung, später dann des Werbewissenschaftlichen Instituts der

Universität Köln, beruht die Werbewirkung auf psychologischen Vorgängen, welche die Werbung beim Umworbenen auslösen. Zur Ausführung des Tests wurden auf Hugo Münsterberg zurückgehende psychotechnische Methoden herangezogen; ein wichtiges Hilfsmittel war dabei das Falltachistoskop. Seyffert prüfte mit Hilfe dieses Gerätes die Auffassung von Bild, Schrift und Farbe verschiedener Plakate bei einer Darbietungsdauer von einer Sekunde. Lysinski ließ in seiner Plakatprüfung folgende Faktoren erforschen: Erkennbarkeit der Darstellung, Umfang, Anziehung und Bewegung der Aufmerksamkeit, Verständlichkeit und Eindeutigkeit, Leichtigkeit der Einprägung und Nachhaltigkeit, Wohlgefälligkeit der Farbenharmonie und des Formats, Wirkung in der Umgebung, Verwechslungsmöglichkeiten. Parallel dazu gab es auch statistische Untersuchungen über die Elemente von Plakaten, so z. B. die von Seyffert geleiteten, in der Plakate nach Flächeninhalten, Zahl der Farben, Farben der Hauptzeilenschrift und des Schriftgrundes der Hauptzeilen sowie der Zahl der Plakatworte analysiert wurden. Gleichfalls wurde mit der Punktbewertungsmethode gearbeitet. Hierbei hatte ein Teilnehmerkreis Plakate nach Durchschlagkraft, Inhalt, Werbestil, Schrift, Verwendbarkeit bei gleichbleibender Wirkung in kleinerem Format, Reizwirkung und geschmacklicher Bewertung nach rein persönlichem Standpunkt mittels Punktvergabe zu beurteilen. Roloff führte Plakattest mit Hilfe eines „Verfahrens der Reproduktion unbemerkbar gestifteter Eindrücke mit und ohne Hilfe" durch (Jaspert 1963, 124; Roloff 1927, 1 ff.). Ebenso erfuhr um 1930 die Fernwirkung von Plakaten eine erneute Untersuchung (Albrecht 1932, 38).

Auch in der Sowjetunion wurden Plakate in den 1920er Jahren auf ihre Wirkung hin erforscht. So gab es eine diesbezüglich tätige Versammlung der Reklamearbeiter, ein Kabinett über Studien der Kunstagitation und Propaganda, die beide der Staatlichen Akademie der Kunst und Wissenschaft zugeordnet waren. Spezielle psychologische Studien zu Plakaten für Arbeits- und Gefahrenschutz wurden im psychotechnischen Laboratorium des Staatlich-wissenschaftlichen Instituts für Arbeitsschutz und Zentralmuseum des Arbeitsschutzes und Sozialer Versicherung durchgeführt.

2.4. Werbeträgeranalyse

Ein anderer Bereich wurde ebenfalls zunehmend wichtig: die Werbeträgeranalyse. In Frankreich untersuchte um 1920 Paul Dermée die Plakatwirkung, woraus er Regeln für eine optimale Klebung der Plakate ableitete (vgl. Halter 1992, 88). Weiterhin ging es bereits darum, mittels Feldforschung Plakatwände und Plakatsäulen etc. auf verbesserte Standortqualität hin zu überprüfen und die Passantenzahlen zu beobachten. Hier führte etwa die Berliner Anschlagwesen- und Reklamegesellschaft (Berek) um 1930 durch die Wirtschaftskrise motivierte Untersuchungen durch. Von der Anwesenheit von Passanten auf einer Straße wurde auf die Möglichkeit der Werbewirkung eines Plakats geschlossen, von der Passantenzahl auf das Ausmaß dieser Möglichkeit. Ebenso wurden bereits Passanten befragt. Für England sind Beobachtungen von Sheldon (1927) zu nennen.

Mit zunehmender Ausdifferenzierung der Werbemethoden und Werbemittel geriet das Plakat ein wenig in den Hintergrund; in den USA scheint dies schon sehr früh der Fall gewesen zu sein. Ergebnisse der Werbeforschung, besonders nach dem 2. Weltkrieg, wurden nun kaum mehr anhand von Plakaten vorgestellt. Anzeigen und Werbespots scheinen heute wesentlich besser erforscht zu sein.

2.5. Die Situation nach 1945

Dennoch erlangte die Plakatuntersuchung im europäischen Wiederaufbau nach 1945 eine neue Bedeutung, vor allem unter dem Gesichtspunkt der auch heute noch üblichen Werbeträgeranalyse. Im Auftrag der Wirtschaftsverbände, der GWA (Gesellschaft Werbeagenturen) und dem FAW (Fachverband Außenwerbung) wurden seit den 1950er und 1960er Jahren in der BRD die Meinungsforschungsinstitute aktiv. Das Bielefelder EMNID-Institut führte 1955 eine Werbeträgerbetrachtung durch, die auf Methoden basierte, welche als „Verfahren der Reproduktion natürlich erworbener Eindrücke mit leichten Hilfen" (Jaspert 1963, 121) und „Verfahren der Reproduktion erlebter Werbewirkungsvorgänge" (Jaspert 1963, 146 f.) bezeichnet werden. Bei der Befragung von Passanten konnten für jedes der geprüften Plakate im Durchschnitt die Erinnerungswerte für Abbildungen, Text, Farben ermittelt werden.

In den sechziger Jahren unternahm das Allensbacher Institut für Demoskopie weitere

Untersuchungen bezüglich der Kontakthäufigkeit (vgl. Noelle-Neumann 1966, 648 ff.). Zu nennen sind auch Infratest, das Werbewissenschaftliche Institut der Universität Köln, das Institut für Werbepsychologie und Markenerkundung in Frankfurt a. Main. In der DDR war die Erforschung der Werbewirksamkeit von Plakaten in den sechziger Jahren von Bedeutung, welche die DEWAG mittels Befragungen vornahm. Trotz früher Überlegungen zur Errechnung der Reichweite wurde erst in den sechziger Jahren vom englischen Institute of Practioners in Advertising nach längerer Forschung die international gültige IPA-Formel entwickelt.

In Frankreich wurde die Werbeträgeruntersuchung nach dem Krieg durch das CESP (Centre d'Études de Supports de Publicité, gegründet 1956) oder das Institut de Recherches et d'Études Publicitaires durchgeführt, so z. B. eine Erforschung der Bedingungen in einer Stadt von mittlerer Bedeutung am Beispiel Dijon im Jahre 1965. Spezielle Untersuchungen zur Semiotik, Kommunikationstheorie und Werbepsychologie des Plakats publizierten Abraham A. Moles (Moles 1970) und Françoise Enel (Enel 1971) am Institut für Sozialpsychologie in Strasbourg.

3. Plakathistorische Forschung

3.1. Allgemeine Plakatgeschichten

Auffallend ist, daß, nachdem die aktuelle Plakatforschung wieder an − relativer − Bedeutung gewonnen hatte, auch die plakathistorische Literatur einen Aufschwung erlebte. Nicht immer allerdings wird man ihr einen wesentlichen Forschungsbeitrag zubilligen können. Schon früh wurden Plakate im geschichtlichen Rückblick betrachtet (u. a. Sponsel 1897; Grautoff 1899). All diesen Publikationen − das hat sich bis heute nur teilweise geändert − ist gemeinsam, daß sie das Plakat als Kunstwerk verstehen und den 'trivialen' Bodensatz unberücksichtgt lassen, auch weniger vom werblichen Charakter des Objekts ausgehen. Zeitgenössische Reklamedarstellungen verfahren oftmals nach anekdotenhaftem Muster. Schuberts 'Deutsche Werbegraphik' (1927) und die Arbeiten von Walter von Zur Westen enthalten auch plakathistorische Passagen. Die seit der Jahrhundertwende erschienene Literatur zur Plakatgeschichte erweist sich − von Ausnahmen abgesehen − überwiegend als populär aufbereitete Ansammlung von Tendenzen, Stilen, biographischen Künstlernotizen, also Vermengung von Gesichtspunkten, deren Konturen häufig ungenau bleiben. Die Einbettung des Plakats in die sozialgeschichtlichen Rahmenbedingungen wird zumeist nur anhand einzelner weniger Objekte vollzogen. Auf der anderen Seite existiert eine Fülle von Publikationen, in denen Plakate häufig lediglich Dokumente des Alltagslebens sind, ohne daß ihre gestalterischen Aspekte ausführliche Berücksichtigung fänden. Forschung auf kunsthistorischer Ebene verläuft analog zu den in dieser Fachdisziplin üblichen Methoden, läßt jedoch keinen roten Faden erkennen, da selbst eine schlüssige Stilgeschichte des Plakats nicht vorliegt. Auch umfassende Ikonographie-Studien, von gattungsbezogenen Einzeluntersuchungen abgesehen, fehlen in der Regel. Die wahrscheinlich erste kunsthistorische Plakat-Dissertation in deutscher Sprache überhaupt war diejenige von Annemarie Hagner (1958) zum Jugendstilplakat.

Die Publikationen über Plakate kulminierten seit den sechziger Jahren im Zuge nostalgischen Interesses und der Verbreitung des Posters. Hierbei besteht insgesamt das Problem, daß die allgemeinen Werke über die Geschichte des Plakats meist die gesamte Plakatentwicklung von den Anfängen bis in die jüngste Gegenwart zu erfassen versuchen. Alle Plakatgeschichten der 1960er, 1970er und 1980er Jahre wie etwa die Barnicoats (1969), Hilliers (1969), Schindlers (1972), Gallos (1975) oder Weills (1985) verdeutlichen das Problem, daß mit wachsender Materialfülle die Auswahl einerseits immer schwieriger, andererseits auch immer beliebiger zu werden droht. Aus DDR-Sicht ist die Publikation Rademachers (1965) zu nennen, die auf der Auswertung der Bestände des damaligen Museums für Deutsche Geschichte in Berlin beruht. Das Plakat als Mittel des Kampfes für eine progressive Gesellschaft verstehend, stellt es eine Mischung aus kulturgeschichtlicher Betrachtung und formalen Kurzanalysen dar.

3.2. Forschungen im Museumsbereich

Seit den späten 1950er Jahren gewannen auch Ausstellungen und dazugehörige Publikationen sowie anderweitige museumsgebundene Veröffentlichungen (z. B. Bestandskataloge) für die historische Forschung an Bedeutung. Auch hier waren die Ansätze unterschiedlich. So ging es bei dem großangelegten, von der Thyssenstiftung geförderten Forschungsprojekt 'Das frühe Plakat in Europa und den USA' vor allem darum, den Bestand der Sammlungen u. a. in Berlin, Hamburg, Stuttgart, München zu sichern, ihn, ergänzt mit Daten und biographischen Notizen zu Künstlern und Druckereien, archivalisch zu hinterfragen und dabei Material für die weitere Forschung bereitzustellen. Interpretierende, historisch-wissenschaftliche Begleittexte, die noch im Frankreichband enthalten waren, mußten beim letzten Teil – Deutschland – aus Finanzgründen entfallen.

'Plakate in München 1840–1940' (1976) enthält im ersten Teil eine Entwicklungsgeschichte des Münchener Plakats anhand exemplarischer Beispiele. Unter Heranziehung stilgeschichtlicher Kriterien gliederte man den Hauptteil nach historischen Gesichtspunkten. Das avantgardistische Plakat des 20. Jhs. hatte eine Aufstellung in Minneapolis 1984 (Ades 1984) zum Thema. Andere Ausstellungen und Kataloge widmeten sich einzelnen Gattungen, z. B. Politische Plakate 1914–1940, Hamburg 1987, das exotische Plakat, Stuttgart 1986, oder Plakatkünstlern, wie etwa Ludwig Hohlwein (Schneegass 1985). Waren einige Präsentationen lediglich Materialdarbietungen, so zeigten sich andere bemüht, die Plakate als Quelle für die Regional- und Lokalgeschichte und darüber hinaus als wichtiges Zeugnis der Alltagskultur ihrer Entstehungszeit zu betrachten. Dazu war eine Abkehr von der althergebrachten Mißachtung des Durchschnittsplakats nötig, wie es z. B. von der Schau 'Plakate in Frankfurt' (1986) geleistet wurde. Eine Auswahl seiner Bestände als Überblick bis heute brachte z. B. das Hamburger Museum für Kunst u. Gewerbe 1994, begleitet von einem ausführlichen Katalog (Döring 1994).

3.3. Gattungen

Innerhalb der gattungsbezogenen Themenstellungen ist wohl am häufigsten das politische Plakat behandelt worden. Es ist keineswegs verwunderlich, daß gerade in den Regimen der UdSSR und des Dritten Reichs das Plakat als historischer wie aktueller Forschungsgegenstand besondere Betrachtung erfuhr: Propagandazweck und Wirksamkeit lagen im Interesse der Machthaber (vgl. Kämpfer 1985, 314 ff.). Das Buch von Erwin Schockel (1938), für den internen Gebrauch der NSDAP veröffentlicht, charakterisierte „den langfristigen sozialen Lernprozeß, in dem das Medium 'politisches Plakat' eine Verschiebung der öffentlichen Meinung in Richtung auf politische Erwartungen bewirken half" (Kämpfer 1985, 32). In der bei Emil Dovifat am Berliner Zeitungswissenschaftlichen Institut entstandenen Dissertation Friedrich Medebachs (1941) wird das politische Plakat vom publizistischen Standpunkt her analysiert; sie ist die erste akademische Arbeit überhaupt, die Inhalte und Aussage von Plakaten beschreibt. Der Autor versucht, Grundgesetze bzw. Regeln für Propaganda und politisches Plakat aufzustellen, die bis in die jüngste Zeit Beachtung fanden. In Deutschland wurde nach dem 2. Weltkrieg die publizistische Plakatforschung um Emil Dovifat fortgeführt, unter dessen Betreuung die Dissertation von Rolf Brendel (1955) über das Schweizer Plakat entstand. Kämpfer lieferte 1985 mit seiner Publikation 'Der rote Keil' die „erste systematische Untersuchung zum politischen Plakat zwischen 1914 und 1945 und zu seinem Quellenwert für die politisch-historische Kommunikation" (Umschlagtext). Von seiten der Linguistik kam die pragmatische Untersuchung Müllers (1978) über Wahlplakate der Weimarer Republik und der Bundesrepublik, welche die Objekte unter textuellen Kriterien betrachtete.

So gut wie überhaupt nicht erforscht ist bislang die Geschichte des Filmplakats. Die gleichwohl zahlreichen Publikationen auf diesem Gebiet sind überwiegend nostalgischen Charakters. Eine 1995 in Zürich veranstaltete Ausstellung (Beilenhoff/Heller 1995) erarbeitete dagegen im Katalograhmen wichtige Beiträge zum expressionistischen Filmplakat, zum tschechischen und Schweizer Filmplakat und zum Starplakat. Das Zirkus- und Artistenplakat wurde bisher fast ausschließlich als illustrative Beilage für die kulturhistorische Betrachtung der Artisten- und Zirkusgeschichte verwendet. Detailliertere Untersuchungen zu Ikonographie, Stil etc. stehen noch aus.

Im akademischen – hier kunsthistorischen – Bereich der 1970er, 1980er und 1990er Jahre erhielten z. B. eine Behandlung: Die Motivgeschichte des deutschen Plakats zwischen 1900 und 1914 (Gagel 1971), das frühe politische Bildplakat 1848–1918 (Zeller 1987), die Imagebildung im Automobilplakat 1900–1930 (Rimmler 1991), wobei die Autorinnen überwiegend ikonographisch vorgingen. Alle drei Arbeiten dürfen als wichtige Forschungsbeiträge zum jeweiligen Thema gelten, ebenso die Untersuchung Halters (1992) zum französischen Warenplakat, welche die zeitgenössische Theorie einbezog. Die

Entstehung des Plakats unter rezeptionsästhetischen Gesichtspunkten thematisierte jüngst eine Arbeit von Henatsch (1995).

4. Literatur

Ades, Dawn, The 20th century poster. Design of the Avantgarde. New York 1984.

Albrecht, Fernwirkung der Farbenzusammenstellung in Plakaten. In: Gebrauchsgraphik 9, 1932, H. 12, 38.

Barnicoat, John, Das Poster. München/Wien/Zürich 1972.

Beilenhoff, Wolfgang/Martin Heller, Das Filmplakat 1995.

Der Blickfang. In: Der Film 12, 1925, Nr. 30, 30.

Bohrmann, Hans, Das politische Plakat. Dortmund 1984.

Brendel, Rolf, Das Schweizer Plakat. Diss. (masch.). Berlin 1955.

Burtt, Harold E./T. S. Crocket, A technique for psychological study of poster board advertising and some preliminary results. In: JaP 12, 1928, Nr. 1, 43–55.

Drescher, S. H., Anwendungsbericht für Werbewirkungskontrollen im Werbefunk und im Plakatwesen. Bericht über die 5. Arbeitstagung des Emnid-Instituts. Bielefeld 1955.

Elliot, Frank R., Attention effects from poster, radio and poster-radio advertising of an exhibit. In: JaP 21, 1937, 365–371.

Emnid-Institut für Werbeforschung (Hrsg.), Plakat-Test. Teil D. der Standarderhebung: Welches sind die rationellsten Werbemittel? Bielefeld 1955.

Enel, Françoise, L'affiche. Fonction, langage, rhétorique. Paris 1972.

Gagel, Hanna, Studien zur Motivgeschichte des deutschen Plakats 1900–1914. Diss. Berlin 1971.

Gallo, Max, Geschichte der Plakate. Herrsching 1975.

Grautoff, Otto, Das moderne Plakat am Ende des 19. Jhs. Leipzig 1899.

Hagner, Annemarie, Das Plakat im Jugendstil. Diss. Freiburg 1958.

Haider, Manfred, Experimentelle Analyse der Plakatwerbung. Wien 1959.

Halter, Albert, Als die Bilder reizen lernten. Zum Umgang mit den Produkten im französischen Warenplakat 1900–1930. Diss. Zürich 1992.

Henatsch, Michael, Die Entstehung des Plakats. Eine rezeptionsästhetische Untersuchung. Hildesheim u. a. 1995.

Hildebrandt, Ewald, Plakate, die nicht wirken. In: Seidels Reklame 15, 1931, H. 6, 247.

Hillier, Bevis, Posters. London 1969.

Historisches Museum (Hrsg.), Plakate in Frankfurt 1880–1914. Frankfurt a. M. 1985.

Jaspert, Friedhelm, Methoden der Erforschung der Werbewirkung. Stuttgart 1963.

Kämpfer, Frank, Der rote Keil. Das politische Plakat, Theorie und Geschichte. Berlin 1985.

Karsten, Anitra, Übersättigung in der Reklame. In: Gebrauchsgraphik 10, 1933, H. 9, 62–64; H. 10, 60–62.

Klein, Erich, Psychologie und Reklamekunst. In: Das Plakat 10, 1919, H. 5, 314–323.

König, Theodor, Reklamepsychologie – Ihr gegenwärtiger Stand, ihre praktische Bedeutung. München/Berlin ²1926.

Kropff, H. J. F., Die Werbemittel, ihre psychologische, künstlerische und technische Gestaltung. Essen 1961.

Lindner, Werner, Berliner Außenwerbung. Berlin 1936.

Lysinski, Erich, Die Werbemittelprüfung. In: Zeitschrift für Handelswissenschaft und Handelspraxis 12, 1919, H. 8, 156–160 u. H. 9, 185–188.

Lysinski, Erich/Rudolf Seyffert, Die Analyse und Konstitution der Werbemittel. In: Zeitschrift für Handelswissenschaft und Handelspraxis 12, 1919, H. 4/6, 65–69.

–, Die Untersuchungsstelle für Werbewirkung. T. III der Veröffentlichungen aus dem Betriebswissenschaftlichen Institut Mannheim über „Organisation der Werbeforschung und des Werbeunterrichts". In: Zeitschrift für Handelswissenschaft und Handelspraxis 12, 1919, 93–95.

Malhotra, Ruth, Politische Plakate 1914–1945. Hamburg.

Marbe, Karl, Psychologie der Werbung. Stuttgart 1927.

Medebach, Friedrich, Das Kampfplakat. Aufgabe, Wesen und Gesetzmäßigkeit des politischen Plakats, nachgewiesen an den Plakaten der Kampfjahre 1918–1933. Limburg 1941.

Möde, Walther, Die Psychologie der Reklame. In: Praktische Psychologie 1, 1920, H. 7, 200–227.

Möller, Lise L./Klaus Popitz/Axel v. Saldern/Heinz Spielmann/Stephan Waetzoldt (Hrsg.), Das frühe Plakat in Europa und den USA. Ein Bestandskatalog. Hamburg/Berlin 1973 ff., Bd. 1: Großbritannien und Vereinigte Staaten von Nordamerika. Bearb. v. Ruth Malhotra/Christina Thon. Berlin 1973; Bd. 2: Frankreich und Belgien. Bearb. v. Ruth Malhotra/Marian Rinkleff/Bernd Schälicke. Berlin 1977; Bd. 3: Deutschland. Bearb. v. Helga Hollmann/Ruth Malhotra/Alexander Pilipczuk/Helga Prignitz/Christina Thon, 2 Tle., Berlin 1980.

Moles, Abraham A., L'affiche dans la societé urbaine. Paris 1970.

Müller, Gerd, Das Wahlplakat. Pragmatische Untersuchungen zur Sprache der Politik am Beispiel von Wahlplakaten der Weimarer Republik und der Bundesrepublik Deutschland. Tübingen 1978.

Müller, Horst, Werbepsychologische Untersuchung von Plakaten mit aktualgenetischer Methodik. Diss. Bonn 1957.

Noelle-Neumann, Elisabeth, Plakatanschläge und ihre Funktion als Werbeträger. In: ZV + ZV 63, 1966, H. 16, 648−652.

Pauli, Fritz, Plakateichung. Berlin 1926.

Plakatfarben und anderes. In: Der Film 10, 1925, Nr. 29, 26.

Plakate in München 1840−1914. München 1976.

Rademacher, Hellmut, Das deutsche Plakat von den Anfängen bis zur Gegenwart. Dresden 1965.

Rademacher, Hellmut/René Grohnert (Hrsg.), Kunst! Kommerz! Visionen! Deutsche Plakate 1888−1933. Ausstellungskatalog d. Deutschen Historischen Museums, Berlin. Heidelberg 1992.

Rimmler, Hildegard, Die Imagebildung im Automobilplakat 1900−1930. Diss. Heidelberg 1991.

Roloff, Hans P., Experimentelle Untersuchung der Werbewirkung von Plakatentwürfen. In: ZaP 28, 1927, 1−44.

Schindler, Herbert, Monografie des Plakats. München 1972.

Schneegass, Christian, Ludwig Hohlwein. Stuttgart 1985.

Schockel, Erwin, Das politische Plakat. Eine psychologische Betrachtung. München 1938.

Schorn, Maria, Begutachtung von Reklameplakaten und Inseraten. In: Praktische Psychologie 2, 1921, H. 9, 257−268.

Schubert, Walter F., Die deutsche Werbegraphik. Berlin 1927.

Seyffert, Roloff, Allgemeine Werbelehre. Stuttgart 1929.

−, Die Statistik des Plakates. In: Zeitschrift für Handelswissenschaft und Handelspraxis 12, 1920, H. 11, 228−235.

−, Die werbewissenschaftliche Forschung in Deutschland. Weltmacht Reklame. Sonderausgabe des Zeitungsverlages zum Weltreklame-Kongreß und zur Reklameschau 1929. Berlin 1929, 81−83.

−, Werbelehre. 2 Bde. Stuttgart 1966.

Sheldon, Cyril, Poster advertising. Leeds 1927.

Spiegel, Bernt, Werbepsychologische Untersuchungsmethoden. Experimentelle Forschungs- und Prüfungsverfahren. Berlin 1958.

Sponsel, Jean L., Das moderne Plakat. Dresden 1897.

Weill, Alain, Plakatkunst international. Berlin 1985.

White, Percival, Advertising research. New York/London 1927.

Wie prüft man ein Plakat? In: Der Film 12, 1925, Nr. 28, 24.

Zankl, Hans L., Erfolgreich plakatieren. Düsseldorf 1969.

Zeller, Ursula, Die Frühzeit des politischen Bildplakats (1848−1918). Stuttgart 1987.

Zur Westen, Walter v., Reklamekunst aus zwei Jahrtausenden. Berlin 1925.

Johannes Kamps, Frankfurt a. M.
(Deutschland)

XIX. Geschichte der Printmedien und ihrer Erforschung XIV: Das Plakat II: Kommunikative und ästhetische Analysen sowie geschichtliche Längs- und Querschnitte in Auswahl

88. Kommunikative und ästhetische Funktionen des Plakats in ihrer geschichtlichen Entwicklung

1. Wortgeschichte
2. Vorformen des Plakats
3. Funktionale Ausdifferenzierung – die Anfänge des Plakats
4. Grundformen der Flächengestaltung – das Jugendstilplakat
5. Kommerzielle Plakatgestaltung – das deutsche Prestige- und Sachplakat
6. Plakatpropaganda und Propagandakritik – Politische Plakate
7. Neue Formen des Sehens – das konstruktivistische Plakat
8. Neue Darstellungen der Dinglichkeit – das Sachplakat der zwanziger und dreißiger Jahre
9. Elementare Gestaltung – De Stijl und Bauhaus
10. Literatur

1. Wortgeschichte

Das deutsche Wort 'Plakat' leitet sich aus dem niederdeutsch-holländischen 'plakaat' im 16. Jh. her, als die aufständischen Niederländer ihre antispanischen Pamphlete und Flugblätter an öffentlichen Orten „anplackten" (Kämpfer 1985, 13). Eine öffentliche Aufruf- und Appellbedeutung bezeugt auch die lateinische Etymologie von 'placare': 'laut schreien'. Auf einen anderen gesellschaftswirksamen Gebrauch deutet das lat. 'plaga' hin: Blatt, Fläche, Platte. So war es im antiken Staatswesen üblich, auf öffentlichen Plätzen Gesetzestexte mit roter oder schwarzer Farbe auf geweißte Wandflächen oder Tafeln (alba) zu malen. Auch Informationen zu gesellschaftlichen Ereignissen wie Spiele, Feste und Wettkämpfe, so bezeugen es z. B. die Wände Pompejis mit über 2000 Inschriften, wurden auf diese Weise durch Schriftmaler einer breiteren Öffentlichkeit zugänglich gemacht (Medebach 1969, 11).

2. Vorformen des Plakats

Entstehungs- und gattungsgeschichtlich hat die Plakatforschung sich schwer getan, frühe Massenkommunikationsmittel wie Maueranschläge oder Flugblätter als 'Plakate' einzustufen und anzuerkennen, es sei denn, die Plakatdefinition, von der wesentlich auch die Frage nach den Anfängen des Plakats bestimmt ist, wird extrem verallgemeinert: „Das Plakat ist ein *öffentlicher Anschlagbogen*, durch den eine bestimmte Werbeabsicht erfüllt werden soll" (Medebach 1969, 1). Die Vorläufer des publizistischen Plakats in Deutschland (Zeller 1988, 12 f.), das illustrierte Flugblatt oder der reine Schriftanschlag, haben keine ästhetischen Kriterien herausgebildet, so daß sie allenfalls als „plakative, plakatähnliche Mittel charakterisiert werden" (Medebach 1969, 10). Ihre Kommunikationsfunktionen bezogen sich 1848 auf den öffentlich-politischen Meinungskampf, der jedoch bereits 1849 durch ein Plakatgesetz geregelt wurde, das agitatorische Anschläge verbot. In den meist kleinformatigen Flugblättern waren die Hauptzeilen durch Fettdruck optisch herausgehoben und bezogen sich polemisch insbesondere auf die Arbeitslosenfrage in Deutschland.

„Neben diesen Schriftplakaten wurden in der Auseinandersetzung des Tages auch Flugblätter verwendet, die im Gegensatz zu Flugschriften, die mindestens vier Seiten Umfang hatten, nur einseitig bedruckt waren. Zwischen diesen Flugblättern, besonders wenn sie illustriert waren, d. h. eine kleine Vignette oder Illustration besaßen, und Bildplakaten ist nur schwer eine Grenze zu ziehen" (Zeller 1988, 13).

Daher sprechen die meisten Plakatgeschichtsschreibungen von „plakatähnlichen Anschlägen" (Müller-Brockmann 1971, 21) und ordnen sie einer „Vorgeschichte des Plakats" zu; „sie bleiben Schriftanschläge mit hinzugefügter illustrativer Graphik" (Spielmann 1973, XIV). Fraglich bleibt deshalb auch die Auffassung mancher Plakathistoriker, mit „der Verbindung von Wort und Bild im illustrierten Flugblatt" sei „das erste brauchbare Mittel einer eigentlichen künstlerischen Werbung gefunden" (Rademacher 1965, 7) worden.

3. Funktionale Ausdifferenzierung – die Anfänge des Plakats

Eine entscheidende historische Zäsur für die Plakatentwicklung bedeutete die Erfindung der Lithographie durch Aloys Sennefelder 1796 und ihre Vervollkommnung durch die Farblithographie ab 1837. Sie erlaubte den Druck größerer Auflagen und erweiterte die drucktechnischen und optischen Leistungen gegenüber dem traditionellen Verfahren der Schablonenkolorierung und dem wesentlich aufwendigeren und teureren des Holzschnitts.

Bevor in Frankreich, England und Deutschland das Plakat in seine eigentliche Blütezeit eintrat, gab es um die Mitte des 19. Jhs. in Amerika neben Kiosk- und Schaufensterplakaten „in relativ grober Holzschnitttechnik" (Döring 1994, 14) Riesenplakate auf Hauswänden von vier und mehr Metern Länge, die aus drucktechnischen Formatgründen in sich additiv zusammengesetzt waren. Die kommunikative Wirkung solcher Überformate für kommerzielle Werbezwecke war vorrangig durch Schrift geprägt und die Bildsprache narrativ; allerdings sind Plakathistoriker in dieser Hinsicht verschiedener Meinung (vgl. Spielmann 1973, XXI). Zweifellos aber entsprach das Bildverständnis nicht jenen 'modernen' Kriterien, die die Plakatsprachen in Frankreich, England und nach der Jahrhundertwende in deutschsprachigen Ländern auszeichneten.

Der drucktechnische Fortschritt, die expandierende Entwicklung von Handel und Industrie sowie die veränderten soziokulturellen Konsumbedingungen seit Mitte des 19. Jhs. brachten der Plakatgestaltung deutlich erweiterte Anwendungsbereiche. Die plakatgeschichtliche Entwicklung führte zu einer Vielzahl gattungstypologischer Ausprägungen mit unterschiedlichen kommunikativen und ästhetischen Akzenten, schließlich auch zum künstlerischen Plakat.

Wesentlichen Anteil an Formierung, Ausdifferenzierung und Aufschwung des Plakatwesens um 1895/96 hatten neben großen Plakatausstellungen, etwa 1894 in Berlin, vor allem die Weltausstellungen, die mehrmals zwischen 1855 bis 1900 in Paris stattfanden. Sie förderten als Inszenierungsorte das öffentliche Bewußtsein für die neue 'Kunst'; rege Sammeltätigkeiten kamen hinzu, und neue Fach- und Kunstzeitschriften entfalteten länderübergreifend eine umfangreiche Kommentarliteratur, die für die kommunikativen und ästhetischen Funktionsbestimmungen der Plakatsprache auch theoretisch Maßstäbe setzten. Die Rezeption des japanischen Holzschnitts Mitte des 19. Jhs. in England und auch in Frankreich regte Künstler wie Manet, van Gogh, vor allem aber auch Toulouse-Lautrec an, die Idee der Gegenständlichkeit zu relativieren, Formgesetze der Fläche und Ausdrucksfunktionen des Dekorativen stärker zu betonen. Es sind dies Tendenzen einer Überführung in die reine Fläche, die schließlich auch die Bildzeichenwahl des Plakats beeinflußte und so nicht nur die Einschätzung des modernen Plakats als Werbemittel förderte, sondern zugleich dessen gattungsgeschichtliche Wertung als Kunstprodukt.

4. Grundformen der Flächengestaltung – das Jugendstilplakat

Jules Chéret, Begründer des modernen Bildplakats, war für Frankreich neben Toulouse-Lautrec derjenige Exponent, der mit neuen ästhetischen und kommunikativen Gestaltungsexperimenten der Plakatkunst auf ihren modernen Weg verhalf. Chéret, von Haus aus Maler, Graphiker und nach Ausbildung in England Lithograph, erweiterte mit lithographischen Farbvariationen das Spektrum der Gestaltungsmöglichkeiten vor allem in plakatästhetischer Hinsicht. Chéret beschränkte den Text deutlich zugunsten einer figurzentrierten Bildaussage. Seine farbkräftigen Figuren plazierte er vor einem atmosphärisch aufgelösten relativ flächigen Grund (*Abb. 88.1, Tafel 1*). Im Vergleich mit figürli-

Abb. 88.2: Henri de Toulouse-Lautrec, Aristide Bruant, 1893
In: Döring, Jürgen: Plakatkunst. Von Toulouse-Lautrec bis Benetton, Hamburg 1994, S. 25.

chen, flächig betonten Darstellungen Toulouse-Lautrecs sind Chérets Figuren noch modelliert, zeigen jedoch in der Konturierung bereits Einflüsse der Jugendstilgraphik; manche Plakathistoriker sprechen vom „impressionistischen Plakat" (Hagner 1979, 253) bzw. vom „illustrativen Plakat" (Müller-Brockmann 1971, 31). Im Unterschied zu Chéret setzt Toulouse-Lautrec die Linie ausdrücklich als Flächenteilung ein (*Abb. 88.2*). Die figürliche Flächenfüllung ist einheitlich und nicht mehr im Sinne von Hell-Dunkel-Modellierungen differenziert.

Die klaren Farben, großen Formen, der Detailverzicht und der Figur-Grund-Austausch, der sich aus der Flächengestaltung Toulouse-Lautrecs ergibt, formulieren Gestaltbedingungen und -möglichkeiten des Bildplakats, wie sie in je eigener Ausprägung auch für das Jugendstilplakat in Belgien, in Österreich bei Vertretern der Wiener Sezession und in England kennzeichnend sind.

Zu den herausragenden Plakaten nicht nur der Jahrhundertwende, sondern der Plakatgeschichte insgesamt zählt das Tropon-Plakat (1897) des belgischen Jugendstilarchitekten Henry van de Velde für den Eiweißhersteller Tropon-Werke in Köln (*Abb. 88.3, Tafel 2*). Exemplarisch deutlich wird hier, wie abstrahierte Ornamentbildung, Linienführung, Füllung der Negativformen mit den Farben Gelb, Orange und Violett als bevorzugten Jugendstilfarben sowie die Schriftintegration eine Flächenordnung bilden, deren Bildelemente eine Gestaltungseinheit verkörpern, die nicht figuralperspektivisch oder narrativ gebunden ist. Anders hingegen der illustrativ-florale Jugendstil, bei dem die freie Arabeske und das lineare Ornament dominieren, so z. B. in den Arbeiten von Alphons Mucha. Dagegen bevorzugt die Bildsprache der Wiener Sezession — paradigmatisch die Plakate von Gustav Klimt, Koloman Moser und Alfred Roller — den Einsatz einer geometrisierenden Ornamentbildung von Schrift, Linie und Figur, die in den besten Blättern das Organische erhalten und in eine abgestimmte flächenorientierte Binnengliederung überführen (*Abb. 88.4, Tafel 3*).

In England gilt Frederik Walkers Bildplakat für Wilkie Collins Roman 'Woman in White' (1871) plakathistorisch als erstes bedeutsames künstlerisches Plakat, auch wenn im Vergleich mit anderen Jugendstillösungen nicht die flächenbetonende Plakatwirkung, sondern eine, wenn auch zurückgenommene, räumliche Bildauffassung vorherrscht. Strenger mit vereinfachenden Flächensilhouetten arbeiten dagegen die bedeutendsten englischen Plakatkünstler: Aubrey Beardsley, Dudley Hardy, Maurice Greiffenhagen und die 'Beggarstaff-Brothers' (*Abb. 88.5, Tafel 4*). Bei Hardy, Greiffenhagen und den Beggarstaffs sind die Einflüsse von Toulouse-Lautrec unübersehbar. Bei Beardsley, bekannt vor allem als Illustrator und als Englands bedeutendster Graphiker des Jugendstils, dominiert die mit der Feder gezogene, äußerst zarte, verfeinerte Linie, die in ihrem flächenfigürlichen Stilisierungsspiel noch vom Einfluß des japanischen Holzschnitts zeugt, ohne ihn lediglich zu reproduzieren. Manche Plakathistoriker schreiben Beardsleys Graphik über England hinaus „weniger eine stilbildende als eine katalysatorische" (Spielmann 1973, XXVIII) Wirkung zu. Denn tatsächlich dürften nicht Beardsleys Theaterplakate (1894), sondern vielmehr der Typus seiner Fin de Siècle-Frauengestalten einflußreich gewesen sein, deren ästhetizistische Stilisierung der Sinnendekadenz und vielfach laszivem Bildsprache des Art Nouveau entsprach.

Die Darstellung idealisierter Frauengestalten wurde in zahlreichen Plakaten stilistisch variiert; bildmotivisch setzte man die Frauenfigur als operative Allegorie ein. Als austauschbarer Signifikant im internationalen Kultur- und Konsumplakat avancierte die Frauengestalt zum ikonographischen Inbild konnotativen Zeichenspiels, wie dies die zeitgenössische Plakatkritik schon um die Jahrhundertwende konstatiert. Henri Bouchot veröffentlichte 1898 über Chéret einen kritischen Aufsatz, der die arbiträre Verwendung tanzender Frauengestalten in Chérets Plakaten als dem werblichen Zweck fremd charakterisierte. Das Phänomen, Frauendarstellungen für verschiedenste Produkt- und Auftragssituationen einzusetzen, war international verbreitet. So brachten etwa Bradley und Penfield gleichzeitig in Amerika das Kunst- und Zeitschriftenplakat mit weiblichen Allegorien zu hohen Auflagen.

5. Kommerzielle Plakatgestaltung — das deutsche Prestige- und Sachplakat

Wesentlichen Einfluß hatten amerikanische Plakate auch in Deutschland (Gagel 1971, 42 f.). So änderte sich die Plakatsprache durch die verstärkte Hinwendung zum kom-

Abb. 88.6: Louis Schmidt, Allgemeine Elektrizitäts-Gesellschaft, 1888
In: Kunst! Kommerz! Visionen! Deutsche Plakate 1888−1933, Ausstellungskatalog Deutsches Historisches Museum Berlin, Berlin/Heidelberg 1992, S. 35.

merziellen Plakat. Mit der eigenständigen Herausbildung des Prestige- und Sachplakats, die repräsentativ für die Blütezeit deutscher Plakatkunst vor dem 1. Weltkrieg war, deutete sich ein grundsätzlicher kommunikativer und ästhetischer Ausdruckswandel an. Zuvor und teilweise gleichzeitig dominierten in Deutschland allegorische Bildverhältnisse, vor allem in Kulturplakaten für Kunstausstellungen, bei denen gern auf historisierende Motive und Darstellungen aus griechischer und deutscher Mythologie zurückgegriffen wurde. Für Wirtschaftsplakate hingegen war die „Verwendung von Allegorien [...] relativ willkürlich. Ohne spürbaren Unterschied werden Allegorien sowohl für Kunstausstellungen als auch für Produkte der Wirtschaft verwendet. Oft bleiben die allegorischen Bedeutungen ungenau [...]" (Gagel 1971, 187) und tendieren zur Verselbständigung einer Zeichengebung ohne motivierten Produktbezug (*Abb. 88.6*). „Allegorismus" ist die dafür treffende Bezeichnung (Rademacher 1965a, 51). Mit Rücksicht auf eine zeitadäquate Plakatsprache empfahl schon 1895 Hans Singer in der Zeitschrift 'Pan' der deutschen Plakatkunst, von „zwei Gespenstern" abzulassen: „Allegorische Figur und Nachahmung" (Singer 1895, 329, 336). Damit war ein kommunikativer und ästhetischer Paradigmenwechsel angesagt, auch wenn der Allegorismus im politischen und kulturellen Plakat weiterhin bestehen blieb.

Zwei Aspekte waren für den Paradigmenwechsel in der deutschen Plakatgestaltung von wesentlicher Bedeutung: Die Emanzipation von bildungsidealistischen Topoi und die verstärkte Hinwendung zu werbewirtschaftlichen Anbindungen. „Jedem soll die Kunst zugänglich sein, jedem soll sie Erhebung und Freude gewähren [...]. Diese hohe ethische Aufgabe der Kunst erfüllen die für nüchterne praktische Zwecke erfundenen Plakate, wenn sie gute Plakate sind" (Brinkmann 1886, 91 f.). Plakate sollten folglich nicht nur optischer Genuß sein, sie dienten als „wichtiges Förderungsmittel" zu „künstlerischer Erziehung" und bedienten den sachlichen Werbezweck. Aus dieser Doppelbindung entwickelten sich schwerpunktmäßig in München und in Berlin veränderte Gestaltungsperspektiven. Maßgeblichen Anteil hatten daran auch die Druckereien.

In München wurde neben Bruno Paul, Olaf Gulbransson und Emil Preetorius, die mit karikierenden Bildmitteln arbeiteten, Thomas Theodor Heine zu einer Schlüsselfigur im Umkreis der Zeitschrift 'Simplicissi-

Abb. 88.7: Thomas Theodor Heine (1867–1948), Simplicissimus, 1896/97
In: Döring, Jürgen: Plakatkunst. Von Toulouse-Lautrec bis Benetton, Hamburg 1994, S. 45.
© VG Bild-Kunst, Bonn 1997

Abb. 88.8: Lucian Bernhard, Stiller, 1908
In: Kunst! Kommerz! Visionen! Deutsche Plakate 1888–1933, Ausstellungskatalog Deutsches Historisches Museum Berlin, Berlin/Heidelberg 1992, S. 77.

mus' (*Abb. 88.7*). Heines aggressiv-satirischer Plakatstil war im wörtlichen Sinne ein visueller 'Anschlag', denn das politische Plakat galt aufgrund der Pressegesetzgebung vor 1918 als verboten.

Abb. 88.10: Hans Rudi Erdt, Internationale Ausstellung für Reise- und Fremdenverkehr, 1911
In: Kunst! Kommerz! Visionen! Deutsche Plakate 1888–1933, Ausstellungskatalog Deutsches Historisches Museum Berlin, Berlin/Heidelberg 1992, S. 99.

Zentriert um die Druckerei Hollerbaum & Schmidt gewann auch die Berliner Plakatkunst internationale Größe. Lucian Bernhard, Julius Klinger, Paul Scheurich, Julius Gipkens und Hans Rudi Erdt waren die Hauptvertreter dieser Entwicklung. Julius Klinger, der sich in seiner Plakatgestaltung ebenso wie Lucian Bernhard an Wirtschaftszwecken orientierte und die Überzeugungen des Deutschen Werkbundes um 1913 wesentlich mitbestimmte, bezeichnete seinen Kollegen Bernhard zu recht als den „Vater der Reklame" (Rademacher 1965a, 105) in Deutschland. Nicht länger ging es, so Klinger, nur darum, „Kunst ins Volk zu tragen", sondern es galt, kommerzielle Plakatgestaltung als vorrangige kommunikative Aufgabe zu sehen. Dem entsprechen vor allem die Sachplakate Lucian Bernhards, der das Produkt und den Marken- bzw. Firmennamen dominant ins Zentrum der Bildargumentation rückt (*Abb. 88.8*). Komplexitätsreduktion, eindeutige Fokuslenkung und typographische Signalwirkung zeichnen das Sachplakat Bernhards aus. Seine Darstellungsweise ist ein kommunikatives und ästhetisches Wahrnehmungsprogramm, das trotz aller stilistischen Unterschiedlichkeit vergleichsweise auch bei Ernst Deutsch, Hans Rudi Erdt und anderen zu finden ist. Die produktzentrierte denotative Bildsprache dieser Plakate entfaltet, zumal in ihrer optischen Wiederholung, ein Pathos der Sachlichkeit, das allerdings von denselben Gestaltern, je nach Zielsetzung, auch in die Parodie der Sachlichkeit überführt wird. So waren beispielsweise szenisch-illustrative Flächeninszenierungen wesentliches Mittel, um der extrem versachlichten Dingstilisierung und der damit verbundenen Komplexitätsreduktion entgegenzuwirken. Dies zeigen die Plakate von Julius Klinger, der als einer der ersten neben figürlichen Darstellungen für Kabarett-, Theater- und andere Veranstaltungsplakate auch rein typographische Plakate realisierte (*Abb. 88.9, Tafel 5*). In Verbindung mit der Flächengestaltung erhielt die Kunst der Typographie im Sachplakat besondere Bedeutung. Klinger betonte mit großzügiger Farbflächen- und Liniengestaltung eine heitere Motivwelt. Die Mittel sind nicht nur produktbezogen, sondern sprechen mit ihrem Ausdruckswitz positive Identifikationsmuster des Rezipienten an. Auch die zum Teil ironischen Genredarstellungen von Ernst Deutsch zielten auf leicht parodierte exklusive Lebensweltverhältnisse. Scheurich verlieh dem Sachplakat „nahezu den Charakter eines plakativen Genrebildes" (Rademacher 1965a, 110), während Hans Rudi Erdt in seinen Prestigeplakaten, in denen repräsentative Topoi für privilegierte Kreise eingesetzt werden, gezielt einen Balanceakt zwischen Sachdarstellung und Karikatursnobismus vollzieht (*Abb. 88.10*).

Von ganz anderer Art waren Stil und Technik des zweifellos bedeutendsten Vertreters der deutschen Plakatkunst dieser Zeit, des Wahlmünchners Ludwig Hohlwein (*Abb. 88.11, Tafel 6*). Hohlwein war ein Meister des Codewechsels. In seinen Bildentwürfen verwendete er selten Umrißlinien. Die Binnengliederungen figürlicher Darstellungen beschränkten sich auf farbintensive Kontrastverhältnisse zum Grund. Hinzu kamen Wechsel im Grad der Realistik. Hohlwein gestaltete in seiner apolitischen Phase vor dem 1. Weltkrieg Ikonizitäts- und Abstraktionsgrade in kontrastierenden Spannungsverhältnissen.

In den zwanziger und dreißiger Jahren ging Hohlwein, wie andere Künstler auch, von photographischen Vorlagen aus. Was früher szenisch dargestellt war, wird nun in perspektivischer Untersicht monumentalisiert und in pathetischer Pose überzeichnet, die flächengraphischen Hell-Dunkel-Werte der frühen Plakate weichen einer betont harten Körpermodellierung in den politischen Plakaten.

Plakathistorisch haben Hohlweins Codewechsel ihre Anerkennung gefunden, weil sie zweckgebunden nicht nur einen Personalstil zeigen, sondern gegenstandsbezogen einen variantenreichen Darstellungs- und Ausdrucksstil bis Ende der dreißiger Jahre bezeugen.

6. Plakatpropaganda und Propagandakritik − Politische Plakate

Mit Kriegsbeginn 1914 entfaltete sich das politische Plakat explosionsartig in sehr unterschiedlichen Ausdrucksprofilen. International trat in England, Frankreich, Amerika und anderen Ländern das Plakat in den Dienst staatlich gesteuerter Kriegsrhetorik. Das Kriegsplakat arbeitete agitatorisch mit Kampf- und Feindbildtopoi. In Deutschland koordinierte der Verein der Plakatfreunde die politische Plakatpublizistik. Hans Rudi Erdt, Ludwig Hohlwein und Lucian Bernhard warben nicht mehr im Geist der Sach- und Prestigeplakate. Es entstanden in großangelegten

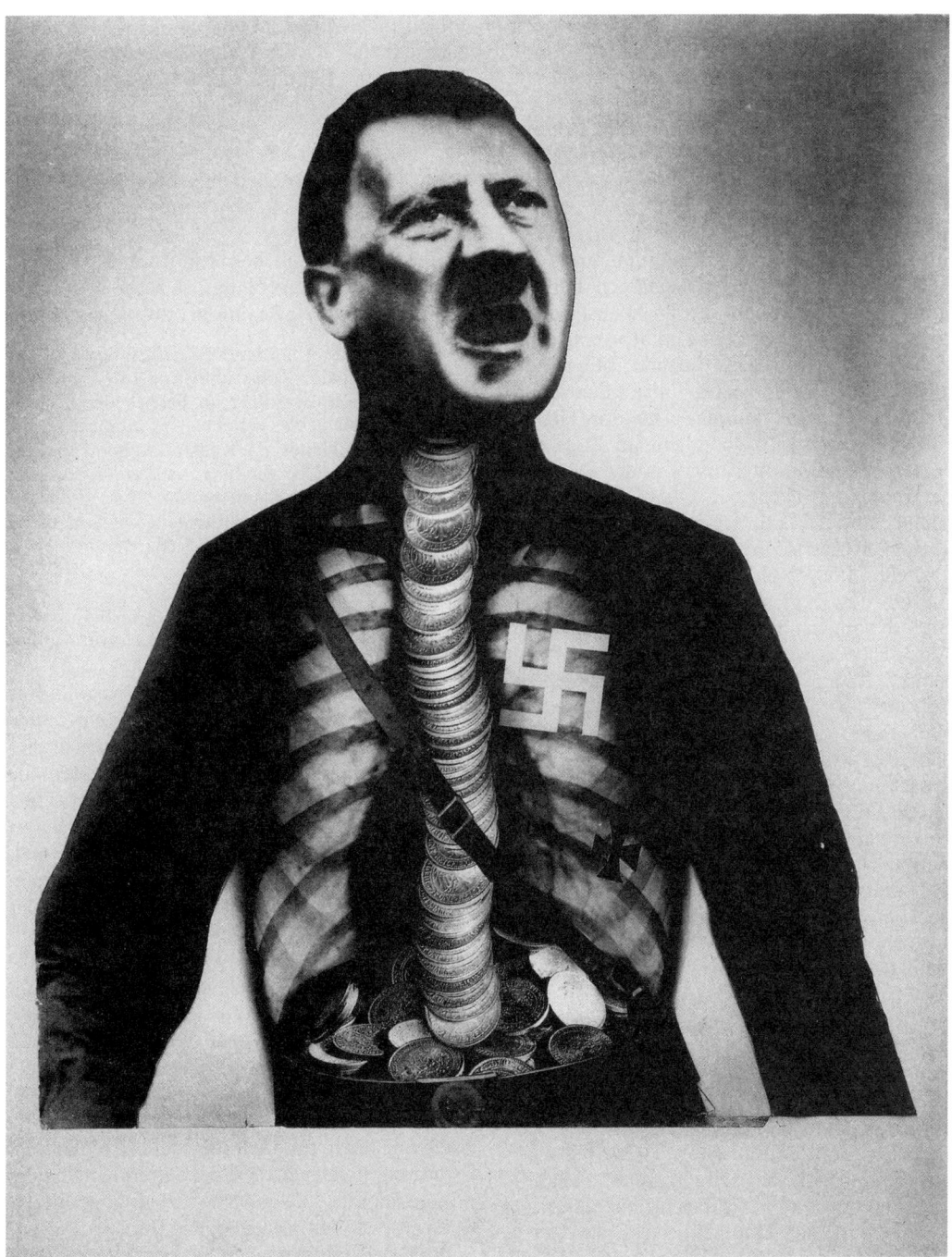

Abb. 88.12: John Heartfield (1891–1968), Adolf der Übermensch: Schluckt Gold und redet Blech, 1932
In: John Heartfield, Ausstellungskatalog Akademie der Künste zu Berlin, Köln 1991, Farbabbildung 94.
© The Heartfield Community of Heirs/VG Bild-Kunst, Bonn 1997

Werbekampagnen Kriegsanleiheplakate, die nicht nur informierten, sondern moralisch argumentierten. Da die Gestaltungsmittel volkstümlicher Schriftanschläge nicht ausreichend mobilisierten, sollten gute Bild- und Schriftplakate als Massenverführungsmittel die kommunikative Wirkung haben, politisches Handeln zu motivieren. Diese kommunikative Funktion war der Ästhetik des politischen Plakats in Deutschland insgesamt nicht förderlich. In den zwanziger Jahren, besonders den Wahljahren 1924, 1928 und 1932, führte die Flut politischer Plakatpublizistik zu einer inflationären Sichtagitation ohne ästhetische Ansprüche. Anstelle abstrahiert-graphischer Zeichenhaftigkeit dominierte das illustrativ-realistische Bildplakat mit schlagwortartigem Kurzkommentar.

Ganz anders hingegen diejenigen Plakatentwürfe, die sich nicht in den Dienst nationaler, meinungssteuernder Plakatpropaganda stellten, sondern gegen soziale Mißstände protestierten. Sie hatten ihre deutschen Hauptvertreter in Thomas Theodor Heine, Käthe Kollwitz und vor allem im Zuge der Novemberrevolution 1918/19 in der 'Novembergruppe' um Pechstein, Dix, Grosz, Klein, Richter und Jaeckel. An die Stelle plakativer Techniken, wie sie für Sach- und Prestigeplakate charakteristisch waren, traten durch den Einfluß des Expressionismus in Schrift und Bild dynamisch-expressive, dramatisierende Ausdrucksweisen mit einer „ekstatischen Pathetik" (Rademacher 1965, 26). Nach Ansicht der meisten Plakathistoriker (Rademacher 1965a, 159 ff.; Malhotra 1987, 28 f.) erreichte diese Bildsprache kaum die angestrebte agitatorisch-mobilisierende Wirkung, zu sehr waren die stilistischen Sehgewohnheiten der Bevölkerung von optischen Mitteln des Konsumplakats geprägt.

Unmittelbar wirksam und deshalb gefürchtet waren die avantgardistischen Collagen und politischen Photomontagen John Heartfields im Dienste der kommunistischen Partei (*Abb. 88.12*). Seinen Montagen fehlte der expressive Fanalcharakter, stattdessen war ihnen eine didaktisch aufklärende Funktion eigen, denn Heartfields Plakate konnten schnell, kritisch und tagesaktuell Ereignisse aufgreifen. Heartfield nahm eine entideologisierende Umfunktionierung eines teilweise aus der bürgerlichen Öffentlichkeit bekannten Materials vor. Das Nachrichtenangebot wurde als bereits kommentiertes, bewertetes Material zerstört und in Kontiguitätsoperationen allegorisch in ein anderes Gebrauchsverhältnis gerückt. Dabei handelte es sich nicht nur um umstilisierte, parodierende Zitatfragmente, sondern um gezielt eingesetzte kontrafaktische Realistikgrade, die den Mißbrauch offizieller Staatspropaganda auf karikierende Weise transparent machten (Malhotra 1987, 34 f.). Die Rolle des politischen Plakats als Massenverführungsmittel und „edu-

katives Medium" (Kämpfer 1985, 302), als propagandistisches Wahlplakat, wie es für die Weimarer Republik charakteristisch war, wurde so gezielt unterlaufen.

7. Neue Formen des Sehens – das konstruktivistische Plakat

Einen ganz ähnlichen Eindruck vermittelte das Photomontageplakat im russischen Konstruktivismus zu Beginn der zwanziger Jahre.

„Während die Künstler im übrigen Europa das Aufkommen des Konstruktivismus als natürliche Folge einer Entwicklung im Bereich der Formen und der Ästhetik betrachteten, erblickten die Künstler Rußlands im Konstruktivismus ein Instrument zur Überwindung sozialer Gegensätze; mehr noch, sie proklamierten ihn zu *der* proletarischen Kunst, [...] dazu berufen, die antiquierte Staffelmalerei hinwegzufegen" (Barchatowa 1992, 3).

Gegen eine „reine Kunst", etwa eines Malewitsch, wurde die Vorstellung von einem „Künstler-Ingenieur" gesetzt.

Wesentlichen Anteil an diesem Verständnis hatte Alexander Rodtschenko mit seiner programmatischen Forderung eines neuen Sehens. Kompositorisch bedeutsam waren die geometrisierte Linie und ihre bildnerischen Transformations- bzw. Kombinationsmöglichkeiten. Gegen die Dominanz traditioneller Farb- und Tonwertverhältnisse und gegen traditionelle Kompositionsprinzipien in der Malerei sollte der „Konstruktionsfaktor" Linie jetzt „Durchgang, Bewegung, Zusammenstoß, Grenze, Befestigung, Verbindung, Schnitt" (Rodtschenko 1977, 1, 101) sein. Rodtschenko setzte seine Vorstellungen auch in der Ästhetik der Photographie um, die nicht abbildästhetisch verstanden wurde. Technik- und Industriekultur, wie sie intermedial auch für die sog. Neue Sachlichkeit insgesamt relevant wurde, waren nicht allein Zentralmotive, sondern ihr monumentaler Geometrismus und ihre Rhythmisierung kamen der bildnerischen Konstruktionsintention entgegen und prägten die dynamische Bildspannung.

Die aufbruchhafte Eigenströmung des russischen Konstruktivismus zeigte sich in den zwanziger Jahren übergreifend in allen Bereichen bildender Kunst. Besonderen Einfluß hatte auch die Kinematographie auf die Montagetechnik des Plakats, sei es in der Verhältnisbestimmung von Photo- und Schriftmon-

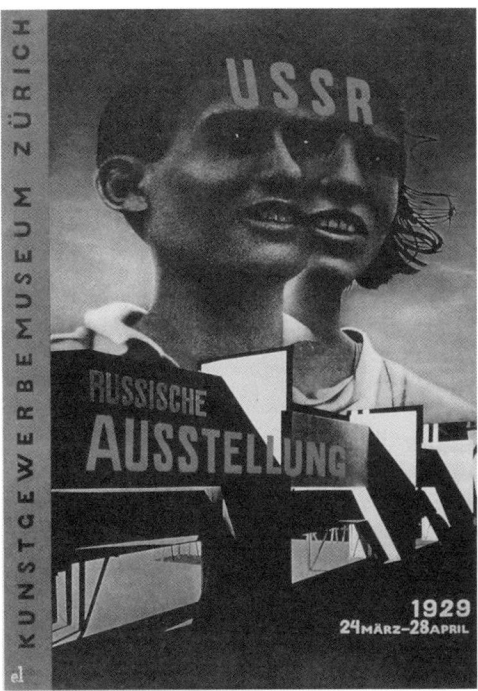

Abb. 88.13: El Lissitzky (1890–1941), USSR – Russische Ausstellung, 1929
In: Die Große Utopie. Die russische Avantgarde 1915–1932, Ausstellungskatalog Stedelijk Museum Amsterdam, Amsterdam 1992, Abbildung 414.
© VG Bild-Kunst, Bonn 1997

tagen, aber auch des überdimensionierten figurativen Zeicheneinsatzes (*Abb. 88.13*).

Zahlreiche Filmplakate arbeiteten mit Ästhetikvorstellungen des Films. Die Haupttypen der Montage, wie sie die großen Regisseure Pudovkin und Eisenstein als ästhetische Theoreme formulierten, fanden auch in Filmplakaten, vor allem ab 1925, ihren Ausdruck im Versuch, Film- und Plakatsprache zu analogisieren. Kontrast, Parallelität, Symbolismus, Gleichzeitigkeit, Perspektive und Leitmotiv werden als Gestaltungsfaktoren betrachtet. Die Beziehungsmontage, Eisenstein nannte sie die „Montage der Attraktionen", nutzte mit zusammenprallenden und verknüpfenden Kontrastkopplungen die Möglichkeiten für eine neue Plakatbildlichkeit. Eisensteins Filme und sein ästhetisches Verständnis wurden von verschiedensten Gestaltern, etwa Anton Lawinsky für die Filmplakate oder den Brüdern Stenberg, medienspezifisch aufgenommen. Im Unterschied zum Film semantisierte das Montageplakat simultanbildlich verschiedenste Grade der Realistik und entsprach so der Vorstellung von der Vielansichtigkeit eines Objekts durch das innerbildlich perspektivisch-transitorische Moment – ein Höhepunkt in der Geschichte der Graphik (*Abb. 88.14, Tafel 7*).

Die politische Indienstnahme der konstruktivistischen Kunst hatte schließlich auch in der Plakatgestaltung zunehmend propagandistische Vereinseitigungen zur Folge. Tatsächliche avantgardistische Strategien konnten unter der Maßgabe des „heroischen Realismus" nicht mehr durchgesetzt werden, die künstlerischen Konstruktionsprinzipien wurden zunehmend darstellende Muster der Wirklichkeitsstilisierung.

8. Neue Darstellungen der Dinglichkeit – das Sachplakat der zwanziger und dreißiger Jahre

Der Konstruktivismus russischer Prägung und seine weltanschaulich-methodische Experimentierkraft blieben auf die Sichtweisen in Westeuropa nicht ohne Einfluß. Doch anders als dies die russischen Plakatgestalter in ihren Manifesten und Entwürfen für eine konstruktive Kunst in aller Ausschließlichkeit forderten, waren in der Zwischenkriegszeit die Spielräume koexistierender Gestaltungskonzepte in Westeuropa wesentlich breiter. Die plakatgeschichtlichen Tendenzen der zwanziger und dreißiger Jahre lassen sich insgesamt nicht aus dem Blickwinkel einer einheitlichen Stiltendenz lesen. Vielmehr zeigt sich das Plakat auf dem Weg zu seiner stilpluralistischen Ungleichzeitigkeit. Bildsprachliche Anklänge des Expressionismus, des analytischen und vor allem des synthetischen Kubismus, des Futurismus, der geometrischen Abstraktion und der neuen Sachlichkeit sind gleichzeitig vorhanden; die plakathistorischen Tendenzen sind, wie die weltanschaulichen und soziokulturellen Kontexte der Gestaltung, nicht zuletzt national ausdifferenziert. In der Tradition des Sachplakats leisten vor allem Frankreich und die Schweiz wichtige Beiträge, während in Holland und in Deutschland, im Umkreis der De Stijl- und der Bauhausprogrammatik das abstrakt elementare Gestalten die kommunikative und ästhetische Leistung des Plakats bestimmen.

Die Plakatkunst in Frankreich, die nach Chéret vor allem von Leonetto Cappiello geprägt worden war, erfuhr mit Cassandre (Pseudonym für Jean-Marie Mouron) ab 1924 eine neue internationale Anerkennung, so daß man über Frankreich hinaus sogar von einer 'Epoque Cassandre' sprach (*Abb. 88.15, Tafel 8*). Maschinenästhetik und Technikfaszinazion verband Cassandre, im Rückgriff auf spätkubistische Stilelemente, z. B. Fernand Légers, mit einer besonderen Ausprägung kinetischer Graphik, die sich auch auf andere Sujets auswirkte. Mit der Interaktion von gegenständlichem Motiv, bildnerischen Zeichenelementen und typographischen Ausdrucksbewegungen gerät eines der seit der Jahrhundertwende erarbeiteten Plakatgesetze – die Stillstellung des Blicks durch Produkt- und Flächenzentriertheit – in Bewegung. Das Plakat wird zum energetischen Ort, der den Blick durch die Dynamik der gestalterischen Mittel bestimmt. Wesentlichen Anteil an dieser Bildsprache hat, das zeigt die Vielgestaltigkeit seines gesamten Werks, Cassandres Umgang mit Großaufnahmen und extremen Perspektiven, die, wie etwa die Untersicht in 'Nord-Express', geschickt in signalwertige Flächenzeichen umgesetzt werden. Die geometrische Linie öffnet einen ideell strengen graphischen Raum. Perspektiven und geometrische Schematisierungen im figurativen Ausdruck kommen dem Betrachter entgegen und bilden einen plakativen Imaginationsraum. Besonderes Gewicht hat die Schrift. Neben der Entwicklung eigener Schriften (Bifur) arbeitet Cassandre mit monumentalen typographischen Konstruktionen und stilisiert sie zwischen Blattfläche und Raum. Es entsteht ein graphisch surrationales Wort-Bild-Verhältnis. Charakteristisch für Cassandre ist ein synoptisches Gestaltungskonzept (Mouron 1985, 82).

Während die Entwicklung des Sachplakats im übrigen Europa in den dreißiger Jahren, nicht zuletzt politisch bedingt, stagnierte, bildete das Schweizer Plakat, stilpluralistisch und zum Teil mit Stilverspätungen arbeitend, eine deutliche Ausnahme. Schon vor den zwanziger Jahren gab es nicht nur von Malern wie Hodler oder Giacometti Künstlerplakate (Margadant 1983, 23 f.), vor allem Schupp, Cardinaux, Mangold, Morach und Baumberger verliehen der Schweizer Plakatkunst Ansehen.

Die eigentliche Entwicklung der Schweizer Plakatkunst erfolgte in den dreißiger Jahren. Die Bildvorstellungen insbesondere von Baumberger und Stoecklin, dem gestalterischen Kopf der Baseler Schule, begründeten eine neue Sachlichkeit im Schweizer Plakatstil

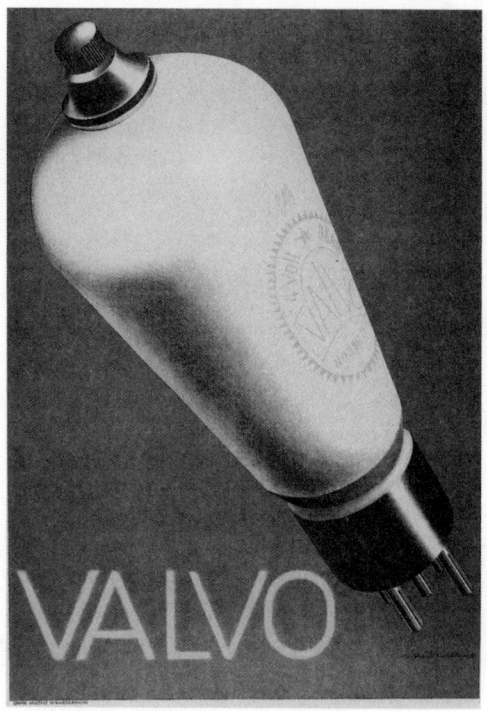

Abb. 88.16: Niklaus Stoecklin, Valvo, 1931
In: Das Plakat in der Schweiz, Schaffhausen 1990, S. 41. © VG Bild-Kunst, Bonn 1997

(*Abb. 88.16*). Baumberger, Morach und Stoecklin hatten sich mit der deutschen Plakatkunst in München auseinandergesetzt. Im Unterschied zum Sachplakat deutscher Prägung durch Lucian Bernhard und seine eher tiefenlose Bildsprache tritt eine magisch-minutiöse Dingdarstellung in den Vordergrund, die in ihrer plastischen Qualität auch das Volumen zur Geltung bringt. Die dergestalt übersteigerte Gegenstandsdarstellung bezieht ihre Wirkung aus einem nicht nur produktzentrierten, sondern konnotativen Hyperrealismus, den Photoplakate in vergleichbarer Weise nicht leisten können. Im Unterschied zu diesem sog. magischen Realismus wandelt sich die schweizer Produktwerbung mit der Einbeziehung der Sachphotographie – exemplarisch die Photoplakate von Anton Stankowski und Herbert Matter, die mit Bildausschnitten die Produkte deutlich in die Nahsicht rückten. Der „gefesselte Blick", so der „Ring neuer Werbegestalter" 1930, sollte „zum Greifen bereit" sein (Dreißiger Jahre Schweiz 1981, 74/75).

Daneben gab es auch in der Schweiz, wie in Holland und in Deutschland, konstruktivistische Tendenzen; man sprach etwa vom 'Schweizer Konstruktivismus', nachdem Max Bill 1933 vom Bauhaus in die Schweiz zurückgekehrt war und Ernst Tschichold dorthin emigrierte. Tschichold und Bill brachten aus den Erfahrungen in Deutschland insbesondere die kommunikative und ästhetische Leistung der Typographie für das Plakat zur Geltung.

9. Elementare Gestaltung – De Stijl und Bauhaus

Nicht nur in der Schweiz setzte die Typographie für die visuelle Entwicklung des Plakats wesentliche Impulse. In Holland waren es Mart Stam und Piet Zwart, die dem Plakat mit typographischen Akzenten bild- und signalhaften Ausdruck verliehen. Schon 1917 experimentierte die holländische Gruppe 'De Stijl' in ihrer gleichnamigen Zeitschrift mit typographischen Ideen. Theo van Doesburg, dessen Gestaltungsvorstellungen 1921/22 maßgeblichen Einfluß auf den Entwicklungsprozeß des Bauhauses hatten, sprach von einer „elementaren Typografie". Elementar sollte diese Typographie heißen, weil sie die Schrift auf grundsätzliche, und das hieß für die De Stijl-Anhänger zugleich, auf universale Gestaltungsfaktoren reduzierte, auf gerade Linien und rechte Winkel, auf Horizontalen und Vertikalen, auf die daraus abgeleiteten Diagonalen, auf geometrisierte Formflächen sowie auf die Primärfarben (Rot, Gelb, Blau) und die Nicht-Farben (Schwarz, Weiß und Grau). Wie in der Malerei, nach Auffassung Piet Mondrians, mit diesen elementaren Gestaltungsmittel der „Partikularismus der Erscheinung" und also die subjektive, natürliche Schönheit zugunsten einer objektiven, abstrakt-realen Gestaltung überwunden werden konnte, so sollte in der Plakatgestaltung jede dekorative zugunsten der kommunikativen Funktion preisgegeben werden. Die Typographie wurde dementsprechend nicht länger als Mittel zum Zweck der Dekoration oder der Information, sondern tatsächlich als Medium der Kommunikation eingesetzt. Sie galt gleichermaßen als Schrift- und als Bildelement, so etwa in Piet Zwarts Ausstellungsplakat 'ITF', wo die Lettern 'I', 'T' und 'F' als Schriftelemente figurieren, zugleich aber mit den hinterlegten roten Farbflächen als abstraktes Bildelement wirksam sind (*Abb. 88.17, Tafel 9*).

Zur Grundlage der holländischen Elementaristen gehörte die Überzeugung, daß die 'Neue Gestaltung' universal, d. h. alle Lebensbereiche umfassend angelegt sein müsse. Traditionelle Unterscheidungen wie die zwischen den angewandten und den freien Künsten galten nicht mehr. Eben die Gestaltungsmittel, die das Plakat in Bild und Schrift (vgl. Art. 89) bestimmten, waren für die Architektur und die Produktgestaltung, aber auch für die Malerei und die Plastik relevant. Die elementare Gestaltung sollte, wie es in Theo van Doesburgs Einleitung zur ersten Nummer der Zeitschrift 'De Stijl' hieß, „zur Erneuerung der ästhetischen Erkenntnis" beitragen, ja „die Möglichkeit einer vertieften künstlerischen Kultur vorbereiten, die auf gemeinschaftlicher Verkörperung des neuen Kunstbewußtseins gegründet ist."

In Deutschland artikulierte das Bauhaus vergleichbare reformpädagogische und sozialutopische Vorstellungen. Man suchte die Zusammenarbeit von Kunst und Handwerk als wesentliche Voraussetzung einer Integration der Kunst ins Leben. Für die Plakatkunst konnte dieser Ansatz vor allem ab 1923/25 genutzt werden, nachdem Laszlo Moholy-Nagy und Herbert Bayer eine werbegraphische Werkstatt eingerichtet hatten und

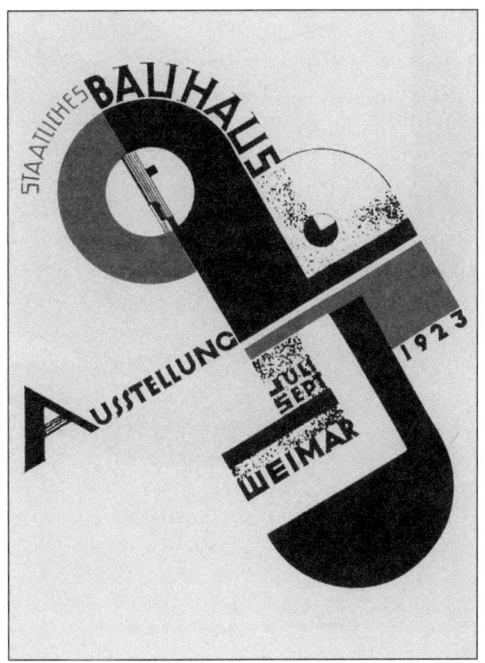

Abb. 88.18: Joost Schmidt, Ausstellung Staatliches Bauhaus, 1923
In: Müller-Brockmann, Josef und Shizuko: Geschichte des Plakates, Zürich 1971, S. 163.

Abb. 88.19: Jan Tschichold (1902–1974), Die Frau ohne Namen, 1927
In: Popitz, Klaus: Plakate der Zwanziger Jahre aus der Kunstbibliothek Berlin, Berlin 1978, S. 46.

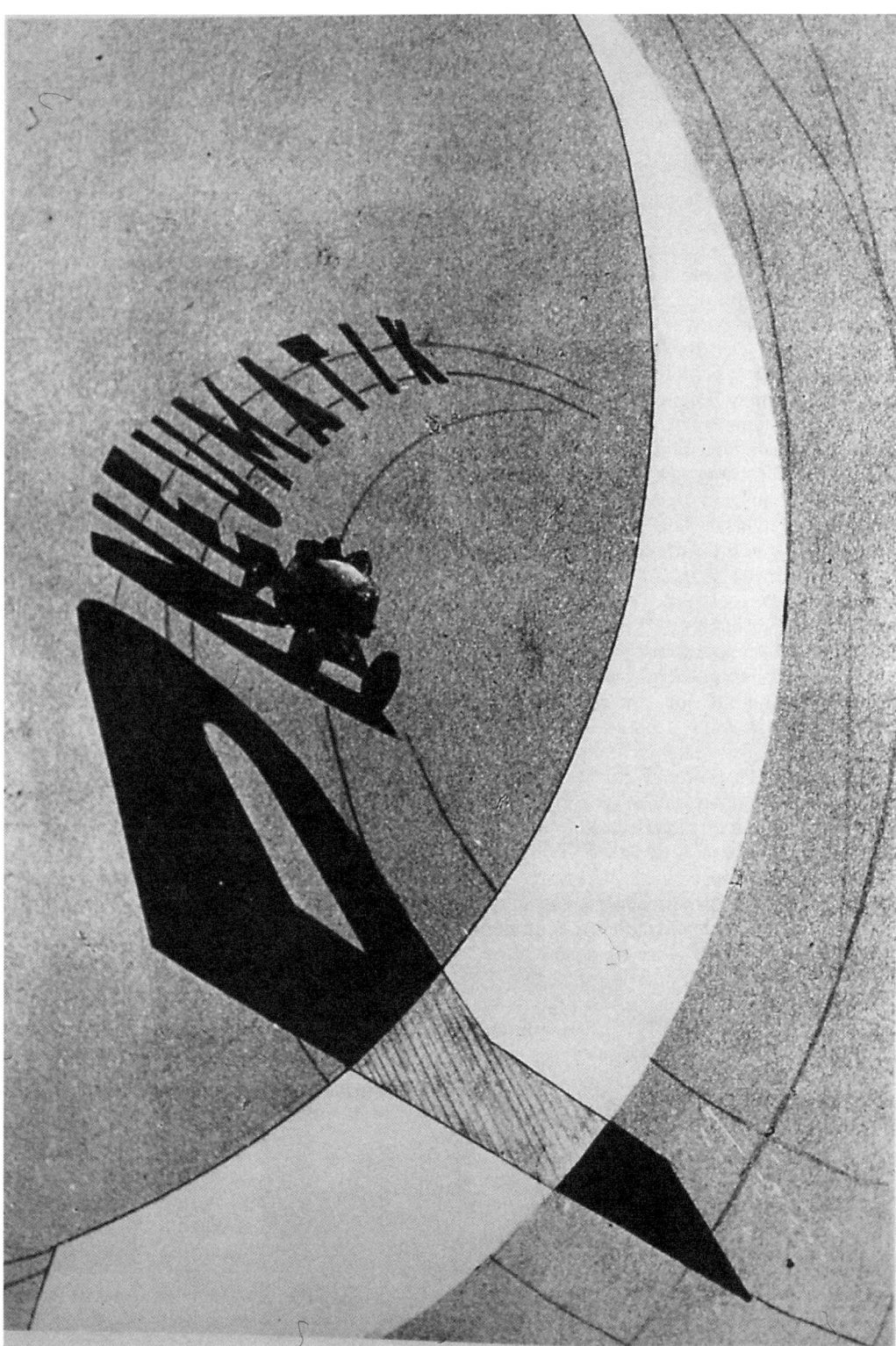

Abb. 88.20: Laszlo Moholy-Nagy (1845–1946), Pneumatik, 1926
In: Weill, Alain: Plakatkunst International, Berlin 1985, S. 156.
© VG Bild-Kunst, Bonn 1997

Joost Schmidt zum Leiter des typographischen Vorkurses berufen worden war (*Abb. 88.18*). Neue, auf geometrischen Grundformen basierende, normierte Schriften wurden entwickelt, etwa die auf Kreis, Dreieck und Quadrat beruhende Albers-Schrift (1925) sowie Bayers Universal (1925). Zunehmend fand die Schrift auch in asymmetrischer Anordnung Verwendung, „indem sich die Buchstaben in 45° oder sogar im rechten Winkel überschneiden, dynamisch komponiert sind und damit die Funktion erfüllen, die bisher dem Bild vorbehalten war" (Weill 1985, 154).

Im Umkreis des Bauhauses entwickelte Jan Tschichold sowohl mit seinen epochemachenden Schriften 'Die neue Typographie' und 'Die asymmetrische Typographie' als auch mit seinen Plakatentwürfen eine neue Gestaltungsauffassung. Wie Moholy-Nagy, der am Bauhaus mit dem Typo-Photo experimentierte und in der Plakatgestaltung, nicht zuletzt durch die Zusammenarbeit mit El Lissitzky, neue photographische Techniken (extreme Perspektiven, Überblendtechniken, Mehrfachbelichtungen) integrierte, war Tschichold an der gestalterischen Verbindung von Photographie und Typographie im Plakat, an der Kombination von photographischer und graphischer Technik interessiert. Beispielhafte Lösungsmöglichkeiten dieser Problemstellungen führen Tschicholds Filmplakat 'Die Frau ohne Namen' von 1927 und Moholy-Nagys Plakat 'Pneumatik' von 1926 vor (*Abb. 88.19 und Abb. 88.20*).

Gerade der experimentelle Umgang mit dem neuen, elementaristischen Gestaltungsvokabular fand mit der Machtergreifung der Nationalsozialisten ein jähes Ende. Im Zuge der „Konsolidierung der internationalen Graphik, die auf den Experimenten von Bauhaus und de Stijl beruht" (Weill 1985, 301), konnte die Plakatgestaltung erst Jahre nach dem Ende des Zweiten Weltkrieges in produktiver Weise an die kommunikativen und ästhetischen Impulssetzungen der zwanziger Jahre anknüpfen.

10. Literatur

Akademie der Künste zu Berlin (Hrsg.), John Heartfield. Ausstellungskatalog. Köln 1991.

Arnold, Friedrich (Hrsg.), Anschläge. Politische Plakate in Deutschland 1900–1970. München 1972.

Barchatowa, Jelena, Das Plakat des russischen Konstruktivismus. In: Russischer Konstruktivismus. Plakatkunst. Weingarten 1992.

Bohrmann, Hans (Hrsg.), Politische Plakate. Dortmund 1987.

Brinkmann, Justus (Hrsg.), Katalog der Plakatausstellung. Hamburg 1896.

Beilenhoff, Wolfgang/Martin Heller (Hrsg.), Das Filmplakat. Ausstellungskatalog. Zürich 1995.

Das Plakat in der Schweiz. Schaffhausen 1990.

Döring, Jürgen, Plakatkunst. Von Toulouse-Lautrec bis Benetton. Hamburg 1994.

Dreißiger Jahre Schweiz. Werbestil 1930–1940. Die alltägliche Bildersprache eines Jahrzehnts. Ausstellungskatalog. Zürich 1981.

Gagel, Hanna, Studien zur Motivgeschichte des deutschen Plakats 1900–1914. Berlin 1971.

Gallo, Max, Geschichte der Plakate. Herrsching 1975.

Hagner, Annemarie, Plakat. In: Jugendstil. Der Weg ins 20. Jh.. Hrsg. v. Helmut Seling. München 1979, 249–277.

Hohlwein, Ludwig, Plakate der Jahre 1906–1940. Ausstellungskatalog. Stuttgart 1985.

Internationale Plakate 1871–1971. Ausstellungskatalog. München 1972.

Kämpfer, Frank, Der rote Keil. Das politische Plakat. Theorie und Geschichte. Berlin 1985.

Malhotra, Ruth, Künstler und politisches Plakat. In: Politische Plakate. Hrsg. v. Hans Bohrmann. Dortmund 1987.

Margadant, Bruno, Das Schweizer Plakat 1900–1983. Basel 1983.

Medebach, Friedrich, Das publizistische Plakat. In: HdP III. Berlin 1969, 1–38.

Mouron, Henri, Cassandre. Plakatmaler. Typograph, Bühnenbildner. München 1985.

Müller-Brockmann, Josef u. Shizuko, Geschichte des Plakates. Zürich 1971.

Museum für Gestaltung Zürich (Hrsg.), Kunst und Propaganda. Sowjetische Plakate bis 1953. Ausstellungskatalog. Zürich 1989.

Popitz, Klaus, Plakate der Zwanziger Jahre aus der Kunstbibliothek Berlin. Berlin 1978.

Rademacher, Hellmut, Theaterplakate. Ein internationaler historischer Überblick. Braunschweig 1989.

–, Deutsche Plakatkunst und ihre Meister. Leipzig 1965.

–, Das deutsche Plakat von den Anfängen bis zur Gegenwart. Leipzig 1965a.

Rademacher, Hellmut/René Grohnert (Hrsg.), Kunst! Kommerz! Visionen! Deutsche Plakate 1888–1933. Ausstellungskatalog. Deutsches Historisches Museum Berlin. Berlin/Heidelberg 1992.

Rodtschenko, Alexander, Die Linie. In: Tendenzen der zwanziger Jahre. Ausstellungskatalog. Berlin 1977.

Singer, Hans, Plakatkunst. In: Pan 1895.

Spielmann, Heinz, Kunsthistorische Aspekte des frühen Plakats in England und den Vereinigten Staaten. In: Das frühe Plakat in Europa und den USA. Ein Bestandskatalog. Hrsg. v. Ruth Malhotra/Christina Thon. Bd. 1. Berlin 1973.

Stedelijk Museum Amsterdam (Hrsg.), Die Große Utopie. Die russische Avantgarde 1915–1932. Ausstellungskatalog. Amsterdam 1992.

Weill, Alain, Plakatkunst International. Berlin 1985.

Zeller, Ursula, Die Frühzeit des politischen Bildplakats in Deutschland (1848–1918). Stuttgart 1988.

Dieter Fuder, Düsseldorf (Deutschland)

89. Kommunikative und ästhetische Leistungen der Sprache im Plakat in ihrer geschichtlichen Entwicklung

1. Plakatähnliche Anschläge
2. Schriftstilisierung im Jugendstilplakat
3. Sprachökonomie im Sachplakat
4. Konstruktive Tendenzen im Typo- und Schriftplakat
5. Schriftreformen am Bauhaus
6. Sprachpolitik im politischen Plakat
7. Literatur

1. Plakatähnliche Anschläge

Mit dem Aufkommen des künstlerischen Plakats gegen Ende des 19. Jhs. verzeichnet die Entwicklungsgeschichte des Plakats einen epochemachenden Wertewandel, in dem sich die kommunikativen und ästhetischen Kriterien der Plakatgestaltung grundsätzlich ändern. Deshalb hat die Plakatgeschichtsschreibung zwischen Vorformen des Plakats und seiner eigentlich gestalterischen Ausdifferenzierung unterschieden. Danach werden das illustrierte Flugblatt und der reine Schriftanschlag nicht als Plakat gewertet, sondern als 'plakatähnlich' angesehen, da ihr Bild- und Schriftverständnis gattungstypologisch nicht mit künstlerisch ambitionierten Kriterien arbeitet. Ihr funktionaler Einsatz dient vornehmlich der Veröffentlichung von Tagesereignissen und erfüllt sich mit der über das Wort dominant gemachten Botschaft. Den appellativen Charakter der Anschläge und Flugblätter zeichnen über ihren informativen Gehalt hinaus vielfach polemische Züge aus. Als Spottblätter karikieren sie in Form pathetischer und typisierter Allegorien, in erzählhaftem oder dialogischem Sprachstil die politischen und gesellschaftlichen Verhältnisse.

Die kleinformatigen Schriftanschläge mit „hinzugefügter illustrativer Graphik" (Spielmann 1973, XIV) zeigen, daß in den Plakatvorformen Bild- und Textsemantik keinem integrativen Medienverständnis unterstellt sind. Aus der Sicht des modernen Künstlerplakats bezeugen sie den künstlerischen Mangel im Umgang mit optischen Wirkungsverhältnissen von Lese- und Bildfläche. Größe, Anordnung und Auszeichnung des Schrifteinsatzes zeichnet noch kein medienspezifisches und ästhetisches Plakatverständnis aus. Sehen ist wesentlich auf Sprachlesen angewiesen.

2. Schriftstilisierung im Jugendstilplakat

Bedeutsam für die Entwicklung des modernen Plakats ist das gewandelte Bild- und Schriftverständnis in der zweiten Hälfte des 19. Jhs. Gebrauch und Bewertung der Schrift hinsichtlich ihrer atmosphärischen Anmutung und bildnerischen Funktion ändern sich. Das Plakat wird als kompositorisches Ganzes aufgefaßt und die Schrift als Gestaltungselement über ihre bloß informative oder dekorative Funktion hinaus integriert. Hatte schon die Entwicklung des Buchschmucks in den neunziger Jahren deutliche Tendenzen zur Flächenbetonung verzeichnet, insofern sich die Zeichnung an der linearen Beherrschung der Fläche ausrichtet und die Schrift mehr und mehr dem ungeschriebenen Gesetz der Flächendominanz unterstellt wird, so gilt diese Tendenz auch für die Neuerungsbewegungen des Plakats. Im Plakat französischer und englischer Provenienz verlieren raumillusionistische Darstellungsweisen zunehmend an Geltung, denn in den Realistikgrad eines tiefendimensionalen Bildraums läßt sich Schrift als lineares und flächeneigenes Mittel nicht einfach einfügen. Während Chéret, Vater des modernen Bildplakats, noch 1894 die

Abb. 89.2: Aubrey Beardsley, Avenue Theatre, 1894
In: Döring, Jürgen: Plakatkunst. Von Toulouse-Lautrec bis Benetton, Hamburg 1994, S. 35.

Schriftgestaltung seinem Zeichner Madaré überläßt und die Maxime der Schriftintegration nur bedingt erfüllt (Abb. 88.1), da der Schriftmustergebrauch lediglich bildrhythmisch angepaßt wird, setzt hingegen Toulouse-Lautrec (Abb. 88.2) im Reduktionismus flächiger Umrißgestaltung seine frei verwendeten Buchstaben nicht nachträglich ein; Künstlerschrift und Bild werden in einem Entwurf zugleich als gleichwertige Kompositionsfaktoren behandelt. Obgleich die Bilddarstellung dominiert, hat die Schrift hier nicht nur dekorative Funktion. Dies gilt ebenso für das um seiner Schriftintegration willen berühmte Plakat Pierre Bonards für 'La Revue Blanche' 1894 (Abb. 89.1, Tafel 10).

Auch im englischen Jugendstil erhält die Schrift als Stilmittel einen vergleichbaren Rang. James McNeill Whistler ist mit der Rezeption des Japanismus maßgeblich an der Bedeutungssteigerung der Pinselschrift für das Plakat beteiligt. Die Beggarstaff Brothers (Abb. 88.5) und Aubrey Beardsley (Abb. 89.2) zeigen den asiatischen Stileinfluß, indem sie über den Informationsbezug hinaus die Typographie konnotativ semantisieren. Die Schriftornamentik wird zugleich als Bedeutungsfaktor genutzt.

Generell betont das illustrativ-florale Jugendstilplakat den linearen und flächeneigenen Ornamentcharakter der Schrift in stilisierten Naturfigurationen; Schriftausdruck und Grafik bilden eine „ornamentale Schrift", die zugleich als „künstlerische Schrift" verstanden ist. Der Schrifttheoretiker Rudolf Larisch fordert 1899 und 1904 eine Optimierung der Text-Bildeinheit, die er besonders in Plakaten des Wiener Sezessionsstils verwirklicht sieht. Die Schrift erhält als Bildkompartiment einen bildfunktionalen Auszeichnungscharakter. In dieser Funktion unterscheidet sich ihr Ornamentduktus in den besten Plakaten von bloßem Mustergebrauch. So zeigt die flächig geometrisierende Plakatsprache bei Vertretern der Wiener Sezessionsgruppe, wie textlicher Darstellungs- und Bildvollzug eine kommunikative Einheit bilden, manchmal aber auch, in Schriftplakaten von Alfred Roller oder Koloman Moser (Abb. 88.4), wie ihr Wiedererkennungs- und Abstraktionsgrad in ein äußerstes Spannungsverhältnis gesetzt sind. Gerade die referentielle Hinwendung zum Bild und die experimentelle Befreiung von Ausdrucksnormen gibt der Ornamentschrift im Jugendstilplakat ihre ästhetische Funktion.

Einen wesentlichen Beitrag zu den eben genannten Entwicklungen leistet die international einsetzende experimentelle Erneuerung der Druckschriften. Neben anderen sind es Otto Eckman und Peter Behrens in Deutschland, Henry van de Velde in Belgien und Eric Gill in England, die mit ihren neuen Schriften direkte Einwirkungen auf das künstlerische Schriftplakat haben. Sie setzen Akzente, die sich im Schrift- und Typoplakat der zwanziger und dreißiger Jahre weiter entfalten werden.

3. Sprachökonomie im Sachplakat

Einen deutlichen Ausdruckswandel erfährt die kommerzielle Plakatgestaltung in der Blütezeit des deutschen Prestige- und Sachplakats zwischen Jahrhundertwende und 1. Weltkrieg. Sieht man einmal vom Gebrauch des Allegorismus ab, so erhalten diese Plakatformen ihre kommunikative Wirkung vermittels einer extremen Sprachökonomie. Neben zahlreichen sachlich-informativen Einwortplakaten (Abb. 89.3) entstehen Plakate, die der Schrift durch Größe und Anordnung Dominanz verleihen oder der flächenhaften, vereinfachten Bildsprache, die vorwiegend produktzentriert argumentiert, mit signalhafter Wirkung den Markennamen, manchmal auch den auszulobenden Produktvorteil hinzufügen (Abb. 89.4). Die Schrift avanciert zum integralen Bestandteil raumbildlicher Fokuslenkung. Die darstellungssemantischen Strategien im Konsumplakat arbeiten statt mit Konnotationen eher mit sachlicher Eindeu-

Abb. 89.3: Hans Rudi Erdt, Opel, 1911
In: Kunst! Kommerz! Visionen! Deutsche Plakate 1888−1933, Ausstellungskatalog Deutsches Historisches Museum Berlin, Berlin/Heidelberg 1992, S. 86.

Abb. 89.4: Peter Behrens, Allgemeine Elektricitaets Gesellschaft, vor 1910
In: Müller-Brockmann, Josef und Shizuko: Geschichte des Plakates, Zürich 1971, S. 159.
© VG Bild-Kunst, Bonn 1997

tigkeit. Die Ausdrucksdimension der Schrift verliert deutlich ihre ornamentale Rhythmik und entspricht damit der zeitgleichen ästhetischen Debatte um das Ornament und seine verbrauchte Stilistik als Bedeutungsträger.

4. Konstruktive Tendenzen im Typo- und Schriftplakat

Die Plakatentwicklung vor dem 1. Weltkrieg und in der Folge ist von äußerst unterschiedlichen Stiltendenzen geprägt. Charakteristisch sind einerseits Konsumplakate mit extremer Sprachökonomie und überstilisierter abbildender Dingdarstellung, wie sie sich über das deutsche Plakat hinaus bei Cassandre in Frankreich, aber auch bei Baumberger und Stoeklin im schweizer Plakat in den zwanziger Jahren darstellen. Andererseits entwickeln sich Typo- und Schriftplakate, deren ästhetische und kommunikative Gestaltungsparameter anzeigen, daß im Bereich der angewandten Kunst auch die Schriftexperimente und Lingualisierungstendenzen der Avantgarde in der freien Kunst (Futurismus, Kubismus, Dada) aufgegriffen worden sind.

Der „Bruch mit dem System der Repräsentation durch Ähnlichkeit" (Faust 1987, 48) und die Mischung der Realitätsgrade, die Demontage der Abbildwirklichkeit durch den analytischen Kubismus und die Futurismusbewegung geben auch dem expliziten Diskurs zu Schrift und Typografie wesentliche Impulse. Abstraktion, Montage und Multiperspektivität befördern einen „Kubismus der Wörter" (Faust 1987, 61). Der Futurismus verleiht im Zeichen einer „parole in libertà" dem Wort neben seiner semantischen Dimension in seiner graphischen und lautlichen Materialität neue Ausdrucksräume. Während sich der Futurismus im Zuge der „Umstellung von ornamentaler zu funktioneller Typographie" (Tschichold 1928, 54) um detaillierte Typographiereflexion und morphosyntaktische Mikrostrukturen bemüht, löst der Dadaismus mit seiner „freien Ausdruckstypographie" (Tschichold 1928, 54) jegliche Formdisziplin auf. Bei aller konzeptionellen Unterschiedlichkeit führen Futurismus und Dadaismus gemeinsam eine anarchische Dynamisierung der Sprache und Typografie herbei. Die Dada-Experimente brechen polemisch-kritisch mit geltenden Bild- und Sprachtraditionen. Gegen konventionalisierte Integrationsvorstellungen von Text und Bild löst ihr maßlos typografischer Stil in Textcollagen starre Satzbilder auf, verwendet handgeschriebene Buchstaben, Typen und Satzblöcke in verschiedensten Graden arbiträr nebeneinander. Kommunikative Wirkung soll mit wuchtigen Kontrasten erzielt werden. In typosyntaktischen Konstellationen wird die Sprachwirkung bewußt als Seh- und Leseprovokation angelegt.

War Dada der Negation als gestalterischem Konstitutionsfaktor verpflichtet, so grenzen sich die russischen Konstruktivisten im dialogischen Spannungsfeld mit Dada programmatisch von dieser „verneinenden Taktik" (El Lissitzky 1922) ab. In den Augen der Konstruktivisten fehlt Dada die differentielle topographische Organisation der Gestaltungselemente. Wie seit 1917 die „Neue Gestaltung" der De-Stijl-Bewegung, so verlangt auch die bildnerische Intention des Konstruktivismus nach klarem Ausdruck in funktioneller Gestaltung. Während die De-Stijl-Programmatik unter dem Einfluß Mondrians und van Doesburgs zur funktionsneutralen Abstraktion tendiert, begreifen die russischen Konstruktivisten die Sprache zugleich als kommunikative soziale Handlungsform. Und während 'De Stijl' die Verwendung von

Horizontalen und Vertikalen als elementaristische Konstruktionsuniversalien favorisiert, die Diagonale, wenn überhaupt, nur als dynamisch-planimetrisches Element artikuliert, erzeugt der Konstruktivismus mit dem Einsatz der Diagonalen dynamisch-perspektivische Bildspannungen. In der unterschiedlichen bildnerischen Flächenorganisation ist das kommunikative und ästhetische Sprachbild der Schrift als eigenwertiges Gestaltungselement angepaßt. Für beide Gestaltungsausrichtungen gilt, daß die Textoberflächen selbst neben anderen optischen Ausdrucksformen wie Farbkonfigurationen etc. eine signalhafte Wertigkeit haben, so daß sie neben ihrer semantischen Funktion zu einer Sprache des Optischen werden. In Holland sind es Mart Stam, Paul Schuitema und Piet Zwart, die in ihren Plakaten die De-Stijl-Auffassung zur Geltung bringen, ohne dabei Einflüsse der russischen Konstruktivisten ganz beiseite zu lassen (Abb. 89.5 u. 89.6, Tafel 11 u. 12).

Dynamischer noch als die De-Stijl-Gruppe beziehen die Konstruktivisten in die abstrakte Raumhaltigkeit des Flächigen die Schriftoptik in interferierender Bewegung und Gegenbewegung mit ein. Die Schrift findet ihre makrotypographische Positionierung in schwebenden kontrapunktischen Flächenorganisationen, die exzentrisch und zentrisch zugleich arbeiten. El Lissitzky spricht von der „Topographie der Typographie", Majakowski postuliert in Auseinandersetzung mit dem Kubo-Futurismus die Polyrhythmie der Sprache und ihre plakative Kraft; die Ikonisierung der Schrift wird mit dem agitatorischen Zweck verbunden (Museum für Gestaltung Zürich 1989, 20 ff.). Ist Typographie qua Lesewirkung niemals statisch, so entfaltet die konstruktivistische Schriftgestaltung darüber hinaus eine 'fliegende Optik'; ihre Fokuslenkung kommt dem Rezipienten entgegen und zieht zugleich die Aufmerksamkeit an sich. Sie ist energetischer Bildfaktor und unterliegt nicht lediglich einer bildlichen Hierarchisierung. Hatte 'De Stijl' über den dynamischen Charakter der Diagonalen als Element der Perspektivität und den zu überwindenden Illusionsraum im Kompositionsgefüge diskutiert, so zeigen die Entwürfe konstruktivistischer Plakatkünstler die Sprache in perspektivischen Kräftekonfigurationen. Die Sprache wird als räumliches Blickziel eingesetzt. Exemplarisch ist das berühmte Plakat der Gebrüder Stenberg (Abb. 88.14), dessen Arbeitsweise das lesende und sehende Auge mit einer abnehmenden Schriftgröße der Textschleife in einen Fluchtpunkt zieht, der kontrapunktisch als Textbewegung seine perspektivische Gegenläufigkeit entfaltet.

5. Schriftreformen am Bauhaus

Der Gebrauch der Diagonalen bringt nicht nur die Gestaltungsparameter von 'De Stijl' und Konstruktivismus in einen expliziten und weiterwirkenden Diskurs. Walter Dexel, wie Jan Tschichold Gründungsmitglied des Rings 'neue Werbegestalter', sieht 1930 in der Symmetrie „eine Vergewaltigung des Textes" (Rasch/Rasch 1996, 41) und verweist damit auf die machtlogischen Implikate geregelter Symmetrievorstellungen. Zuvor hatten 1925 und 1928 die epochemachenden Schriften Jan Tschicholds 'elementare typographie' und 'Die neue Typographie' eine breite Resonanz gefunden. Auch Tschichold gibt dem Faktor der dynamischen Asymmetrie mit der Betonung nichtaxialer Typographie großen Nachdruck (Die Neue Typographie 1928, 179 f.). Sein Plädoyer für eine neue Typographie nimmt ausdrücklich Bezug auf die wesentlichen Gestaltungsströmungen freier und angewandter Kunst, der Schrift- und Buchgeschichte und wertet sie kenntnisreich und umfassend für die aktuellen graphischen und typographischen Entwicklungsverhältnisse. Tschicholds Maßstäbe für die ästhetische und kommunikative Sichtbarmachung der Sprache werden in der Schweiz, in die er 1932 mit Max Bill emigriert, u. a. durch Anton Stankowski mit der Hinwendung zu einer informativen Funktionalität ebenso aufgenommen wie in anderen Ländern.

Der Grundgedanke der elementaren Typographie, daß die Mitteilung nie unter einer apriori angenommenen Ästhetik leiden darf, findet sich unter dem Titel 'Neue Typographie' schon in einem programmatischen Aufsatz von Laszlo Moholy-Nagy im 'Bauhausbuch' 1923. Neben Moholy-Nagy versuchen am Bauhaus vorrangig Joost Schmidt und Herbert Bayer Schriftreformen; sie nehmen die Postulate von W. Porstmann zur Kleinschreibung sowie Entwicklung eines „weltalfabets" bzw. einer „kunstsprache" auf. Schmidt bindet in seine Plakatentwürfe ein zentrales Anliegen der typographischen Bauhausgestaltung ein – das Signet als visuelles Identitätszeichen in systematischem Kontext (Abb. 88.18). Dies wird später in der visuellen Kommunikation konzeptionell als „Erscheinungsbild" bedeutsam. Bayer denkt an eine

„Reorganisation der Sprache". Gegen historische Formen oder individuelle „Charakter- und Künstlerschriften" entwirft Bayer im Gedanken einer Einheitsschrift 1926 die „Universal", löst sich jedoch 1933 von dieser Vorstellung. Die Tendenz zu einer internationalen Zeichensprache kann sich insgesamt nicht durchsetzen, zu vielfältig sind die semantischen und optischen Ausdrucksmöglichkeiten der Sprache.

6. Sprachpolitik im politischen Plakat

An den idealischen Zeichenentwicklungen der elementaren Typographie und funktionellen Graphik sowie ihren weitreichenden ästhetischen und kommunikativen Umwertungen sehen zeitgleich die Stilmittel anderer Plakatformen vorbei. Im Unterschied zur funktionellen Graphik, deren Sprachgestaltung prinzipiell den formalen Zugriff auf die Fläche sucht, zeichnet die Bild- und Textsprache expressionistischer Plakate eine dynamisch-dramatisierende Ausdrucksweise im Einsatz von Affektzeichen aus.

Abb. 89.8: Hans Poelzig (?), Der Golem, 1920
In: Das Filmplakat, hrsg. v. Wolfgang Beilenhoff und Martin Heller, Zürich 1995, S. 78.

Abb. 89.7: Heinz Fuchs, Arbeiter Hunger Tod naht, 1919
In: Kunst! Kommerz! Visionen! Deutsche Plakate 1888–1933, Ausstellungskatalog Deutsches Historisches Museum Berlin, Berlin/Heidelberg 1992, S. 147.

Abb. 89.9: Walter Schnackenberg, Anarchie ist Helfer der Reaktion, 1918
In: Döring, Jürgen: Plakatkunst. Von Toulouse-Lautrec bis Benetton, Hamburg 1994, S. 87.
© VG Bild-Kunst, Bonn 1997

Neben dem politischen Protestplakat expressionistischer Prägung im Umfeld der Novembergruppe in Deutschland (Abb. 89.7) finden sich diese Stilmerkmale insbesondere ab 1920 im expressionistischen Stummfilmplakat. Im Rahmen unterschiedlich akzentuierter Stilkonglomerate tendiert die Schriftgestaltung in ihrem überbetonten emphatischen Ausdrucksgestus zu einem expressiven Dekoratismus. Die Schrift wird in visueller Analogie zum bildlichen Ausdruck behandelt. Der Stand des Schriftzugs in der Fläche korrespondiert, oft auch beliebig, den perspektivischen Verzerrungen der Gesamtkomposition (Abb. 89.8).

Die Bildsprache expressionistischer Prägung, vor allem des Revolutionsplakats, hat deutlichen Einfluß auf die illustrativen Wahl- und Agitationsplakate der Zwischenkriegszeit (Abb. 89.9) und der Weimarer Republik in den Anfangsjahren. Zwischen 1928 und 1932 erweitert sich dieser Ausdruckskanon der Plakatpropaganda deutlich. Über die beliebige Schriftwahl ohne ästhetische Ambition in reinen anschlagähnlichen Textplakaten hinaus bevorzugt das Propagandaplakat jetzt die Gebrauchsschriften Fraktur und Antiqua aufgrund ihrer nationalen Anmutungsqualität, Schriften also, die Jan Tschichold im Zeichen der funktionellen Typographie gerade als problematisch einstuft. Von einer notwendigen oder ästhetischen Schriftgestaltung im Propagandaplakat kann nicht gesprochen werden.

Da das Propagandaplakat des Dritten Reiches keinen eigenen ästhetischen Darstellungsstil entwickelt, werden zahlreiche Gestaltungsanleihen gemacht. Obwohl das sachlich-funktionale Gestaltungsverständnis von offizieller Staatsseite nicht anerkannt ist, nutzt das Propagandaplakat durchaus diese Auffassungen (Malhotra 1984, 32; Behrenbeck 1996, 54). Die Synthese von Typographie und Photographie – die Photomontage – wird als suggestive Kraft begriffen. Auch nutzt das Propagandaplakat widersprüchlich die Bildverhältnisse der avantgardistischen Montageplakate von John Heartfield, der im Engagement für die kommunistische Partei systemkritisch die Wunschbildverhältnisse der Nationalsozialisten offenlegt. Solche Code-Wechsel machen deutlich, wie gering die semiotische Schwelle für Zeichenäquiva-

Abb. 89.10: L. Gutterer, Madige Schinken, 1932
In: Kämpfer, Frank: Der rote Keil. Das politische Plakat. Theorie und Geschichte, Berlin 1985, S. 43.

Abb. 89.11: Anonym, Hitler, 1932
In: Propaganda in Deutschland. Zur Geschichte der politischen Massenbeeinflussung im 20. Jh., hrsg. v. Gerald Diesener und Rainer Gries, Darmstadt 1996, S. 58.

Abb. 89.12: Anonym, Plakat zur Volksabstimmung am 19. August 1934, 1934
In: Propaganda in Deutschland. Zur Geschichte der politischen Massenbeeinflussung im 20. Jh. Hrsg. v. Gerald Diesener und Rainer Gries, Darmstadt 1996, S. 65.

lente und ihre Bedeutungszuweisung gewesen ist. Rhetorisch wird das Plakat mehr und mehr zum Auseinandersetzungsort einer ideologischen Realitätenvermittlung, die konnotative Vergleiche herausfordert und damit die Vermittlung selbst in den Realitätenvergleich rückt. So dekontextualisiert John Heartfield allegorisch die propagandistische Meinungssprache mit ihrem appellativen Gebrauch euphemistisch und emotiv gefärbter Schlüssel- und Schlagwörter und besetzt ihre Präsuppositionen kampfsprachlich um.

Auf der Folie politischer Karikatur benutzen Heartfields parodistische Agitationsplakate in Komparativkonstruktionen Verhöhnung und Aufklärung zugleich und demaskieren semantisch die konnotative Zeichensprache der Nationalsozialisten. Heartfield greift dabei auch Kontextparadigmata emblematischer Traditionen auf, indem begrifflich-lexematische und optische Sinnwerte gleichrangig aktiviert werden (Abb. 88.12). Er richtet das Wahrheitspostulat gegen die propagandistischen Maskierungs- und Suggestionstechniken, die rhetorisch, um nur einige Sprachhandlungsstrategien zu nennen, mit enthymematischer Schlußlogik, disjunktivem Stil und Metonymien arbeiten (Abb. 89.10).

Da sich argumentative Präsuppositionen politisch verbrauchen, entwickelt das Propagandaplakat einen weiteren Bildtypus, der nicht mehr mit polemischen Sprachhandlungen wie etwa imperativischem Aufforderungsgestus oder entscheidungslogischem Frageprinzip arbeitet. Ins Zentrum dieses Bildtyps rückt das Porträt Hitlers. Die optische Präsentation lehnt sich an Erscheinungsbilder der Markenartikelwerbung an. Auch der Sprachgebrauch erfährt eine Akzentverschiebung. In Analogie zum Markennamen in der Konsumwerbung wird das auratische Hitlerbild sprachökonomisch nur noch mit dem Eigennamen verbunden (Abb. 89.11). Hitler ist, was er ist, reine Positivität. Das Bild ist nichts anderes als die mythisch-evokative Kraft des Namens. Damit wird dieser aus der Rhetorizität antithetischer Kampfbildtopoi herausgenommen. In einem weiteren „Dekondensierungsvorgang" (Dieckmann 1969, 103) fällt schließlich 1934 in einem Plakat zur Volksabstimmung auch der Eigenname fort (Abb. 89.12). Das Schlagwort heißt nun nur noch akklamierend „ja". Im repetitiven Suggestionsanspruch gibt es kein Gegenbild mehr und keine Gegenbezeichnung. Die elliptische Engführung zwischen Wort und Bild zeigt die Einsatzstelle für die Logik massenornamentaler Identifikation. Die vervielfachte semantische Alleinstellung entsemantisiert zugleich kommunikationsrhetorisch die Verneinung. Plakattypologisch wird dem Weltkriegsplakat (Abb. 89.13), das mit allgemeinen Appraisoren (Dieckmann 1964, 68 f.; Müller 1978) wie 'Frieden', 'Freiheit' etc. operiert, dem antithetischen Kampfplakat sowie dem Programmplakat das Kandidatenwerbeplakat zur Seite gestellt. Die Kommunikationssteuerung geschieht über das Prinzip der Sprachökonomie hinaus, obwohl es sich um ein Bildplakat handelt, durch Signalökonomie. Plakatgeschichtlich ist mit diesem Plakattypus die Traditionslinie einer Kommunikationsrhetorik vorgezeichnet, die noch das politische Plakat der Gegenwart bestimmt.

Abb. 89.13: Lucian Bernhard, Zeichne Kriegsanleihe, 1917/18
In: Döring, Jürgen: Plakatkunst. Von Toulouse-Lautrec bis Benetton, Hamburg 1994, S. 82.

7. Literatur

Akademie der Künste zu Berlin (Hrsg.), John Heartfield. Ausstellungskatalog. Köln 1991.

Arnold, Friedrich (Hrsg.), Anschläge. Politische Plakate in Deutschland 1900–1970. München 1972.

Barchatowa, Jelena, Das Plakat des russischen Konstruktivismus. In: Russischer Konstruktivismus. Plakatkunst. Weingarten 1992.

Bayer, Herbert, Das künstlerische Werk 1918–1938. Ausstellungskatalog Bauhaus-Archiv. Berlin 1982.

Behrenbeck, Sabine, „Der Führer". Die Einführung eines politischen Markenartikels. In: Propaganda in Deutschland. Zur Geschichte der politischen Massenbeeinflussung im 20. Jh. Hrsg. v. Gerald Diesener/Rainer Gries. Darmstadt 1996.

Beilenhoff, Wolfgang/Martin Heller (Hrsg.), Das Filmplakat. Ausstellungskatalog. Zürich 1995.

Bohrmann, Hans (Hrsg.), Politische Plakate. Dortmund 1984.

Borbé, Tasso, Zur funktionalen Typologie des Plakats. In: Semiotik und Massenmedien. Hrsg. v. Günter Bentele. München 1981, 341–361.

Dieckmann, Walther, Information oder Überredung. Zum Wortgebrauch der politischen Werbung in Deutschland seit der französischen Revolution. Marburg 1964.

–, Sprache in der Politik. Einführung in die Pragmatik und Semantik der politischen Sprache. Heidelberg 1969.

Döring, Jürgen, Plakatkunst. Von Toulouse-Lautrec bis Benetton. Hamburg 1994.

Dreißiger Jahre Schweiz. Werbestil 1930–1940. Die alltägliche Bildersprache eines Jahrzehnts. Ausstellungskatalog. Zürich 1981.

Faust, Wolfgang M., Bilder werden Worte. Zum Verhältnis von bildender Kunst und Literatur. Köln 1987.

Fleischmann, Gerd (Hrsg.), Bauhaus – Drucksachen, Typographie, Reklame. Düsseldorf 1984.

Gagel, Hanna, Studien zur Motivgeschichte des deutschen Plakats 1900–1914. Berlin 1971.

Gallo, Max, Geschichte der Plakate. Herrsching 1975.

Kämpfer, Frank, Der rote Keil. Das Politische Plakat. Theorie und Geschichte. Berlin 1985.

Larisch, Rudolf v., Über Zierschriften im Dienste der Kunst. München 1899.

–, Über Leserlichkeit von ornamentalen Schriften. Wien 1904.

Malhotra, Ruth, Künstler und Politisches Plakat. In: Politische Plakate. Hrsg. v. Hans Bohrmann. Dortmund 1984.

Medebach, Friedrich, Das publizistische Plakat. In: HdP 3, 1969, 1–38.

Muckenhaupt, Manfred, Text und Bild. Grundfragen der Beschreibung von Text-Bild-Kommunikation aus sprachwissenschaftlicher Sicht. Tübingen 1986.

Müller, Gerd, Das Wahlplakat. Pragmatische Untersuchungen zur Sprache in der Politik am Beispiel von Wahlplakaten aus der Weimarer Republik und der Bundesrepublik. Tübingen 1978.

Müller-Brockmann, Josef u. Shizoko, Geschichte des Plakates. Zürich 1971.

Museum für Gestaltung Zürich (Hrsg.), Kunst und Propaganda. Sowjetische Plakate bis 1953. Ausstellungskatalog. Zürich 1989.

Popitz, Klaus, Plakate der zwanziger Jahre aus der Kunstbibliothek Berlin. Berlin 1978.

Rademacher, Hellmut, Das deutsche Plakat von den Anfängen bis zur Gegenwart. Leipzig 1965.

Rademacher, Hellmut/René Grohnert (Hrsg.), Kunst! Kommerz! Visionen! Deutsche Plakate 1888–1933. Ausstellungskatalog. Deutsches historisches Museum Berlin. Berlin/Heidelberg 1992.

Rasch, Heinz/Bodo Rasch (Hrsg.), Gefesselter Blick. Stuttgart 1930.

Riegger-Baurmann, Roswitha, Schrift im Jugendstil in Deutschland. In: Jugendstil. Hrsg. v. Jost Hermand. Darmstadt 1992, 209–257.

Schockel, Erwin, Das politische Plakat. Eine psychologische Betrachtung. München ²1939.

Spielmann, Heinz, Kunsthistorische Aspekte des frühen Plakats in England und den Vereinigten Staaten. In: Das frühe Plakat in Europa und den USA. Ein Bestandskatalog. Hrsg. v. Ruth Malhotra/Christina Thon, Bd. 1. Berlin 1973.

Sponsel, Jean L., Das moderne Plakat. Dresden 1897.

Tschichold, Jan, Die neue Typographie. Ein Handbuch für zeitgemäß Schaffende. Berlin 1928 (Reprint Berlin 1987).

Weill, Alain, Plakatkunst International. Berlin 1985.

Zeller, Ursula, Die Frühzeit des politischen Bildplakats in Deutschland (1848–1918). Stuttgart 1988.

Dieter Fuder, Düsseldorf (Deutschland)

90. Geschichte des Plakats

1. Frühe Neuzeit
2. 18. Jahrhundert
3. 19. Jahrhundert
4. 20. Jahrhundert
5. Literatur

1. Frühe Neuzeit

Zu Beginn der Neuzeit entstand durch die modernisierten Wirtschaftsformen ein Bedarf an neuen Werbemöglichkeiten. Aus dem Flugblatt und der Anzeige entwickelten sich frühe Formen des Plakats.

Die ersten Beispiele dafür sind noch relativ kleinformatige Aushangzettel von Handschriften- und Buchhändlern aus dem 15. Jh. Die neue Medienszene benötigte entsprechende Werbemittel und wandte sich mit Schriftplakaten an einen des Lesens fähigen Adressatenkreis. Aber auch Wunderheiler und Schausteller machten auf ihre Leistungen mit − manchmal schon illustrierten − Aushangzetteln aufmerksam.

2. 18. Jahrhundert

In der Folgezeit nahm die Verbreitung des Mediums Plakat kontinuierlich zu. So bedienten sich im 18. Jh. vor allem Theater und Konzertveranstalter dieser Form der Außenwerbung.

Während der Französischen Revolution waren Plakate auch ein Mittel des politischen Kampfes: es wurden damit Proklamationen verbreitet, es wurde zu Veranstaltungen aufgerufen oder für den Verkauf kritischer Publikationen geworben. Je mehr jedoch im Zuge der Entwicklung der Revolution die liberalen Tendenzen verdrängt wurden, desto einförmiger gestaltete sich die Medienlandschaft. In dem nachfolgenden autoritären System unter Napoleon dominierten in Frankreich und den okkupierten Gebieten einfache Kundmachungen und schriftliche Befehle die Anschlagflächen.

3. 19. Jahrhundert

In der ersten Hälfte des 19. Jhs. wurde das Plakat vor allem für Ankündigungen aus dem Bereich der Kultur und des Unterhaltungswesens eingesetzt. Aber es gab auch schon erste Versuche einfacher Wirtschaftswerbung.

In England, als einem Kernland der Industrialisierung, existierte bereits in den dreißiger und vierziger Jahren des 19. Jhs. eine aktive Reklameszene. Viele der Mauerflächen Londons waren damals voll von Textplakaten und Reklameschildern.

In Paris gewann die Affiche ab 1825 zunehmend an Bedeutung. Bereits um 1840 versuchte man hier, Farbe in das Geschehen einzubringen. In Anlehnung an die Technik des Tapetendruckes wurden farbige Schablonen mit Holzschnitten kombiniert. Auch mit der Formatgröße wurde experimentiert, und teilweise erreichten die Plakate Höhen bis zu 280 cm.

Im Zuge der Aufstände des Revolutionsjahres 1848 kam es in weiten Teilen Europas zu einer regen politischen Plakatproduktion. Hier handelte es sich noch vorwiegend um im Buchdruckverfahren hergestellte Textanschläge, die hin und wieder mit kleinen Illustrationen versehen waren.

In Ermangelung eines wirkungsvolleren visuellen Elements wurde der Text optisch so abwechslungsreich wie möglich strukturiert. Wichtige Teile wurden durch Fettdruck und/oder große Lettern hervorgehoben. Unterstreichungen und Zierleisten dienten der graphischen Auflockerung, verschiedenfarbige Papiere sollten die Aufmerksamkeit steigern. Meist waren die Formate klein, den Flugblättern ähnlich, doch konnten die Bogen bisweilen auch schon mehr als einen Meter Höhe oder Breite haben.

In allen von den Revolutionen erfaßten Gebieten wurde eine Menge derartiger Anschlagzettel produziert.

Nach der Niederschlagung der Revolution kam es in der zweiten Hälfte des 19. Jhs. europaweit auch medial zu einem Rückschlag. Gesetzliche Zensurbestimmungen verboten in vielen Ländern jede politisch motivierte Plakatäußerung. Dennoch war die weitere Verbreitung des Mediums nicht mehr aufzuhalten. Veranstaltungsankündigungen und kommerzielle Angebote bestimmten von nun an die Straßen der Städte.

Die zunehmend verbesserten technischen Publikationsmöglichkeiten für Reklame steigerten auch das Bedürfnis nach Anschlagflächen. Hausmauern und Bauzäune konnten bald nicht mehr den benötigten Raum bieten. Die Notwendigkeit einer Regelung des öffentlichen Ankündigungswesens wurde damit immer dringlicher. Am 9. 12. 1854 erhielt der innovative Berliner Druckereibesitzer Ernst Litfaß die Konzession zur Errichtung von Anschlagsäulen auf öffentlichem Grund. Am 1. 7. 1855 wurde die erste, aus Kunststein gefertigte und nach ihrem Initiator benannte 'Litfaßsäule' in Berlin aufgestellt. Vorbilder dazu hatte es allerdings Jahrzehnte davor bereits in London und Paris gegeben.

Neben dem praktischen Nutzen der Schaffung neuer Publikationsflächen für das Plakat hatte die Maßnahme auch eine politische Komponente. Denn der geregelte Plakatanschlag vereinfachte die Überwachung der Veröffentlichungen.

Nach wie vor beherrschten Textanschläge mit relativ kleinen Illustrationen das Erscheinungsbild des Mediums. Schon früh tauchten allerdings in den Vereinigten Staaten Bildplakate auf, die vor allem für wirtschaftliche Zwecke eingesetzt wurden. Zunächst arbeitete man auch hier mit Holzschnitten, doch bald setzte sich, von Europa kommend, die Lithographie für Reklamezwecke durch. Bereits um 1850 gab es in Nordamerika größere chromolithographische Poster, mit denen vor allem für Güter der aufkommenden Massenproduktion geworben wurde. Diese meist von anonym gebliebenen Zeichnern hergestellten, realistisch und in populär naivem Stil ausgeführten Bilder entsprachen stilistisch noch wenig den modernen Prinzipien der optischen Werbegestaltung. Im Laufe der Entwicklung erreichten sie aber bald Formate von bis zu 6 Metern Breite.

Bis in die achtziger Jahre des 19. Jhs. herrschte in Europa bei den wenigen Bildplakaten der sogenannte 'Diplom- und Adressenstil' vor. Auch diese chromolithographisch erzeugten Affichen waren noch weit von der visuellen Struktur eines modernen Plakats entfernt. Überaus detailreich wurden da die Werbeanschläge wie vergrößerte Urkunden, vergleichbar den symbolüberladenen Meisterbriefen aus dieser Zeit, gestaltet. Der oft undeutlich und ornamental gehaltene Text wurde von einem klischeehaften, an Gotik, Renaissance oder Barock erinnernden Rahmen umgeben. Durch das mehrmalige Übereinanderdrucken verschiedener Farbplatten konnten keine klaren, leuchtenden Farben erzielt werden — die Bilder erhielten meist einen eher stumpfen, bräunlichen Gesamtton.

Es gab allerdings durchaus frühe Ausnahmeerscheinungen: in Frankreich schuf Edouard Manet 1868 mit 'Champfleury — les Chats' ein zwar noch durchaus konventionell gedrucktes, jedoch schon zukunftsweisend formenreduziertes Blatt. (*Abb. 90.1, Tafel 13*) Honoré Daumier bot auch auf seinen Plakaten aufsehenerregende Karikaturen.

In England war es Frederick Walker, der 1871 mit seinem Plakat für das Olympic Theatre eines der ersten Bildplakate in seinem Land schuf. Der im Holzschnittverfahren hergestellte Anschlag gilt darüber hinaus als eines der frühesten künstlerisch gestalteten Plakate.

In der zweiten Hälfte des 19. Jhs. entstanden aufgrund der Weiterentwicklung der Lithographie wesentlich verbesserte technische Möglichkeiten für den Farbdruck und damit für das Plakat im allgemeinen. Wieder ging dabei die Entwicklung von Frankreich aus.

Als der eigentliche Begründer des modernen Plakats gilt der Franzose Jules Chéret. Ab 1866 prägte der gelernte Lithograph — nach einem Londonaufenthalt — in Paris über 40 Jahre lang die Entwicklung des Mediums Plakat. In einer eigenen lithographischen Anstalt setzte er die Möglichkeiten modernster Drucktechnik in die Kreation eines auf seine Zeitgenossen bald sensationell wirkenden Werbemittels um. Der von seinen Zeitgenossen als 'roi des affiches' gefeierte Graphiker schuf mit seinem Œuvre von über 1000 Blättern jene Grundprinzipien des modernen Plakatstils, die im wesentlichen bis heute gültig sind: eine weitere Vergrößerung des Formates, die Reduktion von Farben und Formen, die Abkehr von klassischer Bildwirkung und damit den weitgehenden Verzicht auf perspektivische Darstellung, das Betonen der Flächigkeit, die möglichst homogene Verbindung von Schrift und Illustration und die Beachtung des psychologischen Moments bei der Gestaltung — all dies sollte eine optimale Aufmerksamkeit bewirken und damit für einen größtmöglichen Werbeeffekt sorgen. Ein gelungenes Plakat, so forderte es Chéret, sollte auch dem im Wagen Vorbeifahrenden positiv auffallen und so seine Botschaft vermitteln. (*Abb. 90.2, Tafel 14*)

Die Beschleunigung der Lebensformen, besonders in den Bereichen Verkehr und Kommunikation, haben damit ein aktuelles Beeinflussungsinstrument geformt. Das Plakat wurde innerhalb kürzester Zeit zu einem bestimmenden Medium der modernen Großstädte, denn nur dort, wo viele Menschen anzusprechen waren, konnte der Einsatz dieses Werbeträgers ökonomisch sinnvoll sein.

Vor allem in Paris waren es anerkannte und bedeutende Künstler, wie Henri Toulouse-Lautrec, Alphonse Mucha, Eugène Grasset, Théophile-Alexandre Steinlen, Pierre Bonnard oder Georges de Feure, die den von Chéret vorgezeigten Weg in ihrer jeweils individuellen Art weiterführten. Der Bedeutung des Mediums entsprechend stiegen auch die Auflagenzahlen: galt um 1762 in Paris eine Serie von 100 Plakaten noch als eine aufsehenerregende Kampagne, so umfaßte um 1890 z. B. die Werbung für eine französische Eisenbahnlinie eine Gesamtauflage von 6000 Plakaten für den Zeitraum von drei Jahren, wobei im ersten Jahr 2700, im zweiten 1200 und der Rest im dritten affichiert wurde. 1893 wurden von dem von Steinlen gestalteten Plakat 'Lait pur de la Vingeanne' nicht weniger als 10 000 Exemplare im Format 140 × 100 cm gedruckt.

Mit der Stilrichtung der art nouveau — dem deutschen 'Jugendstil' — und ihrer linear begrenzten Flächigkeit fand das Medium zunächst einen nicht nur modischen, sondern auch funktionell adäquaten künstlerischen Ausdruck.

4. 20. Jahrhundert

Um die Wende zum 20. Jh. hatte die Plakatkunst in Europa und den Vereinigten Staaten durch die von Frankreich ausgehenden Impulse einen ersten Höhepunkt erreicht.

Besonders hervorzuheben sind Gestalter wie Dudley Hardy, Aubrey Beardsley und die Beggarstaff Brothers in Großbritannien, Will Bradley, Edward Penfield und Maxfield Parrish in den Vereinigten Staaten, Adolfo Hohenstein, Leopoldo Metlicovitz und Marcello Dudovich in Italien, Jan Toorop in den Niederlanden, Franz Stuck, Peter Behrens, Thomas Theodor Heine, Lucian Bernhard, Julius Klinger, Ernst Deutsch und Ludwig Hohlwein in Deutschland sowie Koloman Moser und Alfred Roller in Österreich.

Zunächst wurden künstlerische Events, Angebote des Entertainments, Zeitungen und Zeitschriften, dann aber zunehmend Produkte der Massenfertigung durch das neue bunte Straßenmedium beworben. Dabei war ab 1910 stilistisch zunehmend ein Trend weg vom Ornamentalen des Jugendstils und hin zu einer formal nüchternen Versachlichung festzustellen, eine Entwicklung, die dann vor allem in der Zeit zwischen den Weltkriegen erfolgreich zum Durchbruch kam.

Die ersten großen politisch motivierten Plakatkampagnen fanden erst während des Ersten Weltkrieges statt. Alle Kriegsmächte benützten das aktuelle Medium, um die Bevölkerung ihrer Staaten von der Sinnhaftigkeit des Kampfes zu überzeugen und die Opferbereitschaft zu stärken. In diesen stilistisch stark vom aufkommenden Expressionismus geprägten Jahren wurden die Grundstrukturen der politischen Bildpropaganda erarbeitet. Einerseits wurde auf das Gut-Böse-Schema der kommerziellen Reklame zurückgegriffen, andererseits aber auch stark auf die Entwicklung der politischen Karikatur Bezug genommen. Nach dem Krieg gewann das Plakat als politisches Medium weiter an Bedeutung, weil die Zunahme an demokratischen Verfahren den vermehrten Einsatz von Werbemitteln notwendig machte. Das Freund-Feind-Schema aus der Kriegszeit bestimmte nun auch im Frieden weite Teile der öffentlichen Kommunikation. Im Deutschland der Weimarer Republik etwa beherrschten Hetz- und Haßbilder die Anschlagflächen der Straßen.

In der Sowjetunion fanden die öffentlichen Auseinandersetzungen bis zur Installierung einer stabilen kommunistischen Herrschaft in einer Großzahl von oft künstlerisch bemerkenswerten Plakaten ihren Niederschlag. Das von El Lissitzky 1920 entworfene Plakat 'Mit dem roten Keil schlage die Weißen' gilt als eines der wesentlichen Werke des russischen Konstruktivismus. (*Abb. 90.3, Tafel 15*)

In den stabilisierten Demokratien wie in den USA oder in England erregte das politische Plakat keine derartigen Emotionen. Das kommerzielle Plakat nahm jedoch in allen Industrienationen einen bis dahin noch nicht erreichten Aufschwung. Die allmähliche Verbesserung der ökonomischen Verhältnisse nach dem Krieg führte zu einer großangelegten kommerziellen Plakatwerbung. Die verstärkten Firmenaufträge ermöglichten eine zunehmende Professionalisierung des gesamten Bereiches. Bald gab es Entwerfer, die sich auf diese Sparte der Gestaltung spezialisierten, zu 'Reklamefachleuten' wurden und sich als 'graphic designers' bezeichneten. Es traten auch Agenturen auf, die Gesamtaufträge in der Werbung übernahmen. Die Druckmöglichkeiten wurden weiter perfektioniert. Bereits 1904 war der Offsetdruck in den USA erfunden und bald in Europa eingeführt worden. Ab den zwanziger Jahren ermöglichte der Einsatz von Rastern die maschinelle Umsetzung von farbigen Vorlagen. Als man begann, auch Fotografien auf Plakaten zu verwenden, wurde dies zu einem eigenen Gestaltungselement. Avantgardistische Strömungen, wie der Konstruktivismus, der Bauhaus-Stil, aber auch Kubismus und Surrealismus, beeinflußten die Werbung, wenngleich das Medium Plakat in der Folge immer mehr einen von der allgemeinen Kunstentwicklung getrennten, funktionsorientierten Weg ging. In Frankreich waren Leonetto Capiello und in dessen Folge A. M. Cassandre die prominentesten Vertreter dieser nüchternen, sachbezogenen Designlinie. Cassandre, der mit seinen Eisenbahnplakaten 'Nordexpress' und 'Étoile du nord' Ikonen des modernen Tempokultes schuf, gilt als der bedeutendste Plakatgestalter des 20. Jhs. (*Abb. 90.4, Tafel 16*) Andere wichtige Vertreter waren in der Schweiz Otto Baumberger und Nikolaus Stoecklin, in Deutschland Jan Tschichold, Herbert Bayer, Max Burchartz, John Heartfield und Willy Petzold, in Österreich Joseph Binder und in England Edward McKnight Kauffer, der später, so wie Binder, auch in den USA tätig war.

Der Zweite Weltkrieg wurde mit allen zur Verfügung stehenden Waffen geführt, wozu auch die Propaganda gehörte. Trotz des Einsatzes von Radio und Film war das Plakat weiterhin ein wichtiges Mittel der Auseinandersetzung. Die Bevölkerung sollte motiviert, der Gegner in einem möglichst schlechten Licht dargestellt werden. Im nationalsozialistischen Deutschland kam neben der Ausübung brutaler physischer Gewalt auch der psychischen Beeinflussung der Menschen eine eminente Bedeutung zu. Die NS-Plakate waren dabei von einem 'heroisch' sein wollenden Realismus geprägt.

Das Ende des Krieges und die Befreiung Europas vom Faschismus brachten naturgemäß positive Veränderungen innerhalb der Medienszene mit sich. Ein offener Diskurs der verschiedenen Anschauungen konnte nur in freiheitlichen, demokratischen Gesellschaftsformen entstehen. Das Plakat erlangte dadurch in den Wahlkämpfen nach dem Krieg einen besonderen Stellenwert. Eine grundlegende Veränderung der Medienlandschaft wurde durch das Fernsehen bewirkt. Das Plakat war ab nun im Regelfall nicht mehr der wesentliche Träger einer Kampagne, denn diese Rolle kam zunehmend der Television zu. Das Plakat erhielt eine unterstützende, erinnernde Funktion. Unter Einfluß der und in Konkurrenz zu den audiovisuellen Medien wurde das Plakat noch großflächiger und in weiten Teilen vom Einsatz der Farbfotografie bestimmt.

In den kommunistischen Staaten gab es den ökonomischen Bedingungen entsprechend kaum Wirtschaftswerbung, die Plakate sollten so wie auch alle anderen Formen der Medien ausschließlich der Apotheose der herrschenden Partei dienen. Kritik war nur in Ausnahmesituationen möglich: so etwa im Jahr 1968 in der Tschechoslowakei. Aus Protest gegen den Einmarsch der Truppen der Warschauer Pakt-Staaten wurden einfache, in der Darstellung sehr reduzierte Protestplakate herausgegeben. Die technischen Mängel der Herstellung hatten eine Rückbesinnung auf die ursprünglichen Möglichkeiten dieser Kommunikationsform ermöglicht. Ein ähnliches Phänomen ist 1968 während der Studentenunruhen in Paris festzustellen. So wie den Widerstandskämpfern in Prag gelangen auch den jungen Künstlern in Paris aufgrund der sehr begrenzten drucktechnischen Möglichkeiten klare flächig-signethafte Affichen, die an polemischer Eindeutigkeit nichts offen ließen. In einem Stadium der Entwicklung, in dem in der westlichen Welt die Plakate der Großparteien und der Wirtschaft unter zunehmender Verwendung der Farbfotografie eher wie vergrößerte Zeitschrifteninserate wirkten, fanden die einfach produzierten Plakate der Subversion zu den ursprünglichen Eigenschaften des Mediums zurück, nämlich zur Prägnanz und Klarheit.

In den USA erfuhr das Plakat in diesen Jahren ebenfalls eine Wiederbelebung. Im Zuge der Demonstrationen gegen den Vietnamkrieg entstand eine pazifistische Protestkultur, die eine eigene, gegen die umfassende Bedeutung des Fernsehens gerichtete visuelle Sprache entwickelte. Das Plakat erlebte als 'Poster' eine Renaissance und wurde zu einem wesentlichen Ausdrucksmittel der alternativen Bewegungen. Die Verbreitung war damit nicht mehr auf die Straße beschränkt, sondern es war als modischer Raumschmuck in Wohnungen, Geschäften, Veranstaltungsräumen und vielen Szenenlokalen zu sehen. Neben Plakaten, waren es Zeitschriften, Plattencovers oder T-Shirts, die so zu den optischen Medien der weltumspannenden Jugendkultur wurden. Die sowohl ideologische als auch formale Bandbreite reichte dabei vom schablonisierten Porträt des Revolutionärs Che Guevara bis zur Gestaltung des Beatles-Animationsfilmes 'Yellow Submarine' durch den deutschen Graphiker Heinz Edelmann.

In der Wirtschaftswerbung planten große internationale Agenturen von nun an weltumspannende Werbekampagnen, die Gestaltung eines Plakates wurde zur Leistung eines größeren Teams. Die Kultur des Konsums beeinflußte ihrerseits wieder die Kunstentwicklung, die mit der Pop-art auf diese Fülle funktionalisierter Kreativität reagierte.

Die Umbrüche in den kommunistischen Staaten Ost- und Mitteleuropas erzeugten eine Menge kritischer Schriften und Bilder. Im Zuge der regimefeindlichen Demonstrationen erlangten Transparente, Graffiti und Plakate wieder eine neue Qualität der Akzeptanz. Insbesondere das Plakat erlebte während dieses Umbruchs Ende der achtziger Jahre einen bemerkenswerten Boom. Im Bereich der Wirtschaftswerbung haben in den neunziger Jahren Plakatkampagnen wie etwa jene kontroversiell aufgenommene Serie für die Firma Benetton gezeigt, wieviel Aufmerksamkeit dieses Medium auch im Zeitalter neuester Kommunikationstechnologie erregen kann.

5. Literatur

Bargiel-Harry, Réjane/Christophe Zagrodzki, Le livre de l'Affiche. The book of the poster. Paris 1985.

Barnicoat, John, A concise history of posters. London 1972. [Deutsch: Kunst und Plakat. Eine Geschichte des Posters. Wien/Zürich 1972].

Döring, Jürgen, Plakatkunst von Toulouse-Lautrec bis Benetton. Hamburg 1994.

Gallo, Max, Geschichte der Plakate. Herrsching 1975.

Heller, Steven/Seymour Chwast, Graphic style. From Victorian to Post-Modern. London 1988.

Kämpfer, Frank, Der rote Keil. Das politische Plakat. Theorie und Geschichte. Berlin 1985.

Malhotra, Ruth/Christina Thon (Hrsg.), Das frühe Plakat in Europa und den USA. Ein Bestandskatalog, 3 Bde. Berlin 1973–1980.

Meggs, Philip B., A history of graphic design. New York ²1991.

Müller-Brockmann, Josef u. Shizuko, Geschichte des Plakates. Zürich 1971.

Weill, Alain, L'affiche dans le monde. Paris 1991.

Zur Westen, Walter, Reklamekunst aus zwei Jahrtausenden. Berlin 1924.

Bernhard Denscher, Wien (Österreich)

91. Geschichte des Werbeplakats

1. Historische Entwicklung
2. Spezielle Arten des Plakats
3. Geregelter Plakatanschlag
4. Die Litfaß-Säule
5. Die Entwicklung zum Plakat unserer Zeit
6. Einschlägige Fachliteratur
7. Die Position des Plakates um 1928/29
8. Wissenschaftliche Analysen der Plakatwirkung – ein wesentlicher Faktor der weiteren Entwicklung
9. Literatur

1. Historische Entwicklung

Frühe Vorläufer des vom 14. Jh. an zunehmend verbreiteten Plakats begegnen uns schon in der Antike, womit sich auch die Frage nach den ältesten werblichen Ausdrucksformen stellt. G. Schweiger und G. Schrattenecker beantworteten diese Frage eindeutig: „Das erste jemals eingesetzte Werbemittel war zweifellos die menschliche Stimme. Ausrufer für den Verkauf sind schon für das antike Ägypten belegt."

Das Plakat zählt aber mit seinen ältesten Erscheinungsformen zu den frühesten gegenständlichen Werbemitteln. So sind die plakatartigen Ladenschilder der Antike konkrete Vorläufer der Plakate unserer Zeit. Das bisher älteste einschlägige Beispiel stammt von einem in Ägypten tätigen Traumdeuter aus Kreta. Der Text lautet: „Ich, ein Kreter, deute die Träume in der Gottheit Auftrag. Verlasse dich auf Tyche." Der abgebildete Apis-Stier galt als Herold des Gottes Ptah. Er wurde im Bereich des Ptah-Tempels gehalten und erteilte dort Orakel. Der Traumdeuter nützte ihn in seinem Ladenschild als werbendes Symbol.

Abb. 91.1: Plakatartiges Ladenschild eines in Ägypten tätigen Traumdeuters
Dem Buch 'Außenwerbung' von Leopold Nettelhorst, 1952 im Callwey-Verlag erschienen, entnommen.

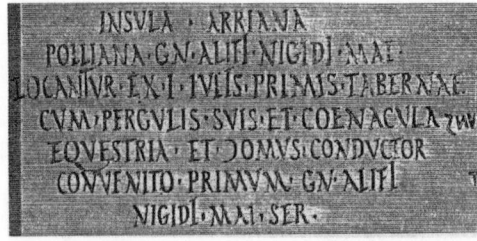

Abb. 91.2: Pompejanisches Vermietungsplakat

Walter von Zur Westen, der das erste deutsche Fachbuch zur Geschichte der Werbung schrieb, bot darin ein gemaltes Vermietungsplakat von Pompeji, das er dem Buch von Mazois 'Les ruines de Pompei' entnommen hatte.

Der Wiener Arzt und Archäologe Andreas Wasilewski betonte in einer persönlichen Mitteilung an den Verfasser, schon die Ptolemäer hätten sogar Papyrus als Grundstoff von Plakaten verwendet. Wasilewski erinnerte außerdem an Caesar, der ab 59 v. Chr. öffentlich aufgestellte Nachrichten-Bulletins auf geweißigten Holztafeln einsetzte; somit konkrete Formen früher Außenwerbung, die nicht nur der Propaganda der Kaiser, sondern auch privaten Unternehmen sowohl in Rom als auch in der Provinz dienten.

In einer Publikation verwies Wasilewski auch auf die zahlreichen Geschäftsschilder von Pompeji, Herculaneum, Ostia usw. So hatten Ärzte, Drogenhändler, Weinhandlungen Gelegenheit, durch Bilddarstellung ihre Erzeugnisse und Leistungen zur Geltung zu bringen. In Ostia warben auf diese Art auch Redereien. Wasilewski wörtlich:

„In Pompeji wirbt ein reich geschmücktes Ladenschild für eine Wollweberei. Am Hause der Tuchweberin Stephani finden wir das bemerkenswerte Schild mit Merkur und Venus auf einem von Elefanten gezogenen Vierergespann, das von Amoretten und Fortuna begleitet wird. Handelsgesellschaften haben vor ihren Büros auf dem 'Platz der Vereine' die Schilder als Mosaike eingelassen. Hübsche Darstellungen von Schiffen, Waren, Meereswesen und Inschriften locken den Kunden, und Versicherungen wollen ihn gegen gefährliche Stürme absichern. Die pompejanischen Restaurants (popinae) und Schankwirtschaften (tabernae) oder Imbißstuben (thermopoliae) schmückten ihre Außenwände mit Darstellungen von Weingläsern und Gerichten".

Die Antike bediente sich auch schon frühzeitig spezieller Symbole. Als besonders eindrucksvolles Beispiel sei auf die Aeskulap-Natter verwiesen, die auch Andreas Wasilewski erwähnte. Sie war von Anfang an ein wirksames, nach wie vor anerkanntes Symbol für medizinische und pharmazeutische Leistungen.

Mit dem Zusammenbruch des Römischen Weltreiches fehlten der überlegene militäri-

Abb. 91.3: Zeichen eines Gastwirts von Pompeji. Diese Abbildung erhielt der Verfasser bei einem Besuch der Ausgrabungsstätten von Pompeji von einem dort tätigen Fremdenführer, der auch bestätigte, es seien einstens zur Kennzeichnung von Gaststätten begrünte Zweige an den Eingangstüren ausgegangen. Unzweifelhaft handelte es sich dabei um frühe Vorläufer der grünen Heurigenbuschen, von denen gesagt wird, sie seien von den Römern nach Vindobona gebracht worden.

Abb. 91.4: Aeskulapnatter. Seit dem Altertum wirksamen, nach wie vor anerkanntes Symbol medizinischer und pharmazeutischer Leistungen.
Foto des Verfassers aus dem zuständigen Museum in Neapel.

sche Schutz aller Handelswege und die regelmäßige Pflege der Straßen, deren bemerkenswerte Güte Ausgrabungen unserer Zeit nach wie vor belegen.

Eine neue Weltwirtschaft entwickelte sich langsam mit dem 14. Jh. Als wesentliche Antriebskraft erwies sich der seit 1440 verfügbare Buchdruck. Man näherte sich nun der als Merkantilismus bezeichneten Epoche.

Ein überzeugendes Beispiel für intensivierten Handel, auch über große Entfernungen, vermittelt uns die Hanse. Jürgen Huck bietet im ersten Band einer umfangreichen Publikation über 'Neuss, der Fernhandel und die Hanse' das hier abgebildete Schreiben der Stadt Sittard, das u. a. bestätigt „Am 8. September 1609 von der Stadt Neuss ein verschlossenes Schreiben mit darin einliegenden, gedruckten, offenen Plakaten, belangend den wöchentlichen Ochsenmarkt zu Neuss, empfangen zu haben", und erklärt, „sie zur Förderung des Handels an den gewöhnlichen Orten 'aufschlagen' lassen zu wollen" (Quelle Stadtarchiv Neuss; A 1/III G, Nr. 2).

Vermutlich der älteste uns vorliegende bestätigende Brief, die Sendung von Plakaten erhalten zu haben samt der Zusage, sie auch einzusetzen.

Anton Sailer, jahrelang als erfolgreicher Chefredakteur des Fachorgans 'Graphik' wirkender Kunstmaler, schrieb einleitend in seinem Fachbuch 'Das Plakat':

„Zu Beginn des 16. Jhs. erfuhren dann die herkömmlichen Zunftembleme eine Belebung. Irgend ein findiger Kopf war dahinter gekommen, daß ein individuelles Aushängeschild wesentlich mehr Aufmerksamkeit erregte, und damit eröffnete sich den Malern ein neues Feld. Auch die größten unter ihnen, wie etwa ein Hans Holbein d. J., verschmähten es nicht, derlei Firmen- und Werbeschilder anzufertigen. In England und Frankreich war das Gewerbe dann sogar gesetzlich verpflichtet, Firmenschilder zu zeigen, und Mitte des 16. Jhs. kam die Auflage dazu, diese Schilder so zu gestalten, daß auch Analphabeten sofort wußten, worum es ging."

Außerdem verwendete 'Fahrendes Volk' (wie Zirkusakrobaten, Jahrmarktreisende, Schausteller, aber auch wandernde Ärzte) diese Informationsmittel. Buchli erwähnt im Band II seiner dreiteiligen 'Geschichte der Wirtschaftswerbung', die frühesten Plakate dieser Art seien 1501 für einen Köllner Jahrmarkt und 1518 für eine Rostocker Lotterie eingesetzt worden.

Auch in der Folge prägten Erfindungen das Geschehen. Buchli erwähnt an der oben genannten Stelle Newtons Farbenlehre, die 1711 einen Deutschen veranlaßte, den Dreifarbendruck zu versuchen. Knapp vor dem 19. Jh. bereicherte Senefelder (München) durch den Steindruck die Herstellung von Plakaten.

Wir folgen weiterhin Anton Sailer:

„Als das farbig lithographierte Plakat auf den Plan trat, war die visuelle Werbung einen Sprung nach vorwärts gekommen. Die bunten Flächen erregten dabei nicht nur Aufsehen, sie fanden auch allgemeines Interesse und die Zustimmung der breiten Masse. Aber das Plakat wurde auch als eine wesentliche Bereicherung des künstlerischen Schaffens angesehen, und einfach deshalb, weil die Entwürfe von hervorragenden Zeichnern und großen Malern geschaffen wurden. Der Beruf des Werbegraphikers war einstweilen völlig unbekannt. Wer ein Plakat brauchte, wandte sich an bekannte Namen aus der Künstlerschaft. Die Maler nahmen sich dieser neuen Ausdrucksmöglichkeit mit Feuereifer an und stets ging es in erster Linie darum, eine künstlerisch vollendete Arbeit zu schaffen."

2. Spezielle Arten des Plakats

Anton Sailer nennt im angegebenen Werk:

– Ladenplakate (in normalem Bogendruck
– Kleinformat oder auf Pappe, glanz-kaschiert mit Klappe zum Aufstellen).
– Giebel- und Bauzaunplakate (Voraussetzung: weithin erkennbar).
– Spann-Plakate (vor allem für Tankstellen; besonders klare Aussage erforderlich).
– Tiefdruck-Plakate (vor allem für Schaufenster und Innenabteilungen bestimmt).
– Siebdruck-Plakate
– Serien-Plakate
– Klein-Plakate (in Form von Zündholzetiketten, wobei deren außerordentlich hohe Auflage zu beachten ist).
– Plakate als Werbemarken (auch hier mögliche hohe Auflagen zu beachten).

Obige Nennungen von A. Sailer sind inzwischen zu ergänzen durch:

– Glas-Plakate
– Email-Plakate (für Dauer-Einsatz).
– Celluloid-Plakate (noch vor dem Ersten Weltkrieg üblich).
– Provozierende Plakate (in jüngster Zeit, typisches Beispiel: Benetton-Affichen).

Emailplakate, die übrigens auch in einer ungerecht herabsetzenden Form als 'Blechreklame' bezeichnet wurden, gab es schon im auslaufenden 19. Jh. Das bemerkenswerte,

91. Geschichte des Werbeplakats

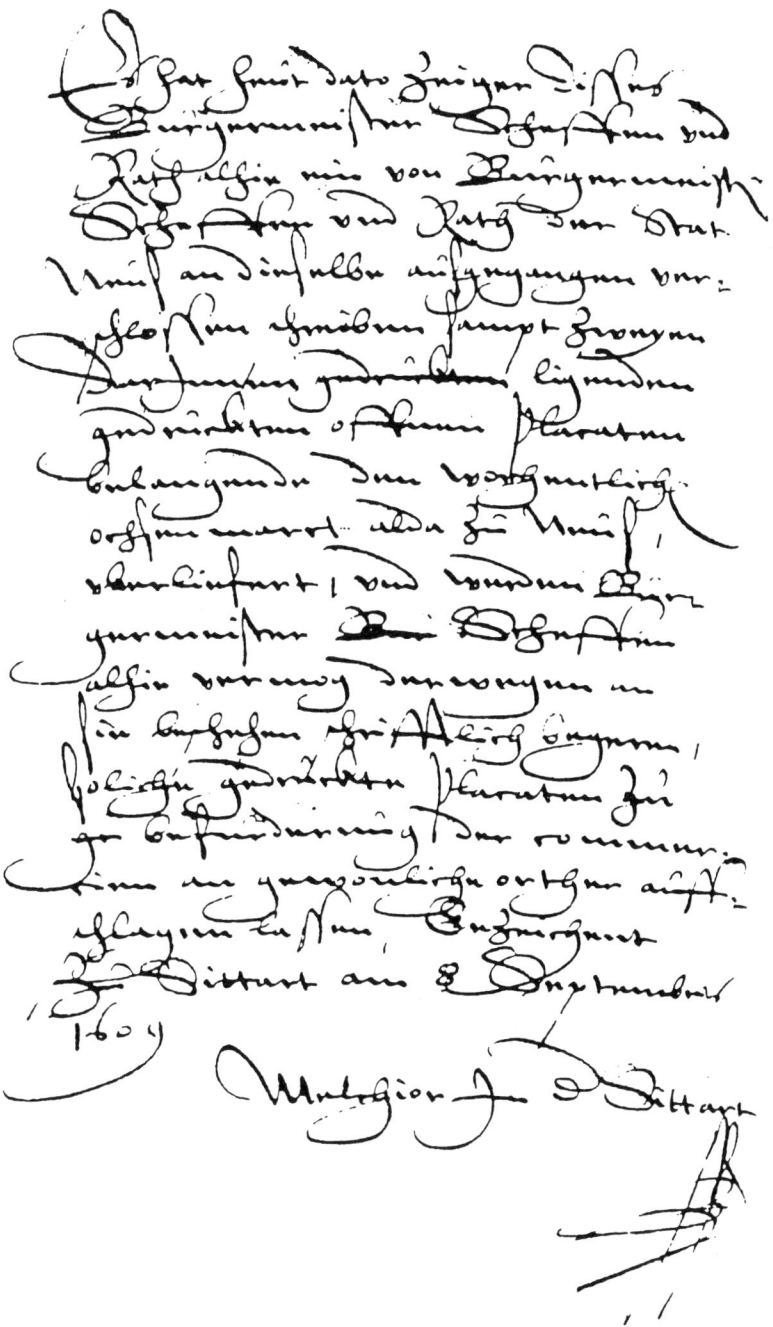

Abb. 91.5: Aus dem Fachbuch 'Neuss, der Fernhandel und die Hanse'; aus der Schriftenreihe des Stadtarchivs Neuss, Band 9, Teil 1.
Die Stadt Sittard bestätigt am 8. September 1609, von der Stadt Neuss ein verschlossenes Schreiben mit darin einliegenden, gedruckten offenen Plakaten, belangend den wöchentlichen Ochsenmarkt zu Neuss, empfangen zu haben, und erklärt, sie zur Förderung des Handels an den gewöhnlichen Orten „aufschlagen" lassen zu wollen.

1985 erschienene Werk 'Die bunte Verführung' zur Geschichte dieser Werbemittel betont, daß in den letzten 15 Jahren vor der Wende ins 20. Jh. sowohl branchenbezogene Lehrbücher und technische Zeitschriften über die neuesten Techniken des Blechdrucks, der Emaillierung, der Herstellungsmöglichkeiten usw. ausführlich berichteten. In dieser Zeitspanne sind auch zahlreiche Gründungen einschlägiger Erzeugerfirmen bestätigt. Ergänzend ist dazu auch auf die Produktion von Verpackungsmitteln aus Blech hinzuweisen; es wurden angesichts wachsender Aufgaben und damit steigenden Bedarfs eben zusätzliche Materialien herangezogen.

Ob Blechschilder oder emaillierte Blechschilder, diese engen Verwandten des klassischen Plakats erwiesen sich durch ihre Dauerhaftigkeit als wesentlicher Faktor der Zusammenarbeit zwischen der damals schon bestehenden Markenartikelindustrie und dem örtlichen Einzelhandel. Emailplakate sind damit sowohl Vorläufer heutiger Verkaufsförderung am 'Point of Sales' als auch der Übereinstimmung in der Zusammenarbeit von Handel und Markenfirmen.

Plakate aus Celluloid und Glas hatten zwar keinen großen Anteil am allgemeinen werblichen Geschehen, doch gab es noch vor dem Ersten Weltkrieg Werbemarken für solche Affichen.

Abb. 91.6: Schild-Weiser von 1804.
Allem Anschein nach eines der ersten Verzeichnisse von Werbemitteln eines definierten Gebietes, des heutigen 1. Bezirkes der damaligen Kaiserstadt Wien, die als Haupt- und Residenzstadt eines großen Reiches ein wichtiges Zentrum darstellte.

3. Geregelter Plakatanschlag

London verfügte schon 1828 über fahrbare, noch dazu patentierte, Plakatsäulen. In Wien wurde am 16. Februar 1832 ein „fünfjähriges Privilegium des Karl Hoer, Eigenthümers einer Dekorirungs-Anstalt in Wien, auf die Erfindung von Vorrichtungen für die öffentlichen Anschlagzettel" erteilt (in der damaligen Schreibweise wiedergegeben). Außerdem ist vermerkt: „Diese Vorrichtung besteht aus mehreren größeren und kleineren Holzrahmen, von denen je zwei mit eisernen Charnieren verbunden sind, so daß sie sich wie ein Buch öffnen lassen. In diese Rahmen, welche vergittert sind, werden die Anschlagzettel eingelegt. Der große Rahmen hat am oberen Theile eine Kreuzgabel mit einem Quer-Eisen, welche zum Anhängen an den in der Wand befestigten Haken dient."

Auf der selben Seite dieses Erlasses wurde auch ein „Einjähriges Privilegium des Wenzel Kramerius und des Karl Seeling, auf die Verbesserung aller Arten von Bekanntmachungen unter dem Nahmen: Calator" erteilt und wie folgt vermerkt: „Das Verfahren der Privilegirten besteht darin, daß die verschiedenen Nachrichten, Kundmachungen, Anzeigen u. dgl. auf einem einzigen Bogen, der mit diversen Spalten in Unterabtheilungen getheilt ist, auf einer Seite gedruckt werden. Es erhellet, daß hierdurch die Auslagen für Druck, und Austragen im Ganzen vermindert werden." Und damit verminderte sich der wilde Anschlag.

Adalbert Stifter, bekanntlich ein die Schönheiten der Natur bis ins Detail schildernder Dichter, schrieb 1841 in einer Betrachtung über Wien und die Wiener: „In neuester Zeit hat sich gar eine eigene Ankündeanstalt zusammengethan, und schlägt ihre Zettlen auf großen dunklen Holztafeln auf, was recht elegant und nett aussieht [...] Auch in den Auslagekästen liegen nun bereits geschriebene oder gedruckte Zettel [...]" Und er verband diese Schilderung mit einer vorsichtigen, inzwischen aber längst bestätigten Prognose, in dem er ausdrückte „Wer weiß, was wohl aus diesem Zweig noch werden kann." In der Tat entwickelte sich der Plakatanschlag in Wien ebenso gepflegt wie umfangreich, so daß die Stadt immer wieder auch als 'Plakatstadt' bezeichnet wurde und wird.

Abb. 91.7: Anzeigen des ersten Wiener Plakatierungsunternehmens in einem Kalender des Jahres 1900. (Aus der Sammlung von Wolfgang Kralik, Wien)

Mit wachsender Bedeutung des Verkehrs per Eisenbahn folgte auch Werbung auf Bahnhöfen. So schloß 1883 das Schweizerische Annoncenbüro Orell Füssli & Cie einen Vertrag mit der Schweizerischen Nordostbahn-Gesellschaft in Zürich. Gegenstand dieser Abmachung war eine 'Reklamepacht', mit der dieses bisher auf das Annoncen-Vermittlungsgeschäft spezialisierte Werbeunternehmen sich erstmals auch auf Plakatanschlag ausdehnte. Verträge mit anderen Bahngesellschaften folgten – bis dann Abmachungen mit der Generaldirektion der Schweizerischen Bundesbahnen eine verläßliche Plattform für die Zukunft schufen.

4. Die Litfaß-Säule

Um 1850 wurde Berlin mit wildem Zettel-Anschlag überschwemmt. Mit Vertrag vom 1. Juli 1855 erhielt Ernst Litfaß die alleinige Berechtigung, in der Hauptstadt des Deutschen Reiches den Plakat-Anschlag an damals 150 Säulen für „Anschläge zur rechten Zeit und am rechten Orte" durchzuführen. Er garantierte seinen Kunden feste Preise.

Das Berliner Konzept des organisierten Plakat-Anschlags wurde beispielgebend für andere Städte: 1856 entstanden in Dresden Plakatsäulen; es folgten Hamburg 1868, Stuttgart 1872 und Bremen 1873. Auch Wien nützte in der Folge die Litfaß-Säule und pflegte Affichierung sorgfältig. Um es vorweg zu nehmen: nach Zerfall des Großreiches Österreich-Ungarn wurde 1921 in Wien das städtische Ankündigungsunternehmen 'GEWISTA' gegründet. Der Name leitet sich von den Anfangsbuchstaben Gemeinde Wien städtisches Ankündigungsunternehmen ab. 1964 wurde daraus eine Ges.m.b.H. unter mehrheitlicher Beteiligung der Stadt Wien, die sich inzwischen zum internationalen Außenwerbekonzern mit Niederlassungen im Ausland entwickelte.

1972 stiftete die Deutsche Eisenbahn-Reklame GmbH, Kassel, die Ernst-Litfaß-Medaille, um Persönlichkeiten und Institutionen zu ehren, die sich um die Außenwerbung verdient gemacht haben. Das Recht der jährlichen Verleihung hat der Vorstand des Fachverbandes Außenwerbung e. V.

5. Die Entwicklung zum Plakat unserer Zeit

Der französische Lithograph Jules Chéret, der seine Kenntnisse durch einen Aufenthalt im damals auf diesem Gebiet führenden England vervollkommnete, wird allgemein als der ausschlaggebende Schöpfer des Plakates unserer Zeit anerkannt.

Diese Entwicklung konzentrierte sich auf die zweite Hälfte des 19. Jhs., wobei ein besonderes Zeugnis für die künstlerischen Plakate der 'Catalogue d'Affiches Illustrées Anciennes et Modernes' (hrsg. v. der Librairie Sagot), Paris 1891, ablegt.

Die ersten Plakatausstellungen im deutschen Raume fanden 1896 in Hamburg und in Dresden statt.

Schrittweise wendete sich die Werbung – und ganz speziell per Plakat – an breite Bevölkerungsschichten, um sie über die wachsende Vielfalt an Angeboten zu informieren, was zusätzlich die allgemeine Geschmacksbildung förderte. Fachleute ordneten den französischen Plakaten des 19. Jhs. in dieser Richtung besondere Effekte zu.

Wesentliche Faktoren dieser sehr bemerkenswerten Entwicklung waren nicht nur die Leistungen der Künstler, sondern auch die Fortschrittte der Druckverfahren. Außerdem wirkte sich das zu dieser Zeit schon geregelte

Abb. 91.8: Dieser Bildwitz aus dem vorigen Jahrhundert (1893) beweist, daß das künstlerische Plakat schon damals im Straßenbild der Städte seinen festen Platz hatte. Allerdings würde heute niemand Bauern derart als Witzobjekt abbilden. („Galerie en plein air", gezeichnet von A. Hengeler für die „Fliegenden Blätter" Nro. 2483/1893)

Plakatwesen günstig aus. Die Zeiten „wilden Anschlags" waren vorbei.

Gegen Ende des 19. Jhs. hatten sich viele städtische Berufsgruppen bereits mit dem Plakat vertraut gemacht; ganz gewiß waren dabei die zahlreichen Geschäftsschilder eine wirksame Unterstützung.

Diese Vertrautheit galt aber auch zum Ende des 19. Jhs. noch nicht für alle Bevölkerungsschichten. Der Bildwitz des Jahres 1893 verdeutlicht überzeugend noch bestehende Schwierigkeiten und vermittelt gleichzeitig die beginnende generelle Gewöhnung an das Werbemittel Plakat.

Noch wurde allgemein von „Reklame" gesprochen, die Fahrbahn in die Bereiche heutigen Werbewesens war aber damit schon eröffnet.

6. Einschlägige Fachliteratur

Johannes Schmiedchen schilderte 1952 in einer geschichtlichen Abhandlung auch das Plakat betreffende Fachorgane.

Ein vermögender Zahnarzt, Dr. Hans Sachs, Berlin, gründete die Zeitschrift 'Das Plakat'. Hauptsächlich kulturell ausgerichtet, ergänzte in der Folge die Beilage 'Kultur der Reklame' den Inhalt bestens. Außerdem kam 'Gebrauchsgraphik' auf den Markt. Beide Blätter wurden inzwischen eingestellt.

7. Die Position des Plakates um 1928/29

Das zu dieser Zeit in der damaligen Tschechoslowakei erscheinende Fachblatt 'Die Propaganda – Zeitschrift für das gesamte Werbewesen', berichtete über eine Werbewissenschaftliche Ausstellung auf der Reklame-Messe in Reichenberg, also in der damaligen Tschechoslowakei.

Sie stammte aus dem Archiv des Grazer Verlegers Theodor Lach. Zum Plakat gab es fünf Unterteilungen, die außerdem im Abschnitt Schaufenster-Reklame und Verkehrs-Reklame sowie in einer Auswahl unter dem Titel 'Das mustergültige Straßenplakat' ergänzt wurden:

I. Plakat-Reklame
   (1) Die einzelnen Drucktechniken des Plakates:
   Klischee- und Tondruck
   Buchdruck, ein- und mehrfarbig
   Lithographie
   Linoleumdruck
   Kupfertiefdruck
   Offsetdruck
   (2) Die verschiedenen Plakatausführungen:
   Kartonplakat
   Schneideschriftplakat
   Prägedruck- und Simili-Emaille-Plakate
   (3) Das gerahmte Plakat als Schaufenster-Werbehelfer
   (4) Innenplakate- und Kalenderwerbung
   (5) Das Straßenplakat

II. Schaufenster-Reklame
   (1) Auslagen-Blickfänger und Stehfiguren
   (2) Schaufenster-Attrappen und Hintergründe
   (3) Schaufenster-, Steh- und Hängeplakate (soweit nicht schon als gerahmtes Plakat in der Abt. Plakatreklame gezeigt).

III. Verkehrs-Reklame
   (1) Eisenbahn- und Bahnhofsreklame
   (2) Straßenbahn-Reklame
   (3) Omnibus- und Flugzeugreklame gezeigt an Originalaufnahmen.

IV. Das mustergültige Straßenplakat gezeigt an Beispielen verschiedener Branchen, verschiedener Kunstrichtungen in Doppel- und Einbogenplakaten.

Somit ein eindrucksvoller Nachweis über die Vielfalt damaliger Plakatwerbung, die ungeachtet der inzwischen weiteren schwerstwiegenden allgemeinen Entwicklungen auch für die Zukunft prognostiziert werden kann.

8. Wissenschaftliche Analyse der Plakatwirkung – ein wesentlicher Faktor der weiteren Entwicklung

Abschließend sei auf eine schon 1959 veröffentlichte Publikation verwiesen, die unter dem Titel 'Experimentelle Analyse der Plakatwirkung' quantitative Variable und quali-

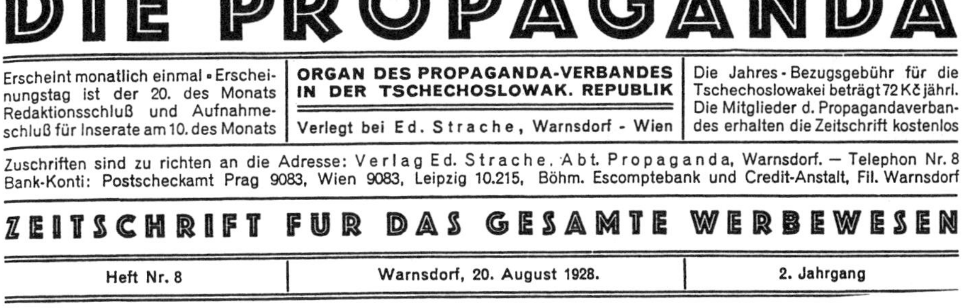
DIE PROPAGANDA

Erscheint monatlich einmal • Erscheinungstag ist der 20. des Monats Redaktionsschluß und Aufnahmeschluß für Inserate am 10. des Monats

ORGAN DES PROPAGANDA-VERBANDES IN DER TSCHECHOSLOWAK. REPUBLIK

Verlegt bei Ed. Strache, Warnsdorf - Wien

Die Jahres-Bezugsgebühr für die Tschechoslowakei beträgt 72 Kč jährl. Die Mitglieder d. Propagandaverbandes erhalten die Zeitschrift kostenlos

Zuschriften sind zu richten an die Adresse: Verlag Ed. Strache, Abt. Propaganda, Warnsdorf. – Telephon Nr. 8
Bank-Konti: Postscheckamt Prag 9083, Wien 9083, Leipzig 10.215, Böhm. Escomptebank und Credit-Anstalt, Fil. Warnsdorf

ZEITSCHRIFT FÜR DAS GESAMTE WERBEWESEN

Heft Nr. 8 | Warnsdorf, 20. August 1928. | 2. Jahrgang

Abb. 91.9: Die Titelseite der deutschsprachigen, in der damaligen Tschechoslowakei erscheinenden Fachzeitschrift 'Die Propaganda'.

tative Aussagen (freie Assoziationen, Wahlassoziationen, Werbeappelle, Stellungnahmen und Begründungen) zu einer Experimentellen Analyse und Motivations Analyse der Plakatwirkung zusammenfaßte. Diese Untersuchungen leitete Dr. phil. et med. Manfred Haider.

Immer differenziertere Analysen kennzeichneten auch die weitere einschlägige Entwicklung. Unzweifelhaft kann aus heutiger Sicht das Plakat als unentbehrlich bezeichnet werden. Es ist dabei gewiß von Interesse, daß schon ein Nachschlagewerk des Jahres 1697 für den Anschlag mehrere Fachbezeichnungen nannte, darunter auch „Edict". Ebenso findet sich an dieser Stelle das in damaliger Art geschriebene Wort „Placat".

Wir wollen aber nicht vergessen, daß gleichsam die Urväter dieses Werbemittels Ladenschilder der Antike waren. Ein gutes abschließendes Beispiel ist wohl das folgende Ladenschild aus der großen Zeit von Pompeji.

1974 wurden im Kunsthaus von Zürich vielfältige Belege aus der großen Zeit von Pompeji präsentiert, darunter auch das Ladenschild eines faber aerarius aus grauem Tuff. Der Handwerker zeigte damit seine besten Erzeugnisse: Amphoren, Richtstäbe, Scheren und Meißel. Archäologen sehen darin einen wertvollen Hinweis auf die damalige Metallbearbeitung.

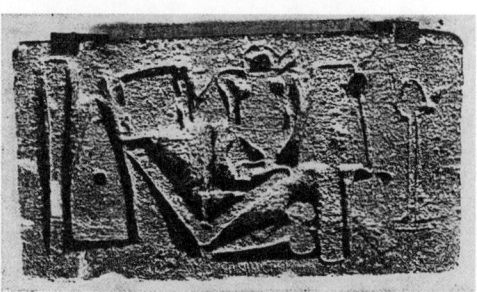

Abb. 91.11: Beleg aus der großen Zeit von Pompeji: Präsentation der Erzeugnisse aus Metall!

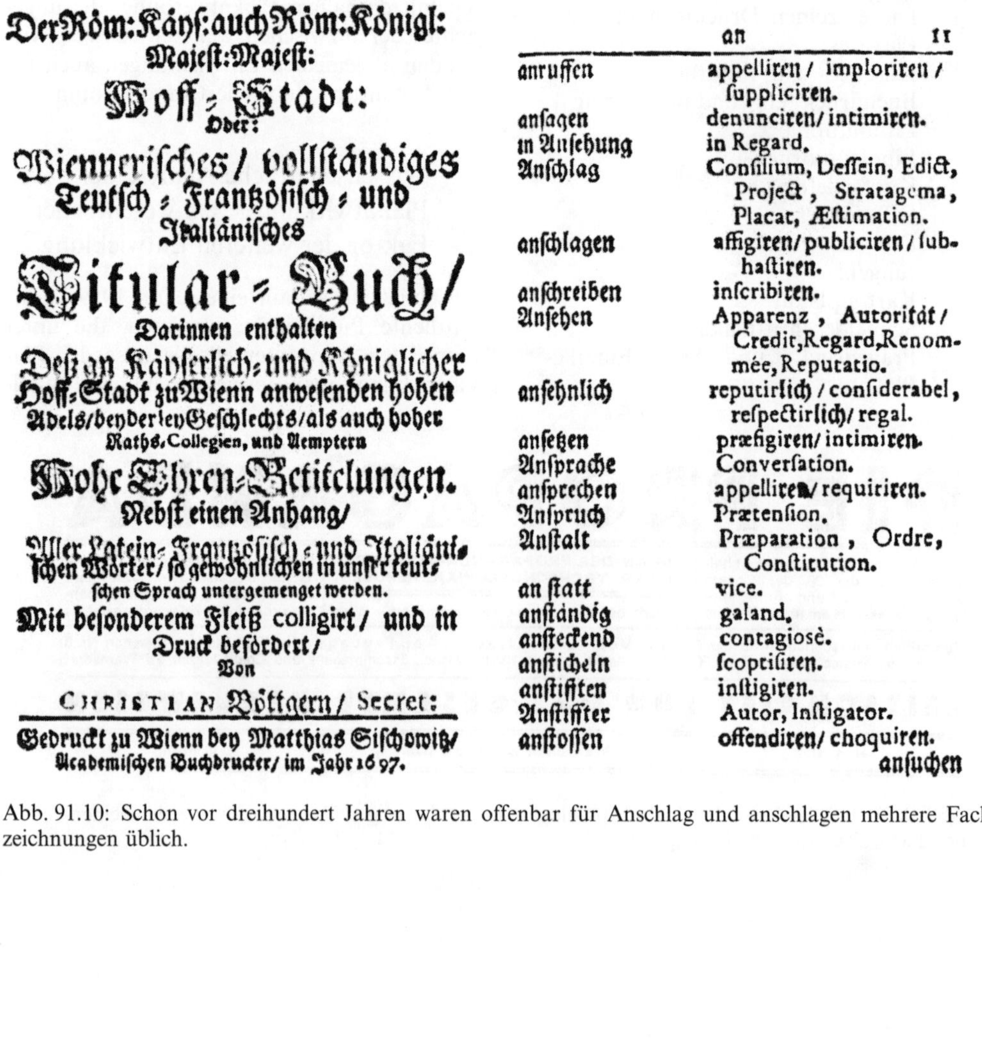

Der Röm: Käys: auch Röm: Königl:
Majest: Majest:
Hoff-Stadt:
Oder:
Wiennerisches / vollständiges
Teutsch-Frantzösisch- und
Italiänisches
Titular-Buch/
Darinnen enthalten
Deß an Käyserlich- und Königlicher
Hoff-Stadt zu Wienn anwesenden hohen
Adels / beyderley Geschlechts / als auch hoher
Raths, Collegien, und Aemptern
Hohe Ehren-Betitelungen.
Nebst einen Anhang /
Aller Latein- Frantzösisch- und Italiänischen Wörter / so gewöhnlichen in unser teutschen Sprach untergemenget werden.
Mit besonderem Fleiß colligirt / und in
Druck befördert /
Von
CHRISTIAN Böttgern / Secret:
Gedruckt zu Wienn bey Matthias Sischowitz / Academischen Buchdrucker / im Jahr 1697.

an	11
anruffen	appelliren / imploriren / suppliciren.
ansagen	denunciren / intimiren.
in Ansehung	in Regard.
Anschlag	Consilium, Dessein, Edict, Project, Stratagema, Placat, Æstimation.
anschlagen	affigiren / publiciren / subhastiren.
anschreiben	inscribiren.
Ansehen	Apparenz, Autorität / Credit, Regard, Renommée, Reputatio.
ansehnlich	reputirlich / considerabel, respectirlich / regal.
ansetzen	præfigiren / intimiren.
Ansprache	Conversation.
ansprechen	appelliren / requiriren.
Anspruch	Prætension.
Anstalt	Præparation, Ordre, Constitution.
an statt	vice.
anständig	galand.
ansteckend	contagiosè.
ansticheln	scoptisiren.
anstifften	instigiren.
Anstiffter	Autor, Instigator.
anstossen	offendiren / choquiren.
	ansuchen

Abb. 91.10: Schon vor dreihundert Jahren waren offenbar für Anschlag und anschlagen mehrere Fachbezeichnungen üblich.

9. Literatur

Braun, Walter, Plakat führt bei Kontaktchance. In: Horizont-Austria, 1995, Heft 34/35, 9.

Buchli, Hanns, Werbung in 6000 Jahren, 3 Bde. Berlin 1962−66.

Dirk, Reinhardt, Von der Reklame zum Marketing. Berlin 1991.

Feuerhorst, Ulrich/Holger Steidl, Die bunte Verführung. Berlin 1985.

Haider, Manfred, Experimentelle Analyse der Plakatwirkung. Wien 1959.

Huck, Jörg, Neuss und der Fernhandel der Hanse, 2 Bde. Neuss 1974.

Kurz, Helmut, Das Image Österreichs im Ausland. In: Österreichs Image im Ausland. Wien 1988.

Mayerhofer, Wolfgang, Imagetransfer. Wien 1995.

Mazanec, Josef, Strukturmodelle des Konsumverhaltens. Wien 1978.

Müller, Robert, Beleg 25 der Werbegeschichtlichen Serie. In: Marketing-Journal 1983, Heft 2, 83.

−, Fremdenverkehrswerbung Österreichs. Historische Beispiele seit 1884. Wien 1984.

Prochazka, Wolfgang, Werbewirkungskriterien und -Modelle. In: Werbeforschung & Praxis, Folge 2, 1987, 35−40.

Sailer, Anton, Plakat. München ^{2}1965.

Schweiger, Günter, Östereichs Image in der Welt. Wien 1992.

Schweiger, Günter/Gertraud Schrattenecker, Werbung. Stuttgart−Jena ^{3}1992.

Stifter, Adalbert, Gesamte Werke, 3 Bde. Wien 1966.

Wasilewski, Andreas, Wirtschaftswerbung im Rom der Kaiserzeit (Prinzipat) und in der Austria Romana. In: Werbeforschung & Praxis 1987, Folge 4, 134−135.

Zur Westen, Walter, Reklamekunst aus zwei Jahrtausenden. Berlin 1924.

Robert Müller, Wien (Österreich)

Tafel 1

Abb. 88.1: Jules Chéret, Kunsthandlung Edmond Sagot, 1891
In: Döring, Jürgen: Plakatkunst. Von Toulouse-Lautrec bis Benetton, Hamburg 1994, S. 21.
© VG Bild-Kunst, Bonn 1997

Tafel 2

Abb. 88.3: Henry van de Velde (1863–1957), Tropon Eiweißnahrung, 1898
In: Döring, Jürgen: Plakatkunst. Von Toulouse-Lautrec bis Benetton, Hamburg 1994, S. 52.

Tafel 3

Abb. 88.4: Kolomon Moser, 13. Sezessionsausstellung, 1902; Alfred Roller, 16. Sezessionsausstellung, 1902
In: Döring, Jürgen: Plakatkunst. Von Toulouse-Lautrec bis Benetton, Hamburg 1994, S. 55.

Tafel 4

Abb. 88.5: Beggarstaff Brothers, A Trip to China Town, 1895
In: Das frühe Plakat in Europa und den USA. Ein Bestandskatalog. Bd. 1, Berlin 1973 ff. Hrsg. v. Ruth Malhotra und Christian Thon, Abb. XIII, Berlin 1973.

Tafel 5

Abb. 88.9: Julius Klinger, Admiralspalast, 1911
In: Döring, Jürgen: Plakatkunst. Von Toulouse-Lautrec bis Benetton, Hamburg 1994, S. 66.

Tafel 6

Abb. 88.11: Ludwig Hohlwein, Werbung für Künstlerfarben, um 1925.
In: Popitz, Klaus: Plakate der Zwanziger Jahre aus der Kunstbibliothek Berlin, Berlin 1978, S. 32.
© VG Bild-Kunst, Bonn 1997

Abb. 88.14: Die Brüder Stenberg, Der Mann mit der Kamera, 1929
In: Weill, Alain: Plakatkunst International, Berlin 1985, S. 143.

Tafel 8

Abb. 88.15: Cassandre, Nord Express, 1927
In: Mouron, Henri: Cassandre. Plakatmaler, Typograph, Bühnenbildner, München 1985, Farbabbildung 10.
© VG Bild-Kunst, Bonn 1997

Abb. 88.17: Piet Zwart, ITF (Internationale Tentoonstelling op Filmgebied), 1928
In: Weill, Alain: Plakatkunst International, Berlin 1985, S. 151.
© VG Bild-Kunst, Bonn 1997

Tafel 10

Abb. 89.1: Pierre Bonnard, La Revue blanche, 1894
In: Döring, Jürgen: Plakatkunst. Von Toulouse-Lautrec bis Benetton, Hamburg 1994, S. 33.
© VG Bild-Kunst, Bonn 1997

Abb. 89.5: Mart Stam, Internationale Architectuur Tentoonstelling, 1928
In: Weill, Alain: Plakatkunst International, Berlin 1985, S. 150 Nr. 246.

Tafel 12

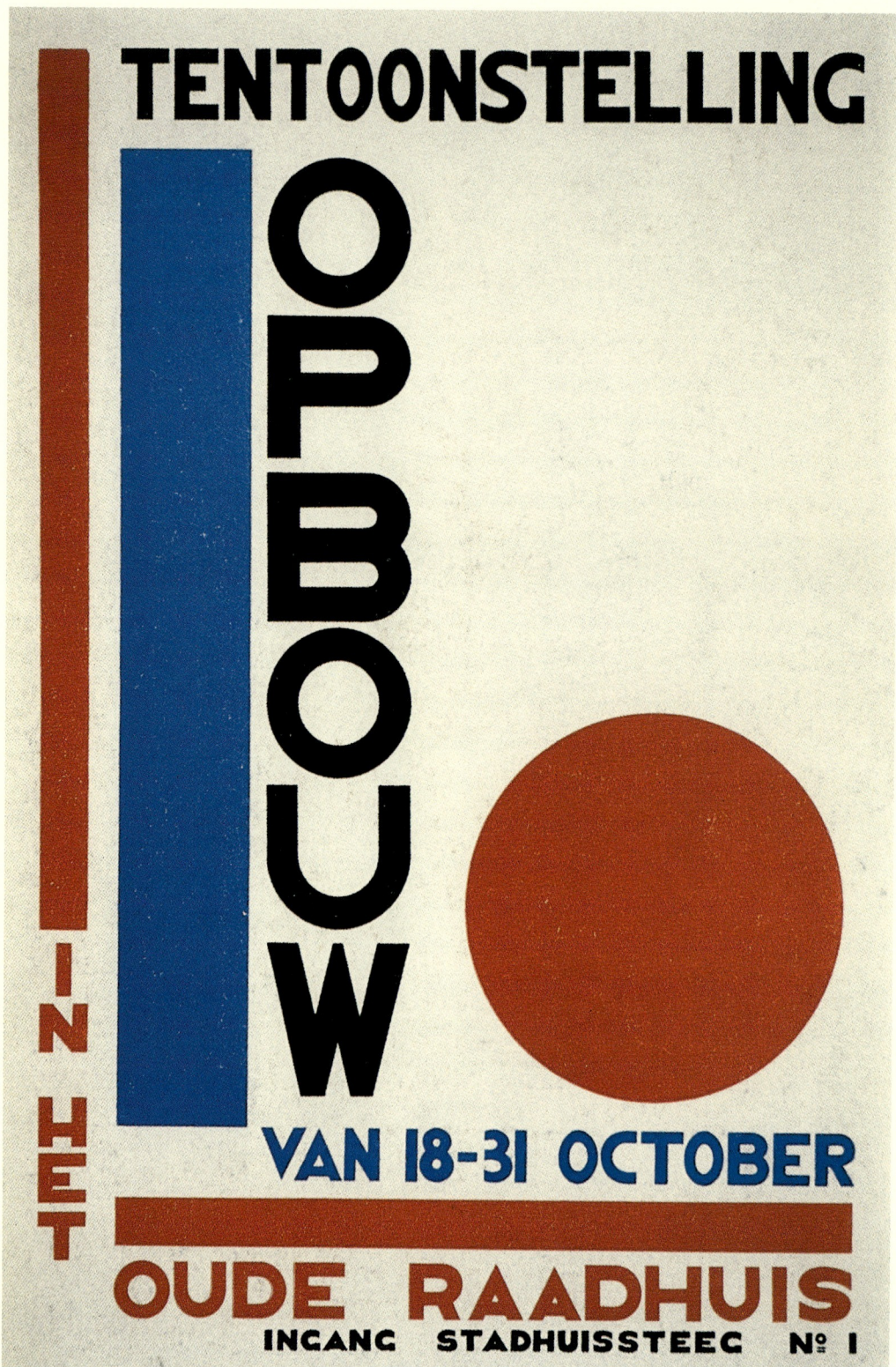

Abb. 89.6: Paul Schuitema, Tentoonstelling Opbouw
In: Müller-Brockmann, Josef und Shizuko: Geschichte des Plakates, Zürich 1971, S. 164, Nr. 186

Tafel 13

Abb. 90.1: Edouard Manet, Champfleury − Les Chats, Paris 1868, Lithographie, 55,5 × 44 cm.

Tafel 14

Abb. 90.2: Jules Chéret, Olympia anciennes Montagnes Russes, Paris 1892, Farblithographie, 121 × 86,8 cm.
© VG Bild-Kunst, Bonn 1999

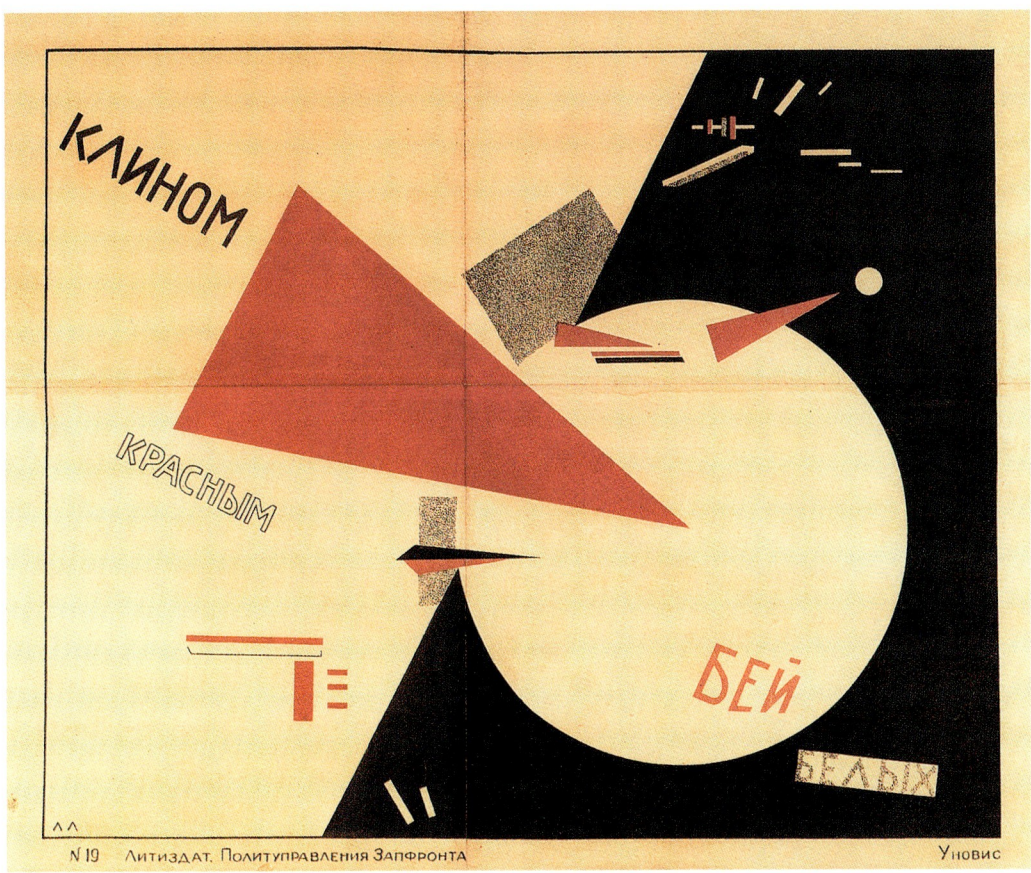

Abb. 90.3: El Lissitzky, Mit dem roten Keil schlagt die Weißen, Witebsk, Rußland 1920, Offset, Lithographie, 48,5 × 69 cm.
© VG Bild-Kunst, Bonn 1999

Tafel 16

Abb. 90.4: A[dolphe] M[ouron] Cassandre, Étolie du nord, Paris 1927, Farblithographie, 105 × 75 cm.
© VG Bild-Kunst, Bonn 1999